Assurances

DROIT & PRATIQUE 2017 2018

Assurances

Acteurs

Contrat

Risques des consommateurs

Risques des entreprises

sous la direction de **Luc Grynbaum**

L'ARGUS de l'assurance ÉDITIONS

ISBN 978-2-35474-217-1
ISSN 2111-577X

Auteurs

Sous la direction de Luc Grynbaum

Professeur à l'Université Paris Descartes, Directeur du Pôle « services financiers » de Trans-Europe-Experts, Doyen honoraire de la Faculté de droit de La Rochelle

Axelle Astegiano-La Rizza
Maître de conférences en droit privé à la Faculté de droit de l'Université Jean Moulin Lyon 3, habilitée à diriger des recherches, Directrice adjointe de l'Institut des Assurances de Lyon

- Les contrats d'assurance liés à l'exploitation de l'entreprise.
- L'assurance responsabilité civile produits livrés.

Aziz Belayachi
Avocat associé, Fidal Direction internationale

- Les organismes assureurs.
- Les organismes assureurs : Division et transfert des risques.
- Autorisation et contrôle du marché : L'agrément et les autorités de contrôle.
- Autorisation et contrôle du marché : Liberté d'établissement et libre prestation de services.

Sabine Bertolaso
Maître de conférences à la Faculté de droit de La Rochelle, directrice de l'ICH de Bordeaux

- Assurances des consommateurs : Assurance RC vie privée – Assurance scolaire.
- Assurances des consommateurs : La garantie des accidents de la vie – Les accidents médicaux – Les victimes d'infraction et d'actes de terrorisme.
- Assurances des entreprises : Les assurances construction (L'assurance de responsabilité décennale).

François Couilbault
Docteur en droit, chargé d'enseignement à l'Université Paris II Panthéon Assas, Avocat au barreau de Paris

- Les marchés publics d'assurance et les garanties des acheteurs publics.
- Les prestations du régime général de Sécurité sociale.
- Assurance des consommateurs : L'automobile et autres véhicules (Le fonds de garantie).
- Assurance des consommateurs : L'assurance vie individuelle (Fiscalité du contrat).
- Assurance des consommateurs : la garantie des maladies et atteintes corporelles (La garantie des accidents de la vie).
- Assurance des consommateurs : Emprunt et retraite individuelle (Les produits d'épargne retraite individuelle).
- Assurances des entreprises : Assurances santé et retraite des salariés – Risques statutaires – Assurance homme-clé – Retraite des dirigeants.

Laurent François-Martin
Avocat associé, département Concurrence/Distribution, FIDAL

- Autorisation et contrôle du marché : Les règles de concurrence.
- Autorisation et contrôle du marché : Les pratiques commerciales.

Luc Grynbaum
Professeur à l'Université Paris Descartes, Directeur du Pôle « services financiers » de Trans-Europe-Experts, Doyen honoraire de la Faculté de droit de La Rochelle
- Distribution et intermédiation.
- Principes généraux du droit de la responsabilité.
- Contrat d'assurance : La formation du contrat et l'information du souscripteur.
- Contrat d'assurance : La protection du souscripteur.
- Contrat d'assurance : L'évaluation du risque et sa tarification (Déclaration des risques – Sanctions de la déclaration non sincère).
- Contrat d'assurance : Les documents d'assurance (Clauses d'exclusion – Faute intentionnelle).
- Contrat d'assurance : Le sinistre (Le recours de l'assureur après paiement).
- Contrat d'assurance : Le litige (Le procès).
- Assurances des consommateurs : L'assurance santé.

Stéphanie Hourdeau-Bodin
Maître de conférences – Université de La Rochelle – Centre d'Etudes Juridiques et Politiques (CEJEP) – Codirectrice du Master « Droit des assurances » (Poitiers-La Rochelle)
- Assurances des consommateurs : L'assurance multirisque habitation – L'assurance de protection juridique.
- Assurances des consommateurs : Les assurances des loisirs (Sports – Chasse – Navigation de plaisance – Assistance – Animaux de compagnie).
- Assurances des entreprises : Les assurances construction.

Philippe Laroche
Responsable Technique Expert, IARD Entreprises, Allianz France
- Les assurances des entreprises : Les biens à assurer.

Joël Monnet
Professeur des Universités, Doyen honoraire de la Faculté de droit et des sciences sociales de Poitiers, Co-directeur du Master de droit des assurances, Pôle universitaire de Niort
- Les grands principes du droit des assurances.
- Contrat d'assurance : Le litige (La médiation).
- Assurances des consommateurs : L'assurance vie individuelle (sauf Fiscalité du contrat) – L'assurance individuelle accident. – L'assurance dépendance – La convention obsèques – L'assurance emprunteur.

Lionel Namin
Chargé d'enseignement à l'Université Paris II Panthéon-Assas, diplômé de l'Institut des assurances de Paris, Conseiller scientifique de Jurisprudence automobile
- Assurances des consommateurs : L'automobile et autres véhicules (sauf Le fonds de garantie).

Agnès Pimbert
Maître de conférences à l'Université de Poitiers
- Le contrat d'assurance : La conclusion du contrat (La cotisation).
- Le contrat d'assurance : Les documents d'assurance (La note de couverture et l'attestation – La police et l'avenant – La charge et les moyens de preuve du contrat).
- Le contrat d'assurance : La vie du contrat d'assurance (La modification du risque – Le sinistre sauf Le recours de l'assureur après paiement – Continuation ou fin du contrat – Le litige : prescription biennale ; Le tribunal compétent, la loi applicable).
- Assurances des consommateurs : L'assurance des catastrophes naturelles et technologiques.
- Assurances des consommateurs : Responsabilité et litiges.
- Assurances des consommateurs : Les assurances des loisirs (L'assurance des voyages).
- Les garanties des maladies et atteintes corporelles (les accidents médicaux, les victimes d'infraction et d'actes de terrorisme).

Philippe Ravayrol
Avocat au barreau de Paris, diplômé de l'Institut des assurances de Paris, Conseiller scientifique de Jurisprudence automobile
- Assurances des consommateurs : L'automobile et autres véhicules (sauf Le fonds de garantie).

Introduction

Le monde de l'assurance est en mouvement. L'innovation en son sein se réalise selon plusieurs modalités : une réorganisation des acteurs, une diversification des activités et la nécessité d'user du canal Internet

Tout d'abord la structuration des acteurs est en évolution constante. À côté des compagnies et des mutuelles sans intermédiaires, les mutuelles relevant du Code de la mutualité et les institutions de prévoyance développent leurs activités, notamment en assurance de personnes. En outre, les distinctions traditionnelles entre ces différents acteurs deviennent beaucoup moins tranchées ; des rapprochements s'opèrent entre compagnies et mutuelles sans intermédiaires et les mutuelles se regroupent. Les enjeux sont considérables et complexes ; il convient de faire face aux exigences européennes de solvabilité tout en conservant une certaine identité à l'égard des assurés. Enfin, après l'adoption de la loi Hamon, la faculté de résiliation infra-annuelle va stimuler considérablement la concurrence sur le marché.

Le paysage de l'assurance connaît donc des recompositions qui suscitent des interrogations sur la pertinence des distinctions traditionnelles ; le droit des groupements est ainsi enrichi de nouvelles figures (Sgam, UMG, UGM, GPP ou autres GPS). Les rapprochements des acteurs de taille ne manquent pas de mobiliser le droit de la concurrence. En effet, c'est une des constantes de l'évolution actuelle : le monde de l'assurance perd ses particularismes pour être incorporé dans l'ensemble plus vaste des « services financiers », selon l'expression du droit de l'Union européenne. Aussi le contrôle exercé sur l'activité d'assurance a-t-il été rapproché de celui des autres activités financières au sein de la l'Autorité de contrôle prudentiel et de résolution (ACPR).

Le décloisonnement et la mobilité des assureurs caractérisent également l'évolution des intermédiaires d'assurance. Certes les agents généraux et les courtiers demeurent les professions structurantes de l'intermédiation en assurance, mais la distribution de l'assurance s'est beaucoup diversifiée notamment au travers de la bancassurance et des mandataires qui développent cette activité en complément de leurs ventes de produits ou de prestations de services. Il faut également faire face à des nouvelles demandes à satisfaire, avec ou sans intermédiaires, qui nécessitent de nouveaux savoirs-faire : la réponse aux appels d'offres des marchés publics (voire privés ou mixtes) suppose une bonne maîtrise de ces mécanismes.

Les intermédiaires innovent eux-mêmes. Les courtiers « grossistes » créent des produits sur mesure ou de niche afin de les distribuer à ceux de taille plus modeste. Les agents généraux, après avoir redouté la distribution directe par Internet, intègrent au contraire ce moyen de communication dans leur relation avec les assurés. En effet, le contrat d'assurance à distance constitue l'un des enjeux majeurs de la prochaine décennie. Actuellement, la proposition par Internet, complétée le plus souvent, par un entretien téléphonique, se prolonge avec un point de contact physique : délégation, agence, courtier... En outre, les « pure players » (assureurs en ligne exclusivement) vont certainement voir leur part de marché croître régulièrement.

L'innovation dans la structuration et la distribution de l'assurance, placées sous les signes de la multiplicité et du réseau, est également en œuvre dans les contrats proposés.

Si les contrats d'assurance traditionnels en IARD et vie (ou non-vie/vie dans une acception plus européenne) continuent d'être proposés, les assureurs tiennent compte des nouveaux besoins tout en étant soumis à un encadrement réglementaire de plus en plus contraignant. Ces dispositions sont souvent harmonisées par le droit de l'Union européenne ; le rythme des directives communautaires s'étant accéléré.

Pour accueillir les transpositions et les initiatives du législateur national, le Code des assurances ne constitue plus le seul recueil à placer sous la main du professionnel du droit ; le Code de la mutualité et le Code de la Sécurité sociale doivent également se trouver à proximité. Il ne faut pas oublier non plus le Code de la consommation (publicité réglementée, clauses abusives...), le Code de commerce (concurrence, distribution...) ou encore le Code monétaire et financier (Autorité de contrôle prudentiel, démarchage financier...).

Le foisonnement des textes s'explique également par l'inexorable atomisation de la notion d'assuré. En effet, le Code des assurances, héritier de la grande loi de 1930, ne connaissait que l'assuré qui méritait un traitement uniforme (à l'exception des grands risques). Il est apparu récemment la catégorie de l'assuré consommateur qui seul bénéficie de dispositions spécifiques. Cette évolution va se poursuivre, sous l'influence européenne, mais également sous la surveillance de l'ACP qui va amplifier ses contrôles sur le respect des obligations d'information et de conseil de plus en plus nombreuses et diversifiées au profit, le plus souvent, des seuls consommateurs.

Aujourd'hui, en droit des assurances, la césure se réalise donc de plus en plus nettement entre le consommateur et l'entreprise (ou professionnels au sens large).

Il est vrai que le consommateur se voit proposer des contrats complexes car la demande en assurance vie aux fins de prévoyance ou d'épargne (retraite) et plus largement en assurance de personnes (santé, accidents de la vie, dépendance) augmente de manière constante. L'IARD n'est pas sans innovation (quand on songe dans les contrats auto aux garanties de plus en plus variées), ni sans complexité : la mise en œuvre des assurances construction le démontre. Ce dernier type d'assurance concerne également les professionnels qui eux aussi bénéficient d'une offre de contrats diversifiée et adaptée.

La traditionnelle « RC exploitation » doit couvrir des risques et des activités de plus en plus complexes, complétée par des « RC produits » qui doivent tenir compte de l'évolution des dispositions et de la jurisprudence sur les produits défectueux. En outre, la couverture des risques financiers et des actifs immatériels exige aujourd'hui des contrats plus sophistiqués. Les défis pour l'entreprise sont encore plus importants à relever dans la famille des assurances de personnes. En effet, si les traditionnelles assurances « homme clé » ou la prise en charge de la retraite des dirigeants continuent d'être des préoccupations ; l'obligation pour les employeurs d'offrir à leurs salariés une complémentaire santé va stimuler le marché des contrats de groupe dans cette branche.

Pour répondre à ces changements dans la structuration du monde de l'assurance et dans l'offre de contrats et garanties, l'ouvrage est organisé en quatre grandes parties.

La première porte sur les acteurs, leur organisation et leur contrôle. L'environnement des contrats est également très nettement précisé grâce à l'analyse des grands principes de l'assurance, de la responsabilité civile ou encore de la Sécurité sociale.

Il est ensuite évoqué le socle commun à toutes les assurances : le contrat lui-même ; tout en mettant l'accent sur des mécanismes trop souvent délaissés, tels que l'obligation d'information, le contrat de groupe ou la tacite reconduction.

Les garanties offertes aux consommateurs font l'objet de la troisième partie de l'ouvrage. À côté de l'auto et de la multirisques habitation, qui constituent les contrats importants pour couvrir les risques des consommateurs, leurs besoins actuels en assurance de personnes pour garantir leur santé, leur retraite, leur autonomie face au risque de dépendance, ou encore leur emprunt font l'objet de développements spécifiques.

Les entreprises, quant à elles, voient leurs contrats analysés au travers de leurs activités (responsabilité, patrimoine) et de leurs biens à garantir (bâtiments, machines, informatiques, flottes automobiles) ; les méthodes pour comprendre leurs risques et leurs besoins de couverture étant tout d'abord précisées. Les personnes font alors l'objet d'une attention particulière tant à l'égard des salariés que des dirigeants.

C'est donc à une vaste analyse du monde de l'assurance dans ses fondamentaux et ses évolutions que l'ouvrage nous convie sous le double sceau de la tradition et de l'innovation.

Luc Grynbaum,
Professeur à l'Université Paris Descartes (Paris V)
Directeur du Pôle « services financiers » de Trans-Europe-Experts
Doyen honoraire de la Faculté de droit de La Rochelle

Sommaire

Auteurs 7
Introduction 9
Sommaire 13

Première partie - La réglementation du marché de l'assurance
Titre 1 - Acteurs et marché 17
Titre 2 - Principes généraux applicables à l'assurance 205

Deuxième partie - Le contrat d'assurance
Titre 1 - La conclusion du contrat d'assurance 379
Titre 2 - La vie du contrat d'assurance 609

Troisième Partie - Les assurances des consommateurs
Titre 1 - Les assurances de dommages 805
Titre 2 - Les assurances de personnes 1005

Quatrième partie - Les assurances des entreprises
Titre 1 - Les activités 1407
Titre 2 - Les personnes 1627
Titre 3 - Les biens à assurer 1713

Table des matières 1825
Index alphabétique 1863

La réglementation du marché de l'assurance

Titre 1
Acteurs et marché 17

Titre 2
Principes généraux applicables à l'assurance 205

Titre 1 ▪ Acteurs et marché

▪ Sous-titre 1 Les organismes assureurs

BIBLIOGRAPHIE

L'Argus de l'assurance

Ouvrages. – J. Bigot (sous dir.), *Code des assurances*, L'Argus éd., – G. Briens, L. Chrébor, G. Leroy, C. Gonnard, *Code de la mutualité et livre IX du Code de la Sécurité sociale*, L'Argus éd., – F. Couilbault, S. Couilbault-Di Tommaso, V. Huberty, *Les grands principes de l'assurance*, L'Argus éd., 2015. – J. Landel, *Lexique des termes d'assurance*, L'Argus éd., 2014.

Articles. – J. Speroni, Solvabilité 2 : des précisions sur les groupes prudentiels, L'Argus, 20 nov. 2015. – Dossier, C'était en 2015 : la directive Solvabilité 2 est transposée en droit français, L'Argus, 16 avr. 2015 – S. Corone, Dossier, Les formes juridiques des regroupements, L'Argus 21 mai 2010, p. 35 et s. – L. Baylet, Le rôle du commissaire à la fusion, L'Argus 27 mars 2009. - G. Defrance, La société européenne voit enfin le jour en France, L'Argus 22 juill. 2005. – L. Chrébor, L'union mutualiste de groupe : un nouvel outil de construction des groupes mutualistes, L'Argus 23 oct. 2009. – H. Sauce, Rapprochement de mutuelles : les comptes prévisionnels, L'Argus 29 janv. 2010. – A. Chartrain et A. Guillou, UGM-UMG, une similitude en trompe-l'œil, L'Argus n° 7166-7167, 30 avr. 2010.

Autres documentations

Ouvrages. – *Code de la Sécurité sociale*, Dalloz 2016.

Chapitre 1
Les sociétés, mutuelles et institutions de prévoyance

Section 1 ■ Les acteurs du marché de l'assurance de natures diverses et soumis à un cadre légal strict

§ 1 ■ Trois types d'organismes autorisés à exercer l'activité d'assurance et de réassurance en France

A ■ Les organismes autorisés à opérer l'activité d'assurance

1. Seule une personne morale peut être autorisée à exercer l'activité d'assurance en France et dans les pays de l'Espace Economique Européen. Un premier constat s'impose d'emblée, l'activité d'assurance est interdite aux particuliers. Par ailleurs, seules certaines personnes morales peuvent exercer l'activité d'assurance.

2. Est désigné organisme d'assurance, l'organisme qui effectue des opérations d'assurance au sens des directives européennes, et qui est agrée à cet effet par les autorités compétentes.

3. Les opérations d'assurance ne peuvent ainsi être exercées que par les organismes agrées à cet effet et sont interdites à tout autre organisme.

4. Les organismes d'assurance relèvent de trois corps de règles contenus dans trois codes : le Code des assurances, le Code de la Sécurité sociale et le Code de la mutualité. Ces trois codes comportent les règles impératives auxquelles sont soumis ces organismes et en particulier leur forme et leur gouvernance. Les organismes d'assurance doivent ainsi être constitués obligatoirement sous la forme de sociétés anonymes, de sociétés d'assurance mutuelles, ou de sociétés européennes (C. assur., art. L. 322-1), de mutuelles ou d'unions régies par le Code de la mutualité (C. mut., art. L. 111-1 et L. 111-2) ou d'institutions de prévoyance ou d'unions d'institutions de prévoyance (CSS, art. L. 931-1).

5. Toute autre forme juridique est prohibée aussi bien la forme de coopérative (autorisée dans certains pays de l'Union européenne) que les associations de personnes physiques (par exemple, le Lloyd's de Londres).

B ■ L'activité de réassurance

6. Le législateur énumère les formes que doivent emprunter les entreprises françaises qui pratiquent la réassurance. Tout comme l'activité d'assurance, l'activité de réassurance peut être pratiquée par des organismes relevant du Code des assurances, du Code de la Sécurité sociale et du Code de la mutualité.

7. L'article L. 310-1-1 du Code des assurances, tel qu'issu de l'ordonnance n° 2015-378 du 2 avril 2015 transposant la directive 2009/138/CE du Parlement européen et du Conseil du 25 novembre 2009 sur l'accès aux activités de l'assurance et de la réassurance et leur exercice, liste les entreprises autorisées à pratiquer en France l'activité de réassurance. Ainsi, lorsqu'elle est exercée par une entreprise ayant son siège social en France, l'activité de réassurance peut ainsi être exercée soit par une entreprise d'assurance ou par une autre entreprise de réassurance relevant du Code des assurances, soit par une mutuelle ou union de mutuelles régie par le Livre II du Code de la mutualité, soit par les institutions de prévoyance et leurs unions régies par les dispositions du Titre 3 du Livre 9 du Code de la sécurité sociale, soit enfin, par tout membre de l'association des souscripteurs dénommée « Lloyd's ».

8. Les formes juridiques admises pour exercer l'activité de réassurance sont ainsi identiques à celles admises pour exercer l'activité d'assurance.

§ 2 ■ L'interdiction pour un même assureur de cumuler certaines activités d'assurance

A ■ Les entreprises pratiquant l'assurance vie et celles pratiquant l'assurance non vie

9. Traditionnellement, le principe de spécialisation interdit à une même entreprise de pratiquer simultanément des opérations d'assurance non vie et des opérations d'assurance vie (C. assur., art. L. 321-1, par référence à C. assur., art. L. 310-1). En vertu de ce principe, les sociétés d'assurances qui pratiquent des assurances gérées en répartition ne sont pas autorisées à pratiquer des assurances gérées en capitalisation, et réciproquement. Le principe de spécialisation a vocation à protéger les bénéficiaires de contrat d'assurance-vie en distinguant les opérations gérées essentiellement en capitalisation de celles gérées en répartition. Le bénéficiaire d'un contrat d'assurance vie est protégé contre les aléas inhérents à l'activité d'assurance non vie.

10. Cependant, ce principe de spécialisation est aujourd'hui atténué. Une même entreprise est autorisée à exercer simultanément des opérations d'assurance vie et de l'assurance de dommages corporels à l'exclusion des autres branches d'assurance non vie.

11. L'article L. 310-1 du Code des assurances liste trois types d'opérations d'assurance :
1° l'assurance vie ;
2° l'assurance des dommages corporels (accident et maladie) ;
3° l'assurance d'autres dommages.

12. La classification opposant les assurances vie (1°) et non vie (2° et 3°) est par conséquent complétée par une seconde classification opposant les assurances de personnes (1° et 2°) et les assurances de dommages (3°). Il est possible à un même organisme d'assurance de pratiquer simultanément les risques prévus au 1° et 2° de l'article L. 310-1 du Code des assurances. Trois types d'organismes peuvent ainsi être distingués selon leur activité :
- les entreprises vie qui pratiquent les opérations énoncées au 1° de l'article L. 310-1 du Code des assurances, à savoir qui contractent des engagements dont l'exécution dépend de la durée de la vie humaine, s'engagent à verser un capital en cas de mariage ou de naissance d'enfants, ou font appel à l'épargne en vue de la capitalisation et contractent à cet effet des engagements déterminés ;

- les entreprises non vie qui pratiquent les opérations énoncées aux 2° et 3° de l'article L. 310-1 du Code des assurances, à savoir les risques de dommages corporels liés aux accidents et à la maladie ainsi que les autres risques de dommages (assurance de choses et de responsabilité) ;
- les entreprises « mixtes » qui sont autorisées à exercer simultanément les opérations mentionnées aux 1° et 2° de l'article L. 310-1. Ces entreprises sont ainsi en mesure d'exercer à la fois l'assurance vie et les assurances maladie et accidents corporels. Cependant, afin de protéger les intérêts des assurés, ces entreprises doivent gérer distinctement les risques vie et les risques non vie (C. assur., art. L. 341-1) et art. 310-3 du règlement de l'Autorité des normes comptables n° 2015-11 du 26 novembre 2015) relatif aux comptes annuels des entreprises d'assurance).

B ▪ Les entreprises pratiquant l'assurance et celles pratiquant la réassurance

13. En application de la directive 2005/68/CE du 16 novembre 2005 relative à la réassurance refondue par la directive 2009/138/CE du 25 novembre 2009 sur l'accès aux activités de l'assurance et de la réassurance et leur exercice (solvabilité 2), le Code des assurances définit l'activité de réassurance ainsi que les entreprises habilitées à exercer cette activité en France et dans l'Espace économique européen.

14. L'article R. 322-4-1 du Code des assurances énonce un principe de spécialité pour les entreprises de réassurance puisqu'elles doivent limiter leur objet à cette activité et aux activités liées. Cependant, ce principe n'interdit pas aux entreprises d'assurance directe de pratiquer les opérations de réassurance.

§ 3 ▪ Le caractère civil ou commercial des entreprises d'assurance

15. Il est possible de classer les entreprises d'assurance selon leur caractère civil ou commercial.La société anonyme d'assurance relève du droit commun des sociétés commerciales sous réserve des règles dérogatoires prévues dans le Code des assurances.

16. Les entreprises à caractère mutuel (sociétés d'assurance mutuelles, mutuelles d'assurance du Code de la mutualité) ainsi que les organismes relevant du Code de la Sécurité sociale sont en revanche des personnes morales à caractère civil. En conséquence, ces organismes ne peuvent pas détenir un fonds de commerce et ne sont pas inscrits au registre du commerce sauf pour celles qui émettent des titres subordonnés.

Section 2 ▪ Les sociétés

§ 1 ▪ Les sociétés anonymes d'assurance

A ▪ Des sociétés par principe régies par le Code de commerce

17. Les sociétés anonymes d'assurance sont des personnes morales ayant la qualité de commerçant, à but lucratif, qui relèvent du droit commun des sociétés commerciales sous réserve des règles dérogatoires prévues par le Code des assurances. Elles sont par conséquent régies par le Code de commerce.

B ▪ Les dérogations au droit commun prévues par le Code des assurances

1 ▪ Les dérogations en matière de constitution de la société anonyme d'assurance

a - L'agrément

18. Contrairement aux sociétés anonymes de droit commun, les sociétés anonymes d'assurance doivent détenir une autorisation administrative appelée agrément pour être autorisées à exercer l'activité d'assurance.

19. Par ailleurs, la société anonyme d'assurance poursuit un objet social limité par l'agrément. Elle ne peut exercer d'autres opérations que celles mentionnées dans son agrément ainsi que celles qui en découlent directement. En revanche, toute autre activité lui est interdite (C. assur., art. L. 322-2-2 et R. 322-2). Cette limitation, commune à de nombreuses activités réglementées est justifiée par la protection des intérêts des assurés. En effet, la totalité du patrimoine et des ressources de l'entreprise doit être consacrée à l'activité pour laquelle elle a été agréée et non à d'autres activités génératrices d'autres risques.
La loi n° 2013-504 du 14 juin 2013 relative à la sécurisation de l'emploi adoptée suite à l'ANI, a précisé à cet effet que la mise en œuvre sociale qui se traduit par des « réalisations sociales collectives » ne peut être effectuée par l'entreprise d'assurance.

b - Le capital social

i. Le montant minimal du capital social

20. Selon l'article R. 322-5 du Code des assurances, les entreprises françaises constituées sous la forme de société anonyme doivent avoir un capital social, non compris les apports en nature, au moins égal à 800 000 € ou à 480 000 € selon les branches d'assurance pratiquées.

21. Le capital social doit être au moins égal à 800 000 € pour pratiquer les opérations entrant dans les branches suivantes : responsabilité civile véhicules terrestres à moteur, responsabilité des véhicules aériens, maritimes, lacustres et fluviaux, responsabilité civile générale, crédit, caution, vie-décès, nuptialité-natalité, assurances liées à des fonds d'investissement, capitalisation, gestion de fonds collectifs ainsi que toute opération à caractère collectif.

22. Les sociétés anonymes d'assurance doivent, pour pratiquer des opérations entrant dans d'autres branches que celles énumérées au paragraphe précédent, avoir un capital social, non compris les apports en nature, au moins égal à 480 000 €.

23. Il convient de noter toutefois que ce niveau d'exigence en capital est théorique. L'Autorité de contrôle prudentiel et de résolution a toute latitude de demander un capital social plus élevé lors de l'agrément ou en cours de vie de l'entreprise. En effet, l'entreprise d'assurance doit être en mesure à tout moment de faire face à ses engagements à l'égard des preneurs d'assurance ce qui pourrait se traduire par des exigences plus élevées de l'Autorité en matière de fonds propres.

24. Par ailleurs, le capital social n'est qu'un élément variable de ceux constituant les fonds propres et pris en considération pour la constitution de la marge de solvabilité de l'entreprise. En conséquence, plus les autres éléments sont limités, plus le montant du capital social requis sera élevé.

ii. La mention du capital social

25. Selon les dispositions du Code des assurances et du Code de commerce, le montant du capital social doit apparaître clairement sur les documents présentés au public par l'entreprise (C. assur., art. R. 322-9). Les prospectus, affiches, circulaires, notices, annonces ou documents quelconques, ainsi que les polices émises par les sociétés anonymes doivent indiquer au-dessous de la mention du capital social, la portion du capital social déjà versée.

2 ▪ Les dérogations en matière de fonctionnement de la société anonyme d'assurance

a - Le changement d'actionnariat

26. Les modifications dans la répartition du capital des entreprises d'assurance et de réassurance doivent être notifiées à l'Autorité de contrôle prudentiel et de résolution (C. assur., art L. 322-4). En particulier, conformément à l'article R. 322-11-1 du Code des assurances, toute opération de prise, d'extension ou de cession de participation, directe ou indirecte, dans une société anonyme d'assurance ou de réassurance, qui a pour effet de faire acquérir ou perdre une participation à une personne, agissant seule ou de concert avec d'autres personnes doit préalablement à sa réalisation, faire l'objet d'une notification auprès de l'Autorité de contrôle prudentiel et de résolution (ACPR) lorsque l'une des deux conditions suivantes est remplie :

- la fraction des droits de vote détenue par la personne concernée passe à l'issue de l'opération en dessous ou au-dessus des seuils du dixième, du cinquième, du tiers ou de la moitié ;
- l'entreprise d'assurance ou de réassurance devient ou cesse d'être, à la suite de l'opération de prise de participation, filiale de la ou des personne(s) concernée(s).

L'Autorité de contrôle prudentiel et de résolution procède à une évaluation de l'opération selon un certain nombre de critères définis par l'article R. 322-11-2 du Code des assurances relatifs notamment à la solidité financière du candidat et à la pérennité de l'entreprise. À cet effet, l'autorisation peut être subordonnée au respect de certains engagements. Ce régime de contrôle de l'identité des actionnaires en cours de vie de l'entreprise est le corollaire du contrôle fait lors de l'agrément.

b - Dispense de constitution et de dotation d'une réserve légale

27. Contrairement aux sociétés commerciales de droit commun, les sociétés anonymes d'assurances ne sont pas tenues de constituer et de doter un compte de réserve légale à concurrence de 10 % du montant du capital social. Cette dérogation se justifie par le fait que les entreprises d'assurances sont soumises à des obligations prudentielles plus strictes notamment la constitution d'une marge de solvabilité.

c - La publication annuelle des modalités de répartition de la participation aux bénéfices

28. Les entreprises mentionnées au 1° de l'article L. 310-2 et au 1° du III de l'article L. 310-1-1 du Code des assurances communiquent à l'Autorité de contrôle prudentiel et de résolution, au minimum tous les douze mois, l'identité des actionnaires ou associés qui possèdent, directement ou indirectement, au moins 10 % des droits de vote ou du capital de l'entreprise ainsi que le montant de ces participations, tel qu'il résulte notamment des données communiquées à l'assemblée générale annuelle des actionnaires ou associés, ou des obligations d'information des sociétés cotées sur un marché reconnu.

§ 2 ▪ Les sociétés d'assurance mutuelles

A ▪ Les caractéristiques propres aux sociétés d'assurance mutuelles

1 ▪ Un objet unique : assurer les risques apportés par les sociétaires

29. Contrairement aux sociétés anonymes d'assurance qui sont constituées dans un but lucratif, les sociétés d'assurance mutuelles ne constituent pas des personnes morales ayant la qualité de commerçant mais des sociétés civiles sans but lucratif.

30. Selon l'article L. 322-26-1 du Code des assurances, les sociétés d'assurance mutuelles ont un objet non commercial. Elles sont constituées pour assurer les risques apportés par leurs sociétaires. Moyennant le paiement d'une cotisation fixe ou variable, elles garantissent à ces derniers le règlement intégral des engagements qu'elles contractent.

31. Le sociétaire de la société d'assurance mutuelle a ainsi deux qualités indissociables et nécessaires : la qualité de membre et celle de preneur d'assurance. En conséquence, le sociétaire ne peut avoir la qualité de membre sans avoir celle de preneur d'assurance ni prendre un contrat d'assurance sans être membre de la société d'assurance mutuelle.

32. Cependant, il existe quelques cas marginaux où le preneur d'assurance n'a pas la qualité de membre de la société d'assurance mutuelle. Ces cas peuvent résulter mécaniquement de quelques dispositions légales. C'est notamment la situation en cas de décès ou de cession d'un bien assuré et auquel cas l'assurance se poursuit au profit des héritiers ou du cessionnaire pendant un certain délai.

33. Dans ces cas, la qualité de membre n'est pas acquise au preneur d'assurance. En effet, la qualité de sociétaire nécessite un acte volontaire d'adhésion et l'acceptation de cette adhésion par la société. Généralement, les statuts des sociétés d'assurance mutuelles comportent des stipulations spécifiques à cet égard.

2 ▪ Une garantie moyennant une cotisation fixe ou variable prévue dans les statuts

a - Une cotisation fixe ou variable prévue par les statuts

34. Selon l'article L. 322-26-1 du Code des assurances, en contrepartie du paiement d'une cotisation fixe ou variable, les sociétés d'assurances mutuelles garantissent à leurs sociétaires le règlement intégral des engagements qu'elles contractent.

35. Les statuts de la société d'assurance mutuelle mentionnent si les cotisations sont fixes ou variables. Toutefois les sociétés d'assurance mutuelles pratiquant des opérations d'assurance sur la vie ou la capitalisation ne peuvent recevoir des cotisations variables (C. assur., art. L. 322-26-1).

36. Dans le cadre d'une société à cotisation fixe, le sociétaire ne peut être tenu en aucun cas de verser davantage que la cotisation inscrite sur sa police (C. assur., art. R. 322-71).

37. Dans le cadre d'une société à cotisations variables, le sociétaire ne peut être tenu en aucun cas de verser davantage que le montant maximal de cotisation indiqué sur sa police. Le montant maximal de cotisation ne peut être inférieur à une fois et demie le montant de cotisation normale nécessaire pour faire face aux charges probables résultant des sinistres et des frais de gestion. Le montant de la cotisation normale doit être indiqué sur les polices délivrées aux sociétaires. Les fractions du montant maximal de cotisation que les sociétaires peuvent avoir à verser en plus de la cotisation normale sont fixées par le conseil d'administration ou le directoire.

38. Une exception est prévue à l'article R. 322-65 du Code des assurances. Selon cet article, seule une délibération de l'assemblée générale de la société d'assurance mutuelle est autorisée à augmenter le montant des cotisations des sociétaires en cas d'accroissement des impôts et taxes dont la récupération sur les sociétaires n'est pas interdite.

b - Le passage de cotisation fixe à une cotisation variable

39. Le Code des assurances (art. R. 322-65) prévoit la possibilité de remplacer une cotisation fixe par une cotisation variable. L'assemblée générale est habilitée à délibérer pour modifier les statuts afin de remplacer une cotisation fixe par une cotisation variable. La modification des statuts en ce sens ne peut avoir lieu qu'après la notification du projet de modification aux sociétaires. Ceux-ci ont alors un mois à compter de cette notification pour résilier leur contrat. Les statuts peuvent prévoir que le remplacement d'une cotisation fixe par une cotisation variable est interdit.

B ▪ La constitution des sociétés d'assurance mutuelles

1 ▪ La nécessité de constituer un fonds d'établissement

a - Un fonds d'établissement en guise de capital social

i. Un fonds d'établissement constitué à partir du versement par les sociétaires de « droits d'adhésion »

40. Les sociétés d'assurance mutuelles fonctionnent sans capital social (C. assur., art. L. 322-26-1). Pour pallier l'absence de capital social, les sociétés d'assurance mutuelles doivent constituer des fonds d'établissement d'un montant qui varie entre 240 000 € et 400 000 € selon les branches d'assurances pour lesquelles l'agrément est demandé (C. assur., art. R. 322-44).

41. Selon l'article L. 322-26-4, les formes particulières de sociétés d'assurance mutuelles, telles les sociétés à forme tontinière et les sociétés ou caisses d'assurance et de réassurance mutuelles agricoles, doivent disposer d'un fonds d'établissement.

42. Le fonds d'établissement tient lieu pour la société d'assurance mutuelle d'un véritable capital social.

ii. Le montant du fonds, variable selon la branche d'activité de la société d'assurance mutuelle

43. Selon les dispositions de l'article R. 322-44 du Code des assurances, les sociétés d'assurance mutuelles doivent avoir un fonds d'établissement au moins égal à 400 000 € pour pratiquer les opérations suivantes : réassurance, responsabilité civile véhicules terrestres à

moteur, responsabilité des véhicules aériens, maritimes, lacustres et fluviaux, responsabilité civile générale, crédit, caution, vie-décès, nuptialité-natalité, assurances liées à des fonds d'investissement, capitalisation, gestion de fonds collectifs.

44. Les sociétés d'assurance mutuelles doivent disposer de fonds d'investissement au moins égal à 240 000 € pour pratiquer les autres branches d'assurance mentionnées à l'article R. 321-1 du Code des assurances.

b - La possibilité de prévoir des fonds sociaux complémentaires par emprunt

45. Les projets de statuts peuvent prévoir la constitution d'un fonds social complémentaire destiné à procurer à la société des éléments de solvabilité dont elle doit disposer pour satisfaire à la réglementation en vigueur. Ce fonds est alimenté par des emprunts contractés en vue de financer un plan d'amélioration de l'exploitation ou un plan de développement à moyen ou long terme (C. assur., art. R. 322-49).

46. Dès lors que des fonds sociaux complémentaires sont prévus dans les statuts, les sociétaires sont dans l'obligation de souscrire aux emprunts.

47. Il convient de se reporter à l'article R. 322-80-1 du Code des assurances pour connaître dans quelles conditions le recours à l'emprunt par la société d'assurance mutuelle est autorisé. Tout emprunt destiné à la constitution et à l'alimentation du fonds social complémentaire doit être autorisé par l'assemblée générale et faire l'objet d'une résolution spéciale. La résolution détermine quels sociétaires doivent souscrire à l'emprunt. Cette obligation ne peut pas porter sur les sociétaires déjà adhérents de la société au moment où les statuts ont été modifiés. La participation des sociétaires déjà adhérents de la société au moment où celle-ci décide d'émettre un emprunt ne peut pas dépasser 10 % de leur cotisation annuelle.

48. La teneur de la résolution spéciale doit alors être soumise à l'approbation de l'Autorité de contrôle prudentiel et de résolution. Celle-ci se prononce après avoir étudié le plan d'amélioration de l'exploitation ou le plan de développement élaboré par la société d'assurance mutuelle et qui justifie la nécessité d'un emprunt. Le plan doit être joint en annexe à la résolution spéciale envoyée pour approbation à l'ACPR. À compter du dépôt du projet de résolution, l'ACPR dispose d'un délai de deux mois pour se prononcer. Son silence au-delà du délai de deux mois équivaut à une autorisation implicite de la résolution spéciale. Une fois que le recours à l'emprunt a été autorisé par l'ACPR, l'emprunt est souscrit auprès des sociétaires. En échange, ceux-ci se voient remettre des titres.

49. Par la suite, la société est tenue de donner aux sociétaires des informations concernant l'emprunt. Chaque année, la société se doit d'informer chaque sociétaire du montant et de l'échéance de sa créance au titre de l'emprunt pour fonds social complémentaire.

c - La possibilité d'émettre des titres

i. Les obligations, titres participatifs et titres subordonnés

50. Les sociétés d'assurance mutuelles, les caisses d'assurance et de réassurance mutuelles agricoles sont autorisées par le Code des assurances (art. L. 322-2-1) à émettre des obligations, des titres participatifs et titres subordonnés dans les conditions prévues par le Code de commerce.

51. Face aux besoins en fonds propres des sociétés d'assurance mutuelle et eu égard à leur statut, la faculté d'emprunt reconnue à la société d'assurance mutuelle s'est développée progressivement. Dans un premier temps le recours à des titres participatifs a été offert aux sociétés d'assurance mutuelles par la loi du 23 décembre 1988 (l. n° 88-1201). Depuis le décret du 23 juillet 1992, les sociétés d'assurance mutuelles peuvent émettre des titres subordonnés. Enfin, la loi du 12 avril 1996 (l. n° 96-314) a permis aux sociétés d'assurance mutuelles d'émettre des obligations.

52. Préalablement à l'émission d'obligations, de titres participatifs ou de titres subordonnés, toute société ou caisse concernée doit être inscrite au registre du commerce et des sociétés.

53. Selon l'article L. 322-2-1 du Code des assurances, pour émettre des titres, les sociétés d'assurance mutuelle doivent respecter les dispositions prévues à cet effet pour les sociétés commerciales et codifiées aujourd'hui dans le Code de commerce.
L'émission peut être effectuée par offre au public. Dans ce cas, l'émission est soumise au contrôle de l'Autorité des marchés financiers (AMF) dans les conditions prévues par le Code monétaire et financier.
L'assemblée générale des sociétaires est seule habilitée à fixer les caractéristiques essentielles de l'émission d'obligations, de titres participatifs ou de titres subordonnés. Elle peut toutefois déléguer au conseil d'administration ou au directoire, dans le cadre ainsi défini, les pouvoirs nécessaires pour en arrêter les modalités pratiques. Il est rendu compte par le conseil d'administration ou par le directoire à la plus prochaine assemblée générale de l'exercice de cette délégation. Les contrats d'émission ne peuvent en aucun cas avoir pour but de privilégier une catégorie de sociétaires, des personnes qui sont liées à la société par un contrat de travail, des dirigeants de droit ou de fait de celle-ci ou toute autre personne. Les contrats conclus en violation de cette disposition sont frappés de nullité absolue.

54. Selon les dispositions de l'article R. 322-79 du Code des assurances, l'émission de titres doit non seulement être autorisée par l'assemblée générale des sociétaires, mais aussi faire l'objet d'une résolution spéciale dont le contenu est préalablement soumis à l'approbation de l'ACPR. Le rôle de l'Autorité est de veiller à la sauvegarde des intérêts des assurés. L'ACPR se prononce après avoir étudié le dossier détaillé devant être présenté par la société d'assurance mutuelle. Ce dossier doit comporter une présentation détaillée des objectifs poursuivis par la société d'assurance mutuelle, les caractéristiques des titres émis et les conséquences financières de l'émission.
Le silence de deux mois de l'ACPR suivant le dépôt du dossier équivaut à une autorisation. Par conséquent, la résolution de l'assemblée des actionnaires est définitivement adoptée. L'émission des titres peut avoir lieu en une ou plusieurs fois dans le délai de quinze mois.
La position de l'ACPR tient compte de la situation financière de la société et le refus de l'emprunt serait exceptionnel. On imagine mal en effet l'ACPR refuser un emprunt destiné à améliorer la marge de solvabilité ou financer le développement de l'activité sauf si les conditions d'un tel emprunt sont exorbitantes.
Les sociétaires doivent être informés par le conseil d'administration de la mise en œuvre de la résolution à la prochaine assemblée générale suivant l'émission des titres.

ii. Les certificats mutualistes

55. La loi n° 2014-856 du 31 juillet 2014 (JO 1er août) relative à l'économie sociale et solidaire a instauré un nouvel instrument financier afin de permettre aux sociétés d'assurance mutuelle, aux mutuelles et aux institutions de prévoyance d'alimenter leur fonds d'établissement.

56. Les certificats mutualiste, dont le régime a été précisé par le décret n° 2015-204 du 23 février 2015 (JO 25 février), sont un outil financier destiné au renforcement des fonds propres

des organismes mutualistes afin de satisfaire les exigences prudentielles renforcées depuis la transposition de la directive dite « Solvabilité 2 ». A cet effet, les certificats mutualistes doivent respecter certaines caractéristiques (Sénat, session ordinaire de 2013-2014, Avis présenté au nom de la commission des finances sur le projet de loi relatif à l'économie sociale et solidaire, par M. Jean Germain, sénateur) :
- la « permanence », ce qui implique que l'émetteur ne soit pas obligé de les rembourser ou de racheter les titres ;
- la capacité d'absorber les pertes enregistrées par l'émetteur ;
- la rémunération discrétionnaire, laissée à l'appréciation de l'émetteur et décidée en fonction de sa solvabilité.

57. La souscription des certificats mutualistes n'est possible que pour un nombre restreint de personnes, ils ne peuvent être émis par les sociétés d'assurance mutuelles qu'auprès (C. assur., art. L. 322-26-8) :
- de leurs sociétaires ;
- des sociétaires ou assurés des entreprises appartenant au même groupe d'assurance ainsi qu'auprès de ces entreprises ;
- de sociétés d'assurance mutuelles, de sociétés de groupe d'assurance mutuelles, de mutuelles et unions régies par le Livre II du Code de la mutualité, d'unions mutualistes de groupe mentionnées à l'article L. 111-4-2 du même code, d'institutions ou d'unions de prévoyance régis par le Titre 3 du Livre 9 du Code de la sécurité sociale et des sociétés de groupe assurantiel de protection sociale mentionnées à l'article L. 931-2-2 du même code.

58. Les sociétés d'assurance mutuelle peuvent procéder à une offre au public d'émission de certificats mutualistes définie pour les titres financiers au Chapitre Ier du Titre Ier du Livre IV du Code monétaire et financier. L'article 212-38-2 du règlement général de l'Autorité des marchés financiers prévoit que l'offre au public des certificats mutualistes fait l'objet d'un prospectus décrivant les caractéristiques de l'émission et celles des certificats et comprenant notamment une présentation de la société émettrice et le cas échéant du groupe auquel elle appartient.

59. Dans tous les cas, le Code des assurances met à la charge de la société émettrice une obligation d'information relative à ces certificats mutualistes, qui doivent présenter un contenu exact, clair et non trompeur. Les communications à caractère publicitaire doivent être clairement identifiées comme telles. La raison d'être d'une telle obligation est de permettre aux souscripteurs de recevoir préalablement à la souscription, les informations leur permettant raisonnablement de comprendre la nature des certificats mutualistes proposés ainsi que les risques et inconvénients y afférents, afin d'être en mesure de prendre leurs décisions d'investissement en connaissance de cause.

60. Lorsque les souscripteurs des certificats mutualistes sont des personnes physiques, la société émettrice est tenue de préciser les exigences et les besoins exprimés par ces personnes ainsi que les raisons qui motivent le conseil fourni quant à l'investissement proposé. Ces précisions, qui reposent en particulier sur les éléments d'information communiqués par ces personnes sur leur situation financière et leurs objectifs de souscription, sont adaptées aux spécificités des certificats mutualistes.

61. L'ensemble de ces précautions prévues par le législateur est motivé par la nature même des certificats mutualistes qui en fait un investissement risqué et contraignant. En effet, les certificats mutualistes ne comportent pas de date d'échéance et ne sont remboursables qu'en cas de liquidation de l'émetteur et après complet désintéressement de l'ensemble des créanciers, privilégiés, chirographaires et subordonnés. En outre, les possibilités de rachat de ces titres sont très limitées et strictement encadrées.

62. L'émission de certificats mutualistes doit être autorisée par l'assemblée générale de la société émettrice dont la résolution doit être soumise à l'approbation de l'ACPR. L'Autorité se prononce en veillant à la sauvegarde des intérêts des membres participants et bénéficiaires. A l'expiration d'un délai de deux mois, en l'absence de décision expresse de l'Autorité, l'autorisation est réputée accordée. En cas de décision expresse, celle-ci est communiquée à l'assemblée générale (C. assur., art. R. 322-79).

2 ▪ Les formalités de constitution de la société d'assurance mutuelle

a - Le projet des statuts

63. En vertu de l'article R. 322-47 du Code des assurances, les projets de statuts doivent contenir un nombre important de mentions obligatoires :
- le projet doit indiquer l'objet, la durée, le siège, la dénomination de la société et la circonscription territoriale de ses opérations, déterminer le mode et les conditions générales suivant lesquels sont contractés les engagements entre la société et les sociétaires, et préciser les branches d'assurance garanties directement ou acceptées en réassurance ;
- il doit fixer le nombre minimal d'adhérents, qui ne peut être inférieur à 500. Il doit mentionner le montant minimal des cotisations versées par les adhérents au titre de la première période annuelle et préciser que ces cotisations doivent être intégralement versées préalablement à la déclaration notariée prévue à l'article R. 322-51 du Code des assurances ;
- le projet de document doit indiquer le mode de rémunération de la direction ou du directoire et, s'il y a lieu, des administrateurs ou des membres du conseil de surveillance en conformité des dispositions de l'article R. 322-55 du Code des assurances ;
- il doit prévoir la constitution d'un fonds d'établissement et préciser que le fonds d'établissement devra être intégralement versé en espèces préalablement à la déclaration notariée prévue à l'article R. 322-51 du Code des assurances (ou au dépôt des statuts en mairie pour les organismes mentionnés à l'article 1235 du Code rural) ;
- il doit préciser si, en vue de l'alimentation ultérieure du fonds d'établissement, chaque nouvel adhérent devra lors de la souscription du premier contrat d'assurance s'acquitter d'un droit d'entrée ou droit d'adhésion ;
- les projets de statuts doivent prévoir le mode de répartition des excédents de recettes. Enfin, le document doit prévoir, pour les sociétés pratiquant les opérations mentionnées aux 20 à 26 de l'article R. 321-1 du Code des assurances, le versement de cotisations fixes ;
- le projet des statuts peut prévoir la constitution d'un fonds social complémentaire alimenté par des emprunts (C. assur., art. R. 322-49).

b - La déclaration notariée des fondateurs

64. Lorsque les projets de statuts contiennent les différentes mentions obligatoires prévues par le Code des assurances (C. assur, art. R. 322-47 à R. 322-50), les fondateurs ou leur chargés de pouvoir le constatent devant notaire. Cette phase donne lieu à une déclaration notariée.

65. À cette déclaration notariée seront annexés les documents suivants (listés à l'article R. 322-51 du Code des assurances) :
- la liste nominative dûment certifiée des adhérents contenant leurs noms, prénoms, qualité et domicile, et s'il y a lieu, la dénomination et le siège social des sociétés adhérentes, le montant des valeurs assurées par chacun d'eux et le montant de leurs cotisations ;
- l'un des doubles de l'acte de société, s'il est sous seing privé, ou une expédition s'il est

notarié et s'il a été passé devant un notaire autre que celui qui reçoit la déclaration ; - l'état des cotisations versées par chaque adhérent ;
- l'état des sommes versées pour la constitution du fonds d'établissement ;
- un certificat du notaire constatant que les fonds ont été versés préalablement à la déclaration prévue au présent article.

c - Le Conseil d'administration nommé lors de la première assemblée générale

66. Suite à la déclaration notariée, les fondateurs doivent convoquer la première assemblée générale. Sa première mission est de vérifier la sincérité de la déclaration notariée. Dans un deuxième temps elle nomme les membres du premier conseil d'administration ou du premier conseil de surveillance. Dans un troisième temps, elle nomme pour la première année les commissaires aux comptes prévus par l'article R. 322-67 du Code des assurances.

67. L'article R. 322-64 du Code des assurances fixe la composition de l'assemblée générale constitutive et le mode de délibération.

d - Le procès verbal de séance constatant l'acceptation du Conseil d'administration

68. Lors de la première assemblée générale, le procès-verbal de la séance constate l'acceptation des membres du conseil d'administration et des commissaires présents à la réunion (C. assur., art. R. 322-52). Ce n'est qu'à la suite de cette acception que la société d'assurance mutuelle est définitivement constituée.

69. Il convient de noter cependant que cette constitution « administrative » n'est définitive qu'après l'obtention des agréments nécessaires pour l'exercice de l'activité d'assurance.

e - Publicité

70. Toute constitution de société d'assurance mutuelle est soumise à l'accomplissement de formalités de publicité. Ces formalités sont destinées à informer les tiers de la naissance de la société d'assurance mutuelle.

71. Une expédition de l'acte constitutif, de ses annexes et une copie certifiée des délibérations prises lors de la première assemblée générale est déposée en double exemplaire au greffe du tribunal de grande instance dans le ressort duquel le siège social est localisé, dans le mois de la constitution de la société. Ces mêmes documents doivent être déposés, dans le même délai, au ministère de l'Économie et des Finances (C. assur., art. R. 322-85).

72. Ces documents doivent être publiés dans le délai d'un mois à partir de la constitution de la société dans un journal d'annonces légales du département du siège social. Il est justifié de l'insertion par un exemplaire du journal certifié par l'imprimeur et enregistré dans les trois mois de sa date. L'extrait publié dans le journal d'annonces légales doit contenir un certain nombre d'informations concernant la société et listées dans le Code des assurances (C. assur., art. R. 322-87). Il doit contenir la dénomination sociale, l'indication du siège social, la désignation des personnes autorisées à gérer, administrer et signer pour la société, le nombre d'adhérents, le montant des cotisations versées au-dessous desquels la société ne pouvait être valablement constituée, la date de constitution, la date d'expiration et la date du dépôt au greffe du tribunal de grande instance. Le document indique également le montant et le mode de constitution du fonds d'établissement et, s'il y a lieu, le montant du droit d'entrée.

73. Les documents déposés au greffe du tribunal de grande instance sont librement consultables. Toute personne a le droit de prendre communication des pièces déposées au greffe du tribunal ou même de s'en faire délivrer une expédition (par le greffier ou par le notaire détenteur de la minute).

f - La nullité de la société en cas de manquement aux règles de constitution

74. L'ensemble des règles de constitution doit être respecté. Dans le cas contraire la sanction est la nullité de la société (C. assur., art. R. 322-90).

75. En cas d'annulation de la société, ni la société ni les sociétaires ne peuvent se prévaloir de la nullité vis-à-vis des tiers de bonne foi.

76. Lorsque la société est annulée, les fondateurs auxquels la nullité est imputable et les administrateurs ou les membres du directoire en fonction au moment où elle a été encourue sont responsables solidairement envers les tiers et envers les sociétaires du dommage résultant de cette annulation. Les actions en nullité se prescrivent par cinq ans.

77. En revanche il est prévu des cas empêchant l'action en nullité. Dès lors qu'une assemblée générale est convoquée pour couvrir la nullité, l'action en nullité n'est plus recevable à partir de la date de la convocation régulière de cette assemblée. De plus, l'action en nullité de la société est éteinte lorsque la cause de la nullité a cessé d'exister avant l'introduction de la demande ou avant le jour où le tribunal statue sur le fond en première instance.

78. L'action en responsabilité pour les faits dont la nullité résultait cesse également d'être recevable, lorsque la cause de la nullité a cessé d'exister, soit avant l'introduction de la demande, soit au jour où le tribunal statue sur le fond en première instance.

79. Par ailleurs, il convient de noter que la nullité d'une société en général, et d'une société d'assurance en particulier entraînerait des conséquences graves. C'est pour cette raison que la nullité d'une société d'assurance mutuelle est rigoureusement encadrée voir théorique dans la mesure où l'article R. 322-92 du Code des assurances prévoit qu'à compter de la notification de la décision de l'Autorité de contrôle prudentiel et de résolution accordant l'agrément administratif, seule cette autorité peut intenter l'action en nullité.

C ▪ Le fonctionnement de la société d'assurance mutuelle

1 ▪ Deux modes envisageables de gestion de la société d'assurance mutuelle

80. Deux modes de gestions sont envisageables dans les sociétés d'assurance mutuelles. Soit elles sont gérées par un conseil d'administration et une direction générale. Soit, depuis le décret n° 2005-7 du 3 janvier 2005, elles sont gérées par une structure de directoire et de conseil de surveillance.

a - Conseil d'administration et direction générale

i. Conseil d'administration

81. Lorsque la société est administrée par un conseil d'administration (C. assur., art. R. 322-53 et s.) celui-ci est composé de trois membres au moins. Ne sont pas compris dans ce nombre les membres élus par les salariés. Les statuts fixent le nombre maximum des membres du conseil.

82. Le conseil d'administration élit parmi ses membres un président qui est, à peine de nullité de la nomination, une personne physique. Le conseil peut décider de lui allouer une indemnité ou détermine le montant de sa rémunération. Le président est nommé pour une durée qui ne peut excéder celle de son mandat d'administrateur. Il est rééligible mais révocable à tout moment par le conseil d'administration. Toute disposition contraire est réputée non écrite.

83. Le rôle du président du conseil d'administration est d'organiser et diriger les travaux du conseil d'administration. Il doit rendre compte de l'accomplissement de ses missions à l'assemblée générale. Il veille au bon fonctionnement des organes de la société et s'assure, en particulier, que les administrateurs sont en mesure de remplir leur mission.

84. Le rôle du conseil d'administration est de déterminer les orientations de l'activité de la société et de veiller à leur mise en œuvre. Dans la limite de l'objet social, il se saisit de toute question intéressant la bonne marche de la société et règle par ses délibérations les affaires qui la concernent. Dans les rapports avec les tiers, la société est engagée même par les actes du conseil d'administration qui ne relèvent pas de l'objet social, à moins qu'elle ne prouve que le tiers savait que l'acte dépassait cet objet ou qu'il ne pouvait l'ignorer compte tenu des circonstances, étant exclu que la seule publication des statuts suffise à constituer cette preuve.

85. Le conseil d'administration procède de façon discrétionnaire à tous contrôles et vérifications qu'il juge opportuns. Le président ou le directeur général de la société est tenu de communiquer à chaque administrateur tous les documents et informations nécessaires à l'accomplissement de sa mission.

86. Le conseil d'administration peut conférer à un ou plusieurs de ses membres ou à des tiers, sociétaires ou non, tous mandats spéciaux pour un ou plusieurs objets déterminés.

87. Le conseil d'administration peut autoriser le directeur général à donner des cautions, avals ou garanties au nom de la société. Il peut limiter le montant des cautions, avals ou garanties que le directeur général sera autorisé à donner. Cette autorisation est limitée à un an. Une exception existe en matière fiscale et douanière. Le directeur général peut être autorisé à donner, à l'égard des administrations fiscales et douanières, des cautions, avals ou garanties au nom de la société, sans limite de montant. Si les cautions, avals ou garanties ont été donnés pour un montant supérieur à la limite fixée pour la période en cours, le dépassement ne peut être opposé aux tiers qui n'en ont pas eu connaissance.

ii. Direction générale

88. Conformément à la règle des « 4 yeux » introduite par l'ordonnance n° 2015-378 transposant la directive dite « Solvabilité 2 », les sociétés d'assurance mutuelle sont effectivement dirigées par 2 personnes au moins (C. assur., art. L. 322-3-2). Les personnes qui dirigent effectivement la société doivent répondre aux conditions de compétence et d'honorabilité prévues par le Code des assurances (C. assur., art. L. 322-2).

En vertu de l'article R. 322-168 du Code des assurances, la société est effectivement dirigée par le directeur général et le ou les directeurs généraux délégués. Le directeur général est une personne physique nommée par le conseil d'administration (C. assur., art. R. 322-53-2).
Cependant, si les statuts de la société le prévoient, la direction générale peut être assumée par le président du conseil d'administration. L'activité du directeur général est exercée sous le contrôle du conseil d'administration. Dans le cadre de sa mission, le directeur général est tenu de respecter les orientations arrêtées par le conseil.

89. Le décret n° 2015-513 du 7 mai 2015 pris pour l'application de l'ordonnance n°2015-378 transposant la directive dite « Solvabilité 2 » ajoute à cet article la possibilité pour le conseil d'administration, sur proposition du directeur général, de nommer une ou plusieurs personnes physiques chargées d'assister le directeur général délégué.
Lorsque les fonctions de président du conseil d'administration sont assumées par le directeur général, la société nomme au moins un directeur général délégué.
Les statuts fixent le nombre maximum des directeurs généraux délégués, lequel ne peut dépasser cinq.

90. Avant sa nomination, la personne pressentie pour exercer les fonctions de directeur général ou de directeur général délégué est tenue de déclarer l'ensemble des activités professionnelles et fonctions électives qu'elle entend conserver. Le conseil d'administration se prononce sur la compatibilité de la poursuite de l'exercice de ces activités ou fonctions avec les fonctions de directeur général ou de directeur général délégué. Ultérieurement, il se prononce également sur les autres activités ou fonctions que le directeur général ou de directeur général délégué entend exercer.

91. Le directeur général est révocable à tout moment par le conseil d'administration. Il en est de même, sur proposition du directeur général, des directeurs généraux délégués. Cependant, si la révocation est décidée sans juste motif, elle peut donner lieu à dommages et intérêts sauf lorsque le directeur général assume les fonctions de président du conseil d'administration. Dans le cas où le directeur général aurait conclu avec la société un contrat de travail, sa révocation n'a pas pour effet de résilier ce contrat.

92. Le directeur général est investi des pouvoirs les plus étendus pour agir en toutes circonstances au nom de la société. Il exerce ces pouvoirs dans la limite de l'objet social. Il ne peut pas exercer les missions réservées par la loi à l'assemblée générale et au conseil d'administration.
Il représente la société dans ses rapports avec les tiers. La société est engagée même par les actes du directeur général qui ne relèvent pas de l'objet social. En revanche si la société prouve que le tiers savait que l'acte dépassait cet objet ou qu'il ne pouvait l'ignorer compte tenu des circonstances, la société n'est pas engagée par les actes dépassant l'objet social.
Les dispositions des statuts ou les décisions du conseil d'administration limitant les pouvoirs du directeur général sont inopposables aux tiers.

93. En accord avec le directeur général, le conseil d'administration détermine l'étendue et la durée des pouvoirs conférés aux directeurs généraux délégués. Ces derniers disposent, à l'égard des tiers, des mêmes pouvoirs que le directeur général.

b - Conseil de surveillance et Directoire

i. Le conseil de surveillance

94. Lorsque le contrôle de la société est confié à un conseil de surveillance (C. assur., art. R. 322-54) celui-ci est composé de trois membres au moins. Le nombre maximum des membres du conseil est fixé par les statuts. Le conseil de surveillance ne peut dépasser dix-huit membres. Ne sont pas pris en compte dans ce nombre les membres élus par les salariés.

95. Le conseil de surveillance élit en son sein un président et au moins un vice-président. Ils sont chargés de convoquer le conseil et d'en diriger les débats. À peine de nullité de leur nomination, le président et le vice-président du conseil de surveillance sont des personnes physiques. Ils exercent leurs fonctions pendant la durée du mandat du conseil de surveillance. Ils sont rééligibles.

96. Aucun membre du conseil de surveillance ne peut faire partie du directoire. Si un membre du conseil de surveillance est nommé au directoire, son mandat au conseil prend fin dès son entrée en fonction.

97. Le conseil de surveillance exerce le contrôle permanent de la gestion de la société par le directoire. Les statuts peuvent subordonner à l'autorisation préalable du conseil de surveillance la conclusion des opérations qu'ils listent. Toutefois, la cession d'immeubles par nature, la cession totale ou partielle de participations, la constitution de sûretés, ainsi que les cautions, avals et garanties doivent faire l'objet d'une autorisation du conseil de surveillance.

98. À toute époque de l'année, le conseil de surveillance a la faculté d'opérer de façon discrétionnaire les vérifications et les contrôles qu'il juge opportuns. Il peut se faire communiquer les documents qu'il estime utiles à l'accomplissement de sa mission. Une fois par trimestre au moins, le directoire envoie au conseil de surveillance un rapport sur la marche de la société. Après la clôture de chaque exercice et dans un délai de trois mois, le conseil de surveillance vérifie et contrôle les comptes annuels présentés par le directoire. Lors de l'assemblée générale annuelle, le conseil de surveillance présente ses observations sur le rapport du directoire ainsi que sur les comptes de l'exercice.

ii. Le Directoire

99. Le directoire est composé de deux à cinq membres au plus (C. assur., art. R. 322-54-2). Le nombre des membres du directoire est fixé par les statuts ou, à défaut, par le conseil de surveillance. Les membres du directoire sont nommés par le conseil de surveillance qui confère à l'un d'eux la qualité de président. En vertu de l'article R. 322-168 du Code des assurances, les membres du conseil de surveillance sont les dirigeants effectifs de la société.

100. Les statuts déterminent la durée du mandat des membres du directoire dans les limites comprises entre deux et six ans. À défaut de disposition statutaire, la durée du mandat est de quatre ans. En cas de vacance, le remplaçant est nommé pour le temps qui reste à courir jusqu'au renouvellement du directoire.

101. Avant sa nomination, la personne pressentie pour exercer les fonctions de membre du directoire est tenue de déclarer l'ensemble des activités professionnelles et fonctions électives qu'elle entend conserver. Le conseil de surveillance se prononce sur la compatibilité de la poursuite de l'exercice de ces activités ou fonctions avec les fonctions de membre du directoire. Ultérieurement, il se prononce également sur les autres activités ou fonctions que le membre du directoire entend exercer.

102. Les membres du directoire peuvent être révoqués par l'assemblée générale ainsi que par le conseil de surveillance si les statuts prévoient cette dernière possibilité. Si la révocation est décidée sans juste motif, elle peut donner lieu à dommages et intérêts. Au cas où l'intéressé aurait conclu avec la société un contrat de travail, la révocation de ses fonctions de membre du directoire n'a pas pour effet de résilier ce contrat.

103. Si un siège de membre du directoire est vacant, le conseil de surveillance doit le pourvoir dans le délai de deux mois. À défaut, tout intéressé peut demander au président du tribunal de grande instance, statuant en référé, de procéder à cette nomination, à titre provisoire. La personne ainsi nommée peut, à tout moment, être remplacée par décision du conseil de surveillance.
Le directoire exerce ses fonctions sous le contrôle du conseil de surveillance. Il est investi des pouvoirs les plus étendus pour agir en toutes circonstances au nom de la société mais dans la limite de l'objet social.

104. Dans les rapports avec les tiers, la société est engagée même par les actes du directoire qui ne relèvent pas de l'objet social. La société n'est pas engagée si elle prouve que le tiers savait que l'acte dépassait cet objet ou qu'il ne pouvait l'ignorer compte tenu des circonstances.

105. Les dispositions des statuts limitant les pouvoirs du directoire sont inopposables aux tiers. Le directoire délibère et prend ses décisions dans les conditions fixées par les statuts.

106. Une fois par trimestre au moins, le directoire présente un rapport sur la marche de la société au conseil de surveillance. Après la clôture de chaque exercice et dans un délai de trois mois, le directoire lui présente, aux fins de vérification et de contrôle, les comptes annuels.

107. Le président du directoire représente la société dans ses rapports avec les tiers. Toutefois, les statuts peuvent habiliter le conseil de surveillance à attribuer le même pouvoir de représentation à un ou plusieurs autres membres du directoire, qui portent alors le titre de directeur général. Les dispositions des statuts qui limitent le pouvoir de représentation de la société sont inopposables aux tiers.

108. Sauf clause contraire des statuts, les membres du directoire peuvent, avec l'autorisation du conseil de surveillance, répartir entre eux les tâches de la direction. Toutefois, cette répartition ne peut en aucun cas avoir pour effet de retirer au directoire son caractère d'organe assurant collégialement la direction de la société.

109. Lorsqu'une opération exige l'autorisation du conseil de surveillance et que celui-ci la refuse, le directoire peut soumettre le différend à l'assemblée générale des sociétaires qui décide de la suite à donner au projet.

2 ▪ L'assemblée générale

a - Les pouvoirs dévolus à l'assemblée générale

110. L'assemblée générale délibérante peut modifier les statuts dans toutes leurs dispositions. Elle ne peut, toutefois, ni changer la nationalité de la société, ni réduire ses engagements, ni augmenter les engagements des sociétaires résultant des contrats en cours, sauf en cas d'accroissement des impôts et taxes dont la récupération sur les sociétaires n'est pas interdite.

111. L'assemblée générale ne délibère valablement que si le nombre de ses membres présents, représentés ou ayant fait usage de la faculté de vote par correspondance lorsque celle-ci est prévue par les statuts, est au moins égal au tiers du total des membres. Si, lors de la première convocation, l'assemblée générale n'a pas réuni le quorum requis, une seconde assemblée générale peut être convoquée.

112. Toute modification des statuts est portée à la connaissance des sociétaires soit par remise du texte contre reçu, soit par pli recommandé, soit, au plus tard, avec le premier avis d'échéance ou récépissé de cotisations qui leur est adressé. Cette modification est également mentionnée sur les avenants aux contrats en cours. Les modifications des statuts non notifiées à un sociétaire selon les formes prévues par les textes, ne lui sont pas opposables.

113. L'assemblée générale nomme pour six exercices un ou plusieurs commissaires aux comptes. Les personnes suivantes ne peuvent pas être nommées commissaires aux comptes :
1° les fondateurs et administrateurs, membres du conseil de surveillance ou membres du directoire de la société, ainsi que leurs parents et alliés jusqu'au quatrième degré inclusivement ;
2° les personnes et les conjoints des personnes qui reçoivent de celles mentionnées au 1° ou de la société un salaire ou une rémunération quelconque à raison de fonctions autres que celle de commissaire aux comptes ;
3° les sociétés de commissaires dont l'un des associés se trouve dans une des situations prévues au 1° ou 2°.

114. Les commissaires aux comptes ne peuvent être nommés administrateurs, membres du conseil de surveillance ou membres du directoire ou directeurs des sociétés qu'ils contrôlent moins de cinq années après la cessation de leurs fonctions. La même interdiction est applicable aux associés d'une société de commissaires aux comptes.

b - La composition de l'assemblée générale

115. Les articles R. 322-58 et suivants du Code des assurances déterminent les conditions relatives à la composition, les compétences et le fonctionnement de l'assemblée générale.

116. Les statuts déterminent la composition de l'assemblée générale. Cette dernière se compose soit de tous les sociétaires à jour de leurs cotisations, soit de délégués élus par ces sociétaires. Pour l'application de cette seconde faculté, les sociétaires peuvent être répartis en groupements suivant la nature du contrat souscrit ou selon des critères régionaux ou professionnels. Le nombre de ces délégués ne peut être inférieur à cinquante.

117. On voit bien que seuls les « sociétaires » peuvent être présents ou représentés à l'assemblée générale ce qui peut soulever quelques difficultés notamment pour les preneurs d'assurance non sociétaires ou pour les souscripteurs de contrats collectifs. Il est par conséquent primordial que les statuts définissent avec précision le terme « sociétaire » ainsi que les conditions de participation aux assemblées générales.

118. Les statuts peuvent rendre applicables aux sociétaires les dispositions relatives au vote par correspondance prévues pour les actionnaires par l'article L. 225-107 du Code de commerce et par les articles R. 225-75, R. 225-77, R. 225-79 et R. 225-81 du Code de commerce. Pour l'application de ces dispositions, il y a lieu d'entendre le « sociétaire » là où est mentionné l'« actionnaire ». Pour toute procuration d'un sociétaire sans indication de mandataire, le président émet un vote favorable à l'adoption des projets de résolution présentés ou agréés par le conseil d'administration, et un vote défavorable à l'adoption de tous les autres projets de résolution. Pour émettre tout autre vote, le sociétaire doit faire le choix d'un mandataire qui accepte de voter dans le sens indiqué par le mandant.

119. La liste des sociétaires pouvant prendre part à une assemblée générale est arrêtée quinze jours avant l'assemblée par les soins du conseil d'administration. Tout sociétaire peut, par lui-même ou par un mandataire, prendre connaissance de cette liste au siège social.

120. Tout membre de l'assemblée générale peut s'y faire représenter par un autre sociétaire ou, si les statuts le permettent, par un tiers. Les statuts peuvent interdire de confier ce mandat à une personne employée par la société ; ils doivent fixer le nombre maximal de pouvoirs susceptibles d'être confiés à un même mandataire, sans que ce nombre puisse être supérieur à cinq. Toutefois, ce nombre peut être augmenté pour que la réalisation du quorum réglementaire le plus faible ne nécessite pas la présence effective de plus de cent mandataires.

121. Les statuts doivent alors indiquer le montant maximal de pouvoirs susceptibles d'être confiés à un même mandataire au-delà des cinq mandats réglementaires. Le sociétaire ou le tiers porteur de pouvoirs doit les déposer au siège de la société et les y faire enregistrer cinq jours au moins avant la réunion de l'assemblée générale, faute de quoi ces pouvoirs sont nuls et de nul effet.

c - Les règles de fonctionnement

122. Tout sociétaire a droit à une voix et une seule, sans qu'il puisse être dérogé à cette règle par les statuts.
Les statuts indiquent les conditions dans lesquelles est faite la convocation aux assemblées générales : cette convocation doit faire l'objet d'une insertion dans un journal d'annonces légales du département du siège social dans les quinze jours précédant la réunion de l'assemblée.
123. La convocation doit mentionner l'ordre du jour. L'assemblée ne peut délibérer que sur les questions figurant à cet ordre du jour. L'ordre du jour ne peut contenir que les propositions du conseil d'administration, du directoire ou du conseil de surveillance et celles qui lui auront été communiquées vingt jours au moins avant la réunion de l'assemblée générale avec la signature d'un dixième des sociétaires au moins, ou de cent sociétaires si le dixième est supérieur à cent.

124. Tous les sociétaires qui en auront fait la demande devront être informés de la réunion de chaque assemblée générale par une lettre affranchie à leurs frais et expédiée dans le délai imparti pour la convocation de cette assemblée.

125. Tout sociétaire peut, dans les quinze jours qui précèdent la réunion d'une assemblée générale, prendre, au siège social, communication par lui-même ou par un mandataire, du bilan, du compte d'exploitation générale et du compte général de pertes et profits qui seront présentés à l'assemblée générale ainsi que tous les documents qui doivent être communiqués à l'assemblée.

126. L'assemblée générale annuelle est tenue au cours du trimestre fixé par les statuts et dans les conditions fixées par ces derniers. À cette assemblée sont présentés par le conseil d'administration ou le directoire les comptes annuels de l'exercice écoulé. Le conseil d'administration, le directoire ou le conseil de surveillance peut, à toute époque, convoquer l'assemblée générale.

127. L'assemblée générale délibère valablement si les sociétaires présents, représentés ou ayant fait usage de la faculté de vote par correspondance, sont au nombre du quart au moins du nombre total des sociétaires. À défaut, une nouvelle assemblée est convoquée dans les

formes et délais prescrits par l'article R. 322-59 du Code des assurances. L'assemblée peut valablement délibérer quel que soit le nombre des membres présents, représentés ou ayant fait usage de la faculté de vote par correspondance.

128. Elle délibère valablement si les sociétaires présents, représentés ou ayant fait usage de la faculté de vote par correspondance, forment la majorité. À défaut, elle ne peut prendre qu'une délibération provisoire. Une nouvelle assemblée générale est alors convoquée.

3 ▪ La gestion financière de la société d'assurance mutuelle

a - L'affectation de l'excédent de recettes strictement régie par la loi

129. Les sociétés d'assurance mutuelles ne sont pas libres de la répartition et de la distribution des excédents de recettes (C. assur., art. R. 322-73). Il convient de souligner que les sociétés d'assurance mutuelles ne sont pas des sociétés commerciales ayant vocation à distribuer des bénéfices mais des sociétés mutuelles ayant pour objet et vocation de mutualiser les risques de leurs membres. En conséquence, une société d'assurance mutuelle ne peut procéder à des répartitions d'excédents de recettes qu'après constitution des réserves et provisions réglementaires et sous des conditions strictes.

130. Le Code des assurances traite du sort des excédents de recette distribuables. Ceux-ci sont affectés par priorité à des remboursements anticipés de l'emprunt pour la constitution du fonds commun complémentaire en proportion des souscriptions de chaque sociétaire à cet emprunt.

b - La possibilité du recours à l'emprunt ou à l'émission de titres

131. La société d'assurance mutuelle se voit reconnaître la possibilité d'avoir recours à l'emprunt ou d'émettre des titres (obligation, titres participatifs et titres subordonnés). Cette faculté est largement encadrée par le Code des assurances (v. *supra* B. 1) b) et c)).

c - La tarification des risques prévus par les statuts

132. Selon l'article R. 322-72 du Code des assurances, il est de la compétence du conseil d'administration ou du directoire de décider de l'admissibilité et de la tarification de tout risque prévu par les statuts. Aucun traitement préférentiel ne peut être accordé à un sociétaire.

133. Depuis le décret n° 2015-513 du 7 mai 2015, l'article distingue deux groupes de sociétés, celles ne relevant pas du régime « Solvabilité 2 » (alinéa 2 de l'art. R.322-72 C. assur.) et celles relevant de ce régime (dernier alinéa). Le mode de calcul du montant de tout risque est opéré en rapport avec la marge de solvabilité et le nombre de sociétaires constaté à la clôture de l'exercice sur lequel portent les comptes approuvés.

4 ▪ Les Unions de sociétés d'assurance mutuelles

a - L'objet exclusif de l'Union, la réassurance des contrats souscrits par les sociétés membres de l'Union

134. Les unions d'assurance mutuelles ont pour objet exclusif la réassurance des contrats souscrits par les sociétés d'assurance mutuelle membres.

135. Selon l'article L. 322-26-3 du Code des assurances, l'union est constituée « entre sociétés pratiquant des assurances de même nature ». Par conséquent, seules les sociétés d'assurance mutuelles pratiquant les assurances de même nature peuvent faire partie d'une union. Les sociétés anonymes d'assurance en sont donc exclues. En revanche, la possibilité d'intégrer une union est ouverte aux formes particulières de sociétés d'assurance mutuelles que sont les sociétés mutuelles d'assurance, les tontines, mutuelles agricoles.

136. Les unions de sociétés d'assurance mutuelles ne sont valablement constituées que si elles regroupent au minimum quatre sociétés adhérentes (C. assur., art. R. 322-109).

137. Les statuts doivent prévoir que les membres du conseil d'administration ou du conseil de surveillance des unions sont choisis obligatoirement parmi les gérants, administrateurs ou membres du conseil de surveillance des sociétés qui en font partie. Doit être stipulé que les assemblées générales sont composées de toutes les sociétés faisant partie de l'union, représentées chacune exclusivement par un de ses gérants, administrateurs ou membres du conseil de surveillance dûment mandaté.

b - Le fonctionnement de l'Union identique à la société d'assurance mutuelle sous réserve de certaines dérogations

138. L'union a une personnalité civile distincte de celle des sociétés adhérentes. En principe, les règles de fonctionnement de l'union sont celles applicables aux sociétés d'assurance mutuelles. Des adaptations applicables exclusivement aux unions sont contenues dans le décret du 30 septembre 1991 (Décr. n° 91-1050). Ce décret a été codifié à l'article R. 322-107 du Code des assurances.

c - La réassurance des membres de l'Union et ses conséquences

139. La constitution d'une Union et la conclusion d'un traité de réassurance avec les sociétés adhérentes a pour effet de dispenser ces sociétés d'obtenir l'agrément administratif pour exercer l'activité d'assurance.

140. Cette réassurance entraîne une substitution de l'Union aux sociétés réassurées. Ainsi, contrairement aux opérations de réassurance classiques qui n'ont aucun effet sur la relation juridique entre l'assuré et l'assureur, les opérations effectuées par une Union en application du traité de réassurance sont considérées comme des opérations d'assurance directe. Par ailleurs, le traité de réassurance doit indiquer que l'Union se porte caution solidaire vis-à-vis des assurés et des tiers des engagements de la société d'assurance mutuelle. Cette situation entraîne un certain nombre de conséquences et en particulier :
- les sociétés réassurées ne sont pas tenues de constituer un fonds d'établissement et une marge de solvabilité ;
- elles ne sont pas tenues d'avoir un commissaire aux comptes ;
- les agréments accordés aux sociétés antérieurement à la souscription du traité de réassurance avec l'Union font l'objet d'une constatation de caducité ;
- l'union est tenue d'effectuer les différentes communications prescrites par le Code des assurances auprès de l'Autorité de contrôle prudentiel et de résolution ;
- l'Union doit effectuer les transferts de portefeuille pour le compte des sociétés substituées ;
- l'Union doit informer l'Autorité de contrôle prudentiel et résolution de la conclusion, modification ou résiliation du traité de réassurance au moins deux mois avant la date d'effet ;
- les polices d'assurance délivrées par les sociétés d'assurance mutuelles réassurées auprès d'une Union doivent contenir en caractères très apparents la désignation et l'adresse

de cette Union et reproduire la clause du traité de réassurance par laquelle l'Union déclare se porter dans tous les cas caution solidaire des engagements de la société d'assurance mutuelle.

5 ▪ La fusion de sociétés d'assurance mutuelles

a - L'objet et les conséquences de la fusion

141. Les sociétés d'assurance mutuelles étaient, jusqu'à la publication du décret n° 2014-12 du 8 janvier 2014, les seuls organismes d'assurance ne disposant pas d'un régime spécifique encadrant leurs opérations de fusion. Ces opérations étaient ainsi réalisées uniquement sur une base contractuelle, ce qui soulevait quelques interrogations et posait quelques difficultés pratiques d'opposabilité de transfert de certains éléments du bilan, en dehors naturellement du transfert des contrats d'assurance encadré par l'article L. 324-1 du Code des assurances. Ce vide est dorénavant comblé puisque l'article R. 322-106-3 prévoit la possibilité de fusion entre les sociétés d'assurance mutuelles et précise que « la fusion entraîne la dissolution sans liquidation de la ou des sociétés qui disparaissent et la transmission universelle de leur patrimoine à la société absorbante ou nouvelle, dans l'état où il se trouve à la date de réalisation définitive de l'opération ».

b - Les modalités de réalisation de la fusion

142. Le régime de fusion des sociétés d'assurance mutuelles est proche de celui applicable aux sociétés commerciales. La fusion est ainsi arrêtée par le conseil d'administration ou directoire de chaque société et fait l'objet d'une publicité un mois au moins avant la date de la première assemblée générale appelée à statuer sur l'opération.
L'assemblée générale de chacune des sociétés participant à l'opération approuve la fusion selon les conditions de quorum et de majorité prévues pour la modification des statuts.
La fusion entraîne notamment la transmission des dettes de la société absorbée à la société absorbante sans novation. Mais cette disposition ne fait pas obstacle à l'application des conventions prévoyant le remboursement immédiat des dettes de la société absorbée (C. assur, art. R. 322-106-9).

§ 3 ▪ Les formes particulières de sociétés d'assurance mutuelles

A ▪ Les sociétés mutuelles d'assurance

143. Il faut se garder de confondre les sociétés d'assurance mutuelles des sociétés mutuelles d'assurance. Ces dernières constituent une forme particulière de sociétés d'assurance mutuelles selon l'article L. 322-26-4 du Code des assurances.

144. Le décret n° 2005-7 du 3 janvier 2005, codifié aux articles R. 322-93 et suivants du Code des assurances régit la création et le fonctionnement des sociétés mutuelles d'assurance.

1 ▪ La nature associative de la société mutuelle d'assurance

145. L'article R. 322-93 du Code des assurances précise que les sociétés mutuelles d'assurances sont des associations. Cette précision est étonnante et juridiquement discutable. En effet, l'article L. 322-26-4 du Code des assurances précise que ces organismes « constituent une forme particulière de sociétés d'assurance mutuelles ». Même si la nature juridique de ces dernières n'est pas clairement indiquée dans le Code des assurances, il n'est pas sérieusement contestable qu'elles sont des sociétés à objet civil. En conséquence, il est difficile de considérer qu'une « forme particulière » d'une société constitue une association.

2 ▪ La limitation de l'activité de la société mutuelle d'assurance

a - L'interdiction de pratiquer des opérations impliquant une gestion en capitalisation

146. Les sociétés mutuelles d'assurance ne sont pas autorisées à pratiquer toutes les opérations d'assurance. Ainsi, elles ne peuvent effectuer que les opérations appartenant à la branche non vie. Cependant, les sociétés mutuelles d'assurance peuvent prévoir dans leurs statuts la possibilité d'accepter en réassurance des risques de même nature que ceux qui font l'objet de leur garantie directe. Cette possibilité est assujettie à la condition de limiter le montant des cotisations acceptées en réassurance au quart de leurs cotisations d'assurance directe.

b - Des statuts prévoyant soit des limitations professionnelles, soit des limitations géographiques

147. Selon l'article R. 322-93 du Code des assurances, les sociétés mutuelles d'assurance ont un caractère régional ou professionnel. L'article R. 322-97 donne les définitions du caractère « régional » et « professionnel ».

i. Le caractère régional de l'association

148. Les sociétés mutuelles d'assurance à caractère régional doivent limiter leur circonscription territoriale à la région de leur siège social ainsi qu'aux départements d'autres régions s'ils sont limitrophes du département du siège social. Ces sociétés ne peuvent assurer que des risques situés dans ladite circonscription.

ii. Le caractère professionnel de l'association

149. Les sociétés mutuelles d'assurance à caractère professionnel ne peuvent grouper que des membres exerçant la même profession ou des professions connexes. Les professions doivent être déterminées par leurs statuts. Les sociétés mutuelles d'assurance ne peuvent assurer que des risques se rattachant à l'exercice de ces professions.

3 ▪ Le fonctionnement des sociétés mutuelles d'assurance

a - L'absence de recours à des intermédiaires

150. Les sociétés mutuelles d'assurance ne peuvent rémunérer l'acquisition des contrats.

b - Les cotisations nécessairement variables

151. Les cotisations versées aux sociétés mutuelles d'assurance sont nécessairement variables. Par conséquent, est interdite la pratique des opérations de la branche assurance vie.

152. Les sociétés sont tenues d'informer le public du caractère variable des cotisations qu'elles reçoivent. Ainsi, les sociétés doivent faire figurer dans leurs statuts et dans tous les documents à caractère contractuel ou publicitaire ayant pour objet une opération d'assurance ou de capitalisation la mention « société mutuelle d'assurance à cotisations variables ».

B ▪ Les sociétés à forme tontinière

153. Les tontines constituent selon l'article L. 322-26-4 du Code des assurances une forme particulière de sociétés d'assurance mutuelles.

1 ▪ Nature juridique et objet des sociétés à forme tontinière

a - Des sociétés à caractère civil

154. Les sociétés à forme tontinière regroupent leurs adhérents en groupes distincts dénommés associations. Ces associations sont soit des associations en cas de vie, soit des associations en cas de décès. À l'expiration de chacune de ces associations (20 ans en pratique), les fonds provenant de la capitalisation en commun de leurs cotisations, sont répartis entre les survivants des associations en cas de vie ou entre les ayants droit des décédés des associations en cas de décès, en tenant compte de l'âge des adhérents et de leurs versements (C. assur., art. R. 322-139).

155. Les sociétés tontinières sont des personnes morales non commerciales.

b - Les tontines en cas de vie opposées aux tontines en cas de décès

156. Il existe deux catégories d'associations tontinières, l'association en cas de survie et l'association en cas de décès. La différence entre les deux réside dans le bénéficiaire des fonds. Dans la tontine en cas de survie, les fonds capitalisés seront répartis entre les survivants de l'association. Dans la tontine en cas de décès, les fonds seront répartis entre les ayants droit des décédés de l'association.

2 ▪ La création de la tontine

a - Les statuts

157. La constitution d'une tontine est soumise à la rédaction de statuts (C. assur., art. R. 322-155). Le document statutaire doit contenir les dix clauses suivantes sous peine de nullité de la tontine :
1° les conditions de formation et de durée des associations en cas de survie et des associations en cas de décès ;
2° la cessation, en cas de décès du sociétaire, du versement des annuités que le souscripteur aurait encore à faire aux associations en cas de survie ;
3° la réduction des droits acquis au bénéficiaire s'il y a eu cessation des versements du souscripteur aux associations en cas de survie, sous la condition de justifier de l'existence du sociétaire et du paiement d'une fraction de la souscription totale, sans que les statuts puissent fixer cette fraction à plus de trois dixièmes ;
4° les bases de répartition pour les contrats ainsi réduits, avec exclusion ou non du partage des intérêts et bénéfices ;
5° les délais et les formes dans lesquels la société est tenue d'aviser les intéressés de l'expiration des associations en cas de survie ;
6° les délais pour la production des pièces et justifications réglementaires à l'appui des liquidations d'associations, ainsi que l'affectation des sommes non retirées par les ayants droit, dans un délai déterminé, à partir du 31 décembre de l'année pendant laquelle a eu lieu la répartition ;
7° l'affectation des fonds des associations en cas de survie, qui ne pourraient être liquidées par suite du décès ou de la forclusion de tous leurs membres, ainsi que des associations en cas de décès qui ne pourraient être liquidées par suite de l'absence de décès ;

8° le mode de paiement des cotisations aux associations en cas de décès, qui doivent être exigibles d'avance au début de chaque année, sauf la première, qui peut être payée à l'échéance choisie par le souscripteur et qui doit alors être réduite d'un quart, de la moitié ou des trois quarts, selon que le versement de la cotisation a lieu dans le deuxième, le troisième ou le quatrième trimestre de l'année ;
9° la quotité des prélèvements qui pourraient être affectés à la constitution d'une provision en faveur des survivants des associations en cas de décès ;
10° les conditions dans lesquelles la société, en cas de dissolution non motivée par un retrait d'agrément, peut procéder à la liquidation par anticipation des associations en cours, en vertu d'une délibération spéciale de l'assemblée générale des souscripteurs.

b - Les adhérents souscripteurs

158. La société tontinière répartit les adhérents en groupes distincts appelés « associations ». Ces dernières sont, au sein de la même tontine, indépendantes les unes des autres. Les associations doivent être composées au minimum de 200 membres (C. assur., art. R. 322-145).

c - La durée de la tontine

159. Les associations tontinières en cas de survie ne peuvent avoir une durée d'existence inférieure à 10 ans et supérieure à 25 ans (C. assur., art. R. 322-146).

d - Le fonds d'établissement

160. Selon l'article R. 322-158 du Code des assurances, les sociétés doivent avoir un fonds d'établissement au moins égal à 160 000 euros.

3 ▪ Le fonctionnement des sociétés à forme tontinière

a - L'indisponibilité de fonds versés par les adhérents

161. Les fonds versés à la tontine par les adhérents sont indisponibles. Cela signifie qu'ils sont bloqués pendant l'intégralité de la durée d'existence de l'association. L'indisponibilité des sommes versées a vocation à garantir l'existence de l'association. En revanche, il est impossible à un adhérent de racheter son contrat comme cela peut être le cas dans une assurance vie.

b - La gestion par la tontine des fonds versés

162. Selon l'article R. 322-142 du Code des assurances, les fonds provenant des souscriptions doivent être intégralement versés aux associations sauf déduction des frais d'entrée et de gestion. Les fonds de chaque association doivent être gérés séparément et ne peuvent se confondre à aucun égard avec ceux des autres associations.

163. Les fonds des associations doivent être placés, au plus tard, dans le délai d'un mois à dater du recouvrement. La date de l'achat et le prix des valeurs sont justifiés au moyen du bordereau de l'intermédiaire habilité, qui doit mentionner, d'autre part, les associations au profit desquelles les valeurs ont été acquises.

164. Les produits et revenus des sommes versées par les sociétaires sont elles aussi bloquées pendant la durée de vie de l'association. Les revenus sont capitalisés pour être distribués lors de la disparition de l'association.

4 ▪ La liquidation des sociétés à forme tontinière

a - La liquidation des tontines en cas de décès

165. L'association en cas de décès doit être liquidée à la fin de chaque année (C. assur., art. R. 322-153). En effet, à la fin de chaque année, l'intégralité de l'avoir de chaque association en cas de décès est répartie entre les ayants droit des sociétaires décédés au cours de l'année, sous la seule déduction des prélèvements qui pourraient être spécifiés par les statuts. La répartition est effectuée au prorata des sommes correspondant à chaque cotisation. La répartition ne peut être arrêtée qu'au vu des pièces justifiant du décès des sociétaires. Les délais pour produire les pièces justificatives sont fixés par les statuts.

b - La liquidation des tontines en cas de survie

166. L'association en cas de survie doit être liquidée dans l'année qui suit son expiration (C. assur., art. R. 322-153). La date d'expiration est prévue dans les statuts.

167. La répartition porte sur l'intégralité de l'avoir de l'association. Elle est effectuée entre les ayants droit au prorata du montant de leur souscription. Toutefois, les bénéficiaires dont les droits auraient été réduits par suite de la cessation de paiement des annuités dues par les souscripteurs ne participent à la répartition que sur les bases spécifiées par les statuts de l'entreprise.

168. Les droits des bénéficiaires sont ramenés à l'égalité proportionnelle au moyen de barèmes de répartition établis d'après une table de mortalité et, s'il y a lieu, un taux d'intérêt spécifiés par les statuts et tenant compte de l'âge des sociétaires ainsi que du mode et de l'époque des versements.

§ 4 ▪ Les sociétés européennes

169. L'article 14 de la loi du 26 juillet 2005 pour la confiance et la modernisation de l'économie (L. n° 2005-842, 26 juill. 2005, art. 14, JO 27 juill.) autorise une entreprise d'assurance à se constituer sous forme de société européenne.

A ▪ Le régime des sociétés européennes d'assurance

170. Les sociétés européennes sont régies par le règlement de Communautés européennes n° 2157/2001 du Conseil du 8 octobre 2001 relatifs au statut de la société européenne. Elles sont également soumises aux dispositions du chapitre IX du titre II, du Livre II du Code de commerce ainsi que celles du Code des assurances.

B ▪ L'objectif poursuivi lors de la création des sociétés européennes : faciliter les restructurations internationales

1 ▪ Les fusions transfrontalières

171. La possibilité offerte aux entreprises d'assurance de se constituer sous forme de société européenne a pour objectif de faciliter la fusion et la « succursalisation » de sociétés relevant de législations nationales disparates ainsi que la restructuration d'activités transfrontalières.

172. La société européenne pourrait ainsi constituer une solution pour optimiser les fonds propres notamment eu égard aux exigences de Solvabilité 2.

2 ▪ Les transferts de sièges à l'étranger

173. Les dispositions issues du règlement communautaire autorisent le transfert de siège social avec le maintien de la personnalité juridique. Par conséquent, il est possible de transférer un siège social à l'étranger sans dissoudre ou liquider la société.

174. Lorsqu'une entreprise d'assurance constituée sous forme de société européenne immatriculée en France envisage de transférer son siège statutaire hors de France, elle en informe l'Autorité de contrôle prudentiel et de résolution au plus tard le jour de la publication du projet de transfert (C. assur., art. L. 322-29). L'Autorité de contrôle prudentiel et de résolution peut s'opposer audit transfert.

Section 3 ▪ Les mutuelles

175. Les organismes mutualistes sont des organismes qui peuvent, dans certaines conditions, réaliser des opérations d'assurance à l'instar des entreprises régies par le Code des assurances. Cependant, les opérations d'assurance réalisées par les mutuelles sont limitées.

§ 1 ▪ Les caractéristiques des organismes mutualistes

A ▪ Des personnes morales de droit privé à but non lucratif

176. Les dispositions des articles L. 111-1, L. 111-2 et L. 111-5 du Code de la mutualité énoncent que les organismes mutualistes sont des personnes morales de droit privé à but non lucratif puisque leur objectif premier est l'entraide mutuelle et non la recherche de la réalisation d'un bénéfice ou d'une économie.

177. Leur activité n'étant pas commerciale, les organismes mutualistes ne sont pas soumis aux dispositions du Code de commerce et ne sont pas tenues de s'immatriculer au tribunal du commerce. Ils sont par ailleurs soumis aux juridictions civiles et non aux tribunaux de commerce.

B ▪ La liste des différents groupements mutualistes

1 ▪ Les mutuelles

178. Les mutuelles sont des personnes morales de droit privé à but non lucratif. Elles mènent, dans l'intérêt de leurs membres et de leurs ayants droit, une action de prévoyance, de solidarité et d'entraide, dans les conditions prévues par leurs statuts, afin de contribuer au développement culturel, moral, intellectuel et physique de leurs membres et à l'amélioration de leurs conditions de vie.

2 ▪ Les unions

179. Une union est une personne morale de droit privé à but non lucratif créée par plusieurs mutuelles ou unions (C. mut., art. L. 111-2). L'union ainsi constituée peut accepter ultérieurement l'adhésion d'autres mutuelles ou d'autres unions, sur proposition des conseils d'administration approuvée par les assemblées générales de ces organismes.

180. Une personne physique ne peut bénéficier directement des prestations ou services proposés par une union sans être membre d'une mutuelle adhérant à l'union ou ayant passé une convention avec cette union. Cette disposition signifie que l'adhésion à une mutuelle membre de l'union est une condition indispensable pour bénéficier des prestations de l'union.

3 ▪ Les fédérations

181. Une fédération est une personne morale de droit privé à but non lucratif créée par plusieurs mutuelles ou unions en vue de défendre leurs intérêts collectifs, moraux et matériels, d'en assurer la représentation et de faciliter leurs activités (C. mut., art. L. 111-5).

182. Les fédérations coordonnent ou mettent en œuvre des actions d'information dans le domaine de la santé, notamment en matière de prévention, de lutte contre la toxicomanie, du bon usage des médicaments et de mise en place de réseaux de soins.

§ 2 ▪ L'activité d'assurance des groupements mutualistes encadrée par la loi

A ▪ Les conditions formelles à respecter

1 ▪ L'agrément administratif requis

183. Les mutuelles et unions qui pratiquent des opérations d'assurance doivent, afin d'exercer leur activité et comme tout organisme assureur, obtenir un agrément ou doivent conclure une convention de substitution avec une autre mutuelle ou union agréée. L'agrément est subordonné notamment au respect des règles prudentielles les obligeant à disposer en permanence d'une marge de solvabilité.

184. Il convient de souligner qu'il est pratiquement impossible aujourd'hui de constituer une nouvelle mutuelle ayant pour activité l'assurance, et ce compte tenu des exigences de l'Autorité de contrôle notamment en fonds propres.

185. Les fédérations ne sont quant à elles plus autorisées à pratiquer des opérations d'assurance.

2 ▪ L'inscription au registre national des mutuelles

186. L'article L. 111-1 du Code de la mutualité dispose que les mutuelles « acquièrent la qualité de mutuelle et sont soumises aux dispositions du présent code à dater de leur immatriculation dans les conditions fixées par décret en Conseil d'Etat ».

187. L'article R. 414-1 du même code généralise cette disposition à l'ensemble des organismes mutualistes puisqu'il indique que « les organismes qui envisagent d'acquérir la qualité

de mutuelle et les unions ou fédérations demandent leur immatriculation auprès du secrétaire général du Conseil supérieur de la mutualité prévu à l'article L. 411-1 ».

188. La demande d'immatriculation doit être conforme à un modèle fixé par arrêté du ministre chargé de la mutualité, doit être signée par le président de l'organisme et doit être déposée auprès du secrétaire général du Conseil supérieur de la mutualité (C. mut., art. R. 414-2). La demande doit notamment comporter les renseignements relatifs à la dénomination de l'organisme, à la nature des activités envisagées par les mutuelles et unions, l'adresse du siège, les noms, noms d'usage, prénoms, domiciles personnels du président, des administrateurs et des dirigeants. La demande est accompagnée des statuts et du procès-verbal de l'assemblée générale constitutive.

189. Le secrétaire général du Conseil supérieur de la mutualité accuse sans délai réception de la demande d'immatriculation. Il s'assure que le dossier est complet. Lorsque le dossier est incomplet, il demande dans le délai de cinq jours ouvrables les renseignements ou pièces manquants qui sont fournis dans un délai de quinze jours à compter de la date de réclamation. Dans un délai de quinze jours francs suivant le dépôt du dossier complet, il délivre un certificat d'immatriculation ou notifie le refus d'immatriculation à l'organisme concerné. Ce délai peut toutefois être prolongé de quinze jours supplémentaires en cas de besoin.
Le secrétaire général du Conseil supérieur de la mutualité informe l'Autorité de contrôle prudentiel et de résolution de l'immatriculation ou du refus d'immatriculation des organismes ayant demandé leur immatriculation, lorsque ceux-ci envisagent d'effectuer des opérations relevant du Livre II du Code de la mutualité.

B ▪ Les opérations réalisables par les groupements mutualistes

1 ▪ Opérations d'assurance réalisables par les mutuelles et unions

190. Selon les dispositions de l'article L. 111-1 du Code de la mutualité, les mutuelles peuvent avoir pour objet de réaliser les opérations d'assurance suivantes :
- couvrir les risques de dommages corporels liés à des accidents ou à la maladie ;
- contracter des engagements dont l'exécution dépend de la durée de la vie humaine, verser un capital en cas de mariage ou de naissance d'enfants, faire appel à l'épargne en vue de la capitalisation en contractant des engagements déterminés ;
- réaliser des opérations de protection juridique et d'assistance aux personnes ;
- couvrir le risque de perte de revenus lié au chômage ;
- apporter leur caution mutualiste aux engagements contractés par leurs membres participants en vue de l'acquisition, de la construction, de la location ou de l'amélioration de leur habitat ou de celui de leurs ayants droit.

2 ▪ Opérations de prévention, d'action sociale et de gestion de réalisations sanitaires et sociales réalisables par les mutuelles et les unions

191. Les mutuelles et les unions peuvent avoir pour objet la prévention, l'action sociale et la gestion de réalisations sanitaires et sociales, en particulier la prévention des risques de dommages corporels liés à des accidents ou à la maladie, ainsi que la protection de l'enfance, de la famille, des personnes âgées, dépendantes ou handicapées. Elles peuvent également gérer des réalisations sanitaires, sociales ou culturelles.

192. Compte tenu du principe de spécialité en assurance, l'article L. 111-1 du Code interdit l'exercice cumulatif d'une activité d'assurance et d'une activité de prévention, d'action sociale et de gestion de réalisations sanitaires et sociales au sein d'une même personne morale, sauf à certaines conditions strictement définies (C. mut., art. L. 111-1 III).

3 ▪ La participation des mutuelles et des unions à la gestion d'un régime légal d'assurance maladie et maternité

193. Les mutuelles et les unions peuvent avoir pour objet de participer à la gestion d'un régime légal d'assurance maladie et maternité et d'assurer la gestion d'activités et de prestations sociales pour le compte de l'État ou d'autres collectivités publiques.

4 ▪ Le principe de non cumul des activités vie et des activités dommage

194. En principe et conformément aux règles applicables aux entreprises d'assurance, une même mutuelle ne peut exercer à la fois une activité d'assurance sur la vie et des activités de protection juridique, d'assurance perte d'emploi ou de caution.

§ 3 ▪ La constitution des organismes mutualistes

195. L'article L. 113-1 du Code de la mutualité dispose que : « les mutuelles se constituent par la volonté de personnes physiques réunies en assemblée générale. L'assemblée constitutive délibère à la majorité de ses membres, présents ou représentés. Elle adopte les statuts de la mutuelle. Elle nomme les membres du premier conseil d'administration et, pour un an, les premiers commissaires aux comptes prévus à l'article L. 114-38 qui doivent, les uns et les autres, accepter explicitement leurs fonctions. Cette acceptation doit être annexée au procès-verbal de l'assemblée.

196. Les unions et fédérations se constituent par la réunion en assemblée générale des représentants des personnes morales fondatrices. Les dispositions de l'alinéa précédent leur sont applicables. »

A ▪ Les statuts

197. Le Code de la mutualité détermine le contenu impératif des statuts en son article L. 114-4 pour les mutuelles et les unions et L. 114-5 pour les fédérations. Les statuts peuvent comporter d'autres dispositions que celles devant y figurer de façon impérative.

198. Les organismes mutualistes établissent généralement, en sus des statuts un règlement intérieur qui ne peut déroger, porter atteinte ou être contraire aux statuts. Les règlements intérieurs doivent être distingués des « règlements » adoptés par l'assemblée générale et qui « définissent le contenu des engagements contractuels existant entre chaque membre participant ou honoraire et la mutuelle ou l'union en ce qui concerne les prestations et cotisations » (C. mut., art. L. 114-1).

B ▪ L'assemblée générale constitutive

199. L'acte créant l'organisme mutualiste est la réunion de l'assemblée générale qui adopte les statuts et délibère à la majorité des membres présents ou représentés.

200. Les membres fondateurs sont des personnes physiques pour les mutuelles et les représentants des personnes morales fondatrices pour les unions et fédérations.

201. L'assemblée constitutive nomme les membres du premier conseil d'administration et éventuellement un commissaire aux comptes. Les membres du conseil d'administration et le commissaire aux comptes doivent explicitement accepter leur fonction. Leur acception doit être annexée au procès-verbal de l'assemblée générale constitutive.

§ 4 ▪ Le fonctionnement des organismes mutualistes

A ▪ L'Assemblée générale

1 ▪ Les mutuelles

202. L'assemblée générale d'une mutuelle peut être composée soit des membres participants et des membres honoraires, soit des délégués élus par des sections locales de membres (C. mut., art. L. 114-6). Les membres participants sont les personnes physiques qui bénéficient des prestations de la mutuelle et en ouvrent le droit à leurs ayants droit.

2 ▪ Les unions et fédérations

203. L'assemblée générale des unions et fédérations est composée des délégués des mutuelles et unions adhérentes. Les statuts déterminent les conditions de désignation de ces délégués (C. mut., art. L. 114-7).

B ▪ Le Conseil d'administration

204. Le conseil d'administration est composé d'au moins dix membres. Les administrateurs doivent être soit des membres participants soit des membres honoraires. Les administrateurs des unions et fédérations sont élus parmi les délégués siégeant à l'assemblée générale. Le conseil d'administration détermine les orientations de l'organisme et veille à leur application et opère les contrôles qu'il estime nécessaires.

C ▪ Le Président du Conseil d'administration

205. L'article L. 114-18 du Code de la mutualité dispose que le président est élu par le conseil d'administration. Le président doit être membre du conseil d'administration. La durée de son mandat est fixée par les statuts et elle ne peut excéder la durée de son mandat d'administrateur. Il est par ailleurs rééligible. Le président organise et dirige les travaux du conseil et veille au bon fonctionnement de l'organisme.

206. L'ordonnance du 2 avril 2015 a confirmé la responsabilité de la mutuelle ou de l'union à l'égard des tiers même lorsque les actes du président ne relèvent pas de l'objet de la mutuelle ou de l'union, à moins qu'elle ne prouve que le tiers savait que l'acte dépassait cet objet ou qu'il ne pouvait l'ignorer compte tenu des circonstances.

D ▪ Les administrateurs

207. L'article L. 114-4, 8° du Code de la mutualité dispose que les statuts déterminent « les fonctions que peuvent remplir les membres du conseil d'administration ».

208. Le conseil d'administration dispose de la faculté de confier l'exécution de certaines missions sous sa responsabilité et sous contrôle à un ou plusieurs administrateurs à l'exception de celles qui lui sont spécialement réservées par la loi. Le conseil d'administration contrôle l'exercice des attributions ainsi confiées.

E ▪ Le dirigeant opérationnel

209. L'ordonnance du 2 avril 2015 a introduit la notion de « dirigeant opérationnel », qui est l'un des deux « dirigeants effectifs » de la mutuelle du Livre II, avec le Président du conseil d'administration.

210. Le dirigeant opérationnel est en principe salarié et exerce également son autorité sur les quatre fonctions clés. Son rôle est équivalent à celui d'un directeur général même s'il reste un doute sur le point de savoir s'il exerce un mandat social ou non.

Section 4 ▪ Les institutions de prévoyance

§ 1 ▪ Nature et objet des institutions de prévoyance

A ▪ La nature des institutions de prévoyance

211. Les institutions de prévoyance sont des personnes morales de droit privé ayant un but non lucratif et administrées paritairement par les représentants des employeurs et des salariés (CSS, art. L. 931-1).

B ▪ Les opérations d'assurance réalisables par les institutions de prévoyance

212. Les institutions de prévoyance ont pour objet de réaliser les opérations d'assurance suivantes :
1) contracter envers leurs participants des engagements dont l'exécution dépend de la durée de la vie humaine, de s'engager à verser un capital en cas de mariage ou de naissance d'enfants ou de faire appel à l'épargne en vue de la capitalisation et de contracter à cet effet des engagements déterminés ;
2) couvrir les risques de dommages corporels liés aux accidents et à la maladie ;
3) couvrir le risque chômage.

213. Une même institution de prévoyance n'est pas autorisée à pratiquer les assurances vie et couvrir les risques chômage (CSS, art. L. 931-1). Les institutions de prévoyance peuvent accepter ces mêmes engagements et risques en réassurance.

214. Les institutions de prévoyance sont autorisées à mettre en œuvre au profit de leurs membres participants une action sociale qui, lorsqu'elle se traduit par l'exploitation de réalisations sociales collectives, doit être gérée par une ou plusieurs personnes morales distinctes de l'institution.

§ 2 ■ La constitution des institutions de prévoyance

A ■ La constitution sur la base d'une convention ou d'un accord collectif

215. L'article L. 931-1 du Code de la Sécurité sociale énonce les modalités de constitution des institutions de prévoyance. Elles sont constituées sur la base d'une convention ou d'un accord collectif, d'un projet d'accord proposé par le chef d'entreprise et ratifié à la majorité des intéressés ou par accord entre des membres adhérents et des membres participants réunis à cet effet en assemblée générale.

B ■ Les trois types d'organismes

216. Il existe trois types d'organismes :
- les institutions professionnelles ;
- les institutions d'entreprise et
- les institutions interprofessionnelles.

217. L'article R. 931-1-3 du Code de la Sécurité sociale précise les modalités de constitutions de chaque type d'institution de prévoyance.

1 ■ Les institutions professionnelles

218. Les institutions professionnelles ont un champ d'intervention constitué par une branche professionnelle ou une profession. Selon l'article R. 931-1-3 du Code de la Sécurité sociale, pour constituer une institution professionnelle, il est nécessaire de rédiger une convention ou un accord collectif entre une ou plusieurs organisations syndicales d'employeurs et une ou plusieurs organisations syndicales de salariés.

2 ■ Les institutions d'entreprise

219. Les institutions d'entreprise ont un champ d'intervention portant exclusivement sur une entreprise. Leur création suppose la conclusion d'une convention ou d'un accord collectif d'entreprise, ou la ratification d'un projet de l'employeur.

3 ■ Les institutions interprofessionnelles

220. Les institutions interprofessionnelles ont un champ d'intervention ouvert à plusieurs branches professionnelles, professions ou entreprises. Elles sont crées par délibération concordante des représentants des entreprises adhérentes et de représentants des salariés réunis en assemblée générale.

C ■ L'agrément administratif requis

221. Comme tout organisme d'assurance, les institutions de prévoyance ne peuvent commencer leurs opérations qu'après avoir obtenu un agrément délivré par l'Autorité de contrôle prudentiel et de résolution (CSS, art. L. 931-4). L'agrément est accordé, sur demande de l'institution, pour les opérations d'une ou de plusieurs branches d'activité. L'institution n'est autorisée à pratiquer que les opérations pour lesquelles elle est agréée.

§ 3 ■ Le fonctionnement des institutions de prévoyance

A ■ Les fonds propres

1 ■ Les fonds d'établissement

222. Les fonds d'établissement des institutions de prévoyance sont destinés à faire face aux dépenses des cinq premiers exercices et à garantir les engagements de l'institution.

223. Le fonds d'établissement est de 380 000 euros au moins lorsque les institutions de prévoyance pratiquent les opérations d'assurance vie. En revanche, le montant des fonds d'établissement est de 230 000 euros au moins lorsqu'elles pratiquent les opérations d'assurance non vie. Il doit être intégralement versé en espèces préalablement à la constitution de l'institution.

2 ■ Les fonds de développement

224. Aux termes de l'article R. 931-1-8 du Code de la Sécurité sociale, les statuts de l'institution de prévoyance peuvent prévoir la constitution d'un fonds de développement destiné à procurer à l'institution ou à l'union les éléments de solvabilité dont elle doit disposer pour satisfaire à la réglementation en vigueur. Ce fonds est alimenté par des emprunts contractés en vue de financer un plan d'amélioration de l'exploitation ou un plan de développement à moyen ou long terme.

B ■ L'organisation interne des institutions d'assurance

225. Les institutions de prévoyance sont administrées par un conseil d'administration et gérées par un directeur général suivant une délégation de pouvoirs.

§ 4 ■ Les groupements d'institutions de prévoyance

A ■ Les unions d'institutions de prévoyance

226. Les institutions de prévoyance qui prennent des engagements ou couvrent des risques de même nature peuvent constituer des unions dont l'objet est soit de mutualiser des engagements ou de couvrir des risques déterminés, soit de réassurer intégralement leurs opérations (CSS, art. L. 931-2).

227. L'union a une personnalité civile distincte de celle des institutions qui en sont membres. Elle est agréée par l'Autorité de contrôle prudentiel et de résolution.

B ■ Les nouvelles sociétés de groupe assurantiel

228. Le régime « solvabilité 2 » transposé par l'ordonnance du 2 avril 2015 crée les sociétés de groupe assurantiel de protection sociale (SGAPS), qui complètent la nomenclature des groupes non capitalistiques.
Ces derniers peuvent notamment résulter de l'établissement entre des organismes d'assurance de relations financières fortes et durables sous l'égide d'une structure exerçant, au moyen d'une coordination centralisée, une influence dominante sur leurs décisions, y compris financières.

La notion de groupe sous Solvabilité 2 est entendue au sens de l'article 212 de la directive Solvabilité 2 qui le définit.

229. Les anciens groupements paritaires de prévoyance (GPP) créés avant le 31 décembre 2015 disposent d'une période transitoire allant jusqu'au 31 décembre 2017 pour se transformer en SGAPS et se conformer aux dispositions applicables.
Cette transformation nécessite l'affiliation à la SGAPS des membres adhérent au GPP qui est soumis à l'autorisation de l'ACPR.

230. Les SGAPS créées en revanche après la publication de l'ordonnance du 2 avril 2015 doivent se conformer immédiatement aux nouvelles dispositions.

Chapitre 2

Division et transfert des risques

BIBLIOGRAPHIE

L'Argus de l'assurance

Ouvrages. – Code des assurances commenté, L'Argus éd., – F. Couilbault, S. Couilbault- Di Tommaso, V. Huberty, Les grands principes de l'assurance, L'Argus éd., 2015. – J. Landel, Lexique des termes d'assurance, L'Argus éd., 2014. – M. Hagopian, M. Laparra ; Théorie et pratique de la réassurance, L'Argus éd., 1991.

Autres documentations

Ouvrages. – Lamy Assurances, éd., 2016, n° 5321 à 5520 . – J. Bigot (sous la direction), Traité de droit des assurances, Tome 3 le contrat d'assurance, LGDJ 2014. – A. Favre Rochex, G. Courtieu, Le droit du contrat d'assurance terrestre, Paris, LGDJ, collection droit des affaires, 1998. – H. Groutel, F. Leduc, p. Pierre, M. Asselin, Traité du contrat d'assurance terrestre, Litec, éd., 2008. – J. Blondeau, Encyclopédie de l'assurance, Définition et principes généraux de la réassurance, Économica, p. 1327. – J. Blondeau, C. Partrat, La réassurance, approche technique, éd., Economica 2003.

Articles. – J.-l. Bellando, J. Bigot, M. Hagopian, Le contrôle de la réassurance, RGAT 1994. 4. – M-l. Dreyfuss et p. Kaltwasser, Analyses et synthèses - Spéciale réassurance, Acam, n° 3, avr. 2009. – p. Heitzmann, J. Barzur, L'arrêt « Group Josi » de la CJCE, la classification des règles de compétence juridictionnelle et la confirmation de la spécificité de la réassurance, RGDA 2002. 937. – F. Négrier, La réglementation de la réassurance professionnelle européenne. Nouveaux développements, CEFAREA n° 8, 2003 (25, rue du Général Foy, 75008 Paris). – N. Rousseau, Contrôle de la réassurance. A la recherche d'un label de qualité, AF sept. 96 ; Spécial réassurance, nature juridique, traité de réassurance, réassurance financière, contrôle, règles comptables, réassurance vie, etc., AF n° 701, sept. 94. – Rapport Acam 2005, p. 42-46. Rapport Acam 2006, réassurance finite, p. 71-73. Rapport Acam 2007, recommandations sur la réassurance finite, p. 42-44 et transposition de la directive réassurance, p. 66. Acam, Analyses et synthèses, Réassurance, n° 3, avr. 2009. – G. Saint Marc, Titrisation : vers un cadre juridique plus moderne et plus sûr, Revue banque, septembre 2008, n° 705, pp. 75 à 78. – H. Groutel, Les concours d'assurances, RCA n°2, Février 2012, Dossier 13. – J. Bigot, Les ambiguïtés de la coassurance, RGDA n° 2012-01, p. 11. – P.G Marly, La coassurance dans la loi relative à l'économie sociale et solidaire, l'EDAS, 9 octobre 2014 n° 9, p. 1.

Section 1 ■ La coassurance et la division des risques entre assureurs

§ 1 ■ Origine et définition de la coassurance

A ■ La coassurance dans le Code des assurances

231. Jusqu'à une date récente, le Code des assurances n'envisageait la coassurance que sous l'angle communautaire. A présent, si les dispositions relatives à l'exercice de la coassurance dans le cadre communautaire demeurent (C. assur., art. L. 321-12 et L. 365-1), de nouvelles dispositions issues de la loi n° 2014-856 du 31 juillet 2014 relative à l'économie sociale et solidaire ont été introduites (C. assur., art. L. 145- 1 et s.). Ces dispositions permettent la coassurance des opérations collectives à adhésion obligatoire entre les sociétés d'assurance mutuelles régies par le Code des assurances, les mutuelles régies par le Code de la mutualité et les institutions de prévoyance relevant du Code de la sécurité sociale. Cette mesure permet aux organismes assureurs relevant de codes différents de s'associer afin de faire face à l'accroissement du marché issu de la généralisation au 1er janvier 2016 de la complémentaire santé à tous les salariés (loi n° 2013-504 du 14 juin 2013, JO du 16 juin 2013). Une telle coassurance n'est donc possible que pour la couverture du risque décès, des risques portant atteinte à l'intégrité physique de la personne ou liés à la maternité, ainsi que des risques d'incapacité de travail ou d'invalidité.

232. Dans le passé, l'article R. 111-1 du Code des assurances désignait par ce terme la situation où « plusieurs risques différents, notamment par leur nature ou par leur taux, peuvent être assurés par une police unique ». Cet article a été abrogé en 1992.
Aujourd'hui, suite à la transposition de la directive 2009/138/CE du Parlement européen et du Conseil du 25 novembre 2009 sur l'accès aux activités de l'assurance et de la réassurance et leur exercice par l'ordonnance n° 2015-378 du 2 avril 2015, le Code des assurances énumère les critères caractérisant une opération de coassurance :
- le risque est couvert par un contrat unique moyennant une prime globale pour une même durée ;
- les assureurs ne sont pas solidaires entre eux ;
- l'un des assureurs est désigné en tant qu'apériteur : ce dernier doit assumer pleinement le rôle directeur qui lui revient et notamment celui de déterminer les conditions d'assurance et de tarification. (C. assur., art. R. 321-33).

B ■ Définition de la coassurance

233. Conformément à ces critères, la coassurance peut être définie comme l'opération consistant à associer plusieurs assureurs dans la couverture d'un ou de plusieurs risques d'un même assuré et dans des proportions définies par une police unique. La coassurance permet de faciliter la couverture d'un risque lorsqu'un seul assureur ne peut ou ne veut en supporter seul les conséquences. Elle se rencontre en particulier dans le domaine des risques industriels. La coassurance se caractérise ainsi par une division horizontale entre les coassureurs d'un ou de plusieurs risques selon le pourcentage convenu dans la police unique.

234. Elle se distingue en conséquence de deux opérations économiquement similaires mais contractuellement différentes :
- l'assurance par lignes ou assurance « verticale ». Ce type d'assurance, fréquemment appelée également « coassurance » consiste à couvrir dans la même police le même risque

par paliers successifs, l'assurance de chaque ligne supérieure n'étant appelée à être mise en œuvre qu'après épuisement de la ligne inférieure. En conséquence, contrairement à la coassurance horizontale, les assurances par lignes ne sont pas nécessairement mises en œuvre à l'occasion de chaque sinistre ;
- le regroupement de plusieurs assureurs pour couvrir au sein d'une police unique plusieurs risques différents, chacun ne couvrant qu'un seul ou plusieurs risques mais sans partager cette couverture avec les autres assureurs. Ce type de « multi-assurances », appelée à tort selon nous « coassurance », se rencontre dans les assurances type « Multirisques », notamment lorsqu'un intermédiaire d'assurance, compose une couverture globale dont les différents risques sont placés auprès de plusieurs assureurs, souvent avec des conditions générales spécifiques à chaque risque. Il ne s'agit pas en l'espèce d'une coassurance, mais de plusieurs assurances regroupées artificiellement au sein d'une police unique gérée généralement par le courtier d'assurance.

§ 2 ▪ Fonctionnement de la coassurance

A ▪ Organisation contractuelle de la coassurance

235. La coassurance est un contrat multipartite entre d'une part l'assuré, et d'autre part l'ensemble des coassureurs. Ces derniers sont représentés par un apériteur. C'est pour cette raison que le contrat de coassurance est généralement accompagné par un contrat de mandat donné par les coassureurs à l'apériteur afin de gérer le contrat en leur nom et pour leur compte. Les relations entre l'assuré et les coassureurs ne sont régies en principe que par le contrat de coassurance. Il est en revanche étranger au contrat de mandat régissant les relations contractuelles entre coassureurs.

236. L'apériteur, qui est généralement mais non nécessairement l'assureur dont la part est la plus importante joue un rôle clé dans la conclusion et la gestion du contrat. C'est en principe lui qui accepte le principe de la couverture du risque, détermine sa part et aide à rechercher les autres coassureurs, généralement avec le courtier d'assurance. Dans la gestion du contrat et en particulier en cas de sinistre, sa position détermine souvent celle des autres coassureurs.

237. A cet égard, la rédaction du contrat de mandat revêt une importance capitale dans la détermination des pouvoirs de l'apériteur. Plus le contrat est détaillé et les pouvoirs de l'apériteur énoncés, plus la gestion du contrat est simple.

238. Sur le plan procédural, l'existence d'une pluralité de parties entraîne la nécessité d'en tirer toutes les conséquences juridiques et en particulier la nécessité de citer toutes les parties et de procéder à des significations individuelles.

239. Cependant, plus les pouvoirs de l'apériteur sont larges, plus le risque est grand de le voir condamné à payer la totalité de l'indemnité due à l'assuré, notamment en cas de défaillance d'un coassureur. C'est la raison pour laquelle, la rédaction du contrat de coassurance revêt une importance cruciale.

B ▪ Rapports entre l'assuré et les coassureurs

240. Théoriquement, la pluralité des parties entraîne la pluralité des flux contractuels et par conséquent des droits et obligations individualisés entre l'assuré et chaque coassureur. Ainsi, chaque assureur ne devrait être tenu qu'à concurrence de sa quote-part. A cet égard, l'existence d'un mandat entre les coassureurs et l'apériteur pour la gestion du contrat ne devrait pas influer sur l'étendue des obligations de chaque coassureur à l'égard de l'assuré. Cette question doit cependant être appréciée au regard des dispositions contractuelles et notamment en fonction de l'existence ou non dans le contrat d'une clause de solidarité entre les coassureurs.

241. Absence d'une clause relative à la solidarité : se fondant sur l'ancien article 1134 du Code civil (remplacé par les articles 1103 et 1104 du même code à la suite de l'entrée en vigueur de l'ordonnance n° 2016-131 du 10 février 2016 portant réforme du droit des contrats, du régime général et de la preuve des obligations le 1er octobre 2016), la Cour de cassation a, à plusieurs reprises et notamment dans un arrêt de la deuxième chambre civile en date du 18 janvier 2006, estimé que la « solidarité entre coassureurs ne se présume pas » (Civ. 2e, 18 janvier 2006, n° 04-15.907 ; Civ. 2e, 12 mai 2011, n° 10-18.399 et 10-18.541). Cette position qui semble logique et est fondée en outre sur l'ancien article 1202 du Code civil (reformulé à l'article 1310 du même code au 1er octobre 2016) la Cour de cassation a, à plusieurs reprises et notamment dans un arrêt de la deuxième chambre civile en date du 18 janvier 2006, estimé que la « solidarité entre coassureurs ne se présume pas » (Civ. 2e, 18 janvier 2006, n° 04-15.907). Cette position qui semble logique et est fondée en outre sur l'article 1202 du Code civil, peut être discutée dès lors qu'en matière commerciale, la solidarité est au contraire de règle sauf disposition contractuelle contraire comme l'a rappelé à maintes reprise la haute juridiction (Com., 21 avril 1980, n° 78-14.765). En conséquence, afin d'éviter le risque de solidarité, il conviendrait de l'écarter expressément.

242. Existence d'une clause écartant la solidarité entre coassureurs : l'existence d'une clause stipulant l'absence de solidarité entre les coassureurs devrait conduire l'assuré, en principe, à se retourner le cas échéant contre chaque assureur pour obtenir le règlement de l'indemnité d'assurance. En cas de défaillance de l'un des coassureurs, les autres assureurs et en particulier l'apériteur ne devraient pas être condamnés à payer la part de l'assureur défaillant.
Cependant, l'examen de la jurisprudence démontre que même lorsque la solidarité est exclue, le souci de protection de l'assuré notamment en cas de défaillance d'un coassureur, aboutit à condamner l'apériteur à payer la part du coassureur défaillant. Le fondement juridique de ces condamnations reste discutable. Ainsi, dans plusieurs arrêts et notamment dans un arrêt de la première chambre civile en date du 27 mars 1990, la Cour de cassation s'est fondée sur l'existence d'un mandat donné à l'apériteur pour le règlement des sinistres, pour l'obliger à payer la part du coassureur défaillant (Civ. 1re, 27 mars 1990, n° 88-16.631). Dans une affaire où l'apériteur a fait faillite, la Cour de cassation a considéré que les co-assureurs, devaient prendre en charge le sinistre. Mais dans cette affaire particulière, la Cour de cassation a semblé se retrancher derrière l'appréciation souveraine des juges du fond en énonçant « qu'ayant souverainement retenu que le contrat d'assurance de dommages obligatoire conclu entre le syndicat des copropriétaires et la société Sprinks consistait en une police collective à prime et quittance uniques donnant à la société Sprinks mandat de gérer et de représenter activement et passivement les co-assureurs, et que cette société n'avait pas respecté les dispositions de l'article A. 243-1 du Code des assurances, la cour d'appel a pu en déduire que ce manquement interdisait aux co-assureurs de se prévaloir d'une limitation contractuelle de garantie » (Civ. 3e, 29 mars 2006, n° 05-12.296). Cette jurisprudence incite par conséquent à la prudence dans la rédaction des clauses aussi bien de la police que du mandat.

Section 2 . La réassurance

§ 1 . Définition et enjeux de la réassura nce

243. La réassurance est l'opération par laquelle une société d'assurance (la cédante) s'assure elle-même auprès d'une autre société (le réassureur ou le cessionnaire) pour une partie des risques qu'elle a pris en charge.

244. Jusqu'à une date récente, l'activité de réassurance n'était pas réglementée et l'exercice de cette activité en France ne faisait l'objet ni d'un agrément ni d'un contrôle.

245. L'adoption de la directive 2005/68/CE et sa transposition en droit français a changé la donne. Désormais, les entreprises exerçant exclusivement une activité de réassurance et ayant leur siège social dans un pays de l'Union européenne ou de l'Espace économique européen sont soumises au contrôle des autorités de leur siège. Les entreprises de réassurance ayant leur siège social en France sont soumises à une réglementation proche de celle applicable aux entreprises d'assurance notamment quant aux obligations en matière de marge de solvabilité.

246. Les mutuelles régies par le Code de la mutualité peuvent également pratiquer des opérations de réassurance (C. mut., art. L. 111-1, L. 211-8-1). Cette possibilité est limitée aux opérations d'assurances de personnes. L'exercice exclusif d'opérations d'acceptations en réassurance est désormais soumis à l'agrément administratif (C. mut., art. L. 111-1-1). Une règle similaire s'applique aux institutions de prévoyance (CSS, art. L. 931-1-1, L. 931-4-1).

247. Contrairement à l'activité d'assurance qui n'est pas définie par le Code des assurances, l'activité de réassurance est définie par l'article L. 310-1-1 comme « l'activité d'un organisme, [...] qui consiste à accepter des risques d'assurance cédés, soit par une entreprise d'assurance ou une autre entreprise de réassurance, soit par les mutuelles ou unions régies par le Livre II du code de la mutualité, soit par les institutions de prévoyance et leurs unions régies par les dispositions du Titre 3 du Livre 9 du Code de la sécurité sociale, soit par tout membre de l'association des souscripteurs dénommée Lloyd's ». Cette définition reprend celle donnée par la directive. Pour les mutuelles régies par le Code de la mutualité, et pour les institutions de prévoyance régies par le Code de la sécurité sociale, l'article L. 111-1-1 du Code de la mutualité et l'article L. 931-1-1 du Code de la Sécurité sociale renvoient désormais à la définition du Code des assurances (articles créés par l'ordonnance n° 2008-556 du 13 juin 2008, transposant la directive 2005/68/CE du Parlement européen et du Conseil du 16 novembre 2005 relative à la réassurance et modifiés par l'ordonnance n° 2015-378 du 2 avril 2015, transposant la directive 2009/138/CE du Parlement européen et du Conseil du 25 novembre 2009 sur l'accès aux activités de l'assurance et de la réassurance et leur exercice).

248. L'activité de réassurance est autant nécessaire qu'incontournable. Elle permet aux entreprises d'assurance d'augmenter leur capacité de souscription sans coût démesuré en fonds propres. Ainsi, les créances sur les réassureurs sont admises en représentation des engagements réglementés.

§ 2 ▪ Régime juridique de la réassurance

A ▪ Relations entre les parties

249. Les relations entre l'assureur et le réassureur sont exclusivement régies par le traité. Le Code des assurances, tout au moins dans ses livres I et II relatifs au contrat d'assurance et aux assurances obligatoires n'a pas vocation à s'appliquer aux relations entre assureurs et réassureurs. Seul le Livre III relatif aux entreprises, s'applique depuis la transposition de la directive aux entreprises de réassurance.

250. Il en résulte que la relation de réassurance est exclusivement régie par le traité de réassurance. En outre, compte tenu du caractère international du marché de la réassurance, les parties déterminent elles-mêmes la loi applicable aux traités et prévoient souvent une clause compromissoire.

251. Le traité fixera ainsi le type de réassurance (réassurance facultative ou obligatoire), la forme de traité (réassurance proportionnelle ou non proportionnelle), la commission de réassurance, le mode de gestion du contrat et l'ensemble des modalités financières.

B ▪ Relations entre l'assuré et le réassureur

252. L'assuré est étranger au traité de réassurance et n'a même pas souvent connaissance de l'existence de la réassurance. L'article L. 111-3 du Code des assurances précise que « dans tous les cas où l'assureur se réassure contre les risques qu'il a assurés ou les transfère à un véhicule de titrisation mentionné à l'article L. 310-1-2, il reste seul responsable vis-à-vis de l'assuré ». En conséquence, en vertu de l'effet relatif des conventions, l'assuré ne dispose d'aucun droit direct contre le réassureur.

253. Des dispositions similaires pour les mutuelles relevant du Code de la mutualité et pour les institutions de prévoyance sont prévues respectivement aux articles L. 211-4 du Code de la mutualité et L. 932-36 du Code de la Sécurité sociale.

§ 3 ▪ Fonctionnement de la réassurance

254. Il convient de distinguer entre les types de réassurance et les formes de traités de réassurance.

A ▪ Les différents types de réassurance

1 ▪ La réassurance facultative

255. Comme son nom l'indique, ce type de réassurance, le plus simple et le plus ancien, permet à la cédante de céder si elle le souhaite et à qui elle le souhaite, une part du ou des risques à un réassureur. La conclusion du traité se matérialise par la signature du contrat ou de la « présentation slip ». Le réassureur est alors engagé.

2 ▪ La réassurance obligatoire

256. Contrairement à la réassurance facultative, la réassurance obligatoire consiste à céder obligatoirement au réassureur les risques qui dépassent son plein de souscription.

B ▪ Les différentes formes de traités de réassurance

257. Il existe deux grandes catégories de traités : la réassurance proportionnelle et la réassurance non-proportionnelle.

1 ▪ La réassurance proportionnelle

258. Dans la réassurance proportionnelle, le réassureur prend en charge un pourcentage prédéterminé de prime et de sinistre de chacun des risques souscrits et réassurés.

259. La réassurance proportionnelle comporte deux catégories :
- le traité en quote-part : cette réassurance permet de transférer au réassureur un pourcentage de certains risques ;
- le traité en excédent de plein : cette réassurance permet de céder l'excédent de « plein de rétention », autrement dit, permet à l'assureur de transférer ce qui excède sa capacité d'assurance, ce qui suppose qu'il préétablisse sa capacité de plein de rétention en fonction des différents risques souscrits.

2 ▪ La réassurance non-proportionnelle

260. La réassurance non-proportionnelle présente la caractéristique d'être déterminée en fonction du montant des sinistres concernant les contrats relevant du champ d'application du traité. N'étant pas proportionnelle aux garanties, ce type de réassurance ne peut être calculé qu'après la survenance des sinistres.

261. La réassurance non-proportionnelle comporte deux catégories principales : l'excédent de sinistre (le réassureur intervient pour les sinistres dépassant un certain montant) et l'excédent de pertes (le réassureur intervient lorsque l'ensemble des sinistres d'une année dépasse un certain pourcentage des primes encaissées). Les traités définissent en général le seuil conservé par la cédante au-delà duquel intervient le réassureur. Souvent, les traités prévoient également un plafond de réassurance.

▪ Sous-titre 2
Distribution et Intermédiation

BIBLIOGRAPHIE

L'Argus de l'assurance

Ouvrages. – I. Monin Lafin, S. Coutin, G. Dupont, L'intermédiation en assurance, banque et finance, L'Argus éd., 2015. – J.-C. Naimi, Le courtage d'assurance, L'Argus éd., - J.-M. Blamoutier, J.-F. Salphati, La responsabilité des agents généraux et courtiers, L'Argus éd., – P. Peylet, Le courtage d'assurance, L'Argus éd., - Code des assurances, L'Argus éd., – F. Couilbault, S. Couilbault Di Tommaso, V. Huberty, Les grands principes de l'assurance, L'Argus éd., 2015.

Revues. – L. Bigel, H. Akli, Directive distribution d'assurance : le renouveau du devoir de conseil via l'Europe, L'Argus n° 7454, 21 avril 2016 – L. Bigel, Devoir d'information et de conseil : ce qu'il ne faut pas faire, L'Argus n° 7435 p. 48-49, 27 novembre 2015 – P. Bichot, Information et conseil : vers une clarification des rôles ?, L'Argus, 15 janv. 2010. – J.-F. Salphati, Approches pratiques sur la loi de 2005, L'Argus, 4 déc. 2009. – G. Defrance, Application du décret sur l'intermédiation, an I, L'Argus, 20 juin

2008 ; Distribution. Les limites de l'obligation de conseil de l'assureur, L'Argus 2002, n° 6801, p. 48. – Le professionnel de l'automobile, intermédiaire en assurance, JA mai 2010.

Autres documentations

Ouvrages. – J. Bigot et D. Langé, Traité de droit des assurances, t. 2. L'intermédiation d'assurance, LGDJ 2009. – Y. Lambert-Faivre, L. Leveneur, Droit des assurances, Dalloz, coll. « précis », 13e éd., 2011, n° 182 et s. - Code des assurances, Dalloz. – S. Gossou, La distribution de l'assurance par les banques, préf. Cl. Ophèle, PUAM, 2006. – D. Langé, J-Class. Responsabilité civile et assurance, Fasc. 630, Intermédiaires d'assurance règles générales, 18 févr. 2008, n° 41.

Revues. – J. Bigot, L'intermédiation en assurance : les nouvelles règles du jeu, JCP G 2006, I, 2153. – S. Gossou, Impact du nouveau cadre juridique de l'intermédiation en assurance sur la bancassurance, RGDA 2007. 21. – D. Langé, Les intermédiaires d'assurance à l'heure du marché unique : la réforme de l'intermédiation en assurance, RGDA 2006. 859 et s. – A. Gourio, M. Gillouard, Les nouvelles règles applicables aux intermédiaires d'assurance ; note sous directive (UE) 2016/97 du Parlement européen et du Conseil du 20 janvier 2016 sur la distribution d'assurance, Rev. dt. Banc. et fin. 2016, n° 2, p. 63. – I. Monin Lafin, loi sur l'intermédiation : focus sur le retour d'expérience, Trib. ass. juin 2007, n° 113, p. 35 ; Délégation et conflit d'intérêts, Trib. ass. déc. 2005, p. 22. – A. Chartrain, A. Guillou, Le cadre juridique de l'activité d'intermédiation exercée par les mutuelles régies par le Code de la mutualité, RGDA 2007. 777 et s., spéc. p. 778.

262. L'assureur peut distribuer son contrat d'assurance en direct auprès des souscripteurs ou candidat souscripteurs. Le développement de la proposition d'assurance par Internet (V. Partie 2, Titre 1, Sous-titre I, Chapitre III, La formation du contrat d'assurance à distance) devrait dans les années à venir, accroître ce mode de souscription. Toutefois, les assureurs ont eu recours depuis longue date à des intermédiaires d'assurance afin de placer leurs contrats. C'est un moyen efficace de se rapprocher des souscripteurs sans pour autant avoir recours à de trop nombreux salariés.

263. Certains groupements (associations) pratiquant l'assurance ne peuvent pas avoir recours à ces intermédiaires ; il en est ainsi des sociétés mutuelles d'assurance de l'article L. 322-26-4 du Code des assurances qui constituent des formes particulières de sociétés d'assurance mutuelle (elles ont un caractère régional ou professionnel) et ne peuvent rémunérer aucun intermédiaire en vue de l'acquisition des contrats (C. assur., art. R. 322-93). Ce type très spécifique d'organismes d'assurance est complété par des mutuelles plus importantes qui par principe n'ont pas recours à des intermédiaires.

264. Cependant, le plus souvent, les contrats sont placés par des agents généraux ou des courtiers en assurance. Ces derniers ont plutôt, dans une conception traditionnelle de leur tâche, pour mission de rechercher le meilleur contrat pour leurs clients, souvent des professionnels. D'autres intermédiaires plus occasionnels interviennent encore dans la conclusion du contrat d'assurance ; il s'agit, par exemple, des vendeurs de biens de consommation (voitures, électroménagers...) qui proposent un contrat d'assurance comme accessoire du contrat principal. Les banquiers peuvent également servir d'intermédiaires dans la proposition d'assurance.

265. Dans toutes ces situations où l'assurance est proposée, il a fallu garantir le sérieux des intermédiaires à l'égard des souscripteurs et préciser leur rôle dans la chaîne contractuelle.

266. Les législateurs français et communautaires sont donc intervenus dans cet objectif. Un décret-loi du 14 juin 1938 est venu interdire l'intermédiation à toute autre personne que les employés des compagnies d'assurance, les agents et les courtiers. Un décret du 5 mars 1949 (n° 49-317, modifié par le décret n° 66-771 du 11 octobre 1966) a homologué le statut des agents généraux pour les assurances dommages (IARD) et un autre du 28 décembre 1950 celui des agents vie (décret n° 50-1608, modifié par le décret du 11 octobre 1966). Un décret du 29 janvier 1965 a modifié celui de 1938 afin de définir la profession d'intermédiaires comme celle qui exerce l'activité de présentation d'opération d'assurance (devenu l'ancien art. R. 511-1, C. assur.) et distinguer nettement l'agent mandataire de l'intermédiaire non mandataire (C. assur., art. R. 511-2).

267. En droit communautaire, le souci d'harmoniser les législations des Etats membres en matière d'assurance avait d'abord donné lieu à une directive n° 77/92/CEE du 13 décembre 1976 ayant pour objet de faciliter la liberté d'établissement et la libre prestation de services des courtiers et des agents généraux. Elle a été remplacée par la directive n° 2002/92/CE du 9 décembre 2002 qui détermine les conditions d'accès à la profession et les obligations de ces intermédiaires à l'égard de leurs clients souscripteurs consommateurs.

268. Cette directive a été transposée en droit français par une loi n° 2005-1564 du 15 décembre 2005 et son décret d'application n° 2006-1091 du 30 août 2006. L'entrée en vigueur de ces dispositions s'est véritablement réalisée par la mise en place du registre d'immatriculation des intermédiaires prévu par l'article L. 512-1, I, du Code des assurances qui a ouvert le 31 janvier 2007. La première directive intermédiation de 2005 est remplacée par celle sur la distribution d'assurances n° 2016/97 du 20 janvier 2016 (JO UE 2 févr. 2016 ; L. 26/19) qui doit être transposée au plus tard le 23 février 2018.

269. Ces textes ont reconduit comme intermédiaires les traditionnels agents généraux et courtiers d'assurance ; de même que les salariés des assureurs et ceux des intermédiaires. La distribution d'assurance à titre d'activité principale est distinguée de celle réalisée à titre accessoire. Les obligations d'information et de transparence sont renforcées texte après texte.

Chapitre 1

La notion d'intermédiaire : champ d'application de la réglementation

270. La matière de l'intermédiation est régie par la loi du 15 décembre 2005 (n° 2005-1564), adoptée afin de transposer la directive n° 2002/92/CE du 9 décembre 2002 sur l'intermédiation en assurance (JOUE L 9, 15 janv. 2003). Ce texte européen est remplacé par la directive 2016/97 du 20 janvier 2016 sur la distribution d'assurances (JOUE, 2 févr. 2016 ; L. 26/19) qui doit être transposée au plus tard le 23 février 2018.
Afin de définir la notion d'intermédiaire en assurance, ce qui permet de préciser le champ d'application de la réglementation, le législateur a procédé en deux temps. L'activité d'intermédiation a d'abord été précisée afin ensuite de déterminer qui sont les intermédiaires.

Section 1 ▪ L'intermédiation en assurance

Sous-section 1 ▪ La définition de l'intermédiation

271. Les intermédiaires vont avoir pour activité de servir de relais aux entreprises d'assurance qui opèrent conformément aux dispositions de l'article L. 310-2 du Code des assurances. Ces dernières réalisent les opérations suivantes (C. assur., art. L. 310-1) :
« 1° les entreprises qui sous forme d'assurance directe contractent des engagements dont l'exécution dépend de la durée de la vie humaine, s'engagent à verser un capital en cas de mariage ou de naissance d'enfants, ou font appel à l'épargne en vue de la capitalisation et contractent à cet effet des engagements déterminés ;
2° les entreprises qui sous forme d'assurance directe couvrent les risques de dommages corporels liés aux accidents et à la maladie ;
3° les entreprises qui sous forme d'assurance directe couvrent d'autres risques y compris ceux liés à une activité d'assistance ».
De la même façon, les mutuelles relevant du Code de la mutualité et les unions de mutuelles lorsqu'elles y sont autorisées par leurs statuts « peuvent recourir à des intermédiaires d'assurance ou de réassurance » (C. mut., art. L. 116-2). Quand ces dernières décident recourir à des intermédiaires en assurance pour distribuer leurs contrats, « les dispositions du Livre III et du livre V du Code des assurances relatives aux intermédiaires sont applicables aux intermédiaires des mutuelles et des unions » (C. mut., art. L. 116-2).

272. De même encore, les institutions de prévoyance et les unions d'institutions de prévoyance peuvent recourir à des intermédiaires quand cette faculté est prévue par leurs statuts (CSS, art. L. 932-49) ; les dispositions du Code des assurances sur l'intermédiation leur sont alors applicables (ibid.). L'article L. 932-50 du Code de la Sécurité sociale précise : « Lorsque l'intermédiaire a été désigné par une personne morale souscriptrice, l'institution de prévoyance ou l'union informe cette dernière du montant et du destinataire de la rémunération versée. » Il est ajouté que « l'institution de prévoyance ou l'union ne peut déléguer, de manière totale ou partielle, la gestion du contrat collectif que si ses statuts l'y autorisent. » Enfin, « l'assemblée générale définit les principes que doivent respecter ces délégations de gestion. Le délégataire rend compte chaque année de sa gestion au conseil d'administration de l'institution de prévoyance ou de l'union. »

273. Quand l'institution de prévoyance ou l'union a recours à des intermédiaires un rapport doit être fait devant l'assemblée générale sur l'intermédiation (CSS, art. L. 932-51).

274. En outre, l'article R. 321-1 du Code des assurances détermine la liste des branches pour lesquelles une entreprise d'assurance peut être agréée. Il en est de même pour les agréments des mutuelles à l'article R. 211-2 du Code de la mutualité et celui des institutions de prévoyance (CSS, art. R. 931-2-1). C'est donc pour l'une des activités décrite à l'article L. 310-1 du Code des assurances (cf. textes correspondants, préc., pour les mutuelles et institutions de prévoyance), dans les branches pour lesquelles l'entreprise a reçu l'agrément, que l'intermédiation sera mise en œuvre. En outre, conformément à l'article 1er de la directive n° 2002/92/CE (préc.) et à l'alinéa 1er de l'article L. 511-1 du Code des assurances, l'intermédiation peut également se réaliser au profit d'une activité de réassurance.

275. L'activité d'intermédiation est définie à l'article 2, 3 de la directive n° 2002/92/CE (préc.) « comme toute activité consistant à présenter ou à proposer des contrats d'assurance ou à réaliser d'autres travaux préparatoires à leur conclusion ou à les conclure, ou à contribuer à leur gestion et à leur exécution, notamment en cas de sinistre. » Aux termes de l'article L. 511-1 alinéa 1er du Code des assurances, « l'intermédiation en assurance ou en réassurance est l'activité qui consiste à présenter, proposer, ou aider à conclure des contrats d'assurance ou de réassurance ou à réaliser d'autres travaux préparatoires à leur conclusion ».

276. Il s'évince de ces définitions que l'essentiel pour caractériser l'activité d'intermédiation consiste en la démarche commerciale réalisée dans le but d'aboutir à la conclusion d'un contrat d'assurance. Les prestations de services postérieures à la conclusion du contrat telles que la gestion de sinistres ou la collecte de primes peuvent être réalisées par les employés de l'assureur ou une société de services extérieure ou encore l'intermédiaire lui-même sans que cela n'affecte la caractéristique essentielle de l'intermédiation : déployer une activité afin de conduire à la conclusion du contrat d'assurance. L'existence de cette activité ne sera établie qu'en présence d'un tel travail de préparation à la conclusion du contrat.
On observera qu'à l'article 2, 1., 1) de la directive du 2 février 2016, l'activité de distribution de l'assurance se définit comme suit : « toute activité consistant à fournir des conseils sur des contrats d'assurance, à proposer des contrats d'assurance ou à réaliser d'autres travaux préparatoires à leur conclusion, à conclure de tels contrats, ou à contribuer à leur gestion et à leur exécution, notamment en cas de sinistre, y compris la fourniture d'informations sur un ou plusieurs contrats d'assurance selon des critères choisis par le client sur un site internet ou par d'autres moyens de communication et l'établissement d'un classement de produits d'assurance comprenant une comparaison des prix et des produits, ou une remise de prime, lorsque le client peut conclure un contrat directement ou indirectement au moyen d'un site internet ou d'autres moyens de communication ».

277. En effet, dans les dispositions règlementaires du code des assurances (C. assur., art. R. 511-1, al. 1er), issues du décret du 30 août 2006 (préc.), « est considérée comme présentation, proposition ou aide à la conclusion d'une opération d'assurance, le fait pour toute personne, physique ou personne morale de solliciter ou de recueillir la souscription d'un contrat ou l'adhésion à un tel contrat, ou d'exposer oralement ou par écrit à un souscripteur ou un adhérent éventuel, en vue de cette souscription ou adhésion, les conditions de garantie d'un contrat ». Ce texte détaille donc les différentes opérations envisageables qui contribuent à l'activité de présentation de contrats d'assurance. Il est intéressant de noter que l'activité de présentation prévue à l'article L. 511-1 du Code des assurances fait désormais référence à l'adhésion ou aux adhérents. La proposition par un intermédiaire de faire adhérer un client à une assurance collective entre donc très nettement dans le champ de l'intermédiation.

278. En outre, l'activité préalable ou concomitante à la présentation du contrat qui consiste en la recherche de la garantie adéquate sont définis à l'article R. 511-1 alinéa 2 du Code des assurances « comme tous travaux d'analyse et de conseil réalisés par toute personne physique ou personne morale qui présente, propose ou aide à conclure une opération d'assurance ». L'opération d'analyse suivie d'une proposition constitue donc nécessairement une activité d'intermédiation.

Sous-section 2. Les activités exclues du champ de l'intermédiation

279. N'entrent pas dans l'activité d'intermédiation les assureurs qui présentent des contrats d'assurance d'autres assureurs. Cette pratique peut notamment se réaliser sous forme de proposition à l'adhésion de contrat de groupe souscrit par l'assureur avec un autre assureur.

280. En effet, aux termes de l'article L. 511-1, II, alinéa 1er du Code des assurances, les assureurs et les réassureurs qui font de l'intermédiation ne sont pas qualifiés d'intermédiaires. Ainsi , un auteur (D. Langé, J-Class. Responsabilité civile et assurance, Fasc. 630, Intermédiaires d'assurance, règles générales, 18 févr. 2008, n° 41) précise que le législateur français, en transposant la directive de 2002, n'a reconnu ni aux entreprises d'assurances ni à leurs salariés la qualité d'intermédiaires d'assurance (A. Chartrain, A. Guillou, Le cadre juridique de l'activité d'intermédiation exercée par les mutuelles régies par le Code de la mutualité, RGDA 2007 p. 777 et s., spéc. p. 778).

281. En dehors de la sphère restreinte de l'activité d'assurance, quand un professionnel délivre une information ou des conseils en matière d'assurance à titre occasionnel et accessoire, il ne pratique pas l'activité d'intermédiation. En effet, l'alinéa 2 de l'article R. 511-1 du Code des assurances dispose parmi les travaux préparatoires à la conclusion d'un contrat sont exclues de l'intermédiation « les activités consistant à fournir des informations ou des conseils à titre occasionnel dans le cadre d'une activité professionnelle autre que celle mentionnée à l'alinéa premier ». C'est ainsi qu'au considérant 12 de la directive (préc.), il est donné comme exemple « les experts fiscaux et comptables » qui donneraient à titre accessoire et occasionnel des renseignements sur des contrats d'assurance.

282. Par ailleurs, dès lors que les conseils ou les travaux préparatoires ne s'inscrivent dans une démarche commerciale qui doit aboutir à la conclusion d'un contrat, ce dernier ne se livre pas à une activité d'intermédiation en assurance.

283. Dans le même esprit, l'indicateur d'assurance qui se borne à signaler à l'assureur la possibilité de proposer un contrat ou qui met en relation l'assureur et le candidat souscripteur ne rentre pas dans le champ des dispositions sur l'intermédiation aux termes de l'article R. 511-3, III du Code des assurances. Il s'agit par exemple des syndics d'immeuble. Ces professionnels qui mettraient à disposition un fichier clientèle ne sont pas soumis aux règles de l'intermédiation (Civ. 1re, 2 mai 2002, RGDA 2002 p. 1053). C'est ainsi qu'il a été jugé que ces indicateurs ne sont pas soumis aux usages du courtage (Civ. 1re, 13 mars 1990, RGAT 1990 p. 375) et ne rentrent pas dans le champ de l'intermédiation. Les professionnels qui interviennent en amont de la conclusion du contrat ne se livrent donc pas nécessairement à une activité d'intermédiation ; il en est ainsi a fortiori dans les activités situées en aval de la conclusion du contrat.

284. L'article L. 511-1-I du Code des assurances dispose en effet que « n'est pas considérée comme de l'intermédiation en assurance ou en réassurance l'activité consistant exclusivement en la gestion, l'estimation et la liquidation des sinistres ». Un prestataire (plateau technique) qui exerce l'activité de service de gestion de sinistres ou d'estimation ne se livre certainement pas à une activité d'intermédiation.

285. La directive du 2 février 2016 précise en ses articles 1 et 2 que la distribution à titre accessoire de contrats d'assurance permet d'échapper à la règlementation qui l'encadre.

Section 2 ▪ Les intermédiaires d'assurance

286. Le législateur a différencié quatre types d'intermédiaires d'assurance. Il convient d'évoquer plus précisément les relations entre l'assureur, le souscripteur et l'agent ou le courtier.

Sous-section 1 ■ Les différents intermédiaires

287. Aux termes de l'article L. 511-1, I, alinéa 2 du Code des assurances « est un intermédiaire d'assurance ou de réassurance toute personne qui, contre rémunération, exerce une activité d'intermédiation en assurance ou en réassurance ». Le critère de la rémunération est donc déterminant pour soumettre un professionnel au statut des intermédiaires. La notion de rémunération a été précisée par décret à l'article R. 511-3, I du même code qui définit la rémunération comme « tout versement pécuniaire ou toute autre forme d'avantage économique convenu et lié à la prestation d'intermédiation ». C'est une définition large qui tient compte à la fois du versement pécuniaire et d'un avantage économique. Le versement d'une commission à celui qui s'est entremis afin de faire conclure le contrat le fait donc rentrer dans la catégorie des intermédiaires.

288. En revanche, une association comme un club sportif amateur ou des groupements de parents d'élèves qui proposent des assurances à leurs membres sans rémunération ne sauraient être qualifiés d'intermédiaires. De la même façon, les associations créées afin de faire adhérer à un contrat de groupe leurs membres contre paiement d'une cotisation ne sont pas des intermédiaires. Il faut pour cela qu'elles ne perçoivent pas de rémunération par l'assureur pour rémunérer leur entremise.

289. Ne sont pas non plus des intermédiaires les professionnels tels que les vendeurs de meubles ou d'électroménager qui proposent une garantie accessoire à leur produit ou encore les transporteurs ou voyagistes. En effet, l'article R. 513-1 du Code des assurances dispose que les personnes physiques ou morales et leurs salariés qui offrent des contrats qui ne sont pas des contrats d'assurance vie et ne comportent aucune garantie de responsabilité civile, pour une prime annuelle qui n'est pas supérieure à 500 € ne sont pas soumises aux règles de l'intermédiation.Selon ce même texte ce « contrat d'assurance constitue un complément au produit ou au service fourni par un fournisseur et couvre :
a) soit le risque de mauvais fonctionnement, de perte, y compris vol, ou d'endommagement des biens fournis ;
b) soit l'endommagement ou la perte, y compris le vol, de bagages et les autres risques liés à un voyage même si l'assurance couvre la vie ou la responsabilité civile, à la condition que cette couverture soit accessoire à la couverture principale relative aux risques liés à ce voyage ».

290. En revanche, le banquier qui propose à titre accessoire des assurances entre dans la catégorie des intermédiaires, même lorsqu'il propose l'adhésion à des contrats de groupe pour garantir par exemple un emprunt. Le banquier pourrait être qualifié de courtier ou encore de mandataire d'assurance par application de l'article R. 511-2, 3° du Code des assurances.

291. Sont exclus également du statut des intermédiaires, par l'article L. 511-1, II du même code, les salariés des assureurs et des réassureurs ; cela signifie que ces salariés n'ont pas à s'immatriculer.

292. Si l'on reconsidère la question des intermédiaires de manière positive, aux termes de l'article R. 511-2 du Code des assurances, on constate donc que quatre catégories de personnes sont des intermédiaires en assurance :
- les courtiers d'assurance ou de réassurance ;
- les agents généraux d'assurance ;
- les mandataires d'assurance ;
- les mandataires d'intermédiaires d'assurance.

293. Les courtiers d'assurance ou de réassurance sont définis comme « les personnes physiques et sociétés immatriculées au registre du commerce pour le courtage d'assurance » (C. assur., art. R. 511-2, I, 1°). En outre, ce texte ajoute que « ces personnes exercent l'intermédiation selon les modalités mentionnées aux b) et c) du II de l'article L. 520-1 », c'est-à-dire qu'elles ne sont pas soumises à une obligation contractuelle de travailler exclusivement avec une ou plusieurs entreprises d'assurance.

294. Les agents généraux d'assurance sont « les personnes physiques ou morales titulaires d'un mandat d'agent général d'assurance » (C. assur., art. R. 511-2, I, 2°). Le contrat conclu avec l'assureur se caractérise par « l'obligation contractuelle de travailler exclusivement pour une ou plusieurs entreprises d'assurance » (C. assur., art. L. 520-1, II, a).

295. Les mandataires d'assurance autres que les agents généraux d'assurance sont, aux termes de l'article R. 511-2, I, 3° des personnes physiques non salariées ou des personnes morales directement mandatées par une entreprise d'assurance. Elles interviennent pour l'assureur avec ou sans exclusivité. Ces mandataires se distinguent des agents généraux par la limitation de leur champ d'intervention aux activités de présentation, proposition, ou aide à la conclusion d'une opération d'assurance et éventuellement à l'encaissement des primes. La gestion des contrats leur échappe donc (C. assur., art. R. 511-2, I). Toutefois, les établissements financiers mandataires peuvent également pratiquer la gestion de contrat (ibid.) de même que les mandataires spécialisés dans l'assurance de transport ferroviaire, maritime et aérien (ibid.).

296. Enfin, les mandataires d'intermédiaires d'assurance, c'est-à-dire des sous-mandataires, sont également habilités à être intermédiaires d'assurance. Il s'agit de personnes physiques non salariées ou personnes morales mandatées par un agent général (comme par exemple, les anciens sous-agents) ou un courtier d'assurance (C. assur., art. R. 511-2, I, 4°). Ces mandataires d'intermédiaires ne peuvent, en principe, que procéder à la « commercialisation » des contrats mais sans les gérer, sauf, éventuellement l'encaissement des primes (C. assur., art. R. 511-2, I).

297. En sus des quatre catégories d'intermédiaires, les personnes physiques salariées des assureurs, réassureurs ou intermédiaires sont habilités à avoir une mission d'intermédiaires (C. assur., art. R. 511-2, I, 5°). Les intermédiaires enregistrés dans un État membre de l'Union européenne qui ont préalablement notifié leur intention de procéder à des opérations d'intermédiation en dehors de leur État d'origine à leur autorité chargée de leur immatriculation peuvent également pratiquer l'activité d'intermédiaire en France (C. assur., art. R. 511-2, I, 6°). Il est ajouté qu'un intermédiaire peut exercer au titre de plusieurs catégories parmi celles de courtier, d'agent, de mandataire ou de mandataire d'intermédiaire (C. assur., art. R. 511-2, II). Deux catégories particulières d'intermédiaires disposent d'un statut très nettement affirmé : les agents généraux et les courtiers d'assurance.

298. La directive du 2 février 2016 distingue entre les intermédiaires et les intermédiaires à titre accessoire.

Les intermédiaires sont définis à l'article 2, 1., 3) comme : « toute personne physique ou morale autre qu'une entreprise d'assurance ou de réassurance, ou leur personnel, et autre qu'un intermédiaire d'assurance à titre accessoire, qui, contre rémunération, accède à l'activité de distribution d'assurances ou l'exerce ; ». Les intermédiaires à titre accessoire sont définis dans la directive de 2016 (art. 2, 1., 4)) comme : « toute personne physique ou morale autre qu'un établissement de crédit ou qu'une entreprise d'investissement au sens de l'article 4, paragraphe 1, points 1) et 2), du règlement (UE) n° 575/2013 du Parlement européen et du Conseil qui, contre

rémunération, accède à l'activité de distribution d'assurances à titre accessoire ou l'exerce, pour autant que les conditions suivantes soient remplies :
a) la distribution d'assurances ne constitue pas l'activité professionnelle principale de cette personne physique ou morale :
b) la personne physique ou morale distribue uniquement certains produits d'assurance qui constituent un complément à un bien ou à un service ;
c) les produits d'assurance concernés ne couvrent pas de risques liés à l'assurance vie ou de responsabilité civile, à moins que cette couverture ne constitue un complément au bien ou au service fourni dans le cadre de l'activité professionnelle principale de l'intermédiaire ».

Sous-section 2 ▪ Les agents généraux et les courtiers d'assurance

299. L'agent général d'assurance, mandataire de l'assureur agit au nom et pour le compte de celui-ci ; l'assureur est donc directement engagé à l'égard du souscripteur. En revanche, l'intervention du courtier d'assurance ne peut pas, en principe, lier l'assureur à l'assuré.

§ 1 ▪ Les agents généraux d'assurance

300. L'article L. 511-1, III du Code des assurances précise que l'assureur est civilement responsable du fait de ses employés ou de ses mandataires dans les termes de l'article 1242 (anc. art. 1384, avant le 1er octobre 2016) du Code civil. Cela signifie que l'assureur verra sa responsabilité engagée du fait des fautes ou négligences de ses employés ou mandataires comme s'il les avait commises lui-même. L'une des causes fréquente de responsabilité réside dans le manquement au devoir de conseil (Voir Civ. 2e, 18 mars 2010, n° 09-12.913, RGDA 2010, p. 828, note D. Langé).

301. L'article R. 511-2, I du Code des assurances régit le mandat des agents généraux afin de représenter les sociétés qui ont recours à des intermédiaires pour distribuer leurs contrats. Les agents généraux ont la qualité de mandataire de l'assureur avec lequel ils ont conclu un « contrat d'agence ». Ils engagent donc directement la compagnie auprès du souscripteur (Civ. 1re, 21 novembre 1979, Bull. civ. I, n° 291). Quand bien même l'agent a reçu une lettre de mission de rechercher un contrat d'optimisation d'un portefeuille par la souscriptrice, il reste le mandataire de l'assureur et ne devient pas pour autant le mandataire de cette dernière (Civ. 2e, 13 juin 2013, n° 12-22.207).

302. L'assureur peut limiter le mandat de l'agent. Il peut être prévu qu'au-delà d'un certain montant l'agent n'est pas habilité à représenter l'assureur pour conclure le contrat qui porterait sur un risque trop important. Toutefois, il appartiendra à l'assureur de montrer que le souscripteur avait connaissance de la limitation du mandat. En effet, il a été jugé qu'en présence d'une police qui stipulait que la cotisation était portable soit au domicile de l'assureur soit à celui du mandataire désigné à cet effet, l'assuré qui ignorait que l'agent général n'avait pas reçu mandat d'encaisser les cotisations pouvait légitimement croire qu'il était mandataire de l'assureur, ce dernier n'ayant jamais détrompé son assuré lors de l'envoi des avis de cotisation (Civ. 1re, 19 juin 1990, RGAT 1990 p. 354).

303. L'assureur étant responsable du dommage causé par la faute, l'imprudence ou la négligence de ses mandataires, la compagnie est engagée bien que l'assuré ait établi une fausse déclaration intentionnelle parce que l'agent général s'est rendu complice de cette fausse déclaration (Civ. 1re, 7 octobre 1992, JCP G 1993, II, 22119, note M. Behar-Touchais ; RGAT 1993 p. 384, obs. D. Langé). Il est également tenu par la falsification de documents opéré par l'agent (Civ. 2e, 16 juin 2011, n° 10-21.021). L'assureur ne peut alors invoquer ni la nullité du contrat, ni les sanctions spécifiques des articles L. 113-8 et L. 113-9 du Code des assurances (Civ. 1re, 23 novembre 1999 :RCA 2000, comm. 103 ; Civ. 1re, 21 mai 1990, RGAT 1990 p. 647, note Pauffin de Saint-Morel).

304. L'assureur est responsable de son agent, mandataire, dès lors que ce dernier a agi dans le cadre de ses fonctions ; il en est notamment ainsi lorsque l'agent a utilisé des documents à en-tête de l'assureur pour commettre des détournements de fonds (Civ. 2e, 15 sept. 2011, n° 10-25.754). Dans une affaire de détournements de fonds réalisés par un agent qui avait encaissé des primes aux fins de souscription de contrats d'assurance vie sans conclure les contrats, il a été jugé que la réparation de ces détournements se réalise seulement sur le fondement de la perte de chance de réaliser un gain grâce aux contrats d'assurance vie non souscrits et non sur une réparation intégrale (Civ. 2e, 16 sept. 2010, n° 09-15.017, 09-15983, 10-30.285).

305. La question s'est posée de l'effet de la jurisprudence *Costedoat* sur la relation assureur, agent et assuré. Dans cet arrêt il avait été décidé que « n'engage pas sa responsabilité à l'égard des tiers le préposé qui agit sans excéder les limites de la mission qui lui était impartie » (Ass. plén., 25 février 2000, Costedoat, D. 2000, p. 673, note Ph. Brun ; JCP G 2000, II, 10295, concl. r. Kessous, note M. Billau). Toutefois, la Cour de cassation a refusé d'exonérer de sa responsabilité personnelle l'agent général qui agirait sans excéder les limites de sa mission (Civ. 1re, 10 déc. 2002, Bull. civ. I, n° 299 ; RGDA 2003, p. 129, note D. Langé). Dans cet arrêt ultérieur, il a été précisé que le renvoi fait par l'article L. 511-1, III du Code des assurances à l'article 1384 du Code civil a pour objectif de faire bénéficier le client de l'agent général de la garantie de l'assureur ; aussi une cour d'appel a-t-elle pu à bon droit condamner des agents généraux à réparer le préjudice subi par le souscripteur d'un contrat au motif qu'ils auraient omis de l'informer sur les conditions de validité du contrat souscrit (ibid.).

§ 2 ▪ Les courtiers d'assurance

306. Le courtier d'assurance étant chargé par ses clients de trouver les meilleures assurances au meilleur coût pour garantir leur personne, leurs biens ou leurs activités, ces derniers peuvent donc révoquer librement ce mandat (Civ. 1re, 7 juillet 1987, JCP G 1988, II, 20914, note J. Bigot). Le courtier, s'il doit faciliter les relations entre l'assuré et l'assureur en cas de sinistre, ne peut pas en revanche développer une activité de « consultant en règlement amiable de litiges d'assurance » pour des personnes qui ne sont pas ses clients ; il enfreint alors le périmètre du droit dévolu aux avocats par l'article 59 de la loi n° 71-1130 du 31 décembre 1971 (Civ. 1re, 9 déc. 2015, n° 14-24.268). En outre, ce dernier engage sa responsabilité contractuelle lorsqu'il ne prodigue pas les conseils qu'un mandataire professionnel doit prodiguer à son mandant (obligation d'information de l'assuré sur les risques d'annulation du contrat, Civ. 1re, 26 févr. 1991, RGAT 1991, p. 431 et v. infra). En outre, lorsque ce courtier est lui même représenté par un mandataire (mandataire d'une société de courtage), le courtier est responsable du fait d'un manquement à l'obligation de conseil réalisé par son mandataire (Civ. 2e, 7 juill. 2011, n° 10-21.719, publ.).

307. Le courtier d'assurance peut parfois être investi d'un mandat par l'assureur (Civ. 1re, 25 novembre 1968, RGAT 1969, p. 526). Ce mandat peut être limité à certains actes tels que la délivrance de la note de couverture ou le recouvrement des premières cotisations. En l'absence même de mandat exprès, la jurisprudence reconnaît parfois l'existence d'un mandat apparent (voir Civ. 1re, 4 juin 1991, RCA 1991, n° 363), mais il appartient au demandeur d'établir ce mandat apparent (Civ. 2e, 14 janv. 2010, n° 09-10.220, RGDA 2010, p. 530, note J. Roussel). Lorsque les circonstances sont susceptibles de créer une équivoque à l'égard de l'assuré de bonne foi, ce dernier pourra légitimement estimer que l'assureur est engagé par les actes du courtier (Civ. 1re, 5 juillet 1972, Bull. civ. I, n° 177). C'est ainsi qu'une fausse déclaration intentionnelle de l'assurée sciemment relayée par le courtier peut ne pas conduire à la nullité du contrat quand le courtier est qualifié de « mandataire » de l'assureur (Civ. 2e, 4 févr. 2010, n° 09-11.464, RGDA 2010 ; p. 311, note J. Bigot).

308. La compagnie d'assurance qui fournit des formulaires de souscription d'assurance à son en-tête au courtier et qui lui donne des instructions crée alors l'apparence d'un mandat dont le souscripteur peut se prévaloir (Civ. 1re, 13 octobre 1981, Bull. civ. I, n° 283). L'apparence de mandat peut également résulter du mandat donné par l'assureur pour recueillir une déclaration de sinistre (Civ. 1re, 23 janvier 1993, RCA 1993, comm. 327). En revanche, le paiement de cotisations d'assurance vie à un courtier qui les a détournées a été considéré comme non libératoire à l'égard de l'assureur (Civ. 1re, 9 mai 1996, Resp. civ. et assur. 1996, comm. 296). De même que le client qui remet des fonds à un salarié d'un courtier ne peut pas prétendre à l'existence d'un mandat apparent de l'assureur dès lors que les bulletins de souscription stipulaient expressément que les versements se faisaient par chèque à l'ordre de l'assureur (Civ. 1re, 7 décembre 1999, RCA 2000, comm. 106).

309. Ni l'assureur, ni le souscripteur ne doivent courir de risque à contracter une assurance par le truchement d'un intermédiaire, il a donc été instauré des règles strictes d'accès à la profession d'intermédiaire d'assurance.

Chapitre 2
L'accès à la profession d'intermédiaire d'assurance

310. Afin de garantir le sérieux des intermédiaires aux clients des assureurs, le législateur a mis en place une série d'exigences pour d'accéder et exercer la profession. La matière de l'intermédiation est régie par la loi du 15 décembre 2005 (no 2005-1564), adoptée afin de transposer la directive n° 2002/92/CE du 9 décembre 2002 sur l'intermédiation en assurance (JOUE L 9, 15 janv. 2003). Ce texte européen est remplacé par la directive 2016/97 du 20 janvier 2016 sur la distribution d'assurances (JO UE 2 févr. 2016 ; L. 26/19) qui doit être transposée au plus tard le 23 février 2018. L'immatriculation à l'Orias (Organisme pour le registre des intermédiaires en assurance, constitué sous forme d'association) constitue désormais une garantie de ce sérieux et un moyen d'information pour les tiers.

311. L'article 2, 3 de la directive définit un intermédiaire d'assurance comme : « toute personne physique ou morale autre qu'une entreprise d'assurance ou de réassurance, ou leur personnel, et autre qu'un intermédiaire d'assurance à titre accessoire, qui, contre rémunération, accède à l'activité de distribution d'assurances ou l'exerce ». C'est sur ce dernier que pèse les obligations d'honorabilité et de compétence professionnelle et non sur l'intermédiaire d'assurance à titre accessoire (assurance complémentaire de produit, de crédit...).

Section 1 ▪ Honorabilité et compétence professionnelle

312. Les exigences d'honorabilité et de compétence ne peuvent s'exprimer qu'à l'égard des personnes physiques. C'est pourquoi pour ces deux qualités, il a fallu à travers les personnes morales habilitées à exercer l'activité, déterminer les personnes physiques qui doivent répondre à ces conditions d'honorabilité et de compétence.

313. L'article 10 de la directive du 20 janvier 2016 sur l'intermédiation (préc.) réaffirme les obligations de compétence et d'honorabilité ; le texte impose également des obligations d'assurance à hauteur de 1 250 000 euros par sinistre et une garantie financière à hauteur de 4% des primes collectées par an avec un minimum de 18 750 euros.

Sous-section 1 ▪ Honorabilité

314. Aux termes de l'article L. 512-4 du Code des assurances, les personnes physiques qui exercent en leur nom propre, les personnes qui gèrent ou administrent des intermédiaires personnes morales doivent répondre aux conditions d'honorabilité : courtier, agent général d'assurance, mandataire d'assurance ou mandataire d'intermédiaire d'assurance. De même que les personnes qui sont membres d'un organe de contrôle, disposent d'une délégation de signature ou sont responsables de l'activité d'intermédiation au sein des entreprises intermédiaires ou des assureurs et réassureurs doivent y répondre. Ce sont donc les membres du conseil de surveillance de la société anonyme ou de la commandite qui sont concernées. L'article R. 514 -1, I alinéa 2 du Code des assurances apporte une précision pour les personnes morales qui exercent une activité d'intermédiation en assurance à titre accessoire à leur activité principale ; ce sont la ou les personnes auxquelles, au sein de la direction, est déléguée la responsabilité de l'activité d'intermédiation qui doivent justifier de la condition d'honorabilité.

315. Enfin les salariés des entreprises d'assurance qui sont directement responsables de l'activité d'intermédiation chez les assureurs doivent également faire preuve de leur honorabilité. L'article R. 514-1, II du Code des assurances précise qu'il s'agit notamment des salariés responsables d'un bureau de production ou d'animation d'un réseau de production.

316. Ces exigences d'honorabilité sont définies par renvoi à l'article L. 322-2, I à VI du Code des assurances ; elles correspondent donc à celles imposées aux dirigeants des entreprises d'assurance. Il s'agit notamment de l'absence de condamnation pour crime, blanchiment, trafic de stupéfiants, proxénétisme et pour l'ensemble des délits qui portent atteinte aux biens et notamment des délits financiers.

317. Les personnes concernées par ces exigences d'honorabilité procèdent par une déclaration sur l'honneur remise à l'Orias ou à l'employeur quand il s'agit des salariés eux-mêmes. Dans ce dernier cas, l'employeur veille à ce que son employé continue de répondre à ces conditions d'honorabilité (C. assur., art. R. 512-7).

318. On pourrait douter de l'efficacité du contrôle sur l'absence réelle de condamnations car celui qui a déjà commis un faux par le passé, peut très bien en commettre un nouveau pour bénéficier d'une immatriculation. C'est pourquoi l'Orias peut demander au directeur général du trésor ou à son représentant nommé comme commissaire du gouvernement auprès de cet organisme (C. assur., art. R. 512-3, III) de vérifier les conditions d'honorabilité par consultation du casier judiciaire national.

Sous-section 2 ▪ Compétence professionnelle

319. Afin de justifier d'une compétence suffisante le législateur a privilégié la voie du stage ou de l'expérience professionnelle et celle du diplôme.

320. Au sein des personnes morales, la condition de capacité professionnelle va s'appliquer aux personnes physiques qui dirigent ou gèrent ces dernières. Quand il s'agit d'une personne morale qui se livre à titre accessoire à l'intermédiation, c'est alors la personne responsable de l'intermédiation qui doit justifier de cette capacité professionnelle (C. assur., art. R. 512-8).

321. Pour les agents généraux et les courtiers d'assurance, les établissements de crédit et leurs salariés en charge de l'activité d'intermédiation, c'est-à-dire les salariés qui exercent les fonctions de responsable de bureaux de production ou d'animation d'un réseau de production, l'article R. 512-9 du Code des assurances prévoit qu'il est nécessaire de justifier :
« 1° Soit d'un stage professionnel d'une durée raisonnable et suffisante sans pouvoir être inférieure à 150 heures. Le stage, dont les principes sont fixés à l'article R. 512-11, doit être effectué :
a) auprès d'une entreprise d'assurance, d'un établissement de crédit ou d'un intermédiaire visés aux 1° et 2° du I de l'article R. 511-2 ;
b) auprès d'un centre de formation choisi par l'intéressé lui-même lorsqu'il souhaite accéder à l'activité de courtier en assurance ou en réassurance, ou choisi par l'employeur ou le mandant pour les autres intermédiaires ;
2° soit de deux ans d'expérience en tant que cadre dans une fonction relative à la production ou à la gestion de contrats d'assurance ou de capitalisation, dans une entreprise d'assurance ou un intermédiaire mentionné au premier alinéa du présent article ;
3° soit de quatre ans d'expérience dans une fonction relative à la production ou à la gestion de contrats d'assurances ou de capitalisation au sein de ces mêmes entreprises ou intermédiaires ;
4° soit de la possession d'un diplôme, titre ou certificat mentionné sur une liste fixée par arrêté pris par les ministres chargés de l'économie et de l'éducation. »
L'article A. 512-6 du Code des assurances indique la liste des diplômes nécessaires pour ces intermédiaires :
« 1° les diplômes et les titres correspondant au niveau de formation master ;
2° les diplômes et les titres correspondant simultanément :
- au niveau de formation licence ;
- à la spécialité de formation 313 de la nomenclature des spécialités de formation approuvée par le décret n° 94-522 du 21 juin 1994 ;
3° les certificats de qualification professionnelle enregistrés au répertoire national des certifications professionnelles et correspondant à la spécialité de formation 313 de la nomenclature des spécialités de formation approuvée par le décret n° 94-522 du 21 juin 1994 ».

322. Pour les mandataires d'assurance et les mandataires d'intermédiaires d'assurance en nom propre ou personnes morale et les salariés qui exercent des activités de production en dehors du siège ou d'un bureau de production pour une entreprise d'assurance ou un intermédiaire d'assurance, c'est l'article R. 512-10 qui détermine les exigences de compétence en justifiant :
« 1° soit d'un stage professionnel d'une durée raisonnable et suffisante sans pouvoir être inférieure à 150 heures. Le stage, dont les principes sont fixés à l'article R. 512-11, doit être effectué :
a) auprès d'une entreprise d'assurance, d'un établissement de crédit ou d'un intermédiaire visés aux 1° et 2° du I de l'article R. 511-2 ;
b) auprès d'un centre de formation choisi par l'intéressé lui-même lorsqu'il souhaite accéder à l'activité de courtier en assurance ou en réassurance, ou choisi par l'employeur ou le mandant pour les autres intermédiaires ;
2° soit de deux ans d'expérience en tant que cadre dans une fonction relative à la pro-

duction ou à la gestion de contrats d'assurance ou de capitalisation, dans une entreprise d'assurance ou un intermédiaire mentionné au premier alinéa du présent article ;
3° soit de quatre ans d'expérience dans une fonction relative à la production ou à la gestion de contrats d'assurances ou de capitalisation au sein de ces mêmes entreprises ou intermédiaires ;
4° soit de la possession d'un diplôme, titre ou certificat mentionné sur une liste fixée par arrêté pris par les ministres chargés de l'économie et de l'éducation. »

323. Les diplômes mentionnés pour les intermédiaires et salariés de ce deuxième niveau sont précisés à l'article A. 512-7 du Code des assurances :
« 1° les diplômes et les titres enregistrés au répertoire national des certifications professionnelles et correspondant simultanément :
- au niveau de formation III de la nomenclature des niveaux de formation utilisés par la Commission nationale de la certification professionnelle modifiée par le décret n° 2007-466 du 28 mars 2007 ;
- à la spécialité de formation 313 de la nomenclature des spécialités de formation approuvée par le décret n° 94-522 du 21 juin 1994 ;
2° les certificats de qualification professionnelle enregistrés au répertoire national des certifications professionnelles et correspondant à la spécialité de formation 313 de la nomenclature des spécialités de formation approuvée par le décret n° 94-522 du 21 juin 1994 ».

324. Le stage professionnel mentionné aux articles R. 512-9 et R. 512-10 du Code des assurances doit permettre « aux stagiaires d'acquérir, préalablement à l'exercice de l'activité d'intermédiation, des compétences en matière juridique, technique, commerciale et administrative définies dans un programme minimal de formation élaboré par les organisations représentatives de la profession et approuvé par arrêté du ministre de l'économie » (C. assur., art. R. 512-11, I).

325. Un troisième niveau d'intermédiaires a été fixé par l'article R. 512-12, I du Code des assurances ; il s'agit des mandataires d'assurance ou d'intermédiaire d'assurance exerçant l'activité à titre accessoire lorsque le contrat d'assurance constitue un complément au produit ou au service fourni au principal et ne comporte pas de garantie responsabilité civile. Aux termes de l'article R. 512-12, II du Code des assurances les personnes physiques salariées d'un assureur ou d'un intermédiaire et qui travaillent au siège ou dans un bureau de production dont le responsable remplit les conditions de compétence de premier niveau (celles exigées à l'article R. 512-9 du Code des assurances) doivent justifier des mêmes compétences que les mandataires et les mandataires d'intermédiaires qui exercent leur activité à titre accessoire.

326. Ainsi, pour les intermédiaires et salariés de troisième niveau, ils doivent justifier :
« 1° soit avoir effectué une formation d'une durée raisonnable, adaptée aux produits et contrats qu'ils présentent ou proposent, sanctionnée par la délivrance d'une attestation de formation ;
2° soit présenter une ancienneté de six mois d'expérience dans une fonction relative à la production ou à la gestion de contrats d'assurance ou de capitalisation dans une entreprise d'assurance ou au sein d'un des intermédiaires mentionnés aux 1° à 4° du I de l'article R. 511-2 ;
3° soit être en possession d'un diplôme, titre ou certificat mentionné sur une liste fixée par arrêté pris par les ministres de l'économie et de l'éducation ». L'honorabilité et la compétence professionnelles doivent être accompagnées de garanties.

L'annexe I de la directive du 20 janvier 2016 précise les exigences professionnelles en matière de connaissances et d'aptitudes :

I	**Risques non-vie classés aux branches 1 à 18 de l'annexe I, partie A, de la directive 2009/138/CE:**	
	a)	connaissance minimale indispensable des conditions des contrats proposés, y compris les risques accessoires s'ils sont couvert par ces contrats;
	b)	connaissance minimale indispensable de la législation applicable à la distribution de produits d'assurance, comme la législation de protection des consommateurs, la législation fiscale applicable, la législation sociale applicable et la législation du travail applicable;
	c)	connaissance minimale indispensable du traitement des sinistres;
	d)	connaissance minimale indispensable du traitement des réclamations;
	e)	connaissance minimale indispensable du traitement des réclamations;
	f)	connaissance minimale indispensable du traitement des réclamations;
	g)	connaissance minimale indispensable des règles déontologiques; et
	h)	connaissances minimales indispensables en matière financière.
II	**Produits d'investissement fondés sur l'assurance :**	
	a)	connaissance minimale indispensable des produits d'investissement fondés sur l'assurance, y compris les conditions et les primes nettes et, le cas échéant, les prestations garanties et non garanties;
	b)	connaissance minimale indispensable des avantages et inconvénients des diverses options d'investissement ouvertes aux preneurs d'assurance;
	c)	connaissance minimale indispensable des risques financiers supportés par les preneurs d'assurance;
	d)	connaissance minimale indispensable des contrats couvrant les risques vie et des autres produits d'épargne;
	e)	connaissance minimale indispensable de l'organisation et des prestations garanties du régime de retraite;
	f)	connaissance minimale indispensable de la législation applicable à la distribution de produits d'assurance, comme la législation de protection des consommateurs et la législation fiscale applicable;
	g)	connaissance minimale indispensable du marché de l'assurance et du marché des produits d'épargne;
	h)	connaissance minimale indispensable du traitement des réclamations;
	i)	connaissance minimale indispensable de l'évaluation des besoins du client;
	j)	gestion des conflits d'intérêts;
	k)	connaissance minimale indispensable des normes déontologiques; et
	l)	connaissances minimales indispensables en matière financière.

III	Risques vie classés à l'annexe II de la directive 2009/138/CE:	
	a)	connaissance minimale indispensable des contrats, y compris les conditions, les prestations garanties et, le cas échéant, les risques accessoires;
	b)	connaissance minimale indispensable de l'organisation et des prestations garanties du régime de retraite de l'État membre concerné;
	c)	connaissance du droit des contrats d'assurance applicable, de la législation de protection des consommateurs, de la législation sur la protection des données, de la législation sur la lutte contre le blanchiment de capitaux et, le cas échéant, de la législation fiscale applicable, de la législation sociale et de la législation du travail applicables;
	d)	connaissance minimale indispensable du marché de l'assurance et du marché des autres services financiers pertinents;
	e)	connaissance minimale indispensable du traitement des réclamations;
	f)	connaissance minimale indispensable de l'évaluation des besoins du consommateur;
	g)	gestion des conflits d'intérêts;
	h)	connaissance minimale indispensable des règles déontologiques; et
	i)	connaissances minimales indispensables en matière financière.

Section 2 ■ Garanties

327. Afin d'éviter à l'assuré de se trouver confronté à une absence de couverture en raison des manquements de l'intermédiaire à une de ses obligations, l'article L. 512-6 du Code des assurances impose à l'intermédiaire la souscription d'une assurance de responsabilité civile et à l'article L. 512-7 du même code la souscription d'une garantie financière.

Sous-section 1 ■ L'obligation d'assurance RC professionnelle

328. L'article L. 512-6 du Code des assurances précise que tout intermédiaire doit souscrire un contrat le couvrant contre les conséquences pécuniaires de sa responsabilité civile professionnelle (sur la responsabilité du fait des intermédiaires cf. Partie I, Titre I, Sous-titre 2, Chap. 1, la notion d'intermédiaire). Néanmoins, le même texte exempte l'intermédiaire d'une telle précaution dès lors que l'entreprise d'assurance ou l'intermédiaire pour le compte duquel il agit lui donne cette garantie sous forme d'assurance ou bien s'engage à garantir sa responsabilité. Aux termes de l'article L. 511-1, III, du Code des assurances il est précisé que pour l'activité d'intermédiation l'employeur ou le mandant « l'employeur ou mandant est civilement responsable, dans les termes de l'article 1384 alinéa 5 du Code civil du dommage causé par la faute, l'imprudence ou la négligence de ses employés ou mandataires agissant en cette qualité ». C'est pourquoi les agents généraux d'assurance et les mandataires d'assurance peuvent se revendiquer de la nécessaire garantie par leur mandant assureur.

329. L'article R. 512-14, I du Code des assurances précise que le contrat d'assurance de responsabilité civile professionnelle doit couvrir le territoire de la Communauté européenne (lire

Union européenne) et celui des autres Etats parties à l'accord sur l'Espace économique européenne.

330. Le montant de la garantie a été fixé à un niveau minimal de 1 500 000 € par sinistre et 2 000 000 € par année pour un même intermédiaire (C. assur., art. A. 512-4, 1°). Une franchise est possible mais elle ne doit pas excéder 20 % du montant des indemnités dues et cette franchise n'est pas opposable aux victimes (C. assur., art. A. 512-4, 2°). C'est la délivrance par l'assureur d'une attestation qui permet de justifier la souscription par le professionnel de la garantie légale requise (C. assur., art. R. 512-14, III). La suspension de garantie, la dénonciation de la tacite reconduction ou la résiliation doit être portée à la connaissance de l'Orias (C. assur., art. R. 512-14, IV). Les intermédiaires tels que les agents et les mandataires des entreprises d'assurance dispensés de la souscription du contrat d'assurance, parce que leur responsabilité civile est couverte par leur mandant sur le fondement de l'article L. 511-1, III, justifient de cette dispense par la production d'un « document attestant que l'entière responsabilité des actes de l'intermédiaire est assumée par le ou les mandants » (C. assur., art. A. 512-1, 5°).

331. L'article 10 de la directive du 20 janvier 2016 sur l'intermédiation (préc.) impose également des obligations d'assurance à hauteur de 1 250 000 euros par sinistre et 1 850 000 euros globalement. La directive doit être transposée avant le 23 février 2018.

Sous-section 2 ▪ La garantie financière

332. En outre, les intermédiaires, aux termes de l'article L. 512-7 du Code des assurances, qui même à tire occasionnel encaissent des fonds destinés à l'entreprise d'assurance ou aux assurés doivent souscrire une garantie financière affectée au remboursement de ces fonds. Cette garantie, selon le même texte, résulte d'un engagement de caution délivré par un établissement de crédit ou par une entreprise d'assurance. Le danger pour le souscripteur assuré réside dans le fait que dans cette situation l'intermédiaire encaisse des fonds sur ses propres comptes afin ensuite de les reverser en tout ou partie.

333. En revanche, cette obligation de souscription d'une garantie financière ne s'applique pas aux versements pour lesquels l'intermédiaire a reçu d'une entreprise d'assurance un mandat écrit le chargeant expressément de l'encaissement des primes ou cotisations et éventuellement du règlement des sinistres (C. assur., art. L. 512-7 al. 3). C'est pourquoi, les agents généraux d'assurance n'ont pas besoin de souscrire cette garantie car l'assureur est directement responsable des agissements de son mandataire. En outre, le versement d'une prime entre les mains de l'agent équivaut à un paiement direct à l'assureur mandant.

334. La garantie financière est donc particulièrement nécessaire quand l'intermédiaire ne représente pas l'assureur à l'occasion du maniement des fonds : par exemple le courtier d'assurance sans mandat donné par l'assureur. Si l'intermédiaire peut justifier d'une garantie octroyée par un autre intervenant, notamment lorsqu'il est le mandataire d'un intermédiaire déjà garanti (un courtier mandant), il ne lui est alors pas nécessaire d'en souscrire une (C. assur., art. L. 512-7 al. 1er).

335. L'article A. 512-5 alinéa 1er du Code des assurances précise que « le montant de la garantie financière mentionnée à l'article R. 512-15 doit être au moins égal à la somme de 115 000 € et ne peut être inférieur au double du montant moyen mensuel des fonds encaissés

par l'intermédiaire, calculé sur la base des fonds encaissés au cours des douze derniers mois précédant le mois de la date de souscription ou de reconduction de l'engagement de caution ».

336. L'intermédiaire justifie de la souscription de la garantie par la remise d'une attestation par le garant (C. assur., art. R. 512-15, III). La garantie est mise en œuvre comme une garantie à première demande ; le montant est réparti entre les différents créanciers au marc le franc dans le cas où le montant total des demandes excèderait le montant de la garantie (C. assur., art. R. 512-16).

337. L'article 10 de la directive du 20 janvier 2016 sur l'intermédiation (préc.) impose une garantie financière à hauteur de 4% des primes collectées par an avec un minimum de 18 750 euros. La directive doit être transposée avant le 23 février 2018.

Section 3 . Immatriculation

338. L'article 36 de la loi régulation bancaire et financière (RBF) du 22 octobre 2010 (JO du 23 oct.) institue un Registre unique des intermédiaires financiers dont la gestion est confiée à l'Orias. Le dispositif prévoit l'inscription sous un numéro d'immatriculation unique de l'ensemble des intermédiaires en assurance, banque et/ou finance. Il est, par ailleurs, institué un régime juridique de l'intermédiation bancaire (immatriculation et encadrement de la commercialisation) inspiré du régime des intermédiaires en assurance.
L'article L. 512-1, I du Code des assurances oblige les intermédiaires à être immatriculés sur un registre unique des intermédiaires et les entreprises d'assurance ou de réassurance qui ont recours à des intermédiaires doivent veiller à ce que ces derniers soient immatriculés.
L'obligation d'immatriculation est reprise à l'article 3 de la nouvelle directive sur la distribution d'assurance du 20 janvier 2016 (préc.).
Il a été précisé à l'article R. 512-1 du même code que ce sont les courtiers, agents généraux, mandataires et mandataires d'intermédiaires qui sont soumis à cette obligation ; leurs salariés ne le sont pas.

339. L'immatriculation en France permet à l'intermédiaire d'exercer ensuite dans les autres Etats membres de l'Union européenne sur simple déclaration à l'organisme tenant le registre (C. assur., art. L. 515-1). Réciproquement, les organismes des autres États membres avertiront le registre français de la volonté d'un de leurs intermédiaires d'exercer en France. Conformément à la directive intermédiation (préc., art. 4, 2), le législateur français a fait confiance à un organisme privé pour gérer le registre, reprenant ainsi la tradition antérieure du registre des courtiers.

340. Il a ainsi été créé l'Organisme pour le Registre des Intermédiaires en Assurance (Orias) dont les statuts ont été homologués par un arrêté du 3 novembre 2006 (JO 7 nov. 2006, n° 258, p. 16702). Les membres de cette association sont la Chambre syndicale (CSCA) et la Fédération nationale des syndicats d'agents généraux d'assurances (AGEA), la Fédération française des sociétés d'assurances (FFSA) et le Groupement des entreprises mutuelles d'assurances (GEMA). Le directeur général du trésor et de la politique économique ou son représentant a qualité de commissaire du Gouvernement auprès de l'association (C. assur., art. R. 512-3, III). Cet organisme a pour fonction de recueillir les immatriculations (inscriptions et renouvellements) et de tenir à jour de manière permanente le registre des intermédiaires ; afin d'informer le public, il a mis sur pied le site internet comportant la liste des intermédiaires immatriculés : www.orias.fr.

341. Cet organisme sous forme d'association tire ses ressources des frais d'inscription et des dotations fournis par les membres (Statut Orias, arr. 3 nov. 2006, préc., art. 12 ; initialement fixés à 50 €, les frais d'inscription sont de 40 € depuis le 1er janvier 2010 : arr. 4 déc. 2009). Ses statuts (préc.) déterminent le mode de fonctionnement de l'association et notamment les procédures de vote et le fonctionnement de la commission d'immatriculation. Doté de prérogatives de puissance publique, le contentieux de l'immatriculation relève du juge administratif.

342. L'article R. 512-4 du Code des assurances impose aux intermédiaires de demander son immatriculation ; toutefois, pour les mandataires (agents, mandataires, mandataires d'intermédiaires), l'entreprise mandante peut y procéder. Le même texte ajoute que l'intermédiaire peut être immatriculé dans plusieurs catégories, bien que le numéro d'immatriculation soit unique.

343. L'article A. 512-1 du Code des assurances précise les informations que l'intermédiaire doit fournir dans son dossier de demande d'immatriculation. Ce dernier doit s'identifier complètement ou identifier ses associés ou dirigeants lorsque lorsqu'il s'agit d'une personne morale. L'intermédiaire doit ensuite justifier de son activité ; ainsi le courtier doit fournir une immatriculation au registre du commerce, les mandataires tels que les agents justifier de leurs mandats. Les attestations d'assurance de responsabilité civile et de garantie financière doivent être fournies quand ces garanties s'imposent (v. supra), de même que les justificatifs de compétences et les attestations sur l'honneur d'honorabilité.

344. La décision d'immatriculation appartient à la commission des immatriculations (C. assur., art. R. 512-3, V) ; celle-ci revêtant le caractère d'acte administratif, le contentieux qui pourrait en naître relève du juge administratif.

345. Le renouvellement de l'inscription se réalise, conformément aux articles R. 512-5, III et A. 512-2 du Code des assurances, chaque année au 1er mars ; la demande doit être adressé à l'Orias au moins un mois avant l'expiration de l'immatriculation soit au plus tard le 31 janvier de chaque année. Elle doit être accompagnée des justificatifs d'assurance de responsabilité civile et de garantie financière quand ces dernières s'imposent. En outre, les intermédiaires doivent informer l'Orias de toute modification des informations les concernant (C. assur., art. R. 512-5, IV), ce même devoir incombe aux entreprises mandantes (C. assur., art. R. 512-5, V).

346. La radiation du registre peut se réaliser à la demande de l'intermédiaire. Elle peut se réaliser également d'office, quand l'Orias constate que l'intermédiaire ne remplit plus les conditions d'exercice (C. assur., art. L. 512-3, II). La procédure consiste alors à demander à l'intermédiaire de justifier qu'il remplit les conditions de l'activité d'intermédiation ; à défaut, l'Orias doit procéder à une délibération et procéder à la radiation.

347. Les sanctions peuvent également émaner de l'autorité de contrôle. L'ACAM avait sur le fondement de l'ancien article L. 310-18-1 du Code des assurances pris des sanctions contre des intermédiaires (décisions n° 2009-18, 2009-19, 2009-22 et 2009-23 du 30 avril 2009 : JO, 27 mai 2009 ; décision n° 2009-15 du 11 mars 2009, JO 3 avr. 2009).

348. Plus nettement, l'Autorité de contrôle prudentiel (ACP) qui lui succède se voit dotée d'un pouvoir de contrôle et de sanction des intermédiaires. En effet, l'article L. 612-1 II, 3° du Code monétaire et financier dispose que cette autorité administrative indépendante est chargée « de veiller au respect par les personnes soumises à son contrôle des règles destinées à assurer la protection de leur clientèle, résultant notamment de toute disposition législative et réglementaire ou des règles de bonne pratique de leur profession, constatées ou résultant de ses recommandations, ainsi qu'à l'adéquation des moyens et procédures qu'elles mettent en œuvre à cet effet ; elle veille également à l'adéquation des moyens et procédures que ces personnes mettent en œuvre pour respecter le livre Ier du code de la consommation ». Pour y parvenir, il est ajouté par ce même texte que l'ACP « dispose, à l'égard des personnes mentionnées à l'article L. 612-2, d'un pouvoir de contrôle, du pouvoir de prendre des mesures de police administrative et d'un pouvoir de sanction ». Or, à l'article L. 612-2, II, 1° du Code monétaire et financier il est précisé que l'ACP peut soumettre à son contrôle ; « Toute personne ayant reçu d'une entreprise pratiquant des opérations d'assurance un mandat de souscription ou de gestion ou souscrivant à un contrat d'assurance de groupe, ou exerçant, à quelque titre que ce soit, une activité d'intermédiation en assurance ou en réassurance mentionnée à l'article L. 511-1 du Code des assurances ». Tout intermédiaire peut donc être soumis au contrôle de l'ACP qui, après la mise en œuvre d'une procédure disciplinaire, peut adopter des sanctions. La procédure disciplinaire qui suit l'enquête est régie par l'article L. 612-38 du Code monétaire et financier qui prévoit une obligation de notification des griefs aux personnes concernées à la commission des sanctions de l'ACP. Cette dernière doit organiser une procédure contradictoire ; la personne convoquée pouvant se faire assister par un conseil de son choix. Par application de l'article L. 612-41, I, les intermédiaires contrôlés (ou, le cas échéant, les dirigeants, associés ou tiers ayant le pouvoir de gérer ou d'administrer) peuvent subir les sanctions suivantes :

« 1° l'avertissement ;

2° le blâme ;

3° l'interdiction d'effectuer certaines opérations d'intermédiation et toutes autres limitations dans l'exercice de cette activité ;

4° la suspension temporaire d'un ou plusieurs dirigeants de l'organisme qui exerce une activité d'intermédiation ;

5° la démission d'office d'un ou plusieurs dirigeants de l'organisme qui exerce une activité d'intermédiation ;

6° la radiation du registre mentionné à l'article L. 512-1 du code des assurances ;

7° l'interdiction de pratiquer l'activité d'intermédiation.

Les sanctions mentionnées aux 3°, 4° et 7° ne peuvent, dans leur durée, excéder dix ans.

(..)

La commission des sanctions peut prononcer, soit à la place, soit en sus de ces sanctions, une sanction pécuniaire au plus égale à un million d'euros.

La commission des sanctions peut assortir la sanction d'une astreinte, dont elle fixe le montant et la date d'effet. Un décret en Conseil d'Etat fixe la procédure applicable, le montant journalier maximum de l'astreinte et les modalités selon lesquelles, en cas d'inexécution totale ou partielle ou de retard d'exécution, il est procédé à la liquidation de l'astreinte. L'Autorité de contrôle prudentiel peut rendre publique sa décision dans les journaux, publications ou supports qu'elle désigne. Les frais sont supportés par la personne sanctionnée. »

349. Ces sanctions peuvent être prononcées tant pour un manquement aux obligations spéciales des intermédiaires qui conditionnent leur immatriculation que pour un manquement plus général aux devoirs de leur profession et notamment l'obligation d'information et de conseil.

Section 4 ▪ Obligation d'information et de conseil

350. À l'article L. 520-1 du Code des assurances le législateur a imposé des obligations d'information précises à la charge des intermédiaires au-delà du devoir général de conseil que la jurisprudence avait imposé.

Sous-section 1 ▪ Obligation légale d'information

351. L'article L. 520-1, I du Code des assurances comporte des dispositions qui précisent les informations qui doivent être communiquées avant la conclusion du contrat d'assurance par l'intermédiaire du professionnel. Ce texte prévoit des informations communes à tous les intermédiaires et apporte des précisions sur le degré d'indépendance de l'intermédiaire.

§ 1 ▪ Informations communes

352. L'article L. 520-1, I du Code des assurances prévoit qu'«avant la conclusion d'un premier contrat d'assurance, l'intermédiaire [...] doit fournir au souscripteur éventuel des informations relatives notamment à son identité, à son immatriculation et aux procédures de recours et de réclamation, ainsi que, le cas échéant, à l'existence de liens financiers avec une ou plusieurs entreprises d'assurance ». Cette liste n'est pas exhaustive, le terme notamment étant utilisé.

353. Il est tout d'abord exigé des intermédiaires d'assurance, quelle que soit leur qualité, de fournir à tout « souscripteur éventuel », les informations relatives à leur identité et leur immatriculation.

354. Le nom patronymique de l'intermédiaire, personne physique, ou la dénomination sociale de l'intermédiaire personne morale doit être communiquée. Quand l'intermédiaire, personne morale, est en relation avec ses clients grâce à l'un de ses collaborateurs, mandataire ou salarié, la mention du nom patronymique de ce dernier figure sur la lettre ou le support écrit. À ce nom patronymique doit être associée la qualité du signataire.

355. Il est nécessaire de mentionner la nature juridique de l'entité (par ex., SA ou SARL ou SAS) et le montant du capital social de la société. Les personnes physiques commerçantes et toute personne morale exerçant la profession d'intermédiaire, quelle que soit sa catégorie, doit mentionner dans ses documents professionnels les références de son immatriculation au registre du commerce et des sociétés.

356. L'article R. 520-1 du Code des assurances précise que l'intermédiaire fourni son numéro d'immatriculation à l'Orias et les moyens de la vérifier ; c'est-à-dire les coordonnées d'accès au site internet de l'Orias (www.orias.fr).

357. La mention de l'adresse professionnelle est également exigée au premier alinéa de l'article R. 520-1 du Code des assurances. Il faut donc veiller à mentionner les établissements secondaires ou les succursales, si l'exercice effectif de la l'activité se réalise à une autre adresse. Il faut également prendre garde de dissocier l'adresse postale éventuelle si l'intermédiaire ne dispose d'un siège social administratif ou d'une domiciliation.

358. En outre, l'intermédiaire d'assurance doit informer de l'existence de liens financiers avec une ou plusieurs entreprises d'assurance ; par application des dispositions de l'article R. 520-1, 2e alinéa du Code des assurances. Il s'agit de déclarer toute participation qu'il détient, de manière directe ou indirecte, et supérieure ou égale à 10 % des droits de vote ou du capital d'une entreprise d'assurance. L'intermédiaire doit encore déclarer toute participation directe ou indirecte, supérieure à 10 % des droits de vote ou du capital qu'une entreprise d'assurance aurait dans le capital de la société d'intermédiation d'assurance. Par entreprise d'assurance, il faut entendre, conformément à l'article L. 500 du Code des assurances, les entreprises régies par le Code des assurances, les mutuelles ou les unions régies par le Livre II du Code de la mutualité, les institutions de prévoyance ou les unions régies par le titre III du livre IX du Code de la Sécurité sociale et les institutions régies par l'article L. 727-2 du Code rural.

359. Enfin, « en vue du traitement d'éventuels différends, l'intermédiaire fournit [au souscripteur éventuel] les coordonnées et l'adresse de son service de réclamation quand il existe et de l'Autorité de contrôle prudentiel » (C. assur., art. R. 520-1, al. 4).

360. Toutes les informations sur l'identité, l'immatriculation, les procédures de recours et de réclamation, et les participations dans les entreprises d'assurance ou de ces dernières dans le capital de l'intermédiaire, dues au client avant la souscription du contrat doivent lui être également fournies en cours de contrat et/ou au moment de son renouvellement, dès lors que les informations seront amenées à changer (C. assur., art. L. 520-1, III).

361. Ces informations sont fournies sur support papier ou tout support durable (C. assur., art. R. 520-2). Les documents publicitaires et les correspondances des intermédiaires doivent comporter leur nom ou dénomination sociale, l'adresse professionnelle et le numéro d'immatriculation à l'Orias (C. assur., art. R. 520-3).

362. En cas de commercialisation d'un contrat à distance, les informations précontractuelles fournies au souscripteur doivent être conformes aux dispositions de l'article L. 112-2-1 du Code des assurances (C. mut., art. L. 221-18 I pour les mutuelles et CSS, art. L. 932-15-1 pour les institutions de prévoyance). En outre, lorsque le contrat a été conclu à la demande du souscripteur en utilisant une technique à distance ne permettant pas la transmission des informations sur support papier ou sur un autre support durable, les informations sont fournies au souscripteur sur support papier ou tout autre support durable à la disposition du souscripteur et auquel il peut accéder.

363. Cette information doit rendre plus transparent encore le degré d'indépendance de l'intermédiaire et les raisons ou conditions dans lesquels il suggère une souscription. Ces informations sont encore à compléter sur le degré d'indépendance des intermédiaires.

364. Les articles 17 à 30 de la nouvelle directive sur la distribution d'assurance du 20 janvier 2016 (préc.) sont relatifs à l'information due au souscripteur. Ces textes renforcent encore les obligations d'information.

§ 2 ▪ Informations supplémentaires sur le degré d'indépendance

365. Tout d'abord l'article L. 520-1, II, 1° a) oblige les intermédiaires soumis à une exclusivité, en principe les agents généraux d'assurance, à communiquer le nom de la ou des entreprises d'assurance avec laquelle ou lesquelles, l'intermédiaire est lié ; cette information se réalise à la demande des clients.

366. La suite de ces dispositions concerne les courtiers. Bien que le rôle du courtier soit de conseiller le meilleur contrat, après analyse, à son client, il doit indiquer à ce dernier :
- s'il exerce sa prestation dans le cadre des dispositions de l'article L. 520
1, II, 1° b) du Code des assurances, c'est-à-dire qu'il considère qu'il n'est pas en mesure de fonder son analyse sur un nombre suffisant de contrats ;
ou
- s'il exerce dans le cadre des dispositions de l'article L. 520-1, II, 1° c) du Code des assurances, c'est-à-dire qu'il se prévaut d'un conseil fondé sur une analyse objective du marché.
Il appartient au courtier de fournir la bonne information, de manière objective sur ce point.

367. Quand le courtier n'est pas en mesure de conseiller un contrat en fonction d'une analyse objective du marché, il informe son client qu'il peut, à sa demande, lui fournir le nom des compagnies avec lesquelles il travaille. Il faudrait donc, que le courtier indique, quand son client le lui demande, au sujet d'une affaire donnée, les contrats qu'il a étudiés, auprès des assureurs avec lesquels il est lié.

368. Lorsque le courtier d'assurance n'est soumis à aucune exclusivité et qu'il se prévaut d'une analyse objective du marché, il est tenu d'analyser un nombre suffisant de dossiers (C. assur., L. 520-1, II, 1°, c). En outre, il doit indiquer, au souscripteur éventuel, s, le nom de l'entreprise d'assurance ou du groupe d'assurance avec lequel il a enregistré, au cours de l'année précédente un chiffre d'affaires, pour son activité d'intermédiation, supérieur à 33 % de son chiffre d'affaires total.

369. En outre ce courtier qui se prévaut d'une analyse objective doit communiquer à la demande de son client le montant de la rémunération qu'il perçoit de la compagnie d'assurance dont il préconise le produit dans son étude (C. assur., art. R. 511-3-II al. 2). Pour obtenir cette information le client doit, en outre, souhaiter conclure le contrat en raison de ses activités professionnelles ; il en est ainsi, par exemple pour la souscription d'un contrat d'assurance de responsabilité civile couvrant l'exploitation d'une entreprise. Enfin, toujours selon le même texte, le montant annuel de la prime doit excéder 20 000 €. La demande du client, le caractère professionnel de l'assurance et le montant de prime de 20 000 € constituent des conditions cumulatives. Ces obligations d'information sont accompagnées d'un devoir de conseil.

370. L'article 19 de la directive du 20 janvier 2016 (préc.) renforce considérablement les obligations d'information de l'intermédiaire sur ses liens avec l'assureur :
1 - Les États membres veillent à ce que, en temps utile avant la conclusion d'un contrat d'assurance, un intermédiaire d'assurance fournisse au client au moins les informations suivantes:
a) toute participation, directe ou indirecte, représentant 10 % ou plus des droits de vote ou du capital d'une entreprise d'assurance déterminée qu'il détient;
b) toute participation, directe ou indirecte, représentant 10 % ou plus des droits de vote ou du capital de l'intermédiaire d'assurance détenue par une entreprise d'assurance déterminée ou par l'entreprise mère d'une entreprise d'assurance déterminée;
c) en relation avec le contrat proposé ou conseillé, le fait que l'intermédiaire d'assurance:
i) fonde ses conseils sur une analyse impartiale et personnalisée;
ii)est soumis à une obligation contractuelle de travailler, dans le secteur de la distribution d'assurances, exclusivement avec une ou plusieurs entreprises d'assurance, auquel cas il doit communiquer le nom de ces entreprises d'assurance; ou
iii) n'est pas soumis à l'obligation contractuelle de travailler, dans le secteur de la distribution d'assurances, exclusivement avec une ou plusieurs entreprises d'assurance et ne fonde pas ses conseils sur une analyse impartiale et personnalisée, auquel cas il doit communiquer le nom des entreprises d'assurance avec lesquelles il peut travailler et travaille;
d) la nature de la rémunération reçue en relation avec le contrat d'assurance;
e) si, en relation avec le contrat d'assurance, il travaille:

i) sur la base d'honoraires, c'est-à-dire une rémunération payée directement par le client;
ii) sur la base d'une commission de toute nature, c'est-à-dire une rémunération incluse dans la prime d'assurance;
iii) sur la base de tout autre type de rémunération, y compris tout avantage économique, proposé ou offert en rapport avec le contrat d'assurance; ou
iv) sur la base d'une combinaison de tous les types de rémunération visés aux points i), ii) et iii).
2 - Lorsque le client doit payer directement les honoraires, l'intermédiaire d'assurance communique au client le montant des honoraires ou, lorsque cela n'est pas possible, la méthode de calcul des honoraires.
3 - Si le client effectue, au titre du contrat d'assurance après sa conclusion, des paiements autres que les primes en cours et les paiements prévus, l'intermédiaire d'assurance lui communique également, pour chacun de ces paiements, les informations à fournir en vertu du présent article.
4 - Les États membres veillent à ce que, en temps utile avant la conclusion d'un contrat d'assurance, une entreprise d'assurance informe son client de la nature de la rémunération perçue par son personnel dans le cadre du contrat d'assurance.
5 - Si le client effectue, au titre du contrat d'assurance après sa conclusion, des paiements autres que les primes en cours et les paiements prévus, l'entreprise d'assurance lui communique également, pour chacun de ces paiements, les informations à fournir en vertu du présent article.

Sous-section 2 ▪ Devoir de conseil

371. Si ce devoir de conseil est bien installé en jurisprudence, la loi l'a non seulement consacré mais également formalisé avec l'exigence d'un écrit.

372. L'article 20 de la nouvelle directive sur la distribution d'assurance du 20 janvier 2016 (préc.) module l'obligation de conseil en fonction de la complexité du produit et prévoit le cas dans lequel le contrat serait proposé sans conseil.

§ 1 ▪ Obligation légale de conseil

373. L'article L. 520-1, II, 2) dispose que l'intermédiaire doit, avant la conclusion de tout contrat, « préciser les exigences et les besoins du souscripteur éventuel ainsi que les raisons qui motivent le conseil fourni quant à un produit d'assurance déterminé. Ces précisions, qui reposent en particulier sur les éléments d'information communiqués par le souscripteur éventuel, sont adaptées à la complexité du contrat d'assurance proposé ». C'est donc sur tout intermédiaire que repose cette obligation de conseil fondée sur une adéquation entre les besoins du candidat souscripteur et le contrat proposé (sauf grands risques et réassurance, cf. C. assur., art. L. 520, II).

374. Ce devoir de conseil est renforcé pour le courtier qui se prévaut d'une analyse objective du marché car l'article L. 520-1, II, 1°, c précise que ce dernier « est tenu d'analyser un nombre suffisant de contrats d'assurances offerts sur le marché, de façon à pouvoir recommander, en fonction de critères professionnels, le contrat qui serait adapté aux besoins du souscripteur éventuel ».

375. Il résulte des dispositions de l'article R. 520-2 du Code des assurances que « Toute information fournie par un intermédiaire en application de l'article L. 520-1 est communiquée avec clarté et exactitude. La communication se fait sur support papier ou tout autre support durable à la disposition du souscripteur et auquel celui-ci a facilement accès ». Cette obligation de procéder par écrit est nouvelle. Elle a bouleversé totalement les pratiques professionnelles de la plupart des intermédiaires dont la culture d'entreprise s'était jusqu'alors exclusivement fondée sur l'usage lié à « la foi de la parole donnée ». S'il est vrai que nombre de structures de stature nationale voire internationale avaient déjà mis en œuvre des procédures écrites au sein de leur entreprise, tel n'était pas le cas dans la plupart des entreprises. La directive communautaire a instauré cette obligation et c'est toute la relation intermédiaire/client qui est aujourd'hui soumise à l'obligation d'information précontractuelle par écrit.

§ 2 ▪ Obligation de conseil en jurisprudence

376. En jurisprudence, les magistrats ne distinguent pas nettement entre l'obligation d'information et le devoir de conseil. Bien que le fondement choisi consiste en l'article 1147 du Code civil (renuméroté 1231-1 par la réforme du droit des contrats), il est difficile d'y voir une obligation de résultat. Les manquements sont pesés dans chaque espèce en particulier à l'encontre des agents généraux et a fortiori des courtiers d'assurance.

377. L'obligation de conseil des courtiers en assurance est évidente puisqu'ils sont mandataires de leurs clients souscripteurs qui leur confient la mission de leur trouver la garantie la plus adéquate (ces clients sont toutefois, le plus souvent des professionnels). La position de l'agent général d'assurance est plus ambiguë puisqu'il est mandataire de l'entreprise d'assurance. On peut estimer néanmoins, qu'il pèse une obligation d'information et de conseil sur ces derniers également.

A ▪ L'obligation de conseil du courtier

378. Lorsqu'un courtier gère tous les contrats de son client, il doit éviter la souscription inutile d'assurances complémentaires (Civ. 1re, 7 mars 1989, RGAT 1989 p. 649). En revanche, dès lors que l'assuré souscrit délibérément un contrat en omettant la garantie vol pour son véhicule, cette garantie ne figurant pas aux conditions particulières, la responsabilité du courtier ne saurait être engagée (Civ. 2è, 17 mars 2005, n° 04-10.654).

379. Le courtier doit vérifier l'exactitude des renseignements pour une assurance d'immeuble (Civ. 3e, 14 janvier 1998, RCA 1998, n° 145). Sa responsabilité sera engagée si les conseils qu'il fournit conduit l'assuré à formuler des déclarations inexactes (Civ. 1re, 10 déc. 1991, RCA 1992, n° 151) ou bien s'il laisse souscrire une garantie maladie bien que le contrat comporte une exclusion des maladies antérieures survenues dans les trente jours précédant la souscription du contrat (CA Paris, 5e ch. sect. A, 12 mai 2004, Sté Ronnie c/ SA Actéon, n° 2002-19-252, inédit).

380. Le courtier qui omet de faire souscrire à une entreprise une garantie pour sa responsabilité décennale de constructeur engage sa responsabilité (Civ. 2e, 21 déc. 2006, n° 05-14.472) ; de même qu'il peut lui appartenir de devoir conseiller à son client la souscription d'une garantie pour les dommages immatériels consécutifs (Civ. 2e, 21 déc. 2006, n° 06-12.667). En revanche, un courtier ne saurait se voir reprocher de ne pas avoir signalé à son client la nécessité d'interrompre la prescription biennale dès lors que ce dernier est une société importante dotée d'un service juridique (Civ. 2e, 24 oct. 2013, n° 12-27.000, publ. au bull.).

381. En cas de sinistre, le courtier doit prendre garde à ce que la demande d'indemnisation de son client ne soit pas atteinte par la prescription biennale (Civ. 1re, 19 déc. 2000, n° 98-14.166).

382. Quand le contrat a été souscrit le courtier habituel de l'assuré qui conseille le regroupement de plusieurs polices doit veiller au maintien des garanties (Civ. 1re, 13 mai 1985, Bull. civ. I, n° 144) ; il pourra être tenu pour responsable en raison de l'insuffisance des garanties (Civ. 1re, 25 mai 1988, RGAT 1988 p. 565). Si le contrat vient à échéance sans reconduction, le courtier doit prendre garde à le renouveler (Civ. 1re, 12 déc. 1995, n° 93-12.510) ou à souscrire un autre contrat, afin d'éviter que son client ne soit privé de garantie en cas de sinistre.

B ▪ L'obligation de conseil de l'agent général d'assurance

383. L'agent général doit fournir des renseignements exacts sur l'étendue de la garantie (Civ. 1re, 13 janv. 1987, RGAT 1987 p. 155. - Civ. 2e, 18 mars 2010, n° 09-12.913, RGDA 2010, p. 828, note D. Langé) et il doit avertir l'assuré sur les conséquences des modifications d'un contrat (Civ. 1re, 20 janv. 1987, RGAT 1987 p. 728).

384. Toutefois, l'assuré qui avait, au préalable, résilié son adhésion à une assurance de groupe pour une garantie décès invalidité afin de couvrir un prêt, puis qui a souscrit auprès d'agents généraux, en connaissance de cause, une assurance dont la cotisation était beaucoup moins élevée mais la garantie plus limitée ne peut reprocher à ces derniers un manquement à l'obligation d'information (Civ. 1re, 7 déc. 1999, RCA 2000, n° 97). De la même façon que l'assurée qui avait de manière consciente et délibérée avait fait une déclaration du risque minorée pour bénéficier d'un allègement du montant de sa prime d'assurance ne peut plus ensuite établir un lien causal entre un manquement au devoir de conseil de l'agent et le dommage (Civ. 1re, 27 nov. 2008, n° 06-15.967, RGDA 2009, p. 268, note J. Roussel). La question de l'obligation de vérification pour prodiguer le bon conseil rebondit alors.

385. « Une obligation générale de vérification pèse sur l'agent général d'assurance au titre des devoirs de sa profession » a-t-il été affirmée par la Cour de cassation dans une espèce où la responsabilité d'un agent général a été engagée pour avoir laissé souscrire à des locataires une police « habitation » destinée à des propriétaires et qui excluait le risque locatif (Civ. 1re, 10 mai 2000, RCA 2000, n° 277). Dans le même sens, il avait pu ainsi être retenue la responsabilité de l'agent général pour ne pas avoir vérifié la détention par l'assuré d'un permis de conduire adéquat (Crim. 23 octobre 1986, RGAT 1987 p. 159). Cependant, il a été jugé qu'il n'y pas d'obligation pour l'agent général, mandataire de l'assureur, de vérifier que la valeur déclarée par l'assuré est exacte (pour un bateau : Civ. 1re, 1er février 2000, n° 97-15.206).

386. En outre, quand l'assuré est compétent, l'obligation de l'agent général est plus nuancée. Il a ainsi été décidé qu'en présence d'un syndic professionnel, il ne pèse sur l'agent général qu'une obligation de conseil allégée. En l'espèce, l'agent avait proposé un avenant pour la souscription d'une garantie dommages-ouvrage au syndicat de copropriétaires représenté par son syndic professionnel ; cette garantie n'avait pas été souscrite ce qui s'est avéré préjudiciable pour la couverture d'un sinistre. La Cour de cassation écarte tout manquement de l'agent à son obligation de conseil qui en présence d'un assuré compétent était allégée (Civ. 2e, 10 avril 2008, n° 07-11.071, RGDA 2008, p. 763, note D. Langé).

387. Une fois le contrat conclu, l'agent doit continuer de prodiguer certains conseils. C'est ainsi qu'il doit conseiller à une clinique dont l'activité augmente considérablement de solliciter un relèvement des plafonds de garantie qui sont restés inchangés (Civ. 2e, 21 décembre 2006, n° 06-13.158). En outre, il pèse sur l'agent général une obligation de conseil lors de la déclaration du sinistre par l'assuré (Civ. 1re, 17 décembre 1991, RCA 1992, n° 151). En revanche, l'agent n'a pas à attirer l'attention de l'assuré sur la prescription biennale, sauf s'il est démontré qu'il a pris la défense des intérêts de son client à l'occasion du sinistre (Civ. 1re, 12 décembre 1995, n° 93-19.867).

Sous-titre 3
Les marchés publics d'assurance et les garanties des acheteurs publics

BIBLIOGRAPHIE

L'Argus de l'assurance

Articles. – Les marchés publics d'assurance, Cahiers pratiques, L'Argus 20 juin 2003, n° 6839.

Autres documentations

Ouvrages. – F. Allaire, Les marchés publics d'assurance, LGDJ 2007. – Code commenté des marchés publics, Éd ; Le Moniteur. – Code des marchés publics et autres contrats, Dalloz. – K. Sontag, Le contrat d'assurance des communes, Ed. Le Moniteur. – C. Cantat et Ch. Bonnefoy, Les marchés de services d'assurance, Éd., territorial 2007. – Lamy Assurances, Responsabilité et assurance des communes, départements et régions 2636 et s. –Dictionnaire permanent assurances, Étude Marchés publics d'assurance, Éd., Législatives.

Articles. – K. Sontag, Le marché public d'assurance, une figure juridique moderne (2 parties), RGDA 2009. 691 et 1111. – H. Groutel, Resp. civ. et assur. 2012, comm. 82.

Chapitre 1
Les contrats d'assurances concernés

Section 1 Le Code des marchés publics

388. Le Code des marchés publics est entré en vigueur le 1er septembre 2006 (Décr. n° 2006-975, 1er août 2006, JO 4 août). Ce décret complète et modifie le précédent décret du 7 janvier 2004. Il est accompagné d'une circulaire, publiée au Journal officiel du même jour, qui constitue un guide pratique destiné à l'acheteur public.

Pour les marchés de services d'assurances, les seuils en dessous desquels la passation des marchés n'est soumise à aucune procédure formalisée sont de 135 000 € HT pour les marchés de l'État et de 209 000 € HT pour ceux des collectivités territoriales. Pour ces marchés, c'est la personne responsable du marché qui détermine les modalités de publicité et de mise en concurrence dans le cadre d'une procédure adaptée.

Au-delà de ces seuils, la procédure d'appel d'offres, ouvert ou restreint, doit être mise en œuvre ou, lorsque les conditions le permettent, la procédure négociée. Par ailleurs, une nouvelle procédure dite « de dialogue compétitif » existe mais ne semble pas adaptée aux services d'assurances.

Section 2 ▪ Les principaux textes

389. Marchés publics d'assurances : les principaux textes
- Directive européenne 92/50/CEE du 18 juin 1992, portant coordination des procédures de passation des marchés publics de services, modifiée par la directive 97/52/CE du 13 octobre 1997.
- Directive 2000/35/CE du 29 juin 2000, concernant la lutte contre le retard de paiement dans les transactions commerciales.
- Directive 2004/18/CE du 31 mars 2004 relative à la coordination des procédures de passation des marchés publics de travaux, de fournitures et de services, modifiée par la directive 2005/51/CE du 7 septembre 2005.
- Nouveau Code des marchés publics.Décret 2006-975 du 1er août 2006 ; JO 4 août 2006.
- Circulaire interministérielle du 3 août 2006.NOR ECOM0620004C ; JO 4 août 2006.
- Circulaire du 24 décembre 2007 relative à la passation des marchés publics d'assurances. NOR ECEM0755510C ; JO 10 avril 2008.
- Guide pratique pour la passation des marchés publics d'assurances des collectivités locales.
- Arrêté du 14 décembre 2009 relatif à la dématérialisation des procédures de passation des marchés publics ; JO 20 décembre 2009 ; NOR ECEM0929046A.

Section 3 ▪ La fourniture de services d'assurances

390. Les services d'assurances sont mentionnés dans l'annexe I-A de la directive n° 92/50/CEE du Conseil des Communautés européennes portant coordination des procédures de passation des marchés publics de services. De ce fait, les contrats d'assurance qui sont conclus par les personnes publiques entrent dans le champ d'application de cette directive et se trouvent soumis aux procédures de passation des marchés publics.

391. Les personnes publiques assujetties aux obligations de mise en concurrence pour la passation de leurs contrats d'assurance sont les personnes mentionnées à l'article 2 du Code des marchés publics. Il s'agit de l'État et des établissements publics administratifs de l'État. En revanche, les établissements publics à caractère industriel et commercial ne sont pas obligatoirement soumis à ces procédures mais peuvent toutefois s'y conformer. Sont également obligatoirement concernés, les collectivités territoriales et les établissements publics locaux.

392. Certains organismes, bien que non assujettis au Code des marchés publics, peuvent être soumis à des obligations de mise en concurrence imposées par les directives communautaires. Sont concernés certains EPIC de l'Etat, certains groupements d'intérêt public (GIP) ou groupements d'intérêt économique (GIE) et certaines associations dans la mesure où ces organismes répondent à la définition de « pouvoir adjudicateur » au sens du droit communautaire.

393. Sont ainsi soumis au Code des marchés publics :
- les groupements de droit privé formés entre les collectivités publiques (ex. : certains GIE ou associations) ;
- la Banque de France ;
- les organismes de droit privé, les établissements publics à caractère industriel et commercial de l'État, les groupements d'intérêt public, satisfaisant un besoin d'intérêt général autre qu'industriel et commercial et répondant à l'une des conditions suivantes : avoir

leur activité financée majoritairement et d'une manière permanente par des fonds publics (État, collectivités territoriales, établissements publics administratifs...), être soumis à un contrôle de sa gestion par l'un des organismes mentionnés ci-dessus, comporter un organe d'administration, de direction ou de surveillance composé majoritairement de membres désignés par les organismes mentionnés ci-dessus.

Section 4 . Le rôle des intermédiaires d'assurance

394. Le rôle des intermédiaires d'assurance a été précisé dans la circulaire du 24 décembre 2007 relative à la passation des marchés publics d'assurances (NOR ECEM0755510C ; JO 10 avr. 2008).

Sous-section 1 . Le respect des règles de mise en concurrence

395. En toutes circonstances, les marchés publics respectent les principes :
- de liberté d'accès à la commande publique ;
- d'égalité de traitement des candidats ;
- de transparence des procédures.

396. Ces principes permettent d'assurer l'efficacité de la commande publique et la bonne utilisation des deniers publics.

397. Selon la circulaire précitée, l'acheteur public ne doit pas favoriser, dans la procédure du marché public, un mode de distribution particulier du contrat d'assurance. Il ne peut donc pas réserver la soumission à une certaine catégorie d'intervenants (entreprise d'assurance ou intermédiaire d'assurance). Il ne peut par ailleurs imposer la participation d'une catégorie particulière de prestataires à l'exécution du contrat d'assurance.

Sous-section 2 . L'acheteur public peut se faire assister d'un conseil

398. L'acheteur public peut se faire assister d'un conseil pour l'élaboration du programme et du cahier des charges de l'opération d'assurance, la mise en concurrence, l'analyse des offres, la négociation et/ou le suivi du contrat. Dans cette hypothèse, la rémunération de ce conseil est prise en charge exclusivement par l'acheteur qui le choisit dans le respect des dispositions du Code des marchés publics. Ce conseil peut être un avocat ou un intermédiaire d'assurance qui, dans cette hypothèse, serait rémunéré par des honoraires. Mais seul l'acheteur public est compétent pour désigner le titulaire du marché, cette compétence ne peut être déléguée à un conseil.

399. La circulaire rappelle également que le conseil qui a participé aux phases d'élaboration du programme et du cahier des charges de l'opération d'assurance peut, dans certaines conditions, participer à la consultation portant sur le contrat objet de l'appel à la concurrence.

Cette position est fondée sur un arrêt de la Cour de justice de l'Union européenne selon lequel les directives s'opposent à l'édiction d'une « règle par laquelle n'est pas admise une demande de participation ou la remise d'une offre pour un marché public de travaux, de fournitures ou de services par une personne qui a été chargée de la recherche, de l'expérimentation, de l'étude ou du développement de ces travaux, fournitures ou services, sans que soit laissée à cette personne la possibilité de faire la preuve que, dans les circonstances de l'espèce, l'expérience acquise par elle n'a pu fausser la concurrence » (affaires C-21/03 et C-34/03, Fabricom, 3 mars 2005).

Sous-section 3 ■ L'intermédiaire représente une entreprise d'assurance

400. Un intermédiaire d'assurance ne peut pas faire acte de candidature, il doit nécessairement présenter une entreprise d'assurance. Il fait une offre au nom d'une entreprise d'assurance. De même, il ne peut pas représenter plusieurs entreprises d'assurance. L'entreprise d'assurance dont émane l'offre, présentée par un intermédiaire, est engagée irrévocablement sur le service et le prix si celle-ci est choisie par l'acheteur public.

401. De même, un assureur ne peut pas se faire représenter par plusieurs intermédiaires dans le cadre d'une même procédure de passation, car cette situation reviendrait à ce qu'une même entreprise d'assurance présente plusieurs offres et serait ainsi contraire aux principes de la commande publique. Lorsqu'un acheteur public se trouve dans la situation où un même assureur présente plusieurs offres pour un même marché, quand bien même il le fait par plusieurs intermédiaires, il doit déclarer ces offres irrégulières.

■ Chapitre 2
La procédure applicable (CMP, art. 26 à 31)

Section 1 ■ La mise en concurrence

Sous-section 1 ■ Les principes

402. Le fait de procéder à une mise en concurrence est nécessaire en ce qu'il permet de respecter les principes fondamentaux définis à l'article 1er que sont :
- la liberté d'accès à la commande publique ;
- l'égalité de traitement des candidats ;
- la transparence des procédures.

403. De surcroît, faire jouer la concurrence dans l'acte d'achat public répond d'abord à un objectif d'efficacité économique. En effet, la mise en concurrence est nécessaire avant tout pour susciter une diversité des offres. Elle permet d'accroître les chances d'obtenir l'offre économiquement la plus avantageuse et de garantir un bon usage des deniers publics.

Sous-section 2 ■ Mise en œuvre

§ 1 ■ Seuil inférieur à 25 000 € hors taxes

404. Sous le seuil de 25 000 € HT, l'article 28 dernier alinéa du code dispense les acheteurs de mise en concurrence. Il en résulte qu'aucune procédure de mise en concurrence ne s'impose. Lorsqu'il fait usage de cette faculté, il veille à choisir une offre répondant de manière pertinente au besoin, à faire une bonne utilisation des deniers publics et à ne pas contracter systématiquement avec un même prestataire lorsqu'il existe une pluralité d'offres potentielles susceptibles de répondre au besoin.

405. Le montant du marché public d'assurance à prendre en compte au regard de ce seuil s'entend de la prime d'assurance payable par le pouvoir adjudicateur, sur toute la durée du marché.

§ 2 ■ Achat compris entre 25 000 € et 135 000 € pour l'État et 209 000 € pour les collectivités territoriales

406. Pour les achats dont le montant estimé est compris entre 25 000 € HT et les seuils de 135 000 € HT pour l'État et 209 000 € HT pour les marchés de fournitures et de services des collectivités territoriales, des établissements publics de santé et des établissements du service de santé des armées, les acheteurs publics peuvent passer des marchés selon une procédure adaptée conformément à l'article 28 du Code des marchés publics. Ces marchés sont passés selon des modalités de publicité et de mise en concurrence déterminées par la personne responsable du marché en fonction de leur objet et de leurs caractéristiques. Ils constituent les « marchés passés sans formalités préalables », ce qui ne signifie pas pour autant qu'ils peuvent être passés de gré à gré.

§ 3 ■ Achat supérieur à 135 000 € pour l'État et 209 000 € pour les collectivités territoriales

407. Pour les achats dont le montant estimé est supérieur au seuil de 135 000 € HT pour l'État et de 209 000 € HT pour les marchés de fournitures et de services des collectivités territoriales, des établissements publics de santé et des établissements du service de santé des armées, il doit être recouru à la procédure d'appel d'offres sauf à remplir les conditions de recours au marché négocié ou au dialogue compétitif.

408. En effet, l'acheteur public peut, dans les hypothèses définies à l'article 35 du Code des marchés publics, recourir à la procédure négociée, sans condition de montant. Une procédure négociée consiste pour la personne publique à choisir le titulaire du marché, après consultation des candidats et négociation des conditions du marché avec un ou plusieurs d'entre eux.

Elle est en particulier possible pour les marchés de services, lorsque la prestation de services à réaliser est d'une nature telle que les spécifications du marché ne peuvent être établies préalablement avec une précision suffisante pour permettre le recours à l'appel d'offres.

409. Il est également possible de recourir à la procédure de dialogue compétitif qui, cependant, ne semble pas adaptée aux marchés d'assurances.

Tableau de synthèse

Procédure applicable en fonction du montant des prestations pour les marchés de services d'assurances		
Montant des prestations	Personnes publiques	Procédures
Jusqu'à 25 000 € HT	État Collectivités territoriales	Aucune publicité ni mise en concurrence imposées
De 25 000 à 135 000 € HT	État	Procédure adaptée
De 25 000 à 209 000 € HT	Collectivités territoriales	Procédure adaptée
Au-delà de 135 000 € HT	État	Appel d'offres
Au-delà de 209 000 € HT	Collectivités territoriales	Appel d'offres

Section 2 ▪ Les règles de publicité

410. En-dessous de 25 000 € HT, les marchés peuvent être passés sans publicité préalable.

411. Entre 25 000 et 90 000 € HT, l'acheteur détermine librement les modalités de publicité adaptées au montant, à la nature des services d'assurances en cause et au nombre ou à la localisation des opérateurs économiques susceptibles d'y répondre (CMP, art. 40 II).

412. Entre 90 000 € HT et 135 000 € HT pour l'État et 209 000 € HT pour les collectivités territoriales, l'acheteur est tenu de publier un avis d'appel public à la concurrence soit au BOAMP (Bulletin officiel des annonces des marchés publics), soit dans un journal d'annonces légales, et doit apprécier si une publication dans un journal spécialisé est nécessaire (CMP, art. 40 III).

413. Les avis d'appel public à la concurrence sont établis conformément aux modèles établis par l'arrêté du 28 août 2006 pris en application du Code des marchés publics et fixant les modèles d'avis pour la passation et l'attribution des marchés publics et des accords-cadres.

414. Au-dessus de 135 000 € HT pour l'État ou 209 000 € HT pour les collectivités territoriales, l'acheteur est tenu de publier un avis d'appel public à la concurrence dans le BOAMP et au Journal officiel de l'Union européenne (CMP, art. 40 III 2°).

415. Les avis d'appel public à la concurrence adressés au Journal officiel de l'Union européenne sont établis conformément aux modèles fixés par le règlement (CE) n° 1564 / 2005 de la Commission du 7 septembre 2005 établissant les formulaires standard pour la publication d'avis dans le cadre des procédures de passation de marchés publics conformément aux directives 2004/17/CE et 2004/18/CE du Parlement européen et du Conseil.

416. En outre, au-delà de 750 000 € HT, les marchés peuvent faire l'objet d'un avis de pré-information. L'envoi de cet avis n'est obligatoire que si l'acheteur souhaite recourir à la faculté de réduire le délai de réception des offres en appel d'offres ouvert et restreint. Cet avis est soit adressé pour publication à l'Office des publications officielles des Communautés européennes, soit publié sur le profil d'acheteur du pouvoir adjudicateur (CMP, art. 39).

Chapitre 3
Le déroulement de la procédure

Section 1 . La procédure adaptée

Sous-section 1 . Mise en œuvre

417. Les marchés passés selon la procédure adaptée, sont des marchés passés selon des modalités de publicité et de mise en concurrence déterminées par la personne responsable du marché en fonction de leur objet et de leurs caractéristiques.

418. Pour les marchés de services d'assurance, les seuils en-dessous desquels la procédure adaptée est possible sont de 135 000 € HT pour l'État et de 209 000 € HT pour les collectivités territoriales.

419. Le fait que certains marchés puissent être passés selon une procédure adaptée signifie qu'ils ne sont soumis à aucune des procédures formalisées définies par le code mais ne signifie pas pour autant qu'ils sont passés de gré à gré. L'acheteur doit fixer lui-même un contenu de procédure permettant de constater que l'achat a été réalisé dans des conditions satisfaisantes de transparence, compte tenu de son montant et de la nature des prestations en cause.

420. En conséquence, cette procédure adaptée n'exclut pas la mise en concurrence. Le fait de procéder à une mise en concurrence est nécessaire en ce qu'il permet de respecter les principes fondamentaux que sont la liberté d'accès à la commande publique, l'égalité de traitement des candidats et la transparence des procédures. Faire jouer la concurrence dans l'acte d'achat public répond également à un objectif d'efficacité économique. En effet, la mise en concurrence est nécessaire avant tout pour susciter une diversité des offres. Elle permet d'accroître les chances d'obtenir l'offre économiquement la plus avantageuse et de garantir un bon usage des deniers publics.

421. Le code désigne les marchés passés en-dessous des seuils comme des marchés conclus selon une procédure adaptée. Pour ces marchés, les personnes publiques doivent définir elles-mêmes des règles de mise en concurrence proportionnées à l'objet et au montant du marché.
Cette mise en concurrence relève de la responsabilité de l'acheteur et doit être adaptée au marché envisagé.

422. Pour les marchés passés selon une procédure adaptée, l'acheteur doit laisser un délai suffisant pour permettre à la concurrence de jouer. Ainsi, une publicité adaptée qui fixerait un délai de réception des offres trop court pourrait être considérée comme insuffisante au regard des principes de transparence et d'égalité de traitement. La méconnaissance de ces règles est susceptible d'entraîner la nullité du marché public.

Sous-section 2 . Avantages de cette procédure

423. La souplesse de cette procédure permet de favoriser la négociation en assurant la traçabilité de l'action engagée. Il est recommandé aux acheteurs publics de conserver l'historique des différentes étapes suivies pour procéder au choix du titulaire.

424. Les acheteurs peuvent d'ores et déjà, dans un souci de rapidité et d'efficacité économique, favoriser le recours aux échanges d'informations par voie électronique en permettant le dépôt des candidatures ou des offres par voie dématérialisée.

425. Par ailleurs, l'acheteur peut aussi fournir tous les documents relatifs aux procédures qu'il lance par voie électronique si le candidat en fait la demande.

Section 2 . L'appel d'offres

Sous-section 1 . Définition (CMP, art. 33)

426. La personne publique choisit l'offre économiquement la plus avantageuse, sans négociation, sur la base de critères objectifs préalablement portés à la connaissance des candidats. La personne publique responsable du marché peut librement choisir de recourir à la procédure d'appel d'offres ouvert ou restreint.

427. L'appel d'offres est dit « ouvert » lorsque tout candidat peut remettre une offre. Il est dit « restreint » lorsque seuls peuvent remettre des offres, les candidats qui y ont été autorisés après sélection. Le marché est attribué par la personne responsable du marché après avis de la commission d'appel d'offres pour l'Etat, les établissements publics de santé et les établissements publics sociaux ou médico-sociaux ou par la commission d'appel d'offres pour les collectivités territoriales.

Sous-section 2 ▪ L'appel d'offres ouvert

428. La procédure d'appel d'offres ouvert est décrite aux articles 57, 58 et 59 du Code des marchés publics.

Procédure de l'appel d'offres ouvert

Étape 1	Envoi d'un avis d'appel public à la concurrence Article 57 CMP
Étape 2	Préparation du dossier de candidature et de l'offre : Article 57 CMP - Délais à respecter - Envoi du Cahier des charges - Documents complémentaires
Étape 3	Transmission des offres et des dossiers de candidatures Article 57 CMP
Étape 4	Ouverture des enveloppes relatives aux candidatures : Elimination des candidatures non-conformes Article 58CMP
Étape 5	Ouverture des enveloppes relatives aux offres : Elimination des offres non conformes à l'objet du marché Article 58 CMP
Étape 6	Choix de l'offre la plus économiquement avantageuse Article 59 CMP
Etape 7	Hypothèse d'échec de la procédure Article 59 CMP

Notons que la personne responsable du marché peut, à toute étape de la procédure, ne pas donner suite à la procédure pour des motifs d'intérêt général.

Étape 1 : Il est procédé à l'envoi d'un avis d'appel public à la concurrence dans les conditions prévues à l'article 40 CMP. Les avis d'appel public à la concurrence sont insérés dans le Bulletin officiel des annonces des marchés publics ou dans une publication habilitée à recevoir des annonces légales. Au-delà du seuil de 135 000 € HT pour les marchés de l'État et de 209 000 € HT pour les marchés des collectivités territoriales, l'avis est obligatoirement publié au Bulletin officiel des annonces des marchés publics. S'agissant des marchés d'assurances, au-delà de ces seuils, l'avis est en outre publié au Journal officiel des Communautés européennes. Il s'agit là d'une règle applicable à tous les marchés de fournitures et de services.

Étape 2 : Délais ; Cahier des charges ; Documents complémentaires.
Le délai de réception des offres ne peut être inférieur à cinquante-deux jours à compter de la date d'envoi de l'appel public à la concurrence. Ce délai peut toutefois être ramené à vingt-deux jours lorsqu'un avis de pré-information a été publié. L'avis de pré-information doit toutefois avoir été envoyé à la publication cinquante-deux jours au moins et douze mois au plus avant la date d'envoi de l'appel public à la concurrence.
Lorsque les offres ne peuvent être déposées qu'à la suite d'une visite sur les lieux d'exécution du marché, ou après consultation sur place de documents complémentaires au cahier des charges, les délais sont prolongés en conséquence.
Les délais mentionnés de 52 jours et 22 jours peuvent être réduits de sept jours lorsque

l'avis d'appel public à la concurrence est envoyé par voie électronique.
En outre, le délai de 52 jours peut également être réduit de cinq jours lorsque le pouvoir adjudicateur offre, par voie électronique et à compter de la publication de l'avis d'appel public à la concurrence, un accès libre, direct et complet aux documents de la consultation en indiquant dans le texte de l'avis l'adresse internet à laquelle ces documents peuvent être consultés.
Les cahiers des charges et les documents complémentaires sont envoyés dans les six jours qui suivent la réception de la demande pour les marchés de services d'assurance.
Lorsque, en raison de leur importance, les cahiers des charges et les documents complémentaires ne peuvent être fournis dans les délais prévus ci-dessus, ceux-ci sont prolongés en conséquence et mentionnés dans l'avis d'appel public à la concurrence.
Les renseignements complémentaires éventuels sur les cahiers des charges sont communiqués par la personne responsable du marché six jours au plus tard avant la date limite fixée pour la réception des offres.

Étape 3 : Dans les délais indiqués à l'étape précédente, les dossiers des candidats sont transmis par tout moyen permettant de déterminer de façon certaine la date et l'heure de leur réception et de garantir la confidentialité. Ils doivent comporter une enveloppe contenant les renseignements relatifs à la candidature et une enveloppe contenant l'offre.

Étape 4 : La commission d'appel d'offres ouvre l'enveloppe relative aux candidatures. La personne responsable du marché après avis de la commission d'appel d'offres pour l'Etat, ou la commission d'appel d'offres pour les collectivités territoriales, élimine les candidatures qui, en application de l'article 52 CMP ne peuvent être admises (personnes dont le dossier n'est pas complet ou qui n'ont pas rempli leurs obligations fiscales et sociales ou qui ont subi certaines condamnations ou qui ne présentent pas des garanties techniques et financières suffisantes).

Étape 5 : La commission d'appel d'offres procède à l'ouverture des enveloppes contenant les offres.
La personne responsable du marché après avis de la commission d'appel d'offres pour l'Etat, ou la commission d'appel d'offres pour les collectivités territoriales, élimine les offres non conformes à l'objet du marché. Il n'y a pas de négociation avec les candidats. La personne responsable du marché pour l'Etat, ou la commission d'appel d'offres pour les collectivités territoriales, peut seulement leur demander de préciser ou de compléter la teneur de leur offre.

Étape 6 : La personne responsable du marché, après avis de la commission d'appel d'offres pour l'Etat, ou la commission d'appel d'offres pour les collectivités territoriales, choisit l'offre économiquement la plus avantageuse conformément aux critères annoncés dans l'avis d'appel public à la concurrence ou dans le règlement de la consultation.
La personne responsable du marché peut, en accord avec le candidat retenu, procéder à une mise au point des composantes du marché sans que ces modifications puissent remettre en cause les caractéristiques substantielles, notamment financières, du marché.

Étape 7 : Lorsqu'aucune offre ne lui paraît acceptable, la personne responsable du marché, après avis de la commission d'appel d'offres pour l'Etat, ou la commission d'appel d'offres pour les collectivités territoriales, peut déclarer l'appel d'offres infructueux. Elle en avise tous les candidats. Elle peut alors procéder, soit à un nouvel appel d'offres, soit, si les conditions initiales du marché ne sont pas modifiées, à un marché négocié conformément au I de l'article 35 du Code des marchés publics.

Sous-section 3 ■ L'appel d'offres restreint

429. La procédure d'appel d'offres restreint est décrite aux articles 60 à 64 du Code des marchés publics.

Procédure d'appel d'offres restreint

Étape 1	Avis d'appel public à la concurrence Article 60 CMP
Étape 2	Réception des candidatures Article 60 CMP
Étape 3	Sélection des candidats Articles 61 et 62 CMP La personne responsable du marché : - Etablit la liste des candidats admis à présenter une offre - Adresse une lettre de consultation aux candidats
Étape 4	Transmission des offresArticle 62 CMP
Étape 5	Ouverture des plis : Elimination des offres non conformes à l'objet du marché Article 63 CMP
Étape 6	Choix de l'offre la plus économiquement avantageuse Article 64 CMP
Étape 7	Hypothèse d'échec de la procédure Article 64 CMP

Comme dans la procédure d'appel d'offres ouvert, la personne responsable du marché peut, à toute étape de la procédure, ne pas donner suite à la procédure pour des motifs d'intérêt général.

Étape 1 : La procédure de publication de l'avis est identique à celle de l'appel d'offres ouvert. Cependant l'avis peut fixer un nombre minimum et un nombre maximum de candidats autorisés à présenter une offre. Dans ce cas, le nombre minimum ne peut être inférieur à cinq.

Étape 2 : Le délai de réception des candidatures ne peut être inférieur à trente-sept jours à compter de la date d'envoi de l'avis d'appel public à la concurrence. Ce délai peut être ramené à trente jours si l'avis a été envoyé par voie électronique.
Ce délai peut être ramené à quinze jours en cas d'urgence ne résultant pas du fait de la personne publique, ou à 10 jours si l'avis a été envoyé par voie électronique.
Les candidatures sont transmises par tout moyen permettant de déterminer de façon certaine la date et l'heure de leur réception et de garantir la confidentialité.

Étape 3 : La personne responsable du marché sur proposition de la commission d'appel d'offres pour l'Etat, ou la commission d'appel d'offres pour les collectivités territoriales, dresse la liste des candidats autorisés à présenter une offre. Sont éliminées, les candidatures qui, en application de l'article 52 CMP ne peuvent être admises (personnes dont le dossier n'est pas complet ou qui n'ont pas rempli leurs obligations fiscales et sociales, ou qui ont subi certaines condamnations, ou qui ne présentent pas des garanties techniques et financières suffisantes).

La lettre de consultation comporte :
- les documents de la consultation, ou, s'ils ne sont pas détenus par le pouvoir adjudicateur, l'adresse du service auprès duquel les documents de la consultation peuvent être immédiatement obtenus sur demande et la date limite pour présenter cette demande, ou encore les conditions d'accès à ces documents s'ils sont mis à disposition directe par voie électronique ;
- la date et l'heure limites de réception des offres, l'adresse à laquelle elles sont transmises et la mention de l'obligation de les rédiger en langue française ;
- les références de l'avis d'appel public à la concurrence publié ;
- le cas échéant, la date limite pour demander des documents complémentaires ;
- la liste des documents à fournir avec l'offre.

Étape 4 : La commission d'appel d'offres ouvre l'enveloppe relative aux candidatures. La personne responsable du marché après avis de la commission d'appel d'offres pour l'Etat, ou la commission d'appel d'offres pour les collectivités territoriales, élimine les candidatures qui, en application de l'article 52 CMP ne peuvent être admises (personnes dont le dossier n'est pas complet ou qui n'ont pas rempli leurs obligations fiscales et sociales ou qui ont subi certaines condamnations ou qui ne présentent pas des garanties techniques et financières suffisantes).

Étape 5 : La commission d'appel d'offres procède à l'ouverture des enveloppes contenant les offres.
La personne responsable du marché après avis de la commission d'appel d'offres pour l'Etat, ou la commission d'appel d'offres pour les collectivités territoriales, élimine les offres non conformes à l'objet du marché. Il n'y a pas de négociation avec les candidats. La personne responsable du marché pour l'Etat, ou la commission d'appel d'offres pour les collectivités territoriales, peut seulement leur demander de préciser ou de compléter la teneur de leur offre.

Étape 6 : La personne responsable du marché, après avis de la commission d'appel d'offres pour l'Etat, ou la commission d'appel d'offres pour les collectivités territoriales, choisit l'offre économiquement la plus avantageuse conformément aux critères annoncés dans l'avis d'appel public à la concurrence ou dans le règlement de la consultation.
La personne responsable du marché peut, en accord avec le candidat retenu, procéder à une mise au point des composantes du marché sans que ces modifications puissent remettre en cause les caractéristiques substantielles, notamment financières, du marché.

Étape 7 : Lorsqu'aucune offre ne lui paraît acceptable, la personne responsable du marché, après avis de la commission d'appel d'offres pour l'Etat, ou la commission d'appel d'offres pour les collectivités territoriales, peut déclarer l'appel d'offres infructueux. Elle en avise tous les candidats. Elle peut alors procéder, soit à un nouvel appel d'offres, soit, si les conditions initiales du marché ne sont pas modifiées, à un marché négocié conformément au I de l'article 35 du Code des marchés publics.

Sous-section 4 ■ Spécificités des marchés d'assurances

430. La circulaire du 24 décembre 2007 relative à la passation des marchés publics d'assurances (NOR ECEM0755510C ; JO 10 avr. 2008) précise les modalités pratiques de mise en œuvre de la procédure d'appel d'offres. En dehors du cadre des marchés publics, la pratique des assurances conduit fréquemment l'assuré soit à se voir proposer un contrat d'adhésion, soit à mettre au point avec l'entreprise d'assurance ou son mandataire les clauses du contrat. Aussi, l'adéquation entre les besoins du pouvoir adjudicateur, tels qu'ils sont strictement déterminés par le dossier de consultation, et les offres que les candidats peuvent remettre compte tenu de leur pratique et de leurs contraintes, n'est-elle pas nécessairement immédiatement acquise.

431. L'acheteur public doit donc veiller, dans la mesure du possible, à rechercher cette adéquation par un cahier des charges adapté aux capacités et aux pratiques du marché de l'assurance.

432. Dans la mesure où des réserves ou des amendements seraient portés par les candidats aux clauses du cahier des charges, il importe d'apprécier leur incidence (notamment économique) par rapport à l'ensemble de l'offre, afin de déterminer s'ils sont susceptibles de rendre cette dernière irrégulière.

433. L'ouverture aux variantes, si elle ne dispense pas les candidats de remettre une offre conforme à la solution de base, favorisera cette adéquation, en élargissant le choix du pouvoir adjudicateur à des solutions sur lesquelles les candidats pourront se montrer éventuellement plus compétitifs.

434. Une fois l'offre économiquement la plus avantageuse choisie, le pouvoir adjudicateur peut, en accord avec l'entreprise retenue, procéder à une mise au point des composantes du marché. Ces modifications ne doivent en aucun cas remettre en cause les caractéristiques substantielles, notamment financières, du marché ni être susceptibles de fausser le jeu de la concurrence.

Section 3 ▪ La procédure négociée (CMP, art. 34 et 35)

Sous-section 1 ▪ Définition

435. Une procédure négociée est une procédure par laquelle la personne publique choisit le titulaire du marché, après consultation des candidats et négociation des conditions du marché avec un ou plusieurs d'entre eux.

436. Les marchés négociés peuvent être passés avec ou sans publicité préalable. En l'absence de publicité préalable, ils peuvent être passés sans mise en concurrence.

Sous-section 2 ▪ Les marchés concernés

437. L'article 35 du Code des marchés publics détermine de façon limitative les cas dans lesquels les personnes publiques peuvent passer des marchés négociés.

438. Ainsi, peuvent être négociés, après publicité préalable et mise en concurrence :
- les marchés qui, après appel d'offres, n'ont fait l'objet d'aucune offre ou pour lesquels il

n'a été proposé que des offres irrecevables ou inacceptables ;
- les marchés de services, lorsque la prestation de services à réaliser est d'une nature telle que les spécifications du marché ne peuvent être établies préalablement avec une précision suffisante pour permettre le recours à l'appel d'offres.

439. Peuvent être négociés, sans publicité préalable, mais avec mise en concurrence : les marchés pour lesquels l'urgence impérieuse résultant de circonstances imprévisibles pour la personne responsable du marché n'est pas compatible avec les délais exigés par les procédures d'appel d'offres, ou de marchés négociés précédés d'un avis d'appel public à la concurrence.

440. Peuvent être négociés, sans publicité préalable et sans mise en concurrence :
- les marchés complémentaires de services consistant en des prestations qui ne figurent pas dans le marché initialement conclu mais qui sont devenues nécessaires à l'exécution du service, à la suite d'une circonstance imprévue. Le montant cumulé des marchés complémentaires ne doit pas dépasser 50 % du montant du marché principal ;
- les marchés de services qui ont pour objet la réalisation de prestations identiques à celles d'un marché précédent exécuté par le même titulaire. Le premier marché doit toutefois avoir été passé sur appel d'offres. Il doit de plus avoir indiqué la possibilité de recourir à la procédure négociée pour la réalisation de prestations similaires. Sa mise en concurrence doit enfin avoir pris en compte le montant total envisagé, y compris les nouveaux services. La durée pendant laquelle les nouveaux marchés peuvent être conclus ne peut dépasser trois ans à compter de la notification du marché initial.

Sous-section 3 ▪ Avantages et contraintes

441. L'acte d'achat efficace se caractérise par la recherche d'une adéquation de l'offre du vendeur aux besoins de l'acheteur. La négociation permet d'adapter les offres à la demande. Au terme de la négociation, l'acheteur public aura à déterminer l'offre présentant le meilleur rapport qualité-prix, c'est-à-dire la meilleure offre susceptible d'être faite à ce moment en fonction des capacités économiques et techniques des entreprises.

442. Si cette procédure ne lui permet pas de modifier les caractéristiques principales du marché tels, notamment, l'objet du marché ou les critères de sélection des candidatures et des offres, elle laisse à l'acheteur public la possibilité de déterminer librement par la négociation le contenu des prestations et l'adaptation du prix aux prestations finalement retenues alors que dans une procédure d'appel d'offres ouvert ou restreint, le cahier des charges est fixé de manière unilatérale et intangible avant le lancement de la consultation.

443. Par conséquent, même si la personne publique ne peut modifier les conditions du marché telles qu'elles ont été définies pour le lancement de la procédure, elle dispose avec le marché négocié d'une marge de manœuvre importante.

444. En matière de marchés négociés, l'acheteur public doit faire face à deux contraintes. La première est d'assurer aux candidats l'égalité de traitement tout au long de la procédure. La seconde contrainte est la transparence de la procédure, qui doit être réalisée dans le respect du secret industriel et commercial entourant le savoir-faire des candidats.

445. Pour répondre correctement à cette double contrainte, l'acheteur doit veiller à la traçabilité des échanges effectués avec chacun des candidats ainsi qu'à les maintenir à un même niveau d'information.

TABLEAU DE SYNTHÈSE
Procédures négociées (CMP, art. 34, 35, 65 et 66)

Étape 1	Transmission des candidatures (1) Article 65 CMP
Étape 2	Sélection des candidats Article 66 CMP La personne responsable du marché : - Dresse la liste des candidats invités à négocier - Adresse aux candidats une lettre de consultation
Étape 3	Transmission des offres Article 66 CMP
Étape 4	Négociations (3) Article 66 CMP
Étape 5	Attribution du marché (4) Article 66 CMP
Nota : La personne responsable du marché peut, à tout moment, mettre fin à la procédure pour des motifs d'intérêt général. (1) Lorsqu'il doit être procédé à un avis d'appel public à la concurrence, le délai minimal entre l'envoi de l'avis à la publication et l'envoi de l'invitation à présenter une offre est de trente-sept jours. Ce délai peut toutefois être ramené à quinze jours en cas d'urgence ne résultant pas du fait de la personne publique. Les candidatures sont transmises par tout moyen permettant de déterminer de façon certaine la date de leur réception et de garantir leur confidentialité. (2) Les offres sont transmises par tout moyen permettant de garantir leur confidentialité. (3) Après examen des offres, la personne responsable du marché engage les négociations avec les candidats de son choix ayant présenté une offre. Le nombre de candidats admis à négocier ne peut être inférieur à trois, sauf si le nombre des candidats n'est pas suffisant. (4) Au terme de ces négociations, la personne responsable du marché attribue le marché.	

Section 4 ▪ Procédure de dialogue compétitif (CMP, art. 36)

446. La procédure de dialogue compétitif est une procédure dans laquelle le pouvoir adjudicateur conduit un dialogue avec les candidats admis à y participer en vue de définir ou de développer une ou plusieurs solutions de nature à répondre à ses besoins et sur la base de laquelle ou desquelles les participants au dialogue seront invités à remettre une offre.

447. Le recours à la procédure de dialogue compétitif est possible lorsqu'un marché public est considéré comme complexe, c'est-à-dire lorsque l'une au moins des conditions suivantes est remplie :
- le pouvoir adjudicateur n'est objectivement pas en mesure de définir seul et à l'avance les moyens techniques pouvant répondre à ses besoins ;
- le pouvoir adjudicateur n'est objectivement pas en mesure d'établir le montage juridique ou financier d'un projet.

448. Pour la mise en œuvre de cette procédure, la personne publique définit un programme fonctionnel qui comporte des résultats vérifiables à atteindre, ou qui précise les besoins à satisfaire. Les moyens de parvenir à ces résultats ou de répondre à ces besoins font l'objet de la part de chaque candidat d'une proposition.

Section 5 ▪ Exemples pratiques

449. La circulaire du 24 décembre 2007 relative à la passation des marchés publics d'assurances (NOR ECEM0755510C ; JO 10 avr. 2008) présente quelques cas concrets qui illustrent la mise en œuvre des dispositions du code des marchés publics, reproduits ci-dessous :

450. Une collectivité territoriale passe, pour des prestations qu'elle considère homogènes, un contrat d'une durée de cinq ans : le montant à prendre en compte est celui du contrat :
- si les primes à payer au titre du contrat sur toute sa durée sont inférieures à 25 000 € HT, elle est dispensée de publicité et de mise en concurrence ;
- si elles sont comprises entre 25 000 et 90 000 € HT, elle doit adapter ses modalités de publicité et de mise en concurrence en fonction du marché envisagé ;
- si elles sont comprises entre 90 000 et 209 000 € HT, elle doit procéder à une publicité soit au BOAMP, soit dans un journal d'annonces légales et, si nécessaire, dans la presse spécialisée ; en revanche, elle choisit librement ses modalités de mise en concurrence en fonction de la prestation envisagée ;
- si elles sont supérieures à 209 000 € HT, elle doit recourir à l'appel d'offres, sauf si les conditions de recours au marché négocié ou au dialogue compétitif sont réunies.

451. Un établissement public administratif national passe un marché de trois ans pour l'assurance de son patrimoine, et doit par ailleurs assurer ponctuellement du mobilier pour une ou plusieurs expositions qui sont prévues durant cette période de trois ans :
- pour le marché relatif à l'assurance de son patrimoine mobilier, l'établissement public devra prendre en compte la durée contractuelle du marché et le montant total des prestations correspondant à cette durée, y compris les prestations relatives aux expositions projetées, en se basant sur une estimation sincère et raisonnable de ses besoins ;
- en revanche, pour l'assurance relative à une exposition qui ne serait pas prévue au moment de la passation du contrat d'assurance, il se trouve confronté à la survenance de besoins nouveaux, alors même que précédemment les besoins ont été évalués de manière sincère et raisonnable. Il peut donc passer un nouveau marché, dont la procédure de passation sera déterminée en fonction du seul montant des nouveaux besoins. Ainsi, si le montant de la prime pour l'assurance de cette exposition est inférieur à 135 000 € HT, il peut procéder à un marché passé selon une procédure adaptée.

Section 6 ▪ Les documents à fournir dans le cadre d'un appel à la concurrence (CMP, art. 44 à 47)

Sous-section 1 ▪ Renseignements produits à l'appui des candidatures

452. A l'appui des candidatures, il ne peut être exigé que des renseignements permettant d'évaluer les capacités professionnelles, techniques et financières du candidat et des documents relatifs aux pouvoirs de la personne habilitée pour l'engager.

453. Si le candidat est en redressement judiciaire, il doit présenter la copie des jugements prononcés à cet effet. Le candidat doit également communiquer une déclaration sur l'honneur, datée et signée, pour justifier :
- qu'il a satisfait aux obligations fiscales et sociales ;
- qu'il n'a pas fait l'objet d'une interdiction de concourir ;
- qu'il n'a pas fait l'objet, au cours des cinq dernières années, d'une condamnation pour certaines infractions au droit du travail.

Sous-section 2 ▪ Documents devant être communiqués par le candidat retenu

454. Dans un second temps, le candidat, auquel il est envisagé d'attribuer le marché, produit également les attestations et certificats délivrés par les administrations et organismes compétents prouvant qu'il a satisfait à ses obligations fiscales et sociales.

455. Il s'agit en particulier des documents visés aux articles D. 8222-5, D. 8222-7 et D. 8222-8 du Code du travail. Pour l'essentiel, il s'agit de l'un des documents suivants :
- une attestation de fourniture de déclarations sociales, émanant de l'organisme de protection sociale chargé du recouvrement des cotisations sociales incombant au cocontractant et datant de moins d'un an ;
- un avis d'imposition afférent à la taxe professionnelle pour l'exercice précédent.

456. A défaut, pour les personnes physiques ou morales ayant commencé leur activité depuis moins d'un an, le récépissé du dépôt de déclaration auprès d'un centre de formalités des entreprises doit être communiqué.

457. Selon l'article 56-I (modifié par le décret n° 2011-1000 du 25 août 2011) dans toutes les procédures de passation des marchés publics, les documents écrits peuvent être remplacés par un échange électronique.

458. L'article 56-II prévoit que le pouvoir adjudicateur peut imposer la transmission des candidatures et des offres par voie électronique.

459. Pour les marchés d'un montant supérieur à 90 000 euros HT, le pouvoir adjudicateur ne peut refuser de recevoir les documents transmis par voie électronique.

460. À compter du 1er janvier 2012, pour les achats de fournitures, de services ou de travaux d'un montant supérieur à 90 000 € HT, le pouvoir adjudicateur ne pourra refuser de recevoir les documents requis des candidats qui sont transmis par voie électronique.

Sous-section 3 ■ Documents exigés des intermédiaires

461. Les intermédiaires d'assurance doivent se conformer aux obligations imposées par le Code des marchés publics. Pour chaque marché, un seul document de description de l'offre suffit. S'agissant de renseignements sur les personnes physiques ou morales participant à la présentation de cette proposition, il y a autant de documents que d'acteurs concernés. Ainsi, l'intermédiaire d'assurance qui présente la candidature d'une société d'assurance doit fournir les documents exigés pour la candidature, pour la société représentée et pour lui-même. De même, le mandat de l'intermédiaire d'assurance doit figurer au nombre des pièces fournies à l'appui de la candidature de la société représentée, ce mandat permettant de connaître l'étendue des pouvoirs du mandataire, comme par exemple, celui de signer l'offre au nom et pour le compte de la société d'assurance.

462. L'article 44 du Code des marchés publics prévoit que les candidats, pour justifier qu'ils ont satisfait à leurs obligations fiscales et sociales, ne produisent, au stade des candidatures, qu'une déclaration sur l'honneur datée et signée. Le marché ne pourra toutefois être attribué au candidat retenu que sous réserve que celui-ci fournisse dans un délai imparti par le pouvoir adjudicateur les certificats et attestations demandés.

Section 7 ■ La sélection des candidats (CMP, art. 52 à 56)

463. Lorsque la personne responsable du marché constate que des pièces, dont la production était réclamée, sont absentes ou incomplètes, elle peut décider de demander à tous les candidats concernés de produire ou de compléter ces pièces dans un délai identique pour tous les candidats, délai qui ne peut excéder 10 jours. Les candidatures qui ne sont pas recevables, ou qui ne sont pas accompagnées des documents devant être communiqués, ou qui ne présentent pas des garanties techniques et financières suffisantes, ne sont pas admises.

464. Pour les appels d'offres, si le nombre de candidatures admises est supérieur au nombre préalablement indiqué des candidats qui seront autorisés à présenter une offre, les candidatures sont sélectionnées au terme d'un classement prenant en compte les garanties et capacités techniques et financières ainsi que les références professionnelles des candidats. La personne responsable du marché indique dans l'avis d'appel public à la concurrence ou, s'il s'agit d'une procédure dispensée de l'envoi d'un tel avis, dans le règlement de la consultation, ceux de ces critères qu'elle privilégiera compte tenu de l'objet du marché.

465. Les offres non conformes à l'objet du marché sont éliminées. Pour attribuer le marché au candidat qui a présenté l'offre économiquement la plus avantageuse, la personne publique se fonde sur divers critères variables selon l'objet du marché.

Si, compte tenu de l'objet du marché, la personne publique ne retient qu'un seul critère, ce critère doit être le prix. Les critères sont définis dans l'avis d'appel public à la concurrence ou dans le règlement de la consultation. Ces critères sont pondérés ou à défaut hiérarchisés.

L'offre économiquement la plus avantageuse n'est pas nécessairement assimilable au prix le plus bas, ce qui bien entendu ne doit pas conduire l'acheteur à minorer exagérément l'importance du critère prix dans l'analyse des offres.

466. En matière d'assurance, en dehors du montant des primes, d'autres critères peuvent être retenus comme la définition des garanties, le nombre et la portée des exclusions, les montants des garanties, les franchises, etc.

467. L'acheteur, pour choisir la meilleure offre, ne peut se fonder seulement sur la renommée de telle ou telle entreprise ou sur le souvenir d'une expérience passée pour tel marché exécuté antérieurement. Il doit clairement distinguer, d'une part, les critères de sélection des candidatures, qui permettent d'évaluer les capacités professionnelles, techniques et financières des candidats et, d'autre part, les critères d'attribution qui permettent dans un deuxième temps de choisir les offres. Les offres sont classées par ordre décroissant. L'offre la mieux classée est retenue.

468. Si une offre paraît anormalement basse à la personne responsable du marché pour l'Etat, pour les établissements publics de santé et les établissements publics sociaux ou médico-sociaux, ou à la commission d'appel d'offres pour les collectivités territoriales, elle peut la rejeter par décision motivée après avoir demandé par écrit les précisions qu'elle juge opportunes et vérifié les justifications fournies. Dès qu'elle a fait son choix sur les candidatures ou sur les offres, la personne publique avise tous les autres candidats du rejet de leurs candidatures ou de leurs offres.

469. L'obligation d'information des candidats résulte des principes qui ouvrent le droit à un candidat évincé de pouvoir déposer, le cas échéant, un recours contre la décision d'attribution du marché.

470. Le Code des marchés publics prévoit aussi le cas où un candidat écarté demande par écrit à la personne responsable du marché les motifs du rejet de sa candidature et la justification du choix opéré. La personne publique est tenue de répondre dans un délai de 15 jours à compter de la réception de la demande écrite. Les acheteurs peuvent également organiser des rencontres afin d'expliquer oralement aux candidats les raisons qui ont conduit à leur éviction.

471. Les marchés publics doivent être notifiés avant tout commencement d'exécution. La notification consiste en un envoi du marché signé au titulaire par tout moyen permettant de donner date certaine. La date de notification est la date de réception du marché par le titulaire. Le marché prend effet à cette date.

Sous-titre 4
Autorisation et contrôle du marché

Chapitre 1
L'agrément et les autorités de contrôle

BIBLIOGRAPHIE

L'Argus de l'assurance

Ouvrages. – *Code des assurances commenté*, L'Argus éd., – F. Couilbault, S. Couilbault-Di Tommaso, V. Huberty, *Les grands principes de l'assurance*, L'Argus éd., 2015. – J. Landel, *Lexique des termes d'assurance*, L'Argus éd., 2014.

Articles. – I. Monin-Lafin et S. Romeo, « L'ACP guide le pas des intermédiaires », L'Argus 2011, n° 7203. – « Le contrôle dans l'assurance », Cahiers pratiques, L'Argus, 10 juill. 2009. – « Les pratiques commerciales dans l'assurance », Cahiers Pratiques, L'Argus, n° 7218, 20 mai 2011. – « La protection de la clientèle », Cahiers pratiques, L'Argus, n° 7358-7359, 25 avril 2014.

Autres documentations

Ouvrages. – *Lamy Assurances*, éd., 2016. – Dictionnaire permanent assurances, Études Assureurs, mutuelles et institutions de prévoyance, Éditions législatives. – Traité de droit des assurances, Tome 1 *Entreprises et Organismes d'assurance*, 3è édition sous dir. J. Bigot, LGDJ 1996.– JurisClasseur Civil Annexes, V° Assurances, Fasc. 150 Assurances terrestres Droit européen des assurances, cadres généraux. – JurisClasseur Responsabilité civile et Assurances, Fasc. 504-60 Entreprises d'assurance.

Articles. – J. Bigot, J.-l. Bellando, « La nouvelle Autorité de contrôle prudentiel et l'assurance : aspects structurels », JCP E, n° 13, 29 mars 2010, 364. –B. Daille-Duclos, « L'Autorité de contrôle prudentiel : nouvelles règles de contrôle et de sanctions en matière d'assurance », Petites affiches, 7 mai 2010, n° 91, p. 4. – J.-M. Rutsaert, « Les risques de masse dans la deuxième directive du 22 juin 1988 en assurance non-vie », RGAT 1989 p. 231. – A. Curtet et R. Dupeyré, « L'ACPR et sa commission des sanctions- Analyse à l'aune de cinq années d'exercice », JCP E, n° 30, 23 juillet 2015, 1379.

Section 1 . L'accès a l'activité d'assurance

Sous-section 1 . Le principe de l'agrément

472. L'agrément est indispensable pour l'exercice des opérations d'assurance sur le territoire français sous réserve des dispositions relatives à la libre prestation de services et à la liberté d'établissement des entreprises communautaires. En effet, l'activité d'assurance constitue en France, comme dans la plupart des pays, une activité réglementée dont l'exercice est subordonné à l'obtention d'un agrément administratif préalable délivré par l'Autorité de contrôle prudentiel et de résolution. Il a pour objet de s'assurer que l'entreprise qui entend exercer des activités d'assurance dispose des fonds et moyens lui permettant d'honorer ses engagements à l'égard des assurés et tiers bénéficiaires. L'agrément constitue ainsi une forme de contrôle a priori des activités d'assurance. Les opérations d'acceptation en réassurance dérogent toutefois à cette règle dans la mesure où elles sont pratiquées par les entreprises en marge de leur activité d'assurance directe.

§ 1 ▪ Exigence d'un agrément

A ▪ L'agrément des entreprises françaises

473. Le principe de l'agrément des entreprises d'assurance et de réassurance dont le siège est situé en France est régi par les articles L. 321-1 à L. 321-3 et R. 321-1 à R. 321-5 du Code des assurances (pour les mutuelles, voir art. L. 211-8 à L. 211-9 et R. 211-2 à R. 211-5-3 C. mut. ; pour les institutions de prévoyance, voir art. L. 931-4 à L. 932-5-1 et R. 931-2-1 à R. 931-2-5-3 CSS).
Cet agrément est délivré, sur demande de l'entreprise, par l'Autorité de contrôle prudentiel et de résolution, pour les opérations d'une ou plusieurs branches d'assurance. Il est donc, par définition, spécial puisque l'entreprise ne peut pratiquer que les opérations pour lesquelles elle est agréée (C. assur., art. L. 321-1).

474. Les différentes branches d'assurance, qui figuraient en annexe des premières directives, ont été reprises et énumérées de manière limitative à l'article R. 321-1 du Code des assurances pour les entreprises régies par ce code, ainsi qu'à l'article R. 211-2 du Code de la mutualité pour les mutuelles et à l'article R. 931-2-1 du Code de la Sécurité sociale pour les institutions de prévoyance. On compte au total vingt-six branches, parmi lesquelles figurent notamment les branches : 1. Accidents, 2. Maladie, 8. Incendie et éléments naturels, 13 Responsabilité civile générale, 14. Crédit, 17. Protection juridique, ou encore 20. Vie-décès, ce qui témoigne de la diversité des opérations d'assurance. Certaines branches étant elles-mêmes divisées en sous-branches. Les branches énoncées peuvent se diviser en deux sous-ensembles, d'une part les branches 1 à 18 qui forment l'activité dite « non-vie » et d'autre part, les branches 20 à 26 qui composent l'activité dite « vie ». En principe, l'agrément sollicité pour une branche couvre la branche entière sauf volonté contraire de l'entreprise qui le demande (C. assur., art. R. 321-14). Les mutuelles peuvent pratiquer leur activité dans les branches 1 (accident), 2 (maladie), 15 (caution), 16 (pertes pécuniaires diverses), 17 (protection juridique), 18 (assistance), 20 à 22 et 24 à 26 (C. mut., art. R. 211-2). Les institutions de prévoyance sont autorisées à pratiquer leurs activités dans les branches 1, 2, 16, 20 à 22 et 24 à 26 (CSS, art. R. 931-2-1).

475. Toute entreprise qui effectue des opérations d'assurance sans avoir obtenu l'agrément préalable des autorités de contrôle peut être déclarée responsable pénalement et s'expose à des sanctions pouvant aller jusqu'à la fermeture définitive de l'entreprise conformément aux dispositions de l'article L. 310-27 du Code des assurances. Elle peut également faire l'objet de poursuites disciplinaires engagées par l'Autorité de contrôle prudentiel et de résolution.

B ▪ Agrément des entreprises étrangères exerçant leur activité en France

1 ▪ Agrément des entreprises de l'Union européenne et de l'Espace économique européen

476. En instaurant le principe de l'agrément unique et de son corollaire le « Home country control », les directives CEE/92/49 du 18 juin 1992 pour l'assurance non-vie et CEE/92/96 du 10 novembre 1992 pour l'assurance vie sont venues véritablement parachever l'établissement d'un marché unique dans le secteur des assurances. Grâce à ce système, en vigueur depuis le 1er juillet 1994 et fondé sur le principe de reconnaissance mutuelle des agréments et des systèmes de contrôle prudentiel, toute entreprise d'assurance communautaire régulièrement agréée dans l'Etat membre de son siège social, est autorisée, sous réserve de l'accomplissement de certaines démarches, à opérer sur l'ensemble du territoire européen, aussi bien en régime de liberté d'établissement qu'en régime de libre prestation de services (sur ces deux notions, voir ce sous-titre, Chapitre IV – Liberté d'établissement, Libre prestation de services).

2 ▪ Agrément des entreprises ayant leur siège social dans la Confédération helvétique

477. Les entreprises d'assurance dont le siège social est situé en Suisse ne peuvent opérer en régime d'établissement en France qu'après avoir obtenu un agrément administratif délivré par l'Autorité de contrôle prudentiel et de résolution, dans les mêmes conditions que pour les entreprises françaises (C. assur., art. L. 321-7). Quant à la libre prestation de services, les entreprises d'assurance de cet Etat ne peuvent bénéficier de ce régime.

3 ▪ Agrément des entreprises situées hors de l'Espace économique européen

478. Les entreprises dont le siège social est situé dans un Etat non partie à l'accord sur l'Espace économique européen, doivent, pour exercer des activités d'assurance sur le territoire français, solliciter un double agrément auprès de l'Autorité de contrôle prudentiel et de résolution (C. assur., art. L. 329-1) : d'une part, l'agrément de « droit commun », général et technique, d'autre part, un agrément spécial portant acceptation d'un mandataire général.

479. Le mandataire général des succursales françaises de l'entreprise étrangère doit en effet répondre à un certain nombre de conditions énoncées par l'article R. 329-2 du Code des assurances pour être agréé. Il doit notamment résider sur le territoire d'un Etat membre s'il s'agit d'une personne physique ou y avoir son siège social, s'il s'agit d'une personne morale. Il doit en outre fournir à l'Autorité de contrôle prudentiel et de résolution un certain nombre de documents justifiant de sa qualification et de son expérience professionnelle et doit être doté par l'entreprise intéressée de pouvoirs suffisants pour engager celle-ci à l'égard des tiers et pour la représenter vis-à-vis des autorités et juridictions françaises.

480. Les entreprises situées hors de l'Espace économique européen peuvent être également tenues de constituer des garanties si leur pays a pris ou prenait des mesures analogues à l'égard d'entreprises françaises. (C. assur., art. L. 329-1).

§ 2 ▪ Agrément et respect du principe de spécialité

481. Le principe de spécialité revêt une importance particulière dans le secteur des assurances où il s'exprime d'ailleurs de plusieurs façons.

A ▪ Principe de spécialité et objet social

482. Quelle que soit sa forme sociale, une entreprise d'assurance ne peut, en principe, avoir d'autre objet que celui de pratiquer des opérations d'assurance en raison du principe de spécialité. Ce principe était d'ailleurs affirmé avec beaucoup de vigueur par les directives de l'Union européenne vie et non-vie, qui prévoyaient que « l'Etat membre d'origine exige que les entreprises d'assurance qui sollicitent l'agrément limitent leur objet social aux activités prévues par le présent texte et aux opérations qui en découlent directement, à l'exclusion de toute autre activité commerciale ». L'article L. 322-2-2 du Code des assurances prévoit, pour sa part, que les entreprises d'assurance ne peuvent effectuer des opérations autres que les opérations d'assurance que si elles demeurent d'importance limitée par rapport à l'ensemble des activités de l'entreprise. Un décret en Conseil d'Etat devait normalement venir préciser cette disposition. Toutefois, dans la mesure où le texte d'application n'est jamais paru, la notion « opérations d'importance limitée » peut s'avérer difficile à quantifier en pratique.

B ▪ L'exigence de spécialisation par branche(s)

483. L'agrément délivré par l'Autorité de contrôle prudentiel et de résolution (ACPR) porte sur une ou plusieurs branches d'assurance. Cette autorisation est donc spéciale car l'entreprise d'assurance n'est autorisée à pratiquer que les opérations pour lesquelles elle a été expressément agréée. L'agrément sollicité pour une branche couvre la branche entière sauf si l'entreprise ne désire garantir que les opérations relevant d'une ou plusieurs sous-branches (C. assur., art. R. 321-14 ; C. mut., art. R. 211-3).

484. Une même entreprise peut être agréée dans plusieurs branches mais encore faut-il que les branches qu'elle sollicite soient compatibles entre elles. Le principe de spécialité est également édicté dans le Code de la mutualité aux articles L. 111-1, II et R. 211-4, selon lesquels certaines activités sont exclusives les unes des autres. Pour les institutions de prévoyance, voir les articles R. 931-2-2 et suivants du code de la Sécurité sociale.

C ▪ La règle de non-cumul

485. Le principe du non-cumul des activités « vie » et « non-vie » pour une même entreprise d'assurance a été posé par la directive 79/267 du 5 mars 1979. Les directives de troisième génération sont toutefois venues apporter un tempérament à ce principe en autorisant les Etats membres à permettre le cumul des opérations de type « vie » avec des assurances de personnes « non-vie » (branches 1 *Accident* et 2 *Maladie*). Ce tempérament figure également dans la réglementation française. En effet, en application de l'article R. 321-5 du Code des assurances, les entreprises agréées pour les branches 20 ou 22 sont autorisées à délivrer des garanties complémentaires relevant de la branche 1 et 2 sous réserve de respecter certaines conditions. En particulier, ces garanties doivent faire l'objet d'une prime ou cotisation distincte de celle applicable à la garantie principale et le contrat doit préciser que ces garanties complémentaires prennent fin au plus tard en même temps que la garantie principale (C. assur., R. 321-5).

486. En outre, conformément aux dispositions de l'article R. 321-3 du Code des assurances, toute entreprise obtenant l'agrément administratif pour un risque principal appartenant à une branche 1 à 18 peut également garantir des risques compris dans une autre branche sans que l'agrément administratif soit exigé pour ces risques, lorsque ceux-ci sont liés au risque principal, concernent l'objet couvert contre le risque principal et sont garantis par le contrat qui couvre le risque principal. Toutefois, les risques compris dans les branches *14. Crédit, 15. Caution et 17. Protection juridique*, ne peuvent, en principe, être considérés comme accessoires à d'autres branches.

Sous-section 2 ▪ La procédure d'agrément

§ 1 ▪ La demande d'agrément

487. La demande d'agrément doit être formulée par l'entreprise auprès de l'Autorité de contrôle prudentiel et de résolution (ACPR). Elle doit être produite en double exemplaire et comporter un certain nombre de documents, qui doivent tous être rédigés ou traduits en langue française (C. assur. art. R. 321-17. S'agissant des demandes présentées par les entreprises ayant leur siège social en France, le dossier doit notamment comprendre la liste des branches ou sous-branches que l'entreprise se propose de pratiquer, le procès-verbal de l'assemblée générale constitutive, un exemplaire des statuts, les éléments relatifs à l'honorabilité, la compétence et l'expérience des personnes chargées de conduire ou diriger l'organisme ainsi que son programme d'activités prévisionnel s'étendant sur cinq années. La composition du dossier d'agrément est fixée par l'Autorité de contrôle prudentiel et de résolution.

§ 2 ▪ La délivrance de l'agrément

A ▪ Conditions

488. La délivrance de l'agrément implique que l'entreprise remplisse un certain nombre de conditions. En effet, pour prendre sa décision d'octroyer ou de refuser l'agrément à l'entreprise qui le sollicite, l'Autorité de contrôle prudentiel et de résolution doit prendre en compte plusieurs critères qui sont énumérés à l'article L. 321-10 (entreprises d'assurance) et à l'article L. 321-10-1 du Code des assurances (entreprises de réassurance). Il s'agit notamment des moyens techniques et financiers que l'entreprise se propose de mettre en œuvre et de leur adéquation à l'activité de l'entreprise ; de l'honorabilité, de la compétence et de l'expérience des personnes chargées de conduire l'entreprise ; ou encore de la répartition du capital et de la qualité des actionnaires.

489. A ce sujet, l'ordonnance n° 2015-378 du 2 avril 2015 transposant la directive Solvabilité 2, ajoute des conditions à remplir par les sociétés relevant du régime dit « Solvabilité 2 » (C. assur., art. L. 310-3-1). Elles doivent notamment répondre à des exigences de détention de fonds propres pour atteindre le capital de solvabilité exigé (C. assur., L. 352-1 et L. 352-5), elles doivent également disposer d'un système de gouvernance garantissant une gestion saine et prudente de leur activité avec un réexamen interne régulier ainsi que la mise en place d'un système de gestion des risques (C. assur., L. 354-1 à L. 354-3) du même code.

490. Pour les mutuelles et les institutions de prévoyance, les articles L. 211-8 du Code de la mutualité et L. 931-4 du Code de la Sécurité sociale renvoient tous deux aux dispositions du Code des assurances sur les modalités d'octroi ou de refus de l'agrément par l'Autorité de contrôle prudentiel et de résolution.

491. En outre, le texte prévoit un motif particulier de refus d'agrément lorsque l'exercice de la mission de surveillance de l'entreprise est susceptible d'être entravé, soit par l'existence de liens de capital ou de contrôle directs ou indirects entre l'entreprise requérante et d'autre personnes physiques ou morales, soit par l'existence de dispositions législatives, réglementaires ou administratives d'un Etat qui n'est pas partie à l'accord sur l'Espace économique européen et dont relèvent une ou plusieurs de ces personnes.

B ▪ Délai et recours

492. L'agrément administratif est donné par décision publiée au Journal officiel (C. assur., art. R. 321-18 ; C. mut., art. R. 211-3 ; CSS, art. R. 931-2-2). Toute décision de refus d'agrément total ou partiel, doit être motivée et notifiée par l'Autorité de contrôle prudentiel et de résolution à l'entreprise concernée, après que cette dernière ait été préalablement mise en demeure par lettre recommandée de présenter ses observations par écrit dans un délai de quinze jours (C. assur., art. R. 321-4 ; C. mut., art. R. 211-3 CSS, art. R. 931-2-2). La décision de refus d'agrément, qui constitue d'un point de vue administratif, une décision individuelle défavorable est en tout état de cause susceptible de recours devant le Conseil d'Etat dans les deux mois de sa notification ou à défaut, dans les deux mois de la décision implicite de rejet, qui résulte de l'expiration d'un délai de six mois à compter du dépôt du dossier au cours duquel aucune décision n'a été notifiée à l'entreprise par l'Autorité.

§ 3 ▪ La perte de l'agrément

A ▪ Le retrait de l'agrément

493. L'article L. 325-1 du Code des assurances prévoit que dans certaines hypothèses, l'Autorité de contrôle prudentiel et de résolution peut retirer l'agrément d'une entreprise d'assurance (pour les mutuelles : C. mut., art. L. 211-9 ; pour les institutions de prévoyance : CSS., art. L. 931-5 alinéa 2.). Il en est notamment ainsi en cas d'absence prolongée d'activité, de rupture de l'équilibre entre les moyens financiers de l'entreprise et son activité ou, si l'intérêt général l'exige, de changements substantiels affectant la répartition de son capital, la qualité des actionnaires ou la composition des organes de direction. L'agrément peut également être retiré par l'Autorité de contrôle prudentiel et de résolution lorsque l'entreprise ne respecte plus les engagements qui lui ont été imposés au moment de l'octroi de l'agrément alors que sa situation justifie leur maintien. En outre, le retrait d'agrément peut également être prononcé par l'Autorité lorsqu'elle constate que l'activité de l'entreprise n'est pas conforme à son programme d'activités (C. assur., art. R. 321-16). Enfin, depuis l'ordonnance n° 2015-378 du 2 avril 2015, le ou les agréments accordés à une entreprise peuvent être retirés lorsque cette dernière ne dispose plus du minimum de capital requis, que le plan de financement présenté est manifestement insuffisant ou si, dans les trois mois qui suivent la constatation du défaut de couverture du minimum de capital requis, l'entreprise concernée ne se conforme pas au plan de financement approuvé par l'Autorité.

494. Dans tous les cas, la procédure de retrait est soumise au principe du contradictoire. En effet, préalablement à sa décision de retrait, l'Autorité de contrôle prudentiel et de résolution, doit, notifier au président du conseil d'administration de l'entreprise concernée, par lettre recommandée avec demande d'avis de réception ou remise contre récépissé, les faits relevés à l'encontre de l'entreprise et l'inviter à présenter ses observations écrites dans un délai de quinze jours (C. assur., art. R. 325-12). Toute décision de retrait d'agrément doit être motivée de façon précise et notifiée à l'entreprise concernée par lettre recommandée avec demande d'avis de réception ou remise contre récépissé (C. assur., art. R. 325-11). La décision de retrait doit en outre faire l'objet d'une publication au Journal officiel de la République française ainsi qu'au Journal officiel de l'Union européenne (C. assur., art ; R. 325-13). A compter de cette publication, la décision de retrait total d'agrément emporte de plein droit, la dissolution de l'entreprise (si la décision concerne une entreprise française) ou la liquidation de l'actif et du passif du bilan spécial de ses opérations en France (si la décision concerne une entreprise n'ayant pas son siège social en France).

495. Lorsque l'agrément est retiré, l'Autorité de contrôle prudentiel et de résolution doit en informer d'urgence les autorités compétentes des autres Etats membres de la Communauté européenne ou parties à l'accord sur l'Espace économique européen (C. assur., art. R. 325-2).

B ▪ La caducité de l'agrément

496. L'agrément devient caduc s'il n'est pas utilisé pendant un certain délai par l'entreprise qui en est titulaire. Tel est notamment le cas, lorsque l'entreprise qui dispose d'un agrément pour une branche ou sous-branche n'a pas commencé à pratiquer les opérations correspondantes dans le délai d'un an à dater de la publication au Journal officiel de la décision d'agrément, ou lorsque l'entreprise ne souscrit aucun contrat appartenant à cette branche ou à cette sous-branche pendant deux exercices consécutifs. L'agrément devient également caduc, si l'entreprise d'assurance ou de réassurance renonce expressément à un ou des agréments en s'engageant à ne plus souscrire de nouveaux contrats. Lorsqu'elle se trouve dans l'une ou l'autre de ces hypothèses, l'entreprise d'assurance est tenue d'en faire immédiatement la déclaration à l'Autorité de contrôle prudentiel et de résolution qui constate sans délai la caducité de l'agrément administratif, un avis en ce sens est alors publié au Journal officiel par l'Autorité de contrôle prudentiel et de résolution (C. assur., art. L. 321-10-2 ; C. mut., art. L. 211-9 ; CSS., art. L. 931-2-2).

497. Lorsque la caducité de l'agrément a été constatée, l'entreprise d'assurance reste soumise au contrôle de l'Autorité de contrôle prudentiel et de résolution soit, jusqu'à ce que l'ensemble des engagements de l'entreprise ait été intégralement et définitivement réglé aux assurés et aux tiers bénéficiaires, soit jusqu'au transfert total de son portefeuille de contrats. Concernant les entreprises de réassurance dont la caducité de l'agrément a été constatée après le 1er janvier 2016, ces dernières restent aussi soumises au contrôle de l'Autorité de contrôle prudentiel et de résolution jusqu'à ce que l'ensemble des engagements résultant des risques acceptés par elles ait été intégralement et définitivement réglé aux entreprises réassurées. (C. assur., L. 321-10-3).

498. L'entreprise dont tous les agréments ont fait l'objet de décisions constatant leur caducité, doit soumettre à l'Autorité de contrôle prudentiel et de résolution, un programme de liquidation dans un délai d'un mois à compter de la date de publication de l'avis constatant la caducité de son dernier agrément. Le programme de liquidation précise notamment les délais prévisibles et les conditions financières de la liquidation, ainsi que les moyens en personnel et en matériels mis en oeuvre pour la gestion des engagements résiduels (C. assur., art. R. 321-22).

C ▪ Le transfert de portefeuille

499. En cas de transfert portant sur la totalité des contrats appartenant à une branche ou sous-branche déterminée, l'Autorité de contrôle prudentiel et de résolution constate sans délai la caducité du ou des agréments correspondants, qui est publiée au Journal officiel de la République française (C. assur., L. 321-10-2 alinéa 2).

Section 2 ▪ Le contrôle de l'activité d'assurance et de réassurance

Sous-section 1 ▪ Organisation du contrôle

§ 1 ▪ Autorité de contrôle prudentiel et de résolution

500. Jusqu'à la mise en place de l'Autorité de contrôle prudentiel par l'ordonnance n° 2010-76 du 21 janvier 2010 portant fusion des autorités d'agrément et de contrôle de la banque et de l'assurance, le contrôle des entreprises d'assurance, de réassurance et des intermédiaires relevait de la compétence de l'Autorité de contrôle des assurances et des mutuelles (Acam). La nouvelle Autorité devenue, depuis la loi n° 2013-672 du 26 juillet 2013, l'Autorité de contrôle prudentiel et de résolution (ACPR) regroupe désormais les autorités de contrôle de la banque et de l'assurance. La création de l'ACPR a donc conduit à la fusion des quatre organismes suivants : le Comité des entreprises d'assurance, le Comité des établissements de crédit et des entreprises d'investissement, l'Autorité de contrôle des assurances et des mutuelles et la Commission bancaire, autorités de contrôle et d'agrément des secteurs de la banque et de l'assurance, ont fusionné au sein de la nouvelle Autorité de contrôle prudentiel et de résolution.

§ 2 ▪ Attributions de l'ACPR

501. L'article L. 612-1 du Code monétaire et financier définit les objectifs et les missions de l'Autorité de contrôle prudentiel et de résolution. Ainsi, elle « veille à la préservation de la stabilité du système financier et à la protection des clients, assurés, adhérents et bénéficiaires des personnes soumises à son contrôle ». L'Autorité contrôle le respect par ces personnes des dispositions européennes qui leur sont directement applicables, des dispositions du Code monétaire et financier ainsi que des dispositions réglementaires prévues pour son application, du Code des assurances, du livre IX du Code de la Sécurité sociale, du Code de la mutualité, du Livre III du Code de la consommation, des codes de conduite homologués ainsi que de toute autre disposition législative et réglementaire dont la méconnaissance entraîne celle des dispositions précitées.

502. Elle est ainsi chargée :
1° d'examiner les demandes d'autorisations ou de dérogations individuelles qui lui sont adressées et de prendre les décisions prévues par les dispositions européennes, législatives et réglementaires applicables aux personnes soumises à son contrôle ; pour l'application du règlement (UE) n° 648/ 2012 du Parlement et du Conseil du 4 juillet 2012 sur les produits dérivés de gré à gré, les contreparties centrales et les référentiels centraux, elle examine notamment les notifications faites en application du 2 de l'article 4 et des articles 11 et 89 du même règlement, par celles des personnes soumises à son contrôle qui sont également des contreparties financière au sens du 8 de l'article 2 dudit règlement ;
2° d'exercer une surveillance permanente de la situation financière et des conditions d'exploitation des personnes mentionnées au I de l'article L. 612-2 ; elle contrôle notamment le respect de leurs exigences de solvabilité ainsi que, pour les personnes mentionnées aux 1° à 4° et 8° à 10° du A du I de l'article L. 612-2, des règles relatives à la préservation de leur liquidité et, pour les personnes mentionnées aux 1° à 3°, 5°, 7° et 8° du B du I du même article, qu'elles sont en mesure de tenir à tout moment les engagements qu'elles ont pris envers leurs assurés, adhérents, bénéficiaires ou entreprises réassurées et les tiennent effectivement ;
3° de veiller au respect par les personnes soumises à son contrôle des règles destinées à assurer la protection de leur clientèle, résultant notamment de toute disposition européenne, législative et réglementaire ou des codes de conduite approuvés à la demande d'une association professionnelle, ainsi que des règles de bonne pratique de leur profession qu'elle constate ou recommande, ainsi qu'à l'adéquation des moyens et procédures qu'elles mettent en œuvre à cet effet ; elle veille également à l'adéquation des moyens et procédures que ces personnes mettent en œuvre pour respecter le livre Ier du Code de la consommation ;
4° de veiller à l'élaboration et à la mise en œuvre des mesures de prévention et de résolution des crises bancaires, prévues aux articles L. 613-34 à L. 613- 62-2, dont l'objet est de préserver la stabilité financière, d'assurer la continuité des activités, des services et des opérations des établissements dont la défaillance aurait de graves conséquences pour l'économie, de protéger les déposants, d'éviter ou limiter au maximum le recours au soutien financier public ;
5° de veiller au respect par les personnes soumises à son contrôle des règles relatives aux modalités d'exercice de leur activité par elles-mêmes ou par les intermédiaire de filiales et aux opérations d'acquisition et de prise de participation.

503. Il résulte de ces dispositions que l'ACPR poursuit un double objectif : la stabilité du système financier et la protection des assurés. Ces deux objectifs sont en réalité liés. En effet, la protection des assurés dépend en grande partie de la solidité financière, nécessaire pour permettre aux entreprises de respecter leurs engagements à l'égard des assurés. En outre, il résulte de ces dispositions que le contrôle comporte deux volets : un contrôle a priori, sous forme d'autorisations préalables portant notamment sur l'exercice de l'activité, le changement d'actionnariat ou des dirigeants, les modifications statutaires..., et un contrôle permanent a posteriori portant essentiellement sur la situation financière des entreprises et le niveau des provisions. L'ordonnance du 21 janvier 2010 a renforcé le rôle de l'ACPR en matière de protection des assurés, adhérents et bénéficiaires des contrats d'assurance, résultant notamment de toute disposition législative et réglementaire ou des règles de bonne pratique de leur profession, constatées ou résultant de ses recommandations. Cette disposition est suffisamment large pour permettre à l'Autorité de veiller au respect des contrats d'assurance. Cependant, cette disposition ne permet pas à l'Autorité de se substituer au juge pour trancher les éventuels litiges relatifs aux contrats d'assurance.

504. Dans le secteur des assurances, l'entrée en vigueur du nouveau régime prudentiel dit « Solvabilité 2 » le 1er janvier 2016, issu de l'ordonnance n° 2015-378 du 2 avril 2015, a renforcé les attributions de l'ACPR en matière de contrôle des organismes assureurs. Comme le prévoit la directive 2009/138/CE du Parlement européen et du Conseil du 25 novembre 2009 sur l'accès aux activités de l'assurance et de la réassurance et leur exercice, le régime Solvabilité

2 est constitué de trois piliers comportant des exigences de nature différentes. Le premier pilier concerne les exigences quantitatives de capital auxquelles sont soumis les organismes assureurs. Ces exigences sont de deux ordres, le minimum de capital requis et le capital de solvabilité requis. Le deuxième pilier concerne les nouvelles normes qualitatives auxquelles doivent se conformer les entreprises en matière de gouvernance et de gestion et d'évaluation des risques. Enfin, le troisième pilier de Solvabilité 2 porte sur les obligations de communication d'informations au public et à l'Autorité de contrôle prudentiel et de résolution.

505. C'est donc pour la mise en œuvre des exigences du troisième pilier que les attributions de l'ACPR ont été élargies. En vertu de ce nouveau dispositif, L'ACPR évalue les stratégies, les processus et les procédures de communication d'informations établis par les entreprises. A cet effet, elle contrôle notamment le système de gouvernance, l'appréciation des entreprises des risques auxquels elles sont ou pourraient être exposées, les provisions techniques, les exigences de capital, les règles d'investissement, la quantité et la qualité des fonds propres et le cas échéant les modèles internes, intégraux ou partiels. Il appartient à l'ACPR de définir la fréquence et la portée des examens, évaluations et appréciations auxquels elle soumet les entreprises. Pour ce faire, l'ACPR tient compte de la nature, de l'ampleur et de la complexité des activités des entreprises concernées (C. assur., L. 310-12-4 ; C. mut., art. L. 212-1 ; CSS., art. L. 931-9).

506. Pour l'exercice de son contrôle dans le cadre du troisième pilier de Solvabilité 2, les organismes assureurs transmettent de manière régulière à l'ACPR (C. assur., L. 355-1) :
-leur rapport sur la solvabilité et la situation financière de l'entreprise ;
-leur rapport régulier au contrôleur ;
-leurs états quantitatifs annuels et trimestriels ;
-leur rapport à l'Autorité de contrôle sur l'évaluation interne des risques et de la solvabilité.

Sous-section 2 ▪ Exercice du contrôle

§ 1 ▪ Étendue du contrôle

507. Dans le secteur de l'assurance, l'Autorité de contrôle prudentiel et de résolution exerce son contrôle sur les organismes suivants :
1° Les entreprises exerçant une activité d'assurance directe mentionnées à l'article L. 310-1 du Code des assurances ;
2° Les entreprises exerçant une activité de réassurance dont le siège social est situé en France ;
3° Les mutuelles et unions régies par le Livre II du code de la mutualité et les unions gérant les systèmes fédéraux de garantie mentionnés à l'article L. 111-6 du Code de la mutualité, ainsi que les unions mutualistes de groupe mentionnées à l'article L. 111-4-2 du même code ;
4° Les mutuelles et unions du Livre Ier qui procèdent à la gestion des règlements mutualistes et des contrats pour le compte des mutuelles et unions relevant du Livre II, pour les seules dispositions du Titre VI du Livre V du Code de la mutualité ;
5° Les institutions et unions de prévoyance régies par le titre 3 du livre 9 du Code de la sécurité sociale, ainsi que les sociétés de groupe assurantiel de protection sociale mentionnées à l'article L. 931-2-2 du même code ;
6° Les sociétés de groupe d'assurance et les sociétés de groupe mixte d'assurance mentionnées à l'article L. 322-1-2 du Code des assurances ;

7° Le fonds de garantie universelle des risques locatifs mentionné à l'article L. 313-20 du Code de la construction et de l'habitation ;
8° Les véhicules de titrisation mentionnés à l'article L. 310-1-2 du Code des assurances.
À coté de ces organismes qui relèvent de droit de l'Autorité de contrôle prudentiel et de résolution, cette dernière peut notamment soumettre à son contrôle toute personne ayant reçu d'une entreprise pratiquant des opérations d'assurance un mandat de souscription ou de gestion ou souscrivant à un contrat d'assurance de groupe, ou exerçant, à quelque titre que ce soit, une activité d'intermédiation en assurance ou en réassurance (voir développements, Sous-titre II – Distribution et intermédiation). Par ailleurs, l'Autorité de contrôle prudentiel et de résolution est chargée de veiller au respect par les organismes précités exerçant en France en libre prestation de services ou libre établissement des dispositions qui leur sont applicables. Cependant, ce contrôle doit tenir compte de la surveillance exercée par les autorités compétentes de l'Etat membre où ils ont leur siège social qui sont seules chargées, conformément aux directives européennes, notamment de l'examen de leurs situation financière, solvabilité et de leur capacité à tenir à tout moment leurs engagements à l'égard de leurs assurés, adhérents, bénéficiaires et entreprises réassurées.

508. En outre, en vertu de l'article L. 363-4 du Code des assurances, en cas de constatation du non-respect par ces organismes des dispositions qui leur sont applicables, l'Autorité ne peut prendre à leur encontre certaines sanctions qu'après leur avoir enjoint de mettre fin à cette violation et après en avoir informé l'autorité de contrôle du siège et lui avoir demandé de prendre les mesures appropriées. Ces dispositions sont conformes à l'esprit et à la lettre des directives qui attribuent le contrôle et les sanctions aux autorités du siège de l'entreprise.

§ 2 ■ Modalités du contrôle

509. L'Autorité de contrôle prudentiel et de résolution dispose d'un large pouvoir de contrôle sur pièces et sur place. Le contrôle sur pièces permet à l'ACPR d'exercer une surveillance permanente des entreprises. L'article L. 612-24 du Code monétaire et financier prévoit qu'elle détermine elle-même la liste, le modèle, la fréquence et les délais de transmission des documents et informations qui doivent lui être remis périodiquement.
Le secrétaire général de l'Autorité de contrôle prudentiel et de résolution peut, en outre, demander aux personnes soumises à son contrôle tous renseignements, documents, quel qu'en soit le support, et en obtenir la copie, ainsi que tous éclaircissements ou justifications nécessaires à l'exercice de sa mission. Le secrétaire général de l'Autorité de contrôle prudentiel et de résolution ou son représentant peut convoquer et entendre toute personne soumise à son contrôle ou dont l'audition est nécessaire à l'exercice de sa mission de contrôle. L'ordonnance du 21 janvier 2010 permet désormais à l'Autorité de prononcer une injonction de produire les informations demandées. En effet, en cas de méconnaissance d'une obligation de déclaration ou de transmission d'états, de documents ou de données demandés par le secrétaire général ou une des formations de l'Autorité, l'Autorité de contrôle prudentiel et de résolution peut prononcer une injonction assortie d'une astreinte dont le montant journalier ne peut dépasser quinze mille euros (C. mon. fin., art. L. 612-25 et R. 612-28).
Le contrôle permanent porte généralement sur la situation financière de l'entreprise et le niveau des provisions et de la marge de solvabilité. Il permet de détecter les signes avant coureurs de la dégradation de la situation de l'entreprise.
A coté de ce contrôle permanent, l'Autorité peut à tout moment diligenter un contrôle sur place par une lettre de mission. Le contrôle sur place porte souvent sur des points particuliers pour compléter ou confirmer le contrôle sur pièces. En outre, certains aspects

nécessitent une vérification sur place. C'est le cas notamment du contrôle du respect de la réglementation de lutte contre le blanchiment, de l'existence des procédures de contrôle interne ou des taux d'intérêts servis aux contrats d'assurance sur la vie.

510. L'article L. 612-26 du Code monétaire et financier prévoit par ailleurs que le secrétaire général de l'Autorité de contrôle prudentiel et de résolution peut décider d'étendre le contrôle sur place d'une personne soumise à son contrôle :
1° à ses filiales ;
2° aux personnes morales qui la contrôlent directement ou indirectement au sens de l'article L. 233-3 du Code de commerce ;
3° aux filiales de ces personnes morales ;
4° à toute autre entreprise ou personne morale appartenant au même groupe ;
5° aux personnes et organismes de toute nature ayant passé, directement ou indirectement, avec cette entreprise une convention de gestion, de réassurance ou de tout autre type susceptible d'altérer son autonomie de fonctionnement ou de décision concernant l'un quelconque de ses domaines d'activité ;
6° aux entreprises qui sont liées au sens du 4° de l'article L. 356-1 du code des assurances aux entreprises mères mentionnées au 1° du même article ;
7° aux mutuelles et unions relevant du Livre III du Code de la mutualité qui lui sont liées ;
8° aux institutions de gestion de retraite supplémentaire qui lui sont liées.
9° aux agents et aux personnes auxquelles sont confiées des fonctions ou activités opérationnelles.
Les faits recueillis à l'occasion de cette extension du contrôle peuvent être communiqués par le secrétaire général à la personne mentionnée au premier alinéa dudit article sans que puisse y faire obstacle le secret professionnel.
Les contrôles sur place peuvent également être étendus aux succursales ou filiales, installées à l'étranger, d'entreprises assujetties au contrôle de l'Autorité soit, pour les contrôles dans un état partie à l'accord sur l'Espace économique européen, en application de l'article L. 632-12, soit, pour les autres états, dans le cadre des conventions bilatérales prévues à l'article L. 632-13 ou avec un accord exprès pour le déroulement de cette extension recueilli auprès de l'autorité compétente chargée d'une mission similaire à celle confiée, en France à l'Autorité de contrôle prudentiel et de résolution, à condition, que cette autorité soit elle-même soumise au secret professionnel. Pour les pays avec lesquels n'a pas été conclue une des conventions bilatérales prévues au même article L. 632-13, le secrétaire général est chargé de recueillir l'accord de l'autorité compétente concernée et de préciser avec elle, s'il y a lieu, les conditions d'extension du contrôle sur place d'une personne assujettie déterminée à ses filiales ou succursales. Ces conditions sont portées à la connaissance de cette personne et de ces entités.

Sous-section 3 . Conséquences du contrôle

511. La réglementation issue de l'ordonnance n° 2010-76 du 21 janvier 2010 accorde à l'Autorité de contrôle prudentiel et de résolution (ACPR) deux types de pouvoirs : un pouvoir de police administrative qui peut être exercé par une formation du collège de l'Autorité et un pouvoir de sanction exercé par la commission des sanctions.

§ 1 ■ Mesures de police administrative

512. L'Autorité de contrôle prudentiel et de résolution dispose d'abord d'un pouvoir de mise en garde. En effet, l'article L. 612-30 du Code monétaire et financier lui permet de mettre en garde les dirigeants contre la poursuite des pratiques « susceptibles de mettre en danger les intérêts des clients, assurés, adhérents ou bénéficiaires ». L'Autorité a également le pouvoir de mettre en demeure les personnes contrôlées, de se conformer à leurs obligations dans un délai déterminé.
L'Autorité peut en outre en vertu de l'article L. 612-32 du Code monétaire et financier, exiger de toute personne contrôlée, qu'elle « soumette à son approbation un programme de rétablissement comprenant toutes les mesures appropriées pour restaurer ou renforcer sa situation financière ou de liquidité, améliorer ses méthodes de gestion ou assurer l'adéquation de son organisation à ses activités ou à ses objectifs de développement, notamment lorsque les informations reçues ou demandées par l'Autorité pour l'exercice du contrôle sont de nature à établir que cette personne est susceptible de manquer, dans un délai de douze mois, aux obligations prévues par le règlement (UE) n° 575/2013 du Parlement européen et du Conseil du 26 juin 2013, par une disposition du titre Ier ou du titre III du livre V ou d'un règlement pris pour son application ou par toute autre disposition législative ou réglementaire dont la méconnaissance entraîne celle des dispositions précitées. L'Autorité peut exiger que cette personne soumette à son approbation les changements apportés à ce programme au cours de son exécution, notamment en ce qui concerne sa portée et son délai de mise en œuvre.», et désigne un contrôleur chargé de suivre l'élaboration de ce programme et sa mise en œuvre. Ces mesures permettent à l'ACPR de « piloter » le rétablissement de l'entreprise lorsque ce rétablissement est encore possible (C. mon. fin., art. R. 612-30).

513. Lorsque la solvabilité de l'entreprise ou les intérêts des assurés, adhérents ou bénéficiaires sont « compromis ou susceptibles de l'être, ou lorsque les informations reçues ou demandées par l'Autorité pour l'exercice du contrôle sont de nature à établir que cette personne est susceptible de manquer dans un délai de douze mois aux obligations prévues par le règlement (UE) n° 575/2013 du Parlement européen et du Conseil du 26 juin 2013, par une disposition des titres Ier et III du livre V ou d'un règlement pris pour son application ou par toute autre disposition législative ou réglementaire dont la méconnaissance entraîne celle des dispositions précitées, l'Autorité de contrôle prudentiel et de résolution prend les mesures conservatoires nécessaires. Elle peut, à ce titre :
1° placer la personne sous surveillance spéciale ;
2° charger un ou plusieurs de ses agents d'exercer une mission de contrôle permanent au sein de la personne concernée afin d'y assurer un suivi rapproché de sa situation ;
3° limiter ou interdire temporairement l'exercice de certaines opérations par cette personne, y compris l'acceptation de primes ou dépôts ;
4° suspendre, restreindre ou interdire temporairement la libre disposition de tout ou partie des actifs de la personne contrôlée ;
5° exiger de cette personne la cession d'activités ;
6° limiter le nombre des agences ou des succursales de cette personne ;
7° ordonner à une personne mentionnée aux 1°, 3° et 5° du B du I de l'article L. 612-2 (entreprises d'assurances, mutuelles du Livre II et institutions de prévoyance) de suspendre ou limiter le paiement des valeurs de rachat, la faculté d'arbitrages, le versement d'avances sur contrat ou la faculté de renonciation ;
8° prononcer le transfert d'office de tout ou partie du portefeuille de crédits ou de dépôt d'un établissement de crédit ;
9° décider d'interdire ou de limiter la distribution d'un dividende aux actionnaires ou d'une

rémunération des parts sociales aux sociétaires de ces personnes ;
10° décider d'interdire ou de limiter le paiement d'intérêts aux détenteurs d'instruments de fonds propres additionnels de catégorie 1 définis à l'article 52 du règlement (UE) n° 575/2013 du Parlement européen et du Conseil du 26 juin 2013, sauf si cette limitation ou interdiction devait être considérée comme un événement de défaut des personnes soumises au contrôle de l'Autorité ;
11° exiger la réduction du risque inhérent aux activités, aux produits et aux systèmes des établissements de crédit, entreprises d'investissement et sociétés de financement ;
12° suspendre un ou plusieurs dirigeants de la personne contrôlée.

514. Il convient de noter que le 8° ci-dessus a fait l'objet d'une modification suite à une décision du Conseil constitutionnel saisi d'une question prioritaire de constitutionnalité (QPC) rendue le 6 février 2015. En effet, le pouvoir auparavant laissé à l'ACPR de prononcer le transfert d'office des portefeuilles de contrats d'assurance a été jugé contraire aux exigences relatives à la protection du droit de propriété de l'article 17 de la Déclaration des Droits de l'Homme et du Citoyen de 1789. A présent, seul le transfert d'office d'un portefeuille de crédits ou de dépôts d'un établissement de crédit est possible pour l'ACPR (Cons. const, déc. n° 2014-449 QPC, 6 fév. 2015).

515. L'Autorité de contrôle prudentiel et de résolution peut suspendre les dirigeants lorsqu'ils ne remplissent plus les conditions d'honorabilité, de compétences, d'expérience ou, le cas échéant, de connaissances requises par leur fonction et que l'urgence justifie cette mesure en vue d'assurer une gestion saine et prudente (C. mon. fin., art. L. 612-33).

516. L'article L. 612-34 du Code monétaire et financier permet enfin à l'ACPR de désigner un administrateur provisoire « auquel sont transférés tous les pouvoirs d'administration, de direction et de représentation de la personne morale. L'administrateur provisoire dispose des biens meubles et immeubles de celles-ci dans l'intérêt d'une bonne administration ». Cette désignation est faite soit à la demande des dirigeants, soit à l'initiative de l'Autorité de contrôle prudentiel et de résolution lorsque la gestion de l'entreprise ne peut plus être assurée dans des conditions normales ou en cas de suspension d'un ou plusieurs dirigeants. Le Conseil d'Etat a déclaré irrecevable le recours pour excès de pouvoir dirigé contre les indications données par le vice-président de l'ACPR en réponse à la demande d'un administrateur provisoire d'une société de courtage (CE, 28 sept ; 2011, n° 349820). Dans cette affaire, la Haute juridiction a en effet estimé que de telles indications, qui ont été données par l'Autorité en réponse à la demande de l'administrateur provisoire, constituent une simple interprétation des dispositions du Code des assurances applicables à la date de nomination de l'administrateur concerné, et qu'elles n'emportent par elles-mêmes aucun effet de droit. En conséquence, le courrier adressé par l'ACPR et comportant de telle indications ne constitue pas une décision susceptible de faire l'objet d'un recours pour excès de pouvoir.

517. Les mesures de police précitées prévues par les articles L. 612-33 et L. 612-34 du Code monétaire financier sont décidées au terme d'une procédure contradictoire sauf en cas d'urgence, auquel cas, ces mesures sont ordonnées sans procédure contradictoire, laquelle est engagée a posteriori « immédiatement » aux fins de « lever, adapter, ou confirmer ces mesures » (C. mon. fin., art. L. 612-35). Il convient cependant de noter que l'adaptation ou la levée de certaines mesures semble difficilement réalisable. C'est le cas du transfert de portefeuille. C'est pour cette raison qu'il nous semble que l'ACPR ne peut prendre les mesures les plus graves que selon la procédure contradictoire.

518. Le 9 octobre 2013, le Conseil d'Etat a estimé que le refus de l'ACPR de donner suite à une demande tendant à la mise en œuvre de ses pouvoirs, notamment de prononcer une mise en demeure, constitue une décision administrative qui peut être déférée au juge de l'excès de pouvoir (CE, 9e et 10e ss-sect. réunies, 9 oct. 2013, n° 359161).

§ 2 ▪ Les sanctions

519. Lorsque l'une des formations du collège décide d'ouvrir une procédure de sanction à l'encontre d'un organisme d'assurance, elle transmet la notification des griefs à la « Commission des sanctions ». Cette dernière « veille au respect du caractère contradictoire de la procédure » (C. mon. fin., art. L. 612-38).

520. La création de la « Commission des sanctions » au sein de l'Autorité de contrôle prudentiel et de résolution est l'une des principales nouveautés du texte. Cette création fait suite à l'arrêt « Dubus » de la Cour européenne des droits de l'Homme en date du 11 juin 2009 qui a considéré qu'il y a eu violation de l'article 6 § 1 de la Convention de sauvegarde des droits de l'Homme et des libertés fondamentales en raison du « défaut d'indépendance et d'impartialité de la Commission bancaire », du fait du défaut « d'existence d'une séparation organique au sein de la Commission bancaire ». La Cour a estimé en conséquence « que la requérante pouvait nourrir des doutes objectivement fondés quant à l'indépendance et l'impartialité de la Commission du fait de l'absence de distinction claire entre ses différentes fonctions ».

521. L'article L. 612-39 du Code monétaire et financier énumère les sanctions suivantes qui peuvent être prononcées à l'encontre des organismes d'assurance, selon la gravité du manquement :
1° L'avertissement ;
2° Le blâme ;
3° L'interdiction d'effectuer certaines opérations et toutes autres limitations dans l'exercice de l'activité ;
4° La suspension temporaire d'un ou plusieurs dirigeants (...), avec ou sans nomination d'administrateur provisoire ;
5° La démission d'office d'un ou plusieurs dirigeants (...), avec ou sans nomination d'administrateur provisoire ;
6° Le retrait partiel d'agrément ;
7° Le retrait total d'agrément ou la radiation de la liste des personnes agréées, avec ou sans nomination d'un liquidateur
Les sanctions mentionnées aux 3° et 4° ne peuvent, dans leur durée, excéder dix ans.

522. Les décisions de sanction prises par l'Autorité de contrôle prudentiel et de résolution sont des actes administratifs unilatéraux susceptibles de recours pour excès de pouvoir et qui ne peuvent être contestés que selon les règles applicables à un tel recours, notamment celles relatives à la représentation des parties. Ainsi, dans un arrêt en date du 25 novembre 2011 (CE 25 nov. 2011, n° 329807) le Conseil d'Etat a déclaré irrecevable le recours formé devant lui contre une décision de sanction prise par l'ACAM (remplacée par l'ACPR) à l'encontre d'un intermédiaire en assurance, au motif que la requête des demandeurs et les mémoires produits à l'appui de cette requête n'avaient pas été présentés par un avocat au Conseil d'Etat.

523. Lorsque la procédure de sanction engagée peut conduire à l'application de sanctions à des dirigeants, la formation de l'Autorité qui a décidé de l'engagement de la procédure indique expressément, dans la notification de griefs, que les sanctions mentionnées aux 4° et 5° sont

susceptibles d'être prononcées à l'encontre des dirigeants qu'elle désigne, en précisant les éléments susceptibles de fonder leur responsabilité directe et personnelle dans les manquements ou infractions en cause, et la commission des sanctions veille au respect à leur égard du caractère contradictoire de la procédure. En outre, la commission des sanctions peut prononcer, soit à la place, soit en sus de ces sanctions, une sanction pécuniaire au plus égale à cent millions d'euros. Elle peut également assortir la sanction d'une astreinte de quinze mille euros maximum par jour (C. mon. fin., art. R. 612-52).

Chapitre 2

Les règles de concurrence

BIBLIOGRAPHIE

L'Argus de l'assurance

Ouvrages. – L. François-Martin, Guide des pratiques commerciales et de la concurrence, Les Essentiels, L'Argus éd., 2014.

Autres documentations

Articles. – G. Soussan, Y. Botteman, La nouvelle politique de concurrence de la Commission européenne dans l'assurance, Risk Management, mai 2010, p. 36 - R. Ghueldre, J. Kullmann, Revue générale du droit des assurances.

524. Le droit de la concurrence a pour objet le maintien d'une concurrence libre et non faussée sur le marché. Ces règles trouvent leur origine dans le droit interne (le titre II du livre IV du Code de commerce) et dans le droit de l'Union européenne (notamment les articles 101 à 109 du Traité sur le fonctionnement de l'Union européenne (TFUE) et le règlement n°139/2004 du Conseil relatif au contrôle des concentrations). Ces règles ont pour but d'interdire les pratiques anticoncurrentielles entre entreprises et les aides d'Etat qui faussent le jeu de la concurrence. Elles visent également à contrôler, en amont, les opérations de concentration entre entreprises qui ont pour effet de fausser le jeu de la concurrence sur les marchés affectés par l'opération.

525. Le droit de la concurrence, français et européen, s'applique à toutes les activités de production, de distribution et de services. Sont visées les entreprises qui exercent une activité économique en vue d'offrir des produits ou des services sur un marché. La notion d'entreprise, qui n'a pas été définie par les textes, est entendue de façon extrêmement large puisque la Cour de Justice de l'Union européenne (CJUE) a jugé que : « la notion d'entreprise comprend toute entité exerçant une activité économique, indépendamment du statut juridique de cette entité et de son mode de financement » (CJCE, 23 avril 1991, aff-C41/90, Höfner et Elser, Rec. CJCE, I, p. 1979). Le critère unique de définition de la notion d'entreprise est donc l'activité économique, soit « toute activité consistant à offrir des biens ou des services sur un marché donné » (TPICE, 12 déc. 2006, aff-T155/04, SELEX Sistemi Integrati SpA c/ Commission, Rec. CJCE 2006, II, p. 4797).

526. Dans le secteur de l'assurance, en application de ces principes, toutes les entreprises effectuant des opérations d'assurance, que ce soient des compagnies, des mutuelles ou des instituts de prévoyance, et quel que soit leur statut, sont soumises aux règles de la concurrence. Il en est ainsi notamment des mutuelles du Code de la mutualité pour toutes les activités d'assurance qui ne sont pas liées à la gestion d'un régime obligatoire de sécurité sociale (voir notamment l'avis du Conseil de la concurrence n° 98-A-03 du 24 février 1998). La chambre commerciale de la Cour de cassation a précisé à de nombreuses reprises que le régime juridique des mutuelles, ainsi que le caractère non lucratif de leur activité, n'étaient pas de nature à les exclure du champ d'application du droit de la concurrence dès lors qu'elles procédaient à des activités de production, de distribution et de services. Dans une espèce qui concernait des pratiques restrictives de concurrence (régies par le titre IV du livre IV du Code de commerce), la Cour de cassation a eu l'occasion de rappeler que le champ d'application du livre IV du Code de commerce relatif au droit de la concurrence défini à l'article L. 410-1 est « déterminé, non pas en considération du statut juridique de la personne ou de son caractère non lucratif, mais en considération de la nature des activités et notamment du point de savoir si elles relèvent du secteur concurrentiel » (Com., 14 sept. 2010, n° 09-14.322). L'arrêt rappelle ainsi que, ni le régime juridique des sociétés d'assurance mutuelles (en l'espèce, la MACIF et la MAIF), ni le caractère non lucratif de leur activité, ne sont de nature à les exclure de facto du champ d'application du droit de la concurrence dès lors qu'elles procèdent à une activité de service. La Cour de cassation a rappelé cette solution dans un arrêt du 9 juillet 2013 (Com., 9 juillet 2013, n° 12-21.957), rendu à la suite de l'arrêt de la Cour de justice du 3 mars 2011 (AG2R prévoyance c/ Beaudout père et fils SARL, aff. C-437/09, cf. infra) en précisant qu'un organisme tel qu'AG2R, désigné aux fins de gérer un régime de remboursement des soins de santé, peut, malgré le haut degré de solidarité qui caractérise ce régime, être qualifié d'entreprise au sens du droit communautaire de la concurrence en fonction des circonstances dans lesquelles il a été désigné et de la marge de négociation dont il a pu disposer quant aux modalités de son engagement et de la répercussion de ces éléments sur le mode de fonctionnement du régime.

527. En droit de l'Union européenne, l'activité d'assurance est aussi clairement soumise aux règles de concurrence (CJCE, 27 janv. 1987, aff. 45/85, Verband der Sachversicherer, Rec. p. 00405). La CJUE a par ailleurs précisé que l'activité d'un fonds sectoriel de pension devait être considérée comme une activité économique, et concurrente de l'activité d'assurances, dès lors que le montant des prestations dépendait de celui des cotisations. L'absence de but lucratif et la présence d'« éléments de solidarité » dans le fonctionnement d'un tel fonds de pension ne privent pas son activité de caractère économique (CJCE, 21 sept. 1999, aff. C-67/96, Albany International BV, Rec. p. I-05751).

528. Le droit de l'Union européenne a en revanche exclu du champ d'application du droit de la concurrence certaines activités impliquant l'exercice de prérogatives de puissance publique (CJCE, 19 janv. 1994, aff. C-364/92, SAT Fluggesellschaft et Eurocontrol, Rec. page 43) et les organismes chargés de la gestion des régimes légaux de sécurité sociale (CJCE, 17 fév. 1993, aff. Jointes C-159/91 et C-160/91, Poucet c/ AGF et Camulrac et Pistre c/ Cancava, Rec. P. I-00637, point 18). La jurisprudence considère en effet que ces organismes remplissent une fonction de caractère exclusivement social et que leur activité est fondée sur le principe de solidarité nationale et dépourvue de tout but lucratif, dans la mesure où les prestations versées sont des prestations légales et indépendantes du montant des cotisations. En conséquence, les autorités de concurrence estiment que ces organismes n'exercent pas d'activité économique et ne sont pas soumises au droit de la concurrence. Pour les mêmes raisons, la notion d'entreprise ne concerne pas les organismes chargés de la gestion des régimes légaux d'assurance maladie et d'assurance vieillesse qui poursuivent un objectif exclusivement social et n'exercent pas une activité économique. Tel est le cas d'organismes qui, même si le législateur leur a accordé une certaine liberté dans la fixation du taux des cotisations, sont légalement tenus d'offrir à leurs affiliés des prestations obligatoires, pour l'essentiel identiques, qui sont indépendantes du montant des cotisations. Les groupements de ces organismes, lorsqu'ils établissent, au titre d'une obligation qui leur est imposée par le législateur, des montants fixes maximaux correspondant à la limite maximale du prix des médicaments pris en charge par lesdits organismes, n'agissent pas en tant qu'entreprise ou association d'entreprises au sens du droit de la concurrence dans la mesure où ils ne poursuivent pas un intérêt propre qui serait dissociable de l'objectif exclusivement social des organismes, mais s'acquittent d'une obligation qui est intégralement liée à l'activité de celles-ci dans le cadre du régime légal d'assurance maladie (CJCE, 16 mars 2004, aff. jointes C-264/01, C-306/01, C-354/01 et C-355/01, AOK Bundesverband e. a. c/ Ichthyol-Gesellschaft Cordes, Hermani et Co. e. a.).

529. À l'inverse, un organisme assurant un régime facultatif de sécurité sociale, fonctionnant à partir d'un mécanisme de capitalisation, est considéré comme exerçant une activité économique, notamment parce que les prestations sont dépendantes du montant des cotisations (CJCE, 16 nov. 1995, aff. C-244/94, FFSA, Rec. p. I-04013). L'activité en cause n'implique pas la mise en œuvre du principe de solidarité, et constitue par conséquent une activité économique, en concurrence avec celle des organismes d'assurance vie.

530. La Cour d'appel de Paris a ainsi estimé que la qualité d'entreprise ne pouvait pas être reconnue à la Caisse de la Mutualité Sociale Agricole de Gironde car, ainsi qu'il résulte de la jurisprudence européenne, cet organisme « opère dans le cadre d'un régime qui met en œuvre le principe de solidarité et [...] ce régime est soumis au contrôle de l'Etat ». Dans ces conditions, la caisse remplit « une fonction à caractère exclusivement social » (CA Paris, Pôle 5, ch. 7, 27 janv. 2011, n° 2010/17418).

Section 1 ▪ Les marchés pertinents identifiés dans le secteur de l'assurance

§ 1 ▪ Approche générale des autorités de la concurrence

A ▪ Importance de la définition du marché pertinent

531. La définition du marché pertinent, ou marché concerné, est un préalable indispensable à l'analyse concurrentielle. Elle permet de définir et de circonscrire tant en termes de produits ou services concernés qu'en termes de zones géographiques, l'impact que peut avoir une pratique anticoncurrentielle. . L'importance de la définition du marché pertinent se vérifie tant en ce qui concerne les abus de position de dominante qu'en ce qui concerne le contrôle des concentrations et, dans une moindre mesure, les cartels et ententes. La définition du marché pertinent implique donc de définir le ou les marchés de produits et de services et le ou les marchés géographiques concernés.

532. Un marché de produit ou de services comprend « tous les produits et/ou services que le consommateur considère comme interchangeables ou substituables en raison de leurs caractéristiques, de leur prix et de l'usage auquel ils sont destinés » (Communication de la Commission sur la définition du marché en cause aux fins du droit communautaire de la concurrence,

JOUE C372 du 9 décembre 1997). L'Autorité de la concurrence a rappelé dans sa décision n° 12-D-29 du 21 décembre 2012 relative à des pratiques relevées dans le secteur de la distribution d'assurances complémentaires à destination des joueurs de golf, que « se situent sur un même marché les produits et services dont on peut raisonnablement penser que les acheteurs les regardent comme des moyens alternatifs entre lesquels ils peuvent arbitrer pour satisfaire une même demande. Dans son rapport annuel de 2001, le Conseil de la concurrence a précisé que la substituabilité entre différents biens ou services du point de vue de la demande constitue le critère déterminant pour la délimitation du marché pertinent ».

533. Le marché géographique est, quant à lui, défini dans la communication de la Commission précitée, comme le « territoire sur lequel les entreprises concernées sont engagées dans l'offre des biens et des services en cause, sur lequel les conditions de concurrence sont suffisamment homogènes et qui peut être distingué en zones géographiques voisines parce que, en particulier, les conditions de concurrence y diffèrent de manière appréciable ». La dimension géographique d'un marché peut être locale, nationale, européenne ou encore mondiale.

B ▪ Présentation des marchés pertinents dans le secteur des assurances

534. La pratique décisionnelle des autorités de la concurrence a permis d'établir certains standards pour la définition des marchés pertinents dans le secteur des assurances, notamment en matière de contrôle des concentrations. Par ailleurs, l'avis rendu en 1998 par le Conseil de la concurrence constitue une référence pour la définition du marché pertinent au niveau national (Avis n° 98-A-03, rendu par le Conseil de la concurrence le 24 février 1998, relatif à une demande d'avis de la Commission des finances du Sénat concernant la situation de la concurrence dans le secteur des assurances).

535. La Commission européenne et les autorités françaises de la concurrence, ont identifié trois grands marchés de produits distincts : le marché de l'assurance vie (ou assurance de personnes), le marché de l'assurance non vie (ou assurance de dommages) et le marché de la réassurance. Cette approche est conforme à celle adoptée par les directives européennes applicables au secteur de l'assurance (voir notamment la directive n°2005/68/CE du 16 novembre 2005 relative à la réassurance et la directive n°2002/83/CE du 5 novembre 2002 concernant l'assurance directe sur la vie).

536. En outre, les autorités de la concurrence ont envisagé une segmentation beaucoup plus fine de ces marchés en distinguant au sein des marchés des assurances vie et non vie autant de marchés de produits qu'il existe de risques couverts. En effet, les différentes assurances ont des caractéristiques, des primes et des objectifs différents et ne sont donc pas substituables du côté de la demande. En outre, les autorités de concurrence distinguent en fonction du type de client couvert : assurances aux particuliers ou assurances collectives.

537. L'analyse de la substituabilité du côté de l'offre n'est opérée par les autorités de la concurrence qu'à titre secondaire, en complément de l'analyse de la substituabilité du côté de la demande. Il s'agit d'établir si l'absence de concurrents substituables est de nature à restreindre le choix des clients. Cette analyse est rarement retenue dans le secteur de l'assurance : les conditions de l'assurance étant assez similaires, les grandes compagnies d'assurance peuvent couvrir différents types de risque. Cela suggère, par exemple, que différents types d'assurances non vie puissent être inclus dans le même marché de produit (Comm. CE, 29 sept. 2007, aff. COMP/M.4713, *Aviva/Hamilton*, points 10). Il est donc en général aisé pour un assureur de constituer une offre pour un risque qu'il ne couvrait pas auparavant. Seuls certains risques spécifiques peuvent nécessiter une expérience ou une capacité particulières, limitant la substituabilité du côté de l'offre (par exemple, le risque aérospatial, en raison de son ampleur: voir Comm. CE, 28 févr. 2003, aff. COMP/M3035, *Berkshire Hathaway/ Converium/ Gaum*, point 26).

538. D'un point de vue géographique, les définitions retenues par les autorités de la concurrence, et notamment par la Commission, sont essentiellement nationales, car les conditions d'assurances varient sensiblement d'un Etat à un autre. La définition des marchés pertinents de produits d'assurance varie d'un Etat à l'autre, bien qu'elle s'articule autour des mêmes risques couverts. Les marchés géographiques concernés sont donc en principe de dimension nationale, sauf pour les risques de grande ampleur pour lesquels la dimension géographique peut être plus large.

§ 2 ▪ Typologie des marchés de produits d'assurance

539. Les décisions rendues par les autorités de concurrence dans le cadre du contrôle des concentrations ne procèdent que rarement à une définition définitive des marchés pertinents affectés par une concentration : la faiblesse des parts de marchés les dispensent le plus souvent d'avoir à se prononcer définitivement. Toutefois, la pratique décisionnelle permet d'établir une typologie des différents marchés pertinents identifiés par les autorités de concurrence.

A ▪ Marchés de l'assurance vie (assurance de personnes)

1 ▪ Approche de la Commission européenne

540. L'approche retenue par la Commission européenne pour la définition des marchés de l'assurance vie est variable. La Commission distingue *a priori* trois marchés pertinents de l'assurance vie : les produits de protection (« protection products », couvrant les risques de la vie), les produits de retraites (« pension products ») et les produits d'épargne et d'investissement (« savings and investment products ») (Comm. CE, 20 janv. 2006, aff. COMP/M.4047, *Aviva/Ark Life*, point 10 ; Comm. CE, 3 août 2011, aff. COMP/M.6217, Baloise Holding/Nateus/Nateus Life, point 13). Une subdivision ultérieure est possible selon qu'il s'agit de d'assurance vie collective ou d'assurance vie individuelle.

2 ▪ Approche nationale

541. L'avis n° 98-A-03 du Conseil de la concurrence évoqué ci-avant retient une segmentation du marché de l'assurance de personnes ventilée comme suit : l'assurance « en cas de vie » (constitution d'une épargne et versement de rentes si l'assuré est en vie au terme du contrat), l'assurance « en cas de décès » (versement du capital en cas de décès), les assurances mixtes (assurance alternative en cas de vie ou de décès), les bons de capitalisations (épargne assurance), et les assurances de dommages corporels (assurance santé complémentaire, assurance en cas d'incapacité de travail ou d'invalidité).

542. L'approche retenue par cet avis a été précisée par des décisions ultérieures distinguant l'assurance collective de l'assurance individuelle (voir, par exemple, Adlc déc. n° 14-DCC-13 du 5 février 2014 relative à la prise de contrôle exclusif de Medical Insurance Company par MMA IARD Assurance Mutuelles).
L'assurance des personnes individuelles est ensuite segmentée entre, notamment :

- l'assurance vie qui regroupe l'ensemble des produits financiers proposés dans le cadre d'assurances facultatives de capital ou de rente et les produits d'assurance-vie (voir, par exemple, Adlc déc. 13-DCC-171 du 20 novembre 2013 relative à la prise de contrôle exclusif par le groupe Klésia d'un portefeuille de contrats d'assurance ; Adlc déc. n°12-DCC-36 du 19 mars 2012 relative à la concentration des groupes Réunica et Arpège) ;
- l'assurance prévoyance individuelle qui regroupe les produits d'assurance destinés à couvrir les bénéficiaires contre une perte de revenus imprévisible en cas de décès, d'invalidité ou d'incapacité au moyen d'un versement sous la forme d'un capital ou d'une rente (voir, par exemple, Adlc déc. n° 13-DCC-109 du 14 août 2013 relative à la prise de contrôle exclusif par Mutex du portefeuille de l'Union Nationale de Prévoyance de la Mutualité Française) ;
- l'assurance décès individuelle (voir, par exemple, Adlc déc. n° 11-DCC-215 du 29 décembre 2011 relative au rapprochement du groupe Humanis et du groupe Novalis Taitbout ; Adlc, déc. n° 10-DCC-52, 2 juin 2010, création d'une Société de Groupe d'Assurance Mutuelle (« SGAM ») par la MACIF, la MAIF et la MATMUT) ;
- l'assurance relative à l'intégrité physique du souscripteur (assurance santé, assurance santé complémentaire, accident corporel, hospitalisation – Voir, par exemple, Lettre min., 29 août 2007, Pacifica) ;
- l'assurance individuelle retraite (épargne) ou retraite supplémentaire ;
- l'assurance complémentaire santé individuelle qui a pour objet de compléter les prestations offertes par les régimes obligatoires d'assurance maladie (voir, par exemple, Adlc, déc. n°11-DCC-117 du 26 juil. 2011, fusion par absorption d'Eovi Mutuelle par Eovi Novalia Mutuelle, point 17) ;
- l'assurance complémentaire santé individuelle et collective (voir, par exemple, Adlc. déc. n°14-DCC-20 du 17 février 2014 relative à l'affiliation de la Mutuelle Nationale des Personnels Air France à la Société de Groupe d'Assurance Mutuelle Macif).

543. L'assurance collective (voir par exemple : Lettre. min., 7 avril 2003, Arial/ La Mondiale/ AG2R, BOCCRF 5 déc. 2003 ; Lettre. min., 22 déc. 2005, ViePlus/ Suravenir, BOCCRF 29 avril 2006 ; Adlc, déc. n° 09-DCC-16, 22 juin 2009, fusion entre les groupes Caisse d'Epargne et Banque Populaire ; Adlc, déc. n° 11-DCC-11, 27 janv. 2011, rapprochement du Groupe Aprionis et du Groupe Vauban Humanis) peut, quant à elle, être subdivisée entre, notamment :
- assurance de prévoyance collective (qui couvre les pertes de revenus liées à certains risques, voir, par exemple, Adlc déc. n° 13-DCC-84 du 4 juillet 2013 relative à l'affiliation de la mutuelle interprofessionnelle SMI à la société de groupe d'assurance mutuelle Covéa) ;
- les contrats collectifs d'assurances santé ;
- les contrats collectifs d'assurance santé complémentaire ;
- les contrats collectifs d'assurance vie ;
- les contrats collectifs d'épargne salariale ;
- les contrats collectifs d'épargne retraite (voir, par exemple, Adlc déc. n° 12-DCC-93 du 29 juin 2012 relative à la fusion du Groupe Mornay, du Groupe D&O et de la Fédération Mutualiste Interdépartementale de la Région Parisienne);
- l'assurance obsèques collective qui est destinée à couvrir les frais d'obsèques et à apporter une assistance pour toutes les démarches et formalités liées au décès (voir, par exemple, Adlc, déc. n° 09-D-27, 30 juil. 2009, pratiques mises en œuvre par la Mutualité de la Réunion et les mutuelles décès qui lui sont affiliées ; Adlc, déc. n°11-DCC-186 du 14 déc. 2011, relative à l'affiliation de la Mutuelle civile de la Défense à l'Union mutualiste du groupe Istya, point 9) ;
- l'assurance santé complémentaire collective qui a pour objet de compléter les prestations offertes par les régimes obligatoires d'assurance maladie (voir, par exemple, Adlc, déc. n°11-DCC-186 du 14 déc.2011, relative à l'affiliation de la Mutuelle civile de la Défense à

l'Union mutualiste du groupe Istya, point 9 ; Adlc, déc n°11-DCC-215 du 29 déc. 2011, relative au rapprochement du groupe Humanis et du groupe Novalis Taitbout, points 12 et 23).

544. Par ailleurs, l'assurance emprunteur a été analysée distinctement de la prévoyance, comme une assurance souscrite par un particulier à l'occasion d'un crédit immobilier ou à la consommation. Elle constitue une assurance temporaire qui garantit le remboursement du crédit en cas de survenance d'un certain nombre d'aléas liés à la vie humaine : « *l'assurance emprunteur comporte en règle générale une garantie décès, une garantie perte totale et irréversible d'autonomie, une garantie incapacité/ invalidité et une garantie perte d'emploi* » (Adlc, déc. n° 11-DCC-11, 27 janv. 2011, rapprochement du Groupe Aprionis et du Groupe Vauban Humanis ; Adlc, déc. n° 10-DCC-52, 2 juin 2010, création d'une Société de Groupe d'Assurance Mutuelle (« SGAM ») par la MACIF, la MAIF et la MATMUT; Adlc, déc.n°11-DCC-186, 14déc. 2011, relative à l'affiliation de la Mutuelle Civile de la Défense à l'union mutualiste du groupe Istya).

B ▪ Marchés de l'assurance non vie

1 ▪ Approche de la Commission européenne

545. L'assurance non vie fait l'objet d'une ventilation détaillée en fonction de chacun des risques assurés. Les prestations retenues par les nombreuses décisions de concentrations dans le secteur de l'assurance sont variables, résultant des conditions applicables à chaque marché. La Commission européenne a eu l'occasion de reconnaître les marchés suivants :
- l'assurance propriété (applicable aux biens immobiliers) et l'assurance incendie (voir par exemple, Comm. CE, 26 août 1999, aff. COMP/M.1617, Royal & Sun Alliance/ Trygg Hansa) ;
- l'assurance des véhicules à moteur, distinguée entre assurance pour la responsabilité au tiers et autre type d'assurance des véhicules à moteur (Comm. CE, 28 août 2006, aff. COMP/M.4284, *Axa/ Winterthur*; Comm. CE, 3 août 2011, aff. COMP/M.6217, Baloise Holding/ Nateus/Nateus Life, point 17) ;
- l'assurance responsabilité civile (voir par exemple Comm. CE, 12 juin 1998, aff. IV/M.1193, *Axa/ Royale Belge*) ;
- l'assurance « marine aviation et transport » (« MAT »), dont certains aspects, telle l'assurance aérospatiale, peuvent faire l'objet d'une subdivision supplémentaire : lignes aériennes, aviation générale, terrorisme, ou satellite (Comm. CE, 28 fév. 2003, aff. COMP/M.3035, *Berkshire Hathaway/ Converium/Gaum)* ;
- l'assurance crédit et garantie ;
- l'assurance voyage, (Comm. CE, 3 déc. 2007, aff. COMP/M.4701, *Generali/PPF Insurance Business*);
- l'assurance protection juridique (Comm. CE, 28 août 2006, aff. COMP/M.4284, *Axa/ Winterthur);*
- l'assurance pour les accidents du travail (voir par exemple : Comm. CE, 28 août 2006, aff. COMP/M.4284, *Axa/ Winterthur) ;*
- l'assurance de compensation des employés (Comm. CE, 28 août 2006, aff. COMP/M.4284, *Axa/ Winterthur).*

546. L'assurance crédit a fait l'objet de nombreuses décisions de la Commission, qui a eu l'occasion de segmenter ce marché. Elle a notamment indiqué qu'il convient de distinguer l'assurance dite « delcredere » d'autres types d'assurance crédit (par exemple l'assurance crédit à la consommation, ou l'assurance crédit pour les biens d'équipement ou les services). L'assurance « delcredere » désigne l'assurance crédit pour l'export et l'assurance crédit domestique. Ce marché suppose un nécessaire savoir-faire et l'entrée sur ce marché est par conséquent coûteuse (Comm. CE, 8 mai 1998, aff. COMP/M.1082, *Allianz/AGF*). Les polices d'assurances

crédit « delcredere » offrent une garantie à court terme et couvrent un volume indéterminé de transactions réalisé par l'assuré (Comm. CE, 1er juil. 2002, aff. COMP/M.2805, *Natexis Banques Populaires /Coface*). Cette assurance peut être subdivisée en segments additionnels : le crédit domestique, le crédit à l'export (dont certains risques sortent des conditions ordinaires de garantie et peuvent donc constituer un marché distinct) et l'assurance de crédit pour les biens en capital.

2 ▪ Approche nationale

547. L'Autorité de la concurrence, dans une de ses premières décisions de concentrations rendues dans le domaine de l'assurance, a recensé les marchés dans le secteur de l'assurance dommage (Adlc, décision 09-DCC-16, 22 juin 2009, fusion *Caisse d'Epargne/ Banque Populaire*). Dans cette décision, l'ADLC distingue les assurances offertes aux professionnels et les assurances offertes aux particuliers. Pour les assurances aux particuliers, les principaux marchés identifiés sont les assurances multirisque habitation, automobile, responsabilité civile, garantie de loyers impayés, protection juridique, garantie des « accidents de la vie », moyens de paiement, construction, transport, voyage, et l'extension de garantie pour les produits hifi, électroménagers, et informatiques.

548. En ce qui concerne les assurances aux professionnels, les principaux marchés identifiés sont les assurances pour la flotte automobile, le transport, les risques industriels, la responsabilité civile professionnelle, la protection juridique, les opérations de crédit (y compris la garantie financière octroyée aux agents immobiliers et administrateurs), la construction, les biens professionnels et les accidents du travail. (voir également Adlc, déc. n° 10-DCC-52, 2 juin 2010, création d'une Société de Groupe d'Assurance Mutuelle (« SGAM ») par la MACIF, la MAIF et la MATMUT ; Adlc déc. n° 10-DCC-138, 19 oct. 2010, prise de contrôle exclusif de MFPrévoyance par CNP Assurances).

549. L'Autorité de la concurrence a par ailleurs considéré qu'un certain nombre de services constituaient des garanties distinctes ou des services accessoires aux contrats d'assurance (de dommage ou de personnes) ou au bénéfice des assurés (Adlc déc. n° 10-DCC-52, 2 juin 2010, création d'une Société de Groupe d'Assurance Mutuelle (« SGAM ») par la MACIF, la MAIF et la MATMUT), à savoir :

- le marché de la protection juridique (se définit comme une assurance facultative de conseil juridique et de prise en charge des frais de procédure en cas le litige de l'assuré avec un tiers), voir Adlc, déc. n° 11-DCC-163, 9 nov. 2011, relative à la prise de contrôle exclusif par les sociétés SMABTP et l'Auxiliaire d'un portefeuille de contrats d'assurances de flottes de véhicules d'entreprises, point 12 ;
- le marché de l'assistance, qui comprend des prestations en espèce ou en nature visant à venir en aide à l'assuré lorsque celui-ci est confronté à un événement fortuit (il est possible de distinguer, par exemple, l'assistance médicale, l'assistance domestique ou encore l'assistance technique), voir Adlc, déc. n° 11-DCC-163, 9 nov. 2011, point 11 ;
- le marché de l'assurance emprunteur (voir ci-dessus, cette assurance peut également être comprise comme une assurance vie) ;
- le marché de la gestion d'actifs qui consiste en une offre de gestion d'avoirs pour le compte de tiers (gestion collective ou individuelle) ;
- le marché du crédit à la consommation qui est un crédit destiné à financer l'acquisition par les particuliers et les ménages de biens de consommation. Le crédit à la consommation comprend les crédits affectés, les crédits personnels (dont les prêts personnels renouvelables) et d'autres formes de crédit ;
- le marché des services à la personne ;

- le marché de l'assurance de flotte automobile, de transport, de risque industriel, de protection juridique, des opérations de crédit, l'assurance-construction, de biens professionnels, des accidents du travail et de la responsabilité civile professionnelle (Adlc déc. n° 14-DCC-13 du 5 février 2014 relative à la prise de contrôle exclusif de Medical Insurance Company par MMA IARD Assurance Mutuelles).

C ▪ Réassurance

550. La pratique décisionnelle nationale et européenne distingue de manière constante les activités de réassurance des activités d'assurance (par exemple : Adlc déc. n° 13-DCC-127 du 4 septembre 2013 relative à la création de l'Union Mutualiste de Groupe Viamut par la Mutuelle Entrain et la Mutuelle Générale des Cheminots ; Adlc déc. n° 13-DCC-171 du 20 novembre 2013 relative à la prise de contrôle exclusif par le groupe Klésia d'un portefeuille de contrats d'assurance).

551. La réassurance se distingue de l'assurance directe en ce que l'objectif poursuivi est la répartition des risques entre assureurs. Par ailleurs, son cadre règlementaire est différent, moins exigeant que celui applicable à l'assurance directe (Comm. CE, 24 avril 2006, aff. COMP/M.4059, *SwissRe/GE Insurance Solutions,* point 9; au niveau national : Lettre min., 3 oct. 2009, *Société Scor*, BOCCRF 25 nov. 2008 – analyse reprise dans la décision de l'Autorité de la concurrence n° 09-DCC-16 du 22 juin 2009, fusion Caisse d'Epargne/Banque Populaire ; Adlc, déc. n° 10-DCC-52, 2 juin 2010, création d'une Société de Groupe d'Assurance Mutuelle (« SGAM ») par la MACIF, la MAIF et la MATMUT ; Adlc, déc. n°12-DCC-111, 3 août 2012 relative à la fusion par absorption des mutuelles Harmonie Mutualité, Mutuelle Existence, Prévadiès, Santévie MPet Spheria Val-de-France par Harmonie Mutuelle et déc. n°12-DCC-93 du 29 juin 2012 relative à la fusion du groupe Mornay, du groupe D&O et de la Fédération mutualiste interdépartementale de la région parisienne).

552. La Commission, suivie par l'Autorité de la concurrence (Adlc, déc. n° 10-DCC-52, 2 juin 2010, création d'une Société de Groupe d'Assurance Mutuelle (« SGAM ») par la MACIF, la MAIF et la MATMUT ; décision n° 13-DCC-127 du 4 septembre 2013 relative à la création de l'Union Mutualiste de Groupe Viamut par la Mutuelle Entrain et la Mutuelle Générale des Cheminots), a indiqué que le marché de la réassurance pouvait être segmenté en marché vie et non vie, puis éventuellement en type de risques assurés (assurance de dommages et assurance de personnes) ou selon la clientèle (entreprises ou particuliers), sans se prononcer définitivement sur la question (Comm. CE, 18 sept. 1998, aff. COMP/M.1306, *Berkshire Hathaway/General RE*; Comm. CE, 7 fév. 1997, aff. COMP/M.880, *Schweizer RE/Uniorias*).

Mais la Commission retient de préférence une approche globale, dans la mesure où le marché de la réassurance se caractérise surtout par l'offre. En effet, compte tenu de très faibles barrières à l'entrée et de la présence de courtiers spécialisés, la concurrence s'exerce essentiellement entre les réassureurs qui peuvent aisément offrir une couverture pour tout type de risque. Cependant, la particularité et l'ampleur d'un risque donné peuvent être de nature à invalider cette approche. Il s'agit notamment du risque aérospatial : l'ampleur des risques couverts en fait un marché spécifique (Comm. CE, 28 fév. 2003, aff. COMP/M.3035, *Berkshire Hathaway/ Converium/Gaum*, point 34).

§ 3 ▪ Marché géographique

A ▪ Marché de l'assurance

553. Le marché de l'assurance a été qualifié de « multidomestique » par la Commission à l'occasion du renouvellement du règlement d'exemption dans le secteur de l'assurance (voir section 2). Cela signifie que le marché géographique est en général de dimension nationale. Cette caractéristique résulte des canaux de distribution qui sont nationaux, des structures de marchés établies, des contraintes fiscales, et des systèmes de régulation différents (Comm. CE, 28 août 2006, aff. COMP/M.4284, *Axa/ Winterthur* ; niveau national : Adlc., déc. n° 09-DCC-16, 22 juin 2009, *Caisse d'Epargne/ Banque Populaire*). Par ailleurs, une présence locale de l'entreprise d'assurance peut s'avérer essentielle pour établir des relations avec les clients (Comm. CE, 11 déc. 2001, aff. COMP/M.2602, *Gerling/NCM*, points 23 et suivants). A contrario, s'agissant de la délimitation géographique du marché de l'assurance décès par exemple, l'Autorité de concurrence a retenu un marché de dimension locale (les consommateurs prennent en compte le lieu de domicile de la famille, le lieu de décès et le lieu de sépulture du défunt) dans des décisions n° 03-D-15 du 17 mars 2003 et n° 15-DCC-109 du 10 août 2015.

554. Toutefois, certains risques particuliers peuvent, compte tenu de leur ampleur, faire l'objet d'un marché plus large. C'est notamment le cas de l'assurance « Maritime-Aviation-Transport» (Comm. CE, 3 déc. 2007, aff. COMP/M.4701, *Generali/PPF Insurance Business*, point 28) dont la dimension retenue est européenne. Lorsque l'assurance a trait à la couverture de larges risques commerciaux (telle que l'assurance de l'activité aérospatiale), il a été argué que le marché pourrait être mondial, sans que la Commission n'ait toutefois eu à se prononcer (Comm. CE, 8 mai 1998, aff. COMP/M.1082, *Allianz/AGF*, point 9).

555. La Commission a relevé plusieurs fois la tendance à l'internationalisation de certains types d'assurance. C'est notamment le cas de l'assurance « delcredere », dont les polices peuvent être négociées au niveau mondial afin de couvrir l'activité commerciale des multinationales. En dépit de cette tendance, la Commission constate que les entreprises d'assurance implantées localement restent, pour le moment du moins, mieux placées à l'égard des clients que les assureurs établis dans un autre Etat-membre (Comm. CE, 8 mai 1998, aff. COMP/M.1082, *Allianz/AGF*, point 25 et suivants).

B ▪ Marché de la réassurance

556. La Commission a fréquemment constaté que le marché de la réassurance est de dimension mondiale, dans la mesure où les risques doivent être repartis au mieux. Cette caractéristique se traduit notamment par l'existence de pools internationaux et par la dimension mondiale des transactions (Comm. CE, 24 avril 2006, aff. COMP/M.4059, *SwissRe/GE Insurance Solutions*, point 9).

§ 4 ▪ Marchés amonts, avals ou connexes aux marchés de produits d'assurances

A ▪ Marché de la distribution des produits d'assurances

557. Les autorités de concurrence ont défini un marché de la distribution de produits d'assurance ; lequel peut être appréhendé soit de manière large, englobant les services de tous les distributeurs indépendants (agents, courtiers, autres intermédiaires, tels que les banques), soit de manière plus limitée, en distinguant notamment le courtage d'assurance (Lettre. min. 5 août 2008, *MMI-MGPAT*, BOCCRF 25 sept. 2008 ; Adlc, déc. n°09-DCC-61, 4 nov. 2009, Mutuelles Altéis et Releya/Mutuelle Prévadiès ; Adlc, déc. n°11-DCC-11, 27 janv. 2011, rapprochement du Groupe Aprionis et du Groupe Vauban Humanis ; Adlc, déc.n°11-DCC-127, du 17 août 2011, relative à la fusion par absorption des mutuelles Via Santé). Ainsi, la Commission a indiqué que le marché du courtage est à distinguer du marché des agents d'assurance, car les clients n'attendent pas le même type de services des courtiers et des agents. Les clients attendent des courtiers un conseil indépendant, de même que la réalisation de nombreux services annexes, notamment en termes de conseil pour l'évaluation et la gestion des risques, de connaissance du marché de l'assurance et de réalisation de services actuariels indépendants. Cependant, d'autres entités peuvent apparaître comme concurrentes potentielles : les banques commerciales (qui disposent de services de conseil en assurance) et les cabinets d'audit comptables (Comm. CE, 23 oct. 1998, aff. COMP/M.1307, *Marsh & McLennan /Sedgwick*). La définition du marché du courtage pourrait en outre être affinée en fonction de la clientèle ou du risque assuré. Cependant les autorités de concurrence n'ont pas eu à se prononcer définitivement sur cette question (voir Lettre. min. 3 avril 2007, *SIACI-ACSH*, BOCCRF 31 mai 2007).

558. La Commission estime qu'il y a de grandes différences selon les Etats membres dans le recours aux intermédiaires et dans les cadres réglementaires applicables. Par conséquent, le marché géographique reste essentiellement national (analyse reprise au niveau national : Adlc n°09-DCC-16, 22 juin 2009, fusion *Caisse d'Epargne/ Banque Populaire* ; Adlc n°11-DCC-117, 26 juil.2011, fusion par absorption d'Eovi Mutuelle par Eovi Novalia Mutuelle). Cependant, compte tenu de la dérégulation du marché, il est possible que le marché s'ouvre à l'international. Ainsi la Commission a-t-elle noté que les multinationales ont tendance à choisir un seul courtier pour certains types de risques généraux, non locaux (Comm. CE, 23 oct. 1998, aff. COMP/M.1307, *Marsh & McLennan /Sedgwick*).

B ▪ Marchés des services d'assistance (distinct de vie et non vie)

559. Il résulte des décisions de la Commission que les services d'assistance constitueraient des marchés distincts de l'assurance directe compte tenu de la nature du service offert. Il s'agit notamment des services d'assistance au voyage ou d'assistance sur la route dont les services (rapatriement, réservations) se distinguent de l'assurance dans la mesure où l'assurance se limite à couvrir les coûts résultant d'un événement imprévu (Comm. CE, 3 déc. 2007, aff. COMP/M.4701, *Generali/PPF Insurance Business* point 30).

C ▪ Marchés des services de sélection et de gestion des risques («underwriting and management »)

560. La Commission a déjà eu l'occasion de considérer que les services de sélection et de gestion des risques peuvent constituer un marché distinct dès lors qu'ils sont externalisés de la société d'assurance. Ce marché n'a pas à être subdivisé selon qu'il s'agit de produits d'assurance ou de réassurance, ou selon le type de risque couvert : les services restent les mêmes. La dimension géographique de ce marché serait tout au moins européenne, et probablement mondiale. La Commission ne s'est pas prononcée définitivement sur cette question (Comm., 28 fév. 2003, aff. COMP/M.3035, *Berkshire Hathaway/ Converium/Gaum*).

Section 2 ▪ Règles relatives aux pratiques anticoncurrentielles appliquées au secteur de l'assurance

§ 1 ▪ Les règles du droit de la concurrence relatives aux ententes

A ▪ Principe : la prohibition des ententes

561. Les articles L. 420-1 du Code de commerce et 101 du Traité sur le fonctionnement de l'Union européenne (ci-après « TFUE ») prohibent les pratiques, mises en place par au moins deux entreprises indépendantes, qui ont pour objet ou pour effet de fausser le jeu de la concurrence sur un marché.

562. L'article 101 § 1 TFUE dispose que : « sont incompatibles avec le marché intérieur et interdits, tous accords entre entreprises, toutes décisions d'associations d'entreprises et toutes pratiques concertées, qui sont susceptibles d'affecter le commerce entre les Etats membres et qui ont pour objet ou pour effet d'empêcher, de restreindre ou de fausser le jeu de la concurrence à l'intérieur du marché intérieur (...) ».

563. Par décisions d'association d'entreprises, il faut entendre celles qui émanent d'organismes professionnels ne constituant pas eux-mêmes des entreprises, mais regroupant des entreprises et chargés de veiller à leurs intérêts communs (syndicats, ordres professionnels, associations proprement dites...). Les décisions de tels organismes peuvent revêtir différentes formes : recommandations, directives, règlement intérieur... Les autorités de concurrence étudient ensuite le caractère obligatoire ou fortement incitatif de ces décisions ainsi que leur objet ou leur effet anticoncurrentiel. La diffusion de statistiques confidentielles ou la consigne de boycott donnée par un syndicat professionnel sont des exemples de décisions d'associations d'entreprises qui peuvent être sanctionnées.

564. Dans le secteur de l'assurance, diverses pratiques ont déjà été condamnées sur le fondement de ces articles.

1 ▪ Un accord de volontés entre des entités indépendantes

565. La notion même d'entente requiert nécessairement l'existence d'au moins deux intervenants indépendants l'un de l'autre. A défaut d'une pluralité d'intervenants, il n'y a pas d'entente car l'on ne peut s'entendre avec soi-même. S'il est souvent aisé de déterminer les entités concernées, il est parfois plus difficile de savoir si ces entités sont indépendantes les unes des autres, notamment lorsqu'elles appartiennent à un groupe d'entreprises.

566. Ainsi, le droit des ententes ne s'applique pas, en principe, aux relations intragroupes, dans la mesure où les différentes entités ou filiales sont présumées former une unité économique, et donc, au sens du droit de la concurrence, une seule et même entreprise, excluant de ce fait leur autonomie commerciale. C'est en effet uniquement lorsqu'une entreprise est en mesure de définir sa propre stratégie commerciale, financière ou technique et, en particulier de s'affranchir du contrôle hiérarchique du groupe auquel elle appartient, que les règles relatives aux ententes (article 101§1 du Traité sur le Fonctionnement de l'Union Européenne et L. 420-1 du Code de commerce) trouvent à s'appliquer aux pratiques et relations avec les autres sociétés du groupe.

567. Une telle analyse est distincte de l'analyse menée dans le cadre du contrôle des concentrations, en particulier lorsque les autorités compétentes évaluent la réalisation d'une concentration non capitalistique, tel un regroupement de mutuelles d'assurances dans le cadre d'une société de groupe d'assurances mutuelles. Dans ce cas, les autorités compétentes fondent leur analyse principalement sur des critères financiers tels que : l'existence d'une responsabilité financière solidaire (Lettre min., 21 nov. 2003, COVEA), l'établissement de comptes combinés (Min. Eco, 9 août 2006, SMABTP), la constitution de liens permanents et durables de réassurance commune, la contribution à la solvabilité des entreprises affiliées, ou encore, l'existence de dirigeants communs et de directions communes (Lettre min., 30 juin 2009, AG2R ; Adlc, déc. n° 10-DCC-52, 2 juin 2010, création d'une SGAM par la MACIF, la MAIF et la MATMUT). Ainsi, le raisonnement mené par les autorités de concurrence lors de l'appréciation d'une opération de concentration n'exclut pas l'existence d'une autonomie d'entreprises appartenant à un même groupe et susceptible de justifier l'application du droit des ententes. En effet, dans des cas néanmoins exceptionnels, la notion d'unité économique peut ne pas recouvrir les mêmes critères la notion d'unité économique ne recouvre pas toujours les mêmes circonstances entre le droit des concentrations et le droit des pratiques anticoncurrentielles.

568. Ainsi, les éléments pris en compte par les autorités de concurrence pour conclure à l'existence du contrôle d'un groupe sur sa filiale et de l'existence d'une unité économique, dans le cadre de l'application de l'article 101§1 TFUE sont principalement liés à l'organisation de « l'ingérence » de la maison mère dans les affaires de sa filiale. Aux fins de l'analyse de l'indépendance des entités appartenant à une même unité économique, les autorités de concurrence prennent en compte l'ensemble des éléments pertinents propres aux circonstances de l'espèce relatifs aux liens économiques, organisationnels et juridiques qui unissent cette entreprise à une autre entreprise. C'est donc au regard d'un faisceau d'indices (nature des liens contractuels, existence d'une stratégie commerciale commune, nature de l'influence déterminante exercée par la société mère dans la stratégie et la politique commerciale des affiliées, existence de dirigeants communs, degré de liberté des membres dans la mise en œuvre de la politique commerciale...) qu'est analysée l'autonomie d'une entreprise par rapport à une autre et donc l'application des règles de concurrence à leurs relations.

569. À cet égard, il ressort des décisions des autorités de concurrence et de la pratique juridictionnelle que l'existence d'un lien hiérarchique entre la maison mère et ses filiales est un des critères déterminants dans le cadre de l'évaluation de l'existence d'une unité économique.

570. Ainsi, au niveau national, une filiale est considérée comme autonome dès lors qu'elle est en mesure de « définir sa propre stratégie commerciale, financière et technique et de s'affranchir du contrôle hiérarchique du siège de la société dont elle dépend » (Cass., Com, Jean Lefebvre, 4 juin 1996 et Cour d'appel de Paris, Cemex Bétons Sud-Est, du 25 mars 2008). À titre illustratif, l'Autorité de la concurrence a considéré que :« si les pratiques ont été mises en œuvre par l'agence locale immatriculée au registre du commerce, possédant une comptabilité analytique propre et dont le directeur dispose d'une délégation de pouvoir étendue, la société EEG ne démontre pas que l'agence de Toulouse avait été affranchie des directives et des contrôles du siège social ni qu'elle jouissait de la pleine liberté de contracter, de décider de ses investissements et de définir sa propre stratégie » (décision n° 99-D-57 du 12 octobre 1999 relative à des pratiques relevées sur des marchés d'études pour la voie de contournement ouest de l'agglomération toulousaine; voir aussi : décision n° 00-D-50 du 5 mars 2001 relative à des pratiques mises en œuvre par la société Française des Jeux dans les secteurs de la maintenance informatique et du mobilier de comptoir ; décision n° 06-D-26 du 15 septembre 2006 relative à la saisine des sociétés Lamy Moto et Moto Ouest à l'encontre des sociétés Yamaha Motor France et MBK, pt.40).

571. Au niveau européen, le Tribunal de l'Union européenne a jugé que : « Dans ces conditions, force est de conclure, à l'instar du considérant 173 de la Décision, que le personnel compétent et surtout l'administration d'Akzo Nobel interviennent de manière significative sur plusieurs aspects essentiels de la stratégie des filiales en question, en se réservant la décision finale à l'égard d'une série de sujets définissant leur ligne d'action sur le marché » (TUE, 12 décembre 2007, T-112/05 "AKZO Nobel NV v/ Commission [2007], §60 et suivants).

572. La directive dite « Solvabilité 2 », 2009/138/CE du Parlement européen et du Conseil du 25 octobre 2009 sur l'accès aux activités de l'assurance et de la réassurance et leur exercice, transposée en droit français par l'ordonnance n° 2015-378 du 2 avril 2015 (entrée en vigueur en 2016), a organisé dans l'intérêt du marché intérieur, des règles coordonnées concernant le contrôle des groupes d'assurance. Ces textes définissent la notion de groupe prudentiel et créent différentes formes juridiques de groupes prudentiels. Les groupes non capitalistiques peuvent notamment résulter de l'établissement entre des organismes d'assurance de « relations financières fortes et durables » (article L 356-1 du Code des assurances) sous l'égide d'une structure exerçant, au moyen d'une coordination centralisée, une « influence dominante sur leurs décisions, y compris les décisions financières » (article du Code des assurances précité).

573. Les sociétés de groupe d'assurance mutuelle (SGAM), les unions mutualistes de groupe (UMG) et les sociétés de groupe assurantiel de protection sociale (SGAPS) sont constituées dans le but notamment de gérer des liens de solidarité financière importants et durables entre les affiliées, liens explicités dans les statuts et contractualisés par une convention d'affiliation.

574. En ce qui concerne les appels d'offres, il convient de distinguer l'hypothèse où des sociétés appartenant à un même groupe déposent des offres distinctes de l'hypothèse dans laquelle elles déposent une offre commune. En effet, lorsque des sociétés appartenant à un même groupe déposent des offres distinctes, elles doivent en tout état de cause exclure toute forme de coopération ou d'échanges entre elles et elles doivent se comporter comme n'importe quel concurrent. Le fait de déposer des offres distinctes témoigne en effet d'une autonomie commerciale, même ponctuelle, qui conduit à rendre applicables les règles de concurrence à leur échanges.

575. En d'autres termes, en matière d'appels d'offres pour des marchés publics ou privés, sont prohibées toutes pratiques qui tendent à permettre ou faciliter la coordination des offres des entreprises soumissionnaires ainsi que les échanges d'informations entre elles antérieurement à la date où le résultat de l'appel d'offres est connu, que ces échanges portent sur l'existence de compétiteurs, leur nom, leur importance, leur disponibilité en matériel, ou le prix qu'ils proposent (Décision n° 99-D-11, 9 févr. 1999 ; Décision n° 06-D-13 du 6 juin 2006 « de simples échanges d'informations portant sur l'existence de compétiteurs, leur nom, leur importance, leur disponibilité en personnel ou en matériel, leur intérêt ou leur absence d'intérêt pour le marché considéré ou les prix qu'ils envisagent de proposer, altèrent également le libre jeu de la concurrence en limitant l'indépendance des offres »). Le fait que l'échange d'informations et la concertation n'aient pas atteint leurs objectifs ou n'aient pas concerné l'ensemble des entreprises soumissionnaires n'empêche pas la condamnation (Décision n°01-D-17 du 25 avril 2001). Dans le cas d'une filiale commune, les sociétés mères ne doivent pas utiliser celle-ci comme un instrument pour mettre en œuvre des pratiques anticoncurrentielles d'échange d'informations et de concertation afin de se répartir un marché ou d'en fixer les prix.

2 ▪ Une atteinte à la concurrence

576. Les articles 101 TFUE et L. 420-1 du Code de commerce visent les ententes qui ont pour objet ou pour effet de fausser le jeu de la concurrence sur un marché.

3 ▪ Pratiques rencontrées dans le secteur de l'assurance

577. L'Autorité de la concurrence a déjà eu l'occasion de se prononcer sur la licéité de certaines pratiques dans le secteur de l'assurance. Il convient de rappeler au préalable que, dans le secteur des assurances, un certain nombre de pratiques sont couvertes par le règlement d'exemption n° 267/2010 (lequel expirera le 31 mars 2017 et fait ainsi d'ores et déjà l'objet d'un réexamen par la Commission qui envisage sa suppression).

a - Pratiques les plus courantes

i. Les échanges d'informations sensibles

578. Les échanges d'informations sensibles entre concurrents peuvent être jugés anticoncurrentiels. Ils ne sont toutefois pas prohibés de manière automatique (*per se*), encore faut-il qu'ils présentent des caractéristiques propres à réduire la concurrence en faisant disparaître l'incertitude concurrentielle (voir notamment, Com., 29 juin 2007, n° 07-10.303).

579. Afin d'identifier le caractère sensible des informations échangées, les autorités de concurrence prennent en considération plusieurs indices : les caractéristiques du marché (concentré, atomisé, présence de barrières à l'entrée...), le caractère individuel ou agrégé des informations échangées, la périodicité des échanges, le caractère stratégique des informations, les effets de ces informations sur la stratégie commerciale des entreprises... Il est très fréquent en pratique que ces informations soient échangées par l'intermédiaire d'associations ou de syndicats professionnels auxquels elles adhèrent. Dans ce cas, ces organismes s'exposent également à des sanctions.

580. En présence de marchés de type oligopolistique, la jurisprudence considère que « la seule augmentation artificielle de la transparence du marché au profit des membres de l'oligopole afin de leur permettre de d'ajuster leurs stratégies respectives » (Déc. n° 05-D-64, pratiques mises en œuvre sur le marché des palaces parisiens) est suffisante pour caractériser un échange illicite.

581. Ainsi, la CJUE a jugé que les accords sur les prix de réparation des véhicules assurés conclus entre les sociétés d'assurance et les ateliers de réparation ont un objet anticoncurrentiel et sont donc interdits car ils sont, par leur nature même, nuisibles au bon fonctionnement du jeu normal de la concurrence. En effet, « l'article 101, paragraphe 1, TFUE doit être interprété en ce sens que des accords par lesquels des sociétés d'assurance automobile s'entendent bilatéralement avec des concessionnaires d'automobiles opérant en tant qu'atelier de réparation sur les taux horaires à payer par la société d'assurances pour la réparation de véhicules assurés par celle-ci, en prévoyant que ce taux dépend, entre autres, du nombre et de la proportion de contrats d'assurance que le concessionnaire a commercialisés en tant que courtier pour cette société, peuvent être considérés comme une restriction de la concurrence «par objet» au sens de cette disposition, si, à la suite d'un examen individuel et concret de la teneur et de l'objectif de ces accords ainsi que du contexte économique et juridique dans lequel ils s'inscrivent, il apparaît que ceux-ci sont, par leur nature même, nuisibles au bon fonctionnement du jeu normal de la concurrence sur l'un des deux marchés concernés » (CJUE, 14 mars 2013, n° C-32/11).

ii. Diffusion d'un indice de prix

582. Le Conseil de la concurrence, avait été saisi d'une demande d'avis du groupement des entreprises mutuelles d'assurances (GEMA) relative à l'élaboration et à la diffusion d'un indice, élaboré par ses soins, destiné à mesurer l'évolution du coût de la réparation automobile en France. Dans un avis rendu le 6 juin 2003 (avis n° 03-A-09), il a considéré que la réalisation de l'indice GEMA s'analysait au regard du droit de la concurrence comme un échange d'informations sur des coûts entre opérateurs en situation de concurrence sur un même marché.

583. Dans cet avis, le Conseil de la concurrence rappelle que, pour considérer que le risque anticoncurrentiel n'est pas immédiatement établi, la jurisprudence exige trois conditions quant aux informations diffusées : l'anonymat des données et des résultats utilisés, la taille suffisamment importante des échantillons par rapport au nombre d'entreprises concernées, ainsi que l'ancienneté des données collectées. La finalité est d'empêcher la possible identification d'une position individuelle sur le marché.

584. Dans ce contexte, le Conseil de la concurrence a estimé que l'indice GEMA du coût de la réparation automobile ne portait pas sur une information commerciale d'application directe sur le marché. L'évolution constatée du coût d'une prestation achetée par les sociétés d'assurance ne représente qu'un élément entrant dans la détermination de la prime pure. Or, la prime pure ne constitue elle-même qu'une partie des coûts pris en compte pour déterminer la prime commerciale payée par l'assuré, chaque assureur y ajoutant les frais de provisionnement, d'administration et de commercialisation qui lui sont propres. Le Conseil a estimé toutefois que « la part significative des informations objet de l'échange dans le calcul de son prix de revient par chaque assureur rend souhaitable l'exclusion, dans les données restituées, de tout élément permettant de remonter des indices calculés vers les valeurs absolues dont ils résultent ».

585. Le Conseil attache également beaucoup d'importance aux modalités de diffusion des informations récoltées. En l'espèce, il a noté que le choix fait par les initiateurs de l'indice GEMA de ne pas réserver l'outil créé aux sociétés participantes, pouvait constituer un facteur favorable. Le Conseil a relevé en outre qu'il existait une réelle concurrence entre les acteurs présents sur le marché concerné, le marché français de l'assurance automobile sur lequel opèrent les membres du GEMA.

586. Le Conseil a enfin évoqué la possibilité, pour cet échange d'informations, de bénéficier de l'exemption prévue par le règlement n° 358-2003 du 27 février 2003 (voir ci-après, ce règlement a été remplacé depuis par le règlement n° 267/2010). L'article 2 a) de ce règlement dispose en effet : « Conformément à l'article 101, paragraphe 3, du traité et sous réserve des dispositions du présent règlement, l'article 101, paragraphe 1, du traité ne s'applique pas aux accords qui sont conclus entre deux entreprises ou plus dans le domaine des assurances concernant la compilation et la diffusion en commun d'informations nécessaires aux fins : du calcul du coût de couverture moyen d'un risque donné dans le passé (...) ». Ce sont cependant les conditions réelles de l'utilisation de l'indice GEMA par les sociétés concernées qui pourront permettre de déterminer le caractère anticoncurrentiel ou non de cette forme de partage d'informations.

587. Le règlement d'exemption couvre les accords qui déterminent une prime pure. En revanche, sont exclus de l'exemption les échanges d'informations relatifs aux éléments de détermination de la prime commerciale. Il convient donc de souligner le risque juridique encouru, dès lors que les informations échangées aboutissent à l'identification, directement ou indirectement, par chaque compétiteur, d'un prix de marché identique pour tous. Le contenu du nouveau règlement est précisé ci-après.

iii. Prix abusivement bas

588. Le Syndicat français des assureurs conseils (SFAC), dont les adhérents sont les courtiers en assurance, a saisi le Conseil de la concurrence car il reprochait à des sociétés d'assurance directe de proposer des contrats d'assurance automobile à des tarifs très bas, de 40 à 50 % moins chers que ceux pratiqués par les compagnies traditionnelles, afin d'évincer les courtiers en assurance du marché de l'assurance automobile. Dans une décision en date du 6 novembre 2002, le Conseil de la concurrence a estimé, d'une part, que la diversification des modes de distribution offerts aux consommateurs était de nature à favoriser la concurrence, et, d'autre part, qu'aucun élément du dossier ne permettait d'établir que les tarifs pratiqués par les assureurs directs avaient eu pour effet d'évincer des courtiers du marché ou avaient été la cause directe d'une baisse importante de leur chiffre d'affaires. Le Conseil a noté qu'étant donnée la faible part de marché détenue par les assureurs directs, inférieure à 3 %, il était peu probable que les courtiers soient victimes d'une éviction.

iv. Répartition des marchés

589. Les accords par lesquels des entreprises concurrentes se partagent les marchés (répartition géographique ou répartition des clients) figurent parmi les violations les plus graves du droit de la concurrence. Toutefois, la décision de ne pas commercialiser certains services d'assurance dans le secteur géographique privilégié d'un concurrent pouvait résulter d'une décision unilatérale, en l'absence de démonstration d'une concertation avec ledit concurrent (Adlc déc. n° 03-D-31 du 2 juillet 2003 relative au secteur de l'assurance ski).

v. Le boycott

590. Dans une décision rendue le 12 février 2009 (déc. n° 09-D-07, saisine de la société Santéclair à l'encontre de pratiques mises en œuvre sur le marché de l'assurance complémentaire santé), l'Autorité de la concurrence, saisie par une société de services spécialisés intervenant pour des compagnies d'assurance et des mutuelles en matière de couverture complémentaire santé, a sanctionné plusieurs conseils nationaux et départementaux de l'Ordre des chirurgiens-dentistes car ceux-ci avaient incité les chirurgiens-dentistes à dénoncer leur partenariat avec la société auteur de la saisine, leur laissant entendre qu'ils étaient susceptibles de faire l'objet de sanctions en cas de poursuites disciplinaires. L'Autorité de la concurrence a estimé qu'il s'agissait d'un appel au boycott dont le but était de sortir un acteur du marché et donc a condamné cette pratique. En outre, cette pratique avait porté atteinte à l'intérêt des patients en faisant obstacle à l'émergence de nouveaux services aux assurés des assurances complémentaires santé.

b - Pratiques propres au secteur de l'assurance

i. Les usages du courtage

591. Dans une décision rendue le 13 décembre 2000 (déc. n° 00-D-62, incidence des usages du courtage sur la situation de la concurrence dans le secteur des opérations d'assurance sur la vie et de capitalisation), le Conseil de la concurrence invite les acteurs du secteur de l'assurance à veiller à ce que l'application des usages du courtage ne donne pas lieu à une pratique anticoncurrentielle : « les usages du courtage, qui régissent les relations entre les compagnies d'assurance et les courtiers, constituent en tant que tels des conventions susceptibles d'affecter la concurrence sur le marché des opérations d'assurance sur la vie et de capitalisation ». En l'espèce l'instruction n'avait pas permis de relever que l'application de l'usage n°3 aurait donné lieu à des pratiques anticoncurrentielles notamment en dissuadant les courtiers de démarcher les assurés qui ont souscrit une police d'assurance auprès d'un autre courtier.

ii. La clause de l'assureur le plus favorisé

592. Dans un avis rendu le 17 novembre 2003 (avis n° 03-A-19, demande de la Fédération française des courtiers d'assurance et de réassurance portant sur les conditions de négociation des contrats de coassurance des risques industriels), le Conseil de la concurrence a estimé que la pratique mise en œuvre, dans le cadre de groupements de coassurance, par la clause de l'assureur le plus favorisé était de nature à restreindre le jeu de la concurrence sur le marché en favorisant une hausse artificielle des prix au détriment de leur libre fixation par le jeu du marché. En effet, il a estimé qu'« en étendant à l'ensemble des offres d'assureurs les conditions obtenues par un seul d'entre eux, la clause substitue les conditions obtenues par une société à l'appréciation que chaque entreprise du groupement porte sur ses coûts de revient, son prix de vente, et plus généralement sur son offre, au moment de poser sa candidature pour entrer dans le groupement ». Par ailleurs, la clause ne semble pas pouvoir bénéficier d'une exemption au titre du progrès économique (article L. 420-4 I, 2° du Code du commerce), car à supposer qu'il s'agisse d'un progrès pour la collectivité, « rien n'établit qu'il n'existe aucune autre façon de répondre rapidement et efficacement aux demandes de renouvellement de couverture des risques, et rien n'établit a priori la proportionnalité de ce progrès aux restrictions de concurrence mises en œuvre ». Le Conseil a noté toutefois qu'en théorie le client détient la possibilité de ne pas faire appliquer cette clause en procédant à une nouvelle consultation des assureurs présents sur le marché pour permettre l'assurance de la totalité du risque.

iii. L'obligation d'adhérer au contrat collectif d'assurance

593. Dans une décision en date du 16 janvier 2003 (déc. n° 03-D-03, pratiques mises en œuvre par le barreau des avocats de Marseille en matière d'assurances), le Conseil de la concurrence a estimé que ni l'assurance de la responsabilité civile exploitation, ni l'assurance des objets et vêtements déposés dans les vestiaires de l'Ordre, ni les dommages par catastrophes naturelles ne correspondaient à des risques propres à l'exercice de la profession d'avocats et ne relevaient de leur obligation d'assurer leur responsabilité civile professionnelle. En conséquence, le Conseil a considéré que la pratique consistant à imposer aux avocats du barreau de Marseille une assurance collective de ces risques sans leur laisser le choix ni de l'assureur ni des conditions de cette assurance était susceptible d'avoir un effet anticoncurrentiel. En effet, un barreau ne peut obliger les avocats de son ressort à adhérer à un contrat collectif que dans la mesure où ce contrat concerne l'assurance de la responsabilité civile professionnelle *stricto sensu*.

594. Dans une autre espèce, une branche de la boulangerie avait conclu un accord collectif organisant une couverture complémentaire santé et désigné AG2R comme assureur en excluant toute possibilité de dispense d'adhésion pour les entreprises concernées. Un arrêté d'extension l'avait en outre rendu obligatoire pour toutes les entreprises comprises dans le champ d'application de l'accord. Or l'entreprise Beaudout bénéficiait déjà d'une couverture complémentaire de frais de soins de santé souscrite auprès d'un organisme assureur qui n'était pas AG2R, et qui offrait des prestations plus favorables. Beaudout avait refusé de s'affilier auprès d'AG2R, en conséquence de quoi l'organisme l'avait assigné en régularisation de son adhésion et en paiement des cotisations de retard. . La société AG2Ra alors assigné cette société afin qu'il lui soit ordonné de régulariser son adhésion et de payer les cotisations en retard. Le Tribunal de Grande Instance de Périgueux, qui avait été saisi à cette fin, a décidé de surseoir à statuer et de poser à la CJUE la question préjudicielle suivante : « [L]'organisation d'un dispositif d'affiliation obligatoire à un régime complémentaire [de soins] de santé tel que prévu par l'article L. 912-1 du Code de la sécurité sociale et l'avenant rendu obligatoire par les pouvoirs publics, à la demande des organisations représentatives des employeurs et des travailleurs d'un secteur déterminé, prévoyant l'affiliation à un organisme unique, désigné pour gérer un régime complémentaire de soins de santé, sans aucune possibilité pour les entreprises du secteur concerné d'être dispensées d'affiliation, sont [-ils] conformes aux dispositions des articles [101] et [102] ou [sont-ils] de nature à faire occuper par l'organisme désigné une position dominante constitutive d'un abus [?] » (CJUE, 3 mars 2011, aff C-437/09, AG2R Prévoyance c/ Beaudout Père et Fils SARL, point 22).

595. La CJUE a estimé, en premier lieu, que les accords conclus dans le cadre de négociations collectives entre partenaires sociaux destinés à améliorer les conditions d'emploi et de travail doivent être considérés, en raison de leur nature et de leur objet, comme ne relevant pas de l'article 101 § 1 du TFUE (voir, notamment, CJCE, 21 sept. 1999, aff. C-67/96, Albany, Rec. p. I-5751, point 60 ; CJCE, 12 sept. 2000, aff. C-180/98 à C-184/98, Pavlov e.a., Rec. p. I-6451, point 67 ; CJCE, 21 sept. 2000, aff. C-222/98, van der Woude, Rec. p. I-7111, point 22). En second lieu, la Cour a rappelé qu'il découlait de l'arrêt van der Woude (points 26 et 27) qu'une convention collective relative à un régime d'assurance maladie désignant un seul organisme en cas de souscription à ce régime, écartant ainsi toute possibilité d'affiliation auprès d'organismes concurrents, était exclue du champ d'application de l'article 101 § 1 du TFUE. Enfin, la Cour estime, en conséquence, qu'étant donné qu'un tel accord ne relève pas de l'article 101 § 1, les pouvoirs publics sont libres de le rendre obligatoire à des personnes qui ne sont pas formellement liées par celui-ci.

596. À cet égard, l'Association pour la promotion de l'assurance collective (APAC) a saisi, le 1er février 2013, l'Autorité de la concurrence d'une demande d'avis portant sur les effets, au plan de l'exercice de la concurrence, de la généralisation de la couverture complémentaire santé obligatoire, prévue par l'accord national interprofessionnel signé entre des organisations patronales et syndicales. Les clauses de désignation, par lesquelles une branche professionnelle désigne un ou des organismes assureurs uniques, obligent les entreprises de la branche à adhérer à l'un des organismes retenus par les partenaires sociaux, excluant ainsi le libre choix de l'employeur.

597. Selon l'Autorité, ces clauses de désignation, surtout lorsqu'elles s'accompagnent de clauses dites de « *migration* », peuvent produire des effets susceptibles de restreindre significativement le jeu de la concurrence, dans la mesure où elles :

- contraignent les entreprises disposant déjà d'un contrat d'assurance collective à souscrire à l'organisme désigné par l'accord de branche ;
- contraignent les salariés d'une branche à cotiser pour une couverture complémentaire alors qu'ils n'en éprouvent pas nécessairement le besoin (ils peuvent être déjà couverts par un contrat individuel ou par un conjoint et bénéficier de conditions tarifaires plus avantageuses) ;

- font perdre toute marge de manœuvre aux employeurs pour choisir un régime de protection complémentaire adapté à leur entreprise ;
- donnent aux organismes choisis un avantage compétitif par rapport à leurs concurrents au sens où ils peuvent s'appuyer sur cette position pour proposer à l'ensemble des salariés de la branche d'autres produits d'assurances (assurance vie, assurance retraite...).

598. Ainsi, pour l'Autorité de la concurrence, si les clauses de désignation ne sont pas contraires, en elles-mêmes, aux règles de la concurrence, leur mise en œuvre doit être encadrée pour maintenir la concurrence sur le marché de l'assurance complémentaire santé (avis ADLC n° 13-A-11 du 29 mars 2013 relatif aux effets sur la concurrence de la généralisation de la couverture complémentaire collective des salariés en matière de prévoyance).

599. Toutefois, dans son avis relatif à l'article 1er de la loi de sécurisation de l'emploi, le Conseil Constitutionnel a par la suite jugé que les clauses de désignation intervenant dans les régimes santé des branches professionnelles étaient contraires à la Déclaration des droits de l'homme et du citoyen pour atteinte disproportionnée à la liberté d'entreprendre et à la liberté de concurrence. Rebaptisées clauses de « *recommandation* » dans le cadre d'un amendement au projet de loi de financement de la sécurité sociale pour 2014, le dispositif des clauses de désignation (selon lequel les entreprises ne retenant pas l'organisme assureur recommandé seraient soumises à un taux de forfait social plus élevé) a été rejeté une nouvelle fois par le Conseil Constitutionnel dans une décision du 19 décembre 2013.

B ▪ Exceptions : les exemptions

600. Une entente qui entre dans le champ d'application des articles L. 420-1 du Code de commerce ou 101§1 du TFUE peut bénéficier d'une exemption sous certaines conditions. Cette exemption peut être individuelle ou sectorielle.

1 ▪ Les exemptions individuelles

601. Aux termes de l'article 101§3 du TFUE, les dispositions de l'article 101§1 qui prohibent les ententes peuvent être déclarées inapplicables aux ententes qui :
- contribuent à améliorer la production ou la distribution des produits ou à promouvoir le progrès technique ou économique ;
- tout en réservant aux utilisateurs une partie équitable du profit qui en résulte ;
- sans imposer aux entreprises des restrictions qui ne sont pas indispensables pour atteindre ces objectifs,
- et sans donner à ces entreprises la possibilité, pour une partie substantielle des produits en cause, d'éliminer la concurrence.

602. Si ces conditions sont réunies cumulativement, le bilan économique de l'entente est positif en ce que les avantages qui ressortent de l'accord permettent de compenser l'atteinte à la concurrence sur le marché en cause.

603. En droit interne, l'article L. 420-4 du Code de commerce prévoit le même mécanisme.

604. De même, en droit interne, ne sont pas sanctionnées les pratiques qui résultent de l'application d'un texte législatif ou réglementaire. Deux décisions du Conseil de la concurrence du 16 janvier 2003 (décisions n° 03-D-03 et 03-D-04) ont été l'occasion pour le Conseil d'appliquer ce texte au secteur de l'assurance. Il s'agissait de savoir si la souscription, par un barreau d'avocats, d'une assurance collective et obligatoire pour tous ses membres était susceptible de résulter directement des dispositions législatives prévoyant l'obligation, pour les avocats, de souscrire une police d'assurance professionnelle. La pratique a été considérée comme la conséquence inéluctable de l'obligation d'assurance des avocats et de la mission générale des barreaux de protection des avocats, obligations résultant des dispositions combinées des articles 17 et 27 de la loi n°71-1130 du 31 décembre 1971 régissant les professions juridiques. En conséquence, cette pratique a échappé à la prohibition de l'article L.420-1 du Code du commerce.

2 ▪ Le règlement d'exemption relatif au secteur de l'assurance

605. La spécificité du secteur de l'assurance a conduit la Commission européenne à adopter successivement plusieurs règlements d'exemption concernant l'application de l'article 101§3 TFUE à certaines catégories d'accords, de décisions et de pratiques concertées dans le secteur de l'assurance. En effet, considérant d'un côté l'incapacité du marché à couvrir l'ensemble des risques de façon optimale et, d'un autre côté, les obligations de couverture imposées par les Etats, la Commission européenne y voit une spécificité du secteur et reconnaît un besoin de coopération entre les assureurs. Le règlement d'exemption n° 358/2003 du 27 février 2003, a expiré le 31 mars 2010 et a été remplacé par le règlement d'exemption n° 267/2010, lequel expirera à son tour le 31 mars 2017. Avant cette date, la Commission devra décider si elle renouvelle le règlement dans sa forme actuelle, si elle le modifie ou encore si elle le laisse expirer. Le 17 mars 2016, la Commission qui envisage sa suppression a publié un rapport sur le fonctionnement de ce règlement d'exemption par catégorie dans le secteur des assurances.

606. Les pratiques exemptées par ce règlement concernent la compilation et la diffusion en commun d'informations et la couverture de certains types de risques.

607. Les compilations, tables ou résultats des études couvrent :
- La compilation et la diffusion en commun d'informations nécessaires aux fins de :
  * du calcul du coût de couverture moyen d'un risque donné dans le passé (le règlement utilise le terme « compilations ») ;
  * de la mise au point de tables de mortalité et de fréquence des cas de maladie, accident et invalidité pour les assurances comportant un élément de capitalisation (le règlement utilise le terme « tables ») ;
- La réalisation en commun d'études sur l'incidence probable de circonstances générales étrangères aux entreprises concernées, soit sur la fréquence ou l'ampleur des sinistres futurs pour un risque ou une catégorie de risques donnés, soit sur la rentabilité de différents types d'investissement (le règlement utilise le terme « études »), et la diffusion des résultats de ces études.

608. Pour bénéficier de l'exemption posée par le règlement, les compilations ou tables doivent :
- se fonder sur la collecte de données se rapportant à plusieurs années-risque choisies comme période d'observation, qui concernent des risques identiques ou comparables en nombre suffisant pour constituer une base susceptible d'un traitement statistique et qui permettra de chiffrer (notamment) : le nombre de sinistres au cours de ladite période, le nombre de risques individuels assurés chaque année-risque pendant la période d'observation choisie, le total des indemnités versées ou dues au titre des sinistres survenus au cours de ladite période, la somme des capitaux assurés sur chaque année-risque pendant la période d'observation choisie ;
- comprendre une ventilation des statistiques disponibles suffisamment détaillée du point de vue actuariel ;
- n'intégrer en aucune façon les chargements de sécurité, le produit financier des réserves, les frais administratifs ou commerciaux ou les contributions fiscales ou parafiscales et ne

tiennent compte ni du revenu des investissements ni des bénéfices anticipés.

609. Afin de bénéficier de l'exemption posée par le règlement, les compilations, tables ou résultats des études doivent en outre répondre à certaines exigences imposées par le droit commun de la concurrence en matière d'échange d'informations entre concurrents. Ils doivent :
- n'identifier ni les entreprises d'assurance concernées ni aucun assuré ;
- comporter, lorsqu'ils sont compilés et diffusés, l'indication de leur caractère non contraignant. Une obligation, directe ou indirecte, exclut la possibilité d'exemption ;
- ne donner aucune indication du niveau des primes commerciales ;
- être fournis, à des conditions raisonnables, abordables et non discriminatoires, aux entreprises d'assurance qui en demandent copie, y compris celles qui n'opèrent pas sur le marché géographique ou de produits auquel ces compilations, tables ou résultats des études se rapportent ;
- être fournis, sauf lorsque l'absence de communications d'informations se justifie objectivement par des motifs de sécurité publique, à des conditions raisonnables, abordables et non discriminatoires, à des organisations de consommateurs ou de clients qui en demandent l'accès à des conditions spécifiques et précises pour une raison dûment justifiée.

610. Les groupements (ou pools) couvrent la constitution et le fonctionnement de groupements d'entreprises d'assurance ou d'entreprises d'assurance et d'entreprises de réassurance pour la couverture en commun d'une catégorie particulière de risques sous forme de coassurance ou de coréassurance.

611. Outre des conditions de parts de marchés (voir l'article 6 du règlement), le règlement conditionne l'exemption des groupements d'entreprises d'assurance en vue de la couverture commune de certains risques à certaines exigences :
- chaque entreprise participante doit avoir le droit de se retirer du groupement moyennant un préavis raisonnable et sans encourir de sanctions ;
- les règles du groupement ne doivent pas obliger un membre à assurer ou à réassurer par l'intermédiaire du groupement, en tout en en partie, un risque du type couvert par le groupement ;
- les règles du groupement ne doivent pas restreindre l'activité du groupement ou de ses membres à l'assurance ou à la réassurance de risques situés dans une zone géographique donnée de l'Union européenne ;
- l'accord ne doit pas limiter la production ou les ventes ;
- l'accord ne doit pas répartir les marchés ou les clients ;
- les membres d'un groupement de coréassurance ne doivent pas s'entendre sur les primes commerciales qu'ils appliquent en assurance directe.

612. S'agissant des pools, la Commission européenne a estimé le maintien de l'exemption nécessaire, tout en formulant quelques réserves sur sa mise en œuvre. Elle a rappelé en effet que, compte tenu de l'étendue et de l'imprévisibilité des risques couverts, une société d'assurance se trouve, à elle seule, dans l'incapacité de couvrir les risques de façon optimale. A cet égard, la Commission a reconnu que les pools sont un moyen de partager l'information et l'expérience, d'accroître l'offre en permettant à des assureurs de taille plus modeste d'accéder au marché. S'agissant plus particulièrement des parts de marché en dessous desquelles le règlement d'exemption s'applique, la Commission a souhaité harmoniser le calcul avec celui qui est pratiqué dans d'autres secteurs d'activité.
Ainsi, il convient de prendre en compte les parts de marché réalisées par les parties à l'accord.

613. La Commission européenne prévoit une hypothèse où le respect de ces conditions de seuils, ainsi que les conditions d'objet ne seront pas exigées. Cette dispense est exceptionnelle puisqu'il devra s'agir de risques nouveaux. Ainsi, les pools créés afin de couvrir un risque nouveau seront *ipso facto* couverts par les dispositions du règlement d'exemption quelque soit le niveau de part de marché atteint et ceci pour une durée estimée à environ trois ans à compter de la date de la constitution du groupement. Il devra toutefois s'agir d'un risque nouveau, c'est-à-dire ne pas avoir existé auparavant. La Commission ajoute qu'« à titre exceptionnel, les risques dont la nature a, sur la base d'une analyse objective, changé à ce point qu'il n'est plus possible de déterminer à l'avance la capacité de souscription nécessaire pour couvrir un tel risque » pourraient également bénéficier de l'exemption.

614. En revanche, deux pratiques précédemment exemptées dans le règlement 358/2003 du 27 février 2003 – les accords sur les conditions types et l'établissement de spécifications techniques concernant les équipements de sécurité – ne sont plus couvertes par le règlement d'exemption n° 267/2010. La Commission indique en effet que ces deux types d'accords ne sont pas propres au secteur de l'assurance et qu'en conséquence un règlement d'exemption spécifique n'est pas utile à ces formes d'accord. Ceci ne signifie pas pour autant que la Commission juge ces accords anticoncurrentiels, lesquels peuvent remplir les critères d'exemption individuelle

C ▪ Les sanctions

1 ▪ Les sanctions pécuniaires

615. En droit français et européen, le montant maximum de la sanction encourue par une entreprise est de « 10% du chiffre d'affaires mondial hors taxe le plus élevé réalisé par l'entreprise au cours d'un des exercices clos depuis l'exercice précédant celui au cours duquel les pratiques ont été mises en œuvre » (article L. 464-2, I, al.2 C. com., et Règlement CE n° 1/2003).

616. Afin, d'une part, de dissuader les entreprises de mettre en œuvre des pratiques anticoncurrentielles, et, d'autre part, de sanctionner fortement les auteurs de telles pratiques, le plafond de la sanction est déterminé par référence au chiffre d'affaires mondial des entreprises en cause. Lorsque l'entreprise appartient à un groupe, c'est en principe le chiffre d'affaires du groupe auquel elle appartient qui est pris en compte, sauf si l'entreprise est capable de démontrer qu'elle dispose d'une réelle autonomie. La question peut être délicate à trancher dans le cadre d'une SGAM (cf. supra). Le droit français prévoit que le chiffre d'affaires à prendre en compte est celui qui résulte des comptes combinés ou consolidés du groupe auquel appartient l'entité condamnée.

617. En droit interne, lorsque l'auteur des pratiques n'est pas une entreprise (par exemple une association ou un syndicat), le plafond de la sanction pécuniaire n'est plus un pourcentage mais un montant maximum. Ce montant a été fixé à trois millions d'euros (article L. 464-2, al. 4 C. com.). Le droit européen ne prévoit pas de montant fixe et le plafond de la sanction est le même pourcentage de chiffre d'affaires que pour une entreprise, soit 10%. Toutefois, la Cour de Justice a précisé qu'afin que la sanction soit dissuasive, lorsque les membres d'une association d'entreprises ont participé activement à la mise en œuvre d'un accord anticoncurrentiel, les chiffres d'affaires de ces membres peuvent être pris en compte aux fins de la détermination de la sanction, même si l'association en cause ne dispose pas de la possibilité d'engager ses membres.

618. En droit français, l'article L. 420-6 du Code de commerce prévoit qu'« est puni d'un emprisonnement de quatre ans et d'une amende de 75 000 euros le fait, pour toute personne physique de prendre frauduleusement une part personnelle et déterminante dans la conception, l'organisation ou la mise en œuvre de pratiques visées aux articles L. 420-1 et L. 420-2 (...) ».

2 ■ Le pouvoir d'infliger des astreintes

619. L'article 10 de l'ordonnance n° 2004-1173 du 4 novembre 2004 a donné à l'Autorité de la concurrence la possibilité de prononcer des astreintes afin de contraindre notamment les intéressés à exécuter une décision les ayant obligés à mettre fin aux pratiques anticoncurrentielles. Ces astreintes doivent demeurer dans la limite de 5 % du chiffre d'affaires journalier moyen, par jour de retard à compter de la date fixée par l'Autorité de la concurrence. L'Autorité de la concurrence a montré qu'elle utilisait cette possibilité de prononcer des astreintes avec parcimonie, dans des cas bien spécifiques.

3 ■ Les injonctions

620. Dans le cadre de son pouvoir de sanction, l'Autorité de la concurrence « peut ordonner aux intéressés de mettre fin aux pratiques anticoncurrentielles, dans un délai déterminé ou imposer des conditions particulières » (article L. 464-2, I, al. 1er C. com.). Il peut s'agir d'injonction de ne pas faire ou d'injonction de modifier un comportement (par exemple, mettre un terme à une pratique d'échange d'informations sensibles), les deux types d'injonction étant cumulables. L'Autorité de la concurrence peut se réserver le contrôle de l'exécution de ces injonctions et, en cas de non-respect, infliger une sanction pécuniaire aux entreprises concernées (article L. 464-3 C. com.).

§ 2 ■ Prohibition des abus de position dominante

621. Les articles L. 420-2 du Code de commerce et 102 du TFUE prohibent l'exploitation abusive par une entreprise ou un groupe d'entreprises d'une position dominante sur le marché commun ou une partie substantielle de celui-ci. Etre en position dominante sur un marché n'est pas illicite en soi, c'est l'exploitation abusive de cette position qui est sanctionnée. Dans le secteur de l'assurance, peu de condamnations sur le fondement de ces articles ont été prononcées.

A ■ La position dominante

622. Selon la Cour de justice, la position dominante individuelle est « une situation de puissance économique détenue par une entreprise qui lui donne le pouvoir de faire obstacle au maintien d'une concurrence effective sur le marché en cause en lui fournissant la possibilité de comportements indépendants dans une mesure appréciable vis-à-vis de ses concurrents, de ses clients et, finalement, des consommateurs » (CJCE, 14 fév. 1978, aff. C-27/46, United Brands c/ Commission, *Rec.*, 1978, p. 207).

623. De la même manière, la domination sur un marché peut être collective lorsque plusieurs entreprises sont dans une situation telle qu'elles n'ont pas besoin de se concerter pour adopter des comportements identiques sur un marché (TPICE, 6 juin 2002, T-342/99 Airtours c/ Commission). Elles se présentent ou agissent comme une entité collective sur un marché, ce qui leur confère ainsi une position dominante. Dès lors, elles peuvent s'affranchir du comportement de leurs concurrents, de leurs clients et des fournisseurs.

624. Les différents marchés pertinents dans le secteur des assurances ont déjà été évoqués (voir section 1 du présent chapitre). Il s'agit principalement des marchés de l'assurance vie, de l'assurance non vie et de la réassurance.

625. Il est fréquent d'analyser la place que l'entreprise occupe sur le marché en cause au travers de l'importance de ses parts de marché. Si ces dernières sont importantes (supérieures ou égales à 40 %), elles constituent par elles mêmes, sauf circonstances exceptionnelles, la preuve de l'existence d'une position dominante. Des parts de marché en deçà de 40 % peuvent tout de même conférer une position dominante à une entreprise dès lors qu'elles sont cumulées à d'autres facteurs, par exemple des critères relatifs aux avantages techniques, commerciaux ou technologiques qu'une entreprise peut posséder par rapport à ses concurrents.

B ■ L'abus

626. L'article 102 du TFUE dispose : « Est incompatible avec le marché commun et interdit, dans la mesure où le commerce entre États membres est susceptible d'en être affecté, le fait pour une ou plusieurs entreprises d'exploiter de façon abusive une position dominante sur le marché commun ou dans une partie substantielle de celui-ci ».

627. L'abus de position dominante peut consister en diverses pratiques. Parmi elles notamment les politiques de prix qui ne se justifient pas par des raisons objectives, tels que les prix abusivement élevés ou abusivement bas, les prix discriminatoires ou certaines remises et rabais, ou encore la limitation de la production ou de l'innovation, ou bien le fait de « subordonner la conclusion de contrats à l'acceptation, par les partenaires, de prestations supplémentaires qui, par leur nature ou selon les usages commerciaux, n'ont pas de lien avec l'objet de ces contrats » (Article 102 § 2 d) du TFUE).

628. L'avis du Conseil de la concurrence n° 98-A-03 du 24 février 1998 étudie l'abus de position dominante dans le secteur de l'assurance et prévoit que « Les pratiques abusives, prohibées par le 1 de l'article 8 de l'ordonnance du 1er décembre 1986, peuvent consister en conditions de vente discriminatoires, en refus de vente, en ventes liées (souscription obligatoire de plusieurs garanties) ou encore en la fourniture de prestations non demandées par les bénéficiaires. Il peut s'agir aussi de pratiques de prix prédateurs, c'est-à-dire de ventes soit à des prix inférieurs aux coûts moyens variables, soit à des prix supérieurs aux coûts variables mais inférieurs aux coûts moyens totaux, lorsqu'il est établi qu'une telle stratégie est fixée dans le cadre d'un plan ayant pour but d'éliminer un concurrent. Il pourrait s'agir encore, pour un opérateur exerçant par ailleurs une mission d'intérêt général comme la gestion d'un régime obligatoire de sécurité sociale, du fait de ne pas dissocier suffisamment dans son offre les services en concurrence de ceux qui ne le sont pas » (voir p. 17 de l'avis).

C ■ Les pratiques en cause dans le secteur de l'assurance

1 ■ Abus de position dominante

629. Dans une affaire relative à une saisine de la société d'études et de souscription d'assurances (SESA) concernant le marché de l'assurance des véhicules de collections, la SESA « fait valoir que les magazines en cause formaient un groupe qui était en position dominante sur l'information diffusée aux amateurs de véhicules de collection et que le refus de passer les annonces publicitaires du SESA était constitutif d'un abus de position dominante qui visait à restreindre le libre jeu de la concurrence sur le marché de l'assurance des véhicules d'occasion. Selon la société SESA, cette pratique était contraire aux dispositions de l'article L. 420-2 du code de commerce ». Le Conseil rappelle qu'en application de l'article L. 462-7 du Code de commerce, il ne peut être saisi de faits remontant à plus de trois ans (cinq ans depuis l'Ordonnance n° 2004-1173 du 4 nov. 2004) s'il n'a été fait aucun acte tendant à leur recherche, leur constatation ou leur sanction, ce qui était le cas en l'espèce. Le Conseil n'a pu ainsi analyser l'éventuel abus de position dominante et a prononcé une décision de non lieu, en application de cet article (déc. n° 04-D-41 du 4 août 2004).

2 ▪ Pratiques d'éviction

630. L'exploitation abusive d'une position dominante tendant à l'éviction des concurrents peut consister à neutraliser les concurrents (éviction directe) ou à accaparer les relations avec les clients ou les fournisseurs (éviction indirecte).

631. La décision n° 09-D-01, du 12 janvier 2009 concerne le secteur de l'expertise des bateaux de plaisance. Les critères de sélection des experts par le comité d'études et de services des assureurs maritimes et transports (CESAM) reposaient notamment sur la sélection / recommandations. L'Autorité de la concurrence a considéré qu'un processus de sélection / recommandations d'experts en bateau de plaisance par le CESAM, un GIE rassemblant 79 assureurs, était de nature à enfreindre l'article L. 420-2 du Code de commerce, l'abus consistant en l'exclusion du marché des experts non sélectionnés / recommandés. Le CESAM a ainsi dû prendre des engagements afin de ne pas enfreindre les règles du droit de la concurrence, notamment en édictant une liste de critères objectifs d'admission sur la liste des experts de plaisance qu'il recommande, à publier ces critères sur son site Internet et à les appliquer en recourant à une procédure d'admission. Il s'est également engagé à renoncer au « numerus clausus » qu'il avait instauré par zone géographique en vue d'assurer une pratique professionnelle suffisante, celui-ci ayant été jugé restrictif de concurrence.

632. Au niveau européen, la Commission a précisé dans une Communication du 25 septembre 2007 concernant l'enquête sectorielle menée en vertu de l'article 17 du règlement (CE) n° 1/2003 sur l'assurance des entreprises, que, dans le cadre des contrats d'assurance des entreprises, ce qui lui importe « *sont les effets potentiels d'exclusion des contrats à long terme lorsque leur effet cumulatif provoque une fermeture du marché* ». Elle ajoute que dès lors que la pratique est réalisée par une compagnie en position dominante, la situation a vocation à devenir plus problématique, l'effet d'exclusion étant décuplé (points 34 et 35 de la Communication).

3 ▪ Ventes liées de prestations de service – Effet de levier

633. La « vente liée » constitue une forme particulière de pratique d'éviction susceptible de constituer un abus. Elle consiste pour un fournisseur d'un produit de lier à la vente de ce premier produit la vente d'un second produit, qui est dit « lié ». L'article 102 TFUE dispose ainsi expressément que « *les pratiques abusives peuvent notamment consister à* [...d)] *subordonner la conclusion de contrats à l'acceptation, par les partenaires, de prestations supplémentaires qui, par leur nature ou selon les usages commerciaux, n'ont pas de lien avec l'objet de ces contrats* ».

634. Dans une décision n° 12-D-29 du 21 décembre 2012 relative à des pratiques relevées dans le secteur de la distribution d'assurances complémentaires à destination des joueurs de golf, il a été reproché à la Fédération Française de Golf, sur le fondement de l'article L. 420-2 du Code de commerce, la vente de la licence qui était matériellement liée à celle des produits d'assurance puisque l'assurance était utilisée comme un argumentaire de vente dans le même formulaire d'adhésion à la licence sans que soient mentionnés son caractère facultatif, ni même son prix. Une telle pratique était de nature à limiter l'accès au marché d'entreprises n'ayant que des produits d'assurance à offrir au joueur.

4 ▪ Droits exclusifs

635. L'octroi, par un État, de droits exclusifs ou spéciaux au sens de l'article 106 du TFUE n'est pas, en tant que tel, incompatible avec l'article 102 TFUE (interdiction de l'abus de position dominante). Ce principe est pourtant limité.

636. Dans le cadre d'un avis relatif à la position de la Mutualité Fonction Publique (MFP) sur le marché des prestations sociales au profit des agents publics, le Conseil de la concurrence a cherché à examiner si les droits exclusifs sur la gestion de quatre prestations d'action sociale conférés à la seule MFP par le décret du 27 avril 2001, pouvaient permettre à la MFP de mettre en œuvre des pratiques anticoncurrentielles. Au terme de son analyse, le Conseil conclut que *« l'octroi de droits exclusifs à la MFP par un décret qui ne prévoit aucune limitation de durée paraît contraire aux objectifs fondamentaux du Traité, en empêchant toute concurrence pendant une durée indéterminée, et place cette entreprise en situation d'abuser de sa position dominante »*.

637. Le Conseil souligne dans le cadre de son analyse concurrentielle que « si le simple fait pour un État membre de créer une position dominante par l'octroi de droits exclusifs n'est pas en tant que tel incompatible avec l'article 82 (l'actuel article 102 du TFUE), il y a incompatibilité, en revanche, lorsque, par l'octroi de tels droits, l'entreprise est amenée à abuser de sa position dominante. La Cour de justice des communautés européennes a, notamment, jugé incompatibles avec le traité l'instauration de redevances inéquitables (CJCE, 10 février 2000 Deutsche Post) ou discriminatoires (CJCE, 29 mars 2001 République Portugaise), le cumul de droits exclusifs plaçant l'entreprise en situation de conflit d'intérêts (CJCE, 18 juin 1991, ert.), des droits exclusifs accordés à une entreprise qui n'est pas en mesure de satisfaire la demande de produits ou de services pour lesquels elle dispose de tels droits (CJCE, 23 avril 1991, Höfner et Elser) » (Avis du Conseil de la concurrence n° 03-A-21 du 31 déc. 2003).

638. Dans une décision précitée (CJUE, 3 mars 2011, aff C-437/09, AG2R Prévoyance c/ Beaudout Père et Fils SARL), la Cour, dans une réponse à une question préjudicielle, rappelle que l'attribution de droits exclusifs par les pouvoirs publics à un organisme pour la gestion d'un régime de remboursement complémentaires de frais de soins de santé ne conduit pas nécessairement à une violation de l'article 102 TFUE : « (...) les articles 102 TFUE et 106 TFUE doivent être interprétés en ce sens qu'ils ne s'opposent pas, dans des circonstances telles que celles de l'affaire (...), à ce que les pouvoirs publics investissent un organisme de prévoyance du droit exclusif de gérer ce régime, sans aucune possibilité pour les entreprises du secteur d'activité concerné d'être dispensées de s'affilier audit régime ».

5 ▪ Politique des prix - Prix minimum et prix unique

639. Dans sa décision n° 03-D-31 du 2 juillet 2003 relative au secteur de l'assurance ski, le Conseil de la concurrence fait grief « à la Fédération française de ski [FFS] d'avoir abusé de sa position dominante en imposant un prix unique de vente de l'assurance Carré neige Orion et un prix minimum pour l'assurance Ticket neige Orion ». Cependant, le Conseil explique que, n'ayant pu conclure à une pratique de prix imposés au sens de l'article L. 420-1 du Code de commerce, et l'adhérent ayant la possibilité de déterminer librement son prix en remplissant un bulletin d'adhésion, il n'est pas nécessaire d'examiner la position de la FFS en cause sur ce marché ni même les moyens de défense de cette dernière au regard de l'article L .420-2 du Code de commerce.

6 ▪ Prix abusivement élevés

640. L'abus de position dominante peut également consister en l'exploitation abusive d'une position dominante par laquelle une entreprise en situation de position dominante exploite sa puissance économique, par exemple en pratiquant des prix excessifs ou discriminatoires.

641. Le Conseil de la concurrence a rendu une décision concernant le marché pertinent de l'assurance responsabilité civile médicale à destination des échographistes fœtaux. Les échographistes dénonçaient les conditions de l'augmentation des primes d'assurance demandées aux professionnels libéraux pratiquant le diagnostic prénatal. La saisine visait le Sou médical et la MACSF qui auraient abusé de leur position dominante sur ce marché. S'appuyant sur divers éléments tels que l'existence d'incertitude sur l'évaluation des coûts de l'assurance médicale des échographistes fœtaux, l'absence de barrières à l'entrée du marché et le retrait du marché de l'essentiel des assureurs, le Conseil a constaté qu'il ne pouvait être établi que la MACSF et le Sou médical avaient abusé de leur position dominante sur le marché en cause en augmentant artificiellement et de façon excessive, sans raison économique ou juridique, le niveau des primes, afin de se constituer une rente. La pratique de prix abusifs n'a donc pas été retenue, le Conseil a prononcé un non-lieu (Déc. 06-D-34 du 9 nov. 2006).

7 ▪ Discrimination

642. La CJCE a conclu dans un arrêt rendu sur une question préjudicielle dont l'objet était de savoir si les dispositions d'une convention collective de travail (notamment interdisant d'y déroger et énonçant les frais applicables en matière de maladie) enfreignait les articles 101 et 102 du TFUE, qu'il ne ressortait pas des éléments fournis que « l'entreprise chargée de la gestion de l'assurance en cause au principal soit amenée à exploiter son éventuelle position dominante de façon abusive ou que les prestations fournies ne correspondent pas aux besoins des travailleurs concernés ». Les dispositions de la convention collective en question sont ainsi compatibles avec les articles 101 et 102 du TFUE.

8 ▪ Abus de position dominante collective

643. La Commission a rendu une décision le 12 avril 1999 sur le marché de l'assurance maritime directe « protection et indemnisation » (« P&I ») sur lequel les entreprises en cause détenaient une position dominante collective. En l'espèce, les membres du Groupe international des clubs de protection et d'indemnisation (« GI ») ont conclu des accords dont l'un, selon la Commission, enfreignait les dispositions relatives à la concurrence contenues dans le Traité. Dans son analyse concurrentielle, la Commission a déduit que « les clubs P&I [Protection & Indemnisation] qui sont membres du GI sont des entités indépendantes unies par des liens économiques forts et qui, de ce fait, détiennent ensemble une position dominante sur le marché mondial de l'assurance directe P&I ainsi que sur celui de la réassurance P&I pour des niveaux supérieurs à environ 1, 8 milliard d'euros ». La Commission a constaté ainsi deux formes d'abus de position dominante, à savoir la limitation du niveau de couverture offert et la fourniture de réassurance à des conditions discriminatoires. Cependant, les entreprises en cause ayant modifié leurs accords afin d'être en conformité avec les règles de concurrence du Traité, la Commission a simplement constaté qu'elles étaient en mesure d'abuser de leur position dominante collective par leur comportement commercial. Toutefois, cette constatation ne pouvait faire l'objet de la décision qui se limitait à l'évaluation des accords notifiés (Aff. IV/D-1/30.373, Club de protection et d'indemnisation : accord du Groupe International et IV/D-1/37.143, Club de protection et d'indemnisation : accord de mise en commun).

D ▪ Les sanctions

644. La Commission peut imposer des amendes aux entreprises ayant abusé de leur position dominante sur un marché . Cette amende peut atteindre 10 % du chiffre d'affaires total de l'entreprise réalisé au cours de l'exercice social précédent comme vu précédemment en ce qui concerne les ententes. Le règlement n° 1/2003 du Conseil du 16 décembre 2002 prévoit également que la Commission peut imposer aux entreprises en cause de cesser l'infraction (article 7). Elle peut également accepter, par décision, des engagements proposés par les entreprises lorsque les infractions sont moins graves ou moins clairement définies. Les engagements sont rendus obligatoires à l'égard des entreprises concernées (article 9). La Commission peut imposer des astreintes pouvant aller jusqu'à 5 % du chiffre d'affaires journalier moyen par jour de retard afin que ses décisions soient respectées (article 24).

§ 3 ▪ Prohibition propre au droit interne : l'abus de dépendance économique

645. La notion de dépendance n'est visée que par le Code de commerce français et non par le droit de l'Union européenne. C'est l'ordonnance du 1er décembre 1986 qui envisage pour la première fois la notion d'état de dépendance économique. Il s'agit d'une situation dans laquelle une entreprise est obligée de poursuivre des relations commerciales avec une autre lorsqu'il lui est impossible de s'approvisionner en produits substituables dans des conditions équivalentes.

646. L'article L. 420-2 du Code de commerce prohibe l'exploitation abusive par une entreprise ou un groupe d'entreprises de l'état de dépendance économique dans lequel se trouve à son égard un entreprise cliente ou fournisseur. Ces abus peuvent notamment consister en refus de vente, en ventes liées, en pratiques discriminatoires visées par l'article L. 442-6-I du Code de commerce, ou en accords de gamme.

647. Une entreprise ne sera recevable à agir à l'encontre d'un abus de dépendance économique qu'à condition de démontrer s'être trouvée dans un rapport de client à fournisseur.

648. En matière d'assurances, alors qu'un distributeur se disait en état de dépendance économique vis-à-vis de son fournisseur et argumentait que cet état s'appréciait notamment au regard de l'importance de la part du chiffre d'affaires réalisé par le distributeur avec ce fournisseur, la chambre commerciale de la Cour de cassation a rejeté le pourvoi notamment au motif que le fournisseur ne détenait pas une part de marché importante et surtout que le distributeur en question avait pu pendant deux ans s'approvisionner en produits de substitution auprès de sociétés concurrentes (Com., 12 janv. 1999, n° 96-21.644).

§ 4 ▪ Règles de procédure et voies de recours

A ▪ Compétence et saisine des autorités de concurrence

649. Le règlement (CE) n° 1/2003 du 16 décembre 2002 relatif à la mise en œuvre des règles de concurrence prévues aux articles 101 et 102 du TFUE instaure un régime de compétences parallèles de la Commission européenne et des autorités nationales de concurrence et de leurs juridictions respectives (voir articles 5 et 6 du règlement n° 1/2003).

650. Au plan européen, la Commission européenne dispose d'une compétence générale pour connaître de l'application des principes fixés par les articles 101 et 102 du TFUE. Elle dispose également de compétences plus spécifiques lui permettant d'adopter des décisions, d'effectuer des enquêtes et imposer des sanctions en matière de pratiques anticoncurrentielles. Ces pouvoirs sont exercés par la Commission lorsque, sur dépôt de plainte ou saisine d'office, elle constate une violation des articles 101 et 102 du TFUE.

651. Au plan national, l'Autorité de la concurrence dispose d'une compétence générale aux fins d'application du droit français et européen.

652. Depuis le règlement n° 1/2003 et afin d'accroître l'efficacité de la politique de concurrence, les juridictions et autorités nationales de concurrence doivent obligatoirement appliquer les règles de concurrence issues du droit de l'Union européenne à tous les accords et pratiques dès lors qu'ils sont susceptibles d'affecter le commerce entre Etats membres.

653. Le commerce entre Etats membres sera sensiblement affecté dès lors que les accords ou pratiques en cause ont une incidence sur les activités économiques transfrontalières impliquant au moins deux Etats membres. Seront pris en considération également la nature de ces accords ou pratiques, la nature des produits concernés et la position sur le marché des entreprises en cause. Enfin, pour qu'il y ait une véritable affectation du commerce, les accords ou pratiques devront avoir une influence directe ou indirecte, actuelle ou potentielle sur les échanges entre Etats membres.

654. Aux fins de mise en œuvre efficace et homogène du droit européen de la concurrence, le règlement n° 1/2003 a institutionnalisé une coopération étroite entre la Commission et les autorités nationales de concurrence en mettant en place un Réseau Européen de la Concurrence (REC). La création du REC a permis de faciliter la communication entre les autorités de concurrence des Etats membres et la Commission.

B ▪ Enquêtes des autorités de concurrence

655. Dans le cadre de la lutte contre les pratiques anticoncurrentielles, la Commission européenne comme l'Autorité de la concurrence disposent de pouvoirs étendus en matière d'enquête de concurrence.

656. Dans le cadre de ses enquêtes (articles 3 et 4 du règlement n° 773/2004 et règlement n° 1/2003), la Commission peut, soit par simple demande soit par voie de décision, demander aux entreprises en cause des renseignements ou réaliser des inspections surprises (perquisitions) dans les locaux professionnels, voire au domicile des chefs d'entreprises, et autres membres du personnel des entreprises en cause, avoir accès aux livres et documents professionnels et y apposer des scellés, recueillir des déclarations en interrogeant des personnes physiques ou morales. La décision d'inspection des locaux est susceptible d'un recours devant la CJUE.

657. L'Autorité de la concurrence dispose également de pouvoirs d'enquête tels que prévus par le Titre V du Livre IV du Code de commerce. Ces pouvoirs ont été renforcés avec l'adoption de la loi n° 2014-344 du 17 mars 2014 relative à la consommation, dite « loi Hamon ». La nouveauté concerne le déroulement des enquêtes « simples » prévues à l'article L. 450-3 du Code de commerce. S'il était déjà possible pour les rapporteurs des services d'instruction de l'Autorité de la concurrence d'accéder à tous locaux professionnels, de se faire communiquer tous livres, factures et documents professionnels, ainsi que de recueillir, sur convocation ou sur place, des renseignements et justifications, le texte précise désormais que les enquêteurs peuvent opérer sur la voie publique, pénétrer entre 8 heures et 20 heures dans tous lieux utilisés à des fins professionnelles et dans les lieux d'exécution d'une prestation de services, ainsi qu'accéder à tous moyens de transport à usage professionnel. Ils peuvent également pénétrer en dehors de ces heures dans ces mêmes lieux lorsque ceux-ci sont ouverts au public ou lorsqu'à l'intérieur de ceux-ci sont en cours des activités de production, de fabrication, de transformation, de conditionnement, de transport ou de commercialisation (toutefois, lorsque ces lieux sont également à usage d'habitation, les contrôles ne peuvent être effectués qu'entre 8 heures et 20 heures et avec l'autorisation du juge des libertés et de la détention (« JLD »), si l'occupant s'y oppose). Pour le contrôle des opérations faisant appel à l'informatique, ils ont accès aux logiciels et aux données stockées ainsi qu'à la restitution en clair des informations propres à faciliter l'accomplissement de leurs missions. Ils peuvent en demander la transcription par tout traitement approprié des documents directement utilisables pour les besoins du contrôle. Enfin, ils peuvent différer le moment où ils déclinent leur qualité, et ce jusqu'à la notification à la personne contrôlée de la constatation de l'infraction ou du manquement (« client mystère ») lorsque l'établissement de la preuve de l'infraction ou du manquement en dépend et qu'elle ne peut être établie autrement, ils peuvent relever l'identité de la personne contrôlée et signaler à un officier de police judiciaire tout refus ou incapacité de justifier de son identité et peuvent être accompagnés de personnes « expertes » (articles L. 450-3-1 et L. 450-3-2 C.com.). Au terme de l'enquête, les agents dressent des procès verbaux.

658. Les opérations de visites et saisies (perquisition surprises) ne peuvent se dérouler que sur autorisation judiciaire donnée par une ordonnance du juge des libertés et de la détention, dans le cadre d'enquêtes menées soit par la Commission européenne, soit par le ministre chargé de l'économie ou par l'Autorité de la concurrence (article L. 450-4 C.com.).

659. L'article L. 450-8 du Code de commerce punit d'une peine d'emprisonnement de deux ans et d'une amende de 300 000 euros le fait pour quiconque de s'opposer, de quelque façon que ce soit, à l'exercice des fonctions des enquêteurs.

C ▪ Procédures négociées

1 ▪ Clémence

660. La Communication de la Commission sur l'immunité d'amendes et la réduction de leur montant dans les affaires portant sur des ententes du 8 décembre 2006 prévoit que toute entreprise qui a pris part à une entente illégale pourra bénéficier d'une immunité d'amende dès lors que, d'une part, l'entreprise en cause fournit des éléments de preuve de l'infraction présumée qui apportent une valeur ajoutée significative par rapport aux éléments dont disposait déjà la Commission et, d'autre part, que l'entreprise met fin à sa participation à l'entente illégale. La réduction du montant de l'amende pourra atteindre jusqu'à 50 % du montant initialement prévu et dépend d'un certain nombre d'éléments prévus dans la Communication de la Commission (voir l'affaire dite des « vitamines » n° IV 37.512 du 21 novembre 2001, JO L 6 du 10/01/2003, p. 1).

661. En droit français, le programme de clémence, révisé par le communiqué de procédure du 2 mars 2009 relatif aux engagements de procédure, est prévu à l'article L. 464-2-IV du Code de commerce. Il permet à l'Autorité de la concurrence d'accorder une exonération totale ou partielle des sanctions pécuniaires encourues par une entreprise participant à une entente illicite (infraction à l'article L. 420-1 du Code de commerce) si elle contribue à établir l'existence de la pratique en cause et permet ainsi d'y mettre fin. Depuis la loi n° 2015-990 du 6 août 2015 (dite loi Macron) l'exonération ou la réduction d'amende pourra être accordée, après que le commissaire du Gouvernement et l'entreprise concernée aient été entendus, sans que l'établissement préalable d'un rapport ne soit nécessaire. La réduction de l'amende pourra atteindre au maximum 50 % du montant de la sanction (voir les décisions du Conseil de la concurrence n° 05-D-67 et n° 06-D-09).

2 ▪ Engagements

662. Au niveau européen, la procédure d'engagements a été institutionnalisée par l'article 9 du règlement n° 1/2003. Elle s'applique à des situations qui soulèvent des préoccupations de concurrence actuelles et auxquelles il peut être mis fin rapidement au moyen d'engagements. Les entreprises en cause peuvent proposer des engagements qui, une fois acceptés par la Commission, deviennent obligatoires par décision formelle de la Commission (article 27).

663. Au niveau national, l'article L. 464-2-I du Code de commerce dispose que l'Autorité de la concurrence peut accepter des engagements proposés par les entreprises qui se livrent à des pratiques anticoncurrentielles. Les pratiques incriminées ne seront ainsi pas qualifiées au regard du droit de la concurrence et les entreprises pourront échapper à toute sanction. En revanche, l'Autorité de la concurrence pourra infliger des sanctions pécuniaires en cas de non respect des engagements qu'elle a acceptés.

3 ▪ Transaction

664. Sur le fondement du règlement n° 2015/1348 de la Commission modifiant le règlement n° 773/2004, la procédure de transaction européenne suppose que la Commission ait réuni assez de preuves pour incriminer les entreprises en cause, d'une part, et que ces dernières reconnaissent clairement et sans équivoque leur responsabilité dans l'infraction, d'autre part. Les entreprises parties à cette négociation pourront ainsi bénéficier d'une réduction d'amende de 10 % au maximum.

665. En droit français, la procédure de transaction a été introduite dans le Code de commerce à l'article L. 464-2 III par la loi n° 2015/990 du 6 août 2015 pour la croissance, l'activité et l'égalité des chances économiques (dite loi Macron). Elle se substitue à la procédure de non contestation des griefs qui avait été introduite par la loi n° 2001-420 du 15 mai 2001 sur les nouvelles régulations économiques (dite loi NRE). Cette procédure de transaction, comme c'était le cas du temps de la procédure de non contestation des griefs, vise, pour les entreprises en cause, à obtenir une réduction du montant de l'amende en négociant une fourchette portant sur le montant de d'amende. Les entreprises en cause peuvent aussi s'engager, mais n'y sont désormais plus tenues depuis la LME, à modifier leur comportement pour l'avenir ce qui sera éventuellement pris en compte par l'Autorité de la concurrence aux fins de réduction supplémentaire du montant de l'amende (voir les décisions du Conseil de la concurrence n° 03-D-10, 03-D-45 et 07-D-21). Trois types d'engagements peuvent être pris par l'entreprise en procédure de transaction : des engagements structurels (filialisation, séparation comptable...), des engagements comportementaux (modifications de clauses contractuelles, de conditions générales de vente ou de grilles tarifaires, etc.), ou les engagements de conformité.

D . L'introduction de l'action de groupe

666. L'une des principales mesures de la loi du 17 mars 2014 dite « loi Hamon » est l'instauration d'une procédure d'action de groupe dans le système judiciaire français consacrée à l'article L. 423-1 nouveau du Code la consommation.

667. L'action de groupe vise à obtenir la réparation des préjudices individuels patrimoniaux résultant de dommages matériels subis par des consommateurs placés dans une situation similaire ou identique et ayant pour cause commune un manquement d'un ou des mêmes professionnels à leurs obligations légales ou contractuelles à l'occasion de la vente de biens ou de la fourniture de services ou lorsque ces préjudices résultent de pratiques anticoncurrentielles.

668. Dans le cas de pratiques anticoncurrentielles, le juge ne peut se prononcer qu'à la suite d'une décision devenue définitive rendue par une Autorité de concurrence d'un État membre de l'Union européenne ou par la Commission.

669. L'introduction d'une action de groupe est réservée aux seules associations de consommateurs représentatives au niveau national et agréées. Le bénéfice de l'action est strictement réservé aux consommateurs, à savoir « toute personne physique qui agit à des fins qui n'entrent pas dans le cadre de son activité commerciale, industrielle, artisanale ou libérale ». Cela exclut les professionnels d'une manière générale.

670. La loi prévoit deux procédures : une procédure de droit commun et une procédure simplifiée. La différence principale entre les deux réside dans le fait que la procédure de droit commun s'applique quand les consommateurs concernés ne peuvent pas être a priori identifiés, au contraire de la procédure simplifiée qui s'applique lorsque l'identité et le nombre de consommateurs sont préalablement connus.

671. Le juge est un personnage central de la procédure. D'une part, il apprécie la recevabilité de l'action, statue sur la responsabilité du professionnel au vu des cas individuels, détermine le groupe de consommateurs et les critères de rattachement, ainsi que les préjudices susceptibles d'être réparés (avec leur montant ou les éléments permettant leur évaluation), fixe les différents délais de la procédure (pour l'adhésion au groupe, l'indemnisation, etc.).

672. Le délai de prescription de l'action de groupe est de cinq ans. Par ailleurs, l'action de groupe suspend la prescription des actions individuelles.

673. Le contentieux de l'assurance est susceptible de tomber sous le coup de la procédure simplifiée dans la mesure où les entreprises disposent de fichiers clients.
Aussi, les entreprises d'assurance devront-elles faire face à un nouveau type de contentieux dit « *de masse* », en sus des amendes auxquelles elles s'exposent en cas de manquement aux règles du droit de la concurrence.

Section 3 . Application des règles relatives au contrôle des concentrations

674. Le contrôle des concentrations est un instrument de régulation *a priori* de la structure de marché. Toute opération de concentration – c'est-à-dire de fusion, acquisition, et, sous

certaines conditions, de création d'entreprises communes – doit être notifiée aux autorités compétentes si elle dépasse certains seuils en termes de chiffre d'affaires (§1). L'autorité compétente, soit l'Autorité de la concurrence au niveau français, ou la Commission au niveau européen, se prononcera au terme d'une procédure d'examen (§2). L'autorité procédera à l'analyse concurrentielle de l'opération de concentration (§3). L'opération ne pourra être réalisée que pour autant qu'elle ait été préalablement autorisée.

§ 1 ▪ Notification préalable d'une opération de concentration

A ▪ Définition d'une opération de concentration

1 ▪ Modification de la structure de contrôle

675. Une opération de concentration est définie comme une modification de la structure du contrôle de l'entreprise faisant l'objet de l'opération. Cette définition résulte tant des textes européens (règlement n° 139/2004 (CE) du 20 janvier 2004, JOUE L 24, 29 janv. 2004), que des textes français applicables (C. com, L. 430-1 et s.). Cette définition est également reprise par la Communication juridictionnelle consolidée sur la compétence de la Commission (JOUE C 43/09, 21 févr. 2009) – et des lignes directrices de l'Autorité de la concurrence relatives au contrôle des concentrations (telles que publiées dans leur version révisée le 10 juillet 2013 sur le site Internet de l'Autorité de la concurrence).

676. La notion de contrôle a été définie par ces mêmes textes comme la faculté d'exercer une influence déterminante et durable sur l'activité de l'entreprise, qui fait l'objet de la concentration. Cette faculté d'exercer une influence déterminante est examinée *in concreto* par les autorités de concurrence : il s'agit de savoir si une influence déterminante peut résulter de droits, de contrats ou de tout autre moyen, pris isolément ou conjointement, et compte tenu des circonstances de fait ou de droit. L'influence sera déterminante si elle concerne la direction de l'activité de l'entreprise. Elle sera durable si l'opération n'est pas prévue à titre transitoire.

2 ▪ Formes des concentrations

677. Une opération de concentration peut revêtir des formes variées : fusion, acquisition exclusive ou conjointe d'une entreprise ou d'une partie d'entreprise, ou création d'une entreprise commune de plein exercice. La concentration peut être de droit ou de fait.

a - Fusion et acquisition d'un contrôle

678. La fusion s'entend de la création d'une nouvelle entreprise par deux entreprises antérieurement indépendantes. L'acquisition s'entend d'une acquisition du contrôle d'une entreprise ou d'une partie d'entreprise. A cet égard, l'article L 430-1 du Code de commerce mentionne le contrôle de l'ensemble ou de parties d'une ou plusieurs entreprises (pour une illustration récente, voir la décision de l'Adlc n° 15-DCC-11 du 13 février 2015 relative à la prise de contrôle exclusif de la société La Mondiale Participations par le groupe AG2R La Mondiale). La Communication de la Commission (§16-17, JOUE C 43/09, 21 févr. 2009) indique quant à elle qu'une acquisition d'éléments d'actifs est assimilée à une concentration dès lors que ces éléments d'actifs constituent l'ensemble ou une partie d'une entreprise, c'est-à-dire une activité se traduisant par la présence sur un marché et à laquelle un chiffre d'affaire peut être rattaché sans ambiguïté. La cession d'un portefeuille de contrats d'assurances collective a ainsi pu être considérée comme une concentration (Lettre du ministre de l'Economie, des Finances et de l'Industrie en date du 14 novembre 2002 - COVEA FLEET relative à une concentration dans le secteur des assurances des flottes automobiles d'au moins cinq véhicules ; Décision du ministre du 16 juillet 2003, Quatrem Assurances collectives: dans cette affaire, l'opération consistait en la cession de portefeuilles de contrats d'une entreprise cédante à une entreprise commune détenue par deux groupes dans le secteur de l'assurance collective ; Décision du ministre du 21 août 2007, Quatrem Assurances collectives: dans cette affaire, deux groupes détenaient une filiale commune à hauteur de 20 % et 80 % chacun. Le groupe détenant 20 % a cédé des portefeuilles de contrats d'assurance à la filiale commune, le ministre a constaté que l'opération envisagée avait pour effet la prise de contrôle exclusif des portefeuilles de contrats (la cible) par la filiale commune ; Décision de la Commission, du 2 avril 1993 n° IV/M.286 - Zurich/MMI: dans cette affaire, Zürich et MMI ont signé un contrat par lequel Zürich se portait acquéreur d'une partie des actifs de MMI, consistant notamment en des actifs incorporels et des contrats (contrats de location de locaux, contrats de travail ; Décision de l'Autorité de la concurrence n° 11-DCC-163 relative à la prise de contrôle exclusif par les sociétés SMABTP et l'Auxiliaire d'un portefeuille de contrats d'assurances de flottes de véhicules d'entreprises). De même il faut considérer qu'il y a concentration lorsqu'une mutuelle s'engage à transférer la totalité de son portefeuille à une autre mutuelle et que le nom de cette dernière est modifié afin d'inclure la dénomination de la première mutuelle (Adlc, déc. n° 09-DCC-77, 23 déc. 2009 *MICOM-PREICOM et MNIL*).

b - Création d'une entreprise commune de plein exercice

679. Une entreprise commune de plein exercice désigne une entreprise contrôlée conjointement et capable d'accomplir de manière durable toutes les fonctions d'une entité économiquement autonome. En pratique, une entreprise ne sera pas de plein exercice si elle ne dispose pas de ressources suffisantes pour opérer de façon indépendante sur le marché, ou si son activité se limite à la réalisation de tâches spécifiques pour les sociétés mères. Ainsi une entreprise commune active dans l'assurance crédit est de plein exercice dès lors qu'elle assume elle-même les fonctions centrales de l'activité de l'assurance crédit, à savoir le rassemblement d'informations sur le risque, leur évaluation et le calcul des primes (Comm. CE, 19 mai 1998, aff. IV/M.1101, *Hermes/Sampo/FGB-FCIC* ; JO C50, 17 févr. 1998). De même, la Commission a autorisé la création d'une entreprise commune entre Allianz SE et VW Financial Services AG qui avait pour objet d'élaborer, positionner et commercialiser des produits d'assurance comme les assurances automobiles, les assurances responsabilité civile, les assurances automobiles complémentaires, les assurances offrant une garantie pour les véhicules d'occasion vendus par les concessionnaires Volkswagen, les assurances pour les véhicules de tourisme privés et les assurances conducteur. L'entreprise commune possédera sa propre licence d'assurance et assumera le risque économique de l'ensemble de ses activités (Comm. CE, 7 mars 2013, aff. M.6739, *Allianz / VW financial services / JV* ; JO C195, 6 juillet 2013).

c - La fusion de fait : SGAM et partenariats structurels

680. Il résulte de la Communication de la Commission qu'une concentration peut résulter d'une fusion de fait, lorsque en l'absence d'une concentration *de jure*, la combinaison d'entreprises antérieurement indépendantes aboutit à la création d'un seul et même ensemble économique (§9, JOUE C 43/09, 21 févr. 2009). Cette notion a été appliquée à certaines structures spécifiques au secteur français des assurances. En effet, il résulte des articles L 322-1-2 et 3 du Code des assurances que les assurances peuvent se réunir en groupe de société d'assurances, dont l'activité principale consiste « à nouer et à gérer des liens de solidarité financière importants et durables avec des mutuelles » sans résulter de participations financières avec ces mutuelles. Ces liens, définis par une convention d'affiliation, donnent naissance à une société de groupes d'assurances mutuelles ou SGAM. Le ministre de l'Economie a déjà eu plusieurs fois l'occasion de se prononcer sur la nature des SGAM (Lettre min. 23 nov. 2005, *AZUR-GMF-SGAM COVEA*, BOCCRF 15 sept. 2006 ; Lettre min. 21 août 2007, *AG2R-La Mondiale*, BOCCRF, 26 oct. 2007; Lettre Min. 9 août 2006, *SMABTP*, BOCCRF 15 nov. 2006 ; Adlc, déc. n° 10-DCC-52, 2 juin 2010, création d'une Société de Groupe d'Assurance Mutuelle (« SGAM ») par la MACIF, la MAIF et la MATMUT; Adlc, déc. n° 11-DCC-186, 14 décembre 2011, affiliation de la Mutuelle Civile de la Défense à l'union mutualiste de groupe Istya). Il a été considéré que la qualification en fusion de fait résultait notamment de l'objectif même des SGAM, à savoir de gérer des liens de solidarité financière importants entre entreprises affiliées, de contribuer à la solvabilité de ces entreprises, de constituer des liens permanents de réassurance commune, d'élaborer une gestion commune des actifs, d'établir des comptes combinés, ou encore de préparer et de mettre en œuvre des politiques communes dans les domaines de la formation de la prévention et de la gestion des règlements des sinistres. Ainsi, le rapprochement de l'UNM et des mutuelles MAP, MAGE, MGO, MNDF, MSAT, MSO, MSP et MSSE, réalisé par la signature d'une convention d'affiliation par l'UNM et chacune des huit mutuelles adhérentes a pu être analysé comme une fusion de fait d'entités antérieurement indépendantes, et en conséquence, il a été considéré qu'une telle opération constituait une concentration au sens de l'article L. 430-1 du Code de commerce (décision n° 13-DCC-114 du 3 septembre 2013 relative au rapprochement de l'Union Nationale Mutualia et de 8 mutuelles (Mutualia Avenir Prévoyance, Mutualia Alsace Grand Est, Mutualia Grand Ouest, Mutualia Nord de France, Mutualia Santé Atlantique, Mutualia Sud Ouest, Mutualia Santé Prévoyance et Mutualia Santé Sud Est) ; voir aussi : décision n° 13-DCC-84 du 4 juillet 2013 relative à l'affiliation de la mutuelle interprofessionnelle SMI à la société de groupe d'assurance mutuelle Covéa).

681. Certains accords de partenariat structurel peuvent entraîner des fusions de fait progressives. L'Autorité de la concurrence a ainsi eu l'occasion d'indiquer qu'un accord passé entre deux SGAM, visant à coordonner leurs associations sommitales respectives, était constitutif d'une fusion de fait. En l'espèce, l'accord de partenariat prévoyait la mise en place de directions communes s'agissant des activités techniques, commerciales, comptables, des systèmes d'information et d'organisation, et du contrôle de gestion. Le partenariat s'était également traduit par une comptabilité unifiée et des dirigeants communs aux deux groupes. Un tel partenariat devait donc être notifié au titre du contrôle des concentrations. Il convient de noter qu'en l'espèce, l'Autorité de la concurrence a fait preuve de souplesse puisque le partenariat a été progressivement mis en place entre 2005 et 2008, et que la fusion n'a été notifiée qu'en octobre 2009 (Adlc, déc. n° 09-DCC-15, 30 juin 2009, *Isica Prévoyance et Prémalliance prévoyance*, et déc. n° 09-DCC-84, du 21 déc. 2009, *AG2R et Prémalliance*).

682. Dans une décision (Adlc, déc. n° 11-DCC-11, 27 janv. 2011, rapprochement du Groupe Aprionis et du Groupe Vauban Humanis), l'Autorité de la concurrence a jugé que l'opération qui lui était soumise se traduisait par la création d'un groupe unique au sein duquel les activités d'assurance des deux groupes seront combinées autour de quatre GIE. Comme les entités membres de chacun des groupes conserveront leur personnalité juridique au sein du groupe nouvellement créé, la création de ce dernier s'apparente à la création d'une unité économique commune, au sens du paragraphe 27 des lignes directrices de l'Autorité de la concurrence relatives au contrôle des concentrations qui précisent que « les fusions de fait sont soumises au contrôle des concentrations comme les fusions de droit, dès l'instant où elles conduisent à la réunion d'activités d'entreprises antérieurement indépendantes au sein d'un seul et même ensemble économique. L'existence d'une gestion économique unique et durable est une condition nécessaire pour déterminer si l'on est en présence d'une telle concentration. Pour le déterminer, l'Autorité prend en considération toutes les circonstances de droit ou de fait permettant de qualifier l'opération ». Dans la décision n° 11-DCC-215 (Adlc, 29 décembre 2011), relative au rapprochement du groupe

Humanis et du groupe Novalis Taitbout, faisant suite à l'opération précitée, l'Autorité de la concurrence a jugé une nouvelle fois que l'opération qui lui était soumise et ayant pour objectif la création d'un groupe unique sous la dénomination « Humanis », s'apparente à la création d'une unité économique commune. De même, la création de l'Union Mutualiste de Groupe par la Mutuelle Entrain et la Mutuelle Générale des Cheminots, afin d'établir des liens de solidarité financière entre elles et de réunir les moyens, ressources et organisations nécessaires à la mise en œuvre de projets communs, s'analyse comme la réunion d'activités d'entreprises antérieurement indépendantes au sein d'un seul et même ensemble économique, doté d'un pouvoir de gestion économique unique et durable, et qui sera contrôlé, de manière conjointe, par Entrain et MGC3. En conséquence, l'opération constitue une concentration au sens de l'article L. 430-1 du Code de commerce (décision n° 13-DCC-127 du 4 septembre 2013 relative à la création de l'Union Mutualiste de Groupe Viamut par la Mutuelle Entrain et la Mutuelle Générale des Cheminots).

B ▪ Les seuils de chiffre d'affaires

683. Une opération de concentration ne sera soumise aux autorités de concurrence que lorsque le chiffre d'affaires des entreprises concernées par l'opération atteint les seuils légaux de notification. Il existe deux niveaux de seuils légaux de notification : un au niveau national, et un au niveau européen.

1 ▪ Seuils nationaux

684. Conformément à l'article L 430-2 du Code de commerce, les opérations qui correspondent aux trois conditions suivantes doivent être notifiées à l'Autorité de la concurrence : le chiffre d'affaire total mondial hors taxe des entreprises concernées est supérieur à 150 millions d'euros, le chiffre d'affaires total hors taxe en France par deux au moins des entreprises concernées est supérieur à 50 millions d'euros. Les seuils nationaux ne s'appliquent que si l'opération n'entre pas dans le champ d'application du règlement européen relatif au contrôle des concentrations entre entreprises.

2 ▪ Seuils définissant les opérations de dimension européenne

685. Conformément à l'article 1er du Règlement 139/2004 (CE), deux séries de seuils définissent les opérations de dimension européenne devant être notifiées à la Commission. La première série de seuils s'applique aux entreprises correspondant aux conditions suivantes: le chiffre d'affaires mondial réalisé par les entreprises concernées est supérieur à 5 milliards d'euros, et le chiffre d'affaires total réalisé individuellement dans la Communauté par au moins deux des entreprises est supérieur à 250 millions d'euros. La seconde série de seuils s'applique aux entreprises ne répondant pas aux conditions du premier seuil, mais répondant néanmoins au conditions suivantes : le chiffre d'affaires mondial des entreprises concernées est supérieur à 2,5 milliards d'euros, le chiffres d'affaires réalisée par les entreprises concernées dans au moins trois Etats membres est supérieur à 100 millions d'euros, le chiffre d'affaire réalisé individuellement par au moins deux des entreprises concernés dans chacun des trois Etats membres est supérieur à 25 millions d'euros, et le chiffre d'affaire réalisé individuellement par au moins deux des entreprises concernées dans la communauté est supérieur à 100 millions d'euros.

686. Une exception est prévue si chacune des entreprises concernées réalise plus des deux tiers de son chiffre d'affaires européen à l'intérieur d'un seul et même Etat membre ; l'opération n'est pas dans ce cas de dimension européenne.

3 ■ Calcul du chiffre d'affaire pour les entreprises d'assurances

687. Le Règlement (CE) 139/2004 dispose, en son article 5 §3 b), que le calcul du chiffre d'affaire des entreprises d'assurance est composé de la valeur des primes émises, qui comprennent « *tous* les montants reçus et à recevoir au titre de contrats d'assurance établis par elles ou pour leur compte, y compris les primes cédées aux réassureurs, et après déduction des impôts ou des taxes parafiscales perçus sur la base du montant des primes ou du volume total de celui-ci ». Les primes à prendre en compte portent aussi bien sur les nouveaux contrats au cours de l'exercice comptable en question que sur les anciens contrats (analyse reprise au niveau national dans les lignes directrices de l'Autorité de la concurrence relatives au contrôle des concentrations, point 96).

§ 2 ■ L'analyse concurrentielle dans le secteur de l'assurance

688. Les autorités de concurrence vérifient si l'opération risque d'entraver la concurrence de manière significative, notamment du fait de la création ou du renforcement d'une position dominante. L'examen opéré à cette fin par les autorités de concurrence s'effectue en plusieurs temps. En premier lieu, l'autorité procède à la définition du ou des marchés pertinents (voir section 1). Une fois le marché pertinent défini, l'autorité procède en deuxième lieu à l'analyse concurrentielle.

A ■ Analyse préalable des parts de marché

1 ■ L'analyse des parts de marché dans le secteur de l'assurance

689. Les décisions rendues dans le secteur de l'assurance indiquent que l'analyse des parts de marché est fonction des caractéristiques du marché en cause. Ainsi des parts de marché de 40 à 50%, résultant de la concentration entre deux acteurs majeurs du marché de l'assurance non vie, n'ont pas été considérées par la Commission comme un indice sérieux de l'existence d'une position dominante, compte tenu de la pression concurrentielle sur le marché exercée par d'autres assureurs (Comm. CE, 3 déc. 2007, aff. COMP/M.4701, *Generali/PPF Insurance Business*). De même, à l'occasion de l'acquisition d'AGF par Allianz, la Commission avait dû analyser en particulier l'impact de l'opération sur le marché italien de l'assurance crédit. Elle n'a pas considéré que les parts de marché de 60 à 70% (détenues par AGF) et la disparition d'un concurrent potentiel (Allianz) étaient de nature à porter atteinte à la concurrence, tant que le second concurrent sur le marché était indépendant (Comm. CE, 8 mai 1998, aff. COMP/M.1082, *Allianz/AGF*).

690. Des parts de marché importantes ne signifient donc pas nécessairement que l'opération de concentration soit de nature à porter atteinte à la concurrence. En revanche, de faibles parts de marché conduisent en général les autorités de la concurrence à conclure à l'absence d'impact concurrentiel de la concentration.

2 ■ Le cas spécifique des assureurs captifs

691. Une question s'est posée pour la détermination des parts de marchés des assureurs captifs. Il s'agit des assureurs qui sont membres d'un groupe industriel et qui n'assurent que les risques des membres de ce groupe. La question se pose de savoir si le calcul des parts de marché doit ou non inclure la présence de ces assureurs sur le marché. La Commission a eu l'occasion de se prononcer sur cette situation (Comm. CE, 15 avril 1998, aff. IV/M.1101, *Hermes/*

Sampo/FGB-FCIC) et a estimé dans un premier temps que ces assureurs ne concurrençaient pas directement les assureurs traditionnels. Dans un second temps, la Commission a noté toutefois que ces assureurs pouvaient jouer un rôle important sur le marché, et que si les entités auxquels ces assureurs captifs sont dédiés ont la faculté de ne pas y avoir recours, les assureurs traditionnels et les assureurs captifs sont en concurrence pour ces entités. La Commission en a conclu que, dans ces conditions, le calcul des parts de marché pouvait prendre en considération celles des assureurs captifs.

B ▪ Effets anticoncurrentiels pouvant résulter d'une concentration

1 ▪ Effets horizontaux : suppression de la pression concurrentielle

692. Lorsqu'elles contrôlent une opération de concentration, les autorités de concurrence vérifient que l'opération n'est pas de nature à supprimer la pression concurrentielle existant sur un marché. Cette analyse est particulièrement importante pour les concentrations horizontales, c'est-à-dire les concentrations intervenant entre concurrents. Il s'agit d'établir si la concentration ne risque pas, du fait de la suppression d'un concurrent et donc de la réduction de l'offre, de permettre aux acteurs restants, par exemple, d'augmenter les prix.

693. La Commission vérifie si ces entreprises sont des concurrents proches, si les clients ont la possibilité de changer de fournisseur, si l'opération de concentration élimine un important moteur de la concurrence, ou si l'entité issue de la concentration peut freiner l'expansion des concurrents (*Lignes directrices de la Commission sur l'appréciation des concentrations horizontales,* JOUE, C 31 du 5 février 2004, points 24 et suivants).

694. La pratique décisionnelle des autorités de concurrence fournit quelques exemples de facteurs pris en compte dans le secteur de l'assurance pour déterminer si la pression concurrentielle est de nature à être affectée :

- des parts de marché importantes sont de nature à représenter un facteur sensible si les acteurs majeurs du marché ont la faculté d'utiliser l'avantage concurrentiel résultant de leur taille pour restreindre l'accès au marché (Comm. CE, 8 mai 1998, aff. COMP/M.1082, *Allianz/AGF*, points 45) ;
- la présence de concurrents puissants est de nature à maintenir une pression concurrentielle suffisante, bien que la concentration envisagée donne naissance à l'assureur le plus important sur le marché (voir par exemple, sur le marché de l'assurance automobile, Lettre min., 23 nov. 2005, AZUR-GMF-SGAM COVEA, BOCCRF 15 sept. 2006; Adlc, déc. n°11-DCC-215 du 29 décembre 2011, relative au rapprochement du groupe Humanis et du groupe Novalis Taitbout, point 23) ;
- l'importance des intermédiaires d'assurance, et en particulier la présence de courtiers puissants, est de nature à assurer le maintien d'une pression concurrentielle significative en dépit d'un marché hautement concentré (Comm. CE, 8 mai 1998, aff. COMP/M.1082, *Allianz/AGF*, points 29 et suivants) ;
- des liens capitalistiques (participations) et coopératifs (directeurs communs) entre les principaux acteurs du marché sont de nature à restreindre la concurrence : la rupture de ces liens pourra être exigée par les autorités de concurrence afin de garantir l'absence de coordination (Comm. CE, 8 mai 1998, aff. COMP/M.1082, *Allianz/AGF*, points 48 et suivants) ;
- l'analyse de la pression concurrentielle doit également prendre en compte les caractéristiques générales du marché, telles que l'existence de barrières à l'entrée ou l'évolution probable du marché (voir ci-après).

2 ▪ Concentration avec effets verticaux

695. Les concentrations entre sociétés opérant à différents niveaux de la chaîne d'approvisionnement peuvent générer un effet de verrouillage de marché. Une intégration verticale peut en effet priver les concurrents de l'accès à l'approvisionnement sur le marché amont, ou de l'accès à la clientèle sur le marché aval.

696. Dans le secteur des assurances, certains types de concentrations sont de nature à créer des effets verticaux anticoncurrentiels. C'est notamment le cas des concentrations entraînant une intégration verticale entre assureurs et affactureurs, dans la mesure où ces derniers ont recours à l'assurance crédit pour réassurer le risque lié à la créance de leur client. La Commission a ainsi considéré qu'une telle concentration peut générer des effets anticoncurrentiels lorsque l'assureur est en position dominante sur le marché de l'assurance crédit et acquiert de puissantes filiales sur le marché de l'affacturage : les factors concurrents qui deviennent ainsi dépendants de l'unique assureur concurrent risquent de voir leur coûts augmenter (Comm. CE, 11 déc. 2001, aff. COMP/M.2602, *Gerling/NCM*, points 41 et 42 ; voire également Comm. CE, 1er juillet 2002, aff. COMP/M.2602, *Natexis Banques Populaires/Coface*). Des effets verticaux peuvent également survenir entre les marchés de l'assurance ou de réassurance et les marchés de sélection et de management de risques (Comm. CE, 14 juil. 2008, aff. COMP/M.5010, *Berkshire Hathaway/Munich Re/GAUM*), ou le marché des services de courtage d'assurance (Lettre min., 10 sept. 2008, *Imperio Assurances/Esca*, BOCCRF 25 nov. 2008)

3 ▪ Coordination résultant d'une entreprise commune de plein exercice

697. A l'occasion de la création d'une entreprise commune, les autorités de la concurrence analysent les risques de coordination des comportements des sociétés mères. (Art. 2§4 et 5 du Règlement (CE) 139/2004 points 471 et suivants des lignes directrices de l'Autorité de la concurrence). La Commission a ainsi analysé les risques anticoncurrentiels générés par une entreprise commune active sur le marché de l'assurance non vie et détenue par deux sociétés actives sur le marché de l'assurance vie en Finlande. Toutefois, la présence de concurrents importants excluait, selon la Commission, le risque que les sociétés mères éliminent la concurrence (Comm. CE, 27 juil. 2001, aff. COMP/M.2491, *SampoStorebrand*, points 33 et suivants ; voir également Comm. CE, 14 juil. 2008, aff. COMP/M.5010, *Berkshire Hathaway/Munich Re/GAUM*).

4 ▪ Autres effets anticoncurrentiels

a - Effets de gamme

698. Une concentration conglomérale, ou multisecteurs, implique des opérateurs actifs sur des marchés différents. En pratique les autorités de la concurrence examinent attentivement les concentrations intervenant sur des marchés étroitement liés. Une concentration conglomérale peut avoir des effets anticoncurrentiels lorsqu'elle permet à la nouvelle entité d'exclure des concurrents par l'avantage que lui confère la détention d'une gamme entière de produits. Cet effet de gamme peut en effet permettre à la nouvelle entité, dans certaines conditions, d'exclure ses concurrents de l'un des marchés. Le risque d'un effet de gamme a déjà été évoqué dans le secteur de l'assurance, mais les faibles parts de marché des parties en présence n'ont pas incité l'autorité compétente à procéder à cette analyse (Lettre min., 10 sept. 2008, *Imperio Assurances/Esca*, BOCCRF 25 nov. 2008).

b - Effets coordonnés (oligopoles collusifs)

699. Une concentration peut produire des effets coordonnés lorsqu'elle intervient sur un marché oligopolistique et qu'elle génère un risque de coordination tacite anticoncurrentielle entre les principaux acteurs du marché, sans que les concurrents potentiels ou les consommateurs puissent remettre en cause cette coordination. La Commission a eu l'occasion d'étudier le risque de survenance de tels effets sur le marché tchèque de l'assurance non vie : la coordination de l'activité des quelques acteurs actifs sur ce marché était rendue possible par le fait qu'ils étaient présents sur de nombreux segments du marché et pouvaient dès lors se surveiller facilement. Mais une éventuelle coordination tacite aurait pu facilement être remise en cause dans le cas d'espèce ; le risque d'effets coordonnés a donc été écarté par la Commission (Comm. CE, 3 déc. 2007, aff. COMP/M.4701, *Generali/PPF Insurance Business*, points 89 et suivants).

C ▪ Caractéristiques générales du marché à prendre en considération

1 ▪ Prise en compte d'éléments à caractère prospectif

700. Le Ministre de l'Economie a ainsi indiqué qu'il est « *de pratique «courante que des éléments à caractère prospectif soient également à prendre en compte dans l'analyse concurrentielle* » et que le principe d'une analyse dynamique des marchés en cause a été validé par le Conseil d'Etat. Ainsi, lorsque les mutuelles en cause sont actives dans le secteur de l'assurance des fonctionnaires, il convient d'analyser les évolutions probables du cadre réglementaire de ces mutuelles, notamment lorsqu'il s'avère que la participation de l'Etat français à la protection sociale de ses agents est amenée à évoluer (Lettre min., 5 août 2008, *MMI-MGPAT*, BOCCRF 15 sept. 2006).

701. L'analyse concurrentielle du marché doit également prendre en compte le potentiel de croissance du marché. Un marché caractérisé par un faible taux de pénétration de l'assurance dispose d'un potentiel de croissance : ce potentiel est de nature à assurer le maintien d'une concurrence effective et dynamique (Comm. CE, décision du 03 déc. 2007, aff. COMP/M.4701, *Generali/PPF Insurance Business*, points 50 et suivants). A l'inverse, dans un marché caractérisé par un taux de pénétration élevé et une croissance limitée, les parts de marchés ne sont pas de nature à connaître des modifications durables (Comm. CE, 11 déc. 2001, aff. COMP/M.2602, *Gerling/NCM*, point 40).

702. Une analyse dynamique du marché peut également prendre en considération l'internationalisation progressive du marché des assurances, ainsi que la concurrence future d'opérateurs offrant des services d'assurances accessoires, tels que les banques dans le marché de l'assurance crédit (Comm. CE, décision du 15 avr. 1998, aff. IV/M.1101, *Hermes/Sampo/FGB-FCIC*, points 49 et 54).

2 ▪ Barrières à l'entrée des concurrents potentiels

703. Une concentration peut avoir des effets anticoncurrentiels plus significatifs si le marché est caractérisé par de fortes barrières à l'entrée, c'est-à-dire des obstacles restreignant l'arrivée de nouveaux concurrents. De faibles barrières permettront l'entrée de concurrents potentiels, et dans ces conditions, la pression concurrentielle s'en trouve renforcée.

704. Le secteur de l'assurance comprend un certain nombre de spécificités facilitant ou rendant plus difficile l'entrée sur le marché de concurrents potentiels. La présence d'intermé-

diaires, et notamment de courtiers, ainsi que la réputation des opérateurs existants, ou encore l'inertie des consommateurs sont autant de facteurs constituant des barrières à l'entrée du marché. A titre d'exemple, la Commission considère que la présence d'un réseau significatif de courtiers, c'est-à-dire qu'une proportion significative des nouvelles primes sont acquises par le biais du courtage, ainsi que la présence de grands courtiers indépendants (AON, Marsch, Willis...) sont de nature à faciliter l'entrée sur le marché de concurrents potentiels (Comm. CE, 3 déc. 2007, aff. COMP/M.4701, *Generali/PPF Insurance Business*, points 60 et 61). A l'inverse, l'absence d'intermédiaires est de nature à constituer une barrière à l'entrée significative dans la mesure où les nouveaux entrants seront dans l'obligation d'instituer leurs propres réseaux de distribution (Comm. CE, 11 déc. 2001, aff. COMP/M.2602, *Gerling/NCM*, points 40).

705. Il s'agit de vérifier si, plus généralement, les consommateurs ont la possibilité de changer facilement de fournisseurs d'assurances (Comm. CE, 3 déc. 2007, aff. COMP/M.4701, *Generali/PPF Insurance Business*, points 65 ; Comm. CE, 3 août 2011, aff. COMP/M.6217, Baloise Holding/Nateus/Nateus Life, point 55).

Section 4 ▪ Les aides d'État

706. La Commission européenne est compétente pour apprécier de la compatibilité d'une aide d'État projetée ou existante (article 108 du Traité et Règlements de procédure applicables n° 659/1999 du Conseil du 22 mars 1999 et n° 794/2004 de la Commission du 21 avril 2004).

707. L'article 108 du Traité impose aux Etats membres de notifier à la Commission européenne tout projet visant à instituer des aides d'Etat avant qu'il soit mis à exécution. La Commission opère ainsi un contrôle sur ces aides et rend une décision de compatibilité ou d'incompatibilité.

708. En tout état de cause, la Commission doit étudier la compatibilité de l'aide et rendre une décision qui met fin à la procédure. Sa décision peut être de trois sortes. Soit la Commission décide qu'il y a absence d'aide au sens de l'article 107 § 1, soit elle décide que l'aide est compatible avec les règles du Traité, soit elle décide que l'aide est incompatible avec les règles du traité. En cas de doute sérieux sur la nature juridique des mesures examinées ou sur leur compatibilité, il appartient à la Commission d'ouvrir la procédure formelle d'examen.

§ 1 ▪ Principe, dérogations et exemptions issus du droit de l'Union

A ▪ Principe : les aides sont incompatibles avec le marché commun

709. L'article 107 § 1 du Traité dégage un principe général d'incompatibilité des aides d'Etat avec le marché commun : « Sauf dérogations prévues par le présent traité, sont incompatibles avec le marché commun, dans la mesure où elles affectent les échanges entre Etats membres, les aides accordées par les Etats ou au moyen de ressources d'Etats sous quelque forme que ce soit qui faussent ou qui menacent de fausser la concurrence en favorisant certaines entreprises ou certaines productions ».

710. Les règles applicables aux aides d'Etat visées par l'article 107 § 1 du Traité reposent sur quatre critères :

- le transfert de ressources d'Etat : ces aides constituent un avantage octroyé par un Etat ou au moyen de ressources d'Etat à une ou plusieurs entreprises. Elles emportent le transfert de ressources publiques en provenance soit de l'Etat lui-même, soit d'un organisme privé ou public jouant le rôle d'intermédiaire et désigné par l'Etat. Les transferts de ressources d'Etat peuvent prendre la forme de subventions mais aussi de garanties de prêts, de bonifications d'intérêts, d'exonérations fiscales, d'apports en capital, etc. ;
- un avantage économique : la mesure d'aide procure à ses bénéficiaires un avantage qui allège leurs charges qui normalement pèsent sur leur budget. Tel sera le cas, par exemple, lorsqu'une entreprise achète un terrain public à un prix inférieur à celui du marché ;
- un caractère sélectif : la mesure d'aide est spécifique ou sélective en ce sens qu'elle favorise certaines entreprises ou certaines productions. Un régime d'aide sera considéré comme étant sélectif dès lors que l'autorité en charge de l'administrer possède un pouvoir discrétionnaire qu'elle utilise à cette fin ;
- affectation de la concurrence et des échanges : la mesure doit avoir pour objet ou pour effet d'affecter le commerce entre Etats membres (CJCE, 14 fév. 1990, aff. C-301/87, France c/ Commission, Rec., I-307) et les échanges entre Etats membres (TPICE, 11 juil. 2002, aff. T-152/99, Hijo de Andrès Molina, Rec., II-3049 et CJCE, 21 mars 1990, aff. C-142/87, Belgique c/ Commission, Rec., I-959).

711. Lorsqu'une aide d'Etat remplit ces critères, elle est par principe incompatible avec le marché commun. Cependant, ce principe ne constitue pas une interdiction générale et absolue. Il existe en effet trois exceptions à ce principe d'interdiction : le service d'intérêt général économique, le principe de l'opérateur en économie de marché et l'exception de minimis qui retiendra ici notre attention. Le règlement n° 1407/2013 de la Commission du 18 décembre 2013 prévoit en effet que les aides n'excédant pas un plafond de 200 000 euros sur une période de 3 ans n'affectent pas les échanges entre Etats membres et/ou ne faussent pas ou ne menacent pas de fausser la concurrence. Ils ne tombent pas, par conséquent, sous le coup de l'article 107 § 1 du Traité. Ces aides ne sont donc pas soumises à l'obligation de notification.

712. Par ailleurs, les paragraphes 2 et 3 de l'article 107 du Traité prévoient des exemptions au principe d'interdiction. Des règlements d'exemption prévoient également des régimes dérogatoires.

B ▪ Exemptions

1 ▪ Exemptions prévues par le Traité

713. Les paragraphes 2 et 3 de l'article 107 du Traité prévoient des exemptions au principe d'incompatibilité. Ces exemptions visent un certain nombre de situations dans lesquelles les aides d'Etat vont se justifier pour des raisons tant économiques qu'extra-économiques. Aux fins d'octroi de toute exemption, la Commission devra examiner *ex ante* tout projet tendant à instituer des aides d'Etat. Que ces aides soient compatibles de plein droit ou susceptibles d'être déclarées compatibles, elles doivent, en tout état de cause, être notifiées à la Commission.

a - Article 107 § 2 : dérogations admises de plein droit

714. Des dérogations sont admises de plein droit par la Commission lorsqu'elles sont liées à des événements exceptionnels prévus par le Traité. Il s'agira des « aides à caractère social octroyées aux consommateurs individuels, à condition qu'elles soient accordées sans discrimination liée à l'origine des produits », des « aides destinées à remédier aux dommages causés par les calamités naturelles ou par d'autres événements extraordinaires », et enfin des « aides octroyées à l'économie de certaines régions de la République fédérale d'Allemagne affectées par la division de l'Allemagne ».

715. Ces aides seront admises par la Commission de plein droit mais cette dernière appliquera tout de même la procédure d'examen des aides d'Etat sur le fondement de l'article 108 du Traité. Il s'agira, en tout état de cause, de vérifier que les aides sont effectivement attribuées dans le but annoncé et que toutes les conditions visant à octroyer une dérogation sont remplies. Elle ne doit se livrer à aucune appréciation discrétionnaire sur le fond.

b - Article 107 § 3 : dérogations facultatives

716. Le paragraphe 3 de l'article 107 du Traité prévoit diverses exemptions octroyées par la Commission de manière facultative.

717. Ainsi, des aides pourront être octroyées de manière générale afin de favoriser le développement de certaines régions ou de certaines activités (point c), et de manière plus spécifique afin d'apporter une aide aux régions subissant un retard en terme de développement (point a).

718. D'autres aides d'Etat pourront être octroyées ponctuellement afin de *« promouvoir la réalisation d'un projet d'intérêt commun ou [de] remédier à une perturbation grave de l'économie d'un Etat membre »* (point b). La Commission n'accorde ce type d'aide que dans des cas stricts qui se justifient par des situations graves.

719. Typiquement, la Commission européenne a recouru à cette disposition afin d'établir un cadre destiné à soutenir les Etats membres dans le contexte de crise économique et financière actuelle (Communications de la Commission du 13 octobre 2008 [2008/C 270/02] et du 17 décembre 2008 [2009/C 16/01]). Elle a par exemple autorisé sur le fondement de ce texte, la mesure de recapitalisation d'un montant de 1, 5 milliard d'euros accordée par la Belgique dans le cadre de la restructuration d'Ethias, un assureur belge ayant rencontré de grandes difficultés en 2008 à la suite de la crise financière. La Commission a considéré que le plan de restructuration d'Ethias prévoyait des mesures appropriées pour restaurer la viabilité de l'entreprise tout en remédiant aux distorsions de concurrence résultant de l'aide d'Etat (Comm. CE, 20 mai 2010, aff. N 256/2009, aide à la restructuration de la compagnie d'assurance belge Ethias).

720. Autre exemption à finalité extra-économique et octroyée ponctuellement, il s'agit des *aides destinées à promouvoir la culture et la conservation du patrimoine* (point d).

721. Enfin, d'autres catégories d'aides déterminées par décision du Conseil statuant à la majorité qualifiée sur proposition de la Commission peuvent recevoir le bénéfice d'une exemption (point e). Il s'agit d'une *clause* dite *évolutive* tant elle peut recouvrir nombre de situations. Cette clause ne vise cependant pas à rendre compatibles toutes les « autres catégories d'aides » de manière automatique. La Commission continue d'opérer un contrôle *ex ante*.

2 ▪ Exemptions prévues par différents règlements européens

722. La Commission peut adopter, par voie de règlement (en vertu du règlement n° 651/2014 de la Commission du 17 juin 2014 modifiant le règlement n° 994/98 du Conseil du 7 mai 1998), des exemptions au bénéfice de certaines catégories d'aides, qui, dès lors, n'ont pas à être notifiées, dans certains domaines : PME, R&D, environnement, emploi et formation, aides à finalité régionale, etc.

§ 2 ▪ Application au secteur de l'assurance

723. Dans le secteur des assurances, la Commission a rendu une décision (Comm. CE, déc. n° E 20/2004, 2 mars 2005, France, *JOCE* C/280/2005), qui porte sur l'exonération de la taxe sur les conventions d'assurance en faveur des mutuelles et des institutions de prévoyance françaises. La Commission a incité la France à supprimer, au plus tard le 1er janvier 2006, l'exonération de la taxe sur les conventions d'assurance dont bénéficient les mutuelles et les institutions de prévoyance.

En France, les contrats d'assurance, conclus par les mutuelles et les institutions de prévoyance, ne faisaient pas l'objet d'une taxe. Or, la Commission considère que cette exonération constitue une aide d'État puisqu'elle serait de nature à favoriser les mutuelles et les institutions de prévoyance par rapport aux autres sociétés d'assurances françaises et étrangères avec lesquelles elles sont en concurrence.

Cependant, les distorsions de la concurrence entre les mutuelles et les institutions de prévoyance, d'une part, et les entreprises d'assurances, d'autre part, ont pris fin puisque la France a accepté des mesures utiles. La France a remplacé le système d'exonération spécifique en faveur des mutuelles et institutions de prévoyance par une exonération au profit des contrats d'assurance maladie dits « solidaires », c'est-à-dire sans examen médical préalable, et ce indépendamment du statut de l'organisme donneur d'assurances. La Commission a considéré cette dernière exonération comme compatible avec les règles en matière d'aides. Le 21 novembre 2011, la France a notifié une augmentation de la taxe spéciale sur les conventions d'assurance à 7 % pour les contrats solidaires et responsables. Pour la Commission, la modification de la mesure précédemment approuvée, ne remet pas en cause le caractère d'aide de la mesure. L'appréciation des autres critères de l'article 107, paragraphe 1er TFUE reste inchangée. La mesure modifiée conserve son caractère sélectif, implique toujours un transfert de ressources d'État et est toujours susceptible d'altérer les échanges et la concurrence. L'aide est donc de nouveau jugée compatible (décision n° SA.33914 (2012/NN), 25 janvier 2012 – « France Modification du dispositif d'exonération de la taxe spéciale sur les conventions d'assurances des contrats d'assurance maladie dits « solidaires et responsables ».

724. Dans le cadre d'une décision du 5 juillet 2004 (Comm. CE, déc. n° E 21/2004, 5 juill. 2004, *JOCE* C/295/2005), la Commission a incité la France à modifier ses mesures de support aux mutuelles de la fonction publique. La Commission estimait que le concours de l'Etat à la MFP et ses mutuelles membres était susceptible de constituer une aide d'Etat, incompatible avec le Traité. La Commission a donc invité la France à modifier ses mesures de support étatique de l'espèce, afin de rendre équitables les conditions d'activité des différents organismes sur ce marché. Cela permet d'éviter les financements étatiques discriminatoires et d'ouvrir l'accès aux œuvres sociales supportées par l'Etat aux fonctionnaires qui n'adhèrent pas forcément aux mutuelles de la MFP (Aide d'Etat n°E 21/2004, 5 juill. 2004, France).

725. Dans l'affaire T-289/03 du 12 février 2008, *BUPA e. a. contre Commission*, le TPICE (devenu depuis le Tribunal de l'Union Européenne) a confirmé la décision de la Commission approuvant le système d'égalisation des risques (« RIS ») sur le marché de l'assurance maladie privée (« AMP ») en Irlande. Dans cette affaire, les autorités irlandaises avaient formellement notifié l'établissement de ce RIS géré par l'autorité de l'assurance maladie (« HIA »). La Commission n'a pas formulé d'objections relatives à l'établissement de ce système. BUPA a introduit un recours en annulation de cette décision devant le TPICE. Ce dernier valide le raisonnement de la Commission qui considère que la compensation assurée par le RIS constitue une indemnisation destinée à compenser des obligations de service d'intérêt économique général (SIEG), à savoir des obligations visant à assurer à toute personne vivant en Irlande un niveau minimal de services AMP au même prix, indépendamment de leur état de santé, de leur âge ou de leur sexe. Le TPICE ajoute qu'en l'espèce il existe bien un acte de puissance publique investissant les opérateurs en cause d'une mission de SIEG ainsi que le caractère universel et obligatoire de cette mission.

726. Enfin, la Commission européenne est parvenue à la conclusion qu'un projet français, datant de 2006, d'aides fiscales aux assureurs à raison de leurs activités de gestion des contrats d'assurance complémentaire santé dits « solidaires et responsables » n'était pas compatible avec les règles du Traité en matière d'aides d'Etat. Bien que la Commission ne mette pas en doute l'objectif social des mesures, son enquête a démontré que les mesures envisagées n'étaient pas de nature à garantir une répercussion effective de l'avantage fiscal sur le consommateur final. Les mesures risquaient également de créer une discrimination au profit des opérateurs historiques. D'après son communiqué de presse, la Commission a essayé de convaincre la France de modifier les deux régimes pour les rendre compatibles en proposant plusieurs pistes dont un mécanisme d'aide, approuvé par la Commission en 2007, pour couvrir le régime complémentaire santé des fonctionnaires français. Néanmoins, les autorités françaises n'ont pas accepté de modifier les mesures concernées. Les mesures d'aide n'ayant pas été mises en vigueur, il n'y a pas eu lieu à recouvrement (Comm. CE, C50/2007 – Fiscalité des contrats d'assurance).

Chapitre 3
Les pratiques commerciales

BIBLIOGRAPHIE

L'Argus de l'assurance

Revues - M. Dary, La publicité comparative et les pratiques déloyales dans le secteur automobile, JA n° 0839, avril 2012. - L. François-Martin, M. Dary, D. Colonna d'Istria, M. Bureau, Les pratiques commerciales dans l'assurance, Cahiers pratiques L'Argus n° 7218, 20 mai 2011, p 55 et s.

Ouvrages - J. Landel, *Lexique des termes d'assurance*, Éd., L'Argus, 2014.

727. Le Code des assurances prévoit un certain nombre de règles protectrices pour le souscripteur. Toutefois, ces règles ne sont pas les seules à s'appliquer dans le cadre de la distribution des produits d'assurance aux consommateurs. En effet, de nombreuses dispositions du Code de la consommation trouvent également à s'appliquer dans les rapports entre l'assureur et ses souscripteurs.

728. Ces règles, dont la violation est sanctionnée pénalement, doivent être prises en compte dans toutes les opérations publicitaires, promotionnelles et contractuelles mises en place par les entreprises d'assurances, d'autant plus que la tendance consumériste, notamment du législateur de l'Union européenne, impose une vigilance renforcée de ces questions.

729. Au niveau européen, c'est la directive 2005/29/CEE du 11 mai 2005 qui encadre les pratiques commerciales déloyales des entreprises vis-à-vis des consommateurs, disposant que « toute action, omission, conduite, démarche ou communication commerciale (...) de la part d'un professionnel, en relation directe avec la promotion, la vente ou la fourniture d'un produit aux consommateurs ». Elle dresse une liste des « seules pratiques commerciales qui peuvent être considérées comme déloyales sans une appréciation au cas par cas ». Les pratiques ne figurant pas sur cette liste ne peuvent donc être sanctionnées que s'il est démontré qu'elles sont agressives, trompeuses ou déloyales.

730. Cette directive a été transposée en droit français par la loi n° 2008-776, dite loi LME. Or, le juge européen a considéré que la transposition en droit français de cette directive était inadéquate.

731. En effet, les règles interdisant les ventes liées ont été remises en cause par un arrêt de la Cour Justice des Communautés européennes, devenue Cour de justice de l'Union européenne(CJUE), sur le fondement d'une mauvaise transposition de la directive. En outre, la Commission européenne, constatant que le législateur français avait maintenu des interdictions ne figurant pas sur la « *liste noire* » de la directive, a mis la France en demeure de modifier sa réglementation, notamment les articles du Code de la consommation relatifs aux ventes avec prime et ventes liées. À la suite de cette mise en demeure, les dispositions du Code de la consommation, notamment celles relatives aux ventes avec prime et aux ventes subordonnées, ont été mises en conformité avec le droit de l'Union européenne. Ainsi, la loi de simplification et d'amélioration de la qualité du droit du 17 mai 2011 a adapté la législation française, mise en conformité qui a été achevée récemment par la loi n° 2014-344 du 17 mars 2014 relative à la consommation (dite « loi Hamon ») (voir ci-dessous). Cependant, le 29 septembre 2011, la France a fait l'objet d'une nouvelle procédure d'infraction pour non-respect de la directive, la transposition en droit interne étant toujours incorrecte. En effet, la loi du 17 mai 2011 précitée ne serait pas conforme, s'agissant notamment de la définition des pratiques commerciales trompeuses et agressives. Au titre des articles 6, 7 et 8 de la directive, ces pratiques sont interdites si elles sont susceptibles d'amener le consommateur « *à prendre une décision commerciale qu'il n'aurait pas prise autrement* ». Cette condition est absente des articles L. 121-1 et L. 122-11 du Code de la consommation (voir ci-dessous).

732. Au regard de ces évolutions, les dispositions françaises qui interdisent de façon générale une pratique commerciale particulière peuvent être invalidées par un juge. Cependant, ceci ne veut pas dire que toutes les pratiques commerciales interdites jusqu'à présent par le droit français sont systématiquement illicites mais elles doivent être évaluées au cas par cas au regard de la directive précitée.

Section 1 ▪ Les dispositions protectrices du droit des consommateurs

Sous-section 1 ▪ La publicité et les pratiques commerciales déloyales

§ 1 ▪ Le prix dans les contrats d'assurance

A ▪ La promotion sur les montants des primes d'assurance

1 ▪ Le principe : La liberté de réduction du prix

733. La réduction du prix de vente d'un produit est en principe toujours autorisée. En effet, les ventes promotionnelles par la réduction de prix sont réglementées par l'arrêté du 31 décembre 2008 relatif aux annonces de réduction de prix à l'égard du consommateur, et par un arrêté du 3 décembre 1987 relatif à l'information du consommateur sur les prix.

734. Cette réglementation concerne les promotions effectuées sur des produits ou des services entrant dans le champ d'application de l'article L. 410-1 du Code de commerce, lequel vise toutes les activités de production, de distribution et de services. Ainsi, l'activité d'assurance étant une activité de service, les réductions sur le montant des primes d'assurance sont assujetties à ces dispositions.

2 ▪ Les limites au principe de la liberté de réduction de prix

a - La prohibition de la vente et de l'offre de vente à un prix abusivement bas

735. La pratique des prix abusivement bas révèle la volonté de certaines entreprises, notamment actives sur le réseau Internet, d'évincer d'autres entreprises du marché. Aussi les pouvoirs publics ont-ils eu la volonté d'en prohiber l'usage.

736. Selon l'article L. 420-5 du Code commerce « sont prohibées les offres ou pratiques de prix de vente au consommateur abusivement bas par rapport au coût de production, de transformation et de commercialisation, dès lors que ces offres pratiques ont pour objet, ou peuvent avoir pour effet, d'éliminer d'un marché ou d'empêcher d'accéder à un marché, une entreprise ou l'un de ses produits... ». Cette disposition semble s'appliquer aux prestations de services. En effet, l'Autorité de la Concurrence, suivie par l'administration, adopte une position large ayant estimé que l'article 10 de la loi Galland du 1er juillet 1996 vise tant les biens que les services. Aussi, l'article L. 420-5 du Code de commerce s'applique aux ventes et aux offres de vente d'assurance proposées aux consommateurs à des prix abusivement bas.

737. La pratique de prix abusivement bas est particulièrement difficile à démontrer en matière d'assurance. D'ailleurs, dans une décision 02-D-66 du 6 novembre 2002 relative à des pratiques mises en œuvre par les sociétés d'assurance directe, l'Autorité de la concurrence a rejeté une plainte qui portait sur les prix de sociétés d'assurance directe.

b - Les annonces de réduction de prix

738. Conformément à l'arrêté de 2008 précité, l'annonce faite hors d'un lieu de vente ou sur un « site électronique non marchand » doit préciser :
- les produits et les services ou les « catégories de produits ou services » concernés ; le texte ne précise pas ce qu'il faut entendre par « catégorie » ;
- les « modalités suivant lesquelles sont consentis les avantages annoncés, notamment pendant laquelle le produit ou le service est offert ».

L'annonce faite sur un lieu de vente ou sur « un site électronique marchand » doit faire apparaître le prix de référence et le prix réduit, par étiquetage, marquage ou affichage.

739. Le prix de référence est le prix qui sert de base au calcul d'une réduction annoncée par le vendeur. Ce prix est le prix le plus bas effectivement pratiqué pour une prestation similaire dans le même établissement de vente au détail ou site de vente à distance au cours des trente derniers jours. Le non-respect du prix de référence est sanctionné en vertu de l'article 131-13 du Code pénal par une amende de 1 500 €, montant qui peut être porté à 3 000 € en cas de récidive. Dans l'hypothèse où il s'agit d'une personne morale l'amende est multipliée par cinq. Par ailleurs l'amende est prononçable autant de fois qu'il y a d'infractions. Enfin le non-respect du prix de référence peut constituer une pratique déloyale et trompeuse.

740. Toutefois, il convient de noter que, dans la mise en demeure adressée par la Commission européenne à la France pour non-respect de la directive n° 2005/29/CE (cf. introduction du présent chapitre), le dispositif de l'arrêté du 31 décembre 2008 visé ci-dessus est jugé contraire à l'article 7 de ladite directive car « en interdisant toute référence à un prix autre que celui ainsi défini, la disposition en question empêche toute appréciation in concreto du caractère trompeur ou non de la réduction : une annonce de réduction réelle par rapport à un prix antérieur mais qui n'a pas été pratiqué pendant les 30 jours précédents est par conséquente interdite, alors même que son caractère trompeur au sens de la Directive n'est pas avéré ».

741. Néanmoins, la question de l'application des dispositions de cette directive au secteur de l'assurance demeure en suspens en l'absence de précision sur la notion de « services financiers » qui peut faire l'objet, par les Etats membres, d'exigences plus restrictives ou plus rigoureuses que celles prévues par la directive (article 3.9 de la directive). Les produits d'assurance étant qualifiés de services financiers, sans distinction entre des produits effectivement financiers (assurance-vie par exemple) et d'autres produits (assurance habitation, assurance automobile), le législateur français est en droit de maintenir des mesures plus restrictives que la directive pour des opérations promotionnelles touchant au secteur de l'assurance.

B ■ L'obligation d'information relative au prix des prestations d'assurance

1 ■ Les dispositions du Code de la consommation

742. L'article L. 113-3 du Code de la consommation dispose que « tout vendeur de produit ou tout prestataire de services doit, par voie de marquage, d'étiquetage, d'affichage ou par tout autre procédé approprié, informer le consommateur sur les prix et les conditions particulières de la vente et de l'exécution des services, selon des modalités fixées par arrêtés du ministre chargé de l'économie, après consultation du Conseil national de la consommation ». .

743. La loi Hamon ajoute un nouvel article L. 113-3-1 aux termes duquel « lorsque le prix ne peut être raisonnablement calculé à l'avance du fait de la nature du bien ou du service, le professionnel fournit le mode de calcul du prix et, s'il y a lieu, tous les frais supplémentaires de transport, de livraison ou d'affranchissement et tous les autres frais éventuels. Lorsque les frais supplémentaires ne peuvent raisonnablement être calculés à l'avance, le professionnel mentionne qu'ils peuvent être exigibles ». Cet article précise que, dans le cas d'un contrat à durée indéterminée ou d'un contrat assorti d'un abonnement (ce qui est le cas dans le secteur de l'assurance notamment), le prix total inclut le total des frais exposés pour chaque période de facturation. Lorsque de tels contrats sont facturés à un tarif fixe, le prix total inclut également le total des coûts mensuels. Lorsque le coût total ne peut être raisonnablement calculé à l'avance, le mode de calcul du prix est communiqué. À défaut, ces obligations sont sanctionnées d'une amende administrative dont le montant ne peut excéder 3000 € pour une personne physique et 15 000 € pour une personne morale (C. consom., art. L. 113-3-2).

744. L'article L. 111-1 du Code de la consommation relatif à l'obligation d'information précontractuelle pour l'ensemble des contrats de vente de biens ou de fourniture de services exige que le professionnel communique au consommateur, de manière lisible et compréhensible, et ce avant que ce dernier ne soit lié par le contrat, le prix du bien ou du service, en application des articles L. 113-3 et L. 113-3-1 précités.

2 ▪ Les dispositions du Code des assurances

745. L'article L. 112-2 alinéa 1 du Code des assurances dispose que « l'assureur doit obligatoirement fournir une fiche d'information sur le prix et les garanties avant la conclusion du contrat ». Cette disposition est applicable à l'assurance crédit et à l'assurance non vie (accidents corporels et maladie), mais inapplicable à l'assurance vie.

746. Par ailleurs, l'article L. 112-2-1, III du Code des assurances relatif à la vente à distance aux consommateurs donne des précisions quant au contenu de la fiche d'information. En effet, il dispose qu'avant la conclusion d'un contrat à distance, le souscripteur doit notamment recevoir s'agissant du prix des prestations les informations sur le montant total de la prime ou cotisation, ou lorsque ce montant ne peut être indiqué, la base de calcul de cette prime ou cotisation permettant au souscripteur de vérifier celle-ci. La fiche d'information doit également contenir, le cas échéant, l'indication du coût supplémentaire spécifique à l'utilisation d'une technique de commercialisation à distance. Et enfin, elle doit préciser le montant de la prime ou cotisation que l'assureur peut réclamer au souscripteur en contrepartie de la prise d'effet de la garantie, à sa demande expresse, avant l'expiration du délai de renonciation.

747. Le Code des assurances renvoie aux dispositions du Code de la consommation et notamment aux articles L. 121-26, L. 121-26-1, L. 121-28 et L. 121-30 à L. 121-33 relatifs à la fourniture à distance d'opérations d'assurance à un consommateur.

748. Si l'information sur la garantie légale de conformité et les garanties commerciales n'était pas exigée au stade précontractuel, il incombe désormais au professionnel de communiquer au consommateur, de manière lisible et compréhensible, les informations relatives aux garanties légales, aux fonctionnalités du contenu numérique et, le cas échéant, à son interopérabilité, à l'existence et aux modalités de mise en œuvre des garanties et aux autres conditions contractuelles, et ce avant la conclusion du contrat (liste non exhaustive, cf. article L. 111-1, 4° du Code de la consommation).

3 ■ Les dispositions du Code de la mutualité

749. L'article L. 221-4 du Code de la mutualité prévoit, quant à lui, que pour les opérations individuelles, la mutuelle ou l'union doit avoir remis au membre participant ou futur membre participant, avant la signature du contrat, les statuts et règlements (les règlements définissent le contenu des engagements contractuels existant entre chaque membre participant ou honoraire et la mutuelle ou l'union en ce qui concerne les prestations et les cotisations) ou une fiche d'information sur le contrat qui décrit précisément leurs droits et obligations réciproques.

750. L'article L. 221-18 du Code de la mutualité relatif à la vente à distance aux consommateurs d'opérations d'assurance individuelles donne des précisions quant au contenu de la fiche d'information.
Il dispose en effet qu'avant l'adhésion à distance à un règlement, le membre participant doit recevoir, s'agissant du montant de la cotisation :
- les informations sur le montant total de la cotisation, ou lorsque ce montant ne peut être indiqué, la base de calcul de cette cotisation permettant au membre participant de vérifier celle-ci, et ;
- l'indication du coût supplémentaire spécifique à l'utilisation d'une technique de commercialisation à distance le cas échéant, et ;
- le montant de cotisation que la mutuelle ou l'union peut lui réclamer en contrepartie de la prise d'effet de la garantie, à sa demande expresse, avant l'expiration du délai de renonciation.

751. Enfin, le Code de la mutualité renvoie aussi aux dispositions du Code de la consommation et notamment aux articles L. 121-26, L. 121-26-1, L. 121-28 et L. 121-30 à L. 121-33 relatifs à la fourniture à distance d'opérations d'assurance à un consommateur.

4 ■ Les dispositions du Code de la sécurité sociale

752. L'article L. 932-3 du Code de la sécurité sociale prévoit que, pour les opérations collectives obligatoires, « avant la signature du bulletin d'adhésion ou la souscription du contrat, l'institution de prévoyance remet obligatoirement à l'adhérent le règlement correspondant et la proposition de bulletin d'adhésion à celui-ci ou la proposition de contrat ainsi que leurs annexes respectives ».

753. Les articles L. 932-14 et suivants du Code précité sont, quant à eux, applicables aux opérations individuelles et collectives facultatives.

754. Pour la vente à distance, l'article L. 932-15-1 du Code de la sécurité sociale impose à l'institution de prévoyance un dispositif similaire à celui prévu pour les mutuelles par l'article L. 211-18 du Code de la mutualité visé ci-avant.

5 ■ Les sanctions en cas de non-respect de l'obligation d'information sur les prix

755. S'agissant des sanctions prévues, l'article L 111-6 du Code de la consommation dispose que « tout manquement aux articles L. 111-1 à L. 111-3 est passible d'une amende administrative dont le montant ne peut excéder 3 000 € pour une personne physique et 15 000 € pour une personne morale. »

756. En revanche les articles L. 112-2 du Code des assurances, L. 221-4 du Code de la mutualité et L. 932-3 du Code de la sécurité sociale ne prévoient aucune sanction en cas de non respect de l'obligation d'information sur les prix.

En l'absence de dispositions spéciales, le droit commun (dont le contenu a été rappelé ci-dessus) s'applique.
Le manquement à une obligation d'information peut provoquer un vice du consentement justifiant la nullité du contrat et engager ainsi la responsabilité de l'assureur ou de la mutuelle.
Par ailleurs, si la faute commise par une compagnie d'assurance ou par une mutuelle a provoqué un préjudice à l'assuré ou au membre participant, alors ce dernier pourra en obtenir réparation sur le fondement de l'article 1240 du Code civil (ancien article 1382).

757. Enfin, l'ordonnance n° 2016-131 du 10 février 2016 portant réforme du droit des contrats, du régime général, de la preuve des obligations (qui entre en vigueur le 1er octobre 2016) instaure un devoir d'information d'ordre public. En effet, l'article 1112-1 du Code civil prévoit que : « Celle des parties qui connaît une information dont l'importance est déterminante pour le consentement de l'autre doit l'en informer dès lors que, légitimement, cette dernière ignore cette information ou fait confiance à son cocontractant. Néanmoins, ce devoir d'information ne porte pas sur l'estimation de la valeur de la prestation. Ont une importance déterminante les informations qui ont un lien direct et nécessaire avec le contenu du contrat ou la qualité des parties. Il incombe à celui qui prétend qu'une information lui était due de prouver que l'autre partie la lui devait, à charge pour cette autre partie de prouver qu'elle l'a fournie. Les parties ne peuvent ni limiter, ni exclure ce devoir. Outre la responsabilité de celui qui en était tenu, le manquement à ce devoir d'information peut entraîner l'annulation du contrat dans les conditions prévues aux articles 1130 et suivants. »

§ 2 ▪ L'encadrement de la publicité comparative

758. Le régime de la publicité comparative relève d'une réglementation encadrée, mais favorable au développement de cette technique de promotion qui est le résultat d'une transposition de la directive n° 97-55 relative à la publicité trompeuse en date du 6 octobre 1997 aux articles L. 121-8 et suivants du Code de la consommation.

759. L'article L. 121-8 du Code de la consommation dispose ainsi que « Toute publicité qui met en comparaison des biens ou services, en identifiant, implicitement ou explicitement, un concurrent, n'est licite que si :
- elle n'est pas trompeuse ou de nature à induire en erreur ;
- elle porte sur des biens ou services répondant aux mêmes besoins ou ayant le même objectif ;
- elle compare objectivement une ou plusieurs caractéristiques essentielles, pertinentes, vérifiables et représentatives de ces biens ou services, dont le prix peut faire partie. »

Afin d'éviter toute forme d'abus et tout risque de dénigrement d'un concurrent, le régime de la publicité comparative est particulièrement encadré.

A ▪ Conditions de la comparaison

1 ▪ Notion de publicité

760. Il n'existe pas de définition légale unique et précise de la publicité. On en trouve différentes illustrations dans différents textes ou découlant de la jurisprudence. L'idée générale est que la publicité correspond à l'intention, à l'égard du public visé, de faire passer un message dont le contenu présentera les caractéristiques d'un message publicitaire, de promotion des qualités, de l'existence d'un bien ou service. Le message publicitaire se distingue du message d'information en ce sens qu'il véhicule une offre potentielle d'achat (de bien ou de service).

761. L'article L. 121-8 du Code de la consommation ne s'applique que dans le cas d'une publicité, qu'elle soit à destination de professionnels ou de consommateurs et si la publicité comporte une identification implicite ou explicite du concurrent ou des produits ou services qu'il offre.

762. La Cour de cassation a confirmé qu'un lien de concurrence peut exister entre acteurs situés à des stades économiques différents mais pratiquant eux-mêmes le même mode opératoire de vente : en l'occurrence la vente sur internet (Com, 24 nov. 2009, n° 08-15.002). Il est à noter que la publicité comparative peut parfaitement porter sur le prix ou une offre spéciale.

2 ▪ Contenu du message

763. L'article L. 121-9 du Code de la consommation interdit de dénigrer le produit en disposant que « la publicité comparative ne peut [...] 2° entraîner le discrédit ou le dénigrement des marques, noms commerciaux, autres signes distinctifs, biens, services, activité ou situation d'un concurrent ». Il est donc interdit de critiquer le produit concurrent.

764. Les juges ont estimé qu'une compagnie d'assurance qui déclare dans sa campagne publicitaire « *nous sommes les moins chers du marché... le contrat d'assurance vie Afer est déjà le meilleur, aujourd'hui il est imbattable...* » est de nature à discréditer ses concurrents et est illicite au regard de la publicité comparative (TGI Strasbourg, 11 oct. 2007). Le comparateur établi en l'espèce plaçait quasiment toujours en tête les contrats de l'Afer et la publicité, qui entourait ce comparateur, stigmatisait l'opacité des frais pratiqués par les concurrents. En outre, la publicité ne doit pas créer une confusion. Ainsi, l'article L. 121-9 du Code de la consommation dispose que « la publicité comparative ne peut [...] 3° engendrer de confusion entre l'annonceur et un concurrent ou entre les marques, noms commerciaux, autres signes distinctifs, biens ou services de l'annonceur et ceux d'un concurrent ».

765. L'article L. 121-9 du Code de la consommation interdit la reproduction ou l'imitation d'une marque en disposant que « la publicité comparative ne peut [...] 4° présenter des biens ou des services comme une imitation ou une reproduction d'un bien ou d'un service bénéficiant d'une marque ou d'un nom commercial protégé ».

766. L'article L. 121-9 1° du Code de la consommation dispose que « la publicité comparative ne peut [...] 1° tirer indûment profit de la notoriété attachée à une marque de fabrique, de commerce ou de service, à un nom commercial, à d'autres signes distinctifs d'un concurrent ou à l'appellation d'origine ainsi qu'à l'indication géographique protégé concurrent ». La publicité est donc licite que si sont comparés des produits d'une notoriété proche.

767. L'article L. 121-8 du Code de la consommation dispose que « toute publicité qui met en comparaison des biens ou service [...] n'est licite que si : 1° elle n'est pas trompeuse ou de nature à induire en erreur ». Ainsi, il a été considéré que constitue une publicité de nature à induire en erreur génératrice d'un trouble manifestement illicite, la publicité diffusée par une compagnie d'assurances suggérant qu'elle est la seule à garantir la rémunération de l'épargne pour l'année à venir alors qu'il existe une pratique suivie par plusieurs compagnies de garantir un taux minimum de rémunération de l'épargne, peu important qu'il y ait des différences dans les techniques mises en œuvre pour assurer la rémunération garantie (TGI Paris, 27 novembre 1991).

3 ▪ Objet de la comparaison

768. L'article L. 121-8 du Code de la consommation dispose que « toute publicité qui met en comparaison des biens ou service [...] n'est licite que si : 2° elle porte sur des biens ou services répondant aux mêmes besoins ou ayant le même objectif ». Selon l'article L. 121-8-3° du Code de la consommation, la publicité comparative peut porter sur le prix.

4 ▪ Caractères de la comparaison

769. L'article L. 121-8 du Code de la consommation dispose que « toute publicité qui met en comparaison des biens ou service [...] n'est licite que si : [...] 3° elle compare objectivement une ou plusieurs caractéristiques essentielles, pertinentes, vérifiables et représentatives de ces biens ou services...». C'est pourquoi, une publicité d'un contrat d'assurance-vie a été jugée illicite lorsque l'avis de l'expert ne portait pas sur l'exactitude des données de base ayant servi de fondement aux calculs des indices de coût et de rentabilité qui dépend de la fiabilité des documents (TGI Strasbourg, 11 oct. 2007, inédit).

770. De même, une société d'assurance qui fait parvenir à ses adhérents des tableaux comparatifs de produits assurance vie en indiquant que l'adhérent, en cas de décès, bénéficierait d'un capital, alors qu'en réalité le versement est effectué sur la base d'une rentre viagère, constitue le délit de pratique commerciale trompeuse (TGI, Paris, 7 juin 2009).

771. À cet égard, dans le cadre des débats parlementaires sur la loi n° 2014-344 du 17 mars 2014 relative à la consommation, deux amendements proposaient que préalablement à toute souscription, les comparateurs d'assurance en ligne fournissent les informations relatives à leur identité, à leur immatriculation, ainsi qu'à l'existence de liens financiers avec les entreprises d'assurance présentées dans des conditions permettant au consommateur d'en prendre connaissance clairement ainsi que la méthode suivie pour classer et sélectionner les offres mises en ligne et ses conditions de rémunération. Désormais, l'article L. 111-5 du Code de la consommation précise que « sans préjudice des obligations d'information prévues à l'article 19 de la loi n° 2004-575 du 21 juin 2004 pour la confiance dans l'économie numérique, toute personne dont l'activité consiste en la fourniture d'informations en ligne permettant la comparaison des prix et des caractéristiques de biens et de services proposés par des professionnels est tenue d'apporter une information loyale, claire et transparente, y compris sur ce qui relève de la publicité au sens de l'article 20 de la même loi, dont les modalités et le contenu sont fixés par décret ».

5 ▪ Méthode objective de la comparaison

772. L'article L. 121-8 3° du Code de la consommation prévoit que la comparaison doit s'effectuer de manière objective, sans appréciation subjective ou jugement de valeur de l'annonceur.

773. Les juges ont estimé qu'une compagnie d'assurance n'a pas comparé objectivement des caractéristiques essentielles, pertinentes, vérifiables et représentatives des contrats d'assurance vie dès lors que l'hypothèse qu'elle a retenue d'un investissement unique sur une durée de huit ans ne correspond pas au comportement habituel des assurés des contrats testés dont la plupart a une durée viagère ; or l'amortissement des frais varient, en fonction de la durée de l'immobilisation des fonds, et la compagnie d'assurance a occulté totalement la commercialisation des nombreux contrats à versement libres ou périodiques (TGI Strasbourg, 11 octobre 2007, Agipic / Afer).

B ▪ Nature des informations objet de la publicité

1 ▪ Obligation de prouver les informations objet de la comparaison

774. L'article L. 121-12 du Code de la consommation dispose que « l'annonceur pour le compte duquel la publicité comparative est diffusée doit être en mesure de prouver dans un bref délai l'exactitude matérielle des énonciations, indications et présentations contenues dans la publicité ». L'annonceur doit être en mesure de démontrer l'exactitude de sa présentation dans un bref délai.

2 ▪ Obtention légale des informations

775. Le prix ne peut être prouvé que par constat d'huissier. Les informations sur les produits ou les services peuvent être rapportées par des expertises effectuées par des organismes ou indépendants qui pourront certifier l'exactitude des renseignements apportés.

3 ▪ Conséquences d'une publicité comparative illicite

a - Procédure devant le juge des référés

776. La victime d'une publicité comparative illicite peut obtenir du juge des référés la cessation de la publicité sous astreinte en démontrant qu'elle lui cause un trouble manifestement illicite.

b - Sanctions

777. L'article L. 121-13 du Code de la consommation dispose que « les insertions réalisées dans la presse pour une publicité définie au présent article ne donnent pas lieu à l'application des articles 13 de la loi du 29 juillet 1881 sur la liberté de la presse et 6 de la loi du 29 juillet 1992 sur la communication audiovisuelle ». La victime ne dispose donc pas d'un droit de réponse. L'action en responsabilité civile pour concurrence déloyale peut être engagée sur le fondement de l'article 1382 du Code civil si la publicité illicite, le lien de causalité et un préjudice sont démontrés. Le juge peut notamment imposer une publication judiciaire de la condamnation aux frais du condamné.

778. Sur le fondement de l'article L. 121-1 du Code de la consommation relatif aux pratiques commerciales déloyales, la pratique de publicité comparative illicite fait encourir une peine d'emprisonnement de deux ans et une amende de 300 000 €, pouvant être portée, de manière proportionnée au montant des avantages tirés du manquement, à 10 % du chiffre d'affaires moyen annuel, calculé sur les trois derniers chiffres d'affaires annuels connus à la date des faits, ou à 50 % des dépenses engagées pour la réalisation de la publicité ou de la pratique constituant le délit. En cas de condamnation, le tribunal peut ordonner la publication du jugement et d'annonces rectificatives, aux frais du condamné.

779. Le juge a, dans le cadre d'une publicité de contrat d'assurance-vie, pris des mesures de publication et de diffusion de la décision de justice (TGI Strasbourg, 11 octobre 2007 Agipic / Afer). Les juges ont condamné une compagnie d'assurance à une amende de 30 000 € pour concurrence déloyale (TGI Strasbourg 11 octobre 2007). Par ailleurs, l'article L. 716-10 du Code de la propriété intellectuelle sanctionne au titre du droit des marques, l'usage d'une marque dans une publicité comparative illicite d'une peine d'amende de 300 000 € et de trois ans d'emprisonnement ; les peines pouvant être doublées en cas de récidive.

§ 3 ▪ Les pratiques commerciales déloyales

780. La loi du 3 janvier 2008 pour le développement de la concurrence au service des consommateurs dite Loi Chatel, ainsi que la loi LME du 4 août 2008, transposant la Directive 2005/29/CE du 11 mai 2005, posent le principe d'une interdiction générale des pratiques commerciales déloyales (trompeuses ou agressives).

781. Or, comme indiqué ci-avant, cette interdiction est d'autant plus importante que, selon la Commission européenne, les pratiques commerciales ne figurant pas sur la liste noire de la Directive relative aux pratiques commerciales déloyales des entreprises vis-à-vis des consommateurs (liste qui détermine les seules pratiques commerciales qui peuvent être considérées comme déloyales) ne peuvent en principe être sanctionnées que s'il est démontré qu'elles sont déloyales. En conséquence, à la lumière de ces évolutions, toute opération promotionnelle doit être évaluée au cas par cas, au regard de la réglementation des pratiques commerciales déloyales définie à l'article L. 121-1 du Code de la consommation.

782. L'article L. 120-1 du Code de la consommation définit les pratiques commerciales déloyales comme celles qui « sont contraires aux exigences de la diligence professionnelle et qui altèrent ou qui sont susceptibles d'altérer de manière substantielles, le comportement économique du consommateur normalement informé et raisonnablement attentif et avisé, à l'égard d'un bien ou d'un service ». Sont visées les pratiques commerciales trompeuses (A) et les pratiques commerciales agressives (B).

783. La loi n° 2011-525 du 17 mai 2011 est venue poursuivre la transposition de la Directive 2005/29/CE du 11 mai 2005, à la suite d'une mise en demeure adressée à la France de mettre sa réglementation en conformité avec le droit de l'Union européenne. Cependant, la transposition de la directive en droit national est toujours incorrecte et la France fait toujours l'objet d'une procédure d'infraction pour non-respect de la directive. Alors que les articles 6, 7 et 8 de la directive disposent que les pratiques commerciales trompeuses et agressives sont interdites si elles conduisent ou sont susceptibles de conduire le consommateur « *à prendre une décision commerciale qu'il n'aurait pas prise autrement* », les articles L. 121-1 (pratiques commerciales trompeuses) et L. 122-11 (pratiques commerciales agressives) n'ont pas repris cette condition.

A ▪ Les pratiques commerciales trompeuses

784. Les différents types de pratiques commerciales trompeuses (1) font l'objet de sanctions spécifiques (2).

1 ▪ Typologie des pratiques commerciales trompeuses

785. L'article L. 121-1 du Code de la consommation vise désormais toutes pratiques commerciales trompeuses et non plus la seule publicité trompeuse. Les règles sont posées aux articles L. 121-1 à L. 121-7 du Code de la consommation.

786. Cette nouvelle notion recoupe les pratiques commerciales trompeuses par action (a) et les pratiques commerciales trompeuses par omission (b). D'autres pratiques sont énumérées comme réputées trompeuses (c). Cette notion englobe désormais l'ancienne notion de publicité trompeuse.

a - Les pratiques commerciales trompeuses par action

787. Les trois cas de pratiques commerciales trompeuses par action. Selon l'article L. 121-1 du Code de la consommation « une pratique commerciale est trompeuse si elle est commise dans l'une des circonstances suivantes » :

- « lorsqu'elle crée une confusion avec un autre bien ou service, une marque, un nom commercial ou un autre signe distinctif d'un concurrent » ;
- « lorsqu'elle repose sur des allégations, indications ou présentations fausses ou de nature à induire en erreur et portant sur l'un ou plusieurs des éléments suivants » :
  - « l'existence, la disponibilité ou la nature du bien ou du service » ;
  - « les caractéristiques essentielles du bien ou du service, à savoir : ses qualités substantielles, sa composition, ses accessoires, son origine, sa quantité, son mode et sa date de fabrication, les conditions de son utilisation et son aptitude à l'usage, ses propriétés et les résultats attendus de son utilisation, ainsi que les résultats et les principales caractéristiques des tests et contrôles effectués sur le bien ou le service » ;
  - « le prix ou le mode de calcul du prix, le caractère promotionnel du prix et les conditions de vente, de paiement et de livraison du bien ou de service » ;
  - « le service après-vente, la nécessité d'un service, d'une pièce détachée, d'un remplacement ou d'une réparation » ;
  - « la portée des engagements de l'annonceur, la nature, le procédé ou le motif de la vente ou de la prestation de services » ;
  - « l'identité, les qualités, les aptitudes et les droits du professionnel » ;
  - « le traitement des réclamations et les droits du consommateur » ;
- « lorsque la personne pour le compte de laquelle elle est mise en œuvre n'est pas clairement identifiable ».

Pour certains auteurs, cette dernière disposition tend à qualifier les opérations promotionnelles de buzz marketing fondées sur le mystère entourant l'identité de l'annonceur, comme une pratique trompeuse.

788. L'article L. 121-1 du Code de la consommation vise notamment les pratiques qui créent une confusion entre le produit ou service commercialisé et un autre bien ou service ou une marque d'un concurrent, par des allégations fausses de nature à induire en erreur. Son champ d'application est volontairement large et peut toucher le secteur des assurances.

789. Le législateur a précisé que ces pratiques commerciales trompeuses par action sont applicables aux rapports entre professionnels, et entre consommateurs et professionnels. Par ailleurs, l'article L. 120-1 du Code de la consommation invite à une appréciation objective de l'altération du comportement économique du souscripteur, le texte renvoyant au « consommateur normalement informé et raisonnablement attentif et avisé ». Aussi, l'infraction de pratique commerciale déloyale ne sera pas constituée dès lors que le souscripteur aura fait preuve de naïveté. L'article L. 120-1 semble valider ainsi, les publicités dites symbolique « la meilleure assurance », « le meilleur choix ». Ce que confirme la jurisprudence, l'emploi dans des messages ou des campagnes publicitaires, de superlatifs dans leur sens absolu tels que «meilleur», «les plus appréciés», etc. ne saurait constituer « en soi une publicité mensongère ; ils constituent un usage consacré dans la publicité quelle que soit la cible visée » (TC Paris, 6 novembre 2002).

790. Toutefois, la loi précise que le caractère déloyal d'une pratique commerciale visant une catégorie particulière de consommateurs ou un groupe de consommateurs vulnérables en raison d'une infirmité mentale ou physique, de leur âge ou de leur crédulité s'apprécie au regard de la capacité moyenne de discernement de la catégorie ou du groupe.

791. Quelques décisions concernent le secteur des assurances. Un arrêt de la Cour d'appel de Paris en date du 16 novembre 2007, a ainsi considéré « qu'il n'y a pas publicité trompeuse, en raison d'allégations mensongères, lorsqu'une société productrice de produits frais et une société d'assurance émettent des messages publicitaires faisant état du fait que la consommation de certains produits entraîne la diminution du taux de cholestérol, compte tenu notamment, du caractère humoristique de la publicité ».

792. Il est également à noter que l'Autorité de contrôle prudentiel, dans une recommandation de 2011 (Recomm. ACP n° 2011-R-02, 23 mars 2011), s'agissant de la publicité des contrats d'assurance-vie en unités de compte composées de titres obligataires, a observé que ces contrats à capital variable sont parfois présentés telles des assurances libellées en euros, laissant ainsi supposer au consommateur un capital garanti. Selon l'ACP, certains documents promotionnels se révéleraient approximatifs sur le taux de rendement des actifs sous-jacents et les frais applicables. Par conséquent, l'Autorité recommande d'inclure dans ces documents diverses précisions destinées à clarifier la nature et les critères de performance des supports concernés.

b - Les pratiques commerciales trompeuses par omission

793. L'article L. 121-1, II du Code de la consommation consacre la notion d'omission trompeuse, notion reprise de la jurisprudence rendue sur le fondement du régime de la publicité trompeuse. Ainsi, le texte dispose qu'une « pratique commerciale est également trompeuse si, compte tenu des limites propres au moyen de communication utilisé, elle omet, dissimule ou fournit de façon inintelligible, ambiguë ou à contretemps une information substantielle ou lorsqu'elle n'indique pas sa véritable intention commerciale dès lors que celle-ci ne ressort pas déjà du contexte ».

794. La loi n° 2014-344 du 17 mars 2014 (dite « loi Hamon ») a inséré, après le premier alinéa du II de l'article L. 121-1 du Code de la consommation, l'alinéa suivant : « Lorsque le moyen de communication utilisé impose des limites d'espace ou de temps, il y a lieu, pour apprécier si des informations substantielles ont été omises, de tenir compte de ces limites ainsi que de toute mesure prise par le professionnel pour mettre ces informations à la disposition du consommateur par d'autres moyens ».

795. Cette disposition vise notamment le cas de la publicité radiophonique pour laquelle « la contrainte de temps est réelle et rend difficile d'incorporer dans le message la totalité des mentions informatives et rectificatives » (« Lignes directrices sur les mentions dans la publicité radiophonique visant à assurer une information loyale du consommateur » de la DGCCRF qui précise, somme toute, que « cette contrainte temporelle n'induit pas une impossibilité absolue d'indiquer ces mentions »).

796. En outre, selon l'alinéa 3 de ce même article les informations considérées comme substantielles sont les suivantes :
- « les caractéristiques principales du bien ou du service » ;
- « l'adresse et l'identité du professionnel » ;
- « le prix toutes taxes comprises et les frais de livraison à la charge du consommateur, ou leur mode de calcul, s'ils ne peuvent être établis à l'avance » ;
- « les modalités de paiement, de livraison, d'exécution et de traitement des réclamations des consommateurs, dès lors qu'elles sont différentes de celles habituellement pratiquées dans le domaine d'activité professionnelle concerné » ;
- « l'existence d'un droit de rétractation, si ce dernier est prévu par la loi ».

797. Contrairement aux pratiques trompeuses par action, les pratiques trompeuses par omission concernent uniquement les rapports entre consommateurs et professionnels. Compte tenu de l'importance de l'obligation d'information en matière d'assurance, la jurisprudence semble plutôt sanctionner le comportement déloyal de l'assureur sur le fondement du non-respect de cette obligation, que sur le fondement des pratiques commerciales trompeuses.

c - Les pratiques commerciales réputées trompeuses

798. L'article L. 121-1-1 du Code de la consommation répute trompeuses vingt-deux pratiques commerciales qui peuvent être regroupées en deux catégories : celles par lesquelles le professionnel tente abusivement de valoriser son image et celles par lesquelles il tente de faire croire au souscripteur qu'il réalise une bonne affaire.
Sans prétendre à l'exhaustivité, il convient de présenter les comportements qui seraient susceptibles d'intéresser le droit des assurances.

799. Ainsi, sont tout d'abord réputées trompeuses, toutes sortes de pratiques sur les prix notamment le fait de proposer l'achat de produits ou la fourniture de services à un prix indiqué sans révéler les raisons plausibles que pourrait avoir le professionnel de penser qu'il ne pourra fournir lui-même les produits ou services en question au prix indiqué.

800. Ensuite, constitue une pratique réputée trompeuse, le fait de « déclarer faussement qu'un produit ou un service ne sera disponible que pendant une période très limitée ou qu'il ne sera disponible que sous des conditions particulières pendant une période très limitée afin d'obtenir une décision immédiate et priver les consommateurs d'une possibilité ou d'un délai suffisant pour opérer un choix en connaissance de cause ».

801. Enfin, est répréhensible le fait « de décrire un produit ou un service comme étant gratuit, à titre gracieux, sans frais ou autres termes similaires si le consommateur doit payer quoi que soit d'autre que les coûts inévitables liés à la réponse à la pratique commerciale et au fait de prendre possession ou livraison de l'article ».

2 ▪ Sanctions des pratiques commerciales trompeuses

802. L'article L. 121-5 du Code de la consommation dispose que la personne pour le compte de laquelle la pratique commerciale trompeuse est mise en œuvre est responsable, à titre principal, de l'infraction commise. Le délit est constitué dès lors que la pratique commerciale est mise en œuvre ou qu'elle produit ses effets en France.

803. L'article L. 121-3 du Code de la consommation dispose que « la cessation de la pratique commerciale trompeuse peut être ordonnée par le juge d'instruction ou par le tribunal saisi des poursuites, soit sur réquisition du ministère public, soit d'office ».

804. En vertu de l'article L. 121-6 du Code de la consommation, les pratiques commerciales trompeuses sont punies d'un emprisonnement de deux ans et d'une amende de 300 000 €. Cette amende pouvant être portée de manière proportionnée aux avantages tirés du manquement, à 10 % du chiffre d'affaires moyen annuel, calculé sur les trois derniers chiffres d'affaires annuels connus à la date des faits, ou à 50 % des dépenses engagées pour la réalisation de la publicité ou de la pratique constituant le délit. En outre, la responsabilité pénale des personnes morales peut être engagée. La compagnie d'assurance encourt alors une peine d'amende dont le montant est multiplié par 5, soit 1 500 000 €.

805. En vertu de l'article L. 121-4 du Code de la consommation « en cas de condamnation le tribunal ordonne la publication du jugement. Il peut, de plus, ordonner aux frais du condamné, d'une ou de plusieurs annonces rectificatives ».

B ▪ Les pratiques commerciales agressives

806. L'article L. 122-11 du Code de la consommation vise le délit de pratiques commerciales agressives. Le texte détermine les éléments d'appréciation à prendre en compte (1) et l'incidence de ces pratiques sur la liberté du consommateur (2). En outre, l'article L. 122-11-1 du Code de la consommation définit les pratiques qui peuvent être réputées agressives (3). Enfin, des sanctions sont applicables dans l'hypothèse d'une pratique agressive caractérisée (4).

1 ▪ Les éléments d'appréciation des pratiques commerciales agressives

807. La pratique commerciale est agressive selon le texte « lorsque du fait de sollicitations répétées et insistantes ou de l'usage d'une contrainte physique ou morale » :
- « elle altère ou est de nature à altérer de manière significative la liberté de choix d'un consommateur » ;
- « elle vicie ou est de nature à vicier le consentement d'un consommateur » ;
- « elle entrave l'exercice des droits contractuels d'un consommateur » ;

808. La liste des circonstances à l'occasion desquelles une pratique agressive peut avoir lieu n'est pas limitative. Il convient de préciser que de tels comportements qui luttent contre les pratiques que l'on peut qualifier d'agressives, sont déjà sanctionnés sur le fondement de l'abus de faiblesse ou du démarchage en droit des assurances. En effet, le droit de rétractation prévu à l'article L. 112-9 du Code des assurances, qui dispose que toute personne physique qui fait l'objet d'un démarchage à domicile pour la souscription d'un contrat d'assurance non-vie pourra y renoncer pendant un délai de quatorze jours sans avoir à justifier de motifs ni à supporter de pénalités, est une disposition protectrice du consommateur envers une démarche du professionnel susceptible d'être agressive.

809. Ainsi, la législation des pratiques agressives a une portée générale et s'applique également aux contrats d'assurance.

810. Cependant, la question qui se pose est de savoir quelles peuvent être en pratique, au sens de l'article L. 122-11 du Code de la consommation, des pratiques agressives en matière d'assurance.

811. L'article L. 122-11, II du Code de la consommation offre une grille de lecture qui permet de déterminer si une pratique commerciale recourt au harcèlement, à la contrainte, à la force physique, ou à une influence injustifiée. Ainsi, plusieurs éléments doivent être pris en compte dont la liste est établie par ce même texte :
- « le moment et l'endroit où la pratique est mise en œuvre, sa nature et sa persistance » ;
- « le recours à la menace physique ou verbale » ;
- « l'exploitation, en connaissance de cause, par le professionnel, de tout malheur ou circonstance particulière d'une gravité propre à altérer le jugement du consommateur, dans

le but d'influencer la décision du consommateur à l'égard du produit » ;
- « tout obstacle non contractuel important ou disproportionné imposé par le professionnel lorsque le consommateur souhaite faire valoir ses droits contractuels, et notamment celui de mettre fin au contrat ou de changer de produit ou de fournisseur » ;
- « toute menace d'action alors que cette action n'est pas légalement possible ».

2 ▪ L'incidence sur la liberté du consommateur

812. Les pratiques agressives ont une véritable incidence sur la liberté du consommateur. Ainsi, elles altèrent sa liberté de choix et son consentement. En outre, elles entravent l'exercice de ses droits contractuels. Ces pratiques sont dangereuses pour le consommateur dans la mesure où le contrat d'assurance est un contrat d'adhésion que l'assuré prend dans son intégralité sans pouvoir le négocier.

3 ▪ Les pratiques réputées agressives

813. L'article L. 122-11-1 du Code de la consommation répute agressives un certain nombre de pratiques commerciales dont il dresse une liste.

814. Ainsi, sont réputées agressives vingt-deux pratiques commerciales qui ont, par exemple, pour objet des sollicitations répétées et non souhaitées par téléphone ou encore le fait d'obliger un consommateur qui souhaite demander une indemnité au titre d'une police d'assurance à produire des documents qui ne peuvent raisonnablement être considérés comme pertinents pour établir la validité de la demande ou s'abstenir systématiquement de répondre à des correspondances pertinentes, dans le but de dissuader ce consommateur d'exercer ses droits contractuels.

4 ▪ Les sanctions des pratiques commerciales agressives

815. Des délits correctionnels sont prévus pour les personnes physiques. Selon l'article L. 122-12 du Code de la consommation, les pratiques commerciales agressives sont sanctionnées d'une peine d'emprisonnement de deux ans et d'une amende de 300 000 €. Le montant de l'amende peut être porté à 10 % du chiffre d'affaires moyen annuel, calculé sur les trois derniers chiffres d'affaires annuels connus à la date des faits. Par ailleurs, les personnes physiques encourent une interdiction d'exercer directement ou indirectement une activité commerciale pour une durée de cinq ans maximum (article L. 122-13 du Code de la consommation).

816. L'amende est portée à 1 500 000 € s'agissant des personnes morales coupables du délit prévu à l'article L. 122-12 du Code de la consommation (article L. 122-14 du même Code). Enfin, en vertu de l'article L. 122-15 du Code de la consommation, « si la pratique commerciale aboutit à la conclusion du contrat, celui-ci est nul et de nul effet ».

Sous-section 2 ▪ Les clauses abusives

§ 1 ▪ La définition et le domaine d'application des clauses abusives

A ▪ Notion de clause abusive

817. La clause abusive est définie à l'article L. 132-1 du Code de la consommation comme celle qui a « pour objet ou pour effet de créer au détriment du non-professionnel ou du consommateur, un déséquilibre significatif entre les droits et obligations des parties au contrat ».

818. Le juge doit dans le cadre de l'appréciation du caractère abusif d'une clause, respecter les prescriptions d'une part, de l'article L. 133-2 alinéa 2 du Code de la consommation qui dispose qu'en cas de doute les clauses s'interprètent dans le sens le plus favorable aux consommateurs ou au non-professionnel et d'autre part, de l'article L. 132-1 alinéa 5 du Code de la consommation qui précise que « le caractère abusif d'une clause s'apprécie en se référant, au moment de la conclusion du contrat, à toutes les circonstances qui entourent sa conclusion, de même qu'à toutes les autres clauses du contrat » et au regard de « celles contenues dans un autre contrat lorsque la conclusion ou l'exécution de ces deux contrats dépendent juridiquement l'une de l'autre ».

819. En matière d'assurance, la Directive n° 93/13 du 5 avril 1993 concernant les clauses abusives dans les contrats conclus avec les consommateurs, donne dans son exposé des motifs une indication sur ce que pourrait être un déséquilibre significatif dans les contrats d'assurance. Ainsi, les clauses qui définissent ou délimitent clairement le risque assuré et l'engagement de l'assureur ne font pas l'objet d'un déséquilibre, dès lors que ces limitations sont prises en compte dans le calcul de la prime payée par le consommateur. La clause n'est donc pas abusive dans la mesure où la prime est réellement calculée en fonction de l'étendue de la garantie.

820. Par ailleurs, l'ordonnance n° 2016-131 du 10 février 2016 portant réforme du droit des contrats, du régime général, de la preuve des obligations (qui entre en vigueur le 1er octobre 2016) prévoit que l'article 1171 nouveau du Code civil dispose : « Dans un contrat d'adhésion, toute clause qui crée un déséquilibre significatif entre les droits et obligations des parties au contrat est réputée non écrite. L'appréciation du déséquilibre significatif ne porte ni sur l'objet principal du contrat ni sur l'adéquation du prix à la prestations ».
Le champ d'application de texte étant limité aux contrats d'adhésion, les contrats de gré à gré (celui dont les stipulations sont librement négociées entre les parties) s'en trouvent corolairement exclu.

B ▪ Domaine d'application de la législation des clauses abusives

821. L'article L. 132-1 du Code de la consommation utilise une formule particulièrement large des contrats visés et dispose dans son alinéa 4 que les règles relatives aux clauses abusives « sont applicables quels que soient la forme ou le support du contrat ». Aussi, il est communément admis que le contrat d'assurance bénéficie de la législation protectrice des clauses abusives. Cependant, s'agissant du contrat d'assurance groupe, la question s'est posée en jurisprudence de savoir si on pouvait lui appliquer la protection contre les clauses abusives, ces conventions étant conclues entre deux professionnels, un établissement de crédit et un assureur. La Cour de cassation a considéré que « l'adhésion au contrat d'assurance de groupe, bien que conséquence d'une stipulation pour autrui, n'en crée pas moins, entre l'adhérent et l'assureur qui l'agrée, un lien contractuel direct, de nature synallagmatique, dont les stipulations relèvent, comme telles, des dispositions de l'article L. 132-1 » (Civ. 1re, 22 mai 2008, n° 05-21.822).

822. La Cour de cassation a considéré que ne relevait pas de la législation des clauses abusives, le contrat d'assurance souscrit par une société de navigation louant des navires, et destiné à garantir le détournement des navires par des locataires dès lors que le contrat avait un rapport direct avec son activité professionnelle (Civ. 1er, 23 fév. 1999, Bull. Civ. I, n° 59). Aussi, la jurisprudence estime qu'un tel rapport direct existe dès lors qu'un professionnel souscrit un contrat d'assurance pour les besoins de son activité. La Directive n° 2011/83/UE du 25 octobre 2011 qui s'applique aux contrats de consommation et modifie la Directive n° 93/13/CE du 5 avril 1993 a une approche large de la notion de consommateur : elle le définit comme « toute personne physique, qui, dans les contrats relevant de la présente directive, agit à des fins qui n'entrent pas dans le cadre de son activité commerciale, industrielle, artisanale ou libérale ». Cependant, l'application des dispositions de cette directive au secteur de l'assurance reste indéterminée (voir supra).

823. Par ailleurs, selon la directive 93/13/CEE du 5 avril 1993 (article 4.2), l'appréciation du caractère abusif des clauses ne porte ni sur la définition de l'objet principal du contrat ni sur le rapport qualité/prix de la fourniture ou de la prestation (sauf manque de clarté ou d'intelligibilité de ladite clause). Dans une décision CJUE du 23 avril 2015, C-96/14, la Cour de Justice a considéré que les clauses qui portent sur l'objet principal d'un contrat d'assurance peuvent être considérées comme rédigées de manière claire et compréhensible si elles sont non seulement intelligibles grammaticalement, mais exposent aussi de façon transparente le fonctionnement concret du mécanisme d'assurance compte tenu de l'ensemble contractuel dans lequel elles s'insèrent. Le consommateur devra alors pouvoir évaluer, sur le fondement de critères précis et intelligibles, les conséquences économiques qui en découlent pour lui. Si tel n'est pas le cas, le caractère éventuellement abusif des clauses litigieuses sera examiné.

§ 2 ▪ Liste des clauses abusives

824. Le décret n° 2009-302 du 18 mars 2009 pris en application de l'article 86 de la loi du 4 août 2008 a modifié l'article R. 132-1 du Code de la consommation en établissant une nouvelle liste de douze clauses présumées irréfragablement abusives et de dix clauses simplement présumées abusives.

Ainsi, le texte établit une distinction entre les clauses interdites (la liste noire) prévues à l'article R. 132-1 du Code de la consommation et les clauses susceptibles d'être interdites (la liste grise) prévues à l'article R. 132-2 du Code de la consommation. S'agissant des clauses présumées simplement abusives, l'assureur peut renverser la présomption en apportant la preuve que la clause ne crée pas de déséquilibre significatif. Parmi ces clauses, on retrouve notamment les clauses visant à priver le souscripteur d'un droit, à conférer au professionnel un pouvoir unilatéral ou à lui conférer un avantage dépourvu de réciprocité.

825. Il convient de noter que cette liste des clauses abusives n'est pas limitative, aussi le juge conserve le pouvoir d'apprécier le caractère abusif de toute autre clause dans le contrat.

Ainsi, les magistrats ont pu estimer dans un contrat multirisque habitation que n'était pas abusive, la clause qui en l'absence d'effraction met à la charge de l'assuré la preuve que le vol a été commis par escalade, usage de fausses clés ou introduction clandestine (Civ. 1er, 7 juill. 1998, Bull. Civ. I, n° 240). La Haute juridiction a également considéré dans le cadre d'un contrat d'assurance contre le vol, que n'était pas abusive la clause qui impose à l'assuré d'utiliser « tous les moyens de fermeture et de protection de nuit ou en cas d'absence supérieure à quinze heures ». La Cour estime en effet, que cette clause relative aux mesures de prévention du risque ne peut être qualifiée d'abusive dans la mesure où elle n'impose aucune restriction excessive à la liberté et ne confère pas à l'assureur un avantage excessif (Civ. 1er, 1er févr. 2000, RGDA 2000, p. 47, note J. Kullmann).

826. Néanmoins, le risque d'être sanctionné sur ce fondement peut être considéré comme limité. En effet, d'une part, la plupart des clauses du contrat présentent un caractère d'ordre public, et d'autre part, la convention fait l'objet d'une surveillance renforcée par le ministère de l'économie et des finances, par la commission consultative de l'assurance chargée d'étudier les problèmes liés aux relations entre les entreprises d'assurance et leur clientèle, et enfin par la commission des clauses abusives appliquées au contrat d'assurance (A. Favre Rochex, JCL Responsabilité civile et Assurances, fasc. 505-10, n° 64).

827. Les professionnels de l'assurance doivent toutefois rester vigilants dans la mesure où le nouvel article L. 141-4 du Code de la consommation issu de la loi n° 2008-3 du 3 janvier 2008 pour le développement de la concurrence au service des consommateurs, dispose que « le juge peut soulever d'office toutes les dispositions du présent code dans les litiges nés de son application », ce qui permet désormais au magistrat de soulever d'office le caractère abusif d'une clause.

828. Par ailleurs, l'article L. 112-2 du Code des assurances met à la charge des assureurs une obligation précontractuelle d'information. Ces derniers doivent fournir obligatoirement, avant la conclusion du contrat, une fiche d'information, un exemplaire du projet de contrat et de ses pièces annexes ou une notice d'information sur le contrat qui décrit précisément les garanties assorties des exclusions, ainsi que les obligations de l'assuré. Les assurés pourraient sur ce fondement faire valoir le caractère particulièrement abusif d'une clause d'exclusion ou d'une clause de déchéance, qui se trouverait par la suite dans le contrat d'assurance.

829. En effet, parmi les clauses considérées comme abusives, la clause qui a pour objet ou pour effet de constater l'adhésion du non professionnel ou du consommateur à des clauses qui ne figurent pas dans l'écrit qu'il accepte ou qui sont reprises dans un autre document auquel il n'est pas fait expressément référence lors de la conclusion du contrat et dont il n'a pas eu connaissance avant sa conclusion (article R. 132-1 1°) est strictement interdite.

Sous-section 3 ▪ Sanctions des clauses abusives

§ 1 ▪ Sanctions des articles L. 132-1 et L. 132-2 du Code de la consommation

830. L'article L. 132-1 alinéa 6 du Code de la consommation dispose que « les clauses abusives sont réputées non écrites », et l'alinéa 8 prévoit que « le contrat restera applicable dans toutes ses dispositions autres que celles jugées abusives s'il peut subsister sans lesdites clauses ».

Aussi, dans l'hypothèse où la clause litigieuse est annulée, le contrat survit mais uniquement si la clause n'est pas la cause impulsive et déterminante du contrat ou que toutes les clauses du contrat n'ont pas été stipulées indivisibles (G. Raymond, « Clauses abusives », JCL Concurrence-Consommation, fasc. 820, n°88).

831. Cependant, en matière d'assurance il est communément admis que la nullité d'une clause essentielle « telle qu'une exclusion ou même la clause réclamation dans l'assurance de responsabilité » n'entraîne pas l'anéantissement du contrat. Il demeure valable, malgré l'existence d'un déséquilibre entre l'étendue de la garantie et la prime perçue. Cette solution semble se justifier par le fait que ce déséquilibre existe au détriment de l'assureur et non du consommateur.

832. L'article L. 132-2 du Code de la consommation ajoute que « *dans les contrats conclus entre professionnels et non-professionnels ou consommateurs, la présence d'une ou de plusieurs clauses abusives est passible d'une amende administrative dont le montant ne peut excéder 3 000 € pour une personne physique et 15 000 € pour une personne morale* ».

833. En outre, l'injonction faite à un professionnel tendant à ce qu'il supprime de ses contrats ou offres de contrat une clause abusive peut faire l'objet d'une mesure de publicité.

§ 2 ▪ Sanctions des articles L. 421-2 et L. 421-6 du Code de la consommation

834. Les articles L. 421-2 et L. 421-6 alinéa 1 du Code de la consommation permettent à certaines associations de consommateurs d'agir devant les juridictions civiles (ou devant les juridictions répressives, statuant sur l'action civile le cas échéant) afin d'obtenir l'éradication d'une clause abusive. Elles peuvent ainsi demander au juge de déclarer cette clause réputée non écrite dans tous les contrats identiques conclus par le professionnel avec des consommateurs, y compris les contrats qui ne sont plus proposés, et de lui ordonner d'en informer à ses frais les consommateurs concernés par tous moyens appropriés. L'alinéa 2 de l'article L. 421-6 précise que « le juge pourra à ce titre ordonner, le cas échéant sous astreinte, la suppression d'une clause illicite ou abusive dans tout contrat ou type de contrat proposé ou destiné au consommateur ».

835. Enfin, la loi Hamon du 17 mars 2014 a introduit un nouvel alinéa dans l'article L. 141-4 du Code de la Consommation conférant au juge le pouvoir d'écarter d'office, après avoir recueilli les observations des parties, l'application d'une clause dont le caractère abusif ressort des éléments au débat.

Section 2 ▪ Spécificités des techniques de promotion appliquées au secteur des assurances

836. La réglementation française qui encadrait strictement les ventes avec prime et les ventes liées (sous-section 1), a été remise en cause par le droit de l'Union européenne qui portait un nouveau regard sur ces pratiques (sous-section 2).

837. À la suite de la mise en demeure de la France par la Commission européenne, les dispositions du Code de la consommation relatives aux ventes avec prime et aux ventes subordonnées ont été mises en conformité avec le droit européen. La loi de simplification et d'amélioration de la qualité du droit du 17 mai 2011, entrée en vigueur le 19 mai 2011, a notamment modifié l'article L. 121-35 alinéa 1 et l'article L. 122-1 alinéa 1 du Code de la consommation, afin de mettre en conformité la réglementation française des ventes avec prime et des ventes liées à la Directive 2005/29 du 11 mai 2005. La loi Hamon du 17 mars 2014 a achevé cette mise en conformité.

Sous-section 1 ■ Encadrement des ventes avec prime et des ventes liées en France

§ 1 ■ La réglementation française

838. Il convient de noter le large champ d'application de ces textes avant de développer plus en détail la réglementation des ventes avec prime (A) puis des ventes liées ou groupées (B). Les dispositions du Code de la consommation relatives à ces pratiques de ventes liées et ventes avec prime ne font aucune distinction quant au distributeur concerné par la prohibition de ces pratiques. Aussi, l'assureur se voit appliquer les dispositions du Code de la consommation.

839. Les dispositions du Code de la consommation limitent l'application du texte aux rapports entre professionnels et consommateurs. Par ailleurs, il est fréquent que les établissements bancaires proposent à leurs clients, lors de la souscription d'un service bancaire, de leur offrir une assurance ou lient un service bancaire à une prestation de service d'assurance. L'article L. 312-1-2 du Code monétaire et financier qui réglemente ce type de pratique ne précise pas si l'interdiction des ventes liées ou avec prime s'applique uniquement au consommateur ou à l'ensemble des clients de banque c'est-à-dire les particuliers et les entreprises. La prohibition de ces pratiques en matière bancaire est par conséquent applicable à tous.

A ■ Les ventes avec prime

1 ■ Principe de licéité de la vente avec prime sous réserve de loyauté

840. Avant la loi Hamon, la réglementation française posait un principe général de prohibition des ventes avec prime qui pouvait être tempéré par l'admission d'un certain nombre d'exceptions (primes identiques, primes de faible valeur, primes autopayantes). Désormais, la licéité d'une vente avec prime doit s'analyser au regard de son seul caractère déloyal et ce, quelles que soient la nature et la valeur du bien offert à titre de prime (modification allant dans le sens de la directive 2005/29/CE relative aux pratiques commerciales déloyales des entreprises vis-à-vis des consommateurs).

841. L'article L. 121-35 du Code de la consommation dispose ainsi :« Est interdite toute vente ou offre de vente de produits ou de biens ou toute prestation ou offre de prestation de services faite aux consommateurs et donnant droit, à titre gratuit, immédiatement ou à terme, à une prime consistant en produits, biens ou services, dès lors que la pratique en cause revêt un caractère déloyal au sens de l'article L. 120-1 ».

842. En outre, il existe une réglementation spécifique qui prohibe les ventes avec prime prévue à l'article L. 312-1-2 du Code monétaire et financier. Il faut en apprécier la teneur dans la mesure où cela intéresse directement le domaine des assurances. Il convient donc de déterminer, d'une part, les opérations visées par la réglementation des ventes avec prime (a) et, d'autre part, les conditions d'application de cette même réglementation (b), avant d'examiner la réglementation bancaire (c).

a - Opérations visées par la réglementation des ventes avec prime

843. Une vente avec prime est une vente à l'occasion de laquelle l'acheteur bénéficie d'un bien ou d'un service remis gratuitement à l'occasion de l'opération de vente. L'article L. 121-35 du Code de la consommation détermine les opérations concernées par la réglementation. Le texte pose en principe la prohibition de toute offre de vente de produits ou de biens et toute offre de prestation de services avec prime. Le législateur sanctionne l'opération au stade de la promotion dans le dessein de protéger le consommateur au plus tôt du processus contractuel. Ainsi, la tentative même de remise d'une prime est interdite.

844. L'article L. 121-35 du Code de la consommation vise également la vente et la prestation de services elles-mêmes. Dès lors, la conclusion d'un contrat de vente ou de prestation de services avec prime est sanctionnée tant au stade de l'offre que de la conclusion du contrat. La volonté du législateur est ici de protéger le consommateur tout au long du processus contractuel. La Chambre criminelle de la Cour de cassation a précisé que toutes les prestations de services relevant d'un secteur concurrentiel étaient soumises à la réglementation (Crim., 12 fév. 1990, Bull. crim., n° 71). Le contrat d'assurance entre alors dans le champ d'application de la loi.

845. La loi n° 2011-525 du 17 mai 2011 de simplification et d'amélioration de la qualité du droit a modifié l'article L. 121-35 pour supprimer l'interdiction de principe des vente avec prime et la remplacer par une interdiction plus circonscrite (interdiction des ventes avec prime dans la mesure où celles-ci constituent une pratique commerciale déloyale) pour rendre compatibles les dispositions du droit national sur les ventes avec prime avec l'interprétation que la Cour de justice de l'Union européenne fait de la directive 2005/29/CE. La loi Hamon achève cette mise en conformité en supprimant les conditions de licéité tenant à la valeur des primes et aux exceptions relatives aux objets identiques, d'une part, et aux menus objets ou services de faible valeur et aux échantillons, d'autre part. Ces modifications rendent alors sans objet les dispositions de l'article R. 121-8 du Code de la consommation fixant la valeur maximale des menus objets ou services de faible valeur exclus de l'interdiction des ventes avec prime (valeur inférieure à 7 % du prix de vente net, toutes taxes comprises, du produit faisant l'objet de la vente).

846. En conséquence, une vente avec prime n'est interdite que si elle constitue une pratique commerciale déloyale au sens de l'article L. 120-1 du Code de la consommation.

847. En matière d'assurance, la vente avec prime peut se manifester de deux manières : soit l'acheteur est incité à acquérir un produit ou bénéficier d'une prestation de services par l'offre d'un contrat d'assurance gratuit, soit il est incité à souscrire un produit d'assurance par l'offre d'un bien ou d'un service.

848. La jurisprudence considère que les prestations offertes par les mutuelles tombent sous le coup de cette réglementation, dès lors qu'elles relèvent du secteur concurrentiel et qu'elles ne sont pas spécifiques au domaine de la mutualité. La prohibition s'applique à toute prime c'est-à-dire aux biens, produits ou prestation de services. Il s'agit donc uniquement de prime en nature. Ainsi la remise de somme d'argent ou la réduction de prix sous forme d'escompte ne constituent pas une prime. Bien que la remise de somme d'argent ne constitue pas une prime au sens du droit de la consommation, l'Autorité de contrôle prudentiel (APC) ayant constaté le développement de ce qu'elle nomme « des ventes avec prime » conditionnant l'octroi d'une somme d'argent à la souscription d'un contrat d'assurance vie ou à un nouveau versement effectué sur un contrat existant, a émis une position sur le sujet afin d'encadrer cette pratique.

849. Ainsi, la position de l'Autorité de contrôle prudentiel n° 2010-P-01 du 4 novembre 2010 portant sur les ventes avec prime en assurance sur la vie, indique que lorsque ces primes sont versées par un organisme d'assurance, « elles s'analysent comme un engagement de ce dernier » et doivent donc « respecter la réglementation des montants garantis d'intérêts techniques et de participation aux bénéfices, notamment les articles A. 132-2 et A. 132-3 du Code des assurances ». L'ACP ajoute que lorsque les primes sont versées par une institution de prévoyance ou une mutuelle, il convient de respecter les plafonds réglementaires déterminés par leur statut. L'Autorité précise enfin que, lorsque ces primes sont versées « par l'intermédiaire d'assurance postérieurement à la souscription », ces ventes avec prime sont « susceptibles d'être analysées comme une opération d'assurance sans agrément ».

b - Conditions d'application de la prohibition des ventes avec prime

850. Il convient de déterminer les conditions d'application de la prohibition des ventes avec prime de la réglementation générale prévue à l'article L. 121-35 du Code de la consommation. L'offre doit être liée à une opération support. La vente avec prime suppose l'existence d'un contrat à titre onéreux par lequel le consommateur obtient un bien ou un service à titre principal. Un lien obligatoire est donc nécessaire entre l'opération principale, la vente ou la prestation de service, et l'attribution de la prime. La prime doit être l'accessoire du contrat principal.

851. Sont visées les primes non identiques à l'objet de la transaction principale. Ainsi, la cour d'appel de Paris a jugé que n'était pas identique, car portant sur un risque distinct n'ayant pas le même objet, une assurance de protection juridique proposée en extension d'une assurance de responsabilité civile (Paris, 17 déc. 1993, BID n° 11/1994).

c - Réglementation en matière bancaire

852. L'arrêté du 11 août 2003 précise le montant des primes autorisées dans le cadre de la gestion d'un compte de dépôt, « 15% du prix net, toutes taxes comprises, si celui-ci est supérieur à 100 €. La valeur de la prime ne doit en aucun cas dépasser 80 € et s'entend du prix habituellement facturé ou, à défaut de valeur vénale, toutes taxes comprises pour le produit, le bien, ou la prestation de services constituant la prime ».

853. La réglementation de la vente à prime ne s'applique pas aux opérations connexes effectuées par les établissements de crédit. Ainsi, les banques peuvent offrir à leur client des contrats d'assurance à l'occasion de la souscription, à titre onéreux, de produits connexes à l'activité bancaire. Les opérations connexes sont définies à l'article 5 de la loi du 24 janvier 1984 relative à l'activité et au contrôle des établissements de crédit. Il s'agit par exemple des opérations de change, de la vente de valeurs mobilières et de tout produit financier.

B ▪ Réglementation des ventes liées ou groupées

854. La pratique de vente liée consiste à subordonner la vente d'un produit ou la prestation d'un service à l'achat d'un autre produit ou à une autre prestation de service. Les ventes liées recouvrent deux types de pratiques :

- les ventes par lot consistant à regrouper plusieurs produits ou services sous un même conditionnement ;
- les ventes subordonnées consistant à conditionner la fourniture d'un bien ou d'un service à l'achat d'un autre bien ou d'une prestation de service.

855. La directive 2005/29/CEE du 11 mai 2005 relative aux pratiques commerciales déloyales des entreprises vis-à-vis des consommateurs dans le marché intérieur, contient une liste des pratiques commerciales qui sont, en toutes circonstances, considérées comme déloyales. Le texte prévoit qu'« il s'agit des seules pratiques commerciales qui peuvent être considérées comme déloyales sans une appréciation au cas par cas ». Or, les pratiques de ventes avec prime et ventes liées ne font pas partie de cette liste.

856. La Cour de Justice de l'Union Européenne (CJUE), a été interrogée sur la légalité, au regard de la directive, de la réglementation belge des ventes liées, réglementation similaire au droit français en la matière (CJCE, 23 avril 2009, aff. C-261/07). La Cour a considéré que la pratique des ventes liées constituait un acte commercial entrant dans le champ de la directive et que les Etats membres ne pouvaient adopter des mesures plus restrictives que celles expressément listées par la directive, même si celles-ci avaient pour objet d'assurer un degré plus élevé de la protection des consommateurs. La pratique de vente liée ne figurant pas dans la « liste noire » des pratiques interdites par la directive, les Etats membres ne pouvaient maintenir cette interdiction.

Il ressort de l'analyse de cet arrêt que la loi française ne peut pas être plus restrictive que le droit européen tant en matière de vente liée que de vente avec prime, même si l'objectif de ces restrictions est de protéger les consommateurs.

857. Ainsi, suite à l'arrêt de la CJUE invalidant la prohibition *per se* des ventes liées, les tribunaux français ont pris acte de cette position et considèrent désormais que l'interdiction française des ventes liées est incompatible avec le régime institué par la directive, celle-ci n'autorisant pas une interdiction générale et préventive des offres liées sans vérification de leur caractère déloyal au regard des critères posés (CA Paris, 14 mai 2009, n° 09-3660, ch. 5-5, SA France Telecom et. c/ SAS Free et a. ; CA Paris, 26 nov. 2009, n° 08-12771, ch. 5-5, SAS Darty et Fils c/ Assoc. UFC Que Choisir ; Com., 13 juillet 2010, n° 09-15.304, Free c/ France Telecom).

858. Par ailleurs, la Commission européenne, constatant que le législateur français avait maintenu des interdictions ne figurant pas sur cette « liste noire », a mis la France en demeure le 25 juin 2009 de modifier sa réglementation. Ces opérations promotionnelles doivent être aujourd'hui évaluées au regard de la réglementation des pratiques commerciales déloyales définie à l'article L. 121-1 du Code de la consommation.

859. Néanmoins, il semble que les dispositions relatives aux ventes avec prime et ventes liées contenues actuellement dans le Code de la consommation restent applicables au secteur de l'assurance. En effet, l'article 3.9 de la directive dispose que : « pour ce qui est des «services financiers », au sens de la directive 2002/65/CE, et des biens immobiliers, les États membres peuvent imposer des exigences plus restrictives ou plus rigoureuses que celles prévues par la présente directive dans le domaine dans lequel cette dernière vise au rapprochement des dispositions en vigueur. » Les produits d'assurance étant qualifiés de services financiers, sans distinction entre des produits effectivement financiers (assurance-vie par exemple) et d'autres produits (assurance habitation, assurance automobile), le législateur français semble en droit de maintenir des mesures plus restrictives que la directive pour des opérations promotionnelles touchant au secteur de l'assurance.

860. En outre, cette législation n'est pas applicable entre professionnels, même si la jurisprudence tend de plus en plus à assimiler le professionnel au consommateur et que l'article L. 312-1-2 du Code monétaire et financier qui réglemente ce type de pratique ne précise pas si l'interdiction des ventes liées ou avec prime s'applique uniquement au consommateur ou à l'ensemble des clients de banque c'est-à-dire les particuliers et les entreprises. En l'absence de précisions, la prohibition de ces pratiques en matière bancaire est applicable à tous.

861. Il convient de déterminer les activités visées par la réglementation des ventes liées (1) et les conditions d'application de cette réglementation (2).

1 ▪ Activités visées par la prohibition des ventes liées

862. La loi de simplification et d'amélioration de la qualité du droit du 17 mai 2011, entrée en vigueur le 19 mai 2011, a modifié l'article L. 122-1 alinéa 1 du Code de la consommation. Désormais, une vente liée ne sera illicite que si elle constitue une pratique commerciale déloyale au sens de l'article L. 121-1 du Code de la consommation et donc passible des sanctions pénales ou civiles attachées à ces pratiques (voir ci-dessus).

863. L'article L. 122-1 du Code de la consommation est d'application large. Ainsi, en vertu de cet article « cette disposition s'applique à toutes les activités visées à l'article L. 113-2 », c'est-à-dire toutes les activités de production, de distribution et de services. La chambre criminelle de la Cour de cassation a apporté des précisions en estimant que ce texte s'appliquait « notamment, en l'absence de dérogation expresse, aux prestations offertes par les mutuelles d'assurances (...) dès lors que ces prestations ne sont pas spécifiques au domaine de la mutualité et relèvent du secteur concurrentiel », même si les mutuelles en cause ne poursuivaient, en l'espèce, la réalisation d'aucun bénéfice (Crim., 12 févr. 1990, pourvoi n° 89-80.805).

864. En matière bancaire, l'article L. 312-1-2 du Code monétaire et financier prévoit qu'« est interdite la vente ou offre de vente de produits ou de prestations de services groupés ». L'octroi d'un crédit ne peut dès lors pas, par exemple, être conditionné à la souscription d'une prestation de service d'assurance, sauf en matière de crédit immobilier dans les conditions de l'article L. 312-9 du Code de la consommation susvisé.

865. L'article L. 312-9 du Code de la consommation prévoit, en effet, la possibilité pour un prêteur, dans le cadre d'un prêt immobilier, de lier l'octroi du prêt à une adhésion à l'assurance collective qu'il a souscrite en vue de garantir soit le remboursement total ou partiel du montant du prêt restant dû, soit le paiement de tout ou partie des échéances restant dues. Cette possibilité est néanmoins encadrée par des obligations relatives à l'information et à l'agrément de l'assuré.

2 ▪ Conditions d'application de la prohibition des ventes liées

866. L'opération doit porter sur plusieurs produits ou services (a), et le client doit être dans l'obligation d'en acheter un pour pouvoir acheter l'autre (b).

a - Existence de deux produits ou services distincts

867. L'ensemble proposé à la vente doit, pour être qualifié de vente liée, être composé de deux produits distincts et ne pas constituer un seul et unique produit. En matière bancaire, l'article L. 312-1-2 du Code monétaire et financier interdit les ventes liées « sauf lorsque les produits ou prestations de services inclus dans l'offre groupée peuvent être achetés individuellement ou sont indissociables ».

868. Un ensemble de produits ou services peut être considéré comme un « produit unique » ou comme un ensemble indissociable et être licite s'il existe un lien de complémentarité entre les différents éléments en cause.

869. Se pose alors la question, en matière bancaire par exemple, de savoir si la délivrance d'une carte bancaire incluant, à un prix forfaitaire, des services d'assurance est considérée comme un tout indissociable ou comme une vente liée. La jurisprudence ne s'est encore jamais prononcée sur cette question, aussi il convient d'être vigilant sur ce type de pratique.

870. De même, en matière d'offre de produits d'assurance, il peut être délicat de déterminer quelles offres sont qualifiables de ventes liées dès lors que plusieurs prestations sont regroupées au sein d'une même offre (assurance couvrant à la fois un bien et la responsabilité civile de l'assuré par exemple).

871. Il convient de noter que la jurisprudence est stricte quant à la qualification de lien de complémentarité en matière d'assurance. Ainsi, une mutuelle a été condamnée pour avoir conditionné le bénéfice d'une prestation d'assurance à la souscription d'une autre assurance (Crim., 12 février 1990, pourvoi n° 89-80.805). De même, l'obligation de souscription à une assurance garantissant les risques d'annulation, l'assistance aux personnes et la perte de biens lors de la conclusion d'un « contrat voyage forfaitaire » a été qualifiée de vente liée par le juge et a été sanctionnée (Crim., 12 juin 1995, pourvoi n°94-82.984).

b - L'impossibilité d'acheter des biens ou services séparément

872. Une vente ou une prestation de service n'est qualifiée de vente liée que si les biens ou services liés ne peuvent être achetés séparément. Dès lors, une opération de vente liée est parfaitement licite si les biens ou services concernés peuvent être acquis séparément, et ce, même si l'acquisition d'un seul élément est plus onéreuse prise individuellement que dans le cadre d'une offre groupée. Il est tout de même rappelé que les produits ou service en cause sont soumis aux dispositions générales du Code de commerce et du Code de la consommation.

873. L'offre de produits ou services liée ne doit pas être constitutive d'une pratique commerciale trompeuse. La présentation de l'offre ne doit pas laisser penser au consommateur que l'achat groupé de produits ou services entraine un avantage financier pour ce dernier si ce n'est pas le cas (article L. 121-1 du Code de la consommation).

874. Par ailleurs, la vente liée ne doit pas être constitutive d'une revente à perte. Conformément à l'article L. 442-2 du Code de commerce, le prix de l'ensemble des produits et services liés doit être au mois égal à l'addition des prix coûtant des produits composant le lot. L'application de ce dispositif est néanmoins théorique en matière d'assurance dans la mesure où l'interdiction de revente à perte ne s'applique qu'aux produits. Ainsi, si un produit est vendu avec une prestation de service d'assurance, la vente de ces deux éléments ne devra pas être inférieure au prix du/des seul(s) produit(s) composant le lot.

§ 2 ▪ Les sanctions

875. Il convient de préciser les sanctions prévues en cas d'infraction aux dispositions du Code de la consommation (A) et celles prévues dans l'hypothèse d'une violation des dispositions du Code monétaire et financier (B).

A ▪ Sanctions des infractions aux dispositions du Code de la consommation

876. Les sanctions sont celles prévues pour les pratiques commerciales déloyales, à savoir deux ans d'emprisonnement et 300 000 euros d'amende conformément aux articles L. 121-6 et L. 122-12 du Code de la consommation. Le montant de l'amende peut être porté à 10 % du chiffre d'affaires annuel. Les amendes encourues pour les personnes morales correspondent au quintuple de celles prévues pour les personnes physiques. Des peines complémentaires pour les personnes physiques sont prévues : interdictions d'exercice de la profession ou de l'activité.

877. Le chef d'entreprise est responsable sauf délégation de pouvoirs à un subordonné dans les conditions de droit commun. Ainsi, l'assureur sera tenu pour responsable en cas de violation des dispositions du Code de la consommation.

B ▪ Sanctions en matière bancaire

878. L'article L. 351-1 du Code monétaire et financier dispose qu'est puni d'une peine d'amende prévue pour les contraventions de la 5e classe (à savoir 1 500 € ou 3 000 € en cas de récidive et/ou 7 500 € ou 15 000 € pour la personne morale) le fait de méconnaître l'une des interdictions édictées au I de l'article L. 312-1-2 du Code monétaire et financier portant sur les ventes liées et les ventes avec prime.

879. S'agissant de contraventions, il y a autant d'infractions punissables que d'articles vendus ou de prestations illicites. Le montant de l'amende est alors multiplié par le nombre de ces articles ou prestations.

Chapitre 4
LE / LPS

BIBLIOGRAPHIE

L'Argus de l'assurance

Ouvrages. – J. Bigot (sous dir.), *Code des assurances*, L'Argus éd., – F. Couilbault, S. Couilbault- Di Tommaso, V. Huberty, *Les grands principes de l'assurance*, L'Argus éd., 2015. – J. Landel, *Lexique des termes d'assurance*, L'Argus éd., 2014.

Articles. – G. Defrance, Passeport européen : mode d'emploi, L'Argus, 1er juill. 1994. – D. Burg, La LPS en quête d'acteurs, L'Argus, 1er juill. 1994 ; L'Europe de l'assurance fonctionne à deux vitesses, L'Argus, 9 janv. 1998. – Tabourot, Les nouvelles règles applicables aux groupes d'assurances, L'Argus, 20 oct. 2000, p. 50. – G. Soussan, Les troisièmes directives, ultime étape d'une Europe des assurances, L'Argus, 1994, n° 6379.

Autres documentations

Ouvrages. – J. Kullmann (sous dir.), *Lamy Assurances*, 2016. - *Dictionnaire Permanent Assurances*, Assureurs, mutuelles et institutions de prévoyance. – J. Bigot (sous dir.), Traité de droit des assurances, T. 1, Entreprises et Organismes d'assurance, 3e éd., LGDJ 2011. - *Dictionnaire Permanent Droit Européen des Affaires*, fasc. Assurances. - Y. Lambert-Faivre, *Droit des assurances*, Dalloz, 13e éd., 2011. – E. Labilloy, *La régulation du marché européen de l'assurance*, Economica 2003. – G. Klein, Assurance vie en libre prestation de services (L'assurance vie luxembourgeoise), Francis Lefebvre, 1998.

Articles. - B. Baillot, La dernière étape du marché unique de l'assurance-vie, Gaz. Pal., 5 mai 1993, n° 125-12, pp. 2-6. - M. Belmont, H. Lascombes, Le régime juridique des contrats d'assurance vie souscrits dans l'espace européen, JCP N, n° 16, 22 avr. 2005, 1240. - C. Berr, Réflexions autour de la notion de marché unique de l'assurance, RCA 1996, n° 3, pp. 3-5. - J. Bigot, Les difficultés de la libre prestation de service en assurance, RCA, études offertes à Hubert Groutel, 2006, pp. 51-64. - B. Dubuisson, L'intérêt général en droit communautaire de l'assurance, RGAT 1995. 809 et 857. - G. Klein, Assurance-vie en libre prestation de services (LPS) dans le marché unique européen, Gaz. Pal., 29 sept. 1999, n° 272, pp. 2-5. – J.-M. Rutsaert, Les risques de masse dans la deuxième directive du 22 juin 1988 en assurance non vie, RGAT 1989. 231. - p. Thourot, Le marché français de l'assurance et l'Europe, Revue du Marché Commun et de l'Union Européenne, 1er sept. 1991, n° 350, pp. 635-638. – I. Rokas, De la création d'un cadre communautaire pour l'industrie de l'assurance à la création d'un cadre communautaire pour les produits d'assurance, RGDA, 1er octobre 2010, n° 2010-04, p. 977.

Section 1 ▪ La construction du marché unique de l'assurance

880. Le marché unique, tel que prévu par les dispositions du Traité de Rome du 25 mars 1957, a pour ambition de créer un espace sans frontière physique, administrative ou juridique dans lequel les personnes, les biens, les services, les capitaux peuvent circuler librement et sans contrainte. Appliqué au secteur des assurances, il vise à permettre aux entreprises d'assurance communautaires d'exercer librement leur activité sur l'ensemble des territoires européens, en s'affranchissant des barrières réglementaires, qui jusqu'à lors, les confinaient dans les limites géographiques de leur pays d'établissement.

881. Ce décloisonnement du secteur des assurances n'a toutefois pas été aisé à réaliser en pratique. En effet, l'activité d'assurance constitue un secteur d'activité particulier, traditionnellement cloisonné par pays et qui fait l'objet d'un encadrement juridique et réglementaire strict au niveau des États. Le marché unique de l'assurance ne s'est, en conséquence, construit que de manière très progressive et a donné lieu à l'adoption de plusieurs séries de directives, qui sont intervenues, chacune, à plusieurs années d'intervalle. On peut classer ces directives en trois générations. Ces directives ont d'abord instauré la liberté d'établissement, puis la liberté de prestation de services, avant de mettre en place le régime dit de licence unique et de home country control, qui a permis aux États de franchir une étape décisive dans la construction du marché unique.

882. Dans le cadre de la directive Solvabilité 2, entrée en vigueur le 1er janvier 2016, l'ensemble de ces directives a été refondu dans un texte unique.

§ 1 ▪ Les directives de première génération sur la liberté d'établissement

883. Les directives de première génération avaient pour objectif de permettre à toute entreprise d'assurance communautaire, d'établir une succursale ou une agence sur le territoire d'un autre État membre en bénéficiant de conditions identiques à celles réservées aux entreprises du pays d'accueil. Toutefois, dans la mesure où des disparités importantes existaient entre les réglementations des États, la mise en place effective de la liberté d'établissement nécessitait, au préalable, une harmonisation des contrôles étatiques et des règles qui régissent l'accès et l'exercice de l'activité d'assurance.

884. S'agissant de l'assurance non-vie, cette coordination a été opérée par deux directives en date du 24 juillet 1973 à savoir la directive n° 73/239 concernant l'accès à l'activité d'assurance directe autre que l'assurance sur la vie, et son exercice (Dir. n° 73/239/CEE du Conseil, 24 juill. 1973, JOCE n° L 228, 16 août, transposée en droit français par la loi n° 74-1078 du 21 décembre 1974) et la directive n° 73/240 (Dir. n° 73/240/CEE du Conseil, 24 juill. 1973, JOCE n° L 228, 16 août) visant à supprimer, en matière d'assurance directe autre que l'assurance sur la vie, les restrictions à la liberté d'établissement.

885. Pour l'assurance vie, la directive instaurant la liberté d'établissement est intervenue le 5 mars 1979 (Dir. n° 79/267, 5 mars 1979) mais n'a été transposée en droit français que par la loi n° 83-453 du 7 juin 1983.

886. Cette première génération de directives, lesquelles ont notamment subordonné l'accès à l'activité d'assurance à l'obtention préalable d'un agrément administratif délivré par l'État membre d'origine, a permis une première harmonisation des règles prudentielles applicables aux entreprises d'assurance en Europe. Elle a notamment généralisé le principe de non-cumul des branches vie et non vie tout en prévoyant la possibilité pour les entreprises multibranches déjà créées, de poursuivre leur double activité en adoptant une gestion financière distincte pour les activités vie et non-vie (voir article 13 § 3 de la directive vie du 5 mars 1979). Un nouveau pas va être franchi dans la construction du marché unique de l'assurance avec l'adoption des directives de deuxième génération sur la libre prestation de services.

§ 2 ■ Les directives de deuxième génération sur la libre prestation de services

887. Les directives dites de deuxième génération sont venues permettre à une entreprise d'assurance établie sur le territoire d'un État membre d'exercer ses activités sur le territoire d'un autre État membre sans avoir à y ouvrir d'établissement et en bénéficiant de conditions non discriminatoires par rapport à celles imposées aux entreprises implantées dans le pays d'accueil.

888. Pour l'assurance non-vie, cette étape a été franchie avec la directive n° 88/357 du 22 juin 1988, transposée en droit français par la loi n° 89-1014 du 31 décembre 1989. Cette directive, qui avait exclu de son champ d'application certaines branches d'assurance spécifiques, faisait en outre une distinction entre l'assurance en libre prestation de services des grands risques et celle des risques de masse qu'elle avait soumis à des régimes juridiques différents. En effet, alors que pour les grands risques, l'assureur était soumis au contrôle du pays dans lequel il est établi (application du principe du « Home country control »), pour les risques de masse, un contrôle par le pays de situation du risque était prévu (application du principe de « Risk country control »).

889. Pour l'assurance vie, la libre prestation de services a été instituée par la directive n° 90-619 du 8 novembre 1990, transposée en droit français par la loi n° 92-665 du 16 juillet 1992. Ce texte faisait une distinction entre d'une part, la libre prestation de services passive, hypothèse dans laquelle le preneur d'assurance prend l'initiative de solliciter un assureur établi dans un autre pays communautaire et d'autre part, la libre prestation active où l'assureur, depuis son établissement d'origine prend l'initiative de contacter un preneur d'assurance établi dans un autre État membre. La libre prestation de services active demeurant soumise à des conditions dont était exonérée la libre prestation de services passive.

§ 3 ■ Les directives de troisième génération sur la licence unique

890. La directive n° 92/49 du 18 juin 1992 pour l'assurance non-vie et la directive n° 92/96 du 10 novembre 1992 pour l'assurance vie ont parachevé l'établissement du marché intérieur dans le secteur des assurances, en mettant en place le système de la licence unique et de son corollaire le « Home country control ». En effet, grâce à ce système, en vigueur depuis le 1er juillet 1994, toute entreprise d'assurance régulièrement agréée dans l'État membre de son siège social, est autorisée à exercer ses activités dans n'importe quel autre État membre aussi bien en régime de liberté d'établissement qu'en régime de libre prestation de services, sur la base des seuls contrôles, agréments, et pratiques de son État membre d'origine.

891. Ce système fondé sur le principe de reconnaissance mutuelle des agréments et des systèmes de contrôle prudentiel interdit en conséquence à l'État membre de la succursale ou de la libre prestation de services, d'imposer l'obtention d'un nouvel agrément à un assureur qui souhaite y exercer ses activités et qui a déjà été agréé dans son État membre d'origine.

892. Ces deux directives ont été transposées en droit français par la loi n° 94-5 du 4 janvier 1994 (les dispositions de cette loi sont applicables depuis le 1er juillet 1994).

893. Au cours du temps, les ajouts successifs de directives avaient fini par rendre le régime juridique de l'assurance vie inutilement complexe. C'est la raison pour laquelle, les différentes directives intervenues en matière d'assurance sur la vie ont été abrogées et refondues dans un texte unique. Cette refonte a été opérée par la directive n° 2002/83 du 5 novembre 2002 (Dir. n° 2002/83/CE du Parlement européen et du Conseil, 5 nov. 2002, JOCE n° L 45, 19 déc. 2002). Outre la codification qu'elle opère, cette directive contient quelques adaptations mineures, qui viennent pallier certaines lacunes des textes anciens.

§ 4 ▪ La communication interprétative de la Commission européenne du 2 février 2000

894. L'entrée en vigueur des directives de troisième génération sur la licence unique, a véritablement constitué une étape décisive dans la construction du marché unique dans le secteur des assurances et dans l'harmonisation des pratiques des États au niveau communautaire. Toutefois des incertitudes subsistaient quant à la portée réelle de ces dispositions et notamment quant à l'interprétation des concepts fondamentaux de libre prestation de services et d'intérêt général. Ces incertitudes qui donnaient lieu à des pratiques divergentes selon les États, étaient source d'une grande insécurité juridique propre à entraver la libre circulation des services d'assurance dans l'espace européen. Ainsi, afin de clarifier les règles communautaires existantes et d'offrir un instrument de référence aux acteurs économiques concernés, la Commission européenne a publié le 2 février 2000 une communication interprétative sur la libre prestation de services et l'intérêt général dans le secteur des assurances (Communication interprétative n° 2000/C43/03). Cette communication qui s'appuie à la fois sur les dispositions du Traité, sur le texte des directives communautaires en matière d'assurance et sur la jurisprudence de la Cour de justice des communautés européennes, vient notamment préciser les critères de distinction et les règles d'articulation entre la libre prestation de services et la liberté d'établissement. Si cette communication nous donne un éclairage précieux sur le cadre juridique dans lequel peuvent s'exercer les activités d'assurance, la Commission rappelle, qu'en tout état de cause, cette interprétation ne préjuge pas de l'interprétation que la Cour de justice des communautés européennes (aujourd'hui devenue Cour de justice de l'Union européenne - CJUE), compétente en dernier ressort pour assurer l'interprétation du traité et du droit dérivé, pourrait être amenée à donner aux questions abordées.

§ 5 ▪ La refonte des directives assurance dans le cadre de la directive Solvabilité 2

895. La Commission européenne a initié en 2000 une nouvelle vague de réforme du droit européen des assurances, dans le but notamment d'améliorer la protection des consommateurs, de moderniser le système de supervision des entreprises d'assurance et de renforcer la compétitivité internationale des acteurs européens (ce régime réforme notamment le système prudentiel européen en introduisant des exigences plus poussées en matière de solvabilité et en les adaptant aux spécificités et au profil de risques présentés par chaque assureur). Ce régime opère également une refonte de l'ensemble des directives existantes en matière d'assurance vie et d'assurance non-vie dans le but de simplifier l'environnement réglementaire. En France, il est entré en vigueur le 1er janvier 2016 après la transposition de la directive 2009/138/CE du Parlement européen et du Conseil du 25 novembre 2009 sur l'accès aux activités de l'assurance et de la réassurance et leur exercice par l'ordonnance n° 2015-378 du 2 avril 2015.

Section 2 . La liberté d'établissement

§ 1 . La liberté d'établissement en France d'une entreprise de l'Union européenne

A . Définition

896. Le régime d'établissement est défini par le Code des assurances français comme le régime sous lequel une entreprise d'assurance couvre un risque ou prend un engagement situé dans un État à partir d'une succursale établie dans cet État (C. assur., art. L. 310-3 3°).

B . Procédure

897. Le Code des assurances reconnaît le droit pour toute entreprise d'assurance dont le siège social est situé dans un Etat membre de l'Union européenne régulièrement agréée dans son État membre d'origine, d'exercer ses activités en régime de liberté d'établissement sur le territoire français, sous réserve de respecter une procédure de notification. L'article L. 362-1 du Code des assurances précise, à cet égard, que « toute entreprise d'assurance dont le siège social est situé sur le territoire d'un Etat membre de l'Union européenne peut établir sur le territoire de la République française une succursale pratiquant les opérations [...] pour lesquelles elle a reçu l'agrément des autorités de contrôle de son État d'origine, sous réserve que l'Autorité de contrôle prudentiel et de résolution ait préalablement reçu de ces dernières les informations requises ». Ces informations, qui doivent être rédigées en langue française, sont précisées par l'article A. 362-1 du Code et comportent notamment les éléments suivants :
- la dénomination et l'adresse du siège social de l'entreprise,
- l'adresse de la succursale en France, à laquelle l'Autorité de contrôle des assurances et des mutuelles et le ministre chargé de l'économie et des finances peuvent demander des informations pour l'exercice de leurs compétences,
- le nom et les pouvoirs du mandataire général,
- un programme d'activité,
- ainsi qu'un certificat des autorités compétentes de l'État d'origine de l'entreprise, attestant qu'elle possède bien la marge de solvabilité lui permettant de faire face à ses engagements.

898. Dès réception de l'ensemble de ces informations par l'Autorité de contrôle prudentiel, un accusé de réception est adressé aux autorités de contrôle de l'État d'origine de l'entreprise, qui se chargent d'en aviser cette dernière. Un courrier indiquant les conditions dans lesquelles la succursale peut commencer ses activités peut également être adressé à ces mêmes autorités. La succursale peut commencer ses activités sur le territoire français, soit dès que l'entreprise a reçu communication de la part des autorités de contrôle de son État d'origine du courrier susvisé, soit, en toute hypothèse, à l'expiration d'un délai de deux mois à compter de la date de l'accusé réception adressé aux autorités de contrôle de l'Etat d'origine (C. assur., art. A. 362-1 II).

899. En outre, conformément à l'article R. 362-2 du Code des assurances, toute entreprise d'assurance établie dans un autre État membre et qui souhaite ouvrir une succursale en France afin d'y exercer ses activités, doit être représentée sur le territoire français par un mandataire général. Si ce mandataire général est une personne physique, il doit avoir son domicile et résider sur le territoire de la République française et ne pas avoir fait l'objet de certaines condamnations. Il doit en outre être doté, par l'entreprise, de pouvoirs suffisants pour engager celle-ci à l'égard des tiers et pour la représenter vis-à-vis des autorités et des juridictions françaises. Si le mandataire est une personne morale, son siège social doit être établi sur le territoire de la République française et la personne physique nommément désignée pour la représenter doit satisfaire aux conditions susmentionnées et assumer en cette qualité la responsabilité de l'exécution par le mandataire général des obligations qui lui incombent.

900. L'entreprise d'assurance ou de réassurance exerçant en France sous le régime de la liberté d'établissement demeure en principe soumise au pouvoir de contrôle et de sanction de l'autorité de contrôle de son Etat d'origine (C. assur., art. L. 363-1). Toutefois, lorsque l'entreprise d'assurance ou de réassurance ne respecte pas les règles qui s'imposent à elle sur le territoire français, l'autorité de contrôle prudentiel et de résolution lui adresse une injonction de mettre fin à sa situation irrégulière. Si l'entreprise persiste, l'autorité de contrôle prudentiel et de résolution en informe alors, l'autorité de contrôle de l'Etat membre d'origine de l'entreprise afin qu'elle prenne toutes mesures appropriées pour que l'entreprise mette fin aux irrégularités constatées (C. assur., L. 363-4).

901. En outre, si l'Autorité de contrôle prudentiel et de résolution estime que les activités d'une entreprise d'assurance et de réassurance établie en France pourraient porter atteinte à sa solidité financière, elle en informe l'autorité de contrôle de l'Etat membre d'origine de l'entreprise (C. assur., art. L. 363-5, texte issu de l'ordonnance n° 2015-378 du 2 avril 2015, transposant la directive 2009/138/CE du Parlement européen et du Conseil du 25 novembre 2009 sur l'accès aux activités de l'assurance et de la réassurance et leur exercice).

§ 2 ▪ La liberté d'établissement d'une entreprise française dans un autre État membre

902. Une entreprise d'assurance ayant son siège social en France peut également ouvrir une succursale dans un autre État membre sous réserve d'en informer préalablement l'Autorité de contrôle prudentiel et de résolution (C. assur., art. R. 321-32). Cette notification doit être accompagnée d'un certain nombre d'informations et de documents dont la liste est fixée par l'Autorité de contrôle prudentiel et de résolution qui comprend notamment : la dénomination et l'adresse du siège social de l'entreprise, le nom de l'État membre sur le territoire duquel l'entreprise envisage d'opérer en liberté d'établissement, un programme relatif à l'activité envisagée (ce programme devant comporter la liste des branches ou sous-branches que l'entreprise envisage de pratiquer ainsi que la nature des risques qu'elle se propose de garantir), une note détaillant les modalités de gouvernance, l'adresse de la succursale, le nom et les pouvoirs du mandataire général, un programme d'activité relatif à l'activité de succursale… (ACPR, instr. n° 2015-I-16, 30 juin 2015).

903. Si l'Autorité de contrôle estime que l'entreprise dispose d'un système de gouvernance, d'une structure administrative et d'une situation financière adéquats au regard de son projet, et après s'être assurée que la succursale dispose d'un mandataire général possédant l'honorabilité, la compétence et l'expérience nécessaires à ses fonctions, elle communique alors aux autorités compétentes du pays d'accueil, les documents permettant l'exercice de l'activité envisagée.

904. L'entreprise peut commencer ses activités en liberté d'établissement soit dès réception d'une communication de l'Autorité de contrôle prudentiel et de résolution lui indiquant les conditions dans lesquelles les autorités de l'Etat membre d'accueil entendent que ces activités soient exercées sur leur territoire, soit à l'expiration d'un délai de deux mois à compter de la réception des éléments d'information évoqués plus haut par les autorités de l'Etat membre d'accueil (C. assur., art. A. 310-4).

905. Une fois l'activité de la succursale d'une entreprise française dans un autre Etat membre débutée, l'Autorité de contrôle et de résolution est habilitée, après avoir informé les autorités de l'Etat membre d'accueil, à effectuer des contrôles sur place et sur pièce des informations nécessaires au contrôle financier de la succursale (C. assur., art L. 310-12-5).

906. Enfin, lorsque l'Autorité de contrôle prudentiel et de résolution est informée par l'autorité de contrôle de l'Etat membre d'accueil, où une entreprise d'assurance ou de réassurance française opère en liberté d'établissement, que cette entreprise ne respecte pas les obligations légales de cet Etat membre et ce même après avoir reçu injonction de s'y conformer, l'Autorité de contrôle prudentiel et de résolution prend toutes mesures appropriées auprès de cette entreprise afin de faire cesser les irrégularités constatées (C. assur., art. L. 321-11-1).

Section 3 . La libre prestation de services

907. Le Code des assurances français définit la libre prestation de services comme l'opération par laquelle une entreprise d'un État membre de l'Union européennen couvre ou prend à partir de son siège social ou d'une succursale située dans un État membre un risque ou un engagement situé dans un autre de ces États, lui-même désigné comme « État de libre prestation de services » (C. assur., art. L. 310-3, 5°).

§ 1 . La libre prestation de service en France d'une entreprise de l'Union européenne

908. Une entreprise d'assurance communautaire régulièrement agréée dans son pays d'origine peut exercer une activité en libre prestation de services sur le territoire français sous réserve de respecter une simple procédure de notification. L'activité transfrontalière ainsi exercée doit toutefois s'exercer en conformité avec les agréments qui lui ont été accordés. En effet, une entreprise d'assurance ayant son siège social dans un autre Etat membre ne saurait exercer en France une activité d'assurance qu'elle n'est pas habilitée à exercer dans son Etat d'origine. C'est justement ce qu'a rappelé le Conseil d'Etat dans un arrêt en date du 19 juillet 2010 (CE, 19 juil. 2010, n° 337071, Région Réunion). Dans cette affaire, la région Réunion avait lancé un appel d'offres pour des prestations d'assurance dommage et avait engagé une procédure de passation du marché avec un assureur lituanien. Un des candidats évincé a saisi le juge des référés du tribunal administratif aux fins d'annuler la procédure de passation du marché pour certains lots, qui concernaient les risques responsabilité civile et dommages aux biens, au motif que l'assureur lituanien n'était pas agréé dans son pays dans les branches considérées. Le Conseil d'Etat approuve le juge des référés d'avoir annulé cette procédure car l'entreprise d'assurance agréée par les autorités lituaniennes, ne l'était pas pour certaines branches mentionnées dans le cahier des charges de l'appel public à concurrence. Cet arrêt rappelle que la libre prestation de services, qui permet aux entreprises d'assurance communautaires, régulièrement agréées dans leur Etat d'origine de couvrir des risques ou de prendre des engagements situés sur le territoire des autres Etats membres sans avoir à solliciter un nouvel agrément de l'Etat d'accueil, ne saurait en aucun cas permettre à l'entreprise concernée d'exercer en France une activité correspondant à une branche d'assurance au titre de laquelle elle n'est pas agréée dans son Etat d'origine. Ce principe s'applique également à la liberté d'établissement.

909. L'exercice sur le territoire français d'une activité en libre prestation de services nécessite parfois une exigence supplémentaire pour les entreprises d'assurance dont le siège social est situé dans un Etat membre de l'Union européenne souhaitant couvrir en libre prestation de services sur le territoire de la République française les risques de responsabilité civile résultant de l'emploi de véhicules terrestres à moteur. En effet, celles-ci sont également tenues en application de l'article L. 362-3 du Code des assurances, de désigner en France un représentant pour la gestion des sinistres à raison de ces risques à l'exclusion de la responsabilité civile du transporteur. Il convient de noter que cette obligation vise essentiellement à protéger les victimes d'accidents de la circulation et à leur assurer un traitement égalitaire quel que soit le lieu où est établie l'entreprise d'assurance prenant en charge le sinistre (en effet, l'obligation de désigner un représentant local a pour objectif d'éviter que les victimes d'accidents soient moins bien traitées lorsque le contrat a été conclu en libre prestation de services). Ainsi, aux termes de l'article R. 362-1 du Code des assurances, le représentant pour la gestion des sinistres a notamment pour mission de réunir les informations nécessaires à la constitution et à la gestion des dossiers d'indemnisation, de représenter l'entreprise d'assurance auprès des personnes qui ont subi un préjudice et de régler les sinistres.

910. En pratique, le dossier de notification visé par l'article L. 362-2 du Code des assurances, est adressé à l'Autorité de contrôle prudentiel et de résolution par l'autorité de contrôle du siège social de l'entreprise souhaitant exercer ses activités en libre prestation de services sur le territoire français. Si le dossier est complet, l'Autorité de contrôle prudentiel et de résolution en accuse réception, ce qui autorise l'entreprise à commencer ses activités sur le territoire français. Il résulte en effet de l'article A. 362-2 II du Code des assurances, que l'entreprise peut exercer ses activités sur le territoire français dès réception du dossier de notification (C. assur., art. A. 362-2 II)

911. En outre, toute modification de l'une des informations communiquées, doit faire l'objet d'une notification préalable par les autorités d'origine de l'entreprise exerçant en libre prestation de services.

912. Lorsque l'exercice sur le territoire français par une entreprise d'assurance ou de réassurance d'une activité en libre prestation de services n'est pas conforme aux règles en vigueur, l'Autorité de contrôle prudentiel et de résolution adresse une injonction à cette entreprise de mettre fin à sa situation irrégulière. Si l'entreprise persiste, l'Autorité de contrôle prudentiel et de résolution en informe l'autorité de contrôle de l'Etat membre d'origine de l'entreprise afin qu'elle prenne toutes mesures appropriées pour que l'entreprise mette fin à ces irrégularités (C. assur., L. 363-4).

913. Enfin, si l'Autorité de contrôle prudentiel et de résolution estime que les activités en libre prestation de services sur le territoire français d'une entreprise d'assurance et de réassurance pourraient porter atteinte à sa solidité financière, elle en informe l'autorité de contrôle de l'Etat membre d'origine de l'entreprise (C. assur., art. L 363-5).

§ 2 ▪ La libre prestation de services dans un autre État membre d'une entreprise d'assurance française

914. Si une entreprise d'assurance française souhaite commercialiser ses contrats en libre prestation de services sur le territoire d'un autre État membre, elle doit alors, conformément aux dispositions des articles L. 321-11 et R. 321-32 du Code des assurances, en informer préalablement l'Autorité de contrôle prudentiel et de résolution.

915. Cette notification doit être accompagnée d'un certain nombre d'informations et de documents dont la liste, fixée par l'Autorité de contrôle prudentiel et de résolution, qui comprend notamment : la dénomination et l'adresse du siège social de l'entreprise, le nom de l'État membre sur le territoire duquel l'entreprise envisage d'opérer en liberté d'établissement, un programme relatif à l'activité envisagée (ce programme devant comporter la liste des branches ou sous-branches que l'entreprise envisage de pratiquer ainsi que la nature des risques qu'elle se propose de garantir),une note détaillant les modalités de gouvernance, un dossier décrivant les moyens mis en œuvre par l'entreprise pour les opérations qu'elle envisage de réaliser et ses prévisions d'activité (ACPR, instr. n° 2015-I-16, 30 juin 2015).

916. Après avoir vérifié que l'entreprise d'assurance dispose d'un système de gouvernance, d'une structure administrative et d'une situation financière adéquats au regard de son projet, l'Autorité de contrôle communique ces informations aux autorités compétentes de l'État membre dans lequel l'activité de prestation de services est envisagée (C. assur., art. L. 321-11). L'entreprise d'assurance peut commencer ses activités en liberté de prestation de service dans l'État membre considéré, soit dès qu'elle est avisée de cette communication, soit, en toute hypothèse, à l'expiration d'un délai de 2 mois à compter de la réception des informations par l'autorité de contrôle de l'Etat membre d'accueil (C. assur., art. A. 310-4).

917. Enfin, lorsque l'Autorité de contrôle prudentiel et de résolution est informée par l'autorité de contrôle de l'Etat membre d'accueil, où une entreprise d'assurance ou de réassurance française opère en libre prestation de services, que cette entreprise ne respecte pas les obligations légales de cet Etat membre et ce même après avoir été enjointe de s'y conformer, l'Autorité de contrôle prudentiel et de résolution prend toutes les mesures appropriées auprès de cette entreprise afin de faire cesser cette situation irrégulière (C. assur., art. L. 321-11-1).

Section 4 ▪ L'articulation de la liberté d'établissement et de la liberté de prestation de services

918. Le droit reconnu aux entreprises d'assurance communautaires d'exercer leurs activités en régime d'établissement et en régime de libre prestation de services au sein de l'espace européen nous amène à nous interroger sur les critères de distinction entre ces deux libertés. Cette distinction entre les deux modes d'exercice présente peu d'intérêt au niveau de réglementaire et juridique en dehors de la composition du dossier réglementaire et de la procédure de notification. En effet, la distinction n'aura aucun impact sur la loi applicable au contrat d'assurance ou sur le contrôle qui relèvera toujours des autorités du siège. En revanche, la distinction est importante en matière fiscale.

§ 1 ▪ La frontière entre la liberté d'établissement et la libre prestation de services

919. Dans la communication interprétative en date du 2 février 2000 relative à la liberté de prestation de services et l'intérêt général dans le secteur des assurances (Communication interprétative n° 2000/C43 /03, préc.), la Commission européenne est venue préciser les notions de libre prestation de services et de liberté d'établissement en posant des critères de distinction entre ces deux notions.

A ▪ Les critères de distinction

920. Dans cette communication interprétative, la Commission rappelle que la notion de prestation de services se distingue essentiellement de celle d'établissement par son caractère temporaire. Le droit d'établissement supposant en effet une installation durable dans le pays d'accueil. Ainsi, conformément à la jurisprudence de la Cour de Justice des Communautés Européennes, le caractère temporaire de la prestation de services doit s'apprécier selon plusieurs critères, à savoir : la durée de la prestation, sa fréquence, sa périodicité et sa continuité.

B ▪ Les zones « grises »: le prestataire de service disposant d'une infrastructure dans l'État d'accueil

921. La Commission rappelle en outre que selon la Cour de Justice, le caractère temporaire de la libre prestation de services n'exclut pas la possibilité pour le prestataire de services de se doter dans l'État membre d'accueil d'une certaine infrastructure, dans la mesure où cette infrastructure est nécessaire aux fins de l'accomplissement de la prestation (Affaire C-55/94, Gebhard, Recueil 1995, p. I-4165). À cet égard, la Commission reconnaît que certaines situations peuvent s'avérer difficiles à classer en pratique. Tel est notamment le cas lorsqu'une entreprise établie dans un État membre a recours à une personne indépendante (par exemple un intermédiaire indépendant) établie dans l'État membre d'accueil pour y exercer ses activités d'assurance. Selon la Commission, l'assujettissement de l'entreprise d'assurance au régime d'établissement au lieu de celui applicable à la libre prestation de services, implique que la personne indépendante remplisse de manière cumulative les trois conditions suivantes :
- elle doit être soumise à la direction et au contrôle de l'entreprise d'assurance qu'elle représente. Cette première condition doit s'apprécier en tenant compte de différents critères et notamment de la liberté dont dispose la personne pour organiser son activité et décider du temps de travail qu'elle va consacrer à l'entreprise d'assurance et pour pouvoir représenter en même temps d'autres entreprises d'assurance concurrentes.
- elle doit pouvoir engager l'entreprise d'assurance (tel sera notamment le cas si les actes ou décisions de cette personne indépendante engagent l'entreprise d'assurance envers les tiers, lesquels sont ainsi dispensés de s'adresser à l'entreprise d'assurance elle-même et peuvent conclure des affaires directement auprès de cette personne) ;
- enfin, elle doit être dotée d'un mandat permanent (la Commission précise à cet égard que la capacité d'engager l'entreprise d'assurance doit résulter d'un mandat revêtant un caractère durable et continu, et non d'un mandat limité dans le temps ou d'un mandat occasionnel).

922. Ainsi, ce n'est que lorsque ces trois conditions sont réunies et que la personne indépendante établie dans l'État d'accueil agit comme un véritable prolongement de l'entreprise d'assurance, que le régime d'établissement pourra être reconnu.

923. En posant les critères de distinction entre les notions de prestation de service et d'établissement, la communication interprétative de la Commission européenne a permis indubitablement de clarifier certaines zones d'ombre. En pratique, certaines situations continuent de donner lieu à discussions. En outre, les critères de distinction ne sont pas appréciés de la même manière selon les pays.

§ 2 ▪ Le cumul de la liberté d'établissement et de la liberté de prestation de services

A ▪ Question du cumul

924. Il convient de s'interroger sur la possibilité pour une entreprise communautaire d'exercer simultanément ses activités en libre prestation de services et en liberté d'établissement sur le territoire d'un autre État membre. Cette question a été un moment débattue.

925. Dans un premier temps, la Cour de justice des Communautés européennes semblait avoir exclu cette possibilité de cumul en se fondant sur le caractère subsidiaire de la libre prestation de services. Elle avait en effet rappelé, à l'occasion de ses arrêts Commission c/ Allemagne du 4 décembre 1986, que les dispositions relatives à la libre prestation de services étaient subsidiaires par rapport à celles relatives à la libre circulation des marchandises, des personnes et des biens et qu'en conséquence, une entreprise disposant d'une présence permanente dans un autre État membre ne pouvait se prévaloir des articles du Traité relatifs à la libre prestation de services pour ce qui est de ses activités dans l'État membre en cause.

926. Les deuxièmes directives assurance ont toutefois retenu une position différente en reconnaissant une possibilité de cumul par branche en prévoyant toutefois que les États membres avaient la possibilité de maintenir, jusqu'à l'adoption des troisièmes directives, un système de non-cumul par branche.

927. Les troisièmes directives, en vigueur depuis le 1er juillet 1994, sont par la suite venues abroger cette possibilité de dérogation. Par conséquent, une entreprise communautaire peut exercer simultanément une activité en liberté d'établissement et en libre prestation de services sur un même territoire. Toutefois, les modalités d'un tel cumul ont été précisées par la Commission européenne dans une communication interprétative du 2 février 2000.

B ▪ Les modalités du cumul

928. Dans sa communication interprétative du 2 février 2000, la Commission précise : « Pour l'exercice de ses activités en libre prestation de services, l'entreprise d'assurance peut faire appel à un établissement ouvert dans le pays de la prestation pour des activités d'appui se situant en amont ou en aval de la conclusion du contrat d'assurance (par exemple, utilisation des services d'analyse de risques ou de services juridiques ou médicaux locaux, réception des déclarations de sinistres relatives aux contrats conclus en libre prestation de services, expertise des sinistres concernant ces contrats d'assurance par les services locaux, service d'information aux preneurs d'assurance). Il faut cependant que l'entreprise d'assurance puisse clairement rattacher l'activité en question à l'une des deux formes d'exercice : droit d'établissement ou libre prestation de services ».

929. À défaut d'une claire séparation des deux activités, le risque sera de considérer que l'activité est exercée à travers la liberté d'établissement.

Section 5 ▪ La loi applicable

§ 1 ▪ La loi applicable aux contrats conclus en liberté d'établissement et en libre prestation de service

A ▪ Loi applicable au contrat en assurance dommages

1 ▪ En assurance dommages non obligatoire (C. assur., art. L. 181 1 à L. 181-4)

930. Lorsque le risque est situé sur le territoire français et que le souscripteur y a sa résidence principale ou son siège de direction s'il s'agit d'une personne morale, la loi applicable au contrat est la loi française.

931. Lorsque le souscripteur exerce une activité commerciale, industrielle ou libérale et que le contrat couvre plusieurs risques relatifs à ces activités situés en France et dans un ou plusieurs autres États membres, les parties au contrat peuvent choisir la loi d'un des États où ces risques sont situés ou celle du pays où le souscripteur a sa résidence principale.

932. Lorsque le risque est situé sur le territoire français et que le souscripteur n'y a pas sa résidence principale ou son siège de direction, les parties au contrat peuvent choisir soit la loi française, soit la loi du pays où le souscripteur a sa résidence principale.

933. Lorsque le risque n'est pas situé sur le territoire français mais que le souscripteur y a sa résidence principale ou son siège de direction, les parties au contrat peuvent choisir soit la loi française, soit la loi du pays où le risque est situé.

934. Pour les grands risques, définis à l'article L. 111-6 du Code des assurances, les parties ont le libre choix de la loi applicable au contrat. Toutefois, si au moment du choix de la loi applicable, tous les éléments du contrat sont situés en France, le choix ne pourra pas empêcher l'application des règles impératives françaises.
À défaut de choix de loi applicable (lorsque l'option est ouverte), le contrat est régi par la loi du pays avec lequel le contrat entretient les liens les plus étroits. Il est présumé que la loi de situation du risque est celle avec lequel le contrat entretient les liens les plus étroits.

935. Il est à noter, que depuis le 17 décembre 2009, le nouveau règlement (CE) n° 593/2008 « Rome I » du 17 juin 2008, remplaçant la Convention de Rome du 19 juin 1980 sur la loi applicable aux obligations contractuelles, est entré en vigueur. L'article 7 de ce nouveau règlement comporte des dispositions relatives à la loi applicable aux contrats couvrant des risques situés sur le territoire d'un État membre. Or, la modification majeure concerne la loi applicable à défaut de choix.
Si le contrat couvre un risque de masse, la loi applicable à défaut de choix est celle de situation du risque sans qu'une clause d'exception ne permette d'y déroger.

936. Si le contrat couvre un grand risque, la loi applicable à défaut de choix est celle de l'État où l'assureur a, soit son administration centrale, soit son établissement secondaire dans le cadre de l'exploitation duquel le contrat a été conclu.

2 ▪ En assurance dommages obligatoire (C. assur., art. L. 182-1)

937. Aux termes de l'article L. 182-1, tout contrat destiné à satisfaire à une obligation d'assurance imposée par la loi française est régi par le droit français. Le texte ne vise pas le cas où l'obligation d'assurance est visée par la loi étrangère.

B ▪ Loi applicable au contrat en assurance vie (C. assur., art. L. 183-1 à l.183-2)

938. Il résulte des articles L. 183-1 et L. 310-5 du Code des assurances que lorsque l'engagement est pris sur le territoire de la République française - c'est-à-dire que le souscripteur y a sa résidence principale ou s'il s'agit d'une personne morale, son siège social / établissement - la loi applicable au contrat est la loi française, à l'exclusion de toute autre.

939. Une possibilité de choix est toutefois ouverte lorsque le souscripteur est une personne physique et qu'il est ressortissant d'un autre État membre de l'Espace économique européen. En effet, dans cette hypothèse, les parties peuvent choisir d'appliquer soit la loi française, soit la loi de l'État dont le souscripteur est ressortissant.

§ 2 ▪ - La notion d'intérêt général

940. Pour imposer le respect de leur propre réglementation aux entreprises d'assurance qui souhaitent exercer leur activité sur leur territoire par le biais de la liberté d'établissement ou la liberté de prestation de service, les États membres peuvent avoir recours à la notion d'intérêt général.

941. La notion d'intérêt général est une construction jurisprudentielle de la Cour de justice. La communication adoptée par la Commission européenne le 2 février 2000 est venue préciser l'interprétation que l'on doit donner à la notion d'intérêt général. Il s'agit d'une systématisation de la doctrine développée par la jurisprudence de la Cour de justice des communautés européennes.

942. Selon la Commission européenne, pour être justifiée au nom de l'intérêt général, l'application d'une règle nationale de droit privé doit répondre aux critères cumulatifs suivants :
-elle ne doit pas avoir fait l'objet d'une harmonisation communautaire préalable ;
-elle ne doit pas être discriminatoire ;
-elle doit être justifiée par une raison impérieuse d'intérêt général (protection des consommateurs, prévention de la fraude, cohérence fiscale, protection des travailleurs, ...)
-elle doit être objectivement nécessaire ;
-elle ne doit pas faire double emploi par rapport aux règles du pays d'origine et ;
-doit être objectivement nécessaire et proportionnée à l'objectif poursuivi.

943. La liste des dispositions d'intérêt général propres à chaque État membre est en principe, publiée par les autorités de contrôle.
La charge de la preuve du respect des critères énoncés repose sur l'État membre qui impose une restriction.

944. Une entreprise d'assurance qui estime que la règle d'intérêt général soulevée par l'État membre n'est pas conforme aux critères susmentionnés, pourra déposer une plainte devant la Commission européenne.

§ 3 ▪ La loi applicable aux entreprises d'assurance opérant en régime de libre établissement ou de libre prestation de services

945. Les règles prudentielles (notamment les règles de surveillance financière et de gouvernance) applicables à entreprise d'assurance ainsi qu'aux activités qu'elle exerce par le biais de succursales et en libre prestation de services, relèvent de la compétence exclusive de l'État membre d'origine. C'est le principe du « home country control ».

946. Les différentes directives ont eu pour effet d'harmoniser les règles prudentielles applicables à l'ensemble des entreprises d'assurance de l'Espace économique européen. En conséquence, la question de la loi applicable aux entreprises perd de son importance. En particulier, les directives Solvabilité 2 et Omnibus 2, la création et le renforcement des pouvoirs des autorités européennes de surveillance financière ont pour effet d'aller encore loin dans l'harmonisation des règles techniques, financières et de gouvernance applicables à l'ensemble des entreprises d'assurance.

Titre 2 ▪ Principes généraux applicables à l'assurance

▪ Sous-titre 1
Les grands principes du droit des assurances

BIBLIOGRAPHIE

L'Argus de l'assurance

Ouvrages. – F. Couilbault, S. Couilbault-Di Tommaso, V. Huberty, *Les grands principes de l'assurance*, L'Argus éd., 2015. – J. Bigot (sous dir.), *Code des assurances commenté*, L'Argus éd., – J. Landel, *Lexique des termes d'assurance*, L'Argus éd., 2014.

Articles. – G. Defrance, Multirisques habitation, l'impossible indemnisation en valeur à neuf, L'Argus, 2001, no 6726, p. 42 ; Le caractère aléatoire du contrat d'assurance, L'Argus 29 oct. 1999 ; Le risque et l'aléa changent de définition, L'Argus 11 janv. 2002. – Cl. Delpoux, Les critères des assurances cumulatives, L'Argus 2001, no 6722, Dossier jur., p. 1.

Autres documentations

Ouvrages. – Ashraf Aladawn, *La notion de risque dans le contrat d'assurance*, Thèse Poitiers 2008. – B. Beignier, *Droit du contrat d'assurance*, Montchrestien 2011. – M. Asselain, C. Vercoutere, Droit des assurances, RB éditions 2013 –J. Bigot (dir.), *Traité de droit des assurances*, t. 3, 2e éd., LGDJ 2014. – J. Bonnard, *Droit des assurances*, Lexis Nexis, 4è éd., 2012 – M. Chagny, L. Perdrix, Droit des assurances, 3è éd., LGDJ 2014. - F. Chapuisat, *Le droit des assurances*, PUF, Coll. « Que sais-je ? », 1995 p. 55. – B. Demont, L'aléa dans le contrat d'assurance, LGDJ 2014, H. Groutel, M. Asselain, F. Leduc, p. Pierre, *Traité du contrat d'assurance terrestre*, Litec 2008, no 1535 et s. p. 983. – Juris-compact, *Pratique des assurances du particulier*, 2003, p. 179, fiche no 16. – N. Hadj-Chaïb Candelle, *Du risque assurable au risque garanti en assurance terrestre* Thèse Paris II, 1999. – Y. Lambert-Faivre, L. Leveneur, *Droit des assurances*, Dalloz, 13e éd., 2011. – J. Kullman (sous dir.), *Lamy Assurances* 2014. – P- G. Marly, *Droit des assurances*, Dalloz, 2013 – Luc Mayaux, *Les grandes questions du droit des assurances*, LGDJ. 2011, spéc. Le rôle de l'aléa dans le contrat d'assurance, p. 21 – V. Nicolas, *Droit des contrats d'assurance*, Economica, 2011. - M. Picard, A. Besson, *Les assurances terrestres*, T. 1 « le contrat d'assurance », 5e éd., 1982, LGDJ no 444 s.

Articles. – J. Alquezar, Le facteur temps dans l'assurance, RGDA 2002. 1128. – S. Bertolaso, L'aléa en droit des assurances, Etat des lieux et perspectives, RGDA 2009. 431. – F. Chapuisat, De nouveaux systèmes d'indemnisation, Ass. fr. 1997, no 6, p. 39. – G. Courtieux, L'assuré victime du cumul d'assurances, RCA 1996. 19. – F. Deboissy, Régime fiscal des affaires, fiscalité des indemnités, indemnités d'assurance décès, ISF, RTD Com. 2001. 809. – Cl. Delpoux, Le risque et le futur, RGDA 2002. 1136. – L. Dogniaux, Identité du souscripteur nécessaire à la qualification d'assurances cumulatives, Trib. ass. 2001, no 43, Cahiers jur., p. 1. – G. Durry, Réflexion sur le rôle de la Cour de cassation à propos des arrêts de chambre mixte du 23 novembre 2004, Risques déc. 2005, p. 117 – F. Elwald, Les valeurs de l'assurance, Encyclopédie de l'assurance, Economica 1998 p. 399. – Al. Le Gars, L'aléa dans l'assurance du risque industriel, Environnement n° 2 févr. 2006. – H. Groutel, Le principe indemnitaire n'est pas toujours ce que l'on croit, RCA déc. 1994 ; Le sauvetage des « bonnes clauses de subsidiarité » en matière d'assurances cumulatives, RCA 1992, chron. no 27 ; La mise en œuvre des assurances par lignes, RCA 1996, chron. no 13 ; Crédit-bail et bénéficiaire de l'indemnité d'assurance, RCA 1996. chron. no 28 ; Les critères du cumul d'assurances, RCA 2001, chron. no 25. ; L'appréciation de l'aléa et de la faute intentionnelle, RCA 2000, p. 4. – N. Le Rudulier, Assurance, distinction du fait volontaire et de la faute intentionnelle, JCP N 2013, 1094. - L. Mayaux, Assurance et ordre public : à la recherche d'un critère, RGDA 2008. 601 ; Aspects juridiques de l'assurabilité, Risques juin 2003, p. 67 ; La nullité du contrat d'assurance pour absence d'aléa est une nullité relative, JCP G 2000 p. 629. – J. Mouly, le Droit confronté à l'omniprésence du risque, D. 2012, p. 1020. - V. Nicolas, L'aléa dans les produits d'assurance vie : le point de vue français, in Les nouveaux produits d'assurance vie : droit civil et droit fiscal, Académia 1999 Bruxelles éd., Bruylant – A. Pimbert, Le contrôle judiciaire du contrat d'assurance, Essai sur les rapports entre le droit commun des contrats et la législation spéciale de l'assurance, Thèse Poitiers, 2000. – M. Provost, La notion d'intérêt d'assurance, RGDA 2009. 713. – C. Riot ; Les risques au XXIème siècle : Assurance vs sécurité sociale, Droit et Santé, hors série juillet 2013. - E. Roueil, Sanction du défaut d'aléa dans le contrat d'assurance, JCP E et A, n° 29, 20 juill. 2000, p. 1186. – E. Savatier, Le principe indemnitaire à l'épreuve des jurisprudences civile et administrative, JCP G 1999. 617. – M. Tilche, Assurances terrestres et maritimes, y-a-t-il des « passerelles » ?, Bull. Transp. 2001, no 2913, p. 720. – M. Zavaro, Droit du dommage, l'indemnité d'assurance comprend-elle la TVA ?, Trib. ass. 2000, no 40, p. 51.

Chapitre 1
Principes juridiques

Section 1 . Le risque assuré

947. Il appartient aux parties de définir le risque qui est l'objet de leur contrat. Ce sont les clauses des dispositions générales qui y pourvoient en faisant apparaître l'objet des garanties, éventuellement limité par des clauses d'exclusion. Plusieurs éléments concourent à la définition du risque : la nature de l'événement (accident, maladie, responsabilité), le siège où il se réalise ainsi que le patrimoine qui s'en trouve affecté, l'intensité avec laquelle il est ressenti (destruction partielle ou totale d'une chose, degré d'atteinte corporelle d'une personne)... Selon les cas, la description peut être très large ou au contraire fortement limitée à un type d'événement.

948. La loi, au moins dans le cadre de l'assurance des catastrophes naturelles, fait référence à la notion de risque inassurable. En vertu de l'alinéa 3e de l'article L. 125-1 (mod. par L. n° 92-665, 16 juill. 1992), les dommages qui ont leur cause déterminante dans l'intensité anormale d'un agent naturel, ne relèvent de l'assurance des risques de catastrophes naturelles que si ils sont inassurables (J.M. Delhay, *L'assurance des catastrophes naturelles*, Puy fleuri éd., 2005, p. 24).

949. Un risque est considéré comme non assurable lorsqu'il présente les caractéristiques suivantes. Il doit d'abord s'agir d'un risque pour lequel il est impossible de constituer une communauté homogène d'assurés. Un assureur pour répondre à la demande d'assurance doit être en mesure de réunir une collectivité d'assurés en sachant que le risque assuré ne touchera que quelques uns d'entre eux. Or, même s'il est sans doute possible de distinguer entre les divers événements naturels, ceux-ci présentent généralement la particularité d'être plus significatifs dans certains lieux que dans d'autres ce qui conduira les assurés à sélectionner les risques assurés et interdira à l'assureur d'opérer la mutualisation nécessaire à l'équilibre de l'opération d'assurance. Le second critère de l'inassurabilité tient à la difficulté d'évaluation de probabilités de survenance du risque. La fréquence trop faible de certains phénomènes ne permet pas d'établir des statistiques fiables permettant un calcul réaliste du coût de l'assurance. Enfin, il est fait état d'un troisième critère de l'inassurabilité reposant sur un constat simple, celui selon lequel les conséquences d'un événement naturel touchent de très nombreuses personnes en même temps, ce qui exposerait l'assureur à un cumul de sinistres dont le coût d'indemnisation serait largement supérieur aux primes qu'il a perçues.

950. L'énumération de ces trois critères n'interdit pas toutefois certaines précisions légales. C'est ainsi que depuis la loi du 25 juin 1990 les effets du vent et des tempêtes ne relèvent plus du domaine des catastrophes naturelles mais de celui d'une extension obligatoire de l'assurance dommages aux biens. Toutefois, la loi du 13 décembre 2000 réserve l'hypothèse de vents répondant aux caractéristiques d'un cyclone, c'est-à-dire dépassant 145 hm/h en moyenne sur 10 minutes ou 215 km/h en rafales (C. assur., art. L. 122-7).

951. Selon les situations, le risque peut être constitué par un événement déterminé qui se ramène à un fait unique (vol, incendie, décès) ou nécessiter la réunion de plusieurs circonstances. Dans ce dernier cas, il est fait alors application de la notion de risque composite. Ainsi en va-t-il de l'assurance crédit qui suppose que soient réunies à la fois une situation de non-paiement et l'écoulement d'un délai de carence ou encore de l'assurance de responsabilité civile où doivent être réunis un dommage et une réclamation formulée par celui qui en est victime (C. assur., art. L. 124-1). La distinction est toutefois parfois incertaine. Ainsi à propos de l'assurance contre les accidents corporels, si plusieurs décisions attestent bien de l'idée selon laquelle l'obligation de l'assureur suppose que soient réunies les conditions de réalisation d'un accident et d'apparition d'un dommage corporel, notamment invalidité permanente reconnue (Civ. 1re, 26 mars 1996, n° 93-11.470, RGDA 1996. 689, note J. Kullmann ; Civ. 1re, 18 juin 1996, n° 93-18.502), la loi n° 89-1009 du 31 décembre 1989 (loi Evin, art. 7) dispose que le contrat qui doit prendre en charge les prestations d'incapacité ou d'invalidité est celui qui est en cours au moment même de l'apparition de la maladie ou de l'accident. L'assurance d'un risque composite peut faire l'objet de deux approches. Soit l'on considère que l'aléa doit porter sur l'ensemble des éléments du risque, on peut alors parler de conception stricte ; soit l'on admet, dans une conception plus large que la connaissance de la réalisation d'un élément du risque n'interdit pas de reporter l'aléa sur les autres éléments du risque.

952. La doctrine déploie de nombreux efforts pour mieux cerner les notions de risque et d'aléa. Dans une première lecture il est possible d'assimiler les deux aspects ; dans une approche plus détaillée, il est possible de les distinguer. Alors le risque désignerait l'événement qui est pris en compte par le contrat, l'aléa désignerait plutôt l'incertitude qui entoure les effets que ledit événement peut provoquer sur le patrimoine de l'assuré. À l'appui de cette seconde analyse, il serait possible d'évoquer la chance de gain ou de perte pour au moins l'une des parties qui est visée par le Code civil (C. civ., art. 1104 et 1964). L'étude des caractéristiques que doit présenter le risque assuré pour donner au contrat un caractère aléatoire conduit toutefois à rapprocher les deux notions.

§ 1 ▪ Exigence du caractère aléatoire du risque assuré

953. Comme dans toutes les législations, même si les éléments pris en considération peuvent différer d'un pays à un autre (A. Meeus, De la notion et des limites de l'aléa susceptible d'être garanti dans les assurances de choses, de personnes, et de responsabilité professionnelle, 9e colloque CEA 1980, RGAT 1981. 243 ; p. Vaillier, Les limites de l'assurance, Thèse Bordeaux 1999), le contrat d'assurance ne peut concerner qu'un événement de nature aléatoire. La solution n'est pas expressément formulée par le Code des assurances mais d'une part elle découle de la logique même de l'opération d'assurance (C. civ., art. art. 1964), et d'autre part, indirectement, de l'interdiction qui est faite d'assurance du fait intentionnel (C. assur., art. L. 113-1) et de la nullité de l'assurance de la chose totalement détruire au moment de la souscription du contrat (C. assur., art. L. 121-15). La solution ne fait l'objet d'aucune hésitation jurisprudentielle, selon la jurisprudence de la Cour de cassation, l'aléa constitue l'essence même du contrat d'assurance (Civ. 1re, 15 janvier 1985, n° 83-14.742, Bull. Civ. I, n° 20 ; Civ. 1re, 11 octobre 1994, n° 93-11.295, Bull. Civ. I, n° 277), le contrat d'assurance étant par nature aléatoire (Civ. 1re, 10 avril 1996, n° 94-11.174 ; Civ. 1re, 4 novembre 2003, n° 01-14.942, Bull. Civ. I, n° 220 ; RGDA 2004. 337, note J. Kullmann). Ainsi, les contrats de capitalisation, même s'ils sont régis par le Code des assurances au même titre que les contrats d'assurance sur la vie, ne constituent pas un contrat d'assurance dans la mesure où ils ne reposent pas sur un véritable aléa (Crim., 13 octobre 1993, n° 91-83.703, RGAT 1994. 132, note J. Bigot).

954. La doctrine ne saurait ignorer les relations entre la nature aléatoire du risque et du contrat d'assurance et la définition légale du contrat aléatoire donnée à l'article 1108 du Code civil, (anc. art. 1104). La question concerne la chance de gain ou de perte que se reporte sur les deux parties au sens de l'article 1108, ou au moins sur l'une d'elles, dans le sens de l'ancien article 1964 du Code civil. Il a, justement à notre avis, été fait observer que la question de savoir si le contrat d'assurance recouvre une chance de perte ou de gain n'était peut-être pas pertinente (J. Bigot, *Traité de droit des assurances*, t. 3, Le contrat d'assurance, n° 101). D'une part, l'assureur ne saurait, pour des raisons économiques évidentes, envisager son activité d'assurance en général en s'engageant à faire face à un risque de perte, d'autre part, dans le cadre d'un contrat donné, il ne fait qu'exécuter sa propre dette en mettant en œuvre les garanties contractuelles. L'assuré de son côté ne sera indemnisé qu'en cas de réalisation du risque garanti et dans des proportions qui dépendront uniquement de l'importance du sinistre et qui peuvent le conduire à recevoir une somme bien plus importante que le montant des primes qu'il a versées sans que pour autant la souscription de son contrat puisse être vue comme une opération spéculative.

955. Pour pouvoir revendiquer un caractère aléatoire l'événement garanti doit présenter plusieurs caractères. En premier lieu, il doit être indépendant de la volonté de l'assuré. Le Code des assurances le dit indirectement en rejetant l'assurance de la faute intentionnelle (C. assur., art. L. 113-1) entendue au sens de comportement par lequel l'assuré a recherché le résultat dommageable auquel conduisait son action, le dommage tel qu'il est survenu. à la faute intentionnelle, la jurisprudence assimilait classiquement la faute dolosive également visée par l'article L. 113-1. Une décision de la Cour de cassation permet d'envisager une distinction entre les deux fautes, la faute dolosive étant celle par laquelle l'assuré fait disparaître l'aléa (Civ. 2e, 12 septembre 2013, n° 12-24.650, D. Bakouche, La faute dolosive exclusive de garantie, Resp. civ. et ass. 2013 - J. Kullmann L'assuré fautif : après le faisan et le malfaisant, le risque-tout, vers une réforme de l'article L. 113-1 du Code des assurances, RGDA 2014 n° 1 p. 8 - (voir néanmoins Civ. 3è, 1er juill. 2015, n°. 14-19.826 et n°. 14-50.038, Resp. civ. et ass. 2015, comm. 304, obs. H. Groutel). Appliquée aux différentes formes d'assurance, l'indépendance de la volonté de l'assuré doit s'entendre avec des nuances, ainsi en va-t-il notamment de l'assurance de protection juridique à laquelle certains auteurs craignent de devoir contester le caractère aléatoire, notamment depuis la loi n° 2007-210 du 19 février 2007 qui donne une définition du sinistre reposant sur l'expression de volonté de l'assuré, notamment lorsque celui-ci s'oppose à une demande qui lui est adressée. Une autre manière de voir les choses peut tout de même s'attacher au caractère aléatoire de la situation conflictuelle elle-même et non aux modalités de son expression juridique. L'appréciation de ce caractère d'indépendance de la volonté de l'assuré soulève une difficulté particulière à propos de l'assurance du suicide. Si celle-ci demeure impossible dans le cadre de l'assurance contre les accidents corporels, pour laquelle les garanties ne peuvent être mises en œuvre qu'en cas de réalisation d'un accident corporel, elle a toujours soulevé des difficultés particulières dans le cas de l'assurance vie. Son régime a longtemps été dominé par la distinction entre suicide conscient (inassurable) et suicide inconscient (assurable). Il est aujourd'hui fixé par l'article L. 132-7 du Code des assurances (C. mut., art. L. 223-9) qui déclare le contrat nul si l'assuré se donne la mort au cours de la première année du contrat mais impose la couverture du risque suicide à compter de la deuxième année du contrat. Ces dispositions ne sont toutefois pas applicables au cas de l'assurance contractée au profit d'un prêteur (assurance emprunteur).

956. L'événement garanti doit ensuite être licite, c'est-à-dire conforme à l'ordre public et aux bonnes mœurs. Ainsi l'assurance des sanctions pénales (amendes pénales A. Favre Rochex et G. Courtieu, *Le droit du contrat d'assurance terrestre*, préf. de H. Groutel, LGDJ, 1998, p. 74) demeure interdite en droit français ainsi que celle des activités professionnelles interdites (Pour le cas d'un kinésithérapeute pratiquant des manipulations vertébrales et déclaré coupable des délits d'exercice illégal de la médecine faute d'existence d'un statut particulier aux chiropracteurs, Civ. 1re, 5 mai 1993, n° 91-15.401 ; RGAT 1993. 897, note J. Kullmann). Au cours de son histoire récente, le droit des assurances a connu sur ce point des évolutions significatives, notamment l'assurance sur la vie qui fut longtemps considérée comme immorale parce qu'elle paraissait vouloir déterminer la valeur vénale de la vie humaine. Sa légalité n'est plus discutée aujourd'hui (même lorsque le bénéficiaire est la partenaire d'une relation adultère : Civ. 1re, 25 janvier 2005, n° 96-19.878, Bull. civ. I, 2005, n° 35, p. 27), sauf le cas de l'article L. 132-2 du Code des assurances qui prévoit que l'assurance en cas de décès contractée par un tiers sur la tête de l'assuré est nulle, si ce dernier n'y a pas donné son consentement par écrit. De même l'assurance de responsabilité, a pendant un temps, été vue comme immorale en ce qu'elle permettait à un assuré de mettre à la charge de l'assureur les conséquences pécuniaires de ses fautes. L'affirmation du caractère illicite d'une forme d'assurance suppose parfois l'intervention législative. Tel a été le cas de l'interdiction de l'assurance retrait de permis de conduire. Cette assurance a été interdite en 1992 par le ministre de l'Economie et des Finances en exerçant une prérogative résultant de l'article L. 310-8 du Code des assurances (G. Defrance, L'ordre public de l'assurance, L'Argus, 21 févr. 1992, n° 6256, p. 17).

957. L'événement assuré doit être par ailleurs incertain dans sa réalisation. La question rejoint en grande partie celle de l'assurance du risque composite, l'incertitude pouvant trouver son siège dans l'ignorance des conséquences d'un événement connu, conséquences d'un accident par exemple. Ainsi, la connaissance par l'entrepreneur de maladies professionnelles contractées par certains salariés avant la souscription du contrat n'interdit pas la souscription d'un contrat garantissant le risque de mise en œuvre d'actions en justice tendant à rechercher la responsabilité de l'entreprise (Civ. 2e, 14 juin 2006, Bull. civ., II, n° 154, RGDA 2006. 587, note J. Kullmann).

958. L'événement assuré doit enfin être futur. La solution est indirectement rappelée par l'article L. 121-15 selon lequel le contrat d'assurance ne peut porter sur un risque dont l'assuré connaissait la réalisation au moment de la souscription (en l'occurrence, perte totale de la chose). En toute logique, l'assurance du risque putatif, c'est-à-dire celui dont l'inexistence n'est révélée aux parties que postérieurement à la souscription du contrat, devrait être impossible. Toutefois, si cette conséquence n'est pas discutable dans une approche relevant de la conception matérielle et objective du risque, elle demeure discutable si la conception retenue s'attache plutôt à sa dimension intellectuelle, c'est-à-dire subjective (B. Beignier, *Droit du contrat d'assurance*, PUF, 1999, N° 63, p. 93). Il serait assez facile avec une partie de la doctrine : Picard M. et Besson A., *Les assurances terrestres*, t. I, LGDJ, 1982, n° 23, p. 33 ; Jacob N., *Les assurances terrestres*, Dalloz, 1979, n° 106) de s'en tenir à une interdiction de l'assurance du risque putatif. La conception subjective n'est toutefois pas ignorée en doctrine (Meeus A., De la notion et des limites de l'aléa susceptible d'être garanti dans les assurances de choses, de personnes et de responsabilité professionnelle, 9e colloque CEA 1980, RGAT 1981. 238, spéc. p. 249 « Rien dans les principes de l'assurance ne s'oppose à l'assurance du risque putatif, les parties étant dans l'ignorance de l'état du risque ; J. Bigot, *Traité de droit des assurances*, t. 3 Le contrat d'assurance, LGDJ 2002, n° 1047). La jurisprudence est sur la même position que la doctrine. L'assurance du risque putatif n'est pas totalement rejetée. Elle est admise notamment en matière d'assurance de personnes à propos de maladies dont l'existence n'était pas connue de l'assuré au moment de la souscription du contrat (Civ. 1re, 15 novembre 1989, RGAT 1990. 170, note L. Aynès). Les choses sont moins claires à propos de l'assurance de dommages ; on relèvera tout de même que certains arrêts récents prennent le soin de constater que l'assuré n'ignorait pas les vices dont souffrait la chose assurée pour contester le caractère aléatoire du contrat (Civ. 2e, 21 déc. 2006, RGDA 2007. 53, note J. Kullmann). Ces développements ne concernent pas l'assurance maritime où l'assurance du risque putatif est expressément admise (C. assur., art. L. 172-4, a contrario).

959. Depuis un arrêt du 20 juin 2000, il semble que la Cour de cassation abandonne aux juges du fond le pouvoir d'apprécier souverainement l'existence de l'aléa dans le contrat d'assurance, comme dans l'ensemble des contrats aléatoires : « attendu que l'appréciation de l'aléa, dans le contrat d'assurance, relève du pouvoir souverain du juge du fond : que la cour d'appel, qui a constaté que lors de la souscription du contrat d'assurance, le risque d'annulation du permis de construire n'était plus aléatoire, a par ce seul motif, légalement justifié sa décision » (Civ. 1re, 20 juin 2000, n° 97-22.681, Bull. Civ. I, n° 189, Rev. Lamy dr. aff. 2000, n° 31, n° 1980 ; RGDA 2000. 1049, note J. Kullmann ; H. Groutel, L'appréciation de l'aléa et de la faute intentionnelle dans le contrat d'assurance ; RCA 2000, chron. n° 24). En réalité, la Cour de cassation conserve un pouvoir de qualification des circonstances pouvant être érigées en événement aléatoire, renvoyant plutôt l'appréciation des juges du fond à la vérification de l'existence ou non dudit événement (en ce sens, J. Bonnard, Droit des assurances, Litec 4e éd., 2012, n° 258, p. 104). Ainsi, par un arrêt du 4 novembre 2003 elle a notamment rappelé que le contrat d'assurance ne pouvait porter sur un risque que l'assuré sait réalisé (Civ. 1re, 4 novembre 2003, n° 01-14.942, Bull. Civ. I, n° 220 ; RGAT 2004. 337, note J. Kullmann).

960. Un autre exemple significatif du contrôle exercé par la Cour de cassation a trait aux contrats d'assurance sur la vie. Par quatre arrêts rendus en Chambre mixte, la Cour de cassation a refusé de requalifier en contrat de capitalisation les contrats d'assurance vie de type placement/épargne en constatant que les contrats d'assurance vie, même lorsqu'ils permettaient de réaliser une opération de placement, conservaient un caractère aléatoire. Dans trois des quatre pourvois examinés, la qualification d'opération d'assurance était critiquée par les héritiers légaux du souscripteur exclus du bénéfice du contrat par désignation d'un tiers bénéficiaire (Ch. mixte, Coulon c/ Prédica et a., n° 02-11.352 ; Ch. mixte Dawant c/ Aury et a., n° 02-13.592 ; Ch. mixte Wangermee d'Assy et a c/ Wangermee, n° 02-17.507). À la question posée de savoir si le contrat d'assurance vie de type placement comportait encore un aléa, les juges ont répondu, au visa des articles 1964 (ancien) du Code civil, L. 310-1-1 et R. 321-1 alinéa 20 du Code des assurances que, dès lors que ses effets dépendaient de la durée de la vie humaine, le contrat présentait bien un caractère aléatoire. La durée de vie du souscripteur conditionne non seulement la date mais aussi l'identité du bénéficiaire des prestations d'assurance prévues au contrat. Le dernier arrêt (Crédit foncier de France et a. c/ Ségard es. Qualité et a. n° 03-13.673) prononce la cassation de la solution retenue par Cour d'appel de Fort-de-France (arrêt du 24 janvier 2003) qui avait requalifié un contrat d'assurance emprunteur en opération de capitalisation. En affirmant que l'indétermination de la personne du bénéficiaire dépendant de la durée de vie du souscripteur était suffisante pour conférer un caractère aléatoire au contrat, la Cour de cassation a retenu une solution fondée davantage sur des considérations économiques que juridiques. La doctrine s'est exprimée de manière assez forte en ce sens (M. Grimaldi, RTD civ. 2005. 434 ; H. Groutel, D. 2004. Somm. 3192 ; L. Aynès, G. Durry, réflexions sur le rôle de la Cour de cassation après les arrêts de Chambre mixte du 23 novembre 2004, Rev. Risques n° 64, déc. 2005 ; Des arrêts politiques, Droit et patr. janv. 2005, n° 133, p. 11, F. Leduc et p. Pierre, Assurance placement : une qualification déplacée, RCA 2005, n° 3 ; R. Libchaber, Defrénois. 2005, chron. n° 38142 ; A. M. Ribeyre, Assurance vie, le débat se déplace de l'aléa vers la prime excessive, Droit et patr., janv. 2005, n° 133, p. 10 ; voir néanmoins B. Beignier, D. 2005, 1095 ; H. Lécuyer, Promesses jurisprudentielles de longue vie à l'assurance vie, Dr. famille 2005, chron. n° 6 ; Luc Mayaux, RGDA 2005. 1). Au cours des années qui ont suivi les arrêts de Chambre mixte, la Cour de cassation a été conduite à réaffirmer sa jurisprudence avec une constance toute particulière. Six décisions ont ainsi été rendues au cours de l'année 2005 (Civ. 2e, 17 mars 2005, Prédica c/ D., n° 03-19.408 ; Civ. 2e, 12 mai 2005, CNP Assurances c. et a. n° 03-19.157, Civ. 2e, 8 septembre 2005 : 4 arrêts :n° 03-11.019, 03-11.774, n° 03-14.367 et n° 03-20.636). L'arrêt le plus significatif car prononçant la cassation d'un arrêt d'appel postérieur à la jurisprudence de novembre 2004 (CA Poitiers) a été rendu le 5 avril 2007, n° 05-20.934, Françoise B c/ Lise-Françoise J. et autres.

§ 2 ■ Sanction de l'absence de caractère aléatoire

961. La reconnaissance judiciaire de l'absence de l'aléa devrait conduire à une sanction de nullité absolue pour absence d'un élément essentiel du contrat (B. Beignier, *Droit du contrat d'assurance*, op. cit., n° 68, p. 98). Ce n'est pourtant pas la solution qui est retenue en jurisprudence. Par un arrêt du 9 novembre 1999 et en s'appuyant sur la théorie moderne des nullités subordonnant la qualification de nullité absolue ou privée à la nature des intérêts, particuliers ou généraux, protégés par la loi, la Cour de cassation s'est prononcée dans le sens de la nullité relative du contrat dépourvu d'aléa (Civ. 1re, 9 novembre 1999, RGDA 2000. 33, note J. Kullmann ; JCP G 2000, I, 219, note L. Mayaux ; D. 2000, p. 507, note A. Cristau ; RCA 2000, comm. n° 33, H. Groutel et chron. n° 21). Lorsque le contrat porte assurance de plusieurs risques (tels les contrats d'assurance multirisques habitations), la nullité de concerne que le risque non aléatoire (en ce sens, Civ. 1re, 6 janvier 1994, n° 92-11.156).

962. En l'absence de disposition identique à celle de l'article L. 113-8 du Code des assurances permettant à l'assureur de conserver les primes reçues en cas de fausse déclaration de risque intentionnelle, aucun texte ne dispense l'assureur du remboursement des primes perçues en cas d'annulation consécutive à la révélation du caractère non aléatoire du risque assuré. S'il ne fait aucun doute que les juges sont compétents pour statuer sur une demande portant expressément sur le caractère aléatoire du risque assuré, la jurisprudence leur reconnaît aussi le droit de soulever d'office le moyen tiré de la nullité (Civ. 1re, 8 décembre 1987, n° 86-12.774). En revanche, la nullité de contrat pour défaut d'aléa ne peut pas être soulevée pour la première fois devant la Cour de cassation (Civ. 1re, 13 mars 1993, n° 91-16.179 ; RGAT 1993. 540, note F. D'Hauteville; Civ.1re, 19 février 1995, n° 83-16.708).

Section 2 ▪ La prestation de l'assureur

963. Les contrats d'assurance proposés aux particuliers se répartissent de manière assez naturelle selon qu'ils ont trait aux biens ou à la personne de l'assuré. Une même personne peut en effet chercher d'abord à se prémunir contre les atteintes à son patrimoine qui peuvent résulter soit d'un dommage affectant directement l'un de ses biens, soit d'une action en justice engagée à son encontre et dont il peut résulter une condamnation pécuniaire liée à la mise en jeu de sa responsabilité. Le second grand volet de l'assurance a trait à la personne même, les risques assurés se portent alors directement sur l'état de la personne assurée : sa santé, son intégrité physique, sa vie. Selon le type d'assurance souscrite, les prestations versées par l'assureur présentent un caractère indemnitaire ou forfaitaire. Les logiques qui commandent ces deux types de prestations sont très différentes.

964. Affirmé par l'article L. 121-1 du Code des assurances, le principe indemnitaire interdit à l'assuré de s'enrichir à l'occasion de la réalisation d'un sinistre mais ne l'oblige pas à employer l'indemnité reçue à la remise en état du bien endommagé (Civ. 3e, 23 nov. 2010, n° 07-20.231, voir déjà en ce sens Civ. 1re 16 juin 1982, n° 81-13.080, Bull. civ. n° 227 ; 11 mars 1986, n° 84-13.660 RGAT 1986, p. 336). Les engagements de l'assureur ne peuvent pas excéder la perte subie par l'assuré. En d'autres termes et selon la formule légale, l'indemnité due par l'assureur à l'assuré ne peut pas dépasser le montant de la valeur de la chose assurée au moment du sinistre. L'assurance de type forfaitaire repose sur une logique différente qui permet, plus simplement, à l'assuré de se ménager des voies de droit en cas de réalisation de l'événement assuré. Ainsi, reposant sur un socle aléatoire commun – et caractéristique – à l'ensemble des contrats d'assurance, les figures contractuelles organisant les relations entre assureur et assuré peuvent être rangées dans des genres différents. Le Code des assurances en témoigne en premier lieu puisque si l'article L. 121-1, siège du principe indemnitaire, ouvre le chapitre relatif aux assurances dommages en rappelant le lien entre l'indemnité et la valeur de la chose assurée, à l'inverse, l'article L. 131-1 énonce, en premier lieu, que dans les assurances de personnes, les sommes assurées sont fixées dans le contrat. L'opposition entre principes forfaitaire et indemnitaire se résout donc dans la distinction entre les assurances de dommages et les assurances de personnes. La divergence n'est toutefois pas totale, certains traits de l'assurance indemnitaire peuvent se rencontrer dans des contrats relevant du régime général des assurances de personnes. Par un arrêt du 5 avril 2007, la Cour de cassation a écarté l'application du principe indemnitaire en matière d'assurance de responsabilité où s'applique le principe de la réparation intégrale du préjudice (Civ. 2e, 5 avril 2007, RCA 2007, comm. n° 130, obs. G. Durry ; RGDA 2007. 584, obs. J. Kullmann ; Chronique Lexbase n° 263, obs. V. Nicolas). L'affirmation prétorienne justifiée dans l'arrêt par des raisons de fait et de procédure peut paraître inutile au regard des conséquences apparemment identiques de ces deux solutions. Ainsi, lorsqu'un bien est détérioré (véhicule automobile notamment) le principe indemnitaire, comme le principe de réparation intégrale, conduisent à indemniser le propriétaire à hauteur de la valeur de remplacement lorsque le montant des réparations est supérieur (pour une illustration particulièrement significative, Civ. 2e, 27 mars 2014, n° 13-14.354, J. Speroni, La notion de valeur dans les contrats d'assurance automobile, L'Argus, 23 avril 2014 : cassation de la décision d'un juge de proximité qui avait alloué une indemnisation supérieure à la valeur de remplacement en tenant compte du coût de travaux et des frais d'expertise découlant de la procédure applicable aux véhicules économiquement irréparables). Il est toutefois reconnu que la vétusté d'un bien n'a pas à être prise en compte pour réduire la dette du débiteur de responsabilité (Civ. 2e, 2 juillet 1987, Bull. Civ. II, n° 152). De surcroît, le principe indemnitaire interdit toujours à l'assureur de rembourser à son assuré une somme supérieure à celle qu'il aurait lui-même versée spontanément à sa victime (en ce sens, *Traité du contrat d'assurance terrestre*, n° 1535, note 675, p. 983).

§ 1 ▪ Principe indemnitaire et assurance dommages

965. L'assurance souscrite par une personne pour la préservation de son patrimoine ne doit jamais constituer une source d'enrichissement. Ce principe, affirmé par l'article L. 121-1 du Code des assurances, est à l'origine de plusieurs règles caractéristiques de l'assurance dommages (C. mut., art. L. 224-8 pour les frais de soins, la protection juridique et l'assistance).

A ▪ Principe de réparation du préjudice subi

966. Les juges sont régulièrement amenés à rappeler le principe indemnitaire. Parmi les nombreuses décisions qui découlent de l'article L. 121-1 du Code des assurances, certaines sont particulièrement significatives. Ainsi, à l'occasion de la perte d'un fonds de commerce consécutive à un incendie, une Cour d'appel avait jugé que l'assureur devait sa garantie à hauteur du capital assuré, c'est-à-dire 1 000 000 F (152 449 €) sans qu'il soit tenu compte de la valeur réelle du fonds de commerce. L'arrêt est cassé. La Cour de cassation oblige à tenir compte de la valeur réelle du fonds de commerce assuré au moment du sinistre, dans la limite de l'engagement contractuel constitué par la valeur déclarée au contrat d'assurance (Civ. 1re, 13 mai 1997, n° 95-15.237, La Bâloise c/ Fritsch, RCA 1997, comm. n° 279 ; RGDA 1997. 750 ; L'Argus, 20 juin 1997, p. 39). Les conséquences du principe indemnitaire se trouvent également illustrées dans une autre décision où une assurance avait été souscrite pour une valeur de 3 millions de francs (457 347 €) correspondant à l'évaluation de la version originale du film réalisé en 1894 par Louis Lumière sur la sortie des usines Lumière. Une franchise de 30 000 F (4 573 €) avait été prévue. Suite à sa détérioration, un expert évalue la valeur vénale du film et, constatant que les assurés détenaient une copie du film, fixe la valeur vénale à 30 000 F (4 573 €) seulement. Fort logiquement, la Cour d'appel saisie du litige fixe l'indemnité au regard du rapport d'expertise à la somme de 30 000 F (4 573 €), égale au montant de la franchise. Quant à la prime de 27 000 F (4 116 €) perçue par l'assureur, elle lui est définitivement acquise. Le pourvoi des assurés est ensuite rejeté : en fixant ainsi la valeur vénale qu'il convenait d'attribuer au bien assuré, la Cour d'appel a, dans l'exercice de son pouvoir souverain d'appréciation, légalement justifié sa position au regard de l'article L. 121-1 du Code des assurances (Civ. 1re, 21 novembre 2000, n° 98-13.124, n° 1744 D, Moillo et a. c/ UAP et a. ; L'Argus, 26 janv. 2001, p. 37.). Dans d'autres circonstances, le respect du principe indemnitaire peut conduire à une conséquence inverse qui oblige l'assureur à servir une prestation supérieure à celle qu'il avait envisagée. Ainsi, n'a pas donné de base légale à sa décision la Cour d'appel qui a fixé la valeur d'un diamant volé en tenant compte de sa valeur de remplacement auprès d'un diamantaire grossiste et non détaillant (Civ. 1re, 4 juillet 1995, RCA 1995, comm. n° 336). La pratique des clauses « valeur à neuf », en particulier dans le secteur de l'assurance automobile n'a pas fait encore à ce jour l'objet d'une jurisprudence significative (voir néanmoins en matière de construction, Civ. 1re, 18 février 1969, RGAT 1969. 341 ; Civ. 1re, 27 janvier 1987, Bull. Civ. I, n° 25). La clause contractuelle qui permet à l'assuré de percevoir une prestation qui ne tient pas compte de la vétusté du bien endommagé, pourrait dans une première approche être considérée comme contraire au principe indemnitaire. La pratique contractuelle a su néanmoins s'accommoder de cette situation en prévoyant d'une part que l'indemnisation valeur à neuf est limitée à un temps de possession maximal du bien et d'autre part que la portion d'indemnité correspondant à la vétusté n'est effectivement versée qu'en cas d'acquisition d'un bien identique (en ce sens, M. Asselain, *Traité du contrat d'assurance terrestre*, Litec 2008, n° 1544, p. 988).

967. Il est classiquement affirmé que le principe indemnitaire commande l'indemnisation intégrale du seul préjudice subi : « Tout le préjudice mais rien que le préjudice » (Y. Lambert Faivre, L. Leveneur, *Droit des assurances*, Dalloz). L'affirmation est particulièrement vraie lorsque le dommage subi est consécutif à l'action d'un tiers dont la responsabilité pourra être engagée. La Cour de cassation a rappelé que la valeur du bien à prendre en compte pour fixer l'indemnité due par l'assureur est celle du bien au jour du sinistre (Civ. 2e, 11 septembre 2008, n° 07-15.171, Lexbase Hebdo 2008, n° 319 : un véhicule endommagé du fait d'un vol avait été vendu à titre d'épave pour un prix inférieur à sa valeur au jour du vol, l'arrêt d'appel qui avait retenu la valeur du véhicule au jour de sa revente a été cassé.). Ainsi l'assureur qui a versé une indemnité correspondant à la valeur du bien au jour du sinistre ne peut agir en répétition de l'indu au motif que la valeur du bien aurait diminué depuis le sinistre. À l'inverse, l'assuré ne peut demander que l'on tienne compte de la plus-value qui s'est portée sur des biens identiques (immeuble par exemple) entre le jour du sinistre et celui de son indemnisation. Dans son application en assurance dommages proprement dite, le principe de réparation indemnitaire peut aussi être enfermé dans des limites contractuelles qui peuvent réduire l'intervention de l'assureur. En d'autres termes, le principe indemnitaire se conjugue avec la liberté contractuelle. Du côté de l'assureur, cette liberté s'exprimera par la stipulation de franchises et de plafonds d'indemnisation en conformité avec l'article L. 121-1 du Code des assurances. Du côté de l'assuré, elle pourra se concrétiser dans une situation de sous-assurance. Il ne semble pas en revanche que la liberté contractuelle puisse conduire à la mise en œuvre de clauses dites d'évaluation forfaitaire. Il arrive en effet que pour éviter les difficultés inhérentes à l'évaluation d'un dommage, les contrats s'en remettent à un mécanisme d'évaluation forfaitaire (par exemple pourcentage de l'évaluation des autres dommages). Malgré une hésitation relevée dans un arrêt (Civ. 1re, 6 janvier 1987, RGAT 1987. 143, note J. Kullmann ; D. 1987, somm. 232, obs. H. Groutel), ces clauses sont nulles (Civ. 1re, 22 juillet 1986, Bull. Civ. I, n° 217 ; RGAT 1986. 465 ; Civ. 1re, 17 novembre 1987, RGAT 1988. 370, obs. J. Kullmann).

968. En dehors des situations d'assurance obligatoire, la liberté contractuelle impose de laisser à chacun la liberté de s'assurer dans les limites qu'il se fixe. Le propriétaire d'un bien peut choisir de ne l'assurer que partiellement et, en conséquence, accepter de conserver, à sa charge, une part du sinistre qui peut survenir. Il sera alors question de sous-assurance. La liberté de sous-assurance est toutefois limitée aux seules hypothèses où la valeur d'assurance est contractuellement déterminée, c'est pourquoi elle s'exprime dans le cadre de l'article L. 121-5 du Code des assurances selon lequel, « s'il résulte des estimations que la valeur de la chose assurée excède au jour du sinistre la somme garantie, l'assuré est considéré comme restant son propre assureur pour l'excédent, et supporte en conséquence, une part proportionnelle du dommage, sauf convention contraire ». Dans son application, l'article L. 121-5 du Code des assurances commande d'appliquer à l'indemnisation due par l'assureur le coefficient que représente la valeur assurée sur la valeur assurable. Ce calcul est désigné sous l'appellation de règle proportionnelle de capitaux (pour une critique de cette règle, voir recommandation de la commission des clauses abusives, RGAT 1986. 9, J. Bigot). Une société fait appel à un cabinet d'expertise afin d'évaluer des biens en vue de leur assurance. Ultérieurement, après sinistre, l'assureur applique une règle proportionnelle de capitaux pour sous-estimation des valeurs déclarées. La société ne conteste pas l'estimation de l'assureur ; elle se contente de rechercher la responsabilité de l'expert, sans établir de faute, en se fondant sur l'obligation de résultat qui incomberait à l'expert. La responsabilité de l'assureur est écartée. La Cour de cassation affirme que, sauf stipulation contraire, le professionnel qui évalue des biens en vue de leur assurance ne souscrit pas, envers l'assuré, l'obligation de résultat, que l'assureur ne se prévaudra pas d'une sous-évaluation du risque (Civ. 1re, 17 juillet 2001, L'Argus 26 oct. 2001, obs G. Defrance).

969. Contractuellement il est toutefois possible d'atténuer la rigueur du calcul découlant de l'article L. 121-5. Ainsi, une compensation peut être mise en œuvre entre les prestations pour lesquelles il y a sous-assurance et celles qui font l'objet d'une surassurance, on parle alors de clauses de report d'excédents (G. Aubert, La réversibilité des excédents d'assurance, Ass. fr. 1951 p. 576, 1953, p. 145). L'assureur peut aussi accepter de ne déclencher la règle proportionnelle de capitaux que si la différence entre la valeur déclarée et la valeur assurable excède un seuil déterminé par le contrat (Y. Lambert Faivre, L. Leveneur, *Droit des assurances*, Dalloz). Par ailleurs la sous-assurance peut aussi s'accompagner de modalités particulières, telles l'indexation de la valeur assurée ou l'indication de la valeur assurable, autrement désignée assurance au premier risque (ou au premier feu) en valeur partielle.

970. Hormis les cas où elle est purement volontaire, il est particulièrement difficile de distinguer la sous-assurance de la déclaration inexacte de risque, qu'il s'agisse de la déclaration initiale ou de l'absence du défaut de déclaration de l'aggravation de risque en cours de contrat. Or, les conséquences tenant à ces deux situations sont différentes puisque ce n'est plus alors la règle proportionnelle de capitaux qui est applicable mais la règle proportionnelle de primes de l'article L. 113-9 du Code des assurances (dont les modalités de mises en œuvre sont différentes).

971. Pour mesurer la conséquence pratique de cette difficulté, on retiendra que la règle proportionnelle de capitaux (C. assur., art. L. 121-5) applique au montant du dommage à indemniser, le coefficient valeur déclarée/valeur à déclarer alors que la règle proportionnelle de primes (C. assur., art. L. 113-9) retient le rapport taux des primes payées/taux des primes dues. Or le taux de prime est fonction de deux éléments : la probabilité du risque et son intensité. Comme son nom l'indique, la probabilité mesure le nombre de cas où le risque se réalise sur l'ensemble des cas envisagés. L'intensité constate le degré moyen de destruction des biens assurés en cas de sinistre (elle est totale pour le vol, partielle pour l'incendie). La question est donc de savoir si la valeur des biens assurés peut avoir une influence sur l'un de ces deux éléments. La doctrine affirme que non puisqu'elle n'affecte que l'assiette de la prime et non son taux et propose alors de ne pas retenir la différence de valeur comme une hypothèse d'aggravation des risques (Y. Lambert Faivre, L. Leveneur, *Droit des assurances*, Dalloz, 12e éd., n° 320, p. 260 qui réservent tout de même l'hypothèse de l'assurance incendie des risques industriels ; plus nuancé, J. Kullmann, *Traité de droit des assurances*, t. 3 le contrat d'assurance, LGDJ, 1re éd., 2002, n° 962, p. 708) et donc de préférer l'application de l'article L. 121-5 à celle de l'article L. 113-9. Même si elle rejoint au moins une décision de la Cour de cassation (Civ. 1re, 8 juillet 1986, D. 1987, somm. 182, obs. H. Groutel ; RGAT 1987. 52, note J. Bigot ; voir aussi, Civ. 1re, 9 mars 1970, JCP G 1970, IV, 117 ; Bull. Civ. I, n° 81), cette position est toutefois contredite par les analyses économiques desquelles il ressort clairement que la valeur des biens assurés a une influence directe sur la probabilité de réalisation de nombreux risques, et pas seulement du risque vol. Par ailleurs, plusieurs décisions récentes de la Cour de cassation font état d'une application de la règle proportionnelle de primes à des circonstances où l'inexactitude de la déclaration de l'assuré avait déclaré une valeur inexacte (Civ. 1re, 1er février 2000, inédit, n° 97-15.206 ; Civ. 1re, 30 septembre 1997, n° 95-20.519 ; Civ. 2e, 15 mai 2008, n° 07-13.508 rendu sous le visa exprès des articles L. 113-2 et L. 113-9 à propos d'un dépassement de la valeur des biens assurés du fait de l'acquisition d'un matériel informatique, RCA 2008, comm. n° 272 et la note critique de M. Asselain). Enfin, dans leur très grande majorité les contrats d'assurance font référence à la règle proportionnelle de primes et non de capitaux.

972. En application du principe indemnitaire, le paiement de la TVA ne doit pas permettre à l'assuré de réaliser un bénéfice (T. Bertin-Lachaud, Les juges, la TVA et le règlement des sinistres, RGDA 1997. 947). Cette règle se décline en plusieurs conséquences. Lorsque le bénéficiaire de l'indemnité n'est pas lui-même assujetti à la TVA cela signifie qu'il n'est pas en mesure de récupérer la TVA qu'il sera amené à verser lorsqu'il va utiliser les prestations de l'assureur afin de reconstituer son patrimoine (acquisition ou réparation). L'assureur doit alors inclure la TVA dans son indemnité (Civ. 1re, 4 avril 1995, RGAT 1995. 323, note L. Mayaux). Dans l'application de cette solution la jurisprudence considère qu'il appartient à l'assuré de justifier qu'il n'est pas assujetti à la TVA. Une cour d'appel a ainsi pu décider à bon droit pour une SCI de justifier de ses prétentions par la présentation de documents comptable, la somme allouée devait être fixée hors TVA (Civ. 1re, 21 mars 2000, n° 97-22.068 ; Civ. 1re, 15 janv. 2002, SCI Sylmig c/ Allianz Vie Assurances). La solution est la même lorsque l'assuré assujetti à la TVA le jour du sinistre, ne l'est plus de jour du règlement des prestations : « Lorsque, sans fraude de sa part, un assuré, assujetti à la TVA au jour du sinistre, a cessé de l'être lorsque le montant de l'indemnité d'assurance afférente au coût de la reconstruction est fixé, soit à l'amiable, soit judiciairement, cette indemnité doit comprendre le coût de la TVA dont il est redevable sur les travaux et qu'il n'est plus en mesure de récupérer » (Civ. 1re, 1er décembre 1998, RGDA 1999. 100, note L. Mayaux). À l'inverse, lorsque le bénéficiaire de l'indemnité est assujetti à la TVA, il peut alors la récupérer, soit par imputation sur celle qu'il doit au Trésor, soit par demande de remboursement anticipé. L'assureur doit verser l'indemnité sans inclure la TVA. Ce principe est sans cesse rappelé par la Cour de cassation (Civ. 1re, 15 décembre 1998, n° 96-20.969, D. c/ AGF ; Civ. 2e, 8 novembre 1995, Bull. Civ. II, n° 272, p. 161 ; Civ. 3e, 27 mars 1996, Bull. Civ. III, n° 85, p. 55 ; Civ. 1re, 4 juin 1996, Gaz. Pal., 20-21 sept. 1996, p . 11 RGDA 1996. 721, note J. Kullmann ; Gaz. Pal., 22-24 déc. 1997, n° 357-359, pan., p. 294 ;). La solution n'est pas modifiée lorsque les réparations envisagées dans le calcul de l'indemnité n'ont finalement pas été effectuées (Civ. 1re, 7 janvier 1997, RGAT 1997. 150, note A. Favre Rochex). L'application de ces solutions peut toutefois être compliquée par la qualité juridique du destinataire de l'indemnisation. Ainsi, il est admis que les indemnités versées par les assureurs à une société de crédit-bail en contrepartie de vols ou de sinistres ayant entraîné la perte des véhicules loués ne sont pas des sommes reçues en contrepartie de prestations de services effectuées à titre onéreux et ne sont pas soumises à la TVA (CE, 29 juillet 1998, JCP G 1998, n° 38, p. 1574 ; RGDA 1999. 230, note E. Kornprobst). Il a, par ailleurs, été précisé par une réponse ministérielle que la collectivité territoriale qui a souscrit une assurance dommage doit être indemnisée sur une base toutes taxes comprises, sauf clause contractuelle contraire (Rép. min. n° 43137, JOAN Q, 14 avr. 1997, p. 1886 ; voir aussi, CE, 19 avril 1991, n° 109332, Sté Cartigny et a.).

973. Nonobstant l'article L. 121-1 du Code des assurances selon lequel l'indemnité due par l'assureur ne peut pas être supérieure à la valeur de la chose assurée au moment du sinistre, il est toujours possible, en vertu de l'accord des parties, d'y ajouter des intérêts en cas de retard de paiement (Civ. 1re, 10 mai 1988, Bull. Civ. I, n° 132 ; RGAT 1988. 774, note J. Bigot ; D. 1989, somm. 243, obs. H. Groutel ; Civ. 1re, 25 novembre 1992, RCA 1993, comm. n° 22 ; RGAT 1993. 78, note R. Maurice ; pour la non prise en compte des intérêts dans la somme soumise au plafond de garantie :Civ. 1re, 14 novembre 2001, n° 98-19.205). En matière d'assurance de choses, il est fait application de l'article 1153 du Code civil selon lequel les intérêts de retard ne sont dus que lorsque l'assureur a été sommé d'exécuter sa prestation, la sommation peut être faite par lettre recommandée (Civ. 1re, 3 février 1998, RCA 1998, comm. n° 170) ou peut résulter d'une assignation en justice (Civ. 1re, 19 juillet 1998, RCA 1988, comm. n° 35).

B ▪ Sanction des assurances excessives

974. Le principe indemnitaire interdit à une même personne de s'assurer à plusieurs reprises pour le même risque. Plus précisément, le droit des assurances sanctionne les hypothèses de surassurance et d'assurances multiples (V. Nicolas, *Traité de droit des assurances*, t. 3 LGD1, 1re éd., 2002, n° 1500).

1 ▪ Sanction de la surassurance

975. Il y a surassurance toutes les fois que le contrat a été consenti pour une somme supérieure à la valeur des biens assurés. En aucun cas la réalisation du sinistre est susceptible d'entraîner une perte égale à la somme pour laquelle le contrat a été souscrit. La situation de surassurance est incompatible avec le principe indemnitaire car elle pourrait laisser entendre que l'assuré cherche à percevoir une somme supérieure au préjudice qu'il est susceptible de subir. La surassurance n'est imaginable que dans les assurances portant sur des biens. Bien que relevant aussi de la catégorie des assurances dommages, l'assurance de responsabilité ne peut pas donner lieu à des situations de surassurance, excepté dans les cas où la responsabilité assurée dépend directement de la valeur d'un ou plusieurs biens (responsabilité du dépositaire, par exemple).

976. Selon l'article L. 121-3 du Code des assurances, « lorsqu'un contrat d'assurance a été consenti pour une somme supérieure à la valeur de la chose assurée, s'il y a eu dol ou fraude de l'une des parties, l'autre partie peut en demander la nullité et réclamer, en outre, des dommages et intérêts ». Le caractère frauduleux de la surassurance relève de l'appréciation souveraine des tribunaux du fond (Civ., 23 avril 1969, RGAT 1969. 520 ; D. 1969. somm. 57 où l'assuré avait souscrit une assurance pour une voiture d'occasion pour un montant trois fois supérieur à son prix d'acquisition ; Civ. 1re, 31 janvier 2001, n° 99-16.171). Malgré la nullité du contrat, l'assureur peut conserver les cotisations échues à titre de dommages et intérêts, voire même les cotisations à échoir. L'article L. 121-3 évoque le dol ou la fraude de l'une des parties. L'assureur qui aurait volontairement exagéré la valeur d'assurance dans le but d'encaisser des primes plus élevées peut subir la sanction de la nullité (Civ. 1re, 28 juin 1979, D. 1980, IR, 182, obs. C. J. Berr et H. Groutel).

977. Selon le même article L. 121-3, « s'il n'y a eu ni dol ni fraude, le contrat est valable, mais seulement jusqu'à concurrence de la valeur réelle des objets assurés et l'assureur n'a pas droit aux primes pour l'excédent. Seules les primes échues lui restent définitivement acquises, ainsi que la prime de l'année courante quand elle est à terme échu ». Le contrat d'assurance produira ses effets mais l'indemnité versée à l'assuré sera alors limitée au seul préjudice subi (Civ. 1re, 27 février 2001, RGDA 2001. 405). Par ailleurs, pour l'avenir, les primes seront diminuées. Cela signifie donc que malgré sa bonne foi et donc son ignorance de la surassurance, l'assuré n'est pas en mesure d'imposer à l'assureur la restitution des sommes excédentaires qu'il a été amené à inclure involontairement dans ses primes. Il n'est toutefois pas interdit à l'assureur de choisir une solution différente s'il le désire. L'action de l'assureur fondée, non pas sur une stipulation particulière du contrat d'assurance, mais sur le respect du principe indemnitaire posé par l'article L. 121-1 du Code des assurances, n'est pas une action qui dérive du contrat d'assurance et n'est donc pas enfermée dans le délai de la prescription biennale (Civ. 1re, 4 juin 2002, nos 99-13.002 et 99-13.685).

2 ▪ Cumul d'assurances

978. L'article L. 121-4, modifié par la loi n° 82-600 du 13 juillet 1982, dispose que : « celui qui est assuré auprès de plusieurs assureurs par plusieurs polices, pour un même intérêt, contre un même risque, doit donner immédiatement à chaque assureur connaissance des autres assureurs. L'assuré doit, lors de cette communication, faire connaître le nom de l'assureur avec lequel une autre assurance a été contractée et indiquer la somme assurée. Quand plusieurs assurances contre un même risque sont contractées de manière dolosive ou frauduleuse, les sanctions prévues à l'article L. 121-3, premier alinéa, sont applicables. Quand elles sont contractées sans fraude, chacune d'elles produit ses effets dans les limites des garanties du contrat et dans le respect des dispositions de l'article L. 121-1, quelle que soit la date à laquelle l'assurance aura été souscrite. Dans ces limites, le bénéficiaire du contrat peut obtenir l'indemnisation de ses dommages en s'adressant à l'assureur de son choix. Dans les rapports entre assureurs, la contribution de chacun d'eux est déterminée en appliquant au montant du dommage le rapport existant entre l'indemnité qu'il aurait versée s'il avait été seul et le montant cumulé des indemnités qui auraient été à la charge de chaque assureur s'il avait été seul ».

979. L'article L. 121-4 est issu d'une loi n° 82-600 du 13 juillet 1982 qui a été déclarée applicable aux contrats en cours mais pas aux sinistres survenus avant son entrée en vigueur (Civ. 1re, 10 juin 1987, RGAT 1987. 397 ; Civ. 1re, 20 janvier 1987, D. 1987. 36, note R. Bout). Au regard de l'article L. 121-4 du Code des assurances, la qualification d'assurance cumulative suppose la réunion de plusieurs critères (D. Krajeski, Focus Droit des assurances, V° cumul d'assurances, Montchrestien 2è éd., 2008).

980. En premier lieu, il ne peut y avoir assurances cumulatives que si les différents contrats ont été souscrits par la même personne. Cette importante solution jurisprudentielle a clos une controverse dans laquelle des solutions divergentes avaient été retenues. Désormais, il ne peut y avoir assurance cumulative que si il y a identité de souscripteur (Civ. 1re, 21 novembre 2000, RGDA 2001. 1052, note J. Kullmann ; H. Groutel, Les critères du cumul d'assurance, RCA 2001, chron. n° 5 ; L'Argus, dossiers jur. et tech. 26 janv. 2001 ; Civ. 1re, 29 octobre 2002, RGDA 2003. 44, note A. Fonlladosa ; Com., 4 février 2003 ; RCA 2003, comm. n° 215, obs. H. Groutel). Antérieurement à cette jurisprudence, la notion d'assurance cumulative était plus largement entendue. Par exemple la qualification avait été retenue à propos de deux contrats, l'un souscrit par un crédit-bailleur au titre du vol du matériel loué, l'autre conclu par le crédit-preneur à son propre compte pour le même risque (Civ. 1re, 4 juin 1996, RGDA 1996. 575 note L. Mayaux ; RCA 1996, comm. n° 332). Pour justifier cette solution, il avait été constaté que les deux assurances profitaient au final au locataire qui se trouvait libéré de ses obligations envers le crédit-bailleur, on y avait alors découvert une identité d'intérêt, notion qui au regard de la jurisprudence ci-dessus, et même si la loi y fait directement allusion, est devenue moins prégnante. Il n'y aura donc plus, par exemple de cumul d'assurances entre une assurance personnelle et une assurance pour compte puisque le souscripteur n'est pas la même personne.

981. En second, l'hypothèse d'une assurance cumulative suppose une pluralité de contrats souscrits auprès d'assureurs différents. Il a notamment été précisé que l'adjonction d'un avenant à un contrat existant n'entraînait pas multiplicité de contrats.

982. En dernier lieu, il convient que le risque assuré soit absolument identique dans tous les contrats. Il n'y a pas, par exemple, surassurance mais coassurance lorsque deux assureurs s'engagent à l'égard du même risque mais pour en couvrir chacun une fraction seulement. De même, dans le cas de l'assurance en ligne, un même bien peut être couvert par une première assurance jusqu'à une limite de valeur déterminée et auprès d'un autre assureur pour la partie de valeur non comprise dans la première assurance. La garantie limitée à l'usage professionnel d'un véhicule est cumulative avec une garantie stipulée « tous usages » (Civ. 1re, 19 décembre 1983, RGAT 1985. 224, note F. Chapuisat ; D. 1985. 254, note C. J. Berr et H. Groutel). En revanche, l'assurance souscrite par un employeur pour garantir l'utilisation d'un véhicule par ses préposés et pour les besoins du service, n'est pas considérée comme cumulative avec l'assurance souscrite par le préposé pour ses déplacements personnels (Civ. 1re, 17 novembre 1993, RGAT 1994. 139). En ce qui concerne les assurances de choses, il y a assurance cumulative lorsque la garantie « incendie » est souscrite, pour un même bâtiment auprès de plusieurs assureurs, même si l'usage prévu de ces bâtiments est différent en fonction des polices (Civ. 1re, 30 mai 1995, RGAT 1995. 541, note Maurice).

983. Deux solutions découlent de l'article L. 121-4 du Code des assurances : primo, il appartient à celui qui est assuré auprès de plusieurs assureurs d'informer chaque assureur de l'existence d'autres contrats souscrits pour le même risque auprès d'autres assureurs. Cette déclaration peut être faite au moment de la souscription en réponse au questionnaire proposé au souscripteur, elle peut aussi être faite de manière spontanée en cours de contrat ou enfin, au moment de la réalisation d'un sinistre, ce qui est la situation la plus fréquente. Le respect de cette obligation d'information prouve la bonne foi de l'assuré. Dans le cas contraire, mais à condition que l'assureur prouve que l'absence d'information au moment de la souscription a été délibérée et que l'assuré savait qu'en cas de sinistre, différents contrats pourraient intervenir, la nullité de tous les contrats peut être prononcée (C. assur., art. L. 121-4 al. 3). Secundo, il appartient à l'assuré dont la mauvaise foi n'a pas été établie de saisir l'assureur de son choix qui devra faire jouer normalement les garanties de son contrat. Dès lors, si la mise en œuvre desdites garanties est suffisante pour couvrir le préjudice, l'assureur qui a été sollicité est en droit d'exercer un recours en contribution auprès des autres assureurs dont il a connaissance. Selon les dispositions de l'article L. 121-4, ce recours s'effectuera en appliquant au montant du dommage le rapport existant entre l'indemnité qu'il aurait versée s'il avait été seul et les montants cumulés des indemnités qui auraient été à la charge de chaque assureur s'il avait été seul.

984. Dans la chaîne des recours, il est possible que l'un des assureurs soit en droit de faire valoir une situation particulière qui serait en mesure de limiter, voire de supprimer, la mise en œuvre de ses garanties, telle que la règle proportionnelle de primes par exemple. Au regard de l'article L. 121-4, cet assureur ne pourra pourtant pas s'exonérer de sa contribution, il devra supporter sa quote-part d'indemnisation mais conservera alors le droit d'en demander restitution totale ou partielle à l'assuré (Civ. 1re, 30 mai 1995, Gaz. Pal. 10 oct. 1995, p. 16, note A. Favre Rochex ; G. Courtieu, L'assuré victime du cumul d'assurance, RCA 1996, chron. n° 19).

985. On entend par clause de subsidiarité l'aménagement contractuel par lequel un assureur limite son intervention à la seule hypothèse d'absence d'un autre contrat susceptible d'être mis en œuvre en cas de sinistre. Dans un premier temps la jurisprudence avait admis la validité d'une telle stipulation au motif qu'il n'y avait pas cumul mais substitution d'une assurance à une autre : si la loi ne permet pas que, par des assurances multiples, on puisse obtenir une indemnité au-delà de la valeur de la chose assurée, elle n'interdit pas à celui qui y a intérêt de stipuler, même après une première assurance, une seconde assurance dans laquelle il trouvera une seconde garantie éventuelle dans le cas où la première serait sans effet ou épuisée (Civ., 30 novembre 1931, RGAT 1932. 36). Depuis la loi du 13 juillet 1982 conférant un caractère impératif à l'article L. 121-4, la validité d'une telle clause est sérieusement contestée au motif qu'elle conduirait à empêcher le recours entre assureurs, tel qu'il est prévu par la loi (Civ. 1re, 22 novembre 1994, RGAT 1995. 28, note J. Kullmann ; Civ. 1re, 13 novembre 1996, RGDA 1997. 101, note A. Favre Rochex ; Dr. et patr., févr. 1997, note F. Chabas ; L'Argus n° 6518, 28 févr. 1997, doss. jur. et tech., p. VII, note G. D. ; Bull. civ. I, n° 388, p. 271). En définitive, des clauses de subsidiarité peuvent toujours être stipulées ; elles ne seront toutefois valables que si elles ne tombent pas sous le régime des assurances cumulatives. Or il convient de rappeler ce qui a été dit ci-dessus, à savoir que la jurisprudence limite aujourd'hui la qualification d'assurance cumulative aux seules hypothèses où plusieurs contrats ont été souscrits par la même personne. En conséquence, la clause de subsidiarité figurant dans le contrat d'assurance de la responsabilité d'une clinique et garantissant le dommage auquel ses clients s'exposeraient en cas d'insuffisance ou de défaut d'assurance de son personnel médical est valable, dès lors que, les intérêts en cause et donc les risques assurés n'étant pas les mêmes, il n'y a pas cumul entre cette assurance et celle contractée par le personnel médical (Civ. 1re, 9 avril 2002, n° 00-21.014, Bull. civ. I, n° 114, p. 87 ; déjà Civ. 1re, 25 mai 1992, RGAT 1992. 601, note J. Beauchard ; H. Groutel, Le sauvetage des bonnes clauses de subsidiarité, RCA 1992. chron. n° 27).

§ 2 ▪ Principe forfaitaire et assurances de personnes

986. Les assurances de personnes ne sont pas destinées à compenser un dommage mais à garantir un individu contre les risques qui le menacent ou l'atteignent dans son existence (M. Picard, A. Besson, *Traité général des assurances terrestres*, LGDJ Paris 1945, t. IV, n° 1, p. 1). En ce sens, l'assureur s'engage à verser une somme lors de la réalisation d'un événement mettant eu jeu la personne même de l'assuré, le versement des primes constituant la cause de son obligation. De cette manière, l'assurance de personnes relève d'un souci de prévoyance qui s'exprime par la recherche des conditions financières qui permettront de faire face à l'événement visé par le contrat. Au demeurant, cet événement n'est pas obligatoirement préjudiciable, ni même redouté, il peut même être souhaité. Cela a été le cas pour les anciennes assurances de nuptialité et de natalité ; c'est encore le cas aujourd'hui pour les contrats d'assurance en cas de vie. On comprend mieux dès lors pourquoi les assurances de personnes n'ont pas pour objet de réparer un dommage et pourquoi l'assureur ne peut refuser ses garanties au motif que l'assuré ne subirait aucun préjudice.

987. Le caractère forfaitaire des assurances de personnes est aujourd'hui affirmé par l'article L. 131-1 du Code des assurances : « En matière d'assurance sur la vie et d'assurance contre les accidents corporels, les sommes assurées sont fixées par le contrat ». Les thèses contraires ont été abandonnées. Selon quelques auteurs dont les travaux n'ont plus aujourd'hui qu'un intérêt historique, l'assurance sur la vie aurait eu un caractère indemnitaire (De Montluc, *Des assurances sur la vie*, p. 144, Herbault et Folleville, *Traité des assurances sur la vie* (1887), p. 10 ; Couteau, *Traité de l'assurance sur la vie*, 1881, I, p. 252 ; Lefort, *Traité de l'assurance sur la vie* 1920, I, p. 165 et 179). L'assurance décès aurait été conçue pour réparer le dommage causé par la disparition de l'assuré et notamment l'absence des secours escomptés du défunt et la survenance de dépenses nouvelles. Le capital versé exprimerait la valeur économique de la vie de l'assuré défunt et ne pourrait pas dépasser cet intérêt. Cette vision n'a plus cours aujourd'hui : le capital versé au bénéficiaire correspond à la somme que le souscripteur a jugé nécessaire de laisser à son décès. Le caractère indemnitaire de l'assurance vie a aussi été défendu sur des terrains moins tranchés. Ainsi on a pu défendre l'idée que si le capital est fixé par le contrat, c'est en raison des difficultés que l'on peut rencontrer pour évaluer le sinistre en cas de dommage subi par une personne. L'assurance de personnes serait bien un contrat d'indemnité mais la somme assurée résulte d'une évaluation forfaitaire (Labbé, S. 1880, I, 441). Des arguments forts ont tout de même convaincu la doctrine du caractère forfaitaire des assurances sur la vie. On a notamment fait valoir que l'assureur n'est pas en mesure de demander au bénéficiaire qu'il fasse la preuve du dommage que lui occasionne le décès. Si le souscripteur peut avoir en vue le préjudice que son décès peut faire courir aux siens, sa préoccupation ne constitue en réalité qu'un mobile, indifférent à la nature juridique du contrat qu'il souscrit (M. Picard, A. Besson préc.).

988. Deux modalités sont concevables qui conservent au capital, ou à la rente, versé un caractère forfaitaire. Soit la prestation de l'assureur est totalement prédéterminée et correspond à une somme fixée dans le contrat. Soit elle est calculée en fonction de critères contractuels mis en œuvre au moment de la déclaration de sinistre, tel est le cas par exemple de l'indemnité versée en cas d'invalidité de l'assuré.
Nul ne peut se voir reprocher sa prévoyance. Alors que le principe indemnitaire commande de limiter l'intervention de l'assureur dommage au montant du préjudice subi, il est de principe que l'assureur de personnes ne peut pas refuser le versement du capital garanti au motif qu'une autre assurance aurait été appelée à jouer pour le même événement. Il peut donc y avoir plusieurs assurances sans qu'il y ait assurances cumulatives.
Une explication essentielle vient au soutien de la solution aujourd'hui contenue dans l'article L. 131-2 du Code des assurances. L'assureur ne saurait prétendre à l'application de l'article 1251-3° du Code civil. Il n'est pas tenu avec d'autres ou pour d'autres, l'assureur de personnes ne fait qu'exécuter sa propre dette, telle qu'elle résulte du contrat d'assurance. Il ne lui est pas davantage possible de faire valoir une subrogation conventionnelle, la solution de l'article L. 131-2 est impérative et précise : l'assureur ne peut être subrogé... ».

989. On prendra soin de ne pas assimiler clause d'avance sur recours et recours subrogatoire. Il est en effet possible à l'assureur, notamment dans le cas des assurances contre les accidents corporels, d'exclure de sa garantie les accidents qui sont liés à la faute d'un tiers et de s'engager à verser à son assuré une somme qu'il sera en mesure par la suite de recouvrer auprès du responsable. Le versement ne correspond pas au paiement d'une dette de l'assureur mais à une prestation d'avance en paiement de la dette d'autrui contre qui l'assureur conserve un recours. Le recours subrogatoire suppose au contraire que l'assureur ait payé sa propre dette avant de se retourner contre le responsable, ce qui n'est pas concevable en matière d'assurance de personnes.

990. Alors que l'alinéa 1er de l'article L. 131-2 du Code des assurances exclut tout recours subrogatoire de l'assureur envers le responsable du sinistre, l'alinéa 2e prévoit aussitôt une exception pour les contrats garantissant l'indemnisation des préjudices résultant d'une atteinte à la personne, pour le remboursement des prestations à caractère indemnitaire prévues au contrat. Issue de la loi n° 92-665 du 16 juillet 1992, cette disposition ouvre un chantier considérable, celui de déterminer à quelles conditions une indemnisation contenue dans un contrat d'assurance de personnes peut avoir un caractère indemnitaire. Autrement dit, ce ne sont pas les conséquences de la reconnaissance du caractère indemnitaire qui soulèvent difficulté mais la détermination des critères à prendre en compte pour retenir une telle qualification.
Selon l'article 29-3 de la loi n° 85-677 du 5 juillet 1985 sur l'amélioration de la situation des victimes d'accident de la circulation (dite loi Badinter), les « sommes versées en remboursement de frais de traitement médical ou de rééducation » ouvrent droit à un recours contre la personne tenue à réparation ou son assureur. Par ailleurs, l'article 9 de la loi n° 89-1009 du 31 décembre 1989 (dite loi Évin) sur la prévoyance collective, confirme le caractère indemnitaire de ces prestations : « Les remboursements ou les indemnisations des frais occasionnés par une maladie, une maternité ou un accident ne peuvent excéder le montant des frais restant à

la charge de l'assuré ou de l'adhérent après les remboursements de toute nature auxquels il a droit ».

991. La loi du 5 juillet 1985 réservait, dans son article 29-5, un recours subrogatoire ouvert aux tiers payeurs pour « les indemnités journalières de maladie et les prestations d'invalidité versées par les groupements mutualistes régis par le Code de la mutualité ». Or, la loi du 8 août 1994 (L. n° 94-678, relative à la protection sociale complémentaire des salariés et portant transposition des directives n° 92-49 et 92-96 des 18 juin et 10 novembre 1992 du Conseil des communautés européennes, JO 10 août 1994 ; RCA 1994. comm. n° 368, et chron. 33, Le recours des tiers payeurs, évolutions récentes, H. Groutel) a complété l'article 29-5, précité en étendant le recours subrogatoire aux « indemnités journalières et aux prestations d'invalidité » versées par « les sociétés d'assurance régies par le Code des assurances » (ainsi qu'aux institutions de prévoyance régies par le Code de la Sécurité sociale ou le Code rural). Dès lors, la détermination de la nature indemnitaire ou forfaitaire des versements effectués au titre des indemnités journalières importe peu (voir les observations de p. Jourdain sous Cass. Ass. plén., 19 décembre 2003, RTD Civ. 2004, p. 303, spéc. p. 306, relevant que, compte tenu de la date des faits, la loi du 8 août 1994 n'était pas applicable). L'observation ne vaut toutefois qu'à propos du recours qui peut être exercé contre le responsable de l'accident ou son assureur. La nature indemnitaire de l'indemnité, du moins lorsqu'elle est prouvée, produira ses effets habituels en matière de cumul d'assurances par exemple.

992. Un premier arrêt du 12 juillet 2007 consacre, semble-t-il définitivement la notion de prestations indemnitaires par détermination de la loi. Alors que la cour d'appel avait débouté un assureur garantissant les accidents de la vie de sa demande tendant à ce que l'indemnité par lui versée vienne en déduction de celle qu'il devait au titre de l'assurance responsabilité civile de l'auteur du dommage, la Cour de cassation accueille sa demande (en l'occurrence le dommage était survenu à l'occasion d'un match de rugby et l'assureur du club poursuivi en responsabilité était aussi l'assureur de la victime au titre d'un contrat contre les accidents corporels : Civ. 2e, 12 juillet 2007, n° 06-16.084, RGDA 2007. 831, obs. L. Mayaux ; RCA 2007, étude n° 18, H. Groutel ; Revue Lamy droit civil 2008, n° 46, obs. C. Charbonneau et L. Lefebvre: RTD Civ. 2008. 112 ; Bull. civ. II, n° 215).Dans le deuxième arrêt (Civ. 2e, 8 novembre 2007, n° 06-19.744 ; RTD Civ. idem) la censure frappe un arrêt d'appel qui avait débouté un assureur de sa demande de remboursement de frais de santé et d'indemnités journalières auprès du responsable de l'accident. Une solution identique avait déjà été rendue par un arrêt du 5 avril 2007 (Civ. 2e, 5 avril 2007, n° 04-19.098 ; RGDA 2007. 606, note J. Landel). Dans ces deux décisions, les juges retiennent la qualification de prestations indemnitaires sans rechercher s'il y avait bien un lien entre les prestations et le préjudice subi. Le seul fait que ces prestations soient visées par la loi autorise le recours de l'assureur, spécialement désigné au titre des bénéficiaires du recours contre le tiers responsable ou son assureur. La doctrine est unanime à souligner l'importance de cette évolution jurisprudentielle. Certaines questions d'interprétation ne semblent toutefois pas résolues. Ainsi, nulle indication n'est donnée quant à la nature irréfragable ou simple de la présomption (sur cette question, obs. L. Mayaux préc.). En revanche, l'assimilation de l'assureur aux autres tiers payeurs lui confère le droit de demander une répartition proportionnelle du risque de non aboutissement du recours lorsque la dette du responsable est insuffisante. La solution a été confirmée par une autre décision beaucoup moins ancienne (Crim., 13 novembre 1986, n° 85-93.025).

993. En affirmant expressément que le « mode de calcul des prestations versées à la victime en fonction d'éléments prédéterminés n'est pas, à lui seul, de nature à empêcher ces prestations de revêtir un caractère indemnitaire », la Cour de cassation, par la voie de son Assemblée plénière, semble trancher définitivement le conflit ouvert entre la chambre criminelle et les autres chambres et confirmer la solution retenue le 15 décembre 1998 (Cass. Ass. plén., 19 décembre 2003, Bull. Ass. plén. n° 7 ; RCA 2004, comm. n° 7, obs. H. Groutel ; RTD civ. 2004. 303, obs. p. Jourdain). En définitive, les commentaires n'ont pas manqué de relativiser considérablement la portée de cet arrêt. La question à trancher avait trait au recours exercé par la Société La Mondiale contre le responsable d'un accident de la circulation au titre des sommes versées à son assuré en application d'une clause du contrat de groupe souscrit par l'employeur de la victime et stipulant « si l'assuré n'a aucune responsabilité dans l'accident, notre règlement constitue une avance que nous sommes habilités, au titre du recours subrogatoire, à récupérer sur le montant des indemnités pouvant être versées au bénéficiaire par toute personne tenue à réparation ». L'Assemblée plénière refuse toutefois de reconnaître le caractère indemnitaire de ce règlement au motif, d'une part, que le contrat d'assurance de groupe ne comportait aucune disposition spécifique au cas où le dommage serait consécutif à un accident de la circulation et, d'autre part, que les prestations servies sont indépendantes dans leurs modalités de calcul et d'attribution de celles de la réparation du préjudice selon le droit commun. Rendu toutefois, compte tenu de la date des faits, au regard du seul article 33 alinéa 3 de la loi de 1985 et non de l'alinéa 2 de l'article L. 131-2, l'arrêt ne répond pas à la question de l'influence de cette dernière loi.

Chapitre 2
Principes techniques

Section 1 Mutualisation des risques

994. L'opération d'assurance n'est jamais isolée. Un même assureur va recevoir une masse de primes qui lui permettra de faire face à un nombre de sinistres bien inférieur au nombre de ses assurés. Economiquement, l'assurance conduit donc à une mutualisation des risques dont le coût se trouve ainsi réparti sur l'ensemble des assurés, même s'ils ne sont ressentis que par certains d'entre eux. Ainsi se voit affirmé le rôle social de l'assurance qui permet à une personne de percevoir des prestations bien supérieures au montant des primes qu'il a versées, voire qu'il serait en mesure de verser. Certaines définitions mettent davantage que d'autres l'accent sur la mutualisation des risques qui caractérise l'opération d'assurance. Ainsi, selon p. Petauton « l'assurance est l'opération par laquelle un assureur organise en mutualité une multitude d'assurés exposés à la réalisation de certains risques et indemnise ceux d'entre eux qui subissent un sinistre grâce à la masse commune des primes » (P. Petauton, L'opération d'assurance : définitions et principes, *Encyclopédie de l'assurance*, Litec 1997 p. 427 ; voir aussi, Y. Lambert Faivre, L. Leveneur, *Droit des assurances*, Dalloz 13e éd., 2011, p. 1).

995. L'histoire de l'assurance est indissociable de celle des mathématiques. En publiant le premier traité d'actuariat au XVIIIe siècle, l'anglais Richard Price, au même titre que Pascal (B. Pascal, *Géométrie du hasard*, 1654), a fortement contribué à la naissance des compagnies d'assurance (Sur ce point, Y. Lambert Faivre, L. Leveneur, *Droit des assurances*, Dalloz, 13e éd., 2011, n° 35, p. 41). Dans une approche technique, l'assurance repose en effet sur la connaissance et la maîtrise de lois statistiques qui permettront de déterminer, à partir du nombre d'événements déjà réalisés une probabilité de réalisation d'événements nouveaux.

996. La justesse des calculs statistiques est fondamentale pour l'équilibre financier d'un exercice d'assurance. En effet, contrairement à la plupart des entreprises où le prix de revient d'un produit mis sur le marché peut être déterminé avant même sa commercialisation, détermination qui peut d'ailleurs s'accompagner de recherches de réduction de coûts, le produit d'assurance ne peut connaître avec certitude le nombre de sinistres de même nature auxquels il aura à faire face. Cette situation, dite aussi de l'inversion du cycle de production, ne peut être envisagée que si les instruments d'évaluation sont pertinents.

997. De manière à éviter des charges financières trop importantes, les sociétés d'assurance ont recours à des mécanismes financiers qui conduisent, en dernier lieu, à une réduction du poids de la prise en charge de certains risques. On parle ainsi de coassurance lorsque, de manière à assurer la couverture d'un risque important, plusieurs sociétés garantissent un même risque, chacune pour une proportion déterminée et sans solidarité entre elles. Une police collective unique est rédigée et une société, désignée apéritrice, représente les autres dans les relations avec le (ou les) assurés.

998. La réassurance est un mécanisme qui consiste, pour une société donnée (cédant), à trouver auprès d'une autre société, réassureur (cessionnaire), une garantie destinée à couvrir une partie des risques les plus importants qu'elle a acceptés elle-même de couvrir. En contractant ainsi sa propre assurance, la société ne supportera en dernier lieu, qu'une partie du sinistre qu'elle garantit au profit de son assuré. L'opération de réassurance est ignorée de ce dernier et fait l'objet d'une convention appelée traité de réassurance. Les processus de réassurance ne sont pas identiques. Ils peuvent être facultatifs et donner lieu à une négociation au coup par coup. Plus généralement, les conventions prévoient que l'assureur s'engage à céder une partie des risques au réassureur qui, de son côté, ne peut les refuser. Lorsqu'il intervient le réassureur peut se trouver conduit à prendre en charge une proportion déterminée de tous les sinistres couverts par l'assureur cédant, moyennant le reversement d'un pourcentage identique de prime à son profit (réassurance en proportion ou en quote-part). Il peut aussi n'intervenir que pour couvrir le coût d'un sinistre qui dépasse le montant que l'assureur cédant entend supporter (réassurance en excédent de risque ou excédent de plein, voire encore excédent de capitaux. L'excédent peut aussi être apprécié au regard du montant des indemnisations versées pour un type de sinistre sur un exercice (excédent de sinistres ou excess-loss) ou en fonction du pourcentage des primes qui aura été utilisée pour couvrir les sinistres déclarés (excédent de pertes ou stop-loss). Les entreprises qui offrent des services de réassurance sont soumises à un contrôle financier exercé en conformité avec l'ordonnance n° 2008-556 du 13 juin 2008 qui a transposé en droit français la directive n° 2005/68/CE relative à la réassurance.

Section 2 ▪ Sélection des risques

999. Les considérations ci-dessus expliquent que l'assureur reste libre de déterminer les risques qu'il entend garantir et de choisir les assurés avec lesquels il entend contracter. On parle alors de sélection des risques. Pour utiliser une formulation technique - et sans doute moins péjorative - il n'a jamais été nié qu'il appartenait à l'assureur de choisir ses assurés en distinguant entre eux selon le risque qu'ils représentent et de leur réserver des conditions d'assurance différentes.

1000. La loi elle-même offre des exemples de traitement inégalitaire des assurés. Ainsi en va-t-il de la clause de réduction dite bonus-malus (C. assur., art. A. 121-1) (Grégory Maître, Doit-on en finir avec le Bonus-Malus, RGDA 2006. 35), la possibilité de tarif majoré pour l'assurance des jeunes conducteurs (C. assur., art. A. 335-9-1) qui ajoute même une discrimination tenant compte de la manière dont le permis de conduire a été obtenu (méthode de conduite accompagnée ou non) ou enfin les dispositions relatives aux catastrophes naturelles (C. assur., L. 125-1 et s.) qui font dépendre l'indemnisation du lieu de résidence des victimes et ainsi, accordent tout à quelques uns et rien aux autres pour la seule raison que la reconnaissance de l'état de catastrophe naturelle se fait à l'échelle du territoire communal.

1001. D'un strict point de vue contractuel, la rigueur toute classique de l'analyse des mécanismes de formation du contrat d'assurance oblige à dire ici que l'assureur est plutôt en situation d'acceptation d'un contrat dont l'offrant est le souscripteur, soit en d'autres termes le plus souvent l'assuré. Selon l'article L. 112-2 du Code des assurances, l'assureur n'est pas engagé par la proposition qui lui est faite. Il lui revient toujours de dire s'il accepte ou non de couvrir le risque. Ainsi le contrat d'assurance n'est formé qu'au moment de l'émission de son acceptation, mais il demeure libre de refuser de consentir à l'assurance. Cette analyse est confortée par la jurisprudence qui admet que le contrat n'est formé qu'à la date de la réponse de l'assureur et non à celle de la proposition formulée par le candidat à l'assurance, et à la condition qu'il y ait conformité entre l'une et l'autre. Par ailleurs, il est admis que, sauf s'il y a encaissement des primes, le silence de l'assureur n'est pas interprété comme une acceptation.

1002. C'est la même logique qui domine lorsque l'assuré entend apporter une modification au contrat. Toujours en vertu de l'article L. 112-5 du Code des assurances, l'assureur dispose d'un délai de 10 jours pour dire s'il accepte ou non la proposition de modification qui a été portée à sa connaissance, la différence étant que dans ce cas, son silence vaut alors acceptation. Le constat se renforce encore si l'on prend en compte le particularisme des sociétés mutuelles d'assurance dont les statuts ne permettent l'adhésion que de certaines catégories socioprofessionnelles en excluant toutes les autres, sans à notre sens, que l'on puisse y voir le siège de discriminations, au moins identitaires. On peut avoir un point de vue différent en matière de discrimination économique lorsque l'adhésion à l'assurance est la condition de reconnaissance d'un statut. Au soutien de la liberté de l'assureur, on peut relever un deuxième aspect. D'un strict point de vue économique, et en écartant toute autre approche, il n'est pas totalement faux de dire que la solidarité entre bons et mauvais risques serait susceptible d'entraîner un surenchérissement parfois considérables des primes. En effet, le mécanisme d'assurance repose – le cas de l'assurance vie mis à part – sur une logique de répartition qui conduit à ce que l'ensemble des primes perçues par l'assureur permette de couvrir, outre les frais généraux, le coût des prestations versées aux assurés. On touche ici à la notion d'anti sélection (en anglais selection adverse) qui se décline en plusieurs affirmations : par ses tarifs, un assureur peut attirer les mauvais risques ; au résultat, son portefeuille sera déséquilibré ce qui l'obligera à remonter ses tarifs pour les exercices à venir et donc à s'exposer à perdre les assurés présentant un bon risque. Les trois phénomènes pouvant se cumuler sur plusieurs exercices jusqu'à ce que la société ne soit plus en mesure de poursuivre son exploitation.

1003. L'affirmation du principe de sélection des risques par l'assureur, ne permet toutefois pas de placer le droit des assurances en dehors des préoccupations supérieures qui résultent de l'affirmation des droits fondamentaux des individus. Ainsi en va-t-il notamment de l'absence de discriminations fondées sur l'état de santé de l'assuré ou du candidat à l'assurance ou du principe d'égalité entre homme et femme.

§ 1 ▪ Assurance et état de santé

1004. Les dispositions du Code des assurances prévoient très précisément, c'est-à-dire selon des modalités très encadrées, qu'un assureur puisse sélectionner ses risques pour en répartir équitablement le coût entre ses assurés, d'une part, et garantir durablement sa solvabilité, d'autre part. L'article L. 113-2 du Code des assurances dispose par exemple « l'assuré est obligé de répondre exactement aux questions posées par l'assureur, notamment dans le formulaire de déclaration du risque par lequel assureur l'interroge lors de la conclusion du contrat, sur les circonstances qui sont de nature à faire apprécier par l'assureur les risques qu'il prend en charge ». Il est clair que l'assureur est bien en droit de poser des questions, que le candidat à l'assurance, s'il veut obtenir une assurance, doit répondre exactement aux questions posées, que les risques qu'un assureur prend à sa charge sont bien du domaine de son appréciation. On rappellera toutefois que depuis la loi du 31 décembre 1989, l'assuré n'a plus l'obligation de déclarer tout ce qui peut paraître utile à la description du risque qu'il représente et qu'il ne doit que répondre aux questions qui lui sont posées.

1005. La loi n° 90-602 du 12 juillet 1990 qui interdit toute discrimination fondée sur l'état de santé a clairement précisé que cette discrimination ne s'appliquait pas dans le cadre des opérations d'assurance (C. pén., art. 225-3). Ni la Haute Autorité de Lutte contre les Discriminations et pour l'Egalité (HALDE) dans sa délibération du 28 novembre 2005, ni l'Assemblée nationale à l'occasion du projet de loi 3457 du 6 décembre 2006 (loi AERAS) ne sont d'ailleurs revenues sur ce fondement de notre droit pour en contester la pertinence.

1006. La question est ici principalement posée pour deux garanties, la garantie décès dans les contrats d'assurance vie ou d'assurance santé et la garantie invalidité que l'on trouve principalement dans les contrats d'assurance vie et d'assurance santé. Pour calculer le montant de la prime, l'assureur utilise des informations telles que l'âge, le sexe, l'état de santé, le mode de vie ainsi que certaines informations sur l'historique de santé familiale de l'assuré. Le nouvel assuré est alors assigné à un groupe comportant un niveau de risque similaire au sien. Donc, de par sa nature même, le processus de sélection des risques discrimine entre les individus sur la base de caractéristiques individuelles et familiales (B. Mathieu, Des dangers du bon usage des tests génétiques prédictifs, LPA 9 avr. 2003 ; J. Bellivier, L. Brunet, M. A. Hermitte, Les limitations légales de la recherche génétique et de la commercialisation de ses résultats : le droit français, Rev. Int. Dr. comp. 2006, p. 275-318).

1007. Dès 1994, les sociétés d'assurance membres de la FFSA (Fédération française des sociétés d'assurance) se sont engagées pour une durée de cinq ans à ne pas tenir compte des résultats d'analyse génétique d'un candidat à l'assurance. L'engagement a été prolongé pour une nouvelle durée de 5 années. Par cet engagement, les assureurs s'engagent d'une part, à ne pas faire figurer de questions relatives à l'identité génétique dans les questionnaires de risques et d'autre part de ne pas demander au candidat à l'assurance de se soumettre à des tests génétiques. L'interdiction de toute discrimination à l'encontre d'une personne à raison de son patrimoine génétique, formulée dans la déclaration universelle de l'UNESCO (UNESCO - Comité international de bioéthique (CIB), Déclaration universelle sur le génome humain et les droits de l'homme, Paris, 1997, art. 6.) sur le génome humain et dans la Convention Européenne des Droits de l'Homme aurait déjà suffi pour exclure l'utilisation de tests prédictifs dans le cadre de l'assurance ou de l'emploi (Rép. min. à QE n° 12508, JOAN Q. 25 janv. 1999,

p. 448). Il en va de même pour la Convention sur les Droits de l'Homme et la biomédecine dispose que : « toute forme de discrimination à l'encontre d'une personne en raison de son patrimoine génétique est interdite » (Conseil de l'Europe, Convention pour la protection des droits de l'homme et de la dignité de l'être humain à l'égard des applications de la biologie et de la médecine: Convention sur les droits de l'homme et la biomédecine, Oviedo, 1997, art. 11). La loi n° 2002-203 du 4 mars 2002 relative aux droits des malades a introduit un article L. 1141-1 au Code de la santé publique en vertu duquel il est interdit aux entreprises et organismes garantissant les risques d'invalidité d'utiliser les données issues des tests génétiques d'une personne, que ce soit lors de la souscription ou en cours de contrat et même avec son accord de lui imposer de subir des tests génétiques avant que ne soit conclu le contrat et durant toute la durée de celui-ci. De manière à faire de cette disposition un élément essentiel du droit du contrat d'assurance ou de la protection sociale, chacun des trois codes concernés, Code des assurances (art. L. 133-1), Code de la Sécurité sociale (art. L. 932-29) et Code de la mutualité (art. L. 112-4) réaffirme cette interdiction. Cette solution d'interdiction légale se retrouve dans plusieurs pays de tradition civiliste : Autriche, Belgique, Danemark, Estonie, Georgie, Luxembourg, Pays-Bas, Norvège, Slovaquie, Suède, Suisse (P. Kosseim, M. Letendre, B. Knoppers, La protection de l'information génétique : une comparaison des approches normatives (2003) 2 GenEdit 1-6). Son principal défaut est de s'exposer à des difficultés tenant à la définition même des tests génétiques (Trudo Lemmens, Yann Joly, Bartha M. Knoppers, Génétique et assurance vie : analyse comparative, Gen edit ; Y. Joly, B. M. Knoppers, B. Godard, « Genetic Information and Life Insurance a 'Real'Risk? » (2003) 11 European Journal of Human Genetics 562.). Il est généralement admis que ceux-ci incluent l'analyse de l'ADN, l'analyse des chromosomes et les examens cliniques, aussi bien que les antécédents familiaux. L'interdiction est parfois limitée aux enjeux d'assurance d'un montant minimum. Sur le principe, elle n'évite pas non plus le risque d'anti sélection dans la mesure où elle pose le problème des éventuelles souscriptions d'assurance consécutives à la connaissance qu'une personne aurait pu avoir de son patrimoine génétique. D'autres législations ne connaissent pas cette interdiction (Canada, Chili, États-Unis, Islande, Inde, Italie, Japon, Russie, Singapour) ou préfèrent s'en remettre au contrôle de l'usage des tests génétiques par une commission indépendante : Royaume-Uni (Comité Génétique et Assurance). Au soutien de ces solutions libérales, il est notamment fait état des dangers de « l'exceptionnalisme génétique ». Par là, il faut entendre qu'il n'est pas forcément justifié d'interdire la seule utilisation des mesures de nature génétique alors que d'autres facteurs de sélection tenant à la santé permettent tout autant d'écarter certains candidats à l'assurance.

1008. La liberté de l'assureur en matière de prévoyance sociale complémentaire a été très sérieusement restreinte par la loi n° 89-1009 du 31 décembre 1989 en vertu de laquelle il résulte d'une part, une obligation d'accepter certains assurés, d'autre part une atteinte au droit de prévoir des exclusions de risque qui ne concerneraient pas la totalité du groupe de personnes assurées (ainsi un arrêt rendu par la Cour d'appel de Metz le 26 mars 2009 qui avait déclaré valable la clause d'un contrat par laquelle les personnes en arrêt de travail a été logiquement cassé (Civ., 2e. 3 fév. 2011, n° 10-30.588, Dict. perm. bull. avr. 2011 p. 14 – Civ. 2e 10 fév. 2011 n° 10-14.116). L'obligation d'accepter certains assurés intéresse les contrats d'assurance de groupe conclus au profit des salariés d'une entreprise. Ce sont des assurances qui résultent d'un accord collectif ou d'une décision unilatérale de l'employeur et qui visent à garantir les risques liés à l'intégrité physique de la personne ou à la maternité, les risques d'incapacité de travail, d'invalidité ou de décès. Il s'agit donc d'une hypothèse d'assurance particulière, reposant sur le mécanisme des assurances collectives dans lequel l'entreprise souscrit une assurance au profit de ses salariés. En application de l'article 2 alinéa 1er de la loi du 31 décembre 1989 (les autres articles de la loi concernent les contrats à adhésion individuelle ou collective facultative, pour une application du principe de non-discrimination entre les assurés en cas de hausse de tarif : Civ. 2e, 10 juin 2004, RGDA 2004. 989, note L. Mayaux), l'organisme qui délivre sa garantie prend en charge les suites des états pathologiques survenus antérieurement à la souscription du contrat ou de la convention et à l'adhésion des personnes assurées, sous réserve des sanctions prévues en cas de fausse déclaration. Dans une interprétation stricte, il serait possible de distinguer entre état pathologique et maladie. Une jurisprudence s'était formée en ce sens (CA Grenoble, 2e ch. 29 octobre 1996, Rev. not. Ass. Vie 1996, n° 102, p. 44 ; contra TGI Paris, 4e ch. 2e sect., 1er juin 1995, L'Argus 1995, n° 6448 dossier. jur et tech. p. V, note J. Bigot), l'état pathologique devant plutôt être entendu comme un état préalable au développement d'une affection tandis que la maladie constitue une altération avérée de la santé se manifestant par des symptômes et des signes (Nouveau Larrouse médical 1992 - Dictionnaire des termes de médecine, Garnier, Delamare, Maloine, 2002, 27e éd., ; Ph. Laigre, La loi Prévoyance, Dr. soc. 1990, p. 370 ; F. Berdot, L'assurance de groupe après les réformes législatives du 31 décembre 1989, RGAT 1990. 775 ; Lambert-Faivre Y. et L. Leveneur, *Droit des assurances*, Dalloz, 2005, 12e éd., ; H. Groutel, Les assureurs et le titre Ier de la loi n° 89-1009 du 31 décembre 1989 sur la prévoyance complémentaire, RCA 1990, chron. n° 4). La Cour de cassation a pourtant refusé de faire cette distinction ce qui donne à la solution de la loi du 31 décembre 1989 une toute autre portée. Ainsi dans deux arrêts, elle a jugé qu'un assureur ne pouvait pas écarter de la garantie décès un salarié en arrêt de travail pour longue maladie au moment de l'adhésion (Civ. 1re, 7 juillet 1998, n° 96-13.843, RGDA 1998. 748, note J. Kullmann ; Civ. 1re, 13 février 2001, n° 98-12.478, RGDA 2001. 373, note L. Fonlladosa). C'est donc un principe de non sélection individuelle des risques qui résulte de la loi du 31 décembre 1989. Si sélection des risques il peut y avoir, elle ne peut être ainsi faite qu'au niveau de l'ensemble des salariés, ce qui ne laisse à l'assureur qu'une alternative : assurer tout le monde, selon un tarif qu'il maîtrise tout de même ou n'assurer personne. La condamnation par le Conseil constitutionnel des clauses de désignation qui permettaient d'imposer un assureur à l'ensemble d'une branche d'activité (décision n° 2013-672 DC du 13 juin 2013) expose les entreprises de petite taille à voir les assureurs ne plus renouveler leur contrat en cas de modification dans le risque résultant de l'assurance de l'ensemble des salariés. Ce refus est susceptible de se transformer en discrimination si l'augmentation du risque qui est alléguée provient du recrutement par un employeur d'une personne handicapée. Une décision du Défenseur des droits illustre cette difficulté (décision MLD-2015-283 du 17 décembre 2015 relative à la mise en place de régime de prévoyance obligatoire et de complémentaire santé dans les entreprises – adde : « Complémentaire santé dans les branches : vers le retour des clauses de désignation ? », L'Argus de l'assurance, 23 septembre 2015).

1009. Les premières initiatives pour permettre aux personnes présentant un risque de santé aggravé de souscrire une assurance en garantie d'un emprunt ont été prises en 1985. Une convention type de réassurance a été conclue le 29 juin 1985 entre le Bureau commun des assurances collectives (BCAC) et la société de réassurance SCOr. Cette convention permettait aux entreprises de réassurer les risques qu'elles avaient accepté de garantir dans la limite de 8 fois le taux de mortalité moyen statistique. Le 3 septembre 1991, a été signée une convention « Assurance et Sida » destinée a faciliter la conclusion de garantie des prêts contractés pour l'acquisition d'un logement, puis, à partir de 1993, pour l'acquisition de locaux et matériels professionnels. Une première convention à portée plus générale concernant toutes les personnes présentant un risque aggravé de santé a été signée le 19 septembre 2001. Il était prévu qu'elle prenne effet jusqu'au 31 décembre 2003, mais n'ayant pas été dénoncée à cette date, elle est restée en vigueur jusqu'en décembre 2006.

1010. Depuis le 7 janvier 2007, c'est désormais la convention AERAS « S'assurer et emprunter avec un risque aggravé de santé, signée en juillet 2006, qui est en vigueur (voir Partie 3, Titre 2, Sous-titre 3, Chapitre 1, l'assurance emprunteur). Cette convention, dont les objectifs sont

désormais visés à l'article L. 1141-2 du Code de la santé publique améliore le droit antérieur sur trois aspects :
- la convention AERAS consolide le principe du droit à l'accès à une assurance en garantie d'un prêt. C'est ainsi qu'en cas de crédit à la consommation, il est désormais prévu que l'assurance sera accordée sans questionnaire de santé dès lors que l'emprunteur a moins de 50 ans, que le montant du crédit ne dépasse pas 15 000 € (chiffre porté à 17 000 euros par l'accord du 1er février 2011, voir ci-dessous) et que la durée de remboursement ne soit pas supérieure à 4 années. En matière de crédit immobilier et de prêt professionnel, le refus d'assurance ne pourra intervenir qu'après trois niveaux d'examen du dossier dès lors que deux critères sont remplis : le montant de l'encours cumulé du prêt ne dépasse pas 300 000 €, l'âge de l'emprunteur en fin de prêt n'excède pas 70 ans. L'examen au 3e niveau se fait par un pool d'assurance spécifique qui prend la forme d'une convention de co-assurance, gérée par le Bureau commun d'assurances collectives et devant offrir une capacité de couverture additionnelle en cas de refus ou d'ajournement de la demande d'assurance lors de la mise en œuvre des contrats de 2e niveau. Ainsi est il encore prévu qu'en cas de refus d'assurance après étude au 3e niveau, l'établissement prêteur doit étudier avec le candidat à l'assurance toutes solutions de substitution (garantie personnelle, délégation bénéfice contrat assurance vie...) ;
- alors que la convention Belorgey ne s'appliquait qu'au risque décès, le risque invalidité est désormais inclus dans le mécanisme protecteur ;
- dernier point, sans doute le plus significatif, il est prévu de limiter les surprimes lorsque les ressources de l'emprunteur sont en deçà de critères de revenus combinés au nombre de parts du foyer fiscal du demandeur. Si ces conditions d'exigibilité sont réunies, il est prévu que la prime d'assurance ne peut pas être supérieure à 1, 5 (réduction à 1, 4 dans le cadre de l'accord du 1er février 2011) dans le taux effectif global de l'emprunt. Sur ce point, il n'est pas faux de dire que la convention AERAS a ébranlé ce fondement de l'assurance en économie de marché instaurant un « mécanisme de mutualisation » qui écrête les primes d'assurance en faveur des personnes disposant de revenus modestes. En effet, dans une telle situation, le risque aggravé de santé est reporté en partie sur l'ensemble des assurés.

1011. La convention AERAS a été rénovée par un accord signé le 1er février 2011, entrant en vigueur le 1er septembre 2011. Parmi les modifications les plus importantes, on retiendra l'extension des solutions de la convention à la souscription d'une assurance invalidité même lorsque celle-ci résultera de la maladie de l'assuré, la garantie se définira par un taux d'incapacité fonctionnelle unique (70 %) défini selon un barème de référence également commun (barème annexé du Code des pensions civiles et militaires, D. n° 68-756 du 13 août 1969, mod. par D. n° 2001-99 du 31 janv. 2001), la création d'un groupe de travail paritaire chargé de mieux cerner, pathologie par pathologie, les perspectives de consolidation et les probabilités de décès et de rechute, des mesures destinées à faciliter les démarches de souscription d'une assurance par les candidats à un emprunt telles que l'engagement par les assureurs de prendre en compte les examens médicaux réalisés dans les 6 derniers mois. Plusieurs mesures sont par ailleurs adoptées afin de mieux faire connaître les dispositions de la convention : réactivation du partenariat avec les notaires et les agents immobiliers, amélioration du site internet, et action d'incitation auprès des maires par la voie de l'association des maires de France.

1012. Un important avenant à la Convention AERAS, signé le 2 septembre 2015, modifié par l'article 190 de la loi n° 2016-41 du 26 janvier 2016 relative à la modernisation de notre système de santé (Code de la santé publique, art. L. 1141-5), introduit un « droit à l'oubli » de manière à faciliter l'accès des individus présentant un risque aggravé de santé à l'assurance emprunteur. Ainsi, il ne sera plus possible à un assureur de recueillir des informations médicales relatives à des pathologies cancéreuses à compter de la dixième année après la fin du protocole thérapeutique, le délai étant ramené à cinq années pour les pathologies cancéreuses survenues avant l'âge de dix-huit ans. Des grilles de référence seront mises en place de manière à affiner ces délais en fonction des différentes pathologies. Une première grille de référence publiée le 4 février 2016 retient ainsi des délais beaucoup plus brefs allant par exemple, selon les cas, de 1 à 3 ans. Par une disposition ajoutée par la loi du 26 janvier 2016, il est prévu d'étendre ce dispositif aux pathologies autres que cancéreuses, notamment les pathologies chroniques, dès lors que les progrès thérapeutiques et les données de la science attestent de la capacité des traitements concernés à circonscrire significativement et durablement leurs effets. Par ailleurs, le même article 190 de la loi du 26 janvier 2016 a inséré dans les articles L. 1141-5 et L 1141-6 du Code de la santé publique un principe d'interdiction de cumul pour une même pathologie d'une exclusion et d'une majoration de tarifs.

1013. En dernier lieu, il convient de mentionner une disposition de la loi n° 2016-41 du 26 janvier 2016 qui figure dans la partie de la loi relative à l'accès aux données en matière de santé (art. 193) et en vertu de laquelle la politique dite d'open data ne doit pas être utilisée par les assureurs pour fonder des exclusions ou justifier des modification de primes d'assurance (Ccode de la santé publique, art. L. 1461-1, V, 2° : « Les données du système national des données de santé ne peuvent être traitées pour (...) l'exclusion de garanties des contrats d'assurance et la modification de cotisations ou de primes d'assurance d'un individu ou d'un groupe d'individus présentant un même risque »).

§ 2 ▪ Assurance et égalité homme-femme

1014. Il convient de rappeler ici la place importante tenue par la jurisprudence relative à l'égalité de traitement homme-femme au regard du droit de la protection sociale. Le principe d'égalité de traitement a longtemps été décliné au regard des conditions de travail, en application de la directive n° 79/7/CE du conseil du 19 décembre 1978 prohibant les discriminations directes et indirectes entre les hommes et les femmes dans le domaine de la Sécurité sociale. Mais c'est principalement l'article 141 du traité qui a été l'objet d'une interprétation favorable à la promotion de l'égalité entre hommes et femmes en termes de protection sociale. Dès l'instant où il a été admis que les couvertures professionnelles de Sécurité sociale des travailleurs salariés relevaient de la notion de rémunération au sens de l'article 141 du traité au motif qu'elles trouvent leur origine dans un rapport d'emploi (arrêt Bilka, 13 mai 1986, 170/84, rec., 1607), il était normal de faire application de ce texte aux régimes d'assurance sociale et notamment en matière de pensions de retraite. Plusieurs arrêts de la Cour européenne de justice se sont orientés en ce sens (arrêt Barber, 17 mai 1990, C-262/88, Rec. I, 1889 ; arrêt Fisscher, 28 septembre 1994 : CJCE, 29 novembre 2001, aff. C-366/99, Griesmar ; CE, 7 janvier 2004, n° 251581).

1015. Se fondant sur la proposition de la Commission européenne du 5 novembre 2003 (après audition publique du Parlement du 10 septembre 2003), sur l'article 6 du traité sur l'Union européenne, sur le droit de toute personne à l'égalité devant la loi et à la protection contre les discriminations, sur le principe d'égalité homme-femme, le Conseil de l'Union européenne a adopté la directive n° 2004/113/CE du 13 décembre 2004. En elle-même l'adoption de cette directive n'a pas été simple et il y a entre le texte définitif et celui qui a été proposé par la Commission des différences assez significatives dues aux oppositions particulièrement fortes qui se sont manifestées au sein du secteur de l'assurance (lettre adressée à la Commission européenne le 28 mai 2003 par le Comité européen des assurances pour solliciter une consultation, Avis du Comité européen des assurances du 19 janvier 2004, conclusions de la SCOR). Pour l'essentiel, au titre des critiques on retiendra d'une part, l'objectivité des différences

entre les hommes et les femmes en terme de durée de vie et le double déséquilibre des conséquences en matière d'assurance de personnes d'une tarification unisexe qui ferait supporter aux femmes les conséquences tarifaires de tables de mortalité valant pour les hommes alors que ces derniers seraient exposés à perdre en partie les résultats de leur capitalisation. La conclusion étant que finalement, la proposition de la commission serait à l'origine d'une augmentation des cotisations d'assurance. Il en est résulté un article 5 de la directive qui est organisé en trois paragraphes :
- obligation pour les États de veiller à ce que pour les contrats conclus après le 21 décembre 2007, l'utilisation du sexe comme facteur de calcul des primes et des prestations d'assurance et des services financiers n'entraîne pas des différences pour les assurés ;
- possibilité néanmoins pour les États, avant le même 21 décembre 2007 d'autoriser des différences proportionnelles fondées sur des données actuarielles statistiques pertinentes et précises, sous obligation d'information de la commission et d'un nouvel examen du problème dans 5 ans ;
- interdiction absolue de tenir compte des frais liés à la grossesse et à la maternité.

1016. Issu de la loi n° 2007-1774 du 17 décembre 2007, un nouvel article L. 111-7 du Code des assurances dispose donc que les discriminations directe ou indirecte fondée sur le sexe des assurés pour le calcul des primes et prestations d'assurance est interdite (pour les mutuelles, voir C. mut., art. L. 112-1-1). Qu'il est également interdit de tenir compte des frais liés à la grossesse et à la maternité pour réserver aux femmes un traitement moins favorable en matière de primes. Mais que par dérogation, le ministre de l'Economie peut par arrêté autoriser des différences lorsqu'elles sont proportionnées aux risques et lorsque des données actuarielles et statistiques pertinentes et précises établissent que le sexe est un facteur déterminant dans l'évaluation du risque d'assurance (art. 5 de la directive n° 2004/113/CE du 13 décembre 2004). Sur ce fondement cinq arrêtés ont été publiés le 19 décembre 2007 afin d'autoriser des différences en matière de primes et de prestations fondées sur la prise en compte du sexe dans les branches 1, 2, 3, 10, 20, 22, 23 et 26.

1017. Une difficulté d'interprétation résulte de l'article 7, 2 de la directive selon lequel la transposition de la directive ne peut en aucun cas constituer un motif d'abaissement du niveau de protection contre les discriminations déjà accordé par les Etats dans les domaines régis par la directive. Or, précisément, deux dispositions du droit français imposent déjà une tarification unisexe. Il en va de l'article L. 913-1 du Code de la Sécurité sociale en matière de prévoyance sociale complémentaire (art. L. 913-1 : Aucune disposition comprenant une discrimination fondée sur le sexe ne peut être insérée, à peine de nullité, dans les conventions, accords ou décisions unilatérales relevant de l'article L. 911-1. L'alinéa précédent ne fait pas obstacle aux dispositions relatives à la protection de la femme en raison de la maternité) et de l'article L. 112-1 du Code de la mutualité, qui n'admet comme critère objectif de modulations des cotisations que ceux qui sont fondés sur le revenu, la durée d'appartenance à la mutuelle, l'âge des participants pour les activités d'assurance individuelle ou collectives à caractère facultatif. Se pose alors le problème de la différence de traitement de ces institutions avec les entreprises régies par le Code des assurances. D'autant que la directive s'applique indistinctement à l'ensemble des institutions, ce qui a déjà permis à un auteur (P. Y. Monjal, Le régime communautaire des primes et prestations unisexes et la législation nationale en matière d'assurance : d'une inégalité à une autre, LPA, 11 sept. 2007, n° 182, p. 3) d'y voir une différence de traitement injustifiée. Notons que depuis la loi n° 2008-496 du 27 mai 2008 portant diverses dispositions d'adaptation au droit communautaire dans le domaine de la lutte contre les discriminations, l'article L. 112-1-1 du Code de la mutualité prévoit que le ministre chargé de la Mutualité peut autoriser par arrêté des différences de cotisations et de prestations fondées sur la prise en compte du sexe et proportionnées aux risques lorsque des données actuarielles et statistiques pertinentes et précises établissent que le sexe est un facteur déterminant dans l'évaluation du risque d'assurance. Toutefois, les mutuelles et les unions exerçant une activité d'assurance ne sont pas soumises à ces dispositions pour les opérations individuelles et collectives à adhésion facultative relatives au remboursement ou à l'indemnisation des frais occasionnés par une maladie, une maternité ou un accident.

1018. La disposition dérogatoire de l'article 5 n'a toutefois plus effet à partir du 21 décembre 2012. En effet, la Cour de justice de l'Union européenne a considéré que cet article de la directive qui permet aux Etats de prendre des mesures dérogatoires sans limitation dans le temps est contraire à l'objectif d'égalité de traitement entre les femmes et les hommes et doit être considéré comme invalide à l'expiration de la période transitoire (CJUE, 1er mars 2011, aff. C-236/09 Association belge des consommateurs Test-Achats et a. : Luc. Mayaux, Coup de tonnerre, la CJUE prohibe toute discrimination fondée sur le sexe, JCP éd., G. 2011 p. 756 – A. Curtet, Assurance : sexe, mode d'emploi, L'essentiel du droit des assurances, fév. 2012, n° 2 p. 2). Tirant les leçons de l'arrêt du 1er mars 2011, la Commission européenne a établi des lignes directrices d'interprétation de la directive 2004/113/CE (Doc. 2011, 9497 final 22 déc. 2011, voir Dict. perm. Bull. fév. 2012 p. 22) : on retiendra notamment la formulation de critères d'appréciation de la notion de nouveau contrat et l'établissement d'une liste de pratiques restant possibles du fait d'une distinction opérée par la Commission - et qui peut sembler discutable - entre l'interdiction de prise en compte du sexe comme élément de détermination des primes et des prestations et l'utilisation du sexe comme facteur de risque en général qui demeurerait possible, permettant ainsi de distinguer selon les profils physiologiques des hommes et des femmes, notamment en termes d'assurance vie ou d'assurance maladie. Un arrêté daté du 3 février 2014 relatif à l'égalité entre les hommes et les femmes en matière d'assurance modifie l'article A. 111-6 du Code des assurances, qui a pour objet l'application dans le temps du principe de non-discrimination, en précisant que les dispositions des articles A. 111-1 à A. 111-5 relatifs aux données actuarielles et aux données statistiques et à la prise en compte du sexe en matière de primes et de prestations ne sont applicables qu'aux contrats conclus ou effectués avant le 20 décembre 2012 et encore, à condition qu'ils n'aient pas fait l'objet d'une modification substantielle nécessitant l'accord des parties autre qu'une modification qu'une au moins des parties ne peut refuser.

Chapitre 3
Principes financiers

1019. L'activité d'assurance intéresse à la fois l'entreprise qui s'y consacre mais aussi la collectivité des assurés, voire la collectivité nationale, qui lui est rattachée. En elle-même la politique assurantielle d'un État se doit de préserver et de veiller à l'équilibre financier des principaux acteurs du marché. L'enjeu est considérable et se mesure à l'importance du rôle social de l'assurance qui ne doit pas être seulement envisagée sur le strict terrain contractuel de la détermination des droits de l'assureur et de l'assuré.

1020. Le rôle essentiel joué par les sociétés d'assurance lors des catastrophes, naturelles ou industrielles, dans l'indemnisation des victimes ou encore la place que l'État entend leur conférer dans la mise en œuvre d'une politique de protection contre le risque de dépendance des personnes âgées, démontrent l'adaptation du phénomène de l'assurance aux exigences contemporaines et sont gages de sa nécessité pour l'avenir tout comme l'avait déjà démontré la réponse apportée par les assureurs aux besoins d'indemnisation des victimes d'accidents, en particulier d'accident de la circulation.

1021. On comprend ainsi l'importance de la recherche de l'équilibre financier des sociétés d'assurance qui sera exposée dans ses grandes lignes après que cette orientation financière ait permis de distinguer entre les assurances dites de répartition et les assurances relevant d'un mécanisme de capitalisation.

§ 1 ▪ Assurances de répartition et de capitalisation

1022. La distinction intéresse le mode de gestion financière des sociétés d'assurance et commandent la répartition de leurs activités, le principe étant qu'il est impossible à un même assureur de pratiquer les deux types d'assurance, réserve faite de la couverture des risques accessoires autorisée aux sociétés se consacrant aux opérations d'assurance vie-décès. L'opération d'assurance est dite en répartition lorsque les primes versées par les assurés pendant la durée d'un exercice sont affectées à la couverture des sinistres déclarés pendant la même période. Il s'agit là de l'expression première de l'activité d'assurance, reposant sur le phénomène de mutualisation déjà décrit, l'action de l'assureur revient ainsi à permettre à ses assurés victimes de sinistres de se faire indemniser par l'ensemble des membres de la mutualité.

1023. De manière tout à fait différente, l'assurance est dite en capitalisation lorsque les primes versées par les assurés sont conservées et capitalisées sur une longue période par l'assureur dans la perspective de couverture de risques futurs. Ramené à une situation individuelle, l'assuré qui paie les cotisations est celui qui recevra les prestations futures.
Les assurances en répartition sont les plus nombreuses, elles recouvrent toutes les assurances de dommages, assurances de choses et assurances de responsabilité et deux branches d'assurances de personnes, l'accident et la maladie.
Ce sont principalement les assurances sur la vie (branche 20 vie-décès) qui reposent sur le mécanisme de la capitalisation, s'y ajoutent mais en nombre limité les assurances nuptialité-natalité et de manière assez artificielle car il ne s'agit pas d'opérations d'assurances stricto sensu, les contrats de capitalisation de la branche 24. Relèvent enfin d'une gestion par capitalisation, les assurances de prévoyance collective (branche 26) réglementées par la loi n° 89-1009 du 31 décembre 1989 (Loi Evin).

1024. La classification de ces activités d'assurance en fonction de leur mode de gestion permet l'expression d'un principe important de séparation juridique des activités gérées en répartition et en capitalisation. Il est donc interdit à la même personne morale d'offrir des contrats d'assurance vie et d'assurance dommages. Le risque serait trop grand de voir une partie des primes versées pour la couverture d'un type d'assurance être affectée à l'indemnisation de sinistres relevant d'une autre branche d'activité. Ce principe important est désigné par l'expression « principe de spécialisation ».

1025. On prendra soin de ne pas confondre spécialité et spécialisation. Le principe dit de spécialité est plutôt celui qui interdit à une société d'assurance de pratiquer des opérations commerciales ne relevant pas de l'activité d'assurance pour laquelle elle a été agréée. Il n'est en effet pas possible à une même société de proposer à la fois des services d'assurance et d'autres produits de consommation (biens ou services). Ainsi, l'article L. 321-1 alinéa 2 du Code des assurances dispose-t-il que l'entreprise d'assurance ne peut pratiquer que les opérations pour lesquelles elle est agréée. Le principe de spécialisation s'exprime plus précisément par une impossibilité d'agrément à une même entreprise pour les branches relevant du 1° de l'article L. 310-1 (engagements dont l'exécution dépend de la durée de la vie humaine, s'engageant à verser un capital en cas de mariage ou de naissance d'enfants, ou font appel à l'épargne en vue de la capitalisation et contractent à cet effet des engagements déterminés) et 3° (couverture des autres risques y compris ceux liés à une activité d'assistance).

1026. Ce principe s'est imposé progressivement en droit communautaire puisqu'il était ignoré de certaines législations inspirées par le système dit de « grande spécialisation ». Ce sont les directives 73/239 du 24 juillet 1973 pour l'assurance non-vie, transposée en droit français par la loi n° 74-1078 du 21 décembre 1974, et n° 79/267 du 5 mars 1979 pour l'assurance vie, transposée par la loi n° 83-453 du 7 juin 1983, qui imposèrent le principe de spécialisation mais en laissant perdurer les situations existantes à condition de respecter des règles strictes de comptabilité et de gestion. La directive vie du 10 novembre 1992 (dite troisième directive ou directive de la troisième génération) a maintenu le principe de spécialisation mais y a apporté quelques assouplissements.

1027. Un important tempérament a été apporté à cette séparation des activités à propos des garanties accessoires accident et maladie qui complètent régulièrement l'offre de couverture d'assurance des contrats d'assurance sur la vie. Les premières initiatives en ce sens sont anciennes (le premier contrat assorti de telles garanties aurait été proposé dès 1885 : R. Boissy, *L'assurance complémentaire de l'assurance vie*, Thèse Paris 1939). La loi du 5 mars 1905 instituant un contrôle sur les sociétés d'assurances sur la vie obligea pourtant les sociétés à ne proposer leurs garanties qu'à propos de la durée de la vie, et non de l'invalidité : la solution perdura jusqu'au décret loi du 30 décembre 1938. La solution est aujourd'hui inscrite à l'article R. 321-5 qui autorise les entreprises agrées pour pratiquer les branches 20 à 22 à proposer, sous réserve de paiement d'une prime ou cotisation distincte, des assurances complémentaires contre les risques d'atteintes corporelles incluant l'incapacité de travail professionnelle, de décès accidentel ou d'invalidité à la suite d'accident ou de maladie.

§ 2 ▪ L'équilibre financier des opérations d'assurance

1028. Recettes et charges en matière d'assurance sont assez simples à décrire. Les recettes sont principalement constituées par les primes ou cotisations perçues auprès des assurés et par les produits financiers résultant des placements effectués des sommes correspondantes, normalement en début d'exercice. S'y ajoutent mais à titre provisoire d'autres prélèvements sur les assurés tels que la taxe sur le contrat d'assurance ou divers prélèvements destinés à alimenter certains organismes tels que Fonds de garantie.

1029. Le mécanisme de l'assurance, quelle qu'en soit par ailleurs le type, obéit à une logique qui inverse le processus habituel de production classique : l'assuré paie sa prime contre une couverture de risque qui ne sera effectivement mise en œuvre que si un événement donnant droit à l'ouverture des garanties se produit. L'assuré ne reçoit qu'une promesse (C.-J. Berr, H. Groutel, *Droit des assurances*, Mémento Dalloz, 9e éd., p. 23). L'assureur ignore en début d'année quel sera le coût exact de ses prestations, d'où l'importance des calculs prévisionnels mais aussi des contraintes qui pèsent sur chacune des sociétés en termes de contrôle des équilibres financiers. Seules les sociétés d'assurance mutuelle sont en mesure de demander à leurs sociétaires de supporter un supplément de cotisation, désigné sous le terme « rappel de cotisation ». Certaines conditions doivent être remplies, au-delà de la décision des organes de direction qui devra être prise dans le respect des procédures. Il est important que la nature de la mutuelle et la possibilité de cotisations variables soit rappelé dans les documents contractuels mais aussi dans tous les documents à caractère publicitaire (C. assur., art. R. 322-45). Par ailleurs, le rappel de cotisation est enfermé dans certaines limites (C. assur., art. R. 322-71).

1030. Il importe de veiller à ce que les sociétés d'assurance soient effectivement en mesure de procéder aux indemnisations sollicitées par les assurés. Il appartient donc à l'Etat de mettre en place un contrôle suffisant dans l'intérêt des assurés eux-mêmes (C. assur., art. L. 310-1 : Le contrôle de l'État s'exerce dans l'intérêt des assurés, souscripteurs et bénéficiaires de contrats d'assurance et de capitalisation).
La première mesure de contrôle relève de la procédure d'agrément administratif. Afin d'accéder au marché de l'assurance, l'entreprise candidate doit obtenir un agrément délivré jusqu'au début de l'année 2010 par le Comité des entreprises d'assurance et désormais délivré par l'Autorité de contrôle prudentiel (ACP) mentionnée à l'article L. 612-1 du Code monétaire et financier (C. assur., art. L. 321-1 modifié par l'ordonnance n° 2010-76 du 21 janvier 2010, art. 8 et 18 V puis par l'article 24 de la loi n° 2013-672 du 26 juillet 2013).
En termes financiers, le contrôle le plus important était effectué par l'Autorité de contrôle des assurances et des mutuelles (ACAM), autorité indépendante dotée de la personnalité morale et créée par la loi de sécurité financière n° 2003-706 du 1er août 2003 et par la loi n° 2005-1564 du 15 décembre 2005. L'ACAM exerçait les missions qui étaient auparavant dévolues à la Direction Assurances du Ministère de l'économie et des Finances. La principale mission de l'ACAM était de veiller au respect des dispositions encadrant l'activité d'assurance, de vérifier que les entreprises étaient en mesure de tenir leurs engagements financiers envers les assurés en respectant notamment les règles imposées en matière de marge de solvabilité.

1031. Aujourd'hui l'Autorité de contrôle des assurances et des mutuelles a laissé la place à l'Autorité de contrôle prudentiel (ACP) et n'existe donc plus officiellement depuis le mardi 9 mars 2010, jour de lancement officiel de la nouvelle autorité née de la fusion de la Commission bancaire, de l'ACAM, du Comité des entreprises d'assurance et du comité des établissements de crédit (CEA) et des entreprises d'investissement (CECEI) et créée par l'ordonnance n° 2010-76 du 21 janvier 2010. Il a notamment été confié à ce nouvel organisme la protection de la clientèle des banques et des assurances, qui s'assurera de la solvabilité des établissements, que les pratiques sont loyales et que l'information des épargnants soit claire, exacte et non trompeuse.

1032. Depuis la loi de séparation et de régulation des activités bancaires n° 2013-672 du 26 juillet 2013, l'Autorité de contrôle prudentiel (ACP) a changé de nom pour devenir l'Autorité de contrôle prudentiel et de résolution (ACPR).

1033. Afin d'éviter des défaillances d'entreprises plusieurs règles prudentielles sont établies par le Code des assurances. Il importe en premier lieu de veiller à ce que les provisions techniques (ou mathématiques dans le cadre de l'assurance vie) correspondant à l'ensemble des engagements financiers de l'entreprise d'assurance soient suffisantes et qu'elles permettent la constitution d'une marge de solvabilité, c'est-à-dire d'un montant minimal de fonds propres en plus des provisions nécessaires. Le décret n° 2003-1236 du 22 décembre 2003, modifié par les décrets n° 2008-1154 du 7 novembre 2008 et n° 2010 du 3 mars 2010 (art. 11) fixe les exigences minimales en matière de marge de solvabilité. Celles-ci sont déterminées selon des méthodes exposées aux articles R. 334-5 (non-vie) et R. 334-11 (vie) et suivants du Code des assurances (pour les mutuelles, voir C. mut., art. R. 212-12 (non-vie) et R. 212-16 (vie) ; pour les institutions de prévoyance : CSS, art. R. 931-10-3 (non vie) et R. 931-10-6 (vie)).
Les entreprises d'assurance ne sont pas libres de leurs placements financiers. Ceux-ci

sont encadrés par les dispositions des articles R. 332-2 et suivants. D'une part ne sont expressément autorisés que placements en valeurs mobilières et assimilés, en actifs immobiliers et en prêts et dépôts. D'autre part, la réglementation fixe des plafonds à ne pas dépasser pour chacun des placements (C. assur., art. R. 332-3).

1034. En dernier lieu, les sinistres qui ne peuvent pas être pris en charge pour cause de défaillance financière de l'assureur peuvent l'être par le fonds de garantie des assurances obligatoires de dommages (FGAOD) lequel doit depuis la loi du 1er août 2003 de sécurité financière indemniser non seulement comme auparavant les victimes d'un accident de la circulation dont le responsable est inconnu ou non assuré, mais aussi indemniser tous les souscripteurs, adhérents ou bénéficiaires d'une assurance obligatoire à hauteur de 90 % du montant prévu par le contrat d'assurance, en dehors des assurés garantis pour des risques professionnels (C. assur., art. L. 421-9). Un fonds de garantie pour les assurances de personnes (FGAP) auquel doivent adhérer toutes les sociétés d'assurance, y compris les filiales de sociétés étrangères, indemnise les personnes souscripteurs ou assurées auprès d'une société qui ne pourrait plus faire face à ses engagements, à concurrence de 70 000 € (90 000 € pour les contrats de prévoyance).

1035. Les règles prudentielles devront désormais être conformes à la directive Solvabilité 2 adoptée par le Conseil européen le 9 novembre 2009. « Solvabilité 2 » instaure pour la première fois des exigences de solvabilité fondées sur le risque économique dans tous les États membres de l'Union européenne. Ces nouvelles exigences en matière de solvabilité seront davantage fondées sur une évaluation du risque et non plus sur un pourcentage sur les primes et sinistres comme auparavant, permettant ainsi une meilleure couverture des risques réels encourus par n'importe quel assureur. La directive repose sur trois piliers : le pilier 1 définit de nouvelles normes quantitatives pour les provisions techniques et les fonds propres des sociétés d'assurance, le MCR (*Minimum Capital Requirement*) représentant le niveau minimum de fonds propres en-dessous duquel l'intervention de l'Autorité de contrôle sera automatique et le SCR (*Solvency Capital Requirement*) représentant le capital cible pour absorber les conséquences d'un risque majeur. Le pilier 2 est relatif au contrôle prudentiel exercé l'Autorité de contrôle. Enfin, le pilier 3 détermine quels sont les éléments d'information qui doivent être fournis par les sociétés d'assurance à l'Autorité de contrôle et mis à disposition du public afin d'assurer la transparence du marché. La transposition de la directive « Solvabilité 2 » en droit français a été réalisée avec la publication de l'ordonnance n° 2015-378 du 2 avril 2015 et du décret n° 2015-513 du 7 mai 2015.

1036. L'ordonnance n° 2014-158 du 20 février 2014 portant diverses dispositions d'adaptation de la législation du droit de l'Union européenne en matière financière porte en son chapitre 2e, article 6, diverses modifications du Code des assurances de manière à mieux permettre la surveillance des conglomérats financiers. Cette ordonnance transpose ainsi la directive Ficod, Financial Conglomerates Directive (J. Speroni, Nouvelles règles prudentielles dans le secteur bancaire et financier, L'Argus, 21 fév. 2014).

Sous-titre 2
Les principes généraux du droit de la responsabilité

Chapitre 1
Les éléments constitutifs de la responsabilité

BIBLIOGRAPHIE

L'Argus de l'assurance

Ouvrages. – F. Couilbault, S. Couilbault- Di Tommaso, V. Huberty, *Les grands principes de l'assurance*, L'Argus éd., 2013. – J. Landel, *Lexique des termes d'assurance*, L'Argus éd., 2014. – J. Bigot (sous dir.), *Code des assurances*, L'Argus éd.,

Autres documentations

Ouvrages. – M. Bacache-Gibeili, *La responsabilité civile extracontractuelle*, 2e éd., Economica 2012. - Ph. Brun, *Responsabilité civile extracontractuelle*, 3e éd., Litec 2014. – J. Flour, J.-l. Aubert, E. Savaux, *Le fait juridique*, 14e éd., Sirey 2011. – Y. Lambert-Faivre, S. Porchy-Simon, *Droit du dommage corporel, système d'indemnisation*, 7e éd., Dalloz 2012. - F. Terré, Ph. Simler, Y. Lequette, *Droit civil, « Les obligations »*, 11e éd., Dalloz 2013. – Ph. le Tourneau, *Droit de la responsabilité et des contrats*, Dalloz Action 2008. – G. Viney, *Introduction à la responsabilité*, LGDJ 2e éd., 1995. – G. Viney, p. Jourdain, *Les conditions de la responsabilité*, LGDJ 4e éd., 2013.

1037. L'assureur est réputé intervenir aux côtés de son assuré. En assurance de chose, il indemnise son assuré et tente un recours contre l'auteur du dommage. En assurance de responsabilité, il garantit son assuré. Le développement de l'assurance est intrinsèquement lié à l'extension du droit de la responsabilité. En retour, les mécanismes et les solutions actuelles du droit de la responsabilité ne s'expliquent bien souvent qu'en raison de la présence d'un assureur solvable.

1038. La responsabilité civile va connaître un bouleversement car la Chancellerie a lancé le 29 avril 2016 une consultation sur un avant-projet de loi de réforme de la responsabilité civile. Ce dernier s'inspire du rapport Catala-Viney de 2005 et de la proposition de loi Béteille de 2010. Il sera débattu devant les assemblées à l'automne pour une adoption programmée début 2017. Nous inclurons dans les développements qui suivent les innovations prévues par ce projet. On peut d'ores et déjà présenter le résumé rapide suivant de ce projet :

- la responsabilité civile est réécrite et renumérotée des articles 1231 à 1299-4 (par ex. les anciens articles 1382 et 1383 sont transformés et réécrits aux articles 1241 et 1242) ;
- création de dommages et intérêts punitifs (amende civile) : en cas de faute délibérée lorsque celle-ci a généré un gain ou une économie pour son auteur, le montant est au maximum de 2 millions d'euros ou le décuple du gain ou de l'économie réalisée ; pour une personne morale,

10 % du CA mondial HT ; l'amende est affectée à un fonds d'indemnisation en lien avec la nature du dommage subi ou, à défaut, au trésor public (art. 1266) ;
- règles particulières résultant d'un dommage environnemental : une sous-section est prévue à cet effet après l'article 1279, mais elle est vide, sans doute dans l'attente de propositions et de concertation ;
- limitation ou exclusion de la réparation (art. 1281 à 1284) : validité des contrats ou clauses limitatives ou exclusives de responsabilité en matière contractuelle et extracontracutelle, mais « la responsabilité ne peut être limitée ou exclue par contrat en cas de dommage corporel ». En matière extracontractuelle, pas de limitation possible en cas de faute ; en cas de responsabilité sans faute, il faut montrer que la victime tiers avait accepté cette limitation. En matière contractuelle, les clauses limitatives ou exclusives sont sans effet quand il y a faute intentionnelle ou lourde ou contradiction avec une obligation essentielle. L'article. 1284 reprend le pouvoir du juge d'augmenter ou réduire les clauses pénales ;
- obligation de minimiser le dommage en responsabilité contractuelle : réduction des dommages et intérêts si la victime du dommage n'a pas pris de mesures pour éviter l'aggravation de son préjudice (art. 1263) ; la disposition ne s'applique pas au préjudice corporel ;
- création au sein des dispositions sur la responsabilité de dispositions propres à la responsabilité contractuelle (art. 1250 à 1252), avec limitation de l'indemnisation aux conséquences raisonnablement prévisibles lors de la formation du contrat (art. 1251) ;
- la force majeure est redéfinie en matière extracontractuelle en insistant sur l'irrésistibilité (conséquences inévitables même par des mesures appropriées, art.1253) ; la force majeure en matière contractuelle est définie à l'article. 1218 et prévoit toujours l'extériorité, l'imprévisibilité et l'irrésistibilité comme critères ;
- la faute de la victime privée de discernement (enfant sans capacité de discernement, dément) n'est plus exonératoire (art. 1255)
- responsabilité du fait des choses : la responsabilité du fait des animaux et des bâtiments menaçant ruine sont intégrés dans la responsabilité générale du fait des choses (art. 1243) ;
- reconnaissance de la responsabilité sans faute du fait des troubles anormaux de voisinage (art. 1244) ;
- responsabilités du fait d'autrui : responsabilité de plein droit (exonération par la seule force majeure ou faut de la victime) des parents, des tuteurs de mineurs, de la personne morale chargée par décision administrative ou judiciaire du contrôle du mode de vie d'autrui ; du commettant. Les autres personnes qui exercent une mission de surveillance d'autrui (par ex. associations ou clubs sportifs) peuvent démontrer qu'elles n'ont pas commis de faute pour s'exonérer (art. 1245 à 1249) ;
- dommage en groupe : dommage (corporel) causé par un membre indéterminé d'un groupe de personnes identifiées agissant de concert ou pour des motifs similaires chacune répond pour le tout, sauf à démontrer qu'elle ne peut l'avoir causé (art. 1240) ;
- responsabilité du fait des véhicules terrestres à moteur (art. 1285 à 1288) : la victime conducteur bénéficie du même régime que la victime non conducteur ;
- responsabilité du fait des produits défectueux : la discussion est rouverte sur le maintien ou non de l'exonération pour risque de développement (art. 1298, 4° et 1299) ; le texte sur le choix par la victime d'un autre régime est réécrit (art. 1299-4).

1039. Les précisions et clarifications :
- maintien du non cumul de la responsabilité contractuelle et délictuelle (art. 1233 al. 1er ; interdiction de l'option pour la responsabilité extracontractuelle pour échapper aux dispositions propres à la responsabilité contractuelle ;
- responsabilité des coauteurs d'un dommage : ils répondent solidairement du dommage au stade de l'obligation à la dette ; pour la contribution à la dette, la répartition se fait selon la gravité des fautes ; en l'absence de faute, la répartition se fait par parts égales (art. 1265).

1040. D'importantes évolutions pour l'indemnisation du préjudice corporel :

- terminologie : il semble acquis que le « dommagev» constitue le fait générateur (blessure par ex.) et le « préjudice » la conséquence qualifiée juridiquement (déficit fonctionnel par ex.) ;
- le dommage corporel réparé sur le fondement des règles de la responsabilité extracontractuelle : le dommage corporel est réparé sur le fondement des règles de la responsabilité extracontractuelle même s'il naît à l'occasion de l'exécution du contrat (art. 1233 al. 2) ;
- exonération pour faute de la victime : elle ne peut être partiellement exonératoire en matière dommage corporel que s'il s'agit d'une faute lourde (art. 1254) ;
- unification des règles de réparation du dommage corporel : application aux juridictions administratives et judicaires des futurs articles. 1267 à 1277 ;
- la réparation : elle se fait en nature ou par équivalent, la réparation en nature ne peut pas être imposée à la victime (art. 1261). Toutefois en présence de circonstances exceptionnelles, le juge peut affecter les dommages et intérêts alloués à la victime (art. 1264) ;
- détermination des postes de préjudice : par une nomenclature fixée par décret en Cconseil d'Etat (extension prévisible de la nomenclature « Dintilhac », art. 1269) ;
- déficit fonctionnel : mesuré par un barème médical unique indicatif (art. 1270) ;
- premiers pas vers un barème : création éventuelle d'un référentiel indicatif des préjudices extrapatrimoniaux ; création prévue d'une base de données sur les décisions des cours d'appel (art. 1271) ;
- principe de la rente/exception conversion en capital (art. 1272) ;
- encadrement du recours des tiers payeurs (art. 1273 à 1277) : liste des postes ouverts à recours (art. 1274), recours poste par poste à l'exclusion des préjudices extrapatrimoniaux (art. 1276), privilège accordé à la victime préférée au tiers payeur en cas de concours ou de faute de la victime.

Section 1 ▪ Notion de responsabilité et fondements du droit de la responsabilité

§ 1 ▪ Définition

1041. La notion de responsabilité est difficile à appréhender en droit car elle revêt une forte connotation morale. Or, dans une approche morale de la responsabilité, celle-ci consiste à répondre de ses actes ou de ceux des autres (V. p. Ricoeur, Le concept de responsabilité, Essai d'une analyse sémantique, Esprit, nov. 1994, n° 206, p. 28 ; M. Villey, Esquisse historique sur le mot responsable, in *La responsabilité à travers les âges*, éd., Economica 1989, p. 76 et s.). Par ailleurs, dans le langage commun, porter la responsabilité revient à porter la culpabilité d'une situation et oblige à en supporter les conséquences. Ainsi, la « responsabilité » se définit-elle par l'obligation de répondre, d'être garant de certains actes (Littré). Le mot serait apparu assez récemment dans la langue française bien que le terme responsable soit ancien (J. Henriot, Note sur la date et le sens de l'apparition du mot « responsabilité », in *La responsabilité*, ADP n° 22, 1977, p. 59 et s.). Dans une acception juridique du terme (G. Cornu, *Vocabulaire juridique*, V. Responsabilité), être responsable oblige à répondre d'un dommage devant la justice et d'en assumer les conséquences civiles, pénales ou disciplinaires. La responsabilité en droit se distingue donc d'une responsabilité morale dont la conscience est le seul juge ou d'une responsabilité politique. Néanmoins, certains auteurs ont souhaité inclure dans la définition le fondement qu'ils ont assigné à la responsabilité. Ainsi, a-t-il été retenu l'idée que la responsabilité délictuelle « pèse sur celui qui, en dehors de toute relation contractuelle préalable, a causé par sa faute, un dommage à autrui » (G. Ripert, J. Boulanger, *Traité de droit civil*, t. II, LGDJ 1957, n° 768, ou encore « chacun doit réparer le dommage qu'il cause, par sa faute, à autrui », H. et L. Mazeaud, *Traité théorique et pratique de la responsabilité civile délictuelle et contractuelle*, préface H. Capitant, t. I, 6e éd., par A. TUNC, Montchrestrien 1965, p. 16). Une telle position ne saurait refléter le droit positif qui s'est détaché de la faute et pour lequel plusieurs fondements peuvent être proposés. Une définition plus neutre consiste à indiquer qu'à « travers les articles 1382 et suivants la responsabilité se définit comme l'obligation de réparer le dommage causé à autrui » (J. Carbonnier, *Droit civil*, t. 4, *Les obligations*, 22e éd., 2000, n° 198). Un auteur a souhaité mettre en exergue la fonction de réparation de la responsabilité en affirmant que « le droit de la responsabilité civile concerne la réparation d'un dommage infligé illégalement à quelqu'un (...) (A. Tunc, *La responsabilité civile*, 2e éd., Economica 1989, p. 23). La même idée a été développée avec plus de nuances en relevant que l'expression « responsabilité civile désigne, dans le langage juridique actuel l'ensemble des règles qui obligent l'auteur d'un dommage causé à autrui à réparer ce préjudice en offrant à la victime une compensation » (G. Viney, *Introduction à la responsabilité*, LGDJ, 2e éd., 1995, n° 1). Ces dernières approches tiennent compte de la fonction de réparation de la responsabilité délictuelle.

1042. Définition adoptée : On entend la responsabilité, dans les développements qui suivent, comme l'institution juridique qui permet de désigner la personne physique ou morale qui doit répondre d'un dommage afin qu'elle, ou son garant, en supporte la réparation. Cette définition fonctionnelle, traduisant la recherche d'imputation qui caractérise le droit contemporain de la responsabilité, correspond, selon nous, à la mission de la responsabilité dans notre système juridique.

1043. La réparation du dommage ne serait pas l'unique intérêt présenté par la responsabilité civile. Cette dernière pourrait également servir de peine privée à l'égard de l'auteur du dommage, puisqu'il devra indemniser la victime (S. Carval, *La responsabilité civile dans sa fonction de peine privée*, préf. G. Viney, LGDJ 1995 ; B. Starck, *Essai d'une théorie générale de la responsabilité civile considérée en sa double fonction de garantie et de peine privée*, thèse, éd., L. Rodstein, 1947, p. 354 et s. ; A. Tunc, Evolution du concept juridique de responsabilité, Rev. Droit et cultures, 1996/1, p. 19, p. 19 et s., spéc. p. 21 ; G. Viney, p. Jourdain, *Les effets de la responsabilité*, 2e éd., LGDJ 2001, n° 4 et s.). Toutefois, en droit positif français, la prohibition de l'enrichissement de la victime, établie par le principe indemnitaire, empêche la sanction de l'auteur du dommage au-delà du préjudice subi.

1044. En outre, le système de sécurité sociale et les assurances privées se substituent à l'auteur du dommage, afin d'indemniser l'essentiel : le dommage corporel. Il resterait alors le rôle de prévention de la responsabilité qui justifierait pour partie son existence. En effet, la connaissance de l'obligation de réparer inciterait les individus à plus de prudence. Cependant, une telle vertu est très douteuse (V. L. Bach, Réflexions sur le problème du fondement de la responsabilité civile en droit français, RTD civ. 1977, p. 17 et s., spéc. n° 6) ; la crainte d'une condamnation pécuniaire n'empêchera pas les accidents, notamment ceux qui provoquent des dommages corporels. Un individu ayant un comportement dangereux ne s'abstiendra pas sous la menace d'une possible responsabilité civile ; il craindra éventuellement la sanction pénale. De surcroît, il est avéré que celui qui se place dans une position de potentielle victime fautive (le conducteur d'un engin à moteur, par exemple) ne deviendra pas plus prudent en ayant connaissance d'une possible minoration de son indemnisation en cas d'accident (A. Tunc, Evolution du concept juridique de responsabilité, Rev. Droit et cultures, 1996/1, p. 19 et s., spéc. p. 21). Néanmoins, la responsabilité civile conserve une vertu prophylactique dans certains domaines (v. Ph. le Tourneau, Rép. civ. Dalloz, V. Responsabilité en général, n° 3 et s.). On peut songer aux choses dangereuses par nature ou à toute activité économique qui présente un risque. Dans ces circonstances, les professionnels pourront être d'autant plus vigilants qu'ils savent que leur responsabilité sera engagée. En outre, le coût de l'assurance peut inciter ces derniers à prendre des mesures afin d'éviter que leur responsabilité ne soit trop facilement retenue. Enfin, le projet de loi du 29 avril 2016, prévoit un article 1266 instaurant des dommages et intérêts punitifs pour une faute lourde délibérée, notamment lorsque celle-ci a généré un gain ou une économie pour son auteur. Les fonctions assignées au droit de responsabilité sont communes à toutes ses branches : qu'il s'agisse de la responsabilité personnelle, de la responsabilité du fait d'autrui ou de la responsabilité du fait des choses.

§ 2 ■ Les fondements de la responsabilité

A ■ Fondements classiques : de la faute à la théorie du risque

1 ■ Faute, un fondement résiduel

1045. La faute entendue comme, violation d'une norme de comportement ou comme violation d'une obligation préexistante (L. Bach, Réflexions sur le problème du fondement de la responsabilité en droit civil, RDT civ. 1977, p. 17, spéc. n° 26 et s.) n'a pas toujours constitué le fondement premier du droit de la responsabilité. La faute est devenue le fondement historique de la responsabilité sous la plume de Domat, auteur imprégné de morale chrétienne. Elle constitue la ratio legis de l'article 1382 du Code civil, (renuméroté 1240 par l'ordonnance du 10 février 2016) texte fondateur de l'ensemble de la responsabilité délictuelle en droit français. Aujourd'hui l'image d'une responsabilité fondée sur la faute demeurerait si forte que les décisions du Conseil constitutionnel se référant à l'article 1382 du Code civil consacreraient la prédominance de cette conception morale de la responsabilité. En effet, entre 1982 (Cons. const. 22 oct. 1982, n° 1982-144, Rec. Cons. constit, p. 61 ; D. 1983, jur. p. 189, note F. Luchaire ; Gaz. Pal. 1983, 1, p. 60, note F. Chabas) et 1999 (Cons. const., 9 nov. 1999, n° 99-419, D. 2000, p. 424, note D. Garneri ; obs. G. Viney, JCP G 2000, I, 280), le Conseil constitutionnel a élevé au rang de principe constitutionnel le principe de responsabilité personnelle (Ph. Brun, La constitutionnalisation de la responsabilité pour faute, in La responsabilité pour faute, colloque Le Mans, 17 janv. 2003, RCA 2003, p. 37 et s. ; v. également N. Molfessis, Les sources constitutionnelles du droit des obligations, in *Le renouvellement des sources du droit des obligations*, LGDJ 1997, p. 65 et s. ; C. Rade, Le principe de la responsabilité personnelle dans la jurisprudence du Conseil constitutionnel, LPA 1995, n° 108, p. 4).

1046. Cette apparente constitutionnalisation de la faute est apparue comme la consécration d'un droit de la victime à la réparation du dommage dès lors qu'une faute a été commise (J. Carbonnier, *Droit civil, Introduction*, 26e éd., PUF 1999, n° 123). En outre, la décision de 1999 à propos du PACS semble poser en principe constitutionnel l'obligation de répondre de son fait personnel fautif (Ph. Brun, art. préc., n° 21). Néanmoins, la référence à l'article 1382 du Code civil n'a pas pour objectif d'ériger la faute en fondement du droit de la responsabilité. Il s'agit simplement d'empêcher le législateur de créer des immunités en faveur des responsables fautifs. De telles initiatives conduiraient à priver une victime d'indemnisation et à laisser des fautes sans sanction.

1047. La consécration constitutionnelle de l'obligation de réparer les conséquences des fautes est assez révélatrice du rôle qui a été assigné à cette notion. Cette dernière est passée du statut de fondement de la responsabilité au rang de moyen d'indemniser les victimes. En effet, dès 1804 il est fait une place assez large à l'imprudence en prévoyant l'article 1383 dans le Code civil (renuméroté 1241 par l'ordonnance n°2016-131 portant réforme du droit des contrats. La jurisprudence confond ce dernier avec l'article 1382 par faveur octroyée aux victimes. En outre, la civilisation de la machine qui s'est instaurée et la multiplication des accidents ne peuvent qu'évincer l'idée de faute dès lors que des dommages sont provoqués sans qu'une cause précise puisse être déterminée, encore moins une faute imputée. Cette dépersonnalisation de l'origine du dommage, la nécessité de réparer les victimes et la prise en charge par un tiers de l'indemnisation (assurance, sécurité sociale) représentent les causes essentielles du déclin de la faute comme fondement de la responsabilité (V. A. Tunc, *La responsabilité civile*, 2e éd., Economica 1989, p. 7 ; G. Viney, *Introduction*, préc, n° 25). La jurisprudence, afin d'aider à la réparation des victimes, a, d'abord, à la suite de l'arrêt Teffaine (Civ., 16 juin 1896, DP 1897, 1, 433, note R. Saleilles ; S. 1897, 1, 17, note A. Esmein), instauré une présomption de faute lorsqu'une chose est à l'origine du dommage. Puis, l'arrêt Jand'heur (Ch. réunies, 13 févr. 1930, DP 1930, 1, p. 57, rapp. Le Marc'hadour, concl. proc. Gal. Matter, note G. Ripert ; S. 1930, 1, 121 ; note p. Esmein) a constitué un point de basculement vers une responsabilité objective. Enfin, la faute a réellement perdu toute consistance dès lors que la loi du 3 janvier 1968 a reconnu les déments responsables de leur faute civile (C. civ., art. 489-2) et que la jurisprudence a adopté la même solution pour les infantes à la faveur des arrêts d'assemblée plénière de la Cour de cassation du 9 mai 1984 (Derguini, Lemaire D. 1984, p. 525, note F. Chabas ; JCP G 1984, II, 20256, note p. Jourdain ; RTD civ. 1984, p. 508, obs. J. Huet). Après l'effacement de l'élément matériel de la faute, c'est-à-dire l'exigence d'un comportement anormal, dès l'arrêt Teffaine, la responsabilité civile voyait disparaître l'élément moral de la faute qui consiste en la capacité de discernement.

1048. Certes, la doctrine a tenté de sauver la faute comme fondement de la responsabilité soit en développant l'idée de faute dans la garde (A. Besson, *la notion de garde dans la responsabilité du fait des choses*, Thèse, Dijon 1927), soit en créant la notion de « faute objective ». Cette dernière a été développée par H. et L. Mazeaud (H., L. et J. Mazeaud, Leçons de droit civil, T. II, 1er vol. *Obligations, théorie générale*, 8e éd., par F. Chabas, Montchrestien 1991, n° 539) et connaît encore aujourd'hui un certain succès car l'éviction de l'imputabilité permet de maintenir la faute au rang de fondement de la responsabilité (V. Ph. le Tourneau, Rép. civ. Dalloz, Responsabilité (en général), n° 23 et s.). Néanmoins, la notion de faute objective constitue un contresens logique car il ne saurait y avoir de faute sans conscience de la commission d'un acte répréhensible ou dommageable (C. Radé, Réflexions sur les fondements de la responsabilité civile 1 – L'impasse, D. 1999, Chron. p. 313 et s., spéc. p. 318). Une telle aporie ne peut que disqualifier la faute comme fondement essentiel de la responsabilité. L'affirmation se vérifie particulièrement en matière de responsabilité du fait des choses ou la seule garde de la chose à l'origine du dommage suffit à désigner le responsable, B. Starck, Domaine et fondement de la responsabilité sans faute, RTD civ. 1958, p. 475 et s., spéc., n° 16). Les questions de rôle passif de la chose et de faute exonératoire de la victime confèrent à la faute le simple statut de moyen d'exonération. Aussi, n'est-il plus justifié de conférer à cette dernière le statut de fondement de la responsabilité ; on peut encore lui reconnaître une place à titre de fondement résiduel.

2 ▪ Théorie du risque

1049. L'impossibilité de fonder la réparation des accidents du travail provoqués par des machines sur la faute a conduit la doctrine à rechercher un autre fondement à la responsabilité. Afin de tenir compte de l'affaiblissement de ce fondement moral, il a été proposé une théorie objective détachée de la personne. À l'origine, Saleilles a repris les expressions de risque professionnel ou risque industriel afin d'élaborer au fil de divers travaux (notamment, *Les accidents du travail et la responsabilité civile*, 1897) la « théorie du risque » (G. Viney, *Introduction*, préc., n° 49). Cette théorie visait à ériger l'article 1384 alinéa 1er en règle autonome de responsabilité du fait des choses. Josserand a adopté la même position (*De la responsabilité du fait des choses inanimées*, 1897) ; il a enrichi et développé la théorie du risque (G. Viney, op. cit.). Cette dernière repose sur la constatation que le risque doit peser sur celui qui en tire un profit économique. Néanmoins, il était difficile d'appréhender toutes les responsabilités du fait des choses par cette approche. En effet, sauf à étendre indéfiniment la notion de profit, il était difficile d'expliquer la création d'une responsabilité objective par la règle patrimoniale Ubi emolentum, ibi onus. Aussi la théorie a-t-elle évolué vers un concept plus large, qui s'est avéré plus riche, en droit, et plus pertinent dans une approche morale. Il a été émis la proposition de considérer que tout risque créé, selon l'expression de Josserand, par une chose devait obliger son gardien à réparer un éventuel dommage (v. L. Bach, art. préc., n° 124).

1050. Les concepts de « risque profit » et de « risque créé » qui ne devaient être initialement que des explications de la nécessaire évolution du droit de la responsabilité (Ph. le Tourneau, *Responsabilité* (en général) ; préc., n° 50., G. Viney, op. cit., n° 49) sont devenus une théorie du risque. Cette dernière a vocation à justifier les responsabilités objectives mises en œuvre pour les dommages causés par les choses : qu'il s'agisse de la responsabilité générale du fait des choses fondée sur l'article 1384 alinéa 1er ou des régimes spéciaux, tels que celui applicable aux accidents de la circulation ou, plus récemment, aux produits défectueux. La théorie du risque a connu une extension importante en jurisprudence lors de l'arrivée de Josserand à la Cour de cassation. Toutefois, l'arrêt Franck de 1941 a marqué une phase de reflux (J. Carbonnier, *Droit civil*, t. 4, Les obligations, préc.).

1051. Le succès de cette théorie comme fondement du droit de la responsabilité tient certainement à ce qu'elle offre une approche « laïque » de la responsabilité, qui met en œuvre une conception terrestre de l'obligation de répondre de ces actes par une d'interdiction de nuire à autrui. La faute, notion religieuse ou morale ne convenait plus comme justification universelle et unique d'une responsabilité qui tend à une réparation systématique. Aussi le risque et, plus récemment, sa prévention par la mise en œuvre du principe de précaution sont-ils devenus des notions essentielles dans notre société (P. Kourilsky, G. Viney, *Le principe de précaution, rapport au Premier ministre*, éd., O. Jacob, 2000 ; Y. Lambert-Faivre, L'éthique de la responsabilité, RTD civ. 1998, p. 1 et s., spéc. p. 10 ; C. Thibierge, Libres propos sur l'évolution du droit de la responsabilité (vers un élargissement de la fonction de la responsabilité civile ?), RTD civ. 1999, p. 561 et s. ; v. U. Beck, *La société du risque, Sur la voie d'une autre modernité*, trad. Française, éd., Aubier 2001 ; H. Jonas, *Le principe responsabilité, une éthique pour la civilisation technologique*, éd., du Cerf. 1979, 3e éd., 1995 ; p. Peretti-Watel, *Sociologie du risque*, éd., A. Colin, 2000). Ce changement de perspective permet d'éviter la recherche d'une cause au dommage qui survient ; la recherche d'une cause à tout événement étant le propre des sociétés primitives (P. Peretti-Watel, op. cit., p. 56). Aussi a-t-il été proposé une théorie du risque modernisée par le principe de précaution (G. Schamps, *La mise en danger : un concept fondateur d'un principe général de responsabilité, Analyse de droit comparé*, LGDJ 1998, préf. R. Dalcq). En substance, il est soutenu que toute mise en danger d'autrui à raison de la nature de l'activité de l'agent conduit à sa responsabilité sans faute à l'égard de la victime (ibid.). De tels travaux et réflexions ouvrent la voie à la pétition de principe selon laquelle la victime doit être placée au cœur des fondements contemporains de la responsabilité.

B ▪ Fondements contemporains : de la théorie de la garantie à une obligation générale d'indemnisation du préjudice corporel

1 ▪ Théorie de la garantie

1052. La théorie de la garantie a été créée par Starck (B. Starck, *Essai d'une théorie générale de la responsabilité civile considérée en sa double fonction de garantie et de peine privée*, éd., L. Rodstein, 1947, reprise in B. Starck, H. Roland ET L. Boyer, *Droit civil, Obligations* 1, Responsabilité délictuelle, 5e éd., Litec 1996, avec une argumentation réactualisée ; adde B. Starck, Domaine et fondement de la responsabilité sans faute, RTD civ. 1958, p. 475 et s.). Starck modifie la prémisse du raisonnement en droit de la responsabilité ; il part de la victime pour fonder son analyse et non de l'auteur du dommage comme c'était le cas pour la faute et la théorie du risque (*Essai d'une théorie générale*..., préc., p. 10) ; il a ainsi opéré, selon son expression, « un déplacement de la sanction d'un droit du plan subjectif (faute du défendeur) sur le plan objectif (garantie des droits du demandeur) » (B. Starck, Domaine et fondement de la responsabilité sans faute, préc., n° 23). En outre, Starck a posé un principe par lequel il affirme que le fondement de la responsabilité doit résider dans la théorie de la garantie qui consiste en « la reconnaissance d'un droit individuel à la sécurité, dont toute violation non autorisée constitue un dommage causé sans droit, une injustice en soi, indépendamment de l'état psychique et mental de celui qui l'a causé » (*Essai d'une théorie générale*..., préc., p. 49). Il s'agit de reconnaître « à côté du droit de propriété, l'existence d'un droit aussi efficacement garanti, celui que nous avons à la conservation de nos biens, de notre corps, de notre vie et de celle de nos proches » (ibid.). La source de la dette de réparation, « sa cause juridique, c'est l'atteinte illégale aux droits d'autrui, le dommage causé sans droit » (*Essai d'une théorie générale*..., préc., p. 48).

1053. L'objectif poursuivi par Starck étant la réparation de toute atteinte à l'intégrité physique, il faudrait alors distinguer, les dommages selon leur nature, entre les aquiliens et les non aquiliens (*Essai d'une théorie générale*..., préc., p. 47 et 59). En présence de dommages corporels ou matériels, dommages aquiliens, une garantie objective est due. Pour ces dommages, il n'est pas nécessaire d'apporter la preuve d'une faute ; la responsabilité du fait personnel et la responsabilité du fait des choses devraient obéir à ce régime (*Essai d'une théorie générale*..., préc., p. 79 et s.). En revanche, les dommages purement économique ou moraux, dommages non aquiliens, la responsabilité resterait fondée sur la faute, il en serait ainsi de la question, notamment, du droit de nuire ou de l'obligation de ne pas nuire à autrui (*Essai d'une théorie générale*..., préc., p. 152 et s.).

1054. La théorie de la garantie peut être proposée comme fondement du droit de la responsabilité grâce à l'assurance et aux fonds de garantie. Ces mécanismes, selon Starck, doivent permettre de franchir une ultime étape : la garantie contre les cas fortuits, la garantie de l'insolvabilité des auteurs de dommages (*Essai d'une théorie générale*..., préc., p. 71). Or, on peut affirmer que les modes actuels de réparation relèvent largement des raisonnements développés par Starck. Il en est ainsi, par exemple, des accidents de la circulation pour les victimes non conducteurs. En outre, la multiplication des fonds de garantie en cas de défaillance ou d'inadéquation de l'assurance montre que notre système juridique est passé d'un mécanisme de responsabilité à une ère de l'indemnisation. Certes, la théorie de Starck est critiquée car elle évacue la morale et les raisonnements juridiques traditionnels fondés sur l'imputation ; néanmoins, des auteurs se rejoignent aujourd'hui afin de réclamer l'instauration d'une obligation générale d'indemnisation du préjudice corporel.

2 ▪ Vers une obligation d'indemnisation du préjudice corporel

1055. Starck a placé la victime au cœur du droit de la responsabilité. Il a justifié l'affirmation de ce nouveau droit subjectif en se référant au droit naturel (*Essai d'une théorie générale*..., préc., p. 50). Il a proposé la distinction entre le préjudice corporel qui mérite un régime de responsabilité de plein droit et les préjudices économiques qui peuvent légitimement relever de la faute. Afin d'asseoir cette idée d'obligation d'indemnisation de la victime, Tunc a milité en faveur de l'instauration d'un droit des accidents (A. Tunc, *La sécurité routière. Esquisse d'une loi sur les accidents de la circulation*, 1966 ; Le droit en miettes, in *La responsabilité*, ADP n° 22, 1977, p. 31 et s. ; *La responsabilité civile*, 2e éd., Economica 1989, p. 7). Il a procédé lui aussi à une nette distinction entre les dommages corporels et les domaines où le comportement délibéré doit être sanctionné sur le terrain de la faute, tels que les dommages en matière économique et atteintes morales à la personne (A. Tunc, Evolution du concept juridique de responsabilité, Rev. Droit et cultures, 1996/1, p. 19 et s, spéc. p. 27).

1056. Aujourd'hui, l'idée d'imposer un droit des accidents demeure bien vivace chez les auteurs (Ph. le Tourneau, Rép. civ. Dalloz, V° Responsabilité (en général), n° 118 et s.), qui préconisent désormais de faire le choix d'un droit de la responsabilité organisant une indemnisation obligatoire des dommages corporels (Y. Lambert-Faivre, S. Porchy-Simon, *Droit du dommage corporel, Systèmes d'indemnisation*, préc., n° 14-2 et 16-3 - Ph. le Tourneau, Rép. civ. Dalloz, V° Responsabilité (en général), n° 120 et s. ; G. Viney, *Introduction*, préc., n° 65). C'est pourquoi dans l'avant projet de réforme du droit des obligations (sept. 2005) élaboré sous l'égide de M. Catala, dans la partie consacrée à la responsabilité, rédigée sous la direction de Mlle Viney, les articles 1379 à 1379-8 ont été consacrés exclusivement à la réparation des préjudices résultant d'une atteinte à l'intégrité physique. L'avant-projet de loi du 29 avril 2016 sur la réforme de la responsabilité civile reprend cette idée de dispositions spécifiques au dommage corporel (art. 1267 à 1277) et seule la faute lourde de la victime d'un préjudice corporel la priverait d'une partie de son indemnisation (art. 1254).

1057. Deux systèmes, non exclusifs l'un de l'autre, sont imaginés par les auteurs pour prendre en charge une réparation systématique du préjudice corporel : la solidarité, qui suppose la création d'un fonds de garantie ou la mutualité qui suppose une assurance obligatoire.

1058. La solidarité, voire la fraternité, est affirmée comme étant le principe devant guider la mise en œuvre d'une indemnisation systématique du préjudice corporel dû à tout accident (A. Tunc, Evolution du concept juridique de responsabilité, Rev. Droit et cultures, 1996/1, p. 19 et s., spéc. p. 25). L'indemnisation pourrait être forfaitaire et versée par la Sécurité sociale (Ph. le Tourneau, Rép. civ. Dalloz, V° Responsabilité (en général), n° 121). Il pourrait également être créé un Fonds de garantie unique des dommages corporels (Y. Lambert-Faivre, S. Porchy-Simon, *Droit du dommage corporel*, préc., n° 436, cependant les auteurs limitent ce fonds aux dommages causés par un tiers). Toutefois, l'existence d'un fonds supposerait également l'existence d'une assurance obligatoire qui répartirait donc le risque sur la mutualité des assurés.

1059. La mutualisation des risques au sein d'une multitude d'assuré a permis au droit de la responsabilité de se transformer en un droit de la réparation. Aussi la tentation est-elle grande de préconiser l'instauration d'une assurance de responsabilité obligatoire afin de permettre l'indemnisation des dommages corporels (Ph. Pierre, *Vers un droit des accidents. Contribution à l'étude du report de la responsabilité civile sur l'assurance privée*, thèse Rennes 1992 ; G. Viney, *Introduction*, préc. n° 61 et s.).

1060. Le gardien d'une chose se verrait alors imposer la souscription d'une telle assurance, la reconnaissance de la qualité de gardien devenant un moyen d'attribuer au propriétaire la charge de l'assurance pour les risques crées par la chose (G. Viney, *Conclusions du Colloque La responsabilité du fait des choses, réflexions autour d'un centenaire*, éd., Economica 1997, p. 153 et s.).

Section 2 ▪ Éléments fondamentaux de la responsabilité

1061. Toute responsabilité est constituée par un triptyque. Un premier panneau est formé par le fait générateur, un deuxième par le dommage ; la victime devant établir, en troisième lieu, un lien de causalité entre le dommage et le fait générateur. Dès lors que ces trois éléments sont réunis, le responsable ne peut s'exonérer qu'en démontrant la faute de la victime ou la force majeure ; ce sont les causes d'exonération. On présentera en outre la distinction entre responsabilité civile et responsabilité pénale.

§ 1 ■ Fait générateur

1062. Les causes de responsabilité sont multiples, on rappellera ici qu'elles peuvent avoir une origine contractuelle ou légale.

A ■ Violation d'une obligation contractuelle : principe de non-cumul et unicité des fautes contractuelles et délictuelles

1063. L'obligation préexistante peut être d'origine contractuelle. La violation d'une ou plusieurs obligations prévues par un contrat entraîne la responsabilité du contractant qui viole ainsi son engagement. Les conséquences de l'inexécution seront réparées sur le fondement de l'article 1137 du Code civil (correspondant à l'art. 1197 du Code civil après le 1er octobre 2016) en présence d'une obligation de moyens ou sur le fondement d'une obligation de résultat prévue par l'article 1147 du Code civil (correspondant à l'art. 1231-1 du Code civil après le 1er octobre 2016). C'est ainsi, par exemple, que l'engagement d'une société mère au bénéfice de sa filiale de lui maintenir une situation financière suffisante pour que cette dernière puisse faire face à un emprunt constitue une obligation de faire de résultat (Com., 17 mai 2011, n° 09-16.186, publ.). Cette responsabilité pour inexécution peut également prendre la forme de la violation d'une obligation générale de sécurité implicite dans chaque contrat. Cette obligation de sécurité créée par la jurisprudence (Civ., 21 nov. 1911, GAJC 11e éd., t. 2, n° 262), oblige ainsi le transporteur a conduire ses passagers à bon port, sains et saufs ou le restaurateur ou l'hôtelier à éviter que ces clients ne chutent dans leur établissement. C'est ainsi qu'une association sportive est soumise à une obligation de vigilance et de sécurité pour toute pratique au sein de ses locaux (Civ. 1re, 15 déc. 2011, n° 10-23.528). La mise en œuvre de la responsabilité contractuelle suppose donc comme fait générateur la faute de celui qui n'exécute pas sa prestation ou la violation par le contractant de son obligation de sécurité.

1064. Toutefois, il existe en droit français un principe de non-cumul des responsabilités contractuelle et délictuelle. En jurisprudence, l'obligation pour la victime de choisir le régime sur lequel elle fonde son action a été nettement affirmée assez rapidement (Civ., 21 juill. 1890, DP 1891, 1, p. 380. – Civ., 1 janv. 1922, GAJC, t. 2, n° 177). La Cour de cassation a indiqué que la victime ne béneficie pas d'une option entre l'un et l'autre (Civ., 6 avr. 1927, S. 1927, p. 201). C'est dans cette obligation de choix que réside le principal effet de la règle de non-cumul. L'obligation pour la victime de choisir le régime de responsabilité sur lequel elle se fonde mérite elle-même d'être précisée. Il ne s'agit pas d'un choix libre. En effet, en présence d'une relation contractuelle entre la victime et l'auteur du dommage, il n'y pas d'option (Civ. 1re, 15 déc. 2011, n° 10-25.740). La victime est tenue de se fonder sur la responsabilité contractuelle sans pouvoir invoquer un régime de responsabilité extracontractuelle éventuellement plus favorable. C'est ainsi qu'en présence d'un contrat, il ne sera pas possible d'être indemnisé sur le fondement de la responsabilité du fait des choses (Civ. 1re, 4 nov. 1992, Bull. civ. I, n° 276, il y est précisé qu'il importe peu que le créancier a intérêt à se prévaloir d'une disposition relevant de la responsabilité délictuelle. – Civ. 3e, 5 juin 2002, Bull. civ. III, n° 130, la responsabilité d'un bailleur à l'égard de son locataire ne peut pas être recherchée en tant que gardien de la toiture qui a causé des dégâts chez son cocontractant). L'avant-projet de loi sur la réforme de la responsabilité civile du 29 avril 2016, prévoit un article 1233 du Code civil dans lequel il est affirmé qu'un contractant ne peut pas échapper aux clauses de son contrat en se fondant sur une responsabilité délictuelle. Par ailleurs, le même texte en son alinéa 2 prévoit que le dommage corporel est exclusivement réparé sur le fondement de la responsabilité délictuelle. Cela signifie que les dommages corporels qui interviennent dans le cadre d'une activité de loisir ou de sport par exemple, se verront indemnisés sur le fondement délictuel sans qu'aucune clause ne puisse les encadrer. Il est vrai que si de telles clauses étaient licites, elles constituaient des clauses irréfragablement abusives par application de l'article R. 132-1 du Code de la consommation. Désormais, si le texte est ainsi adopté, des dommages corporels dans un contrat entre professionnels ne pourraient pas non plus voir le montant des indemnisations limité.

Ce principe de non-cumul des responsabilités (non-cumul des régimes) n'empêche pas d'établir une faute délictuelle à partir d'un manquement contractuel. En effet, il a été décidé que « le tiers à un contrat peut invoquer, sur le fondement de la responsabilité délictuelle, un manquement contractuel dès lors que ce manquement lui a causé un dommage » (Ass. Plén., 6 oct. 2006, Bull. civ. ass. plén. n° 9 ; D. 2006, p. 2825, note G. Viney ; JCP G 2006, II, 10181, note M. Billiau). Il ne s'agit pas pour les tiers d'exiger l'exécution du contrat auquel ils ne sont pas parties (effet relatif des contrats, C. civ, art. 1165), mais de démontrer l'existence d'une faute délictuelle qui leur cause un préjudice (Ass. Plén., 9 mai 2008, Bull. ass. plén. n° 3 ; JCP G II 10183, note H. Kenfack. – Com., 11 déc. 2012, n° 11-25.493; Bull. civ. IV, n° 228).

B ▪ Fait dommageable

1065. En présence d'une responsabilité extra-contractuelle, c'est la loi qui vient imposer à l'auteur du dommage une réparation ou qui rend une personne responsable d'un dommage. Ainsi est-il imposé dans le Code civil que toute faute (C. civ., art. 1382, renuméroté 1240 à la suite de l'ordonnance n° 2016-131 du 10 février 2016, et repris à l'article 1241 de l'avant-projet de loi de réforme de la responsabilité civile) ou imprudence (C. civ., art. 1383 ; 1241 au 1er oct. 2016) est réparée par son auteur. Il s'agit de la responsabilité du fait personnel qui repose sur le fait générateur constitué par une faute, une négligence ou une imprudence. En outre, une personne peut être tenue pour responsable des faits dommageable commis par une autre, il s'agit des responsabilités du fait d'autrui (v. infra, partie 1, Titre 2, Sous-titre 2, Chap. 4, Les responsabilités du fait d'autrui). La responsabilité des parents du fait de leurs enfants, celle des commettants du fait de leurs préposés (par ex. employeurs du fait de leur salarié) ou des enseignants du fait de leurs élèves est prévue à l'article 1384 du Code civil (art. 1242 à la suite de la réforme du droit des contrats et art. 1245 et s. de l'avant-projet de réforme de la responsabilité civile). La jurisprudence y a ajouté, sur le fondement de l'article 1384 alinéa 1er une responsabilité générale du fait d'autrui fondée sur la garde juridique d'autrui (par ex., une association responsable du mineur qui lui a été confié par décision judiciaire (cf. art. 1246 et 1248 de l'avant-projet de réforme de la responsabilité civile). Il a également été créé en jurisprudence une responsabilité générale du fait des choses fondée sur l'alinéa 1er de l'article 1384 du Code civil (art. 1243 de l'avant-projet de réforme de la responsabilité civile). Le gardien de la chose est responsable, sans faute, du fait dommageable produit par celle-ci. La loi du 5 juillet 1985 est venue créer une responsabilité spécifique en cas d'accident de la circulation provoqué par le fait d'un véhicule terrestre à moteur (art. 1285 et s. de l'avant-projet de réforme de la responsabilité civile). De même que par la loi du 19 mai 1998, il a été inséré des articles 1386-1 et suivants au sein du Code civil afin d'engager la responsabilité des producteurs du fait de produits défectueux (1245 et s. à la suite de la réforme du droit des contrats, et art. 1289 de l'avant-projet de réforme de la responsabilité civile). Ces faits générateurs particuliers feront l'objet de développements dans cet ouvrage ; mais il convient de rappeler ici que le législateur multiplie les régimes spéciaux de responsabilité et encadre donc au coup par coup des faits générateurs de responsabilité aussi divers que les accidents médicaux (loi du 4 mars 2002 sur le droit des malades insérée dans le Code de la santé publique) ou les agissements des fournisseurs d'accès Internet et des hébergeurs de sites (loi du 21 juin 2004, « confiance dans l'économie numérique »).

C ▪ Délais de prescription des actions en responsabilité

1066. Le délai de prescription de droit commun est de cinq ans (C. civ., art. 2224). Il s'applique indifféremment à la responsabilité contractuelle et délictuelle. Le point de départ est précisé au sein même de l'article 2224 du Code civil : le délai court « à compter du jour où le titulaire du droit a connu ou aurait dû connaître les faits lui permettant de l'exercer ». C'est ainsi un point de départ « glissant » qui est mis en œuvre ; c'est-à-dire que, dans chaque situation juridique, il faudra déterminer le moment où le titulaire du droit est averti de la naissance de son droit. Il pourra s'agir de l'accident ou du désordre. Une disposition spéciale a été introduite pour le dommage corporel ; la prescription de l'action en responsabilité à l'encontre de l'auteur de l'événement qui en est à l'origine est de dix ans à compter de « la date de la consolidation du dommage initial ou aggravé » (C. civ., art. 2226). Avant la réforme opérée par la loi n° 2008-561 du 17 juin 2008, la prescription s'organisait autour d'un délai de droit commun de trente ans (C. civ., anc. art. 2262) qui s'appliquait à la responsabilité contractuelle. En revanche, les responsabilités extracontractuelles, sauf disposition dérogatoire, se prescrivaient par dix ans à compter de la manifestation du dommage ou de son aggravation (C. civ., anc. art. 2270-1). L'article 26 de la loi n° 2008-561 du 17 juin 2008 organise l'application dans le temps de la réforme de la prescription.

1067. Le sens de ce droit transitoire est d'appliquer immédiatement les nouvelles prescriptions aux situations en cours, dès lors qu'elles n'étaient pas prescrites au moment de l'entrée en vigueur de la réforme. Le droit antérieur s'applique aux instances introduites avant l'entrée en vigueur de la loi nouvelle. Les prescriptions plus courtes s'appliquent elles aussi en tenant compte de la prescription déjà courue sans que la durée totale ne puisse aboutir à l'allongement de la prescription.

§ 2 ▪ Préjudice

1068. Afin de pouvoir obtenir une réparation du responsable, la victime doit prouver l'existence d'un dommage. Cette exigence de démonstration de l'existence du dommage doit d'abord faire l'objet d'une précision terminologique portant sur les termes dommage et préjudice. On observera ensuite les éléments caractéristiques du dommage. On peut envisager le dommage selon deux approches distinctes. Usuellement on oppose le dommage matériel au dommage moral ; mais il est plus pertinent actuellement de mettre l'accent sur une distinction entre le dommage purement économique et le dommage corporel. Enfin, il est établi qu'il n'y pas d'obligation pour la victime de minimiser son propre dommage.

A ▪ Distinction entre le dommage et le préjudice

1069. Bien que les rédacteurs du Code civil aient employé le mot dommage pour désigner l'atteinte subie par la victime, le terme préjudice est souvent mis en avant pour désigner cette même atteinte. Si ces termes sont souvent employés comme synonymes, ils sont parfois distingués nettement. Le dommage serait ainsi le fait matériel constitué par l'atteinte et le préjudice la traduction ou la qualification juridique de ce fait. Le préjudice se définit très traditionnellement comme consistant en l'atteinte portée à un intérêt légitime. Dans le rapport du groupe de travail auprès du ministère de la Justice et dirigé par Mme Lambert-Faivre sur

« L'indemnisation du dommage corporel » (Conseil National d'Aide aux Victimes, oct. 2003) il est proposé de définir le dommage corporel comme le fait matériel causant une atteinte à l'intégrité physique et psychique ; le préjudice corporel se caractérisant comme l'atteinte à un droit patrimonial ou extra patrimonial. Ainsi, par exemple, une fracture de la jambe constitue-t-elle le dommage ; les jours d'incapacité totale de travail et la souffrance endurée représentent le préjudice. Si la distinction entre dommage, fait et préjudice, qualification juridique de ce fait, paraît s'établir assez nettement, nous emploierons néanmoins, comme beaucoup d'auteurs et dans nombre de décisions de justice, indifféremment le terme de préjudice ou celui de dommage. L'avant-projet de réforme de la responsabilité civile consacre nettement la distinction en affirmant qu'est « réparable tout préjudice certain résultant d'un dommage » (art. 1235).

B ▪ Éléments caractéristiques du préjudice

1070. Il est indispensable qu'un dommage existe pour que le mécanisme de responsabilité s'applique. La faute ou le lien de causalité peuvent s'estomper ou disparaître, mais l'existence d'un dommage est indispensable. Dans l'avant-projet de réforme de la responsabilité civile du 29 avril 2016, il est indiqué qu'est réparable « tout préjudice certain résultant d'un dommage et consistant en la lésion d'un intérêt licite, patrimonial ou extrapatrimonial, individuel ou collectif » (art. 1235). Il est ajouté que « le préjudice futur est réparable lorsqu'il est la prolongation certaine et directe d'un état de choses actuel ». (art. 1236). Il faut donc un préjudice réparable et certain ; il doit être direct mais la victime peut n'être qu'un tiers qualifié alors de victime par ricochet. La victime doit enfin se prévaloir d'un intérêt légitime ce qui lui permettra d'obtenir l'application du principe de réparation intégrale.

1 ▪ Préjudice réparable

1071. Il n'y a pas d'action en responsabilité en l'absence de dommage. La question s'est posée de savoir s'il fallait indemniser la victime d'un accident se trouvant dans un état végétatif chronique et celle décédée sur le coup. Les victimes sont alors supposées ne pas avoir conscience du dommage qu'elles ont subi. Concernant la victime en état végétatif chronique ou qui n'est pas en mesure d'avoir conscience du préjudice qu'elle subit, la Chambre criminelle de la Cour de cassation (Crim., 3 avr. 1978, JCP G 1979, II, 19168, note S. Brousseau), puis, après quelques hésitations, la deuxième Chambre civile, ont décidé de consacrer une approche objective du préjudice (Civ. 2e, 22 févr. 1995, Bull. civ. II, n° 61 ; RTD civ. 1995, note Y. Dagorne-Labbée). En effet, la Haute juridiction a indiqué par ces décisions que l'indemnisation d'un dommage n'est pas fonction de la représentation que s'en fait la victime mais de sa constatation par le juge et de son évaluation objective (Crim., 5 janv. 1995, Bull. crim., n° 5 ; Civ. 2e, 22 févr. 1995, préc.). En outre, si la victime en état d'inconscience est décédée avant qu'une action en réparation ait été introduite en son nom, ses héritiers pourront, comme continuateurs fictifs de la personne du défunt, introduire une action en réparation contre le responsable (Crim., 28 oct. 1992, JCP G 1993, I, 3664, obs. G. Viney). Cette action est recueillie dans la succession, c'est comme si le défunt agissait lui-même (à distinguer du préjudice par ricochet des proches). En revanche, lorsque la victime décède sur le coup à l'occasion d'un accident, l'action des héritiers afin d'obtenir réparation du préjudice subi par le défunt du fait de sa propre mort a été refusée. Il a, en effet, été exclu de reconnaître un préjudice du fait de sa propre mort, pretium mortis, au profit du défunt qui serait recueilli par les héritiers dans la succession (Crim., 30 oct. 1979, D. 1980, IR, 409, obs. C. Larroumet). On aboutit ainsi à la conclusion assez cynique que, pour le responsable et son assureur, il est économiquement préférable que la victime décède rapidement plutôt qu'elle ne reste dans un état végétatif prolongé ou qu'elle soit gravement handicapée.

1072. Un autre type de préjudice a suscité une controverse beaucoup plus importante encore. Il s'agissait de déterminer si un enfant naissant handicapé pouvait réclamer une réparation au médecin par la faute duquel les anomalies fœtales n'avaient pas été détectées lors de la grossesse de sa mère. La Cour de cassation avait reconnu l'existence d'un préjudice personnel de l'enfant handicapé afin de lui permettre de bénéficier d'une indemnisation propre et suffisante à assurer son entretien sa vie durant sans le secours de ses parents (arrêt Perruche, Cass. ass. plén., 17 nov. 2000, Bull. civ. n° 9, v. entre autres D. 2001, p. 332, note D. Mazeaud et note p. Jourdain ; C. Labrusse-Riou, B. Matthieu, D. 2000, n° 44, p. III ; M. Gobert, La Cour de cassation méritait-elle le pilori ?, LPA 8 déc. 2000, n° 245, p. 4 et s.). La décision avait déclenché une vive polémique qui a abouti à l'interdiction d'une telle indemnisation par l'article 1er de la loi du 4 mars 2002 relative aux droits des malades qui dispose en son alinéa 1er que « nul ne peut se prévaloir d'un préjudice du seul fait de sa naissance ». Or, aujourd'hui, aucun système de solidarité nationale ne prend complètement en charge l'enfant handicapé et assure son avenir.

2 ▪ Préjudice certain et perte de chance

1073. Afin de pouvoir obtenir réparation du préjudice subi, la victime doit démontrer qu'il est certain (Civ. 1re, 7 mai 2002, Bull. civ. I, n° 121), c'est-à-dire que le dommage peut être constitué par une perte (damnum emergens) ou par un gain manqué (lucrum cessans). La victime peut avoir subi la disparition d'un bien (son véhicule, une partie de sa maison) ce qui constitue une perte, mais elle peut également être privée d'un bénéfice escompté. Il en est ainsi, par exemple, pour un industriel dont la machine est endommagée par un incendie et qui ne peut plus fabriquer le produit qui lui avait été commandé. Ce dernier se voit privé du bénéfice qu'il aurait retiré de la vente de son produit.

En responsabilité contractuelle, le dommage doit également être prévisible aux termes de l'article 1150 du Code civil (correspondant à l'art. 1231-3 à la suite de l'ordonnance du 10 février 2016). Ce texte n'est guère utilisé. Toutefois, la Cour de cassation a jugé que doit être censurée la décision qui condamne la SNCF pour retard d'un train à indemniser le fait que le passager n'ait pas pu prendre l'avion ensuite. Il aurait fallu que la SNCF sache que le transport en train se poursuivait par un vol pour que le dommage soit prévisible (Civ. 1re, 2 oct. 2013, n° 12-26.975).

Le préjudice peut également être futur, c'est-à-dire non intervenu au moment de l'indemnisation, dès lors qu'il est certain. On le qualifie alors de préjudice futur. On peut ainsi pronostiquer, par expertise, que l'état physique de la victime ne s'améliorera pas et l'empêchera d'exercer pleinement son activité professionnelle. Ce préjudice futur est réparé parce qu'il est certain. L'avant-projet de réforme de la responsabilité civile du 29 avril 2016 dispose en son article 1236 que « le préjudice futur est réparable lorsqu'il est la prolongation certaine et directe d'un état de choses actuel ». C'est ainsi que des travaux pour éviter l'éboulement d'une falaise sur un fonds voisin constituent un dommage indemnisable car, bien que futur, le dommage est certain (Civ. 2e, 15 mai 2008, n° 07-13.483, Bull. civ. II, n° 112). De la même façon que la perte certaine d'un marché doit être intégralement indemnisée dès lors qu'il n'y avait pas d'aléa dans la réalisation de ce marché (Civ. 1re, 16 oct. 2013, n° 12-19.428) ; c'était un dommage certain et non la perte d'une chance de conquérir un nouveau marché.

1074. L'exigence de certitude du dommage empêche-t-elle la perte d'une chance par la victime d'être réparée ? Par exemple, la perte d'une chance d'être embauchée si l'accident empêche l'entretien qui était prévue peut-elle être compensée ? En jurisprudence, il est décidé que la perte d'une chance est indemnisable dès lors que cette perte de chance est certaine et en relation avec le fait dommageable (par ex., Civ. 1re, 3 juill. 2013, n° 12-23.161, absence de traitement anticoagulant qui aurait peut-être permis d'éviter une embolie). Peuvent ainsi être réparés la perte d'une chance de gagner un procès ou de guérir si par la faute des médecins, le diagnostic de la maladie n'a pas pu être posé à temps (Civ. 2e, 16 janv. 2014, n° 13-10.566). Toutefois, la réparation d'une perte de chance ne peut conduire qu'à une réparation partielle du préjudice (Civ. 1re, 27 mars 1973, JCP G 1974, II, 17643, note R. Savatier. - Civ. 2e, 17 févr. 2011, n° 10-17.179) ; cette réparation du dommage ne devant pas présenter un caractère forfaitaire mais correspondre à une fraction des différents préjudices subis (Civ. 1re, 18 juill. 2000, Bull. civ. I, n° 244). Il avait été décidé en matière d'obligation d'information du médecin, dont la violation constituait un préjudice de perte de chance, qu'il n'y aurait pas de perte de chance s'il était démontré que le patient dûment informé par le médecin aurait néanmoins choisi le traitement (Civ. 1re, 20 juin 2000, n° 98-21.283, Bull. civ. I, n° 192 ; Civ. 1re, 6 déc. 2007, n° 06-19.301 ; Bull. civ. I, n° 380).

L'avant-projet de réforme de la responsabilité civile du 29 avril 2016 dispose en son article 1238 que « seul constitue une perte de chance réparable, la disparition actuelle et certaine d'une éventualité favorable. Le préjudice de perte de chance est distinct de l'avantage qu'aurait procuré cette chance si elle s'était réalisée ». Il est ainsi consacré ce chef de préjudice dès lors que la perte est certaine ; la réparation n'est pas équivalente à l'avantage obtenu si l'événement dommageable n'était pas intervenu ; c'est un pourcentage de celui-ci, le plus proche de 100 si la probabilité est très forte et diminuant si la probabilité s'affaiblit. La jurisprudence tranche déjà dans ce sens en décidant que la réparation d'une perte de chance doit être mesurée à la chance perdue et ne peut être égale à l'avantage qu'aurait procuré cette chance si elle s'était réalisée, (Cass. Civ. 2e, 11 sept. 2014, n° 13-10.414).

Un temps, la Cour de cassation avait consacré un préjudice autonome de perte de chance en estimant que le non respect du devoir d'information cause un préjudice que le juge ne peut laisser sans réparation (Civ. 1re, 3 juin. 2010, n° 09-13.591, Bull., D. 2010, p. 1522, note p. Sargos ; RTD civ. 2010, p. 571, obs. p. Jourdain). Il avait été affirmé que toute perte de chance, même faible, était indemnisable (Civ. 1re, 16 janv. 2013, n° 12-14.439, Bull. I, n°13). Cette jurisprudence a été rapidement abandonnée (Cass. 1re civ., 27 nov. 2013, n° 12-27.961). Il lui a été substitué le préjudice d'impréparation. Quand le patient n'a pas reçu l'information sur les risques du traitement ou de l'intervention et qu'un dommage survient, il peut être indemnisé sur le fait qu'il n'a pas pu se préparer à la survenance de ce risque (Civ. 1re, 23 janv. 2014, pourvoi n° 12-22123, Bull. I, n° 13). Cette indemnisation est distincte de l'éventuelle perte de chance de choisir une alternative thérapeutique ou de refuser le traitement. Le préjudice d'impréparation relève du même mécanisme que le préjudice d'anxiété pour les victimes de l'exposition à l'amiante (Soc., 25 sept. 2013, pourvoi n° 12-20157, Bull. V, n° 209).

3 ▪ Préjudice direct : la victime directe ou par ricochet

1075. L'exigence de préjudice direct signifie que le dommage doit découler directement du fait dommageable, par exemple de l'accident, c'est-à-dire que les conséquences trop éloignées ne seront pas réparées. Il faut comprendre l'expression de dommage direct comme étant personnel à la victime. Le préjudice est direct lorsqu'il touche, par exemple, la victime impliquée dans un accident ; c'est-à-dire qui voit ses biens détruits ou endommagées et qui est blessée. Les proches de cette victime, bien que n'étant pas impliquées dans l'accident, peuvent également en subir directement les conséquences. Si la victime directe subvenait aux besoins de ses proches et qu'elle en est désormais empêchée, les proches, victimes par ricochet subissent également un préjudice personnel de nature matérielle qui doit être réparé (Crim., 9 févr. 1989, Bull. crim., n° 63, D. 1989, p. 614, note C. Bruneau). En cas de décès de la victime, les héritiers reprennent l'action dont disposait la victime au titre de la continuation de la personne du défunt. Les héritiers et les proches peuvent, en outre, invoquer un préjudice personnel du fait de la disparition du défunt. Ce préjudice moral, la douleur provoquée par la disparition, est distinct et appartient en propre à chacune des victimes par ricochet (Crim., 10 mai 1984, D. 1985, p. 256, note Penneau).

1076. Il est apparu également un préjudice direct subi par des groupements. Une association peut ainsi conformément à son objet réclamer la réparation de l'atteinte portée aux intérêts collectifs de ses membres (Soc., 11 oct. 1994, Bull. civ. V, n° 266). C'est ainsi qu'en droit de l'environnement, bien qu'une infraction pénale ne soit pas constituée, une association est autorisée à agir dès lors qu'il est porté atteinte aux intérêts collectifs qui entrent dans l'objet social ; cet intérêt moral permet de réparer le préjudice écologique pur (Civ. 3e, 26 sept. 2007, n° 04-20.636, Bull. civ. III, n° 155).

1077. Le législateur a autorisé les associations de consommateur à se porter partie civile lorsque l'intérêt des consommateurs est en cause dans une instance pénale (C. consom., art. L. 421-1) ; de même que des consommateurs victimes d'agissement de professionnels peuvent mandater une association aux fins de représentation conjointe (C. consom., art. L. 422-1). De manière plus efficace, l'action de groupe a d'abord été introduite dans le Code de la consommation pour les manquements des professionnels à leurs obligations légales ou la violation du droit de la concurrence quand ces agissements provoquent un dommage (C. consom., art. L. 423-1 et s. ; L. 623-1 et s. à compter du 1er juill. 2016). Toutefois, cette action du Code de la consommation ne couvre pas le dommage corporel. En revanche, quand le dommage corporel est subi par un usager du système de santé (fait générateur : acte de diagnostic ou de soin ; produit de santé), un groupe de patients représenté par une association d'usagers du système de santé peur agir de concert (CSP, art. L. 1143-1 et s.).

4 ▪ Intérêt légitime

1078. La victime doit « mériter » d'être indemnisée. L'intérêt atteint par le dommage peut apparaître comme illégitime. L'avant-projet de loi portant réforme de la responsabilité civile du 29 avril 2016, dispose en son article 1235 que le préjudice consiste en la lésion d'un intérêt licite. On observera que la Cour de cassation a renoncé à porter un jugement moral sur l'intérêt invoqué par la victime.

1079. La question s'est d'abord posée pour le décès du concubin. Après avoir refusé en 1937 une indemnisation du concubin car la relation de concubinage ne pouvait présenter un intérêt juridiquement protégé (Civ., 27 juill. 1937, Gaz. Pal. 1937, 2, jur., p. 736), il a été admis que le préjudice créé par le décès du concubin devait être réparé (Ch. mixte, 27 févr. 1970, GAJC 11e éd., t. 2, n° 181-182). Aujourd'hui, le concubin victime par ricochet peut prétendre à une indemnisation sans même qu'il y ait cohabitation au moment de l'accident (Crim., 2 mars 1982, Bull. crim., n° 64). Par ailleurs, la jurisprudence admet que le voyageur sans titre de transport puisse réclamer une indemnisation de son préjudice sur le fondement de la responsabilité délictuelle du fait des choses (Civ. 1re, 14 déc. 1982, Bull. civ. I, n° 355 ; Civ. 2e, 9 oct. 1996, D. Aff. 1996, p. 1393). En revanche, la perte d'une rémunération non déclarée a été jugée comme ne pouvant pas entrer dans l'assiette servant au calcul du préjudice (Civ. 2e, 24 janv. 2002, Bull. civ. II, n° 5 ; D. 2002, p. 2559, note D. Mazeaud ; refus d'indemniser la partie non déclarée des revenus d'une femme de ménage). Dès lors que le dommage présente toutes les caractéristiques requises il doit être indemnisé intégralement.

5 ▪ Principe de réparation intégrale du préjudice, vers des dommages et intérêts punitifs ?

1080. Un principe de réparation intégrale du dommage a été affirmé en jurisprudence car « le propre de la responsabilité est de rétablir aussi exactement que possible l'équilibre détruit par le dommage, et de placer la victime, aux dépens du responsable, dans la situation où elle se serait trouvée si l'acte dommageable n'avait pas eu lieu » (Civ. 2e, 28 oct. 1954, JCP G 1955,

II, 8765, note R. Savatier, Civ. 2e, 20 déc. 1966, D. 1967, p. 169 ; plus récemment sur l'évaluation de la perte de chance, V. Civ. 2e, 21 févr. 2002, Bull. civ. II, n° 16). Le même principe de réparation intégrale est appliqué en matière de responsabilité contractuelle. En effet, l'article 1149 du Code civil (correspondant à l'art. 1231-2 du Code civil après l'entrée en vigueur de l'ordonnance du 10 février 2016) dispose que « les dommages et intérêts dus au créancier sont, en général, de la perte qu'il a faite et du gain dont il a été privé, sauf les exceptions et modifications ci-après » (Com., 16 févr. 1954, D. 1954, p. 534, note R. Rodière et jurisprudence constante). Le principe de réparation intégrale emporte certaines conséquences. La victime dispose du droit de réclamer réparation de tous les dommages qu'elle a subis, qu'ils soient patrimoniaux ou moraux (par ex. Crim., 26 mars 1991, Bull. crim., n° 142 ; Civ. 2e, 8 juin 1994, Bull. civ. II, n° 154) ; cette réparation devant permettre de compenser entièrement les pertes subies et les gains manqués (par ex. Civ. 2e, 16 févr. 1985, Bull. civ. II, n° 13 ; Crim., 20 janv. 1987, 2 arrêts, Bull. crim., n° 25 et n° 26). Le juge doit donc toujours se livrer à une évaluation du dommage dès lors que ce dernier est établi (Civ. 2e, 19 nov. 2009, n° 08-70.320, RTD civ. 2010, p. 328, obs. p. Jourdain). Le principe de la réparation intégrale présente le grand avantage de permettre une évolution permanente de l'évaluation des dommages en fonction de l'évolution des traitements médicaux et de la modification de la nature des préjudices dont il est demandé réparation (G. Viney, p. Jourdain, *Les effets de la responsabilité*, 2e éd., LGDJ 2001, n° 58). Ainsi, par application de ce principe, le préjudice sexuel a-t-il pu être distingué du préjudice d'agrément ou encore les juges du fond tiennent-ils compte maintenant de la nécessité d'aménager le véhicule et l'habitation de la personne handicapée, voire de prévoir l'assistance d'une tierce personne.

1081. Il n'existe pas de plafonnement de l'indemnisation des conséquences économiques du préjudice corporel ou du préjudice moral engendré par un dommage corporel. Les juges du fond sont libres d'apprécier souverainement le montant du dommage et d'en déterminer le mode de réparation (jurisprudence constante depuis Civ., 23 mai 1911, DP 1912, 1, p. 421). Toutefois, les juges du fond doivent fonder leur décision sur l'importance réelle du dommage qu'ils sont tenus d'évaluer afin de le réparer dans son intégralité et non pas seulement pour le principe (Crim., 8 juill. 1975, JCP G 1976, II, 18369, note Caleb) ; la condamnation de principe à un 1 euro de dommages-intérêts « à titre symbolique » est censurée dès lors que les juges du fond n'ont pas pris le soin de motiver cette condamnation (Soc. 18 nov. 2009, n°08-43.523, Bull., RTD civ. 2009, p. 328, obs. p. Jourdain).
L'avant-projet de loi sur la réforme de la responsabilité civile prévoit un nouvel article 1266 du Code civil aux termes duquel l'auteur du dommage qui a commis délibérément une faute lourde peut être condamné au paiement d'une amende civile affectée au financement d'un fonds d'indemnisation en lien avec la nature du dommage subi ou, à défaut au Trésor public. La faute est de celle que l'on qualifie de lucrative, c'est-à-dire qu'elle a engendré un gain ou une économie pour son auteur. L'amende pourra être du décuple du profit ou du gain réalisé, et pour une personne morale atteindre 10 % du chiffre d'affaire mondial hors taxe. L'adoption de ce texte consacrerait la notion de dommages et intérêts punitifs. Il restera à savoir si une telle condamnation est assurable, en raison de sa nature de peine et parce qu'il s'agirait d'une faute lourde volontaire. Il est vrai que cette faute ne serait pas nécessairement intentionnelle dans le sens de volonté de produire le dommage lui-même et ne tomberait donc pas dans l'exclusion légale de l'article L. 113-1 du Code des assurances.
Il reste à préciser ces différents dommages qui doivent être intégralement réparés.

C ▪ Distinction usuelle entre dommage matériel et dommage moral

1082. Il est habituellement distingué entre le préjudice matériel qui affecte les biens et plus largement le patrimoine de la personne victime et son préjudice moral qui est réputé être extra-patrimonial.

1 ▪ Dommage matériel

1083. Le dommage matériel est constitué pour les victimes immédiates par la perte qu'elles subissent (damnum emergens) : perte d'un bien ou frais occasionnés. Le dommage matériel peut également être accru par le manque à gagner (lucrum cessans) ; il s'agit par exemple de l'entrepreneur qui ne peut plus réaliser les bénéfices prévus en raison de la perte de la marchandise par le transporteur. En cas d'accident ayant provoqué un dommage corporel, les frais d'hospitalisation et de soins constituent des pertes et le manque à gagner est manifesté par l'incapacité temporaire totale ou partielle de travail, puis l'incapacité de travail définitive.

1084. L'évaluation du dommage qui consiste en la détérioration d'un bien se fait sur la base de la valeur de remplacement quand le coût de la réparation excède cette valeur (position habituelle de la 2e chambre civile, rejointe par la chambre criminelle ; Civ. 2e, 9 juill. 1981, Bull. civ. II, n° 156. – Crim., 22 sept. 2009, n° 08-88.181, Bull. crim. n° 157 ; RCA 2010, comm. 8, obs. S. Hocquet Berg ; RTD civ. 2010, p. 338, obs. p. Jourdain).

1085. L'avant-projet de loi portant réforme de la responsabilité civile du 29 avril 2016, prévoit qu'en « cas d'atteinte à un bien corporel, l'indemnité sera de la plus faible des deux sommes représentant le coût de la remise en état et celui du remplacement du bien, sans qu'il soit tenu compte de sa vétusté ». Il est précisé : « lorsque le bien ne peut être ni remis en état, ni remplacé, l'indemnité sera de la valeur qu'aurait eue le bien au jour de la décision, dans son état antérieur au dommage ». Enfin, il est ajouté : « si, à la demande de la victime, le bien endommagé n'est pas remis au responsable dans son état actuel, sa valeur résiduelle sera déduite de l'indemnité ».
Dans un nouvel article 1279 du Code civil, l'avant projet de loi prévoit en sus du bien endommagé que « le cas échéant, l'indemnité compense également la privation de jouissance du bien endommagé, les pertes d'exploitation ou tout autre préjudice ».
Par ailleurs, les victimes par ricochet peuvent prétendre à une indemnisation de leur préjudice matériel. Il leur faut démontrer que la disparition de la victime immédiate les prive de subsides ou d'une aide (Civ. 2e, 8 févr. 1995, Bull. civ. II, n° 47 ; JCP G 1995, I, 3853, n° 23, obs. G. Viney). Il est possible pour ces dernières d'obtenir une réparation de leur dommage moral.

2 ▪ Dommage moral

1086. Le versement d'un « prix des larmes » par le responsable a été discuté car la douleur ne saurait être véritablement réparée. Toutefois, dès lors qu'il a été décidé de réparer l'atteinte à l'honneur ou à la vie privée (pour la vie privée, v. C. civ., art. 9), il fallait également indemniser la douleur ou les troubles subis par la victime dans son existence quotidienne. C'est ainsi que le préjudice moral va être indemnisé dès lors qu'une atteinte à une valeur non patrimoniale est perpétrée. La victime immédiate percevra une indemnisation pour une atteinte à son honneur, sa vie privée ou encore, en présence d'un préjudice corporel, pour la douleur qu'elle a du supporter et les troubles de l'existence qu'elle continuera de subir.
C'est pourquoi la Cour de cassation a pu estimer que dès lors que la victime a subi une violence, elle a nécessairement été affectée d'un préjudice moral (Crim., 20 oct. 2009, n° 09-82.611, RTD civ. 2019, p. 328, obs. p. Jourdain).

1087. Obéissant au principe de réparation intégrale, le préjudice moral connaît lui aussi des développements réguliers. C'est ainsi qu'un préjudice d'anxiété a été reconnu pour les victimes de l'exposition à l'amiante en raison de l'angoisse suscitée par les nombreux examens médicaux auxquels ces personnes ont dû se soumettre et de l'incertitude dans laquelle elles ont vécu (Soc. 11 mai 2010, n° 09-42.241 à 09-42.257).

1088. La victime par ricochet bénéficiera d'une indemnisation de la souffrance morale qu'elle peut subir dès lors qu'elle démontre un lien de proximité suffisant avec la victime immédiate. Cette indemnisation reste toutefois symbolique. C'est ainsi qu'au regard de la jurisprudence usuelle, la perte d'un conjoint sera indemnisée en moyenne, au plus, par le versement de 20 000 € au conjoint survivant au titre du préjudice d'affection. Cette somme est très rapidement décroissante pour les autres proches.

D ▪ Le dommage corporel par opposition au dommage purement économique

1089. Comme le soulignait Starck, le dommage corporel doit être distingué très nettement du dommage purement économique. Ce dernier est caractérisé par un manquement dans l'exécution d'un contrat ou par l'atteinte à un droit extra-patrimonial tel que l'honneur ou la vie privée. Il n'y a rien de commun entre le notaire ou l'avocat qui commet une erreur ou encore le journaliste qui publie des images ou des informations qui relèvent de la vie privée et l'accident qui provoque une atteinte au corps. Pour ce dernier la notion de faute ne devrait jouer aucun rôle ni pour obtenir une indemnisation, encore moins pour priver la victime d'une partie de sa réparation. En effet, l'atteinte portée au corps touche à l'homme : le préjudice corporel naît d'une atteinte à la personne. Il est alors légitime d'apporter un traitement particulier à une matière qui vise à réparer l'homme. En droit, on observera que l'article 16 du Code civil, issu des lois bioéthiques de 1994, dispose que la loi assure la primauté de la personne et interdit l'atteinte à la dignité de celle-ci. Or, à l'article 16-1, dont la fonction est de traduire cette déclaration de principe, il est indiqué que « chacun a droit au respect de son corps » et à l'article 16-3 il est précisé enfin qu'il ne peut être porté atteinte à l'intégrité du corps humain qu'en cas de nécessité. On observera que le législateur, de la personne, a glissé à sa traduction sensible : le corps. Il a suivi en cela l'évolution de la réflexion philosophique relative au corps. On peut, par un raccourci rapide, souligner que l'on est passé, au 17e siècle, d'une conception cartésienne, dualiste de la personne composée de deux entités corps et esprit (r. Descartes, *Traité de l'homme, Œuvres philosophiques*, t. I, éd., Bordas ; collec. Classiques Garnier, 1988, pp. 379-391), au 20e siècle, à une conception moniste. Un philosophe comme Merleau Ponty, proclamait « je suis mon corps » (*Phénoménologie de la perception*, Paris Gallimard 1945, collec. Tel, p. 175), reflétant en cela l'évolution de la perception du corps (E. Lévine, p. Touboul, *Le corps, textes choisis et présentés*, éd., Flammarion 2002, collec. GF Corpus). L'atteinte au corps constitue donc dans notre société contemporaine une atteinte à la personne même de chaque être. Cette atteinte mérite donc un traitement dérogatoire qui permette une réparation la plus complète possible. L'avant projet de réforme de la responsabilité civile distingue nettement le dommage corporel en consacrant une sous-section aux préjudices résultant d'un dommage corporel (art. 1267 à 1277) ; les règles seront applicables aux juridictions civiles et administratives.

1 ▪ Chefs de préjudice de la « nomenclature Dintilhac »

1090. Madame Lambert Faivre avait élaboré un rapport (L'indemnisation du dommage corporel, Conseil national d'aide aux victimes, 2003) avec l'aide d'un groupe de travail. Il en a été de même pour M. Dintilhac (Rapport C. cass. 2005). Ces deux rapports préconisaient d'importantes améliorations du système actuel d'indemnisation du préjudice corporel. Il était ainsi prévu un barème unique afin de mesurer les atteintes à la personne. Une nomenclature très détaillée des postes de préjudice était préconisée. Il y était clairement distingué entre les préjudices économiques ou patrimoniaux et les non économiques ou extra-patrimoniaux. Au sein de cette distinction, ces préjudices étaient répartis entre les préjudices temporaires et les préjudices permanents. Enfin, la notion de préjudice fonctionnel d'agrément était reconnue parmi les préjudices économiques non soumis à recours. De nouveaux chefs d'indemnisation comme les frais d'aménagement du logement et du véhicule, ainsi que les frais liés à la présence d'une tierce personne étaient consacrés. Enfin, le recours poste par poste des tiers-payeurs était recommandé. La Cour de cassation, dans un arrêt d'Assemblée Plénière, avait refusé de reconnaître la notion de préjudice fonctionnel qui permettait de faire échapper une partie de l'indemnisation de la victime du dommage corporel au recours des tiers-payeurs (Ass. Plén., 19 déc. 2003, Bull. Ass. plén. n° 8). Cet arrêt et les travaux qui ont été menés par les groupes Lambert-Faivre et Dintilhac ont remis en mouvement la réflexion sur l'indemnisation du préjudice corporel. Une majorité de la communauté juridique attachée aux questions d'indemnisation du préjudice corporel reconnaissait la nécessité d'avancer vers une nomenclature unifiée des postes de préjudices et d'instaurer un recours des tiers-payeurs postes par poste.

1091. Le législateur est intervenu ; par un article 25 de la loi n° 2006-1640 du 21 décembre 2006, il a modifié les articles 31 de la loi du 5 juillet 1985 sur les accidents de la circulation et L. 376-1 du Code de la Sécurité sociale en instaurant un recours poste par poste des tiers payeurs. En outre, la nomenclature des chefs de préjudice a connu une grande diffusion sous le nom de « nomenclature Dintilhac ». En effet, la Fédération française des sociétés d'assurance (FFSA) en a préconisé l'adoption par les assureurs et l'Office national d'indemnisation des accidents médicaux (ONIAM) en fait usage. La circulaire n° Civ./05/07 du ministère de la Justice adoptée aux fins d'application de la loi du 21 décembre 2006 demande aux magistrats de l'ordre judiciaire de l'adopter. En pratique, ces magistrats appliquent la « nomenclature Dintilhac » et ont parfois, dans les affaires en cours, demandé aux parties de reprendre leurs écritures afin d'adapter leur demande à cette nomenclature. En revanche, le juge administratif a refusé de faire usage de cette nomenclature (CE avis, 4 juin 2007, RTD civ. 2007, p. 577, obs. p. Jourdain ; CE, 5 mars 2008, n° 272447, AJDA 2008, p. 941, Concl. J.-Ph. Thiellay). Dans cet ordre juridictionnel, la distinction passe entre le patrimonial et l'extra-patrimonial. Au sein de cette dernière catégorie, le juge autorise une indemnisation globale. Une telle prise de position va directement à l'encontre de l'effort actuel de précision et donc de clarification (voire d'équité afin d'éviter les distorsions, d'une juridiction à une autre) de l'indemnisation du préjudice corporel. Nous estimons qu'il est évidemment nécessaire de poursuivre cet effort de précision des chefs de préjudice et d'uniformisation des modalités d'indemnisation. Une proposition de loi a été déposée en ce sens qui vise, pour l'essentiel, à adopter la « nomenclature Dintilhac » comme référence pour l'indemnisation des accidents de la circulation (proposition de loi visant à améliorer l'indemnisation des victimes des dommages corporels à la suite d'un accident de la circulation, 5 nov. 2009, JO AN Doc. n° 2055). L'avant-projet de loi sur la réforme de la responsabilité civile du 29 juillet 2016 consacre cette méthode de la nomenclature dans un article 1269 qui prévoit l'adoption d'une telle liste non limitative fixée par décret en Conseil d'Etat ; le texte précise que la liste n'est pas limitative.

1092. Cette liste repose sur la séparation entre les préjudices patrimoniaux et extra-patrimoniaux ; au sein de cette summa divisio, une autre distinction est opérée entre les préjudices temporaires antérieurs à la consolidation et ceux permanents postérieurs à la consolidation (Y. Lambert-Faivre, S. Porchy-Simon, op. cit. n° 142).
Victimes directes :
I - Préjudice patrimoniaux
1° Chefs de préjudices patrimoniaux temporaires (avant consolidation)
-Dépenses de santé actuelles (DSA)
-Frais divers (FD)
-Pertes de gains professionnels actuels (PGPA)
2° Chefs de préjudices permanents (après consolidation)
-Dépenses de santé future (DSF)

-Frais de logement adapté (FLA)
-Frais de véhicule adapté (FVA)
-Assistance par tierce personne (ATP)
-Pertes de gains professionnels futurs (PGPF) :
-Incidence professionnelle (IP) : la Cour de cassation a validé la distinction avec la perte de gains futurs (Cass. avis, 29 oct. 2007, JCP G 2007, II, 10194)
-Préjudice scolaire, universitaire ou de formation (PSU)
II – Préjudices extra-patrimoniaux
1° Préjudices extra-patrimoniaux temporaires (avant consolidation)
-Déficit fonctionnel temporaire (DFT)
-Souffrances endurées (SET)
-Préjudice esthétique temporaire
2° Chefs de préjudice extra-patrimoaniaux permanents (après consolidation)
-Déficit fonctionnel permanent (DFT)
-Préjudice d'agrément (PA)
-Préjudice esthétique permanent (PEP) -Préjudice sexuel (PS)
-Préjudice d'établissement (PE)
-Préjudices permanents exceptionnels (PPE)
3° Chefs de préjudices extra-patrimoniaux évolutifs
-Préjudices liés à des pathologies évolutives (PEV)

Victimes indirectes ou par ricochet
Préjudices des victimes indirectes en cas de décès de la victime directe :
Préjudices patrimoniaux
-Frais d'obsèques (FO)
-Perte de revenus des proches (PR)
-Frais divers des proches (FD)
Préjudices extra-patrimoniaux
-Préjudice d'accompagnement (PAC)
-Préjudice d'affection (PAF)
Préjudices des victimes indirectes en cas de survie de la victime directe :
Préjudices patrimoniaux
-Perte de revenus des proches (PR)
-Frais divers des proches (FD)
Préjudices extra-patrimoniaux
-Préjudice d'affection (PAF)
-Préjudices extra-patrimoniaux exceptionnels (PEX).

1093. En droit commun de la responsabilité, il n'existe pas de barème d'indemnisation. Des organismes tels que l'ONIAM peuvent se fixer une politique d'indemnisation qui ressemble à un barème, mais il n'existe pas de règle générale. La réflexion menée par les groupes Lambert-Faivre et Dintilhac n'a rien modifié sur ce point, même si le monde de l'assurance serait assez favorable à la création d'un barème de l'indemnisation du préjudice corporel. L'avant-projet de loi sur la réforme de la responsabilité civile du 29 juillet 2016 avance timidement sur la question du barème en prévoyant d'en instaurer un en matière de déficit fonctionnel (art. 1270) et propose (c'est une option) un référentiel indicatif des chefs de préjudice extra patrimoniaux (art. 1271). Une base de données de jurisprudence en matière d'accidents de la circulation est prévue (art. 1271 al. 1er).

1094. Pour le moment, la loi ne prévoit pas de modalité particulière de règlement de l'indemnité. Le principe posé par la Cour de cassation consiste donc en la totale liberté pour les juges du fond de fixer le montant de l'indemnisation, dès lors qu'il est motivé, et d'allouer un capital ou une rente. Ils peuvent ainsi attribuer une rente indexée au lieu du capital demandé par la victime, afin de réparer le préjudice économique résultant de l'incapacité permanente partielle (Crim., 19 juin 1996, Bull. crim., n° 261). En revanche, en matière d'accident du travail, le versement d'une rente pour une IPP supérieure à 10 % est prévu. L'avant-projet de réforme de la responsabilité civile du 29 juillet 2016 prévoit en son article 1272 un versement de l'indemnisation par principe sous forme de rente indexée et par exception sous forme de capital. Cela pourrait éviter une dilapidation trop rapide de l'indemnité versée en capital.

1095. À propos de l'évaluation du préjudice corporel, il a été décidé, contrairement à la jurisprudence antérieure, que la perte des gains professionnels pendant la période d'incapacité temporaire de travail doivent être actualisés au jour du jugement (Civ. 2e, 12 mai 2010, n° 09-13.569, Bull., RTD civ. 2010, p. 576, note p. Jourdain).

1096. Le principal poste de préjudice pour une victime qui conserve des séquelles très importantes demeure l'indemnisation au titre de l'assistance d'une tierce personne. Il a été décidé à propos de ce poste de préjudice que le montant de l'indemnité allouée au titre de l'assistance à la tierce personne ne peut être réduit ni en cas d'assistance familiale ni en cas d'organisation d'une mesure de protection des majeurs (Civ. 2e, 24 nov. 2011, n° 10-25.133, publ.).

1097. On observe que postérieurement à l'adoption de la nomenclature Dintilhac, la Cour de cassation reste hésitante sur la définition du préjudice d'agrément. Si la deuxième chambre civile a adopté une définition restrictive qui cantonne ce préjudice à la privation d'une activité sportive ou de loisir (Civ. 2e, 28 mai 2009, n° 08-16.829, RTD civ. 2009, p. 534, obs. p. Jourdain) la même chambre, mais en matière d'accident du travail, en visant l'article L. 452-23 du Code de la Sécurité sociale, a considéré qu'il s'agissait « des troubles ressentis dans les conditions d'existence » (Civ 2e, 8 avr. 2010, n° 09-11.634et 09-14.047, D. 2010, p. 1086 obs. S. Lavric ; D. 2010, p. 1089, note p. Sargos, RTD civ. 2010, p. 559, obs. p. Jourdain).

1098. En outre, la Cour de cassation a réaffirmé le caractère autonome du préjudice sexuel qui apparaît distinct du préjudice d'agrément dans la nomenclature Dintilhac et a consacré dans un arrêt (Civ. 2e, 17 juin 2010, n° 09-15.842, RTD civ. 2010, p. 562, obs. p. Jourdain) la définition retenue dans cette nomenclature : « le préjudice sexuel comprend tous les préjudices touchant à la sphère sexuelle à savoir : le préjudice morphologique lié à l'atteinte aux organes sexuels primaires et secondaires résultant du dommage subi, le préjudice lié à l'acte sexuel lui-même qui repose sur la perte du plaisir lié à l'accomplissement de l'acte sexuel, qu'il s'agisse de la perte de l'envie ou de la libido, de la perte de la capacité physique de réaliser l'acte, ou de la perte de la capacité à accéder au plaisir, le préjudice lié à une impossibilité ou une difficulté à procréer ». En outre, la possibilité de créer de nouveaux chefs de préjudice ne semble pas remise en cause. En effet, la Cour de cassation a admis l'indemnisation du préjudice d'anxiété pour les salariés exposés à l'amiante qui savent qu'à tout moment la maladie de l'asbestose peut se déclarer (Soc., 25 sept. 2013, n° 12-12.110, Bull. civ. V, n° 201).

1099. Le préjudice d'établissement, c'est-à-dire la difficulté à pouvoir entretenir des relations sociales en général et une relation avec un partenaire en raison des séquelles est distincte du déficit fonctionnel permanent (Civ. 2e, 13 janv. 2012, n° 11-10.224, Bull. civ. II, n° 9). Par ailleurs, le préjudice né des souffrances endurées du fait des blessures est distinct du préjudice d'angoisse d'une mort imminente (Crim., 15 oct. 2013, n° 12-83.055). Le préjudice permanent exceptionnel doit être nettement distingué du déficit fonctionnel permanent et du préjudice esthétique (Civ. 2e, 16 janv. 2014, n° 13-10.566, Bull. civ. II, n° 13).

1100. Par ailleurs, le principe de réparation intégrale du dommage avait permis de créer un nouveau préjudice pour indemniser les victimes d'infection par le virus de l'immuno déficience humaine (VIH) après une transfusion sanguine. Il avait ainsi été consacré un préjudice spécifique de contamination. Lors de la création à l'article 47 de la loi du 31 décembre 1991 d'un fonds d'indemnisation du virus du SIDA pour transfusés et hémophiles (v. CSP, art. L. 3122-1), le texte a établi une définition de ce préjudice particulier en indiquant que : « le préjudice personnel et non économique de contamination par le VIH recouvre l'ensemble des troubles dans les conditions d'existence entraînés par la séropositivité et la survenance de la maladie déclarée ». Il s'agissait du préjudice spécifique suscité par les troubles de l'existence, la perturbation de la vie familiale et sociale, et par le préjudice sexuel et de procréation (v. par ex. Civ. 1re, 1er févr. 1995, RTD civ. 1995, p. 626, obs. p. Jourdain). Lorsque la maladie est déclarée viennent s'y ajouter les souffrances endurées. Ce préjudice de nature moral est distinct de l'atteinte à l'intégrité physique qui fait l'objet d'une réparation au titre du dommage patrimonial. Le préjudice spécifique de contamination a été étendu à la contamination par le virus de l'hépatite C (Civ. 1re, 1er avr. 2003, Bull. civ. I, n° 95 ; RTD civ. 2003, p. 506). Ce préjudice de contamination pourrait dorénavant entrer dans la catégorie des préjudices liés à des pathologies évolutives (PEV) de la « nomenclature Dintilhac ». Il a été précisé que le préjudice spécifique de contamination peut être caractérisé même dans le cas d'une guérison après traitement. Il prend fin à la date de celle-ci (Civ. 2e, 4 juill. 2013, n° 12-23.915, publ. au bull.).

2 ▪ Recours des tiers payeurs

1101. Après avoir indemnisé la victime ou contribuer à sa prise en charge certains tiers se trouvent munis d'un recours subrogatoire contre l'auteur du dommage et son assureur. Le principe ne pose pas de difficulté sauf lorsque la victime n'est indemnisée que partiellement à raison de sa faute. Le recours des assureurs ne peut pas être préjudiciable à la victime. L'article L. 131-2 alinéa 2 du Code des assurances prévoit depuis 1992 un recours subrogatoire pour les assureurs de personnes dès lors que la prestation a un caractère indemnitaire (complémentaire santé). En effet, des prestations d'allocation chômage et de rente servies par une assurance volontaire constituent des prestations forfaitaires et non indemnitaires ; elles n'ouvrent donc pas droit à un recours subrogatoire (Crim., 29 oct. 2013, n° 12-83, publ. au bull.). En dehors de la discussion sur le caractère indemnitaire ou forfaitaire de la prestation versée, il n'y pas de difficulté car une véritable subrogation de l'assureur dans les droits de la victime est mise en œuvre. L'assureur est donc soumis à l'éventuel partage de responsabilité que subit la victime (Civ. 1re, 27 juin 1973, Bull. civ. I, n° 218) ; il ne pourra obtenir le remboursement que de 50 % de ses prestations si son assuré victime ne se voit indemnisé qu'à hauteur de 50 % de son dommage. Ainsi l'assureur ne peut-il pas, par son recours, priver la victime d'une partie de sa prestation.

1102. En revanche, le recours des caisses de Sécurité sociale pouvait poser des difficultés. En effet, les articles L. 376-1 alinéa 3, L. 454-1 alinéa 3 du Code de la Sécurité sociale et 31 de la loi du 5 juillet 1985 prévoyaient que le recours subrogatoire des caisses s'exerçait dans « les limites de la part d'indemnité qui répare l'atteinte à l'intégrité physique ». Cette expression signifiait que la loi autorisait la Sécurité sociale à recouvrer 100 % de sa créance sur l'intégralité de l'indemnisation du préjudice économique ; ce, quand bien même la victime était dite « fautive » et ne percevait, par exemple, qu'une indemnisation de 50 % de son préjudice. Cette créance de Sécurité sociale est composée de toutes les dépenses de santé que la caisse a acquittée auprès des établissements hospitaliers et des professionnels de santé en raison de l'accident. La loi organisait ainsi une fausse subrogation au profit des caisses de Sécurité sociale (v. p. Jourdain, JCP G 2004, II, 10008, note sous Cass. ass. plén. 19 déc. 2003). Nous étions en présence d'une vraie modalité légale permettant aux caisses d'obtenir un remboursement intégral des sommes versées aux établissements hospitaliers. Cette situation était néanmoins préjudiciable aux victimes.

1103. Le législateur a pris l'initiative dans un article 25 de la loi n° 2006-1640 du 21 décembre 2006, de modifier les articles 31 de la loi du 5 juillet 1985 sur les accidents de la circulation et L. 376-1 du Code de la Sécurité sociale en instaurant un recours poste par poste des tiers payeurs. La nouvelle règle ne permet à la CPAM d'exercer un recours que pour les sommes qu'elle a effectivement versées et non plus globalement. C'est ainsi que les frais médicaux pris en charge par la Sécurité sociale ne peuvent s'imputer que sur le poste frais de santé et aucun autre. Par ailleurs, l'article 31 de la loi du 5 juillet 1985 tel que modifié par la loi du 21 décembre 2006 n'exclut pas les recours sur les chefs de préjudice extrapatrimoniaux, mais le tiers doit montrer qu'il a versé préalablement des prestations de cette nature. Il a fallu tout d'abord préciser le champ d'application de cette réforme. Ce recours est désormais véritablement subrogatoire, la CPAM pouvant se voir opposer toutes les exceptions qui pouvaient être opposées à la victime dans le cadre de l'action principale (Civ. 2e, 7 juill. 2011, n° 09-16.616, publ.). Il a fallu tout d'abord préciser le champ d'application de cette réforme. Il a été décidé qu'elle s'étend aux accidents du travail et que les actions des victimes d'un tel accident fondées sur les articles L. 454-1, L. 455-1 ou L. 455-1-1 du Code de la Sécurité sociale sont soumises au nouveau régime du recours poste par poste (Cass. avis., 29 oct. 2007, préc. ; CE, 5 mars 2008, préc.). Il a également été précisé l'application de la loi nouvelle dans le temps. La réforme s'applique immédiatement aux instances en cours, sauf celles dans lesquelles le montant des dommages et intérêts a été définitivement fixé (CE, avis du 4 juin 2007, RTD civ. 2007, p. 577, note p. Jourdain ; Cass. avis 29 oct. 2007, préc.). Cependant toutes les difficultés n'ont pas été aplanies par l'affirmation du recours poste par poste. Certaines prestations indemnitaires sont difficiles à analyser. Il en est ainsi des rentes d'invalidité en cas d'accident du travail ou de maladie professionnelle (CSS, art. L. 434-1), de l'allocation temporaire d'invalidité des fonctionnaires (Décr. n° 2005-442, 2 mai 2005) et de la pension militaire d'invalidité (C. pensions militaires d'invalidité et des victimes de la guerre, art. 28). Ces prestations peuvent revêtir un caractère hybride en couvrant à la fois perte de salaires et préjudice fonctionnel. Dans un premier temps, la Cour de cassation pour les rentes accident du travail, a décidé qu'il s'agissait de prestations à caractère patrimonial, à charge pour les caisses de prouver que la prestation indemnise également un préjudice extrapatrimonial indemnisé préalablement (Cass. avis, 29 oct. 2007, préc.) ; le Conseil d'Etat avait adopté une position similaire (CE, 5 mars 2008, préc.). Cette solution posait des difficultés aux tiers payeurs pour obtenir le remboursement des arrérages de rentes à échoir (v. p. Jourdain, JCP G 2007, II, 10194). Aussi la Chambre criminelle de la Cour de cassation a-t-elle décidé, pour des prestations pension militaire d'invalidité ou rente accident du travail que « dans la mesure où son montant excède celui des pertes de revenus et l'incidence professionnelle » la prestation « répare nécessairement, en tout ou en partie, l'atteinte objective à l'intégrité physique de la victime qui représente le poste de préjudice personnel du déficit fonctionnel permanent » (Crim., 19 mai 2009, n° 08-82666, 08-86050, 08-86485, RTD civ. 2009, p. 545, obs. p. Jourdain). La deuxième Chambre civile a repris cette solution en décidant que l'allocation versée « indemnise d'une part, les pertes de gains professionnels et l'incidence professionnelle de l'incapacité, d'autre part le déficit fonctionnel permanent » (Civ. 2e, 18 nov. 2010, n° 09-69.826, Bull. civ. II, n° 187. – Civ. 2e, 11 juin 2009, n° 08-16089, 07-21768, 07-21816, 08-11853 ; RTD civ. 2009, p. 545, obs. p. Jourdain – Civ. 2e, 13 juin 2013, pourvoi n° 12-10145). Le Conseil d'Etat, en revanche, maintient une position inverse : « eu égard à sa finalité de réparation d'une incapacité permanente de travail, qui lui est assignée par l'article L. 431-1, et à son mode de calcul, appliquant au salaire de référence de la victime le taux d'incapacité permanente défini par l'article L. 434-2, la rente d'accident du travail doit être regardée comme ayant pour objet exclusif de réparer, sur une base forfaitaire, les préjudices subis par la victime dans sa vie professionnelle en conséquence de l'accident, c'est-à-dire ses pertes de gains professionnels et l'incidence professionnelle de l'incapacité. » (CE, avis, n° 361273, 8 mars 2013). Il s'évince de ces décisions un divorce entre les deux hautes juridictions. Selon la Cour de cassation et pour les responsables relevant de l'ordre judiciaire, les prestations à caractère hybride s'imputent d'abord sur les préjudices économiques ou patrimoniaux de pertes de salaires et de l'incidence professionnelle ; puis, si la prestation excède

ces sommes, elles sont imputées sur le préjudice extra-patrimonial du déficit fonctionnel. La Cour de cassation s'est ainsi affranchie de l'exigence légale de preuve du caractère personnel de l'indemnité et du paiement préalable de la prestation afin d'imputer également les arrérages à échoir. En revanche, quand la victime est fautive et qu'elle subit un partage de responsabilité, elle bénéficie d'un privilège pour se faire indemniser et va primer les tiers-payeurs qui ne recevront alors aucun remboursement (Civ. 2e, 13 juin 2013, n° 12-10.145, publ. au bull.)Par ailleurs, le recours des tiers-payeurs suit le sort de l'action principale, ce recours ne s'exerce que dans la mesure où la victime dispose d'une action (Civ. 2e, 7 juill. 2011, n° 09-16.616).
L'avant-projet de réforme de la responsabilité civile du 29 juillet 2016 établit une liste des tiers payeurs admis en vertu de la loi à exercer un recours (art. 1273 et 1274). Ce recours est prévu poste par poste (art. 1276) et la jurisprudence civile est brisée car ce recours ne pourrait plus s'exercer sur la part non patrimoniale du préjudice (ibid.). Enfin, le privilège de la victime fautive est confirmé en affirmant que « la faute de la victime ne peut réduire son droit à indemnisation que sur la part de son préjudice qui n'a pas été réparée par les prestations du tiers payeur . Celui-ci a droit au reliquat de la dette mise à la charge du responsable. » (art. 1276).

E ▪ Absence d'obligation pour la victime de minimiser son propre dommage

1104. L'idée s'est fait jour à l'image du droit anglo-américain de l'obligation pour la victime de prendre les mesures pour minimiser le dommage (duty to mitigate). La Cour de cassation a fermement rejeté cette idée. Au visa de l'article 1382 du Code civil, elle a souligné que l'auteur d'un accident est tenu d'en réparer toutes les conséquences dommageables et que la victime n'est pas tenue de limiter son préjudice dans l'intérêt du responsable (2 arrêts Civ. 2e, 19 juin 2003, D. 2003, p. 2326, note J.-P. Chazal ; RTD civ. 2003, p. 716, note p. Jourdain). La victime n'a donc pas à prendre de mesures particulières afin de limiter son dommage. Il était décidé que si le refus de soins concernait des actes bénins, ce refus était constitutif d'une faute de la victime dont il devait être tenu compte pour minorer la réparation (Crim., 30 oct. 1974,JCP G 1975, II, 18038). La victime n'avait pas d'obligation de se soumettre à une intervention chirurgicale (Civ. 2e, 19 mars 1997, RTD civ. 1997, p. 675) ; de même que son refus de se soumettre à des traitements médicaux ne saurait diminuer son indemnisation (Civ. 1re, 15 janv. 2015, n° 2015-000234). En matière contractuelle, la jurisprudence était plus hésitante. Aussi, en matière contractuelle, l'avant-projet de réforme de la responsabilité civile du 29 juillet 2016 prévoit il en responsabilité contractuelle (ce qui exclut le dommage corporel, cf. supra) que le juge peut réduire l'indemnisation de la victime qui n'a pas pris les mesures sûres et raisonnables au regard de ses facultés contributives (art. 1263). Lorsque le dommage est établi par la victime, il lui appartient encore de montrer le lien de causalité avec le fait générateur.

§ 3 ▪ Lien de causalité

1105. L'expression de lien de causalité provient du verbe « causer » employé à l'article 1240 (anc. art. 1382) du Code civil. Une difficulté pour isoler le lien de causalité peut intervenir lorsque plusieurs facteurs sont à l'origine du dommage. Faut-il rechercher tous les facteurs à l'origine du dommage ou bien se contenter du facteur essentiel ? À cette question deux théories apportent une réponse : la théorie de l'équivalence des conditions et la théorie de la causalité adéquate.

A ▪ Équivalence des conditions ou causalité adéquate ?

1106. Dans la théorie de l'équivalence des conditions toutes les conditions nécessaires à la réalisation du dommage sont des causes du dommage. Tous les éléments qui ont concouru au dommage constituent la cause du dommage. En revanche, la mise en œuvre de la théorie de la causalité adéquate oblige à rechercher la cause principale du dommage. Il convient alors de rechercher la cause la plus probable de déclenchement du dommage et ne retentir que celle là. L'avant-projet de réforme de la responsabilité civile du 29 juillet 2016 prévoit en son article 1239 que la responsabilité suppose la démonstration d'un lien de causalité entre le fait imputé au défendeur et le dommage. Ce lien s'établit par tout moyen.

B ▪ En jurisprudence, une faveur à l'équivalence des conditions

1107. La Cour de cassation exerce un contrôle sur l'existence du lien de causalité qui n'est donc pas laissée à l'appréciation des juges du fond (Civ. 2e, 24 janv. 1996, Bull. civ. II, n° 16). Or, les auteurs ne s'entendent pas pour décider si la jurisprudence a retenu la causalité adéquate ou l'équivalence des conditions. Pour certains, en matière de responsabilité du fait personnel l'équivalence des conditions est mise en œuvre et dans les responsabilités pour risque (responsabilité du fait des choses), la causalité adéquate est recherchée. D'autres indiquent que la jurisprudence n'a pas choisi, l'équivalence des conditions s'appliquerait au fond de l'affaire, c'est-à-dire l'existence du lien de causalité ; la causalité adéquate s'appliquerait à la preuve par la victime du lien de causalité. En effet, il peut être préférable pour la victime de n'avoir à prouver qu'une seule cause du dommage. Ainsi, a-t-il été décidé que la contamination par le virus SIDA à l'issue d'une transfusion sanguine pouvait être imputée à l'auteur de l'accident de la circulation qui a provoqué de graves blessures. Dès lors que plusieurs causes sont à l'origine du dommage, elles ont toutes été les conditions nécessaires du dommage (Civ. 1re, 4 déc. 2001, Bull. civ. I, n° 310 ; Civ. 1re, 2 juill. 2002, Bull. civ. I, n° 182) ; ces décisions marquent la consécration de l'équivalence des conditions qui paraît désormais plus utilisée que la causalité adéquate. La Cour de cassation a encore précisé cette faveur pour l'équivalence des conditions en indiquant que la présence d'une pluralité de causes du dommage « n'est pas de nature à faire obstacle à l'indemnisation de l'entier dommage par l'auteur initial par application du principe de l'équivalence des causes » (Civ. 2e, 27 mars 2003, Bull. civ. II, n° 76). Le principe de « l'équivalence des causes » évoqué dans cet arrêt constitue bien le signe de la faveur accordée par la Haute juridiction à la théorie de l'équivalence des conditions. Néanmoins, cela ne signifie pas la disparition de la causalité adéquate. En matière d'infection par le virus du SIDA, la causalité adéquate peut être utilement invoquée pour retenir la cause la plus probable de contamination et en écarter d'autres (Civ. 1re, 17 févr. 1993, JCP G 1994, II, 22226). En réalité le choix entre équivalence des conditions et causalité adéquate est opérée par la jurisprudence selon les besoins. La seule certitude c'est que l'événement doit avoir un lien causal suffisant avec le dommage. C'est ainsi que la Cour de cassation n'exclut pas la réparation d'un dommage qui serait causé par des lignes à haute tension sur un élevage agricole, mais il est nécessaire pour cela de prouver le lien de causalité entre les champs électromagnétiques et la mortalité des animaux (Civ. 3e, 18 mai 2011, n° 10-17.645).

1108. La théorie de la causalité adéquate s'est prolongée dans certaines affaires par une présomption de causalité. Tel a été le cas dans les affaires du Distilbène où les laboratoires ayant commercialisé cette molécule ont été présumés être à l'origine des affections de la victime (Civ. 1re, 24 sept. 2009, 08-10.081, Bull. RTD civ. 2010, p. 111, obs. p. Jourdain ; Civ. 1re, 28 janv. 2010, n° 08-18.837, RCA 2010, comm. 80, obs. C. Radé). Il en a été de même pour les infections nosocomiales pour lesquelles, il a été décidé qu'une présomption pesait sur tous les établissements de santé où la victime avait séjourné (Civ. 1re, 17 juin 2010, n° 09-67011, Bull., D. 2010, p. 1625, obs. I. Gallmeister, RTD civ. 20120, p. 567).

C ▪ Charge de la preuve du lien de causalité

1109. En principe, comme dans tout procès c'est au demandeur de prouver le lien de causalité ; c'est-à-dire à la victime. Toutefois, elle peut y procéder par tous moyens car nous sommes en présence d'un fait juridique et non d'un acte (cf. art. 1239 de l'avant-projet de réforme de la responsabilité civile du 29 juillet 2016). Parmi ces moyens, le juge peut avoir recours aux présomptions (sur le recours des présomptions en matière de produit de santé défectueux, v. partie 1, Titre 2, Sous-titre 2, chap. 3 Les responsabilités du fait des choses et du fait des produits défectueux). Il va alors retenir un lien entre le dommage et une faute en éliminant les autres causes possibles. Par exemple, lorsque la victime a prouvé qu'elle ne présentait aucun facteur de risque de contamination par le virus de l'hépatite C, c'est au centre de transfusion sanguine (CDTS) de prouver que le sang fourni était exempt de vice (Civ. 1re, 17 juill. 2001, RCA 2001, comm. n° 363) ; mais si la victime ne rapporte pas la preuve qu'elle ne présentait pas d'autres facteurs de risques alors le CDTS n'est pas responsable (Civ. 1re, 18 juin 2002, RCA 2002, comm. n° 292).

1110. L'exigence de preuve du lien de causalité constitue un obstacle à l'expansion du principe de précaution. Si cette notion a été consacrée à l'article 5 de la Charte de l'environnement qui complète la Constitution, la notion n'est opposable qu'aux autorités publiques. Le principe figure également à l'article L. 110-1, II, 1er du Code de l'environnement. La Cour de cassation en a précisé la portée après les hésitations des juges du fond quant à son application. A propos des conséquences possibles des lignes à haute tension sur des animaux d'élevage, la Haute juridiction a décidé que le demandeur doit prouver que le dommage invoqué résulte du facteur invoqué. Pour cela il doit montrer l'existence de présomptions graves précises et concordantes, « sans exiger une preuve scientifique » (Civ. 3e, 18 mai 2011, n° 10-17.645, publ., RCA 2011, étude 11 par M. Bary). Le doute scientifique n'empêche donc pas d'invoquer le principe de précaution, mais il faut un faisceau d'indices suffisamment fort pour établir le lien entre le phénomène invoqué et les dommages.

D ▪ Difficultés en présence d'un groupe de personnes

1111. L'action en responsabilité oblige à désigner un responsable bien identifié, mais certaines circonstances rendent impossible la détermination de l'auteur précis du dommage. Il s'agit par exemple des groupes de chasseurs qui tirent simultanément et blessent un tiers. Il est impossible d'établir l'auteur de l'accident. La jurisprudence utilise alors la méthode de la faute commune à tout le groupe ou faute commise par chacun des participants, en invoquant la mauvaise organisation de la chasse (Civ. 2e, 18 mai 1955, D. 1955, p. 520). Dans les mêmes circonstances, une responsabilité du fait des choses a pu être retenue en indiquant que les chasseurs avaient la garde commune de la gerbe de plombs qu'ils avaient formée en tirant (Civ. 2e, 13 mars 1975, Bull. civ. II, n° 88 ; RTD civ. 1975, p. 543, obs. G. Durry).

L'avant-projet de réforme de la responsabilité civile du 29 juillet 2016 prévoit dans un article 1240 « que lorsqu'un dommage [corporel] est causé par un membre indéterminé d'un groupe de personnes identifiées agissant de concert ou pour des motifs similaires, chacun en répond pour le tout, sauf à démontrer qu'elle ne peut l'avoir causé ». La généralité du texte, s'il était adopté en l'état, est telle que beaucoup d'autres situations que celle du groupe de chasseurs pourraient être englobées. Nous le regrettons car la responsabilité civile est en principe personnelle. Cela n'empêche pas d'envisager la co-action.

E ▪ Obligation in solidum des coauteurs

1112. Il arrive que la conjugaison de plusieurs actions soit à l'origine du dommage. Deux questions se posent alors : à qui la victime doit-elle s'adresser pour obtenir réparation ? Comment les coauteurs se répartissent-ils la dette de responsabilité à l'égard de la victime ?

L'avant-projet de réforme de la responsabilité civile du 29 juillet 2016 consacre un article 1265 à ce point en reprenant pour l'essentiel la jurisprudence tout en substituant une responsabilité solidaire à l'obligation in solidum qui avait été instaurée en jurisprudence.

1 ▪ Relation entre la victime et les auteurs du dommage : l'obligation à la dette

1113. Dans les relations entre les coauteurs du dommage et la victime deux solutions étaient envisageables. On pouvait imaginer un partage de responsabilité obligeant la victime à diviser ses actions. Il était également possible, en faisant prévaloir l'équivalence des conditions, que la présence d'un seul ait suffit pour causer l'entier dommage.

1114. En jurisprudence, cette dernière solution a toujours été préférée (Civ., 11 juill. 1892, D. 1894, 1, p. 561). Il a alors été forgé l'expression de responsabilité in solidum pour signaler que chaque coauteur du dommage est tenu d'indemniser intégralement la victime sans tenir compte du partage des responsabilités ni même le fait que l'un des auteurs est resté inconnu (Civ. 2e, 29 avr. 1970, JCP G 1971, II, 16586). Autrement dit, la victime peut réclamer l'indemnisation de son entier préjudice à l'un seulement des auteurs du dommage. Il s'agit bien d'un obligation in solidum et non de solidarité. Si obligation solidaire (qui doit être prévue par la loi ou un contrat) et obligation in solidum produisent le même effet principal, l'obligation in solidum créée par la jurisprudence ne produit pas les effets accessoires de la solidarité. En effet, le créancier d'une obligation in solidum et celui d'une obligation solidaire peuvent poursuivre pour l'intégralité de leur créance l'un quelconque des débiteurs. Le paiement intégral par l'un des débiteurs libère les autres à l'égard de la victime, le créancier pouvant agir simultanément ou séparément contre les débiteurs. Ce sont les effets principaux de la solidarité et de l'obligation in solidum. On notera que la différence entre obligation in solidum et obligation solidaire est à rechercher dans les effets accessoires de ces situations. L'obligation in solidum ne produit aucun des effets accessoires de l'obligation solidaire. Ainsi, par exemple, la mise en demeure de l'un seulement des débiteurs tenu in solidum n'interrompt la prescription qu'à l'égard de lui seul ; en présence d'une obligation solidaire l'action contre un des débiteurs interrompt la prescription à l'égard de tous. Pour la victime, la possibilité d'agir contre l'un seulement des auteurs constitue une garantie de paiement pour la victime au stade de l'obligation à la dette. Dans un second temps, lorsque la victime a été indemnisée, il convient de répartir la dette entre les coauteurs, il s'agit alors de la contribution à la dette.

L'avant-projet de réforme de la responsabilité civile du 29 juillet 2016 prévoit que la responsabilité des co-auteurs est solidaire (art. 1265).

2 ▪ Actions entre les coauteurs du dommage : la contribution à la dette

1115. Une fois la victime indemnisée (obligation à la dette) les coauteurs doivent se répartir entre eux la dette (contribution à la dette). Celui qui a payé pour le tout va agir contre les autres. Le recours de celui qui a payé n'est pas fondé sur la subrogation, qui supposerait les conditions de cette action soient réunies, mais sur l'article 1382 du Code civil qui impose une pesée par le juge des fautes respectives des coauteurs (Civ. 1re, 7 juin 1977, D. 1978, p. 289). C'est la gravité respective des fautes qui commande la répartition de la dette entre les différents auteurs du dommage. Les juges du fond apprécieront souverainement (Civ. 2e, 11 janv. 1979, Bull. civ. II, n° 19) entre l'auteur A, l'auteur B et l'auteur C, quel pourcentage de la dette sera attribué à cha-

cun (par ex. A : 50 %, B : 30 %, C : 20 %). Celui qui a payé le tout à la victime dispose d'un recours contre ses coobligés dans la proportion fixée par le juge (Civ. 2e, 15 nov. 1972, D. 1973, p. 533, note F. Chabas). La juridiction pénale saisie sur les intérêts civils par la partie civile n'est cependant pas compétente pour statuer sur les recours entre coauteurs (Crim., 2 oct. 2012, n° 11-84.415, Bull. crim., n° 205). Quand aucune faute précise ne peut être imputée aux coauteurs, la contribution se fait entre eux par parts égales (Civ. 1re, 10 avr. 2013, n° 12-14219).
L'avant-projet de réforme de la responsabilité civile du 29 juillet 2016 reprend ces solutions en l'article 1265 et précise que l'absence de faute de l'un des co-auteurs le dispense de contribution.

§ 4 ▪ Causes d'exonération de responsabilité

1116. L'auteur du dommage obtiendra soit une exonération totale de responsabilité qui le dispensera de toute indemnisation, soit il obtiendra une exonération partielle pour faute de la victime. Il ne sera alors tenu qu'à hauteur de la part déterminée par le juge.

A ▪ Exonération totale de responsabilité

1117. L'exonération totale de responsabilité sera prononcée en présence d'une acceptation des risques par la victime ou lorsque le responsable aura démontré l'existence d'un cas fortuit ou de force majeure.
L'avant-projet de réforme de la responsabilité civile du 29 juillet 2016 en son article 1253 alinéa 1er dispose que le cas fortuit, le fait du tiers ou de la victime sont totalement exonératoires s'ils remplissent les caractères de la force majeure.

1 ▪ Acceptation des risques par la victime

1118. L'acceptation des risques par la victime permettait d'écarter la responsabilité de l'auteur du dommage, sauf si la victime parvenait à rapporter la preuve d'une faute lourde de ce dernier. L'acceptation du risque avait pour effet de priver complètement la victime d'indemnisation. La théorie de l'acceptation des risques avait d'abord été abandonnée pour le transport bénévole (Ch. mixte, 20 déc. 1968, D. 1969, jur. p. 37, concl. Schmelck ; RTD civ. 1969, p. 364, obs. G. Durry) mais elle avait été maintenue dans les courses automobiles (Civ. 2e, 8 oct. 1975, Bull. civ. II, n° 246 ; RTD civ. 1976, p. 357, obs. G. Durry).

1119. L'acceptation des risques a été définitivement exclue par la Cour de cassation à propos d'un accident sur un circuit fermé de motocyclette (Civ. 2e, 4 nov. 2010, n° 09-65.947, Bull. ; JCP G 2011, note 12, D. Bakouche). La Cour de cassation a affirmé dans le chapeau de cet arrêt que « la victime d'un dommage causé par une chose peut invoquer la responsabilité résultant de l'article 1384 alinéa 1er du code civil, à l'encontre du gardien de la chose, instrument du dommage, sans que puisse lui être opposée son acceptation des risques » (Civ. 2e, 4 nov. 2010, préc.) La généralité de la formule indique que l'exonération pour acceptation des risques est définitivement abandonnée. Toutefois, le législateur est intervenu pour limiter les effets de cette jurisprudence au préjudice corporel ; il a été ajouté par une loi n° 2012-348 du 12 mars 2012 (art. 1) un nouvel article L. 321-3-1 au Code du sport qui dispose que « Les pratiquants ne peuvent être tenus pour responsables des dommages matériels causés à un autre pratiquant par le fait d'une chose qu'ils ont sous leur garde, au sens du premier alinéa de l'article 1384 du Code civil, à l'occasion de l'exercice d'une pratique sportive au cours d'une manifestation sportive ou d'un entraînement en vue de cette manifestation sportive sur un lieu réservé de manière permanente ou temporaire à cette pratique. »

2 ▪ Éléments constitutifs de la force majeure

1120. Traditionnellement, l'événement qualifié de force majeure doit revêtir trois caractères : être imprévisible, irrésistible et extérieur. L'analyse de la jurisprudence a montré que désormais c'est l'irrésistibilité qui doit être caractérisée, c'est-à-dire l'impossibilité de prévenir le dommage (P.-H. Antonmattei, *Contribution à l'étude de la force majeure*, LGDJ 1992, préf. B. Teyssié). Afin de démontrer le caractère irrésistible de l'événement, le gardien d'une chose qui souhaite s'exonérer devra prouver qu'il a mis en œuvre toutes les précautions imaginables afin d'éviter les conséquences de l'événement (Civ. 2e, 18 mars 1998, Bull. civ. II, n° 97, JCP G 1998, I, 144, n° 13, obs. G. Viney, à propos d'un cyclone annoncé). Bien qu'elle ne soit plus un critère essentiel, l'extériorité continue d'être requise pour que l'événement soit qualifié de cas fortuit. Aussi le vice interne d'une chose qui est à l'origine du dommage ne saurait-il permettre une exonération (Civ. 2e, 12 déc. 2002, Bull. civ. II, n° 287, Contrats, conc., consom. 2003, comm. n° 53, 2e esp., note L. Leveneur, pas d'exonération pour instabilité du sol). Enfin l'imprévisibilité a pu être retenue à propos d'une tempête (Civ. 2e, 5 janv. 1994, Bull. civ. II, n° 13). En revanche, le déclenchement de signaux d'alarme d'un véhicule à l'occasion d'un spectacle son et lumière ne constitue pas une circonstance imprévisible (Civ. 2e, 13 juill. 2000, Bull. civ. II, n° 126 ; RCA 2000, comm. n° 324, comm. H. Groutel ; LPA 12 juill. 2001, note C. Marie ; RTD civ. 2000, p. 847, obs. p. Jourdain). Bien que l'irrésistibilité soit devenue un critère essentiel, l'Assemblée plénière de la Cour de cassation a réaffirmé dans un arrêt du 14 avril 2006 (n° 04-18.902 et 02-11.168) que les trois conditions cumulatives d'irrésistibilité, d'imprévisibilité et d'extériorité doivent être réunies pour retenir la force majeure.

En responsabilité contractuelle, la force majeure est définie depuis la réforme intervenue le 10 février 2016 à l'article 1218. En responsabilité extracontractuelle, l'avant-projet de réforme de la responsabilité civile du 29 juillet 2016 prévoit un article 1253. Dans les deux textes, l'irrésistibilité devient le principal critère : le défendeur ne pouvait éviter la réalisation de l'événement ou de ses conséquences par des mesures appropriées.

3 ▪ Cumul impossible de la force majeure et d'une faute

1121. Une hésitation s'est fait jour lorsque l'événement, qui présente les caractéristiques de la force majeure, est conjugué à une faute pour expliquer le dommage. Il avait d'abord été retenu en jurisprudence, le système de la causalité partielle. En présence d'une faute de construction d'une digue qui avait été emportée par un orage exceptionnel, il n'avait été retenu qu'une responsabilité partielle du constructeur (Civ. 2e, 13 mars 1957, D. 1958, p. 73). Cette jurisprudence a été fort logiquement abandonnée au profit de la causalité totale qui impute la faute uniquement à l'auteur. En effet, la logique de la force majeure est d'exonérer complètement le responsable car il ne pouvait rien entreprendre qui aurait pu empêcher les conséquences de l'événement. Par exemple, une collision de véhicules dans le brouillard n'entraîne pas d'exonération partielle du fait du brouillard (Civ. 2e, 22 nov. 1978, Bull. civ. II, n° 243). Désormais, la force majeure est totalement exonératoire dès lors qu'elle est la cause exclusive du dommage. Si une faute a concouru au dommage, il ne saurait y avoir d'exonération partielle pour force majeure. Il en est de même lorsque le fait du tiers constitue la force majeure.

4 ▪ Fait du tiers constitutif de force majeure

1122. Lorsque le fait d'un tiers est à l'origine du dommage, ce fait doit présenter les caractéristiques de la force majeure, être extérieur, imprévisible, irrésistible, afin de permettre une exonération du responsable. La jurisprudence est très réticente pour admettre une exonération totale pour fait du tiers qualifiée de force majeure. Ainsi la SNCF n'est-elle pas exonérée lorsque la chute d'un voyageur d'un train en marche aurait été provoquée par le fait d'un tiers non identifié (Civ. 2e, 15 mars 2001, Bull. civ. II, n° 56 ; D. 2001, IR, 1145). Comme pour le cas fortuit, la question s'est posée de la possibilité d'atténuer la responsabilité de l'auteur du dommage en excipant du fait du tiers sans pour autant l'exonérer complètement. En principe, une telle solution n'est pas possible car elle procéderait d'une confusion avec la situation dans laquelle des coauteurs sont tenus in solidum à l'égard de la victime (G. Viney, p. Jourdain, *Les conditions de la responsabilité*, préc., n° 414). Néanmoins, la jurisprudence a admis pendant un temps que le fait du tiers pouvait être partiellement exonératoire (Civ. 2e, 15 janv. 1960, D. 1961, p. 681, note J. Radouant). Puis, reprenant un raisonnement juridique plus cohérent, la jurisprudence a décidé que le responsable devait une réparation complète à la victime, sauf si le fait du tiers présente toutes les caractéristiques de la force majeure (4 arrêts : Civ. 2e, 4 mars 1970, Bull. civ. II, n° 76 à 78 et 80). La jurisprudence ultérieure a rappelé fermement que le gardien de la chose devait indemniser la victime, hors le cas où il établit un événement de force majeure, il lui appartient ensuite d'exercer son recours contre le tiers qui aura concouru au dommage (Civ. 2e, 15 juin 1977, JCP G 1978, II, 18780, note Baudoin ; Civ. 2e, 5 févr. 1986, Bull. civ. II, n° 11).

5 ▪ Faute de la victime présentant les caractéristiques de la force majeure

1123. Il est admis que le fait de la victime s'il présente les caractéristiques de la force majeure permet au responsable de s'exonérer (Civ. 2e, 29 mai 1996, D. 1997, p. 213, note Blanc, caractère imprévisible et irrésistible de l'attitude de la victime qui a traversé un terre-plein planté d'arbustes pour traverser la chaussée en biais en courant au moment où le tramway qui l'a percutée arrivait). Il faut en outre que le fait de la victime ait été la cause exclusive du dommage (Civ. 1re, 6 oct. 1998, Bull. civ. I, n° 269 ; D. aff. 1998, p. 1809, obs. J.F. ; JCP G 1999, II, 10186, note Y. Aubrée ; RTD civ. 1999, p. 113, obs. p. Jourdain ; V. F. Leduc, La cause exclusive, RCA 1999, chron. n° 17). Le plus souvent la jurisprudence est exigeante pour caractériser la force majeure en présence d'un fait de la victime qui a contribué au dommage. Ainsi n'a-t-il pas été retenu le caractère imprévisible et irrésistible du fait d'un client d'un magasin et son fils qui s'étaient avancés sur un faux plafond d'un local commercial ; ils n'ont pas commis une faute susceptible d'exonérer totalement l'exploitant car celle-ci doit présenter les caractères d'un événement de force majeure (Civ. 2e, 11 juill. 2002, RCA, comm. n° 325). De même que la victime qui transgresse une interdiction de pénétrer dans une propriété privée et qui est blessée par l'effondrement d'un pont de bois ne commet pas un acte qui présente pour le propriétaire le caractère de la force majeure (Civ. 2e, 18 déc. 1995, Bull. civ. II, n° 315). Le fait, pour la victime assise sur un quai non réservé aux voyageurs d'avoir été blessée par un train, constitue une faute qui la prive de 80 % de son indemnisation mais n'est pas un cas de force majeure pour la SNCF car elle n'a pas rendu ces quais inaccessibles (Civ. 2e, 4 juill. 2013, n° 12-23.562). Il est donc hasardeux pour le responsable d'un dommage de se fonder sur la faute de la victime qu'il considère comme cas de force majeure pour tenter d'écarter sa responsabilité. Il est préférable de solliciter une exonération partielle pour faute de la victime.

B ▪ Exonération partielle de responsabilité pour faute de la victime

1124. Il a été admis rapidement en jurisprudence l'exonération partielle de l'auteur du dommage pour faute de la victime. Cette exonération est inappropriée en matière de préjudice corporel, a fortiori lorsque la victime n'est pas dotée de la capacité de discernement.

1 ▪ Principe de l'exonération partielle

1125. Lorsque la victime a concouru à la production de son dommage l'auteur peut être exonéré en partie de sa responsabilité (Civ. 2e, 11 févr. 1976, D. 1976, p. 609). Le juge saisi opère un partage selon la gravité respective des fautes (Civ. 2e, 26 oct. 1967, Bull. civ. II, n° 302). Cette solution avait été abandonnée pendant quelques temps. Le projet de texte sur les accidents de la circulation ne voyant pas le jour, la Cour de cassation avait rendu l'arrêt de provocation Desmares (Civ. 2e, 21 juill. 1982, D. 1982, p. 449, concl. Charbonnier, note Ch. Larroumet ; JCP G 1982, II, 19861, note F. Chabas ; Defrénois 1982, p. 1689, obs. J.-l. Aubert ; RTD Civ. 1982, p. 607, obs. G. Durry) aux termes duquel « seul un événement constituant un cas de force majeure exonère le gardien de la chose, instrument du dommage de la responsabilité encourue par application de l'article 1384 alinéa 1er du Code civil que dès lors, le comportement de la victime, s'il n'a pas été pour le gardien imprévisible et irrésistible, ne peut l'en exonérer, même partiellement ». L'arrêt mettait en place une politique du tout ou rien : soit une exonération totale pour force majeure, soit une indemnisation complète sans pouvoir invoquer la faute de la victime afin d'obtenir une exonération partielle. Suscitée par cette décision, la loi du 5 juillet 1985 est venue garantir l'indemnisation du non conducteur victime d'un accident de la circulation nonobstant sa faute. Une fois cette réforme législative intervenue, en dehors des accidents de la circulation, le principe de l'exonération partielle pour faute de la victime a été de nouveau appliqué (Civ. 2e, 6 avr. 1987, Bull. civ. II, n° 86 ; D. 1988, p. 32, note C. Mouly ; JCP G 1987, II, 20828, note F. Chabas ; Defrénois 1987, p. 1136, obs. J.-l. Aubert ; RTD civ. 1987, p. 767, obs. J. Huet). Depuis lors, la faute de la victime, non le simple fait, permet au responsable de s'exonérer. Ainsi, le préposé qui poursuit la réparation du préjudice que lui aurait personnellement causé un tiers, lui-même cocontractant de son commettant, peut-il se voir opposer sa propre faute par ce tiers (Com., 10 déc. 2013, n° 11-22.188, n° 11-22.712 et n° 11-25.432).

Toutefois, la Cour de cassation a adopté une position plus dure en matière de contrat de transport en décidant que « le transporteur est tenu d'une obligation de sécurité de résultat envers un voyageur ne peut s'en exonérer partiellement et que la faute de la victime à condition de présenter le caractère de la force majeure, ne peut jamais emporter qu'exonération totale » (Civ. 1re, 13 mars 2008, n° 05-12.551, Bull. civ. I n° 76, RTD civ. 2008, p. 312, obs. p. Jourdain). Cet arrêt instaurerait une nouvelle jurisprudence Desmares à l'encontre du transporteur et l'empêcherait de s'exonérer partiellement pour faute de la victime transportée ; position qui a été reprise en Chambre mixte (Ch. mixte, 28 nov. 2008, n° 06-12.307 ; Bull. ch. mixte n° 3 ; RTD civ. 2009, p. 129, note p. Jourdain). En dehors, du préjudice corporel, il est tout à fait pertinent de réduire la part de responsabilité de l'auteur en raison de la faute de la victime (Com., 21 janv. 2014, n° 12-24.505, opération d'investissement risquée sans autorisation légalement exigée).

2 ▪ Exonération partielle particulièrement choquante en l'absence de discernement de la victime

1126. La jurisprudence sur la « faute » de la victime considérée comme une cause d'exonération partielle de l'auteur du dommage est particulièrement choquante lorsqu'elle s'applique aux enfants (v. Civ. 2e, 28 févr. 1996, D. 1996, p. 602, note F. Duquesne ; D. 1997, somm. p. 28, obs. D. Mazeaud ; Gaz. Pal. 1997, 1, p. 86, note L. Jacques ; JCP G 1996, I, 3996, n° 14, obs. G. Viney ; RTD civ. 1996, obs. p. Jourdain). En effet, si la jurisprudence Gabillet, selon laquelle il n'est pas nécessaire de rechercher le discernement de l'auteur du dommage, est parfaitement compréhensible (Cass. ass. plén., 9 mai 1984, D. 1984, p. 525, note F. Chabas ; JCP G 1984, II, 20255, note N. Dejean de la Bâtie ; RTD civ. 1986, p. 120, obs. J. Huet ; GAJC, 11e éd., t. 2, n° 199) dans un souci d'indemnisation de la victime, les arrêts Lemaire et Derguini du même jour forment un contresens juridique et logique absolu (ibid. ; GAJC, t. 2, n° 186, pour Lemaire). Les décisions qui imputent leur faute aux mineurs afin de diminuer leur indemnisation sans examiner leur capacité de discernement ont certes été adoptées par esprit de symétrie ; mais elles créent une fausse symétrie (v. G. Viney, p. Jourdain, *Les conditions de la responsabilité*, préc., n° 433-2 et 593-1). En effet, si l'on peut concevoir aisément qu'il soit appliqué aux mineurs une responsabilité objective, il n'est certainement pas approprié de leur imputer une faute objective dont ils ne peuvent pas saisir le sens mais dont ils subissent, et par ricochet leurs proches, les conséquences patrimoniales. Plus largement, en présence d'un préjudice corporel, c'est l'exonération partielle elle-même qui mériterait d'être reconsidérée.

L'avant-projet de réforme de la responsabilité civile du 29 juillet 2016 supprime cette aberration en décidant dans un article 1255 que la faute de la victime privée de discernement n'a pas d'effet exonératoire.

3 ▪ Pour une disparition de l'exonération partielle pour faute de la victime en matière de préjudice corporel

1127. « À proprement parler donc la faute commise par la victime ne saurait être source de responsabilité à son encontre » concluait G. Durry, dans son rapport de synthèse du colloque sur la responsabilité pour faute, (Le Mans, 17 janv. 2003, RCA 2003, n° 34). En effet, à l'heure où l'assurance de responsabilité connaît une extension sans limite tant auprès des professionnels que des particuliers, il paraît étrange d'opposer à la victime d'un préjudice corporel un dommage qu'elle n'a pas sciemment recherché. L'attachement aux mécanismes traditionnels de la responsabilité peut certes expliquer le maintien de l'exonération pour faute de la victime, mais on ne peut qu'avec certains auteurs le regretter (G. Durry, ibid., Ph. le Tourneau, op. cit., n° 1872) et préconiser qu'en présence d'un préjudice corporel la faute de la victime n'ait plus de rôle à jouer sauf éventuellement dans les recours en contribution entre les assureurs des coresponsables. Ces observations ne valent évidemment que pour le dommage corporel qui relève non d'un droit de la responsabilité mais d'un droit de l'indemnisation. Il reste à procéder à une comparaison avec la responsabilité pénale afin de mieux percevoir encore la place de la responsabilité civile dans notre droit.

§ 5 ▪ Comparaison de la responsabilité civile et de la responsabilité pénale

1128. Si les objectifs poursuivis lors de la mise en œuvre de la responsabilité civile ne sont pas les mêmes que dans une action pénale, qui suppose une atteinte à la société, les actions civiles et pénales peuvent présenter des similitudes voire être exercées conjointement. La comparaison sera donc menée sur le terrain de la distinction entre les domaines et les sources des deux responsabilités, en apportant quelques précisions sur l'action civile et l'action pénale (sur ces distinctions v. A. Giudicelli, Responsabilité civile et infraction pénale, in *Droit de la responsabilité et des contrats* par Ph. le Tourneau, éd., Dalloz 2004, coll. Dalloz action, n° 561 et s.).

A ▪ Domaines respectifs de la responsabilité pénale et de la responsabilité civile

1129. Historiquement, les deux actions étaient fréquemment confondues ; ce n'est qu'à partir du Moyen-âge que la distinction commence à s'opérer. Il faut attendre le 18e siècle pour que les deux domaines se distinguent. Aujourd'hui, la responsabilité pénale a pour objet de sanctionner un acte qui porte atteinte aux valeurs protégées par la société. L'auteur de l'acte répréhensible en répond devant la loi et encourt la peine prévue par un texte précis. L'objectif de la responsabilité pénale est donc de sanctionner une infraction portant atteinte au corps social, et, dans une conception plus moderne, de permettre une réinsertion possible du délinquant lorsqu'il n'est pas définitivement privé de liberté. En outre, afin que la sanction pénale atteigne son but punitif, la conscience de l'auteur de l'infraction est un élément clé du prononcé de la peine. En effet, l'absence de discernement au moment de l'acte empêche d'imputer une infraction. Le trouble psychique ou neuropsychique ayant eu pour effet d'abolir le discernement (C. pén., art. 122-1, al. 1), la contrainte (C. pén., art. 122-2) et l'absence de discernement du très jeune mineur (C. pén., art. 122-8 al. 1) empêchent le prononcé d'une condamnation.

La vertu de la sanction tant à l'égard de la société qu'à l'encontre de l'auteur de l'infraction est donc cardinale dans la responsabilité pénale. En revanche, on a observé que la responsabilité civile répondait actuellement à un impératif de réparation du dommage subi par la victime, a fortiori en présence d'un préjudice corporel. Ce souci d'indemnisation a été accentué par la consécration d'une responsabilité sans discernement. Celui qui a causé un dommage sous l'empire d'un trouble mental est tenu de le réparer (C. civ., art. 489-2) et l'infans, l'enfant non doué de discernement, est également tenu de son fait dommageable (Cass. ass. plén., 9 mai 1984, Gabillet, préc.). Certes, la responsabilité civile n'est pas cantonnée au seul rôle de réparation. Il est vrai aussi que l'obligation de réparation constitue une sanction pour l'auteur du dommage. Mieux encore, l'idée de peine privée a été développée afin d'obliger, pour l'essentiel dans le monde économique, le responsable à verser une sorte d'amende civile à la victime, qui dépasse le préjudice, afin de le dissuader de commettre de nouveau cette faute. Si cette théorie prospérait en droit français l'idée de punition rapprocherait responsabilité civile et responsabilité pénale. Toutefois, la responsabilité civile s'oppose nettement à la responsabilité pénale en ce que la première est au service de la victime aux fins de réparation et la seconde, répressive, représente un moyen de maintenir l'ordre social au bénéfice de l'ensemble de la société. Les sources de ces deux responsabilités diffèrent également.

B ▪ Sources de la responsabilité civile et de la responsabilité pénale

1130. L'objet de la responsabilité pénale étant le prononcé d'une sanction, un principe majeur domine le droit pénal : le principe de la légalité des peines. Il ne peut pas y avoir de peine sans texte. Ce principe à valeur constitutionnelle (par ex. Cons. Const., 19-20 janv. 1981, D. 1982 ; p. 442, note Dekeuwer) est également affirmé à l'article 7 de la Convention européenne de sauvegarde des droits de l'homme et des libertés fondamentales du 4 novembre 1950. Le principe est encore rappelé aux articles 111-2 et 111-3 du Code pénal. Il ne peut donc pas être établi de culpabilité dès lors que les éléments de l'infraction ne sont pas définis par un texte et la peine prononcée doit également être prévue par un texte. La responsabilité civile est radicalement détachée de cette obligation de légalité. On a pu observer que la jurisprudence a créé de toute pièce la responsabilité générale du fait des choses en se rattachant artificiellement à l'alinéa 1er de l'article 1384 du Code civil qui ne la prévoyait pas. En outre, le principe de réparation intégrale du préjudice permet au juge saisi de faire évoluer les modes d'indemnisation en prenant en charge de nouveaux préjudices, comme le préjudice de contamination, ou en condamnant à verser les sommes nécessaires au paiement d'une tierce personne afin d'assister la victime handicapée, ce qui ne se pratiquait guère il y a quelques années encore.

1131. On signalera, toutefois, une légère atténuation du principe de légalité des peines, avec l'instauration en droit pénal d'une infraction visant à sanctionner le risque causé à autrui (C. pén., art. 223-1) : « le fait d'exposer directement autrui à un risque immédiat de mort ou de blessures de nature à entraîner une mutilation ou une infirmité permanente par la violation manifestement délibérée d'une obligation particulière de sécurité ou de prudence imposée par la loi ou le règlement est puni d'un an d'emprisonnement et de 15 000 euros d'amende ». L'objectif était de sanctionner des comportements dangereux sur la route et des manquements à la sécurité dans le travail. La jurisprudence en a fait usage dans d'autres circonstances (pratique du surf sur une piste interdite, CA Chambéry, 11 mai 2000, JCP G 2000, IV, 2769). Il faut simplement qu'une obligation particulière de sécurité soit violée sans pour autant que cette obligation soit pénalement sanctionnée (Crim., 10 déc. 2002, Bull. crim., n° 223).

1132. Afin d'éviter que les élus ou les dirigeants d'entreprise ne voient leur responsabilité trop facilement engagée pour manquement à une obligation de sécurité, l'article L. 121-3 du Code pénal a été modifié (L. n° 2000-647, 10 juill. 2000). Désormais deux cas d'imprudence mettant en danger autrui sont à distinguer. Soit l'imprudence est commise par l'agent dont la fonction ou la mission est de veiller directement à l'observation de règles de sécurité particulière, soit elle est commise par une personne physique qui n'a pas directement pour mission de veiller à l'observation desdites règles (élu, chef d'entreprise). Lorsque la faute ou l'imprudence est commise par l'agent qui a en charge de veiller directement à la sécurité sa responsabilité pénale est engagée pour faute simple (C. pén., art. 121-3, al. 3). En revanche, la personne physique, le plus souvent un dirigeant, qui ne cause pas directement le dommage, ne sera pénalement responsable que si elle a « violé de façon manifestement délibérée une obligation particulière de prudence ou de sécurité prévue par la loi ou le règlement, soit commis une faute caractérisée et qui exposait autrui à un risque d'une particulière gravité qu'elles ne pouvaient ignorer » (C. pén., art. 121-3, al. 4). Cela signifie qu'un dirigeant ou un élu ne pourra être poursuivi pour mise en danger d'autrui que s'il a de sa propre initiative violé des règles précises de sécurité. La création de l'infraction de mise en danger d'autrui par imprudence, même fortement limitée pour les dirigeants, représente un point de rapprochement avec la responsabilité civile. Elle permet de sanctionner de manière assez générale un comportement de violation de normes de sécurité qui met en danger l'intégrité physique d'autrui. Les points de contact entre responsabilité civile et responsabilité pénale sont encore plus nets lorsqu'il convient d'introduire une action en réparation.

C ▪ Articulation entre action civile et action pénale

1133. En France, la victime d'un dommage qui est susceptible d'avoir pour origine une infraction pénale dispose d'une option entre la saisine de la juridiction civile et la saisine d'une juridiction pénale pour obtenir réparation. En effet, l'article 3 du Code de procédure pénale permet à la victime d'exercer son action civile en même temps que l'action publique aux fins de prononcé d'une sanction pénale. Le choix de la voie pénale présente quelques mérites. Lorsque l'auteur du dommage est inconnu ou incertain, il est commode pour la victime de greffer son action aux fins de réparation sur l'action pénale. De même que les coûts de l'enquête et des expertises seront supportés par les deniers publics dans une instance pénale. Toutefois, le juge pénal ne peut pas connaître de toute responsabilité, il sera notamment incompétent si une responsabilité de plein droit, sans faute, du fait des choses se manifestait pendant la procédure. En outre, une constitution de partie civile qui s'avérerait hasardeuse après le non lieu, la relaxe ou l'acquittement du prévenu, pourrait entraîner une condamnation de la victime si elle a abusé de son droit de se constituer partie civile par voie d'action. Afin d'éclairer l'articulation entre action pénale et action civile on évoquera successivement la saisine de la juridiction répressive par la victime, puis la saisine de la juridiction civile.

1 ▪ Saisine par la victime d'une juridiction répressive

1134. La victime peut se constituer partie civile par voie d'action aux termes de l'article 1er alinéa 2 du Code de procédure pénale. Elle doit invoquer une infraction précise afin de mettre en mouvement l'action publique. Cette plainte se réalise soit par citation directe devant la juridiction de jugement (C. pr. pén., art. 388, 390, 531) lorsque l'auteur de l'infraction, contravention ou délit, est connu. À défaut la victime peut déposer une plainte simple dans une gendarmerie ou un commissariat de police qui informera le procureur ; mais pour déclencher véritablement l'action publique il faut déposer une plainte avec constitution de partie civile auprès du juge d'instruction compétent (C. pr. pén., art. 85) moyennant une consignation. La victime peut également se constituer partie civile par voie d'intervention lorsque l'action publique aura été déclenchée par le procureur de la République. Cette intervention se fera soit au moment de l'instruction (C. pr. pén., art. 87, al. 1), soit devant la juridiction de jugement (C. pr. pén., art.

418]. La constitution de partie civile par la victime peut avoir pour objet d'obtenir une indemnisation de son dommage (C. pr. pén., art. 418, al. 3). Il faut alors que la responsabilité invoquée repose sur la faute ou l'imprudence. En effet, le juge pénal ne peut pas se prononcer dans le cadre d'une responsabilité de plein droit du fait d'une chose, la faute du gardien n'étant pas requise. La victime peut se constituer partie civile sans pour autant réclamer une indemnisation et différer cette demande pour la porter à l'issue du procès pénal devant une juridiction civile. Lorsque la victime a saisi le juge pénal pour obtenir une indemnisation et que le prévenu est acquitté ou relaxé, le législateur est intervenu afin de favoriser une bonne administration de la justice. En matière criminelle, en cas d'acquittement, la cour d'assises disposant d'une plénitude de juridiction (C. pr. pén., art. 371), elle peut trancher de la question de l'indemnisation. L'article 372 du Code de procédure pénale prévoit expressément que la victime peut réclamer l'indemnisation des dommages provoqués par les fautes de l'accusé. En effet, sauf la situation dans laquelle l'acquittement est prononcé pour inexistence des faits poursuivis, la cour peut estimer que l'infraction n'était pas constituée, mais que la faute civile était bien établie. En l'absence de crime mais en présence d'une faute ou d'une négligence civilement condamnable, la victime obtient de la cour une indemnisation (Crim., 7 oct. 1987, D. 1988, note D. Mayer). Une solution similaire a été retenue en matière correctionnelle et contraventionnelle. Lorsque la relaxe est prononcée, dans une instance pénale introduite à la demande du ministère public, en présence d'une infraction non intentionnelle, les articles 470-1 et 541 alinéa 2 du Code de procédure pénale permettent au juge pénal de condamner l'auteur du dommage à une réparation civile. La victime qui a saisi le juge répressif pour obtenir une indemnisation n'est donc pas totalement démunie en cas d'acquittement ou de relaxe. Elle peut cependant, pour des faits qui relèvent à la fois de la responsabilité civile et de la responsabilité pénale, préférer introduire directement une action civile.

2 ▪ Saisine par la victime d'une juridiction civile

1135. La victime d'actes qui lui ont causé un dommage et qui constituent une infraction pénale peut préférer saisir le juge civil pour obtenir réparation. Cette saisine peut intervenir soit à l'issue de l'instance pénale soit concomitamment à cette instance (C. pr. pén., art. 4, al. 1er). Quel que soit le moment choisi pour introduire son action, l'action civile dans une affaire comportant également un volet pénal obéit à deux règles : « le criminel tient le civil en l'état » et « l'autorité de la chose jugée au pénal sur le civil ».

a - Le criminel tient le civil en l'état

1136. La règle du criminel tient le civil en l'état a été adoptée au début du 19e siècle et figure à l'article 4 du Code de procédure pénale où il est indiqué que si l'action civile peut être exercée séparément de l'action publique, « toutefois, il est sursis au jugement de cette action exercée devant la juridiction civile tant qu'il n'a pas été prononcé définitivement sur l'action publique lorsque celle-ci a été mise en mouvement ». La règle signifie que l'action civile peut être introduite en même temps que l'action pénale ; mais l'action civile est suspendue. Le juge civil ne peut pas rendre de jugement, jusqu'à la décision de la juridiction répressive. Dès lors que l'instance pénale est susceptible d'avoir une influence sur la décision civile à intervenir, le juge civil sursoit donc à statuer (Civ. 2e, 31 janv. 1979, Bull. civ. II, n° 34). Néanmoins, lorsque le juge pénal est saisi pour des faits d'homicide ou de blessure par imprudence et que l'action devant le juge civil est introduite sur le fondement d'une responsabilité sans faute, la règle le « criminel tient le civil en l'état ne s'applique pas » (Civ. 2e, 14 janv. 1976, Bull. civ. II, n° 1). Il en est donc ainsi pour une responsabilité du fait des choses fondée sur l'article 1384 alinéa 1er (responsabilité sans faute) ou du régime spécial d'indemnisation des accidents de la circulation de la loi du 5 juillet 1985. L'objectif de la règle est assez simple, il faut éviter que des mêmes faits donnent lieu à une appréciation trop divergente entre le juge pénal et le juge civil. La même préoccupation explique la règle de l'autorité de la chose jugée au pénal sur le civil.

b - L'autorité de la chose jugée au pénal sur le civil

1137. La règle signifie que ce qui a été jugé par le juge pénal s'impose au juge civil. Le principe évite les contrariétés d'appréciation des mêmes faits d'un juge à l'autre. Il s'explique par la possibilité pour la victime de choisir la voie pénale ou la voie civile pour obtenir réparation de son dommage. Ce principe a été atténué par l'affirmation récente de la dualité de la faute civile et de la faute pénale. En effet, l'article 4-1 du Code de procédure pénale permet au juge civil, depuis la loi du 10 juillet 2000, de retenir une faute d'imprudence sur le fondement de l'article 1241 (anc. art. 1383) du Code civil quand bien même le juge pénal a considéré que les faits ne justifiaient pas une condamnation pénale pour faute non-intentionnelle. La Cour de cassation a affirmé ce même divorce entre faute pénale et civile au visa des articles 1351, 1147 et 1383 du Code civil (correspondant resp. aux art. 1355, 1231-1 et 1241 à la suite de l'entrée en vigueur de l'ordonnance du 10 février 2016) en relevant que « la déclaration par le juge répressif de l'absence de faute pénale non intentionnelle ne fait pas obstacle à ce que le juge civil retienne une faute civile d'imprudence ou de négligence » (Civ. 1re, 30 janv. 2001, Bull. civ. I, n° 19 ; Rev. sc. crim. 2001, p. 613, obs. A. Giudicelli ; D. 2001, somm. p. 2232, obs. p. Jourdain). Néanmoins, le divorce des notions de faute civile et de faute pénale n'a pas supprimé la règle de l'autorité de la chose jugée au pénal sur le civil, autorité qualifiée d'absolue (Civ. 2e, 25 mars 1998, Bull. civ. II, n° 99). En effet, des faits qui sont qualifiés de faute pénale par le juge répressif ne pourront qu'être reconnus comme ouvrant droit à une indemnisation sur le fondement de la responsabilité pour faute (C. civ., art. 1382, C. civ., devenu art. 1240 au 1er octobre 2016) par le juge civil (Civ. 2e, 11 mai 2000, JCP G 2000, IV, 2136). En revanche, désormais par application de l'article 4-1 du Code de procédure pénale, la relaxe au pénal permet au juge civil de retenir une imprudence ou une négligence là où le juge répressif a refusé de reconnaître une infraction non intentionnelle.
Deux arrêts viennent consacrer le divorce complet entre la faute civile et la faute pénale (Cass. crim., 20 mars 2014, n° 13-16.391. - Crim., 24 juin 2014, 13-84.478) en permettant de condamner civilement des personnes qui avaient été relaxées pénalement pour des infractions intentionnelles.

Chapitre 2
Les responsabilités pour faute

BIBLIOGRAPHIE

L'Argus de l'assurance

Ouvrages. F. Couilbault, S. Couilbault- Di Tommaso, V. Huberty, *Les grands principes de l'assurance*, L'Argus éd., 2013. – J. Landel, *Lexique des termes d'assurance*, L'Argus éd., 2014. – J. Bigot (sous dir.), *Code des assurances*, L'Argus éd.,

Autres documentations

Ouvrages. M. Bacache-Gibeili, *La responsabilité civile extracontractuelle*, 2e éd., Economica 2012. - Ph. Brun, *Responsabilité civile extracontractuelle*, 3e éd., Litec 2014. – J. Flour, J.-l. Aubert, E. Savaux, *Le fait juridique*, 14e éd., Sirey 2011 – Y. Lambert-Faivre, S. Porchy-Simon, *Droit du dommage corporel, système d'indemnisation*, 7e éd., Dalloz 2012. - F. Terré, Ph. Simler, Y. Lequette, *Droit civil, « Les obligations »*, 11e éd., Dalloz 2013. – Ph. le Tourneau, *Droit de la responsabilité et des contrats*, Dalloz Action 2008. – G. Viney, *Introduction à la responsabilité*, LGDJ 2e éd., 1995. – G. Viney, p. Jourdain, *Les conditions de la responsabilité*, LGDJ 4e éd., 2013.

1138. L'article 1382 représente le texte le plus connu du droit de la responsabilité civile : « tout fait quelconque de l'homme, qui cause à autrui un dommage, oblige celui par la faute duquel il est arrivé, à le réparer ». Ce texte fondant la responsabilité délictuelle pour faute est suivi par l'article 1383 qui instaure la responsabilité quasi-délictuelle : « chacun est responsable du dommage qu'il a causé non seulement par son fait, mais encore par sa négligence ou par son imprudence ». Le régime de la responsabilité du fait personnel instauré par ces deux textes dans sa composante lien de causalité et exonération de responsabilité ne présente pas de particularités ; aussi sur ces deux points il convient de reprendre les analyses relatives aux éléments constitutifs de la responsabilité (v. Partie 1, Titre 2, Sous titre II, Chap. I)
L'avant-projet de loi sur la réforme de la responsabilité civile du 29 avril 2016 prévoit de remplacer ces deux textes par un seul (art. 1241): « toute faute oblige son auteur à réparer le préjudice qu'elle a causé ». La négligence serait ainsi absorbée dans la faute conformément à la jurisprudence.

Section 1 ■ Notion de faute

§ 1 ■ Définition

1139. L'article 1382 du Code civil, renuméroté 1240 par l'ordonnance du 10 février 2016, n'apporte aucune définition de la notion de faute. Ce texte ne prévoit qu'une obligation de réparation à raison de la faute (délit civil). À l'article 1383, il est prévu que la simple négligence ou imprudence engage la responsabilité (quasi-délit civil). Traditionnellement, la faute est présentée comme la violation d'une obligation préexistante. Mlle Viney et M. Jourdain reprennent cette idée en indiquant que « la faute est la méconnaissance d'un devoir ou d'une obligation imposée par l'ordre juridique » (*Les conditions de la responsabilité*, préc. n° 445). Or, la faute ne réside pas uniquement dans la méconnaissance d'un droit. En privilégiant une approche simple de la notion, la faute est caractérisée par le comportement anormal de l'auteur de l'acte ou du fait.
L'avant-projet de loi sur la réforme de la responsabilité civile du 29 avril 2016 introduit un article 1242 qui reprend cette idée : « constitue une faute la violation d'une règle de conduite imposée par la loi ou le manquement au devoir général de prudence ou de diligence ».

1140. La faute contractuelle est constituée par l'inexécution d'une obligation prévue au contrat. La jurisprudence a imposé aux contractants une obligation que ces derniers n'avaient pas expressément stipulée. Il s'agit de l'obligation de sécurité.

§ 2 ■ Appréciation de la faute

1141. Le juge va devoir déterminer si le comportement de l'auteur du dommage est constitutif d'une faute. Pour réaliser une telle analyse, il a été décidé en jurisprudence que l'appréciation de l'action ou l'abstention se réalise in abstracto. La méthode est à définir. Il convient également de préciser que la gravité de la faute ne joue aucun rôle dans l'établissement de la responsabilité civile.

1142. Afin d'apprécier si le comportement de l'auteur du dommage est fautif, il est nécessaire de la rapprocher d'une référence. Deux possibilités se présentent alors. Il est envisageable de comparer l'attitude de l'agent à son comportement habituel ; de vérifier au regard de ses compétences et de ses aptitudes s'il a commis au moment du dommage une action ou une abstention anormale. Cette approche relève d'une appréciation in concreto de l'existence d'une faute. A rebours, il est possible d'apprécier le comportement de l'auteur du dommage par comparaison avec un individu moyen normalement prudent placé dans les mêmes circonstances ; cet individu moyen doit avoir agi en « personne raisonnable » (formule employée aux articles anc. art. 1137 et 1374 al. 1er du Code civil, correspondant aux nouveaux art. 1197 et 1301-1 issus de l'ordonnance du 10 février 2016). Le point de comparaison ainsi choisi conduit à une appréciation in abstracto de la faute. La doctrine était plutôt favorable à une approche in abstracto afin d'éviter un trop grand laxisme à l'égard de l'auteur du dommage, qui ne serait jugé que par rapport à lui-même. L'éviction de l'exigence de discernement par la loi du 3 janvier 1968 a consacré cette opinion. En effet, dès lors qu'il est prévu à l'article 489-2 du Code civil, devenu article 414-3 (v. infra), que le dément est responsable, cela signifie que le comportement fautif s'apprécie par comparaison avec l'homme moyen sans tenir compte des aptitudes de l'auteur du dommage.

1143. L'article 1241 (anc. art. 1383) du Code civil assimile l'imprudence et la négligence à la faute de l'article 1240 (anc. art. 1382) dans ses effets, c'est-à-dire l'obligation de réparer. La responsabilité délictuelle fondée sur ces textes est donc indifférente à la gravité de la faute. L'essentiel est de caractériser le fait fautif et de montrer qu'il est en relation avec le dommage. Il sera simplement plus difficile de prouver qu'une faute légère est la cause du dommage. Les notions de faute lourde, de faute inexcusable ou de faute intentionnelle ou dolosive ne jouent un rôle que dans des domaines très précis du droit privé. La faute lourde comme la faute intentionnelle ou dolosive peuvent jouer un rôle en matière de responsabilité contractuelle. La commission de telles fautes dans l'exécution du contrat privent d'effet, par application de l'article 1150 du Code civil (corresp. à l'art. 1231-3 au 1er oct. 2016), les clauses limitatives ou exonératoires de responsabilité (Com., 7 mai 1980, Bull. civ. IV, n° 420). La faute inexcusable justifie en droit du travail que l'employeur soit condamné au versement d'un complément à l'indemnisation forfaitaire versée en cas d'accident du travail (CSS, art. L. 452-1 à L. 452-5). Par ailleurs, en matière d'accident de la circulation, la victime est privée d'indemnisation en cas de faute inexcusable (L. 5 juill. 1985, art. 3, al. 1er). Ces dispositions très spécifiques n'enlèvent donc rien au principe qu'en droit commun de la responsabilité, la gravité de la faute ne joue aucun rôle. Si la victime n'a pas à démontrer l'existence d'une faute qualifiée pour obtenir réparation, il lui appartient néanmoins d'établir la faute de l'auteur du dommage.

1144. L'existence de la faute doit être prouvée par la victime qui l'invoque. Cette faute présentant les caractéristiques du fait juridique (v. chapitre 1), la preuve des éléments constitutifs est libre. Une telle preuve de la faute suppose que des éléments distincts de la seule démonstration de l'existence d'un préjudice soient apportés par la victime (Civ. 1re, 27 mai 1998, D. 1999, p. 21, note S. Porchy). Cette dernière doit en outre imputer une faute à une personne déterminée car la responsabilité du fait personnel repose sur l'identification d'un individu responsable et non d'un groupe (obligation d'identification régulièrement rappelée à propos des conséquences dommageables de l'exercice du droit de grève, Soc., 9 mars 1989, JCP G 1989, II, 21333, concl. Gautier). La constatation des faits relève du pouvoir souverain des juges du fond. En revanche, la Cour de cassation exerce son contrôle sur la qualification juridique de faute (Civ., 29 nov. 1938, Gaz. Pal. 1939, 1, p. 197 ; Civ. 2e, 30 nov. 1994, Bull. civ. II, n° 250).

Section 2 ▪ Éléments constitutifs de la faute

§ 1 ▪ Élément légal

1145. Ce sont les articles 1240 et 1241 (resp., anc. art. 1382 et 1383) du Code civil qui servent de fondements légaux à la responsabilité pour faute en droit privé au sens large. Il n'est pas nécessaire de viser un texte plus précis. Ainsi certaines matières se sont-elles construites exclusivement sur le fondement de l'article 1382 du Code civil. Le concept très riche de concurrence déloyale du droit commercial a été créé à partir de la responsabilité pour faute visée par ce texte. Il n'en demeure pas moins que nombre de textes spéciaux ont été adoptés, par exemple en droit de la consommation, afin de constituer le professionnel en faute.

On observera que dans l'avant-projet de loi sur la réforme de la responsabilité civile du 29 avril 2016, à l'article 1242, cette idée est reprise : « constitue une faute la violation d'une règle de conduite imposée par la loi ou le manquement au devoir général de prudence ou de diligence ».

1146. Demogue dans les années 1930 a établi, à partir des dispositions du Code civil, une distinction entre l'obligation de moyens et les obligations de résultat. Cette distinction permet de trancher la question de l'étendue de la preuve de l'inexécution. Si l'article 1137 du Code civil (corresp. à l'art. 1197 au 1er oct. 2016) impose une obligation de se comporter en personne raisonnable et d'apporter tous les soins nécessaires à la conservation de la chose à donner ; l'article 1147 du même code (corresp. au nouvel art. 1231-1 au 1er oct. 2016) impose au débiteur de l'obligation une obligation d'exécution beaucoup plus strict. Ce dernier devra payer des dommages-intérêts dès lors qu'il y a retard dans l'exécution ou inexécution. Il ne pourra s'exonérer qu'en prouvant la force majeure. Demogue a levé l'apparente contradiction entre ces deux textes en indiquant qu'ils mettaient en œuvre des obligations différentes : l'article 1137 met à jour une obligation de moyens à la charge du débiteur ; l'article 1147 crée une obligation de résultat.

§ 2 ▪ Éléments matériels

A ▪ Faute extra-contractuelle

1147. La faute des articles 1240 et 1241 (anc. art. 1382 et 1383) (imprudence ou négligence) du Code civil est difficile à caractériser. Elle consiste en la violation d'une règle juridique telle qu'une disposition du Code de la route, par exemple. Elle peut également être constituée par le manquement à un devoir. Le juge devra alors caractériser au cas par cas ce manquement. Il se référera pour cela au comportement qui peut être attendu dans ces circonstances d'une personne raisonnable (cf. ci-dessus, à propos de l'article 1242 de l'avant-projet de loi de réforme de la responsabilité civile du 29 avril 2016).

1148. La faute peut être de commission ou d'abstention. Il y aura assimilation de la commission à l'abstention dans l'action. Par exemple, l'automobiliste qui accélère (commission) est tout aussi fautif que celui qui s'abstient de freiner (abstention dans l'action). Ce qui est compte c'est le comportement anormal par rapport à celui qui aurait dû être adopté. Ainsi des manœuvres sont constitutives de faute, mais l'évolution de la société influe sur la qualification de fautes. La maîtresse n'est pas fautive à l'égard de l'épouse d'avoir participé à l'adultère du mari ; l'épouse n'a donc pas d'action en responsabilité contre la maîtresse sauf à démontrer les manœuvres de cette dernière (Civ. 2e, 5 juill. 2001, JCP G 2002, II, 10139). Il n'en reste pas moins que l'adultère reste une faute susceptible de justifier le divorce.

1149. Si une personne omet de porter secours à une autre (art. 226-3, C. pén.) il y a sans conteste une faute. La faute d'abstention est également sous-jacente dans la responsabilité du fait d'autrui, on sanctionne le responsable implicitement pour ne pas avoir empêché celui dont il doit répondre de commettre un acte. L'idée de faute d'abstention a également été développée à l'égard des professionnels en instaurant une obligation de renseignement précontractuelle.

B ▪ Faute contractuelle

1150. Dans l'Ancien droit, il avait été établi une gradation des fautes : la faute lourde équivalente au dol, la faute légère, la faute très légère. L'article 1137 (corresp. à l'art. 1197 par l'effet de l'ordonnance du 1er février 2016) du Code civil qui exige simplement un comportement de « personne raisonnable » marque l'abandon de cette gradation des fautes.

La seule subsistance de cette gradation des fautes se manifeste par la notion de dol ou de faute lourde dans l'exécution du contrat. Le dol consiste dans la volonté délibérée de ne pas exécuter le contrat, le débiteur doit avoir eu la certitude de causer un dommage en refusant d'exécuter son obligation. La faute lourde est une négligence impardonnable qui se distingue du dol en ce qu'il n'y a pas d'intention de nuire. Par application de l'article 1150 (corresp. au nouvel art. 1231-3) du Code civil, la reconnaissance d'une inexécution dolosive ou d'une faute lourde permet d'écarter les clauses limitatives ou exonératoires de responsabilité prévues par le contrat (Civ. 1re, 24 févr. 1993, Bull. civ. I, no 88 ; D. 1994, p. v6, note Agostinelli).

L'avant-projet de loi sur la réforme de la responsabilité civile du 29 avril 2016 reprend cette disposition à l'article 1283 alinéa 1er.

1151. L'article 1147 (corresp. au nouvel art. 1147) du Code civil impose un résultat à atteindre quelles que soient les circonstances, sauf force majeure. L'article 1137 du même code impose l'obligation de tout mettre en œuvre pour atteindre l'objectif fixé par le contrat, mais il n'oblige pas à réaliser cet objectif. Ainsi le fournisseur de marchandise qui s'engage à en livrer une certaine quantité à une date convenue, doit-il impérativement s'exécuter. À défaut de livraison à la date convenue, sa responsabilité est engagée : c'est une obligation de résultat. En revanche un médecin qui entreprend un traitement ou une intervention n'est pas tenu de guérir le patient ; il doit mettre en œuvre toutes les connaissances scientifiques acquises pour guérir, mais il n'est pas tenu de guérir le patient : il ne pèse qu'une obligation de moyens sur le médecin. La distinction permet donc de mesurer l'étendue de la preuve de l'inexécution.

1152. Il est difficile de savoir quel type de contrat est soumis à une obligation de moyens ou de résultat. Un premier critère a été avancé : celui de l'aléa. Si l'on est en présence d'un fort aléa, il n'est possible d'imposer qu'une obligation de moyens au débiteur. Ce critère est flou. Il est aussi possible de prendre en considération la part d'initiative laissée au créancier de l'obligation. Lorsque le créancier de l'obligation prend une part active à l'exécution du contrat, le débiteur n'est tenu qu'à une obligation de moyens. Il a également été soutenu que les prestations intellectuelles seraient soumises plutôt à une obligation de moyens (diagnostic et traitement du médecin, prestation de l'avocat). En revanche, une obligation de résultat est attendue pour des prestations matérielles telles que les livraisons de marchandise ou l'élaboration d'une chose. La jurisprudence met en œuvre des politiques plus ou moins protectrices en choisissant de retenir une obligation de moyens ou de résultat.

1153. Lorsque l'on est en présence d'une obligation de donner, telle que le transfert de la propriété, l'obligation de résultat s'impose. Il en est de même pour une obligation de ne pas faire, telle que l'obligation de non concurrence. Pour les obligations de faire, il est plus difficile de trancher. Par exemple, l'obligation de livrer la chose dans la vente est une obligation de résultat. En revanche, l'obligation de conservation de la chose dans le dépôt est obligation de moyens. L'exécution d'un contrat d'entreprise est qualifiée d'obligation de résultat le plus souvent. En matière de prestations de services, la qualification sera très variable selon les cas. Les médecins ou les avocats ne sont soumis qu'à une obligation de moyens. En revanche, le banquier effectuant un virement sera tenu d'une obligation de résultat.

1154. Il est plus difficile pour le créancier de l'obligation de démontrer l'inexécution fautive du débiteur de l'obligation de moyens. Il lui faut montrer qu'il n'a pas tout mis en œuvre. Quand le débiteur de l'obligation est un professionnel, sa responsabilité sera plus facilement reconnue. On indique qu'il est mis à sa charge une obligation de moyens renforcée ou aggravée. On se rapproche alors de l'obligation de résultat.

1155. En principe, lorsqu'une obligation de résultat est mise à sa charge le débiteur doit exécuter intégralement l'obligation promise, sauf à prouver la force majeure. L'obligation de résultat pure et simple permet d'engager la responsabilité du débiteur dès lors qu'il y a inexécution. L'obligation de résultat établit selon la jurisprudence une présomption de faute et une présomption de lien de causalité entre la mauvaise exécution de l'obligation et le dommage (Civ. 1re, 16 févr. 1988, Bull. civ. I, n° 42). Toutefois, il existe une gradation des obligations de résultat. Il peut être mis en œuvre une obligation de résultat atténuée : c'est-à-dire que le débiteur de l'obligation de résultat peut s'exonérer de sa responsabilité en montrant simplement qu'il n'a pas commis de faute. Le créancier montre qu'il n'y a pas exécution, le débiteur montre qu'il n'a pas commis de faute. Il existe également des obligations de résultat aggravées : ce sont celles pour lesquelles le débiteur ne peut s'exonérer de sa responsabilité qu'en prouvant la force majeure pour un nombre limité de cas de force majeure (V. C. civ., art. 1772 et 1773). Enfin il existe des cas où le débiteur ne peut plus s'exonérer en prouvant la force majeure, il doit alors une obligation de garantie (art. 1825, bail à cheptel). Mais le cas est exceptionnel, le plus souvent le débiteur d'une obligation de résultat peut prouver la force majeure pour s'exonérer.

1156. C'est par un arrêt de 1911 (Civ., 29 nov. 1911, DP 1913, 1, p. 249) que la Cour de cassation a créé dans les contrats de transport une obligation de sécurité. C'est une obligation de résultat qui prend effet lorsque le voyageur monte dans le véhicule, elle cesse lorsqu'il en descend. En dehors de cette période, on est en présence d'une responsabilité délictuelle. De même l'obligation de sécurité qui pèse sur les restaurateurs et hôteliers est une obligation de sécurité de résultat. Cette obligation de sécurité a connu une extension récente et importante lorsqu'elle a été appliquée à la fourniture d'un produit tel que le sang contaminé (Civ 1re, 12 avr. 1995, Bull. civ. I, n° 179 ; Civ 1re, 9 juill. 1996, Bull. civ. I, n° 304). Toutefois, les produits défectueux qui causent un dommage obéissent maintenant à des dispositions spécifiques prévues aux articles 1386-1 et s.) du Code civil issues de la loi du 19 mai 1998 qui a transposé la directive du 25 juillet 1985 sur les produits défectueux.
En outre, l'avant-projet de loi sur la réforme de la responsabilité civile du 29 avril 2016 fait sortir le préjudice corporel de la responsabilité contractuelle (art. 1233) : il n'y aura donc plus besoin de créer une obligation de sécurité de résultat. Hôteliers, restaurateurs, organisateurs de loisirs ou transporteurs verront leur responsabilité engagée sur un fondement extracontractuel.

1157. L'obligation d'information existe dans la phase préalable à la formation du contrat. Son inexécution est sanctionnée par une responsabilité délictuelle fondée sur l'article 1240 (anc. art. 1382) du Code civil. L'ordonnance de réforme du droit des contrats du 10 février 2016 a consacré cette obligation à l'article 1112-1 du Code civil. L'obligation peut aussi être relevée dans l'exécution du contrat. Cette obligation contractuelle de conseil ou de renseignement est surtout imposée dans les contrats de prestation de service : notaire, avocat, agent immobilier, garagiste. C'est au débiteur de l'obligation d'information de prouver qu'il a dispensé cette information (Civ. 1re, 25 févr. 1997, Bull. civ. I, n° 75).

§ 3 ▪ Élément moral

1158. En principe la faute civile comporte un élément moral qui repose sur la possibilité d'attribuer la faute à quelqu'un. Cette imputation de la faute suppose la conscience de l'acte par l'auteur du dommage. La question est de savoir si le discernement est requis pour pouvoir imputer la faute et donc engager la responsabilité de son auteur. La réponse a évolué au fil du temps. Dans un premier temps, la jurisprudence exigeait la capacité de discernement pour imputer une faute et permettre la réparation. Cela signifiait qu'un dément et un enfant non doué de la capacité de discernement (infans) ne pouvaient pas être tenus pour fautifs donc responsable. En doctrine, les frères Mazeaud ont défendu l'idée de faute appréciée in abstracto, c'est-à-dire au regard du comportement normal qui doit être adopté sans tenir compte des éléments internes à l'auteur du dommage, ce qu'ils ont appelé la « faute objective ». Dans un second temps législateur et jurisprudence ont consacré une faute désincarnée, la capacité de discernement n'étant plus requise pour imputer une faute à l'auteur du dommage. Cette évolution contribue à laisser penser que la notion de faute n'est plus qu'un qualificatif commode pour désigner le fait dommageable.

1159. Le dément a d'abord été considéré comme irresponsable (Req., 21 oct. 1901, DP 1901, 1, 524 ; Civ. 2e, 11 mars 1965, D. 1965, p. 575). La solution était inéquitable pour la victime. La jurisprudence a donc tempéré cette solution en limitant les cas d'irresponsabilité ; elle a écarté l'irresponsabilité en présence d'une demi-folie ou encore lorsque l'état d'inconscience est dû à une faute, l'auteur du dommage étant en état d'alcoolémie. À la faveur de la réforme du droit des incapables majeurs par la loi du 3 janvier 1968, il a été créé l'article 489-2 du Code civil qui rend responsables toutes les personnes majeures ou mineures privées de raison au moment du fait dommageable ; ce texte est devenu l'article 414-3 lors de la réforme des incapacités par la loi n° 2007-308 du 5 mars 2007.

1160. L'enfant en bas âge qui n'est pas doté de la capacité de discernement ne pouvait traditionnellement pas engager sa responsabilité personnelle fondée sur l'article 1382 renuméroté 1240 du Code civil. Le très jeune enfant ne répondait pas personnellement de ses actes (Civ. 2e, 7 déc. 1977, JCP G 1980, II, 19339). Il fallait montrer que le mineur avait la faculté de discerner les conséquences des actes fautifs qu'il commet (Civ. 2e, 6 juill. 1978, Bull. civ. II, n° 179). Un revirement de jurisprudence s'est opéré par quatre arrêts d'assemblée plénière du 9 mai 1984 (Cass. ass. plén. 9 mai 1984, D. 1984, p. 525, note F. Chabas ; JCP G 1984, II, 20255, note N. Dejean de la Bâtie ; RTD civ. 1986, p. 120, obs. J. Huet). Désormais, il est retenu qu'il n'y a pas lieu de vérifier si un mineur est capable de discerner les conséquences de ses actes. Cette jurisprudence peut se comprendre lorsqu'il s'agit d'un infans « fautif » afin d'indemniser la victime, (par ex., Civ. 2e, 12 déc. 1984, Bull civ. II, n° 193). En revanche, cette jurisprudence est inique lorsqu'il est imputé une faute à la victime en bas âge pour la priver d'une partie de son indemnisation (arrêts Lemaire et Derguini, 9 mai 1984, préc.).

On observera qu'il est prévu dans l'avant-projet de loi sur la réforme de la responsabilité civile du 29 avril 2016 un article 1255 qui dispose que « la faute de la victime privée de discernement n'a pas d'effet exonératoire ».

1161. Le fait qui va être qualifié de faute pourra avoir été commis avec la volonté de la production de l'événement ou bien il ne sera dû qu'à la maladresse ou l'imprudence. En droit pénal la différence est marquée entre l'homicide volontaire (meurtre, volonté de tuer sans préméditation : C. pén., art. 221-1 ; assassinat, volonté de tuer avec préméditation : C. pén., 221-3 et l'homicide involontaire : C. pén., art. 221-6 al. 1er), les peines étant de la réclusion de trente ans pour le meurtre, la réclusion à perpétuité pour l'assassinat et une peine de trois ans d'emprisonnement et de 45 000 euros d'amende pour l'homicide involontaire. En droit civil, la qualification du caractère intentionnel ou non de la faute n'emporte pas de conséquences sur la possibilité d'imputer le dommage au responsable. Il importe peu que ce dernier ait voulu commettre l'acte ou non car l'article 1383 renuméroté 1241 du Code civil précise bien que l'imprudence ou la négligence oblige également à réparation. La Cour de cassation a réaffirmé cette indifférence de l'importance de la faute et de son caractère intentionnel ou non pour fonder la demande en indemnisation de la victime. Elle a rappelé que l'intention de nuire n'est pas requise pour caractériser une faute au sens de l'article 1382 du Code civil à propos des outrances jugées fautives d'une émission de télévision (affaire « des guignols de l'info » Civ. 2e, 2 avr. 1997, D. 1997, p. 411, note B. Edelman). On observera qu'en matière d'assurance de responsabilité civile, la loi (C. assur., art. L. 113-1, al. 2) prévoit que la faute intentionnelle de l'assuré est inassurable car elle prive le contrat de tout aléa, élément essentiel du contrat d'assurance. Or, la faute intentionnelle en assurance reçoit une définition extrêmement restrictive aux termes de laquelle non seulement l'acte dommageable doit avoir été voulu, mais encore le dommage lui-même (par ex. Civ. 1re, 2 févr. 1994, Bull. civ. I, n° 37). Il faut donc des circonstances exceptionnelles pour que la faute intentionnelle prive la victime de recours contre l'assureur de responsabilité civile de l'auteur du dommage. En dehors du droit des assurances et pour ce qui a trait à la réparation de la victime, la distinction faute intentionnelle et faute non intentionnelle ne retrouve son intérêt que lors d'une action pénale (V. partie 1, Titre 2, Sous-titre 2, Chap. 1, Les éléments constitutifs de la responsabilité). En effet, lorsque la relaxe est prononcée, dans une instance pénale introduite à la demande du ministère public, en présence d'une infraction non intentionnelle, les articles 470-1 et 541 alinéa 2 du Code de procédure pénale permettent au juge pénal de condamner l'auteur du dommage à une réparation civile de la victime qui s'est constituée partie civile. À l'inverse, lorsque la victime demande réparation de son préjudice au juge civil, l'article 4-1 du Code de procédure pénale permet à ce dernier, depuis la loi du 10 juillet 2000, de retenir une faute d'imprudence sur le fondement de l'article 1383 du Code civil (désormais renuméroté 1241), quand bien même le juge pénal a considéré que les faits ne justifiaient pas une condamnation pénale pour faute non-intentionnelle (V. partie 1, Titre 2, Sous-titre 2, Chap. 1, Les éléments constitutifs de la responsabilité). La faiblesse de l'élément moral dans la faute civile contemporaine rejaillit sur la manière dont sera appréciée cette faute par le juge.

Section 3. Les différentes sortes de fautes civiles

1162. La variété des fautes civiles ne saurait être exhaustivement représentée. Les fondements des articles 1240 et 1241 (anc. art. 1382 et 1383) du Code civil permettent d'appréhender tout comportement déviant. De même que toute violation fautive du contrat oblige à réparation, mais ce point a été traité dans le cadre de la responsabilité contractuelle. Afin de donner un aperçu de la richesse de la faute délictuelle, commise en dehors de toute relation contractuelle, on présentera quelques exemples de violations de la loi et de fautes commises par les professionnels. Enfin l'abus dans l'usage d'un droit a suscité la création d'un régime particulier.

§ 1 ■ La violation d'une obligation légale

1163. La violation d'une disposition légale particulière permet de prouver plus facilement la responsabilité de l'auteur du dommage dès lors que le dommage subi est en relation avec cette violation. C'est ainsi que la violation des règles d'urbanisme (quelle que soit la nature de la règle, foncière, immobilière, CA Dijon, 27 juin 1995, Gaz. Pal. 1999, 1, somm. p. 391) qui cause un préjudice personnel et direct à la victime constitue une faute ouvrant droit à réparation sur le fondement de la responsabilité délictuelle (Civ. 3e, 29 nov. 1983, Bull. civ. III, n° 247). De même que, plus fréquemment encore, la violation d'une règle de conduite édictée par le Code de la route, sert de fondement à la qualification de faute à l'origine du dommage (dépassement sans laisser une distance suffisante avec le véhicule dépassé, Civ. 2e, 27 janv. 2000, Bull. civ. II, n° 16 ; vitesse excessive, Civ. 2e, 11 juill. 2002, Bull. civ. II, n° 159).
Dans l'avant-projet de loi sur la réforme de la responsabilité civile du 29 avril 2016, à l'article 1242, cette idée est reprise : « constitue une faute la violation d'une règle de conduite imposée par la loi ou le manquement au devoir général de prudence ou de diligence ».

§ 2 ■ Les fautes du professionnel

1164. Si la loi impose dans de nombreux domaines une obligation d'information (par ex. C. consom. art. L. 111-1), en jurisprudence un principe général d'information précontractuelle pèse sur les professionnels. Le manquement à cette obligation constitue une faute justifiant la mise en œuvre d'une responsabilité délictuelle (par ex. Civ. 3e, 3 févr. 1981, D. 1984, p. 457, note J. Ghestin).

1165. De même que l'activité des professionnels qui cause un dommage à un tiers engendre régulièrement la mise en œuvre de leur responsabilité. Il en est ainsi du banquier qui octroie un crédit immobilier trop facilement à un débiteur qui ne pourra manifestement pas faire face aux échéances. Le syndicat de copropriétaire qui subit des impayés de charges en raison de l'acquisition d'un appartement par de nouveaux copropriétaires grâce à ce prêt peut engager avec succès la responsabilité délictuelle du banquier (Civ. 2e, 2 juill. 1997, Bull. civ. II, n° 212). La Cour de cassation condamne également régulièrement le banquier, qui fournit trop facilement des financements à une entreprise en difficulté, à indemniser les créanciers qui ont cru en la solvabilité de leur débiteur (Com., 3 mai 1983, D. 1984, IR, 11, obs. F. Derrida).

1166. En l'absence de disposition particulière la jurisprudence a créé la théorie de la concurrence déloyale fondée sur les articles 1240 et 1241 (art. 1382 et 1383 avant le 1er oct. 2016) du Code civil (par ex. Com., 9 févr. 1993, JCP E 1994, p. 545, note Danglehaut ; Com., 24 févr. 1998, Bull. civ. IV, n° 86). Il est interdit aux commerçants et plus largement à tous ceux qui à titre principal ou accessoire effectuent des actes de commerce d'enfreindre la morale des affaires et de créer ainsi un trouble commercial. Ce trouble commercial constitue le préjudice. Ainsi l'imitation d'une marque notoirement connue constitue-t-elle une faute délictuelle ouvrant droit à réparation civile dès lors, qu'outre la contrefaçon, cette imitation crée un risque de confusion dans l'esprit du public (Com., 1er mars 2003, Bull. civ. IV, n° 44 ; JCP G 2004, II, 10034, note Debat). De la même façon le dénigrement du concurrent constitue une faute délictuelle (Com., 21 mai 1996, D. 1997, somm. p. 85, obs. Hassler).

1167. Sur le même fondement de l'article 1382 du Code civil désormais renuméroté 1240, le comportement de parasitisme qui consiste à usurper sensiblement une valeur économique d'autrui, même non concurrent, a été sanctionné en jurisprudence (Ph. le Tourneau, *Droit de la responsabilité et des contrats*, éd., Dalloz 2006, collec. « Dalloz Action », n° 7082, pour une critique très argumentée de la notion de parasitisme, v. J. Passa, Propos dissidents sur la sanction du parasitisme économique, D. 2000, chron. p. 403). La Cour de cassation a décidé que les agissements parasitaires d'une société peuvent être constitutifs d'une faute au sens de l'article 1382, même en l'absence de situation de concurrence (Com., 30 janv. 1996, Bull. civ. IV, n° 32). On peut inscrire dans cette notion de parasitisme l'utilisation d'une appellation d'origine pour un produit de luxe pourtant distinct. C'est ainsi que la diffusion par la société Saint-Laurent d'un parfum nommé « Champagne » lui a été interdite (CA Paris, 15 déc. 1993, D. 1994, p. 145, note Ph. le Tourneau). Il est donc fait un grand usage dans le monde économique de la responsabilité délictuelle. La faute et le quasi-délit (imprudence, négligence) ont tout à fait vocation à s'y épanouir car le préjudice n'affecte pas l'intégrité physique de la personne. Il est normal que dans les affaires, seul le comportement fautif soit sanctionné. La responsabilité délictuelle pour faute a également trouvé à s'épanouir en présence de l'usage abusif d'un droit.

§ 3 ▪ L'abus de droit

1168. Une discussion doctrinale particulièrement vive s'est engagée au début du 20e siècle pour savoir s'il était possible d'abuser d'un droit. Josserand (*De l'esprit des droits et de leur relativité*, 1929) s'est opposé à Ripert et Planiol. Ce dernier estimait qu'il n'était pas possible d'user d'un droit conféré par la loi et le violer par la même action. En effet, un droit subjectif comme le droit de propriété même utilisé dans son sens le plus absolu ne pourrait pas nuire à autrui. Néanmoins, l'usage de son droit de propriété dans une intention de nuire à autrui avait déjà été sanctionné pour faute. Il en avait été ainsi pour l'édification d'une fausse cheminée dans la seule intention de gêner le voisin (CA Colmar, 2 mai 1855, arrêt Doerr, DP 1856, 2, p. 9). Puis, beaucoup plus radicalement Josserand (op. cit.) a soutenu l'idée que le détournement du droit de son but, de sa finalité sociale, constituait une faute qu'il convient de sanctionner. Bien que critiquée par Ripert (Abus ou relativité des droits, Rev. crit. 1929, p. 33 et s.) cette théorie a fourni un autre fondement à la condamnation de l'abus de droit que la seule intention de nuire.

1169. La jurisprudence n'a pas choisi entre le critère restrictif de l'intention de nuire et le critère extensif du détournement du droit de son but. Les tribunaux exigent une faute dans l'exercice du droit, cette faute pouvant être non intentionnelle. Cette jurisprudence trouve à s'illustrer dans deux domaines particuliers que sont l'abus du droit de propriété et l'abus du droit d'agir en justice.

1170. Il a été pris soin par les codificateurs de protéger le droit de propriété en adoptant un article 544 du Code civil particulièrement impérieux : « la propriété est le droit de jouir et disposer des choses de la manière la plus absolue, pourvu qu'on n'en fasse pas un usage prohibé par les lois ou par les règlements ». Aussi l'abus du droit de propriété n'est il admis que dans des circonstances restrictives. La victime de l'abus doit démontrer que le propriétaire a fait usage de son droit dans l'intention de nuire. Il en est ainsi dans la célèbre affaire Clément-Bayard où le voisin de la fabrique de dirigeables avait installé sur son terrain de hauts piquets surmontés de crochets métalliques. La Cour de cassation a estimé que l'installation sur un terrain d'un dispositif ne présentant aucune utilité et n'ayant d'autre but que de nuire à autrui constitue un abus du droit de propriété (Cass. req. 3 août 1915, GAJC, t. 1, n° 62). De même que la construction d'un mur dans le seul but de priver l'habitation voisine de vue et de lumière est également constitutif d'un abus (Civ. 3e, 30 oct. 1972, Bull. civ. III, n° 576). En revanche, l'empiétement sur le terrain d'autrui justifie la demande de démolition fondée sur l'article 545 du Code civil, l'empiétement fût-il minime (Civ. 3e, 5 déc. 2001, Bull. civ. III, n° 147 ; RDI 2002. 139, obs. M. Bruschi) ; cette défense du droit de propriété contre un empiètement ne saurait dégénérer en abus du droit de propriété (Civ. 3e, 7 juin 1990, Bull. civ. III, n° 140).

1171. L'exigence d'une intention de nuire que l'on perçoit dans les arrêts relatifs à l'abus du droit de propriété ne se retrouve pas lorsque le droit d'ester (agir) en justice. Il faut alors démontrer que l'introduction d'une procédure ou surtout l'exercice d'une voie de recours (appel) a été réalisée avec mauvaise foi ou avec une légèreté blâmable (Civ. 1re, 10 déc. 1968, D. 1969, p. 165). Il en est ainsi d'un recours manifestement irrecevable (Civ. 2e, 15 mars 2001, Bull. civ. II, n° 57). Dans le même esprit l'usage d'une voie d'exécution disproportionnée avec la créance constitue un détournement du droit de son but et dégénère ainsi en abus. Le recours à une saisie immobilière pour le recouvrement d'une créance minime constitue un abus (Civ. 2e, 13 mai 1991, Bull. civ. II, n° 150). Une action en justice ne peut pas, sauf circonstances spécifiques, constituer un abus de droit lorsqu'elle a été accueillie par la juridiction du premier degré, malgré l'infirmation dont sa décision a été l'objet en appel (Com., 9 juill. 2013, n° 12-22.111.

Chapitre 3

Les responsabilités du fait des choses et du fait des produits défectueux

BIBLIOGRAPHIE

L'Argus de l'assurance

Ouvrages. F. Couilbault, S. Couilbault- Di Tommaso, V. Huberty, *Les grands principes de l'assurance*, L'Argus éd., 2015. – J. Landel, *Lexique des termes d'assurance*, L'Argus éd., 2014. – J. Bigot (sous dir.), *Code des assurances*, L'Argus éd.,

Autres documentations

Ouvrages. - J.-S. Borghetti, *La responsabilité du fait des produits, Etude de droit comparé*, LGDJ 2004, collec. « Biblio. de dt. Privé », préf. G. Viney. - M. Bacache-Gibeili, *La responsabilité civile extracontractuelle*, 2e éd., Economica 2012. - Ph. Brun, *Responsabilité civile extracontractuelle*, 3e éd., Litec 2014. -- J. Flour, J.-l. Aubert, E. Savaux, *Le fait juridique*, 14e éd., Sirey 2011 – Y. Lambert-Faivre, S. Porchy-Simon, *Droit du dommage corporel, système d'indemnisation*, 7e éd., Dalloz 2012. - F. Terré, Ph. Simler, Y. Lequette, *Droit civil, « Les obligations »*, 11e éd., Dalloz 2013. – Ph. le Tourneau, *Droit de la responsabilité et des contrats*, Dalloz Action 2008. – G. Viney, *Introduction à la responsabilité*, LGDJ 2e éd., 1995. – G. Viney, p. Jourdain, *Les conditions de la responsabilité*, LGDJ 4e éd., 2013.

1172. La responsabilité du fait des choses occupe une place importante conceptuellement car elle est l'un des premiers régimes de responsabilité sans faute. Néanmoins, depuis 1985, quantitativement, l'essentiel du contentieux n'est plus régi par la responsabilité générale du fait des choses, mais par la loi spéciale relative aux accidents de la circulation (V. partie 3, Titre 1, Sous-titre 2, L'automobile et autres véhicules) ; quant aux choses défectueuses, c'est également un régime spécial qui prévoit la réparation des dommages qu'elles causent.

1173. Les codificateurs ont repris du droit romain les cas de responsabilité spéciaux de la responsabilité du fait des animaux et du fait des bâtiments menaçant ruine. Toutefois, la jurisprudence, après s'être inspirée de la notion de gardien de l'article 1385 du Code civil (désormais renuméroté 1243) pour créer la responsabilité générale du fait des choses, a aligné le régime de la responsabilité du fait des animaux sur celui de la responsabilité générale du fait des choses. Ce régime est donc devenu caduc. En outre, la jurisprudence tente de cantonner le régime des bâtiments menaçant ruine de l'article 1386 (désormais renuméroté 1244) afin de ne pas désavantager les victimes. Enfin, le régime de la communication d'incendie créé dans l'urgence en 1922 par le législateur mériterait lui aussi d'être abandonné afin d'appliquer le droit commun de la responsabilité du fait des choses. L'avant-projet de réforme de la responsabilité civile du 29 avril 2016 maintient la responsabilité du fait des choses en déployant son régime par incorporation de la jurisprudence dans un article 1243. Les responsabilités du fait des bâtiments menaçant ruine (C. civ., anc. art. 1386), du fait des animaux (C. civ., anc. art. 1385) et pour communication d'incendie (C. civ., anc. art. 1384 al. 2) sont supprimées. Pour les deux premières, la jurisprudence les avait déjà assimilées à l'article 1384 alinéa 1er du Code civil (renuméroté 1242 avec la réforme du droit des contrats).

1174. Depuis l'adoption de la loi du 19 mai 1998 aux fins de transposition de la directive du 25 juillet 1985, le régime de la responsabilité du fait des produits défectueux prend une place grandissante, une grande partie de la jurisprudence de la Cour de cassation étant élaborée à partir des dommages provoqués par les produits de santé.

Section 1 ▪ Responsabilité du fait des choses

§ 1 ▪ Autonomie de la responsabilité du fait des choses

1175. Le développement du machinisme en France est postérieur à l'adoption du Code civil. Or, les régimes de responsabilité pour faute personnelle ou d'imprudence (art. 1382 et 1383, C. civ. – renumérotés 1240 et 1241 au 1er oct. 2016) ou du fait des animaux (art. 1385, C. civ. – renuméroté 1243) et des bâtiments menaçant ruine (art. 1386, C. civ. – renuméroté 1244) ne permettaient pas toujours d'imputer le dommage à un responsable. Ce sont les accidents du travail qui ont provoqué les premières avancées jurisprudentielles vers une responsabilité objective du fait des choses. Les tribunaux étaient très embarrassés pour indemniser l'ouvrier ou ses proches, victime de dommages causés par une machine car l'accident n'était pas nécessairement provoqué par la faute de l'employeur. Les magistrats attendaient donc des solutions de la doctrine. Parmi différentes propositions, Laurent, Saleilles et Josserand soutenaient qu'il fallait transformer l'alinéa 1er de l'article 1384 du Code civil (renuméroté 1242 au 1er oct. 2016), simple texte d'annonce, en disposition de fond. La jurisprudence, concomitante de ces réflexions doctrinales, optera pour la consécration du caractère autonome de l'alinéa 1er de l'article 1384. L'arrêt Teffaine de 1896 est rendu à l'occasion du décès d'un machiniste provoqué par explosion d'une partie de machine à vapeur servant à la propulsion d'un remorqueur sur la Loire. La chose présentait bien un vice mais aucune faute n'était imputable à l'employeur. La Cour de cassation fonde l'indemnisation de la veuve sur l'article 1384 alinéa 1er (Civ., 16 juin 1896,DP 1897, 1, 433, note R. Saleilles ; S. 1897, 1, 17, note A. Esmein). Elle affirme ainsi que ce texte revêt une portée générale : on est responsable des choses que l'on a sous sa garde. La loi du 9 avril 1898 sur des accidents du travail qui prévoit l'indemnisation des accidents du travail sans avoir à prouver la faute de l'employeur n'a pas arrêté l'évolution la responsabilité du fait des choses.

1176. Après l'arrêt Teffaine et quelques hésitations de la Cour de cassation, l'évolution de la jurisprudence s'est poursuivie à partir des demandes d'indemnisation des accidents provoqués par les véhicules automobiles. Dans l'arrêt de principe Jand'heur, rendu dans une affaire d'accident de la circulation (Ch. réunies, 13 févr. 1930, DP 1930, 1, p. 57, rapp. Le Marc'hadour, concl. proc. Gal. Matter, note G. Ripert ; S. 1930, 1, 121, note p. Esmein), la Cour de cassation affirme que la responsabilité du fait des choses, ne repose plus sur une présomption de faute mais est fondée sur une présomption de responsabilité : « Attendu que la présomption de responsabilité établie par l'article 1384 alinéa 1er du Code civil, à l'encontre de celui qui a sous sa garde la chose inanimée qui a causé un dommage à autrui ne peut être détruite que par la preuve d'un cas fortuit ou de force majeure ou d'une cause étrangère qui ne lui soit pas imputable ; qu'il ne suffit pas de prouver qu'il n'a commis aucune faute ou que la cause du fait dommageable est demeurée inconnue ». Il était ainsi définitivement créé un régime autonome de responsabilité du fait des choses. En présence d'une responsabilité du fait des choses, la victime doit donc simplement prouver que son dommage est dû au fait de la chose. Il est refusé au gardien une faculté d'exonération reposant sur la démonstration de son absence de faute ou que la cause du fait dommageable est restée inconnue. Pour écarter sa responsabilité le gardien doit prouver la force majeure ou le cas fortuit. L'arrêt constitue donc un ralliement à la théorie du risque, c'est-à-dire qu'une responsabilité objective, sans nécessité de prouver une faute a ainsi été créée.

L'avant-projet de réforme de la responsabilité civile du 29 avril 2016 dispose en son alinéa 1er que l'on est « responsable de plein droit des dommages causés par le fait des choses corporelles que l'on a sous sa garde ».

§ 2 ▪ Fait d'une chose

1177. Les choses entrant dans le champ d'application de l'article 1242 (anc. art. 1384) alinéa 1er du Code civil doivent faire l'objet d'une identification précise afin de déterminer ensuite dans quelle mesure le fait de la chose a été l'instrument du dommage.

A ▪ Chose

1178. Après qu'une responsabilité autonome du fait des choses a été créée par l'arrêt Teffaine de 1896 (préc.), les détracteurs d'une responsabilité objective ont tenté de cantonner ce nouveau régime favorable aux victimes en proposant des distinctions selon les différentes choses. Ces distinctions sont indifférentes ; aussi, des choses très diverses relèvent-elles de l'article 1384 alinéa 1er.

B ▪ Toute chose, sans distinction

1179. Les détracteurs d'une responsabilité objective du fait des choses ont soutenu que dans les situations où l'homme dirige la chose, il n'y avait pas lieu de faire application de l'article 1384 alinéa 1er du Code civil, renuméroté 1242 au 1er oct. 2016. Les chambres réunies de la Cour de cassation décidèrent par l'arrêt Jand'heur du 13 février 1930 (préc.) que « la loi, pour l'application de la présomption qu'elle édicte, ne distingue pas suivant que la chose qui a causé un dommage était ou non actionnée par la main de l'homme ». La solution est parfaitement fondée car il aurait été extrêmement difficile d'isoler les cas dans lesquels l'intervention de l'homme est exclue du dommage causé.

1180. Après l'arrêt Teffaine, la question s'est posée du cantonnement de la responsabilité objective du fait des choses aux seules choses atteintes d'un vice. Toutefois, un arrêt a nettement indiqué que ce régime s'appliquait également à une chose exempte de vice interne (Civ., 16 nov. 1920, D. 1922, 1, p. 25). L'arrêt Jand'heur en 1930 (préc.) rejeta très nettement cette distinction par une motivation de principe qui fonde la responsabilité sur la garde et non sur la qualité de la chose : « la loi, pour l'application de la présomption qu'elle édicte, ne distingue pas suivant que la chose qui a causé un dommage était ou non actionnée par la main de l'homme ; qu'il n'est pas nécessaire qu'elle ait un vice inhérent à sa nature et susceptible de causer le dommage, l'article 1384 rattachant la responsabilité à la garde de la chose, non à la chose elle-même ». Ainsi les choses qui ne présentent aucun degré de dangerosité peuvent-elles relever de l'application de la responsabilité objective (pour un canapé, Civ. 2e, 15 févr. 1984, Bull. civ. II, n° 29).

C ▪ Différentes choses

1181. Le plus souvent les arrêts rendus concernent trois catégories de choses qui sont les moyens de transport, les immeubles, l'outillage industriel ou agricole. Dès lors que la chose est douée de vie et appartient au règne animal, le dommage causé relève de l'article 1243 (anc. art.1385) du Code civil relatif aux dommages causés par les animaux dotés d'un gardien. On peut néanmoins indiquer immédiatement que le régime établi par l'article 1243 du Code civil est désormais assimilé à celui de la responsabilité générale du fait des choses.

1182. Concernant les dommages provoqués par un immeuble ou un de ces éléments, dans un premier temps la jurisprudence a voulu rattacher ces dommages causés à l'article 1386 du Code civil, renuméroté 1244 au 1er oct. 2016, afin d'adoucir l'exigence d'une faute. Cependant, après la reconnaissance d'un principe général de responsabilité objective du fait des choses, la jurisprudence s'est employée à cantonner le champ d'application de ce texte aux seuls dommages provoqués par les immeubles menaçant ruine. Aussi les accidents d'ascenseur relèvent-ils de l'article 1384 alinéa 1er du Code civil (Req., 6 mars 1928, DP 1928, 1, p. 97, note L. Josserand), renuméroté 1242 à la suite de la réforme du droit des contrats.

1183. La question s'est posée de savoir si les dommages qui seraient provoqués par des choses incorporelles sont susceptibles d'entraîner l'application de l'article 1384 (1242) alinéa 1er du Code civil. La réponse doit être, in abstracto, positive car on ne voit pas, une fois le principe général de responsabilité objective du fait des choses posé, la raison pour laquelle on devrait en exclure certaines catégories de choses. En effet, la jurisprudence a toujours refusé d'opérer une quelconque distinction entre les choses. C'est ainsi qu'il a pu être jugé qu'une image de télévision susceptible de conservation était bien une chose au sens de l'article 1384 (1242) du Code civil (TGI Paris, 27 févr. 1991, JCP G 1992, II, 21809, note Ph. le Tourneau). Les seules dérogations ne se manifestent qu'en présence d'un régime spécial de responsabilité. Il reste que la responsabilité du fait d'une chose incorporelle demeure largement une hypothèse d'école car il sera le plus souvent possible d'invoquer la responsabilité du fait personnel (art. 1382, C. civ.) du détenteur de cette chose. Aussi, l'avant-projet de réforme de la responsabilité civile du 29 avril 2016 prévoit en son article 1243 alinéa 1er que seules les choses corporelles entrent dans le champ d'application de ce régime.

1184. Aux termes de l'arrêt Jand'heur, la responsabilité fondée sur l'article 1384 (1242) alinéa 1er du Code civil repose sur la garde ; il est donc nécessaire que la chose soit détenue afin de justifier de l'application du principe de responsabilité objective du fait des choses. Aussi a-t-il été décidé que les choses sans maître et les choses abandonnées ne peuvent être soumises à un tel régime de responsabilité. Ce refus s'est appliqué aux pierres tombées sur le passage d'alpinistes (Civ. 2e, (2 esp.) 24 avr. 2003, Bull. civ. II, n° 115 et 116). Toutefois, dès lors que la chose sans maître est projetée, l'auteur du jet devient le gardien. C'est ainsi que des émissions de particules ont pu être attribuées à un gardien et engager la responsabilité de ce dernier (particules d'amiante ramenées par un employé à son domicile, maladie de l'asbestose contractée par l'épouse, responsabilité de l'entreprise, CA Caen, 20 nov. 2001, JCP G 2003, II, 10045, note F. G. Trébulle).

D ▪ Chose instrument du dommage

1185. La présence d'une chose dans la survenance du dommage incite la victime à invoquer le principe général de responsabilité objective du fait des choses. La jurisprudence a répondu favorablement à cette attitude en menant une politique d'effacement du fait de l'homme au profit du fait de la chose. Par ailleurs, la responsabilité du fait des choses n'étant pas une responsabilité pour faute, le seul fait de la chose suffit à engager la responsabilité de son gardien. Il appartient à la victime de montrer que le fait de la chose est la cause génératrice du dommage pour établir le lien de causalité. Toutefois, cette preuve du rôle causal de la chose est plus ou moins facile à rapporter selon que la chose était en mouvement au moment du dommage ou inerte.

1 ▪ Effacement du fait de l'homme

1186. La jurisprudence a considéré que la présence de l'homme ou l'intervention du fait de l'homme au moment de la production du dommage permettait néanmoins d'appliquer l'article 1384 alinéa 1er du Code civil, désormais renuméroté 1242. La mise en mouvement de la chose par l'homme est donc un élément indifférent pour l'application de la responsabilité du fait des choses (application de l'article 1384 alinéa 1er pour une blessure par un coup de fourche volontairement assené, Civ. 2e, 20 mai 1974, JCP 1975, II, 18183, note N. Dejean de la Bâtie).

1187. L'effacement du fait de l'homme s'est manifesté à l'occasion d'accidents dans lesquels l'auteur du dommage est juché sur la chose ou équipé de cette chose. C'est ainsi qu'est née la « théorie des ensembles ». Cette dernière a trouvé à s'appliquer aux collisions de cyclistes ou de skieurs. L'idée repose sur la constatation que l'auteur de l'accident « formait un ensemble avec la bicyclette sur laquelle il se tenait » (Crim., 21 juin 1990, Bull. crim., n° 257 ; RTD civ. 1991, p. 124, obs. p. Jourdain). L'idée est identique pour les accidents de ski où le skieur forme un tout avec son équipement qui lui permet d'acquérir de la vitesse (Toulouse, 14 mars 1958, JCP 1961, II, 1942 bis).

2 ▪ Fait de la chose cause génératrice du dommage

1188. Il est nécessaire pour la victime de rapporter la preuve que la chose, en quelque manière que ce soit et ne fût-ce que pour partie, est l'instrument du dommage. Ainsi, a-t-il été décidé que la sonnerie d'un portique de magasin est intervenue dans le dommage moral subi par le client soupçonné de vol (Civ. 2e, 5 juin 1991, D. 1992, p. 409, note C. Lapoyade Deschamps). Il n'est pas exigé en jurisprudence qu'il y ait contact entre la chose et la victime (exigence expressément écartée par Civ., 22 janv. 1940, DC 1941, p. 101, note R. Savatier).

1189. Concernant la preuve du rôle causal, la Cour de cassation a décidé qu'il suffit pour la victime de démontrer que la chose a contribué à la réalisation du dommage, pour que le gardien soit tenu de réparer (Civ., 9 juin 1939, DH 1939, 2, p. 283). Il appartient alors au gardien de rapporter la preuve contraire (ibid.). Si un doute subsiste sur l'origine du dommage, c'est-à-dire que le gardien ne parvient pas à démontrer le caractère tout à fait étranger de la chose à la survenance du dommage ou que les circonstances de l'accident demeurent imprécises, la victime devra être indemnisée. Jurisprudence et doctrine ont du précisé encore la charge de la preuve, en organisant un jeu de présomption, selon que la chose à l'origine du dommage est inerte ou non.

1190. Un arrêt de principe a été rendu précisant que « la chose est présumée être la cause du dommage, dès lors qu'inerte ou non, elle est intervenue dans sa réalisation » (Civ., 19 févr. 1941, DC 1941, p. 85, note J. Flour). L'évolution jurisprudentielle postérieure à cet arrêt conduit à décrire le régime probatoire du fait de la chose en distinguant entre différentes situations. La situation la plus simple est celle dans laquelle la chose en mouvement est entrée en contact avec le siège du dommage, la victime bénéficie alors d'une présomption de causalité entre le fait de la chose et le dommage. En revanche, lorsque la chose mobile n'a pas heurté directement le corps ou un bien de la victime, le doute qui subsiste sur le rôle causal du fait de la chose empêche l'indemnisation. En présence d'un dommage provoqué par une chose inerte, il appartient à la victime de prouver le rôle de la chose. Néanmoins, des arrêts récents semblent remettre en cause cette jurisprudence, la Cour de cassation pourrait se contenter désormais de la preuve que la chose, même inerte, a simplement été l'instrument du dommage.

1191. Lorsque, au moment du dommage, la chose était en mouvement et qu'elle est entrée en contact avec le siège du dommage, le corps de la victime ou un bien, le fait de la chose est considéré comme la « cause génératrice » du dommage (Civ. 2e, 2 avr. 1997, 2 esp., Bull. civ. II, n° 109 ; RCA 1997, n° 255, note F. Leduc, 1re esp. pour un ascenseur, 2de esp. pour un escalator). La présomption de lien de causalité ainsi établie ne peut être renversée par le gardien qu'en apportant la démonstration de force majeure ou de la cause étrangère (Civ. 2e, 11 mai 1999, Contrats, conc., consom. 1999, comm. n° 140, obs. L. Leveneur). Lorsque la chose mobile ou en mouvement n'est pas entrée directement en contact avec le siège du dommage la victime doit montrer le rôle causal du fait de la chose sans bénéficier d'une présomption de causalité. Les hypothèses dans lesquelles cette jurisprudence va trouver à s'appliquer sont assez variées. Il peut, en premier lieu, s'agir d'une responsabilité du fait d'une chose qui en a actionné une autre (balle projetée par une raquette, responsabilité du gardien de la raquette Civ. 2e, 28 mars 2002, Bull. civ. II, n° 67 ; LPA, 4 sept. 2002, note J.-B. Laydu ; RTD civ. 2002, p. 520, obs. p. Jourdain). En second lieu, c'est la présence « anormale » ou l'action de la chose qui a pu susciter une réaction de peur de la victime et provoquer l'accident (Civ. 2e, 26 févr. 1970, Bull. civ. II, n° 345, planeur heurtant le sol afin d'éviter un avion). Quand la victime du fait de la chose qui ne sera pas entrée directement en contact avec le siège du dommage n'aura pas réussi à démontrer le rôle causal de la chose, elle supportera le risque de la preuve et ne sera pas indemnisée (Civ. 2e, 8 juill. 1971, D. 1971, p. 690 ; RTD civ. 1972, p. 401, obs. G. Durry).

1192. La réparation du dommage provoqué par une chose inerte, qu'il s'agisse du heurt de la victime avec une chaise ou contre une paroi de verre, d'une chute sur le sol ou dans un escalier, constitue une source importante de contentieux. Par un arrêt de principe (Civ., 19 févr. 1941, DC 1941, p. 85, note J. Flour), la Cour de cassation avait posé une présomption de causalité du fait de la chose inerte ou non dès lors qu'elle est intervenue dans la réalisation du dommage. Or, la Cour de cassation, influencée par une doctrine qui souhaitait réintroduire la faute dans le régime de la responsabilité objective du fait des choses, a ensuite écarté cette présomption de causalité en présence d'une chose inerte. Depuis les années 1960, la victime du dommage provoqué par une chose inerte est obligée de prouver que la chose est dans une position anormale ou qu'elle présente un vice afin de pouvoir engager la responsabilité de son gardien (Civ. 2e, 19 oct. 1961, Bull. civ. II, n° 675). Ainsi, par exemple, la responsabilité du gardien d'escaliers n'est pas engagée dès lors que ceux-ci ne présentent aucun danger particulier (Civ. 2e, 7 mai 2002, Bull. civ. II, n° 92, D. 2003, somm. p. 461, obs. p. Jourdain, escalier d'hôtel éclairé et non dangereux). En revanche, lorsque la chose est dans une position anormale la victime pourra engager la responsabilité du gardien (Civ. 2e, 14 déc. 2000, RCA 2001, comm. n° 76, jardinières installées de façon anormale).

1193. Dans certaines circonstances la Cour de cassation semble adopter une position plus favorable aux victimes d'une chose inerte. Il en est ainsi pour les parois ou les portes vitrées pour lesquelles dès lors qu'elles ont été l'instrument du dommage le gardien est tenu d'indemniser (pour des parois vitrées : Civ. 2e, 12 mai 1980, JCP G 1981, II, 19684, note N. Dejean de la Bâtie ; pour une porte vitrée : Civ. 2e, 29 avr. 1998, Bull. civ. II, n° 142 ; JCP G 1998, I, 185, obs. G. Viney ; RTD civ. 1998, p. 913, obs. p. Jourdain). À l'occasion d'une affaire dans laquelle une boite aux lettres avait été installée en débordement sur un trottoir, la jurisprudence de la Cour de cassation a également pu paraître infléchir sa position en direction d'un retour à une présomption de causalité dès lors que la chose inerte a été l'instrument du dommage (Civ. 2e, 25 oct. 2001, Bull. civ. II, n° 162 ; D. 2002, p. 1450, note C. Prat ; JCP G 2002, I, 122, obs. G. Viney ; RTD civ. 2002, p. 108, obs. p. Jourdain). Cette solution est confortée par un autre arrêt rendu dans une affaire où une automobiliste a été blessée en raison du heurt de deux plots en béton parfaitement signalés qui marquaient un passage piéton (Civ. 2e, 18 sept. 2003, D. 2003, p. 25, note N. Damas).

1194. Dans les arrêts rendus postérieurement à ceux laissant penser que le simple fait causal de la chose suffisait (V. supra, Civ. 2e, 25 oct. 2001, préc. ; Civ. 2e, 18 sept. 2003, préc.), il est exigé nettement par la Cour de cassation que la chose présente un caractère anormal pour être l'instrument du dommage (Civ. 2e, 25 nov. 2004, Bull. civ. II, n° 507 ; Civ. 2e, 24 févr. 2005, 2 arrêts, Bull. civ. II, n° 51 et 52 ; Civ. 2e, 16 oct. 2008, n° 07-17.485 ; Civ. 2e, 29 mars 2012, n° 10-27.553, muret en béton sans position anormale, pas de responsabilité).

§ 3 ▪ Une responsabilité fondée sur la garde

1195. Le fondement de la responsabilité du fait des choses ne se trouve pas dans le fait matériel de la chose, mais dans la garde de la chose. Dans l'arrêt Jand'heur (préc.), la Cour de cassation avait bien insisté sur ce point en indiquant que l'article 1384 rattache « la responsabilité à la garde de la chose, non à la chose elle-même ». La notion clé de garde doit être précisée en évoquant les modes de détermination du gardien ; ce dernier peut décider de transférer la garde ce qui emportera transfert de la responsabilité ; enfin il peut exceptionnellement être décidé que la garde est commune, la doctrine et la jurisprudence ayant créé pour les choses dangereuses une possibilité de garde divisée.

A ▪ Garde et gardien

1 ▪ Notion de garde

1196. C'est à l'occasion d'une affaire de véhicule volé dans laquelle le voleur avait provoqué un accident avec le véhicule dérobé que la Cour de cassation a défini les critères de la garde. À partir de cette espèce, deux conceptions de la garde se sont affrontées. La première privilégiait la garde juridique qui liait la garde à la qualité de propriétaire afin que l'assureur indemnise la victime. Une seconde thèse s'est fait jour qui mettait en œuvre la garde matérielle de la chose, c'est-à-dire la recherche au moment du dommage de celui qui exerçait un pouvoir de contrôle sur la chose. L'arrêt de principe Franck c/Connot a ainsi permis de donner une définition de la garde (Ch. réunies, 2 déc. 1941, DC 1942, p. 25, note G. Ripert ; S. 1941, 1, p. 217, note H. Mazeaud ; JCP 1942, II, 1766 ; Grands arrêts, préc. T. 2, n° 194). En indiquant que le propriétaire du véhicule « privé de l'usage, du contrôle et de la direction de sa voiture, n'en avait plus la garde et n'était plus, dès lors, soumis à la présomption de responsabilité édictée par l'article 1384 alinéa 1er », la Cour de cassation a ainsi consacré la garde matérielle. La garde est caractérisée par le pouvoir d'usage de direction et de contrôle sur la chose au moment du dommage.

1197. La garde représente la maîtrise de la chose ou son contrôle extérieur. Le contrôle correspondrait à l'idée que le gardien a le pouvoir d'éviter que la chose cause un dommage. La direction

représente le pouvoir de guider la chose. Le fait de toucher la chose ou de prendre appui sur elle n'établit pas la garde (Civ. 2e, 24 avr. 2003, Bull. civ. II, n° 115, l'alpiniste ne devient pas gardien de la pierre sur laquelle il prend appui) ; toutefois, donner un coup de pied dans une bouteille abandonnée suffit à établir un pouvoir sur celle-ci (Civ. 2e, 10 févr. 1982, JCP G 1983, II, 20069, note A. Coeuret). La garde n'est donc pas juridique (le gardien n'est pas nécessairement le propriétaire) mais matérielle, sans que la jurisprudence n'exige cumulativement les pouvoirs d'usage, de direction et de contrôle.
L'avant-projet de réforme de la responsabilité civile du 29 avril 2016 dispose en son article 1243 alinéa 4 que le gardien est celui qui a l'usage, le contrôle et la direction de la chose au moment du fait dommageable. Le propriétaire est présumé gardien.

2 ▪ Détermination du gardien

1198. La présomption de la qualité de gardien qui pèse sur le propriétaire s'inscrit dans la logique du droit de propriété, le propriétaire ayant par essence les pouvoirs d'usage, de direction et de contrôle sur la chose. En outre, une telle présomption permet à la victime, en cas d'hésitation sur le gardien au moment du dommage d'assigner le propriétaire qui pourra alors démontrer qu'il avait transféré la garde. La présomption est parfois explicitement rappelée par la jurisprudence (Civ. 2e, 16 mai 1984, Bull. civ. II, n° 86 ; RTD civ. 1985, p. 585, obs. J. Huet). Si une incertitude persiste sur la désignation du gardien, le propriétaire sera condamné (par exemple, Civ. 2e, 14 juin 1995, Bull. civ. II, n° 185). Le préposé (le plus souvent un salarié), dès lors qu'il est bien dans les liens de préposition au moment du dommage, ne devient jamais le gardien ; la garde est maintenu au commettant (le plus souvent un employeur). La jurisprudence est nettement fixée pour affirmer qu'il y a « incompatibilité entre les qualités de préposé et de gardien » ; la préposition est donc exclusive de la garde (Civ., 27 avr. 1929, DP 1929, 1, p. 129, note G. Ripert ; S. 1929, 1, p. 297, note Hugueney). Toutefois, la garde peut être retenue facilement ; il en a été ainsi pour un personne qualifiée de gardien bien que non propriétaire parce qu'elle avait fait visiter à plusieurs reprise une cave (Cass. Civ. 2e, 14 juin 2012, n° 11-10.531).

1199. La garde est une notion purement objective. Par faveur accordée aux victimes, il a été décidé que l'absence de discernement n'empêchera pas de reconnaître la qualité de gardien. L'article 414-3 du Code civil, créé par la loi du 3 janvier 1968, prévoit qu'une responsabilité délictuelle de la personne sous l'empire d'un trouble mental peut être établie. Les arrêts de principe de 1984 ont supprimé l'exigence de la capacité de discernement pour engager la responsabilité délictuelle de l'auteur du dommage (Cass. ass. plén., 9 mai 1984, sur la garde, 3e arrêt Gabillet, D. 1984, p. 525, note F. Chabas ; JCP G 1984, II, 20255, note N. Dejean de la Bâtie ; RTD civ. 1986, p. 120, obs. J. Huet). Il suffit dorénavant d'observer que le mineur a l'usage, le contrôle et la direction de la chose pour que l'article 1384 alinéa 1er trouve à s'appliquer sans avoir à rechercher si ce dernier comprenait les conséquences de ses actes (Civ. 2e, 17 oct. 1990, Bull. civ. II, n° 204). L'enfant qui n'est pas doté de la capacité de discernement, l'infans, peut donc être qualifié de gardien. La finalité d'une telle règle, qui rend objective la responsabilité, est de permettre d'indemniser la victime grâce à l'assurance (assurance responsabilité civile des parents), sans plus se préoccuper du caractère rationnel de la norme ainsi établie.

B ▪ Transfert de la garde

1200. Le transfert de la garde emporte transfert de la responsabilité à la charge du nouveau gardien. Il appartient donc au propriétaire de montrer qu'il a transféré la garde antérieurement au dommage afin d'écarter sa responsabilité (par ex., Civ. 2e, 28 févr. 1996, Bull. civ. II, n° 62 ; pour une commune montrant que seul le département avait un pouvoir d'intervention sur une falaise surplombant une route départementale, la garde de la falaise appartenant au domaine privé de la commune, a été transférée au département, Civ. 2e, 3 mars 2011, n° 10-11.472). Le transfert peut être involontaire. On se trouve alors dans le cas du propriétaire dépossédé, c'est-à-dire, par exemple, du vol, espèce qui avait donné lieu à l'arrêt Franck c/ Connot (préc.). Dans ce cas, la garde est transférée au détenteur, à charge toutefois pour le propriétaire de montrer qu'il n'était pas le gardien au moment du dommage.

1201. Dès lors que la propriété d'un bien ou son usufruit sont transmis, il est évident que la maîtrise de la chose est transférée par la même opération ; l'acquéreur, le donataire ou légataire et l'usufruitier deviennent les gardiens. Pour les autres contrats qui ne créent ou ne transfèrent pas de droits réels, les contrats conclus avec des professionnels opèrent transfert de la garde, mais en revanche ceux conclus avec des non professionnels n'opèrent pas nécessairement ce transfert. Lorsque le contrat qui emporte remise de la chose est conclu par un non-professionnel avec un professionnel, la jurisprudence reconnaît facilement un transfert de la garde. En effet, le professionnel sera, le plus souvent, assuré, il sera donc possible de procéder à une indemnisation de la victime. Ainsi, par exemple, le garagiste qui se voit confier un véhicule en devient le gardien (Civ. 2e, 8 mai 1964, Bull. civ. II, n° 356 ; RTD civ. 1965, p. 128, obs. R. Rodière). Quand la chose est remise en vertu d'un contrat passé entre professionnels les juges rechercheront lequel avait le pouvoir d'usage, de contrôle et de direction au moment du dommage. Ainsi, lors d'une location de matériels entre professionnels, le locataire devient-il le gardien (Civ. 2e, 20 nov. 1996, Bull. civ. II, n° 260). C'est ainsi que le chargement de fioul lourd vers un tanker transfère la garde de la compagnie pétrolière vers l'armateur du navire (Civ. 3e, 17 déc. 2008, Erika, n° 04-12.315, Bull. civ. III, n° 206). En présence d'une remise de la chose à un non professionnel, la jurisprudence opère alors au cas par cas selon l'étendue des pouvoirs conférés sur la chose mise à disposition. Le bail et le prêt à usage auprès de non-professionnels ou entre non-professionnels représentent des contrats qui ont donné lieu à de nombreuses affaires. Ainsi la location va-t-elle engendrer le plus souvent, un transfert de la garde du bailleur vers le locataire (Ch. mixte, 26 mars 1971, JCP G 1972, II, 16957, note N. Dejean de la Bâtie). À l'occasion d'un prêt à usage l'emprunteur devient le gardien s'il acquiert le pouvoir sur la chose (Civ. 2e, 14 janv. 1999, Bull. civ. II, n° 13 ; RTD civ. 1999, p. 630, obs. p. Jourdain, chariot de magasin, garde transférée au client).
Lorsqu'un bien meuble, une échelle en l'espèce, est présente dans un local qui vient d'être acquis définitivement (acte notarié signé la veille et remise des clés), la garde a été transférée à l'acquéreur ; si ce dernier se blesse il faut qu'il démontre que la garde de la chose à l'origine du dommage a été re-transférée au précédent propriétaire (Civ. 2e 13 nov. 2008, n° 07-19.797).

1202. Il existe bien des cas dans lesquels le dessaisissement s'est opéré sans contrat. La chose, telle qu'un outil ou un engin, peut, par exemple, être mise à disposition d'un tiers par son propriétaire afin de se faire assister dans une activité. Or ce tiers est blessé ou blesse un autre personne en maniant la chose. Dans de telles circonstances, la jurisprudence opère au cas par cas. Il est parfois décidé que la mise à disposition d'un engin telle qu'une débroussailleuse n'opère pas le transfert de la garde à celui qui le manie (CA Paris, 4 févr. 2002, RCA 2002, comm. n° 189, et la note). En revanche, la Cour de cassation a estimé qu'il y a eu transfert de la garde du fait du maniement de l'outil à l'occasion de travaux bénévole de bûcheronnage (Civ. 2e, 28 nov. 2002, RCA 2003, comm. n° 61).

C ▪ Garde commune et garde divisée

1 ▪ Garde commune

1203. Le principe est clairement énoncé par la Cour de cassation qu'en présence de pouvoirs concurrents, il convient de désigner un gardien unique car la garde présente un caractère « alternatif et non cumulatif » (Civ., 30 déc. 1936, DP 1937, 1, p. 5, rapport L. Josserand, note R. Savatier). Le sens de l'expression s'explique par la situation dans laquelle les pouvoirs concurrents ne sont pas détenus au même titre ; il ne saurait donc y avoir de garde commune entre le commettant et le préposé ou le locataire et le propriétaire.

1204. Pour qu'une garde commune ou garde collective soit reconnue il est nécessaire que des pouvoirs de droit ou de fait soient exercés au même titre. Il en est ainsi pour les copropriétaires (Civ. 2e, 21 nov. 1979, Bull. civ. II, n° 274). En revanche, la garde en commun n'est pas établie dès lors qu'il est possible de discerner un membre du groupe à l'origine des initiatives (Civ. 2e, 8 mars 1995, Bull. civ. II, n° 83, à propos d'un voilier). La notion de garde en commun a trouvé à s'appliquer aux accidents provoqués par des armes lorsqu'il n'est pas possible pour la victime d'identifier nettement le gardien et la chose à l'origine du dommage, notamment en présence d'un groupe de chasseurs. Il a ainsi été décidé que plusieurs tireurs qui actionnent leur arme simultanément exercent la garde en commun de la gerbe de plombs qui est ainsi formée (Civ. 2e, 15 déc. 1980, Bull. civ. II, n° 269, D. 1981, jur. p. 455, note E. Poisson-Drocourt ; RTD civ. 1981, obs. G. Durry).

1205. La notion de garde commune ou collective peut conduire à l'exclusion de la réparation de la victime. En effet, il a été décidé que le co-gardien victime ne saurait bénéficier de la responsabilité de plein droit fondée sur l'article 1384 alinéa 1er du Code civil ; ce dernier doit exercer son action sur le fondement des articles 1382 ou 1383 du même code, dans la mesure où il partageait la garde. L'absence de réparation du co-gardien a trouvé à s'illustrer le plus fréquemment dans des accidents de jeux ou de sports. Dans ce dernier cas la garde en commun peut être rapprochée de la théorie de l'acceptation des risques en matière sportive. En effet, traditionnellement, les participants à un jeu peuvent être déclarés co-gardiens d'une balle, par exemple, qui viendrait à blesser l'un des joueurs. Il faudra alors que la victime co-gardien démontre une faute pour obtenir réparation ; à défaut, celle-ci sera privée d'indemnisation (Civ. 2e, 20 nov. 1968, Bull. civ. II, n° 277 ; RTD civ. 1969, p. 335, obs. G. Durry, balle de tennis, joueur blessé déclaré co-gardien, absence d'indemnisation). Il semble toutefois que la jurisprudence récente en matière de garde commune par un groupe de sportifs est beaucoup plus encline à désigner un gardien unique dès que possible afin d'éviter que le co-gardien blessé ne soit pas indemnisé (Civ. 2e, 28 mars 2002, RCA 2002, comm. n° 192, partie de base-ball improvisée avec des raquettes transformée en batte, garde de la balle au lanceur, pas de garde en commun des joueurs).

2 ▪ Distinction entre la garde de la structure et garde du comportement

1206. Bien que la garde ne se divise pas, l'idée a été émise d'opérer une distinction entre garde de la structure et garde du comportement. Le gardien au moment du dommage n'est pas nécessairement en mesure de prévenir les conséquences du vice qui affecterait la chose. Il fallait donc, dans certaines circonstances, permettre de maintenir la responsabilité à la charge du propriétaire. Dans ce but un auteur a établi une distinction entre garde de la structure et garde du comportement. Goldmann a systématisé la distinction entre garde de la structure et garde du comportement. Le propriétaire reste le gardien de la structure de la chose et le « gardien temporaire » que sont les transporteurs, dépositaires, locataires n'est que le gardien du comportement de la chose (B. Goldmann, *La détermination du gardien responsable du fait des choses inanimées*, Thèse Lyon 1946, éd., Sirey, 1947, préf. p. Roubier). Le gardien du comportement n'a qu'à veiller à ne pas placer la chose dans une position anormale et la manipuler avec des précautions d'usage ; le vice affectant la chose relevant du propriétaire qui doit être tenu pour seul responsable à ce titre.

1207. Cette distinction qui avait d'abord connu un accueil assez favorable en doctrine est désormais très critiquée. En effet, la réintroduction d'une approche subjective qui consiste à rechercher celui qui aurait pu empêcher le dommage, dans une responsabilité de plein droit objective, ne peut que compliquer inutilement le régime de la responsabilité du fait des choses.

1208. La distinction entre garde de la structure et garde du comportement a été consacrée à l'occasion de l'affaire de l'Oxygène liquide. Une bouteille avait explosé et blessé un préposé du transporteur au cours d'une opération de déchargement. La Cour de cassation a estimé qu'« au lieu de se borner à caractériser la garde par la seule détention matérielle, les juges du fond devaient, à la lumière des faits de la cause et compte tenu de la nature particulière des récipients transportés et de leur conditionnement, rechercher si le détenteur auquel la garde aurait été transférée avait l'usage de l'objet qui a causé le préjudice, ainsi que le pouvoir d'en surveiller et d'en contrôler tous les éléments » (Civ. 2e, 5 janv. 1956, D. 1957, jur. p. 261, note R. Rodière ; JCP G 1956, II, 9095, note R. Savatier, puis dans la même affaire Civ. 2e, 10 juin 1960, D. 1960, p. 609, note R. Rodière, cassation de la cour de renvoi CA Angers qui avait refusé de s'incliner). Cet arrêt marque ainsi un choix de procéder à l'application de la distinction à des choses présentant un caractère dangereux.

1209. La garde divisée ne trouve à s'appliquer que pour des choses particulières pour lesquelles le détenteur n'est pas en mesure de contrôler les dommages qu'elles peuvent provoquer car ils ne maîtrisent pas leur contenu ou leur fonctionnement ; ces dernières étant dotées d'un « dynamisme propre et dangereux » ou d'un « dynamisme susceptible de se manifester dangereusement ». La jurisprudence a donc procédé à la distinction entre garde de la structure et garde du comportement pour des produits susceptibles d'exploser ou d'imploser notamment en raison de la présence de gaz ou d'un mécanisme que seul le fabricant maîtrise. Les bouteilles de boisson gazeuse ont donné régulièrement l'occasion d'appliquer la théorie. Le gardien de la structure est tenu pour responsable des dommages provoqués par l'explosion de la bouteille nonobstant les éventuelles ventes successives (Civ. 2e, 12 nov. 1975, JCP G 1976, II, 18479, 1re esp., note G. Viney, détaillant blessé par bouteille de boisson gazeuse, fabricant qualifié de gardien de la structure). Néanmoins, il a pu être retenu une distinction entre garde de la structure et garde du comportement pour des choses qui ne sont pas intrinsèquement dangereuses (par exemple, Civ. 3e, 12 juin 1969, Bull. civ. III, n° 473, une canalisation d'eau). Plus récemment, il a été décidé qu'un aéroclub pouvait être désigné comme gardien de la structure d'un avion utilisé par trois passagers (Civ. 1re, 27 févr. 2007, n° 03-16.683, Bull. civ. I, n°89).

1210. Le propriétaire de la chose est supposé être le gardien de la structure. Cette présomption rejoint la présomption générale de garde qui pèse sur le propriétaire. La jurisprudence ne s'est pas arrêtée au seul propriétaire pour imputer la garde de la structure. Cette garde a parfois été attribuée au fabricant (Civ. 2e, 5 juin 1971, Bull. civ. II, n° 204 ; Civ. 2e, 2 févr. 1982, D. 1982, IR, 330). Cependant, lorsque l'accident est du à un maniement défectueux de la chose, le gardien du comportement est alors le seul responsable (Civ. 2e, 13 déc. 1989, Bull. civ. II, n° 222 ; RTD civ. 1990, p. 292, obs. p. Jourdain).

1211. En raison de la complexité de la distinction entre la garde de la structure et la garde du comportement, on peut penser que la transposition par la loi du 19 mai 1998 de la Directive sur la responsabilité du fait des produits défectueux a sonné le glas de cette théorie. Les articles 1245 et suivants (anc. art. 1386-1 et s.) du Code civil qui instaurent un régime de réparation des dommages causés par le défaut d'un produit, que la victime soit acquéreur ou tiers, ont vocation à s'appliquer aux choses dangereuses dotées d'un dynamisme propre. Dès lors qu'il s'agira d'un préjudice corporel, il pourrait être plus aisé de faire application de ces nouvelles dispositions.

§ 4 ▪ Causes d'exonération du gardien

1212. Lorsque le gardien est identifié et que la chose qu'il détient a été l'instrument du dommage, il est tenu d'indemniser la victime. La responsabilité objective instaurée sur le fondement de l'article 1242 (anc. art. 1384) alinéa 1er du Code civil, ne repose plus sur une présomption de faute qu'il suffirait d'écarter en démontrant l'absence de faute. La jurisprudence rappelle donc régulièrement que l'absence de faute du gardien ne constitue pas une cause d'exonération (Civ. 2e, 20 juill. 1981, Bull. civ. II, n° 170 ; JCP G 1982, II, 19848, note F. Chabas ; RTD civ. 1982, p. 423, obs. G. Durry). En revanche l'exonération sera totale en cas de force majeure ou partielle en présence d'une faute de la victime.

A ▪ Causes d'exonération totale du gardien en cas de force majeure

1 ▪ Cas fortuit ou de force majeure

1213. La force majeure ou le cas fortuit se caractérise comme un événement extérieur, imprévisible et irrésistible. Lorsque la force majeure est constatée l'auteur du dommage est intégralement déchargé de son obligation de réparation car il est exonéré de sa responsabilité. Néanmoins, l'examen de la jurisprudence relative à la force majeure dans la responsabilité du fait des choses révèle que l'extériorité continue d'être requise pour que l'événement soit qualifié de cas fortuit. Aussi le vice interne de la chose ne saurait-il permettre une exonération (Civ. 2e, 12 déc. 2002, RCA 2003, comm. n° 60).

1214. La caractéristique même de la force majeure est de produire une exonération totale de celui qui parvient à en démontrer l'existence. Aussi la jurisprudence s'était-elle égarée en retenant un partage de responsabilité lorsqu'un phénomène naturel s'est conjugué à une défaillance de la chose pour produire le dommage. Il a ainsi été jugé que l'armateur du paquebot Lamoricière, ne devait que le cinquième de l'indemnisation des victimes de son naufrage, car ce dernier était du à la fois à la défaillance des machines et à la tempête (Com., 19 juin 1951, D. 1951, jur., p. 717, note G. Ripert ; JCP G 1951, II, n° 6426, note E. Becqué). Toutefois cette position a été abandonnée (Civ. 2e, 30 juin 1971, Bull. civ. II, n° 240). Désormais, lorsque le cas fortuit est la cause exclusive du dommage, le gardien bénéficie d'une exonération totale de sa responsabilité.

2 ▪ Fait du tiers

1215. Lorsque le fait d'un tiers revêt les caractères de la force majeure, c'est-à-dire l'imprévisibilité, l'extériorité et l'irrésistibilité, le gardien est exonéré totalement de sa responsabilité. La jurisprudence est très réticente pour qualifier le fait du tiers de force majeure car elle souhaite éviter l'exonération totale du gardien. Ainsi la SNCF n'est-elle pas exonérée lorsque la chute d'un voyageur d'un train en marche aurait été provoquée par le fait d'un tiers non identifié (Civ. 2e, 15 mars 2001, Bull. civ. II, n° 56 ; D. 2001, IR, 1145). En revanche, l'agression à l'arme blanche d'un passager par un autre a été considéré comme un cas de force majeure, car la SNCF ne pouvait prévoir aucun dispositif pour empêcher un tel événement (Civ. 1re, 23 juin 2011, n° 10-15.811, publ. RTD civ. 2011, obs. p. Jourdain).

1216. Comme pour le cas fortuit, la question s'est posée de la possibilité d'atténuer la responsabilité du gardien du fait du tiers sans pour autant l'exonérer complètement. Après avoir admis l'exonération partielle, par un revirement très net, la jurisprudence décide que le gardien ne peut pas soutenir que le fait du tiers n'est que partiellement à l'origine du dommage (4 arrêts : Civ. 2e, 4 mars 1970, Bull. civ. II, n° 7 à 78 et 80). C'est une position « du tout ou rien ». Soit le fait du tiers présente toutes les caractéristiques de la force majeure et constitue la cause exclusive du dommage, le gardien est alors complètement exonéré. Soit la chose est pour partie à l'origine du dommage, son gardien ne peut alors plus s'exonérer même partiellement de sa responsabilité.

3 ▪ Faute ou fait de la victime

1217. Le gardien pourrait soulever l'exception d'illégitimité de la victime afin de s'opposer à toute indemnisation. Ainsi le transporteur peut souhaiter refuser d'indemniser un voyageur blessé qui n'était pas muni d'un titre transport. Néanmoins, la jurisprudence admet que le voyageur sans titre de transport peut réclamer une indemnisation de son préjudice sur le fondement de la responsabilité délictuelle du fait des choses (Civ. 2e, 5 oct. 1988, Bull. civ. II, n° 189).

1218. La jurisprudence exige que le fait de la victime présente les caractéristiques de la force majeure pour exonérer totalement le gardien (Civ. 2e, 29 mai 1996, D. 1997, p. 213, note Blanc, caractère imprévisible et irrésistible de l'attitude de la victime qui a traversé un terre-plein planté d'arbustes pour traverser la chaussée en biais en courant au moment où le tramway qui l'a percutée arrivait). Il faut, en outre, que le fait de la victime ait été la cause exclusive du dommage. Par un arrêt de principe, la Cour de cassation a indiqué qu'il n'était pas nécessaire d'imputer une faute de la victime dès lors que son comportement est caractéristique de la force majeure (Civ. 2e, 17 déc. 1963, D. 1964, p. 569, note A. Tunc ; JCP G 1965, II, 14075, note N. Dejean de la Bâtie ; pour une illustration où la cour de cassation refuse l'exonération partielle du fait du tiers qui ne présente pas les caractéristiques de la force majeure, v. Civ. 2e, 11 juin 2009, n° 08-14.287 ; 19 nov. 2009, n° 08-21.770). Le plus souvent la jurisprudence est exigeante pour caractériser la force majeure en présence d'un fait de la victime qui a contribué au dommage. Ainsi, malgré les interdictions, le fait que la victime descende d'un train en marche ne constitue-t-il pas un cas de force majeure exonératoire pour la SNCF (Civ. 2e, 27 févr. 2003, Bull. civ. II, n° 45) ; de même que l'ouverture d'une porte en marche par le passager et sa chute mortelle ne présente pas les caractéristiques de la force majeure (Civ. 2e, 13 juill. 2006, n° 05-10.250, Bull. civ. II, n° 216 et encore Ch. mixte, 28 nov. 2008, n° 06-12.307, Bull. ch. mixte n° 3). En revanche, le suicide de la victime exonère complètement la RATP selon la Cour de cassation : « si la faute de la victime n'exonère totalement le gardien qu'à la condition de présenter les caractères d'un événement de force majeure, cette exigence est satisfaite lorsque cette faute présente, lors de l'accident, un caractère imprévisible et irrésistible ; qu'ayant retenu que la chute de Corinne X... sur la voie ne pouvait s'expliquer que par l'action volontaire de la victime, que le comportement de celle-ci n'était pas prévisible dans la mesure où aucun des préposés de la RATP ne pouvait deviner sa volonté de se précipiter contre la rame, qu'il n'avait été constaté aucun manquement aux règles de sécurité imposées à l'exploitant du réseau et que celui-ci ne saurait se voir reprocher de ne pas prendre toutes mesures rendant impossible le passage à l'acte de personnes ayant la volonté de produire le dommage auquel elles s'exposent volontairement » (Cass. ass. plén., 14 avr. 2006, n° 04-18.902, Bull. Ass. plén., n° 6).

1219. Par ailleurs, l'exonération pour acceptation des risques a été définitivement exclue par la Cour de cassation à propos d'un accident sur un circuit fermé de motocyclette (Civ. 2e, 4 nov. 2010, pourvoi n° 09-65.947, Bull. ; JCP G 2011, note 12, D. Bakouche). La Cour de cassation a affirmé dans le chapeau de cet arrêt que « la victime d'un dommage causé par une chose peut invoquer la responsabilité résultant de l'article 1384 alinéa 1er du code civil, à l'encontre du gardien de la chose, instrument du dommage, sans que puisse lui être opposée son acceptation des risques » (Civ. 2e, 4 nov. 2010, préc.) La généralité de la formule indique que l'exonération pour acceptation des risques est définitivement abandonnée. Toutefois, le législateur est intervenu pour limiter les effets de cette jurisprudence au préjudice corporel ; il a été ajouté par une loi n° 2012-348 du 12 mars 2012 (art. 1) un nouvel article L. 321-3-1 au Code du sport qui dispose « Les pratiquants ne peuvent être tenus pour responsables des dommages matériels causés à un autre pratiquant par le fait d'une chose qu'ils ont sous leur garde, au sens du premier alinéa de l'article 1384 du Code civil, à l'occasion de l'exercice d'une pratique sportive au cours d'une manifestation sportive ou d'un entraînement en vue de cette manifestation sportive sur un lieu réservé de manière permanente ou temporaire à cette pratique. »

B ▪ Exonération partielle du gardien pour « faute » de la victime

1220. Il a été décidé que la faute de la victime est partiellement exonératoire lorsqu'elle ne revêt pas le caractère de la force majeure (Civ., 8 févr. 1938, DH 38, p. 194 ; S. 1938, 1, p. 136 ; Gaz. Pal. 1938, 1, p. 558 ; GAJC préc., T. II, n° 204). Le projet de texte sur les accidents de la circulation ne voyant pas le jour, la Cour de cassation rendit une décision de provocation à l'égard du législateur, l'arrêt Desmares (Civ. 2e, 21 juill. 1982, D. 1982, p. 449, concl. Charbonnier, note Ch. Larroumet ; JCP G 1982, II, 19861, note F. Chabas ; Rép. Defrénois 1982, p. 1689, obs. J.-L. Aubert ; RTD civ. 1982, p. 607, obs. G. Durry) qui supprimait l'exonération partielle pour faute de la victime dans la responsabilité du fait des choses et ne laissait subsister que l'exonération totale pour force majeure. La loi du 5 juillet 1985 est venue garantir l'indemnisation du non conducteur victime d'un accident de la circulation nonobstant sa faute. Une fois cette réforme législative intervenue, la Haute juridiction a estimé que la jurisprudence antérieure à l'arrêt pouvait reprendre son cours. Dès 1987 la Cour de cassation revenait sur la jurisprudence Desmares en affirmant que « le gardien de la chose instrument du dommage est partiellement exonéré de sa responsabilité s'il prouve que la faute de la victime a contribué au dommage » (Civ. 2e, 6 avr. 1987, Bull. civ. II, n° 86 ; D. 1988, p. 32, note C. Mouly ; JCP G 1987, II, 20828, note F. Chabas ; Rép. Defrénois 1987, p. 1136, obs. J.-L. Aubert ; RTD civ. 1987, p. 767, obs. J. Huet). Depuis lors, la « faute » de la victime et non le simple fait, permet au gardien de s'exonérer. Ainsi la faute de la victime est-elle devenue, comme le rôle passif de la chose, un moyen pour les gardiens et surtout pour leurs assureurs de responsabilité de se libérer d'une partie de leur charge d'indemnisation. Toutefois, en matière de transport ferroviaire la Cour de cassation semble appliquer de nouveau la jurisprudence « Desmares » en interdisant à la SNCF (parce qu'elle n'équipe pas tous ses trains de dispositifs qui empêchent d'ouvrir les portes pendant que le train est en marche) de prouver la faute de la victime : « attendu que le transporteur ferroviaire, tenu envers les voyageurs d'une obligation de sécurité de résultat, ne peut s'exonérer de sa responsabilité en invoquant la faute d'imprudence de la victime que si cette faute, quelle qu'en soit la gravité, présente les caractères de la force majeure ; qu'ayant relevé que les portes du train ne comportaient pas de système de verrouillage interdisant leur ouverture de l'intérieur lorsque le train était en marche et que la SNCF et son personnel naviguant étaient parfaitement informés de cette absence de système de verrouillage sur ce type de matériel, qu'il n'était pas imprévisible que l'un des passagers, et notamment l'un des nombreux enfants et adolescents qui empruntent ce train régulièrement pour faire le trajet entre leur domicile et leurs établissements scolaires, ouvre ou tente d'ouvrir l'une des portes des voitures dont le mécanisme quasi automatique est actionné par une simple poignée qu'il suffit de tourner de 45° environ et que l'ouverture intempestive par un passager d'une porte donnant sur la voie est évitable, notamment par la présence d'agents de contrôle à même d'intervenir dans tout le train sans se heurter comme en l'espèce au blocage des portes de communication, la cour d'appel a pu retenir que la faute de la victime, n'étant ni imprévisible ni irrésistible pour la SNCF, ne présentait pas les caractères de la force majeure et en a déduit à bon droit que celle-ci n'était pas fondée à prétendre s'exonérer de sa responsabilité » (Ch. mixte, 28 nov. 2008, préc.). Dans le même esprit, il a été affirmé que la présence d'un véhicule coincé sur la voie entre deux barrières de passage à niveau est certes irrésistible, mais pas imprévisible pour la SNCF et que cette dernière ne peut donc pas s'exonérer pour force majeure (Civ. 2e, 10 nov. 2009, n° 08-20.971). Cette jurisprudence interdirait donc à la SNCF d'invoquer la faute de la victime aux fins d'exonération partielle de sa responsabilité et rendrait impossible la preuve de la force majeure pour le transporteur ferroviaire dès lors qu'il ne prend pas les mesures de sécurité qui empêchent l'ouverture du train en marche.

L'avant-projet de loi sur la réforme de la responsabilité civile en son article 1254 prévoit que seule la faute lourde de la victime est partiellement exonératoire en matière de préjudice corporel.

1221. La jurisprudence sur la « faute » de la victime considérée comme une cause d'exonération partielle du gardien est particulièrement irrationnelle lorsqu'elle s'applique aux enfants (v. Civ. 2e, 28 févr. 1996, D. 1996, p. 602, note F. Duquesne ; JCP G 1996, I, 3996, n° 14, obs. G. Viney ; RTD civ. 1996, obs. p. Jourdain). En effet, la jurisprudence Gabillet, selon laquelle il n'est pas nécessaire de rechercher le discernement de l'auteur du dommage, est parfaitement compréhensible car il s'agit d'indemniser la victime du mineur (Cass. ass. plén., 9 mai 1984, D. 1984, p. 525, note F. Chabas ; JCP G 1984, II, 20255, note N. Dejean de la Bâtie ; RTD civ. 1986, p. 120, obs. J. Huet). En revanche, les arrêts Lemaire et Derguini du même jour qui privent le mineur ou ses parents de tout ou partie de leur indemnisation en raison d'une « faute » forment un contresens juridique et logique absolu (ibid., D. 1984, p. 525). Ces décisions qui imputent leur faute au mineur afin de diminuer leur indemnisation sans examiner leur capacité de discernement ont été adoptées par esprit de symétrie. Dès lors que l'on a admis qu'un infans est responsable à l'égard des tiers, il faudrait également lui opposer sa propre « faute » pour le priver d'une partie de l'indemnisation de son préjudice corporel. Toutefois, c'est une fausse symétrie qui a été ainsi créée. En effet, si l'on peut concevoir aisément qu'il soit appliqué aux mineurs une responsabilité objective, il n'est certainement pas approprié de leur imputer une faute objective dont ils ne peuvent pas saisir le sens. Un mineur non doué de discernement n'est pas à même de comprendre qu'on le punit en le privant d'une partie de sa réparation. Bien qu'inaccessible à la sanction, le mineur et ses parents, victimes par ricochet, vont en subir les conséquences patrimoniales.

L'article 1255 de l'avant-projet de réforme de la responsabilité civile prévoit que la victime privée de discernement n'a pas d'effet exonératoire.

Section 2 Dommages causés par l'incendie d'une chose

1222. Auparavant, la responsabilité du propriétaire d'une chose où avait pris naissance un incendie ne pouvait être engagée que sur le fondement d'une responsabilité pour faute. Dès lors qu'il a été admis que le gardien d'une chose devait indemniser tout dommage provoqué par celle-ci, il devenait évident que l'incendie né dans une chose et qui se communiquait au voisinage devait donner lieu à indemnisation sur le fondement de l'article 1384 alinéa 1er. Cependant, l'ampleur de l'indemnisation des conséquences de l'incendie de la gare maritime de Bordeaux avait alerté les assureurs (Civ., 15 mars 1921, DP 1922, 1, p. 25, note G. Ripert). Ces derniers ont obtenu la création d'un régime de responsabilité pour faute en matière de communication d'incendie du législateur aux alinéas 2 et 3 de l'article 1384 du Code civil insérés par la loi du 7 novembre 1922. L'alinéa 2 de l'article 1242 (ex art.1384) du Code civil dispose désormais que « celui qui détient, à un titre quelconque, tout ou partie de l'immeuble ou des biens mobiliers dans lesquels un

incendie a pris naissance ne sera responsable, vis-à-vis des tiers, des dommages causés par cet incendie que s'il est prouvé qu'il doit être attribué à sa faute ou à la faute des personnes dont il est responsable ». Un alinéa 3 a été ajouté afin de ménager l'exception des relations entre le propriétaire et le locataire en indiquant que « cette disposition ne s'applique pas aux rapports entre propriétaires et locataires, qui demeurent régis par les articles 1733 et 1734 du Code civil ». L'article 1384 (1242 au 1er oct. 2016) alinéa 2 du Code civil instaure un régime de responsabilité fondé sur la faute prouvée du détenteur de la chose dans laquelle l'incendie a pris naissance. Ces dispositions sont critiquées par les auteurs qui estiment qu'elles ont été adoptées dans la précipitation, sans que l'on puisse les insérer convenablement dans l'architecture d'ensemble de la responsabilité du fait des choses. Aussi, la doctrine en général réclame-t-elle l'abrogation pure et simple de ces dispositions ; la Cour de cassation a formulé le même vœu à plusieurs reprises (Rapport 1991, p. 22 ; Rapport 1996, p. 31 ; 1999, 4e suggestion).
L'avant-projet de loi sur la responsabilité civile du 29 avril 2016 prévoit la suppression de ce régime. La responsabilité sera donc de nouveau fondée sur la garde de la chose dans laquelle l'incendie a pris naissance.

1223. Dans la proposition de loi portant réforme du droit de la responsabilité civile (Sénat, 9 juill. 2010, préc.), ce régime spécial de la responsabilité pour communication d'incendie est abrogé ; il n'était pas repris non plus dans l'Avant-projet de réforme des obligations (préc.). Néanmoins, la Cour de cassation a refusé de transmettre une question prioritaire de constitutionnalité sur la conformité de ces dispositions à la Constitution (Ass. Plén. 7 mai 2010, QPC, n° 09-15.034). Il était soutenu par le resquérant que « les dispositions de l'article 1384, alinéa 2, du Code civil portent atteinte aux droits et libertés garantis par la Constitution et notamment au principe d'égalité, au droit de propriété et au principe selon lequel tout fait quelconque de l'homme qui cause un dommage à autrui l'oblige à le réparer » (ibid.) La Haute juridiction a répondu que « la question posée ne présente pas un caractère sérieux en ce que le régime de l'article 1384, alinéa 2, du Code civil répond à la situation objective particulière dans laquelle se trouvent toutes les victimes d'incendie communiqué, qu'il est dépourvu d'incidence sur l'indemnisation de la victime par son propre assureur de dommages aux biens, et qu'enfin il n'est pas porté atteinte au principe selon lequel tout fait quelconque de l'homme, qui cause à autrui un dommage, oblige celui par la faute duquel il est arrivé, à le réparer » (ibid.).

§ 1 ▪ Champ d'application des alinéas 2 et 3 de l'article 1384 relatifs à la communication d'incendie

1224. L'alinéa 2 de l'article 1384 précise que le responsable potentiel des conséquences de la communication d'incendie est « celui qui détient, à un titre quelconque » la chose où l'incendie a pris naissance. C'est donc le détenteur de la chose qui est institué responsable. Il faut alors préciser la notion de détenteur. Même si les auteurs assimilent souvent le détenteur de la chose dans laquelle l'incendie a pris naissance au gardien, il arrive qu'en jurisprudence la qualité de détenteur soit dissociée de celle de gardien (Civ. 2e, 28 juin 1995, Bull. civ. II, n° 220). La qualité de détenteur est attribuée à celui qui a une emprise matérielle sur la chose au moment du sinistre. Le propriétaire et le gardien sont simplement présumés être les détenteurs de la chose dans laquelle le sinistre a pris naissance. Le détenteur est responsable non seulement de ses propres fautes mais encore de celles des personnes dont il est responsable (art. 1384 al. 2, C. civ.). Un commettant pourra donc être poursuivi comme détenteur fautif de la chose à l'origine du dommage ou bien comme responsable du fait d'un de ses préposés. La Cour de cassation a hésité à appliquer la loi du 5 juillet 1985 sur les accidents de la circulation ou l'article 1384 (1242) alinéa 2 du Code civil pour les incendies qui se propagent à partir d'un véhicule sans cause identifiée et le plus souvent en raison de l'action malveillante d'un tiers. Elle semble opter pour une application extensive de la loi du 5 juillet 1985 et écarter l'article

1384 alinéa 2 dans de telles circonstances (Civ. 2e, 8 janv. 2009, n° 08-10.074, Bull. civ. II, n° 1). Actuellement, la Haute juridiction réaffirme que « l'incendie provoqué par un véhicule terrestre à moteur, ce dernier fût-il en stationnement, est régi par les dispositions de la loi du 5 juillet 1985, et non par celles de l'article 1384 alinéa 2, du Code civil » (Civ. 2e, 8 janv. 2009, n° 08-10074, Bull. civ. II, n° 1) ; l'arrêt a été rendu dans une affaire où l'origine criminelle du feu qui s'est propagé d'un véhicule aux autres durant la nuit était une hypothèse parmi d'autres. Enfin, dans les rapports entre bailleur et locataire, l'application de l'article 1242 (anc. 1384) alinéa 2 du Code civil est exclue par l'alinéa 3. En effet, il s'agit de rapports contractuels qui ne peuvent pas relever de dispositions ayant trait à une responsabilité délictuelle (pour une application à un bail rural : Civ. 3e, 4 mars 2009, n° 08-14.426, Bull. civ. III, n° 56). On indiquera simplement ici que l'article 1733 du Code civil, instaure une présomption de responsabilité du locataire en cas d'incendie.

1225. Afin de ne pas appliquer trop largement l'article 1384 (1242) alinéa 2 du Code civil, la jurisprudence a d'abord tenté de cantonner le domaine de ce texte en définissant restrictivement l'incendie. Ainsi l'incendie devait-il être accidentel et anormal pour justifier de l'application de ce texte spécial (Civ. 2e, 21 juin 1962, Gaz. Pal. 1962, 2, p. 226 ; RTD civ. 1963, p. 350). Toutefois, dès 1966, l'Assemblée plénière décidait que « l'alinéa 2 ajouté à l'article 1384 du Code civil par la loi du 7 novembre 1922 ne distingue pas suivant que la cause première de l'incendie a été ou non déterminée et qu'elle se trouve ou non liée à une chose dont le détenteur à un titre quelconque du fonds premier incendié serait le gardien, qu'il est nécessaire et suffisant pour son application que l'incendie ait pris naissance dans l'immeuble où les biens mobiliers dudit détenteur » (Cass. Ass. plén., 25 févr. 1966, Bull. civ. n° 1 ; D. 1966, p. 389, note p. Esmein ; RTD civ. 1966, p. 540, obs. R. Rodière, pour une application récente Civ. 2e, 13 mars 2003, Bull. civ. II, n° 62). L'incendie peut se propager d'une chose à une autre, mais il peut aussi être provoqué par l'explosion ou l'implosion de la chose. Aujourd'hui, il suffit que l'incendie ait pris naissance dans une chose et qu'il ait causé un dommage à un tiers pour que l'article 1384 alinéa 2 s'applique (Civ. 2e, 19 mars 1997, Bull. civ. II, n° 84 ; RTD civ. 1997, p. 951, obs. p. Jourdain). La notion de communication d'incendie est donc comprise très largement.
Concernant les explosions ou implosions, dans un premier temps la Cour de cassation a opéré une distinction. Lorsque l'explosion ou l'implosion était à l'origine de l'incendie qui se propageait, l'hypothèse relevait de l'article 1384 (1242) alinéa 1er du Code civil (Civ. 2e, 5 déc. 1984, Bull. civ. II, n° 187). En revanche, si l'incendie a provoqué l'implosion ou l'explosion, il était décidé que l'article 1384 alinéa 2 devait trouver application (Civ., 18 mai 1926, DH 1926, p. 329). Toutefois, la Cour de cassation ne distingue plus l'origine de l'incendie pour faire application systématiquement de l'article 1384 alinéa 2 (Civ. 2e, 13 févr. 1991, Bull. civ. II, n° 53, explosion d'un produit chimique ayant provoqué l'incendie).

§ 2 ▪ Régime de la responsabilité pour communication d'incendie

1226. Dès lors que l'article 1242 (anc. art. 1384) alinéa 2 du Code civil s'applique à l'espèce considérée, un régime particulier de responsabilité du fait des choses doit être mis en œuvre. La victime devra prouver la faute du détenteur de la chose à l'origine de l'incendie, puis le lien de causalité avec le dommage subi. La preuve du lien de causalité obéissant au droit commun, ce point ne nécessite pas d'analyse particulière. En revanche, on doit signaler que le dommage a été pris en considération de manière extensive par la jurisprudence.

1227. L'aspect le plus contraignant du régime établi par l'article 1242 (anc. art. 1384) alinéa 2 du Code civil réside dans l'obligation pour la victime de prouver la faute du détenteur de la chose à l'origine de l'incendie afin d'obtenir une indemnisation. La Cour de cassation a précisé que la responsabilité de celui qui détient tout ou partie de l'immeuble ou des biens mobiliers dans lesquels l'incendie a pris naissance est engagée vis-à-vis des tiers victimes des dommages causés par cet incendie dès lors qu'il est prouvé que la naissance dudit incendie, son aggravation ou son extension doivent être attribuées à sa faute ou celle des personnes dont il est responsable (Civ. 3e, 31 mai 1976, Bull. civ. III, n° 236). Afin de faciliter la démonstration de l'existence d'une faute, la jurisprudence admet que toute faute d'imprudence, notamment quant au respect des normes de sécurité est susceptible d'engager la responsabilité du détenteur (Civ. 2e, 8 févr. 2001, RCA 2001, comm. n° 140).

1228. L'article 1242 (anc. art. 1384) alinéa 2 du Code civil indique que le détenteur de la chose où l'incendie a pris naissance sera responsable « des dommages causés par cet incendie ». Il n'est donc pas indispensable que les dommages subis par la victime consistent en la combustion d'une chose dont elle aurait la jouissance. En effet, des dommages autres que ceux liés à la communication de l'incendie ont été indemnisés en jurisprudence. La pollution d'une rivière et la mort de bovins provoquées par des produits phytosanitaires échappés des fûts qui s'étaient embrasés ont obligé le détenteur des locaux incendiés à procéder à une indemnisation en vertu de l'article 1384 alinéa 2 (Civ. 2e, 27 mai 1999, RCA 1999, comm. n° 245, note H. Groutel ; RTD civ. 2000, p. 124, obs. p. Jourdain).
En conclusion, nous rappellerons que l'avant-projet de loi sur la responsabilité civile du 29 avril 2016 prévoit la suppression de ce régime. La responsabilité sera donc de nouveau fondée sur la garde de la chose dans laquelle l'incendie a pris naissance.

Section 3 ▪ Dommages causés par les animaux et les bâtiments menaçant ruine

§ 1 ▪ Responsabilité du fait des animaux (C. civ., art. 1385 ; 1243 nouv.)

1229. L'article 1243 (anc. art.1385) du Code civil dispose que « le propriétaire d'un animal, ou celui qui s'en sert, est responsable du dommage que l'animal a causé, soit que l'animal fût sous sa garde, soit qu'il fût égaré ou échappé ». Un premier arrêt a instauré une présomption de faute du gardien de l'animal, qu'il soit propriétaire ou non ; la preuve de l'absence de faute permettait donc l'exonération (Req., 23 déc. 1879, DP 1880, 1, 134 ; S. 1880, 1, 462) ; puis, un arrêt de principe de 1885 a affirmé que le gardien de l'animal ne peut plus s'exonérer en montrant son absence de faute, mais seulement le cas fortuit (Civ., 27 oct. 1885, DP 1886, 1, 207 ; S. 1886, 1, 33). Ce texte va être écarté au profit de l'application exclusive de la loi du 5 juillet 1985 sur les accidents de la circulation quand tout à la fois un véhicule et un chien sont impliqués dans l'accident (Civ. 2e, 11 juin 2009, n° 08-14.224, Bull. civ. II, n° 145).

1230. Un régime autonome fondé sur l'article 1385 (nouvel art. 1243) du Code civil ne s'est pas développé. Les solutions dégagées pour la responsabilité générale du fait des choses sont intégralement applicables à la responsabilité du fait des animaux. Cette dernière ne représente plus qu'une application particulière de l'article 1384 alinéa 1er en présence d'un dommage provoqué par un animal. On doit préciser qu'il faut que l'animal ait un gardien. En effet, il ne faut pas que l'animal soit res nullius, chose sans maître. Il peut s'agir d'animaux domestiques « qui vivent, s'élèvent, sont nourris, se reproduisent sous le toit de l'homme et par ses soins » (Crim., 14 mars 1861, DP 1861, 1, p. 184). Ces animaux peuvent également appartenir au propriétaire par voie d'accession, parce qu'ils sont attachés au fonds agricole. Ainsi des piqûres d'abeilles provenant de ruches voisines engageront la responsabilité de leur gardien sur le fondement de l'article 1243 (1385) du Code civil (Civ. 2e, 6 mai 1970, D. 1970, p. 528). En revanche, le gibier chose sans

maître, n'ouvre pas à application de l'article 1243 (1385) du Code civil. On pouvait penser que le propriétaire du bois ou du terrain d'où se sont échappés les animaux sauvages pourrait être poursuivi que pour faute. Toutefois, il a été décidé que les dégâts matériels causés aux cultures et aux récoltes par du gibier sont soumis au régime organisé par les articles L. 426-1 à 426-8 du Code de l'environnement ; selon la Cour de cassation ces textes ont une portée générale et s'appliquent à toute action en réparation des dommages de toute nature (Civ. 2e, 13 déc. 2012, n° 11-27.538, bull. civ. II, n° 205).
L'avant-projet de loi sur la responsabilité civile du 29 avril 2016 prévoit l'incorporation de ce régime dans le fait des choses au dernier alinéa de l'article 1243.

§ 2 ▪ Responsabilité du fait des bâtiments menaçant ruine (C. civ., art. 1386 ; 1244 nouv.)

1231. L'autre cas de responsabilité du fait des choses prévu dès 1804 conserve un régime différent de celui appliqué pour la responsabilité générale du fait des choses. L'article 1244 (anc. art. 1386) du Code civil dispose que « le propriétaire d'un bâtiment est responsable du dommage causé par sa ruine, lorsqu'elle est arrivée par une suite du défaut d'entretien ou par le vice de sa construction ». Ce régime est plus défavorable à la victime car il lui faut démontrer que la ruine du bâtiment est à l'origine du dommage. En outre, la victime doit montrer que cette ruine est imputable soit à un défaut de construction, soit à un défaut d'entretien par le propriétaire (Civ. 3e, 4 juin 1973, Bull. civ. III, n° 397). Il existe donc un intérêt certain à délimiter le domaine d'application de l'article 1244 (anc. art. 1386) du Code civil.

1232. Selon la jurisprudence, il faut entendre par ruine d'un bâtiment, non seulement sa destruction totale, mais encore la dégradation partielle de tout ou partie de la construction ou de tout élément mobilier ou immobilier qui y est incorporé de façon indissociable (Civ., 4 août 1942, DC 1943, 1, note G. Ripert ; Civ. 2e, 17 déc. 1997, Bull. civ. II, n° 323 ; D. aff. 1998, p. 196, obs. V. A.-r.). Le propriétaire du bâtiment menaçant ruine est toujours tenu sur le fondement de l'article 1244 (anc. art. 1386) du Code civil même lorsqu'il n'en est pas le gardien (Civ., 28 janv. 1936, D.H. 1936, p. 148). En revanche, la question a été soulevée du sort du gardien non propriétaire. Dans un premier temps il a été décidé que l'article 1386 s'appliquait à toute chose mobilière ou immobilière que l'on a sous sa garde. Un revirement s'est opéré et la Haute juridiction a indiqué que l'article 1386 du Code civil n'exclut pas que les dispositions de l'article 1384 alinéa 1er « soient invoquées à l'encontre du gardien non propriétaire » (Civ. 2e, 23 mars 2000, Bull. civ. II, n° 54 ; D. 2001, p. 586, note Garçon ; JCP 2000, II, 10 379, note Y. Dagorne-Labbée ; RTD civ., p. 581, obs. p. Jourdain, en l'espèce le titulaire d'un droit d'usage). La victime du fait d'un bâtiment menaçant ruine peut se fonder sur l'article 1384 alinéa 1er du même code contre tout autre gardien non propriétaire. Il avait été décidé par ailleurs que l'article 1386 était exclu et que l'article 1384 alinéa 1er retrouvait son empire pour les ascenseurs (Req., 6 mars 1928, DP 1928, 1, p. 97, note L. Josserand). L'article 1384 alinéa 1er a également été appliqué pour un bâtiment en cours de construction (Civ. 2e, 21 déc. 1965, Bull. civ. II, n° 1065, entrepreneur responsable du fait de la chose sur laquelle il travaille). Enfin, plus récemment encore, et dans le but de rendre caduc ce régime défavorable, la Cour de cassation a décidé que « si l'article 1386 du code civil vise spécialement la ruine d'un bâtiment, les dommages qui n'ont pas été causés dans de telles circonstances peuvent néanmoins être réparés sur le fondement des dispositions de l'article 1384, alinéa 1er, du même code qui édictent une présomption de responsabilité du fait des choses ». Cette motivation a été utilisée pour autoriser la réparation d'un dommage causé à un véhicule en raison de la chute de pierres d'une voûte d'un bâtiment sur le fondement de l'article 1384 alinéa 1er et, par voie de conséquence, sans qu'il soit nécessaire de montrer le vice de la construction ou le défaut d'entretien (Civ. 2e, 22 oct. 2009, n° 08-16.766, Bull. civ., II, n° 255) ; la même solution a été adoptée dans une affaire où un immeuble avait basculé sur un autre (Civ. 2e, 16 oct. 2008, n° 07-16.967, Bull. civ. II, n° 211). Il s'évince de cette jurisprudence que si la cause du dommage résulte manifestement de la ruine du bâtiment par vice ou défaut d'entretien, l'article 1244 (anc. art. 1386) du Code civil peut encore s'appliquer, mais, qu'en revanche, en présence d'un dommage provoqué par un bâtiment ou un élément de bâtiment sans raison particulière la responsabilité générale du fait des choses fondée sur l'article 1242 (anc. art. 1384) alinéa 1er du Code civil s'impose à l'encontre du gardien de ce bâtiment. Cette jurisprudence revient à priver de portée réelle l'article 1244 (anc. art. 1386) du Code civil ce qui facilite l'indemnisation de la victime. L'avant-projet de loi sur la responsabilité civile du 29 avril 2016 fait disparaître ce régime.

Section 4 . Responsabilité du fait des produits défectueux

1233. La directive du 25 juillet 1985 sur la responsabilité du fait des produits défectueux a été transposée en droit interne par la loi du 19 mai 1998, après que la France ait été condamnée en manquement (CJCE, 13 janv. 1993, D. 1993, p. 566, note J.-l. Clergerie) et avant qu'une seconde procédure n'aboutisse à des sanctions pécuniaires. Ce retard s'explique par la divergence d'intérêts entre les professionnels qui souhaitaient pouvoir s'exonérer de leur responsabilité en invoquant le fait que l'état des connaissances scientifiques et techniques ne leur permettait pas de prévoir le défaut (risque de développement) et les associations de consommateur qui défendaient une indemnisation facilitée des victimes. La loi française a introduit une responsabilité de plein droit du fait des produits défectueux dans le Code civil aux articles 1386-1 et suivants, renumérotés 1245 et s. par l'ordonnance du 10 février 2016 portant réforme du droit des contrats. Ce régime est particulièrement intéressant car il transcende la distinction entre responsabilité contractuelle et responsabilité délictuelle en imposant aux producteurs une obligation de garantir les victimes des dommages causés par leur produit qu'elles soient contractantes (par l'achat du produit) ou tiers.

1234. En raison du retard pris pour transposer la directive, la jurisprudence avait crée une obligation de sécurité de résultat à la charge des fabricants qui devaient livrer un produit exempt de tout défaut de nature à causer un danger pour les personnes ou les biens, c'est-à-dire un produit qui offre la sécurité à laquelle on peut légitimement s'attendre (Civ. 1re, 28 avr. 1998, Bull. civ. I, n° 158 ; RTD civ. 1998, p. 684, obs. p. Jourdain, application au sang contaminé). Cet arrêt avait été rendu au visa des articles 1147 et 1384 alinéa 1er du Code civil (corresp. aux art. 1231-1 et 1242 al. 1 du Code civil au 1er oct. 2016) interprétés à la lumière de la directive du 25 juillet 1985 et instauraient l'obligation de sécurité tant au profit de parties contractantes que des tiers (même décision). La Cour de cassation « transposait » ainsi la directive quelques mois avant le parlement. Depuis lors, quand il n'est pas possible d'appliquer directement les articles 1386-1 et suivants (désormais renumérotés 1245 et s.) du Code civil la Cour de cassation n'hésite pas à adopter des solutions tout à fait identiques mais sur le fondement des dispositions du Code civil sur la responsabilité contractuelle et délictuelle à la lumière de la directive (par ex. Civ. 1re, 15 mai 2007, n° 05-10.234, Bull. civ. I, n° 185). Par ailleurs, il avait été instauré, discrètement, dès 1981 (art. 1er, L. 21 juill. 1983), une obligation de sécurité des produits au profit des consommateurs. Cette obligation figure toujours au sein du Code de la consommation et prévoit que « les produits et les services doivent, dans des conditions normales d'utilisation ou dans d'autres conditions raisonnablement prévisibles par le professionnel, présenter la sécurité à laquelle on peut légitimement s'attendre et ne pas porter atteinte à la santé des personnes » (C. consom., art. L. 221-1). Cette disposition n'a fait l'objet que de quelques décisions du fond (par ex. CA Douai, 7 janv. 1999, Contrats, conc., consom. 2000, comm. n° 73, obs. G. Raymond) et ne semble guère utilisée. En revanche, les dispositions adoptées en 1998 sont utilisées à propos de produits de santé. Celles-ci ont donné lieu à une condamnation de la France pour mauvaise transposition de la directive (CJCE, 3 arrêts, 25 avr. 2002 ; aff. C. 52/00 ; aff. C-154/00 ; C-183/00, D. 2002, p. 1670 et note C. Larroumet, p. 2462 ; RTD civ. 2002, obs. p. Jourdain ; RDC 2003, p. 107, obs. Ph. Brun ; J. Calais-Auloy, Menace européenne sur la jurisprudence française concernant l'obligation de sécurité du vendeur professionnel, D. 2002, chron. p. 2458). En outre, la Cour de justice des Communautés européennes a condamné tout régime de responsabilité aboutissant à des résultats différents de celui instauré par la directive (CJCE, 25 avr. 2002, préc.).

1235. Afin de réparer le manquement constaté par la Cour de justice, le législateur français a modifié le régime de responsabilité du fait des produits défectueux par une loi du 10 décembre 2004 (art. 29). Ce texte n'est pas apparu comme suffisant aux autorités communautaires. La Commission a introduit une nouvelle action le 14 avril 2004 car la France ne respectait pas exactement les termes des arrêts de 2002 sur la question de la responsabilité éventuelle du fournisseur. Afin de cantonner cette responsabilité, une nouvelle modification de la responsabilité du fait des produits défectueux a été opérée par l'article 2 de la loi du 5 avril 2006 (L. n° 2006-406, JO 6 avr.). C'est ce régime modifié qui semble maintenant conforme aux yeux de la Cour de justice et de la Commission d'examiner en observant le champ d'application de la loi, les conditions de mise en œuvre de la responsabilité et les causes d'exonération. Les victimes n'ont désormais plus le choix qu'entre le régime de la responsabilité des produits défectueux, tel que prévu par la directive et une responsabilité pour faute.

§ 1 ▪ Champ d'application de la responsabilité du fait des produits défectueux

1236. Il est affirmé à l'article 1245 (anc. art. 1386-1) du Code civil que « le producteur est responsable du dommage causé par un défaut de son produit, qu'il soit ou non lié par un contrat avec la victime ». En outre, les articles 1245-4 et 1245-10 (anc. art. 1386-5 et 1386-11) précisent que la responsabilité du producteur est mise en cause à la condition que le produit ait été mis en circulation. On doit donc préciser vers quel responsable la victime peut diriger son action et pour quel produit mis en circulation. En outre, la Cour de cassation a indiqué selon quelles modalités le droit des produits défectueux s'applique dans le temps.

A ▪ Protagonistes de l'action et dommages couverts

1237. C'est une responsabilité à la charge des producteurs qui a été instaurée. Il restait à préciser cette notion. Ensuite, il convient de déterminer les bénéficiaires d'une telle action et les dommages couverts.

1 ▪ Responsables

1238. L'article 1245-5 (anc. art. 1386-6) du Code civil définit le producteur comme le fabricant à titre professionnel d'un produit fini, le producteur d'une matière première ou encore le fabricant d'une partie composante. Il est ajouté à l'alinéa deux du texte que celui qui appose son nom, sa marque ou un autre signe distinctif sur le produit est assimilé au producteur ; de même que l'importateur. En revanche, aux termes de l'alinéa 3 de l'article 1245-5 (anc. art. 1386-6), les constructeurs (architectes, maîtres d'œuvre, entrepreneurs de construction) ne sont pas assimilés à des producteurs.

1239. Afin de faciliter l'action de la victime, la loi du 19 mai 1998 avait prévu à l'article 1386-7 (renuméroté 1245-6) du Code civil que le vendeur, le loueur ou tout autre fournisseur professionnel, à l'exception du crédit-bailleur, sont responsables dans les mêmes conditions que le producteur. L'alinéa 2 précisait ensuite que ces fournisseurs disposaient d'un recours contre le fabricant à exercer dans l'année de la citation en justice. C'est ainsi qu'un boucher a été condamné pour vente de viande contaminée (CA Toulouse, 22 févr. 2000, JCP G 2000, II, 10429, note Ph. le Tourneau ; RCA 2000, comm. n° 369, obs. L. Grynbaum) et un vendeur de pneus pour fourniture de pneus qui ont éclaté (CA Toulouse, 7 nov. 2000, RCA 2001, comm. n° 199, obs. L. Grynbaum). Ces dispositions étaient conformes à la tradition française qui veut que la victime d'un bien défectueux puisse s'adresser indifféremment au fabricant ou à l'un des revendeurs (Civ. 1re, 9 oct. 1979, Bull. civ. I, n° 241). Néanmoins, la Cour de justice des Communautés européennes a condamné cette disposition comme étant non conforme à l'article 3 § 3 de la directive (CJCE, 3 arrêts, 25 avr. 2002 ; aff. C. 52/00 ; aff. C-154/00 ; C-183/00, D. 2002, p. 1670 et note C. Larroumet, p. 2462 ; RTD civ. 2002, obs. p. Jourdain ; RDC 2003, p. 107, obs. Ph. Brun ; J. Calais-Auloy, Menace européenne sur la jurisprudence française concernant l'obligation de sécurité du vendeur professionnel, D. 2002, chron. p. 2458). Dans un arrêt Skov Aeg (CJCE, 10 janv. 2006, aff. C-402/03, JOCE C 48, 25 févr. 2006), la Cour de justice a réaffirmé cette conception très restrictive du producteur. Dans cette espèce, il s'agissait de victimes de salmonellose par consommation d'œufs vendus par un supermarché. Il s'agissait de déterminer si le droit national qui permet l'action contre le seul fournisseur (le supermarché) est conforme à la directive. La Cour de Luxembourg indique que la directive a pour vocation de déterminer « parmi les professionnels ayant participé aux processus de fabrication et de commercialisation, celui qui devra assumer la responsabilité » du fait des produits défectueux (Arrêt Skov Aeg, préc., point 30). Elle ajoute que « la directive doit être interprétée en ce sens qu'elle s'oppose à une règle nationale selon laquelle le fournisseur répond sans restriction de la responsabilité du producteur au titre de la directive » (Arrêt Skov Aeg, préc., point 37). Il n'est donc pas possible de faire supporter au fournisseur tel qu'un supermarché ou un revendeur quelconque la responsabilité du producteur défini de façon restrictive comme un fabricant de produit fini ou un producteur de matière première (Dir. n° 85/374, art. 3 § 1 ; v. C. civ., art. 1386-6) dès lors que ce dernier est connu. La victime ne peut agir contre le fournisseur qu'à la condition que le producteur demeure inconnu (Dir. n° 85/374, art. 3 § 3 ; C. civ., art. 1386-7 dans sa rédaction issue L. n° 2004-1343, 9 déc. 2004, art. 29). Afin de tenir compte de ces décisions, l'article 1386-7 du Code civil alinéa 1er a été modifié une première fois par l'article 29 de la loi du 9 décembre 2004 (l. n° 2004-1343). Aux termes de ce texte, la victime ne peut agir contre le vendeur ou le loueur que si le producteur demeure inconnu. Il appartenait donc à la victime de rechercher d'abord, à titre principal, la responsabilité du producteur ; puis, seulement si ce dernier demeure « inconnu » d'actionner le vendeur. Nonobstant cette modification, la Commission a estimé que la France ne transposait toujours pas convenablement la directive. Pour cantonner la responsabilité du fournisseur, la loi adoptée le 5 avril 2006 a modifié de nouveau l'alinéa 1er de l'article 1386-7 qui dispose désormais : « si le producteur ne peut être identifié, le vendeur, le loueur, à l'exception du crédit-bailleur ou du loueur assimilable au crédit-bailleur, ou tout autre fournisseur professionnel, est responsable du défaut de sécurité du produit, dans les mêmes conditions que le producteur, à moins qu'il ne désigne son propre fournisseur ou le producteur, dans un délai de trois mois à compter de la date à laquelle la demande de la victime lui a été notifiée ». Cette disposition est très semblable à l'article 3, 3 de la directive du 25 juillet 1985. On peut simplement souligner que le législateur français a transformé le « délai raisonnable » indiqué à cet article par un délai de trois mois. En revanche, la transposition littérale de la directive sur le fond est défavorable aux victimes d'un produit défectueux. En effet, le fournisseur, c'est-à-dire un distributeur tel qu'un supermarché par exemple, ne pourra plus voir sa responsabilité recherchée directement. Il faudra d'abord démontrer que le producteur demeure inconnu. Ensuite le fournisseur disposera d'un délai de trois mois pour désigner son propre fournisseur ou le producteur. On observera que l'on augmente ainsi les chances que le responsable soit ressortissant d'un autre État membre que celui de la victime ce qui ne facilitera pas la réparation de cette dernière.

1240. Enfin, le texte ne dit rien de l'insolvabilité du producteur désigné. Il faudrait alors pouvoir agir contre le fournisseur pour ne pas laisser la victime sans réparation. Cette jurisprudence très défavorable aux victimes et contraire au droit français antérieur ne lève pas toutes les difficultés. On ne sait pas ce qui sera décidé si le fournisseur est connu mais étranger, sans établissement en France, et qu'il est coûteux et aléatoire pour la victime de procéder à son assignation. Il semblerait alors logique de pouvoir actionner l'importateur (C. civ., art. 1245-5 (1386-6)) ou le vendeur (C. civ., art. 1245-6 (1386-7)). À défaut la victime des produits défectueux risque de ne pouvoir utiliser efficacement la procédure prévue aux articles 1245 et suivants (anc. art. 1386-1 et s.) du Code civil que contre les fabricants français. On aboutirait ainsi à une discrimination en défaveur de ces derniers que les législateurs français et communautaires voulaient précisément éviter.

1241. Dans le même esprit, la question du producteur identifié mais insolvable reste pour le moment sans réponse. S'il était décidé, dans une jurisprudence ultérieure, que le producteur, au sens restrictif de fabricant, même insolvable est le seul responsable il sera alors nécessaire pour la victime d'agir contre le fournisseur sur le fondement d'une responsabilité sans faute.

1242. La Cour de justice est venue préciser les possibilités pour la victime d'agir contre un autre que le fabricant direct du produit (CJCE, 2 déc. 2009, Aventis Pasteur C/O.B., aff. C-358/09). Tout d'abord elle indique que l'article 11 de la directive « doit être interprété en ce sens qu'il ne s'oppose pas à ce que la juridiction nationale considère que, dans la procédure judiciaire engagée, dans le délai qu'il fixe, à l'encontre de la filiale à 100 % du « producteur », au sens de l'article 3, paragraphe 1, de la directive 85/374, ledit producteur puisse être substitué à cette filiale si cette juridiction constate que la mise en circulation du produit concerné a été déterminée en fait par ce producteur » (CJCE, 2 déc. 2009, préc.). En outre, la cour ajoute que « l'article 3, paragraphe 3, de la directive 85/374 doit être interprété en ce sens que, lorsque la victime d'un produit prétendument défectueux n'a raisonnablement pas pu identifier le producteur dudit produit avant d'exercer ses droits à l'encontre du fournisseur de ce dernier, ledit fournisseur doit être considéré comme un « producteur », aux fins, notamment, de l'application de l'article 11 de ladite directive, s'il n'a pas communiqué à la victime, de sa propre initiative et de manière diligente, l'identité du producteur ou de son propre fournisseur, ce qu'il appartient à la juridiction nationale de vérifier au vu des circonstances de l'espèce » (CJCE, 2 déc. 2009, préc.). Ainsi, quand l'action a été intentée contre une filiale à 100 % du fabricant et que la mise en circulation a été décidée par le fabricant, une juridiction nationale pourrait considérer que ce dernier est tenu pour responsable nonobstant le défaut d'assignation dans les dix ans. On pourrait extrapoler cette solution à une filiale détenue majoritairement et pour laquelle la maison mère a pris la décision de la mise en circulation. Plus intéressant encore, l'impossibilité pour la victime d'identifier le véritable fabricant qui ne serait pas dénoncé par le fournisseur (vendeur directe, grossiste, importateur, celui qui appose sa marque, v. Dir., art. 3 ; art. 1386-6 et 1386-7, C. civ.) obligerait ce dernier à prendre en charge le dommage. Il est donc essentiel pour les fournisseurs intermédiaires de toujours rapidement identifier les fabricants des produits qu'ils revendent afin de renseigner la victime qui intente une action et pour les victimes d'assigner le plus largement possible tous les maillons de la chaîne qu'ils peuvent identifier.

1243. Enfin, il a été précisé, à propos de l'utilisation de matériel médical par le médecin, que la responsabilité d'un prestataire de services qui utilise le produit peut être engagée sur un autre fondement que la directive de 1985 (CJUE, 21 déc. 2011, CHU Besançon, aff. C-495/10). Un professionnel de santé en France peut donc voir sa responsabilité engagée sans faute lorsqu'il utilise un produit de santé ou un matériel médical défectueux (la responsabilité des professionnels de santé est engagée pour faute conformément à l'art. 1142-1 CSP, hors le cas de responsabilité pour l'utilisation d'un produit de santé, précise ce texte). Plus largement, cet arrêt pose le principe que la responsabilité de l'utilisateur d'un produit défectueux ne rentre pas dans le champ d'application de la directive du 5 juillet 1985 (CJUE, 21 déc. 2011, préc.).Sur le fondement de cette décision, le Conseil d'État a décidé que le service public hospitalier est responsable, même en l'absence de faute de sa part, des conséquences dommageables pour les usagers, de la défaillance des produits et appareils de santé qu'il utilise (CE, sect. cont., 25 juill. 2013, n° 339922. En revanche, la Cour de cassation a adopté une position inverse, en estimant que la victime d'un produit défectueux utilisé par un professionnel de santé doit fonder son action sur les articles 1386-1 et suivants (désormais 1245 et s.) du Code civil, dès lors que se trouvent remplies les conditions de mise en œuvre de ces textes (Civ. 1re, 12 juill. 2012, n° 11-17.512, Bull. civ. I, n° 165).

2 ▪ Victimes

1244. La procédure a pour objet de permettre à toute victime contractante ou non d'être indemnisée (C. civ., art. 1386-1). Par ailleurs, il est indifférent que la victime soit un consommateur ou un professionnel. On pourrait parfaitement imaginer qu'un peintre victime d'un solvant puisse être indemnisé sur le fondement de la responsabilité du fait des produits défectueux. Toutefois, une distinction entre professionnels et non professionnel a été réintroduite quant à la nature du dommage réparable.

3 ▪ Dommages

1245. À l'article 1245-1 (anc. art. 1386-2) du Code civil, il est prévu que toute atteinte est réparée : celle portée à l'intégrité corporelle et celle portée à un bien. Il est précisé par le texte que le produit défectueux lui-même ne saurait être couvert par ces dispositions. Le remplacement du produit défectueux relève de la garantie des vices cachés (Civ. 1re, 9 juill. 2003, Bull. civ. I, n° 173). Le particulier comme le professionnel bénéficient donc d'une indemnisation sans restriction de leur dommage corporel. Toutefois, l'article 1245-14 (anc. art. 1386-15) alinéa 2 du Code civil précise que les clauses limitatives ou exonératoires de responsabilité sont possibles entre professionnels pour les dommages aux biens. La loi du 9 décembre 2004 (art. 29) est venue modifier cet article 1386-2 du Code civil, en reprenant une disposition de la directive non transposée par la France (Dir., art. 9). Pour l'atteinte aux biens, la directive prévoit une franchise de 500 €. Le décret n° 2005-113 du 11 février 2005, reprend ce montant de 500 €. La Cour de cassation a censuré un arrêt d'appel pour ne pas avoir respecté cette franchise de 500 € (Civ. 1re, 3 mai 2006, Bull. civ. I, n° 208 ; RDC 2006, p. 1239, obs. J.-S. Borghetti ; RTD civ. 2007, p. 137, obs. p. Jourdain). La transposition de la directive aux articles 1386-2 alinéa 1er laisse à penser que seuls les dommages corporels sont visés par ce régime de responsabilité. Toutefois, l'article 1386-15 évoque les clauses de non responsabilité pour les valider entre professionnels dès lors que seuls les dommages aux biens professionnels sont concernés. Il fallait donc décider si entre professionnels il est possible d'invoquer la responsabilité du fait des produits défectueux pour des dommages causés à des machines. La Cour de cassation a soumis la question à la Cour de justice (Com., 24 juin 2008, Bull. civ. IV, n° 128). Assez curieusement (au regard de sa jurisprudence restrictive en la matière) la Cour de justice a admis qu'un droit national permette d'indemniser exclusivement le dommage causé à une chose entre professionnels (CJCE, 4 juin 2009, Moteurs Leroy Sommer, aff. C-285/08, RTD civ. 2009, p. 738, obs. p. Jourdain) ; la Cour de cassation a donc autorisé l'application des dispositions sur la responsabilité du fait des produits défectueux quand seuls les biens sont en cause (Com. 26 mai 2010, n° 07-11.744, Bull. civ. IV, n° 100 ; JCP G 2010, n° 847, note J.-J. Barbiéri ; RTD civ. 2010, p. 787, obs. p. Jourdain).

B ▪ Produits mis en circulation

1 ▪ Les produits

1246. Les catégories de produits concernées par ces dispositions sont assez variées. L'article 1245-2 (anc. art. 1386-3) du Code civil, en indiquant qu'est un « produit tout bien meuble, même s'il est incorporé dans un immeuble, y compris les produits du sol, de l'élevage, de la chasse et de la pêche » et que « l'électricité est considérée comme un produit », vise à soumettre tous les produits manufacturés et tous ceux issus de l'agriculture au nouveau régime de responsabilité. De même que les matériaux incorporés dans un bâtiment et, plus curieusement, l'électricité sont inclus dans le champ d'application. La seule nomenclature de ces produits ne suffit pas à définir le champ d'application. Il faut en outre que le produit ait été mis en circulation.

2 ▪ La notion de mise en circulation

1247. Il résulte des articles 1245-4 et 1245-10 (resp., anc. art. 1386-5 et 1386-11) du Code civil que la responsabilité du producteur ne peut être engagée que si le produit a été mis en circulation postérieurement à l'entrée en vigueur de la loi du 19 mai 1998 (l. n° 98-389, art. 21, JO 21 mai). L'article 1386-5 précise que la mise en circulation est réalisée lorsque le producteur s'en est dessaisi volontairement (al. 1er) et qu'un « produit ne fait l'objet que d'une seule mise en circulation ». La lecture de ces textes permettait d'estimer, en l'absence de précisions sur ce point dans la directive, que la mise en circulation signifie la mise en vente par le fabricant du produit ; son introduction délibérée par le producteur dans un circuit de distribution. La date cruciale est celle à laquelle le produit est introduit sur le marché pour la première fois, il importe peu qu'il fasse l'objet ensuite de cessions successives (L. Grynbaum, *Droit civil, Les obligations*, éd., Hachette supérieur 2005, n° 736). Or, la Cour de cassation dans un arrêt relatif au Vaccin contre l'hépatite B (Civ. 1re, 24 janv. 2006, n° 03-19.534, JCP G 2006, II, 10082, note L. Grynbaum), a relevé que la sécurité du produit s'apprécie « au moment où il (le producteur) l'a mis en circulation pour être vendu ou distribué ». Il s'évince de cette formule que la sortie des chaînes de production du produit et la volonté du producteur de le commercialiser constituent la mise en circulation. Par un arrêt Declan O'Byrne (CJCE, 9 févr. 2006, aff. C-127/04, JOCE C 86, 8 avr. 2006, p. 5), la Cour de justice, saisie par voie de question préjudicielle, adopte la même position et l'affirme de manière plus nette encore. En effet, dans cette affaire, il était nécessaire de déterminer le point de départ du délai de prescription de dix ans (Dir. n° 85/374, art. 11 ; v. C. civ., art. 1386-16) pour juger si l'action de la victime avait été introduite dans les temps. Il fallait donc préciser la notion de mise en circulation. L'hésitation était permise car le produit de santé à l'origine du dommage a fait l'objet de transmissions successives du producteur à sa filiale anglaise puis à l'hôpital britannique. La Cour de justice a indiqué « qu'un produit est mis en circulation lorsqu'il est sorti du processus de fabrication mis en œuvre par le producteur et qu'il est entré dans le processus de commercialisation (...) ». Dans cette espèce, soumise à la Cour de justice, il faut comprendre que la sortie des usines françaises du produit de santé constitue la mise en circulation du produit.

C ▪ Application dans le temps du régime de la responsabilité du fait des produits défectueux

1248. Il avait été décidé qu'un produit mis en circulation avant la promulgation de la loi du 19 mai 1998 était soumis au régime des articles 1382 ou 1147 du Code civil interprétés à la lumière de la directive du 25 juillet 1985, ceux-ci correspondant désormais aux articles 1240 et 1231-1 du Code civil du fait de l'ordonnance n° 2016-131 du 10 février 2016. Cette solution a été acquise dès 1998 (Civ. 1re, 28 avr. 1998, Bull. civ. I, n° 158 ; JCP G 1998, II, 10088, rapp. p. Sargos). Toutefois cette décision avait été rendue peu de temps avant l'adoption de la loi du 19 mai 1998 transposant la directive. Il restait à déterminer le droit applicable pour des produits mis en circulation entre 1985 et 1998. Un arrêt du 24 janvier 2006 sur l'hormone de croissance vient éclairer ce point (Civ. 1re, 24 janv. 2006, n° 03-20.178 ; JCP G 2006, II, 10082, note L. Grynbaum). En l'espèce, le produit avait été mis en circulation en février 1985 selon le constat de la Cour d'appel. La Cour de cassation en a déduit qu'il n'y avait pas lieu à interprétation du droit national à la lumière de la directive « conformément à l'article 17 de la directive n° 85-374 du 25 juillet 1985 et dès lors qu'il s'agissait d'un délai de prescription ». Une telle affirmation suscite une triple interprétation. Il s'en évince d'abord, qu'en l'espèce, la directive n'ayant pas été adoptée à la date de mise en circulation de l'hormone administrée, il n'était pas possible d'appliquer une responsabilité du fait des produits défectueux inspirée de la directive. Ensuite, la mention de l'article 17 (qui renvoie à l'article 19) de la directive implique que celle-ci ne peut pas s'appliquer aux produits mis en circulation avant l'entrée en vigueur de ce texte. Les États membres disposaient de trois ans afin de procéder à la transposition de la directive (Dir. n° 85/374, art. 19). Il faudrait alors comprendre, que la Cour de cassation réserverait l'application du droit national de la responsabilité du fait des produits défectueux interprété à la lumière de la directive aux produits mis en circulation à compter du 30 juillet 1988. C'est-à-dire à l'expiration du délai de trois ans qui s'est écoulé après la notification aux États membres de l'obligation de transposer la directive (la directive ayant été notifiée le 30 juillet 1985). En effet, la carence d'un État dans la transposition d'une directive ouvre la possibilité aux juges nationaux de procéder à l'interprétation de leur droit à la lumière de la directive dans les litiges opposant des particuliers (CJCE, 8 oct. 1987, Kolpinghuis Nijmegen, aff. 80/86 Rec. CJCE, 3969). Il demeure alors la question de l'application du délai de prescription. Dans l'arrêt du 24 janvier 2006 sur l'hormone de croissance (préc.), la Cour de cassation insiste sur le constat que le droit national n'avait pas à s'interpréter à la lumière de la directive conformément à son article 17 « et dès lors qu'il s'agissait d'un délai de prescription ». Nous comprenons cette incise comme créant un cas particulier pour les délais de prescription. Quand bien même le droit national serait à interpréter à la lumière de la directive pour un produit mis en circulation entre le 30 juillet 1988 et le 21 mai 1998 (date de la publication au JO de la loi du 19 mai 1998), les délais de prescription indiqués dans la directive ne s'appliqueraient pas. Ainsi, ni le délai de prescription de dix ans à compter de la mise en circulation prévu par l'article 11 de la directive, ni le délai d'action de trois ans à compter de la survenance du dommage (Dir. n° 85/374, art. 10) ne s'appliqueraient aux litiges nés de la mise en circulation d'un produit défectueux avant le 21 mai 1998. Pour ces derniers, afin d'éviter toute hésitation source d'insécurité juridique dans une matière relevant pour partie de l'ordre public, ce sont les délais prévus par le droit français qui s'appliqueraient. Le délai de droit commun est désormais de cinq ans (C. civ. art. 2224), depuis la loi n° 2008-561 du 17 juin 2008, porté à dix ans en présence d'un préjudice corporel (C. civ., art. 2226).

§ 2 ▪ Mise en œuvre de la responsabilité du fait des produits défectueux

1249. L'article 1245-8 (anc. art. 1386-9) du Code civil précise que « le demandeur doit prouver le dommage, le défaut et le lien de causalité entre le défaut et le dommage ». Il s'agit donc de prouver les trois éléments constitutifs traditionnels de la responsabilité civile. Pour ce qui est du dommage, il a été indiqué que le dommage corporel est indemnisé intégralement quelle que soit la victime et que le dommage aux biens n'est réparé qu'au-delà d'une franchise. Il reste à préciser, le défaut du produit, le lien de causalité et les délais d'action.

A ▪ Défaut du produit

1250. « Un produit est défectueux au sens du présent titre lorsqu'il n'offre pas la sécurité à laquelle on peut légitimement s'attendre » selon l'alinéa 1er de l'article 1245-3 (anc. art. 1386-4) du Code civil. Il convient donc in abstracto de déterminer, selon la nature du produit, la sécurité que l'on peut en attendre. Les expertises techniques pourront établir ce défaut et le juge peut parfaitement recourir aux présomptions. Ainsi, l'éclatement d'un pneu qui vient d'être posé (CA Toulouse, 7 nov. 2000, préc.) ou l'explosion de la vitre d'un insert (TGI Aix-en-Provence, 2 oct. 2001, D. 2001, IR, 3092) montrent que, sauf élément extérieur dont la preuve incombe au producteur, le produit n'offre pas une sécurité normale. Afin de déterminer ce degré de sécurité les modalités de diffusion du produit doivent fournir des critères d'appréciation (v. art. 1386-4, al. 2) : la notice et les éventuelles mises en garde permettront d'établir le niveau de sécurité attendu. En outre, l'alinéa 3 de l'article 1386-4 précise que la mise en circulation d'un produit plus perfectionné ne rend pas pour autant le précédent défectueux. Il est vrai que l'innovation technologique ne rend pas dangereux un produit commercialisé précédemment. Par ailleurs, le respect par le producteur « des règles de l'art », de « normes existantes » ou le fait qu'il ait obtenu une autorisation administrative (par ex., pour la mise sur le marché d'un médicament) n'empêchent pas qu'il soit reconnu l'existence d'un défaut du produit (C. civ., art. 1386-10). Ce défaut doit avoir été à l'origine du dommage.

1251. Il a été souligné à propos des produits de santé l'importance de la présentation. Il s'agissait d'un médicament pour lequel les mentions de la notice ont été jugées déterminantes (Civ. 1re, 5 avr. 2005, JCP G 2005, I, 149, n° 7, obs. G. Viney ; RTD civ. 2005, p. 607, obs. p. Jourdain ; RCA, comm. n° 189, obs. C. Radé ; JCP G 2005, II, 10085, note L. Grynbaum, J.-M. Job). Une des principales conséquences de cet arrêt du 5 avril 2005 consiste en l'accroissement de l'importance de la notice d'information jointe au produit de santé. Dès lors que l'effet secondaire potentiel mentionné dans la notice ne remet pas largement en cause un rapport favorable bénéfice/risque pour les patients, le produit de santé ne saurait être considéré comme défectueux (v. p. Jourdain, obs. sous Civ. 1re, 5 avr. 2005, préc.). Le caractère défectueux du produit pourra ainsi dépendre du fait que le laboratoire aura mentionné précisément le risque ou non. Cette solution est largement confortée par les arrêts du 24 janvier 2006, vaccin de l'hépatite B (préc.) et Servier (Civ. 1re, 24 janv. 2006, n° 02-16.648 ; JCP G 2006, II, 10082, note L. Grynbaum). Dans le premier (vaccin contre l'hépatite B), la Cour de cassation rappelle que le caractère défectueux du produit s'apprécie au regard « notamment, de sa présentation ». Elle relève, en outre, dans la présentation de la motivation de la cour d'appel que cette dernière mentionnait bien que l'autorisation de mise sur le marché du vaccin « énumérait cette affection (maladie de Guillain-Barré) au titre des effets indésirables de ce produit, en mentionnant « très rarement, des neuropathies périphériques » ». Ces précisions permettent à la Haute juridiction de censurer la cour d'appel qui a retenu le caractère défectueux du produit. Il faut déduire de cette censure que la mention du risque de « neuropathie périphérique » dans la notice empêchait de constituer le produit comme étant défectueux. Il appartient donc aux producteurs en général et aux laboratoires pharmaceutiques en particulier d'être fort précis sur la présentation du produit et la notice qui les accompagne. Dans l'arrêt Servier (préc.) le même raisonnement est mis en œuvre. En effet, en réponse au deuxième moyen invoqué par les Laboratoires Servier, la Cour de cassation relève que l'annexe II de l'autorisation de mise sur le marché (AMM), qui constitue la notice mise à la disposition du public ne comportait, « à la date de la prescription », aucune référence à l'existence d'un risque d'affection du type « HTAPP » qui avait affecté la victime. Il était simplement mentionné un risque d'hypertension artérielle dans l'annexe I de cette autorisation, destinée aux professionnels de santé. L'information était donc doublement insuffisante. Le patient n'était pas mis en garde dans la notice et le praticien était simplement averti d'un risque d'hypertension et non d'« HTAPP ». On déduit, a contrario de cet arrêt, que la présence d'une mise en garde dans la notice destinée au public aurait permis d'éviter la qualification du médicament en produit défectueux. Toutefois, il faut ajouter que cette qualification n'est écartée que si le produit ne présente pas trop de risques par rapports aux bénéfices retirés par les patients. La même solution a été adoptée à propos du défaut d'information sur les dangers du béton qui peut provoquer des brûlures (Civ. 1re, 7 nov. 2006, Bull. civ. I, n° 467 ; RTD civ. 2007, p. 139, obs. p. Jourdain). Mieux encore, dans l'affaire délicate des vaccins contre l'hépatite B (v. infra sur le lien de causalité), il a été jugé que l'absence d'information dans la notice du vaccin sur le risque de sclérose en plaques alors que le « Vidal » mentionnait cet effet secondaire rendait le produit défectueux (Civ. 1re, 9 juill. 2009, n° 08-11.073, Bull. civ. I, n° 176 ; RTD civ. 2009, p. 735, obs. p. Jourdain ; Gaz. Pal. 2009, n° 326 à 328, p. 47, note L. Grynbaum).

B ▪ Lien de causalité

1252. On oppose habituellement l'équivalence des conditions à la causalité adéquate (G. Viney, p. Jourdain, *Les conditions de la responsabilité*, 2e éd., LGDJ 1998, n° 338 et s.). Dans la théorie de l'équivalence des conditions, toutes les conditions nécessaires à la réalisation du dommage sont des causes du dommage. Tous les éléments qui ont concouru au dommage constituent la cause du dommage. En revanche, la mise en œuvre de la théorie de la causalité adéquate oblige à rechercher la cause principale du dommage. Il convient alors de rechercher la cause la plus probable de déclenchement du dommage et ne retenir que celle là. Il semble que la Cour de cassation n'ait pas véritablement choisi entre les deux systèmes tout en montrant une faveur à l'équivalence des conditions dès lors que cette méthode permet de faciliter la preuve du lien de causalité pour une victime d'un préjudice corporel. En effet, la Haute juridiction a décidé qu'en présence de plusieurs causes à l'origine du dommage, elles ont toutes été les conditions nécessaires du dommage (Civ. 1re, 4 déc. 2001, Bull. civ. I, n° 310 ; Civ. 2e, 27 mars 2003, Bull. civ. II, n° 76). Néanmoins, cela ne signifie pas la disparition de la causalité adéquate.

1253. En matière d'infection par le virus du SIDA, la causalité adéquate a pu être utilement invoquée pour retenir la cause la plus probable de contamination et en écarter d'autres (Civ. 1re, 17 févr. 1993, JCP G 1994, II, 22226, note A. Dorsner-Dolivet). Dans les affaires ayant donné lieu aux arrêts du 24 janvier 2006, la longue motivation de l'arrêt Servier (préc.) précise nettement que la méthode des présomptions est mise en œuvre pour établir le lien de causalité. En revanche, il est plus difficile de décider si la théorie de l'équivalence des conditions ou celle de la causalité adéquate est mise en œuvre. La Cour de cassation indique en effet que les experts ont relevé que le médicament « était une cause directe et partielle dans la mesure où il y avait une prédisposition de la patiente comme pour tout malade présentant une affection très rare, et une cause adéquate, en l'absence de tout autre motif de nature à l'expliquer ». La prise du médicament n'est pas la cause exclusive du dommage, les prédispositions de la patiente expliquant également la survenance de l'HTAPP. Il faut donc concilier l'expression de « cause partielle » employée par la Haute juridiction avec celle de « cause adéquate ». Il nous semble que la Cour de cassation privilégie dans cet arrêt la causalité adéquate dans la mesure où elle insiste sur l'idée que la prise du médicament a été déterminante. La méthode avait déjà été employée afin de bien insister sur ce qui avait été la cause essentielle du dommage subi par la victime (Civ. 1re, 17 févr. 1993, préc.). Néanmoins, une telle solution ne remet pas en cause la solution antérieure selon laquelle la présence d'une pluralité de causes du dommage « n'est pas de nature à faire obstacle à l'indemnisation de l'entier dommage par l'auteur initial par application du principe de l'équivalence des causes » (Civ. 2e, 27 mars 2003, préc.). Tout au plus, il se confirme que la Cour de cassation, en présence d'une pluralité de causes, ne se prive pas de recourir à la théorie de la causalité adéquate.

1254. Il existe une difficulté majeure à établir le lien de causalité dans un contexte d'incertitude scientifique. La question a été particulièrement topique en matière de vaccin contre l'hépatite B. La Cour de cassation avait refusé à trois reprises, que soit établi le caractère défectueux des vaccins en affirmant que le lien de causalité entre l'injection et la maladie n'était pas prouvé (Civ. 1re, 23 sept. 2003, n° 01-13.064, Bull. civ. I, n° 188 ; JCP G 2003, II, 10179, N. Jonquet, A.-C. Maillols, D. Mainguy, E. Terrier ; ibid. 2004, I, 101, n° 23 s., obs. G. Viney ; RTD civ. 2004, p. 101, obs. p. Jourdain ; D. 2004. jur. p. 898, note Y.-M. Serinet et R. Mislawski ; ibid. Somm. p. 1344, obs. D. Mazeaud ; C. Radé, Vaccination anti-hépatite B et sclérose en plaques : la Cour de cassation envahie par le doute, RCA 2003, chron. n° 28 ; Civ. 1re, 27 févr. 2007, n° 06-10.063 ; RCA 2007, comm. n° 165, note C. Radé) ou en retenant que le défaut du produit n'était pas établi (Civ. 1re, 23 sept. 2003, préc. ; Civ. 1re, 24 janv. 2006, n° 03-19.534, Bull. civ. I, n° 33). Toutefois, en matière de maladie professionnelle, la Cour de cassation (Soc., 2 avr. 2003, Bull. civ. V, n° 132 ; Civ. 2e, 25 mai 2004, Bull. civ. II, n° 237 ; Civ. 2e, 12 juill. 2006, Bull. civ. II n° 193 ; Civ. 2e, 14 sept. 2006, n° 04-30.642) et le Conseil d'État (4 arrêts du 9 mars 2007, req. n° 267635, 278665, 255288, 283067, Concl. T. Olson, Commissaire du gouvernement, AJDA 2007, p. 861 et s. ; sous le n° 267635, JCP G 2007, II, 10142, note A. Laude ; D. 2007, p. 2204, note L. Neyret) ont retenu le lien entre la vaccination obligatoire contre l'Hépatite B pratiquée à l'égard de personnels soignants et sclérose en plaques. La distorsion observée entre la solution appliquée en matière d'accident du travail et celle retenue pour la vaccination facultative était certes justifiable en droit strict, en raison de la différence de régime applicable, mais n'était guère tenable dans un souci de politique jurisprudentielle cohérente.

1255. La Cour de cassation a été de nouveau saisie pour que soit reconnu le lien de causalité entre le déclenchement de la sclérose en plaques et l'administration du vaccin et que ce produit soit considéré comme défectueux. Cinq arrêts ont été rendus le 22 mai 2008 (Civ. 1re, 22 mai 2008, n° 06-14.952, Bull. civ. I, n° 147 ; n° 05-20.317, Bull. civ. I, 148 ; n° 06-10.967, Bull. civ. I, n° 149 ; n° 06-18.848, non publ. ; n° 05-10.593, non publ. ; RLDC, 2008/52, n° 3102, note Ph. Brun ; RDC 2008, p. 1186, note J.-S. Borghetti ; RTD civ. 2008, p. 492, note p. Jourdain ; JCP G 2008, II, 10131, L. Grynbaum ; JCP G I 186, obs. Stoffel-Munck) sur le fondement du droit français (C. civ., art. 1382 et/ou 1147) interprété à la lumière de la directive du 25 juillet 1985 relative à la responsabilité du fait des produits défectueux. Dans ces arrêts, il a été affirmé que la preuve par présomptions est possible afin que les juges du fond se forgent une conviction sur le caractère défectueux du vaccin et le lien de causalité entre l'injection et la maladie (plus spécialement n° 06-10.967, Bull. civ. I, n° 149), ce qui constituait un revirement sur la décision de 2003, sans toutefois retenir, dans cette série d'arrêts, ni le caractère défectueux d'un vaccin, ni un lien de causalité. Ce premier pas rouvrait néanmoins les possibilités d'établir ces deux points devant les juges du fond. Cette démarche a connu son aboutissement dans un arrêt du 9 juillet 2009 (Civ. 1re, 9 juill. 2009, préc.).

1256. Dans l'arrêt du 9 juillet 2009 sur la vaccination contre l'hépatite B, la Cour de cassation a adopté exactement les mêmes critères que le Conseil d'Etat (quatre arrêts préc.) en relevant bien la proximité temporelle entre le vaccin et la déclaration de la maladie et en écartant tout autre cause possible de déclenchement de cette affection. Ce dernier critère repose entièrement sur la mise en œuvre de la théorie de la causalité adéquate qui suppose de rechercher la cause principale du dommage ; c'est-à-dire la cause la plus probable de déclenchement du dommage (G. Viney, p. Jourdain, *Les conditions de la responsabilité*, 2e éd., LGDJ 1998, n° 338 et s.). Toutefois, l'appréciation de ces présomptions étant laissées aux juges du fond, il peut être jugé que nonobstant la proximité temporelle entre l'injection et la déclaration de la maladie, le lien de causalité n'est pas établi (Civ. 1re, 25 nov. 2010, n° 09-16.556, Bull., JCP G 2011, n° 79, note J.-S. Borghetti ; RCA 2011, comm. n° 24, obs. C. Radé ; RTD civ. 2011, p. 134, obs. p. Jourdain). Afin de limiter les distorsions qui sont apparues entre les différentes cours d'appel sur l'existence ou non d'un lien de causalité, la Cour de cassation a censuré un arrêt dans lequel le motif général d'absence de preuve scientifique du lien était utilisé (Civ. 1re, 26 sept. 2012, n° 11-17.738, Bull. civ. I, n° 187). La Haute juridiction impose aux juges du fond de tirer les conséquences des circonstances de fait apparues dans chaque espèce et notamment le déclenchement rapide de la maladie après la vaccination (ibid.).

L'affaire est revenue devant la Cour de cassation, qui a posé une question préjudicielle à la Cour de justice de l'Union européenne pour savoir si la directive de 1985 permet d'utiliser les présomptions comme mode de preuve du lien de causalité (Cass. Civ. 1re, 12 nov. 2015, n° 14-18-118). Il est probable que le Cour de justice renverra les juges français à leurs hésitations sur ce point.

C ▪ Délais d'action

1257. L'action de la victime est enfermée dans un double délai. Le premier est constitutif d'un délai de garantie (C. civ., art. 1386-16). Le producteur ne doit sa garantie que pendant les dix années qui suivent la première mise en circulation du produit. Il appartient donc à la victime d'introduire son action avant l'expiration de ce délai de dix ans. La Cour de justice est venue préciser dans d'affaire Declan O'Byrne (CJCE, 2 déc. 2009, Aventis Pasteur C/O.B., aff. C-358/09, D. 2010, p. 624, note J.-S. Borghetti ; RTD civ. 2010, p. 340, obs. p. Jourdain) que l'article 11 de la directive 85/374/CEE du Conseil du 25 juillet 1985, qui instaure le délai de prescription de dix ans « doit être interprété en ce sens qu'il s'oppose à ce qu'une réglementation nationale autorisant la substitution d'une partie défenderesse à une autre en cours de procédure judiciaire soit appliquée de manière à permettre d'attraire, après l'expiration du délai qu'il fixe, un « producteur », au sens de l'article 3 de cette directive, comme partie défenderesse à une procédure judiciaire intentée dans ce délai contre une autre personne que lui ». Cela signifie que l'assignation en justice d'un autre fournisseur que le véritable fabricant n'interrompt pas le délai de prescription à l'encontre de ce dernier ; ce qui est une position sévère car il n'est pas toujours aisé de déterminer ce véritable fabricant du produit. Toutefois, comme nous l'avons déjà indiqué la Haute juridiction communautaire ouvre d'autres perspectives. Tout d'abord quand l'action a été intentée contre une filiale à 100 % du fabricant et que la mise en circulation a été décidée par le fabricant, une juridiction nationale pourrait considérer que ce dernier est tenu pour responsable nonobstant le défaut d'assignation dans les dix ans. En outre, plus intéressant encore, l'impossibilité pour la victime d'identifier le véritable fabricant qui ne serait pas dénoncé par le fournisseur (vendeur directe, grossiste, importateur, celui qui appose sa marque, v. Dir. art. 3 ; art. 1386-6 et 1386-7, C. civ.) obligerait ce dernier à prendre en charge le dommage. De surcroît, la victime s'expose à une prescription de son action si elle n'agit pas dans les trois ans (C. civ., art. 1386-17) à compter de la découverte du dommage, du défaut et de l'identité du producteur. On retrouve ici le bref délai d'action de la garantie des vices cachés dans la vente (v. C. civ., art. 1648) mais prévu sur une durée assez raisonnable. Ce délai de trois ans étant un délai de prescription, il sera interrompu par l'introduction d'une action en justice.

1258. Le délai de prescription de trois ans de l'article 1245-16 (anc. art. 1386-17) et de dix ans de l'article 1245-15 (anc. art. 1386-16) du Code civil ne s'appliquent pas aux produits mis en circulation avant l'entrée en vigueur de la loi du 19 mai 1998 transposant la directive (Civ. 1re, 24 janv. 2006, n° 03-20.178, Bull. civ. I, n° 34, préc.). Les délais de procédure respectés et les éléments de la responsabilité réunis par la victime, le producteur dispose de nombreuses possibilités de s'exonérer de sa responsabilité.

D ▪ Causes d'exonération

1259. L'article 1245-10 (anc. art. 1386-11) du Code civil précise que la responsabilité des producteurs est une responsabilité de plein droit. Le producteur ne peut donc pas s'exonérer en démontrant son absence de faute. Il ne peut qu'établir la faute de la victime ou la force majeure, causes usuelles d'exonération. La loi prévoit, en outre, des causes propres au régime de la responsabilité du fait des produits défectueux. On examinera d'abord les causes usuelles d'exonération ; puis, les exonérations propres au régime de responsabilité du fait des produits défectueux.

1 ▪ Causes usuelles d'exonération

1260. Parmi les causes usuelles on trouve l'exonération prévue par le responsable lui-même grâce à une stipulation contractuelle. Toutefois, la loi indique que le producteur ne peut pas stipuler une clause contractuelle qui limiterait ou supprimerait sa responsabilité (C. civ., art. 1386-15, al. 1er). Une telle clause est réputée non écrite (ibid.). Il lui est toutefois possible de prévoir ces clauses lorsque le contrat est conclu entre professionnels (C. civ., art. 1386-15, al. 2). Entre professionnels, la limitation ou l'exonération de responsabilité ne peut porter que sur les dommages aux biens, à la condition que ces derniers ne soient pas utilisés par la victime principalement pour son usage et sa consommation privée (Com. 26 mai 2010, préc.).

1261. La faute de la victime ou d'une personne dont elle doit répondre (par ex. enfant, préposé) est susceptible de limiter la responsabilité du producteur (C. civ., art. 1386-13). En revanche, le fait d'un tiers qui a concouru à la réalisation du dommage ne permet pas une exonération partielle (C. civ., art. 1386-14). Cette solution est assez logique car le fait du tiers qui concourt au dommage constitue ce tiers coauteur du dommage. En droit commun, au titre de l'obligation in solidum, il est naturel que la victime soit indemnisée intégralement par un des auteurs du dommage. Il est donc tout à fait conforme au droit commun que la victime puisse réclamer l'intégralité de sa réparation au producteur quand bien même un tiers a contribué à la production du dommage. Il reste que les textes ne prévoient pas de disposition particulière relative à la force majeure. L'absence de texte implique que cette cause d'exonération totale trouve à s'appliquer. Il faut évidemment que l'événement présente les caractéristiques d'extériorité, d'imprévisibilité et d'irrésistibilité. Il faut surtout que la force majeure constitue la cause exclusive du dommage. Ainsi, faut-il que la faute de la victime ou le fait du tiers soient imprévisibles, irrésistibles et constituent la seule explication du dommage subi par la victime. Dès lors que le défaut a concouru fût-ce à un degré minime au dommage, la force majeure ne saurait alors être retenue pour exclure la responsabilité du producteur. En dehors des causes d'exonération issues du droit commun, des causes d'exonération propres au régime de responsabilité du fait des produits défectueux ont été prévues.

2 ▪ Causes d'exonération propres au régime de responsabilité du fait des produits défectueux

1262. La loi, à l'article 1245-10 (anc. art. 1386-11) du Code civil, reprend à titre d'exonération ce qui constitue en réalité une absence des conditions d'application de la responsabilité du fait des produits défectueux. Il faut ajouter deux véritables causes d'exonération : le risque de développement et la conformité à des normes impératives. L'obligation de suivi qui atténuait ces causes d'exonération a disparu à la faveur de la loi du 10 décembre 2004.

a - Absence des conditions d'application de la responsabilité du fait des produits défectueux

1263. L'article 1386-11 prévoit cinq causes d'exonération. Les trois premières reprennent en réalité les conditions d'existence de la responsabilité du fait des produits défectueux. En effet, le producteur peut démontrer pour « s'exonérer » : 1° qu'il n'avait pas mis le produit en circulation, 2° que le défaut n'était pas présent lors de sa mise en circulation du produit, 3° « que le produit n'a pas été destiné à la vente ou à toute autre forme de distribution ». Le producteur peut donc démontrer que les conditions de sa responsabilité ne sont pas réunies en prouvant l'absence de mise en circulation (1° et 3°) ou encore que le défaut ne lui est pas imputable. Il pourrait ainsi démontrer qu'un prototype non destiné à la commercialisation a été diffusé à son insu. Il pourrait également montrer, avec difficulté, que le produit, lors de sa mise en circulation, n'était affecté d'aucun défaut. Il pourra plus facilement réaliser une telle démonstration lorsqu'il n'a été producteur que d'une partie composante et que celui qui a incorporé le produit est à l'origine du défaut (C. civ., art. 1386-11, al. 2). Ces causes d'exonération ne présentent pas de particularité majeure ; en revanche, l'exonération pour risque de développement a suscité une vive controverse.

b - Risque de développement

1264. « Le producteur est responsable de plein droit à moins qu'il ne prouve : (...) 4° que l'état des connaissances scientifiques et techniques, au moment où il a mis le produit en circulation, n'a pas permis de déceler l'existence du défaut ». Cette notion de risque de développement a été introduite par le législateur français après de longues hésitations, la directive ouvrant une option aux États membres. La raison invoquée a été de ne pas pénaliser les producteurs français par rapport à leurs concurrents européens. La notion ainsi introduite par l'article 1386-11 (désormais, 1245-10), 4° du Code civil a été critiquée comme réduisant la protection des victimes par comparaison avec la jurisprudence antérieure développée sur le fondement de l'obligation de sécurité (P. Jourdain, Commentaire de la loi n° 98-389 du 19 mai 1998 sur la responsabilité du fait des produits défectueux, JCP E 1998, p. 1204, spéc. n° 37). Il reste à préciser ce qu'il faut entendre par l'état des connaissances scientifiques et techniques. La CJCE a précisé, à propos de l'interprétation de la notion de risque de développement introduite à l'article 4 de la directive sur la responsabilité du fait des produits défectueux, que « l'état des connaissances scientifiques et techniques est celui au niveau mondial le plus avancé au moment où le produit en cause a été mis en circulation » (CJCE, 29 mai 1997, Commission c/ Royaume-Uni, D. 1998, p. 488, note A. Penneau, JCP 1997, I, 4070, n° 31, obs. G. Viney). En outre, toujours selon la CJCE « le producteur est présumé informé » ; ce qui suppose que ces connaissances aient été « accessibles au moment de la mise en circulation du produit » (même arrêt). Ainsi les connaissances scientifiques s'apprécient-elles au niveau mondial et la perception que peut en avoir le producteur est sans incidence. Il suffit que l'information ait été disponible au moment de la mise en circulation du produit. On ne peut qu'approuver une telle position si l'on ne veut pas voir les fabricants ou distributeurs opposer systématiquement leur ignorance des causes scientifiques ou techniques du défaut.

1265. Par ailleurs, cette exonération pour risque de développement est impossible à invoquer lorsque le dommage a « été causé par un élément du corps humain ou par les produits issus de celui-ci ». En effet, l'article 1245-11 (anc. art. 1386-12) du Code civil exclut qu'un fabricant d'un produit de santé puisse s'exonérer pour risque de développement dès lors qu'il a eu recours à une substance issue du corps humain. Il n'était pas pensable après le scandale du sang contaminé de laisser imaginer que la responsabilité du fait des produits défectueux permettrait de s'exonérer de la réparation d'un dommage équivalent à celui subi par les personnes ayant contracté le virus du SIDA après une transfusion sanguine.

1266. Dans un arrêt relatif au médicament « Isoméride » la Cour de cassation a refusé d'appliquer l'exonération pour risque de développement a un produit mis en circulation avant l'entrée en vigueur de la loi du 19 mai 1998 (Civ. 1re, 9 juill. 2009, n° 08-12.777, Gaz. Pal. 2009, 22-24 nov. 2009, p. 47, note L. Grynbaum). En effet, si la Haute juridiction a bien créé un régime unifié de responsabilité du fait des produits défectueux dès lors qu'ils ont été mis en circulation après 1988 (v. Civ. 1re, 24 janv. 2006, Bull. civ. I, n° 34, préc. v. supra), l'exonération pour risque du développement prévue à l'article 1245-10 (1386-11), 4° du Code civil ne s'applique que pour les produits mis en circulation après le 21 mai 1998 (entrée en vigueur de la loi du 19 mai 1998 ; Civ. 1re, 15 mai 2007, n° 05-10.234, Bull. civ. I, n° 185 ; RCA 2007, comm. n° 219, note C. Radé).

1267. La possibilité d'invoquer le risque de développement était sous-jacente dans l'arrêt du 24 janvier 2006 sur le vaccin contre l'hépatite B (préc.). L'avocat général Sarcelet a rappelé, dans son avis sur cette affaire, que, devant les juges du second degré, l'exonération pour risque de développement avait été invoquée sans succès (Avis de l'avocat général M. J.-D. Sarcelet sur pourvoi n° V 03-19.534, vaccin contre l'hépatite B, LPA, 3 mars 2006, n° 45, p. 6, spéc. p. 11). En effet, la Cour d'appel de Versailles a estimé que l'article 1386-11 (désormais, 1245-10), 4° du Code civil qui prévoit l'exonération pour risque de développement n'est pas applicable à l'espèce (ibid.). Or, le pourvoi n'a pas été formé sur ce point, il ne nous est donc pas donné de connaître la position de la Cour de cassation. Cependant, il ne faut pas occulter la possibilité pour un laboratoire d'invoquer l'absence de connaissances scientifiques et techniques sur le risque au moment de la mise en circulation. Ce défaut d'information sur le danger s'apprécie objectivement en tenant compte du niveau le plus avancé des connaissances, indépendamment du secteur concerné (CJCE, 29 mai 1997, préc.). Cette position exigeante de la Cour de justice signifie que les laboratoires ne peuvent pas se contenter d'invoquer exclusivement des études dans le secteur de la santé. Si, par exemple, les dangers pour l'environnement d'un produit ou d'un procédé sont avérés grâce à des études dans un tout autre domaine (industrie, nouvelles technologies...), les laboratoires sont supposés connaître cette information. En revanche, l'absence complète au niveau mondial d'études ou de publication sur les effets nocifs d'un produit au moment où le produit est mis en circulation permet d'invoquer une exonération pour risque de développement si ce dernier a créé un dommage. C'est ainsi qu'un auteur, tout en approuvant les juges du fond qui retiennent l'existence du lien de causalité entre la vaccination contre l'hépatite et les affections ultérieures, souligne que le laboratoire pourrait s'exonérer pour risque de développement (C. Radé, note sous l'arrêt, censuré par la C. de cass., CA Versailles, 12 sept. 2003, RCA 2004, comm. n° 344). Toutefois, il estime que l'exonération pour risque de développement ne saurait s'appliquer pour des produits mis en circulation avant l'entrée en vigueur de la loi (ibid.). Or, la lecture des arrêts du 24 janvier invite à adopter une autre position. Certes, l'exonération pour risque de développement peut être soulevée pour les produits mis en circulation après l'entrée en vigueur de la loi du 19 mai 1998. De surcroît, à la lumière de l'arrêt sur l'hormone de croissance, nous estimons que pour les produits mis en circulation à compter 30 juillet 1988, l'exonération pour risque de développement peut également être invoquée au titre de l'article 7, e de la directive du 25 juillet 1985 qui la prévoit. En effet, pour cette période de dix ans entre 1988 et 1998, le droit commun applicable aux produits défectueux doit être interprété à la lumière des dispositions de la directive, dite « d'interprétation stricte » (CJCE, 25 avr. 2002, préc.).
L'avant-projet de loi de réforme de la responsabilité civile du 29 avril 2016 (art. 1298) rouvre le débat sur l'insertion de l'exonération pour risque de développement en droit français car ce n'est qu'une option dans la directive.

c - Conformité à des normes impératives

1268. Fait du Prince : Le producteur est responsable de plein doit à moins qu'il ne prouve que « le défaut est dû à la conformité du produit avec des règles impératives d'ordre législatif ou réglementaire » (C. civ., art. 1386-11, al. 1, 5°). Le commandement de l'autorité peut permettre au producteur de s'exonérer de sa responsabilité. Si les textes obligeaient expressément à recourir à un procédé qui s'est avéré ensuite être nocif, le producteur sera alors exonéré de responsabilité.

d - Disparition de l'obligation de suivi

1269. Afin d'atténuer l'exonération pour risque de développement et celle prévue pour conformité à des normes impératives, le législateur français avait prévu à l'article 1386-12 alinéa 2 du Code civil que le producteur devait corriger tout défaut apparu pendant les dix années de mise en circulation. S'il ne procédait pas à cette correction du défaut il ne pouvait plus s'exonérer pour risque de développement ou conformité à une norme impérative. Cette obligation de suivi de l'évolution du produit a été jugée non conforme à la directive par la Cour de justice (CJCE, 25 avr. 2002, préc.), elle a donc été supprimée par la loi du 10 décembre 2004 qui a abrogé l'alinéa 2 de l'article 1245-11 (anc. art. 1386-12). Le durcissement du régime d'indemnisation du fait des produits défectueux au détriment des victimes rend d'autant plus inique la disparition du choix des actions dont elle disposait.

E ▪ Pour les victimes un choix limité des régimes de responsabilité

1270. Lors de la difficile transposition de la directive sur la responsabilité du fait des produits défectueux, afin de mieux faire admettre l'exonération pour risque de développement, le législateur français a inscrit à l'article 1245-17 (anc. art. 1386-18) du Code civil que la victime continue de disposer des autres actions fondées sur le droit de la responsabilité contractuelle ou extracontractuelle ou au titre d'un régime spécial de responsabilité. Cette disposition était conforme à l'article 13 de la directive qui prévoit expressément que le texte communautaire ne porte pas atteinte aux droits de la victime au titre d'un autre régime de responsabilité. Ces dispositions signifiaient sans l'ombre d'un doute que la victime d'un produit défectueux peut préférer se fonder sur une obligation contractuelle de sécurité, sur la garantie des vices cachés ou encore sur la faute délictuelle ou la responsabilité du fait des choses. Néanmoins, cette liberté offerte aux victimes a été fermée par la Cour de justice qui, par une interprétation pour le moins audacieuse de l'article 13 de la directive, a supprimé la faculté de choix laissée par ce texte (CJCE, 25 avr. 2002, préc.).

1271. Aux termes des arrêts de 2002, l'article 13 de la directive s'il laisse la possibilité aux victimes de choisir leur régime de responsabilité, ce choix ne doit pas permettre de bénéficier de droits plus étendus que ceux conférés par la directive. C'était une manière assez habile d'introduire l'exonération pour risque de développement dans toute responsabilité dès lors que le défaut d'un produit a causé un dommage. Devant la Cour de justice des Communautés européennes, dans l'affaire Skov Aeg (préc.), cette position était de nouveau critiquée par le gouvernement danois. La Cour de justice a néanmoins réaffirmé sa position antérieure (CJCE, 25 avr. 2002, préc., aff. C. 52/00, point 22 ; aff. C-154/00, point 18 ; C-183/00, point 31) tout en la précisant. Elle limite nettement, dans l'arrêt Skov AEg, l'emprise de la directive sur la seule responsabilité sans faute. En effet, la Cour indique que la règle nationale ne peut pas être plus large que la directive dès lors qu'une responsabilité sans faute du fait des produits défectueux est mise en œuvre. En revanche, cette directive ne s'oppose pas « à une règle nationale selon laquelle le fournisseur est tenu de répondre sans restriction de la responsabilité pour faute du producteur » (motifs reproduits, ci-dessus). Ainsi, la victime dispose-t-elle désormais du « choix » entre le régime restrictif de la responsabilité du fait des produits défectueux ou du régime de la responsabilité pour faute. Or, les restrictions aux droits de la victime que représentent la responsabilité quasi exclusive du producteur, l'exonération pour risque de développement et le jeu défavorable des délais de prescription peuvent inciter cette dernière à agir en responsabilité pour faute. Il est vrai qu'en matière de responsabilité médicale, la victime conserve la possibilité d'agir directement sans faute contre le praticien utilisateur du produit défectueux qui lui a causé un dommage (v. supra). En effet, la Cour de justice a estimé que la responsabilité de l'utilisateur d'un produit défectueux ne rentre pas dans le champ d'application de la directive du 5 juillet 1985 (CJUE, 21 déc. 2011, préc.).

1272. Hormis ce cas de responsabilité médicale, les restrictions aux droits de la victime que représentent la responsabilité quasi exclusive du producteur, l'exonération pour risque de développement et le jeu défavorable des délais de prescription peuvent inciter cette dernière à agir en responsabilité pour faute. La Cour de cassation a néanmoins précisé que la faute doit être distincte du défaut de sécurité du produit (Com., 26 mai 2010, Bull. civ. IV, n° 99 ; Contrats, conc., consomm.. 2010, comm. 198, obs. L. Leveneur ; RTD civ. 2010, p. 790, obs. p. Jourdain).

L'avant-projet de loi de réforme de la responsabilité civile du 29 avril 2016 réécrit l'article 1386-18 devenu article 1245-17 du Code civil par l'effet de l'ordonnance du 10 février 2016 dans un sens plus conforme à cette jurisprudence, en le renumérotant 1299-4.

Chapitre 4

Les responsabilités du fait d'autrui

BIBLIOGRAPHIE

L'Argus de l'assurance

Ouvrages. - F. Couilbault, S. Couilbault- Di Tommaso, V. Huberty, *Les grands principes de l'assurance*, L'Argus éd., 2015. – J. Landel, *Lexique des termes d'assurance*, L'Argus éd., 2014. – J. Bigot (sous dir.), *Code des assurances*, L'Argus éd.,

Autres documentations

Ouvrages. - M. Bacache-Gibeili, *La responsabilité civile extracontractuelle*, 2e éd., Economica 2012. - Ph. Brun, *Responsabilité civile extracontractuelle*, 3e éd., Litec 2014. – J. Flour, J.-l. Aubert, E. Savaux, *Le fait juridique*, 14e éd., Sirey 2011. – Y. Lambert-Faivre, S. Porchy-Simon, *Droit du dommage corporel, système d'indemnisation*, 7e éd., Dalloz 2012. - F. Terré, Ph. Simler, Y. Lequette, *Droit civil, « Les obligations »*, 11e éd., Dalloz 2013. – G. Viney, *Introduction à la responsabilité*, LGDJ 2e éd., 1995. – G. Viney, p. Jourdain, *Les conditions de la responsabilité*, LGDJ 4e éd., 2013.

1273. La responsabilité du fait d'autrui met en présence trois personnes : la victime, le responsable primaire et le civilement responsable ou responsable secondaire. En principe, dans sa conception originelle les deux responsabilités sont cumulatives. Le responsable primaire est l'auteur du dommage. Pour engager la responsabilité du civilement responsable il faut commencer par montrer que le responsable primaire est bien l'auteur du dommage. Ainsi, par exemple, en matière de responsabilité des parents est-il nécessaire de retenir la responsabilité de l'enfant (responsable primaire) ou de l'infans (enfant non doué de la capacité de discernement) afin de permettre d'engager celle des parents (civilement responsables). La notion de civilement responsable s'est précisée depuis l'arrêt Blieck de 1991 (Cass. ass. plén., 29 mars 1991 ; D. 1991, p. 324, note C. Larroumet, RTD civ. 1991 p. 541, obs. p. Jourdain) qui a instauré un principe général de responsabilité du fait d'autrui. Le civilement responsable exerce une autorité sur la personne du responsable primaire. Afin de présenter les différentes responsabilités du fait d'autrui on suivra l'ordre du Code civil (art. 1384 ; nouvel art. 1242 issu de l'ordonnance n° 2016-131 du 10 février 2016 portant réforme du droit des contrats) en évoquant la responsabilité des parents du fait de leurs enfants et des artisans du fait de leurs apprentis, puis la responsabilité de commettants du fait de leurs préposés (par ex. employeurs du fait de leurs salariés) et la responsabilité des enseignants. On présentera enfin la responsabilité générale du fait d'autrui, qui est la dernière venue dans notre système juridique.

Ces responsabilités sont entièrement réécrites dans l'avant-projet de réforme de la responsabilité civile du 29 avril 2016 dans une section intitulée « l'imputation du dommage causé par autrui » aux articles 1245 à 1249.

L'article 1245 affirme pour les responsabilités des parents, des commettants et pour la responsabilité générale du fait d'autrui qu'il faut un fait (et non une faute) de nature à engager la responsabilité de l'auteur direct du dommage (l'enfant, le préposé, celui qui est surveillé).

Section 1 ▪ Responsabilité des parents du fait de leurs enfants et des artisans du fait de leurs apprentis

1274. L'alinéa 4 de l'article 1242 (anc. art. 1384) du Code civil dispose que « le père et la mère, en tant qu'ils exercent l'autorité parentale, sont solidairement responsables du dommage causé par leurs enfants mineurs habitant avec eux ». L'application du texte suppose donc que les parents soient titulaires de l'autorité parentale et que leur enfant habite avec eux. La jurisprudence a transformé ce régime en responsabilité de plein droit en ne permettant pas aux parents de s'exonérer de leur responsabilité par la preuve de leur absence de faute.
Dans l'avant-projet de réforme de la responsabilité civile du 29 avril 2016, l'article 1245 affirme que sont responsables de plein droit du fait du mineur, les parents en tant qu'ils exercent l'autorité parentale. La condition de cohabitation disparaît, ce qui conforte la garde juridique. Le texte ne précise pas la nature de la responsabilité des parents ; elle sera sans doute solidaire.

§ 1 ▪ Conditions de la responsabilité

A ▪ Conditions quant aux parents

1 ▪ Autorité parentale

1275. La condition posée par le texte suppose que les parents en soient investis de l'autorité parentale pour être tenus comme responsables. En principe la responsabilité des parents est solidaire, sauf si l'autorité parentale est retirée à l'un d'entre eux (C. civ., art. 373 et 373-1). En cas de divorce, l'autorité parentale est commune ; la responsabilité pèsera sur le parent chez qui se trouvera la résidence habituelle de l'enfant. Quand la filiation est établie à l'égard des deux parents, l'autorité parentale est commune (C. civ., art. 372). Cette autorité conjuguée à la cohabitation entraîne la responsabilité solidaire des parents. En présence d'une filiation adoptive plénière (C. civ., art. 356 et s.) ou simple (C. civ., art. 365 al. 2), l'autorité parentale est dévolue aux parents adoptants ; le régime de responsabilité est alors identique aux autres formes de filiation et repose sur l'autorité parentale et la cohabitation.

1276. On s'est demandé s'il ne fallait pas étendre le régime à toutes les personnes qui ont la garde de l'enfant (G. Durry, RTD civ. 1975, p. 313). La jurisprudence a souhaité cantonner strictement l'application de 1384 alinéa 4 aux seuls père et mère qui exercent l'autorité parentale. Grand-mère ou tante ne sont pas tenues sur le fondement de la responsabilité des parents du fait de leurs enfants (Civ. 2e, 18 sept. 1996, Bull. civ. II, n° 217 ; RTD civ. 1997, p. 436, obs. p. Jourdain). La seule possibilité c'est de démontrer une faute personnelle de ces gardiens pour engager leur responsabilité.
Dans l'avant-projet de réforme de la responsabilité civile du 29 avril 2016, c'est la seule condition qui est maintenue à l'article 1246.

2 ▪ Cohabitation

1277. L'article 1242 (anc. art. 1384) alinéa 4 du Code civil prévoit que les parents sont responsables pour un enfant habitant avec eux. Il suffit que cette cohabitation soit habituelle et le fait de confier l'enfant à un centre médico-éducatif ne fait pas cesser cette cohabitation (Civ. 2e, 9 mars 2000, Bull. civ. II, n° 44). De même, le fait que le mineur ait été confié par ses parents qui exercent l'autorité parentale à sa grand-mère depuis l'âge de douze ans n'a pas fait cesser la cohabitation avec eux (Civ. 2e, 8 févr. 2005, Bull. crim., n° 44). En cas de divorce, le parent qui exerce l'autorité parentale et chez qui est fixée la résidence habituelle conserve la responsabilité de l'enfant, même lorsqu'il est en visite auprès de l'autre parent (Civ. 2e, 19 févr. 1997, Samda, Bull. civ. II, n° 55. – 20 janv. 2000, Bull. civ. II, n° 14, Crim. 8 janv. 2008, Bull. crim., n° 3, revirement sur Crim., 13 déc. 1982, Bull. crim., n° 382). Il a été précisé toutefois, par la Chambre criminelle, que pour engager la responsabilité du parent qui n'a pas la résidence habituelle de l'enfant, il faudrait prouver la faut de ce dernier (Crim., 6 nov. 2012, n° 11-86.857, Bull. crim., n° 241). Le développement de la résidence alternée en cas de séparation devrait conduire, selon nous, dans cette situation où la résidence est fixée chez les deux parents, à une responsabilité in solidum des parents au stade de l'obligation à la dette. Une éventuelle pesée des fautes respectives des parents lors de l'évaluation de la contribution définitive à la dette entre les assureurs pourrait s'effectuer. Sans faute définie, les assureurs se répartiraient alors la dette par moitié. Pour transférer la responsabilité des parents vers une institution, il faut qu'une mesure judiciaire d'assistance éducative soit prononcée, qui opère le transfert de la charge d'organiser et de contrôler à titre permanent le mode de vie du mineur à une association ou à un organisme pour que la responsabilité des parents du fait de leurs enfants cesse (Civ. 2e, 6 juin 2002, Bull. civ. II, n° 120, arrêt n° 2 ; RTD civ. 2002, p. 825, obs. p. Jourdain). Lorsque l'association ne fait qu'apporter aide et conseil à la famille et qu'il s'agit d'une mission d'éducation en milieu ouvert cette mesure ne transfère pas à l'association l'autorité parentale ; les parents demeurent responsables (Civ. 2e, 19 juin 2008, Bull. civ. II, n° 144 ; RTD civ. 2008, p. 682, obs. p. Jourdain.)

1278. La jurisprudence a évolué ; la présomption de responsabilité qui pèse sur les parents n'est pas écartée par la seule circonstance que l'enfant se trouvait au moment des faits dans un établissement scolaire (Civ. 2e, 20 avr. 2000, Bull. civ. II, n° 66 ; D. 2000, somm. p. 468, obs. p. Jourdain). Mieux encore, il a été décidé que la présence d'un enfant mineur dans un établissement scolaire, même en régime d'internat, ne supprime pas la cohabitation de l'enfant avec ses parents (Civ. 2e, 16 nov. 2000 ; RTD civ. 2001, p. 603, obs. p. Jourdain ; Civ. 2e, 29 mars 2001, Bull. civ. II, n° 69 ; RTD civ. 2001, p. 603, obs. p. Jourdain ; Crim., 18 mai 2004, Bull. crim., n° 123). Il n'existe donc plus d'obstacle à la responsabilité des père et mère quand l'accident est provoqué par leur enfant pendant le temps scolaire. Dans le même sens la Chambre criminelle a décidé qu'il n'y avait pas de cessation de la cohabitation lorsque l'enfant est dans un camp de vacances (Crim., 29 oct. 2002, Bull. crim., n° 197 ; RTD civ. 2003, p. 101).

1279. Lorsque la cohabitation a cessé de façon illégitime, les parents restent responsables. Les parents demeurent responsable d'un enfant qu'ils ont chassé du domicile familial (Crim., 24 juill. 1952, S. 1953, 1, p. 68). Le père qui a quitté le domicile conjugal sans autorisation de résidence séparée reste responsable (Crim., 21 août 1996, Bull. crim., n° 309).
L'avant-projet de réforme de la responsabilité civile du 29 avril 2016 supprime la condition de cohabitation, ce qui conforte la notion de garde juridique et sans doute une responsabilité solidaire des parents. Le tuteur ou l'institution qui se voit confier l'enfant mineur par décision de justice ou administrative (pour l'institution) se voit transférer la responsabilité (art. 1246 de l'avant-projet de loi).

B ▪ Conditions à l'égard de l'enfant

1280. La responsabilité fondée sur 1242 (anc. art. 1384) alinéa 4 du Code civil cesse dès la majorité. De même que les parents ne sont plus responsables du mineur émancipé à seize ans (C. civ., art. 413-2). L'aliénation ou d'absence de discernement de l'enfant n'empêche pas la libération des parents de leur responsabilité du fait de leur enfant dès dix-huit ans.

1281. Il est prévu à l'article 1242 (1384) alinéa 4 du Code civil qu'il y a responsabilité pour un « dommage causé » par l'enfant. Dans un premier temps il fallait une faute de l'enfant pour engager la responsabilité des parents. Puis, par l'arrêt Fullenwarth ni le discernement de l'enfant ni même sa faute ne sont plus exigés pour rendre les parents responsables, « il suffit que le mineur ait commis un acte qui soit la cause directe du dommage invoqué par la victime » (Cass. ass. plén., 9 mai 1984, Bull. civ. n° 4 ; D. 1984, p. 525, note F. Chabas). Il suffit donc de prouver que l'acte a joué un rôle actif dans la survenance du dommage (Civ. 2e, 13 avr. 1992, Bull. civ. II, n° 122, RTD civ. 1992, p. 771). Il a été confirmé que l'existence d'une faute n'est pas requise (Civ. 2e, 10 mai 2001, Levert, D. 2001, p. 2851 ; Cass. ass. plén., 13 déc. 2002, 2 arrêts, D. 2003, p. 231, note p. Jourdain ; Civ. 2e, 20 oct. 2005, Dr. Fam. 2006, n° 78, note J. Julien). Il a été nettement affirmé que le simple fait causal suffit, la présence de l'enfant au bord d'une piste qui fait chuter un cycliste engage la responsabilité des parents (Civ. 2e, 17 févr. 2011, n° 10-30.439, Bull. civ. II, n° 47).
Dans l'avant-projet de réforme de la responsabilité civile du 29 avril 2016, l'article 1245 évoque un fait de nature à engager la responsabilité du primo responsable (ici l'enfant). Cette jurisprudence est donc confortée.

§ 2 ▪ Étendue de la présomption de responsabilité pesant sur les parents

1282. L'article 1242 (anc. art. 1384) alinéa 4 du Code civil pose littéralement une présomption de responsabilité que l'alinéa 7 permet d'écarter. Il suffit, aux termes de ce dernier alinéa, aux parents de prouver qu'ils n'ont pas commis de faute dans la garde ou la surveillance de leur enfant. Par l'arrêt Bertrand du 19 février 1997, la Cour de cassation a décidé que « seule la force majeure ou la faute de la victime pouvait exonérer M. Jean-Claude Bertrand de la responsabilité de plein droit encourue du fait des dommages causés par son fils mineur habitant avec lui, la cour d'appel n'avait pas à rechercher l'existence d'un défaut de surveillance du père » (Civ. 2e, 19 févr. 1997, Bull. civ. II, n° 56 ; JCP G 1997, II 22848, note G. Viney ; D. 1997, p. 265, note p. Jourdain ; Comp. Cass. ass. plén., 13 déc. 2002, D. 2003, p. 231, note p. Jourdain). Les parents ne peuvent donc plus prouver leur absence de faute pour s'exonérer, seule la force majeure est exonératoire ou la faute de la victime (Civ. 2e, 17 févr. 2011, préc.).
Dans l'avant-projet de réforme de la responsabilité civile du 29 avril 2016, à l'article 1246, il est bien évoqué une responsabilité de plein droit, ce qui conforte cette jurisprudence.

1283. Il semble que cette notion doive être considérée restrictivement (Civ. 2e, 2 déc. 1998, Bull. civ. II, n° 292 ; RTD civ. 1999, p. 410, obs. p. Jourdain). La force majeure pourrait s'apprécier par rapport à l'action de l'enfant et non au regard de celle des parents (Civ. 2e, 17 févr. 2011, préc.).
La « faute » de la victime peut permettre d'exonérer partiellement les parents de leur responsabilité sans que cette faute revête un caractère volontaire (Civ. 2e, 29 avr. 2004, D. 2004, IR, 1429. - 17 févr. 2011, préc.).
Dans l'avant-projet de réforme de la responsabilité civile du 29 avril 2016, à l'article 1246, il est bien évoqué une responsabilité de plein droit, ce qui conforte cette jurisprudence.

§ 3 ▪ Responsabilité des artisans du fait de leurs apprentis

1284. La responsabilité des artisans du fait de leurs apprentis est prévue par l'article 1242 (anc. art. 1384) alinéa 6 du Code civil, mais le régime organisé par l'alinéa 7 assimile les artisans aux parents. On en déduit que la responsabilité des artisans suit en tout point celle des père et mère (Civ. 2e, 8 déc. 1961, JCP G 1962, II, 12658). Si à l'origine, comme pour les parents, la responsabilité des artisans reposait sur une présomption de faute dans la garde ; on estime que la responsabilité des artisans va suivre l'évolution imposée par l'arrêt Bertrand, c'est-à-dire qu'elle devient une responsabilité de plein droit. L'exonération de l'artisan ne passerait plus que par la preuve de la force majeure ou la faute de la victime.

1285. La notion d'artisan est comprise largement en jurisprudence. Le critère retenu consiste dans le versement d'un salaire et la formation donnée à un apprenti ; il n'y donc pas d'obligation d'inscription au registre des métiers pour que soit appliquée la responsabilité prévue par les alinéas 6 et 7 de l'article 1242 (anc. art. 1384) du Code civil. C'est ainsi qu'un hôtelier a été considéré comme un artisan (Crim., 30 juin 1943, JCP 1943, II, 2383).
Dans l'avant-projet de réforme de la responsabilité civile du 29 avril 2016, cette responsabilité disparaît. Elle est absorbée soit par celle des parents, soit par celle du commettant.

Section 2 ■ Responsabilité des commettants du fait de leurs préposés

1286. La responsabilité des commettants créée à l'article 1242 (anc. art. 1384) alinéa 5 du Code civil est protectrice de l'intérêt des victimes, puisque dès l'origine, il n'y avait pas de faculté d'exonération pour le civilement responsable. La maîtrise du commettant sur l'activité du préposé explique certainement ce régime de responsabilité. La responsabilité du fait des préposés, qui suppose que le préposé ait commis une faute, instaure une présomption de responsabilité de l'employeur qui ne peut s'en exonérer qu'en démontrant que l'employé a commis un abus de fonction, c'est-à-dire que le dommage a été commis en dehors du lien de préposition.
L'avant-projet de réforme de la responsabilité civile du 29 avril 2016 reprend à l'article 1249 le régime de la responsabilité des commettants du fait des préposés sans changement notable (sauf le fait du préposé), en y incorporant la jurisprudence.

§ 1 ■ Conditions de la responsabilité

A ■ Situation de préposition

1 ■ Lien de subordination

1287. Il est essentiel que le préposé ait agi pour le compte de son commettant. En jurisprudence il a été décidé que « le lien de subordination procède essentiellement du droit du commettant de faire acte d'autorité en donnant au préposé des ordres ou des instructions sur la manière de remplir à titre temporaire ou permanent avec ou sans rémunération, même en l'absence de tout louage de service, l'emploi qui lui est confié pour un temps et un objet déterminés » (Crim., 16 avr. 1975, Gaz. Pal. 1975, 2, p. 506). Un contrat de travail, quel qu'il soit, manifeste ce lien de subordination, mais il n'est pas indispensable qu'un tel contrat existe pour qu'il y ait lien de préposition.

2 ■ Transfert du lien de subordination

1288. Le plus souvent, le transfert du lien de subordination se produit par la mise à disposition temporaire du préposé à un autre commettant. En principe, il n'y a pas de cumul de relations d'autorité (exemple : Civ. 1re, 10 mai 1995, Bull. civ. I, n° 194). Le critère de détermination du commettant responsable repose sur la recherche de celui qui avait le pouvoir d'instruction au moment de l'intervention du dommage. Lorsqu'il s'agit de la manipulation d'un engin, souvent l'employeur principal est réputé continuer d'exercer le contrôle sur le préposé (Com., 13 mai 1980, JCP G 1980, IV, 281). En revanche, en cas d'intérim le lien de subordination est transféré (Crim., 29 nov. 1973, D. 1974, jur. p. 194).

B ▪ Faute commise dans l'exercice des fonctions

1 ▪ Faute

1289. Il semble que la jurisprudence exige une faute du préposé pour engager la responsabilité du commettant (Civ. 2e, 8 oct. 1969, Bull. civ. II, n° 269 ; Civ. 2e, 8 avr. 2004, D. 2004, IR, 1353). Cette exigence est affirmée dans le domaine sportif où le sportif professionnel n'engage la responsabilité de son employeur que pour faute caractérisée (Civ. 2e, 8 avr. 2004, Bull. civ. II, n° 194 ; D. 2004, p. 2601, note Y.-M. Serinet).La jurisprudence, affirme depuis longtemps qu'il existe une « incompatibilité entre les qualités de préposé et de gardien » (Civ., 27 févr. 1929, S. 1929, 1, p. 297, note L. Hugueney ; Civ. 2e, 4 nov. 1965, D. 1966, p. 394, note A. Plancqueel). Le commettant est alors responsable comme gardien de la chose ayant causé le dommage (pour une machine agricole : Civ. 2e, 10 mai 1991, n° 90-11.939). En effet, la responsabilité de plein droit du fait des choses inanimées étant un régime autonome, elle n'a pas vocation à s'effacer devant la responsabilité du fait d'autrui. Nonobstant le caractère plus favorable du régime de responsabilité du fait des choses, les victimes peuvent pratiquer le cumul d'action à l'encontre du commettant en se fondant à la fois sur les articles 1242 (anc. art. 1384) alinéas 1er et 5 du Code civil. La jurisprudence admet en effet que les qualités de commettant et celle de gardien ne sont ni incompatibles ni exclusives l'une de l'autre (Civ. 2e, 11 mai 1956, D. 1957, p. 121, note R. Rodière ; RTD civ. 1957, p. 337, obs. H. et L. Mazeaud ; Civ. 2e, 6 févr. 2003, Bull. civ. II, n° 33). Lorsque le préposé utilise une chose dont il est propriétaire au profit de son commettant, ce dernier est considéré comme le gardien de la chose qui a provoqué le dommage. Il a pu être décidé que le commettant était devenu, par transfert de la garde, gardien de la chose utilisée à son profit (pour un véhicule du préposé utilisé au profit de l'employeur, Civ. 2e, 28 juin 1995, n° 92-18.448).
L'avant-projet de réforme de la responsabilité civile du 29 avril 2016, à l'article 1245, n'exige qu'un fait et non une faute. Il n'est pas certain que cela change cette responsabilité à l'avenir car l'acte commis par le préposé et qui cause un dommage est fautif par essence.

1290. Le préposé peut être qualifié de gardien de la chose dès lors qu'il l'a détournée de la fonction pour laquelle le commettant lui avait confié et qu'il est sorti du lien de préposition. Aussi lorsque le commettant parvient à démontrer qu'il n'est plus le gardien de la chose parce que son préposé a agi en dehors des fonctions auxquelles il était employé, sans autorisation et à des fins étrangères à ses attributions (Cass. ass. plén., 19 mai 1988, Bull. civ. n° 5 ; Defrénois 1988, note J.-l. Aubert ; RTD civ. 1989, p. 89, obs. p. Jourdain ; D. 1988, p. 513, note C. Larroumet), ne saurait-il être tenu ni en vertu de l'article 1384 alinéa 1er ni au titre de la responsabilité du fait d'autrui (Civ. 2e, 24 janv. 1996, Bull. civ. II, n° 6 ; Gaz. Pal. 1997, 2, p. 562, note M. Nicod).

2 ▪ Préposé dans l'exercice de ses fonctions

1291. Aux termes de l'article 1242 (anc. art. 1384) alinéa 5 du Code civil, pour que la responsabilité du commettant puisse être engagée il faut que son préposé ait agi dans le cadre de ses fonctions. Il a ainsi été décidé que l'employé d'un agent général d'assurance qui a commis des détournements de fonds au temps et au lieu de son travail, à l'occasion de ses fonctions et avec le matériel mis à sa disposition a bien agi dans l'exercice de ses fonctions, son employeur est donc civilement responsable (Civ. 2e, 19 juin 2003, Bull. civ. II, n° 202) ; il en est de même pour celui qui a harcelé moralement un autre préposé (Crim., 28 mai 2013, n° 11-88.009, publ. au bull).

1292. La Cour de cassation a décidé que le commettant ne s'exonère de sa responsabilité que si son préposé agit en dehors des fonctions auxquelles il était employé, sans autorisation et à des fins étrangères à ses attributions (Cass. ass. plén., 19 mai 1988, préc.). Ainsi un directeur d'agence bancaire qui propose à un commerçant avisé non client de la banque des placements privés très rémunérateurs n'engage t-il pas la responsabilité de son employeur (Civ. 2e, 19 nov. 1998, Bull. civ. II, n° 279). La Cour de cassation est néanmoins réticente à admettre que le préposé s'est placé en dehors de ses fonctions dès lors qu'il a agi avec les moyens mis à disposition par l'employeur (des videurs de discothèque blessant des clients sont considérés comme ayant agi dans leurs fonctions, Civ. 2e, 12 mai 2011 n° 10-20.590, publ. : de même pour les escroqueries commises par un agent d'assurance avec les documents fournis par l'assureur, Crim. 12 janv. 2011, n° 09-98.508).
L'avant-projet de réforme de la responsabilité civile du 29 avril 2016 reprend cette jurisprudence à l'article 1249.

§ 2 ▪ Effets de la responsabilité

A ▪ Dans la relation victime responsable

1293. Traditionnellement la victime va choisir d'agir contre le commettant civilement responsable. Ce choix s'explique par la solvabilité du commettant qui est le plus souvent assuré. Celui-ci peut écarter sa responsabilité en montrant qu'il ne doit pas être tenu, c'est-à-dire qu'il n'y a pas de lien de préposition ou que le préposé n'a pas commis de faute. Le commettant peut encore s'exonérer en établissant la force majeure ou la faute de la victime.

1294. Lorsqu'un dommage est causé par le préposé d'un commettant, la solution traditionnelle permettait à la victime d'agir non seulement contre le commettant, au titre de la responsabilité du fait d'autrui, mais encore contre le préposé, car la subordination n'était pas considérée comme une cause d'exonération (Civ. 2e, 11 févr. 1971, Bull. civ. II n° 53 ; Civ. 2e, 22 nov. 1978, Bull. civ. II, n° 246). La jurisprudence a connu une première inflexion marquée par l'arrêt Rochas (Com., 12 oct. 1993, D. 1994, jur. p. 124.) qui indiquait que pour pouvoir engager la responsabilité directe du préposé, il fallait que les préposés aient commis une faute personnelle et que tel n'est pas le cas lorsqu'ils « ont agi dans le cadre de la mission qui leur était impartie par leur employeur et qu'il n'était pas établi qu'ils en avaient outrepassé les limites ». Plus clairement, l'arrêt Costedoat (Cass. ass. plén., 25 févr. 2000, Bull. civ., n° 2 ; RTD. civ. 2000 ; p. 582, obs. p. Jourdain ; D. 2000, jur. p. 673, note Ph. Brun ; RCA 2000, chron. 22, C. Radé) pose la règle selon laquelle « un préposé qui agit sans excéder les limites de la mission qui lui a été impartie par son commettant n'engage pas sa responsabilité à l'égard des tiers ». On soulignera que ce principe a été affirmé dans une espèce où la victime s'est trouvée sans garant, le commettant étant insolvable. Le principe de l'immunité a été appliqué dans une affaire où le préposé conduisait un véhicule du commettant dans l'exercice de sa mission ; la loi du 5 juillet 1985 relative aux accidents de la circulation ne trouve pas à s'appliquer à l'encontre du préposé ; selon la Cour de cassation, il est nécessaire dans une telle espèce pour la victime de diriger son action contre le commettant (Civ. 2e, 28 mai 2009, Bull. civ. II, n° 128). Toutefois, aussitôt le principe d'immunité affirmé, il a été nuancé. Le préposé condamné pénalement pour avoir intentionnellement commis, fût-ce sur ordre du commettant, une infraction ayant porté préjudice à un tiers, engage sa responsabilité civile à l'égard de la victime (Cass. ass. plén., 14 déc. 2001, Cousin, Bull. civ. n° 17 ; JCP G 2002, II, 10026, note M. Billiau ; RTD civ. 2002, p. 108, obs. p. Jourdain.). Depuis, la jurisprudence Costedoat a été étendue aux médecins et auxiliaires de santé, pour qui, auparavant, la jurisprudence considérait que, de part leurs statuts, ceux-ci conservaient une indépendance dans l'exécution de leur travail (Civ. 1re, 9 nov. 2004, Bull. civ. I, n° 260 et 262, R. p. 348). Le médecin salarié qui agit sans excéder les limites de la mission qui lui est impartie par l'établissement de santé privé qui l'emploie n'engage pas sa responsabilité à l'égard du patient (Civ. 1re, 12 juill. 2007, Bull. civ. I, n° 270 ; D. 2007, p. 2908, note S. Porchy-Simon).

Dans l'avant-projet de réforme de la responsabilité civile du 29 avril 2016,, à l'article 1249, il est précisé que c'est la faute intentionnelle du préposé qui permet au tiers de retrouver son action contre lui. La notion est donc plus large que l'infraction pénale intentionnelle.

B ▪ Dans la relation commettant préposé

1295. Après avoir indemnisé la victime, le commettant peut obtenir de son préposé fautif restitution des sommes versées. En effet, il est habituellement reconnu que le commettant qui a indemnisé la victime dispose d'un recours subrogatoire contre son préposé dès lors que ce dernier a commis une faute (Civ. 2e, 25 nov. 1992, Bull. civ. I, n° 293). Or, l'arrêt Costedoat, indiquant que la victime n'a plus de recours contre le préposé qui a agi sans excéder sa mission, on s'est demandé si le commettant a perdu son action subrogatoire. La Cour de cassation a d'abord déclaré recevable le recours d'une clinique employeur contre son médecin salarié « en raison de l'indépendance professionnelle intangible dont bénéficie le médecin, même salarié, dans l'exercice de son art » (Civ. 1re, 13 nov. 2002, RCA 2003, comm. n° 50, note H. Groutel, et déjà Civ. 1re, 9 avr. 2002, RCA 2002, comm. n° 234, chron. 13, C. Radé). Toutefois, ces arrêts ont été remis en cause par les arrêts de la première Chambre civile du 9 novembre 2004 (préc.) qui censurent les décisions des juges du fond qui ont admis la responsabilité in solidum du médecin et de la clinique. En outre, la Cour de cassation a affirmé de manière générale que le commettant ne dispose d'aucune action récursoire contre son salarié devant la juridiction de droit commun dès lors qu'il ne peut se prévaloir d'une subrogation dans les droits de la victime, laquelle ne dispose d'aucune action contre le préposé qui a agi dans la limite de la mission qui lui était impartie, hors le cas où le préjudice de la victime résulte d'une infraction pénale ou d'une faute intentionnelle (Civ. 2e, 20 déc. 2007, Bull. civ. II, n° 274 ; RTD civ. 2008, p. 315, obs. p. Jourdain).

Dans l'avant-projet de réforme de la responsabilité civile du 29 avril 2016, à l'article 1249, il est précisé que c'est la faute intentionnelle du préposé qui fait tomber son immunité ; le commettant retrouvera alors son recours.

Section 3 ▪ Responsabilité des enseignants

1296. Lors de la rédaction du Code civil, il avait été instauré une présomption de responsabilité des instituteurs du fait de leurs élèves lorsque ces derniers ont causé un dommage à un tiers ou à un autre élève. L'instituteur pouvait s'exonérer de sa responsabilité en prouvant qu'il n'avait commis aucune faute de surveillance. À l'occasion d'une affaire dans laquelle un directeur d'établissement scolaire avait été condamné pour le décès d'un élève consécutif à une rixe (Trib. civ. Seine, 23 janv. 1892, S. 1892, 2, p. 137, note E.-H. Perreau) la responsabilité des enseignants fût jugée excessive pour des personnels en charge d'un service public. Aussi, a-t-il été adopté un texte (art. 2 al. 2, L. 20 juill. 1899) organisant la substitution de la responsabilité de l'État à celle des instituteurs. Enfin, enrichissant le dispositif, l'article 1er de la loi du 5 avril 1937 a instauré un régime de faute prouvée en introduisant un alinéa 8 dans l'article 1384 du Code civil remunéroté 1242 par l'ordonnance du 10 février 2016. On doit donc préciser le champ d'application de la responsabilité pour faute des instituteurs fondée sur les alinéas 6 et 8 de l'article 1242 (anc. art. 1384) du Code civil avant d'indiquer son régime.

Cette responsabilité est supprimée dans l'avant-projet de réforme de la responsabilité civile du 29 avril 2016. L'Etat sera donc directement responsable.

§ 1 ■ Champ d'application

1297. La responsabilité pour faute prouvée de l'instituteur fondée sur l'article 1242 (anc. art. 1384) alinéa 6 du Code civil va s'appliquer très largement et l'État sera tenu de procéder à l'indemnisation de la victime (art. L. 911-4, C. éduc. issu de l'art. 2, L. 5 avr. 1937) dans de nombreuses hypothèses.

1298. Cette garantie de l'État sera due tant aux enseignants d'établissements publics que pour ceux relevant du secteur privé sous contrat d'association (pour ces derniers la responsabilité de l'État est affirmée par le décret n° 60-389, 22 avr. 1960, art. 10) ; les tribunaux de l'ordre judiciaire étant compétents dans tous les cas (T. confl., 27 nov. 1995, Mlle le Troedec, Rec. CE, p. 501 ; D. 1996, IR, 47 ; Gaz. Pal. 1996, 1, p. 280). La jurisprudence a donc fait application de ce statut pour des personnels travaillant au sein d'écoles privées (Civ. 2e, 5 déc. 1979, Bull. civ. II, n° 281 ; Civ. 2e, 24 avr. 1981, Bull. civ. II, n° 101, 2 arrêts à propos de directeurs ; Civ. 2e, 24 avr. 1981, Bull. civ. II, n° 100, pour un surveillant ; Civ. 2e, 5 nov. 1998, Bull. civ. II, n° 263 ; D. 2000, somm. p. 229, obs. J. Mouly, professeur d'éducation physique).

1299. La qualification d'enseignant est entendue très largement tant au regard de la mission d'éducation que du lieu où elle s'exerce ; elle est donc étendue à tout éducateur. Ainsi ce régime spécial a-t-il vocation à s'appliquer à des directeurs d'établissements (directeur d'une garderie : CA Lyon, 21 juill. 1949, D. 1949, p. 45 ; d'un centre d'entraînement de pilotes d'avions : CA Paris, 29 oct. 1926, DH 1927, p. 41), comme à un employé municipal mis à la disposition des écoles de la ville en qualité d'aide pédagogique participant à l'encadrement de la classe (Civ. 2e, 13 déc. 2001, Bull. civ. II, n° 189 ; D. 2002, p. 1517 note Hunter-Hénin ; RTD civ. 2002, p. 312, obs. p. Jourdain). De surcroît, l'alinéa 2 de l'article L. 911-4 du Code de l'éducation (issu de l'alinéa 2 de l'article 2 de la loi du 5 avril 1937) précise que ce régime de responsabilité trouve encore à s'imposer « toutes les fois que, pendant la scolarité ou en dehors de la scolarité, dans un but d'enseignement ou d'éducation physique, non interdit par les règlements, les élèves et les étudiants confiés ainsi aux membres de l'enseignement public se trouvent sous la surveillance de ces derniers ». Aussi un enseignant sera-t-il tenu dans les mêmes termes lorsqu'il effectue une sortie (Civ. 1re, 12 nov. 1987, Bull. civ. I, n° 291) ou bien lorsqu'il encadre une activité sportive (Civ. 1re, 7 mars 1989, Bull. civ. I, n° 116). L'application de l'article 1242 (anc. art. 1384) alinéa 6 du Code civil repose donc sur l'existence d'une mission d'éducation et de surveillance confiée à l'enseignant entendu très largement (Civ. 2e, 4 févr. 1981, Gaz. Pal 1981, 2, pan., p. 206, responsabilité de surveillants pendant la récréation et non d'un enseignant).

1300. Un responsable en particulier doit pouvoir être déterminé (Civ. 2e, 17 juill. 1991, Bull. civ. II, n° 232) ; un défaut organisation de la surveillance ou du fonctionnement de l'établissement ne permet pas à la victime de se fonder sur l'article 1384 alinéas 6 et 8, elle devra agir directement en responsabilité de l'État devant les juridictions de l'ordre administratif (CE, 25 mars 1983, Héritiers de J. Bacou, JCP G 1984, II, 20287, note Mirieu de la Barre ; T. confl., 6 mars 1989, D. 1989, IR, 137).

1301. Le régime de responsabilité de l'article 1242 (anc. art. 1384) alinéa 6 et 8 du Code civil est également inapplicable aux personnes en charge de l'infirmerie ou de l'intendance (TA Paris, 24 janv. 1966, JCP G 1966, I, 5136). Enfin, les personnels des établissements qui ne relèvent pas de l'éducation nationale, tels que les établissements d'éducation surveillée, ne bénéficient pas de l'article 1242 (anc. art. 1384) alinéa 6 du Code civil (T. confl., 25 mars 1968, Aurenge, D. 1968, p. 534 ; CE 14 juin 1978, Min. de la justice c/ MGFA, D. 1978, p. 686, note F. Moderne), ni les moniteurs de centres aérés (CE, 25 janv. 1971, D. 1973, p. 521, note J.-F. Lachaume).

Ce sont alors les juridictions de l'ordre administratif qui sont compétentes pour connaître de fautes dans l'organisation du service.

1302. Il convient de préciser que la responsabilité spéciale des instituteurs a été étendue au-delà de la seule responsabilité du fait d'autrui. En effet, l'hypothèse envisagée dans l'alinéa 6 de l'article 1384 repose sur la situation dans laquelle un élève cause un dommage à un autre ou à un tiers pendant le temps où il se trouve sous la surveillance de l'enseignant. Or, le régime instauré par ce texte est également appliqué lorsque la faute de ce dernier est à l'origine du dommage subi par l'élève (Civ. 2e, 8 juill. 1998, Bull. civ. II, n° 241 ; Civ. 2e, 5 nov. 1998, Bull. civ. II, n° 263 ; D. 2000, somm. p. 229, obs. J. Mouly). Bien que l'on ne soit plus en présence d'une responsabilité du fait d'autrui mais d'une responsabilité personnelle de l'instituteur, les dispositions de l'article 1242 (anc. art. 1384) alinéa 8 du Code civil exigeant la preuve d'une faute et le mécanisme de substitution de l'État sont retenues par la jurisprudence. Le régime dérogatoire de responsabilité des instituteurs s'applique donc à toute situation dans laquelle un défaut de surveillance ou un manquement dans l'encadrement des enfants par ces derniers est à l'origine du dommage.

§ 2 ■ Régime

A ■ Faute

1303. La responsabilité instituée par les alinéas 6 et 8 de l'article 1242 (anc. art. 1384) du Code civil repose sur la preuve par la victime de la faute de l'instituteur qui doit avoir été la cause du dommage (Civ. 2e, 10 mai 2001, Levert, Bull. civ. II, n° 96 ; D. 2001, p. 2851, note O. Tournafond ; JCP G 2001, II, 10163, note J. Mouly, Defrénois 2001, p. 1275, note E. Savaux ; RTD civ. 2001, p. 601, obs. p. Jourdain).

1304. La faute pourra consister en un défaut de surveillance (désordre à l'occasion d'un changement de classe : Civ. 2e, 5 déc. 1979, Bull. civ. II, n° 285 ; élèves empruntant un escalier sans surveillance : Civ. 2e, 8 juill. 1998, préc. ; professeur d'éducation physique qui laisse sans surveillance se dérouler un exercice à la poutre absorbé par la tâche de notation de ses élèves : Civ. 2e, 5 nov. 1998, préc.) ou une mauvaise évaluation des risques présentés par une activité (trop grande difficulté d'un stage de canoë-kayak : Civ. 2e, 20 nov. 1996, Bull. civ. II, n° 257 ; D. 1998, somm. p. 38, obs. F. Lagarde). Néanmoins, il est nécessaire pour les victimes de prouver, outre la faute dans l'organisation, une faute personnelle d'un enseignant déterminé (Civ. 2e, 16 janv. 2014, n° 12-22.619).
L'exonération totale de responsabilité sera possible en montrant l'existence d'une force majeure qui peut consister dans le fait imprévisible de l'enfant (Civ. 1re, 17 avr. 1975, D. 1975, somm. p. 88 : branche d'arbre saisie et relâchée brusquement par l'enfant) ou d'un tiers (CA Lyon, 6 sept. 2001, RCA 2002, comm. n° 14, note L. Grynbaum : jet de pierres imprévisible et qui n'aurait pu être empêché). La responsabilité de l'instituteur peut être atténuée par la faute de la victime (CA Paris, 11 juin 1980, Gaz. Pal 1981, 1, somm. p. 41, élève ayant enfreint le règlement).

1305. Le souhait de faire reposer la responsabilité des enseignants sur la preuve d'une faute conduit assez logiquement à écarter tout régime qui permettrait d'engager plus facilement leur responsabilité. La responsabilité de plein droit du fait des choses fondée sur l'article 1242 (anc. art. 1384) alinéa 1er du Code civil ne s'applique donc pas aux instituteurs. Lorsque le dommage est causé par un élève détenteur d'une chose dont l'enseignant est resté le gardien, l'article 1242 (1384) alinéa 1er du Code civil ne saurait être invoqué contre ce dernier. La Cour de cassation a clairement posé le principe selon lequel « la responsabilité des instituteurs pour les dommages causés par leurs élèves pendant que ceux-ci sont sous leur surveillance, ne peut être retenue que si une faute invoquée contre eux est prouvée, ce qui exclut l'application à leur encontre de la responsabilité fondée sur l'article 1384 alinéa 1er du Code civil » (Civ. 2e, 11 mars 1981,Bull. civ. II, n° 55 ; D. 1981, IR, 320, note Ch. Larroumet ; RTD civ. 1981, p. 856, note G. Durry). De même l'article 1242 (anc. art. 1384) alinéa 1er est écarté au profit de l'article 1242 (anc. art. 1384) alinéa 6 du Code civil lorsqu'une chose est à l'origine du dommage causé à un élève (Civ. 2e, 23 oct. 2003, RCA 2003, comm. n° 313). On notera enfin que la Cour de cassation a refusé d'appliquer la jurisprudence Blieck, instaurant un principe général de responsabilité du fait d'autrui, aux enseignants (Civ. 2e, 16 mars 1994,Bull. civ. II, n° 92 ;

1306. JCP G 1994, II, 22336, note H. Merger et C. Feddal). Un tel refus s'explique par le mécanisme de substitution de l'État dans la responsabilité des instituteurs.

B ▪ Procédure

1307. Aux termes de l'article L. 911-4 du Code de l'éducation, la responsabilité de l'État est substituée à celle des instituteurs qui ne peuvent pas être « mis en cause » devant les tribunaux civils par la victime (T. confl., 15 févr. 1999, Bull. civ. n° 2 ; D. 1999, IR, 118).

1308. L'article L. 911-4 du Code de l'éducation précise que l'action est intentée contre l'État devant le tribunal judiciaire du lieu du dommage (y compris devant la juridiction répressive, l'action civile aux fins d'indemnisation étant dirigée contre l'État : Ch. mixte, 23 avr. 1976, D. 1977, p. 21, note J. Martin ; RTD civ. 1976, p. 553, obs. G. Durry). Une éventuelle constitution de partie civile des représentants de l'enfant victime de coups et blessures perpétrés par l'enseignant est recevable afin d'établir la culpabilité du prévenu ; néanmoins l'action civile en réparation ne saurait être dirigée contre ce dernier mais contre l'État (Crim., 24 mai 1973, Bull. crim., n° 238 ; JCP G 1974, II, 17855, note Dupeyron ; Crim., 20 sept. 2006, Bull. crim., n° 230).

Section 4 ▪ Responsabilité générale du fait d'autrui

1309. On trouve trace au 19e siècle chez des auteurs comme Toullier ou Laurent de la question de l'instauration d'une responsabilité générale du fait d'autrui. Dans ses conclusions sur l'affaire Jand'heur, l'avocat général Matter en 1930 préconisait de développer cette responsabilité générale aussi bien pour les choses que pour les individus (DP 1930, 1, 57). La Cour de cassation s'y était d'abord opposée (Civ. 2e, 15 févr. 1956, JCP G 1956, II, 9564), mais en droit administratif une responsabilité sans faute de l'État a été établie pour les mineurs délinquants en institution (CE, 3 févr. 1956, Thouzelier, D. 1956, p. 596). Un arrêt de principe de 1991, Blieck, vient instaurer en droit civil une responsabilité générale du fait d'autrui (Cass. ass. plén., 29 mars 1991D. 1991, p. 324, RTD civ. 1991, p. 541). La Cour de cassation décide à propos d'une institution d'éducation en milieu ouvert qu'en raison de la charge « d'organiser et de contrôler à titre permanent le mode de vie de ce handicapé, la cour d'appel a décidé, à bon droit, qu'elle devait répondre de celui-ci, au sens de l'article 1384 alinéa 1er et qu'elle était tenue de réparer les dommages qu'il avait causés ».

1310. Dans l'avant-projet de réforme de la responsabilité civile du 29 avril 2016, ce régime est décliné aux articles 1246 à 1248.

Le mineur voit sa garde transférée à l'institution par décision administrative ou judiciaire à l'article 1246.
Une institution est responsable de plein droit du majeur placé sous sa surveillance par décision administrative ou judiciaire (art. 1247).
Les autres personnes qui par contrat assument à titre professionnel une mission de surveillance d'autrui répondent du fait de la personne physique surveillée à moins qu'elles ne prouvent qu'elles n'ont pas commis de faute (art. 1248). Ce régime devrait sans doute s'appliquer aux associations, mais on ne sait pas si elles seront toujours considérées comme professionnelles. Il n'est rien dit sur les associations sportives ni les compétitions sportives.

§ 1 ▪ Champ d'application

1311. L'arrêt Blieck a ouvert la voie à de nombreux cas de responsabilité du fait d'autrui. Après l'arrêt, des foyers (Civ. 2e, 20 janv. 2000, Bull. civ. II, n° 15), des centres d'éducation (Crim., 10 oct. 1996, D. 1997, p. 309, note Huyette), des centres d'aide par le travail (Crim., 4 janv. 1995, Bull. crim., n° 3) qui accueillent des personnes handicapées ou des mineurs ont vu leur responsabilité recherchée.

1312. Les associations sportives ayant pour mission d'organiser, de diriger ou de contrôler l'activité de leurs membres au cours de compétition sportives auxquelles ils participent sont responsables au sens de l'article 1242 (anc. art. 1384) alinéa 1er du Code civil des dommages qu'ils causent à cette occasion (Civ. 2e, 22 mai 1995, JCP G 1995, II, 22550, note J. Mouly ; RTD civ. 1995, p. 899, obs. p. Jourdain ; Civ. 2e, 3 févr. 2000, Bull. civ. II, n° 26). Une association de majorettes a été tenue pour responsable du fait d'une de ses majorettes qui avait fait tomber son bâton sur la tête de sa voisine. Bien que l'activité de l'association soit non dangereuse, sa responsabilité est engagée car elle avait pour mission d'organiser, de diriger et de contrôler l'activité de ses membres (Civ. 2e, 13 déc. 2002, Bull. civ. II, n° 289 ; D. 2003, p. 231, obs. p. Jourdain). Il avait déjà été jugé qu'une association scoute était tenue pour responsable du fait de ses membres notamment dans le cadre de leurs activités sportives (CA Paris, 9 juin 2000, RCA 2001, comm. n° 74, note L. Grynbaum). Toutefois, les associations de chasse n'ayant pas pour mission d'organiser, de diriger et de contrôler l'activité de leurs membres elles n'ont donc pas à répondre de ceux-ci (Civ. 2e, 11 sept. 2008, Bull. civ. II, n° 192).

1313. La question s'est alors posée de savoir cette jurisprudence allait s'étendre à toute personne exerçant une surveillance sur autrui ? La Cour de cassation a refusé l'extension à un syndicat, ce dernier « n'ayant ni pour objet ni pour mission d'organiser, de diriger et de contrôler l'activité de ses adhérents au cours de mouvements ou manifestations auxquels ces derniers participent, les fautes commises personnellement par ceux-ci n'engagent pas la responsabilité de plein droit du syndicat auquel ils appartiennent » (Civ. 2e, 24 oct. 2006, Bull. civ. II, n° 299). La responsabilité générale du fait d'autrui ne peut pas être substituée au régime spécial des accidents du travail ; une association ne peut donc pas être assignée en réparation sur le fondement de l'article 1242 (anc. art. 1384) alinéa 1er du Code civil par un de ses salariés victime d'un pensionnaire (Civ. 2e, 22 févr. 2007, Bull. civ. II, n° 53). La Cour de cassation a encore refusé d'étendre la responsabilité générale du fait d'autrui aux grands-parents (Civ. 1re, 18 sept. 1996, Bull. civ. I, n° 217 ; RTD civ. 1997, p. 436, obs. p. Jourdain ; Civ. 2e, 5 févr. 2004, Bull. civ. II, n° 50) ou au tuteur d'un majeur (Civ. 2e, 25 févr. 1998, Bull. civ. II, n° 62 ; D. 1998, p. 315, concl. Kessous). En revanche, la Chambre criminelle a admis cette responsabilité du fait d'autrui pour le tuteur d'un mineur, beau-père de l'enfant (Crim., 29 mars 2000, Bull. crim., n° 140 ; RTD civ. 2000, p. 586, obs. p. Jourdain).

§ 2 ▪ Conditions de mise en œuvre

A ▪ Garde de la personne

1314. Dans l'arrêt Blieck (préc.) l'association « avait accepté la charge d'organiser et de contrôler, à titre permanent, le mode de vie de ce handicapé ». À l'occasion de la reconnaissance de responsabilité des associations sportives, le critère a été modifié : les associations ont pour mission « d'organiser, de diriger et de contrôler leurs activités » (Civ. 2e, 22 mai 1995, préc ; Civ. 2e, 3 févr. 2000, préc.). L'idée de permanence de l'arrêt Blieck n'est donc pas retenue systématiquement. On retiendra donc le pouvoir d'organiser, de diriger et de contrôler l'activité d'autrui comme étant essentiel ; il importe peu qu'au moment du dommage le civilement responsable ait été en mesure d'exercer un contrôle effectif. C'est donc un pouvoir abstrait, théorique, qui est retenu pour déterminer le civilement responsable ; la « garde juridique » désigne la personne tenue d'indemniser. Ainsi, lorsqu'un mineur placé dans une institution par une décision du juge des enfants retourne chez ses parents et qu'il y commet un dommage, l'institution est-elle tenue pour responsable, ce dès lors qu'aucune décision de justice n'a suspendu ou interrompu cette mission éducative (Civ. 2e, 6 juin 2002, Bull. civ. II, n° 120, arrêt n° 2 ; D 2002, p. 2750, note Huyette ; Crim., 8 janv. 2008, Bull. crim., n° 3). L'institution s'était vue transférer la « garde juridique » de l'enfant par décision de justice, elle en était devenue la responsable. Lorsque le mineur est confié après la déchéance de l'autorité parentale par application de l'article 375 du Code civil à un service ou un établissement qui relève de l'État, la responsabilité de l'État est engagée, même sans faute, pour les dommages causés aux tiers par ce mineur, sauf force majeure ou faute de la victime (CE, 11 févr. 2005, D. 2005, p. 1762, note Lemaire). En revanche, quand il s'agit d'une mesure d'éducation en milieu ouvert sans transfert de la charge de contrôler le mineur, la responsabilité est maintenue aux parents (Civ. 2e, 24 mai 2006, Bull. civ. II, n° 136 ; 19 juin 2008, préc., supra).

B ▪ Transfert du pouvoir de contrôle

1315. Le transfert par une décision de justice du pouvoir d'organiser, de diriger et de contrôler l'activité d'autrui entraîne le transfert de responsabilité (Crim., 10 oct. 1996, D. 1997, p. 309, note Huyette ; Civ. 2e, 15 juin 2000, D. 2001, p. 653, note Huyette). En cas de séjour du mineur, qui a fait l'objet d'une décision judiciaire de placement, en dehors de l'institution, cette dernière en demeure civilement responsable (Civ. 2e, 9 déc. 1999, Bull. civ. II, n° 189 ; Civ. 2e, 6 juin 2002, préc.).

C ▪ Rôle de la faute

1316. Par trois arrêts, il a été nettement affirmé que les personnes tenues de répondre du fait d'autrui au sens de l'article 1384 (désormais, 1242) alinéa 1er du Code civil ne peuvent pas s'exonérer de la responsabilité de plein droit résultant de ce texte en démontrant qu'elles n'ont commis aucune faute (Crim., 26 mars 1997, Bull. crim., n° 124 ; D. 1997, p. 496, note p. Jourdain). La seule possibilité pour le civilement responsable est de démontrer la force majeure pour obtenir une exonération totale ou la faute de la victime afin d'obtenir une exonération partielle.
Dans l'avant-projet de réforme de la responsabilité civile du 29 avril 2016, à l'article 1245, il est précisé que c'est le fait du primo responsable (ici, le majeur confié par exemple.) qui permet d'engager la responsabilité du responsable secondaire (ici, une institution par exemple.).

1317. Dans l'arrêt relatif à la responsabilité de l'association de majorettes (Civ. 2e, 13 déc. 2002, préc.), la faute de l'auteur du dommage, la majorette, n'a pas été recherchée pour pouvoir engager la responsabilité de l'association. En l'état actuel de la jurisprudence, il ne serait donc pas nécessaire d'établir la faute de l'auteur du dommage mais son simple fait causal. En revanche pour les associations sportives, la faute du membre semble requise. La responsabilité d'une association sportive a été écartée parce qu'aucune faute caractérisée par une violation des règles du jeu et imputable à un joueur membre de l'association n'a été établie (Civ. 2e, 20 nov. 2003, Bull. civ. II, n° 356 ; JCP G 2004 II, 10017, note J. Mouly, RTD civ. 2004, p. 106, obs. p. Jourdain ; 16 mai 2006, Bull. civ. II, n° 249 ; 5 oct. 2006, Bull. civ. II n° 257). Il faut donc une faute du membre pour pouvoir engager la responsabilité d'une association sportive. La solution a été réaffirmée en assemblée plénière par un arrêt dont le chapeau est particulièrement explicite : « attendu que les associations sportives ayant pour mission d'organiser, de diriger et de contrôler l'activité de leurs membres, sont responsables des dommages qu'ils causent à cette occasion, dès lors qu'une faute caractérisée par une violation des règles du jeu est imputable à un ou plusieurs de leurs membres, même non identifiés » (Cass. ass. plén., 29 juin 2007, Bull. ass. plén., n° 7).

Dans l'avant-projet de réforme de la responsabilité civile du 29 avril 2016, les articles 1247 et 1248 sont obscurs quant à la future responsabilité des associations sportives car ces textes ne les visent pas et s'y appliquent difficilement.

Sous-titre 3

Les prestations du régime général de sécurité sociale

BIBLIOGRAPHIE

L'Argus de l'assurance

Ouvrages. – F. Couilbault (sous dir.), *Assurances de personnes*, L'Argus éd., 2016-2017. - G. Bellocq, *La protection sociale dans l'entreprise*, L'Argus éd., – G. Briens, L. Chrébor, G. Leroy, C. Gonnard, *Code de la mutualité et livre IX du Code de la Sécurité sociale*, L'Argus éd., – X. Camlong, *Mutualité et prévoyance complémentaire*, L'Argus éd., 2005 - F. Couilbault, S. Couilbault-Di Tommaso, V. Huberty, *Les grands principes de l'assurance*, L'Argus éd., 2015. – M. Hallopeau (sous dir.) *Épargne, retraite, prévoyance d'entreprise*, L'Argus éd., 2014 - L. Chrébor et J. Jacotot, *Comprendre et conseiller la prévoyance collective*, L'Argus éd, 2014. R. Millot, A. Rudelle Waternaux, E. Bocquaire, Assurance de santé : acteurs et garanties, L'Argus éd., 2012.

Autres documentations

Ouvrages. - J.J. Dupeyroux, M. Borgetto, R. Lafore, *Droit de la sécurité sociale*, Dalloz 2011. – D. Grand-guillot, *L'essentiel du droit de la sécurité sociale*, 4e éd., Gualino éditeur. – G. Huteau, *Sécurité sociale et politiques sociales*, 3e éd., A. Colin. – D. Kessler, *Droit de la protection sociale*, 2e éd., Dalloz, 2004. – Y. Lambert Faivre, *Droit du dommage corporel, systèmes d'indemnisation*, 6e éd., 2008. – Mémento Lefebvre, Social, 2016. - *Lamy Protection sociale*, 2016. – P. Morvan, *Droit de la protection sociale*, Litec. – X. Prétot, *Protection sociale, 6 ans de jurisprudence*, Litec 2003. – *Code de la Sécurité sociale*, Dalloz, éd., 2016, *Code des assurances, Code de la mutualité*, Dalloz éd., 2016.

Rapport. – J.M. Charpin, L'avenir de nos retraites, Rapport au 1er ministre, Documentation française 1999.

Chapitre 1 Notion d'assujetti au régime général

Section 1 ■ Distinction entre travailleurs salariés et travailleurs indépendants

Sous-section 1 ■ Les travailleurs salariés

§ 1 ■ Notion de salarié

1318. L'article L. 311-2 du Code de la Sécurité sociale prévoit que : « sont affiliées obligatoirement aux assurances sociales du régime général, quel que soit leur âge et même si elles sont titulaires d'une pension, toutes les personnes, quelle que soit leur nationalité, de l'un ou de l'autre sexe, salariées ou travaillant à quelque titre que ce soit, pour un ou plusieurs employeurs et quels que soient le montant et la nature de leur rémunération, la forme, la nature ou la validité de leur contrat de travail ».

§ 2 ■ Subordination juridique ou dépendance économique

1319. Depuis un arrêt du 6 juillet 1931 (Soc., 6 juill. 1931, D. 31, 121 ; Ch. Réun., 21 mai 1965, Bull. civ. V, n° 5), il est admis que la qualité de salarié suppose l'existence d'un lien de subordination. La notion de dépendance économique ne joue qu'un rôle résiduel et ne constitue pas le critère d'affiliation au régime général. Elle trouve parfois à s'appliquer (à propos des gérants libres de stations service : Soc., 18 nov. 1981, Bull. civ. V, p. 665).

1320. À la différence du droit du contrat de travail, et de manière à faciliter l'admission au régime général, les juges ont parfois retenu une définition large de la notion de lien de subordination (J.J. Dupeyroux, Les conditions de l'affiliation obligatoire au régime général ; D. 1962, chron. p. 180).

1321. Un arrêt du 13 novembre 1996 (arrêt Société Générale, Soc., 13 nov. 1996, Bull. civ. V, n° 386, Dr. Soc. 1996, p. 1067 note J.J. Dupeyroux ; JCP E 1997, II, 911 note J. Barthélémy ; Juris-data n° 1996-004273 ; voir déjà A. Arseguel et p. Isoux, Des limites à la dérive de la notion de service organisé, Dr. Soc. 1992, p. 295) a mis fin à cette tendance. Selon cet arrêt, rendu sous le double visa des articles L. 242-1 du Code de la Sécurité sociale et L. 121-1 du Code du travail, « le lien de subordination est caractérisé par l'exécution d'un travail sous l'autorité d'un employeur qui a le pouvoir de donner des ordres et des directives, d'en contrôler l'exécution et de sanctionner les manœuvres de son subordonné ; le travail au sein d'un service organisé peut constituer un indice du lien de subordination lorsque l'employeur détermine unilatéralement les conditions d'exécution du travail ». Le constat d'un travail au sein d'un service organisé est donc ramené au rang de simple indice devant être consolidé par la détermination unilatérale par l'employeur des conditions de travail.

1322. L'article L. 311-11 du Code de la Sécurité sociale a introduit une procédure particulière dite « de rescrit social » qui permet d'interroger les caisses d'Urssaf pour savoir si une activité déterminée relève ou non du régime général. L'absence de réponse au bout de deux mois interdit d'imposer ultérieurement à l'auteur de la demande l'affiliation au régime général.

§ 3 ▪ Service organisé

1323. Pour décider que les honoraires versés par la Société Générale aux conférenciers et intervenants devaient être soumis aux cotisations du régime général de la Sécurité sociale, les juges d'appel avaient retenu que les prestations s'effectuaient dans le cadre d'un service organisé. En prenant acte d'une part du fait que le thème des conférences et les rémunérations n'étaient pas décidées de manière unilatérale par la Société générale mais résultaient d'un accord avec les intéressés et, d'autre part, que les conférenciers n'étaient soumis à aucun ordre, directive ou contrôle, la Cour de cassation considère que la Cour d'appel n'a pas tiré les conséquences légales de ses propres constatations (Arrêt Société Générale, Soc., 13 nov. 1996, Bull. civ. V, n° 386).

§ 4 ▪ Autres jurisprudences

1324. Des poseurs d'affiches dont la rémunération était fixée par une société et qui devaient respecter les directives générales imposées par cette dernière ont été considérés comme placés en état de subordination (Arrêt Sté Promotion diffusion art d'aujourd'hui Galerie Schèmes c/B. Plancke et a., Soc., 22 mai 1997, X. Prétot, *Protection sociale, 6 ans de jurisprudence*, 1996–2002 Litec, 2003, p. 82). Des personnes recrutées comme techniciens, préparateurs de bateaux ou assistants techniques afin de remettre en état, dans les délais impartis, les navires devant participer à des compétitions et dont les horaires de travail étaient fixés par la société ne peuvent pas être considérés comme travailleurs indépendants (Arrêt CPAM Morbihan c/ SCP Roubenne et Dupont es-qualité de liquidateur judiciaire de la Société Race Fleet et a., Juris-data n° 1998–000510, X. Prétot, préc., p. 83). De nombreuses autres illustrations de cette jurisprudence peuvent être relevées (voir Lamy protection sociale 2004, n° 59, Soc., 23 janv. 1997 à propos d'infirmières ; Soc., 20 févr. 1997 ; Soc., 4 juill. 2002, à propos d'indicateurs d'affaires ; Soc., 13 mars 1997 à propos de médecins ; Soc., 3 avr. 1997, à propos de masseurs-kinésithérapeutes ; Soc., 10 juill. 1997 à propos de moniteurs de tennis).

1325. Inversement, le lien de subordination a pu être exclu à propos de personnes qui se sont placées dans un cadre de relations en qualité de compagnons au sein d'une communauté d'entraide (communauté d'Emmaüs, Soc., 9 mai 2001, Bull. civ. V, n° 155, p. 124).

§ 5 ▪ Pouvoir de requalification du contrat par le juge

1326. La Cour de cassation n'entend pas s'arrêter aux qualifications retenues par les parties. Dans un arrêt important elle a ainsi posé le principe selon lequel « la seule volonté des parties est impuissante à soustraire un travailleur au statut social qui découle nécessairement des conditions d'accomplissement de son travail » (Cass. ass. plén., 4 mars 1983, Bull. civ. ass. plén., n° 3). De même, « l'existence d'une relation de travail salarié ne dépend ni de la volonté exprimée par les parties ni de la dénomination qu'elles ont donnée à leur convention, mais des conditions de fait dans lesquelles est exercée l'activité des travailleurs » (Soc., 17 avr. 1991, Bull. civ. V, n° 200).

1327. Par exemple dans un arrêt du 19 décembre 2000, la Chambre sociale a requalifié un contrat intitulé « contrat de location d'un véhicule équipé taxi » en contrat de travail, après avoir déduit d'une multitude d'indices l'existence d'un lien de subordination entre le « locataire » et le « loueur ». (Soc., 19 déc. 2000, Bull. civ. V, n° 437, p. 337 ; voir toutefois Soc., 2 déc. 2003, Bull. civ. V, n° 306).

Sous-section 2 ▪ Les salariés par assimilation

§ 1 ▪ Détermination légale

1328. L'assimilation résulte de la loi. Nonobstant l'absence de subordination juridique, un grand nombre de statuts relevant plutôt de la catégorie des travailleurs indépendants font l'objet d'une assimilation à des salariés et se retrouvent ainsi soumis au régime général. Cette assimilation est envisagée par l'article L. 311-3 du Code la Sécurité sociale. Selon cet article « sont notamment compris parmi les personnes auxquelles s'impose l'obligation prévue à l'article L. 311-2, même s'ils ne sont pas occupés dans l'établissement de l'employeur ou du chef d'entreprise, même s'ils possèdent tout ou partie de l'outillage nécessaire à leur travail et même s'ils sont rétribués en totalité ou en partie à l'aide de pourboires :

1°) les travailleurs à domicile soumis aux dispositions des articles L. 721-1 et suivants du code du travail ;

2°) les voyageurs et représentants de commerce soumis aux dispositions des articles L. 751-1 et suivants du code du travail ;

3°) les employés d'hôtels, cafés et restaurants ;

4°) sans préjudice des dispositions du 5°) du présent article réglant la situation des sous-agents d'assurances, les mandataires non assujettis à la contribution économique territoriale mentionnés au 4° de l'article R. 511-2 du Code des assurances rémunérés à la commission, qui effectuent d'une façon habituelle et suivie des opérations de présentation d'assurances pour une ou plusieurs entreprises d'assurances telles que définies par l'article L. 310-1 du Code des assurances et qui ont tiré de ces opérations plus de la moitié de leurs ressources de l'année précédente ;

5°) les sous-agents d'assurances travaillant d'une façon habituelle et suivie pour un ou plusieurs agents généraux et à qui il est imposé, en plus de la prospection de la clientèle, des tâches sédentaires au siège de l'agence ;

6°) les gérants non-salariés des coopératives et les gérants de dépôts de sociétés à succursales multiples ou d'autres établissements commerciaux ou industriels ;

7°) les conducteurs de voitures publiques dont l'exploitation est assujettie à des tarifs de transport fixés par l'autorité publique, lorsque ces conducteurs ne sont pas propriétaires de leur voiture ;

8°) les porteurs de bagages occupés dans les gares s'ils sont liés, à cet effet, par un contrat avec l'exploitation ou avec un concessionnaire ;

9°) les ouvreuses de théâtres, cinémas, et autres établissements de spectacles, ainsi que les employés qui sont dans les mêmes établissements chargés de la tenue des vestiaires et qui vendent aux spectateurs des objets de nature diverse ;

10°) les personnes assurant habituellement à leur domicile, moyennant rémunération, la garde et l'entretien d'enfants qui leur sont confiés par les parents, une administration ou une oeuvre au contrôle desquels elles sont soumises ;

11°) Les gérants de sociétés à responsabilité limitée et de sociétés d'exercice libéral à responsabilité limitée à condition que lesdits gérants ne possèdent pas ensemble plus de la

moitié du capital social, étant entendu que les parts appartenant, en toute propriété ou en usufruit, au conjoint, partenaire lié par un pacte civil de solidarité compris, et aux enfants mineurs non émancipés d'un gérant sont considérées comme possédées par ce dernier ;
12°) Les présidents du conseil d'administration, les directeurs généraux et les directeurs généraux délégués des sociétés anonymes et des sociétés d'exercice libéral à forme anonyme ;
13°) les membres des sociétés coopératives ouvrières de production ainsi que les gérants, les directeurs généraux, les présidents du conseil d'administration et les membres du directoire des mêmes coopératives lorsqu'ils perçoivent une rémunération au titre de leurs fonctions et qu'ils n'occupent pas d'emploi salarié dans la même société ;
14°) les délégués à la sécurité des ouvriers des carrières exerçant leurs fonctions dans des entreprises ne relevant pas du régime spécial de la sécurité sociale dans les mines, les obligations de l'employeur étant, en ce qui les concerne, assumées par le ou les exploitants intéressés ;
15°) les artistes du spectacle et les mannequins auxquels sont reconnues applicables les dispositions des articles L. 762-1 et suivants, L. 763-1 et L. 763-2 du Code du travail. Les obligations de l'employeur sont assumées à l'égard des artistes du spectacle et des mannequins mentionnés à l'alinéa précédent, par les entreprises, établissements, services, associations, groupements ou personnes qui font appel à eux, même de façon occasionnelle ;
16°) les journalistes professionnels et assimilés, au sens des articles L. 761-1 et L. 761-2 du Code du travail, dont les fournitures d'articles, d'informations, de reportages, de dessins ou de photographies à une agence de presse ou à une entreprise de presse quotidienne ou périodique, sont réglées à la pige, quelle que soit la nature du lien juridique qui les unit à cette agence ou entreprise ;
17°) Les personnes agréées qui accueillent des personnes âgées ou handicapées adultes et qui ont passé avec celles-ci à cet effet un contrat conforme aux dispositions de l'article L. 442-1 du Code de l'action sociale et des familles ;
18°) Les vendeurs-colporteurs de presse et porteurs de presse, visés aux paragraphes I et II de l'article 22 de la loi n° 91-1 du 3 janvier 1991 tendant au développement de l'emploi par la formation dans les entreprises, l'aide à l'insertion sociale et professionnelle et l'aménagement du temps de travail, pour l'application du troisième plan pour l'emploi, non immatriculés au registre du commerce ou au registre des métiers ;
19°) Les avocats salariés, sauf pour les risques gérés par la Caisse nationale des barreaux français visée à l'article L. 723-1 à l'exception des risques invalidité-décès ;
20°) Les vendeurs à domicile visés à l'article L. 135-1 du code de commerce, non immatriculés au registre du commerce ou au registre spécial des agents commerciaux ;
21°) Les personnes qui exercent à titre occasionnel pour le compte de l'Etat, d'une collectivité territoriale ou d'un de leurs établissements publics administratifs, d'une autorité publique indépendante dotée de la personnalité morale ou d'un organisme privé chargé de la gestion d'un service public à caractère administratif, une activité dont la rémunération est fixée par des dispositions législatives ou réglementaires ou par décision de justice. Un décret précise les types d'activités et de rémunérations en cause.
Toutefois, ces dispositions ne sont pas applicables, sur leur demande, dans des conditions fixées par décret, aux personnes exerçant une des professions visées à l'article L. 621-3, lorsque les activités occasionnelles visées ci-dessus en sont le prolongement ;
22°) Les dirigeants des associations remplissant les conditions prévues au deuxième alinéa du d du 1° du 7 de l'article 261 du Code général des impôts ;
23°) Les présidents et dirigeants des sociétés par actions simplifiées et des sociétés d'exercice libéral par actions simplifiées ;
24°) Les administrateurs des groupements mutualistes qui perçoivent une indemnité de fonction et qui ne relèvent pas, à titre obligatoire, d'un régime de sécurité sociale ;
25°) Les personnes bénéficiaires d'un appui à la création ou à la reprise d'une activité éco-

nomique dans les conditions définies par l'article L. 127-1 du Code de commerce ;
26°) Les personnes mentionnées au 2° de l'article L. 781-1 du Code du travail ;
27°) Les fonctionnaires et agents publics autorisés à faire des expertises ou à donner des consultations au titre du décret du 29 octobre 1936 relatif aux cumuls de retraites, de rémunérations et de fonctions, dans le cadre d'activités de recherche et d'innovation, ainsi que ceux qui sont autorisés à apporter leur concours scientifique à une entreprise qui assure la valorisation de leurs travaux au titre de l'article L. 413-8 du Code de la recherche. Toutefois, ces dispositions ne sont pas applicables, sur leur demande, aux personnes inscrites auprès des unions de recouvrement des cotisations de sécurité sociale et d'allocations familiales en qualité de travailleurs indépendants lorsque l'existence d'un lien de subordination avec le donneur d'ouvrage ne peut être établi ;
28°) Les titulaires d'un contrat de volontariat associatif régi par les dispositions du titre Ier de la loi n° 2006-586 du 23 mai 2006 relative au volontariat associatif et à l'engagement éducatif ;
29°) Les arbitres et juges, mentionnés à l'article L. 223-1 du Code du sport, au titre de leur activité d'arbitre ou de juge.
30°) Les présidents des sociétés coopératives de banque, mentionnées aux articles L. 512-61 à L. 512-67 du Code monétaire et financier.
31°) Les salariés au titre des sommes ou avantages mentionnés au premier alinéa de l'article L. 242-1-4. »

§ 2 ▪ Jurisprudence

1329. Les juges ne peuvent pas décider d'une nouvelle catégorie d'assimilation, en revanche, il leur appartient de préciser les termes utilisés par l'article L. 311-3. Plusieurs solutions peuvent être relevées dans la jurisprudence récente.

A ▪ Artiste du spectacle

1330. Les artistes du spectacle, dès lors qu'ils ne sont pas inscrits au registre du commerce, relèvent de la catégorie des salariés. Il a ainsi été jugé que la définition d'artiste du spectacle s'appliquait à un technicien chargé de l'éclairage et de la sonorisation d'un spectacle (Urssaf Lille c/Assoc. Le Bureghel et a., Soc., 8 juill. 1999, Juris-data n° 1999-002824 ; X. Prétot, préc., p. 88).

B ▪ Dirigeants de sociétés commerciales

1331. Le choix d'un type de société commerciale est très souvent fonction du statut social des dirigeants. Dès lors que ces derniers perçoivent une rémunération pour leur activité de direction, il est habituel de considérer que l'assimilation au statut de salarié est bénéfique. L'article L. 311-3 vise assurément les gérants minoritaires de société à responsabilité limitée, les présidents de Conseil d'administration ayant qualité de directeur général, les directeurs généraux et les présidents et dirigeants de société par actions simplifiées. La solution a été facilement étendue aux membres du directoire (lettre CNAMTS, 8 nov. 1972) ou au directeur général unique (CA Paris, 26 janv. 1990, RJS mars 1990, n° 267).
En revanche, l'assimilation est refusée aux administrateurs qui ne sont ni président, ni directeur général. Elle n'est pas reconnue au président du Conseil de surveillance qui, de surcroît n'est pas considéré comme exerçant une activité professionnelle même s'il peut être rémunéré (Urssaf Angers c/Mme Deville, Soc. 25 janv. 2001, Juris-data n° 2001-007889). Les dirigeants de sociétés étrangères ayant leur activité en France sont assujettis au régime général (CPAM Haute Savoie c/Sté Unic Mann, Soc., 18 mars 1999, Juris-data n° 1999-001084).

C ▪ Experts des sociétés d'assurance

1332. Les experts qui exercent leur mission en dehors de tout service organisé et qui demeurent libres de fixer le montant de leurs honoraires n'exercent pas une activité salariée (Soc., 20 déc. 1990, Mémento Lefebvre Social 2004, n° 728 et 729). En revanche, est considéré comme salarié le médecin tenu d'examiner pour avis, moyennant une rémunération forfaitaire, les personnes que lui désigne une caisse de retraite ou de prévoyance (Soc., 25 janv. 1990, RJS 3/1990 n° 438 ; Soc., 12 juill. 1990, RJS 8-9/1990, n° 721).
De même, ont la qualité de salarié, les collaborateurs d'un cabinet d'expertise automobile n'ayant pas le choix de leurs clients, ni de leurs expertises et exerçant sous l'autorité, le contrôle et selon les instructions du responsable du cabinet d'expertise (Soc., 20 déc. 1983, Mémento Lefebvre, préc.).

D ▪ Personnes, n'exerçant pas une activité professionnelle, rattachées au régime général

1333. De manière à garantir la protection sociale à des personnes qui n'exercent pas une activité professionnelle leur permettant d'être rattachées au régime général, un nombre important de dispositions légales leur ouvrent néanmoins droit aux prestations que ce soit pour l'ensemble des risques : artistes auteurs (CSS, art. L. 382-1), sapeurs pompiers communaux non professionnels (CSS, art. L. 381-25) ou pour certains d'entre eux seulement (Assurances maladie et maternité : les étudiants, CSS, art. L. 381-3, les bénéficiaires de l'allocation aux adultes handicapés, CSS, art. L. 381-27, Assurance maladie : les bénéficiaires de l'allocation aux vieux travailleurs salariés, les bénéficiaires de l'allocation aux mères de famille, CSS, art. L. 381-26 ; Assurances maladie, maternité, invalidité, décès : les invalides de guerre, CSS, art. L. 381-19 ; Assurances maladie, maternité, vieillesse : les détenus, CSS, art. L. 381-30 et art. L. 381-31 ; Assurance vieillesse : les bénéficiaires du complément familial, de l'allocation pour jeune enfant, de l'allocation parentale d'éducation, de l'allocation de présence parentale, les personnes assumant la charge d'un handicapé, CSS, art. L. 381-1).

E ▪ Les élus

1334. Les élus visés à l'article L. 2123-9 du Code général des collectivités territoriales et à l'article L. 2123-11 du même code qui, pour l'exercice de leur mandat, ont cessé d'exercer leur activité professionnelle et qui ne relèvent pas, à titre obligatoire, d'un régime de sécurité sociale bénéficient des prestations d'assurances maladie, maternité, invalidité (prestations en nature) et assurance vieillesse (CGCT, art. L. 2123-25 et L. 2123-6).

1335. La loi du 27 février 2002, relative à la démocratie de proximité (L. n° 2002-276, 27 févr. 2002, JO 28 févr.) améliore la couverture sociale des élus, en cas de maladie, maternité ou accident. Elle prévoit, en particulier, que le temps d'absence garanti aux élus salariés est assimilé à un temps de travail effectif, pour la détermination du droit aux prestations sociales (CGCT, art. L. 2123-25, L. 3123-20, L. 4135-20).

1336. Par ailleurs, l'affiliation au régime général des élus ayant cessé leur activité professionnelle, est étendue aux prestations en espèces des assurances maladie, maternité, invalidité et décès. Les élus non salariés bénéficient également de ce dispositif (CGCT, art. L. 2123-25-2, L. 3123-20-2, L. 4135-20-2). Enfin, le régime de « garantie accident » déjà prévu pour les maires, les adjoints et les conseillers généraux et régionaux, a été étendu aux conseillers municipaux et aux délégués spéciaux (CGCT, art. L. 2123-32).

Section 2 ▪ Les assujettis volontaires

Sous-section 1 ▪ Principe

1337. Les prestations du régime général de sécurité sociale peuvent aussi être versées aux personnes qui ont souscrit une assurance volontaire de manière à être protégées contre certains risques sociaux. Du fait de la création de la couverture maladie universelle par la loi n° 99-641 du 27 juillet 1999, le régime d'assurance maladie personnelle a disparu. Ainsi, le domaine de l'assurance personnelle ne concerne plus aujourd'hui que les seuls risques « Accident du travail », « Invalidité-vieillesse » et « Maladie-maternité ».

Sous-section 2 ▪ Accident du travail

1338. La demande est à adresser à la Caisse primaire d'assurance maladie dans le ressort duquel le demandeur a sa résidence habituelle. Les cotisations sont calculées à partir des revenus professionnels déclarés mais sur une base qui ne peut pas être inférieure au salaire minimal à partir duquel sont calculées les rentes d'accident du travail lorsque l'incapacité permanente est au moins égale à 10 %, ni supérieure au plafond retenu pour le calcul des cotisations. Le taux applicable correspond à celui qui est pratiqué pour une activité analogue mais réduit de 20 % (CSS, art. D. 242-6-6).

Sous-section 3 ▪ Invalidité-vieillesse

1339. Elle est ouverte à certaines personnes seulement. Sont concernées :
- les personnes qui, ayant été affiliées obligatoirement pendant six mois au moins, cessent de remplir les conditions de l'assurance obligatoire (CSS, art. R. 742-1 et R. 742-2),
- les personnes qui, sans recevoir de rémunération, remplissent les fonctions et obligations de tierce personne auprès de leur conjoint ou d'un membre de leur famille infirme ou invalide (CSS, art. R. 742-9 et R. 742-10).

Sous-section 4 ▪ Maladie-Maternité

1340. Les français exerçant leur activité professionnelle dans un pays ne relevant pas de l'espace économique européen ou de la Suisse peuvent s'assurer contre les risques maladie, maternité et invalidité auprès de la Caisse des français de l'étranger (CFE BP 100 – 77950 Rubelles, www.cfe.fr).

Chapitre 2
Prestations d'assurance maladie

Section 1 . Distinction entre prestations en nature et prestations en espèces

1341. Les prestations du régime général d'assurance maladie sont de deux sortes :
- les prestations en nature ont pour objet de couvrir les dépenses de santé ; elles sont définies à l'article L. 321-1 du Code de la Sécurité sociale : frais médicaux, frais pharmaceutiques ou liés à des médicaments ou aux objets contraceptifs, d'hospitalisation et de rééducation, appareillage, surveillance médicale, cures, frais d'analyses et de laboratoire, frais de transport nécessaires, frais de vaccination en fonction d'une liste fixée par arrêté ministériel ;
- les prestations en espèces sont constituées par les indemnités qui sont versées en compensation des pertes de revenus occasionnées par la maladie.

Section 2 . Les prestations en nature

Sous-section 1 . Particularité

1342. Bien qu'assimilées aux autres sources de prestations, l'assurance maladie repose sur une relation triangulaire dans laquelle sont associés : les caisses, l'assuré et les professionnels de santé. La détermination des prestations est d'abord fonction des besoins de remboursement des assurés mais elle constitue aussi un élément primordial de définition de la politique de santé publique de l'État.

1343. Depuis la loi n° 98-657 du 29 juillet 1998 relative à la lutte contre les exclusions, les prestations en nature d'assurance maladie, sont insaisissables sauf en cas de recouvrement de prestations indues.

Sous-section 2 . Les bénéficiaires

§ 1 . L'assuré

A . Principe

1344. Pour bénéficier du remboursement des soins, l'assuré doit avoir contribué au financement de la Sécurité sociale. Sa contribution est évaluée par référence aux nombres d'heures travaillées ou au niveau de salaire sur lequel il a payé ses cotisations. Le calcul se fait sur une période de référence (1 mois, 3 mois ou 1 année civile) qui précède la date des soins.

1345. Pour bénéficier des prestations pendant deux ans, le salarié doit justifier d'une des deux conditions (critère du nombre d'heures travaillées ou critère de la cotisation sur salaire).

B ▪ Critère du nombre d'heures travaillées

1346. L'assuré doit justifier :
- avoir effectué 60 heures de travail salarié ou assimilé au cours d'1 mois civil ou de 30 jours consécutifs ;
- ou avoir effectué 120 heures de travail salarié ou assimilé au cours de 3 mois civils ou 3 mois de date à date ;
- ou avoir effectué 400 heures pendant un an.

C ▪ Critère de la cotisation sur salaire

1347. Le niveau de cotisation est calculé par référence au SMIC : l'assuré doit avoir cotisé sur un niveau de salaire égal ou supérieur à x fois le SMIC.

Période de référence	1 mois ou 30 jours consécutifs	3 mois de date à date	1 année
Cotisations sur au moins	60 x le SMIC horaire	120 x le SMIC horaire	400 x le SMIC horaire

§ 2 ▪ Les ayants droit de l'assuré

A ▪ Le conjoint

1348. L'assuré n'est pas le seul bénéficiaire des prestations d'assurance maladie. L'article L. 313-3 du Code de la Sécurité sociale indique quels sont les ayants droit qui sont pris en charge. Au premier rang, figure le conjoint de l'assuré. Les frais médicaux du conjoint non divorcé sont pris en charge sur le compte de l'assuré, excepté dans l'hypothèse où, du fait de sa propre activité professionnelle, indépendante ou non indépendante, il bénéficie à titre personnel d'un régime obligatoire d'assurance maladie.

B ▪ Personnes à charge, autres que les enfants

1 ▪ Concubins et pacsés

1349. Depuis une loi du 2 janvier 1978, le concubin est assimilé à un conjoint (CSS, art. L. 161-14, al. 1). Ainsi, la personne qui vit maritalement avec un assuré social, et qui se trouve à sa charge effective, totale et permanente, a, à condition d'en apporter la preuve, la qualité d'ayant droit de l'assuré pour l'ouverture du droit aux prestations en nature des assurances maladie et maternité. Il en est de même de la personne liée à un assuré social par un pacte civil de solidarité lorsqu'elle ne peut bénéficier de la qualité d'assuré social à un autre titre.

2 ▪ Ascendants, descendants et collatéraux

1350. Les ascendants, les descendants, les collatéraux jusqu'au 3e degré qui vivent sous le toit de l'assuré et qui se consacrent exclusivement aux travaux du ménage et à l'éducation de deux enfants de moins de 14 ans à la charge de l'assuré bénéficient des prestations en nature du régime de l'assurance maladie.

C ▪ Enfants à charge

1351. Les conditions d'affiliation des enfants à charge sont précisées par l'article L. 313-3 du Code de la Sécurité sociale. Sont concernés les enfants de l'assuré et ceux de son conjoint mais sous une limite d'âge. L'âge limite est fixé à 16 ans mais il est reporté à 18 ans pour l'enfant en apprentissage, à 20 ans pour celui qui poursuit ses études voire jusqu'au terme de l'année où il a atteint ses 21 ans s'il a interrompu ses études pour cause de maladie. L'enfant qui est inscrit dans un cycle d'enseignement supérieur doit s'affilier auprès d'une mutuelle d'étudiants. Les étudiants étrangers sont obligatoirement affiliés aux assurances maladie-maternité du régime général (circ. CNAM, 16 févr. 2000).

§ 3 ▪ Maintien des droits

1352. Selon l'article L. 161-8 du Code de la Sécurité sociale, les personnes qui ne remplissent plus les conditions pour relever, soit en qualité d'assuré, soit en qualité d'ayant droit du régime général ou des régimes qui lui sont attachés, bénéficient, à compter de la date à laquelle ces conditions ne sont plus remplies, du maintien de leur droit aux prestations des assurances maladie, maternité, invalidité et décès. Selon l'article R. 161-3 du Code de la Sécurité sociale, le délai du maintien des droits est fixé à 12 mois en ce qui concerne les prestations en nature et en espèces.

Sous-section 3 ▪ Principes de base

§ 1 ▪ Libre choix du médecin

A ▪ Le choix encadré

1353. Le principe selon lequel l'assuré choisit librement son médecin demeure mais se trouve aujourd'hui aménagé par l'institution du médecin référent. Dans le but de diminuer les dépenses du régime général d'assurance maladie, les législateurs successifs se sont efforcés de limiter le cumul des consultations par un même patient auprès de plusieurs praticiens. La première initiative en ce sens a consisté à créer pour chaque assuré un « dossier médical » géré par le médecin généraliste de son choix de manière à retrouver la « synthèse médicale, diagnostique et thérapeutique du patient ». La loi du 13 août 2004 (réforme Douste-Blazy) a précisé les règles applicables au « dossier médical personnel » et a institué le médecin référent.

B ▪ Dossier médical personnel

1354. Le Dossier Médical Personnel (DMP) est un dossier médical informatisé, accessible via Internet. Il permet aux professionnels de santé qui prennent en charge le patient de partager les informations de santé utiles à la coordination des soins du patient. Le DMP peut être créé lors d'une consultation médicale ou lors d'une admission dans une structure de soins.

C ▪ Médecin traitant : article L. 162-5-3 CSS

1355. Afin de favoriser la coordination des soins, tout assuré ou ayant droit âgé de seize ans ou plus indique à son organisme gestionnaire de régime de base d'assurance maladie le nom du médecin traitant qu'il a choisi, avec l'accord de celui-ci. Le choix du médecin traitant suppose, pour les ayants droit mineurs, l'accord de l'un au moins des deux parents ou du titulaire de l'autorité parentale. Le médecin traitant choisi peut être un généraliste ou un spécialiste. Il peut être un médecin hospitalier. Le médecin traitant peut être un médecin salarié d'un centre de santé. Les médecins exerçant dans le cadre de la même spécialité au sein d'un cabinet médical situé dans les mêmes locaux ou dans un centre de santé peuvent être conjointement désignés médecins traitants. Le médecin traitant participe à la mise en place et à la gestion du dossier médical personnel prévu à l'article L. 161-36-1 du Code de la Sécurité sociale. Le ticket modérateur peut être majorée pour les assurés et les ayants droit n'ayant pas choisi de médecin traitant ou consultant un autre médecin sans prescription de leur médecin traitant, sauf lorsque la consultation se fait en cas d'urgence auprès d'un autre médecin que celui désigné à l'organisme gestionnaire du régime de base d'assurance maladie, ou lorsque la consultation se fait en dehors du lieu où réside de façon stable et durable l'assuré social ou l'ayant droit âgé de seize ans ou plus.

1356. Dans son rapport annuel pour 2013, la Cour des comptes constate que la volonté du législateur de 2004 de réorganiser le système de soins autour du médecin traitant et du parcours de soins coordonnés est loin d'être réalisée en 2012. L'adhésion des assurés au dispositif ne se dément pas. En pratique, il se traduit pourtant pour eux par un mécanisme de sanctions financières, fortement accrues au fil des années, en cas de non-respect d'un parcours contraignant et difficilement intelligible. Sa déclinaison opérationnelle par les partenaires conventionnels a abouti à ce que se conjuguent les préoccupations financières des caisses et des syndicats de médecins. Il en est résulté un début de réorganisation du mode de rémunération des médecins de ville, dont les conséquences structurelles peuvent certes être à terme importantes pour l'efficience du système de soins, mais qui pour l'heure est à l'origine de surcoûts non négligeables. Cette mise en oeuvre a aussi produit de curieux paradoxes. Ainsi les médecins spécialistes en ont-ils davantage bénéficié financièrement que les généralistes, alors que ces derniers étaient censés être la clé de voûte de la nouvelle organisation. Les problématiques tarifaires ont, au demeurant, prévalu sur la question pourtant centrale du contenu médical effectif du parcours de soins, dans un contexte où les considérables retards de conception et de mise en place du dossier médical personnel ont privé le médecin traitant de l'outil qui lui est indispensable. Au-delà du risque de redondance et de mauvaise articulation du DMP et du volet annuel de synthèse qui en résulte, la prolifération des expérimentations de coordination des soins, sans qu'aucune ne s'appuie sur le médecin traitant qui avait pourtant vocation à en être le pivot naturel, en affaiblit le sens et la portée. Dans ce paysage brouillé, il appartient aux pouvoirs publics de redonner rapidement un cadre de cohérence globale aux différents acteurs pour mettre le patient au coeur du dispositif et le médecin traitant en mesure de réellement coordonner son parcours tout au long de la chaîne de soins. À défaut de mise en perspective d'ensemble et de capacité à rendre rapidement visibles des progrès concrets dans l'organisation des prises en charge, l'adhésion des assurés sociaux finira inéluctablement par se déliter.

La Cour formule les recommandations suivantes :

1. réaffirmer clairement le médecin traitant comme le coordonnateur des soins de ses patients vis-à-vis de l'ensemble des autres acteurs du système de santé ;

2. mettre sans délai à sa disposition les outils indispensables à sa mission et à sa relation avec les autres intervenants du système de soins, notamment :

- une messagerie sécurisée ;
- un dossier médical personnel pour chaque patient, intégrant pleinement ses préoccupations opérationnelles et reprenant le volet annuel de synthèse prévu par la convention du 26 juillet 2011 ;

3. mettre en place un dispositif d'évaluation rigoureux des suppléments de rémunération accordés aux médecins et subordonner toute nouvelle évolution au constat documenté de gains d'efficience du système de soins et d'économies pour l'assurance maladie ;
4. faciliter le parcours administrativo-tarifaire de l'assuré, notamment :
- en supprimant l'obligation de déclarer une nouvelle fois son médecin traitant en cas de changement de régime ;
- en étudiant la suppression du mécanisme des « dépassements autorisés » facturables par un spécialiste à honoraires conventionnels (secteur 1) à un patient hors parcours de soins coordonnés ;
- en faisant en sorte que puisse être proposé à tout patient un parcours de soins coordonnés en tarifs opposables.

1357. Le contrat d'accès aux soins a été mis en place par l'avenant n° 8 à la convention médicale publié au Journal officiel du 6 décembre 2012 et est entré en vigueur au 1er décembre 2013. Ce contrat d'accès aux soins, à destination des médecins du secteur 2 (honoraires libres), a pour objectif de favoriser l'accès des patients à des tarifs opposables (tarifs sécurité sociale) et réduire leur reste à charge.

Le décret n° 2014-1374 du 18 novembre 2014 relatif au contenu des contrats d'assurance maladie complémentaire bénéficiant d'aides fiscales et sociales - fixe des plafonds de prise en charge pour certaines dépenses de soins, afin de limiter la solvabilisation par les organismes complémentaires des pratiques tarifaires excessives de certains professionnels. Ainsi, la prise en charge des dépassements d'honoraires des médecins qui n'adhérent pas au dispositif du contrat d'accès aux soins sera limitée à 125 % du tarif de la sécurité sociale dans un premier temps puis à 100 % de ce tarif à compter de 2017 et devra nécessairement être inférieure à celle des dépassements d'honoraires de médecins qui adhérent à ce dispositif.

§ 2 ▪ Le système du tiers payant

1358. Mis en place par conventions entre les caisses et les prestataires de biens et services médicaux, le mécanisme du tiers payant évite à l'assuré de faire l'avance de certains frais, notamment les frais pharmaceutiques et les actes de biologie lorsque leur montant dépasse un seuil fixé par décret ou lorsque le ticket modérateur est supprimé. Ce système se substitue progressivement au système du paiement direct par le malade des honoraires et des coûts des services et biens médicaux. Dans le système du paiement direct, il appartient donc à l'assuré de payer directement le praticien et de s'adresser à la Caisse primaire dont il relève pour obtenir le remboursement sur la présentation d'une feuille de soins.

§ 3 ▪ Participation de l'assuré

A ▪ Le ticket modérateur

1359. En vertu de l'article L. 322-2 du Code de la Sécurité sociale, l'assuré conserve la charge d'une partie des frais qu'il a engagés, la fraction ainsi visée est dénommée « ticket modérateur ». Le taux du ticket modérateur est fixé par décret. Il est de 30 % pour les honoraires des praticiens dans le cadre du parcours de soins coordonnés, de 35 % pour les frais de transport et de petit appareillage, de 40 % pour les honoraires des auxiliaires médicaux et frais d'analyse et de laboratoires, et de 70 % pour les médicaments à service médical rendu (SMR) modéré.

En dehors du parcours de soins coordonnés, le ticket modérateur est de 70 %.

Remboursement des frais de soins des travailleurs salariés

Soins	Taux
Honoraires des praticiens (médecin, dentiste, sage-femme)	70 %
Honoraires des auxiliaires médicaux (infirmier, masseur)	60 %
Analyse et examens de laboratoire	60 %
Médicaments : - irremplaçables - service médical rendu important - service médical rendu modéré - service médical rendu faible - d'efficacité insuffisante (vignette orange)	 100 % 65 % 35 % 15 %
Appareillage, prothèses, orthopédie	60 %
Gros appareillage	100 %
Transports : - cas général - transfert d'un établissement hospitalier vers un autre	 70 % 100 %
Cure thermale : - honoraires - hébergement et transport (selon les revenus)	 65 % 65 %
Hospitalisation	80 %
Maternité	100 %

B ▪ Exonérations

1360. Dans certains cas, l'assuré social peut être exonéré en tout ou partie du ticket modérateur (CSS, art. L. 322-3). Cette exonération intervient en particulier, lorsque l'assuré social a été reconnu atteint d'une des affections, comportant un traitement prolongé et une thérapeutique particulièrement coûteuse.

C ▪ Participation forfaitaire de 1 euro

1361. Depuis la loi n° 2004-810 du 13 août 2004 (art. 20), l'article L. 322-2 du Code de la Sécurité sociale prévoit désormais, en sus du ticket modérateur, pour chaque acte ou consultation prise en charge par l'assurance maladie ou acte de biologie médicale, le versement d'une participation forfaitaire dont le montant est fixé, dans les limites fixées par décret, par l'Union nationale des caisses d'assurance maladie.

1362. Cette participation forfaitaire est de 1 €.Elle est déduite du montant des remboursements d'assurance maladie pour chaque consultation ou acte, examen radiologique ou analyse biologique. La participation de 1 € est retranchée du remboursement de chaque acte, dans la limite de 4 € par jour et par professionnel. Limitée à 50 € par an et par personne, la participation de l'assuré ne peut pas être prise en charge par un organisme complémentaire de santé. Elle ne s'applique pas aux :
- personnes de moins de 18 ans ;
- femmes enceintes, à partir du 6e mois grossesse jusqu'au 12e jour suivant l'accouchement ;
- bénéficiaires de la CMU complémentaire ou de l'Aide médicale de l'Etat.

1363. Pour les actes lourds, une participation forfaitaire de 18 €, à la charge de l'assuré, est applicable pour les actes médicaux d'un montant égal ou supérieur à 120 € ou ayant un coefficient égal ou supérieur à 60. Cette participation ne s'applique pas aux :
- personnes atteintes d'une affectation de longue durée (ALD) ;
- femmes enceintes ;
- nouveau-nés hospitalisés ;
- titulaires d'une rente pour accident du travail ou maladie professionnelle ;
- titulaires d'une pension d'invalidité ;
- bénéficiaires de la CMU complémentaire.

Ce forfait peut être pris en charge par les organismes complémentaires de santé, si la garantie le prévoit.

D ▪ Franchise médicale

1364. L'article 52 de la loi n° 2007-1786 du 19 décembre 2007 (loi de financement de la sécurité sociale pour 2008) a créé une franchise sur trois types de prestations de soins (art. L. 322-2 III, CSS) qui ne doit pas être prise en charge pour que le contrat soit qualifié de responsable :
- 0,50 € par boîte de médicaments, à l'exception de ceux livrés au cours d'une hospitalisation ;
- 0,50 € par acte effectué par un auxiliaire médical, à l'exclusion de ceux pratiqués au cours d'une hospitalisation ;
- 2 € par transport sanitaire effectué en véhicule sanitaire ou taxi, à l'exception des transports d'urgence.

Cette franchise est toutefois plafonnée à 50 € par année et par personne. Si le même jour, plusieurs actes paramédicaux ou plusieurs transports ont lieu, le montant total de la franchise supportée par l'assuré est plafonné à 2 € pour les actes effectués par un auxiliaire médical et à 4 € pour les transports sanitaires. Ces dispositions sont prévues par l'article D. 322-7 du Code de la Sécurité sociale.

Sous-section 4 ▪ Frais remboursables

§ 1 ▪ Actes médicaux et paramédicaux

1365. Nomenclature générale des actes professionnels (NGAP). Les actes remboursés sont désignés par des symboles composés d'une lettre-clé, et d'un coefficient. La valeur d'un acte se détermine en appliquant le coefficient à la valeur de la lettre clé (M. Harichaux, Nomenclature et tarification des actes médicaux, Revue droit sanit. et soc. 1985, p. 394).

1366. La valeur de la lettre clé résulte des négociations conventionnelles entre les caisses d'assurance maladie et les syndicats de praticiens. Le coefficient est fixé par arrêté ministériel après avis de l'agence nationale d'accréditation et d'évaluation en santé (ANAES).

Les remboursements d'actes médicaux qui ne figurent pas dans la nomenclature établie par arrêté ministériel sont impossibles. Dès lors, est cassé l'arrêt de la cour d'appel imposant à la CPAM la prise en charge d'actes n'y figurant pas. En effet, peu importe que les implants dentaires en cause aient été nécessaires à la reprise par l'assurée de son activité professionnelle dès lors que les actes en question ne figurent pas dans la nomenclature (Civ. 2e, 29 juin 2004, n° 02-30.985).

A ▪ Classification commune des actes médicaux

1367. À compter du 1er octobre 2004, aux termes de l'accord du 10 janvier 2003 entre les caisses nationales d'assurance maladie et les représentants des médecins, la classification commune des actes médicaux (CCAM) a remplacé la NGAP.

B ▪ Honoraires médicaux et système conventionnel

1368. Les médecins libéraux sont répartis en trois secteurs :

- relèvent du secteur 1 les médecins qui respectent strictement les tarifs conventionnels (soit environ 70 % des médecins) ;
- figurent dans le secteur 2, les médecins qui ont opté pour la perception d'honoraires libres. Dans ce cas, l'assuré conserve la charge non seulement du ticket modérateur mais aussi de l'intégralité du dépassement ;
- les médecins hors-convention qui sont totalement libres dans la fixation de leurs honoraires mais le remboursement de la prestation est forcément limité à un tarif déterminé. Les médecins hors convention représentent une très faible proportion.

1369. Les médecins relevant du secteur 2 peuvent adhérer au « contrat d'accès aux soins », institué par l''avenant n° 8 à la convention médicale, et signé le 25 octobre 2012, (Journal officiel du 7 décembre 2012) :

- les médecins exerçant en secteur 2 ou titulaires d'un droit à dépassement permanent (DP), quelle que soit leur spécialité ;
- les médecins qui s'installent pour la première fois en exercice libéral et qui sont titulaires des titres leur permettant d'exercer en secteur 2 (anciens chefs de clinique des universités-assistant des hôpitaux, anciens assistants des hôpitaux généraux et spécialisés, praticiens hospitaliers nommés à titre permanent, praticiens des hôpitaux à temps partiel ayant au minimum 5 années d'exercice dans ces fonctions, médecins ou chirurgiens des hôpitaux des armées) et qui souhaitent exercer dans ce secteur ;
- les médecins titulaires des titres requis pour l'exercice en secteur 2 et installés en secteur 1 avant le 1er janvier 2013.

1370. Une condition pour pouvoir souscrire à ce contrat d'accès aux soins : s'engager à ne pas dépasser un taux moyen de 100 % de dépassement d'honoraires (taux calculé sur la base des tarifs applicables au secteur 1. En souscrivant au contrat d'accès aux soins, le médecin peut bénéficier d'une prise en charge des cotisations sociales pour l'activité pratiquée à tarif opposable (sans dépassement).

Parallèlement, son activité clinique est mieux rémunérée et certains actes techniques sont revalorisés.

§ 2 ▪ Actes de biologie et examens de laboratoire

1371. Les actes de biologie médicale sont remboursés selon les mêmes principes que les actes médicaux et paramédicaux. La liste des examens qui sont susceptibles de donner lieu à remboursement est fixée par la nomenclature des actes de biologie médicale (NABM). Les lettres clés « B », « BP », « KB », « PB », « TB », sont affectées du coefficient correspondant à l'examen subi par le patient.

§ 3 ▪ Médicaments

A ▪ Principes

1372. Seuls les médicaments qui ont été prescrits par un médecin ou un chirurgien-dentiste ou encore, sous certaines conditions, par une sage-femme (dans la limite des prescriptions qu'elle est autorisée à effectuer) sont pris en charge.

Le remboursement des médicaments suppose leur inscription sur la liste des médicaments remboursables fixée par arrêté ministériel. En application du décret n° 2004-1124 du 14 octobre 2004 un arrêté des ministres chargés de la Santé et de la Sécurité sociale fixe, par classe pharmaco-thérapeutique, la liste des médicaments dont l'inscription sur la liste des médicaments remboursables arrive à expiration au 31 décembre de l'année considérée et qui doivent faire l'objet d'un examen en vue du renouvellement de leur inscription, en application des articles R. 163-2 à R. 163-14 du Code de la Sécurité sociale. Cette règle s'applique depuis le 1er janvier 2005.

B ▪ Médicaments inscrits sur la liste des spécialités remboursables aux assurés sociaux (art. R. 163-1 à R. 163-4, CSS)

1373. L'inscription sur la liste des médicaments remboursables s'effectue pour une durée de cinq ans renouvelable (CSS, art. R. 163-2 ; CSS, art. R. 163-6) ; elle est fonction d'une appréciation du service rendu par le médicament (efficacité, effets indésirables...). Les médicaments particulièrement coûteux et assortis d'indications précises ne peuvent être remboursés ou pris en charge que si leur prescription est rédigée sur une ordonnance dénommée « ordonnance de médicaments d'exception », conforme à un modèle.

C ▪ Médicaments génériques

1374. Selon les articles L. 5125-23 du Code de la santé publique et L. 162-16 du Code de la Sécurité sociale, le pharmacien « peut délivrer par substitution à la spécialité prescrite une spécialité du même groupe générique à condition que le prescripteur n'ait pas exclu cette possibilité, pour des raisons particulières tenant au patient, par une mention expresse portée sur la prescription » et sous réserve que « cette substitution n'entraîne pas une dépense supplémentaire pour l'assurance maladie supérieure à un montant ou à un pourcentage déterminé par arrêté ». Un décret et un arrêté du 11 juin 1999 ont fixé les modalités de mise en œuvre de cette substitution (Décr. n° 99-486, 11 juin 1999 et Arr. 11 juin 1999, JO 12 juin).

Les médicaments figurant dans un groupe générique peuvent ne donner lieu qu'à un remboursement forfaitaire. Un arrêté ministériel du 29 juillet 2003 fait apparaître 71 spécialités pharmaceutiques ayant une version générique ou équivalente, et pour lesquelles le remboursement par l'assurance maladie est limité au niveau d'un tarif unique, tenant compte du prix du générique.

Si le médecin prescrit malgré tout la spécialité pharmaceutique non générique, le dépassement de tarif reste à la charge de l'assuré ou de son organisme complémentaire d'assurance maladie.

§ 4 ▪ Frais d'hospitalisation

A ▪ Hospitalisation publique ou privée

1375. Le droit au remboursement n'est pas conditionné par la qualité de l'hôpital. Le malade conserve le droit de préférer un établissement privé à un établissement public, à condition qu'il soit autorisé à dispenser des soins. Seule l'admission dans des établissements spécialisés est soumise à la procédure de l'entente préalable.

B ▪ Taux de remboursement – forfait journalier

1376. La Sécurité sociale prend en charge 80 % des frais d'hospitalisation selon la règle du tiers payant. Le ticket modérateur supporté par l'assuré correspond aux 20 % restants. S'y ajoute le forfait journalier correspondant aux frais de vie supportés par l'établissement, nourriture notamment (CSS, art. L. 174-4). Ce forfait est, depuis 2010, de 18 €. Il est de 13, 50 € pour les hospitalisations en psychiatrie.
Dans certains cas, les frais d'hospitalisation sont pris en charge à 100 % du tarif de Sécurité sociale : hospitalisation pour une opération importante ou qui dure plus de 30 jours, indemnisation complète à compter du 31e jour ; hospitalisation de la femme enceinte pendant les 4 derniers mois de la grossesse, pendant l'accouchement et 12 jours après ; hospitalisation d'un bébé de moins de 30 jours ; hospitalisation consécutive à un accident du travail à une maladie professionnelle ou à des sévices sexuels subis par un mineur. C'est également le cas si l'assuré bénéficie de la CMU complémentaire ou l'aide médicale d'Etat (AME).

C ▪ Durée d'hospitalisation

1377. Les établissements publics de santé ou privés sont tenus d'aviser la caisse primaire intéressée, dans un délai lui permettant d'assurer son contrôle, si le séjour du malade paraît devoir être prolongé au-delà de 20 jours, d'un délai déterminé, sauf pour certaines affections, en particulier les affections graves (CSS, art. L. 162-30).
En cas de carence de l'établissement, la caisse d'assurance maladie est fondée à refuser le remboursement de tout ou partie des éléments constituant les frais d'hospitalisation correspondant au séjour au-delà du délai prévu à l'alinéa précédent. L'établissement hospitalier ne peut alors réclamer à l'assuré le paiement de la partie des frais non remboursés. Les frais de séjour sont supportés par l'établissement sur ses ressources propres.

§ 5 ▪ Soins et prothèses dentaires et appareillages

A ▪ Soins et prothèses dentaires

1378. Les soins dentaires sont pris en charge dès lors qu'ils relèvent de la nomenclature générale des actes professionnels.
En ce qui concerne les prothèses dentaires, l'article L. 322-6 du Code de la Sécurité sociale limite le droit aux prestations à trois hypothèses :
- les prothèses fonctionnelles destinés à pallier une insuffisance dentaire répondant à des critères bien précis (personnes ayant moins de cinq couples de prémolaires ou de molaires en contact lorsque la bouche est normalement fermée ou personnes présentant une édentation partielle ou totale du groupe canines-incisives) ;

- les appareils thérapeutiques nécessaires à la prévention de l'aggravation d'une maladie qui pourrait découler de la mauvaise denture d'une personne ;
- les appareils nécessaires à l'exercice d'une profession.

La procédure de l'entente préalable doit être respectée pour obtenir le remboursement d'une prothèse. Le défaut de réponse dans un délai de 15 jours équivaut à un accord (Décr. n° 2001-532, 20 juin 2001 relatif au régime des décisions implicites).

B ▪ Appareillages et optique

1379. Le remboursement des divers appareillages n'est possible que s'ils sont inscrits sur une liste établie après avis de la Haute Autorité de santé (CSS, art. L. 165-1). Selon l'article R. 165-23 du Code de la Sécurité sociale, certains produits ou prestations peuvent être soumis à la procédure de l'entente préalable, après avis du médecin-conseil. Les appareils sont répartis en deux catégories :

- le petit appareillage comprend : l'optique, l'acoustique, les semelles orthopédiques et les chaussures thérapeutiques, les bas à varices, les genouillères, les ceintures médico-chirurgicales, corsets et bandages herniaires, les cousins d'abduction. Les articles d'optique, à condition d'avoir été prescrits, sont remboursés sans entente préalable mais avec des limites tenant à la qualité des verres (verres teintés ou de contact) ;
- relèvent, en revanche, du grand appareillage : les prothèses oculaires et faciales, les chaussures orthopédiques, les appareils de prothèse ou d'orthopédie et accessoires, les moulages sur nature, les véhicules pour handicapés physiques.

§ 6 ▪ Frais de transport

1380. La liste des frais de transport éligibles au remboursement est fixée à l'article R. 322-10 du Code de la Sécurité sociale. Sont, en particulier, pris en charge les frais de transport de l'assuré ou de l'ayant droit se trouvant dans l'obligation de se déplacer pour une hospitalisation, pour recevoir des soins liés à une maladie de longue durée, pour se rendre à un contrôle de la sécurité sociale.

1381. La prise en charge des frais de transport est subordonnée à la présentation par l'assuré de la prescription médicale de transport ainsi que d'une facture délivrée par le transporteur ou d'un justificatif de transport. La prescription indique le motif du transport et le mode de transport retenu. En cas d'urgence, la prescription médicale peut être établie a posteriori.

§ 7 ▪ Cures thermales

A ▪ Conditions de prise en charge

1382. Les cures thermales font partie des prestations qui peuvent être prises en charges par l'assurance maladie.

La participation de la caisse d'assurance maladie est soumise à conditions. Celles-ci doivent être remplies d'une part par l'établissement thermal et d'autre part, par le patient.

1383. La cure doit être prescrite par le médecin traitant. Il doit en outre choisir, en concertation avec le patient, la station thermale la plus adaptée à la pathologie traitée, parmi les 12 orientations thérapeutiques qui autorisent ce type de traitement.

1384. Lorsque la cure est prescrite pour deux affections, la station thermale doit être conventionnée dans chacune des orientations thérapeutiques. Dans les cas d'affections de la bouche, la prescription peut également être prescrite par un chirurgien-dentiste. Le centre de cure thermale doit être agréé et conventionné par les caisses d'assurance maladie.

B ▪ Prise en charge de la cure

1385. La cure doit être suivie intégralement, sauf si le médecin conseil estime justifiée son interruption ou si le patient a un empêchement majeur.
Les frais sont remboursés par l'assurance maladie, sous la forme de forfaits. Ces forfaits renvoient à une typologie de soins et un nombre de séances établis suivant l'orientation médicale.

1386. L'assurance maladie distingue :
- le forfait de surveillance médicale et éventuellement, des pratiques médicales complémentaires, remboursés à 70 % du tarif de base ;
- et le forfait thermal, correspondant aux soins et aux traitements, remboursé à 65 % du tarif de base.

Ces forfaits sont pris en charge à 100 % lorsque la cure est en relation avec une affection de longue durée. Les frais de transports et d'hébergement peuvent être pris en charge sous conditions de ressources.

Sous-section 5 ▪ Prestations en espèces

§ 1 ▪ Objet

1387. Les prestations en espèces sont destinées à compenser la perte de revenus occasionnée par la maladie de l'assuré (CSS, art. L. 323-1 et art. R. 323-1). Elles se présentent sous forme d'indemnités journalières.

§ 2 ▪ Durée des versements

1388. Les indemnités ne sont dues qu'à partir du 4e jour. Les trois premiers jours sont vus comme un délai de carence. Elles ne peuvent être versées que pendant une période de 3 ans si l'assuré est atteint d'une affection de longue durée. Dans les autres cas, elles ne sont versées, pour une ou plusieurs maladies, que pendant 360 jours sur 3 années.

1389. Le salaire est pris en compte dans la limite d'un plafond qui était jusqu'au 31 décembre 2011 le plafond de la sécurité sociale. La loi de financement de la sécurité sociale n ° 2011-1906, du 21 décembre 2011, a modifié ce plafond. Désormais il est fixé par référence à 1, 8 fois le Smic.

§ 3 ▪ Montant

1390. Les indemnités sont dites « journalières », en ce sens qu'elles se calculent à partir d'un gain journalier de base déterminé d'après les paies des trois mois antérieurs à l'arrêt de travail. Elles représentent la moitié du gain journalier, plafonné à 1/730e du salaire annuel soumis à cotisation de la Sécurité sociale, porté à 1/700e à compter du 7e mois (CSS, art. R. 323-9). L'indemnité peut être portée à 66, 66 % du salaire de référence à partir du 31e jour lorsque l'intéressé assume la charge de trois enfants au moins (CSS, art. L. 323-4).À partir du premier jour du septième mois de perception ininterrompue de ces indemnités, la fraction du gain journalier de base est fixée à 51, 49 % pour l'indemnité journalière normale et à 68, 66 % pour l'indemnité journalière majorée.

§ 4 ▪ Mensualisation

1391. La loi du 19 janvier 1978, dont les dispositions ont été reprises dans le nouveau Code du travail (C. trav., art. L. 3242-1 et s.), a prévu le paiement chaque mois d'une rémunération déterminée indépendamment du nombre de jours que comporte le mois, et ce afin de neutraliser les conséquences de la répartition inégale des jours entre les 12 mois de l'année. La plupart des salariés bénéficient du paiement mensuel du salaire et des avantages qui y sont liés. L'ensemble de ces droits constitue un minimum légal. De nombreuses conventions collectives accordent des avantages plus importants.

1392. La loi de mensualisation prévoit le droit au maintien du salaire en cas de maladie ou d'accident du travail.

1393. Tous les salariés des activités industrielles, agricoles, commerciales, libérales sont mensualisés y compris : les employés de maison, les concierges d'immeuble à usage ou non d'habitation, les salariés à temps partiel, les salariés sous contrat à durée déterminée.

1394. Sont exclus du bénéfice de la mensualisation : les travailleurs à domicile, les travailleurs saisonniers, les travailleurs intermittents et les travailleurs temporaires.

§ 5 ▪ Modalités d'attribution des indemnités journalières dues au titre de la maladie

1395. Ces modalités ont été précisées par une circulaire n° DSS/SD2/2011/497 du 30 décembre 2011.

1396. Le montant maximal des indemnités journalières maladie versées à l'occasion d'arrêts de travail débutant à compter du 1er janvier 2012 est réduit : au lieu d'être exprimé en fonction du plafond de la sécurité sociale, il est exprimé par référence à 1,8 SMIC, et le salaire maximal pris en compte pour le calcul de l'indemnité journalière est corrélativement diminué, passant du plafond de la sécurité sociale à 1,8 SMIC.

1397. L'indemnité journalière due au titre de l'assurance maladie est calculée sur la base du salaire perçu pendant les trois mois précédant celui de l'interruption de travail, ce salaire étant pris en compte, jusqu'au 31 décembre 2011, dans la limite du plafond de la sécurité sociale. Le gain journalier servant de base au calcul de l'indemnité journalière (IJ) est égal à 1/91, 25 du salaire ainsi défini. L'indemnité journalière est, quant à elle, égale à 50 % du gain journalier de base, sans pouvoir être supérieure, jusqu'au 31 décembre 2011, au sept cent trentième du plafond annuel de la sécurité sociale. À compter du 1er janvier 2012, les plafonds servant tant à la détermination des salaires pris en compte qu'au calcul de l'IJ maximale sont abaissés et exprimés non plus en fonction du plafond de la sécurité sociale mais par référence à 1,8 SMIC. Le décret n° 2011-1957 du 26 décembre 2011 (paru au *Journal officiel* du 27 décembre 2011) a apporté au Code de la Sécurité sociale les modifications nécessaires à cet effet. La présente circulaire a pour objet d'apporter aux organismes de sécurité sociale les précisions nécessaires à la mise en oeuvre de cette nouvelle réglementation applicable aux indemnités journalières maladie versées à l'occasion d'arrêts de travail débutant à compter du 1er janvier 2012.

1398. Ainsi, l'indemnité journalière versée pendant un arrêt de travail pour maladie est égale à 50 % du salaire journalier de base, calculé sur la moyenne des salaires bruts (= salaires soumis à cotisations) pris en compte dans la limite de 1,8 fois le SMIC mensuel en vigueur (soit 2 623,54 euros au 1er janvier 2015), des 3 mois qui précèdent l'arrêt de travail, ou des 12 mois en cas d'activité saisonnière ou discontinue.

1399. À partir du 31e jour d'arrêt de travail, l'indemnité journalière maladie est majorée si le (la) salarié(e) a au moins 3 enfants à charge. Elle est portée de 50 % (43,13 € au 1er janvier 2015) à 66,66 % (57,50 € au 1er janvier 2015) du salaire journalier de base.

1400. En cas d'augmentation générale des salaires durant son arrêt de travail et si celui-ci se prolonge au-delà de trois mois, le salarié peut bénéficier d'une revalorisation de son indemnité journalière.

A ▪ Réduction et fixation des plafonds d'attribution des IJ

1401. Les plafonds d'attribution des indemnités journalières dues au titre de l'assurance maladie sont réduits et désormais fixés par référence au SMIC.

1 ▪ Le champ d'application de la réforme

1402. La réforme concerne les seules indemnités journalières dues au titre de l'assurance maladie. Cette réforme s'applique :

- aux salariés du régime général (cf. *infra* les modifications apportées aux articles R. 323-4 et R. 323-9 du Code de la Sécurité sociale) ;
- aux salariés du régime agricole, par renvoi de l'article L. 742-3 du Code rural et de la pêche maritime aux dispositions correspondantes du Code de la Sécurité sociale ;
- aux artistes-auteurs rattachés au régime général en application de l'article L. 311-3 du Code de la Sécurité sociale, les modifications nécessaires étant apportées à l'article R. 382-24 du même code.

2 ▪ Les nouvelles modalités de détermination des plafonds

1403. La réforme a pour seule conséquence d'abaisser les plafonds pris en compte dans la détermination du montant des IJ, les règles de calcul de ces indemnités restant inchangées.

a - Les salaires servant de base au calcul des indemnités journalières maladie (CSS, art. R. 323-4)

1404. Aux termes de l'article R. 323-4 du Code de la Sécurité sociale, la base de calcul des indemnités journalières maladie s'entend, dans le cas le plus général d'un salaire versé mensuellement, du montant des trois paies antérieures à la date de l'interruption de travail. Ce salaire est désormais pris en compte dans la limite de 1,8 fois le SMIC mensuel calculé, pour chaque paie, sur la base de la durée légale du travail.

b - La détermination de l'indemnité journalière maximale (CSS, art. R. 323-9)

1405. Indemnité journalière maximale : droit commun.

Aux termes de l'article R. 323-9 du Code de la Sécurité sociale, l'indemnité journalière ne peut être supérieure au sept cent trentième d'un plafond désormais égal à 1,8 fois le SMIC calculé pour un an sur la base de la durée légale du travail.

1406. Indemnité journalière majorée maximale : cas particulier des personnes ayant trois enfants à charge.
Aux termes des dispositions conjuguées des articles L. 323-4 et R. 323-9, l'IJ maladie est majorée à partir du trente-et-unième jour pour les assurés ayant au moins trois enfants à charge.

3 ▪ Des plafonds évoluant à chaque évolution du SMIC

1407. Conformément aux articles L. 3231-4 et L. 3231-5 du Code du travail, le SMIC est indexé sur l'évolution de l'indice national des prix à la consommation. Lorsque cet indice atteint un niveau correspondant à une hausse d'au moins 2 % par rapport à l'indice constaté lors de l'établissement du SMIC immédiatement antérieur, le SMIC est relevé dans la même proportion à compter du premier jour qui suit la publication de l'indice entraînant ce relèvement. La réforme a pour conséquence de faire varier les plafonds d'attribution des indemnités journalières en fonction de chaque évolution du SMIC. Ces évolutions successives devront donc être intégrées.

4 ▪ Les modalités d'entrée en vigueur

1408. La nouvelle réglementation est applicable aux indemnités journalières versées à l'occasion d'arrêts de travail débutant à compter du 1er janvier 2012. Ainsi, la réforme ne s'applique pas aux arrêts de travail ayant débuté avant le 1er janvier 2012 et toujours en cours à cette date. De même, elle ne s'applique pas aux prolongations, au sens de l'article L. 162-4-4 du Code de la Sécurité sociale, d'un arrêt de travail initial prescrit antérieurement au 1er janvier 2012. Dans ces deux cas de figure, la date de l'arrêt de travail étant antérieure au 1er janvier 2012, le plafond pris en compte dans les différentes modalités de calcul des indemnités journalières est le plafond de la sécurité sociale pour la totalité de la période indemnisée.

1409. Par ailleurs, la réforme doit s'articuler avec les dispositions de l'article 50 du règlement intérieur des caisses primaires (RICP), qui dispose qu'en cas d'affection de longue durée, l'indemnité journalière versée à l'occasion du second arrêt de travail et des suivants ne peut être inférieure à celle qui avait été attribuée à l'occasion du premier arrêt de travail dû à l'affection en cause. Ces situations sont qualifiées de rechutes dans les paragraphes suivants de la présente circulaire. Ainsi, lorsque l'arrêt initial est situé avant la date d'entrée en vigueur de la réforme et que le nouvel arrêt pour rechute intervient après cette même date (*exemple* : arrêt de travail initial prescrit jusqu'au 14 décembre 2011 inclus, reprise de travail intervenue le 15 décembre 2011, puis arrêt de travail lié à une rechute intervenant à compter du 15 mars 2012), la réglementation doit s'appliquer de la manière suivante :
1) le premier arrêt sera indemnisé sur la base de la réglementation avant réforme (application du plafond de la sécurité sociale). Quant aux IJ dues au titre du deuxième arrêt, elles seront dans un premier temps calculées sur la base de la réglementation après réforme (application du plafond égal à 1,8 SMIC) ;
2) la caisse procédera ensuite à la comparaison entre le montant des IJ servies au titre du premier arrêt et celui des IJ calculées pour le deuxième arrêt et en tirera les conséquences suivantes :
- en l'absence d'évolution du salaire de référence entre le premier et le deuxième arrêt, si ce salaire avait été plafonné dans le cadre du calcul de l'IJ servie au titre du premier arrêt, la modification des règles de plafonnement a pour conséquence que le montant de l'IJ calculée au titre du deuxième arrêt sera nécessairement inférieur au montant de l'IJ servie au titre du premier arrêt. De ce fait, il conviendra d'appliquer la règle selon laquelle l'IJ servie au titre de la rechute ne peut être inférieure à celle servie au cours de l'arrêt initial : l'IJ devant être servie au titre du deuxième arrêt sera donc portée au niveau de celle servie au titre du premier arrêt ;
- en cas de baisse du salaire de référence entre les deux arrêts, le montant de l'IJ calculée au titre du deuxième arrêt sera inférieur à celui de l'IJ servie au titre du premier arrêt, non seulement du fait de l'application de la réforme, mais également du fait de la baisse du salaire de référence. Dès lors, il conviendra également de porter l'IJ devant être servie au titre du deuxième arrêt au niveau de celle servie au titre du premier arrêt ;

- enfin, en cas de hausse du salaire de référence entre les deux arrêts, le montant de l'IJ calculée au titre du deuxième arrêt pourra être supérieur au montant de l'IJ servie au titre du premier arrêt, même après application du nouveau plafond. Dans ce cas, l'IJ servie sera celle résultant du calcul ainsi effectué au titre du deuxième arrêt.

B ▪ Les aménagements du décret du 26 décembre 2011

1410. Le décret du 26 décembre 2011 précité procède également à quelques aménagements sur d'autres dispositifs et neutralise l'impact de la réforme sur le capital décès et sur les IJ maternité.

1 ▪ Délai de carence et affections de longue durée

1411. Au 1° de son article 1er, le décret du 26 décembre 2011 précité modifie l'article R. 323-1 du Code de la Sécurité sociale afin de préciser qu'en cas d'affections de longue durée (ALD), le délai de carence ne s'applique qu'une seule fois au cours d'une même période de trois ans, lors du premier arrêt de travail servant à déterminer cette période de trois ans.Cette mesure ne change pas la situation de fait des personnes en ALD. Elle ne fait qu'entériner, au niveau réglementaire, ce qui est déjà la pratique des caisses.

2 ▪ Indemnités journalières maternité

1412. L'abaissement des plafonds d'attribution concerne les seules indemnités journalières versées au titre de l'assurance maladie. Cette réforme ne concerne ni les IJ versées au titre de l'assurance maternité, ni celles versées au titre du risque AT-MP.Cependant, s'agissant des IJ maternité, les règles relatives à la base de calcul de ces indemnités journalières renvoient à celles applicables en matière d'IJ maladie. En modifiant l'article R. 331-5 du Code de la Sécurité sociale, le décret du 26 décembre 2011 procède, au 4° de son article 1er, au rétablissement nécessaire (maintien du calcul de l'IJ maternité sur la base des salaires pris en compte dans la limite du plafond de la sécurité sociale).Le même ajustement est apporté pour les IJ maternité dues aux artistes-auteurs (cf. nouvel article R. 382-34-1, créé par le 8° de l'article 1er du même décret).

3 ▪ Capital décès

1413. En modifiant l'article R. 361-1 du Code de la Sécurité sociale, le décret du 26 décembre 2011 précité vise également à maintenir le calcul du capital-décès sur la base des salaires pris en compte dans la limite du plafond de la sécurité sociale. Ces dispositions visent également à neutraliser les effets, sur le capital-décès, de la réforme « IJ 365 jours » introduite par le décret n° 2010-1 305 du 29 octobre 2010. Le renvoi fait par l'article R. 361-1 au gain journalier servant de base au calcul des indemnités journalières maladie aurait en effet conduit, sans cette modification, à une baisse mécanique de ce capital décès, alors que cette réforme ne visait que les indemnités journalières, et non le capital décès. L'article 1er, en son 5°, du décret du 26 décembre 2011 précité, apporte donc la modification réglementaire nécessaire.

1414. Des modifications de conséquence sont apportées au capital-décès des artistes-auteurs (article R. 382-36 du Code de la Sécurité sociale, modifié par le 9° de l'article 1er du décret du 26 décembre 2011 précité). La loi de financement de la sécurité sociale pour 2013 a prévu le remboursement des organismes gestionnaires de la CMU complémentaire sur la base de leurs dépenses réelles dans la limite d'un montant forfaitaire par bénéficiaire. Le présent décret fixe le montant du forfait et prévoit chaque année au titre de ce remboursement le versement de quatre acomptes ainsi que les modalités de régularisation l'année suivante. L'article D. 862-1 du Code de la Sécurité sociale précise désormais que le forfait annuel défini au 2e alinéa du a de l'article L. 862-2 est fixé, pour l'année 2013, à 400 euros.« Son montant est revalorisé au 1er janvier de chaque année du niveau de l'hypothèse d'inflation retenue dans le rapport joint au projet de loi de finances de l'année en application de l'article 50 de la loi organique n° 2001-692 du 1er août 2001 relative aux lois de finances, arrondi à l'euro inférieur. Il est constaté annuellement par arrêté des ministres chargés du budget et de la sécurité sociale (Décret n° 2013-829 du 16 septembre 2013 relatif aux modalités de remboursement des organismes gestionnaires de la couverture maladie universelle complémentaire).

Section 3 ■ Prestations d'assurance invalidité et prestations liées au handicap

Sous-section 1 ■ Assurance invalidité

§ 1 ■ Définition

1415. L'assurance invalidité a pour objet d'accorder à l'assuré une pension destinée à compenser la perte de salaire résultant de la réduction de sa capacité de travail.
L'assuré a droit à une pension d'invalidité lorsqu'il présente une invalidité réduisant dans des proportions déterminées, sa capacité de travail ou de gain, c'est-à-dire le mettant hors d'état de se procurer, dans une profession quelconque, un salaire supérieur à une fraction de la rémunération normale perçue dans la même région par des travailleurs de la même catégorie, dans la profession qu'il exerçait avant la date de l'interruption de travail suivie d'invalidité ou la date de la constatation médicale de l'invalidité si celle-ci résulte de l'usure prématurée de l'organisme (CSS, art. L. 341-1).
L'assurance invalidité a ainsi pour fonction de couvrir les conséquences durables de la perte de capacité de travail. Au-delà de l'âge de 62 ans, elle est relayée par l'assurance vieillesse.

§ 2 ■ Invalidité entraînant une impossibilité partielle ou totale de travail

A ■ Origine de l'invalidité

1416. La coexistence de plusieurs régimes d'indemnisation portant sur des affections semblables oblige à de nombreuses distinctions. Ainsi, l'invalidité doit-elle résulter d'une maladie ou d'un accident non professionnel. Une pension d'invalidité ne peut pas être versée si elle trouve son origine dans une affection ou une lésion indemnisée au titre de la législation sur les pensions militaires ou celle sur les accidents du travail. De même, une maladie ou un accident déjà indemnisé au titre de l'invalidité par le régime agricole ou par un régime spécial ne peut donner lieu à attribution de la pension d'invalidité du régime général (CSS, art. R. 172-4 et R. 172-6).

B ■ Invalidité des 2/3

1417. Pour bénéficier d'une pension d'invalidité, en application de l'article R. 341-2 du Code de la Sécurité sociale, l'assuré doit présenter une invalidité qui réduit des 2/3 au moins sa capacité de travail ou de gain.

L'invalidité est une notion de droit de la sécurité sociale, elle ne se confond pas avec l'inaptitude au travail qui est évaluée par un médecin du travail et qui est susceptible d'avoir des conséquences sur le contrat de travail de la victime. Les deux notions sont autonomes dans leur application.

C ▪ La demande de prise en charge

1418. La demande doit être présentée dans un délai de 12 mois après la date de consolidation des blessures ou le jour où la caisse a notifié à l'assuré la fin de ses indemnités journalières. La décision d'attribution d'une pension d'invalidité est prise par le contrôle médical de la caisse dans les deux mois qui suivent la demande de l'assuré. Elle peut être révisée ensuite par le constat d'une aggravation ou d'une amélioration de l'état de l'assuré. Elle peut aussi faire l'objet d'une révision administrative en cas de reprise d'une activité salariée.

D ▪ Les trois catégories d'invalidité

1419. La décision médicale reconnaissant l'invalidité est accompagnée d'un classement dans l'une des catégories prévues à l'article L. 341-4 du Code de la Sécurité sociale.
En vue de la détermination du montant de la pension, les invalides sont classés comme suit (CSS, art. L. 341-4) :
1°) invalides capables d'exercer une activité rémunérée ;
2°) invalides absolument incapables d'exercer une profession quelconque ;
3°) invalides qui, étant absolument incapables d'exercer une profession, sont, en outre, dans l'obligation d'avoir recours à l'assistance d'une tierce personne pour effectuer les actes ordinaires de la vie.

E ▪ Contestation de la décision

1420. Si l'assuré social conteste la décision de classement dans une des catégories d'invalidité de sécurité sociale il doit saisir la commission de recours amiable qui a pour objet de régler de façon amiable les différends d'ordre administratif qui opposent un usager à une caisse de sécurité sociale.
Elle doit être saisie, par lettre simple ou par lettre recommandée avec accusé de réception, dans les deux mois qui suivent la notification de la décision contestée, accompagnée de la copie de cette notification et de tous documents utiles à l'examen de sa demande.
Le délai d'examen de la demande par la commission est d'un mois, à compter de la date de réception de la réclamation par la caisse de sécurité sociale. Passé ce délai, et en l'absence de notification de décision de la CRA ou du conseil d'administration de la caisse, la demande est considérée comme rejetée. L'assuré peut alors saisir le tribunal du contentieux de l'incapacité (TCI). Pour ce faire, le réclamant dispose d'un délai de deux mois. Un appel peut être formé devant la Cour nationale de l'incapacité et de la tarification de l'assurance des accidents du travail (CSS, art. L. 143-3). La Cour de cassation peut intervenir en dernier lieu.

Sous-section 2 ▪ La nature des prestations

§ 1 ▪ Prestations en nature

1421. Le titulaire d'une pension d'invalidité a la qualité d'assuré social pour lui-même et pour ses ayants droit. Il est même dans une situation où ses droits sont étendus puisqu'il est exonéré de ticket modérateur.

§ 2 ■ Prestations en espèces

1422. Les prestations en espèces constituent le cœur même de l'assurance invalidité.
Le montant de la pension d'invalidité dépend de la décision médicale et notamment du classement dans l'une des trois catégories d'invalidité (CSS, art. R. 341-4 et s.).
Pour les invalides de la première catégorie, la pension est égale à 30 % du salaire annuel moyen correspondant aux cotisations versées au cours des dix années civiles d'assurance dont la prise en considération est la plus avantageuse pour l'assuré. Ces années doivent être comprises entre le 31 décembre 1947 et la date soit de l'interruption de travail suivie d'invalidité, soit de la constatation médicale de l'invalidité résultant de l'usure prématurée de l'organisme. Toutefois, lorsque l'assuré ne compte pas dix années d'assurance, la pension est égale à 30 % du salaire annuel moyen correspondant aux cotisations versées au cours des années d'assurance accomplies depuis l'immatriculation.
Pour les invalides de la deuxième catégorie, la pension est égale à 50 % du salaire annuel moyen. Le montant de la pension d'invalidité ne peut être supérieur à 30 % ou à 50 % du montant annuel du plafond de sécurité sociale.
Pour les invalides de la troisième catégorie, la pension est égale au montant de la pension versée aux invalides de deuxième catégorie mais est majorée de 40 % sans que cette majoration puisse être inférieure à un minimum annuel fixé par décret.
La majoration pour aide d'une tierce personne est versée jusqu'au dernier jour du mois civil suivant celui au cours duquel l'assuré a été hospitalisé ; au-delà de cette date, son service est suspendu.

§ 3 ■ Révision de la décision d'attribution

1423. La pension d'invalidité est toujours versée à titre temporaire. L'évolution de l'état de santé de l'assuré ou la reprise de son activité professionnelle est susceptible de la faire évoluer. La pension est suspendue, en tout ou partie, lorsqu'il est constaté que l'intéressé a bénéficié, sous forme de pension d'invalidité et salaire ou gain cumulés, pendant deux trimestres consécutifs, de ressources supérieures au salaire trimestriel moyen (salaire brut hors plafond) de la dernière année civile précédant l'arrêt de travail suivi d'invalidité. Si l'activité ne relève pas d'un statut de salarié, la pension est supprimée si le revenu qui en découle est supérieur à un plafond déterminé par décret (CSS, art. L. 341-10 et R. 341-17).

§ 4 ■ La pension constitue un bien propre

1424. La pension d'invalidité réparant un préjudice corporel constitue un bien propre par nature en application de l'article 1404 du Code civil.

Sous-section 3 ■ Prestations familiales liées au handicap

§ 1 ■ Objet

1425. La prise en compte du handicap qui a été précédé d'une période d'activité professionnelle passe par le versement d'une pension d'invalidité.
Les prestations spécifiques au handicap concernent les personnes qui ne sont pas dans cette situation, soit que leur handicap est présent depuis leur naissance, soit qu'il est survenu pendant l'enfance, ou encore que la personne n'a jamais eu d'activité professionnelle.
Les prestations ont alors pour but de procurer à leurs bénéficiaires un revenu minimum et de les aider à supporter les frais entraînés par leur handicap.

Le cumul entre une pension d'invalidité ou d'accident du travail et une prestation attachée à un handicap n'est possible que si la pension est inférieure au montant de la prestation.

§ 2 ▪ Allocation d'éducation de l'enfant handicapé

1426. En vertu de l'article 4 de la loi du 30 juin 1975, les enfants et adolescents handicapés sont soumis à une obligation d'éducation. La commission départementale d'éducation spécialisée (C.D.E.S.) définit l'éducation spécialisée qui convient le mieux à chaque enfant. Il peut s'agir d'une éducation dans un milieu spécialisé, voire au domicile des parents. Une allocation d'éducation spéciale (CSS, art. L. 541-1) est versée à toute personne qui assume la charge d'un enfant handicapé. Il faut toutefois que l'invalidité soit au moins égale à un taux déterminé. Elle ne présente pas de caractère indemnitaire (Civ. 2e, 9 déc. 1998, D. 2000, p. 451, note Y. Laborgne-Labbe ; Civ. 2e, 14 mars 2002, Bull. civ. II, n° 47) et n'ouvre pas droit à un recours contre l'éventuel tiers responsable.

§ 3 ▪ Allocation aux adultes handicapés

1427. Cette allocation est servie par l'État de manière à permettre aux adultes handicapés de percevoir un revenu minimum (CSS, art. L. 821-1). Pour y avoir droit, il faut :
- avoir dépassé l'âge de 20 ans (à partir duquel il n'est plus possible de prétendre à l'allocation d'éducation spécialisée) ;
- présenter un taux d'invalidité permanente d'au moins 80 % ou si le taux d'invalidité se situe entre 50 et 80 %, être dans l'impossibilité d'occuper un emploi ;
- avoir des ressources inférieures à un plafond annuel ;
- avoir sa résidence en France depuis plus de trois mois.

1428. Le droit à l'allocation est examiné tous les ans pour une période de 12 mois allant du 1er juillet au 30 juin de l'année suivante en fonction des ressources de l'année précédente. Le montant de l'allocation est fixé tous les ans. Elle est réduite lorsque le bénéficiaire dispose de revenus pris en compte. Elle ne supporte aucun prélèvement social (pas de CSG ou CRDS). Elle peut être complétée pour permettre au bénéficiaire d'occuper un logement indépendant.

§ 4 ▪ Allocation compensatrice pour tierce personne

1429. Cette allocation relève de l'aide sociale départementale. Elle est versée aux personnes qui présentent un taux d'invalidité égal ou supérieur à 80 % ou qui ont besoin de l'aide constante d'une tierce personne pour les actes essentiels de l'existence ou, encore, qui supporte des frais supplémentaires du fait de leur activité professionnelle.
Elle est mise en œuvre sur décision du Président du Conseil Général, après avis de la Commission technique d'orientation et de reclassement professionnel (COTOREP).

§ 5 ▪ L'allocation personnalisée d'autonomie (A.P.A)

A ▪ Le principe

1430. Cette allocation a été mise en place par la loi n° 2001-647 du 20 juillet 2001 qui a modifié les articles L. 232-1 et suivant du Code de l'action sociale et des familles.
Toute personne âgée résidant en France qui se trouve dans l'incapacité d'assumer les conséquences du manque ou de la perte d'autonomie liés à son état physique ou mental a droit à une allocation personnalisée d'autonomie permettant une prise en charge adaptée à ses besoins. Cette allocation, définie dans des conditions identiques sur l'ensemble

du territoire national, est destinée aux personnes qui, nonobstant les soins qu'elles sont susceptibles de recevoir, ont besoin d'une aide pour l'accomplissement des actes essentiels de la vie ou dont l'état nécessite une surveillance régulière. L'allocation personnalisée d'autonomie, qui a le caractère d'une prestation en nature, est accordée, sur sa demande, dans les limites de tarifs fixés par voie réglementaire, à toute personne attestant d'une résidence stable et régulière et remplissant les conditions d'âge et de perte d'autonomie, évaluée à l'aide d'une grille nationale.
Les sommes servies au titre de l'allocation personnalisée d'autonomie ne font pas l'objet d'un recouvrement sur la succession du bénéficiaire, sur le légataire ou sur le donataire.

B ▪ Les conditions d'attribution

1431. Pour bénéficier de l'allocation personnalisée d'autonomie le demandeur doit être âgé d'au moins 60 ans. Avant cet âge, le demandeur est susceptible de bénéficier de l'allocation versée aux adultes handicapés. Le demandeur doit être en situation de perte d'autonomie, nécessitant une aide pour les actes essentiels de la vie. Il doit résider de façon stable et régulière en France et pour les étrangers, être en situation régulière en matière de séjour en France.
Pour les personnes sans domicile fixe, elles peuvent demander à élire domicile auprès d'un établissement social ou médico-social agréé. Il s'agit pour l'essentiel des centres communaux ou intercommunaux d'action sociale, des centres locaux d'information et de coordination, des services d'aides à domicile....
L'attribution de l'allocation personnalisée d'autonomie n'est pas liée à une condition de ressources. Cependant les ressources sont prises en compte lors de l'établissement du montant de l'allocation personnalisée d'autonomie qui est attribuée.

▪ Chapitre 3
Prestations d'assurance décès

Section 1 ▪ Conditions d'octroi

1432. Les conditions d'octroi des prestations d'assurance décès tiennent autant à la personne du défunt qu'à celle du ou des bénéficiaires.

1433. Le défunt devait, moins de trois mois avant son décès soit exercer une activité salariée, soit percevoir des allocations de chômage, ou encore être titulaire d'une pension d'invalidité ou d'une rente d'accident du travail allouée pour invalidité supérieure ou égale aux deux tiers, ou enfin, être en situation de maintien des droits à l'assurance maladie au titre de l'article L. 161-8 du Code de la Sécurité sociale. A contrario, les prestations d'assurance décès ne sont pas dues lorsque le défunt était titulaire d'une pension d'assurance vieillesse.

1434. Les bénéficiaires sont déterminés par l'article L. 361-4 du Code de la Sécurité sociale qui établit un ordre de priorité. Les prestations sont versées au conjoint, partenaire d'un PACS ou concubin (circulaire du 27 juillet 1990 en ce qui concerne les concubins), à défaut aux enfants, aux ascendants et, à défaut, à toute autre personne à charge.

Section 2 ▪ Montant et régime juridique

Sous-section 1 ▪ Montant

1435. La loi de financement de la sécurité sociale pour 2015 a modifié les règles relatives au calcul du capital décès. Il est dorénavant égal à un montant forfaitaire fixé par décret et revalorisé chaque année.

Au 1er janvier 2015, ce montant est de 3 400 euros.

Sous-section 2 ▪ Régime juridique

1436. Le capital décès n'est pas soumis aux droits de succession et ne supporte ni la contribution sociale généralisée (CSG), ni la contribution au remboursement de la dette sociale (CRDS).

1437. Le capital décès également est incessible et insaisissable, sauf pour le paiement des dettes alimentaires ou en cas de manœuvre frauduleuse (CSS, art. L. 361-5). Il peut se cumuler avec des prestations découlant de l'assurance contre les accidents du travail.

▪ Chapitre 4 Prestations d'assurance « accidents du travail et maladies professionnelles »

Section 1 ▪ Historique

Sous-section 1 ▪ Mise en place du régime des accidents du travail

1438. La prise en charge des conséquences d'un accident subi par un salarié semble, à première vue, devoir incomber à son employeur.

1439. Deux obstacles majeurs s'opposent pourtant à une telle solution. Le premier a été levé par une célèbre jurisprudence, l'employeur n'est pas seulement responsable pour faute prouvée, il l'est aussi sur le fondement de l'article 1384 alinéa 1er (Civ., 16 juin 1896,arrêt Teffaine, D. 1897, 1 n° 17, note Esmein) dont le principe fut repris par la loi du 9 avril 1898 relative à la réparation des accidents du travail. Le second tient à la probable insolvabilité de l'employeur face à la dette de réparation et nulle autre solution qu'une solution collective permet de le dépasser.

1440. Depuis la loi du 30 octobre 1946, la réparation des accidents du travail est donc transférée aux caisses de sécurité sociale. Le salarié victime d'un accident du travail ou d'une maladie professionnelle a droit à des prestations de sécurité sociale spécifiques et plus favorables que celles qui sont prévues au titre de l'assurance maladie ou de l'assurance invalidité. Ces prestations sont financées exclusivement par des cotisations versées par les employeurs. Dans ces conditions, selon l'article L. 451-1 du Code de la Sécurité sociale, l'action en responsabilité du salarié ou de ses ayants droit contre l'employeur ne peut être exercée que dans des circonstances particulières mentionnées aux articles L. 452-1 à L. 452-5 (faute inexcusable ou intentionnelle de l'employeur), L. 453-1 (faute intentionnelle ou inexcusable de la victime), L. 454-1 (faute d'un tiers).

Sous-section 2 ▪ Maintien d'une responsabilité de droit commun

1441. Malgré la solution affirmée par l'article L. 451-1 du Code de la Sécurité sociale, plusieurs solutions légales ou jurisprudentielles attestent encore de l'importance des recours fondés sur la responsabilité de droit commun (Y. Lambert Faivre, Droit du dommage corporel, systèmes d'indemnisation, 5e éd., Dalloz 2004, p. 387, n° 259 et p. 404 à 410, n° 286 à 291 ; J. J. Dupeyroux, Droit de la sécurité sociale, 15e éd., Dalloz 2001, p. 623, n° 855). Il a été ainsi admis que les tiers n'étaient pas concernés par l'article L. 451-1, toute personne autre que le salarié qui peut se prévaloir d'un préjudice moral ou matériel du fait de l'accident conserve le droit d'agir contre l'employeur, l'expression ayants droit ne désignant, dans l'article L. 451-1 que les personnes appelées à percevoir des prestations en cas de décès accidentel de leur auteur (arrêt Carlat, Cass. Ass. Plén., 2 févr. 1990,D. 92, p. 49, note Y. Chabas, D. 1991, somm. 120, obs. Prétot ; RTD Civ. 1990, p. 294, obs. P. Jourdain ; RCA 1990, chron. n° 5, H. Groutel ; Soc., 25 oct. 1990, D. 91, p. 111, note Y. Saint Jours).

1442. De même, depuis la loi du 27 janvier 1993, la victime et la caisse peuvent se prévaloir des dispositions des articles L. 454-1 et L. 455-2 lorsque l'accident défini à l'article L. 411-1 survient sur une voie ouverte à la circulation publique et implique un véhicule terrestre à moteur conduit par l'employeur, un préposé ou une personne appartenant à la même entreprise que la victime. La réparation complémentaire ainsi offerte à la victime est régie par les dispositions de la loi n° 85-677 du 5 juillet 1985 tendant à l'amélioration de la situation des victimes d'accidents de la circulation et à l'accélération des procédures d'indemnisation. Enfin, un très fort mouvement jurisprudentiel (jurisprudence considérable selon l'expression de Mme Y. Lambert Faivre, préc.) retient une conception large de la notion de « faute inexcusable », même en cas de faute de la victime qui n'a pas, par exemple, respecté les mesures élémentaires de sécurité. Ce mouvement a été renforcé encore par plusieurs interventions législatives. Ainsi la loi n° 82-1097 du 23 décembre 1982 relative aux comités d'hygiène et de sécurité institue un cas légal de faute inexcusable pour le cas de l'employeur qui, averti des dangers et risques courus par les ouvriers, n'en a pas tenu compte. La loi n° 2000–647 du 10 juillet 2000 mettant fin au principe de l'unité des fautes civile et pénale permet d'agir sur le fondement d'une faute inexcusable de l'employeur nonobstant la relaxe pénale pour absence de faute.

Sous-section 3 ■ Faute inexcusable de l'employeur

1443. Suivant les principes posés par la loi n° 76-1106 du 6 décembre 1976 insérés aux articles L. 452-1 et suivants du Code de la Sécurité sociale, le salarié victime d'un accident du travail ou d'une maladie professionnelle résultant de la faute inexcusable de l'employeur, ou de celui à qui ce dernier s'est substitué dans la direction du travail, peut prétendre, indépendamment des prestations légales en nature (frais médicaux et assimilés, réadaptation fonctionnelle, rééducation professionnelle) et en espèces (indemnités journalières pendant la période d'incapacité temporaire totale, rente accident du travail en cas d'incapacité permanente après consolidation), dues au titre de la couverture du risque par le régime général, d'une part, à la majoration de la rente allouée en cas d'incapacité permanente (ou à une indemnité forfaitaire égale au montant du salaire minimum légal en vigueur à la date de la consolidation, lorsque la rente a été attribuée pour une incapacité permanente totale), d'autre part, à la réparation de certains chefs de préjudice énumérés par les dispositions de l'article L. 452-3 du Code de la Sécurité sociale (souffrances physiques et morales, préjudices esthétique et d'agrément, préjudice résultant de la perte ou de la diminution des possibilités de promotion professionnelle). Les ayants droit de la victime peuvent prétendre, de même, à l'indemnisation de leur préjudice moral. C'est à la caisse primaire d'assurance maladie qu'il revient de faire l'avance à la victime et à ses ayants droit du montant des réparations complémentaires, à charge pour elle d'en récupérer le montant auprès de l'employeur soit par voie de cotisations complémentaires (majoration de rente ou indemnité forfaitaire), soit directement (réparation des autres chefs de préjudice).

1444. Ces dispositions, qui restreignent les droits de la victime et de ses ayants droit, au regard des principes retenus pour l'indemnisation du dommage corporel en droit commun, ont fait l'objet, en 2010, d'une question prioritaire de constitutionnalité (Cass., formation de constitutionnalité, 7 mai 2010, n° 09-87.288).

1445. Le Conseil constitutionnel a retenu la conformité à la Constitution des dispositions de l'article L. 452-3 du Code de la Sécurité sociale, à la condition qu'elles soient interprétées comme ne faisant pas obstacle à la possibilité pour les victimes et leurs ayants droit « de demander à l'employeur réparation de l'ensemble des dommages non couverts par le livre IV du code de la sécurité sociale » (Conseil constitutionnel, 18 juin 2010, décision n° 2010-8 QPC).

1446. Il appartenait ainsi à la Cour de cassation de déterminer la portée de cette réserve d'interprétation. Tel est l'objet des quatre arrêts rendus, le 4 avril 2012, par la deuxième chambre civile.
1. Ces derniers précisent ainsi, en premier lieu, l'étendue de la réparation due à la victime, à savoir :
- la victime peut prétendre à la réparation de chefs de préjudice qui ne sont pas couverts, en tout ou partie, en application du livre IV du Code de la Sécurité sociale : il en va ainsi du déficit fonctionnel temporaire, qui n'est pas couvert par les indemnités journalières, qui se rapportent exclusivement à la perte de salaire (premier arrêt) ;
- la victime ne peut pas prétendre, en revanche, à la réparation des chefs de préjudice dont la réparation est assurée, en tout ou partie, par les prestations servies au titre du livre IV du Code de la Sécurité sociale : il en va ainsi des frais médicaux et assimilés, normalement pris en charge au titre des prestations légales (troisième arrêt), ou du déficit fonctionnel permanent, dont la réparation est assurée par la rente et la majoration dont elle est assortie en cas de faute inexcusable (premier et deuxième arrêts) ;
- modifiant sa jurisprudence antérieure, qui intégrait le préjudice sexuel dans le préjudice d'agrément au sens de l'article L. 452-3 du Code de la Sécurité sociale, la deuxième Chambre

civile retient désormais que le préjudice sexuel constitue, comme en droit commun, un chef de préjudice distinct, qui peut ainsi donner lieu à réparation à part (premier arrêt).
2. La deuxième Chambre civile a retenu, en second lieu, qu'il incombait à la caisse primaire d'assurance maladie de faire l'avance à la victime de l'ensemble des réparations qui lui sont allouées, sans distinction selon qu'elles correspondent à des chefs de préjudice énumérés à l'article L. 452-3 du Code de la Sécurité sociale ou se rapportent à d'autres chefs de préjudice, tels le préjudice sexuel ou le déficit fonctionnel temporaire (premier et quatrième arrêts).

Sous-section 4 ■ Accident de travail et accident de la circulation

1447. « La victime, ou ses ayants droit et la caisse peuvent se prévaloir des dispositions des articles L. 454-1 et L. 455-2 lorsque l'accident défini à l'article L. 411-1 survient sur une voie ouverte à la circulation publique et implique un véhicule terrestre à moteur conduit par l'employeur, un préposé ou une personne appartenant à la même entreprise que la victime.
La réparation complémentaire prévue au premier alinéa est régie par les dispositions de la loi n° 85-677 du 5 juillet 1985 tendant à l'amélioration de la situation des victimes d'accidents de la circulation et à l'accélération des procédures d'indemnisation. »

§ 1 ■ La notion de « voie ouverte à la circulation publique »

A ■ La notion de « voie ouverte à la circulation publique » limite nécessairement la possibilité pour la victime d'un accident du travail d'invoquer l'application de la loi Badinter

1448. En effet, la loi n° 85-677 du 5 juillet 1985, dite « Loi Badinter », dispose en son article 1er qu'elle s'applique « aux victimes d'un accident de la circulation dans lequel est impliqué un véhicule terrestre à moteur ainsi que ses remorques ou semi-remorques, à l'exception des chemins de fer et des tramways circulant sur des voies qui leur sont propres. »

1449. L'article 1er qui détermine le champ d'application de la loi ne fait pas référence au lieu de survenance de l'accident, ce qui a d'ailleurs permis à la Cour de cassation de retenir l'application de la loi Badinter à l'accident de la circulation survenu :
-dans un champ (Civ. 2e, 31 mars 1993, n° 91-18655 ; Civ. 2e, 19 fév. 1997, n° 95-14279),
-dans un garage : le véhicule installé sur un pont élévateur, mis en marche par le propriétaire du véhicule à la demande de l'employé du garage, est projeté vers l'avant et blesse l'employé (Civ. 2e, 25 oct. 2007, n° 05-21807),
- dans un parking en sous-sol privatif (Civ. 2e,18 mars 2004, n° 02-15190),
- sur une voie fermée à la circulation par arrêté du Préfet de police dédiée exclusivement à la réalisation de cascades dans le cadre d'une production cinématographique (Civ. 2ème 14 juin 2012, n° 11-13347).

1450. Les seules limites posées par la Cour de cassation au regard du lieu de survenance de l'accident sont les suivantes :
- la loi n'est pas applicable entre concurrents de compétitions sportives évoluant sur un circuit fermé (Civ. 2e 28 fév. 1996, n° 93-17457 ; Civ. 2e, 4 janv. 2006, n° 04-14841),
- la loi n'est pas applicable à l'incendie d'un cyclomoteur stationné dans un hall d'immeuble, lieu d'habitation impropre à sa destination (Civ. 2e 26 juin 2003, n° 00-22250).

1451. L'application de l'article L. 455-1-1 du Code de la sécurité sociale requiert plusieurs conditions et notamment que l'accident survienne « sur une voie ouverte à la circulation publique ». Ce critère a nécessairement pour effet de limiter l'application de la loi Badinter aux victimes d'accident du travail également qualifié d'accident de la circulation, mais survenant sur une voie ouverte à la circulation publique.

1452. Le Conseil constitutionnel a d'ailleurs été saisi d'une question prioritaire de constitutionnalité dans une affaire dans laquelle un salarié était victime d'un accident sur la zone réservée de l'aéroport de Roissy, alors qu'il se trouvait en qualité de passager d'un véhicule terrestre à moteur conduit par un autre salarié de cette société. Le salarié victime avait saisi le tribunal de grande instance afin d'obtenir l'indemnisation de son préjudice corporel sur le fondement des dispositions de l'article L. 455-1-1 du Code de la sécurité sociale et de la loi n° 85-677 du 5 juillet 1985. Il avait interjeté appel du jugement ayant rejeté sa demande au motif que la zone réservée ne constituait pas une voie ouverte à la circulation publique au sens de l'article du code de la sécurité sociale précité. Le Conseil constitutionnel a été saisi d'une question prioritaire de constitutionnalité par la Cour d'appel puis par la Cour de cassation (Civ. 2e, 30 juin 2011, n° 11-40021).

1453. La question posée au Conseil constitutionnel par la Cour de cassation était de savoir si l'article L. 455-1-1 du code de la sécurité sociale, en ce qu'il limite aux seuls accidents survenus sur une voie ouverte à la circulation publique l'application de la loi n° 85-677 du 5 juillet 1985, est ou non contraire au principe d'égalité devant la loi et les charges publiques énoncé aux articles 1er, 6 et 13 de la Déclaration des droits de l'homme et du citoyen du 26 août 1789 et du principe du droit d'agir en responsabilité qui découle de son article 4.

1454. La réponse donnée par le Conseil constitutionnel est sans ambiguïté : les dispositions contestées limitent l'application de la loi du 5 juillet 1985 susvisée aux seuls cas dans lesquels l'accident du travail constituant un accident de la circulation survient sur une voie ouverte à la circulation publique et imposent, par conséquent, que les accidents du travail impliquant un véhicule terrestre à moteur ne circulant pas sur une telle voie soient soumis aux seules dispositions du ode de la sécurité sociale applicables aux accidents du travail. Le législateur a ainsi entendu établir une distinction entre les risques, selon qu'ils sont essentiellement liés à l'exercice de la profession ou à la circulation automobile. La différence de traitement qui découle des modalités d'indemnisation du préjudice de la victime est fondée sur un critère en lien direct avec l'objet de la loi ; dès lors, le grief tiré de la méconnaissance de l'article 6 de la Déclaration de 1789 doit être rejeté (QPC n° 2011-167 du 23 septembre 2011).

1455. Il résulte de cette décision que la notion de « voie ouverte à la circulation publique » est une notion propre à l'article L. 455-1-1 du Code de la sécurité sociale et doit s'apprécier distinctement des conditions (plus larges) d'application de la loi Badinter.

1456. Ainsi, la Cour de cassation censure au visa de l'article L. 455-1-1 du Code du travail, l'arrêt d'appel qui admet le recours d'un salarié victime d'un accident du travail à la suite du retournement d'un engin de transport dont il était le passager, circulant sur une piste de golf, piloté par un co-préposé, au motif que l'accident dont il a été victime est un accident de la circulation soumis aux dispositions de la loi du 5 juillet 1985.

1457. Pour la Cour de cassation, la cour d'appel aurait dû vérifier que l'accident du travail était survenu sur une voie ouverte à la circulation publique (Civ. 2e, 3 juin 2010, n° 09-66485).

B ▪ La position de la jurisprudence sur la notion de « voie ouverte à la circulation publique »

1458. La jurisprudence se prononce au cas par cas. L'étude des situations qui lui sont soumises permet cependant de dégager des critères pour définir la notion de « voie ouverte à la circulation publique ».

1459. Il a été jugé que constitue un accident de la circulation survenu sur une voie ouverte à la circulation publique, au sens de l'article L. 455-1-1 du Code de la sécurité sociale, l'accident du travail qui survient sur un chantier de voirie dès lors que le chantier en cause était accessible aux riverains. L'arrêt d'appel retient que si les travaux réalisés par la société, consistant à remplacer sur la chaussée l'enrobé de roulement, rendaient difficile la circulation dans la rue où s'est produit l'accident, y avait été toutefois mise en place une déviation momentanée pendant la durée du chantier, avec un accès maintenu au profit des riverains souhaitant rejoindre leur domicile au volant de leur véhicule. La cour d'appel a pu déduire que l'accident litigieux était survenu sur une voie ouverte à la circulation publique au sens des dispositions de l'article L. 455-1-1 du code de la sécurité sociale, de sorte que les dispositions de la loi du 5 juillet 1985 étaient applicables (Civ. 2e, 30 mai 2013, n° 12-20273).

1460. A l'inverse, ne constitue pas un accident survenu sur une voie ouverte à la circulation publique, au sens de l'article L. 455-1-1 du Code de la sécurité sociale, l'accident du travail qui survient à l'intérieur d'un atelier de réparation mécanique (CA Aix en Provence, 20 mai 2009, 10e Ch., RG n° 08/00703). Dans cette affaire, le préposé victime travaillait dans l'atelier mécanique de son employeur sur le moteur d'un véhicule en réparation lorsqu'il est percuté par le véhicule à l'intérieur duquel se trouvait un autre salarié de la Société lequel effectuait le nettoyage de la boîte automatique d'un autre véhicule en réparation et qui, en effectuant une fausse manœuvre sans avoir pris la précaution de serrer le frein à main, avait provoqué la mise en mouvement du véhicule percutant son collègue de travail.

1461. Les décisions précitées permettent de dégager les critères suivants. La voie ouverte à la circulation publique est une voie :
- accessible aux riverains ou disposant d'un accès direct sur la voie publique,
- dont l'accès n'est pas réservé aux personnes bénéficiant d'une autorisation particulière.

§ 2 ▪ La condition de conduite du véhicule par l'employeur, un préposé ou une personne appartenant à la même entreprise que la victime est-elle nécessaire ?

1462. L'application de l'article L. 455-1-1 du code de la sécurité sociale suppose la réunion de deux conditions cumulatives, à savoir que l'accident survienne sur une voie ouverte à la circulation publique mais également qu'il implique un véhicule terrestre à moteur conduit par l'employeur, un préposé ou une personne appartenant à la même entreprise que la victime.

1463. La question se pose de savoir si, en l'absence de conducteur du véhicule, le préposé victime d'un accident de la circulation survenant sur une voie ouverte à la circulation publique, peut quand même invoquer l'application de la loi Badinter sur le fondement de l'article L. 455-1-1 du code de la sécurité sociale.

1464. La Cour de cassation a admis l'application de l'article L. 455-1-1 du code de la sécurité sociale lorsque le préposé est victime d'un accident de la circulation impliquant un véhicule sans chauffeur mais dont l'employeur serait le gardien.

1465. Ainsi, dans un arrêt du 29 mars 2006, la Cour de cassation rejette le pourvoi formé contre un arrêt d'appel ayant alloué une provision à un salarié en application de l'article L. 455-1-1 du code de la sécurité sociale, alors que l'employeur soutenait l'existence d'une contestation sérieuse en application de l'article 809 alinéa 2 du code de procédure civile (Civ. 2e, 29 mars 2006, n° 03-19843).

1466. En l'espèce, un chauffeur d'un ensemble routier est victime d'un accident au cours du déchargement de son véhicule. Il desserrait une des sangles fixant le chargement de la remorque lorsqu'une plaque de béton est tombée provoquant sa chute et le blessant grièvement. Il assigne en référé son employeur et son assureur, aux fins d'obtenir leur condamnation in solidum à lui verser une provision à valoir sur son préjudice. L'assureur est condamné, par ordonnance de référé à verser à la victime une certaine somme à titre de provision. L'employeur soutient notamment dans son moyen au pourvoi que le recours du salarié contre son employeur sur le fondement de la loi du 5 juillet 1985 suppose que le véhicule impliqué ait été conduit par l'employeur, un de ses salariés ou un de ses représentants. La Cour de cassation affirme cependant que la cour d'appel a constaté que l'accident avait été provoqué par la chute d'un élément transporté, lors du déchargement de la remorque d'un camion, sans l'intervention d'un appareil de levage, alors que le véhicule se trouvait arrêté sur un chantier ouvert à une circulation restreinte. L'employeur était le gardien du véhicule dont son préposé était le conducteur, sans que le domaine de l'action prévue par ce texte ne soit limité au seul cas où la victime n'est pas le conducteur du véhicule impliqué. La loi du 5 juillet 1985 était manifestement applicable, de même que l'article L. 455-1-1 du code de la sécurité sociale.

1467. Il va de soi que pour que l'article L. 455-1-1 du Code de la sécurité sociale puisse être invoqué, il faut avant tout que l'accident dont est victime le préposé puisse être qualifié d'accident de la circulation au sens de la loi Badinter, ce qui est le cas des accidents de déchargement comme dans l'arrêt de la Cour de cassation du 29 mars 2006 précité, ou des accidents survenus alors qu'un véhicule terrestre à moteur (qu'il s'agisse ou non d'un véhicule-outil) est en mouvement. En revanche, lorsque le dommage est causé par un véhicule-outil à l'arrêt, la loi Badinter ne s'applique pas si le dommage est causé par un élément d'équipement étranger à la fonction déplacement du véhicule.

Section 2 ▪ Circonstances donnant droit à réparation

Sous-section 1 ▪ La notion de risques professionnels

Les diverses circonstances sont généralement regroupées sous l'expression « risques professionnel », elles correspondent à trois hypothèses :
- l'accident du travail proprement dit correspondant à un traumatisme survenu par le fait ou à l'occasion du travail ;
- l'accident de trajet subi sur le trajet entre la résidence du salarié et son lieu de travail ou un trajet de substitution ;
- la maladie professionnelle liée à l'exécution de certains travaux.

Sous-section 2 ■ Accident du travail proprement dit

§ 1 ■ Définition de l'accident du travail

1468. « Est considéré comme accident du travail, quelle qu'en soit la cause, l'accident survenu par le fait ou à l'occasion du travail à toute personne salariée ou travaillant, à quelque titre ou en quelque lieu que ce soit, pour un ou plusieurs employeurs ou chefs d'entreprise » (CSS, art. L. 411-1).

1469. L'originalité de cette définition tient à son autonomie par rapport à la définition de l'accident corporel établie en doctrine et en jurisprudence.

1470. Dans un premier temps, la Cour de cassation a considéré que « l'accident du travail était légalement caractérisé par l'action violente et soudaine d'une cause extérieure provoquant, au cours du travail, une lésion de l'organisme humain » (Soc., 20 mars 1952, Bull. jur. UCANSS 52-45).

1471. Par la suite, elle a adopté une définition plus souple, plus détachée de la définition habituelle de l'accident, délaissant les critères de violence et d'extériorité (Soc., 24 avr. 1969, Bull. civ. V, n° 262) d'étude de l'évènement qui est à l'origine du préjudice, pour ne retenir que le seul lien avec le travail accompli (Soc., 24 avr. 1969,n° 68-10.090, Bull. civ. V, n° 262). « Constitue un accident du travail un évènement ou une série d'évènements survenus à des dates certaines par le fait ou à l'occasion du travail, dont il est résulté une lésion corporelle » (Soc., 2 avr. 2003 D. 2003, p. 1724, note H. Kobina Gaba : à propos d'une sclérose en plaque développée après une vaccination imposée dans le cadre d'une activité professionnelle). Ce ne serait plus tant la soudaineté, même s'il arrive encore que ce critère soit évoqué que la date certaine de l'évènement (ou des évènements) ayant causé une lésion à l'organisme humain qui importerait à la Haute juridiction.

1472. Ainsi, les trois éléments caractéristiques de l'accident du travail sont aujourd'hui, une date certaine, une lésion corporelle et un fait lié au travail.

1473. Date certaine, évènement ou série d'évènement. Même s'il est d'un maniement parfois difficile, le critère de soudaineté, exprimé aujourd'hui en faisant référence à un évènement ou une série d'évènement, permet encore de distinguer entre accident du travail et maladie professionnelle.

1474. Une affection survenue de façon brutale sera vue comme un accident du travail : une brusque douleur au bras droit imputable à une tendinite, provoquée par des efforts de traction imposés par le travail du salarié (Soc., 23 janv. 1985,Bull. civ. V, p. 37) ; claquage musculaire occasionnant une douleur au temps et au lieu de travail, peu importe qu'un faux mouvement ait ou n'ait pas été à l'origine de celle-ci (Soc., 28 juin 1989, n° 88-11.785) ; malaise cardiaque sur le lieu de travail (Soc., 20 déc. 1990, n° 89-13.511) ; une lombalgie, conséquence immédiate et soudaine de l'action de la salariée consistant à se baisser pour ramasser des ciseaux, quand bien même ce geste n'aurait fait que déclencher un épisode aigu d'un état persistant (Soc., 15 nov. 1990, n° 89-10.028).

1475. En revanche, ne constituent pas un accident de travail des lésions apparues d'une façon lente et progressive et n'ayant pas leur origine dans un fait précis et identifiable, notamment parce qu'elles supposent la répétition d'un geste précis (inhalation répétée des produits toxiques constituant ainsi une affection lente, Soc., 24 mars 1982, n° 81-11.067 ; exposition d'un salarié aux effets de substances radioactives, Soc., 21 oct. 1985, n° 84-12.653, Bull. civ. V, n° 480) ; entorse au poignet, provoquée par un geste professionnel répétitif (abattoir de volailles) même si une violente douleur s'est révélée au temps et au lieu du travail, l'affection litigieuse était due à des micro-traumatismes survenus pendant le travail, ne pouvant être assimilés à une action soudaine, précise et identifiable (Soc., 8 juin 2000, n° 98-17.701).

§ 2 ■ Lésion corporelle

A ■ Notion de lésion corporelle

1476. Le critère de la lésion corporelle est une autre manifestation de la distinction entre accident du travail et maladie professionnelle. Il est entendu d'une manière assez souple de laquelle les préjudices moraux ou psychologiques ne sont pas exclus. Ainsi, la Cour de cassation a qualifié d'accident du travail, une dépression soudaine, constatée par le médecin traitant du salarié deux jours après un entretien d'évaluation au cours duquel il a appris sa rétrogradation (Civ. 2e, 1er juill. 2003,Bull. civ. V., no 218, RJS, 2003 no 1222).

B ■ État pathologique antérieur

1477. En matière d'accident du travail, la jurisprudence considère, contrairement à la solution de droit commun, que la victime atteinte d'une invalidité antérieure ne doit être indemnisée que dans la mesure de son état imputable à l'accident de travail (Affaire Billy, Cass. ass. plén., 27 nov. 1970, D. 1971 p. 181, note Lindon ; JCP G 1972, II, 17063, note J.P. Brunet ; J.J. Dypeyroux, Le déclin de la présomption d'imputabilité, à propos de l'affaire Billy, D. 1971, chron. p. 8 ; R. Mellottée, Les états préexistants aux accidents du travail, D. 1973, chron. p. 173).

C ■ Troubles consécutifs à des évènements violents

1478. À condition que les personnes concernées aient été directement menacées, les traumatismes psychologiques des personnels des établissements financiers, commerciaux ou industriels, à la suite d'une attaque à main armée pour vol, pouvaient être pris en charge au titre des accidents du travail, lorsqu'ils apparaissaient immédiatement ou quelques jours après les faits (Circ. CNAMTS DGR n° 82-1329, 2 août 1982, Bull. jur. UCANSS 82-36).

§ 3 ■ Fait lié avec le travail

A ■ Principe

1479. L'accident doit avoir un caractère professionnel. Un lien doit pouvoir être établi avec le travail de l'assuré. Deux exigences en résultent :

1480. Primo, il ne peut y avoir accident du travail que si la victime était placée dans un lien de subordination au moment de l'évènement déclaré. Plusieurs hypothèses sont ainsi exclues : personne qui se rend à un entretien d'embauche (Soc., 26 nov. 1992, Cahiers Sociaux du Barreau de Paris, 1993, n° 46 B. 7 ; contrat d'entreprise, idem 1993, n° 48 B. 43) ; salarié dont le contrat de travail a été rompu (Grenoble, 26 nov. 1985, D. 1986, IR, 374, voir néanmoins Soc., 11 juill. 1996, RJS 1996, n° 984), aide bénévole (Soc., 16 avr. 1953, JCP 1953, II, 7715 ; Soc., 5 nov. 1954, Bull. civ. V, n° 682 ;Soc., 10 janv. 1963, Bull. civ. V, n° 52). À l'inverse d'autres situations ont été retenues (période d'essai, Soc., 7 oct. 1960, Bull. civ. V, n° 841 ; Soc., 25 févr. 1997,

D. 1997, IR, 75), travail à domicile, (Soc., 18 janv. 1995, Bull. civ. V, n° 33), actes de dévouement (Soc., 17 avr. 1985, Bull. civ. V, n° 238), travail dissimulé (Crim., 11 févr. 2003, RJS 2003, p. 439).

1481. Secundo, l'accident doit être survenu pendant le temps et sur les lieux du travail. Cette exigence n'est toutefois pas appliquée de manière trop rigoureuse. Les juges estiment, par exemple, que le salarié est toujours sous la dépendance de son employeur lorsque l'accident survient après la fin du travail sur un parc de stationnement aménagé par l'employeur (Cass. ass. plén., 3 juill. 1987, JCP 1998, II, 20933 ; JCP 1998 II, 20933), c'est-à-dire de manière plus générale dans tous les lieux ou locaux dépendant de l'entreprise (restaurant d'entreprise, voie de circulation, voies d'accès à l'entreprise). De même, la prise en compte de la notion d'accident de mission permet de qualifier d'accident du travail des évènements qui ont pu se réaliser sur un chantier extérieur, ou lors d'un déplacement professionnel, et cela pendant toute la durée de la mission, même pendant les actes de la vie courante (Soc., 19 juill. 2001,D. 2002, p. 28 note Y. Saint Jours).

B ▪ Présomption d'imputabilité

1482. L'accident qui est survenu au temps et au lieu du travail est présumé être imputable au travail et constitue donc un accident du travail (Ch. Réun., 7 avr. 1921,S. 1922, 1, 81 ;Soc., 8 juin 1995, Bull. Civ. V, n° 191 ; 15 déc. 1995, Bull. civ. V, n° 351 ; 4 déc. 1997, RJS 1998, n° 220).

1483. La présomption d'imputabilité posée est une présomption simple ; la preuve contraire peut toujours être rapportée (Soc., 8 juin 1995, Bull. civ. V, no 276, pour un exemple, Civ. 2e, 27 janv. 2004, RJS 2004). De surcroît, la présomption est écartée dans certaines circonstances telles que des lésions apparues tardivement (Soc., 5 déc. 1998, Bull. civ. V, n° 564 ;Soc., 13 févr. 1997, Bull. civ. V, n° 66), ou le refus d'une autopsie (Civ. 2e, 3 avr. 2003, Bull. civ. V, n° 99 ; RJS 2003, p. 626, n° 939).

§ 4 ▪ Constatations médicales

A ▪ Principe

1484. La déclaration d'accident à la caisse est faite par l'employeur, ou par l'un de ses préposés, dans les 48 heures qui suivent le moment où il a été prévenu de l'accident par le salarié, ce dernier devant lui-même respecter un délai de 24 heures pour avertir son employeur.

1485. Un examen médical est demandé par la caisse au médecin traitant de l'assuré qui doit constater l'état de la victime, et évaluer les conséquences immédiates et prévisibles de l'accident.

1486. Un certificat médical définitif est établi après consolidation. En cas de contestation, l'examen de la victime est confié à un médecin expert.

1487. L'ordonnance n° 2004-329 du 15 avril 2004 allégeant les formalités applicables à certaines prestations sociales (art. 6-6°) a abrogé les articles L. 442-1 à L. 442-3 du Code de la Sécurité sociale desquels ressortait une obligation d'enquête lorsque l'accident était susceptible d'entraîner le décès ou une incapacité permanente de la victime.

B ■ Recours

1488. Le contentieux technique est porté, après contestation devant la CPAM, devant la commission de recours amiable (CSS, art. R. 142-1), le Tribunal du contentieux de l'incapacité (CSS, art. L. 142-2) et la Cour nationale de l'incapacité et de la tarification de l'assurance des accidents du travail (C.N.I.A.T., CSS, art. L. 143-3 et L. 143-4).

Sous-section 3 ■ Accident de trajet

§ 1 ■ Les raisons de l'assimilation

1489. L'accident de trajet a été assimilé à l'accident du travail alors que pourtant le salarié n'est plus sous l'autorité de son employeur. La loi considère toutefois que le respect des horaires et des lieux de travail expose le travailleur à un risque particulier que la collectivité doit réparer.

1490. Dans la grande majorité des cas, l'accident de trajet et aussi un accident régi par la loi du 5 juillet 1985 sur l'indemnisation des victimes d'accidents de la circulation. Il y a donc coexistence de deux régimes d'indemnisation (sur l'appréciation de cette situation, Y. Lambert Faivre, Droit du dommage corporel, Systèmes d'indemnisation, 5e éd., Dalloz, 2004, p. 393, nº 269).

§ 2 ■ Définition

1491. Selon l'article L. 411-2 du Code de la Sécurité sociale : « est également considéré comme accident du travail, lorsque la victime ou ses ayants droit apportent la preuve que l'ensemble des conditions ci-après sont remplies ou lorsque l'enquête permet à la caisse de disposer sur ce point de présomptions suffisantes, l'accident survenu à un travailleur mentionné par le présent livre, pendant le trajet d'aller et de retour, entre :
1°) la résidence principale, une résidence secondaire présentant un caractère de stabilité ou tout autre lieu où le travailleur se rend de façon habituelle pour des motifs d'ordre familial et le lieu du travail. Ce trajet peut ne pas être le plus direct lorsque le détour effectué est rendu nécessaire dans le cadre d'un covoiturage régulier ;
2°) le lieu du travail et le restaurant, la cantine ou, d'une manière plus générale, le lieu où le travailleur prend habituellement ses repas, et dans la mesure où le parcours n'a pas été interrompu ou détourné pour un motif dicté par l'intérêt personnel et étranger aux nécessités essentielles de la vie courante ou indépendant de l'emploi. »

§ 3 ■ Appréciation souveraine par les juges du fond

1492. La Cour de cassation reconnaît un pourvoir souverain des juges du fond dans l'application de cette définition (Cass. ass. plén., 13 déc. 1985, D. 86, p. 255, concl. Cabannes, note A Dunes ; JCP 1986 II, 20636, note Y. Saint Jours ; Dr. Soc. 1986, p. 158 note Le Tallec ; Soc., 17 nov. 1987, Dr. Soc. 1988, p. 356, concl. H. Ecoutin ; Soc., 28 juin 1989, Bull. civ. V, nº 479, 480, 483, 484, 487 ; Soc. 13 oct. 1994, JCP E 1995, II, 688, note Y. Saint Jours ; Soc., 16 mars 1995, JCP 1995, II, 22466, note Y. Saint Jours ; Soc., 16 mars 1995, D. 95, IR, 117).

1493. En revanche, le contrôle de la Cour de cassation est maintenu à propos de la distinction entre accident du travail et accident de trajet, ainsi que de la détermination du point de départ du trajet protégé (ne peut être pris en charge l'accident survenu à un salarié, alors qu'il redescendait l'escalier de son domicile après avoir rejoint son appartement pour y prendre l'argent nécessaire au paiement d'un taxi : le trajet légal se trouvait achevé, Civ. 2e, 9 déc. 2003, Bull. civ. II, n° 372 ; idem pour chute dans l'escalier extérieur d'une habitation, Soc., 18 déc. 1997, Bull. civ. V, n° 463).

1494. Il est indifférent que la résidence du salarié se trouve dans l'enceinte de l'entreprise, dès lors que cette résidence et le lieu de travail ne se confondent pas. L'accident de circulation survenu à un salarié dans l'enceinte du marché de Rungis où il était employé, alors qu'il venait de quitter sa chambre mise à disposition par son employeur à proximité du lieu d'embauche, est un accident de trajet (Soc., 28 juin 1989,Bull. civ. V, n° 482).

§ 4 ▪ Distinction accident de travail – accident de trajet

1495. Si les prestations servies sont les mêmes, les règles applicables aux deux types d'accident diffèrent sur certains points. Le salarié conserve le droit d'agir contre le responsable d'un accident de trajet (CSS, art. L. 455-1), ce qui est exclu en cas d'accident du travail, sauf hypothèse où l'accident du travail est aussi un accident de la circulation (CSS, art. L. 455-1-1, issu de la loi du 27 janvier 1993).

1496. En ce qui concerne l'employeur, le nombre d'accidents de travail enregistré dans la même entreprise peut justifier une augmentation des cotisations. En revanche, la distinction accident de trajet et accident de droit commun a une importance considérable sur le régime de l'indemnisation. La victime d'un accident de trajet sera rattachée au régime spécifique des risques professionnels alors que la victime d'un accident de droit commun ne recevra que les prestations versées au titre du régime maladie.

Section 3 ▪ Maladies professionnelles

Sous-section 1 ▪ Liste des maladies professionnelles

1497. En ce qui concerne les maladies professionnelles, la date à laquelle la victime est informée par un certificat médical du lien possible entre sa maladie et une activité professionnelle est assimilée à la date de l'accident. Est présumée d'origine professionnelle toute maladie désignée dans un tableau de maladies professionnelles et contractée dans les conditions mentionnées à ce tableau (CSS, Annexe II, Tableau des maladies professionnelles). Si une ou plusieurs conditions tenant au délai de prise en charge, à la durée d'exposition ou à la liste limitative des travaux ne sont pas remplies, la maladie telle qu'elle est désignée dans un tableau de maladies professionnelles peut être reconnue d'origine professionnelle lorsqu'il est établi qu'elle est directement causée par le travail habituel de la victime. La caisse primaire reconnaît l'origine professionnelle de la maladie après avis motivé d'un comité régional de reconnaissance des maladies professionnelles. L'avis du comité s'impose à la caisse.

Sous-section 2 ▪ Maladies professionnelles hors tableau

1498. Peut être également reconnue d'origine professionnelle une maladie caractérisée non désignée dans un tableau de maladies professionnelles lorsqu'il est établi qu'elle est essentiellement et directement causée par le travail habituel de la victime et qu'elle entraîne le décès de celle-ci ou une incapacité permanente d'un taux évalué dans les conditions mentionnées à l'article L. 434-2 et au moins égal à un pourcentage d'au moins 25 % » (Décr. n° 2002-543, 4 avr. 2002 ; CSS, art. R. 461-8). La maladie devant être causée directement par le travail, une maladie due à plusieurs facteurs ne pourra pas être retenue.

Section 4 ▪ Prestations

Sous-section 1 ▪ Prestations en nature

§ 1 ▪ Spécificités

1499. Les prestations versées par les caisses de sécurité sociale au titre des accidents du travail et des maladies professionnelles sont spécifiques. Cette affirmation se vérifie autant en ce qui concerne les prestations en nature que les prestations destinées à servir de revenus de remplacement.

§ 2 ▪ Les frais médicaux

1500. En matière d'accident du travail ou de maladie professionnelle, le principe est celui du tiers payant (CSS, art. L. 431-1). La Sécurité sociale développe ici un principe de gratuité des soins. Les honoraires des médecins ne sont toutefois remboursés que dans une certaine limite : les dépassements de tarifs constatés chez les praticiens du secteur 2 ne sont pas remboursés. Sont ainsi pris en charge en totalité selon le principe du tiers payant :

- la couverture des frais médicaux, chirurgicaux, pharmaceutiques ;
- la fourniture, la réparation et le renouvellement des appareils de prothèse et d'orthopédie nécessités par l'infirmité résultant de l'accident ou le remplacement de ceux que l'accident a rendus inutilisables ;
- la couverture des frais de transport de la victime à sa résidence habituelle ou à l'établissement hospitalier : les frais de transports nécessités par le traitement d'un accident du travail constituent des prestations remboursables, même s'ils ne figurent pas dans la liste limitative des cas de prise en charge par l'assurance maladie énoncés à l'article R. 322-10 du Code de la Sécurité sociale (Soc., 20 oct. 1994, Bull. civ. V, n° 288, p. 196).

§ 3 ▪ Réadaptation fonctionnelle et rééducation professionnelle

1501. La réadaptation professionnelle prend la forme d'un traitement susceptible de favoriser la guérison, la consolidation de la blessure ou la réduction de l'incapacité permanente. Elle est mise en place soit à la demande de l'assuré, soit à la demande de la caisse, après accord entre le médecin traitant et le médecin conseil. Le traitement peut comporter l'admission dans un établissement public ou privé (CSS, art. L. 432-7). La rééducation doit permettre à la victime de recouvrer ses fonctions normales ou d'atténuer son incapacité (CSS, art. L. 432-9). Elle est décidée par la caisse, éventuellement à l'initiative de la victime. Elle peut se faire dans un établissement spécialisé ou chez un employeur. Pendant sa durée l'indemnité journalière ou la rente sont intégralement maintenus.

Sous-section 2 ■ Prestations en espèces

§ 1 ■ Indemnités journalières d'incapacité temporaire

A ■ Point de départ de l'indemnisation

1502. Les indemnités journalières sont destinées à suppléer l'absence d'activité salariée. Une solution particulière est appliquée en ce qui concerne le jour même de l'accident pour lequel le salaire est entièrement à la charge de l'employeur (CSS, art. L. 433-1). En cas de pluralité d'employeur seul sera tenu celui pour le compte duquel le salarié travaillait au moment de l'accident et dans la limite des heures qui lui étaient réservées ce jour précis. Les heures qui n'ont pu être assurées au service des autres employeurs doivent être indemnisées par la sécurité sociale sous forme d'une indemnité journalière partielle (Lettre min., 25 août 1961, Bull. jur. UCANSS 61-52). Pour les jours suivants, et, contrairement au régime maladie, dès le lendemain, la victime reçoit 60 % de son salaire jusqu'au 28e jour et 80 % à partir du 29e jour (CSS, art. R. 433-1 et R. 433-3). Depuis l'ordonnance no 2004-329 du 15 avril 2004 (art. 6-3), il n'est plus distingué selon que le premier jour après l'accident est un jour ouvrable ou non.

B ■ Calcul du salaire de référence

1503. Le salaire de référence est calculé par journée. Il s'établit en deux temps.

1504. Depuis le décret n° 2010-1305 du 29 octobre 2010 dont l'article 1 a modifié l'article R. 433-4 du Code de la Sécurité sociale, le salaire journalier servant de base au calcul de l'indemnité journalière prévue à l'article L. 433-1 est déterminé comme suit :
1° 1/30, 42 du montant de la ou des deux dernières payes antérieures à la date de l'arrêt de travail, si le salaire est réglé mensuellement ou deux fois par mois ;
2° 1/28 du montant des deux ou des quatre dernières payes antérieures à la date de l'arrêt de travail, si le salaire est réglé toutes les deux semaines ou chaque semaine ;
3° 1/30, 42 du montant des payes afférentes au mois antérieur à la date de l'arrêt de travail, si le salaire est réglé journellement ou à intervalles réguliers, au début ou à la fin d'un travail ;
4° 1/91, 25 du montant du salaire des trois mois antérieurs à la date d'arrêt du travail, si ce salaire n'est pas réglé au moins une fois par mois, mais l'est au moins une fois par trimestre ;
5° 1/365 du montant du salaire des douze mois antérieurs à la date de l'arrêt de travail, lorsque l'activité de l'entreprise n'est pas continue ou présente un caractère saisonnier ou lorsque la victime exerce une profession de manière discontinue.

1505. Le salaire de référence est plafonné à 0,834 % du plafond journalier de la sécurité sociale. Le montant de l'indemnité journalière peut être révisé en cas d'augmentation générale des salaires postérieurement à l'accident et lorsque l'interruption du travail se prolonge au-delà d'une période de 3 mois (CSS, art. R. 433-9).

1506. Au fil du temps, le montant des indemnités journalières évolue :
- durant les 28 premiers jours suivant l'arrêt de travail, il est égal à 60 % du salaire journalier de base, avec un montant maximum plafonné à 190,35 euros (au 1er janvier 2015) ;
- à partir du 29e jour d'arrêt, il est porté à 80 % du salaire journalier de base, avec un montant maximum plafonné à 253,80 euros (au 1er janvier 2015) ;
- au-delà de trois mois d'arrêt, l'indemnité journalière peut être revalorisée à l'occasion d'augmentations générales des salaires.

Le montant de l'indemnité journalière est réduit de 0,5 % au titre de la Contribution au remboursement de la dette sociale (C.R.D.S.) et de 6,2 % au titre de la Contribution sociale généralisée (C.S.G.).

Pour les arrêts de travail initiaux débutant à compter du 2 janvier 2015, un taux forfaitaire de 21 % est déduit du montant de l'indemnité journalière.
Pour les rechutes des arrêts initiaux débutant avant le 2 janvier 2015, la précédente règle continue de s'appliquer
Depuis le 1er janvier 2010, les indemnités journalières perçues au titre d'un accident du travail ou d'une maladie professionnelle sont soumises à l'impôt sur le revenu pour 50 % de leur montant.

1507. En cas d'accident du travail, le montant de l'indemnité journalière et des rentes est calculé sur la base de la rémunération effective totale reçue par la victime chez un ou plusieurs employeurs pendant les douze mois civils qui ont précédé l'arrêt de travail consécutif à l'accident (art. R. 434-29 et R. 436-1 Code de la sécurité sociale). En l'espèce, un salarié victime d'un accident du travail le 28 mai 2003 conteste l'exclusion de l'assiette de calcul du montant de la rente qui lui est servie par la CPAM de commissions qui lui ont été versées en février 2004, soit postérieurement à l'accident, mais pour des ventes intervenues entre le 1er janvier 2003 et l'arrêt de travail consécutif à l'accident, soit au cours de la période de référence de 12 mois. Il obtient gain de cause devant les juges du fond au motif que, bien que versées en février 2004, au regard des stipulations du contrat, on doit considérer que les commissions avaient été acquises courant 2003. S'en tenant au texte de l'article R. 434-29 du Code de la sécurité sociale, la Cour de cassation casse la décision des juges du fond au motif que « seules [les] rémunérations effectivement reçues par [le salarié] au cours de la période de référence » doivent être inclus dans l'assiette de calcul de la rente (Civ. 2e, 11 octobre 2012, n° 10-23.415).

§ 2 ▪ Invalidité permanente partielle

A ▪ Invalidité inférieure à 10 %

1508. Lorsque le taux d'invalidité permanente partielle est inférieur à 10 %, la victime a droit à un capital, elle a droit à une rente lorsque le taux est égal ou supérieur à 10 %. Le taux de l'incapacité permanente est déterminé d'après la nature de l'infirmité, l'état général, l'âge, les facultés physiques et mentales de la victime ainsi que d'après ses aptitudes et sa qualification professionnelle, compte tenu d'un barème indicatif d'invalidité. Le montant du capital est déterminé par décret en fonction du taux d'incapacité (CSS, art. L. 434-1 et D. 434-1) selon le barème suivant :

Taux d'incapacité permanente (en pourcentage)	Montant de l'indemnité (en euros)
1	342,94
2	557,34
3	814,41
4	1 285,37
5	1 628,31
6	2 013,92
7	2 442,21
8	2 913,69
9	3 427,84

B ▪ Invalidité égale ou supérieure à 10 %

1510. Lorsque le taux d'invalidité permanente est au moins égal à 10 %, la victime a droit à une rente. Le montant de la rente est déterminé à partir de deux paramètres : le taux de rente et le salaire de base annuel. Le taux d'invalidité est réduit de moitié pour la fraction inférieure à 50 % et augmentée de moitié pour la partie supérieure. Ainsi, si le taux d'invalidité est de 60 %, le taux de rente est de 40 % soit (50/2) + (10 x 1.5).

1511. Le taux est majoré de 40 % si l'état de la victime justifie l'assistance d'une tierce personne. Le salaire de base annuel est déterminé en tenant compte de la rémunération perçue par la victime pendant les 12 mois qui ont précédé l'accident (CSS, art. R. 434-29). Le salaire effectivement retenu est fonction de limites minimale et maximale. Le salaire ne peut pas être inférieur à un minimum revalorisé chaque année. Jusqu'à deux fois ce montant, le salaire est entièrement pris en compte. Entre deux et huit fois le minimum, l'excédent n'est retenu que pour un tiers. Le salaire qui excède huit fois le minimum n'est pas pris en compte (CSS, art. R. 434-28).

C ▪ Révision

1512. L'aggravation ou l'amélioration de l'état de la victime peut conduire à une révision, voire à une suppression de la rente. La demande peut en être faite par la victime elle-même ou par la caisse. Elle peut intervenir à tout moment pendant les deux années qui suivent la consolidation, à intervalles réguliers ensuite.

§ 3 ▪ Rente versée aux ayants droit en cas de décès

A ▪ Principe

1513. La réparation à l'égard des membres de la famille est fondée sur le préjudice subi par les survivants pour lesquels l'assuré était tenu d'une obligation alimentaire. En cas d'accident suivi de mort, une pension sera servie, à compter du décès, aux personnes déterminées par la loi (CSS, art. L. 434-7).

B ▪ Le conjoint

1514. Sont bénéficiaires, le conjoint non divorcé, ni séparé de corps, le concubin, le partenaire d'un pacte civil de solidarité à condition que le mariage, la conclusion du pacte civil de solidarité ou l'établissement du concubinage ait eu lieu avant l'accident ou, au moins deux ans avant le décès (la condition d'antériorité n'est pas exigée si le couple a en des enfants ; par ailleurs, lorsque l'accident provoque le décès immédiatement, le mariage peut être posthume, CE, 21 févr. 1961, Lettre min. trav. 24 mars 1961), le conjoint séparé de corps ou divorcé s'il a obtenu le versement d'une pension alimentaire. Le conjoint ou le parent déchu de l'autorité parentale est privé de ce droit.

C ▪ Les enfants

1515. Les enfants dont la filiation, y compris adoptive, est légalement établie ont droit à une rente jusqu'à 20 ans. Cette limite d'âge peut être relevée pour les enfants qui sont placés en apprentissage, qui poursuivent leurs études, qui sont à la recherche d'une première activité professionnelle et inscrits comme demandeurs d'emploi, ou qui, par suite d'infirmités ou de maladies chroniques, sont dans l'impossibilité permanente de se livrer à un travail salarié.

1516. La rente est égale à une fraction du salaire annuel de la victime plus importante lorsque les enfants sont orphelins de père et de mère au moment du décès, ou le deviennent postérieurement, que lorsque le père ou la mère vit encore. Cette rente croît avec le nombre des enfants bénéficiaires. Les rentes allouées sont collectives et réduites au fur et à mesure que les orphelins atteignent la limite d'âge qui leur est applicable. S'il y a des enfants de plusieurs lits, chaque catégorie est traitée distinctement au regard des dispositions qui précèdent. Les autres descendants de la victime et les enfants recueillis par elle, si les uns et les autres sont privés de leurs soutiens naturels et tombés de ce fait à sa charge, bénéficient des mêmes avantages. La rente prévue à l'article L. 434-10, est versée au père ou à la mère, au tuteur ou à la personne ayant la garde de l'enfant.

D ▪ Les ascendants

1517. Chacun des ascendants reçoit une rente viagère égale à une fraction du salaire annuel de la victime, s'il rapporte la preuve :
1°) dans le cas où la victime n'avait ni conjoint, ni enfant qu'il aurait pu obtenir de la victime une pension alimentaire ;
2°) dans le cas où la victime avait conjoint ou enfant, qu'il était à la charge de la victime.

1518. La condition prévue doit être remplie soit à la date de l'accident, soit, si cela est plus favorable, à la date du décès de la victime. Le bénéfice de la rente ne peut être accordé à l'ascendant qui a été reconnu coupable d'abandon de famille ou qui a été déchu totalement de l'autorité parentale.

E ▪ Montant de la rente versée aux ayants droit

1519. La fraction de salaire annuel de la victime qui sert de base à la rente versée aux ayants droit est de 40 % pour le conjoint, PACSE et concubin, toutefois, le conjoint, PACSE et concubin ayant dépassé l'âge de 55 ans ou, dans le cas contraire, aussi longtemps qu'il est atteint d'une incapacité de travail d'au moins 50 % bénéficie d'un complément de rente de 20 % (CSS, art. L. 434-8 ; CSS, art. R. 434-11, al. 3).

1520. La fraction est ramenée à 20 % en cas de divorce ou séparation de corps. En cas de remariage, le droit à la rente est supprimé (CSS, art. L. 434-9), une somme correspondant à trois années d'arrérages est attribuée. Le conjoint peut recouvrer son droit à la rente en cas de nouveau divorce, veuvage ou séparation de corps.

1521. Les descendants reçoivent une rente de 25 % dans la limite de deux orphelins, et 20 % par orphelin supplémentaire. Ce taux est porté à 30 % lorsque les enfants sont orphelins de père et de mère. La rente allouée aux enfants est collective et sera réduite au fur et à mesure que les orphelins atteignent la limite d'âge.

1522. La fraction applicable aux ascendants remplissant les conditions est de 10 % du salaire annuel de la victime pour chaque ascendant sans pouvoir dépasser 30 % pour l'ensemble des bénéficiaires.

Le contrat d'assurance

Titre 1
La conclusion du contrat d'assurance 379

Titre 2
La vie du contrat d'assurance 609

Titre 1 ■ La conclusion du contrat d'assurance

■ Sous-titre 1
La formation du contrat et l'information du souscripteur

■ Chapitre 1
La formation du contrat d'assurance

BIBLIOGRAPHIE

L'Argus de l'assurance

Ouvrages. - J. Bigot (sous dir.), *Code des assurances*, L'Argus éd., – J. Landel, *Lexique des termes d'assurance*, L'Argus éd., 2014. – F. Couilbault, S. Couilbault-Di Tommaso, V. Huberty, *Les grands principes de l'assurance*, L'Argus éd., 2015

1523. Le contrat d'assurance est la convention par laquelle, une personne, le souscripteur, moyennant le paiement d'une cotisation, obtient d'une autre, l'assureur, le paiement à son profit ou à celui d'un tiers, le bénéficiaire, d'une certaine prestation quand un événement prévu au contrat, appelé risque, se réalise. L'assuré est la personne physique ou morale sur laquelle pèse le risque. Les personnes de l'assuré et du souscripteur sont fréquemment confondues, mais pas nécessairement. Afin de mesurer les particularités présentées par le contrat d'assurance, on doit mentionner ses caractéristiques puis préciser nettement les différentes parties au contrat. Ce contrat étant encadré par la loi, sa formation et son éventuelle nullité obéissent à des règles spécifiques.

1524. Le souscripteur et l'assuré sont parfois distincts. Ainsi, la souscription de l'assurance automobile par le propriétaire du véhicule couvrira-t-elle tout conducteur du véhicule qui devient l'assuré (C. assur., art. L. 211-1 et R. 211-2). De même, le bénéficiaire de la prestation peut être distinct du souscripteur et de l'assuré. En assurance en cas de décès, par exemple, non seulement le souscripteur, qui est tenu au paiement de la cotisation, peut être une personne différente de l'assuré sur qui pèse le risque (avec l'accord de ce dernier, C. assur., art. L. 132-2), mais encore le bénéficiaire désigné, qui percevra la prestation (capital, rente) après le décès de l'assuré, peut être une troisième personne.

1525. Le contrat d'assurance sert à couvrir un risque, en contrepartie du paiement d'une cotisation (v. infra, partie 2, Titre 1, sous-titre 3, chap. 3, La cotisation), afin que le bénéficiaire obtienne le versement d'une prestation. Le contrat précise dans quelles conditions la garantie est due par l'assureur. Il peut ainsi être exigé que l'assuré prenne certaines mesures de protection pour pouvoir bénéficier de la couverture. Ces conditions de la garantie sont à distinguer des exclusions qui indiquent les circonstances qui ne sont pas couvertes (v. infra, partie 2, Titre 1, sous-titre 4, chap. 4 Les exclusions de garantie).

1526. Le risque est un événement incertain dont la réalisation ne dépend de la volonté d'aucune des deux parties. Par exemple, risque incendie, risque de vol, risque thérapeutique, etc. Lors de la souscription du contrat la survenance du risque est incertaine. Il appartient à l'assureur de mesurer, grâce à la méthode statistique, la probabilité de réalisation du risque afin d'évaluer la cotisation. L'intervention du risque doit être incertaine ; à défaut le contrat d'assurance est nul car l'aléa est indispensable à la souscription du contrat d'assurance. L'incertitude dans le contrat d'assurance peut porter sur la réalisation même de l'événement (vol, maladie, incendie...) ou sur la date de l'événement (en assurance en cas de décès, la date de l'événement reste incertaine).

1527. La validité du contrat d'assurance repose sur l'existence d'un aléa (C. civ., art. 1964 avant le 1er oct. 2016; art. 1108 nouveau). L'assuré cherche à se prémunir d'un risque qui pourrait lui arriver. Un risque déjà réalisé avant la souscription du contrat entraîne la nullité de ce dernier lorsqu'il a été souscrit pour couvrir ce risque (par ex. Civ. 1re, 4 nov. 2003, n° 01-14.942 ; Bull. civ. I, n° 220 ; Civ. 2e, 21 déc. 2006, n° 05-19.072. – 15 avr. 2010, n° 08-20.377, RGDA 2010, p. 667, note L. Mayaux. – 30 juin 2011, n° 10-21.463). En outre, lorsque la chose assurée disparaît, il n'y a plus d'assurance possible car celle-ci n'a plus de raison d'être ; l'assureur doit alors restituer la portion de cotisation perçue d'avance (C. assur., art. L. 121-9).

1528. Le contrat d'assurance reposant sur l'existence d'un aléa, le risque qui surviendrait par la volonté de l'une des parties au contrat ne saurait être garanti. Aussi la perte et les dommages provenant d'une faute intentionnelle de l'assuré ne seront-ils pas couverts par l'assureur (C. assur., art. L. 113-1 al. 2). La jurisprudence est particulièrement exigeante pour caractériser la faute intentionnelle, l'assuré ne doit pas avoir seulement créé délibérément le risque, il doit avoir eu la volonté de causer le dommage (Civ. 1re, 10 avr. 1996, Bull. civ. I, n° 172 ; RGDA 1996. 717, note J. Kullmann ; RCA 1996, comm. n° 236 ; Civ. 1re, 6 avr. 2004, Bull. civ. I, n° 108 ; cependant, plus nuancée, pour la faute d'administrateurs judiciaires, Civ. 3e, 7 et 16 oct. 2008, n° 07-17.969 et n° 07-14.373 ; RGDA 2008. 912, note J. Kullmann). Il a été décidé que le coup de poing porté volontairement à la victime est constitutif d'une faute intentionnelle (Civ. 1re, 10 juin 1997, RGDA 1997. 742, note J. Kullmann ; RCA 1997, comm. n° 284, note H. Groutel) ; en revanche, l'incendie volontaire d'un appartement oblige l'assureur de responsabilité à indemniser les dommages causés au voisinage (Civ. 1re, 13 nov. 1990, RGAT 1991. 53 ; RCA 1991, comm. n° 27). Enfin, la sanction de la faute intentionnelle consiste en une absence de garantie opposable à tous (Civ. 1re, 15 janv. 1985, Bull. civ. I, n° 20 ; Civ. 1re, 11 oct. 1994, Bull. civ. I, n° 277), mais il appartient à l'assureur de rapporter la preuve du caractère intentionnel du dommage (Civ. 1re, 15 janv. 1991, RCA 1991, comm. n° 153).

1529. La prestation prévue par le contrat d'assurance (C. assur., art. L. 113-5) peut consister dans le versement d'une somme d'argent, elle peut également être prévue sous la forme d'un service rendu par l'assureur à l'assuré. La prestation en argent est dans la nature même du contrat d'assurance car la somme est réputée remplacer la perte. La prestation versée en assurance de dommages ne pourra pas excéder la perte subie par l'assuré. En assurance de personnes, la prestation est, en revanche, définie par avance forfaitairement (V. supra, Titre II, sous-titre I Les grands principes du droit des assurances, Chap. I Principes juridiques). La prestation peut également consister en un service. La somme peut être versée à un intermédiaire qui va effectuer un service, dans ce cas l'assuré bénéficie d'une prestation en nature. Par exemple, dans l'assurance bris de glace des commerçants, la prestation consiste dans le remplacement immédiat des vitrines brisées chez l'assuré, le prix étant payé à l'entrepreneur par l'assureur. La prestation peut également être d'ordre intellectuel. Ainsi les assurances protection juridique (v. infra, partie 3, Titre 1, sous-titre 1, chap. 5, Protection juridique) ont-elles pour objet de fournir des services nécessaires à la défense de l'assuré dans une procédure pénale, civile, administrative, la prise en charge des frais de procédure n'étant qu'un des aspects de la prestation (C. assur., art. L. 127-1).

1530. L'article L. 112-2, alinéa 4, du Code des assurances évoque la remise d'un contrat ou d'une note de couverture pour constater l'engagement réciproque de l'assureur et de l'assuré. Toutefois cette disposition n'érige pas l'écrit comme condition de validité du contrat. L'écrit n'est que le moyen de prouver l'existence et le contenu contrat ; l'assurance est, cependant, valablement conclue en l'absence même de remise d'un écrit (Req., 1er juill. 1941, DC 1943, p. 57, note A. Besson ; Civ. 2e, 14 juin 2007, n° 06-15.955 ; Bull. civ. II, n° 153, RGDA 2007. 807, note L. Mayaux) ; il en est de même pour la modification du contrat d'assurance qui est parfaite dès la rencontre des volontés (Civ. 1re, 10 juill. 2002, RCA, comm. n° 348, note H. Groutel). Le contrat d'assurance est donc bien un contrat consensuel (Civ. 1re, 15 févr. 1978, Bull. civ. I, n° 62).

Section 1 ▪ Les parties au contrat d'assurance

1531. Le contrat est conclu entre l'assureur et le souscripteur. L'assuré, sur qui pèse le risque, sera le plus souvent le souscripteur.

§ 1 ▪ L'assureur

A ▪ Organisation de l'activité d'assurance et catégories d'assurance

1 ▪ Organisation de l'activité d'assurance

1532. L'article L. 322-1 du Code des assurances précise, qu'en dehors d'une société européenne, les deux formes sociales possibles pour une entreprise d'assurance sont la société anonyme, la société d'assurance mutuelle ou la société européenne (régie par le règlement (CE) n° 2157/2001 du Conseil du 8 octobre 2001 et les articles L. 229-1 et suivants du code de commerce).

1533. Les sociétés anonymes d'assurances (V. Titre I, sous-titre I, Chap. I, Les sociétés, mutuelles et institutions de prévoyance) sont regroupées au sein de la Fédération française des sociétés d'assurances (FFSA, 26 Bd. Haussmann, 75009, Paris). Ces sociétés commerciales ayant nécessairement la forme de la société anonyme, elles obéissent au régime défini par les articles L. 225-1 et suivants du Code de commerce. Elles ont donc vocation à réaliser un bénéfice à distribuer ; elles sont soumises à des règles strictes d'agrément, de contrôle et de constitution de provisions.

1534. La loi n° 89-1014 du 31 décembre 1989 a été adoptée pour simplifier le secteur des assurances non commerciales. Désormais il n'y a plus qu'une catégorie : la société d'assurance mutuelle réglementée par les articles L. 322-26-1 et suivants du Code des assurances (V. Titre I, sous-titre I, Chap. I, Les sociétés, mutuelles et institutions de prévoyance). Ce sont des associations à caractère civil sans capitalisation. On peut distinguer deux types de sociétés d'assurance mutuelle : celles avec intermédiaires et celles sans intermédiaires. Ces dernières, sans intermédiaires, sont rassemblées au sein du Groupement des entreprises mutuelles d'assurances (GEMA, 9 rue de Saint Pétersbourg, 75008 Paris). Les sociétés mutuelles d'assurance qui ont recours à des intermédiaires sont regroupées au sein de la réunion des organismes d'assurance mutuelle (ROAM) et constituent une branche de la FFSA sous l'appellation Fédération française des sociétés d'assurance mutuelle (FFSAM).
Les deux entités se sont rapprochées au sein de l'Association Française de l'Assurance (AFA).

2 ▪ Catégories d'assurance

1535. Afin de distinguer les différentes opérations d'assurance qui donnent lieu à l'établissement de contrats d'assurance, le Code des assurances en l'article R. 321-1 énumère les différentes branches d'assurance. Ces dernières, comme la branche accidents corporels, maladie ou incendie ont pour fonction de préciser les spécialités d'assurances pour lesquelles il est nécessaire d'obtenir un agrément administratif de la part du comité des entreprises d'assurance (exigence posée à l'art. L. 321-1, C. assur.). D'autres critères existent pour classer entre elles les différentes assurances. On peut ainsi signaler la distinction entre assurances facultatives et assurances obligatoires ou encore entre assurances individuelles et assurances collectives. Toutefois, seules deux distinctions sont véritablement riches de conséquences juridiques et techniques : la distinction entre assurances de personnes et assurances de dommages et celle établie entre assurances gérées en répartition et assurances gérées en capitalisation.

a - Distinction juridique entre assurances de personnes et assurances de dommages

1536. Il est usuel de distinguer entre les assurances de personnes qui couvrent les risques liés à la personne tels que vie, décès, maladie, nuptialité et accidents corporels et celles de dommages qui couvrent les biens de l'assuré et sa responsabilité civile à l'égard des tiers. Cette distinction commanderait un régime d'indemnisation qui reposerait sur un principe indemnitaire pour les assurances de dommages et un principe forfaitaire pour les assurances de personnes (v. infra, Titre II, sous titre I, Les grands principes du droit des assurances). Toutefois, certaines assurances de personnes telles que la maladie et l'accident corporel relèvent largement du principe indemnitaire. La distinction entre dommages et personnes présente encore l'intérêt majeur de cerner l'objet de l'assurance.

1537. Les assurances de dommages sont régies par le Livre I, Titre I du Code des assurances. Un principe de non enrichissement de l'assuré gouverne ces assurances. Les biens et les intérêts pécuniaires de l'assuré sont garantis à hauteur de leur valeur. On distingue encore entre l'assurance de choses ou de biens et l'assurance de responsabilité. D'une part, l'assurance de choses permet de couvrir la perte matérielle telle que la perte de marchandises, la destruction d'un immeuble par incendie, le dégât des eaux, ou encore le vol. La garantie pourra s'étendre aux pertes financières consécutives à ces dommages. D'autre part, l'assurance de responsabilité répare les conséquences pécuniaires de la responsabilité de l'assuré et couvre les dommages que l'assuré cause à autrui. Le tiers victime se verra ainsi indemnisé grâce au contrat souscrit par l'assuré. Ainsi, dans les assurances de véhicules terrestres à moteur ou de responsabilité civile générale la prestation est-elle versée au tiers victime.

1538. Le risque porte sur la personne physique de l'assuré, il s'agit d'événements tels que la vie, le décès, la maladie, l'accident corporel, l'invalidité, la nuptialité ou la natalité. Ce type d'assurance se divise entre plusieurs branches. Une activité traditionnelle concerne l'assurance vie, qui se subdivise en vie et décès ; elle représente l'archétype de l'indemnité forfaitaire. Les assurances maladies, et accidents corporels se développent considérablement afin de compléter le dispositif de protection sociale.

b - Distinction technique entre assurances gérées en répartition et assurances par capitalisation

1539. La distinction correspond à une différence de gestion. Il convient de traiter séparément la répartition des sommes et des risques entre une mutualité d'assurés (assurances de dommages) et la constitution par un individu d'une assurance à long terme par capitalisation (assurance vie ou opération de capitalisation). Cette distinction recouvre surtout une obligation légale. Une même société d'assurance ne peut pas exercer les deux activités vie et dommages. Il faut que les personnes morales qui gèrent la branche vie et la branche « IARD » (Incendie, accident et risques divers) soient distinctes afin que les sommes importantes de la capitalisation ne servent pas à masquer les éventuelles difficultés de la branche répartition. Un agrément distinct pour la branche dite « IARD » gérée en répartition de celui pour la branche « Vie » gérée en capitalisation sera donc nécessaire.

1540. L'assureur gère une mutualité d'assurés ; chaque année l'assureur va répartir entre les assurés ayant subi un sinistre la masse des cotisations. Parmi les assurances en répartition dites « IARD » figurent toutes les assurances de dommages (C. assur., art. R. 321-1) telle que les assurances de choses (incendie, vol, dégâts des eaux), les assurances de responsabilité civile et deux assurances de personnes : accident et maladie. La distinction entre répartition et capitalisation ne recouvre donc pas celle opérée entre dommages et personnes. Ainsi l'IARD comprend-elle des branches dommages et des branches personnes et les assurances gérées en capitalisation ne concernent qu'une partie des assurances de personnes.

1541. Les assurances gérées en capitalisation figurent dans les branches 20 à 26 de l'article R. 321-1 du Code des assurances et concernent les opérations visant « en échange de versements uniques ou périodiques » à payer un capital déterminé à l'échéance du contrat ou par anticipation. Enfin la prévoyance collective, c'est-à-dire la retraite, régie par les articles L. 441-1 du Code des assurances relève également des assurances gérées par capitalisation.

B ▪ L'assureur, partie au contrat d'assurance

1542. L'assureur est communément désigné comme la partie au contrat d'assurance qui va couvrir le risque assuré, qui va le garantir. Parfois, l'assurance est distribuée soit sans intermédiaire dans des délégations pour certaines mutuelles, soit par des intermédiaires. Lorsque l'assurance est proposée directement par des préposés, employés de la compagnie d'assurance, l'assureur est engagé par ces derniers. Pour les compagnies avec intermédiaires, ce sont des personnes physiques ou morales extérieures à la société d'assurance qui « placent » les contrats.

1543. La loi du 15 décembre 2005 (n° 2005-1564), adoptée afin de transposer la directive n° 2002/92/CE du 9 décembre 2002 sur l'intermédiation en assurance (JOUE L 9, 15 janv. 2003), est venue modifier la définition des intermédiaires d'assurance (V. supra Titre I, sous-titre II, Distribution et Intermédiation). Ce texte est remplacé par la directive 2016/97 du 20 janvier 2016 sur la distribution d'assurances (JOUE 2 févr. 2016 ; L. 26/19). La définition de l'intermédiation est désormais donnée à l'article L. 511-1 du Code des assurances qui indique que « l'intermédiation en assurance ou en réassurance est l'activité qui consiste à présenter, proposer ou aider à conclure des contrats d'assurance ou de réassurance ou à réaliser d'autres travaux préparatoires à leur conclusion ». Cette définition est assez large ; toutefois, le texte ajoute que l'activité consistant exclusivement en la gestion, l'estimation et la liquidation des sinistres n'est pas une activité d'intermédiation. L'article L. 511-1 III précise que l'assureur est civilement responsable du fait de ses employés ou de ses mandataires dans les termes de l'article 1384 du Code civil renuméroté 1242 par l'ordonnance portant réforme du droit des contrats. Cela signifie que l'assureur verra sa responsabilité engagée du fait des fautes ou négligences de ses employés ou mandataires comme s'il les avait commises lui-même. Les agents généraux ou les courtiers d'assurance sont habilités à diffuser les contrats des sociétés d'assurance (C. assur., art. R. 511-2- I, 2°, texte issu du Décr. n° 2006-1091, 30 août 2006, JO 31 août). Ils doivent être immatriculés au registre des intermédiaires d'assurance (C. assur., art. L. 512-1 et R. 512-1), et répondre à des conditions d'honorabilité et de capacité professionnelle définies par les articles R. 512-7 et suivants du Code des assurances. Les agents généraux mandataires de l'assureur agissent au nom et pour le compte de celui-ci, l'assureur est donc directement engagé à l'égard du souscripteur. En revanche, l'intervention du courtier ne peut pas, en principe, lier l'assureur à l'assuré.

1544. L'article R. 511-2 I du Code des assurances régit le mandat des agents généraux afin de représenter les sociétés qui ont recours à des intermédiaires pour distribuer leurs contrats (v. supra Titre I, sous-titre II). Les agents généraux ont la qualité de mandataire de l'assureur avec lequel ils ont conclu un « contrat d'agence ». Ils engagent donc directement la compagnie auprès du souscripteur (Civ. 1re, 21 nov. 1979, Bull. civ. I, n° 291).

1545. L'assureur peut limiter le mandat de l'agent. Ainsi peut-il être prévu qu'au-delà d'un certain montant l'agent n'est pas habilité à représenter l'assureur pour conclure le contrat qui porterait sur un risque trop important. Toutefois, il appartiendra à l'assureur de montrer que le souscripteur avait connaissance de la limitation du mandat. En effet, il a été jugé qu'en présence d'une police qui stipulait que la cotisation était portable soit au domicile de l'assureur soit à celui du mandataire désigné à cet effet, l'assuré qui ignorait que l'agent général n'avait pas reçu mandat d'encaisser les cotisations pouvait légitimement croire qu'il était mandataire de l'assureur, ce dernier n'ayant jamais détrompé son assuré lors de l'envoi des avis de cotisation (Civ. 1re, 19 juin 1990, RGAT 1990. 354).

1546. L'article L. 511-1 III du Code des assurances précise que l'assureur mandant est tenu, dans les termes de l'article 1242 (1384 avant le 1er oct. 2016) du Code civil, du dommage causé par la faute, l'imprudence ou la négligence de ses mandataires. Ainsi la compagnie sera-t-elle engagée bien que l'assuré ait établi une fausse déclaration intentionnelle parce que l'agent général s'est rendu complice de cette fausse déclaration (Civ. 1re, 7 oct. 1992, JCP G 1993, II, 22119, note M. Behar-Touchais ; RGAT 1993. 384, obs. D. Langé).

1547. Le courtier d'assurance (v. supra Titre I, sous-titre II) est chargé par ses clients de trouver les meilleures assurances au meilleur coût pour garantir leurs activités. Le client peut donc révoquer librement le mandat qu'il a confié au courtier (Civ. 1re, 7 juill. 1987, JCP G 1988, II, 20914, note J. Bigot). En outre, ce dernier engage sa responsabilité contractuelle lorsqu'il ne prodigue pas les conseils qu'un mandataire professionnel doit prodiguer à son mandant (obligation d'information de l'assuré sur les risques d'annulation du contrat, Civ. 1re, 26 févr. 1991, RGAT 1991. 431 et v. infra, partie 2, Titre 1, Sous-titre 1, Chap 2, L'obligation d'information).

1548. Le courtier d'assurance peut parfois être investi d'un mandat par l'assureur (Civ. 1re, 25 nov. 1968, RGAT 1969. 526). Ce mandat peut être limité à certains actes tels que la délivrance de la note de couverture ou le recouvrement des premières cotisations. En l'absence même de mandat exprès, la jurisprudence reconnaît parfois l'existence d'un mandat apparent (par ex. Civ. 1re, 4 juin 1991, RCA 1991, n° 363). Lorsque les circonstances sont susceptibles de créer une équivoque à l'égard de l'assuré de bonne foi, ce dernier pourra légitimement estimer que l'assureur est engagé par les actes du courtier (Civ. 1re, 5 juill. 1972, Bull. civ. I, n° 177. - Civ. 2e, 4 févr. 2010, n° 09-11.464, RGDA 2010 ; p. 311, note J. Bigot).

1549. La compagnie d'assurance qui fournit des formulaires de souscription d'assurance à son en-tête au courtier et qui lui donne des instructions crée alors l'apparence d'un mandat dont le souscripteur peut se prévaloir (Civ. 1re, 13 oct. 1981, Bull. civ. I, n° 283). L'apparence de mandat peut également résulter du mandat donné par l'assureur pour recueillir une déclaration de sinistre (Civ. 1re, 23 janv. 1993, RCA 1993, comm. n° 327). En revanche, le paiement de cotisations d'assurance vie à un courtier qui les a détournées a été considéré comme non libératoire à l'égard de l'assureur (Civ. 1re, 9 mai 1996, RCA 1996, comm. n° 296). De même que le client qui remet des fonds à un salarié d'un courtier ne peut pas prétendre à l'existence d'un mandat apparent de l'assureur dès lors que les bulletins de souscription stipulaient expressément que les versements se faisaient par chèque à l'ordre de l'assureur (Civ. 1re, 7 déc. 1999, RCA 2000, comm. n° 106).

§ 2 ■ Le souscripteur

1550. Le souscripteur, également appelé contractant ou preneur d'assurance est la personne physique ou morale qui conclut le contrat d'assurance avec l'assureur. Le souscripteur supporte l'essentiel des obligations nées de la formation du contrat car il doit déclarer sincèrement le risque et payer les cotisations.

1551. L'article L. 121-6 du Code des assurances précise que pour les assurances de dommages, « toute personne ayant intérêt à la conservation d'une chose peut la faire assurer ». L'assureur ne sera donc pas tenu de vérifier la qualité de propriétaire du souscripteur (Civ. 1re, 15 févr. 2000, Bull. civ. I, n° 47 ; RGDA 2000. 504, note A. Favre Rochex). C'est pourquoi dans le cadre de la gestion d'une personne morale, il a été décidé que la souscription d'un contrat d'assurance entrait dans les actes de gestion courante que le dirigeant d'une entreprise soumis à une procédure collective peut accomplir seul (Civ. 1re, 23 sept. 2003, n° 99-11.379). Le locataire gérant d'un magasin a intérêt à assurer le fonds de commerce, il peut donc être le souscripteur (Civ. 2e, 6 oct. 2011, n° 10-24.309). Par ailleurs, le souscripteur, à défaut de stipulation contraire, est présumé être l'assuré (Civ. 1re, 15 févr. 2000, préc., RCA 2001, comm. n° 341, note. H. Groutel). Il convient de préciser les règles afférentes à la capacité du souscripteur (en tenant compte de la réforme intervenue par la loi n° 2007-308 du 5 mars 2007 et entrée en vigueur le 1er janvier 2009) et les mécanismes de représentation aux fins de conclusion du contrat d'assurance.

1552. Dans un contrat d'assurance groupe tel que défini à l'article L. 141-1 du Code des assurances, le souscripteur est un employeur, un banquier, une association sportive ou encore un gestionnaire de fonds qui conclut un contrat unique avec l'assureur. Les adhérents à ce contrat, salariés, clients du banquier ou du gestionnaire, sportifs, sont des adhérents à ce contrat unique. Toutefois, pour obtenir la nullité de l'adhésion à un contrat d'assurance vie collectif, la Cour de cassation a décidé que l'adhérent doit mettre dans la cause à la fois le souscripteur (gestionnaire de fonds, en l'espèce) et l'assureur (Civ. 2e, 16 juin 2011, n° 09-70.929).

A ▪ Capacité du souscripteur

1553. Le mineur non émancipé n'a pas la capacité de conclure un acte juridique, il doit être représenté par son administrateur légal (le plus souvent, les parents) ou son tuteur. Toutefois, dès lors que le capital du mineur n'est pas engagé, la conclusion du contrat d'assurance rentrera le plus souvent dans la catégorie des actes de la vie courante qu'un mineur peut accomplir seul (C. civ., art. 389-3 et 1148), qu'il s'agisse d'assurance de choses ou de responsabilité, car l'objet de ces contrats réside dans la nécessité de couvrir une éventuelle perte patrimoniale. L'administrateur légal du mineur (les parents, C. civ., art. 389-4) ou son tuteur (C. civ., art. 504 al. 1er) pourront également conclure seuls ces actes. En revanche, pour les assurances de personnes et les contrats de capitalisation, il est évident que les opérations qui affecteraient le capital du mineur rentrent dans la catégorie des actes de disposition. L'autorisation du juge des tutelles sera alors nécessaire en cas d'administration légale pure et simple ou d'administration légale sous contrôle judiciaire (C. civ., art. 389-5 et 389-6). Lorsqu'un tuteur aura été désigné, les opérations d'épargne devront être autorisées par le Conseil de famille (C. civ., art. 505).

1554. Si le mineur a conclu seul le contrat d'assurance, la nullité du contrat ne sera pas nécessairement prononcée. En effet, la nullité n'est de droit que pour les actes qui nécessitent pour l'administrateur légal ou le tuteur une autorisation du juge des tutelles ou du Conseil de famille. Aussi, la nullité d'une assurance souscrite par un mineur non émancipé sera-t-elle prononcée pour la souscription d'une opération d'épargne qui sera assimilée à un acte de disposition. En revanche, la souscription d'une assurance de dommages (vol, responsabilité...) qualifiée d'acte d'administration ne pourrait être annulée que si ce contrat présentait un caractère lésionnaire pour le mineur (C. civ., art. 1305, 1149 à compter du 1er oct. 2016). Or, un contrat d'assurance étant par principe aléatoire, sauf contrat particulièrement anormal la lésion en est exclue (CA Lyon, 29 janv. 1951, RGAT 1951. 132). L'assurance de dommages souscrite par un mineur non émancipé paraît donc à l'abri d'une action en nullité.

1555. Le mineur émancipé est capable comme un majeur de tous les actes de la vie civile (C. civ., art. 413-6). Mineur émancipé et majeur sont donc capables de conclure tout contrat d'assurance.

1556. Le degré de protection du majeur aura une influence directe sur sa faculté de souscrire un contrat d'assurance. Le majeur sous sauvegarde de justice pourra librement conclure un contrat à la condition que ce dernier ne revête pas un caractère lésionnaire et que le montant en cause ne soit pas manifestement disproportionné en considération de sa fortune (C. civ., art. 435). Il sera difficile de retenir le caractère lésionnaire d'un contrat d'assurance conclu dans des conditions normales car il est aléatoire. En revanche, si l'on songe surtout aux assurances de personnes et aux contrats de capitalisation, il ne faudra pas que le montant des cotisations soit disproportionné. Le contrôle sur des contrats conclus par le majeur sous curatelle peut s'accentuer si le juge désigne un mandataire spécial (C. civ., art. 435) chargé d'accomplir certains actes pour la personne sous sauvegarde. Un acte passé en violation de ce mandat peut être rescindé pour lésion ou réduit en cas d'excès (ibid.). Le contrat d'assurance qui serait conclu par le majeur en violation du mandat spécial pourrait être menacé s'il a été conclu à des conditions désavantageuses ou excessives.

1557. Lorsque le majeur est placé sous curatelle, ce dernier ne saurait conclure sans l'assistance de son curateur un acte de disposition (C. civ., art. 467). Aussi le majeur sous curatelle ne pourra-t-il réaliser seul la souscription d'un contrat dans un but d'épargne ; il pourra toutefois, conclure une assurance de dommages qui sera qualifiée d'acte d'administration. Le plus haut niveau de protection est atteint par la mise sous tutelle. Le majeur sous tutelle est soumis au même régime que le mineur non émancipé assisté d'un tuteur, il peut donc effectuer seul un acte de la vie courante (C. civ., art. 473 al. 1er). En revanche, les actes de disposition, tels que la souscription d'une assurance vie par capitalisation, doivent être conclus par le tuteur avec l'autorisation préalable du conseil de famille (C. civ., art. 505). La loi du 5 mars 2007 a créé l'institution du mandat de protection future (C. civ., art. 477 et s.) qui permet à un personne de désigner son représentant pour le cas où elle ne serait plus en mesure de pourvoir seule à ses intérêts. Le mandat notarié confère au mandataire les pouvoirs dont dispose le tuteur pour agir seul ou avec autorisation (C. civ., art. 490) ; cependant ce mandataire ne pourra pas réaliser de disposition à titre gratuit sans autorisation du juge des tutelles. Dans le cadre d'un mandat notarié, le mandataire ne pourra donc pas conclure une assurance sur la vie dans une perspective de libéralité, mais pourra conclure tout autre type de contrats d'assurances. En revanche, le mandat sous seing privé ne confère que les pouvoirs du tuteur agissant sans autorisation (C. civ., art. 493) ; dans ce cas le mandataire ne pourra conclure que les contrats d'assurance relevant de la catégorie des actes d'administration.

1558. Aux termes de l'article 220 du Code civil, chacun des époux engage solidairement l'autre en passant les contrats nécessaires au ménage. La souscription d'une assurance de dommages au profit de la famille pourra donc se faire en toute liberté par chacun des époux, les deux étant engagés auprès de l'assureur quant au paiement des cotisations. Par ailleurs, la souscription d'un contrat d'assurance sur la vie ou de capitalisation par un époux à son profit ou au profit d'un tiers autre que le conjoint est valable aux termes de l'article 223 du même code dès lors qu'il s'est préalablement acquitté des charges du mariage (Civ. 1re, 29 févr. 1984, Bull. civ. I, n° 81, D. 1984, p. 601, note D. Martin). Toutefois, si, dans de telles circonstances, les cotisations ont été payées avec les deniers de la communauté, la communauté dispose d'un droit à récompense contre l'époux souscripteur (Arrêt Praslika, Civ. 1re, 31 mars 1992, JCP G II, 22059, note Abry ; arrêt Daignan, Civ. 1re, 10 juill. 1996, RGDA 1996. 693, obs. J. Bigot, v. infra, partie 3, Titre 2, Sous-titre 1, Chap. 2, Formation du contrat d'assurance vie).

B ▪ Représentation du souscripteur

1559. Le souscripteur peut conclure le contrat d'assurance par l'intermédiaire d'un mandataire (C. assur., art. L. 112-1, al. 1er). Seul le souscripteur est alors tenu au paiement de la cotisation (Civ. 1re, 18 juill. 1962, RGAT 1962. 488) ; le mandataire ne pouvant bénéficier du contrat ou en invoquer l'existence (Civ. 1re, 27 déc. 1962, RGAT 1963. 220). Le contrat d'assurance peut être conclu pour le compte d'une personne déterminée (C. assur., art. L. 112-1, al. 1er). Le gérant d'affaire n'est alors pas tenu au paiement des cotisations dès lors qu'il s'est présenté à l'assureur comme agissant pour le compte du maître de l'affaire, à savoir, le souscripteur (Civ. 1re, 14 janv. 1959, RGAT 1959. 328).
On observera qu'à compter du 1er octobre 2016, un régime général de la représentation entre en vigueur dans le Code civil aux articles 1153 et suivants.

§ 3 ▪ L'assuré et le bénéficiaire du contrat d'assurance

1560. L'assuré est la personne physique ou morale sur qui pèse le risque garanti. C'est-à-dire que le patrimoine, la personne ou l'activité de l'assuré constituent l'objet du contrat. L'assuré n'est pas nécessairement le souscripteur ; il n'est pas nécessairement non plus le bénéficiaire du contrat d'assurance. En effet, le bénéficiaire qui peut être tiers au contrat d'assurance est simplement caractérisé comme étant celui qui percevra la prestation après la survenance du sinistre. C'est ainsi que pour un contrat d'assurance de responsabilité civile dit « chef de famille » la Cour de cassation a estimé que l'épouse, bien que figurant parmi les assurés pouvait également être considérée comme tiers lésée pour un dommage causé par un autre assuré membre de la famille (Civ. 2e, 15 mai 2008, n° 06-22.171, Bull. civ. II, n° 108) ; en effet la Haute juridiction relève que dans ce contrat aucune clause n'excluait de son bénéfice l'assuré victime d'un autre assuré (ibid.).

1561. L'assurance pour compte dite « pour le compte de qui il appartiendra » est un mécanisme, prévu par les alinéas 2 et 3 de l'article L. 112-1 du Code des assurances, reposant sur une stipulation pour autrui. Ce type d'assurance est utilisé dans les assurances de dommages, qu'il s'agisse d'assurance de choses ou d'assurance de responsabilité. L'objectif est d'assurer en même temps le souscripteur et un tiers. Toutefois, la souscription d'une telle assurance ne se présume pas (par ex. Civ. 1re, 15 févr. 2000, Bull. civ. I, n° 47 ; RGDA 2000. 504, note A. Favre Rochex). La jurisprudence, d'abord hésitante pour admettre une volonté implicite de souscrire une telle assurance (pour une manifestation expresse de volonté : Civ., 25 mai 1943, DC 1944, p. 25, note A Besson ; Civ. 1re, 15 févr. 2000, préc.) a ensuite admis qu'elle peut être implicite si elle résulte de la volonté non équivoque des parties (Civ. 1re, 24 juin 2003, n° 00-17.213 ; Civ. 2e, 16 janv. 2014, n° 12-29.647). Grâce au mécanisme de l'assurance pour compte, le souscripteur, par exemple un transporteur, bénéficiera d'une assurance de responsabilité en cas de perte ou de vol de la marchandise et, par le même contrat, le propriétaire de celle-ci disposera d'une assurance de choses (Civ. 1re, 16 juill. 1998, Bull. civ. I, n° 246). En présence d'une assurance pour compte, il suffit que le vol soit établi, pour que le propriétaire des marchandises obtienne le versement de l'indemnité, sans qu'il soit nécessaire de montrer la responsabilité du transporteur (Com., 27 févr. 1973, Bull. civ. IV, n° 104). Néanmoins, le bénéficiaire de l'assurance pour compte n'est pas considéré comme un tiers victime. En effet, l'assureur pourra opposer au bénéficiaire toutes les exceptions opposables au souscripteur assuré (Civ. 1re, 7 mars 1989, Bull. civ. I, n° 103) : la déchéance pour déclaration tardive (Civ. 1re, 7 mars 1989, préc.), l'exclusion de garantie fondée sur la faute intentionnelle (Civ. 1re, 15 déc. 1998, Bull. civ. I, n° 362) ou encore la prescription biennale (Civ. 1re, 17 juill. 1985, Bull. civ. I, n° 227).

1562. Un tiers au contrat d'assurance peut être désigné comme bénéficiaire dans une assurance en cas de décès. Il percevra la prestation après le décès de l'assuré (v. infra, partie 3, Titre 2, Sous-titre 1, Chap. 1, Assurance vie : principes généraux) qu'il s'agisse d'un capital ou d'une rente. Par ailleurs, dans les assurances de responsabilité, la victime de l'assuré est considérée comme le bénéficiaire car l'indemnité lui sera versée ; la victime dispose, en outre, d'une action directe contre l'assureur qui lui permet d'éviter que lui soit opposée des exceptions postérieures au sinistre telles que les déchéances (v. infra, partie 3, Titre 1, Sous-titre 3, chap. 1, Assurance responsabilité civile « vie privée »).

Section 2 ▪ De la formation à la nullité du contrat d'assurance

1563. Le contrat d'assurance obéit en son principe aux règles communes à tout contrat. Toutefois, des règles propres au droit des assurances ont transformé le candidat à l'assurance, ce qui ne manque pas d'influer sur le moment de la conclusion du contrat. Afin de tenir compte de cette particularité, des clauses de prise d'effets sont insérées dans les contrats. En outre, pour certains contrats ou dans certaines circonstances une faculté de renonciation est prévue non seulement par les règles propres aux assurances, mais encore par des dispositions spécifiques au démarchage. Enfin, il conviendra d'observer que la nullité du contrat pour vices du consentement du droit commun ne trouve guère à s'appliquer au contrat d'assurance.

§ 1 ▪ Moment de la formation du contrat initial

1564. Le contrat d'assurance à destination des particuliers est un contrat d'adhésion. Les conditions générales sont définies à l'avance, le souscripteur n'a plus qu'à préciser son risque. Une fois que le souscripteur a pris connaissance des garanties définies dans leurs grandes lignes dans la notice d'information, le souscripteur déclare son risque au moyen du formulaire de déclaration du risque qui lui est remis avec la proposition d'assurance (C. assur., art. L. 112-2). L'assureur manifeste alors son acceptation par la remise d'une police ou l'envoi d'une note de couverture (cet écrit n'étant pas une condition de validité du contrat mais un mode de preuve. Le plus souvent et s'agissant d'un contrat de masse, il n'y a pas de négociation du contrat. Qu'il soit conclu à distance (pour l'internet et le téléphone, v. partie 2, Titre 1, Sous-titre 1, Chap. 3, La formation du contrat d'assurance à distance) ou en présence du souscripteur, un petit quart d'heure d'entretien suffit à conclure la convention ce qui entretient l'illusion que l'assureur est en état d'offre, bien que juridiquement cela ne soit absolument pas le cas.

1565. En droit commun français des obligations celui qui propose un bien ou un service est en état d'offre. En revanche, en droit des assurances, c'est le candidat à la souscription du contrat d'assurance aux fins de s'assurer ou d'assurer autrui qui est en état d'offre. En effet, la remise par l'assureur d'une proposition d'assurance n'engage ni l'assureur, ni l'assuré (art. L. 112-2, al. 4). La jurisprudence rappelle nettement que la remise par l'assureur d'une proposition d'assurance ne l'engage pas (Civ. 1re, 21 mai 1990, RGAT 1990. 532). C'est la remise par le souscripteur à l'assureur de la proposition d'assurance dûment complétée (réponse à un questionnaire ou réponses données à des questions posées par le préposé ou l'intermédiaire de l'assureur) qui va placer le souscripteur en état d'offre. La proposition complétée par le demandeur d'assurance va en outre jouer un rôle essentiel car elle permet de cerner la commune intention des parties (Civ. 1re, 21 juill. 1953, RGAT 1953. 235). Pour que la proposition d'assurance renvoyée par le souscripteur constitue une offre, il faut qu'elle soit suffisamment précise (Civ. 1re, 5 déc. 1984, D. 1986, somm. p. 97) ; le caractère ferme de l'offre de contracter émise par le souscripteur est conforté par le versement d'un acompte (Civ. 1re, 15 févr. 1978, Bull. civ. I, n° 61 ; Civ. 1re, 21 mars 1978, Bull. civ. I, n° 120). En effet, si l'un des éléments d'accord fait défaut, telle que la durée et la prise d'effet de la garantie, le contrat d'assurance ne saurait être conclu (Civ. 2e, 5 juill. 2006, n° 05-14.566). Une telle inversion des rôles au regard du droit commun des obligations se justifie par le souci d'éviter l'antisélection qui serait préjudiciable à l'assureur : ce dernier doit pouvoir évaluer le risque afin de le tarifer, voire de le refuser.

1566. Lorsque l'assureur répond favorablement à l'offre formulée par le candidat souscripteur, le contrat est formé (Civ. 1re, 14 juin 1977, Bull. civ. I, n° 273 ; Civ. 1re, 19 mars 1996, RCA

1996, comm. n° 235). L'existence de cette acceptation peut être établie par la signature de l'assureur sur la police qu'il a établie conformément aux termes de l'offre (ibid.). En effet, l'envoi de la police par l'assureur est un moyen de sceller la conclusion du contrat ; il importe donc peu que l'assuré n'ait pas renvoyé un exemplaire de la police signé (Civ. 1re, 4 janv. 1980, Bull. civ. I, n° 8) ou que le chèque qui accompagnait la proposition d'assurance s'avère sans provision (Civ. 1re, 23 janv. 1980, RGAT 1980. 349, note A. Besson).

1567. Afin d'éviter les litiges sur la date de la conclusion du contrat, une clause de la police prévoit parfois que le contrat est parfait, définitivement conclu, à la signature de la police par l'assuré. Toutefois, il n'est pas certain que la jurisprudence accorde une grande portée à cette clause. Il a été décidé que l'accord des volontés est réalisé, dès lors qu'une compagnie d'assurance, invitée par un de ses assurés à transférer la garantie d'un contrat d'assurance automobile d'un véhicule à un autre récemment acquis, a remis à son client une attestation d'assurance automobile immédiatement valable et lui a adressé un avenant à signer, et ceci malgré l'existence d'une clause du contrat originaire prévoyant, dans ses conditions générales, que le contrat comme tout avenant, ne pourrait produire ses effets qu'après signature par le souscripteur et l'assureur (Civ. 1re, 4 juill. 1978, Bull. civ. I, n° 251).

1568. Lorsque la police d'assurance renvoyée par l'assureur ne reprend pas les termes de la proposition, comporte un montant de cotisation et une date d'effet différente, il ne s'agit pas d'une acceptation de l'offre formulée par le demandeur d'assurance, mais d'une nouvelle offre émise par l'assureur qui doit recevoir acceptation du candidat souscripteur (Civ. 1re, 15 juill. 1975, Bull. civ. I, n° 234). Le paiement de la cotisation majorée par le candidat à l'assurance peut alors valoir acceptation de la contre-offre formulée par l'assureur (Civ. 1re, 11 juin 1985, Gaz. Pal. 1985, 2, pan. jur., p. 321, note A. Piédelièvre).

§ 2 ▪ Prise d'effet des garanties

1569. Afin d'éviter une discussion sur le moment de la signature de la police par l'assureur ou l'assuré, certaines clauses prévoient que le contrat prendra effet le lendemain à midi du jour de la conclusion du contrat. De manière plus claire, le contrat d'assurance peut être conclu à terme, c'est-à-dire que la police pourra prévoir la date de prise d'effet du contrat.

1570. Afin d'éviter que l'assureur ne soit contraint de garantir son assuré sans que ce dernier ait versé une quelconque cotisation, la date de prise d'effet du contrat peut être retardée par une clause qui suspend la garantie due par l'assureur jusqu'au paiement de la première cotisation. Le contrat est donc conclu et l'assuré ne peut pas se dédire mais il ne produit ses effets qu'après le paiement de la cotisation (Civ. 1re, 24 mars 1971, RGAT 1972. 254). Afin d'opposer une telle clause à l'assuré, il faut qu'il en ait eu connaissance (Civ. 1re, 3 mai 1973, RGAT 1974. 221). Le paiement d'un acompte ne saurait constituer le versement de la première cotisation et les garanties ne sont alors pas dues (Civ. 1re, 10 mars 1964, JCP G 1964, II, 13823, note A. Besson). Toutefois, l'assureur ne peut pas se prévaloir de la clause de prise d'effet à la première cotisation lorsque les conditions particulières comportent une date de prise d'effet antérieure (Civ. 1re, 5 mai 1971, RGAT 1972. 195, note A. Besson) ou lorsqu'il a délivré une note de couverture impliquant une garantie immédiate (Civ. 1re, 16 mars 1970, RGAT 1970. 521).

§ 3 ▪ Faculté de renonciation pour certains contrats

1571. En principe, dès lors que le contrat d'assurance a été formé il n'est plus possible pour l'assuré de se rétracter. Toutefois, il existe une exception notable pour les contrats d'assurance vie et de capitalisation et il faut apprécier les conséquences des dispositions du Code monétaire et financier et du Code de la consommation sur le démarchage. Enfin, il convient d'évoquer les futures dispositions sur les contrats conclus entièrement à distance.

1572. Aux termes de l'article L. 132-5-1 du Code des assurances, lorsque le contrat d'assurance vie ou de capitalisation est souscrit par une personne physique, le souscripteur dispose d'un délai de trente jours à compter du moment ou le contrat est conclu. Le défaut de remise des documents d'information prévus par l'article L. 132-5-1 du Code des assurances est sanctionné par la prorogation du délai de trente jours (C. assur. art. L. 132-5-2). Ce dernier ne commencera à courir qu'après la remise effective des documents (ibid.) ; la prorogation du délai est limitée à huit ans à compter de la date où le souscripteur est informé que le contrat est conclu (ibid.). La souscription du contrat se manifeste soit par la signature de la proposition d'assurance ou de la police. La renonciation s'opère par l'envoi d'une lettre recommandée avec demande d'avis de réception (C. assur., art. L. 132-5-1) ; un projet de lettre de renonciation doit accompagner la proposition d'assurance. Il a été jugé que l'assignation en justice ne saurait valoir rétractation (Civ. 1re, 1er déc. 1998, RGDA 1999. 174, note N. Eymard-Gauclin). Lorsque la faculté de renonciation a été exercée, l'assureur doit restituer la cotisation versée dans les trente jours de la réception de la lettre recommandée. Au-delà, cette somme produira intérêt au taux légal majoré de moitié pendant deux mois (v. infra, partie 3, Titre 2, Sous-titre 1, Chap. 2 Formation du contrat d'assurance vie). La règle s'explique par l'importance de l'engagement financier pour le souscripteur personne physique et par la durée du contrat. L'article L. 132-5-1 du Code des assurances a vocation à s'appliquer que le contrat ait été conclu directement ou à l'issue d'un démarchage.

1573. Les articles L. 341-1 et suivants du Code monétaire et financier régissent le démarchage bancaire ou financier qui consiste « en toute prise de contact non sollicitée, par quelque moyen que ce soit avec une personne physique ou une personne morale déterminée, en vue d'obtenir, de sa part, un accord sur » une opération, sur un instrument financier ou une opération de banque (art. L. 341-1, C. mon. et fin.). Dans la mesure où les assureurs proposent des produits d'épargne assis sur des instruments financiers tels que des valeurs mobilières, et, dès lors que ces produits sont présentés lors d'une opération de démarchage, les dispositions relatives au démarchage financier doivent s'appliquer (v. infra, partie 2, Titre 1, Sous-titre 2, Chap. 1, Le démarchage). Aussi, le délai de rétractation de quatorze jours à compter de la conclusion du contrat prévu par l'article L. 341-16 du Code monétaire et financier devrait-il s'appliquer. Toutefois, on rappellera encore que les dispositions de l'article L. 132-5-1 du Code des assurances sont plus protectrices pour le souscripteur car elles prévoient un délai de trente jours à compter du moment où le contrat est conclu ou de la remise des documents d'information afin que ce dernier exerce la faculté de renonciation qui lui est octroyée, en toute circonstance (même sans démarchage). Il nous semble donc que les contrats d'assurance sur la vie ou de capitalisation sont soumis à l'article L. 132-5-1 du Code des assurances et non aux dispositions sur le démarchage financier (v. infra, partie 2, Titre 1, Sous-titre 2, Chap. 1, Le démarchage).

1574. Les articles L. 121-21 du Code de la consommation régissent le démarchage à domicile, c'est-à-dire à sa résidence ou sur son lieu de travail, visant à la vente de biens ou à la fourniture de services. Le client est notamment protégé par la faculté de rétractation qu'il peut exercer dans un délai de sept jours à compter de la conclusion du contrat. La Cour de cassation a affirmé que ces dispositions du Code de la consommation sont applicables à des opérations de démarchage qui consistent en la visite par des démarcheurs d'une société de courtage de particuliers aux fins de souscription de « complémentaires santé » (Crim., 2 oct. 2007, n° 06-87.292, Bull. crim., n° 233). Afin de créer un régime spécifique du démarchage en assurance, pour les personnes physiques qui souscrivent un contrat d'assurance à des fins qui n'entrent pas dans le cadre de leur profession, la loi n° 2008-3 du 3 janvier 2008 en son article 27 a créé un article L. 112-9 dans le Code des assurances. Ces dispositions ne s'appliquent pas aux contrats d'assurance sur la vie ou de capitalisation (C. assur., art. L. 112-9 I. al. 6) qui sont régis par les articles L. 132-5-1 et suivants. Le contrat conclu à l'issue d'une opération de démarchage ouvre une faculté de renonciation de 14 jours « calendaires » révolus au souscripteur, sans motifs, ni pénalités. Le contrat doit comporter un modèle de lettre de renonciation qui s'exerce par l'envoi d'une lettre recommandée. L'exercice de ce droit emporte la résiliation du contrat, à la réception de la lettre, qui cesse ainsi de produire ses effets (v. infra, partie 2, Titre 1, Sous-titre 2, Chap. 1, Le démarchage).

1575. L'article L. 112-2-1 du Code des assurances régit les contrats d'assurance entièrement conclus à distance (v. infra, partie 2, Titre 1, Sous-titre 1, Chap. 3 La souscription à distance), c'est à dire par Internet, par téléphone ou tout moyen de communication. On relèvera ici que toute personne physique agissant à des fins qui n'entrent pas dans son activité commerciale ou professionnelle dispose d'un délai de renonciation de quatorze jours, porté à trente jours pour les contrats d'assurance sur la vie.

§ 4 ▪ Causes de nullité du contrat d'assurance

1576. Le contrat d'assurance est soumis, comme tout contrat, au droit commun qui exige que certains éléments soient réunis afin que le contrat soit valable. Pour les contrats d'assurance conclus avant le 1er octobre 2016, aux termes de l'ancien article 1108 du Code civil, il faut le consentement de la partie qui s'engage, sa capacité, un objet et une cause (Civ. 1re, 19 mars 1996, RCA 1996, comm. n° 235, RGDA 1996. 590, note F. Vincent). Certes, sous l'empire du droit antérieur au 1er octobre 2016, le contrat d'assurance était nul si l'objet ou la cause faisait défaut. On rappellera que pour l'essentiel, c'est l'absence d'aléa qui privait le contrat de cause. Il serait également nul, pour cause illicite, si la garantie devait porter sur une opération illicite. Toutefois, ce sont les vices du consentement qui sont susceptibles d'être invoqués le plus fréquemment, tout en indiquant immédiatement que les règles spéciales du droit des assurances (C. assur., L. 113-8 et L. 113-9) évincent le plus souvent, une fois encore, le droit commun.
Les contrats d'assurance conclus après le 1er octobre 2016 sont soumis à l'article 1128 nouveau du Code civil, qui exige le consentement, la capacité et un contenu licite et certain. L'exigence de licéité qui remplace la licéité de la cause et de l'objet est affirmée à la fois dans les nouveaux articles 1102 alinéa 2 et 1162 du Code civil. L'article 1163 précise que l'obligation a pour objet une prestation présente ou future qui doit être déterminée ou déterminable. Cette exigence de prestation remplace l'objet et la cause. L'article 1186 ajoute que le contrat devient caduc par disparition de l'un de ses éléments constitutifs. Aussi la disparition de la prestation en cours de contrat rend-elle ce dernier caduc. La disparition de la chose assurée rendra donc le contrat d'assurance caduc, ce qui ne présente aucun caractère de nouveauté.

1577. L'erreur (C. civ., art. 1110 ; 1132 après le 1er oct. 2016) n'est guère utilisée comme cause de nullité du contrat d'assurance (v. un arrêt ancien, Req., 6 juin 1932, RGAT 1933. 732 ; mais pour un refus de prononcer la nullité pour erreur, Civ. 1re, 1er mars 1988, Bull. civ. I, n° 56 ; RGAT 1988. 478, note J. Bigot) car l'assureur dispose des articles L. 113-8 et L. 113-9 du Code des assurances pour obtenir une sanction d'une fausse déclaration qui entraîne une mauvaise appréciation du risque. On indiquera simplement ici (v. infra partie 2, Titre 1, Sous-titre 3, Chap. 1, La déclaration des risques) qu'en cas de fausse déclaration intentionnelle le contrat est frappé de nullité (C. assur., art. L. 113-8) et qu'en l'absence de mauvaise foi de l'assuré, une surprime, la résiliation ou, après sinistre, une réduction d'indemnité sont alors applicables (C. assur., art. L. 113-9).

1578. La nullité pour dol (C. civ., art. 1116 ; 1137 après le 1er oct. 2016), est quelquefois évoquée afin de prononcer la nullité du contrat d'assurance. Les manœuvres ou la réticence ont pu émaner de l'assuré (Civ. 1re, 18 mars 1997, Bull. civ. I, n° 98). La nullité du contrat pour dol a pu être prononcée pour la dissimulation de la liquidation judiciaire d'une entreprise (Civ. 1re, 3 janv. 1996, RGDA 1996. 274, note L. Mayaux) ou encore lorsqu'un document a été falsifié afin d'obtenir un tarif préférentiel et qu'il a été dissimulé le fait qu'une police antérieurement souscrite a été résiliée pour non paiement des cotisations (Civ. 1re, 29 avr. 1997, RGDA 1997. 733, note L. Mayaux). Le dol peut également émaner de l'assureur (Civ. 1re, 13 nov. 1991, Bull. civ. I, n° 308). Il a ainsi été jugé que l'assureur qui fait souscrire à son assuré un nouveau contrat d'assurance automobile avec une cotisation fortement augmentée dans laquelle la garantie vol a été supprimée sans l'en avertir se rend coupable d'un dol (CA Paris, 4 déc. 2001, RCA 2002, comm. n° 120 et la note).

1579. La violence sanctionnée par l'article 1111 du Code civil (1142 après le 1er oct. 2016) n'a pas particulièrement vocation à s'appliquer à la formation du contrat d'assurance. Néanmoins, les pressions exercées par un assureur pour obtenir d'un assuré qu'il accepte une offre d'indemnisation après un sinistre ont pu être qualifiées de violence économique. En effet, le vice de violence économique a connu sa consécration par la Cour de cassation dans une affaire où un garagiste acceptait une transaction avec son assureur incendie bien que le montant de l'indemnisation était manifestement inférieur au montant réel des dommages (Civ. 1re, 30 mai 2000, Bull. civ. I, n° 169 ; D. 2000, p. 879, note J.-P. Chazal ; D. 2001, somm., p. 1140, obs. D. Mazeaud ; JCP G 2001, II, note G. Loiseau ; Rép. Defrénois 2000, p. 1124, obs. Ph. Delebecque ; Contrats, conc., consom. 2000, comm. n° 142, note L. Leveneur ; LPA 22 nov. 2000, note S. Szames ; RTD civ. 2000, obs. J. Mestre, B. Fages ; ibid. p. 863, obs. P.-Y. Gautier). Plus récemment (Civ. 1re, 9 juill. 2003, pub. au bull. ; L'Argus, 31 oct. 2003, Dossier jur. n° 6854, note G. Defrance ; JCP G 2003, II, 10171, note R. Desgorces ; RDI 2003, p. 539, obs. L. Grynbaum), la même question s'est posée : une offre d'indemnisation acceptée et scellant ainsi la transaction peut-elle être ensuite attaquée en sollicitant du juge son annulation pour vice de violence économique ? La Cour de cassation a apporté une réponse plus nuancée que dans l'arrêt du 30 mai 2000 (préc.) en approuvant implicitement la cour d'appel de ne pas avoir relevé en l'espèce la violence économique, mais elle a censuré l'arrêt déféré en relevant un moyen de pur droit aux termes duquel les juges du fond devaient caractériser les concessions réciproques nécessaires à la validité d'une transaction. L'application de la violence économique au contrat d'assurance n'a pas été abandonnée mais il lui a été préféré la vérification de l'existence de concessions réciproques dans la transaction. On déduit de ces arrêts que le vice de violence économique n'aurait pas vocation à s'appliquer lors de la conclusion du contrat d'assurance, mais plutôt dans un contrat dérivé (la transaction) qui intervient en application des garanties du contrat. Ce vice a été ultérieurement consacré dans l'ordonnance du 10 février 2016 de réforme du droit des contrats qui entre en vigueur au 1er octobre 2016 dans un article 1143 qui dispose : « il y a également violence lorsqu'une partie, abusant de l'état de dépendance dans lequel se trouve son cocontractant, obtient de lui un engagement qu'il n'aurait pas souscrit en l'absence d'une telle contrainte et en tire un avantage manifestement excessif ». L'avantage manifestement excessif est un critère ajouté aux conditions adoptées en jurisprudence.

Chapitre 2
L'information

BIBLIOGRAPHIE

L'Argus de l'assurance

Ouvrages. – F. Couilbault, S. Couilbaut- Di-Tommaso, V. Huberty, *Les grands principes de l'assurance*, L'Argus éd., 2015. – J. Landel, *Lexique des termes d'assurance*, L'Argus éd., 2014. – J. Bigot (sous dir.), *Code des assurances*, L'Argus éd.,

Articles. – A.-S. Pia, Courtiers grossistes et direct : quels devoirs de conseil ?, L'Argus, 2012, n° 7253. - A. Ferreira, M. Hallopeau, L'obligation d'information dans les contrats de groupe, L'Argus 2011, n° 7235 – Le devoir de conseil à l'écrit, L'Argus 2010, n° 7176.

1580. L'obligation d'information est particulièrement développée en droit des assurances. Il est vrai que la loi du 13 juillet 1930 n'avait introduit aucune obligation d'information du candidat à l'assurance, mais l'extension considérable de l'obligation d'information en droit commun ne pouvait pas épargner le domaine de l'assurance. L'affirmation d'un principe général en droit de la consommation aux termes duquel « tout professionnel vendeur de biens ou prestataire de services doit, avant la conclusion du contrat, mettre le consommateur en mesure de connaître les caractéristiques essentielles du bien ou du service » (C. consom., art. L. 111-1) trouve un équivalent dans le Code des assurances.

Section 1 ▪ Obligation d'information en droit commun

§ 1 ▪ Évolution

1581. Il était traditionnellement indiqué, que c'est au contractant, à l'acheteur le plus souvent, d'être vigilant quant à la chose vendue ou, plus largement, aux conditions du contrat. Naguère, la jurisprudence a consacré une obligation d'information ou de renseignement (on tiendra les expressions pour synonymes) à la charge de l'offrant. Si la loi du 13 juillet 1930 sur le contrat d'assurance marque très tôt le souci de protéger le non professionnel ou l'adhérent à un contrat dont les termes, le plus souvent, ne se discutent pas, il faut attendre le plein essor du droit de la consommation à partir de 1972 et les textes sur le démarchage (L. n° 72-6, 3 janv. 1972, sur le démarchage financier ; L. n° 72-1137, 22 déc. 1972, sur le démarchage à domicile), pour que l'obligation d'information soit consacrée. Depuis lors, les textes imposant une obligation d'information se sont multipliés.

1582. Aujourd'hui, un principe général s'applique à tout contrat conclu par un consommateur. Le Code de la consommation reprend et amplifie l'exigence de consentement éclairé. En effet, l'article premier du Code de la consommation (C. consom., art. L. 111-1) dispose que « tout professionnel vendeur de biens ou prestataire de services doit, avant la conclusion du contrat, mettre le consommateur en mesure de connaître les caractéristiques essentielles du bien ou du service ». Ainsi, à l'égard des consommateurs, l'offre est-elle rendue d'autant plus lisible qu'il existe des obligations strictes d'information. L'article L. 113-3 du Code de la consommation impose à tout vendeur de produit ou tout prestataire de services par voie de marquage, d'étiquetage, d'affichage d'informer le consommateur sur les prix, les limitations de responsabilité contractuelle ou les conditions particulières de vente. En outre, l'article L. 133-2 du même code exige que les clauses des contrats proposés par les professionnels soient rédigées de manière claire et compréhensible. En outre, la loi du 4 août 1994 a repris les dispositions d'une loi n° 75-1349 du 31 décembre 1975 qui était venue imposer l'obligation d'utilisation de la langue française dans les services publics et pour le monde des affaires, dans les factures et quittances. L'article 2 de la loi du 4 août 1994 dispose que : « dans la désignation, l'offre, la présentation, le mode d'emploi ou d'utilisation, la description de l'étendue et des conditions de garantie d'un bien, d'un produit ou d'un service, ainsi que dans les factures et quittances, l'emploi de la langue française est obligatoire. Les mêmes dispositions s'appliquent à toute publicité écrite, parlée ou audiovisuelle ». Ce texte est accompagné d'une sanction pénale qui prend la forme d'une amende de trente € par infraction constatée prévue par de l'article 1 du décret n° 95-240 du 3 mars 1995. On observera que l'infraction est constituée par chaque acte qui contrevient à la loi. C'est ainsi que cent prospectus ou cent constats de violation de la règle exposent au paiement de cent fois la somme de trente €. La chambre Criminelle de la Cour de cassation procède à une application stricte de ces dispositions (Crim., 14 nov. 2000, Bull. crim., n° 342 ; Crim., 4 nov. 2004, Bull. crim., n° 266). Cependant, cette jurisprudence semble en parfaite contradiction avec les exigences communautaires. Les auteurs qui ont analysé la loi de 1994 à la lumière du droit communautaire estiment que le texte français constitue un obstacle au commerce intra-communautaire (C. Bigot, Publicité et usage de la langue française, Réflexions sur la loi du 4 août 1994, Gaz. Pal. 1995, 1, p. 262) qualifié de mesure d'effet équivalent à une limitation des importations qui ne peut se justifier qu'en démontrant la nécessité de protéger la santé ou la sécurité des consommateurs (H. Claret, La loi Toubon du 4 août 2004 est-elle conforme au droit communautaire ?, Contrats, conc. consomm. 2001, chron. n° 5). En effet, ce texte est inconciliable avec les réglementations communautaires opérant dans un espace où le français n'est qu'une langue parmi d'autres (R. Libchaber, Retour sur le droit de la langue française, RTD civ. 2001, p. 709 et s.). Les arrêts de la Cour de justice des communautés européennes sont hostiles à ce type de législation car le Traité de Rome de 1957, en son article 28, inséré au « chapitre 2 » relatif à « l'interdiction des restrictions quantitatives entre les états membres » prévoit que « les restrictions quantitatives à l'importation, ainsi que toutes mesures d'effet équivalent, sont interdites entre les États membres. ». Les exceptions à l'interdiction des restrictions d'importation ne concernent pas l'emploi des langues nationales « Les dispositions des articles 28 et 29 ne font pas obstacle aux interdictions ou restrictions d'importation, d'exportation ou de transit, justifiées par des raisons de moralité publique, d'ordre public, de sécurité publique, de protection de la santé et de la vie des personnes et des animaux ou de préservation des végétaux, de protection des trésors nationaux ayant une valeur artistique, historique ou archéologique ou de protection de la propriété industrielle et commerciale. Toutefois, ces interdictions ou restrictions ne doivent constituer ni un moyen de discrimination arbitraire ni une restriction déguisée dans le commerce entre les États membres ». Par application de ces dispositions, la Cour de justice des communautés européennes a déjà décidé que l'obligation légale imposée par un État membre d'utiliser exclusivement une langue déterminée constitue une mesure d'effet équivalent si elle n'offre pas la possibilité que soit utilisée une autre langue facilement compréhensible par les acheteurs ou que l'information de l'acheteur soit assurée par d'autres mesures (Arrêts Piageme, 18 juin 1991, aff. C-369/89, Rec. CJCE 1991, I, p. 2971 ; Geffroy et Casino, 12 sept. 2000, aff. C-366/98, Rec. CJCE 2000, I, p. 6579). De surcroît, dans l'arrêt Colim (3 juin 1999, aff. C-33/97, Rec. CJCE, I, p. 3175), il a été décidé que « les États membres peuvent adopter des mesures nationales exigeant que ces mentions soient libellées dans la langue de la région dans laquelle les produits sont vendus ou dans une autre langue aisément compréhensible pour les consommateurs de cette région, à la condition que lesdites mesures nationales soient indistinctement applicables à tous les produits nationaux et importés et soient proportionnées au but de protection des consommateurs qu'elles poursuivent ». Afin de tenir compte de cette jurisprudence communautaire, dans son instruction du 21 février 2005 (Instruction aux services pour l'application de la loi n° 94-665 du 4 août 1994 relative à l'emploi de la langue française, BOCCRF 26 avr. 2005), la DGCCRF enjoint à ses agents pour les produits pour lesquels il n'existe qu'une réglementation nationale de mettre en œuvre un principe de proportionnalité aux termes duquel « les agents ne relèveront pas d'infraction aux dispositions des textes concernés ou de l'article 2 de la loi précitée lorsque sont employés à la place des mentions dont le libellé est prévu en langue française :

- des termes ou expressions, dans une autre langue, facilement compréhensibles pour le consommateur ;
- d'autres moyens assurant l'information des consommateurs tels que, par exemple, l'usage de dessins, symboles ou pictogrammes, éventuellement accompagnés de termes ou expressions dans une autre langue, facilement compréhensible par le consommateur ».

1583. La DGCCRF semble donc vouloir faire preuve de plus de mesure que la Cour de cassation dans l'application de la loi du 4 août 1994 en admettant des équivalents facilement compréhensibles au seul usage du français dans l'offre des produits et des services. Ce droit commun de l'obligation d'utiliser la langue française dans les offres de services est à combiner avec l'article L. 112-3 du Code des assurances qui impose une obligation spécifique d'usage du français dans les informations communiquées par l'assureur et pour la rédaction du contrat.

§ 2 ■ Distinction obligation précontractuelle d'information et obligation contractuelle de renseignement

1584. L'obligation précontractuelle d'information prend place avant la conclusion du contrat ; elle doit favoriser un consentement éclairé. En revanche, une obligation contractuelle de renseignement ne se justifie que dans certains contrats afin de permettre une bonne exécution des obligations principales (renseignement est ici synonyme d'information, mais il est souvent employé le terme de renseignement pour qualifier l'obligation de nature contractuelle). Le vendeur ou le prestataire de services est tenu de compléter son obligation principale par le renseignement de son cocontractant. Cette obligation contractuelle de renseignement a été imposée par la jurisprudence comme une obligation implicite du contrat. Il en est ainsi, par exemple, aussi bien dans des contrats de fourniture de matériel informatique (Civ. 1re, 25 juin 1996, Bull. civ. I, n° 274) que dans des contrats dont l'objet relève de la prestation intellectuelle et de services tel que l'assurance (Civ. 1re, 2 oct. 1984, Bull. civ. I, n° 241 ; Civ. 1re, 27 mars 1985, Bull. civ. I, n° 108 ; Civ. 1re, 25 nov. 1992, Bull. civ. I, n° 291). Toutefois, il est souvent difficile d'indiquer à quel moment de la vie du contrat l'information, le renseignement ou le conseil aurait du être dispensé. La distinction entre obligation précontractuelle et contractuelle présente le mérite de la clarté, mais elle est difficile à mettre en œuvre. Certains auteurs doutent même de la pertinence de procéder à une distinction (Ph. Malaurie, L. Aynès, Ph. Stoffel-Munck, *Droit civil*, « Les obligations », 3e éd., Defrénois 2007, n° 780).

1585. Il n'est pas toujours aisé de distinguer l'obligation précontractuelle de l'obligation contractuelle d'information car des obligations précontractuelles peuvent se prolonger au-delà de la formation du contrat. Il en est ainsi par exemple, pour le courtier qui, ayant conseillé le regroupement de plusieurs polices, devait ensuite avertir son client des conséquences pendant la vie du contrat (Civ. 1re, 13 mai 1985, Bull. civ. I, n° 144). Afin de surmonter cette difficulté, un auteur a proposé de distinguer entre les obligations ayant pour objet de favoriser un consentement éclairé de celles qui permettent une exécution satisfaisante du contrat (M. Fabre-Magnan, th. préc., n° 281 et s.). La violation des premières serait sanctionnée par la nullité du contrat et l'octroi de dommages-intérêts sur le fondement d'une responsabilité délictuelle ; le manquement aux secondes relèverait d'une responsabilité contractuelle (ibid.).

1586. S'il est établi que l'obligation de fournir le renseignement est une obligation de résultat (v. par exemple pour l'assureur, Civ. 1re, 10 juill. 2001, RCA 2001, n° 345), il a été en revanche décidé que la compréhension de l'information par le destinataire relève de l'obligation de moyens (à propos d'un fabricant ou d'un revendeur Civ. 1re, 23 avr. 1985, D. 1985, p. 558, note Dion ; RTD civ. 1986. 367, obs. J. Huet).

§ 3 ▪ Degrés dans l'obligation d'information

1587. L'obligation d'information et de renseignement consiste à porter à la connaissance du contractant certains éléments soit avant la conclusion du contrat afin que son consentement soit éclairé, soit pour l'exécution du contrat afin qu'elle se réalise complètement. Toutefois, il existe d'autres formes d'obligations de même nature, mais d'intensité différente. En effet, il a pu être reconnu des obligations de mise en garde, voire de conseil pesant sur le professionnel.

1588. La mise en garde doit permettre au créancier de l'obligation d'information de mesurer les risques encourus s'il ne respectait pas cet avertissement. Cette obligation pèse généralement sur le vendeur ou le fabricant qui doit préciser dans quelles circonstances d'utilisations son produit présente des dangers (Civ. 1re, 13 mai 1986, Bull. civ. I, n° 228). Néanmoins, on peut parfaitement imaginer l'extension de l'obligation de mise en garde à l'activité de services que représente l'assurance. En effet, il serait opportun pour l'assureur de montrer qu'il a bien attiré l'attention de son client souscripteur sur le fait par exemple, que si ce dernier a choisi d'assurer son véhicule neuf pour la seule responsabilité civile (« au tiers ») afin de limiter le montant de la cotisation, il ne sera couvert pour aucun dommage matériel de son propre fait.

1589. Le devoir de conseil représente le degré le plus élevé de l'obligation d'information. Il appartient au professionnel débiteur d'une telle obligation de guider la décision de son contractant en attirant son attention sur l'opportunité du contrat et sur les choix à opérer en présence de plusieurs possibilités. Ainsi, est-il aujourd'hui bien établi que le fournisseur d'un matériel doit informer son client sur l'adéquation de celui-ci à ses besoins spécifiques (Civ. 1re, 7 avr. 1998, Bull. civ. I, n° 150 ; RTD civ. 1999. 84) ; il est également admis qu'en matière de prestation intellectuelle, un conseil juridique doit non seulement avertir sur les risques d'une opération, mais encore la déconseiller éventuellement à son client (Civ. 1re, 16 juill. 1987, Bull. civ. I, n° 223). Par extension, il est tout à fait envisageable que l'assureur soit tenu de guider fortement son client qui souhaite, par exemple, souscrire un contrat d'assurance vie ou de capitalisation (v. infra, partie 3, Titre 2, Sous-titre 1, Chap. 1, Assurance vie : principe généraux).

§ 4 ▪ Régime de l'obligation d'information

1590. Il convient de préciser dans quels cas une obligation d'information a été instaurée, mais également d'en mesurer les limites.

A ▪ Existence d'une obligation d'information

1591. L'existence d'une obligation de délivrer une information n'est établie que si ce renseignement est pertinent c'est-à-dire de nature à influer sur le consentement du cocontractant pressenti (M. Fabre-Magnan, th. préc., n° 281 et s.). Il faut en outre que l'information ne soit pas connue de tous (Civ. 3e, 6 mars 2002, RGDA 2002. 386, note L. Mayaux ; RTD civ. 2003. 81, obs. J. Mestre et B. Fages) ou que le créancier de l'obligation d'information ne soit pas en mesure d'en prendre connaissance facilement (Civ. 1re, 24 nov. 1998, Bull. civ. I, n° 330 ; D. 1999, p. 156, note Fr. Boulanger ; JCP 1999, II, 10106, note Y. Dagorne-Labbé).

1592. Une sorte de présomption de méconnaissance de l'information bénéficie au non professionnel ou consommateur dès lors qu'il traite avec un professionnel. Toutefois, la jurisprudence est plus nuancée car elle ne s'en tient pas à la seule qualité des parties. Il peut être retenu une obligation d'information entre professionnels dès lors qu'ils ne sont pas de même spécialité (Com. 25 mai 1993, Bull. civ. IV, n° 211 ; RTD civ. 1994. 94, obs. J. Mestre). En outre, l'obligation d'information pèse également sur le non professionnel qui doit révéler les informations qu'il détient (Civ. 3e, 21 juill. 1993, Bull. civ. III, n° 117). Il existe cependant une différence entre le débiteur de l'obligation d'information professionnel et non professionnel. Il pèse sur le débiteur professionnel une obligation de connaissance (Civ. 1re, 18 avr. 1989, Bull. civ. I, n° 150) qui ne saurait être retenue contre le non professionnel (Civ. 3e, 21 juill. 1993, préc.). Néanmoins, le professionnel vendeur ou entrepreneur ne saurait se voir reprocher de ne pas fournir une information qui sort complètement de son domaine de compétence technique ; ainsi ne saurait-il être mis à la charge du fournisseur d'un système de vidéo surveillance une obligation de conseil juridique (Civ. 1re, 25 juin 2002, Bull. civ. I, n° 177 ; RTD civ. 2003. 81, obs. J. Mestre, B. Fages ; RTD civ. 2003. 105, obs. P.-Y. Gautier). On notera ici qu'il n'est pas distingué à l'article L. 112-2 du Code des assurances entre souscripteur professionnel et non professionnel pour obliger l'assureur à leur délivrer certaines informations ; de même, la jurisprudence sur l'obligation de renseignement et de conseil mise à la charge de l'assureur et des intermédiaires bénéficie à tous.

B ▪ Limites de l'obligation d'information

1593. Afin de déterminer la portée de la compétence du contractant qui doit bénéficier de l'obligation d'information, il faut distinguer selon l'objet des conventions. Lorsqu'il s'agit d'une vente, l'obligation d'information n'est due par le vendeur ou le fabricant que dans la mesure où le candidat acquéreur ne dispose pas de compétences particulières dans le domaine considéré (Civ. 1re, 6 mars 1996, Bull. civ. I, n° 128 ; Civ. 1re, 3 juin 1998, D. aff. 1998. 1172). En revanche, il semble qu'en présence d'un contrat d'entreprise, l'obligation de conseil est particulièrement développée ; la compétence du créancier de l'obligation, le client, ne dispense alors pas le professionnel de son obligation de conseil (construction d'un escalier dangereux pour le public, l'entrepreneur n'est pas exonéré de son obligation de conseil envers le maître de l'ouvrage, parce qu'il serait seulement chargé d'exécuter les plans conçus par le maître d'œuvre, Civ. 3e, 11 févr. 1998, Bull. civ. III, n° 30). Les professionnels du droit sont, quant à eux, débiteurs d'une obligation de conseil absolu quelles que soient les compétences de leur client (v. par ex. pour un avocat, Civ. 1re, 12 janv. 1999, Bull. civ. I, n° 15 ; Defrénois 1999, art. 36953, n° 21, note J.-L. Aubert ; RTD civ. 1998. 611, note P. Jourdain).

1594. Pour certains contrats, l'obligation d'information qui prend la forme d'une obligation de conseil trouve son corollaire dans une obligation de collaboration. Ainsi, en matière informatique, le client doit-il informer précisément le fournisseur informatique de ses besoins (Com. 6 oct. 1998, RJDA 1998. 1348) ; à défaut, le débiteur de l'obligation de conseil pourra être partiellement exonéré de sa responsabilité pour défauts ou retards dans le système livré (Civ. 1re, 2 oct. 2001, Expertises 2002, p. 72). On pourra retrouver cette idée en droit des assurances dans la nécessité pour le candidat à l'assurance de révéler à l'assureur ou à son intermédiaire tous les éléments nécessaires afin qu'il lui soit proposé le contrat adéquat.

1595. Le créancier de l'obligation d'information doit lui-même révéler toutes les informations nécessaires à son cocontractant s'il souhaite engager la responsabilité de ce dernier pour manquement à l'obligation d'information. Ainsi, par exemple, les clients d'un notaire ne peuvent engager la responsabilité de ce dernier s'ils lui ont dissimulé une information (pas de responsabilité du notaire pour ne pas avoir conseillé le refus de la succession, dès lors que les héritiers ont dissimulé au notaire une dette de la succession dont ils avaient connaissance, Civ. 1re, 4 févr. 2003, RCA 2003, n° 137). La réticence dolosive du créancier de l'obligation d'information peut donc exonérer totalement le débiteur de l'obligation d'information de sa responsabilité, elle peut également ne l'exonérer que partiellement (pour une exonération partielle d'un notaire, Civ. 1re, 18 juin 2002, Bull. civ. I, n° 168 ; Defrénois 2002. 1630, obs. J.-L. Aubert).

C ▪ Preuve de l'exécution de l'obligation d'information

1596. À propos d'une affaire dans laquelle l'obligation d'information pesant sur le médecin était en cause, la Cour de cassation a décidé que celui qui est légalement ou contractuellement tenu d'une obligation particulière d'information doit rapporter la preuve de l'exécution de cette obligation (Civ. 1re, 25 févr. 1997, Bull. civ. I, n° 75, R. p. 271 ; D. 1997. Somm. 319, note J. Penneau). La preuve de l'exécution de l'obligation d'information se réalise par tous moyens et notamment par présomptions (médecin : Civ. 1re, 14 oct. 1997, Bull. civ. I, n° 278 ; notaire : Civ. 1re, 3 févr. 1998, Bull. civ. I, n° 44).

D ▪ Sanctions de l'obligation d'information

1 ▪ Sanctions de l'obligation précontractuelle d'information

a - Conséquences de la violation de l'obligation d'information précontractuelle

1597. La violation de l'obligation précontractuelle d'information peut entraîner la nullité du contrat et le versement de dommages et intérêts. Cette sanction sera fondée sur la reconnaissance d'un vice du consentement qui pourra entraîner une responsabilité délictuelle du débiteur de l'information. Il a été parfois décidé que l'obligation de loyauté contractuelle peut également fonder la sanction du manquement à l'obligation précontractuelle d'information.

b - Fondements de la sanction

1598. La non divulgation d'une information peut constituer le vice d'erreur, justifiant l'annulation du contrat aux termes de l'article 1110 du Code civil, (correspondant à l'art. 1132 à compter du 1er oct. 2016) dès qu'il est démontré que l'élément dissimulé s'il avait été connu aurait conduit le contractant à ne pas contracter ou à le faire à des conditions différentes. De surcroît, la simple rétention d'information est sanctionnée par elle-même car elle représente un dol (C. civ., art. 1116 ; art. 1137 après le 1er oct. 2016) par réticence. Il a été décidé par exemple, que le silence du banquier à l'égard de la caution sur la situation compromise du débiteur entraîne la nullité du cautionnement (Civ. 1re, 10 mai 1989, Bull. civ. I, n° 187 ; JCP 1989, II, 21363, note D. Legeais). Néanmoins, s'il est démontré que malgré la réticence dolosive, le créancier de l'obligation d'information aurait contracté mais à d'autres conditions, la nullité ne sera pas prononcée ; ce dol incident n'ouvrira droit qu'au versement de dommages et intérêts.La violation d'une obligation précontractuelle d'information constitue une faute antérieure à la conclusion du contrat, elle est donc sanctionnée sur le fondement d'une responsabilité délictuelle. En effet, la Cour de cassation a précisé que « le fait de donner une information inexacte est constitutif d'une faute » (Civ. 2e, 19 juin 1996, Bull. civ. II, n° 161). Comme pour toute responsabilité, le manquement ne sera sanctionné que si le bénéficiaire de l'information a subi un préjudice (Civ. 1re, 25 juin 2002, Bull. civ. I, n° 177 ; RTD civ. 2003. 81, obs. J. Mestre, B. Fages).

1599. La Cour de cassation a décidé que « manque à son obligation de contracter de bonne foi et commet ainsi un dol par réticence la banque qui sachant que la situation de son débiteur est compromise ou à tout le moins lourdement obérée, omet de porter cette information à la connaissance de la caution afin d'inciter celle-ci à s'engager (Civ. 1re, 10 mai 1989, Bull. civ. I, n° 187, préc. ; Civ. 1re, 18 févr. 1997, Contrats, conc., consom. 1997, comm. 74, obs. L. Leveneur). Il en est de même d'une commune qui modifie le plan d'occupation des sols après avoir racheté des terrains à une société ; la Cour de cassation retient que la réticence à informer la société de la procédure de révision de POS était un manquement à la bonne foi (Civ. 3e, 27 mars 1991, Bull. civ. III, n° 108). Assez curieusement, un manquement à une obligation précontractuelle a été sanctionné sur le fondement d'un texte destiné à régir l'exécution du contrat, ce qui suppose qu'il ait été déjà formé. Il nous semble qu'il est préférable, pour obtenir une indemnisation complémentaire et distincte d'une éventuelle nullité pour vice du consentement, de se fonder sur l'article 1382 du Code civil renuméroté 1240 à compter du 1er octobre 2016. Il convient de n'invoquer l'article 1134 alinéa 3 (corresp. à l'art. 1104 C. civ. à compter du 1er oct. 2016) du même code (ou l'article 1135 (corresp. à l'art. 1194 C. civ. à compter du 1er oct. 2016), comme le pratique la jurisprudence) que pour un contrat déjà formé afin de sanctionner le manquement à une obligation contractuelle de renseignement.

2 ▪ Sanction de l'obligation contractuelle de renseignement

1600. L'obligation de renseignement qui serait due après la conclusion du contrat voit sa violation sanctionnée par une responsabilité contractuelle fondée sur l'article 1135 (corresp. à l'art. 1194 C. civ. à compter du 1er oct. 2016) du Code civil (par exemple, Civ. 1re, 14 déc. 1982, Bull. civ. I, n° 361 ; RTD civ. 1983, p. 544, obs. G. Durry ; Civ. 1re, 3 juill. 1985, Bull. civ. I, n° 211). En effet, afin de justifier l'obligation implicite ajoutée au contrat par le juge, les décisions sont régulièrement fondées sur ce texte qui permet d'aller au-delà des seules stipulations contractuelles et d'y ajouter « toutes les suites que l'équité, l'usage ou la loi donnent à l'obligation d'après sa nature ».

Section 2 ▪ Obligation d'information en droit des assurances

1601. L'obligation d'information qui pèse sur l'assureur, les intermédiaires et tous ceux qui proposent la souscription ou l'adhésion à un contrat d'assurance, sans oublier certains professionnels du droit tels que les notaires, consiste le plus souvent en une obligation de conseil. En effet, la Cour de cassation a affirmé clairement cette obligation dans un attendu de principe aux termes duquel « l'assureur est tenu d'un devoir d'information et de conseil à l'égard de son assuré » (Civ. 1re, 10 juill. 2001, RCA 2001, n° 345). On observera que l'obligation précontractuelle d'information est certes affirmée en jurisprudence, mais l'essentiel de cette obligation est prévu par les dispositions légales de l'article L. 112-2 du Code des assurances.Il a été établi par la Cour de cassation que l'obligation de conseil pour l'assureur est une obligation de résultat (Civ. 1re, 10 juill. 2001, RCA 2001, n° 345).

§ 1 ■ Débiteurs et contenu de l'obligation d'information en droit des assurances

1602. L'assureur est fréquemment visé par la jurisprudence comme étant tenu de l'obligation d'information ou de conseil. Le plus souvent, c'est toutefois l'intermédiaire, en contact avec le souscripteur assuré, qui va être considéré comme le débiteur de l'obligation d'information ; dès lors qu'il s'agit d'un agent général, la compagnie devra supporter directement les conséquences du manquement à cette obligation. Cependant, d'autres acteurs de l'opération d'assurance peuvent se voir imposer une obligation d'assurance tels que le courtier, le souscripteur d'une assurance de groupe, un tiers au contrat comme le notaire, voire l'assuré lui-même.

A ■ Obligation d'information à la charge de l'assureur

1603. L'assureur doit expliquer le risque couvert par le contrat. En effet, l'assureur verra sa responsabilité engagée pour avoir laissé souscrire une police qui ne prévoit pas la garantie demandée et dont le libellé laissait croire que cette garantie était acquise (Civ. 1re, 10 févr. 1987, RGAT 1988. 98, note R. Bout).

1604. L'assureur doit veiller à une couverture appropriée du risque, et pour ce faire, être attentif à ce que les exclusions de garantie ne rendent pas inutile la police de responsabilité souscrite (Civ. 1re, 25 févr. 1986, RGAT 1986. 589, note R. Bout). L'assureur doit attirer l'attention sur une exclusion de garantie dont les conséquences sont indécelables pour l'assuré (Civ. 1re, 6 janv. 1994, RGAT 1994. 480, note L. Mayaux).

1605. La responsabilité de l'assureur sera retenue lorsqu'il prodigue des conseils erronés en recommandant la souscription d'une police qui ne garantissait pas l'assuré malgré la clarté des stipulations (Civ. 1re, 9 mai 2001, Bull. civ. I, n° 118) ou lorsqu'il omet de faire augmenter une garantie (Civ. 1re, 22 avr. 1992, RCA 1992, n° 299). De même, une mutuelle manque à son obligation de conseil lorsqu'elle préconise la résiliation d'une police sans faire souscrire la même garantie responsabilité civile dans une nouvelle police (Civ. 1re, 6 janv. 1994, D. 1994, Somm. 145) ou qu'elle n'avertit pas en temps utile un de ses adhérents de sa radiation (Soc. 30 mai 1996, Bull. civ. V, n° 217). Son obligation de conseil se renforce avec le développement de l'assurance vie qui constitue un placement. Il doit ainsi prodiguer des conseils sur les avantages fiscaux d'une assurance vie ou l'absence de ces avantages quand le souscripteur est âgé (Civ. 2e, 3 oct. 2013, n° 12-24.957).

1606. En revanche, l'assureur peut démontrer que les documents qu'il a remis, notamment les conditions générales, sont suffisamment clairs sur le fait que l'assuré supporte le risque de baisse des marchés en cas de souscription d'une assurance en unités de compte (Civ. 2e, 9 déc. 2010, n° 09-16.893). De même qu'il ne peut être reproché un défaut de conseil à l'assureur, quand des souscripteurs ont choisi de voir leurs investissements sous forme d'assurance vie en unités de compte faire l'objet d'une « gestion dynamique » et que l'assureur ne les a pas invités à changer de mode de gestion (Com., 14 déc. 2010, n° 10-10.207, Bull. civ. V, n° 195); ce, quand bien même les souscripteurs désignent à l'assureur vie un nouveau gestionnaire délégué pour procéder aux arbitrages sur les valeurs mobilières sous-jacentes aux unités de compte (ibid.).

B ▪ Obligation d'information à la charge des intermédiaires

1607. L'obligation de conseil des courtiers en assurance est évidente puisqu'ils sont mandataires de leurs clients souscripteurs qui leur confient la mission de leur trouver la garantie la plus adéquate (ces clients sont toutefois, le plus souvent des professionnels). La position de l'agent général d'assurance est plus ambiguë puisqu'il est mandataire de l'entreprise d'assurance. On peut donc estimer qu'il pèse une obligation d'information et de conseil renforcée sur les courtiers. En effet, ces deux professionnels vont continuer de voir l'étendue de leur obligation d'information s'accroître. Ces derniers vont bénéficier du développement considérable des produits d'épargne aux fins de retraite sous forme d'assurance vie ou de contrat de capitalisation ; en outre, le nombre de souscripteurs d'assurances complémentaires santé va également continuer d'augmenter très régulièrement. Or, dans ces contrats, le conseil constitue une obligation essentielle. Le législateur, lors de la réforme de l'intermédiation, est venu préciser les obligations d'information.

1608. Aux termes de la loi n° 2005-1564 du 15 décembre 2005, il a été inséré un article L. 520-1 dans le Code des assurances afin de préciser les obligations de tous les intermédiaires. Ces dispositions sont précisées par les articles R. 520-1 à R. 520-3. Les articles L. 520-1 et R. 520-1 du Code des assurances instaurent d'abord une obligation pour l'intermédiaire de bien préciser son identité (dénomination, adresse) et son numéro d'immatriculation. Ce dernier doit en outre fournir des précisions sur les procédures de réclamation et de recours (coordonnées du service de réclamation et de recours et celle de l'Autorité de contrôle). Il est ensuite prévu que l'intermédiaire précise sa participation au capital d'une entreprise d'assurance et réciproquement ; il indique le nom de l'entreprise avec laquelle il réalise plus de 33 % de son chiffre d'affaires (C. assur., L. 520-1 et R. 520-1). En outre, avant la conclusion du contrat, ou au plus tard immédiatement après, lorsque le contrat se conclut à distance (C. assur., R. 520-2), l'intermédiaire précise, dans un document clair, son degré d'indépendance par rapport à l'entreprise d'assurance dont il préconise la souscription du contrat (C. assur., L. 520-1 II). L'intermédiaire indique s'il est tenu de ne placer que les contrats d'une seule entreprise ou s'il n'est pas en mesure de proposer un nombre significatifs de contrats. En revanche, s'il n'est soumis à aucune obligation d'exclusivité, l'intermédiaire doit analyser un nombre suffisant de contrats d'assurance offerts sur le marché. Il appartiendra aux intermédiaires de préconstituer la preuve de la fourniture de l'ensemble de ces indications.

La directive 2016/97 du 20 janvier 2016 sur la distribution d'assurances (JOUE 2 févr. 2016 ; L. 26/19) remplace la directive intermédiation du 9 décembre 2002 ; elle doit être transposée au plus tard le 23 février 2018. Les articles 17 à 30 de cette nouvelle directive intermédiation renforcent encore les obligations d'information, tout en distinguant entre l'intermédiation avec devoir de conseil et sans devoir de conseil.

1 ▪ Devoir de conseil des courtiers d'assurance

1609. Lorsqu'un courtier gère tous les contrats de son client, il doit éviter la souscription inutile d'assurances complémentaires (Civ. 1re, 7 mars 1989, RGAT 1989. 649). En revanche, ce même courtier habituel de l'assuré qui conseille le regroupement de plusieurs polices doit veiller au maintien des garanties (Civ. 1re, 13 mai 1985, Bull. civ. I, n° 144) ; il pourra être tenu pour responsable en raison de l'insuffisance des garanties (Civ. 1re, 25 mai 1988, RGAT 1988. 565). En revanche, dès lors que l'assuré souscrit délibérément un contrat en omettant la garantie vol pour son véhicule, cette garantie ne figurant pas aux conditions particulières, la responsabilité du courtier ne saurait être engagée (Civ. 2e, 17 mars 2005, n° 04-10.654) ; de même, quand le client ne déclare pas l'augmentation du nombre de ses salariés bien qu'il était tenu de le faire (Civ. 3e, 22 oct. 2014, n° 13-25.430). Le courtage se développant aussi en matière patrimoniale, et le professionnel pourra se voir reprocher d'avoir mal évalué les besoins de son client (en l'espèce un rugbyman professionnel à carrière courte : Com., 23 sept. 2014, n° 13-22.763).

1610. Le courtier doit vérifier l'exactitude des renseignements pour une assurance d'immeuble (Civ. 3e, 14 janv. 1998, RCA 1998, n° 145). Sa responsabilité sera engagée si les conseils qu'il fournit conduisent l'assuré à formuler des déclarations inexactes (Civ. 1re, 10 déc. 1991, RCA 1992, n° 151) ou bien s'il laisse souscrire une garantie maladie bien que le contrat comporte une exclusion des maladies antérieures survenues dans les trente jours précédant la souscription du contrat (CA Paris, 5e ch. sect. A, 12 mai 2004, Sté Ronnie c/ SA Actéon, n° 2002-19-252, inédit). Toutefois, un courtier ne saurait se voir reprocher de ne pas avoir signalé à son client la nécessité d'interrompre la prescription biennale dès lors que ce dernier est une société importante dotée d'un service juridique (Civ. 2e, 24 oct. 2013, n° 12-27.000, publ. au bull.).

2 ▪ Obligation d'information des agents généraux

1611. L'agent doit fournir des renseignements exacts sur l'étendue de la garantie (Civ. 1re, 13 janv. 1987, RGAT 1987. 155. Civ. 2e, 18 mars 2010, n° 09-12.913, RGDA 2010, p. 828, note D. Langé) et il doit avertir l'assuré sur les conséquences des modifications d'un contrat (Civ. 1re, 20 janv. 1987, RGAT 1987. 728). Toutefois, l'assuré qui avait, au préalable, résilié son adhésion à une assurance de groupe pour une garantie décès invalidité afin de couvrir un prêt, puis qui a souscrit auprès d'agents, en connaissance de cause, une assurance dont la cotisation était beaucoup moins élevée mais la garantie plus limitée ne peut reprocher aux agents un manquement à l'obligation d'information (Civ. 1re, 7 déc. 1999, RCA 2000, n° 97). De la même façon que l'assurée qui, de manière consciente et délibérée, avait fait une déclaration du risque minorée pour bénéficier d'un allègement du montant de sa prime d'assurance ne peut plus ensuite établir un lien causal entre un manquement au devoir de conseil de l'agent et le dommage (Civ. 1re, 27 nov. 2008, n° 06-15.967, RGDA 2009. 268, note J. Roussel). En outre, quand l'assuré est compétent, l'obligation de l'agent est plus nuancée. Il a ainsi été décidé qu'en présence d'un syndic professionnel, il ne pèse sur l'agent général qu'une obligation de conseil allégée. En l'espèce, l'agent avait proposé un avenant pour la souscription d'une garantie dommages-ouvrages au syndicat de copropriétaire représenté par son syndic professionnel ; cette garantie n'avait pas été souscrite ce qui s'est avéré préjudiciable pour la couverture d'un sinistre. La Cour de cassation écarte tout manquement de l'agent à son obligation de conseil qui en présence d'un assuré compétent était allégée (Civ. 2e, 10 avr. 2008, n° 07-11.071 ; RGDA 2008. 763, note D. Langé). De même, un agent n'a pas à attirer l'attention de son souscripteur club sportif sur l'exclusion de la garantie des dommages causés par infiltration d'eau (Civ. 2e, 24 mars 2016, n° 15-15.075).

1612. « Une obligation générale de vérification pèse sur l'agent général d'assurance au titre des devoirs de sa profession » a-t-il été affirmée par la Cour de cassation dans une espèce où la responsabilité d'un agent général a été engagée pour avoir laissé souscrire à des locataires une police « habitation » destinée à des propriétaires et qui excluait le risque locatif (Civ. 1re, 10 mai 2000, RCA 2000, n° 277). Dans le même sens, il avait pu ainsi être retenu la responsabilité de l'agent général pour ne pas avoir vérifié la détention par l'assuré d'un permis de conduire adéquat (Crim. 23 oct. 1986, RGAT 1987. 159). Cependant, il a été jugé qu'il n'y pas d'obligation pour l'agent général, mandataire de l'assureur, de vérifier que la valeur déclarée par l'assuré est exacte (pour un bateau, Civ. 1re, 1er févr. 2000, n° 97-15.206).

1613. Il pèse, en outre, sur l'agent général une obligation de conseil lors de la déclaration du sinistre par l'assuré (Civ. 1re, 17 déc. 1991, RCA 1992, n° 151).

C ▪ Obligation d'information en assurance de groupe

1614. On rappellera que dans l'assurance de groupe, un souscripteur (par exemple banquier, groupement sportif, employeur) contracte une assurance dont les adhérents (par exemple emprunteur, sportif, salarié) peuvent bénéficier. Il pourra s'agir d'une assurance de personne qui couvrira le décès, l'invalidité, le dommage corporel ou encore la maladie.L'article L. 141-1 du Code des assurances définit le contrat d'assurance de groupe comme « le contrat souscrit par une personne morale ou un chef d'entreprise en vue de l'adhésion d'un ensemble de personnes répondant à des conditions définies au contrat, pour la couverture des risques dépendant de la durée de la vie humaine, des risques portant atteinte à l'intégrité physique de la personne ou liés à la maternité, des risques d'incapacité de travail ou d'invalidité ou du risque de chômage. Les adhérents doivent avoir un lien de même nature avec le souscripteur ». Cette définition est issue de la loi n° 2005-842 du 26 juillet 2005 (art. 1, III, JO 27 juill. 2005) qui est venue insérer les articles L. 141-1 et suivants dans le Code des assurances (abrogeant ainsi les articles L. 140-1 et s.) afin d'encadrer les assurances de groupe. Il n'est pas évident que cette définition et le régime imposés par ces textes s'applique à toute assurance de groupe. En effet, si la garantie porte sur un dommage (chose, responsabilité civile), il n'est pas établi que les dispositions des articles L. 141-1 et suivants s'appliquent. L'assurance de groupe au sens large a été définie en jurisprudence ; elle est caractérisée par l'impossibilité pour l'adhérent de procéder à la résiliation du contrat dans son entier et d'en fixer les conditions (Civ. 1re, 2 juin 2004, n° 02-17.510). Il semble donc qu'il existe une définition large de l'assurance de groupe qui suppose une adhésion à un contrat unique négocié par un souscripteur unique ; par opposition à une assurance de groupe qui s'entend dans un sens plus restrictif, celui déterminé par l'article L. 141-1 du Code des assurances, et qui ne s'applique qu'aux « risques dépendant de la durée de la vie humaine, des risques portant atteinte à l'intégrité physique de la personne ou liés à la maternité, des risques d'incapacité de travail ou d'invalidité ou du risque de chômage ». Le régime légal ne s'appliquerait qu'à ces derniers contrats. Toutefois, nous recommandons dans la proposition d'adhésion à une quelconque assurance de groupe de respecter le processus légal afin d'éviter les conséquences d'une jurisprudence qui appliquerait largement le régime légal.

1615. L'article L. 141-4 du Code des assurances précise les obligations d'information qui pèsent sur le souscripteur (par exemple le banquier ou l'employeur) à l'égard de l'adhérent (texte issu de l'art. 10, L. n° 2005-1564, 15 déc. 2005, art. 10, II, JO 16 déc. 2005, en vigueur le 1er janv. 2006) est venu modifier). Ce texte dispose que « le souscripteur est tenu :
- de remettre à l'adhérent une notice établie par l'assureur qui définit les garanties et leurs modalités d'entrée en vigueur ainsi que les formalités à accomplir en cas de sinistre ;
- d'informer par écrit les adhérents des modifications apportées à leurs droits et obligations, trois mois au minimum avant la date prévue de leur entrée en vigueur.

1616. La preuve de la remise de la notice à l'adhérent et de l'information relative aux modifications contractuelles incombe au souscripteur. L'adhérent peut dénoncer son adhésion en raison de ces modifications. Toutefois, la faculté de dénonciation n'est pas offerte à l'adhérent lorsque le lien qui l'unit au souscripteur rend obligatoire l'adhésion au contrat. Les assurances de groupe ayant pour objet la garantie de remboursement d'un emprunt et qui sont régies par des lois spéciales ne sont pas soumises aux dispositions du présent article. »

1617. On déduit de ce texte qu'outre l'obligation d'information lors de la formation du contrat, le souscripteur doit informer l'adhérent des modifications en cours de vie du contrat. Cette précision donnée par la loi revient à reconnaître la possibilité pour l'assureur de modifier le contrat de groupe en cours de vie du contrat. Cette modification sera opposable à l'adhérent dès lors que ce dernier en aura été informé ; il pourra alors résilier son contrat. Cette résiliation ne sera pas possible en cas d'assurance obligatoire, telle qu'une complémentaire retraite. Aussi, quand l'employeur procède à une résiliation de contrat groupe et resouscrit un autre contrat, doit-il attirer l'attention des salariés sur les modifications, notamment les pertes de garantie afin que ces derniers puissent décider de souscrire une assurance complémentaire. Il a été décidé que la suppression de la garantie du suicide dans un nouveau contrat souscrit par l'employeur et qui n'a pas fait l'objet d'une information des salariés engage la responsabilité de l'employeur (Civ. 2e, 15 déc. 2011, n° 10-23.889, publ.).

1618. Depuis un arrêt d'Assemblée plénière, il est acquis, pour l'assurance emprunteur, que la seule remise de la notice établie par l'assureur ne suffit plus ; il appartient au souscripteur (le banquier, en l'espèce) de conseiller l'adhérent (le client du banquier, emprunteur, v. infra, Assurance emprunteur, partie 3, Titre 2, Sous-titre 3, Chap. 1) sur l'assurance adéquate (Cass. ass. plén. 2 mars 2007, n° 06-15.267, Bull. ass. plén. n° 4 ; D. 2007, note S. Piédelièvre ; RCA 2007, étude 8, G. Courtieu ; dans le même sens v. Civ. 2e, 2 oct. 2008, n° 07-15.276, n° 07-16.018 ; Civ. 1re, 22 janv. 2009, n° 07-19.867, n° 08-11.812, RGDA 2009. 204, note J. Kullmann). Le manquement par le banquier à son obligation d'information est indemnisé sur le fondement de la perte d'une chance (Civ. 1re, 18 sept. 2008, n° 06-17.859, RGDA 2008. 994, note J. Kullmann). Cette jurisprudence établie pour l'assurance emprunteur pourrait être généralisée à tout souscripteur professionnel qui tire un profit du contrat principal auquel vient s'adjoindre une assurance de groupe. Il convient donc pour ces professionnels d'être vigilants dans la proposition d'assurance de groupe à leurs clients. Par ailleurs, l'obligation d'information pesant sur le souscripteur d'un contrat d'assurance de groupe ne peut être limitée par l'intervention d'un intermédiaire (Civ. 1re, 9 déc. 1997, RGDA 1998. 112, note L. Mayaux). Enfin, le souscripteur qui omet de conseiller à un adhérent de procéder à la déclaration du sinistre commet une faute (Civ. 1re, 19 déc. 2000, Bull. civ. I, n° 325, R. p. 406 ; RGDA 2001. 89, note L. Fonlladosa).

1619. Par ailleurs, la non remise de la notice par la banque souscriptrice du contrat de groupe d'assurance sur la vie à son client adhérent peut paralyser la dévolution de ce contrat d'assurance vie nanti au profit de cette banque ; cette dernière ne peut pas bénéficier du nantissement car elle n'a pas remis la notice au moment de l'adhésion (Com., 19 oct. 2010, n° 09-15.652). En revanche, la non remise de la notice par la banque dans une assurance de personnes ne peut pas être sanctionnée par le versement de la prestation par le banquier à l'assuré (Civ. 2e, 28 mars 2013, n° 12-15.403, F-D).

1620. Pour l'assurance des pratiques sportives, les arrêtés dits « Herzog » des 5 mai et 6 juillet 1962 avaient instauré une assurance obligatoire devant couvrir les dommages corporels des pratiquants. Toutefois, le montant des garanties s'est rapidement avéré dérisoire. Aussi la jurisprudence avait-elle instauré une obligation d'attirer l'attention des adhérents sur la faiblesse des prestations versées et de les inviter à souscrire une assurance plus appropriée (Civ. 1re, 16 juill. 1986, RGAT 1986. 453, note J. Bigot). Puis la loi n° 84-610 du 16 juillet 1984 (JO, 17 juill. 1984) en son article 38 transformait l'assurance obligatoire en assurance facultative mais en mettant à la charge des groupements sportifs une obligation d'informer leurs membres de l'intérêt de souscrire une assurance et de tenir à leur disposition des formules de garantie susceptible de réparer les atteintes à l'intégrité physique du pratiquant. La Cour de cassation a estimé que les groupements sportifs devaient donc obligatoirement proposer plusieurs formules de garantie (Civ. 1re, 13 févr. 1996, Bull. civ. I, n° 84 ; RCA 1996, n° 196) et démontrer qu'elles avaient informé leurs membres sur l'étendue des garanties souscrites (Civ. 1re, 4 févr. 1997, D. 1997, IR, 93 ; RCA 1997, n° 113). V. infra, partie 3, Titre 1, Sous-titre 4, Chap. 1, Assurance sports d'hiver – sports dangereux. La loi n° 2000-627 du 6 juillet 2000

(JO 8 juill. 2000) est venue modifier l'article 38 de la loi du 16 juillet 1984 en maintenant l'obligation d'information, mais la proposition d'assurance et la remise d'une notice sur le fondement de l'article L. 141-4 du Code des assurances incombe désormais aux fédérations sportives. En effet, le nouvel article 38 dispose : « la fédération agréée à laquelle est affilié le groupement sportif propose aux membres de celui-ci qui sollicite la délivrance d'une licence d'adhérer simultanément au contrat collectif d'assurance de personnes qu'elle a souscrit ». La fédération doit donc apporter une information sur les garanties proposées et attirer l'attention sur la faculté de souscrire une garantie complémentaire. La jurisprudence antérieure relative à l'obligation de mise en garde sur la nécessité de souscrire une assurance de personnes et à l'obligation de conseil sur l'étendue des garanties reste donc d'actualité ; il semble toutefois que ces obligations ont été transférées des groupements sportifs vers les fédérations. Il n'y a pas d'obligation pour le comité d'entreprise membre d'une association organisant des activités sportives d'attirer l'attention des salariés sur la nécessité de souscrire une assurance afin de couvrir les dommages corporels (Civ. 2e, 19 mars 1997, RCA 1997, n° 243, note G. Courtieu).

1621. Les polices d'assurance de groupe proposées aux emprunteurs (v. infra Assurance emprunteur, partie 3, Titre 2, Sous-titre 3, Chap. 1) par les établissements financiers qui les ont souscrites définissent le plus souvent de manière très restrictive l'invalidité. Très fréquemment ces garanties couvrent une invalidité totale et absolue mais ne s'appliquent pas à une incapacité temporaire totale. Il était affirmé traditionnellement que le banquier n'est pas tenu d'attirer l'attention sur l'insuffisance de la garantie d'assurance (Civ. 1re, 17 mars 1998, RGDA 1998. 769, note J. Kullmann ; Civ. 1re, 30 janv. 2002, Bull. civ. I, n° 37 ; D. 2003. 169, note B. Beignier), mais plus récemment la Cour de cassation a changé de position. Elle a décidé que « le banquier, qui propose à son client auquel il consent un prêt, d'adhérer au contrat d'assurance de groupe qu'il a souscrit à l'effet de garantir, en cas de survenance de divers risques, l'exécution de tout ou partie de ses engagements, est tenu de l'éclairer sur l'adéquation des risques couverts à sa situation personnelle d'emprunteur, la remise de la notice ne suffisant pas à satisfaire à cette obligation » (Cass. ass. plén. 2 mars 2007, préc. et v. supra).

D ▪ Obligation d'information et tiers au contrat

1622. Le notaire doit vérifier l'exactitude de la déclaration du vendeur affirmant qu'il a bien souscrit une assurance de dommages à l'ouvrage (Civ. 1re, 7 févr. 1989, RGAT 1989. 606, note J. Bigot). Le vendeur d'un système de protection contre le vol doit informer son client de l'adéquation du matériel avec sa garantie et se renseigner éventuellement auprès de l'assureur afin de vérifier cette adéquation (Com., 25 mai 1993, Bull. civ. IV, n° 211 ; D. 1994. Somm. 10, obs. J. Kullmann). Il en est de même pour un professionnel qui propose le « tatouage » des vitres de véhicules (Com., 29 oct. 2002, RGDA 2003. 110, note L. Fonlladosa).

1623. Dans le cadre de leur devoir de conseil, les tiers, banquiers, notaires ne sont pas obligés de préconiser la souscription d'une assurance facultative (Civ. 1re, 4 déc. 2001, Bull. civ. I, n° 299 ; RGDA 2002. 156, note L. Fonlladosa).

E ▪ Obligation d'information par l'assuré

1624. L'obligation de répondre avec loyauté et sincérité aux questions posées par l'assureur à l'occasion de l'adhésion à une assurance relève de l'obligation de bonne foi qui s'impose en matière contractuelle, et nul ne saurait voir sa responsabilité engagée pour n'avoir pas rappelé ce principe, ou les conséquences de sa transgression à une autre partie (Civ. 1re, 28 mars

2000, Bull. civ. I, n° 101, R. p. 406 ; D. 2000. 574, note B. Beignier ; RTD civ. 2000. 565, note J. Mestre, B. Fages).

1625. Il peut être retenu une faute à l'encontre de l'assuré qui aurait pu obtenir une information afin de mieux renseigner son assureur qui lui aurait alors proposé une couverture plus appropriée (Civ. 1re, 15 janv. 1991, RGAT 1991. 352, note R. Maurice). De même, l'assuré est tenu de déclarer sa nouvelle activité afin de bénéficier de la garantie adéquate, il ne saurait être fait grief à l'agent de ne pas avoir conseillé la couverture d'une activité dont il ignorait l'existence (Civ. 1re, 12 janv. 1999, RCA 1999, n° 77).

§ 2 ▪ Régime de l'obligation générale d'information en droit des assurances

1626. Comme en droit commun, l'action en responsabilité dirigée contre l'assureur, au sens large, obéit à un certain régime pour être mise en œuvre. Toutefois, l'obligation d'information connaît des limites. Lorsque le manquement à cette obligation est avéré, il sera sanctionné.

A ▪ Régime de l'action en responsabilité pour manquement de l'assureur à son obligation d'information

1627. La preuve de l'exécution de l'obligation d'information pèse sur l'assureur ou l'intermédiaire d'assurance (Civ. 1re, 9 déc. 1997, Bull. civ. I, n° 356 ; RGDA 1998. 381) ou encore sur la mutuelle (Soc. 15 juill. 1999, Bull. n° 353). En assurance de groupe, la charge de la preuve pèse sur le souscripteur (Civ. 1re, 6 nov. 2001, Bull. civ. I, n° 271).

1628. La preuve de l'exécution de l'obligation d'information pourra se réaliser par tous moyens comme en droit commun (V. supra sur le droit commun de l'information). Les juges du fond sont tenus de répondre aux conclusions de l'assuré soulevant le manquement de l'assureur à son obligation d'information (Civ. 1re, 30 juin 1987, RGAT 1987. 600, note R. Bout).

1629. Conformément à l'article L. 141-4 alinéa 2 du Code des assurances, en matière d'assurance de groupe, il était jugé que c'est la remise à l'assuré de la notice explicative par le souscripteur qui prouve que ce dernier s'est acquitté de son obligation d'information (Civ. 1re, 9 déc. 1997, Bull. civ. I, n° 356 ; RGDA 1998. 381, arrêt se fondant sur l'art. R. 140-5 ancien du Code des assurances ; Civ. 1re, 6 nov. 2001, Bull. civ. I, n° 271). Mieux encore, la Cour de cassation a pu exiger que la preuve de l'information soit constituée par le banquier en montrant qu'il avait annexé au contrat de prêt « une notice définissant de façon claire et précise les risques garantis ainsi que toutes les modalités de mise en jeu de l'assurance » (Civ. 1re, 4 nov. 2003, RCA 2004, n° 85). La nouvelle jurisprudence sur l'assurance emprunteur (v. Cass. ass. plén. 2 mars 2007, préc., supra) oblige, selon nous, tout professionnel qui propose l'adhésion à une assurance de groupe à préconstituer la preuve non seulement de la remise de la notice, mais encore de l'exercice d'un devoir de conseil.

1630. En matière de prescription, il semble que l'action en réparation du manquement à l'obligation d'information ne soit pas soumise à la prescription biennale. En effet, comme il s'agit d'engager la responsabilité de l'assureur ou de ses intermédiaires l'action sera fondée sur une responsabilité extra-contractuelle ou contractuelle. Ces actions se prescrivent désormais par cinq ans (délai de prescription de droit commun) aux termes de l'article 2224 du Code civil issu de la réforme de la prescription réalisée par la loi n° 2008-561 du 18 juin 2008. L'article

26 II de cette loi précise que ce nouveau délai qui réduit la durée de la prescription s'applique aux prescriptions en cours au jour de l'entrée en vigueur de la loi sans que la durée totale de la prescription puisse excéder la durée prévue par la loi antérieure.

1631. Ainsi l'action engagée contre l'assureur pour défaut d'information précontractuelle ne dérivant pas du contrat d'assurance, la prescription biennale lui est-elle inapplicable (Civ. 1re, 30 janv. 2001, Bull. civ. I, n° 14 ; R. p. 449 ; JCP 2001, II, 10609, note H. Maleville). De même pour un courtier, il été décidé que l'action en responsabilité dirigée contre lui ne dérivant pas du contrat d'assurance échappe à la prescription biennale prévue à l'article L. 114-1 du Code des assurances (Civ. 1re, 3 mars 1987, Bull. civ. I, n° 376).

B ▪ Limites à l'obligation d'information en droit des assurances

1632. L'obligation de conseil est atténuée à l'égard d'un professionnel qui est capable de mesurer son risque. La souscription d'une garantie responsabilité civile professionnelle insuffisante, ne saurait donc être imputée à l'agent (Civ. 1re, 28 oct. 1991, RCA 1992, n° 39). En effet, le professionnel averti des dangers de son activité est réputé avoir souscrit sa police en pleine connaissance de cause (Civ. 1re, 12 mai 1987, RGAT 1987. 454, note R. Bout). De même que le professionnel est en mesure d'évaluer le risque qu'il prend s'il ne souscrit pas de garantie vol, dès lors que le document de souscription mentionne clairement l'absence de garantie vol et que le courtier a tenté de répondre au souhait de son client de ne pas dépasser un certain montant de cotisation global (CA Paris, 7e ch. A, 6 avr. 2004, n° 2003-04-151). Quand l'assuré est compétent, il ne pèse sur l'agent général qu'une obligation de conseil allégée. En l'espèce, l'agent avait proposé un avenant pour la souscription d'une garantie dommages-ouvrages au syndicat de copropriétaire représenté par son syndic professionnel ; cette garantie n'avait pas été souscrite ce qui s'est avéré préjudiciable pour la couverture d'un sinistre ; la Cour de cassation écarte tout manquement de l'agent à son obligation de conseil (Civ. 2e, 10 avr. 2008, n° 07-11.071, RGDA 2008. 763, note D. Langé). Cette jurisprudence n'a pas à s'appliquer à des particuliers, toutefois, il pourrait s'avérer que le particulier est en mesure de comprendre le sens de la police qu'il va souscrire (professionnel du droit ou de l'assurance s'assurant pour garantir des risques non professionnels).

1633. L'assuré n'a pas à être mis en garde contre les conséquences d'une fausse déclaration (Civ. 1re, 13 nov. 1997, RGDA 1998. 108 ; Civ. 1re, 28 mars 2000, préc.). De la même façon que l'assurée qui avait de manière consciente et délibérée avait fait une déclaration du risque minorée pour bénéficier d'un allègement du montant de sa prime d'assurance ne peut plus ensuite établir un lien causal entre un manquement au devoir de conseil de l'agent et le dommage (Civ. 1re, 27 nov. 2008, n° 06-15.967, RGDA 2009. 268, note J. Roussel).

1634. Il était traditionnellement décidé que l'assureur n'est pas tenu de rappeler à l'assuré les modes d'interruption de la prescription biennale, nécessairement rappelés dans la police en application de l'article R. 112-1 alinéa 2 du Code des assurances (Civ. 1re, 22 janv. 2002, RGDA 2002. 382, note J. Kullmann). Or la Cour de cassation a opéré un revirement en affirmant que, désormais, aux termes de l'article R. 112-1 du Code des assurances, « les polices d'assurance doivent rappeler les dispositions de la loi concernant la prescription des actions dérivant du contrat d'assurance ; que l'inobservation de ces dispositions est sanctionnée par l'inopposabilité à l'assuré du délai de prescription édicté par l'article L. 114-1 du même code » (Civ. 2e, 2 juin 2005, n° 03-11.871, Bull. civ. II, n° 141 ; RGDA 2005. 619, note J. Kullmann). Cet arrêt rappelle ainsi l'obligation d'information mentionnée à l'article R. 112-1 et instaure une sanction que la loi ne prévoyait pas : l'inopposabilité du délai de prescription biennale. En effet, l'article

R. 112-1 ne prévoit pas de sanction pour les obligations qu'il impose. La Cour de cassation a donc pris un parti radical : la mention obligatoire du délai dans les conditions de la police ; à défaut, ce dernier est inopposable. Elle a ajouté que les points de départ doivent être mentionnés (Civ. 3e, 18 oct. 2011, n° 10-19.171) et les causes d'interruption (Civ. 3e, 16 nov. 2011, n° 10-25.246, publ.).

1635. Il n'y a pas d'obligation pour l'assureur d'avertir ses assurés que les nouvelles polices « responsabilité chef de famille » couvrent également la responsabilité contractuelle contrairement à celles souscrites précédemment (Civ. 1re, 1er déc. 1998, RGDA 1999. 455 ; RCA 1999, n° 58).

1636. La Cour de cassation a affirmé que « l'obligation de conseil de l'assureur ne peut s'étendre à des circonstances qui excèdent le cadre de l'opération d'assurance qu'il propose » (Civ. 1re, 2 juill. 2002, RGDA 2002. 688, note A. Favre Rochex ; RCA 2002, n° 347, note H. Groutel). En l'espèce, la Haute juridiction a écarté la responsabilité de l'assureur, représenté par un agent général, en retenant qu'il n'avait pas à indiquer à un plaisancier qu'il devait être titulaire d'un certificat de navigabilité conforme aux exigences réglementaires. Toutefois, on relèvera que cette jurisprudence est contradictoire avec celle sur l'obligation d'informer sur l'adéquation des permis de conduire avec la réglementation en vigueur (Crim. 23 oct. 1986, RGAT 1987. 159).

C ▪ Sanctions

1637. Le manquement à l'obligation d'information précontractuelle peut vicier le consentement du souscripteur et entraîner la nullité du contrat. Le plus souvent l'assuré invoquera la responsabilité contractuelle ou extra-contractuelle de l'assureur afin d'obtenir une indemnisation qui viendra compenser les conséquences du sinistre non garanti. C'est ainsi que la Cour de cassation retient une responsabilité délictuelle pour ne pas avoir fourni des informations et conseils au souscripteur sur un placement en assurance vie adossé à des actions (Civ. 2e, 7 juill. 2011, n° 10-16.267). La théorie de la perte de chance intervient alors pour permettre de mesurer le montant de l'indemnisation. La perte de chance pour l'assuré consiste en la certitude que ce dernier s'est vu privé du bénéfice d'un événement favorable lui-même incertain. Il appartient au juge d'apprécier si, dans l'hypothèse d'une information convenablement prodiguée, l'assuré aurait pu souscrire une assurance couvrant son risque. En présence d'une réponse positive à cette question, il reste à déterminer si, dûment informé, l'assuré aurait effectivement souscrit une telle assurance. Dès lors que ces deux incertitudes sont levées, il ne s'agit plus d'une simple perte de chance, l'indemnisation sera alors pleine et entière.

1638. À propos d'un arrêt dans lequel une association sportive a été condamnée pour ne pas avoir informé ses adhérents de l'intérêt de souscrire une assurance couvrant les dommages corporels (V. Civ. 2e, 19 mars 1997, RCA 1997, n° 243). La Cour de cassation, dans son rapport de 1997 (Doc. fr. 1998, p. 278), a indiqué qu'il existe « un aléa consistant à savoir si dûment informée et disposant de formulaires, la victime aurait ou non souscrit une assurance de personne, laquelle n'est pas obligatoire, et, dans l'affirmative, quel type d'assurance et quel montant de garantie ».

1639. En présence d'une perte de chance, le préjudice est certain, mais le juge en apprécie souverainement le montant car il n'est pas acquis que l'assuré dûment informé aurait souscrit une autre police. Ainsi en 1996, la Cour de cassation a-t-elle rappeler la souveraineté des juges du fond dans une affaire où le préjudice pour perte d'une chance de souscrire une garantie adéquate d'un emprunt de 200 000 F avait été évalué à 60 000 F (Civ. 1re, 13 nov. 1996, RGDA 1997. 215, note J. Maury). En revanche, lorsqu'il est acquis que l'assuré n'aurait pas pu trouver de garantie, il n'y a ni préjudice, ni indemnisation (pour une garantie invalidité qui en toute hypothèse n'aurait pas pu être souscrite, Civ. 1re, 4 mars 1997, RGDA 1997. 532, note J. Kullmann).

1640. Lorsque la faute de l'assureur ou du souscripteur dans une assurance de groupe a privé l'assuré de garantie, ce dernier recevra une indemnisation pleine et entière (Civ. 1re, 4 févr. 1997, RGDA 1997. 530 note J. Maury, cas d'un emprunteur dépourvu d'assurance par la faute du banquier et du notaire).

Section 3 ■ Présentation générale des documents d'information

1641. Afin de préciser nettement les obligations de l'assureur à l'égard du candidat souscripteur, le législateur est intervenu très régulièrement. Les lois du 31 décembre 1989 (n° 89-1014), du 4 janvier 1994 (n° 94-5), et du 1er août 2003 (n° 2003-76) sont venues modifier l'article L. 112-2 du Code des assurances. Les trois premiers alinéas de l'article L. 112-3 du même code, qui concernent les modalités de l'information, ont été introduits par une ordonnance du 19 avril 2001 (Ord. n° 2001-350, art. 6-XXXI). De même que, sans épuiser la question, on peut mentionner encore une loi n° 2005-1579 du 19 décembre 2005 introduisant une dérogation à l'alinéa 4 de l'article L. 112-3 à propos des complémentaires santé. Les trois premiers alinéas de l'article L. 112-2 du Code des assurances et ceux de l'article L. 112-3 comportent des dispositions de nature à éclairer le consentement du souscripteur. Ainsi l'article L. 112-2 du Code des assurances prévoit que : « l'assureur doit obligatoirement fournir une fiche d'information sur le prix et les garanties avant la conclusion du contrat. Avant la conclusion du contrat, l'assureur remet à l'assuré un exemplaire du projet de contrat et de ses pièces annexes ou une notice d'information sur le contrat qui décrit précisément les garanties assorties des exclusions, ainsi que les obligations de l'assuré. Les documents remis au preneur d'assurance précisent la loi qui est applicable au contrat si celle-ci n'est pas la loi française, les modalités d'examen des réclamations qu'il peut formuler au sujet du contrat, y compris, le cas échéant, l'existence d'une instance chargée en particulier de cet examen, sans préjudice pour lui d'intenter une action en justice, ainsi que l'adresse du siège social et, le cas échéant, de la succursale qui se propose d'accorder la couverture. Avant la conclusion d'un contrat comportant des garanties de responsabilité, l'assureur remet à l'assuré une fiche d'information, dont le modèle est fixé par arrêté, décrivant le fonctionnement dans le temps des garanties déclenchées par le fait dommageable, le fonctionnement dans le temps des garanties déclenchées par la réclamation, ainsi que les conséquences de la succession de contrats ayant des modes de déclenchement différents.

1642. Un décret en Conseil d'Etat définit les moyens de constater la remise effective des documents mentionnés à l'alinéa précédent. Il détermine, en outre, les dérogations justifiées par la nature du contrat ou les circonstances de sa souscription. (...) »

1643. L'article L. 112-3 dispose que : « Le contrat d'assurance et les informations transmises par l'assureur au souscripteur mentionnées dans le présent code sont rédigés par écrit, en français, en caractères apparents ». Ces dispositions législatives ont été complétées par des dispositions réglementaires qui indiquent les modalités selon lesquelles l'information est dispensée (C. assur., art. R. 112-2 et R. 112-3). Ces deux textes indiquent la liste des documents à fournir au candidat souscripteur et leur contenu. Il est également réglementé par ces textes les modalités selon lesquelles l'information doit être donnée ; par exemple la langue employée doit être en principe le français. On procèdera d'abord à une présentation générale des documents d'information exigés par ces textes, notamment quant au moment où les documents sont fournis ; puis ces documents, tels que la fiche d'information, seront examinés séparément.

1644. Le Code des assurances s'est constitué par strates successives qui se sont superposées au gré des textes et sans recherche de cohérences. On peut distinguer un droit commun de l'obligation d'information prévu aux articles L. 112-2 et L. 112-3 du Code des assurances, mais il ne faut pas négliger des dispositions spécifiques telles que l'article L. 132-5-2 du même code qui prévoit une note d'information en matière d'assurance vie ou encore l'article L. 141-4 qui oblige le souscripteur d'une assurance de groupe à remettre une notice établie par l'assureur qui définit les garanties et les modalités de leur entrée en vigueur. Cette diversité des sources doit faire l'objet d'un recensement afin de procéder à l'analyse des documents d'information.

§ 1 ▪ Diversité des sources et modalités d'information

A ▪ Documents d'information dans la période précontractuelle

1 ▪ Différents supports d'information

1645. Lorsque l'on examine les textes, la liste des documents d'informations et les modalités de l'information s'établit comme suit :
- fiche d'information sur les prix et les garanties (C. assur., art. L. 112-2, al. 1);
- projet de contrat et ses pièces annexes (C. assur., art. L. 112-2, al. 2);
- notice d'information décrivant précisément les garanties assorties des exclusions (C. assur., art. L. 112-2, al. 2);
- les documents remis précisent la loi applicable (C. assur., art. L. 112-2, al. 2);
- dans les contrats comportant des garanties de responsabilité, la fiche d'information décrivant le « fonctionnement » dans le temps des garanties (C. assur., art. L. 112-2, al. 2);
- la proposition d'assurance (C. assur., art. L. 112-2 al. 4);
- la note de couverture (C. assur., art. L. 112-2, al. 4, L. 112-3, al. 6, L. 112-8);
- la police (C. assur., art. L. 112-2, al. 4, L. 112-3, al. 6, L. 112-à L. 112-6);
- les informations contractuelles prévues par les articles L. 121-20-11 et suivants du Code de la consommation, lors de la conclusion par un consommateur d'un contrat d'assurance entièrement à distance (C. assur., art. L. 112-2-1 ; pour l'assurance à distance – notamment souscription via Internet- v. partie 2, Titre 1, Sous-titre 1, chap. 3);
- le contrat d'assurance et les informations transmises par l'assureur sont rédigées en français (C. assur., art. L. 112-3);
- le formulaire de déclaration du risque (C. assur., art. L. 112-3, al. 4, art. L. 113-2 al. 1er);
- en assurance sur la vie, la proposition d'assurance ou un contrat (C. assur., L. 132-5-2);
- en assurance sur la vie, une note d'information sur les dispositions essentielles du contrat (C. assur., art. L. 132-5-2);
- en assurance de groupe, une notice définissant les garanties et leur entrée en vigueur (C. assur., art. L. 141-4).

1646. Tous les documents qui circulent entre l'assureur et le candidat à l'assurance, voire l'assuré, sont vecteurs d'information. Il reste que seuls certains de ces documents permettent de satisfaire à une obligation d'information contemporaine de la conclusion du contrat. Les documents ou les modalités de l'information qui répondent à la double exigence d'être por-

teurs d'une information à destination du candidat souscripteur et d'être requis dans la période contemporaine de la conclusion du contrat sont les suivants :
- fiche d'information sur les prix et les garanties (C. assur., art. L. 112-2, al. 1);
- projet de contrat et ses pièces annexes (C. assur., art. L. 112-2, al. 2);
- notice d'information décrivant précisément les garanties assorties des exclusions (C. assur., art. L. 112-2, al. 2),
- les documents remis précisent la loi applicable (C. assur., art. L. 112-2, al. 2);
- dans les contrats comportant des garanties de responsabilité, la fiche d'information décrivant le fonctionnement dans le temps des garanties (C. assur., art. L. 112-2, al. 2);
- le contrat d'assurance et les informations transmises par l'assureur rédigées en français (C. assur., art. L. 112-3);
- en assurance sur la vie, la proposition d'assurance ou de contrat (C. assur., art. L. 132-5-2, al. 3);
- en assurance sur la vie, une note d'information sur les dispositions essentielles du contrat (C. assur., art. L. 132-5-1);
- en assurance de groupe, une notice définissant les garanties et leur entrée en vigueur (C. assur., art. L. 141-4).

2 ▪ Information, en principe, précontractuelle

1647. Le moment auquel l'information doit être dispensée peut se distinguer selon que l'on se situe dans la période précontractuelle ou dans la période contractuelle. Parfois le législateur indique clairement que l'information est donnée avant la conclusion du contrat. Il en est ainsi pour la fiche d'information, le projet de contrat ou la notice d'information détaillée et la fiche d'information sur la prise d'effet dans le temps de la garantie responsabilité (C. assur., art. L. 112-2 al. 1 et 2). Les exigences concernant l'emploi de la langue française (C. assur., L. 112-3) et l'indication du droit applicable (C. assur., art. L. 112-2, al. 2) constituent des techniques visant à garantir une information pleine et entière ; elles concernent à la fois la période précontractuelle et la période contractuelle. Le législateur a précisé, pour l'assurance vie, à l'article L. 132-5-2 du Code des assurances, qu' « avant la conclusion d'un contrat d'assurance sur la vie ou d'un contrat de capitalisation, par une personne physique, l'assureur remet à celle-ci, contre récépissé, une note d'information sur les conditions d'exercice de la faculté de renonciation et sur les dispositions essentielles du contrat ». En revanche, le moment de la remise de la notice n'a pas été précisé en matière d'assurance de groupe (C. assur., art. L. 141-4).

1648. La fiche d'information sur les prix et les garanties (C. assur., art. L. 112-2, al. 1) et le projet de contrat et ses pièces annexes (C. assur., art. L. 112-2, al. 2) ou la notice d'information décrivant précisément les garanties assorties des exclusions (C. assur., art. L. 112-2, al. 2) font nécessairement partie des informations à communiquer par l'assureur avant la conclusion du contrat. En effet, le législateur précise bien que ces documents sont remis avant la conclusion du contrat. De même que pour le contrat d'assurance entièrement conclu à distance l'article L. 112-2-1, III du Code des assurances précise bien que les informations sont communiquées en temps utile avant la conclusion du contrat. Il doit également être remis avant la conclusion du contrat, lorsque ce dernier comporte « des garanties de responsabilité » une fiche d'information décrivant le fonctionnement dans le temps des garanties (C. assur., L. 112-2, al. 2).

1649. L'ancien article L. 132-5-1 du Code des assurances prévoyait que le délai de rétractation de trente jours dont bénéficie la personne physique souscriptrice d'un contrat d'assurance vie était prorogé jusqu'à la remise effective de la notice d'information. La jurisprudence en a déduit que le délai de rétractation n'a jamais couru quand l'assureur ne prouve pas qu'il a remis la notice. Le souscripteur peut alors se rétracter longtemps après la conclusion du contrat (Civ. 2e, 7 mars 2006, n° 05-10.366, Bull. civ. II, n° 63 ; JCP G 2006, II, 10056, note F. Descorps

Declère ; JCP G 2006, I, 135, obs. L. Mayauxet v. infra partie 3, Titre 2, Sous-titre 1, chap. 2, Formation du contrat d'assurance vie). Afin d'éviter les rétractations tardives qui ne sont justifiées que par la perte de valeur du contrat d'assurance, le législateur est intervenu et a créé un article L. 132-5-2 qui dispose que « le défaut de remise des documents et informations prévus au présent article entraîne de plein droit la prorogation du délai de renonciation prévu à l'article L. 132-5-1 jusqu'au trentième jour calendaire révolu suivant la date de remise effective de ces documents, dans la limite de huit ans à compter de la date où le souscripteur est informé que le contrat est conclu. » Il n'est donc désormais plus possible de se rétracter huit années après la souscription quand bien même l'obligation d'information n'a pas été respectée. En matière d'assurance à distance, l'article L. 122-2-1, prévoit que le point de départ du délai de rétraction est déplacé, le délai ne commence donc à courir, qu'à compter de l'envoi de l'ensemble des informations (v. infra l'assurance à distance, notamment souscription via Internet- v. partie 2, Titre 1, Sous-titre 1, chap. 3). En droit commun, l'article 1116 du Code civil (corresp. aux art. 1130 et 1137 C. civ. à compter du 1er oct. 2016) prévoit la nullité du contrat qui été conclu sous l'empire d'un dol, c'est-à-dire de manœuvres qui ont amené l'autre contractant à s'engager ; le dol par réticence constituant également une cause de nullité aux termes de la jurisprudence (Civ. 3e, 15 janv. 1971, Bull. civ. III, n° 38). Toutefois, bien que cela soit discuté, il semble nécessaire de démontrer que la rétention d'information, le simple silence, soit intentionnelle pour obtenir la nullité du contrat pour réticence dolosive. Or, il est difficile de concevoir qu'un assureur retienne délibérément des documents d'information. En revanche, si, une fois le contrat conclu, le souscripteur parvient à démontrer qu'il a commis une erreur sur la portée de la garantie en raison de la non remise des documents d'information, il obtiendra la nullité du contrat pour erreur, vice du consentement ayant entaché la formation du contrat (C. civ., art. 1110 ; art. 1132 et s. après le 1er oct. 2016). Le défaut d'informations du fait de l'assureur, a fortiori lorsque la loi oblige à les dispenser, pourra donc être sanctionné par la nullité du contrat d'assurance souscrit sans remise préalable des informations requises. En outre, cette violation de l'obligation légale ayant été perpétrée pendant la période précontractuelle, l'assureur engage sa responsabilité délictuelle sur le fondement de l'article 1382 du Code civil renuméroté 1240 par la réforme du droit des contrats. Par ailleurs, si le souscripteur est un consommateur, l'article L. 133-2 du Code de la consommation dispose que le contrat ambigu s'interprète en faveur du consommateur. Ces dispositions ont été appliquées contre l'assureur dans le cadre d'une assurance de personne afin d'interpréter une clause invalidité (Civ. 2e, 13 juill. 2006, n° 05-18.104, Bull. civ. II, n° 214 - 1er juin 2011, n° 09-72.552, publ., sur l'interprétation contre l'assureur d'une clause invalidité dans un contrat « prévoyance »). Il semble qu'il n'existe pas de contentieux porté devant la Cour de cassation sur la sanction de l'absence de remise du document préalablement à la conclusion du contrat. Lorsqu'un tel moyen est soulevé par un assuré, il est probable que l'assureur s'efforce de régler la question amiablement.

B ▪ Indication du droit applicable et informations rédigées en français, en caractères apparents

1 ▪ Indication du droit applicable

1650. L'article L. 112-2 alinéa 2 du Code des assurances dispose que « les documents remis au preneur d'assurance précisent la loi qui est applicable au contrat si celle-ci n'est pas la loi française ». En assurance de dommages, aux termes de l'alinéa 1er de l'article L. 181-1 du Code des assurances, lorsque le risque est situé en France et que le souscripteur y a sa résidence principale, la loi applicable est la loi française. En revanche, lorsque le risque est situé en France mais que le souscripteur n'y a pas sa résidence principale, le souscripteur peut choisir sa loi nationale (C. assur., art. L. 181-1, 1°). De même lorsque le risque n'est pas situé en France, mais que le souscripteur y dispose de sa résidence principale, la loi du lieu du risque peut être choisie. Les documents d'information devront alors faire apparaître la loi applicable. En assurance sur la vie ou pour les contrats de capitalisation, l'alinéa 1er de l'article L. 183-1 du Code des assurances prévoit que le contrat souscrit en France obéit à la loi française. Toutefois, l'alinéa 2 du même texte indique que le ressortissant d'un autre État membre de l'Espace économique européen peut choisir sa loi nationale. Dans ce dernier cas les documents remis mentionneront la loi applicable.

1651. Le législateur n'a pas prévu de sanctions de l'inobservation de l'indication de la loi applicable. Toutefois, la violation de l'obligation n'aurait pas de conséquences au fond. En effet, les règles de conflits de lois (C. assur., art. L. 181-1 et s.) permettraient de désigner la loi applicable au contrat, même en l'absence de désignation dans les documents. En la forme, il faudrait que le candidat à l'assurance ou le souscripteur démontre que l'absence de désignation dans les documents d'information de la loi étrangère applicable lui a causé un préjudice afin d'obtenir une réparation.

2 ▪ Informations en français et en caractères apparents

1652. L'article R. 160-1 du Code des assurances prévoyait que les conditions des contrats d'assurance étaient rédigées en français. Ce texte a été abrogé par un décret n° 92-1356 du 22 décembre 1992. La loi du 31 décembre 1989 est venue modifier l'article L. 112-3 du Code des assurances afin que ce dernier indique que le contrat d'assurance est rédigé en français, en caractères apparents. L'article 2 de la loi n° 94-665 du 4 août 1994, relative à l'emploi de la langue française impose l'emploi du français dans « la désignation, l'offre, la présentation, le mode d'emploi ou d'utilisation, la description de l'étendue et des conditions de garantie, d'un bien, d'un produit ou d'un service ». Les difficultés de mise en œuvre de ce texte et notamment son incompatibilité avec la législation communautaire (CJCE, 12 sept. 2000, aff. C-366-98, Sté Casino France, D. 2001, p. 1458, note J.-M. Pontier ; Contrat, Conc. Consom. 2001, chron. n° 10, L. Bernardeau et sur ce droit commun v. supra) ont obligé le gouvernement français à adopter une ordonnance (n° 2001-350, 19 avr. 2001, art. 6-XXXI) modifiant l'alinéa 1er de l'article L. 112-3. Désormais ce texte dispose que « le contrat d'assurance et les informations transmises par l'assureur au souscripteur mentionnées dans le présent code sont rédigées par écrit, en français, en caractère apparents » et prévoit des dérogations à l'alinéa 2.

a - Obligation de rédaction en français

1653. Le texte vise le contrat d'assurance, ce qui laisserait à penser que seules les clauses du contrat et, éventuellement, les documents établis postérieurement à la souscription du contrat doivent être rédigés en français. Toutefois, la généralité de l'article nous conduit à affirmer que l'exigence de la rédaction en français s'applique à tout document. En effet, le texte indique que « les informations transmises par l'assureur au souscripteur mentionnées dans le présent code » sont rédigées en français. Il apparaît donc que tous les documents d'information prévus par le Code des assurances, y compris ceux qui doivent être fournis avant la souscription, doivent être rédigés en français ; ce, dès lors que les conditions pour exiger le français sont réunies.

1654. Pour les assurances de dommages, lorsque le risque est situé sur le territoire de la République française et que le souscripteur y dispose de sa résidence principale, la loi applicable est la loi française, à l'exclusion de tout autre (C. assur., art. L. 181-1). Il résulte de la combinaison de cette disposition avec l'article L. 112-3 du Code des assurances que les informations à destination d'un souscripteur résidant à titre principal en France assurant un risque situé sur le territoire français doivent être rédigées en français. La Cour de cassation a affirmé que l'obligation de rédaction en français est écartée en assurance maritime, sauf lorsqu'il s'agit de couvrir les risques de la navigation de plaisance (Com., 11 mars 1997, Bull. civ. IV, n° 66 ; RCA 1997, comm. n° 240, 2e esp.).

1655. Les dispositions de l'article L. 112-3, alinéa 2 du Code des assurances combinées à celles de l'article L. 181-1 du même code permettent de rédiger les documents d'information dans une autre langue que le français lorsque le souscripteur n'a pas sa résidence principale en France ou que le risque n'est pas situé en France. Il faut en outre, aux termes de l'article L. 112-3 une acceptation écrite expresse du souscripteur. Toutefois, les souscripteurs grands risques tels que définis à l'article L. 111-6 du même code peuvent rédiger la police dans la langue de leur choix. Par ailleurs, l'article L. 112-3 alinéa 3 du Code des assurances ajoute une autre exception permettant le libre choix de la langue de rédaction des documents : « lorsque les parties au contrat n'ont pas la possibilité d'appliquer une autre loi que la loi française, ces documents peuvent toutefois, d'un commun accord entre les parties et à la demande écrite du seul souscripteur, être rédigés dans la langue ou dans l'une des langues officielles de l'État dont il est ressortissant ». Ces dispositions issues de l'ordonnance du 19 avril 2001 ont été adoptées afin de se mettre en conformité le droit français des assurances avec les règles communautaires.

1656. Pour les assurances sur la vie et les contrats de capitalisation, il résulte de la combinaison de l'article L. 112-3 du Code des assurances avec l'article L. 183-1 alinéa 1er du même code relatif à la loi applicable à l'assurance sur la vie et au contrat de capitalisation, que l'engagement sur une telle opération conclue sur le territoire de la République française est rédigé en français. Par voie de conséquence l'information est également donnée en français. L'article L. 183-1 alinéa 2 du Code des assurances précise que « si le souscripteur est une personne physique et est ressortissant d'un autre État membre de l'Espace économique européen, les parties au contrat d'assurance peuvent choisir d'appliquer soit la loi française soit la loi de l'État dont le souscripteur est ressortissant ». Il résulte de ce texte combiné avec l'article L. 112-3 alinéa 2 du même code que le souscripteur qui n'est pas français mais ressortissant d'un autre État membre qui conclut un contrat d'assurance sur la vie ou de capitalisation en France peut opter, sur demande écrite (C. assur., art. L. 112-3 al. 2 in fine), pour une rédaction des documents dans une autre langue. En outre, la dérogation générale prévue à l'alinéa 3 de l'article L. 112-3 du Code des assurances permettant le libre choix de la langue de rédaction des documents est applicable aux contrats d'assurance sur la vie ou de capitalisation. Rappelons que ce texte dispose : « lorsque les parties au contrat n'ont pas la possibilité d'appliquer une autre loi que la loi française, ces documents peuvent toutefois, d'un commun accord entre les parties et à la demande écrite du seul souscripteur, être rédigés dans la langue ou dans l'une des langues officielles de l'État dont il est ressortissant ».

1657. Sous l'empire de la loi du 31 décembre 1975 (L. n° 75-1349) qui imposait également le français, il a été jugé que la clause d'exclusion rédigée en langue étrangère était inapplicable (Civ. 1re, 24 nov. 1993, RGAT 1994. 87, note Maurice). On peut imaginer que les conditions d'application de l'alinéa 1er de l'article L. 112-3 du Code des assurances étant réunies, la même sanction, c'est-à-dire que la clause litigieuse est réputée non écrite pourrait s'appliquer. L'obligation de rédaction en langue française étant édictée aux fins de protection des profanes, on pourrait également soutenir que la jurisprudence établissant la règle de l'interprétation en faveur du consommateur trouverait à s'appliquer. En effet, la Cour de cassation a indiqué que les clauses ambiguës des contrats conclus par un consommateur s'interprètent dans le sens le plus favorable à ce dernier (Civ. 1re, 21 janv. 2003, Bull. civ. I, n° 19 ; Dr. et patr. mai 2003, p. 112, obs. Chauvel et pour l'assurance v. Civ. 2e, 13 juill. 2006, n° 05-18.104, Bull. civ. II, n° 214).

b - Obligation de rédaction en caractères apparents

1658. L'article L. 112-3 alinéa 1er exige non seulement que les informations transmises par l'assureur soient rédigées en français, mais encore en « caractères apparents ». L'information ne saurait être utilement dispensée si elle est difficilement lisible.

1659. Les juges du fond apprécient souverainement le caractère apparent de la rédaction d'une clause (Civ. 1re, 27 mai 1998, RGDA 1998. 692, note A. Favre Rochex).

1660. Lorsque le document d'information ou une partie de ce document n'est pas rédigé en caractères apparents, le législateur n'a pas déterminé de sanction. En raisonnant par analogie avec l'obligation de rédiger la clause de durée du contrat en caractères très apparents, prévue par l'article L. 113-15 alinéa 1er, il est possible d'appliquer la sanction retenue par la Cour de cassation en cas de violation de cette exigence. En pareil cas la Haute juridiction a décidé que la clause formellement irrégulière est inopposable (Civ. 1re, 14 nov. 1979, RGAT 1980. 353, note A. Besson). En transposant la solution à l'obligation d'utiliser des caractères apparents dans les documents d'information, la violation d'une telle obligation pourra être sanctionnée par l'inopposabilité de l'information à l'assuré. On pourrait également soutenir que la jurisprudence établissant la règle de l'interprétation en faveur du consommateur trouverait à s'appliquer ; la Cour de cassation ayant indiqué que les clauses ambiguës des contrats conclus par un consommateur s'interprètent dans le sens le plus favorable à ce dernier (Civ. 1re, 21 janv. 2003, préc. et pour l'assurance v. Civ. 2e, 13 juill. 2006, n° 05-18.104, Bull. civ. II, n° 214).

1661. Il faut distinguer cette obligation de caractères apparents pour toute clause du contrat d'assurance, des caractères très apparents exigés à l'article L. 112-4 du Code des assurances qui s'imposent pour les clauses de déchéance, exclusion et nullité. Si les clauses d'exclusion font l'objet d'une analyse dans d'autres développements (cf. le chapitre « Les clauses d'exclusion ») on signalera ici un arrêt mentionnant une nullité du contrat (à propos d'une non déclaration d'une hypothèque fluviale) et qui précise bien qu'une clause édictant une nullité n'est valable que si elle figure en caractères très apparents (Civ. 2e, 15 avr. 2010, n° 09-11.667, RGDA 2010, p. 676, note J. Kullmann).

§ 2 ▪ Nature des documents d'information

1662. Les documents d'information qui sont remis au moment même de la conclusion du contrat ne posent pas de difficultés. Lorsque le candidat à l'assurance reçoit l'acceptation du contrat par l'assureur le contrat d'assurance est formé (v. supra, partie 2, Titre 1, Sous-titre 1, Chap. 1, Formation du contrat d'assurance). Les documents d'information qui sont annexés à ce contrat s'intègrent à l'économie de ce dernier. Une discussion pourrait surgir sur l'articulation entre une notice annexée et les clauses générales, il appartiendra alors au juge de procéder à l'interprétation. Toutefois, le caractère contractuel des documents d'information communiqués avec le contrat ne souffre pas de discussion. En revanche, les documents communiqués dans la période précontractuelle telle que la fiche d'information, le projet de contrat ou la notice d'information prévus par l'article L. 112-2 du Code des assurances entrent-ils dans le champ contractuel ? Une réponse positive s'impose car le candidat souscripteur formulera son offre de s'assurer en fonction de ces documents. Il reste à préciser et à nuancer cette affirmation.

1663. Les documents précontractuels qui ont favorisé la conclusion du contrat vont permettre d'établir la commune intention des parties en cas de difficulté dans l'interprétation de la police définitive. Ils peuvent être retenus, en tant que de besoin, pour établir le contenu du contrat (J. Bigot [sous dir.], *Traité de droit des assurances*, T. 3, Le contrat d'assurance, LGDJ 2002, n° 480). Il a été jugé que la proposition d'assurance permet d'interpréter le contrat lorsque celui-ci comporte une ambiguïté (Civ. 1re, 12 juin 1990, RGAT 1990. 630, note R. Bout ; Civ. 1re, 7 juill. 1993, RGAT 1994. 499, note Ph. Rémy). En outre, quand l'assuré est un consommateur, toute clause ambiguë s'interprète contre l'assureur (pour une assurance de personne, Civ. 2e, 13 juill. 2006, n° 05-18.104, Bull. civ. II, n° 214).

1664. En pratique la formation du contrat d'assurance est souvent précédée de la connaissance par le candidat souscripteur d'une publicité ou la remise par l'assureur d'un document publicitaire qui ne constitue pas une notice ou un projet de contrat. Il est admis en jurisprudence que le document publicitaire peut rentrer dans le champ contractuel et que le juge est autorisé à définir les obligations des parties au regard de ce document (Civ. 1re, 18 mai 1966, Bull. civ. I, n° 308 ; Com., 17 juin 1997, Bull. civ. IV, n° 195 ; D. 1998, p. 248, note G. Pignarre, G. Paisant). En droit des assurances, il a donc été jugé qu'une présentation de la garantie par un document publicitaire va prévaloir sur le contrat ou la police qui stipulerait une couverture du risque plus restreinte. Il a été décidé que la clause d'une police qui restreignait l'usage d'un deux-roues tout terrain à certaines voies de circulation était inopposable à l'assuré qui avait contracté sur le fondement d'une publicité pour l'assurance d'un deux-roues avec usage tout terrain (Civ. 1re, 10 juill. 1995, RGAT 1995. 883, note L. Mayaux). De même qu'une cour d'appel peut souverainement estimer qu'est inopposable au locataire d'un véhicule la clause du contrat écrite en petits caractères et noyée dans les clauses d'exclusion, prévoyant que la garantie complète des dommages au véhicule nécessite une assurance complémentaire, alors que le dépliant publicitaire annonçait sans nuances une garantie de ces dommages, ce qui incitait les clients à relâcher leur attention ; ce, même si le locataire avait reconnu en signant le contrat de location, avoir pris connaissance du document contenant la clause et l'avoir accepté (Civ. 1re, 27 févr. 1996, RGDA 1996. 254, note Maleville ; Contrats, conc., consom. 1996, comm. 94, note L. Leveneur). On peut transposer ces solutions jurisprudentielles à la distorsion qui pourrait apparaître entre un document publicitaire et la fiche d'information ou le projet de contrat ou la notice détaillée. Un document publicitaire très clair sur l'étendue d'une garantie primerait certainement un document précontractuel d'information très détaillé.

1665. La remise d'une fiche d'information sur les prix et les garanties ou d'un exemplaire du projet de contrat ou encore d'une notice d'information sur le contrat, par application de l'article L. 112-2 du Code des assurances, ne saurait constituer une offre de contracter qui engage l'assureur. En effet, c'est le candidat souscripteur qui, dans la formation du contrat d'assurance, est en état d'offre afin de permettre à l'assureur de sélectionner ses risques (v. supra, partie 2, Titre 1, Sous-titre 1, Chap. 1, Formation du contrat d'assurance). Les documents d'information permettent simplement d'éclairer le consentement du candidat souscripteur et guident la formulation de sa demande d'assurance.

Section 4 ▪ Documents d'information, forme et contenu de l'information

1666. Le droit commun des documents d'information à fournir à tout candidat souscripteur figure à l'article L. 112-2 du Code des assurances. Il consiste en la fourniture d'une fiche d'information et en la remise d'un projet de contrat et de ses pièces annexes ou d'une notice d'information. Depuis, la loi du 1er août 2003, la conclusion d'un contrat comportant des garanties de responsabilité doit être précédée par la remise d'une fiche d'information sur le « fonctionnement » dans le temps des garanties. Par ailleurs, il existe des dispositions propres à certains contrats. Nous présenterons l'obligation d'information dans l'assurance de groupe prévue par l'article L. 141-4 du Code des assurances et nous évoquerons simplement les dispositions concernant l'assurance sur la vie prévues à l'article L. 132-5-2 du même code. En ce qui concerne la souscription à distance, il convient de se reporter aux développements spécifiques à cette question (partie 2, Titre 1, Sous-titre 1, chap. 3, La formation du contrat d'assurance à distance).

§ 1 ▪ Droit commun des documents d'information

A ▪ Fiche d'information

1667. L'article L. 112-2 alinéa 1er du Code des assurances dispose que « l'assureur doit obligatoirement fournir une fiche d'information sur le prix et les garanties avant la conclusion du contrat ». Cette obligation ne s'applique pas à tous les contrats. Elle suppose que soit défini le contenu de la fiche. En outre, la fourniture de la fiche ne constitue pas un engagement de l'assureur. Enfin on rappellera que la sanction de l'absence de remise n'est pas aisée à mettre en œuvre.

1 ▪ Champ d'application de l'obligation de fournir une fiche d'information

1668. L'obligation de fournir une fiche sur les prix et les garanties avant la conclusion du contrat ne peut s'appliquer que pour les contrats de masse à destination des particuliers et des professionnels qui n'ont pas besoin de garantir un risque très spécifique. En effet, un prix et une garantie adaptée ne sauraient être proposés pour des contrats qui nécessitent d'être conclus de gré à gré. Un particulier qui souhaiterait assurer une œuvre d'art ne se verra pas remettre une fiche d'information mais une proposition d'assurance adaptée.

1669. L'article R. 112-2 alinéa 1er du Code des assurances indique que l'obligation de remise de la fiche est exclue pour l'assurance des grands risques tels que définis par l'article L. 111-6 du même code (par exemple, corps de véhicules aériens, marchandises...). L'assurance d'un risque de particuliers ne rentre pas dans la catégorie des grands risques (C. assur., art. R. 111-1). Une autre exception est prévue par l'alinéa 2 de l'article R. 112-2. En substance, l'assureur est dispensé de fournir une notice d'information lorsqu'il propose une assurance de particuliers qui couvre un risque pour une durée inférieure à trois mois et dont la prise d'effet intervient au plus tard 48 heures après la proposition d'assurance. Plus précisément encore, les dispositions des deux premiers alinéas de l'article L. 112-2 du Code des assurances ne sont pas applicables « aux contrats d'assurance couvrant des risques liés à la villégiature, au camping, aux sports d'hiver, aux vacances et aux voyages souscrits pour trois mois au plus et non renouvelables, ni aux contrats d'assurance de bagages valables pour un seul voyage, lorsque la prise d'effet de ces contrats intervient au plus tard 48 heures après la proposition d'assurance ».

2 ▪ Contenu de la fiche d'information

1670. Dans le projet de texte qui allait devenir la loi du 31 décembre 1989 (L. n° 89-1014, portant adaptation du Code des assurances à l'ouverture du marché européen), la disposition qui allait modifier l'article L. 112-2 du Code des assurances prévoyait la remise d'un « devis ». Cette obligation est devenue une fiche d'information dans le texte définitif, mais l'idée est restée la même. Le candidat souscripteur doit pouvoir prendre connaissance des prestations prévues et de leur coût. Il ne s'agit que d'une disposition spécifique au droit des assurances reprenant une obligation générale prévue à l'article L. 111-1 du Code de la consommation exigeant que le professionnel, avant la conclusion d'un contrat, mette en mesure le consommateur de connaître les caractéristiques essentielles du bien ou du service. Afin que le candidat à l'assurance puisse se faire une idée précise de la prestation et puisse la comparer, il faut que la fiche mentionne l'étendue de la garantie, indique les franchises, les plafonds et précise évidemment le montant de la prime.

1671. La fourniture de la fiche d'information n'épuise pas l'obligation de renseignement et de conseil de l'assureur. En effet, l'information ainsi diffusée est objective, mais elle ne dispense pas l'assureur ou son intermédiaire de son devoir de conseil. Ainsi, par exemple, a-t'il été jugé que l'assureur doit veiller à une couverture appropriée du risque, et pour ce faire, qu'il doit vérifier que les exclusions de garantie ne rendent pas inutile la police de responsabilité souscrite (Civ. 1re, 25 févr. 1986, RGAT 1986. 589, note R. Bout). La simple remise d'une fiche d'information aussi détaillée soit-elle n'empêcherait pas la condamnation de l'assureur pour manquement à son devoir de conseil s'il laisse souscrire une assurance dont le contenu ne permet pas la couverture du risque recherchée par l'assuré.

3 ▪ Remise de la fiche d'information

a - Remise à l'initiative de l'assureur

1672. Le projet de texte qui a précédé la loi du 31 décembre 1989 prévoyait que la notice était remise à la demande du candidat à l'assurance. Cette formule n'a pas été retenue, il est donc évident, au regard des termes particulièrement impératifs de l'alinéa 1er de l'article L. 112-2 que c'est à l'assureur de remettre la fiche (J. Bigot, La loi n° 89-1014 du 31 décembre 1989 portant adaptation du Code des assurances à l'ouverture du marché européen, JCP G 1990, I, 3437), dès lors que le candidat à l'assurance a manifesté son souhait d'avoir des renseignements sur une garantie.

b - Effet de la remise de la fiche : pas d'engagement de l'assureur

1673. L'assureur doit pouvoir sélectionner ses risques, aussi lorsqu'il fournit une fiche d'information au regard des quelques renseignements que le candidat à l'assurance lui a communiqués, il ne formule pas une offre d'assurance (v. supra partie 2, Titre 1, Sous-titre 1, Chap. 1, Formation du contrat d'assurance). C'est seulement après que la proposition d'assurance a été complétée par le candidat souscripteur que l'assureur est en mesure d'accepter l'offre. La fourniture de la fiche d'information par l'assureur ne constitue donc pas une offre de contracter.

c - Sanction de l'absence de remise de la fiche

1674. L'article L. 112-2 du Code des assurances ne prévoit aucune sanction pour défaut de remise de la fiche d'information.

1675. Un auteur estime que l'obligation instaurée par l'article L. 112-2 du Code des assurances ne trouverait pas de sanction même en droit commun (J. Bigot, *Traité de droit des assurances*, T. 3, préc. n° 482, in fine). Il est néanmoins certain qu'en l'absence de dispositions spéciales en droit des assurances, le droit commun retrouve son empire. Le manquement a une obligation d'information peut provoquer un vice du consentement justifiant la nullité du contrat et entraîner corrélativement une responsabilité de l'assureur.

1676. Une fois le contrat d'assurance conclu, en l'absence d'information préalable, le souscripteur pourra démontrer que le défaut de fiche a provoqué une erreur, sur, par exemple, l'étendue des garanties ; l'erreur étant une cause de nullité du contrat (C. civ., art. 1110 ; art. 1132 et s. après le 1er oct. 2016).

1677. Sur le fondement de l'article 1382 du Code civil renuméroté 1240 à compter du 1er octobre 2016, la faute commise par l'assureur dans la formation du contrat pourra être sanctionnée. Il faudra démontrer que ce manquement est à l'origine d'un préjudice pour l'assuré qui a conclu le contrat.

B ▪ Projet de contrat et ses pièces annexes ou notice d'information sur le contrat

1 ▪ Obligation de remise des documents et limites

1678. L'article L. 112-2 alinéa 2 dispose qu' « avant la conclusion du contrat, l'assureur remet à l'assuré un exemplaire du projet de contrat et de ses pièces annexes ou une notice d'information sur le contrat qui décrit précisément les garanties assorties des exclusions, ainsi que les obligations de l'assuré ». On relèvera que le législateur a désigné « l'assuré », bien que ce soit le souscripteur qui conclut le contrat et surtout que l'on est en présence, dans la phase précontractuelle, d'un simple candidat souscripteur. L'assureur devra donc remettre le projet de contrat ou la notice à toute personne souhaitant s'assurer.

1679. L'article R. 112-2 dispense de remise de ces documents pour l'assurance des grands risques, mais cette dispense ne peut pas concerner les particuliers, et l'assurance de risques pour une couverture inférieure à trois mois. L'article R. 112-2 alinéa 2 prévoit que les dispositions des deux premiers alinéas de l'article L. 112-2 du Code des assurances ne sont pas applicables « aux contrats d'assurance couvrant des risques liés à la villégiature, au camping, aux sports d'hiver, aux vacances et aux voyages souscrits pour trois mois au plus et non renouvelables, ni aux contrats d'assurance de bagages valables pour un seul voyage, lorsque la prise d'effet de ces contrats intervient au plus tard 48 heures après la proposition d'assurance ».

1680. L'article L. 112-2 alinéa 2 a prévu une obligation alternative de remise soit du projet de contrat, soit d'une notice. L'assureur est donc libre de choisir le document qu'il doit remettre. En effet, aux termes de l'article 1189 du Code civil « le débiteur d'une obligation alternative est libéré par la délivrance de l'une des deux choses qui étaient comprises dans l'obligation » et à l'article 1190 du même code, il est ajouté « que le choix appartient au débiteur, s'il n'a pas été expressément accordé au créancier ». Ces deux dispositions du Code civil correspondent aux articles 1307 et 1307-1 du même code après la réforme du droit des contrats.

2 ▪ Contenu des documents

a - Distinction entre projet de contrat et notice d'information

1681. Il faut entendre par projet de contrat et pièces annexes les conditions générales de la future police afin que le candidat à l'assurance prenne connaissance, de l'étendue de la garantie. C'est-à-dire que les conditions de la garantie, les exclusions, les obligations de l'assuré et leurs sanctions devront figurer dans ce projet. La cotisation elle, n'a pas à être mentionnée car cette information relève de la fiche d'information sur les prix et les garanties de l'alinéa 1er de l'article L. 112-2 du Code des assurances. Il sera difficile pour l'assureur de remettre les conditions particulières en sus des conditions générales car ces dernières ne peuvent être définies qu'après une réponse précise au questionnaire fourni par l'assureur.

1682. Afin de ne pas divulguer trop facilement les contenus précis de ses contrats l'assureur pourra préférer la remise d'une notice qui doit comporter les garanties, les exclusions et les obligations. La seule différence avec le projet de contrat réside finalement dans la présentation formelle. Il n'est pas nécessaire pour l'assureur de présenter l'information sous forme de clauses qui s'enchaînent articles après articles, mais il lui faut être suffisamment précis pour qu'il n'y ait pas de distorsion avec le contenu de la future police. La notice ne comporte pas d'indication de prix dans la mesure où cette information est fournie dans la fiche d'information.

b - Informations à communiquer dans tous les documents

1683. L'article L. 112-2 alinéa 2 du Code des assurances dispose que « les documents remis au preneur d'assurance précisent la loi qui est applicable au contrat si celle-ci n'est pas la loi française ». Le projet de contrat comme la notice doivent se conformer à cette obligation.

1684. Afin de faciliter la proposition d'assurance en libre prestation de services, il est nécessaire d'apporter une certaine sécurité aux souscripteurs. Aussi, l'article L. 112-2 alinéa 2 du Code des assurances oblige-t-il à indiquer dans les documents, projet de contrat ou notice, « l'adresse du siège social et, le cas échéant, de la succursale, qui se propose d'accorder la couverture ». Les documents remis au candidat à l'assurance précisent « les modalités d'examen des réclamations qu'il peut formuler au sujet du contrat, y compris, le cas échéant, l'existence d'une instance chargée en particulier de cet examen, sans préjudice pour lui d'intenter une action en justice » (C. assur., art. L. 112-2 al. 2). Le législateur a ainsi consacré la mise en place de la médiation dans les deux familles d'assurance que représentent la FFSA et le GEMA. Le candidat souscripteur est donc informé dès avant la conclusion du contrat de l'existence de procédures de recours non contentieuses (v. infra, partie 2, Titre 2, Sous-titre 4, Chap. 2, La médiation). En revanche, cette information ne figure pas parmi les mentions obligatoires de la police.

3 ▪ Preuve de la remise des documents

1685. Afin de mieux asseoir l'obligation de remise du projet de contrat ou d'une notice, la loi (L. 112-2, al. 3) a renvoyé à un décret pour prévoir la preuve de la remise. L'article R. 112-3 du Code des assurances dispose que la remise des documents « est constatée par une mention signée et datée par le souscripteur apposée au bas de la police, par laquelle celui-ci reconnaît avoir reçu au préalable ces documents et précisant leur nature et la date de la remise ».

1686. En exigeant que le souscripteur doit préciser qu'il a reçu préalablement les documents et que la date doit en être indiquée, l'article R. 112-3 du Code des assurances, oblige nettement l'assureur à une remise préalable. Toutefois, l'assurance des particuliers se réalisant par un contrat d'adhésion, il n'est pas impossible qu'en pratique les documents soient remis au jour de la souscription.

1687. La preuve de la remise des documents ne dispense pas l'assureur de son obligation de conseil. De même que la communication de tels documents ne peut s'interpréter comme une offre de contracter émanant de l'assureur.

4 ▪ Sanction de l'absence de remise des documents

1688. Le législateur, s'il a pris soin d'organiser la preuve de l'exécution de l'obligation de remise du projet de contrat ou de la notice, n'a pas prévu de sanction.

1689. Un auteur avait proposé qu'en l'absence de remise du projet de contrat le souscripteur pourrait dénoncer la police après sa conclusion (H. Groutel, Le projet de loi portant diverses mesures relatives aux assurances, RCA 1989, chron. n° 15). Toutefois, cette proposition avait été formulée en commentaire du projet de loi. La loi adoptée ne prévoyant toujours pas de sanction, on peut mentionner une autre proposition. Par application du droit de la consommation, le consommateur qui souscrirait un contrat sans remise préalable du projet ou de la notice pourrait faire condamner l'assureur à une amende pour contravention de 5e classe (C. consom., art. L. 134-1 et R. 134-1, v. J. Bigot, *Traité de droit des assurances*, T. 3, préc., n° 485, in fine). Encore faudrait-il démontrer que l'assureur a refusé une telle communication après une demande expresse du consommateur.

1690. Sur la question de l'opposabilité des clauses d'exclusion ou de limitation, la Cour de cassation a décidé qu' « une clause de limitation de garantie doit avoir été portée à la connaissance de l'assuré au moment de son adhésion à la police ou, tout au moins, antérieurement à la réalisation du sinistre, pour lui être opposable » (Civ. 2e, 24 mai 2006, n° 04-18.680) et elle a adopté la même position pour une clause d'exclusion de garantie (Civ. 2e, 11 janv. 2007, n° 06-11.478). Cette jurisprudence invite bien à communiquer les informations indispensables avant la conclusion du contrat ou la réalisation du sinistre, ce qui signifie par la remise de la police. Par extension, on peut estimer que toute disposition contractuelle qui n'a pas fait l'objet d'une communication préalable est inopposable.

1691. Comme pour l'absence de communication de la fiche d'information, le souscripteur pourrait arguer de la violation de l'obligation légale d'information dans le cadre d'une action visant à obtenir la nullité du contrat pour erreur. Il pourrait alors également obtenir une indemnisation pour faute de l'assureur (ibid.).

C ▪ Fiche d'information sur le « fonctionnement » dans le temps des garanties de responsabilité

1692. L'application dans le temps de la garantie responsabilité civile a soulevé des difficultés car la réclamation de la victime peut se produire bien après l'expiration du contrat d'assurance. Les assureurs avaient prévu des clauses encadrant la durée de la garantie, notamment la clause « réclamation de la victime » qui ont été condamnées par la Cour de cassation (v. infra, partie 3, Titre 1, Sous-titre 3, Chap. 1, Assurance responsabilité civile « vie privée »). Afin de concilier les nécessités de prévision des risques des assureurs avec la protection des assurés et des victimes, le législateur est intervenu (L. n° 2003-706, 1er août 2003 de sécurité financière, art. 80, JO 2 août 2003, p. 13220) en insérant un article L. 124-5 au Code des assurances : « la garantie est, selon le choix des parties, déclenchée soit par le fait dommageable, soit par la réclamation. Toutefois, lorsqu'elle couvre la responsabilité des personnes physiques en dehors de leur activité professionnelle, la garantie est déclenchée par le fait dommageable. » Les clauses réclamation de la victime ne pourront donc être prévues par les assureurs que dans les contrats des professionnels. Les particuliers ayant souscrit une assurance RC vie privée bénéficieront d'une garantie de leur assureur dès lors que le fait dommageable s'est produit pendant la durée de validité du contrat (v. infra, partie 3, Titre 1, Sous-titre 3, Chap. 1,

Assurance responsabilité civile « vie privée »), la date de réclamation de la victime étant sans influence sur l'obligation de couverture.

1693. L'article L. 112-2 alinéa 2 du Code des assurances (introduit par l'art. 80-III, 1° de la loi du 1er août 2003 ; préc.) prévoit que : « avant la conclusion d'un contrat comportant des garanties de responsabilité, l'assureur remet à l'assuré une fiche d'information dont le modèle est fixé par arrêté, décrivant le fonctionnement dans le temps des garanties déclenchées par le fait dommageable, le fonctionnement dans le temps des garanties déclenchées par la réclamation, ainsi que les conséquences de la succession de contrats ayant des modes de déclenchement différents ».

1694. L'article A. 112 du Code des assurances (issu d'un arrêté du 31 octobre 2003) oblige l'assureur à fournir une fiche d'information conforme à celle qui est annexée à la suite de ce texte. On reproduit ci-après un extrait, qui ne concerne que l'assurance des non professionnels, de l'annexe à l'article A. 112 du Code des assurances :

« (...) I. – Le contrat garantit votre responsabilité civile vie privée.

En dehors de toute activité professionnelle, la garantie est déclenchée par le fait dommageable. L'assureur apporte sa garantie lorsqu'une réclamation consécutive à des dommages causés à autrui est formulée et que votre responsabilité ou celle des autres personnes garanties par le contrat est engagée dès lors que le fait à l'origine de ces dommages est survenu entre la date de prise d'effet et la date de résiliation où le fait dommageable s'est produit (...) ». Ce texte indique que, pour un particulier, dès lors que l'événement à l'origine du déclenchement de la garantie responsabilité est intervenu pendant la durée du contrat, l'assureur est tenu de la couvrir sans tenir compte de la date à laquelle la réclamation de la victime a eu lieu.

1695. L'entrée en vigueur de l'obligation de fournir une fiche d'information sur le « fonctionnement » dans le temps des garanties de responsabilité a été précisée par l'article 80 de la loi du 1er août 2003 (préc.). L'assureur est tenu de fournir la fiche lors de la première reconduction des contrats consécutive à l'entrée en vigueur de la loi, à savoir trois mois après sa publication au Journal officiel du 2 août 2003. Les contrats reconduits après le 2 novembre 2003 doivent donc faire l'objet d'une information, il en est de même pour les nouveaux contrats souscrits postérieurement à cette date. Concernant les garanties qui font l'objet d'une reconduction, on peut estimer que la fiche d'information peut être communiquée avec un avis d'échéance.

1696. La loi n'a pas prévu de sanction au manquement à l'obligation de remise de la fiche d'information sur le jeu de la garantie responsabilité dans le temps. Or, il est difficile d'imaginer que l'absence de remise de l'information porte préjudice à un particulier qui conclurait un nouveau contrat. En effet, la loi reprend pour l'essentiel la jurisprudence antérieure en prohibant la clause réclamation de la victime. Le défaut d'information sur un texte favorable ne saurait donc être préjudiciable. En revanche, il est certain que si l'assureur reconduit un contrat d'assurance de non professionnel qui comportait une clause réclamation de la victime et tente de faire appliquer cette clause, non seulement la clause serait réputée non écrite (la loi s'appliquant au contrat reconduit, considéré comme un nouveau contrat), mais encore l'assureur pourrait être sanctionné par la condamnation à des dommages-intérêts pour violation d'une obligation légale.

§ 2 ▪ Assurance de groupe et assurance sur la vie

A ▪ Notice en assurance de groupe

1697. Un droit commun de l'obligation d'information en assurance de groupe est établi par l'article L. 141-4 du Code des assurances. Ce texte oblige le souscripteur à remettre une notice établie par l'assureur qui définit les garanties et leurs modalités d'entrée en vigueur ainsi que les formalités à accomplir en cas de sinistre (C. assur., art. L. 141-4, al. 1er). Il incombe au souscripteur de prouver la remise de la notice (C. assur., art. L. 141-4, al. 2). L'article L. 311-12 du Code de la consommation prévoit que l'offre préalable de prêt à la consommation qui est assortie d'une proposition d'assurance doit comporter une notice indiquant les extraits des conditions générales d'assurance. L'article L. 312-9 du Code de la consommation dispose qu'une notice énumérant les risques garantis et précisant toutes les modalités de la mise en jeu de la garantie est annexée au contrat de prêt immobilier.

1698. L'article L. 141-4 du Code des assurances impose la remise d'une notice par le souscripteur à l'adhérent, cette notice est établie par l'assureur. Le souscripteur est responsable en cas de défaut de remise de la notice (Civ. 2e, 7 avr. 2011, n° 10-13.544). L'employeur souscripteur doit informer un salarié adhérent, transféré d'une entreprise à une autre, qu'il change de contrat d'assurance en lui remettant la notice (Civ. 2e, 18 mai 2011, n° 09-42.741). La preuve de la remise de la notice par l'employeur est rapportée quand ce dernier produit un avenant au contrat de travail qui mentionne la remise de la notice (Soc., 12 janv. 2011, n° 09-65.004).

1699. En matière d'emprunt mobilier par un consommateur, il n'est plus exigé depuis la réforme opérée par la loi du 1er juillet 2010 de remise de notice relative à l'assurance, seul le coût doit figurer dans la proposition de prêt (C. conso., L. 311-6). Il semble que c'est alors sur le fondement de l'article L. 141-4 du Code des assurances que la remise d'une notice par l'établissement financier s'impose. En revanche, l'article L. 312-9 du Code de la consommation applicable au crédit immobilier impose toujours la remise d'une notice qui doit être annexée au contrat de prêt (pour une application sous l'empire de l'exigence antérieure de notice, cf. Civ. 1re, 20 janv. 1998, Bull. civ. I, no 25 ; D. Aff. 1998, p. 284, obs. V. A.-R.).

1700. On peut assimiler la remise postérieure à la formation au défaut de remise de la notice car il nous semble que l'objet de l'information est d'éclairer le consentement du souscripteur. S'il ne dispose pas de notice au plus tard au moment de l'engagement, l'information n'est pas délivrée. La notice est essentielle puisqu'elle définit le contenu sur lequel le souscripteur est engagé (Civ. 1re, 10 juin 1981, RGAT 1982. 334 ; Civ. 1re, 19 mai 1999, RGDA 1999. 667). Aussi la jurisprudence décide-t-elle que l'absence de preuve de remise de la notice ou de tout autre document sur lequel l'assureur se fonde pour refuser la garantie à l'assuré, rend les conditions de l'assurance inopposables à l'assuré (Civ. 1re, 4 juill. 2000, n° 98-10.740). La Cour de cassation a clairement établi qu'en l'absence de communication de la notice, l'assureur est ensuite désarmé pour faire valoir une quelconque condition ou exception (Civ. 1re, 4 juill. 2000, préc.).

B ▪ Information du souscripteur en assurance sur la vie

1701. En assurance sur la vie (v. infra, partie 3, Titre 2, Sous-titre 1, Chap. 1, Assurance vie : principes généraux), l'article L. 132-5-2 du Code des assurances (issu de L. n° 2005-1564, 15 déc. 2005, art. 4) prévoit qu'avant la conclusion du contrat l'assureur remet au souscripteur personne physique « une note d'information sur les conditions d'exercice de la faculté de renonciation et sur les dispositions essentielles du contrat ».

1702. Les exigences de communication d'une proposition d'assurance ou de contrat et celle de remise de la note d'information sont cumulatives (CA Bourges, 27 juin 2000, RGDA 2002. 738, note J. Bigot). En effet, ces deux documents n'ont pas le même contenu et le législateur a bien précisé que non seulement il y a nécessité d'établir une proposition d'assurance ou de contrat, mais encore que « l'entreprise d'assurance ou de capitalisation doit, en outre, remettre, contre récépissé, une note d'information sur les dispositions essentielles du contrat ». La Cour d'appel de Paris a souligné que, par application de l'article L. 132-5-1 du Code des assurances et conformément à l'article 36, 1 de la directive assurance vie n° 92/96/CE du 10 novembre 1992, que la note d'information était nécessairement distincte des conditions générales du contrat remises au moment de la souscription ; ce, nonobstant la pratique des assureurs qui ne remettent pas nécessairement des documents distincts (CA Paris, 7e ch. sect. A, 18 janv. 2005, n° 03/11751, SA La Mondiale c/ M. Ph. Senacq). La même solution s'évince de l'arrêt de la Cour de cassation (Civ. 2e, 7 mars 2006, n° 05-10.366, Bull. civ. II, n° 63 ; JCP G 2006, II, 10056, note F. Descorps Declère ; JCP G 2006, I, 135, obs. L. Mayaux et v. infra partie 3, Titre 2, Sous-titre 1, Chap. 2, Formation du contrat d'assurance vie).

1703. Le législateur, afin de conférer un caractère contraignant à l'obligation d'information en matière d'assurance sur la vie, a prévu que le point de départ du délai de rétractation de 30 jours qui court en principe à compter du premier versement (C. assur., art. L. 132-5-2 al. 1er) est prorogé jusqu'à la remise effective des documents (C. assur., art. L. 132-5-2, al. 4).

1704. En jurisprudence il avait été décidé que si l'assureur ne remettait pas la proposition d'assurance ou de contrat (du moins si le contrat remis à la souscription ne comporte pas les éléments exigés par l'ancien article L. 132-5-1 du Code des assurances) et la note d'information, le souscripteur pouvait se rétracter car le délai de rétractation n'avait pas commencé à courir (Civ. 2e, 7 mars 2006, préc. ; CA Paris, 7e ch. sect. A, 18 janv. 2005, préc.). Cependant, la Cour de cassation avait précisé qu'il n'était pas possible d'exercer la faculté de rétractation par voie d'action en justice (Civ. 1re, 1er déc. 1998, Bull. civ. I, n° 335 ; RCA 1999, comm. n° 51 ; RGDA 1999. 174, note N. Eymard-Gauclin). En l'espèce, les héritiers du souscripteur tentaient de remettre en cause les contrats d'assurance souscrits et réclamaient de pouvoir se rétracter sur le fondement de l'article L. 132-5-1 du Code des assurances. Cette possibilité leur a été refusée au motif que « cette faculté ne pouvait être exprimée par une action en justice » (même arrêt). Ce qu'a voulu éviter la Cour de cassation c'est la remise en cause du contrat par les héritiers. Toutefois, il est douteux que la faculté de renonciation exprimée par une action en justice ne soit pas équivalente à une lettre recommandée. L'article L. 132-5-1 du Code des assurances a été abrogé, l'article L. 132-5-2 qui le remplace dispose en son alinéa 4 que « le défaut de remise des documents et informations prévus au présent article entraîne de plein droit la prorogation du délai de renonciation prévu à l'article L. 132-5-1 jusqu'au trentième jour calendaire révolu suivant la date de remise effective de ces documents, dans la limite de huit ans à compter de la date où le souscripteur est informé que le contrat est conclu. » Il n'est donc désormais plus possible pour le souscripteur d'exercer son droit de rétractation plus de huit années après la souscription quand bien même l'obligation d'information n'a pas été respectée. On peut également considérer que l'absence d'information requise, dès lors que cette lacune a induit le souscripteur en erreur, justifierait la nullité du contrat conclu par application du droit commun des obligations. La nullité sera prononcée lorsque une erreur sur les qualités substantielles de la prestation promise a été commise (C. civ., art. 1110 ; art. 1132 et s. après le 1er oct. 2016).

Chapitre 3
La formation du contrat d'assurance à distance

BIBLIOGRAPHIE

L'Argus de l'assurance

Ouvrages

J. Landel, *Lexique des termes d'assurance*, L'Argus éd., 2014. – F. Couilbault, S. Couilbault- Di Tommaso, V. Huberty, *Les grands principes de l'assurance*, L'Argus éd., 2015. – J. Bigot (sous dir.), *Code des assurances*, L'Argus éd.,

Articles

A.-S. Pia, Vente à distance : les enjeux de l'information du souscripteur, L'Argus 2011, n° 7238 - L. Grynbaum, La lettre recommandée électronique dans les relations contractuelles, L'Argus 2011, n° 7213.

1705. Le développement de la communication à distance, via le réseau Internet représente un nouveau moyen pour les assureurs de proposer leurs contrats. Le candidat souscripteur peut ainsi prendre connaissance des éléments essentiels de la proposition d'assurance. Techniquement, il est également envisageable que ce dernier formule une offre de souscription. Il est ainsi possible pour l'assureur d'atteindre tout souscripteur potentiel. L'usage de ces nouvelles technologies permet de réaliser une économie substantielle de documents papier, voire de réduire les coûts d'intermédiation. Il est également possible de mettre en place des outils permettant la gestion des contrats (déclaration de sinistres, modification du risque assuré...) par ce même moyen. Il reste à concilier les règles applicables au contrat d'assurance et le droit de la communication à distance tel qu'il résulte des textes sur la preuve (L. 13 mars 2000, v. infra), le commerce électronique (L. 21 juin 2004, v. infra) et l'ordonnance services financiers à distance (6 juin 2005, v. infra).

1706. Bien avant l'irruption de l'Internet, le téléphone était déjà un moyen de communication entre assureur et assuré. La conclusion d'une assurance très commune comme l'assurance automobile peut se réaliser par téléphone. Le candidat souscripteur ou l'assuré souhaite être couvert rapidement et l'assureur ne veut pas risquer de se priver d'un nouveau souscripteur en appliquant à la lettre un formalisme trop rigoureux. Cette pratique a été encadrée, à compter du 1er décembre 2005, par l'ordonnance services financiers à distance.

1707. La possibilité accrue de conclure des contrats à distance sera peut être un moyen de relancer le marché européen de l'assurance. Actuellement l'assurance des particuliers ne se réalise guère par des assureurs établis en dehors du territoire. Si l'Europe de l'assurance existe, elle consiste pour l'essentiel dans le regroupement d'entreprises de nationalités différentes. La proposition par des entreprises nationales de souscription de contrats en libre prestation de services est encore à développer (v. supra, partie 1, Titre 1, Sous-titre 4, Chap. Liberté d'établissement, Libre prestation de services) ; l'Internet devrait y contribuer.

Section 1 ■ Libre prestation de services

§ 1 ■ Assurance en Europe

1708. Dès le Traité de Rome du 25 mars 1957, il était affirmé deux objectifs pour les entreprises participant à l'économie des États membres. Le premier consistait en la liberté d'établissement prévue aux articles 52 et suivants du Traité (nouvelle numérotation depuis Traité d'Amsterdam, 2 oct. 1997, art. 43 et s.) et le second imposait la liberté de prestation de services (art. 59 et s. ; nouvelle numérotation, n° 49 et s.). Ces objectifs se sont traduits en droit des assurances par l'adoption de trois séries de directives. La première série porte sur la liberté d'établissement, la deuxième sur la libre prestation de services et, afin de parachever le dispositif, il a été instauré un système de licence unique. Afin de mettre de l'ordre dans un maquis de plus de trente directives, le Comité européen des assurances a mis en place une codification, non officielle, de ces textes en les distribuant en deux parties : assurance non-vie et assurance vie. Par ailleurs, les frontières de l'Europe se sont élargies au-delà de l'Union européenne du Traité de Maastricht du 7 janvier 1992. En effet, le Traité du 14 avril 1992, dit « Accord de Porto », signé entre la Communauté européenne et les pays membres de l'Association européenne de libre échange (AELE comprenant Autriche, Finlande, Islande, Norvège, Suède et Suisse) a permis la création de l'Espace économique européen (EEE). Cette zone est soumise aux principes de libre circulation des hommes, des marchandises et des capitaux. Pour les pays qui n'ont pas rejoint l'Union européenne, les directives relatives à l'assurance et qui visent l'EEE leurs sont applicables. Toutefois, la Suisse a refusé de ratifier « l'Accord de Porto », les entreprises de la Confédération helvétique sont donc soumises à un régime moins avantageux défini par l'accord de Luxembourg du 10 octobre 1989.

1709. Le principe de la liberté d'établissement trouve sa traduction en matière d'assurance dans la possibilité pour une entreprise d'un État membre de s'installer dans un autre État aux mêmes conditions que les entreprises ressortissantes de cet État (v. supra, partie 1, Titre 1, Sous-titre 4, Chap. Liberté d'établissement, Libre prestation de services). En assurance non-vie, la directive n° 73/239 du 24 juillet 1973 (transposée par L. n° 74-1078, 21 déc. 1974) a interdit aux États membres toute mesure discriminatoire à l'égard des entreprises des autres États membres. En assurance vie, la directive n° 79/267 du 5 mars 1979 (transposée par L. n° 83-453, 7 juin 1983) permet à toute entreprise d'établir une agence ou une succursale dans tous les États membres. L'adoption de cette directive a nécessité de prévoir la coexistence entre les systèmes où la branche vie est nécessairement distincte de la non-vie et ceux dans lesquels l'entreprise est multibranches (v. art. 13 et 14 de la Dir.).

1710. Une nouvelle étape est franchie en instaurant la possibilité pour toute entreprise d'assurance d'un pays membre de proposer ses services sans avoir à procéder à l'agrément d'une filiale ou d'une succursale dans les autres États membres et sans entrave par rapport aux entreprises nationales (v. supra, partie 1, Titre 1, Sous-titre 4, Chap. Liberté d'établissement, Libre prestation de services). Cette liberté de proposer des services par l'assureur est qualifiée de libre prestation de services active. La possibilité pour tout candidat souscripteur de conclure un contrat avec un assureur de nationalité différente et qui ne dispose pas d'un établissement dans le même pays membre est qualifiée de libre prestation de services passive. En assurance de dommages, la directive n° 88/357 du 22 juin 1988 (transposée L. n° 89-1014, 31 déc. 1989) est intervenue pour encadrer les contrats en dehors des grands risques, elle a été complétée par la directive 90/232 du 14 mai 1990 pour l'assurance automobile (transposée, L. n° 91-716, 26 juill. 1991). Les directives sur la licence unique ont encore modifié les dispositions ainsi adoptées. En assurance vie, la directive n° 90-619 du 8 novembre 1990 (transposée par L. n° 92-665, 16 juill. 1992) établissait une différence de régime selon que la libre prestation de services était active ou passive. Ces dispositions ont été aussitôt balayées par la création d'un « marché unique » de l'assurance au 1er juillet 1994 grâce à la mise en place de la licence unique.

1711. Le véritable avènement de l'Europe de l'assurance a eu lieu avec l'adoption du système de la licence unique v. supra, partie 1, Titre 1, Sous-titre 4, Chap. Liberté d'établissement, Libre prestation de services). Il s'agit pour les assureurs des États membres de pouvoir obtenir un agrément unique dans l'État où se trouve leur siège social, qualifié d'État d'origine, qui leur permet soit d'implanter librement un établissement dans un autre État membre, soit de proposer leurs produits en libre prestation de services. Les États reconnaissent ainsi qu'un agrément délivré dans un autre État membre offre les mêmes garanties que celles offertes par leurs propres institutions. Une directive licence unique a été adoptée pour l'assurance non vie, le 18 juin 1992 (Dir. n° 92/49), et une autre pour l'assurance vie le 10 novembre 1992 (Dir. n° 92/96). Ces deux directives étaient applicables au 1er juillet 1994 et ont été transposées en droit français par la loi du 4 janvier 1994 (L. n° 94-5).

§ 2 ▪ Droit français de la libre prestation de services

1712. Les dispositions prévoyant la liberté de prestation de services sont prévues par les articles L. 310-1 et suivants du Code des assurances (v. supra, partie 1, Titre 1, Sous-titre 4, Chap. Liberté d'établissement, Libre prestation de services). Concernant la liberté d'établissement et la libre prestation de services par des entreprises étrangères dont le siège social se situe dans l'Union européenne ou dans l'Espace économique européen, on mentionnera en particulier les articles L. 310-2 à L. 310-4, L. 310-10 et L 310-10-1 du Code des assurances comme étant relatifs à cette question.

1713. L'article L. 310-3, 4° du Code des assurances définit l'expression « libre prestation de services » comme « l'opération par laquelle une entreprise d'un État membre de l'Espace économique européen couvre ou prend à partir de son siège social ou d'une succursale située dans un État partie à l'accord sur l'Espace économique européen un risque ou un engagement situé dans un autre de ces États, lui-même désigné comme "État de libre prestation de services " ». Dans les développements qui suivent, consacrés à la libre prestation de services, modalité de proposition qui ne suppose pas d'implanter une succursale en France pour y proposer des opérations d'assurance, on rappellera néanmoins le principe de la liberté d'établissement.

1714. L'article L. 310-1 du Code des assurances impose un contrôle de l'État sur les entreprises d'assurance vie et de capitalisation de même que sur les entreprises non vie. Toutefois, afin de mettre en œuvre la liberté d'établissement et la libre prestation de services sous le régime de la licence unique, la loi française applique la reconnaissance de l'équivalence de l'agrément obtenu dans un autre État membre.

1715. L'article L. 310-2 du Code des assurances établit la liste des entreprises étrangères autorisées à pratiquer des « opérations d'assurance directe » (vie, non-vie, maladie, accidents, et IARD en général) sur le territoire de la République française (v. supra, partie 1, Titre 1, Sous-titre 4, Chap. Liberté d'établissement, Libre prestation de services). Les entreprises étrangères ayant leur siège social dans un autre État membre peuvent proposer à partir de ce siège ou de leurs succursales établies dans un autre État membre des opérations d'assurance

(C. assur., art. L. 310-2 I, 2°) ; elles le peuvent également à partir de leurs succursales établies dans un pays membre de l'Espace économique européen mais non membre des Communautés européennes (C. assur., art. L. 310-2-1, avec condition de réciprocité). Les entreprises étrangères ayant leur siège dans un État membre de l'Espace économique européen ou dans la Confédération helvétique peuvent proposer des opérations d'assurance à partir de leurs succursales établies en France (C. assur., art. L. 310-2, I, 3°). Les entreprises étrangères dont le siège social est situé en dehors de l'Espace économique européen ne peuvent proposer des produits d'assurance qu'à partir de leurs succursales situées en France et agréées par le Comité des entreprises d'assurance (C. assur., art. L. 310-2, I, 4°).

1716. L'article L. 362-1 du Code des assurances prévoit que toute entreprise d'assurance dont le siège social se trouve dans un Etat membre peut établir en France une succursale afin de proposer de l'assurance vie ou non vie, dès lors qu'elle a reçu un agrément de son État d'origine. Il est cependant nécessaire que les autorités de l'État d'origine transmettent des informations en France au Comité des entreprises d'assurance. La nature de ces informations est précisée à l'article A. 362-1 du Code des assurances. Il s'agit, notamment, de l'adresse du siège social, de celle de la succursale et de l'attestation par les autorités étrangères de la marge de solvabilité.L'article L. 362-2 du Code des assurances indique que toute entreprise d'assurance dont le siège social se trouve dans un Etat membre autre que la France peut proposer à partir de cet établissement de couvrir des risques ou des engagements conformément aux agréments qui lui ont été accordés par les autorités de contrôle de son État d'origine. Il faut néanmoins que le Comité des entreprises d'assurance ait préalablement reçu les informations requises. L'article A. 362-2 du Code des assurances précise les informations à transmettre ; il s'agit notamment de la communication des agréments du pays d'origine. Dès que ces informations sont transmises, l'exercice en libre prestation de services est possible (C. assur., art. A. 362-2, II).

§ 3 ▪ Droit applicable aux contrats conclus en libre prestation de services et tribunal compétent

1717. La possibilité offerte de proposer la conclusion de contrats en libre prestation de services, c'est-à-dire, sans succursale installée en France, a ouvert la question de la loi applicable au contrat conclu et du tribunal compétent pour connaître d'un éventuel litige (v. infra, partie 2, Titre 2, Sous-titre 4, Chap 3, Le tribunal compétent, La loi applicable). La question ne manque pas de connaître une particulière acuité dès lors que cette liberté de proposition d'assurances est facilitée par l'usage de l'Internet. Afin d'envisager ces questions il convient de préciser les places respectives du droit spécial des assurances et de la Convention de Rome.

A ▪ Droit applicable

1718. La Convention de Rome du 19 juin 1980 sur le droit applicable aux obligations contractuelles, était entrée en vigueur le 1er avril 1991. Ce traité établissait des règles uniformes sur la loi applicable aux obligations contractuelles qui se substituent aux règles de conflit des États membres de la communauté européenne. Toutefois, l'article 1.3 de la Convention de Rome précisait que les dispositions de ce traité ne s'appliquaient pas « aux contrats d'assurance qui couvrent des risques situés dans les territoires des États membres de la Communauté économique européenne. Pour déterminer si un risque est situé dans ces territoires, le juge applique sa loi interne ». Cette loi interne était le fruit de transpositions de directives aux articles L. 181-1 et suivants du Code des assurances, pour les assurances de dommages ;

L. 183-1 et L. 183-2, pour l'assurance sur la vie. La Convention de Rome du 19 juin 1980 n'avait vocation à s'appliquer qu'à la réassurance et à des risques situés en dehors de l'Espace économique européen (v. art. 2 de la Convention de Rome, « Caractère universel : la loi désignée par la présente convention s'applique même si cette loi est celle d'un État non contractant »). La Convention de Rome pouvait également trouver à s'appliquer aux grands risques car les parties au contrat d'assurance de ces derniers étaient libres de choisir la loi applicable à leur convention (C. assur., art. L. 181-1). À partir du 17 décembre 2009 le nouveau règlement n° 593/2008 du 17 juin 2008 remplace la Convention de Rome pour les contrats conclus après cette date (JOUE n° L177, 4 juill. 2008, appelé « Rome I », S. Corneloup, La loi applicable aux obligations contractuelles, Transformation de la Convention de Rome en règlement communautaire « Rome I », JCP G 2008, I, 205). Toutefois, le Danemark et le Royaume-Uni restent soumis à la Convention de Rome car ces pays n'ont pas souhaité se voir appliquer le nouveau règlement. L'article 7 du Règlement remplace les textes issus des directives vie et non vie qui avaient donné naissance aux articles L. 181-1 à L. 183-2 du Code des assurances. En revanche, les contrats d'assurance vie concluent par les salariés et régis par la Directive 2202/83 du 5 novembre 2002 ne relèvent pas du régime défini par le règlement « Rome I » (art. 1.2 j). Aux termes de l'article 7. 2 du règlement « Rome 1 » les contrats conclus à partir du 17 décembre 2009 qui relèvent de la catégorie des grands risques (visés à l'art. 5 d) Dir. 73/239/CEE, 24 juill. 1973, transport, crédit et caution liés à une activité commerciale, incendie et dommages pour grandes entreprises...) sont régis par la loi choisie par les parties et à défaut par le pays dans lequel l'assureur a sa de résidence habituelle. Nous ne présenterons la question que pour les contrats conclus après le 17décembre 2009 ou qui par le jeu de la tacite reconduction ont vocation à voir le règlement s'appliquer.

1719. Nous observerons d'abord que la liberté de choix de la loi applicable a été encadrée (1.) ; le règlement fixant une règle de désignation à défaut de choix (2.). Les assurances obligatoires sont envisagées (3.) ; la couverture de risques sur plusieurs Etats membres est traitée (4.).

1 ▪ Une liberté de choix de la loi applicable encadrée

1720. Les grands risques. Il est peu probable que les souscripteurs de grands risques tels que définis à l'article L. 111-6 du Code des assurances et à l'article 5 d) de la directive n° 73/239/ CEE du 24 juillet 1973 concluent leur contrat d'assurance en ligne. En toute circonstance (à distance ou pas), le contrat couvrant un grand risque relève de l'article 3 du règlement Rome I (cf. Rome I, art 7, 2), c'est-à-dire que les parties choisissent la loi applicable à leur contrat (loi d'autonomie). A défaut, la loi applicable est celle du pays de résidence habituelle de l'assureur (Rome I, art. 7, 2).

1721. Contrats non vie et choix de loi applicable. Pour les risques de masse (en dehors des grands risques) les parties choisissent la loi applicable à leur entre celle où le risque est situé au moment de la conclusion du contrat ou celle de la résidence habituelle du preneur d'assurance (Rome I ; art. 7, 3 a et b). Quand la loi de l'Etat membre choisie accorde un plus grand choix de loi applicable, les parties au contrat d'assurance peuvent faire usage de cette liberté (Rome I, art. 7, 3 al. 2).

1722. Contrats vie. La loi applicable est nécessairement celle dont le preneur d'assurance est le ressortissant (Rome I, art. 7 3, c).

1723. Sinistres survenant dans un autre Etat que celui du risque. Quand le contrat couvre des sinistres qui interviennent dans un Etat autre que celui où le risque est situé, la loi applicable est nécessairement celle de l'Etat de survenance du sinistre.

1724. **Risque professionnel situé sur plusieurs Etats membres.** Quand un professionnel conclut un contrat d'assurance pour des risques répartis sur plusieurs Etats membres, la loi de l'un des Etats membres peut être choisie ou bien celle du preneur d'assurance (Rome I, art. 7, 3, e). Quand la loi de l'Etat membre choisie accorde un plus grand choix de loi applicable, les parties au contrat d'assurance peuvent faire usage de cette liberté (Rome I, art. 7, 3 al. 2).

2 ▪ Loi applicable à défaut de choix par les parties

1725. L'article 7, 3 alinéa 3 du règlement Rome I dispose qu'à défaut de choix par les parties de la loi applicable conformément aux règles posées par ce texte (cf supra), la loi applicable est celle de l'Etat membre où le risque est situé au moment de la conclusion du contrat. Cette règle va donc s'appliquer quand les parties n'ont pas choisi de loi ou bien lorsqu'elles en ont choisi une qui n'est pas conforme aux dispositions de l'article 7 du règlement Rome I.

3 ▪ Loi applicable pour les assurances obligatoires

1726. L'article 7, 4 a) du règlement Rome I impose tout d'abord que le contrat d'assurance obligatoire soit conforme aux règles de l'Etat membre qui impose ce contrat. S'il existe une contradiction entre la loi de l'Etat membre où le risque est situé et celle de l'Etat membre qui impose l'obligation d'assurance, c'est la loi de ce dernier qui s'applique.

1727. Plus largement, l'article 7 , 4 b) du règlement Rome I autorise les Etats membres qui rendent une assurance obligatoire à imposer comme seule loi applicable à ce contrat celle de l'Etat membre qui a instauré cette obligation.

4 ▪ Couverture du risque sur plusieurs Etats membres

1728. Une précision est apportée à l'article 7, 5 du règlement Rome I lorsqu'un même contrat garantit des risques situés sur plus d'un Etat membre. Ce texte dispose alors que le contrat est considéré comme constituant plusieurs contrats dont chacun ne se rapporte qu'à un seul Etat membre.

B ▪ Tribunal compétent

1729. Le Code des assurances ne comporte pas de dispositions spécifiques pour désigner le tribunal compétent pour connaître d'un litige né d'un contrat d'assurance comportant un élément d'extranéité. C'est donc le droit commun des conflits de juridiction qui aura vocation à s'appliquer (v. infra, partie 2, Titre 2, Sous-titre 4, Chap 3, Le tribunal compétent, La loi applicable).

1730. La Convention de Bruxelles du 27 septembre 1968 a défini les règles de compétence applicables dans les États membres de l'Union. Ces règles ont été étendues aux États membres de l'AELE par la convention de Lugano, du 16 septembre 1988, puis à l'Espagne et au Portugal par la Convention de San Sebastian du 26 mai 1989. La Convention de Bruxelles a été remplacée par le règlement du 22 décembre 2000 (Règl. CE n° 44-2001, 22 déc. 2000, JOUE n° L 12, 16 janv. 2001, p. 1) relatif à la compétence judiciaire. Néanmoins, le Danemark et les membres de l'AELE restent soumis à la Convention de Bruxelles (V. M. L. Niboyet, La révision de la convention de Bruxelles du 27 septembre 1968 par le règlement du 22 décembre 2000, Gaz. Pal. 2001. 10) Le règlement du 22 décembre 2000 a lui-même été remplacé par le règlement (UE) n° 125/2012 du 12 décembre 2012 concernant la compétence judiciaire, la reconnaissance et l'exécution des décisions en matière commerciale (ci-après « Bruxelles I refondu »), entré en vigueur le 10 janvier 2015.

1731. Quand l'assureur agit en justice et assigne le souscripteur, l'assuré ou le bénéficiaire, il ne peut, selon le règlement Bruxelles I (art. 14), agir que devant les tribunaux de l'État membre sur le territoire duquel est domicilié le défendeur. Néanmoins, cette règle de compétence fixée pour l'action de l'assureur n'exclut pas la possibilité pour ce dernier d'introduire une demande reconventionnelle devant le tribunal saisi d'une demande originaire.

1732. Quand l'assureur est défendeur, le « règlement Bruxelles I refondu » offre un choix au demandeur, qu'il s'agisse du souscripteur, de l'assuré ou du bénéficiaire.
Le demandeur peut d'abord attraire l'assureur devant les tribunaux de l'État membre où cet assureur a son siège social. La juridiction précise devant être saisie sera alors désignée par les règles de procédure de l'État désigné.
Le demandeur dispose d'une autre possibilité. Selon l'article 11-1, b), le demandeur peut assigner l'assureur « dans un autre État membre, en cas d'actions intentées par le preneur d'assurance, l'assuré ou un bénéficiaire, devant le tribunal du lieu où le demandeur a son domicile ». Le tribunal compétent peut être, selon la qualité du demandeur, celui du souscripteur, ou de l'assuré, ou du bénéficiaire.
En outre, l'article 12 du « règlement de Bruxelles I refondu » dispose qu'en présence d'assurance de responsabilité ou d'assurance portant sur des immeubles, l'assureur peut être assigné devant le tribunal du lieu où le fait dommageable s'est produit. Il en est de même si l'assurance porte à la fois sur des immeubles et des meubles couverts par une même police et atteints par le même sinistre.
Enfin, quand la victime exerce une action directe contre l'assureur, le règlement prévoit en son article 13-2 que « les dispositions des articles 10, 11 et 12 sont applicables en cas d'action directe intentée par la victime contre l'assureur, lorsque l'action directe est possible ». C'est-à-dire que la victime peut notamment assigner devant le tribunal dont dépend le siège social ou la succursale de l'assureur ou devant le tribunal du preneur d'assurance, de l'assuré ou du bénéficiaire.

1733. Les parties peuvent avoir convenu par avance du tribunal compétent dans la police.

1734. L'article 15 du règlement prévoit qu'un accord sur l'attribution de compétence peut être conclu postérieurement au différend ou bien permettre au preneur d'assurance, à l'assuré ou au bénéficiaire de saisir d'autres tribunaux que ceux prévus par les dispositions sur l'assurance. C'est-à-dire que la prorogation de compétence doit être stipulée en faveur d'un choix de tribunaux plus large que celui prévu par le règlement. L'article 15, 3 ajoute que la prorogation de compétence peut également se réaliser dans le but d'attribuer la compétence à un tribunal de l'État de résidence habituelle du souscripteur et de l'assureur au moment du contrat quand un accident se produit à l'étranger.

1735. Ce droit européen des conflits de juridiction s'efface au profit du droit français quand le défendeur n'est pas établi dans un État membre.
Aux termes de l'article 4, 1 du « règlement Bruxelles I refondu », quand le défendeur n'est pas établi dans un État membre, le droit des conflits de juridiction retrouve application ; en l'occurrence le droit français.
Ce droit est assez simple dans son esprit car par un arrêt du 30 octobre 1962, la Cour de cassation a consacré le principe selon lequel la compétence internationale des tribunaux « se détermine par extension des règles de compétence territoriale » (Civ. 1re, 30 oct. 1962, D. 1963, p.102, note D. Holleaux). Cette solution implique que les tribunaux français sont compétents pour trancher le litige chaque fois que l'application des règles internes de compétence territoriale les désignent comme compétents. Les règles applicables en matière d'assurance sont, notam-

ment, l'article R. 114-1 du Code des assurances, applicable aux instances relatives à la fixation et au règlement des indemnités, et l'article 46 du Code de procédure civile, applicable aux autres litiges susceptibles de survenir entre l'assureur et le souscripteur (V. supra).
Par ailleurs la clause attributive de juridiction est selon la Cour de cassation valable dans l'ordre international à la condition qu'elles ne fassent pas échec à la compétence territoriale impérative d'une juridiction française (Civ. 1re, 17 déc. 1985, RDIP, 1986, p. 537, note H. Gaudemet-Tallon).

1736. Le droit des conflits de juridiction n'est donc pas altéré par la conclusion d'un contrat par Internet ; il en est de même pour la loi applicable au contrat d'assurance ainsi souscrit.

Section 2 ▪ Souscription du contrat par téléphone

1737. Si l'article L. 112-2 alinéa 4 du Code des assurances évoque la remise d'une police ou d'une note de couverture pour constater l'engagement réciproque de l'assureur et de l'assuré, cette disposition n'érige pas l'écrit en condition de validité du contrat. L'écrit n'est que le moyen de prouver l'existence et le contenu du contrat ; l'assurance est valablement conclue en l'absence même de remise d'un écrit (Req., 1er juill. 1941, DC 1943, p. 57, note A. Besson), il en est de même pour la modification du contrat d'assurance qui est parfaite dès la rencontre des volontés (Civ. 1re, 10 juill. 2002, RCA 2002. comm. n° 348, note H. Groutel). Le contrat d'assurance est donc bien un contrat consensuel (Civ. 1re, 15 févr. 1978, Bull. civ. I, n° 62). Le contrat d'assurance se formant en principe par le seul échange des consentements, la souscription d'un contrat par téléphone est possible.

1738. Le candidat à l'assurance peut légitimement souhaiter être assuré très rapidement, notamment lorsqu'il est soumis à une obligation d'assurance comme c'est le cas pour les véhicules automobiles. L'assureur ne peut pas se priver de la possibilité de conclure de nouveaux contrats en refusant l'usage d'un moyen aussi commun que le téléphone. Or, le droit des assurances est riche en obligations d'informations pré-contractuelles (v. supra, partie 2, Titre 1, sous-titre 1, Chap 2, L'information) incompatibles avec une formation instantanée du contrat par téléphone. En revanche, l'exigence de remise de documents écrits matérialisant le contrat ne constitue pas un obstacle rédhibitoire à l'utilisation du téléphone. C'est donc au prix de la violation des formalités légales d'obligation d'information pré-contractuelle que pouvait se réaliser avant le 1er décembre 2005 la souscription d'un contrat par téléphone. À compter du 1er décembre 2005, un régime spécifique se met en place. Avant le 1er décembre 2005, on était en présence d'une incompatibilité absolue de la souscription par téléphone avec l'exécution de l'obligation pré-contractuelle d'information. Toujours, avant le 1er décembre 2005, on pouvait néanmoins souligner une compatibilité relative de la souscription par téléphone avec l'exigence de remise de documents contractuels. En revanche, après le 1er décembre 2005, la souscription par téléphone est encadrée par les dispositions de l'ordonnance sur les services financiers à distance.

1739. La liste des documents d'informations à fournir par l'assureur (v. supra, partie 2, Titre 1, sous-titre 1, Chap 2, L'information) est très importante :
– fiche d'information sur les prix et les garanties (C. assur., art. L. 112-2, al. 1) ;
– projet de contrat et ses pièces annexes (C. assur., art. L. 112-2, al. 2) ;
– notice d'information décrivant précisément les garanties assorties des exclusions (C. assur., art. L. 112-2, al. 2) ;

– dans les contrats comportant des garanties de responsabilité, la fiche d'information décrivant le « fonctionnement » dans le temps des garanties (C. assur., art. L. 112-2, al. 2) ;
– la proposition d'assurance (C. assur., art. L. 112-2 al. 4) ;
– la note de couverture (C. assur., art. L. 112-2, al. 4, L. 112-3, al. 6, L. 112-8) ;
– la police (C. assur., art. L. 112-2, al. 4, L. 112-3, al. 6, L. 112-4 à L. 112-6) ;
– le formulaire de déclaration du risque (C. assur., art. L. 112-3, al. 4, L. 113-2 al. 1er) ;
– en assurance sur la vie, la proposition d'assurance ou un contrat (C. assur., art. L. 132-5-1) ;
– en assurance sur la vie, une note d'information sur les dispositions essentielles du contrat (C. assur., art. L. 132-5-1).

1740. Or, les exigences de l'article L. 112-2 du Code des assurances ne pouvaient être satisfaites par la simple communication par téléphone des éléments essentiels du contrat. Il était simplement possible de conclure, en respectant les dispositions sur l'information, en assurance non-vie, des contrats de courte durée. En effet, l'article R. 112-2 du Code des assurances dispense de remise de l'exemplaire du projet de contrat et de ses pièces annexes ou d'une notice d'information sur le contrat qui décrit précisément les garanties assorties des exclusions ainsi que les obligations de l'assuré, pour les contrats couvrant un risque pour une courte durée. Toutefois, le législateur ne précise pas la sanction de la violation de l'obligation pré-contractuelle d'information prévue par l'article L. 112-2 du Code des assurances. La nullité du contrat conclu en violation des obligations d'information ne sera donc pas prononcée automatiquement. L'assureur qui pratiquait la souscription par téléphone d'assurances de dommages prenait donc un risque limité de devoir traiter quelques litiges fondés sur le défaut d'information préalable. En matière d'assurance sur la vie ou de contrat de capitalisation, l'article L. 132-5-2 du Code des assurances, dispose que la note d'information doit indiquer des éléments permettant de comprendre les mécanismes de divers plans d'épargne. Afin de donner une pleine efficacité à l'information requise, il paraissait logique de communiquer la proposition d'assurance ou de contrat et la note d'information avant la souscription. Toutefois, il semble qu'en pratique la note d'information soit simplement remise au moment de la souscription du contrat. Le législateur, afin de conférer un caractère contraignant à l'obligation d'information en matière d'assurance sur la vie, a prévu que le point de départ du délai de rétractation de 30 jours qui court en principe à compter de la conclusion du contrat (C. assur., art. L. 132-5-1) est prorogé jusqu'à la remise effective des documents (C. assur., art. L. 132-5-2). La souscription d'un contrat d'assurance sur la vie semblait possible par téléphone dès lors que l'assureur prenait soin, après la souscription de communiquer les documents prévus par l'article L. 132-5-1 du Code des assurances. Le souscripteur était protégé car il dispose d'un délai de rétractation qui est prorogé tant que les documents d'information n'ont pas été envoyés (C. assur., art. L. 132-5-2). Le risque de la conclusion d'un contrat d'assurance vie par téléphone pesait sur l'assureur qui pouvait avoir quelques craintes en l'absence de questionnaire de santé ou si ce questionnaire était complété par de simples réponses données par téléphone. Il reste que pour des contrats à primes perdues portant sur un capital ne justifiant pas un questionnaire de santé, la souscription par téléphone semblait tout à fait envisageable. Si le respect des obligations d'information était malaisé par téléphone ; en revanche, l'usage de ce mode de communication était compatible avec les règles de conclusion du contrat d'assurance. On rappellera ici que le contrat n'est formé que par l'acceptation de l'assureur à l'offre formulée par le candidat souscripteur (v. supra, partie 2, Titre 1, sous-titre 1, Chap 1, La formation du contrat d'assurance). L'assureur propose un contrat, le candidat souscripteur se déclare intéressé et fournit des renseignements sur le risque à assurer ce qui constitue l'offre ; enfin, l'assureur accepte cette offre. La souscription par téléphone obéit à ce processus tout en permettant une réponse instantanée de l'assureur. Il a déjà été jugé que le contrat d'assurance conclu par téléphone prenait effet dès la rencontre des consentements qui a lieu au moment de la conversation téléphonique, la remise ultérieure de l'avenant ou de la police ne constitue que la matérialisation de cet accord. A deux reprises la Cour de cassation a indiqué que l'accord était parfait dès l'échange téléphonique sans attendre la rédaction de l'avenant ; la date de prise d'effet de la garantie étant fixée au jour de l'appel et non à la date figurant dans l'avenant (Civ. 1re, 4 oct. 1955, RGAT 1955. 394, note A. Besson ; Civ. 1re, 22 oct. 1965, RGAT 1966. 473, note A. Besson). De même, l'offre formulée par un candidat souscripteur et acceptée par téléphone par le mandataire de l'assureur engage l'assureur au jour de l'échange téléphonique (Civ. 1re, 11 oct. 1988, RGAT 1988. 779). L'exigence d'écrit sous forme d'une police prévue par les articles L. 112-3 et L. 112-4 du Code des assurances ne constituant qu'un mode de preuve de l'engagement et non une condition de validité, l'envoi de ces documents pouvait donc parfaitement intervenir après l'échange téléphonique afin de constituer pour l'assureur la preuve du contenu de la police tant dans ses clauses générales que particulières. Tous ces accommodements avec les règles de formation du contrat d'assurance pour réaliser de la souscription par téléphone ne sont désormais plus nécessaires. Il convient maintenant d'appliquer les règles du contrat d'assurance à distance.

§ 1 ▪ Règles applicables à la souscription du contrat d'assurance par téléphone

1741. La directive n° 2002/65 CE du 23 septembre 2002 concernant la commercialisation à distance de services financiers auprès des consommateurs (JOCE n° L 171, 9 oct. 2002, p. 16) s'applique aux contrats d'assurance (ci-après directive SFD). En effet, l'article 2 de ce texte inclut, notamment, dans les services financiers tout service ayant trait à l'assurance et aux retraites individuelles. Cette directive a été transposée par l'ordonnance du 6 juin 2005 (n° 2005-648, JO 7 juin 2005) relative à la commercialisation à distance de services financiers auprès des consommateurs. L'ordonnance modifie, notamment, le Code de la consommation et le Code des assurances, (C. assur., art. L. 112-2-1). Le droit commun se trouve dans le Code de la consommation, « code pilote », aux articles L. 222-1 et s. (à compter du 1er juill. 2016 ; anc. L. 121-26) et les adaptations dans le Code des assurances, « code suiveur », à l'article L. 112-2-1. Ces nouvelles dispositions sont entrées en vigueur le 1er décembre 2005 (art. 6, ord.). La loi Hamon du 17 mars 2014 relative à la consommation (n° 2014-344, JO 18 mars 20014, p. 5400), qui est venue, notamment, transposer la directive 11/ 83 relative au droit des consommateurs (Dir. 2011/83/UE, 25 oct. 2011, JO UE 22 nov. 2011, n° L. 304/64) ne modifie pas les dispositions sur les services financiers à distance. En effet, le législateur européen a écarté ce secteur de la réforme réalisée par la directive 11/83 (préc.).

1742. Tant la directive SFD (préc.) que l'ordonnance du 6 juin 2005 (préc.) qui la transpose s'appliquent à la conclusion d'un contrat par téléphone. En effet, la définition du contrat à distance adoptée par ces deux textes est large car elle englobe l'utilisation exclusive d'une ou plusieurs techniques de communication à distance jusqu'à et y compris la conclusion du contrat (dir. SFD, art. 2, a ; C. consom., nouvel art. L. 121-20-8). La technique de communication à distance est définie comme « tout moyen qui, sans qu'il y ait présence physique et simultanée du fournisseur et du consommateur, peut être utilisé pour la commercialisation à distance d'un service entre les parties » (dir. SFD, art. 2, e). De surcroît, l'article 5, 2 de la directive prévoit le cas dans lequel le fournisseur ne peut pas communiquer les informations sur support papier ou sur support durable au moment de l'offre à distance ; le professionnel peut alors les envoyer immédiatement après la conclusion du contrat à distance. Cette disposition est reprise par l'article L. 121-20-11 alinéa 2 du Code de la consommation. Les nouvelles dispositions s'appliquent donc au contrat d'assurance qui est conclu par téléphone. C'est-à-dire que la proposition d'assurance a été faite par ce moyen ou par Internet, l'offre de souscrire émise par le candidat souscripteur a été faite par téléphone ou Internet et l'acceptation de l'assureur a été émise par téléphone ou Internet. Ces dispositions ne s'appliquent qu'au souscripteur consommateur, c'est-à-dire « le souscripteur, personne physique, qui agit à des fins qui n'entrent pas dans le cadre de son activité commerciale ou professionnelle » selon le 2° de l'article L. 112-2-1 – I du Code des assurances.

§ 2 ▪ L'obligation précontractuelle d'information

1743. Le contrat par téléphone entièrement conclu à distance suppose la mise en œuvre d'une obligation d'information prévue par un texte qui remplace celle prévue aux articles L. 112-2 et L. 132-5-1. En effet, l'article L. 112-2-1 du Code des assurances prévoit que pour tout contrat conclu à distance :

« III. - En temps utile avant la conclusion à distance d'un contrat, le souscripteur reçoit les informations suivantes :

1° La dénomination de l'entreprise d'assurance contractante, l'adresse de son siège social, lorsque l'entreprise d'assurance est inscrite au registre du commerce et des sociétés, son numéro d'immatriculation, les coordonnées de l'autorité chargée de son contrôle ainsi que, le cas échéant, l'adresse de la succursale qui propose la couverture ; 2° Le montant total de la prime ou cotisation ou, lorsque ce montant ne peut être indiqué, la base de calcul de cette prime ou cotisation permettant au souscripteur de vérifier celle-ci ;

3° La durée minimale du contrat ainsi que les garanties et exclusions prévues par celui-ci ;

4° La durée pendant laquelle les informations fournies sont valables, les modalités de conclusion du contrat et de paiement de la prime ou cotisation ainsi que l'indication, le cas échéant, du coût supplémentaire spécifique à l'utilisation d'une technique de commercialisation à distance ;

5° L'existence ou l'absence d'un droit à rétractation et, si ce droit existe, sa durée, les modalités pratiques de son exercice notamment l'adresse à laquelle la notification de la renonciation doit être envoyée. Le souscripteur doit également être informé du montant de prime ou de cotisation que l'assureur peut lui réclamer en contrepartie de la prise d'effet de la garantie, à sa demande expresse, avant l'expiration du délai de renonciation ;

6° La loi sur laquelle l'assureur se fonde pour établir les relations précontractuelles avec le consommateur ainsi que la loi applicable au contrat et la langue que l'assureur s'engage à utiliser, avec l'accord du souscripteur, pendant la durée du contrat ;

7° Les modalités d'examen des réclamations que le souscripteur peut formuler au sujet du contrat y compris, le cas échéant, l'existence d'une instance chargée en particulier de cet examen, sans préjudice pour lui d'intenter une action en justice ainsi que, le cas échéant, l'existence de fonds de garantie ou d'autres mécanismes d'indemnisation.

Les informations sur les obligations contractuelles communiquées en phase précontractuelle doivent être conformes à la loi applicable au contrat.

Ces informations, dont le caractère commercial doit apparaître sans équivoque, sont fournies de manière claire et compréhensible par tout moyen adapté à la technique de commercialisation à distance utilisée.

IV. - L'assureur doit également indiquer, pour les contrats d'assurance vie les informations mentionnées à l'article L. 132-5-1, notamment le montant maximal des frais qu'il peut prélever et, lorsque les garanties de ces contrats sont exprimées en unités de compte, les caractéristiques principales de celles-ci. Dans ce dernier cas, il doit en outre préciser qu'il ne s'engage que sur le nombre des unités de compte et non sur leur valeur qui peut être sujette à des fluctuations à la hausse comme à la baisse. »

1744. Ces informations ne pouvant pas être dispensées intégralement par téléphone, il convient alors d'appliquer l'alinéa 2 de l'article L. 121-20-11 du Code de la consommation. Aux termes de ces dispositions, lorsque le consommateur a souhaité conclure le contrat entièrement à distance et que l'assureur ne peut pas, à raison de la technique employée (le téléphone), s'acquitter avant la conclusion du contrat de son obligation d'information, ce dernier doit exécuter cette obligation « immédiatement après la conclusion du contrat » (C. consom.,art. L. 121-20-11 al. 2). L'article R. 112-4 du Code des assurances (issu du décr. n° 2005-1450, 25 nov. 2005) précise qu'en cas de communication par téléphone, le nom de l'assureur ainsi que le caractère commercial de l'appel sont indiqués sans équivoque au début de toute conversation avec le souscripteur. En outre, la personne en contact avec le souscripteur doit préciser son identité et son lien avec l'assureur. Le texte ajoute que, si le souscripteur en est d'accord, seules les informations suivantes lui sont communiquées : le montant total de la prime, la durée minimale du contrat et les exclusions, l'existence ou l'absence d'un droit de renonciation et les modalités de son exercice quand ce dernier est prévu. Les autres informations imposées par l'article L. 112-2-1 (notamment : identification complète de l'assureur, la durée de validité des informations, la loi applicable au contrat, les modalités d'examen des réclamations) peuvent être fournies au souscripteur sur demande. De surcroît, le dernier alinéa de l'article R. 112-4 précise que l'assureur, conformément à l'article L. 121-20-11 du Code de la consommation, fournit immédiatement après la conclusion du contrat, par écrit ou sur tout autre support durable auquel le consommateur a accès, toutes les informations mentionnées au III de l'article L. 112-2-1. L'esprit de la loi est ainsi bien observé. Le consommateur d'assurance bénéficie de l'information indispensable au moment de l'engagement par téléphone et dispose, ensuite, sur support papier ou sur un support accessible de toutes les autres informations.

1745. La sanction de l'absence d'information ou d'une information partielle est double. L'article L. 112-2-1 – VI du Code des assurances prévoit que les infractions sont constatées et sanctionnées par l'Autorité de contrôle des assurances et des mutuelles ou par les enquêteurs de la répression des fraudes. En outre et surtout, le point de départ du délai de renonciation dont bénéficie le consommateur est reporté jusqu'à la communication des informations ou des conditions contractuelles (C. assur., art. L. 112-2-1 – II, 1° et 2°).

§ 3 ▪ Faculté de renonciation

1746. La mesure véritablement nouvelle de régime du contrat à distance concerne le délai de rétractation appelé « renonciation » pour le contrat d'assurance (v. art. L. 112-2-1-II, C. assur.) de quatorze jours (nouvel art. L. 112-2-1-II, 1°, C. assur.) porté à trente jours pour l'assurance vie (v. nouvel art. L. 112-2-1-II, 2°, C. assur.). Le délai de renonciation court à compter de la conclusion du contrat ou à compter du moment où le consommateur reçoit les informations ou les documents contractuels obligatoires (nouvel art. L. 112-2-1-II, C. assur.). Le délai est dit de « quatorze jours calendaires révolus » ou « trente jours calendaires révolus » (même art.) pour adapter l'expression de « quatorze jours calendrier » employée par la directive (art. 6). Selon nous, il convient interpréter ce délai comme un délai de procédure et non comme un délai de prescription. Ainsi, le délai pendant lequel peut s'exercer le droit de rétractation expire-t-il, selon notre interprétation, le dernier jour à vingt-quatre heures. S'il expirait un samedi, un dimanche ou un jour férié ou chômé il ne serait pas prorogé.

1747. Selon l'ordonnance, certains contrats échappent à ce délai de renonciation. Il s'agit des contrats d'assurance pour une courte durée (couvrant un voyage ou pour une durée inférieure à un mois, nouvel art. L. 112-2-1 II, 3°, C. assur.) et des contrats exécutés intégralement par les deux parties avant l'écoulement du délai de rétraction lorsque le consommateur en a fait expressément la demande (même texte, v. infra, Internet). La renonciation est encore exclue pour un contrat phare de l'assurance des particuliers : l'assurance automobile (nouvel art. L. 112-2-1 II, 3°, C. assur.).

1748. L'assureur peut craindre de devoir couvrir un risque qui pourrait se réaliser durant la période de rétractation et que le souscripteur exerce son droit de rétractation. Une portion de prime serait alors perçue sans commune mesure avec la prestation à verser. Afin d'éviter un tel risque, les assureurs pourraient prévoir dans les contrats une clause de prise d'effet différée. La garantie ne sera due qu'à l'issue de l'expiration du délai de rétractation.

Section 3 ▪ Souscription du contrat par Internet

1749. La possibilité pour l'assureur ou ses intermédiaires de proposer la souscription de contrats par Internet et la faculté pour le candidat souscripteur de conclure ce contrat par ce même moyen ne sont pas encore généralisées. Les techniques de sécurisation demeurent coûteuses. Néanmoins, les perspectives d'atteindre un plus grand nombre de souscripteurs, de supprimer des coûts de gestion, notamment par des économies de documents papier, et d'amoindrir les frais d'intermédiation ne peuvent pas laisser les assureurs indifférents. En outre, le cadre législatif était encore, naguère, assez incertain. Depuis l'adoption le 21 juin 2004 de la loi « confiance dans l'économie numérique » (JO 22 juin 2004, p. 11168 ; D. 2004. 1868) qui transpose la directive « commerce électronique », du 8 juin 2000 (n° 2000/31 CE, JOCE n° L 178, p. 1 et s.), les dispositions générales du droit de l'Internet sont en place. La transposition de la directive services financiers à distance (Dir. 2002/65/CE, 23 sept. 2002 relative à la commercialisation à distance de services financiers auprès des consommateurs, JOCE n° L 271, 9 oct. 2002), par l'ordonnance n° 2005-648 du 6 juin 2005 relative à la commercialisation à distance de services financiers auprès des consommateurs, (JO 7 juin 2005, p. 1002) est venue parachever ce dispositif juridique. Dès à présent, la preuve électronique et l'écrit électronique ayant été reconnus comme écrits à part entière par les lois du 13 mars 2000 et du 21 juin 2004, il est possible juridiquement de procéder à la souscription de contrats d'assurance à distance. Il convient de vérifier que les exigences du Code des assurances relatives à la souscription d'un contrat sont transposables à un site Internet.

§ 1 ▪ Détermination des règles applicables aux particuliers

A ▪ Corps de règles applicables

1750. Afin de faciliter la présentation de la matière on se place, dans les développements qui suivent, dans l'état du droit postérieur au 1er décembre 2005. On appliquera donc au souscripteur consommateur les dispositions de l'article L. 112-2-1 du Code des assurances relatives à l'assurance à distance. Le droit commun du « commerce électronique » a également vocation à régir la question au travers des articles 1316 et suivants du Code civil (art. 1365 et s. à compter du 1er oct. 2016) relatifs à la preuve issus de la loi du 13 mars 2000 (1365 et s. à compter du 1er oct. 2016) et des articles 1369-1 et suivants du Code civil issus de la loi du 21 juin 2004 (préc. ; 1125 et s. à compter du 1er oct. 2016) et de l'ordonnance no 2005-674 du 16 juin 2005 relative à l'accomplissement de certaines formalités contractuelles par voie électronique (JO 17 juin 2005, p. 10342).

1751. Les dispositions des articles 1365 et suivants du Code civil (anc. art. 1316 et s. avant le 1er oct. 2016) pour la preuve par écrit électronique sont applicables à tous dès lors qu'un écrit électronique est en cause.

1752. Les articles 1125 et suivants du Code civil (à compter du 1er oct 2016 ; 1369-1 et s. pour le droit antérieur) relatifs au contrat sous forme électronique sont applicables à tous ; elles constituent le droit commun du contrat électronique. Ces dispositions contiennent parfois des exceptions pour les conventions conclues entre professionnels et les contrats conclus par le simple échange de courriers électroniques (V. C. civ., art. 1127-3 ; 1369-6 avant le 1er octobre 2016). L'article 6 de la loi du 21 juin 2004, « confiance dans l'économie numérique » est devenue le siège de la matière. Ce texte trouvera donc à s'appliquer aux prestataires qui ont contribué à la proposition d'assurance par Internet.

1753. Dans le Code de la consommation (précisément, la partie consacrée aux pratiques commerciales : livre Ier, titre II), les dispositions consacrés aux contrats conclus à distance et hors établissement sont contenues aux articles L. 221-1 et suivants. (L. 121-16 et s. avant le 1er juill. 2016) ; les services financiers faisant l'objet des articles L. 222-1 et suivants (L. 121-16 et s. avant le 1er juill. 2016) ; les services financiers faisant l'objet des articles L. 222-1 et suivants. (L. 121-26 à 121-33 avant le 1er juill ; 2016). Les Codes des assurances, de la mutualité, de la Sécurité sociale et le Code monétaire et financier constituent des « codes suiveurs ». Ils reprennent les textes du Code de la consommation en insérant des dispositions permettant des adaptations (C. assur., art. L. 112-2-1 ; C. mut., art. L. 221-18 – I ; CSS, art. L. 932-15-1 ; modif. du titre IV du livre III, C. mon. et fin. relatif au démarchage financier). Le Code des assurances s'est donc vu doté d'un nouvel article (L. 112-2-1) qui prend place parmi les dispositions relatives à la conclusion du contrat d'assurance. Ce texte reprend les dispositions du Code de la consommation. Il comporte en outre des subdivisions I à VI qui viennent répéter ce qui est indiqué dans le Code de la consommation tout en y insérant des termes plus familiers à l'assurance.

B ▪ Protection de l'internaute, souscripteur consommateur

1754. L'article L. 221-1 (anc. art. L. 121-20-8 avant le 1er juillet 2016) du Code de la consommation précise le champ d'application de ces dispositions. Conformément à l'article 2 b) de la directive, tous les contrats d'assurance (vie ou non vie) et tous les services financiers (services de banque, investissement, épargne retraite...) sont régis par ce texte. Ce qui caractérise le contrat conclu, c'est que le « fournisseur » ou son « intermédiaire » a utilisé pour la formation de la convention « exclusivement une ou plusieurs techniques de communication à distance jusqu'à, et y compris, la conclusion du contrat » (C. consom., art. L. 121-20-8, al. 1er, correspondant à l'art. L. 221-1 à compter du 1er juill. 2016). Le 2° de l'article L. 112-2-1 – I du Code des assurances précise que l'assureur ou l'intermédiaire d'assurance remplacent le terme de fournisseur. L'essentiel réside donc dans le fait que les contractants n'aient pas été en présence l'un de l'autre à un moment quelconque du processus. Un contrat conclu par téléphone, par fax ou par Internet, ou encore par la combinaison de ces trois moyens, est donc réputé formé à distance. Seul le consommateur bénéficiera des nouveaux textes. Ce dernier n'est pas défini par les dispositions du Code de la consommation, mais la directive (préc.) le qualifie de personne physique qui agit à des fins qui n'entrent pas dans le cadre de son activité commerciale ou professionnelle (dir. art. 2, d). Le 2° de l'article L. 112-2-1 – I du Code des assurances reprend cette approche en indiquant que le consommateur d'assurance est « le souscripteur, personne physique, qui agit à des fins qui n'entrent pas dans le cadre de son activité commerciale ou professionnelle ».

1755. Le consommateur conclut un contrat de services financiers à distance quand il s'engage dans une convention qui fixe les modalités des prestations fournies. Les dispositions qui sont imposées à l'assureur ne s'appliquent que pour la convention initiale et ne s'appliquent pas aux prestations de services ultérieures qui ne sont que des actes d'exécution (nouvel art. L. 222-3 C. consom., L. 121-20-9 avant le 1er juill. 2016).

§ 2 ■ Formation du contrat d'assurance par Internet

1756. Afin d'établir un régime du contrat d'assurance conclu par un particulier via Internet, il convient de se fonder conjointement sur la loi « confiance dans l'économie numérique » et sur l'article L. 112-2-1 du Code des assurances issu de l'ordonnance du 6 juin 2005.

A ■ Proposition d'assurance

1 ■ Publicité

1757. Afin de préserver le consentement de l'internaute, la publicité est réglementée par l'obligation de pouvoir identifier le message comme étant publicitaire ; il faut en outre que l'auteur de cette publicité soit clairement désigné (LEN, art. 20). La publicité s'entend d'une offre faite au public. Elle se réalisera par le site de l'assureur ou sous forme de bandeau publicitaire inséré sur d'autres sites ou encore de « pop-up », petit encart qui apparaît sur l'écran à la consultation d'un autre site que l'auteur de la publicité.

1758. Les dispositions sur les pratiques commerciales trompeuses prévues par les articles L. 121-1 du Code de la consommation trouveront à s'appliquer. La création par l'article 21 de la loi « confiance dans l'économie numérique » des articles L. 121-15-1 à L. 121-15-3 dans le Code de la consommation (L. 132-26 à compter du 1er juill. 2016, qui renvoie aux articles L. 122-8 et L. 122-9) vise à appliquer à l'offre par Internet toutes les dispositions sur la publicité, les rabais, les ventes promotionnelles, les jeux et concours promotionnels. Toutefois, il paraît difficile d'imposer de telles obligations à un assureur qui ne sera pas établi en France. Le juge communautaire pourrait fort bien estimer que ce dispositif est disproportionné par rapport à l'exigence de protection des internautes et qu'il contrevient à l'objectif primordial de la directive « commerce électronique » qui est de lever toute entrave à l'échange à distance.

1759. Si l'activité d'intermédiaires d'assurance tels qu'agent ou courtier est strictement encadrée par les articles L. 511-1 et R. 511-1 et suivants du Code des assurances, celle d'indicateur d'assurance « dont le rôle se borne à mettre en relations l'assuré et l'assureur ou à signaler l'un à l'autre » (C. assur., art. R. 511-3 III) contre rémunération est libre. Aussi l'auteur d'un site qui se bornerait à référencer des produits d'assurance sans les proposer à la souscription, voire créant des liens hypertextes vers des sites d'assureurs, pourrait-il exercer librement cette activité sans être soumis à l'agrément.

2 ■ « Spamming »

1760. Le « spamming » consiste en l'envoi de messages en nombre, à personne dénommée vers leur boite e-mail. Plus largement, le harcèlement par des offres répétées et non désirées est apparu avec le fax et s'est ensuite étendu à l'Internet. Si l'on souhaite distinguer le « spamming » de la publicité, on considérera que cette dernière consiste en une présentation faite au public d'un produit. En revanche, le « spamming » consiste en une communication commerciale non sollicitée envoyée par courrier électronique à l'internaute et qui lui est adressée personnellement (Dir. « commerce électronique », art. 7) à son adresse électronique.

1761. L'article 22 de la loi « confiance dans l'économie numérique » interdit la prospection directe par automates d'appel ou télécopieurs ou courriers électroniques à l'égard des personnes physiques qui n'ont pas donné leur consentement préalable. L'article 34-5 du Code des postes et communications électroniques prohibe désormais ce mode de prospection. Néanmoins, il restera possible pour les prestataires ayant déjà contracté avec l'internaute de recourir à une nouvelle « prospection » de ce dernier quelle que soit sa qualité (LEN, art. 22). En outre, ce moyen est utilisable à l'égard des personnes morales. On déduit de ce texte qu'une personne physique commerçante et un professionnel libéral qui n'exercent pas en société sont protégés contre le harcèlement publicitaire ; une personne morale même non commerçante y reste exposée.

1762. Désormais, il est nécessaire de recueillir le consentement préalable des personnes physiques avant de pratiquer des communications commerciales non sollicitées et personnalisées. La Commission nationale de l'informatique et des libertés est chargée de recueillir les plaintes. Le système de « l'opt-in » est ainsi consacré. La directive « commerce électronique » privilégiait le système de l'« opt-out » (art. 7), mais la directive « vie privée » a posé le principe de l'interdiction du « spamming » (Dir. 2002/58/CE, 12 juill. 2002, dite « vie privée et communications électroniques », JOCE L. 201, 31 juill. 2002, p. 37 ; art. 13). Le professionnel victime de harcèlement publicitaire pourra seulement faire usage du procédé, mis obligatoirement à disposition par l'auteur de ces prospections directes, permettant de demander que l'envoi des messages cesse (art. L. 34-5 al. 4 du C. p. et com. élec.). De telles dispositions paraissent largement inefficaces à l'égard des prestataires installés à l'étranger, a fortiori en dehors de l'espace communautaire.

3 ▪ Obligations d'information

1763. Tous les textes qui visent à encadrer la conclusion de contrats par Internet multiplient les obligations d'information. Il en est ainsi de la loi « confiance dans l'économie numérique » et de l'ordonnance « services financiers à distance ». Il convient de rappeler encore que le droit commun des assurances riche de nombreuses dispositions sur l'information trouve également à s'appliquer pour des contrats conclus à distance. Or, l'article L. 112-2-1 – I 1° du Code des assurances précise nettement que la fourniture à distance d'opérations d'assurance à un consommateur demeure régie par les dispositions du livre Ier du même code sur le contrat. Les obligations d'information vont se cumuler le plus souvent sans se remplacer.

a - Obligations d'informations propres à l'ordonnance sur les services financiers à distance

1764. Le nouvel article L. 112-2-1 – III et – IV du Code des assurances prévoit que pour tout contrat conclu à distance :

« III. - En temps utile avant la conclusion à distance d'un contrat, le souscripteur reçoit les informations suivantes :

1° La dénomination de l'entreprise d'assurance contractante, l'adresse de son siège social, lorsque l'entreprise d'assurance est inscrite au registre du commerce et des sociétés, son numéro d'immatriculation, les coordonnées de l'autorité chargée de son contrôle ainsi que, le cas échéant, l'adresse de la succursale qui propose la couverture ;

2° Le montant total de la prime ou cotisation ou, lorsque ce montant ne peut être indiqué, la base de calcul de cette prime ou cotisation permettant au souscripteur de vérifier celle-ci ;

3° La durée minimale du contrat ainsi que les garanties et exclusions prévues par celui-ci ;

4° La durée pendant laquelle les informations fournies sont valables, les modalités de conclusion du contrat et de paiement de la prime ou cotisation ainsi que l'indication, le cas échéant, du coût supplémentaire spécifique à l'utilisation d'une technique de commercialisation à distance ;

5° L'existence ou l'absence d'un droit à rétractation et, si ce droit existe, sa durée, les modalités pratiques de son exercice notamment l'adresse à laquelle la notification de la renonciation doit être envoyée. Le souscripteur doit également être informé du montant de prime ou de cotisation que l'assureur peut lui réclamer en contrepartie de la prise d'effet de la garantie, à sa demande expresse, avant l'expiration du délai de renonciation ;

6° La loi sur laquelle l'assureur se fonde pour établir les relations précontractuelles avec le consommateur ainsi que la loi applicable au contrat et la langue que l'assureur s'engage à utiliser, avec l'accord du souscripteur, pendant la durée du contrat ;
7° Les modalités d'examen des réclamations que le souscripteur peut formuler au sujet du contrat y compris, le cas échéant, l'existence d'une instance chargée en particulier de cet examen, sans préjudice pour lui d'intenter une action en justice ainsi que, le cas échéant, l'existence de fonds de garantie ou d'autres mécanismes d'indemnisation.
Les informations sur les obligations contractuelles communiquées en phase précontractuelle doivent être conformes à la loi applicable au contrat.
Ces informations, dont le caractère commercial doit apparaître sans équivoque, sont fournies de manière claire et compréhensible par tout moyen adapté à la technique de commercialisation à distance utilisée.
IV. - L'assureur doit également indiquer, pour les contrats d'assurance vie les informations mentionnées à l'article L. 132-5-1, notamment le montant maximal des frais qu'il peut prélever et, lorsque les garanties de ces contrats sont exprimées en unités de compte, les caractéristiques principales de celles-ci. Dans ce dernier cas, il doit en outre préciser qu'il ne s'engage que sur le nombre des unités de compte et non sur leur valeur qui peut être sujette à des fluctuations à la hausse comme à la baisse. »
La sanction de l'absence d'information ou d'une information partielle est d'abord réalisée par la stigmatisation de l'assureur contrevenant. L'article L. 112-2-1 – VI du Code des assurances prévoit que les infractions sont constatées et sanctionnées par l'Autorité de contrôle des assurances et des mutuelles ou par les enquêteurs de la répression des fraudes. La sanction la plus dure et la plus efficace consiste dans le report du point de départ du délai de renonciation dont bénéficie le consommateur. Ce dernier est reporté jusqu'à la communication des informations ou des conditions contractuelles (C. assur., art. L. 112-2-1 – II 1°, assurance non vie et L. 112-2-1 – II 2°, assurance vie).

b - Articulation avec les obligations issues du droit commun des assurances

1765. L'utilisation de moyens de communication à distance ne dispense pas de procéder à la communication des documents prévus par le Code des assurances. L'envoi, éventuellement par Internet, de ces documents permettra de satisfaire à la fois aux exigences des articles L. 112-2 et L. 112-2-1 – III du Code des assurances. Il nous semble toutefois que les exigences de l'article L. 112-2-1 – III du Code des assurances recouvrent celles de l'article L. 112-2 applicable à tout contrat. Toutefois, en ce qui concerne l'assurance vie l'article L. 112-2-1 IV précise bien que les dispositions de l'article L. 132-5-1 s'ajoutent à celles visée au III de l'article L. 112-2-1.

B ▪ Preuve

1 ▪ Preuve par écrit électronique

1766. L'article 1316-1 du Code civil, créé par la loi du 13 mars 2000 ; devenu 1366 à partir du 1er octobre 2016, dispose que « l'écrit sous forme électronique est admis en preuve au même titre que l'écrit sur support papier sous réserve que puisse être dûment identifiée la personne dont il émane et qu'il soit établi et conservé dans des conditions de nature à en garantir l'intégrité ». Dorénavant la nature de l'écriture n'a plus d'importance puisque l'article 1365 prévoit que l'écrit résulte d'une suite de lettres, de caractères, de chiffres ou de tous autres signes. En outre, aux termes de ce même texte, le support et les modalités de transmission sont indifférents. On en déduit que la forme de l'écrit est tout à fait libre dès lors que l'on peut l'imputer à son auteur et qu'il est conservé dans des conditions à en garantir l'intégrité. L'écriture électronique consiste en un langage compréhensible par les machines, elle prend aussi la forme de la cryptographie.

1767. Plus riche d'exigences techniques, la signature électronique fait l'objet de l'alinéa 2 de l'article 1316-4 numéroté 1367 à partir du 1er oct. 2016 : « Lorsqu'elle est électronique elle consiste en l'usage d'un procédé fiable d'identification garantissant son lien avec l'acte auquel elle s'attache. La fiabilité de ce procédé est présumée, jusqu'à preuve contraire, lorsque la signature électronique est créée, l'identité du signataire assurée et l'intégrité de l'acte garantie, dans les conditions fixées par décret en Conseil d'État ». La signature électronique sera libre et recevra force probante dès lors qu'elle obéit à certains critères précisés par un décret en Conseil d'État du 30 mars 2001 (Décr. n° 2001-272). Il faut, indique l'article 1367 (anc. art. 1316-4 avant le 1er oct. 2016), un procédé fiable d'identification qui garantit le lien avec l'acte. Cette fiabilité étant présumée ; il appartiendra donc à celui qui souhaite dénier sa signature de démontrer que le procédé électronique n'offre pas les garanties requises. Le décret du 30 mars 2001 (préc.) est intervenu pour préciser les conditions dans lesquelles une signature électronique est créée par un procédé présumé fiable. Il a été choisi de mettre en œuvre une signature électronique « avancée », c'est-à-dire une signature électronique numérique qui repose sur des moyens de cryptologie à clés asymétriques. Pour l'essentiel on retiendra qu'il résulte l'article 2 de ce décret que la présomption de fiabilité du procédé de création de la signature électronique n'est acquise que si le dispositif de création de la signature électronique est sécurisé et que la vérification de la signature repose sur un certificat électronique qualifié, c'est-à-dire lui-même sécurisé. Par ailleurs, un décret n° 2002-535 du 18 avril 2002 (JO 19 avr. 2002, p. 6944) vient préciser les procédures d'évaluation et de certification de « la sécurité offerte par les produits et systèmes des technologies de l'information ». Aux termes de ce texte, il est d'abord créé des centres d'évaluation des systèmes. La direction centrale de la sécurité des systèmes d'information (organisme gouvernemental) instruit les demandes d'agrément déposées pour établir des centres d'évaluation des systèmes (Décr. 18 avr. 2002, préc., art. 10 à 14). L'agrément est délivré par le Premier ministre. Puis, le commanditaire d'un système sécurisé, qui souhaite que son système soit certifié comme étant conforme aux exigences de fiabilité de l'écrit et de la signature électroniques, saisit la direction centrale de la sécurité des systèmes d'information de sa demande de certification. La certification est délivrée par le Premier ministre après consultation d'un centre d'évaluation agréé qui vérifie si les caractéristiques techniques du système garantissent la sécurité requise (Décr. 18 avr. 2002, préc., art. 2 à 9). Un concepteur de logiciel de création d'écrit et de signature électroniques ou un tiers certificateur, dont la mission est d'identifier et de garantir la qualité de l'acte et les parties à l'acte, pourront ainsi faire certifier les systèmes qu'ils proposent.

1768. Il a été jugé dans une affaire de congé d'un bail d'habitation que l'écrit exigé par le texte encadrant ce contrat ne peut pas consister en un e-mail, ce dernier n'étant pas un écrit électronique au sens du Code civil (Civ. 1re, 30 sept. 2010, n° 09-68.555).

2 ▪ Preuve de l'exécution de l'obligation d'information

1769. La Cour de cassation a décidé que celui qui est légalement ou contractuellement tenu d'une obligation particulière d'information doit rapporter la preuve de l'exécution de cette obligation (Civ. 1re, 25 févr. 1997, Bull. civ. I, n° 75, R. p. 271 ; D. 1997. Somm. 319, note J. Penneau).

1770. Il avait été ajouté à la liste des clauses interdites parce qu'abusives « la clause ayant pour objet ou pour effet de prévoir qu'incombe au consommateur la charge de la preuve du respect par le fournisseur de tout ou partie des obligations que lui imposent les dispositions des articles (...) L. 112-2-1 du code des assurances » (Décr. n° 2005-1450, 25 nov. 2005 créant un article R. 132-2-1 dans le Code de la consommation). Ce texte interdisait donc à l'assureur d'insérer une clause sur la preuve de l'exécution de l'obligation d'information qui transférerait la charge de cette preuve au souscripteur. Cette disposition avait été adoptée pour se conformer à la règle posée à l'article 15 alinéa 2 de la directive « services financiers à distance ». Toutefois, à la faveur de la réforme des dispositions sur les clauses abusives (v. infra, partie 2, Titre 1, Sous-titre 2, Chap. 2, Les clauses abusives) notamment par le décret n° 2009-302 du 18 mars 2009 cette disposition a disparu.

1771. La preuve de l'exécution de l'obligation d'information se réalise par tous moyens et notamment par présomptions (médecin : Civ. 1re, 14 oct. 1997, Bull. civ. I, n° 278 ; notaire : Civ. 1re, 3 févr. 1998, Bull. civ. I, n° 44).

1772. Il appartiendra à l'assureur de mettre en œuvre les procédés techniques qui permettent de communiquer les documents exigés notamment à l'article L. 112-2-1-III du Code des assurances. La procédure de communication et de consultation des documents doit également permettre à l'assureur de sauvegarder la preuve que les documents ont été consultés par l'internaute candidat à la souscription.

3 ▪ Conclusion et preuve du contrat

1773. L'exigence à l'article L. 112-2 alinéa 4 du Code des assurances de remise d'une police ou d'une note de couverture pour constater l'engagement réciproque de l'assureur et de l'assuré, ne transforme pas l'écrit en condition de validité du contrat. L'écrit n'est que le moyen de prouver l'existence et le contenu du contrat ; l'assurance est valablement conclue en l'absence même de remise d'un écrit (Req., 1er juill. 1941, DC 1943, p. 57, note A. Besson), il en est de même pour la modification du contrat d'assurance qui est parfaite dès la rencontre des volontés (Civ. 1re, 10 juill. 2002, RCA 2002, comm. n° 348, note H. Groutel), le contrat d'assurance étant un contrat consensuel (Civ. 1re, 15 févr. 1978, Bull. civ. I, n° 62).

1774. La Cour de cassation s'est prononcée sur le moment de la formation du contrat d'assurance conclu par Internet (Crim., 27 mai 2008, n° 07-88.176, Bull. crim. n° 131 ; D. 2009, p. 1324, note D. Noguero). La Haute juridiction a fait application du principe selon lequel le contrat d'assurance se forme par le simple échange des consentements. En effet, c'est une affaire dans laquelle le souscripteur avait longtemps vécu aux Etats-Unis ce qui l'empêchait d'obtenir un relevé d'information pour assurer sa motocyclette. Il avait rempli un questionnaire sur le site de l'assureur ; il lui avait été répondu : « Sous réserve de l'exactitude de vos déclarations et dans un délai de trente jours de l'envoi d'un relevé d'informations confirmant vos déclarations et de l'encaissement de votre prime, vous êtes assuré à compter du jour de la demande ». Il convenait de déterminer si le contrat avait été conclu ou bien s'il était suspendu à l'envoi du relevé d'informations. Le contrat prévoyait que le souscripteur était assuré à compter de la date de la souscription du contrat « sous réserve de l'exactitude de ses déclarations et dans un délai de trente jours à compter de l'envoi d'un relevé d'informations confirmant ses déclarations et l'encaissement de sa prime ». On observera que le souscripteur avait bien réglé sa prime, mais n'avait évidemment pas renvoyé de relevé d'informations. La chambre criminelle a décidé, en reprenant la motivation de la cour d'appel : « Attendu qu'en l'état de ces seuls motifs, d'où il résulte que la demande d'assurance a été acceptée le jour où elle a été formée, et dès lors que la société Generali Belgium n'a pas, avant toute défense au fond, soulevé d'exception fondée sur une cause de nullité ou sur une clause du contrat, la cour d'appel a justifié sa décision ». Il s'évince de cette décision que le contrat par Internet se forme dès le moment de l'acceptation par l'assureur. Cette solution rejoint le droit commun du contrat d'assurance qui retient l'acceptation de l'assureur comme moment de la formation du contrat. Il appartient donc à l'assureur qui veut différer la formation du contrat ou la prise d'effet des garanties de rédiger des clauses particulièrement claires en ce sens ; elles devront apparaître nettement sur le site de ce dernier. Toutefois, il paraît commercialement difficile de proposer des assurances par Internet, supposé être un moyen rapide d'échanges, et en même temps différer longtemps la conclusion ou la prise d'effet du contrat.

1775. Dès lors que l'assureur met en œuvre les exigences prévues aux articles 1365 et suivants du Code civil (1316 et s. avant le 1er oct. 2016) et aux règlements d'application, il pourra prouver l'existence et le contenu de la police ou d'un avenant par la production d'un écrit électronique. Cela signifie que l'opération de souscription d'assurance et la conservation de la police sont entièrement dématérialisés.

1776. En revanche, si l'assureur n'est pas en mesure techniquement d'établir un écrit électronique au sens des articles 1365 et suivants (1316 et s. avant le 1er oct. 2016) du Code civil et des règlements d'application, il sera préférable qu'il établisse, après la souscription par Internet, une police sur support papier comprenant conditions générales et particulières.

C ▪ Faculté de renonciation

1777. L'article L. 112-2-1 – II du Code des assurances, aux fins de transposition de l'article 6, 1 de la directive « services financiers à distance », prévoit une faculté de renonciation qui s'organise comme suit :

« II. - 1° Toute personne physique ayant conclu à des fins qui n'entrent pas dans le cadre de son activité commerciale ou professionnelle un contrat à distance dispose d'un délai de quatorze jours calendaires révolus pour renoncer, sans avoir à justifier de motif ni à supporter de pénalités. Ce délai commence à courir :

« a) Soit à compter du jour où le contrat à distance est conclu ;

« b) Soit à compter du jour où l'intéressé reçoit les conditions contractuelles et les informations, conformément à l'article L. 121-28 du Code de la consommation (L. 222-6 après le 1er juill. 2016), si cette dernière date est postérieure à celle mentionnée au a ;

« 2° Toutefois, en ce qui concerne les contrats d'assurance vie, le délai précité est porté à trente jours calendaires révolus. Ce délai commence à courir :

« a) Soit à compter du jour où l'intéressé est informé que le contrat à distance a été conclu ;

« b) Soit à compter du jour où l'intéressé reçoit les conditions contractuelles et les informations, conformément à l'article L. 121-28 (L. 222-6 après le 1er juill. 2016) si cette dernière date est postérieure à celle mentionnée au a ;

« 3° Le droit de renonciation ne s'applique pas :

« a) Aux polices d'assurance de voyage ou de bagage ou aux polices d'assurance similaires à court terme d'une durée inférieure à un mois ;

« b) Aux contrats d'assurance mentionnés à l'article L. 211-1 du présent code ;

« c) Aux contrats exécutés intégralement par les deux parties à la demande expresse du consommateur avant que ce dernier n'exerce son droit de renonciation.

1 ▪ Délai

1778. Le délai est dit de « quatorze jours calendaires révolus » (C. assur., art. L. 112-2-1 – II 1°) en assurance non vie ou « trente jours calendaires révolus » en assurance vie (C. assur., art. L. 112-2-1 – II 2°) pour adapter l'expression de « quatorze jours calendrier » employée par la directive (art. 6). Comme indiqué précédemment, il semble que ce délai doit être considéré comme un délai de procédure.

1779. Le délai court à compter du jour où « le contrat à distance est conclu » (C. assur., art. L. 112-2-1 – II, 1°, a). L'expression signifie, interprétée à la lumière du droit des assurances, au jour où l'assureur émet son acceptation, quel que soit le mode de l'émission de l'acceptation. En effet, on doit rappeler que c'est le candidat souscripteur qui émet une offre de s'assurer et l'assureur qui accepte cette offre. Le point de départ du délai peut être reporté à compter du jour où le consommateur reçoit l'information précontractuelle qui lui est due (C. assur., art. L. 112-2-1 – II, 1°, b). Dans cette dernière hypothèse, quelle que soit la cause du défaut d'information (moyen technique inapproprié ou défaut d'information pur et simple), le point de départ du délai de rétractation est repoussé jusqu'à la communication effective de l'information.

1780. Le délai court à compter du jour où le consommateur est informé que le contrat à distance a été conclu (C. assur., art. L. 112-2-1 – II, 2°, a). En effet, il est important que l'assureur dispose du temps nécessaire à l'évaluation du risque notamment au regard du questionnaire de santé. C'est donc l'assureur par l'acceptation du risque qui conclut le contrat. Le point de départ du délai est reporté jusqu'à la communication des informations lorsque celles-ci n'ont pas été communiquées au plus tard au moment de la conclusion du contrat (C. assur., art. L. 112-2-1 – II, 2°, b).

2 ▪ Exceptions à la faculté de renonciation

1781. Aux termes de la directive « services financiers à distance », de nombreux contrats échappent au délai de rétractation : contrats soumis aux fluctuations du marché comme des transactions portant sur des valeurs mobilières (art. 6, 2, a) ; les assurances pour une courte durée (couvrant un voyage par exemple) excluent la faculté de rétractation (art. 6, 2, b). Cette dernière exception est déjà prévue en matière d'assurance sur la vie pour laquelle il n'y a pas de rétractation possible lorsque le contrat couvre un risque pour une durée inférieure à 2 mois (C. assur., art. L. 132-5-1 in fine). Aux termes de l'ordonnance services financiers à distance, certains contrats échappent au délai de rétractation. Il s'agit des :

- contrats d'assurance pour une courte durée (couvrant un voyage ou pour une durée inférieure à un mois, nouvel art. L. 112-2-1 II, 3°, a, C. assur.) ;
- contrats d'assurance automobile (nouvel art. L. 112-2-1 II, 3°, b. C. assur.) ;
- contrats exécutés intégralement par les deux parties avant l'écoulement du délai de renonciation lorsque le consommateur en a fait expressément la demande (nouvel art. L. 112-2-1 II, 3°, b. C. assur.).

1782. L'expression « les contrats exécutés intégralement par les deux parties » nécessite une interprétation en droit des assurances. Deux arrêts sont venus apporter un début de précision (Civ. 2e, 17 janv. 2013, n° 11-20.155, n° 11-28.928, publ. au bull). Dans ces deux affaires, un consommateur a procédé à l'annonce de la vente de son véhicule d'occasion dans un journal. En accessoire de cette annonce, les consommateurs ont souscrit par téléphone un contrat d'assurance « garantie mécanique » afin d'offrir leur véhicule à la vente avec une couverture complémentaire pour le futur acheteur. Les coûts associés à ces deux prestations ont transformé le contrat d'assurance en un élément essentiel du contrat. L'annonce était tarifée à 24 euros et l'assurance à 605 euros. Le contrat d'assurance proposé par le mandataire de l'assureur a été intégralement conclu à distance car dans les deux arrêts, le téléphone a été utilisé et dans l'un des deux le paiement a en outre été réalisé par communication de numéro de carte bancaire. Or, les consommateurs ont fait usage de leur faculté de renonciation prévue à l'article L. 112-2-1 du Code des assurances pour mettre fin à la garantie complémentaire souscrite. L'assureur a refusé de considérer le contrat comme anéanti et a soutenu que le contrat avait été entièrement exécuté parce que la prime avait été payée, ce qui faisait échec à l'exercice de la rétractation, par application des exceptions à l'exercice de la faculté de renonciation prévue par ce texte. Plusieurs hypothèses étaient envisageables Il était d'abord possible de considérer qu'en assurance, le contrat est exécuté intégralement par les deux parties au terme de la garantie. On pouvait également soutenir que l'exécution intégrale réside dans la couverture d'un sinistre intervenu durant la période de rétractation. Enfin, on pouvait estimer que le contrat est exécuté intégralement dès lors que le consommateur souscripteur d'assurance demande expressément l'exécution de celui-ci ; c'est-à-dire qu'il demande la prise d'effet immédiate de la garantie moyennant le versement de la prime. C'est la position qui a été soutenue par l'assureur dans les deux arrêts. In abstracto, on doit rejeter la première hypothèse qui ne présente aucun intérêt puisqu'elle revient à nier l'idée de la possibilité d'une exécution intégrale avant l'achèvement du délai de rétractation. La Cour de cassation (Civ. 2e, 17 janv. 2013, préc.) a rejeté la dernière à savoir : la prise d'effet immédiat de la garantie à la demande du consommateur conjuguée au paiement de la prime. Prétendre que le paiement de la prime déclenche l'exécution intégrale du contrat est désormais voué à l'échec.Pour les contrats d'assurance en général, à l'exception de l'assurance de responsabilité, nous privilégions l'idée que le contrat est intégralement exécuté par les deux parties dès lors que le consommateur a payé la prime et que l'assureur verse sa prestation ou s'est engagé à le faire avant l'expiration du délai de renonciation. En effet, si le contrat d'assurance est un contrat aléatoire, il n'en reste pas moins synallagmatique. L'aléa consiste en l'éventualité de la survenance d'un sinistre, événement incertain qui constitue le risque assuré. La présence impérative de cet aléa dans le contrat ne prive cependant pas l'assureur d'obligation. C'est pourquoi, nous estimons, que la survenance du sinistre qui engendre l'obligation d'indemnisation ou la demande par l'assuré de bénéficier positivement d'une prestation prévue au contrat vaut exécution intégrale du contrat par l'assureur. Cette exécution empêche ensuite le souscripteur d'exercer son droit de rétractation.

En matière d'assurance de responsabilité, pour les personnes physiques, l'article L. 124-5 du Code des assurances dispose, en substance, que l'assureur est tenu pour un fait dommageable intervenu entre la prise d'effet initiale de la garantie et la date de résiliation ou d'expiration du contrat. Si le souscripteur se rétractait avant que la victime du dommage intervenu pendant le délai de renonciation ne se soit signalée, on peut craindre que l'assureur n'oppose à la victime l'anéantissement rétroactif du contrat. Pour éviter une telle solution, il convient de faire échec à l'exercice préjudiciable aux droits de la victime du droit de renonciation du souscripteur. Nous estimons donc que l'existence du droit de la victime, tiers au bénéfice du contrat d'assurance de responsabilité, oblige à considérer que la demande du consommateur de jouir immédiatement de la garantie et l'engagement de l'assureur à garantir son assuré vaut exécution intégrale du contrat par les deux parties. Le consommateur qui demande à bénéficier immédiatement de la garantie de sa responsabilité perd, selon nous, sa faculté de rétractation.

§ 3 ▪ Demande d'exécution avant renonciation et paiement

1783. En principe, le contrat conclu ne peut pas recevoir de commencement d'exécution avant l'expiration du délai de renonciation. Toutefois, l'article L. 222-13 (anc. art. L. 121-30 avant le 1er juillet 2016) du Code de la consommation prévoit que le consommateur peut demander à bénéficier immédiatement du service avant l'expiration du délai de rétractation.

1784. Aux termes de l'article L. 222-13 du Code de la consommation, quand le consommateur utilise le service proposé avant l'expiration du délai de rétractation et qu'il exerce ensuite son droit de rétractation, il ne peut lui être demandé qu'un paiement proportionnel au service fourni avant la rétractation. En outre, il est nécessaire que ce paiement soit prévu par « l'offre de service » initiale (C. consom., art. L. 121-30, renuméroté L. 222-13 à partir du 1er juill. 2016).

1785. Le droit de rétractation s'analyse comme la résolution d'un contrat déjà formé. Aussi, à l'article L. 222-15 (anc. II de l'article L. 121-30 du Code de la consommation antérieurement au 1er juill. 2016), est-il prévu que le fournisseur restitue dans les trente jours toutes les sommes qu'il a perçues à l'exception de la fraction de prix qui correspond au service qu'il a pu fournir, à la demande expresse du consommateur, avant la rétractation. De même, le consommateur doit restituer au plus tard dans les trente jours les prestations qu'il aurait reçues.

1786. Il est imposé par la directive, l'obligation d'annuler un paiement après utilisation frauduleuse d'une carte de paiement et le reversement de ces sommes au consommateur (Dir. SFD, art. 8). La loi française a anticipé ce point dans le cadre de la loi sur la sécurité quotidienne ; en effet, l' article L. 132-4 du Code monétaire et financier permet d'obtenir la restitution d'une somme prélevée sur le compte bancaire après une utilisation frauduleuse de la carte de paiement.

Sous-titre 2
La protection du souscripteur

Chapitre 1
Le démarchage

BIBLIOGRAPHIE

L'Argus de l'assurance

Ouvrages. – J. Landel, *Lexique des termes d'assurance*, L'Argus éd., 2014. – F. Couilbault, S. Couilbault-Di Tommaso, V. Huberty, *Les grands principes de l'assurance*, L'Argus éd., 2013. – J. Bigot (sous dir.), *Code des assurances*, L'Argus éd.,

Autres documentations

Revues. – M.-E. Matthieu, La commercialisation en ligne des produits financiers : cartographie de la protection des investisseurs en ligne après la décision de l'AMF du 26 octobre 2015, Rev. dt bancaire et financier 2016, étude 6.

1787. Il résulte L. 341-1 du Code monétaire et financier et L. 112-9 du Code des assurances que le démarchage se caractérise par le fait que le professionnel procède à une proposition non sollicitée d'un produit ou d'un service auprès d'un souscripteur potentiel. Dans le Code de la consommation, aux articles L. 121-18 et suivants, le démarchage est désormais appelé contrat hors établissement et suit un régime commun à celui applicable aux contrats à distance. Quel que soit le texte applicable, il ne suffit pas d'une simple offre au public, une démarche active est entreprise afin de proposer à une personne déterminée de souscrire un contrat d'assurance. Aux termes des mêmes textes, le démarchage revêt également une autre dimension, quand bien même le candidat souscripteur a sollicité le professionnel, dès lors que ce dernier se déplace au domicile ou sur le lieu de travail du souscripteur potentiel, la loi de protection s'appliquera.

1788. Afin de protéger les consommateurs contre la conclusion de contrats dans des circonstances de nature à altérer son libre consentement, le législateur est intervenu. En 1972 les premiers textes consuméristes, au sens contemporain du terme, ont été élaborés. En effet, une loi n° 72-6 du 3 janvier 1972 relative au démarchage financier (intégrée dans le Code monétaire et financier) a été adoptée, suivie par une loi n° 72-1137 du 22 décembre 1972 relative à la protection des consommateurs en matière de démarchage et de vente à domicile (intégrée dans le Code de la consommation). Aucune disposition spécifique n'était prévu en droit des assurances jusqu'à l'adjonction d'un article L. 112-9 dans le Code des assurances par l'article 27 de la loi du 3 janvier 2008 (L. n° 2008-3, JO 4 janv.) qui adapte au contrat d'assurance un dispositif similaire au droit commun du Code de la consommation.

1789. Le démarchage financier a fait l'objet d'une refonte complète lors de l'adoption de la loi du 1er août 2003 (L. n° 2003-706, art. 50 I, JO 2 août) et de l'ordonnance du 6 juin 2005 (Ord. n° 2005-648, art. 5, JO 7 juin, en vigueur le 1er déc. 2005). La matière a également connu des aménagements notamment à propos de l'habilitation des démarcheurs financiers (L. n° 2006-1770, 30 déc. 2006, art. 63 I, JO 31 déc. ; Ord. n° 2007-544, 12 avr. 2007, art 2, JO 13 avr. ; Ord. n° 2007-1490, 18 oct. 2007, art. 2 ; JO 19 oct.). Ce sont les articles L. 341-1 et suivants du Code monétaire et financier qui constituent le siège de la matière. Ces dispositions s'appliquent aux entreprises d'assurance qui proposent des services d'investissement ou des valeurs mobilières (C. mon. et fin., art. L. 341-1).

1790. Les dispositions relatives au démarchage financier n'ont vocation à s'appliquer qu'à la proposition de valeurs mobilières ou de services d'investissement. Ces dispositions ne concernent donc que l'activité de démarchage aux fins de souscriptions de valeurs mobilières (v. infra, sur la distinction avec les contrats de capitalisation). Les autres produits du type IARD, maladie accident, proposés par le démarcheur sont soumis aux dispositions sur le démarchage à domicile du Code de la consommation pour les contrats souscrits avant le 1er juillet 2008 et L. 112-9 du Code des assurances pour la période postérieure. Par ailleurs, pour les contrats relevant du Code de la mutualité, à défaut de texte spécifique dans ce secteur, les dispositions du Code de la consommation trouvent à s'appliquer.

1791. L'assurance sur la vie et les contrats de capitalisation sont soumis aux dispositions des articles L. 132-5-1 et suivants du Code des assurances. L'ancien article L. 132-5-1 prévoyait un délai de rétractation de 30 jours au profit des personnes physiques à compter du premier versement. L'article L. 132-5-1 issue de la loi n° 2005-1564 du 15 décembre 2005, prévoit ce même délai de rétractation, mais il court à compter du moment où la personne physique est informée que le contrat est conclu. Cette nouvelle modalité du délai de rétractation de 30 jours ne s'applique qu'aux contrats conclus après le 1er mars 2006 (L. n° 2005-1564, 15 déc. 2005, art. 19, al. 4).

1792. Quand le contrat est entièrement conclu à distance (téléphone, courrier, internet) ce sont alors les dispositions de l'article L. 112-2-1 du Code des assurances qui s'appliquent relatives à la fourniture à distance d'opérations d'assurance à un consommateur (v. Titre 4, Sous-titre I, Chap. III, La formation du contrat d'assurance à distance). Comme les contrats d'assurance conclus après un démarchage connaissent un régime spécial applicable aux contrats postérieurs au 1er juillet 2008, nous ne développerons que ce régime et celui du démarchage financier, sans consacrer d'analyse au droit commun de la consommation.

Section 1 ▪ Démarchage à domicile régi par l'article L. 112-9 du Code des assurances pour les contrats souscrits après le 1er juillet 2008

1793. L'article L. 112-9 du Code des assurance issu de la loi n° 2008-3 du 3 janvier 2008 soumet les personnes physiques qui souscrivent un contrat d'assurance à des fins qui n'entrent pas dans le cadre de leur profession à l'issue d'un démarchage à un régime spécifique prévu par ce texte. Il s'agit donc de contrats d'assurance, relevant du Code des assurances, conclus par des consommateurs qui sont démarchés à leur domicile, sur leur lieu de travail et ce même à leur demande. Cela signifie que le texte s'applique dès lors que le représentant de l'assureur ou de l'intermédiaire rencontre le souscripteur sur son lieu de travail ou à son domicile. L'assureur est tenu, comme mandant, des fautes de son agent général agissant dans le cadre d'un démarchage (Civ. 2e, 20 nov. 2014, n° 14-10.776). Ces dispositions ne s'appliquent pas aux contrats d'assurance sur la vie ou de capitalisation (C. assur., art. L. 112-9 I al. 6) qui sont régis par les articles L. 132-5-1 et suivants.

1794. L'article L. 112-9 du Code des assurances ne prévoit aucune obligation d'information particulière. Cela signifie que les obligations d'information de droit commun s'appliquent, notamment celles prévues à l'article L. 112-2 du Code des assurances.

1795. Le contrat conclu à l'issue d'une opération de démarchage ouvre une faculté de renonciation de 14 jours « calendaires » révolus au souscripteur, sans motifs, ni pénalités. Cela signifie que ce délai, qui commence à courir le jour de la conclusion (c'est-à-dire de l'acceptation par l'assureur) n'est prorogé ni par un samedi, un dimanche, ni par un jour férié. Le contrat doit comporter un modèle de lettre de renonciation qui s'exerce par l'envoi d'une lettre recommandée. L'exercice de ce droit emporte la résiliation du contrat, à la réception de la lettre, qui cesse ainsi de produire ses effets. Le souscripteur ne bénéficie pas de faculté de renonciation pour les contrats d'assurance de voyage, de bagage et les contrats dont la durée est inférieure à un mois. Le souscripteur perd le bénéfice de sa faculté de renonciation dès lors qu'un sinistre intervient avant l'écoulement de la période de renonciation.

1796. Il semble que la prime peut être payée avant l'écoulement du délai de renonciation. Toutefois, le souscripteur conserve sa faculté de renonciation qui, si elle est exercée, oblige l'assureur à rembourser la prime payée. Ce dernier conserve la fraction de prime qui correspond à la période courue jusqu'à la date de la résiliation. Si un sinistre entrant dans la garantie est intervenu pendant la période écoulée entre la conclusion du contrat et la résiliation, sans que l'assuré n'en ait eu connaissance, le texte prévoit alors que l'assureur conserve la prime.

1797. L'Autorité de contrôle prudentiel et de résolution est chargée de veiller à l'application de ces dispositions ; l'absence de remboursement de la prime dans les trente jours de la conclusion est punie d'une amende de 15 000 €.

Section 2 ▪ Démarchage financier

1798. En droit des assurances, il est prévu à l'article L. 132-5-1 alinéa 1er du Code des assurances un délai de rétractation de 30 jours pour les contrats d'assurance sur la vie ou les opérations de capitalisation. Il convient de déterminer comment cette disposition s'articule avec la réglementation sur le démarchage financier qui a également vocation à s'appliquer aux assureurs. Le régime du démarchage financier pourra ensuite être évoqué.

§ 1 ▪ Champ d'application

1799. La question du champ d'application se dédouble. Il faut d'abord déterminer le texte applicable à l'assurance sur la vie et à la capitalisation. Une fois cette qualification effectuée, il faut déterminer au sein des dispositions sur le démarchage financier en quoi les assureurs sont concernés par ce texte.

1800. L'article L. 132-5-1 alinéa 1er du Code des assurances, dans sa formulation issue de la loi du 15 décembre 2005, dispose que « toute personne physique qui a signé une proposition ou un contrat d'assurance sur la vie ou de capitalisation a la faculté d'y renoncer par lettre recommandée avec demande d'avis de réception pendant le délai de trente jours calendaires révolus à compter du moment où elle est informée que le contrat est conclu. Ce délai expire le dernier jour à vingt-quatre heures. S'il expire un samedi, un dimanche ou un jour férié ou chômé, il n'est pas prorogé ». Ce texte figure sous un chapitre intitulé « les assurances sur la vie et les opérations de capitalisation ». L'ancien article L. 132-5-1, applicable aux contrats conclu avant le 1er mars 2006, prévoyait que « toute personne physique qui a signé une proposition d'assurance ou un contrat a la faculté d'y renoncer par lettre recommandée avec demande d'avis de réception pendant le délai de trente jours à compter du premier versement ». Aussi les contrats conclus par des personnes physiques constituant des opérations d'assurance sur la vie ou de capitalisation sont-ils soumis à la faculté de rétractation que le contrat soit souscrit auprès de l'assureur ou bien à l'issue d'un démarchage.

1801. L'article L. 341-3 du Code monétaire et financier détermine les institutions habilitées à pratiquer le démarchage financier et qui sont ainsi soumises aux dispositions régissant ce démarchage financier. Ce texte mentionne les établissements de crédit, les entreprises d'investissement et les entreprises d'assurance. Les entreprises d'assurance sont donc habilitées à pratiquer le démarchage financier et lorsqu'elles se livrent à une telle activité, elles sont soumises aux dispositions du Code monétaire et financier. Un délai de rétractation est prévu à l'article L. 341-16 du Code monétaire et financier qui indique que « la personne démarchée dispose d'un délai de 14 jours calendaires révolus pour exercer son droit de rétractation sans avoir à justifier de motifs ni à supporter de pénalités ». L'entreprise d'assurance qui propose la conclusion d'un contrat par une personne physique après un démarchage financier est donc tenue de prévoir un délai de rétractation de 14 jours.

A ▪ Application du Code des assurances à l'assurance sur la vie et à la capitalisation

1802. Dans la mesure où l'assurance vie et la capitalisation sont soumis à un délai de rétractation de 30 jours et que les dispositions sur le démarchage financier prévoient un délai de 14 jours, il convient de déterminer quelles sont les dispositions applicables à un contrat d'assurance sur la vie ou de capitalisation conclu à l'issue d'un démarchage.

1803. Il n'existe pas dans le Code des assurances de définition de l'assurance sur la vie. Néanmoins les auteurs s'accordent à indiquer que le critère essentiel consiste en ce que les engagements des parties dépendent de la durée de la vie humaine. Ainsi des auteurs définissent-ils l'assurance sur la vie comme « le contrat par lequel l'assureur s'engage envers le souscripteur, moyennant une prime, à verser une somme déterminée au bénéficiaire désigné, l'exécution de son obligation dépendant de la durée de la vie de l'assuré » (Y. Lambert-Faivre, L. Leveneur, *Droit des assurances*, Dalloz, 12e éd., 2005, n° 888). Le contrat de capitalisation au contraire ne fait pas entrer, en principe, la durée de la vie humaine dans l'économie du contrat (sur les conséquences de l'arrêt Leroux rendu par la première Chambre civile de la Cour de cassation le 18 juillet 2000, v. infra, Titre 7, Sous-titre I, Chap. III Les effets du contrat d'assurance vie). En effet, l'article R. 321-1 du Code des assurances, indique à la branche 24 intitulée « capitalisation » que cette activité consiste en « toute opération d'appel à l'épargne en vue de capitalisation et comportant, en échange de versements uniques ou périodiques, directs ou indirects, des engagements déterminés quant à leur durée et à leur montant ».

1804. La loi n° 85-98 du 11 juin 1985 relative à l'information des assurés et à la transparence des contrats d'assurance vie est venue unifier le régime de la renonciation applicable au contrat. Avant ce texte, ce régime était plus sévère lorsque le contrat était conclu après un démarchage à domicile. L'article L. 132-5-1 du Code des assurances régit donc actuellement la conclusion par une personne physique de tout contrat d'assurance sur la vie ou de capitalisation (v. infra, Titre 7, Sous-titre I, Chap. III Les effets du contrat d'assurance vie). Lorsque le contrat d'assurance vie ou de capitalisation, conclu pour une durée supérieure à deux mois (C. assur., L. 132-5-1), est souscrit par une personne physique, le souscripteur dispose d'un délai de 30 jours pour se rétracter. L'article L. 132-5-1 alinéa 1er du Code des assurances, dans sa formulation issue de la loi du 15 décembre 2005, dispose que « toute personne physique qui a signé une proposition ou un contrat d'assurance sur la vie ou de capitalisation a la faculté d'y renoncer par lettre recommandée avec demande d'avis de réception pendant le délai de trente jours calendaires révolus à compter du moment où elle est informée que le contrat est conclu. Ce délai expire le dernier jour à vingt-quatre heures. S'il expire un samedi, un dimanche ou un jour férié ou chômé, il n'est pas prorogé ». L'ancien article L. 132-5-1, applicable aux contrats conclu avant le 1er mars 2006, prévoyait que « toute personne physique qui a signé une proposition d'assurance ou un contrat a la faculté d'y renoncer par lettre recommandée avec demande d'avis de réception pendant le délai de trente jours à compter du premier versement ». Il est précisé à l'article L. 132-5-2 du Code des assurances que le défaut de communication des documents d'information prévus par ce texte proroge le délai de renonciation, dans la limite de huit années. Ce nouveau texte est applicable aux contrats conclus après le 1er mars 2006. Sous l'empire de l'ancien article L. 132-5-1, de la même façon, le délai de renonciation était prorogé jusqu'à la communication des documents d'information, mais la limite de huit années n'existait pas. Ce régime s'applique toujours aux contrats conclus avant le 1er mars 2006. Les juges du fond ont ainsi décidé qu'une assurance sur la vie souscrite à l'issue d'un démarchage financier est soumise aux dispositions du Code des assurances (CA Agen, 1re ch., 10 janv. 2012 ; Rép. Gal n° 10/02221 ; n° d'arrêt 43-2012).

B ▪ Application du Code monétaire et financier aux opérations bancaires, services d'investissement et à certaines opérations sur instruments financiers

1805. L'article L. 341-1 du Code monétaire et financier définit le démarchage financier comme suit : « constitue un acte de démarchage bancaire ou financier toute prise de contact non sollicitée, par quelque moyen que ce soit, avec une personne physique ou une personne morale déterminée, en vue d'obtenir, de sa part, un accord sur :

1° La réalisation par une des personnes mentionnées au 1° de l'article L. 341-3 d'une opération sur un des instruments financiers énumérés à l'article L. 211-1 ;

2° La réalisation par une des personnes mentionnées au 1° de l'article L. 341-3 d'une opération de banque ou d'une opération connexe définies aux articles L. 311-1 et L. 311-2 ;
3° La fourniture par une des personnes mentionnées au 1° de l'article L. 341-3 d'un service d'investissement ou d'un service connexe définis aux articles L. 321-1 et L. 321-2 ;
4° La réalisation d'une opération sur biens divers mentionnée à l'article L. 550-1 ;
5° La fourniture par une des personnes mentionnées au 3° de l'article L. 341-3 d'une prestation de conseil en investissement prévu au I de l'article L. 541-1.

1806. Constitue également un acte de démarchage bancaire ou financier, quelle que soit la personne à l'initiative de la démarche, le fait de se rendre physiquement au domicile des personnes, sur leur lieu de travail ou dans les lieux non destinés à la commercialisation de produits, instruments et services financiers, en vue des mêmes fins [...] ». Afin d'éclairer ce texte, il est nécessaire d'ajouter la définition des instruments financiers établie à l'article L. 211-1 du Code monétaire et financier :
« I. – Les instruments financiers comprennent :
1. Les actions et autres titres donnant ou pouvant donner accès, directement ou indirectement, au capital ou aux droits de vote, transmissibles par inscription en compte ou tradition ;
2. Les titres de créance qui représentent chacun un droit de créance sur la personne morale ou le fonds commun de titrisation qui les émet, transmissibles par inscription en compte ou tradition, à l'exclusion des effets de commerce et des bons de caisse ;
3. Les parts ou actions d'organismes de placements collectifs ;
4. Les instruments financiers à terme figurant sur une liste fixée par décret ;
5. Et tous instruments financiers équivalents à ceux mentionnés aux précédents alinéas, ainsi que les droits représentatifs d'un placement financier dans une entité, émis sur le fondement de droits étrangers.
II. – Les instruments financiers mentionnés aux 1 à 3 du I ne peuvent être émis que par l'État, une personne morale, un fonds commun de placement, un fonds de placement immobilier ou un fonds commun de créances. »

1807. Il résulte assurément de l'article L. 341-1 du Code monétaire et financier qu'un contrat aux fins de réalisation d'opérations bancaires que pourrait proposer un assureur par voie de démarchage sera soumis aux dispositions sur le démarchage financier. De même qu'un assureur qui propose, par démarchage, de souscrire un contrat de service d'investissement est soumis à ces dispositions. Il s'agit de proposer une fourniture de services ayant pour objet de gérer des fonds ou des avoirs de la personne physique démarchée.

1808. La question se pose en des termes simples : comment distinguer un contrat de capitalisation d'une opération sur instruments financiers ? La souscription du premier, c'est-à-dire du contrat de capitalisation, par une personne physique est soumise à un délai de rétractation de 30 jours, alors que la réalisation d'une opération sur instruments financiers à l'issue d'un démarchage par un assureur est soumise à un délai de rétractation de 14 jours.

1809. Si l'on reprend la définition de la capitalisation donnée à l'article R. 321-1 du Code des assurances, ce qui caractérise la capitalisation c'est que le contrat comporte « en échange de versements uniques ou périodiques, directs ou indirects, des engagements déterminés quant à leur durée et à leur montant ». On peut donc estimer que toute acquisition d'instruments financiers, tels que l'achat d'actions ou de titres de créances ou d'instruments financiers à termes (v. C. mon. et fin., art. L. 211-1, préc.), pour laquelle il n'y a pas d'engagement de l'assureur sur le versement à des périodes déterminés d'un montant déterminé ne constitue pas un contrat de capitalisation. Ces opérations sont alors soumises aux règles sur le démarchage financier prévoyant un délai de rétractation de 14 jours. En revanche, dès lors qu'il y a engagement de l'assureur sur le versement à un terme déterminé, d'une somme déterminée, on est en présence d'une opération de capitalisation soumise à l'article L. 132-5-1 du Code des assurances et comprenant un délai de rétractation de 30 jours. Il nous semble donc que l'on peut appliquer le délai de rétractation de 30 jours à la souscription de parts ou actions d'organismes de placements collectifs dès lors qu'un rendement minimum est garanti ou encore au plan d'épargne individuelle pour la retraite (PEIR).

1810. L'application distributive des règles du Code monétaire et financier aboutit à une distorsion. Selon que le contrat de capitalisation, c'est-à-dire le produit à rendement déterminé et surtout à échéance convenue, est proposé par un établissement financier à l'issue d'un démarchage ou par un assureur, avec ou sans démarchage, il ne sera pas soumis au même délai de rétractation.

§ 2 ▪ Régime du démarchage financier

1811. Aux termes de l'article L. 341-1 du Code monétaire et financier, le démarchage financier consiste en une prise de contact non sollicitée par quelque moyen que ce soit, avec une personne physique ou une personne morale déterminée en vue d'obtenir un accord sur la réalisation d'une opération sur instruments financiers ou d'une opération de banque ou sur la fourniture d'un service d'investissement ou d'une prestation de conseil en investissement. Le démarchage financier consiste encore dans le fait de se rendre physiquement, quelle que soit la personne à l'initiative de la démarche, au domicile des personnes, sur leur lieu de travail ou dans des lieux non destinés à la commercialisation de produits, instruments et services financiers, aux mêmes fins. En effet, le contrat conclu par le représentant d'une banque au domicile du client, bien que ce soit ce dernier qui ait sollicité le banquier, est soumis aux dispositions sur le démarchage à domicile (Civ. 1re, 7 nov. 2006, n° 04-15.799, Bull. civ. I, n° 460).

1812. Les personnes physiques et les personnes morales sont en principe protégées, lorsqu'elles ont fait l'objet d'une sollicitation (C. mon. et fin., art. L. 341-2). L'article L. 341-2 du Code monétaire et financier prévoit ensuite des exceptions. Ainsi la personne morale qui demande à un démarcheur de venir dans ses locaux professionnels ne bénéficie plus du texte (C. mon. et fin., art. L. 341-2, 3°). Les investisseurs qualifiés et les personnes morales de grande taille sont également exclus du bénéfice des textes (C. mon. et fin., art. L. 341-2, 1°). Les personnes physiques ou morales déjà clientes ne sont pas protégées lorsqu'il est leur est proposé une opération de même nature que celle conclue antérieurement (C. mon. et fin., art. L. 341-2, 5°).

1813. Les établissements de crédit, les entreprises d'investissement et les assureurs sont autorisés à faire placer leurs produits par voie de démarchage (C. mon. et fin., art. L. 341-3). À cette fin, ils peuvent mandater des personnes physiques ou morales (C. mon. et fin., art. L. 341-3, I). Les démarcheurs personnes physiques et les personnes morales mandatées doivent justifier d'une assurance garantissant leur responsabilité (C. mon. et fin., art. L. 341-5). C'est ainsi que la proposition d'opérations sur marchés à terme par une personne à partir d'un local d'un agent d'assurances constitue une infraction pénale ; la personne n'étant pas habilitée à le faire et un tel lieu ne constituant pas une place habituelle pour proposer de telles opérations (Crim., 19 sept. 2007, n° 06-81.129). Les assureurs doivent faire enregistrer, auprès du Comité des entreprises d'assurance, en tant que démarcheurs, leurs salariés et les mandataires à qui ils confient le soin de procéder au démarchage (C. mon. et fin., art. L. 341-6) ; cet enregistrement permet d'alimenter un fichier des personnes habilitées à procéder au démarchage bancaire et financier (C. mon. et fin., art. L. 341-7). Une carte de démarchage est délivrée par l'établissement mandataire qui doit être présentée à toute personne démarchée

(C. mon. et fin., art. L. 341-8). Enfin, ne peut exercer l'activité de démarcheur financier toute personne qui a fait l'objet depuis moins de dix ans d'une condamnation définitive pour crime ou des délits tels qu'escroquerie, recel, blanchiment, corruption ou encore faux (C. mon. et fin., art. L. 341-9).

1814. Le démarcheur doit d'abord s'informer de la situation financière et des objectifs en matière de placements de la personne démarchée (C. mon. et fin., art. L. 341-11). Ensuite, il doit communiquer ses propres coordonnées et celles de l'assureur qui l'a mandaté (C. mon. et fin., art. L. 341-12). Il doit évidemment délivrer les notices d'information prévues par la loi pour chaque produit financier, et à défaut d'obligation légale, il doit remettre une note d'information qui attire notamment l'attention du démarché sur les risques financiers ; le même document mentionne la faculté de rétractation (ibid.).

1815. Le contrat portant sur une opération bancaire ou financière ne peut pas être conclu par le démarcheur. Le contrat est établi par l'assureur mandant sans que « le démarcheur puisse le signer au nom et pour le compte de la personne pour le compte de laquelle il agit » (C. mon. et fin., art. L. 341-14).

1816. La personne démarchée dispose à compter de la conclusion du contrat d'un délai de 14 jours pour se rétracter, sans pénalité, et sans avoir à indiquer un quelconque motif (C. mon. et fin., art. L. 341-16, I). Le délai court à compter soit de la date où le contrat est conclu, soit à la date de la communication de l'information obligatoire (ibid.).

1817. Aucun frais ni aucune commission ne peut être perçue à raison de la rétractation (C. mon. et fin., art. L. 341-16, II). Toutefois, si le démarché a eu recours aux services proposés avant la rétractation, il devra tout de même s'acquitter d'un prix correspondant à l'utilisation du service (ibid.). On songe à un service bancaire par exemple.

1818. Les articles L. 353-1 à L. 353-4 du Code monétaire et financier prévoient les sanctions pénales applicables aux violations des dispositions sur le démarchage financier (V. par exemple Crim., 15 mai 2008, n° 07-85.023). On soulignera que la violation de l'obligation de détenir une carte de démarcheur ou de toutes les obligations d'information et de présentation du contrat, notamment celle relative au délai de rétractation, est punie de six mois d'emprisonnement et de 7 500 € d'amende (C. mon. et fin., art. L. 353-1). L'Autorité des marchés financiers est habilitée à prononcer des sanctions (v. Déc. Commission des sanctions, Sté Forex, 26 oct. 2015, SAN 2015-18). De surcroît, la sanction civile attachée à la violation des dispositions sur le démarchage financier consiste en la nullité du contrat conclu par le client avec le représentant du banquier (Com., 5 oct. 1999, n° 96-20.939, Bull. civ. IV, n° 162).

§ 3 ■ Démarchage financier et contrat entièrement conclu à distance

1819. Quand la fourniture à distance de services financiers à un consommateur (V. Titre 4, Sous-titre I, Chap. 3 La formation du contrat à distance) est précédée d'un démarchage, les régimes du démarchage et celui des services financiers à distance trouvent à s'appliquer successivement (C. mon. et fin., art. L. 343-2). L'information préalable fournie au consommateur en cas de démarchage remplace celle prévue pour la commercialisation à distance (information prévue par l'article L. 341-12 du Code monétaire et financier). Le droit de rétractation prévu pour les services financiers à distance remplace celui prévu dans le cadre du démarchage (C. mon. et fin., art. L. 343-2).

Chapitre 2
Les clauses abusives

BIBLIOGRAPHIE

L'Argus de l'assurance

Ouvrages. – J. Bigot (sous dir.), *Code des assurances*, L'Argus éd. - J. Landel, *Lexique des termes d'assurance*, L'Argus éd., 2014. – F. Couilbault, S. Couilbault- Di Tommaso, V. Huberty, Les *grands principes de l'assurance*, L'Argus éd., 2015.

1820. La loi du 13 juillet 1930 sur le contrat d'assurance représente une des premières manifestations de l'intervention du législateur pour protéger une partie à un contrat d'adhésion. Ce texte a servi de fondement au droit des assurances en faisant l'objet d'une codification en 1976. Sans cesse modifié, notamment par la loi du 31 décembre 1989, le Code des assurances a pour objet non seulement de donner un cadre au contrat d'assurance, aux différents types d'assurances et aux entreprises, mais encore de protéger les souscripteurs quels qu'ils soient. Il n'est pas distingué dans le Code selon la qualité de professionnel ou de profane, mais sont concernés tous les assurés ou souscripteurs. Ce large champ d'application confère sa spécificité au droit des assurances qui, formant un système cohérent, pourrait échapper à l'emprise du droit de la consommation. Le droit de la consommation a pour objet d'encadrer la relation du consommateur avec le professionnel. Or, la personne qui souscrit un contrat d'assurance pour des besoins non professionnels, représente un consommateur (pour la définition) concluant un contrat avec un assureur. À ce titre, le souscripteur peut évidemment invoquer le droit des assurances, mais encore le droit de la consommation. Le plus souvent, le droit des assurances sera le plus protecteur car il comporte des dispositions propres à chaque contrat ou prévoit des obligations générales. Si l'on songe à l'obligation générale d'utiliser des caractères très apparents pour rédiger les clauses d'exclusion (C. assur., art. L. 112-4), on constate qu'il ne s'agit que d'une protection formelle du souscripteur dont l'attention est ainsi attirée. Dès lors que la clause apparaît en caractères très apparents, il n'est pas possible d'en contester le bien-fondé. Or, en droit de la consommation, les dispositions relatives aux clauses abusives permettent d'écarter des clauses qui créent un déséquilibre significatif. La loi Hamon du 17 mars 2014 relative à la consommation (n° 2014-344, JO 18 mars 20014, p. 5400), qui est venue, notamment, transposer la directive 11/ 83 relative au droit des consommateurs (Dir. 2011/83/UE, 25 oct. 2011, JO UE 22 nov. 2011, n° L. 304/64) ne modifie pas les dispositions sur les clauses abusives. En effet, le législateur européen a écarté cette question de la réforme réalisée par la directive 11/83 (préc.). Pour exposer ce point de rencontre entre droit de la consommation et droit des assurances, que représente la question des clauses abusives, il faut d'abord préciser la notion de consommateur. On évoquera ensuite l'application des dispositions sur les clauses abusives au contrat d'assurance.

Section 1 . Consommateur et droit des assurances

1821. Dans la mesure où tout souscripteur ou assuré n'est pas un consommateur, il est nécessaire de définir cette notion afin de déterminer quel souscripteur ou quel assuré pourra bénéficier des dispositions protectrices du droit de la consommation. Afin de définir la notion de consommateur on analysera la notion en droit commun puis on la précisera en droit des assurances.

§ 1 ▪ Notion de consommateur en droit commun

A ▪ Une définition générale

1822. Dans le Code de la consommation de 1993, élaboré à partir de textes divers sur le démarchage, le crédit ou les tromperies, il n'était pas donné de définition du consommateur. Les textes épars qui ont été rassemblés pour les besoins de la codification s'appliquaient à des destinataires différents selon les objectifs poursuivis par le législateur.

1823. « Toute personne physique » est protégée lors d'une vente par démarchage, selon l'article L. 121-21 du Code de la consommation ; mais « les consommateurs ou non-professionnels » sont concernés par l'article L. 132-1 du même code qui définit les clauses abusives.

1824. Il a été introduit par la loi Hamon du 17 mars 2014 un article préliminaire dans le Code de la consommation qui donne une définition générale du consommateur : « Au sens du présent code, est considérée comme un consommateur toute personne physique qui agit à des fins qui n'entrent pas dans le cadre de son activité commerciale, industrielle, artisanale ou libérale ». La notion adoptée est conforme aux directives européennes et reprend le texte de l'article 2, § 1 de la directive 11/83. Elle permet ainsi de déterminer le champ d'application de tout texte du Code de la consommation qui vise le « consommateur ». Elle ne s'étend pas au-delà de ce code mais pourra servir de point de référence. Toutefois, l'adjonction du terme « non professionnel » dans un régime tel que celui des clauses abusives qui permet de rouvrir le champ d'application.

B ▪ Jurisprudence désormais restrictive

1825. Pendant un premier temps la Cour de cassation a pu juger que le professionnel qui contracte avec un autre de spécialité différente afin d'obtenir un produit ou un service et qui se trouve dans le même état d'ignorance qu'un consommateur bénéficie des dispositions du droit de la consommation (Civ. 1re, 28 avr. 1987, Bull. civ. I, n° 134 ; JCP G 1987, II, 20893, note G. Paisant). L'article L. 121-21 du Code de la consommation relatif au démarchage prévoit d'appliquer les dispositions de protection à toute « personne physique ». Néanmoins, il avait été décidé que l'acquisition d'un extincteur, à l'issue d'un démarchage, par un groupement agricole d'exploitation en commun (GAEC) était soumise aux dispositions protectrices (Civ. 1re, 30 mars 1994, Bull. civ. I, n° 132 ; D. 1993, somm. p. 237, obs. G. Paisant ; Contrats, conc., consom. 1993, comm. 62, note G. Raymond). L'article L. 132-1 du Code de la consommation relatif aux clauses abusives, dans sa rédaction antérieure à sa modification par la loi du 1er février 1995 comme dans sa rédaction postérieure prévoit que ce sont les contractants « non professionnels ou consommateurs » qui sont protégés. L'ambiguïté de la formule a donné lieu à des interprétations. Il a ainsi été jugé que le contrat conclu par une société d'agence immobilière avec l'installateur d'un système d'alarme pour ses locaux professionnels entre dans le domaine d'application de la loi sur les clauses abusives car, relativement au contenu du contrat, cette société est dans le même état d'ignorance que n'importe quel autre consommateur (Civ. 1re, 28 avr. 1987, Bull. civ. I, n° 134 ; D. 1988, jur. p. 1, note Ph. Delebecque ; JCP G 1987, II, 20893, note G. Paisant).

1826. Depuis 1995, la Cour de cassation a fixé un critère afin de déterminer à quel bénéficiaire les dispositions du droit de la consommation devaient s'appliquer. Le contrat qui présente un rapport direct avec l'activité professionnelle ne saurait être soumis au droit de la consommation. Ce critère a été adopté à propos de l'application de l'article L. 132-1 du Code de la consommation relatif aux clauses abusives, afin de mieux écarter du bénéfice de ces dispositions les professionnels (Civ. 1re, 24 janv. 1995, Bull. civ. I, n° 54 ; D. 1995, jur. p. 327, note G. Paisant ; Contrats, conc., consom. 1995, comm. 84, obs. L. Leveneur). Avant 1995, dans certains arrêts, une conception restrictive de la notion de consommateur était déjà en œuvre, mais sans faire application du critère du lien avec l'activité (Civ. 1re, 15 avr. 1986, RTD civ. 1987, p. 86, obs. J. Mestre ; Civ. 1re, 25 mai 1992, D. 1993, p. 87).

1827. Lorsque le contrat conclu présente un rapport direct avec l'activité professionnelle, le contractant ne saurait bénéficier des dispositions applicables au consommateur telles que l'article L. 132-1 du Code de la consommation sur les clauses abusives. Par exemple, il a été jugé que le contrat de location de matériel téléphonique a un rapport direct avec l'activité professionnelle exercée par la société fabriquant des bracelets de cuir (Civ. 1re, 5 nov. 1996, Bull. civ. I, n° 377, Contrats, conc., consom. 1997, obs. L. Leveneur). De même, une personne qui conclut un acte aux fins d'exercice de sa profession future ne peut pas bénéficier des dispositions du droit de la consommation (Civ. 1re, 10 juill. 2001, D. aff. 2001, p. 2828, obs. Rondey ; RTD civ. 2001, p. 873, obs. J. Mestre, B. Fages).

1828. En matière d'assurance emprunteur, la Cour de cassation a jugé qu'un professionnel qui souscrivait une assurance décès pour garantir un prêt professionnel a conclu des contrats d'assurances accessoires à des prêts professionnels, qu'ils avaient un rapport direct avec l'activité professionnelle et comme tels ne relevaient pas de la législation sur les clauses abusives (Civ. 2e, 19 févr. 2009, n° 08-15.727, non publ.).

1829. L'acception de la notion de consommateur est assez fluctuante devant les juges du fond. Tout en utilisant le critère du lien avec l'activité, à propos des clauses abusives, certaines juridictions du fond adoptent, comme la Cour de cassation, une conception restrictive de la notion, d'autres continuent d'appliquer à des professionnels contractant en dehors de leur spécialité les dispositions relatives aux clauses abusives. Il a ainsi été jugé à Lyon que la location d'un matériel de télésurveillance pour un magasin ne permet pas au commerçant d'invoquer l'article L. 132-1 du Code de la consommation (CA Lyon, 18 sept. 1998, Contrats, conc., consom. 1999, comm. n° 119, obs. G. Raymond). De même que la location d'un terminal de paiement par carte et d'un lecteur de chèque par un commerçant ne lui permet pas de bénéficier de ces dispositions selon les conseillers de Rouen (CA Rouen, 10 nov. 1999, RJDA 2000). En revanche, il a été décidé à Dijon que le contrat de location et de maintenance d'un matériel de vidéosurveillance d'une exploitation viticole permettait au contractant viticulteur d'invoquer la législation sur les clauses abusives (CA Dijon, 23 mars 2000, Bull. info. C. cass. 2001, n° 149) et les juges consulaires de Fréjus ont appliqué ce régime dans le différend qui a opposé un bijoutier au GIE carte bancaire (T. com. Fréjus, 1er mars 1993, JCP G 1994, II, 22194).

1830. Depuis l'adoption en 1995 du critère du rapport direct avec l'activité, la Cour de cassation décide systématiquement qu'il existe un lien entre tout contrat conclu par un professionnel et son activité. Cette politique jurisprudentielle conduit à conclure que désormais, pour la Cour de cassation, le consommateur est nécessairement un non professionnel. C'est ainsi que dans un arrêt faisant application de l'article L. 136-1 du Code de la consommation (relatif à la résiliation des contrats renouvelés par tacite reconduction), texte qui ne définit pas le consommateur, la cour a estimé que ce dernier étant nécessairement une personne physique la disposition ne pouvait pas s'appliquer à une entreprise, même si elle est professionnelle d'une autre spécialité (Civ. 1re, 2 avr. 2009, n° 08-11.231, non publié).

C ▪ Champ d'application des dispositions sur les clauses abusives

1 ▪ Certitude : les personnes physiques agissant en dehors de leur activité professionnelle

1831. Le bénéfice des règles sur les clauses abusives de l'article L. 132-1 du Code de la consommation est assurément octroyé aux personnes physiques agissant en dehors de leur activité professionnelle. La jurisprudence de la Cour de cassation, qui refuse l'application du droit de la consommation dès lors que l'objet du contrat a un lien direct avec l'activité professionnelle du contractant, invite à exclure les professionnels de spécialité différente de leur cocontractant, quand bien même ils sont aussi ignorants et désarmés qu'un consommateur.

2 ▪ La question : les personnes morales non professionnelles

1832. Certaines personnes morales, comme les associations sans but lucratif et sans activité commerciale accessoire ou encore des syndicats de copropriété, peuvent être considérées comme n'agissant pas dans un cadre professionnel (un syndicat de copropriété a été qualifié de consommateur et a bénéficié de l'application de l'art. L. 114-1 du code de la consommation relatif à l'information sur les délais de livraison, CA Paris, 13 nov. 1997, D. 1998, IR, 11 ; D. aff. 1998, p. 60, obs. E.P.). Une grande incertitude existe à leur égard pour déterminer si elles peuvent bénéficier des dispositions du droit de la consommation.

1833. Lorsqu'un texte comme l'article L. 121-21 du Code de la consommation sur le démarchage dispose que seules les personnes physiques entrent dans le champ d'application de ce dernier, il n'y a pas, a priori, d'incertitude sur l'impossibilité pour les personnes morales d'en bénéficier (les dispositions des articles L. 121-1 et suivants sont sans effet au regard du démarchage accompli auprès d'une personne morale, Civ. 1re, 15 déc. 1998, D. aff. 1999, p. 413, obs. C. R. ; Contrats, conc., consom. 1999, comm. n° 80, note G. Raymond). Il a donc été décidé qu'une coopérative ne pouvait pas invoquer les textes sur le démarchage (Crim., 4 août 1998, Bull. info. DGCCRF 1999, n° 1, p. 30), ni une société fût-elle composée que de deux associés personnes physiques (CA Paris, 17 sept. 1999, D. 1999, AJ, p. 66). L'arrêt qui a permis à un contrat conclu par un GAEC d'être soumis à ces dispositions (Civ. 1re, 30 mars 1994, préc., n° 6) doit désormais être considéré comme une exception qui n'est plus de droit positif.

1834. Comme on l'a indiqué tant les termes de l'article 2 de la Directive sur les clauses abusives (Dir. n° 93/13 du 5 avr. 1993, préc.) que ceux de l'arrêt de la Cour de justice qui a procédé à son interprétation (CJCE, 22 nov. 2001, préc.) indiquent nettement que ces dispositions ne bénéficient qu'aux personnes physiques. Il n'y a donc pas lieu de les appliquer aux personnes morales.

1835. L'article L. 132-1 du Code de la consommation vise les consommateurs et les non professionnels. Aussi, la Cour de cassation a-t-elle pris position sur la question. Elle a relevé que la notion de non professionnel utilisé par le législateur français « n'exclut pas les personnes morales de la protection contre les clauses abusives » (Civ. 1re, 15 mars 2005, Contrats conc. consomm. 2005, comm. n° 100, note G. Raymond). Il semble toutefois exclu qu'une société commerciale puisse prétendre à l'application des dispositions de l'article L. 132-1 du Code de la consommation. La Cour de cassation a censuré un arrêt d'appel qui appliquait ces dispositions à une société commerciale au motif que la clause litigieuse instaurait un contrat de dépôt étranger à l'activité professionnelle de la demanderesse en décidant que les dispositions sur les clause abusives « ne s'appliquent pas aux contrats de fournitures de biens ou de services conclus entre sociétés commerciales » (Civ. 1re, 11 déc. 2008, n° 07-18.128, non publ.). Les personnes morales ne sont donc pas exclues par principe du champ d'application des dispositions sur les clauses abusives ; le doute subsiste pour celles qui ont un objet civil et n'auraient pas d'activité lucrative. Toutefois, dès lors qu'elles ont conclu un contrat en qualité de professionnel, c'est-à-dire que ce contrat à un lien direct avec leur activité professionnelle, l'article L. 132-1 du Code de la consommation ne s'applique pas (Civ. 1re, 27 sept. 2005, Contrats, conc. consomm. 2005, comm. 215, note G. Raymond). En outre, comme on l'a indiqué plus haut à propos de la politique jurisprudentielle de la Cour de cassation, l'heure ne semble pas à l'application aux professionnels des dispositions du droit de la consommation en particulier sur les clauses abusives.

§ 2 ▪ Notion de consommateur en droit des assurances

1836. La loi du 13 juillet 1930 protégeait tous les souscripteurs de contrats d'assurance sans opérer de distinction entre leur qualité de professionnel ou de non professionnel. Actuellement, les dispositions du Code des assurances s'appliquent à tout souscripteur quelles que soient ses compétences et qu'il agisse pour les besoins de son activité professionnelle ou personnelle. En revanche, le droit de la consommation trouve un champ d'application plus restreint puisqu'il n'a vocation à s'appliquer qu'au consommateur. La définition de ce dernier s'opère au cas par cas, selon les dispositions applicables. Toutefois, ce sont essentiellement les personnes physiques agissant en dehors des besoins de leur activité professionnelle qui constituent les consommateurs protégés.

1837. Il est certain que le souscripteur personne physique qui conclut un contrat en dehors des besoins de son activité professionnelle bénéficie à la fois des dispositions du droit des assurances et de celles prévues dans le Code de la consommation. Il sera donc toujours possible pour un consommateur qui ne trouverait pas de texte spécifique au droit des assurances d'invoquer le droit de la consommation. Toutefois, ce droit étant le plus souvent moins précis, que l'on songe par exemple à l'obligation d'information, que les dispositions du droit des assurances, il n'a pas vocation à se substituer systématiquement aux dispositions spéciales prévues en assurance. À l'analyse, le cœur d'intervention du droit de la consommation dans la relation d'assurance réside quasi-seulement dans les dispositions sur les clauses abusives prévues aux articles L. 132-1 et suivants du Code de la consommation.

Section 2 ▪ Éviction des clauses abusives en droit commun

1838. La loi du 10 janvier 1978 (n° 78-23) modifié à plusieurs reprises a introduit en France un dispositif administratif de lutte contre les clauses abusives, codifié en 1993. L'inertie du pouvoir exécutif a conduit le juge à s'arroger le pouvoir de déclarer une clause abusive. La directive du 5 avril 1993 sur les clauses abusives (préc.) a été transposée par une loi du 1er février 1995 (n° 95-96). La loi LME du 4 août 2008 (n° 2008-776) en a modifié profondément le régime, complétée par le décret n° 2009-302 du 18 mars 2009.

§ 1 ▪ Évolution du régime

1839. Le contrat est de longue date, le plus souvent, conclu sans négociation préalable, sans même qu'une négociation soit possible. Le phénomène du contrat d'adhésion a fini par attirer l'attention du législateur. Plus précisément, il était nécessaire de tenir compte de la situation la plus fréquente dans laquelle il n'y a pas de discussion des clauses. Le législateur a décidé d'intervenir. Une loi n° 78-23 du 10 janvier 1978 a été adoptée, codifiée en 1993 aux articles L. 132-1 et suivants du Code la consommation. Aux termes de ces dispositions, des clauses peuvent être déclarées comme abusives par décret en Conseil d'État pris après avis de la Commission des clauses abusives, lorsque celles-ci « apparaissent imposées aux non professionnels ou consommateurs par un abus de puissance économique de l'autre partie et confèrent à cette dernière un avantage excessif ». Les clauses ainsi désignées par décret sont réputées non écrites (C. consom., anc. art. L. 132-1). Il appartenait donc au seul pouvoir exécutif de déclarer une clause comme abusive. Un seul décret était intervenu après la loi du 10 janvier 1978, le 24 mars 1978, dont les dispositions avaient été codifiées aux articles R. 132-1 et R. 132-2 du Code de la consommation. La Commission des clauses abusives a été créée afin de détecter les clauses abusives dans des catégories de contrats et de recommander leur suppression. L'exécutif étant chargé d'adopter les décrets pour les supprimer (C. consom. art. L. 132-2 et s.).

1840. En raison de l'inertie du pouvoir exécutif, les juges du fond puis la Cour de cassation se sont emparés du texte et ont estimé, par une jurisprudence contraire à la loi, que le juge saisi disposait du pouvoir de déclarer une clause comme étant abusive (implicitement Civ. 1re, 16 juill. 1987, D. 1988, p. 49, note J. Calais-Auloy ; JCP G 1988, II, 21001, note G. Paisant ; très nettement, Civ. 1re, 14 mai 1991, D. 1991, p. 449, note J. Ghestin ; RTD civ. 1991, p. 526, obs. J. Mestre).

1841. Afin d'harmoniser les droits existants, une directive du 5 avril 1993 sur les clauses abusives (Dir. n° 93/13 du 5 avr. 1993) a été adoptée. Il s'agit d'une directive d'harmonisation minimum qui n'avait pas pour vocation de modifier profondément le droit applicable en France. Le texte prévoit pour l'essentiel en son article 2 une définition restrictive du consommateur. En son article 3 la clause abusive a été définie comme celle qui, en dépit de l'exigence de bonne foi, crée au détriment du consommateur un déséquilibre significatif entre les droits et obligations des parties découlant du contrat.

1842. Afin de tenir compte de la directive sur les clauses abusives, l'article L. 132-1 du Code de la consommation a été modifié par la loi n° 95-96 du 1er février 1995. Ce texte a changé la définition de la clause abusive. En restant muet sur la question du pouvoir du juge, le législateur a implicitement entériné la possibilité pour le magistrat saisi de déclarer une clause comme étant abusive.

1843. Le nouvel article L. 132-1 du Code de la consommation prévoit que par décret une liste de clauses réputées irréfragablement abusives est établie ce qui suppose qu'elles doivent être systématiquement réputées non écrites par le juge. Par la même voie réglementaire, une autre liste de clauses présumées abusives est établie, mais pour lesquelles le professionnel peut apporter la démonstration contraire, notamment en établissant que l'économie du contrat justifie la stipulation.

1844. Le nouvel article L. 132-1 du Code de la consommation est entré en vigueur au 1er janvier 2009. Toutefois, les listes des clauses abusives n'ont été établies que par le décret du 18 mars 2009. Il nous semble qu'en raison du caractère d'ordre public de ces dispositions, elles sont impératives dès leur entrée en vigueur et s'appliquent immédiatement aux contrats en cours.

§ 2 ■ Modalités d'éviction des clauses abusives en droit commun

A ■ Champ d'application de l'article L. 132-1 du Code de la consommation

1845. Aux termes de l'alinéa 4 de l'article L. 132-1, tous les contrats contenant des stipulations librement négociées ou non ou renvoyant à des conditions générales préétablies relèvent des dispositions sur les clauses abusives. Le contrat d'assurance a donc vocation à être soumis à la législation sur les clauses abusives.

1846. L'article L. 135-1 du Code de la consommation comporte une règle de résolution du conflit issue de l'article 2, 2 de la directive du 5 avril 1993. Cette règle prévoit que le consommateur ayant son domicile dans l'Union européenne qui a conclu un contrat avec un professionnel établi dans un État extérieur à l'Union bénéficie de l'article L. 132-1 du Code de la consommation. On déduit de ce même texte, que le consommateur européen qui a conclu un contrat avec un professionnel établi au sein de l'Union européenne, relèvera de la loi applicable désignée par la règle de conflit (par ex. la Convention de Rome du 19 juin 1980). Cela se fera sans dommage pour le consommateur car tous les États membres disposent d'une législation sur les clauses abusives. Par exemple, un consommateur français ayant conclu un contrat avec un professionnel allemand pour lequel les obligations sont à exécuter en France, le droit français sera applicable.

B ■ Notion de clause abusive

1847. La loi de 1978 avait prévu que la clause abusive se caractérisait comme celle qui créait un avantage excessif pour le professionnel et était imposée par un abus de puissance économique. L'article L. 132-1 alinéa 1er prévoit, depuis sa modification par la loi du 1er février 1995, que « sont abusives, les clauses qui ont pour objet de créer, au détriment du non professionnel ou du consommateur, un déséquilibre significatif entre les droits et obligations des parties au contrat ». Le déséquilibre doit donc être apprécié objectivement. Au regard de la jurisprudence ce qui est essentiel c'est le déséquilibre créé par la clause ; cela est particulièrement vrai en présence d'un pouvoir accordé unilatéralement au professionnel.

1848. Il est précisé à l'alinéa 7 de l'article L. 132-1 du Code de la consommation que l'appréciation du caractère abusif d'une clause ne porte pas sur « l'adéquation du prix ou de la rémunération au bien vendu ou au service offert ». Les dispositions sur les clauses abusives ne peuvent donc pas servir de moyen pour remettre en cause le coût d'une prestation. Toutefois, le texte a été modifié (Ord. n° 2001-741, 23 août 2001), il a été ajouté « pour autant que les clauses soient rédigées de façon claire et compréhensible ». Il est donc désormais possible de remettre en cause le prix d'une prestation si la clause relative à la détermination du coût de celle-ci n'est pas claire ou compréhensible. On peut ainsi imaginer qu'une clause relative à la détermination du montant des primes qui serait trop obscure pourrait être remise en cause.

1849. Dans une assurance chômage garantissant un crédit à la consommation, il a été jugé que la clause qui consiste à reporter simplement en fin de prêt les mensualités venant à échéance pendant la période de chômage est abusive car elle est sans avantage pour l'assuré de telle sorte qu'elle crée un déséquilibre significatif entre le professionnel et le consommateur (CA Paris, 15 juin 2001, Contrats, conc., consom. 2002, comm. n° 15, obs. G. Raymond).

C ▪ Modalités d'éviction des clauses abusives

1 ▪ Moyens d'éviction des clauses abusives

1850. Les articles L. 132-2 à L. 132-5 et R. 132-3 à R. 132-6 du Code de la consommation régissent le fonctionnement de la Commission des clauses abusives. Celle-ci est chargée d'examiner les modèles de convention habituellement proposés par les professionnels à leurs contractants non professionnels ou consommateurs afin de détecter la présence de clauses abusives (C. consom., art. L. 132-2). La Commission est saisie par le ministre chargé de la consommation ou par les associations agréées de défense des consommateurs ou encore par les professionnels intéressés. Elle peut également se saisir d'office (C. consom., art. L. 132-3). La Commission recommande la suppression ou la modification des clauses qui lui paraissent présenter un caractère abusif ; la publication de ces recommandations intervient à l'initiative du ministre chargé de la consommation (C. consom., art. L. 132-4). Ces recommandations sont de deux types, soit elles sont générales, comme par exemple celle qui concerne l'équilibre des obligations en cas d'inexécution du contrat (recommandation n° 81-1 du 25 nov. 1980, BOCC, 16 janv. 1981) ; soit elles concernent un secteur d'activité particulier comme l'assurance. Les recommandations générales ont été reprises dans une recommandation de synthèse (n° 91-2) du 23 mars 1990 (BOCC, 6 sept. 1991) qui a servi à élaborer la « liste grise » des clauses regardées comme abusives. La Commission établit chaque année un rapport qui est rendu public (C. consom., art. L. 132-5).

1851. Les recommandations de la Commission des clauses abusives ne s'imposent pas au juge. Elles n'engendrent pas de règles dont la méconnaissance ouvre la voie à la cassation (Civ. 1re, 13 nov. 1996, Bull. civ. I, n° 399 ; JCP G, 1997, I, 4015, obs. Ch. Jamin).

1852. Il résulte de l'article L. 132-1 du Code de la consommation, qu'il appartient au juge saisi de déclarer une clause abusive. En outre, plus explicitement, l'article R. 132-6 du Code de la consommation indique que la Commission des clauses abusives peut être saisie pour avis en cours d'instance. En dehors des articles R. 132-1 et suivants du Code de la consommation, conformément à la jurisprudence antérieure, le juge conserve le pouvoir de déclarer une clause comme étant abusive dès lors qu'elle crée un déséquilibre. La Cour de cassation exerce son contrôle sur le caractère abusif d'une clause qui constitue une question de droit (Civ. 1re, 26 mai 1993, D. 1993, p. 568, note G. Paisant). Ce moyen ne saurait toutefois être soulevé pour la première fois en cassation car mélangé de fait et de droit (Civ. 1re, 3 déc. 1991, Bull. civ. I, n° 342 ; Civ. 1re, 21 nov. 1995, Bull. civ. I, n° 422). Ainsi la Haute juridiction a-t-elle décidé qu'une clause ne saurait échapper à la qualification d'abusive du seul fait qu'elle est usuelle (Civ. 1re, 31 janv. 1995, Bull. civ. I, n° 64 ; RTD civ. 1995, p. 620, obs. J. Mestre). La compétence du juge pour apprécier du caractère abusif d'une clause a été confortée par la Cour de justice des Communautés européennes qui a estimé que le juge national peut apprécier d'office le caractère abusif d'une clause d'un contrat qui lui est soumis (CJCE, 27 juin 2000, Bull. info. C. cass., n° 1013 ; JCP E 2001, n° 1281, note Carballo Fidalgo et Paisant).

1853. L'article R. 132-1 du Code de la consommation précise les clauses irréfragablement abusives : « dans les contrats conclus entre des professionnels et des non-professionnels ou des consommateurs, sont de manière irréfragable présumées abusives, au sens des dispositions du premier et du troisième alinéas de l'article L. 132-1 et dès lors interdites, les clauses ayant pour objet ou pour effet de :

1° Constater l'adhésion du non-professionnel ou du consommateur à des clauses qui ne figurent pas dans l'écrit qu'il accepte ou qui sont reprises dans un autre document auquel il n'est pas fait expressément référence lors de la conclusion du contrat et dont il n'a pas eu connaissance avant sa conclusion ;

2° Restreindre l'obligation pour le professionnel de respecter les engagements pris par ses préposés ou ses mandataires ;
3° Réserver au professionnel le droit de modifier unilatéralement les clauses du contrat relatives à sa durée, aux caractéristiques ou au prix du bien à livrer ou du service à rendre ;
4° Accorder au seul professionnel le droit de déterminer si la chose livrée ou les services fournis sont conformes ou non aux stipulations du contrat ou lui conférer le droit exclusif d'interpréter une quelconque clause du contrat ;
5° Contraindre le non-professionnel ou le consommateur à exécuter ses obligations alors que, réciproquement, le professionnel n'exécuterait pas ses obligations de délivrance ou de garantie d'un bien ou son obligation de fourniture d'un service ;
6° Supprimer ou réduire le droit à réparation du préjudice subi par le non-professionnel ou le consommateur en cas de manquement par le professionnel à l'une quelconque de ses obligations ;
7° Interdire au non-professionnel ou au consommateur le droit de demander la résolution ou la résiliation du contrat en cas d'inexécution par le professionnel de ses obligations de délivrance ou de garantie d'un bien ou de son obligation de fourniture d'un service ;
8° Reconnaître au professionnel le droit de résilier discrétionnairement le contrat, sans reconnaître le même droit au non-professionnel ou au consommateur ;
9° Permettre au professionnel de retenir les sommes versées au titre de prestations non réalisées par lui, lorsque celui-ci résilie lui-même discrétionnairement le contrat ;
10° Soumettre, dans les contrats à durée indéterminée, la résiliation à un délai de préavis plus long pour le non-professionnel ou le consommateur que pour le professionnel ;
11° Subordonner, dans les contrats à durée indéterminée, la résiliation par le non-professionnel ou par le consommateur au versement d'une indemnité au profit du professionnel ;
12° Imposer au non-professionnel ou au consommateur la charge de la preuve, qui, en vertu du droit applicable, devrait incomber normalement à l'autre partie au contrat. »

1854. Sont donc désormais interdites les clauses qui seraient stipulées hors document contractuel accessible ; celles qui permettraient de violer les engagements pris par les préposés ou mandataires, de modifier unilatéralement les prestations et de laisser l'appréciation de la conformité au professionnel. Par ailleurs, en matière de responsabilité contractuelle, le professionnel ne peut pas supprimer la faculté pour le consommateur d'invoquer l'exception d'inexécution ; il ne peut pas prévoir des clauses limitatives ou exonératoires de responsabilité quant à la prestation à fournir ou qui interdiraient la résolution ou résiliation. En cas d'inexécution, les clauses ne peuvent comporter ni faculté de résiliation unilatérale au seul profit du professionnel, ni autoriser la conservation de sommes par ce dernier ou de pénalités à titre de sanctions pour rupture du contrat. Enfin, il est interdit de stipuler des clauses qui érigent en seul mode de preuve possible celle préconstituée par le professionnel.

1855. L'article R. 132-2 du Code de la consommation prévoit une liste de clauses présumées abusives pour lesquelles le professionnel pourra apporter la preuve de ce qu'elles ne créent pas un déséquilibre significatif : « Dans les contrats conclus entre des professionnels et des non-professionnels ou des consommateurs, sont présumées abusives au sens des dispositions du premier et du deuxième alinéas de l'article L. 132-1, sauf au professionnel à rapporter la preuve contraire, les clauses ayant pour objet ou pour effet de :
1° Prévoir un engagement ferme du non-professionnel ou du consommateur, alors que l'exécution des prestations du professionnel est assujettie à une condition dont la réalisation dépend de sa seule volonté ;
2° Autoriser le professionnel à conserver des sommes versées par le non-professionnel ou le consommateur lorsque celui-ci renonce à conclure ou à exécuter le contrat, sans prévoir réciproquement le droit pour le non-professionnel ou le consommateur de percevoir une indemnité d'un montant équivalent, ou égale au double en cas de versement d'arrhes au sens de l'article L. 114-1, si c'est le professionnel qui renonce ;
3° Imposer au non-professionnel ou au consommateur qui n'exécute pas ses obligations une indemnité d'un montant manifestement disproportionné ;

4° Reconnaître au professionnel la faculté de résilier le contrat sans préavis d'une durée raisonnable ;
5° Permettre au professionnel de procéder à la cession de son contrat sans l'accord du non-professionnel ou du consommateur et lorsque cette cession est susceptible d'engendrer une diminution des droits du non-professionnel ou du consommateur ;
6° Réserver au professionnel le droit de modifier unilatéralement les clauses du contrat relatives aux droits et obligations des parties, autres que celles prévues au 3° de l'article R. 132-1 ;
7° Stipuler une date indicative d'exécution du contrat, hors les cas où la loi l'autorise ;
8° Soumettre la résolution ou la résiliation du contrat à des conditions ou modalités plus rigoureuses pour le non-professionnel ou le consommateur que pour le professionnel ;
9° Limiter indûment les moyens de preuve à la disposition du non-professionnel ou du consommateur ;
10° Supprimer ou entraver l'exercice d'actions en justice ou des voies de recours par le consommateur, notamment en obligeant le consommateur à saisir exclusivement une juridiction d'arbitrage non couverte par des dispositions légales ou à passer exclusivement par un mode alternatif de règlement des litiges. »

1856. Le professionnel s'expose à ce que les clauses stipulant une condition purement potestative à leur profit soient réputées non écrites, de même que celles prévoyant des pénalités sans réciprocité ou encore une clause pénale excessive à l'égard du consommateur. Sont encore présumées abusives la clause de résiliation par le professionnel sans préavis raisonnable ou la cession de contrat sans accord du consommateur, si cela doit entraîner la diminution de ses droits, de même que la modification unilatérale des obligations par le professionnel. Une date seulement indicative d'exécution du contrat ou une clause déséquilibrée dans les conditions de la résiliation par le consommateur sont présumées abusives et la limitation des moyens de preuve que ce dernier pourrait mettre en œuvre. Enfin, tenter d'imposer un arbitrage ou une médiation expose le professionnel à voir reconnaître sa clause non écrite s'il ne démontre pas l'absence de déséquilibre qu'elle entraîne.

1857. Afin de nuancer les précédentes dispositions pour certains contrats, notamment ceux conclus par les établissements financiers, l'article R. 132-2-1 du Code de la consommation introduit des exceptions aux dispositions qui précédent :
« I.- Le 3° de l'article R. 132-1 et les 4° et 6° de l'article R. 132-2 ne sont pas applicables :
a) Aux transactions concernant les valeurs mobilières, instruments financiers et autres produits ou services dont le prix est lié aux fluctuations d'un cours, d'un indice ou d'un taux que le professionnel ne contrôle pas ;
b) Aux contrats d'achat ou de vente de devises, de chèques de voyage ou de mandats internationaux émis en bureau de poste et libellés en devises.
II.- Le 3° de l'article R. 132-1 et le 6° de l'article R. 132-2 ne font pas obstacle à l'existence de clauses par lesquelles le fournisseur de services financiers se réserve le droit de modifier le taux d'intérêt dû par le non-professionnel ou le consommateur ou dû à celui-ci, ou le montant de toutes charges afférentes à des services financiers, sans aucun préavis en cas de motif légitime, pourvu que soit mise à la charge du professionnel l'obligation d'en informer la ou les autre parties contractantes dans les meilleurs délais et que celles-ci soient libres de résilier immédiatement le contrat.
III.-Le 8° de l'article R. 132-1 et le 4° de l'article R. 132-2 ne font pas obstacle à l'existence de clauses par lesquelles le fournisseur de services financiers se réserve le droit de mettre fin au contrat à durée indéterminée unilatéralement, et ce sans préavis en cas de motif légitime, à condition que soit mise à la charge du professionnel l'obligation d'en informer la ou les autres parties contractantes immédiatement.
IV.- Le 3° de l'article R. 132-1 et le 6° de l'article R. 132-2 ne font pas obstacle à l'existence de clauses par lesquelles le contrat, lorsqu'il est conclu à durée indéterminée, stipule que le professionnel peut apporter unilatéralement des modifications liées au prix du bien à livrer ou du

service à rendre à la condition que le consommateur en ait été averti dans un délai raisonnable pour être en mesure, le cas échéant, de résilier le contrat.
V.- Le 3° de l'article R. 132-1 et le 6° de l'article R. 132-2 ne font pas obstacle à l'existence de clauses par lesquelles le contrat stipule que le professionnel peut apporter unilatéralement des modifications au contrat liées à l'évolution technique, dès lors qu'il n'en résulte ni augmentation de prix, ni altération de la qualité et que les caractéristiques auxquelles le non-professionnel ou le consommateur a subordonné son engagement ont pu figurer au contrat ».

1858. Ces dispositions introduisant des exceptions aux listes de clauses présumées abusives permettent un aménagement de la résiliation et de la modification du contrat pour ceux qui sont soumis aux fluctuations du marché, notamment de devises. La modification des taux est également possible pour les établissements financiers à la condition de procéder à une information préalable. Ces derniers peuvent encore procéder à une résiliation sans préavis quand l'évolution des comptes de leurs clients le justifie. Enfin, pour les contrats à durée indéterminée les clauses de modification de prix sont possibles à la condition de les accompagner d'une faculté de résiliation.

2 ▪ Éviction des clauses abusives dans les contrats

1859. Le consommateur en désaccord avec un professionnel peut ponctuellement dans le contrat qu'il a conclu soulever le caractère abusif d'une clause qui lui est trop défavorable afin que l'application de celle-ci soit écartée. Il lui appartient alors de démontrer le déséquilibre significatif créé par la clause (C. consom., art. L. 132-1, al. 1er). Il est désormais aidé par les listes de clauses présumées abusives des articles R. 132-1 et R. 132-2 du Code de la consommation. La clause sera réputée non écrite et le contrat restera applicable dans ses autres dispositions s'il peut subsister sans ladite clause (C. consom., art. L. 132-1 al. 6 et 8). En effet, le consommateur pourra préférer conserver le bénéfice du contrat en écartant la clause trop désavantageuse. La nullité complète du contrat oblige le consommateur à la restitution des prestations effectuées. L'inconvénient de cette procédure réside dans le maintien de la clause abusive dans tous les autres contrats conclus par le même professionnel. L'éviction dans un contrat est sans effet sur les autres en raison de l'effet relatif de la chose jugée (C. civ., art. 1351) ; ce qui a été jugé dans une affaire ne valant qu'entre les parties à l'instance, un autre consommateur ne peut pas se prévaloir de la décision.

1860. L'article L. 421-6 alinéa 2 du Code de la consommation (mod. par Ord. n° 2001-741, 23 août 2001) permet aux associations de consommateurs agréées de demander la suppression d'une clause illicite ou abusive dans tout contrat type ou type de contrat proposé ou destiné au consommateur. Cette procédure présente l'avantage de faire éliminer la clause dans tous les contrats proposés par le professionnel. L'association de consommateur pourra agir seule contre le professionnel ou le syndicat professionnel qui propose des contrats types à ses adhérents. Elle pourra également agir en intervention aux côtés d'un consommateur qui a intenté une action principale en suppression d'une clause (Civ. 1re, 6 janv. 1994, Bull. civ. IV, n° 8 ; JCP G 1994, II, 22237, note G. Paisant). Le juge peut relever d'office la présence d'une telle clause (C. consom., art. L. 141-4). La réforme de l'article L. 421-6 alinéa 2 du Code de la consommation opérée par la loi Hamon (préc.) permet désormais à une association de consommateurs agréée de demander la suppression d'une clause illicite ou abusive dans tout contrat destiné au consommateur, y compris ceux qui ne sont plus proposés par le professionnel (renversement de la JP Civ. 1re, 13 mars 1996, Bull. civ. I, n° 134). Enfin, La Cour de cassation a décidé que l'association de consommateur, outre le retrait de la clause litigieuse du modèle de contrat, pourra obtenir dans le cadre de l'action en cessation, des dommages-intérêts au titre de la réparation du préjudice porté à l'intérêt collectif des consommateurs (Civ. 1re, 5 oct. 1999, Bull. info. C. cass. 2000, n° 44 ; D. 2000, p. 110, note G. Paisant). Enfin, l'association de consommateur pourra obtenir la publication du « jugement rendu » en vertu de l'article L. 421-9 du Code de la consommation.

1861. Par ailleurs, l'action de groupe a été introduite par l'article 1er de la loi Hamon (préc.) qui crée un nouveau chapitre dans le Code de la consommation entièrement dévolu à cette procédure, comprenant les articles L. 423-1 à 26. Deux actions sont instaurées, une ordinaire et une simplifiée. Elles visent toutes deux à indemniser un groupe de consommateurs pour les dommages qu'ils ont subis du fait d'une pratique contractuelle d'un professionnel ou d'un manquement par ce dernier à une obligation légale ou encore à une pratique anticoncurrentielle. L'article L. 423-1 du Code de la consommation prévoit que c'est une association représentative au niveau national et agréée qui peut introduire l'action afin d'obtenir réparation de préjudices individuels subis par des consommateurs placés dans une situation similaire ou identique du fait du manquement du professionnel. Seuls sont concernés les dommages matériels subis par les consommateurs, mais il est régulièrement affirmé que, dans le cadre d'une loi « santé », la question de l'action de groupe pour un préjudice corporel serait envisagée. Il a été instauré, à l'article L. 423-10, une action de groupe simplifiée. Lorsque l'identité et le nombre des consommateurs lésés sont connus et lorsque ces consommateurs ont subi un préjudice d'un montant identique par prestation rendue ou d'un montant identique par référence à une période ou à une durée, le juge, après avoir statué sur la responsabilité du professionnel, peut condamner ce dernier à les indemniser directement et individuellement, dans un délai et selon des modalités qu'il fixe. Ce type d'action pourrait servir de prolongement à une action en cessation pour la suppression des clauses abusives. Quand ces dernières auront causé un préjudice financier aux consommateurs, ils pourront en obtenir réparation dans le cadre d'une action de groupe.

Section 3 ▪ Éviction des clauses abusives dans le contrat d'assurance

1862. Deux moyens permettent dans le domaine des assurances de détecter la présence de clauses abusives, voire de les éliminer : les recommandations des clauses abusives et la saisine du juge à l'initiative d'un assuré ou d'une association de consommateurs agréée.

§ 1 ▪ Recommandations de la Commission des clauses abusives

1863. Depuis sa création la Commission des clauses abusives a régulièrement effectué des recommandations :
- Recommandation CCA n° 80-02 du 22 mai 1979, Concernant la clause abusive insérée dans certains contrats de vente immobilière et imposant à l'acquéreur la continuation de l'assurance souscrite par le vendeur (BOCC 15 mai 1980) ;
- Recommandation CCA n° 85-04 du 20 sept. 1985, Concernant les contrats d'assurance destinés à couvrir divers risques de la vie privée (notamment le vol, l'incendie, les dégâts des eaux et la responsabilité civile) et couramment dénommés multirisques-habitation (BOCC 6 déc. 1985) ;
- Recommandation CCA n° 89-01 du 19 mai 1989, Concernant les clauses relatives aux contrats d'assurance des véhicules automobiles de tourisme (BOCC 14 juill. 1989) ;

- Recommandation CCA n° 90-01 du 10 nov. 1989, Concernant les contrats d'assurance complémentaires à un contrat de crédit à la consommation ou immobilier ou à un contrat de location avec option d'achat (BOCC 28 août 1990) ;
- Recommandation CCA n° 90-02 du 10 nov. 1989, Concernant les contrats d'assurance dénommés Dommages-ouvrage (BOCC 28 août 1990) ;
- Recommandation CCA n° 96-02 du 14 juin 1996, Relative aux locations de véhicules automobiles (BOCC 3 sept. 1996) ;
- Recommandation CCA n° 02-03 du 30 mai 2002, Relative aux contrats d'assurance de protection juridique (BOCC 3 juin 2002) ;
- Recommandation CCA n° 07-02, Relative aux contrats de vente mobilière conclus par internet (adoptée le 24 mai 2007 - BOCCRF du 24/12/2007) ;
- Avis de la Commission des Clauses abusives n° 03-01 relatif à un contrat d'assurance complémentaire à un crédit (adopté le 18 septembre 2003) ;
- Avis de la Commission des Clauses Abusives n° 03-02 relatif à un contrat d'assurance complémentaire à un crédit (adopté le 16 octobre 2003) ;
- Avis de la Commission des Clauses Abusives n° 06-01 relatif à un contrat d'assurance complémentaire à un prêt (adopté le 23 février 2006) ;
- Avis de la Commission des Clauses Abusives n° 06-02 relatif à un contrat d'assurance complémentaire à un prêt (adopté le 23 février 2006) ;
- Avis de la Commission des Clauses Abusives n° 08-01 relatif à un contrat d'assurance garantissant contre le vol du téléphone portable (adopté le 17 avril 2008).

1864. Ces recommandations n'ont jamais été suivies par l'adoption d'un décret interdisant les clauses dénoncées comme abusives. On peut néanmoins indiquer que la loi du 31 décembre 1989 portant adaptation du Code des assurances à l'ouverture du marché européen a été l'occasion de supprimer les abus les plus manifestes dans les contrats ; les recommandations ont permis de détecter ces abus. Les recommandations de la Commission des clauses abusives ne s'imposent pas au juge (Civ. 1re, 13 nov. 1996, Bull. civ. I, n° préc.). Il appartiendra donc au plaideur qui s'appuie sur une recommandation de la Commission des clauses abusives de montrer que la clause dans le contrat qu'il a conclu crée un déséquilibre significatif. Il en est de même pour une association agréée de consommateurs qui invoquerait une recommandation ; elle devra montrer que la clause qu'elle veut faire supprimer dans le contrat type crée pour le consommateur un déséquilibre significatif.

§ 2 ▪ Éviction des clauses abusives par les tribunaux

A ▪ Régime de l'éviction des clauses abusives dans les contrats d'assurance

1865. Lorsqu'une clause a été insérée dans un contrat d'assurance conclu ou renouvelé sous l'empire de l'article L. 132-1 du Code de la consommation dans sa rédaction issue de la loi du 10 janvier 1978, il convient de déclarer abusive les clauses qui ont été « imposées aux non-professionnels ou consommateurs par un abus de la puissance économique de l'autre partie et confèrent à cette dernière un avantage excessif » (Civ. 2e, 5 juill. 2006, n° 04-10.273, publ. au bull.). C'est donc la définition de la clause abusive issue de la loi de 1978 qu'il faut alors appliquer et non celle, actuelle, établie par la loi du 1er février 1995 (même arrêt).

1866. Quelle que soit la qualité de l'assureur ou la nature juridique de l'entreprise d'assurances, société anonyme ou société d'assurances mutuelle, voire institution de retraite ou de prévoyance, il sera considéré comme un professionnel à l'égard du souscripteur consommateur (v. J. Calais-Auloy, F. Steinmetz, op. cit., n° 4). Il a ainsi été jugé qu'une association est un professionnel qui relève de l'application de l'article L. 132-1 du Code de la consommation dès lors qu'elle développe une activité économique (CA Paris, 22 mars 1990, D. 1990, IR, 98 ; RTD civ. 1990, p. 474, obs. J. Mestre).Afin de bénéficier des dispositions relatives aux clauses abusives, il faudra que le souscripteur soit un non professionnel. La Cour de cassation considère désormais que tout contrat conclu par un professionnel a un rapport direct avec son activité et ne lui permet donc pas de bénéficier des articles L. 132-1 et suivants du Code de la consommation. Il a ainsi été jugé que la police d'assurance « navigation de plaisance » souscrite par une société de location de bateaux pour les besoins de son activité professionnelle et qui garantit notamment le risque du détournement du bateau par un locataire ne relève pas de l'article L. 132-1 du Code de la consommation (Civ. 1re, 23 févr. 1999, Bull. civ. I, n° 59 ; RGDA 1999. 326, note J. Kullmann).

1867. La Cour de cassation a appliqué les dispositions sur les clauses abusives de l'article L. 132-1 du Code de la consommation (dans la rédaction alors en vigueur) et l'interprétation *in favorem* posée à l'article L. 133-2 du même code à un contrat d'assurance de groupe (Civ. 1re, 22 mai 2008, n° 05-21.822, Bull. civ. I, n° 145). Or, comme l'avait fort justement retenu la cour d'appel, le contrat d'assurance avait, en l'espèce, été conclu entre l'établissement de crédit à la consommation et l'assureur ; c'est à dire deux professionnels (ibid.). Toutefois, la Cour de cassation a décidé par cet arrêt que la présence d'un contrat d'assurance de groupe n'empêche pas la création d'un lien contractuel direct entre l'assureur et l'adhérent qui justifie la lecture des clauses du contrat à travers le prisme de la prohibition des clauses abusives. On peut évidemment discuter la qualification de stipulation pour autrui de l'assurance de groupe retenue par la Haute juridiction ; notamment parce que l'acceptation par le bénéficiaire (l'adhérent) ne rend pas le contrat irrévocable. Le détour par cette qualification était sans doute superflu, il s'agissait tout simplement de « percer » le voile contractuel créé par l'interposition d'un souscripteur unique entre l'assureur et une multiplicité d'adhérents assurés.

1868. La Cour de cassation contrôle que les juges du fond ont bien caractérisé le déséquilibre significatif exigé par l'article L. 132-1 du Code de la consommation. Il ne suffit pas de montrer que la clause litigieuse est obscure, il faut bien démontrer le désavantage pour le consommateur souscripteur et l'avantage pour l'assureur pour pourvoir en écarter l'application (Civ. 2e, 22 janv. 2009, n° 07-21.698, RGDA 2009. 89, note M. Bruschi). Auparavant, il avait déjà été jugé, sous l'empire de la rédaction de l'article L. 132-1 en vigueur avant 1995, que « la référence aux seuls désavantages subis par l'assuré, sans les comparer avec les avantages recueillis par l'assureur, ne permet pas de caractériser l'avantage excessif obtenu par celui-ci » (Civ. 1re, 12 mars 2002, n° 99-15.711).

1869. En assurance, le pouvoir réglementaire, voire la loi, impose souvent de reproduire dans les contrats une clause type (par ex. sur le « fonctionnement dans le temps » des garanties de responsabilité ; v. C. assur., art. L. 112-2 al. 2 et A. 112). La question se pose de savoir si une telle clause pourrait être déclarée comme abusive. La directive du 5 avril 1993 en son article 2 dispose qu'une clause imposée par la loi ou le règlement ne saurait être considérée comme abusive. Toutefois, cette disposition de la directive, d'harmonisation minimum, n'a pas été reprise par la loi de transposition du 1er février 1995. Les auteurs sont partagés sur cette question. Il a été considéré qu'il n'est pas exclu que le juge puisse déclarer abusive une clause reproduisant une disposition légale (G. Paisant, « Les clauses abusives et la présentation des contrats dans la loi du 1er février 1995, D. 1995, chron. p. 9 et s.). Cette possibilité est confortée (J. Calais-Auloy, F. Steinmetz, op. cit., n° 180) par la récente jurisprudence du Conseil d'État aux termes de laquelle des clauses définies par un règlement relatif au service des eaux ont été déclarées abusives au visa de l'article L. 132-1 du Code de la consommation (CE, 11 juill. 2001, JCP E 2002, n° 124, note Sauphanor-Brouillaud). D'autres auteurs estiment qu'une clause dont le contenu est imposé par une disposition légale ou réglementaire ne saurait être déclarée comme abusive (J. Kullmann, *Lamy Assurances* 2009, n° 54 ; L. Mayaux, Rép. Civ. Dalloz, V° Assurances terrestres, n° 77). On peut considérer qu'une clause insérée dans un contrat dont le contenu serait expressément défini par la loi ne peut pas être déclarée comme abusive. En effet, le droit spécial des assurances a vocation à primer le droit général des clauses abusives. En revanche, en présence d'une clause dont le contenu serait défini par un règlement, il paraît légitime, si l'on veut respecter la hiérarchie des normes, de faire prévaloir la loi sur les clauses abusives codifiée aux articles L. 132-1 du Code de la consommation sur un règlement. Une clause issue d'un règlement pourrait donc être déclarée abusive. Il reste qu'une association de consommateur qui obtiendrait la suppression d'une telle clause n'obtiendrait pas de dommages-intérêts pour atteinte à l'intérêt collectif des consommateurs, le professionnel s'étant conformé aux prescriptions réglementaires.

1870. Le moyen qui soutient que les conditions de la garantie n'étaient inscrites qu'à la dernière page des conditions générales et qu'est abusive la clause d'un contrat d'assurance dont la rédaction ne permet pas à l'assuré de connaître l'étendue de la garantie qu'il entend souscrire est irrecevable lorsqu'il est présenté pour la première fois devant la Cour de cassation car nouveau et mélangé de fait (Civ. 1re, 11 juin 2003, n° 00-17.492).

1871. L'article L. 132-1 alinéa 6 du Code de la consommation prévoit que les clauses abusives sont réputées non écrites. Ces dernières sont donc soustraites du contrat, les autres stipulations restent applicables. Toutefois, l'alinéa 7 du même texte prévoit que le contrat ne sera maintenu que « s'il peut subsister sans lesdites clauses ».

B ▪ Clauses déclarées abusives

1872. Dans un arrêt portant sur la définition d'une incapacité de travail définie dans un contrat d'assurance comme étant celle qui consiste à ne plus pouvoir exercer une activité professionnelle quelconque, il a été décidé que cette définition est « vide de sens » dans la mesure où un travailleur manuel pourrait exercer une profession intellectuelle. La clause a été déclarée abusive (CA Toulouse, 4 mai 1995, RGAT 1995. 624, note J. Bigot). La clause qui définit le sinistre comme consistant en une invalidité médicalement constatée pendant la durée de la garantie a été déclarée abusive. En effet, l'assureur informé d'un événement susceptible d'entraîner une invalidité peut faire usage de la clause de résiliation annuelle prévue par le contrat avant la constatation médicale de l'invalidité (CA Lyon, 28 mars 1991, D. 1991, p. 449, note J. Ghestin ; RGAT 1991. 897, note J. Kullmann).

1873. Les délais de carence de 12 mois pour le risque incapacité ou de 18 mois pour la couverture du risque chômage ont été jugés abusifs pour une ouverture de crédit de 12 mois reconductible (Civ. 1re, 26 févr. 2002, Bull. civ. I, n° 71 ; RGDA 2002. 350, note J. Kullmann). La Cour de cassation a décidé dans cet arrêt : « (...) Vu l'article L. 132-1 du Code de la consommation, dans sa rédaction antérieure à la loi du 1er février 1995, applicable à l'espèce ; Attendu que, suivant offre préalable acceptée le 29 mai 1989, la société Sovac a consenti à M. X..., pour une durée d'une année, renouvelable par tacite reconduction, une ouverture de crédit d'un montant de 90 000 francs ; qu'à cette occasion, ce dernier a adhéré au contrat d'assurance de groupe souscrit auprès de la compagnie Vie plus ; que l'offre préalable définissait les garanties de l'assurance et comportait notamment la stipulation suivante : « Après un délai de franchise absolue de 12 mois ininterrompus d'arrêt total de travail pour maladie ou accident ou de 18 mois pour chômage, prise en charge du solde utilisé restant dû à l'expiration de ces délais, sous déduction des éventuelles échéances impayées ou utilisations intervenues depuis le 1er jour de l'arrêt de travail » ; que M. X..., placé en arrêt de travail le 16 octobre 1992, à la suite d'un accident, a cessé tout remboursement ; que la société Sovac, se prévalant de la déchéance du terme, l'a poursuivi en paiement des sommes restant dues ; que M. X... a opposé le caractère abusif de la stipulation relative au délai de franchise ; Attendu que pour écarter cette prétention et condamner M. X... à paiement, l'arrêt attaqué retient que, dès lors que l'ouverture de crédit avait fonctionné pendant près de quatre ans, la franchise assortissant la garantie en cas d'incapacité temporaire ne dénaturait pas la garantie du contrat consistant à prendre en charge le solde utilisé restant dû à l'expiration du délai de franchise, sous déduction des éventuelles échéances impayées ou utilisations intervenues depuis le premier jour de l'arrêt de travail, ce délai de douze mois n'étant pas excessif ; Attendu, cependant, qu'en se fondant sur la durée de l'ouverture de crédit dont, à la date de formation du contrat d'assurance, la reconduction était éventuelle, alors qu'elle eût dû seulement se référer à la durée convenue du remboursement du crédit, la cour d'appel n'a pas donné de base légale à sa décision au regard du texte susvisé ».

1874. Dans une assurance chômage garantissant un crédit à la consommation, il a été jugé que la clause qui consiste à reporter simplement en fin de prêt les mensualités venant à échéance pendant la période de chômage est abusive car est sans avantage pour l'assuré de telle sorte qu'elle crée un déséquilibre significatif entre le professionnel et le consommateur (CA Paris, 15 juin 2001, Contrats, conc., consom. 2002, comm. 15, obs. G. Raymond).

1875. La clause qui prévoit que le taux d'intérêt affectant l'avance faite au souscripteur sera défini unilatéralement par l'assureur est abusive. Cette clause est réputée non écrite. Comme cette stipulation avait été déterminante du consentement des souscripteurs tout le contrat est annulé (CA Lyon, 10 mai 2001, décision n° 1999/075577). La Cour d'appel de Lyon a décidé dans cet arrêt « (...) attendu que chacun des dix intimés a souscrit un contrat « Investifrance 6 » ou « Investifrance 10 », Monsieur X et Madame Y ayant en outre souscrit un « carnet France Epargne » ; Attendu que l'article 6 des conditions générales valant note d'information tant des contrats « Investifrance 6 » que des contrats « Investifrance 10 » stipule sous le titre « Avances » que tout souscripteur d'un contrat à jour de ses versements peut obtenir des avances dans les conditions fixées au contrat et que « ces avances sont accordées à un taux d'intérêt fixé par la Société » ; Attendu que l'avance, dont le principe est reconnu par l'article 132-21 du Code des assurances, constitue une mise à disposition des fonds investis moyennant le versement d'un intérêt et s'analyse comme un prêt à intérêt au sens de l'article 1905 du Code civil, de telle sorte que le taux conventionnel de l'avance doit être fixé par écrit lors de la signature du contrat conformément aux exigences de l'article 1907 alinéa 2 du Code Civil, une telle fixation écrite étant une condition de validité de la stipulation d'intérêt ; Qu'en l'espèce la Société L'Epargne de France s'est réservée le pouvoir de fixer seule et faire varier unilatéralement le taux d'intérêt des avances, lequel n'est ni déterminé ni déterminable lors de la souscription ; Que la clause relative aux avances est donc nulle et abusive et doit être réputée non écrite ; Attendu que les éléments du dossier démontrent que le représentant de la Société L'Epargne de France a incité les intimés à contracter en mettant en avant le caractère disponible des fonds investis grâce au mécanisme des avances et que la possibilité d'obtenir des avances a bien été pour les souscripteurs une condition déterminante de souscription des contrats ; Que la suppression de cette clause déséquilibre la convention et que le jugement sera confirmé en ce qu'il a prononcé la résiliation des contrats « Investifrance 6 » et « Investifrance 10 » encore en cours ; Attendu que les « carnets France Epargne » qui ne contiennent pas la clause litigieuse ne sont pas concernés par cette résiliation ; (...) ».

C ▪ Clauses déclarées non abusives

1876. La clause qui oblige l'assuré à démontrer l'escalade ou l'usage de fausses clés lorsqu'il n'y a pas eu d'effraction n'a pas été jugée abusive (Civ. 1re, 7 juill. 1998, Bull. civ. n° 140 ; RCA 1998, comm. 396). La Cour de cassation a précisé, en substance, dans cet arrêt qu'aux termes de l'article L. 132-1, alinéa 1er, du Code de la consommation, sont abusives, dans les contrats conclus entre professionnels et non-professionnels ou consommateurs, les clauses qui ont pour objet ou pour effet de créer, au détriment du non-professionnel ou du consommateur, un déséquilibre significatif entre les droits et les obligations des parties au contrat. Tel n'est pas le cas de la clause stipulée dans un contrat d'assurance multirisque habitation, garantissant le vol et obligeant l'assuré, lorsque le vol n'a pas eu lieu par effraction, à faire la preuve de ce qu'il a été commis par escalade, usage de fausses clés ou introduction clandestine, dès lors que cette clause étend le champ de la garantie et s'avère plus protectrice de l'assuré en lui permettant, en l'absence d'effraction, d'établir le vol commis par l'un des trois moyens précités. La clause qui oblige l'assuré à utiliser les moyens de fermeture et de protection de nuit ou pour une absence supérieure à 15 heures n'a pas été jugée abusive (Civ. 1re, 1er févr. 2000, RGDA 2000. 47, note J. Kullmann). De même que la clause qui exclut le vol quand les clés ont été laissées sur le contact et l'abus de confiance n'est pas abusive ; cette exclusion trouve à s'appliquer quand l'assuré s'est fait volé sa voiture en laissant un acquéreur potentiel l'essayer (Civ. 2e, 3 févr. 2011, n° 10-14.633).

1877. L'obligation d'informer l'assureur d'une condamnation antérieure pour conduite en état d'ivresse ne constitue pas une clause abusive (Crim., 29 avr. 2003, n° 02-82.574).

1878. La clause des conditions particulières qui renvoie aux conditions générales n'est pas de ce simple fait considérée comme abusive, quand bien même la clause prévoyait une limitation de l'indemnisation à 20 % du capital assuré (Civ. 1re, 10 avr. 1996, JCP G 1996, II, 22694, note G. Paisant).

1879. Le fait que la clause définissant l'incapacité temporaire totale soit prévue dans un contrat d'adhésion ne suffit pas à conférer un caractère abusif à cette clause (Civ. 1re, 16 janv. 2001, RGDA 2001. 293, obs. J. Kullmann). De même que la clause qui définit l'incapacité temporaire totale comme consistant en l'impossibilité d'exercer aucune activité professionnelle n'est pas abusive (Civ. 1re, 7 déc. 2000, RGDA 2001. 44, note J. Kullmann).

1880. La clause instituant un délai de carence pour la garantie maladie n'a pas été déclarée abusive car pendant le délai de carence l'assuré bénéficiait de la garantie contre le décès et l'accident corporel (Civ. 1re, 13 févr. 2001, RGDA 2001. 370, obs. J. Kullmann).

1881. La clause qui prévoit, à l'expiration d'un délai de quatre ans, une évolution du coût selon des critères objectifs liés à l'évolution du risque du chômage n'est pas abusive (CA Colmar, 16 juin 1995, RGAT 1995. 624, note J. Bigot).

1882. Il résulte d'un autre arrêt qui prive de garantie chômage le salarié qui a repris un travail dans le cadre d'un contrat à durée déterminée, que la clause excluant la couverture d'un chômage consécutif à la fin d'un contrat à durée déterminée n'est pas abusive (Civ. 1re, 12 mars 2002, Bull. civ. I, n° 92 ; RCA 2002, comm. n° 212). En effet, il appartient au consommateur de prouver que l'assureur a retiré un avantage excessif du contrat (ibid.). À l'heure où beaucoup de contrats de travail se concluent pour une durée déterminée, on peut se demander si l'assureur qui exclut de sa garantie un tel contrat apporte une réelle couverture à l'assuré.

1883. En outre, quand la clause concerne la définition de l'objet principal du contrat, elle ne saurait être abusive car l'alinéa 7 de l'article L. 132-1 empêche de remettre en cause la définition même de l'objet du contrat (Cass., Civ. 1re, 10 sept. 2014, n° 12-20.931., pour la définition de l'invalidité dans une assurance emprunteur. - Civ. 2ème, 25 juin 2015, n° 14-19.786 et n° 14- 18.486 dans une assurance de responsabilité civile).

Sous-titre 3
L'évaluation du risque et sa tarification

Chapitre 1
La déclaration des risques

BIBLIOGRAPHIE

L'Argus de l'assurance

Ouvrages. - J. Landel, *Lexique des termes d'assurance*, L'Argus éd., 2014. - F. Couilbault, S. Couilbault-Di Tommaso, V. Huberty, *Les grands principes de l'assurance*, Éd. L'Argus, 2013. - J. Bigot (sous dir.), *Code des assurances*, L'Argus éd.,

Articles. – J. Landel, L'audit des risques d'une association, L'Argus 2009, n° 7139. - Le handicap non déclaré, L'Argus n° 7120, mai 2009. - Connaissance de la fausse déclaration intentionnelle - prescription de l'action en nullité, L'Argus n° 7132, août 2009. - Preuve de la fausse déclaration intentionnelle, L'Argus n° 7113, mars 2009. - La loyauté de l'assuré, L'Argus n° 7144, nov. 2009. - Loi espagnole et fausse déclaration intentionnelle, L'Argus n° 7141, oct. 2009. - Fausse déclaration : l'objet du contrat et l'opinion de l'assureur, L'Argus n° 7126, juin 2009. - Déclaration de modification du risque, L'Argus n° 7080, juin 2008. - Les règles proportionnelles de prime et de capitaux, L'Argus n° 7095, nov. 2008. - Nouveaux risques déclarés, L'Argus n° 7012, févr. 2007. - Fausse déclaration et questionnaire d'assurance, L'Argus n° 7016, mars 2007. - Fausse déclaration intentionnelle, L'Argus n° 7014, mars 2007. - Preuve de la fausse déclaration, L'Argus n° 7042, oct. 2007. - Fausse déclaration : les preuves à apporter, L'Argus n° 7047, nov. 2007. - Règle proportionnelle, L'Argus n° 6980, juin 2006. - Absence de déclaration de chantier, L'Argus n° 6910, déc. 2004. - Modification du risque en cours de contrat, L'Argus n° 6869, févr. 2004. - Défaut de déclaration de risque, L'Argus n° 6847, sept. 2003. - Réduction proportionnelle, L'Argus n° 6859, déc. 2003. - Fausse déclaration, L'Argus n° 6851, oct. 2003. - L'assuré doit dire la vérité, rien que la vérité, L'Argus n° 6851, oct. 2003. - Règle proportionnelle, L'Argus n° 6851, oct. 2003.

Autres documentations

Ouvrages. - J. Kullmann (dir.), *Lamy Assurances* 2009 - Y. Lambert-Faivre, L. Leveneur, *Droit des assurances*, 12e éd., Dalloz 2005, n° 312 et s. - *Traité de droit des assurances*, sous dir. J. Bigot, T. 3, Le contrat d'assurance, LGDJ 2002 ; T. 4, Les assurances de personnes, LGDJ 2007. - F. Terré, Ph. Simler, Y. Lequette, *Droit civil, Les obligations*, 9e éd., D. 2005. - A. Favre Rochex, *Le droit du contrat d'assurance terrestre*, LGDJ, coll. « Droit des affaires », LGDJ, 1998.

Articles. - B. Beignier, Secret médical et assurances de personnes, D. 1999, chron., p. 469. - H. Groutel, La déclaration inexacte du risque et ses éclipses, RCA 1990, chron. 21 ; De la nullité du contrat à la nullité de l'assurance dans les polices tous risques, RCA 1992, chron. n° 28 28 – J. Kullmann et L. Mayaux, Déclaration pré-rédigée des risques : deux voix pour un arrêt, RGDA 2014, 1.

1884. En droit commun les parties ne doivent pas dissimuler des informations afin d'éviter d'encourir la sanction de la nullité du contrat pour dol (art. 1116, C. civ.). Il leur appartient d'apporter les informations sur les qualités substantielles de la chose ou de la prestation. En droit des assurances, la définition de l'étendue du risque est essentielle afin de permettre à l'assureur de déterminer s'il lui est possible d'assurer ce risque et, dans l'affirmative, de calculer le montant de la cotisation. En outre, les fraudeurs font peser une charge financière sur la communauté des assurés, puisqu'un risque mal déclaré pèse in fine sur la mutualité des assurés. L'assureur ne peut pas, par lui-même, recueillir les informations pour chaque candidat souscripteur. Il est nécessaire que ce dernier coopère pleinement à la détermination du risque. L'application du droit commun de la formation du contrat est donc insuffisante pour contraindre le souscripteur à révéler à l'assureur toutes les informations nécessaires à l'évaluation du risque.

1885. Autrefois, l'article 348 de l'ancien Code de commerce obligeait le souscripteur d'une assurance maritime à déclarer sincèrement tous les éléments nécessaires à l'assureur afin de mesurer le risque sous peine de nullité du contrat. Cette disposition avait été étendue au droit des assurances terrestres et les polices contenaient toutes une clause d'obligation de déclaration sincère. La loi du 13 juillet 1930 a entériné cette obligation en son article 15, 2° qui disposait que « l'assuré est obligé de déclarer exactement, lors de la conclusion du contrat, toutes les circonstances connues de lui qui sont de nature à faire apprécier par l'assureur les risques qu'il prend à sa charge ». Le texte a été repris à l'article L. 113-2 du Code des assurances. La loi du 31 décembre 1989 a modifié l'article L. 113-2 en prévoyant en son 2° une obligation de réponse exacte aux questions posées par l'assureur, tout en précisant à l'article L. 112-3 alinéa 4 que « l'assureur ne pouvait pas se prévaloir du fait qu'une question exprimée en termes généraux n'a reçu qu'une réponse imprécise ».

1886. Aux termes des articles L. 112-3 alinéa 4 et L. 113-2, 4° du Code des assurances, un système de questionnaire préalable est désormais applicable au souscripteur. Il appartient à ce dernier de répondre avec précision aux questions posées par l'assureur ; le candidat souscripteur n'étant tenu de révéler que les informations qu'il connaît. Ces réponses permettront à l'assureur de se former une opinion sur le risque assuré. Toute réponse, même erronée, qui serait sans influence sur l'opinion du risque par l'assureur n'emporte, en revanche, aucune conséquence sur le contrat. L'obligation de renseignement pèse sur le souscripteur à deux moments du contrat : lors de la conclusion du contrat et lors d'une aggravation de risque en cours de contrat. On envisagera ici la question de la déclaration sincère lors de la conclusion du contrat ; la modification du risque et la sanction de l'absence de déclaration sincère font l'objet de développements distincts (v. infra, Titre 5, Sous-titre I, Chap. I, La modification du contrat et Titre 4, Sous-titre, III, Chap. II, Sanctions de la déclaration non sincère).

Section 1 ■ Déclaration des risques lors de la souscription du contrat

1887. La pratique des contrats d'assurance et la loi du 13 juillet 1930 avaient instauré l'obligation de déclaration spontanée par le candidat souscripteur des informations permettant à l'assureur de mesurer le risque à garantir. Les assureurs ont eu de plus en plus recours au questionnaire. Puis, la jurisprudence a indiqué qu'au-delà du questionnaire le candidat souscripteur n'était pas tenu de donner des informations qui ne lui étaient pas demandées. La Commission des clauses abusives a critiqué sévèrement le prononcé de la nullité d'un contrat en raison de l'absence de déclaration spontanée par un assuré. Le législateur a donc décidé au moment de l'adoption de la loi du 31 décembre 1989 d'obliger l'assureur à poser des questions précises et a supprimé l'obligation de déclaration spontanée.

1888. L'article L. 113-2 du Code des assurances, avant sa modification par la loi du 31 décembre 1989, reprenait l'article 15, 2° de la loi du 13 juillet 1930 et indiquait, en substance, que l'assuré doit déclarer exactement, lors de la conclusion du contrat, toutes les circonstances connues de lui qui sont de nature à faire apprécier par l'assureur les risques qu'il prend à sa charge.

1889. La jurisprudence avait décidé que le candidat souscripteur devait révéler les éléments susceptibles d'influencer l'opinion du risque et d'amener l'assureur, soit à le refuser, soit à majorer le taux de cotisation (Civ. 1re, 2 nov. 1954, RGAT 1955. P. 37, note A. Besson). Les assureurs avaient généralisé le système du questionnaire afin d'encadrer la formulation des renseignements à fournir par le souscripteur. Ce questionnaire constituait un élément important afin d'interpréter en cas de litige la commune intention des parties (Civ. 1re, 2 nov. 1954, RGAT 1955. 37). Le temps passant, la Haute juridiction a donné plus d'importance au questionnaire en décidant que l'exactitude de la déclaration du souscripteur devait être appréciée au regard des questions posées par l'assureur (Civ. 1re, 2 juill. 1985, Bull. civ. I, n° 207 ; RGAT 1985. 534, note F. Chapuisat ; Crim., 23 avr. 1991, RCA 1991, comm. n° 221). L'exactitude n'a pas été la seule donnée mesurée à l'aide des réponses apportées au questionnaire ; la sincérité de l'assuré était également analysée à l'aune de ses réponses aux questions posées (Civ. 1re, 17 oct. 1995, RGDA 1996. 289, note F. Chardin).

1890. La Cour de cassation a conféré des conséquences importantes à l'existence d'un questionnaire complété au moment de la souscription lorsqu'elle a tranché, après le 31 décembre 1989, des litiges sur le fondement de l'ancien article L. 113-2 du Code des assurances. Sous l'empire de la loi ancienne, elle a décidé qu'il ne peut pas être reproché à l'assuré de ne pas avoir déclaré des éléments au-delà des questions posées (Civ. 1re, 17 mars 1993, RGAT 1993. 547, note R. Maurice).

§ 1 ■ Régime du questionnaire

1891. L'article L. 113-2, 2° du Code des assurances issu de la loi du 31 décembre 1989, dispose que l'assuré est obligé : « de répondre exactement aux questions posées par l'assureur, notamment dans le formulaire de déclaration du risque par lequel l'assureur l'interroge lors de la conclusion du contrat, sur les circonstances qui sont de nature à faire apprécier par l'assureur les risques qu'il prend en charge ; (...) ». Cette affirmation signifie que le candidat souscripteur est tenu de répondre avec sincérité aux questions posées. La forme selon laquelle se matérialise ces questions importe peu. Elles peuvent être verbales ou se trouver dans un document quelconque. Le questionnaire n'est donc pas obligatoire. Ce qui importe pour l'assureur c'est de se constituer la preuve des réponses apportées par le candidat souscripteur. Le questionnaire consiste simplement en un moyen facile d'obtenir des informations du souscripteur et de conserver la trace des réponses.

1892. L'alinéa 4 de l'article L. 112-3, issu de la loi du 31 décembre 1989 indique : « lorsque, avant la conclusion du contrat, l'assureur a posé des questions par écrit à l'assuré, notamment par un formulaire de déclaration du risque ou par tout autre moyen, il ne peut se prévaloir du fait qu'une question exprimée en termes généraux n'a reçu qu'une réponse imprécise ». C'est ainsi que dans une affaire où une société de gestion de portefeuille n'avait pas déclaré à son assureur de responsabilité qu'elle faisait l'objet d'une enquête de la COB sur un certain nombre de faits, la Cour de cassation a décidé que cette omission ne rendait pas contrat nul (Civ. 2e, 15 févr. 2007, n° 05-20.865, Bull. civ. II, n° 36). En effet, la Cour relève qu'il aurait fallu que l'assureur ait posé une question qui aurait dû conduire l'assurée à lui déclarer la procédure de contrôle pour retenir la fausse déclaration intentionnelle (ibid.). Désormais, non seulement il n'y a plus d'obligation de déclaration spontanée pesant sur le candidat souscripteur, mais encore l'assureur doit veiller à ce que les questions soient précises. Si l'on songe à un questionnaire médical, les questions ne doivent pas être trop larges ou présenter une ambiguïté. En effet, la réponse évasive du souscripteur à une question imprécise de l'assureur ne pourra pas entraîner une quelconque sanction.

1893. La question a été posée de savoir si l'assureur peut procéder par de simples affirmations que le souscripteur ne démentirait pas. Ainsi, par exemple, suffit-il à l'assureur d'affirmer que le souscripteur est en bonne santé ou bien doit-il poser des questions précises sur sa santé au candidat souscripteur ? Les chambres de la Cour de cassation paraissent diverger sur ce point, mais les dispositions de l'article L. 112-3 du Code des assurances qui prohibent les questions posées en des termes généraux laissent à penser que c'est la jurisprudence de la chambre criminelle qui est conforme au texte. Pour la première Chambre civile, il ne saurait être reproché à l'assureur de ne pas avoir remis de questionnaire de santé à un souscripteur d'une assurance emprunteur. La seule déclaration de bonne santé signée par les souscripteurs devait suffire à attirer leur attention (Civ. 1re, 24 nov. 1999, RGDA 2000. 55, note J. Kullmann). En revanche, la chambre criminelle n'a pas admis la mauvaise foi de l'assuré qui n'a pas déclaré un retrait de permis. En effet, il ne lui avait pas été posé expressément la question, il existait simplement une déclaration d'absence de retrait de permis signée mais non précédée de la mention « lue et approuvé » (Crim., 28 sept. 1999, RGDA 2000. 55, note J. Kullmann).

1894. En 2014, la divergence de jurisprudence entre la chambre criminelle et la deuxième chambre civile de la Cour de cassation au sujet du support de la déclaration du risque (D. Noguéro, La déclaration du risque : quel support ?, Gaz. Pal. 2013, n° 116-117, p. 9), a été tranchée par la chambre mixte (Ch. mixte, 7 févr. 2014, n° 12-85.107 ; D. 2014. 1074, note A. Pélissier ; JCP 2014, 419, note M. Asselain ; RCA 2014, n° 99, note H. Groutel ; RDI 2014. 217, obs. P. Dessuet ; Gaz. Pal. 2014, nos 117-119, p. 13, note D. Noguéro ; JDSAM 2014. 60, obs. D. Noguéro ; J. Kullmann et L. Mayaux, Déclaration pré-rédigée des risques : deux voix pour un arrêt, RGDA 2014, 186). On peut regretter la forme de l'expression de la position de cette dernière, mais le contenu est net, malgré des précisions attendues (J. Bigot, Prohibition des déclarations prérédigées : et après ?, RGDA 2014. 327). La déclaration du risque du candidat à l'assurance (art. L. 113-2, 2° C. assur.) doit intervenir en phase précontractuelle et des réponses prêtées à l'assuré, pré-imprimées, reproduites dans les conditions particulières, même signées de l'intéressé, ne satisfont pas à l'exigence. La chambre criminelle a repris fort logiquement sa solution (Crim., 18 mars 2014, Bull. crim., n° 82, n° 12-87.195 ; JDSAM 2014. 60, obs. D. Noguéro ; RCA 2014, n° 212, note H. Groutel ; Crim. 21 oct. 2014, n° 13-85.178). La deuxième chambre civile s'est alignée (Civ. 2e, 3 juill. 2014, n° 13-18.760 ; RGDA 2014. 443, 2e esp., note A. Pélissier ; JDSAM 2014. 48, 1re esp., obs. D. Noguéro ; RCA 2014, n° 352, note H. Groutel ; RDI 2014. 577, 1re esp., obs. P. Dessuet - Civ. 2e, 5 févr. 2015, n° 13-28.538 ; RGDA 2015. 133, note J. Kullmann,).
Ensuite, la solution a été rappelée à propos d'un contrat d'assurance auto et l'éviction de la clause prérédigée de non conduite sous l'empire d'un état alcoolique les cinq années qui précédaient la souscription. Il était nécessaire selon la Haute juridiction de poser une question sur ce point et non de procéder par voie de déclaration pré-imprimée (Civ. 2e, 10 déc. 2015, n° 14-25.046 et n° 14-29.811). En revanche, d'autres arrêts viennent nuancer et préciser la portée de l'arrêt de principe de 2014.

1895. En premier lieu, le caractère spontané de la déclaration peut permettre aux juges du fond de décider qu'il y a fausse déclaration. En effet, il est affirmé, à propos d'une assurance de dommages, que l'article L. 113-2 n'impose pas l'établissement d'un questionnaire préalable écrit et que le juge peut prendre en compte les déclarations spontanées préalable de l'assuré (Civ. 2e, 4 févr. 2016, n° 15-13.850, publ. au bull.). En l'espèce, un nouveau contrat d'assurance avait été souscrit à la demande d'une SCI pour un immeuble prétendument rénové et loué ; au jour du sinistre très peu de travaux avaient été réalisés et l'immeuble était toujours inoccupé. Dans ces circonstances relevées par la cour d'appel le contrat stipulant un immeuble rénové et loué établi à la demande de l'assuré était nul pour fausse déclaration intentionnelle (art. L. 113-8 C. assur.). Plus lourd de conséquences, la reconnaissance par un « jeune conducteur » qu'il était le conducteur habituel du véhicule en lieu et place de celui mentionné dans le contrat a permis de prononcer la nullité du contrat auto souscrit (Civ. 2e, 3 mars 2016, n° 15-13.500, publ. au bull.). Ensuite, c'est l'existence de l'apposition d'une signature sous une mention pré-imprimée qui a sauvé l'applicabilité de cette dernière (Civ. 2e, 19 nov. 2015, n° 14-17.010). Dans une assurance habitation, un souscripteur avait apposé sa signature manuscrite sous la mention « je déclare que mon habitation n'est pas équipée d'un insert ou d'un poêle ». Or il avait ensuite installé un insert qui a provoqué un incendie. Il n'a pas déclaré cette aggravation de risque. En outre, il n'avait pas déclaré exactement le nombre de pièces et la superficie de la maison. Le sinistre a fait l'objet d'une indemnisation avec réduction proportionnelle (L. 113-9, C. assur.). La Cour de cassation a estimé que la cour d'appel avait interprété souverainement les conditions dans lesquelles « cette déclaration était intervenue, que celle-ci avait été nécessairement recueillie en réponse à une question précise » (Civ. 2e, 19 nov. 2015, préc.).

§ 2 ▪ Questionnaire et parties au contrat d'assurance

A ▪ Candidat souscripteur et questionnaire

1896. La révélation des éléments constitutifs du risque ne doit plus se faire à l'initiative du candidat souscripteur. Néanmoins, si ce dernier fournit spontanément une indication comme, par exemple, la présence de serrures trois points sur les portes et que ce dispositif n'existe pas, en l'absence même de question de l'assureur, la fausse déclaration sera avérée.

1897. Le candidat à la souscription du contrat d'assurance n'est tenu de révéler que les circonstances qu'il connaît (Civ. 1re, 7 févr. 1990, RGAT 1990. 311, note R. Maurice ; RCA 1990, comm. n° 167 ; Civ. 1re, 1er févr. 2000, n° 97-11.539) ou celles dont il a conscience (Civ. 1re, 25 févr. 1986, RGAT 1986. 209 ; Civ. 1re, 6 janv. 1994, n° 91-20.095). Cette connaissance de l'information à déclarer s'apprécie, en principe, au moment où il effectue sa déclaration (Civ. 1re, 7 juill. 1987, D. 1988, somm., p. 158, obs. C.-J. Berr).

1898. Il peut arriver qu'entre le moment où le candidat souscripteur établit sa déclaration et la réponse de l'assureur, qui constitue le moment de la conclusion du contrat, des éléments nouveaux interviennent qui viennent aggraver le risque. La jurisprudence a décidé que ces éléments nouveaux doivent être communiqués à l'assureur. À défaut, le souscripteur s'expose à l'annulation du contrat pour fausse déclaration intentionnelle. Cette jurisprudence vaut aussi bien en assurance de dommages, qu'en assurance sur la vie. On doit toutefois rappeler qu'en matière d'assurance sur la vie, il n'y a plus d'obligation de signaler l'aggravation une fois le contrat conclu (C. assur., art. L. 113-2, dernier al.). Dans une première jurisprudence de 1998, la Cour de cassation (Civ. 1re, 31 mars 1998, Bull. civ. I, n° 130 ; RCA 1998, comm. n° 215, note H. Groutel ; RGDA 1998. 253, note A. Favre Rochex) a adopté une position de principe à l'occasion de la couverture des risques professionnels présentés par un commissionnaire de transport : « (...) Vu l'article L. 113-2.2°, et 3° du Code des assurances ; Attendu qu'il résulte de ce texte que, tenu de répondre exactement aux questions posées notamment dans le formulaire de déclaration du risque lors de la conclusion du contrat d'assurance, sur les circonstances qui sont de nature à faire apprécier par l'assureur les risques qu'il prend en charge, l'assuré doit déclarer ensuite, serait-ce avant la conclusion du contrat, les circonstances nouvelles qui ont pour conséquence soit d'aggraver les risques, soit d'en créer de nouveaux et qui rendent de ce fait inexactes ou caduques les réponses faites à l'assureur, notamment dans le formulaire de déclaration du risque (...) ».

1899. La même décision a été adoptée à propos de l'état de santé du souscripteur qui a eu connaissance de sa séropositivité HIV entre la déclaration d'assurance et l'acceptation du risque par l'assureur (Civ. 2e, 22 janv. 2004, Bull. civ. II, n° 12 ; RCA 2004, comm. n° 117, note H. Groutel) : « (...) Mais attendu, sur les deux premiers griefs du moyen, que l'arrêt attaqué qui constate que M. X... n'avait pas signalé à l'assureur la circonstance nouvelle de la révélation de sa séropositivité entre le moment où il avait répondu au questionnaire de santé et celui de l'acceptation de l'offre de prêt conditionnant la prise d'effet des garanties prévues au contrat, retient à bon droit que, tenu en vertu de l'article L. 113-2 du Code des assurances de répondre exactement aux questions posées, notamment dans le formulaire de déclaration du risque lors de la conclusion du contrat d'assurance, sur les circonstances qui sont de nature à faire apprécier par l'assureur des risques qu'il prend en charge, l'assuré doit déclarer ensuite, serait-ce avant la conclusion du contrat, les circonstances nouvelles connues de lui qui ont pour conséquence, soit d'aggraver les risques, soit d'en créer de nouveaux et qui rendent de ce fait caduques ou inexactes les réponses faites à l'assureur ; que le troisième grief du moyen ne tend qu'à remettre en cause l'appréciation souveraine par la cour d'appel du caractère intentionnel de la réticence de l'assuré ; que le moyen ne peut donc être accueilli (...) ». Cette solution a été écartée dans des circonstances très particulières. Un adhérent à une assurance groupe emprunteur avait rempli un questionnaire et complété un bulletin d'adhésion avant une intervention chirurgicale. Puis un prêt avait été consenti assorti de cette assurance. L'assureur refusa sa garantie pour nullité du contrat et la cour d'appel a retenu la nullité du contrat. Toutefois, la Cour de cassation censure l'arrêt au visa des articles 4 et 5 du nouveau code de procédure civile en retenant que « dans les conclusions respectives les parties s'accordaient sans ambiguïté pour fixer au 23 février 1993 la rédaction du bulletin d'adhésion et du questionnaire médical, la cour d'appel a méconnu les termes du litige » (Civ. 2e, 7 déc. 2006, n° 05-20.430, RGDA 2007. 72, note L. Mayaux). Cette jurisprudence ne remet pas en cause directement la solution antérieure car la Cour de cassation se fonde sur ce que, aux termes des écritures, le questionnaire et l'adhésion étaient antérieurs à l'intervention chirurgicale ; le juge ne pouvait donc pas modifier les termes du litige. Toutefois, il est net que le prêt a été accordé postérieurement à cette intervention. Peut-être faut-il voir dans cette décision une prise de conscience des conseillers qu'il serait plus judicieux d'apprécier la bonne foi du souscripteur ou de l'adhérent à la date du questionnaire. La Cour de cassation insiste, en outre, dans le cas d'aggravation de l'état de santé entre la demande de souscription et la prise d'effet du contrat, sur le fait que pour justifier de la nullité du contrat, il faut que le changement de l'état de santé rende caduques les réponses apportées au questionnaire établi lors de la demande de souscription (Civ. 2e, 22 janv. 2009, n° 07-20.378 ; RGDA 2009. 100, note L. Mayaux). Autrement dit, si la modification de l'état de santé de l'assuré entre le questionnaire et la prise d'effet de la garantie, ne présente aucun lien avec une question posée par le questionnaire, il n'y a pas d'obligation de déclaration de la part de l'assuré.

1900. Une déclaration qui se présente sous la forme d'une affirmation pré-imprimée comme « le souscripteur garantit n'avoir jamais subi de condamnations » au bas de laquelle il suffit de signer ne permet pas d'affirmer que le candidat souscripteur a compris les conditions de son assurance. La simple signature au bas d'affirmations pré-imprimées laisse donc subsister un doute sur l'éventuelle mauvaise foi de l'assuré (Crim., 18 juill. 1989, préc.). De la même façon, un conducteur diabétique et travailleur handicapé à 50 % ne peut pas se voir reprocher une fausse déclaration en ayant répondu par la négative à une rubrique ouverte « infirmité/

invalidité », car la question était rédigée de manière vague et imprécise (Crim., 29 janv. 2013, n° 12-80.116).

1901. L'alinéa 4 de l'article L. 112-3 dispose « lorsque, avant la conclusion du contrat, l'assureur a posé des questions par écrit à l'assuré, notamment par un formulaire de déclaration du risque ou par tout autre moyen, il ne peut se prévaloir du fait qu'une question exprimée en termes généraux n'a reçu qu'une réponse imprécise ». Il résulte de ce texte que toute question trop générale et surtout la pratique de la déclaration de « bonne santé » ou « d'absence de condamnation » ne permet plus de constituer l'assuré de mauvaise foi en raison d'une question trop imprécise. Mieux encore, si l'on interprète littéralement le texte, l'assureur ne pourra plus se prévaloir du fait qu'une réponse imprécise a été donnée. C'est-à-dire que non seulement il ne saurait y avoir nullité du contrat par application de l'article L. 113-8 du Code des assurances, mais encore, la réduction proportionnelle prévue à l'article L. 113-9 ne saurait être infligée au souscripteur.

1902. La jurisprudence interprète systématiquement les questions qui présentent une ambiguïté en faveur de l'assuré. Ainsi une infraction amnistiée n'a-t-elle pas besoin d'être déclarée (Civ. 1re, 9 avr. 1991, RGAT 1991. 555, note Margeat et J. Landel) ou encore la suspension provisoire de permis de conduire prononcée par le préfet n'a pas à être déclarée car elle est par essence provisoire (Civ. 1re, 16 févr. 1994, RGAT 1995. 466, note A. Favre Rochex).

1903. C'est en matière de questionnaire médical que la jurisprudence est fort abondante car les conséquences de la fausse déclaration sont particulièrement graves ; l'assuré étant privé de tout ou partie de la prestation (assurance vie, assurance emprunteur). Dès 1985, il a été décidé que le questionnaire permettait de déterminer les éléments qui revêtaient de l'importance pour l'assureur, notamment sur la survenance des pathologies dans le temps : « la rédaction du questionnaire, qui limitait la nature des antécédents et leur survenance dans le temps, faisait apparaître l'intention de l'assureur de ne pas tenir compte d'autres antécédents dans l'appréciation des risques qu'il prenait en charge » (Civ. 1re, 2 juill. 1985, préc. ; dans le même sens Civ. 1re, 17 mars 1993, RGAT 1993. 547, obs. R. Maurice). Il est donc important pour un questionnaire médical de préciser la période à laquelle la question se rapporte (Civ. 1re, 17 juill. 1990, RGAT 1990. 880). Il a, toutefois, été décidé qu'à la question générale de l'affection du souscripteur par une maladie, le défaut de mention de sa séropositivité constitue une réponse non sincère (Civ. 1re, 7 oct. 1998, Bull. civ. I, n° 280 ; JCP G 1998 II, 10185), même si la séropositivité ne constitue pas la maladie avérée.

B ▪ Assureur et questionnaire

1904. L'assureur ne peut pas reprocher au souscripteur sa non déclaration de la pratique du « moto-nautisme » off-shore, dès lors que cette activité sportive était connue du grand public (Civ. 1re, 2 mars 1994, RGAT 1994. 469, note R. Maurice).

1905. L'assureur n'est pas tenu de se renseigner auprès de l'assureur antérieur afin de savoir si le candidat souscripteur avait subi des sinistres (Civ. 1re, 15 mai 1990, Bull. civ. I, n° 103). Plus largement, il a été décidé que l'agent général d'une compagnie n'a pas à vérifier l'exactitude et l'étendue des déclarations de l'assuré (Civ. 1re, 25 nov. 1980, Bull. civ. I, n° 302).

1906. Si la demande d'assurance concerne un bien de grande valeur, l'assureur mandatera un inspecteur ou un expert afin d'évaluer le bien meuble (œuvre d'art, bijou…) ou immeuble et les mesures de protection. La jurisprudence tend alors à considérer que l'assureur ne peut plus reprocher une fausse déclaration du risque au souscripteur (Civ. 1re, 10 mai 1977, RGAT 1978, note A. Besson ; Civ. 1re, 11 oct. 1988, RGAT 1989. 19, note J. Kullmann). En effet, le plus souvent, l'inspection ou l'expertise sont assez approfondies, l'assureur est donc en mesure d'évaluer le risque, sauf fraude de l'assuré. Il appartiendra à l'assureur de démontrer la dissimulation opérée au moment de l'enquête.

Section 2 ▪ L'opinion du risque de l'assureur

1907. Le but de la déclaration de risques est de permettre à l'assureur de se faire une opinion sur le risque à garantir afin qu'il se détermine à accepter le risque ou à le refuser. La déclaration, une fois le risque accepté en son principe, comporte les éléments nécessaires à la détermination du montant de la cotisation.

1908. Une déclaration qui n'est pas sincère n'emporte pas mécaniquement la nullité du contrat ou la réduction de la cotisation. Il faut qu'outre le caractère erroné de la réponse, il soit démontré que l'information avait une influence sur l'opinion de l'assureur.

§ 1 ▪ Nécessaire incidence de la déclaration sur l'opinion de l'assureur

1909. Il résulte de l'article L. 113-2 du Code des assurances dans son ancienne et sa nouvelle formulation que la déclaration doit porter « sur les circonstances qui sont de nature à faire apprécier par l'assureur les risques qu'il prend en charge ». Il se déduit de cette formule que les informations qui sont sans influence sur le risque doivent être écartés de la discussion sur la sincérité de la déclaration. En jurisprudence, il est bien indiqué que la déclaration porte sur les circonstances connues de nature à faire apprécier par l'assureur les risques qu'il prend en charge (Civ. 1re, 7 févr. 1990, préc.).

A ▪ Preuve de l'incidence de la déclaration

1910. Lorsque l'assureur invoque la nullité d'un contrat pour fausse déclaration intentionnelle sur le fondement de l'article L. 113-8 du Code des assurances ou la réduction proportionnelle sur le fondement de l'article L. 113-9 du même code, il lui appartient de démontrer que l'absence d'information ou les mauvaises informations ont influé sur son appréciation du risque (Crim., 13 nov. 1986, RGAT 1987. 67, note J. Bigot). La Cour de cassation prend ainsi bien soin de souligner que les juges du fond relèvent à la fois la fausse déclaration (en l'espèce la réticence quant à un examen par IRM) et « que ces fausses déclarations avaient changé l'objet du risque ou en avaient diminué l'opinion par l'assureur » (Civ. 2e, 8 sept. 2005, n° 04-16.487, RGDA 2006. 75, note S. Abravanel-Jolly- Civ. 2e, 12 déc. 2013, n° 12-28.829).

1911. Si l'assureur ne produit aucun élément permettant d'étayer que la mauvaise déclaration a eu une influence sur son opinion, il perdra alors le procès en nullité ou en réduction proportionnelle contre son assuré (Crim., 8 août 1995, RGDA 1996. 78, note F. Chardin).

B ▪ Appréciation par le juge de l'incidence de la déclaration

1912. Dès lors que l'assureur soutient que la fausse déclaration a eu une incidence sur son opinion du risque, il appartient au juge saisi de répondre à ce moyen. L'absence de réponse du juge sur l'incidence de la déclaration sur l'opinion de l'assureur ouvrira la voie à la cassation (Civ. 1re, 24 nov. 1999, RCA 2000, comm. 102). Bien évidemment le juge n'a pas à répondre à la question de l'incidence de la fausse déclaration sur l'opinion de l'assureur, dès lors qu'il a d'ores et déjà indiqué que la mauvaise foi de l'assuré n'est pas établi (Civ. 1re, 15 nov. 1989, RGAT 1990. 65, note Margeat et J. Landel). Cette recherche est inutile car dans cet arrêt l'assureur s'était borné à demander la nullité pour mauvaise foi de son assuré sans solliciter à titre subsidiaire la réduction proportionnelle pour fausse déclaration non intentionnelle (ibid.). Il semble que le juge n'est pas tenu de relever d'office l'absence de lien entre la fausse déclaration et l'opinion de l'assureur sur le risque, il appartient aux plaideurs de soulever ce moyen (Civ. 1re, 20 mars 1989, RGAT 1989. 631, note R. Bout).

1913. Les juges du fond décident souverainement si l'assureur a bien rapporté la preuve de l'incidence de la fausse déclaration sur l'opinion qu'il peut avoir du risque (Civ. 1re, 17 juill. 1990, RGAT 1990. 814, note R. Maurice ; Crim., 18 févr. 1997, n° 96-81.440). Ce refus de la Cour de cassation de contrôler la réalité de l'incidence de la fausse déclaration du souscripteur sur l'opinion de l'assureur engendre des appréciations divergentes des cours d'appel. Les conseillers de ces dernières reconnaissent plus ou moins facilement l'existence d'un tel lien. La Cour de cassation a néanmoins précisé que si la fausse déclaration doit avoir diminué l'opinion du risque pour l'assureur, les juges du fond n'ont pas à rechercher si cette dernière avait changé l'objet du risque (Civ. 2e, 4 juill. 2007, n° 06-17.568 ; RGDA 2007. 814, note S. Abravanel-Jolly). Elle a décidé qu'une cour d'appel apprécie souverainement si l'assureur auto a été influencé par la fausse déclaration sur la qualité du conducteur habituel, ce qui avait eu pour conséquence de consentir un tarif plus avantageux, ce qui aurait modifié l'opinion que l'assureur pouvait avoir du risque de vol (Civ. 2e, 16 déc. 2010, n° 10-13.517).

§ 2 ▪ Modalités d'appréciation de l'incidence de la déclaration sur l'opinion de l'assureur

1914. Il n'existe pas de critère précis et unique pour déterminer si la fausse déclaration du souscripteur a influé sur l'opinion du risque par l'assureur. Certes en doctrine, il a été établi une distinction entre le caractère objectif ou subjectif de l'incidence de la déclaration sur l'opinion (Y. Lambert-Faivre, op. cit., n° 317). Les circonstances qui touchent à l'objet du contrat comme la situation de la chose ou le modèle du véhicule sont dites objectives et celles qui sont relatives à la personne de l'assuré sont dites subjectives.

A ▪ Absence de corrélation entre le sinistre et la déclaration

1915. Le lien entre la fausse déclaration et l'opinion de l'assureur sur le risque ne se mesure pas aux circonstances du sinistre (Crim., 31 mai 1988, RGAT 1988. 804, note F. Chapuisat). En effet, l'influence que pouvait avoir l'information sur l'opinion de l'assureur se mesure au moment de la souscription du contrat. Le sinistre à l'occasion duquel va se révéler la fausse déclaration n'a donc aucune importance pour savoir si la connaissance de l'information aurait conduit l'assureur à refuser d'assurer ou à demander une cotisation supérieure. Autrement dit même si le sinistre n'est pas dû à la fausse déclaration, cette dernière sera sanctionnée dès lors qu'elle a influé sur l'opinion de l'assureur.

1916. Dès lors que l'assureur a démontré que le souscripteur a réalisé une fausse déclaration intentionnelle ou non, il y aura nullité ou réduction proportionnelle, quand bien même le sinistre qui est survenu ne présente aucun lien avec la fausse déclaration (Civ. 1re, 1er juill. 1980, D. 1981, IR, 174, obs. C.-J. Berr et H. Groutel ; Civ. 1re, 3 janv. 1996, RGDA 1996. 261, note L. Mayaux).

B ▪ Corrélation entre déclaration et risque couvert

1 ▪ Fausse déclaration sur un risque exclu de la garantie

1917. Il arrive parfois que l'assureur pose une question sur une circonstance qui n'entre cependant pas dans la garantie. Il s'agit alors de savoir si la fausse déclaration ou la déclaration erronée, bien que portant sur un risque non couvert, peut avoir une influence sur l'opinion de l'assureur. La jurisprudence a évolué sur cette question.

1918. La Cour de cassation décide actuellement que « l'assureur n'est pas tenu de cantonner ses interrogations aux seuls éléments caractérisant le risque qu'il est invité à garantir et que l'assuré doit répondre sincèrement à toutes les questions posées par l'assureur pour apprécier ce risque, à défaut de quoi il s'expose aux sanctions de l'article L. 113-8 du Code des assurances, si, du moins, le manquement à cette obligation a exercé une influence sur l'opinion de l'assureur » (Civ. 1re, 22 mai 2002, Bull. civ. I, n° 136 ; Rapport C. de cass. 2002, Ed. Doc. fr. 2003, 484 ; RGDA 2002. 686, note J. Kullmann ; RCA 2002, comm. n° 275, note H. Groutel). Cet arrêt a été rendu à propos d'un assuré qui était devenu dément après un accident de la circulation ; ce dernier n'avait pas déclaré lors de la souscription le fait qu'il était atteint d'épilepsie ; pourtant cette maladie était expressément exclue des risques couverts par l'assurance souscrite. La Cour de cassation censure l'arrêt d'appel qui avait retenu que l'épilepsie étant exclue de la couverture, l'omission de déclarer cette maladie ne pouvait pas avoir influer sur l'opinion de l'assureur. L'espèce qui a donné lieu à cet arrêt montre que la fausse déclaration s'apprécie donc sans tenir compte de l'absence de lien entre cette dernière et le sinistre (non déclaration de l'épilepsie et accident de la circulation) et sans que l'exclusion de la garantie empêche de poser une question sur le risque exclu.

1919. Une jurisprudence antérieure de la Cour de cassation décidait que l'exclusion d'un risque par l'assureur ne lui permettait pas de reprocher à un souscripteur d'avoir commis une fausse déclaration sur ce risque, la garantie était alors due (Civ. 1re, 2 mai 1989, RGAT 1989. 627, note J.-L. Aubert).

2 ▪ Appréciation risque par risque dans une assurance multirisques

1920. Des contrats comme la multirisque habitation (v. infra, Titre 6, Sous-titre I, Chap. I, La multirisques habitation, présentation générale) ou l'assurance automobile (v. infra, Titre 6, Sous-titre II, Chap. III, Le responsable de l'accident de la circulation) apportent plusieurs garanties à l'assuré. Comment apprécier la portée d'une fausse déclaration sur la valeur de la maison dans une assurance multirisques habitation si la garantie demandée concerne la responsabilité du « chef de famille » ?

1921. La Cour de cassation a retenu qu'en cas d'incendie d'une automobile la fausse déclaration sur l'identité du conducteur habituel était sans influence car celle-ci ne portait atteinte qu'à l'évaluation du risque de responsabilité civile (Civ. 1re, 3 juill. 1990, Bull. civ. I, n° 185 ; RGAT 1990. 819 ; JCP G 1991, II, 21643, note J. Bigot ; dans le même sens, Civ. 1re, 19 mai 1992, Bull.

civ. I, n° 145). Dans autres arrêts rendus en matière d'assurance automobile portant sur la garantie contre le vol, la Cour de cassation a pu décider que la fausse déclaration sur l'identité du conducteur était de nature à influer sur l'opinion de l'assureur (Civ. 1re, 8 nov. 1994, 2 arrêts, RGAT 1995. 34 ; Civ. 1re, 14 oct. 1997, RCA 1998, comm. n° 32).

1922. Dans un arrêt la Cour de cassation est venue préciser très nettement que dans une assurance multirisque la portée de la fausse déclaration doit se faire par rapport à chaque risque en litige (Civ. 1re, 3 janv. 1996, Bull. civ. I, n° 4 ; RGDA 1996. 74, Rapport M. le conseiller Sargos). Le rapport de la Cour de cassation pour 1996 indique ensuite qu'en présence d'une multirisque l'appréciation de l'incidence d'une fausse déclaration se réalise risque par risque et non pour l'ensemble des risques couverts par une même assurance (Rapp. C. de cass. 1996, Ed. Doc. fr. 1997, p. 342).

1923. La fausse indication du conducteur dans une assurance automobile n'est pas nécessairement sans rapport avec la garantie vol ou incendie. Il ressort du rapport du conseiller P. Sargos sur l'arrêt de la première chambre civile du 3 janvier 1996 (préc. supra) que les juges du fond doivent examiner chaque situation au cas par cas. Ainsi la fausse déclaration dissimulant la réalisation de transports occasionnels à titre onéreux a-t-elle été jugée de nature à fausser l'appréciation de tous les risques couverts par l'assurance automobile souscrite (Civ. 1re, 3 janv. 1996, préc. supra).

1924. La Cour de cassation a indiqué que « la cour d'appel a souverainement estimé » que la dissimulation par un restaurateur de deux vols couverts par un précédent assureur avait une influence sur l'appréciation de tous les risque couverts y compris l'incendie (Civ. 1re, 22 janv. 2002, Bull. civ. I, n° 19). Les juges déterminent donc librement si l'omission ou la fausse déclaration a eu une influence sur l'opinion de l'assureur quand bien même ces circonstances portent sur une autre garantie que celle demandée.

C ▪ Risque et cotisation

1925. S'il est avéré que la fausse déclaration ou l'omission a une influence sur le taux de cotisation, il est alors démontré que cette circonstance a eu une influence sur l'opinion de l'assureur (Civ. 1re, 15 mai 1990, RGAT 1991. 48, note J. Bigot). Si l'assureur avoue que le taux de cotisation serait resté le même avec ou sans la déclaration litigieuse alors cette dernière est sans influence sur l'opinion de l'assureur (Civ. 1re, 21 janv. 1957, RGAT 1958. 41, note A. Besson). La question est particulièrement topique en matière d'assurance automobile où toute variation sur les qualités du conducteur influe sur la cotisation (pour un jeune conducteur : Civ. 1re, 27 juin 1995, RGAT 1995. 873). Il a ainsi été décidé que la fausse déclaration sur le domicile du souscripteur d'une assurance automobile était de nature à modifier l'opinion de l'assureur car cette fausse domiciliation avait permis à l'assuré de bénéficier « d'une tarification plus avantageuse » (Civ. 1re, 20 déc. 2001, n° 00-20.760).

D ▪ Situation de l'assuré

1 ▪ Profession de l'assuré

1926. La profession de l'assuré peut avoir une influence sur l'opinion du risque de l'assureur. Il est évident que l'activité de livreur de journaux présente un risque accru en comparaison de celle, faussement déclarée, d'agriculteur (Civ. 1re, 28 nov. 1995, RGDA 1996. 284).

1927. Il est parfois jugé que la fausse déclaration sur la profession est sans influence sur l'opinion de l'assureur. Il en est ainsi pour la déclaration de la profession d'agriculteur, l'assuré étant en réalité mécanicien (Civ. 1re, 24 janv. 1968, RGAT 1968. 485, note A. Besson ; dans le même sens pour un fonctionnaire, qui ayant perdu cette qualité est devenue au chômeur, Crim., 13 nov. 1986, RGAT 1987. 67, note J. Bigot).

2 ▪ Qualité de propriétaire

1928. La Cour de cassation a approuvé une Cour d'appel d'écarter la nullité du contrat pour fausse déclaration et pour dol d'un souscripteur qui s'est déclaré propriétaire non occupant alors que la maison individuelle assurée était, au moment de la souscription du contrat la propriété d'une autre personne (Civ. 2e, 13 sept. 2007, n° 06-18.175 ; RGDA 2007. 817, note S. Abravanel-Jolly) En effet, la Cour relève que le souscripteur n'a pas agi de mauvaise foi et l'assureur ne démontre pas l'influence sur l'opinion du risque (Ibid.). Dans un arrêt étrange non publié, il a cependant été jugé que la non déclaration par le souscripteur d'une indivision constituait une fausse déclaration intentionnelle (Civ. 2e, 19 nov. 2009, n° 08-17166, RGDA 2010, p. 68, note crit. S. Abravanel-Joly).

3 ▪ Passé « assurantiel » de l'assuré

a - Déclaration de sinistres antérieurs

1929. Il est important pour l'assureur de savoir si le candidat souscripteur a déjà connu des sinistres lorsqu'il était assuré auprès d'un autre assureur. Le juge saisi apprécie si l'omission d'un sinistre était de nature à influer sur l'opinion du risque par l'assureur.

1930. Le juge saisi apprécie diversement l'influence d'un « petit sinistre » sur l'opinion de l'assureur. Il a pu être décidé qu'un léger accrochage lors d'une manœuvre de stationnement était sans influence (CA Paris, 1er févr. 1986, RGAT 1986. 61) ou que le faible montant d'un sinistre n'était pas « de nature à intéresser l'assureur » (Civ. 1re, 10 mars 1987, RGAT 1987. 391, note J. Bigot). Néanmoins, il a pu être décidé, en sens contraire qu'un sinistre d'une gravité limitée pouvait être de nature à influer sur l'opinion de l'assureur (Civ. 1re, 8 oct. 1985, n° 84-12.933).

1931. L'influence sur l'opinion de l'assureur de l'absence de déclaration d'un sinistre antérieur est appréciée souverainement par les juges du fond (Civ. 1re, 6 juill. 2004, n° 01-01.876).

1932. En matière d'assurance automobile, il existe un relevé d'informations prévu par l'article 12 de l'annexe à l'article A. 121-1 du Code des assurances (v. infra, Titre 6, Sous-titre II, Chap. II, La personne assurée). Ce relevé est fourni par l'assureur à chaque avis d'échéance ou bien à la résiliation du contrat à la demande du souscripteur (même texte). Ce document permet au nouvel assureur de prendre connaissance du risque assuré. Néanmoins, ce relevé ne dispense pas le souscripteur d'informer le nouvel assureur de tout sinistre intervenu entre l'émission du relevé et la déclaration de risque (CA Montpellier, 21 nov. 2001, Juris-Data n° 168885).

1933. La Cour de cassation décide régulièrement que la fausse déclaration de sinistres antérieurs, quand la question est précisément posée, est une cause de nullité du contrat sur le fondement de l'article L. 113-8 du Code des assurances (Civ. 1re, 3 oct. 1973, Bull. civ. I, n° 260. –Civ. 2e, 17 févr. 2011, n° 09-72.793). Quand la notion de sinistre n'est pas claire, l'assuré est considéré de bonne foi (irruption d'un sanglier sur la route et accident sans réduction de bonus, Crim. 14 janv. 1998, n° 96-84.487).

b - Paiement des cotisations et résiliation

1934. La Cour de cassation a décidé que le risque assuré étant la responsabilité de l'assuré et non son insolvabilité éventuelle, ce dernier n'a pas à déclarer la résiliation du contrat antérieur pour défaut de paiement de la cotisation (Civ. 1re, 24 avr. 1979, Bull. civ. I, n° 114 ; RGAT 1980. 46, note critique A. Besson ; Civ. 1re, 14 mai 1991, RCA 1991, comm. n° 303 ; RGAT 1991. 331, note J. Bigot). En revanche, il a été décidé plus récemment, que la non déclaration du défaut de paiement de primes « pouvait être une source de difficultés multiples ; que l'assureur justifie, par la production des conditions relatives à l'octroi des garanties aux assurés, qu'il n'aurait pas accepté de garantir Mme X... s'il avait su que son contrat antérieur avait été résilié » (Civ. 2e, 16 déc. 2010, n° 10-13.926). La Cour de cassation revenant sur sa jurisprudence antérieure n'explique pas la raison de ce revirement. Il est par ailleurs bien établi que le fait que le contrat antérieur ait été résilié par l'assureur en raison du nombre des sinistres peut avoir une influence sur l'opinion du risque par le nouvel assureur (Civ. 1re, 26 févr. 1991, RGAT 1991. 330, note Margeat et J. Landel).

4 ▪ Mention de l'existence d'autres assurances

1935. L'article L. 121-4 du Code des assurances oblige le souscripteur de plusieurs assurances de dommages pour un même risque à déclarer ce cumul à tous les assureurs (v. infra Le paiement de l'indemnité) ; tel n'est pas le cas en revanche pour les assurances de personnes qui présentent un caractère forfaitaire. Néanmoins, les assureurs qui souhaitent mesurer une éventuelle augmentation du risque lié à la souscription de plusieurs assurances sur une même tête posent parfois la question de l'existence de plusieurs assurances. La sanction du défaut de réponse à cette question a évolué en jurisprudence.

1936. La réponse erronée à une telle question a d'abord été sanctionnée par la nullité du contrat (Civ. 4 nov. 1941, RGAT 1942. 264). Puis, la Cour de cassation a considéré que seules les assurances de dommages, parce qu'elles sont soumises au principe indemnitaire, doivent faire l'objet d'une déclaration en cas de cumul et non les assurances de personnes, forfaitaires. En effet, la Cour décidait que « l'omission de déclaration des autres assurances n'avait eu aucune conséquence sur l'objet du risque ou sur l'opinion que l'assureur pouvait en avoir » (Civ. 1re, 23 juin 1993, RCA 1993, comm. n° 320, obs. S. Bertolaso).

1937. Après un nouveau revirement de jurisprudence, il est actuellement décidé que « l'assureur pour se former une exacte opinion du risque qu'il accepte de couvrir, peut imposer à l'assuré l'obligation de l'informer de l'existence des autres polices qu'il a pu souscrire » (Civ. 1re, 13 mai 1997, RGDA 1997. 829, note J. Kullmann ; RCA 1997, comm. n° 319, note H. Groutel ; D. 1997, jur. p. 351, note J.-L. Aubert ; pour une solution identique, v. Civ. 1re, 31 mars 1998, RGDA 1998. 303, note L. Fonlladosa).

Chapitre 2
Les sanctions de la déclaration non sincère

BIBLIOGRAPHIE

L'Argus de l'assurance

Ouvrages. - F. Couilbault, S. Couilbault-Di Tommaso, V. Huberty, *Les grands principes de l'assurance*, L'Argus éd., 2015.- J. Bigot (sous dir.), *Code des assurances*, L'Argus éd.

1938. Parmi les obligations pesant sur l'assuré, définies à l'article L. 113-2 du Code des assurances, il lui est imposé le devoir de répondre exactement aux questions posées par l'assureur sur les circonstances qui mettent ce dernier en mesure d'évaluer le risque qu'il va garantir. Cette obligation pèse particulièrement sur le candidat souscripteur lorsqu'il complète le questionnaire qui lui est remis par l'assureur afin de lui permettre de déterminer s'il accepte d'assurer ce risque et à quel coût (V. supra, Titre 4, Sous-titre III, Chap. I, La déclaration des risques). Plus précisément, c'est le 2° de l'article L. 113-2 du Code des assurances qui dispose que l'assuré est obligé « de répondre exactement aux questions posées par l'assureur, notamment dans le formulaire de déclaration du risque par lequel l'assureur l'interroge lors de la conclusion du contrat, sur les circonstances qui sont de nature à faire apprécier par l'assureur les risques qu'il prend en charge ». Ce texte constitue le fondement de l'obligation de déclaration sincère lors de la souscription du contrat d'assurance. Le 3° de l'article L. 113-2 pose le principe de l'obligation de déclarer, en cours de contrat, les circonstances nouvelles qui ont pour conséquence soit d'aggraver le risque, soit d'en créer de nouveaux. Cette obligation de déclaration en cours de contrat est envisagée dans d'autres développements (v. infra, Titre 5, Sous-titre I, Chap. I, La modification du contrat ; Chap. II, L'aggravation du risque). Néanmoins, les sanctions applicables à l'absence de déclaration de la modification du risque en cours de contrat sont les mêmes que celles que nous allons exposer à propos de la déclaration non sincère du risque lors de la souscription du contrat.

1939. La sanction de la déclaration non sincère obéit à une distinction fondamentale fondée sur l'appréciation de l'attitude des souscripteurs. La sanction sera différente selon que le souscripteur était de mauvaise ou de bonne foi, c'est-à-dire selon que la fausse déclaration a été intentionnelle ou non.

1940. La déclaration inexacte ou l'omission faite de mauvaise foi, sera sanctionnée, aux termes de l'article L. 113-8 du Code des assurances, par la nullité du contrat et l'octroi à l'assureur des cotisations payées et celles échues, et cela à titre de dommages et intérêts. Toutefois, l'assureur vie ne saurait conserver les cotisations (C. assur., art. L. 113-8, al. 3).

1941. La déclaration inexacte ou l'omission faite de bonne foi, est sanctionnée, aux termes de l'article L. 113-9 du Code des assurances, différemment selon qu'elle est constatée avant la survenance du sinistre ou à l'occasion du sinistre. L'omission ou la déclaration inexacte constatée avant la survenance du sinistre autorise l'assureur à procéder à la résiliation du contrat (C. assur., art. L. 113-2, al. 2). Toutefois, ce dernier peut décider de maintenir le contrat en augmentant le taux de cotisation (ibid.). En revanche, la constatation de la déclaration inexacte ou de l'omission non intentionnelle après la survenance du sinistre entraîne la réduction de l'indemnité versée (C. assur., art. L. 113-2, al. 3 ; sur le calcul de la réduction v. infra).

1942. À l'origine, l'article 348 de l'ancien Code de commerce sur l'assurance maritime prévoyait la nullité pour fausse déclaration et la jurisprudence avait étendu la solution donnée par ce texte à toutes les assurances. Si l'assureur n'avait rien prévu, l'assuré se voyait rembourser les cotisations (Civ., 22 nov. 1921, S. 1923, 1, p. 81) ; en revanche, lorsque l'assureur avait prévu une clause lui permettant de conserver les cotisations, celle-ci était valable comme clause pénale. L'article 21 de la loi du 13 juillet 1930 reprenait ce principe de la nullité tout en permettant de conserver les cotisations. Lorsque la nullité était prononcée en dehors de toute mauvaise foi, dès 1913, la police-type incendie prévoyait une simple réduction proportionnelle pour l'assuré de bonne foi. La loi du 13 juillet 1930 a repris ce dispositif à l'article 22, qui est devenu l'article L. 113-9 du Code des assurances.

1943. La nullité du contrat d'assurance et la perte des cotisations s'apparente à la déchéance par l'absence de garantie ; mais il n'y a pas de maintien du contrat pour l'avenir (M. Picard et A. Besson, op. cit., n° 173). Ce n'est ni un dol, ni un vice du consentement ; la sanction de l'article 21 « constitue une véritable pénalité civile ou peine privée » (ibid.).

Section 1 ▪ Règles communes aux sanctions de la déclaration non sincère

1944. Certaines conditions préalables doivent être réunies pour justifier les sanctions applicables à une déclaration inexacte ou une omission. Ces sanctions s'imposent aux parties au contrat d'assurance et sont dérogatoires au droit commun des contrats. Le régime de la preuve de l'inexactitude ou de l'omission a été précisé en jurisprudence.

§ 1 ▪ Conditions de la sanction

1945. Une déclaration qui n'est pas sincère ne justifie pas systématiquement le prononcé de la nullité du contrat ou la réduction de l'indemnité. Il faut qu'outre le caractère erroné de la réponse, il soit démontré que l'information avait une influence sur l'opinion de l'assureur (V. supra, Titre 4, Sous-titre III, Chap. I, La Déclaration des risques). En effet, l'article L. 113-2, 2° du Code des assurances dispose que la déclaration doit porter « sur les circonstances qui sont de nature à faire apprécier par l'assureur les risques qu'il prend en charge ». Il se déduit de cette formule que les informations qui sont sans influence sur le risque doivent être écartées de la discussion sur la sincérité de la déclaration.

1946. Il appartient à l'assureur qui invoque la nullité d'un contrat pour fausse déclaration intentionnelle sur le fondement de l'article L. 113-8 du Code des assurances ou la réduction proportionnelle sur le fondement de l'article L. 113-9 du même code, de démontrer que l'absence d'information ou les mauvaises informations ont influé sur son appréciation du risque (Crim., 13 nov. 1986, RGAT 1987. 67, note J. Bigot). Si l'assureur ne produit aucun élément permettant d'étayer que la mauvaise déclaration a eu une influence sur son opinion, il perdra alors le procès en nullité ou en réduction proportionnelle contre son assuré (Crim., 8 août 1995, RGDA 1996. 78, note F. Chardin).

§ 2 ▪ Portée des articles L. 113-8 et L. 113-9 du code des assurances

1947. Les articles L. 113-8 et L. 113-9 du Code des assurances s'appliquent à toutes les assurances terrestres. Il a même été jugé par la Cour d'appel de Paris que ces dispositions régissent l'assurance obligatoire de garantie décennale due par le constructeur (CA Paris, 14 juin 1991, RGAT 1991. 880, note J. Bigot).

A ▪ Dispositions d'ordre public

1948. Il a été décidé, sous l'empire de la loi du 13 juillet 1930, que les articles 21 et 22 de ce texte, qui sont devenus les articles L. 113-8 et L. 113-9 du Code des assurances, constituent des dispositions d'ordre public auxquelles les stipulations du contrat d'assurance ne peuvent pas déroger (Civ., 29 sept. 1941, DC 1943, p. 10, note A. Besson ; Ch. réunies, 8 juill. 1953, D. 1953, p. 194 ; JCP 1954, II, 7931).

1949. À propos de l'obligation de déclaration de l'aggravation de risque, il a été jugé que le contrat ne saurait prévoir une clause qui suspend la garantie dès que l'aggravation est avérée (Civ., 29 sept. 1941, préc.). On peut transposer cette solution à la déclaration initiale du risque par le candidat souscripteur. L'assureur ne peut pas stipuler une autre sanction que celles prévues aux articles L. 113-8 et L. 113-9 du Code des assurances pour punir une éventuelle déclaration inexacte ou une omission.

1950. Les assureurs pourraient prévoir d'autres sanctions à la déclaration non sincère, qui pourraient éventuellement être plus douces que celles prévues aux articles L. 113-8 et L. 113-9 du Code des assurances. En partant du principe que « l'obligation de sincérité mise à la charge de l'assuré par l'article L. 113-2, 2° du Code des assurances est sanctionnée par les dispositions des articles L. 113-8 et L. 113-9 du même code » (Civ. 1re, 10 mars 1987, RGAT 1987. 391), il a été décidé, en matière d'aggravation de risques, que la déclaration non intentionnelle ne pouvait pas faire l'objet d'une sanction différente de celle prévue à l'article L. 113-9 du Code des assurances (Civ. 1re, 27 nov. 1985, RGAT 1986. 107, note J. Kullmann ; Civ. 1re, 9 avr. 1991, RGAT 1991. 419, note J. Kullmann). Le sens des solutions données en matière d'omission de déclaration d'aggravation de risque peut être repris pour les déclarations inexactes commises lors de souscription du contrat. Il n'est pas possible pour l'assureur de prévoir d'autres sanctions de la déclaration non sincère commise lors de la souscription du contrat que celles prévues par les articles L. 113-8 et L. 113-9 du Code des assurances.

B ▪ Articulation avec le droit commun du contrat

1 ▪ Erreur

1951. La nullité du contrat pour erreur, prévue par l'article 1110 du Code civil devenant 1132 à compter du 1er octobre 2016, sera prononcée à la condition que l'erreur porte sur les qualités substantielles de la prestation. L'assureur qui voudrait invoquer l'erreur pour obtenir la nullité du contrat d'assurance devrait donc prouver que la déclaration non sincère a porté sur un élément essentiel du contrat d'assurance. Or, tel n'est pas toujours le cas, il sera donc difficile d'obtenir une sanction d'une omission ou d'une déclaration inexacte sur le fondement de l'erreur.

2 ▪ Dol

1952. Le dol (C. civ., art. 1116 ; 1137 à compter du 1er oct. 2016) est constitué par des manœuvres ou des réticences qui visent à amener le contractant à conclure le contrat. Le dol principal est établi lorsqu'il est prouvé que, sans les manœuvres ou la réticence, l'autre contractant n'aurait pas conclu le contrat. Il y a dol incident lorsque les manœuvres ou la réticence ont porté sur un élément accessoire et qu'il est démontré que la victime du dol aurait conclu le contrat, mais à des conditions différentes. Il reste que le dol n'est démontré qu'en présence d'une intention malhonnête ; il appartient alors à la victime d'un dol par réticence de prouver que le défaut d'information avait pour but de l'amener à contracter (Civ. 1re, 13 févr. 1996, Bull. civ. I, n° 78). Il appartient donc à l'assureur de montrer la volonté du souscripteur de le tromper.

1953. La Cour de cassation a admis la possibilité pour l'assureur d'agir en nullité pour dol en raison de l'abstention volontaire du candidat à l'assurance de fournir une information (Civ. 1re, 13 févr. 1996, RGDA 1996. 280, note J. Maury). En effet, l'article L. 113-8 du Code des assurances dispose que la nullité pour fausse déclaration intentionnelle intervient « indépendamment des causes ordinaires de nullité » (Civ. 1re, 29 avr. 1997, RGDA 1997. 733) ; il est donc possible pour l'assureur de se fonder sur le droit commun des vices du consentement pour obtenir la nullité du contrat (V. supra, Titre 4, Sous-titre I, Chap. I, Formation du contrat d'assurance). Concernant le dol, il appartiendra néanmoins à l'assureur de démontrer que la dissimulation ou l'inexactitude ont été réalisées dans le but de le tromper. En effet, la Cour de cassation précise que, certes le dol de l'assuré constitue bien, sur le fondement de l'article 1116 du Code civil, une cause de nullité du contrat d'assurance, mais encore faut-il que ce dernier ait agi « de mauvaise foi, dans l'intention de nuire à l'assureur » (Civ. 2e, 13 sept. 2007, n° 06-18.175 ; RGDA 2007. 817, note S. Abravanel-Jolly). En outre, pour obtenir la nullité, l'assureur doit prouver que c'est en considération de la déclaration inexacte qu'il a conclu le contrat. A tout le moins, l'assureur doit établir qu'en l'absence des manœuvres ou de la réticence, il aurait conclu le contrat à d'autres conditions. Dans ce dernier cas, il ne pourra obtenir qu'une augmentation de cotisations prononcée par le juge.

3 ▪ Inadéquation de la nullité du droit commun des contrats

1954. La nullité du contrat comme sanction de droit commun du dol ou de l'erreur n'est pas nécessairement appropriée au contrat d'assurance conclu sous l'empire d'une déclaration non sincère. En effet, le droit commun des contrats prévoit que la nullité replace les parties dans l'état antérieur à la conclusion du contrat. Il appartiendrait donc à l'assureur de restituer les cotisations, sauf à prouver qu'il a subi un préjudice qui serait compensé par la conservation des cotisations. En outre, le dol ne permettrait pas de sanctionner la déclaration inexacte et l'omission non intentionnelles prévues par l'article L. 113-9 du Code des assurances.

C ▪ Assurances à prime variable

1955. Le souscripteur peut conclure un contrat par lequel la cotisation va varier en fonction des salaires, du nombre des personnes ou des choses faisant l'objet du contrat. Ainsi, par exemple, une cotisation d'assurance incendie pourra donc varier en fonction du stock de marchandise et le coût d'une assurance de responsabilité civile de l'employeur évoluera selon le nombre de salariés de l'entreprise. L'assuré s'engage alors à déclarer périodiquement l'évolution de son risque.

1956. En présence d'une assurance à prime variable, les parties ont le choix entre deux régimes de déclaration du risque et de son aggravation : soit elles optent expressément pour le régime prévu par l'article L. 113-10 du Code des assurances ; soit, à défaut de stipulation expresse, elles restent soumises aux dispositions prévues par les articles L. 113-8 et L. 113-9 du même code (Civ. 1re, 23 oct. 1985, RGAT 1986. 367, note J. Bigot). Quand les parties ont expressément opté pour le régime prévu par l'article L. 113-10 du Code des assurances il est alors impossible de faire application des dispositions des articles L. 113-8 (Civ. 1re, 31 mars 1998, Bull. civ. I, n° 129 ; RCA 1998, comm. n° 180 ; Civ. 1re, 17 juill. 2001, RCA 2001, comm. n° 348) et L. 113-9 (Civ. 1re, 18 févr. 1997, Bull. civ. I, n° 60 ; RCA 1997, comm. n° 176) du même code. Il est donc évidemment impossible de cumuler les sanctions spécifiques de l'article L. 113-10 avec la réduction proportionnelle de l'article L. 113-9 (jugé sous l'empire de la loi du 13 juillet 1930, Civ. 1re, 29 oct. 1958, RGAT 1959. 432).

1957. Il est prévu à l'alinéa premier de ce texte qu'« il peut être stipulé que, pour toute erreur ou omission dans les déclarations servant de base à la fixation de la prime, l'assuré doit payer, outre le montant de la prime, une indemnité qui ne peut en aucun cas excéder 50 p. 100 de la prime omise ». En dehors de cette pénalité, l'assuré bénéficie d'une couverture pleine et entière sans subir la réduction proportionnelle de l'article L. 113-9. Toutefois, l'alinéa 2 de l'article L. 113-10 du Code des assurances indique « qu'il peut également être stipulé que lorsque les erreurs ou omissions ont, par leur nature, leur importance ou leur répétition, un caractère frauduleux, l'assureur est en droit de répéter les sinistres payés, et ce indépendamment du paiement de l'indemnité » prévue à l'alinéa premier. L'assureur peut donc demander le remboursement des prestations versées pour de précédents sinistres en sus de la pénalité, dès lors que les déclarations inexactes sont particulièrement graves. L'article L. 113-10 organise ainsi des sanctions adaptées au mécanisme du contrat à cotisation variable.

§ 3 ▪ Régime des actions fondées sur les articles L. 113-8 et L. 113-9 du Code des assurances

A ▪ Exercice de l'action

1958. L'assureur a intérêt à faire reconnaître la nullité du contrat pour fausse déclaration intentionnelle ou à demander la simple réduction de la prestation en cas de bonne foi de son assuré. Il convient alors de s'interroger sur le point de savoir si une autre personne intéressée pourrait invoquer les dispositions des articles L. 113-8 ou L. 113-9 du Code des assurances ? La Cour de cassation a répondu par la négative à cette question dans une espèce où un banquier prêteur soutenait la nullité du contrat d'assurance chômage, l'assureur n'étant pas partie au procès. La Haute juridiction a indiqué que le banquier n'avait pas « qualité pour invoquer la nullité du contrat d'assurance » (Civ. 1re, 27 mai 1997, RGDA 1997. 798, note J. Maury).

1959. Le refus par le juge pénal de prononcer la nullité du contrat d'assurance sur le fondement de l'article L. 113-8 du Code des assurances et la réduction proportionnelle sur le fondement de l'article L. 113-9 du même code interdit au juge civil de faire droit à une nouvelle demande émanant de l'assureur (Civ. 1re, 7 janv. 1997, RGDA 1997. 264, note J. Beauchard).

1960. La prétention nouvelle de l'assureur qui invoque la nullité du contrat pour faire écarter la demande en garantie dirigée contre l'assuré est recevable en cause d'appel quand bien même le moyen n'avait pas été soulevé en première instance (Civ. 1re, 14 nov. 1995, RCA 1996, comm. n° 61, obs. H. Groutel).

1961. Le juge des référés peut refuser d'octroyer une provision à une victime dès lors qu'il constate une réticence du souscripteur qui est susceptible d'avoir influé sur l'opinion du risque par l'assureur ; cette constatation constitue une difficulté sérieuse qui paralyse l'action en référé (Civ. 3e, 31 mars 1999, RCA 1999, comm. n° 200).

1962. L'article L. 114-1 alinéa 2, 1° du Code des assurances indique qu'en cas de réticence, omission ou déclaration fausse ou inexacte sur le risque couru, la prescription court du jour où l'assureur en a eu connaissance. L'action en nullité de l'assureur se prescrit donc par deux ans à compter de la découverte de la cause de nullité (Civ. 1re, 25 mars 1991, RGAT 1991. 565).

1963. Si l'action en nullité se prescrit par deux ans, l'assureur pourra, en revanche, toujours opposer la nullité du contrat à l'assuré ou à un tiers lorsque ces derniers réclament le versement d'une prestation. En effet si l'action se prescrit, l'exception de nullité est perpétuelle (énoncé du principe en droit commun, par exemple : Civ. 1re, 19 déc. 1995, Bull. civ. I, n° 477 ; reprise du principe de perpétuité de l'exception pour la nullité du contrat d'assurance, Civ. 1re, 23 juin 1993, RCA 1993, comm. n° 349). Conformément à la jurisprudence établie en droit commun, pour que l'exception de nullité soit opposable il ne faut pas qu'une prestation soit versée après la découverte de la nullité. En effet, il a été décidé en droit commun que l'exception de nullité peut seulement jouer pour faire échec à la demande d'exécution d'un acte juridique qui n'a pas encore été exécuté (Civ. 1re, 1er déc. 1998, Bull. civ. I, n° 338 ; Civ. 3e, 30 janv. 2002, Bull. civ. III, n° 24 ; JCP G 2003, II, 10089, note Padé). Cette solution du droit commun a été étendue à l'assureur qui ne peut commencer à verser une prestation, sans réserve, puis ensuite invoquer la prescription biennale (Civ. 2e, 16 nov. 2006, n° 05-18.287).

1964. L'assureur qui soulève la mauvaise foi de son assuré sans parvenir ensuite à la prouver peut se voir condamner au versement de dommages et intérêts à titre de sanction (Civ. 1re, 30 avr. 1985, RGAT 1985, note J. Bigot). L'assureur engage donc sa responsabilité lorsqu'il impute à la légère une réticence ou une déclaration inexacte.

B ▪ Bonne foi

1965. C'est à l'assureur qui l'invoque de prouver l'inexactitude de la déclaration de son assuré (Civ. 1re, 2 nov. 1966, RGAT 1967. 334).

1966. L'article 2268 du Code civil indique que la bonne foi est toujours présumée et qu'il incombe à celui qui allègue la mauvaise foi de la prouver. Il est constant que ce texte a une portée générale. Aussi, la charge de la preuve de la mauvaise foi pèse-t-elle sur l'assureur, c'est-à-dire celui qui invoque la mauvaise foi (Civ. 1re, 21 janv. 1957, RGAT 1957. 41 ; Civ. 1re, 7 janv. 1997, Bull. civ. I, n° 1 ; RGDA 1997. 123, note J. Kullmann).

1967. La bonne ou la mauvaise foi de l'assuré s'apprécie à la date de la souscription du contrat (Civ. 1re, 18 janv. 1989, RGAT 1989. 394). Sur la question des antécédents, il a été décidé que l'assuré est de bonne foi lorsqu'il n'a pas déclaré, au moment de la souscription, un accident pour lequel sa responsabilité n'a pas encore été établie et reconnue (Crim., 16 mai 1991, RGAT 1991. 817, note Margeat et J. Landel). En sens contraire, et sous couvert de l'appréciation souveraine des juges du fond, la Cour de cassation a admis qu'une cour d'appel ait retenu la fausse déclaration intentionnelle pour un souscripteur qui n'avait pas déclaré sa condamnation non définitive pour conduite sous l'empire d'un état alcoolique (Civ. 2e, 29 avr. 2004, pub. au Bull., RCA 2004, comm. n° 235). Les conseillers de la deuxième Chambre ont relevé que le questionnaire ne distinguait pas entre les condamnations définitives et celles faisant l'objet d'un recours (ibid.).

1968. La conclusion d'un contrat supposant la loyauté des parties, il n'est pas nécessaire que l'assureur ou le banquier qui propose l'adhésion à une assurance de groupe rappelle au candidat souscripteur son obligation de déclarer exactement le risque. Il ne saurait donc être reproché à l'assureur ou à un intermédiaire d'avoir manqué à son devoir d'information en n'attirant pas l'attention du souscripteur sur les conséquences d'une fausse déclaration. La Cour de cassation relève systématiquement que : « l'obligation de répondre avec loyauté et sincérité aux questions posées par l'assureur relevant de l'obligation de bonne foi qui s'impose en matière contractuelle, nul ne saurait voir sa responsabilité engagée pour n'avoir pas rappelé ce principe ou les conséquences de sa transgression à une autre partie » (Civ. 1re, 7 juin 2001, RGDA 2001. 685, note J. Kullmann). Comme il n'est pas nécessaire de rappeler qu'il ne faut pas mentir à son cocontractant, la Cour de cassation a justement estimé que l'assureur n'était pas tenu de reproduire l'article L. 113-8 du Code des assurances dans le contrat pour attirer l'attention du candidat souscripteur sur les conséquences d'une déclaration inexacte (Civ. 1re, 19 déc. 2000, RGDA 2001. 44, note J. Kullmann).

Section 2 ■ Réticences et fausses déclarations intentionnelles

§ 1 ■ Mauvaise foi

A ■ Importance de la mauvaise foi

1 ■ Existence de la mauvaise foi

1969. L'article L. 113-8 du Code des assurances impose que la mauvaise foi du souscripteur soit établie car le texte indique que ce sont la réticence ou la fausse déclaration intentionnelle qui sont susceptibles d'entraîner la nullité du contrat. Le caractère intentionnel de la fausse déclaration constitue un manquement à l'obligation de contracter de bonne foi ; ce manquement doit être établi (Civ. 1re, 14 nov. 1995, RGDA 1996. 80, note F. Chardin ; Civ. 1re, 28 mars 2000, Bull. civ. I, n° 101, D. 2000, jur., p. 574, note B. Beignier).

1970. La jurisprudence est partagée sur la caractérisation de la mauvaise foi. Il résulte de certains arrêts que l'intention de l'assuré de tromper l'assureur doit être établie par ce dernier. Parfois, la simple constatation de l'omission volontaire suffit. Il a ainsi été jugé que la simple réponse inexacte ne suffit pas à caractériser la mauvaise foi de l'assuré (Soc., 18 déc. 1942, RGAT 1943. 125, 1re esp.). Il appartient donc aux juges du fond de caractériser l'intention de l'assuré de tromper l'assureur (Civ. 1re, 2 mai 1990, RGAT 1990. 603, note J. Kullmann). En revanche, il a été décidé que la réticence suffit et que l'élément intentionnel n'a pas à être recherché par les juges du fond (Civ. 1re, 23 oct. 1973, RGAT 1974. 208). Ainsi, la Cour de cassation ne contrôle-t-elle pas nécessairement la caractérisation par les juges du fond de l'élément intentionnel (Civ. 1re, 4 juin 1980, D. 1981, jur. p. 88, note C.-J. Berr, H. Groutel ; Civ. 1re, 13 janv. 1987, RGAT 1987. 118, note J.L. Aubert). L'intention de l'assuré de tromper l'assureur pourra être aisément établie dès lors que l'omission ou la fausse déclaration a pour objectif de faire diminuer le montant de la cotisation ; il en est ainsi pour la fausse déclaration sur le conducteur habituel du véhicule (Civ. 1re, 11 déc. 1990, RGAT 1991. 45, note Margeat et J. Landel). Il a été précisé qu'il importait peu que la fausse déclaration ait été réalisée par écrit pour par téléphone (Civ. 2e, 16 déc. 2010, n° 10-10.859 et 10-10.865).

1971. Les juges du fond apprécient souverainement l'existence d'une intention de l'assuré de tromper l'assureur en commettant une fausse déclaration intentionnelle ou une réticence (Civ. 1re, 17 juill. 1990, RGAT 1990. 814 ; Civ. 1re, 3 juin 1997, RGDA 1997. 729, note L. Mayaux). Les conseillers de la Cour de cassation ont exprimé leur souhait de se désengager du contrôle de la fausse déclaration intentionnelle (Rapp. C. de cass. pour 2000, éd., Doc. Fr. 2001, p. 402). Ce désengagement a été marqué par deux arrêts rendu en 2000 qui indiquent que l'absence de bonne foi ou de mauvaise foi de l'assuré est appréciée souverainement par les juges du fond (Civ. 1re, 15 juin 2000, RGDA 2000. 816, note A. Favre Rochex ; Crim. 30 oct. 2000, Bull. crim. n° 319).

1972. L'affirmation manifeste d'une contrevérité par le candidat souscripteur suffira à établir sa mauvaise foi ; ce dernier ne pouvant pas ignorer la fausseté de sa déclaration, il est alors réputé avoir voulu tromper l'assureur. Il en est ainsi pour les fausses déclarations portant sur la personne du conducteur principal du véhicule en assurance automobile (Crim., 13 janv. 1993, RGAT 1993. 582, note J. Landel). Il en va de même de la dissimulation de la condamnation pour conduite en état d'ivresse (Crim., 25 mai 1994, RGAT 1995. 367, note R. Maurice).

2 ▪ Influence de la mauvaise foi

1973. Aux termes de l'alinéa premier de l'article L. 113-8 du Code des assurances, pour être sanctionnée, la mauvaise foi, qui consiste en une réticence ou une fausse déclaration intentionnelle, doit avoir changé l'objet du risque ou en avoir diminué l'opinion pour l'assureur (Civ. 1re, 18 oct. 1978, Bull. civ. I, n° 310 ; Civ. 1re, 8 juin 1982, Bull. civ. I, n° 212 ; Civ. 1re, 26 févr. 1991, RCA 1991, comm. n° 222 ; V. supra, Déclaration des risques de l'assuré). En outre, l'assureur est libre de ne pas cantonner ses interrogations aux seuls éléments caractérisant le risque qu'il souhaite garantir ; il importe donc peu que la question ayant reçu une réponse inexacte porte sur un risque exclu de la garantie, dès lors que le manquement de l'assuré à son obligation a exercé une influence sur l'opinion de l'assureur (Civ. 1re, 22 mai 2002, Bull. civ. I, n° 136 ; RCA 2002, comm. n° 275, note H. Groutel ; RGDA 2002. 687, note J. Kullmann). Ainsi une cour d'appel ne peut-elle pas annuler un contrat garantissant un immeuble sans expliquer en quoi le classement de celui-ci en monument historique aggravait l'évolution d'un risque en tout état de cause plafonné contractuellement (Civ. 1re, 7 oct. 1998, RGDA 1999. 192, comm. n° 402). De même que le fait d'omettre volontairement de mentionner une dépression nerveuse survenue vingt ans avant la souscription du contrat garantissant l'invalidité, n'entraînait pas la nullité de ce dernier car l'assureur n'a pas démontré que cette réticence volontaire avait « changé l'objet du risque ou en a diminué l'évaluation » (CA Paris, 15 mai 2001, RCA 2001, comm. n° 276). En revanche, il a été décidé que la dissimulation à l'assureur de deux vols antérieurs à la souscription d'une assurance « multirisques commerçant », avait faussé l'appréciation de tous les risques y compris le risque incendie (Civ. 1re, 22 janv. 2002, Bull. civ. I, n° 19).

1974. L'article L. 113-8 du Code des assurances alinéa premier précise qu'il est sans importance que la fausse déclaration ou l'omission aient été sans influence sur le sinistre (Civ. 1re, 1er juill. 1980, RGAT 1981. 186, 2e esp. ; V. supra Déclaration des risques de l'assuré). L'assureur qui démontre que la mauvaise foi a influé sur l'évaluation du risque obtiendra la nullité du contrat quand bien même le sinistre intervenu ne présente aucune relation avec la réticence ou la fausse déclaration (Civ. 1re, 22 mai 2002, Bull. civ. I, n° 136 ; RCA 2002, comm. n° 275, note H. Groutel).

3 ▪ Charge de la preuve de la mauvaise foi

1975. L'assureur doit prouver la mauvaise foi de l'assuré lors de la souscription lorsqu'il soulève la nullité du contrat pour fausse déclaration intentionnelle ou réticence (Civ. 1re, 21 janv. 1957, RGAT 1957. 40 note A. Besson ; Civ. 1re, 7 janv. 1997, Bull. civ. I, n° 1 ; Crim., 23 oct. 1996, RGDA 1997. 123, note J. Kullmann). L'assureur doit prouver non seulement la mauvaise foi de son assuré mais encore, que cette mauvaise foi a influé sur son opinion du risque (Civ. 1re, 10 mars 1987, RGAT 1987. 391, note J. Bigot) ; à défaut de cette double preuve il sera débouté de sa demande (Civ. 1re, 18 oct. 1978, Bull. civ. I, n° 310 ; Civ. 1re, 8 juin 1982, Bull. civ. I, n° 212 ; Civ. 1re, 26 févr. 1991, RCA 1991, comm. n° 222).

B ▪ Méthodes pour caractériser la mauvaise foi

1 ▪ Questionnaire

1976. Il résultait de l'article L. 113-2 du Code des assurances, dans sa rédaction antérieure à la loi du 31 décembre 1989, que l'assuré devait déclarer exactement, lors de la conclusion du contrat, toutes les circonstances connues de lui et de nature à faire apprécier par l'assureur les risques qu'il prend à sa charge (V. supra, Déclaration des risques de l'assuré). Toutefois, la jurisprudence avait fini par assouplir le principe de la déclaration spontanée (v. supra, Titre 4, Sous-titre III, Chap. I, La déclaration des risques) en décidant que l'exactitude de la déclaration du souscripteur devait être appréciée au regard des questions posées par l'assureur (Civ. 1re, 2 juill. 1985, Bull. civ. I, n° 207 ; RGAT 1985. 534, note F. Chapuisat ; Civ. 1re, 15 oct. 1991, RCA 1991, comm. n° 433 ; Crim., 23 avr. 1991, RCA 1991, comm. n° 221). En outre, la sincérité de l'assuré était également analysée au regard des réponses aux questions posées (Civ. 1re, 17 oct. 1995, RGDA 1996. 289, note F. Chardin).

1977. La loi du 31 décembre 1989 a modifié l'article L. 113-2 du Code des assurances. Désormais, l'article L. 113-2, 2° dispose que le candidat souscripteur est tenu de répondre avec sincérité aux questions posées. De surcroît et surtout, l'alinéa 4 de l'article L. 112-3, issu de la loi du 31 décembre 1989, indique que : « lorsque, avant la conclusion du contrat, l'assureur a posé des questions par écrit à l'assuré, notamment par un formulaire de déclaration du risque ou par tout autre moyen, il ne peut se prévaloir du fait qu'une question exprimée en termes généraux n'a reçu qu'une réponse imprécise ». L'assureur est donc invité à établir un questionnaire, le candidat souscripteur n'étant plus tenu à une obligation de déclaration spontanée, et l'assureur est lié par la teneur de son questionnaire. Une réponse ambiguë à une question trop large ne pourra pas être reprochée à l'assuré.

1978. L'exactitude de la déclaration effectuée par le candidat souscripteur et sa sincérité doivent s'apprécier en fonction des questions posées par l'assureur (Civ. 1re, 17 oct. 1995, préc. ; Civ. 1re, 26 avr. 2000, RGDA 2000. 816, note A. Favre Rochex). Lorsque la question posée est dénuée de toute ambiguïté, une réponse inexacte pourra constituer le souscripteur de mauvaise foi (Civ. 1re, 22 juill. 1986, RGAT 1986. 560, note F. Chapuisat ; Crim., 25 mai 1994, RGAT 1995. 367, note R. Maurice). Les réponses au questionnaire constituent donc un moyen précieux pour établir la mauvaise foi de l'assuré à la condition que les questions posées soient précises.

1979. La mauvaise foi de l'assuré ne peut pas être établie dès lors que le questionnaire n'est pas suffisamment clair (Crim., 18 juill. 1989, RGAT 1989. 794, note H. Margeat, J. Landel ; par exemple l'expression « emploi stable », Civ. 1re, 23 juin 1992, RGAT 1992. 614, note J. Kullmann) ou suffisamment précis (Civ. 1re, 16 févr. 1994, RGAT 1994. 466) ou encore lorsque le libellé défectueux du questionnaire était difficilement compréhensible par un assuré (Civ. 1re, 10 déc. 1996 ; D. 1998, jur. p. 117, note S. Choisez). C'est ainsi qu'il ne peut pas être reproché à une société de gestion de portefeuille de ne pas avoir déclaré, au moment de la souscription, à son assureur de responsabilité civile qu'un contrôle COB avait abouti à une action dirigée à son encontre car le questionnaire ne comportait aucune question à cet égard (Civ. 2e, 15 févr. 2007, n° 05-20.865, Bull. civ. II, n° 36). Un souscripteur de nationalité étrangère ne peut pas se voir reprocher la teneur de ses réponses dès lors qu'il n'a pas pu appréhender le contenu du questionnaire dans tous ses termes de subtilité (Crim., 9 déc. 1992, RGAT 1993. 282, note Maurice). En assurance automobile, la question posée au candidat souscripteur était de savoir s'il avait été « responsable d'un ou plusieurs sinistres ». Il ne pouvait lui être reproché de ne pas avoir déclaré l'accident provoqué par l'irruption d'un sanglier sur la chaussée dès lors que cet accident n'avait pas entraîné une réduction de bonus ; le souscripteur pouvait de bonne foi ne pas s'être considéré comme responsable (Crim., 14 janv. 1998, RGDA 1998. 268, note J. Landel). Il en est de même en multirisques habitation quand le questionnaire est ambiguë sur les sinistres antérieurs, le souscripteur n'est pas de mauvaise foi de ne pas les avoir déclarés (Civ. 2e, 17 juin 2010, n° 09-67.081, RGDA 2010, p. 1020, note A. Pélissier).

1980. La simple omission lorsqu'elle porte sur une question qui influe nécessairement sur l'opinion du risque par l'assureur constitue la mauvaise foi de l'assuré. Il en est ainsi de la dissimulation d'une intervention chirurgicale qui vient d'avoir lieu (Civ. 1re, 17 juill. 1990 ; RGAT 1990. 880, note J. Kullmann).

1981. Il a été décidé que l'absence de réponse au questionnaire portant sur les antécédents n'ayant pas empêché l'agent général et l'assureur d'accepter la proposition d'assurance émanant du candidat souscripteur, ce dernier ne pouvait pas être considéré comme étant de mauvaise foi (Crim., 17 mai 1995, RGAT 1995. 877, note Maurice ; Crim., 23 oct. 1996, RGDA 1997. 120 note J. Kullmann). Si de telles décisions peuvent s'expliquer par l'idée que l'assureur a estimé que le défaut de réponse n'emporte aucune conséquence sur son évaluation du risque ; il pourrait être plus exact de décider que la négligence fautive de l'assureur est sanctionnée par son obligation de couvrir le sinistre (comp. sur ce point J. Kullmann, *Lamy Assurances*, 2004, n° 334).

1982. Les juges du fond apprécient souverainement la mauvaise foi de l'assuré quand les termes du questionnaire prêtent à confusion (Crim., 25 janv. 1995, Bull. crim. n° 34 ; Civ. 1re, 9 déc. 1997, RGDA 1998. 62, note L. Fonlladosa).

1983. En 2014, la divergence de jurisprudence entre la chambre criminelle et la deuxième chambre civile de la Cour de cassation au sujet du support de la déclaration du risque (D. Noguéro, La déclaration du risque : quel support ?, Gaz. Pal. 2013, n°116-117, p. 9), a été tranchée par la chambre mixte (Ch. mixte, 7 févr. 2014, n° 12-85.107; D. 2014. 1074, note A. Pélissier; JCP 2014, 419, note M. Asselain ; RCA 2014, n° 99, note H. Groutel ; RDI 2014. 217, obs. P. Dessuet ; Gaz. Pal. 2014, n°s 117-119, p. 13, note D. Noguéro ; JDSAM 2014. 60, obs. D. Noguéro ; J. Kullmann et L. Mayaux, Déclaration pré-rédigée des risques : deux voix pour un arrêt, RGDA 2014, 186). On peut regretter la forme de l'expression de la position de cette dernière, mais le contenu est net, malgré des précisions attendues (J. Bigot, Prohibition des déclarations prérédigées : et après ?, RGDA 2014. 327). La déclaration du risque du candidat à l'assurance (C. assur., art. L. 113-2) doit intervenir en phase précontractuelle et des réponses prêtées à l'assuré, pré-imprimées, reproduites dans les conditions particulières, même signées de l'intéressé, ne satisfont pas à l'exigence. La chambre criminelle a repris fort logiquement sa solution (Crim., 18 mars 2014, Bull. crim., n° 82, n° 12-87.195; JDSAM 2014. 60, obs. D. Noguéro ; RCA 2014, n° 212, note H. Groutel ; Crim., 21 oct. 2014, n° 13-85.178). La deuxième chambre civile s'est alignée (Civ. 2e, 3 juill. 2014, n° 13-18.760 ; RGDA 2014. 443, 2e esp., note A. Pélissier ; JDSAM 2014. 48, 1re esp., obs. D. Noguéro ; RCA 2014, n° 352, note H. Groutel ; RDI 2014. 577, 1re esp., obs. P. Dessuet - Civ. 2e, 5 févr. 2015, n° 13-28.538 ; RGDA 2015. 133, note J. Kullmann,).

Ensuite, la solution a été rappelée à propos d'un contrat d'assurance auto et l'éviction de la clause prérédigée de non conduite sous l'empire d'un état alcoolique les cinq années qui précédaient la souscription. Il était nécessaire selon la Haute juridiction de poser une question sur ce point et non de procéder par voie de déclaration pré-imprimée (Civ. 2e, 10 déc. 2015, pourvois n° 14-25.046 et 14-29.811). En revanche, d'autres arrêts viennent nuancer et préciser la portée de l'arrêt de principe de 2014.

1984. En premier lieu, le caractère spontané de la déclaration peut permettre aux juges du fond de décider qu'il y a fausse déclaration. En effet, il est affirmé, à propos d'une assurance de dommages, que l'article L. 113-2 n'impose pas l'établissement d'un questionnaire préalable écrit et que le juge peut prendre en compte les déclarations spontanées préalable de l'assuré (Civ. 2e, 4 févr. 2016, n° 15-13.850, publ. au bull.). En l'espèce, un nouveau contrat d'assurance avait été souscrit à la demande d'une SCI pour un immeuble prétendument rénové et loué ; au jour du sinistre très peu de travaux avaient été réalisés et l'immeuble était toujours inoccupé. Dans ces circonstances relevées par la cour d'appel, le contrat stipulant un immeuble rénové et loué établi à la demande de l'assuré était nul pour fausse déclaration intentionnelle (C. assur., art. L. 113-8). Plus lourd de conséquences, la reconnaissance par un « jeune conducteur » qu'il était le conducteur habituel du véhicule en lieu et place de celui mentionné dans le contrat a permis de prononcer la nullité du contrat auto souscrit (Civ. 2e, 3 mars 2016, n° 15-13.500, publ. au bull.).

Ensuite, c'est l'existence de l'apposition d'une signature sous une mention pré-imprimée qui a sauvé l'applicabilité de cette dernière (Civ. 2e, 19 nov. 2015, n° 14-17.010). Dans une assurance habitation, un souscripteur avait apposé sa signature manuscrite sous la mention « je déclare que mon habitation n'est pas équipée d'un insert ou d'un poêle ». Or il avait ensuite installé un insert qui a provoqué un incendie. Il n'a pas déclaré cette aggravation de risque. En outre, il n'avait pas déclaré exactement le nombre de pièces et la superficie de la maison. Le sinistre a fait l'objet d'une indemnisation avec réduction proportionnelle (C. assur., L. 113-9). La Cour de cassation a estimé que la cour d'appel avait interprété souverainement les conditions dans lesquelles « cette déclaration était intervenue, que celle-ci avait été nécessairement recueillie en réponse à une question précise » (Civ. 2e, 19 nov. 2015, préc.).

2 ▪ Questionnaire de santé et secret médical

1985. L'assureur vie soumet le plus souvent le demandeur à l'assurance à un questionnaire médical afin de se faire une opinion sur « l'assurabilité » du risque et son importance. Lorsque l'assuré ou ses ayant-droits demandent le versement de la prestation et que l'assureur doute de la sincérité de la déclaration initiale, ce dernier souhaite obtenir des informations du médecin traitant ou des médecins qui ont suivi l'assuré. Cette volonté légitime de vérifier la loyauté de son assuré peut se heurter à l'obligation de secret à laquelle est tenu le médecin sur « tout ce qui lui a été confié, mais aussi ce qu'il a vu, entendu ou compris (art. 4, C. déont. méd.,) ». En effet, ce dernier n'est pas libéré de cette obligation de secret par le décès de son patient (Civ. 1re, 16 juill. 1997, D. 1997, jur. p. 452). Il reste que la jurisprudence semble avoir évolué sur la solution à apporter à ce conflit par des arrêts de 1998 et 1999.

a - Jurisprudence antérieure à 1998-1999

1986. La Cour de cassation a estimé par le passé que « l'assuré, tenu de respecter les obligations mises à sa charge par le contrat d'assurance et en vertu desquelles il s'était engagé à déclarer toutes les circonstances connues de lui, de nature à permettre à l'assureur d'apprécier les risques qu'il prenait, avait renoncé implicitement mais nécessairement à se prévaloir du secret médical » (Civ. 1re, 3 janv. 1991, n° 89-13.808). La souscription d'un contrat d'assurance et la remise volontaire de documents médicaux par l'assuré aux médecins conseils de l'assureur vaudraient donc renonciation par l'assuré à se prévaloir du secret médical.

1987. Si le médecin-conseil ne peut pas user de sa qualité de médecin pour obtenir des renseignements sur un assuré sans indiquer à ses confrères qu'il représente les intérêts d'une compagnie d'assurance (Crim., 17 mai 1973, D. 1973, jur. p. 583), le secret médical ne saurait faire écarter des débats des pièces qui établissent la mauvaise foi de l'assuré (Civ 1re, 9 juin 1993, Bull. civ. I, n° 214 ; Civ. 1re, 10 déc. 1996, D. 1998, jur. p. 117). Le rapport de la Cour de cassation de 1993 expliquait que le secret médical ne saurait être détourné de sa finalité et utilisé pour faire obstacle à la manifestation de la mauvaise foi de l'assuré (Rapp. C. de cass. pour 1993, p. 330).

1988. La Cour de cassation a ajouté dans l'arrêt de 1991 (Civ. 1re, 3 janv. 1991, préc.) que l'assuré « qui était contractuellement obligé d'informer l'assureur de manière complète et loyale, ne pouvait s'opposer à ce que fussent communiqués à l'expert judiciaire les pièces et documents le concernant, dès lors que son opposition à la levée du secret médical tendait, non pas à faire respecter un intérêt moral légitime, mais à faire écarter un élément de preuve contraire à ses prétentions et à faire échec à l'exécution de bonne foi du contrat auquel il était partie, en mettant l'assureur dans l'impossibilité de prouver les réticences et omissions volontaires qu'il lui imputait ; que, par suite, la cour d'appel n'a pas excédé ses pouvoirs en autorisant l'expert judiciaire à se faire remettre des documents médicaux par leurs détenteurs ». Ainsi, dès lors qu'un expert judiciaire est nommé, il n'est pas possible d'exciper du secret médical pour s'opposer aux demandes de communication des documents médicaux émanant de ce dernier.

b - État du droit après les arrêts de 1998-1999

1989. Les arrêts de la première chambre civile de 1998 et 1999 condamnent la pratique de la communication de documents médicaux établis par des médecins traitants d'assurés par les médecins-conseils à leur assureur mandant ; une évolution jurisprudentielle s'est poursuivie depuis lors.

1990. La Cour de cassation avait indiqué dans ce premier arrêt (Civ. 1re, 6 janv. 1998, Bull. civ. I, n° 3), en substance, que le rapport du médecin-conseil établi après interrogation du médecin traitant et fondé sur la lettre de ce dernier procédait d'une violation du secret médical, « le médecin-conseil d'un assureur ne pouvant révéler à son mandant des renseignements qu'il avait reçus du médecin traitant de l'assurée, tenu lui-même au secret médical ». La cour d'appel était approuvée d'avoir retirer la lettre du médecin traitant des débats ; en outre, le rapport établi par le médecin conseil dans de telles circonstances ne permettait pas d'établir les conditions de fait de l'exclusion de garantie. Une interprétation littérale de la motivation employée par cette décision paraît interdire la procédure même de l'interrogation du médecin traitant par le médecin-conseil puisque le secret médical empêcherait ce dernier de communiquer des informations à un confrère mandataire de l'assureur. Il nous paraît plus exact de relever que la violation du secret médical ne saurait résulter de la communication de renseignements entre médecins, mais plutôt de la transmission finale à l'assureur.

1991. Le second arrêt (Civ. 1re, 12 janv. 1999, JCP G 1999, II, 10025, rapport P. Sargos ; V. B. Beignier, Secret médical et assurance de personnes, D. 1999, chron. p. 469 ; G. Courtieu, Secret médical : « secret-défense » ou « secret de polichinelle » ?, cette revue 1999, chron. n° 13 ; G. Durry, Secret médical et preuve d'une fausse déclaration du risque, Rev. Risques n° 39, sept. 1999, p. 120) censurait une cour d'appel pour avoir retenu la nullité du contrat d'assurance décès en raison d'une fausse déclaration. Le caractère mensonger des réponses au questionnaire médical avait été établi par une lettre rédigée par le médecin traitant de l'assuré interrogé par le médecin-conseil de l'assureur. La Haute juridiction indiquait que la remise de la lettre du médecin traitant à l'assureur procédait d'une violation du secret médical et que le médecin-conseil ne peut pas révéler à son mandant des renseignements qu'il avait reçus de son confrère. Il faut en déduire que le médecin conseil ne peut rien révéler à l'assureur de la pathologie de l'assuré à partir des documents collectés. Il peut simplement émettre un avis sur le caractère mensonger des déclarations (Rapport C. de cass. pour 1999, éd., Doc. fr. 2000, p. 403-404). Les juges du fond ont adopté une telle analyse. Il a été jugé que le médecin-conseil n'avait pas violé le secret médical en établissant un rapport sur les causes probables du décès sans transmettre les documents émanant du médecin-traitant (CA Rouen, 5 déc. 2000, RCA 2001, comm. n° 207 et la note).

1992. Il résulte des arrêts de 1998 et 1999 et du rapport de la Cour de cassation (Rapport C. de cass. 1999, préc. p. 404) que l'obtention de documents médicaux et surtout l'accès à ces documents est possible pour l'expert judiciaire qui ne pourra se faire reprocher une violation du secret médical, ni même se voir opposer le secret médical. En effet, l'expert médical désigné par le juge à la demande de l'assureur peut solliciter toute pièce sans qu'il soit possible de lui opposer le secret médical (Civ. 1re, 14 mars 2000, RCA 2000, comm. n° 208).

1993. Un arrêt a précisé nettement comment s'articulent les pouvoirs de l'expert avec l'obligation de respecter le secret médical. La première Chambre civile de la Cour de cassation (Civ. 1re, 15 juin 2004, Bull. civ. I, n° 171 ; D. 2004, jur. p. 2682, note D. Duval-Arnould) a décidé que :
- le juge civil a le pouvoir d'ordonner à un tiers de communiquer à un expert judiciaire les documents nécessaires à l'accomplissement de sa mission, ce qui constitue un rappel de l'article 243 du nouveau Code de procédure civile ;
- cette injonction de communiquer est impossible lorsque le patient ou ses ayants droit refusent que le médecin communique des documents ou informations couverts par le secret médical ; sauf disposition législative spécifique (v. infra, Titre 7, Sous-titre II, Chap. III, Les accidents médicaux) ;
- en présence d'un tel refus, le juge du fond saisi, doit apprécier si cette opposition est légitime ou bien si l'assuré ou ses ayants droit tentent de faire écarter un moyen de preuve ;
- si le juge du fond estime que l'opposition n'est pas légitime, il pourra en tirer toute conséquence quant à l'exécution du contrat d'assurance.

1994. Cet arrêt représente un intéressant compromis de la jurisprudence antérieure. Le secret médical n'est pas transgressé par la force de l'injonction judiciaire ; l'assureur pourra soutenir avec succès devant le juge que le refus de communiquer une information médicale vise à dissimuler la déclaration inexacte. La motivation de la Cour de cassation (Civ. 1re, 15 juin 2004, préc.) s'énonce comme suit : « si le juge civil a le pouvoir d'ordonner à un tiers de communiquer à l'expert les documents nécessaires à l'accomplissement de sa mission, il ne peut, en l'absence de disposition législative spécifique, contraindre un médecin à lui transmettre des informations couvertes par le secret lorsque la personne concernée ou ses ayants droit s'y sont opposés ; (...) il appartient alors au juge saisi sur le fond d'apprécier si cette opposition tend à faire respecter un intérêt légitime ou à faire écarter un élément de preuve et d'en tirer toute conséquence quant à l'exécution du contrat d'assurance ». C'est ainsi que, censurant un arrêt d'appel qui avait enjoint aux médecins de l'Assistance publique-Hôpitaux de Paris de communiquer un dossier médical à l'expert désigné (CA Paris, 8 janv. 2002, RCA 2002, comm. n° 215 et la note), la Cour de cassation a nettement affirmé que « si le juge civil a le pouvoir d'ordonner à un tiers de communiquer à l'expert les documents nécessaires à l'accomplissement de sa mission, il ne peut, en l'absence de disposition législative spécifique, contraindre un établissement de santé à lui transmettre des informations couvertes par le secret sans l'accord de la personne concernée ou de ses ayants droits, le secret médical constituant un empêchement que l'établissement de santé a la faculté d'invoquer » (Civ. 1re, 7 déc. 2004, Bull. civ. I, 306 ; D. 2005, pan. 403, obs. J. Penneau). La décision montre bien que le juge civil ne saurait de sa seule autorité lever le secret médical. Il est ensuite précisé, comme dans l'arrêt du 15 juin 2004 (préc.), qu'il appartient au juge de tirer les conséquences du refus des intéressés d'autoriser la communication des informations médicales.

1995. Dans une espèce où l'assureur avait subordonné sa garantie en cas de décès à la production d'un certificat médical indiquant si possible la nature de la maladie ayant entraîné le décès, la Cour de cassation a estimé que les ayant-droits ne pouvaient invoquer le secret médical pour résister à la demande de production d'un certificat médical (Civ. 1re, 29 oct. 2002, RGDA 2003. 340, note J. Kullmann). En effet, l'assuré, en souscrivant le contrat comportant cette clause et en acceptant la divulgation de certains éléments le concernant, avait renoncé lui-même et par avance au secret médical (ibid.).

1996. Par ailleurs, il semble évident que seuls l'intéressé et les ayant-droits peuvent invoquer le secret médical à leur profit car son objet réside précisément dans la protection du patient ; en revanche, l'assureur ne saurait s'abriter derrière le secret médical pour refuser de communiquer des pièces qu'il détient (à propos d'un accident du travail, Civ. 1re, 22 nov. 2007, Bull. civ. I, n° 261 ; D. 2008, pan. 510, obs. J. Penneau); l'obligation au secret n'existe qu'au profit du patient ou de ses ayant-droits comme le montre la loi du 4 mars 2002. Dès lors, si l'assuré refuse la levée du secret, l'assureur ne peut pas produire un document médical couvert par ce secret ; en revanche si l'assuré ou ses ayant-droits en demandent la levée, l'assureur n'a plus de raison de persister dans son refus de produire le document.

1997. Le nouvel article 1110-4 du Code de la santé publique créé par la loi sur les droits du malade précise que les ayant-droits du défunt peuvent obtenir des éléments sur les causes du décès pour leur permettre notamment de faire valoir leurs droits. Par ailleurs, dans le cadre de la garantie par les assureurs de la responsabilité médicale, le nouvel article R. 795-53 du Code de la santé publique prévoit que tous les éléments médicaux sont communiqués à l'assureur du médecin responsable afin qu'il formule une offre d'indemnisation à la victime. A l'exception de la garantie de la responsabilité médicale, ces textes n'affectent en rien la jurisprudence de 1998 et 1999 sur l'interdiction faite au médecin-conseil de communiquer à son assureur mandant les documents qu'il aura pu obtenir des médecins traitants de l'assuré.

1998. Commentant cette jurisprudence sur le secret médical, l'avocat général Sarcelet relevait toutefois que la notion d'intérêt légitime à invoquer le secret « gagne du terrain » (D. Sarcelet, Le rôle du juge dans la confrontation des intérêts légitimes en présence, art. préc.) ; bien que « l'intérêt légitime est toujours du côté du patient protégé » (ibid.). La jurisprudence de la Cour européenne des droits de l'homme en se fondant sur l'article 8 de la convention EDH a approuvé des juridictions nationales de vouloir lever le secret concernant des informations médicales en lien avec le versement de prestations sociales (CEDH 25 févr. 1997, Z c/Finlande, req. 22009/93). A partir de l'article 10 de la même convention sur la liberté d'expression a estimé que dans l'affaire de la publication du « Grand secret » après le décès de F. Mitterrand, le secret médical retenu par les juridictions françaises pour interdire la diffusion du livre n'était pas légitime dans la mesure où les informations avaient perdu de leur confidentialité et ne présentait plus un intérêt légitime suffisant pour s'opposer à une publication (CEDH, 18 mai 2004, Plon c/France, req. N° 58148/00 ; Rev. dt sanit. et soc. ; obs. L. Dubouis). Un assureur pourrait donc tenter de soutenir que l'assuré qui refuse une communication de pièces au nom du secret médical ne peut pas faire valoir un intérêt légitime suffisant ; mais il lui faudra renverser la présomption aux termes de laquelle le patient bénéficie par principe du secret médical destiné à le protéger.

1999. Un souscripteur dépressif ne sera pas reconnu de mauvaise foi, dès lors qu'il est établi qu'il n'avait pas conscience de son état de santé (Civ. 1re, 25 févr. 1986, RGAT 1986. 209, note J.-L. Aubert). La mauvaise foi sera encore écartée lorsque les médecins affirment que l'assuré souffrant de troubles cardiaques est guéri grâce au succès de l'intervention chirurgicale (Civ. 1re, 17 juill. 1990, RGAT 1990. 880, note J. Kullmann). En revanche, quand la lettre du médecin traitant précise qu'une reprise de la maladie est possible en cas d'arrêt du traitement, l'assuré ne pouvait pas, de bonne foi, se considérer comme guéri (Civ. 1re, 26 mars 1996, RGDA 1996. 684, note J. Maury).

3 ▪ Les moyens de preuve

2000. La Cour de cassation a retenu que la preuve de la mauvaise foi du souscripteur d'assurance automobile qui ne déclarait pas le véritable conducteur principal, en l'occurrence, un jeune conducteur, devait être établie par l'assureur en produisant le questionnaire dûment complété (Crim., 27 janv. 2009, n° 08-81.257, non publ.). En l'espèce, la fausseté de la déclaration était établie par un rapport de gendarmerie, mais cela n'a pas suffi (ibid.). Un tel arrêt pose une difficulté pour les assureurs qui refusent d'archiver des questionnaires papier. En revanche, la Haute juridiction a décidé qu'un souscripteur qui déclare spontanément ne pas avoir connu de réclamations au cours des cinq dernières années peut se voir opposer sa mauvaise foi si cette déclaration s'avère fausse (Civ. 2e, 19 févr. 2009, n° 07-21.655 ; Bull. civ. II, n° 48). Il reste qu'il importe peu que la fausse déclaration ait été réalisée par écrit ou par téléphone dès lors que l'assureur en rapporte la preuve (Civ. 2e, 16 déc. 2010, n° 10-10.859 et 10-10.865).

2001. Afin de prouver la mauvaise foi de l'assuré, l'assureur peut exciper de courriers envoyés par l'assuré à un voisin par exemple (Civ. 1re, 18 déc. 1990, RGAT 1991. 45, note H. Margeat, J. Landel).La dissimulation d'une activité illicite qui est ensuite révélée à l'assureur permet à ce dernier de constituer son assuré de mauvaise foi. Il en a été décidé ainsi pour un truand inscrit au fichier du grand banditisme (Civ. 1re, 7 janv. 1997, RGDA 1997. 120, note J. Kullmann) ou pour l'infirmière se livrant occasionnellement à la prostitution et qui n'a déclaré que sa profession sans mentionner son activité occasionnelle (Civ. 1re, 19 juin 2001, JCP G 2002, I, 116, obs. L. Mayaux). Sur la preuve par le questionnaire préalable : v. supra.

C ▪ Excuses de la mauvaise foi

2002. La mauvaise foi ne saurait être retenue quand l'assuré ne lit pas et ne comprend pas le français (Civ. 1re, 17 nov. 1987, RGAT 1988. 21, note J. Bigot). Certains arrêt font état du « niveau intellectuel » (Crim., 9 déc. 1992, RGAT 1993. 282, note Maurice) ou de « l'intelligence limitée » (Civ. 1re, 20 oct. 1993, RGAT 1994. 111, note J. Kullmann) du candidat souscripteur pour refuser de retenir leur mauvaise foi. En outre, la qualité de profane qui dépasse amplement la simple catégorie des consommateurs, permet au juge de mesurer la capacité de compréhension des questions posées par l'assureur (Crim., 18 juill. 1989, RGAT 1989. 794, note H. Margeat et J. Landel). Un professionnel qui n'a aucune compétence particulière en matière d'assurance pourra être considéré comme profane de la même manière qu'un particulier. Aussi, la profession de l'assuré peut-elle inciter le juge à reconnaître la mauvaise foi de ce dernier dans la mesure où il ne pouvait pas ignorer la signification du document auquel il souscrivait (Civ. 1re, 28 avr. 1986, RGAT 1986. 193, note F. Chapuisat).

2003. La connaissance par l'assureur, lors de la proposition d'assurance, de la circonstance omise ou de l'élément faisant l'objet d'une fausse déclaration empêche de déclarer l'assuré de mauvaise foi (Civ. 1re, 28 avr. 1986, RGAT 1986. 192, note F. Chapuisat ; Civ. 1re, 11 oct. 1994, RGAT 1994. 1109, note J. Bigot).

2004. Quand les circonstances démontrent que l'agent d'assurance a « aidé » le candidat souscripteur à commettre une réticence ou une déclaration inexacte, la mauvaise foi de ce dernier est écartée. En effet, l'agent d'assurance étant le mandataire de l'assureur, celui-ci est responsable des fautes commises par son agent (C. assur., art. L. 511-1). C'est sur le fondement de l'article L. 511-1 du Code des assurances que la Cour de cassation a d'abord refusé de reconnaître la mauvaise foi de l'assuré en cas de collusion frauduleuse entre le souscripteur et l'agent, l'assureur devant garantir la faute de son agent (Civ. 1re, 7 oct. 1992, JCP G 1993, II, note M. Behar-Touchais). La simple connaissance par l'agent de la fausse déclaration a suffi pour éviter que la mauvaise foi du déclarant ne soit reconnue (Civ. 1re, 4 avr. 1995, RGAT 1995. 310, note A. Favre Rochex). Les juges du fond qui ont tenté de retenir la nullité du contrat en raison de la participation du souscripteur à la manœuvre frauduleuse ont vu leur décision cassé par la Haute juridiction (Civ. 1re, 19 mai 1999, RGDA 1999. 570). Puis, la Cour de cassation a maintenu sa solution, mais en se fondant sur les articles L. 113-8 et L. 113-9 du Code des assurances et en indiquant que la fausse déclaration du risque connue de l'agent général ne peut pas être invoquée par l'assureur (Civ. 1re, 23 nov. 1999, RGDA 2000. 49, note A. Favre Rochex). En effet, la simple application du mécanisme juridique du mandat a pour conséquence que l'assureur mandant est réputé conclure le contrat directement avec l'assuré. La connaissance par le mandataire, l'agent général, de l'inexactitude est considérée comme une connaissance par l'assureur lui-même de cette circonstance. La Cour de cassation a rejeté un pourvoi qui sollicitait l'extension de cette solution à un concessionnaire automobile, souscripteur d'un contrat d'assurance de groupe, qui avait complété le questionnaire pour son client emprunteur (Civ. 1re, 6 janv. 1994, RGAT 1994. 911, note D. Langé). Le moyen a été déclaré irrecevable car nouveau, n'ayant jamais été soulevé devant les juges du fond. C'est donc pour une raison de procédure que le moyen n'a pas prospéré. Un auteur estime que la solution adoptée en présence d'un agent général d'assurance pourrait être étendue à tout intermédiaire (D. Langé, note sous Crim., 23 nov. 1999, préc.). Il nous semble qu'il faudrait alors reconnaître un mandat apparent ou établir une responsabilité de l'intermédiaire qui obligerait ce dernier à supporter les conséquences de la fraude, comme cela a été jugé pour un courtier.

2005. Un courtier qui connaissait la situation de son client et qui a participé à la dissimulation en dactylographiant la déclaration a manqué à son devoir de conseil et a engagé sa responsabilité envers l'assuré (Civ. 1re, 13 nov. 1985, Bull. civ. I, n° 299 ; D. 1986, jur. p. 525, note H. Groutel). L'assureur n'est pas engagé, le courtier n'étant pas son mandataire ; en l'espèce l'intermédiaire a vu sa responsabilité partagée avec son client (ibid.). En revanche, quand le courtier est mandataire de l'assureur et qu'il remplit le questionnaire en omettant des pathologies, la mauvaise foi du souscripteur n'est pas nécessairement établie (Civ. 2e, 8 juil. 2010, n° 09-67.899, RGDA 2010, p. 1016, note L. Mayaux).

§ 2 ▪ Sanction de la mauvaise foi : nullité du contrat et conservation des cotisations

2006. Aux termes de l'article L. 113-8 du Code des assurances, la mauvaise foi de l'assuré qui a exercé une influence sur l'opinion du risque par l'assureur entraîne la nullité du contrat et la non restitution des cotisations. Il convient également de préciser les conséquences de la nullité à l'égard des tiers.

A ▪ Effets de la mauvaise foi à l'égard de l'assuré

1 ▪ Nullité

2007. Il convient de remettre les choses en l'état et de faire en sorte que le contrat d'assurance n'ait jamais existé. En droit des assurances, cet effet rétroactif ne se produit qu'à compter du jour où la réticence ou la déclaration inexacte a été commise. Par hypothèse, ici, cette fausse déclaration a eu lieu dès la souscription. Lors du prononcé de la nullité, l'assuré doit donc restituer toutes les prestations versées par l'assureur depuis la conclusion du contrat. Si la nullité est constatée, par exemple, à l'occasion d'un second sinistre, l'assureur ne verse aucune prestation pour ce sinistre et est fondé à réclamer la restitution des prestations versées pour le premier sinistre.

2008. Le souscripteur qui a conclu plusieurs contrats auprès du même assureur ne peut se voir opposer la nullité que pour le seul contrat dans lequel la déclaration inexacte a été constatée ; cette dernière n'affecte pas les autres contrats dès lors qu'elle a été sans influence sur la conclusion de ces contrats (Civ. 1re, 20 mars 1985, RGAT 1985. 362).

2009. La Cour de cassation a décidé qu'« en cas de réticence ou de fausse déclaration intentionnelle faite par l'assuré à l'occasion de la souscription d'une police garantissant plusieurs risques distincts, l'appréciation de la portée, en ce qui concerne l'assureur, de cette réticence ou fausse déclaration, doit se faire par rapport à chaque risque en litige, mais indépendamment des circonstances du sinistre » (Civ. 1re, 3 janv. 1996, RGDA 1996. 74, Rapport de M. le conseiller Sargos). Cette appréciation de la mauvaise foi risque par risque devrait logiquement conduire à ne prononcer la nullité que des seules garanties pour lesquelles la fausse déclaration a eu un effet. En outre, en cas d'avenant assorti d'une fausse déclaration intentionnelle, la nullité ne rétroagit qu'à la date de l'avenant et non à la date de la conclusion du contrat initial (Crim., 2 déc. 2014, n° 14-80.933).

2 ▪ Non restitution des cotisations

2010. L'alinéa 2 de l'article L. 113-8 du Code des assurances précise que l'assureur conserve les cotisations payées par le souscripteur. Il a également droit au versement des cotisations échues. Il s'agit là d'une peine privée qui sanctionne le comportement de ce dernier.

2011. L'alinéa 3 de l'article L. 113-8 du Code des assurances indique que l'alinéa 2 qui prévoit la conservation des cotisations par l'assureur ne s'applique pas aux assurances sur la vie. L'article L. 132-18 du même code prévoit en effet qu'en cas de nullité prononcée sur le fondement de l'article L. 113-8, l'assureur verse au contractant ou, en cas de décès de l'assuré, au bénéficiaire, la provision mathématique du contrat. En effet, en présence d'une opération fondée sur la capitalisation, il paraîtrait disproportionné que l'assureur conserve le capital acquis. Il reste que dans les assurances en cas de décès à prime perdue, l'assureur pourra conserver les cotisations perçues.

B ▪ Effets de la mauvaise foi à l'égard des tiers

2012. Les tiers lésés en assurance de responsabilité se verront opposer la nullité du contrat qui constitue un vice antérieur au sinistre ; ils ne seront donc pas indemnisés par l'assureur, leur action directe étant paralysée (Civ. 1re, 23 juin 1971, RGAT 1972. 237 ; Crim., 31 mai 1988, RGAT 1988. 804, note F. Chapuisat ; Civ. 1re, 1re déc. 1993, RCA 1994, comm. n° 94). Cette solution s'applique lorsque la nullité du contrat est constatée à l'occasion du sinistre dans lequel la victime actionne l'assureur de responsabilité. Par ailleurs, il a été jugé que l'assureur ne peut pas opposer à la victime l'annulation du contrat décidée par un jugement auquel elle n'a pas été partie (Civ. 3e, 4 nov. 1992, Bull. civ. III, n° 285 ; RCA 1993, comm. n° 54).

2013. La constatation de la nullité du contrat postérieurement au versement de la prestation à la victime ne permet pas à l'assureur d'agir en répétition de l'indu (restitution de la somme indûment versée) contre cette dernière. En effet, la Cour de cassation a décidé que l'action en répétition de l'indu ne peut être dirigée que contre l'assuré véritable bénéficiaire de la prestation (Civ. 1re, 12 mai 1987, Bull. civ. I, n° 146 ; RTD civ. 1988, p. 348, obs. J. Mestre ; Civ. 1re, 10 juin 1992, RGAT 1992. 519, note J. Kullmann), la victime ne bénéficierait que d'un paiement par autrui valable aux termes de l'article 1236 (correspondant à l'art. 1342-1 à compter du 1er octobre 2016) du Code civil (pour une critique de cette solution V. J. Kullmann, *Lamy Assurances*, 2008, n° 890).

Section 3 ▪ Omissions et déclarations inexactes non intentionnelles

2014. L'assureur qui démontre l'existence d'une omission ou d'une déclaration inexacte sans parvenir à établir la mauvaise foi de son assuré ne pourra pas obtenir la nullité du contrat d'assurance (C. assur., art. L. 113-9, al. 1er). L'article L. 113-9 ouvre alors deux possibilités :
- la constatation avant tout sinistre de l'omission ou de l'inexactitude, sans mauvaise foi permet à l'assureur de résilier le contrat ou de le poursuivre en l'état ou encore de solliciter une augmentation de la prime » (C. assur., art. L. 113-9 al. 2) ;
- la découverte après sinistre de l'omission ou de l'inexactitude engendre la mise en œuvre de la procédure de la réduction proportionnelle de la prestation par application de la « règle proportionnelle de prime » (C. assur., art. L. 113-9 al. 3).

2015. Le texte ne prévoit aucun délai pour agir lorsque l'assureur a découvert l'inexactitude ou l'omission avant ou après sinistre. Il est évident que la découverte après le sinistre conduit l'assureur à réagir et à prendre parti sur sa possibilité de demander la réduction proportionnelle de l'indemnité. Concernant l'action avant sinistre, il s'évince de l'article L. 114-1 alinéa 2, 1° du Code des assurances, qu'en cas de réticence, omission ou déclaration fausse ou inexacte sur le risque couru, la prescription de l'action de l'assureur court du jour où il a eu connaissance de la déclaration inexacte. L'action de l'assureur fondée sur l'article L. 113-9 du Code des assurances se prescrit donc par deux ans à compter de la découverte de la déclaration inexacte. Néanmoins, comme pour la nullité, la possibilité pour l'assureur d'opposer à l'assuré son omission ou sa déclaration inexacte est perpétuelle. En effet, il nous semble que les sanctions prévues à l'article L. 113-9 constituent, en l'absence de preuve de la mauvaise foi de l'assuré, un substitut de la nullité ; comme telles l'inexactitude et l'omission non intentionnelles peuvent être perpétuellement invoquées par voie d'exception contre l'assuré qui demande le versement de la prestation.

§ 1 ▪ Inexactitude découverte avant le sinistre

2016. L'article L. 113-9 alinéa 2 du Code des assurances indique que « si elle [l'omission ou la déclaration inexacte sans mauvaise foi] est constatée avant tout sinistre, l'assureur a le droit soit de maintenir le contrat, moyennant une augmentation de prime acceptée par l'assuré, soit de résilier le contrat dix jours après notification adressée à l'assuré par lettre recommandée, en restituant la portion de la prime payée pour le temps où l'assurance ne court plus ». L'assureur est donc face à un choix du maintien du contrat ou de sa résiliation. Il en est de même, par application de l'article L. 113-4 du Code des assurances lorsque l'assureur découvre l'aggravation du risque en cours de contrat (cf. chapitre « L'aggravation du risque »).

A ▪ Choix de l'assureur

2017. L'assureur dispose d'une totale liberté d'opter pour le maintien ou la résiliation ; cependant son action se prescrit par deux ans à compter de la découverte de l'inexactitude ou de l'omission (C. assur., art. L. 114-1, al. 2, 1).

2018. L'assureur qui n'a pas eu le temps d'agir entre la découverte de la fausse déclaration et la survenance du sinistre ne peut plus invoquer le choix offert par l'article L. 113-9 alinéa 2 du Code des assurances. Il est alors obligé de demander la réduction proportionnelle prévue par l'alinéa 3, la Cour de cassation ayant estimé que dans cette situation « ni la résiliation, ni un nouvel accord ne sont plus possibles » (Civ. 1re, 9 févr. 1948, RGAT 1948. 23, note A. Besson).

B ▪ Continuation du contrat

2019. L'assureur peut décider de continuer le contrat en sollicitant une surprime, que le souscripteur doit accepter pour que le contrat continue. La continuation est donc fondée sur un accord des parties.Le souscripteur peut refuser le paiement de la surprime, il appartient alors à l'assureur seul de procéder à la résiliation du contrat ; le souscripteur n'a pas le pouvoir de demander cette résiliation (jugé sous l'empire de l'article 22 de la loi du 13 juill. 1930, devenu art. L. 113-9 C. assur. ; Ch. réunies, 8 juill. 1953, D. 1953, p. 194 ; JCP G 1954, II, 7931 ; RGAT 1953. 232, note A. Besson).

C ▪ Résiliation du contrat

2020. L'article L. 113-9 alinéa 2 du Code des assurances précise que le choix de l'assureur de procéder à la résiliation doit être manifesté par une lettre recommandée (l'accusé de réception est donc inutile). Le contrat prend fin dix jours après l'envoi, ce délai commençant à courir le lendemain de l'envoi. Cela permet ainsi à l'assuré de rechercher un autre assureur. Un sinistre qui interviendrait avant l'expiration de ce délai de dix jours serait garanti.

2021. L'alinéa 2 de l'article L. 113-9 du Code des assurances précise que l'assureur « restitue la portion de la prime payée pour le temps où l'assurance ne court plus ».

§ 2 ▪ Inexactitude découverte après le sinistre

2022. Le texte dispose que « dans le cas où la constatation n'a lieu qu'après un sinistre, l'indemnité est réduite en proportion du taux des cotisations payées par rapport au taux des cotisations qui auraient été dues, si les risques avaient été complètement et exactement déclarés ». Quand la fausse déclaration est découverte après le sinistre, il est appliqué à l'indemnité qui aurait du être versée un coefficient de réduction déterminé en fonction de la prime payée et de celle qui aurait du l'être. La sanction est donc constituée par une réduction proportionnelle de l'indemnité.

A ▪ Règle proportionnelle du taux de prime

2023. Le point de départ du raisonnement consiste en l'affirmation que la prime payée a été inférieure à celle qui aurait été due si l'assureur avait été complètement informé. Cette constatation est à la base de la règle proportionnelle de taux de prime. Ensuite, on déduit de cette constatation qu'il est nécessaire de réduire l'indemnité due pour indemniser le préjudice constaté. On procède alors à la réduction proportionnelle de l'indemnité qui représente la conséquence de la règle proportionnelle de taux de prime.

B ▪ Sanctions : réduction proportionnelle de l'indemnité, faculté de résiliation après sinistre

2024. La sanction ne consiste pas en une compensation entre les cotisations qui auraient du être payées et l'indemnisation. Il est appliqué à l'indemnité due un coefficient de réduction calculé sur la base d'un rapport entre prime payée et prime due.

1 ▪ Calcul de la réduction proportionnelle

2025. Le principe est le suivant :
indemnité réduite = montant du préjudice x taux de prime payée / taux de prime due
Ainsi, le rapport prime payée sur prime due donne le résultat de 38 %. Par conséquent, il ne doit être versé à l'assuré que 38 % du montant de l'indemnité nécessaire pour couvrir le préjudice (Civ. 1re, 9 févr. 1999, RGDA 1999. 306, note J. Kullmann).

2026. Il a été décidé qu'en réduisant de moitié, au vu des éléments d'appréciation qui lui étaient soumis, l'indemnité due par l'assureur à la suite du sinistre, une cour d'appel a souverainement fixé la proportion dont elle avait été amenée à faire application en vertu de l'article L. 113-9 alinéa 3 du Code des assurances (Civ. 1re, 13 nov. 1996, RGDA 1997. 109, note A. Favre Rochex).

2027. La jurisprudence de la Cour de cassation n'admet pas que la réduction de l'indemnité soit définie forfaitairement. Cette dernière doit être calculée en fonction de la cotisation qui aurait été due (implicitement, Civ. 1re, 18 juin 1996, Bull. civ. I, n° 255, RCA 1996, comm. n° 369 et explicitement Civ. 1re, 1er déc. 1998, RGDA 1999. 299, note J. Kullmann).

2028. L'assureur qui pratique une réduction proportionnelle de l'indemnité doit justifier les modalités de calcul utilisées en se fondant sur le taux des cotisations payées par rapport aux taux des cotisations qui auraient été dues si le risque avait été complètement et exactement déclaré (Civ. 1re, 6 juin 2000, Bull. civ. I, n° 171 ; RCA 2000, comm. n° 312, note H. Groutel ; RGDA 2000. 806, note A. Favre Rochex ; dans le même sens Civ. 1re, 13 nov. 1996, D. 1998, somm. p. 52, obs. C.J. Berr). L'arrêt d'appel dans lequel est constaté la carence de l'assureur dans le calcul de la réduction proportionnelle ce qui conduit à refuser celle-ci, bien qu'elle soit fondée en son principe, est censuré (Civ. 2e, 12 sept. 2013, n° 12-26.245).

2029. Dans les assurances multirisques les conséquences de la fausse déclaration s'apprécient risque par risque (Civ. 1re, 3 janv. 1996, RGDA 1996. 74 ; v. supra, Déclaration des risques de l'assuré). Aussi une déclaration inexacte ne peut-elle avoir de conséquence que sur le risque faussement ou mal évalué ; elle n'aura pas d'effet sur l'indemnisation d'un autre risque qui serait également couvert par le contrat (Civ. 1re, 8 juill. 1997, RGDA 1997. 1012, note L. Mayaux).

2 ▪ Opposabilité de la réduction proportionnelle

2030. La réduction proportionnelle de l'indemnité est opposable par l'assureur aux tiers victimes, sauf exception prévue par la loi ou le contrat d'assurance (Civ. 1re, 15 févr. 1977, D. 1977, IR, 285, obs. C.-J. Berr et H. Groutel). En effet, les causes de la sanction sont antérieures au sinistre et sont donc opposables aux victimes, tiers au contrat. La réduction proportionnelle est également opposable aux tiers victimes en matière d'assurance obligatoire de responsabilité des constructeurs (Civ. 3e, 23 avr. 1997, Bull. civ. III, n° 85 ; RCA comm. n° 210 ; RDI 1997, p. 600, obs. Ph. Dubois). La Cour de cassation a rejeté l'argumentation aux termes de laquelle la réduction proportionnelle de l'indemnité devrait être écartée pour toute assurance obligatoire (Civ. 1re, 6 déc. 1994, RGAT 1994. 1105, note J. Bigot). Le principe de l'opposabilité de la règle proportionnelle a été réaffirmé en assurance obligatoire de construction (Civ. 3e, 25 nov. 2014, n° 13-22.063).

2031. L'article R. 211-13, 3° du Code des assurances exclut l'application de la réduction proportionnelle à la victime d'un accident de la circulation ; la même exception joue pour l'assurance des accidents provoqués par les engins de remontées mécaniques (C. assur., art. R. 220-6).

3 ▪ Résiliation après sinistre

2032. Le texte dispose que le contrat d'assurance peut prévoir une clause de résiliation après sinistre. Pour ce faire l'assureur doit procéder à la résiliation dans le mois qui suit sa connaissance du sinistre. L'assureur qui a stipulé une telle clause peut donc procéder à la résiliation du contrat après le sinistre qui lui a permis de découvrir la déclaration inexacte. Toutefois, en l'absence de clause insérée dans le contrat, la résiliation après sinistre selon les modalités prévues par ce texte semble impossible.

2033. Des auteurs affirment que l'assureur peut, même sans clause, procéder à une résiliation après sinistre en se fondant sur la faculté ouverte par l'article L. 113-9 du Code des assurances (V. J. Kullmann, *Lamy Assurances*, 2008, n° 353 ; Y. Lambert-Faivre, L. Leveneur, *Droit des assurances*, préc., n° 337). Cette prise de position, si elle paraît justifiée en opportunité, ne semble pas fondée au regard de la jurisprudence de la Cour de cassation, ancienne il est vrai. Il avait été affirmé que l'assureur qui n'a pas agi en résiliation ou en maintien du contrat entre le moment où il a eu connaissance de la fausse déclaration et le moment du sinistre ne peut plus bénéficier de l'alinéa 2 de l'article L. 113-9. La Cour de cassation décide que « ni la résiliation, ni un nouvel accord ne sont plus possibles » (Civ. 1re, 9 févr. 1948, RGAT 1948. 23, note A. Besson, décision rendue sur le fondement de l'article 22 de la loi du 13 juillet 1930 devenu article L. 113-9 du Code des assurances).

C ▪ Calcul de la prime due

2034. Le juge doit motiver sa décision portant sur la réduction proportionnelle en montrant qu'il a bien tenu compte du rapport entre prime payée et prime due (Civ. 1re, 1er déc. 1998, RGDA 1999. 299, note J. Kullmann ; Civ. 1re, 24 juin 2003, RCA 2003, comm. n° 280, note H. Groutel). Le juge peut reprendre les taux mentionnés par l'assureur dès lors que l'assuré ne les a pas contestés. Il aura alors bien appliqué la règle proportionnelle de taux de prime (Civ. 1re, 18 juin 1996, RGDA 1997. 113, note J. Kullmann).

2035. En cas de désaccord des parties au contrat d'assurance sur le montant des cotisations dues si le risque avait pu être convenablement évaluée, le juge du fond doit « déterminer en fait le montant de ces cotisations, et par voie de conséquence, (...) fixer souverainement la réduction qui devait être apportée à l'indemnité à raison des déclarations inexactes de l'assuré » (Req., 28 mai 1937, RGAT 1937. 940).

2036. En l'absence de taux de prime applicable au risque spécifique, le juge est tenu de déterminer lui-même ce taux afin de procéder ensuite à la réduction proportionnelle de l'indemnité (v. Civ. 1re, 6 mai 1985, D. 1987, IR, 35, obs. C.-J. Berr et H. Groutel). On peut rapprocher de cette hypothèse la circonstance dans laquelle l'assureur affirme que s'il avait connu l'étendue du risque il aurait refusé de l'assurer (v. Y. Lambert-Faivre, L. Leveneur, *Droit des assurances*, préc. n° 337). Il appartient alors au juge de déterminer lui-même le taux de prime, puis la réduction proportionnelle d'indemnité. Un arrêt de la Cour de cassation de 1942 présente encore une certaine pertinence en décidant que la majoration de prime doit être évaluée par le juge « équitablement en fait » (Civ., 9 juin 1942, DC 1942, jur. p. 165 ; JCP 1942, II, 1982).

Section 4 ■ Application par le juge des articles L. 113-8 et L. 113-9 du Code des assurances

2037. L'assureur confronté à la déclaration inexacte de son assuré dispose du choix entre l'action en nullité de l'article L. 113-8 du Code des assurances et les sanctions, plus douces, prévues par l'article L. 113-9 du même code. Il peut être guidé dans ce choix par la difficulté de prouver la mauvaise foi de son assuré. La fausse déclaration intentionnelle incitera l'assureur à solliciter la nullité du contrat d'assurance sur le fondement de l'article L. 113-8 à titre principal. Il pourra parfaitement demander subsidiairement que l'article L. 113-9 soit appliqué si le tribunal ne reconnaît pas la mauvaise foi de l'assuré. Il semble que les assureurs hésitent à employer cette stratégie par crainte que le juge ne privilégie les sanctions plus douces envers l'assuré (Civ. 1re, 16 oct. 1990, RGAT 1991. 46, note H. Margeat et J. Landel). Aussi les assureurs ne fondent-ils parfois leur action que sur l'article L. 113-8 du Code des assurances et demandent, exclusivement, la nullité du contrat. Peuvent-ils ensuite faire grief au juge de ne pas avoir procédé à une réduction proportionnelle lorsque tous les éléments du litige le lui permettaient ?

2038. Les juges du fond, saisis sur le seul fondement de l'article L. 113-8 du Code des assurances aux fins de prononcer la nullité du contrat, peuvent prononcer la réduction proportionnelle quand la mauvaise foi n'est pas établie. Ils se fondent alors sur les faits qui étaient en débat et en tirent les conséquences juridiques (Civ. 1re, 12 juill. 1982, Bull. civ. I, n° 260) ; les parties doivent s'en être expliquées (Civ. 1re, 28 nov. 2001, RGDA 2002. 63, note J. Kullmann). Néanmoins, lorsque l'assureur n'a pas demandé à titre subsidiaire l'application de l'article L. 113-9 du Code des assurances, les juges ne sont pas tenus de procéder d'office à la réduction proportionnelle de l'indemnité (Civ. 1re, 16 oct. 1990, RCA 1990, comm. n° 422, obs. H. Groutel ; Civ. 1re, 20 oct. 1993, RGAT 1994. 111, note J. Kullmann). Les assureurs qui se fondent exclusivement sur l'article L. 113-8 du Code des assurances afin de sanctionner leurs assurés courent le risque de devoir payer l'intégralité de la prestation au bénéficiaire.

Chapitre 3
La cotisation

BIBLIOGRAPHIE

L'Argus de l'assurance

Ouvrages. - F. Couilbault, S. Couilbaut-Di Tommaso, V. Huberty, *Les grands principes de l'assurance*, L'Argus éd., 2015. - J. Landel, *Lexique des termes juridiques*, L'Argus éd., 2014.- J. Bigot (sous dir.), *Code des assurances*, L'Argus éd.,

Articles. - Défaut de paiement d'une prime, L'Argus n° 7146, nov. 2009. - Déchéance du terme, non paiement de la cotisation et contrat emprunteur, L'Argus n° 7088, sept. 2008. - Non paiement de la prime et devoir de conseil, L'Argus n° 7031, juin 2007. - Non-paiement des primes et assurance de groupe, L'Argus n° 6946, oct. 2005. - Paiement effectif de la cotisation, L'Argus n° 6917, févr. 2005. - Non-paiement des primes et assurance de groupe, L'Argus n° 6903, nov. 2004. - Garantie du conducteur, L'Argus n° 6905, nov. 2004. - Engagement de la compagnie, L'Argus n° 6855, nov. 2003. - S. Corone, Primes d'assurances : les différents modes de perception, L'Argus, 6 oct. 2000, p. 44 ; Quand l'assureur doit rembourser la prime, L'Argus, 1er déc. 2000, p. 43. - G. Defrance, La segmentation : un mal nécessaire pour bien tarifer, L'Argus, 5 mai 1995, p. 6.

Autres documentations

Ouvrages. - J. Kullmann (sous la dir.), *Lamy Assurances*, 2011, n° 379-423. - *Traité de droit des assurances*, t. 3, le contrat d'assurance, J. Bigot (sous la dir.), LGDJ 2002, n° 806 à 912. - A. Favre Rochex, Le droit du contrat d'assurance terrestre, LGDJ, coll. « Droit des affaires », LGDJ, 1998. - F. Terré, Ph. Simler, Y. Lequette, *Droit civil, Les obligations*, 10e éd., - *Code des assurances*, Dalloz.Articles. - D. Allix, Réflexions sur la mise en demeure, JCP 1977, I, 2844. - A. Besson, Paiement des primes, RGAT 1967. 22. - J.-P. Beaufret, La fiscalité de l'assurance, Encyclopédie de l'assurance, Economica, 1997, p. 307. - G. Durry, Assureurs, sachez vous protéger contre le paiement d'une prime par la remise d'un chèque sans provision !, RCA 1995, chron. n° 3. - G. Durry, Le paiement de la prime au moyen d'un chèque sans provision, JCP 1984, I, 3161. - H. Groutel, La victime et la compensation : le revirement que l'on attendait plus, RCA 1993, chron. n° 18. - H. Groutel, Chèques antidatés : mode d'emploi, RCA 1991, chron. n° 5. - H. Groutel, Pitié pour la mise en demeure, RCA 1992, chron. n° 22 ; Quid de l'indemnité de résiliation pour défaut de paiement de la prime ? RCA 1998, chron. n° 10 ; Pitié pour la mise en demeure en particulier, et le droit des assurances en général, RCA 2005, repère 10 ; H. Margeat et A. Favre Rochex, La remise d'un chèque à l'assureur vaut paiement immédiat de la prime, Ass. fr. 1969, p. 366. - H. Margeat, La signature par griffe, Ass. fr. 1969, p. 758. - S. Michel, Les avatars de l'article L. 113-3 du Code des assurances, RGDA 2001. 901.

Section 1 ▪ Fixation et paiement de la cotisation

2039. La prime (ou cotisation) est la somme d'argent versée par le souscripteur du contrat à l'assureur en contrepartie de la garantie du risque. Elle prend le nom de cotisation lorsque l'assureur est une société d'assurance mutuelle. Il faut noter que la Commission pour l'amélioration du langage de l'assurance, mise en place par la Fédération française des sociétés d'assurance a recommandé « de substituer à ce terme, dont le sens commun est fort éloigné du sens qui est le sien en assurance, celui de cotisation ». Dès lors, le terme de cotisation devrait être systématiquement utilisé à la place de celui de prime, quelle que soit la forme juridique de l'assureur.

2040. La cotisation d'assurance est divisible. Ce principe implique que, la cotisation étant normalement payée d'avance, pour une période donnée, si le contrat prend fin de façon anticipée, l'assureur doit restituer la fraction de cotisation correspondant au temps pendant lequel le risque n'est pas couvert.

2041. Une personne assure son habitation contre le dégât des eaux pour une durée d'un an, reconductible. La cotisation est versée à l'avance, au 1er janvier, pour toute l'année à venir. Si la maison est détruite par un incendie le 1er octobre, l'assureur devra restituer à l'assuré la fraction de cotisation correspondant à la période pendant laquelle le risque n'a pas couru, soit trois mois de cotisations. Si la cotisation totale était d'un montant de 200 €, il remboursera 50 €.

2042. Le Code des assurances fait application du principe de divisibilité de la cotisation dans un certain nombre de ses dispositions. C'est le cas, par exemple, de l'article L. 121-9 du Code des assurances qui déclare que « en cas de perte totale de la chose assurée résultant d'un événement non prévu par le contrat, l'assurance prend fin de plein droit et l'assureur doit restituer à l'assuré la portion de la cotisation payée d'avance et afférente au temps pour lequel le risque n'est plus couru » ; l'article L. 113-4, alinéa 2, prévoit lui aussi la restitution de la cotisation prorata temporis en cas de résiliation du contrat par l'assureur à la suite de la déclaration d'une aggravation du risque. Par exemple, un meuble ancien n'est assuré par son propriétaire que contre le risque vol. En cours de contrat, il est entièrement détruit dans un incendie. Dans une telle hypothèse, l'assuré pourra obtenir le remboursement de la fraction de cotisation correspondant à la période pendant laquelle la garantie n'est plus due. En revanche, si ce meuble est dérobé en cours de contrat, c'est le contrat d'assurance qui s'applique et la garantie vol produit ses effets. Par conséquent, l'assureur n'aura pas à restituer la cotisation pour la période correspondant où la garantie n'a plus de raison de jouer.

§ 1 ▪ Éléments composant la cotisation

2043. La cotisation pure correspond au coût technique du risque assuré ; c'est elle qui permet à l'assureur de régler les indemnisations auxquelles il doit faire face. Cette cotisation est calculée par l'assureur en fonction de la probabilité de survenance du sinistre et du coût moyen d'un sinistre, données connues grâce aux statistiques.

2044. La cotisation nette est constituée par la cotisation pure à laquelle on ajoute ce qu'on appelle les « chargements ». Les chargements recouvrent l'ensemble des frais d'acquisition et de gestion du contrat. Les chargements d'acquisition comprennent notamment les commissions des intermédiaires (agents généraux, courtiers d'assurance, ...) et les chargements de gestion les frais de fonctionnement de la société d'assurance, ses frais généraux.

2045. La cotisation totale est la cotisation nette à laquelle sont ajoutées des taxes fiscales que l'assureur perçoit pour le compte de l'État, variables selon la nature du risque garanti. Les opérations d'assurance font l'objet d'une taxe spécifique, la taxe sur les conventions d'assurance, taxe annuelle perçue sur le montant des sommes stipulées au profit de l'assureur et de tous accessoires dont celui-ci bénéfice directement ou indirectement du fait de l'assuré. Elle est calculée à des taux différents selon les types de garantie. Elle est réglementée aux articles 991 à 1001 du Code général des impôts (V. notamment l'article 995 pour les régimes spéciaux et les exonérations). A cette taxe s'ajoutent des contributions destinées à alimenter des fonds de garantie (fonds de garantie des assurances obligatoires de dommages...)

Tableau récapitulatif des taux de la taxe sur les conventions d'assurance.

ASSURANCE AUTOMOBILE	
1) Responsabilité civile obligatoire	
Taxe fiscale	18 %
Contribution prévue par le code de la Sécurité sociale	15 %
Contribution au Fonds de garantie des assurances obligatoires de dommages	0, 6 %
Véhicules utilitaires affectés aux exploitations agricoles	
Taxe fiscale	Exonération
Contribution prévue par le code de la Sécurité sociale	15 %
Contribution au Fonds de garantie des assurances obligatoires de dommages	0, 6 %
Contribution au Fonds national de garantie des calamités agricoles	11 %
Véhicules utilitaires de plus de 3, 5 t.	
Taxe fiscale	Exonération
Contribution prévue par le code de la Sécurité sociale	15 %
Contribution au Fonds de garantie des assurances obligatoires de dommages	0, 6 %
2) Autres garanties	
Taxe fiscale	18 %
Contribution au Fonds de garantie contre les actes de terrorisme et autres infractions	3, 30 € par contrat
Véhicules utilitaires affectés aux exploitations agricoles	
Taxe fiscale	Exonération
Contribution au Fonds national de garantie des calamités agricoles	0, 1 %
Contribution au Fonds de garantie contre les actes de terrorisme et autres infractions	3, 30 € par contrat
Véhicules utilitaires de plus de 3, 5 t.	
Taxe fiscale	Exonération
Contribution au Fonds de garantie contre les actes de terrorisme et autres infractions	3, 30 € par contrat
Exonération de la taxe fiscale pour les véhicules en TT, les véhicules officiels des missions diplomatiques et consulaires, ainsi que pour les véhicules appartenant à des organisations internationales.	
ASSURANCE INCENDIE	
1) Risques des particuliers	
Taxe fiscale	30 %
Contribution au Fonds de garantie contre les actes de terrorisme et autres infractions	3, 30 € par contrat
2) Risques agricoles	
Habitation	
Taxe fiscale	7 %
Contribution au Fonds de garantie contre les actes de terrorisme et autres infractions	3, 30 € par contrat

Biens d'exploitation	
Taxe fiscale	Exonération
Contribution au Fonds national de garantie des calamités agricoles	11 %
Contribution au Fonds de garantie contre les actes de terrorisme et autres infractions	3, 30 € par contrat
ASSURANCE DOMMAGES OUVRAGE	
Taxe fiscale (à l'exception des bâtiments affectés à une exploitation agricole, qui sont exonérés de la taxe)	9 %
Contribution au Fonds de compensation des risques de l'assurance construction	12, 5 %
Contribution au Fonds de garantie contre les actes de terrorisme et autres infractions	3, 30 € par contrat
ASSURANCE CHASSE	
1) Responsabilité civile obligatoire	
Taxe fiscale	9 %
Contribution au Fonds de garantie des assurances obligatoires de dommages	0, 02 € par personne garantie
2) Autres garanties	
Taxe fiscale	9 %
Contribution au Fonds de garantie contre les actes de terrorisme et autres infractions	3, 30 € par contrat
ASSURANCE NAVIGATION DE PLAISANCE	
Taxe fiscale	19 %
Contribution au Fonds de garantie contre les actes de terrorisme et autres infractions	3, 30 € par contrat
ASSURANCE DES AUTRES DOMMAGES AGRICOLES	
Taxe fiscale	Exonération
Contribution au Fonds national de garantie des calamités agricoles	11 %
Les contrats couvrant les risques de dommages aux cultures et la mortalité du bétail sont exonérés de la contribution additionnelle au Fonds national de garantie des calamités agricoles depuis le 1er janv. 2001	
ASSURANCE VIE	
Exonération depuis le 1er janvier 1990	
ASSURANCE SANTÉ	
1) Indemnités journalières ou remboursement de frais	
Taxe fiscale : - contrats individuels ou collectifs à adhésion facultative à la double condition que l'assureur ne recueille pas à la souscription d'informations médicales et que le tarif ne soit pas fixé en fonction de l'état de santé de l'assuré - contrats collectifs obligatoires à condition que le tarif ne soit pas fixé en fonction de l'état de santé de l'assuré - contrats d'assurance maladie ne répondant pas aux conditions décrites ci-dessus	Exonération Exonération 7 %
2) Assurance maladie complémentaire des agriculteurs	

Taxe fiscale	Exonération
ASSURANCE DÉPENDANCE	
Exonération depuis le 1er janvier 1997	
AUTRES ASSURANCES	
Taxe fiscale	9 %
Contribution au Fonds de garantie contre les actes de terrorisme et autres infractions (pour les contrats d'assurance de biens)	3, 30 € par contrat

§ 2 ■ Principes de tarification

A ■ Liberté des parties

1 ■ Principe

2046. L'assureur et le souscripteur peuvent en principe fixer librement le montant de la cotisation d'assurance. Cette liberté est une application du principe de liberté des prix posé par l'ordonnance n° 86-1243 du 1er décembre 1986 relative à la liberté de prix et de la concurrence, codifiée aux articles L. 410-1 et suivants du Code du commerce. Ce texte a supprimé la disposition de l'article L. 310-3 du Code des assurances qui indiquait que « les décrets peuvent fixer, après avis du Conseil national des assurances, les tarifs minimaux et maximaux des opérations d'assurance » tandis que la loi n° 89-1014 du 31 décembre 1989 a abrogé les dispositions de l'article L. 310-7 du Code des assurances qui permettait à l'autorité administrative de fixer les montants minimaux et maximaux des tarifications.

2047. Cette liberté n'est toutefois pas totale en matière d'assurance vie. En effet, en assurance vie, la cotisation est déterminée, selon l'article A. 335-1 du Code des assurances, d'après des tables de mortalité et de taux d'intérêt techniques précisés dans le Code des assurances.

2 ■ Liberté encadrée

2048. Le Code des assurances est venu imposer certaines assurances obligatoires (assurance automobile, construction ...), mais il reste possible que, face à des risques particulièrement importants, l'assureur refuse sa garantie, alors que l'assuré est tenu de s'assurer. Dans une telle hypothèse, il est possible de saisir le Bureau central de tarification (C. assur., art. R. 250-1 à R. 250-7) qui a pour rôle de fixer le montant de la cotisation moyennant laquelle l'entreprise d'assurance intéressée sera tenue de garantir le risque qui lui a été proposé. Ce pouvoir de contrainte lui appartient en assurance automobile (C. assur., art. L. 212-1), construction (C. assur., art. L. 243-4), engins de remontées mécaniques (C. assur., art. L. 220-5), catastrophes naturelles (C. assur., art. L. 125-6), responsabilité civile médicale (C. assur., art. L. 252-1). Une entreprise d'assurance qui maintiendrait son refus de garantir après fixation de la cotisation par le BCT serait considérée comme ne fonctionnant plus conformément à la réglementation en vigueur et encourrait le retrait de son agrément administratif.

2049. La loi n° 2007-1774 du 17 décembre 2007 portant diverses dispositions d'adaptation au droit communautaire dans les domaines économique et financier est venue insérer dans le Code des assurances un nouvel article L. 111-7 interdisant toute discrimination entre hommes et femmes dans le calcul des primes et des prestations. Il est notamment prévu que « toute discrimination directe ou indirecte fondée sur la prise en compte du sexe comme facteur dans le calcul des primes et des prestations ayant pour effet des différences en matière de primes et de prestations est interdite. Les frais liés à la grossesse et à la maternité n'entraînent pas un traitement moins favorable des femmes en matière de primes et de prestations… ». Toutefois il est admis que « par dérogation au premier alinéa, le ministre chargé de l'Économie peut autoriser par arrêté des différences de primes et de prestations fondées sur la prise en compte du sexe et proportionnées aux risques lorsque des données actuarielles et statistiques pertinentes et précises établissent que le sexe est un facteur déterminant dans l'évaluation du risque d'assurance. Ces arrêtés sont pris conjointement avec le ministre chargé de la Sécurité sociale lorsqu'ils portent sur des opérations mentionnées aux 1° et 2° de l'article L. 310-1 ». À la suite de cette loi, cinq arrêtés en date du 19 décembre 2007 ont été publiés au JO du 20 décembre 2007, venant notamment autoriser des différences en matière de primes et de prestations, fondées sur la prise en compte du sexe dans différentes branches des opérations d'assurance, mentionnées à l'article R. 321-1 du Code des assurances.

2050. En assurance automobile obligatoire, l'assureur ne peut pas fixer comme il le veut les réductions et les majorations de cotisations, liées à l'évolution de la sinistralité, dont peuvent bénéficier les assurés. Ces réductions et majorations doivent en effet être calculées selon le système mis en place par la clause-type dite de « bonus-malus », obligatoirement insérée dans les contrats, et qui est annexée à l'article A. 121-1 du Code des assurances (V. Chapitre 3, Le véhicule assuré). Ce système se heurte à l'opposition de la Commission européenne, qui considère qu'un tel système est contraire à la libre concurrence. Toutefois, la Cour de justice des Communautés européennes a, dans un arrêt du 7 septembre 2004, donné raison à la France et au Luxembourg, qui défendaient la validité du mécanisme. La Cour a estimé que les législations françaises et luxembourgeoises instituant un système de classement tarifaire en fonction de la sinistralité ne sont pas contraires à la liberté tarifaire telle qu'établie par la législation communautaire (CJCE, aff. C-346/02 et C-347/02, Commission c/ Grand Duché du Luxembourg et Commission c/ République française). De plus, les surprimes applicables aux conducteurs novices et aux risques aggravés font l'objet d'une réglementation figurant aux articles A. 335-9-1 et A. 335-9-2 du Code des assurances.

2051. En revanche, la Cour de justice européenne (CJUE) a déclaré que dans le secteur de l'assurance, la dérogation à la règle générale des primes et des prestations unisexes posées par la directive du 2 décembre 2007, sera invalide à compter du 21 décembre 2012 (CJUE, 1er mars 2011, Association belge des Consommateurs Test-Achats ASBL).

2052. Dans certaines hypothèses, ce sont les Pouvoirs publics qui viennent fixer le montant de la cotisation d'assurance. C'est le cas, par exemple, pour l'assurance catastrophes naturelles ; l'article L. 125-2 du Code des assurances prévoit en effet que cette assurance est couverte par une cotisation ou cotisation additionnelle, individualisée dans l'avis d'échéance du contrat concerné et calculée à partir d'un taux unique défini par arrêté. Cette cotisation est d'ailleurs le plus souvent perçue comme une taxe plus que comme une véritable cotisation.

B ▪ Critères de tarification

2053. Le risque garanti est apprécié par l'assureur en fonction de la probabilité de survenance du sinistre (fréquence) et l'intensité dommageable du sinistre (coût moyen). Ces données, calculées statistiquement, permettent d'établir une tarification du risque et de déterminer la cotisation. C'est grâce à la proposition d'assurance, où l'assuré procède à la déclaration du risque, que l'assureur va pouvoir classer le risque dans ses catégories tarifaires, préétablies à partir des calculs statistiques. C'est pourquoi, toute erreur apportée dans sa déclaration par l'assuré peut fausser cette appréciation du risque, entraînant une mauvaise tarification, ce qui justifie une sanction de l'assuré (v. Chapitre 2, Les sanctions de la déclaration non sincère).

2054. Pour chaque catégorie de risque, différents critères sont pris en considération par l'assureur pour procéder à la tarification. Ainsi, par exemple, pour un propriétaire occupant souscrivant un contrat multirisques habitation, seront pris en considération, notamment, la situation de l'immeuble, le nombre de pièces principales et le capital mobilier. Pour une assurance automobile, seront pris en compte le groupe et la classe du véhicule (marque, puissance...), la zone géographique, l'usage du véhicule (professionnel, vie privée...), les caractéristiques du conducteur habituel (ancienneté du permis de conduire) et les antécédents (suspension du permis de conduire...).

2055. En assurance de biens, la valeur des biens assurés est souvent prise en compte pour déterminer le montant de la cotisation ; elle constituera aussi le plafond de l'indemnisation de l'assureur. Dans ce cas, il faut procéder à une évaluation des biens garantis. Deux types de clauses d'évaluation de la valeur des biens peuvent être stipulés : la clause de valeur déclarée et la clause de valeur agréée ou à dire d'expert. Le choix de la clause aura des conséquences sur l'évaluation du dommage en cas de sinistre.

2056. Dans l'hypothèse de la clause de valeur déclarée, lors de la conclusion du contrat, le souscripteur déclare à l'assureur la valeur de ses biens ; il s'agit là d'une déclaration unilatérale, qui n'est pas vérifiée par l'assureur. C'est cette valeur qui servira de base au calcul de la cotisation. Ce procédé est celui le plus couramment employé dans les assurances de particuliers ; il est bien adapté aux biens mobiliers courants et facilite la conclusion du contrat. Toutefois, en cas de sinistre, l'assuré devra établir l'existence et la valeur des biens sinistrés. Pour cela, il doit être vigilant et toujours conserver des justificatifs lui permettant d'apporter la preuve exigée à l'assureur. À défaut, il ne serait pas indemnisé.

2057. En revanche, lorsqu'on met en œuvre une clause de valeur agréée, la valeur des biens assurés est fixée contradictoirement par l'assureur et le souscripteur. En pratique, c'est un expert, dont l'assureur agrée les conclusions, qui procédera à l'évaluation des biens. Ce type de clause est utilisé pour certaines assurances spécifiques, notamment celles des œuvres d'art et objets précieux.

C ▪ Évolution de la cotisation

2058. La cotisation d'assurance exigée pour une période donnée est en principe fixe, ce qui implique qu'elle ne peut être modifiée unilatéralement par l'assureur. Le souscripteur ne pourra donc pas être tenu au-delà de la cotisation mentionnée dans la police. Si jamais l'assureur désire augmenter la cotisation, il lui faudra en principe obtenir l'accord du souscripteur (V. Civ. 1re, 15 déc. 1999, RGDA 2000. 74, note A. Favre Rochex), sauf si une indexation a été prévue dans le contrat.

2059. Les sociétés d'assurance mutuelles ont toutefois la possibilité, en vertu de l'article R. 322-71 du Code des assurances, d'utiliser la technique de la cotisation variable. Elles peuvent donc procéder à un rappel de cotisations si jamais les sommes perçues s'avèrent insuffisantes pour faire face aux sinistres. Ce rappel aura lieu sur décision du conseil d'administration de la société, dans la limite d'un montant maximal devant être indiqué dans la police et qui ne peut être inférieur à une fois et demie le montant de la cotisation normale nécessaire pour faire face aux charges probables résultant des sinistres et aux frais de gestion (Civ. 1re,

15 janv. 2002, RGDA 2002. 374, note J. Bigot). Dans l'hypothèse où les sinistres auraient coûté moins cher que prévu, l'assureur peut procéder à une ristourne de cotisation aux sociétaires.

2060. Le souscripteur peut conclure un contrat par lequel la cotisation va varier en fonction des salaires, du nombre des personnes ou des choses faisant l'objet du contrat. Une cotisation d'assurance incendie pourra donc varier en fonction du stock de marchandise et le coût d'une assurance de responsabilité civile de l'employeur évoluera selon le nombre de salariés de l'entreprise. L'assuré s'engage alors à déclarer périodiquement l'évolution de son risque. C'est essentiellement sur le terrain de la sanction du manquement de l'assuré à cette obligation que se trouve la spécificité de ce mécanisme.

§ 3 ▪ Personnes concernées par le paiement

A ▪ Débiteur de la cotisation

2061. C'est le souscripteur du contrat qui doit payer la cotisation à l'assureur. L'article L. 113-2 prévoit certes que « l'assuré est obligé de payer la prime ou cotisation aux époques convenues », mais il y là une erreur de terminologie ; ce n'est pas l'assuré, mais bien le souscripteur, en tant que cocontractant de l'assureur, qui supporte l'obligation de paiement. Une telle solution implique ainsi, par exemple, qu'un assuré pour compte n'est pas tenu de payer la cotisation (C. assur., art. L. 112-2, al. 3). Le contrat peut cependant prévoir que le débiteur de la cotisation n'est pas le souscripteur, mais une autre personne, par exemple le locataire du propriétaire, qui a lui-même conclu le contrat (Civ. 1re, 17 juin 1986, RGAT 1986. 364).

2062. Le contrat d'assurance peut être conclu en vertu d'un mandat. Le mandat constitue lui-même un contrat par lequel une personne, le mandant, donne pouvoir à une autre, le mandataire, de conclure en son nom et pour son compte un ou plusieurs actes juridiques avec un tiers (C. civ., art. 1984 à 2010) ; ainsi, par exemple, une personne peut charger un courtier de conclure un contrat d'assurance pour son compte. Or, lorsque le contrat a été conclu par un mandataire, seul le mandant a la qualité de souscripteur et de débiteur des cotisations. La même solution s'applique en cas de gestion d'affaires. Il y a gestion d'affaires lorsque une personne, le gérant, accomplit des actes dans l'intérêt d'une autre, le maître ou le géré, sans en avoir été chargé (C. civ., art. 1372 et s. Sur cette notion, V. J. Flour, J.-L. Aubert, E. Savaux, *Les obligations. Le fait juridique*, A. Colin, 2007, n° 3 et s.). En effet, le gérant d'affaires n'est pas, en principe, personnellement engagé envers le tiers avec lequel il contracte pour autrui (Civ., 14 janv. 1959, RGAT 1959. 328, note A. Besson) ; c'est le géré qui est seul tenu, dans la mesure où la gestion a été utile, ou bien s'il a ratifié la gestion. Par exemple, une personne, à la suite d'une maladie, se trouve dans l'impossibilité de conclure un contrat d'assurance dont elle a pourtant besoin (notamment s'il s'agit d'une assurance obligatoire). Un membre de sa famille souscrit le contrat pour elle. Dans une telle hypothèse, la personne malade, empêchée de conclure le contrat est débitrice de la cotisation puisque la gestion d'affaires lui a été utile (V. pour un exemple, Civ. 1re, 13 juill. 1960, RGAT 1961. 326, note A. Besson). Il est aussi possible que le souscripteur donne mandat à un tiers pour transmettre la cotisation à l'assureur. Cette personne est alors chargée du paiement de la cotisation, tout en n'ayant pas la qualité de débiteur, ce qui implique qu'elle n'a pas à faire l'avance de la cotisation, lorsqu'elle n'a pas reçu à temps l'argent de son mandant (Civ. 1re, 15 nov. 1988, RGAT 1989. 50, note J. Bigot).

2063. Toute personne qui y a un intérêt peut payer la cotisation. C'est ainsi que le bénéficiaire d'une assurance pour compte pourrait avoir intérêt à régler une cotisation impayée par le souscripteur du contrat, pour ne pas se trouver privé de garantie. De même, le créancier du souscripteur bénéficiant d'une hypothèque sur un immeuble lui appartenant a un intérêt à régler la cotisation d'assurance de cet immeuble. Le fait de payer la cotisation ne fait toutefois pas acquérir la qualité de débiteur. Le principe selon lequel toute personne qui y a un intérêt peut payer la cotisation constitue une application du droit commun du paiement. En effet, l'article 1236 du Code civil prévoit qu'«une obligation peut être acquittée par toute personne qui y est intéressée, telle qu'un coobligé ou une caution ». L'article L. 132-19 du Code des assurances consacre d'ailleurs expressément cette règle en matière d'assurance vie, en disposant que « tout intéressé peut se substituer au contractant pour payer les primes ».

2064. Pour qu'un tiers intéressé puisse régler la cotisation en cas de défaillance du débiteur, il doit être informé de cette défaillance. Une telle obligation peut résulter d'un engagement contractuel de l'assureur, prévu dans le contrat d'assurance ou directement consenti au tiers par l'assureur. Toutefois, en l'absence d'un tel engagement de sa part, l'assureur ne pourrait voir sa responsabilité engagée pour ne pas avoir averti un tiers du non-paiement des cotisations (Civ. 1re, 13 nov. 1997, RGDA 1998. 73, note J. Kullmann, qui affirme que « l'assureur ne peut se voir imposer unilatéralement par un tiers au contrat d'assurance une information sur la cessation de celui-ci et qu'aucune faute ne peut donc lui être imputée de ce chef »).

2065. Le débiteur de la cotisation peut changer en cours de contrat. Il en va ainsi en cas de transmission de la chose assurée, due à son aliénation ou à une succession, en raison du décès de l'assuré (v. Chapitre 3, Le transfert de propriété de la chose assurée). L'article L. 121-10 du Code des assurances prévoit en effet que, dans ces hypothèses, l'assurance continue de plein droit au profit de l'héritier ou de l'acquéreur, à charge pour celui-ci d'exécuter toutes les obligations dont l'assuré était tenu vis-à-vis de l'assureur en vertu du contrat. Ainsi, sauf exercice de sa faculté de résiliation, l'acquéreur ou l'héritier reste tenu de payer les cotisations. Cette solution ne s'applique cependant pas en cas d'aliénation d'un véhicule terrestre à moteur.

2066. Des conjoints séparés sont solidairement tenus de payer la cotisation d'un contrat d'assurance multirisques habitation, alors que le logement est attribué à l'un d'eux et cela quel que soit celui qui a souscrit le contrat ; cette solidarité perdure jusqu'au jour de leur divorce dûment publié par mention en marge des actes d'état civil. À partir de cette publication, celui qui n'est pas le souscripteur du contrat ne sera plus débiteur solidaire. Cette solution s'explique par le fait que la dette de cotisation d'un tel contrat, dont l'objet est de garantir le domicile conjugal, constitue une charge du ménage qui oblige solidairement les époux par application de l'article 220, alinéa 1, du Code civil aux termes duquel, « chacun des époux a pouvoir pour passer seul les contrats qui ont pour objet l'entretien du ménage ou l'éducation des enfants ; toute dette ainsi contractée par l'un oblige l'autre solidairement » (pour une application, TI Lyon, 4 juill. 1984, RGAT 1985. 64, note J. Bigot).

B ▪ Créancier de la cotisation

2067. La cotisation d'assurance doit être payée à l'assureur. Le paiement peut aussi valablement être effectué entre les mains d'un mandataire de l'assureur ; c'est le cas notamment, en règle générale, pour l'agent d'assurance. En revanche le paiement fait entre les mains d'un courtier n'est pas libératoire pour le souscripteur. Le courtier n'est pas en effet, en principe, le représentant de l'assureur, sauf dans l'hypothèse où l'assureur lui a donné mandat pour encaisser les cotisations ; mais c'est alors au souscripteur d'établir que le courtier avait bien reçu un tel mandat (Civ. 1re, 9 mai 1996, RGDA 1996. 630, note R. Maurice).

2068. En l'absence de mandat exprès d'encaissement donné par l'assureur au courtier, le souscripteur pourrait invoquer l'existence d'un mandat apparent pour justifier du caractère libératoire de son paiement. Le paiement serait ainsi valablement fait au courtier s'il y avait une apparence de mandat et si le souscripteur avait payé dans la croyance légitime de l'existence d'un mandat (tel n'est pas le cas lorsque le bulletin d'adhésion signé par le souscripteur spécifiait en caractères apparents que le règlement devait être effectué « obligatoirement à l'ordre de l'Abeille-vie » : Civ. 1re, 9 mai 1996, RGDA 1996. 630, note R. Maurice).

§ 4 ▪ Modalités de paiement

A ▪ Date et lieu de paiement

1 ▪ Date de paiement

2069. La cotisation est payable d'avance. Il s'agit d'une cotisation en principe annuelle, payable en une seule fois ; mais de plus en plus souvent l'assureur accepte un paiement fractionné, par exemple mensuel. Il s'agit là d'une modalité de paiement, prévue par le contrat ou résultant, éventuellement, d'un accord tacite ; en tout état de cause, c'est à celui qui invoque le fractionnement de la cotisation d'établir l'existence d'un tel accord (Civ. 1re, 21 janv. 1997, RGDA 1997. 484, note F. Vincent).

2070. On appelle échéance de la cotisation la date à laquelle la cotisation doit être payée. Cette date est librement fixée par les parties et doit être mentionnée dans le contrat (C. assur., art. L. 113-2, 1°, selon lequel « l'assuré est obligé de payer la prime ou cotisation aux époques convenues »).

2071. Dans les contrats d'assurance vie, la date de paiement de la cotisation diffère selon le type de contrat souscrit :
- s'il s'agit d'un contrat à versements périodiques fixes, le souscripteur s'engage à verser des cotisations dont le montant est fixé à l'avance à des intervalles réguliers, eux aussi précisés dans le contrat. Si le contrat conclu est un contrat à versements libres, le souscripteur verse à son gré des sommes dont le montant minimum est précisé par le contrat. Il n'y a donc pas de date d'échéance de la cotisation ;
- s'il s'agit d'un contrat à cotisation unique, une seule cotisation sera versée lors de la conclusion du contrat (v. chapitre 1, Assurance vie : principes généraux).

2072. L'article R. 113-4 du Code des assurances exige que l'assureur, à chaque échéance de cotisation, avertisse l'assuré ou la personne chargée du paiement des cotisations, de la date d'échéance et du montant de la somme dont il est redevable ; cet avis n'a pas à être envoyé en lettre recommandée puisque l'article R. 113-4 ne lui impose aucune forme spécifique. D'ailleurs les assureurs se contentent en règle générale d'envoyer l'avis par lettre simple. Cet avis d'échéance pourrait aussi être envoyé par le biais du courrier électronique.

2073. Le Code des assurances ne prévoit aucune sanction en l'absence d'envoi d'avis d'échéance par l'assureur. L'assureur n'a d'ailleurs pas à se ménager une preuve de l'envoi de l'avis d'échéance, puisque l'article R. 113-4 du Code des assurances ne prévoit aucune sanction en cas de non-exécution de l'obligation (Civ. 1re, 2 juill. 1974, JCP 1974, II, 17851, note A. Besson). En outre les tribunaux décident que cette obligation de l'assureur ne peut pas avoir d'effet sur l'obligation de paiement du souscripteur (Civ. 1re, 21 janv. 1997, RCA 1997, n° 144). Par conséquent, le fait que l'assureur ne lui ait pas envoyé d'avis d'échéance ne saurait justifier l'absence de paiement de la cotisation par le souscripteur. Peu importe aussi que l'avis d'échéance mentionne une date erronée d'exigibilité de la cotisation, susceptible d'induire en erreur le souscripteur : seule compte la date d'exigibilité figurant dans le contrat. La mise en demeure prévue en cas de non-paiement des cotisations peut ainsi avoir lieu alors qu'aucun avis d'échéance n'a été envoyé.

2 ▪ Lieu de paiement

2074. En vertu de l'article L. 113-3 du Code des assurances, la cotisation est payable au domicile de l'assureur ou du mandataire désigné par lui à cet effet. On dit que la cotisation est portable. C'est donc au souscripteur de prendre l'initiative de faire parvenir le paiement à l'assureur, à l'adresse précisée dans la police d'assurance.

2075. En application de l'article L. 113-3, l'article R. 113-5 du Code des assurances prévoyait que la cotisation n'était pas portable lorsque l'assuré, par suite d'infirmité ou de vieillesse, n'était pas en mesure de se déplacer ou habitait au-delà d'un rayon de trois kilomètres à partir d'une recette postale. Cette exception a toutefois été supprimée par le décret n° 92-1356 du 22 décembre 1992.

2076. En droit commun du paiement, l'article 1247 du Code civil prévoit que le paiement doit être fait au domicile du débiteur. La dette est dite quérable.

B ▪ Moyens de paiement

2077. Le souscripteur peut librement choisir le mode de paiement de la cotisation. Peuvent ainsi être utilisés tous les moyens de paiement traditionnels, tels que les espèces (sous réserve des règles applicables interdisant ce mode de paiement pour certaines créances, v. C. mon. fin., art. L. 112-6 et s.), les virements, les prélèvements ou les cartes bancaires. La cotisation pourrait aussi être payée « en ligne », sur Internet, par communication du numéro de carte bancaire. En cas de virement ou de prélèvement, le paiement est considéré comme réalisé lorsque le compte de l'assureur est crédité.

2078. La jurisprudence décide traditionnellement que la remise du chèque vaut paiement de la cotisation (Solution constante depuis Civ. 1re, 2 déc. 1968, JCP 1969, II, 15775, concl. Lindon et note A. Besson).

2079. Le fait que la remise du chèque vaille paiement de la cotisation constitue une solution spécifique à l'assurance ; en effet en droit commun du chèque, comme le prévoit l'article 62 du décret-loi du 30 oct. 1935, c'est l'encaissement qui vaut paiement. Cette règle jurisprudentielle dérogatoire est protectrice de l'assuré. Il est fréquent en effet que les polices contiennent une clause subordonnant la prise d'effet de la garantie au paiement de la première cotisation ; si l'on optait pour la solution de droit commun, l'assuré ne serait pas garanti tant que l'assureur n'aurait pas remis le chèque à l'encaissement. Or, un délai important peut s'écouler entre la remise du chèque et son encaissement, délai entièrement dépendant de la diligence de l'assureur. C'est pourquoi, en matière d'assurance c'est la remise du chèque qui vaut paiement ; l'assuré est immédiatement garanti et n'est pas tributaire de la rapidité de l'assureur dans l'encaissement du chèque.

2080. La remise du chèque ne vaut toutefois paiement que sous la condition de son encaissement (Civ. 1re, 4 avr. 2001, RCA 2001, n° 242). Deux possibilités sont alors envisageables : soit le chèque est provisionné et la remise du chèque vaut alors définitivement paiement, quand bien même l'assureur tarderait à le présenter à l'encaissement, soit le chèque n'est pas provisionné et l'on considère que la cotisation n'a pas jamais été payée. Il y a en effet une condition résolutoire d'encaissement, en vertu de laquelle le paiement est considéré rétroactivement comme n'ayant jamais eu lieu. Dès lors, si le contrat contient une clause subordonnant la garantie au paiement, la garantie n'existe pas. En revanche si la garantie a pris effet dès la conclusion du contrat, l'absence de paiement justifie la mise en œuvre de la procédure de résiliation prévue par l'article L. 113-3 du Code des assurances en cas de non-paiement des cotisations.

2081. La date qui figure sur le chèque est présumée être celle de la remise. C'est alors à l'assureur qui souhaite détruire cette présomption de prouver que le chèque a été remis ou adressé à une autre date, notamment après le sinistre (Civ. 1re, 22 janv. 2002, RGDA 2002. 394, note M. Bruschi ; dans le même sens, Civ. 2e, 22 janv. 2004, RGDA 2004. 406, note L. Mayaux ; Civ. 2e, 8 janv. 2009, n°07-19.773 ; Civ. 2e, 22 janv. 2009, RCA 2009, comm. n° 118, obs. H. Groutel, précisant que cette solution s'applique lorsque le chèque est envoyé par voie postale ordinaire ; V. toutefois, dans une hypothèse où l'assureur avait indiqué remettre le contrat en vigueur à une date déterminée, Civ. 2e, 5 oct. 2006, RCA 2006, n° 385, obs. H. Groutel). Cette preuve, difficile à rapporter, pourra résulter de la production de l'enveloppe envoyée par le souscripteur, indiquant le cachet de la poste. Cette solution a pu être critiquée comme favorisant la pratique des chèques antidatés. En effet lorsque le contrat contient une clause subordonnant la prise d'effet de la garantie au paiement de la cotisation, l'assuré sera couvert à compter de la date figurant sur le chèque. Si un sinistre survenait avant que le chèque n'ait été remis à l'assureur, le risque est alors que le souscripteur l'antidate afin d'être indemnisé. L'assureur supporte ainsi un devoir de réaction lorsqu'il reçoit un chèque antidaté.

2082. La cotisation d'assurance peut être payée par compensation avec une indemnité d'assurance due par l'assureur. Ainsi, par exemple, si le souscripteur doit régler une cotisation de 1 000 €, alors que l'assureur doit lui verser une indemnité de 2 500 €, l'assureur ne versera que 1 500 €.

2083. La compensation ne pourra avoir lieu que si les créances sont certaines, liquides et exigibles, conformément au droit commun de la compensation (C. civ., art. 1291), c'est-à-dire des créances dont l'existence est incontestable, dont le montant est précisément chiffré et dont le débiteur peut exiger le paiement immédiat (v. pour une créance invoquée par l'assuré ne répondant pas à ces conditions, l'assureur refusant de prendre en charge le sinistre : Civ. 1re, 13 févr. 1979, RGAT 1980. 63 ; v. aussi Civ. 1re, 30 oct. 1995, RGAT 1996. 91, note R. Maurice).

2084. En assurance de responsabilité, l'assureur ne peut pas déduire le montant de la cotisation de l'indemnité due à la victime. Il n'y a pas compensation des deux dettes.

2085. Cette solution, fondée juridiquement, résulte d'un arrêt de la première Chambre civile en date du 31 mars 1993 (Civ. 1re, 31 mars 1993, RGAT 1993. 635, note J. Beauchard). Jusqu'à cette décision la Cour de cassation admettait que la compensation entre la cotisation due et l'indemnité d'assurance s'exerçait à l'égard de la victime, par un prélèvement réalisé sur l'indemnité. Cette solution était très contestable puisque la compensation ne peut, selon l'article 1289 du Code civil, se réaliser qu'entre deux personnes qui sont débitrices l'une de l'autre ; or, la victime n'est pas débitrice de la cotisation d'assurance.

C . Preuve et imputation du paiement

2086. C'est au souscripteur de prouver qu'il a payé la cotisation. En l'absence de règle spécifique à l'assurance, il s'agit là d'une application du droit commun de la preuve, en l'occurrence l'article 1315, alinéa 2 du Code civil, qui dispose que « réciproquement, celui qui se prétend libéré, doit justifier le paiement ou le fait qui a produit l'extinction de son obligation ».

2087. Le paiement est classiquement analysé comme un acte juridique. Par conséquent, conformément à l'article 1341 du Code civil, sa preuve doit être faite par écrit dès que la somme en jeu dépasse 1 500 euros ; en revanche la preuve peut être rapportée par tous moyens en deçà de 1 500 euros. La remise d'une quittance par l'assureur vaudrait preuve du paiement (Civ., 24 févr. 1943, DC 1943, p. 122, note P. L-P.). En revanche, la remise d'une attestation, qui emporte seulement présomption simple de garantie, ne vaut pas preuve du paiement (Civ. 1re, 29 oct. 1979, RGAT 1980. 219 ; Civ. 2e, 8 nov. 2007, Bull. act. Lamy 2008, D. p. 8). Naturellement, le souscripteur ne peut pas se forger ses propres preuves. Ainsi la production de la photocopie d'un relevé de compte bancaire mentionnant le débit du chèque litigieux et de celle d'une lettre du courtier d'assurance, qui avait réclamé ladite somme, est insuffisante à démontrer le règlement d'un complément de cotisation (Civ. 1re, 24 févr. 2004, RGDA 2004. 408, note J. Kullmann).

2088. Lorsqu'un souscripteur dispose de plusieurs contrats chez un même assureur et qu'il n'a pas payé les cotisations afférentes à plusieurs d'entre eux, un problème surgit s'il ne procède qu'à un règlement partiel, ne recouvrant pas la totalité de la somme due. En effet comment l'assureur doit-il imputer la somme versée ? La même question se pose lorsque les cotisations impayées relèvent de différentes périodes d'assurance. En l'absence de précision du Code des assurances, l'imputation doit se faire conformément au droit commun, c'est-à-dire à l'article 1256 du Code civil. Ainsi, à défaut de précision du souscripteur, le paiement doit être imputé sur la dette qu'il avait le plus d'intérêt à acquitter (il a ainsi été décidé que le paiement devait être imputé sur la cotisation de l'assurance automobile obligatoire, dès lors qu'un défaut d'assurance en ce domaine exposait l'assuré à des poursuites correctionnelles : CA Amiens, 26 avr. 1979, D. 1980, IR, 182, obs. Cl-J. Berr et H. Groutel). Si les dettes sont toutes de même nature, l'imputation se fait sur la dette la plus ancienne.

Section 2 . Conséquences du défaut de paiement

2089. Les sanctions applicables en cas de défaut de paiement des cotisations par le souscripteur diffèrent selon le type d'assurance en jeu, assurance non-vie ou assurance vie. Les assurances de groupe obéissent aussi à des règles spécifiques, pouvant conduire à l'exclusion de l'adhérent (C. assur., art. L. 140-3 ; v. Partie 3, Titre 2, Sous-titre 3, chapitre 1, L'assurance emprunteur).

§ 1 . Non-paiement de la cotisation en assurance non-vie

2090. En cas de non-paiement des cotisations par le souscripteur, l'article L. 113-3 du Code des assurances offre à l'assureur le choix entre deux possibilités. Il peut ainsi décider de poursuivre l'exécution du contrat en justice ou bien opter pour le recours à une procédure non-judiciaire spécifique prévue par le Code des assurances. Aucune de ces procédures n'est toutefois applicable aux assurances-vie.

A ▪ Procédure judiciaire

2091. En dépit de l'existence d'une procédure spécifique de suspension de garantie, l'assureur est libre d'exercer un recours contentieux et d'agir en paiement forcé de la cotisation non réglée. L'action en justice n'est toutefois pas la solution la plus utilisée par les assureurs, en raison de sa lourdeur et de son coût.

2092. L'assureur est toujours libre d'agir en justice, même lorsqu'il a commencé à engager la procédure non-judiciaire ; ainsi, dans une affaire où, après la suspension de la garantie à la suite d'une mise en demeure, l'assureur n'avait pas procédé à la résiliation du contrat et avait préféré exercer une action en exécution forcée, la Cour de cassation a considéré qu'il n'y avait pas abus de droit de sa part (Civ. 1re, 1er déc. 1993, RGAT 1994. 96, note L. Mayaux).

2093. L'action en justice en paiement forcé des cotisations peut être exercée, même si aucune mise en demeure n'a été envoyée, ou si elle était irrégulière. L'action en justice est en effet parfaitement indépendante de la procédure non-judiciaire prévue en cas de défaut de paiement des cotisations (Civ. 1re, 20 janv. 1987, RGAT 1987. 60).

B ▪ Procédure non-judiciaire

2094. La procédure non-judiciaire applicable en cas de défaut des cotisations est décrite à l'article L. 113-3 du Code des assurances. Il en résulte que le non-paiement de la cotisation n'entraîne pas immédiatement la fin de la garantie. Cette suppression de la garantie n'intervient en effet qu'à l'issue d'une procédure divisée en plusieurs étapes. En l'absence d'un commun accord des parties, le contrat ne pourrait être résilié que suivant les modalités prévues par le texte (un tel accord ne pourrait toutefois résulter du seul défaut du paiement des cotisations, même si elles n'ont pas été réclamées par l'assureur : Civ. 1re, 23 sept. 2003, RGDA 2003. 708, note J. Kullmann). Les étapes à respecter sont les suivantes :
- délai de dix jours après l'échéance de la cotisation : à l'expiration de ce délai, l'assureur peut faire parvenir au souscripteur une mise en demeure de payer ;
- délai de trente jours à compter de la mise en demeure : pendant ce délai, la garantie est maintenue ;
- suspension de la garantie : à l'expiration du délai de trente jours à compter de la mise en demeure, la garantie est suspendue ;
- résiliation du contrat : l'assureur peut procéder à la résiliation du contrat dix jours après la suspension de la garantie, soit quarante jours après la mise en demeure.

2095. Les dispositions de l'article L. 113-3 du Code des assurances s'appliquent aussi en cas de non-paiement d'une majoration de la cotisation intervenue au cours de la période d'assurance (Crim., 10 oct. 1990, RGAT 1991. 72, note R. Maurice). Par exemple, si un assuré change en cours d'année d'automobile et achète un nouveau véhicule pour lequel la cotisation d'assurance se révèle plus élevée, le non-paiement de la somme réclamée au titre de la majoration de la cotisation entraîne l'application de la procédure mise en place par l'article L. 113-3 du Code des assurances.

2096. La solution est différente lorsque l'assuré souscrit en cours de contrat une garantie complémentaire. Dans une telle hypothèse, l'assuré demande à l'assureur de prendre en charge un nouveau risque, qui n'était pas couvert pas le contrat actuel. L'assureur va alors demander le paiement d'une cotisation correspondant à cette nouvelle garantie. Si l'assuré ne règle pas cette cotisation, le défaut de paiement peut-il avoir une incidence sur les autres garanties figurant dans le contrat initial ? La Cour de cassation répond par la négative à cette question : la cotisation due au titre de la nouvelle garantie est indépendante des autres et son défaut de paiement n'affecte pas les autres garanties (Crim., 13 mai 1992, RGAT 1992. 838, note R. Maurice). Ainsi, par exemple, si l'assuré qui possède un contrat d'assurance couvrant son habitation contre les risques « vol » et « incendie » demande en cours de période d'assurance une garantie « dégâts des eaux », le non-paiement de la cotisation correspondant à cette nouvelle garantie ne pourra pas entraîner la suspension des garanties « vol et incendie ».

1 ▪ Mise en demeure

2097. La mise en demeure constitue « une interpellation aux termes de laquelle un créancier notifie à son débiteur sa volonté de recouvrer sa créance » (*Vocabulaire juridique*, G. Cornu (dir.), PUF, Quadrige, 2003) ; elle ne peut avoir lieu que dix jours après la date d'échéance de la cotisation. Il s'agit là d'un délai minimum et l'assureur peut laisser un délai supplémentaire à l'assuré pour régler la cotisation. D'ailleurs, en pratique, les assureurs commencent souvent par faire parvenir une lettre de rappel à leur assuré, lui demandant de régulariser sa situation, avant de procéder à la mise en demeure. La validité de cette mise en demeure n'est pas subordonnée à l'envoi d'un avis d'échéance par l'assureur (Civ. 1re, 2 juill. 1974, RGAT 1974. 367, note A. Besson). En effet, si l'envoi d'un avis d'échéance est imposé à l'assureur par le Code des assurances (C. assur., art. L. 113-4), aucune sanction n'est prévue en cas de non-respect de cette obligation. Ainsi par exemple, dès lors que l'assureur avait produit devant elle un courrier recommandé de mise en demeure, en date du 7 décembre 2010, informant l'assuré que la résiliation interviendrait le 18 janvier 2011, la cour d'appel ne pouvait refuser de tenir celle-ci pour acquise le jour d'un sinistre survenu le 4 juin 2011 (Crim. 21 janv. 2014, n° 12-88.074, RCA 2014, com. 134, note H. Groutel).

2098. La mise en demeure doit être adressée par lettre recommandée simple ; les textes n'exigent pas l'envoi avec demande d'accusé de réception (Civ. 2e, 16 nov. 2006n° 05-12.732, RCA 2007, comm. n° 35). Cette lettre n'a pas à être rédigée en caractères très apparents (Civ. 1re, 6 oct. 1993, RGAT 1994. 101, note L. Mayaux). La signature manuscrite de l'assureur n'est pas non plus exigée, dès lors que l'assuré ne peut pas se méprendre sur la qualité de son correspondant, notamment par l'apposition d'un cachet (Civ. 1re, 3 févr. 1993, RGAT 1993. 574, note R. Maurice).

2099. L'article R. 113-1 du Code des assurances exigeait que la lettre recommandée indique qu'elle était envoyée à titre de mise en demeure, qu'elle rappelle le montant et la date d'échéance de la cotisation et reproduise le texte de l'article L. 113-3. L'absence de ces mentions obligatoires entraînait le défaut de validité de la mise en demeure (Civ. 1re, 28 avr. 1998, RGDA 1998. 700, note F. Chardin). Ces exigences ont toutefois été supprimées par un décret n° 92-1356 du 22 décembre 1992, alors que les mentions obligatoires s'avéraient fort utiles pour les assurés qui connaissent rarement les sanctions prévues par l'article L. 113-3 du Code des assurances. Les assureurs ont toutefois tout intérêt à maintenir ces mentions et ils sont d'ailleurs nombreux à le faire ; en effet, en leur absence, l'assuré pourrait essayer d'engager leur responsabilité pour manquement à une obligation d'information relative aux conséquences de la mise en demeure. Il a ainsi pu être décidé que la formulation de la mise en demeure devait être de nature à attirer l'attention de l'assuré sur les conséquences précises du non-paiement intégral de la prime et sur l'intention de l'assureur de procéder à la résiliation (Civ. 2e, 20 déc. 2007, n° 06-21.455, RCA 2008, comm. n° 1, obs. H. Groutel).

2100. Le Code des assurances n'exige que l'envoi de la mise en demeure et non sa réception effective par le souscripteur. Elle produira donc ses effets quand bien même le souscripteur ne l'aurait pas reçue, l'aurait refusée ou encore, ne serait pas venu la réclamer au bureau de poste (Crim., 13 nov. 1986, RGAT 1987. 57, note A. Besson). L'assureur n'a d'ailleurs pas à prouver la réception de la lettre par son destinataire (Civ. 1re, 6 oct. 1993, RGAT 1994. 101, note L. Mayaux ; Crim., 14 déc. 2010, n° 09-88.616, RCA 2011, comm. 125, obs. H. Groutel).). L'assuré qui n'informe pas son assureur de son changement d'adresse ne peut pas lui reprocher d'avoir résilié le contrat pour défaut de paiement de la cotisation après plusieurs lettres de mise en demeure envoyées à son ancienne adresse (Civ. 2e, 9 févr. 2012, n° 11-10.270).

2101. L'article R. 113-1 du Code des assurances prévoit que la mise en demeure doit être adressée à l'assuré ou à la personne chargée du paiement des cotisations. La mise en demeure doit normalement être adressée à l'assuré, parce qu'il a en principe la qualité de débiteur de la cotisation. Toutefois, lorsque tel n'est pas le cas, elle doit être envoyée à la personne chargée du paiement de la cotisation. Il pourra alors s'agir de la personne à laquelle l'assuré a donné mandat exprès pour transmettre le paiement à l'assureur ou bien de la personne débitrice de la cotisation à titre personnel. La mise en demeure pourra aussi être adressée au titulaire du compte sur lequel les cotisations étaient prélevées automatiquement (Civ. 1re, 4 avr. 1995, RCA 1995, comm. n° 244).

2102. L'article R. 113-1 du Code des assurances n'exige pas que la mention de la personne chargée du paiement des cotisations figure expressément dans le contrat (Civ. 1re, 27 févr. 1996, RCA 1996, comm. n° 189). L'assureur adressera donc la mise en demeure à la personne assumant de manière habituelle le paiement des cotisations, même si son nom n'est pas indiqué dans le contrat. En cas de litige, le juge déterminera qui est chargé de ce paiement.

2103. Tant que l'assureur n'est pas informé du décès de l'assuré, la mise en demeure est valablement adressée au nom du défunt, à son dernier domicile connu. En revanche, dès que l'assureur connaît l'identité et l'adresse de l'héritier débiteur de la cotisation, la mise en demeure est valablement adressée au nom et à l'adresse de celui-ci. Si l'assureur est avisé du décès de l'assuré et de ce que le notaire chargé de la succession s'engageait à payer les cotisations, il doit adresser la mise en demeure à ce notaire ; il ne pourrait donc pas invoquer la résiliation du contrat pour non-paiement des cotisations après une mise en demeure adressée au domicile de l'assuré (Civ. 1re, 22 nov. 1994, RGAT 1995. 75, note R. Maurice).

2104. En cas d'aliénation de la chose assurée, l'acquéreur devient débiteur de la cotisation d'assurance arrivée à échéance après le transfert de propriété (v. Partie 2, Titre 2, Sous-titre 1, Chapitre 3, Le transfert de propriété de la chose assurée). C'est donc à lui que doit être adressée la mise en demeure. L'assureur ne pourra toutefois lui envoyer la mise en demeure que s'il a été informé du changement de propriétaire ; en l'absence d'une telle information, le vendeur demeure son seul interlocuteur. Pourtant, la Cour de cassation a pu décider que la mise en demeure pour défaut de paiement de la cotisation doit toujours être envoyée à l'acquéreur, même si l'assureur n'a pas été informé de l'aliénation du bien assuré (Civ. 1re, 22 juin 1988, RGAT 1988. 769, note J. Bigot).

2105. La mise en demeure adressée par l'assureur postérieurement au jugement ayant prononcé la liquidation judiciaire pour le paiement de primes échues pour partie antérieurement à ce jugement est sans effet sur la résiliation du contrat (Com., 17 nov. 2009, n° 08-19.537, RCA 2010, comm. 57, note F. Leduc).

2106. Selon l'article R. 113-1 du Code des assurances, la lettre de mise en demeure doit être envoyée par l'assureur au dernier domicile connu de l'assuré ou de la personne chargée du paiement. D'où l'importance pour le souscripteur de signaler tout changement de domicile à son assureur et de faire suivre son courrier. Il s'agit de l'adresse figurant dans le contrat d'assurance, sauf si le souscripteur a signalé à l'assureur un changement d'adresse. En cas de litige quant à l'adresse à laquelle a été adressée la mise en demeure, c'est au souscripteur qu'il revient de prouver qu'il a notifié son changement d'adresse à l'assureur (Civ. 1re, 26 janv. 1999, RGDA 1999. 345, note L. Fonlladosa). Cette solution s'applique quand bien même l'assuré aurait souscrit d'autres contrats auprès du même assureur, ces contrats mentionnant sa nouvelle adresse : le dernier domicile connu s'apprécie contrat par contrat (Civ. 1re, 20 déc. 1994, RGAT 1995. 72, note R. Maurice).

2107. C'est à l'assureur de prouver qu'il a envoyé la mise en demeure. Les juges apprécient souverainement si cette preuve est bien rapportée. Par exemple, constitue une telle preuve l'original du bordereau postal, dont toutes les pages sont reliées les unes aux autres, visé par l'agent postal en dernière page et dans lequel les lettres expédiées et celles qui ne l'ont pas été peuvent être identifiées avec précision (Civ. 1re, 28 oct. 1997, RGDA 1997. 1030, note F. Vincent ; Civ. 1re, 26 janv. 1999, RGDA 1999. 345, note L. Fonlladosa. ; Crim. 17 nov. 2009, n° 09-81.017, RCA 2010, comm. 56, obs. H. Groutel). Il a même été admis que la preuve de la suspension de la garantie (et par là même de l'envoi de la mise en demeure) pouvait résulter de l'aveu de l'assuré, reconnaissant dans une lettre que la garantie a été suspendue pour non-paiement de la cotisation échue et demandant qu'elle soit remise en vigueur (Civ. 2e, 19 févr. 1997, D. 1998, somm. comm., p. 49, obs. Cl-J. Berr). En revanche, il a pu être décidé que l'existence d'une copie du courrier de mise en demeure ne prouvait pas l'envoi de la mise en demeure (Civ. 2e, 8 sept. 2005, n° 03-21.175, RCA 2005, comm. n° 340, obs. H. Groutel ; Civ. 2e, 10 sept. 2015, n° 14- 20.693, RCA 2015, com. 337, obs. H. Groutel : la production conjointe de la page numérotée du bordereau où l'expédition de la lettre est mentionnée et de sa dernière page, qui précise le nombre total des envois et porte le timbre à date de la Poste, ainsi que d'un extrait du document faisant état du recommandé, établit l'expédition de la lettre recommandée comprise dans l'envoi en nombre effectué pour la compagnie d'assurances).

2108. Il a même été admis que la preuve de la suspension de la garantie (et par là même de l'envoi de la mise en demeure) pouvait résulter de l'aveu de l'assuré, reconnaissant dans une lettre que la garantie a été suspendue pour non-paiement de la cotisation échue et demandant qu'elle soit remise en vigueur (Civ. 2e, 19 févr. 1997, D. 1998, somm. comm., p. 49, obs. Cl-J. Berr). En revanche, il a pu être décidé que l'existence d'une copie du courrier de mise en demeure ne prouvait pas l'envoi de la mise en demeure (Civ. 2e, 8 sept. 2005, n° 03-21.175, RCA 2005, comm. n° 340, obs. H. Groutel).

2109. Lorsque la cotisation a été fractionnée, il suffit à l'assureur de faire parvenir une mise en demeure au souscripteur à l'expiration du délai de dix jours à compter du non-paiement d'une des fractions de la cotisation.

2110. L'envoi de la mise en demeure fait courir un délai de trente jours. À l'expiration de ce délai, la garantie est suspendue. Conformément à l'article L. 114-2 du Code des assurances, la mise en demeure ne pourra interrompre le cours de la prescription biennale de l'action en paiement de la cotisation que si elle est envoyée par lettre recommandée avec accusé de réception. Si elle est envoyée en recommandée simple, ce qui est parfaitement légal, elle n'aura pas d'effet sur le cours de la prescription. La jurisprudence décide en effet que l'envoi d'une lettre recommandée sans accusé de réception ne pouvait avoir d'effet interruptif, alors même que la partie à qui elle est envoyée reconnaîtrait l'avoir reçue (Civ. 1re, 9 mars 1999, RGDA 1999.

600, note L. Fonlladosa ; V. toutefois, en sens contraire : Civ. 1re, 20 juill. 1988, RGAT 1988. 784, note J. Bigot, admettant la lettre recommandée sans demande d'avis de réception, s'il en a été accusé réception dans les limites du délai de prescription] (v. Partie 2, Titre 2, Sous-titre 4, chapitre 1, La prescription biennale). La mise en demeure, qui indique la volonté de l'assureur d'être payé, fait courir les intérêts moratoires au profit de l'assureur.

2111. A compter de la mise en demeure commence à courir un délai de trente jours pendant lequel la garantie est maintenue. Cela implique donc que si un sinistre survient pendant cette période, il devra être pris en charge par l'assureur. Toutefois l'assureur pourra, par le jeu de la compensation, déduire de l'indemnité d'assurance le montant de la cotisation impayée. La compensation, prévue par l'article 1289 du Code civil, est le mécanisme en vertu duquel lorsque deux personnes se trouvent débitrices l'une envers l'autre, leurs deux dettes réciproques se trouvent éteintes jusqu'à concurrence de la plus faible. Ainsi, par exemple, si un sinistre survient pendant le délai de trente jours à compter de la garantie, pour lequel l'assureur devrait verser une indemnité d'assurance de 1 000 €, une compensation s'opère avec la cotisation impayée. Dès lors, si l'assuré est débiteur d'une cotisation d'un montant de 300 €, l'assureur ne lui versera que 700 €.

2112. Toutefois, en assurance de responsabilité, l'assureur ne peut pas déduire le montant de la cotisation de l'indemnité due à la victime. Il n'y a pas compensation des deux dettes. Cette solution, fondée juridiquement, résulte d'un arrêt de la première chambre civile en date du 31 mars 1993 (Civ. 1re, 31 mars 1993, RGAT 1993. 635, note J. Beauchard). Jusqu'à cette décision la Cour de cassation admettait que la compensation entre la cotisation due et l'indemnité d'assurance s'exerçait à l'égard de la victime, par un prélèvement réalisé sur l'indemnité. Cette solution était très contestable puisque la compensation ne peut, selon l'article 1289 du Code civil, se réaliser qu'entre deux personnes qui sont débitrices l'une de l'autre ; or la victime n'est pas débitrice de la cotisation d'assurance.

2113. Si le souscripteur paye la cotisation réclamée après l'envoi de la mise en demeure mais avant la suspension de la garantie, sa situation est régularisée, sauf à payer d'éventuels frais de poursuite et de recouvrement.

2 ▪ Suspension de la garantie

2114. La garantie est automatiquement suspendue à l'expiration d'un délai de trente jours à compter de l'envoi de la mise en demeure. Le point de départ de ce délai est le lendemain à zéro heures de la date d'envoi, par application de l'article 641 du nouveau Code de procédure civile, selon lequel « lorsqu'un délai est exprimé en jours, celui de l'acte (...) qui le fait courir ne compte pas » (Civ. 1re, 22 janv. 2002, RGDA 2002. 391, note M. Bruschi). Doit donc être censurée la Cour d'appel qui attribue un effet à la mise en demeure à compter de la réception de la lettre recommandée, alors que cette mise en demeure se trouve légalement régularisée par le seul envoi à l'assuré d'un pli recommandé (Civ. 2e, 8 sept. 2005, Bull. civ. II, n° 209 ; RCA 2005, comm. n° 339 ; RGDA 2006. 93, note. F ; Chardin).

2115. Le délai expire le dernier jour à vingt-quatre heures et le délai qui expirerait normalement un samedi, un dimanche ou un jour férié ou chômé est prorogé jusqu'au premier jour ouvrable suivant, conformément aux règles de computation des délais fixées par l'article 642 du Code de Procédure Civile. Par exemple, si une lettre de mise en demeure est postée le 7 mars, le délai ne commencera à courir que le 8 mars à 0 heure et expirera le 6 avril à minuit.

2116. Pendant la période de suspension de la garantie, le contrat subsiste, ce qui implique que le souscripteur doit toujours payer sa cotisation tandis que l'assureur n'a pas à prendre en charge les sinistres qui peuvent survenir. L'échéance d'une nouvelle cotisation annuelle met fin à la suspension de garantie. Dès lors, si l'assuré persiste à ne pas payer et que le contrat n'a pas été résilié, l'assureur est obligé de renouveler les mêmes formalités (mise en demeure...) pour la nouvelle cotisation (Civ. 1re, 9 déc. 1997, RGDA 1998. 76, note J. Kullmann).

2117. Il a pu être décidé qu'une Cour d'appel avait valablement retenu que la preuve de la suspension de la garantie, à la date de l'accident, résultait d'une lettre par laquelle l'assuré reconnaissait lui-même que la garantie avait été suspendue pour non-paiement de la prime échue et demandait qu'elle fut remise en vigueur (Civ. 2e, 19 févr. 1997, D. 1998, somm. 49, obs. Cl.-J. Berr ; RGDA 1997. 495, note J. Landel).

2118. Si le souscripteur règle les cotisations arriérées, ainsi que les éventuels frais de poursuite et de recouvrement, après la suspension mais avant la résiliation, l'article L. 113-3, alinéa 4, du Code des assurances prévoit que la garantie est remise en vigueur à midi le lendemain du paiement. Pour cela le souscripteur doit régler la totalité des cotisations dues, c'est-à-dire, bien sûr, les cotisations ayant fait l'objet de la mise en demeure, mais aussi les cotisations arrivées à échéance pendant la période de suspension.

2119. Un assuré est mis en demeure de régler des cotisations impayées pour un montant de 600 euros ; la garantie est par la suite suspendue et pendant la période de suspension arrive à échéance une cotisation d'un montant de 300 €. Dans une telle hypothèse, la garantie ne sera remise en vigueur que si l'assuré s'acquitte de la somme de 900 € envers l'assureur.

2120. Comme le précise l'article L. 113-3, alinéa 2, du Code des assurances, lorsque la cotisation annuelle a été fractionnée, la suspension de la garantie produit ses effets jusqu'à l'expiration de la période annuelle considérée. Cela implique qu'en cas de suspension due au non-paiement d'une fraction de la cotisation, le paiement de la fraction suivante, arrivée à échéance, ne remet pas en vigueur la garantie ; l'assureur n'a donc pas à renouveler la procédure de mise en demeure à l'échéance de chaque fraction de cotisation. Le contrat ne reprendra effet qu'en cas de paiement de la fraction de cotisation ayant fait l'objet de la mise en demeure et de celles venues à échéance pendant la période de suspension (Civ. 1re, 15 déc. 1993, RGAT 1994. 503, note R. Maurice).

2121. Si plusieurs fractions de cotisations n'ont pas été payées, la garantie restera suspendue jusqu'à la fin de la période annuelle d'assurance, tant que toutes les fractions impayées n'auront pas été réglées. Le paiement d'une seule fraction impayée ne suffit pas à remettre en vigueur la garantie. Dès lors l'assuré ne pourrait pas reprocher au courtier d'avoir imputé le paiement à l'une des fractions impayées plutôt qu'à une autre (Civ. 1re, 23 févr. 1988, RGAT 1988. 475, note J. Bigot).

3 ▪ Résiliation du contrat

2122. A l'expiration d'un délai de dix jours commençant à courir à la date de suspension de la garantie, l'assureur a la possibilité de résilier le contrat d'assurance (Pour une application, V. CA Paris, 11 mai 2004, 2002/15794). Il ne s'agit là que d'une simple faculté, non d'une obligation, et l'assureur pourrait préférer agir en exécution forcée du contrat (Civ. 1re, 1er déc. 1993, RGAT 1994. 96, note L. Mayaux). La résiliation du contrat n'est toutefois prévue par l'article L. 113-3 du Code des assurances qu'à défaut de paiement de la prime dans les dix jours de son échéance et non à défaut du remboursement de frais de mise en demeure (Civ. 2e, 16 juin 2011, n° 10 -21.078, RGDA 2012, p 51, note, J. Bigot).

2123. L'article R. 113-2 du Code des assurances, abrogé par le décret n° 92-1356 du 22 décembre 1992, prévoyait que l'assureur avait le choix entre deux possibilités :
- soit n'adresser qu'une seule lettre de mise en demeure et de résiliation, dans cette hypothèse, la lettre devait préciser que la résiliation du contrat surviendra dix jours après la suspension de garantie. Cette formule, la moins coûteuse et la moins lourde, était privilégiée par les assureurs ;
- soit adresser deux lettres recommandées, l'une de mise en demeure et l'autre de résiliation. Dans ce cas, la lettre de mise en demeure n'avait pas à mentionner la résiliation et la lettre de résiliation devait être adressée, au plus tôt, dix jours après la suspension.

2124. En l'absence de précision contraire par les textes, il semble que les assureurs puissent maintenir l'envoi d'une seule lettre recommandée.

2125. Si le souscripteur règle la cotisation réclamée après la résiliation du contrat, ce paiement ne remet pas en vigueur le contrat. Pour que l'assuré soit à nouveau couvert, un nouveau contrat doit être conclu, ce que l'assureur n'est nullement tenu d'accepter.

2126. La résiliation n'a aucun effet rétroactif, ce qui signifie que les sommes versées lorsque le contrat était en vigueur ne sont pas remises en cause et n'ont pas à être restituées. C'est le cas notamment des indemnités d'assurance qui ont pu être versées à l'occasion d'un sinistre (Civ. 1re, 9 févr. 1999, Bull. civ. I, n° 46). Lorsque l'assureur procède à la résiliation du contrat en raison du non-paiement des cotisations, l'assuré croit souvent en être quitte avec lui et être désormais à l'abri de toute poursuite. Il s'agit d'une conviction erronée puisque l'assureur dispose en tout état de cause du droit d'exiger le paiement de la cotisation qui n'a pas encore été réglée. La résiliation du contrat pour non-paiement n'éteint pas la dette.

2127. Il est possible pour l'assureur de renoncer à la résiliation du contrat ; dans une telle hypothèse, si un sinistre survenait, il devrait le prendre en charge. La renonciation peut être expresse, par exemple par la remise par l'assureur d'un avenant précisant que les effets de la mise en demeure et de la résiliation sont annulés ; mais cette renonciation peut aussi être tacite. Toute la difficulté consiste alors à analyser les comportements de l'assureur susceptibles de constituer une telle renonciation. Cette renonciation peut d'ailleurs être l'œuvre du représentant de l'assureur, notamment l'agent général, si celui-ci disposait du pouvoir du renoncer au nom de l'assureur. Il a ainsi pu être décidé que l'agent général ayant écrit aux bénéficiaires du contrat que le contrat était toujours en cours et que l'assureur était prêt à leur verser la somme prévue, il en résultait que l'assureur avait renoncé sans équivoque à sa résiliation (Civ. 1re, 4 nov. 2003, RGDA 2004. 342, note D. Langé).

2128. La question des comportements de l'assureur susceptibles de constituer une renonciation à la résiliation du contrat se pose notamment lorsque cet assureur encaisse, après la résiliation, la cotisation payée par l'assuré. Comment doit-être analysé ce geste ? La Cour de cassation semble ne pas reconnaître valeur de renonciation à l'encaissement de la cotisation ; elle a, en effet, pu affirmer que « la renonciation à un droit ne peut résulter que d'un acte manifestant sans équivoque la volonté de renoncer, que tel n'est pas le cas de l'encaissement que fait sans réserve l'assureur, après la date de la résiliation, d'une cotisation venue à échéance avant » (Civ. 1re, 18 févr. 2003, v. H. Groutel, A propos de renonciations de l'assureur, RCA 2003, chron. n° 10 ; Crim. 16 mai 2006, D. 2006, p. 2771, note D. Noguéro ; JCP 2006, II, 10164, note D. Krajeski ; RCA. comm. n° 28, note H. Groutel ; RGDA 2006. 647, note S. Abravanel-Jolly ; Civ.

2e, 24 mai 2006, n°04-20.584 ; RCA 2006, comm. n° 321, obs. H. Groutel). Ainsi l'encaissement d'une cotisation d'assurance faite sans réserve par l'assureur est sans effet dès lors que le paiement correspond une cotisation échue. La résiliation ne dispense pas l'assuré du paiement des cotisations échues (Orléans, ch. com., 23 sept. 2004, n° 1106, Ferton c/ Cap assurances et autres, L'Argus, févr. 2005, p. 35).

2129. Dans une décision isolée, il avait pu être décidé que l'encaissement sans réserve, après la résiliation, du solde de la cotisation, devait être analysé comme une renonciation à cette résiliation (Civ. 1re, 9 juill. 1996, RGDA 1996. 891, note L. Mayaux ; D. 1998, somm. comm. p. 48, obs. H. Groutel). Cette solution a pu être critiquée : en effet, en encaissant le solde de la cotisation, l'assureur ne fait que percevoir son dû et non accepter le paiement d'une nouvelle cotisation remettant en vigueur le contrat résilié. D'ailleurs la Cour de cassation a, par la suite, précisé que le seul encaissement du chèque d'arriéré de cotisations par l'assureur, après la résiliation ne pouvait valoir renonciation à la résiliation (Civ. 1re, 3 févr. 1998, RGDA 1998. 265, note L. Fonlladosa). Pour valoir renonciation, l'encaissement de la cotisation devrait être accompagné d'autres actes permettant de caractériser sans équivoque la volonté de renoncer, comme, par exemple, l'assignation en paiement d'une cotisation correspondant à la période postérieure à la lettre de résiliation.

2130. La résiliation met fin, à compter de sa date, à l'obligation de l'assuré de payer les primes, qui se trouvent dépourvues de cause. Ainsi les primes postérieures à la résiliation ne sont pas dues (Civ. 2e, 4 fév. 2016, n° 15-15.993).

§ 2 ▪ Non-paiement de la cotisation en assurance vie

2131. En assurance vie, l'assureur ne peut pas réclamer le paiement de la cotisation. L'article L. 132-20, alinéa 1, du Code des assurances dispose en effet que « l'entreprise d'assurance ou de capitalisation n'a pas d'action pour exiger le paiement des primes ». Cette solution s'explique par le fait qu'il s'agit d'une opération d'épargne à laquelle le souscripteur peut mettre fin à tout moment, en fonction notamment de ses possibilités financières.

2132. Si l'assureur ne peut pas contraindre l'assuré à régler la cotisation, il n'est cependant pas tenu de fournir une garantie sans contrepartie. Ainsi l'article L. 132-20, alinéa 2, du Code des assurances organise une procédure spécifique en cas de non-paiement de la cotisation. Lorsqu'une cotisation ou une fraction de cotisation n'est pas payée dans les dix jours de son échéance, l'assureur adresse au contractant une lettre recommandée l'informant qu'à l'expiration d'un délai de quarante jours à compter de son envoi, le défaut de paiement de la cotisation échue et de celles venues à échéance entraînera soit la résiliation du contrat, soit sa réduction.

2133. Il y a résiliation en cas d'inexistence ou d'insuffisance de la valeur de rachat. Elle s'applique, selon l'article L. 132-23 du Code des assurances, aux contrats d'assurance temporaire en cas de décès ainsi qu'aux rentes viagères immédiates ou en cours de service. Dans ce cas, le contrat cesse de produire ses effets.

2134. La réduction du capital ou des rentes garanties a lieu lorsque le contrat comporte une provision mathématique. Dans cette hypothèse, le contrat est maintenu mais les engagements de l'assureur sont réduits à concurrence du montant de la provision mathématique constituée. La réduction s'applique, selon l'article L. 132-23 du Code des assurances, à tous les contrats, hormis les contrats d'assurance temporaire en cas de décès et les rentes viagères immédiates ou en cours de service, dès lors que quinze pour cent des cotisations prévues au contrat ont été versées ou deux cotisations annuelles.

2135. L'article L. 132-23 du Code des assurances prévoit que l'assureur peut d'office substituer le rachat à la réduction si la valeur de rachat du contrat est inférieure à un montant fixé par décret ; l'article R. 132-2 vient fixer ce montant : il s'agit de la moitié du montant brut mensuel du salaire minimum de croissance applicable en métropole, calculé sur la base de la durée légale hebdomadaire du travail, en vigueur au 1er juillet précédant la date à laquelle la réduction est demandée. En exerçant cette faculté, l'assureur met fin au contrat en remboursant à l'assuré la valeur de rachat (v. Partie 3, Titre 2, Sous-titre 1, chapitre 1, Assurance vie : principes généraux).

Sous-titre 4
Les documents d'assurance

Chapitre 1
La note de couverture et l'attestation

BIBLIOGRAPHIE

L'Argus de l'assurance

Ouvrages. – J. Bigot (sous dir.), *Code des assurances*, Éd. L'Argus – F. Couilbault, S. Couilbaut-Di Tommaso, V. Huberty, *Les grands principes de l'assurance*, L'Argus éd., 2015. - J. Landel, *Lexique des termes d'assurance*, Éd. L'Argus, 2014.

Articles. – Valeur d'une attestation d'assurance, L'Argus n° 7107, février 2009, L'Argus n° 7120, mai 2009, L'Argus n° 7087, septembre 2008, L'Argus N° 7056, janvier 2008, L'Argus N° 6902, octobre 2004 ; La proposition d'assurance, L'Argus n° 7037, août 2007 ; Attestations et polices d'assurances, L'Argus N° 7029, juin 2007 ; Les modes de preuve se modernisent, L'Argus n° 7004, décembre 2006 ; Attestation d'assurance et garantie décennale, L'Argus n° 6982, juin 2006 ; L'attestation d'assurance et les activités déclarées, L'Argus N° 6974, avr. 2006 ; La rencontre des volontés, L'Argus n° 6878, avril 2004 ; Attestation dommages ouvrage, L'Argus n° 6875, avril 2004 ; G. Defrance, La preuve de l'assurance, Dossiers jur. et tech., L'Argus, 28 avr. 1995, p. 1.

Autres documentations

Ouvrages. – J. Kullmann, *Lamy assurances*, 2011, n° 441 et s. – *Traité de droit des assurances*, T. 3, Le contrat d'assurance, J. Bigot, (Dir.), LGDJ 2002, n° 493-498 et n° 503-504. – B. Beignier, *Droit du contrat d'assurance*, PUF, 1999, n° 149-151 et 159. – M. Chagny et L. Perdrix, Droit des assurances, LGDJ 2009. - H. Groutel (dir.), F. Leduc, Ph. Pierre et Maud Asselain, *Traité du contrat d'assurance terrestre*, Litec, 2008. - A. Favre Rochex, *Le droit du contrat d'assurance terrestre*, LGDJ, coll. « Droit des affaires », 1998. – Code des assurances, Dalloz.

Articles. – S. Bertolaso, L'utilisation de la langue française : protection réelle ou illusoire du consommateur ?, LPA, 19 févr. 1997, p. 17. – A. Favre Rochex et A. Margeat, Contrat d'assurance : la charge de la preuve, Ass. Fr. 1981, p. 146. – P.-Y. Gauthier et X. Linant de Bellefonds, De l'écrit électronique et des signatures qui s'y attachent, JCP 2000, I, n° 236. – H. Groutel, Le certificat d'assurance remis à sa place, RCA 2001, chron. n° 7 ; Attestation d'assurance ou note de couverture, RCA 1994, chron. n° 1 ; L'assuré qui en avait vu de toutes les couleurs, RCA 1999, chron. n° 6. – J. P. Karila, Les conséquences pour l'assureur des lacunes de l'attestation d'assurance décennale, Lamy Assurances, Bull. d'act. n° 113, janv. 2005, p. 1. - R. Perrot, La charge de la preuve en matière d'assurance, RGAT 1961. 5.
Divers. – F. Labarthe, Thèse, La notion de document contractuel, LGDJ, 1994. – X. Lagarde, Réflexion critique sur le droit de la preuve, LGDJ, 1994.

Section 1 ▪ La note de couverture

§ 1 ▪ Rôle

A ▪ Notion

2136. La note de couverture est un document provisoire constatant l'existence d'une garantie, délivré par l'assureur à l'assuré avant la rédaction d'une police d'assurance. Elle est aussi parfois appelée lettre de couverture, ou, dans les sociétés d'assurance mutuelles, bulletin d'adhésion provisoire. La note de couverture vient constater l'engagement des parties et constitue un document probatoire, par nature temporaire. Sur le rappel qu'un devis n'engage pas l'assureur et le proposant et que seule une police d'assurance ou une note de couverture peuvent constater leur engagement réciproque, V. Civ. 2e, 4 nov. 2010, n° 09-16.702. La note de couverture peut ainsi remplir deux fonctions différentes : selon les hypothèses, elle pourra constituer, soit la preuve provisoire d'un contrat définitif, soit la preuve d'un contrat provisoire.

2137. C'est au juge que revient la tâche de déterminer si la note de couverture constitue la preuve d'un contrat définitif ou la preuve d'un contrat provisoire, d'une durée de quelques jours en règle générale. Cette qualification se fera en fonction des éléments de fait, propres à chaque espèce (Civ. 1re, 30 avr. 1970, RGAT 1971. 64).

2138. L'indication d'une durée dans la note de couverture peut être utilisée comme critère de distinction. En effet lorsque la note de couverture constitue la preuve d'un contrat provisoire, la garantie est en règle générale accordée pour une durée brève, qui est précisée dans le document. Dès lors, si jamais un sinistre survient alors qu'aucune date d'expiration n'est mentionnée dans la note de couverture, c'est à l'assureur de prouver que la garantie provisoire a pris fin (Civ. 1re, 25 oct. 1994, RGAT 1994. 1098, note J. Bigot). S'il échoue dans cette preuve, il devra prendre en charge le sinistre. Le montant de la cotisation payée par le souscripteur peut aussi permettre de déterminer la nature du document. En effet lorsque le document constitue la preuve provisoire d'un engagement définitif, la cotisation payée doit correspondre à la durée de la garantie définitive. En revanche, si le document ne constitue que la preuve d'un contrat provisoire, la prime n'est due que pour la période de validité de la note de couverture.

B ▪ Preuve d'un contrat définitif

2139. Lorsqu'un assureur et un souscripteur concluent ensemble un contrat d'assurance ferme et définitif, une police d'assurance est normalement établie et constitue la preuve habituelle de cet accord de volonté. Il est toutefois possible que pour des raisons techniques l'assureur ne soit pas en mesure d'établir sur le champ une police. Dès lors, l'assuré est bel et bien garanti, puisque le simple accord de volontés a suffi à former le contrat d'assurance, contrat consensuel, mais il se trouve dans l'impossibilité de le prouver. Pour remédier à cela, l'assureur peut remettre à l'assuré, avant la délivrance de la police, un document provisoire, la note de couverture, lui permettant de prouver l'existence de la garantie. Cette note de couverture est alors destinée à être remplacée par la police, lorsque celle-ci sera établie. Dès lors, dans l'hypothèse où une durée de validité est indiquée dans la note, que se passe-t-il si cette durée arrive à expiration sans que le contrat définitif ait été établi ? On doit considérer que le document délivré est dépourvu de valeur probatoire à l'expiration du délai, mais que la garantie subsiste bien, puisque l'accord de volontés était définitif.

C ▪ Preuve d'un contrat provisoire

2140. Avant de décider d'accepter ou de refuser de garantir un risque, l'assureur peut souhaiter prendre le temps d'analyser la proposition du souscripteur. Toutefois, pour que l'assuré ne se trouve pas dépourvu de garantie pendant cette période d'instruction du dossier, l'assureur peut lui consentir une garantie provisoire. Cette garantie provisoire sera prouvée par une note de couverture délivrée par l'assureur ; dès lors les sinistres survenant pendant la période de validité de la note de couverture devront être pris en charge par l'assureur, même si celui-ci refuse au final de prendre définitivement le risque en charge.

2141. La remise d'un tel document répond tout à la fois à des exigences commerciales, puisqu'elle permet de répondre à la demande d'un client désirant immédiatement une garantie, et à des contraintes techniques, en accordant le temps nécessaire à l'assureur pour examiner le risque avant de l'accepter ou non définitivement dans la mutualité.

2142. La garantie provisoire n'est accordée que pour une durée limitée et prend fin à l'expiration du délai indiqué dans la note de couverture ; si un sinistre survient une fois passé ce délai, il ne sera pas pris en charge (Civ. 1re, 3 nov. 1969, RGAT 1971. 186). Peu importe d'ailleurs que des négociations soient en cours quant à la conclusion du contrat définitif, l'assureur est engagé jusqu'au terme fixé (Civ. 1re, 9 nov. 1999, RCA 2000, comm. n° 105). Lorsque l'assuré était averti de la durée limitée de la garantie accordée par la note de couverture, il ne peut pas invoquer, pour exiger l'indemnisation d'un sinistre survenu après l'expiration de cette garantie, le caractère excessif de la cotisation par rapport à la durée de la période de garantie. En effet, dans une telle hypothèse, il ne pourrait que formuler une demande de remboursement (Civ. 1re, 3 juill. 2001, RGDA 2001. 934, note J. Kullmann).

§ 2 ▪ Forme et contenu

2143. Le Code des assurances ne donne aucune définition de la note de couverture et ne lui impose aucune condition de forme ; les tribunaux rappellent d'ailleurs régulièrement le principe selon lequel la note de couverture n'est soumise à aucune condition de forme (Civ. 1re, 30 mars 1994, RGAT 1994. 460, note J. Kullmann). Il a ainsi pu être décidé qu'il n'était pas besoin de mentionner dans le document le terme de note de couverture ; il n'est pas non plus nécessaire d'y faire figurer les mentions imposées par l'article L. 112-4 du Code des assurances pour le contrat d'assurance (Civ. 1re, 1er mars 1948, RGAT 1948. 119 ; v. infra La police et l'avenant). En revanche, il doit obligatoirement s'agir d'un document émanant de l'assureur ou de son représentant (Civ. 1re, 23 juin 1969, RGAT 1970. 178), puisqu'il doit constater l'engagement de l'assureur ; ainsi, la demande d'assurance formulée par écrit par l'assuré à l'agent de l'assureur ne saurait constituer une note de couverture (sur ce point, voir Civ. 1re, 23 juin 1969, RGAT 1970. 178, obs. A. Besson).

2144. Lorsqu'un contrat est proposé en libre prestation de services (v. Chapitre 3, La souscription à distance), l'article L. 112-7 du Code des assurances prévoit que la note de couverture doit indiquer l'adresse de l'établissement qui accorde la couverture, le cas échéant celle du siège social, ainsi que le nom et l'adresse du représentant de l'assureur pour la gestion des sinistres, en assurance responsabilité civile automobile.

2145. Puisque aucune condition de forme n'est exigée pour la note de couverture, comment la distinguer d'autres documents ? C'est la jurisprudence qui est venue déterminer à quelles conditions un document pouvait recevoir la qualification de note de couverture. Elle a ainsi pu préciser « qu'il faut à tout le moins qu'elle contienne les conditions essentielles de la garantie telles que la nature de l'assurance, la détermination du risque et des primes » (Civ. 1re, 14 janv. 1992, RGAT 1992. 276, note R. Maurice). Une règle générale ne se dégage toutefois des décisions. C'est en fait le juge du fond, qui, au cas par cas, va vérifier si le document traduit la volonté de l'assureur de prendre en charge le risque et peut donc être qualifiée de note de couverture. On peut cependant noter que, seule constante dans les décisions, l'objet de la garantie doit toujours être indiqué.

2146. Il a été admis que constituait une note de couverture le document « qui précisait le nom de l'assuré, le numéro de la police déjà souscrite, l'objet, la nature et la durée de la garantie » (Civ. 1re, 6 oct. 1993, RCA 1994, comm. n° 26). Tel est aussi le cas d'un document déterminant l'objet, la durée, l'étendue de la garantie, « bien qu'il ne comportât aucune précision sur l'identité du souscripteur » (Civ. 1re, 30 mars 1994, RGAT 1994. 460, note J. Kullmann). En revanche ne peut constituer une note de couverture « le document qui faisait état d'un simple « projet » de la compagnie, et ne comportait aucun engagement » (Civ. 1re, 6 juin 1990, p. 537, note R. Maurice).

2147. Une des caractéristiques de la note de couverture est qu'à la différence de la police, elle n'est pas signée des deux parties : il s'agit d'un document qui émane du seul assureur et par lequel il s'engage à garantir immédiatement un risque déterminé. La question se pose alors de savoir si la note de couverture doit obligatoirement être signée par l'assureur. Il nous semble qu'une note de couverture non signée par l'assureur ne saurait constituer une preuve parfaite de l'accord de volontés. En effet, dans le Code des assurances, la note de couverture apparaît comme un procédé normal de preuve, au même titre que le contrat, preuve parfaite ; cela implique donc que le document soit signé par l'assureur. C'est d'ailleurs en ce sens que se prononce une réponse ministérielle (JOAN Q, 24 sept. 1990, RGAT 1991. 276) : « la note de couverture, dont la forme n'est pas réglementée, est constituée par tout écrit signé par l'assureur et indiquant les éléments essentiels du contrat. Elle n'est pas signée par l'assuré ».

2148. La note de couverture doit obligatoirement être établie par écrit ; il s'agit là d'une exigence légale, puisque l'article L. 112-3 du Code des assurances vise « la remise d'une note de couverture ». La question a toutefois pu être discutée, notamment à la suite d'une décision du 14 janvier 1992 de la première chambre civile de la Cour de cassation (Civ. 1re, 14 janv. 1992, RGAT 1992. 276, note R. Maurice) ; cet arrêt a en effet déclaré que « la Cour d'appel a relevé que si, en raison de son caractère provisoire, la note de couverture n'est soumise à aucune forme particulière, il faut à tout le moins qu'elle contienne les conditions essentielles de la garantie telles que la nature de l'assurance, la détermination du risque et des primes ; qu'elle a constaté que tel n'était pas le cas d'une communication téléphonique dont on ignorait la teneur et à laquelle il n'était fait référence que de manière allusive dans les pièces versées au débat... » ; Elle a donc pu décider que la preuve du contrat d'assurance n'était pas rapportée. Doit-on déduire d'une interprétation a contrario de cette décision que s'il avait été établi que l'entretien téléphonique avait porté sur les éléments essentiels du contrat, cette conservation aurait constitué la note de couverture ? Tel ne nous semble pas devoir être le cas. Ce sont ici les pièces versées au débat qui constituent l'écrit probatoire, pouvant être qualifié de note de couverture ; la conversation téléphonique constitue quant à elle l'accord de volontés.

2149. Une difficulté surgit lorsqu'un sinistre survient après l'établissement de la note de couverture mais avant l'établissement de la police. Comment en effet déterminer le contenu exact de la garantie, alors que la note de couverture ne contient que les éléments essentiels du contrat, c'est-à-dire des indications très succinctes ? Deux hypothèses sont alors envisageables. Si la note de couverture contient une clause de renvoi, faisant référence à des conditions générales déterminées de l'assureur, la présence de cette clause permet l'application des clauses de ce contrat-type au règlement du sinistre. En revanche la question est plus délicate si la note de couverture ne contient aucune référence au contrat type. Dans une telle situation, la Cour de cassation a pourtant pu décider que « l'application d'une note de couverture doit se faire en fonction des conditions générales du contrat-type, alors même que la note de couverture ne s'y référerait pas » (Civ. 1re, 7 mars 1989, RGAT 1989. 546, note H. Margeat et J. Landel). Comment justifier une telle solution, qui fait exception au principe selon lequel les clauses doivent avoir été portées à la connaissance du souscripteur pour lui être opposables (V. Partie 2, Titre 1er, Sous-titre 4, Chapitre 3, Charge et moyens de la preuve du contrat) ? Il s'agit avant tout de concilier les intérêts de l'assuré et de l'assureur. L'assureur n'accepte en effet de s'engager provisoirement qu'à la condition de ne pas supporter d'obligations plus lourdes que celles qui sont les siennes dans le contrat définitif ; à défaut, il refuserait de consentir une garantie immédiate, ce qui nuirait gravement aux intérêts de l'assuré. On considère finalement que le souscripteur, bien que n'ayant pas eu communication de la police, ne pouvait en ignorer le contenu. Cette solution conduit finalement à mettre à sa charge une obligation de se renseigner : il doit prendre l'initiative de prendre connaissance du contrat-type avant la remise de la note de couverture. Il s'agit toutefois d'une solution rigoureuse pour le souscripteur-particulier car, profane en matière d'assurance, il peut tout à fait ignorer l'existence du contrat type, en l'absence de clause de renvoi faisant référence à ce contrat.

2150. En revanche les clauses de nullité, d'exclusion et de déchéance doivent être communiquées au souscripteur pour lui être opposables. Cette solution résulte de l'arrêt de la première Chambre civile en date du 7 mars 1989, précité, qui décide que « l'assureur qui entend se prévaloir d'une nullité, d'une déchéance ou d'une exclusion doit justifier l'avoir portée à la connaissance de l'assuré » (Civ. 1re, 7 mars 1989, RGAT 1989. 546 ; dans le même sens, à propos d'une déchéance, Civ. 1re, 26 févr. 1980, D 1981, somm. comm. p. 175, obs. Cl-J. Berr et H. Groutel). Pour que cette condition soit remplie, la Cour de cassation semble exiger que les clauses figurent dans le corps même de la note de couverture (c'est en ce sens en effet que peut être interprété un arrêt décidant qu'une note de couverture n'est soumise à aucune condition de forme et, comme telle, engage l'assureur, « de sorte que les exclusions de garantie devaient y être mentionnées » (Civ. 1re, 13 mai 1997, RCA 1997, p. 386, obs. H. Groutel). Il s'agit là d'une mesure jurisprudentielle de protection, en raison du caractère particulièrement dangereux des clauses de nullité, d'exclusion et déchéance, qui viennent priver l'assuré de garantie.

2151. L'exigence jurisprudentielle trouve apparemment son fondement légal dans l'article L. 112-4 du Code des assurances. En effet cet article soumet ces clauses à un certain formalisme, puisqu'il exige qu'elles figurent en caractères très apparents et dans la police. Un tel formalisme est destiné à attirer l'attention du souscripteur sur ces clauses redoutables. Dès lors, il est normal qu'une solution similaire s'applique en présence non d'une police, mais d'une note de couverture : ces clauses doivent donc être portées à la connaissance de l'assuré pour lui être opposables. Toutefois comment justifier que ces clauses doivent obligatoirement figurer dans la note de couverture même ? Cette exigence s'explique par le fait que la note de couverture, en l'absence de contrat, tient lieu de document contractuel principal ; par conséquent on doit lui appliquer les règles de forme valant pour la police. Puisque l'article L. 112-4 du Code des assurances exige que les clauses de nullité, d'exclusion et de déchéance figurent dans la police, la règle vaut aussi pour la note de couverture. La jurisprudence refuse que les contrats d'assurance précédemment conclus par les parties soient pris en compte pour apprécier la prise de connaissance de la clause par le souscripteur. Pourtant il aurait pu sembler raisonnable de se contenter de la remise d'un document respectant le formalisme légal (clauses de déchéance, de nullité et d'exclusion en caractères très apparents), sans exiger la mention des clauses dans le corps même de la note de couverture. Ainsi, lorsque les parties ont déjà été engagées dans une relation contractuelle et que la clause (de nullité, d'exclusion ou de déchéance) dont l'application est contestée, figurait déjà dans les polices antérieures, il semblerait possible de considérer que cette clause a bien été portée à la connaissance du souscripteur ; dès lors elle n'aurait pas à figurer dans la note de couverture correspondant à un contrat similaire. Naturellement, cette solution ne saurait être appliquée qu'en présence de contrats totalement identiques. Pourtant la Cour de cassation a pu approuver une cour d'appel d'avoir décidé que « le fait pour l'assuré d'être titulaire d'autres contrats d'assurance ne dispensait pas l'assureur de l'obligation de faire figurer la clause litigieuse dans la note de couverture » (Civ. 1re, 31 mars 1993, RGAT 1993. 540, note A. d'Hauteville). En revanche, lorsque c'est l'assuré qui invoque le contrat antérieur, la jurisprudence admet qu'il puisse opposer à l'assureur une garantie qui figurait dans le contrat précédent, mais qui n'était pas mentionnée dans la note de couverture (Civ. 1re, 13 mai 1998, RGDA 1998. 693, note L. Mayaux).

Section 2. L'attestation

2152. L'attestation de garantie peut être définie comme « un document écrit remis à l'assuré par l'assureur précisant qu'une assurance a été souscrite à son profit » (J. Landel, *Lexique des termes d'assurance*, éd., L'Argus). Par un tel document, l'assureur atteste qu'une personne a bien conclu un contrat d'assurance. Cette attestation permet de justifier de la souscription d'un contrat auprès de tiers qui pourront être, selon le type d'assurance souscrit, soit des représentants de l'autorité (assurance automobile), soit des cocontractants de l'assuré (maître de l'ouvrage en assurance responsabilité décennale). Dans les rapports entre l'assureur et l'assuré, les attestations d'assurance ne peuvent prévaloir sur les dispositions contractuelles de la police d'assurance. (Civ. 2e, 10 mai 2007, RCA 2007, comm. n° 261, obs. H. Groutel). L'attestation émanant d'un tiers au contrat ne saurait revêtir la même force (Civ. 2e, 1er juin 2011, n° 10-19.108, RGDA 2011, p.36, note R. Schultz).

2153. L'attestation ne fait qu'informer de l'existence d'un contrat d'assurance. Pour autant cela ne signifie pas que si un sinistre survient, il sera obligatoirement pris en charge par l'assureur. Ce ne sera d'ailleurs pas le cas si le sinistre n'entre pas dans le cadre des garanties souscrites ou bien si le contrat a, depuis la remise de l'attestation, pris fin, par exemple en raison d'une résiliation pour défaut de paiement des cotisations d'assurance.

2154. Dans le domaine de la construction, il arrive que des maîtres d'ouvrage croient à tort pouvoir se prévaloir d'une attestation d'assurance délivrée à des entreprises de construction. Or il peut se révéler par la suite que cette attestation n'est plus valable, notamment en cas de résiliation du contrat d'assurance du professionnel pour non-paiement des cotisations. La solution pour remédier à de tel problème consiste, pour le maître de l'ouvrage, à souscrire un contrat d'assurance dommages-ouvrage.

2155. La remise d'une attestation est expressément prévue par les textes dans le cadre de certaines assurances obligatoires. C'est ainsi que l'article R. 211-15 du Code des assurances met en place une attestation d'assurance automobile obligatoire, que l'article A. 220-4 prévoit une attestation d'assurance des engins de remontée mécanique et que l'article A. 230-5 réglemente la remise d'une attestation de responsabilité civile des chasseurs. De son côté, l'article L. 241-1, alinéa 2, du Code des assurances décide que tout constructeur dont la responsabilité peut être engagée sur le fondement des articles 1792 et s. du Code civil doit être en mesure, à l'ouverture de tout chantier, de justifier qu'il a souscrit un contrat d'assurance le couvrant pour cette responsabilité et l'article R. 243-2 prévoit que pendant l'exécution des travaux, le maître de l'ouvrage peut demander à tout intervenant à l'acte de construire de justifier qu'il satisfait à l'obligation d'assurance qui lui incombe. Même si un tel document n'est pas toujours expressément prévu par les textes, cette justification se fait en pratique sous la forme d'une attestation d'assurance délivrée par l'assureur. Cette attestation est destinée au maître de l'ouvrage, bénéficiaire de l'assurance de responsabilité obligatoire. La loi du 17 mars 2014 relative à la consommation prévoit cependant clairement que toute personne dont la responsabilité civile décennale peut être engagée, devra remettre, en tant que preuve qu'elle est bien assurée, une attestation d'assurance. Celle-ci contient des mentions minimales obligatoires définies par arrêté (arrêté du 5 janvier 2016 fixant un modèle d'attestation d'assurance comprenant des mentions minimales prévu par l'article L. 243-2 du Code des assurances, JO du 13 janvier 2016).

2156. Les textes venant réglementer l'attestation dans le cadre des assurances obligatoires automobile et engins de remontées mécaniques précisent que ce document ne constitue qu'une présomption simple de souscription de la garantie. Bien que le législateur n'ait rien prévu de tel pour l'attestation d'assurance de responsabilité décennale, la solution résulte, semble-t-il, de la jurisprudence (CA Paris, 15 oct. 1986, RDI 1990. 227, obs. G. L.). Cette attestation vaut donc présomption d'existence d'un contrat d'assurance, dispensant ainsi l'assuré d'apporter une telle preuve. Il ne s'agit toutefois là que d'une présomption simple, qui peut être combattue par la preuve contraire : l'assureur a la possibilité d'établir que la garantie n'était pas acquise au jour du sinistre, en raison, par exemple, d'une suspension pour non-paiement des primes ou d'une déchéance. Il s'agit d'une différence essentielle avec la note de couverture qui vaut, elle, preuve du contrat d'assurance et peut, à ce titre, être invoquée à l'encontre de l'assureur.

2157. Il est fréquent que les assureurs délivrent une attestation aux assurés qui leur en font la demande. Ce document est indispensable aux assurés qui doivent justifier de la souscription d'un contrat d'assurance, tel que, par exemple, le locataire devant établir la garantie des risques dont il doit répondre en sa qualité de locataire (V. L. n° 89-642, 6 juill. 1989, art. 7, g, qui prévoit que « le locataire est obligé de s'assurer contre les risques dont il doit répondre en sa qualité de locataire et d'en justifier lors de la remise des clés, puis chaque année à la demande du bailleur. La justification de cette assurance résulte de la remise au bailleur d'une attestation de l'assureur ou de son représentant »). En l'absence de réglementation par l'autorité publique, on peut se demander quelle est leur valeur exacte. Sans doute doit-on considérer qu'en l'absence d'un texte leur conférant une telle valeur, elles ne peuvent pas systématiquement être considérées comme valant présomption simple de garantie.

2158. La jurisprudence n'hésite pas à décider que l'attestation d'assurance peut valoir note de couverture, lorsqu'elle contient les éléments essentiels du contrat (V. pour une attestation permettant de déterminer l'objet, la durée et l'étendue de la garantie, Civ. 1re, 30 mars 1994, RGAT 1994. 460, note J. Kullmann ; Civ. 1re, 6 oct. 1993, RCA 1994, comm. n° 26). Une telle solution est très protectrice des assurés puisque le rôle de l'attestation n'est que d'attester qu'au moment où elle est produite que son titulaire a bien souscrit un contrat d'assurance. Cette analyse jurisprudentielle est lourde de conséquences. En effet, si l'attestation est établie après le contrat, elle peut, en tant que note de couverture, venir prouver l'existence d'une modification du contrat. Par conséquent les restrictions de garantie (exclusions...) figurant dans le contrat et non reprises dans l'attestation (ce qui est extrêmement fréquent en pratique, puisque le rôle de l'attestation n'est pas de venir préciser le contenu de la garantie, mais d'informer de l'existence d'un contrat d'assurance) ne pourraient pas être invoquées à l'encontre de l'assuré. Il nous semble pourtant divinatoire de voir dans une telle situation un accord de volontés de l'assureur et de l'assuré tendant à supprimer des restrictions de garantie ! D'ailleurs la chambre commerciale de la Cour de cassation a, pour sa part, refusé de faire prévaloir une attestation sur les conditions générales du contrat auquel elle se réfère (Com., 14 nov. 2000, RCA 2001, chron. n° 7, H. Groutel).

2159. L'assureur peut voir sa responsabilité civile engagée à l'égard d'un tiers au contrat d'assurance sur le fondement de l'article 1382 du Code civil pour avoir délivré une attestation alors qu'aucun contrat n'a été conclu (Civ. 1re, 16 juin 1987, RGAT 1987. 487, note M. Pauffin de Saint-Morel). Sa responsabilité délictuelle peut aussi être engagée pour délivrance d'une attestation d'assurance insuffisamment précise, notamment, en matière d'assurance responsabilité décennale, à l'égard du maître de l'ouvrage, destinataire final de l'attestation de garantie (Civ. 1re, 15 janv. 1991, RGAT 1991. 374, note J. Bigot : en l'espèce l'assureur avait délivré une attestation selon laquelle l'entrepreneur était titulaire « d'une police de responsabilité décennale des artisans et petits entrepreneurs du bâtiment conforme aux clauses-types énoncées à l'annexe I de l'article A. 241-1 du Code des assurances », alors que le contrat excluait en fait de la garantie la construction de maisons individuelles ; v., dans le même sens, Civ. 3e, 17 déc. 2003, n° 01- 12.259, L'Argus, dossiers jur. et tech., 27 févr. 2004, p. 6 ; JCP 2004, II, 10091, note A. Pimbert ; Civ. 3e, 22 sept. 2004, D. 2004, IR, 2619; Civ. 3e, 11 mai 2006, n° 04-20.250, Bull. civ. III, n° 116). L'assureur assume ici une obligation d'information dont la violation est sanctionnée par l'allocation de dommages et intérêts. Comme le précise la Cour de cassation, l'assurance de responsabilité obligatoire, dont l'existence est de nature à influer sur le choix d'un constructeur, étant imposée dans l'intérêt des maîtres d'ouvrage, il appartient à l'assureur, tenu d'une obligation de renseignement à l'égard de l'assuré à qui il délivre une attestation destinée à l'information des bénéficiaires de la garantie, de fournir dans ce document les informations précises sur le secteur d'activité professionnel déclaré (Civ. 3e, 27 janv. 2015, n° 13-26.591, RCA 2015, obs. H. Groutel, com. 138).

2160. Il faut toutefois remarquer que la jurisprudence a pu par le passé adopter parfois une position différente. Ainsi, dans une affaire où l'assureur avait émis une attestation de garantie ne comportant aucune restriction quant au domaine d'activité couvert par le contrat d'assurance responsabilité décennale d'un artisan, alors même que certaines activités n'étaient pas prises en charge par le contrat, la Cour de cassation a pu décider que « l'assureur qui fournit à son assuré une attestation destinée au maître de l'ouvrage, ne mentionnant aucune restriction quant aux activités déclarées, n'est plus recevable à opposer au tiers lésé les exceptions opposables à son assuré » (Civ. 3e, 3 mars 2004, RGDA 2004. 460, note J.-P. Karila). Dès lors, l'assureur ayant fourni une attestation imprécise se voit en quelque sorte, à titre de sanction, déchu du droit d'opposer au maître de l'ouvrage la définition de l'objet de la garantie. On le voit, les conséquences pratiques des arrêts de décembre 2003 et septembre 2004, d'une part, et de l'arrêt de mars 2004, d'autre part, sont assez similaires : le maître de l'ouvrage, victime d'un dommage, bénéficiera d'une indemnisation. Pourtant les fondements juridiques de cette indemnisation diffèrent fortement dans ces différentes affaires : il y a en effet mise en œuvre du contrat d'assurance dans l'arrêt du 3 mars 2004, tandis que dans les deux autres arrêts, c'est la responsabilité délictuelle de l'assureur qui est mise en jeu ! Toutefois, au-delà des différences de fondements juridiques, entre lesquels la Cour de cassation devra trancher, c'est une même justification que l'on retrouve à l'origine de ces solutions : l'attestation étant destinée à informer les tiers sur l'existence d'une garantie, l'assureur ne doit pas fournir de document contenant des indications susceptibles de les égarer quant à l'étendue de cette garantie.

2161. L'assureur devra être vigilant quant à la situation du contrat d'assurance lors de la remise d'une attestation. En effet la délivrance d'une attestation alors que le contrat a déjà été résilié ou suspendu pourrait être interprétée comme une renonciation de l'assureur à se prévaloir de cette résiliation ou de cette suspension (Crim. 22 août 1996, RGDA 1996. 111 ; V. aussi Crim. 27 nov. 2007, RGDA 2008. 60, note J. Landel). Il a aussi pu être décidé que comment une faute l'assureur qui, pendant la période de suspension de la garantie, délivre une attestation sans mentionner la mise en demeure adressée à son assuré ni préciser le risque de résiliation à l'expiration du délai de régularisation (Civ 3è, 24 oct. 2012, n° 11-16.012, RCA 2014, com. 35 note H. Groutel).

Chapitre 2
La police et l'avenant

BIBLIOGRAPHIE

L'Argus de l'assurance

Ouvrages. – J. Bigot (sous dir.), *Code des assurances*, L'Argus éd. – J. Landel, *Lexique des termes d'assurance*, L'Argus éd., 2014 – F. Couilbault, S. Couilbaut-Di Tommaso, V. Huberty, *Les grands principes de l'assurance*, L'Argus éd., 2015.

Articles. – L. Grynbaum, La lettre recommandée électronique dans les relations contractuelles, L'Argus n° 7213, av. 2011 ; Les modes de preuve se modernisent, L'Argus n° 7004, déc. 2006 ; La preuve du contrat, L'Argus n° 6890, juill. 2004, L'Argus n° 6782, avr. 2002 ; S. Corone, La preuve par les nouvelles technologies, L'Argus 2000, p. 32. – G. Defrance, La preuve de l'assurance, Dossiers jur. et tech., L'Argus 28 avr. 1995, p. 1 ; Définition et durée des garanties invalidité Dossier Jur. et Tech., L'Argus, 25 oct. 1996, doct., p. 1 ; La nécessaire information sur les restrictions de garantie, Dossiers jur., L'Argus, 27 mai 2005, p. 1.

Autres documentations

Ouvrages. – *Traité de droit des assurances*, T. 3, Le contrat d'assurance, J. Bigot (dir.), LGDJ, 2002, n° 488 et s. – *Lamy Assurances* 2011, n° 445 et s. – Y. Lambert-Faivre et L. Leveneur, *Droit des assurances*, Dalloz, coll. « Précis », 12e éd., 2005.

Articles. – S. Bertolaso, L'utilisation de la langue française : protection réelle ou illusoire du consommateur ?, LPA, 19 févr. 1997, p. 17. – G. Courtieu, Le doute doit toujours profiter à l'assuré, RCA 2003, chron. n° 13. – J. Dupichot, Pour un retour aux textes. Défense et illustration du petit guide-âne des articles

1156 à 1164 du Code civil, Etudes J. Flour, Défrénois 1979, p. 179. – A. Favre Rochex et A. Margeat, Contrat d'assurance : la charge de la preuve, Ass. Fr. 1981, p. 146. – J. Flour, Quelques remarques sur l'évolution du formalisme, études offertes à G. Ripert, LGDJ, 1950, p. 107. – P.-Y. Gauthier et X. Linant de Bellefonds, De l'écrit électronique et des signatures qui s'y attachent, JCP 2000, I, 236. – H. Groutel, Attestation d'assurance ou note de couverture, RCA 1994, chron. n° 1 ; L'assuré qui en avait vu de toutes les couleurs, RCA 1999, chron. n° 6 ; Le « certificat d'assurance » remis à sa place, RCA 2001, chron. n° 7 ; Le constat amiable et la preuve du contrat d'assurance : le mode d'emploi, RCA 1991, chron. n° 6 ; l'impossible rédaction des clauses sur la garantie du risque d'incapacité temporaire de travail, RCA 1992, chron. n° 7 ; L'information de l'assuré : de nouvelles avancées ?, RCA 2005, chron. n° 11.- Mise en œuvre des garanties incapacité temporaire de travail et invalidité totale et définitive, RCA 2013, Repère 4. – J. Huet, Vers une consécration de la preuve et de la signature électroniques, D. 2000, chron. p. 95. – J. Kullmann, les relations entre assureurs et assuré en droit français, in *la protection de la partie faible*, LGDJ 1996, p. 348. - M. Lamoureux, « L'interprétation des contrats de consommation », D. 2006, p. 2848. – M.-H. Maleville, Polices d'assurance : les leçons de l'interprétation ou l'art de la rédaction, RGAT 1993. 505 ; Interprétation des contrats d'assurance. Illustration, RGAT 1995. 69 ; Vers une harmonisation du concept d'invalidité dans les contrats d'assurance collective emprunteur ?, RGDA 1997. 956. ; Un bilan décennal de l'interprétation et de la rédaction des contrats d'assurance, in Mélanges J. Bigot, LGDJ 2010, p. 265 – R. Perrot, La charge de la preuve en matière d'assurance, RGAT 1961. 5. – J. Piednoir, De l'efficacité des clauses incapacité/invalidité de travail dans les contrats d'assurance emprunteurs, RGDA. 2011.30. - Ph. Poiget, La souscription des contrats d'assurance en ligne, RGDA 2002. 1121. – A. Seube, les conditions générales, Mélanges Jauffret, p. 555. – A. Vialard, Contrat-type et clauses manuscrites – Petit voyage dans le passé comme démonstration de la relativité restreinte, in *Responsabilité civile et assurances*, Etudes offertes à H. Groutel, Litec, 2006, p. 469. – G. Viney, L'interprétation et l'application du contrat d'assurance par le juge, D. 1994, chron., p. 301.

Divers.– A. Ghozi, Thèse, *La modification de l'obligation par la volonté des parties*, LGDJ, 1980. – F. Labarthe, Thèse, *La notion de document contractuel*, LGDJ, 1994. – F. Limbach, Thèse, *Le consentement contractuel à l'épreuve des conditions générales : de l'utilité du concept de déclaration de volonté*, LGDJ, 2004. – M.-H. Maleville, *L'interprétation des contrats d'assurance terrestre*, LGDJ, 1996. – S. Pellet, Thèse, *L'avenant au contrat*, éd., IRJS, 2010.

Section 1 . La police

2162. Selon l'article L. 112-2, alinéa 4 du Code des assurances, la police d'assurance constitue, avec la note de couverture, un des deux écrits constatant l'engagement réciproque de l'assureur et du souscripteur. Il s'agit d'un document écrit, signé des deux parties, destiné à établir l'existence et le contenu du contrat d'assurance. La police constitue le mode de preuve privilégié du contrat d'assurance.

2163. La Commission sur l'amélioration du langage de l'assurance mise en place par la Fédération française des sociétés d'assurances préconise de substituer le terme de « contrat » à celui de « police », dont la signification commune diffère. Il faut toutefois noter que la police ne peut complètement être assimilée au contrat d'assurance. En effet, elle n'est que le document écrit constatant l'accord des parties, qui constitue, lui, le contrat d'assurance. La police ne fait que matérialiser cet accord de volontés.

§ 1 . Composition de la police

2164. Le Code des assurances ne contient aucune disposition sur la composition des polices d'assurance. Toutefois, dans la pratique, une police d'assurance comprend plusieurs sortes de documents : il s'agit le plus souvent des conditions générales, complétées par des conditions particulières et parfois par des conventions spéciales.

2165. Les conditions générales, pré-imprimées, sont identiques pour tous les contrats d'un même type commercialisé par un même assureur. Elles viennent décrire la garantie, en précisant notamment les exclusions générales et les plafonds, et les règles de base de fonctionnement du contrat (obligations des parties, déclaration du sinistre, paiement des primes...). Ce sont elles qui permettent de personnaliser le contrat ; il s'agit le plus souvent de deux ou trois pages venant adapter les conditions générales à la situation particulière de l'assuré. C'est pourquoi, en cas de contradiction entre les conditions particulières et les conditions générales, la jurisprudence fait prévaloir les conditions particulières (Civ. 1re, 7 oct. 1963, RGAT 1964. 336, note A. Besson). Ces conditions particulières indiquent l'état civil du souscripteur et de l'assuré, la date de conclusion du contrat, la prise d'effet de la garantie, le montant de la prime ; elles viennent aussi décrire l'objet du risque et l'étendue de la garantie (montant, franchises...). Ce sont aussi les conditions particulières qui indiqueront si le souscripteur a souscrit des extensions de garantie ou racheté des exclusions ou des franchises figurant dans les conditions générales.

2166. Certaines polices peuvent parfois inclure des conventions spéciales dont le rôle est de préciser certains points des conditions générales, sans atteindre toutefois le degré d'individualisation des conditions particulières. Elles se présentent le plus souvent sous forme d'un intercalaire, c'est-à-dire une feuille imprimée, jointe aux conditions générales et ne comportant pas de signature.

2167. Le contrat d'assurance peut être rédigé, à titre de preuve, aussi bien sur un support papier que sur un support électronique. En effet, depuis la loi n° 2000-230 du 13 mars 2000, l'article 1316-1 du Code civil admet l'écrit sous forme électronique comme preuve des actes juridiques au même titre que l'écrit sur support papier, sous réserve que puisse être dûment identifiée la personne dont il émane et qu'il soit établi et conservé dans des conditions de nature à en garantir l'intégrité. Selon l'article 1316-4 du Code civil, c'est la signature, nécessaire à la perfection d'un acte juridique, qui identifie celui qui l'appose. Cette signature peut être électronique ; elle consiste alors « en l'usage d'un procédé fiable d'identification garantissant son lien avec l'acte auquel elle s'attache ». Lorsque cette signature est créée, l'identité du signataire assurée et l'intégrité de l'acte garantie dans des conditions fixées par un décret 30 mars 2001, la fiabilité du procédé d'identification est présumée, jusqu'à preuve contraire.

2168. Il a pu sembler que la rédaction d'une police papier était obligatoire chaque fois que le contrat contenait des clauses édictant des nullités, des déchéances ou des exclusions. En effet ces clauses, selon l'article L. 112-4 du Code des assurances, doivent figurer en caractères très apparents. Il s'agit là d'un formalisme imposé pour la validité de la clause ; or, l'article 1316-1 du Code civil ne reconnaît à l'écrit électronique une valeur identique à l'écrit papier qu'en matière de preuve. Par conséquent, dès que l'écrit était exigé pour la validité de l'acte (ou d'une de ces clauses), seul le support papier pouvait être utilisé. Toutefois, la loi n° 2004-575 du 21 juin 2004 pour la confiance dans l'économie numérique (JO 22 juin) est venue introduire dans le Code civil un nouvel article 1108-1, dont le premier alinéa dispose que « lorsqu'un écrit est exigé pour la validité d'un acte juridique, il peut être établi et conservé sous forme électronique dans les conditions prévues aux articles 1316-1 et 1316-4 et, lorsqu'un acte authentique est requis, au second alinéa de l'article 1317 ». On peut donc désormais conclure par voie électronique, sous réserve de certaines exceptions, des contrats pour lesquelles une forme particulière est exigée. Par conséquent, il semble que le contrat d'assurance pourrait être conclu par voie électronique quand bien même il contiendrait des clauses d'exclusion, de nullité ou de déchéance (Sur cette loi, V. le commentaire de J. Rochfeld in RTD civ. 2004, p. 574).

§ 2 ■ Rédaction et contenu de la police

A ■ Rédaction de la police

2169. L'article L. 112-3, alinéa 1er, du Code des assurances exige que la police d'assurance soit rédigée en français. Cette exigence s'applique aussi aux informations qui sont transmises au souscripteur par l'assureur. Peut-on toutefois considérer que l'obligation d'information de l'assureur est correctement remplie lorsque le souscripteur ne connaît pas la langue française ; en effet dans une telle hypothèse les documents remis ne remplissent pas leur rôle et le souscripteur s'engage sans être réellement éclairé. L'assureur n'a pourtant pas l'obligation de fournir au souscripteur une traduction des documents remis (Civ. 2e, 22 nov. 2007, n° 06-19.852 ; RGDA 2008. 63, note J. Kullmann, décidant qu'une banque n'a pas l'obligation de fournir à son client étranger la traduction d'un contrat de prêt passé avec lui).

2170. L'article L. 112-3, alinéa 2 du Code des assurances est venu prévoir, pour les contrats internationaux, deux exceptions à la rédaction de la police en français. D'une part, si les règles de conflit de droit international privé, figurant aux articles L. 181-1 et L. 183-1 du Code des assurances leur donnent la possibilité de choisir une autre loi que la loi française, les parties peuvent, d'un commun accord, décider que la police sera rédigée dans une autre langue que le français. Ce choix doit toutefois être fait à la demande écrite du seul souscripteur, sauf si le contrat couvre les grands risques. D'autre part, même dans l'hypothèse où les parties n'auraient pas la possibilité d'appliquer une autre loi que la loi française, la police pourra, d'un commun accord entre les parties et à la demande écrite du seul souscripteur, être rédigée dans la langue ou dans l'une des langues officielles de l'État dont il est ressortissant.

2171. Le Code des assurances ne prévoit aucune sanction en cas de non-respect de l'usage du français dans la police. Il a toutefois été décidé qu'une clause d'exclusion rédigée dans une langue étrangère devait être jugée inapplicable (Civ. 1re, 24 nov. 1993, RGAT 1994. 87, note R. Maurice). On peut toutefois douter que cette sanction soit applicable à toutes les clauses du contrat rédigées dans une autre langue que le français ; cet arrêt a en effet été rendu au visa de l'article L. 112-4 du Code des assurances, qui exige que les clauses d'exclusion, de nullité et de déchéance figurent en caractères très apparents dans la police ; c'est ce formalisme renforcé qui justifie l'inopposabilité de la clause. Pour les autres clauses, on peut sans doute envisager une application du droit commun des contrats : l'utilisation d'une langue autre que le français ne serait sanctionnée que dans la mesure où elle a causé un dommage au souscripteur, sur le fondement de la responsabilité civile, ou si elle a entraîné un vice du consentement du souscripteur (par exemple, si cet usage a entraîné une erreur du souscripteur sur le contenu des garanties).

2172. L'article L. 112-3, alinéa 1 du Code des assurances exige que la police soit rédigée en caractères apparents. Par conséquent, la police doit être « facilement lisible pour un homme de vue ordinaire et même au-dessous de la moyenne » (Trasbot, Commentaire de la loi du 13 juillet 1930, DP 1931, IV, p. 10). Ce sont les juges du fond qui apprécient souverainement le caractère apparent d'une clause (Civ. 1re, 27 mai 1998, RGDA 1998. 692, note A. Favre Rochex). Le Code des assurances ne prévoit aucune sanction en cas de non-respect de cette exigence. On pourrait toutefois penser qu'une clause ne figurant pas en caractères apparents dans la police ne devrait pas pouvoir s'appliquer puisque le souscripteur n'a pu y consentir, faute d'avoir pu en prendre facilement connaissance.L'article L. 112-4, alinéa 3, du Code des assurances prévoit que « les clauses des polices édictant des nullités, des déchéances ou des exclusions ne sont valables que si elles sont mentionnées en caractères très apparents » (Sur la notion de clause d'exclusion, V. infra). La Cour de cassation exerce son contrôle et censure les juges du fond qui n'ont pas recherché « si la clause litigieuse était rédigée en termes très apparents de manière à attirer spécialement l'attention de l'assuré sur la nullité qu'elle édictait (Civ. 2e, 15 av. 2010, n° 09-11.667, RCA 2010. comm. 202, obs. H. Groutel). Dans le même sens, l'article L. 113-15 dispose que « la durée du contrat doit être mentionnée en caractères très apparents ». Ce formalisme est destiné à attirer l'attention du souscripteur sur des clauses particulièrement redoutables pour lui ; en effet les clauses de nullité, de déchéance et d'exclusion viennent le priver de garantie, tandis qu'à l'expiration de la durée prévue, le contrat prend fin, laissant l'assuré sans couverture. La qualification des clauses joue ici un rôle décisif, puisque seules les clauses visées par les articles L. 112-4, alinéa 3 et L. 113-15 devront respecter ce formalisme renforcé ; c'est ainsi qu'une clause de définition du risque échappe au formalisme (Civ. 1re, 27 nov. 1990, RCA 1991, comm. n° 70, 1re esp.), tout comme une clause imposant une condition de garantie (Civ. 1re, 11 déc. 1990, RCA 1991, comm. n° 70, 2e esp.).

2173. Une telle exigence légale impose que les clauses soient très lisibles. Il faut que « grâce à leur grande lisibilité, la teneur des mentions ne puisse pas échapper à l'assuré » (Civ., 14 mai 1946, D. 1946, p. 281, note P.-L. P.). Certaines décisions imposent pour cela que les clauses soient imprimées dans des caractères différents de ceux utilisés pour le reste de la police (Civ. 1re, 25 mars 1991, RGAT 1991. 559, note R. Maurice, dans une police où les cas d'exclusion étaient énumérés en caractères gras, mais les termes « restent exclus » figuraient en caractères ordinaires, la Cour de cassation approuve la cour d'appel d'avoir décidé que la clause n'était pas rédigée en caractères très apparents, du fait que « les termes « restent exclus » figuraient en caractères ordinaires ne les distinguant pas du contexte imprimé ; c'est donc la clause dans sa totalité qui doit être rédigée dans des caractères différents »). D'autres décisions admettent cependant que la clause figure en caractères identiques au reste de la police, à la condition qu'un autre moyen typographique soit utilisé pour que la stipulation se détache du contexte (Civ. 1re, 16 avr. 1956, p. 145, note A. B.). Il pourra s'agir d'une encre différente, d'une mise en page particulière, etc.

2174. Le Code des assurances ne prévoit pas de sanction en cas de non-respect des exigences de présentation de l'article L. 112-4 du Code des assurances ; il se contente d'indiquer que la clause n'est pas valable. Certains arrêts ont pu déclarer qu'une clause de durée du contrat ne respectant pas les exigences légales était inopposable (Civ. 1re, 14 nov. 1979, RGAT 1980. 353), tout comme une clause de déchéance (Civ.2e, 15 déc. 2011, n° 10-26.983, F-D, B., RCA. 2012, com. 85).

2175. En tout état de cause, la sanction prononcée, nullité ou inopposabilité, ne peut toucher que la clause elle-même, et non le contrat dans sa totalité : seule la clause se trouve privée d'efficacité. Peu importe d'ailleurs que l'assuré ait eu connaissance de la clause, puisque c'est le non-respect des exigences de présentation qui est sanctionné.

2176. L'appréciation du caractère très apparent d'une clause relève du pouvoir souverain des juges du fond. La Cour de cassation exerce toutefois un contrôle de motivation des décisions : les juges doivent donc préciser en quoi la condition posée par la loi est bien remplie et ne peuvent pas se contenter d'affirmer le caractère très apparent des clauses (Civ., 6 janv. 1948, JCP 1948, II, 4225, note A. Besson; Civ. 2e, 27 mars 2014, n° 13-15.835).

2177. Seules doivent figurer en caractères très apparents dans la police les clauses d'exclusion, de nullité et de déchéance d'origine conventionnelle, et non celles d'origine légale. Cette solution résulte d'un arrêt de la Cour de cassation (Civ. 1re, 1er déc. 1993, D. 1994, II, 434, note Cl-J. Berr et H. Groutel) qui a affirmé que l'article L. 112-4, dernier alinéa du Code des assurances, n'était pas applicable, sauf dispositions particulières, aux nullités, déchéances ou exclusions prévues par la loi (V. également Civ. 1re, 19 déc. 2000, RGDA 2001. 44, note J. Kullmann). Ainsi, les clauses se contentant de reproduire des dispositions légales ne sont-elles pas soumises au formalisme renforcé prévu par le législateur, seules doivent le respecter les clauses prévues par les seules parties. Sans doute peut-on trouver une justification de cette solution dans l'adage « Nul n'est censé ignorer la loi ». On peut toutefois noter que cet arrêt vient sensiblement restreindre le domaine d'application de l'article L. 112-4. En effet la nullité, en tant que sanction des conditions de formation du contrat, est par définition légale ; cela implique donc que les causes de nullité n'auront jamais à figurer en caractères très apparents. De plus la solution posée ne présente que peu d'intérêt pour les déchéances de garantie. Il n'existe pas en effet, à proprement parler, de déchéances légales ; elles ne constituent que des facultés données à l'assureur, devant figurer dans une clause spéciale du contrat. Dans ces conditions on distingue mal quelles déchéances échapperont au formalisme légal ! Ce n'est finalement que pour les clauses d'exclusion, c'est-à-dire les clauses « par laquelle l'assureur, lorsqu'il définit l'objet de la garantie, manifeste sa volonté d'écarter de celle-ci certains événements ou certains types de dommages » (J. Landel, *Lexique des termes d'assurances*, éd., L'Argus, 2007) que la distinction opérée par l'arrêt prend tout son sens. La loi est en effet venue imposer diverses exclusions de garantie, telles que l'exclusion des vices propres de la chose (C. assur., art. L. 121-7) ou celle de la faute intentionnelle (C. assur., art. L. 113-1, al. 2). Ce seraient donc ces exclusions qui échapperaient au formalisme légal, tandis que les exclusions créées par l'assureur y seraient, elles, soumises.

B ▪ Contenu de la police

2178. Les polices d'assurance doivent obligatoirement contenir certaines mentions, dont la liste figure aux articles L. 112-4, L. 113-15, R. 112-1 et, pour les assurances vie, R. 132-4 du Code des assurances. Les principales mentions concernent :

- les noms et domiciles des parties contractantes : le domicile de l'assuré, qui figure généralement aux conditions particulières, est une information capitale puisque c'est à cette adresse que seront envoyés les différents courriers relatifs au contrat, et, en cas de non-paiement des primes, la mise en demeure ;
- les éléments du risque couvert : il s'agit ici d'indiquer l'objet du risque, c'est-à-dire la chose ou la personne assurée, ainsi que la nature du risque, c'est-à-dire l'événement aléatoire pris en charge (incendie, vol...) ;
- le point de départ de la garantie et sa durée ;
- le montant de la garantie ;
- la prime ou la cotisation de l'assurance ;
- le nom et l'adresse des autorités chargées du contrôle de l'entreprise d'assurance qui accorde la couverture.

2179. Lorsqu'un contrat est proposé en libre prestation de service, l'article L. 112-7 du Code des assurances prévoit que la police doit indiquer l'adresse de l'établissement qui accorde la couverture, le cas échéant celle du siège social, ainsi que le nom et l'adresse du représentant de l'assureur pour la gestion des sinistres, en assurance responsabilité civile automobile.

2180. Le législateur n'est venu prévoir aucune sanction en cas d'absence des mentions obligatoires prévues par les textes. On peut aussi penser que dans une telle hypothèse le juge pourrait avoir recours au droit commun des obligations ; dès lors l'absence du formalisme ne serait sanctionnée que dans la mesure où elle a causé un dommage au souscripteur, sur le fondement de la responsabilité civile, ou si elle a entraîné un vice du consentement du souscripteur.

§ 3 . Interprétation du contrat d'assurance

2181. Interpréter un contrat, c'est rechercher le sens exact que les parties ont entendu donner aux dispositions contractuelles qu'elles ont prévues ; or le contrat d'assurance fait partie des contrats les plus fréquemment interprétés par les juges. L'ampleur de ce contentieux a plusieurs raisons :
- d'une part, la composition des contrats d'assurance est, en règle générale, très touffue, en raison de l'articulation de nombreux documents contractuels, tels que conditions particulières, conditions spéciales, avenants, etc. ;
- d'autre part, le langage de l'assurance est souvent technique et rarement accessible au profane.

2182. Il convient d'examiner tout d'abord la position des tribunaux dans la distinction des clauses claires et précises, en amont de l'interprétation, avant d'envisager les méthodes d'interprétation mises en œuvre.

A . Distinction des clauses claires et des clauses obscures

2183. Seul un contrat (ou une clause) obscur(e) ou ambigu(e) peut faire l'objet d'une interprétation. Il s'avère que la distinction des clauses claires et précises et des clauses obscures est souvent favorable à l'assuré. Déceler une ambiguïté permet souvent aux juges du fond de faire bénéficier l'assuré de la garantie. Ils doivent cependant prendre garde de ne pas dénaturer le contrat, sous peine de voir leur décision censurée par la Cour de cassation.

1 . Relativité de la distinction

2184. La frontière entre le caractère clair ou obscur d'un contrat ou d'une clause s'avère particulièrement délicate à tracer. Si la distinction s'avère globalement favorable à l'assuré et constitue, en amont de l'interprétation, la première étape à franchir pour lui accorder la garantie, il ne faut pas en faire une règle générale.

a - Distinction favorable à l'assuré

2185. On ne saurait trop conseiller aux assureurs de supprimer de leurs contrats tous les termes flous qu'ils peuvent contenir ; l'utilisation d'expressions vagues autorise en effet les juges à déceler une ambiguïté et à procéder à une interprétation, le plus souvent favorable à l'assuré.

2186. L'affaire suivante illustre bien cette tendance : un contrat d'assurance excluait de la garantie « les conséquences de la saisie ou de la vente du bateau assuré dans quelque lieu et pour quelque cause que ce soit ». Or la vedette en question avait coulé en raison d'agissements de « squatters » qui n'avaient pu s'en emparer qu'en raison de la saisie qui avait dépossédé le propriétaire de la garde du bateau ; l'assureur refusait donc sa garantie. Les juges du fond, approuvés par la première chambre civile de la Cour de cassation (Civ. 1re, 13 nov. 1991, RGAT 1991. 922, note J. Kullmann), se livrent à l'interprétation de la notion de « conséquences de la saisie » et en déduisent que la clause d'exclusion n'est pas applicable ici, le sinistre n'étant pas une conséquence de la saisie, puisque après qu'elle a eu lieu le bateau était demeuré à son emplacement et sous la surveillance de la régie du port. En l'espèce, l'expression « conséquences de la saisie » manquait de clarté.

2187. Les tribunaux décèlent parfois une ambiguïté dans des termes qui apparaissaient clairs au premier abord. Ils ont notamment considéré qu'était obscur le terme « inoccupation ». Ainsi, en présence de la clause d'une police d'assurance vol excluant les vols résultant de l'inutilisation des moyens de protection pendant « l'inoccupation » des locaux, la Cour de cassation, dans une décision du 10 mai 1989, approuve une cour d'appel d'avoir interprété la notion d'inoccupation, « qui pouvait avoir plusieurs sens » ; celle-ci doit alors s'entendre d'une inoccupation durable et non, comme en l'espèce, d'une absence de quelques heures (Civ. 1re, 10 mai 1989, RGAT 1989. 424, note J. Kullmann). La découverte d'une ambiguïté permet ici d'accorder la garantie à l'assuré.

2188. Les juges découvrent parfois des contradictions qui n'existent pas, afin de retenir une interprétation favorable à l'assuré. Tel est le cas dans l'affaire suivante : une clause des conditions générales d'une police d'assurance rappelait la règle de la réduction proportionnelle de l'article L. 121-5 du Code des assurances, en cas de sous-assurance, tandis qu'une clause des conventions spéciales précisait que « l'indemnisation s'effectuera, pour la remise de l'objet dans son état antérieur, par le remboursement des frais de réparation selon factures justificatives ». Les juges du fond, approuvés par la Cour de cassation dans un arrêt du 2 mai 1989, déclarent qu'il y a contradiction entre ces deux clauses et que la clause des conventions spéciales, qui prévoit, par dérogation aux conditions générales, la réparation intégrale des dommages, doit prévaloir (Civ. 1re, 2 mai 1989, RGAT 1989. 641, note J. Kullmann). Il n'y avait pourtant pas lieu de procéder à une telle interprétation du contrat puisque les clauses étaient parfaitement conciliables. Avant d'appliquer la règle proportionnelle, il faut en effet évaluer le montant du dommage normalement indemnisable, ce à quoi tendait précisément la clause des conditions particulières.

b - Distinction défavorable à l'assuré

2189. La distinction clause claire et précise et clause obscure n'est pas systématiquement favorable à l'assuré. Les juges refusent en effet parfois d'interpréter des stipulations pourtant ambiguës. Cet arrêt de la Cour de cassation du 25 novembre 1992 en fournit un bon exemple : Un contrat d'assurance garantissait l'opération de levage de machines de la plate-forme d'un camion à l'étage d'un immeuble. Un sinistre survient lors de l'opération inverse, le transport des machines de l'immeuble vers la plate-forme. Les juges du fond, approuvés par la Cour de cassation, considèrent que seule était couverte l'opération de levage et non cette opération inverse ; l'assureur ne devait donc pas sa garantie (Civ. 1re, 25 nov. 1992, RGAT 1992. 152, note J. Kullmann). Cette lecture littérale de la clause est bien sévère pour l'assuré ; n'aurait-on pas pu interpréter la clause et en étendre le domaine aux opérations dans les deux sens ?

2190. La Cour de cassation considère que la seule référence de la clause à un article du Code de la sécurité sociale qui n'existe pas « ne suffit pas à la priver de clarté et ne nuit pas à sa compréhension » (Civ. 2e, 10 sept. 2015, n° 14-22.669, RGDA 2016, p. 44, obs. S. Lambert).

2 ▪ Contrôle de la dénaturation

2191. Lorsqu'elles sont claires et précises, les clauses d'un contrat s'imposent au juge qui ne peut les interpréter. Depuis un arrêt de la Chambre civile du 15 avril 1872, la Cour de cassation affirme en effet « qu'il n'est pas permis aux juges, lorsque les termes de ces conventions sont clairs et précis, de dénaturer les obligations qui en résultent et de modifier les stipulations qu'elles renferment » (Civ., 15 avr. 1872, DP 1872, 1, 176). En contrôlant la dénaturation, la Cour de cassation s'assure qu'il y avait bien une incertitude sur le sens du contrat. Ce contrôle trouve bien sûr à s'appliquer en matière de contrat d'assurance, la protection de l'assuré ou de la victime ne devant pas devenir un prétexte pour ignorer des clauses claires et précises, ni permettre une réfaction du contrat sous couvert d'équité.

a - Applications

2192. La Cour de cassation censurait pour violation de l'article 1134 du Code civil les arrêts qui dénaturent les clauses claires et précises du contrat d'assurance. En effet, en interprétant un contrat qui n'aurait pas dû l'être, le juge n'a pas respecté la volonté des parties, violant ainsi l'article 1134 du Code civil (Civ. 1re, 9 juin 1993, RGAT 1994. 226, note Ph. Rémy ; Civ. 2e, 2 juin 2005, RGDA 2005. 710, note M.-H. Maleville ; Civ. 2e, 15 déc. 2005, RGDA 2006. 69, note M.-H. Maleville ; Civ. 3e, 29 mars 2011, n° 10-30.078). Le nouvel article 1192 du Code civil issu de l'ordonnance du 10 février 2016 portant réforme du droit des contrats dispose que « on ne peut interpréter les clauses claires et précises à peine de dénaturation ». La volonté de protéger l'assuré ne doit pas aboutir à la méconnaissance de la signification fort claire d'une stipulation contractuelle. De même la Cour de cassation doit lutter contre la tendance des juges du fond à découvrir de fausses contradictions entre les clauses du contrat d'assurance. Un arrêt du 7 janvier 1997 de la première Chambre civile illustre ce problème : afin de procéder à une interprétation favorable à l'assurée, les juges du fond avaient décelé une contradiction entre les conditions générales du contrat excluant de la garantie les dommages causés aux objets confiés à l'assurée, une société d'entretien, et les conventions spéciales couvrant la responsabilité civile encourue par elle du fait des risques d'exploitation (Civ. 1re, 7 janv. 1997, RGDA 1997. 154, note Ph. Rémy). Or, en fait, la clause d'exclusion figurait également dans les conventions spéciales : la cour d'appel avait donc dénaturé la convention.

2193. Cependant la Cour de cassation s'abstient parfois de censurer des décisions dans lesquelles la dénaturation est patente. Elle a ainsi pu considérer, dans un arrêt de sa première Chambre civile du 13 novembre 1990 que ne dénaturent pas le contrat les juges du fond qui décident que les arbres d'une propriété sont couverts par le contrat incendie des bâtiments. Dans cette espèce, les conditions générales couvraient les biens immobiliers indiqués aux conditions particulières et celles-ci mentionnaient, comme nature du risque : « hôtel, parc avec présence d'un lac artificiel d'un hectare et d'une piscine » (Civ. 1re, 13 nov. 1990, RGAT 1991. 171, note J. Kullmann). Les renseignements donnés sur les environs de l'immeuble assuré n'étaient là que pour permettre une meilleure évaluation de la probabilité de réalisation du risque ; ils ne devaient aucunement permettre une extension de la garantie. La censure de la Cour de cassation s'imposait ici ; elle n'a pourtant pas eu lieu.

b - Abandon du contrôle ?

2194. Il semble qu'en matière d'assurance couvrant les risques d'invalidité ou d'incapacité la Cour de cassation ait décidé d'abandonner son contrôle de la dénaturation des clauses définissant le risque. C'est ce qui résulte apparemment de trois arrêts de la première Chambre civile en date du 9 février 1999. Celle-ci déclare en effet que « la circonstance qu'un assuré est dans un état d'incapacité temporaire totale ou d'invalidité correspondant à la définition contractuelle qu'en donne un contrat d'assurance relève de l'appréciation souveraine des juges du fond » (Civ. 1re, 9 févr. 1999, D. 1999, IR, 339, note M.-H. Maleville ; JCP 1999, II, 10047, concl. P. Sargos et H. Groutel, RCA 1999, chron. n° 11, Garantie incapacité temporaire ou invalidité : la Cour de cassation se défausse). Ces stipulations, fort répandues dans les contrats d'assurance collective emprunteur, sont actuellement au centre d'un irritant contentieux. Les notions d'incapacité et d'invalidité font en effet l'objet de définitions sommaires et ambiguës, susceptibles d'induire l'assuré en erreur et de lui faire croire qu'il est garanti, alors qu'il ne l'est pas. Jusqu'à présent, la Cour de cassation se contentait d'un classique contrôle de la dénaturation (V., par ex. Civ. 1re, 1er déc. 1998, RGDA 1999. 420, note J. Kullmann) mais cette position semble abandonnée dans les arrêts de février 1999.

2195. M. le conseiller-rapporteur P. Sargos n'a pas hésité en effet à présenter les décisions du 9 février 1999 comme un revirement de jurisprudence ; il déclare ainsi que « face au contentieux croissant et exaspérant lié à l'application des clauses définissant, avec d'infinies variables de nature à induire en erreur un assuré de bonne foi, les risques d'ITT et d'invalidité, la Cour en était restée jusqu'aux trois arrêts du 9 février 1999 à une approche tout à fait classique, qui est celle de l'appréciation de la dénaturation de leurs termes (...) la première Chambre a fait le choix d'aborder désormais ce contentieux comme une question de pur fait » (P. Sargos, concl. préc.). On peut pourtant s'interroger sur la réalité de ce revirement (Sur ce point, V. J. Kullmann, note sous Civ. 1re, 9 févr. 1999, RGDA 1999. 419). L'attendu de principe des arrêts de février n'est pas en effet réellement novateur : les juges du fond ont toujours apprécié souverainement si les éléments de preuve fournis par le demandeur établissaient bien que les conditions de la garantie étaient réunies ; ils sont d'ailleurs libres, conformément à l'article 246 du nouveau Code de procédure civile, qui dispose que « le juge n'est pas lié par les constatations ou les conclusions du technicien », de ne pas tenir compte des conclusions de l'expert. Il serait d'ailleurs paradoxal que la seule raison du nombre des pourvois fasse abandonner un tel contrôle : le nombre de ces pourvois n'est-il pas le signe, précisément, qu'un contrôle de dénaturation est nécessaire ? Ainsi il n'y a rien de véritablement neuf dans le rappel de cette liberté, « si ce n'est que ce rappel pourra être compris par certains comme une invitation à forcer les faits pour les faire entrer dans le moule de la définition contractuelle du risque » (J. Kullmann, note préc.). Les juges du fond se sont d'ailleurs engagés dans cette voie et n'hésitent pas, dans certains cas, à se détacher des résultats de l'expertise pour se livrer à une analyse des faits permettant le jeu de la garantie (V. Civ. 2e, 10 nov. 2005, RGDA 2006. 159, note J. Kullmann).

2196. La jurisprudence ultérieure démontre d'ailleurs clairement que la Cour de cassation maintient ses interventions, n'hésitant pas à censurer les juges du fond. Par exemple est cassé au visa de l'article 1134 du Code civil l'arrêt qui, contrairement aux termes même du contrat, apprécie l'incapacité totale et définitive de l'assuré par référence à une activité professionnelle quelconque et non en fonction des répercussions de l'accident ou de la maladie sur l'activité professionnelle de l'assuré (Civ . 2e, 17 janv. 2013, n° 11-24.13, RCA 2013, com. 130).Et dans une autre espèce, alors qu'une clause de garantie de l'incapacité précisait que l'assuré cessait d'être en incapacité temporaire totale de travail lorsqu'il pouvait reprendre une activité professionnelle quelle qu'elle soit, la Cour de cassation a estimé, alors même que la clause était claire et précise et ne pouvait être jugée abusive, qu'il incombait à l'assureur d'éclairer l'assuré sur l'adéquation des risques couverts à sa situation personnelle (Civ. 1re, 13 déc. 2012, n° 11-27.63, 1 RCA 2013, com. 131).

B ▪ Méthodes d'interprétation

2197. L'obscurité du contrat d'assurance peut tenir à une contradiction entre clauses ou divers documents contractuels ou à l'ambiguïté d'une de ses stipulations, susceptible de plusieurs sens. Il faut donc préciser, dans ces deux hypothèses, comment le juge intervient pour rétablir la clarté, en restant toutefois conscient que si l'on peut dégager certaines règles, plus ou moins constantes, tout reste affaire d'espèce.

2198. L'interprétation des contrats relève de l'appréciation souveraine des juges du fond (Cass. 2 févr. 1808, S. chron. 1573, concl. Merlin., D. Jur. Gén., V. Cassation). Par exemple, en présence de la clause définissant l'assuré comme le sociétaire et son conjoint « non divorcé, non séparé », la Cour de cassation a pu affirmer que c'est dans l'exercice de son pouvoir souverain d'interprétation de la clause de la police, que l'ambiguïté de cette dernière rendait nécessaire, que la cour d'appel a décidé, hors toute dénaturation, que seuls étaient exclus de la garantie les époux judiciairement séparés de corps (Civ. 2e, 24 nov. 2011, n° 10-25.635).

2199. En vertu de l'article 4 du Code civil, qui dispose que « le juge qui refusera de juger sous prétexte du silence, de l'obscurité ou de l'insuffisance de la loi, pourra être poursuivi comme coupable de déni de justice », le juge ne peut refuser d'appliquer une clause obscure ou ambiguë ; il doit l'interpréter, quand bien même « elle constituerait un mystère pour la cour d'appel, incompréhensible par elle par conséquent » : c'est ce qu'a déclaré la Chambre commerciale de la Cour de cassation dans un arrêt du 4 juillet 1995 à propos de la clause d'un contrat d'assurance de marchandises excluant « les dommages résultant d'une mauvaise préparation des facultés assurées » (Com., 4 juill. 1995, RGAT 1995. 866, note A. Favre Rochex). Ce sont les techniques d'interprétation du droit commun des contrats qui sont utilisées par les juges en matière d'assurance, tout particulièrement le petit « guide-âne » des articles 1156 à 1164 du Code civil devenus articles 1188 à 1192 du Code civil, issus de l'ordonnance du 10 février 2016 portant réforme du droit des contrats et reprenant en substance les solutions antérieures. La Chambre des requêtes de la Cour de cassation a ainsi déclaré, dans un arrêt du 2 janvier 1906, à propos de l'interprétation d'un contrat d'assurance, « qu'il appartient aux tribunaux de déterminer le sens et la portée des conventions d'après les règles établies par les articles 1156 et suivant du Code civil » (Req, 2 janv. 1906, D. 1906, I, p. 240, rapport Alphandéry). Ces règles ne présentent toutefois pas un caractère impératif, et leur méconnaissance ne saurait, à elle seule, donner ouverture à cassation (V. Civ. 1re, 6 mars 1979, Bull. civ. I, n° 81).

2200. Lorsqu'ils sont amenés à interpréter un contrat d'assurance, les juges doivent avant tout, comme pour tout contrat, rechercher la commune intention des parties. Dans un arrêt du 2 janvier 1906 de la Chambre des Requêtes, la Cour de cassation a ainsi approuvé une cour d'appel d'avoir jugé que prêtait à interprétation la clause d'un contrat disposant que : « est prescrite par six mois, à dater de l'accident, toute réclamation qui, non admise par la compagnie, n'a pas été portée devant la juridiction compétente » et d'avoir décidé, en se fondant « sur la commune intention des parties et sur le rapprochement de la clause litigieuse avec d'autres dispositions du contrat », que ladite clause ne visait que le principe de la garantie et non son étendue et les suites matérielles de l'accident (Req., 2 janv. 1906, D. 1906, I, p. 240, rapport Alphandéry). La référence à la commune intention des parties peut conduire le juge à décider qu'un terme disposant d'une signification bien précise, définie par la loi, peut revêtir un autre sens dans l'esprit des parties au contrat. Témoigne d'une telle interprétation un arrêt de la première Chambre civile du 17 décembre 1985, où le juge recherche si les parties à un contrat d'assurance vol avaient voulu faire référence à la définition pénale du vol, ou à une notion distincte, plus large, recouvrant la disparition du bien assuré même sans soustraction de celui-ci (Civ. 1re, 17 déc. 1985, RGAT 1986. 229, note J. Kullmann).

2201. Les juges ont parfois recours à la notion d'effet utile et logique du contrat d'assurance pour interpréter certaines clauses. Ainsi une clause d'un contrat d'assurance automobile subordonnait la garantie du vol du véhicule à l'existence d'une effraction. Les roues furent dérobées, vol qui ne nécessitait pas d'effraction ; l'assureur refusait donc sa garantie. Pourtant la Cour de cassation, dans un arrêt du 25 octobre 1989, approuve la cour d'appel d'avoir décidé que « s'il tombe sous le sens que les éléments intérieurs d'un véhicule ne sont garantis en cas de vol que s'il y a eu effraction, il ne peut en être de même des roues qui sont normalement accessibles de l'extérieur du véhicule et sans effraction, et que « l'effet utile et logique » du contrat conduisait à garantir le vol des roues commis alors que le véhicule se trouvait sur la voie publique » (Civ. 1re, 25 oct. 1989, RGAT 1990. 637, note J. Kullmann). Il semble qu'un tel principe d'interprétation puisse être rattaché à l'article 1157 du Code civil, qui prévoit que « lorsqu'une clause est susceptible de deux sens, on doit plutôt l'entendre dans celui dans lequel elle peut avoir quelque effet, que dans le sens avec lequel elle n'en pourrait produire aucun », bien que cette disposition ne soit pas visée expressément par l'arrêt rapporté.

2202. Lors de l'interprétation du contrat d'assurance le juge fait parfois application de la notion d'accessoire afin d'étendre le champ d'application de la garantie. Ainsi dans un arrêt du 9 décembre 1992, la Cour de cassation a pu décider qu'une boîte aux lettres, à usage exclusif de l'assuré mais placée dans les parties communes d'une copropriété, matériellement distinctes des locaux occupés par l'assuré, constituait un accessoire du local assuré. Dès lors la garantie contre le vol doit être étendue aux biens dérobés dans cette boîte (Civ. 1re, 9 déc. 1992, RGAT 1993. 367, note J. Kullmann). De même, dans un arrêt du 31 janvier 1990, la Cour de cassation a décidé qu'étaient couverts par le contrat d'assurance de responsabilité souscrite par une entreprise de maçonnerie les travaux de démolition réalisés occasionnellement et accessoirement à des travaux de maçonnerie, bien que la démolition ne figure pas au nombre des activités assurées (Civ. 1re, 31 janv. 1990, RGAT 1990. 632, note R. Bout). On peut penser que c'est l'article 1164 du Code civil qui justifie ainsi l'application de la théorie de l'accessoire, cet article prévoyant que « lorsque dans un contrat on a exprimé un cas pour l'explication de l'obligation, on n'est pas censé avoir voulu par là restreindre l'étendue que l'engagement reçoit de droit aux cas non exprimés ». Notons toutefois que cet article n'est pas visé dans les espèces citées.

2203. L'article 1161 du Code civil dispose que « toutes les clauses des conventions s'interprètent les unes par les autres, en donnant à chacune le sens qui résulte de l'acte entier ». On a pu douter de l'applicabilité de ce texte à l'interprétation du contrat d'assurance, à la suite d'un arrêt de la Cour d'appel de Paris du 27 novembre 1991 qui a déclaré que « s'il est exact qu'en cas d'ambiguïté toutes les clauses des conventions s'interprètent les unes par les autres conformément à l'article 1161 du Code civil, cette règle doit s'appliquer essentiellement aux conventions rédigées d'un commun accord par les parties dont elle permet de rechercher la commune intention. S'agissant d'un contrat d'assurance dénommé « régime de prévoyance des cadres » entièrement rédigé par l'assureur, il y a lieu de faire application de l'article 1162 du Code civil et de dire qu'en cas d'ambiguïté la police doit être interprétée en faveur de l'affilié » (CA Paris, 27 nov. 1991, D. 1992, IR, 69). Pourtant, même s'ils ne le visent pas expressément, les juges utilisent l'article 1161 du Code civil comme directive d'interprétation. C'est le cas dans un arrêt de la Chambre criminelle de la Cour de cassation du 21 octobre 1992. Les faits étaient les suivants : un article d'un contrat scolaire de responsabilité civile « accident élève » excluait les dommages occasionnés par un véhicule terrestre à moteur, tandis qu'une autre stipulation prévoyait une dérogation lorsque l'élève conduisait un véhicule appartenant à un tiers à l'insu de son représentant légal ou du propriétaire ; de plus il précisait que « les garanties s'appliquent aux dommages matériels subis par le véhicule utilisé » et limitait cette garantie à une certaine somme. La Cour de cassation approuve les juges du fond d'avoir décidé que les dommages corporels causés par le véhicule utilisé étaient garantis sans limitation, « l'analyse des dispositions du contrat » étant « confortée par le fait que la formulation de cette limitation n'indique pas que « les garanties ne s'appliquent qu'aux dommages matériels subis par le véhicule utilisé » et par le fait qu'une telle garantie complète au contraire la garantie générale responsabilité civile qui est exclue » pour les dommages (...) subis par un véhicule terrestre à moteur dont l'élève a la conduite » (Crim., 21 oct. 1992, RGAT 1993. 146, note J. Landel). On le voit, le sens de la clause stipulant une limitation résulte de l'acte entier ; l'ensemble des clauses est pris en compte pour lever son ambiguïté. Le nouvel article 1189 alinéa 1er du Code civil dispose désormais que « toutes les clauses d'un contrat s'interprètent les unes par rapport aux autres, en donnant à chacune le sens qui respecte la cohérence de l'acte tout entier ».

2204. C'est l'interprétation du contrat d'assurance qui a donné naissance, au début du siècle, à des règles d'interprétation propres aux contrats d'adhésion (c'est-à-dire un contrat dont le contenu est imposé par la partie la plus forte économiquement à la partie la plus faible). Parmi celles-ci figure le principe selon lequel l'interprétation doit se faire contre le rédacteur du contrat. L'article 1162 du Code civil dispose que « dans le doute, la convention s'interprète contre celui qui a stipulé et en faveur de celui qui a contracté l'obligation ». Or, selon la terminologie romaine, le stipulant est le créancier (J. Dupichot, Pour un retour aux textes : défense et illustration du « petit guide-âne » des articles 1156 à 1164 du Code civil, Études J. Flour, 1979, p. 179) ; l'interprétation devrait donc toujours se faire en faveur du débiteur, c'est-à-dire en faveur de l'assureur, lorsque, dans le contrat d'assurance, l'assuré cherche à faire reconnaître son droit à garantie. La jurisprudence a donné à ce texte un sens spécifique : elle a considéré que « celui qui a stipulé » devait être entendu comme « celui qui a rédigé le contrat ». Celui qui a déterminé le contenu du contrat doit supporter les conséquences d'une ambiguïté dans la rédaction. Un arrêt de la Cour d'appel de Colmar du 25 janvier 1963 souligne ainsi que la règle de l'article 1162 « s'applique avec une rigueur accrue dans les contrats d'adhésion » (CA Colmar, 25 janv. 1963, Gaz. Pal. 1963, I, p. 277). Ainsi, dès le 5 mai 1896 la Cour d'appel de Paris pouvait déclarer que « toute clause obscure ou ambiguë doit s'interpréter contre l'assureur, conformément à l'article 1162 du Code civil » (CA Paris, 5 mai 1896, D. 1896, II, p. 414). Plus récemment la Cour d'appel de Montpellier a déclaré dans un arrêt du 27 juin 1990 « qu'en présence d'une clause contractuelle ambiguë, définissant le sinistre, incluse dans un contrat d'adhésion, il convient de l'interpréter dans un sens favorable à l'adhérent qui s'est vu imposer la stipulation » (CA Montpellier, 27 juin 1990, RGAT 1990. 118, note J. Bigot).

2205. Cette directive prétorienne a d'ailleurs été consacrée par la loi n° 95-96 du 1er février 1995 ; l'article L. 133-2, alinéa 2 du Code de la consommation dispose désormais que « les clauses des contrats proposés par les professionnels aux consommateurs ou aux non-professionnels s'interprètent en cas de doute dans le sens le plus favorable au consommateur ou au non-professionnel (...) ». Notons toutefois que cette règle protectrice ne trouve à s'appliquer que dans les contrats de consommation. Après une longue période de non application, ce texte a été utilisé pour la première fois dans un arrêt de la Cour de cassation en date du 21 janvier 2003. La première Chambre civile y censure ainsi une cour d'appel ayant retenu une interprétation défavorable à l'assuré de la clause de définition du risque d'un contrat d'assurance décès-invalidité (Civ. 1re, 21 janv. 2003, G. Courtieu, Le doute doit toujours profiter à l'assuré, RCA 2003, chron. n° 13). Et c'est à nouveau dans un contrat d'assurance décès-invalidité, décidément source d'un irritant contentieux, que la deuxième Chambre civile a eu recours à l'article L. 133-2, alinéa 2 du Code de la consommation (Civ. 2e, 13 juill. 2006, RCA 2006, comm. n° 275 ; L'Argus, 22 sept. 2006, p. 53 ; en l'espèce, était en cause la clause prévoyant le doublement du capital en cas d'accident « si le décès ou l'invalidité permanente et totale de la personne assurée résulte d'un accident et s'il survient immédiatement ou dans les douze mois suivant le jour de l'accident » : la condition de délai ne concernait-elle que le seul risque décès et non le risque invalidité permanente ? Pour la cour d'appel, la clause ne présentait pas un caractère ambigu justifiant une interprétation favorable au consommateur. Telle n'est pas l'opinion de la Cour de cassation ; V. aussi, pour d'autres applications du principe : Civ. 2e, 15 déc. 2011, n° 10-26.983, RCA. 2012, com. 84, obs. H. Groutel ; Civ.2e, 1er juin 2011, RGDA 2012 , p. 33, obs. A. Pélissier ; Civ 1re, 20 déc. 2012, n° 11-27.225, RCA 2013, com. 132).

Par ailleurs, le nouvel article 1190 du Code civil, issu de la réforme de février 2016, précise désormais que « dans le doute, le contrat de gré à gré s'interprète contre le créancier et en faveur du débiteur, et le contrat d'adhésion contre celui qui l'a proposé ».

C ▪ Contradiction entre clauses ou documents contractuels

2206. Deux hypothèses de contradictions sont envisageables :
- contradiction entre diverses clauses d'un même contrat ;
- contradiction entre les exemplaires du contrat de l'assuré et de l'assureur.

2207. Pour régler ces contradictions, le juge a dégagé une hiérarchie des clauses et des documents. Toutefois, cette hiérarchie n'aura lieu d'être appliquée qu'en cas de véritable contradiction, c'est-à-dire lorsque des clauses claires et précises « sont inconciliables » entre elles (Civ. 1re, 17 juin 1986, RGAT 1986. 350, note J. Bigot).

1 ▪ Contradiction entre clauses

2208. Lorsqu'une contradiction apparaît entre une clause imprimée et une clause manuscrite ou dactylographiée, cette dernière doit l'emporter (Soc., 4 mai 1945, RGAT 1946. 28). Cette règle doit prévaloir pour tous les contrats d'adhésion ; il semble en effet que la clause manuscrite reflète la commune intention des parties, alors que la clause imprimée ne traduit que la volonté du rédacteur du contrat (Sur cette question : A. Vialard, Contrat-type et clauses manuscrites – Petit voyage dans le passé comme démonstration de la relativité restreinte, in RCA, Études offertes à H. Groutel, Litec 2006, p. 469). Un arrêt de la Cour de cassation du 9 octobre 1990 a notamment approuvé une cour d'appel d'avoir retenu une garantie illimitée, au motif que « pour déterminer, à l'égard de l'assurance de responsabilité, l'obligation de l'assureur suivant la volonté des parties, l'arrêt constate que les limitations de garantie, prévues « aux conventions spéciales », font l'objet d'indications imprimées, tandis que le constat d'engagement porte une mention dactylographiée de la garantie illimitée » (Civ. 1re, 9 oct. 1990, RGAT 1990. 816, note H. Margeat et J. Landel).

2209. Une contradiction peut aussi apparaître entre clauses des conditions particulières et des conditions générales, définies comme « des clauses abstraites applicables à l'ensemble des contrats individuels ultérieurement conclu, rédigées par avance et imposées par un contractant à son partenaire » (A. Seube, *Les conditions générales*, Mélanges Jauffret, p. 555). Ce sont alors les conditions particulières qui doivent l'emporter. Dans une décision du 7 octobre 1963, la Cour de cassation a ainsi pu décider que « les conditions particulières d'un contrat d'assurance l'emportent sur les conditions générales sans qu'il soit nécessaire qu'elles contiennent une clause spéciale stipulant cette prééminence » (Civ. 1re, 7 oct. 1963, RGAT 1964. 336, note A. B.). Elle a approuvé la Cour d'appel d'avoir condamné l'assureur à garantie, en application des conditions particulières, en dépit d'une clause d'exclusion figurant dans les conditions générales. Il s'agit encore là d'une règle d'interprétation dégagée spécialement par la jurisprudence pour les contrats d'adhésion tels que le contrat d'assurance. La Cour de cassation censure d'ailleurs les juges du fond qui ne respectent pas cette règle (Civ. 1re, 12 mai 1969, Bull. civ. I, n° 174), qui doit être mise en œuvre dès qu'il y a constatation de l'inconciliabilité des conditions générales et des conditions particulières (Civ. 1re, 7 juin 2001, RGDA 2001. 683, note M.-H. Maleville). Cette règle est consacrée par le nouvel article 1119 du Code civil qui dispose en son alinéa 3 que « en cas de discordance entre des conditions générales et des conditions particulières, les secondes l'emportent sur les premières ».

2210. Cette règle de prééminence des conditions particulières s'applique-t-elle lorsque ces conditions particulières s'avèrent plus rigoureuses pour l'assuré que les conditions générales ? Il semble bien que les tribunaux fassent prévaloir la clause contenue dans les conditions particulières, même si elle est défavorable à l'assuré. Par exemple, selon un arrêt du 21 juin 1988 de la Cour de cassation la clause des conditions particulières d'un contrat d'assurance vol, excluant expressément « le vol en devanture sans pénétration », écarte les conditions générales, plus clémentes, qui ne couvrent pas les vols commis dans la vitrine sans pénétration « pendant les heures de fermeture sauf celles du milieu du jour » ; l'assureur n'a donc pas à couvrir le vol de bijoux dans la vitrine du magasin de l'assuré, sans pénétration et pendant les heures de fermeture de la journée » (Civ. 1re, 21 juin 1988, RGAT 1988. 557). Cette solution, bien que sévère pour l'assuré, semble juridiquement fondée ; puisque les conditions particulières sont censées mieux refléter la volonté des parties, il n'y a pas à distinguer selon que le résultat est ou non favorable à l'assuré ! Il faut cependant souligner que dans cette espèce le juge a exigé que l'assuré ait signé les conditions particulières défavorables. Pareille exigence n'est cependant pas imposée par un arrêt du 9 février 1999 de la Cour de cassation qui a lui aussi fait prévaloir sur les conditions générales une clause des conditions particulières défavorable à l'assuré (Civ. 1re, 9 févr. 1999, Dossier jur. et tech., L'Argus, 25 juin 1999, p. 6, note G. Defrance).

2 ▪ Contradiction entre exemplaires de la police

2211. Lorsqu'il existe une contradiction entre l'exemplaire du contrat détenu par l'assureur et celui détenu par l'assuré, lequel doit-on faire prévaloir ? La jurisprudence répond invariablement que l'exemplaire de l'assuré doit l'emporter. Dès lors, si la valeur d'un indice devant permettre la fixation de l'indemnisation est différente dans l'exemplaire des conditions particulières conservé par l'assureur et dans celui en possession de l'assuré, la Cour de cassation, dans un arrêt de sa première Chambre civile du 4 novembre 1986, approuve les juges du fond d'avoir fait prévaloir le second (Civ. 1re, 4 nov. 1986, RGAT 1986. 536, note J. Bigot). En tant que rédacteur du contrat, l'assureur doit en effet veiller à établir des exemplaires identiques et supporter les conséquences de sa négligence. L'assureur doit établir que l'exemplaire qu'il produit est identique à celui qu'il a remis à l'assuré ; à défaut l'exemplaire produit par l'assuré doit l'emporter (Civ. 1re, 28 avr. 1993, RGAT 1993. 768, note R. Maurice, décision rendue à propos de questionnaire médical relatif au risque). Le nouvel article 1119 du Code civil précise désormais dans son alinéa 2 que « en cas de discordance entre des conditions générales invoquées par l'une ou l'autre des parties, les clauses incompatibles sont sans effet ».

Section 2 ▪ L'avenant

2212. L'avenant constitue le mode de preuve de la modification du contrat. En effet, l'article L. 112-3 du Code des assurances indique que « toute addition ou modification au contrat d'assurance primitif doit être constatée par un avenant signé des parties ». « L'addition ou la modification » visées par le texte sont constituées par un complément ou un changement apporté par les parties, en cours d'exécution, à un ou plusieurs éléments du contrat qui les lie (sur la notion de modification : A. Ghozi, *La modification de l'obligation par la volonté des parties*, LGDJ, 1980). L'avenant est ainsi le support matérialisant cette modification, mais il demeure un simple moyen de preuve et non une condition d'existence de la modification.

2213. Selon l'article L. 112-3 du Code des assurances, l'avenant est signé par les parties, c'est-à-dire assureur et souscripteur. La jurisprudence semblait admettre la preuve par un avenant non signé (en ce sens, Civ. 1re, 6 juin 1990, RGAT 1990. 541, note R. Maurice, dans lequel la Cour de cassation considère que le juge ayant relevé que l'assuré avait signé la proposition d'assurance à laquelle il lui avait été répondu par un avenant signé de l'assureur, en tous points conforme à cette proposition, il n'avait pas à rechercher si cet avenant était revêtu de la signature de l'assuré ; v. aussi Civ. 1re, 22 avr. 1992, RGAT 1992. 497, note R. Maurice).

2214. Pourtant telle n'est pas la solution retenue par un arrêt de la troisième Chambre civile de la Cour de cassation, en date du 17 juin 2003 (Civ. 3e, 17 juin 2003, RGDA 2003. 692, note L. Mayaux) exigeant que l'avenant soit signé, en l'espèce par l'assuré. La Cour de cassation approuve en effet une cour d'appel d'avoir décidé que « la modification du contrat d'assurance entraînant une « restriction » de garantie ne pouvait être établie que par la signature de l'assuré, antérieure au sinistre ». On a pu douter de l'interprétation exacte à donner à la décision puisque devant la Cour de cassation, la discussion portait en fait sur la compétence du juge des référés qui s'était prononcé ; la troisième Chambre civile s'était alors peut-être contentée de considérer que le juge avait suffisamment justifié sa compétence, sans approuver la motivation utilisée ! Pourtant, par la suite, la deuxième Chambre civile a affirmé que « lorsque l'assureur, à l'occasion de la modification du contrat primitif, subordonne sa garantie à la réalisation d'une condition, il doit rapporter la preuve qu'il a précisément porté cette condition à la connaissance de l'assuré » et que l'absence de signature de l'avenant par l'assuré empêche l'assureur d'apporter cette preuve (Civ. 2e, 21 avr. 2005, H. Groutel, L'information de l'assuré : de nouvelles avancées ?, RCA 2005, chron. n° 11). Cette formule avait déjà été utilisée, sans référence à la modification, dans un arrêt (Civ. 1re, 27 mars 2001, RCA 2001, comm. n° 206, note H. Groutel ; V. aussi Civ. 2e, 24 mai 2006, RCA 2006, comm. n° 320). Ces décisions ont été rendues au visa de l'article L. 112-2, alinéa 2 du Code des assurances, qui impose la remise par l'assureur à l'assuré d'un certain nombre de documents d'information sur le contenu des garanties et cela « avant la conclusion du contrat ». Ce visa semblerait donc indiquer qu'une modification du contrat serait, elle aussi, au même titre que la souscription initiale, soumise aux dispositions de l'article L. 112-2 du Code des assurances, ce qui impliquerait donc une information préalable de l'assuré. Il faudrait alors que soit respecté l'article R. 112-3 du Code des assurances, selon lequel « la remise des documents visés au deuxième alinéa de l'article L. 112-2 est constatée par une mention signée et datée par le souscripteur apposée au bas de la police, par laquelle celui-ci reconnaît avoir reçu au préalable ces documents et précisant leur nature et la date de leur remise ». À défaut d'une telle signature, figurant sur l'avenant, la restriction de garantie serait inopposable à l'assuré. Cette solution a été confirmée à différentes reprises (Civ. 2e, 8 sept. 2005, RGDA 2006. 155, note S. Abravanel-Jolly ; RCA 2006, comm. n° 34, obs. H. Groutel ; Civ. 2e, 5 juill. 2006, n° 05-11.302 ; RGDA 2006. 921, note S. Abravanel-Jolly ; Civ. 2e, 6 mars 2008, n° 06-20.894 ; RGDA 2008. 322, note S. Abravanel-Jolly ; Civ. 2e, 22 janv. 2009, n° 07-21.530, RGDA 2009. 127, note A. Astegiano- La Rizza) et étendue, semble-t-il, à l'assurance de groupe. Elle semble toutefois limitée aux modifications entraînant une restriction de garantie ou imposant une condition de garantie ; dès lors, apparemment, seule la preuve de modifications défavorables à l'assuré serait subordonnée à la signature de ce dernier.

2215. On peut toutefois noter un arrêt récent qui admet une modification du contrat, entraînant une restriction de garantie, en l'absence de tout avenant, même non signé, se contentant comme preuve de divers courriers inchangés notamment entre le courtier, la société assurée et le souscripteur (Civ. 2e, 18 février 2010, n° 09-10.478, RGDA. 2010. 305, note S. Abravanel-Jolly).

2216. Par ailleurs, dans une affaire où les souscripteurs du contrat avaient signé les avenants et certifié à cette occasion avoir reçu un exemplaire des conditions générales dont la référence était précisée, dans lesquelles une exclusion de garantie était mentionnée, il a pu être décidé qu'il appartenait à l'assureur d'informer clairement les assurés de la réduction des garanties pratiquée et que cette obligation d'information ne se limitait pas à la remise des conditions générales (Civ. 2e, 25 juin 2015, n° 14-19.786 et n° 14-18.486, RCA 2015, com. 274).

Chapitre 3
La charge et les moyens de preuve du contrat

BIBLIOGRAPHIE

L'Argus de l'assurance

Ouvrages. – J. Landel, *Lexique des termes d'assurance*, L'Argus éd., 2014. – F. Couilbault, S. Couilbaut-Di Tommaso, V. Huberty, *Les grands principes de l'assurance*, L'Argus éd., 2015. – J. Bigot (sous dir.), *Code des assurances*, L'Argus éd.

Articles. – L. Grynbaum, La lettre recommandée électronique dans les relations contractuelle, L'Argus n° 7213, avr. 2011 ; Les modes de preuve se modernisent, L'Argus n° 7004, déc. 2006. - La preuve du contrat, L'Argus n° 6890, juill. 2004 ; L'Argus n° 6782, avr. 2002. - S. Corone, La preuve par les nouvelles technologies, L'Argus 2000, p. 32. – G. Defrance, La preuve de l'assurance, Dossiers jur. et tech., L'Argus, 28 avr. 1995 ; p. 1 ; La nécessaire information sur les restrictions de garantie, Dossiers jur., L'Argus, 27 mai 2005, p. 1.

Autres documentations

Ouvrages. – J. Kullmann (sous dir.), *Lamy Assurances* 2011, n° 481 et s. – J. Bigot (sous dir.), *Traité de droit des assurances*, T. 3, Le contrat d'assurance, LGDJ 2002. – A. Favre Rochex et G. Courtieu, *Le droit du contrat d'assurance terrestre*, LGDJ Droit des affaires, 1998. - Y. Lambert-Faivre et L. Leveneur, *Droit des assurances*, 12e éd., D. 2005. – M. Picard, A. Besson, *Traité général des assurances terrestres*, T. 1, LGDJ 1938. – J. Ghestin, *Traité de Droit Civil*, la formation du contrat, LGDJ 3e éd., 1993, n° 413, p. 371. – *Code de la consommation*, Dalloz.

Articles. – S. Abravanel-Jolly, Nécessité du maintien de la distinction entre exclusion et condition de garantie, Recueil Dalloz 2012, p. 957. – A ; Astegiano-La Rizza, Les modes de preuve du contrat d'assurance : état des lieux, LPA 2008, n° 197, p. 5. - S. Bertolaso, L'utilisation de la langue française : protection réelle ou illusoire du consommateur ?, LPA, 19 févr. 1997, p. 17. – A. Favre Rochex et H. Margeat, Contrat d'assurance : la charge de la preuve, Ass. Fr. 1981, p. 146. – P.-Y. Gauthier et X. Linant de Bellefonds, De l'écrit électronique et des signatures qui s'y attachent, JCP 2000, I, 236. – H. Groutel, Attestation d'assurance ou note de couverture, RCA 1994, chron. n° 1 ; L'assuré qui en avait vu de toutes les couleurs, RCA 1999, chron. n° 6 ; L'information de l'assuré : de nouvelles avancées ?, RCA 2005, chron. n° 11. – J. Kullmann, De l'aménagement contractuel de la preuve du vol à la liberté de la preuve du sinistre ... la Convention européenne des droits de l'homme à l'assaut du contrat d'assurance, RGDA 2004. 56. - L. Mayaux, La distinction des exclusions et des conditions, in Les grandes questions du droit des assurances, LGDJ 2011, p. 91 s. - D. Noguéro, Liberté de la preuve du sinistre ou conditions du jeu de la garantie vol, RCA 2004, chron. n° 20. - La preuve réglementée du contrat d'assurance et de sa durée, GP 30 avril 2011, n° 120, p. 20. - R. Perrot, La charge de la preuve en matière d'assurance, RGAT 1961. 5. - A. Pimbert, Contrat d'assurance et champ contractuel, in Mélanges J. Beauchard, LGDJ 2013, p. 693.

Divers. – F. Labarthe, Thèse, *La notion de document contractuel*, LGDJ, 1994. - R. Le Balle, *Des conventions sur les procédés de preuve en droit civil*, Th. Paris, 1929.

Section 1 ▪ Règles générales

§ 1 ▪ Charge de la preuve

2217. Lorsqu'un litige relatif au contrat d'assurance survient, le problème se pose de savoir sur qui repose la charge de la preuve, c'est-à-dire de savoir qui doit prouver l'existence et/ou le contenu du contrat. Naturellement, lors du procès, chacune des parties, même celle sur laquelle ne repose pas la charge de la preuve, a tout intérêt à démontrer l'exactitude de ses allégations. Toutefois, dans l'hypothèse où les deux parties échoueraient à apporter des éléments de preuve satisfaisants, c'est celle sur laquelle repose la charge de la preuve qui perdrait le procès. On dit ainsi qu'elle supporte le risque de la preuve.

2218. Seuls les éléments faisant l'objet d'une contestation doivent être prouvés. Par exemple, si l'assuré demande à l'assureur la mise en jeu de sa garantie et que celui-ci invoque le jeu d'une clause d'exclusion, sans remettre en cause l'existence même du contrat, il n'est nul besoin de prouver l'existence de ce contrat. Un fait qui n'est pas contesté doit être considéré comme vrai et n'a pas, par conséquent, à être prouvé. La question de la charge de la preuve peut alors se poser dans deux types de circonstances : tout d'abord c'est l'existence même d'un contrat d'assurance qui peut être contestée ou bien, sans que l'existence même du contrat soit niée, c'est le contenu du contrat qui peut faire l'objet d'une contestation, c'est-à-dire que l'application de certaines clauses est discutée.

A ▪ Preuve de l'existence du contrat

2219. En vertu du nouvel article 1353 du Code civil issu de l'ordonnance du 10 février 2016, dont le contenu reprend à l'identique celui de l'ancien article 1315 du Code civil, c'est à celui qui réclame la mise en jeu de la garantie de l'assureur d'établir l'existence du contrat d'assurance. Par conséquent, c'est au souscripteur réclamant sa garantie à l'assureur d'établir l'existence d'un contrat d'assurance (Civ. 1re, 24 janv. 1995, Dossier jur. et tech., L'Argus 28 avr. 1995, p. III, note G. Defrance, censurant une cour d'appel qui avait condamné un assureur à garantie au motif « qu'il ne produisait pas la police, alors que la charge de la preuve lui incombait » ; selon la Cour de cassation, il revient en effet au souscripteur « d'établir que sont réunies les conditions requises pour mettre en jeu la garantie de l'assureur »). De même ce serait à l'assuré, s'il est différent du souscripteur, réclamant sa garantie à l'assureur, d'établir l'existence du contrat. En assurance de responsabilité, ce sera à la victime d'établir l'existence du contrat d'assurance, lorsqu'elle exerce l'action directe afin de réclamer sa garantie à l'assureur (Civ. 1re, 29 avr. 1997, RGDA 1997. 841, note J. Kullmann). Cette solution vaut pour tous les tiers invoquant le bénéfice du contrat, notamment pour le bénéficiaire d'une assurance vie. La charge de la preuve peut aussi reposer sur l'assureur. Ce sera le cas, par exemple, s'il réclame au souscripteur le paiement de cotisations et que celui-ci conteste l'existence même d'un contrat. Il en sera de même si l'assureur exerce un recours subrogatoire contre le tiers responsable du dommage sur le fondement de l'article L. 121-12 du Code des assurances ; l'assureur devra en effet établir l'existence du contrat d'assurance au titre duquel il a payé les indemnités d'assurance.

2220. Ces solutions ne sont qu'une simple application du droit commun de la preuve. En effet, le Code des assurances n'est pas venu réglementer de manière spécifique la question de la charge de la preuve du contrat d'assurance. Dès lors il est fait application de l'article 1315, alinéa 1er du Code civil qui précise que « celui qui réclame l'exécution d'une obligation doit la prouver. Réciproquement, celui qui se prétend libéré, doit justifier le paiement ou le fait qui a produit l'extinction de son obligation ». Ce principe est réaffirmé par le nouvel article 1353 du Code civil.

B ▪ Preuve du contenu du contrat

2221. C'est à l'assuré qui réclame l'exécution de l'obligation de garantie d'en établir l'étendue (Civ. 1re, 24 juin 1970, 1re esp., RGAT 1971. 222, note A. B., qui approuve des juges du fond d'avoir décidé « qu'il incombait à l'assuré, demandeur en garantie, de démontrer la réalité et l'étendue de l'obligation dont il réclamait l'exécution par l'assureur, son cocontractant » ; Civ. 2e, 22 janv. 2009, n° 07-19.532, RCA 2009, comm. n° 87, obs. H. Groutel, décidant qu'» il incombait à l'assuré de produire le contrat litigieux et de rapporter la preuve de son contenu »). S'il échoue à prouver l'existence de l'obligation de garantie, il verra sa prétention rejetée. Toutefois, une fois établie l'existence de l'obligation, la charge de la preuve passe sur l'assureur et c'est à lui, se prétendant libéré, d'établir la réalité de l'exception qu'il invoque. Toute la difficulté est alors de distinguer les éléments permettant d'établir l'existence de l'obligation, dont la charge de la preuve incombe à l'assuré, de ceux constituant des exceptions à une obligation dont le principe est établi, dont la charge de la preuve incombe à l'assureur. C'est au cas par cas que la jurisprudence vient régler cette question.

2222. Les tribunaux décident que c'est à l'assuré d'établir que le sinistre répond bien à la définition contractuelle du risque assuré (Civ. 1re, 14 févr. 1990, RGAT 1991. 611, note J. Bigot ; Civ. 1re, 3 oct. 1995, RGAT 1996. 151, note J. Maury) ; c'est aussi à lui qu'il incombe d'établir que les conditions de garantie sont bien remplies (V. pour la preuve d'un décès accidentel : Civ. 1re, 13 mars 1996, RGDA 1996. 687, note J. Maury : v. aussi, Civ. 1re, 10 mai 1989, RGAT 1989. 643, note J. Kullmann). En revanche, c'est à l'assureur qu'il appartient de démontrer la réunion des conditions de fait d'une exclusion (Civ. 1re, 15 et 22 oct. 1980, RGAT 1980. 51, note A. B.). La distinction entre condition de garantie et exclusion n'est toutefois pas toujours aisée. En tout état de cause, le juge n'est pas lié par les qualifications des parties, de sorte qu'il pourra être amené, à l'occasion d'une requalification, à modifier l'attribution de la charge de la preuve. Dans le même sens, c'est à l'assureur de prouver les déchéances de garantie qu'il invoque (Civ. 1re, 25 oct. 1994, RGAT 1994. 1095, note F. Chardin, qui déclare que « s'il incombe à l'assuré, qui réclame à l'assureur l'exécution de son obligation de garantie en raison d'un sinistre, de prouver que celui-ci est survenu dans les conditions de fait conformes aux prévisions du contrat, il appartient en revanche à l'assureur de démontrer l'existence des causes de déchéance dont il se prévaut »).

2223. Une difficulté a surgi en jurisprudence à propos des clauses venant aménager la preuve du sinistre. C'est notamment le cas, dans les garanties vol, des clauses imposant à l'assuré de faire la preuve d'une effraction, telle que définie par le contrat (par exemple, pour l'assurance du vol d'un véhicule, établir le forcement de la direction ou de l'antivol). Il était classiquement admis en jurisprudence que la preuve des circonstances du sinistre incombait à l'assuré (pour une application, en matière de garantie vol, V. Civ. 1re, 18 déc. 2002, RGDA 2003. 358, note A. Favre Rochex). Une telle clause, présente dans une assurance vol a pourtant fait l'objet d'une condamnation par la Cour de cassation dans un arrêt du 10 mars 2004. La deuxième Chambre civile a en effet décidé que « la preuve du sinistre, qui est libre, ne pouvait être limitée par le contrat (Civ. 2e, 10 mars 2004, D. 2004, IR, 994 ; RCA 2004, comm. n° 199, RTD Civ. 2005, p. 133, obs. J. Mestre et B. Fages ; V. aussi, pour des appréciations critiques de cet arrêt, D. Noguéro, Liberté de la preuve du sinistre ou conditions du jeu de la garantie vol, RCA 2004, chron. n° 20 ; J. Kullmann, De l'aménagement contractuel de la preuve du vol à la liberté de la preuve du sinistre... la Convention européenne des droits de l'homme à l'assaut du contrat d'assurance, RGDA 2004. 561). Ce principe de liberté de la preuve du sinistre a été affirmé au visa de l'article 1315 du Code civil et de l'article 6.1 de la Convention européenne des droits de l'homme, qui garantit à toute personne que sa cause sera entendue équitablement, publiquement et dans un délai raisonnable, par un tribunal indépendant et impartial, établi par la loi, qui décidera, soit des contestations sur ses droits et obligations de caractère civil, soit du bien fondé de toute accusation pénale dirigée contre elle. Cette condamnation est surprenante à plus d'un titre. En premier lieu, le principe affirmé par la Cour de cassation constitue une dérogation au droit commun de la preuve : les règles gouvernant la charge et les modes de preuve ne sont pas en effet, sauf exceptions (notamment en matière d'état des personnes), d'ordre public : les parties sont donc libres de les aménager par convention (V. sur cette question, R. Perrot, La charge de la preuve en matière d'assurance, RGAT 1961. 27 ; R. Le Balle, Des conventions sur les procédés de preuve en droit civil, Th. Paris, 1929). En second lieu la solution est discutable au regard de la qualification de la clause. En effet la clause condamnée peut sans doute être analysée comme une condition de garantie, puisque venant subordonner cette garantie au respect de certaines exigences. Or la preuve des conditions de la garantie incombe incontestablement à l'assuré. Le principe posé par la Cour de cassation le 10 mars 2004 semble toutefois loin d'être acquis. En effet dans un arrêt du 16 décembre 2004, la deuxième Chambre civile a retenu, dans une espèce similaire, une solution opposée. Elle a ainsi décidé que posait des conditions à la garantie la clause stipulant que « pour être garanti, le vol par effraction doit être caractérisé par un ensemble d'indices sérieux rendant vraisemblable cette appropriation frauduleuse : le forcement de la direction et de la serrure de blocage de celle-ci et des dégradations de l'appareillage électrique ». Par conséquent il incombait à l'assuré d'établir que ces conditions étaient réalisées (Civ. 2e, 16 déc. 2004, RGDA 2005. 182, note J. Kullmann). Il faut toutefois noter que dans cette dernière affaire l'argument de la violation de la Convention européenne des droits de l'homme n'avait pas été soulevé par le pourvoi. Néanmoins, dans une autre espèce, dans laquelle cette violation avait bien été invoquée par l'assuré dans son pourvoi, la Cour de cassation a rejeté le pourvoi au motif que n'était pas établie une effraction au sens qu'en donnait la définition du contrat d'assurance, définition qui ne constituait pas une limitation des modes de preuve du sinistre (Civ. 2e, 24 mai 2006, n° 04-20.804 ; L'Argus hors série « jurisprudence 2006 », mars 2007, p. 18).

2224. Lorsque l'assureur subordonne sa garantie à la réalisation, par l'assuré, de conditions particulières, il appartient à l'assuré de rapporter la preuve qu'elles étaient remplies (Civ. 3e, 7 sept. 2011, n° 09-70.993, RCA. 2011, com. 417).

2225. En revanche, en cas de litige sur l'application de la clause imposant des conditions, l'assureur devra prouver qu'il a précisément porté ces conditions à la connaissance de l'assuré (Civ. 1re, 27 mars 2001, RCA 2001, comm. n° 206, note H. Groutel). C'est une solution identique qui s'applique lorsque c'est à l'occasion de la modification du contrat primitif que l'assureur subordonne sa garantie à la réalisation d'une condition (Civ. 2e, 21 avr. 2005, L'information de l'assuré : de nouvelles avancées ?, RCA 2005, chron. n° 11, H. Groutel ; G. Defrance, La nécessaire information sur les restrictions de garantie, Dossiers jur. L'Argus, 27 mai 2005, p. 1 ; V aussi, en premier lieu, Civ. 3e, 17 juin 2003, RGDA 2003. 692, note L. Mayaux, approuvant une Cour d'appel d'avoir décidé que la modification du contrat d'assurance entraînant une restriction de garantie ne pouvait être établie que par la signature de l'assuré, antérieure au sinistre). Ces décisions ont été rendues au visa de l'article L. 112- 2, alinéa 2, du Code des assurances, qui impose la remise par l'assureur à l'assuré d'un certain nombre de documents d'information sur le contenu des garanties et cela « avant la conclusion du contrat ». Un tel visa impliquerait donc que la modification du contrat soit, comme la souscription du contrat initial, soumise aux dispositions de l'article L. 112-2 du Code des assurances. Il faudrait ainsi remettre à l'assuré un projet de contrat ou une notice d'information décrivant les garanties et respecter l'article R. 112-3 du Code des assurances prévoyant que « la remise des documents visés au deuxième alinéa de l'article L. 112-2 est constatée par une mention signée et datée par le souscripteur apposée au bas de la police, par laquelle celui-ci reconnaît avoir reçu au préalable ces documents et précisant leur nature et la date de leur remise » (pour une modification, c'est l'avenant qui devrait être signé ; en ce sens v. Civ. 2e, 5 juill. 2006, RGDA 2006. 917, note S. Abravanel-Jolly ; v. cependant Civ. 2e, 24 mai 2006, RGDA 2006. 628, note L. Mayaux, qui tout en maintenant l'exigence de l'information préalable de l'assuré, n'impose pas, semble-t-il, la signature de l'avenant). Dans l'hypothèse où ces diverses conditions ne seraient pas respectées (documents non remis ou ne décrivant pas suffisamment les garanties, avenant non signé), la restriction de garantie serait inopposable à l'assuré (Civ. 2e, 8 sept. 2005, RGDA 2006. 155, note S. Abravanel-Jolly, étendant, semble-t-il, la solution à l'assurance de groupe).

2226. Lorsqu'en assurance de responsabilité la victime exerce l'action directe, c'est à l'assureur qu'il appartient de démonter qu'il ne doit pas sa garantie (v. en premier lieu Civ. 1re, 3 déc. 1963, D. 1964, II, 409, note A. Besson ; v. aussi, Civ. 1re, 22 avr. 1992, RGAT 1992. 594, note Ph. Rémy, qui déclare que « lorsque le bénéfice du contrat qui a été souscrit auprès d'un assureur de responsabilité est invoqué, non par l'assuré, défaillant, mais par la victime du dommage, laquelle est un tiers, il incombe à cet assureur de démontrer, en versant le contrat aux débats, qu'il ne doit pas sa garantie pour le sinistre objet du litige »). La solution vaut pour tous les tiers au contrat d'assurance, puisque, comme le déclare la Cour de cassation, « il n'incombe aux tiers au contrat d'assurance que la charge de prouver l'existence du contrat, l'assureur ayant ensuite la faculté d'établir ne pas devoir sa garantie pour le sinistre objet du litige » (Civ. 2e, 8 janv. 2009, RCA 2009, comm. n° 91) ou encore « qu'il appartenait à l'assureur, dont l'obligation était recherchée non par le seul assuré mais par des tiers au contrat, de produire la police dont il admettait l'existence » (Civ. 3e, 8 juin 2010, n° 09-13.482, RGDA 2010. 1009, note J.-P. Karila).

2227. Une solution différente prévaut lorsque le contrat d'assurance en litige est un contrat d'assurance obligatoire, dont le contenu est déterminé par des clauses-types d'origine réglementaire (il s'agit de clauses dont l'autorité administrative peut, en vertu de l'article L. 111-4 du Code des assurances, imposer l'usage dans certaines catégories de contrats). En effet, dans une telle hypothèse, les clauses-types prennent automatiquement place dans le contrat ; le contenu du contrat est par là même établi. Dès lors, si la victime allègue que la garantie fournie par le contrat conclu est plus étendue que celle octroyée par les clauses-types, c'est à elle de l'établir (V. à propos d'une assurance de responsabilité décennale : Civ. 3e, 22 mai 1996, RCA 1996, comm. n° 287). Elle devra, par exemple, démontrer que le montant de garantie accordé par le contrat souscrit était plus élevé que celui prévu par les clauses-types.

2228. Une difficulté surgit lorsque l'assureur de responsabilité est seulement appelé en garantie par son assuré, contre lequel la victime exerce une action en responsabilité, et non pas directement assigné par la victime. Puisque c'est l'assuré qui réclame alors la garantie, la Cour de cassation décide que c'est à lui d'établir que sont réunies les conditions de la garantie (Civ. 1re, 24 janv. 1995, RGAT 1995. 32, note L. Mayaux). Une éventuelle absence de preuve pourra alors être opposée à la victime. Cette solution implique donc, de façon contestable, que le sort de la victime dépend de la procédure selon laquelle l'assureur a été mis en cause.

2229. C'est à celui qui se prévaut d'une modification du contrat, assureur ou souscripteur, d'établir l'acception de son cocontractant, conformément à l'article 1315, alinéa 1er, du Code civil.

§ 2 ■ Moyens de preuve du contrat

A ■ Preuve de l'existence du contrat

1 ■ Preuve entre les contractants

2230. Entre les parties, la preuve de l'existence du contrat d'assurance doit se faire par écrit. Une telle exigence résulte de l'article L. 112-3, alinéa 1, du Code des assurances qui précise que le contrat d'assurance est rédigé par écrit ; elle a pour effet d'exclure la preuve par témoignages ou par présomption. Cette règle vient déroger au droit commun de la preuve des actes juridiques (C. civ., art. 1341 ; art. 1359 nouveau) qui n'exige un écrit que lorsque le contrat porte sur une somme supérieure à 1 500 euros. En outre elle s'applique même si celui contre qui la preuve est apportée a la qualité de commerçant, alors qu'en matière commerciale (C. com., art. L. 110-3) la preuve est habituellement libre, ce qui signifie qu'elle peut être faite par tous moyens (témoignages, indices, présomptions...) et non pas seulement par un écrit.

2231. Au lendemain de la loi du 13 juillet 1930, en l'absence d'indication du législateur, la question s'est posée de savoir si ce formalisme imposé par l'article L. 112-3, alinéa 1, du Code des assurances était exigé pour la validité du contrat ou simplement à titre de preuve. Dans un arrêt de la Chambre des Requêtes du 1er juillet 1941, la Cour de cassation s'est prononcée en faveur du caractère consensuel du contrat d'assurance, affirmant « qu'un écrit n'est pas exigé pour la validité de l'avenant, mais seulement pour sa preuve ». Cette solution, énoncée à propos de la modification du contrat, peut être étendue à sa formation initiale. Elle est d'ailleurs constamment réaffirmée par la Cour de cassation, dans une formule de principe : « vu l'article L. 112-3 du Code des assurances. Attendu qu'il résulte de ce texte que si le contrat d'assurance constitue un contrat consensuel parfait dès la rencontre des volontés de l'assureur et de l'assuré, sa preuve est subordonnée à la rédaction d'un écrit » (Civ. 1re, 14 nov. 1995, RGDA 1996. 278, note J. Kullmann).

2232. Si la preuve du contrat d'assurance doit obligatoirement se faire par écrit, il pourra s'agir, depuis la loi n° 2000-230 du 13 mars 2000 portant adaptation du droit de la preuve aux technologies de l'information, tout aussi bien d'un écrit traditionnel, c'est-à-dire sur un support papier, que d'un écrit électronique. En effet l'ancien article 1316, désormais article 1365 du Code civil, issu de cette loi, donne une définition très générale de la preuve littérale, ou preuve par écrit, puisqu'elle résulte désormais « d'une suite de lettres, de caractères, de chiffres ou de tous autres signes ou symboles dotés d'une signification intelligible, quels que soient leur support et leurs modalités de transmission ». Et l'article 1316-1 du Code civil précise que « l'écrit sous forme électronique est admis en preuve au même titre que l'écrit sur support papier, sous réserve que puisse être dûment identifiée la personne dont il émane et qu'il soit établi et conservé dans des conditions de nature à en garantir l'intégrité », principe repris par le nouvel article 1366. La signature électronique doit aussi reposer sur un procédé d'identification (C. civ., art. 1316-4, désormais article 1367) ; un décret n° 2001-272 du 30 mars 2001 est venu déterminer les conditions techniques de fiabilité de cette signature électronique.

2233. Si le Code des assurances rejette la preuve du contrat d'assurance par témoignages ou présomptions, en revanche, conformément au droit commun de la preuve, l'aveu judiciaire (déclaration en justice émanant d'une des parties au procès) et le serment décisoire (déféré par l'une des parties à l'autre) restent recevables, à défaut d'écrit (Civ. 1re, 12 déc. 1966, RGAT 1967. 346, obs. A. B., où l'aveu résulte du paiement des cotisations échues et d'une lettre de résiliation).

2234. Le contrat et la note de couverture sont présentés par le législateur comme les procédés normaux de preuve du contrat d'assurance. En effet, l'article L. 112-2, alinéa 4, du Code des assurances déclare que « la proposition d'assurance n'engage ni l'assuré, ni l'assureur ; seule la police ou la note de couverture constate leur engagement réciproque ». L'avenant constitue quant à lui, selon l'article L. 112-3, alinéa 5, du Code des assurances, le mode de preuve privilégié d'une modification du contrat. Ces différents écrits, bien que constituant les modes de preuve habituels du contrat d'assurance, ne sont toutefois pas les seuls à pouvoir être utilisés.

2235. De façon générale, conformément au droit commun de la preuve, l'existence d'un contrat d'assurance peut être prouvée par un acte authentique ou un acte sous seing privé. Les actes authentiques sont peu répandus en matière d'assurance. Les actes sous seing privé, devenus actes sous signature privée comme le précise l'article 1364 nouveau du Code civil, sont en revanche très fréquents. L'acte sous signature privée est un écrit signé par chaque partie au contrat, assureur et souscripteur, établi directement en vue de faire la preuve de l'acte juridique, et, normalement, conformément au principe posé à l'article 1325 du Code civil, repris par le nouvel article 1375 du Code civil issu de l'ordonnance du 10 février 2016, en autant d'originaux qu'il y a de parties. Il fait preuve de son contenu jusqu'à preuve contraire. La police et les avenants constituent les actes sous seing privé le plus fréquemment utilisés en matière d'assurance.

2236. La partie à laquelle on oppose l'acte sous signature privée peut désavouer son écriture ou sa signature. C'est alors à celui qui se prévaut de la police de rapporter la preuve de la véracité de l'écriture. C'est alors à celui qui se prévaut de la police de rapporter la preuve de la véracité de l'écriture. Il pourra saisir le juge qui ordonnera une vérification d'écriture (C. pr. civ., art. 285 et 287).

2237. Il est affirmé que l'article 1328 devenu article 1377 du Code civil, selon lequel les actes sous seing privé n'ont date certaine contre les tiers que du jour où ils ont été enregistrés, n'est pas applicable aux contrats d'assurance et à leurs actes modificatifs (Civ. 2e, 26 mars 2015, n° 14-11.206, RCA 2015, com. 193, obs. H. Groutel).

2238. Les tribunaux se montrent peu exigeants quant aux actes sous signature privée destinés à prouver le contrat d'assurance. Ils admettent en effet que les signatures de l'assureur et du souscripteur ne figurent pas sur un même document. Ainsi la transmission pour signature, par l'assureur à l'assuré, d'une police correspondant à la proposition d'assurance permet de prouver l'existence d'un contrat d'assurance (Civ. 1re, 2 juill. 1991, RGAT 1991. 815, note R. Maurice ; Civ. 2e, 14 juin 2007, n° 06-15.955, RGDA 2007. 807, note L. Mayaux), même si cette police n'est pas signée par l'assuré. La jurisprudence va même jusqu'à admettre une solution similaire, alors même que la police n'a pas été transmise à l'assuré (Civ. 1re, 6 janv. 1993, RGAT 1993. 279, note R. Maurice : dans cette affaire, l'assureur, après réception d'une proposition d'assurance, avait réclamé une attestation de non-sinistre, en indiquant « qu'il restait dans l'attente de ce document pour établir la police » ; or sur l'exemplaire de la police produit aux débats, qui portait la mention, « exemplaire destiné à l'assuré », figurait la signature de l'assureur. La Cour de cassation censure la cour d'appel qui avait décidé qu'il n'était pas établi que le contrat d'assurance était conclu).

2239. Le Code des assurances se contente d'exiger que le contrat d'assurance soit rédigé par écrit, sans indiquer si cet écrit doit ou non être signé. Dès lors se pose la question de savoir si un écrit non signé peut être admis comme mode de preuve du contrat d'assurance. Deux conceptions sont alors possibles, entre lesquelles la jurisprudence ne tranche pas de façon claire.

2240. Il est tout d'abord possible de considérer que l'article L. 112-3 du Code des assurances doit être interprété à la lumière du droit commun de la preuve. Certes, cette disposition exige, par exception au droit commun, que le contrat d'assurance soit prouvé par écrit, même si la valeur en jeu est inférieure à 1 500 euros ou en matière commerciale, mais il ne s'agit là que d'une dérogation limitée au droit commun. Cela implique qu'en présence d'un écrit non signé, c'est-à-dire qui ne peut constituer un acte sous seing privé, on doit appliquer les règles du droit commun de la preuve ; or celui-ci admet, en l'absence d'acte sous seing privé, l'existence d'un commencement de preuve par écrit, c'est-à-dire, selon l'article le nouvel article 1362 du Code civil (anc. art. 1347), « tout écrit qui, émanant de celui qui conteste un acte, ou de celui qu'il représente, rend vraisemblable ce qui est allégué ». Le commencement de preuve par écrit ne se suffit pas toutefois en lui-même, il n'est pas un élément de preuve complet ; il doit être complété par des témoignages ou des présomptions. Cela signifie ainsi qu'un écrit non signé, pour être retenu comme mode de preuve du contrat d'assurance, doit constituer un commencement de preuve par écrit et doit alors, en tant que tel, être complété par tout moyen. Cette solution a d'ailleurs été consacrée par quelques décisions : un arrêt de la première Chambre civile de la Cour de cassation du 14 mars 2000 (Civ. 1re, 14 mars 2000, RCA 2000, comm. n° 211, note H. Groutel) a notamment rejeté un pourvoi contre une décision de cour d'appel qui avait retenu qu'une attestation de garantie n'ayant pas précisé la date des polices souscrites constituait « un commencement de preuve par écrit de ces polices susceptible d'être complété par des présomptions en ce qui concerne leurs dates » ; voir dans le même sens, TI Saint-Denis, 12 mars 1966, RGAT 1966. 187, note A. B., qui décide que l'article 8 de la loi du 13 juillet 1930 (anc. art. L. 112-3 C. assur.) n'a pas dérogé à la règle posée par l'article 1347 du Code civil et que la preuve testimoniale est admissible s'il existe un commencement de preuve par écrit. Un écrit non signé ne répondant pas aux conditions nécessaires pour constituer un commencement de preuve par écrit ne saurait être qualifié que de simple indice.

2241. Il est aussi possible de considérer que l'article L. 112-3 du Code des assurances doit, en tant que règle spéciale, prévaloir sur le droit commun de la preuve : puisque la loi n'exige pas expressément un acte sous seing privé (ou un acte authentique), à la différence du droit commun de la preuve des actes juridiques, un simple écrit non signé, émanant de celui auquel on l'oppose, suffit à faire la preuve de l'existence du contrat. Une police non signée serait ainsi admise comme mode de preuve, sans qu'il soit besoin de la compléter par tout moyen (présomptions, témoignages...). Certains arrêts sont dans ce sens : ainsi la première chambre civile de la Cour de cassation a pu déclarer que « tout écrit peut être utilisé comme moyen de preuve pour établir l'existence d'un contrat d'assurance » (Civ. 1re, 5 mars 1974, Bull. civ. I, n° 71). Il nous semble toutefois que ces écrits non signés, d'une valeur supérieure au commencement de preuve par écrit, puisque se suffisant à eux-mêmes, ne saurait constituer des preuves parfaites du contrat d'assurance : il ne s'agit là que des preuves imparfaites ne liant pas le juge.

2242. Si l'assureur ou le souscripteur ne disposent pas de l'original de la police d'assurance, qui a pu être détruit ou perdu, est-il possible d'utiliser une photocopie du contrat pour prouver son existence ou plus exactement quelle est la force probante de la photocopie : c'est-à-dire sa valeur en tant que mode de preuve ? En la matière, les décisions ne sont pas très nombreuses. La Cour de cassation a toutefois pu estimer qu'une cour d'appel, appréciant souverainement la valeur et la portée de la photocopie, pouvait juger que celle-ci constituait une copie fidèle et durable, au sens de l'article 1348 du Code civil, du contrat d'assurance dont l'original avait été égaré par l'assureur (Civ. 1re, 30 mai 2000, JCP G 2001, II, 10505, note F. Nizard). Cette qualification implique que la photocopie fait preuve du contrat d'assurance, sans qu'il soit besoin de la compléter par tous moyens, le tribunal restant libre d'apprécier sa valeur. Le nouvel article 1379 du Code civil, issu de l'ordonnance du 10 février 2016, précise lui désormais que « la copie fiable a la même force probante que l'original. La fiabilité est laissée à l'appréciation du juge (...) ».

2243. Toutefois cette qualification ne pourra être retenue qu'à certaines conditions : il faut que l'intégrité de la photocopie et l'imputabilité de son contenu à l'auteur prétendu n'aient pas été contestées, ou aient été vérifiées par le juge ; il s'agit notamment de vérifier que le document ne présente aucune trace de falsification et que l'écriture puisse être authentifiée. A défaut de remplir ces conditions, la photocopie ne pourrait être analysée que comme un simple commencement de preuve par écrit, qui devrait être complété par tous moyens. On peut considérer que la même solution doit s'appliquer aux télécopies (Com., 2 déc. 1997, JCP G 1998, II, 10097, note L. Grynbaum).

2244. L'exigence d'une preuve écrite soulève des difficultés en présence de manifestations tacites de volonté. On peut en effet se demander si le paiement de la cotisation par le souscripteur ou son encaissement par l'assureur ne seraient pas susceptibles d'établir la conclusion du contrat. Cette solution ne semble toutefois pas pleinement consacrée par la jurisprudence. La Cour de cassation a parfois pu censurer une cour d'appel pour n'avoir pas recherché si « l'encaissement sans réserve de la première prime par le mandataire ne valait pas acceptation dès ce jour de la proposition d'assurance » (Civ. 1re, 21 juin 1983, RGAT 1984. 26, note A. Besson). C'est reconnaître que l'encaissement de la cotisation peut être pris en considération pour établir l'existence du contrat ; toutefois sa portée exacte relève du pouvoir souverain d'appréciation des juges du fond. En revanche dans un arrêt du 10 juillet 2002, la première chambre civile de la Cour de cassation censure une cour d'appel qui avait considéré que la preuve de la conclusion d'un contrat d'assurance était établie puisque le souscripteur avait adressé des bulletins d'adhésion à la compagnie d'assurance, accompagnés d'un chèque d'acompte qui avait été accepté sans réserve ; elle aurait dû relever l'existence d'un écrit émanant de l'assureur faisant preuve du contrat ou du moins constitutif d'un commencement de preuve par écrit le rendant vraisemblable et régulièrement complété (Civ. 1re, 10 juill. 2002, RGDA 2002. 951, note L. Mayaux).

2 ▪ Preuve par les tiers au contrat

2245. Lorsque des tiers au contrat demandent la mise en jeu du contrat, ils ont la possibilité d'en prouver l'existence par tous moyens, ils ne sont pas tenus par l'exigence d'une preuve écrite. Ils peuvent ainsi avoir recours, par exemple, aux témoignages et aux présomptions. C'est le cas, notamment, de la victime exerçant l'action directe contre l'assureur de responsabilité (Civ. 1re, 17 juill. 1996, RGDA 1996. 886, note L. Mayaux, qui déclare que « la victime, exerçant l'action directe, qui est un tiers par rapport au contrat d'assurance, peut rapporter la preuve de l'existence et de l'étendue de celui-ci par tous moyens et, notamment, par présomption » ; voir aussi Civ. 1re, 14 oct. 1997, RGDA 1997. 1028, note F. Vincent) ; mais la solution s'applique quelle que soit la qualité du tiers demandant la mise en œuvre de la garantie : assureur subrogé dans les droits de la victime, bénéficiaire d'une assurance-décès... Une telle liberté s'impose dans la mesure où les tiers ne disposent pas du contrat d'assurance ; il leur est donc presque impossible d'en rapporter une preuve écrite pré-constituée.

B ▪ Preuve du contenu du contrat

2246. Dans les relations entre les parties au contrat, la preuve du contenu du contrat doit être rapportée au moyen d'un écrit (Civ. 1re, 9 mai 1996, RGDA 1996. 596, note L. Mayaux; ainsi, par exemple, la nature de la garantie doit être établie au vu des stipulations du contrat d'assurance et non au seul vu d'une attestation émanant d'un tiers au contrat : Civ. 2e, 1er juin 2011, RGDA 2012, p. 36, note R. Schulz). Un arrêt de la première Chambre civile de la Cour de cassation a ainsi affirmé que « le fait que l'assuré apporte la preuve de l'existence d'un contrat ne le dispense pas de l'obligation d'apporter également la preuve littérale et suffisante du contenu de celui-ci » (Civ. 2e, 13 mai 2004, n° 03-10.964, Lamy, Bull. d'act. juin 2004, p. 5 ; RCA 2004, comm. n° 277). Quant au type d'écrit requis, ce sont les mêmes règles qu'en matière de preuve de l'existence du contrat qui s'appliquent. C'est donc la police qui constitue le mode privilégié de preuve du contenu du contrat. Un écrit non signé pourra être utilisé, sa force probante n'étant toutefois pas clairement fixée.

2247. La Cour de cassation exige apparemment que l'existence des clauses d'exclusion, nullité, déchéance, particulièrement redoutables pour l'assuré, puisqu'elles le privent de garantie, soit prouvée par un écrit signé du souscripteur. Cette solution résulte d'un arrêt de la Chambre commerciale de la Cour de cassation du 4 juin 1996 : dans cette affaire, un assureur invoquait le jeu d'une clause de franchise et, pour en établir l'existence, versait aux débats un document dactylographié qui n'était pas revêtu de la signature du souscripteur. La Cour de cassation approuve les juges du fond d'avoir décidé que le document n'avait pas force probante, « faute d'être revêtu de la signature de l'assuré », « de sorte qu'il n'était pas établi que la franchise alléguée était applicable » (Civ. 1re, 4 juin 1996, RGDA 1996. 879, note L. Mayaux).

2248. À l'égard de la victime, l'assureur doit prouver par écrit le contenu du contrat d'assurance. Cette solution résulte d'un arrêt de la Cour de cassation qui déclare que « la preuve par écrit des stipulations du contrat d'assurance n'est exigée que dans les rapports entre les parties au contrat et à l'égard de la victime » (Civ. 1re, 9 mai 1996, RGDA 1996. 596, note L. Mayaux).

2249. La victime exerçant l'action directe peut faire la preuve du contenu du contrat par tous moyens, notamment témoignages et présomptions (Civ. 1re, 17 juill. 1996, RGDA 1996. 886, note L. Mayaux, arrêt selon lequel « la victime, exerçant l'action directe, qui est un tiers par rapport au contrat d'assurance, peut rapporter la preuve de l'existence et de l'étendue de celui-ci par tous moyens, et notamment par présomptions, lesquelles peuvent être déduites de l'attitude de l'assureur). Cette règle s'explique par l'impossibilité dans laquelle se trouve la victime, tiers au contrat, de se ménager une preuve écrite. Toutefois la règle devrait s'appliquer à tous les tiers, notamment le tiers-bénéficiaire en assurance-décès.

2250. Entre assureurs, la preuve du contenu du contrat d'assurance est libre (V. Civ. 1re, 9 mai 1996, RGDA 1996. 596, note L. Mayaux, qui affirme que « la preuve par écrit des stipulations du contrat d'assurance n'est exigée que dans les rapports entre les parties au contrat et à l'égard de la victime » et admet qu'un assureur puisse, à l'encontre d'un assureur tiers, prouver par des indices et des présomptions une clause de tacite reconduction contenue dans son contrat).

2251. La preuve de la modification du contrat initial doit en principe être réalisée par la production d'un avenant, l'article L. 112-3 du Code des assurances disposant que « toute addition ou modification au contrat d'assurance primitif doit être constatée par un avenant signé des parties ». Il ne s'agit toutefois qu'un des moyens de preuve susceptibles d'être utilisés : la preuve de la modification doit en effet pouvoir être apportée par tout écrit. Il est à noter que la jurisprudence semble désormais exiger que l'avenant soit obligatoirement signé (Civ. 2e, 5 juill. 2006, RGDA 2006. 917, note S. Abravanel-Jolly).

Section 2 ■ Règles propres aux documents annexes

2252. On appelle documents annexes les pièces jointes au document écrit constatant le contrat, qu'elles complètent. Leur emploi est très répandu dans le domaine des assurances. Ainsi, le plus souvent, seules sont présentes sur le document signé par le souscripteur les conditions particulières, comportant les éléments essentiels du contrat, alors que les conditions générales figurent, elles, sur les documents annexes, accompagnés parfois d'intercalaires et d'avenants.

2253. Leur utilité pratique est indéniable. Les documents annexes simplifient la présentation du contrat puisqu'ils permettent de ne pas surcharger le document signé par l'assuré tout en lui adjoignant de nombreuses clauses complémentaires ; ils évitent ainsi de noyer l'assuré sous une masse de documents qu'il ne lira, en règle générale, jamais. Ils répondent aussi aux nécessités d'actualisation constante des contrats. Pourtant ils ne sont pas sans danger ; le souscripteur risque, en effet, de se voir opposer un document dont il ne soupçonnait pas le caractère contractuel.

2254. Se pose alors la question de la valeur de ces documents annexes. Comme ils ne font l'objet d'aucune réglementation spécifique, le droit commun a ici vocation à s'appliquer. L'article 1108 du Code civil posait comme condition d'existence du contrat le consentement des parties qui s'obligent, condition reprise par le nouvel article 1128, issu de l'ordonnance n° 2016-131 du 10 février 2016 portant réforme du droit des contrats, du régime général et de la preuve des obligations ; les documents annexes n'auront donc valeur contractuelle qu'à condition que le souscripteur du contrat y ait consenti. Or, si les tribunaux décident habituellement que la clause figurant sur un contrat signé a été acceptée, la signature emportant présomption d'acceptation, il en va différemment des documents annexes. On considère ici que l'assuré ne peut pas connaître les clauses qui lui sont opposées alors qu'elles ne figuraient pas dans le document contractuel qu'il avait signé ; ne les connaissant pas, il ne peut les avoir voulues. C'est donc à celui qui invoque ces clauses d'apporter la preuve de leur acceptation par le souscripteur du contrat. Cette preuve risque de s'avérer délicate ; la jurisprudence posaite en effet deux conditions à l'efficacité des documents annexes non signés : d'une part, le souscripteur doit connaître l'existence de ces documents et, d'autre part, il doit pouvoir en prendre connaissance (J. Ghestin, Traité de droit civil, la formation du contrat, LGDJ, 3e éd., 1993, n° 413, p. 371 ; Civ. 2e, 6 oct. 2011, n° 10-15.370, RCA 2012, com. 27, obs. H. Groutel). Ces règles de droit commun, dégagées pour les contrats d'adhésion, s'appliquent au contrat d'assurance. La loi vient désormais régler la question : ainsi, le nouvel article 1119 du Code civil précise que « les conditions générales invoquées par une partie n'ont d'effet à l'égard de l'autre que si elles ont été portées à la connaissance de celle-ci et si elle les a acceptées », reprenant en substance la jurisprudence existante.

2255. Par ailleurs la preuve du contenu du contrat n'exige pas toujours la production de l'ensemble des documents constituant l'ensemble de la police. La divisibilité ou l'indivisibilité des documents contractuels résulte des stipulations contractuelles (Civ.. 2e, 10 déc. 2015, n° 14- 29.428 et Civ. 3e, 21 janv. 2016, n° 14-25.829, RGDA 2016, p. 126 obs. A. Pélissier).

§ 1 ■ Connaissance de l'existence du document annexe

2256. Le contractant désireux de se prévaloir de documents annexes doit tout d'abord prouver que son partenaire contractuel connaissait leur existence. Une clause de renvoi insérée dans le document signé simplifiera grandement sa tâche. Il faut donc envisager l'hypothèse de la présence d'une clause de référence puis celle de son absence.

A ▪ Présence d'une clause de renvoi

2257. La présence sur le document principal d'une clause de référence renvoyant aux documents annexes fait présumer la connaissance de l'existence de ces documents. L'insertion d'une telle stipulation permet ainsi d'établir aisément la première condition d'efficacité des documents non signés. Elle facilite leur intégration dans le champ contractuel. Il faut cependant s'interroger sur l'efficacité d'une telle clause au regard du droit commun et sur sa validité au regard du droit de la consommation.

1 ▪ Validité au regard du droit commun des contrats

2258. La place de la clause de renvoi conditionne-t-elle son efficacité ? En d'autres termes, la clause doit-elle figurer sur un document signé par le souscripteur du contrat afin d'établir la connaissance du document annexe ? Par application du principe du consensualisme en vertu duquel l'échange des consentements suffit à former le contrat, la signature du document dans lequel figure la clause de renvoi ne devrait pas être obligatoire, du moment qu'est établie l'acceptation des stipulations contenues dans ce document. Par conséquent, si le document dont la connaissance est contestée par l'assuré n'est pas signé par lui mais contient lui-même une clause précisant qu'il est annexé au contrat signée par l'assuré, cela n'est pas suffisant pour établir qu'il a effectivement été porté à sa connaissance (Civ. 1re, 5 mars 2002, RGDA 2002. 357, note L. Fonlladosa). De nombreux auteurs estiment toutefois que la clause de renvoi doit obligatoirement figurer dans un document signé : Mme Labarthe déclare ainsi que « l'objet du renvoi est de prouver que le contractant a pris connaissance de ces documents, et qu'en apposant sa signature sur l'instrumentum faisant renvoi à d'autres documents, il les a acceptés » (F. Labarthe, *La notion de document contractuel*, Th. Paris, LGDJ 1994, p. 209 et s.).

2259. Certaines décisions paraissent exiger que la clause figure dans un écrit signé par l'assuré, avant la signature. Ainsi, dans un arrêt du 13 octobre 1982, la Cour d'appel de Paris a déclaré que « l'approbation des conditions particulières de la police portant référence expresse aux conditions générales que l'assuré reconnaît avoir reçues par la signature apposée sur le contrat, implique de sa part son adhésion tant aux conditions générales que particulières, l'une et l'autre faisant partie intégrante d'une seule et même convention » (CA Paris, 13 oct. 1982, G.P. 1983, 2, somm. p. 327). De même, la première Chambre civile de la Cour de cassation a décidé dans un arrêt du 30 mai 1995 qu' « en signant les conditions particulières, qui faisaient référence aux conditions générales, l'assuré a nécessairement accepté la clause de déchéance tardive qui y était stipulée » (Civ. 1re, 30 mai 1995, RGAT 1995. 898, note L. Mayaux). Toutefois, il a pu être jugé qu'une clause de renvoi figurant au verso de la page signée était valable (CA Paris, 11 déc. 1984, JCP 1986, II, 20634, note Y. Assouline). Les circonstances de l'espèce étaient cependant particulières. En effet, le feuillet n'était pas paginé, il était alors difficile de savoir avec certitude sur quelle page se trouvait la clause de renvoi et donc de dire si elle était avant ou après la signature.

2260. Un arrêt de la Cour d'appel d'Amiens, en date du 3 juin 1985, a jugé que lorsque le document signé comporte un renvoi, suffisamment apparent et normalement lisible, à des conditions générales, dont le souscripteur reconnaît avoir reçu un exemplaire, « les conditions générales ainsi visées s'imposent dès lors aux parties comme élément même du contrat d'assurance » (CA Amiens, 3 juin 1985, RGAT 1986. 344, note J. Bigot). On peut alors en conclure que la clause de renvoi doit être apparente pour être un moyen de preuve efficace. Une telle exigence résulte du rôle même de la clause de renvoi : puisqu'elle doit attirer l'attention du souscripteur sur l'existence d'autres documents, elle doit être parfaitement visible sur le document qu'il signe. Cette condition est ici imposée par la jurisprudence sur le fondement du droit commun, l'article 1108 du Code civil, semble-t-il, bien qu'aucun texte ne soit expressément visé par les décisions. Une clause qui ne ressort pas du texte du document signé ne saurait être valablement acceptée parce qu'elle ne remplit pas sa fonction et n'établit pas la connaissance des autres documents. Il faut souligner ici qu'une telle exigence découle aussi des dispositions du Code des assurances ; l'article L. 112-3, alinéa 1, dispose, en effet, que « le contrat d'assurance est rédigé par écrit, en français, en caractères apparents ».

2261. La clause de renvoi doit désigner avec précision le document auquel il est fait référence, au moyen, par exemple, d'un numéro ou d'un code. Cette exigence se justifie aisément : il s'agit d'éviter que l'assureur n'oppose au souscripteur des documents différents de ceux remis. Un arrêt de la première chambre civile de la Cour de cassation du 8 juin 1994 décide ainsi que l'assureur ne peut pas invoquer des conditions générales ne correspondant pas aux références de la clause de renvoi (Civ. 1re, 8 juin 1994, n° 92-13.218, Agrosa/Uni-Europe).

2262. Sont jugées opposables à l'assuré les conditions générales et les conventions spéciales identifiées par une série de lettres et de chiffres (CA Paris, 11 déc. 1984, JCP 1986, II, 20634). Un arrêt de la première chambre civile de la Cour de cassation en date du 3 janvier 1996 (Civ. 1re, 3 janv. 1996, RGDA 1996. 270, note M.-H. Malleville) a-t-il abandonné cette condition d'efficacité de la clause de renvoi ? Désireux d'obtenir la prise en charge d'une arthrose antérieure à la prise d'effet de la garantie, un assuré invoquait l'inopposabilité des conditions générales de sa police d'assurance « multirisques » qui le privaient précisément de garantie pour cette maladie. En effet, la clause de renvoi figurant sur les conditions particulières signées par lui ne précisait pas le numéro des conditions générales applicables. L'imprécision de la clause de renvoi n'aurait-elle pas dû, normalement, conduire à l'inopposabilité de ces documents annexes ? Telle n'est pas la solution retenue par la Cour de cassation qui admet l'efficacité de la clause de renvoi, aux motifs que « M. D. (le souscripteur) s'est borné à soutenir dans ses conclusions que les conditions générales, dont les stipulations étaient invoquées par l'assureur, ne lui étaient pas opposables dès lors que le contrat signé par les parties ne précisait pas le numéro des conditions générales applicables ; qu'il n'a pas allégué que les conditions générales produites par la compagnie étaient différentes de celles qui lui avaient été remises et qu'il avait déclaré accepter en signant les conditions particulières, que le Tribunal n'était donc pas tenu de répondre à ces conclusions inopérantes et que par la suite, le moyen ne peut être accueilli ». Les circonstances de l'espèce expliquent la solution retenue : les juges ont considéré que le renvoi était suffisant, le souscripteur ayant signé le contrat contenant la clause de renvoi et les documents annexes lui ayant été remis. La seule solution pour le souscripteur était alors d'invoquer une différence entre les conditions produites et celles remises, ce qu'il n'avait pas fait. Ainsi, lorsqu'une clause de renvoi figure dans le document signé par le souscripteur, il s'avère très difficile pour lui de faire tomber la présomption de connaissance de l'existence du document annexe. Il peut cependant, comme moyen de défense, invoquer la divergence entre le document qui lui a été remis et celui invoqué par l'assureur.

2263. Le problème est alors de savoir sur qui pèse la charge de la preuve : est-ce au souscripteur d'établir la différence entre les deux exemplaires ou à l'assureur d'établir leur conformité ? La valeur contractuelle du document annexe n'est plus ici contestée mais il s'agit d'établir son contenu exact. Les règles de preuve applicables seront alors celles gouvernant la preuve du contenu de la garantie. L'arrêt suivant, rendu par la première chambre civile de la Cour de cassation le 25 octobre 1994 en fournit un bon exemple. À la suite d'un sinistre, l'assureur se prévalait d'une déchéance de garantie figurant dans un document annexe ; or, l'assuré soutenait que ce document était différent de celui qui lui avait été remis. Sur qui pesait la charge de la preuve ? La Cour de cassation ne fait ici que répéter une solution classique en matière de preuve de la garantie : « Mais attendu que s'il incombe à l'assuré, qui réclame à l'assureur l'exécution de son obligation de garantie en raison d'un sinistre, de prouver que celui-ci est survenu dans des circonstances de fait conformes aux prévisions de la police, il appartient en revanche à l'assureur de démontrer l'existence des causes de déchéance dont il se prévaut... » ; de là, elle conclut que c'est à l'assureur de rapporter la preuve que le document qu'il versait aux débats était bien celui que l'assuré avait reconnu avoir reçu (Civ. 1re, 25 oct. 1994, RGAT 1994. 1095, note F. Chardin). Ainsi, le document opposable au souscripteur est celui qu'il reconnaît avoir reçu et dont les références figurent dans la clause de renvoi. Lorsque l'assureur invoque une clause de déchéance (ou d'exclusion), il doit en établir l'existence, en vertu de l'article 1315 alinéa 2 du Code civil ; c'est donc à lui de prouver l'identité entre le document qu'il invoque et celui remis à l'assuré. Il lui suffira pour cela de produire un document correspondant aux références précisées dans la clause de renvoi. Tel n'était pas le cas dans l'affaire précédente, où « les conditions générales produites en photocopie seulement ne comportaient ni référence, ni indication de date ». Lorsque la divergence des documents est établie, c'est l'exemplaire du souscripteur qui prévaudra (Civ. 1re, 4 nov. 1986, Bull. civ. I, n° 175. Rappr., en matière d'assurance de groupe, le rôle de la notice remise à l'assuré en cas de divergence entre les clauses qui figurent dans le bulletin d'adhésion et les clauses figurant dans les documents annexes ; v. Civ. 1re, 19 mai 1999, RGDA 1999. 667, note J. Kullmann) ; c'est en effet à l'assureur, en tant que rédacteur du contrat, de supporter les conséquences de l'établissement d'exemplaires différents.

2 ▪ Validité au regard du droit de la consommation

a - Droit antérieur

2264. Le décret d'application de l'article 35 de la loi du 10 janvier 1978 (devenu art. L. 132-1 C. consom.), pris le 24 mars 1978, interdisait comme abusives les clauses de renvoi. Son article 1er disposait, en effet, qu'est interdite « la clause ayant pour objet ou pour effet de constater l'adhésion du non-professionnel ou consommateur à des stipulations contractuelles qui ne figurent pas sur l'écrit qu'il signe ». Il s'agissait de la condamnation pure et simple de la pratique des documents annexes. L'opposabilité des intercalaires, annexes et autres conditions générales passait alors par une signature de l'assuré sur chaque document. Ce qui aurait transformé « la signature de la police, aujourd'hui limitée à celle des conditions particulières, en une cérémonie épuisante - et purement rituelle - pour le souscripteur » (A. Favre Rochex et G. Courtieu, *Le droit du contrat d'assurance terrestre*, LGDJ Droit des affaires, 1998).

2265. À la suite du recours de compagnies d'assurance, cet article a été annulé par le Conseil d'État dans un arrêt « Assurances du Groupe de Paris » du 3 décembre 1980 (CE, 3 déc. 1980, D. 1981, II, 228, note Ch. Larroumet). Il a ainsi été décidé que « le gouvernement a interdit une clause dont l'objet peut porter sur des éléments contractuels autres que ceux limitativement énumérés dans cet alinéa (al. 1er, art. 35, L. 10 janv. 1978), qui ne révèle pas dans tous les cas un abus de puissance économique et qui ne confère pas nécessairement un avantage excessif aux professionnels ; que, dès lors, ces dispositions, en raison de leur généralité, n'entrent pas dans les limites de l'habilitation que le gouvernement a reçue du premier alinéa de l'article 35 de la loi précitée ».

2266. La loi du 1er février 1995, qui est venue modifier l'article L. 132-1 du Code de la consommation, n'interdit pas la clause de renvoi. Elle se contente de mentionner, en annexe, dans une liste indicative et non exhaustive des clauses qui peuvent être regardées comme abusives,

« les clauses ayant pour objet ou pour effet de constater de manière irréfragable l'adhésion du consommateur à des clauses dont il n'a pas eu, effectivement, l'occasion de prendre connaissance avant la conclusion du contrat », ce qui ne constitue qu'une suite de la règle de droit commun ; le texte précise par ailleurs qu'«en cas de litige concernant un contrat comportant une telle clause, le demandeur n'est pas dispensé d'apporter la preuve du caractère abusif de cette clause ». Le consommateur doit donc établir que la clause crée, à son détriment, un déséquilibre « significatif ». De son côte, la Commission des clauses abusives a toujours manifesté son hostilité aux clauses de renvoi. Ainsi dans sa recommandation de synthèse n° 91-02 du 23 septembre 1991 (JCP 1991, III, 65003), sont présumées abusives les clauses ayant pour objet ou pour effet « de constater l'adhésion du non-professionnel ou consommateur à des stipulations contractuelles dont il n'a pas eu une connaissance effective au moment de la formation du contrat soit en raison de la présentation matérielle des documents contractuels (...), soit en l'absence de justification de leur communication réelle au consommateur ».

2267. L'absence de prohibition des clauses de renvoi par le décret de 1978 ne fait donc pas obstacle à leur annulation comme clauses abusives. Le juge dispose en effet du pouvoir de supprimer une clause en se fondant directement sur l'article L. 132-1 du Code de la consommation. Pour cela le consommateur (ou le non-professionnel) devra établir que la clause a pour objet ou pour effet de créer, à son détriment, un déséquilibre significatif entre les droits et obligations des parties au contrat.

2268. La Cour de cassation, dans une décision de la première chambre civile du 10 avril 1996 s'est prononcée en faveur de la validité de la clause de renvoi (Civ. 1re, 10 avr. 1996, JCP 1996, II, 22694, note G. Paisant et H. Claret). Si cette décision a été rendue sous l'empire de l'ancienne législation, la solution ne devrait pas différer avec la loi du 1er février 1995. En l'espèce, le souscripteur d'une assurance multirisque habitation demandait, à la suite d'un vol, à être indemnisé. L'assureur lui opposa une clause des conditions générales limitant sa garantie à 20 % du capital assuré. Une difficulté surgit alors car l'assuré n'avait signé que les conditions particulières et contestait la validité de la clause de renvoi sur le fondement de l'article L. 132-1 du Code de la consommation. Cassant l'arrêt d'appel, la Cour de cassation tranche en faveur de la validité du renvoi ; elle décide ainsi « qu'en se déterminant comme elle l'a fait, alors qu'elle avait constaté que, dans les conditions particulières de la police, l'assuré avait reconnu avoir reçu un exemplaire des conditions générales et du tableau des garanties annexé à celles-ci et alors que le renvoi fait dans les conditions particulières de la police aux conditions générales ne révélait pas un abus de puissance économique de l'assureur et ne lui conférait aucun avantage excessif, la Cour d'appel a violé l'article L. 132-1 du Code de la consommation dans sa rédaction antérieure à la loi du 1er février 1995 ». Comme on a pu le souligner (L. Mayaux, note sous Civ. 1re, 30 mai 1995, RGDA 1996. 898), la clause de renvoi, qui se borne à affecter la présentation matérielle de la police, n'engendre pas a priori un déséquilibre significatif des droits et obligations (ni n'engendre, pour la législation antérieure, un avantage excessif pour l'assureur). Il faut cependant réserver l'hypothèse d'un renvoi à des documents qui ne seraient pas communiqués au souscripteur : la clause de renvoi entraînerait une carence d'information ; elle serait alors cause de déséquilibre et, en tant que telle, abusive. Tel n'était pas le cas dans l'affaire ci-dessus, où l'assuré avait reconnu avoir reçu un exemplaire du document annexe.

b - Loi du 4 août 2008

2269. La loi n° 2008-776 du 4 août 2008 est venue profondément modifier le dispositif de lutte contre les clauses abusives. Le nouvel article L. 132-1 du Code de la consommation prévoit en effet qu'une liste de clauses réputées irréfragablement abusives est établie par décret. Ces clauses devront donc obligatoirement être réputées non écrites par le juge. En outre, toujours par décret, une liste de clauses simplement présumées abusives est établie, pour lesquelles le professionnel pourra apporter la preuve contraire. Ce nouvel article L. 132-1 est entré en vigueur au 1er janvier 2009. Ainsi l'article R. 132-1 du Code de la consommation, dans sa rédaction issue du décret n° 2009-302 du 18 mars 2009 prévoit désormais que : « Dans les contrats conclus entre des professionnels et des non-professionnels ou des consommateurs, sont de manière irréfragable présumées abusives, au sens des dispositions du premier et du troisième alinéas de l'article L. 132-1 et dès lors interdites, les clauses ayant pour objet ou pour effet de : 1° Constater l'adhésion du non-professionnel ou du consommateur à des clauses qui ne figurent pas dans l'écrit qu'il accepte ou qui sont reprises dans un autre document auquel il n'est pas fait expressément référence lors de la conclusion du contrat et dont il n'a pas eu connaissance avant sa conclusion (...). » Il semble donc qu'a contrario la technique de la clause de renvoi soit validée, sous réserve que le souscripteur ait eu connaissance du document annexe avant la conclusion du contrat.

B ▪ Absence de clause de renvoi

2270. Une référence au document annexe dans le document signé est-elle indispensable ? Il arrive en effet que le document signé, et donc accepté par le souscripteur ne fasse aucune référence au document dont la valeur contractuelle fait l'objet d'une discussion. Au premier abord, la réponse semble devoir être positive ; en effet, à défaut de référence, l'assuré pourrait croire à tort que le document qui lui est remis et qu'il ne signe pas n'a aucune valeur.

2271. La présence d'une clause de renvoi ne semble pourtant pas toujours indispensable. On peut, en effet, penser qu'il suffit de prouver que le contractant était averti que le document faisait partie du contrat et qu'il ait pu en prendre connaissance. La preuve de l'acceptation du document annexe peut ainsi résulter du comportement du souscripteur. Un arrêt du 9 juillet 1974 rendu par la première chambre civile de la Cour de cassation en est l'illustration. En l'espèce, les juges d'appel, ayant constaté que le souscripteur avait eu connaissance du contenu de l'intercalaire annexé au contrat et n'avait manifesté aucune désapprobation, ont pu estimer qu'en apposant sa signature sur le contrat, il avait accepté sans équivoque cette annexe. Ainsi les juges du fond apprécient souverainement l'acceptation des documents annexes et, en l'absence de clause de renvoi, peuvent interpréter l'attitude du souscripteur : il y avait bien ici acceptation tacite (Civ. 1re, 9 juill. 1974, RGAT 1975. 224).

§ 2 ▪ Communication du document annexe

2272. La simple connaissance de l'existence de documents annexes ne suffit pas à établir leur acceptation ; il faut encore que le souscripteur ait pu prendre connaissance de leur teneur. Les tribunaux exigent ainsi que ce contenu ait été porté à sa connaissance lors de la conclusion du contrat (Civ. 1re, 23 sept. 2003, n° 01-13.405 ; RCA 2003, comm. n° 336) ou à défaut antérieurement à la réalisation du sinistre (Civ. 2e, 6 oct. 2011, n° 10-15.370, RCA 2012, com. 27, obs. H. Groutel). Il convient alors d'envisager la solution générale puis quelques cas particuliers, dus aux spécificités du droit des assurances. Le contrôle exercé par le juge est, en effet, renforcé en présence des clauses particulièrement dangereuses pour l'assuré que sont les déchéances, nullités et exclusions, et il exige leur présence dans le contrat même. Ce renforcement du contrôle se manifeste aussi en présence d'une note de couverture, document provisoire destiné à fournir à l'assuré une garantie immédiate.

A . Solution générale

2273. Il faut tout d'abord étudier l'hypothèse où une clause de remise est présente dans le document, puis celle où elle en est absente.

1 . Présence d'une clause de remise

2274. De plus en plus fréquemment les assureurs insèrent dans leurs contrats une clause par laquelle le souscripteur reconnaît avoir reçu un exemplaire des documents annexes. Une telle stipulation établit la communication des documents. Ceux-ci sont ainsi intégrés dans le champ contractuel. Dès lors, la Cour de cassation censure les décisions des juges du fond qui considèrent qu'une clause de remise (accompagnée d'une clause de renvoi) n'établit pas que la clause d'un document annexe ait été acceptée (Civ. 1re, 17 janv. 1984, RGAT 1985. 58). Notamment des conditions générales non signées seront opposables à l'assuré dès lors que celui-ci aura reconnu les avoir reçues par une mention figurant sur les conditions particulières signées. Cette solution ne sera toutefois applicable qu'à la condition qu'il n'existe pas de contradiction entre les conditions générales et les conditions particulières, auquel cas on devrait faire application du principe selon lequel lorsqu'elles sont inconciliables, les conditions particulières l'emportent sur les conditions générales (V. Civ. 2e, 5 juill. 2006, RGDA 2006. 917, note S. Abravanel-Jolly).

2275. Le souscripteur garde néanmoins la faculté de prouver que cette clause était de style et qu'aucun document ne lui a été remis. La présence d'une clause de remise n'entraîne pas en effet une présomption irréfragable de connaissance du contenu du document annexe. Le souscripteur peut notamment chercher à établir l'absence de connaissance en raison du manque de clarté du document. L'espèce suivante illustre bien cette éventualité : le locataire d'un camion endommage le véhicule loué ; la société bailleresse lui réclame une somme représentant la valeur vénale du véhicule, invoquant pour cela une clause des conditions générales qui excluait la garantie de l'assureur pour ce type de dommage. Or le locataire, en signant le contrat de location, avait reconnu avoir pris connaissance des conditions générales et les avoir acceptées. Pourtant, la Cour de cassation, dans une décision du 27 février 1996 (Civ. 1re, 27 févr. 1996, RGDA 1996. 254, note M.-H. Malleville ; Contrats., conc., consom., juin 1996, comm. n° 94. L. Leveneur), approuve la Cour d'appel d'avoir décidé que la clause d'exclusion n'avait pas été effectivement portée à la connaissance de l'assurée et devait donc lui rester inopposable. Les juges d'appel avaient, en effet, relevé « l'existence d'un dépliant publicitaire annonçant, sans nuance une garantie des dommages au véhicule, et, ensuite, que les clauses d'exclusion se trouvaient noyées dans un texte de seize articles reproduits en petits caractères sur trois colonnes, alors que la publicité fallacieuse distribuée incitait les clients à relâcher leur attention et que la société bailleresse se gardait d'éveiller les soupçons par l'emploi d'un graphisme approprié et la proposition d'une assurance complémentaire ». On le voit, la communication des documents annexes n'échappe pas à la bonne foi qui doit présider à la formation du contrat ; or le bailleur avait ici plutôt cherché à détourner l'attention de l'assuré qu'à l'attirer sur les exclusions.

2276. En matière d'assurance de groupe, est obligatoire la remise matérielle d'une notice. L'article L. 141-4 du Code des assurances, issu de la loi du 31 décembre 1989, dispose en effet que « le souscripteur est tenu de remettre à l'adhérent une notice établie par l'assureur qui définit les garanties et leur modalités d'entrée en vigueur ainsi que les formalités à accomplir en cas de sinistre (...) ; la preuve de la remise de la notice à l'adhérent et de l'information relative aux modifications contractuelles incombe au souscripteur ». Ainsi la preuve de la communication du document annexe ne suffit pas, le souscripteur doit établir la remise d'une notice en reproduisant la teneur. Selon un arrêt du 9 décembre 1992 rendu par la première Chambre civile de la Cour de cassation, la preuve de cette remise résulte de la présentation d'un document sur lequel figure la signature de l'adhérent « au dessous d'une mention imprimée selon laquelle elle reconnaissait avoir reçu une notice fournissant les extraits significatifs du contrat d'assurance groupe dont elle déclarait avoir pris connaissance » (Civ. 1re, 9 déc. 1992, RGAT 1993. 332, note J. Kullmann). En revanche, selon un arrêt de la Cour de cassation en date du 3 février 1993, si l'adhérent a seulement porté de sa main la mention « lu et approuvé » sous une clause dactylographiée du bulletin d'adhésion selon laquelle il déclarait connaître les conditions générales, le souscripteur n'établit pas l'exécution de son obligation d'information ; il manque en effet une mention relative à la notice (Civ. 1re, 3 févr. 1993, RGAT 1993. 332, note J. Kullmann).

2 ▪ Absence de clause de remise

2277. La présence d'une clause de remise, si elle facilite la preuve de la communication des documents annexes, ne constitue pas toujours une formalité obligatoire. D'ailleurs, la communication du document ne résulte pas forcément de sa remise ; aucun mode de communication n'étant imposé, puisqu'il s'agit d'un simple fait (hormis hypothèses particulières), la communication, pourrait donc être verbale. Toute la difficulté sera alors d'établir cette communication ; la tâche risque fort de se révéler malaisée. Les juges peuvent alors se fonder sur le comportement du souscripteur pour décider que les documents lui ont été communiqués. En tout état de cause, une clause du contrat d'assurance ne peut être opposable à l'assuré que si elle a été portée à sa connaissance au plus tard avant la réalisation du sinistre.

2278. Tel est le cas dans l'espèce suivante : une compagnie d'assurances avait envoyé, le 17 novembre 1980, à son cocontractant, une lettre transmettant l'avenant n° 1 du 6 novembre 1980 ; cette lettre invitait le souscripteur à prendre tout particulièrement connaissance de l'intercalaire n° 502 qui était joint. L'assurée contestait avoir reçu cet intercalaire et déniait sa valeur contractuelle. Pourtant la première chambre civile de la Cour de cassation n'hésite pas, dans une décision du 2 mai 1989 à déclarer cet intercalaire opposable à l'assuré aux motifs que la société assurée ne contestait pas avoir reçu la lettre et que la Cour d'appel ne s'est pas fondée sur un motif hypothétique en observant que « l'assurée n'aurait pas omis de réclamer l'intercalaire si elle ne l'avait pas reçu, ce qui signifiait que l'absence de toute réclamation de la part de l'assurée constituait la preuve qu'elle avait bien reçu ledit intercalaire » (Civ. 1re, 2 mai 1989, RGAT 1989. 540, note H. Margeat et J. Landel). On le voit, nul besoin ici d'une clause de remise pour établir la communication du document annexe : l'attitude du souscripteur suffit pour cela. L'affaire suivante illustre bien, elle aussi, la liberté de la preuve de la communication du document annexe : le souscripteur avait produit les conditions générales auxquelles se trouvaient annexées les conditions particulières et les conventions spéciales ; la première chambre civile de la Cour de cassation, dans un arrêt du 15 décembre 1993, approuve la Cour d'appel d'avoir décidé que le souscripteur avait eu connaissance de la clause litigieuse insérée dans les conditions générales parce qu'il avait signé un avenant d'extension de garantie au titre des conventions spéciales. La connaissance de l'avenant aux conditions spéciales impliquait donc celle des conditions générales (Civ. 1re, 15 déc. 1993, n° 92-12.308).

B ▪ Hypothèses particulières

1 ▪ Clauses de déchéance, nullité, exclusion et clauses restrictives de garantie

2279. Le législateur a pris soin de réglementer la présentation de ces clauses particulièrement dangereuses pour l'assuré. Ainsi l'article L. 112-4, alinéa 2, du Code des assurances dispose que « les clauses des polices édictant des nullités, des déchéances ou des exclusions ne sont valables que si elles sont mentionnées en caractères très apparents ». Ce texte impose donc des conditions de forme pour les clauses de nullité, déchéance et exclusion ; ces exigences ont-elles une influence sur l'opposabilité des stipulations lorsqu'elles figurent dans un document annexe ?

2280. La jurisprudence semblait imposer l'insertion des clauses de déchéance, de nullité et d'exclusion dans le document contractuel principal. Un argument de texte justifiait cette solution : l'article L. 112-4 du Code des assurances, lorsqu'il exige que ces clauses figurent en caractères très apparents, précise bien qu'il s'agit des clauses des polices ; de là, la jurisprudence déduisait que ces stipulations devaient obligatoirement figurer dans le corps même du contrat, et dans nul autre document.

2281. Ainsi un arrêt de la première chambre civile de la Cour de cassation, en date du 30 octobre 1967, a décidé que : « ce texte (art. L. 112-4 C. assur., rédaction antérieure à L. 7 janv. 1981) qui, après avoir énuméré les indications que doit comporter le contrat d'assurance, déclare que « les clauses des polices édictant des nullités ou des déchéances ne sont valables que si elles sont mentionnées en caractères très apparents », implique que ces clauses doivent être insérées dans les polices elles-mêmes » ; la clause de déchéance figurant dans le règlement intérieur de la mutuelle d'assurance, que l'assuré avait pourtant déclaré, dans sa demande d'adhésion, avoir reçu, ne lui est donc pas opposable (Civ. 1re, 30 oct. 1967, JCP 1968, II, 15590, note J. Bigot). Le Tribunal civil de Lille avait retenu une solution identique dans un jugement du 30 janvier 1952 ; il avait décidé qu'une clause de déchéance doit être insérée dans la police même et n'est pas opposable si elle figure dans les statuts de la mutuelle d'assurance, « sans égard au fait que la police se réfère expressément aux dits statuts » (Trib. civ. Lille, 30 janv. 1952, RGAT 1952. 21, note A. B.). Cette exigence a été confirmée dans un arrêt de la Cour de cassation du 31 octobre 1989, dans une affaire où une exclusion de garantie figurait dans un simple « lexique » joint à la police, dont le souscripteur n'était pas signataire ; la Cour de cassation considère ici que l'exclusion était présentée « sous une forme et dans des conditions cherchant à la faire échapper aux dispositions impératives de l'article L. 112-4 dernier alinéa du Code des assurances » ; elle est donc inopposable (Civ. 1re, 31 oct. 1989, RGAT 1990. 67, note H. Margeat et J. Landel). Toutefois dans un arrêt du 30 mai 1995, la Cour de cassation a décidé qu' « en signant les conditions particulières, qui faisaient référence aux conditions générales, l'assuré a nécessairement accepté la clause de déchéance pour déclaration tardive du sinistre qui y était stipulée » (Civ. 1re, 30 mai 1995, RGAT 1995. 898, note L. Mayaux). La Cour de cassation admet donc l'opposabilité à l'assuré d'une clause de déchéance qui ne figurait pas sur le contrat, mais sur un document annexe ! On peut se demander s'il ne faut pas voir dans cette décision l'influence de la loi du 31 décembre 1989 qui impose de fournir au souscripteur des documents précontractuels d'information. En effet la police n'est plus, désormais, le seul document remis au souscripteur. Puisque ce dernier a maintenant l'occasion de prendre connaissance des clauses d'exclusion, nullité et déchéance avant la conclusion du contrat, est-il toujours aussi justifié d'exiger leur présence dans la police même ? Cette position a d'ailleurs été confirmée dans un arrêt du 5 juillet 2006. La deuxième Chambre civile admet en effet qu'en signant un avenant, l'assuré avait reconnu avoir pris connaissance des conditions générales et particulières ainsi que des annexes du contrat d'assurance et être resté en possession du texte intégral de ces documents. Par conséquent il a bien eu connaissance de l'objet et de l'étendue du contrat d'assurance qu'il avait souscrit et notamment de l'exclusion de garantie figurant en annexe (Civ. 2e, 5 juill. 2006, RGDA 2006. 921, note S. Abravanel-Jolly). En revanche, lorsque les conditions générales dans lesquelles figure la clause d'exclusion ne sont pas jointes et n'ont fait l'objet d'aucune approbation formelle de la part de l'assuré, cette exclusion est inopposable à l'assuré (Civ. 3e, 21 janv. 2016, n° 14-25.829). V. aussi, pour une affaire où la Cour de cassation considère que les conditions générales, dans lesquelles figurait une exclusion de garantie, « renfermaient l'ensemble des dispositions contractuelles de l'assurance », rendant donc l'exclusion opposable à l'assuré (Civ 2e, 4 fév. 2016, n° 15-10.107).

2282. Il a toutefois pu être décidé que bien que la police d'assurance n'ait été remise au souscripteur qu'après la survenance du sinistre, les clauses d'exclusion qu'elle contient sont opposables à l'assuré dès lors qu'il est établi que ce dernier en avait connaissance antérieurement, pour figurer dans de précédentes polices (Civ. 2e, 19 nov. 2015, n° 14-26.351, RGDA 2016, p. 22).

2283. En cas de non-respect des modalités de communication, le juge prononce l'inopposabilité de la clause. Cette sanction peut apparaître comme la simple application des dispositions du droit spécial de l'assurance. L'article L. 112-4 du Code des assurances dispose, en effet, que « les clauses des polices édictant des nullités, des déchéances ou des exclusions ne sont valables que si elles sont mentionnées en caractères très apparents ». Dès lors les clauses ne respectant pas ces conditions de forme sont inopposables au souscripteur de l'assurance, tandis que le reste du contrat est maintenu ; en conséquence, l'assurance jouera sans les clauses de nullité, déchéance et exclusion.
En revanche lorsque les modalités de communication ont bien été respectées, le juge doit faire application des clauses, sous peine de dénaturation du contrat (Civ. 2e, 28 févr. 2013, n° 12-12.813, RCA 2013, com 197, note D. Bakouche).

2284. Par ailleurs la Cour de cassation semble vouloir subordonner l'opposabilité des clauses restrictives de garantie à un régime spécifique faisant peser une obligation spécifique d'information sur l'assureur. La jurisprudence affirme ainsi régulièrement que « lorsque l'assureur subordonne sa garantie à la réalisation, par l'assuré d'une condition particulière, il doit rapporter la preuve qu'il a précisément porté cette condition à la connaissance de l'assuré (Civ. 1re, 27 mars 2001, n° 98-19.481, RGDA 2001. 680, note A. Favre-Rochex ; Civ. 2e, 8 sept. 2005, n° 04-17.989, RCA 2006, comm. 34, obs. H. Groutel ; Civ. 2e, 25 fév. 2010, n° 09-10.386, RGDA 2010. 302, note S ; Abravanel-Jolly). La connaissance précise de la clause résulte notamment du respect des dispositions de l'article R. 112-3 du Code des assurances, qui dispose que « la remise des documents visés au 2è alinéa de l'article L. 112-2 est constatée par une mention signée et datée par le souscripteur, apposée au bas de la police, par laquelle celui-ci reconnaît avoir reçu au préalable ces documents et précisant leur nature et la date de leur remise ».

2 ▪ Documents postérieurs à la conclusion du contrat

2285. Lorsque le document annexe est remis après la conclusion du contrat, le souscripteur n'a pas pu prendre connaissance de sa teneur avant cette conclusion ; dès lors il ne peut en avoir accepté les clauses. Ainsi, la remise du document postérieurement à la conclusion du contrat fait présumer le défaut de connaissance. Afin d'obliger son assureur à lui verser la totalité du capital assuré, la victime d'une incapacité permanente au taux de 15 % invoquait des conditions générales, annexées au contrat qui, selon elle, lui avait été remises lors la souscription de l'assurance, en août 1988. La Cour de cassation, dans une décision du 18 mars 1997 casse l'arrêt de la cour d'appel qui avait condamné l'assureur à payer. En effet, l'annexe invoquée avait été éditée le 1er octobre 1988, « ce dont il résultait que cette annexe n'avait pu être remise (à l'assurée) à la date indiquée et ne pouvait donc constituer un élément du contrat » (Civ. 1re, 18 mars 1997, RGDA 1997. 734, note M.-H. Malleville). Ainsi sont jugés inopposables les documents édités postérieurement à la date de conclusion du contrat.

2286. Deux interprétations sont envisageables en présence de documents postérieurs à la conclusion du contrat. Le document est simplement interprétatif, il vient apporter des précisions sur le contrat conclu antérieurement ; il faudra alors en établir le contenu conformément aux règles de preuve du contenu du contrat ; Le document peut aussi venir modifier le contrat antérieur ; celui qui s'en prévaut devra alors apporter la preuve de l'existence de ce nouvel accord. Cette preuve obéit aux règles générales de preuve de l'existence d'un contrat d'assurance.

3 ▪ Notes de couverture et attestations

2287. La note de couverture est « un document provisoire constatant l'existence d'une garantie avant l'établissement de la police ou de l'avenant » (C. assur., art. L. 112-3, dernier alinéa). Elle est délivrée par l'assureur à l'assuré qui désire être immédiatement garanti, sans attendre la confection du contrat. Elle ne doit respecter aucune forme particulière et peut être composée de tout écrit, parfois appelé attestation d'assurance, signé par l'assureur. Doivent cependant y figurer, les conditions essentielles de l'assurance. Une difficulté peut alors surgir lorsqu'un sinistre survient entre l'établissement de la note de couverture et la remise du contrat.

2288. Il est ici fait exception au principe selon lequel les clauses doivent avoir été portées à la connaissance du souscripteur pour être opposables. La Cour de cassation décide ainsi, dans un arrêt du 7 mars 1989 que « l'application d'une note de couverture doit se faire en fonction des conditions générales de la police-type, alors même que la note de couverture ne s'y référerait pas » (Civ. 1re, 7 mars 1989, RGAT 1989. 546, note H. Margeat et J. Landel). Comme le soulignent MM. Picard et Besson « si certaines clauses ne sont pas exprimées, la note de couverture dans le silence des parties doit être interprétée par référence aux conditions générales de la police-type de l'assureur » (M. Picard et A. Besson, *Les assurances terrestres* : le contrat d'assurance, t. 1, 1982, n° 58, p. 96). Comment justifier une telle solution ? Il s'agit avant tout de concilier les intérêts du souscripteur et de l'assureur. L'assureur n'accepte, en effet, de s'engager provisoirement qu'à la condition de ne pas supporter d'obligations plus lourdes que celles qui sont les siennes dans le contrat définitif ; à défaut il refuserait de consentir une garantie immédiate, ce qui nuirait gravement aux intérêts de l'assuré. On considère alors que le souscripteur, bien que n'ayant pas eu communication du contrat, ne pouvait en ignorer le contenu. Cela aboutit finalement à mettre à sa charge une obligation de se renseigner ; il doit prendre connaissance du contenu de la police-type avant la signature de la note de couverture. Cette solution apparaît cependant fort rigoureuse lorsque la note de couverture ne contient aucun renvoi au contrat ; dans cette hypothèse en effet le souscripteur, tout particulièrement s'il s'agit d'un profane, peut ignorer l'existence de la police-type.

2289. Pour ces clauses particulièrement redoutables, est maintenue l'exigence de leur communication. Ainsi l'arrêt de la première chambre civile en date du 7 mars 1989 précité décide que « l'assureur qui entend se prévaloir d'une nullité, d'une déchéance ou d'une exclusion doit justifier l'avoir portée à la connaissance de l'assuré ». Il semble d'ailleurs que cette communication ne puisse résulter que d'une mention dans le corps même de la note de couverture. Ainsi peut-être interprété un arrêt de la Cour de cassation du 13 mai 1997 qui décide qu'une note de couverture n'est soumise à aucune condition de forme et, comme telle, engage l'assureur, « de sorte que les exclusions de garantie devaient y être mentionnées » (Civ. 1re, 13 mai 1997, RCA 1997, comm. n° 386, obs. H. Groutel).

2290. Cette exigence résulte de l'article L. 112-4 du Code des assurances et, pour les clauses de déchéance, de l'article L. 113-2 du Code des assurances. Ainsi, dans un arrêt du 21 juin 1989, la Cour de cassation déclare : « vu les articles L. 113-2, alinéa 3, et L. 112-4, dernier alinéa, du Code des assurances ; attendu qu'il résulte du premier de ces textes que la déclaration tardive du sinistre n'entraîne déchéance des droits de l'assuré qu'à la condition d'avoir été prévue au contrat et, du second, que l'attention de l'assuré doit être spécialement appelée sur ce type de clause », elle censure la décision de la Cour d'appel qui avait déclaré la clause de déchéance opposable alors que l'assuré n'en avait eu connaissance que postérieurement au sinistre (Civ. 1re, 21 juin 1989, RGAT 1989. 529, note J. Kullmann). Le raisonnement de la Cour de cassation semble être le suivant : le Code des assurances soumet la validité de ces clauses au respect d'un certain formalisme ; dès lors, puisque l'attention du souscripteur doit être spécialement attirée sur ces stipulations, il faut qu'elles soient portées à sa connaissance avant la conclusion du contrat.

2291. Pourtant, pourquoi exiger l'insertion de ces clauses dans la note de couverture même ? Cette note de couverture constitue le document contractuel principal et tient provisoirement lieu de contrat ; dès lors, la Cour de cassation semble estimer que « ce qui vaut pour la police doit valoir pour la note de couverture » et que, « si le système de la note de couverture est d'inspiration pratique, il ne saurait s'affranchir des règles légales qui gouvernent les exigences de forme applicables aux polices elles-mêmes » (Cl-J. Berr et H. Groutel., note sous Civ. 1re, 26 févr. 1980, D. 1981, somm. comm. p. 175). Elle transpose donc aux notes de couverture la solution applicable aux contrats et exige qu'y figurent les clauses de nullité, exclusion et déchéance. Un tel impératif présente des dangers ; il risque, en effet, de dissuader les assureurs de recourir aux notes de couverture, alors que ce procédé présente une grande utilité pratique. Cette jurisprudence risque ainsi de se retourner contre ceux qu'elle devait protéger.

2292. Il semble excessif d'exiger la mention de ces clauses dans la note de couverture elle-même ; la remise d'un document respectant le formalisme légal, c'est-à-dire dans lequel figurent les stipulations dangereuses en caractères très apparents, semble suffisante. Ainsi, pourraient être pris en considération les contrats d'assurance conclus précédemment par les parties. Si la clause litigieuse (exclusion, déchéance ou nullité) se trouvait déjà dans des contrats antérieurs, ne devrait-on pas considérer qu'elle a été portée à la connaissance du souscripteur lors de la conclusion de ces contrats ; elle n'aurait alors pas à figurer dans une note de couverture se rapportant à un contrat semblable. Une telle solution serait d'ailleurs conforme au droit commun des contrats : en cas de silences ou de lacunes de l'offre, on applique la pratique contractuelle antérieure, lorsque les parties étaient déjà engagées dans une relation contractuelle. Cela ne serait, bien sûr, envisageable qu'à la condition que les risques couverts soient totalement identiques. Cette solution ne semble pourtant pas avoir les faveurs de la jurisprudence ; ainsi dans un arrêt du 31 mars 1993, la Cour de cassation approuve la Cour d'appel d'avoir décidé que « le fait pour l'assuré d'être titulaire d'autres contrats d'assurance ne dispensait pas l'assureur de l'obligation de faire figurer la clause litigieuse dans la note de couverture » (Civ. 1re, 31 mars 1993, RGAT 1993. 540, note A. d'Hauteville). Cependant, il a été jugé, dans une décision de la Cour de cassation du 31 mars 1994, que « l'attestation (qualifiée de note de couverture), qui se référait à un contrat d'assurance en cours d'établissement, était sans rapport avec les polices précédemment souscrites... », l'assureur ne pouvait donc pas invoquer les exclusions prévues par celles-ci (Civ. 1re, 30 mars 1994, RGAT 1994. 460, note J. Kullmann). Il semble ici, « a contrario, que la présence d'un tel rapport aurait permis de recourir à ces dernières pour établir le contenu de la garantie octroyée au moyen du document litigieux » (J. Kullmann, note préc.).

Chapitre 4
Les clauses d'exclusions

BIBLIOGRAPHIE

L'Argus de l'assurance

Ouvrages. – J. Bigot (sous dir.), *Code des assurances*, L'Argus éd., – J. Landel, *Lexique des termes d'assurance*, L'Argus éd., 2014. – F. Couilbault, S. Couilbault- Di Tommaso, V. Huberty, *Les grands principes de l'assurance*, L'Argus éd., 2015.

2293. La détermination de l'objet de la garantie prise en charge par l'assureur s'opère en deux temps. Il convient d'abord de définir « l'aire contractuelle » (Y. Lambert-Faivre, L. Leveneur, op. cit., n° 417), c'est-à-dire l'objet général du contrat : par exemple une assurance contre le vol ou contre la maladie. Ensuite, des restrictions sont opérées dans ce champ général, c'est-à-dire que des exclusions de garantie peuvent être prévues, comme la non couverture du vol commis de nuit ou l'exclusion des affections cardio-vasculaires.

2294. Afin de protéger l'assuré contre les « trous » de garantie dont il n'aurait pas pris connaissance, la loi (C. assur., art. L. 113-1) exige, comme condition de validité des exclusions de garantie, que ces dernières soient formelles et limitées. Il n'en va pas de même pour les stipulations permettant de définir le risque garanti ; en effet, il n'est exigé aucune forme particulière afin d'admettre leur validité. Or, il est fort difficile de distinguer entre la définition du risque et les exclusions. En effet, un assureur peut parfaitement indiquer qu'il exclut la garantie des vols commis entre 0 h. et 6 h. du matin. On est alors en présence d'une clause d'exclusion qui doit obéir aux prescriptions des articles L. 113-1 et L. 112-4 du Code des assurances pour être valable. En revanche, l'assureur qui indique qu'il ne couvre que les vols commis entre 6 h du matin et 0 h formulerait une définition du risque qui ne serait soumise à aucune obligation de forme. La distinction présente donc un intérêt accru quant à l'exigence ou non d'un caractère formel et limité de la stipulation contractuelle. Le juge n'est pas tenu par la qualification retenue par l'assureur (définition ou exclusion) ; il peut parfaitement requalifier une définition restrictive du risque garanti en une clause d'exclusion. Toutefois, la jurisprudence sur cette question est assez erratique et certaines clauses sont qualifiées de définition ou d'exclusion au gré des juridictions. La Cour de cassation quant à elle peut adopter des positions différentes. Afin d'isoler la notion d'exclusion de garantie on doit en présenter la définition ; on pourra ensuite évoquer le régime appliqué à cette clause, puis les conséquences du jeu de l'exclusion, c'est-à-dire la non assurance.

Section 1 ▪ Définition de la clause d'exclusion de garantie

2295. Le risque se définit comme étant l'événement qui va déclencher l'obligation de couverture de l'assureur. Cet événement peut affecter une personne ou une chose. L'exclusion de garantie vise : soit à retreindre les circonstances dans lesquelles le risque sera couvert, soit à circonscrire le nombre de choses assurées.

§ 1 ■ Enjeux de la distinction entre définition du risque garanti et exclusion de la garantie

2296. Selon que la clause sera qualifiée de définition du risque garanti ou d'exclusion de garantie, le régime applicable à la stipulation sera distinct en tous points. En effet, aussi bien la preuve que les conditions de validité seront différentes. En revanche, définition du risque et exclusion peuvent conduire, par une technique différente, à la non garantie du sinistre.

2297. La répartition de la charge de la preuve selon que l'on est en présence de la définition de la garantie ou d'une exclusion suit exactement le droit commun de la preuve prévu par l'article 1315 du Code civil désormais numéroté 1353 à compter du 1er octobre 2016. L'article 1353 alinéa 1er nouveau du Code civil dispose que « celui qui réclame l'exécution d'une obligation doit la prouver ». Aussi l'assuré qui réclame l'exécution du contrat afin de couvrir le sinistre qu'il vient de subir doit prouver que l'événement entre bien dans les garanties prévues par le contrat d'assurance (Civ. 1re, 25 janv. 1989, Bull. civ. I, n° 36). Il est ajouté à l'article 1353 du Code civil un alinéa 2 qui prévoit que « réciproquement, celui qui se prétend libéré, doit justifier le paiement ou le fait qui a produit l'extinction de son obligation ». L'assureur qui invoque une exclusion de garantie pour refuser de prendre en charge le sinistre doit donc prouver que l'événement, c'est-à-dire la réunion des conditions de fait, entrait bien dans le champ de l'exclusion pour se libérer de toute obligation (Civ. 1re, 15 oct. 1980, Bull. civ. I, n° 258 ; RDI 1981. 523, obs. G. Durry).

2298. La stipulation de la définition de la garantie peut s'opérer sous toute forme possible. Elle prendra place parmi les clauses du contrat sans qu'il soit nécessaire de prévoir une typographie particulière ni une formulation spécifique. En revanche, pour être valable, une clause d'exclusion doit être formelle et limitée aux termes de l'article L. 113-1 du Code des assurances. En outre, il est exigé, également comme condition de validité, à l'article L. 112-4 in fine du même code, que les clauses d'exclusions figurent dans le contrat en caractères très apparents. Une clause qui serait qualifiée de clause d'exclusion par le juge et qui n'obéirait pas aux conditions de validité sus-évoquées sera donc déclarée nulle. La même clause mais qualifiée de définition du risque garanti sera déclarée valable bien que ne répondant pas aux exigences de l'article L. 113-1 du Code des assurances (Civ. 1re, 12 mai 1993, RCA 1993, comm. n° 277 ; Civ. 1re, 9 mai 1996, RCA 1996, comm. n° 266, obs. H. Groutel), ni à celles de l'article L. 112-4 (Civ. 1re, 27 nov. 1990, RCA 1991, comm. n° 70 ; Civ. 1re, 11 déc. 1990, ibid.).

2299. En présence d'un événement qui n'entre pas dans la qualification de définition du risque garanti ou qui fait partie des exclusions de garantie, le résultat est identique. Le sinistre qui matérialiserait la réalisation de cet événement ne sera pas couvert par l'assureur. C'est l'identité de résultat, la non garantie, qui rend la distinction entre définition du risque et exclusion délicate.

§ 2 ■ Définition du risque garanti

A ■ Définition

2300. Le risque garanti consiste en l'événement dont l'assureur accepte de couvrir les conséquences. Le risque peut encore désigner la chose que l'assureur accepte de garantir contre des événements déterminés dans le contrat. Cet événement ou cette chose peut faire l'objet de contrats multirisques. Le risque incendie peut donner lieu à une garantie contre la perte de la chose mais également contre la perte de revenus procurés par la chose, il s'agit de la garantie perte d'exploitation. Il peut également être prévu une garantie de responsabilité afin de couvrir la propagation de l'incendie aux immeubles voisins. De même, une maison, chose unique, sera garantie contre plusieurs événements, l'incendie, le dégât des eaux, le gel, le vol et encore les catastrophes naturelles ou technologiques.

2301. L'article R. 321-1 du Code des assurances, précise l'obligation d'agrément administratif pour l'activité d'assurance en distinguant les différentes activités d'assurance par branches. Le texte prévoit notamment les accidents, la maladie, les corps de véhicules terrestres (autres que ferroviaires) ou l'incendie et les éléments naturels ou encore la responsabilité civile générale. Ainsi un assuré qui a souscrit une garantie contre l'incendie n'est-il pas couvert contre le vol ; s'il a souscrit une garantie responsabilité civile générale (branche 13), il n'est pas couvert contre la responsabilité civile véhicules terrestres (branche 10). En revanche, en présence de la souscription d'un contrat vol, l'assuré peut estimer être protégé contre toute soustraction frauduleuse. Il reste que l'assureur peut souhaiter soumettre cette garantie à des conditions plus précises.

2302. La précision du risque couvert va d'abord s'imposer en indiquant la personne garantie, donc l'assuré, ou la chose. Il faudra identifier la personne, localiser ou individualiser la chose. Cette précision s'impose d'évidence ; mais elle est cruciale lorsqu'un ensemble de personnes (par exemple en assurance responsabilité civile du « chef de famille ») ou un ensemble de biens est assuré. Cette définition du périmètre du risque ne pose a priori pas de difficultés, on est bien en présence de la détermination du champ d'application de contrat ; ces précisions ne justifient pas une requalification par le juge en clauses d'exclusion.

2303. Lorsque l'assureur définit l'accident comme un événement soudain et imprévu, il définit le risque garanti. De même que l'assureur, qui restreint l'assurance perte d'emploi au seul cas de chômage et ne garantit pas la retraite anticipée, procède bien à une définition du risque garanti en précisant la définition du risque chômage (Civ. 1re, 23 mai 2000, RGDA 2000. 837, note L. Mayaux). De la même façon, nous sommes en présence d'une définition de la garantie lorsque l'assureur précise ce qu'il entend par forces de la nature et catastrophe naturelle en fournissant une liste (tempête, avalanche, grêle...) et qu'il ne mentionne pas le verglas dans cette liste ; la garantie complémentaire « force de la nature » ne s'applique pas au verglas sans que l'assuré puisse prétendre qu'il s'agit d'une exclusion (Civ. 2e, 8 juill. 2010, n° 09-16.012, RGDA 2010, p. 1034, note A. Pélissier). En revanche lorsque l'assureur indique les circonstances dans lesquelles l'événement doit se réaliser pour accorder sa garantie, l'hésitation est fort grande. Ainsi en matière de vol, indiquer que seul le vol par effraction est couvert revient-il à exclure indirectement toute autre forme de soustraction frauduleuse (comp. L. Mayaux, Le risque garanti, in *Traité de droit des assurances*, préc., n° 1157). La clause qui se veut une définition du risque garanti sera alors sujette à discussion et l'assureur prend le risque de la voir requalifiée en clause d'exclusion indirecte soumise à des conditions de validité particulières.

B ▪ Régime applicable aux clauses définissant le risque garanti

2304. Les clauses qui déterminent le risque garanti n'ont pas à être rédigées en caractères très apparents tel que prévu à l'article L. 112-4 du Code des assurances (Civ. 1re, 27 mai 1997, RGDA 1997. 834, note J. Kullmann ; Civ. 1re, 23 mai 2000, préc.). Elles n'ont pas non plus à être formelles et limitées comme l'exige l'article L. 113-1 du même code (Civ. 1re, 12 mai 1993, RCA 1993, comm. n° 277). Néanmoins, il appartient à l'assureur de démontrer que la clause qui définit la garantie a bien été portée à la connaissance de l'assuré au moment « de l'adhésion à la police ou tout au moins antérieurement à la réalisation du sinistre » ; tel n'est pas le cas quand une société reconnaît qu'elle est assurée mais n'a pas signé de contrat (Civ. 2e, 25 févr. 2010, n° 09-10.386 ; RGDA 2010, p. 302, note S. Abravanel-Jolly). Il reste que les clauses posant la définition du risque garanti sont susceptibles d'interprétation comme pour tout contrat.

En outre, une telle clause qui serait requalifiée par le juge de clause d'exclusion indirecte serait alors soumise aux exigences de fond et de forme applicables aux clauses d'exclusion de garantie.

2305. La preuve que l'événement entre bien dans le champ de la garantie pèse sur celui qui invoque le bénéfice de la prestation prévue au contrat. Cette attribution de la charge de la preuve s'explique par une application de l'article 1353 alinéa 1er du Code civil qui dispose que « celui qui réclame l'exécution d'une obligation doit la prouver ». La preuve que les conditions de la garantie sont réunies pèse donc sur l'assuré (Civ. 1re, 8 nov. 1988, RGAT 1989. 99, note J.-L. Aubert ; Civ. 1re, 14 févr. 1989, RGAT 1991. 611, note J. Bigot). La victime qui, en assurance de responsabilité, exerce l'action directe dont elle bénéficie en vertu de l'article L. 124-3 du Code des assurances, doit démontrer que le sinistre entre dans la garantie (Civ. 1re, 27 oct. 1981, Bull. civ. I, n° 258). Toutefois, l'assureur qui prétend que le contrat ne garantissait pas le risque pour lequel la victime réclame le versement de la prestation doit produire le contrat (au sens d'écrit comme moyen de preuve) pour démontrer qu'il ne doit pas sa garantie (Civ. 1re, 2 juill. 1991, p. 161, note R. Bout ; Civ. 1re, 22 avr. 1992, RGAT 1992. 594, note Ph. Rémy).

2306. Un litige qui porte sur la qualification d'une clause, l'assureur soutenant qu'il s'agit d'une condition de la garantie et l'assuré prétendant être en présence d'une exclusion, ne peut pas être tranché par le juge des référés. En effet, une telle discussion constitue une contestation sérieuse qui empêche le juge des référés de statuer sur le fondement de l'article 809 alinéa 2 du Nouveau Code de procédure civile. Il appartient aux juges du fond procéder à cette qualification. La Cour de cassation, après un temps où elle a estimé que le problème de l'existence d'une contestation sérieuse portant sur la qualification d'une clause d'un contrat d'assurance relevait du pouvoir souverain d'appréciation des juges du fond (Civ. 1re, 4 oct. 2000, RGDA 2000. 1127, note J. Beauchard ; Rapp. C. de cass. 2000, éd., Doc. fr. 2001, p. 421), est revenue à sa position traditionnelle. La Haute juridiction, dans sa formation plénière, a décidé qu'elle exerce bien un pouvoir de contrôle de l'existence d'une contestation sérieuse devant le juge des référés (Ass. plén., 16 nov. 2001, Bull. ass. plén. n° 13). Après cet arrêt d'assemblée plénière, il a été jugé de nouveau en cassation que l'existence d'une contestation sérieuse sur l'obligation à garantie de l'assureur fait obstacle à l'octroi d'une provision en référé (Civ. 1re, 13 nov. 2002, RGDA 2003. 127, note J. Beauchard).

§ 3 ▪ Notion d'exclusion de garantie

A ▪ Définition de la notion d'exclusion

1 ▪ Différentes approches

2307. L'article L. 113-1 alinéa 1er du Code des assurances dispose que « les pertes et les dommages occasionnés par des cas fortuits ou causés par la faute de l'assuré sont à la charge de l'assureur, sauf exclusion formelle et limitée contenue dans la police ». Le texte permet ainsi à l'assureur de fixer librement avec le souscripteur l'étendue exacte de la garantie. Le risque général défini par le contrat peut être restreint par le jeu des clauses d'exclusion. L'article L. 113-1 du Code des assurances pose également les conditions de la validité des clauses d'exclusion de garantie.

2308. La Cour de cassation est venue conforter la liberté de prévoir des clauses d'exclusion en décidant qu'assureurs et souscripteurs sont « libres, ne s'agissant pas d'une assurance obligatoire, d'exclure certains risques » (Civ. 1re, 7 janv. 1997, RGDA 1997. 154, note Ph. Rémy).

2309. Afin de mieux préciser la notion de clause d'exclusion, il est possible de représenter le contrat d'assurance comme étant délimité par les conditions de la garantie, il s'agit de « l'aire contractuelle » ; les exclusions venant alors « trouer » l'objet du contrat (Y. Lambert-Faivre, L. Leveneur, op. cit.). Il est également possible de concevoir l'exclusion comme une « restriction » (H. Groutel, *Le contrat d'assurance*, Ed. Dalloz 1997, coll. « Connaissance du droit » p. 103) ou un « retranchement » (L. Mayaux, in *Traité de droit des assurances* préc. n° 1172) de la garantie.

2310. Une autre approche que celle qui consiste à raisonner sur la définition du périmètre compris dans le contrat est possible. On peut raisonner chronologiquement pour cerner le processus de stipulation par exclusion en rappelant que l'exclusion sert elle aussi à définir l'objet du contrat. En effet, après avoir, dans un premier temps, défini la garantie ; dans un second temps, les parties excluent des circonstances ou des choses : « elles procèdent par définition puis par réduction » (L. Mayaux, in *Traité de droit des assurances*, préc., n° 1175).

2311. A partir d'un exemple tiré de l'assurance vol, il est possible de cerner ce que la Cour de cassation entend par clause d'exclusion. La Haute juridiction a décidé que « la clause qui prive l'assuré du bénéficie de la garantie des risques de vol en considération de circonstances particulières de réalisation du risque s'analyse en une clause d'exclusion de garantie » (Civ. 1re, 26 nov. 1996, Bull. civ. I, n° 413 ; RCA 1997, comm. n° 73 ; RGDA 1997. 132, note J. Kullmann). Une double condition est donc énoncée pour la qualification d'une stipulation en exclusion de garantie : la privation de garantie et la précision par l'assureur de circonstances particulières de réalisation du risque.

2312. On peut dresser une liste de types de stipulations (V. J. Kullmann, *Lamy Assurances* 2008, n° 195) qui vont être qualifiées de clause d'exclusion en reprenant le critère des circonstances particulières de réalisation du risque établi à partir de l'arrêt de la première chambre civile du 26 novembre 1996 (préc.). On reconnaîtra l'existence d'une exclusion quand le lieu du risque est déterminé (l'habitation, sans les dépendances), quand les circonstances sont déterminées (assurance de la responsabilité délictuelle sans la responsabilité contractuelle ; assurance accident sans pratique sportive ; obligation de déclenchement de l'alarme antivol, à défaut pas de couverture) ou lorsque les conditions de mise en jeu de la garantie sont restreintes (clause réclamation de la victime : Civ. 1re, 29 avr. 1997, RCA 1997, comm. n° 241, note H. Groutel ; RGDA 1997. 843, note J. Kullmann). Toutefois, la jurisprudence est tellement erratique et difficile à cerner que l'on pourrait suivre avec le plus grand profit la proposition d'un auteur qui suggère de supprimer la mention à l'article L. 113-1 du « sauf exclusion formelle et limitée » pour la remplacer par une définition de l'exclusion comme étant « une exigence supplémentaire imposée à l'assuré pour être garanti et consistant dans un acte ou une abstention précis » (G. Durry, art. préc.).

2313. Dès lors que les termes « sont exclus » ou « exclusion » apparaissent dans une clause du contrat, il convient alors de présumer que la stipulation constitue une clause d'exclusion quand bien même les obligations de forme ne sont pas respectées (Civ. 1re, 11 déc. 1990, RGAT 1991. 327, note J. Kullmann, arrêt dans lequel l'assureur se contentait de soutenir que la clause litigieuse était bien rédigée en caractères très apparents). De même que dans une assurance de groupe, la non garantie des maladies ou accidents antérieurs à l'adhésion, constitue bien une exclusion dès lors que la notice remise à l'assuré présentait ces circonstances comme des exclusions. Dès lors, le défaut de rédaction de ces exclusions en caractères très apparents dans le contrat conduit à réputer ces clauses non écrites (Civ. 1re, 20 juin 2000, RGDA 2000. 821, note L. Mayaux). La volonté des parties est parfois difficile à discerner en présence, notamment, d'une exclusion indirecte ; il restera alors à utiliser le critère de la présence de circonstances particulières de réalisation du risque pour distinguer l'exclusion des autres notions.

2 ■ Distinction entre exclusion directe et exclusion indirecte

a - Exclusion directe

2314. Dans un paragraphe intitulé « tous risques sauf... », l'assureur peut prévoir une liste de circonstances ou de choses qui ne sont pas couvertes par la garantie souscrite. Les assureurs ne privilégient pas nécessairement cette méthode car, lorsque la liste est longue, elle peut laisser l'assuré dubitatif sur l'étendue de la garantie. Toutefois, c'est la présentation la plus protectrice de l'assuré car, en dehors de ces exclusions formelles et limitées, dont il peut aisément prendre connaissance, il est garanti.Les exclusions peuvent aussi consister en l'éviction de certaines circonstances. Par exemple, la pratique d'un sport peut être exclue d'une assurance accident. L'exclusion peut frapper certaines choses : en assurance vol, il peut être prévu que les bijoux et les œuvres d'art sont exclues. Mais, dans ce dernier cas, l'exclusion est le plus souvent rachetable pour un supplément de cotisation.

b - Exclusion indirecte

2315. Dans la définition du risque couvert, l'assureur peut écarter certaines circonstances. Cette éviction, que l'assureur va considérer comme une précision, constitue une exclusion indirecte. Il en est ainsi par exemple pour l'assurance automobile : la garantie responsabilité est cantonnée au conducteur titulaire d'un permis de conduire ; par conséquent, on en déduit indirectement que la garantie d'un non titulaire du permis de conduire est exclue.

2316. Un exemple commun d'exclusion indirecte concerne les assurances de responsabilité civile. Le plus souvent les contrats mentionnent que la garantie ne couvre que la responsabilité délictuelle de l'assuré, établie sur le fondement des anciens articles 1382 à 1386 du Code civil, renumérotés 1240 à 1244 par la réforme du droit des contrats. Il faut donc que l'assuré comprenne par déduction que sa responsabilité contractuelle n'est pas garantie. En effet, les assureurs estiment que la responsabilité contractuelle est nécessairement volontaire car elle consiste en une inexécution du contrat. Or, les manquements à des obligations de sécurité sont souvent qualifiés de violation d'une obligation contractuelle. En réalité, il n'y a aucune volonté de l'assuré de blesser son cocontractant. On est alors confronté à un événement accidentel qui est qualifié par le juge de responsabilité contractuelle et qui pourrait ne pas être couvert par l'assureur qui a exclu la responsabilité contractuelle. Les exclusions indirectes sont donc dangereuses à double titre : elles obligent d'abord l'assuré à déduire l'absence de garantie du texte du contrat ; ensuite, l'assureur estimant qu'il pose simplement les conditions de la garantie, il risque de ne pas prendre soin de respecter les règles de forme imposées pour les clauses d'exclusion. L'attention de l'assuré n'est donc pas particulièrement attirée par les exclusions indirectes.

2317. La qualification de clause d'exclusion indirecte, qui entraîne l'application des règles de validité des clauses d'exclusion, a été retenue dans diverses circonstances. Par exemple, en matière d'assurance construction, il a été juge que l'application de la garantie aux seuls travaux effectués par l'intéressé constituait une exclusion indirecte des travaux sous-traités (Civ. 1re, 19 mai 1992, RGAT 1992. 572, note H. Périnet-Marquet). Il a également été décidé que l'assurance qui garantissait exclusivement les travaux réalisés avec des matériaux plastiques excluait indirectement les autres matériaux (Civ. 1re, 29 janv. 1991, RGAT 1991. 380). Par ailleurs, concernant la garantie du vol, le fait de ne garantir le local sous la condition qu'il soit sous surveillance a été jugé comme une exclusion indirecte du vol dans le local sans surveillance (Civ. 1re, 15 avr. 1982, RGAT 1982. 483).

2318. La Cour de cassation annule la clause d'exclusion indirecte lorsqu'elle considère qu'elle n'est pas suffisamment limitée. Il en est ainsi pour la mention de la couverture de la seule responsabilité délictuelle ce qui revient à exclure indirectement la responsabilité contractuelle ; cette exclusion indirecte a été jugée nulle car insuffisamment limitée (Civ. 1re, 25 nov. 1981, RGAT 1982. 355).La requalification en clause d'exclusion indirecte est régulièrement refusée par la Cour de cassation. En matière d'assurance construction, le fait de n'accorder la garantie que pour les dommages matériels sans couvrir les travaux inexécutés n'a pas été considéré comme une clause d'exclusion (Civ. 1re, 21 mai 1990, RGAT 1990. 587, note A. d'Hauteville). Dans un autre domaine, en assurance de personnes, la clause qui indique que la garantie invalidité n'est acquise que pour une invalidité ininterrompue subsistant à l'expiration d'une période minimale de douze mois n'a pas été requalifiée en clause d'exclusion (Civ. 1re, 12 janv. 1999, RGDA 1999. 309, note critique L. Mayaux).

B ▪ Distinction entre exclusion et autres notions

2319. Le juge dispose du pouvoir de requalifier toute clause en clause d'exclusion, quelle que soit la dénomination adoptée dans le contrat. Ainsi une clause qualifiée de clause de déchéance a pu être requalifiée en exclusion (Civ. 1re, 26 avr. 1988, RGAT 1989. 124, note J. Kullmann) ou encore la clause de suspension de garantie en cas de non habitation a été qualifiée également d'exclusion (Civ. 1re, 27 nov. 1990, RGAT 1991. 175, note J. Kullmann).

1 ▪ Exclusion et condition de la garantie

a - Définition de la condition de la garantie

2320. Dans un premier sens, la condition se confond avec la définition du risque couvert. Par exemple, l'assurance accident qui ne couvre que le décès par accident et non par maladie. On peut indifféremment stipuler que l'accident, au sens d'événement imprévu, est une condition de la garantie ou qu'il définit le risque garanti (Civ. 1re, 7 juill. 1998, RGDA 1998. 753, note A. Favre Rochex ; mais attention dans un contrat d'assurance de responsabilité la limitation de la garantie aux seuls dommages accidentels pourra être requalifiée en exclusion de garantie : Civ. 1re, 12 mars 1991, RGAT 1991. 633, note R. Bout).

Dans le même sens d'une confusion entre la condition de la garantie et la définition du risque couvert, on peut mentionner l'arrêt dans lequel le contrat définit le vol comme étant « la soustraction frauduleuse du véhicule commise par effraction » (Civ. 2e, 16 déc. 2010, n° 09-69.829). La Cour de cassation a décidé que la clause litigieuse qui formulait des exigences générales et précises auxquelles la garantie était subordonnée, instituait les conditions de celle-ci, et non une exclusion de garantie, or l'assuré n'établissait pas la preuve que ces conditions étaient réalisées (ibid.).

2321. La condition de la garantie peut également être considérée comme la condition du droit commun définie dans le Code civil avant la réforme du droit des contrats à l'article 1168 : « l'obligation est conditionnelle lorsqu'on la fait dépendre d'un événement futur et incertain, soit en la suspendant jusqu'à ce que l'événement arrive, soit en la résiliant, selon que l'événement arrivera ou n'arrivera pas ». Désormais, l'article 1304 nouveau du Code civil dispose : « l'obligation est conditionnelle lorsqu'elle dépend d'un événement futur et incertain ». Il convient alors de souligner que la condition est totalement extérieure au contrat et à l'objet du risque ; l'idée étant que la garantie n'est pas due tant que l'évènement ne s'est pas réalisé (L. Mayaux, in *Traité de droit des assurances*, préc., n° 1179).

2322. La condition peut être préalable à la survenance du sinistre, il est alors exigé des mesures de prévention comme la pose d'une serrure spécifique (Civ. 1re, 3 janv. 1991, RGAT 1991. 177, 2e esp., note J. Kullmann) ou le gravage des vitres d'un véhicule (Civ. 1re, 4 févr. 1997, RGDA 1997. 573, note J. Kullmann). Il peut encore être exigé de l'assuré qu'il démontre que son système d'alarme est régulièrement vérifié, ce qui sera considéré comme une condition de la garantie vol (Civ. 1re, 9 févr. 1999, RGDA 1999. 467). La Cour de cassation a définitivement consacré l'idée que les mesures de prévention exigées par l'assureur constituent des conditions de la garantie et ne peuvent donc pas être qualifiées de clauses d'exclusion, en indiquant que « ces stipulations, qui posaient en préalable à l'existence de la garantie l'installation d'un dispositif antivol agréé par l'assureur, constituaient à cet égard une condition de garantie dont la preuve incombait à l'assuré » (Civ. 1re, 29 oct. 2002, Bull. civ. I, n° 243, p. 186).

b - Distinction entre condition de la garantie et exclusion

2323. Il faut analyser la nature de l'événement qui est visé dans la clause litigieuse. Dès lors que l'événement décrit dans la clause sert à spécifier ou à restreindre le risque garanti, on est en présence d'une clause d'exclusion (L. Mayaux, in *Traité de droit des assurances*, préc., n° 1182). Il en est ainsi pour la garantie accident qui ne s'applique pas à la pratique sportive ; cette restriction constitue une exclusion de garantie. En revanche, un acte positif, une exigence préalable au sinistre ou extérieure au sinistre constitue une condition : l'installation d'un système antivol (Civ. 1re, 29 oct. 2002, préc.) ou l'exigence de vérification régulière d'une alarme (Civ. 1re, 9 févr. 1999, préc.) représentent des conditions de la garantie. Un auteur retient ainsi que « la qualification de condition suppose une double extériorité : par rapport au contenu de la garantie et par rapport au sinistre » (L. Mayaux, in *Traité de droit des assurances*, préc. n° 1184).

c - Régime de la condition de garantie

2324. Une condition de la garantie n'a pas à être formelle et limitée ; l'article L. 113-1 du Code des assurances étant inapplicable à leur égard (Civ. 1re, 12 mai 1993, préc.). De même que la condition n'a pas à être rédigée en caractères très apparents (pas d'application de l'article L. 112-4 C. assur. ; Civ. 1re, 27 nov. 1990, préc.).

2325. Il appartient en principe à l'assuré qui se prévaut de la garantie de montrer qu'il entre bien dans les conditions posées par la garantie ; ainsi lui appartient-il de démontrer qu'il a bien installé un système d'alarme et envoyé les documents à l'assureur (Civ. 1re, 10 mai 1989, RGAT 1989. 643, note J. Kullmann). Cependant, il a été indiqué dans un arrêt qu'il appartenait à l'assureur, qui se prévalait de l'inexécution par l'assuré de la mesure de prévention prévue par le contrat, de prouver cette inexécution (Civ. 1re, 26 févr. 1991, RGAT 1991. 642, note J. Kullmann).

d - Exclusion et déchéance

2326. La déchéance est une sanction de l'assuré qui manque à l'une de ses obligations. Cette sanction consiste en la non prise en charge du sinistre (V. infra Partie 2, Titre 2, Sous-titre 2, Chapitre 1er, La déclaration de sinistre). L'exemple classique étant la déchéance pour déclaration tardive du sinistre par l'assuré.

2327. L'exclusion, comme la déchéance, entraîne l'absence de garantie du sinistre. Dans le premier cas, la prestation n'est pas due parce que le sinistre n'entre pas dans le champ de la garantie ; quant à la déchéance, c'est à titre de sanction qu'aucune prestation ne sera payée. En outre, l'article L. 112-4, in fine, du Code des assurances prévoit pour les clauses d'exclusion, comme pour les déchéances, l'obligation de mentionner ces stipulations en caractères très apparents dans le contrat.

2328. La différence essentielle qui justifie une qualification adéquate réside dans les conditions de validité de l'exclusion prévues par l'article L. 113-1 du Code des assurances. L'exclusion, pour être valable doit être formelle et limitée. Rien de tel n'est exigé pour la déchéance (Civ. 1re, 26 avr. 1988, RGAT 1989. 123, 2e esp., note J. Kullmann).

2329. Le juge veille à restituer aux clauses leur nature exacte. Il lui appartient de déterminer si l'obligation de stipulation formelle et limitée s'applique ou non. Ainsi, par exemple, l'obligation d'agir en bon père de famille pour veiller à la préservation de la chose a-t-elle été qualifiée de clause d'exclusion (Civ. 1re, 26 avr. 1988, préc.). De même que l'obligation de procéder à une vidange du système d'alimentation en eau, en prévision du gel a reçu la qualification d'exclusion de garantie et non de déchéance (Civ. 1re, 27 avr. 1994, RGAT 1994. 879, note J. Kullmann).

2 ▪ Exclusion et aggravation de risque

2330. L'aggravation de risque est un événement qui va modifier, en cours de contrat, l'appréciation du risque par l'assureur (V. infra Partie 2, Titre 2, Sous-titre I, Chapitre 1er, La modification du contrat). L'absence de déclaration de l'aggravation de risque entraînera l'application des sanctions prévues par l'article L. 113-4 du Code des assurances. L'assureur pourra, soit résilier le contrat, soit augmenter les cotisations avant sinistre. Après sinistre, il pourra invoquer les sanctions prévues par les articles L. 113-8 et L. 113-9 du Code des assurances. En présence d'une aggravation de risque non déclarée, l'échelle des sanctions varie. En revanche, l'exclusion se traduit systématiquement par la non assurance. Dès lors qu'une circonstance a été envisagée dès la souscription du contrat pour l'exclure du champ de la garantie, si cette circonstance se révèle en cours de contrat, il n'y aura pas de garantie. L'assuré n'aura rien à déclarer à son assureur dans la mesure où, dans tous les cas, l'événement qui aggrave le risque n'est pas couvert. En revanche, un événement qui ne fait pas l'objet d'une exclusion, devra être déclaré par l'assuré pour ne pas subir les sanctions attachées au défaut de déclaration d'aggravation de risque. Il a ainsi été décidé pour une entreprise de bâtiment que « la non déclaration en cours d'exécution du contrat d'une nouvelle qualification OPQCB ne constitue pas un cas de non assurance, mais une aggravation du risque (Civ. 1re, 20 juill. 1994, RCA, comm. n° 386).

§ 4 ▪ Exemples de qualification de clauses

2331. Certaines clauses ont fait l'objet de décisions successives pour déterminer leur nature d'exclusion ou non. La cohérence de l'ensemble est assez incertaine. On présentera quelques clauses types.

2332. Il s'agit ici de l'obligation faite à l'assuré de mettre en place des protections contre le vol. Deux tendances très nettes et contradictoires se sont dessinées : Concernant le vol en matière de transport, l'obligation de mettre en place un équipement de protection, appelée « clause syndicale » est considérée comme une clause d'exclusion (Civ. 1re, 7 juill. 1992, Bull. civ. I, n° 216 ; RCA 1992, comm. n° 432). En revanche, en dehors du transport, l'obligation de poser des serrures ou verrous (Civ. 1re, 3 janv. 1991, RGAT 1991. 177, 2e esp., note J. Kullmann), de faire installer un dispositif de protection sur les portes d'un magasin (Civ. 1re, 7 juill. 1992, Bull. civ. I, n° 219 ; RCA 1992, comm. n° 429) constituent des conditions de la garantie. En effet, la Cour de cassation a définitivement affirmé que les mesures de prévention exigées par l'assureur constituent des conditions de la garantie et ne peuvent donc pas être qualifiées de clauses d'exclusion : « ces stipulations, qui posaient en préalable à l'existence de la garantie l'installation d'un dispositif antivol agréé par l'assureur, constituaient à cet égard une condition de garantie dont la preuve incombait à l'assuré » (Civ. 1re, 29 oct. 2002, Bull. civ. I, n° 243, p. 186 ; déjà Civ. 1re, 23 févr. 1999, Bull. civ. I, n° 59).

2333. Les obligations de vigilance sont instaurées ici à la charge de l'assuré pendant la durée du contrat d'assurance. En matière d'assurance vol, le plus souvent, les mesures à adopter pendant la vie du contrat ont été considérées comme des exclusions, mais des nuances sont à introduire. Ont, par exemple, été considérées comme des clauses d'exclusion de garantie les obligations suivantes :

- la nécessité de fermer les locaux en cas d'absence (Civ. 1re, 20 févr. 1985, RGAT 1985. 415),
- l'obligation d'enclencher l'antivol du véhicule en cours de stationnement (Civ. 1re, 26 nov. 1996, RGDA 1997. 132 note J. Kullmann) ;
- l'obligation de placer des bijoux dans un coffre fort (Civ. 1re, 4 mars 1986, RGAT 1986. 227, note J. Kullmann) ;
- l'obligation de surveillance d'un vestiaire (exclusion indirecte, Civ. 1re, 15 avr. 1982, RGAT 1982. 483).

2334. En revanche, l'obligation de faire procéder à la vérification trimestrielle du système d'alarme a été qualifiée de condition de la garantie, car cette obligation s'imposait indépendamment des circonstances de réalisation du risque (Civ. 1re, 9 févr. 1999, RGDA 1999. 467).

2335. Constitue une exclusion de garantie l'exigence de se comporter en bon père de famille (Civ. 1re, 12 mai 1993, RCA 1993, comm. n° 278, obs. S. Bertolaso).

2336. La clause indiquant que le vol des véhicules n'est pas garanti pendant les heures de fermeture de l'assuré en dehors des locaux clos et couverts a été qualifiée de clause d'exclusion (Civ. 1re, 17 nov. 1998, RGDA 1999. 93, note A. Favre Rochex). En revanche, l'obligation d'utiliser un véhicule conformément à l'usage prévu au contrat a été considéré comme une condition de la garantie (Civ. 1re, 25 janv. 1989, RGAT 1989. 343, note F. Chapuisat), de même que l'exigence d'un brevet de pilotage pour le pilote d'un aéronef (Civ. 1re, 4 juin 2002, Bull. civ. I, n° 156).

2337. Dans ce type de garantie l'assureur souhaite préciser étroitement le risque garanti et les conditions de mise en œuvre de la garantie. La Cour de cassation a décidé que la clause prévoyant la couverture des seuls risques maladie ou accidents intervenus après la prise d'effet du contrat représente une définition du risque et non une exclusion (Civ. 1re, 27 nov. 1990, RCA 1991, comm. n° 70). L'indication que la rente invalidité ne sera versée qu'en cas d'impossibilité complète d'exercer une quelconque activité professionnelle a été qualifiée de condition de la garantie (Civ. 1re, 9 mai 1996, RGDA 1996. 702, note J. Maury), de même que le délai de carence qui permet à l'assureur de ne pas rembourser immédiatement les soins (Civ. 1re, 27 mai 1997, RGDA 1997. 834, note J. Kullmann ; Civ. 1re, 6 nov. 2001, RGDA 2002. 58, note J. Kullmann, pas d'application des art. L. 113-1 et L. 112-4, C. assur.).

2338. Un contrat qui prévoit que seuls les dommages dus à un accident seront couverts exclut indirectement les dommages non accidentels, on est en présence d'une clause d'exclusion indirecte (Civ. 1re, 12 mars 1991, RGAT 1991. 633, note R. Bout). En revanche, le contrat dans lequel il est stipulé que seule sera couvert le dommage consécutif à un accident défini comme tout fait soudain imprévu et extérieur à la victime ou au bien endommagé, ne comporte pas une clause d'exclusion mais une condition de la garantie (Civ. 1re, 12 mai 1993, RCA 1993, comm. n° 277 ; Civ. 1re, 7 juill. 1998, RGDA 1998. 753, note A. Favre Rochex). On observera que dans les arrêts retenant la qualification de condition de la garantie, la notion d'accident était nettement définie.

Section 2 ▪ Régime des clauses d'exclusion de garantie

2339. Les clauses d'exclusion qui permettent de restreindre la garantie prévue représentent un risque pour l'assuré qui ne prêterait pas attention au contenu du contrat. Les clauses d'exclusion font l'objet d'un encadrement strict par la jurisprudence sur le fondement des conditions de validité énoncées par les articles L. 113-1 et L. 112-4 du Code des assurances. Le régime de la preuve est également favorable à l'assuré. Enfin, l'assureur peut renoncer à invoquer l'exclusion de garantie.

§ 1 ▪ Conditions de validité

2340. L'article L. 113-1 du Code des assurances précise que les « pertes et les dommages occasionnés par des cas fortuits ou causés par la faute de l'assuré sont à la charge de l'assureur, sauf exclusion formelle et limitée dans la police ». Ce texte pose donc l'exigence de fond que les clauses d'exclusion soient formelles et limitées pour être valables. L'article L. 112-4 du Code des assurances in fine indique que « les clauses des polices édictant des nullités, des déchéances ou des exclusions ne sont valables que si elles sont mentionnées en caractères très apparents ». Cette exigence de lisibilité représente une condition de forme de l'exclusion.

A ▪ Une exclusion formelle et limitée : condition de fond

2341. Les exigences du caractère formel et limité de l'exclusion ont été introduites dans la loi du 13 juillet 1930. La jurisprudence n'a pas mis en œuvre ces exigences immédiatement. Il a fallu attendre 1974 pour que la Cour de cassation fasse usage de cette obligation. La Haute juridiction a décidé que « la portée ou l'étendue de l'exclusion soit nette, précise, sans incertitude pour que l'assuré sache exactement dans quels cas et dans quelles conditions il n'est pas garanti » (Civ. 1re, 8 oct. 1974, Bull. civ. I, n° 253 ; JCP 1975, II, 18133, note J. Bigot ; D. 1975, p. 513, note Cl.-J. Berr, H. Groutel). L'assuré doit pouvoir connaître exactement l'étendue de sa garantie à la lecture des clauses d'exclusion (Civ. 1re, 20 juill. 1994, Bull. civ. I, n° 256).

2342. La clause d'exclusion doit être formelle, c'est-à-dire clairement exprimée. L'exclusion doit être limitée, il doit donc être possible de déterminer parfaitement son contenu. La validité de la clause est soumise à la réunion de ces deux exigences, elles sont cumulatives.

2343. L'exigence de caractère formel et limité de la clause s'applique tout autant aux clauses d'exclusion directes qu'à celles qui sont indirectes (Civ. 1re, 23 juin 1987, RGAT 1988. 365, note R. Bout).

1 ▪ Caractère formel de la clause

2344. Pour répondre à l'exigence de caractère formel de la clause il faut que celle-ci soit apparente dans le contrat et qu'elle soit claire et précise.

a - Clause apparente dans le contrat

2345. La clause doit apparaître nettement pour qu'elle puisse répondre à l'exigence de caractère formel. La clause ne serait donc pas opposable si elle ne figurait pas nettement dans le contrat ; la clause est inopposable si elle figure dans le règlement intérieur d'une mutuelle (Civ. 1re, 30 oct. 1967, D. 1968, p. 175). Elle ne peut pas non plus être implicite (Civ. 1re, 13 nov. 1980, RGAT 1981. 371).Une clause d'exclusion ne se présente pas nécessairement sous la forme « tous risques sauf... ». Elle peut se déduire de la présentation de la garantie lorsque des restrictions, des retranchements sont opérés. Ainsi concernant la garantie du vol, le fait de ne garantir le local sous la condition qu'il soit sous surveillance a été jugé comme une exclusion indirecte du vol dans le local sans surveillance (Civ. 1re, 15 avr. 1982, préc.). L'exclusion indirecte est alors soumise aux mêmes conditions de validité que l'exclusion indirecte (Civ. 1re, 23 juin 1987, préc.).

b - Clause claire et précise

2346. La rédaction de la clause ne doit laisser place à aucune hésitation sur la portée de l'exclusion. Sont ainsi prohibées les formules trop générales ; les listes indicatives ne sont validées que pour les indications précises qu'elles comportent.

2347. Dès lors que la clause doit être interprétée, elle ne répond plus aux exigences de clarté, elle n'est donc pas formelle (Civ. 1re, 22 mai 2001, Bull. civ. I, n° 140, D. 2001, p. 2778, note B. Beignier), la nullité de la clause est prononcée.

2348. La référence sans aucune précision ni définition à la faute inexcusable rend la clause nulle (Civ. 1re, 8 oct. 1974, préc.) ; il en est de même pour la référence à la faute lourde (Civ. 1re, 29 nov. 1988, RGAT 1989. 114, note R. Bout). La référence aux « règles en vigueur » (Civ. 1re, 10 févr. 1993, RCA 1993, comm. n° 177) ou encore l'exclusion « des maladies sexuellement transmissibles » (Civ. 1re, 4 mai 1999, Bull. civ. I, n° 140 ; JCP G 1999, II, 10176, rapport conseiller P. Sargos) ne sauraient constituer des exclusions valables. Toutes ces formules sont nulles car elles ne permettent pas à l'assuré de définir exactement ce qui est exclu.

2349. La Cour de cassation a systématiquement déclarées nulles les clauses qui se réfèrent aux règles de l'art ou aux usages d'une profession, dès lors que la loi elle-même n'autorise pas de telles formules. Aux termes de ces clauses d'exclusion, le professionnel assuré qui ne se conformerait pas aux usages de sa profession se voit privé de garantie, ce qui a pour conséquence d'empêcher l'indemnisation du client victime. En effet, le plus souvent, le professionnel qui n'a pas respecté les « règles de l'art » est de surcroît insolvable. Sont nulles les clauses qui excluent la couverture des travaux effectués par des procédés non traditionnels (Civ. 1re, 7 déc. 1982, RGAT 1983. 352) ou non conformes aux règlements en vigueur (Civ. 3e, 21 févr. 1990, Bull. civ. III, n° 51). Est encore nulle la clause excluant « la violation délibérée par l'assuré, ou par la direction de l'entreprise assurée, des lois, règlements et normes auxquels il doit se conformer dans l'exercice de ses activités » ; cette clause est alors inopposable à des tiers victimes (Civ. 2e, 2 oct. 2008, n° 07-15.810 ; RGDA 2009. 117, note L. Mayaux) ; dans le même esprit la formule « les pertes et avaries provenant d'absence de réparation ou de défaut d'entretien caractérisé », a été jugée trop imprécise (Civ. 2e, 5 févr. 2015, n° 14-10.507, F-D).

2350. Par une jurisprudence constante, sont déclarées nulles les clauses qui excluent la responsabilité du professionnel lorsque le dommage est « la conséquence prévisible et inévitable des modalités de l'exécution du travail choisies par l'assuré » (Civ. 1re, 28 févr. 1984, Bull. civ. I, n° 72 ; Civ. 1re, 13 mars 1996, RCA 1996, comm. n° 187 ; de même pour les troubles du voisinage Civ. 1re, 10 déc. 1996, Bull. civ. I, n° 442, 3e esp.).En matière d'immeuble, la clause d'exclusion relative aux défauts de réparation ou d'entretien indispensable incombant à l'assuré, tant avant qu'après sinistre, sauf cas de force majeure a été jugée claire et limitée (Civ. 2e, 3 oct. 2013, n° 12-23.684). En revanche, la clause « excluant les « dommages résultant d'un défaut de réparations ou d'entretien indispensables incombant à l'assuré et les dommages de mouille et ceux occasionnés par le vent aux bâtiments non entièrement clos et couverts et à leur contenu » a été jugée inopposable car insuffisamment précise (Civ. 2e, 12 déc. 2013, n° 12-29.862, publ. au bull.). Enfin, la « clause excluant la garantie de l'assureur de la copropriété en cas de défaut d'entretien ou de réparation caractérisé et connu de l'assuré ne se référant pas à des critères précis et à des hypothèses limitativement énumérées n'était pas formelle et limitée et ne pouvait ainsi recevoir application en raison de son imprécision » (Civ. 2e, 12 déc. 2013, n° 12-25.777). Ces arrêts se concilient difficilement et n'apportent aucune sécurité à l'assureur pour l'aider à rédiger ces clauses à l'avenir.

2351. Les formules de style qui démontrent qu'aucune définition précise de l'exclusion n'est mise en œuvre rendent la clause nulle ou partiellement nulle. Ainsi une clause d'exclusion n'est-elle pas formelle lorsque l'expression « tels que » (Civ. 1re, 25 oct. 1989, RGAT 1990. 351, note A. d'Hauteville) ou l'adverbe « notamment » (Civ. 1re, 18 avr. 1989, RGAT 1989. 590 note A. d'Hauteville) sont employés. Toutefois, lorsqu'une énumération de circonstance est réalisée, les circonstances précises sont validées et seules la formule vague est écartée. Ainsi dans une assurance vol l'exclusion de la garantie du « vol facilité par une négligence de l'occupant des locaux » est écartée, mais les deux exemples fournis dans la même clause, à savoir « clés laissées sur la porte, dans la boîte aux lettres » sont validés comme exclusion formelle (Civ. 1re, 10 déc. 1996, RGDA 1997. 126, note J. Kullmann).

2352. Une clause d'exclusion indirecte doit être claire et précise, donc formelle, pour être valable (Civ. 1re, 22 nov. 1988, RGAT 1989. 92, note J. Bigot ; Civ. 2e, 26 mars 2008, n° 07-12.028 ; RGDA 2008. 906, note M. Bruschi). Lorsqu'une condition de la garantie est requalifiée en clause d'exclusion indirecte, cette dernière est écartée quand elle n'est pas claire et précise (Civ. 1re, 7 févr. 1990, RGAT 1990. 352, note A. d'Hauteville). Cela permet d'obtenir la garantie de l'assureur par l'éviction de la clause qualifiée d'exclusion indirecte.

2 ▪ Caractère limité de la clause

2353. La Cour de cassation prohibe les clauses qui, par le jeu des exclusions, prive la garantie de toute réalité. Une clause sera déclarée nulle quand elle supprime « pratiquement toutes les garanties prévues » (Civ. 1re, 18 févr. 1987, RGAT 1987. 271, note R. Bout) ou qu'elle « vide le contrat de sa substance » (Civ. 1re, 14 janv. 1992, RGAT 1992. 358, 3e esp., note J. Bigot ; Civ. 2e, 2 oct. 2008, n° 07-15.810, préc. - Civ. 3e, 8 juin 2010, n° 09-12.968 et 09-13.034, RGDA 2010, p. 1025, note M. Périer). Il en est encore de même lorsque c'est l'accumulation des exclusions qui prive le contrat d'objet (Civ. 1re, 18 févr. 1987, préc. ; Civ. 1re, 14 janv. 1992, préc.).

2354. Afin de déterminer si la clause d'exclusion est limitée, les juges vont apprécier in concreto les conséquences des clauses sur l'activité de l'assuré. S'il ressort de l'examen des clauses d'exclusion figurant dans le contrat que leur contenu va priver l'assuré à raison de sa profession ou de son mode d'exercice de toute garantie, alors la clause n'est pas valable car insuffisamment limitée (Civ. 1re, 25 févr. 1992, RGAT 1992. 351, note Ph. Rémy).

2355. Il a été jugé dans une assurance emprunteur garantissant les arrêts de travail « que la clause qui visait les maladies ou accidents occasionnés par l'alcoolisme, sans autre précision, n'était pas limitée » (Civ. 2e, 18 janv. 2006, n° 04-17.872, Bull. civ. I, n° 16); de même que « n'est pas limitée la clause d'une police d'assurance qui exclut les invalidités et les incapacités résultant de diverses affections du dos et, plus généralement, d'autre mal de dos » (Civ. 2e, 18 janv. 2006, n° 04-17.279, Bull. civ. I, n° 17) ; enfin n'est pas limitée l'exclusion des « troubles psychiques », termes trop vagues (Civ. 2e, 2 avr. 2009, n° 08-12.587 ; Bull. civ. II, n° 81).

B ▪ En caractères très apparents : condition de forme

2356. L'obligation de faire figurer les exclusions en caractères très apparents a pour objectif d'attirer l'attention du candidat souscripteur lorsque le projet de contrat lui est remis ; à tout le moins l'assuré qui souhaite connaître exactement l'étendue de sa garantie. Le manquement à l'obligation imposée par l'article L. 112-4 du Code des assurances est sanctionné par la nullité de la clause d'exclusion. La Cour de cassation a décidé que quand bien même la clause d'exclusion est claire, elle doit figurer en caractère très apparents pour être opposable (Civ. 2e, 26 avr. 2007, n° 06-13.379 ; RGDA 2007. 581, note J. Kullmann). Nous sommes donc bien en présence d'une véritable règle de forme.

2357. Cette obligation est cantonnée aux exclusions conventionnelles. Les exclusions légales de garantie comme la faute intentionnelle de l'assuré n'ont pas à être mentionnées en caractères très apparents (Civ. 1re, 1er déc. 1993, Bull. civ. I, n° 350, D. 1994, p. 434, note Cl.-J Berr, H. Groutel ; Civ. 1re, 19 déc. 2000, RGDA 2001. 44, note J. Kullmann). L'obligation de caractère très apparents ne s'applique ni aux clauses de définition du risque garanti (Civ. 1re, 27 nov. 1990, RCA 1991, comm. n° 70), ni à une condition de la garantie (Civ. 1re, 11 déc. 1990, RCA 1991, comm. n° 70).

2358. Ce sont des conditions de la garantie ou des clauses qui restreignent la définition de la garantie qui sont a posteriori qualifiées d'exclusions indirectes. Elles sont donc soumises aux mêmes conditions de validité que les clauses d'exclusion directes. Il a été jugé que ces dernières doivent être formelles et limitées (Civ. 1re, 23 juin 1987, RGAT 1988. 365, note R. Bout) ; les clauses d'exclusion indirectes sont donc également soumises à l'exigence de caractères très apparents (comp. L. Mayaux, *Traité de droit des assurances*, préc. n° 1205).

2359. L'annonce dans une publicité remise par un loueur de véhicules de la garantie dommages aux véhicules ne saurait être remise en cause par une clause d'exclusion noyée en tout petit caractère parmi seize autres articles (Civ. 1re, 27 févr. 1996, RCA 1996, comm. n° 136).

2360. Une clause d'exclusion mentionnée dans la notice d'information d'une assurance de groupe doit également être imprimée en caractères très apparents par application de l'article L. 112-4 du Code des assurances (Civ. 1re, 20 juin 2000, RCA 2000, comm. n° 307, obs. H. Groutel).

2361. La note de couverture non soumise à des règles de forme doit cependant faire figurer conformément à l'article L. 112-4 les clauses d'exclusion (Civ. 1re, 13 mai 1997, RCA 1997, comm. n° 386, note H. Groutel).

2362. L'obligation de faire figurer certaines mentions du contrat d'assurance en caractères très apparents n'est satisfaite qu'à la condition que, grâce à leur grande lisibilité, la teneur de ces mentions ne puisse pas échapper à l'assuré (Civ., 14 mai 1946, D. 1946, p. 281, note P.-L. P.). Une exclusion en caractères gras peut être insuffisante si d'autres clauses figurent en caractères rouges (Civ. 1re, 1er déc. 1998, RGDA 1999. 99, note L. Mayaux). Il a également été décidé que la clause d'exclusion est nulle lorsque la mention « sont exclus » apparaît en caractères maigres, bien que les circonstances exclues aient été imprimées en caractère gras (Civ. 1re, 25 mars 1991, RGAT 1991. 559, note R. Maurice). De même qu'un titre en gras suivi de clauses en maigre ne suffit pas à satisfaire les exigences de l'article L. 112-4 du Code des assurances.

2363. Les caractères apparents ne suffisent pas, le juge doit contrôler le caractère très apparent (Crim., 30 janv. 1992, Bull. crim. n° 41, RCA 1992, comm. n° 279). Le juge a procédé à cette vérification en constatant que la clause d'exclusion figurait certes parmi d'autres clauses moins contraignantes, mais qui étaient toutes en caractère très apparents (Civ. 1re, 28 juin 1988, Bull. civ. I, n° 205).

§ 2 ■ Preuve de l'exclusion de garantie

2364. S'il appartient à l'assuré qui réclame l'exécution du contrat d'assurance d'établir l'existence du sinistre objet du contrat, il incombe à l'assureur qui invoque une exclusion de garantie de démontrer la réunion des conditions de fait de cette exclusion (Civ. 1re, 15 oct. 1980, Bull. I, n° 258 ; RDI 1981. 523, obs. G. Durry ; Civ. 2e, 21 févr. 2013, n° 12-17.528 ; Civ. 2e, 10 sept. 2015, n° 14-23.706).

2365. S'il incombe à la victime, qui réclame à l'assureur l'exécution de son obligation de garantie à raison d'un sinistre, d'établir que celui-ci est survenu dans les circonstances de fait conformes aux prévisions du contrat, il appartient à l'assureur, qui invoque une exclusion, de garantie de démontrer la réunion des conditions de cette exclusion (Civ. 1re, 27 oct. 1981, Bull. civ. I, n° 306 ; Civ. 1re, 9 mars 1999, RCA 1999, comm. n° 160).

2366. L'assureur qui invoque l'exclusion de garantie doit démontrer la réunion des conditions de fait de cette exclusion (Civ. 1re, 22 oct. 1980, Bull. civ. I, n° 266) ; il en est également ainsi en présence d'une exclusion indirecte (Com., 22 avr. 1986, Bull. civ. IV, n° 66). L'assureur qui soulève une non habitation suffisante pour constituer l'exclusion prévue doit la démontrer (Civ. 1re, 27 nov. 1990, Bull. civ. I, n° 261), de même que lorsqu'il soulève le défaut de permis de conduire (Civ. 1re, 25 mai 1987, Bull. civ. I, n° 160) ou encore une prédisposition pathologique dans une assurance contre les accidents corporels (Civ. 1re, 15 avr. 1982, Bull. civ. I, n° 130).

§ 3 ■ Rôle du juge

2367. Le juge n'a pas à rechercher d'office la validité d'une clause d'exclusion dès lors que son éventuelle nullité n'est pas soulevée par l'assuré (Civ. 1re, 14 oct. 1997, n° 95-17.438). De même que le juge n'a pas à relever d'office une exclusion de garantie que n'a pas soulevée l'assureur (Civ. 1re, 10 févr. 1981, Bull civ. I, n° 48).

2368. Sur le fondement de l'article 1134 du Code civil (1188 à partir du 1er octobre 2016), la Cour de cassation admet que les juges du fond interprètent les clauses d'exclusion, mais la Haute juridiction se réserve le contrôle de la dénaturation desdites clauses. C'est ainsi qu'une cour d'appel qui avait estimé qu'une clause d'assurance de groupe garantissant l'invalidité prévoyait que cet événement se définissait comme « l'incapacité d'effectuer l'ensemble des actes de la vie courante » (Civ. 2e, 8 mars 2006, n° 04-18.351, Bull. civ. II, n° 66). Qu'en effet, il était « mentionné dans le contrat que l'assurée doit avoir recours à une tierce personne pour effectuer les actes de la vie courante et non pour effectuer des actes de la vie courante » (ibid.). Toutefois, la Haute juridiction a censuré cette décision en décidant que « selon la clause litigieuse du contrat, l'invalidité absolue et définitive suppose une invalidité obligeant l'assuré « à avoir recours à une tierce personne pour effectuer les actes ordinaires de la vie », et que cette clause n'exige pas la nécessité d'un tel recours permanent pour effectuer l'ensemble des actes ordinaires de la vie courante ». La cour d'appel, qui avait ajouté une condition que le contrat ne prévoyait pas, l'a dénaturé, son arrêt a été censuré.

2369. Lorsque le juge évoque d'office une clause d'exclusion il doit alors obligatoirement inviter les parties à s'en expliquer (Civ. 1re, 3 avr. 1984, Bull. civ. I, n° 124 ; Civ. 1re, 24 mars 1992, RCA 1992, comm. n° 238). Aussi, le juge qui exclut la garantie d'un assureur en se fondant sur une clause qui n'était pas invoquée par lui modifie-t-il l'objet du litige en violation de l'article 4 du nouveau Code de procédure civile (Civ. 1re, 20 juill. 1982, Bull. civ. I, n° 266).

2370. Le moyen tiré du caractère non formel et limité de la clause est mélangé de fait et de droit, il ne peut pas être invoqué pour la première fois devant la Cour de cassation (Civ. 1re, 23 juin 1998, Bull. civ. I, n° 219). La Cour de cassation a censuré un arrêt, pour manque de base légale, lorsqu'il n'a pas été vérifié la conformité de la clause aux exigences légales, bien que l'une des parties l'y ait invité (Civ. 1re, 12 mai 1982, RGAT 1983. 196).

Section 3 ▪ Effets de l'exclusion de garantie et renonciation de l'assureur

§ 1 ▪ Effets de l'exclusion de garantie

2371. L'assureur ne devra aucune garantie quand les conditions de fait de l'exclusion sont réunies. Il n'y a pas lieu d'examiner les conséquences exactes des circonstances. Ainsi, le vol d'un camion qui avait les vitres baissées entre dans le champ d'exclusion de la garantie vol d'un contrat d'assurance de marchandises, il importe peu que les marchandises aient été volées avec ou sans le camion (Civ. 1re, 27 avr. 1994, RGAT 1994. 881, note J. Kullmann).

2372. Aux termes de l'article L. 112-6 du Code des assurances, toute exception est opposable au porteur du contrat ou aux tiers. L'exclusion de garantie est donc opposable au porteur du contrat ou au tiers qui en invoque le bénéfice. Les exclusions sont ainsi opposables aux victimes (Civ. 1re, 11 juin 1981, RGAT 1982. 67 ; Civ. 1re, 28 mars 1995, RGAT 1995. 308, note R. Maurice), sauf disposition légale dérogatoire (v. art. R. 211-13 C. assur. en matière d'assurance automobile, garantie obligatoire).

§ 2 ▪ Renonciation de l'assureur

2373. Le fait d'avoir dirigé le procès jusqu'au jugement, en connaissance des circonstances qui excluaient la garantie et sans aviser l'assuré de ses réserves, valait renonciation de la part de l'assureur à se prévaloir de l'exception de non garantie (Civ. 1re, 22 nov. 1989, Bull. civ. I, n° 353 ; Civ. 1re, 15 oct. 1991, Bull. civ. I, n° 268). Toutefois, il a pu être jugé que l'assureur qui avait pris la direction du procès conformément à une clause du contrat et qui ne pouvait pas avoir connaissance de l'existence des conditions de l'exclusion avant l'intervention de l'arrêt n'avait pas pu renoncer à se prévaloir d'une exclusion (Civ. 1re, 12 nov. 1987, Bull. civ. I, n° 285).

2374. La participation à une expertise judiciaire, sans réserve de sa part, peut être interprétée comme une renonciation de l'assureur (Civ. 1re, 13 juin 1979, RGAT 1980. 73 ; en sens contraire Civ. 1re, 7 juin 1979, Bull. civ. I, n° 167), de même que l'organisation par ses soins d'une expertise médicale (Civ. 1re, 7 juill. 1992, RCA 1992, comm. n° 421). Néanmoins, sauf si l'assureur avait connaissance avant l'expertise de la clause d'exclusion de garantie, « la simple participation d'un représentant de l'assureur aux travaux d'un expert désigné par l'assuré ne peut valoir renonciation de cet assureur à se prévaloir d'une exclusion de garantie » (Civ. 1re, 21 mars 1995, RGAT 1995. 365).

2375. L'assureur, qui paye une indemnité d'assurance sans émettre de réserve, puis, qui en demande la restitution en indiquant qu'il venait de découvrir l'exclusion de garantie, doit démontrer qu'il était dans l'ignorance des circonstances constituant l'exclusion, au moment où il a payé (Civ. 1re, 25 nov. 1997, RGDA 1998. 66 ; RCA 1998, comm. n° 70, note H. Groutel). La renonciation à une exclusion de garantie oblige l'assureur à couvrir le sinistre, mais cela ne l'engage pas pour les sinistres à venir (CA Aix-en-Provence, 7 févr. 1985, RGAT 1985. 379).

Chapitre 5
Faute intentionnelle

BIBLIOGRAPHIE

L'Argus de l'assurance

Ouvrages. – F. Couilbault, S. Couilbault- Di Tommaso, V. Huberty, *Les grands principes de l'assurance*, L'Argus éd., 2015 – J. Landel, *Lexique des termes d'assurance*, L'Argus éd., 2014. – J. Bigot (sous dir.), *Code des assurances*, L'Argus éd.

Articles. – S. Chanh, La faute dolosive de l'assuré, exclusive de garantie, retrouve enfin son autonomie, JA n° 0856, novembre 2013. - La faute intentionnelle, bras armé de l'assurabilité, L'Argus n° 7305, mars 2013. – A-S Pia, La fin de la faute intentionnelle ?, L'Argus n° 7261, avril 2012.

2376. L'assurance répond au besoin de couverture d'un risque. Ce dernier est considéré comme l'éventualité d'un événement aléatoire (Y. Lambert-Faivre, L. Leveneur, op. cit.). Le risque désigne encore l'objet de la garantie, c'est-à-dire qu'il consiste en un élément de patrimoine, en une activité ou une personne menacé par un événement (ibid.). Certains risques ne sont pas assurables car ils n'offrent pas un aléa suffisant pour être garantis. Cette inassurabilité se justifie par des raisons techniques ou des raisons morales. Des considérations à la fois d'ordre technique et d'ordre moral s'opposent à l'assurance des fautes intentionnelles.

2377. Afin d'éviter une insuffisance de dispersion du risque, la loi est venue réputer par principe certains risques comme étant inassurables. Ainsi, par exemple, l'article L. 122-6 du Code des assurances prévoit-il l'absence de couverture incendie en cas d'irruption volcanique, tremblements de terre et autres cataclysmes, sauf convention contraire. Or, la loi du 13 juillet 1982 a instauré la couverture obligatoire des catastrophes naturelles avec un supplément de cotisation. Ces dispositions sur les catastrophes naturelles sont prévues par les articles L. 125-1 et suivants du Code des assurances et régulièrement modifiés. En outre, dans le même ordre d'idée, la loi du 30 juillet 2003 a instauré une assurance de choses couvrant pour les particuliers les conséquences d'une catastrophe technologique (C. assur., art. L. 128-1 et s.). Les souscripteurs d'un « contrat socle » du type multirisque habitation ou véhicule automobile sont obligatoirement couverts contre les catastrophes technologiques. De même l'article L. 121-8 du Code des assurances indique que ne sont pas garanties les conséquences des guerres étrangères ou guerres civiles, sauf convention contraire. Toutefois, depuis la loi du 9 septembre 1986 (C. assur., art. L. 126-2) les dommages aux biens consécutifs à un acte de terrorisme ou à un attentat sont obligatoirement couverts par les assurances de dommages. Les risques en principe inassurables pour insuffisante dispersion peuvent donc être rachetés aux termes d'une stipulation expresse du contrat d'assurance. La loi est également intervenue pour mettre en place des couvertures dans des circonstances qui ne le permettaient pas a priori.

2378. L'article 6 du Code civil dispose que « l'on ne peut pas déroger, par conventions particulières, aux lois qui intéressent l'ordre public et les bonnes mœurs ». Il est donc évident que l'assureur ne saurait garantir une activité illicite, un tel contrat étant frappé de nullité (V. note J. Kullmann, sous Civ. 1re, 25 avr. 1990, RGAT 1990. 891) ; ainsi un chiropracteur condamné pour exercice illégal de la médecine ne peut-il pas solliciter la garantie de son assureur de responsabilité civile (Civ. 1re, 5 mai 1993, RGAT 1993. 897, note J. Kullmann). Par ailleurs, il est impossible d'assurer les conséquences pénales des fautes commises car la sanction pénale doit rester personnelle. L'interdiction d'assurer pour des raisons morales connaît des évolutions. Il a d'abord été discuté de la validité d'une assurance de responsabilité civile. La Cour d'appel de Paris a reconnu le caractère licite de ce type d'assurance dès lors qu'il n'y a ni faute intentionnelle, ni enrichissement de l'assuré ; ce dernier restant exposé personnellement aux sanctions pénales (CA Paris, 1er juill. 1845, D. 1845, 2, p. 126). La validité de l'assurance vie au profit d'un concubin a également fait l'objet d'un débat. Traditionnellement l'assurance sur la vie, qui s'analyse en une libéralité, est valable quand elle constitue une indemnité de rupture ou permet de prévoir l'avenir du concubin (Civ. 1re, 13 déc. 1989, RCA, comm. n° 91). En revanche, la nullité était prononcée si la libéralité avait pour but la prolongation d'une liaison ou sa rémunération (Civ. 1re, 8 nov. 1982, Bull. civ. I, n° 321). Cette position traditionnelle n'est plus de droit positif depuis qu'il a été décidé que « n'est pas contraire aux bonnes mœurs la cause de la libéralité dont l'auteur entend maintenir la relation adultère qu'il entretient avec le bénéficiaire » (Civ. 1re, 3 févr. 1999, Bull. civ. I, n° 43 ; D. 1999, p. 267, Rapp. X. Savatier). En effet, comme l'a souligné le conseiller Savatier (rapp. préc.), il n'appartient plus au juge civil de s'ériger en censeur des mœurs de ces contemporains ; la souscription d'une assurance sur la vie au profit du concubin adultère est donc valable.

2379. L'idée de l'assurance de la responsabilité étant admise une nouvelle discussion a surgi quant à la couverture des fautes lourdes, dolosives ou intentionnelles. En effet, moralement, la faute intentionnelle n'est pas assurable car il y a une intention de causer le sinistre et techniquement, la volonté à l'origine de l'événement fait disparaître l'aléa (M. Picard, A. Besson, op. cit., n° 20), indispensable au contrat d'assurance. Au 19e siècle, il était refusé en jurisprudence la garantie des fautes lourdes, ce qui introduisait une insécurité juridique en raison de la difficulté pour définir une telle faute. L'article 12 de la loi du 13 juillet 1930 venait clarifier la question en indiquant que l'assureur ne répond jamais, nonobstant toute clause contraire, des pertes et dommages provenant d'une faute intentionnelle ou dolosive de l'assuré. L'article L. 113-1 alinéa 2 du Code des assurances reprend cette interdiction. Il faut cependant nuancer cette interdiction de l'assurance des fautes intentionnelles. L'article L. 121-2 du Code des assurances prévoit que l'assureur est garant des pertes et dommages causés par des personnes dont l'assuré est civilement responsable en vertu de l'article 1384 du Code civil ; cette garantie étant due quelles que soient la nature et la gravité des fautes de ces personnes. La faute dolosive ou intentionnelle des personnes dont l'assuré doit répondre sera donc couverte par l'assureur.

Section 1 ■ Exclusion de la faute intentionnelle de l'assuré

§ 1 ■ Causes de l'inassurabilité de la faute intentionnelle

2380. Des considérations morales et techniques ont usuellement justifié l'impossibilité de couvrir une faute intentionnelle. Picard et Besson indiquaient qu'admettre « l'assurance du dol serait favoriser les sinistres intentionnels » et en matière d'assurance de responsabilité, la couverture de la faute intentionnelle, permettrait de donner libre cours « aux haines et aux vengeances ». Les considérations d'ordre moral sont donc dominantes dans la justification traditionnelle de l'impossibilité de couvrir les fautes intentionnelles.

2381. L'argument de la suppression de l'aléa lors de la commission d'une faute intentionnelle n'est pas nécessairement pertinent. En effet, à l'exception du cas de souscription dans l'unique but de commettre un acte malveillant, dans les autres situations il reste une part d'incertitude de la commission par l'assuré d'une faute intentionnelle. Cette incertitude peut être quantifiée par l'assureur en procédant à une évaluation statistique au sein de la mutualité de ses assurés (V. L. Mayaux, préc., n° 1132). En outre, le souhait d'éviter la commission d'un délit ne saurait être exaucé par la seule prohibition de la couverture de la faute intentionnelle ; il faudrait plus largement interdire l'assurance de toute responsabilité pour rendre à la responsabilité le sens moral qu'elle a perdu (ibid., n° 1129) ; toutefois, une telle solution aboutirait seulement à priver les victimes de réparation. Il n'en demeure pas moins que la couverture de la faute intentionnelle, qui souvent recevra une qualification pénale, paraît impossible pour des raisons morales. Le mécanisme technique de l'assurance ne devant pas permettre de couvrir un acte pour lequel l'auteur est personnellement répréhensible. Une telle affirmation revêt une certaine neutralité à l'égard des victimes d'un préjudice corporel, dès lors qu'elles sont susceptibles d'être indemnisées au titre de l'indemnisation des victimes d'infraction. Il reste que les victimes d'un préjudice purement économique provoqué par une malversation qui confine à l'escroquerie ne seront pas indemnisées par le système de l'assurance. Si l'on franchissait l'obstacle moral, on pourrait imaginer l'assurance de la faute intentionnelle dont le coût serait calculé par la méthode statistique, ce qui favoriserait l'indemnisation des victimes d'une action délibérément malveillante. Pour soutenir une telle démarche, le parallèle peut-être fait avec le suicide volontaire qui est désormais couvert par l'assurance en cas de décès dès lors qu'il se produit plus d'un an après la souscription du contrat (C. assur., art. L. 132-7). Abstraction faite de l'obstacle moral, il serait techniquement imaginable, en assurance de dommages, de prévoir la garantie de la faute intentionnelle après un délai de carence d'une année. Afin de concilier technique et morale cette possibilité pourrait être restreinte aux seules assurances de responsabilité afin de garantir les tiers victimes contre l'acte volontairement dommageable.

§ 2 ▪ Champ d'application de l'inassurabilité

A ▪ Assurabilité de la faute lourde et de la faute inexcusable

2382. Avant la loi de 1930, une jurisprudence bien établie ne permettait pas l'assurance des fautes lourdes au nom de l'ordre public (M. Picard, A. Besson, op. cit. n° 20), mais la loi du 9 avril 1898 sur les accidents du travail avait admis implicitement l'assurance des fautes inexcusables de l'employeur. Puis, l'article 12 de la loi du 13 juillet 1930 a exclu seulement de la garantie la faute intentionnelle et la faute dolosive ; la faute lourde devenait assurable sans hésitation.

2383. La gradation des fautes (de très légère à lourde) ayant été abandonnée par les rédacteurs du Code civil, il est très difficile de donner une définition précise de la notion de faute lourde. La doctrine s'est néanmoins employée à proposer une définition. La faute lourde peut être caractérisée comme un « comportement qui s'écarte largement du comportement qu'aurait eu dans les mêmes circonstances le bon père de famille ; comportement qui dénote chez son auteur, soit l'extrême sottise, soit l'incurie, soit une grande insouciance à l'égard des dangers que l'on crée » (G. Cornu, *Vocabulaire juridique*). Il ressort de cette définition que l'origine de la faute réside dans un comportement blâmable, certes, mais non intentionnel. Contrairement à la faute inexcusable de l'employeur et au dol, la qualification de faute lourde n'emporte pas intrinsèquement de conséquences juridiques. En effet, l'article 1382 du Code civil qui régit la responsabilité personnelle pour faute ne prévoit aucune aggravation en cas de faute lourde. Seule la jurisprudence en matière d'inexécution contractuelle a fait jouer un rôle à la faute lourde.

2384. En effet, en matière de responsabilité contractuelle, il a pu être décidé en jurisprudence que la faute lourde pouvait être assimilée au dol dans l'exécution du contrat (reprenant une jurisprudence antérieure, Civ. 1re, 4 févr. 1969, D. 1969, jur. p. 601 ; et encore récemment Civ. 3e, 27 juin 2001, Bull. civ. III, n° 83). Dans de nombreux arrêts, la Cour de cassation retient « l'équipollence au dol » de la faute lourde, bien que l'intention de nuire n'ait pas été caractérisée. Cette jurisprudence obéit à un objectif précis : évincer les clauses limitatives ou exonératoires de responsabilité opposables à la victime. En effet, l'interprétation donnée par la jurisprudence de l'article 1150 du Code civil indique que le débiteur qui a commis un dol dans l'exécution du contrat, c'est-à-dire qu'il a délibérément refusé d'exécuter ses obligations, ne peut plus bénéficier des clauses limitatives ou exonératoires de responsabilité (par exemple, Civ. 1re, 24 févr. 1993, Bull. civ. I, n° 88). C'est alors pour améliorer la réparation des victimes d'une inexécution lourdement fautive, qu'il a été assimilé, en jurisprudence, la faute lourde au dol.

2385. L'assimilation de la faute lourde au dol, en jurisprudence, reste cantonnée à la seule matière de l'inexécution fautive du contrat. En effet, le législateur fait en sorte régulièrement de dissocier la faute lourde de la faute intentionnelle et du dol (V. G. Viney, P. Jourdain, *Les conditions de la responsabilité*, 2e éd., LGDJ 1998, n° 608). Il en est ainsi en matière d'assurance où la faute lourde n'est pas assimilée à la faute intentionnelle ou dolosive. En effet, le caractère non intentionnel de la faute lourde la rend assurable. L'exclusion d'assurance prévue par l'article L. 113-1 alinéa 2 ne s'applique donc pas à la faute lourde. Il est bien établi en jurisprudence que la commission d'une faute lourde reste assurable (Civ. 1re, 12 juin 1974, Bull. civ. I, n° 181).

2386. L'expression est apparue dans la loi du 9 avril 1898 sur les accidents du travail et les maladies professionnelles sans être définie. Un arrêt de principe a précisé cette notion en décidant que : « la faute inexcusable s'entend d'une faute d'une gravité exceptionnelle, dérivant d'un acte ou d'une omission volontaire, de la conscience du danger que devait en avoir son auteur, de l'absence de toute cause justificative et se distinguant par le défaut d'un élément intentionnel de la faute intentionnelle » (Ch. réunies, 15 juill. 1941, DC 1941, p. 117, note A. Rouast ; définition reprise encore par Ass. plén. 18 juill. 1980, Bull. civ. n° 5). Cette définition a été modifiée en matière de maladie professionnelle (amiante, Soc., 28 févr. 2002, Bull. civ. V, n° 81 ; JCP G 2002, II, 10053, concl. A. Benmakhlouf), puis d'accident du travail (Soc., 11 avr. 2002, Bull. civ. V, n° 127), en indiquant que la faute inexcusable de l'employeur est établie lorsque « l'employeur avait ou aurait dû avoir conscience du danger auquel était exposé le salarié, et qu'il n'a pas pris les mesures nécessaires pour l'en préserver ». La faute inexcusable se caractérise elle aussi par l'absence d'intention de nuire délibérément à la victime.

2387. En l'absence de caractère intentionnel de la faute inexcusable, cette dernière est assurable en son principe. Il ne reste plus qu'une exception au principe d'assurabilité de la faute inexcusable. L'article 65 de la loi du 30 octobre 1946 avait interdit l'assurance des fautes inexcusables des employeurs ; mais cette interdiction a été complètement levée par la loi du 27 janvier 1987 ; l'article L. 452-4 du Code de la Sécurité sociale prévoit que l'employeur peut s'assurer contre les conséquences de ses fautes inexcusables. Il ne reste qu'en matière d'assurance maritime que « l'assureur ne répond pas des fautes intentionnelles ou inexcusables de l'assuré » (C. assur., art. L. 172-13).

2388. Le contrat d'assurance peut prévoir l'exclusion des fautes lourdes ou inexcusables. Il reste que la mise en œuvre de telles clauses d'exclusion sera délicate. Il faut que ces exclusions soient formelles et limitées (C. assur., art. L. 113-1, al. 1er) et figurent en caractères très apparents (C. assur., art. L. 112-4). La simple mention de l'exclusion d'une faute lourde ou inexcusable de la garantie ne suffira donc pas car une telle exclusion ne serait ni formelle, ni limitée (V. la nullité de la clause d'exclusion de « l'inobservation inexcusable des règles de l'art » : Civ. 1re, 9 nov. 1994, RCA 1995, comm. n° 78).

B ▪ Équivalence entre la faute dolosive et la faute intentionnelle

2389. En droit commun, comme en droit des assurances, il a été procédé à une assimilation de la faute lourde à la faute intentionnelle, les deux étant caractérisées par l'intention de nuire à la victime.

1 ▪ En droit commun : similitude de la faute dolosive et de la faute intentionnelle

2390. Il est nécessaire de rappeler que la faute dolosive se manifeste dans l'exécution du contrat. La faute dolosive a été définie comme une « espèce de faute contractuelle, naguère synonyme de faute intentionnelle, aujourd'hui caractérisée par le fait que le débiteur, malhonnête, manque sciemment à ses obligations » (G. Cornu, *Vocabulaire juridique*). La caractéristique essentielle du dol dans l'exécution du contrat consiste en l'inexécution volontaire du contrat.

2391. La faute intentionnelle est une « faute commise avec intention de nuire à autrui, plus généralement avec celle de causer un dommage » (G. Cornu, *Vocabulaire juridique*). La faute intentionnelle trouve son expression topique en matière d'assurance où elle est caractérisée par la volonté de commettre le dommage.

2392. Lors de l'étude de la faute dans le droit de la responsabilité, la faute intentionnelle ou dolosive sont présentées en même temps par les auteurs (G. Viney, P. Jourdain, op. cit., n° 601 à 604). Si leur champ d'application est distinct, le dol s'appliquant à la relation contractuelle, les fautes intentionnelle et dolosive aggravent la situation de leur auteur et sont surtout caractérisées par l'intention de les commettre.

2 ▪ En droit des assurances : assimilation de la faute dolosive à la faute intentionnelle, hésitations jurisprudentielles

2393. Pour l'application de l'article L. 113-1 alinéa 2 du Code des assurances, quelques arrêts procèdent à l'assimilation de la faute dolosive à la faute intentionnelle en affirmant nettement que la faute intentionnelle ou dolosive consiste en la volonté de créer le dommage et non pas seulement le risque (Civ. 1re, 17 déc. 1991, RGAT 1992. 364, note J. Kullmann ; Civ. 1re, 3 mars 1993, RGAT 1993. 648, note Ph. Rémy). Le texte prévoyant une inassurabilité pour les deux types de faute et celles-ci se singularisant par leur caractère intentionnel, il était assez prévisible que la jurisprudence les assimile l'une à l'autre.

2394. Le dol commis dans l'exécution du contrat consiste en une inexécution volontaire. On pourrait estimer que la faute dolosive est de moindre gravité, elle pourrait donc être plus facilement établie que la volonté de commettre le dommage qui caractérise la faute intentionnelle. Si la jurisprudence a semblé, un temps, distinguer les deux notions (Civ. 1re, 8 oct. 1975, RGAT 1976. 191, note A. Besson ; Civ. 1re, 6 déc. 1977, RGAT 1978. 370, note A. Besson), il paraît établi qu'elle ne procède plus désormais à une quelconque différence (Civ. 1re, 20 janv. 1981, RGAT 1981. 377). L'arrêt de cassation qui censure une cour d'appel pour ne pas avoir caractérisé la faute dolosive (Civ. 3e, 27 juin 2001, Bull. civ. III, n° 83) ne nous paraît pas réintroduire nettement une distinction entre faute intentionnelle et faute dolosive (comp. J. Kullmann, *Lamy assurances* 2008, n° 1272). En outre, le souhait d'écarter l'assurance à chaque fois que le professionnel commet une faute dolosive (V. J. Kullmann, note sous Civ. 3e, 9 nov. 2005 et Civ. 2e, 24 mai 2006, RGDA 2006. 62) c'est-à-dire qu'il ne respecte pas délibérément les règles de sa profession conduit inéluctablement à priver les victimes tiers d'une couverture par l'assurance de responsabilité civile. En outre, s'il n'était plus nécessaire de démontrer que l'assuré a voulu le dommage lui-même nous assisterions à une forte inflation du contentieux ; les assureurs essayant régulièrement de dénier leur garantie en tentant d'établir la faute intentionnelle.

2395. Toutefois, la deuxième chambre civile semble prendre une inflexion qui vise à admettre plus facilement le défaut de garantie pour faute dolosive. Dans une affaire de fausse déclaration de sinistre, la cour a décidé que l'assuré a commis une « prise de risque volontaire dans l'utilisation d'un véhicule non conçu pour cet usage ; que ceci implique que, bien que n'ayant pas recherché les conséquences dommageables qui en sont résultées, M. L. a commis une faute justifiant l'exclusion de garantie en ce qu'elle faussait l'élément aléatoire attaché à la couverture du risque » (Civ. 2e, 12 sept. 2013, n° 12-24.650, Bull. civ. II, n° 168) ; D. Bakouche, La faute dolosive exclusive de garantie, Resp. civ. et assur. 2013, étude 8).
La Cour de cassation avait déjà jugé à propos de la diffusion d'informations fausses ou trompeuses visant à agir sur le cours des titres sur un marché réglementé que l'assuré « avait eu la volonté et la conscience de mettre à la charge de son propre assureur les conséquences qui résulteraient de ses fautes, la cour d'appel, répondant aux conclusions par une décision motivée, a pu décider que M. X... avait commis, au sens de l'article L. 113-1 du code des assurances, une faute intentionnelle, incompatible avec l'aléa, excluant la garantie de son assureur » (Civ. 2e, 14 juin 2012, pourvoi n° 11-17.367, rev. des sociétés 2012 n° 11 ; p. 637, note L. Grynbaum).
Il nous semble que la deuxième chambre civile crée une incertitude juridique, elle ouvre ainsi la voie à un contentieux abondant car les assureurs vont être tentés de soutenir régulièrement le manquement délibéré de l'assuré.
Il conviendrait donc de limiter la portée de cette jurisprudence. Pour cela, il faut, selon nous, distinguer l'assurance de responsabilité civile de celle de choses. On pourrait en effet admettre qu'en assurance de choses, comme c'était le cas dans l'arrêt du 12 septembre 2013, l'assuré peut se voir dénier la garantie en présence d'une attitude d'une telle gravité qu'elle n'est pas assurable ; telle qu'une fausse déclaration de sinistre, ce qui était le cas en l'espèce. Il importerait peu qu'il s'agisse d'une faute dolosive ou intentionnelle. Il reste qu'il faudrait apprécier au cas par cas cette gravité : le rôle de la deuxième chambre civile de la Cour de cassation va donc s'alourdir considérablement.
Ainsi, à propos d'un pharmacien ayant souscrit une « multirisques pharmacie », le seul placement sous contrôle judiciaire de l'assuré à la suite de sa mise en examen, fût-ce pour des infractions intentionnelles, ne permet pas de tenir pour établie une faute intentionnelle ou dolosive de celui-ci (Civ. 2e, 22 oct. 2015, n° 14-25.494, publ. bull.).

C ▪ Responsabilité pénale et assurance

2396. Quand bien même la sanction consiste en une peine pécuniaire d'amende, il est impossible de s'assurer contre une telle condamnation, qu'elle soit d'origine pénale ou fiscale (V. G. Viney, P. Jourdain, *Les effets de la responsabilité*, préc., n° 361). Le principe de personnalité des peines et le caractère dissuasif de la sanction s'opposent à la garantie par l'assurance de ces sanctions. C'est ainsi que le ministère des Finances, chargé de délivrer l'agrément d'une activité d'assurance, avait interdit l'assurance « de retrait de permis de conduire » qui prévoyait à titre de prestation le versement d'une somme destinée à compenser le coût d'une location de voiture avec chauffeur (V. G. Defrance, L'ordre public de l'assurance, L'Argus 1992, n° 6256, p. 16). Une telle assurance venait indirectement priver d'effectivité une sanction pénale, la cause de ce contrat était donc illicite.

2397. Le commettant ou l'employeur est parfois tenu pour responsable d'infractions matériellement commises par d'autres. Il en est ainsi, par exemple, pour des infractions à la circulation routière, l'article L. 121-21 du Code de la route permettant de mettre à la charge du commettant les infractions commises par le préposé et sanctionnées par des amendes de police. De même que le manquement à des règles de sécurité perpétré par un membre de l'entreprise peuvent être sanctionnées par des amendes mises à la charge du chef d'entreprise (C. trav., art. L. 263-2-1). Les finalités dissuasives de ces sanctions et le principe de personnalité des peines ne permettent certainement pas d'assurer de telles sanctions fussent-elle des responsabilités pénales du fait d'autrui (V. dans ce sens G. Viney, P. Jourdain, *Les effets de la responsabilité*, préc., n° 361 ; plus nuancé J. Kullmann, *Lamy Assurances* 2008, n° 1240).

2398. Le commettant est responsable du fait de ses préposés aux termes de l'article 1384 alinéa 5 du Code civil et les parents sont responsables du fait de leurs enfants selon l'article 1384 alinéa 4 du même code. Commettants et parents s'assurent sans difficulté contre les conséquences civiles des fautes, voire des infractions, que peuvent commettre leurs préposés et leurs enfants. En revanche, toujours en raison du principe de personnalité des peines, il paraît impossible de garantir, par voie d'assurance, les sanctions pénales pécuniaires encourues par les personnes dont l'assuré doit répondre. Aussi, nous ne pensons pas que l'on puisse procéder à une interprétation a contrario de l'arrêt qui valide la clause d'exclusion de garantie écartant de la couverture les condamnations pénales frappant un préposé et donc son commettant est déclaré civilement responsable (Civ. 1re, 6 juin 2001, Bull. civ. I, n° 158 ; RGDA 2001. 749, note L. Mayaux). L'arrêt se borne à valider une telle clause, rien n'indique dans la motivation de la Cour de cassation que l'on pourrait interpréter a contrario la motivation et qu'à défaut d'une telle stipulation dans le contrat d'assurance une couverture des amendes subies par une personne dont l'assuré doit répondre serait due (comp. J. Kullmann, op. cit., n° 1238).

§ 3 ▪ Régime de l'exclusion de la faute intentionnelle

A ▪ Caractères de la faute intentionnelle

2399. En indiquant que « l'assureur ne répond pas des pertes et dommages provenant d'une faute intentionnelle ou dolosive de l'assuré » (C. assur., art. L. 113-1, al. 2), le législateur n'a pas donné de définition de la faute intentionnelle ou dolosive. Il a donc appartenu à la jurisprudence de procéder à cette définition. La Cour de cassation a précisé que le fait intentionnel dont la loi prohibe l'assurance implique la volonté chez l'assuré de provoquer le dommage avec la conscience des conséquences de son acte (Civ. 1re, 12 juin 1974, Bull. civ. I, n° 181) ; la Haute juridiction a pu encore affiner cette définition en décidant que « la faute intentionnelle qui exclut la garantie de l'assureur est celle qui suppose la volonté de causer le dommage et pas seulement d'en créer le risque » (Civ. 1re, 10 avr. 1996, Bull. civ. I, n° 172 ; RGDA 1996. 717, note J. Kullmann). La faute intentionnelle ou dolosive suppose donc, cumulativement, de la part de l'assuré un acte volontaire et l'intention de provoquer le dommage (dans les développements qui suivent on assimilera, comme en jurisprudence, la faute dolosive à la faute intentionnelle, en considérant que la faute dolosive suit le même régime que la faute intentionnelle).

1 ▪ Procédure

a - Pouvoir souverain des juges du fond

2400. La Cour de cassation semble avoir abandonné le contrôle de la qualification de faute intentionnelle (Civ. 1re, 4 juill. 2000, Rapp. C. de cass. 2000, éd., Doc. fr. 2001, p. 40 ; RGDA 2000. 1055, note J. Kullmann). Toutefois, la Haute juridiction exerce un contrôle à « géométrie variable », quand elle prend bien soin de relever les éléments caractérisant la faute intentionnelle (Civ. 3e, 9 janv. 2002, Bull. civ. III, n° 1 ; JCP G 2002, I, 116, note J. Kullmann ; RCA 2002, comm. n° 158, note H. Groutel) ou ceux permettant de l'écarter (à propos du refus d'assimiler la faute intentionnelle à une infraction pénale volontaire : Civ. 1re, 27 mai 2003, Bull. civ. I, n° 125 ; RGDA 2003. 464, note J. Kullmann ; RDI 2003. 438, obs. L. Grynbaum). Dans d'autres arrêts les qualifications ont été très étroitement analysées (Civ. 3e, 9 nov. 2005 et Civ. 2e, 24 mai 2006, RGDA 2006. 62, note J. Kullmann). Parfois, la Cour de cassation se retranche, dans la motivation du rejet du pourvoi, derrière l'appréciation souveraine des juges du fond, tout en rappelant que la faute intentionnelle, en l'espèce dans l'exécution d'un contrat, « implique la volonté de son auteur de créer le dommage tel qu'il est survenu » (Civ. 2e, 20 mars 2008, n° 07-10.499 ; RGDA 2008. 326, note J. Kullmann).

b - Distinction entre la faute civile et la faute pénale

2401. Naguère, lorsque le fait dommageable constituait une faute pénale, le juge civil, ou le juge répressif lorsque la victime s'est portée partie civile, était confronté à deux règles d'origine jurisprudentielle : l'autorité de chose jugée du criminel sur le civil et l'identité des fautes civiles et pénales (Ph. Le Tourneau, op. cit, n° 561 et s. par A. Giudicelli ; v. G. Viney, *Introduction à la responsabilité*, préc., n° 126 et s.). La conjugaison de ces deux règles conduisait le juge civil, saisi pour les mêmes faits sur le fondement de l'article 1382 du Code civil, soit à surseoir à statuer, soit à retenir la même qualification des faits que le juge répressif (par exemple, la légitime défense admise au pénal empêche le juge civil de condamner le gardien de l'arme à feu qui lui a permis de se protéger, à réparer l'agresseur blessé, v. Civ. 2e, 22 avr. 1992, Bull. civ. II, n° 127 ; D. 1992, p. 353, note J.-F. Burgelin). Une relaxe au pénal empêchait donc le juge de retenir une faute civile (Ph. le Tourneau, op. cit., n° 582).

2402. Le législateur est intervenu afin de mettre fin à l'identité complète des fautes pénales et civiles. La loi du 8 juillet 1983 (n° 83-608) est venue créer l'article 470-1 (mod. par L. n° 96-393, 13 mai 1996 et L. n° 2000-647, 10 juill. 2000) au sein du Code de procédure pénale qui prévoit que la juridiction pénale saisie pour une infraction non intentionnelle et qui prononce la relaxe peut toutefois accorder la réparation du dommage sur le fondement des règles du droit civil. En outre, la loi du 10 juillet 2000 (préc.) est venue créer un article 4-1 au Code de procédure pénale qui indique que l'absence de faute pénale non intentionnelle ne prive pas la victime de la possibilité d'obtenir réparation de son dommage sur le fondement de l'article 1383 du Code civil. Enfin, la jurisprudence, sans faire application du nouveau texte, a affirmé, par un revirement, la dualité des fautes pénales et civiles lorsqu'elles concernent des faits d'imprudence ou de négligence (Civ. 1re, 30 janv. 2001, Bull. civ. I, n° 19 ; Rev. sc. crim. 2001, p. 613, obs. A. Giudicelli ; D. 2001, somm. p. 2232, obs. P. Jourdain). Ainsi, le juge statuant sur la sanction civile, malgré la relaxe au pénal, peut désormais se fonder sur l'article 1383 du Code civil. Il reste que ces réformes ne touchent expressément que la faute non intentionnelle ; or, le même esprit de séparation s'est fait jour pour l'appréciation de la faute intentionnelle.

2403. En matière d'incendie volontaire, traditionnellement, la destruction volontaire d'un bien par incendie, réprimée pénalement caractérisait la faute intentionnelle (Crim., 23 juin 1998, RGDA 1998. 689 ; Crim., 2 mai 2001, RGDA 2001. 686, note E. Fortis ; dans le même sens, mais moins net Civ. 1re, 6 déc. 1994, Bull. civ. I, n° 359, RGAT 1995, note Ph. Rémy). Un revirement s'est opéré car la Cour de cassation a refusé l'assimilation automatique entre destruction volontaire par incendie sanctionnée pénalement et faute intentionnelle (Civ. 1re, 27 mai 2003, préc.). Par conséquent, il est nécessaire pour l'assureur de démontrer que l'incendiaire a voulu non seulement provoquer l'incendie, mais encore le dommage en son entier ; tel n'était pas le cas dans l'affaire qui a donné lieu à cet arrêt (ibid.). Il restera alors à observer si la chambre criminelle s'alignera bien sur la première chambre civile. Il avait, par ailleurs, déjà été jugé que pour des coups et blessures volontaires, la cour d'appel ne pouvait pas se contenter de relever une condamnation pénale de ce chef prononcée contre l'assuré, il fallait aux juges du fond rechercher si l'assuré avait voulu le dommage lui-même pour retenir la faute intentionnelle (Civ. 1re, 22 juill. 1985, Bull. civ. I, n° 232). En effet, il semble qu'avant même la séparation nette opérée entre la faute civile et la faute pénale, on pouvait soutenir l'autonomie de la faute intentionnelle à l'égard d'une décision pénale (v. L. Mayaux, op. cit., n° 1118).

2 ▪ Acte volontaire

2404. L'assuré qui commet le geste qui va causer le dommage doit avoir été conscient des conséquences de son comportement pour qu'on lui oppose une faute intentionnelle. Ainsi, l'assuré qui se suicide en mettant le feu à son appartement, peut néanmoins avoir eu « conscience de son geste et de ses conséquences dommageables » (Civ. 1re, 25 nov. 1980, RGAT 1981. 373) ; en revanche celui qui tente de se suicider par incendie volontaire en « état de dépression anxieuse avec période de violence depuis quelques jours » n'a pas été considéré comme conscient de son geste (CA Pau, 11 déc. 1996, Juris-data n° 049674 ou encore CA Orléans, 6 juin 1967, RGAT 1967. 476).

2405. En droit commun de la responsabilité, l'article 489-2 du Code civil, issu de la loi n° 68-5 du 3 janvier 1968, prévoit que celui qui a causé un dommage sous l'empire d'un trouble mental n'en est pas moins obligé à réparation. Cette règle a pour objectif de favoriser l'indemnisation des victimes. En droit des assurances, la démonstration de l'existence d'une faute intentionnelle a pour objectif de priver l'auteur du dommage de couverture par une assurance. Aussi lorsque l'assuré est en état de démence au moment de la commission de l'acte dommageable, ne saurait-il être établi une faute intentionnelle. L'assureur ne peut donc pas se prévaloir de l'article L. 113-1 alinéa 2 du Code des assurances pour refuser sa garantie à son assuré en état de démence (Civ. 1re, 17 mai 1982, RGAT 1983. 219). Les juges du fond apprécient souverainement l'état de démence pour appliquer ou écarter l'exclusion pour faute intentionnelle (Civ. 1re, 25 mars 1991, RGAT 1991. 561, note H. Margeat et J. Landel). Par exemple, un majeur sous tutelle ne présente pas nécessairement un trouble mental au moment de faits ; aussi l'assureur peut-il démontrer que son assuré sous tutelle a eu conscience de l'acte commis et la volonté de provoquer le dommage (Civ. 1re, 6 déc. 1994, RGAT 1995. 41).

2406. Afin de se voir opposer une faute intentionnelle, l'assuré doit d'abord avoir eu connaissance du caractère fautif de son acte. Ainsi, le fabricant qui met sur le marché un produit dont il ignore les vices ne commet pas une faute intentionnelle (Civ. 1re, 25 janv. 1989, RGAT 1989. 414, note R. Bout). De manière plus subtile certains arrêts retiennent que l'assuré doit avoir eu conscience de la nature fautive de leur acte (Civ. 1re, 7 juin 1974, Bull. civ. I, n° 168 ; Civ. 1re, 12 juin 1974, Bull. civ. I, n° 181 ; D. 1975, jur., p. 173, note J.-L. Aubert).

3 ▪ Intention de provoquer le dommage

2407. La volonté de provoquer le dommage constitue le critère essentiel de la faute intentionnelle en droit des assurances. La Cour de cassation est très nette en indiquant que la faute intentionnelle, au sens de l'article L. 113-1 alinéa 2 du Code des assurances suppose que l'assuré a voulu non seulement l'action ou l'omission génératrice du dommage, mais encore le dommage lui-même (Civ. 1re, 28 avr. 1993, RGAT 1994. 234, note Ph. Rémy ; Civ. 1re, 2 févr. 1994, Bull. civ. I, n° 37 ; Civ. 2e, 9 juill. 1997, RCA 1997, comm. n° 353). Après avoir démontré la volonté de l'assuré de commettre l'acte dommageable, il appartient à l'assureur d'établir que le résultat lui-même de cet acte a été recherché. Un acte délibéré peut donc avoir été commis sans rechercher le dommage, il n'y aura pas de faute intentionnelle ; il en est de même lorsque le dommage dépasse l'objectif dommageable recherché. La faute intentionnelle sera caractérisée lorsque acte et dommage auront été délibérément recherchés.

a - Acte volontaire, sans volonté du dommage : absence de faute intentionnelle

2408. Dans certaines espèces, l'acte est manifestement fautif mais le dommage n'est pas recherché. Il en est ainsi, par exemple, pour l'enfant qui assène un coup de poing à son camarade de classe, son geste ne s'accompagnant pas de la conscience des conséquences de son acte (Civ. 1re, 10 mai 1977, Bull. civ. I, n° 210). La faute intentionnelle n'a pas non plus été retenue contre l'assuré qui, pour se suicider, avait immobilisé son véhicule sur la voie ferrée, il n'y avait pas de volonté de causer un dommage à la SNCF (Civ. 1re, 14 oct. 1997, Bull. civ. I, n° 272 ; RCA 1992, comm. n° 37 ; RGDA 1997. 1083, note L. Fonlladosa). De même que le syndicat de copropriétaire qui refuse de voter la pose d'une barrière sur une terrasse d'un immeuble ne commet pas de faute intentionnelle quand bien même un jeune garçon s'est mortellement blessé en tombant du haut de cette terrasse (Civ. 2e, 24 mai 2006, n° 05-14.942 ; RGDA 2006. 634, note J. Kullmann) ; il n'y avait pas chez les copropriétaires de volonté de commettre le dommage.

Il en est encore ainsi pour un entrepreneur de travaux d'isolation qui n'a délibérément pas fourni les panneaux conformes au marché ; son assureur est toutefois tenu de le garantir (Civ. 2e, 20 mars 2008, n° 07-10.499, préc.). Le fabricant de moteurs électriques qui, sinistre après sinistre, ne respecte pas les préconisations de l'expert ne commet pas néanmoins de faute intentionnelle car il n'y a pas eu de volonté de commettre le dommage tel qu'il est survenu (Civ. 2e, 1er juill. 2010, n° 09-10.590, Bull. civ. n° 129, RGDA 2010, p. 686, note J. Kullmann).

2409. La principale difficulté pour apprécier l'existence d'une faute intentionnelle se rencontre lorsqu'un professionnel a sciemment violé les règles de sa profession. Une conception large de la faute intentionnelle, qui la rapprocherait de la faute lourde, conduirait à admettre que toute violation grave des règles d'une profession suppose nécessairement la volonté de produire le dommage chez la victime. Or, le plus souvent, si le professionnel indélicat a la volonté de s'enrichir rapidement en violant les règles de sa profession, il est très rare qu'il veuille délibérément causer un dommage à son client. Le plus souvent la jurisprudence retiendra que le professionnel n'ayant pas voulu délibérément le dommage, sa faute intentionnelle n'est pas établie.
Si quelques notaires peu scrupuleux tentent des opérations frauduleuses, il n'est pas toujours retenu une faute intentionnelle de leur part car ils ne cherchent pas à nuire directement à leur client. Ainsi, ne commet pas de faute intentionnelle le notaire qui, bien qu'ayant sacrifié délibérément les intérêts de son client en faisant disparaître, sans l'en informer, les garanties dont un prêt était assorti, n'avait cependant pas eu la volonté de lui causer le dommage allégué, c'est-à-dire de le priver de son remboursement de prêt (Civ. 1re, 22 mars 1983, Bull. civ. I, n° 102). De même, il n'y a pas de faute intentionnelle du notaire qui, bien qu'ayant négligé les intérêts de ses clients au profit d'une opération immobilière dont il souhaitait la réalisation, n'avait pas agi avec la volonté de créer une situation qui leur serait fatalement dommageable (Civ. 1re, 17 déc. 1991, RCA 1992, comm. n° 108 ; RGAT 1992. 364, note J. Kullmann).

2410. Nonobstant, l'entrepreneur qui néglige de faire effectuer une étude de sol avant d'entreprendre des fouilles pour la construction d'un immeuble ne commet pas de faute intentionnelle (Civ. 1re, 25 mars 1980, Bull. civ. I, n° 97 ; D. 1981, jur. p. 21, note G. Brière de l'Isle) ; de même que le promoteur qui construit en commettant de façon délibérée une infraction aux prescriptions du permis de construire (Civ. 1re, 16 juin 1987, RGAT 1988. 73, note J. Bigot). De même l'architecte qui n'a pas respecté les règles de l'art à de multiples reprises et a commis des erreurs de conception tant en matière d'isolation que d'étanchéité ne commet pas une faute intentionnelle car il n'est pas démontré qu'il avait de créer le dommage tel qu'il est survenu (Civ. 3e, 9 nov. 2005, n° 04-11.856, Bull. civ. III, n° 21 ; RGDA 2006. 633, note J. Kullmann) ; la même solution a été retenue à propos d'une entreprise de construction (Civ. 3e, 29 janv. 2008, n° 07-10.747 ; RGDA 2008. 378, note J.-P. Karila et C. Charbonneau ; Civ. 3e, 29 mai 2013, n° 12-20.215). L'architecte qui a dirigé une construction en la faisant implanter de manière non conforme au permis de construire ne commet pas une faute intentionnelle (Civ. 3e, 30 mars 2010, n° 09-12.652 et n° 09-13.307, RGDA 2010, p. 685, note J. Kullmann).
Nonobstant les incertitudes créées par la jurisprudence Civ. 2e, 12 sept. 2013 (n° 12-24.650, v. supra), la troisième chambre civile de la Cour de cassation continue d'affirmer que la violation délibérée par des opérateurs de construction des règles de l'art ne constitue pas une faute intentionnelle car ils n'ont pas voulu le dommage tel qu'il s'est réalisé (Civ. 3e, 1er juill. 2015, n° 14-19.826 et n° 14-50.038, n° 14-10.210, n° 14-13.403 et n° 14-17.230).

b - Acte volontaire et dommage dépassant le résultat recherché : absence de faute intentionnelle

2411. L'assuré a bien eu la volonté de commettre l'acte dommageable avec la conscience, voire la recherche d'un dommage, mais l'ampleur du dommage dépasse le but recherché ou le dommage provoqué n'est pas celui qui était poursuivi.

2412. Il a été jugé à deux reprises qu'un incendie volontaire circonscrit qui s'étend bien au-delà de ce qu'avait voulu l'assuré ne constitue pas une faute intentionnelle justifiant la non-assurance ; en effet, l'auteur de l'acte n'avait pas voulu l'entier dommage. Il en a été jugé ainsi pour l'incendie volontaire d'une porte qui s'était propagé à toute une cage d'escalier (Civ. 1re, 29 oct. 1985, RGAT 1986. 37, note J. Bigot) et à celui d'une porte de patinoire, l'auteur n'ayant pas voulu provoquer la destruction de toute la patinoire (Civ. 2e, 9 juill. 1997, RGDA 1998. 64, note F. Vincent). L'assureur ne couvre pas l'incendie volontaire du véhicule lui-même, mais il est tenu de garantir l'extension du sinistre à l'école voisine parce que ce dommage n'était pas recherché (Civ. 2e, 12 juin 2014, n° 13-18.844). De même que l'assuré qui incendie volontairement son immeuble et qui provoque par une explosion des dégâts aux immeubles voisins, ne commet pas de faute intentionnelle à l'égard des victimes tiers, car « seul l'effet incendiaire avait été recherché et non l'explosion » (Civ. 1re, 13 nov. 1990, RGAT 1991. 53 ; RCA 1991, comm. n° 28), l'assureur doit donc couvrir les dommages causés aux immeubles voisins. On rappellera ici que désormais la condamnation pénale pour incendie volontaire ne lie pas le juge qui statue au civil sur l'existence d'une faute intentionnelle (Civ. 1re, 27 mai 2003, préc., v. la jurisprudence antérieure en sens contraire Crim., 23 juin 1998, RGDA 1998. 689, note E. Fortis).

2413. Ainsi l'assuré qui, en tirant sur la voiture de cambrioleurs blesse un voisin (Civ. 1re, 5 janv. 1970, RGAT 1970. 176, note A. Besson) ou celui qui poursuivant son épouse dans la rue en voulant la poignarder blesse un passant (Civ. 1re, 10 déc. 1991, RGAT 1992. 506, note R. Maurice) ne commet pas de faute intentionnelle. L'assuré qui se suicide par le gaz et qui provoque ainsi une explosion puis un incendie ne commet pas une faute intentionnelle (Civ. 1re, 28 avr. 1993, RCA 1993, comm. n° 241, obs. S. Bertolaso).

c - Acte volontaire et recherche du dommage : faute intentionnelle

2414. Il a parfois été retenu la faute intentionnelle du notaire, bien que l'intention de nuire à ses clients n'était pas nettement établie. Aussi, ces décisions sont-elles critiquables au regard de la conception habituelle de la faute intentionnelle ; il s'agirait plutôt ici de faute dolosive au sens strict, c'est-à-dire qu'il y a volonté d'inexécuté le contrat mais sans intention de nuire au cocontracatant. Un tel élargissement de la faute intentionnelle est regrettable car il permet aisément d'éluder la garantie dans nombre de contentieux de responsabilité civile des professionnels. La faute intentionnelle a été retenue contre un notaire qui, connaissant l'existence d'hypothèques grevant des immeubles et sachant qu'en les laissant subsister, il faisait subir aux acquéreurs desdits immeubles une menace d'éviction, réalise néanmoins volontairement cette menace, dès la signature des actes de vente, en faisant croire aux acheteurs que ces immeubles étaient libres de toute charge et en omettant de procéder à la purge des hypothèques (Civ. 1re, 11 oct. 1983, Bull. civ. I, n° 227). De même que la faute intentionnelle a été caractérisée par le comportement de notaires qui ont caché aux prêteurs, de propos délibéré, l'existence du privilège du vendeur sur le terrain où s'édifiait un ensemble immobilier, alors qu'ils savaient que les emprunts ne serviraient pas à payer le vendeur et que le privilège serait maintenu, avec pour conséquences inéluctables, la perte matérielle des garanties consenties aux prêteurs et l'impossibilité pour ces derniers d'obtenir le remboursement de la totalité des prêts (Civ. 1re, 3 janv. 1991, RCA 1991, comm. n° 124). De même que la faute intentionnelle d'un avocat a été retenue parce que dans une vente sur adjudication il n'avait pas consigné le prix dans le délai imparti sur le compte séquestre (Civ. 2e, 24 mai 2006, n° 03-21.024 ; RGDA 2006. 635, note J. Kullmann). La faute intentionnelle a encore été caractérisée dans une affaire où un administrateur judiciaire avait volontairement présenté de façon erronée et tardive un plan de continuation afin de favoriser la reprise de l'entreprise par une autre (Civ. 2e, 16 oct. 2008, n° 07-14.373 ; RGDA 2008. 914, note J. Kullmann). Dans le même esprit, il a été considéré que l'avocat qui ment, à plusieurs reprises, à son client sur la délivrance effective d'une assignation et laisse ainsi s'écouler la prescription avait l'intention de causer le dommage tel qu'il est survenu (Civ. 2e, 1er juill. 2010, n° 09-14.884, Bull. civ. II, n° 131 ; RGDA 2010, p. 687, note J. Kullmann).

2415. Dans le secteur du bâtiment et des travaux publics, il a été retenu la faute intentionnelle d'une société d'autoroute qui viole délibérément les règles d'appel d'offre de construction qu'elle a elle-même fixé pour favoriser un entrepreneur de BTP au détriment d'un autre ; l'assureur ne devait donc pas garantie (Civ. 2e, 22 sept. 2005, n° 04-17.232 ; RGDA 2005. 907, note J. Kullmann). De même qu'une entreprise de bâtiment qui a volontairement inexécuté ses obligations « sans ignorer que des désordres allaient apparaître très rapidement » a commis une faute intentionnelle supprimant le caractère aléatoire de l'assurance (Civ. 3e, 7 oct. 2008, n° 07-17.969 ; RGDA 2008, note J. Kullmann). Ces arrêts se présentent dans des affaires atypiques et il ne semble pas s'en dégager un retournement de politique jurisprudentielle visant à admettre plus facilement la caractérisation de la faute intentionnelle de l'assuré. La raison en est simple : cela reviendrait à amoindrir la sécurité qu'offre l'assurance de responsabilité civile et à faire enfler le contentieux : la faute intentionnelle serait sans cesse invoquée.

2416. Un coup porté volontairement à la victime est constitutif d'une faute intentionnelle (un joueur qui a volontairement assené un coup de poing à un autre, Civ. 1re, 10 juin 1997, RCA 1997, comm. n° 284, note H. Groutel ; RGDA 1997. 742, note J. Kullmann ; il en a été décidé de même pour la gifle portée avec violence, Civ. 1re, 19 juin 1979, Bull. civ. I, n° 184).

2417. Le locataire qui a volontairement mis feu à ses meubles pour périr dans l'incendie commet une faute intentionnelle qui entraîne la non garantie des dommages causés à l'appartement (Civ. 1re, 25 nov. 1980, Bull. civ. I, n° 301). En revanche, un assureur incendie doit curieusement sa garantie dans une affaire où les gérants de la société souscriptrice ont été reconnus comme étant les auteurs de l'incendie (Civ. 2e, 24 mai 2006, n° 05-13.547 ; RGDA 2006. 634, note J. Kullmann) ; or, il nous semble qu'en l'occurrence la faute intentionnelle était particulièrement caractérisée, sauf à considérer que c'est la société souscriptrice qui n'avait pas voulu le dommage.

B ▪ Auteur de la faute intentionnelle

2418. Le souscripteur ou preneur d'assurance n'est pas nécessairement l'assuré, c'est-à-dire celui sur le patrimoine duquel, en assurance de dommages, pèse le risque ou, en assurance de personnes, celui sur la tête duquel pèse le risque. La prohibition de la faute intentionnelle pour des raisons morales et techniques ne peut se concevoir qu'en appréciant l'existence de la volonté de l'acte dommageable chez l'assuré. La faute intentionnelle entraînant la non-assurance ne peut donc émaner que de l'assuré. Il a été jugé que l'assureur doit couvrir les conséquences d'un incendie résultant de la faute intentionnelle du mari de l'assurée, qui n'était pas désigné au contrat comme étant l'assuré et pour le compte duquel l'assurance n'avait pas été souscrite, la circonstance qu'il était colocataire et exposé aux mêmes risques locatifs que son épouse, ne suffit pas à lui attribuer la qualité d'assuré dans le contrat d'assurance souscrit par celle-ci (Civ. 1re, 26 mai 1994, Bull. civ. I, n° 183 ; RGAT 1994. 756, note L. Mayaux ; comp. avec Civ. 1re, 16 mars 1970, RGAT 1970. 516, note A. Besson, où une ferme avait été achetée en commun par des concubins). Par ailleurs, il convient de noter qu'une personne morale assurée pourra difficilement se voir imputer une faute intentionnelle au sens du droit des assurances. Aussi est-ce dans la personne de ses dirigeants que l'on mesurera l'existence d'une faute intentionnelle (Civ. 1re, 20 juill. 1994, RGAT 1994. 1118, note L. Mayaux). Cependant, un arrêt plus récent semble distinguer entre la personne des gérants auteurs d'un incendie volontaire et celle de la société souscriptrice qui, à ce titre, ne pouvait pas avoir eu la volonté de commettre le dommage (Civ. 2e, 24 mai 2006, n° 05-13.547 ; RGDA 2006. 634, note J. Kullmann).

2419. Il a été décidé que l'assureur pouvait opposer à son assuré sa faute intentionnelle quand bien même il n'était pas le souscripteur. Il s'agissait en l'occurrence d'une assurance de responsabilité souscrite par une mère pour le compte de son fils majeur qui avait détruit un véhicule volé (Civ. 1re, 15 déc. 1998, RGDA 1999. 292, note J. Kullmann).

C ■ Preuve et effet de la faute intentionnelle

1 ■ Preuve

2420. Conformément au droit commun de la preuve prévu à l'article 1315 alinéa 2 du Code civil, c'est au débiteur qui se prétend libéré de prouver ses prétentions. Il appartient à l'assureur qui invoque la faute intentionnelle de son assuré pour se libérer de son obligation de garantie d'en prouver la matérialité. C'est donc à l'assureur qu'il appartient de faire la preuve du fait intentionnel (Civ. 1re, 15 janv. 1991, RCA, comm. n° 153).

2421. Il sera souvent difficile de prouver l'intention de provoquer le dommage. Cependant, il sera possible de se prévaloir des constatations du juge pénal, bien que le juge civil ne soit plus tenu par la qualification des faits retenue par le juge pénal. Tous moyens de preuve pourront être utilisés pour caractériser l'intention de l'assuré tel que le mensonge (Civ. 1re, 7 juill. 1993, RGAT 1994. 230, 1re esp., note J. Kullmann) ou le faux en écriture (Civ. 1re, 29 mai 1985, RGAT 1986. 41, note J. Bigot).

2 ■ Effets

2422. La faute intentionnelle ne peut être invoquée que par l'assureur de l'auteur de ladite faute. En effet, il a été jugé que le caractère volontaire de l'incendie allumé par l'occupant de l'immeuble, lui-même assuré, ne peut pas être opposé au propriétaire titulaire d'un contrat distincte, quand bien même le contrat a été souscrit auprès du même assureur (Civ. 1re, 9 mars 1999, RCA, comm. n° 162, obs. H. Groutel ; RGDA 1999. 693, note A. Favre Rochex). L'assureur de choses du propriétaire de l'immeuble ne pouvait pas se prévaloir de la faute intentionnelle d'un tiers (l'occupant) au contrat d'assurance incendie. Seul l'assureur de responsabilité de l'occupant ayant commis une faute intentionnelle peut se prévaloir de l'article L. 113-2 alinéa 2 pour refuser sa garantie.

2423. L'article L. 113-2 alinéa 2 du Code des assurances a pour effet d'exclure la faute intentionnelle de la garantie due par l'assureur. La Cour de cassation a donc décidé qu'en présence d'une faute intentionnelle, il y a absence d'assurance (Civ. 1re, 15 janv. 1985, Bull. civ. I, n° 20 ; Civ. 1re, 11 oct. 1994, Bull. civ. I, n° 277).

2424. La non-assurance en raison de la commission d'une faute intentionnelle n'étant pas une déchéance, elle est opposable à tous (Civ. 1re, 15 janv. 1985, préc.), c'est-à-dire non seulement aux victimes en matière d'assurance de responsabilité, mais encore à un co-assuré (Civ. 1re, 11 oct. 1994, préc.) ou à un créancier privilégié titulaire d'un droit direct sur l'indemnité d'assurance par application de l'article L. 121-13 du Code des assurances (Civ. 1re, 15 janv. 1985, préc.).

D ■ Cas particulier du suicide en assurance de personnes

2425. Afin de ne pas encourager le suicide volontaire et conscient, l'article L. 132-7 du Code des assurances (dans sa rédaction issue de la loi du 7 janvier 1981) disposait que « l'assurance en cas de décès est de nul effet si l'assuré se donne volontairement et consciemment la mort au cours des deux premières années du contrat ». La règle se justifiait également par l'inassurabilité de la faute intentionnelle affirmée par l'alinéa 2 de l'article L. 113-1 du Code des assurances. Le suicide perpétré en raison d'un état pathologique, qualifié de suicide inconscient était en revanche assurable.

2426. La loi n° 98-546 du 2 juillet 1998 a ramené la durée de l'inassurabilité à un an à compter de la souscription du contrat et a prévu l'assurabilité du suicide en matière d'assurance de groupe ; puis la loi n° 2001-1135 du 3 décembre 2001 a redéfini la notion de suicide et modifié la rédaction de l'article L. 132-7 du Code des assurances. Ces lois successives donnent lieu à des régimes différents selon la date de souscription du contrat.

2427. Le suicide, quelle qu'en soit la forme, est couvert dès la deuxième année de souscription du contrat. Durant la première année le suicide volontaire n'est en principe pas couvert. Toutefois, en matière d'assurance de groupe, l'assureur peut contractuellement prévoir une couverture du suicide volontaire dès la souscription. Mieux encore, l'assurance emprunteur doit obligatoirement couvrir le suicide dès la souscription du contrat dans la limite d'un plafond qui ne peut être inférieur à 120 000 euros (C. assur., art. R. 132-5). Ce régime est applicable pour les contrats souscrits postérieurement à l'entrée en vigueur de la loi. On est donc passé d'une exclusion du suicide volontaire à une obligation de couverture pour certaines garanties.

Section 2 ▪ Assurance de la faute intentionnelle des personnes dont l'assuré doit répondre

2428. Pour des raisons morales et techniques l'assureur ne doit pas garantir les fautes intentionnelles de l'assuré (C. assur., art. L. 113-1 al. 2). Néanmoins, dès lors que ces fautes sont commises par un tiers à l'assuré, dans la relation entre l'assureur et son assuré, l'aléa est réintroduit. Si l'assuré commettant doit répondre de ses préposés (C. civ., 1384, al. 5) et l'assuré parent doit répondre de ses enfants (C. civ., art. 1384, al. 4), ces assurés ne sont pas juridiquement à l'origine de l'éventuelle faute intentionnelle commise par un préposé ou un enfant. Il est donc parfaitement possible pour l'assureur de garantir la faute des personnes dont l'assuré doit répondre, y compris leur faute intentionnelle.

2429. L'article L. 121-2 du Code des assurances, issu de l'article 13 de la loi du 13 juillet 1930, dispose que « l'assureur est garant des pertes et dommages causés par des personnes dont l'assuré est civilement responsable en vertu de l'article 1384 du Code civil, quelles que soient la nature et la gravité des fautes de ces personnes ». Le texte est particulièrement affirmatif sur l'obligation de garantie ; il reste à préciser sa force et son champ d'application, à indiquer les personnes dont l'assuré doit répondre et à mesurer les éventuelles limitations de la garantie par l'assureur.

§ 1 ▪ Force et champ d'application

2430. Il est de jurisprudence constante que les dispositions de l'article L. 121-2 du Code des assurances, ancien article 13 de la loi du 13 juillet 1930, sont d'ordre public. Un arrêt de principe est venu très tôt affirmer que la prescription de l'article 13 (devenu art. L. 121-2, C. assur.) est impérative ; aussi, l'assimilation du fait des personnes dont l'assuré doit répondre à la faute personnelle de l'assuré, au point de vue de la garantie d'assurance, ne peut-elle être écartée par la convention (Civ., 23 juin 1942, D. 1942, jur. p. 151, note P. L.-P., p. 360). Il a été ajouté que cette assimilation intéresse l'ordre public (Crim., 28 déc. 1950, RGAT 1951. 183) et que la prescription de l'article L. 121-2 du Code des assurances ne peut pas être modifiée par convention (Civ. 1re, 18 janv. 1977, Bull. civ. I, n° 30 ; Civ. 1re, 4 nov. 1992, RGAT 1993. 144, note F. Vincent). Le caractère impératif du texte instaurant l'obligation pour l'assureur de couvrir le fait dommageable des personnes dont l'assuré doit répondre, explique qu'il n'est pas possible d'exclure conventionnellement du champ de la garantie la faute intentionnelle de ces personnes.

2431. Le texte de l'article L. 121-2 du Code des assurances prend place dans les développements relatifs aux dispositions générales gouvernant les assurances de dommages. Dans un premier temps la Cour de cassation a appliqué l'obligation d'assurance des personnes dont l'assuré doit répondre non seulement aux assurances de responsabilité, mais encore aux assurances de choses (Civ. 1re, 17 nov. 1993, Bull. civ. I, n° 324 ; RCA 1994, comm. n° 151 et chron. 11 par H. Groutel ; RGAT 1994. 518, note Ph. Rémy). La Haute juridiction a ensuite opéré un revirement de jurisprudence. Désormais, les dispositions de l'article L. 121-2 du Code des assurances « n'ont vocation à s'appliquer que si un tiers a été victime du fait d'une personne dont l'assuré est civilement responsable » (Civ. 1re, 5 déc. 2000, Bull. civ. I, n° 312 ; RCA 2001, chron. 8, par P. Vaillier ; RGDA 2001. 115, note L. Mayaux), c'est-à-dire aux assurances de responsabilité.

§ 2 ■ Gravité de la faute et personnes dont l'assuré doit répondre

A ■ Toutes fautes

2432. L'article L. 121-2 est particulièrement net, l'assureur doit couvrir pertes et dommages « quelles que soient la nature et la gravité des fautes de ces personnes ». L'assureur ne peut donc pas opposer le caractère intentionnel de la faute du tiers dont l'assuré doit répondre pour refuser sa couverture (Civ. 1re, 12 mars 1991, RGAT 1991. 633, note R. Bout). L'assureur devra garantir le commettant des conséquences civiles des blessures volontaires portées par un préposé à un tiers (Civ. 1re, 24 oct. 1973, Bull. civ. I, n° 279 ; RGAT 1974. 214, obs. A. Besson).

2433. L'assureur doit sa garantie lorsque les personnes dont l'assuré doit répondre ont agi sous l'empire d'un trouble mental (Civ. 1re, 26 nov. 1991, Bull. civ. I, n° 337 ; RCA 1992, comm. n° 74 ; RGAT 1992. 168, note R. Bout).

B ■ Personnes dont l'assuré doit répondre

2434. Comme nous l'avons mentionné précédemment, le texte du Code civil établit une série de responsabilité du fait d'autrui. Aux termes de l'article L. 121-2 du Code des assurances, l'assureur devra couvrir la responsabilité du père et de la mère du fait de leurs enfants (C. civ., art. 1384 al. 4), la responsabilité des maîtres et des commettants du fait de leurs domestiques et de leurs préposés (C. civ., art. 1384 al. 5) et la responsabilité des artisans du fait de leurs apprentis (C. civ., art. 1384, al. 6). Dès lors que l'assuré commettant voit sa responsabilité engagée sur le fondement de l'article 1384 alinéa 5 du Code civil, l'assureur doit sa garantie, quand bien même les auteurs des dommages volontaires sont des dirigeants, leur qualité de mandataires sociaux n'étant pas exclusive de celle de préposé (Civ. 1re, 27 mai 1986, Bull. civ. I, n° 134 ; RGAT 1986. 445, obs. J. Bigot). Dans ces circonstances il faut que les dirigeants aient également été placés dans un lien de préposition, notamment au regard de leurs fonctions techniques dans l'entreprise.

2435. L'instauration d'une responsabilité générale du fait d'autrui, sur le fondement de l'article 1384 alinéa 1er du Code civil, (Cass. Ass. plén., 29 mars 1991, Blieck, Bull. civ. ass. plén., n° 1 ; D. 1991, p. 324, note Ch. Larroumet) ajoute à la liste des responsabilités du fait d'autrui toutes les situations dans lesquelles un groupement ou une institution exerce un pouvoir de garde sur autrui. Ainsi les institutions ayant la charge de personnes handicapées ou de mineurs en difficulté deviennent-elles responsables du fait de ces personnes. L'assureur de ces institutions garantit également les fautes intentionnelles de leurs membres.

§ 3 ▪ Liberté contractuelle encadrée

2436. La jurisprudence a dû déterminer l'étendue de la règle impérative posée par l'article L. 121-2 du Code des assurances. Il a été décidé qu'en dehors des prescriptions légales impératives, le contrat d'assurance est régi par la convention des parties (Civ. 1re, 1er juill. 1986, D. 1987, somm. p. 179, obs. H. Groutel). On peut discerner une ligne de partage assez nette. Les clauses de définition de la garantie sont valables lorsqu'il s'agit de définir le risque garanti car cette limitation vaut tout autant pour l'assuré que pour les personnes dont il doit répondre. En revanche, les clauses qui visent à écarter précisément la couverture de la faute des personnes dont l'assuré doit répondre sont nulles.

A ▪ Limitation possible du risque garanti

2437. Il a toujours été admis que l'assureur pouvait limiter le champ d'application de sa garantie, cette limitation étant opératoire tant pour la responsabilité personnelle directe de l'assuré que pour sa responsabilité du fait d'autrui (Civ., 12 nov. 1940 ; JCP G 1941, II, 1640 ; Civ. 1re, 24 mars 1992, RGAT 1992. 347, note J. Kullmann). L'article L. 121-2 ne produit un effet qu'à l'intérieur du champ du contrat (Civ. 1re, 14 mai 1991, Bull. civ. I, n° 146 ; RCA 1991, comm. n° 307, note H. Groutel). Par conséquent, il faut donc comprendre que les limites de l'étendue de la garantie sont valables dès lors qu'elles concernent à la fois l'assuré et les personnes dont il doit répondre (Civ. 1re, 1er oct. 1986, Bull. civ. I, n° 227 ; RGAT 1987. 128, obs. R. Bout).

2438. L'assurance de responsabilité dite de « chef de famille » exclut valablement le risque découlant des accidents causés par des véhicules terrestres à moteur quel que soit le propriétaire ou le conducteur du véhicule (Civ. 1re, 1er juill. 1986, D. 1987, somm. p. 181, obs. H. Groutel). Lorsque l'assurance de responsabilité exclut la garantie des dommages causés par acte de terrorisme ou de sabotage, l'assureur peut refuser sa garantie à l'assuré dont la responsabilité est engagée comme parent de l'enfant mineur condamné pour de tels faits (Civ. 1re, 6 juin 1990, RGAT 1990. 622, note R. Bout). En effet, dans ce dernier cas l'exclusion, précise quant à son objet, était irréprochable car elle écarte, pour tous, une faute intentionnelle précise et non pas toutes les fautes intentionnelles commises par les personnes dont l'assuré doit répondre. De même que la clause selon laquelle la garantie ne s'applique pas pour les dommages consécutifs à une rixe doit recevoir application dès lors que qu'elle exclut la garanties pour une circonstance précise, indépendamment de la nature de la faute commise à cette occasion (Civ. 1re, 13 janv. 2004, Bull. civ. I, n° 14 ; RGDA 2004. 509, note Ph. Rémy). Toutefois, il a été jugé dans une autre affaire que si l'exclusion est valable, elle ne permet pas d'évincer la garantie de l'assureur qui doit couvrir tout sinistre dont l'assuré doit répondre dès lors qu'il est commis par un proche : « que l'auteur de la rixe ne peut être garanti du fait de l'exclusion de la rixe prévue au contrat, mais qu'en revanche, l'assureur doit garantie au civilement responsable, du fait de l'article L. 121-2 du Code des assurances, qui prévoit que l'assureur est garant des dommages causés par des personnes dont l'assuré est civilement responsable en vertu de l'article 1384 du Code civil, quelles que soient la nature et la gravité de la faute de ces personnes » (Civ. 2e, 5 oct. 2006, n° 05-11.823).

B ▪ Interdiction de l'exclusion directe ou indirecte de la garantie des fautes commises par les personnes dont l'assuré doit répondre

2439. La jurisprudence écarte toute clause qui permettrait à l'assureur d'éluder précisément sa garantie au titre des fautes commises par la personne dont l'assuré doit répondre. L'objectif de l'article L. 121-2 du Code des assurances est en premier lieu d'empêcher que l'assureur n'instaure une discrimination entre l'assuré et les personnes dont il doit répondre (l'assuré est débiteur de la créance de responsabilité dans tous les cas) afin de garantir l'indemnisation des victimes. Le texte instaure en outre une couverture de toute faute commise par ces personnes, y compris intentionnelle. Nous ne pensons donc pas que des clauses pourraient permettre d'évincer les fautes intentionnelles des personnes dont l'assuré doit répondre (comp. J. Kullmann, *Lamy Assurances* 2008, n° 179 et s.). En outre et surtout, au regard de la jurisprudence de la Cour de cassation (Civ. 1re, 12 mars 1991, Bull. civ. I, n° 87 ; JCP G 1991, II, 21732, note J. Bigot) et du caractère d'ordre public de l'article L. 121-2 du Code des assurances, il nous paraît impossible qu'un contrat écarte la garantie des personnes dont l'assuré doit répondre pour la limiter au seul fait de l'assuré (dans le même sens, L. Mayaux, op. cit. n° 1166 ; contra J. Kullmann, *Lamy Assurances* 2008, n° 179). La Cour de cassation a ainsi rappelé qu'une clause de la police d'assurance ne saurait exclure directement ou indirectement la garantie de l'assuré déclaré civilement responsable d'une faute intentionnelle de la personne dont il doit répondre (Civ. 2e, 8 mars 2006, Bull. civ. II, n° 67 ; Civ. 2e, 5 oct. 2006, RCA 2006, comm. n° 384, obs. H. Groutel).

2440. Les assureurs introduisent parfois dans la détermination du champ de la garantie une limitation aux seuls accidents provoqués par leurs assurés. Une telle stipulation revient à écarter la faute intentionnelle car, par essence, celle-ci n'est pas accidentelle, mais volontaire. La Cour de cassation écarte ces clauses en affirmant que la disposition limitant la garantie aux accidents, non en ce qu'ils seraient provoqués par le souscripteur assuré, mais en ce qu'ils le seraient par des personnes dont ledit souscripteur est civilement responsable, est contraire à l'article L. 121-2 du Code des assurances (Civ. 1re, 12 mars 1991, Bull. civ. I, n° 87 ; JCP G 1991, II, 21732, note J. Bigot). La clause d'exclusion indirecte est donc opposable à l'assuré, mais nulle à l'égard des personnes dont il doit répondre car elle vise à exclure la garantie de leur fait intentionnel. Rappelons ici que la règle posée par l'article L. 121-2 du Code des assurances se justifie par la persistance d'un aléa dans la relation entre l'assureur et l'assuré ; ce dernier n'étant pas à l'origine de la faute intentionnelle. Il a été tiré les conséquences de la nullité de la clause de limitation de la garantie aux seuls « accidents ». Malgré la présence d'une telle clause, l'assureur doit garantir les conséquences civiles des actes criminels des personnes dont l'assuré doit répondre (Civ. 1re, 3 févr. 1993, Bull. civ. I, n° 53 ; RCA 1993, comm. n° 180 ; Civ. 1re, 12 déc. 1995, RCA 1996, comm. n° 104, note G. Courtieu). Il a été décidé que l'assureur ne peut pas refuser de garantir l'assuré, déclaré civilement responsable de vols commis par son fils, au motif que le contrat ne garantit que les accidents et que le vol ne saurait être assimilé à un accident (Civ. 1re, 24 mars 1992, RCA 1992, comm. n° 243, chron. n° 21 par H. Groutel ; RGAT 1992. 347, note J. Kullmann ; contra, Civ. 1re, 3 juin 1986, Bull. civ. I, n° 146 ; RGAT 1986. 457).

2441. La clause qui exclut la garantie des faits relevant du tribunal pour enfants vise, en réalité, à éliminer la couverture des faits délictueux de l'enfant de l'assuré ; cette clause a été déclarée inopposable à l'assuré comme contrevenant à l'article L. 121-2 du Code des assurances (Civ. 1re, 17 déc. 1991, RGAT 1992. 170, note R. Bout).

Titre 2 ■ La vie du contrat d'assurance

■ Sous-titre 1
La modification du risque

■ Chapitre 1
La modification du contrat

BIBLIOGRAPHIE

L'Argus de l'assurance

Ouvrages. – J. Landel, *Lexique des termes d'assurance*, L'Argus éd., 2014. – F. Couilbault, S. Couilbaut-Di Tommaso, V. Huberty, *Les grands principes de l'assurance*, L'Argus éd., 2015. - J. Bigot (sous dir.), *Code des assurances*, L'Argus, éd.

Articles. – S. Corone, La proposition, un acte important dans la vie du contrat, L'Argus, 3 nov. 2000, p. 53 ; Comment gérer les modifications du contrat, L'Argus, 20 oct. 2006, p. 52. - G. Defrance, L'acceptation par le silence de l'assureur, Dossier jur. et tech., L'Argus, 26 déc. 1995, p. 1 ; La déclaration d'aggravation de risque, Dossier jur. et tech., L'Argus, 26 sept. 1997, chron., p. 1. ; La nécessaire information sur les restrictions de garantie, Dossiers jur., L'Argus 27 mai 2005, p. 1.

Autres documentations

Ouvrages. – Rép. Civ. Dalloz, V° Assurances terrestres, par L. Mayaux, n° 240-250. – *Traité de droit des assurances*, t. 3, « le contrat d'assurance », J. Bigot (dir.), n° 749-805. – J. Kullmann (sous dir.), *Lamy Assurances*, 2011 - A. Favre Rochex, *Le droit du contrat d'assurance terrestre*, LGDJ, coll. « Droit des affaires », LGDJ, 1998. – Y. Lambert-Faivre et L. Leveneur, *Droit des assurances*, Dalloz, coll. « Précis », 12e éd., 2005. – *Code des assurances*, Dalloz.

Articles. – A. Besson, Modifications conventionnelles apportées à un contrat d'assurance en cours, RGAT 1957, p. 357. – G. Courtieu, Modification du contrat et silence de l'assureur, JCP 1996, I, n° 556.

2442. Le contrat d'assurance est un contrat dont l'exécution se déroule dans le temps. En effet, si la majorité des contrats conclus par les particuliers (multirisques habitation, assurance automobile) le sont en général pour une durée de un an, le jeu de la tacite reconduction peut, en l'absence de manifestation contraire de volonté de la part des parties, conduire le contrat à se renouveler pendant de nombreuses années.

2443. Durant toute la vie du contrat, de nombreuses circonstances peuvent survenir, du fait de l'assureur ou de l'assuré, affectant notamment le risque assuré ou les garanties accordées. L'assuré peut, par exemple, vouloir que de nouveaux biens bénéficient de son contrat multirisques habitation ou encore, l'assureur peut vouloir modifier les garanties qu'il propose. Il est alors nécessaire de procéder à une modification du contrat.

2444. Une modification du contrat constitue un changement que les parties conviennent d'apporter, en cours d'exécution, à un ou plusieurs éléments du contrat qui les lie, sans le détruire (sur la notion de modification, V. A. Ghozi, La modification de l'obligation par la volonté des parties, LGDJ, 1980, n° 26). La modification peut porter sur un élément essentiel du contrat (adjonction d'un nouveau risque, par exemple) ou sur un élément non essentiel (modification du montant d'une franchise, par exemple). Cette distinction s'avère importante pour l'application de l'article L. 112-2, alinéa 5, du Code des assurances. La modification du contrat peut avoir lieu à l'initiative de l'assureur ou de l'assuré.

2445. Il faut noter que des garanties nouvelles sont parfois imposées par la loi. Par exemple, par la loi du 13 juillet 1982, le législateur a rendu obligatoire la garantie des catastrophes naturelles (V. C. assur., art. L. 125-1). Ainsi les contrats d'assurance garantissant « les dommages d'incendie ou tous autres dommages à des biens situés en France, ainsi que les dommages aux corps de véhicules terrestres à moteur » doivent-ils obligatoirement comporter la garantie des catastrophes naturelles (V. chapitre 4, L'assurance des catastrophes naturelles et technologiques). Dans de telles hypothèses, l'assuré ne peut pas refuser la garantie.

Section 1 ▪ Régime général

§ 1 ▪ Causes de la modification

2446. La modification du contrat peut se faire à l'initiative du souscripteur ou de l'assureur. Notamment l'assureur peut vouloir procéder à une modification d'une police d'assurance ancienne. Une telle modification va, le plus souvent, dans le sens d'une augmentation des garanties proposées, par exemple par l'adjonction d'une nouvelle garantie, l'augmentation d'un plafond de garantie ou la suppression d'une exclusion. La modification peut aussi parfois se traduire par la suppression d'une garantie, ou bien l'accroissement d'une franchise.

2447. L'assureur peut aussi procéder à une augmentation des primes d'assurance. Une telle augmentation peut être consécutive à une modification du contrat par adjonction de nouvelles garanties. Même en l'absence d'adjonction de nouvelles garanties, l'assureur peut vouloir procéder à une réévaluation de la prime, notamment pour des raisons d'ordre technique (sinistralité importante pour certains risques...).

§ 2 ▪ Conditions de la modification

A ▪ Présence d'une clause d'adaptation

2448. L'adaptation du contrat à l'évolution du risque et de la cotisation peut être prévue dès la conclusion du contrat. On considère alors qu'en acceptant le contrat, le souscripteur a accepté son adaptation périodique. Il est en effet possible d'indexer le contrat d'assurance, ce qui signifie faire varier le montant des garanties et des primes en fonction de l'évolution d'un critère de référence appelé indice. La variation est alors proportionnelle à l'évolution de l'indice retenu entre la conclusion du contrat et l'échéance annuelle ; il s'agit une variation automatique qui ne nécessite pas un nouvel accord des parties. L'indexation est très fréquemment utilisée pour les contrats multirisques habitation.

2449. Par exemple, au 1er février 2011, le capital mobilier garanti est de 20 000 €. Supposons que l'indice choisi, celui du coût de la construction, soit alors de 609.2. Au 1er février 2012, l'indice du coût de la construction est de 632.7. Dès lors, au 1er février 2012, le capital mobilier garanti sera de 20 000 x 632.7/609.2 = 20 771,5 €.

2450. Il est indispensable que la valeur assurée soit suffisante pendant toute la durée du contrat. Or les assurés ne pensent pas toujours à réactualiser les montants garantis ; c'est pourquoi, il est très souvent prévu une indexation de ce montant, jouant automatiquement.

2451. La clause d'indexation n'est valable qu'à certaines conditions. Ainsi, l'article L. 112-2 du Code monétaire et financier prévoit qu'« est interdite toute clause prévoyant des indexations fondées sur le salaire minimum de croissance, sur le niveau général des prix ou des salaires ou sur les prix des biens, produits ou services n'ayant pas de relation directe avec l'objet du statut ou de la convention ou avec l'activité de l'une des parties. Est réputée en relation directe avec l'objet d'une convention relative à un immeuble bâti toute clause prévoyant une indexation sur la variation de l'indice national du coût de la construction publié par l'Institut national des statistiques et des études économiques » (Soc., 18 mars 1992, Bull. V, n° 188, décidant qu'est illicite l'indexation d'un salaire sur le SMIC).

2452. Pour être valable la clause d'indexation doit donc prévoir un indice en relation directe avec le risque objet du contrat. Ainsi, en pratique les assureurs utilisent couramment l'indice du coût de la construction de la FFB (Fédération Française du Bâtiment), publié trimestriellement, pour les contrats d'assurance multirisques habitation.

B ▪ Exigence d'un nouvel accord de volonté

2453. Toute modification apportée au contrat d'assurance nécessite un nouvel accord de volontés des parties (Civ. 1re, 29 janv. 1980, D. 1980, somm. p. 516, Cl.-J. Berr et H. Groutel). Ainsi, une des parties, que ce soit l'assureur ou le souscripteur (en dehors du mécanisme instauré par l'article L. 112-2, alinéa 5 du Code des assurances, V. Chap. 2, L'aggravation du risque) ne pourrait pas modifier le contrat sans obtenir l'accord de l'autre. En effet, le principe du consensualisme (c'est-à-dire que le contrat est conclu par le seul échange des consentements), qui préside à la conclusion du contrat d'assurance, s'applique aussi à sa modification. La demande de modification ne peut émaner que de l'un des contractants, et non d'un tiers au contrat, même s'il est intéressé, tel que le bénéficiaire d'un contrat d'assurance vie ; il y a en effet application du principe de l'effet relatif des contrats (C. civ., art. 1165).

2454. Conformément aux principes du droit commun des contrats, la demande de modification constitue une offre de contracter. Dès lors elle doit être ferme, c'est-à-dire indiquer la volonté de son auteur d'être lié en cas d'acceptation, et précise, c'est-à-dire contenir les éléments essentiels du contrat projeté (V. pour une proposition qui ne mentionnait aucune des nouvelles conditions générales introduites par l'assureur, Civ. 1re, 29 janv. 1980, D. 1980, somm. p. 516, Cl.-J. Berr et H. Groutel). La demande de modification pourra être faite par écrit (lettre, envoi de l'avis d'échéance, internet...) ou par oral, à défaut d'exigence textuelle.

2455. Une difficulté surgit lorsque l'assuré qui demande une modification du contrat n'indique pas le nouveau montant de la prime devant s'appliquer, seul l'assureur étant en mesure de calculer la prime. Peut-on alors considérer que la proposition est suffisamment précise pour donner naissance à un nouvel accord en cas d'acceptation par l'assureur ? La jurisprudence semble le penser (Civ 1re, 22 avr. 1992, RGAT 1992. 497, note R. Maurice). La demande de modification pourra être faite par écrit (lettre, envoi de l'avis d'échéance, internet...) ou par oral, à défaut d'exigence textuelle.

2456. L'acceptation de l'assuré à la modification du contrat peut être expresse ou tacite. Le paiement d'une cotisation majorée par l'assuré, à la suite d'une demande de modification émanant de l'assureur, notamment d'une circulaire envoyée à l'ensemble des assurés, annonçant des modifications, peut être ainsi analysée comme une acceptation tacite de la modification (Civ. 1re, 11 juin 1985, RGAT 1985. 537 : dans cet arrêt, la Cour de cassation sanctionne une cour d'appel qui avait décidé que la modification du contrat initial « n'aurait pu résulter que d'un avenant formel à la police litigieuse » ; elle considère en effet que la cour d'appel aurait dû rechercher « si le consentement de l'assuré aux nouvelles dispositions annoncées ne résultait pas, dans de telles conditions, du paiement de la prime majorée »).

2457. L'article L. 112-2, alinéa 5, du Code des assurances, prévoit que le silence gardé par l'assureur dans les dix jours d'une proposition de l'assuré faite par lettre recommandée, de prolonger, de modifier, ou de remettre en vigueur un contrat suspendu, vaut acceptation de cette proposition. Cette règle ne vaut que dans un sens. Ainsi le silence gardé par l'assuré à la suite d'une proposition de l'assureur de modifier le contrat ne pourrait pas être considéré comme valant acceptation. Cette différence de traitement s'explique sans doute par le fait que l'assureur est un professionnel pouvant facilement apprécier la teneur de la proposition faite. En revanche l'assuré est en règle générale un profane en matière d'assurance, ayant souvent besoin d'être assisté pour analyser la proposition de l'assureur ; son silence ne peut donc être assimilé à une acceptation.

2458. L'assureur procède parfois par le biais d'une circulaire envoyée à l'ensemble des assurés, les informant des modifications apportées au contrat. Toutefois le plus souvent les assureurs utilisent l'avis d'échéance pour avertir leurs assurés des modifications apportées au contrat (modification du plafond de garantie, du montant de la franchise...) et, notamment, des hausses de tarifs. L'utilisation de ce procédé est justifiée par la difficulté matérielle d'obtenir expressément l'accord de chaque assuré et d'établir un avenant avec lui. Le simple envoi d'un tel avis d'échéance ne suffit pas à établir la modification du contrat ; en vertu du droit commun des contrats, la modification ne sera valable que s'il existe un accord des parties. Dès lors, l'assureur devra établir l'acceptation, même tacite de l'assuré. S'il échoue à apporter une telle preuve, la modification ne pourra pas être opposée à l'assuré. Conformément à la jurisprudence précitée de la Cour de cassation (Civ. 1re, 11 juin 1985, RGAT 1985. 537), l'acceptation tacite de l'assuré pourra résulter du paiement de la cotisation majorée.

2459. Certains arrêts de la Cour de cassation ont admis que le taux d'intérêt conventionnel soit mentionné sur un relevé de compte envoyé à l'emprunteur, l'acceptation tacite du titulaire du compte résultant alors de la réception sans protestation du relevé (V., par exemple, Com., 18 févr. 1997, Bull. IV, n° 52). Il faut cependant qu'un écrit, par exemple la convention de compte, prévoit que le taux d'intérêt pratiqué sera mentionné sur le relevé de compte. En transposant cette jurisprudence au droit des assurances, il serait possible de raisonner de la manière suivante : dès lors que l'assureur et le sociétaire seraient d'accord sur le fait d'utiliser l'avis d'échéance pour proposer des modifications, l'assureur pourrait déduire de l'absence de protestation de la part du sociétaire son acceptation aux modifications apportées via l'avis d'échéance.

2460. Dans la plupart des contrats d'assurance, au moins automobile et multirisques habitation, une disposition contractuelle vient préciser que l'assuré dispose, à compter de l'avis d'échéance qui l'avertit de la hausse de tarif, d'un délai de trente jours pour résilier son contrat. À défaut d'une telle disposition, l'assuré ne peut pas mettre fin au contrat, l'avis d'échéance lui parvenant généralement trop tard pour qu'il puisse résilier à l'échéance, en respectant le délai de préavis de deux mois. Dès lors, si l'assuré n'accepte pas la modification, même tacitement, le contrat doit continuer jusqu'à la prochaine échéance annuelle, sur les bases de l'ancien tarif.

2461. C'est à l'auteur de la demande de modification, se prévalant de cette modification du contrat, assureur ou souscripteur, d'établir l'acceptation de son cocontractant, conformément à l'article 1315, alinéa 1, du Code civil.

2462. La preuve de la modification du contrat doit normalement être apportée par la production d'un avenant (Civ. 1re, 6 juin 1990, RGAT 1990. 541, note R. Maurice) ; l'article L. 112-3 du Code des assurances déclare en effet que « toute addition ou modification au contrat d'assurance primitif doit être constatée par un avenant signé des parties ». La modification est en principe effective à la date portée sur l'avenant (V. pour une hypothèse d'avenant antidaté, Civ. 2e, 2 avr. 2009, RCA 2009, comm. n° 198). Traditionnellement, l'avenant ne constituait qu'un des moyens de preuve susceptibles d'être utilisés ; la preuve de la modification pouvait être apportée par tout autre écrit, tel que, par exemple, un échange de lettre. Il faut observer que la jurisprudence semble désormais exiger que l'avenant soit nécessairement signé (V, sur un problème de signature du gérant et d'engagement d'une société sur le fondement du mandat apparent, Civ. 2e, 6 mars 2008, n° 06-20.894, RGDA 2008. 322, note S. Abravanel-Joly). Ainsi la deuxième Chambre civile a pu affirmer que « lorsque l'assureur, à l'occasion de la modification du contrat primitif, subordonne sa garantie à la réalisation d'une condition, il doit rapporter la preuve qu'il a précisément porté cette condition à la connaissance de l'assuré » et que l'absence de signature de l'avenant par l'assuré empêche l'assureur d'apporter cette preuve (Civ. 2e, 21 avr. 2005, H. Groutel, L'information de l'assuré : de nouvelles avancées ? RCA 2005, chron. n° 11 ; V. aussi Civ. 2e, 24 mai 2006, RCA 2006, comm. n° 320 ; Civ. 2e, 6 mars 2008, RGDA 2008. 322, note S. Abravanel-Jolly). Sur le rappel de l'exigence d'un avenant signé pour établir que l'assuré avait accepté la restriction de garantie émanant de l'assureur : Civ. 2e, 17 mars 2011, n° 10-16.553).

2463. Dans les assurances de groupe, les conditions de modification peuvent obéir à des règles spécifiques, destinées à assurer l'opposabilité aux adhérents des modifications apportées au contrat de groupe conclu entre l'assureur et le souscripteur. En la matière, tous les contrats collectifs n'obéissent pas aux mêmes règles. Ainsi, pour les assurances de groupe relevant du Code des assurances, l'article L. 141-4, alinéa 2, dans sa rédaction issue de la loi du 15 décembre 2005, prévoit que « le souscripteur est tenu d'informer par écrit les adhérents des modifications apportées à leurs droits et obligations, trois mois au minimum avant la date prévue de leur entrée en vigueur. L'adhérent peut dénoncer son adhésion en raison de ces modifications. La faculté de dénonciation n'est pas offerte à l'adhérent lorsque le lien qui l'unit au souscripteur rend obligatoire l'adhésion au contrat ». Toutefois, ces dispositions ne sont pas applicables à tous les contrats d'assurance de groupe, notamment à ceux ayant pour objet la garantie de remboursement d'un emprunt et qui sont régis par des lois spéciales. Pour la question de l'application dans le temps de la loi de 2005, V. Civ. 2e., 3 mars 2016, n° 15-13.027.

Section 2 ▪ Acceptation par le silence de l'assureur

2464. Le Code des assurances soumet l'aggravation et la diminution du risque assuré, qui sont à l'origine d'une modification du contrat puisque le risque se trouve modifié, a un régime particulier. Ce ne sont pourtant pas les seules modifications du contrat qui peuvent survenir à l'initiative de l'assuré. Les modifications que l'assuré peut souhaiter sont en effet très diverses : adjonction d'une nouvelle garantie, suppression d'une exclusion, modification d'un plafond de garantie... Ces modifications obéissent à l'article L. 112-2, alinéa 5, du Code des assurances, qui confère, à certaines conditions, valeur d'acceptation au silence gardé par l'assureur.

§ 1 ▪ Principe

2465. L'article L. 112-2, alinéa 5, du Code des assurances, met en place une procédure spécifique de modification du contrat lorsque l'assuré fait à l'assureur une proposition de prolonger, de modifier ou de remettre en vigueur un contrat suspendu ; cette proposition est en effet considérée comme acceptée si l'assureur ne la refuse pas dans les dix jours après qu'elle lui est parvenue. Le silence de l'assureur pendant dix jours est ainsi considéré comme valant acceptation de la modification.

2466. Cette règle vient déroger au droit commun des contrats, selon lequel le silence ne vaut pas en principe acceptation. Cette exception doit être justifiée par le fait que l'assureur et l'assuré sont d'ores et déjà engagés dans une relation contractuelle et l'assuré, s'il veut apporter une modification au contrat, n'a pas la possibilité de s'adresser à un autre assureur ; dès lors « l'équité la plus élémentaire exige que l'assureur ne puisse laisser en suspens à sa seule convenance des propositions qui lui sont faites obligatoirement et qui ne peuvent être faites qu'à lui » (Trasbot, Commentaire de la loi du 13 juillet 1930, DP 1931, IV, p. 1).

2467. Dans l'hypothèse d'une acceptation de la modification par le silence gardé par l'assureur pendant dix jours, la preuve de la modification pourra être apportée par la lettre recommandée de proposition de modification adressée par l'assuré ; dans cette hypothèse, il n'est en effet pas besoin d'un avenant puisque l'acceptation résulte du silence de l'assureur.

§ 2 ▪ Domaine d'application de la règle

2468. L'article L. 112-2 du Code des assurances précise que la règle spécifique qu'il pose en cas de modification du contrat à l'initiative de l'assuré n'est pas applicable aux assurances sur la vie (Civ. 1re, 25 mai 1992, RGAT 1992, note J. Kullmann).

2469. Comme le précise l'article L. 112-2 du Code des assurances, la proposition de l'assuré peut avoir pour effet de prolonger un contrat à durée déterminée, lorsqu'il est arrivé à échéance. Cette hypothèse ne trouve toutefois que peu d'applications pratiques puisque les contrats d'assurance contiennent en règle générale une clause de tacite reconduction dont le jeu entraîne une reconduction automatique du contrat à l'échéance, en l'absence de manifestation de volonté contraire de la part de l'assureur ou du souscripteur (V. Chapitre 1, La tacite reconduction). Seule sera donc concernée l'hypothèse d'un contrat à durée déterminée ne comportant pas de clause de tacite reconduction. Tel était le cas dans l'affaire ayant donné lieu à un arrêt de la deuxième Chambre civile de la Cour de cassation du 5 juillet 2006. En l'espèce quelque temps avant l'expiration de son contrat conclu pour une durée d'un an, sans tacite reconduction, l'assurée en avait demandé le renouvellement à l'assureur. Pour la Cour d'appel, « la proposition de renouvellement n'entrait pas dans les prévisions des dispositions de l'article L. 112-2 du Code des assurances, de sorte que le silence de l'assureur ne peut valoir acceptation » et « le renouvellement exigeait la conclusion d'un nouveau contrat qui n'a pas eu lieu ». Censure de la Cour de cassation. Pour la deuxième Chambre civile en effet, la demande formée par l'assurée en cours de contrat et en l'absence de tacite reconduction « constituait une demande de prolongation d'une année » et, à ce titre, entrait dans le champ d'application de l'article L. 112-2, alinéa 5, du Code des assurances (Civ. 2e, 5 juill. 2006, RCA 2006, comm. n° 280, obs. H. Groutel). Dans une telle hypothèse se pose toutefois la question de la durée du contrat prolongé par le silence de l'assureur. En effet l'article L. 113-15 du Code des assurances prévoyant que la durée du contrat reconduit ne peut être supérieure à un an ne s'applique qu'au cas de la tacite reconduction. Sans doute peut-on penser que la durée du contrat prolongé doit être identique à celle du contrat initial (telle est la solution retenue en l'espèce, mais la durée du contrat arrivant à expiration était justement d'un an !) ; il faudra toutefois attendre une confirmation explicite de la Cour de cassation pour considérer cette solution comme acquise. Il ne trouve à s'appliquer en cas de remise en vigueur d'un contrat suspendu. Il s'agira notamment de l'hypothèse de la suspension du contrat à la suite de l'aliénation d'un véhicule terrestre à moteur. Dès lors, le silence de l'assureur pendant dix jours vaut acceptation de la proposition de l'assuré de remettre en vigueur le contrat sur une nouvelle voiture (Civ. 1re, 21 mai 1975, Bull. civ. I, n° 165).

2470. L'article L. 112-2 du Code des assurances ne trouve pas à s'appliquer en cas de suspension de la garantie en raison du non-paiement des cotisations. En effet, dans cette hypothèse, il s'agit d'une suspension de la garantie et non du contrat, qui ne peut être remise en vigueur que par le paiement de la cotisation impayée.

2471. La jurisprudence retient une conception très large du domaine de l'article L. 112-2 du Code des assurances et décide qu'il s'applique à toute proposition de modification du contrat « quelques puissent en être la nature et la portée » (Civ. 1re, 15 juin 1999, L'Argus, 26 nov. 1999, p. IV, note G. Defrance). Ainsi, par exemple, si l'assuré demandait une nouvelle garantie, par exemple le vol, que son contrat ne contenait pas, le silence de l'assureur pendant dix jours vaudrait acceptation de cette garantie, sans que l'assureur ait évalué le risque.

2472. Deux conceptions de l'objet de la modification étaient envisageables. D'une part, une conception élargie de la modification, selon laquelle la demande de modification susceptible d'être acceptée par le silence de l'assureur peut porter sur tous les éléments du contrat, même essentiels. D'autre part, une conception restrictive, selon laquelle la demande de modification ne peut porter que sur des éléments non essentiels du contrat. La question de l'adjonction au contrat d'un risque nouveau a notamment fait l'objet de nombreuses discussions. Si l'on opte pour la conception restrictive de la modification, la demande d'adjonction d'un risque nouveau n'entre pas dans le champ d'application de l'article L. 112-2 du Code des assurances ; en revanche, si l'on choisit la conception extensive, une demande de modification relative à un risque nouveau sera considérée comme acceptée si l'assureur garde le silence pendant dix jours. La jurisprudence a oscillé entre ces deux conceptions.

2473. Dans un premier temps, la jurisprudence avait, semble-t-il, opté pour une conception extensive. Ainsi, dans un arrêt du 26 juin 1961, la Chambre civile de la Cour de cassation déclarait que « la généralité des termes de l'article 7 (anc. art. L. 112-2), lequel est d'ordre public, interdit d'introduire des distinctions entre les diverses modifications possibles du contrat » (Civ., 26 juin 1961, D. 1962, II, 582, note A. Besson). Cette conception a ainsi pu la conduire à considérer que rentrait dans le cadre de l'article L. 112-2 du Code des assurances l'adjonction du risque de vol à celui d'incendie pour la couverture d'un magasin (Civ. 1re, 28 nov. 1978, RGAT 1979. 344, note A. Besson).

2474. La jurisprudence s'est par la suite prononcée en faveur de la conception restrictive en opérant toutefois, semble-t-il, une distinction entre modification du risque-objet ou modification du risque-événement. Le risque-événement vise l'événement incertain susceptible de provoquer le sinistre (incendie, décès...), tandis que le risque-objet vient désigner l'objet de la garantie, c'est-à-dire, par exemple, l'élément du patrimoine (habitation, véhicule...) ou la personne menacés par le risque-événement (Sur cette distinction, V. Y. Lambert-Faivre et L. Leveneur, *Droit des assurances*, Dalloz 12e éd., n° 310). Ainsi, la Cour de cassation a pu décider, dans un arrêt du 13 mars 1990, que l'extension de la garantie contre le vol d'un contrat d'assurance automobile couvrant la responsabilité civile tendait « non à la modification du contrat, mais à l'adjonction d'un risque entièrement différent » et que, par conséquent, l'article L. 112-2 n'était pas applicable à ce nouveau risque-événement (Civ. 1re, 13 mars 1990, 2e esp., RGAT 1990. 308, note H. Margeat et J. Landel). En revanche, l'article L. 112-2 du Code des assurances pourrait trouver application dans l'hypothèse d'une demande de modification tendant à la garantie d'un nouveau bien, en fonction de l'importance de ce bien. Ainsi a-t-il pu être décidé qu'en cas de simple changement du véhicule assuré, le silence de l'assureur valait consentement (Crim., 1er mars 1990, 1re esp., RGAT 1990. 308, note H. Margeat et J. Landel). En revanche, il a été jugé que l'extension d'une police incendie, couvrant un magasin d'antiquités, à un autre local, un atelier de réparation, « ne pouvait s'analyser en une modification de ce contrat (...), mais réalisait la garantie d'un risque nouveau rendant nécessaire une proposition nouvelle de contrat » ; il semble que ce soit la valeur, importante, des biens présents dans l'atelier qui ait commandé cette solution (Civ. 1re, 11 janv. 1989, RGAT 1989. 318).

2475. Dans un arrêt de la première Chambre civile du 11 octobre 1994, la Cour de cassation a décidé que l'article L. 112-2 du Code des assurances ne fait aucune distinction entre les diverses modifications possibles du contrat et « qu'il importe peu, dès lors, que la modification demandée par l'assuré porte sur l'adjonction d'un risque nouveau par rapport au risque initial » (Civ. 1re, 11 oct. 1994, RGAT 1994. 1122, note J. Kullmann). Cette solution a été confirmée à de multiples reprises depuis (Civ. 1re, 14 nov. 1995, RGDA 1996. 67, note A. Favre Rochex ; Civ. 1re, 9 déc. 1997, D. 1999, comm. p. 232, obs. H. Groutel ; Civ. 2e, 3 mai 2006, RCA 2006, comm. n° 279, note H. Groutel, relatif au remplacement de l'immeuble assuré par un autre immeuble situé à une autre adresse et d'une surface trois fois plus importante que l'immeuble initialement garanti), la Cour de cassation ayant opté pour une formulation très claire : « sauf le cas de l'assurance sur la vie, une proposition, quelles qu'en puissent être la nature et la portée, de modifier un contrat, faite par l'assuré, par lettre recommandée à son assureur, constitue la modification prévue par l'article L. 112-2, alinéa 5, du Code des assurances).

2476. La conception extensive retenue par la jurisprudence est très protectrice de l'assuré ; en effet l'assuré, le plus souvent profane en matière d'assurance, ne fait que rarement la différence entre risque nouveau et simple modification d'un élément non essentiel ; dès lors, si la conception restrictive était retenue, il courrait le risque de se croire garanti alors qu'il ne l'est pas. De plus, comme le souligne la Cour de cassation dans son rapport pour 1994, « il n'est pas possible de définir un critère prétorien simple entre ce qui constituerait une simple modification d'une police et ce qui serait en réalité un nouveau contrat » (Rapp. de la Cour de cassation pour 1994, Doc. Fr., p. 366). Cette solution est toutefois juridiquement contestable. En effet, comme on a pu le souligner (V. Y. Lambert-Faivre, L. Leveneur, *Droit des assurances*, Dalloz 12e éd., 2005, n° 232), l'extension de la garantie à un nouveau risque constitue un changement essentiel de l'objet du contrat. Or, toute modification substantielle de l'objet de l'obligation constitue une novation par changement d'objet qui, en vertu de l'article 1273 du Code civil, ne se présume pas : elle ne peut donc pas résulter du seul silence de l'assureur. En pratique, avec l'article L. 112-2, alinéa 5, du Code des assurances, l'assureur doit être très vigilant lorsqu'il reçoit une demande de l'assuré par lettre recommandée avec accusé de réception.

2477. Il est à noter que le mécanisme d'acceptation tacite par l'assureur des demandes de modifications du contrat d'assurance organisé par l'article L 112-2, alinéa 5 du Code des assurances ne concerne que les garanties accordées, quelles qu'elle soient, mais non la mise en œuvre de ces garanties dès lors qu'elles sont acquises par la réalisation du risque couvert : ainsi l'assuré ne peut pas demander, pour un sinistre venant de se produire, la transformation de la rentre prévue au contrat en capital (Civ. 2e, 30 juin 2011, n° 10-21.463, RGDA 20011, p. 952, obs. J. Kullmann ; par analogie avec cette décision il a pu être décidé que le mécanisme ne concerne pas la mise en œuvre du paiement d'une prime annuelle dès lors que celle-ci a commencé à courir, bien que l'arrêt ne soit pas aussi clairement rédigé : V. Civ. 2e, 3 oct. 2013, n° 12-21.127, RCA 2014, Comm. n° 33, note H. Groutel).

§ 3 ■ Conditions d'application de la règle

A ■ Conditions de fond

2478. Une demande de modification d'un contrat ne se conçoit que d'un contrat déjà en cours. Par conséquent, une demande d'adhésion à un contrat d'assurance ne peut se voir appliquer l'article L. 112-2 du Code des assurances, puisque le contrat n'est pas encore en vigueur (Civ. 1re, 4 mars 1986, RGAT 1986. 351). De même lorsqu'un contrat a été résilié, le fait de demander la reprise du contrat ne relève pas de l'article L. 112-2, faute de contrat en cours (Crim., 31 mai 1990, RCA comm. n° 302).

2479. La demande de l'assuré doit constituer une véritable demande de modification du contrat d'assurance ; la résiliation du contrat ne peut donc être demandée par la procédure prévue par l'article L. 112-2, alinéa 5 du Code des assurances (Civ. 1re, 22 juill. 1986, RGAT 1986. 533, obs. J. Bigot). De même, ne constitue pas une demande de modification une demande de renseignements relative à une éventuelle extension de garantie (Civ. 1re, 13 janv. 1987, RGAT 1987. 54).

2480. La proposition de modification du souscripteur doit être précise ; cela implique qu'elle contienne les éléments essentiels du contrat ; comme l'affirme la Cour de cassation, « la proposition de l'assuré tendant à modifier le contrat d'assurance doit être suffisamment précise pour constituer la pollicitation susceptible d'entraîner l'application du texte susvisé » (Civ. 1re, 8 oct. 1959, D. 1960, II, 5, note A. Besson). Cette exigence de précision de la proposition de modifier constitue une application du droit commun des contrats ; en effet cette proposition doit être analysée comme une offre de contracter ; dès lors, comme toute offre, elle doit être, comme l'exigent les tribunaux, ferme et précise (Civ. 3e, 27 juin 1973, Bull. civ. III, n° 446 ; Com., 6 mars 1990, JCP 1990, II, 21583, note B. Gross). Une difficulté a surgi sur le point de savoir si la proposition de modification devait indiquer le montant de la cotisation. La Cour de cassation décide que « l'acceptation tacite de la modification de la police demandée par l'assuré n'est pas subordonnée à la fixation de la prime » (Civ. 1re, 14 nov. 1995, RGAT 1996. 67, note A. Favre Rochex ; Civ. 1re, 7 juill. 1992, RGAT 1992. 819, note F. Vincent ; Civ. 1re, 5 nov. 1974, RGAT 1975. 206, note A. Besson).

2481. Elle justifie sa décision par sa volonté de ne pas subordonner la validité de la proposition à une condition que le texte ne pose pas. Toutefois, en tant qu'offre, la proposition de modification doit, conformément au droit commun, contenir les éléments essentiels du contrat projeté. Dès lors, il semblerait normal qu'elle indique le montant de la cotisation. De plus, sans indication de montant, la fixation ultérieure de la cotisation risque de se révéler délicate. Doit-on en effet considérer que l'ancienne cotisation doit être maintenue, ou bien, ce qui semble le plus logique, que l'assuré s'en remet par avance au tarif pratiqué par l'assureur ; mais dans cette dernière hypothèse, comme doit-on procéder si la fixation de la cotisation dépend de l'option de l'assuré entre différentes formules de garantie, chacune dotée d'un tarif différent ?

B ▪ Conditions de forme

2482. La demande de modification doit normalement être adressée à l'assureur, c'est-à-dire au siège social de la compagnie. Toutefois le fait de remettre la proposition à l'agent général, mandataire de l'assureur, équivaut à la réception de la lettre par l'assureur lui-même (Civ. 1re, 15 juin 1982, 1re esp., RGAT 1983. 154). La remise de la proposition à un courtier d'assurance ne vaut normalement pas remise à l'assureur lui-même, sauf si le courtier dispose d'un mandat lui permettant de recevoir, au nom de l'assureur, les propositions de modifications des contrats signés par lui (Civ. 1re, 15 juin 1982, 2e esp., RGAT 1983. 184).

2483. L'article L. 112-2, alinéa 5, du Code des assurances exige que la demande de modification soit faite par lettre recommandée, mais la jurisprudence atténue la portée de cette exigence en décidant que cette formalité n'est pas exigée pour la validité de la demande, mais comme simple moyen de preuve (Civ. 1re, 7 juill. 1992, RGAT 1992. 821, note F. Vincent). Cela signifie que la proposition de modification pourrait être faite autrement que par lettre recommandée, notamment par lettre simple ou remise au mandataire de l'assureur (Civ. 1re, 15 juin 1982, RGAT 1983. 184 ; Civ., 10 juin 1953, D. 1954, II, 37, note A. Besson ; Civ. 2e, 3 mai 2006, RCA 2006, comm. n° 279, note H. Groutel). Si le mandataire est habilité à conclure des contrats au nom de l'assureur, l'assuré devra alors établir qu'il lui a bien remis la proposition, et à quelle date, puisque c'est à compter de cette remise que le délai de dix jours commence à courir. En revanche, si le mandataire est simplement habilité à recevoir des propositions de modifications qu'il doit ensuite transmettre à l'assureur, il faudra établir non seulement que la proposition a bien été remise à l'intermédiaire, mais encore qu'elle a été transmise à l'assureur, et à quelle date, puisque le délai de dix jours ne commencera à s'écouler qu'à partir de la réception par l'assureur (pour une illustration, V. Civ. 2e, 3 mai 2006, préc., dans lequel l'intermédiaire, un courtier, n'était habilité par l'assureur qu'à recevoir les modifications des contrats). Le procédé de la lettre simple n'est toutefois pas à conseiller car il ne permet pas à l'assuré, en cas de litige, d'établir le moment de la réception du courrier par l'assureur, point de départ du délai de dix jours.

§ 4 ▪ Effets du silence

2484. Comme nous l'avons dit, le silence gardé par l'assureur pendant dix jours vaut acceptation de la demande de modification. Par conséquent, si l'assureur entend refuser la demande, il doit formuler sa réponse avant l'expiration du délai (Civ. 1re, 4 mars 1957, RGAT 1957. 152).

2485. L'article L. 112-2 du Code des assurances précise que le délai de dix jours commence à courir à compter de la réception de la lettre par l'assureur, c'est-à-dire le lendemain à zéro heure du jour de la réception, conformément à l'article 640 du nouveau Code de procédure civile (Civ. 2e, 23 janv. 1985, Bull. civ. II, n° 17).

2486. En cas d'acceptation par le silence de l'assureur, la modification doit normalement prendre effet à l'expiration du délai de dix jours, le lendemain à zéro heure du dixième jour, et non à compter de la demande de modification du contrat (Civ. 1re, 7 avr. 1987, RGAT 1987. 401, note A. Besson). Cela implique que si un sinistre survient pendant ce délai, seules lui seront applicables les anciennes conditions contractuelles.

2487. L'assuré peut expressément solliciter, dans sa demande, que la modification prenne effet avant l'expiration du délai de dix jours, notamment immédiatement, dès la demande de modification ; il a alors été décidé que l'assureur était considéré avoir accepté la proposition « dans les termes » et « à compter de la demande de l'assuré » (Civ 1re, 22 mai 1991, RGAT 1991. 545, note R. Maurice). La jurisprudence a toutefois parfois pu décider, de manière tout à fait contestable, que la modification du contrat prenait effet dès la demande de modification, en l'absence même de précision dans cette demande de modification (Civ. 1re, 14 nov. 1995, RGAT 1995. 67, note A. Favre Rochex).

2488. L'acceptation par le silence de l'assureur pendant dix jours ne s'applique pas aux demandes de l'assuré tendant à obtenir la garantie d'un risque que l'assureur avait antérieurement refusé de prendre en charge (Civ. 1re, 10 janv. 1990, RGAT 1990. 62, note H. Margeat et J. Landel).

2489. En définitive, lorsqu'il reçoit une demande de modification de la part de l'assuré, l'assureur dispose de trois attitudes possibles :
- il peut tout d'abord garder le silence, auquel cas s'appliquera l'article L. 112-2, alinéa 5, du Code des assurances ;
- il peut refuser expressément la modification demandée ;
- il dispose aussi de la possibilité de faire une contre-offre, notamment d'accepter la modification en proposant une augmentation de la cotisation ; dans une telle hypothèse, les rôles se trouvent alors inversés et c'est à l'assuré d'accepter ou non la proposition qui lui est faite par l'assureur.

Chapitre 2
L'aggravation du risque

BIBLIOGRAPHIE

L'Argus de l'assurance

Ouvrages. –J. Landel, *Lexique des termes d'assurance*, L'Argus éd., 2014. – F. Couilbault, S. Couilbaut-Di Tommaso, V. Huberty, *Les grands principes de l'assurance*, L'Argus éd., 2015. – J. Bigot (sous dir.), *Code des assurances*, L'Argus éd.
Articles. – L. Grynbaum, La lettre recommandée électronique dans les relations contractuelle, L'Argus n° 7213, avr. 2011 ; S. Corone, L'aggravation du risque, L'Argus n° 7154, févr. 2010 ; S. Corone, La proposition, un acte important dans la vie du contrat, L'Argus, 3 nov. 2000, p. 53 ; Comment gérer les modifications du contrat, L'Argus 20 oct. 2006, p. 52. - G. Defrance, L'acceptation par le silence de l'assureur, Dossier jur. et tech., L'Argus 26 déc. 1995, p. 1 ; La déclaration d'aggravation de risque,

Dossier jur. et tech., L'Argus 26 sept. 1997, chron., p. 1. ; La nécessaire information sur les restrictions de garantie, Dossiers jur., l'Argus 27 mai 2005, p. 1.

Autres documentations

Ouvrages. – *Rép. Civ. Dalloz*, V. Assurances terrestres, par L. Mayaux, n° 240-250. – *Traité de droit des assurances*, t. 3, « Le contrat d'assurance », J. Bigot (dir.), n° 749-805. – *Lamy Assurances*, 2011. – A. Favre Rochex, *Le droit du contrat d'assurance terrestre*, LGDJ, coll. « Droit des affaires », LGDJ, 1998. – Y. Lambert-Faivre et L. Leveneur, *Droit des assurances*, Dalloz, coll. « Précis », 12e éd., 2005. – *Code des assurances*, Dalloz.

Articles. – A. Besson, Modifications conventionnelles apportées à un contrat d'assurance en cours, RGAT 1957. 357. – G. Courtieu, Modification du contrat et silence de l'assureur, JCP 1996, I, n° 556 ; A propos de risques nouveaux et d'aggravation, Gaz. Pal., mars 1996, doct., p. 2. – G. Durry, Où la Commission de contrôle des assurances semble méconnaître le caractère consensuel du contrat d'assurance, RCA 1999, chron. n° 24 ; La signification de la validité de la clause de continuation de l'assurance en cours par l'acquéreur d'un immeuble, RDI 1980, p. 324. – H. Groutel, Indication de la prime et acceptation par le silence de l'assureur, RCA 1992, chron. n° 37 ; Le moment de la prise d'effet d'une modification du contrat d'assurance acceptée par le silence de l'assureur, RCA 1996, chron. n° 1 ; L'information de l'assuré : de nouvelles avancées ? RCA 2005, chron. n° 11. – V. Lasserre, Le risque, D. 2011, p. 1632. - L. Mayaux, Le temps et l'évolution du risque, RGDA 2002. 1112. - P. Tiffreau, Le silence et le contrat d'assurance, RGAT 1989. 778. – P. Vallier, Faut-il abroger l'article L. 121-10 du Code des assurances ?, RCA 2000, chron. n° 26.

Thèse. – A. Ghozi, la modification de l'obligation par la volonté des parties, LGDJ, 1980.

Section 1 ▪ Aggravation du risque

2490. Selon l'article L. 113-2, 3°, du Code des assurances, l'assuré doit déclarer, « en cours de contrat, les circonstances nouvelles qui ont pour conséquence soit d'aggraver les risques, soit d'en créer de nouveaux et rendent de ce fait inexactes ou caduques les réponses faites à l'assureur », notamment dans le questionnaire sur le risque. On suppose donc que surviennent en cours de contrat des circonstances nouvelles venant modifier le risque, soit en l'aggravant, soit en créant un risque nouveau. L'assuré doit alors les déclarer à l'assureur si elles entraînent l'inexactitude ou la caducité des réponses faites à l'assureur lors de la déclaration initiale du risque.

2491. L'obligation de déclaration ne s'applique pas aux assurances vie, comme le précise l'article L. 113-2, dernier alinéa, du Code des assurances.

§ 1 ▪ Circonstances à déclarer

2492. Deux sortes de circonstances nouvelles sont visées par l'article L. 113-2 du Code des assurances. D'une part, les circonstances qui aggravent le risque assuré. D'autre part, les circonstances qui créent un risque nouveau. Naturellement, ces circonstances doivent être connues de l'assuré : on ne peut en effet déclarer que ce que l'on connaît.

2493. Il s'agit des circonstances qui ont pour conséquence d'augmenter soit la probabilité de survenance du sinistre (le sinistre a plus de chances de se produire), soit son intensité (si le sinistre se produit, il entraînera des conséquences plus graves). Constituerait, par exemple, une telle aggravation un changement d'utilisation du véhiculé assuré ; en effet, le fait d'utiliser un véhicule pour un usage professionnel, et non plus seulement pour un usage « vie privée » accroît la probabilité de survenance d'un accident, puisque le nombre de kilomètres parcourus est plus important (Civ. 1re, 22 juill. 1986, RGAT 1986. 560, note F. Chapuisat). Ou bien l'agrandissement d'une maison portant le nombre de pièces à 6, au lieu des 5 déclarées. Ou aussi l'adjonction à un véhicule terrestre à moteur d'une remorque dont les caractéristiques n'entrent pas dans les prévisions de la police (Civ, 2e, 16 juin 2011, n° 10- 17.955). Ou encore, le fait de laisser inhabitée une maison déclarée comme occupée (TGI Rouen, 24 nov. 1988, RGAT 1989. 536, note J. Bigot) ; les cambriolages sont en effet plus fréquents lorsque les lieux ne sont pas habités. En cours de contrat, il est possible que la valeur des biens assurés, telle que déclarée lors de la conclusion du contrat, augmente. La question se pose alors de savoir s'il y a là une aggravation du risque ou bien s'il s'agit uniquement d'une sous-assurance, appelant les sanctions prévues par l'article L. 121-5 du Code des assurances (règle proportionnelle de capitaux). A priori, le risque lui-même (incendie, dégât des eaux...) n'est pas modifié par cette augmentation de valeur. Toutefois, en pratique, les assureurs invoquent souvent le fait que la sous-estimation du bien a faussé l'appréciation du risque et réclament l'application de l'article L. 113-9 du Code des assurances. La jurisprudence n'est traditionnellement pas favorable à un tel raisonnement. Dans une espèce où un bijoutier avait assuré sa marchandise contre le vol, les experts avaient estimé la valeur des objets volés pour une somme nettement supérieure à celle déclarée lors de la conclusion du contrat. La sous-assurance était ainsi patente et l'application de la règle proportionnelle de capitaux indiscutable. Toutefois l'assureur invoquait aussi le jeu de réduction proportionnelle de l'article L. 113-9 du Code des assurances, en invoquant une déclaration inexacte du risque ayant modifié son opinion du risque. La Cour de cassation décide alors que « s'il résulte des estimations que la valeur de la chose assurée excède au jour du sinistre la somme garantie, l'assuré est considéré, selon l'article L. 121-5 du Code des assurances, comme son propre assureur pour l'excédent, et, dans cette éventualité, qui n'entraîne pas aggravation du risque, il ne peut en outre être sanctionné au titre de l'article L. 113-9 du Code des assurances » (Civ. 1re, 8 juill. 1986, D. 1987, somm. comm. p. 182, obs. H. Groutel). Toutefois certains arrêts admettent parfois l'aggravation du risque. Ainsi la deuxième Chambre civile de la Cour de cassation a pu considérer que l'augmentation en cours de contrat de la valeur du matériel informatique assuré par une société constituait une aggravation du risque et faute de déclaration, en l'absence de mauvaise foi de l'assuré, devait entraîner une réduction proportionnelle de l'indemnité (Civ. 2e, 15 mai 2008, n° 07-13.508, RCA 2008, comm. n° 272, note M. Asselain).

2494. La notion de risque nouveau, issue de la loi n° 89-1014 du 31 décembre 1989, est source de nombreuses incertitudes. Doit-on en effet considérer que rentre dans cette catégorie le risque-événement qui n'était pas à l'origine pris en charge par le contrat ? Par exemple, un tableau est assuré contre le seul risque de vol. Une nouvelle circonstance, l'installation d'une cheminée dans la pièce où il se trouve, fait qu'il est désormais soumis au risque incendie. Cette nouvelle circonstance a-t-elle pour effet d'entraîner un risque nouveau, obéissant au régime des aggravations du risque et des risques nouveaux ? Il nous semble qu'un tel risque, totalement étranger à l'accord de volonté initial, doit faire l'objet d'un nouvel accord des parties. La notion de risque nouveau doit plutôt s'entendre de nouveaux risques-objets, tel le cas, par exemple, de l'acquisition d'un nouveau bien. Par exemple, l'achat d'un nouveau meuble. La notion de risque nouveau se rapprocherait alors beaucoup de celle d'aggravation du risque (V., pour un exemple jurisprudentiel de risque nouveau, résultant de l'occupation d'un bâtiment collectif à usage d'habitation, par des « marginaux » y accédant librement, toutes les portes et fenêtres ayant disparu ou ayant été mises hors d'usage : Civ. 1re, 30 sept. 1997, RGDA 1997. 1006, note L. Fonlladosa). Il n'est toutefois pas certain que telle sera la position retenue par la jurisprudence alors qu'elle n'hésite pas à retenir une conception élargie de la modification du contrat au sens de l'article L. 112-2, alinéa 5 du Code des assurances. Il faut toutefois noter que dans une affaire où le contrat d'assurance garantissant un aéronef ne couvrait que la seule activité « photographies aériennes », la deuxième Chambre civile de la Cour de cassation a estimé que « le vol d'examen pour le renouvellement de la qualification du pilote constituait non une aggravation de risque mais un risque non compris dans le champ de la garantie » (Civ. 2e, 5 juin 2008, RCA 2008, comm. n° 273). Le vol d'examen constituait un événement non pris en charge à l'origine par le contrat. Toutefois, dans une affaire relative à l'extension d'un contrat d'assurance multirisque à des locaux mitoyens à ceux couverts, la Cour de cassation a approuvé les juges du fond d'avoir décidé que la proposition de l'assuré ne pouvait pas être considérée comme une dénonciation de l'aggravation du risque portée à la connaissance de l'assureur mais comme une demande de souscription d'un nouveau contrat, cette proposition ne concernant pas les éléments déjà couverts par la police dont les composantes seraient modifiées mais des locaux distincts, fussent-ils mitoyens, de nature juridique différente, de sorte que les montants des garanties proposés n'étaient pas les mêmes et reposaient sur des critères distincts (Civ. 2e, 3 septembre 2009, n° 08-19.597, RGDA 2009. 1147, note L. Mayaux).

2495. Seules doivent être déclarées les circonstances rendant inexactes ou caduques les réponses faites aux questions posées par l'assureur lors de la conclusion du contrat (pour une application du principe à l'aggravation du risque survenue au cours d'un chantier de construction Civ. 3e 15 mai 2013, n° 12-14.75, RCA 2013, com. 278, note H. Groutel ; Crim., 15 déc. 2015, n° 14-85.225, LEDA 2016, n° 2, p. 3, note S. Abravanel-Joly). Comme l'indique l'article L. 113-2 du Code des assurances, ces questions peuvent être, notamment, contenues dans le formulaire de déclaration initiale des risques ; mais les questions peuvent figurer dans tout autre document. Cette solution est conforme à la jurisprudence issue d'un arrêt de la chambre mixte de la Cour de cassation du 7 février 2014 (n° 12-85.107, LEDA 2014, n° 3, n° 038, note S. Abravanel-Jolly) qui décide qu'une fausse déclaration initiale de risques suppose une réponse fausse à une question claire et précise, posée par l'assureur avant la conclusion du contrat. Lorsque aucune question n'a été posée par l'assureur, l'assuré n'est pas tenu de déclarer une circonstance nouvelle venant, en cours de contrat, aggraver les risques ou en créer de nouveaux et il ne pourra pas être sanctionné par cette absence de déclaration (Pour une illustration, aucune question n'ayant été posée par l'assureur sur la circonstance qu'il reprochait à l'assuré de ne pas avoir déclarée : Civ. 2e, 15 févr. 2007, n° 05-20.865, RGDA 2007. 327, note S. Abravanel-Joly). Certaines affaires démontrent toutefois qu'il est souvent difficile pour l'assureur de prévoir dans ses questions toutes les initiatives de ses assurés (Pour une illustration V. Civ. 2e, 22 janv. 2009, n° 08-10.294, RCA 2009, comm. n° 117, note F. Leduc : Un contrat d'assurance-incendie couvrait initialement une salle de gymnastique et un petit bar sandwicherie ; l'assuré avait eu l'idée d'organiser des soirées à thème, rassemblant jusqu'à 500 personnes jusqu'à tard dans la nuit ; un incendie endommage les locaux. La Cour de cassation estime que la cour d'appel ne pouvait pas faire application de la règle proportionnelle de primes « sans constater que l'absence de déclaration avait pour conséquence de rendre inexactes ou caduques les réponses faites lors de la conclusion du contrat d'assurance aux questions posées par l'assureur ». On observera que l'assureur pouvait difficilement anticiper une telle idée de l'assuré.... Avant la loi n° 89-1014 du 31 décembre 1989, seules devaient être déclarées les circonstances aggravantes « spécifiées dans la police ». Désormais, la spécification dans la police n'est plus nécessaire ; c'est par rapport aux réponses faites aux questions de l'assureur lors de la déclaration initiale du risque que s'apprécie l'obligation de déclaration. Il est alors capital que l'assuré conserve avec soin un exemplaire du questionnaire remis à l'assureur lors de la conclusion du contrat. Par exemple, une société exploitant un aquarium n'avait pas averti l'assureur, en cours de contrat, de la découverte de désordres affectant les installations qu'elle exploitait. Un sinistre étant survenu, l'assureur invoquait le non-respect de l'obligation de déclaration des aggravations de risques. Pourtant, la Cour de cassation considère que l'assuré n'avait pas à déclarer ces désordres, l'assureur n'ayant pas posé de questions à l'assuré sur l'état des installations lors de la conclusion du contrat ; elle affirme ainsi que « l'assuré n'a l'obligation de déclarer, en cours de contrat, les circonstances nouvelles ayant pour conséquence d'aggraver les risques ou d'en créer de nouveaux que lorsqu'elles rendent, de ce fait, inexactes ou caduques les réponses faites, lors de la conclusion du contrat, aux questions posées par l'assureur (Civ. 1re, 24 juin 1997, RGDA 1997. 1009, note L. Fonlladosa).

§ 2 ■ Modalités de déclaration

2496. Selon l'article L. 113-2, 3°, du Code des assurances, la déclaration des circonstances nouvelles doit avoir lieu dans un délai de quinze jours à partir du moment où l'assuré en a eu connaissance. Avant la loi n° 89-1014 du 31 décembre 1989, il fallait distinguer selon que l'aggravation était due à une initiative de l'assuré ou au fait d'un tiers. Désormais, le délai est unifié et il n'y a plus lieu de distinguer selon l'origine de la circonstance aggravante.

2497. Comme l'exige l'article L. 113-2 du Code des assurances, la déclaration doit être faite par lettre recommandée. On peut se demander si cette formalité est obligatoire ou si toute autre forme peut être acceptée. Par analogie avec la demande de modification du contrat, pour laquelle la lettre recommandée est analysée comme une formalité non substantielle (Civ. 1re, 7 juill. 1992, RGAT 1992. 821, note F. Vincent), il semble que la déclaration pourrait être effectuée d'une autre manière, notamment par lettre simple (V., dans le même sens Y. Lambert-Faivre et L. Leveneur, *Droit des assurances*, D. 2005, n° 323). Naturellement, l'assuré doit se ménager une preuve que l'assureur a bien été informé des circonstances nouvelles.

§ 3 ■ Conséquences de la déclaration

2498. L'intérêt de ce texte est qu'à compter de la déclaration de l'aggravation, l'assuré est garanti si un sinistre survient. L'assureur a toutefois la possibilité de réagir à la déclaration de l'assuré.

2499. Le Code des assurances offre deux possibilités pour l'assureur : soit résilier le contrat, soit augmenter la cotisation. En effet, comme le précise l'article L. 113-4, « en cas d'aggravation du risque en cours de contrat, telle que, si les circonstances nouvelles avaient été déclarées lors de la conclusion ou du renouvellement du contrat, l'assureur n'aurait pas contracté ou ne l'aurait fait que moyennant une prime plus élevée, l'assureur a la faculté soit de dénoncer le contrat, soit de proposer un nouveau montant de prime ». Naturellement, si l'aggravation se révèle peu importante au regard de ses critères de tarification, l'assureur peut choisir de prendre acte de la nouvelle situation en établissant un avenant, tout en maintenant l'assurance au même taux de prime.

2500. Conformément à l'article L. 113-4, alinéa 1, du Code des assurances, l'assureur peut décider de mettre fin au contrat. Dans cette hypothèse, la résiliation ne prendra effet que dix jours après la notification à l'assuré. L'assureur devra alors rembourser à l'assuré la portion de prime correspondant à la période pendant laquelle le risque n'a pas couru (C. assur., art. L. 113-4, al. 2).

2501. L'assureur peut décider de continuer de prendre en charge le risque aggravé, moyennant une augmentation de la cotisation. Dans ce cas l'assuré est libre d'accepter ou de refuser l'augmentation. S'il refuse expressément ou s'il ne répond pas à la proposition de l'assureur, l'article L. 113-4, alinéa 2, du Code des assurances prévoit que l'assureur peut, dans un délai de trente jours à compter de la proposition, résilier le contrat. Il ne pourra toutefois exercer cette faculté que s'il en a informé l'assuré, en la faisant figurer en caractères très apparents dans la lettre de proposition mais le Code des assurances ne prévoit aucune sanction en cas de non-respect de cette obligation d'information. On peut sans doute envisager une sanction sur le fondement du droit commun, l'assureur engageant sa responsabilité civile si le manquement à l'obligation a entraîné un dommage pour l'assuré.

2502. Comme l'indique l'article L. 113-4, alinéa 4, du Code des assurances, l'assureur ne peut plus se prévaloir de l'aggravation des risques quand, après en avoir été informé de quelque manière que ce soit, il a manifesté son consentement au maintien de l'assurance, spécialement en continuant à recevoir les cotisations (Civ. 1re, 8 nov. 1982, D. 1982, IR, 37, obs. Cl.-J. Berr et H. Groutel) ou en payant, après un sinistre, une indemnité à l'assuré. Dans le même sens, le versement d'une provision à la victime, postérieurement à la connaissance de l'entier dossier pénal et par conséquent de l'omission de déclaration de l'assuré, pouvait s'analyser en une renonciation de l'assureur à se prévaloir d'une quelconque sanction (Civ. 2e, 12 déc. 2013, n° 12-27.889, RCA 2014, com. n° 98, note H. Groutel).

2503. La question se pose de savoir si le silence gardé par l'assureur pendant dix jours à la suite de la déclaration des circonstances nouvelles vaut acceptation de ces nouvelles conditions, par application de l'article L. 112-2, alinéa 5 du Code des assurances. Certains auteurs (V. notamment Y. Lambert-Faivre et L. Leveneur, *Droit des assurances*, Dalloz 2005, n° 324) estiment que si la déclaration de l'aggravation du risque prend la forme d'une demande de modification du contrat, le silence de l'assureur pendant dix jours vaut consentement tacite, par application de l'article L. 112-2, alinéa 5 du Code des assurances. Il faut toutefois noter que, comme on a pu le souligner, (V. J. Kullmann, in *Traité de droit des assurances*, dir. Jean Bigot, LGDJ, 2002, n° 984 et 985) le Code des assurances ne prive l'assureur de la possibilité de se prévaloir de l'aggravation de risque que s'il a payé une indemnité après sinistre ou perçu des cotisations ; le seul silence de l'assureur ne disposant pas d'un tel effet. Il semble donc que le régime de l'aggravation du risque, prévu par l'article L. 113-4 du Code des assurances, soit dérogatoire à celui mis en place par l'article L. 112-2, alinéa 5 du même code.

2504. L'article L. 113-4 du Code des assurances n'envisage toutefois que le régime de l'aggravation du risque et non celui du risque nouveau. Dès lors deux positions sont concevables : soit considérer que le risque nouveau est assimilé à l'aggravation du risque et obéit à l'article L. 113-4, soit estimer qu'en l'absence de disposition légale spécifique, la déclaration d'un risque nouveau est soumise à l'article L. 112-2, alinéa 5 et que par conséquence le silence gardé par l'assureur pendant dix jours vaut acceptation tacite de la modification du contrat.

2505. Lorsque l'assureur est informé par l'assuré d'une aggravation du risque, il doit lui rappeler les règles prévues par l'article L. 113-4 du Code des assurances. Le Code des assurances ne prévoit toutefois aucune sanction en cas de non-respect de cette obligation.

§ 4 ▪ Sanctions encourues en cas de non-respect de l'obligation

2506. Dans l'hypothèse où l'assuré n'a effectué aucune déclaration des circonstances nouvelles ou a procédé à une déclaration inexacte, on applique les sanctions prévues aux articles L. 113-8 et L. 113-9 du Code des assurances (Civ. 2e, 19 oct. 2006, n° 05-18.886 ; RGDA 2007. 51, note J. Kullmann ; V. Chapitre 1, La déclaration des risques) ; il s'agit alors de distinguer selon la bonne ou la mauvaise foi de l'assuré. L'assuré de mauvaise foi sera sanctionné par la nullité du contrat. En cas de bonne foi de l'assuré, il faut en revanche distinguer selon le moment où l'omission ou l'inexactitude est découverte. Si elle est découverte avant tout sinistre, l'assureur a le droit, soit de maintenir le contrat, moyennant une augmentation de cotisation acceptée par l'assuré, soit de résilier le contrat dix jours après notification adressée à l'assuré par lettre recommandée, en restituant la portion de la cotisation payée pour le temps où l'assurance ne court plus. En revanche, si la constatation n'a lieu qu'après un sinistre, l'indemnité est réduite en proportion du taux des cotisations payées par rapport au taux des cotisations qui auraient été dues, si les risques avaient été complètement et exactement déclarés.

2507. L'article L. 113-2 du Code des assurances prévoit la possibilité de prévoir dans le contrat une clause de déchéance de garantie pour déclaration tardive des circonstances nouvelles aggravant les risques ou créant des risques nouveaux, c'est-à-dire par une déclaration survenant après le délai imparti de quinze jours. La déchéance ne peut cependant être opposée à l'assuré que si l'assureur établit que le retard dans la déclaration lui a causé un préjudice. Dès lors, il semble que si l'assureur peut établir que le retard dans la déclaration lui a causé un dommage, il pourra ne pas prendre en charge le sinistre (V., sur cette notion de déchéance, Y. Lambert-Faivre et L. Leveneur, *Droit des assurances*, Dalloz 2005, n° 338).

2508. La possibilité de stipuler une déchéance apparaît peu opportune. En effet, l'assuré qui a bien procédé à une déclaration, mais l'a fait tardivement, se voit traité plus durement que l'assuré qui, de bonne foi, n'a procédé à aucune déclaration. En effet, dans cette hypothèse, si l'omission est découverte après un sinistre, l'assuré bénéficie d'une indemnité réduite, tandis que dans l'hypothèse où il n'a procédé qu'à une déclaration tardive, il est privé de toute indemnisation.

2509. Il est à noter que le courtier pourrait voir sa responsabilité engagée « s'il s'est abstenu de vérifier que les renseignements transmis avaient été suivis d'une modification effective du contrat d'assurance garantissant sa cliente contre le risque de sanction pour déclaration inexacte » (Civ.1re, 30 sept. 2015, n° 14-19.613, RGDA 2015, p. 526, obs. D. Langé).

Section 2 ▪ Diminution du risque

2510. Selon l'article L. 113-4 du Code des assurances, l'assuré a droit, en cas de diminution du risque en cours de contrat, à une diminution du montant de la prime. À la différence de l'aggravation du risque, l'assuré ne supporte aucune obligation de déclaration de la diminution du risque ; il est toutefois de son intérêt d'y procéder rapidement. Si l'assureur accepte de diminuer la prime, le contrat fait l'objet d'une modification sur ce point. Il est à noter que l'assureur mis au courant d'une diminution du risque doit informer l'assuré du dispositif mis en place par l'article L. 113-4 du Code des assurances, comme le prévoit l'avant dernier alinéa de ce texte.

2511. Si l'assureur refuse de diminuer le montant de la prime, l'assuré peut, en vertu de l'article L. 113-4, alinéa 4, du Code des assurances, dénoncer le contrat, c'est-à-dire le résilier. Dans cette hypothèse, la résiliation prend effet trente jours après la dénonciation. L'assureur doit alors rembourser à l'assuré la portion de prime afférente à la période pendant laquelle le risque n'a pas couru.

▪ Chapitre 3
Le transfert de propriété de la chose assurée

BIBLIOGRAPHIE

L'Argus de l'assurance

Articles. – S. Corone, La proposition, un acte important dans la vie du contrat, L'Argus 3 nov. 2000, p. 53.

Autres documentations

Ouvrages. – *Traité de droit des assurances*, t. 3, « Le contrat d'assurance », J. Bigot (sous dir.), n° 781 à 798. – *Lamy Assurances* 2011, n° 638 et s. – *Dictionnaire Permanent Assurances*, V. « Contrat d'assurance », n° 114 et s. – J. Bonnard, *Droit des assurances*, Litec 2e éd., n° 241 et s. – *Code des assurances*, Dalloz.

Articles. – M. Asselain, Incidences de la cession judiciaire d'une entreprise sur le contrat d'assurance, RCA 2006, chron. n° 1. - A. Besson, Modifications conventionnelles apportées en cours de contrat, RGAT 1957. 357 ; Le sort de l'assurance en cas d'aliénation d'un véhicule terrestre à moteur, RGAT 1959. 25. – G. Courtieu, Modification du contrat et silence de l'assureur, JCP G 1996, I, 556. – G. Durry, Où la Commission de contrôle des assurances semble méconnaître le caractère consensuel du contrat d'assurance, RCA 1999, chron. n° 24. – G. Durry, La signification de la validité de la clause de continuation de l'assurance en cours par l'acquéreur d'un immeuble, RDI 1980. 324. – H. Groutel, Indication de la prime et acceptation par le silence de l'assureur, RCA 1992, chron. n° 37 ; Le moment de la prise d'effet d'une modification du contrat d'assurance acceptée par le silence de l'assureur, RCA 1996, chron. n° 1. – H. Margeat et A. Favre Rochex, La clause de continuation de contrat d'assurance, Assur. Fr. 1968, p. 587. – L. Sicot et H. Margeat, L'aliénation d'un véhicule terrestre à moteur, Assur. Fr. 1967, p. 121. – P. Tiffreau, Le silence et le contrat d'assurance, RGAT 1989. 778. – P. Vallier, Faut-il abroger l'article L. 121-10 du Code des assurances ?, RCA 2000, chron. n° 26.

Section 1 ▪ Cas général

2512. L'article L. 121-10 du Code des assurances prévoit qu'« en cas de décès de l'assuré ou d'aliénation de la chose assurée, l'assurance continue de plein droit au profit de l'héritier ou de l'acquéreur, à charge par celui-ci d'exécuter toutes les obligations dont l'assuré était tenu vis-à-vis de l'assureur en vertu du contrat ».

2513. Le mécanisme mis en place par l'article L. 121-10 du Code des assurances, qui opère une transmission automatique du contrat d'assurance, a pour but d'éviter que l'assurance ne cesse brutalement avec le transfert de propriété, laissant l'acquéreur du jour au lendemain sans garantie.Le dispositif mis en place par l'article L. 121-10 du Code des assurances est impératif et il ne saurait y être dérogé par une convention contraire.

§ 1 ▪ Domaine d'application de la règle

A ▪ Assurances concernées

2514. Les assurances concernées par le principe posé par l'article L. 121-10 du Code des assurances sont celles qui portent sur une chose ; ce sont les assurances de dommages qui sont visées. Les assurances de personnes sont donc exclues. En revanche, toutes les catégories d'assurances de dommages sont concernées, dès lors qu'elles sont attachées à une chose.

2515. Les assurances de choses (telles que incendie, vol, ...) ont naturellement vocation à entrer dans le champ d'application de l'article L. 121-10 du Code des assurances. Grâce à la transmission du contrat, l'acquéreur sera garanti contre les dommages subi par le bien assuré. Il pourra s'agir indifféremment d'un bien mobilier ou immobilier, d'une chose corporelle ou incorporelle (V., pour un fonds de commerce : Civ. 1re, 23 juin 1964, RGAT 1965. 27). Seul importe que la chose en cause puisse faire l'objet d'un transfert de propriété.

2516. Les assurances de responsabilité peuvent elles aussi entrer dans le domaine d'application de l'article L. 121-10 du Code des assurances, dès lors que la responsabilité garantie est liée à un bien déterminé (Civ. 1re, 18 oct. 1955, D. 1956, II, 40 ; V. aussi, par exemple, pour une assurance de responsabilité liée à l'exploitation d'un fonds de commerce : Civ. 1re, 3 janv. 1991, RGAT 1991. 323, note R. Maurice). La responsabilité de l'acquéreur est ainsi garantie en cas de dommages causés par le bien. En revanche, n'entrent pas dans le champ d'application de l'article L. 121-10 du Code des assurances, les assurances de responsabilité qui ne sont pas liées à une chose.

2517. Le mécanisme de transfert automatique du contrat ne s'applique pas en cas d'aliénation de véhicule terrestre à moteur ou de bateau de plaisance ; dans cette hypothèse il est fait application du régime particulier mis en place par l'article L. 121-11 du Code des assurances (V. infra, section 2).

B ▪ Transferts de propriété concernés

2518. L'article L. 121-10 du Code des assurances subordonne la transmission du contrat d'assurance au transfert de propriété du bien, quel que soit le mode de transfert utilisé. Par conséquent, les acquéreurs d'un immeuble ne sont pas bénéficiaires de la garantie et créanciers de l'indemnité d'assurance versée à la suite d'un incendie survenu antérieurement à la date prévue pour le transfert de propriété (Civ. 1re, 20 nov. 1990, Bull. civ. I, n° 251). Le mécanisme de l'article L. 121-10 du Code des assurances ne s'appliquerait pas dans un contrat n'emportant pas transfert de propriété, tel que, par exemple, un contrat de location.

2519. Le transfert de propriété peut avoir lieu entre vifs, à titre gratuit ou onéreux, dans l'hypothèse, par exemple, d'une vente, d'une donation, d'un échange, d'un apport en société... Ainsi, celui qui achète un appartement ou celui qui reçoit en cadeau un objet d'art bénéficie du contrat d'assurance souscrit par le vendeur ou le donateur pour garantir le bien. Le transfert de propriété peut aussi avoir lieu au décès de l'assuré, en présence d'une succession. L'héritier ou les héritiers en indivision, comme le légataire, bénéficient alors de la transmission du contrat. La cession judiciaire d'une entreprise, dans le cadre d'un redressement judiciaire, constitue une cession d'actifs et peut donc être qualifiée d'aliénation au sens de l'article L. 121-10 du Code des assurances (Civ. 2e, 13 juill. 2005, n° 03-12.533, Sté Azur assurances c/ Sté René Clément technologies : Juris-Data n° 029452, cassation de CA Versailles, 13e ch. civ., 14 nov. 2002 et Com. 4 oct. 2005, n° 04-14.985, Sté Arrive Auvergne c/ Sté Crédit d'équipement des petites et moyennes entreprises (CEPME) et autre : Juris-Data n° 030116, rejet du pourvoi c/ CA Paris, 3e ch. B, 13 févr. 2004 ; V. M. Asselain, Incidences de la cession judiciaire d'une entreprise sur le contrat d'assurance, RCA 2006, chron. n° 1).

2520. L'article L. 121-10 du Code des assurances s'applique que le transfert de propriété ait lieu en pleine propriété ou en nue-propriété (Civ. 1re, 10 juin 1986, RGAT 1986. 340, note J. Bigot). La nue-propriété désigne les prérogatives conservées par le propriétaire d'une chose faisant l'objet d'un démembrement de propriété, en raison notamment de la constitution d'un droit d'usufruit (C. civ., art. 578). Il s'applique aussi en cas de pluralité d'héritiers ou d'acquéreurs, notamment en matière de donation-partage (la donation-partage est l'acte par lequel une personne fait donation de ses biens présents en les partageant par anticipation entre ses héritiers présomptifs, V. C. civ., art. 1075 et s.), ainsi qu'aux acquéreurs successifs, si plusieurs transferts de propriété ont successivement lieu pendant la durée du contrat d'assurance (Civ. 1re, 10 juin 1986, RGAT 1986. 340, note J. Bigot).

2521. Dans l'hypothèse d'une vente, les parties au contrat peuvent retarder le moment du transfert de propriété, par exemple au moment de la remise de la chose, retardant ainsi la transmission du contrat d'assurance. En effet, en principe, la propriété est, en vertu de l'article 1583 du Code civil, transférée dès l'accord sur la chose et le prix, mais ce principe n'est pas d'ordre public (Civ. 1re, 24 janv. 1984, Bull. civ. I, n° 31).

2522. Lorsque le transfert de propriété est anéanti en raison de l'annulation ou de la résolution de l'acte qui l'a entraîné (par exemple, résolution de la vente du bien), cet anéantissement est rétroactif. Le transfert de propriété est ainsi censé n'avoir jamais eu lieu, ce qui implique que l'aliénateur récupère rétroactivement la qualité de propriétaire. Dès lors, il est réputé avoir toujours eu la qualité d'assuré et il doit être considéré comme ayant eu cette qualité au moment du sinistre (Civ. 1re, 18 oct. 1983, RGAT 1984. 372, note A. Besson ; Civ. 1re, 11 mars 1986, RGAT 1986. 336, note J. Bigot).

§ 2 ▪ Conditions de la transmission du contrat

2523. La transmission du contrat d'assurance prévue par le Code des assurances ne peut se réaliser que si la chose dont la propriété est transférée était bien assurée au moment du transfert de propriété. C'est à la date du transfert de propriété qu'il faut se placer pour apprécier l'existence ou non du contrat d'assurance.

2524. La transmission du contrat d'assurance a lieu de plein droit, sans qu'aucune condition de forme ne soit nécessaire. Il n'est notamment pas nécessaire d'en aviser l'assureur. Le transfert pourrait même s'opérer sans que l'acquéreur le sache, s'il n'était pas informé de l'existence du contrat d'assurance. L'article L. 121-10 du Code des assurances étant impératif, il est interdit aux parties de soumettre la transmission du contrat à une déclaration préalable du transfert de propriété (Civ. 1re, 4 juill. 1956, RGAT 1956. 252, note A. Besson).

2525. Bien que le Code des assurances n'exige pas que l'assureur soit informé de l'aliénation de la chose assurée, l'assuré pourra toutefois être sanctionné en cas de dissimulation, par des manœuvres dolosives, de la cession du bien ; cette dissimulation prive en effet l'assureur de la possibilité d'exercer sa faculté de résiliation offerte par l'alinéa 2 de l'article L. 121-10 du Code des assurances ; le juge pourra alors prononcer la nullité du contrat.

2526. Il a pu être décidé que la dissimulation, lors de l'établissement d'avenants au contrat d'assurance, de la cession d'un fonds de commerce, pour un prix sans commune mesure avec les sommes assurées, et du changement d'identité de l'assuré, constituait des manœuvres d'une gravité telle que sans elles l'assureur n'aurait pas contracté les avenants et qu'il avait été privé de la faculté de résiliation offerte par l'alinéa 2 de l'article L. 121-20 du Code des assurances (Civ. 1re, 3 janv. 1996, RGDA 1996. 274, note L. Mayaux).

2527. L'article L. 121-10 du Code des assurances ne trouve à s'appliquer que si le contrat porte sur une chose clairement identifiée ; c'est le cas lorsque la chose garantie fait l'objet d'une assurance qui lui est propre, auquel correspond une cotisation spéciale. La Cour de cassation a ainsi approuvé une cour d'appel d'avoir décidé que l'article L. 121-10 du Code des assurances « concerne toutes les polices qui sont l'accessoire de la chose aliénée, du moment qu'elles sont individualisées au point de vue des biens sur lesquels elles portent et des cotisations auxquelles elles donnent lieu » (Civ. 1re, 21 mars 1995, RGAT 1995. 299, note A. Favre Rochex).

2528. Il est toutefois possible que la cotisation soit globale, mais elle doit alors être divisible, une fraction pouvant être affectée à la chose dont la propriété est transférée. L'important est de pouvoir individualiser l'assurance (Civ., 27 janv. 1948, D. 1949, II, 458, note A. Besson). Par conséquent, si une assurance « globale et forfaitaire » est souscrite pour l'ensemble d'un immeuble, moyennant une cotisation indivisible, la vente d'un seul appartement situé dans cet immeuble ne peut donner lieu à l'application de l'article L. 121-10 du Code des assurances (Civ. 1re, 3 déc. 1974, Bull. civ. I, n° 316).

2529. Les contrats d'assurances multirisques, qui englobent plusieurs risques et plusieurs biens ne sont pas transmis en cas de transfert de propriété d'une des choses assurées, faute de garantie affectée à cette chose. C'est le cas notamment du contrat multirisques habitation.

§ 3 ▪ Effets de la transmission du contrat

2530. Comme le précise la Cour de cassation, « le transfert de la chose assurée opère, en vertu de l'article L. 121-10 du Code des assurances, la transmission active et passive à l'acquéreur du contrat d'assurance, dès lors que ce contrat existe au jour de l'aliénation » (Civ. 1re, 28 juin 1988, D. 1989, II, 242). Ainsi, l'acquéreur ou l'héritier devient l'assuré, ce qui implique qu'il a tous les droits et les obligations de l'assuré. Notamment, il bénéficie de la garantie de l'assureur, mais en contrepartie, il est tenu de payer les cotisations. De plus, le législateur est venu prévoir une faculté de résiliation du contrat d'assurance.

2531. « La continuation de plein droit du contrat d'assurance au profit de l'acquéreur de la chose assurée permet à celui-ci d'invoquer les fautes commises par l'assureur à l'égard du souscripteur lors de la négociation du contrat et qui ont causé le dommage dont l'acquéreur recherche réparation » (Civ. 1re, 9 mai 2001, RGDA 2001. 1051, note D. Langé) ; ainsi, l'acquéreur pourrait-il engager la responsabilité contractuelle de l'assureur pour manquement à son devoir de conseil envers le vendeur, souscripteur initial du contrat.

A ▪ Droits et obligations des parties

2532. Comme le précise l'article L. 121-10 du Code des assurances, en cas de transfert de propriété de la chose assurée, « l'assurance continue de plein droit au profit de l'héritier ou de l'acquéreur, à charge par celui-ci d'exécuter toutes les obligations dont l'assuré était tenu vis-à-vis de l'assureur en vertu du contrat ».

2533. L'acquéreur ou l'héritier doit, par effet de la loi, exécuter toutes les obligations qui pesaient sur l'assuré ; il s'agira, notamment de l'obligation de déclarer les aggravations du risque, de déclarer le sinistre et bien sûr, de payer la cotisation. En contrepartie, l'assureur devra sa garantie au nouveau propriétaire de la chose assurée.

1 ▪ Paiement de la cotisation

a - Transfert de propriété entre vifs

2534. L'article L. 121-10, alinéa 3, du Code des assurances précise que « celui qui aliène reste tenu vis-à-vis de l'assureur au paiement des cotisations échues, mais il est libéré, même comme garant des cotisations à échoir, à partir du moment où il a informé l'assureur de l'aliénation par lettre recommandée ».

2535. C'est celui qui aliène qui est débiteur des cotisations d'assurance arrivés à échéance avant la date du transfert de propriété. Dès lors, comme la cotisation est en règle générale payée à l'avance, il pourrait demander à l'acquéreur de lui rembourser la partie de la cotisation correspondant à la période de garantie postérieure au transfert de propriété. Cet accord ne serait toutefois valable que dans les rapports entre aliénateur et acquéreur et resterait inopposable à l'assureur (Civ. 1re, 25 janv. 1972, Bull. civ. I, n° 24).

2536. C'est l'acquéreur qui est débiteur des cotisations à échoir à compter du transfert de propriété. Toutefois, l'article L. 121-10 du Code des assurances effectue une distinction, selon que l'assureur a ou non été informé de l'aliénation. En effet, tant que l'assureur n'a pas été informé par lettre recommandée de l'aliénation, l'aliénateur reste garant des cotisations à échoir. On s'accorde à reconnaître que sa situation s'apparente alors à celle d'une caution solidaire (sur ce point, V. *Traité de droit des assurances*, T. 3, le contrat d'assurance, dir. J. Bigot, LGDJ 2002, n° 792). En revanche, à compter de l'information de l'assureur, l'aliénateur est libéré, même comme garant des cotisations à échoir.

2537. L'article L. 121-10 du Code des assurances indique que l'assureur doit être informé de l'aliénation par lettre recommandée. La jurisprudence semble faire de l'envoi d'une lettre recommandée une formalité, c'est-à-dire une condition d'existence de l'information donnée par l'assuré ; la Cour de cassation a notamment pu censurer pour manque de base légale l'arrêt d'une cour d'appel qui avait rejeté la demande en paiement de cotisations d'assurances formée par un assureur contre l'aliénateur qui soutenait avoir vendu la chose assurée, sans rechercher si l'assureur en avait été informé par lettre recommandée (Civ. 1re, 27 oct. 1970, RGAT 1971. 349, note J. Bigot).

2538. En cas d'aliénation de la chose assurée, l'acquéreur devient débiteur de la cotisation d'assurance arrivée à échéance après le transfert de propriété, c'est donc à lui que doit être adressée la mise en demeure. L'assureur ne pourra toutefois lui envoyer la mise en demeure que s'il a été informé du changement de propriétaire ; en l'absence d'une telle information, le vendeur demeure son seul interlocuteur. Pourtant, la Cour de cassation a pu décider que la mise en demeure pour défaut de paiement de la cotisation doit toujours être envoyée à l'acquéreur, même si l'assureur n'a pas été informé de l'aliénation du bien assuré ; elle a en effet déclaré que « aussi, la mise en demeure qu'adresse l'assureur à l'ancien propriétaire, lequel demeure tenu du paiement des cotisations jusqu'au moment où il a informé l'assureur de l'aliénation, est-elle sans conséquence sur l'obligation de garantie qui ne peut être suspendue que par une mise en demeure adressée personnellement à l'acquéreur » (Civ. 1re, 28 juin 1988, RGAT 1988. 769, note J. Bigot).

b - Transfert de propriété à cause de mort

2539. Lorsque le contrat d'assurance est transmis à la suite du décès de l'assuré, les héritiers sont tenus de payer les cotisations. Les cotisations arrivées à échéance au jour du décès constituent une dette de la succession. Les cotisations arrivant à échéance tant que la succession n'est pas réglée pèsent sur l'ensemble des héritiers (C. civ., art. 873) et, en pratique, seront réglées par le notaire pour leur compte. Une fois le partage de l'actif successoral réalisé, les cotisations d'assurance arrivant à échéance seront à la charge du seul héritier auquel la chose a été attribuée. Comme le prévoit l'article L. 121-10 du Code des assurances, lorsqu'il y a plusieurs héritiers ou plusieurs acquéreurs, si l'assurance continue, ils sont tenus solidairement au paiement des cotisations d'assurance.

2 ▪ Droit à garantie

2540. À compter du transfert de propriété, c'est l'acquéreur ou l'héritier qui devient l'assuré tandis que l'ancien propriétaire perd cette qualité. Si l'acquéreur ou l'héritier, en général par ignorance du dispositif légal, souscrit lui-même un contrat pour la chose objet du transfert de propriété, cette assurance vient s'ajouter à l'assurance initiale et il y a alors cumul d'assurance (Civ. 1re, 3 janv. 1991, RGAT 1991. 323, note R. Maurice). En cas de sinistre, le bénéficiaire de l'indemnité est donc la personne qui est le propriétaire du bien au moment de ce sinistre (Civ. 3e, 17 mars 1999, RCA 1999, comm. n° 192).

2541. Toutes les exceptions opposables à l'assuré initial sont opposables à l'acquéreur ou à l'héritier ; il s'agit là d'une application de l'article L. 112-6 du Code des assurances qui dispose que « l'assureur peut opposer au porteur de la police ou au tiers qui en invoque le bénéfice les exceptions opposables au souscripteur originaire ». Il semble que l'assureur pourrait opposer à l'acquéreur la nullité du contrat pour fausse déclaration intentionnelle du risque par l'aliénateur.

B ▪ Faculté de résiliation

2542. L'article L. 121-10 du Code des assurances offre à l'assureur, à l'héritier ou à l'acquéreur, la faculté de résilier le contrat d'assurance. L'héritier et l'acquéreur retrouvent ainsi leur liberté de conclure un contrat avec l'assureur de leur choix tandis que l'assureur est dégagé de tout lien avec un assuré qu'il n'avait pas choisi et qui pouvait ne pas présenter les mêmes garanties de sérieux ou de solvabilité que l'ancien assuré.

2543. Seules les personnes visées par l'article L. 121-10 du Code des assurances, c'est-à-dire l'assureur, l'héritier et l'acquéreur, ont la faculté de résilier le contrat. Dès lors que le transfert de propriété a eu lieu, l'aliénateur est privé du droit de résilier ; c'est à l'acquéreur qu'il appartient de le faire (Civ. 1re, 21 mai 1986, Bull. civ. I, n° 130; V. aussi, avec une motivation discutable Civ. 2e, 17 févr. 2011, n° 09-67.906, RGDA 2011, p. 836, obs. S. Abravanel-Jolly). En cas de pluralité d'héritiers, il appartient à celui qui résilie le contrat de recueillir, sous peine de responsabilité, le consentement des autres (Civ. 1re, 4 déc. 1990, RCA 1991, comm. n° 80).

2544. L'article L. 121-10 du Code des assurances n'impose aucune condition de forme quant à la résiliation du contrat. Il faut alors faire application de l'article L. 113-14 du Code des assurances et utiliser une des modalités prévues par cet article : dès lors, l'assuré pourra, à son choix, le faire par une déclaration faite contre récépissé au siège social ou chez le représentant de l'assureur ou dans la localité, soit par acte extrajudiciaire, soit par lettre recommandée, soit par tout autre moyen indiqué dans la police.

2545. Cependant une résiliation dans les termes du droit commun est envisageable. La Cour de cassation affirme en effet que « la faculté de demander la résiliation s'exerce en principe selon les modalités précisées par l'article L. 113-14 du Code des assurances mais que l'assuré peut résilier son contrat dans une forme autre à la condition d'être acceptée par l'assureur » (Civ. 2e, 7 oct. 2010, n° 09-16.763, RGDA 2011. 57, note S. Abravanel-Jolly). L'acquéreur qui désire résilier doit ainsi manifester personnellement sa volonté en ce sens à l'assureur. Le fait de souscrire un contrat sur le bien auprès d'un autre assureur n'établit pas l'intention de ne pas continuer le contrat transmis (Civ. 1re, 18 oct. 1983, D. 1985, IR, 193, obs. H. Groutel et Cl.-J. Berr). De même, le refus de payer la cotisation ne traduit pas la volonté de résilier (Civ. 1re, 12 juill. 1962, RGAT 1963. 28). En revanche, le fait de souscrire après l'acquisition, auprès du même assureur, un nouveau contrat d'assurance garantissant le bien acquis à des conditions différentes de celles prévues par le contrat qui garantissait le vendeur témoigne suffisamment à la fois de la volonté des acquéreurs de résilier et de l'acceptation de l'assureur (Civ. 2e, 7 oct.2010, préc.).

2546. L'article L. 121-10 du Code des assurances précise que l'assureur ne peut résilier le contrat que dans un délai de trois mois « à partir du jour où l'attributaire définitif des objets assurés a demandé le transfert de la police à son nom ». Passé ce délai, il ne pourra plus exercer sa faculté de résiliation. En revanche, l'acquéreur ou l'héritier ne sont tenus de respecter aucun délai ; ils ont toutefois tout intérêt à le faire avant l'échéance de la prochaine cotisation, qui serait à leur charge.

2547. Le Code des assurances ne précise pas à partir de quand la résiliation prend effet. Lorsque la résiliation émane de l'assureur, il est possible de considérer que la résiliation étant motivée par des motifs s'apparentant à une aggravation du risque, elle doit obéir au régime de l'article L. 113-9 du Code des assurances. Dès lors, il est fait application du délai de dix jours de préavis. En revanche, lorsque la résiliation est à l'initiative de l'acquéreur ou de l'héritier, elle doit prendre effet dès qu'elle est portée à la connaissance de l'assureur ; une clause de la police ne pourrait donc pas subordonner la prise d'effet de la résiliation à la signature d'un avenant de résiliation (Civ. 1re, 13 févr. 1979, D. 1980, IR, 518, obs. Cl.- J. Berr et H. Groutel).

2548. Alors que la cotisation d'assurance est normalement payée à l'avance, le Code des assurances n'est pas venu préciser si l'assureur devait restituer la fraction de cotisation correspondant à la période pendant lequel le risque n'a pas couru, c'est-à-dire de la résiliation à la date d'échéance initialement prévue du contrat. Le principe de divisibilité de la cotisation et la disparition de l'aléa (C. civ., art. 1964) imposent toutefois que l'assureur restitue cette portion de cotisation.

2549. Depuis la loi n° 89-1014 du 31 décembre 1989, l'article L. 121-10 du Code des assurances dispose qu'il ne peut être prévu le paiement d'une indemnité à l'assureur en cas de résiliation consécutive au transfert de propriété de la chose assurée.

2550. L'article L. 121-10 du Code des assurances étant d'ordre public, aucune clause du contrat d'assurance ne peut venir priver l'acquéreur ou l'héritier de sa faculté de résilier. Il est toutefois possible d'insérer dans le contrat ayant réalisé le transfert de propriété (vente, ...) une telle stipulation, prévoyant que l'acquéreur s'engage à continuer le contrat d'assurance. Cette clause, dite de « continuation du contrat d'assurance » ou de « maintien de l'assurance », valant renonciation à user de la faculté de résiliation, est valable et l'assureur peut s'en prévaloir (Civ. 1re, 18 juill. 1972, Bull. civ. I, n° 187). Cet engagement s'analyse en une stipulation pour autrui qui confère à l'assureur un droit direct contre l'acquéreur, lequel ne peut, dès lors, se refuser à exécuter le contrat (Civ. 1re, 18 févr. 1964, RGAT 1964. 457). Il faut toutefois que la volonté de l'acquéreur de renoncer à la faculté de résiliation soit manifestée sans équivoque dans la clause invoquée par l'assureur ; tel n'est pas le cas de la clause d'un contrat de vente selon laquelle « l'acquéreur ferait son affaire personnelle des polices d'assurance » et « paierait les primes y afférentes à compter de l'entrée en jouissance » (Civ. 1re, 8 juin 1977, D. 1977, IR, 463, obs. Cl.-J. Berr et H. Groutel).

2551. La Commission des clauses abusives admet la licéité de la clause de maintien, à la condition toutefois qu'elle soit accompagnée de la remise du contrat d'assurance à l'acquéreur et que soit rappelée, dans le contrat de vente la faculté de résiliation accordée par la loi (Recomm. CCA, 22 mai 1979, BOSP 15 mai 1980).

2552. L'article L. 121-10 n'empêche pas le cédant de paralyser l'effet de transmission en résiliant le contrat d'assurance avant la cession. Ainsi lorsque, dans un contrat de cession de fonds de commerce, une clause prévoit l'obligation pour le cédant de résilier le contrat d'assurance et un engagement de l'acquéreur de souscrire un contrat équivalent, les juges considèrent que le cédant n'a pas manqué à son obligation de délivrance en procédant à cette résiliation. Il s'est borné à exécuter son engagement (Civ. 2e, 14 janv. 2016, n° 15-14.847, LEDA 2016, n° 3, p. 2, obs. D. Krajeski).

Section 2 ▪ Aliénation d'un véhicule terrestre à moteur ou d'un bateau de plaisance

2553. L'article L. 121-11 du Code des assurances pose le principe et prévoit qu'« en cas d'aliénation d'un véhicule terrestre à moteur ou de ses remorques ou semi-remorques, et seulement en ce qui concerne le véhicule aliéné, le contrat d'assurance est suspendu de plein droit à partir du lendemain, à zéro heure, du jour de l'aliénation ; il peut être résilié moyennant préavis de dix jours, par chacune des parties ».

2554. Le régime mis en place par l'article L. 121-10 est apparu peu approprié à l'aliénation d'un véhicule terrestre à moteur. En effet, dans une telle hypothèse, il est fréquent que le propriétaire du bien n'aliène son bien que pour le remplacer par un autre, qu'il voudra alors garantir. Dans ces conditions, il a semblé plus judicieux de ne pas transférer automatiquement le contrat, mais au contraire de maintenir ce contrat, afin de permettre au propriétaire de transférer la garantie en cours sur le nouveau véhicule.

§ 1 ▪ Domaine d'application de la règle

2555. Ne relèvent de ce régime spécial mis en place par l'article L. 121-11 du Code des assurances que les véhicules terrestres à moteur ou ses remorques et semi-remorques, et navires ou bateaux de plaisance, quel que soit le mode de déplacement ou de propulsion utilisé. Pour une erreur d'application de l'article L. 121-10 du Code des assurances, alors que le bateau en cause relevait de l'article L. 121-11 du même code : Civ. 2e, 3 juin 2010, n° 09-66.581, RGDA 2010. 1005. note S. Abravanel- Jolly.

2556. Le mécanisme ne s'applique qu'aux aliénations entre vifs, et non aux transmissions à cause de mort. Constituent notamment une aliénation entre vifs, une vente ou une donation ; ce n'est pas le cas en revanche d'une déclaration de retrait d'un véhicule, qui n'entre donc pas dans le champ d'application de l'article L. 121-11 du Code des assurances (Crim. 14 juin 1988, RGAT 1988. 816). La transmission d'un véhicule à cause de mort continue donc de relever du régime de transmission du contrat d'assurance prévu par l'article L. 121-10 du Code des assurances.

§ 2 ▪ Suspension du contrat d'assurance

2557. En cas de suspension du contrat d'assurance en raison de l'aliénation du véhicule, l'article L. 121-11 du Code des assurances prévoit que « le contrat d'assurance est suspendu de plein droit à partir du lendemain, à zéro heure, du jour de l'aliénation ». Le contrat d'assurance n'est donc pas transféré à l'acquéreur du véhicule terrestre à moteur ou du bateau de plaisance et c'est au nouveau propriétaire qu'il appartiendra de souscrire les contrats d'assurance nécessaires. La suspension du contrat s'opère sans qu'il soit besoin de réaliser aucune formalité. Il n'est notamment pas nécessaire de rédiger un avenant (Civ. 1re, 27 avr. 1966, RGAT 1967. 48, note A. Besson).

2558. C'est à compter du transfert de propriété que s'applique le régime mis en place par l'article L. 121-11 du Code des assurances. Ce transfert peut être retardé par une clause expresse (par exemple par une clause de réserve de propriété stipulant que la propriété du bien ne sera transmise qu'à la date du paiement intégral du prix : Civ. 1re, 5 nov. 1968, D. 1969, II, 289, note A. Besson, Civ. 1re, 24 mars 1992, RGAT 1992. 271, note J. Bigot) ou encore, par la volonté tacite des parties (ainsi, par exemple, l'intention commune des parties peut être de reporter le transfert de propriété à la date de livraison du véhicule : Civ. 1re, 7 juill. 1993, RGAT 1994. 70, note L. Mayaux).

2559. L'assureur, tiers et non partie au contrat opérant transfert de propriété du véhicule, peut prouver l'aliénation par tous moyens (par exemple à l'aide de la lettre du vendeur l'informant de la vente du véhicule : Civ. 1re, 27 nov. 1970, RGAT 1971. 350, note J. Bigot). Toutefois le changement de la carte grise ne fait pas à lui seul preuve de l'aliénation du véhicule (Civ. 1re, 3 juin 1975, RGAT 1976. 343, obs. J. Bigot). Cette preuve pourra en revanche résulter de déclarations faites par les assurés lors de l'enquête de gendarmerie, aussitôt après un accident (Civ. 1re, 5 nov. 1991, RGAT 1992. 99, note J. Landel).

2560. L'article L. 121-11, alinéa 3, du Code des assurances prévoit que l'assuré doit informer l'assureur, par lettre recommandée, de la date d'aliénation. L'usage de la lettre recommandée est obligatoire ; à défaut d'utilisation de ce procédé, l'assuré serait considéré comme n'ayant pas informé l'assureur de l'aliénation du véhicule (Civ. 1re, 17 janv. 1984, D. 1984, II, 469, note Cl.-J. Berr et H. Groutel). Il convient de noter qu'aucune sanction n'est cependant prévue en cas de non-respect de cette obligation d'information. En effet, l'article L. 121-11 prévoyait initialement qu'il pouvait être stipulé dans le contrat qu'en cas d'inexécution de cette obligation, l'assureur avait la possibilité d'exiger une indemnité dont le montant était limité. La loi n° 89-1014 du 31 décembre 1989 a supprimé la possibilité de prévoir une telle sanction, sans toutefois faire disparaître l'obligation d'information. Le non-respect de l'obligation est toutefois dépourvu d'effet sur la garantie, qui subsiste jusqu'au lendemain, à zéro heure, du jour de l'aliénation (Crim., 11 oct. 1988, RGAT 1989. 59, note F. Chapuisat).

2561. Il est à noter que c'est à la date de souscription du contrat que doit s'apprécier l'existence de la fausse déclaration intentionnelle et non lors de la remise en vigueur du contrat suspendu sur un nouveau véhicule (Civ. 2e, 14 juin 2012, n° 11-11.344, RCA 2012, com. 285, note H. Groutel).

§ 3 ▪ Remise en vigueur du contrat ou résiliation

2562. Le Code des assurances prévoit que le contrat d'assurance d'un véhicule terrestre à moteur ou d'un bateau de plaisance peut être remis en vigueur par accord des parties. Cette remise en vigueur aura notamment lieu lors de l'acquisition d'un véhicule terrestre à moteur ou d'un bateau venant remplacer celui qui a été aliéné. Le nouveau véhicule est alors garanti aux conditions de l'ancien (Civ. 1re, 21 mai 1975, RGAT 1976. 175). Cet accord de l'assureur et du vendeur pourra être matérialisé par un avenant ou bien résulter d'une demande de remise en vigueur qui n'aura pas été refusée par l'assureur dans un délai de dix jours, par application de l'article L. 112-2, alinéa 5, du Code des assurances. Cet article précise qu'« est considérée comme acceptée la proposition, faite par lettre recommandée, de prolonger ou de modifier un contrat ou de remettre en vigueur un contrat suspendu, si l'assureur ne refuse pas cette proposition dans les dix jours après qu'elle lui est parvenue ».

2563. Les parties peuvent aussi décider de résilier le contrat. Ainsi, chacune d'elles dispose d'une faculté de résiliation qu'elle peut exercer moyennant un préavis de dix jours, conformément à l'article L. 121-11, alinéa 1 du Code des assurances.

2564. À défaut de remise en vigueur du contrat par accord des parties ou de résiliation par l'une d'elles, la résiliation de plein droit du contrat intervient à l'expiration d'un délai de six mois à compter de l'aliénation, en vertu de l'article L. 121-11, alinéa 2 du Code des assurances. L'article L. 121-11, alinéa 4 du Code des assurances, prévoit qu'aucune indemnité de résiliation ne peut être demandée par l'assureur, et cela quelle que soit l'origine de la résiliation.

Sous-titre 2
Le sinistre

Chapitre 1
La déclaration du sinistre

BIBLIOGRAPHIE

L'Argus de l'assurance

Ouvrages. – O. Audouin et N. Ricchiuto, *Organiser et piloter le risque de fraude dans l'assurance*, Éd. L'Argus, 2013. - J. Landel, *Lexique des termes d'assurance*, Éd. L'Argus, 2014. – J. Bigot (sous dir.), *Code des assurances*, Éd. L'Argus. – F. Couilbault, S. Couilbaut-Di Tommaso, V. Huberty, *Les grands principes de l'assurance*, Éd. L'Argus, 2015.

Articles. – S. Corone, Déclaration du sinistre : une obligation impérative pour l'assuré, L'Argus, 20 sept. 2002, p. 51 ; Les obligations de l'assuré après un sinistre, L'Argus 1er oct. 1999, p. 60 ; Les sanctions encourues par l'assuré fraudeur, L'Argus, 7 juill. 2000, p. 32. – H. Dubout, La déclaration de sinistre pour ordre en RC, L'Argus, 23 mars 1990, p. 816.

Autres documentations

Ouvrages. – *Dictionnaire permanent assurances*, ouvrage collectif, éd., législatives, « Fraude à l'assurance », n° 28 et s. – *Lamy Assurances*, 2010, n° 661 à 744. – Y. Lambert-Faivre, L. Leveneur, *Droit des assurances*, Dalloz 2005, 12e éd., – *Traité de droit des assurances*, T. 3, « le contrat d'assurance », J. Bigot (dir.), LGDJ, 2002, n° 1346-1375 ; n° 1415-1422. – F. Leduc, Ph. Pierre, M. Asselain, *Traité du contrat d'assurance terrestre*, éd., Litec, 2008, n° 816 et s.

Articles. – D. Ammar, Preuve et vraisemblance. Contribution à l'étude de la preuve technologique, RTD civ. 1993, p. 511. – A. Benabent, La bonne foi dans l'exécution du contrat, Rapp. Français in « La bonne foi, Travaux de l'Association Capitant, Litec, 1992, p. 291. – A. Besson, Le contrat d'assurance et la morale, études offertes à G. Ripert, LGDJ 1950. 178 ; La notion de déchéance en matière d'assurance, RGAT 1936. 225. – E. Bruck, Le devoir de prévention et de sauvetage, RGAT 1937. 433. – H. Dubout, La déclaration de sinistre pour ordre en RC, L'Argus, 23 mars 1990, p. 816. – A. d'Hauteville, Plaidoyer pour une réforme des clauses de déchéance en droit des assurances, Mélanges en l'honneur de Jean Calais-Auloy, Etudes de droit de la consommation, Dalloz, coll. Mélanges 2004, p. 495. – H. Groutel, Incendie volontaire, faute intentionnelle et chose jugée au pénal, RCA 1996, n° 17 ; La mise en œuvre du délai de déclaration du sinistre à l'assureur, RCA 1989, n° 14. – Y. Jouhaud, la loyauté dans les contrats d'assurance, rapp. C. cass. pour 1985, Doc. fr, p. 9. - J. Kullmann, De l'aménagement contractuel de la preuve du vol à la liberté de la preuve du sinistre... la Convention européenne des Droits de l'Homme à l'assaut du contrat d'assurance, RGDA 2004. 561 ; Minimiser son dommage ?, Droit et économie de l'assurance et de la santé, Mélanges en l'honneur de Y. Lambert-Faivre et D-Cl. Lambert, D. 2002. 243. – Y. Lambert-Faivre, Le sinistre en assurance de responsabilité et la garantie de l'indemnisation des victimes, RGAT 1987. 193. – F. Leduc, Déchéance pour déclaration tardive de sinistre et préjudice de l'assureur, Mélanges Groutel, éd., Litec, 2006, p. 247 et s. - N. Leblond, Un rôle nouveau pour le sinistre en assurance, RCA 2008, Étude n° 4. - D. Noguéro, Liberté de la preuve du sinistre ou conditions du jeu de la garantie vol, RCA 2004, n° 20. – O. Sautel, Sur la déchéance en droit privé (contribution à la théorie de la permanence de la cause), D. 1999. chron. 487.

Divers. – La lutte contre la fraude à l'assurance, Actes du Colloque organisé à Niort les 28 et 29 juin 1990, éd., L'Assurance Française, 1991. – S. Carval, La responsabilité civile dans sa fonction de peine privée, LGDJ, 1995, n°157, p. 167. - A. d'Urso, L'incendie frauduleux, PUF, Aix- Marseille, 1990. – R. Le

Balle, Des conventions sur les procédés de preuve en droit civil, Th. Paris, 1929.- D. Mazeaud, la notion de clause pénale, LGDJ, 1992, p. 130, n°240. - P. Nabet, La peine privée en droit des assurances, PUAM, 1986. - S. Revol, Déclarations frauduleuses de risque et de sinistre en assurance, PUF, Aix-Marseille, 1984 - J. Vidal, Essai d'une théorie générale de la fraude en droit français, Th. Dalloz, 1957.

2565. Lorsque survient un sinistre, le Code des assurances n'impose à l'assuré qu'une seule obligation : déclarer le sinistre à l'assureur ; d'autres obligations peuvent cependant être mises à sa charge par le contrat lui-même.

Section 1 ▪ Obligation de déclaration du sinistre et sanctions

2566. L'article L. 113-2, 4° du Code des assurances impose à l'assuré « de donner avis à l'assureur, dès qu'il en a eu connaissance et au plus tard dans le délai fixé par le contrat, de tout sinistre de nature à entraîner la garantie de l'assureur. Ce délai ne peut être inférieur à cinq jours ouvrés ». Il s'agit là d'un texte impératif, ce qui implique que les parties ne peuvent pas conventionnellement y déroger, si ce n'est pour prévoir un délai de déclaration plus favorable à l'assuré (Civ. 1re, 20 oct. 1992, RGAT 1993. 99, note R. Maurice).

2567. L'article L. 113-2 du Code des assurances précise que l'obligation de déclaration du sinistre n'est pas applicable aux assurances sur la vie. Dans ce type d'assurance, il n'est prévu aucun délai de déclaration ; il est toutefois, dans l'intérêt du bénéficiaire, d'effectuer la déclaration le plus rapidement possible.

§ 1 ▪ Obligation de déclaration

A ▪ Objet de la déclaration

2568. Selon le Code des assurances, l'assuré doit déclarer « tout sinistre de nature à entraîner la garantie de l'assureur ». Or, le Code des assurances n'est pas venu définir cette notion de sinistre susceptible de faire jouer la garantie. Pourtant la question se révèle cruciale puisque c'est à compter de cet événement que commence à courir le délai de déclaration de cinq jours dont le non-respect peut entraîner le jeu d'une déchéance de garantie.

2569. La jurisprudence est venue préciser que le point de départ du délai de déclaration était « la connaissance du sinistre par l'assuré, c'est-à-dire la connaissance à la fois de l'événement et des conséquences éventuellement dommageables de nature à entraîner la garantie de l'assureur » (Civ. 20 juill. 1942, D. 1942, II, 129, note P. L.-P ; V., dans le même sens, Civ. 1re, 13 oct. 1987, RGAT 1988. 108, note R. Bout).

2570. Dans les assurances accidents corporels, un arrêt a décidé que le délai de déclaration commence à courir à compter du jour où l'assuré acquiert la certitude que l'accident va entraîner pour lui des conséquences permanentes. C'est le cas, par exemple, à la fin de sa rééducation (Civ. 1re, 25 mai 1976, RGAT 1977. 191, note A. Besson). Il ne doit toutefois pas attendre la consolidation de ses blessures (Civ. 1re, 25 mai 1976, préc.), alors que la prescription biennale court, elle, à compter de la survenue de l'état d'incapacité ou d'invalidité de l'assuré, depuis un arrêt de la première Chambre civile de la Cour de cassation en date du 1er juin 1999 (Civ. 1re, 1er juin 1999, H. Groutel, Le point de départ de la prescription biennale en matière d'assurance contre les accidents corporels : un revirement de jurisprudence opportun, RCA 1999, chron. n° 21).

2571. En assurance responsabilité civile, le délai de déclaration commence à courir à compter de la réclamation amiable ou judiciaire de la victime (Civ. 1re, 9 janv. 1973, RGAT 1973. 366, note A. Besson). En effet, l'assureur garantit la dette de responsabilité de l'assuré et il n'est tenu que « si, à la suite du fait dommageable prévu au contrat, une réclamation amiable ou judiciaire est faite à l'assuré par le tiers lésé » (C. assur., art. L. 124-1). Ainsi a-t-il pu être décidé que le délai de déclaration commençait à courir à compter de la citation de l'assuré comme civilement responsable de l'acte criminel commis par son employé (CA Paris, 22 mai 2001, RCA 2001, n° 311, obs. L. Grynbaum).

2572. Cette solution peut sembler difficilement compatible avec la prise en considération, par la loi de sécurité financière n° 2003-706 du 1er août 2003, du fait générateur du dommage pour la détermination de l'application dans le temps du contrat. Peut-être faut-il alors voir dans le sinistre une notion à géométrie variable, dont la définition varie en fonction du problème posé et de la volonté de retarder le point de départ de la prescription biennale...

2573. Ce n'est qu'à partir du moment où il en a connaissance que l'assuré est tenu de déclarer le sinistre. Par exemple, le délai de déclaration ne commencera à courir, très logiquement, qu'à compter du moment où l'assuré, de retour de vacances, découvre qu'il a été cambriolé et non à compter du cambriolage lui-même. On ne saurait en effet reprocher à l'assuré de ne pas avoir déclaré ce qu'il ignorait. Il se peut aussi que l'assuré soit au courant d'un événement sans savoir qu'il entraînera des dommages de nature à entraîner la garantie de l'assureur. Le délai ne commencera à courir qu'à compter de la connaissance de ces conséquences dommageables.

2574. L'objectif d'une expertise sera d'évaluer le montant du dommage subi par l'assuré. La Cour de cassation a ainsi pu considérer que le point de départ de la déclaration du sinistre se situe au jour de l'assignation en référé-expertise ; en effet à cette date, l'assuré doit normalement avoir connaissance des conséquences de l'événement dommageable (Civ. 1re, 13 juin 1995, RGAT 1995. 688, note J. Bigot). Il arrive toutefois, dans certaines circonstances, que l'assuré n'ait pas connaissance du sinistre au jour de l'assignation ; il ne sera en effet peut être fixé qu'au moment du dépôt du rapport de l'expert (Civ. 1re, 6 janv. 1993, RGAT 1993. 357, note J. Bigot).

2575. Les contrats d'assurance imposent parfois à l'assuré de déclarer les événements n'ayant pas de conséquences dommageables pour le moment, mais susceptibles, éventuellement, de constituer des sinistres. Dans ce cas, l'assuré doit être vigilant, parce que la déclaration effectuée ne le dispense pas de procéder à une véritable déclaration de sinistre, si celui-ci se réalise. L'obligation de procéder à ce qu'on appelle une déclaration pour ordre s'ajoute à l'obligation légale de déclaration du sinistre.

2576. Chaque sinistre doit faire l'objet d'une déclaration spécifique à l'assureur. L'assuré n'a pas donc pas la possibilité de rattacher un sinistre ancien non déclaré au sinistre récent pour lequel il effectue une déclaration. Le sinistre ancien n'ayant pas été déclaré à temps, l'assuré encourt pour celui-ci la déchéance pour déclaration tardive (Civ. 1re, 21 févr. 1995, RGAT 1995. 370, note R. Maurice).

B ▪ Modalités de la déclaration

1 ▪ Auteur, forme et destinataire de la déclaration

2577. C'est à l'assuré qu'il incombe de déclarer le sinistre à l'assureur. La déclaration pourrait aussi être réalisée par toute personne à laquelle l'assuré a donné mandat pour le faire, notamment l'architecte de la société assurée, « investi des plus larges pouvoirs et lui-même signataire de la police » (Civ. 1re, 6 janv. 1983, RGAT 1983. 512). Elle pourrait ainsi être réalisée par l'assureur de protection juridique de l'assuré (Civ. 2e, 8 mars 2012, n° 11-15.472).

2578. La victime d'un accident corporel est tenue de procéder à une déclaration de sinistre auprès de son assureur, au titre de son contrat « individuelle accident », quand bien même l'auteur du dommage, titulaire d'un contrat d'assurance responsabilité civile dans la même compagnie, aurait déjà procédé à la déclaration auprès de l'assureur. Ce dernier n'a en effet aucune obligation de vérifier si la victime détient chez lui un contrat mettant en jeu un autre type de garantie (Civ. 1re, 1er mars 1978, D. 1978, IR, 464, obs. Cl.-J. Berr et H. Groutel).

2579. La déclaration de sinistre peut être faite par tous moyens, puisque l'article L. 113-2 du Code des assurances ne lui impose aucun formalisme particulier. Elle pourra donc être réalisée par lettre simple ou recommandée, téléphone, internet ou directement par oral, au siège du représentant de l'assureur. Ainsi les juges du fond apprécient souverainement si un accident a été déclaré à l'assureur dans le délai prévu par le contrat (Civ. 1re, 2 mars 1994, Bull. civ. I, n° 80).

2580. L'article L. 113-2 étant d'ordre public, l'assureur ne peut pas imposer de forme déterminée pour la déclaration du sinistre (V. pour un contrat exigeant la déclaration par écrit ou verbalement contre récépissé au siège de l'assurance : Civ. 1re, 5 oct. 1994, RGAT 1994. 1126, note L. Mayaux ; Civ. 1re, 20 oct. 1992, RGAT 1993. 99, note R. Maurice).

2581. C'est à l'assuré qu'il revient de prouver qu'il a bien effectué la déclaration de sinistre ; dans ces conditions, il a tout intérêt à la faire par lettre recommandée avec accusé de réception ou bien directement auprès de l'assureur en exigeant un récépissé. La déclaration pourra aussi être faite par téléphone, dans la mesure où l'assuré pourra la prouver par des attestations (Civ. 1re, 5 oct. 1994, RGAT 1994. 1126, note L. Mayaux). Ces formalités s'imposent surtout s'il s'agit d'un sinistre important, les déclarations de sinistres minimes faisant rarement l'objet d'une contestation de la part des assureurs.

2582. Si le Code des assurances n'impose aucune forme spécifique à la déclaration, celle-ci doit toutefois, pour constituer une véritable déclaration, contenir un minimum d'informations sur le sinistre. Ainsi, ne constitue pas une déclaration du sinistre une lettre ne contenant qu'une simple allusion à un accident sans en préciser ni le lieu ni la date (Civ. 1re, 25 mai 1976, RGAT 1997. 190, note A. Besson).

2583. En pratique, il sera prudent de mentionner dans la déclaration de risque : la date et les circonstances précises du sinistre, ses causes connues ou supposées, l'étendue des dommages, et, éventuellement, en fonction des circonstances, les noms et les adresses des auteurs et/ou des victimes du sinistre.

2584. Le Code des assurances ne fait pas obligation à l'assuré de mentionner dans sa déclaration de sinistre le numéro ou l'intitulé exact de la police d'assurance couvrant le risque. Par conséquent, la mention erronée, dans la déclaration de sinistre, d'un contrat ne couvrant pas le risque en jeu ne saurait soustraire l'assureur à son obligation de garantie au titre d'un autre contrat régulièrement souscrit par l'assuré (Civ. 2e, 20 déc. 2007, RGDA 2008. 79, note S. Abravanel-Jolly).

2585. La déclaration de sinistre doit être faite à l'assureur ou à son représentant, le plus souvent un agent général d'assurances, selon les indications du contrat. La déclaration faite au mandataire de l'assureur est considérée comme étant faite à l'assureur. Dès lors, si jamais ce mandataire tarde à transmettre la déclaration à l'assureur, l'assuré n'encourt aucune sanction (Civ. 1re, 7 déc. 1976, D. 1977, IR, 178, obs. Cl.-J. Berr et H. Groutel), à condition, bien sûr, que l'assuré ait lui-même remis à temps la déclaration au représentant (Civ. 1re, 3 mars 1993, RGAT 1993. 548, note R. Maurice).

2586. En cas de transfert de portefeuille d'un assureur à un autre assureur, la déclaration d'un sinistre survenu avant la prise d'effet du transfert doit être adressée au cédant tandis que la déclaration d'un sinistre survenu après la prise d'effet du transfert doit être adressée au cessionnaire (pour une illustration, V. Civ. 1re, 12 oct. 2004, RGDA 2005. 199, note J. Bigot).

2587. La remise de la déclaration à un courtier, qui n'est pas en principe le mandataire de l'assureur, ne vaut pas remise à l'assureur ; par conséquent, si le courtier tarde à la transmettre à l'assureur, l'assuré pourra être sanctionné par une déchéance de garantie (Civ. 1re, 10 mai 1984, RGAT 1985. 244). Le courtier engagerait toutefois sa responsabilité à l'égard de l'assuré en raison de cette remise tardive. La solution serait naturellement différente si le courtier avait reçu mandat de l'assureur pour recevoir les déclarations de sinistre, ou s'il était possible d'invoquer l'existence d'un mandat apparent, c'est-à-dire lorsque les circonstances étaient de nature à faire croire légitimement à l'assuré que le courtier a reçu mandat de l'assureur. Ce sera le cas, par exemple si les conditions particulières du contrat mentionnaient que le courtier était « le correspondant » de l'assureur et s'il encaissait les cotisations pour le compte de celui-ci. Les tribunaux décident, en effet, que la déclaration du sinistre est valablement faite au mandataire apparent de la compagnie d'assurances, en l'occurrence un courtier (Civ. 1re, 28 juin 1983, Bull. civ. I, n° 187). Dans l'hypothèse de l'existence d'un mandat, le retard dans la transmission à l'assureur ne pourrait pas être opposé à l'assuré (Civ. 1re, 23 juin 1993, RGAT 1993. 788, note H. Margeat).

2 ▪ Délai de déclaration

2588. C'est le contrat qui fixe le délai de déclaration, délai qui ne peut toutefois pas être inférieur à cinq jours ouvrés. En effet, l'article L. 113-2 du Code des assurances précise que l'assuré doit déclarer le sinistre « au plus tard dans le délai fixé par le contrat » et que « ce délai ne peut être inférieur à cinq jours ouvrés ». L'assureur ne peut donc pas diminuer le délai ; il pourrait toutefois l'allonger, l'article L. 113-2 du Code des assurances précisant que « les délais ci-dessus peuvent être prolongés d'un commun accord entre les parties contractantes » (Civ. 1re, 20 oct. 1992, RCA 1992, n° 463), ce qui va dans le sens de la protection de l'assuré.

2589. L'article L. 113-2 du Code des assurances est venu fixer des délais spécifiques de déclaration du sinistre pour certaines catégories d'assurances. Le délai minimal est ainsi ramené à deux jours ouvrés en assurance vol et à vingt-quatre heures en assurance mortalité du bétail (C. assur., art. L. 113-2). Le délai commence à courir le lendemain à 0 heure du jour où l'assuré a connaissance du sinistre, conformément à l'article 641 du Code de procédure civile (Civ. 1re, 21 févr. 1989, RGAT 1989. 421, note J. Kullmann). Il prend fin le cinquième jour à vingt-quatre heures. Le Code des assurances précise que le délai de cinq jours est constitué uniquement de jours ouvrés ; cela signifie que seuls sont comptés les jours d'ouverture de l'assureur.

2590. C'est la déclaration du sinistre qui doit avoir lieu pendant le délai fixé par le contrat, et non sa réception par l'assureur. Par conséquent, la déclaration peut parvenir à l'assureur après l'expiration du délai, du moment qu'elle a bien été envoyée au cours de celui-ci (Civ. 1re, 21 févr. 1989, RGAT 1989. 421, note J. Kullmann).

3 ▪ Preuve

2591. C'est à l'assuré de prouver qu'il a bien exécuté son obligation de déclaration du sinistre, si l'assureur conteste la réalité de cette déclaration (Civ. 1re, 27 avr. 1994, RGAT 1994. 781, note J. Kullmann). En l'absence de dispositions spécifiques du Code des assurances, il est fait application du droit commun de la preuve ; or, l'article 1315, alinéa 1er du Code civil précise que celui qui réclame l'exécution d'une obligation doit la prouver. Cette preuve peut se faire par tous moyens.

2592. Lorsque l'assureur ne conteste pas l'existence de la déclaration effectuée par l'assuré, mais prétend qu'elle a été réalisée trop tardivement, se pose alors la question de savoir sur qui repose la charge de la preuve. Est-ce à l'assuré de prouver qu'il a bien envoyé sa déclaration dans le délai fixé par le contrat, ou bien est-ce à l'assureur d'établir le caractère tardif de la déclaration ? Il semble que la jurisprudence fasse une distinction : si l'assureur conteste la réalité même de la déclaration de sinistre, c'est à l'assuré d'établir tant l'existence de la déclaration que son envoi dans les délais. En revanche, si l'assureur ne conteste pas avoir reçu une déclaration de sinistre, mais prétend simplement qu'elle lui a été envoyée tardivement, c'est à lui d'établir ce caractère tardif (Civ. 1re, 19 mai 1999, RGDA 1999. 613). Deux décisions ont d'abord pu décider que c'était à l'assuré de prouver que la déclaration avait été faite dans les temps (Civ. 1re, 16 juill. 1964, RGAT 1965. 42, note A. Besson et Civ. 1re, 31 mars 1993, RGAT 1993. 784, note J. Kullmann). Cette solution était contestable parce que, dans ces affaires, l'assureur invoquait le jeu d'une déchéance pour déclaration tardive du sinistre. Or la preuve de la réunion des conditions de fait d'une déchéance incombe à l'assureur (V. Chapitre 3, la charge et les moyens de preuve du contrat). Par la suite, la Cour de cassation a affirmé que c'est « à l'assureur, au cas où il ne conteste pas le fait même de la remise matérielle à un agent de sa compagnie, d'une déclaration écrite de sinistre émanant de son assuré, d'établir que contrairement à l'affirmation de celui-ci, la déclaration a été faite tardivement » (Civ. 1re, 27 avr. 1994, RGAT 1994. 781, note J. Kullmann). De cette décision, on a pu déduire que la Cour de cassation opérait une distinction entre contestation de l'existence même de la déclaration et contestation de l'envoi dans les délais.

§ 2 ▪ Sanction de la déclaration tardive du sinistre

A ▪ Principes généraux

2593. Lorsque l'assuré ne respecte pas les obligations pesant sur lui après un sinistre, il encourt normalement les sanctions prévues par le droit commun des contrats ; il engage en l'occurrence sa responsabilité contractuelle. Cela signifie que l'assureur pourrait lui demander réparation du dommage qu'il a subi, sous forme de dommages et intérêts venant se compenser avec l'indemnité d'assurance due. L'assureur devra toutefois établir l'existence de son préjudice (Civ. 1re, 25 mai 1988, RGAT 1988. 555).

2594. Lorsque l'assuré ne respecte pas l'une de ses obligations après sinistre, l'engagement de sa responsabilité contractuelle n'est toutefois pas la seule sanction à la disposition de l'assureur. Dans la plupart des hypothèses, il dispose en effet de la faculté de stipuler une déchéance de garantie. Celle-ci peut être définie comme la perte du droit à garantie à titre de sanction, prévue contractuellement à l'encontre de l'assuré qui n'a pas exécuté ses obligations.

2595. Déchéance et exclusion de garantie viennent toutes les deux priver l'assuré de la garantie. Toutefois, en raison de la différence de régime applicable à ces deux clauses (l'exclusion doit notamment, en vertu de l'article L. 113-1 du Code des assurances, être formelle et limitée), il importe de distinguer clause de déchéance et clause d'exclusion de garantie. La troisième Chambre civile de la Cour de cassation opte pour le critère chronologique de distinction suivant (Civ. 3e, 17 oct. 2007, RGDA 2008. 66, note L. Mayaux ; JCP G 2008, I, 134, obs. J. Kullmann ; RCA 2007, comm. n° 375, obs. H. Groutel) :
- la clause venant sanctionner des manquements contractuels de l'assuré antérieurs au sinistre doit s'analyser en une clause d'exclusion ;
- la clause venant sanctionner des manquements postérieurs au sinistre constitue une clause de déchéance de garantie.

2596. Toutefois la deuxième Chambre civile de la Cour de cassation semble maintenir la position traditionnelle, selon laquelle les clauses de déchéance peuvent être librement stipulées dès lors qu'elles ne sont pas interdites par la loi, aucune distinction ne devant être faite en fonction de la période du manquement de l'assuré à une obligation prévue par le contrat d'assurance (Civ. 2e, 10 avr. 2008, RGDA 2008. 909, note J. Kullmann).

B ▪ Notion de déchéance de garantie

2597. Le Code des assurances ne prévoit aucune sanction en cas de non-respect par l'assuré de son obligation de déclaration du sinistre. Les parties peuvent cependant prévoir contractuellement une déchéance de garantie en cas de retard dans la déclaration du sinistre. Cette sanction est d'ailleurs expressément envisagée par le Code des assurances, puisque l'article L. 113-2 prévoit que « lorsqu'elle est prévue par une clause du contrat, la déchéance pour déclaration tardive (...) ne peut être opposée à l'assuré que si l'assureur établit que le retard dans la déclaration lui a causé un préjudice ».

2598. La mise en jeu de la déchéance pour déclaration tardive du sinistre soulève un problème d'attribution de la charge de la preuve. En effet, est-ce à l'assureur de prouver que le sinistre n'a pas été déclaré dans le délai imposé, ou bien est-ce au souscripteur d'établir qu'il a réalisé la déclaration à temps ? Il semble que la solution retenue par la Cour de cassation soit la suivante : si le litige porte sur l'existence même de la déclaration de sinistre (l'assureur soutenant alors que la déclaration de sinistre n'a pas été réalisée), c'est au souscripteur de prouver qu'il a bien effectué la déclaration dans le délai. En revanche, lorsque le litige ne porte que sur le date de la déclaration (dont l'existence n'est pas contestée par l'assureur), c'est à l'assureur de prouver le caractère tardif de la déclaration (Civ. 1re, 27 avr. 1994, RGAT 1994. 781, note J. Kullmann ; Civ. 1re, 19 mai 1999, RGDA 1999. 613, note L. Fonlladosa).

1 ▪ Conditions de validité

a - Condition de fond

2599. La loi n° 89-1014 du 31 décembre 1989 a ajouté une condition de fond à la validité de la déchéance pour déclaration tardive du sinistre : l'assureur ne peut l'invoquer que si le retard lui a causé un préjudice ; c'est à lui de prouver l'existence de ce préjudice (Civ. 1re, 7 janv. 1997, RGDA 1997. 159, note J. Bigot ; Civ 2e, 22 nov. 2012, n° 11-25.056, RCA 2013, com.74). À défaut d'apporter une telle preuve, l'assureur devra sa garantie. La Cour de cassation décide que cette disposition ne doit pas être appliquée aux sinistres survenus avant la date de son entrée en vigueur. Comme elle l'a réaffirmé, « l'article L. 113-2 du Code des assurances, dans sa rédaction issue de la loi du 31 décembre 1989, (...) s'applique aux contrats en cours, dès lors que le sinistre est survenu après le 1er mai 1990, date de son entrée en vigueur » (Civ. 1re, 7 oct. 1998, Dossiers jur. et tech., L'Argus, 27 nov. 1998, p. VIII, obs. G. Defrance).

2600. Cette exigence d'un préjudice est, en droit, contestable. La déchéance s'analyse en effet comme une peine privée, venant sanctionner l'assuré qui a manqué à ses obligations. Exiger un préjudice pour faire jouer la déchéance semble rattacher le mécanisme contractuel à la responsabilité civile, qui est normalement sanctionnée par l'allocation de dommages et intérêts. Il s'agit toutefois là d'une condition introduite par la loi n° 89-1014 du 31 décembre 1989 afin de protéger les assurés contre une application systématique des déchéances, même en l'absence de dommage subi par l'assureur.

2601. L'existence d'un préjudice est appréciée souverainement par les juges du fond (Civ. 1re, 7 janv. 1997, RGDA 1997. 159, note J. Bigot ; V. aussi Civ. 1re, 7 mars 2000, RGDA 2000. 518, note L. Mayaux). Ce sera par exemple le cas si la déclaration hors délai a privé l'assureur de la possibilité d'exercer un recours, ou encore, si cela l'a empêché de prendre des mesures qui auraient permis de limiter le coût du sinistre. Il a ainsi été jugé qu'un tel préjudice était constitué lorsque, cité en cour d'assises aux fins de condamnation comme civilement responsable de son préposé, l'assuré néglige d'avertir son assureur de responsabilité ; en effet, l'assureur a ainsi été privé de la possibilité de « diriger la procédure au mieux de ses intérêts », en contestant la demande d'indemnisation tant dans son principe que dans son montant (CA Paris, 22 mai 2001, RCA 2001, comm. n° 311, obs. L. Grynbaum).

2602. Le fait que la sanction subie par l'assuré, à savoir, la perte du droit à garantie, puisse être tout à fait disproportionnée par rapport au préjudice subi, rapproche la déchéance de la clause pénale. Or le juge peut, en vertu de l'article 1152, alinéa 2 du Code civil, modérer les clauses pénales lorsqu'elles sont excessives. On peut alors regretter que la clause de déchéance ne soit pas soumise au pouvoir modérateur du juge ; mais il existe, en dépit de leurs similitudes, une réelle différence de nature entre clause pénale et clause de déchéance. En effet, l'article 1226 du Code civil dispose que « la clause pénale est celle par laquelle une personne, pour assurer l'exécution d'une convention, s'engage à quelque chose en cas d'inexécution ». La clause pénale suppose donc un engagement positif et distinct des obligations initiales ; or, « la perte du droit à indemnité ne saurait correspondre à un engagement positif » (D. Mazeaud, *La notion de clause pénale*, LGDJ, 1992, p. 130, n° 240). L'article 1152, alinéa 2 du Code civil n'est donc pas applicable aux clauses de déchéance.

b - Conditions de forme

2603. La validité de la déchéance est subordonnée à la présence d'une clause prévoyant une telle sanction. En effet, l'article L. 113-2 du Code des assurances ne fait qu'autoriser les parties à stipuler une déchéance ; dès lors, en l'absence de stipulation expresse, le juge ne saurait appliquer une déchéance de garantie (si le contrat ne prévoit pas de déchéance, mais le versement d'une indemnité destinée à réparer le préjudice causé par le retard dans la déclaration, le juge ne peut pas faire application de la déchéance : Civ. 1re, 3 nov. 1982, RGAT 1983. 350 ; V. aussi Civ. 1re, 9 mai 1994, RGAT 1994. 647, note J. Bigot ; Civ. 1re, 7 nov. 2000, L'Argus 29 déc. 2000, Dossier jur. et tech., obs. G. D.).

2604. La clause de déchéance doit figurer en caractères très apparents dans la police. Cette exigence de forme résulte de l'article L. 112-4 du Code des assurances qui précise que « les clauses des polices édictant des nullités, des déchéances ou des exclusions ne sont valables que si elles sont mentionnées en caractères très apparents ». Cela implique donc que les clauses de déchéance soient très lisibles ; il faut que « grâce à leur grande lisibilité, la teneur des mentions ne puisse pas échapper à l'assuré » (Civ., 14 mai 1946, D. 1946, p. 281, note P. L.-P.). Les caractères très apparents doivent être utilisés pour indiquer, non seulement la déchéance, mais aussi l'obligation sanctionnée par la déchéance (Civ. 1re, 16 avr. 1956, RGAT 1956. 145). Cette exigence d'une apparence renforcée s'applique quelle que soit la qualité du souscripteur (V. par ex., Civ. 1re, 11 juill. 2001, RGDA 2001. 925, note J. Kullmann : le fait que le souscripteur, en tant qu'ancien agent général de la compagnie d'assurances contractante, ait pu connaître l'existence de la clause de déchéance litigieuse, « ne dispensait pas l'assureur de l'obligation (...) de mentionner cette clause de déchéance en caractères très apparents dans son contrat »).

2605. La jurisprudence a pu décider que la clause de déchéance devait obligatoirement figurer dans la police elle-même. Cette solution s'expliquait par un argument de texte : l'article L. 112-4 du Code des assurances, qui exige que les clauses de déchéance, nullité et d'exclusion figurent en caractères très apparents, précise qu'il s'agit des clauses des contrats. De là, la Cour de cassation a pu déclarer que ces clauses « doivent être insérées dans les polices elles-mêmes » ; dès lors, la clause de déchéance figurant dans le règlement intérieur de la Mutuelle, que l'assuré avait pourtant déclaré, dans sa demande d'adhésion, avoir reçu, ne lui est donc pas opposable (Civ. 1re, 30 oct. 1967, JCP G 1968, II, 15590, note J. Bigot).

2606. Il s'agissait là d'une solution sévère pour l'assureur. En effet, il nous semble qu'il suffit que ces clauses, et notamment la clause de déchéance, soient portées à la connaissance du souscripteur par la remise d'un document écrit quelconque respectant les exigences typographiques de l'article L. 112-4 de Code des assurances, notamment un document annexe, non signé par le souscripteur, à condition qu'il y soit fait référence dans le document signé. En tout état de cause, la clause doit avoir été portée à la connaissance de l'assuré avant la survenance du sinistre (Civ. 1re, 21 juin 1989, RGAT 1989. 529, note J. Kullmann). Toutefois dans un arrêt du 30 mai 1995, la Cour de cassation a décidé qu' « en signant les conditions particulières, qui faisaient référence aux conditions générales, l'assuré a nécessairement accepté la clause de déchéance pour déclaration tardive du sinistre qui y était stipulée » (Civ. 1re, 30 mai 1995, RGAT 1995. 898, note L. Mayaux). La Cour de cassation admet donc l'opposabilité à l'assuré d'une clause de déchéance qui ne figurait pas sur le contrat, mais sur un document annexe. Cette position a d'ailleurs été confirmée dans un arrêt du 5 juillet 2006. La deuxième Chambre civile admet en effet qu'en signant un avenant, l'assuré avait reconnu avoir pris connaissance des conditions générales et particulières ainsi que des annexes du contrat d'assurance et être resté en possession du texte intégral de ces documents. Par conséquent il a bien eu connaissance de l'objet et de l'étendue du contrat d'assurance qu'il avait souscrit et notamment de l'exclusion de garantie figurant en annexe (Civ. 2e, 5 juill. 2006, RGDA 2006. 921, note S. Abravanel-Jolly).

2 ▪ Effets

2607. Le jeu de la déchéance a pour conséquence de priver l'assuré de son droit à garantie pour le seul sinistre ayant fait l'objet d'une déclaration tardive. En revanche, l'indemnisation des sinistres qui ont pu survenir par le passé n'est pas remise en cause et le contrat reste maintenu pour l'avenir, sauf si l'assureur use de sa faculté de résiliation après sinistre. Cela implique qu'en dépit du jeu de la déchéance, le souscripteur reste tenu de payer les primes et l'assureur de prendre en charge les éventuels autres sinistres de l'assuré (si celui-ci respecte alors les obligations mises à sa charge).

2608. La déchéance de garantie est opposable au bénéficiaire d'une assurance sur la vie (Civ. 1re, 21 nov. 1966, RGAT 1967. 164, note A. Besson), ainsi qu'au coauteur du dommage (Civ. 1re, 13 févr. 1996, RGDA 1996. 430, note Ph. Rémy). Elle est aussi opposable au bénéficiaire d'une assurance pour compte, par application de l'article L. 112-1, alinéa 3 du Code des assurances qui prévoit que les exceptions que l'assureur peut opposer au souscripteur d'une assurance contractée pour le compte de qui il appartiendra sont également opposables au bénéficiaire du contrat, quel qu'il soit (Civ. 1re, 10 juin 1997, RGDA 1997. 1066, note F. Chardin).

2609. Selon l'article R. 124-1 du Code des assurances, en assurance de responsabilité, la déchéance est inopposable aux tiers victimes. Cela implique que l'assureur doit indemniser la victime, puis se retourner contre son assuré pour obtenir le remboursement de la somme versée. De même, l'article R. 211-13 du Code des assurances prévoit, en assurance responsabilité civile automobile, que les déchéances ne sont pas opposables aux victimes ou à leurs ayants droit.

2610. Cette inopposabilité, consacrée par le Code des assurances, est d'origine jurisprudentielle. En effet, la Cour de cassation considère que la victime dispose à compter du sinistre d'un droit propre sur l'indemnité qui ne peut plus être modifié par un événement survenu postérieurement ; dès lors, toutes les exceptions dont la cause est postérieure au sinistre lui sont inopposables (Civ., 15 juin 1931, RGAT 1931. 801).

3 ▪ Moyens de défense de l'assuré

2611. Comme le précise l'article L. 113-2 du Code des assurances, la déchéance ne peut pas être opposée à l'assuré dans tous les cas où le retard est dû à un cas fortuit ou de force majeure. Ce sera le cas lorsqu'un événement imprévisible, irrésistible et extérieur aura empêché l'assuré de déclarer à temps le sinistre. Un tel événement peut être établi par la présentation d'un certificat médical attestant que le traumatisme physique dont l'assuré a été atteint, à la suite de son accident, s'est doublé d'un traumatisme psychique important qui ne lui a pas permis de s'occuper tout de suite des conséquences médico-légales de l'accident (Civ. 1re, 1er déc. 1969, RGAT 1970. 514). Toutefois, lorsque le cas de force majeure est caractérisé, la déchéance n'est pas totalement écartée ; en effet, le jour où la force majeure cesse, l'assuré est tenu de procéder à la déclaration du sinistre dans le délai imparti (Civ. 1re, 1er déc. 1969, préc.).

2612. L'assuré ne subira pas la déchéance de garantie s'il peut établir que l'assureur a renoncé à s'en prévaloir. Une telle renonciation pourra être expresse ou tacite. Dans cette hypothèse, il faudra établir l'existence d'actes positifs traduisant sans équivoque la volonté de renoncer. Il pourra s'agir par exemple du versement d'indemnités partielles (Civ. 1re, 21 juin 1988, RGAT 1988. 588, note J. Kullmann) ou de la désignation d'un expert en exécution d'une déclaration de sinistre que l'assuré savait tardive, sans avoir formulé de réserves (Civ. 1re, 27 févr. 1990, RGAT 1990. 328, note H. Margeat et J. Landel).

2613. L'article L. 113-17, alinéa 1er, du Code des assurances prévoit que dans les contrats d'assurance de responsabilité civile, « l'assureur qui prend la direction d'un procès intenté à l'assuré est censé aussi renoncer à toutes les exceptions dont il avait connaissance lorsqu'il a pris la direction du procès » (V. Chapitre 4, Le procès). L'assureur a toutefois la possibilité de formuler des réserves sur son obligation de garantie.

Section 2 ▪ Preuve du sinistre

2614. Dès lors que l'assuré a procédé à la déclaration du sinistre, deux hypothèses sont envisageables. Soit l'assureur ne met pas en doute la réalité du sinistre, et celui-ci est alors établi par la déclaration réalisée. Soit l'assureur conteste la réalité du sinistre et il est alors nécessaire d'apporter des éléments de preuve susceptibles de convaincre le juge. En cas de litige, c'est à l'assuré qu'il revient d'établir la réalité du sinistre et son étendue. En l'absence de règles relatives à la charge de la preuve dans le Code des assurances, il s'agit d'une application de l'article 1315, alinéa 1er du Code civil, selon lequel celui qui réclame l'exécution d'une obligation doit la prouver (V. toutefois une espèce où, curieusement, l'assureur se voit imposer de prouver l'absence de vol : Civ. 2e, 4 fév. 2010, n°09-12.566, RCA 2010, comm.132).

2615. Les juges du fond apprécient souverainement si l'assuré a bien apporté la preuve qui lui incombait de la réalité du sinistre (Civ. 1re, 7 juin 2001, RGDA 2001. 1035, note L. Fonlladosa).

2616. Le Code des assurances est toutefois venu régler la question de la charge de la preuve dans l'hypothèse bien particulière des pertes et dommages occasionnés par la guerre étrangère, la guerre civile, les émeutes et les mouvements populaires. En effet l'article L. 121-8 prévoit que l'assureur ne répond pas, sauf convention contraire, de ces risques ; quand ils ne sont pas couverts par le contrat, le texte procède à une répartition de la charge de la preuve entre l'assureur et l'assuré. C'est ainsi à l'assuré de prouver que le sinistre résulte d'un fait autre que le fait de guerre étrangère ; en revanche il appartient à l'assureur de prouver que le sinistre résulte de la guerre civile, d'émeutes ou de mouvements populaires.

2617. L'assuré doit non seulement établir la réalité de l'événement constituant le sinistre, mais il doit aussi prouver que ce sinistre entre dans le cadre de la garantie prévue par le contrat. En réalité, la charge de la preuve des circonstances du sinistre peut varier selon la qualification retenue pour ces circonstances. Les tribunaux décident ainsi que c'est à l'assuré d'établir que le sinistre répond bien à la définition contractuelle du risque assuré. Par exemple, si le contrat prend en charge les accidents corporels non intentionnels, provenant de l'action soudaine d'une cause extérieure, c'est à l'assuré d'établir que l'infarctus dont il a été victime est la conséquence directe de sa chute : Civ. 1re, 14 févr. 1989, RGAT 1989. 402, note J.-L. Aubert ; V. aussi, Civ. 1re, 3 oct. 1995, RGAT 1996. 151, note J. Maury) ; c'est aussi à lui qu'il incombe d'établir que les conditions de garantie sont bien remplies (V., pour la preuve d'un décès accidentel, Civ. 1re, 13 mars 1996, RGDA 1996. 687, note J. Maury ; V. aussi, Civ. 1re, 10 mai 1989, RGAT 1989. 643, note J. Kullmann). Si une clause du contrat subordonne la garantie à l'exécution d'obligations contractuelles (notamment des obligations de protection du risque ou de prévention, par exemple l'installation d'un système anti-vol, c'est à l'assuré qu'il incombe d'établir que cette obligation a bien été exécutée (Civ. 1re, 3 févr. 1993, RGAT 1993. 365, note J. Kullmann ; V. toutefois, contra, Civ. 1re, 26 févr. 1991, RGAT 1991. 642, note J. Kullmann, qui décide que c'est à l'assureur d'établir l'inexécution de son obligation par l'assuré). En revanche, c'est à l'assureur qu'il appartient de démontrer la réunion des conditions de fait d'une exclusion (Civ. 1re, 15 et 22 oct. 1980, RGAT 1980. 51, note A. Besson).

2618. Dans certaines hypothèses, la preuve peut se révéler très difficile à apporter. C'est le cas notamment dans les assurances vol, où il est quasiment impossible, en l'absence de témoins, de prouver qu'il y a eu usage de fausse clé. C'est pourquoi le juge admet parfois un déplacement de l'objet de la preuve ; l'assuré ne devra pas établir un fait positif impossible à prouver (l'usage de fausse clé), mais un fait négatif, à savoir qu'aucune autre cause ne peut venir expliquer le vol, notamment qu'il n'y a eu ni escalade, ni effraction (CA Paris, 21 févr.

1984, RGAT 1985. 123). Dans le même sens, il a pu être décidé que l'incendie ayant détruit une machine a été entraîné par l'intervention d'un ouvrier peu de temps auparavant, l'expert ayant écarté toutes les autres causes possibles (Civ. 1re, 10 mars 1993, RGAT 1993. 638, note A. Favre Rochex).

2619. Le sinistre et les circonstances dans lesquelles il s'est réalisé constitue des faits juridiques ; par conséquent tous les moyens de preuve peuvent être utilisés pour établir leur réalité, tels que, par exemple, photographies, témoignages, factures, etc. Cependant, la déclaration du vol aux autorités de police ne suffit toutefois pas à prouver l'existence de ce vol (Civ. 1re, 7 juin 2001, RGDA 2001. 1035, note L. Fonlladosa). La deuxième Chambre civile de la Cour de cassation est venue préciser dans un arrêt du 10 mars 2004 que « la preuve du sinistre, qui est libre, ne peut être limitée par le contrat » (Civ. 2e, 10 mars 2004, D. 2004, IR, 994 ; RCA 2004, n° 199 ; V. aussi, pour une appréciation critique de cet arrêt, D. Noguéro, Liberté de la preuve du sinistre ou conditions du jeu de la garantie vol, RCA 2004, chron. n° 20 ; J. Kullmann, De l'aménagement contractuel de la preuve du vol à la liberté de la preuve du sinistre... la Convention européenne des Droits de l'Homme à l'assaut du contrat d'assurance, RGDA 2004. 561). Ce principe de liberté de la preuve du sinistre a été affirmé au visa de l'article 1315 du Code civil et de l'article 6.1 de la Convention européenne des droits de l'homme, qui garantit à toute personne que sa cause sera entendue équitablement, publiquement et dans un délai raisonnable, par un tribunal indépendant et impartial, établi par la loi, qui décidera, soit des contestations sur ses droits et obligations de caractère civil, soit du bien fondé de toute accusation pénale dirigée contre elle. Un tel principe constitue une dérogation au droit commun de la preuve ; en effet les règles gouvernant la charge et les modes de preuve ne sont pas, sauf exceptions (notamment en matière d'état des personnes), d'ordre public ; les parties sont donc libres de les aménager par convention (Sur cette question, V. R. Perrot, La charge de la preuve en matière d'assurance, RGAT 1961. 27 ; R. Le Balle, Des conventions sur les procédés de preuve en droit civil, Th. Paris, 1929). Il faut toutefois remarquer que confrontée par la suite à une clause identique, la Cour de cassation n'a pas réaffirmé la position retenue dans son arrêt de mars 2004, qui resterait donc isolé (V. ainsi Civ. 2e, 16 déc. 2004, RGDA 2005. 182, note J. Kullmann).

2620. Il est parfois admis que la déclaration de sinistre permet d'établir la réalité de ce sinistre. Ainsi, par exemple, il a été jugé que la déclaration de vol prouve la réalité du vol, dans la mesure où aucun élément matériel ou témoignage n'est de nature à en faire douter (Civ. 1re, 10 juin 1992, RGAT 1992. 619, note J. Kullmann).

Section 3 ■ Autres obligations de l'assuré

§ 1 ■ Obligations conventionnelles

A ■ Typologie

2621. Les contrats d'assurance imposent en règle générale à l'assuré de déclarer le sinistre aux autorités compétentes. Il s'agira notamment des autorités locales de police en assurance vol.

2622. Il est fréquent que les polices d'assurance imposent à l'assuré de transmettre à l'assureur toutes les pièces lui permettant d'apprécier le sinistre (par exemple une assignation réalisée par la victime contre l'assuré). L'assuré doit ainsi fournir une description des pertes subies et des biens endommagés, qui servira à l'évaluation des dommages ; il s'agit en général d'un état estimatif des pertes subies, accompagné de justificatifs, tels que factures, témoignages... Ainsi, par exemple, dans une assurance de biens, il conviendrait d'établir une liste des biens détruits, disparus ou abîmés. Il faudrait alors joindre à cette liste tous les documents permettant d'établir tant la valeur de l'objet perdu que sa propriété (factures, photos, bons de garantie...).

2623. Une clause dite de « sauvetage » peut figurer dans le contrat. En vertu de cette clause, l'assuré doit prendre toutes les mesures nécessaires afin de limiter ou d'éviter l'aggravation du sinistre. Par exemple, l'assuré peut devoir procéder au bâchage des biens sinistrés, afin qu'ils ne souffrent de la pluie.

2624. Pour les assurances maritimes, cette obligation de sauvetage constitue une obligation légale ; en effet, l'article L. 172-23 du Code des assurances dispose que « l'assuré doit contribuer au sauvetage des objets assurés et prendre toutes mesures conservatoires de ses droits contre les tiers responsables ». En l'absence d'une disposition similaire pour les assurances terrestres, une telle obligation doit obligatoirement être prévue par le contrat. Si tel n'est pas le cas, l'assureur ne saurait reprocher à l'assuré de ne pas avoir pris les mesures de sauvegarde nécessaires et le juge du fond ne pourrait pas procéder à une diminution de l'indemnité d'assurance (V. relevant l'absence de stipulation relative à « l'exclusion de garantie des aggravations des conséquences d'un sinistre dues à une faute précisément définie de l'assuré », Civ. 1re, 7 nov. 2000, RGDA 2000. 1066, note L. Mayaux).

2625. Les mesures de sauvetage imposées par le contrat peuvent conduire l'assuré à engager des frais importants. Dès lors qui, de l'assureur ou de l'assuré, devra supporter ces frais ? La question est réglée, partiellement, par le Code des assurances pour l'assurance incendie. En effet l'article L. 122-3 du Code des assurances prévoit que « les dommages matériels occasionnés aux objets compris dans l'assurance par les secours et par les mesures de sauvetage » sont pris en charge par l'assureur. Cet article ne prévoit toutefois pas la prise en charge des frais de sauvetage eux-mêmes. Si une obligation de sauvetage est stipulée dans le contrat, le remboursement des frais engagés par l'assuré à cette occasion est normalement pris en charge par l'assureur et calculé dans le montant de l'indemnité. En revanche, si l'assuré procède à des mesures de sauvetage en l'absence de clause dans le contrat, le remboursement des frais ne relève pas de la garantie d'assurance (Civ. 1re, 30 mai 1995, RGAT 1995. 696, note J. Kullmann). C'est au titre du droit commun, gestion d'affaires ou enrichissement sans cause, que ces frais devront être pris en charge par l'assureur.

B ▪ Sanction des obligations

1 ▪ Déchéances autorisées

2626. Les parties sont libres de stipuler la déchéance comme sanction des obligations mises contractuellement à la charge de l'assuré en cas de sinistre, hormis dans certaines hypothèses où les déchéances sont prohibées (Civ. 1re, 2 juill. 1996, RGDA 1997. 106, note J. Kullmann, affirmant que « les parties peuvent librement stipuler, dans un contrat d'assurance, les clauses de déchéance qui ne sont pas interdites par la loi »).

2627. En l'absence de déchéance, notamment dans les hypothèses où elles sont interdites, le droit commun du contrat retrouve son empire ; l'assureur pourrait donc engager la responsabilité contractuelle de l'assuré qui n'a pas respecté ses obligations contractuelles en cas de sinistre, afin d'obtenir des dommages et intérêts se compensant avec l'indemnité d'assurance. Pour cela, il devra toutefois établir que le manquement contractuel lui a causé un préjudice. À la différence de la déchéance, cette sanction n'a pas à être prévue par une stipulation du contrat.

2628. Lorsqu'elles existent, les déchéances doivent respecter les mêmes conditions de forme que la déchéance pour déclaration tardive ; elles doivent donc être prévues par une clause expresse et figurer en caractères très apparents (C. assur., art. L. 112-4).

2629. L'article L. 113-2 du Code des assurances n'exige toutefois la preuve d'un préjudice subi par l'assureur que pour les déchéances pour déclaration tardive du sinistre et d'une aggravation du risque. En l'absence de précision du texte, il semble que cette condition ne doive pas être étendue aux autres déchéances.

2 ▪ Déchéances interdites

2630. Le Code des assurances est venu prohiber certaines déchéances. Ainsi, à l'article L. 113-11 est-il indiqué que sont nulles les clauses générales « frappant de déchéance l'assuré en cas de violation des lois ou des règlements, à moins que cette violation ne constitue un crime ou un délit intentionnel » et les clauses « frappant de déchéance l'assuré à raison de simple retard apporté par lui à la déclaration du sinistre aux autorités ou à des productions de pièces ». Si l'assureur stipulait de telles déchéances dans le contrat, elles ne seraient pas valables. Pour le Code de la mutualité, voir article L. 221-16.

2631. La rédaction de l'article L. 113-11 du Code des assurances peut être discutée : il est contestable de qualifier de déchéance la clause venant sanctionner l'assuré en cas de violation des lois ou des règlements. La déchéance constitue en effet une sanction venant frapper l'assuré qui n'a pas respecté ses obligations après sinistre. La clause visée par l'article L. 113-11 doit plutôt s'analyser en une exclusion de garantie et c'est alors l'article L. 113-1 du Code des assurances, condamnant les exclusions qui ne sont pas formelles et limitées, qui aurait vocation à s'appliquer.

2632. Dans cette hypothèse, la loi est venue interdire la stipulation d'une déchéance. L'assureur garde cependant la possibilité, comme le précise l'article L. 113-11, 2°, du Code des assurances, de réclamer une indemnité proportionnée au dommage que ce retard lui a causé (pour la sanction de l'obligation de transmission de pièces : Civ. 1re, 18 mars 1986, RGAT 1986. 369, note J. Bigot ; V, à propos de la clause du contrat d'assurance, qui, prévoyant que la présentation tardive des justificatifs de son incapacité privait l'assuré de la garantie due pour la période antérieure à la réception de son dossier, s'analysait en une clause de déchéance au sens du 2° de l'article L. 113-11 du Code des assurances, et comme telle frappée de nullité : Civ. 2e, 30 juin 2004, RCA 2004, comm. n° 311, obs. H. Groutel ; RGDA 2004. 923, note L. Mayaux). En revanche, on peut se demander si l'absence totale de production de pièces, qui n'est pas visée par le texte pourrait, en raison de la gravité du manquement, être sanctionnée par la déchéance (V. à propos de la clause de direction du procès : Civ. 1re, 6 nov. 1963, RGAT 1964. 330, note A. Besson ; JCP 1963, II, 13439, note P.P.)

2633. Dans les contrats d'assurance responsabilité civile, une clause de direction du procès peut venir prévoir la faculté pour l'assureur de diriger le procès intenté à son assuré par la victime. L'article L. 113-17, alinéa 2 du Code des assurances prévoit que « l'assuré n'encourt aucune déchéance, ni aucune autre sanction du fait de son immixtion dans la direction du procès s'il avait intérêt à le faire ». Toutefois, il semble que la validité de la déchéance soit maintenue par le texte lorsque l'intérêt de l'assuré ne justifiait pas qu'il intervienne dans le travail de l'assureur.

2634. En règle générale, les contrats d'assurance responsabilité civile contiennent des clauses interdisant, à l'assuré de reconnaître qu'il est responsable du dommage et de transiger seul avec la victime. Selon l'article 2044 du Code civil, une transaction est « un contrat par lequel les parties terminent une contestation née, ou préviennent une contestation à naître », par une telle transaction, l'assuré reconnaît sa responsabilité et détermine le montant de sa dette envers la victime, celle-ci se déclarant alors désintéressée. Avant la loi du 13 juillet 1930, les assureurs inséraient dans les contrats des clauses sanctionnant par la déchéance du droit à garantie le non-respect de l'interdiction faite à l'assuré de reconnaître sa responsabilité. Désormais, l'article L. 124-2 du Code des assurances prévoit que « l'assureur peut stipuler qu'aucune reconnaissance de responsabilité, aucune transaction, intervenues en dehors de lui, ne lui sont opposables. L'aveu de la matérialité d'un fait ne peut être assimilé à la reconnaissance d'une responsabilité ». Ainsi la déchéance est interdite et seule est autorisée l'inopposabilité (pour l'inopposabilité de la transaction : Civ. 1re, 30 juin 1970, RGAT 1971. 225).

§ 2 ▪ Fraude de l'assuré

2635. A l'origine, l'article 1134, alinéa 3 du Code civil imposait aux parties à un contrat d'exécuter de bonne foi le contrat ; l'article 1104 issu de l'ordonnance du 10 février 2016 portant réforme du droit des contrats dispose désormais que « les contrats doivent être négociés, formés et exécutés de bonne foi ». Cette obligation de bonne foi s'impose à l'assuré, qui sera sanctionné en cas de mauvaise foi. La fraude lors du sinistre consiste en un comportement de l'assuré visant à obtenir de l'assureur une indemnité d'assurance à laquelle il n'a pas droit ou une indemnité supérieure à ce qu'il devrait toucher. Elle se compose de deux éléments : un élément matériel, consistant dans la communication à l'assureur de fausses informations et un élément moral, la mauvaise foi de l'assuré qui sait qu'il commet une tromperie.

A ▪ Illustrations

2636. La fraude de l'assuré peut prendre la forme de la souscription frauduleuse d'un contrat d'assurance, avec la complicité d'un intermédiaire d'assurance, courtier ou agent d'assurance. La fraude consistera alors à conclure un contrat d'assurance après la survenance du sinistre, en antidatant la police, les intéressés se partageant ensuite l'indemnité d'assurance versée par l'assureur (Crim. 13 févr. 1995, Bull. crim., n° 63).

2637. Il y a sinistre volontaire lorsque le sinistre est bien réel, mais a été volontairement provoqué par l'assuré, souvent avec l'aide de complicités, afin de bénéficier de l'indemnité d'assurance. Tel sera le cas, par exemple, de l'incendie volontaire (Crim., 1er juin 1994, RGAT 1994. 1225, note E. Fortis), de la voiture sciemment accidentée (Crim., 11 oct. 1989, Bull. crim. n° 352), parfois de l'automutilation, voire du suicide (Civ. 1re, 14 mars 2000, RCA 2000, comm. n° 208, obs. H. Groutel).

2638. L'assuré peut se rendre coupable de diverses déclarations frauduleuses. Ainsi, l'assuré peut, déclarer un faux sinistre, étayé par des fausses pièces (fausses factures...). Il peut aussi mentir sur les conséquences du sinistre ; par exemple, l'assuré (ou la victime) pourra simuler les symptômes de lésions graves, afin d'être indemnisé(e) par l'assureur (pour la simulation, par la victime d'un accident automobile aux conséquences bénignes, du gâtisme et de l'impotence : Crim., 20 déc. 1967, D. 1969, II, 309, note E. Lepointe). Pour une hypothèse de fausse déclaration d'un accident du travail fondée sur une intégration rétroactive de l'assuré dans le personnel d'une entreprise par antidatation du contrat de travail, voir Civ. 1re, 3 juill. 2001, n° 98-19.026. Toutefois, le plus souvent, la fraude consiste en une exagération frauduleuse des pertes. Lors d'un sinistre, l'assuré peut, en effet, avoir la tentation de surestimer le préjudice subi. Il peut par exemple, surévaluer la valeur des biens sinistrés, à l'aide de fausses factures ou des attestations de complaisance. Il peut aussi exagérer le nombre de biens sinistrés, en demandant une indemnisation pour des biens qui n'existaient pas ou ne se trouvaient pas sur le lieu du sinistre. Il faut toutefois que soit prouvée la mauvaise foi de l'assuré. C'est le cas, par exemple, si l'assuré réclame à son assureur une indemnité calculée sur un prix plus élevé que celui auquel il avait acquis le véhicule sinistré (Civ. 1re, 13 mars 1990, RGAT 1990. 331, note H. Margeat et J. Landel : en l'occurrence, l'assuré avait demandé une indemnité calculée sur le prix d'un véhicule neuf, alors qu'il avait été acheté d'occasion).

2639. Conformément à l'article 1315, alinéa 2 désormais numéroté article 1353 du Code civil, c'est à l'assureur qui invoque la fraude de l'assuré à l'occasion du sinistre pour refuser sa garantie d'en apporter la preuve. Il devra ainsi, par exemple, établir le caractère fictif du sinistre ou l'exagération frauduleuse des pertes. Cette preuve peut être faite par tous moyens.

2640. L'existence d'une intention frauduleuse de l'assuré relève de l'appréciation souveraine des juges du fond (Civ. 1re, 27 févr. 2001, RGDA 2001. 307, note L. Mayaux). Ils sont aussi souverains, au pénal, pour décider de l'existence d'une escroquerie.

B ▪ Sanctions de la fraude

1 ▪ Sanctions civiles

a - Sinistre volontaire

2641. Lorsqu'un assuré provoque volontairement un sinistre afin de toucher une indemnité d'assurance, il commet une faute intentionnelle. Il s'agit là d'une exclusion légale de risque. Et le risque est par conséquent privé de garantie, l'article L. 113-1, alinéa 2 du Code des assurances disposant que « l'assureur ne répond pas des pertes et dommages provenant d'une faute intentionnelle ou dolosive de l'assuré » (Civ. 1re, 15 janv. 1985, Bull. civ. I, n° 20 ; Crim. 23 juin 1998, RGDA 1998. 689, note E. Fortis).

2642. Avant que l'ordonnance du 10 février 2016 ne vienne abroger cet article, le contrat d'assurance figurait au nombre des contrats aléatoires énumérés par l'article 1964 du Code civil : l'aléa est en effet inhérent à l'assurance. Dès lors, l'événement constituant le risque garanti doit obligatoirement présenter un caractère aléatoire ; or, si la réalisation de cet événement dépend de la volonté de l'assuré, l'aléa disparaît et l'assurance ne peut pas jouer. Ainsi, en provoquant volontairement le sinistre, l'assuré prive le contrat d'assurance de son caractère aléatoire, ce qui entraîne l'absence de garantie (Civ. 1re, 11 oct. 1994, Bull. civ. I, n° 277, déclarant que « dans une assurance de chose, telle que l'assurance incendie, la faute intentionnelle doit s'apprécier à l'égard de l'assureur et que, lorsque le dommage affectant la chose assurée provient de la faute intentionnelle de l'assuré, qui a ainsi supprimé l'aléa constituant l'essence même du contrat, la sanction d'une telle faute est une absence d'assurance à l'égard de tous »). Conformément à l'article L. 112-6 du Code des assurances, cette exception est opposable à la victime en assurance de responsabilité civile.

b - Déclarations frauduleuses

2643. Dans ces hypothèses, il est fréquent que les polices prévoient une déchéance de garantie. Cette déchéance sanctionnant la fraude de l'assuré présente quelques spécificités par rapport à la déchéance pour déclaration tardive du sinistre. La déchéance pour exagération frauduleuse du sinistre n'a pas à être expressément prévue par une clause de la police d'assurance pour s'appliquer. Cette solution résulte d'un arrêt de la chambre Civile de la Cour de cassation, en date du 23 décembre 1936, qui affirme qu' « en l'absence d'une clause de déchéance expressément stipulée dans la police, le fait pour un assuré de ne point transmettre à la compagnie d'assurance la citation à lui délivrer à la requête du procureur général à l'effet de répondre devant la chambre des appels correctionnels d'un délit de blessures par imprudence, ne saurait, sous réserve d'une fraude ou d'un préjudice causé par cette omission à la compagnie, exonérer complètement celle-ci des obligations par elle assumée envers l'assuré » (Civ., 23 déc. 1936, RGAT 1937. 291, note A. Picard). Cet arrêt semble donc considérer que la déchéance doit, pour produire ses effets, être prévue par une clause expresse de la police, hormis dans l'hypothèse d'une fraude commise par l'assuré, où la déchéance s'applique, même si elle ne figure pas dans le contrat. Picard et Besson partageaient cette opinion ; ainsi selon eux, « réserve du cas de fraude, l'assureur ne peut, en l'absence de clause de déchéance, que réclamer à l'assuré des dommages et intérêts dans la mesure du préjudice... » (*Les assurances terrestres en droit français*, T. 1, le contrat d'assurance, LGDJ, 1975, 4e éd., par A. Besson, n° 130). Cette solution a été confirmée par la Cour de cassation : pour prononcer cette sanction, le juge du fond est tenu de « vérifier si une clause de déchéance figurait dans le contrat signé par l'assuré ou dans un autre document qui lui soit opposable » (Civ..2e, 5 mars 2015, n° 13-14.364, RGDA 2015, p. 193, note J. Kullmann).

2644. À la différence de la déchéance pour déclaration tardive du sinistre, la déchéance pour exagération frauduleuse du sinistre s'applique même en l'absence de préjudice établi par l'assureur (Civ. 1re, 28 nov. 2001, RGDA 2002. 91, note J. Kullmann ; selon cet arrêt, la clause de déchéance sanctionnant « la majoration intentionnelle de ses conséquences dommageables, n'était pas subordonnée à la preuve d'un préjudice réel subi par l'assureur »). Cette solution s'impose dans la mesure où seule la clause de déchéance pour déclaration tardive (de sinistre et d'aggravation du risque) fait l'objet d'une réglementation légale imposant la condition du préjudice. On peut d'ailleurs considérer que le préjudice est inhérent à l'exagération frauduleuse du sinistre et qu'il n'a donc pas besoin d'être exigé par la loi.

2645. En cas de fraude de l'assuré lors de la survenance du sinistre, il serait sans doute possible d'envisager la résiliation du contrat d'assurance. En effet l'article 1134, alinéa 3 du Code civil prévoyait que les conventions doivent être exécutées de bonne foi ; le nouvel article 1104 issu de l'ordonnance du 10 février 2016 portant réforme du droit des contrats, du régime général et de la preuve des obligations, prévoit désormais que les contrats doivent non seulement être exécutés, mais aussi négociés et formés de bonne foi. Cette exigence de bonne foi exige de l'assuré un comportement loyal envers l'assureur ; tel n'est pas le cas de l'assuré fraudeur. Dès lors, conformément au droit commun des contrats, le non-respect de cette obligation pourrait être sanctionné par la résiliation du contrat.

2646. En vertu de l'article 809, alinéa 2, du Code de procédure civile, le juge des référés a la possibilité d'accorder une provision au créancier dont l'obligation n'est pas sérieusement contestable. Or en présence d'une clause de déchéance dont la validité n'était pas discutée, invoquée en raison de fausses déclarations, exagération du montant des dommages et utilisation comme justification de documents inexacts, l'obligation de l'assureur est sérieusement contestable ; l'assureur ne peut donc pas être condamné à verser une provision sur l'indemnité d'assurance à l'assuré (Civ. 2e, 7 oct. 2004, RGDA 2005. 230, note J. Beauchard).

2 ▪ Sanctions pénales

a - Escroquerie

2647. La fraude peut être à l'origine de poursuites pénales contre l'assuré. C'est principalement l'incrimination d'escroquerie qui peut être invoquée. Selon l'article 313-1 du Code pénal,

« l'escroquerie est le fait, soit par l'usage d'un faux nom ou d'une fausse qualité, soit par l'abus d'une qualité vraie, soit par l'emploi de manœuvres frauduleuses, de tromper une personne physique ou morale et de la déterminer ainsi, à son préjudice ou au préjudice d'un tiers, à remettre des fonds, des valeurs ou un bien quelconque, à fournir un service ou à consentir un acte opérant obligation ou décharge ». Les différents éléments constitutifs de cette infraction peuvent être caractérisés en matière d'assurance. Ainsi, le versement de l'indemnité d'assurance constitue-t-il la remise des fonds prévus par le texte ; le préjudice subi par l'assureur est le paiement qu'il effectue alors qu'il ne le devrait pas. Il faut toutefois noter qu'un tel préjudice n'existe pas lorsque l'assureur, contractuellement tenu au remboursement de la valeur d'un pare-brise neuf, verse cette somme à un assuré qui, victime du bris accidentel de son pare-brise, présente la facture d'un pare-brise neuf acheté auprès du garagiste qui a effectué la réparation, alors qu'avec la somme remboursée, il a fait poser un pare-brise d'occasion et débosseler une aile de son véhicule (Crim. 3 avr. 1991, D. 1992, II, 400, note C. Mascala). Les manœuvres frauduleuses seront constituées par la demande de l'assuré ayant conduit à son indemnisation, accompagnée d'autres faits tels que, par exemple, production de faux documents (fausses factures, constat amiable mensongers) ou bien réalisation volontaire du sinistre. Il faut noter que ces faits peuvent déjà en eux-mêmes constituer une infraction spécifique, comme, par exemple, faux (C. pén., art. 441-1), incendie volontaire (C. pén., art. 322-6), etc.

2648. Les faits et circonstances de la cause ainsi que les éléments de preuve de l'infraction relèvent de l'appréciation souveraine des juges du fond (Crim. 4 avr. 2001, RGDA 2001. 772, note E. Fortis). L'escroquerie est punie de cinq ans d'emprisonnement et de 375 000 € d'amende.

b - Tentative d'escroquerie

2649. Le délit d'escroquerie n'est pas très fréquemment sanctionné en tant que tel. En effet, une fois l'indemnité versée, il est rare, sauf circonstances particulières, que l'assureur rouvre le dossier. C'est davantage sur le terrain de la tentative d'escroquerie, que les assurés sont susceptibles d'être sanctionnés ; en effet les services de police ou les enquêteurs de l'assureur peuvent découvrir la fraude alors que le dossier est en cours d'examen, parfois même avant toute demande d'indemnisation. L'absence de versement d'indemnité fera donc obstacle à la qualification d'escroquerie. Or, selon l'article 313-3 du Code pénal, la tentative d'escroquerie est punie des mêmes peines que l'escroquerie elle-même et selon l'article 121-5 du même code, « la tentative est constituée dès lors que, manifestée par un commencement d'exécution, elle n'a été suspendue ou n'a manqué son effet qu'en raison de circonstances indépendantes de la volonté de son auteur ». Sur l'étendue de la chose jugée au pénal, voir Civ. 2e, 22 nov. 2007, RCA 2008, comm. n° 52.

2650. En matière d'assurance, un des éléments constitutifs de l'infraction de tentative d'escroquerie, le commencement d'exécution, a fait difficulté. On a en effet pu se demander si le commencement d'exécution nécessitait obligatoirement une demande d'indemnisation de la part de l'assuré ou s'il était caractérisé par la simple déclaration du sinistre. La Cour de cassation a pu affirmer que « la déclaration faite à une compagnie d'assurances d'un sinistre volontairement provoqué et ainsi corroborée par l'emploi de manœuvres frauduleuses déterminantes de la remise des fonds suffit, sans équivoque, en dehors de toute demande expresse de remboursement ou de production de tous autres documents, à caractériser le commencement d'exécution de la tentative d'escroquerie » (Civ. 1re, 17 juill. 1991, RGAT 1991. 930, note J. Kullmann). Une telle solution traduit une volonté de la Cour de cassation de dissuader tous les aspirants fraudeurs. Elle est juridiquement fondée puisque le simple fait de déclarer le sinistre démontre l'intention d'escroquer : il équivaut à en demander l'indemnisation.

2651. La jurisprudence exige que la déclaration de sinistre soit accompagnée de faits extérieurs traduisant clairement la volonté de frauder, comme, par exemple, des faux témoignages, destruction volontaire d'un bien assuré. Il a notamment été décidé que « la déclaration de sinistre suffit à constituer le commencement d'exécution caractérisant la tentative, lorsqu'elle est accompagnée de faits extérieurs destinés à donner force et crédit à la réalité de ce sinistre » (Crim. 6 avr. 1994, RGAT 1994. 885, note E. Fortis). Ainsi a-t-il pu être qualifié de tentative d'escroquerie le fait de simuler un accident et de procéder à une fausse déclaration de sinistre auprès de l'assureur, en produisant un « constat amiable » mensonger ; le préjudice de l'assureur résultant « des peines et soins causés par la fausse déclaration » en d'autres termes, le temps perdu en ouverture de dossier, formalités diverses, etc. (Civ. 1re, 30 janv. 1995, RGDA 1995. 453, note E. Fortis).

2652. En revanche, en l'absence de déclaration de sinistre, il ne saurait y avoir tentative d'escroquerie. La Cour de cassation a notamment pu déclarer que « la destruction d'un véhicule et la plainte pour vol ne constituent que des actes préparatoires qui ne sauraient, en l'absence de déclaration de sinistre, constituer une commencement d'exécution justifiant une condamnation pour tentative d'escroquerie » (Crim. 17 déc. 2008, n° 08-82.085, D. 2009, notes, p. 1796, obs. A. Prothais).

Chapitre 2
Le paiement de l'indemnité

BIBLIOGRAPHIE

L'Argus de l'assurance

Ouvrages. - J. Bigot (sous dir.), *Code des assurances*, Éd. L'Argus – F. Couilbault, S. Couilbaut-Di Tommaso, V. Huberty, *Les grands principes de l'assurance*, Éd. L'Argus, 2015 - J. Landel, *Lexique des termes d'assurance*, Éd. L'Argus, 2015.

Articles. – V. Le Roy, Préjudice et obligation de formuler une offre d'indemnisation, L'Argus n° 7193, nov. 2010 ; J. Bigot, Imposer la valeur de remplacement, L'Argus 1989, p. 1486. - P. Charnassé, Les assurances cumulatives : faire jouer d'abord la garantie principale, L'Argus 1983, p. 1943.

Autres documentations

Ouvrages. – Y. Lambert-Faivre et L. Leveneur, *Droit des assurances*, Dalloz 2005, 12e éd., n° 508 et s. – *Lamy Assurances*, 2011, L'indemnité d'assurance, n° 745et s. – *Dictionnaire permanent assurances*, V. dommages.

Articles. – A. Besson, Le nouveau régime des assurances cumulatives, RGAT 1982. 465. – G. Courtieu, L'assuré victime du cumul d'assurances, RCA 1996, chron. n° 19. – H. Groutel, Le référé provision et la Cour de cassation : un revirement en trompe-l'œil, RCA 2000, chron. n° 27 ; Les créanciers munis d'une sûreté sur la chose assurée dans la tourmente, RCA 2003, chron. n° 1 ; La victime et la compensation : le revirement que l'on n'attendait plus, RCA 1993, chron. n° 18 ; Le cumul d'assurances de personnes, RCA 1991, chron. n° 20 ; Le sauvetage des « bonnes clauses » de subsidiarité ; RCA 1992, chron. n° 27 ; La notion d'assurances cumulatives dans le flou, RCA 1991, chron. n° 28. – P. Jourdain, La réparation des dommages immobiliers et l'enrichissement de la victime, RDI 1995. 51. - J. Kullmann, Le contrat d'assurance en droit français, Encyclopédie de l'assurance, Economica, p. 921. – S. Magnan et C. Roques, Les assurances cumulatives en assurances de choses, RGAT 1984. 497. – L. Mayaux, Les limites du principe indemnitaire, Les grandes questions du droit des assurances, LGDJ 2011, p. 145. - M. Ruault, Assurances cumulatives et assurances subsidiaires non cumulatives, Gaz. Pal. 1982, 2, doct., p. 511. - E. Seifert, Clause de franchise et indemnisation du sinistre, RCA 2013, form. 11.

2653. L'obligation principale de l'assureur est de régler la prestation due en cas de sinistre. L'article L. 113-5 du Code des assurances prévoit ainsi que « lors de la réalisation du risque ou à l'échéance du contrat, l'assureur doit exécuter dans le délai convenu la prestation déterminée par le contrat et ne peut être tenu au-delà ». La prestation de l'assureur prend le plus souvent la forme du versement d'une somme d'argent à l'assuré. On parlera alors d'indemnité dans les assurances de dommages et de capital ou de rente dans les assurances de personnes. L'étendue de la prestation varie selon le type d'assurance (obéissant au principe indemnitaire ou forfaitaire). De plus en plus souvent les contrats d'assurance mettent à la charge de l'assureur des prestations autres que le versement d'une somme d'argent. Par exemple, les contrats d'assurance automobile prévoient, en cas d'immobilisation du véhicule, le prêt d'un véhicule de remplacement, ou bien les contrats d'assurance protection juridique (V. Chapitre 5, L'assurance de protection juridique) mettent à la charge de l'assureur des prestations de services, tels que des conseils juridiques. L'article L. 121-1 du Code des assurances précise que « l'assurance relative aux biens est un contrat d'indemnité ; l'indemnité due par l'assureur à l'assuré ne peut pas dépasser le montant de la valeur de la chose assurée au moment du sinistre ». Bien qu'il ne vise que l'assurance des biens, le principe posé par cet article s'applique à toutes les assurances de dommages. L'assurance ne doit pas en effet être une source d'enrichissement pour l'assuré, ce qui implique que l'assuré ne peut pas recevoir une indemnité supérieure au montant de son dommage (V., pour un rappel du principe : Civ. 1re, 23 sept. 2003, RCA 2003, comm. n° 331). Un arrêt de la deuxième Chambre civile de la Cour de cassation a toutefois curieusement affirmé que l'article L. 121-1 du Code des assurances « n'a pas vocation à recevoir application lorsqu'est en jeu l'assurance de responsabilité, qui, si elle relève de la catégorie juridique des assurances de dommages, n'a pas la nature d'une assurance de biens » (Civ. 2e, 5 avr. 2007, RGDA 2007. 583, note J. Kullmann ; RCA 2007, comm. n° 230 ; note G. Durry). On rappellera toutefois que l'article L. 121-1 figure en tête du titre deuxième, « Règles relatives aux assurances de dommages non maritimes », du livre I du Code des assurances. Toutes les assurances de dommages (de choses ou de responsabilité) obéissent donc au principe indemnitaire, à la différence des assurances de personnes. Le terme de « biens » utilisé dans l'article L. 121-1 du Code des assurances doit être compris au sens de « patrimoine » : l'assurance relative aux biens est un contrat couvrant une atteinte patrimoniale, que ce soit à l'actif ou au passif. En l'occurrence une dette de responsabilité constitue une telle atteinte et le contrat d'assurance la prenant en charge doit bel et bien être soumis au principe indemnitaire. Il est vrai toutefois qu'il apparaît peu probable que l'assureur puisse être amené à verser à son assuré une indemnité d'assurance supérieure au dommage subi par celui-ci, c'est-à-dire à la somme qu'il a lui-même versée à la victime (dans l'hypothèse où ce n'est pas l'assureur qui a indemnisé la victime). La fixation de la somme due à la victime obéit, elle, à un principe du droit de la responsabilité civile, celui de la réparation intégrale du préjudice. Dans les assurances de personnes, la somme versée par l'assureur est en principe celle fixée forfaitairement dans le contrat. En effet, comme le précise l'article L. 131-1 du Code des assurances, « en matière d'assurance sur la vie et d'assurance contre les accidents atteignant les personnes, les sommes assurées sont fixées par le contrat ». Certaines assurances de personnes obéissent toutefois au principe indemnitaire ; c'est le cas, par exemple, de l'assurance prenant en charge le remboursement des frais médicaux en cas d'accident corporel (pour ces prestations, l'assureur dispose d'un recours subrogatoire contre le tiers responsable ; sur ce point, V. C. assur., art. L. 131-2, alinéa 2, qui précise que « dans les contrats garantissant l'indemnisation des préjudices résultant d'une atteinte à la personne, l'assureur peut être subrogé dans les droits du contractant ou des ayants droit contre le tiers responsable, pour le remboursement des prestations à caractère indemnitaire prévues au contrat »).

Section 1 ▪ Détermination du montant de l'indemnité

§ 1 ▪ Évaluation du dommage

A ▪ Preuve du montant du dommage

2654. Par application de l'article 1353, alinéa 1er du Code civil, c'est à celui qui réclame l'indemnisation du sinistre par l'assureur de prouver tant l'existence du sinistre lui-même que la valeur du dommage. Il s'agira donc, le plus souvent, de l'assuré (par exemple, en cas de vol, ce sera à l'assuré de prouver la valeur de sa voiture : Civ. 2, 8 mars 2012, n° 11-12.186). Il pourra aussi s'agir de la victime exerçant l'action directe en assurance de responsabilité.

2655. La preuve du montant du dommage peut être faite par tous moyens, notamment factures, photographies, témoignages...

2656. Le plus souvent le contrat d'assurance comporte une clause de valeur déclarée. Par une telle stipulation, l'assuré déclare à l'assureur une valeur pour ses biens assurés. Par exemple, il peut déclarer que son patrimoine mobilier est compris entre 10 000 et 20 000 €. La valeur déclarée dans le contrat ne constitue pas une preuve de la valeur des biens assurés car elle est fixée de manière unilatérale par l'assuré mais elle sert à déterminer le montant de la cotisation (V. Chapitre 3, La cotisation) et constitue le plafond de l'indemnité versée par l'assureur. Une clause de valeur déclarée ne réalise pas une estimation de la valeur du bien mais, en fixant un plafond à l'indemnité due par l'assureur, tend à limiter le montant de la cotisation.

2657. L'assuré doit vérifier avec soin la valeur déclarée à l'assureur. En effet, dans l'hypothèse où il déclarerait une valeur inférieure à la valeur réelle de ses biens, il encourrait la sanction prévue par l'article L. 121-5 du Code des assurances, c'est-à-dire l'application de la règle proportionnelle de capitaux en cas de sous-assurance.Le contrat d'assurance peut contenir une clause de valeur agréée ; dans ce cas, la valeur assurée a été fixée contradictoirement par les parties lors de la conclusion du contrat. Ce type de clause est notamment utilisé pour les objets d'art et les véhicules de collection. L'intérêt pratique d'une telle stipulation est qu'il n'est plus nécessaire, lors d'un sinistre, de procéder à une évaluation du bien, ce qui permet de gagner du temps dans le processus d'indemnisation et, en principe, d'éviter des contestations. La clause de valeur agréée emporte inversion de la charge de la preuve quant à la valeur de la chose assurée au moment du sinistre (Civ. 1re, 24 févr. 2004, RCA 2004, comm. n° 153 ; Civ. 1re, 29 févr. 2000, RGDA 2000. 502, note F. Vincent). En effet, la valeur de la chose assurée au jour du sinistre est présumée être la valeur agréée ; il ne s'agit toutefois que d'une présomption simple que l'assureur peut détruire par la preuve contraire. L'assureur peut établir qu'au moment du sinistre, la valeur de la chose était inférieure à la valeur agréée. Selon la Cour de cassation, la clause de valeur agréée ne dispense pas les juges du fond de rechercher quelle était la valeur du bien au jour du sinistre (Civ. 1re, 23 sept. 2003, RGDA 2004. 192, note A. Favre Rochex).

B ▪ Modes d'évaluation du dommage

1 ▪ Régime commun

2658. Selon l'article L. 121-1 du Code des assurances, « l'assurance relative aux biens est un contrat d'indemnité ; l'indemnité due par l'assureur à l'assuré ne peut pas dépasser le montant de la valeur de la chose assurée au moment du sinistre ». C'est donc à partir de la valeur de la chose que doit être calculée le montant de l'indemnité. Toute la difficulté consiste à évaluer cette valeur. Il est traditionnellement admis que le principe indemnitaire s'applique aux assurances de choses et aux assurances de responsabilité puisque l'article L. 121-1 du Code des assurances figure en tête du titre II, « Règles relatives aux assurances de dommages non maritimes », du livre I du Code des assurances. Toutefois, un arrêt de la deuxième Chambre civile de la Cour de cassation est venu préciser que « l'article L. 121-1 du Code des assurances n'a pas vocation à recevoir application lorsqu'est en jeu l'assurance de responsabilité qui, si elle relève de la catégorie juridique des assurances de dommages, n'a pas la nature d'une assurance de biens (Civ. 2e, 5 avr. 2007, RGDA 2007. 584, note J. Kullmann ; RCA 2007, comm. n° 230, note G. Durry).

2659. L'assuré est en principe libre d'utiliser comme il le souhaite l'indemnité d'assurance, sans que l'assureur puisse venir contrôler cette utilisation (Civ. 1re, 14 févr. 1984, Bull civ. I, n° 60). Il n'est ainsi pas obligé de procéder à la remise en état ou au remplacement du bien sinistré. Dès lors l'assuré pourrait conserver l'indemnité versée ou l'utiliser pour un tout autre usage que la réparation du bien.En vertu du principe de liberté contractuelle, il est possible de prévoir dans la police que l'indemnité devra obligatoirement être affectée à la remise en état ou au remplacement du bien sinistré. C'est souvent le cas en assurance incendie. Dans ce cas, la garantie valeur à neuf est subordonnée à la production de factures attestant de la réalisation des travaux. La Cour de cassation applique parfois avec sévérité la clause exigeant la production de factures d'exécution des travaux (V. Civ. 2e, 13 juill. 2006, L'Argus, Jurisprudence : l'essentiel des décisions 2006, hors-série mars 2007, p. 15). Dans certaines hypothèses, c'est l'autorité publique elle-même qui vient supprimer la liberté d'emploi de l'indemnité d'assurance. C'est le cas par exemple pour l'assurance de dommages obligatoire en matière de construction (C. assur., art. 243-1, ann. II ; Civ. 3e, 21 nov. 2001, Lamy Assurances, Bull. d'act. févr. 2002, p. 1, note J.-P. Karila). En assurance responsabilité civile, le principe de réparation intégrale n'implique pas de contrôle de l'assureur sur l'utilisation des fonds alloués à la victime, qui conserve leur libre utilisation : notamment, la victime n'a pas à justifier de la réalisation des réparations au moyen de factures (Civ. 2e, 7 juill. 2011, n° 10-20.373, RGDA 2011, p. 1107, obs. A. Pélissier).

2 ▪ Assurance de choses

2660. La valeur du bien doit être évaluée au jour du sinistre (Civ. 2e, 11 sept. 2008, n° 07-15.171 ; RCA 2008, comm. n° 343). En effet, l'article L. 121-1 du Code des assurances précise que « l'indemnité due par l'assureur à l'assuré ne peut pas dépasser le montant de la valeur de la chose assurée au moment du sinistre ». C'est à l'assuré d'apporter la preuve de la valeur de la chose au moment du sinistre – V. Civ. 2e, 17 juin 2010, n° 09-15981, RGDA 2010. p. 1027, note L. Mayaux, qui précise toutefois que cette preuve est à apporter en cas de « contestation circonstanciée de l'assureur ». L'évaluation du dommage ne doit donc pas être fonction d'événements survenus avant ou après le sinistre. Ainsi, par exemple, le juge n'a pas à rechercher si le bien a été vendu après le sinistre, et à quel prix (Civ. 1re, 11 oct. 1994, RGAT 1995. 43, note J. Kullmann). Le juge apprécie souverainement l'étendue du dommage (Civ. 1re, 19 juin 2001, RGDA 2001. 759, note A. d'Hauteville).

2661. C'est normalement le contrat d'assurance qui vient préciser le mode d'évaluation de la valeur de la chose ; on trouve ainsi diverses clauses, faisant référence à des notions telles que la valeur d'usage, la valeur à neuf, etc. La définition de ces notions varie d'un contrat à l'autre, puisqu'il n'en existe aucune définition légale ; il faut donc se reporter à son propre contrat pour connaître le mode d'évaluation du bien sinistré (Civ. 1re, 27 févr. 2001, RGDA 2001. 402, note A. Favre Rochex). On peut toutefois essayer de dégager une signification habituelle de ces clauses, celle que l'on retrouve le plus fréquemment dans les contrats.

a - Valeurs vénale, d'usage et de remplacement

2662. La valeur vénale est utilisée pour les biens qui peuvent être vendus, pour lesquels il existe un marché, notamment le marché de l'occasion pour les automobiles ; elle correspond au prix que l'on aurait pu dégager de la vente du bien. Pour déterminer cette valeur, il est possible d'utiliser les cotations publiées par des revues telles que l'Argus, pour les automobiles. La valeur du bien est évaluée de manière abstraite, en prenant comme référence un bien dans un état moyen, et non l'état réel du bien sinistré. Ce mode d'évaluation peut désavantager l'assuré. Tel est le cas, par exemple, de l'automobiliste qui a apporté tous ses soins à son automobile, pour la maintenir, malgré son âge, dans un excellent état. La Commission pour l'amélioration du langage de l'assurance préconise de remplacer le terme de « valeur vénale » par celui de « valeur économique ».

2663. La valeur d'usage est utilisée pour les biens qui ne sont pas destinés à la vente, mais qui sont utilisés par l'assuré. Elle correspond au prix que devrait payer l'assuré pour reconstruire son bien ou en acquérir un autre. Elle implique de prendre en compte la vétusté. Dès lors, la valeur d'usage sera calculée en déduisant de sa valeur à neuf, c'est-à-dire sa valeur de rachat sur le marché du neuf, un abattement correspondant à la vétusté.

2664. Il est d'usage de considérer que l'écoulement du temps et l'usage fait d'un bien lui font perdre de la valeur, le déprécient. Cette dépréciation subie par un « bien, une fois qu'il a été achetée, quelle qu'en soit la cause » porte le nom de vétusté (J. Landel, *Lexique des termes d'assurance*, éd., L'Argus, 2007). Le taux de vétusté est en règle générale déterminé dans la police ; sont ainsi fixés des coefficients de vétusté le plus souvent variables selon le type de bien concerné et l'ancienneté. Par exemple, dans un contrat multirisques habitation, il peut être prévu un abattement de 10 % par an pour les appareils électroménagers.

2665. La valeur de remplacement correspond à la somme que l'assuré devrait débourser pour acheter un bien similaire, présentant les mêmes caractéristiques (entretien, modèle, âge...). Il s'agit donc d'une valeur appréciée in concreto, généralement par l'expert. Les contrats d'assurance indiquent souvent que l'estimation de la valeur du bien sinistré se fera en valeur de remplacement, déduction faite de la vétusté. Cette formule n'a que peu de sens puisque l'état du bien, et donc la vétusté, est déjà pris en compte dans le calcul de la valeur de remplacement. Elle signifie en fait que lorsqu'il est impossible de trouver, à la vente, un bien similaire, dans le même état, sa valeur de remplacement sera calculée à partir de sa valeur à neuf, dont sera déduit un abattement correspondant à la vétusté de la chose. Dans une affaire où un diamant avait été volé chez un particulier, une cour d'appel a été censurée par la Cour de cassation pour avoir pris en compte la valeur de remplacement du diamant auprès d'un diamantaire grossiste et non auprès d'un détaillant. La première chambre civile reproche en effet aux juges du fond de ne pas avoir précisé « en quoi cette valeur permettait d'assurer la réparation du préjudice de la victime » (Civ. 1re, 4 juill. 1995, RCA 1995, comm. n° 336).

b - Valeur à neuf

2666. La valeur à neuf correspond à la valeur de remplacement du bien meuble sur le marché du neuf ou sa valeur de reconstruction pour les biens immeubles. L'indemnité versée par l'assureur permettra à l'assuré de remplacer le bien sinistré par un bien similaire, mais neuf. La garantie « valeur à neuf » ne permet pas toujours à l'assuré de bénéficier de la totalité des dépenses engagées pour le remplacement du bien sinistré. C'est le cas notamment pour la reconstruction d'un immeuble détruit, lorsqu'un certain laps de temps s'écoule entre le jour du sinistre et celui de la reconstruction, délai pendant lequel les prix augmentent. Puisque la valeur à neuf s'apprécie au jour du sinistre, l'assuré devra personnellement prendre en charge la hausse des prix. Pour remédier à cette difficulté, les assureurs proposent la souscription d'une garantie dite « frais de reconstitution ».

2667. Les dispositions de l'article L. 121-1 du Code des assurances selon lesquelles l'indemnité due à l'assuré ne peut pas dépasser le montant de la valeur de la chose assurée ne font pas obstacle à ce que celle-ci atteigne la valeur de reconstruction de l'immeuble sinistré (Civ. 2e, 26 mars 2015, n° 14-13.332, RCA 2015, com. 190, obs. H. Groutel).

2668. Dans le cas d'une garantie « valeur à neuf », le contrat impose habituellement le remplacement effectif du meuble détruit ou la reconstruction de l'immeuble (Civ. 1re, 2 oct. 2002, RGDA 2003. 102, note J. Bigot ; Civ. 1re, 4 déc. 2001, RCA 2002, comm. n° 115). Dans ce cas l'assureur verse tout d'abord une indemnité correspondant à la valeur d'usage du bien, puis le complément d'indemnité, correspondant à la vétusté, est réglé sur justification du remplacement, par production de factures. Si l'obligation de rachat ou de reconstruction, dans un certain délai, n'est pas respectée, l'assureur se contentera de verser une indemnité correspondant à la valeur d'usage. Le respect du délai de reconstruction (deux ans le plus souvent) constitue une condition de la garantie et n'a donc pas vocation à régir les rapports entre l'assuré et le responsable et son assureur (en l'espèce l'assurée s'était retournée contre le responsable pour lui réclamer une indemnité correspondant à l'abattement pour vétusté que son assureur lui avait appliqué. V. Civ. 2e, 11 déc. 2014, n° 13-27.135 et n° 14-12.804, RCA 2015, obs. H. Groutel). Cette règle vaut aussi pour l'assurance des catastrophes naturelles (V. Civ. 2e, 13 déc. 2012, n° 11-27.067, RCA 2013, com. 104, obs. H. Groutel : « L'indemnisation des effets d'une catastrophe naturelle s'effectue sur la base des conditions stipulées dans le contrat socle, de sorte que le délai de trois mois ouvert à l'assureur pour régler l'indemnité ne concerne que l'indemnité immédiate correspondant à la valeur d'usage du bien et que le paiement de l'indemnité différée correspondant à la valeur de reconstruction relève des stipulations contractuelles »). Comme le précise l'article L. 121-17 du Code des assurances, « [...] les indemnités versées en réparation d'un dommage causé à un immeuble bâti doivent être utilisées pour la remise en état effective de cet immeuble ou pour la remise en état de son terrain d'assiette, d'une manière compatible avec l'environnement dudit immeuble. Toute clause contraire dans les contrats d'assurance est nulle d'ordre public. [...] ». L'assureur ne pourrait toutefois pas subordonner le versement des indemnités dues en réparation d'un dommage causé à un immeuble bâti à la justification par l'assuré de la réalisation préalable des travaux de remise en état (Civ. 2e, 29 mars 2006, RCA 2006, comm. n° 210, note H. Groutel ; V. aussi G. Courtieu, RCA 1997, chron. n° 30). Dans ces conditions, on peut se demander ce qu'il adviendrait si en définitive l'assuré n'utilisait pas l'indemnité versée pour la remise en état de l'immeuble. La valeur des travaux que les assurés ont pu réaliser eux-mêmes ne doit pas être exclue du montant de l'indemnité (Civ.2e, 14 janv. 2010, RCA 2010, n° 09-65.229, comm. 94).

2669. Pour les immeubles, les contrats d'assurance « garantie à neuf » subordonnent le versement du complément d'indemnité à la reconstruction du bâtiment sur son emplacement initial (Civ. 1re, 4 nov. 2003, RGDA 2004. 186). Or, la loi Barnier (L. n° 95-101, 2 févr. 1995) est venue limiter, pour les immeubles, la portée de cette obligation de reconstruction. Ainsi, l'article L. 121-16 du Code des assurances précise désormais que « toute clause des contrats d'assurance tendant à subordonner le versement d'une indemnité en réparation d'un dommage causé par une catastrophe naturelle au sens de l'article L. 125-1 à un immeuble bâti à sa reconstruction sur place est réputée non écrite dès lors que l'espace est soumis à un plan de prévention des risques naturels prévisibles ».

3 ▪ Assurances de responsabilité

2670. Lorsque c'est un bien du tiers victime qui a été endommagé, les assureurs de responsabilité sont parfois tentés d'évaluer le dommage subi en utilisant, notamment, la valeur d'usage. Une telle solution, qui ferait supporter à la victime la déduction d'un coefficient de vétusté, ne lui permettrait de se retrouver dans une situation identique à celle qui était la sienne avant le sinistre. Or, les clauses d'évaluation de la valeur du bien présentes dans les contrats d'assurances de biens sont sans effet dans les assurances de responsabilité.

2671. En assurance de responsabilité, s'applique un principe du droit de la responsabilité civile, celui de la réparation intégrale du dommage subi par la victime ; la responsabilité civile doit en effet permettre de replacer la victime dans la situation où elle se serait trouvée si l'acte dommageable ne s'était pas produit. Ainsi, comme le déclare la jurisprudence, « les dommages et intérêts alloués à une victime doivent réparer le préjudice subi sans qu'il en résulte pour elle ni perte, ni profit » (Civ. 2e, 23 janv. 2003, JCP 2003, II, 10110, note J.-F. Barbiéri). Par conséquent il n'y a pas lieu de minorer l'indemnisation de la victime en procédant à un abattement pour vétusté (Civ. 3e, 9 janv. 1991, Bull. civ. III, n° 12, qui affirme que « la déduction d'un coefficient de vétusté ne replaçait pas les propriétaires dans la situation où ils se seraient trouvés si l'acte dommageable ne s'était pas produit » ; Civ. 2e, 8 juill. 1987, Bull. civ. II, n° 152).

2672. Dans une affaire où un tracteur d'un ensemble routier, immatriculé en Belgique, avait été accidenté lors d'une collision en France, avec un véhicule français, les juges du fond avaient évalué la valeur du véhicule sur le marché français, au motif que les échanges intracommunautaires étant libres, rien n'empêchait la victime d'acquérir un nouveau camion dans ce pays. La Cour de cassation censure cette décision, pour violation de l'article 1382 du Code civil, considérant que « la réparation intégrale du préjudice occasionné par la perte d'un véhicule immatriculé en Belgique ne pouvait être assurée que par son évaluation dans ce pays » (Civ. 1re, 31 mai 2000, RGDA 2000. 833, note L. Fonlladosa).

2673. Dans certaines hypothèses, il arrive que le juge autorise l'assureur de responsabilité civile à procéder à une indemnisation non pas en valeur de remplacement mais en valeur vénale, alors que cette indemnité ne permettra pas à la victime de remplacer le bien détruit. C'est le cas par exemple, lorsque le bien détruit n'était pas utilisé depuis très longtemps et que, par conséquent, son remplacement ne présentait pas d'intérêt pour la victime. Ainsi, dans une espèce où une usine dont l'exploitation était arrêtée depuis dix-sept ans avait été détruite par un incendie, la Cour de cassation approuve les juges du fond d'avoir évalué le préjudice subi par la victime sur la base de la valeur vénale du matériel et non pas sur la base de sa valeur de remplacement. Elle approuve en effet la cour d'appel d'avoir considéré que « l'indemnité ne pouvait être opérée qu'en valeur vénale et non en référence à la valeur aléatoire d'un matériel d'occasion susceptible de remettre en état de fonctionnement une usine qui ne l'était pas depuis fort longtemps » (Civ. 2e, 14 janv. 1999, JCP 2000, I, 199, p. 71, obs. G. Viney). La même solution doit s'appliquer lorsque le bien ne sera pas remplacé parce qu'il était destiné à la vente (Com., 11 juill. 1983, Bull. civ. IV, n° 216).

2674. En assurance de responsabilité, il est fait application de la solution classique en droit de la responsabilité civile, selon laquelle le dommage doit être évalué au jour de la décision qui accorde la réparation, afin que la victime ne supporte l'éventuelle dépréciation monétaire survenue entre le sinistre et le jour où statue le juge. La Cour de cassation censure ainsi les décisions des juges du fond qui se placent au jour du sinistre pour évaluer le dommage (Civ. 2e, 12 mai 2010, n° 09-12.056, RGDA. 785, note A. Astegiano- La Rizza).

2675. Si le règlement de l'indemnité se fait à l'amiable, c'est le jour de l'accord qui doit être retenu.

4 ▪ Expertise

2676. Il est extrêmement fréquent que, pour l'évaluation du dommage, les parties aient recours à un expert. Le Code des assurances n'est cependant pas venu réglementer de manière générale la procédure d'expertise. Souvent, le contrat d'assurance vient organiser cette procédure ;

on évoque alors une expertise contractuelle. Les parties doivent alors respecter la procédure d'évaluation du montant du dommage prévue par le contrat et l'assureur pourrait refuser sa garantie si l'assuré ne s'y pliait pas (Civ. 2e, 29 mars 2006, n° 04-19.867 ; RGDA 2006. 407, note S. Abravanel-Jolly ; l'assuré ne doit pas faire obstruction aux mesures d'instruction destinées à permettre d'évaluer les préjudices subis : Civ. 2e, 17 juin 2010, n° 09-68.096, RCA 2010, com. 298). L'article R. 112-1 du Code des assurances prévoit ainsi que les contrats doivent indiquer, « pour les polices autres que les assurances contre les risques de responsabilité, la procédure et les principes relatifs à l'estimation des dommages en vue de la détermination du montant de l'indemnité ». Ce sont donc les parties qui détermineront les modalités de l'expertise. Toutefois, pour certaines catégories d'assurance, l'autorité publique est intervenue pour préciser le déroulement de l'expertise ; c'est le cas par exemple pour l'assurance dommages-ouvrage où la procédure est régie par une clause-type (C. assur., art. A. 243-1, ann. 2).

2677. L'assureur et l'assuré peuvent tomber d'accord sur le montant des dégâts, le plus souvent lorsqu'il s'agit d'un sinistre de peu d'importance. Il s'agit alors d'une évaluation de gré à gré et l'accord se fait en principe sans intervention d'un expert. Lorsque le sinistre est important, l'expert de l'assureur se déplace et fixe le montant du dommage avec l'assuré.

2678. Si l'assureur et l'assuré n'arrivent à pas à se mettre d'accord sur le montant du dommage, il y a lieu de procéder à une expertise amiable contradictoire. Dans cette hypothèse, chaque partie désigne et paie son propre expert. Les deux experts vont procéder en commun à une évaluation des dommages et établir un procès-verbal d'expertise. Dans l'hypothèse où les deux experts ne réussiraient pas à tomber d'accord, on procédera à la désignation d'un troisième expert, qui sera payé par moitié par chacune des parties. Les trois experts opèrent alors en commun et à la majorité des voix.

2679. Si les parties ne sont pas satisfaites de la procédure amiable, il est possible d'avoir recours à la justice étatique. L'expertise judiciaire constitue ainsi une mesure d'instruction confiée par un magistrat à un technicien et l'expert est alors choisi sur une liste d'experts agrées auprès de la Cour d'appel. L'expertise peut être ordonnée par le juge des référés, en vertu de l'article 808 du Code de procédure civile qui dispose que « dans tous les cas d'urgence, le président du tribunal de grande instance peut ordonner en référé toutes les mesures qui ne se heurtent à aucune contestation sérieuse ou que justifie l'existence d'un différend ».

§ 2 ▪ Limites à la dette de l'assureur

2680. Le principe indemnitaire s'oppose à ce que l'assuré touche une indemnité supérieure à la valeur du bien assuré. Cela ne signifie toutefois pas qu'une fois le dommage évalué, l'assuré (ou la victime) percevra l'intégralité de cette somme. En effet, l'indemnité versée peut être diminuée en raison de limites posées à la dette de l'assureur, limites pouvant être prévues par la loi ou par le contrat.

A ▪ Limites prévues par la loi

1 ▪ Assurances cumulatives

2681. Un même risque peut se trouver garanti par plusieurs contrats d'assurance souscrits auprès de plusieurs assureurs différents. Il y a alors assurances multiples, sans qu'il y ait pour autant nécessairement atteinte au principe indemnitaire. Par exemple, une personne souscrit une assurance vol auprès de deux assureurs différents pour un tableau ancien évalué à

2 000 €. Elle conclut deux contrats distincts, mais chaque contrat est conclu pour un montant maximal de 1 000 €. Il y a ici assurances multiples, mais il n'y a pourtant pas excès d'assurance, et donc pas d'atteinte au principe indemnitaire puisqu'au total les sommes cumulées versées par les deux assureurs ne dépasseront pas la valeur du bien, c'est-à-dire 2 000 €.

2682. On est en présence d'assurances multiples cumulatives lorsqu'il y a excès d'assurance et donc risque d'atteinte au principe indemnitaire. C'est le cas lorsque l'addition des différentes sommes garanties dans chaque contrat représente une somme supérieure à la valeur réelle de la chose assurée. Par exemple, dans une hypothèse similaire à celle étudiée au paragraphe précédent, l'assuré souscrit deux assurances distinctes, mais chacune pour un montant de 2 000 €. Dans ce cas, le montant cumulé des indemnités versées par les assureurs serait de 4 000 € et dépasserait donc la valeur de la chose assurée.

2683. L'article L. 121-4 du Code des assurances est venu réglementer les assurances multiples cumulatives parce que celles-ci risquent de constituer un excès d'assurance et de porter atteinte au principe indemnitaire, en permettant à l'assuré de toucher une somme supérieure à la valeur du bien assuré. Il vient ainsi préciser la notion d'assurance cumulative et le régime auquel elle obéit. L'article L. 121-4 du Code des assurances figure dans le titre deuxième du livre Ier du Code des assurances, consacré aux règles relatives aux assurances de dommages non maritimes. Il s'applique à toutes les assurances de dommages, mais non aux assurances de personnes, puisqu'elles n'obéissent pas, en principe, au principe indemnitaire. L'article L. 121-4 du Code des assurances ne s'applique pas aux assurances de personnes ; il ne pèse donc pas sur l'assuré l'obligation de déclarer à chaque assureur l'existence des autres contrats qu'il a conclu. Toutefois la présence de ces contrats peut constituer un élément important d'appréciation du risque pour l'assureur. En effet le fait que l'assuré ait conclu plusieurs contrats pour le même risque (incapacité...) peut traduire sa volonté de tirer profit des contrats, ce qui peut entraîner une probabilité plus importante de survenance du sinistre. C'est pourquoi, il est fréquent que l'assureur impose à l'assuré, lors de la conclusion du contrat, de lui déclarer l'existence des autres contrats couvrant le même risque. En cas de fausse déclaration, l'assuré encourrait les sanctions prévues par les articles L. 113-8 et L. 113-9 du Code des assurances (V. Chapitre 1, La Déclaration des risques). La Cour de cassation affirme d'ailleurs que si les assurances contre les accidents atteignant les personnes ne sont pas soumises au principe indemnitaire et échappent ainsi aux dispositions de l'article L. 121-4 du Code des assurances, relatives aux assurances cumulatives, elles demeurent néanmoins soumises aux dispositions de l'article L. 113-8 du même Code relatives aux fausses déclarations intentionnelles. Par suite, l'assureur, pour se former une exacte opinion du risque qu'il accepte de couvrir, peut imposer à l'assuré l'obligation de l'informer de l'existence des autres contrats qu'il a pu souscrire pour couvrir le même risque (Civ. 1re, 13 mai 1997, D. 1997, II, 351, note J.-L. Aubert).

a - Conditions

2684. L'article L. 121-4 du Code des assurances vise « celui qui est assuré auprès de plusieurs assureurs par plusieurs polices, pour un même intérêt, contre un même risque ». La jurisprudence est venue préciser le sens de ces différentes conditions. La Cour de cassation exige, pour qu'il y ait assurances cumulatives, qu'un seul et même souscripteur ait souscrit des contrats d'assurances auprès de plusieurs assureurs. Cette solution s'applique depuis un arrêt de la première Chambre civile du 21 novembre 2000 (« les dispositions de l'article L. 121-4 du Code des assurances, relatives au cumul d'assurance ne sont applicables que si un même souscripteur a souscrit auprès de plusieurs assureurs des contrats d'assurance pour un même intérêt et contre un même risque » : Civ. 1re, 21 nov. 2000, RGDA 2000. 1052, note J. Kullmann ; dans le même sens, Civ. 1re, 29 oct. 2002, RGDA 2003. 43, note L. Fonlladosa). Les différents contrats susceptibles d'entraîner un excès d'assurance doivent avoir été conclus par une même personne.

2685. La condition de l'identité de souscripteur n'était auparavant pas exigée par les tribunaux. Les contrats d'assurances pouvaient donc avoir été souscrits par des personnes différentes (Civ. 1re, 26 févr. 1991, RGAT 1991. 315, note R. Maurice), du moment qu'elles couvraient le même risque et le même intérêt. Cela n'est plus possible désormais. Selon la Cour de cassation, la raison de ce revirement est de « mieux sérier les problèmes : cumul d'assurances lorsque les contrats sont souscrits par un même assuré ; application du principe indemnitaire, lorsqu'il s'agit de contrats souscrits par des personnes différentes et qui ont vocation à jouer à l'occasion d'un même sinistre » (Rapp. C. cass. pour 2000, la Documentation française 2001). Une telle solution facilite aussi l'exécution de l'obligation de déclaration pesant sur l'assuré. En effet, l'assuré doit déclarer l'existence des différentes assurances aux différents assureurs. Or, en cas de souscripteurs multiples, il est fréquent que l'un des souscripteurs ignore l'existence des autres. C'est pour faciliter l'exécution de cette obligation de déclaration que la Cour de cassation a changé sa position.

2686. Selon l'article L. 121-4 du Code des assurances, pour qu'il y ait assurances cumulatives, il faut qu'une personne soit assurée « auprès de plusieurs assureurs par plusieurs polices ». Il faut donc qu'il y ait pluralité de contrats souscrits auprès de différents assureurs. En effet si l'excès d'assurance résulte d'un seul contrat auprès d'un seul assureur, il s'agit d'un cas de surassurance régi par l'article L. 121-3 du Code des assurances. Si l'excès d'assurance résulte de plusieurs contrats souscrits auprès d'un seul assureur, cet assureur doit normalement être en mesure de veiller à ce que l'indemnité n'excède pas le montant du dommage, dans le respect du principe indemnitaire. On peut d'ailleurs penser que, dans cette hypothèse, le régime de la surassurance est applicable (V. Picard et Besson, *les assurances terrestres*, LGDJ 1982, n° 215, p. 342). Et lorsqu'un seul contrat a été souscrit auprès de plusieurs assureurs, il s'agit d'une hypothèse de coassurance.

2687. L'article L. 121-4 du Code des assurances exige que les assurances souscrites garantissent l'assuré contre un même risque. Le terme risque est ici compris à la fois comme l'événement aléatoire garanti (incendie, vol…) et comme le bien soumis à cet événement (immeuble, automobile…). Ainsi, les différents contrats d'assurance doivent porter sur un même objet d'assurance et sur le même événement garanti. Tel sera le cas, par exemple, si un même immeuble est garanti contre le vol par deux assureurs différents. En revanche si cet immeuble est garanti par deux contrats auprès de deux assureurs distincts, l'un prenant en charge l'incendie et l'autre le dégât des eaux, il n'y a pas identité de risque et donc pas d'assurances cumulatives. Sur la difficulté de distinguer entre identité de risque et identité d'intérêt, V. Civ. 2e, 20 oct. 2005, RGDA 2006. 55, note S. Abravanel-Jolly).

2688. Prenons pour exemple, une personne qui souscrit un contrat d'assurance multirisque habitation couvrant sa maison et une grange contre le risque d'incendie. La grange lui sert alors d'entrepôt pour son activité de maçon. Il décide de changer d'activité et d'ouvrir une pizzeria dans la grange. Pour cela il conclut un nouveau contrat avec un nouvel assureur, couvrant aussi la grange contre le risque d'incendie, mais il ne pense pas à résilier l'ancien contrat, qui court donc toujours. Un incendie se déclare peu après dans la grange. La Cour de cassation décide qu'il y a ici assurances cumulatives, car différents contrats ont été conclus pour un même risque (Civ. 1re, 30 mai 1995, RGAT 1995. 541, note R. Maurice). En revanche, il n'y a pas d'assurances cumulatives lorsque, dans l'hypothèse d'un immeuble incendié par un tiers, le crédit-bailleur a assuré son immeuble tandis que le crédit-preneur a souscrit une assurance couvrant ses propres dommages ainsi que les risques locatifs (Civ. 1re, 27 juin 1995, RGAT 1995. 865, note A. Favre Rochex).

2689. Ce doit être le même intérêt d'assurance qui justifie la souscription des assurances cumulatives. La notion d'intérêt d'assurance ne fait pas l'objet d'une définition dans le Code des assurances. Toutefois, l'article L. 121-6 du Code des assurances précise que « toute personne ayant intérêt à la conservation d'une chose peut la faire assurer » et que « tout intérêt direct ou indirect à la non-réalisation d'un risque peut faire l'objet d'une assurance » (Sur cette notion, V. *Lamy assurances*, 2009, n° 32 et s.). Cette condition d'identité d'intérêt implique en fait que c'est le même patrimoine qui doit être préservé par les contrats conclus ; c'est une même personne qui bénéficie de l'avantage économique procuré par les assurances souscrites.

2690. Par exemple, une personne avait adhéré à un contrat d'assurance de groupe contre le risque « perte totale auto », afin de garantir le remboursement du prêt qui lui avait été consenti pour l'achat de son véhicule. Elle avait en outre souscrit, chez un autre assureur, pour le même véhicule, une police « multirisques automobile ». L'automobile est volée. La Cour de cassation approuve la cour d'appel d'avoir décidé que si l'assurance de groupe « constituait une garantie de remboursement pour l'organisme financier, elle procurait également un profit à l'emprunteur en éteignant totalement ou partiellement sa dette envers le prêteur en cas de vol du véhicule » et que « cette assurance et celle souscrite également contre le vol du même véhicule (...) étaient cumulatives, dès lors qu'elles avaient été souscrites pour le même intérêt et contre le même risque » (Civ. 1re, 9 juin 1998, RGDA 1998. 685, note A. Favre Rochex). De même, il y a identité d'intérêt lorsqu'une personne voit sa responsabilité civile garantie par son propre contrat d'assurance et celui souscrit par son employeur (Civ. 1re, 16 oct. 1990, Bull. civ. I, n° 212). Ces deux décisions ont été rendues sous l'empire de la jurisprudence qui n'exigeait pas une identité de souscripteur.

2691. Il ne peut y avoir assurances cumulatives que lorsque les garanties sont susceptibles de jouer en même temps. Ce n'est pas le cas lorsque les garanties ne font que se succéder dans le temps ou lorsqu'un des contrats est suspendu ou résilié. Les assurances ne peuvent être cumulatives que si le cumul des garanties dépassent la valeur réelle du dommage ; ce n'est pas le cas lorsque les assurances ne font que se compléter, afin d'obtenir une couverture totale du risque.

2692. L'article 121-4, alinéa 1er du Code des assurances vise l'hypothèse de « celui qui est assuré auprès de plusieurs assureurs par plusieurs polices » ; il y a lieu de distinguer les assurances cumulatives de la coassurance. En effet, dans le cas de la coassurance, un seul et unique contrat est souscrit auprès de plusieurs assureurs, chacun prenant en charge une quote-part du risque. Les garanties permettent alors de couvrir le risque en totalité, mais sans qu'il y ait excès.

b - Régime des assurances cumulatives

2693. L'article L. 121-4 du Code des assurances précise qu'en cas d'assurances multiples cumulatives, l'assuré « doit donner immédiatement à chaque assureur connaissance des autres assureurs ». Lors de cette communication il doit, selon le texte, faire connaître le nom de l'assureur avec lequel une autre assurance a été contractée et indiquer le montant de la somme assurée.

2694. L'article L. 121-4 précise que l'obligation de déclaration pèse sur « celui qui est assuré », et non sur le souscripteur. En pratique, cette obligation ne peut réellement être exécutée que si l'assuré est lui-même le souscripteur des contrats. Dans le cas contraire en effet, l'assuré n'est généralement pas au courant de l'existence de garanties semblables fournies par des contrats souscrits pour son compte par un tiers. Une difficulté surgit dans l'exécution de cette obligation de déclaration dans la mesure où le plus souvent l'assuré n'est pas au courant de l'existence d'un cumul des garanties, les contrats ayant été souscrits dans des cadres différents. L'exemple type est l'assurance scolaire. Il est en effet fréquent que les particuliers souscrivent pour leurs enfants une assurance scolaire spécifique, couvrant les dommages que l'enfant peut causer. Or, il s'avère souvent que cette responsabilité est déjà prise en charge dans le cadre de l'assurance responsabilité civile souscrite par le chef de famille ; elle figure alors au milieu d'autres, telles que l'incendie et le dégât des eaux, et l'assuré n'est pas conscient du cumul. Difficile dans ces conditions de respecter l'obligation légale.

2695. L'article L. 121-4 n'impose aucune forme particulière à l'obligation de déclaration des assurances. Souvent cette obligation est remplie lors de la réponse au questionnaire fourni par l'assureur lors de la conclusion du contrat. Toutefois, l'obligation persistant tout au long de la vie du contrat, il est conseillé à l'assuré, lorsqu'il l'exécute spontanément, de conserver une preuve établissant l'existence de sa déclaration.

2696. Selon l'article L. 121-4, l'assuré « doit donner immédiatement à chaque assureur connaissance des autres assureurs ». Ainsi l'assuré devrait normalement exécuter son obligation de déclaration aussitôt qu'est souscrite une garantie venant se cumuler avec une autre. En pratique, une telle diligence dans l'exécution de l'obligation semble illusoire : rares sont en effet les assurés qui vérifient l'existence d'un cumul de garanties lors de la souscription d'un nouveau contrat. La déclaration, quand elle a lieu, est en fait réalisée lorsque l'assuré a connaissance du cumul, c'est-à-dire le plus souvent au moment du sinistre.

2697. Le Code des assurances ne prévoit pas de sanction en cas de non-respect de l'obligation de déclaration ; l'inexécution de l'obligation ne suffit pas à établir la mauvaise foi de l'assuré. Toutefois, le fait que l'assuré ait respecté cette obligation de déclaration, au moins au moment du sinistre, lui permet de démontrer sa bonne foi, ce qui a des conséquences importantes sur les sanctions des assurances cumulatives.

2698. Selon l'article L. 121-4 du Code des assurances, lorsque des assurances cumulatives « sont contractées de manière dolosive ou frauduleuse », les sanctions prévues à l'article L. 121-3 du Code des assurances en cas de surassurance frauduleuse, c'est-à-dire la nullité des contrats souscrits et la possibilité pour chaque assureur de demander des dommages et intérêt, sont applicables. Aux termes de l'article qui vise les assurances « contractées » de manière dolosive ou frauduleuse, c'est au moment de la conclusion des contrats que doit être appréciée la mauvaise foi de l'assuré. La bonne foi étant présumée (C. civ., art. 2274), ce sera à l'assureur de l'établir ; il faudrait pour cela que l'assuré ait souscrit en toute connaissance de cause des assurances cumulatives et qu'il l'ait fait à escient, afin de frauder. Il est difficile pour l'assureur d'établir la mauvaise foi de l'assuré lors de la conclusion des contrats. C'est en fait au moment de la réalisation du sinistre que peut se révéler le comportement frauduleux de l'assuré ; il peut notamment déclarer le sinistre à chaque assureur séparément, sans les prévenir de l'existence des autres dans le but de toucher de chacun une indemnité, dépassant ainsi le montant réel du dommage. Si l'assureur échoue à établir la mauvaise foi de l'assuré, c'est le régime des assurances cumulatives non frauduleuses qui s'appliquera.

2699. Lorsque l'assuré est de bonne foi, l'article L. 121-4 du Code des assurances prévoit que chaque contrat d'assurance produit ses effets dans les limites des garanties du contrat et dans le respect du principe indemnitaire, quelle que soit la date à laquelle l'assurance aura été souscrite. Comme on peut le constater, l'assuré n'est en rien pénalisé par l'existence d'assurances cumulatives. Toutefois chaque assureur ne peut être tenu au-delà de ce qui était prévu dans son contrat et le jeu des assurances cumulatives ne doit pas permettre à l'assuré de s'enrichir, ce qui irait à l'encontre du principe indemnitaire. Lorsque l'assuré est de bonne foi, il peut, comme le précise l'article L. 121-4, s'adresser à l'assureur de son choix pour le règlement du sinistre, et donc le versement de l'indemnité. Naturellement, dans la pratique, il choisira l'assureur qui couvre le mieux le sinistre. Par exemple, si un des assureurs a accordé une garantie illimitée, l'assuré peut lui demander de prendre en charge la totalité du sinistre. L'assureur ne peut pas refuser de payer sous prétexte de la présence d'autres assureurs et le renvoyer vers l'un d'eux. En revanche, si la mise en jeu de la garantie de l'assureur auquel s'adresse l'assuré ne permet pas une indemnisation totale du sinistre, celui-ci pourra s'adresser aux autres assureurs, pour qu'ils complètent son indemnisation. En vertu du principe indemnitaire, il ne doit toutefois pas obtenir plus que le montant de son dommage.

2700. Après que l'un ou plusieurs assureurs ont indemnisé l'assuré, tous les assureurs vont se répartir cette contribution. Chaque assureur est tenu de participer au règlement de l'indemnité, même ceux qui n'ont pas été actionnés par l'assuré. L'article L. 121-4 du Code des assurances précise que la contribution de chaque assureur « est déterminée en appliquant au montant du dommage le rapport existant entre l'indemnité qu'il aurait versée s'il avait été seul et le montant cumulé des indemnités qui auraient été à la charge de chaque assureur s'il avait été seul » (Civ. 1re, 9 mars 2004, RGDA 2004. 339, note A. Favre Rochex). En pratique, les assureurs ont passé entre eux des conventions réglant les contributions ; conformément au principe de l'effet relatif des conventions, ces accords n'engagent que les compagnies qui y ont adhéré.

2701. Prenons par exemple un sinistre de 1 500 € : il faut tout d'abord calculer le montant des indemnités dues par l'ensemble des assureurs. Supposons que l'assureur A doive une garantie de 600 €, B ait une garantie limitée à 900 € et que C ait promis une garantie de 1 500 €. La somme des trois garanties s'élève à 3 000 €, il y a donc bien assurances cumulatives, excès d'assurance. Il est dès lors possible d'imaginer que l'assuré va demander l'indemnisation du sinistre à C, pour être certain d'être indemnisé en totalité. Une fois l'assuré indemnisé, l'assureur C se retournera contre les assureurs A et B, et l'indemnité d'assurance sera répartie proportionnellement à l'engagement de chacun.

2702. Pour calculer la contribution de chacun, on applique donc la règle suivante :
Contribution = Montant du dommage x Garantie souscrite / Cumul des garanties souscrites
Soit, dans notre exemple, les résultats suivants :
Contribution de l'assureur A = 1 500 x 600 / 3000 = 300
Contribution de l'assureur B = 1 500 x 900/ 3000 = 450
Contribution de l'assureur C = 1 500 x 1500/ 3000 = 750
Étant donné que C a versé 1 500 € à l'assuré, A devra lui verser 300 €, et B devra lui verser 450 €.

2703. Il a été décidé que l'assureur auquel s'est adressé l'assuré, pouvait après l'avoir indemnisé, se prévaloir des dispositions de l'article L. 121-4 du Code des assurances, qui détermine la part contributive de chacun des assureurs, sans que l'assureur qui n'a pas été sollicité puisse lui opposer une déchéance de l'assuré à son égard pour déclaration tardive du sinistre (Civ. 1re, 30 oct. 1995, RCA 1996, comm. n° 36).

2704. Les contrats d'assurance contiennent parfois une clause de subsidiarité. On appelle ainsi la clause prévoyant que le contrat dans lequel elle est stipulée ne s'appliquera qu'à défaut ou en complément d'un autre contrat couvrant le même risque. Une telle clause vise le plus souvent à pallier le risque de défaut de garantie couru par l'assuré. Or, les tribunaux condamnent les clauses de subsidiarité, qu'ils analysent comme des stipulations organisant, en présence d'assurances cumulatives, la contribution de chaque assureur à l'indemnité d'assurance. Dès lors, elles sont considérées comme des moyens de contourner la réglementation impérative édictée par l'article L. 121-4 du Code des assurances. Un arrêt de la première Chambre civile de la Cour de cassation a, par exemple, déclaré que les règles énoncées aux alinéas 4 et 5 de l'article L. 121-4 « ne permettent pas de considérer comme valables les clauses de subsidiarité » (Civ. 1re, 16 juin 1987, RGAT 1988. 395).

2705. La condamnation systématique des clauses de subsidiarité par la jurisprudence est contestable car reposant sur une mauvaise analyse des assurances subsidiaires. En effet la clause de subsidiarité permet d'éviter que la garantie subsidiaire ne s'applique alors qu'une autre garantie aurait vocation normale à s'appliquer. Par conséquent ces différentes garanties ne peuvent se cumuler et ne peuvent donc être qualifiées d'assurances cumulatives ; il n'y a donc pas lieu d'interdire cette clause sur le fondement de l'article L. 121-4 du Code des assurances (pour des exemples de décisions admettant la validité des clauses de subsidiarité : Civ. 1re, 25 mai 1992, RGAT 1992, note J. Beauchard ; Civ. 1re, 9 avr. 2002, RCA 2002, comm. n° 243, note H. Groutel). Certaines clauses de subsidiarité méritent toutefois d'être condamnées ; c'est le cas notamment lorsqu'un assureur qui aurait normalement vocation à couvrir le sinistre insère une telle stipulation afin de se décharger de l'indemnisation sur l'assureur qui n'aura pas prévu de clause de subsidiarité. Il faut donc distinguer les « bonnes » et les « mauvaises » clauses de subsidiarité (H. Groutel, note sous Civ. 1re, 16 juin 1987, D. 1988, somm. p. 150).

2 ▪ Surassurance

2706. L'article L. 121-3 du Code des assurances réglemente l'hypothèse où « un contrat d'assurance a été consenti pour une somme supérieure à la valeur de la chose assurée ». C'est le cas lorsque, dans un contrat d'assurance portant sur une chose dont la valeur est déterminée lors de la conclusion du contrat, la valeur déclarée se révèle supérieure à la valeur réelle du bien garanti, au jour du sinistre. Par exemple, lorsqu' un bien d'une valeur de 100 € est assuré pour 200 €, il y a alors surassurance. Dans une telle hypothèse, les sanctions prévues par l'article L. 121-3 du Code des assurances varient selon que la surassurance est ou non frauduleuse. Le plus souvent l'assuré qui a surévalué ses biens n'avait pas la volonté de frauder. Cette surévaluation peut en effet s'expliquer par une méconnaissance de la valeur exacte des biens. Il peut aussi arriver que les biens, justement évalués lors de la conclusion du contrat, aient par la suite perdus de la valeur ; ce sera par exemple le cas d'un immeuble déprécié en raison de la baisse du prix de l'immobilier. Il peut aussi arriver que l'assuré ait eu la volonté de frauder. Dans cette hypothèse, il a volontairement surévalué ses biens afin de réaliser un bénéfice en cas de sinistre. On peut alors craindre un sinistre volontaire, l'assuré n'entendant sans doute pas payer trop longtemps une cotisation plus élevée qu'il ne le devrait…

2707. S'il y a eu fraude ou dol d'une des parties, par exemple si le souscripteur a volontairement surévalué son bien, afin de réaliser un profit en cas de sinistre, l'article L. 121-3 du Code des assurances prévoit que l'autre partie peut demander la nullité du contrat et réclamer, en sus, des dommages et intérêts (Civ. 1re, 23 avr. 1969, D. 1969, somm. p. 97). La nullité du contrat suppose son anéantissement rétroactif, ce qui implique que l'assureur, non seulement, ne prendra pas en charge le sinistre, mais qu'il pourra, en plus, demander à l'assuré la restitution des éventuelles indemnités déjà versées. L'assureur peut aussi demander des dommages et intérêts ; il pourra ainsi conserver les cotisations payées qui représenteront son indemnisation (V. par analogie, en matière de fausse déclaration intentionnelle du risque de la part de l'assuré, l'article L. 113-8 du Code des assurances, prévoyant la nullité du contrat, qui précise que « les primes payées demeurent acquises à l'assureur, qui a droit au paiement de toutes les primes échues à titre de dommages et intérêts »).

2708. L'article L. 121-3 du Code des assurances évoque la fraude des deux parties, mais, dans la pratique, la fraude émane en règle générale, du souscripteur. On pourrait toutefois envisager une fraude de l'assureur qui surévaluerait la valeur du bien assuré afin de toucher des primes d'un montant nettement supérieur à celui qu'il devrait être, alors qu'en raison du principe indemnitaire, il ne serait tenu, en cas de sinistre, qu'à hauteur de la somme assurée. Dans une telle hypothèse, l'intérêt de l'assuré ne serait pas, lors du sinistre, de demander la nullité du contrat, puisqu'il se trouverait privé de garantie. Il devrait plutôt demander l'exécution du contrat et réclamer à l'assureur le remboursement du trop-perçu de cotisations.

2709. L'appréciation du caractère frauduleux de la surassurance relève du pouvoir souverain des juges du fond (Civ. 1re, 23 avr. 1969, préc.). Ils peuvent ainsi décider que le dol ou la fraude de l'assureur ne sont pas caractérisés lorsque la situation de surassurance de bâtiments assurés contre l'incendie, dont l'assureur avait été informé, « s'était maintenue plusieurs années uniquement en raison de la passivité de l'assuré qui n'avait jamais entrepris aucune démarche pour obtenir la diminution des primes ou la résiliation du contrat et s'était acquitté normalement pendant cinq ans de primes qu'il jugeait excessives » (Civ. 1re, 26 juin 1979, D. 1980, IR, 182, obs. Cl.-J. Berr et H. Groutel).

2710. Dans l'hypothèse où l'assuré est de bonne foi, ou si sa mauvaise foi n'a pas pu être établie, le Code des assurances prévoit que « le contrat est valable, mais seulement jusqu'à concurrence de la valeur réelle des objets assurés » ; cela signifie donc que, conformément au principe indemnitaire, si un sinistre survient, l'assuré ne recevra pas d'indemnité supérieure à la valeur réelle des biens assurés (Civ. 1re, 27 févr. 2001, RGDA 2001. 405, note A. Favre Rochex ; Civ. 1re, 13 mai 1997, RCA 1997, comm. n° 279). L'assureur conserve les primes échues (Civ. 1re, 26 juin 1979, D. 1980, IR, 182, obs. Cl.-J Berr et H. Groutel), malgré le trop perçu, ainsi que la prime de l'année courante quand elle est à terme échu. Le montant des primes à venir sera alors calculé en fonction de la valeur réelle des biens, l'article L. 121-3 du Code des assurances précisant que « l'assureur n'a pas droit aux primes pour l'excédent ».

3 ▪ Sous-assurance

2711. Il y a sous-assurance si, comme le précise l'article L. 121-5 du Code des assurances, « il résulte des estimations que la valeur de la chose assurée excède au jour du sinistre la somme garantie », c'est-à-dire lorsque la valeur assurée est inférieure à la valeur réelle de la chose assurée au jour du sinistre.

2712. La sous-assurance peut être volontaire ou involontaire. Elle est volontaire si l'assuré a délibérément choisi d'assurer ses biens pour une somme inférieure à leur valeur réelle, et ceci afin de payer une prime moins élevée. La sous-assurance est involontaire lorsque c'est par erreur que l'assuré a sous-estimé la valeur de ses biens. Il peut s'agir d'une erreur commise dès la conclusion du contrat, l'assuré ayant mal évalué les biens, ou bien, plus tard, d'un défaut d'adaptation du contrat, pourtant nécessaire pour prendre en compte l'achat de nouveaux biens. Il est ainsi capital que tout au long de la vie du contrat d'assurance l'assuré veille à la correspondance entre la valeur de son patrimoine et la somme assurée.

2713. Comme l'a précisé la première Chambre civile de la Cour de cassation, l'article L. 121-5 du Code des assurances « est applicable à toutes les assurances de dommages » (Civ. 1re, 18 juin 1996, RGDA 1996. 612, note J. Kullmann). Sont donc soumises à l'article L. 121-5, tant les assurances de choses que les assurances de responsabilité. L'article L. 121-5 du Code des assurances prévoit qu'en cas de sous-assurance, « l'assuré est considéré comme restant son propre assureur pour l'excédent, et supporte, en conséquence, une part proportionnelle du dommage, sauf convention contraire ». L'assuré ne touchera ainsi qu'une indemnité réduite, par application de ce qu'on appelle la règle proportionnelle de capitaux. En cas de sous-assurance, il est donc fait application de la règle proportionnelle de capitaux (pour un rappel du mode de calcul : Civ. 1re, 6 janv. 1987, D. 1987, somm. comm., p. 332, note H. Groutel) et le montant de l'indemnité versée par l'assureur est calculée selon la formule suivante :

Indemnité = Montant du dommage x Valeur assurée / Valeur réelle du bien

Supposons un bien d'une valeur de 3 000 € au jour du sinistre, qui n'a été assuré que pour une valeur de 2 000 €. Si un sinistre partiel survient, causant des dommages pour un montant de 1 500 €, l'indemnité de l'assureur sera réduite par application de la règle proportionnelle de capitaux :

Indemnité = 1 500 x 2 000 / 3 000 = 1 000 €

2714. Cette règle s'applique que l'assuré soit de bonne ou de mauvaise foi. On considère en effet que l'assuré est libre de ne s'assurer que de manière partielle, notamment pour payer une cotisation moins élevée. Toutefois, l'égalité au sein de la mutualité exige que l'assuré perçoive une indemnité proportionnelle au montant garanti. Cette règle s'applique que le sinistre soit total ou partiel ; ainsi, lorsque le sinistre est total, elle conduit à verser une indemnité égale au montant assuré.

2715. La règle prévue par l'article L. 121-5 du Code des assurances ne présente pas un caractère impératif ; le texte prévoit en effet qu'elle s'applique « sauf convention contraire ». Il est ainsi fréquent que dans les contrats d'assurance pour les particuliers, notamment les multirisques habitation, les assureurs renoncent contractuellement à l'application de la règle proportionnelle de capitaux, comme l'article L. 121-5 le permet. Il s'agit, en effet, d'une règle mal perçue par les assurés qui admettent mal d'être sanctionnés pour ce qui n'est, en général, qu'une simple erreur dans l'estimation de leurs biens.

2716. Il importe de ne pas confondre la règle proportionnelle de capitaux de l'article L. 121-5 du Code des assurances avec la règle proportionnelle de cotisations de l'article L. 113-9, qui vient sanctionner un assuré qui a, de bonne foi, effectué une déclaration irrégulière du risque lors de la conclusion du contrat ou en cours de contrat, en cas d'aggravation du risque. Tandis que la première sanctionne une sous-estimation de la valeur du bien, la seconde sanctionne une déclaration qui a faussé l'appréciation du risque par l'assureur : les deux hypothèses sont apparemment distinctes. Toutefois, en pratique, les assureurs invoquent souvent le fait que la sous-estimation du bien a faussé l'appréciation du risque et réclament l'application de l'article L. 113-9 du Code des assurances. La jurisprudence n'est pas favorable à un tel raisonnement. Dans une espèce où un bijoutier avait assuré sa marchandise contre le vol, les experts avaient estimé la valeur des objets volés pour une somme nettement supérieure à celle déclarée lors de la conclusion du contrat. La sous-assurance était ainsi patente et l'application de la règle proportionnelle de capitaux indiscutable. Toutefois, l'assureur invoquait aussi le jeu de réduction proportionnelle de l'article L. 113-9 du Code des assurances en invoquant une déclaration inexacte du risque ayant modifié son opinion du risque. La Cour de cassation décide alors que : « s'il résulte des estimations que la valeur de la chose assurée excède au jour du sinistre la somme garantie, l'assuré est considéré, selon l'article L. 121-5 du Code des assurances, comme son propre assureur pour l'excédent, et, dans cette éventualité, qui n'entraîne pas aggravation du risque, il ne peut en outre être sanctionné au titre de l'article L. 113-9 du Code des assurances » (Civ. 1re, 8 juill. 1986, D. 1987, somm. comm. p. 182, obs. H. Groutel).

2717. L'article R. 112-1 du Code des assurances prévoit que les contrats d'assurance « doivent rappeler les dispositions des titres Ier et II du livre Ier de la partie législative du présent code concernant la règle proportionnelle, lorsque celle-ci n'est pas inapplicable de plein droit ou écartée par une stipulation expresse ». Toutefois, le texte ne prévoit aucune sanction en cas de non-respect de cette obligation ; c'est ainsi que la Cour de cassation a pu décider, dans une affaire où l'assuré invoquait le fait que la règle proportionnelle n'était pas mentionnée dans son contrat, qu' « en vertu des dispositions de l'article L. 121-5 précité, seule une clause contraire, dont l'existence n'était pas alléguée par M. X (l'assuré), aurait pu faire échec à l'application de la règle proportionnelle » (Civ. 1re, 17 nov. 1993, RGAT 1994. 116, note R. Maurice). L'absence de mention dans le contrat n'empêche pas la règle proportionnelle de s'appliquer.

B ▪ Limites prévues par le contrat

1 ▪ Plafonds

2718. Les parties sont libres de fixer un plafond à l'obligation de l'assureur ; ce plafond constitue la limite maximale de la dette de l'assureur : l'indemnité versée ne pourra pas être supérieure à ce plafond, même si le dommage subi le dépassait.

2719. La faculté de prévoir un plafond de garantie ne peut s'exercer qu'en l'absence de règles contraires impératives édictées pour certaines catégories d'assurances. C'est le cas, par exemple, pour l'assurance dommages-ouvrage, qui doit, selon l'article L. 242-1 du Code des assurances, garantir « le paiement de la totalité des travaux de réparation des dommages ». De même, en assurance responsabilité civile des chasseurs, l'annexe à l'article A. 230-6 du Code des assurances prévoit que le contrat garantit « la responsabilité civile encourue par le chasseur sans limitation de somme en raison des accidents corporels occasionnés par un acte de chasse ou de destruction d'animaux nuisibles et par les chiens dont il a la garde ».

2 ▪ Franchises

2720. L'article L. 121-1 du Code des assurances prévoit qu'« il peut être stipulé que l'assuré reste obligatoirement son propre assureur pour une somme, ou une quotité déterminée, ou qu'il supporte une déduction fixée d'avance sur l'indemnité du sinistre ». Sont ainsi autorisés les franchises et les découverts obligatoires.

2721. La franchise constitue une somme d'argent qui reste à la charge de l'assuré lors de la survenance d'un sinistre. La stipulation d'une franchise est destinée à responsabiliser les assurés et à supprimer la prise en charge par l'assureur des petits sinistres qui pèsent de façon importante sur les frais de gestion.

2722. Il y a franchise simple lorsque l'assureur ne prend pas en charge le sinistre dont le montant est inférieur au montant fixé par la franchise. En revanche, lorsque le montant du sinistre dépasse le montant fixé, il est intégralement pris en charge par l'assureur. Par exemple, pour une franchise de 150 €, si le dommage est évalué à 100 €, l'assureur ne réglera rien ; en revanche, si le dommage est évalué à 3 000 €, l'indemnité versée sera de 3 000 €.

2723. Il y a franchise absolue lorsque le montant de la franchise reste systématiquement à la charge de l'assuré quel que soit le montant du dommage. Par exemple, si la franchise est de 150 € et si le dommage est évalué à 100 €, l'assuré ne touchera rien ; si le dommage est évalué à 3 000 €, l'assuré touchera alors 2 850 € (3 000 - 150).

2724. Le montant de la franchise peut être fixé de différentes façons : Il peut d'abord s'agir d'un montant déterminé ; on la qualifie alors de franchise fixe. Le montant de la franchise peut aussi être exprimé en pourcentage du dommage ; il s'agit alors d'une franchise proportionnelle.

2725. La franchise peut être rachetée. Ainsi, le souscripteur peut demander à son assureur de la diminuer ou de la supprimer, moyennant une surprime. Dès lors, le sinistre sera intégralement pris en charge par l'assureur (sauf jeu d'un plafond de garantie...), sans qu'une part en reste à la charge de l'assuré.

2726. La franchise est opposable aux tiers invoquant le bénéfice de l'assurance, notamment aux victimes en assurance de responsabilité civile (Civ. 1re, 16 déc. 2003, RGDA 2004. 177, note M. Bruschi). Cette opposabilité résulte de l'article L. 112-6 du Code des assurances qui prévoit que « l'assureur peut opposer au porteur de la police ou au tiers qui en invoque le bénéficie, les exceptions opposables au souscripteur originaire ». Cette règle est valable pour les assurances obligatoires, sauf si un texte vient interdire la stipulation d'une franchise. Ainsi, l'article R. 211-13 prévoit, en matière d'assurance automobile, que n'est pas opposable aux victimes ou à leurs ayants droit « la franchises prévue à l'article L. 121-1 » (V. Chapitre 1, Le véhicule assuré).

2727. Il est normalement possible à l'assuré de prendre une autre garantie d'assurance pour couvrir le montant du sinistre qu'il devrait normalement garder à sa charge du fait de la franchise. Cependant le contrat d'assurance peut, parfois, venir interdire la souscription d'une autre assurance par la stipulation d'une clause appelée « découvert obligatoire ». Le but de l'assureur est ainsi de responsabiliser l'assuré qui, sachant qu'une partie du dommage ne sera pas indemnisé, est censé être plus vigilant aux préjudices qu'il peut causer et qui peuvent lui être causés (V., pour un exemple de découvert obligatoire, institué par l'autorité administrative sous forme d'une clauses-type, en matière d'assurance des risques de catastrophes naturelles, C. assur., art. A. 125-1, ann. I, d et ann. II, d).

2728. La Cour de cassation précise que les clauses de plafonnement de garantie ou de franchise ne sont concevables que dans le respect du principe indemnitaire. Par conséquent n'est pas applicable une franchise proportionnelle au montant du dommage, aboutissant à verser une indemnité dérisoire à l'assuré (Civ. 1re, 16 oct. 1990, RGAT 1991. 40, note J. Bigot, dans une affaire où « plus le dommage était élevé, plus l'indemnité était faible et qu'elle pouvait, à la limite, devenir inexistante si, du fait, de l'importance du dommage, la franchise avait atteint ou dépassé le plafond fixe de garantie »).

2729. Les franchises font l'objet d'une réglementation impérative pour certaines catégories d'assurance. Ainsi pour les assurances responsabilité civile professionnelle des professionnels de l'immobilier, la franchise ne doit pas excéder 10 % des indemnités dues. Par conséquent si la franchise dépasse ce seuil, elle ne sera opposable à l'assuré et au tiers-victime que dans la limite des 10 % (Civ. 1re, 2 oct. 2013, n° 12-20.504, RCA 2014, com. 17).

§ 3 ▪ Les conventions entre assureurs

2730. Des conventions d'indemnisation, dites aussi conventions de règlement amiable, sont conclues par les entreprises d'assurance sous le contrôle de leurs organismes professionnels. L'objectif de telles conventions est notamment d'accélérer l'indemnisation des sinistres et de limiter les recours entre assureurs. On citera par exemple les conventions CIDRE et CIDE

COP relative aux dégâts des eaux. Entre les entreprises d'assurance parties aux conventions, il est fait application de l'article 1134, alinéa 1er du Code civil, qui dispose que « les conventions légalement formées tiennent lieu de loi à ceux qui les ont faites ». Elles ont donc force obligatoire et doivent être respectées dans toutes leurs dispositions. Des difficultés peuvent toutefois surgir en raison d'interprétations divergentes des clauses des conventions par les assureurs. En revanche les assurés sont des tiers par rapport aux conventions passées par les assureurs. Il est ainsi fait application de l'article 1165 du Code civil, qui prévoit que « les conventions n'ont d'effet qu'entre les parties contractantes ; elles ne nuisent point au tiers et elles ne lui profitent que dans le cas prévu par l'article 1121 du Code civil. » Ces conventions ne sauraient donc leur nuire.

Section 2 ▪ Modalités de paiement

§ 1 ▪ Provision

2731. Le paiement de l'indemnité n'a lieu qu'une fois le dommage évalué. Avant cette date, il est toutefois possible pour l'assuré d'obtenir de l'assureur le versement d'une provision. Il s'agit là d'une application du droit commun de la procédure civile. La provision peut être accordée par le juge des référés, sur le fondement de l'article 809, alinéa 2 du Code de procédure civile, qui dispose que « dans les cas où l'existence de l'obligation n'est pas sérieusement contestable, il peut accorder une provision au créancier ou ordonner l'exécution de l'obligation même s'il s'agit d'une obligation de faire ». Dans cette hypothèse, la constatation de l'urgence n'est pas exigée (Civ. 1re, 4 nov. 1976, Bull. civ. I, n° 330). La provision peut aussi être accordée par le juge de la mise en état, en vertu de l'article 771-3e du Code de procédure civile, qui précise qu'il peut « accorder une provision au créancier lorsque l'existence de l'obligation n'est pas sérieusement contestable ».

2732. C'est le juge qui fixe le montant de la provision versée, dans la limite du montant non sérieusement contestable de la dette de l'assureur. Ainsi, comme le déclare la Cour de cassation, le montant de la provision n'a « d'autre limite que le montant non sérieusement contestable de la dette alléguée » (Com., 20 janv. 1981, Bull. n° 40 ; RTD civ. 1981, p. 679). À l'intérieur de cette limite les juges détiennent le pouvoir de fixer discrétionnairement la somme qu'il convient d'allouer (Civ. 1re, 10 mars 1993, JCP, IV, 1235).

2733. La Cour de cassation a, dans un arrêt du 16 novembre 2001 rendu en assemblée plénière, censuré une cour d'appel qui ne l'avait pas « mise en mesure d'exercer son contrôle » sur l'existence d'une obligation de réparation non sérieusement contestable... » (Ass. Plén., 16 nov. 2001, D. 2002, II, 598, note C. Puigelier). Elle a ainsi affirmé sa volonté de maintenir un contrôle sur l'appréciation par le juge des référés de l'obligation ; il s'agit d'un contrôle « normatif, au moins de caractère léger », portant sur l'interprétation ou l'application de la règle de droit et sur la qualification des faits » (concl. R. de Gouttes, JCP 2001, II, 10646, note A. P.). Cet arrêt est survenu alors que la première Chambre civile avait affirmé que l'existence d'une contestation sérieuse, au sens de l'article 809, alinéa 2, du nouveau Code de procédure civile, ne relevait pas du contrôle de la Cour de cassation (Civ. 1re, 4 oct. 2000, RGDA 2000. 1127, note J. Beauchard).

2734. Il est à noter qu'il a été jugé par le Conseil d'Etat que « l'octroi d'une indemnité conventionnelle ne fait pas obstacle à la subrogation » (CE, 23 déc. 2011, n° 335946). L'assureur qui a payé une telle provision sera donc subrogé dans les droits de son assuré en vertu de l'article L. 121-12 du Code des assurances.

§ 2 ▪ Compensation avec les primes impayées

2735. L'assureur peut opposer à l'assuré la compensation entre l'indemnité et les éventuelles cotisations échues et impayées. Il procédera donc à la déduction du montant de ces cotisations du montant de l'indemnité à verser à son assuré. La Cour de cassation a, dans un arrêt rendu le 31 mars 1993, refusé à l'assureur de responsabilité civile la possibilité d'opérer une compensation entre les cotisations non réglées par l'assuré et l'indemnité due à la victime (Civ. 1re, 31 mars 1993, RGAT 1993. 635, note J. Beauchard ; V. Chapitre 3, la cotisation). Cette solution trouve sa justification dans le fait que, en vertu de l'article 1289 du Code civil, la compensation ne peut s'opérer qu'entre deux personnes respectivement créancière et débitrice l'une de l'autre, ce que ne sont pas l'assureur et la victime.

Section 3 ▪ Retard de paiement de l'indemnité

2736. Lorsque l'assureur tarde à régler l'indemnité d'assurance, il peut se voir condamné à payer des dommages et intérêts. Ces intérêts moratoires sont à l'origine d'une jurisprudence complexe, notamment, quant il s'agit de déterminer le point de départ du calcul des intérêts et de leur appliquer un plafond de garantie. L'étude de ces deux questions nécessite toutefois l'examen préalable des principes généraux régissant la matière.

§ 1 ▪ Principes généraux

2737. En cas de sinistre, l'assureur doit exécuter sa prestation dans le délai indiqué par le contrat et la loi n'est pas venue réglementer de manière générale ce délai. Ainsi l'article L. 113-5 du Code des assurances prévoit simplement que « lors de la réalisation du risque ou à l'échéance du contrat, l'assureur doit exécuter dans le délai convenu la prestation déterminée par le contrat et ne peut être tenu au-delà » et l'article R. 112-1 précise que les contrats d'assurance doivent indiquer « le délai dans lequel les indemnités sont payées ». Le législateur est intervenu dans certaines assurances pour fixer un délai impératif dans lequel doit intervenir le paiement de l'indemnité.

2738. En assurance responsabilité civile véhicule terrestre à moteur, l'article L. 211-17 du Code des assurances précise que le paiement des sommes convenues doit intervenir dans un délai d'un mois après l'expiration du délai de quinze jours de dénonciation de la transaction. Dans le cas contraire, les sommes non versées produisent de plein droit intérêt au taux légal majoré de moitié durant deux mois, puis, à l'expiration de ces deux mois, au double du taux légal.

2739. En assurance des risques de catastrophes naturelles, l'article L. 125-2, alinéa 4, du Code des assurances, dispose que « les indemnisations résultant de cette garantie doivent être attribuées aux assurés dans un délai de trois mois à compter de la date de remise de l'état estimatif des biens endommagés ou des pertes subies, sans préjudice de dispositions contractuelles plus favorables, ou de la date de publication, lorsque celle-ci est postérieure, de la décision administrative constatant l'état de catastrophe naturelle [...] ».

2740. En assurance dommages-ouvrage, l'article L. 242-1, alinéa 4, du Code des assurances précise que « lorsqu'il accepte la mise en jeu des garanties prévues au contrat, l'assureur présente, dans un délai maximal de quatre-vingt-dix jours, courant à compter de la réception de la déclaration du sinistre, une offre d'indemnité, revêtant le cas échéant un caractère provisionnel et destinée au paiement des travaux de réparation des dommages. En cas d'acceptation, par l'assuré, de l'offre qui lui a été faite, le règlement de l'indemnité par l'assureur intervient dans un délai de quinze jours ».

2741. Lorsque l'assureur tarde à exécuter son obligation, la loi accorde au souscripteur le droit d'obtenir des dommages et intérêts, dits moratoires, appelés aussi intérêts de retard ou intérêts légaux. Ces dommages et intérêts sont destinés à réparer le dommage que le retard a causé au créancier, consistant en la privation de l'indemnité due. Normalement, en cas de retard dans l'exécution d'une obligation, le créancier devrait, pour obtenir des dommages et intérêts, établir l'existence de son préjudice. Toutefois, devant les difficultés de preuve de la réalité et de l'étendue de ce dommage, le législateur a préféré mettre en place un système d'indemnisation forfaitaire permettant à tout créancier ayant subi un retard d'exécution de bénéficier de dommages et intérêts d'un montant égal au taux d'intérêt légal, sans avoir à démontrer ni l'existence, ni l'étendue de son préjudice. Le taux des intérêts moratoires est le taux légal. Il s'agit d'un taux fixé par décret pour chaque année ; il est égal à la moyenne arithmétique des douze dernières moyennes mensuelles du taux de rendement actuariel des adjudications de bons du trésor. Les parties sont toutefois libres de fixer le taux de l'intérêt que le débiteur devra verser ; il pourra s'agir d'un taux différent du taux légal, dans la limite de l'usure.

2742. Lorsque l'assureur en retard a causé au bénéficiaire de l'indemnité, par sa mauvaise foi, un préjudice indépendant de ce retard, celui-ci peut, par application de l'article 1153, alinéa 4 du Code civil, obtenir des dommages et intérêts compensatoires, distincts des intérêts moratoires de la créance. Les dommages et intérêts moratoires sont pour l'essentiel régis par deux textes du Code civil, les articles 1153 et 1153-1. L'article 1153 s'applique au retard dans l'exécution d'obligations ayant pour objet le paiement d'une certaine somme ; son alinéa premier dispose ainsi que « dans les obligations qui se bornent au paiement d'une certaine somme, les dommages-intérêts résultant du retard dans l'exécution ne consistent jamais que dans la condamnation aux intérêts au taux légal, sauf les règles particulières au commerce et au cautionnement ». L'article 1153-1 s'applique, lui, aux sommes d'argent dont le paiement résulte d'une condamnation judiciaire ; il dispose ainsi qu'« en toute matière, la condamnation à une indemnité emporte intérêts au taux légal même en l'absence de demande ou de disposition spéciale du jugement ». L'application possible de ces deux textes à l'indemnité d'assurance soulève des difficultés de fixation du point de départ du calcul des intérêts moratoires ainsi que d'application des plafonds de garantie stipulés dans le contrat. La question du fondement des intérêts moratoires se pose essentiellement pour les assurances de choses, les assurances de responsabilité et les assurances de personnes à caractère indemnitaire puisque pour les assurances de personnes à caractère forfaitaire, la prestation de l'assureur prend la forme du versement d'un capital prédéterminé, ce qui fait de l'obligation de l'assureur une obligation de payer une somme d'argent, la rattachant ainsi à l'article 1153 du Code civil. Les juges apprécient l'existence de ce préjudice indépendant du retard de paiement. Il a notamment été décidé que la suspension du paiement de l'indemnité d'assurance ne doit pas être systématiquement considérée comme la cause exclusive de la liquidation judiciaire d'une société. Le préjudice entraîné par ce refus peut ainsi ne consister qu'en la simple perte d'une chance de mettre en place des mesures de redressement (Civ. 2e, n° 10-15.181, RGDA 2012, note A. Pélissier).

§ 2 ▪ Point de départ du calcul des intérêts moratoires

2743. La coexistence des articles 1153 et 1153-1 du Code civil rend délicate la fixation du point de départ des intérêts moratoires. En effet, alors que l'article 1153 du Code civil indique que ces intérêts légaux « ne sont dus que du jour de la sommation de payer, ou d'un autre acte équivalent telle une lettre missive, s'il en ressort une interpellation suffisante, excepté dans le cas où la loi les fait courir de plein droit », l'article 1153-1 précise que « ces intérêts courent à compter du prononcé du jugement, à moins que le juge n'en décide autrement ». Toute la difficulté consiste alors à déterminer lequel de ces textes est applicable à l'indemnité d'assurance.

2744. En assurance incendie, le législateur est lui-même venu fixer le point de départ des intérêts moratoires. L'article L. 122-2, alinéa 2, du Code des assurances précise que « si, dans les trois mois à compter de la remise de l'état des pertes, l'expertise n'est pas terminée, l'assuré a le droit de faire courir les intérêts par sommation ; si elle n'est pas terminée dans les six mois, chacune des parties peut procéder judiciairement ». Il est possible de déroger à la règle posée par l'article 1153 du Code civil. Ainsi, les parties peuvent convenir, dans le contrat, du point de départ des intérêts moratoires. Il leur est aussi possible de fixer elles-mêmes le taux auquel l'indemnité produira des intérêts. Ils ne devront toutefois pas dépasser le taux de l'usure.

2745. La détermination du texte applicable à l'indemnité d'assurance, permettant de fixer le point de départ des intérêts moratoires, passe par une analyse de la nature juridique de l'indemnité d'assurance. En effet, l'article 1153 du Code civil s'applique « aux obligations qui se bornent au paiement d'une certaine somme », tandis que l'article 1153-1 vise « la condamnation à une indemnité ». Or, on considère traditionnellement que l'article 1153 concerne les créances dont le juge ne fixe pas le montant et l'article 1153-1 les créances que le juge liquide dans son jugement.

2746. La jurisprudence procédait à une distinction entre assurances de choses et assurances de responsabilité. Pour les assurances de choses, elle faisait application de l'article 1153 du Code civil et fixait le point de départ des intérêts moratoires au jour de la sommation de payer ; cette sommation est le plus souvent constituée par l'assignation de l'assureur par l'assuré (pour une assignation en référé, Civ. 2e, 29 mars 2012, n° 11-16.046, RCA 2012, com.217, note H. Groutel). La même solution était retenue pour les assurances de personnes à caractère indemnitaire (Civ. 1re, 10 avr. 1996, RGDA 1996. 610, note J. Beauchard). En revanche, pour les assurances de responsabilité, elle appliquait l'article 1153-1 du Code civil selon lequel les intérêts courent à compter du prononcé du jugement.

2747. L'application de l'article 1153 du Code civil aux assurances de choses était justifiée par l'idée que le montant de l'indemnité résulte de l'application des stipulations contractuelles, et non de l'intervention du juge ; comme l'affirme la Cour de cassation, « en cas d'assurance de chose, le montant de l'indemnité est fixé en fonction de la valeur de la chose assurée au jour du sinistre et ne résulte pas de l'évaluation du préjudice faite par le juge au jour où il statue » (Civ. 1re, 10 mai 1988, D. 1989, somm. comm. p. 243, obs. H. Groutel ; Civ. 2e, 16 juin 2005, RCA 2005, comm. n° 265 ; RGDA 2005. 1040, note M.-H. Maleville ; Civ. 2e, 12 mai 2005, RGDA 2005. 615, note L. Mayaux).

2748. La distinction opérée par la jurisprudence a fait l'objet de critiques. Ainsi, M. Kullmann considère que l'indemnité d'assurance ne constitue pas une indemnité au sens de l'article

1153-1 du Code des assurances ; il estime que, quelle que soit la catégorie d'assurance en jeu, assurance de choses ou assurance de responsabilité, la dette de l'assureur ne fait l'objet d'aucune évaluation spécifique ; « une fois le sinistre évalué, le contrat d'assurance doit être appliqué en fonction de ses clauses relatives au montant de la garantie » (franchises, plafonds) (V., J. Kullmann, *Lamy Assurances* 2009, n° 892). Ce ne serait donc pas le juge qui liquiderait la dette de l'assureur, qui résulterait au contraire de la simple application du contrat, et l'obligation de l'assureur ne constituerait qu'une obligation de payer une somme d'argent, ce qui impliquerait que l'article 1153-1 ne serait pas applicable à l'indemnité d'assurance, notamment en assurance de responsabilité. La Cour de cassation a affirmé, dans un arrêt de la première Chambre civile du 13 février 2001, qu' « en application de l'article 1153, alinéa 3, du Code civil, les intérêts moratoires de l'indemnité d'assurance sont dus à compter de la sommation de payer ou de tout autre acte équivalent, sauf stipulation contractuelle contraire » (Civ. 1re, 13 févr. 2001, RGDA 2001. 300, note J. Kullmann ; Civ. 2e, 22 oct. 2015, n° 14-14.949, RCA 2016, n° 1, com. 23, obs. H. Groutel). Dans un arrêt du 14 novembre 2001, la première Chambre civile de la Cour de cassation a décidé qu'un « plafond de garantie ne pouvait s'appliquer qu'à la prestation mise à la charge de l'assureur en vertu du contrat d'assurance de responsabilité et non aux intérêts de retard afférents à sa dette en application de l'article 1153 du Code civil (Civ. 1re, 14 nov. 2001, RCA 2002, comm. n° 37). Ces décisions ont pu être perçues comme la consécration de la thèse défendue par M. Kullmann : tous les intérêts moratoires, tant en assurance de choses qu'en assurance de responsabilité, relèvent de l'article 1153 du Code civil. Il est aussi possible d'y voir, comme M. Groutel, une solution applicable seulement en raison de la présence d'un plafond de garantie (Les intérêts dans l'assurance de responsabilité : énième étape, RCA 2002, n° 2). En effet dans l'hypothèse où l'assureur verse une somme égale au plafond, l'indemnité ne fait pas exactement l'objet d'une évaluation, ce qui justifie que les intérêts soient fondés sur l'article 1153 du Code civil. En revanche, lorsque la somme que doit verser l'assureur se trouve sous le plafond, ou lorsqu'il n'y a pas de plafond, les intérêts seraient fondés, en assurance de responsabilité, sur l'article 1153-1 du Code civil. Toutefois, dans un arrêt du 10 février 2004, la Cour de cassation a décidé qu'« en matière d'assurance de choses, l'article 1153 du Code civil a vocation à s'appliquer à l'indemnité due par la compagnie d'assurances dans la mesure où son montant est fixé en fonction de la valeur de la chose assurée au jour du sinistre et ne résulte pas de l'évaluation du préjudice faite par le juge au jour où il statue » (Civ. 1re, 10 févr. 2004, Bull. civ. I, n° 44, p. 36) ; elle précise donc que l'article 1153 du Code civil a vocation à s'appliquer à l'indemnité due en assurance de choses, et non à l'indemnité d'assurance, de façon générale.

2749. Il est à noter que l'article 1153 du Code civil s'applique à la créance de l'assureur dont le recouvrement est poursuivi par subrogation dans le droit d'action de la victime. Les intérêts courent donc à compter de la mise en demeure et non de la quittance subrogative (Com., 5 déc. 2006, RCA 2007, obs. H. Groutel).

§ 3 ▪ Intérêts moratoires et plafond de garantie

2750. Une difficulté surgit lorsque le contrat d'assurance contient un plafond de garantie. En effet, le montant des intérêts moratoires doit-il être compris dans ce plafond, ou bien doit-il être ajouté au plafond, ce qui peut conduire l'assureur à verser une somme supérieure au plafond stipulé ? Il est traditionnellement admis que le montant des intérêts moratoires doit s'ajouter au plafond de garantie. Par exemple, dans un arrêt du 14 novembre 2001, la première Chambre civile de la Cour de cassation a décidé qu'un « plafond de garantie ne pouvait s'appliquer qu'à la prestation mise à la charge de l'assureur en vertu du contrat d'assurance de responsabilité et non aux intérêts de retard afférents à sa dette en application de l'article

1153 du Code civil » (Civ. 1re, 14 nov. 2001, RCA 2002, comm. n° 37). En revanche, les intérêts compensatoires ne doivent pas dépasser le plafond de garantie (Civ., 12 nov. 1941, D. 1944, p. 97, note M. Nast). Si on considérait que les intérêts moratoires devaient venir s'imputer sur le montant de la garantie soumis à un plafond, cela impliquerait que dans l'hypothèse où le montant des dommages subis par l'assuré est supérieur au plafond, l'assureur échapperait à toute sanction pour son retard dans l'exécution de son obligation.

2751. L'article 1153-1 du Code civil précise que « sauf disposition contraire de la loi ; ces intérêts courent à compter du prononcé du jugement à moins que le juge n'en décide autrement » ; il autorise donc le juge, en assurance de responsabilité, à faire porter à l'indemnité d'assurance des intérêts à une date qu'il détermine librement, et qui peut être très antérieure à la date du jugement. En pratique, il s'agit le plus souvent de la date de l'assignation. Ces intérêts antérieurs au jugement sont-ils moratoires et comme tels, peuvent-ils dépasser le plafond de garantie, ou bien s'agit-il d'intérêts compensatoires, ne pouvant être accordés au-delà du plafond de garantie ?

2752. Le juge fixe librement le point de départ des intérêts, la Cour de cassation n'exerçant aucun contrôle de motivation. Cette solution a été posée par un arrêt d'Assemblée plénière du 3 juillet 1992 (Ass. plén., 3 juill. 1992, RGAT 1992. 902, note Ph. Rémy). La Cour de cassation peut ainsi affirmer, en substance, qu'en fixant à une date autre que celle de sa décision le point de départ des intérêts, le juge du fond n'a fait qu'user de la faculté remise à sa discrétion par l'article 1153-1 du Code civil (Crim., 4 mai 1999, RGDA 1999. 585, note L. Mayaux).

2753. Dans un arrêt du 26 mai 1994, la Cour de cassation a décidé que les intérêts alloués à la victime pour la période comprise entre la date de l'assignation en responsabilité et celle de l'arrêt qui a condamné l'auteur des dommages au paiement d'une indemnité ont « nécessairement un caractère compensatoire ». Ces intérêts constituent une réparation complémentaire faisant partie intégrante des dommages et intérêts accordés à titre principal et doivent être distingués des intérêts moratoires de l'indemnité due par l'assureur. Par conséquent ces intérêts doivent être pris en charge par l'assureur dans la limite du plafond de garantie (Civ. 1re, 26 mai 1994, Bull. civ. I, n° 182). Puis, dans un arrêt du 7 janvier 1997, la Cour de cassation a décidé qu'en assurance de responsabilité, il était exclu que les « intérêts moratoires puissent courir à compter d'une date antérieure à la décision judiciaire » condamnant l'assuré à indemniser la victime (Civ. 1re, 7 janv. 1997, RCA 1997, H. Groutel, Les intérêts en assurance : le point de départ introuvable, chron. n° 6). Cet arrêt est rendu au visa de l'article 1153-1 du Code civil et de l'article L. 113-5 du Code des assurances, qui dispose que « lors de la réalisation du risque ou à l'échéance du contrat, l'assureur doit exécuter dans le délai convenu la prestation déterminée par le contrat et ne peut être tenu au delà ». La Cour de cassation considère, en effet, qu'en vertu de ce texte, c'est au moment de la réalisation du risque que l'assureur doit payer l'indemnité dont il est tenu en vertu du contrat et que la décision judiciaire, condamnant son assuré en raison de sa responsabilité, constitue pour l'assureur qui a garanti cette responsabilité, dans ses rapports avec la victime, la réalisation du risque couvert. Par conséquent, en assurance de responsabilité, les intérêts moratoires ne peuvent commencer à courir qu'à compter de cette décision de justice ; il n'est pas possible de fixer leur point de départ à une date antérieure. Pourtant, dans un arrêt du 28 avril 1998, la Cour de cassation a décidé que « les intérêts alloués à la victime en application de l'article 1153-1 du Code civil pour une période antérieure à la date de la décision qui fixe l'indemnité ont nécessairement un caractère moratoire » (Civ. 1re, 28 avr. 1998, RCA 1998, chron. n° 20, La nature des intérêts dans l'assurance de responsabilité : incidences sur leur point de départ et le plafond de la garantie, H. Groutel ; JCP 1999, I, 137, n° 5, obs. J. Kullmann). Par conséquent, ils peuvent excéder le plafond de garantie. Dans une décision du 14 novembre 2001, la Cour de cassation a décidé que l'article 1153 s'applique aux intérêts moratoires dus par l'assureur de responsabilité ; si cette solution devait être maintenue, les intérêts moratoires courront de principe, et non plus de façon exceptionnelle, à compter de la mise en demeure. Cette solution a fait l'objet de critiques. On a en effet pu objecter qu'il conviendrait de mieux distinguer la dette de l'assuré et la dette de l'assureur. Ce n'est en effet qu'à compter de la décision de justice condamnant l'assuré que l'assureur connaît le montant de l'indemnité qu'il doit verser et que sa dette devient exigible ; avant cette date, on ne saurait donc lui reprocher aucun retard de paiement. En revanche, les intérêts dus avant le jugement constituent une dette propre de l'assuré, prise en charge par la garantie, et comme tels, soumis au plafond de garantie.

Chapitre 3
Le bénéficiaire de l'indemnité

BIBLIOGRAPHIE

L'Argus de l'assurance

Ouvrages. – J. Bigot (sous dir.), *Code des assurances*, L'Argus éd. – G. Briens, L. Chrébor, G. Leroy, C. Gonnard, *Code de la mutualité et Livre IX du Code de la Sécurité sociale*, L'Argus éd.- F. Couilbault, S. Couilbaut-Di Tommaso, V. Huberty, *Les grands principes de l'assurance*, L'Argus éd., 2015. - J. Landel, *Lexique des termes d'assurance*, L'Argus éd., 2014.

Articles. –J. Bigot, Imposer la valeur de remplacement, L'Argus 1989, p. 1486.

Autres documentations

Ouvrages. – Y. Lambert-Faivre et L. Leveneur, *Droit des assurances*, Dalloz, 12e éd., 2005, n° 588 et s. – *Traité de droit des assurances*, T. 3, le contrat d'assurance, J. Bigot (dir.), LGDJ, 2002, n° 1566 à 1583. – Ph. Simler et Ph. Delebecque, *Droit civil.* « Les sûretés. La publicité foncière », Dalloz, 2004. – *Lamy assurances*, 2011, n° 830 et s. – *Lexique des termes juridiques*, Dalloz éd.,

Articles. – L. Aynès, Sûretés : une réforme plutôt réussie, Droit et Patrimoine 2006, n° 147, p. 10. – A. Besson, Le nouveau régime des assurances cumulatives, RGAT 1982. 465. – G. Courtieu, L'assuré victime du cumul d'assurances, RCA 1996, chron. n° 19. – G. Durry, *Hypothèque et assurance*, in « l'évolution du droit des sûretés », RJ com. 1982, n° spéc., p. 27. – H. Groutel, Le référé provision et la Cour de cassation : un revirement en trompe-l'œil, RCA 2000, chron. n° 27 ; Les créanciers munis d'une sûreté sur la chose assurée dans la tourmente, RCA 2003, chron. n° 1 ; A propos des conditions de l'attribution de l'indemnité d'assurance aux créanciers ayant une sûreté sur la chose, RCA 1992, chron. n° 23 ; Les succédanés de l'article L. 121-13 du Code des assurances, RCA 1995, chron. n° 34 ; L'application mécanique de l'opposabilité des exceptions au bénéficiaire d'une assurance pour compte, RCA 1996, chron. n° 32. – P. Japy, D'un conflit entre assureur et créancier gagiste à propos d'indemnités d'assurance de véhicule automobile, Gaz. Pal. 1968. 2. doct. p. 154 ; Du tiers lésé, du créancier privilégié et du tiers qui invoque le bénéfice de la police en matière d'assurance, Gaz. Pal. 1976, 1, doct., p. 355. – S. Magnan et C. Roques, Les assurances cumulatives en assurances de choses, RGAT 1984. 497. – P. Jourdain, La réparation des dommages immobiliers et l'enrichissement de la victime, RDI 1995, p. 51. – M.-A. Peano, L'assurance pour compte « tacite » ou le moyen de faire payer l'assureur, RCA 1995, chron. n° 50. – M. Provost, « La notion d'intérêt d'assurance », RGDA 2009. p. 713. – S. Rétif, Etes-vous, sans le savoir, bénéficiaire d'une assurance-vie ?, RCA 2006, focus, p. 2. – Ph. Simler, La réforme du droit des sûretés. Un livre IV nouveau du Code civil, JCP 2006, I, 124.

Divers. – Dossier La réforme du droit des sûretés, D. 2006, cahier dr. aff., p. 1289.

2754. L'assureur doit, en vertu de son obligation contractuelle, verser l'indemnité d'assurance (ou le capital garanti, selon la nature de l'assurance) dans les mains de son bénéficiaire. De façon générale, on appelle bénéficiaire de l'indemnité, la personne créancière de l'indemnité d'assurance. Le terme désigne toutefois plus spécifiquement le bénéficiaire de certains contrats d'assurances de personnes. On peut distinguer deux catégories de créanciers : ceux à qui l'indemnité est normalement destinée et certains de leurs créanciers, munis d'une sûreté, auxquels l'indemnité peut être attribuée, en vertu de l'article L. 121-13 du Code des assurances. Dès lors, ainsi que le déclare la Cour de cassation, l'indemnité d'assurance ne pourra être attribuée qu'au bénéficiaire de la garantie ainsi qu'aux personnes désignées par l'article L. 121-13 du Code des assurances (Civ. 1re, 9 déc. 1997, RGDA 1998. 137, note L. Mayaux).

2755. L'indemnité d'assurance peut être versée directement au bénéficiaire ou à son mandataire ayant reçu pouvoir à cet effet. Il peut s'agir, par exemple, d'un avocat ou encore d'un courtier d'assurance.

Section 1 ▪ Détermination du bénéficiaire originaire de l'indemnité

2756. Le créancier de l'indemnité d'assurance est le plus souvent le souscripteur du contrat d'assurance, mais tel n'est pas toujours le cas. Il convient de préciser le créancier possible de l'indemnité en fonction de la catégorie d'assurance dont il est question.

2757. Dans les hypothèses où le contrat d'assurance désigne le bénéficiaire de l'indemnité ou du capital, il est possible qu'intervienne en cours de contrat une modification du créancier initialement prévu. Ce sera le cas, par exemple, dans une assurance de choses s'il y a transfert de la chose assurée (Chapitre 3, Le transfert de propriété de la chose assurée) ou bien, dans une assurance vie, s'il y a révocation du bénéficiaire désigné.
Il est aussi possible que le créancier originaire cède sa créance d'indemnisation à un tiers. Dans une telle hypothèse, si la cession a valablement été signifiée à l'assureur, celui-ci doit procéder au règlement de l'indemnité dans les mains du cessionnaire (V. pour une cession de la créance au garagiste ayant procédé à la réparation du véhicule : Civ. 1re, 12 nov. 2015, n° 14-26.294, RCA 2016, n° 2, com. 66).

§ 1 ▪ Assurances de dommages

2758. L'assureur versera l'indemnité d'assurance à l'assuré. Il pourra s'agir du souscripteur du contrat d'assurance lui-même, s'il l'a souscrit pour son propre compte, ou d'une autre personne, si le contrat a été souscrit pour le compte de qui il appartiendra (V. pour des difficultés d'interprétation du contrat, Civ. 2e, 24 févr. 2005, RGDA 2005. 401, note L. Mayaux).

2759. En cas d'achat d'un bien, si l'acheteur souscrit un contrat pour garantir sa chose puis obtient, après le sinistre, la résolution de la vente, l'indemnité d'assureur doit lui revenir en tant que propriétaire du bien au moment du sinistre (en l'espèce, après avoir constaté que l'avion endommagé constituait l'objet du contrat d'assurance souscrit par un aéroclub qui en était le propriétaire au jour du sinistre, la cour d'appel en a exactement déduit qu'à ce jour, l'assuré avait intérêt à la conservation de la chose, la résolution du contrat étant sans incidence à cet égard, (Com., 3 déc. 2013, n° 12-26.113 et n° 12-28.718, RCA 2014, com. 97, obs. H. Groutel).

2760. L'article L. 112-1, alinéa 2 du Code des assurances prévoit que « l'assurance peut aussi être contractée pour le compte de qui il appartiendra. La clause vaut, tant comme assurance au profit du souscripteur du contrat que comme stipulation pour autrui au profit du bénéficiaire connu ou éventuel de ladite clause ». En substance, dans une telle hypothèse, le souscripteur conclut un contrat qui couvre à la fois son propre intérêt d'assurance et celui d'une autre personne, l'assuré pour compte. Par exemple, il est fréquent que les déménageurs souscrivent des contrats d'assurance comprenant une assurance pour compte. Ce contrat constitue, d'une part, une assurance de responsabilité, appelée à jouer si la responsabilité civile du professionnel était engagée, en cas, notamment, de destruction de la chose livrée. Il constitue, d'autre part, une assurance de choses au profit du propriétaire de la chose livrée, couvrant les dommages causés à la chose lorsque la responsabilité du déménageur ne peut pas être engagée. L'assurance pour compte ne se présume pas (Civ., 25 mai 1942, JCP 1943, II, 2498, note P. L-P.). Sur cette question, la jurisprudence a connu une évolution. Elle a tout d'abord exigé que l'assurance pour compte soit « exprimée formellement dans la police » (Civ. 1re, 12 mai 1958, RGAT 1958. 414, note A. Besson). Puis elle a admis l'existence d'assurances pour compte, en l'absence de toute clause formelle, notamment en raison de la nature du risque garanti. Tel est le cas notamment lorsque la personne qui invoque le bénéfice de l'assurance pour compte présentait un intérêt à l'existence d'une telle assurance, on peut considérer que l'assurance a bien été souscrite pour son compte (Civ. 1re, 10 juill. 1995, RCA 1995, comm. 377). Par exemple, un maître de l'ouvrage souscrit un contrat d'assurance couvrant son installation contre les risques d'incendie et d'explosion. Le contrat prend en charge le risque de destruction de l'installation pour la période antérieure. Lorsqu'au moment du sinistre l'installation n'avait pas encore été livrée, les risques de la destruction étaient à la charge de l'entrepreneur et par conséquent on peut estimer que l'assurance avait été souscrite pour son compte, puisque c'est lui qui avait un intérêt à l'assurance (Civ. 1re, 3 nov. 1993, RGAT 1994. 123, note J. Kullmann).

2761. La clause d'assurance pour compte constitue une stipulation pour autrui qui confère au bénéficiaire un droit propre et direct au bénéfice de l'assurance (Soc., 14 mars 1947, D. 1947, p. 393, note A. Besson). Par conséquent, l'indemnité d'assurance ne transite pas par le patrimoine du souscripteur et le bénéficiaire échappe ainsi au concours des créanciers du souscripteur (Civ., 17 oct. 1945, D. 1946, p. 166, note A. C). L'article L. 112-1, alinéa 3 du Code des assurances prévoit que les exceptions que l'assureur pourrait opposer au souscripteur d'une assurance contractée pour le compte de qui il appartiendra sont également opposables au bénéficiaire du contrat, quel qu'il soit. Ainsi, par exemple, le bénéficiaire peut-il se voir opposer la déchéance pour déclaration tardive de sinistre (Civ. 1re, 21 nov. 1966, RGAT 1967. 164, note A. Besson) ou la prescription biennale (Civ. 1re, 17 juill. 1985, D. 1987, somm. p. 38, obs. H. Groutel). Le souscripteur d'une assurance pour compte n'a pas le droit d'exiger le paiement de l'indemnité à son profit lorsque l'intérêt d'assurance se situe chez l'assuré pour compte. Ainsi la Cour de cassation a pu déclarer que si une « société (mère) avait qualité pour demander l'exécution de la garantie au profit de la filiale qui avait subi le dommage à la suite du risque assuré, elle ne pouvait, en l'absence de la convention l'y autorisant expressément, obtenir le paiement de l'indemnité à son profit » (Civ. 2e, 10 févr. 2011, n° 10-30.435, Bull. d'act. Lamy mars 2010, n° 181, p. 7 ; V. aussi Com., 2 oct. 2012, n° 11-21.039, 948, RCA 2013, com. 38).

2762. En assurance de responsabilité, le bénéficiaire de l'indemnité peut être l'assuré qui voit sa dette de responsabilité prise en charge par l'assureur. Il s'agira souvent du souscripteur mais il peut aussi s'agir d'une autre personne dans le cadre d'une assurance pour le compte d'autrui. Toutefois, le plus souvent le créancier de l'indemnité sera la victime elle-même. Ainsi, l'article L. 124-3 du Code des assurances prévoit que « l'assureur ne peut payer à un autre que le tiers lésé tout ou partie de la somme due par lui, tant que ce tiers n'a pas été désintéressé, jusqu'à concurrence de ladite somme, des conséquences pécuniaires du fait dommageable ayant entraîné la responsabilité de l'assuré ». La victime bénéficie d'un droit propre sur l'indemnité d'assurance et dispose d'une action directe contre l'assureur qu'elle peut exercer afin d'obtenir le paiement de l'indemnité (Civ., 28 mars 1939, DP. 1939, 1, p. 68, note Picard).

§ 2 ▪ Assurances de personnes

A ▪ Assurance vie

2763. Dans les assurances vie, le bénéficiaire sera l'assuré ou un tiers désigné dans la police. Ainsi, dans les assurances en cas de vie, le créancier de l'assureur est le plus souvent l'assuré ; en revanche, dans les assurances en cas de décès, ce créancier sera le tiers bénéficiaire figurant dans la « clause bénéficiaire » prévue par le souscripteur du contrat.

2764. La loi n° 2005-1564 du 15 décembre 2005 (JO 16 déc. 2005), portant diverses dispositions d'adaptation au droit communautaire dans le domaine de l'assurance, est venue introduire de nouvelles règles relatives à la désignation du bénéficiaire. Un arrêté du 9 février 2006 (JO 21 févr. 2006) a précisé les modalités de mise en œuvre de ces nouvelles dispositions. L'article L. 132-9-1 du Code des assurances prévoit désormais que le contrat doit comporter « une information sur les conséquences de la désignation du ou des bénéficiaires et sur les modalités de cette désignation. Il précise que la clause bénéficiaire peut faire l'objet d'un acte sous seing privé ou d'un acte authentique ». Selon l'article A. 132-9 du Code des assurances, créé par l'arrêté du 9 février 2006, cette obligation d'information est valablement remplie si certaines indications figurent dans le contrat ou dans la notice remise par le souscripteur à l'adhérent pour les assurances de groupe. Il doit ainsi être rappelé que le souscripteur ou l'adhérent peut désigner le ou les bénéficiaires dans le contrat et ultérieurement par avenant au contrat, ou dans le bulletin d'adhésion et ultérieurement par avenant à l'adhésion. Il doit aussi être indiqué que la désignation du bénéficiaire peut être effectuée notamment par acte sous seing privé ou par acte authentique (déposé par exemple chez le notaire). Le souscripteur ou l'adhérent doit en outre être averti que, lorsque le bénéficiaire est nommément désigné, il peut porter au contrat les coordonnées de ce dernier qui seront utilisées par l'entreprise d'assurance en cas de décès de l'assuré (permettant ainsi de le retrouver plus rapidement) ; il doit aussi être informé qu'il peut modifier la clause bénéficiaire lorsque celle-ci n'est plus appropriée, à condition toutefois que le bénéficiaire n'ait pas accepté. En effet, l'attention du souscripteur ou de l'adhérent doit être attirée sur le fait que la désignation devient irrévocable en cas d'acceptation par le bénéficiaire. Il est à noter que selon l'article A. 132-9, dernier alinéa, du Code des assurances ces dispositions ne sont applicables ni aux assurances de groupe ayant pour objet la garantie d'un remboursement d'un emprunt ni aux contrats mentionnés à l'article L. 141-1 pour lesquels la désignation du bénéficiaire n'est pas décidée par l'adhérent.

2765. Informé des conséquences de la désignation du bénéficiaire, le souscripteur peut choisir de ne pas en informer celui-ci. Le danger est alors que le contrat demeure en déshérence au décès de l'assuré. Pour remédier à cela, la loi du 15 décembre 2005, puis la loi n° 2007-1775 du 17 décembre 2007, sont venues prévoir diverses mesures. Tout d'abord l'article L. 132-8 du Code des assurances dispose désormais que « lorsque l'assureur est informé du décès de l'assuré, l'assuré est tenu de rechercher le bénéficiaire, et, si cette recherche aboutit, de l'aviser de la stipulation effectuée à son profit ». Cette disposition vient notamment en complément de l'article A. 132-9, 2° prévoyant d'informer le souscripteur ou l'adhérent de la possibilité de préciser dans le contrat les coordonnées du bénéficiaire, lorsque celui-ci est nommément désigné. Le dispositif antérieurement mis en place par la loi du 15 décembre 2005 était moins exigeant, puisqu'il ne mettait à la charge de l'assureur qu'une simple obligation d'information du bénéficiaire, si ses coordonnées étaient portées sur le contrat. L'obligation de recherche du bénéficiaire pesant désormais sur l'assureur suppose toutefois que celui-ci soit informé du décès de l'assuré. C'est pour remédier à cela que l'article L. 132-9-3, I du Code des assurances, dans sa rédaction issue de la loi du 17 décembre 2007, prévoit que les assureurs s'informent, dans des conditions prévues au II, du décès éventuel de l'assuré.

2766. La procédure mise en place est organisée en deux temps : dans un premier temps, les organismes professionnels prévus à l'article L. 132-9-2 du Code des assurances (V. infra) accèderont aux données figurant au Répertoire National d'Indentification des Personnes Physiques relatives au décès des personnes qui y sont inscrites, puis dans un second temps, les assureurs pourront obtenir de leurs organismes professionnels la communication des données relatives au décès de leurs assurés ou des bénéficiaires des contrats. L'article L. 132-9-2 du Code des assurances, créé par la loi du 15 décembre 2005, prévoit aussi que « toute personne physique ou morale peut demander par lettre à un ou plusieurs organismes professionnels représentatifs, habilités à cet effet par arrêté du ministre chargé de l'Économie, à être informée de l'existence d'une stipulation effectuée à son bénéfice dans une police souscrite par une personne physique dont elle apporte, par tout moyen, la preuve du décès ». Comme le précise l'article A. 132-9-1, II, ces organismes professionnels sont la Fédération française des sociétés d'assurances (FFSA), le Groupement des entreprises mutuelles d'assurances (GEMA) et le Centre technique des institutions de prévoyance (CTIP). L'article L. 223-10-1 du Code de la mutualité prévoit qu'un arrêté du ministre chargé de la Mutualité précisera le ou les organismes représentatifs habilités pour les mutuelles. Il s'agit de la Fédération nationale de la mutualité française (FNMF) depuis l'arrêté du 23 avril 2007 (voir art. A. 223-5, C. mut.).

2767. Dans les quinze jours suivant la réception de la lettre, « l'organisme transmet cette demande aux entreprises agréées pour exercer les opérations dépendant de la durée de la vie humaine ». Pour la Fédération française des sociétés d'assurance, il s'agira des entreprises mentionnées à l'article L. 310-1 du Code des assurances agréées pour exercer les opérations d'assurance dépendant de la vie humaine et n'adhérant pas au Groupement des entreprises mutuelles d'assurances ; pour le Groupement des entreprises mutuelles d'assurances, ce seront les entreprises mentionnées à l'article L. 310-1 agréées pour exercer les opérations d'assurance dépendant de la vie humaine et adhérant audit groupement. Et pour le Centre technique des institutions de prévoyance, ce seront les institutions de prévoyance mentionnées à l'article L. 931-1 du Code de la Sécurité sociale et agréées pour exercer les opérations d'assurance dépendant de la durée de la vie humaine. Selon le nouvel article A. 132-9-1, II du Code des assurances, le délai prévu constitue un délai de quinze jours calendaires révolus à compter de la réception de la lettre ; cette lettre peut être adressée directement par le demandeur, ou bien transmise par un autre organisme professionnel. Il est en effet prévu que l'organisme qui a reçu la lettre envoyée par la personne physique ou morale doit en aviser les autres organismes professionnels représentatifs habilités (C. assur., art. A. 132-9-1, II, in fine). Inutile donc pour le demandeur d'effectuer des demandes auprès de chaque organisme professionnel, puisque la demande faite auprès d'un seul organisme sera obligatoirement transmise aux autres. Précisons également que depuis le 1er mai 2006, la FFSA, le GEMA et le CTIP ont mis en place une structure : l'Agira, destinée à centraliser ces demandes. Lorsque la personne ayant effectué la demande est désignée dans une police comme bénéficiaire, les entreprises d'assurance disposent d'un délai d'un mois pour l'informer de l'existence d'un capital ou d'une rente garantis payables à son bénéfice (C. assur., art. L. 132-9-2). Selon l'article A. 132-9-1, III, du Code des assurances, ce délai d'un mois court à compter de la réception par l'entreprise d'assurance des éléments nécessaires à l'identification du bénéficiaire et de l'assuré. L'article 2 de l'arrêté du 9 février 2006 prévoit que ces dispositions entrent en vigueur le premier jour du troisième mois suivant sa publication au Journal Officiel, soit le 1er mai 2006.

2768. Le 7 avril 2014, la Commission des sanctions de l'ACPR a prononcé à l'encontre de la société Cardif Assurance Vie un blâme assorti d'une sanction pécuniaire de 10 millions d'euros, notamment pour ne pas avoir respecté les dispositions de la loi du 17 décembre 2007 relatives à la recherche des bénéficiaires des contrats d'assurance sur la vie non réclamés. Il est ainsi reproché à la société Cardif d'avoir tardé à appliquer correctement les dispositions de la loi du 17 décembre 2007 qui imposaient notamment de rechercher les bénéficiaires des assurés décédés par la consultation du Registre national d'identification des personnes physiques (RNIPP) (RGDA 2014, p. 194).

B ▪ Autres assurances

2769. En assurance accidents corporels, le bénéficiaire sera l'assuré en cas de survie (invalidité, incapacité temporaire...) ; en cas d'accident mortel, le bénéficiaire sera un tiers désigné au contrat.

2770. En assurance maladie, le bénéficiaire des prestations est l'assuré lui-même et/ou les membres de sa famille (conjoint, enfants, ...).

Section 2 ▪ Créanciers ayant une sûreté sur la chose

2771. L'article L. 121-13 du Code des assurances prévoit que l'indemnité d'assurance est attribuée aux créanciers privilégiés ou hypothécaires, c'est-à-dire les créanciers bénéficiant d'une créance garantie par une hypothèque ou par un privilège. Le privilège est un droit que la loi accorde à un créancier, lui permettant d'être payé par préférence aux autres créanciers sur le prix de vente d'un bien ou d'un ensemble de biens du débiteur (C. civ., art. 2095 anc., désormais art. 2324). Cette attribution de l'indemnité d'assurance a lieu « sans qu'il y ait besoin de délégation expresse », c'est-à-dire sans qu'elle soit prévue par le contrat liant le créancier privilégié et l'assuré. Le créancier est alors titulaire d'un droit propre et d'une action directe contre l'assureur, auquel il peut directement réclamer le paiement de l'indemnité (Civ., 4 déc. 1946, D. 1946, II, 25, note P. L.-P.).

2772. Si l'on appliquait les principes de droit commun, lorsque le bien assuré est détruit, l'indemnité d'assurance versée par l'assureur tomberait dans le patrimoine de l'assuré, devenant alors le gage commun de tous les créanciers de l'assuré. Cela signifierait donc que le créancier disposant d'une sûreté sur ce bien devrait subir le concours des autres créanciers.

2773. Le mécanisme mis en place par l'article L. 121-13 du Code des assurances repose sur la technique de la subrogation réelle : l'indemnité d'assurance prend la place de la chose détruite sur laquelle les créanciers disposaient de sûretés.

§ 1 ▪ Domaine d'application de l'article L. 121-13 du Code des assurances

2774. L'article L. 121-13 du Code des assurances fait référence aux « indemnités dues par suite d'assurance contre l'incendie, contre la grêle, contre la mortalité du bétail, ou les autres risques ». La règle s'applique donc à l'ensemble des assurances de dommages, assurances de choses ou assurances de responsabilité, notamment lorsqu'une chose appartenant à la victime est l'objet d'un dommage.

2775. L'article L. 121-13 du Code des assurances est situé dans le Titre II du Livre Ier du Code des assurances, comprenant des règles relatives aux seules assurances de dommages ; cet article ne s'applique donc pas aux assurances de personnes. D'ailleurs, en matière d'assurance vie, l'article L. 132-14 du Code des assurances dispose que « le capital ou la rente garantis au profit d'un bénéficiaire déterminé ne peuvent être réclamés par les créanciers du contractant ». La raison de la non-application de l'article L. 121-13 aux assurances de personnes tient au fait que l'attribution de l'indemnité n'a lieu qu'au profit des titulaires d'une sûreté réelle, ce qui implique qu'un dommage ait été subi par la chose. Une sûreté réelle constitue une garantie accordée à un créancier contre le risque d'insolvabilité de son débiteur ; elle consiste à donner au créancier un droit réel sur un ou plusieurs biens déterminés appartenant au débiteur ou à un tiers. Tel est le cas, par exemple, de l'hypothèque, qui confère au créancier non payé la possibilité de faire vendre l'immeuble hypothéqué en quelques mains qu'il se trouve et d'être payé par préférence sur le prix de vente.

2776. Une ordonnance n° 2006-346 du 23 mars 2006 (JO 24 mars 2006) relative aux sûretés est venue créer dans le Code civil un nouveau « Livre Quatrième : Des sûretés ». Ce titre est subdivisé en deux titres, consacrés l'un aux sûretés personnelles et l'autre aux sûretés réelles, précédés de quelques dispositions générales. Le titre II, « Des sûretés réelles », est lui-même composé d'un sous-titre Ier, intitulé « Dispositions générales », d'un sous-titre II intitulé « Des sûretés sur les meubles » et d'un sous-titre III, intitulé « Des sûretés sur les immeubles ». Le nouvel article 2329 du Code civil précise désormais que les sûretés sur les meubles sont : les privilèges mobiliers, le gage de meubles corporels, le nantissement de meubles incorporels et la propriété retenue à titre de garantie, tandis que le nouvel article 2373 indique que les sûretés sur les immeubles sont les privilèges, l'antichrèse et les hypothèques et que la propriété de l'immeuble peut également être retenue en garantie ». L'essentiel des dispositions de cette ordonnance sont entrées en vigueur le lendemain de sa publication au Journal Officiel, soit le 25 mars 2006 (C. civ., art. 1er). L'article L. 121-13 du Code des assurances ne fait expressément bénéficier de l'attribution de l'indemnité que les créanciers privilégiés ou hypothécaires. Peu importe d'ailleurs que cette hypothèque soit d'origine légale, conventionnelle ou judiciaire ou que le privilège soit spécial ou général. Toutefois, la jurisprudence admet que la solution puisse être étendue à l'ensemble des créanciers titulaires d'une sûreté sur le bien assuré. Ainsi, le créancier gagiste bénéficie d'une action directe contre l'assureur (Civ. 1re, 30 mars 1978, Bull. civ. I, n° 130). Par conséquent, la société bénéficiant d'un nantissement sur un fonds de commerce dispose d'un droit propre et exclusif sur l'indemnité d'assurance (Civ. 2e, 27 avr. 1983, Bull. civ. II, n° 105). En revanche, il a été décidé que le créancier nanti ne peut être attributaire de l'indemnité correspondant à une perte d'exploitation du fonds de commerce, la perte d'exploitation ne constituant pas un élément du fonds (Civ. 1re, 9 nov. 1999, RCA 2000, comm. n° 68). Etait nommé nantissement le contrat par lequel un débiteur conférait à son créancier la possession d'un bien mobilier (gage) ou immobilier (antichrèse), à titre de sûreté de sa dette (C. civ., anc. art. 2071). Toutefois l'ordonnance du 23 mars 2006 utilise une autre terminologie. En effet, le terme de gage ne doit désormais s'appliquer qu'aux seules sûretés conventionnelles sur des meubles corporels tandis que le terme de nantissement doit être réservé aux sûretés conventionnelles sur les meubles incorporels. Le terme de nantissement n'est plus utilisé pour les biens immobiliers, l'antichrèse étant simplement définie par l'article 2387 nouveau du Code civil comme « l'affectation d'un immeuble en garantie d'une obligation ». L'ordonnance du 23 mars 2006 ne devrait pas modifier les créanciers concernés par l'article L. 121-13 du Code des assurances ; en effet la jurisprudence ayant étendu l'application de cet article à l'ensemble des créanciers titulaires d'une sûreté sur la chose assurée, bénéficieront de l'article 121-13 les créanciers titulaires des sûretés réelles mentionnées aux articles 2329 et 2373 nouveaux du Code civil (notamment les deux innovations de la réforme, l'hypothèque rechargeable prévue à l' article 2422 et le prêt hypothécaire, prévu dans un nouveau chapitre du Code de la consommation (art. L. 314-1 à L. 314-20) ; sur ces notions, V. M. Grimaldi, L'hypothèque rechargeable et le prêt viager hypothécaire, D. 2006, cahier dr. aff., p. 1294).

2777. La question s'est posée de savoir si le créancier disposant d'une clause de réserve de propriété pouvait bénéficier de l'article L. 121-13 du Code des assurances, puisque la clause de réserve de propriété ne constitue pas à proprement parler une sûreté. La clause de réserve de propriété est, en effet, une clause par laquelle, en vue de garantir sa créance, un vendeur va se réserver la propriété de la chose vendue jusqu'au paiement du prix par l'acheteur. Pourtant, la Cour de cassation a reconnu à ce créancier le droit de revendiquer l'attribution de l'indemnité d'assurance en cas de sinistre ayant détruit le bien objet de la clause (Com., 1er oct. 1985, D. 1986, II, 245, obs. M. Cabrillac). Toutefois, dans une telle hypothèse le droit du vendeur n'est pas fondé sur l'article L. 121-13 du Code des assurances mais directement sur le mécanisme de la subrogation réelle (Com., 6 juill. 1993, Bull. civ. IV, n° 282). Par exemple l'indemnité d'assurance est subrogée aux marchandises détruites ou détériorées : Com., 13 mars 2007, n° 05-17.571 ; RGDA 2007. 824, note L. Mayaux). Le sous-titre II du nouveau livre IV du Code civil intègre désormais un chapitre IV intitulé « De la propriété retenue à titre de garantie », comprenant les articles 2367 à 2372. Ce chapitre vient consacrer les règles relatives à la clause de réserve de propriété. L'article 2372 du Code civil prévoit ainsi que « le droit de propriété se reporte sur la créance du débiteur à l'égard du sous-acquéreur ou sur l'indemnité d'assurance subrogée au bien ». Si ces dispositions ne sont relatives qu'aux biens mobiliers, le nouvel article 2373 du Code civil dispose toutefois que la propriété de l'immeuble peut également être retenue en garantie ; l'indemnité d'assurance se trouverait donc subrogée à l'immeuble faisant l'objet d'une clause de réserve de propriété.

2778. La question s'est aussi posée de savoir si les créanciers disposant d'un droit de rétention pouvaient bénéficier de l'attribution de l'indemnité d'assurance prévue par l'article L. 121-13 du Code des assurances. Cette possibilité est discutée en doctrine. Il est en effet soutenu que le droit de rétention ne constituerait pas une sûreté, en l'absence de droit de préférence conféré au créancier rétenteur. Il ne semble pas que l'ordonnance de mars 2006 vienne trancher la question. Certes l'ordonnance vient consacrer le droit de rétention à l'article 2286 nouveau du Code civil, mais cet article figure simplement dans un chapitre Ier, comprenant des dispositions générales, notamment le droit de gage général. Cette consécration n'est sans doute pas suffisante pour faire du droit de rétention une sûreté, d'autant plus qu'il ne figure pas dans la liste des sûretés réelles mobilières donnée par l'article 2329 nouveau du Code civil (Sur cette question, V. A. Aynès, La consécration légale des droits de rétention, D. 2006, cahier dr. aff., p. 1301).

2779. Les créanciers chirographaires, c'est-à-dire les créanciers de sommes d'argent qui ne bénéficient d'aucune sûreté particulière sur le bien assuré, ne peuvent invoquer le bénéfice de l'article L. 121-13 du Code des assurances.

§ 2 ▪ Conditions d'application de l'article L. 121-13 du Code des assurances

2780. L'attribution de l'indemnité à un créancier privilégié ne pourra se réaliser que si celui-ci dispose d'une créance certaine, liquide et exigible (Civ. 1re, 7 avr. 1992, RGAT 1992. 508, note R. Maurice), c'est-à-dire une créance dont l'existence est incontestable, dont le montant est précisément chiffré et dont le débiteur peut exiger le paiement immédiat. Ces caractères de la créance seront appréciés à la date de règlement du sinistre (Civ. 1re, 7 avr. 1992, préc.). Toutefois, même si sa créance n'est pas encore exigible, le créancier peut se faire connaître de l'assureur dès la réalisation du sinistre. L'assureur devra alors calculer la part d'indemnité qui lui revient et la consigner tant qu'elle n'est pas exigible.

2781. Pour que l'assureur sache qu'il ne doit pas verser l'indemnité à l'assuré, il doit avoir été averti de l'existence de la sûreté. Ainsi, l'article L. 121-13 du Code des assurances précise que « les paiements faits de bonne foi avant opposition sont valables ». Le créancier disposant d'une sûreté doit donc se manifester auprès de l'assureur et s'opposer au versement de l'indemnité à l'assuré. L'opposition est une condition nécessaire à la mise en œuvre par le créancier de son droit sur l'indemnité ; comme l'affirme la Cour de cassation, « l'opposabilité du droit propre au paiement de l'indemnité d'assurance, institué par l'article L. 121-13 du Code des assurances au profit des créanciers privilégiés ou hypothécaires, est subordonné à une demande de paiement à ce titre adressée à l'assureur par le créancier intéressé » (Civ. 1re, 29 févr. 2000, RGDA 2000. 595, note J. Kullmann). Aucune forme spécifique n'est exigée pour cette opposition ; en pratique elle prend généralement la forme d'une demande de paiement notifiée à l'assureur. Une fois l'opposition effectuée, l'assureur ne peut plus verser l'indemnité d'assurance à son créancier originaire (assuré ou tiers victime).

2782. Une fois que l'opposition a été effectuée, l'assureur ne peut plus verser la moindre indemnité à son assuré sans engager sa responsabilité envers le créancier disposant d'une sûreté qui a formé opposition à hauteur d'une somme supérieure à celle qui était demandée par l'assuré (Civ. 1re, 10 juin 1997, RGDA 1997. 743, note F. Chardin).

2783. Le simple respect des mesures légales de publicité de la sûreté ne suffit pas établir que l'assureur a été informé de l'existence de cette sûreté (Civ. 1re, 17 juin 1969, D. 1970, p. 21, note A. Besson).

2784. Si l'assureur règle l'indemnité au bénéficiaire originaire, deux hypothèses sont envisageables :
- soit l'assureur a procédé à ce règlement de bonne foi, dans l'ignorance de la sûreté. Dans ce cas, par application de l'article L. 121-13, alinéa 2, du Code des assurances, qui précise que « les paiements faits de bonne foi avant opposition sont valables », le paiement est libératoire et l'assureur est délié de sa dette ;
- soit l'assureur a procédé à ce règlement de mauvaise foi, en connaissance de l'existence de la sûreté : dans ce cas, le paiement réalisé est inopposable au créancier privilégié ou hypothécaire et l'assureur devra lui verser la même somme (Civ. 1re, 6 oct. 1971, Bull. civ. I, n° 251). Cette mauvaise foi pourra être établie par le créancier en démontrant que l'assureur avait délivré au créancier « une attestation de créancier gagiste » et qu'une clause le rappelant avait été insérée dans le contrat d'assurance (Civ. 1re, 6 oct. 1971, préc.). Il n'est pas sûr toutefois que cette solution doive être maintenue. En effet, dans une décision du 29 février 2000, la Cour de cassation a semblé considérer que la bonne foi de l'assureur résulte obligatoirement de l'absence d'opposition par le créancier (Civ. 1re, 29 févr. 2000, RGDA 2000. 595, note J. Kullmann ; Civ. 1re, 13 nov. 2002, RCA 2003, chron. n° 1, H. Groutel, Les créanciers munis d'une sûreté sur la chose assurée dans la tourment, JCP 2003, I, 184, comm. n° 1, L. Mayaux). Cela implique que tant que le créancier n'a pas effectué d'opposition, le paiement réalisé par l'assureur est considéré comme ayant été fait de bonne foi, même si celui-ci a eu connaissance de l'existence de la sûreté. L'assureur ne serait considéré de mauvaise foi, en cas de paiement, que si l'opposition a été réalisée. Néanmoins un arrêt de la première Chambre civile de la Cour de cassation du 2 octobre 2008 a affirmé que « si le créancier, bénéficiant d'une créance certaine, liquide et exigible, au moins à la date du règlement, n'a pas manifesté à l'assureur, par une opposition, sa volonté de recevoir le paiement de l'indemnité due à l'assuré, le paiement fait par cet assureur à l'assuré est en principe valable, sauf contestation de sa bonne foi par la preuve par le créancier bénéficiant d'un droit propre sur l'indemnité, de la connaissance par l'assureur de son existence au moment du paiement » (Civ. 1re, 2 oct. 2008, RCA 2008, comm. n° 344, obs. H. Groutel). Cette formulation semble impliquer qu'en l'absence d'opposition la preuve de la mauvaise foi de l'assureur pourrait être établie, en démontrant qu'il avait été informé par un moyen quelconque.

2785. Le fait que le créancier ait fait opposition ne fait pas naître à la charge de l'assureur une obligation de l'informer de la résiliation du contrat, en l'absence de stipulation du contrat en ce sens. Il résulte de l'article L. 121-13 du Code des assurances que l'opposition du créancier a pour seul effet d'informer l'assureur de l'existence de la délégation et de lui interdire de se libérer entre les mains de l'assuré ; l'assureur n'est pas, sauf stipulation contraire de la police, tenu d'informer le créancier opposant de la résiliation du contrat et aucune faute ne saurait lui être imputée de ce chef en l'absence d'une telle stipulation (Civ. 1re, 13 nov. 2002, RCA 2003, chron. n° 1, H. Groutel, Les créanciers munis d'une sûreté sur la chose assurée dans la tourmente ; JCP 2003, I, 184, comm. n° 1, par L. Mayaux).

2786. Une saisie réalisée par un créancier non privilégié entre les mains de l'assureur peut tenir en échec le droit propre des créanciers de l'article L. 121-13 du Code des assurances si elle est effectuée avant qu'ils n'aient fait opposition. Telle est la solution retenue dans une affaire où le créancier hypothécaire ne s'était prévalu de ses droits au bénéfice de l'article L. 121-13 que postérieurement aux saisies-attributions pratiquées par un autre créancier, non privilégié, qui avaient entraîné un effet attributif immédiat (Civ. 1re, 30 janv. 2002, RGDA 2002. 456, note A. Favre Rochex). La saisie-attribution permet l'attribution immédiate au profit du créancier d'une somme d'argent détenue par un tiers pour le compte du débiteur ; c'est le cas, par exemple, de la saisie de sommes d'argent déposées sur un compte en banque (R. Cabrillac, *Dictionnaire du vocabulaire juridique*, Litec, 2e éd., 2004).

§ 3 ▪ Effets de l'article L. 121-13 du Code des assurances

A ▪ Action directe du créancier

2787. La Cour de cassation décide que l'attribution de l'indemnité investit les bénéficiaires d'une action directe et d'un droit propre contre l'assureur (Civ., 4 déc. 1946, D. 1947, II, 25, note P. L.-P.). Ils pourront donc agir directement contre l'assureur pour obtenir le paiement de l'indemnité d'assurance.

2788. Comme le précise la Cour de cassation, l'article L. 121-13 du Code des assurances « n'établit aucune distinction suivant l'importance du préjudice » ; il trouve donc à s'appliquer en cas de destruction partielle de la chose assurée justifiant une remise en état (Civ. 1re, 6 oct. 1971, Bull. civ. I, n° 252).

2789. Lorsque l'assureur sait que plusieurs créanciers disposant de sûretés sur le bien sont en concurrence, il est tenu de procéder au paiement de l'indemnité au prorata du montant de chacune des créances concurrentes de même rang. Lorsque les créanciers sont munis de sûretés de rangs différents et que l'assureur ne sait quel créancier prime l'autre, il peut refuser d'effectuer tout paiement de l'indemnité en attendant de connaître l'ordre de paiement à respecter. Dans une telle hypothèse, la situation sera réglée par le juge, à la suite de l'exercice, par les créanciers, de leur action directe contre l'assureur. Il a été jugé que l'article L. 121-13 du Code des assurances ouvre au bénéfice du créancier privilégié, titulaire d'une créance certaine, liquide et exigible, une faculté dont l'exercice ou le non exercice n'est pas, en lui-même, constitutif d'une faute (Civ. 1re, 22 mai 2002, Bull. civ. I, n° 133).

B ▪ Opposabilité des exceptions

2790. L'assureur peut opposer au créancier privilégié ou hypothécaire les exceptions antérieures au sinistre qu'il pourrait opposer au souscripteur originaire du contrat (Civ. 1re, 4 juill. 1978, Bull. civ. I, n° 250) ; telles que franchises, plafonds de garantie... il s'agit là d'une application de l'article L. 112-6 du Code des assurances qui prévoit que « l'assureur peut opposer au porteur de la police ou au tiers qui en invoque le bénéficie les exceptions opposables au souscripteur originaire ».

2791. L'assureur ne peut pas opposer au créancier bénéficiaire de l'indemnité une exception née après le sinistre, comme, par exemple, la déchéance de garantie pour manquement de l'assuré à ses obligations en cas de sinistre (Civ. 1re, 4 déc. 1946, RGAT 1947. 63 ; Civ., 2e, 3 nov. 2011, n° 10-30.876, F-D, Z. c/ SA Mutuelles du Mans assurances IARD et a., Resp. civ. et assur. 2012, com. 25) ou la compensation de l'indemnité avec des cotisations échues après le sinistre et impayée (Civ. 1re, 8 nov. 1978, RGAT 1979. 69, note A. Besson). La jurisprudence décide, en effet, que le droit propre du créancier « qui prend naissance au jour du sinistre ne saurait, à dater de cet événement, être affecté dans son existence ni dans son objet, par aucune cause de déchéance encourue personnellement par l'assuré pour inobservation des clauses de la police » (Civ., 4 déc. 1946, D. 1947, II, 25, note P. L.-P.).

2792. La Cour de cassation avait admis la compensation des cotisations arrivées à échéance et non réglées par l'assuré avec l'indemnité d'assurance que l'assureur devait verser au créancier privilégié (Civ. 1re, 21 nov. 1979, Bull. civ. I, n° 290). La pérennité de cette jurisprudence est toutefois incertaine depuis que la Cour de cassation a, dans un arrêt du 31 mars 1993, refusé à l'assureur de responsabilité civile la possibilité d'opérer une compensation entre les cotisations non réglées par l'assuré et l'indemnité due à la victime (Civ. 1re, 31 mars 1993, RGAT 1993. 635, note J. Beauchard). Cette solution trouve sa justification dans le fait que, en vertu de l'article 1289 du Code civil, la compensation ne peut s'opérer qu'entre deux personnes respectivement créancière et débitrice l'une de l'autre. Un tel raisonnement devrait s'appliquer au créancier privilégié ou hypothécaire.

C ▪ Ouverture d'une procédure collective à l'encontre de l'assuré

2793. Lorsqu'une procédure collective est ouverte à l'encontre de l'assuré après le sinistre, le créancier n'a pas besoin de produire au passif de la procédure. En effet, l'indemnité d'assurance ne tombe pas dans le patrimoine de l'assuré au moment du sinistre, mais elle est attribuée au créancier dès ce moment. En réclamant l'indemnité, le créancier exerce un droit propre dont il dispose contre l'assureur (Com. 18 févr. 1992, n° 90-12.840 ; RGAT 1992. 279).

2794. L'article L. 624-18 du Code de commerce, dans sa version issue de l'ordonnance du 23 mars 2006, dispose que « peut être revendiqué le prix ou la partie du prix des biens visés à l'article L. 624-16 qui n'a été ni payé, ni réglé en valeur, ni compensé en compte courant entre le débiteur et l'acheteur à la date du jugement ouvrant la procédure. Peut être revendiquée dans les mêmes conditions l'indemnité d'assurance subrogée au bien ».

▪ Chapitre 4

Le recours de l'assureur après paiement

BIBLIOGRAPHIE

L'Argus de l'assurance

Ouvrages. – J. Bigot (sous dir.), *Code des assurances*, L'Argus éd., – F. Couilbault, S. Couilbault- Di Tommaso, V. Huberty, Les *grands principes de l'assurance*, L'Argus éd., 2015. - J. Landel, *Lexique des termes d'assurance*, éd., L'Argus, 2014.

Section 1 ▪ Les causes du recours de l'assureur après paiement de l'indemnité

2795. L'assureur doit sa prestation à son assuré au titre du contrat conclu. De même que l'auteur du dommage, éventuellement garanti par un assureur, doit indemniser la victime en exécution de son obligation de réparation. L'assuré victime ne recevra cependant pas une double indemnisation ; en effet, le principe indemnitaire interdit un enrichissement de la victime. Il peut donc se présenter plusieurs situations dans lesquelles, l'assureur, après avoir indemnisé son assuré, va se trouver subrogé dans les droits de ce dernier (c'est-à-dire que l'assureur va remplacer l'assuré) et pouvoir agir contre l'auteur du dommage. L'assureur pourra se faire rembourser tout ou partie des sommes versées à l'assuré ou en garantie de l'assuré. Ainsi, un assureur de choses, tel qu'un assureur incendie va-t-il se trouver subrogé dans les droits de son assuré, victime d'un sinistre. Une fois les conséquences de l'incendie indemnisées, l'assureur pourra agir, à la place de l'assuré, contre la personne à l'origine de l'incendie si la faute de cette dernière est établie (C. civ., art. 1242 (anc. art. 1384) al. 2). Un assureur de responsabilité qui a indemnisé une victime, pour son assuré, pourra exercer un recours subrogatoire partiel contre un coauteur du dommage. En effet, si tous les auteurs du dommage sont tenus in solidum à l'égard de la victime, c'est-à-dire pour l'intégralité du préjudice subi par la victime, dans le cadre de la contribution à la dette, il convient que chaque responsable ne contribue qu'à hauteur de son taux de responsabilité fixé par le juge (20 %, 30 %, 50 % ...). Un assureur qui a payé l'intégralité du préjudice pour son assuré peut réclamer une partie, au titre du recours subrogatoire, aux coauteurs. En assurance de personnes, depuis la loi n° 92-665 du 16 juillet 1992, l'alinéa 2 de l'article L. 131-2 du Code des assurances prévoit que l'assureur qui a versé une prestation à caractère indemnitaire, est subrogé dans les droits de son assuré pour obtenir le paiement de ces prestations par l'auteur du dommage. En revanche, une prestation de nature forfaitaire ne peut pas être réclamée par l'assureur (C. assur., art. L. 131-2, al. 1er). Le recours subrogatoire de l'assureur s'il est reconnu par la loi, connaît également des limites ; le recours de l'assureur est parfois impossible.

2796. Outre le recours subrogatoire, l'assureur peut exercer une autre action aux fins de remboursement d'une indemnité versée à tort. L'assureur peut souhaiter agir en répétition d'une indemnité indue. Il s'agit d'une indemnité versée alors qu'elle n'était pas due. Dans ce cas, elle peut faire l'objet d'une action dite « en répétition de l'indu » qui consiste dans le remboursement au payeur (aussi appelé solvens) de ce qui a été payé sans cause. Le versement d'une indemnité d'assurance indue peut avoir différentes causes : une hypothèse de non garantie ou une garantie n'ayant pas pris effet au moment du paiement, une erreur sur le bien assuré (il peut s'agir par exemple, d'une erreur sur la valeur réelle d'un objet d'art) ou le versement d'une indemnité supérieure au montant du dommage ou du bien assuré, ou encore une erreur quant au créancier de l'indemnité ou, au contraire, quant au bénéficiaire de cette indemnité (cette dernière hypothèse étant notamment intéressante en matière d'assurance sur la vie).
Le régime de l'action en répétition de l'indu est défini aux articles 1302-1 et 1302-2 (anc., aux articles 1376 et 1377) du Code civil. Outre, évidemment, le caractère indu de l'indemnité perçue, l'article 1302-2 du Code civil exige, par ailleurs, l'existence d'une erreur, au moment du paiement, de celui qui a payé la dette d'autrui. En revanche, cette condition est supprimée si la dette est inexistante ou payée à autrui, le problème n'étant plus de savoir si celui qui a payé l'a fait par erreur mais de rechercher si la dette existe ou si la personne qui l'a reçue était la bonne. Pour les mêmes raisons, l'erreur ne sera pas exigée si le caractère indu de l'indemnité est établi postérieurement au paiement, ce qui est l'hypothèse, par exemple, d'une décision de justice ayant ordonnée à l'assureur de verser une provision et qui est ensuite réformée.

Section 2 ▪ Recours subrogatoire de l'assureur

2797. Comme la victime ne saurait recevoir une indemnisation à la fois de son assureur et de l'auteur du dommage et qu'il serait injuste de laisser à la charge du seul assureur le paiement de l'indemnisation, il est reconnu un recours subrogatoire de l'assureur ayant versé sa prestation contre l'auteur du dommage ou son assureur. Il reste qu'il convient de préciser le fondement de ce recours subrogatoire, puis les conditions et les effets de cette action.

§ 1 ▪ Fondements du recours de l'assureur après paiement

A ▪ Évolution

2798. En assurance maritime, il résultait d'un usage constant que l'assureur pouvait exercer un recours subrogatoire contre l'auteur du dommage (M. Picard, A. Besson, op. cit., n° 291). Les assureurs de dommages en assurance terrestre demandèrent le même bénéfice de subrogation contre le tiers responsable en invoquant cet usage ; ils excipèrent également de l'article 1251-3° du Code civil (corresp. à l'art. 1346 au 1er oct. 2016) qui prévoit une subrogation de plein droit « au profit de celui qui, étant tenu avec d'autres ou pour d'autres au payement de la dette, avait intérêt de l'acquitter ». Il était décidé en jurisprudence que ni l'usage de l'assurance maritime, ni la subrogation légale de l'article 1251-3° du Code civil ne pouvait justifier le recours de l'assureur (Civ., 2 mars 1829, D. 1829, I, 163). En effet, l'assureur ne faisait que s'acquitter de sa dette contractuelle en indemnisant son assuré (M. Picard, A. Besson, op. cit. n° 291). En revanche, il a été admis un temps que le recours de l'assureur de dommages pouvait s'exercer sur le fondement de l'article 1382 du Code civil, renuméroté 1240 au 1er oct. 2016 (Civ., 2 mars 1829, préc. ; Civ., 22 déc. 1852, DP 1853, 1, p. 93 ; M. Picard, A. Besson, op. cit. n° 292) ; ce recours étant refusé en assurance sur la vie (Civ., 6 janv. 1914, DP, 1918, p. 57). Finalement la Cour de cassation, en application du droit antérieur à la loi du 13 juillet 1930 opéra un revirement complet de jurisprudence et refusa tout recours subrogatoire à l'assureur (pour une assurance de responsabilité, Req. 18 avr. 1932, RGAT 1932. 525, note M. Picard). La jurisprudence contemporaine de la loi du 13 juillet 1930 n'admettait donc plus le recours de l'assureur au titre d'une subrogation dans les droits de son assuré victime.

2799. L'article 36 de la loi du 13 juillet 1930 (devenu L. 121-12, C. assur.) a prévu un recours subrogatoire de l'assureur de dommages (choses, responsabilité) dans la limite de l'indemnité versée à son assuré. En revanche, l'article 55 de la même loi (devenu L. 131-2, al. 1er, C. assur.) interdisait le recours de l'assureur de personnes.

B ▪ Fondements actuels

2800. Avant l'ordonnance du 10 février 2016 portant réforme du droit des contrats, l'article 1249 du Code civil prévoyait que « la subrogation dans les droits du créancier au profit d'une tierce personne qui le paye, est ou conventionnelle ou légale ». Il en résulte qu'il n'existe pas de principe général de subrogation pour celui qui a payé la dette d'autrui (F. Terré, Ph. Simler, Y. Lequette, préc., n° 1364) ; pour que la substitution s'opère, il est nécessaire que la loi l'ait prévue ou qu'un contrat comporte une stipulation en ce sens. L'assureur qui remplit les conditions de l'exercice d'une subrogation légale et qui a pris soin de se faire consentir une subrogation conventionnelle choisit librement entre la subrogation légale ou la subrogation conventionnelle (Civ. 1re, 10 avr. 1996, RGDA 1996. 894, note Ph. Rémy. – Civ. 2e, 8 juill. 2010, n° 09-69.202, RGDA 2010, p. 1038, note A. Pélissier).

1 ▪ Fondements légaux

a - Subrogation légale prévue par le Code des assurances

2801. L'article L. 121-12 du Code des assurances est devenu le siège de la matière. Les deux premiers alinéas du texte disposent :
« L'assureur qui a payé l'indemnité d'assurances est subrogé, jusqu'à concurrence de cette indemnité, dans les droits et actions de l'assuré contre les tiers qui, par leur fait, ont causé le dommage ayant donné lieu à la responsabilité de l'assureur.
L'assureur peut être déchargé, en tout au partie, de sa responsabilité envers l'assuré, quand la subrogation ne peut plus, par le fait de l'assuré, s'opérer en faveur de l'assureur ».

2802. Il est ainsi prévu une subrogation de l'assureur dans les droits de son assuré dans la limite de l'indemnité versée. L'alinéa prévoit une sanction habituelle lorsque le bénéficiaire de la subrogation ne peut pas exercer son droit ; l'assuré ne sera pas garanti ou ne sera que partiellement garanti si l'assureur a perdu son recours subrogatoire.

2803. L'article L. 131-2 du Code des assurances est relatif aux assurances de personnes, il y ait prévu que :
« Dans l'assurance de personnes, l'assureur, après paiement de la somme assurée ne peut être subrogé aux droits du contractant ou du bénéficiaire contre des tiers à raison du sinistre.
Toutefois, dans les contrats garantissant l'indemnisation des préjudices résultant d'une atteinte à la personne, l'assureur peut être subrogé dans les droits du contractant ou des ayants droit contre le tiers responsable, pour le remboursement des prestations à caractère indemnitaire prévues au contrat ».

2804. Par conséquent, l'assureur de personnes ne peut pas solliciter de l'auteur du dommage le paiement d'une indemnité à caractère forfaitaire, mais, en revanche, il bénéficie d'un recours subrogatoire pour les prestations à caractère indemnitaire.

b - Subrogation légale prévue par le Code civil

2805. L'article 1251-3° du Code civil, dans sa rédaction antérieure au 1er octobre 2016, prévoit une subrogation de plein droit « au profit de celui qui, étant tenu avec d'autres ou pour d'autres au payement de la dette, avait intérêt de l'acquitter ». Après l'adoption de la loi du 13 juillet 1930, la question s'est rapidement posée de savoir si l'article 36 devenu, article L. 121-12 du Code des assurances constituait le seul fondement possible de la subrogation légale de l'assureur ou bien s'il était possible de fonder ce recours sur la disposition générale du Code civil.

2806. L'enjeu n'est pas considérable, mais il existe. En effet, dans la plupart des cas l'assureur a payé la somme à son assuré victime, en assurance de choses, ou pour son assuré, en assurance de responsabilité. L'article L. 121-12 du Code des assurances prévoit bien une subrogation dans les droits de l'assuré, ce texte suffit pour l'essentiel des hypothèses de recours subrogatoires. Toutefois, en assurance de responsabilité, il se peut que l'assureur paye à la fois pour son assuré, partiellement responsable, et pour un coauteur du dommage au titre de l'obligation in solidum de réparation pesant sur les coresponsables d'un dommage. Il est alors commode de reconnaître à l'assureur une subrogation légale générale fondée sur l'article 1251-3° du Code civil, ce qui lui permet d'agir contre toute personne pour laquelle il a payé un somme à la victime. On peut toutefois estimer que l'article L. 121-12 du Code des assurances peut suffire en toute hypothèse car si l'assureur paye pour un tiers, c'est que son assuré, actionné par la victime, aurait été tenu de payer, notamment en vertu de l'obligation à la dette in solidum de tous les coauteurs d'un dommage (Civ. 1re, 3 janv. 1996, RGDA 1996. 431, note F. Vincent ; G. Durry, RTD civ. 1975, p. 625).

2807. Un arrêt indique nettement que seul l'article L. 121-12 du Code des assurances peut justifier l'action de l'assureur (Civ. 1re, 9 juill. 1985, Bull. civ. I, n° 213 ; RGAT 1985. 529, note J. Bigot) : « l'action en garantie exercée par l'assureur contre le tiers responsable du dommage causé à son assuré ne peut avoir d'autre fondement juridique que l'action instituée par l'article L. 121-12 du Code des assurances ». Il résulte de cet arrêt que l'assureur ne peut pas réclamer à l'auteur une somme supérieure à celle versée à l'assuré, afin d'obtenir réparation d'un préjudice personnel. Cet arrêt n'interdit pas pour autant d'invoquer l'article 1251-3° du Code civil. En effet, dans cet arrêt il est simplement réaffirmé que l'assureur ne dispose que d'une subrogation légale pour agir contre l'auteur du dommage et non d'un droit personnel autonome. La Cour de cassation a ainsi ultérieurement décidé que « le débiteur qui s'acquitte d'une dette qui lui est personnelle peut néanmoins prétendre bénéficier de la subrogation s'il a, par son paiement, libéré envers leur créancier commun celui sur qui doit peser la charge définitive de la dette » (Civ. 1re, 7 nov. 1995, RGDA 1996. 108, note F. Vincent). La Haute juridiction a conforté cette possibilité pour l'assureur de se fonder sur l'article 1251-3° du Code civil en indiquant que l'assureur est subrogé dans les droits et actions de l'assuré contre les auteurs du dommage, quels que soient les fondements juridiques donnés à ces actions, s'agissant d'une subrogation légale (Civ. 3e, 26 févr. 2003, Bull. civ. III, n° 48). C'est ainsi, qu'elle a admis la subrogation de l'assureur d'une clinique qui avait indemnisée une victime d'une infection nosocomiale dans les droits de cette dernière afin d'agir contre le chirurgien (Civ. 1re, 1er févr. 2005, n° 03-18.052 ; RGDA 2005. 406, note F. Vincent). Bien que la patiente n'ait pas agi contre le chirurgien et que ce dernier n'était pas contractuellement lié avec la clinique, la Cour de cassation a indiqué que le chirurgien étant tenu avec la clinique à l'égard du patient d'une obligation de sécurité de résultat, l'établissement de santé disposait d'un recours subrogatoire contre le praticien (ibid.). L'assureur de la clinique ayant intégralement indemnisé le préjudice, il pouvait exercer un recours subrogatoire d'origine légale fondé sur l'article 1251-3° du Code civil. L'assureur peut donc se fonder sur l'article 1251-3° du Code civil pour justifier son recours subrogatoire lorsqu'il a payé la dette de son assuré et celle d'un tiers. Le texte général du Code civil peut donc être invoqué quand les conditions de la subrogation de l'assureur ne sont pas réunies (Civ. 1re, 27 nov. 2013, n° 12-25.399).

2808. S'il existe bien un recours subrogatoire fondé textuellement sur les articles L. 121-12 du Code des assurances ou sur l'article 1251-3° du Code civil, ce recours est enfermé dans les limites étroites des droits de l'assuré victime. En effet, par application des articles L. 121-12 du Code des assurances ou 1251-3° du Code civil l'assureur ne peut réclamer que ce qu'il a effectivement versé et n'a pas plus de droits que la personne dans les droits de laquelle il est subrogé. En revanche, l'assureur ne dispose pas d'action personnelle, qui serait le pendant de l'action directe de la victime, contre l'auteur du dommage. Il ne peut pas lui être reconnu une action autonome qui lui permettrait de s'affranchir du délai de prescription opposable à la victime ou de réclamer un montant supérieur à celui versé à son assuré (v. Civ. 1re, 9 juill. 1985, préc.).

2 ▪ Subrogation conventionnelle

2809. La jurisprudence a validé les clauses prévoyant la subrogation de l'assureur dans les droits de l'assuré (Civ. 1re, 5 avr. 1978, Bull. civ. I, n° 144 ; Civ. 1re, 22 juill. 1987, RGAT 1987. 565, note J. Bigot). La pratique de la quittance subrogative que l'assureur établit avec le bénéficiaire de sa prestation (assuré, victime) a été jugée valable (Civ. 1re, 27 janv. 1981, Bull. civ. I, n° 30 ; RDI 1981. 404, obs. G. Durry ; Civ. 1re, 2 juin 1987, RGAT 1987. 408, note J. Bigot ; Civ. 1re, 10 avr.

1996, RGDA 1996. 895, note Ph. Rémy) ; cette subrogation conventionnellement consentie se superpose alors à la subrogation légale. L'assureur bénéfice en quelque sorte d'un double titre (subrogation légale ou conventionnelle) pour agir, il choisit celui qui lui convient pour exercer son action (Civ. 1re, 10 avr. 1996, préc.).

2810. La Cour de cassation refuse toute validité à une convention de cession de droits (Civ., 5 mars 1945, D. 1946, p. 1, note A. Besson ; JCP 1945, II, 2798, note P. L.-P.) qui permettrait à l'assureur d'obtenir, par exemple, une somme supérieure à celle qu'il a versée. De même, il est refusé toute validité à une cession conventionnelle d'actions (Civ. 1re, 8 juill. 1968, D. 1968, p. 21, note H. M) qui permettrait notamment à l'assureur de pouvoir agir avant d'avoir indemnisé la victime.

§ 2 ▪ Conditions du recours subrogatoire de l'assureur

2811. Aux termes des articles L. 121-12 du Code des assurances et de la jurisprudence établie sur le fondement des articles 1249 à 1252 du Code civil relatifs à la subrogation, celle-ci n'est accordée qu'à la condition cumulative de la réalisation d'un paiement par l'assureur et de l'existence d'une responsabilité à l'égard d'un tiers contre qui une action serait possible.

A ▪ Paiement par l'assureur

2812. En droit commun de la subrogation fondée sur l'ancien article 1251-3° du Code civil, le paiement préalable est une condition de recevabilité du recours subrogatoire (Com., 21 mai 1948, S. 1948, 1, p. 172 ; Com., 3 janv. 1956, Bull. civ. III, n° 4). En droit des assurances, la subrogation fondée sur l'article L. 121-12 du Code des assurances n'est possible qu'à la condition pour l'assureur de rapporter la preuve du paiement préalable de sa prestation (Civ. 3e, 9 juill. 2003, Bull. civ. III, n° 144- Civ. 2e, 13 juin 2013, n° 12-20.358). En revanche, en présence d'un simple appel en garantie formé par l'assureur à l'encontre d'un tiers coresponsable, il n'est pas nécessaire que l'assureur ait préalablement indemnisé son assuré pour former valablement cet appel en garantie (Civ. 3e, 4 nov. 2010, n° 09-70.235, publ. au bull.).

2813. L'assureur peut introduire une action contre le tiers responsable au titre de la subrogation quand bien même il n'a pas encore versé sa prestation. En effet, il a été affirmé dès 1985 que l'assureur pouvait valablement assigner le tiers responsable sans avoir indemnisé son assuré victime dès lors qu'il régularisait ce manquement avant que le juge ne statue (Civ. 1re, 18 juin 1985, Bull. civ. I, n° 187 ; D. 1986, IR, 99, obs. Cl.-J. Berr, H. Groutel ; dans le même sens, Civ. 3e, 29 mars 2000, Bull. civ. III, n° 67 ; Civ. 1re, 9 oct. 2001, RCA 2001, comm. n° 381 ; Civ. 3e, 10 déc. 2003, Bull. civ. III, n° 225 ; RDI 2004, p. 53, obs. L. Grynbaum). L'article 126 du Code de procédure civile fonde cette solution dans la mesure où ce texte prévoit, en substance, qu'une fin de non-recevoir est susceptible d'être régularisée dès lors que sa cause a disparu lorsque le juge statue.

2814. Il arrive régulièrement en assurance de responsabilité que l'assureur paye la victime bien que l'obligation d'indemnisation n'est pas judiciairement constatée. En effet, si l'assureur estime que la responsabilité de son assuré est incontestable il peut procéder à une indemnisation de la victime. Ce paiement d'une créance qui n'est pas encore certaine sera considéré comme un paiement ouvrant droit à une action subrogatoire (Civ. 1re, 2 oct. 1985, JCP G 1986, II, 20687, note H. T. ; RTD civ. 1986, p. 111, obs. J. Mestre).

2815. Afin de bénéficier de la subrogation légale prévue par l'article L. 121-12 du Code des assurances, il n'est pas nécessaire que l'assureur ait versé sa prestation entre les mains de son assuré (Civ. 1re, 6 janv. 1981, RGAT 1981. 509, note A. Besson). En assurance de responsabilité, ce dernier peut verser l'indemnité directement à la victime (Civ. 1re, 2 févr. 1994, RGAT 1994. 534, note R. Maurice) puis bénéficier de la subrogation légale. De même en assurance de choses, l'assureur peut verser la prestation directement à l'entrepreneur qui procède à la réparation de la chose endommagée, puis, être subrogé dans les droits de son assuré pour exercer une action contre l'auteur du dommage sur le fondement de l'article L. 121-12 du Code des assurances (Civ. 1re, 6 janv. 1981, préc.).

2816. L'assureur qui intente une action de nature subrogatoire doit prouver qu'il a procédé au paiement de l'indemnité (Civ. 1re, 2 févr. 1994, RGAT 1994. 534, note R. Maurice), la quittance subrogative pourra être un moyen efficace de préconstituer cette preuve.

2817. Il arrive que l'assureur paye une indemnité sans que la responsabilité de son assuré soit engagée. Lorsque l'assureur a pris soin de se faire délivrer par la victime indemnisée, son assuré ou un tiers, une « quittance subrogative », il peut ensuite agir contre l'auteur du dommage et son assureur pour l'intégralité de la somme versée, il s'agit alors d'une subrogation conventionnelle. Ainsi l'assureur qui verse à son assuré l'intégralité de la compensation nécessaire à la couverture du dommage, bien que le contrat ne prévoyait que la garantie d'une fraction du préjudice, peut-il réclamer l'intégralité de la somme versée, dès lors qu'il s'est fait conventionnellement subrogé dans les droits de son assuré (Com., 29 janv. 1985, RGAT 1985. 245, note J. Bigot). En revanche, l'assureur qui ne peut pas se prévaloir d'une subrogation conventionnelle ne peut pas exercer une action subrogatoire légale lorsqu'il verse des sommes qu'il ne doit pas. Ainsi les règlements effectués à titre « commercial » n'ouvrent-ils pas droit à une action subrogatoire (Civ. 1re, 5 juin 1967, RGAT 1968. 52). C'est ainsi que l'assureur qui prétend exercer une action subrogatoire après avoir indemnisé la victime doit produire le contrat d'assurance afin de montrer qu'il a payé en vertu d'une garantie régulièrement souscrite et que le paiement constituait bien une indemnité d'assurance (Civ. 2e, 5 juill. 2006, n° 05-11.729 ; RGDA 2006. 925, note S. Abravanel-Jolly). De même que le paiement d'une indemnité par l'assureur lorsque sa garantie n'est pas due ne permet pas l'exercice d'une action subrogatoire (Civ. 1re, 5 juin 1967, préc. ; Civ. 1re, 23 mars 1999, RGDA 1999. 617, note J. Kullmann ; v. L. Fonlladosa, Paiement de l'indemnité à titre commercial par l'assureur : impacts sur le recours subrogatoire, *Lamy Assurances*, Bull. act. n° 51, mai 1999, p. 1). L'assureur qui ne peut pas exercer une action subrogatoire lorsqu'il a payé une somme que son assuré ou lui-même n'était pas tenu d'acquitter, peut alors obtenir le remboursement de l'indemnité versée en exerçant une action, contre le débiteur, fondée sur l'enrichissement sans cause (Civ. 1re, 4 avr. 2001, D. 2001, jur., p. 1824, note M. Billiau ; RGDA 2001. 689, note L. Mayaux).

B ▪ Responsabilité d'un tiers au contrat d'assurance

2818. L'assureur pourra exercer son recours subrogatoire à la condition qu'il existe bien une action en responsabilité contre l'auteur du dommage. Ce recours pourra s'exercer quel que soit le fondement de la responsabilité, délictuelle ou contractuelle (Civ. 1re, 10 juin 1997, Bull. civ. I, n° 191 ; RCA 1997, comm. n° 280). Pour que l'assureur puisse exercer son recours subrogatoire, il importe toutefois que l'assuré subrogeant ait disposé d'une action sur le fondement des dispositions invoquées par l'assureur (Civ. 1re, 22 juin 1983, Bull. civ. I, n° 144 ; Civ. 1re, 25 févr. 1986, Bull. civ. I, n° 36).

2819. L'action subrogatoire de l'assureur ne repose pas nécessairement sur une action en responsabilité délictuelle au profit de l'assuré, celle-ci peut être de nature contractuelle ou encore être fondée sur une responsabilité prévue par un texte spécial. L'action dont bénéficie l'assureur subrogé peut être de nature délictuelle ou quasi-délictuelle (Civ. 1re, 27 janv. 1981, D. 1982, IR, 99 ; RTD civ. 1981, p. 634, obs. G. Durry ; Civ. 1re, 13 mai 1997, RGDA 1997. 861 ; RCA 1997, comm. n° 270). Elle peut être de nature contractuelle (Civ. 1re, 8 nov. 1982, D. 1984, IR, 40, note Cl.-J. Berr, H. Groutel ; Civ. 1re, 2 juin 1987, RGAT 1987. 408) ou encore relever d'une responsabilité spéciale comme celle des constructeurs fondée sur les articles 1792 et suivants du Code civil (Civ. 3e, 3 nov. 1988, RGAT 1989. 57, note J. Bigot).

2820. Le recours subrogatoire institué au profit de l'assureur qui a payé l'indemnité d'assurance peut être exercé contre toute personne responsable à quelque titre que ce soit (Civ. 1re, 8 nov. 1982, Bull. civ. I, n° 320 ; RDI 1983. 362, obs. G. Durry ; Civ. 1re, 9 nov. 1999, Bull. civ. I, n° 293 ; RCA 2000, comm. n° 31, obs. H. Groutel). Il peut donc s'agir d'un responsable du fait d'autrui qui n'est pas directement l'auteur du dommage (par exemple, la responsabilité des parents du fait de leurs enfants, fondée sur l'article 1242 (anc. art. 1384) al. 4, C. civ. : Civ. 1re, 12 juin 1990, RGAT 1990. 640, note J. Kullmann ; la responsabilité de l'État du fait des dommages résultant de crimes et délits commis à force ouverte ou par violence, sur le fondement de la loi n° 83-8 du 7 janvier 1983, Civ. 1re, 9 mai 1990, RGAT 1990, p. 894, ou encore la responsabilité de l'Etat pour dysfonctionnement sur service public de la justice, Civ. 2e, 12 mai 2010, n° 08-21.966, RGDA 2010, p. 697, note S. Abravanel-Jolly). C'est ainsi encore que l'agent immobilier, mandataire des propriétaires d'un immeuble incendié, qui, n'ayant pas vérifié l'existence de l'assurance du locataire, les a, par sa faute, privé de la garantie des risques locatifs, est un tiers responsable contre lequel l'assureur du propriétaire est subrogé sur le fondement de l'article L. 121-12 du Code des assurances (Civ. 2e, 13 oct. 2005, Bull. civ. II, n° 247 ; RCA 2005, comm. n° 367, obs. H. Groutel).

2821. Lorsque l'assureur a indemnisé son assuré il doit pouvoir agir en responsabilité contre le voleur ou le receleur. En effet, une telle action fondée sur la subrogation légale prévue par l'article L. 121-12 du Code des assurances est possible dès lors qu'il s'agit d'engager la responsabilité du voleur ou du receleur (subrogation accueillie contre le receleur d'un véhicule, par application des articles L. 121-12, C. assur., 1382, 2279 al. 2, C. civ. ; Civ. 1re, 25 oct. 1994, RGAT 1994. 1128, note F. Vincent ; D. 1995, jur., p. 117, concl. P. Sargos). En revanche, l'action en revendication prévue par l'article 2279 alinéa 2 du Code civil ne peut pas être exercée par l'assureur subrogé contre le tiers détenteur de bonne foi (Civ. 1re, 19 janv. 1994, RGAT 1994. 527, note L. Mayaux) ; en effet, il ne s'agit alors pas d'une action en responsabilité, or seule une action en responsabilité peut être exercée aux termes de l'article L. 121-12 du Code des assurances.

C ▪ Conditions particulières à la subrogation conventionnelle

2822. L'article 1346-1 (anc. art. 1250-1°) du Code civil indique que la subrogation conventionnelle doit être expresse. Cette condition est remplie et la subrogation conventionnelle peut s'opérer lorsque la mention de la subrogation est bien indiquée sur la quittance subrogative établie entre l'assureur et le subrogeant qui atteste avoir reçu l'indemnité (Civ. 1re, 19 déc. 1989, RGAT 1990. 107, note H. Margeat et J. Landel). En revanche, en l'absence de mention de la subrogation sur la quittance, l'assureur ne pourra pas intenter une action fondée sur une subrogation conventionnelle (Civ. 1re, 10 mai 1989, RGAT 1989. 559, note J. Bigot).

2823. Il est exigé à l'article 1346-1 du Code civil que la subrogation doit être « consentie en même temps que le payement ». La jurisprudence relative à l'application de l'ancien article 1250-1° du Code civil rappelle nettement que les juges du fond ne peuvent pas admettre la subrogation conventionnelle sans préciser la date du paiement, la subrogation après paiement étant impossible car le paiement est réputé avoir éteint définitivement la dette (Com., 14 déc. 1965, Gaz. Pal. 1966, 1, p. 278 ; Civ. 1re, 3 mars 1987, Bull. civ. I, n° 83 ; Civ. 1re, 28 mai 2008, n° 07-13.437, Bull. civ. I, n° 160). Toutefois, il est toléré, en cas de paiements partiels, que la subrogation puisse s'opérer non à chaque paiement mais au moment du versement du solde (Civ. 1re, 27 nov. 1985, Bull. civ. I, n° 326). En outre, la délivrance de la quittance subrogative peut être légèrement différée, dès lors qu'il s'agit de « délais administratifs normaux » (Com., 11 déc. 2007, n° 06-17.449 ; RGDA 2008. 339, note J. Kullmann).

2824. La condition de concomitance posée par l'article 1250-1° peut être remplie lorsque le subrogeant a manifesté expressément sa volonté dans un document établi antérieurement au paiement (Com., 29 janv. 1991, Bull. civ. IV, n° 48 ; RTD civ. 1991, p. 531, obs. J. Mestre ; Com., 3 mars 1992, RGAT 1993. 295, note Ph. Rémy). Quand la quittance subrogative est délivrée par l'assuré antérieurement au paiement, l'assureur est véritablement subrogé à la date effective du paiement (Civ. 1re, 11 juin 2008, n° 06-20.104, Bull. civ. I, n° 171).

2825. Il appartient à l'assureur subrogé de prouver que le paiement est concomitant à la subrogation ; la quittance subrogative ne suffit pas à établir cette concomitance, il faut que l'assureur en rapporte spécialement la preuve (Civ. 1re, 23 mars 1999, RGDA 1999. 617, note J. Kullmann, RTD civ. 2000, p. 330, obs. J. Mestre).

D ▪ Procédure

2826. Il n'est pas nécessaire que l'assuré se joigne à l'assureur pour que l'action subrogatoire de ce dernier soit recevable (Civ. 3e, 11 juill. 1990, RCA 1990, comm. n° 383).

2827. La compétence est déterminée de la même façon que si l'assuré agissait lui-même. L'assureur étant substitué dans les droits de la victime indemnisée, la compétence territoriale et la compétence d'attribution se déterminent en fonction de l'action en responsabilité qu'aurait pu exercer la victime (CA Paris, 11 juill. 1990, RGAT 1990. 834, note R. Maurice). Si le tiers responsable est une personne publique, le tribunal compétent pour connaître de l'action subrogatoire de l'assureur est le tribunal administratif (CE, 7 nov. 1952, RGAT 1953. 196 ; CE, 26 avr. 1968, D. 1968, p. 595).

2828. En principe, l'assureur subrogé dans les droits de la victime ne peut pas se constituer partie civile. L'article 2 du Code de procédure pénale ne permet la constitution de partie civile qu'à ceux qui ont personnellement souffert du dommage provoqué par l'infraction (Crim., 2 mai 1956, Bull. crim. n° 623 ; Crim. 8 avr. 1986, Bull. crim. n° 302). Toutefois, il a été décidé d'admettre, sur le fondement de l'article 388-1 du Code de procédure pénale issu de la loi du 8 juillet 1983, l'intervention de l'assureur de la victime qui, ayant versé à celle-ci une avance sur indemnité, exerce son recours subrogatoire (Crim. 26 mai 1988, Bull. crim. n° 226 ; RCA 1988, comm. n° 6 et chron. n° 1, H. Groutel ; Crim. 29 oct. 1991, RCA 1992, comm. n° 8 ; Crim. 24 juin 1992, Bull. crim., n° 254). Conformément à l'article 388-1 du Code de procédure pénale, ce recours subrogatoire dans les droits de son assuré victime ne peut avoir lieu que dans les instances pénales jugeant des infractions d'homicide ou de blessures involontaires (irrecevabilité pour l'incendie volontaire, Crim. 2 mars 1988, Bull. crim., n° 111 ; irrecevabilité pour un vol, Crim. 26 mars 1990, Bull. crim., n° 130).

2829. La stipulation d'une clause attributive de compétence dans un contrat international s'impose aussi bien à l'ancien titulaire du droit qu'à l'assureur subrogé (Civ. 1re, 25 nov. 1986, Bull. civ. I, n° 277).

2830. La prescription applicable à l'action de l'assureur contre un tiers coauteur est celle qui aurait été applicable à l'action de la victime si cette dernière, à défaut d'être indemnisée, avait agi contre le tiers (Civ. 2e, 4 oct. 1973, Bull. civ. II, n° 244). Lorsque l'action en responsabilité de la personne désintéressée est de nature contractuelle, l'assureur subrogé bénéficiera de la prescription applicable à la responsabilité contractuelle (Civ. 1re, 16 mai 1979, Bull. civ. I, n° 143), c'est-à-dire la prescription de droit commun de cinq ans prévue par l'article 2224 du Code civil issu de la réforme de la prescription réalisée par la loi n° 2008-561 du 17 juin 2008. L'action en responsabilité extra-contractuelle se prescrit également par cinq ans, par application du même texte, le délai étant porté à dix ans pour un événement ayant entraîné un dommage corporel, aux termes de l'article 2226 du Code civil dans sa rédaction issue de la loi n° 2008-561 du 17 juin 2008.

§ 3 ▪ Conséquences de la subrogation

2831. La subrogation a pour effet de transmettre à l'assureur subrogé tous les droits et actions de la personne indemnisée (Civ. 2e, 10 avr. 1962, RGAT 1962. 493). L'assureur n'a donc pas plus de droits que la victime dont il reprend l'action et il peut se voir opposer toutes les exceptions que la victime pouvait se voir opposer (pour une affirmation générale du principe, V. Civ. 1re, 4 avr. 1984, Bull. civ. I, n° 131 ; RTD civ. 1985, p. 383 ; obs. J. Mestre). En outre, l'assureur n'est subrogé qu'à la hauteur des sommes qu'il a versées. Le subrogeant qui a été indemnisé par l'assureur perd tout droit à agir contre le responsable, dans la limite des sommes qu'il a reçues de l'assureur.

A ▪ Limites de l'action de l'assureur subrogé

2832. L'assureur subrogé ne peut exercer que les droits et actions des bénéficiaires de l'indemnité (Civ. 1re, 4 juin 1996, RGDA 1996. 777 ; Civ. 1re, 23 mai 2000, RCA 2000, comm. n° 284 ; RGDA 2000. 843, note F. Vincent). L'assureur bénéficie donc de tous les droits et accessoires attachés à la créance, mais uniquement ceux-là. En outre, dans l'action dirigée contre le responsable, il ne peut pas primer son assuré pour la part de préjudice qu'il n'a pas couvert.

1 ▪ Toute la créance

2833. L'assureur subrogé bénéficie du cours des intérêts affectant la créance de la victime ; il bénéficie également de l'anatocisme, c'est-à-dire de la capitalisation des intérêts (Civ. 1re, 3 mai 1978, D. 1980, jur., p. 107, note M. Poulnais). Une évolution jurisprudentielle s'est produite sur la question du point de départ du cours des intérêts légaux. Dans un premier temps la Cour de cassation a estimé que ce point de départ était fixé à la date de la subrogation de l'assureur dans les droits de la victime indemnisée, c'est-à-dire à compter de la date de la quittance subrogative (Cass. ass. plén., 7 févr. 1986, Bull. civ. n° 2 ; RGAT 1988. 340 note J. Bigot ; D. 1986, jur., p. 293, note A. Bénabent). Cette solution a été abandonnée car elle ne reposait sur aucun fondement pertinent (Civ. 1re, 7 mai 2002, RGDA 2002. 710, note L. Mayaux ; RCA 2002, chron. 6, H. Groutel ; Rapp. C. de cass. 2002, p. 483), il est donc nécessaire pour l'assureur de mettre en demeure le responsable pour faire courir les intérêts moratoires.

2834. La créance du subrogeant est intégralement transmise à l'assureur subrogé, ce dernier bénéficie donc également des sûretés et garanties attachées à la créance. Ainsi, un assureur qui indemnise son assuré banquier qui a conclu un crédit-bail assorti d'une clause de réserve de propriété, bénéficie-t-il de la garantie conférée par la réserve de propriété (Com., 15 mars 1988, RGAT 1988. 368, note J. Kullmann).

2 ▪ Rien que la créance

2835. L'assureur qui exerce l'action de la victime est soumis exactement au même régime que le titulaire de l'action. Il devra se plier aux exigences d'une action en responsabilité contractuelle ou délictuelle, à la prescription applicable, aux règles de preuve et surtout l'assureur pourra se voir opposer toutes les exceptions opposables à la victime, notamment la compensation des créances (Com., 4 juin 1996, Bull. civ. IV, n° 163 ; RTD civ. 1997, p. 134, obs. J. Mestre). L'assureur subrogé sera soumis aux mêmes obligations de prouver le lien de causalité entre l'événement et le dommage (Civ. 2e, 15 mai 2008, n° 07-11.662 ; RGDA 2008. 654, note J. Bigot). Enfin, l'assureur ne pourra pas réclamer plus que la somme qu'il a versée et le responsable ne sera tenu que dans les limites de sa responsabilité.

2836. L'assureur qui se subroge dans les droits de la personne qu'il a indemnisé peut se voir opposer une décision qui a débouté cette dernière dans une instance qu'elle avait intentée contre le responsable. En effet, en vertu de l'article 1355 (anc. art. 1351) du Code civil affirmant l'autorité de la chose jugée, l'action subrogatoire de l'assureur subrogé est impossible dès lors qu'une décision antérieure a refusé la demande de l'assuré, subrogeant dans la même affaire, et dirigée contre le même responsable (Civ. 1re, 29 nov. 1989, RGAT 1990. 109, note H. Margeat et J. Landel). L'assureur n'a certes pas été partie au premier procès, ce qui serait un argument pour écarter l'autorité de chose jugée, mais il reprend exactement l'action de l'assuré indemnisé ; ce dernier ne pouvant pas réintroduire une action qu'il a déjà intentée, l'assureur se voit également opposer l'irrecevabilité fondée sur l'article 1355 du Code civil (autorité de la chose jugée).

2837. L'action de l'assureur subrogé est enfermée dans une double limite. Il ne peut pas réclamer plus que la somme qu'il a versée et il ne peut pas, au titre de la subrogation légale, réclamer au responsable plus que la garantie due aux termes du contrat d'assurance (Civ. 1re, 12 déc. 1977, Bull. civ. I, n° 473 ; RGAT 1978. 522 ; Civ. 1re, 19 sept. 2007, n° 06-14.616 ; RGDA 2008. 87, note J. Kullmann) ; l'indemnité versée à titre commercial par l'assureur à son assuré ne saurait fonder une action subrogatoire à l'égard du tiers (Civ. 2e, 11 oct. 2007, n° 06-15.394 ; RGDA 2008. 88, note J. Kullmann). Le tiers responsable peut donc opposer les clauses du contrat d'assurance à l'assureur qui, dans une espèce particulière, n'aurait dû verser à son assuré qu'une somme égale au prix de vente sans majoration pour bénéfice espéré (Civ. 2e, 21 févr. 2008, n° 07-10.401 ; RGDA 2008. 336, note J. Kullmann).

3 ▪ Concours d'action entre l'assuré et l'assureur contre le responsable

2838. L'assureur n'indemnise pas toujours intégralement l'assuré de son entier préjudice. Un plafond de garantie, une exclusion de certains dommages ou de certains risques ou encore une sous-assurance peuvent justifier une garantie partielle de l'assureur. L'assuré conserve donc son recours contre le responsable pour le surplus de son préjudice non indemnisé par l'assureur. Or, ce dernier peut également exercer son action subrogatoire contre le responsable. Le responsable et son assureur ne pourront pas nécessairement faire face à la réparation de l'intégralité du préjudice. Que se passe-t-il quand l'assuré victime et son assureur viennent en concours ?

2839. En vertu de l'adage « on ne subroge pas contre soi-même », la jurisprudence accord un « privilège » sans texte à l'assuré. En effet, en principe, en droit français, il n'existe pas de rang de préférence entre les différents créanciers sans qu'un texte ne le prévoit. Néanmoins, il serait inique que la précaution prise par la victime de s'assurer se retourne in fine contre elle. C'est pourquoi il est de principe qu'en cas d'indemnisation partielle au titre du contrat d'assurance, lorsque la dette du tiers responsable est insuffisante pour rembourser entièrement l'assureur subrogé et l'assuré, qui exerce une action personnelle, l'assuré tire de l'article 1252 du Code civil, correspondant à l'article 1346-3 après le 1er octobre 2016 le droit d'être préféré à l'assureur (Civ., 5 mars 1945, D. 1946, p. 1, note A. Besson). En effet, ce texte précise que la subrogation ne peut pas nuire au créancier lorsqu'il n'a été payé qu'en partie. Il a été réaffirmé que le subrogé ne peut entrer en concours avec le subrogeant tant que la créance de celui-ci n'est pas éteinte (Civ. 3e, 12 févr. 2003, Bull. civ. III, n° 37). La solution a encore été reprise en indiquant que « dans le concours de l'assureur subrogé et de l'assuré subrogeant, ce dernier prime le premier jusqu'à concurrence de réparation du préjudice garanti » (Civ. 1re, 4 juin 2002, RGDA 2002. 706, note J. Kullmann). L'assureur ne vient qu'en second pour présenter sa créance subrogatoire. Cette solution n'a pas été respectée dans un arrêt de la deuxième Chambre civile où l'assureur subrogé a obtenu le paiement de sa créance et l'assuré subrogeant a du se contenter d'une indemnisation partielle (Civ. 2e, 14 janv. 1999, RCA 1999, comm. n° 85 et la note critique H. Groutel, chron. n° 7). L'arrêt doit être considéré comme atypique tant dans les circonstances de l'espèce que dans la portée. Des arrêts postérieurs on repris la solution traditionnelle du privilège accordé à l'assuré victime.

B ▪ Perte du droit d'action de l'assuré subrogeant

2840. Dès lors que l'assuré a été indemnisé par son assureur, ce dernier est subrogé dans les droits de son assuré. L'assuré subrogeant ne peut donc plus agir contre le responsable pour les droits qu'il a transférés à l'assureur, il a perdu tout intérêt à agir (Civ. 1re, 29 avr. 1975, Bull. civ. I, n° 144 ; JCP G 1976, II, 18212, note A. Besson ; Civ. 1re, 30 oct. 1995, Bull. civ. I, n° 380 ; RCA 1996, comm. n° 37). La Cour de cassation a réaffirmé cette solution en indiquant que « celui qui, après avoir été indemnisé, a subrogé son assureur dans ses droits, n'a plus de qualité pour agir contre le responsable, et ne peut, sauf convention expresse ou tacite l'y habilitant, agir pour son assureur en justice » (Civ. 1re, 4 févr. 2003, Bull. civ. I, n° 32 ; RCA 2003, comm. n° 154, obs. H. Groutel) ou « dans l'intérêt de celui-ci » (Civ. 1re, 4 févr. 2003, Bull. civ. I, n° 31 ; RCA 2003, comm. n° 154, obs. H. Groutel). Cela signifie qu'en principe, l'assuré ne peut plus agir après avoir été désintéressé et subrogé par son assureur, sauf si ce dernier délègue son assuré pour exercer l'action en responsabilité (dans le même sens, l'assuré ne peut agir pour l'assureur qu'en vertu d'une convention de prête-nom dont la preuve devrait être rapportée : Civ. 1re, 8 févr. 1993, Bull. civ. I, n° 50).

2841. L'assuré indemnisé ne perd son recours contre le responsable que dans la limite de la somme versée par l'assureur (Civ. 1re, 29 avr. 1975, RGAT 1975. 382, note A. Besson ; JCP G 1976, II, 18212). Il conserve donc son recours contre le responsable pour la part non indemnisée par l'assureur.

Section 3 ■ Recours impossible de l'assureur

2842. L'adage selon lequel on ne subroge pas contre soi-même permet d'écarter le recours de l'assureur contre son assuré ou ses proches. En revanche, une sanction est prévue si l'attitude de l'assuré a empêché le recours de l'assureur. Enfin, l'assureur peut avoir renoncé à son recours.

§ 1 ■ Recours impossible de l'assureur contre son assuré

2843. Il est impossible pour un subrogé d'exercer une action contre le subrogeant. L'assureur ne peut donc pas exercer un recours subrogatoire contre son assuré, la précaution d'assurance ne devant pas se retourner contre celui qui s'est garanti (Civ. 1re, 12 juin 1990, RGAT 1990. 574, note H. Margeat et J. Landel). Ainsi, par exemple, l'assureur incendie d'une copropriété ne peut pas exercer une action contre le copropriétaire dans l'appartement duquel l'incendie a pris naissance (Civ. 1re, 23 avr. 1985, RGAT 1985. 379, note J. Bigot). En effet, si le copropriétaire est tiers au contrat d'assurance conclu entre la copropriété et l'assureur, il est également assuré en sa qualité de copropriétaire.

2844. Lorsque l'assuré pour compte a souscrit une garantie de responsabilité civile en sus de l'assurance de choses pour le compte de qui il appartiendra, l'assureur ne peut pas agir au titre d'une subrogation contre l'assuré pour compte après avoir indemnisé la victime du dommage (Civ. 1re, 8 nov. 1989, RGAT 1990. 111, note H. Margeat et J. Landel ; Civ. 1re, 3 nov. 1993, RGAT 1994. 123, note J. Kullmann).

§ 2 ■ Recours impossible contre les proches de l'assuré

A ■ Dispositions

2845. L'article L. 121-12 alinéa 3 du Code des assurances prévoit que « par dérogation aux dispositions précédentes, l'assureur n'a aucun recours contre les enfants descendants, alliés en ligne directe, préposés, ouvriers ou domestiques, et généralement toute personne vivant habituellement au foyer de l'assuré, sauf le cas de malveillance commise par une de ces personnes ». Le législateur a voulu éviter deux écueils :

- d'une part, il fallait d'abord empêcher que l'assureur ne reprenne par la voie de la subrogation ce qu'il avait versé à son assuré. En effet, il n'y a pas d'indemnisation si l'assureur verse une prestation au titre du sinistre incendie à son assuré, par exemple un père de famille, puis s'il exerce un recours subrogatoire contre le fils de ce dernier, responsable ;
- d'autre part, l'assureur ne peut pas exercer une action que l'assuré lui-même n'aurait pas exercée : en principe, une victime n'exerce pas d'action en responsabilité contre un membre de sa famille ou contre un préposé.

2846. L'immunité instaurée par l'article L. 121-12 alinéa 3 du Code des assurances a été déclarée règle d'ordre public par la jurisprudence (Civ. 1re, 6 juin 1990, RGAT 1990. 571, note H. Margeat et J. Landel). Il n'est donc pas possible d'y déroger par une convention contraire, par exemple.

B ▪ Bénéficiaires de l'immunité

2847. Une discussion s'était engagée sur l'interprétation de ce texte. Fallait-il que les bénéficiaires de l'immunité visés par le texte, ascendants, descendants, préposés vivent habituellement au foyer de l'assuré pour bénéficier de l'immunité ? La jurisprudence a nettement indiqué que le texte ne posait pas une condition cumulative, mais distinguait nettement deux catégories de bénéficiaires de l'immunité : soit ceux visés expressément par le texte, soit ceux, quel que soit leur lien avec l'assuré, qui vivent habituellement au foyer de l'assuré (Civ., 28 oct. 1947, D. 1948, p. 13, note P. L.-P. ; JCP G 1948, II, 4146, note A. Besson).

2848. Les préposés bénéficient de l'immunité en cette seule qualité, il n'est pas nécessaire qu'ils vivent habituellement au foyer de l'assuré (Civ. 1re, 21 mai 1975, Bull. civ. I, n° 164). L'immunité est interprétée assez largement en jurisprudence afin d'éviter que l'assureur n'exerce un recours contre une personne qui n'aurait pas été actionnée par l'assuré. Ainsi l'assureur s'est-il vu refuser un recours subrogatoire contre les préposés pris comme civilement responsables des faits de leur enfant auteur du dommage (Civ. 1re, 20 déc. 1994, RGAT 1995. 81, note R. Maurice). Le texte ne prévoit pas expressément d'immunité de l'enfant du préposé, mais la jurisprudence refuse un recours que l'assuré n'aurait sans doute pas lui-même exercé.

2849. Il appartient aux juges d'apprécier la notion de personnes vivant habituellement au foyer de l'assuré. Il a été décidé qu'un enfant mineur qui vit habituellement au foyer de l'assuré, l'oncle en l'espèce, sans avoir de lien de parenté prévu par l'article L. 121-12 alinéa 3 du Code des assurances, bénéficie de l'immunité (Civ. 1re, 6 juin 1990, RGAT 1990. 571, note H. Margeat et J. Landel). Par extension, il a été décidé que les pensionnaires d'un collège bénéficient d'une immunité contre le recours de l'assureur de ce collège (Civ. 1re, 2 juill. 1991, Bull. civ. I, n° 224 ; RCA 1991, comm. n° 400 et chron. n° 27, H. Groutel). En revanche, si la personne ne vit pas habituellement au foyer de l'assuré, le recours de l'assureur est possible, il en est ainsi à l'encontre d'un enfant séjournant chez l'assuré pour les vacances (Civ. 2e, 16 mai 1988, RGAT 1988. 793, note J. Bigot).

C ▪ Limites de l'immunité

2850. La loi a créé une limite et la jurisprudence en a ajouté une autre. La malveillance commise par le bénéficiaire de l'immunité permet à l'assureur de recouvrer son action subrogatoire contre ce dernier. En outre, la jurisprudence a décidé que l'assureur pouvait exercer son recours subrogatoire contre l'assureur du bénéficiaire de l'immunité.

1 ▪ Malveillance

2851. L'article L. 121-12 alinéa 3 du Code des assurances in fine prévoit nettement qu'une action subrogatoire de l'assureur retrouve toute sa légitimité lorsque le proche de l'assuré a commis volontairement la malveillance à l'origine du sinistre. L'assureur ne recouvre son action subrogatoire contre le préposé de l'assuré que s'il soulève expressément l'existence d'un acte de malveillance (Civ. 1re, 7 juill. 1998, Bull. civ. I, n° 239).

2852. La malveillance exigée par l'alinéa 3 de l'article L. 121-12 du Code des assurances est assimilée à la faute intentionnelle de l'article L. 113-1 alinéa 2 du même code. C'est-à-dire que l'auteur du dommage doit non seulement avoir commis une faute, mais il doit surtout avoir voulu le dommage lui-même ; la faute lourde ne suffit donc pas à constituer la malveillance (Civ. 1re, 21 juin 1988, RGAT 1988. 554, note J. Kullmann).

2853. L'assureur qui a payé l'indemnité d'assurance ne recouvre son action subrogatoire contre l'auteur du dommage, bénéficiaire d'une immunité, qu'en cas de malveillance dirigée contre l'assuré. Lorsqu'un enfant mineur porte volontairement des coups à la victime, l'assureur des parents civilement responsables ne peut pas exercer de recours contre l'enfant car la malveillance de ce dernier n'était pas dirigée contre l'assuré (Cass. ass. plén., 13 nov. 1987, Bull. civ. n° 5 ; RGAT 1988. 111, concl. M. Charbonnier, note R. Bout). Cette jurisprudence procède à une interprétation restrictive du texte car elle impose que la malveillance soit dirigée contre l'assuré. Il est vrai que c'est la situation dans laquelle il est probable que l'assuré aurait exercé une action contre l'auteur du dommage. Il est à noter que l'arrêt d'assemblée plénière constitue un revirement car il avait été précédemment jugé que la malveillance pouvait être dirigée contre quiconque (Civ. 1re, 5 janv. 1970, Bull. civ. I, n° 1).

2 ▪ Auteur du dommage assuré

2854. Il était assez logiquement refusé un recours de l'assureur subrogé contre l'assureur de celui qui bénéficiait d'une immunité (Civ. 1re, 11 févr. 1986, RGAT 1986. 110, note J. Kullmann ; Civ. 1re, 6 juin 1990, préc.). L'assureur du responsable ne pouvait pas être tenu pour débiteur accessoire d'un débiteur principal bénéficiant d'une immunité. Toutefois, la solution a été abandonnée, le recours entre assureurs ne portant aucun préjudice au bénéficiaire de l'immunité.

2855. La Cour de cassation a décidé que l'immunité « ne bénéficie qu'aux personnes visées au texte et ne fait pas obstacle à l'exercice, par l'assureur qui a indemnisé la victime, de son recours subrogatoire contre l'assureur de responsabilité de l'une de ces personnes » (Civ. 1re, 8 déc. 1993, Bull. civ. I, n° 357 ; D. 1994, p. 235, note B. Beignier). Il en résulte que l'assureur ayant indemnisé la victime peut exercer son recours contre l'assureur de l'auteur du dommage bénéficiaire de l'immunité. Il en est ainsi du recours contre l'assureur d'un médecin préposé de l'association Croix-Rouge française (Civ. 1re, 12 juill. 2007, n° 06-12.624 ; Bull. civ. I, n° 270).

§ 3 ▪ Recours rendu impossible par le fait de l'assuré, conséquences

2856. L'article L. 121-12 alinéa 2 du Code des assurances prévoit que « l'assureur peut être déchargé, en tout ou en partie, de sa responsabilité envers l'assuré, quand la subrogation ne peut plus, par le fait de l'assuré, s'opérer en faveur de l'assureur ». Cette disposition est inspirée de l'ancien article 2037 du Code civil (devenu art. 2314) qui décharge la caution de son obligation lorsque, par la faute du débiteur principal, elle ne peut pas exercer son recours subrogatoire. L'assureur ne sera donc plus tenu, ou ne sera que partiellement tenu, de son obligation à garantie si son assuré a laissé perdre la possibilité d'exercer une action contre l'auteur du dommage.

2857. L'assuré qui renonce à son recours contre le responsable empêche l'assureur d'exercer une action subrogatoire, l'assureur n'est plus tenu de garantir son assuré (renonciation par stipulation contractuelle dans un contrat de bail : Civ. 1re, 3 nov. 1993, RGAT 1994. 127, note F. Vincent ; transaction, Civ. 1re, 10 juill. 1995, RGAT 1995. 903, note A. Favre Rochex). Toutefois l'assureur ne peut pas imputer à son assuré la perte de la faculté de recours subrogatoire dès lors que c'est lui qui a défini la stratégie face au responsable (Com., 20 févr. 2001, RGDA 2001. 696, note F. Vincent). Il a également été décidé que ne constitue pas une faute, l'exercice ou le non exercice par le créancier de la faculté prévue à l'article L. 121-13 du Code des assurances de se faire attribuer directement l'indemnité après sinistre (Civ. 1re, 22 mai 2002, Bull. civ. I, n° 133 ; RCA 2002, chron. 18, H. Groutel) ; l'assureur du créancier ne peut donc lui reprocher de ne pas s'être fait attribuer l'indemnité. Les juges du fond apprécient souverainement si « le fait de l'assuré » a effectivement privé l'assureur de son recours subrogatoire (Civ. 1re, 9 nov. 1999, RCA 2000, comm. n° 69).

§ 4 ■ Renonciation à recours de l'assureur

2858. L'assureur peut, dans le contrat conclu avec son assuré, stipulé une clause aux termes de laquelle il renonce à exercer son action subrogatoire contre l'auteur du dommage. La renonciation de l'assureur à son recours subrogatoire après la réalisation du sinistre ne pose aucune difficulté car il est toujours possible au créancier d'un droit déjà né, de renoncer à l'exercer. Il ne sera traité dans ces développements que de la renonciation antérieure à l'intervention du sinistre. De même que l'assuré peut avoir, par avance, renoncé à exercer une action en responsabilité contre son cocontractant.

A ■ Renonciation de l'assureur

1 ■ Régime de la renonciation de l'assureur

2859. Dès la conclusion du contrat d'assurance, les parties peuvent convenir que l'assureur n'exercera aucun recours contre l'auteur du dommage. Cet accord a été validé par la jurisprudence : « l'assureur peut valablement renoncer, par convention avec l'assuré, au recours fondé sur la subrogation aux droits dudit assuré, dont il dispose contre le responsable, alors même que la responsabilité encourue serait de nature délictuelle ou quasi-délictuelle (Civ. 1re, 24 janv. 1990, RGAT 1990. 113, note H. Margeat et J. Landel). On comprend aisément qu'il soit convenu d'une renonciation à recours au titre d'une inexécution contractuelle, l'assuré ne souhaitant pas qu'un recours subrogatoire de son assureur de choses, par exemple, vienne compliquer ses relations contractuelles. La jurisprudence valide, en outre, la renonciation à un recours fondée sur une responsabilité délictuelle. On peut admettre que l'assureur consente à un tel abandon car il est en mesure, lors de la conclusion du contrat, de demander une cotisation calculée en conséquence. En outre, la renonciation de l'assureur ne fait pas intrinsèquement disparaître la responsabilité de l'auteur du dommage, ce dernier pourrait être poursuivi par la victime qui ne serait pas intégralement indemnisée par son assureur. Un arrêt ancien a analysé la renonciation de l'assureur en une stipulation pour autrui ; comme telle, elle pourrait être révoquée par la délivrance à l'assureur d'une quittance subrogative (Civ. 1re, 30 juin 1954, RGAT 1954. 292). Il nous semble toutefois que l'anéantissement de la renonciation contractuelle de l'assureur, qui lui permet de recouvrer son action subrogatoire contre le responsable, ne peut se réaliser que par un accord exprès de l'assuré.

2860. Si l'effet relatif des contrats prévu par l'article 1165 du Code civil devenu article 1199 ne permet pas d'imposer à un tiers d'exécuter une obligation issue de la convention, le tiers peut invoquer le contrat à l'encontre des parties. En effet, le contrat constitue pour les tiers, un fait juridique dont ils peuvent invoquer l'existence (Com., 22 oct. 1991, D. 1993, p. 181, note J. Ghestin). Les tiers peuvent donc opposer à l'assureur sa renonciation à agir. Par exemple et en application du principe d'exécution de bonne foi du contrat (C. civ., art. 1104 (anc. art. 1134 al. 3)), il a été décidé que des locataires peuvent invoquer contre l'assureur du bailleur la renonciation à recours qui avait été stipulé dans le contrat d'assurance (Civ. 1re, 27 févr. 1990, RGAT 1990. 334, note R. Maurice).

2861. La jurisprudence cantonne strictement l'application de la renonciation à recours aux personnes désignées dans la clause de renonciation (Ass. plén., 28 mai 1973, Bull. civ. n° 3) et aux risques limitativement mentionnés dans la même clause (Civ. 1re, 17 oct. 1995, RGDA 1996. 65, note F. Vincent ; Civ. 1re, 30 oct. 1995, RGDA 1996. 63, note F. Vincent).

2862. Il appartient à celui qui allègue une renonciation de l'assureur à son profit d'en établir l'existence (Civ. 1re, 8 mai 1962, RGAT 1963. 195).

2 ▪ Possibilité de recours contre l'assureur de responsabilité de l'auteur du dommage

2863. La question s'est posée de savoir si la renonciation à recours stipulée au profit d'une personne bénéficiait à son assureur de responsabilité. Par le passé, il a parfois été jugé que la renonciation à recours contre l'auteur du dommage valait renonciation à recours contre son assureur de responsabilité (pour une renonciation à recours d'un assureur du propriétaire contre ses locataires, Civ. 1re, 4 nov. 1992, RGAT 1993. 104, note F. Vincent). Toutefois, tel n'est plus le sens de la jurisprudence actuelle et il a toujours existé des clauses renonciation « sauf assurance ».

2864. Il est possible d'aménager conventionnellement le recours subrogatoire de l'assureur. Ce dernier peut consentir à une renonciation contre un tiers responsable désigné tout en se réservant le recours contre l'assureur de responsabilité de ce dernier. La Cour de cassation admet la validité et l'opposabilité d'une telle clause en indiquant « qu'il n'est pas interdit à l'assureur de dommages qui renonce à tout recours contre le responsable du dommage de se réserver un recours contre l'assureur de ce responsable » (Civ. 1re, 13 janv. 1987, D. 1987, jur., p. 397, note H. Groutel). En présence d'une clause renonciation « sauf assurance », l'assureur ayant indemnisé peut donc agir directement contre l'assureur de responsabilité de l'auteur du dommage. Le caractère désormais facultatif de la mise en cause de l'assuré (Civ. 1re, 7 nov. 2000, Bull. civ. I, n° 274 ; D. 2001, somm. p. 3320, obs. H. Groutel ; ibid. 2002, somm. p. 2115, obs. A. Bonnard ; RGDA 2000. 1108, obs. J. Kullmann ; RCA 2001, comm. n° 29, obs. H. Groutel) facilite encore cette action.

2865. La jurisprudence a admis que la seule renonciation à recours de l'assureur à l'égard du tiers responsable ne vaut pas renonciation à recours contre l'assureur de responsabilité de ce dernier. La Cour de cassation est très nette sur ce point en décidant que : « la clause de renonciation à recours contre la personne responsable d'un dommage n'emporte pas, sauf stipulation contraire, renonciation à recourir contre l'assureur de cette personne (Civ. 1re, 26 mai 1993, Bull. civ. I, n° 186 ; RGAT 1993. 795, note F. Vincent). Cette position a été réaffirmée régulièrement (Civ. 1re, 30 mai 1995, RGAT 1995. 590, note F. Vincent ; Civ. 1re, 12 févr. 2002, RCA 2002, chron. n° 30) sur le fondement des articles 1134 et 1135 du Code civil (désormais aux articles du 1103, 1104, 1193 et 1194 Code civil) qui permettent à la Haute juridiction d'indiquer que « la renonciation à un droit ne résulte que d'actes manifestant sans équivoque la volonté de renoncer » (Civ. 1re, 25 oct. 1994, RGAT 1994. 1131, note F. Vincent).

2866. Lorsque la clause de renonciation ne prévoit pas expressément de renonciation à recours contre l'assureur du responsable, l'assureur qui a indemnisé pourra agir directement contre l'assureur du responsable. Afin d'obtenir le remboursement de l'indemnisation versée à son assuré victime, l'assureur subrogé exercera une action directe contre l'assureur de l'auteur du dommage en faisant « reconnaître dans son principe et dans son étendue la responsabilité de cette personne appelée aux débats » (Civ. 1re, 17 mars 1998, Bull. civ. I, n° 111 ; RGDA 1998. 324, note F. Vincent). Il n'est même plus nécessaire de mettre en cause l'auteur du dommage pour établir sa responsabilité et la créance de réparation (Civ. 1re, 7 nov. 2000, préc.).

B . Renonciation de l'assuré

2867. Lorsqu'un assuré a renoncé par avance à recourir contre un tiers, l'auteur du dommage bénéficiaire de la renonciation peut opposer cette renonciation à l'assureur qui se prétendrait subrogé dans les droits de son assuré (Civ. 1re, 14 déc. 1983, RGAT 1985. 380 ; Civ. 1re, 4 nov. 1992, RGAT 1993. 104).

2868. Il a été jugé que la renonciation de l'assuré à recourir à la fois contre l'auteur du dommage et contre son assureur ne permettait pas à l'assureur de dommages d'exercer un recours contre l'assureur de responsabilité (Civ. 1re, 23 févr. 1999, RGDA 1999. 450, note F. Vincent).

2869. Il faut rappeler que l'article L. 121-12 alinéa 2 du Code des assurances prévoit, en substance, que l'assureur ne doit pas sa garantie à son assuré lorsque ce dernier a compromis la possibilité de subrogation de l'assureur. L'assureur peut, dans de telles circonstances, refuser sa garantie en faisant jouer cette exception de subrogation. Lorsque l'assuré a renoncé à son recours à la fois contre l'auteur du dommage et l'assureur de responsabilité de l'auteur du dommage, il fait perdre tout recours à son propre assureur ; ce dernier ne doit pas sa garantie. La Cour de cassation évoque alors une « déchéance » totale de garantie contre l'assuré qui a renoncé à ses recours contre l'auteur du dommage et son assureur de responsabilité (Civ. 1re, 3 nov. 1993, RGAT 1994, note F. Vincent ; RCA 1994, comm. n° 28, obs. H. Groutel). Il ne faut donc surtout pas que l'assuré renonce au recours contre l'assureur de responsabilité de l'auteur du dommage. En revanche, lorsque l'assuré a renoncé au seul recours contre l'auteur du dommage sans renoncer expressément au recours contre l'assureur de l'auteur du dommage, l'assureur peut continuer d'agir directement contre l'assureur de l'auteur du dommage. Dans ces circonstances, l'assureur n'ayant pas perdu tout recours, il ne peut pas invoquer contre son assuré un refus de garantie qui serait fondé sur l'article L. 121-12 alinéa 2 du Code des assurances.

2870. Il est soutenu que la renonciation à recours de l'assuré devrait être déclarée à l'assureur car elle aggrave le risque et justifie une surprime (v. note H. Groutel sous Civ. 1re, 17 févr. 1987, D. 1987, somm. p. 333). Il n'y aurait donc pas lieu à refuser la garantie à l'assuré sur le fondement de l'alinéa 2 de l'article L. 121-12 alinéa 2 du Code des assurances, mais à faire application du régime de la déclaration de risque (V. Titre 4, Sous-titre III, Chap. II, Les sanctions de la déclaration non sincère de risque). La jurisprudence s'en tient néanmoins à l'application de l'article L. 121-12 alinéa 2 du Code des assurances (V. supra), c'est-à-dire à la privation de garantie de l'assuré qui a renoncé à tout recours. On peut signaler que, dans un arrêt, il a été décidé l'impossibilité pour l'assureur de se prévaloir contre son assuré de l'exception de subrogation en retenant que l'assureur aurait pu avoir connaissance de la renonciation à recours de son assuré en l'interrogeant lors de la souscription (Civ. 1re, 17 févr. 1987, RGAT 1987. 567, note J. Bigot ; D. 1987, somm. p. 333, obs. H. Groutel).

Sous-titre 3 Continuation ou fin du contrat

Chapitre 1 La tacite reconduction

BIBLIOGRAPHIE

L'Argus de l'assurance

Ouvrages. – J. Landel, *Lexique des termes d'assurance*, L'Argus éd., 2014. - J. Bigot (sous dir.), *Code des assurances*, L'Argus éd. – F. Couilbault, S. Couilbaut-Di Tommaso, V. Huberty, *Les grands principes de l'assurance*, L'Argus éd., 2015.

Articles. – S. Corone et A. Boone, Le mode d'emploi de la tacite reconduction, L'Argus, 1er janv. 1999, p. 28. – A. Vathaire, La loi Chatel pointe du doigt la tacite reconduction, L'Argus, n° 6914, 28 janv. 2005.

Autres documentations

Ouvrages. – M. Picard et A. Besson, *Les assurances terrestres*, T. 1, le contrat d'assurance, LGDJ, 1982, 5e éd, par A. Besson, n° 163-166. – B. Beignier, *Droit du contrat d'assurance*, PUF, 1999, n° 162-163. – J. Kullmann (sous dir.), *Lamy Assurances*, 2011, n° 556-560. – J. Bigot (dir.), *Traité de droit des assurances*, T. 3, le contrat d'assurance, LGDJ 2002, n° 703-710. – L. Mayaux, Rép. Civ. Dalloz, V° Assurances terrestres. – H. Groutel (dir.) et F ; Leduc, Ph. Pierre et M. Asselain, *Traité du contrat d'assurance terrestre*, Litec, 2008, n° 913 et s.

Articles. – Amar-Layani, La tacite reconduction, D. 1996, chron., p 143. - A. Benabent, La prolongation du contrat, in Durées et contrats, Colloque de la Revue des contrats, RDC 2004, p. 117.- J. Bigot, La loi Chatel et l'assurance : une loi inutile ? L. n° 2005- 67, 28 janvier 2005, JCP G 2005, act. n° 82. – H. Groutel, La loi du 28 janvier 2005 : un marché de dupes ?, RCA 2005, repère 2. - F. Leduc, La formation tacite du contrat d'assurance, Mélanges Aubert, Dalloz 2005, p.193. - Ph. Stoffel-Munck, L'encadrement de la tacite reconduction dans les contrats de consommation depuis la loi Chatel, JCP G 2005, I, n° 129. - P. Tiffreau, Le silence et le contrat d'assurance, RGAT 1989. 781.

Divers. – A. Croyn, De la tacite reconduction en matière d'assurances terrestres, Th. Strasbourg, 1943. – O. Litty, Inégalité des parties et durée du contrat, Th. LGDJ, 1999. T.322 ; Carole Najm-Makhlouf, Tacite reconduction et volonté des partie, Th. LGDJ 2013, T. 542 - Lamy Assurances, Bull. d'act. février 2005, n° 114, p. 5.

Section 1 Durée du contrat

§ 1 Détermination de la durée

2871. La durée du contrat d'assurance est, sauf disposition légale contraire, librement fixée par les parties. En effet, l'article L. 113-12 du Code des assurances dispose que « la durée du contrat et les conditions de résiliation sont fixées par la police » ; il s'agit là d'une simple application du principe de liberté contractuelle. Pour un rappel du principe selon lequel « le fait que l'assuré apporte la preuve de l'existence du contrat ne le dispense pas de l'obligation d'apporter également la preuve littérale et suffisante du contenu de celui-ci et de sa durée » : Civ. 2e, 13 janv. 2011, n° 08-21.010, RGDA 2011, p. 480, note A. Pélissier. L'article L. 112-4 du Code des assurances précise pour sa part que le contrat d'assurance doit indiquer « le moment à partir duquel le risque est garanti et la durée de cette garantie ».Une exception existe à la liberté des parties dans la fixation de la durée du contrat ; en effet, l'article L. 241-1, alinéa 3, du Code des assurances, prévoit qu'en assurance de responsabilité des travaux de bâtiment, le contrat doit obligatoirement comporter une clause assurant le maintien de la garantie pendant la durée de la responsabilité pesant sur la personne assujettie à l'obligation d'assurance.

2872. Deux hypothèses sont envisageables : soit le contrat est conclu pour une durée indéterminée, soit il est conclu pour une durée déterminée. Il faut toutefois noter que les contrats à durée déterminée tendent à se généraliser. Lorsque le contrat d'assurance est à durée déterminée, il est en règle générale conclu pour une durée d'un an, notamment en matière de contrat d'assurance automobile ou de multirisque habitation mais d'autres durées sont parfaitement envisageables, par exemple quelques jours pour l'assurance de la location d'un véhicule ou les contrats d'assistance.

2873. La durée du contrat est la période allant de la date de formation du contrat, c'est-à-dire de l'accord de volontés, à sa date d'expiration, quelle qu'en soit la cause. La durée de la garantie est la période pendant laquelle l'assureur est tenu d'exécuter son obligation de garantie si un sinistre survient. La durée du contrat et la durée de la garantie coïncident souvent, mais ce n'est pas toujours le cas. Il est en effet possible que la garantie prenne effet avant la conclusion du contrat. Elle s'applique alors de façon rétroactive, afin de couvrir des faits inconnus survenus avant la formation du contrat. C'est le cas, par exemple, avec les clauses de reprise du passé inconnu en assurance de responsabilité civile où l'assureur consent à prendre en charge des sinistres dont l'origine est antérieure à la conclusion du contrat. Il se peut aussi que la garantie prenne effet postérieurement à la date de conclusion du contrat. Ce sera le cas, par exemple, si cette prise d'effet est subordonnée à une condition telle que le paiement de la cotisation. Dans le même sens, il est possible que le contrat prévoit un délai de carence, à l'expiration duquel la garantie prendra effet. C'est le cas notamment dans les contrats d'assurance perte d'emploi, où la garantie ne trouvera à s'appliquer que plusieurs semaines après la conclusion du contrat, et ceci afin d'éviter toute tentative de fraude de l'assuré, tenté de souscrire un tel contrat alors qu'il a été averti d'un licenciement, notamment économique, à venir. Il arrive aussi que la garantie cesse de produire ses effets postérieurement à la date d'expiration du contrat ; dans une telle hypothèse, sont pris en charge des événements survenant pendant une période déterminée appelée subséquente.

§ 2 ▪ Mention de la durée

2874. Certaines conditions de forme doivent être respectées. Ainsi, l'article L. 113-15 du Code des assurances impose que la durée du contrat soit mentionnée en caractères très apparents dans le contrat ; l'appréciation des caractères très apparents relève du pouvoir souverain des juges du fond (Civ. 1re, 26 avr. 2000, RGDA 2000. 895, note J. Kullmann ; l'arrêt évoque « le caractère apparent » de la clause). Toutefois, le Code des assurances ne prévoit aucune sanction si cette exigence n'est pas respectée. La méconnaissance de la règle ne resterait toutefois pas sans sanction, puisque la jurisprudence décide que lorsque la clause ne figure pas en caractères très apparents, la sanction n'est pas la nullité du contrat, mais l'inopposabilité de la clause à l'assuré (Civ. 1re, 14 nov. 1979, RGAT 1980. 353). Le contrat serait alors réputé avoir été conclu pour une durée d'un an.

2875. Lorsque la durée du contrat prévue par les parties est supérieure à trois ans, l'article A. 113-1 du Code des assurances impose des formalités complémentaires. Ainsi, d'une part, les contrats doivent comporter la clause suivante : « la durée du présent contrat est rappelée par une mention en caractères très apparents figurant juste au-dessus de la signature du souscripteur » et, la clause relative à la durée doit figurer à une place précise, juste au dessus de la signature du souscripteur, afin qu'il puisse en prendre effectivement connaissance. Si ces exigences n'étaient pas respectées, le texte précise que le souscripteur peut résilier le contrat sans indemnité, chaque année à la date anniversaire de sa prise d'effet, moyennant un préavis d'un mois au moins.

2876. La jurisprudence considère que la règle imposée par l'article A. 113-1 du Code des assurances a « pour but de garantir une protection plus efficace des assurés contre les formules ambiguës et parfois inintelligibles employées par certaines compagnies d'assurance dans leurs polices » (Civ. 1re, 14 mai 1974, D. 1975, p. 97, note Cl.-J. Berr et H. Groutel). C'est ainsi qu'a parfois pu être condamnée la clause dite « durée société » ou « durée statutaire », voire « DS », figurant dans certains contrats. Une telle clause signifie que la durée du contrat correspond à la durée de vie de la compagnie d'assurance ; mais elle est peu intelligible pour le profane. Certains arrêts ont ainsi décidé qu'une telle mention ne respectait pas les exigences de l'article A. 113-1 du Code des assurances car si « elle est parfaitement claire pour tout usager familiarisé avec la législation des assurances, elle est par contre ambiguë et équivoque pour celui qui, comme l'assuré, n'a que des connaissances limitées en matière d'assurance » (Civ. 1re, 29 janv. 1975, Bull. civ. I, n° 33).

§ 3 ▪ Présence d'une clause de tacite reconduction

2877. Lorsque le contrat est conclu à durée déterminée, deux hypothèses sont envisageables :
- le contrat peut cesser au terme prévu, de façon définitive (pour un exemple : Civ. 1re, 2 mars 1994, RGAT 1994. 458, note R. Maurice) ; dès lors, les obligations des parties prennent fin (Civ. 1re, 2 mars 1994, RGAT 1994. 458, note R. Maurice) et si un sinistre survenait, il ne serait pas garanti. Il a ainsi pu être décidé qu'un contrat litigieux d'une durée limitée à un an sans tacite reconduction ayant pris fin à son terme, une cour d'appel ne pouvait considérer comme garanti un sinistre survenu postérieurement, sans rechercher si, en l'absence du paiement de la prime réclamée à l'assuré, un nouveau contrat avait pu se former (Civ. 2e, 20 mars 2008, RCA 2008, comm. n° 208, obs. H. Groutel) ;
- une tacite reconduction du contrat peut être prévue et le contrat est alors renouvelé à l'échéance du terme.

2878. Le contrat d'assurance est, dans la plupart des cas, conclu pour une durée déterminée, en général, un an ; il prend alors automatiquement fin à l'expiration de la durée prévue. Pour que le contrat se poursuive, il faudrait un nouvel accord des parties, assureur et souscripteur. Il est pourtant fréquent que les contrats contiennent une clause de tacite reconduction, en vertu de laquelle s'opère automatiquement un renouvellement du contrat à son expiration, si les parties ne s'y opposent pas (pour une illustration, V. Civ. 2e, 17 mars 2011, n° 09-17.396. Il convient de ne pas confondre durée du contrat et durée de la garantie : Civ. 2e, 24 nov. 2011, n° 10-19.599). Ce mécanisme présente des avantages tant pour l'assureur que pour l'assuré. En effet, l'assuré ne se tient pas toujours informé de la date d'expiration de son contrat, la tacite reconduction lui évite alors de se retrouver privé de garantie sans en avoir connaissance. Elle permet également à l'assureur de conserver un client, sans devoir se livrer à une renégociation du contrat.

Section 2 ■ Conditions de la tacite reconduction

§ 1 ■ Contrat à durée déterminée arrivé à terme

2879. Pour pouvoir être renouvelé par tacite reconduction, le contrat d'assurance doit avoir été conclu pour une durée déterminée. Il n'est pas possible en effet d'envisager la tacite reconduction d'un contrat à durée indéterminée puisque cette tacite reconduction suppose, par définition, que le contrat soit arrivé à expiration. Il faut toutefois que le contrat soit arrivé à son échéance normale ; la tacite reconduction ne serait pas envisageable si le contrat avait pris fin de façon anticipée.

§ 2 ■ Existence d'une clause expresse

2880. La tacite reconduction d'un contrat d'assurance ne peut jouer que si elle a été prévue par une clause expresse du contrat. L'article R. 112-1 du Code des assurances dispose en effet que les polices d'assurance doivent indiquer « les conditions de la tacite reconduction, si elle est stipulée » ; cela implique donc qu'à défaut de clause, le contrat cesserait de plein droit à l'arrivée du terme (Civ. 1re, 26 avr. 2000, RGDA 2000. 895, note J. Kullmann ; Civ. 1re, 2 mars 1994, RGAT 1994. 458, note R. Maurice, qui approuve une cour d'appel d'avoir décidé qu'aucun contrat d'assurance temporaire décès était en vigueur, ayant constaté que « les deux polices litigieuses avaient une durée limitée à un an » et « qu'elles ne comportaient aucune clause expresse de tacite reconduction »). Cette exigence se justifie par une volonté de protection du souscripteur : il doit obligatoirement donner son accord, lors de la formation du contrat, à sa tacite reconduction. Il n'est cependant pas exigé que cette clause figure en caractères très apparents dans le contrat. En l'absence de clause, il faudrait un nouvel accord des parties pour que le contrat soit renouvelé, ce qui suppose qu'une offre de renouvellement soit faite par l'assureur et acceptée par le souscripteur. Ce procédé n'exclut pas le danger pour l'assuré de se retrouver dépourvu d'assurance pendant un certain laps de temps, dans l'intervalle existant entre la fin du contrat en cours et l'accord de renouvellement (Civ. 1re, 24 mars 1987, RGAT 1987. 384, note J. Bigot).

2881. On a critiqué l'exigence d'une telle clause ; ainsi pour Picard et Besson, « si le contrat se renouvelle à son expiration, c'est parce qu'une clause l'a prévu expressément. Il n'y a donc pas à proprement parler de tacite reconduction, puisque, sans clause spéciale, le contrat ne peut se renouveler que par accord exprès des parties » (M. Picard et A. Besson, *Les assurances terrestres*, T. 1, le contrat d'assurance, LGDJ, 5e éd., n° 163). On a toutefois pu objecter que « la critique n'est pas dirimante », puisque n'est en cause que « la source du mécanisme, non celui-ci, qui est bien celui d'une tacite reconduction » (B. Beignier, *Droit du contrat d'assurance*, PUF, n° 162). L'exigence d'une clause expresse de tacite reconduction est destinée à rendre certain l'accord effectif du souscripteur au mécanisme de la tacite reconduction. On peut toutefois douter de l'efficacité d'un tel dispositif dans la mesure où le contrat d'assurance constitue un contrat d'adhésion, dont le contenu est imposé par l'assureur-rédacteur. Or, la clause de tacite reconduction constitue une clause de style, presque systématiquement stipulée.

2882. On peut alors se demander s'il ne serait pas possible d'envisager une tacite reconduction du contrat d'assurance, en l'absence de clause expresse. Supposons en effet qu'à l'expiration du contrat, l'assureur adresse un avis de paiement au souscripteur et que celui-ci règle la cotisation demandée ; ce paiement ne pourrait-il pas être analysé comme un accord tacite de renouveler le contrat ? Telle n'est pourtant pas la position de la jurisprudence. En effet, dans une décision du 5 octobre 1964 (Civ. 1re, 5 oct. 1964, D. 1965, II, 57), la première Chambre civile de la Cour de cassation décide que lorsqu'un contrat d'assurance, ne prévoyant pas de clause expresse de tacite reconduction, a expiré au terme convenu, les avis adressés par l'assureur à l'assuré ne constituaient que l'offre ferme d'un nouveau contrat. Le paiement de la cotisation par le souscripteur constitue alors l'acceptation de ce nouveau contrat. Or, une telle analyse a des conséquences importantes sur le point de départ de la garantie. En effet, lorsque le contrat contient une clause de tacite reconduction, la nouvelle garantie prend effet dès l'expiration du contrat initial, sans coupure, de sorte que l'assuré est toujours couvert par l'assurance. En revanche, lorsqu'en l'absence de clause, l'assureur demande au souscripteur une nouvelle cotisation que celui-ci lui verse, la nouvelle garantie ne prendra effet qu'à compter du paiement, laissant l'assuré sans couverture entre la date d'expiration du contrat initial et la date de conclusion du nouveau contrat.

2883. Pour pouvoir être invoquée par l'assuré, la clause de tacite reconduction doit être stipulée dans la relation contractuelle le liant à l'assureur. Ainsi, dans le cadre d'une assurance groupe, la clause doit être stipulée dans les rapports entre l'assureur et l'adhérent (Civ. 1re, 26 avr. 2000, RGDA 2000. 896, note J. Kullmann).

§ 3 ▪ Absence d'opposition d'une des parties

2884. Le jeu de la tacite reconduction est subordonné à l'absence d'opposition de la part des parties. Les parties ont, en effet, la possibilité de renoncer à la reconduction du contrat ; elles doivent pour cela respecter un délai de préavis. Ce délai est en général fixé à un mois par les contrats d'assurance. En l'absence de précision dans le contrat, il conviendrait d'appliquer le délai légal de deux mois prévu par le Code des assurances en cas de résiliation périodique du contrat, puisque le législateur n'est pas venu fixer de délai propre à l'opposition à la tacite reconduction. Toutefois, en matière d'assurance automobile obligatoire, l'article A. 211-1-2, alinéa 3, du Code des assurances prévoit que la dénonciation de la tacite reconduction par l'assureur est soumise à un délai de préavis de deux mois.

2885. La loi n° 89-1014 du 31 décembre 1989 a imposé une faculté de résiliation annuelle ; l'article L. 113-12, alinéa 2 du Code des assurances dispose en effet que « l'assuré a le droit de résilier le contrat à l'expiration d'un délai d'un an, en envoyant une lettre recommandée à l'assureur au moins deux mois avant la date d'échéance. Ce droit appartient, dans les mêmes conditions, à l'assureur ». Ces dispositions ne sont pas applicables aux assurances sur la vie. Ces types de contrat peuvent en effet être résiliés à tout moment. De plus, comme le précise le texte, il peut être dérogé à la faculté de résiliation annuelle pour les contrats individuels d'assurance maladie et pour la couverture des risques autres que ceux des particuliers ; pour ces contrats, la police peut librement déterminer la périodicité de la résiliation.

2886. La loi n° 2005-67 du 28 janvier 2005, « tendant à conforter la confiance et la protection du consommateur » dite loi « Chatel », du nom de l'un des députés à l'origine du texte (JO 1er févr. 2005, p. 1648), a inséré dans le Code des assurances un nouvel article L. 113-15-1, dont l'objectif est de « faciliter la résiliation des contrats tacitement reconductibles ». Il est aussi créé un nouvel article L. 221-10-1 du Code de la mutualité, mettant en place un dispositif identique à celui de l'article L. 113-15-1 du Code des assurances. Cet article prévoit que pour les contrats d'assurance à tacite reconduction, couvrant les personnes physiques en dehors de leurs activités professionnelles, la date limite d'exercice de la faculté de dénonciation de la tacite reconduction doit être rappelée avec chaque avis d'échéance annuelle de cotisation.

En effet, les assureurs ont fait valoir la spécificité de leur secteur d'activité (des dispositions précises du Code des assurances organisent l'information du souscripteur sur la durée et les conditions de résiliation du contrat : C. assur, art. L. 113-12 et L. 113-15) et ont fait admettre que le rappel de la faculté de résiliation figure dans l'avis d'échéance et n'a donc pas besoin d'être envoyé préalablement, dans un document particulier, toujours coûteux. (Pour le Code de la Sécurité sociale, voir article L. 932-21-1).

2887. Une telle disposition vise à avertir les particuliers de leur droit à dénonciation en temps utile et à leur permettre de l'exercer. Le nouveau dispositif, destiné à protéger les consommateurs, ne s'applique qu'aux personnes physiques, et non aux personnes morales. Sont donc exclus les contrats conclus par les groupements, tels que, par exemple, les associations ou les sociétés. En outre les nouvelles dispositions ne concernent pas les professionnels assurés pour l'exercice de leur activité. Une incertitude quant au champ exact d'application du texte subsiste toutefois. En effet le texte vise « les contrats couvrant les personnes physiques » ; une telle formule semble signifier que c'est l'assuré, et non le souscripteur qui doit être une personne physique. Une telle interprétation implique que rentreraient dans le cadre du dispositif les contrats souscrits par une personne morale et couvrant, à titre individuel (les contrats collectifs étant exclus du champ d'application du nouvel article L. 113-15-1 du Code des assurances) une personne physique. On peut néanmoins douter de l'exactitude d'une telle interprétation. En effet seul le souscripteur, cocontractant de l'assureur peut résilier le contrat ; c'est donc lui que vise à protéger le système mis en place. Par ailleurs, le souscripteur non professionnel ne sera pas toujours averti dans le délai de résiliation, dans la mesure où l'avis d'échéance mentionnant la faculté de résiliation pourra lui parvenir après l'expiration du délai de préavis. C'est pourquoi le texte prévoit que, lorsque l'avis d'échéance lui est adressé moins de quinze jours avant la date de dénonciation de la tacite reconduction, ou après cette date, l'assuré est informé avec cet avis qu'il dispose d'un délai de vingt jours suivant la date d'envoi de l'avis pour dénoncer la reconduction du contrat. Dans ce cas, le délai de dénonciation court à partir de la date figurant sur le cachet de la poste (qu'en sera-t-il pour les avis d'échéance lorsqu'ils seront envoyés par voie électronique ?).

2888. Prenons l'exemple d'un contrat dont l'échéance est le 1er février 2017. Pour le souscripteur désireux de dénoncer le contrat, la date limite d'exercice de la faculté de résiliation est le 30 novembre 2016 (en l'absence de précision du contrat, le délai de préavis est de deux mois, voir chapitre 2, La résiliation). C'est donc cette date qui doit figurer sur l'avis d'échéance envoyé par l'assureur, afin que le souscripteur puisse dénoncer à temps le contrat. Si jamais l'avis d'échéance mentionnant cette information est adressé après le 15 novembre 2016 (on considère que le souscripteur doit disposer d'un délai minimum de 15 jours pour pouvoir procéder à la résiliation), ou après la date limite de dénonciation, il est alors nécessaire d'informer le souscripteur qu'il dispose encore d'un délai de vingt jours à compter de la date d'envoi de l'avis pour résilier le contrat.

2889. Il est aussi possible que l'information prévue par le texte soit totalement absente. Ce sera le cas si l'avis d'échéance ne mentionne pas la date limite d'exercice de la faculté de dénonciation, ou si l'avis d'échéance envoyé tardivement n'indique pas la possibilité de résilier dans les vingt jours. Dans de telles hypothèses, le contractant se voit accorder le droit de mettre un terme au contrat à tout moment à compter de la date de reconduction, en envoyant une lettre recommandée à l'assureur. La résiliation prend alors effet le lendemain de la date figurant sur le cachet de la poste. Il est en outre prévu qu'aucune pénalité ne pourra être réclamée au contractant exerçant ainsi son droit de dénonciation du contrat. La loi ne vient fixer aucune date limite pour l'exercice de ce droit. Le texte précise que le souscripteur est tenu de payer la partie de cotisation correspondant à la période pendant laquelle le risque a couru, période calculée jusqu'à la date de la résiliation. Ainsi, lorsque la résiliation intervient à temps, avant la date d'échéance, le souscripteur n'a pas de portion de prime prorata temporis à régler. En revanche, si en l'absence d'information, le souscripteur exerce la possibilité que lui accorde la loi de résilier le contrat « à tout moment », à compter de la date de reconduction, il doit régler, prorata temporis, la portion de cotisation correspondant à la période allant de la date de reconduction à la date de résiliation. Par exemple, si le contrat a été reconduit à compter du 1er février 2009 et que le souscripteur résilie à compter du 1er mai 2009, il devra régler la fraction de cotisation correspondant à la période allant du 1er février au 30 avril. Dans l'hypothèse où le souscripteur aurait, par avance, versé à l'assureur une cotisation supérieure à la somme correspondant à cette période (par exemple l'assureur a exigé le paiement du montant annuel de la prime), le texte précise que l'assureur doit rembourser à l'assuré dans un délai de trente jours à compter de la date d'effet de la résiliation, la partie de cotisation correspondant à la période pendant laquelle le risque n'a pas couru, période calculée à compter de ladite date d'effet. À défaut de remboursement dans ces conditions, les sommes dues par l'assureur sont productives d'intérêts au taux légal. Ainsi, par exemple, si le souscripteur a réglé la totalité de la cotisation annuelle à l'échéance du 1er février 2009, s'il met fin au contrat à compter du 1er mai 2009, l'assureur devra lui restituer le trop perçu, correspondant à la période allant du 2 mai 2009 au 31 janvier 2010 et cela dans les trente jours suivant le 1er mai. Il est à noter que le dispositif mis en place par le nouvel article L. 113-15-1 du Code des assurances n'est applicable ni aux assurances sur la vie, ni aux contrats de groupe et autres opérations collectives. La nouvelle loi entre en vigueur six mois après sa promulgation, soit le 28 juillet 2005. À compter de son entrée en vigueur, elle sera applicable aux contrats en cours et à leur reconduction à la date de promulgation de la loi (L. n° 2005-67, art. 7-II) ainsi, bien sûr qu'aux contrats conclus après son entrée en vigueur (sur les difficultés soulevées par ces dispositions transitoires, voir J. Bigot, La loi Chatel et l'assurance : une loi inutile ? L. n° 2005-67, 28 janvier 2005, JCP 2005, act. n° 82).

2890. Par ailleurs, la loi n° 2014-344 du 17 mars 2014 relative à la consommation a créé un nouvel article L. 113-5-2 accordant aux assurés consommateurs une nouvelle faculté de résiliation infra-annuelle. Cet article ne s'appliquera qu'aux contrats conclus ou tacitement reconduits à compter de la publication du décret en Conseil d'État devant en préciser les modalités et conditions. Cet article prévoit désormais que « Pour les contrats d'assurance couvrant les personnes physiques en dehors de leurs activités professionnelles et relevant des branches définies par décret en Conseil d'État, l'assuré peut, à l'expiration d'un délai d'un an à compter de la première souscription, résilier sans frais ni pénalités les contrats et adhésions tacitement reconductibles. La résiliation prend effet un mois après que l'assureur en a reçu notification par l'assuré, par lettre ou tout autre support durable. »Ce droit de résiliation doit être « mentionné dans chaque contrat d'assurance. Il est en outre rappelé dans chaque avis d'échéance de prime ou de cotisation. » Lorsque le contrat est résilié, « l'assuré n'est tenu qu'au paiement de la partie de prime ou de cotisation correspondant à la période pendant laquelle le risque est couvert, cette période étant calculée jusqu'à la date d'effet de la résiliation. L'assureur est tenu de rembourser le solde à l'assuré dans un délai de trente jours à compter de la date de résiliation. À défaut de remboursement dans ce délai, les sommes dues à l'assuré produisent de plein droit intérêts au taux légal ».

2891. L'article R. 113-1, créé par le décret n°2014-1685 du 29 décembre 2014 prévoit que lorsque sont remplies les conditions de résiliation prévues à l'article L. 113-15-2 (c'est-à-dire la faculté de résiliation infra-annuelle), l'assureur applique les dispositions de cet article, notamment lorsque l'assuré dénonce la reconduction tacite du contrat en application de l'article L. 113-15-1, postérieurement à la date limite d'exercice du droit de dénonciation du contrat.

Section 3 ▪ Effets de la tacite reconduction

2892. La tacite reconduction du contrat d'assurance fait naître un nouveau contrat. Comme l'affirme régulièrement la jurisprudence, « la tacite reconduction n'entraîne pas prorogation du contrat primitif mais donne naissance à un nouveau contrat » (Civ. 1re, 6 oct. 1969, RGAT 1970. 35, note A. Besson, qui approuve une cour d'appel d'avoir décidé « qu'il s'est formé un contrat nouveau à la date de reconduction de la police »). Il s'agit donc d'un nouveau contrat conclu aux conditions du contrat initial, hormis la durée du contrat. Cette reconduction s'effectue de façon automatique, sans qu'il soit besoin d'accomplir de formalités spécifiques.

2893. Le fait que la tacite reconduction du contrat soit analysée en un nouveau contrat soulève certaines difficultés. En effet, puisqu'il s'agit d'un nouveau contrat, il devrait être procédé à une nouvelle déclaration du risque, ce qui n'a pas lieu en pratique. De plus, si le souscripteur ne paie pas la cotisation du contrat tacitement reconduit, l'assureur doit mettre en œuvre la procédure de suspension de garantie prévue par l'article L. 113-3 du Code des assurances : cette cotisation n'est donc pas considérée, comme cela devrait logiquement être le cas, comme la première cotisation d'un nouveau contrat. En effet, si tel était le cas, la garantie ne devrait pas prendre effet, en vertu de la clause, très fréquemment insérée dans les contrats, qui subordonne la prise d'effet de la garantie au paiement de la première cotisation. Une difficulté surgit aussi en cas de modification de la législation. En effet, la loi applicable au nouveau contrat s'apprécie au jour de l'expiration de l'ancien contrat. Cela implique donc qu'une loi nouvelle, survenue après la conclusion du contrat initial, pourra s'appliquer au contrat reconduit (V., pour des dispositions réglementaires : Civ. 1re, 2 déc. 2003, RCA 2004, comm. n° 159, note H. Groutel). Sans doute la tacite reconduction ne devrait-elle pas entraîner la création d'un nouveau contrat, mais prolonger le contrat initial.

2894. L'article L. 113-15, alinéa 1, du Code des assurances exige que le contrat mentionne que la durée de la tacite reconduction ne peut être supérieure à une année. Il s'agit là d'une règle impérative. Ainsi, la durée du nouveau contrat est fixée dans le contrat, mais elle ne peut être supérieure à un an, durée prévue dans la majorité des polices.

2895. Il s'agit là d'une dérogation au droit commun de la tacite reconduction, puisqu'un contrat tacitement prorogé est normalement transformé en contrat à durée indéterminée. Cette dérogation constitue une mesure de protection de l'assuré : on cherche ainsi à éviter qu'il ne soit « prisonnier » du contrat pour une longue période. Ainsi, l'assuré ne se trouve-t-il jamais privé de garantie, puisque le contrat se renouvelle automatiquement à son expiration, mais il n'est alors lié que pour une année et peut mettre fin à la relation contractuelle, en s'opposant à la tacite reconduction, lors d'une échéance qui n'est pas très lointaine. Il est toutefois aussi possible que le contrat soit reconduit d'année en année par le jeu de la clause de tacite reconduction.

Chapitre 2
La résiliation

BIBLIOGRAPHIE

L'Argus de l'assurance

Ouvrages. – J. Landel, *Lexique des termes d'assurance*, L'Argus éd., 2014. – F. Couilbault, S. Couilbault-Di Tommaso, V. Huberty, *Les grands principes de l'assurance*, L'Argus éd., 2015 – J. Bigot (sous dir.), *Code des assurances*, L'Argus éd.

Articles. – S. Corone, L'aggravation du risque, L'Argus n° 7154, févr.2010 ; S. Corone, La résiliation envisagée dans sept hypothèses, L'Argus, 18 mai 2001, p. 40. – S. Corone et A. Boone, Les procédures et délais de résiliation, L'Argus, 4 sept. 1998, p. 48. – S. Corone, Quand l'assureur doit rembourser la prime, L'Argus, 1er déc. 2000, p. 43.

Autres documentations

Ouvrages. – *Traité de droit des assurances*, t. 3, « le contrat d'assurance », J. Bigot (dir.), LGDJ, 2002, n° 720-748. – J. Kullmann (dir.), *Lamy Assurances* 2011. – Y. Lambert-Faivre et L. Leveneur, *Droit des assurances*, Dalloz, 2005, 12e éd., n° 243-272. – A. Favre Rochex, *Le droit du contrat d'assurance terrestre*, LGDJ, coll. « Droit des affaires », LGDJ, 1998. – H. Groutel (dir.), F. Leduc, Ph. Pierre et M. Asselain, *Traité du contrat d'assurance terrestre*, Litec, n° 913-974

Articles. – M. Asselain, Incidence de la cession judiciaire d'une entreprise sur le contrat d'assurance, RCA 2006, étude n° 1. – A. Besson et J.-P. Moreau, Durée et résiliation des contrats d'assurance, RGAT 1973. 161. – J. Bigot, Le nouveau régime de résiliation des contrats d'assurance, JCP 1973, I, 2586. – J. Bigot, L'incidence de la loi de sauvegarde des entreprises sur le contrat d'assurance, JCP G 2005, I, n° 180. – G. Courtieu, L'abrogation de l'article L. 113-6 du Code des assurances : une portée limitée, RCA 2005, étude n° 20. -Nouveaux ajustements législatifs IV, RCA 2014, étude 3 - G. Durry, La résiliation par le souscripteur, Assur. Fr. 1986, p. 111. – H. Groutel, Le consensualisme de la résiliation mutuelle du contrat d'assurance, RCA 1992, chron. no 19. – J. Kullmann, La sanction d'une résiliation licite, RGDA 2000. 1033.-L. Mayaux, Propos impertinents sur la loi Hamon, RGDA 2014, p. 189. - D.Noguéro, La renonciation de l'assureur à la résiliation du contrat pour non-paiement de la prime, D. 2006, jur., p. 2771. – F. Leduc, « La clause de résiliation après sinistre en péril ? », RCA 2010, étude 1. – J.-G. Raffray, L'assuré en redressement ou liquidation judiciaire : quid de la résiliation pour défaut de paiement des primes ?, RCA 1996, chron. n° 11. - S. Piédelièvre, La loi du 17 mars 2014 relative à la consommation, JCP E 2014, 1176.

2896. La résiliation du contrat d'assurance n'est envisageable que dans des cas précis prévus par le Code des assurances, obéissant à des conditions spécifiques ; la loi n° 2014-344 du 17 mars 2014 relative à la consommation est venue créer, au profit du souscripteur, de nouvelles facultés de résiliation. Ces divers cas obéissent toutefois à un régime général commun, dont l'examen préalable s'impose.

Section 1 ▪ Régime général

2897. Le contrat d'assurance prend normalement fin à l'arrivée du terme convenu. Le législateur est cependant venu prévoir diverses dispositions accordant aux parties le droit de résilier le contrat avant sa date d'expiration, c'est-à-dire d'y mettre fin par une manifestation unilatérale de volonté. La résiliation constitue en effet un mode d'extinction du contrat entraînant son anéantissement pour l'avenir ; les effets passés de la convention ne sont pas remis en cause, ce qui permet de distinguer la résiliation de la nullité, qui met fin au contrat de façon rétroactive. Le contrat d'assurance résilié cesse de produire ses effets, ce qui signifie que l'assureur n'est plus tenu à garantie en cas de sinistre et que le souscripteur n'a plus à payer les cotisations arrivant à échéance après la résiliation.

2898. Les cas de résiliation sont prévus par le Code des assurances ; ils sont ouverts soit à l'assureur seul, soit au souscripteur seul, soit aux deux à la fois. La jurisprudence décide nettement que l'assureur ne dispose de faculté de résiliation unilatérale que dans les hypothèses prévues par le Code. Ainsi la Cour de cassation a affirmé au visa des articles L. 113-3, L. 113-12 et L. 114-1 du Code des assurances « qu'hormis le cas de défaut de paiement de la cotisation, prévu par le premier de ces textes, et sauf autres cas particuliers étrangers à l'espèce et spécialement prévus par ce code, l'assureur n'a de possibilité de résiliation unilatérale de la police d'assurance que dans ces conditions déterminées par le second » (Civ. 1re, 7 mars 1989, RGAT 1989. 526, note H. Margeat et J. Landel). Il est toutefois possible d'organiser dans le contrat un droit de rupture unilatérale pour le souscripteur. C'est ainsi que les contrats offrent souvent la possibilité pour le souscripteur refusant une augmentation de la cotisation de résilier le contrat. Cette faculté de résiliation devra alors être exercée dans le délai prévu dans la police (en général quinze jours à compter de la notification de l'augmentation de la cotisation dans l'avis d'échéance). Il existe aussi certaines hypothèses de résiliation de plein droit. En outre, en sus des cas de résiliation unilatérale du contrat, il est toujours possible aux parties de mettre fin d'un commun accord à leur convention.

2899. L'article R. 112-1 du Code des assurances exige que les contrats d'assurance indiquent « les cas et conditions de prorogation ou de résiliation du contrat ou de cessation de ses effets ». Il pèse donc sur l'assureur une obligation légale d'information de l'assuré sur les cas et les conditions de résiliation, qui doit être exécutée par une mention dans le contrat. Toutefois, le Code des assurances ne prévoit aucune sanction en cas de non-respect de cette obligation ; une sanction serait envisageable sur le fondement du droit commun. La responsabilité civile de l'assureur serait ainsi susceptible d'être engagée si son manquement a causé un préjudice à l'assuré.

2900. La faculté de résilier le contrat d'assurance appartient, selon les cas, à l'un des contractants, souscripteur ou assureur, ou aux deux. Mais dans certaines hypothèses, un consentement supplémentaire est exigé. Par exemple un époux ne pourrait pas résilier sans le consentement de son conjoint le contrat d'assurance garantissant le logement de la famille, par application de l'article 215, alinéa 3 du Code civil, qui décide que « les époux ne peuvent, l'un sans l'autre, disposer des droits par lesquels est assuré le logement de la famille… » (Civ. 2e, 10 mars 2004, RGDA 2004. 351, note L. Mayaux). Conformément à ce texte, l'époux n'ayant pas donné son consentement pourra demander la nullité de la résiliation dans un délai d'un an à compter du jour où il a eu connaissance de cet acte (Civ. 1re, 14 nov. 2006, RGDA 2007. 69, note L. Mayaux). Il est à noter que dans cette espèce, où le logement était un bien commun, c'est le délai d'un an prévu pour les actes de disposition du logement qui s'applique et non le délai de deux ans prévu par l'article 1427, alinéa 2, du Code civil lorsqu'un des époux a outrepassé ses pouvoirs sur un bien commun.

2901. Le destinataire de la résiliation doit être le cocontractant de celui qui résilie, puisqu'il s'agit de mettre de fin à la relation contractuelle. A ce cocontractant sera assimilé son représentant. Dans l'hypothèse où la résiliation est notifiée au représentant de l'assuré, l'efficacité de celle-ci est subordonnée à l'existence d'un mandat. Néanmoins un mandat de payer les primes ne constitue pas en soi un mandat de recevoir la résiliation. Il semble difficile dans une telle hypothèse de faire application de la théorie du mandat apparent (pour une illustration relative à un notaire, V. Civ. 2e, 17 juin 2010, n° 09-68874, RGDA 2010. 1030, note A. Pélissier et Civ. 2e, 12 sept. 2013, n° 12-20.737, RCA 2013, comm. 396).

2902. Le contrat vient normalement déterminer les formes à respecter pour la résiliation ; l'article L. 113-12, alinéa 1, du Code des assurances dispose d'ailleurs que « la durée du contrat et les conditions de résiliation sont fixées par la police ». Le Code des assurances est cependant venu préciser à l'article L. 113-14 que « dans tous les cas où l'assuré a la faculté de demander la résiliation, il peut le faire à son choix, soit par une déclaration faite contre récépissé au siège social ou chez le représentant de l'assureur dans la localité, soit par acte extrajudiciaire, soit par lettre recommandée, soit par tout autre moyen indiqué dans la police ». Il s'agit là d'une disposition impérative, ce qui implique que la police ne saurait imposer une forme particulière de résiliation, en supprimant la possibilité de choix dont dispose l'assuré. Aucune disposition similaire n'indique les modes de résiliation à la disposition de l'assureur ; dans ces conditions, on peut sans doute considérer que ce dernier est libre d'utiliser tout moyen, ou, au moins, ceux indiqués dans le contrat. Des exceptions au principe général posé par l'article L. 113-14 du Code des assurances existent. Ainsi, l'article L. 113-12, prévoit, pour l'exercice de la faculté de résiliation annuelle, l'usage de la lettre recommandée, tandis que l'article R. 113-6 précise que la résiliation justifiée par un des événements énumérés par l'article L. 113-16 doit être effectuée par lettre recommandée avec accusé de réception.

2903. Conformément à l'article 1315, alinéa 2 du Code civil, c'est à celui qui se prévaut de la résiliation d'en faire la preuve. L'article L. 113-14 du Code des assurances prévoit des modalités précises de résiliation. Il est parfois même exigé par le législateur l'utilisation d'une lettre recommandée (C. assur., art. L. 113-12 et art. R. 113-6). Il faudra donc produire le moyen utilisé (récépissé, acte extrajudiciaire ...). Pourtant, lorsque, par exemple, une lettre recommandée a été utilisée, le bordereau d'envoi est « insuffisant à lui seul pour rapporter la preuve de ce que l'envoi qu'il mentionne était afférent à la résiliation dont se prévaut l'assureur » (CA Paris, 18 nov. 2003, n° 2002/7542, Eurobat c/ Le Continent IARD) ; il faut encore établir le contenu de la lettre qui a été envoyée. Le juge doit alors « rechercher par tous moyen de preuves utiles, quelle était la teneur de la lettre recommandée » (Civ. 1re, 22 févr. 1984, JCP 1984, IV, 133).

2904. Toutefois, si l'assuré ne peut produire un des moyens visés par le Code des assurances, il lui est possible d'établir la résiliation par l'aveu de l'assureur ou de son représentant ; constitue un tel aveu une lettre de l'agent général « dans laquelle celui-ci se déclare certain de ce que M. X. (l'assuré) a résilié le contrat litigieux et, en même temps, lui demande de lui faire parvenir, « comme un service », une photocopie de la résiliation » (Civ. 1re, 14 janv. 1992, RGAT 1992. 278, note R. Maurice). La résiliation du contrat d'assurance obéit à des formalités particulières ; si ces formalités (forme de la résiliation ou éventuel délai de préavis) ne sont pas respectées, la résiliation n'est pas valable et le contrat est maintenu. La jurisprudence fait strictement application des délais légaux (V. pour un arrêt considérant comme tardive une résiliation en raison d'un retard de deux jours et affirmant que l'assuré ne saurait reprocher à l'assureur « de ne pas avoir notifié le rejet de la résiliation dès lors qu'une telle obligation n'était pas stipulée au contrat » : Civ. 1re, 4 nov. 1992, RGAT 1992. 890, note J. Kullmann ; cet auteur se demande d'ailleurs si, quand le retard est infime, l'assureur n'aurait pas le devoir d'informer l'assuré de l'inefficacité de sa résiliation).

2905. Pourtant la résiliation irrégulière peut être analysée comme une offre de résilier, que l'assureur est libre d'accepter ou non. En cas d'accord, il y a alors résiliation par consentement mutuel (C. civ., art. 1134, al. 2) et le contrat cesse de produire ses effets. Il est en effet admis que le contrat d'assurance peut être résilié d'un commun accord des parties (Civ. 1re, 23 sept. 2003, RGDA 2003. 707, note J. Kullmann ; RCA 2003, comm. n° 337, note H. Groutel ; Gaz. Pal. 2004, p. 503, note A. Favre Rochex). La Cour de cassation a ainsi approuvé une cour d'appel d'avoir retenu « qu'un contrat d'assurance peut être résilié à la demande de l'assuré, même si celui-ci n'a pas respecté les formes légales, dès lors que l'assureur a accepté cette offre de résiliation » (Civ. 1re, 31 mars 1998, RGDA 1998. 695, note F. Chardin ; V. aussi, dans le même sens, Civ. 1re, 25 oct. 1994, RGAT 1994. 1102, note L. Mayaux ; Civ. 1re, 21 avr. 1976, D. 1976, II, 493, note Cl.-J. Berr et H. Groutel ; Civ.2e, 5 mars 2015, n° 14-11.054 : la rupture par consentement mutuel de la relation d'assurance n'étant subordonnée qu'à l'accord des parties en ce sens, la résiliation de la police est valable et effective dès lors que l'assureur a manifesté, de quelque manière que ce soit, son acceptation de mettre un terme au contrat, à la demande de son assuré). Il faudra alors que soit clairement établie la volonté des parties de mettre fin au contrat. Cette volonté ne peut notamment pas résulter du seul défaut de paiement des primes par l'assuré, même en l'absence de réaction de l'assureur pendant plusieurs années (Civ. 1re, 23 sept. 2003, préc.). En revanche il a pu être décidé qu'il y avait résiliation d'un commun accord lorsque l'assureur a envoyé une lettre de résiliation à l'assuré, valant offre de résiliation, que l'assuré a encaissé sans réserves le chèque de remboursement de la quote-part de prime à reverser, qu'il n'a pas versé de prime ultérieurement et ne s'en est pas inquiété (Civ. 2e, 13 juill. 2005, RGDA 2005. 911, note J. Kullmann). En revanche, le fait de souscrire après l'acquisition d'un bien, auprès du même assureur, un nouveau contrat d'assurance garantissant le bien acquis dans des conditions différentes de celles prévues par le contrat qui garantissait le vendeur témoigne suffisamment, selon la Cour de cassation, à la fois de la volonté des acquéreurs, d'une part de ne pas poursuivre l'ancien contrat, d'autre part de l'acceptation de l'assureur qui était le même (Civ. 2e, 7 oct. 2010, n° 09-16.763, RGDA 2011, p. 58, note S. Abravanel-Jolly).

2906. Dans l'hypothèse d'une résiliation unilatérale tardive, l'acceptation de l'assureur ne peut résulter de son simple silence (Civ. 1re, 4 nov. 1992, RGAT 1992. 890, note J. Kullmann ; selon cet arrêt « le silence de l'assureur ne pouvait être interprété comme un acquiescement à une dénonciation tardive »). Il ne peut en effet être fait application de la procédure de l'article L. 112-2, alinéa 5 du Code des assurances, qui prévoit l'acceptation tacite par l'assureur de la proposition de modification du contrat en cas de silence pendant dix jours (Civ. 1re, 22 juill. 1986, RGAT 1986. 533, obs. J. Bigot, dans une hypothèse où l'assuré avait résilié le contrat à une date différente de la date d'échéance). L'offre de résilier peut être acceptée par l'assureur ou par son représentant (V. pour une acceptation par un courtier, mandataire apparent de l'assureur : Civ. 1re, 7 oct. 1992, RGAT 1992. 823, note F. Vincent).

2907. La jurisprudence affirme que n'abuse pas de son droit de résilier le contrat, l'assureur qui se conforme en tous points « aux conditions prévues aux contrats quant à la durée de la période d'assurance à l'issue de laquelle cette faculté était ouverte, et au délai de préavis » (Civ. 1re, 7 juill. 1992, RGAT 1992. 892, note J. Kullmann). Dans le même sens, il a été affirmé, à propos du droit de l'assureur de résilier après sinistre, prévu par l'article R. 113-10 du Code des assurances, que ce droit n'était pas soumis à d'autres conditions que la survenance de sinistres susceptibles d'engager la responsabilité de l'assuré sans qu'en soient exclus ceux faisant l'objet d'une assurance obligatoire (Civ. 1re, 5 juin 1985, RGAT 1985. 542, note F. Chapuisat) ; l'arrêt relève toutefois que l'existence de dix-sept sinistres causés par les véhicules de la société assurée constituait un motif légitime de résiliation.

2908. De manière sévère pour les adhérents à des contrats d'assurance de groupe, il a été décidé que « la résiliation régulière du contrat entre l'assureur et le souscripteur d'une assurance de groupe produit, de plein droit effet à l'égard des adhérents au contrat, nonobstant un éventuel défaut d'information de ceux-ci et qu'aucune obligation de ce chef n'incombe à l'assureur » (Civ. 2e, 23 sept. 2004, RGDA 2005. 98, note J. Kullmann). Ainsi, par exemple, l'emprunteur qui adhère au contrat d'assurance de groupe souscrit par sa banque se verra priver de toute garantie si l'assureur résilie le contrat.

2909. L'assureur et l'assuré peuvent renoncer à leur faculté de résiliation ; une telle renonciation peut être tacite ou expresse. La renonciation expresse peut par exemple consister en un courrier précisant clairement la renonciation à la résiliation. La renonciation tacite est constituée par des actes manifestant sans équivoque la volonté de renoncer : par exemple, le fait de se comporter comme l'assureur du responsable, en désignant un expert pour participer aux opérations d'expertise, en le laissant émettre un avis sur le montant du préjudice subi et en faisant déposer devant le tribunal des conclusions communes avec l'assuré, rejetant la responsabilité de ce dernier (Civ. 1re, 11 févr. 1992, RGAT 1992. 377, note J. Beauchard). En revanche l'encaissement après la date de résiliation d'une cotisation venue à échéance avant ne semble pas traduire la volonté de l'assureur de renoncer à la résiliation (V. dans l'hypothèse d'une résiliation prononcée pour défaut de paiement de la cotisation, Civ. 2e, 24 mai 2006, RGDA 2006. 652, note S. Abravanel-Jolly ; la Cour de cassation semble ici laisser aux juges du fond l'appréciation souveraine de la volonté de renoncer ; V. aussi D. Noguéro, La renonciation de l'assureur à la résiliation du contrat pour non-paiement de la prime, D. 2006, jur., p. 2771).

2910. Par ailleurs l'obligation d'information et de conseil de l'assureur ne s'étend pas aux conséquences de la résiliation : il n'existe pas d'obligation à la charge de l'assureur d'informer l'assuré sur les conséquences de la résiliation qu'il a souhaitée (Civ. 2e, 24 oct. 2013, n° 12-18185, RGDA 2014, p. 100, note A. Pélissier).

Section 2 ▪ Facultés de résiliation ouvertes à l'assureur

§ 1 ▪ Résiliation après sinistre

2911. L'article R. 113-10 du Code des assurances prévoit la possibilité pour l'assureur de résilier le contrat après un sinistre. Cette faculté ne peut toutefois être exercée que si une clause du contrat la prévoit expressément. Dès lors, en l'absence de clause, l'assureur ne pourrait mettre fin au contrat à la suite d'un sinistre.

2912. Cette faculté permet à l'assureur de se libérer d'un risque qui s'est finalement révélé trop lourd, en raison de la sinistralité trop importante de l'assuré.

2913. Le législateur est parfois venu interdire la stipulation d'une telle clause dans la police. C'est le cas par exemple en assurance automobile obligatoire. L'assureur retrouve toutefois la faculté de résilier dans deux hypothèses, prévues par l'article A. 211-1-2 du Code des assurances : lorsque le sinistre a été causé par un conducteur en état d'imprégnation alcoolique ou si le sinistre a été causé par infraction du conducteur au Code de la route entraînant une décision judiciaire ou administrative de suspension du permis de conduire d'au moins un mois ou une décision d'annulation de ce permis.

2914. La résiliation ne peut prendre effet qu'à l'expiration d'un délai de un mois à compter de sa notification à l'assuré (C. assur., art. R. 113-10) et ceci afin de laisser le temps à l'assuré de trouver un nouvel assureur.

2915. Selon l'article R. 113-10 du Code des assurances, « l'assureur qui, passé le délai d'un mois après qu'il a eu connaissance du sinistre, a accepté le paiement d'une prime ou cotisation ou fraction de prime ou cotisation correspondant à une période d'assurance ayant débuté postérieurement au sinistre ne peut plus se prévaloir de ce sinistre pour résilier le contrat ».

2916. Comme le précise l'alinéa 3 de l'article R. 113-10 du Code des assurances, la faculté de résiliation ouverte à l'assureur comporte restitution par l'assureur des portions de primes ou cotisations afférentes à la période pour laquelle les risques ne sont plus garantis. Il s'agit là d'une application du principe de divisibilité de la prime.

§ 2 ▪ Non-respect de ses obligations par l'assuré

2917. Dans certaines hypothèses d'inexécution de ses obligations par l'assuré, l'assureur dispose de la possibilité de mettre fin au contrat ; la résiliation est alors exercée à titre de sanction à l'égard du cocontractant, dans l'esprit de l'article 1184 du Code civil, dont l'alinéa premier précise que « la condition résolutoire est toujours sous-entendue dans les contrats synallagmatiques, pour le cas où l'une des deux parties ne satisfera point à son engagement ».

A ▪ Défaut de paiement des cotisations

2918. L'assureur peut invoquer la résiliation du contrat lorsque l'assuré ne règle pas les cotisations d'assurance. Dans ce cas, il doit respecter la procédure mise en place par l'article L. 113-3 du Code des assurances.

B ▪ Déclaration irrégulière du risque

2919. L'article L. 113-9 du Code des assurances prévoit que l'omission ou la déclaration inexacte du risque de la part de l'assuré (lors de la conclusion du contrat ou en cours de contrat), dont la mauvaise foi n'est pas établie, n'entraîne pas la nullité du contrat. Si elle est constatée avant tout sinistre, l'assureur a le droit, soit de maintenir le contrat, moyennant une augmentation de cotisation acceptée par l'assuré, soit de résilier le contrat dix jours après notification adressée à l'assuré par lettre recommandée, en restituant la portion de la prime payée pour le temps où l'assurance ne court plus.

§ 3 ▪ Aggravation du risque assuré

2920. L'article L. 113-4 du Code des assurances prévoit qu'« en cas d'aggravation du risque en cours de contrat, telle que, si les circonstances nouvelles avaient été déclarées lors de la conclusion ou du renouvellement du contrat, l'assureur n'aurait pas contracté ou ne l'aurait fait que moyennant une prime plus élevée, l'assureur a la faculté soit de dénoncer le contrat, soit de proposer un nouveau montant de prime ». On le voit, l'assureur dispose dans une telle hypothèse d'une faculté de résilier, qu'il est libre d'exercer s'il estime que le risque se révèle finalement trop lourd pour la mutualité. Cette faculté de résiliation s'applique aux assurances de dommages et aux assurances de personnes non vie. Toutefois en assurance-maladie, l'article L. 113-4, in fine, prévoit que l'assureur ne peut pas résilier en raison de l'aggravation de l'état de santé de l'assuré.

2921. Dans l'hypothèse où l'assureur exerce sa faculté de résiliation, celle-ci ne prendra effet que dix jours après notification et l'assureur doit alors rembourser à l'assuré la portion de cotisation afférente à la période pendant laquelle le risque n'a pas couru (C. assur., art. L. 113-4, al. 2).

Section 3 ▪ Facultés de résiliation ouvertes au souscripteur

§ 1 ▪ Réplique à une résiliation après sinistre

2922. L'article R. 113-10, alinéa 2 du Code des assurances prévoit que lorsqu'une faculté de résiliation après sinistre est stipulée au profit de l'assureur, « les polices doivent reconnaître à l'assuré le droit, dans le délai d'un mois à dater de la notification de la résiliation de la police sinistrée, de résilier les autres contrats d'assurance qu'il peut avoir souscrits à l'assureur... ».

2923. L'article R. 113-10, alinéa 2 du Code des assurances précise que la résiliation prend effet un mois à dater de la notification à l'assureur.

2924. On doit ici faire application de l'article L. 113-14 du Code des assurances qui dispose que « dans tous les cas où l'assuré a la faculté de demander la résiliation, il peut le faire à son choix », soit par une déclaration faite contre récépissé au siège social ou chez le représentant de l'assureur dans la localité, soit par acte extra-judiciaire, soit par lettre recommandée, soit par tout moyen indiqué dans la police ».

2925. L'article R. 113-10, alinéa 3 du Code des assurances prévoit que lorsque l'assuré exerce sa faculté de résiliation, l'assureur doit restituer les « portions de primes ou cotisations afférentes à la période pour laquelle les risques ne sont plus garantis ». Il s'agit là d'une application du principe de divisibilité des primes. En effet, cette résiliation peut survenir à tout moment dans l'année, alors que l'assuré a payé sa cotisation annuelle à l'avance ; l'assureur doit donc lui rendre la portion de cotisation correspondant au temps pendant lequel le risque n'a pas couru.

§ 2 ▪ Diminution du risque

2926. L'article 113-4, alinéa 4 du Code des assurances prévoit que « l'assuré a droit en cas de diminution du risque en cours de contrat à une diminution du montant de la cotisation. Si l'assureur n'y consent pas, l'assuré peut dénoncer le contrat ». L'assuré a donc la faculté de résilier le contrat si l'assuré refuse de réduire la cotisation à la suite de la diminution du risque.

2927. Conformément à l'article L. 113-4, alinéa 4 du Code des assurances, la résiliation prend effet trente jours après la dénonciation.

2928. Si l'assuré exerce sa faculté de résiliation, l'assureur doit lui rembourser la portion de prime ou cotisation afférente à la période pendant laquelle le risque n'a pas couru (C. assur., art. L. 113-4, al. 2).

2929. Lorsque l'assuré l'informe d'une diminution de risques, l'assureur doit lui rappeler les dispositions de l'article L. 113-4 du Code des assurances (C. assur., art. L. 113-4, al. 5). Le texte ne prévoit toutefois aucune sanction en cas de non-respect de cette obligation d'information. En l'absence de disposition spéciale, on peut penser que le droit commun trouve ici application. Ainsi l'assuré serait susceptible d'engager la responsabilité civile de l'assureur si le manquement à l'obligation légale lui a causé un préjudice.

§ 3 . Clause de durée du contrat

2930. L'article A. 113-1 du Code des assurances prévoit que les contrats d'assurance dont la durée est supérieure à trois ans doivent comporter une clause rappelant cette durée, figurant en caractères très apparents juste au-dessus de la signature du souscripteur. À défaut d'une telle mention, le souscripteur se voit accorder, nonobstant toute clause contraire, le droit de résilier le contrat sans indemnité, chaque année à la date anniversaire de sa prise d'effet, moyennant un préavis d'un mois au moins (C. assur., art. A. 113-1, al. 3). Cette disposition, prévue à une époque où la faculté de résiliation périodique accordée aux parties était décennale, ne présente plus aujourd'hui grand intérêt, cette faculté étant devenue annuelle.

§ 4 . Exercice du droit à dénonciation de la tacite reconduction

2931. L'article L. 113-15-1 du Code des assurances prévoit que pour les contrats d'assurance à tacite reconduction, couvrant les personnes physiques en dehors de leurs activités professionnelles, la date limite d'exercice de la faculté de résiliation du contrat doit être rappelée avec chaque avis d'échéance annuelle de cotisation. Ce texte prévoit que lorsque l'avis d'échéance est adressé moins de quinze jours avant la date de résiliation, ou après cette date, l'assuré est informé avec cet avis qu'il dispose d'un délai de vingt jours suivant la date d'envoi de l'avis pour dénoncer la reconduction du contrat. Dans ce cas, le délai de dénonciation court à partir de la date figurant sur le cachet de la poste. Il est aussi possible que l'information prévue par le texte soit totalement absente. Ce sera le cas si l'avis d'échéance ne mentionne pas la date limite d'exercice de la faculté de dénonciation, ou si l'avis d'échéance envoyé tardivement n'indique pas la possibilité de résilier dans les vingt jours. Dans de telles hypothèses, le contractant se voit accorder le droit de mettre un terme au contrat à tout moment à compter de la date de reconduction, en envoyant une lettre recommandée à l'assureur. La résiliation prend alors effet le lendemain de la date figurant sur le cachet de la poste. Il est en outre prévu qu'aucune pénalité ne pourra être réclamée au contractant exerçant ainsi son droit de dénonciation du contrat. La loi ne vient fixer aucune date limite pour l'exercice de ce droit.

§ 5 . Innovations de la loi n° 2014-344 du 17 mars 2014 relative à la consommation

A . Faculté de résiliation infra-annuelle

2932. La loi du 17 mars 2014 a créé un nouvel article L. 113-5-2 accordant aux assurés consommateurs une nouvelle faculté de résiliation infra-annuelle. Cet article ne s'appliquera qu'aux contrats conclus ou tacitement reconduits à compter de la publication du décret en Conseil d'État devant en préciser les modalités et conditions. Cet article prévoit désormais que pour les contrats d'assurance couvrant les personnes physiques en dehors de leurs activités professionnelles et relevant des branches définies par décret en Conseil d'État, l'assuré peut, à l'expiration d'un délai d'un an à compter de la première souscription, résilier sans frais ni pénalités les contrats et adhésions tacitement reconductibles. La résiliation prend effet un mois après que l'assureur en a reçu notification par l'assuré, par lettre ou tout autre support durable.

2933. Pour les assurances obligatoires que sont l'assurance responsabilité civile automobile et l'assurance risques locatifs souscrite par le locataire, le nouvel assureur effectue, pour le compte de l'assuré souhaitant le rejoindre, les formalités nécessaires à l'exercice du droit de résiliation.

2934. Un décret précise les conditions d'application du droit de résiliation à tout moment de contrats d'assurance (D. n° 2014-1685 du 29 déc. 2014 relatif à la résiliation à tout moment de contrats d'assurance et portant application de l'article L. 113-15-2 du Code des assurances : JO 31 décembre 2014).

B ▪ Assurances affinitaires

2935. La loi du 17 mars 2014 crée un nouvel article L. 112-10 prévoyant que « l'assuré qui souscrit à des fins non professionnelles un contrat d'assurance constituant un complément d'un bien ou d'un service vendu par un fournisseur, s'il justifie d'une garantie antérieure pour l'un des risques couverts par ce nouveau contrat, peut renoncer à ce nouveau contrat, sans frais ni pénalités, tant qu'il n'a pas été intégralement exécuté ou que l'assuré n'a fait intervenir aucune garantie, et dans la limite d'un délai de quatorze jours calendaires à compter de la conclusion du nouveau contrat. » Cet article s'applique aux contrats d'assurance qui couvrent : « 1° Soit le risque de mauvais fonctionnement, de perte, y compris le vol, ou d'endommagement des biens fournis ; 2° Soit l'endommagement ou la perte, y compris le vol, de bagages et les autres risques liés à un voyage, même si l'assurance couvre la vie ou la responsabilité civile, à la condition que cette couverture soit accessoire à la couverture principale relative aux risques liés à ce voyage ».

2936. Ainsi l'assuré-consommateur qui a souscrit une assurance de dommages accessoire à la vente de produits de grande consommation (par exemple assurance vol ou bris de téléphone portable), aujourd'hui très fréquemment proposée sur les lieux mêmes de vente, peut renoncer à ce contrat dans un délai bref de quatorze jours, à condition d'établir l'existence d'une garantie antérieure afférente à des risques couverts par le nouveau contrat.

2937. Il est par ailleurs mis à la charge de l'assureur une obligation spécifique d'information. Ainsi, avant la conclusion d'un contrat d'assurance, l'assureur doit remettre à l'assuré un document l'invitant à vérifier s'il n'est pas déjà bénéficiaire d'une garantie couvrant l'un des risques couverts par le nouveau contrat et l'informant de la faculté de renonciation. Un arrêté du ministre chargé des assurances fixe le contenu et le format de ce document d'information (arrêté du 29 déc. 2014 relatif aux modalités d'information du consommateur pour l'exercice du droit de renonciation prévu à l'article L. 112-10 du Code des assurances ; Journal Officiel du 31 décembre 2014, qui vient insérer dans le Code des assurances un article A. 112-1 ainsi rédigé : « le document d'information prévu à l'article L. 112-10, invitant l'assuré à vérifier s'il n'est pas déjà bénéficiaire d'une garantie couvrant l'un des risques couverts par le nouveau contrat et l'informant de la faculté de renonciation, est établi selon le modèle joint en annexe. Il figure de façon très apparente dans un encadré repris dans la fiche d'information mentionnée à l'article L. 112-2 »).

C ▪ Assurance-emprunteur

2938. La loi du 17 mars 2014 a créé un article L. 113-12-2 décidant que « lorsque le contrat d'assurance a pour objet, en cas de survenance d'un des risques que ce contrat définit, soit le remboursement total ou partiel du montant restant dû d'un prêt mentionné à l'article L. 312-2 du Code de la consommation (crédits immobiliers), soit le paiement de tout ou partie des échéances de ce prêt, l'assuré peut résilier le contrat dans un délai de douze mois à compter de la signature de l'offre de prêt définie à l'article L. 312-7 du même code. L'assuré notifie à l'assureur ou à son représentant sa demande de résiliation par lettre recommandée au plus tard quinze jours avant le terme de la période de douze mois susmentionnée. L'assuré notifie également à l'assureur par lettre recommandée la décision du prêteur prévue au sixième alinéa de l'article L. 312-9 du même code ainsi que la date de prise d'effet du contrat d'assurance accepté en substitution par le prêteur. En cas d'acceptation par le prêteur, la résiliation du contrat d'assurance prend effet dix jours après la réception par l'assureur de la décision du prêteur ou à la date de prise d'effet du contrat accepté en substitution par le prêteur si celle-ci est postérieure. En cas de refus par le prêteur, le contrat n'est pas résilié ».L'emprunteur dispose donc du droit de résilier le contrat initial dans un délai de douze mois à compter de la signature de l'offre de prêt.

2939. Le texte ajoute (2e et 3e al.) que ce droit de résiliation appartient exclusivement à l'assuré et que « pendant toute la durée du contrat d'assurance et par dérogation à l'article L. 113-4, l'assureur ne peut pas résilier le contrat d'assurance pour cause d'aggravation du risque, sauf dans certaines conditions définies par décret en Conseil d'État, résultant de comportement volontaire de l'assuré ».

2940. L'assureur est toutefois en mesure de refuser la demande de résiliation formulée par l'assuré si les garanties proposées par le nouveau contrat ne sont pas similaires à celles du contrat d'origine. Comme le précise désormais l'alinéa 6 de l'article 312-9 du Code de la consommation « si l'emprunteur fait usage du droit de résiliation du contrat d'assurance dans le délai de douze mois à compter de la signature de l'offre de prêt définie à l'article L. 312-7, le prêteur notifie à l'emprunteur sa décision d'acceptation ou de refus dans un délai de dix jours ouvrés à compter de la réception d'un autre contrat d'assurance ». En cas de refus par le prêteur, le contrat n'est pas résilié.

Section 4 ■ Facultés de résiliation ouvertes à l'assureur et au souscripteur

§ 1 ■ Faculté de résiliation annuelle

A ■ Principe

2941. L'article L. 113-12 du Code des assurances prévoit que l'assuré a le droit de résilier le contrat à l'expiration d'un délai d'un an ; une même faculté est accordée à l'assureur.

2942. Dans un souci d'information des assurés, il est prévu par l'article L. 113-12 que le droit de résilier annuellement doit être rappelé dans chaque police, afin que l'assuré en soit informé. Aucune sanction n'est toutefois prévue par le texte en cas de non-respect de cette obligation d'information ; on pourrait sans doute envisager une sanction sur le fondement du droit commun. La responsabilité civile de l'assureur pourrait alors être envisagée, si l'absence d'information sur cette faculté de résiliation a causé un préjudice à l'assuré.

2943. Les dispositions de l'article L. 113-12 ne sont pas applicables aux assurances sur la vie. Ce type de contrat peut en effet être résilié à tout moment. De plus, comme le précise le texte, il peut être dérogé à la faculté de résiliation annuelle pour les contrats individuels d'assurance maladie et pour la couverture des risques autres que ceux des particuliers ; pour ces contrats, le contrat peut librement déterminer la périodicité de la résiliation. Une difficulté d'interprétation surgit pour la dernière exception, relative à « la couverture des risques autres que ceux des particuliers » puisque le législateur n'a pas précisé la notion de « risques des particuliers ». Doit-on alors considérer qu'il s'agit des risques de masse, par application de la distinction opérée par l'article L. 111-6 du Code des assurances entre risques de masse et grands risques ? Une telle lecture ne nous semble pas devoir être retenue ; elle aboutirait en effet, à accorder à la notion de risques des particuliers, un domaine excessivement étendu (Sur cette opinion, V. A. Favre Rochex et G. Courtieu, *Le droit du contrat d'assurance terrestre*, LGDJ, 1998, p. 171). Cette exception s'explique plutôt, nous semble-t-il, par la volonté de ne protéger que les seuls consommateurs, profanes censés moins aptes à comprendre et à discuter le contenu du contrat. On peut toutefois douter de l'opportunité de priver de protection le petit commerçant ou le professionnel libéral, qui nous semblent dans une situation plus proche de celle du simple particulier que de la grosse entreprise négociant en position d'égalité avec la compagnie d'assurance ; or, en l'absence de précision légale sur la notion même de « risques autres que ceux des particuliers », il est fort à craindre que cette solution sévère s'applique. Pour l'application d'une clause d'un contrat d'assurance « grêle », souscrit par un exploitant agricole, prévoyant que le contrat est conclu pour une durée de cinq ans et qu'il est, « à son expiration, reconduit d'année en année, sauf dénonciation par l'une ou l'autre des parties, deux mois avant le 31 décembre de l'année en cours, le cachet de la poste faisant foi » ; où la Cour de cassation décide qu'il ressort des termes clairs et explicites de cette stipulation que chacune des parties bénéficie, mais uniquement à l'expiration de la durée quinquennale du contrat initial, de la faculté de résilier ces contrats à chaque échéance annuelle suivante : Civ. 2e, 17 mars 2011, n° 09-17.396). Par ailleurs, l'exception prévue par le texte permet uniquement de déroger à la périodicité de la résiliation et non pas de limiter ou de supprimer le droit de l'assuré de mettre fin au contrat au terme convenu. La faculté de résiliation étant d'ordre public, aucune clause ne peut venir limiter son exercice (Civ. 2e, 10 déc. 2015, n° 14-14.512, RGDA 2016 p. 131, obs. J. Kullmann).

2944. La Cour de cassation a pu décider que, lorsque la résiliation du contrat est de nature à causer à l'assuré un dommage imminent, le juge des référés est en droit de prononcer, à titre de mesure conservatoire, sur le fondement de l'article 873, alinéa 1er du nouveau Code de procédure civile, la poursuite des effets du contrat, en fixant un terme certain à cette mesure (Civ. 1re, 7 nov. 2000, RGDA 2000. 1064, note J. Kullmann, Civ. 2e, 6 févr. 2014, n° 13-14.084, RGDA 2014, p. 247, note. R. Schulz).

2945. La loi du 17 mars 2014 a créé un nouvel article L. 113-12-1 prévoyant que la résiliation unilatérale par l'assureur du contrat d'assurance couvrant une personne physique en dehors de son activité professionnelle doit être motivée.

2946. La question s'est posée de savoir si cette faculté de résiliation annuelle pouvait trouver application en assurance emprunteur. La Cour de cassation est venue apporter une réponse négative à cette question dans un arrêt du 9 mars 2016 (Civ. 1re, 9 mars 2016, n° 15-18.899 et 15-19.652). Pour fonder l'exclusion du contrat d'assurance emprunteur du dispositif de l'article L 113-12 alinéa 2 du Code des assurances, elle considère que la règle spéciale, en l'occurrence l'article L 312-9 du Code de la consommation relatif à l'assurance emprunteur, doit prévaloir sur la règle générale ; celui-ci ne prévoyant pas explicitement de faculté de résiliation annuelle, cette faculté est donc exclue (pour une discussion sur le bien-fondé de cette décision et notamment sur l'invocabilité de l'article L. 312-9, V. L. Mayaux, Drôle de drame pour l'assurance-emprunteur : quand la première Chambre civile raisonne à l'envers, RGDA 2016, p. 186).

B ▪ Modalités de résiliation

2947. L'article L. 113-12 du Code des assurances prévoit que l'assuré ou l'assureur, lorsqu'ils veulent exercer leur droit de résiliation annuelle, doivent envoyer une lettre recommandée, en respectant un délai de préavis d'au moins deux mois. L'envoi de la lettre recommandée, dont la date est seule prise en compte pour déterminer le respect du délai de préavis, est une formalité substantielle (Civ. 1re, 15 mai 2015, n° 14-11.894, RCA 2015, com. 242, obs. H. Groutel). Ainsi une résiliation effectuée par lettre simple n'a pas été jugée valable, faute d'avoir été acceptée par l'assureur (Civ. 1re, 21 avr. 1976, D. 1976, II, 493, note Cl.-J. Berr et H. Groutel). L'accusé de réception n'est pas exigé par le texte ; il semble toutefois plus prudent, dans un souci probatoire, si un conflit surgissait, d'envoyer la lettre avec un accusé de réception.

2948. L'article L. 113-14 du Code des assurances prévoit que « dans tous les cas où l'assuré a la faculté de demander la résiliation, il peut le faire à son choix, soit par une déclaration faite contre récépissé au siège social ou chez le représentant de l'assureur dans la localité, soit par acte extrajudiciaire, soit par lettre recommandée, soit par tout autre moyen indiqué dans la police ». Pourtant, l'article L. 113-12 du Code des assurances ne vise que la lettre recommandée. Dans ces conditions, doit-on admettre que les modes de résiliation prévus par l'article L. 113-14 peuvent valablement être utilisés ou seule la lettre recommandée doit-elle être admise ? Il nous semble que le législateur ayant pris soin, dans un texte impératif, de préciser un mode de résiliation, seul celui-ci peut être utilisé, même si l'on peut, à l'instar de M. Kullmann, s'étonner que l'hypothèse de résiliation la plus fréquente se voit attribuer un formalisme plus sévère que les autres cas de résiliation (sur ce point, V. J. Kullmann, *Lamy Assurances*, 2009).

2949. Il est possible pour l'assuré de charger un mandataire de résilier le contrat en son nom et pour son compte (par exemple son nouvel assureur). Dans ce cas, ni l'article L. 113-14 du Code des assurances prévoyant les modalités de résiliation de la police par l'assuré ni aucun autre texte légal n'exige de l'assuré qu'il rapporte la preuve de l'existence du mandat donné à un tiers dans le délai imparti pour résilier le contrat. Peu importe donc que l'assuré ne justifie du mandat de résiliation que postérieurement à la date d'échéance annuelle du contrat (Civ. 2e, 28 mars 2013, n° 12-15.958, RCA 2013, comm. 204).

2950. Lorsque l'assuré ou l'assureur exercent leur faculté de résiliation annuelle, ils doivent respecter un délai de préavis d'au moins deux mois avant la date d'échéance (C. assur., L. 113-12, al. 2). La date d'échéance annuelle visée apparaît comme la date anniversaire de la prise d'effet du contrat, par analogie avec l'article A. 113-1, alinéa 3, du Code des assurances, relatif à la résiliation des contrats d'assurances d'une durée supérieure à trois ans.

2951. Il a été décidé que l'article 642 du Code de procédure civile (anc. art. 1033 du Code de procédure civile) ne concerne que les délais de procédure. Telle n'est pas la nature du délai accordé au souscripteur d'une police résiliable avec un certain délai ; l'échéance du délai ouvert à cette fin à l'assuré, lorsqu'elle survient un dimanche ou un jour férié, ne se trouve donc pas prorogée jusqu'au premier jour ouvrable suivant (Civ. 1re, 23 févr. 1972, Bull. civ., I, n° 58).

2952. On peut se demander s'il est possible de prévoir contractuellement un délai autre que celui de deux mois prévu par l'article L. 113-12 du Code des assurances, texte impératif. S'agissant d'une disposition instituée en faveur de l'assuré, il est sans doute envisageable de réduire conventionnellement le délai de préavis, mais uniquement pour la faculté de résiliation de l'assuré. En revanche, l'assureur ne pourrait prévoir dans la police qu'il peut résilier en respectant un préavis inférieur à celui légalement prévu ; ce délai doit en effet obligatoirement être laissé à l'assuré afin de pouvoir souscrire un nouveau contrat dans de bonnes conditions (V., dans ce sens, Rép. Min. JO Sénat Q. 19 oct. 1990, p. 2909 ; RGAT 1991. 276).

2953. La résiliation faite tardivement, c'est-à-dire sans respecter le délai de préavis imposé, est sans effet pour l'échéance. Se pose cependant la question de savoir si cette résiliation vaut pour l'échéance annuelle suivante. Dans un arrêt du 16 mars 1994, la première Chambre civile de la Cour de cassation a décidé que la demande de résiliation tardive était valable pour l'échéance suivante (Civ. 1re, 16 mars 1994, RCA 1994, comm. n° 226, obs. H. Groutel). Elle pose toutefois deux conditions qui limitent la portée de sa décision : d'une part, la police ne doit pas avoir précisé la durée maximale entre la demande de résiliation et la date d'échéance annuelle et, d'autre part, la résiliation irrégulière doit être intervenue après l'échéance pour laquelle elle devait produire effet. Cette dernière condition implique donc que si l'assuré (puisque c'est lui qui est le plus souvent concerné), n'a pas respecté le délai de préavis, sans pour autant dépasser la date de l'échéance, sa résiliation n'aura aucun effet pour l'échéance suivante. Il faut toutefois noter que certaines décisions n'adoptent pas une telle analyse et considèrent qu'une nouvelle demande de résiliation est nécessaire pour l'échéance suivante (Civ. 1re, 17 mars 1981, D. 1982, IR, 101, obs. Cl.-J. Berr et H. Groutel).

2954. L'article L. 113-12 du Code des assurances indique que « le délai de résiliation court à partir de la date figurant sur le cachet de la poste et la Cour de cassation affirme que « le délai de préavis imposé à l'assureur ou à l'assuré qui use de la faculté unilatérale de résiliation court à partir de la date figurant sur le cachet de la poste apposé sur la lettre de résiliation » (Civ. 1re, 7 oct. 1998, RGDA 1999. 611, note F. Chardin). Le choix de la date d'envoi de la lettre comme point de départ du préavis, plutôt que celle de la réception, s'explique par la volonté de ne pas faire dépendre la résiliation du contrat des délais d'acheminement du courrier par les services postaux. Avant la réforme réalisée par la loi n° 89-1014 du 31 décembre 1989, le délai commençait à courir à compter de la réception de la lettre de résiliation par son destinataire. En modifiant ce point de départ, le législateur a pris en compte les recommandations de la Commission des clauses abusives (Recomm. CCA n° 85-04, 20 sept. 1985, RGAT 1986. 151).

2955. Seule compte la date d'envoi de la lettre, peu important que le destinataire ne l'ait pas retiré (Civ 2e, 18 avr. 2013, n° 12-19.474, RCA 2013, comm. 282, note H. Groutel). Ainsi la Cour de cassation a pu censurer une cour d'appel qui avait décidé que l'assureur « avait l'obligation de prendre toutes les mesures de nature à permettre à son assuré d'avoir connaissance de la notification de la résiliation, au besoin par acte extra-judiciaire » (Civ. 1re, 23 juin 1992, RGAT 1992. 525, note H. Margeat).

§ 2 ▪ Changements dans la situation de l'assuré

A ▪ Événements justifiant la résiliation

2956. L'article L. 113-16 du Code des assurances autorise l'assureur et le souscripteur à mettre fin au contrat lorsque surviennent certains événements, dont la liste limitative est donnée par le texte.

2957. Comme le précise le texte, les dispositions de l'article L. 113-16 ne sont pas applicables aux assurances sur la vie. De plus, l'article L. 243-7 du Code des assurances indique qu'elles ne s'appliquent pas aux assurances obligatoires des travaux du bâtiment.

2958. Les événements susceptibles de justifier une résiliation du contrat sont les suivants :
- changement de domicile : il s'agit là d'un changement du principal établissement de l'assuré, conformément à l'article 102 du Code civil qui dispose que « le domicile de tout Français, quant à l'exercice de ses droits civils, est au lieu de son principal établissement » ;
- changement de situation matrimoniale : un tel changement suppose que l'assuré se soit

marié, séparé de corps ou bien ait divorcé. Est aussi, semble-t-il, visée l'hypothèse du décès du conjoint de l'assuré. En revanche une autorisation judiciaire de résider séparément dans le cadre d'une instance en divorce ne constitue pas un changement de situation matrimoniale (Civ. 1re, 26 mars 1996, RGAT 1996. 600, note L. Mayaux) ;
- changement de régime matrimonial : en vertu de l'article 1397 du Code civil, des époux peuvent, dans l'intérêt de la famille, changer de régime matrimonial à partir de deux années d'application du régime matrimonial, conventionnel ou légal et cela par un acte notarié qui sera soumis à l'homologation du tribunal de leur domicile : par exemple, des époux mariés sous le régime de la communauté pourront opter pour celui de la séparation de biens ;
- changement de profession : le terme de profession, pris dans le sens d'activité professionnelle, n'est pas défini par le législateur ; par conséquent, en cas de conflit, c'est le juge qui devra, au cas par cas, déterminer si l'on se trouve face à un tel changement (par exemple, le chômage peut-il être assimilé à un changement de profession ?). Il semble toutefois que l'application de l'article L. 113-16 ne donne lieu qu'à peu de litiges ;
- retraite professionnelle ou cessation définitive d'activité professionnelle : la retraite professionnelle implique sans doute que l'assuré ait fait valoir ses droits à la retraite auprès des organismes sociaux compétents. En revanche, la notion de cessation définitive d'activité apparaît, en l'absence de définition légale, plus floue, et devra être appréciée par le juge en cas de litige.

2959. Comme le précise l'article L. 113-6 du Code des assurances, seul pourra être résilié un contrat d'assurance ayant « pour objet la garantie de risques en relation directe avec la situation antérieure et qui ne se retrouvent pas dans la situation nouvelle » ; l'événement motivant la résiliation doit donc avoir une incidence sur le risque couvert. Il faut donc se livrer à une comparaison entre l'ancienne et la nouvelle situation et vérifier si la survenance de l'événement a entraîné une modification du risque qui ne se retrouve plus tel qu'il était.

2960. Cette condition ne pose pas de difficultés d'application dans certaines hypothèses évidentes. Ainsi, par exemple, si l'assuré utilisait un local spécifique pour l'exercice de sa profession, son changement de profession justifie la résiliation de l'assurance qui couvrait le local, ou celle de son assurance de responsabilité civile professionnelle, mais pas celle de son assurance multirisques habitation. Le lien entre l'événement et le risque couvert n'apparaît pas toujours si clairement. C'est alors aux tribunaux de l'apprécier. Par exemple, un changement de domicile, sans modification du mobilier, n'a pas obligatoirement d'incidence sur les risques incendie, vol...

2961. C'est à celui qui exerce la faculté de résiliation d'établir l'existence du motif la justifiant. Par exemple, l'assuré qui quitte l'appartement dont il était locataire, alors qu'il avait une police d'assurance le garantissant en particulier contre le risque d'incendie, doit prouver qu'à la suite de son déménagement, les risques antérieurement couverts par la police ne se retrouvaient pas dans la nouvelle situation (Civ. 1re, 30 nov. 1977, Bull. civ. I, n° 451).
Dans l'hypothèse où la souscriptrice d'un contrat d'assurance automobile avait résilié celui-ci après son divorce, l'assureur n'était pas tenu d'en informer le mari, second conducteur désigné dans la police (Civ., 2e, 10 sept. 2015, n° 14-24.053, RCA 2015, com. 340, obs. H. Groutel).

2962. L'article L. 113-6 du Code des assurances prévoyait, dans sa rédaction issue de la loi du 25 janvier 1985, que le redressement ou la liquidation judiciaire de l'assuré laissait en principe subsister le contrat d'assurance. Mais un droit de résiliation était accordé à l'administrateur (ou au débiteur autorisé par le juge-commissaire ou le liquidateur selon le cas) et à l'assureur. Ce droit devait être exercé dans un délai de trois mois à compter de la date du jugement de redressement ou de liquidation judiciaire. Comme il ne s'agissait pas d'un cas de résiliation pour aggravation du risque, l'assureur qui l'invoquait n'avait pas à établir que la procédure collective avait aggravé le risque (Civ. 1re, 1er avr. 2003, RGDA 2003. 469, note J. Kullmann). En cas de résiliation, l'assureur devait restituer la portion de prime afférente au temps pendant lequel le risque n'avait pas couru. En l'absence de résiliation, le contrat continuait (Civ. 1re, 29 avr. 1997, Bull. civ. I, n° 130 ; RCA 1997, comm. n° 248, à condition toutefois que la résiliation n'ait pas été acquise antérieurement en vertu de l'article L. 113-3 du Code des assurances : V. Com., 14 mars 2000, RCA 2000, comm. n° 349) et les primes échues après le jugement d'ouverture de la procédure étaient dues à l'assureur. À défaut de paiement, celui-ci pouvait mettre en œuvre la procédure prévue à l'article L. 113-3 du Code des assurances, conduisant à la suspension de garantie puis à la résiliation. En revanche il ne semblait pas possible d'appliquer cette procédure pour les primes échues et impayées au jour du jugement, en raison du principe de suspension des poursuites individuelles (V. Com., 20 juin 1995, RCA 1996, comm. n° 62). La loi n° 2005-847 du 26 juillet 2005 a abrogé l'alinéa 1er de l'article L. 113-6 du Code des assurances. Il est donc désormais fait application du droit commun des procédures collectives et il n'est plus possible de résilier le contrat en raison de l'ouverture de cette procédure. L'assureur peut toutefois mettre en demeure l'assureur de se prononcer sur le sort du contrat ; en l'absence de réponse, le contrat sera alors résilié de plein droit. En outre, en cas de non-paiement des primes échues après le jugement d'ouverture de la procédure, le contrat est résilié de plein droit (en vertu de l'article L. 622-13 du Code de commerce, dans l'hypothèse où l'assureur n'aurait pas donné son accord au maintien du contrat ; sur cette question. V. J. Bigot, L'incidence de la loi de sauvegarde des entreprises sur le contrat d'assurance, JCP G 2005, I, 180). La loi du 26 juillet 2005 est applicable aux procédures ouvertes après le 1er janvier 2006.

B ▪ Modalités de résiliation

2963. Lorsqu'une des parties décide de mettre fin au contrat, l'article R. 113-6 du Code des assurances prévoit qu'elle doit le faire par « lettre recommandée avec demande d'avis de réception, indiquant la nature et la date de l'événement qu'elle invoque et donnant toutes les précisions de nature à établir que la résiliation est en relation directe avec ledit événement ».

2964. La résiliation doit suivre la survenance de l'événement qui la justifie : elle n'est en effet autorisée que dans les trois mois suivant la date de l'événement, selon l'article L. 113-16, alinéa 2, du Code des assurances. Passé ce délai, si la résiliation n'a pas été effectuée, on peut considérer que l'événement n'a eu que peu d'influence sur le risque couvert.

2965. Le point de départ du délai de trois mois était précisé par les articles R. 113-7 et R. 113-9 du Code des assurances, qui indiquaient qu'il s'agissait, en cas de résiliation par l'assuré, de la date à laquelle intervient le changement, et, en cas de résiliation par l'assureur, de la date à laquelle il reçoit notification de l'événement. Toutefois, ces deux textes ont été abrogés par le décret n° 92-1356 du 22 décembre 1992. Seul subsiste l'article R. 113-6 du Code des assurances qui précise que lorsque l'événement justifiant la résiliation « est constitué ou constaté par une décision juridictionnelle ou lorsqu'il ne peut en être déduit d'effets juridiques qu'après une homologation ou un exequatur, la date retenue est celle à laquelle cet acte juridictionnel est passé en force de chose jugée ».

C ▪ Effets de la résiliation

2966. Comme le précise l'article L. 113-16, alinéa 3, du Code des assurances, « la résiliation prend effet un mois après que l'autre partie au contrat en a reçu notification ».

2967. Selon l'article L. 113-16, alinéa 4, du Code des assurances, « l'assureur doit rembourser à l'assuré la partie de prime ou de cotisation correspondant à la période pendant laquelle le risque n'a pas couru, période calculée à compter de la date d'effet de la résiliation ». Il s'agit là d'une application du principe de divisibilité de la prime. En effet, comme la résiliation a lieu en raison de la survenance d'un des évènements prévus par le Code des assurances, elle peut intervenir à tout moment dans l'année, alors que la cotisation aura été payée à l'avance pour l'année entière.

2968. L'article L. 113-16, alinéa 5 du Code des assurances précise qu'« il ne peut être prévu le paiement d'une indemnité à l'assureur dans les cas de résiliation susmentionnés ». Est donc interdite la stipulation de toute indemnité de résiliation au profit de l'assureur.

§ 3 . Résiliation consécutive au transfert de propriété de la chose assurée

2969. L'article L. 121-10 du Code des assurances prévoit qu' « en cas de décès de l'assuré ou d'aliénation de la chose assurée, l'assurance continue de plein droit au profit de l'héritier ou de l'acquéreur, à charge par celui-ci d'exécuter toutes les obligations dont l'assuré était tenu vis-à-vis de l'assureur en vertu du contrat ». Toutefois, cette disposition offre, dans son alinéa 2, à l'assureur, à l'héritier ou à l'acquéreur la faculté de résilier le contrat d'assurance. L'héritier et l'acquéreur retrouvent ainsi leur liberté de conclure un contrat avec l'assureur de leur choix tandis que l'assureur est dégagé de tout lien avec un assuré qu'il n'avait pas choisi et qui pouvait ne pas présenter les mêmes garanties de sérieux ou de solvabilité que l'ancien. Pour l'assureur, la faculté de résiliation doit être exercée dans un délai de trois mois à partir du jour où l'attributaire définitif des objets assurés a demandé le transfert du contrat à son nom.

2970. L'article L. 121-11 du Code des assurances prévoit qu' « en cas d'aliénation d'un véhicule terrestre à moteur ou de ses remorques ou semi-remorques, et seulement en ce qui concerne le véhicule aliéné, le contrat d'assurance est suspendu de plein droit à partir du lendemain, à zéro heure, du jour de l'aliénation ; il peut être résilié moyennant préavis de dix jours, par chacune des parties. À défaut de remise en vigueur du contrat par accord des parties ou de résiliation par l'une d'elles, la résiliation de plein droit du contrat intervient à l'expiration d'un délai de six mois à compter de l'aliénation ».

Section 5 . Cas de résiliation de plein droit

§ 1 . Perte totale de la chose assurée

2971. L'article L. 121-9 du Code des assurances prévoit qu' « en cas de perte totale de la chose assurée résultant d'un événement non prévu par la police, l'assurance prend fin de plein droit ». Par exemple, si un immeuble couvert pour les seuls risques vol et dégât des eaux est détruit dans un incendie.

2972. Comme l'indique l'article L. 121-9, « l'assureur doit restituer à l'assuré la portion de cotisation payée d'avance et afférente au temps pour lequel le risque n'est plus couru ».

§ 2 ▪ Réquisition de la chose assurée

2973. L'article L. 160-6, alinéa 1er, du Code des assurances, prévoit que « la réquisition de la propriété de tout ou partie d'un bien mobilier entraîne de plein droit, dans la limite de la réquisition, la résiliation ou la réduction des contrats d'assurance relatifs à ce bien, à compter de la date de dépossession de celui-ci ».

2974. Toutefois, conformément à l'article L. 160-6 du Code des assurances, l'assuré a le droit d'obtenir de l'assureur qu'à la résiliation soit substituée la simple suspension des effets du contrat en vue de le remettre ultérieurement en vigueur sur les mêmes risques ou sur les risques similaires.

Sous-titre 4
Le litige

Chapitre 1
La prescription biennale

BIBLIOGRAPHIE

L'Argus de l'assurance

Ouvrages. – J. Landel, *Lexique des termes d'assurance*, L'Argus éd., 2014. – F. Couilbault, S. Couilbaut-Di Tommaso, V. Huberty, *Les grands principes de l'assurance*, L'Argus éd., 2015 – J. Bigot (sous dir.), *Code des assurances*, L'Argus éd.

Articles. – L. Grynbaum, Le temps de la prescription, L'Argus 2010, n° 7181. - J. Speroni et G. Bruguière-Fontenille, Information sur la prescription biennale, L'Argus 2009, n° 7134. - G. Defrance, L'actualité jurisprudentielle de la prescription, L'Argus, 12 déc. 2003, Dossiers jur., p. 1.

Autres documentations

Ouvrages. – J. Bigot (sous dir.), *Traité de droit des assurances*, T. 3, Le contrat d'assurance, LGDJ, 2002, n° 1887 et s. – J. Kullmann (sous dir.), *Lamy Assurances*, 2011, n° 1004-1196. – J. Bonnard, *Droit des assurances*, 3e éd., Litec, 2009, n° 461 et s. - L. Cadiet et E. Jeuland, *Droit judiciaire privé*, Litec, 4e éd., n° 514 et s. – A. Favre Rochex, *Le droit du contrat d'assurance terrestre*, LGDJ, coll. Droit des affaires, 1998. – Y. Lambert-Faivre et L. Leveneur, *Droit des assurances*, 12e éd., Dalloz 2005 - F. Terré, Ph. Simler, Y. Lequette, *Droit civil, Les obligations*, 10e éd., D. 2009.

Articles. – S. Amrani-Mekki, Liberté, simplicité, efficacité, la nouvelle devise de la prescription ? À propos de la loi du 17 juin 2008, JCP 2008, I, 160. – A. Astegiano-La Rizza, L'assurance et la réforme de la prescription en matière civile, RGDA 2008, p. 833. - J.-L. Aubert, Brèves réflexions sur le jeu de l'exception de nullité, Mélanges J. Ghestin, LGDJ 2001, p. 19. – A. Besson, Déclaration du sinistre et prescription, RGAT 1950. 143. – R. Bout, Supplique des assurés forclos au législateur endurci, Mélanges Lambert-Faivre, D. 2002, p. 27. – F. Chapuisat, L'utilisation de la lettre recommandée en

droit des assurances, RGAT 1981. 480. – G. Durry, Solidarisme contractuel en droit des assurances, in *Le solidarisme contractuel- Mythe ou réalité ?*, L. Grynbaum et M. Nicod (dir.), Economica, 2004, p. 125. – L. Fonlladosa, Prescription de l'action en répétition de l'indu, Lamy Assurances 1996, Bull. d'actualités, n° 17, p. 1. – H. Groutel, Prescription biennale et action en répétition de l'indu, RCA 2004, chron. n° 16 ; L'emprunteur et le point de départ de la prescription biennale : est-ce la fin de la fin ?, RCA 2001, chron. n° 12 ; L'emprunteur et le point de départ de la prescription biennale : un nouveau fondement, RCA 1998, chron. n° 12 ; Le point de départ de la prescription biennale en matière d'assurance contre les accidents corporels : un revirement de jurisprudence opportun, RCA 1999, chron. n° 21 ; La nullité des conventions suspensives de la prescription biennale, RCA 1993, chron. n° 4 ; Pitié pour la prescription biennale, RCA 1991, chron. n° 25 ; Le point de départ de la prescription biennale dans l'assurance sur la personne d'un emprunteur (suite), RCA 1993, chron. n° 3 ; Le point de départ de la prescription biennale dans l'assurance sur la personne d'un emprunteur, RCA 1992, chron. n° 32 ; L'information de l'assuré : de nouvelles avancées ?, RCA 2005, étude n° 11. – E. Lourdeau, Clause de prescription biennale en matière de garantie invalidité, RCA 2015, form. 8. – A. Marchand, Désignation d'experts : effet d'interruption générale de la prescription, Lamy assurances, Bull. d'act. 2004, avr. 2004, p. 1. – L. Mayaux, L'application de l'article L. 113-12 du Code des assurances aux assurances « emprunteurs » : et si les juges avaient raison de s'en mêler ?, RGDA 2016. p. 7. - A. Pimbert, Publication de la loi du 17 juin 2008 portant réforme de la prescription en matière civile, Contrats, conc. consom. 2008, focus n°48. – Le point sur la prescription. Assurance : Les modalités d'application d'un régime spécifique, Jurisprudence automobile, oct. 2010, p. 18. - Cl. Rivé, L'ignorance du contrat d'assurance, Colloque AIDA Ignorance et Assurance, RGDA 1999. 769. – P. Sargos, La doctrine jurisprudentielle de la Cour de cassation relative à la prescription en droit des assurances, RGDA 1996. 545. – P. Sargos, La fixation du point de départ de la prescription en matière d'assurance, JCP 1998, I, 130. – M. Storck, L'exception de nullité en droit privé, D. 1987, chron. p. 67.
Divers. – Les désordres de la prescription, Colloque Faculté de droit de Rouen, 4 févr. 1999, Presses universitaires de Rouen, 2001. – M. Bandrac, La nature juridique de la prescription extinctive en matière civile, Economica, 1986. – M. Bruschi, La prescription en droit de la responsabilité civile », Economica, 1997. – B. Fages, Le comportement du contractant, PUAM, 1997. – Ph. Stoffel-Munck, « L'abus dans le contrat », LGDJ, 2000.

Section 1 ▪ Principes généraux et domaine de la prescription biennale

2975. La prescription biennale donne lieu chaque année à un contentieux excessivement important, la Cour de cassation rendant chaque année plusieurs dizaines d'arrêts dans cette matière. Le législateur s'abstient toutefois de toute intervention, malgré les appels régulièrement lancés en ce sens par la Cour de cassation dans ses rapports annuels. Les principaux sujets de litiges sont le domaine d'application de la prescription, son point de départ ainsi que les causes d'interruption et de suspension du délai.

§ 1 ■ Principes généraux

A ■ Notion de prescription biennale

2976. La prescription extinctive est un mécanisme permettant l'extinction d'une dette en raison de l'écoulement d'une certaine durée ; elle est notamment prévue par l'article 2219 du Code civil qui la présente comme « un mode d'extinction d'un droit résultant de l'inaction de son titulaire pendant un certain laps de temps ». Schématiquement, en prenant l'exemple des principales obligations nées du contrat d'assurance, au terme d'un certain délai, l'assureur ne pourra plus réclamer le paiement des cotisations à l'assuré et l'assuré ne pourra plus lui réclamer le paiement de la prestation. L'article L. 114-1 du Code des assurances prévoit que ce délai est de deux ans ; il s'agit d'une prescription biennale.

2977. La prescription biennale prévue par l'article L. 114-1 du Code des assurances constitue une exception au droit commun des obligations ; en effet, jusqu'à la réforme réalisée par la loi n° 2008-561 du 17 juin 2008, en matière d'actions contractuelles, l'article 2262 du Code civil prévoyait que la prescription était de trente ans. Le nouvel article 2224 du Code civil est venu ramener la durée du délai de prescription de droit commun à cinq ans. Avant que la loi du 13 juillet 1930 ne vienne réglementer le contrat d'assurance, le délai applicable était celui du droit commun ; toutefois les assureurs inséraient fréquemment dans les contrats une clause par laquelle la prescription de l'action en paiement de l'indemnité d'assurance était limitée à une durée très brève, souvent six mois. Pour lutter contre de telles pratiques, redoutables pour les assurés qui se voyaient rapidement privés d'action contre l'assureur, le législateur est intervenu pour fixer le délai de la prescription à deux ans, délai impératif. Cette durée n'a pas été modifiée par la loi du 17 juin 2008. La prescription biennale de l'article L. 114-1 du Code des assurances est fondée sur l'ordre public (Civ. 1re, 25 juin 1991, RGAT 1991. 837, note H. Margeat et J. Landel) et non sur une présomption de paiement (Civ. 1re, 13 nov. 1974, JCP G 1975, II, 18025, note A. Besson).

2978. Il n'y a pas d'interversion en cas d'interruption du délai (Civ. 1re, 3 févr. 1998, RGDA 1998. 260, note L. Mayaux ; il s'agit là d'une solution dérogatoire au regard du régime habituel des courtes prescriptions), il n'est pas possible d'allonger conventionnellement le délai) et, en principe, l'aveu du débiteur, qui reconnaît ne pas avoir payé, ne paralyse pas le jeu de la prescription (Civ. 1re, 6 juin 1979, Bull. civ. I, n° 162).Conformément à l'article 1315, alinéa 1er, du Code civil, la preuve de l'accomplissement de la prescription incombe à celui qui s'en prévaut.

2979. De façon générale, en toutes matières, il n'était traditionnellement pas permis aux parties d'allonger conventionnellement la durée du délai de prescription fixé par la loi car cela irait à l'encontre de l'objectif du législateur. En revanche les parties étaient habituellement autorisées à réduire la durée de la prescription sauf interdiction légale. En matière d'assurance, étaient ainsi interdites les clauses venant abréger le délai de prescription. En effet, l'article L. 114-1 du Code des assurances est un texte impératif auquel on ne peut déroger ; par conséquent, le délai de prescription ne pouvait être abrégé.

2980. La loi n° 2008-561 du 17 juin 2008 portant réforme de la prescription en matière civile prévoit, dans le nouvel article 2254, alinéa 1er, du Code civil que « la durée de la prescription peut être abrégée ou allongée par accord des parties. Elle ne peut toutefois être réduite à moins d'un an ni étendue à plus de dix ans ». Cette faculté n'est toutefois pas ouverte aux parties à un contrat d'assurance ; la loi vient en effet créer un nouvel article L. 114-3 du Code des assurances, prévoyant que « par dérogation à l'article 2254 du Code civil, les parties au contrat d'assurance ne peuvent, même d'un commun accord, ni modifier la durée de la prescription, ni ajouter aux causes de suspension ou d'interruption de celle-ci ».Dans le régime antérieur à la loi du 17 juin 2008, il était possible de renoncer à la prescription. En effet, l'article 2220 du Code civil précisait que si « on ne peut, d'avance, renoncer à la prescription, on peut renoncer à la prescription acquise ». Ainsi la Cour de cassation, faisant application de cette règle à la prescription biennale, déclarait que « si l'on ne peut renoncer d'avance à la prescription, le caractère d'ordre public des règles édictées par l'article L. 114-1 du Code des assurances, ne fait pas obstacle à la renonciation à une prescription déjà acquise conformément aux dispositions de l'article 2220 du Code civil » (Civ. 2e, 22 janv. 2004, RCA 2004, comm. n° 165). Le nouvel article 2250 du Code civil, issu de la loi du 17 juin 2008, maintenant cette solution, dispose que « seule une prescription acquise est susceptible de renonciation ».

2981. La renonciation à la prescription peut être expresse ou tacite, conformément au nouvel article 2251, alinéa 1er, du Code civil qui précise que « la renonciation à la prescription est expresse ou tacite ». La renonciation tacite résulte de faits non équivoques supposant l'abandon du droit acquis. Selon l'article 2251, alinéa 2, du Code civil, « elle résulte de circonstances établissant sans équivoque la volonté de ne pas se prévaloir de la prescription ». Par exemple, la renonciation de l'assureur à invoquer la prescription pourra résulter du fait qu'il « a pris l'engagement de supporter les travaux chiffrés par l'expert » (Civ. 2e, 22 janv. 2004, préc.). Dans le même sens, le fait de désigner un expert alors que la prescription est acquise indique la volonté d'y renoncer (Civ. 1re, 3 mai 2001, Rev. Lamy dr. aff. 2001, n° 41, n° 2627). De même, un « assureur, en soutenant que la dette qu'il avait vis-à-vis de son assuré était éteinte par compensation avec sa propre créance, avait ainsi reconnu l'existence de cette dette et tacitement renoncé à se prévaloir de la prescription » (Civ. 1re, 26 nov. 1996, RGDA 1997. 142, note J. Bigot). En revanche, il a pu être décidé qu'une proposition d'indemnisation d'un assureur, sans se prévaloir de la prescription biennale, ne suffit pas, à elle seule, à caractériser une intention certaine et non équivoque de renoncer à cette prescription acquise (Civ. 1re, 18 déc. 2001, RGDA 2002. 87, note M. Bruschi). Ou encore que le fait de participer à une mesure d'instruction ordonnée en référé n'implique, à lui seul, la volonté non équivoque de l'assureur de renoncer à la prescription biennale, invoquée ensuite, dès le début de la procédure devant la juridiction du fond (Civ. 3e, 1er déc. 2009, n° 08-20.993, RCA 2010, comm. 67, obs. H. Groutel ; Civ. 2e, 9 déc. 2010, n° 10-12.233, RCA 2011, comm. 127; Civ. 3e, 24 janv. 2012, n° 10-28.218, RCA 2012, com. 129, obs. H. Groutel). Et le fait pour l'assureur d'opposer la prescription biennale tout en précisant qu'il n'était pas opposé à un geste commercial si, du moins, le sinistre entre bien dans le cadre de la garantie » n'entraîne pas renonciation de sa part à se prévaloir de la prescription (Civ. 1re, 12 déc. 1995, RGDA 1996. 304, note F. Chardin).

2982. Il a été jugé que l'assureur qui dirige le procès engagé par la victime contre son assuré renonce par là même à se prévaloir de la prescription (Civ. 1re, 3 nov. 1988, RGAT 1989. 111, note R. Bout). L'article L. 113-17 du Code des assurances, issu de la loi n° 89-1014 du 31 décembre 1989, précise désormais que « l'assureur qui prend la direction d'un procès intenté à l'assuré est censé aussi renoncer à toutes les exceptions dont il avait connaissance lorsqu'il a pris la direction du procès ». La prescription fait partie de ces exceptions (Civ. 2e, 28 févr. 2013, n° 12-12.81, RCA 2013, com. 197, note. D. Bakouche).

La volonté de renoncer relève de l'appréciation souveraine des juges du fond (Civ. 1re, 11 juin 2003, RGDA 2003. 698, note M. Bruschi).

La jurisprudence décide que « la courte prescription édictée par le Code des assurances étant fondée sur des raisons d'ordre public, et non sur une présomption de paiement, ne peut être écartée par l'aveu de l'assuré qui reconnaît n'avoir pas payé les primes qui lui sont réclamées par la compagnie d'assurance » (Civ. 1re, 6 juin 1979, Bull. civ. I, n° 162).Le fait que l'action de l'assuré contre l'assureur soit prescrite n'autorise pas l'assureur à exercer un recours afin d'obtenir le remboursement de l'indemnité qu'il a versée aux tiers-victimes exerçant l'action directe (Civ. 2e, 17 févr. 2005, RCA 2005, comm. n° 141, note H. Groutel ; RGDA 2005. 439, note J. P. Karila). En effet le paiement de l'indemnité aux victimes constitue l'exécution du contrat d'assurance, à laquelle l'assureur ne peut échapper sous le prétexte que l'action de son assuré est prescrite.

B ▪ Procédure

2983. La prescription constitue une fin de non-recevoir qui ne peut pas être soulevée d'office par le juge. Cette solution résultait de l'article 2223 du Code civil qui disposait que « les juges ne peuvent pas suppléer d'office le moyen résultant de la prescription ». La loi du 17 juin 2008 n'a pas modifié cette solution et le nouvel article 2247 dispose à l'identique. La Cour de cassation choisit ici de faire prévaloir l'article 2223 du Code civil sur l'article 125, alinéa 1 du nouveau Code de procédure civile qui précise que « les fins de non-recevoir doivent être relevées d'office lorsqu'elles ont un caractère d'ordre public, notamment lorsqu'elles résultent de l'inobservation des délais dans lesquels doivent être exercées les voies de recours ». Pour M. Sargos, cette solution « s'explique par le fait qu'une partie, nonobstant la possibilité qu'elle aurait de se libérer d'une obligation en invoquant la prescription, peut parfaitement refuser d'avoir recours à un tel moyen et préférer contester sa dette sur d'autres plans. En outre, il est admis en jurisprudence qu'un droit frappé de prescription peut se muer en obligation naturelle » (P. Sargos, La doctrine jurisprudentielle de la Cour de cassation relative à la prescription en droit des assurances, RGDA 1996. 545). La partie qui invoque la prescription peut l'invoquer en tout état de cause, et pas nécessairement avant toute défense au fond.

2984. En procédure, un droit peut être exercé par voie d'action ou par voie d'exception. Lorsque le droit est invoqué par voie d'action, une personne prend l'initiative d'intenter un procès pour faire reconnaître son droit ; par exemple, l'assuré peut exercer une action pour réclamer à l'assureur le paiement de l'indemnité. Lorsque le droit est exercé par voie d'exception, le défendeur résiste à l'action exercé contre lui en opposant une exception ; le droit est alors invoqué à titre de moyen de défense. Par exemple, assigné en paiement de l'indemnité par l'assuré, l'assureur réplique en prétendant qu'il n'est pas tenu à garantie car le contrat est nul. Dans ces conditions, doit-on considérer que la prescription biennale prive le titulaire d'un droit de la possibilité de s'en prévaloir tant par voie d'action que par voie d'exception, ou bien peut-on estimer que seule l'action est prescrite, et non le droit, qui peut toujours être invoqué par voie d'exception ?

2985. La Cour de cassation affirme traditionnellement que la prescription biennale n'atteint que l'action dérivant du contrat d'assurance et ne peut être étendue au moyen de défense opposé à une telle action : l'exception est perpétuelle (Civ. 3e, 14 févr. 2007, n° 05-21.987, RCA 2007, comm. n° 140, obs. G. Courtieu ; Civ. 3e, 2 juin 2015, n° 13-17.513, RCA 2015, com. 275, obs. H. Groutel). Un droit soumis à la prescription biennale lorsqu'il est exercé par voie d'action ne l'est ainsi pas par voie d'exception. Cette solution s'applique quel que soit « le moyen de non-assurance invoqué » (Civ. 1re, 25 févr. 1992, RGAT 1992. 386, note J. Kullmann), tel que, par exemple, une exclusion de garantie ou une déchéance (V., par exemple, pour la nullité du contrat invoquée par l'assureur pour s'opposer à une demande en garantie : Civ. 1re, 23 juin 1993, RCA 1993, comm. n° 349 ; V. aussi, Civ. 1re, 23 sept. 2003, RCA 2003, comm. n° 334, note H. Groutel). Ainsi, « rien n'oblige l'assureur à agir préventivement pour faire juger qu'il est en droit d'opposer une exclusion de garantie » (Civ. 1re, 21 juin 1989, D. 1991, somm. p. 73, note H. Groutel).

C ▪ Information de l'assuré et sanction

2986. L'article R. 112-1 du Code des assurances prévoit que les contrats d'assurance doivent rappeler les dispositions des titres I et II du livre 1er de la partie législative du Code des assurances concernant la prescription des actions dérivant du contrat d'assurance ; il ne formule toutefois aucune sanction en cas de défaut d'information sur la prescription. C'est ainsi que la Cour de cassation a pu décider que cet article ne saurait faire obstacle à la prescription établie par l'article L. 114-1 du même code et que, par conséquent, l'absence de rappel de la prescription biennale dans le contrat n'interdit pas à l'assureur de s'en prévaloir (Civ. 1re, 22 janv. 2002, RGDA 2002. 382, note J. Kullmann). Il ne semble cependant pas que cette position doive être maintenue. En effet dans un arrêt du 2 juin 2005, la deuxième Chambre civile de la Cour de cassation a opté pour une solution différente, décidant qu'aux termes de l'article R. 112-1 du Code des assurances, « les polices d'assurance doivent rappeler les dispositions de la loi concernant la prescription des actions dérivant du contrat d'assurance ; que l'inobservation de ces dispositions est sanctionnée par l'inopposabilité à l'assuré du délai de prescription édicté par l'article L. 114-1 du même code » (Civ. 2e, 2 juin 2005, RGDA 2005. 619, note J. Kullmann ; V. H. Groutel, L'information de l'assuré : de nouvelles avancées ?, RCA 2005, étude n° 11 ; Bull. act. Lamy Assurances juill. 2005, p. 10). En l'espèce, une salariée avait, à l'occasion de la souscription d'un prêt immobilier, adhéré à un contrat d'assurance collective par l'intermédiaire de son employeur. Ayant demandé la mise en jeu de la garantie prévue par le contrat, l'assurée se vit opposer par l'assureur la prescription biennale. Pour déclarer l'action prescrite, la cour d'appel avait affirmé que le délai de prescription de l'article L. 114–1 du Code des assurances n'était pas une mention obligatoire de la police d'assurance et qu'il s'agissait là d'une règle d'ordre public s'imposant aux parties en l'absence de tout rappel contractuel. Cette décision est cassée par la Cour de cassation, au visa de l'article R. 112-1 du Code des assurances. En effet, l'article R. 112-1 impose bien le rappel des dispositions du Code concernant la prescription biennale. Le véritable apport de l'arrêt réside dans la mise en place d'une sanction jurisprudentielle en cas d'absence d'information sur la prescription : il s'agit de l'inopposabilité de la prescription à l'assuré. Une telle sanction permettra à l'assuré de ne pas voir son action paralysée par le simple jeu d'une prescription qui n'avait pas été portée à sa connaissance, gardant intact ses chances de voir ses prétentions admises par le juge. Cette décision s'inscrit dans un mouvement général d'alourdissement de l'obligation d'information pesant sur l'assureur (sur cette question, V. H. Groutel, étude préc.). Il est à noter qu'il s'agissait dans cette affaire d'une assurance de groupe ; or en la matière, la loi n'impose pas de faire figurer dans la notice remise à l'adhérent de mention relative à la prescription biennale (V. pour les assurances de groupe en général, C. assur., art. L. 141-4, et pour l'assurance des prêts immobiliers, C. conso., art. L. 312-9). On peut se demander si désormais la notice ne serait pas elle aussi soumise aux exigences de l'article R. 112-1 du Code des assurances en matière d'information sur la prescription. Il est vrai que l'adhérent, qui n'est pas le souscripteur du contrat, a lui aussi besoin d'être informé sur la prescription.

La solution de l'arrêt de 2005 a depuis été confirmée à plusieurs reprises : Civ.2e, 3 sept. 2009, n° 08-13.094, RGDA 2009. 1155, note J. Kullmann ; Civ. 2e, 14 janv. 2010, n° 09-12.590, RGDA 2010, 428, obs. J. Kullmann, RCA 2010. comm.97, obs. H. Groutel ; Civ. 2e, 22 oct. 2015, n° 14-21.292, RCA 2016, n° 1, com. 26, obs. H. Groutel).

L'assureur est donc tenu de rappeler dans le contrat d'assurance tant les différents points de départ prévus à l'article L. 114-2 du Code des assurances (Civ. 3e, 18 oct. 2011, n° 10-19.171, RCA. 2012, com. 29) que les diverses causes d'interruption de la prescription (Civ.3ee, 16 nov. 2011, n° 10-25.246, RCA. 2012, com. 86, obs. H. Groutel), sous peine d'inopposabilité de la prescription.

2987. Par ailleurs dans un arrêt de sa 2è Chambre civile en date du 18 avril 2013, la Cour de cassation est venue décider, au visa de l'article R. 112-1 du Code des assurances, que la prescription biennale est inopposable à l'assuré lorsque le contrat ne précise pas les causes ordinaires d'interruption de la prescription (Civ. 2e, 18 avr. 2013, n° 12-19.519, RGDA 2013. 884, note J. Kullmann ; Civ. 3e, 26 nov. 2015, n° 14-23.863, RGDA 2016, p. 87, obs. A. Pélissier ; Civ.

2e, 4 fév. 2016, n° 15-14.649). Cette solution, particulièrement sévère pour l'assureur, est critiquable dans la mesure où l'article R. 112-1 n'impose nullement à l'assureur de communiquer dans la police d'assurance la liste des causes de droit commun d'interruption de la prescription biennale, c'est-à-dire celles prévues par le Code civil. La Cour de cassation vient ici imposer des mentions obligatoires en l'absence de tout texte légal.

2988. Si les mentions exigées par l'article R. 112-1 du Code des assurances ne figuraient pas dans la police, l'assureur ne pourrait pas régulariser la situation en délivrant les informations demandées postérieurement à la conclusion du contrat d'assurance (Civ. 2e, 30 juin 2011, n° 10-23.223, RGDA 2012, p. 337, obs. J. Kullmann).
Il s'est en outre posé la question de savoir si un simple renvoi à la police d'une assurance de première ligne où figurent les indications sur la prescription biennale suffisait pour que l'assureur de deuxième ligne soit en conformité avec l'article R. 112-1 du Code des assurances. La Cour de cassation s'en remet ici au pouvoir souverain d'appréciation des juges du fond, qui examinent le contenu exact du renvoi (Civ. 2e, 22 oct. 2015, n° 14-21.909). On pourrait toutefois douter de la validité d'un tel renvoi dans la mesure où l'efficacité du dispositif d'information mis en place par la Cour de cassation semble nécessairement passer par la présence des mentions dans le contrat.

2989. La Cour de cassation décide que les assurances sur la vie appartiennent au domaine d'application de l'article R. 112-1 du Code des assurances ; ces contrats doivent donc rappeler les dispositions relatives à la prescription biennale (Civ. 2e, 17 mars 2011, n° 10-15.267 et 10-15.864, RCA. 2011, étude. 10, H. Groutel).

2990. En tout état de cause, comme on a pu le faire remarquer (V. J. Kullmann, *Lamy Assurances* 2011), même en l'absence de sanction jurisprudentielle, le fait que l'article R. 112-1 du Code des assurances ne prévoit pas de sanction en cas de non respect de ses exigences ne priverait pas l'assuré de toute action contre l'assureur. Il pourrait en effet, semble-t-il, engager sa responsabilité civile, s'il peut établir que l'absence de rappel des dispositions relatives à la prescription dans le contrat est à l'origine de son inaction dans le délai légal et de l'extinction de son action, preuve très difficile à apporter.

2991. La Cour de cassation décide que « hors circonstances particulières », « l'assureur n'est pas tenu, à l'égard de l'assuré, d'une obligation particulière d'information relative au risque d'expiration du délai biennal de la prescription » (Civ. 1re, 18 nov. 2003, RGDA 2004. 400, note J. Kullmann). Ainsi, en principe, l'assureur n'est pas tenu d'avertir son assuré de l'épuisement prochain du délai de prescription. Il apparaît toutefois qu'une telle obligation d'information existe en présence de « circonstances particulières », qui n'étaient d'ailleurs pas caractérisées dans l'affaire ayant donné lieu à cette décision de la Cour de cassation (ibid.). Toute la difficulté consiste alors à déterminer quand de telles circonstances peuvent exister. Dans l'attente de précision jurisprudentielle sur ce point on a pu suggérer (V. J. Kullmann, note préc.) que la Cour de cassation visait peut-être l'hypothèse où des pourparlers et des négociations étaient engagées entre l'assureur et l'assuré ou encore, celle où une expertise était en cours. Dans le même sens, la Cour de cassation décide que « l'assureur n'est pas tenu de rappeler à l'assuré les modes d'interruption de la prescription biennale, nécessairement mentionnés dans la police, en application de l'article R. 112-1, alinéa 2, du Code des assurances » (Civ. 1re, 2 juill. 2002, RCA 2002, comm. n° 314, note H. Groutel).

2992. Toutefois, la Cour de cassation avait semblé vouloir mettre à la charge de l'assureur une obligation d'information. En effet, dans un arrêt du 10 juillet 2001, la Cour de cassation avait affirmé, au visa de l'article 1147 du Code civil que « l'assureur est tenu d'un devoir d'information et de conseil à l'égard de son assuré » (Civ. 1re, 10 juill. 2001, RGDA 2002. 76, note M. Bruschi). Cet arrêt semblait imposer à l'assureur d'informer l'assuré de l'existence de la prescription et sa durée, voire de son régime, sans toutefois mettre à sa charge l'obligation d'inciter l'assuré à agir en justice ou interrompre la prescription par une lettre recommandée avec accusé de réception. De plus, dans un arrêt du 26 novembre 1996, la Cour de cassation avait affirmé que l'assureur était tenu « d'une obligation de loyauté dans la mise en œuvre du processus d'indemnisation après la survenance d'un sinistre » ; elle avait ainsi approuvé les juges du fond d'avoir admis que l'assureur qui avait gardé un « silence malicieux » dans le but d'échapper au paiement grâce à la prescription et dont les correspondances avec l'assuré « avaient endormi sa vigilance » sur les formalités légales qui lui incombaient avait commis une faute contractuelle dont il devait réparation (Civ. 1re, 26 nov. 1996, RCA 1997, comm. n° 75, note H. Groutel). Cet arrêt avait pu faire craindre que la Cour de cassation impose systématiquement à l'assureur d'inciter l'assuré à interrompre la prescription courant contre lui. Cependant, il semble, à la lumière des décisions précitées de 2002 et 2003, que tel ne doive pas être le cas.

D ▪ Attitude de l'assureur

2993. La jurisprudence sanctionne l'assureur qui use de manœuvres dilatoires « aux fins de laisser volontairement expirer le délai de prescription » (Civ. 1re, 28 oct. 1991, RCA 1991, comm. n° 434, obs. H. Groutel ; RTD Civ. 1992, p. 588, obs. P.-Y. Gautier), manœuvres « qui ne viseraient qu'à lui permettre d'opposer ultérieurement à son assuré la prescription de l'article L. 114-1 du Code des assurances » (Civ. 1re, 14 nov. 2001, RGDA 2002. 83, note M. Bruschi) ; V. aussi, Civ. 2e, 12 mai 2010, n° 09-66437, RCA 2010, comm. 235, obs. H. Groutel ; RGDA 2010. 691, note S. Abravanel- Jolly, dans lesquel la Cour de cassation censure la Cour d'appel, en affirmant, de manière discutable, que les motifs de la Cour d'appel sont impropres à caractériser la faute de l'assureur ; Civ. 2e, 9 déc. 2010, n° 10-12.233, RCA 2011, comm. 126, où la Cour de cassation considère que les motifs de la Cour d'appel ne suffisent pas à caractériser des manœuvres fautives délibérées destinées à retarder le règlement du sinistre et à laisser écouler le délai de la prescription biennale).

2994. Les faits de l'affaire suivante donnent un exemple de l'attitude dilatoire que peuvent adopter certains assureurs et de la réaction de la jurisprudence. Un homme souscrit un contrat d'assurance garantissant le versement, en cas de décès, d'un capital à son épouse, capital devant être doublé en cas d'accident et triplé en cas d'accident de la circulation. L'assuré, parti en automobile, est découvert mort sur une plage, sans que son véhicule soit retrouvé. L'assureur paie alors le capital de base à la bénéficiaire, mais celle-ci demande le versement du complément de capital prévu en cas d'accident de la circulation. La compagnie d'assurance refuse ; la veuve agit alors en paiement de cette somme devant le tribunal de grande Instance, mais plus de trois ans après le décès. Pourtant, les juges du fond décident que la prescription biennale n'est pas acquise et condamnent l'assureur à payer le capital dû en cas de décès accidentel. La Cour de cassation rejette le pourvoi, soulignant que la cour d'appel avait relevé que la compagnie d'assurance avait fait savoir par lettre à la bénéficiaire qu'elle ne prendrait pas de décision tant que l'information pénale ouverte à la suite du décès de son mari ne serait pas clôturée et qu'il s'agissait là d'une « manœuvre » qui n'avait eu pour but que de laisser courir la prescription biennale en abusant la bénéficiaire afin de la dissuader d'agir en justice comme elle avait dit vouloir le faire par une correspondance (Civ. 1re, 28 oct. 1991, RCA 1991, comm. n° 434, obs. H. Groutel).

2995. Cette jurisprudence constitue, semble-t-il, une application de l'article 1134, alinéa 3 du Code civil, disposant que les conventions « doivent être exécutées de bonne foi ». (V. Civ, 2e, 7 oct. 2010, n° 09-70.254, RCA 2010, comm. 334, faisant référence à une « obligation générale de loyauté dans la mise en œuvre du processus de l'indemnisation »). L'obligation d'exécuter de bonne foi impose à chaque contractant d'être loyal envers son partenaire ; il ne doit pas chercher à échapper à son obligation, comme le fait l'assureur cherchant à gagner du temps pour que la prescription éteigne la garantie.

2996. Puisque l'exécution de bonne foi du contrat constitue une obligation contractuelle, c'est le droit commun de l'inexécution des obligations contractuelles qui doit normalement s'appliquer en cas de manquement de l'assureur à la bonne foi dans le processus d'indemnisation. L'assuré pourra ainsi engager la responsabilité contractuelle de l'assureur, les manœuvres dilatoires pouvant « constituer de sa part une faute ouvrant droit à réparation » (Civ. 1re, 14 nov. 2001, RGDA 2002. 83, note M. Bruschi) et la sanction ne pourra alors résider que dans l'allocation de dommages et intérêts, puisque l'action en paiement est éteinte par le jeu de la prescription. Toute la difficulté sera en définitive d'évaluer le préjudice subi. En considérant « qu'il s'agit de l'impossibilité pour l'assuré d'obtenir le versement de l'indemnité due par l'effet de la prescription » (B. Beignier, note sous Civ. 1re, 13 nov. 1996, JCP 1997, II, 22917), les juges pourraient accorder à l'assuré une indemnité d'un montant équivalent à l'indemnité qu'il aurait dû percevoir !

2997. La jurisprudence décide parfois que la privation du droit à se prévaloir de la prescription constitue la sanction de la violation de l'obligation de bonne foi. Tel est le cas de l'arrêt de la première Chambre civile précité (Civ. 1re, 28 oct. 1991, RCA 1991, comm. n° 434, obs. H. Groutel), qui a décidé que les juges du fond, qui avaient relevé de la part de l'assureur une manœuvre qui n'avait eu pour but que de laisser courir la prescription biennale en abusant la bénéficiaire afin de la dissuader d'agir en justice, avaient « caractérisé la fraude de la compagnie » et en avait justement « déduit que celle-ci était, dès lors privée du droit de se prévaloir de la prescription ». Il s'agit d'une déchéance purement prétorienne, prononcée sans l'appui d'un texte spécifique, afin de sanctionner une faute contractuelle (pour une autre application de cette sanction, v. Civ. 2e, 29 mars 2006, n° 04-20.011).

§ 2 ▪ Domaine d'application de la prescription

2998. L'article L. 114-1 du Code des assurances prévoit que ce sont les « actions dérivant d'un contrat d'assurance » qui sont soumises à la prescription biennale ; cette notion donne lieu à une abondante jurisprudence en raison du caractère relativement flou du terme « dériver ».

2999. Il est délicat de déterminer un critère précis permettant de distinguer les actions soumises à la prescription de celles qui ne le sont pas. Il résulte bien de la jurisprudence que « seuls l'assureur, l'assuré ou ceux qui sont subrogés dans leurs droits peuvent se prévaloir de la prescription » (Civ. 1re, 13 nov. 1991, RGAT 1992. 85, note H. Margeat), que la prescription peut être opposée entre assureurs et assurés (Civ.1re, 4 déc. 1968, Bull. civ. I, n° 308, p. 233) et qu'elle s'applique aux actions nées « des rapports contractuels entre l'assureur et l'assuré » (Civ. 1re, 20 juill. 1981, Bull. civ. I, n° 264) ; mais ce « critère synthétique » (selon P. Sargos, La doctrine jurisprudentielle de la Cour de cassation relative à la prescription en droit des assurances, RGDA 1996. 545) ne rend que difficilement compte de toutes les solutions jurisprudentielles. En tout état de cause le contrat doit bien constituer un contrat d'assurance, ce qui n'est pas le cas d'un contrat de capitalisation puisque l'assureur ne couvre pas de risque (Civ. 2e, 16 sept. 2010, n° 09-69.614, RGDA 2011. 83, note J. Bigot).

A ▪ Actions soumises à la prescription

3000. En l'absence de critère fiable de distinction entre les actions soumises à la prescription biennale et celles qui ne le sont pas, on ne peut que se référer, action par action, à la solution donnée par le juge. Voici quelques exemples d'actions soumises à la prescription.

3001. La jurisprudence considère que l'action en nullité du contrat d'assurance, par exemple pour fausse déclaration intentionnelle du risque, est soumise à la prescription biennale (V., par ex., Civ. 1re, 28 oct. 1975, RGAT 1976. 508, note A. Besson).Il n'est pas discuté que l'action en paiement des cotisations exercée par l'assureur contre le souscripteur est soumise à la prescription biennale (Civ. 1re, 6 oct. 1993, RCA 1994, comm. 380).L'action de l'assuré en exécution par l'assureur de ses obligations, telle que le règlement de l'indemnité à la suite d'un sinistre, est soumise à la prescription biennale (Civ. 1re, 3 oct. 1995, RCA 1995, comm. n° 380).Lorsqu'un tiers, autre que le tiers-victime, invoque le bénéfice de l'assurance, il peut se voir opposer la prescription biennale par l'assureur (Civ. 1re, 7 oct. 1992, RGAT 1992. 834, note R. Maurice et, pour le bénéficiaire d'une assurance contractée pour le compte de qui il appartiendra : Civ. 1re, 17 juill. 1985, RGAT 1986. 359).Lorsque l'assureur a versé une indemnité d'assurance qu'il ne devait pas payer, il exerce contre l'assuré une action en remboursement appelée action en répétition de l'indu. Le souscripteur fait de même lorsqu'il a payé une cotisation qu'il ne devait pas verser. Une telle action doit-elle être soumise à la prescription biennale ? La Cour de cassation opérait ici une distinction dont la mise en œuvre pouvait s'avérer délicate ; elle décidait en effet que la prescription biennale n'étit pas applicable à « l'action de l'assureur tendant à la répétition d'un paiement dont le caractère indu ne résulte pas d'une stipulation de la police » (Civ. 1re, 12 févr. 2002, D. 2002, somm. p. 3183). Par conséquent, il convenait de distinguer selon l'origine de l'indu, c'est-à-dire du caractère injustifié du paiement qui a été réalisé. Si le caractère indu du versement résultait d'une clause du contrat d'assurance, l'action en remboursement était soumise à la prescription biennale. Si le caractère indu du paiement résultait d'une règle légale (ou réglementaire), l'action en remboursement était soumise à la prescription de droit commun.
Par exemple si à la suite d'un sinistre, l'assureur versait l'indemnité d'assurance à son assuré, mais réalisait ensuite que cette indemnité n'était pas due en raison de l'application d'une exclusion de garantie d'origine conventionnelle, il pouvait alors exercer une action en remboursement contre l'assuré qui était soumise à la prescription biennale. La solution aurait été la même s'il avait découvert que l'indemnité n'était pas due en raison du jeu d'une déchéance de garantie. En revanche, si l'assureur découvrait que l'indemnité n'était pas due en raison du caractère volontaire du sinistre, l'action en remboursement n'étaitn pas soumise à la prescription biennale, puisque le caractère indu résultait de l'article L. 113-1 du Code des assurances, qui interdit la garantie des conséquences de la faute intentionnelle. Cette solution semble toutefois abandonnée ; la jurisprudence déclarant désormais nettement que « l'action en répétition de l'indu, quelle que soit la source du paiement indu, se prescrit selon le délai de droit commun applicable, à défaut de disposition spéciale, aux quasi-contrats » (Civ. 2e, 4 juill. 2013, n° 12-17.427, RCA 2013, com. 361, note H. Groutel).

3002. Par le passé, la jurisprudence avait pu décider que l'action de l'assureur en restitution de l'indemnité versée à l'assuré dérive du contrat d'assurance et se trouve donc soumise à la prescription biennale (Civ. 1re, 8 juin 1994, RCA 1994, comm. 348) et que l'action de l'assuré contre l'assureur pour obtenir le remboursement de cotisations indûment versées, car elles l'avaient déjà été auparavant, est elle aussi soumise à la prescription biennale (Civ. 1re, 4 mars 1986, RGAT 1986. 207, note J.-L. Aubert).

3003. La prescription biennale est applicable à l'action en exécution d'une convention dérivant du contrat d'assurance, c'est-à-dire dont la conclusion a été déclenchée par l'exécution du contrat d'assurance. C'est le cas, par exemple, de l'action en exécution d'un accord ou d'une transaction conclue entre l'assureur et l'assuré sur le montant de l'indemnité d'assurance (Civ. 1re, 16 janv.

1996, RGDA 1996. 307, note L. Mayaux ; Civ 2e, 19 nov. 2015, n° 13-23.095, RCA 2016, n° 2, com. 65, obs. H. Groutel).

La prescription biennale s'applique au contrat d'assurance vie et à l'acte d'avance sur police prévu par l'article L. 132-21 du Code des assurances qui dérive du contrat d'assurance (Civ. 2e, 30 juin 2004, RGDA 2004. 991, note L. Mayaux ; en l'espèce les souscripteurs demandaient l'annulation de l'avance sur police consentie par l'assureur). Il est vrai que l'opération d'avance constitue, comme le rachat, une opération se rattachant au contrat d'assurance.

3004. L'action en responsabilité exercée par l'assuré contre l'agent général, représentant de l'assureur, est soumise à la prescription biennale (Civ. 1re, 7 juill. 1969, RGAT 1970. 182, note A. Besson).

Il en va de même de l'action engagée par le souscripteur d'un contrat d'assurance sur la vie ayant renoncé au contrat, aux fins d'obtenir la restitution des sommes versées, action qui dérive bien du contrat d'assurance, puisqu'ayant pour objet de faire valoir la renonciation à un contrat exécuté (Civ. 2e, 24 juin 2010, n° 09-10.920, RGDA 2010. 769, note J. Kullmann).

L'action en responsabilité engagée par l'assuré contre l'assureur ou son représentant en raison d'un manquement à son obligation contractuelle de renseignement et de conseil est soumise à la prescription biennale (Civ. 2e, 7 oct. 2004, RGDA 2005. 51, note M. Bruschi). En l'espèce la victime d'un accident de la circulation survenu en 1979 avait recherché en 1998 la responsabilité de son assureur et son représentant pour lui avoir fait perdre la possibilité d'exercer un recours contre le tiers responsable, du fait d'informations erronées qui lui auraient été fournies sur les actions ouvertes à lui à la suite de son sinistre. Pour rejeter la fin de non-recevoir que l'assureur opposait à cette demande sur le fondement de l'article L. 114-1 du Code des assurances, les juges du fond énoncèrent que la responsabilité de l'assureur en raison du manquement à son obligation contractuelle d'information et de conseil ne dérive pas du contrat d'assurance et n'est donc pas soumise au délai de prescription prévu par ce texte. L'arrêt est cassé. En effet lorsque, comme en l'espèce, l'obligation d'information et de conseil pesant sur l'assureur est de nature contractuelle (par exemple dans le cadre d'un contrat d'assurance protection juridique), l'action en responsabilité pour manquement à cette obligation dérive bien du contrat d'assurance et par conséquent, est soumise à la prescription biennale. En revanche en présence d'un manquement par l'assureur à son obligation, non pas contractuelle, mais précontractuelle d'information et de conseil, l'action en responsabilité n'obéit pas à la prescription biennale.

Par ailleurs, l'action en garantie et en réparation des préjudices subis en raison des fautes commises par l'assureur dans l'exécution du contrat d'assurance dérive de ce contrat et se trouve soumise au délai de prescription biennale dont le point de départ se situe à la date où l'assuré a eu connaissance des manquements de l'assureur à ses obligations et du préjudice en résultant pour lui (Civ 2e, 28 mars 2013, n° 12-16.011, RCA 2013, com. 201).

3005. L'action personnelle en paiement de l'indemnité d'assurance exercée par le vendeur de marchandises assurées, avec clause de réserve de propriété et transfert des risques à l'acquéreur, est soumise à la prescription biennale (Civ. 1re, 1er avr. 2003, RGDA 2003. 466, note J. Kullmann).

3006. La prescription biennale est aussi applicable à l'action en résiliation d'un contrat de régime complémentaire de retraite exercée par le souscripteur, aux torts de l'assureur, faute pour celui-ci de n'avoir pas pris en compte l'intégralité des versements effectués par le souscripteur (Civ. 2e, 21 oct. 2010, n° 10-10.234, Bull.d'act. Lamy Assurances, n° 178, décembre 2010, p. 9).

B ▪ Actions non soumises à la prescription

3007. L'action directe de la victime, en paiement de l'indemnité, exercée contre l'assureur de responsabilité n'est pas soumise à la prescription biennale et obéit à la même prescription que l'action en responsabilité contre l'assuré (Civ. 2e, 13 mai 2004, D. 2004, IR, 1639). Elle sera donc, depuis la réforme de la prescription civile opérée par la loi du 17 juin 2008, soumise à la prescription de l'article 2224 du Code civil, soit 5 ans. Il faut toutefois noter que l'article 2226, alinéa 1er, du Code civil, prévoit désormais que « l'action en responsabilité née à raison d'un événement ayant entraîné un dommage corporel, engagée par la victime directe ou indirecte des préjudices qui en résultent, se prescrit par dix ans à compter de la date de consolidation du dommage initial ou aggravé ».

3008. L'action directe de la victime vise à obtenir le paiement de l'indemnité d'assurance par l'assureur. Elle tend donc à obtenir l'exécution du contrat d'assurance. Pourtant le droit de la victime ne dérive pas du contrat d'assurance mais trouve son fondement dans le droit de la victime à réparation de son préjudice (Civ. 28 mars 1939, DP 1939, 1, p. 68, note Picard ; Civ. 1re, 29 oct. 2002, RGDA 2003. 63, note M. Bruschi).
Lorsque la victime assigne l'assuré seulement quelques jours avant la fin du délai de l'action en responsabilité, il s'avère très difficile pour elle de mettre en cause l'assureur dans ce délai. C'est pourquoi la Cour de cassation considère que l'action directe de la victime peut être exercée tant que l'assureur demeure exposé au recours de son assuré (Civ. 1re, 11 juin 2003, RGDA 2003. 694, note M. Bruschi ; Civ. 1re, 29 oct. 2002, RGDA 2003. 63, note M. Bruschi) ; or, lorsque l'action de l'assuré contre l'assureur a pour cause le recours d'un tiers, elle se prescrit par deux ans à compter du jour où ce dernier a exercé un action en justice contre l'assuré. La prescription biennale vient ainsi prolonger le délai de prescription de l'action directe (Civ. 2e, 30 juin 2004, L'Argus, 3 sept. 2004, p. 40). Il est par ailleurs à noter que l'interruption de l'action en responsabilité dirigée contre l'assuré est sans effet sur l'action directe dirigée contre l'assureur (Civ. 2e, 17 févr. 2005, RGDA 2005. 433, note J. P. Karila).

3009. L'action exercée contre l'assureur du responsable par une personne subrogée dans les droits de la victime qu'elle a indemnisée n'est pas soumise à la prescription biennale ; une telle solution s'impose, puisque le tiers subrogé ne fait qu'exercer l'action de la victime. Cette action doit donc être soumise à la prescription de l'action en responsabilité (Civ. 1re, 20 mars 1979, RGAT 1980. 55). Il s'agira très souvent de l'assureur de la victime qui, après l'avoir directement indemnisée, se retourne contre l'assureur du responsable pour obtenir le remboursement des sommes versées (Civ. 2e, 13 mai 2004, RCA 2004, comm. n° 270).L'action contre l'assureur des créanciers privilégiés ou hypothécaires, auxquels l'indemnité est attribuée en vertu de l'article L. 121-13 du Code des assurances, n'obéit pas, elle non plus, à la prescription biennale. En effet, comme l'action du tiers victime, elle trouve son fondement dans la loi et non dans le contrat d'assurance.

3010. Depuis la loi n° 89-1014 du 31 décembre 1989, l'alinéa 6 de l'article L. 114-1 du Code des assurances prévoit que « la prescription est portée à dix ans dans les contrats d'assurance sur la vie lorsque le bénéficiaire est une personne distincte du souscripteur ». Le délai de la prescription a été allongé dans cette hypothèse par faveur pour les bénéficiaires qui ignorent parfois l'existence du contrat et n'ont alors pas la possibilité de réclamer le capital dans le délai de deux ans normalement fixé par le Code (Civ. 1re, 22 janv. 2002, RGDA 2002. 445, note J. Kullmann). En vertu du principe de non rétroactivité de la loi, ce texte, qui vient modifier un délai de prescription, est sans effet sur une prescription acquise (Civ. 2e, 3 févr. 2005, RGDA 2005. 403, note L. Mayaux).

3011. De la même façon, le législateur est venu allonger la prescription dans les contrats d'assurance accidents corporels ; l'alinéa 6 de l'article L. 114-1 du Code des assurances précise que « la prescription est portée à dix ans (...) dans les contrats d'assurance contre les accidents atteignant les personnes, lorsque les bénéficiaires sont les ayants droit de l'assuré décédé ». Selon la Cour de cassation, « lorsqu'ils recueillent dans la succession de leur auteur l'action que celui-ci pouvait exercer contre la compagnie d'assurance au titre d'une assurance contre les accidents corporels, les héritiers de celui-ci n'ont pas la qualité de bénéficiaire et restent soumis à la prescription biennale » (Civ. 1re, 24 févr. 2004, RCA 2004, comm. n° 158, note H. Groutel). Dans cette affaire, le bénéficiaire du contrat d'assurance contre les accidents corporels était l'assuré lui-même. Ses héritiers, exerçant son action en paiement de l'indemnité contre l'assureur, croyaient pouvoir bénéficier de l'alinéa 6 de l'article L. 114-1 du Code des assurances. Toutefois, cette hypothèse ne recouvre que le cas où celui qui exerce l'action est lui-même bénéficiaire du contrat, titulaire du droit de percevoir la prestation prévue par le contrat en raison du décès de l'assuré.

3012. L'action en responsabilité de l'assuré contre l'assureur pour manquement à son obligation pré-contractuelle d'information et de conseil à l'égard de la personne qui souhaite souscrire un contrat d'assurance ou y adhérer n'obéit pas à la prescription biennale puisque, comme le précise la Cour de cassation, « l'action engagée sur ce fondement ne dérive pas du contrat d'assurance » (Civ. 1re, 30 janv. 2001, RCA 2001, comm. n° 135 ; RGDA 2001. 53, note J. Kullmann ; Civ. 2e, 22 janv. 2004, Lamy ass., bulletin d'act. mars 2004, p. 8 ; Civ. 2e, 2 juin 2005, n° 04-14.916, Dr. et patr., n° 571, 31 août 2005, p. 3 ; Civ. 2e, 2 juill. 2015, n° 14-22.565 ; RCA 2015, com. 305). En effet, à cette époque, l'assureur et le (futur) souscripteur ne sont encore liés par aucun contrat ; par conséquent l'action exercée contre l'assureur ne peut pas dériver du contrat d'assurance.

Par ailleurs, la prescription biennale ne s'applique pas à la demande en nullité d'un accord entre l'assuré et l'assureur fondée sur le dol de ce dernier, et alors que les stipulations du contrat d'assurance n'étaient pas en cause (Civ. 2e, 16 janv. 2014, n° 13-10.134, RCA 2014, com. 135).

3013. Il était décidé que l'action en répétition de l'indu exercée par l'assureur pouvait ou non être soumise à la prescription biennale, selon la nature du caractère indu. Ainsi, la prescription biennale n'était pas applicable à « l'action de l'assureur tendant à la répétition d'un paiement dont le caractère indu ne résulte pas d'une stipulation de la police, mais de l'article L. 242-1 du Code des assurances, qui implique en vertu du principe indemnitaire posé par l'article L. 121-1 de ce Code en matière d'assurance de dommages, que l'indemnité due ne peut excéder le paiement de la totalité des travaux de réparation des dommages » (Civ. 1re, 20 janv. 1998, RCA, 1998, comm. n° 143, note H. Groutel ; Civ. 1re, 3 mars 2004, RCA 2004, comm. n° 204, note H. Groutel). De même une décision irrévocable ayant constaté l'inexistence de désordres entrant dans le cadre de la garantie dommages-ouvrage, ne dérive pas du contrat d'assurance, mais de la loi ; l'action de l'assureur tendant à la répétition de ce qui avait été payé à l'assuré en vertu d'une ordonnance de référé, et seule la prescription de droit commun était applicable à cette action : Civ. 3e, 27 mai 2010, n° 09-15.412, RCA 2010, comm. 237, obs. H. Groutel).

3014. En définitive, il semblait y avoir deux types d'indu : ceux résultant d'une stipulation du contrat (par exemple, non-application d'une exclusion ou d'une franchise), pour lesquels la prescription biennale s'appliquait, et ceux résultant du non-respect d'une règle légale (principe indemnitaire, par exemple), pour lesquels la prescription de droit commun trouvait application (Sur cette distinction, V. L. Mayaux, Rép. Civ. Dalloz, V. assurances terrestres, n° 113).

3015. Cette solution a été remise en cause par un arrêt du 18 mars 2004. En effet, la Cour de cassation a affirmé que l'action en répétition de l'indu exercée par l'assureur qui a versé à tort une indemnité n'est pas soumise à la prescription biennale, lorsque cette action « trouve sa justification dans l'inexistence de la dette aux termes des articles 1376 et 1377 du Code civil » et par conséquent ne dérive pas du contrat d'assurance (Civ. 2e, 18 mars 2004, Lamy Assurances, bull. d'act. mai 2004, p. 9 ; H. Groutel, Prescription biennale et action en répétition de l'indu, RCA 2004, chron. n° 16 ; JCP 2005, I, 137, n° 3, J. Bigot (dir.) et L. Mayaux ; RGDA 2004. 390, note J. Kullmann). D'une telle formulation, on croit pouvoir déduire que l'action en répétition échappe toujours à la prescription biennale, dans la mesure où il y a inexistence de la dette, quelle qu'en soit la cause (contractuelle ou légale). Cette solution a été réaffirmée depuis (V. par exemple Civ. 2e, 14 juin 2006, n° 05-15.248, affirmant que « la demande en répétition de l'indû ne dérivant pas du contrat d'assurance n'est pas soumise aux prescriptions de l'article L. 114-1 du Code des assurances). Il faut toutefois noter que la troisième Chambre civile a rejeté un pourvoi contre un arrêt ayant repris la distinction traditionnelle entre les deux types d'indu, considérant qu'en l'espèce l'indu résultait d'une norme impérative du Code des assurances et que la prescription de droit commun était applicable (Civ. 3e, 11 mars 2008, n° 06-21284, RGDA 2008. 329, note J. Kullmann). Mais la jurisprudence la plus récente déclare très nettement que « l'action en répétition de l'indu, quelle que soit la source du paiement indu, se prescrit selon le délai de droit commun applicable, à défaut de disposition spéciale, aux quasi-contrats » (Civ. 2e, 4 juill. 2013, n° 12-17.427, RCA 2013, com. 361, note H. Groutel ; Civ. 2e, 16 avr. 2015, n° 14-14.573, RCA 2015 com. 214).

3016. La prescription biennale ne s'applique pas, en matière d'assurance de groupe, dans les rapports de l'adhérent, assuré de la compagnie d'assurance, et du souscripteur du contrat d'assurance de groupe entre lesquels il n'existe pas de lien d'assurance (Civ. 1re, 27 nov. 1990, Bull. civ. I, n° 262).
La jurisprudence décide que l'action en responsabilité exercée par l'assuré contre le courtier ne dérive pas du contrat d'assurance et n'est donc pas soumise à la prescription biennale (Civ. 1re, 3 mars 1987, D. 1987, somm. p. 337, obs. H. Groutel).

3017. Dans l'hypothèse d'assurances cumulatives (V. Sous-titre 2, Chapitre 2, Le paiement de l'indemnité), le recours exercé par un assureur contre un autre assureur en remboursement de la part contributive de ce dernier trouve sa source dans l'article L. 121-4 du Code des assurances et, par conséquent, n'est pas soumise à la prescription biennale (Civ. 1re, 10 juin 1981, Bull. civ. I, n° 196 ; Civ. 1re, 28 avr. 1964, RGAT 1964. 465, note A. Besson).

Section 2. Point de départ et modalités de calcul de la prescription

3018. L'action dérivant du contrat d'assurance peut être exercée entre un point de départ et une date d'expiration au-delà de laquelle l'action est prescrite. Le Code des assurances prévoit des dispositions venant préciser ce point de départ, mais la Cour de cassation fait preuve de beaucoup de créativité pour le repousser.

§ 1 ▪ Point de départ

A ▪ Principe

3019. L'article L. 114-1 du Code des assurances précise que la prescription biennale commence à courir à compter de l'événement qui donne naissance à l'action. Toute la difficulté consiste alors à déterminer avec précision cet événement. Ainsi, par exemple, « le point de départ de la prescription biennale de l'action appartenant à l'assuré pour réclamer la garantie de l'assureur se situe au jour où cet assuré a eu connaissance de la réalisation du risque de nature à entraîner le jeu de la garantie » (Civ. 1re, 14 nov. 2001, RGDA 2002. 85, note M. Bruschi). Pour l'action en paiement de la cotisation, c'est le jour de l'échéance de la cotisation, fixé dans le contrat, qui doit être retenu, et non le jour où l'avis d'échéance a été envoyé (Civ. 1re, 6 oct. 1993, RGAT 1994. 101, note L. Mayaux). Lorsqu'une dette est payable par termes successifs, la prescription se divise comme la dette elle-même et court contre chacune de ses parties à compter de son échéance, ce qui est le cas pour les arrérages trimestriels d'une rente viagère (Civ. 2e, 7 oct. 2010, n° 09-70.150, RCA 2010, comm. 335).

3020. Le point de départ de la prescription de deux ans institué par l'article L. 114-1 du Code des assurances est la date du recours en garantie exercé devant la juridiction de droit commun par l'employeur contre le tiers dont la faute a concouru à la réalisation du dommage, cette action ne lui étant pas ouverte devant la juridiction de la Sécurité sociale (Civ. 2e, 17 mars 2011, n° 10-14.508).

3021. Le point de départ du délai de la prescription biennale de l'action en responsabilité contre l'assureur pour exécution déloyale du contrat (en l'espèce suppression frauduleuse de supports dans un contrat d'assurance-vie) se situe à la date de l'événement y donnant naissance, c'est-à-dire à la date où le souscripteur a eu connaissance des manquements de l'assureur à ses obligations et du préjudice en résultant pour lui, peu important que l'exécution du contrat ainsi modifié se soit poursuivie (Civ. 2e, 1er juill. 2010, n° 08-12.334, RCA 2010, comm. 265 ; V. pour une action en responsabilité contractuelle contre l'assureur à la suite de travaux consécutifs à un sinistre de catastrophes naturelle : Civ. 2e, 21 nov. 2013, n° 12-26.489, RCA 2014, comm. 75 par H. Groutel).

3022. Il est fréquent que les polices d'assurance fassent dépendre la mise en jeu de la garantie de certaines conditions, distinctes du sinistre. Par exemple, le contrat peut préciser, en assurance accident, que la mise en jeu de la garantie sera subordonnée à une expertise préalable. Or, l'article 2233, alinéa 1er du Code civil prévoit que « la prescription ne court point à l'égard d'une créance qui dépend d'une condition, jusqu'à ce que la condition arrive ». Dès lors, s'il apparaît que la naissance du droit à garantie de l'assuré est subordonnée à la réalisation d'un événement futur et incertain, la prescription ne commencera à courir qu'à compter de sa réalisation. Ainsi, par application de ce principe, il a pu être décidé que, lorsque le paiement de l'indemnité d'assurance est subordonné à la reconstruction de l'immeuble et de la justification du coût de celle-ci, la prescription ne peut commencer à courir qu'à compter de la réalisation de ces conditions (Civ. 1re, 4 avr. 1995, RGAT 1995. 51, note J. Kullmann). De même, en matière d'assurance catastrophe naturelle, où la garantie est subordonnée à un arrêté constatant l'état de catastrophe naturelle, la jurisprudence décide que le point de départ de la prescription est situé à la date de publication de cet arrêté interministériel (Civ. 1re, 15 déc. 1993, RGAT 1994. 489, note J. Kullmann).

3023. Une difficulté a surgi dans les assurances emprunteurs. En effet, supposons un emprunteur qui a adhéré au contrat d'assurance de groupe souscrit par son banquier afin de prendre en charge les risques d'incapacité ou d'invalidité pour cause de maladie ou d'accident. Le sinistre est constitué par la réalisation de l'un de ces événements. Dès lors, c'est à compter du jour où l'assuré a eu connaissance de ce sinistre que devrait commencer à courir la prescription de son action contre l'assureur. Pourtant, en pratique, les assurés attendent, pour agir contre l'assureur, que le banquier les assigne en paiement des sommes prêtées ; or, cette assignation peut intervenir plus de deux ans après l'incapacité ou l'invalidité. Par conséquent, l'action que l'assuré exerce alors contre l'assureur devrait être déclarée prescrite. Pour éviter cette solution, la Cour de cassation recule le point de départ de la prescription et décide, au visa de l'article L. 114-1, alinéa 1, du Code des assurances, qu'« en matière d'assurance de groupe souscrite par un établissement de crédit, et à laquelle adhère un emprunteur pour la couverture de risques pouvant avoir une incidence sur le remboursement de l'emprunt, la prescription de l'action de l'assuré contre l'assureur ne commence à courir qu'à compter du premier des deux événements suivants, soit le refus de garantie de l'assureur, soit la demande en paiement de l'établissement de crédit, bénéficiaire de l'assurance par l'effet de la stipulation faite à son profit » (Civ. 1re, 27 mars 2001, RCA 2001, chron. n° 12, H. Groutel, L'emprunteur et le point de départ de la prescription biennale : est-ce la fin de la fin ? ; pour une application à une garantie perte d'emploi : Civ. 1re, 24 juin 2003, RGDA 2003. 763, note L. Fonlladosa). Ainsi, la prescription commencera à courir à compter du premier de ces deux événements qui se réalisera : le refus de garantie de l'assureur ou la demande en paiement de l'établissement de crédit. Cette solution a été confirmée par la deuxième Chambre civile dans un arrêt du 7 avril 2005 (Civ. 2e, 7 avr. 2005, n° 04-12.309, Bull. act. Lamy Assurances, juin 2005, p. 6). Dans cette affaire, l'assuré avait été informé par courrier du refus de garantie de l'assureur ; par conséquent l'action en garantie se trouvait prescrite à l'issue des deux ans ayant suivi cet avis.

3024. La Cour de cassation a précisé qu'il n'était pas nécessaire qu'il y ait eu déchéance du terme pour le contrat de crédit (Civ. 2e, 13 janv. 2012, n°11-10.272, RCA. 2012, com. 125, obs. H. Groutel).

3025. En matière d'assurance de protection juridique, il a été décidé que le point de départ du délai de prescription est fixé au jour où l'assureur a refusé sa garantie ou l'a limitée à une certaine somme (Civ. 2e, 3 juin 2004, D. 2004, IR, 1708 ; RCA 2004, comm. n° 278, note H. Groutel).

3026. L'action engagée par le souscripteur d'un contrat d'assurance sur la vie ayant renoncé à ce contrat conformément à l'article L. 132-5-1 du Code des assurances, dans sa version alors applicable, pour obtenir la restitution des sommes versées, qui dérive du contrat d'assurance, est soumise à la prescription biennale prévue par l'article L. 114-1, dont le point de départ est le refus de restitution des fonds opposé par l'assureur à l'assuré (Civ. 2e, 7 juill. 2011, n° 10-20.857, RCA 2011, com. n° 374).

3027. La prescription biennale ne court pas contre des mineurs, comme a pu l'affirmer la Cour de cassation (Civ. 2e, 8 juill. 1994, RCA 2004, comm. n° 313, note. H. Groutel ; D. 2005, pan., p. 1318, par H. Groutel ; c'est un cas de suspension de la prescription dès son point de départ, et non pas, comme pourrait le laisser croire la rédaction de l'arrêt, d'interruption de la prescription). Il s'agit là d'une application de l'article 2252 du Code civil : « la prescription ne court pas contre les mineurs non émancipés et les majeurs en tutelle, sauf ce qui est dit à l'article 2278 et à l'exception des autres cas déterminés par la loi ». Le nouvel article 2235 du Code civil, issu de la loi du 17 juin 2008, reprend en substance cette règle.

3028. Le point de départ de la prescription biennale de l'action en responsabilité contractuelle exercée contre l'assureur se situe au jour où l'assuré a connaissance du manquement de l'assureur à ses obligations et du préjudice en résultant pour lui (Civ. 2e, 11 oct. 2007, RCA 2007, comm. n° 380).

3029. La Cour de cassation décidait que la prescription prévue par l'ancien article 2270 du Code civil ne s'applique pas au délai ouvert à l'assuré pour déclarer les sinistres couverts par le contrat d'assurance dommages-ouvrage régi par l'article L. 242-1 du Code des assurances ; en vertu de l'article L. 114-1 du Code des assurances, l'assuré dispose donc d'un délai de deux ans pour réclamer l'exécution de la garantie, et cela à compter de la connaissance qu'il a des désordres survenus dans les dix ans suivant la réception des travaux (Civ. 1re, 4 mai 1999, RGDA 1999. 1037, note J. P. Karila). La prescription biennale ne commence donc à courir qu'à compter du jour où le bénéficiaire de l'assurance a connaissance des désordres, dans la mesure où ceux-ci surviennent dans le délai de la garantie décennale. On peut toutefois se demander si cette position sera maintenue. En effet, dans un arrêt du 31 mars 2005, la troisième Chambre civile de la Cour de cassation a décidé que la prescription biennale commençait à courir non pas à compter de la connaissance des désordres par l'assuré, mais à compter de l'expiration du délai de dix ans suivant la réception de l'ouvrage (Civ. 3e, 31 mars 2005, RGDA 2005. 653, note M. Périer).

B ▪ Recul du point de départ

3030. L'article L. 114-1 du Code des assurances prévoit trois hypothèses dans lesquelles le point de départ de la prescription biennale est retardé. La jurisprudence est venue en ajouter un quatrième.

1 ▪ Déclaration irrégulière du risque

3031. Selon l'article L. 114-1, 1° du Code des assurances, lorsque l'assureur exerce une action contre le souscripteur en cas de réticence, omission, déclaration fausse ou inexacte sur le risque couru, la prescription ne commence à courir qu'à compter du jour où l'assureur en a eu connaissance (Civ. 1re, 16 avr. 1985, RGAT 1985. 525, note J. Bigot). Ce report du point de départ ne constitue en fait qu'une application de la solution de droit commun figurant à l'article 1304, alinéa 2 du Code civil, qui prévoit que le délai de prescription de l'action en nullité d'un contrat, en cas d'erreur ou de dol, ne court que du jour où ils ont été découverts.

2 ▪ Connaissance du sinistre

3032. L'article L. 114-1, alinéa 2, 2° du Code des assurances prévoit qu'en cas de sinistre, le délai ne court « que du jour où les intéressés en ont eu connaissance, s'ils prouvent qu'ils l'ont ignoré jusque là ». Le point de départ de la prescription est alors le jour de la connaissance du sinistre.

3033. En matière d'assurance contre les accidents corporels, la Cour de cassation décide qu'« au sens de l'article L. 114-1, alinéa 2, du Code des assurances, le sinistre est constitué par la survenue de l'état d'incapacité ou d'invalidité de l'assuré » et que, par conséquent, la prescription ne commence à courir qu'à compter du jour de la consolidation de l'état de l'assuré (Civ. 1re, 1er juin 1999, H. Groutel, Le point de départ de la prescription biennale en matière d'assurance contre les accidents corporels : un revirement de jurisprudence opportun, RCA 1999, chron. n° 21 ; Civ. 2e, 2 avr. 2009, RCA 2009, comm. n° 200, obs. H. Groutel; Civ. 2e, 7 juill. 2011, n°10-20.857, RCA 2011, com. n° 376).

3 ▪ Recours d'un tiers

3034. L'article L. 114-1, alinéa 3 du Code des assurances précise que « quand l'action de l'assuré contre l'assureur a pour cause le recours d'un tiers, le délai de prescription ne court que du jour où ce tiers a exercé une action en justice contre l'assuré ou a été indemnisé par ce dernier ».

3035. L'article L. 114-1, alinéa 3 du Code des assurances offre, pour le point de départ de la prescription, une alternative entre le jour où le tiers a exercé une action en justice contre l'assuré et le jour où le tiers a été indemnisé par l'assuré. En réalité, il ne s'agit pas là d'une option : seul celui des deux événements qui s'est réalisé le premier fait courir la prescription, sans que l'assuré puisse choisir entre les deux dates (Civ. 1re, 11 juin 2003, RGDA 2003. 698, note M. Bruschi).

3036. Dans l'esprit des rédacteurs de la loi du 13 juillet 1930, l'article L. 114-1, alinéa 3 du Code des assurances avait essentiellement vocation à s'appliquer aux assurances de responsabilité ; toutefois, la Cour de cassation a précisé que « les dispositions spéciales de l'article L. 114-1 du Code des assurances relatives au recours d'un tiers contre l'assuré ne sont pas limitées à la mise en œuvre des assurances de responsabilité » (Civ. 1re, 21 nov. 2000, RGDA 2000. 1058, note J. Kullmann).

3037. La caution qui exerce contre le débiteur son recours personnel en paiement des sommes payées, sur le fondement de l'article 2028 du Code civil, ne constitue pas un tiers au sens de l'article L. 114-1, alinéa 3 du Code des assurances (Civ. 1re, 29 avr. 2003, RGDA 2003. 696, note M. Bruschi). Par conséquent le débiteur doit agir contre son assureur dans les deux ans suivant sa connaissance des faits de nature à mettre en œuvre la garantie d'assurance (par exemple, à partir du jour où le prêt contracté par le débiteur ne peut plus être remboursé en raison de son invalidité).

3038. Il n'est pas nécessaire que l'action du tiers contre l'assuré constitue une assignation au fond ; en effet la jurisprudence décide que toute action en référé est une action en justice au sens de l'article L. 114-1, alinéa 3 du Code des assurances (par exemple Civ. 2e, 1er juill. 2010, n° 09-10.590, RCA 2010, comm. 266, obs. H. Groutel, affirmant qu'« une assignation en référé en vue de la nomination d'un expert constitue une action en justice » et fait donc courir le délai de prescription) ; c'est le cas notamment du référé-expertise, c'est-à-dire l'action en référé tendant à la désignation d'un expert (Civ. 1re, 10 mai 2000, RGDA 2000. 517, note J. Kullmann ; Civ. 2e, 17 mars 2005, RGDA 2005. 629, note M. Bruschi).

4 ▪ Impossibilité d'agir

3039. La jurisprudence fait, au visa de l'article 2251 du Code civil, application d'une règle générale : la prescription ne court pas contre celui qui a été empêché d'agir « par suite d'un empêchement quelconque résultant soit de la loi, soit de la convention, soit de la force majeure » (Civ. 1re, 7 oct. 1992, p. 832, note R. Maurice). Il s'agit là de la mise en œuvre de l'adage de droit commun « contra valentem agere non currit praecriptio ». La loi du 17 juin 2008 a précisé dans le nouvel article 2234 du Code civil que « la prescription ne court pas ou est suspendue contre celui qui dans l'impossibilité d'agir par suite d'un empêchement résultant de la loi, de la convention ou de la force majeure ».

3040. La jurisprudence se montre très stricte dans l'appréciation de l'impossibilité d'agir et exige « un obstacle insurmontable à l'exercice de l'action » (Civ. 1re, 13 févr. 1979, D. 1980, IR, 181, note Cl.-J. Berr et H. Groutel). Les troubles mentaux dont souffre l'assuré peuvent parfois justifier une impossibilité d'agir (Civ. 1re, 4 avr. 1984, RGAT 1985. 65).

3041. En pratique, les plaideurs invoquent le plus souvent une ignorance qui les a mis dans l'impossibilité d'agir. Il s'agit, dans la grande majorité des cas, de personnes qui invoquent, à l'encontre de l'assureur, l'ignorance de l'existence du contrat d'assurance ou du sinistre. Ainsi, par exemple, la prescription biennale ne court pas contre un assuré pour compte qui ignorait l'existence d'une garantie souscrite à son profit par une autre personne (Civ. 1re, 11 oct. 1988, RGAT 1989. 47, note J. Bigot). À l'ignorance du contrat d'assurance, on peut ajouter l'ignorance de l'identité de l'assureur, alors même que l'existence d'une police est connue. Une telle situation est envisageable lorsque le bénéficiaire du contrat, qui n'est pas le souscripteur, se voit communiquer une information erronée par le souscripteur. Dans ce cas, l'ignorance constitue une impossibilité d'agir (Civ. 1re, 7 oct. 1992, RGAT 1992. 832, note R. Maurice; Com., 8 nov. 2011, n° 10-23.854, RCA 2012, com. 49). L'hypothèse de l'ignorance du sinistre est prévue par l'article L. 114-1, alinéa 2, 2° du Code des assurances qui dispose qu'en cas de sinistre, le délai ne court « que du jour où les intéressés en ont eu connaissance, s'ils prouvent qu'ils l'ont ignoré jusque là ». Le point de départ de la prescription est alors le jour de la connaissance du sinistre.

3042. L'appréciation de la réalité de l'ignorance chez celui qui l'invoque relève du pouvoir souverain des juges du fond qui doivent motiver leur décision sur cette question (Civ. 1re, 24 nov. 1987, RGAT 1988. 84, note J.-L. Aubert).

§ 2 ▪ Modalités de calcul

3043. Le délai de prescription commence à courir le lendemain, à zéro heure, du jour où s'est réalisé l'événement qui donne naissance à l'action. Le jour de la réalisation de l'événement n'est pas pris en compte dans la computation du délai, par application des articles 2229 du Code civil et 641 du Code de procédure civile.

3044. Le délai de prescription expire deux ans après la date du point de départ, le jour de l'échéance à minuit, en vertu de l'article 2229 du Code civil qui dispose que la prescription « est acquise lorsque le dernier jour du terme est accompli ».

3045. Une prescription débutée le 1er septembre 2014 sera acquise le 1er septembre 2016 à minuit. Ainsi, le jour de réalisation de l'événement (le « dies a quo ») n'est pas pris en compte dans le calcul du délai ; en revanche le jour de l'échéance (le « dies a quem ») est pris en compte. Toutefois, par application de l'article 642 du Code de procédure civile, quand le jour de l'échéance est un samedi, un dimanche, un jour férié ou chômé, le délai est prorogé jusqu'au premier jour ouvrable suivant.

Section 3 ▪ Interruption et suspension de la prescription

§ 1 ▪ Interruption

3046. L'article L. 114-2 du Code des assurances dispose que « la prescription est interrompue par une des causes ordinaires d'interruption de la prescription et par la désignation d'experts à la suite d'un sinistre. L'interruption de la prescription de l'action peut, en outre, résulter de l'envoi d'une lettre recommandée avec demande d'accusé de réception adressée par l'assureur à l'assuré en ce qui concerne l'action en paiement de la prime et par l'assuré à l'assureur en ce qui concerne le règlement de l'indemnité ». Sont donc prévus par le Code des assurances les modes d'interruption de droit commun ainsi que des modes d'interruption propres à l'assurance.

3047. L'assureur n'est pas tenu de rappeler à l'assuré les modes d'interruption de la prescription biennale (Civ. 1re, 2 juill. 2002, RCA, 2002, comm. n° 314). En effet ces modes d'interruption sont nécessairement mentionnés dans le contrat, en application de l'article R. 112-1, alinéa 2, du Code des assurances.

3048. L'interruption de la prescription a pour effet d'arrêter l'écoulement du délai en cours et de faire courir un nouveau délai de prescription, en principe de deux ans, quelle que soit la durée de la prescription déjà écoulée. En revanche, lorsque la prescription n'est que suspendue, son cours n'est que temporairement arrêté. Lorsque la cause de suspension disparaît, le cours de la prescription reprend, en tenant compte du délai ayant couru avant la suspension.

A ▪ Causes d'interruption de droit commun

3049. L'article 2244 du Code civil disposait « une citation en justice, même en référé, un commandement ou une saisie, signifiés à celui qu'on veut empêcher de prescrire, interrompent la prescription ainsi que les délais pour agir ». Et l'article 2248 du même code prévoyait « la prescription est interrompue par la reconnaissance que le débiteur ou le possesseur fait du droit de celui contre lequel il prescrivait ». Depuis la loi du 17 juin 2008, le nouvel article 2240 dispose que « la reconnaissance par le débiteur du droit de celui contre lequel il prescrivait interrompt le délai de prescription ». Le nouvel article 2241, alinéa 1er, prévoit que « la demande en justice, même en référé, interrompt le délai de prescription ainsi que le délai de forclusion ». Et le nouvel article 2244 du Code civil décide que « le délai de prescription ou le délai de forclusion est également interrompu par un acte d'exécution forcée ».

1 ▪ Citation en justice

3050. Toute assignation en justice a un effet interruptif. Il a notamment été décidé qu'avait un tel effet l'action tendant à une déclaration d'arrêt commun (Civ. 1re, 10 déc. 1991, Bull. civ. I, n° 344), ou la signification d'une ordonnance portant injonction de payer (Com., 9 avr. 1991, Bull civ. IV, n° 136). De même, toute action en référé interrompt la prescription ; en effet depuis la loi n° 85-677 du 5 juillet 1985, l'article 2244 du Code civil précise qu'a un effet interruptif : « une citation en justice, même en référé » (pour une application au référé-expertise : Civ. 1re, 18 juin 1996, RGDA 1996. 624, note R. Maurice).Le fait de saisir une juridiction arbitrale est analysé comme une action en justice ; cette saisine entraîne donc l'interruption de la prescription (Civ. 1re, 11 déc. 1985, JCP 1986, II, 20677).En vertu du nouvel article 2241 du Code civil, la citation en justice interrompt la prescription, même lorsqu'elle est donnée devant un juge incompétent.

3051. Aux termes de l'article 2246 du Code civil, l'interruption est regardée comme non avenue « si le demandeur se désiste de sa demande ou laisse périmer l'instance ou si sa demande est définitivement rejetée » (pour une application, V. Civ. 1re, 30 juin 2004, RGDA 2005. 53, note J. Beauchard). Une difficulté surgit lorsqu'une demande de référé est rejetée en raison de l'existence d'une contestation sérieuse. Il est décidé que la décision de rejet ne constituant pas une décision sur la compétence, mais sur le fond même du référé, la demande n'interrompt pas la prescription (Civ. 1re, 27 févr. 1996, RGDA 1996. 296, note J. Kullmann).La radiation d'une instance ayant interrompu la prescription n'entraîne pas la fin de l'interruption de la prescription, la radiation ne mettant pas fin à l'instance (Civ. 1re, 13 janv. 2004, RGDA 2004. 394, note J. Beauchard).

3052. Il a été décidé que l'action intentée par l'assureur pour contester la saisie-attribution d'une somme allouée pour une certaine période de garantie n'est pas cause d'interruption de la prescription de l'action de l'assuré en paiement de sommes correspondant à une autre période de garantie. Cette solution prévaut dans la mesure où les sommes réclamées dans l'un des litiges n'ont aucun rapport avec l'objet de l'autre litige (Civ. 2e, 7 avr. 2005, RGDA 2005. 623, note J. Kullmann). Toutefois, dans d'autres circonstances, la Cour de cassation n'a pas hésité à attribuer à une autre cause d'interruption, la désignation d'experts, une portée beaucoup plus large.

2 ▪ Commandement ou saisie

3053. L'article 2244 du Code civil, prévoyait qu'un commandement ou une saisie signifié à celui que l'on veut empêcher de prescrire interrompait la prescription. Ces deux actes impliquent l'existence d'un titre exécutoire, décision de justice ou acte authentique. L'article 2244 nouveau du Code civil dispose désormais que le délai de prescription est interrompu par un acte d'exécution forcée.

3 ▪ Reconnaissance du droit à garantie

3054. En vertu de l'article 2240 nouveau du Code civil, la prescription biennale est interrompue par la reconnaissance que le débiteur fait du droit de celui contre lequel il prescrivait, notamment la reconnaissance par l'assureur du droit à garantie de l'assuré. Une telle reconnaissance doit cependant ne pas être équivoque. Les juges apprécient ainsi la portée à donner aux actes de l'assureur, notamment aux courriers échangés avec l'assuré.

3055. « La lettre par laquelle un assureur informe son assuré de son refus de prendre en charge un sinistre et de son intention d'exercer une action contre le responsable du dommage en exécution d'une clause de protection juridique n'implique pas à elle seule une reconnaissance du droit à garantie de l'assuré propre à interrompre le cours de la prescription biennale » (Civ. 1re, 12 févr. 2002, RGDA 2002. 387, note M. Bruschi). En revanche, la reconnaissance par l'assureur du droit de l'assuré peut résulter d'un accord entre ces derniers, fixant le montant de l'indemnisation due par l'assureur et mettant fin au litige (Civ. 1re, 2 déc. 2003, RGDA 2004. 58, note M. Bruschi). « La reconnaissance, même partielle que le débiteur fait du droit de celui contre lequel il prescrivait, entraîne pour la totalité de la créance un effet interruptif » (CA Paris, 6 sept. 2003, n° 2002/13593, GAN Eurocourtage c/ Société Paradist).

B ▪ Causes d'interruption propres au droit des assurances

1 ▪ Désignation d'un expert

3056. En vertu de l'article L. 114-2 du Code des assurances, la désignation d'un expert a pour effet d'interrompre la prescription biennale ; mais elle n'a pas pour effet d'en suspendre les effets pendant la durée des opérations d'expertise (Civ. 1re, 23 sept. 2003, RCA 2003, comm. n° 335). Sur la question prioritaire de constitutionnalité soutenant que l'article L. 114-2, en ce qu'il prévoit que la désignation d'un expert interrompt la prescription biennale mais ne la suspend pas, prive l'assuré de son droit fondamental à un recours juridictionnel effectif, au regard de l'article 16 de la Déclaration des droits de l'homme et du citoyen du 26 août 1789, la Cour de cassation a considéré que la question ne présentait pas un caractère sérieux, l'assuré ayant la possibilité d'interrompre la prescription notamment par l'envoi à l'assureur d'une lettre recommandée avec demande d'avis de réception (Civ. 2e, 21 oct. 2010, n° 10-15.319, RCA 2011, comm. 37, obs. H. Groutel). Toute désignation, amiable ou judiciaire a un effet interruptif et il est indifférent que l'expert soit désigné par l'assureur ou par l'assuré (Civ. 1re, 4 mars 1997, RGDA 1997. 1026, note J. Kullmann).

3057. Dans un arrêt du 3 janvier 1984, la Cour de cassation a affirmé que la désignation d'un technicien par l'assureur, à la suite d'un sinistre, valait désignation d'un expert au sens de l'article L. 114-2 du Code des assurances et avait donc pour effet d'interrompre la prescription au bénéfice de l'assuré (Civ. 1re, 3 janv. 1984, D. 1985, somm. p. 193, obs. H. Groutel). En revanche, la mission confiée à un agent de recherche privé par l'assureur pour vérifier la réalité du sinistre ne peut s'analyser en la désignation d'un expert au sens de l'article L. 114-2 du Code des assurances (CA Paris, 17 juin 2003, n° 2002/3134, Kilic c/ Axa Courtage SA).

3058. La Cour de cassation a affirmé, dans un arrêt rendu le 24 février 2004, que « la désignation d'experts à la suite d'un sinistre a pour effet d'interrompre la prescription de deux ans relative à toutes les actions dérivant du contrat d'assurance » ; elle a alors pu approuver une cour d'appel d'avoir décidé que la désignation judiciaire d'un expert à la demande de l'assuré entraînait non seulement l'interruption de l'action de l'assuré en paiement de l'indemnité, mais aussi celle de toutes les actions dérivant du contrat d'assurance, et notamment l'action de l'assureur en nullité du contrat pour fausse déclaration intentionnelle (Civ. 1re, 24 févr. 2004, RGDA 2004. 396, note J. Kullmann ; Rapp. C. cass. pour 2004, La documentation française, 2005 ; RCA 2004, chron. n° 11, note critique H. Groutel ; D. 2005, pan., p. 1319, par H. Groutel).

3059. La désignation d'un expert n'entraîne l'interruption de la prescription qu'à la condition que l'assureur soit convoqué ou assiste aux opérations d'expertise (Civ. 1re, 12 déc. 2003, L'Argus, dossiers jur., p. 6, note G. Defrance ; Civ. 1re, 21 oct. 2003, RCA 2004, comm. n° 51). De la même façon, l'ordonnance commune rendue pour étendre la mission de l'expert judiciaire à l'assuré n'a pas d'effet interruptif à l'égard de l'assureur qui n'a pas été appelé lors de la procédure de référé-expertise(Civ. 3e, 3 déc. 2013, n° 11-24.332, RGDA 2014, p. 106, note R. Schultz).

3060. Après la désignation de l'expert, qui interrompt la prescription, il peut arriver que sa mission fasse, pendant les opérations en cours, l'objet d'une modification. Quel est l'effet de cette modification sur la prescription ? La Cour de cassation a décidé que « toute décision judiciaire apportant une modification quelconque à une mission d'expertise ordonnée par une précédente décision a un effet interruptif de prescription à l'égard de toutes les parties et pour tous les chefs de préjudice procédant du sinistre en litige » (Civ. 1re, 29 mai 2001, RGDA 2002. 77, note M. Bruschi ; Civ. 3e, 24 févr. 2009, RCA 2009, comm. n° 162 ; Civ. 2e, 22 oct.2009, n° 07-21.487, RCA 2010, n° 30, comm. H. Groutel).

3061. La jurisprudence décide que la désignation d'un expert a pour effet d'interrompre la prescription pour tous les chefs de préjudice résultant d'un même sinistre, alors même que l'expertise n'aurait porté que sur certains d'entre eux (Civ. 1re, 29 févr. 2000, RGDA 2000. 507, note L. Mayaux ; Civ. 2e, 22 oct. 2009, n° 07-21.487, préc.). L'interruption vaut à l'égard de toutes les parties, y compris à l'égard de celles appelées uniquement à la procédure initiale (Civ. 1re, 27 janv. 2004, RGDA 2004. 396, note J. Kullmann). En revanche, la désignation de l'expert n'interrompt la prescription que pour le sinistre en considération duquel le juge a ordonné la mesure d'expertise (Civ. 1re, 16 déc. 2003, RGDA 2004. 54, note J. Bigot).

3062. Si la désignation d'un expert a pour effet d'interrompre la prescription, elle n'avait classiquement pas pour effet d'en suspendre les effets pendant la durée des opérations d'expertise (Civ. 1re, 23 sept. 2003, RCA 2003, comm. n° 335). Comme l'affirmait la jurisprudence, « le cours de la prescription biennale n'est pas suspendu pendant la durée des opérations d'un expert désigné à l'amiable ou en référé » (Civ. 1re, 28 oct. 1997, RGDA 1997. 1027, note J. Kullmann). L'intervention d'un expert n'a pour seul effet que d'interrompre la prescription, ce qui implique qu'un nouveau délai de deux ans commence immédiatement à courir à compter de la désignation de l'expert. Si les opérations d'expertise s'éternisaient, il était plus prudent pour l'assuré d'interrompre une nouvelle fois la prescription par l'envoi à l'assureur d'une lettre recommandée avec accusé de réception, au risque sinon de voir son action en paiement de l'indemnité éteinte en raison de l'écoulement d'un nouveau délai de deux ans. La loi du 17 juin 2008 est cependant venue créer un nouvel article 2239 du Code civil qui prévoit que « la prescription est également suspendue lorsque le juge fait droit à une demande de mesure d'instruction présentée avant tout procès. » Dans un tel cas, « le délai de prescription recommence à courir, pour une durée qui ne peut être inférieure à six mois, à compter du jour où la mesure a été exécutée ». Ainsi, lorsqu'un expert est désigné par le juge, cette désignation interrompt la prescription et entraîne la suspension de son cours jusqu'au dépôt du rapport d'expertise.

2 ▪ Lettre recommandée avec accusé de réception

3063. Rappelons que selon l'article L. 114-2 du Code des assurances, « l'interruption de la prescription peut, en outre, résulter de l'envoi d'une lettre recommandée avec accusé de réception adressée par l'assureur à l'assuré en ce qui concerne l'action en paiement de la prime et par l'assuré à l'assureur en ce qui concerne le règlement de l'indemnité ». La prescription peut aussi être interrompue par un mandataire de l'assuré ; la Cour de cassation a ainsi pu déclarer que « l'interruption de la prescription de l'action de l'assuré peut résulter de l'envoi d'une lettre recommandée avec demande d'avis de réception que le mandataire de celui-ci adresse à l'assureur en ce qui concerne le règlement de l'indemnité » (Civ. 2e, 22 févr. 2007, n° 06-16.230, RCA 2007, comm. n° 141) ; Civ. 2e, 17 juin 2010, n° 09-69.663, RCA 2010, oct.2010, comm. 264, obs. H. Groutel).

L'effet interruptif de la lettre recommandée est limité aux actions en paiement de la prime et en règlement de l'indemnité ; cette cause d'interruption ne joue pas dans l'hypothèse d'une action en résiliation aux tors de l'assureur, faute pour lui d'avoir en compte tous les versements effectués par le souscripteur sur un contrat de régime complémentaire de retraite (Civ. 2e, 21 oct. 2010, n° 10-10.234, Bull. d'act. Lamy Assurances, n° 178, déc. 2010, p. 9). La lettre peut être adressée au mandataire de l'assureur (V. Civ. 2e, 5 mars 2015, n° 14-12.471, RCA 2015, com. 194).

3064. Une question s'est posée, relative au contenu de la lettre recommandée de l'assuré « en ce qui concerne le règlement de l'indemnité » : pour avoir un effet interruptif, la lettre par laquelle l'assuré réclame le paiement d'une indemnité doit-elle obligatoirement prendre la forme d'une demande chiffrée ? Le problème se pose notamment lorsque une expertise judiciaire est en cours, rendant impossible la formulation d'une demande chiffrée. La Cour de cassation est venue répondre à cette question en affirmant que « concerne le règlement de l'indemnité au sens de l'article L. 114-2 du Code des assurances, même si l'expertise judiciaire en cours ne permettait pas à cette date l'expression chiffrée, la lettre par laquelle l'assuré réclame à l'assureur l'exécution de sa garantie au titre des conséquences du sinistre » (Civ. 3e, 17 juin 2009, n° 08-14.104, D. act. 15 juill. 2009, obs. S. Beaugendre). En revanche la lettre se limitant à la réclamation de copies de documents en vue d'une analyse préalable à une possible action future ne porte pas sur une demande de paiement en garantie et n'a donc pas valeur interruptive du délai de la prescription biennale (Civ. 2e, 9 févr. 2012, n° 10-20.357). La jurisprudence se révèle toutefois relativement souple, se contentant parfois de deux écrits combinés émanant de l'expert de l'assuré se bornant à préparer l'évaluation de l'indemnité de sinistre contradictoirement avec l'expert de l'assureur (Civ. 2e, 4 oct. 2012, n° 11-19.631, RCA 2013, com.37, note H. Groutel).

3065. Pour la Cour de cassation, l'envoi d'une lettre recommandée constitue une formalité substantielle ; l'exigence légale n'a en effet « pas seulement pour objet de procurer à l'expéditeur la preuve de la réception de sa lettre » (Civ. 1re, 28 oct. 1980, D. 1981, IR, 461, obs. Cl.-J. Berr et H. Groutel). Par conséquent, l'envoi d'une lettre simple n'a pas d'effet interruptif, même si son destinataire (en l'espèce l'assureur) en a accusé réception (Civ. 1re, 28 avr. 1993, RCA 1993, comm. n° 244, obs. S. Bertolaso) ; il en va de même si la lettre recommandée a été envoyée sans accusé de réception (Civ. 1re, 13 nov. 1990, RGAT 1991. 67, note R. Maurice). Il a même été décidé que l'envoi d'une lettre recommandée sans accusé de réception ne pouvait avoir d'effet interruptif, alors même que la partie à qui elle est envoyée reconnaîtrait l'avoir reçue (Civ. 1re, 9 mars 1999, RGDA 1999. 600, note L. Fonlladosa ; voir toutefois, en sens contraire : Civ. 1re, 20 juill. 1988, RGAT 1988. 784, note J. Bigot, admettant la lettre recommandée sans demande d'avis de réception, s'il en a été accusé réception dans les limites du délai de prescription ; V. pour une affaire où la Cour de cassation ne semble pas s'attarder sur cette formalité : Civ. 2e, 13 déc. 2012, n° 11-24.378, RCA 2013, com. 106, note H. Groutel).

3066. Selon l'article 1315, alinéa 1er devenu l'article 1353 nouveau du Code civil en vertu de l'ordonnance du 10 février 2106, c'est à celui qui entend se prévaloir de l'interruption de la prescription biennale résultant de l'envoi d'une lettre recommandée avec accusé de réception de faire la preuve d'un tel envoi. Pour cela, il devra produire le récépissé postal et l'accusé de réception. Il a toutefois été jugé que « dès lors qu'il résulte du récépissé postal produit aux débats que la lettre recommandée a été envoyée avec demande d'avis de réception, il importe peu que cet avis n'ait pas été produit » (Civ. 2e, 10 juill. 2008, n° 07-16597, RCA 2008, comm. n° 306). En outre, il a été admis que, conformément au droit commun de la preuve (C. civ., art. 1348), la preuve par témoins ou présomptions pourrait être admise en présence de circonstances le mettant dans l'impossibilité matérielle de présenter ces pièces (Civ. 1re, 26 nov. 1996, RCA 1996, comm. n° 74).

C ▪ Effets de l'interruption

3067. L'acte interruptif de la prescription arrête l'écoulement du délai et fait courir un nouveau délai de prescription de deux ans, en règle générale, et décennale dans certaines hypothèses particulières, en matière d'assurance sur la vie et d'assurance contre les accidents corporels ; le temps qui a déjà couru jusque là n'est pas pris en compte. La nouvelle prescription commence en principe à courir dès l'acte interruptif.

3068. Lorsque la prescription est interrompue par la désignation d'un expert, une nouvelle prescription commence à courir dès cet acte interruptif (Civ. 1re, 8 nov. 1988, RGAT 1988. 800, note J. Kullmann). Cela signifie que l'action sera prescrite deux ans après la désignation de l'expert si aucun autre acte interruptif ne survient pendant le délai. Il s'agit là d'une solution extrêmement trompeuse pour les assurés, qui croient très souvent que la prescription est suspendue pendant toute la durée des opérations d'expertise. La Cour de cassation considère pourtant que l'expertise en cours ne prive pas l'assuré de la possibilité d'agir contre l'assureur, notamment en envoyant une lettre recommandée avec accusé de réception et par conséquent qu'elle ne constitue pas une cause de suspension de la prescription (Civ. 1re, 11 déc. 1990, RGAT 1991. 134, note J. Kullmann).

3069. Lorsque la prescription est interrompue par une action en justice, l'effet interruptif se prolonge jusqu'à la fin de l'instance, jusqu'à ce que le litige trouve une solution (Civ. 1re, 24 juin 1997, RGDA 1997. 1024, note J. Beauchard). La nouvelle prescription ne commencera à courir qu'à compter du jugement définitif.

3070. L'interruption de la prescription entraînée par l'action en justice perdure tant que le jugement rendu n'est pas définitif, notamment pendant toute la durée du délai d'appel et, si jamais un appel est interjeté, pendant l'instance d'appel (Civ. 1re, 16 févr. 1994, Bull. civ. I, n° 70).

3071. Comme le rappelle la jurisprudence, « les dispositions de l'article L. 114-1 du Code des assurances sont exclusives de toute interversion de prescription » (Civ. 1re, 2 juill. 2002, RCA 2002, comm. n° 314, note H. Groutel), et cela quelle que soit la cause d'interruption du délai de deux ans, notamment lorsqu'une décision judiciaire a prononcé une condamnation à garantie de l'assureur (Civ. 1re, 3 févr. 1998, RGDA 1998. 260, note L. Mayaux). Il y a interversion lorsque, en cas d'interruption de la prescription, le nouveau délai qui commence à courir est, non pas un délai identique, mais le délai de droit commun de la prescription, c'est-à-dire cinq ans, depuis la réforme de la prescription opérée par la loi du 17 juin 2008. L'absence d'interversion est justifiée par le fait que la prescription biennale repose sur des considérations d'ordre public et non sur une présomption de paiement.

§ 2 ■ Suspension de la prescription

A ■ Causes de suspension

1 ■ Impossibilité d'agir

3072. La jurisprudence décidait que la prescription ne court pas contre celui qui est dans l'impossibilité absolue d'agir par la suite d'un empêchement résultant soit de la loi, soit de la convention ou de la force majeure (Civ. 1re, 22 déc. 1959, JCP 1960, II, 11494, note P. Esmein). Il était fait application au contrat d'assurance de ce principe général, ce qui impliquait que la prescription biennale « ne peut être suspendue que par des circonstances mettant l'assuré dans l'impossibilité d'agir « (Civ. 1re, 19 févr. 2004, Dr. et patr. Hebdo, n° 512, p. 2 ; Civ. 1re, 7 oct. 1992, RGAT 1992. 832, note R. Maurice). La jurisprudence se montre toutefois très stricte en la matière, exigeant un obstacle insurmontable à la possibilité d'agir (Civ. 1re, 7 oct. 1992, RGAT 1992. 832, note R. Maurice).

3073. Il s'agissait là d'une impossibilité d'agir identique à celle qui conduit à retarder dans le temps le point de départ de la prescription mais trouvant application lorsque la cause de l'impossibilité apparaît après le point de départ de la prescription. Cette notion d'impossibilité d'agir suspensive de la prescription reposait sur l'article 2251 du Code civil, qui disposait que « la prescription court contre toutes personnes, à moins qu'elles ne soient dans quelque exception établie par une loi ». La jurisprudence a établi un principe sur le fondement de ce texte. La loi du 17 juin 2008 est venue préciser dans le nouvel article 2234 du Code civil que « la prescription ne court pas ou est suspendue contre celui qui est dans l'impossibilité d'agir par suite d'un empêchement résultant de la loi, de la convention ou de la force majeure ».

3074. La jurisprudence décide que l'existence d'une instance en cours ne met pas l'assuré dans l'impossibilité d'agir contre l'assureur pour le règlement de l'indemnité. Par exemple, il a pu être décidé que « l'ouverture d'une information judiciaire et l'intervention des actes juridictionnels successifs à laquelle elle a donné lieu jusqu'à son terme définitif était sans effet sur le cours de la prescription biennale » ; en effet une telle instance ne fait pas « obstacle à la possibilité pour l'assuré d'interrompre la prescription en employant l'une des formes simples prévues par l'article L. 114-2 du Code des assurances (Civ. 1re, 12 mars 2002, RGDA 2002. 389, note F. Vincent).

2 ▪ Direction du procès par l'assureur

3075. La jurisprudence considère que la prescription est suspendue lorsque l'assureur de responsabilité civile, en exécution des clauses du contrat d'assurance, prend la direction du procès intenté à l'assuré par la victime (Civ. 1re, 2 juill. 1991, Bull. civ. I, n° 222 ; sur la notion de clause de direction du procès, V. Chapitre 4, Le procès). En effet il paraît délicat pour l'assuré d'agir en garantie contre l'assureur tant que celui-ci se trouve auprès de lui pour assurer sa défense. La suspension se prolonge tant que dure la direction du procès.

B ▪ Evénements non suspensifs

3076. Comme l'affirme la jurisprudence, « ni la radiation d'une affaire du rôle, ni des pourparlers ne sont suspensifs ou interruptifs de la prescription » (Civ. 1re, 13 nov. 1996, JCP 1997, II, 22917, note B. Beignier).

3077. Comme l'observe la Cour de cassation dans son rapport pour 1996, « une expérience renouvelée chaque année, prouve que, dès lors que des pourparlers s'engagent avec l'assureur, les assurés ne peuvent concevoir que la prescription puisse courir pendant qu'ils se déroulent ». Elle a d'ailleurs proposé, dans ses rapports pour 1990 et 1996 (Rapp. C. cass. 1990, Doc. fr. 1991, p. 18 et Rapp. C. cass. Pour 1996, Doc. fr. 1997, p. 21) que soit ajouté l'alinéa suivant à l'article L. 114-2 : « la prescription est suspendue par la désignation d'un expert, même par le seul assureur, ainsi qu'en cas de pourparlers entre l'assuré et l'assureur ». La loi du 17 juin 2008 portant réforme de la prescription en matière civile n'est toutefois pas venue régler ce problème.

3078. Comme l'affirme la jurisprudence, « le cours de la prescription biennale n'est pas suspendu pendant la durée des opérations d'un expert désigné à l'amiable ou en référé » (Civ. 1re, 28 oct. 1997, RGDA 1997. 1027, note J. Kullmann). L'intervention d'un expert n'a pour seul effet que d'interrompre la prescription, ce qui implique qu'un nouveau délai de deux ans commence immédiatement à courir à compter de la désignation de l'expert.

3079. Si les opérations d'expertise s'éternisent, il sera plus prudent pour l'assuré d'interrompre une nouvelle fois la prescription par l'envoi à l'assureur d'une lettre recommandée avec accusé de réception, au risque sinon de voir son action en paiement de l'indemnité éteinte en raison de l'écoulement d'un nouveau délai de deux ans.

C ▪ Effets de la suspension

3080. La suspension constitue un arrêt temporaire du cours de la prescription, jusqu'à ce que la cause de suspension ait disparu. La prescription recommence alors à courir, et le temps antérieur à la suspension est pris en compte. De cette façon, le temps pendant lequel l'intéressé se trouvait dans l'impossibilité d'agir n'est pas comptabilisé dans le délai de prescription.

§ 3 ▪ Interruption et suspension conventionnelles

A ▪ Régime antérieur à la loi du 17 juin 2008

3081. La Cour de cassation décidait traditionnellement que la prescription de l'article L. 114-1 du Code des assurances ne peut être suspendue d'un commun accord des parties ; les conventions suspensives de prescription biennale étaient donc nulles (Civ. 1re, 2 juin 1964, RGAT 1965. 46, note A. Besson). Ainsi, dans une décision du 25 novembre 1992, la Cour de cassation a censuré l'arrêt d'une cour d'appel qui avait considéré que, dans l'affaire en cause, la prescription biennale de l'action relative au paiement de l'indemnité avait été suspendue par l'accord de l'assureur, résultant d'une lettre par laquelle il avait informé l'assuré qu'il était dans l'attente des conclusions de l'enquête de gendarmerie. Elle considère, en effet, que « l'article L. 111-2 du Code des assurances interdit la modification par convention de la durée de la prescription des actions dérivant d'un contrat d'assurance fixée à deux ans par l'article L. 114-1 du Code des assurances » ; et que la cour n'avait pas constaté que l'assuré avait été dans l'impossibilité absolue d'agir (Civ. 1re, 25 nov. 1992, RGAT 1993. 82, note H. Margeat). Ainsi, la prescription biennale ne peut être suspendue par un accord de volontés des parties parce que l'article L. 114-1 du Code des assurances ne fait pas partie des dispositions auxquelles on peut, en vertu de l'article L. 111-2 du Code des assurances, déroger par convention. Un arrêt de la première Chambre civile de la Cour de cassation du 27 juin 1995 apparaît plus rassurant et semble reconnaître la validité de la convention de suspension. Pourtant, la rédaction de la décision manque, sur ce point, de clarté et l'on ne peut être réellement sûr de la solution (Civ. 1re, 27 juin 1995, RGAT 1995. 585, note L. Mayaux).

3082. La solution retenue par la Cour de cassation ne pouvait être approuvée. D'une part, elle était contraire aux règles du droit commun. En effet, la validité des clauses abrégeant le délai de prescription est traditionnellement admise en droit commun, dans la mesure où elles ont pour effet de pousser le créancier à agir rapidement, tout en facilitant l'extinction de la dette du débiteur (Sur ce point, voir L. Cadiet et E. Jeuland, *Droit judiciaire privé*, Litec, 4e éd., n° 515). De même, les parties sont autorisées à conclure des conventions suspensives de prescription. Un arrêt de la première Chambre civile de la Cour de cassation du 13 mars 1968 a, en effet décidé que « l'article 2220 du Code civil, qui interdit de renoncer d'avance à la prescription, ne prohibe pas les accords conclus après la naissance de l'obligation et en cours de délai, par lesquels les parties conviendraient de la suspension de ce délai » (Civ. 1re, 13 mars 1968, JCP 1969, II, 15903, note R. Prieur). D'autre part, la Cour de cassation considérait que la convention de suspension modifie, en l'allongeant, le délai de la prescription ; pourtant, tel ne semble pas être le cas : la convention n'augmente pas la durée de la prescription, elle ne fait que suspendre le cours du délai, qui reste fixé à deux ans.

3083. Les chartes de la médiation mises en place par les organismes professionnels regroupant les entreprises d'assurance prévoient que la mise en œuvre de la procédure de médiation interrompt la prescription. On pouvait toutefois douter de la validité d'une telle stipulation, au regard de la jurisprudence de la Cour de cassation relative aux conventions relatives à la prescription. En effet, selon son raisonnement, une telle interruption conduirait à allonger la durée de la prescription, ce qui est prohibé.

B ▪ Régime de la loi du 17 juin 2008

3084. La loi du 17 juin 2008 portant réforme de la prescription civile en matière civile est venue prévoir, dans le nouvel article 2254, alinéa 2, du Code civil, que « les parties peuvent également d'un commun accord, ajouter aux causes de suspension ou d'interruption de la prescription prévues par la loi. » Est ainsi consacrée la faculté des parties de convenir conventionnellement de causes de suspension ou d'interruption de la prescription.

3085. La loi du 17 juin 2008 est toutefois venue prohiber cette faculté en matière de contrat d'assurance. Elle a en effet crée un nouvel article L. 114-3 du Code des assurances, qui dispose que « par dérogation à l'article 2254 du Code civil, les parties au contrat d'assurance ne peuvent, même d'un commun accord, ni modifier la durée de la prescription, ni ajouter aux causes de suspension ou d'interruption de celle-ci ».

3086. Prenant acte du développement de la médiation et la conciliation, la loi du 17 juin 2008 dispose, dans le nouvel article 2238 du Code civil, que « la prescription est suspendue à compter du jour où, après la survenance d'un litige, les parties conviennent de recourir à la médiation ou à la conciliation ou, à défaut d'accord écrit, à compter du jour de la première réunion de médiation ou de conciliation » et que « le délai de prescription recommence à courir pour une durée qui ne peut être inférieure à six mois, à compter de la date à laquelle soit l'une des parties ou les deux, soit le médiateur ou le conciliateur déclarent que la médiation ou la conciliation est terminée ».

Chapitre 2
La médiation

BIBLIOGRAPHIE

L'Argus de l'assurance

Ouvrages. – R. Ghueldre et M. Yarhi, *Les M.A.R.C dans l'assurance*, L'Argus éd., 2013.

Articles. – S. Acedo, La médiation en assurances menacée par l'Union européenne, L'Argus, 13 janvier 2014. - E. Bernard, Les demandes de médiation en assurance encore en hausse en 2011, L'Argus, 19 oct. 2012. – Cahiers Pratiques, Les M.A.R.C prennent de l'assurance, L'Argus 2012, n° 7274. – S. Choisez, A. Job, Les modes alternatifs de règlement des conflits, L'Argus 2012, n° 7258 - J. Monnet, La médiation en assurance, un service à la disposition des assurés, Jurisprudence automobile, n° 0844, oct. 2012 – Dossier, Médiation de consommation, Jurisprudence automobile, mars 2016.

Autres documentations

Ouvrages. – M. Guillaume-Hofnung, *La médiation*, PUF, coll. « Que sais-je ? » 1995.

Articles. – L. Ascensi et S. Bernheim-Desvaux, La médiation collective, solution amiable pour résoudre les litiges de masse ? Contrats, conc. consom. 2012, étude 9. - G. Durry, Quelques remarques sur l'arbitrage et la médiation en assurance, Gaz. Pal. 1994, 1, doct., p. 736. – J. Bigot, Médiation et prescription, L'Argus 5 nov. 1993, p. 24 et 25. – P. Baylac-Martres, Médiation, à la recherche d'un second souffle, Trib. ass., no 25, avr. 2001, p. 44. – J. Landel et H. Margeat, La médiation dans l'assurance, Rev. Risques n° 7, 1991, p. 103. – J. Landel, L'efficacité des systèmes de médiation en assurance au regard de la recommandation européenne de 1998, RGDA 2001. 658. – Vers une normalisation du traitement des réclamations par les assureurs, Dict. perm. Bull. janv. 2012, p. 2 – Un cadre législatif pour la médiation conventionnelle, Dict. Perm. Bull. déc. 2011 p. 3. - L. Mayaux. Les relations entre médiation et arbitrage en matière d'assurance, RGDA 2012 p. 168. – V. Nicolas, La procédure extrajudiciaire, Arbitrage et médiation, Traité de droit des assurances, t. III, Le contrat d'assurance, J. Bigot (dir.), LGDJ, 2002, chapitre XVIII, p. 1283. D. Noguero, La médiation en assurance, Gaz. Pal. 22 déc. 2013 p. 38 ; Assurance et médiation, RGDA 2014, p. 373 – B. Oppetit, Arbitrage, médiation et conciliation, Rev. arb. 1982, p. 307.– C. Jarrosson, Les clauses de renégociation, de conciliation et de médiation, in Les principales clauses des contrats conclus entre professionnels, PUF, Aix-en-Provence, 1990, p. 141.

Divers. – P. Baylac-Martres, Contribution des modes alternatifs au règlement des litiges, Thèse, Paris II, 2002. – Rapports annuels, Le médiateur de la FFSA, www.ffsa.fr. – Rapport annuel du médiateur du GEMA – Rapport annuel du Médiateur du CTIP – Engagement sur la mise en place de dispositifs de médiation, Assemblée générale de la F.F.S.A. 15 déc. 2009 et 21 juin 2011, Commission exécutive du GEMA 12 mai 2011 - Charte de « La Médiation de l'Assurance », www.mediation-assurance.org

Section 1 . Généralités

3087. Avec la création de l'association « La Médiation de l'Assurance » et la désignation le 2 novembre 2015 pour trois années du Médiateur de l'Assurance (S. Acedo, Philippe BAILLOT nommé médiateur unique de l'assurance, L'Argus de l'assurance, 02 novembre 2015), les organisations professionnelles du secteur de l'assurance se sont mises en conformité avec l'ordonnance n° 2015-1033 du 20 août 2015 relative au règlement extrajudiciaire des litiges de consommation et avec le décret n° 2015-1382 du 30 octobre 2015 relatif à la médiation des litiges de la consommation. Ces deux textes constituent les mesures de transposition de la directive 2013/11/UE du Parlement européen et du Conseil du 21 mai 2013 relative au règlement extrajudiciaire des litiges de consommation, modifiant le règlement (CE) n° 2006/2004 et la directive 2009/22/CE (J. Landel, La médiation de la consommation, un nouveau défi pour les assureurs, RGDA 2015, p. 538 – Dossier médiation de la consommation, Rev. Jur. Auto., mars 2016, spéc. p. 20).

3088. Ces textes européens et internes ont parachevé une spécialisation de la médiation dite conventionnelle engagée par l'ordonnance n° 2011-1540 du 16 novembre 2011 transposant en droit français la directive 2008/52/CE du Parlement européen et du Conseil du 21 mai 2008 sur certains aspects de la médiation en matière civile ou commerciale suivie du décret n° 2012-66 du 20 janvier 2012 relatif à la résolution amiable des différends. La médiation et la conciliation conventionnelle sont désormais envisagées à l'article 1530 du Code de procédure civile. La médiation conventionnelle est ainsi définie comme un « processus structuré, par lequel deux ou plusieurs parties tentent de parvenir à un accord, en dehors de toute procédure judiciaire en vue de la résolution amiable de leurs différends, avec l'aide d'un tiers choisi par elles qui accomplit sa mission avec impartialité, compétence et diligence ».

3089. La médiation conventionnelle se présente ainsi comme le pendant de la médiation judiciaire introduite en droit français par la loi n° 95-125 du 8 février 1995 relative à l'organisation des juridictions et à la procédure civile, pénale et administrative, les deux formes de médiation se distinguant notamment par le mode de désignation du médiateur ; par le choix des parties dans le cadre de la médiation conventionnelle (CPC, art. 1530 issu de l'ordonnance du 16 novembre 2011 et de l'article 2 du décret du 20 janvier 2012), et par décision du juge avec l'accord des parties dans le cadre de la médiation judiciaire (art. 22 de la loi du 8 février 1995).

3090. Avec les textes d'application de l'année 2015, il existe ainsi dorénavant des solutions particulières à la médiation du secteur de la consommation qui se sont encore enrichies avec la publication du décret n° 2015-1607 du 7 décembre 2015 relatif aux conditions de désignation des médiateurs d'entreprises. Ces dispositions figurent aux articles L. 151-1 à L. 157-2, (devenus art. L. 611-1 à L. 616-3 depuis le 1er juillet 2016 à la suite de l'ordonnance n° 2016-301 du 14 mars 2016, R. 152-1 et R 152-5 du Code de la consommation auxquelles s'ajoutent les dispositions, dans la mesure où elles ne leur sont pas contraires, du Chapitre Ier du Titre II de la loi du 8 février 1995.

3091. C'est dans ce dernier dispositif spécifique que se situe la médiation du secteur de l'assurance au même titre que l'ensemble des champs de médiation mis en place dans les différents secteurs professionnels (E. Bernard, La médiation s'invite dans le secteur des entreprises, Pet. Aff. 2016, n° 77 p. 4 – M. Boccarra, Entrée en vigueur du nouveau régime de la médiation de la consommation, Banque et droit 2016, p. 61 – M. Fefermann, E. Petit, La médiation de la consommation dans le secteur de l'immobilier, AJDI 2016, p. 91, Mise en place d'un médiateur national de la consommation, JCP G 2016, n° 1, E. Petit, La médiation de la consommation, une procédure obligatoire pour toutes les entreprises à partir du 1er juillet 2016, D. 2015, p. 2571, Y. Gérard, JP Pizzio, Le nouveau cadre juridique de la médiation de la consommation, Banque et droit 2015, hors série p. 8 à 19).

3092. Bien avant ces dernières évolutions législatives, les entreprises d'assurance avaient déjà mis en place elles-mêmes un dispositif original de médiation que le Code des assurances n'imposait pourtant pas. Il avait semblé nécessaire de consolider cette initiative par la rédaction, en 1993, de chartes de médiation. Chaque grande famille d'assureurs (FFSA, GEMA) possédait ainsi sa propre charte dont la nature juridique n'a jamais été vraiment déterminée. D'un côté, parce que l'assuré pouvait y trouver l'expression de ses droits, il paraissait naturel de conférer à cette charte une nature contractuelle liant assureur et assuré, encore que ce dernier n'en avait généralement pas directement connaissance même si elle était incontestablement visée par l'obligation légale d'information du contractant quant aux procédures de contestation auxquelles le contrat doit faire référence. Mais, d'un autre côté, la charte de médiation organisait également les relations entre l'assureur et son médiateur, par hypothèse, personnalité extérieure à la société d'assurance et qui pouvait faire état de la charte, ne serait-ce que pour faire respecter des conditions normales de fonctionnement. Au cours des années 2005 et 2006, des modifications ont été apportées aux chartes de médiation, notamment pour les sociétés relevant de la FFSA.

3093. Cette initiative des entreprises d'assurance n'avait pas été spontanée. Jusqu'à la fin des années 1980, les entreprises d'assurance n'avaient pas manifesté beaucoup d'intérêt pour les expériences étrangères provenant notamment des Pays-Bas ou de Grande-Bretagne. Un rapport établi par M. Dane à l'initiative de la commission consultative de l'assurance avait préconisé de créer un Bureau central de médiation. L'idée d'un médiateur commun à l'ensemble des assureurs a toutefois été abandonnée. Ainsi, dès l'année 1989, les mutuelles du GEMA ont désigné un médiateur et certaines d'entre elles ont spontanément institué des comités de médiation.

3094. Le rôle joué par le médiateur ne pouvait pas être analysé au regard de la conception qui était généralement présentée de la médiation. Habituellement, le médiateur est chargé d'entendre les parties afin de confronter leurs points de vue dans le but de dégager une solution qui fournira la base de l'accord qui régira ensuite leurs relations. Or, les relations entre assureur et assuré sont déjà encadrées par un contrat dont le médiateur devait tenir compte. Très souvent, son rôle ne dépassait pas le stade de l'analyse des clauses du contrat pour en déduire une solution, favorable ou non à l'assuré. Sa fonction n'en était pas moins importante lorsqu'il rejetait les prétentions de l'assuré qui pouvait trouver dans sa réponse des explications qui jusque là lui faisaient défaut ou qui le persuadaient du bien-fondé du refus de garantie. Lorsque sa décision s'imposait à l'entreprise d'assurance, ce qui était le cas pour les entreprises rattachées au GEMA (Groupement des Entreprises Mutuelles d'Assurance), la tâche du médiateur s'apparentait, dans ses relations avec l'assureur, alors à celle d'un arbitre. De manière plus exceptionnelle, le médiateur acceptait de sortir du strict cadre contractuel et proposait à l'assuré une indemnisation à laquelle il ne pouvait prétendre en application de son contrat. Le médiateur se présentait ainsi comme un conciliateur.

3095. Ce dispositif n'avait pas été modifié sous l'effet de l'adoption de l'ordonnance n° 2011-1540 du 16 novembre 2011 transposant en droit français la directive 2008/52/CE du Parlement européen et du Conseil du 21 mai 2008 sur certains aspects de la médiation en matière civile ou commerciale. La médiation et la conciliation conventionnelle sont désormais envisagées à l'article 1530 du Code de procédure civile (déc. n° 2012-66 du 20 janvier 2012, JO 22 janv.). Les procédures de médiation mises en place au sein des entreprises d'assurance n'ont pas semblé être concernées par ces nouvelles dispositions. Le Conseil d'Etat avait pris position en ce sens (Rapport du Conseil d'Etat : Développer la médiation dans le cadre de l'Union européenne, Etude adoptée par l'Assemblée générale du Conseil d'Etat le 29 juillet 2010, p. 48 ; V. également N. Nevejans, L'ordonnance du 16 novembre. 2011, un encouragement au développement de la médiation, JCP, 2012, n° 148). Une position contraire avait été néanmoins formulée au motif que les exigences d'impartialité, de compétence et de diligence retenues pour la désignation du médiateur ne font pas état des critères d'extériorité, voire d'indépendance, ces qualités étant entendues dans la référence à l'impartialité (B. Gorchs, Regards critiques sur l'ordonnance n° 2011-1540 transposant la directive médiation, Droit et procédures 2012, n° 1 spéc. n° 7).

3096. Ces dernières années, le nombre de dossiers transmis aux médiateurs a atteint un chiffre annuel significatif. On rappellera qu'entre le 1er octobre 1993 et le 30 septembre 1994, 260 dossiers ont été transmis au médiateur de la FFSA, dont 186 par les assurés, le chiffre étant passé à 471 dossiers en 1995, et que le médiateur du GEMA a été saisi dans le même temps d'environ 180 demandes, puis de 192 au cours de l'année 1995 dont seulement 118 étaient recevables. Par comparaison, en 2014, le nombre total de dossiers reçus par les médiateurs de la FFSA atteignait le chiffre de 11 745 contre 10 461 en 2013 et 8 412 en 2012. De son côté, le médiateur du GEMA a étudié 794 dossiers en 2014 contre 552 en 2012. Une disparité assez importante pouvait être relevée entre les types de litiges soumis aux différents médiateurs. Cela s'expliquait par la répartition entre les gammes de produits d'assurance qui était différente d'une famille d'assurance à une autre. Ainsi, au sein du GEMA, les litiges soumis autant au médiateur lui-même qu'aux médiateurs internes ou services de consommation portaient principalement sur les contrats d'assurance automobile et multirisque habitation ; les cas de saisine relatifs à l'assurance de personnes étaient beaucoup plus rares. Le constat était différent à propos des médiateurs FFSA pour lesquels l'assurance emprunteur et l'assurance de personnes en général constituaient une source importante d'activité, à égalité avec l'assurance dommages.

3097. Dans une proportion très générale, les avis dans lesquels le médiateur a retenu une solution autre que celle qui était préconisée par l'assureur - satisfaction totale de l'assuré ou satisfaction partielle -, représentaient environ un tiers des décisions de médiation.

3098. Il était néanmoins impossible de ramener la fonction de médiation à un concept unique. Ainsi, les décisions du médiateur du GEMA s'imposaient à l'assureur, tout comme celle des médiateurs internes aux sociétés d'assurance mutuelles, alors que l'assuré conservait toujours la possibilité de poursuivre la procédure devant un tribunal. À l'inverse, le protocole de médiation de la FFSA et les principes admis par Groupama ne conféraient au médiateur de l'entreprise d'assurance que le droit d'émettre un avis qui ne liait ni les assurés ni les tiers et qui ne liait l'entreprise d'assurance que si celle-ci l'avait décidé.

3099. De même, le nombre et la variété des contestations qui s'élevaient entre assureur et assuré étaient tels que la phase de médiation se confondait en plusieurs procédures. Ainsi, les mécanismes de médiation faisaient-il la distinction entre la voie de traitement des différends auprès de l'entreprise d'assurance elle-même sous la forme de pré-médiation avant que ne s'expriment le ou les médiateurs. Les recommandations de l'ACPR 2011-R-05 du 15 décembre 2011 et 2015-R-03 du 26 février 2015 sur le traitement des réclamations ont clairement fait sortir cette voie de pré-médiation du processus de médiation pour en faire une procédure spécifique portée auprès des services de l'entreprise dans les conditions d'information et de fonctionnement prévues par les recommandations, la procédure de médiation n'intervenant que lorsque le différend n'avait pas pu être réglé durant la phase de réclamation.

3100. Cette clarification terminologique a constitué un progrès mais les voies de médiation étaient encore très différentes d'une entreprise à l'autre. Ainsi, auprès du GEMA, le médiateur commun au groupement d'assureurs n'était appelé à intervenir que dans une seconde phase de médiation, lorsque la mutuelle avait elle-même mis en place son dispositif de médiation ; tel était notamment le cas par exemple pour les sociétés Matmut, MAIF et Usu. Dans la charte FFSA, chacune des deux procédures faisait l'objet de modalités distinctes : désignation d'un médiateur à l'échelle de l'entreprise d'assurance ou recours à un médiateur qualifié de professionnel lorsqu'il était question de la Fédération elle-même. Contrairement aux principes énoncés à propos des mutuelles appartenant au GEMA, les sociétés affiliées à la FFSA avaient ainsi le choix entre l'un ou l'autre de ces systèmes, si bien que le sociétaire appartenant à une société qui avait fait le choix d'un médiateur d'entreprise ne pouvait plus solliciter le médiateur professionnel.

3101. Il était donc très difficile de ramener la médiation en assurance à une formule unique puisque selon la famille d'assureurs envisagée ou le stade où l'on se plaçait, les effets de la médiation pouvaient être très différents. C'est cette situation de diversité en corrélation avec l'augmentation très importante du nombre de dossiers à traiter, bien plus – à notre sens – que les considérations tenant au lien qui pouvait exister entre certaines personnalités et une entreprise d'assurance, qui s'est révélée en contradiction avec les objectifs de la directive du 21 mai 2013. Devant choisir la voie d'une harmonisation des processus de médiation, les familles professionnelles de l'assurance ont décidé de privilégier la création de l'association de « La Médiation de l'Assurance » de manière à mettre en place un processus de médiation unique, dit « de branche », dont toutes entreprises d'assurance relèvent obligatoirement puisque selon l'article L. 152-1 al. 3 du Code de la consommation issu de l'ordonnance du 20 août 2015 et devenu article L. 612-1 al. 3 depuis le 1er juillet 2016, « lorsqu'il existe un médiateur de la consommation dont la compétence s'étend à l'ensemble des entreprises d'un domaine d'activité économique dont il relève, le professionnel permet toujours au consommateur d'y recourir ». Cette organisation a ainsi été préférée à celle qui aurait contraint toutes les sociétés d'assurance à désigner leur propre médiateur, dit alors médiateur d'entreprise selon les termes du décret du 7 décembre 2015, solution qui aurait été difficile dans la mesure où de nombreuses sociétés n'étaient pas pourvues de médiateur et s'en remettaient alors aux instances de médiation mises en place par les groupements FFSA et GEMA. Le choix de la solution du médiateur unique est aussi à mettre en parallèle avec le rapprochement de ces deux organismes professionnels et leur réunion prochaine au sein de la Fédération Française de l'Assurance. Au cours de l'année 2016, il est prévu que la Chambre syndicale des courtiers d'assurance rejoigne le dispositif de la médiation de l'assurance (interview de Richard Restruccia, Président de la CSCA, L'Argus, 13 janvier 2016, par Haude-Marie Thomas).

3102. Outre leur harmonisation et conformément aux objectifs de la directive du 21 mai 2013, les processus de médiation du secteur de la consommation sont dorénavant, et contrairement à ce qui existait auparavant, soumis à l'attention de la commission d'évaluation et de contrôle de la médiation de la consommation prévue par les articles L. 155-1 devenu article L. 615-1 et R. 155-1du Code de la consommation et mise en place en France dans sa composition fixée par les mêmes articles par un arrêté du Ministre de l'économie, de l'industrie et du numérique du 15 décembre 2015 (site internet http://www.economie.gouv.fr/mediation-conso/commission). Cette commission a pour mission d'établir et de mettre à jour la liste des médiateurs, de procéder à la notification nécessaire à leur inscription sur la liste des médiateurs établie auprès de la Commission européenne, d'évaluer l'activité de médiation et d'en contrôler la régularité. Elle peut se saisir d'office de toute pratique de médiation ou de toute condition d'exercice de l'activité de médiateur considérée comme contraire aux dispositions de l'ordonnance du 20 août 2015 ; elle peut aussi être saisie par les associations de consommateurs agréées ou par les organisations professionnelles.

3103. Le processus de médiation mis en place au sein de la profession de l'assurance a ainsi été confié à l'association « La Médiation de l'Assurance », qui a établi une charte de médiation en 10 règles. Ces règles sont facilement accessibles sur le site internet de l'association. Les mêmes informations seront aussi accessibles pour les autres domaines de la médiation de la consommation puisque la mise en place d'un site internet est l'une des obligations que le Code de la consommation fait peser sur le médiateur de la consommation (C. consom. art. L. 154-1 issu de l'article 1er de l'ordonnance du 20 août 2015 devenu article L. 614-1 au 1er juillet 2016, et pour le contenu des informations devant figurer sur le site, art. R. 154-1 et art. R. 154-2 du Code de la consommation issu du décret du 30 octobre 2015).

Section 2 ▪ Règles de fonctionnement du dispositif de la médiation de l'assurance

§ 1 ▪ Le statut du médiateur : Indépendance, moyens de fonctionnement et obligations de communication

3104. La première règle de la charte de médiation rappelle ces exigences fortes portées par l'ordonnance du 20 août et par le décret du 20 octobre 2015, dorénavant inscrites aux articles L. 153-1 devenu art. L. 613-1 au 1er juillet 2016 et R. 153-1 du Code de la consommation.

3105. Concernant le domaine plus particulier de l'assurance, le Médiateur a été désigné à l'unanimité pour une durée de trois ans, par un comité de désignation composé : du Président du Comité Consultatif du Secteur Financier, du Président de l'Institut National de la Consommation et du Président de l'Association Française de l'Assurance. Sa rémunération doit être établie sans qu'il ne soit tenu compte de ses résultats de médiation et il ne doit pas se trouver en situation de conflit d'intérêt.

3106. Le Médiateur de l'assurance est inscrit sur la liste des médiateurs qui a été notifiée à la Commission européenne. Il appartient en effet à la Commission européenne d'établir la liste des médiateurs établie dans les conditions fixées à l'article L. 155-2 devenu article L. 615-1 du Code de la consommation. Pour plus de détails, on retiendra qu'il appartient en premier lieu à la Commission nationale d'évaluation et de contrôle de la médiation d'évaluer les candidatures et d'inscrire chaque médiateur, personne physique ou morale, sur la liste des médiateurs de la consommation qui sera ensuite transmise, avec des informations tenant notamment à leur domaine de compétence et aux langues utilisées, à la Commission européenne. La liste des médiateurs figure aussi sur le site internet de la commission d'évaluation et de contrôle : www.mediation-conso.fr.

3107. Conformément aux exigences de l'ordonnance du 20 août 2015 et de l'article L. 613-3 nouveau (anc. art. L. 153-3) du Code de la consommation, le Médiateur dispose des moyens de fonctionnement nécessaires à l'exercice de sa mission. Les exigences auraient été renforcées si le choix avait été fait d'instituer des médiateurs auprès des entreprises d'assurance elles-mêmes.

3108. Les articles L. 614-1 à L. 614-4 (anc. art. L. 154-1) et L. 614-5 (anc. art. L. 154-2) du Code de la consommation font obligation au Médiateur de mettre en place une communication permettant aux assurés, - comme à l'ensemble des consommateurs car la règle est générale -, d'avoir un accès direct aux informations relatives au processus de médiation. Même si la possibilité de recourir au médiateur par voie postale est rappelée, il doit être possible de déposer des demandes de médiation en ligne. De même le site internet du médiateur doit renvoyer par un lien électronique vers la plateforme européenne de résolution des litiges prévue par le règlement n° 524/2013 du Parlement européen et du Conseil du 21 mai 2013. Ces obligations de communication s'ajoutent à celles qui pèsent sur les assureurs, que ce soit à l'article L. 112-2 du Code des assurances, selon lequel des mentions relatives aux modalités de recours à un processus de médiation doivent figurer dans les documents remis au preneur d'assurance, ou à l'article L. 616-1 (anc. art. L. 156-1) du Code de la consommation qui fait obligation au professionnel de transmettre les coordonnées du médiateur compétent dès lors que le litige n'a pas pu être réglé dans le cadre d'une réclamation préalable introduite auprès de ses services.

§ 2 ▪ La procédure de médiation et la saisine du médiateur

3109. Gratuité, procédure écrite et confidentialité sont rappelées dans la règle 2 de la charte de médiation. Sur ce point, le nouveau dispositif n'est pas très différent de ceux qui existaient précédemment. Le recours au médiateur de l'organisation professionnelle FFSA ou GEMA ou le recours au médiateur mis en place par une entreprise d'assurance a toujours été vu comme une faculté à laquelle était attaché un principe de gratuité. Cette faculté de saisir le médiateur sans être tenu d'en supporter le coût est l'un des objectifs du dispositif (interview M. Philippe BAILLOT, Jurisprudence automobile, mars 2016, p. 22). Toutefois, la gratuité ne concerne que la prestation du médiateur lui-même ; si l'assuré entend être assisté dans sa démarche par un conseil ou un expert dit « d'assuré », il lui revient naturellement d'en supporter personnellement les honoraires, sauf demande conjointe d'expertise (art. R. 152-1 du Code de la consommation issu du décret n° 2015-1382 du 30 octobre 2015).

3110. La nature écrite de la procédure s'explique assez facilement, d'une part du fait de l'importance prévisible des saisines, et d'autre part par l'exigence d'un minimum de formalisme dans la démarche entreprise par un assuré auprès de l'association de la médiation de l'assurance.

3111. La charte le laisse entendre mais ne le rappelle pas expressément ; le recours au médiateur n'est qu'une faculté pour l'assuré, conformément à l'article L. 612-4 (anc. art. L. 152-4) du Code de la consommation : « est interdite toute clause ou convention obligeant le consommateur, en cas de litige, à recourir obligatoirement à une médiation préalablement à la saisine du juge ».

3112. La confidentialité pourrait être envisagée de plusieurs manières selon qu'elle est perçue comme une simple déclinaison de l'obligation de secret professionnel qui s'attache à toute personne dépositaire d'une information de par son état, sa profession, ses fonctions ou de sa mission (C. pén. art. 226-13) ou selon qu'on lui attache des caractéristiques propres au dispositif de médiation (C. consom. art. L. 612-3 (anc. art. L. 152-3 issu de l'art. 21-3 de la loi du 8 fév. 1995).

3113. La confidentialité complète serait celle qui amènerait à ce que la demande de médiation formulée par un assuré ne soit pas connue, au moins lorsqu'elle échoue, de l'assureur concerné. Il ne semble pas que ce soit l'interprétation retenue et si tel devait être le cas, elle conduirait alors à nier le caractère contradictoire qui s'attache à toute procédure de règlement d'un différend, même amiable. Au regard de la charte de médiation, elle est même impossible puisqu'il est prévu que les entreprises et intermédiaires d'assurance disposent d'un délai de 5 semaines pour répondre aux demandes d'information et de documents émanant du Médiateur. Une autre forme de confidentialité consisterait à ne pas porter l'avis du médiateur à la connaissance du juge ultérieurement saisi pour connaître du litige. Cette exigence figurait autant dans le protocole de médiation du GEMA qui interdisait aux assureurs de faire état en justice de l'avis du médiateur lorsque celui-ci leur était favorable, que dans la charte de médiation de la FFSA où la même obligation portait sur les deux parties. En l'état, il serait sans doute difficile de déduire une telle solution du simple rappel de la confidentialité qui figure dans la nouvelle charte de médiation ; au demeurant, il appartient sans doute à chaque assureur de prendre éventuellement des engagements en ce sens. Quoi qu'il en soit, l'article 21-3 de la loi du 8 février 1995 relative à l'organisation des juridictions et de la procédure civile, pénale, administrative, applicable au processus de médiation de la consommation par renvoi de l'article L. 611-2 (anc. art. L. 151-2) du Code de la consommation énonce que, sauf accord contraire des parties, la médiation est soumise au principe de confidentialité dont il résulte notamment qu'elle ne peut pas, sauf exceptions au regard d'intérêts supérieurs, être produite dans le cadre d'une instance judiciaire ou arbitrale.

3114. Le recours au médiateur ne doit pas constituer un obstacle à l'action en justice que l'assuré entend mettre en œuvre, du moins lorsqu'elle demeure possible. C'est la raison pour laquelle les différents protocoles de médiation prenaient déjà le soin de préciser que la prescription se trouvait interrompue par la saisine du médiateur. Cette précaution était importante puisque les actions en justice nées de l'application du contrat d'assurance se prescrivent rapidement, au terme d'un délai de deux ans après la réalisation du sinistre. La pratique a été conservée par le Médiateur de l'assurance de rappeler, au terme de ses avis, que si l'assuré entend exercer une action en justice, il doit veiller à ne pas se laisser surprendre par le délai de prescription. Il convient à cet égard de rappeler qu'il ne faut pas confondre médiation et simples négociations : si la saisine du médiateur entraîne l'interruption de la prescription, il n'en est rien de simples négociations qui sont tout à fait étrangères au principe de la médiation (Civ. 1re, 15 oct. 1996, n° 95-11.341, RCA 1996, comm. n° 411).

3115. La solution de bon sens découlant des protocoles de médiation ne réglait pas deux difficultés. La première tenait à l'application de l'ancien article 2220 du Code civil selon lequel « on ne peut d'avance renoncer à la prescription ». En application de ce texte, la jurisprudence condamnait les clauses favorables au créancier (en l'occurrence, l'assuré), lorsqu'elles lui permettent de repousser la mise en œuvre de l'exception de prescription. Il faut donc en conclure qu'en droit, rien n'interdisait à l'assureur d'invoquer la nullité de sa renonciation à faire reconnaître le dépassement du délai de prescription. On imagine toutefois assez facilement la très mauvaise image qu'aurait pu provoquer un tel reniement (par la voix de son directeur des affaires publiques, la FFSA avait d'ailleurs très normalement réagi à une telle suspicion [V. L'Argus, 5 nov. 1993], par ailleurs apparemment non fondée puisque les assureurs n'ont jamais fait de demandes en ce sens). La seconde tenait à la différence entre les mécanismes utilisés. Les protocoles utilisaient les termes d'« interruption » (FFSA, art. 5 al. 2) et de « non- computation » du délai pendant lequel le médiateur était saisi d'un dossier, ce qui faisait allusion directe à la suspension du délai de prescription (GEMA, art. 3 al. 4). Si l'on s'attache à la stricte terminologie, la différence était importante. L'interruption de prescription a pour effet d'arrêter définitivement le décompte du délai de deux ans qui ne pourra recommencer à courir que du jour où l'avis du médiateur aura été rendu. En revanche, la suspension n'opère qu'un arrêt provisoire du décompte, le temps écoulé entre le point de départ de la prescription et la saisine du médiateur sera comptabilisé au même titre que le temps qui s'écoulera après sa décision. On observera toutefois que les sociétés d'assurance n'ont jamais fait valoir la prescription après une décision de médiation. Seules des circonstances exceptionnelles auraient pu les conduire à faire différemment. Par ailleurs, il était classiquement admis que la prescription biennale étant d'ordre public, il n'appartenait pas aux parties au contrat de l'aménager en en modifiant le délai. Quoi qu'il en soit, la Cour d'appel de Paris a admis que la saisine du médiateur avait bien pour effet d'interrompre le délai de prescription (CA Paris 7e ch., 25 janv. 2005, n° 03/17552, Bull. act. n° 134, Dict. perm. Assurances, 25 févr. 2005, p. 5855). Pendant le temps de la médiation, l'assuré n'est pas en mesure d'agir en justice – toute action faisant cesser la médiation – ; la solution est donc justifiée.

3116. Désormais, l'article 2238 du Code civil modifié par la loi n° 2008-561 du 17 juin 2008 portant réforme de la prescription en matière civile prévoit précisément que la prescription est suspendue à compter du jour où les parties conviennent de recourir à la médiation ou à la conciliation et que le délai de prescription ne recommence à courir, pour une durée qui ne peut être inférieure à six mois, qu'à compter de la date à laquelle soit l'une des parties, soit les deux, soit le médiateur ou le conciliateur déclarent que la médiation ou la conciliation est terminée.

3117. La charte de médiation de l'association de la médiation de l'assurance reprend donc sur ce point les solutions antérieures.

3118. Si la nouvelle charte de médiation ne porte aucune indication restrictive relative aux titulaires du droit de saisine du médiateur, une précision importante figure dans le préambule de la charte : Le médiateur peut être saisi, dans le cadre d'un dispositif mis à la disposition des consommateurs, pour permettre le règlement des litiges pouvant intervenir entre les particuliers et entreprises d'assurance afin de rechercher des solutions amiables aux conflits opposant un assuré à un assureur ou à un intermédiaire d'assurance.

3119. Le cadre de la médiation est ainsi limité, comme c'était le cas auparavant, aux situations de conflits entre un assuré et un assureur ou entre un assuré et un intermédiaire d'assurance. Même si cela ne ressort pas de la lecture littérale, il semble que la qualité d'assuré doive être prise dans son acception la plus large, le terme désignant d'abord la personne avec laquelle le contrat a été passé, mais aussi celle pour le compte de laquelle le contrat a été conclu selon le mode spécifique de l'assurance pour compte. Dans les contrats d'assurance de personnes, le souscripteur du contrat lorsqu'il n'est pas lui-même le bénéficiaire doit être rangé sous la qualification générale d'assuré. Très naturellement, l'avocat qui agit au profit de son client peut valablement s'adresser au médiateur mais plus largement, le recours semble pouvoir être aussi introduit par les organismes de défense des consommateurs qu'ils aient une vocation générale (UFC Que choisir) ou spécifique. La page « Foire aux questions » du site internet de l'association de la médiation de l'assurance confirme ces possibilités. Néanmoins, il restera sans doute des précisions à apporter, notamment dans le cadre des assurances de groupe, afin de savoir si le médiateur peut être saisi par l'adhérent à un contrat collectif, surtout lorsque la qualité d'assuré ne lui est pas reconnue, par exemple en cas d'adhésion obligatoire.

3120. Dans les protocoles antérieurs, il était admis que l'entreprise d'assurance pouvait elle-même saisir son propre médiateur ou le médiateur national de sa famille d'assurance. L'hypothèse restait assez théorique car seulement 2 % des cas présentés au médiateur de la FFSA l'ont été à l'initiative de l'entreprise d'assurance. Elle était plutôt envisageable à des fins d'interprétation d'une clause particulière d'un contrat ou dans le cadre de la généralisation de la solution à apporter à une question récurrente que la société souhaitait régler avant de se trouver confrontée à un nouveau litige. Une telle saisine restait toutefois conditionnée par l'accord de l'assuré, voire du tiers concerné, dans la charte FFSA. La formule de la nouvelle charte ne contient pas d'indication sur ce point mais il semble bien que cette saisine soit désormais impossible puisque l'article L. 611-3 (anc. art. L. 151-3) du Ccode de la consommation écarte du processus de médiation de la consommation les procédures introduites par un professionnel contre un consommateur.

3121. A condition qu'il s'agisse d'un particulier se présentant en qualité de consommateur, la lecture du préambule ne semble pas écarter l'hypothèse de saisine du médiateur par un tiers, dans la mesure où elle relèverait d'une situation de règlement d'un conflit entre un assuré et son assureur. On pourrait ainsi imaginer qu'une victime agisse pour que les droits d'assurance de responsabilité civile soient reconnus par l'assureur du responsable. La saisine par un tiers était prévue dans le cadre défini par la FFSA et par le médiateur de GROUPAMA ; en revanche, elle était exclue dans les modalités arrêtées dans le cadre du GEMA où le système de médiation avait principalement pour fonction de faciliter le règlement des litiges survenus dans les relations assureur-assuré : les relations avec les tiers étant formellement exclues. Aujourd'hui, la charte de la médiation de l'assurance, dans son préambule, renvoie néanmoins cette éventualité à l'hypothèse où les entreprises d'assurances l'auraient accepté par un accord particulier à propos des litiges avec un tiers bénéficiaire d'une garantie ou d'une prestation d'assurance.

3122. La médiation ne peut être envisagée que lorsque toutes les voies de la procédure interne de traitement des réclamations ont été, en vain, explorées. En l'absence de ces démarches préalables, l'article L. 612-2 (anc. art. L. 152-2) du Code de la consommation ne permet pas que le litige soit examiné par le Médiateur qui doit ainsi demeurer un ultime recours. Il n'est pas toujours facile, en pratique, de définir le moment précis où les recours internes sont achevés. Ainsi, il est fréquent que le premier courrier adressé au médiateur ne soit pas suivi d'une réponse immédiate et qu'il soit dirigé vers les responsables du service des prestations offertes aux assurés dont l'intervention est parfois suffisante pour vider le conflit. Selon les circonstances, le Médiateur peut se reconnaître le droit d'intervenir immédiatement. La charte de médiation laisse un délai de cinq semaines pour répondre aux demandes d'information et de documents émanant du Médiateur de l'assurance (règle 6).

3123. Malgré les préconisations successives contenues dans les rapports annuels des médiateurs, un grand nombre de demandes sont déposées de manière prématurée. Ainsi chaque année, les médiateurs sont saisis de dossiers jugés irrecevables et qui ne peuvent faire l'objet d'un avis, même si les dernières années ont vu une réduction de ce phénomène. La principale raison de cette situation de fait tient principalement à la précipitation des assurés mais aussi parfois à la volonté des assureurs de trouver une issue rapide à une situation conflictuelle. Les recours anticipés au médiateur ne sont pas inimaginables mais doivent être réservés à l'étude d'une question de droit qui fait difficulté.

3124. Assez curieusement, car cela revient à instituer un délai de prescription propre à la procédure de médiation de la consommation, l'article L. 612-2 (anc. art. L. 152-2) du Code de la consommation rend l'examen du litige par le médiateur impossible lorsqu'il s'est écoulé plus d'une année à compter de la réclamation écrite du consommateur auprès du professionnel. On peut au moins être surpris du point de départ de ce délai, somme toute assez bref, et regretter que l'on ne tienne pas compte de la réponse apportée par le professionnel. Cette solution n'a pas été reprise par la charte de la médiation de l'assurance.

3125. Par ailleurs, le médiateur ne peut pas être valablement saisi lorsqu'une procédure devant les tribunaux a été engagée (règle 4 de la charte et art. L. 612-2 (anc. art. L. 152-2) du Code de la consommation). De surcroît, il se trouve automatiquement dessaisi lorsque la procédure est engagée entre le moment de sa saisine et celui où il rend son avis. La procédure portée devant les tribunaux n'est toutefois un obstacle à la compétence du médiateur que lorsqu'elle porte directement sur l'objet du litige qui oppose l'assureur et l'assuré. Ainsi, le médiateur peut-il encore se prononcer sur les conditions de mise en œuvre de la garantie protection juridique alors que l'assuré a, de son initiative, saisi le juge du différend qui l'oppose à un tiers. Il est ainsi possible au médiateur d'imposer, éventuellement, à l'assureur d'indemniser l'assuré des frais qu'il a engagés en la circonstance pour faire valoir ses droits dans un litige dont l'objet, par hypothèse, n'a rien à voir avec l'application du contrat d'assurance.

3126. Le même article L. 612-2 (anc. art. L. 152-2) du Code de la consommation rend impossible le recours successif à deux médiateurs. Cette solution est vraisemblablement issue de la position adoptée par le groupe de travail qui a été institué afin de préparer les textes de transposition de la directive du 21 mai 2013 au regard des pratiques de double médiation existant auprès de certaines sociétés (médiation dite interne et médiation de l'organisation professionnelle). Rapportée dans le contexte de l'ordonnance du 20 août 2015, elle soulève une difficulté d'interprétation. Le médiateur de la consommation, au sens de ladite ordonnance, ne statuant que dans son domaine de compétence, on imagine a priori mal comment deux médiateurs pourraient être successivement sollicités, sauf à imaginer des matières voisines telle que, par exemple, crédit et assurance dans le cadre d'un différend né d'un contrat d'assurance emprunteur. Il est sans doute préférable de comprendre cette disposition comme interdisant le cumul entre médiation judiciaire et médiation de la consommation.

3127. Enfin, il est toujours possible au Médiateur de se dessaisir, à condition d'en informer les parties, s'il apparaît que la demande est manifestement infondée ou abusive.

3128. L'issue de la médiation doit intervenir dans un délai de 90 jours à compter de la date où le médiateur a notifié aux parties avoir reçu les documents sur lesquels est fondée la demande du consommateur (Code de la consommation, art. R. 152-5).

§ 3 ▪ Compétence, pouvoirs du médiateur et portée de l'avis

3129. Le médiateur ne peut être valablement saisi que pour les cas qui relèvent de sa compétence ; il a le devoir de refuser son intervention lorsqu'il juge que tel n'est pas le cas.

3130. Réservée normalement à la recherche du règlement amiable des différends entre assureurs et assurés, les services de l'association « La Médiation de l'Assurance » sont conçus pour être à destination des consommateurs. Le Médiateur peut aussi connaître des litiges portant sur une assurance professionnelle, à l'exclusion toutefois des grands risques, au sens du Code des assurances, mais sa compétence est alors subordonnée à d'éventuels accords passés avec les entreprises concernées.

3131. Les indications portées dans les contrats en ce qui concerne le droit de s'en remettre au médiateur laissent bien entendre que le recours à son office n'est prévu que pour les litiges découlant de l'application du contrat. Ainsi, le médiateur n'a toujours pas à se prononcer sur l'opportunité de la position d'un assureur qui entend mettre un terme au contrat d'assurance. Il lui revient en revanche de vérifier si les conditions formelles de résiliation du contrat ont bien été respectées. Depuis 2006, le médiateur du GEMA n'était plus compétent en cas d'action en justice pour dire si le procès a été bien mené ou si une voie de recours mérite d'être exercée. La solution a été reconduite dans la nouvelle charte de médiation (règle 5).

3132. La nature de la médiation est très différente selon que le médiateur statue ou non en équité. Il est expressément précisé que l'avis du médiateur de l'assurance est rendu en droit ou en équité dans un souci de règlement amiable (règle 8). On peut imaginer que l'équité pourrait, par exemple, être sollicitée dans des hypothèses où la rigueur de la solution contractuelle peut paraître excessive compte tenu de circonstances qui ont pu conduire l'assuré dans la situation où il se trouve. En dehors d'autres considérations, il serait exceptionnel que l'équité puisse aller jusqu'à ignorer une clause claire du contrat d'assurance ; ce serait, à notre sens du moins, donner au médiateur le pouvoir de refaire le contrat et, par conséquent, de se substituer à l'assureur dans la détermination de ses engagements envers les assurés. Le médiateur ne peut ainsi créer une garantie qui n'existe pas ou admettre qu'une personne est assurée alors qu'elle ne l'est pas. En d'autres termes, il ne lui appartient pas, en principe, de faire « le geste commercial » que réclament parfois certains assurés. Il lui est toutefois possible de le solliciter.

3133. Le médiateur peut faire une lecture compréhensive ou bienveillante du contrat et réduire ainsi la rigueur de certaines solutions. La décision de médiation prise en équité se comprend alors d'autant mieux qu'elle s'appuie sur des motifs qui pourront s'apprécier de manière objective. Ainsi peut-on, par exemple, admettre qu'une personne malade ou absente pour quelque raison que ce soit n'a pas été en mesure de faire part d'une aggravation du risque assuré, ce qui peut justifier une mise en œuvre seulement partielle de la réduction proportionnelle d'indemnité prévue par l'article L. 113-9 du Code des assurances. On rappellera dans ce développement que la réduction proportionnelle sanctionne l'insuffisance de déclaration de risque qui a été faite de bonne foi. Lorsqu'elle est applicable, la sanction consiste à réduire le montant de l'indemnisation en tenant compte du rapport prime payée sur prime due. De la même manière, une cause d'exclusion des garanties pourra être écartée si elle concerne l'assuré dans sa lettre mais pas dans son esprit, c'est-à-dire lorsque les raisons qui ont conduit à son insertion dans le contrat ne se retrouvent pas dans le cas soumis au médiateur : vol d'espèces par exemple lorsque le contrat écarte ces dernières de la garantie vol et que la preuve effective du vol peut être facilement rapportée.

3134. De manière assez naturelle, le recours à l'équité est grandement facilité lorsque le litige porte sur des sommes de peu d'importance. La médiation peut alors, de manière exceptionnelle, devenir pour la société d'assurance le moyen d'éviter un procès inutile, même si elle a toutes les chances de l'emporter.

3135. Le point 9 de la charte de la médiation de l'assurance énonce que l'avis ne lie pas les parties et que le Médiateur de l'Assurance informe les assurés qu'ils conservent le droit de saisir les tribunaux.

3136. La solution rejoint celle qui était déjà appliquée dans le cadre de la médiation mise en place par les entreprises relevant de la Fédération française de l'assurance ; dans le cadre de la médiation relevant du GEMA, l'avis du médiateur s'imposait aux mutuelles, mais ne constituait, comme actuellement, qu'un avis pour l'assuré.

3137. Le caractère non obligatoire de l'avis rendu par le médiateur est, en particulier au regard des assurés, conforme à la définition de la médiation entendue par l'article 21 de la loi du 8 février 1995 modifiée par l'ordonnance du 16 novembre 2011, comme un processus structuré, quelle qu'en soit la dénomination, par lequel deux ou plusieurs parties tentent de parvenir à un accord en vue de la résolution amiable de leurs différends, avec l'aide d'un tiers, le médiateur, choisi par elles ou désigné, avec leur accord, par le juge saisi du litige.

3138. Lorsque l'avis adopte une position intermédiaire par rapport à celles des deux parties, des modalités peuvent être imaginées dans les relations entre assureur et assuré pour mettre en place des procédures d'acceptation de l'avis. Conformément à une position déjà retenue en justice, il ne sera alors plus possible à un assuré qui a accepté l'avis du médiateur de formuler une demande d'indemnisation complémentaire. En effet, ces accords sont généralement conditionnés à l'engagement de l'assuré de mettre un terme définitif au différend qui l'oppose à son assureur. Dans ces conditions, un tel accord constitue une transaction soumise aux conditions de droit commun de concession réciproque.

3139. En dehors de ce cas, le principe est celui de la neutralité de l'avis de médiation sur les droits ; la charte exige du médiateur qu'il rappelle aux assurés qu'ils conservent le droit de saisir les tribunaux.

3140. Un rapport annuel devra être établi par le Médiateur (règle 10 de la charte de médiation), qui devra comprendre des informations bien précises prévues par l'article R. 154-2 du Code de la consommation.
Ce rapport sera disponible sur le site internet de l'association de « La Médiation de l'Assurance ».

Chapitre 3
Le tribunal compétent, la loi applicable

BIBLIOGRAPHIE

L'Argus de l'assurance

Ouvrages. – *Code des assurances*, L'Argus éd. – F. Couilbault, S. Couilbaut-Di Tommaso, V. Huberty, *Les grands principes de l'assurance*, L'Argus éd. 2015.

Autres documentations

Ouvrages. – H. Groutel (dir.), F. Leduc, Ph. Pierre, et M. Asselain, *Traité du contrat d'assurance terrestre*, 2008, Litec. - V. Heuzé, dans J. Bigot (sous dir.), *Traité de droit des assurances* t. 3 : Le contrat d'assurance, 2002, LGDJ, chapitres XX et XXI. – G. Levie, *Droit européen des assurances*, Bruylant, 1992. – *Répertoire droit international* Dalloz, V. Contrats, par J-M. Jacquet. – Y. Loussouarn, P. Bourel et P. de Vareilles- Sommières, *Droit international privé*, Dalloz, 2004. – F. Monéger, *Droit international privé*, Litec, 2003. – *Répertoire droit international* Dalloz, V° Assurances terrestres, V. Heuzé. – *Code des assurances*, Dalloz 2010.

Articles. – S. Bollée, S. Lemaire, L. d'Avout, T. Azzi, O. Boskovic, Le règlement n° 593/2008 du 17 juin 2008 sur la loi applicable aux obligations contractuelles, dit « Rome I », D. 2008, dossier, p. 2155. – N. Ciron, La loi applicable au fondement de l'action directe, RCA 2015, étude 12 - B. Dubuisson, La loi applicable aux contrats non vie : les vicissitudes de la transposition des directives européennes, in *Encyclopédie de l'assurance*, Economica, 1998, p. 921. – M. Fallon, La loi applicable au contrat d'assurance selon la directive du 22 juin 1988, RGAT 1989. 242. – V. Heuzé, Le droit des assurances, in A. Fuchs, H. Moratia Muir Watt et E. Pataut (sous dir.) Les conflits de lois et le système juridique communautaire, D. 2004, p. 243. – V. Heuzé, La loi applicable au contrat d'assurance, Risques n° 53, mars 2003, p. 35. – L. Dargent, Règlement sur la loi applicable aux obligations contractuelles, D. 2008, p. 1815. - Y. Loussouarn, Les conflits de lois en matière de contrats d'assurance et la directive communautaire du 22 juin 1988, RGAT 1989. 291. – M.-L. Niboyet, La révision de la Convention de Bruxelles du 27 septembre 1968 par le Règlement du 22 décembre 2000, Gaz. Pal., 10-12 juin 2001, p. 10 – K. Sonntag, « La compétence du juge administratif au regard de l'action directe », RGDA 2010, p. 251.

Divers. – Actes du Colloque « L'assureur et le procès », Université du Maine, Faculté de droit du Mans, 27 novembre 2009, RGDA 2010. 537 et s. - N. Auclair, La loi applicable au contrat communautaire d'assurance, thèse, Paris I, 1999. – Basedow, Le droit international privé des assurances, thèse, Paris, 1939.

3141. Il est possible que dans la relation nouée entre les parties à un contrat d'assurance existe un élément d'extranéité, tel que, par exemple, la nationalité étrangère de l'assureur ou bien la situation à l'étranger des biens assurés. Dans ce cas, la relation est internationale et on peut alors douter de l'application de la loi française du contrat d'assurance et de la compétence des tribunaux français pour trancher le litige. Le droit d'un autre pays aurait ainsi peut être davantage vocation à s'appliquer et le tribunal d'un autre pays pourrait peut être mieux trancher le litige. Se posent alors les questions des conflits de lois et des conflits de juridictions.

Section 1 ▪ Conflits de lois

3142. On appelle conflits de lois le problème de la détermination de la loi applicable à une relation internationale. En matière d'assurance, il s'agira en particulier de choisir, parmi les différentes lois susceptibles d'être appliquées, la loi applicable aux litiges relatifs au contrat d'assurance. Ce choix se fera essentiellement en ayant recours à des règles de conflits de lois. Une fois déterminée la loi du contrat, il faudra délimiter son champ d'application exact.

Sous-section 1 ▪ Détermination de la loi applicable

3143. Deux corps de règles étaient applicables à la détermination de la loi régissant les contrats d'assurance. D'une part, la Convention de Rome du 19 juin 1980, et d'autre part, les directives communautaires du 22 juin 1988 (pour l'assurance de dommages) et du 8 novembre 1990 (pour l'assurance sur la vie). La convention de Rome, entrée en vigueur le 1er avril 1991, a unifié, dans le cadre de l'Union européenne, les règles de conflit applicables aux obligations contractuelles. Elle ne connaissait toutefois qu'une application résiduelle en matière de contrat d'assurance. En effet, elle ne s'appliquait qu'aux contrats d'assurance portant sur des risques situés en dehors de l'Espace économique européen. Elle précisait ainsi, dans son article 1 § 3 que « les dispositions de la présente convention ne s'appliquent pas aux contrats d'assurance qui couvrent des risques situés dans les territoires des États membres de la communauté économique européenne. Pour déterminer si un risque est situé dans ces territoires, le juge applique sa loi interne ». Pour les risques situés dans l'Espace économique européen, les règles de conflit permettant de déterminer la loi applicable au contrat étaient fixées par les directives du 22 juin 1988 et du 8 novembre 1990. Ces directives ont fait l'objet de transposition dans les législations des États membres. En France, la transposition a été réalisée par les articles L. 181-1 et suivants du Code des assurances. La Convention de Rome a été remplacée par le règlement communautaire n° 593/2008 du 17 juin 2008, dit Rome I, sur la loi applicable aux obligations contractuelles. Ce règlement est applicable aux contrats conclus après le 17 décembre 2009. Il vient fixer les règles relatives à la détermination de la loi applicable aux contrats d'assurance. Il faut toutefois noter que le Danemark n'a pas participé à son adoption et n'est pas soumis à son application.

§ 1 ▪ Système antérieur au Règlement CE Rome I

A ▪ Critère d'identification de la règle de conflit applicable

3144. Le critère permettant d'identifier la règle de conflit applicable est le lieu de situation du risque, puisque la Convention de Rome ne s'applique pas « aux contrats d'assurance qui couvrent des risques situés dans les territoires des États membres de la communauté économique européenne ». Toute la question est alors de déterminer ce lieu de situation du risque ; comment en effet savoir si le risque est situé ou non à l'intérieur de l'Espace économique européen ? La Convention de Rome est venue fournir un important élément de réponse à cette question, puisqu'elle indique, en son article 1 § 3, que « pour déterminer si un risque est situé dans ces territoires (c'est-à-dire ceux des États membres), le juge applique sa loi interne ».

3145. Pour les assurances non vie, l'article L. 310-4 du Code des assurances est venu définir le lieu de situation du risque. Ainsi le lieu de situation du risque se trouve dans l'État où les biens sont situés, lorsque l'assurance porte sur des immeubles ou sur des immeubles et leur contenu dans la mesure où ce dernier est couvert par la même police d'assurance (C. assur., art. L. 310-4, 1°). Par exemple, lorsqu'un contrat d'assurance couvre une résidence située au Portugal, le lieu de situation du risque se trouve au Portugal. Pour les assurances de véhicules, le lieu de situation du risque est l'État d'immatriculation (C. assur., L. 310-4, 2°). Pour les contrats de courte durée, c'est-à-dire inférieure ou égale à quatre mois, relatifs à des risques encourus au cours d'un déplacement, par exemple un voyage, le lieu de situation du risque se trouve dans l'État où a été souscrit le contrat. Dans tous les autres cas, le lieu de situation du risque se trouve dans l'État dans lequel le souscripteur a sa résidence principale, ou si le souscripteur est une personne morale, dans l'État où se trouve l'établissement de cette personne morale auquel le contrat se rapporte.

3146. Il n'existe pas pour l'assurance vie de disposition expresse venant, comme en assurance non vie, préciser le lieu de situation du risque. Dans ces conditions, on doit sans doute prendre en considération « le lieu de l'engagement ». C'est en effet le critère pris en compte par le droit français, au titre VIII du livre I du Code des assurances, intitulé « loi applicable aux contrats d'assurances pour les risques situés sur le territoire d'un ou plusieurs États parties à l'accord sur l'Espace économique européen et pour les engagements qui y sont pris ». Ce titre indique clairement que sont exclus du champ d'application des règles de conflit figurant aux articles L. 183-1 et suivants du Code des assurances, les contrats d'assurance vie relatifs à des engagements pris en dehors de l'Espace économique européen. Dès lors, pour déterminer le lieu de l'engagement, il faut se référer à l'article L. 310-5 du Code des assurances, qui indique que doit être regardé comme « État de l'engagement l'État où le souscripteur a sa résidence principale ou, si le souscripteur est une personne morale, l'État où est situé le siège social ou l'établissement de cette personne auquel le contrat se rapporte ».

3147. Ainsi, chaque fois que le lieu de situation du risque ou de l'engagement se trouvera situé à l'intérieur de l'Espace économique européen, la loi applicable au contrat sera déterminée selon les règles de conflits mises en place par les lois de transposition des directives de juin 1988 et novembre 1990. En revanche, lorsque le lieu de situation du risque ou de l'engagement sera situé en dehors de l'Espace économique européen, la loi applicable au contrat sera déterminée par application des règles de la Convention de Rome.

B . Loi applicable en vertu de la loi de transposition des directives

1 . Assurances de dommages

3148. Les règles permettant de déterminer la loi applicable au contrat d'assurance de dommages figurent aux articles L. 181-1 à L. 182-1 du Code des assurances. Ces dispositions viennent, selon les hypothèses, accorder aux parties une plus ou moins grande liberté dans le choix de la loi applicable au contrat d'assurance. Pour déterminer dans quelles hypothèses s'applique cette liberté de choix des parties, il est fait référence au lieu de situation du risque. Ce lieu est déterminé selon les critères figurant à l'article L. 310-4 du Code des assurances.

a - Assurances de dommages non obligatoires

I. Facultés de choix des parties

3149. Selon l'article L. 181-1, 1° du Code des assurances, lorsque le risque est situé en France et que le souscripteur y a sa résidence principale, la loi applicable est la loi française, à l'exclusion de toute autre.

3150. Lorsque le risque est situé en France mais que le souscripteur n'y a pas sa résidence principale, l'article L. 181-1, 2°, du Code des assurances accorde une faculté de choix aux parties. Elles peuvent en effet choisir d'appliquer soit la loi française, soit la loi du pays où le souscripteur a sa résidence principale. Par exemple, si le contrat d'assurance garantit un immeuble situé en France, mais que le souscripteur a sa résidence principale en Italie, les parties pourront choisir d'appliquer à leur contrat soit la loi française, soit la loi italienne.

3151. Lorsque le souscripteur a sa résidence principale en France, mais que le risque n'y est pas situé, l'article L. 181-1, 2°, du Code des assurances permet aux parties de choisir d'appliquer soit la loi française, soit la loi du pays où le risque est situé.

3152. Lorsque le sinistre ne peut survenir que dans un État membre de l'Espace économique européen différent de celui où le risque est situé, en raison de la localisation opérée par l'article L. 310-4 du Code des assurances, les parties au contrat peuvent choisir la loi de l'État où se produit le sinistre. Par exemple, selon l'article L. 310-4, 3° du Code des assurances, pour les contrats d'assurance d'une durée inférieure ou égale à quatre mois, relatifs à des risques encourus au cours d'un déplacement, quelle que soit la branche dont ceux-ci relèvent, le risque est situé dans l'État où a été souscrit le contrat. Dès lors dans l'hypothèse d'un contrat d'assurance souscrit en France et couvrant le risque de vol de bagages lors d'un séjour d'un mois en Italie, les parties ont la possibilité de soumettre leur contrat à la loi italienne, loi du pays membre dans lequel le sinistre est susceptible de se produire.

3153. Dans les hypothèses où les parties disposent de la faculté de choisir la loi applicable à leur contrat d'assurance, l'article L. 181-2, alinéa 1er, du Code des assurances précise que ce choix doit être exprès ou résulter de façon certaine des clauses du contrat ou des circonstances de la cause.

3154. Il a pu être décidé que la désignation des juridictions d'un pays comme compétentes pour régler les litiges relatifs au contrat n'implique pas nécessairement l'application de loi de ce pays (Paris, 19 sept. 1997, RGDA 1999. 208, note V. Heuzé).

II. Absence de choix exprimé des parties

3155. Dans les hypothèses où les parties disposent d'une faculté de choix, si elles n'ont pas, expressément ou de façon certaine, en raison des clauses du contrat ou des circonstances de la cause, choisi la loi applicable à leur contrat, le contrat est régi par la loi de celui, parmi les États qui entrent en ligne de compte aux termes de l'article L. 181-1, du Code des assurances, avec lequel il présente les liens les plus étroits. Les États entrant en ligne de compte aux termes de l'article L. 181-1 du Code des assurances sont l'État de situation du risque, l'état de la résidence habituelle du souscripteur, si cet État appartient à l'Espace économique européen, et l'État de survenance du sinistre, dans le cas où le sinistre ne peut survenir que dans un seul État déterminé et où cet État est membre de l'Espace économique européen. Par exemple, pour un contrat d'assurance vol conclu en France par un souscripteur résidant en Belgique pour couvrir ses biens lors d'un séjour de trois mois au Portugal, le contrat serait susceptible d'être régi par la loi française (loi de l'État de situation du risque, en l'occurrence l'État de souscription du contrat), la loi belge (loi de l'État de résidence habituelle du souscripteur), la loi portugaise (loi de l'État de survenance du sinistre). Il est toutefois présumé que le contrat présente les liens les plus étroits avec l'État membre de l'Espace économique européen où le risque est situé. C'est donc la loi de cet État qui régira le contrat. Le lieu de situation du risque est déterminé selon les règles figurant à l'article L. 310-4 du Code des assurances. Ainsi, dans l'exemple cité au paragraphe précédent, le contrat sera présumé présenter les liens les plus étroits avec la loi française ; c'est donc la loi française qui lui sera a priori applicable.

3156. Le contrat est présumé présenter les liens les plus étroits avec l'État membre de l'Espace économique européen où le risque est situé. C'est donc la loi de cet État qui a vocation à régir le contrat. Toutefois, le juge peut écarter l'application de cette loi dans l'hypothèse où le contrat présente des liens plus étroits avec un autre État, et ainsi déclarer applicable au contrat le droit de cet État. Sa liberté est cependant encadrée puisqu'il ne peut désigner, selon l'article L. 181-2 du Code des assurances, que la loi de l'un des pays « entrant en ligne de compte aux termes de l'article L. 181-1 du Code des assurances », c'est-à-dire l'État de situation du risque, l'État de la résidence habituelle du souscripteur, si cet État appartient à l'Espace économique européen, ou l'État de survenance du sinistre, dans le cas où le sinistre ne peut survenir que dans un seul État déterminé et où cet État est membre de l'espace économique européen (pour une affaire où le juge décide que le contrat présente les liens les plus étroits avec la France, aux motifs que le contrat porte sur un risque pouvant survenir sur le territoire français, consécutif à une décision d'une autorité française, assuré par un souscripteur britannique auprès d'une compagnie britannique, mais pour le compte d'un bénéficiaire français, V. Paris, 19 sept. 1997, RGDA 1999. 208, note V. Heuzé). Ainsi le juge ne peut en principe se livrer à la recherche de l'État avec lequel le contrat présente les liens les plus étroits qu'après avoir précisé pourquoi la loi de situation du risque ne peut pas être applicable.

3157. Comme le précise l'article L. 181-2 du Code des assurances, si une partie du contrat est séparable du reste du contrat et présente un lien plus étroit avec un autre des pays qui entrent en ligne de compte conformément à l'article L. 181-1, il pourra être fait application à cette partie du contrat de la loi de cet autre pays. Il faut donc envisager l'hypothèse où une partie du contrat d'assurance dispose d'une autonomie suffisante pour être détachée des autres éléments et faire l'objet d'une loi spécifique, différente de celle retenue pour le reste. Le Code des assurances laisse cependant non résolue le problème de la conciliation des différentes lois applicables en cas de « dépeçage » du contrat par le juge.

III. Lois de police

3158. L'article L. 181-3 du Code des assurances précise que les articles L. 181-1 et L. 181-2 ne peuvent faire obstacle aux dispositions d'ordre public de la loi française applicables quelle que soit la loi régissant le contrat. On retrouve là le mécanisme des lois de police. Il s'agit, selon Francescakis, de « lois dont l'observation est nécessaire pour la sauvegarde de l'organisation politique, sociale et économique du pays » (*Rép. Dr. International* Dalloz, 1re éd., V° Conflits de lois), en définitive des dispositions impératives qui vont s'appliquer au contrat (ou une autre situation donnée) même si celui-ci devait être régi par une autre loi.

3159. Ainsi la loi applicable au contrat, choisie par les parties ou déterminée par le juge en fonction des critères de l'article L. 181-2 du Code des assurances, devra être écartée chaque fois que la loi française a vocation à régir de manière impérative le litige.

3160. L'article L. 181-3, alinéa 2, du Code des assurances prévoit que « le juge peut donner effet sur le territoire de la République française aux dispositions d'ordre public de la loi de l'État membre de l'Espace économique européen où le risque est situé ou d'un État membre qui impose l'obligation d'assurance, si selon le droit de ces pays, ces dispositions sont applicables quelle que soit la loi régissant le contrat ». La détermination des lois de police étrangères se fait donc selon le droit étranger concerné. Prenons l'exemple d'un contrat d'assurance couvrant une maison située aux Pays-Bas contre divers risques, tels qu'incendie et dégât des eaux, et souscrit par une personne ayant sa résidence principale en France. En vertu de l'article L. 310-4, la loi de l'État où le risque est situé est la loi de l'État de localisation de l'immeuble, soit la loi néerlandaise. Selon l'article L. 181-1, 2°, du Code des assurances, les parties peuvent choisir d'appliquer la loi française ou la loi néerlandaise. Supposons qu'elles aient fait le choix de la loi française. Si un litige survient, le juge français saisi peut décider d'écarter les dispositions de la loi française pour appliquer des dispositions impératives de la loi néerlandaise, si le droit néerlandais prévoit que ces dispositions sont applicables quelle que soit la loi régissant le contrat. Il faut noter que pour la détermination des lois de police étrangères applicables, l'article L. 181-3, alinéa 3, du Code des assurances précise que « lorsque le contrat couvre des risques situés dans plusieurs États membres de l'Espace économique européen, le contrat est considéré, pour l'application du présent article, comme constituant plusieurs contrats dont chacun ne se rapporte qu'à un seul État ».

3161. Une des difficultés soulevées par la disposition du Code réservant l'application des lois de polices est de déterminer avec exactitude les lois susceptibles de constituer de telles lois de police. Il résulte certes du texte qu'il s'agit de règles impératives, mais en l'absence de définition précise se pose avec acuité la difficulté de déterminer quelles dispositions du Code des assurances sont susceptibles de constituer des lois de police. Le problème est d'autant plus délicat à résoudre qu'une majorité de ces dispositions, destinées à protéger le souscripteur ou l'assuré, ont un caractère d'ordre public. Pour un arrêt considérant que l'article L. 113-1 du Code des assurances constitue une loi de police (v. Civ. 2e, 8 oct. 2009, n° 08-13.149, RGDA 2010. 483. note V. Heuzé).

b - Assurances de dommages obligatoires

3162. Lorsque la souscription d'une assurance est rendue obligatoire par la loi française, l'article L. 181-2 du Code des assurances précise que « les contrats destinés à satisfaire à une obligation d'assurance imposée par une loi française sont régis par le droit français ». C'est donc la loi française qui s'applique ici impérativement. Le Code des assurances n'est pas venu envisager l'hypothèse où la souscription d'un contrat d'assurance était rendue obligatoire par une loi étrangère. Dans un tel cas, on doit sans doute faire application de l'article 8-3 de la directive du 22 juin 1988, selon lequel « lorsqu'en cas d'assurance obligatoire, il y a contradiction entre la loi de l'État membre où le risque est situé et celle de l'État membre qui impose l'obligation de souscrire une assurance, cette dernière prévaut ».

2 ▪ Assurances sur la vie

3163. L'article L. 183-1, alinéa 1, du Code des assurances prévoit que lorsque l'engagement est pris, au sens de l'article L. 310-5, sur le territoire français, la loi applicable est la loi française, à l'exclusion de toute autre. En application de l'article L. 310-5 du Code des assurances, le lieu de l'engagement est le lieu où le souscripteur personne physique a sa résidence habituelle. Dès lors la loi française régira obligatoirement le contrat d'assurance vie lorsque le souscripteur aura sa résidence principale en France.

3164. L'article L. 183-3, alinéa 2, du Code des assurances, prévoit qu'à titre dérogatoire, « si le souscripteur est une personne physique et est ressortissant d'un autre État membre de l'Espace économique européen, les parties au contrat peuvent choisir d'appliquer soit la loi française, soit la loi de l'État dont le souscripteur est ressortissant. Par exemple si un Grec ayant sa résidence principale en France souscrit un contrat d'assurance vie, les parties pourront choisir d'appliquer au contrat soit la loi française, soit la loi grecque.

3165. Le Code des assurances prévoit que dans l'hypothèse où le contrat d'assurance ne serait pas régi par la loi française (voir l'exemple du paragraphe précédent, si les parties ont choisi la loi grecque), la loi étrangère devrait être écartée en présence de dispositions impératives de la loi française. L'article L. 183-2 prévoit en effet que « les dispositions de l'article L. 183-1 ne peuvent faire obstacle aux dispositions d'ordre public de la loi française applicables quelle que soit la loi régissant le contrat. »

3166. La loi applicable au contrat peut aussi être écartée par le juge au bénéfice des dispositions d'ordre public d'une loi étrangère. Cela n'est toutefois envisageable que si deux conditions sont remplies :
- la loi applicable ne peut être écartée qu'au bénéfice des dispositions impératives de la loi de l'État membre de l'engagement, dans l'hypothèse où celle-ci n'est pas déjà la loi régissant le contrat ;
- la loi de l'État membre de l'engagement doit prévoir que ses dispositions impératives sont applicables quelle que soit la loi régissant le contrat.

C ▪ Loi applicable en vertu de la Convention de Rome

3167. La Convention de Rome du 19 juin 1980 sur le droit applicable aux obligations contractuelles, entrée en vigueur le 1er avril 1991, mettait en place des règles uniformes sur la loi applicable aux obligations contractuelles. Ces règles uniformes venaient se substituer aux règles de conflits des États membres de la Communauté européenne. Toutefois la Convention précisait que ses dispositions ne s'appliquaient pas aux contrats d'assurance couvrant des risques situés dans les territoires des États membres de la Communauté économique européenne. La Convention de Rome n'était ainsi applicable qu'à la réassurance et aux risques situés en dehors de l'Espace économique européen.

1 ▪ Solution générale

a - Respect du choix des parties

3168. L'article 3 § 1 de la Convention prévoit que « le contrat est régi par la loi choisie par les parties ». Ainsi les parties choisissent librement la loi d'un État, qui constituera le droit applicable à leur contrat. Selon l'article 3 § 1 de la Convention, le choix de la loi effectué par les parties doit être exprès ou résulter de façon certaine des dispositions du contrat ou des circonstances de la cause.

b - Absence de choix par les parties

3169. Lorsque les parties n'ont pas choisi la loi applicable à leur contrat, l'article 4 § 1 de la Convention de Rome prévoit que le contrat est régi par la loi du pays avec lequel le contrat présente les liens les plus étroits.

3170. Le contrat est présumé présenter les liens les plus étroits avec le lieu de la résidence habituelle de la partie qui fournit la prestation caractéristique, ce qui implique que la loi applicable au contrat d'assurance sera normalement celle du pays de l'établissement de l'assureur.

2 ▪ Contrats avec les consommateurs

3171. La Convention de Rome a vocation à s'appliquer à un consommateur concluant un contrat d'assurance avec une entreprise située en dehors de l'Espace économique européen. Or l'article 5 de la Convention de la Rome met en place des règles spécifiques pour les contrats conclus par les consommateurs. En effet la règle générale, c'est-à-dire la loi d'autonomie ou, à défaut de choix, la loi du pays de l'établissement du professionnel, n'a pas paru suffisamment protectrice des intérêts des consommateurs. La solution mise en place par l'article 5 est la suivante :
- si les parties n'ont pas choisi la loi de leur contrat, la loi applicable est celle du pays dans lequel le consommateur a sa résidence habituelle ;
- si les parties ont choisi la loi du contrat, celle-ci s'applique, à la condition qu'elle n'aboutisse pas à priver le consommateur de la protection que lui assurent les dispositions impératives de la loi de sa résidence habituelle.

3172. Pour que la règle mise en place par l'article 5 soit applicable, certaines conditions doivent toutefois être remplies. Il faut ainsi que :
- soit la conclusion du contrat ayant été précédée, dans le pays où le souscripteur réside habituellement, d'une proposition spécialement faite ou d'une publicité, le consommateur a accompli dans ce pays les actes nécessaires à la conclusion du contrat ;
- soit l'assureur ou son représentant a reçu la commande du consommateur dans le pays où celui-ci réside habituellement. Cette condition exige, pour être remplie, que l'assureur dispose d'un agent ou d'un bureau dans le pays du souscripteur.

3173. La règle spécifique de l'article 5 de la Convention s'applique aux contrats conclus par les consommateurs. Selon ce texte, le consommateur est celui qui contracte pour un usage pouvant être considéré comme étranger à son activité professionnelle. Il semble donc qu'il faille prendre en considération le but dans lequel est conclu le contrat d'assurance. S'il s'agit d'un but non professionnel, le souscripteur pourra bénéficier des règles protectrices.

§ 2 ▪ Loi applicable en vertu du Règlement CE Rome I

3174. Le Règlement Rome I est venue prévoir diverses règles de conflit spéciales, propres à certains contrats. C'est ainsi que l'article 7 contient des dispositions détaillées relatives à la loi applicable aux contrats d'assurance, en distinguant selon que le contrat couvre ou non des « grands risques » et selon que le risque est situé ou non dans un État membre. Le pays où est situé le risque sera déterminé, pour les assurances de dommages, conformément à l'article L. 310-4 du Code des assurances et, dans le cas de l'assurance vie, le pays où le risque est situé est le pays de l'engagement, au sens de l'article L. 310-5 du Code des assurances. Sont exclus du champ d'application du Règlement les contrats d'assurance découlant des activités menées par des organismes autres que les entreprises visées à l'article 2 de la directive n° 2002/83/CE du Parlement européen et du Conseil du 5 novembre 2002 concernant l'assurance directe sur la vie, ayant pour objet de verser des prestations à des personnes salariées ou à des personnes indépendantes faisant partie d'une entreprise ou d'un groupe d'entreprises, en cas de décès, en cas de vie, en cas de cessation ou de réduction d'activités, en cas de maladie professionnelle ou d'accident du travail.

3175. En vertu de l'article 21 du Règlement, l'application d'une disposition de la loi désignée par le présent règlement ne peut être écartée que si cette application est manifestement incompatible avec l'ordre public du for.

A ▪ Contrats couvrant des grands risques

3176. Le Règlement Rome I s'applique aux contrats couvrant des grands risques, tels que définis à l'article 5, point d), de la première directive n° 73/239/CEE du Conseil du 24 juillet 1973, que le risque soit situé ou non dans un État membre. Ces contrats sont régis par la loi choisie par les parties. À défaut de choix par les parties de la loi applicable, le contrat d'assurance est régi par la loi du pays où l'assureur a sa résidence habituelle. S'il résulte de l'ensemble des circonstances que le contrat présente des liens manifestement plus étroits avec un autre pays, la loi de cet autre pays s'applique.

B ▪ Autres contrats d'assurance

3177. Pour les contrats ne couvrant pas de grands risques, c'est-à-dire les contrats couvrant des risques de masse, l'article 7 du Règlement Rome I ne s'applique que lorsque sont couverts des risques situés à l'intérieur du territoire des États membres. Pour les contrats couvrant des risques situés en dehors du territoire des États membres, il sera fait application de l'article 4 § 2, ce qui conduira à l'application de la loi de la résidence habituelle de l'assureur.

3178. Pour les contrats ne couvrant pas de grands risques, les parties ne peuvent choisir comme loi applicable au contrat que :
a) la loi de tout État membre où le risque est situé au moment de la conclusion du contrat ;
b) la loi du pays dans lequel le preneur d'assurance a sa résidence habituelle ;
c) dans le cas d'un contrat d'assurance vie, la loi de l'État membre dont le preneur d'assurance est ressortissant ;
d) dans le cas d'un contrat d'assurance couvrant des risques limités à des sinistres survenant dans un État membre autre que celui où le risque est situé, la loi de l'État membre de survenance ;
e) lorsque le titulaire d'un contrat d'assurance relevant du présent paragraphe exerce une activité commerciale, industrielle ou libérale et que le contrat d'assurance couvre deux ou

plusieurs risques relatifs à ces activités et situés dans différents États membres, la loi de l'un des États membres concernés ou la loi du pays de résidence habituelle du preneur d'assurance.

3179. Lorsque, dans les cas visés aux points a), b) ou e), les États membres mentionnés accordent une plus large liberté de choix de la loi applicable au contrat d'assurance, les parties peuvent faire usage de cette liberté.

3180. À défaut de choix par les parties de la loi applicable, le contrat est régi par la loi de l'État membre où le risque est situé au moment de la conclusion du contrat.

3181. En matière de responsabilité contractuelle, la personne lésée peut agir directement contre l'assureur de la personne devant réparation si la loi applicable à l'obligation contractuelle ou la loi applicable au contrat d'assurance le prévoit (Civ. 1re, 9 sept. 2015, n° 14-22794, JCP G 2015, 1163, note V. Heuzé).

C ▪ Obligation d'assurance

3182. Des règles supplémentaires s'appliquent aux contrats d'assurance couvrant des risques pour lesquels un État membre impose l'obligation de souscrire une assurance. Ainsi le contrat d'assurance ne satisfait à l'obligation de souscrire une assurance que s'il est conforme aux dispositions spécifiques relatives à cette assurance prévues par l'État membre qui impose l'obligation. Lorsqu'il y a contradiction entre la loi de l'État membre où le risque est situé et celle de l'État membre qui impose l'obligation de souscrire une assurance, cette dernière prévaut.

3183. Un État membre peut disposer que le contrat d'assurance est régi par la loi de l'État membre qui impose l'obligation de souscrire une assurance.

Sous-section 2 ▪ Domaine de la loi applicable au contrat

3184. Une fois déterminé le droit devant gouverner le contrat, par application de la Convention de Rome ou des règles de rattachement mises en place par les lois de transposition des directives, surgit une question : cette loi a-t-elle vocation à régir toutes les difficultés que peut soulever le contrat d'assurance, ou voit-elle son domaine d'application limité à certains points particuliers ? Pour les contrats portant sur des risques situés à l'intérieur de l'Espace économique européen, l'article L. 181-4 du Code des assurances prévoyait que « sous réserve des dispositions des articles L. 181-1 à L. 181-3 et pour le surplus, les règles générales de droit international privé en matière d'obligations contractuelles sont applicables ». Le domaine de la loi du contrat était donc déterminé en fonction des règles générales de droit international privé. En France, ces règles étaient celles que la jurisprudence avait élaborées avant l'entrée en vigueur de la Convention de Rome, puisque la Convention ne trouve pas application pour les risques situés dans l'Espace économique européen. Pour les risques situés en dehors de l'Espace économique européen, le domaine de la loi applicable au contrat était déterminé par la Convention de Rome elle-même. À quelques exceptions près, les solutions de la Convention de Rome différaient peu de celles antérieurement retenues par la jurisprudence. Pour les contrats conclus à compter du 17 décembre 2009, il sera fait application du Règlement CE Rome I.

§ 1 ■ Système antérieur au Règlement CE Rome I

A ■ Matières non régies par la loi du contrat

1 ■ Capacité

3185. La question de la capacité des personnes est traditionnellement régie par la loi nationale. Ainsi l'article 3, alinéa 3, du Code civil dispose que « les lois concernant l'état et la capacité des personnes régissent les Français, même résidant en pays étrangers ». Ce sera donc la loi nationale du souscripteur qui permettra de déterminer s'il avait la capacité de conclure le contrat d'assurance. Cette solution est d'ailleurs consacrée par l'article 1er de la Convention de Rome, qui exclut expressément la capacité des personnes physiques de son champ d'application ». Toutefois l'article 11 de la Convention de Rome prévoit que « dans un contrat conclu entre personnes physiques se trouvant dans un même pays, une personne physique qui serait capable selon la loi de ce pays ne peut invoquer son incapacité résultant d'une autre loi que si, au moment de la conclusion du contrat, le contractant a connu cette incapacité et ne l'a ignorée qu'en raison d'une imprudence de sa part ». Cette solution est très proche de celle retenue par la jurisprudence française (Civ., 16 janv. 1861, Lizardi, DP 1861, p. 193), selon laquelle lorsqu'un étranger invoque une cause d'incapacité que ne connaît pas le droit français, il suffit, pour la validité du contrat, que son cocontractant « ait traité sans légèreté, sans imprudence et avec bonne foi ».

2 ■ Conditions de forme

3186. Il s'agit ici de savoir quelle est la loi qui a vocation à régir les conditions de forme (exigence d'un écrit, mentions obligatoires ...) applicables au contrat. La Convention de Rome, dans son article 9, distingue deux situations :
- si le contrat est conclu entre des personnes qui se trouvent dans un même pays, il devra satisfaire aux conditions de forme, soit de la loi qui le régit au fond, la loi du contrat, soit de la loi du pays dans lequel il a été conclu ;
- si le contrat a été conclu par deux personnes qui se trouvent dans un pays différent, dans l'hypothèse d'un contrat conclu par correspondance, le contrat devra respecter les conditions de forme, soit de la loi qui le régit au fond, soit de la loi de l'un ou l'autre des pays dans lesquels se trouvent les contractants.

3187. Ces règles sont cependant écartées lorsque le contrat d'assurance a été conclu par un consommateur, dans les conditions de l'article 5. Dans cette hypothèse, le contrat doit respecter les conditions de forme imposées par la loi du pays dans lequel le consommateur a sa résidence habituelle.

3188. Si le risque est situé dans l'Espace économique européen, la solution traditionnellement retenue est que la forme du contrat est soumise à la loi du lieu où il est passé. Par exemple, si le contrat est conclu en Espagne, le contrat devra, pour être valable, respecter les règles de forme imposées par la loi espagnole. Cette solution peut toutefois s'avérer d'application délicate lorsque le contrat est conclu par correspondance, par exemple dans le cas d'un contrat conclu par courrier électronique, puisqu'il est alors difficile de déterminer le lieu de conclusion du contrat. La jurisprudence a toutefois assoupli cette solution en décidant que les parties pouvaient décider, d'un commun accord et en exprimant clairement leur volonté, de soumettre la forme de leur contrat à la loi le régissant au fond, c'est-à-dire la loi du contrat, désignée par les règles de rattachement (Civ. 1re, 28 mai 1963, JCP G 1963, II, 13347, note Ph. Malaurie). Elle a aussi admis que les parties pouvaient choisir de soumettre la forme de leur contrat à la loi de leur nationalité commune (Civ. 1re, 10 déc. 1974, JDI 1975, p. 542, note Kahn). Par exemple, supposons un contrat d'assurance conclu en Espagne entre un assureur et un souscripteur belges. La règle de rattachement désigne la loi française comme loi applicable au contrat. Dans ce cas le contrat devra en principe, pour être valable, respecter les conditions de forme imposées par la loi espagnole, sauf si les parties ont choisi, comme elles y sont autorisées, la loi française ou la loi belge.

3 ▪ Conditions de preuve

3189. La Convention de Rome procède à une distinction entre les questions relatives d'une part, à l'objet et à la charge de la preuve et d'autre part, à l'admissibilité des modes de preuve. Ainsi l'objet et la charge de la preuve (autrement dit, en cas de litige, qui doit établir ce qu'il avance sous peine de perdre le procès et quels sont les points qui doivent être prouvés) relèvent de la loi du contrat. L'article 14-1 de la Convention de Rome décide en effet que « la loi régissant le contrat en vertu de la présente Convention s'applique dans la mesure où en matière d'obligations contractuelles, elle établit des présomptions légales ou répartit la charge de la preuve ». L'admissibilité des modes de preuve (c'est-à-dire la détermination des modes de preuve pouvant être utilisés en cas de procès relatif au contrat, par exemple l'écrit, le témoignage, l'aveu...) relève à la fois de la loi applicable à la forme du contrat et de la loi du juge saisi (loi du for). En effet l'article 14-2 de la Convention précise que « les actes juridiques peuvent être prouvés par tout mode de preuve admis soit par la loi du for, soit par l'une des lois visées à l'article 9, selon laquelle l'acte est valable quant à la forme, pour autant que la preuve puisse être administrée selon ce mode devant le tribunal saisi ». Il résulte de ce texte que les modes de preuve admissibles en cas de litige seront ceux admis par la loi du juge saisi, ou par la loi du contrat, ou encore par la loi du pays dans lequel se trouvaient les deux parties ou chacune d'entre elles. Une telle alternative accroît nécessairement la gamme des modes de preuve utilisables. Une restriction existe toutefois : le mode de preuve autorisé par la loi étrangère ne doit pas être un mode de preuve irrecevable selon la loi du juge saisi.

3190. La jurisprudence soumet la preuve du contrat à la loi du juge saisi ; elle admet toutefois que les parties puissent se prévaloir des règles de preuve du lieu de conclusion du contrat (Civ. 1re, 24 févr. 1959, RDIP 1959, p. 368, note Y. L.). La loi du lieu de conclusion du contrat n'est toutefois applicable qu'à la condition qu'il ne soit pas contrevenu aux règles de fond (Civ. 1re, 17 juin 1958, RDIP 1958, p. 736, note Francescakis).

B ▪ Matières régies par la loi du contrat

3191. Les conditions de fond que doit remplir le contrat sont soumises à la loi du contrat. Il s'agira par exemple des conditions relatives à l'existence du consentement, à l'absence de vices du consentement, à l'objet et à la cause. C'est donc la loi applicable au contrat en vertu des règles de rattachement qui fixe les exigences relatives au risque, à l'aléa... Cette solution figure à l'article 8 de la Convention de Rome, qui dispose que « l'existence et la validité du contrat ou d'une disposition de celui-ci sont soumises à la loi qui serait applicable en vertu de la présente convention si le contrat ou la disposition était valable ». Elle est aussi consacrée par la jurisprudence française (V. Civ., 25 juin 1955, RDIP 1957, p. 680). Il faut toutefois compter avec l'application éventuelle de lois de police, ce qui soulève à nouveau la difficulté de déterminer quelles règles du Code des assurances constituent des lois de police.

3192. Les effets du contrat, c'est-à-dire l'exécution des obligations, leur inexécution, la résiliation du contrat, les déchéances, ainsi que la prescription, sont régis par la loi du contrat, c'est-à-dire la loi devant gouverner le contrat en vertu des critères de rattachement applicable.

3193. La jurisprudence procède ici à une distinction : - l'existence de l'action directe de la victime contre l'assureur du responsable relève de la loi du lieu du dommage (V. Civ. 1re, 20 déc.

2000, RGDA 2001. 330, note V. Heuzé) ; - l'étendue des droits que la victime peut invoquer à l'encontre de l'assureur, par exemple la détermination des exceptions que l'assureur peut opposer à la victime, relève de la loi du contrat.

3194. Il faut toutefois noter que lorsque l'assuré voit sa responsabilité engagée à la suite d'un accident de la circulation automobile, l'article 9 de la Convention de la Haye du 4 mai 1971 prévoit que l'action de la victime est régie par la loi applicable à la responsabilité de l'auteur du dommage, si cette loi autorise cette action directe, ou bien, à défaut, par la loi du lieu où l'accident est survenu, ou à défaut, la loi du contrat.

§ 2 ▪ Système issu du Règlement CE Rome I

3195. Le règlement CE Rome I exclut expressément de son champ d'application l'état et la capacité des personnes physiques.

3196. L'article 11 du Règlement Rome I prévoit que :

1) Un contrat conclu entre des personnes ou leurs représentants, qui se trouvent dans le même pays au moment de sa conclusion, est valable quant à la forme s'il satisfait aux conditions de forme de la loi qui le régit au fond en vertu du règlement ou de la loi du pays dans lequel il a été conclu.

2) Un contrat conclu entre des personnes ou leurs représentants, qui se trouvent dans des pays différents au moment de sa conclusion, est valable quant à la forme s'il satisfait aux conditions de forme de la loi qui le régit au fond en vertu du présent règlement ou de la loi d'un des pays dans lequel se trouve l'une ou l'autre des parties ou son représentant au moment de sa conclusion ou de la loi du pays dans lequel l'une ou l'autre des parties avait sa résidence habituelle à ce moment-là.

Selon l'article 10 du Règlement Rome I :

1. L'existence et la validité du contrat ou d'une disposition de celui-ci sont soumises à la loi qui serait applicable en vertu du présent règlement si le contrat ou la disposition étaient valables.

2. Toutefois, pour établir qu'elle n'a pas consenti, une partie peut se référer à la loi du pays dans lequel elle a sa résidence habituelle s'il résulte des circonstances qu'il ne serait pas raisonnable de déterminer l'effet du comportement de cette partie d'après la loi prévue au paragraphe 1.

L'article 12 du Règlement prévoit que la loi applicable au contrat régit notamment :

a) son interprétation ;

b) l'exécution des obligations qu'il engendre ;

c) dans les limites des pouvoirs attribués à la juridiction saisie par son droit procédural, les conséquences de l'inexécution totale ou partielle de ces obligations, y compris l'évaluation du dommage dans la mesure où des règles de droit la gouvernent (pour une appréciation par une Cour d'appel française de la notion de faute grave au regard de la loi fédérale suisse du 2 avril 1908 sur le contrat d'assurance : Civ. 1re, 28 sept. 2011, n° 10-30.711) ;

d) les divers modes d'extinction des obligations, ainsi que les prescriptions et déchéances fondées sur l'expiration d'un délai ;

e) les conséquences de la nullité du contrat.

3197. En ce qui concerne les modalités d'exécution et les mesures à prendre par le créancier en cas de défaut dans l'exécution, on aura égard à la loi du pays où l'exécution a lieu.

3198. La loi régissant l'obligation contractuelle en vertu du présent règlement s'applique dans la mesure où, en matière d'obligations contractuelles, elle établit des présomptions légales ou répartit la charge de la preuve.

Section 2 . Conflits de juridictions

3199. On désigne par conflits de juridictions tous les problèmes de procédure engendrés par l'aspect international d'un litige. Il s'agit essentiellement de la question de la détermination du tribunal compétent pour connaître de ce litige.

3200. Le Code des assurances ne contient aucune règle spécifique relative à la désignation du tribunal compétent pour connaître d'un litige comportant un élément d'extranéité. Dans une telle hypothèse, c'est donc le droit commun des conflits de juridictions qui doit trouver à s'appliquer.

3201. La Convention de Bruxelles du 27 septembre 1968 a défini les règles de compétence applicables dans les États membres de l'Union européenne. La Convention a été remplacée par le règlement CE n° 44-2001 du 22 décembre 2000, entré en vigueur le 1er mars 2002. De plus, c'est la Convention de Lugano qui trouve à s'appliquer pour les États membres de l'AELE (Association européenne de libre-échange). Cependant les règles édictées par ces divers textes étant toutes largement inspirées de la Convention de Bruxelles, nous ne les distinguerons pas dans les développements qui vont suivre. Ce n'est donc que lorsque la Convention de Bruxelles ou le règlement CE ne seront pas applicables que le droit commun français des conflits de juridictions retrouvera son empire ; il s'agira des hypothèses où le défendeur n'est pas domicilié dans un des États membres de l'Union européenne ou de l'AELE.

3202. C'est le lieu du domicile du défendeur qui constitue le critère permettant de déterminer les règles de compétence applicables. En effet, le règlement CE du 22 décembre 2000 précise que les règles de compétence qu'il prévoit doivent s'appliquer en principe lorsque le défendeur est domicilié dans un des États membres. En revanche les défendeurs non domiciliés dans un État membre sont généralement soumis aux règles nationales de compétence applicables sur le territoire de l'État membre de la juridiction saisie.

3203. Pour les personnes physiques, les Conventions de Bruxelles et de Lugano, comme le Règlement CE, précisent que « pour déterminer si une partie a son domicile sur le territoire de l'État contractant dont les tribunaux sont saisis, le juge applique sa loi interne. Lorsqu'une partie n'a pas de domicile dans l'État dont les tribunaux sont saisis, le juge, pour déterminer si elle a un domicile dans un autre État contractant, applique la loi de cet État ». Par exemple si le juge français est saisi du litige, il appliquera le droit français et la conception française du domicile pour déterminer si le défendeur a son domicile en France. Si ce n'est pas le cas, il appliquera, par exemple, le droit italien pour savoir si le défendeur a son domicile en Italie ou le droit belge pour savoir si le défendeur a son domicile en Belgique.

3204. Pour les personnes morales (donc l'assureur), les solutions retenues par les Conventions de Bruxelles et de Lugano diffèrent de celles du Règlement CE. Les Conventions de Bruxelles et de Lugano, après avoir précisé que « le siège des sociétés et des personnes morales est assimilé au domicile », décident que « pour déterminer ce siège, le juge saisi applique les règles de son droit international privé ». De son côté l'article 60 du Règlement CE prévoit que « pour l'application du précédent règlement, les sociétés et les personnes morales sont domiciliées là où est situé : a) leur siège statutaire ; b) leur administration centrale ou c) leur principal établissement ». Ainsi, selon le Règlement CE, une personne morale aura son domicile dans l'Union européenne dès lors que son siège statutaire, son administration centrale ou son principal établissement sera situé dans un État membre. En revanche, pour l'application des Conventions de Bruxelles et de Lugano, le domicile sera déterminé par le juge saisi selon les règles de son droit international privé. Ainsi, par exemple, en droit français, le domicile d'une société est en principe son siège statutaire. Il faut noter que le Règlement CE et la Convention de Bruxelles prévoient que lorsque l'assureur n'est pas domicilié sur le territoire d'un État membre mais possède une succursale, une agence ou tout autre établissement dans un État membre, il est considéré pour les contestations relatives à leur exploitation comme ayant son domicile sur le territoire de cet État membre. Ainsi pour les litiges relatifs aux contrats passés par cet établissement, l'assureur sera considéré comme domicilié dans l'État membre où celui-ci est établi.

§ 1 ▪ Application des règles des Conventions de Bruxelles, de Lugano ou du Règlement communautaire du 22 décembre 2000

3205. La section III du Chapitre II du Règlement CE du 22 décembre 2000, ainsi que la Convention de Bruxelles contiennent des règles spécifiques de « compétence en matière d'assurance ». Les règles varient selon que l'assureur occupe la place de défendeur ou de demandeur lors du procès. Il est aussi possible aux parties, sous certaines conditions, de conclure des accords attributifs de juridiction.

A ▪ Assureur défendeur

3206. Lorsque l'assureur est défendeur, les Conventions de Bruxelles et Lugano, ainsi que le Règlement CE du 22 décembre 2000 ouvrent une alternative au demandeur, qu'il s'agisse du souscripteur, de l'assuré ou du bénéficiaire.

3207. En premier lieu, le demandeur a la possibilité d'attraire l'assureur devant les tribunaux de l'État membre où cet assureur a son domicile. La juridiction précise devant être saisie sera alors désignée par les règles de procédure de l'État désigné.

3208. Le demandeur dispose d'une autre option, formulée différemment dans la Convention de Bruxelles et le Règlement CE. Ainsi selon l'article 8-2 de la Convention de Bruxelles, le demandeur peut assigner l'assureur « dans un autre État contractant, devant le tribunal du lieu où le preneur d'assureur a son domicile ». Selon l'article 9-1, b) du Règlement CE, le demandeur peut assigner l'assureur « dans un autre État membre, en cas d'actions intentées par le preneur d'assurance, l'assuré ou un bénéficiaire, devant le tribunal du lieu où le demandeur a son domicile ». La différence dans les deux rédactions implique que lorsque la Convention de Bruxelles est applicable, le tribunal compétent sera toujours celui du souscripteur du contrat, même si le demandeur est l'assuré ou le bénéficiaire. En revanche, lorsque le Règlement CE sera applicable, le tribunal compétent sera, selon la qualité du demandeur, celui du souscripteur, ou de l'assuré, ou du bénéficiaire.

3209. Lorsqu'il s'agit d'assurance de responsabilité ou d'assurance portant sur des immeubles, l'assureur peut être assigné devant le tribunal du lieu où le fait dommageable s'est produit. Il en est de même si l'assurance porte à la fois sur des immeubles et des meubles couverts par une même police et atteints par le même sinistre. Pour la définition du fait dommageable, on doit sans doute faire référence à l'interprétation qu'a donnée la Cour de justice des Communautés européennes du terme « fait dommageable » utilisé dans les Conventions et le Règlement CE à propos de la compétence en matière délictuelle. Il s'agit alors « à la fois du lieu où le dommage est survenu et le lieu de l'événement causal » (CJCE, 30 nov. 1976, JDI 1977, p. 728, note A. Huet). Si le dommage est survenu dans un lieu différent du fait générateur, le demandeur doit ainsi disposer d'une option.

3210. En matière d'assurance de responsabilité, il est prévu que l'assureur peut également être appelé devant le tribunal saisi de l'action de la victime contre l'assuré. Cet appel en garantie n'est toutefois possible que si la loi de l'État du tribunal saisi le permet.

3211. Lorsque la victime exerce l'action directe contre l'assureur, le Règlement CE et les Conventions de Bruxelles et de Lugano décident que ce sont les règles générales prévues dans l'hypothèse où l'assureur est défendeur qui doivent trouver application. Ainsi l'article 11-2 du Règlement CE prévoit que « les dispositions des articles 8, 9 et 10 sont applicables en cas d'action directe intentée par la victime contre l'assureur, lorsque l'action directe est possible ». Il a été décidé qu'un organisme de Sécurité sociale, cessionnaire légal des droits de la personne directement lésée dans un accident de voiture, ne peut pas, en application de cet article 11-2, introduire un recours direct devant les tribunaux de son Etat membre d'établissement à l'encontre de l'assureur de la personne prétendument responsable dudit accident, établi dans un autre Etat membre (Civ. 3e, 17 sept. 2009. RGDA 2010. 469. V. Heuzé).

B ▪ Assureur demandeur

3212. Lorsque c'est l'assureur qui agit en justice et qui assigne le souscripteur, l'assuré ou le bénéficiaire, il ne peut, selon les Conventions de Bruxelles et Lugano, ainsi que le Règlement CE (art. 12) agir que devant les tribunaux de l'État membre sur le territoire duquel est domicilié le défendeur (V. Civ. 1re, 27 févr. 2013, n° 11-23.228, RCA 2013, com. 159 : « l'action de l'assureur ne peut être portée que devant les tribunaux de l'État membre sur le territoire duquel est domicilié le défendeur, qu'il soit preneur d'assurances, assuré ou bénéficiaire »).

3213. Toutefois les règles de compétence en cas d'action de l'assureur ne portent pas atteinte au droit d'introduire une demande reconventionnelle devant le tribunal saisi d'une demande originaire.

C ▪ Accord des parties relatif à la juridiction saisie

3214. Il est possible que les parties se mettent d'accord sur le tribunal compétent en cas de litige. Elles concluent alors une convention attributive de juridiction. Le principe d'un tel accord est validé tant par les Conventions que par le Règlement, qui disposent que si les parties, dont l'une au moins a son domicile sur le territoire d'un État membre (contractant), sont convenues d'un tribunal ou de tribunaux d'un État membre (contractant) pour connaître des différends nés ou à naître à l'occasion d'un rapport de droit déterminé, ce tribunal ou les tribunaux de cet État sont seuls compétents. Des conditions de validité sont toutefois imposées à cet accord.

3215. Les Conventions de Bruxelles et Lugano, ainsi que le Règlement CE autorisent sous certaines conditions les accords attributifs de juridiction dérogeant aux règles de compétence

qu'elles mettent en place. Ainsi ne sont autorisées que les conventions, conclues avec des particuliers :
« 1) postérieures à la naissance du différend, ou
2) qui permettent au preneur d'assurance, à l'assuré ou au bénéficiaire de saisir d'autres tribunaux que ceux indiqués à la présente section (section 3 du Règlement CE, relative à la compétence en matière d'assurance) ou
3) qui, passées entre un preneur et un assureur ayant, au moment de la conclusion du contrat, leur domicile ou leur résidence habituelle dans un même État membre, ont pour effet, alors même que le fait dommageable se produirait à l'étranger, d'attribuer compétence aux tribunaux de cet État sauf si la loi de celui-ci interdit de telles conventions, ou
4) conclues par un preneur d'assurance n'ayant pas son domicile dans un État membre, sauf s'il s'agit d'une assurance obligatoire ou qui porte sur un immeuble situé dans un État membre. »

3216. De façon générale, et non plus dans le domaine spécifique de l'assurance, les accords relatifs à la compétence internationale doivent obéir à certaines conditions d'efficacité, imposées tant par les Conventions que par le Règlement. Il s'agit de conditions de forme et de fond.

3217. Tout d'abord, pour être valable, la convention doit être conclue selon une des formes suivantes :
- par écrit. Cette condition suppose donc la rédaction d'un document écrit et signé (qui peut être le contrat d'assurance lui-même ou un document distinct), ou du moins qu'un renvoi au document signé contenant l'accord figure dans le document signé. Il est à noter que le Règlement CE précise que toute transmission par voie électronique permettant de consigner durablement la convention est considérée comme revêtant une forme écrite ;
- verbalement avec confirmation écrite ;
- sous une forme qui soit conforme aux habitudes que les parties ont établies entre elles ; cette condition suppose que des relations d'affaires habituelles se soient développées entre les parties, au cours desquelles elles ont pris certaines habitudes quant à conclusion de leurs accords (par exemple accord par envoi de fax) ;
- sous une forme conforme aux usages du commerce international, dont les parties avaient connaissance ou étaient censées avoir connaissance et qui est largement connu et régulièrement observé dans ce type de commerce par les parties à des contrats du même type dans la branche commerciale considérée.

3218. Les Conventions de Bruxelles et de Lugano, comme le Règlement CE, prévoient que les conventions attributives de juridictions doivent désigner « un tribunal ou (des) tribunaux d'un État membre (contractant) pour connaître des différends nés ou à naître d'un rapport de droit déterminé ». Il faut ainsi que soit nettement identifié le rapport de droit liant les parties, par exemple les litiges relatifs au contrat d'assurance conclu entre les parties.

3219. Dans leurs sections relatives à la prorogation de compétence, les Conventions de Bruxelles et le Règlement CE traitent non seulement de celle résultant de conventions attributives de juridiction mais aussi de celle découlant de la comparution volontaire du défendeur. Il est ainsi précisé que le juge d'un État membre (ou contractant) devant lequel le défendeur comparaît volontairement est compétent. Encore faut-il que la comparution n'ait pas pour objet de contester la compétence de ce tribunal ! ! !

3220. Une clause attributive de juridiction, stipulée conformément à l'article 17 de la Convention de Bruxelles du 27 septembre 1968, insérée dans un contrat d'assurance de responsabilité est valable, mais elle est inopposable aux victimes exerçant l'action directe, qui n'ont pas expressément souscrit ou accepté cette clause et ont leur domicile dans un État contractant autre que celui du preneur d'assurance et de l'assureur (Civ. 1re, 19 mars 2008, n° 07-10.216, RCA 2008, comm. n° 205).

§ 2 ▪ Application du droit commun des conflits de juridictions

3221. Lorsque le défendeur est domicilié hors de l'Union européenne ou de l'AELE, le juge français applique le droit commun des conflits de juridiction.

3222. Dans un arrêt du 30 octobre 1962, la Cour de cassation a consacré le principe selon lequel la compétence internationale des tribunaux « se détermine par extension des règles de compétence territoriale » (Civ., 30 oct. 1962, D. 1963, p. 102, note D. Holleaux). Cette solution implique que les tribunaux français seront compétents pour trancher le litige chaque fois que l'application des règles internes de compétence territoriale les désigneront comme compétents. Les règles applicables en matière d'assurance seront notamment l'article R. 114-1 du Code des assurances, applicable aux instances relatives à la fixation et au règlement des indemnités et l'article 46 du Code de procédure civile, applicable aux autres litiges susceptibles de survenir entre l'assureur et le souscripteur. Ainsi, en vertu de l'article R. 114-1, alinéa 1, du Code des assurances, le tribunal compétent est celui du domicile de l'assuré, de quelque espèce d'assurance qu'il s'agisse, sauf en matière d'immeubles ou de meubles par nature, auquel cas le tribunal compétent est celui de la situation des objets assurés. Par conséquent si le meuble assuré (un étalon) se trouvait dans un haras français au moment du sinistre, le tribunal français est compétent (V. Civ. 1re, 17 juin 1997, RGDA 1999. 204, note V. Heuzé).

3223. Selon l'article 14 du Code civil, « l'étranger même non résidant en France, pourra être cité devant les tribunaux français, pour l'exécution des obligations par lui contractées en France avec un Français ; il pourra être traduit devant les tribunaux de France, pour les obligations contractées par lui en pays étranger envers des Français » et selon l'article 15 du Code civil « un français pourra être traduit devant un tribunal de France, pour des obligations par lui contractées en pays étranger, même avec un étranger ». Ces textes mettent en place des privilèges de juridiction : la nationalité française du demandeur ou du défendeur justifie la compétence des tribunaux français. Toutefois ces deux articles mettent en place des règles de compétence subsidiaire. Cela implique que si une règle de compétence ordinaire donne compétence à un tribunal français (par exemple l'article 46 du Code de procédure civile), il n'y a pas lieu de faire appel aux articles 14 et 15 du Code civil (V., par ex., Civ. 1re, 18 avr. 2000, Bull. civ. I, n° 110, affirmant que l'article 15 n'a pas lieu de s'appliquer lorsqu'un critère ordinaire de compétence territoriale est réalisé en France). Ce n'est que si aucun tribunal français n'est compétent en vertu des critères ordinaires de compétence qu'il y aura lieu d'invoquer les privilèges de juridiction fondés sur la nationalité.

3224. La clause attributive de juridiction : il s'agit d'un accord par lequel les parties vont désigner comme compétent un tribunal autre que celui qu'ont déterminé les règles de compétence. Il pourra s'agir d'un tribunal français ou étranger. Le droit commun français sera applicable à une telle convention dans l'hypothèse où, notamment, celle-ci désignera un tribunal français et aura été conclue entre des parties n'ayant pas leur domicile dans les États liés par les Conventions de Bruxelles et de Lugano ou par le Règlement CE. La Cour de cassation admet la validité de ces clauses dans l'ordre international, à la condition qu'elles ne fassent pas échec à la compétence territoriale impérative d'une juridiction française (Civ. 1re, 17 déc. 1985, RDIP, 1986, p. 537, note Gaudemet-Tallon). On peut penser que tel est le cas lorsque l'article R. 114-1 du Code des assurances attribue compétence aux tribunaux français.

Chapitre 4
Le procès

BIBLIOGRAPHIE

L'Argus de l'assurance

Articles. - J.-C. Mortiaux, La présence de l'assureur au procès pénal, L'Argus 1985, p. 846. – B. Raymond, L'assureur est admis au procès pénal, L'Argus 1983, p. 1881.

3225. Le contentieux né de la mise en œuvre du contrat d'assurance ne relève pas d'un régime dérogatoire. Le droit commun s'y applique. Il n'existe que deux dispositions particulières dans le Code des assurances. On n'envisagera donc la compétence juridictionnelle en se fondant sur le droit commun de la procédure civile et ses quelques dispositions particulières. Par ailleurs, l'assureur de responsabilité va chercher à se prémunir contre une mauvaise organisation par son assuré du procès qui vise à établir la responsabilité de ce dernier. L'assureur souhaite que la défense de son assuré soit la plus efficace afin d'éviter ou de limiter la condamnation à une indemnisation au profit de la victime. La clause de direction de procès permet à l'assureur de prendre en main le procès civil de son assuré afin de ne pas s'exposer à devoir sa garantie sans avoir pu organiser une défense efficace contre le demandeur en indemnisation. Enfin, une place a été faite aux assureurs dans les procès en cours. En matière d'assurance de responsabilité civile, il est utile de pouvoir mettre en cause l'assureur et que ce dernier puisse intervenir afin de préserver ses intérêts. De surcroît, certains assureurs peuvent entrer dans le procès pénal afin d'être mis en cause par la victime ou bien pour leur permettre d'intervenir après avoir indemnisé la victime.

Section 1 . Compétence juridictionnelle

§ 1 . Compétence territoriale

3226. Le Code des assurances comporte une disposition spécifique, issue de la loi du 13 juillet 1930, prévue à l'article R. 114-1 du Code des assurances, qui indique que dans les instances relatives à la fixation et au règlement des indemnités dues, le défendeur est assigné devant le tribunal du domicile de l'assuré. Le principe consiste donc en la compétence du tribunal du domicile de l'assuré. Cependant des exceptions sont prévues par le même texte : il s'agit des dommages affectant les meubles, les immeubles et de l'indemnisation des accidents de toute nature.

A . Principe de la compétence du tribunal du domicile de l'assuré

3227. La compétence du domicile de l'assuré ne s'applique qu'aux « instances relatives à la fixation et au règlement des indemnités dues » selon les termes de l'article R. 114-1 du Code des assurances. La règle s'applique devant toute formation, qu'il s'agisse du juge statuant en référé (Req., 17 juill. 1935, RGAT 1935. 1056) ou au fond. La règle a été appliquée en matière d'assurance de groupe, pour la garantie d'un emprunt (le tribunal compétent est celui du domicile de l'assuré, Civ. 1re, 6 juin 2001, RGDA 2001. 793, note J. Beauchard). En dehors d'un litige portant sur la fixation ou le règlement des indemnités dues, l'article 42 du Code de procédure civile s'applique. Ce texte fixe le tribunal compétent comme étant celui du domicile du défendeur. Un assuré qui conteste le montant d'une prime ou critique la formation du contrat devra donc assigner son assureur devant le tribunal de son siège social. Lorsqu'un assureur exerce une action contre l'assuré ayant un objet autre que la fixation et le règlement des indemnités dues, il doit assigner ce dernier devant le tribunal du ressort de son domicile en application de l'article 42 du Code de procédure civile.

3228. En présence d'une pluralité d'assuré (contrat de groupe, par exemple), chacun d'entre eux peut assigner l'assureur devant le tribunal de son domicile lorsque le litige porte sur la fixation ou le règlement des indemnités dues (par application de l'article R. 114-1, C. assur.). Un assureur qui, dans la même affaire, agit simultanément contre plusieurs assurés bénéficie quant à lui du droit commun qui lui donne le libre choix du tribunal de l'un des domiciles des défendeurs (art. 42, al. 2, C. pr. civ.).

3229. Quand la victime exerce son action directe contre l'assureur elle dispose d'une option entre les règles posées par l'article R. 114-1 et celles des articles 42 et suivants du Code de procédure civile (Civ. 1re, 14 déc. 1983, Bull. civ. I, n° 296, RGAT 1984. 405, note J. Bigot ; Civ. 1re, 30 mai 2006, n° 04-13.958 et 04-14.405, RGDA 2006. 773, note J. Beauchard).

3230. La règle imposée par l'article R. 114-1 du Code des assurances est d'ordre public, elle est impérative (Civ. 1re, 16 mars 1976, RGAT 1976. 345, note A. Besson). L'assureur peut donc soulever l'incompétence du tribunal saisi lorsque l'assuré l'assigne devant un tribunal autre que celui de son domicile pour une question relevant de la fixation ou du règlement des indemnités dues (Civ. 1re, 6 juin 2001, RGDA 2001. 793, note J. Beauchard). Le caractère impératif de la règle empêche également de prévoir une clause attributive de compétence dans le contrat qui imposerait un tribunal autre que celui du domicile de l'assuré.

B ▪ Exceptions au principe

3231. Il s'évince de l'article R. 114-1 alinéa 1er du Code des assurances qu'en présence de biens meubles ou immeubles par nature, les litiges relatifs au versement de l'indemnité dans une assurance de dommages sont portés devant le tribunal du lieu de situation de ces biens. Le différend qui porte sur le règlement d'un sinistre vol ou incendie relève donc du lieu de situation du bien meuble ou immeuble. Si la règle se justifie aisément pour ces derniers, elle est plus discutable pour les biens meubles. En effet, le bien meuble peut au moment du sinistre se situer dans un lieu éloigné du domicile de l'assuré. Il est vrai cependant que le bien meuble endommagé ou volé se situe le plus souvent au domicile de l'assuré. Le contentieux sur ce point est donc inexistant. Des décisions fort anciennes ont indiqué, qu'en cas d'hésitation, le lieu de situation du meuble devait être retenu et non celui du domicile de l'assuré (Civ., 10 juin 1927, DH 1927, p. 418, rendu sous l'empire de la loi du 2 janvier 1902 relative à la compétence en matière d'assurances) comportant une disposition identique à l'article R. 114-1 ; Trib. civ. Seine, 1er févr. 1965, RGAT 1965. 464).

3232. En présence d'un accident de toute nature, l'article R. 114-1 alinéa 2 du Code des assurances précise que l'assuré peut assigner l'assureur devant le tribunal du lieu de l'accident. L'assuré dispose donc du choix entre le tribunal de son domicile ou celui du lieu de l'accident. En revanche, l'assureur reste tenu d'assigner devant le tribunal du domicile de l'assuré.

§ 2 ▪ Compétence d'attribution

3233. Quand les parties au contrat d'assurance ne sont pas des commerçants, les juridictions civiles, tribunal de grande instance, tribunal d'instance et juges de proximité sont compétents.

3234. En présence d'un contrat mixte, lorsque l'assuré est commerçant, l'assureur peut l'assigner devant le tribunal de commerce. À l'inverse un assuré non commerçant peut assigner une compagnie d'assurance commerciale par la forme devant le tribunal de commerce. En revanche, les Mutuelles d'assurance n'étant pas des personnes morales commerçantes, ne peuvent pas être attraites devant les juridictions commerciales (Civ., 6 mai 1930, RGAT 1930. 889 ; Civ. 1re, 22 oct. 1996, RGDA 1996. 941, note J. Bigot ; CA Paris, 26 févr. 1982, D. 1983, p. 297, note P. le Cannu).

3235. En principe le juge administratif ne peut pas saisir une juridiction administrative, incompétente pour statuer sur les litiges privés (CE, 11 déc. 1936, Gaz. Pal. 1937, 1, p. 441 ; T. confl., 13 nov. 2000, RGDA 2001. 159 ; Civ. 1re, 7 mars 1995, RGAT 1995. 420, note J. Vincent). Toutefois, depuis l'adoption de la loi n° 2001-1168 du 11 décembre 2001, dite « loi MURCEF » (art. 2) pour les contrats passés en application du Code des marchés publics, le texte décide que ces contrats ont une nature administrative qui relève de la compétence du juge administratif. Aux termes de ces dispositions combinées à celles du Code des marchés publics, les contrats d'assurance conclus entre une commune et un assureur revêtent la nature de contrats administratifs.

3236. L'article 1er du Code des marchés publics dispose que « les marchés publics sont les contrats conclus à titre onéreux entre les pouvoirs adjudicateurs définis à l'article 2 et des opérateurs économiques publics ou privés, pour répondre à leurs besoins en matière de travaux, de fournitures ou de services ». Or, l'article 2, 2° du même code qualifie les collectivités territoriales de « *pouvoirs adjudicateurs* ». En outre, les assurances entrent dans la catégorie des services financiers par application de l'article 29, 6° du Code des marchés publics soumis aux règles de passation de ces marchés.

3237. Par application des articles 2 et 29, 6° du Code des marchés publics, un contrat d'assurance conclu par une collectivité territoriale constitue donc bien un contrat administratif. En jurisprudence, il en a été tiré des conséquences procédurales.

3238. Tout d'abord, le Tribunal des conflits a décidé, pour un contrat d'assurance qui relevait du Code des marchés publics, conclu par une commune et qui n'avait pas fait l'objet d'un litige porté devant le juge judiciaire avant l'entrée en vigueur de la loi MURCEF, que le juge administratif était compétent (TC, 22 mai 2006, n° C3503, OPHLM de la ville De Montrouge, publ. Lebon). Cette position a été reprise par la Cour de cassation dans une affaire où la commune demandait à son assureur de régler la TVA sur les travaux après sinistre ; la Haute juridiction a décidé que le litige relevait de la compétence du juge administratif (Civ. 1re, 23 janv. 2007, n° 04-18.630, Bull. civ. I, n° 40 ; RGDA 2007. 739, note J. Beauchard).

3239. Le litige qui oppose une commune à son assureur pour la garantie d'un sinistre relève donc du juge administratif ; de même que le litige qui oppose une commune à son assureur pour le paiement d'une prestation.

3240. La question s'est ensuite posée de l'éventuelle compétence du juge judiciaire pour connaître de l'action dirigée contre l'assureur. Dans une affaire où l'assureur de choses subrogé dans les droits de son assurée indemnisée et agissant contre l'assureur de responsabilité civile d'une maison des jeunes et de la culture (MJC), il a été décidé que l'action de l'assureur contre l'assureur adverse était bien de la compétence judiciaire ; en revanche, pour établir la responsabilité de la MJC, seule le juge administratif était compétent (Civ. 1re, 23 juin 2010, n° 09-14592, Bull. civ. II, n° 149).

3241. L'hésitation était également permise en présence d'une action directe contre l'assureur de responsabilité civile car il avait été décidé, pour ce type d'assurance, que la mise en cause de l'assuré était inutile pour obtenir la condamnation de l'assureur ; il fallait néanmoins démontrer la responsabilité de l'assuré (Civ. 1re, 7 nov. 2000, Bull. civ. I, n° 274).

3242. Il a été décidé, quand l'assuré est une collectivité publique, qu'une action directe contre l'assureur de responsabilité devant le juge judiciaire ne permet pas d'établir la responsabilité de cette personne publique (Civ. 1re, 9 juin 2010, n° 09-13.026. - 23 juin 2010, préc. -Civ. 2e, 17 juin 2010; n° 09-13.546). Cette responsabilité doit être établie par le juge administratif ; l'action directe de la victime contre l'assureur de la personne publique n'est donc pas recevable devant le juge judiciaire. Enfin, le Conseil d'Etat a été saisi pour avis afin de déterminer si le juge administratif est compétent pour connaître non seulement de l'appel en garantie d'une commune contre son assureur, mais encore de l'action directe d'une victime contre ce même assureur ou de l'assureur subrogé de cette victime. Il a été indiqué par la Haute juridiction administrative que cette action directe « *comme l'action en garantie exercée, le cas échéant, par l'auteur du dommage contre son assureur, de la compétence de la juridiction administrative* » (CE, 31 mars 2010, 7e ét 2e s.-sect. réunies, *Renard C/ SMACL*, n° 333627, publ.). L'action directe de la victime ou de son assureur subrogé contre l'assureur d'une commune est de la compétence du juge administratif. Le même arrêt précise que le juge administratif n'a pas à rechercher d'office si le sinistre en cause est couvert par la police (ibid.).

3243. La victime doit donc assigner à la fois l'assureur et la personne publique devant le juge administratif pour faire constater la responsabilité de la personne publique et obtenir la condamnation à garantie de son assureur.

3244. Le tribunal de grande instance connaît (à charge d'appel pour les affaires dont le montant est supérieur à 4 000 €) des matières pour lesquelles compétence n'est pas attribuée expressément à une autre juridiction en raison de la nature de l'affaire ou du montant de la demande (art. R. 211-3, COJ). Le tribunal d'instance connaît des litiges dont le montant est inférieur ou égal à 10 000 € (art. L. 221-4, COJ). Les jugements du tribunal d'instance ne sont susceptibles d'appel que s'ils portent sur une valeur supérieure à 4000 € (art. R. 221-4, COJ). Pour les litiges d'une valeur inférieure ou égale à 4000 €, les jugements sont rendus en dernier ressort (art. R. 221-4, COJ). Le juge de proximité (v. art. L. 231-1 et s., COJ) est compétent, en premier et dernier ressort pour les demandes personnelles ou mobilières dont le montant n'excède pas 4000 €. La juridiction de proximité connaît à charge d'appel des demandes indéterminées qui ont pour origine l'exécution d'une obligation dont le montant n'excède pas 4 000 €.

3245. Les clauses attributives de juridiction ne sont pas opposables à l'assureur subrogé dans les droits de son assuré victime tiers ; en effet ces clauses ne pouvant pas être invoquées contre la victime, elles ne peuvent pas l'être contre celui qui la remplace par le jeu de la subrogation personnelle (décision par application des art. 10 et 12 de la Convention de Bruxelles du 27 sept. 1968 ; Civ. 1re, 19 mars 2008, n° 07-10.216 ; RGDA 2008. 531, note V. Heuzé ; décision par application des art. 10 et 11 du règl. du 22 déc. 2000, « Bruxelles I », Civ. 1re, 14 nov. 2007, n° 06-20.704 ; RGDA 2008. 260, note J. Beauchard).

Section 2 . Direction du procès par l'assureur

3246. Bien que tiers à l'instance en responsabilité provoquée par la victime contre son assuré, l'assureur a tout intérêt à organiser la défense de ce dernier. Le sort de l'assureur est lié à celui de son assuré ; il sera tenu in solidum, dans la limite du contrat d'assurance, au paiement de l'indemnité. Il est donc préférable pour l'assureur de veiller à une bonne organisation de la défense de son assuré. En outre, ce dernier, parce qu'il ne supporte pas les conséquences financières de la mise en jeu de sa responsabilité, peut se désintéresser du procès dans lequel il est défendeur. On doit rappeler l'existence de quelques clauses qui empêchent l'assuré de se reconnaître trop facilement responsable, pour évoquer plus largement la direction du procès par l'assureur.

§ 1 . Clauses aménageant la période antérieure au procès

3247. L'assureur intègre dans les polices d'assurance de responsabilité civile des clauses de nature à lui permettre d'éviter que son assuré ne reconnaisse sa responsabilité et obligeant ce dernier à transmettre les pièces dont il dispose.

A . Clause d'interdiction de la reconnaissance de responsabilité

3248. Il est prévu à l'article L. 124-2 du Code des assurances que l'assureur peut stipuler qu'aucune reconnaissance de sa responsabilité par l'assuré ne lui est opposable. La Cour de cassation a ainsi décidé qu' « en application de ce texte, il a été stipulé au contrat d'assurance qu'aucune reconnaissance de responsabilité ne serait opposable à l'assureur, une telle reconnaissance ne peut produire aucun effet à l'encontre de ce dernier » (Civ. 1re, 12 mars 2002, n° 98-22.434 ; Bull. civ. I, n° 83). L'assureur peut donc prévoir dans le contrat qu'il ne sera en aucun cas lié par l'aveu de l'assuré.

3249. La prohibition de la reconnaissance de responsabilité prive l'assuré de la possibilité de tirer les conséquences juridiques de sa déclaration ; il ne peut pas opposer à son assureur sa constitution en débiteur de la réparation. Ce devoir d'abstention de l'assuré évite les collusions frauduleuses entre l'assuré et la victime. Par exemple, il a été jugé que la reconnaissance de responsabilité de l'assuré, lequel n'a pas contesté sa responsabilité en première instance et en appel et a demandé confirmation du jugement le condamnant à indemniser la victime, est inopposable à l'assureur (Civ. 2e, 10 mars 1977, D. 1977, IR, 464, obs. C.-J. Berr et H. Groutel ; RTD civ. 1977, p. 563, obs. G. Durry).

3250. Si la reconnaissance de responsabilité est inopposable à son assureur, l'assuré peut, en revanche, décrire les faits de nature à établir la vérité sur les circonstances du sinistre, mettant ainsi à la disposition de la juridiction saisie du litige, tous les éléments nécessaires pour se prononcer. Ainsi, en matière d'assurance automobile, le constat doit-il être rempli avec sincérité afin d'établir les circonstances de l'accident sans pour autant qu'il constitue une reconnaissance de responsabilité.

B ▪ Clause d'interdiction de la transaction entre l'assuré et la victime

3251. Il est indiqué à l'article L. 124-2 du Code des assurances qu'une clause peut expressément interdire à l'assuré de transiger avec la victime. Une telle transaction est inopposable à l'assureur (Civ. 1re, 4 avr. 2001, n° 98-11.841). En revanche, si la transaction est approuvée par l'assureur, elle lui est opposable. Encore faut-il que l'assureur ait donné son accord exprès à la transaction. Ainsi, la simple connaissance du versement, par l'assuré, de sommes en réparation des dommages causés à la victime, ne suffit-elle pas à engager l'assureur (Civ. 1re, 8 nov. 1972, Bull. civ. I, n° 233). Dans un arrêt étrange (non publié), il a néanmoins été décidé que l'assureur devait sa garantie pour une transaction à laquelle il était étranger parce qu'il avait dénié sa garantie : « qu'il ressort des correspondances échangées entre les parties, notamment un courrier recommandé adressé par la société (d'assurance), le 13 mars 1998, à la société L. (son assurée), que la première a décliné sa garantie au titre du sinistre considéré ; que dans ces conditions la société d'assurance ne saurait se plaindre de ne pas avoir été avisée d'une transaction à l'occasion d'un sinistre pour lequel elle avait formellement dénié sa garantie » (Civ. 2e, 5 juill. 2006, n° 05-15.988).

3252. Dès lors que l'inopposabilité de la transaction est constatée, la victime ne peut pas réclamer le versement d'une indemnité fondée sur la transaction conclue avec l'assuré (Civ. 1re, 30 juin 1970, Bull. civ. I, n° 225 ; D. 1970, jur. p. 772).

C ▪ Clause de transmission des pièces du dossier à l'assureur

3253. La clause de transmission des pièces du dossier, a vocation à faciliter la tâche de l'assureur qui organise la défense de son assuré au cours de l'instance en responsabilité. L'assuré devra ainsi communiquer à son assureur les lettres, avis, convocation, rapports d'expertise, et de façon générale tous les actes de procédure qui le concernent.

3254. La sanction applicable en cas de manquement de l'assuré à une telle obligation conventionnelle, varie selon les circonstances. L'article L. 113-11, alinéa 2, du Code des assurances prévoit la nullité de « toutes clauses frappant de déchéance l'assuré à raison du simple retard apporté par lui à (...) des productions de pièces, sans préjudice du droit pour l'assureur de réclamer une indemnité au dommage que ce retard lui a causé ». Aussi, le simple retard de l'assuré dans la production des pièces du dossier ne saurait-il le priver de la garantie d'assurance. Tout au plus sa responsabilité civile pourrait-elle être engagée. Toutefois, lorsque l'assuré ne transmet aucune pièce du dossier ou les transmet avec un retard tel qu'il place l'assureur dans l'impossibilité d'organiser correctement sa défense, et que de surcroît, il n'a pas préalablement déclaré le sinistre, l'assureur qui établit avoir subi un préjudice, peut valablement se prévaloir d'une clause de déchéance (Civ. 1re, 18 mars 1986, RGAT 1986. 369, obs. J. Bigot).

§ 2 ▪ Clause de direction du procès

A ▪ Mise en œuvre de la clause de direction de procès

3255. La clause de direction du procès autorise l'assureur de responsabilité à diriger le procès intenté à son assuré dont la responsabilité est recherchée. C'est une forme de promesse de mandat donnée par l'assuré à l'assureur, pour qu'il organise sa défense au cours de l'instance en responsabilité.

3256. La présence de l'assureur de responsabilité aux côtés de son assuré doit permettre d'éviter une condamnation trop aisée de ce dernier. Deux situations peuvent se présenter. La victime peut n'avoir actionné que l'assuré responsable et l'assureur pourrait ainsi rester tiers à la procédure. Toutefois, en jurisprudence il a été affirmé que « la décision judiciaire condamnant l'assuré à raison de sa responsabilité constitue, pour l'assureur qui a garanti cette responsabilité dans ses rapports avec la victime, la réalisation tant dans son principe que dans son étendue, du risque couvert, et lui est, dès lors à ce titre opposable » (Civ. 1re, 12 juin 1968, Bull. civ. I, n° 170 ; D. 1969, p. 249, note A. Besson ; Civ. 1re, 20 oct. 1993, RCA 1994, comm. n° 31). Si l'assureur n'oblige pas son assuré à l'avertir du procès par une clause spécifique, il court le risque qu'une décision de condamnation soit rendue et lui soit déclarée opposable en vertu de cette jurisprudence. La clause de direction de procès va obliger l'assuré à déclarer à son assureur la procédure en cours afin de pouvoir bénéficier de la garantie. L'assureur peut également être partie au procès, soit parce qu'il a été appelé en garantie par son assuré, soit parce que la victime a agi directement contre lui, soit encore parce qu'il est intervenu volontairement. Dans ce cas l'assureur est informé et peut se défendre, mais il ne faut pas que les initiatives de l'assuré mettent en péril cette défense, il est donc utile pour l'assureur d'imposer sa direction du procès à l'assuré.

3257. Le plus souvent l'assureur prévoit une clause qui oblige l'assuré à l'avertir d'un procès afin qu'il en prenne la direction. L'assureur s'octroie ainsi la possibilité de prendre la direction du procès dirigé contre son assuré, ce dernier en revanche n'a pas le choix, il doit laisser l'assureur diriger le procès s'il veut bénéficier de sa garantie. Il reste que l'assureur qui fait usage de sa faculté de diriger le procès ne devient pas partie au procès tant qu'il n'a pas été mis en cause ou qu'il n'est pas intervenu volontairement. Il agit dans l'ombre, seul son assuré étant partie au procès (Civ. 1re, 18 oct. 1954, RGAT 1954. 424, note A. Besson).

3258. Il existe des clauses dites de « défense-recours » qui obligent l'assureur à organiser la défense de son assuré qui ferait l'objet d'une procédure intentée par une victime ; mieux encore la garantie recours, lorsqu'elle est stipulée au contrat, oblige l'assureur a assisté son assuré lorsqu'il est victime. La Cour de cassation exige que les juges du fond précisent le fondement sur lequel l'assureur est intervenu au procès, soit la clause de direction du procès, soit la garantie « défense-recours » (Civ. 1re, 31 mai 1988, RGAT 1988. 843, note R. Bout).

3259. Le juge n'étant pas tenu par les qualifications adoptées par les parties (C. pr. civ., art. 12), il peut analyser une clause de « défense-recours » qui oblige l'assureur à prendre en charge la défense de son assuré, en clause de direction de procès dès lors que la clause tend à conférer la direction du procès à l'assureur exclusivement lorsque sa garantie est due (Civ. 1re, 8 juill. 1997, RGDA 1997. 1075, note J. Kullmann).

3260. La clause de direction du procès doit être différenciée des autres clauses qui instaurent une collaboration des parties et de leurs avocats respectifs pour l'organisation de la défense de l'assuré. La Cour de cassation a rappelé que de telles clauses laissent à l'assuré « une certaine autonomie dans l'organisation de sa défense » (Civ. 1re, 23 mars 1999, RGDA 1999. 683, obs. J. Kullmann), elles ne permettent donc pas à l'assureur de diriger le procès et n'emportent pas renonciation de l'assureur à invoquer des exceptions.

3261. La clause de direction de procès a été reconnue valable assez rapidement par la jurisprudence (Civ., 10 mai 1909, DP 1909, 1, p. 317). En outre, l'article L. 113-17 du Code des assurances qui prévoit les effets de la prise de direction du procès par l'assureur consacre implicitement la possibilité de prévoir une telle clause.

3262. La clause de direction de procès ne permet pas à l'assureur de s'immiscer dans le procès pénal de son assuré (Civ., 23 déc. 1936, DH 1937, 1, p. 65). En revanche, dans le cadre du procès pénal l'assureur peut intervenir pour la défense des intérêts civils (C. pr. pén., art. 2, autorisant la jonction des intérêts civils à l'instance pénale) de son assuré dans la mesure où il aurait pu le faire de la même manière dans une instance purement civile (Req., 18 févr. 1936, DH 1936, p. 236).

3263. Dans le cas d'une promesse de mandat, l'assuré donnerait mandat à son assureur d'organiser sa défense. Ce mandat est irrévocable de la part de l'assuré. En revanche, la clause stricte de direction de procès laisse à l'assureur la faculté de diriger le procès s'il l'estime opportun. Le moment venu l'assureur indique s'il accepte ou non le mandat. En revanche, en présence d'une clause de « défense-recours », l'assureur est obligé de prendre en main le procès si son assuré le lui demande.

3264. Dans le cadre d'une clause de direction de procès pure et simple, c'est à l'assureur de désigner l'avocat. Dans ces circonstances, lorsque l'avocat reçoit des instructions contradictoires de l'assuré et de l'assureur, il doit suivre les indications fournies par l'assureur (Civ. 1re, 31 mai 1988, Bull. civ. I, n° 159 ; RGAT 1988. 843, obs. R. Bout). En revanche, dans un procès pénal qui comprend également une action civile, l'avocat qui doit prendre en charge la défense à la fois civile et pénale est désigné par l'assuré qui est poursuivi pénalement ; l'assureur ne peut pas s'immiscer dans la défense pénale de son assuré.

3265. Les intérêts de l'assuré et de l'assureur peuvent diverger lorsque l'assureur entend dénier sa garantie ou opposer un plafond de garantie. Dans ce dernier cas l'assuré peut craindre que l'assureur ne soit pas suffisamment attentif à la question de sa responsabilité. L'article L. 113-17 alinéa 2 du Code des assurances pourra alors pleinement justifier l'immixtion de l'assuré dans son procès, sans encourir de déchéance, car il est de son intérêt de veiller à ce que l'assureur ne se désintéresse pas de son éventuelle condamnation en responsabilité.

B ▪ Effets de la clause de direction de procès

1 ▪ Effets à l'égard de l'assuré

3266. La prescription biennale des actions dérivées du contrat d'assurance prévue par l'article L. 114-1 du Code des assurances est suspendue dès que l'assureur prend la direction du procès. En effet, l'assuré ne peut pas imaginer devoir exercer un recours conservatoire contre son assureur pendant que celui-ci assure la défense de ses intérêts. La suspension signifie que la prescription recommence à courir, à la fin de la procédure, pour la durée qui restait à courir au moment de la prise de direction du procès. La Cour de cassation a décidé que « le fait par l'assureur d'user du droit que lui confère l'assuré dans le contrat d'assurance de diriger le procès intenté à celui-ci par la victime, suspend, tant que dure cette direction, le cours de la prescription édictée par l'article L. 114-1 du Code des assurances » (Civ. 1re, 3 nov. 1988, RGAT 1989. 111, note R. Bout). La suspension prend fin à l'issue de la procédure (Civ. 1re, 2 juill. 1991, RGAT 1991. 835, note Margeat et J. Landel). La suspension se produit quand bien même c'est l'agent d'assurance qui prend la direction du procès, sans mandat exprès de l'assureur ; l'assuré peut alors se prévaloir de la théorie du mandat apparent (Civ. 1re, 7 juill. 1993, RGAT 1994. 499, note Ph. Rémy). En revanche, il n'y pas de suspension quand l'assureur indique qu'il couvre les frais de procédure à titre commercial mais sans prendre la direction du procès (Civ. 1re, 7 mars 1995, RGAT 1995. 428).

3267. Si, avant la loi du 31 décembre 1989, l'assureur n'était pas obligé d'assumer la direction du procès, l'assuré était tenu de ne pas s'immiscer dans l'organisation de sa défense, dès lors que l'assureur avait décidé d'user de la faculté que lui offre la clause. Cette non-immixtion est justifiée par la nécessité de laisser l'assureur accomplir la mission qui lui a été confiée en qualité de mandataire. Le contrat pouvait même prévoir une déchéance de garantie en cas d'immixtion de l'assuré (Civ. 1re, 30 oct. 1995, RGDA 1996. 439, note J. Beauchard).

3268. L'obligation de l'assuré de ne pas interférer avec les décisions de l'assureur dans la conduite du procès lui interdit, par exemple, de donner des instructions à un avoué pour se désister de l'appel en garantie d'un tiers sollicité par l'assureur (Civ. 1re, 18 oct. 1954, RGAT 1954, note A. Besson), l'avoué ou l'avocat ne devant recevoir des instructions que de l'assureur. En outre, dans le cadre de l'obligation de coopération qu'engendre nécessairement la clause de direction de procès, l'assuré doit dénoncer à l'assureur tous les actes de procédure dont il a connaissance, sous peine de déchéance (Civ. 1re, 25 nov. 1970, RGAT 1971. 363, note J. Bigot).

3269. Après la loi du 31 décembre 1989, l'article L. 113-17 du Code des assurances exclut la mise en œuvre d'une déchéance de garantie ou de toute autre sanction prononcée à l'encontre de l'assuré du fait de son immixtion dans la direction du procès « s'il avait intérêt à le faire ». La notion d'« intérêt » de l'assuré est difficile à cerner. Il semble qu'elle puisse recouvrir les hypothèses d'inertie de l'assureur dans l'organisation de la défense et celles de conflits d'intérêts entre l'assuré et l'assureur. Par exemple, une des parties peut être favorable à une demande d'expertise à l'inverse de l'autre ou l'une peut douter de l'opportunité d'un appel suggéré par l'autre.

2 ▪ Effets à l'égard de l'assureur

a - Responsabilité de l'assureur

3270. L'assureur qui prend la direction du procès est responsable en sa qualité de mandataire sur le fondement des articles 1991 et 1992 du Code civil, s'il commet une faute dans l'accomplissement de sa mission et que cette faute est à l'origine d'un préjudice subi par le mandant, en l'occurrence l'assuré. La responsabilité de l'assureur est de nature contractuelle car elle est fondée sur l'exécution d'une clause du contrat d'assurance.

3271. La responsabilité de l'assureur étant fondée sur l'exécution du contrat d'assurance, la prescription biennale de l'article L. 114-1 du Code des assurances est applicable à cette action. Le délai court à compter du jour où l'assuré a eu connaissance des fautes de l'assureur dans la direction du procès (Civ. 1re, 6 déc. 1989, RGAT 1990. 196).

3272. La faute peut consister dans le fait de former un recours qui ne se justifie pas eu égard aux circonstances. Par exemple, a été sanctionnée la décision de l'assureur de faire appel sans raison valable (Civ. 1re, 15 févr. 1977, RGAT 1977. 512, obs. A. Besson). En revanche, la responsabilité ne sera pas retenue si l'appel engendre une condamnation plus élevée qu'en première instance qui conduit à un dépassement du plafond de garantie dès lors que l'appel avait quelques chances de prospérer (Civ 1re, 19 déc. 1979, RGAT 1980. 401, obs. A. Besson). L'assureur pourra être tenu pour responsable d'une attitude dilatoire envers la victime qui ne servait que ses propres intérêts (Civ., 21 juill. 1954, RGAT 1954. 427). De même sa responsabilité est engagée, lorsqu'il n'a pas accompli son obligation de reddition des comptes, qui incombe à tout mandataire, en ne prévenant pas l'assuré qu'il voulait soulever une absence de garantie (Civ. 1re, 20 mars 1989, RCA 1989, comm. n° 243, note H. Groutel) ou en ne l'informant pas des résultats du procès (Civ. 1re, 25 mai 1988, RGAT 1988. 842, note R. Bout).

3273. Le préjudice de l'assuré semble en pratique ne pouvoir être constitué que par une condamnation à réparation dont le montant dépasse celui de l'indemnité d'assurance, l'assuré se trouvant alors débiteur des dommages et intérêts accordés à la victime, pour la part non prise en charge par l'assureur. L'assureur qui a relevé appel avec légèreté, par exemple, sera alors condamner à couvrir l'indemnisation au-delà du plafond stipulé dans le contrat (Civ. 1re, 21 juill. 1954, préc.). Il appartient à l'assuré de prouver que les mauvaises décisions de l'assureur sont à l'origine de la condamnation qui lui est préjudiciable.

b - Renonciation de l'assureur

3274. L'article L. 113-17 du Code des assurances énonce un principe en vertu duquel l'assureur qui prend la direction du procès, « est censé aussi renoncer à toutes les exceptions dont il avait connaissance lorsqu'il a pris la direction du procès ». L'assureur qui organise la défense de son assuré, reconnaît ainsi tacitement sa garantie, et renonce par la même à se prévaloir à son encontre des exceptions qu'il aurait pu lui opposer. En effet, lorsqu'il est avéré que l'assureur avait connaissance d'une exception opposable à son assuré qui entraîne une absence de garantie et que pour autant l'assureur continue d'assurer la direction du procès, il est déduit de cette attitude paradoxale que l'assureur est présumé renoncer à se prévaloir de sa non garantie. Le texte instaure donc une présomption de renonciation de l'assureur. Il est soutenu par certains auteurs que cette présomption est irréfragable (P. Veaux-Fournerie, D. Veaux, Juris-Classeur Resp. civ., Fasc. n° 511-5, n° 80), mais d'autres estiment qu'elle peut être renversée par l'assureur (J. Kullmann (Dir.), *Lamy Assurances*, préc. n° 1385, p. 577 ; Y. Lambert-Faivre, L. Leveneur, op. cit., n° 666). Par ailleurs, la Cour de cassation a admis que l'assureur peut émettre des réserves en prenant la direction du procès (Civ. 1re, 23 sept. 2003, Bull. civ. I, n° 187 ; RCA 2003, comm. n° 329, obs. H. Groutel ; RGDA 2003. 785, note J. Kullmann). Cela signifie que l'assureur pourra continuer de démontrer qu'en prenant la direction du procès, il n'a pas renoncé à invoquer l'exception dont il se prévaut contre son assuré. La règle énoncée à l'article L. 113-17 du Code des assurances trouve son origine dans la jurisprudence élaborée antérieurement à l'adoption du texte. La Commission des clauses abusives dans sa recommandation relative au contrat « multirisque habitation » (20 sept. 1985, BOCC 1985, 6 déc. 1985) préconisait de consacrer cette jurisprudence.

3275. La Cour de cassation décide de façon constante « les exceptions visées par ce texte, en ce qu'elles se rapportent aux garanties souscrites, ne concernent ni la nature des risques garantis, ni le montant de cette garantie » (Civ. 1re, 8 juill. 1997, Bull. civ. I, n° 233 ; Civ. 1re, 29 févr. 2000, Bull. civ. I, n° 77 ; Civ. 2e, 19 nov. 2009, n° 08-19.477, publ. au bull. ; Civ. 3e, 29 janv. 2014, n° 12-27.919). C'est ainsi que l'assureur ne pourrait pas renoncer à l'exclusion du risque véhicule à moteur pour une RC professionnelle (Civ. 2e, 19 nov. 2009, préc.). De même que la réduction proportionnelle de l'indemnité prévue par l'article L. 113-9 du Code des assurances ne constitue pas une exception de l'article L. 113-17 et ne peut donc pas faire l'objet d'une renonciation par la prise de direction du procès (Civ. 1re, 21 oct. 2003, RGDA 2004. 507, note J. Kullmann) car cette réduction relèverait du montant de la garantie (Civ. 2e, 17 avr. 2008, n° 07-13.053). Toutefois concernant la nature d'une garantie, il a été considéré qu'en prenant la direction d'un procès, les souscripteurs du Lloyd's avaient pu renoncer à l'exclusion de la responsabilité décennale des constructeurs, le contrat octroyant une garantie de la responsabilité contractuelle (facultative) des constructeurs (Civ. 3e, 6 déc. 2006, n° 05-16.826 ; à comp. avec Civ. 3e, 13 avr. 2005, n° 03-21.002). Cette jurisprudence semble en contradiction avec celle qui soutient que l'article L. 113-17 ne concerne pas la nature de la garantie.

3276. L'examen de la jurisprudence fondée sur l'article L. 113-17 du Code des assurances montre que l'assureur n'est censé avoir renoncé à se prévaloir des exceptions qu'il pouvait invoquer qu'à la double condition qu'il ait dirigé le procès fait à son assuré en connaissance de ces exceptions et qu'il n'ait émis aucune réserve (Civ. 1re, 23 sept. 2003, préc.).

3277. La difficulté posée par la règle de la renonciation à invoquer les exceptions réside toujours dans la notion même de direction du procès ou plus exactement dans la détermination des actes constitutifs d'une direction de procès. Traditionnellement, on peut déduire la prise en main du procès par l'assureur lorsqu'il a désigné un expert puis fait établir par son avocat des conclusions au profit de son assuré et de lui-même (Civ. 1re, 11 févr. 1992, RGAT 1992. 377, note J. Beauchard). De même que la représentation de l'assureur et de l'assuré par le même avocat en référé et au fond qui a opposé des moyens de défense identiques dans les deux procédures caractérise la direction du procès par l'assureur (Civ. 1re, 16 janv. 2001, RCA 2001, comm. n° 130 ; RGDA 2001. 106, note J. Kullmann ; Comp. une espèce dans laquelle la renonciation n'est pas caractérisée : Civ. 1re, 18 févr. 2003, RGDA 2003. 349, note A. Favre-Rochex ; la simple présence d'un avocat de la compagnie aux opérations d'expertise ne suffit pas à caractériser la direction du procés : Civ. 2e, 14 juin 2006, n° 05-18.308). Dans un premier temps, la Cour de cassation avait retenu la défense au fond comme critère de la renonciation à invoquer toute exception dont l'assureur a connaissance (Civ. 1re, 3 oct. 1995, RCA 1995, comm. n° 376). Puis, la Haute juridiction a changé de position en indiquant que « les dispositions de l'article L. 113-17 du Code des assurances ne sont pas limitées à la défense au fond de l'assuré mais concerne tout procès qui lui est intenté, fût-ce en référé » (Civ. 1re, 10 mai 2000, RCA 2000, comm. n° 283, note H. Groutel. Mieux encore, le point de départ de la direction du procès par l'assureur peut être fixé par la jurisprudence dès le début des opérations d'expertise auxquelles il participe (Civ. 1re, 7 juill. 1992, RCA 1992, comm. n° 421 ; Civ. 1er, 16 janv. 2001, préc. ; CA Paris, 15 mars 2000, RCA 2000, comm. n° 308, note L. Grynbaum ; CA Bordeaux, 12 nov. 2001, RCA 2002, comm. n° 79, note L. Grynbaum).

3278. En principe, la prise en charge de la défense de l'assuré au titre d'une garantie « défense-recours » ne constitue pas une renonciation de l'assureur car il est obligé en vertu de cette clause de diriger le procès (Civ. 1re, 21 juin 1983, Bull. civ. I, n° 179 ; Civ. 2e, 16 nov. 2006, n° 05-14.817). Ce principe de non renonciation en présence d'une clause de « défense-recours » ne vaut que si le jeu de la clause s'opère automatiquement, c'est-à-dire indépendamment de l'obligation de l'assureur à garantie au fond (Civ. 1re, 8 juill. 1997, RGDA 1997. 1075, note J. Kullmann ; Civ. 1re, 20 janv. 1998, RGDA 1998. 123, note J. Kullmann). Dès lors que la clause « défense-recours » n'est mise en œuvre que pour permettre à l'assureur de diriger un procès pour lequel sa garantie est potentiellement due, la Cour de cassation requalifie alors la stipulation en clause de direction de procès dont la mise en œuvre entraîne la renonciation de l'assureur à se prévaloir des exceptions (Civ. 1re, 8 juill. 1997, préc.). La même solution est appliquée à la garantie protection juridique. Dès lors que la garantie est mise en œuvre automatiquement à la demande de l'assuré, sans lien avec l'obligation à garantie de l'assureur, la direction du procès par l'assureur ne peut pas s'interpréter comme une renonciation à se prévaloir des exceptions (Civ. 1re, 16 juin 2001, RGDA 2001. 383, note A. Favre-Rochex).

3279. L'assureur est réputé avoir renoncé aux seules exceptions dont il connaissait l'existence au moment où il a pris la direction du procès (Civ. 1re, 12 nov. 1987, Bull. civ. I, n° 285 ; Civ. 1re, 21 oct. 2003, RCA 2004, comm. n° 21). L'assureur qui ignorait la fausse déclaration intentionnelle de risque de l'assuré, peut valablement refuser sa garantie sur le fondement de l'article L. 113-8 du Code des assurances, les juges du fond apprécieront cette méconnaissance (Crim., 4 juin 2013, n° 12-84.557 publ. au bull.). L'assureur peut présenter des exceptions en appel dès lors qu'il est resté dans l'ignorance du jugement de première instance (Civ. 1re, 6 déc. 1994, RGAT 1995. 155, note F. Vincent).

3280. Afin d'éviter que ne lui soit opposée sa renonciation pour prise de direction du procès, l'assureur peut valablement émettre des réserves concernant sa renonciation aux exceptions, au moment où il prend la direction du procès (Civ. 1re, 30 janv. 2002, RGDA 2002. 456, note M. Bruschi ; Civ. 1re, 23 sept. 2003, préc.). Par exemple, l'assureur peut retarder sa décision sur la mise en jeu de sa garantie au jour de la réception du rapport de l'expert. Dans cette hypothèse, il échappe à la renonciation tacite consacrée par le législateur (Civ. 1re, 30 janv. 1996, RCA 1996, comm. n° 149).

3281. Il a pu être jugé que l'assureur avait pu renoncer à invoquer une absence de garantie (Civ. 1re, 8 nov. 1989, RGAT 1990. 193, note R. Bout ; Civ. 1re, 22 mai 1996, RCA 1996, comm. n° 287), une exception de non garantie parce que la condition (au sens de définition) de la garantie n'était pas établie (Civ. 2e, 25 févr. 2010, n° 09-10.386, RGDA 2010, note S. Abravanel-Jolly) ou une exclusion conventionnelle de garantie (Civ. 1re, 22 nov. 1989, Bull. civ. I, n° 353, RGAT 1990. 194, note R. Bout ; Civ. 1re, 16 janv. 2001, RGDA 2001. 106, note J. Kullmann ; Civ. 2e, 10 avr. 2008, n° 07-12.796). De même que l'assureur peut avoir renoncé à invoquer la nullité du contrat (Civ. 1re, 18 mars 1997, Bull. civ. I, n° 98 ; RGDA 1997. 726, note A. Favre-Rochex), la prescription biennale (Civ. 1re, 8 nov. 1989, préc.), la suspension de la garantie (Civ. 1re, 27 mars 1973, RGAT 1974. 55) ou encore la résiliation du contrat (Civ. 1re, 5 oct. 1982, RGAT 1983. 208). L'assureur peut également renoncer à invoquer la résiliation du contrat pour défaut de paiement des primes (Civ. 2e, 8 sept. 2005, n° 04-15.889).

3282. Le principe de la renonciation de l'assureur doit toutefois être nuancé. L'article L. 113-17 du Code des assurances ne s'appliquerait pas lorsque l'assureur refuse sa garantie au motif que le risque litigieux n'est pas garanti ou lorsque l'assureur se prévaut d'un plafond de garantie (Civ. 1re, 8 juill. 1997, Bull. civ. I, n° 233 ; RCA 1997, comm. n° 316). La Cour de cassation a décidé, au visa de l'article L. 113-17 du Code des assurances, que « les exceptions visées par ce texte, en ce qu'elles se rapportent aux garanties souscrites, ne concernent ni la nature des risques garantis, ni le montant de cette garantie » (Civ. 1re, 18 juill. 2000, RGDA 2000. 903, obs. L. Mayaux ; RCA 2000, comm. n° 342 ; RGDA 2000. 903 note L. Mayaux- Civ. 3e, 29 janv. 2014, n° 12-27.919). Il n'y a pas de renonciation possible à invoquer la non garantie d'un risque que l'assuré n'avait pas déclaré (Civ. 1re, 29 févr. 2000, Bull. civ. I, n° 66 ; RCA 2000, comm. n° 170). Toutefois, lorsque l'assureur a dirigé le procès pendant sept ans et a versé des indemnités dont le montant est environ trois fois supérieur au montant prévu par le contrat, il est censé avoir renoncé à invoquer un quelconque plafond de garantie (Civ. 1re, 18 déc. 2002, RGDA 2003. 350, note J. Kullmann).

c - Exercice des recours

3283. La clause de direction du procès réserve à l'assureur le choix de contester ou non la décision rendue en première instance. Une décision particulièrement mal fondée est susceptible d'entraîner sa responsabilité contractuelle à l'égard de son assuré. L'assureur qui dirige le procès bénéficie ainsi du pouvoir d'interjeter appel quand bien même l'appel peut aboutir à alourdir la condamnation qui restera alors, pour partie, à la charge de l'assuré (Civ., 4 mai 1942, JCP 1942, II, 1885 ; DC 1942, p. 131, note A. Besson). Toutefois, depuis 1989, l'article L. 113-17, alinéa 2, du Code des assurances confère à l'assuré un droit d'immixtion car il peut trouver dans ce risque un intérêt légitime, au sens de ce texte, à s'immiscer dans le procès. En effet, la décision rendue en appel peut conduire à un dépassement du plafond de garantie, qui l'expose au versement de la part de réparation laissée à sa charge par l'assureur. Si l'assureur a formé le pourvoi à la légère, l'assuré peut utilement rechercher la responsabilité de son assureur en sa qualité de mandant, s'il parvient à démontrer une défaillance de ce dernier, à l'origine de son préjudice consistant en l'occurrence dans le fait de devoir prendre en charge une partie de la réparation des dommages qu'il a causés à la victime.

3284. Si l'assureur décide au contraire de ne pas faire appel, l'assuré ne perd pas la possibilité d'exercer cette voie de recours. Simplement, il s'expose à supporter seul une aggravation éventuelle de la charge de la réparation, s'il ne parvient pas à justifier son immixtion par nécessité de préserver ses intérêts. En pareilles circonstances, l'assureur semble en effet fondé à se prévaloir d'une immixtion de l'assuré injustifiée au regard des dispositions légales, qui peut être sanctionnée par des dommages et intérêts en fonction du préjudice subi par l'assureur. En pratique, l'assureur pourrait donc espérer réclamer à son assuré une somme correspondant au surplus d'indemnisation qu'il a dû verser à la victime à la suite de la décision rendue en appel.

3285. La jurisprudence est constante pour interdire à l'assureur de relever appel d'une décision prononcée par le juge pénal (Req., 4 déc. 1934, DH 1935, p. 3 ; l'interdiction vaut même si la clause confère la direction pour toute procédure, Crim., 17 févr. 1966, Bull. crim., n° 53 ; RGAT 1967. 70, note A. Besson). En effet, il appartient à ce dernier seulement de décider d'exercer un recours contre la décision de première instance.

Section 3 . Intervention de l'assureur dans le procès

§ 1 . Intervention de l'assureur dans le procès civil

3286. L'action en responsabilité contre l'assuré et l'action en garantie contre l'assureur sont étroitement liées, dans la mesure où l'assureur prend en charge les conséquences financières de la condamnation de son assuré. Cette relation particulière des deux actions explique que l'assuré puisse en principe mettre en cause son assureur dans l'instance introduite contre lui par la victime. Le principe est énoncé très clairement à l'article R. 124-1 du Code des assurances : « les polices d'assurance garantissant les risques de responsabilité civile (...) ne doivent contenir aucune clause interdisant à l'assuré de mettre en cause son assureur ni de l'appeler en garantie à l'occasion d'un règlement de sinistre ». Ce texte empêche donc les assureurs de stipuler valablement des clauses interdisant à leur assuré de les appeler en garantie.

3287. La victime exerçant son action directe ou l'assuré afin d'appeler son assureur de responsabilité en garantie peuvent attraire l'assureur dans le procès en responsabilité. Il s'agit alors de le faire condamner à garantir la responsabilité de son assuré et à verser directement sa prestation à la victime. Ces actions sont procéduralement fondées sur l'article 331 alinéa 1er du Code de procédure civile (C. pr. civ.) qui prévoit qu' « un tiers peut être mis en cause aux fins de condamnation par toute partie qui est en droit d'agir contre lui à titre principal ». L'intervention forcée de l'assureur en cause d'appel, notamment par appel en garantie de son assuré, ne sera possible que si l'évolution du litige justifie cette mise en cause (C. pr. civ., art. 555). L'évolution du litige peut consister dans le refus de l'assureur de prendre en charge la condamnation de son assuré prononcée en première instance (Civ. 1re, 26 mai 1994, Bull. civ. I, n° 362 ; RGAT 1994. 870, obs. L. Mayaux).

3288. L'assureur, comme garant de l'assuré peut ne pas se contenter de diriger le procès en coulisse par application de la clause de direction de procès. Il peut également se constituer partie dans le procès en intervenant volontairement soit aux côtés de son assuré, soit éventuellement pour faire valoir une exception. Conformément à l'article 554 du Code de procédure civile (« peuvent intervenir en cause d'appel dès lors qu'elles y ont intérêt les personnes qui n'ont été ni parties, ni représentées en première instance (...) »), l'intervention volontaire de l'assureur est toujours possible, même en cause d'appel ; la jurisprudence ancienne n'est pas remise en cause (CA Grenoble, 4 juin 1941, DA 1941, p. 344). En outre l'assureur dispose lui même d'un droit, fondé sur l'article 334 du Code de procédure civile, a appelé en garantie un responsable du dommage (Civ. 3e, 27 févr. 2008, n° 06-19.348 et 06-19.415 ; RGDA 2008. 520, note J. Beauchard)

3289. L'action aux fins de déclaration de jugement commun (C. pr. civ., art. 331, al. 2) vise à rendre le jugement statuant sur la responsabilité de l'assuré opposable à l'assureur. En revanche, une telle procédure ne permet pas au juge de statuer sur l'obligation à garantie de l'assureur. L'assureur pourra donc prétendre à l'issue de ce jugement que nonobstant la condamnation de son assuré il ne doit pas sa garantie en invoquant une exception. Toutefois, une assignation initiale de l'assureur en déclaration de jugement commun, n'empêche pas que l'instance puisse aboutir, en raison de l'évolution des débats, à un jugement statuant également sur l'obligation à garantie de l'assureur (Civ. 1re, 21 avr. 1971, Bull. civ. I, n° 125 ; RGAT 1972. 222).

3290. Il sera possible d'attraire l'assureur devant la juridiction civile qui connaît déjà de l'affaire. Toutefois, une société d'assurance mutuelle, dotée d'une personnalité morale de nature civile, ne pourra pas être assignée devant une juridiction commerciale (Com., 1er déc. 1970, Bull. civ. IV, n° 328 ; RGAT 1971. 491, note J. Bigot). De même que l'assureur de responsabilité ne peut pas intervenir au procès engagé devant les juridictions administratives, incompétentes pour statuer sur les litiges privés (CE, 11 déc. 1936, Gaz. Pal. 1937, 1, p. 441 ; T. confl., 13 nov. 2000, RGDA 2001. 159 ; sauf pour les contrats d'assurance passés en application du Code des marchés publics (par application de l'article 2, L. n° 2001-1168, 11 déc. 2001, dite « loi MURCEF »). La mise en cause de l'assureur du responsable n'est pas non plus envisageable devant les tribunaux paritaires des baux ruraux, en cas de responsabilité d'un fermier ou d'un métayer (CA Nancy, 20 juill. 1949, RGAT 1950. 54, obs. A. Besson).

3291. L'action de l'assuré contre son assureur, telle qu'un appel en garantie est soumise à la prescription biennale de l'article L. 114-1 du Code des assurances. En revanche, l'assureur peut opposer perpétuellement l'exception de non garantie contre son assuré ou la victime (Civ. 1re, 21 juin 1989, Bull. civ. I, n° 246). Enfin l'action directe de la victime contre l'assureur se prescrit selon le droit commun de la responsabilité qui est mise en œuvre car celle-ci bénéfice d'un droit propre à réparation (Civ., 28 mars 1939, DP 1939, 1, p. 68, note M. Picard ; Civ ; 1re, 19 oct. 1982, Bull. civ. I, n° 288).

§ 2 ▪ Intervention de l'assureur au procès pénal

3292. La mise en cause de l'assureur devant les juridictions civiles ne pose pas de difficulté particulière, sous réserve que soient respectés les effets de la clause de direction du procès. En revanche, l'intervention de l'assureur au procès pénal a pendant longtemps été prohibée, sur le fondement de l'article 3 du Code de procédure pénale d'où il résulte que l'action civile n'est recevable que pour les chefs de préjudices « qui découlent de faits, objet de la poursuite ». Or la garantie de l'assureur trouve sa cause dans le contrat d'assurance, pas dans le fait dommageable. Une loi n° 83-608 du 8 juillet 1983, dont les dispositions ont été intégrées aux articles 385-1 à 385-3, 388-1 et suivants du Code de procédure pénale, a finalement admis, dans certaines limites, la participation de l'assureur au procès pénal.

3293. L'article 388-1 du Code de procédure pénale fixe très précisément les frontières de l'intervention de l'assureur au procès pénal. En présence d'une infraction d'homicide ou de blessures involontaires, seuls les assureurs de responsabilité du prévenu ou de la personne qui est civilement responsable du prévenu et l'assureur ayant indemnisé la victime peuvent intervenir, ce qui accélère le processus d'indemnisation en permettant d'aborder les questions relatives à la mise en jeu de la garantie d'assurance au cours de l'instance pénale. Il résulte de l'article 388-1 du Code de procédure pénale que l'assureur de responsabilité ne peut être présent que si l'infraction donnant lieu à la poursuite, est un homicide involontaire ou une blessure involontaire ; l'assureur ne peut pas en dehors de son intervention strictement encadrée par l'article 388-1 se constituer partie civile (intervention de l'assureur vol écartée, Crim., 8 avr. 1986, RGAT 1987. 140, note R. Bout ; irrecevabilité dans un cas de coups ou violences volontaires avec armes, Crim., 31 mai 1989, Bull. crim., n° 229 ; Crim., 1er avr. 2008, n° 07-82.118 ; RGDA 2008. 775, note J. Beauchard ; irrecevabilité pour un incendie volontaire, Crim., 2 mars 1988, Bull. crim., n° 111 ; irrecevabilité pour un abus de confiance, Crim., 12 nov. 2008, n° 08-82.156, RGDA 2008. 273, note J. Beauchard). De même que, par application stricte de l'article 464 du Code de procédure pénale, le juge répressif statue sur la demande en réparation de la partie civile, mais il est incompétent pour connaître de la répartition de la charge définitive de la dette de responsabilité entre les coauteurs (Crim., 16 déc. 2008, n° 08-20.205 et 08-20.206, RGDA 2009. 275, note J. Beauchard). Il faut en outre, par application de l'article 388-3 du Code de procédure pénale que la victime ait bien exercé une action en réparation de son préjudice civil pour justifier l'intervention de l'assureur du responsable dans le procès (Crim., 12 oct. 1994, RGAT 1995. 984, note J. Beauchard).

3294. L'assureur du prévenu ou du civilement responsable peut intervenir (Crim., 2 avr. 1992, RGAT 1992. 598, note J. Beauchard) volontairement ou être mis en cause. En outre, il résulte des alinéas 2 et 3 de l'article 388-1 du Code de procédure pénale que l'assureur qui a indemnisé la victime peut être présent dès lors que cette dernière aurait été elle-même recevable à intervenir dans l'action pénale (Crim., 26 mai 1988, RGAT 1989. 334, note H. Margeat et J. Landel ; Crim., 3 juin 1992, RGAT 1992. 842, note J. Beauchard) ; toutefois, l'assureur ne saurait se constituer partie civile (Crim., 3 juin 1992, préc.).

3295. L'article 388-3 du Code de procédure pénale dispose que la décision de la juridiction pénale concernant les intérêts civils, est opposable à l'assureur, qu'il soit intervenu effectivement au procès ou qu'il se soit abstenu après avoir été régulièrement mis en cause. La Cour de cassation rappelle systématiquement cette règle, en indiquant que l'intervention volontaire ou forcée de l'assureur à l'instance pénale a pour objet de lui rendre opposable la décision sur les intérêts civils (Crim., 25 oct. 1990, RGAT 1991. 83, obs. H. Margeat et J. Landel ; Crim., 28 mai 1997, RCA 1997, comm. n° 322). Cette intervention de l'assureur ayant seulement pour objet de lui rendre opposable la décision rendue à l'égard du prévenu sur les intérêts civils (Crim., 23 sept. 1998, RGDA 1999. 238, note J. Beauchard ; Crim., 18 mars 2008, n° 07-82.158 ; RGDA 2008. 777, note J. Beauchard), le juge pénal ne peut pas prononcer de condamnation à paiement à l'encontre de l'assureur (Crim., 3 avr. 2001, RCA 2001, comm. n° 243, obs. H. Groutel ; Crim., 1er avr. 2003, n° 02-84.578 ; Crim., 18 mars 2008, préc.).

3296. Aux termes de l'article 385-1 du Code de procédure pénale, l'assureur mis en cause ne peut utilement se prévaloir d'exceptions de garantie que si trois conditions sont réunies :
- l'assureur doit effectivement intervenir à l'instance ;

- l'exception doit exonérer totalement l'assureur de son obligation de garantie : exclusion de risque, nullité consécutive à une fausse déclaration intentionnelle de risque... (C. pr. pén., art. 385-1) ; est par exemple irrecevable, une exception tendant à faire reconnaître une réduction d'indemnité pour fausse déclaration non intentionnelle de risque (Crim., 9 avr. 1992, RGAT 1993. 354, obs. J. Beauchard ; Crim., 25 févr. 1997, RGDA 1997. 912, obs. J. Beauchard) ;
- enfin, l'exception doit être soulevée au cours de l'audience à laquelle il intervient pour la première fois, avant toute défense au fond, à peine de forclusion ; est par exemple irrecevable une exception de non-garantie présentée par l'assureur du prévenu à l'issue des débats sur le fond (Crim., 24 avr. 1989, RGAT 1989. 808, note H. Margeat et J. Landel).

3297. En cas de relaxe du responsable poursuivi pour une infraction non intentionnelle, la juridiction répressive reste compétente pour attribuer des dommages et intérêts à la victime au titre de la responsabilité civile de l'auteur du dommage (C. pr. pén., art. 470-1). Encore faut-il que la victime ait formulé une demande de réparation de son préjudice avant la clôture des débats (C. pr. pén., art. 470-1 ; Crim., 12 oct. 1994, préc.). Cette condamnation au paiement de dommages-intérêts au titre de la réparation civile est ainsi rendue opposable à l'assureur mis en cause. Une telle solution évite à la victime d'engager une action devant les juridictions civiles, et accélère le processus d'indemnisation.

3298. L'article 388-1 alinéa 3 du Code de procédure pénale prévoit que concernant les voies de recours les règles concernant les personnes civilement responsables et les parties civiles sont applicables à l'assureur du prévenu et à celui de la partie civile. Concernant l'appel, l'article 509 alinéa 2 du Code de procédure pénale dispose que « l'appel de l'assureur produit effet à l'égard de l'assuré en ce qui concerne l'action civile ». L'appel doit être dénoncé à l'assuré par lettre recommandée avec demande d'avis de réception dans les trois jours. Cet appel n'autorise pas la cour saisie à aggraver le sort du prévenu (C. pr. pén., art. 515 al. 2), seul l'appel du ministère public permet d'aggraver la peine (C. pr. pén., art. 515, al. 1er). Sur le fond, l'assureur peut interjeter appel pour faire juger recevable et bien fondée son exception de non garantie. Il peut notamment soutenir que la faute de son assuré revêt un caractère intentionnel afin de dénier sa garantie au titre de l'exclusion légale de la faute intentionnelle (Crim., 20 janv. 1993, RGAT 1993. 653, note J. Beauchard). Par ailleurs, la cassation de l'arrêt d'appel qui serait obtenu par l'assureur bénéficie à l'assuré quand bien même ce dernier n'a pas formé de pourvoi (Crim., 5 juin 1984, RGAT 1985. 287, note G. Viney).

Les assurances des consommateurs

Titre 1
Les assurances de dommages 805

Titre 2
Les assurances de personnes 1105

Titre 1 ▪ Les assurances de dommages

▪ Sous-titre 1 Le logement

▪ Chapitre 1 La MRH : présentation générale

BIBLIOGRAPHIE

L'Argus de l'assurance

Ouvrages. – F. Couilbault, S. Couilbault - Di Tommaso, V. Huberty, *Les grands principes de l'assurance*, L'Argus éd.,, 2013. – J. Landel, *Lexique des termes d'assurance*, L'Argus éd., 2014.

Autres documentations

Ouvrages. – B. Beignier, S. Ben Hadj Yahia, *Droit des assurances*, LGDJ, Lextenso, 2e éd., 2015 – J. Bigot (sous dir.) *et alii, Traité de droit des assurances*, « Le contrat d'assurance », t. 3, LGDJ, Lextenso, 2e éd., 2014 – A. Pimbert, *L'essentiel du droit des assurances*, Gualino, 2e éd., 2014-2015 – S. Abravanel-Jolly, *Droit des assurances*, Ellipses, 2013 – J. Bonnard, *Droit des assurances*, LexisNexis, 4e éd., 2012 – Y. Lambert-Faivre et L. Leveneur, *Droit des assurances*, Dalloz, 13e éd., 2011 – M. Chagny et L. Perdrix, *Droit des assurances*, LGDJ, 2009 - H. Groutel (sous dir.) *et alii, Traité du contrat d'assurance terrestre*, Litec, 1re éd., 2008 – .C. Atias, *Guide de la copropriété des immeubles bâtis*, Edilaix, 2012. – M. Barré-Pépin, *La protection du logement en droit privé*, Litec, 1re éd., 2009 – H. Des Lyons et Y. Rouquet, *Baux d'habitation*, Delmas, 7e éd., 2011.

Articles. MRH. L'entrée dans l'univers de l'habitat, Trib. ass., mars 2009.

Section 1 . Evénements garantis

§ 1 . Risques « multiples »

3299. Tous les contrats d'assurance multirisques habitation proposent une garantie de base qui couvre invariablement cinq événements :
- l'incendie et les risques assimilés (comme l'explosion) ;
- le vol ;
- le dégât des eaux ;
- le bris de glace ;
- et la responsabilité civile « vie privée » (V. Sous-titre 3 – Responsabilité et litiges ; Chapitre 1 – L'assurance responsabilité civile « vie privée »).

3300. Pour les risques incendie et dégât des eaux l'assurance présente toujours deux aspects : elle est à la fois une assurance de choses en tant qu'elle garantit l'assuré contre les dommages aux biens que l'événement peut lui causer et une assurance de responsabilité en tant qu'elle garantit l'assuré contre les recours exercés contre lui par des tiers pour le préjudice que l'un de ces événement dont il est responsable a pu leur causer. Le risque de dégât des eaux par exemple est ainsi couvert à double titre : l'assurance MRH prend non seulement en charge les dommages matériels subis par l'assuré, mais également les conséquences pécuniaires découlant de la responsabilité que l'assuré encourt envers un tiers victime ou un contractant. Les sinistres dégâts des eaux mettent en jeu des responsabilités qui sont souvent difficiles à déterminer et qui sont susceptibles d'entraîner des recours longs et coûteux. Ces difficultés, renforcées par le nombre très important de sinistres chaque année, ont conduit les assureurs à élaborer des conventions, dont l'objectif est de réduire le coût moyen des sinistres et d'accélérer les procédures d'indemnisation. Actuellement, la très grande majorité de ces sinistres est ainsi réglée dans le cadre de la convention CIDRE (Convention d'indemnisation directe et de recours dégâts des eaux) et de la convention CID COP (Convention d'indemnisation des dégâts des eaux dans la copropriété).

3301. La souscription d'un contrat d'assurance MRH emporte obligation pour l'assureur d'y intégrer automatiquement la garantie de certains risques (risque de catastrophe naturelle, C. assur., art. L. 125-1 et s. ; risque de catastrophe technologique, C. assur., art. L. 128-1 et s. ; risque d'actes de terrorisme, C. assur., art. L. 126-2; risque de tempête, ouragan et cyclone (TOC), C. assur., art. L. 122-7). Ainsi, tous les particuliers qui possèdent une assurance multirisques habitation sont-ils obligatoirement indemnisés, par leur propre assureur, pour les dommages causés à leurs biens par ces différents événements. Ces extensions de garantie obligatoire sont d'ordre public, ce qui emporte trois conséquences essentielles : toute clause d'exclusion est nulle ; dans le silence du contrat, la loi édicte une présomption de garantie ; l'assureur qui ne souhaiterait pas garantir l'un de ces risques doit s'abstenir de délivrer tout contrat d'assurance multirisques habitation.

3302. Depuis de nombreuses années, la diversification est l'un des traits actuels les plus saillants de l'assurance MRH. Les contrats proposent de plus en plus souvent aux assurés de nombreuses autres garanties, qui ne sont que facultatives. Ces garanties sont généralement de deux sortes : certaines viennent en complément de la garantie de base (comme par exemple la garantie « dommages ménagers » qui couvre les dommages consécutifs à un excès de chaleur et complète ainsi l'assurance contre l'incendie) ; d'autres pourraient exister (et existent d'ailleurs) indépendamment de la garantie de base, laquelle n'est alors que le support de divers services relatifs à la vie privée en général (tel est le cas par exemple de la garantie « protection juridique »).

3303. Dans le cas où le logement fait l'objet d'un contrat de bail, des garanties d'assurance spécifiques peuvent être souscrites par le propriétaire ou par le locataire dans le cadre du contrat d'assurance MRH. Ainsi en est-il par exemple de la garantie « pertes des loyers » qui permettra au propriétaire de continuer à percevoir le montant des loyers dont le sinistre le prive. En revanche, le contrat d'assurance MRH n'a jamais pour objet de garantir le non-paiement des loyers résultant de l'insolvabilité du locataire. La garantie « loyers impayés » (GLI) n'est en effet accordée au propriétaire que par la souscription d'un contrat facultatif distinct : le contrat d'assurance « loyers impayés », (sur la garantie universelle des « risques locatifs », V. CCH, art. L. 313-20 ; C. assur., art. R. 426-1 et s.).

§ 2 ■ Risques « habitation »

3304. Le contrat d'assurance MRH a pour objet de couvrir plusieurs risques pouvant affecter l'assuré dans le cadre strict de sa vie privée, ce que traduit le terme « habitation ». Cette délimitation du champ d'application du contrat emporte deux conséquences : il s'ensuit d'abord que l'assuré est nécessairement une personne physique ; il en résulte ensuite qu'aucune activité professionnelle, associative ou syndicale n'est en principe couverte par ce contrat. Une police multirisque habitation n'a ainsi pas vocation à garantir les risques d'une activité commerciale. Cependant, s'il est prouvé que l'assureur était parfaitement informé de la destination locative de l'immeuble, tant la demande d'adhésion que l'avis de renouvellement du contrat mentionnant que le logement assuré était une maison-résidence locative, la garantie est alors due (Civ. 3e, 7 oct. 2014, n° 13-16.026).

3305. Il arrive qu'une activité professionnelle soit exercée dans un local commun avec l'habitation. Cette situation concerne notamment les petits artisans et les commerçants, les agriculteurs ainsi que les membres des professions libérales. S'agissant des artisans, commerçants et membres des professions libérales, il est possible, soit de souscrire deux contrats distincts (à condition toutefois d'être certain de leur complémentarité), soit d'intégrer les garanties que donne le contrat multirisques habitation dans le contrat d'assurance des risques professionnels (conclusion par exemple d'un contrat multirisques commercial avec extension au risque d'habitation). Les agriculteurs sont quant à eux soumis à des dispositions particulières du Code rural par rapport auxquelles il est recommandé d'intégrer les garanties de la police d'assurance multirisques habitation dans la police d'assurance de l'exploitation agricole.

3306. Le contrat garantit le local d'habitation (maison individuelle ou appartement situé dans un immeuble collectif) ainsi que ses dépendances. La garantie porte sur les bâtiments et constructions sous toiture, ainsi que sur les aménagements et installations immeubles par destination (C. civ., art. 524 et 525).
En revanche, le sol, ainsi que les arbres et les plantations, sont exclus de la garantie.

3307. Le contrat garantit également ce qui est fréquemment dénommé « le contenu », c'est-à-dire le mobilier personnel constitué par l'ensemble des meubles meublants et objets divers qui garnissent le local d'habitation et qui appartiennent à l'assuré et/ou aux personnes dont il répond.

3308. En raison du champ d'application du contrat (lequel est limité à « l'habitation » ou autrement dit, à la vie privée, de l'assuré), tous les objets professionnels sont en principe exclus de la garantie. De nombreux contrats prévoient toutefois une tolérance assortie d'un faible plafond de garantie.

Section 2 ■ Souscription facultative ou obligatoire

3309. En pratique, le souscripteur de l'assurance MRH est généralement le bénéficiaire principal du contrat ; il agit pour lui et pour les membres de sa famille (conjoint et enfants mineurs le plus souvent) résidant dans le logement qui est l'objet du contrat. Toutefois, les risques pris en charge par le contrat d'assurance correspondent d'abord aux objectifs qui ont motivé la décision de l'assuré ou, autrement dit, pour reprendre les termes de l'article L. 121-6 du Code des assurances, à son « intérêt à la conservation d'une chose ». La nature de cet intérêt et les obligations qui s'y rapportent dépendent de la qualité de l'assuré.

§ 1 ■ Propriétaire ou copropriétaire

3310. Le propriétaire d'un logement n'est en principe soumis à aucune obligation légale d'assurance, laquelle constituerait une atteinte peu justifiée au droit de propriété. Des raisons d'élémentaire prudence commandent cependant d'avoir recours à l'assurance MRH, d'abord pour couvrir les dommages que l'un des événements précités (incendie, dégât des eaux, vol, ...) pourrait causer aux biens dont on est soi-même propriétaire, ensuite pour garantir la responsabilité que l'on est susceptible d'encourir, en qualité de propriétaire, à l'égard d'un contractant (locataire par exemple) ou d'un tiers (tel qu'un voisin) ayant subi un dommage causé par un événement dont on est responsable.

3311. Si la souscription d'un contrat d'assurance MRH n'est pas obligatoire pour le propriétaire, elle peut toutefois être imposée à celui-ci par l'un de ses cocontractants. Il en va ainsi par exemple lorsque l'immeuble est grevé d'une hypothèque donnée par le propriétaire en garantie du remboursement d'un prêt. Dans cette hypothèse, il est de l'intérêt du prêteur d'exiger de son débiteur la souscription d'une assurance MRH. De fait, une obligation en ce sens est très fréquemment stipulée à la charge de l'emprunteur dans les contrats de prêt. Le prêt n'est alors délivré par la banque qu'au vu du contrat couvrant le bien hypothéqué et d'une attestation de l'assureur certifiant que le montant des garanties est satisfaisant. En cas de sinistre, le créancier pourra ainsi faire jouer à son profit l'article L. 121-13 du Code des assurances, lequel dispose que les indemnités dues par suite d'assurance, notamment contre l'incendie ou contre la grêle, sont attribuées, sans qu'il y ait besoin de délégation expresse, aux créanciers privilégiés ou hypothécaires, suivant leur rang.

3312. Lorsque l'immeuble appartient à plusieurs copropriétaires, le règlement de copropriété précise quelles sont les parties communes, c'est-à-dire celles qui sont la propriété de l'ensemble des copropriétaires et qui sont affectées à l'usage de tous (fondation, gros œuvre, toiture, escaliers, ascenseurs, etc.) et les parties privatives, lesquelles n'appartiennent qu'à un seul copropriétaire qui s'en réserve l'usage exclusif et qui en supporte seul l'entretien, ainsi que les responsabilités s'y rapportant (L. n° 65-557, 10 juill. 1965 fixant le statut de la copropriété des immeubles bâtis, art. 1er). S'agissant des parties communes (qui sont administrées par le syndicat des copropriétaires), aucune obligation légale d'assurance ne pesait, jusqu'en 2014, sur le syndicat des copropriétaires. La plupart des règlements de copropriété imposaient cependant la souscription d'une assurance. Depuis la loi n° 2014-366, dite "ALUR" du 24 mars 2014 pour l'accès au logement et à un urbanisme rénové (JO 26 mars 2014), l'article 9-1 de la loi du 10 juillet 1965 impose à chaque copropriétaire de s'assurer contre les risques de responsabilité civile dont il doit répondre en sa qualité, soit de copropriétaire occupant, soit de copropriétaire non occupant. Chaque syndicat de copropriétaire est par ailleurs tenu de s'assurer contre les risques de responsabilité civile dont il doit répondre.

§ 2 ▪ Locataire

3313. Depuis la loi n° 89-462, dite « Quilliot », du 6 juillet 1989 (tendant à améliorer les rapports locatifs et portant modification de la loi n° 86-1290 dite loi « Méhaignerie » du 23 décembre 1986), le locataire doit obligatoirement souscrire une assurance couvrant la responsabilité qu'il peut, en sa qualité de locataire, encourir à l'égard de son propriétaire pour les dommages matériels causés aux biens de ce dernier (art. 7, g)). Les dispositions de cette loi sont d'ordre public et s'appliquent aux locataires de locaux à usage d'habitation principale ou à usage mixte professionnel et d'habitation principale, ainsi qu'aux locataires de garages, places de stationnement, jardins et autres locaux, loués accessoirement au local principal par le même bailleur (art. 2, al. 1). Ne sont en revanche pas soumis à l'obligation légale d'assurance, les occupants des locations saisonnières, résidences secondaires, meublés, logements foyers et logements de fonction (art. 2, al. 2).

3314. Par application de l'article 7, g) de la loi du 6 juillet 1989, le locataire a l'obligation « de s'assurer contre les risques dont il doit répondre en sa qualité de locataire et d'en justifier lors de la remise des clés puis, chaque année, à la demande du bailleur ». Les risques garantis sont les risques d'incendie, d'explosion et de dégât des eaux. L'article 7, g) de la loi donne également au propriétaire la possibilité d'insérer dans le bail une clause de résiliation de plein droit en cas de défaut d'assurance. Cette garantie obligatoire, qui constitue habituellement en pratique un volet de l'assurance MRH, est communément appelée par les assureurs « assurance responsabilité locative », « assurance risque locatif », ou encore « assurance recours locatif ». Lorsque le mandataire du propriétaire omet de vérifier que le locataire a bien souscrit l'assurance obligatoire, il engage sa responsabilité contractuelle à l'égard du propriétaire mandant (en ce sens, V. Civ. 2e, 13 oct. 2005, n° 04-16.139, Bull. civ. II, n° 247 ; RCA 2005, n° 367, obs. H. Groutel : qui qualifie de faute l'omission à l'origine d'une perte de chance de récupérer le complément du préjudice non pris en charge par l'assureur. V. également, H. Groutel, L'administrateur de biens, le locataire non assuré et l'assureur du propriétaire, RCA 1994, chron. 12 ; Administrateur de biens ou ange gardien ?, RCA 1996, chron. 8 ; L'administrateur de biens et le locataire non assuré : suite du feuilleton, RCA 1997, chron. 20). Depuis le 1er août 2015, les bailleurs et locataires doivent respecter un contrat type de location : une note d'information – qui doit être jointe au contrat – rappelle que le locataire est tenu de s'assurer contre les risques locatifs et d'en justifier lors de la remise des clefs, puis chaque année, à la demande du bailleur, par la remise d'une attestation.

3315. Depuis la loi n° 2014-366 du 24 mars 2014 pour l'accès au logement et à un urbanisme rénové, le bailleur a la possibilité de souscrire une assurance pour le compte de son locataire (mod. art. 7, g) de la loi du 6 juill. 1989). Avant de pouvoir agir, le bailleur doit mettre en demeure son locataire de lui fournir une attestation d'assurance. La lettre de mise en demeure doit informer le locataire qu'à défaut de remise d'une attestation dans un délai d'un mois, le propriétaire souscrira une assurance pour son compte, augmentant ainsi son loyer. Cette mise en demeure « vaut renoncement à la mise en œuvre de la clause prévoyant, le cas échéant, la résiliation de plein droit du contrat de location pour défaut d'assurance du locataire ». Il appartient donc au propriétaire de choisir entre la souscription pour compte ou la résiliation. L'assurance est limitée à la couverture des risques dont la personne doit répondre en sa qualité de locataire : incendie, dégâts des eaux et explosion. Le montant total de la prime d'assurance annuelle, éventuellement majoré dans la limite d'un montant restant à fixer par décret en Conseil d'Etat, est récupérable par le bailleur par douzième à chaque paiement du loyer. Il est inscrit sur l'avis d'échéance et porté sur la quittance remise au locataire. Une copie du contrat d'assurance est transmise au locataire lors de sa souscription et lors de chaque renouvellement. Si le locataire souscrit, ultérieurement et de son propre chef, une assurance, le propriétaire peut alors résilier le contrat souscrit pour compte dans le délai le plus bref autorisé par la loi (C. assur., art. L. 113-12 pour la résiliation annuelle ; art. L. 113-15-2 pour la résiliation infra-annuelle). Ces nouvelles dispositions s'appliquent aux contrats en cours à la date d'entrée en vigueur de la loi, c'est-à-dire le 27 mars 2014.

Chapitre 2
La MRH : l'assurance des biens

BIBLIOGRAPHIE

L'Argus de l'assurance

Ouvrages. – A. Gellion et J. Landel, *L'assurance incendie – Pratique de la souscription et du règlement des sinistres*, L'Argus, 2e éd. 1998. – D. Laborie, *Pratique du règlement des sinistres MRH*, éd. L'Argus, coll. « Plus », 1998. – F. Couilbault, S. Couilbault- Di Tommaso, V. Huberty, *Les grands principes de l'assurance*, L'Argus éd., 2013. – J. Landel, *Lexique des termes d'assurance*, L'Argus éd., 2014. – J. Bigot (sous dir.), *Code des assurances*, L'Argus éd.,

Articles. – **Assurance incendie** : C. Heaulmé, Les assureurs se brûlent les doigts sur la malveillance, L'Argus, 1997, suppl. n° 6548, p. 24. – H. Groutel, Les principales garanties d'un contrat d'assurance incendie, L'Argus, 1999, n° 6653, p. 6. – G. Defrance, À la recherche d'indices d'un incendie volontaire, L'Argus 1996, n° 6475, p. 32. – **Assurance vol** : G. Defrance, Une assistance quotidienne pour assurer la sécurité des biens, L'Argus 1997, n° 6539, p. 10. – D. Burg, La criminalité, Hydre de Lerne pour l'assurance, L'Argus 1993, n° 6303, p. 28. – **Assurance dégât des eaux** : G. Defrance, De nouvelles procédures pour régler les sinistres, L'Argus, 30 janv. 2004, n° 6866, p. 32.

Autres documentations

Ouvrages. – B. Beignier, S. Ben Hadj Yahia, *Droit des assurances*, LGDJ, Lextenso, 2e éd., 2015 – J. Bigot (sous dir.) *et alii, Traité de droit des assurances*, « Le contrat d'assurance », T. 3, LGDJ, Lextenso, 2e éd., 2014 – A. Pimbert, *L'essentiel du droit des assurances*, Gualino, 2e éd., 2014-2015 – S. Abravanel-Jolly, *Droit des assurances*, Ellipses, 2013 – J. Bonnard, *Droit des assurances*, LexisNexis, 4e éd., 2012 – Y. Lambert-Faivre et L. Leveneur, *Droit des assurances*, Dalloz, 13e éd., 2011 ; M. Chagny et L. Perdrix, *Droit des assurances*, LGDJ, 2009. - H. Groutel (sous dir.) *et alii, Traité du contrat d'assurance terrestre*, Litec, 1re éd., 2008 – M. Barré-Pépin, *La protection du logement en droit privé*, Litec, 1re éd., 2009. - H. Des Lyons et Y. Rouquet, *Baux d'habitation*, Delmas, 7e éd., 2011 – T. Berthin-Lachaud et S. Pinguet, *L'assurance contre l'incendie*, Ass. Fr., 2002.

Articles. – **Assurance incendie** : N. Nicolaides, Le contrat d'assurance incendie dans les vente d'immeuble : un paragraphe délaissé, JCP N 1998, n° 46, p. 1607. – H. Groutel, L'expertise incendie et les rapports entre assureur de chose et assureur de responsabilité, RCA 1996, n° 5 ; Le point de départ des intérêts de l'indemnité d'assurance (assurance incendie et autres), RCA 1995, n° 5, p. 1. - T. Tarroux, L'immeuble et l'assurance incendie, Rev. Administrer 1996, p. 4. – **Assurance vol** : D. Noguéro, Liberté de la preuve du sinistre ou condition du jeu de la garantie vol ?, RCA 2004, comm. n° 199 et p. 11. - J. Kullmann, De l'aménagement contractuel de la preuve du vol à la liberté de la preuve du sinistre... La Convention européenne des droits de l'Homme à l'assaut du contrat d'assurance, RGDA 2004. 561. – **Assurance dégât des eaux** : J. Boulard, Réflexions sur la convention CIDRE 1982, Ass. fr. 1982, p. 376.

Section 1 . Garanties principales

§ 1 . Assurance contre l'incendie

3316. L'assurance contre l'incendie constitue la forme la plus ancienne de l'assurance terrestre. Créée en Angleterre après le gigantesque incendie qui ravagea Londres en 1666, elle est en effet apparue en France dès le début du XVIIIe siècle.

Au sens large, l'assurance contre l'incendie est une assurance de dommages qui a pour objet d'indemniser l'assuré à raison du préjudice patrimonial que peut lui causer la survenance d'un incendie.

3317. Au sens strict, elle constitue une assurance de choses, qui permet à l'assuré d'obtenir l'indemnisation des dommages matériels qui lui ont directement été causés par le feu.
La spécificité de cette assurance est reconnue par le Code des assurances qui lui consacre un chapitre entier (C. assur., Chapitre II, Les assurances contre l'incendie : art. L. 122-1 à L. 122-8).

A ▪ Évènements garantis

1 ▪ Garantie de base

a - Incendie

3318. L'article L. 122-1 du Code des assurances énonce que « l'assureur contre l'incendie répond de tous dommages causés par conflagration, embrasement ou simple combustion. Toutefois, il ne répond pas, sauf convention contraire, de ceux occasionnés par la seule action de la chaleur ou par le contact direct et immédiat du feu, s'il n'y a eu ni incendie, ni commencement d'incendie susceptible de dégénérer en incendie véritable ».
Cette définition légale est généralement précisée par les contrats qui prévoient par exemple : « sont garantis les dommages causés directement par l'incendie proprement dit, c'est-à-dire l'action du feu causant des dommages hors de son foyer normal et la fumée consécutive ; la combustion » ou encore, « l'incendie, c'est-à-dire la combustion avec flammes en dehors d'un foyer normal ».

3319. L'incendie suppose un feu actif, c'est-à-dire une flamme ou, si l'on préfère, une combustion vive. Ne sont donc pas couverts les dommages causés par la seule action de la chaleur, de la vapeur ou d'une fumée excessive (provenant par exemple d'appareils de chauffage ou d'éclairage en surtension). Il en va de même des dégâts occasionnés, sans flamme, par une substance incandescente (brûlures provoquées par un tison échappé d'un foyer ou par une cigarette).

3320. L'incendie implique également un feu accidentel, c'est-à-dire contraire au cours normal des choses : le feu doit être né et s'être propagé hors de son domaine ordinaire, attaquant ainsi des biens non destinés à être brûlés. Sont donc exclus de la garantie, faute de feu « accidentel », les dommages causés à des objets enflammés dans le milieu normal du feu qui les détruit (un objet tombé ou jeté par mégarde dans un foyer qui n'est pas couvert). Sont également exclus de la garantie les dommages causés par un incendie résultant de la faute intentionnelle de l'assuré (Civ. 1re, 16 déc. 2003, n° 01-02.422, inédit, L'Argus, n° 6867, 6 févr. 2004, p. 37 : faute intentionnelle de l'assuré qui présentait, au moment des faits, une alcoolémie aiguë ; Civ. 2e, 25 fév. 2010, n° 09-13.788, inédit : faute intentionnelle de l'assuré ayant provoqué l'incendie en voulant mettre fin à ses jours. V. également : Civ. 2e, 9 juill. 2009, n° 08-18.512,inédit, RCA 2009, n° 338, note H. Groutel ; RDI 2009, 654, obs. D. Noguéro ; Civ. 2e, 28 avril 2011, n° 10-17.501, inédit).

3321. L'article L. 122-5 du Code des assurances prévoit en outre que l'assureur « ne répond pas des pertes et détériorations de la chose assurée provenant du vice propre ; mais il garantit les dommages d'incendie qui en sont la suite, à moins qu'il ne soit fondé à demander la nullité du contrat d'assurance par application de l'article L. 113-8, premier alinéa ». Par conséquent, si un matériel de chauffage vétuste prend feu, les dommages causés par les flammes aux choses qui l'entourent sont garantis. En revanche, le matériel lui-même n'est pas couvert.

b - Explosion et chute de la foudre

3322. Il est aujourd'hui acquis que la garantie du risque d'explosion est indissociable de celle du risque d'incendie, la première étant quasiment systématiquement intégrée dans la seconde. En effet, quoique distincts, les deux événements peuvent se produire lors d'un même sinistre ; il est alors apparu plus simple en pratique de mettre en œuvre un seul contrat d'assurance couvrant les deux risques. Les contrats multirisques habitation définissent l'explosion comme consistant en « une action subite et violente de la pression ou de la dépression de gaz ou de vapeur ». Cette définition contractuelle vise toutes les formes d'explosions possibles, y compris l'implosion (d'un téléviseur par exemple). Sont également couverts les « coups d'eau » (phénomène de surpression qui résulte d'un refroidissement dans une machine à vapeur). En revanche, la garantie ne prend pas en charge certains dommages, comme ceux résultant par exemple d'un « coup de feu » (c'est-à-dire d'un excès de chaleur lié à une insuffisance de l'alimentation et de la circulation d'eau dans un appareil à vapeur) ; ou encore les explosions qui prennent naissance à l'intérieur de compresseur, moteur, turbine, récipient ou réservoir, entraînant la déformation, sans rupture, de ceux-ci.

3323. La police incendie couvre également d'office les dommages causés par la chute de la foudre, c'est-à-dire ceux occasionnés par le choc de la décharge électrique aérienne, sans qu'il soit suivi d'incendie, à condition toutefois que le dommage provienne de la chute directe de la foudre sur les biens assurés (la foudre tombant sur le toit d'un pavillon, alors partiellement détruit, entraîne l'intervention de l'assureur, mais non la foudre tombée sur un arbre du jardin qui s'est ensuite écroulé sur le pavillon). La garantie foudre se distingue de la garantie « dommages électriques » qui est toujours une garantie optionnelle.

2 ■ Garanties optionnelles

a - Dommages électriques et dommages ménagers

3324. Les appareils électriques et électroniques représentent un risque particulier qui a conduit les assureurs à élaborer une garantie optionnelle spécifique couvrant les dommages causés à ces appareils, ainsi qu'aux canalisations électriques, par divers évènements : incendie et/ou explosion prenant naissance à l'intérieur des appareils, dysfonctionnements électriques divers (surtensions ou courts-circuits).

3325. La garantie « dommages électriques » s'applique généralement à tous les appareils (machines électriques, électroniques, transformateurs) ou encore canalisations électriques. Il ne s'agit toutefois pas d'un contrat d'entretien. C'est pourquoi la garantie comporte toujours des exclusions, qui visent notamment tous les accidents relevant de l'usure des installations ou d'un défaut d'entretien, ainsi que certains accessoires de l'appareil (du type fusibles, résistances, tubes électroniques...).

3326. Elle est par ailleurs toujours assortie d'une franchise et accordée moyennant l'application d'un barème de dépréciation pour vétusté (coefficient de vétusté calculé forfaitairement par année d'ancienneté depuis la date de mise en service de l'appareil ou de l'installation, ce coefficient variant en fonction du type d'appareil :
ex : un lecteur de DVD : vétusté = 10 % par an avec un maximum de 80 %).

3327. Une autre option, la garantie « dommages ménagers », permet de prendre en charge les dommages causés aux biens de l'assuré par l'action subite de la chaleur ou d'une substance incandescente, même en l'absence d'incendie ou de commencement d'incendie susceptible de dégénérer en incendie véritable (brûlure de fer à repasser par exemple).

3328. Comme la garantie « dommages électriques », la garantie « dommages ménagers » ne saurait constituer un contrat d'entretien ; elle n'est donc accordée que de manière limitée (faible plafond) moyennant une franchise et déduction faite de la valeur usuelle. En raison de leur fréquence, les accidents de fumeurs en sont toujours exclus.

b - Grêle, poids de la neige sur les toitures et dommages de mouille

3329. La garantie « grêle, poids de la neige et dommages de mouille » complète, par une option, la garantie obligatoire tempêtes, ouragans, cyclones (garantie TOC, v. infra : extensions de garanties obligatoires).
Elle couvre les dommages résultant de l'action mécanique de la grêle, ou du poids de la neige ou de la glace accumulée sur les toitures des biens assurés. Les vitrages qui pourraient être endommagés par la grêle sont en revanche exclus ; ils relèvent de la garantie bris de glace.
Elle couvre également tous les dommages dit de « mouille », c'est-à-dire les dommages causés à l'intérieur des bâtiments par la pluie, la neige, la grêle, à la suite de la destruction (partielle ou totale) de ceux-ci par l'un des événements faisant l'objet de la garantie (tempête, neige, grêle). Les dommages de mouille qui ne trouvent pas leur origine dans l'un de ces évènements sont en revanche exclus ; ils peuvent cependant être couverts par la garantie dégâts des eaux.
De manière générale, la mise en œuvre de la garantie est soumise à certaines conditions précisées par le contrat : le risque couvert doit revêtir une intensité particulière (preuve par exemple de l'intensité inhabituelle du phénomène climatique). Une franchise est systématiquement stipulée et certains biens font l'objet d'exclusions spécifiques (par ex. : bâtiments mal entretenus ou trop vétustes, bâtiments non entièrement clos et couverts).

c - Choc ou chute d'appareils de navigation aérienne

3330. La garantie optionnelle « ANA » (appareil de navigation aérienne) couvre les dommages causés aux biens de l'assuré par le choc ou la chute d'appareils de navigation aérienne (quels qu'ils soient : avion, hélicoptère, ULM...) et d'engins spatiaux ou d'objets tombés de ceux-ci.

B ▪ Dommages garantis

1 ▪ Garantie des dommages matériels

3331. L'article L. 122-2 du Code des assurances précise que, sauf convention contraire, seuls sont pris en charge les dommages matériels résultant directement d'un incendie ou d'un commencement d'incendie. L'adjectif « matériels » limite les dommages garantis à ceux qui portent atteinte à la structure ou à la substance de la chose ; ce qui exclut par conséquent la garantie les dommages immatériels (perte des loyers par exemple consécutive à la destruction par un incendie dû à un vice de construction d'un immeuble occupé par un locataire).

3332. Aux dommages matériels directs, l'article L. 122-3 du Code des assurances assimile « les dommages matériels occasionnés aux objets compris dans l'assurance par les secours et par les mesures de sauvetage ». Cette disposition met ainsi impérativement à la charge de l'assureur les dommages dus aux mesures prises par l'assuré ou par les autorités pour arrêter la propagation de l'incendie. L'ordre public est en effet intéressé à ce que, le plus rapidement possible, soient prises toutes les mesures de sauvetage ou de secours afin d'enrayer le sinistre et d'en éviter l'extension : à cette fin, des dommages matériels peuvent donc être causés aux biens assurés, non par le feu même, mais soit par l'eau, soit par des démolitions effectuées volontairement pour arrêter les progrès de l'incendie.

3333. Enfin, l'article L. 122-4 du Code des assurances étend la garantie incendie à « la perte ou la disparition des objets assurés survenue pendant l'incendie... ». Certains objets assurés peuvent en effet disparaître pour une autre cause que la destruction par le feu, notamment à la suite d'un vol survenant immédiatement après l'incendie, avant que les premières constatations aient pu être faites et les mesures de sauvegarde prises. Dans la pureté des principes, il devrait être exigé de l'assuré qu'il apporte la preuve que tous les objets manquants ont été détruits par le feu ou, tout au moins, par les mesures de sauvetage. Cependant, une telle preuve serait singulièrement difficile à établir. Afin de prévenir toute difficulté à cet égard, le texte impose donc à l'assureur de couvrir ces dommages, « à moins qu'il ne prouve que cette perte ou cette disparition est provenue d'un vol ». Les biens qui ont disparu à l'occasion de l'incendie sont ainsi présumés avoir été détruits par cet incendie et doivent donc être indemnisés par l'assureur.

3334. La présomption de l'article L. 122-4 du Code des assurances est toutefois contenue par deux limites. Elle ne joue d'abord que pour les pertes survenues « pendant l'incendie », car seules ces pertes peuvent équitablement être assimilées à des dommages d'incendie. Cela signifie très concrètement qu'une fois que le feu est éteint ou, du moins, que les premières constatations peuvent être faites et que peuvent être prises les mesures de conservation des biens sauvés, la présomption n'est plus applicable. En conséquence, il appartient à l'assuré, propriétaire et gardien des choses sauvées, de prendre ces mesures conservatoires, car c'est lui qui, après le sinistre, supporte les risques de perte ou de disparition de ces choses, quelle qu'en soit la cause. Il en va ainsi des vols postérieurs à l'incendie, à moins que l'assuré ne bénéficie d'une assurance contre le vol et que les conditions de mise en jeu de celle-ci soient réunies. La présomption ne dispense ensuite nullement l'assuré de prouver l'existence ainsi que la valeur des objets perdus au moment où le sinistre s'est déclaré. Conformément aux principes généraux, il appartient en effet à l'assuré d'établir la preuve de son dommage.

2 ▪ Extensions contractuelles

3335. Les dommages éprouvés par l'assuré ne se limitent pas toujours à la destruction ou à la détérioration par le feu ou l'explosion des biens assurés. Le sinistre peut en effet entraîner des frais de transport, de garde-meuble et de réinstallation du mobilier, mais aussi des frais de déblais et de transport des décombres, des frais de relogement temporaire lorsqu'il est impossible d'occuper le logement pendant la durée des travaux de remise en état... De nombreux contrats d'assurance multirisques habitation proposent la garantie de ces dommages dits « immatériels ».

3336. Deux garanties peuvent être souscrites par tout assuré en complément de l'assurance incendie, mais elles sont de plus en plus fréquemment proposées dans les contrats de base.
Il s'agit tout d'abord de la garantie des pertes indirectes, qui concerne tous les faux frais découlant du sinistre (frais de correspondance, de téléphone, de déplacement, etc.) et qui peut être accordée forfaitairement (à concurrence de x % de l'indemnité due au titre des dommages matériels garantis sur les biens de l'assuré) ou sur justificatifs (à concurrence du plafond de garantie mentionné aux conditions particulières du contrat).
Il s'agit ensuite de la garantie des honoraires d'expert, qui intéresse les honoraires de l'expert de l'assuré quand, à la suite du sinistre, l'assuré demande une expertise contradictoire ou encore, lorsque les deux experts (celui de l'assureur et celui de l'assuré) sont en désaccord sur l'évaluation des dommages et que la désignation d'un troisième expert pour une tierce expertise s'impose.

3337. L'impossibilité temporaire d'occuper tout ou partie des locaux sinistrés peut également être couverte par une extension contractuelle prévoyant l'indemnisation des frais de déplacement et de réinstallation des biens assurés (les frais de garde-meubles, déménagement et réinstallation dans les locaux après remise en état du bien), ainsi que des frais de relogement.

3338. Si les locaux sont loués en tout ou partie, le propriétaire peut souscrire une assurance « pertes de loyers » qui lui permettra de continuer de percevoir le montant des loyers dont le sinistre le prive. L'indemnisation est limitée à la période d'inoccupation définie par l'expert pour la réalisation des travaux de remise en état et ce, généralement dans la limite de douze mois à compter de la date du sinistre. L'assureur indemnise le propriétaire indépendamment de toute recherche de responsabilité. Si le locataire est reconnu responsable du sinistre, l'assureur pourra exercer un recours éventuel contre lui. La garantie offerte au propriétaire peut aussi s'étendre aux frais de démolition et de déblais que la reconstruction de l'immeuble impose. Elle peut par ailleurs également couvrir le remboursement de la prime dommage-ouvrage dont la souscription sera obligatoire pour le propriétaire qui doit faire réaliser des travaux de bâtiment nécessaires à la remise en état de l'immeuble sinistré.

3339. Le locataire peut avoir réalisé des aménagements mobiliers ou immobiliers dans le local qui lui est loué (réalisation de travaux de peinture ou de revêtement de mur, de sol, de plafond, réfection des installations électriques, installation d'une cuisine intégrée, installation privative de chauffage ou de climatisation, etc). Tous ces aménagements deviennent la propriété du bailleur, soit à la date du terme prévu par le contrat de bail, soit à la date de la résiliation du contrat de bail. Le bail peut également prévoir qu'ils appartiennent au bailleur au fur et à mesure de leur réalisation. Lorsque l'incendie survient en cours de bail, deux situations peuvent se présenter : soit le bail est résilié du fait du sinistre (le locataire subit alors une perte financière), soit le bail est maintenu mais le propriétaire bailleur refuse de reconstituer les aménagements à ses frais, ce qui contraint le locataire à les financer une seconde fois s'il souhaite jouir des locaux dans les mêmes conditions que précédemment. Les assureurs incendie permettent donc aux locataires de garantir la perte financière découlant pour eux des frais qui avaient été engagés pour réaliser des aménagements dans la chose louée. Cette garantie « perte financière » leur permet ainsi d'être indemnisés de la valeur de ces aménagements. (Civ. 2e, 9 avr. 2009, n° 08-12.355, F-D, RCA 2009, comm. n° 192, p. 31, H. Groutel : le bailleur ne dispose d'aucun droit de préférence sur les indemnités d'assurance éventuellement dues au seul locataire au titre de cette assurance de chose).

C ▪ Biens assurés

1 ▪ Nature des biens assurables

a - Biens immeubles

3340. L'assurance contre l'incendie porte d'abord sur les biens immobiliers ; tel est son objet principal et le plus ancien. À ce titre, elle s'applique à l'ensemble des bâtiments situés sur le lieu d'assurance.

Le contrat contient une définition des bâtiments et précise ceux qui sont garantis. L'assurance couvre habituellement toutes les constructions assurant le clos et le couvert, avec inclusion des caves, des fondations et des dépendances. Les dépendances sont souvent définies dans les contrats comme des « bâtiments, parties ou ensembles de bâtiments à usage utilitaire, ne permettant pas une habitation permanente et situés sur le même terrain que le logement ».

En revanche, certains biens immobiliers ou immeubles par nature sont fréquemment exclus de la garantie : les clôtures (la couverture reste cependant possible à certaines conditions), les terrains, les canalisations enterrées ainsi que les arbres et plantations.

3341. L'assurance contre l'incendie couvre également tous les biens réputés immeubles par destination, c'est-à-dire les installations et aménagements qui ne peuvent être détachés du bâtiment sans être détériorés ou détériorer la construction, notamment les carrelages, les dallages et parquets et, de manière générale, tous les aménagements décoratifs des murs et plafonds (peintures, vernis, revêtements de boiseries, faux plafonds...), ainsi que les installations de chauffage et de climatisation.

b) Biens meubles

3342. L'assurance incendie couvre les biens à usage privé appartenant à l'assuré, ainsi que les biens appartenant à ses ascendants et descendants si ceux-ci vivent à son foyer. La garantie est accordée en particulier pour tous les meubles meublants (tables, chaises, lits, canapés...).
Elle s'étend en outre d'office aux objets de valeur, dans la limite cependant d'un pourcentage du capital mobilier assuré (souvent : 30%), et à l'exclusion de certains biens (espèces, billets de banque, titres et valeurs). Les biens de valeur sont définis par le contrat (bijoux, métaux précieux, objets d'art, collections diverses, instruments de musique, fourrures...) et peuvent toujours faire l'objet d'une extension de garantie, voire d'un contrat séparé.

3343. Une extension de garantie peut également être prévue pour la couverture de certains autres biens (motoculteurs et tondeuses, fauteuils roulants, bétonnières, ou encore embarcations légères et engins de plage, à condition qu'ils soient sans moteur : planches à voile, petites embarcations pneumatiques, barques, canoës-kayaks, pédalos).

2 ▪ Valeur du bien assuré

3344. Par application du principe indemnitaire, l'indemnité due par l'assureur de biens à l'assuré « ne peut pas dépasser le montant de la valeur de la chose assurée au moment du sinistre » (C. assur., art. L. 121-1, al. 1). En pratique, les contrats d'assurance fixent la valeur de la chose en fonction de diverses valeurs de référence, qui peuvent considérablement varier d'un contrat à l'autre.

a) Valeur de reconstruction vétusté déduite

3345. Le principe indemnitaire autorise les parties à prévoir l'application d'un système d'évaluation assorti d'un abattement pour vétusté prenant en compte l'âge ainsi que l'état du bien sinistré (Civ. 1re, 26 avr. 2000, n° 97-20.827, inédit, RGDA 2000. 825, note J. Kullmann : évaluation du coût des travaux de réfection à la date de l'incendie avec déduction de la vétusté).

3346. Les bâtiments sont ainsi généralement garantis en valeur réelle, c'est-à-dire à hauteur de la valeur de reconstruction au jour du sinistre, déduction faite de leur vétusté. La vétusté sera déterminée à dire d'expert en considération de trois facteurs essentiels : l'ancienneté du bien, son entretien et la nature des matériaux (pour une application, V. Civ. 2e, 18 déc. 2008, n° 07-21.935,RGDA 2009. 256, note A. Astegiano-La Rizza). L'indemnité comprend également les frais de démolition, de déblaiement, d'enlèvement et de transport des décombres qui sont nécessaires.

b) Valeur de remplacement

3347. La valeur dite « de remplacement » est utilisée pour les biens meubles : la somme assurée est égale à la valeur de remplacement du bien mobilier, c'est-à-dire à la valeur réelle à neuf, déduction faite de la vétusté du bien. Cette valeur d'usage est déterminée par application d'un abattement forfaitaire de x % par année d'âge à partir de la date d'achat initiale du bien. Les

contrats contiennent ainsi des listes de biens auxquelles correspond un taux d'abattement : par exemple, abattement forfaitaire de 10 % par an pour les téléviseurs, radios, lecteurs de CD ou de DVD, caméscopes, appareils de chauffage, de climatisation, d'alarmes...
Pour illustration : soit un téléviseur acquis le 15 février 2011 et détruit par incendie le 8 octobre 2016 (âge = 5 ans). Sa valeur à neuf est de 700 €. L'abattement appliqué est de : 5 x 10 % = 50 %. Le montant de la valeur de remplacement est donc de : 700 € x 50 % = 350 €.

c) Valeur à neuf

3348. La garantie valeur à neuf présente l'énorme avantage de déroger à l'effet réducteur de la déduction de vétusté. Accordée moyennant une prime plus élevée, elle permet à l'assuré d'être indemnisé en prenant en considération la valeur d'un bien identique ou d'un bien équivalent sur le marché du neuf au jour du sinistre.

3349. Pour les bâtiments, la valeur à neuf s'entend théoriquement de la valeur de reconstruction au jour du sinistre, sans abattement pour vétusté. La licéité de la clause valeur à neuf a été confirmée à plusieurs reprises par la Cour de cassation (V. notamment : Civ. 2e, 13 sept. 2007, n° 06-15.159,inédit, RGDA 2008, 71, note J. Kullmann : « le principe indemnitaire posé par l'article L. 121-1 du Code des assurances ne fait pas obstacle, en cas de sinistre d'un bâtiment, à l'application d'une clause contractuelle prévoyant le paiement d'une indemnité calculée sur la valeur de reconstruction ; (...) celle-ci qui correspond au coût de remise en état du bien détruit, ne peut valoir enrichissement de l'assuré, et ce même si la valeur vénale du bien avant sinistre est inférieure au coût de sa reconstruction ». Adde : Civ. 2e, 26 mars 2015, n° 14-13.332, inédit).
Les modalités de calcul de cette valeur sont variables selon les contrats.
En revanche, le versement de l'indemnité en valeur à neuf est toujours subordonné par le contrat à la réunion de plusieurs conditions : l'assuré doit procéder aux travaux de réparation, ou de reconstruction, à l'identique et au même emplacement et ce, dans un délai de deux ans à compter de la date du sinistre, sauf impossibilité absolue démontrée par l'assuré. En pratique, le règlement par l'assureur a lieu en deux temps : l'assureur verse d'abord le montant de l'indemnité vétusté déduite ; le complément d'indemnité ne sera ensuite versé que sur justification de la réalisation des travaux dans le délai contractuel. A défaut, l'assuré ne peut prétendre au bénéfice de l'indemnité complémentaire (pour exemples, v. notamment : Civ. 2e, 14 janv. 2010, n° 09-65.229 : reconstruction avec modifications importantes du bâtiment ; Civ. 2e, 4 fév. 2010, n° 09-10.335, inédit, RDI 2010, 221, obs. D. Noguéro : absence de respect du délai contractuel de deux ans). L'impossibilité absolue de reconstruire à l'identique, au même emplacement, peut résulter des règles d'urbanisme (V. pour un ex. Civ. 1re, 4 oct. 1989, n° 87-11.236,inédit, RGAT 1989. 884, note J. Kullmann), ou encore de la soumission du site à un PPRN (C. assur., art. L. 121-16 : « Toute clause tendant à subordonner le versement d'une indemnité en réparation d'un dommage causé par une catastrophe naturelle à un immeuble bâti, à sa reconstruction sur place, est réputée non écrite dès lors que l'espace est soumis à un plan de prévention des risques naturels prévisibles »).

3350. Pour les biens meubles, l'indemnité en valeur à neuf est également subordonnée à certaines conditions : l'assuré doit justifier de la remise en état ou du remplacement effectif du bien dans le délai contractuel ; la garantie est souvent d'une durée comprise entre 1 et 6 ans à compter de la date d'achat à neuf du bien. Les biens à dépréciation rapide ou ceux qui, au contraire, ne présentent pas de vétusté (comme certains objets de valeur) sont exclus d'une telle garantie.

d) Valeur vénale ou économique

3351. Pour les bâtiments, la valeur vénale correspond généralement au prix de vente du bâtiment au jour du sinistre, augmentée des frais de déblais et de démolition, déduction faite de la valeur du terrain nu.

D ▪ Obligations de l'assuré

1 ▪ Mesures de protection des biens garantis

a) Prévention du risque incendie

3352. Depuis la loi n° 2010-238, du 9 mars 2010, l'installation de détecteurs de fumée est obligatoire dans tous les logements (JO 10 mars 2010, p. 4759, complétée par le décret n° 2011-36 du 10 janvier 2011, JO 11 janv. 2011). Cette loi a été modifiée en 2014 par la loi ALUR pour l'accès au logement et un urbanisme rénové (L. n° 2014-366, 24 mars 2014, art. 3 ; JO, 26 mars 2014). En application de ces différents textes, les propriétaires ont l'obligation d'installer dans chaque logement un détecteur avertisseur autonome de fumée (DAAF) et ce, au plus tard le 8 mars 2015. Le propriétaire doit s'assurer du bon fonctionnement du détecteur lors de l'établissement de l'état des lieux d'entrée. Pour les logements occupés par un locataire à la date limite d'installation des DAAF (8 mars 2015), l'obligation incombant au propriétaire sera satisfaite par la fourniture d'un détecteur à son locataire ou, s'il le souhaite, par le remboursement au locataire de l'achat du DAAF. La responsabilité de l'installation incombe au propriétaire/bailleur (CCH, art. L. 129-8). En revanche, l'entretien de ce dispositif (ainsi que son remplacement en cas de panne) incombe au locataire (CCH, art. L. 129-8 et R. 129-13).

3353. Le détecteur de fumée normalisé qui doit être installé dans chaque logement peut être alimenté par piles ou être branché sur secteur, à condition, dans ce dernier cas, qu'il soit muni d'une alimentation de secours susceptible de prendre le relais en cas de dysfonctionnement électrique. L'appareil doit détecter les fumées émises dès le début d'un incendie et diffuser immédiatement un signal sonore suffisant pour réveiller une personne endormie dans le seul logement où la détection a lieu (CCH, art. R.129-12). Les DAAF utilisés doivent par ailleurs être munis d'un marquage CE attestant de leur conformité à la norme NF EN 14604.

3354. L'article L. 129-9 du Code de la construction et de l'habitation et l'article L. 122-9 du Code des assurances précisent que l'occupant doit notifier à son assureur que le logement est équipé d'un détecteur de fumée. L'assureur pourra alors prévoir une minoration de la prime ou de la cotisation. L'occupant devra notifier à l'assureur l'installation par la remise d'une attestation (CCH, art. R. 129-15) dont le contenu a été fixé par arrêté (Arr. 5 févr. 2013, NOR : ETLL1126574A, art. 8 et ann. 2, JO, 14 mars 2013).
La loi ne prévoit cependant aucune sanction particulière en cas de non-respect par l'assuré de cette nouvelle obligation. L'assureur ne peut donc pas se prévaloir du défaut d'installation, d'entretien ou de fonctionnement de détecteurs de fumée ou encore de l'absence de déclaration d'installation de ces appareils, pour refuser d'indemniser les dommages causés par un incendie dans les locaux où ces détecteurs doivent être installés. Toutes clauses qui frapperaient de déchéance l'assuré qui n'aurait pas satisfait aux obligations qui lui sont imposées sont considérées comme nulles (C. assur., art. L. 113-11, 3°).
Dans les parties communes des immeubles à usage d'habitation, les propriétaires ont également l'obligation de prendre des mesures de sécurité contre l'incendie. Cependant, afin d'éviter qu'une alarme conduise les habitants à sortir de chez eux et à être ainsi plus facilement exposés aux fumées, l'installation de DAAF est interdite dans les parties communes (Rép. Min. n° 8404 : JOAN Q, 29 janv. 2013, p. 1098).

b) Mesure de sauvegarde des biens en cas de sinistre

3355. Tous les contrats d'assurance multirisques habitation imposent à l'assuré de prendre immédiatement toutes les mesures nécessaires pour limiter l'importance du sinistre et sauvegarder les biens garantis. Il ne s'agit ni plus ni moins que de mesures de bon sens, telle l'utilisation de moyens personnels d'extinction de l'incendie, l'appel aux sapeurs-pompiers voire, lorsque cela est possible, la protection des biens susceptibles d'être gagnés par l'incendie. Les dommages matériels causés aux biens assurés par les secours et les mesures de sauvetage sont assimilés aux dommages matériels directement causés par l'incendie et sont donc, à ce titre, couverts par l'assureur (C. assur., art. L. 122-3).

2 ■ Déclaration du sinistre et remise de l'état de perte

3356. Conformément à l'article L. 113-2 du Code des assurances applicable à toutes les branches d'assurance, l'assuré doit « donner avis à l'assureur, dès qu'il en a eu connaissance et au plus tard dans le délai fixé par le contrat, de tout sinistre de nature à entraîner la garantie de l'assureur. Ce délai ne peut être inférieur à cinq jours ouvrés » (C. assur., art. L. 113-2, 4°). En pratique, l'assuré doit communiquer à l'assureur un état estimatif des biens endommagés, détruits ou disparus, certifié sincère et véritable, signé de sa main, et ce, dans un délai de vingt à trente jours à compter de la date du sinistre. Le non-respect du délai stipulé dans le contrat peut justifier la condamnation de l'assuré à verser à l'assureur des dommages-intérêts à condition que ce dernier apporte la preuve du préjudice qui lui a été causé par le retard pris dans la communication du document (Civ. 1re, 25 mai 1988, n° 86-18.843,inédit, RGAT 1988. 555, note J. Kullmann : preuve non rapportée en l'espèce).

3357. La remise de l'état de pertes vaut déclaration de sinistre et constitue le point de départ de la procédure d'indemnisation. Les parties peuvent procéder à l'évaluation de gré à gré du montant de l'indemnité due par l'assureur sans avoir recours à une expertise. Une telle solution ne peut toutefois être envisagée que pour les sinistres de faible importance. De fait, l'évaluation des dommages est le plus souvent effectuée grâce à une expertise, laquelle permet de déterminer les causes et les circonstances du sinistre, de vérifier l'exactitude des déclarations effectuées par l'assuré, de décrire et d'évaluer les dommages. C'est la remise par l'assuré de l'état estimatif des pertes qui ouvre les délais d'exécution des opérations d'expertise. En effet, aux termes de l'article L. 122-2, alinéa 2, du Code des assurances : « si, dans les trois mois à compter de la remise de l'état des pertes, l'expertise n'est pas terminée, l'assuré a le droit de faire courir les intérêts par sommation ; si elle n'est pas terminée dans les six mois, chacune des parties peut procéder judiciairement ». Il ressort implicitement des termes de ce texte que l'exercice d'une action judiciaire avant l'expiration du délai de six mois est irrecevable (Com., 22 oct. 1996, n° 93-18.929,Bull. IV, n° 243 ; RGDA 1997. 272, note J. Bigot ; RCA 1996, comm. n° 406, note H. Groutel : « les parties ne peuvent procéder judiciairement, fût-ce pour demander une indemnité provisionnelle en référé, que si l'expertise après incendie n'est pas terminée dans les 6 mois à compter de la remise de l'état des pertes »). Il en va différemment lorsque l'assureur refuse de mettre en œuvre l'expertise amiable : l'assuré peut alors, avant l'expiration du délai de six mois, ouvrir une instance en référé pour désignation d'un expert (Civ. 1re, 10 mai 1984, n° 83-10.259,Bull. civ. I, n° 151 ; RGAT 1985. 117).

§ 2 ■ Assurance contre le vol

3358. L'assurance contre le vol est une assurance de choses qui a pour objet de couvrir l'assuré contre le risque de perte de biens volés. Elle ne prend pas en charge les sinistres qui engagent la responsabilité civile de l'assuré, lorsque l'assuré lui-même ou une personne dont il est civilement responsable, commet un vol. Les dommages aux tiers qui en résultent relèvent de la garantie responsabilité civile.

A ▪ Évènements garantis

3359. L'article 311-1 du Code pénal définit le vol comme étant « la soustraction frauduleuse de la chose d'autrui ». En droit pénal, cette infraction se distingue ainsi à la fois de l'escroquerie (C. pén., art. 313-1 : fait de tromper une personne et de la déterminer à remettre une chose par l'utilisation de moyens frauduleux) et de l'abus de confiance (C. pén., art. 314-1 : fait de détourner un bien remis à charge de le rendre). Cette définition légale du vol ne s'impose pas aux parties au contrat d'assurance ; il est en effet acquis que la définition du risque vol qui donne lieu à garantie est indépendante de la définition énoncée par l'article 311-1 du Code pénal (sur ce principe, v. Civ. 1re, 17 déc. 1985, n° 84-10.767,Bull. civ. I, n° 353 ; RGAT 1986. 229, note J. Kullmann : censure l'arrêt de la Cour d'appel qui, pour écarter la garantie vol, retient qu'en l'absence de soustraction frauduleuse, la qualification vol se trouvait exclue, sans rechercher « si les parties au contrat d'assurance avaient entendu se référer à la définition pénale du vol »). Il convient donc en pratique de se référer au contrat d'assurance pour déterminer quelles sont les circonstances qui donnent lieu à la garantie.

3360. L'escroquerie est fréquemment exclue de la garantie. Cette exclusion ne peut toutefois être valablement opposée par l'assureur que si elle a été portée à la connaissance de l'assuré (Civ. 2e, 24 févr. 2005, n° 03-20.992 : l'exclusion de l'escroquerie, telle que définie à l'article 313-1 du Code pénal, ne figurait pas dans les conditions particulières, mais dans les conditions générales que l'assuré contestait avoir reçues). Le contrat peut également exclure formellement la garantie en cas d'abus de confiance (Civ. 2e, 28 juin 2007, n° 06-17.475,inédit, RGDA 2007. 910, note M.-H. Maleville-Costedoat : l'assuré dont le voilier donné en location n'est pas restitué par le locataire ne peut pas obtenir l'application de la garantie vol qui exclut l'abus de confiance tel que défini par l'article 314-1 du Code pénal). Le contrat ne contient cependant pas toujours de référence expresse à un texte du pénal (Civ. 2e, 15 mars 2007, n° 06-13.066,inédit, RGDA 2007. 721, note M.-H. Maleville-Costedoat, approuvant les juges du fond d'avoir retenu que les termes « vol » et « abus de confiance » doivent être considérés comme énumérant « des cas précis où le véhicule est subtilisé contre le gré du propriétaire, ce qui exclut la garantie vol en cas d'impayé d'un véhicule remis à un tiers »)

3361. L'effraction est une condition de la garantie vol. L'article 132-73 du Code pénal dispose que « l'effraction consiste dans le forcement, la dégradation ou la destruction de tout dispositif de fermeture ou de toute espèce de clôture. Est assimilé à l'effraction l'usage de fausses clés, de clés indûment obtenues ou de tout instrument pouvant être frauduleusement employé pour actionner un dispositif de fermeture sans le forcer ni le dégrader ». Dans le contrat, l'effraction peut faire l'objet d'une définition différente à laquelle l'assuré doit se reporter. La garantie n'est pas due en l'absence d'effraction du bien assuré au sens de la définition contractuelle (V. par ex. Civ. 2e, 13 oct. 2005, n° 04-13.048, inédit, RGDA 2006. 197 : effraction commise sur un bâtiment voisin appartenant à un tiers et communiquant avec le local assuré). En pratique, les contrats d'assurance ne garantissent généralement que les vols par effraction « extérieure de lieux clos et assurés ». La garantie n'est donc pas due lorsque l'effraction concerne une porte intérieure d'une maison dans laquelle il a été possible d'entrer sans effraction. Les contrats précisent en outre fréquemment que le sinistre n'est pas pris en charge quand l'effraction touche les clôtures, murs ou portail du jardin entourant la maison assurée (pour une illustration, v. Civ. 2e, 24 mai 2006, n° 04-20.804 inédit : absence d'effraction au sens du contrat d'assurance, effraction ne touchant que le portail du jardin). En revanche, la garantie peut s'étendre aux biens qui, quoique extérieurs au bien assuré, constituent un accessoire de celui-ci (Civ. 1re, 9 déc. 1992, n° 91-11.729, inédit : vol commis dans une boîte aux lettres installée dans les parties communes d'un immeuble en copropriété et « affectée au service du local dont elle constitue l'accessoire » ; « par suite, le local étant assuré l'assurance couvrait également cet accessoire »).

3362. Le contrat peut préciser que la garantie s'applique également en cas « d'escalade ». Le Code pénal définit l'escalade comme « le fait de s'introduire dans un lieu quelconque, soit par-dessus un élément de clôture, soit par toute ouverture non destinée à servir d'entrée » (C. pén., art. 132-74). La garantie n'est due là encore que si les conditions requises par la police sont réunies, ce qu'il appartient à l'assuré de prouver (Civ. 1ère, 7 juill. 1998, n° 96-17.279 : n'est pas abusive au sens de l'article L. 132-1 du Code de la consommation, la clause qui oblige l'assuré, lorsque le vol n'a pas eu lieu par effraction, à prouver qu'il a été commis par escalade). De même s'agissant du vol commis à l'aide de fausses clefs (vol aggravé défini par l'article 132-73 du Code pénal : « est assimilé à l'effraction l'usage de fausses clefs, de clefs indûment obtenues ou de tout instrument pouvant être frauduleusement employé pour actionner un dispositif de fermeture sans le forcer ni le dégrader »). Il appartient à l'assuré d'apporter la preuve que les conditions de la garantie sont réunies.

3363. Le contrat d'assurance prévoit fréquemment la garantie du vol commis à la suite de « l'introduction clandestine » d'un voleur qui, sans commettre d'effraction, ni d'escalade ou sans faire usage de fausses clefs, s'introduit dans une maison, soit ouvertement, soit à la faveur de l'inattention des habitants, pour y commettre son larcin. En l'absence de définition légale de la notion d'introduction clandestine, la Cour de cassation a précisé que « la pénétration clandestine s'entend de toute entrée intervenue à l'insu de l'assuré et dans un but illicite » (Civ. 1re, 24 janv. 1984, n° 82-14.677,Bull. civ. I, n° 28 ; RGAT 1985. 121 ; Civ. 1re, 9 déc. 1986, n° 85-11.914,Bull. civ. I, n° 285 ; RGAT 1986. 605). Le fait que l'assuré ait volontairement laissé entrer les auteurs du vol dans sa maison ou son appartement ne suffit cependant pas, à lui seul, à écarter la notion d'introduction clandestine (Civ. 1re, 29 nov. 1988, n° 86-16.609,Bull. civ. I, n° 337 ; RGAT 1989. 122, note J. Kullmann : un assuré ayant laissé entrer dans son appartement deux hommes qui s'étaient présentés comme des acheteurs éventuels de meubles qu'ils savaient mis en vente, l'introduction clandestine est caractérisée dès lors que l'un des individus s'est introduit seul et à l'insu de l'assuré dans une pièce où il n'avait pas été admis ; v. H. Groutel, L'introduction clandestine dans les assurances contre le vol : une garantie « à tout faire », RCA 1989, chron. 20). La jurisprudence assimile l'introduction sous une fausse qualité à l'introduction clandestine (Civ. 1re, 20 mars 1989, n° 86-15.487,Bull. civ. I, n° 124 : doit être assimilée à l'entrée clandestine toute manœuvre crédible de nature à tromper l'assuré sur l'identité et les intentions véritables de celui auquel il ouvre sa porte).

3364. Les vols précédés ou suivis de violence sont également couverts (Civ. 2e, 8 juill. 2004, n° 03-15.045,Bull. civ. II, n° 351 ; L'Argus 2004, n° 6893, p. 33 ; RGDA 2004. 928, note J. Kullmann : l'assureur ne peut pas opposer à son assuré la clause d'exclusion relative aux vols survenus lorsque les clés ont été laissées sur ou à l'intérieur du véhicule, dès lors qu'il résulte des circonstances que le vol a été perpétré à raison des violences commises sur la victime et non du seul fait de la présence des clés sur le démarreur du véhicule).

3365. Le vol ou la tentative de vol cause fréquemment à l'assuré d'autres dommages que celui résultant de la soustraction des objets volés ; il est en effet fréquemment accompagné de la détérioration des biens immobiliers et/ou mobiliers de l'assuré. Les détériorations immobilières existent chaque fois que le vol est commis avec effraction ; elles en sont d'ailleurs le signe visible et en constituent la meilleure preuve. La garantie d'assurance contre le vol ne couvre souvent ce risque qu'à concurrence d'une somme maximale et exclut, en toute hypothèse, la couverture du bris de glaces et de vitres qui relève de la garantie spéciale bris de glace. Les détériorations de biens mobiliers non volés constituent également un risque fréquent qui est habituellement compris dans la garantie.

3366. Distinct du risque de vol et visant les dégradations et destructions volontaires des biens appartenant à l'assuré, le vandalisme peut être pris en charge par l'assurance vol lorsqu'il est consécutif à un vol ou à une tentative de vol ; il s'agit alors d'une extension au risque vol. Il peut également arriver que l'assureur prenne en charge les actes de vandalisme, même en l'absence de vol, à condition que le mode d'introduction dans les locaux soit l'un de ceux prévus au contrat ; dans cette hypothèse, la garantie couvre un risque indépendant du risque vol.

B ▪ Prévention du risque

3367. Il n'y a sans doute pas d'assurance de choses où le rôle et l'attitude de l'assuré soient aussi prédominants qu'en matière d'assurance contre le vol et ce, pour deux raisons.
En premier lieu, l'assureur est contraint, dans une mesure importante, de se fier à l'assuré, tant au point de vue de la preuve du vol qu'à celui de la preuve des objets volés ; à cet égard, on peut légitimement craindre les vols simulés ou même simplement, dans l'hypothèse d'un vol réel, l'exagération du dommage.
En second lieu, le vol est un risque où le fait, actif ou passif, de l'assuré joue un rôle important, car bien des vols peuvent être évités par des mesures de précaution. C'est pourquoi les assureurs ne se contentent pas de délimiter la garantie en indiquant les risques couverts ; ils encouragent la vigilance des assurés en leur imposant le respect de certaines mesures de prévention.

1 ▪ Mesures de prévention

3368. Les assureurs attachent une importance toute particulière à l'habitation des locaux assurés : une maison sans occupant est en effet particulièrement exposée aux vols. Ainsi le contrat prévoit-il habituellement que l'inhabitation prolongée des locaux assurés au cours d'une même année d'assurance emporte suspension de la garantie. La durée d'inhabitation visée varie selon les contrats : elle peut aller de 60 à 90 jours par an, consécutifs ou non, et est parfois réduite à 30 ou 40 jours pour les objets de valeur. Certains contrats se contentent de prévoir une limitation de garantie (par ex. « en cas d'inhabitation totale et continue de plus de 60 jours, la garantie des biens mobiliers, autres que les bijoux et objets de valeur, est limitée à 25 % du capital mobilier assuré » ; V. Civ. 2e, 5 juill. 2006, n° 04-10.273,Bull. civ. II, n° 180 : décidant qu'est formelle et limitée (donc valable) la clause d'exclusion de garantie pour inhabitation qui définit précisément la notion d'inhabitation fixée à 90 jours par année d'assurance en cours).

3369. En cas d'absence de l'assuré, la mesure de prévention du vol la plus significative consiste à l'évidence en la fermeture des locaux assurés. Le plus souvent, l'assureur exige donc de l'assuré que celui-ci verrouille ses portes et ferme ses fenêtres pendant la journée. Durant la nuit ou en cas d'absence prolongée, une obligation est généralement faite à l'assuré d'utiliser tous les moyens de fermeture dont il dispose. La jurisprudence estime que la clause qui impose à l'assuré d'utiliser « tous les moyens de fermeture et de protection (volets, persiennes...) de nuit (entre 22 heures et 6 heures légales) ou en cas d'absence supérieure à 15 heures », ne présente aucun caractère abusif de la part de l'assureur (Civ. 1re, 1er févr. 2000, n° 97-16.707 : la clause imposant « seulement à l'assuré de prendre des précautions élémentaires contre le vol n'apport(e) pas de restriction excessive à la liberté de l'assuré, ce dont il résult(e) qu'elle ne confèr(e) pas à l'assureur un avantage excessif »). L'assureur ne peut toutefois exiger de l'assuré que les mesures de prévention qui sont prévues par le contrat (Civ. 2e, 3 mars 2011, n° 10-14.832: ne donne pas de base légale à sa décision au regard des art. 1134 du Code civil et L. 113-1 du Code des assurances, la cour d'appel qui refuse la garantie, sans constater que les fenêtres n'étaient pas fermées ni que la porte n'était pas verrouillée, seules mesures de prévention imposées par les clauses contractuelles lorsque le bâtiment est inoccupé pour une période inférieure à 24 heures). Par ailleurs, depuis l'arrêt de principe rendu par la Cour de cassation le 7 février 2014 (Ch. mixte, 7 févr. 2014, n° 12-85.107,Bull. n° 277), l'assureur ne peut se prévaloir de la réticence ou de la fausse déclaration intentionnelle de l'assuré que si celle-ci procède des réponses qu'il a apportées aux questions posées par l'assureur (pour une application de ce principe à la garantie vol d'un contrat d'assurance habitation, Civ. 2e, 26 mars 2015, n° 14-15.204 : l'assureur considérait en l'espèce que le fait pour l'assuré d'avoir déclaré un niveau de protection 2 constituait une fausse déclaration intentionnelle car, ayant été destinataire des Conditions générales, il savait que ce niveau de protection n'était pas satisfait en l'état du non-équipement de volets en bois d'une fenêtre et d'une porte-fenêtre du salon).

3370. Le degré de protection exigé dépend en pratique de la nature et de l'ampleur du risque assuré, lesquels sont évalués en fonction des caractéristiques de l'habitation (accessibilité, situation géographique : les zones urbaines, industrielles, à forte densité de population sont particulièrement exposées au vol), ainsi que de la valeur des biens assurés. En dehors des prescriptions générales (fermeture des portes, des fenêtres, des volets et persiennes...) valables pour tout type d'habitation, des exigences plus précises et contraignantes peuvent être formulées dans les clauses du contrat concernant les locaux les plus exposés ou certains biens : installation d'une serrure 3 points et d'un blindage sur les portes extérieures du rez-de-chaussée, installation d'au moins un verrou de sûreté sur les portes des caves et dépendances, placement des objets de valeur dans un coffre-fort mural, recours à un système de protection électronique volumétrique et périmétrique (les systèmes d'alarme doivent être installés par un professionnel agréé et être vérifiés régulièrement suivant un contrat d'entretien en cours). Il est rarement exigé des particuliers qu'ils complètent l'installation d'une protection électronique par un service de télésurveillance agréé. Cependant, la télésurveillance constitue un moyen de lutte contre le cambriolage auquel les assureurs attachent un intérêt croissant ; le contrat peut ainsi contenir une clause du type : « le recours à un service de télésurveillance agréé vous permettra de bénéficier de la suppression des conséquences de l'inhabitation, de la suppression de la franchise contractuelle et du doublement du contenu assuré dans les dépendances si ces dernières sont télésurveillées ». L'absence de tels moyens de protection peut, dans certains cas, être sanctionnée par la déchéance du droit à indemnité (Civ. 2e, 28 mars 2013, n° 12-18.514 : opposabilité à l'assuré de la clause qui impose, sous peine de déchéance de garantie, l'équipement de la maison par un système d'alarme relié à une société de télésurveillance ; cette société devant avoir pour mission de se rendre sur les lieux en cas de déclenchement de l'alarme).

2 ▪ Qualification des clauses de prévention du risque

3371. Les clauses qui subordonnent la garantie de l'assureur au respect par l'assuré de certaines mesures de protection ne sont pas toutes de la même nature. Elles peuvent constituer, soit une condition de la garantie, soit une exclusion. Les conditions de la garantie et les exclusions n'obéissent pas au même régime juridique.

3372. Les exclusions sont soumises à des conditions strictes de validité : elles doivent figurer en caractères très apparents (C. assur., art. L. 112-4) ; elles doivent en outre être formelles et limitées (C. assur., art. L. 113-1). Est formelle et limitée, la clause – fréquente en pratique

– qui exclut la garantie « en cas de vol facilité par une négligence de l'occupant des lieux : clefs laissées sur la porte, sous le paillasson ou dans la boîte aux lettres ». N'est en revanche ni formelle, ni limitée, la clause d'exclusion relatives à la négligence de l'occupant des lieux résultant de clés « laissées en tout lieu aisément accessibles de l'extérieur » (Civ. 1re, 10 déc. 1996, n° 94-21.477, Bull. civ. I, n° 442).

3373. Depuis un arrêt rendu par la Cour de cassation le 22 mai 2001 sous le visa de l'article L. 113-1 du Code des assurances (Civ. 1re, 22 mai 2001, n° 99-10.849,Bull. civ. I, n° 140 ; D. 2002, somm. p. 2116, obs. J. Bonnard ; Civ. 1re, 6 avr. 2004, n° 01-14.486) : « une clause d'exclusion ne peut être formelle et limitée dès lors qu'elle doit être interprétée ». Une clause d'exclusion dont les termes sont ambigus ou équivoques n'a donc pas à être interprétée par le juge du fond ; elle doit tout simplement être annulée. Il arrive pourtant inévitablement que le sens d'une clause soit au cœur des débats. Un exemple en ce sens peut être fourni par un arrêt du 4 juillet 2007 (Civ. 2e, 4 juill. 2007, n° 06-16.856, inédit ; RGDA 2007. 912, note M.-H. Maleville-Costedoat). Un contrat d'assurance contre le vol contenait, comme souvent, une clause excluant les dommages commis notamment « par toute personne habitant sous le toit de l'assuré ». Le bien assuré (en l'occurrence un véhicule) est volé durant la nuit par un individu qui en avait dérobé les clefs en pénétrant sans effraction dans l'appartement fermé du propriétaire. Les circonstances du vol ne laissaient aucun doute concernant l'identité du voleur lequel, quoique non retrouvé, ne pouvait être qu'une personne que le propriétaire assuré avait accueilli chez lui récemment à titre temporaire. Par application de la clause d'exclusion, l'assureur refuse de garantir le sinistre. Il est alors assigné par l'assuré qui soutient, notamment, qu'en l'absence de définition contractuelle du terme « habiter sous le toit », l'exclusion ne pouvait être appliquée selon lui à un simple hébergement temporaire. Telle n'est pas l'interprétation retenue par les juges du fond dont l'arrêt est confirmé par la Cour de cassation : le fait de vivre pendant une période de deux mois chez quelqu'un ne peut s'assimiler à un accueil provisoire et temporaire ; le terme « habiter » signifiant « vivre, demeurer, loger à un endroit de façon durable et donc d'y établir sa résidence » par opposition à un hébergement permettant d'être logé, reçu, invité ponctuellement chez quelqu'un ».

3374. Contrairement à la clause d'exclusion, la condition de la garantie n'est pas soumise aux articles L. 112-4 et L. 113-1 du Code des assurances. La différence entre l'exclusion et la condition de garantie se prolonge par ailleurs sur le terrain de la preuve : tandis que c'est à l'assureur qui invoque le jeu d'une exclusion de démontrer la réunion des conditions de fait de cette exclusion, c'est à l'assuré d'établir que le sinistre s'est bien produit dans les conditions de la garantie. Pour distinguer la clause d'exclusion de la clause de condition de garantie, la Cour de cassation est venue préciser que « la clause qui prive l'assuré du bénéfice de la garantie des risques de vol en considération de circonstances particulières de réalisation du risque s'analyse en une clause d'exclusion de garantie » (Civ. 1ère, 26 nov. 1996,Bull. civ. I, n° 413 ; RCA 1997, comm. n° 73, chr. n° 5, H. Groutel ; RGDA 1997, p. 132, note J. Kullmann ; Civ. 1ère, 2 avr. 1997, n° 95-13.928,Bull. civ. I, n° 112 ; Argus, 30 mai 1997, n° 6531, doss. jur. et techn., p. 3, note G. D). Constitue ainsi une condition de la garantie la clause qui impose à l'assuré : l'installation d'un système d'alarme (V. par ex. Civ. 1re, 29 oct. 2002, n° 99-10.650, Bull. civ. I, n° 243 : obligation non respectée par l'assuré en l'espèce d'installer un équipement anti-vol agréé par l'assureur) ou encore des protections aux fenêtres (Civ. 1ère, 9 juin 1998, n° 96-11.139). En revanche, le non-enclenchement du système d'alarme constitue en principe une exclusion de garantie (Civ. 1re, 26 nov. 1996, n° 94-16.058, préc. Dans le même sens, V. Civ. 1re, 23 févr. 1999, n° 97-11.132, inédit ; RGDA 1999. 307, note J. Kullmann : vol d'objets précieux dans un véhicule dont l'alarme n'était pas enclenchée au moment du sinistre).

3375. La distinction entre les deux sortes de clauses demeure toutefois délicate. En particulier, les termes du contrat peuvent faire naître des ambiguïtés dont chacune des parties tentera de tirer profit, en se prévalant de l'interprétation qui lui est la plus favorable. Il peut en être ainsi lorsque l'assurance contre le vol impose par exemple à l'assuré le déclenchement, en cas d'absence, d'un dispositif anti-vol. Lorsqu'un vol a eu lieu, il est parfois difficile de prouver l'enclenchement ou le non enclenchement du dispositif. Or si la clause litigieuse est qualifiée d'exclusion de garantie, c'est à l'assureur d'apporter cette preuve. À défaut, il devra succomber dans sa prétention. Sa seule stratégie de défense consistera alors à soutenir que la clause n'est pas une exclusion mais une condition de la garantie. Selon les cas d'espèce et la formulation retenue par le contrat, il peut arriver qu'une clause soit qualifiée, tantôt de clause d'exclusion, tantôt de condition de la garantie. Ainsi l'obligation faite à l'assuré d'enclencher un système d'alarme en son absence est-elle en principe une clause d'exclusion (Civ. 1re, 26 nov. 1996, n° 94-16.058, préc.), mais la qualification de condition a aussi été retenue (Civ. 2e, 3 févr. 2005, n° 03-19.624, inédit : la clause qui impose – en l'espèce à un bijoutier – sous peine de « non-garantie » d'enclencher une alarme lors de toute absence, « formule une exigence générale et précise à laquelle est subordonnée la garantie » et constitue donc une condition de la garantie). De même, s'agissant de la clause stipulant que « la garantie vol n'est acquise qu'à la condition que le véhicule soit remisé la nuit dans un garage privatif et fermé » : une telle clause a été qualifiée, tantôt de clause d'exclusion (Civ. 1re, 17 nov. 1998, n° 96-18.707, inédit, RGDA 1999. 93, note A. Favre Rochex), tantôt de condition de la garantie (Civ. 2e, 22 nov. 2007, n° 06-21.504,inédit, RGDA 2008. 232, note L. Mayaux)

C ▪ Biens assurés

3376. Le vol couvert est celui qui survient dans les locaux qui renferment les biens assurés. La garantie porte sur un ensemble de biens, les biens assurés étant, non pas décrits séparément dans le contrat, mais désignés uniquement par leur situation. Sont ainsi assurés tous les biens meubles se trouvant, lors du sinistre, dans tel immeuble spécifié par le contrat. Les conditions particulières précisent les parties de l'immeuble qui font partie des locaux assurés. L'assuré doit donc s'y reporter. La victime d'un vol avec violence ne peut ainsi pas être indemnisée par son assureur multirisque habitation dès lors que l'agression a eu lieu dans les parties communes de l'immeuble, lesquelles, bien que fermant à clé, ne font pas partie des locaux assurés figurant aux conditions particulières (Civ. 1ère, 4 avr. 2001, n° 98-20.702).

3377. A l'intérieur des locaux assurés, la garantie s'applique si le vol a eu lieu dans les conditions prévues par le contrat. La jurisprudence a précisé que, à défaut de stipulation contractuelle excluant le matériel professionnel, le vol du matériel à usage professionnel dans une résidence principale doit être garanti par l'assureur multirisque habitation (Civ. 1ère, 5 mai 2004, n° 01-03.282 : matériel informatique à usage professionnel). Les objets de valeur sont garantis de manière limitée ; ils peuvent être exclus par le contrat (Civ. 1ère, 2 déc. 2003, n° 01-17.760 : à propos de la clause excluant du contrat le vol « des objets de valeur, espèces, titres et valeurs ». Cette clause claire et précise est opposable à l'assuré qui ne peut invoquer le défaut d'information et de conseil s'il ne justifie pas avoir informé l'assureur et le courtier de la composition de son patrimoine et de l'existence de bijoux à assurer). Pour être valable, l'exclusion doit cependant être formelle et limitée. Tel n'est pas le cas de la clause qui exclut « les objets de valeur » sans autre précision (Civ. 1ère, 4 juill. 2000, n° 98-10.548 ; RGDA 2000, p. 925, note J. Kullmann).

3378. Pour les objets de valeur, des garanties spécifiques existent. Le contrat est établi en valeur déclarée ou en valeur agréée. En valeur agréée, les parties déterminent ensemble la valeur des biens. La valeur agréée a une fonction probatoire : elle fait présumer, d'abord, que la valeur fixée au moment de la conclusion du contrat était exacte ; elle fait présumer, ensuite, que cette valeur est demeurée la même jusqu'à la survenance du sinistre. Il ne s'agit cependant que d'une présomption simple : l'assureur peut donc rapporter la preuve que la valeur agréée excède la valeur réelle au moment du sinistre.

D ▪ Mise en œuvre de l'assurance

1 ▪ Déclaration du sinistre

3379. Aux termes de l'article L. 113-2, 4°, alinéa 2, du Code des assurances, le sinistre doit être déclaré à l'assureur dès que l'assuré en a eu connaissance et au plus tard dans un délai de cinq jours à compter du sinistre, étant précisé que cette déclaration doit être expédiée, mais non nécessairement reçue, dans les cinq jours et que, s'agissant d'un délai fixé en jours, le « dies a quo » n'a pas à être compté (Civ. 1re, 21 févr. 1989, n° 87-13.223,Bull. civ. I, n° 87 ; RCA 1989, comm. n° 161 et chron. 14, H. Groutel : assuré victime d'un cambriolage alors qu'il effectuait un voyage à l'étranger ; connaissance du sinistre un 9 mars et réception de la déclaration par l'assureur le 15 mars suivant).

3380. En outre, l'assureur soumet toujours l'assuré à l'obligation de prévenir la police ou la gendarmerie dans un délai fixé au contrat (habituellement vingt-quatre heures après la constatation du vol) et de déposer plainte au parquet. On précise toutefois que, conformément à l'article L. 113-11, 2° du Code des assurances, le retard ou le défaut de déclaration du vol aux autorités ne permet en aucun cas à l'assureur d'opposer à l'assuré la déchéance de son droit à indemnité ; l'assureur ne peut réclamer à l'assuré qu'une indemnité proportionnelle au dommage que lui a causé ce retard ou ce défaut de déclaration.

2 ▪ Preuve du vol

3381. Conformément à l'article 1353 (anc. art. 1315), alinéa 1, du Code civil, il appartient à l'assuré de rapporter la preuve du vol. Ce principe est parfois rappelé par les conditions générales de certaines assurances multirisques habitation ; de telles stipulations contractuelles ne peuvent être jugées ni abusives, ni équivoques (Civ. 1re, 7 juill. 1998, n° 96-17.279,Bull. civ. I, n° 240 ; RCA 1998, comm. n° 396, 401 ; D. 1999, somm., p. 111, obs. D. Mazeaud ; Contrats, conc., consomm. 1998, comm. 120, 1re esp., note G. Raymond : précisant qu'il existait différents moyens de rapporter la preuve à la charge de l'assuré qui « n'était nullement impossible » et « que l'appréciation par l'assureur du risque vol serait complètement faussée si l'assuré, n'étant plus tenu de rapporter la preuve des conditions dans lesquelles le vol s'est réalisé, pouvait prétendre au bénéfice d'une assurance vol tous risques, tout en réglant une prime très inférieure due au titre d'un contrat multirisques habitation »).

a) Preuve des circonstances du vol

3382. L'assuré doit établir la réalité du vol et prouver que le sinistre s'est produit dans les circonstances énumérées par le contrat : vol avec effraction, escalade ou usage de fausses clefs... (Civ. 1re, 17 nov. 1987, n° 86-13.170, inédit, RGAT 1988. 127). Cette règle ne concerne cependant que les conditions de la garantie (elle est en effet écartée de manière impérative en présence d'une clause d'exclusion de garantie : Civ. 1re, 2 avr. 1997,Bull. civ. I, n° 112). En cas de contestation de la réalité du vol, les juges du fond sont souverainement compétents pour apprécier la portée des éléments de preuve qui leur sont présentés ; ils peuvent par exemple estimer que la déclaration du vol au commissariat ne suffit pas à établir la réalité du vol (ex.

Civ. 1re, 7 juin 2001, n° 98-20.565, inédit, RGDA 2001. 1035, note L. Fonlladosa ;Civ. 1re, 18 déc. 2002, n° 00-14.908, inédit, RGDA 2003. 358, note A. Favre Rochex : absence de preuve d'une effraction à l'origine du vol ; Civ. 2e, 16 déc. 2004, n° 03-18.668,inédit : vols commis sans effraction dans des circonstances mystérieuses n'ayant pu être éclaircies par la procédure pénale).

3383. Si en application de l'article 1353 (anc. art. 1315) du Code civil, la preuve du sinistre est libre, il avait toujours été admis, en vertu du principe de liberté contractuelle, que la preuve du vol pouvait faire l'objet d'aménagements contractuels imposant à l'assuré d'établir toutes les circonstances du vol, telles que définies par le contrat. Or par un arrêt très remarqué (Civ. 2e, 10 mars 2004, n° 03-10.154,Bull. civ. II, n° 101 ; D. 2004, IR, 994 ; L'Argus, 16 avr. 2004, n° 6877, p. 40 et 28 mai 2004, n° 6883, suppl., G. Defrance ; D. Noguéro, Liberté de la preuve du sinistre ou condition du jeu de la garantie vol ?, RCA 2004, comm. n° 199 et p. 11 ; J. Kullmann, De l'aménagement contractuel de la preuve du vol à la liberté de la preuve du sinistre… la Convention européenne des Droits de l'Homme à l'assaut du contrat d'assurance, RGDA 2004. 561), la Cour de cassation décida le contraire. Dans l'affaire en cause relative à un contrat d'assurance garantissant le vol d'un véhicule, l'une des clauses du contrat imposait à l'assuré de prouver « outre des détériorations liées à une pénétration dans l'habitacle par effraction, le forcement de la direction ou de son antivol et la modification des branchements électriques ayant permis le démarrage du véhicule ». Or l'assuré n'avait pu, en l'espèce, apporter toute cette preuve. Appliquant le contrat à la lettre, les juges du fond refusèrent de lui accorder une indemnisation, considérant qu'il était tenu d'établir toutes les circonstances du vol définies par le contrat. Sous les visas de l'article 1315 du Code civil et de l'article 6, paragraphe 1, de la Convention européenne de sauvegarde des droits de l'Homme et des libertés fondamentales, cet arrêt est censuré par la Cour de cassation au motif que « la preuve du sinistre, qui est libre, ne pouvait être limitée par le contrat ». Quoique n'intéressant a priori que les modalités de la preuve dont la charge incombe à l'assuré, cette solution était de nature à remettre totalement en cause les stipulations contractuelles qui déterminent les conditions de mise en œuvre de l'assurance contre le vol : de manière implicite en effet, la Cour de cassation semblait considérer que l'obligation faite à l'assuré de démontrer qu'il y a eu détérioration des portes et du système de démarrage était excessive. Ce faisant, on pouvait légitimement se demander si cet arrêt ne contenait pas en germe la condamnation à venir de la définition contractuelle de l'assurance contre le vol. Les craintes suscitées par cet arrêt ont été rapidement dissipées par plusieurs arrêts ultérieurs.

3384. Appelée à statuer à nouveau sur cette question, la Cour de cassation a énoncé que l'assuré devait prouver les circonstances décrites par la clause du contrat parce qu'elles constituaient des conditions de la garantie (Civ. 2e, 16 déc. 2004, n° 03-18.232, inédit ; RGDA 2005. 182, note J. Kullmann : sans référence toutefois à l'article 6.1 de la CEDH). Le caractère isolé de l'arrêt rendu le 10 mars 2004 sera confirmé de manière certaine par un arrêt rendu le 24 mai 2006 (Civ. 2e, 24 mai 2006, n° 04-20.804, inédit) à propos d'un contrat d'assurance MRH : le pourvoi de l'assuré qui faisait grief à son contrat d'assurance contre le vol de lui imposer de rapporter la preuve de traces d'effraction et donc, de limiter à certains indices prédéterminés la preuve du sinistre, portant ainsi atteinte aux articles 1315 du Code civil et 6.1 de la CEDH, est rejeté par la Cour de cassation. Celle-ci énonce en effet « qu'en l'état de ces constatations et énonciations, la Cour d'appel a souverainement retenu que le vol commis au préjudice de l'assuré n'avait pas été accompagné d'une effraction de la maison d'habitation au sens qu'en donnait la définition du contrat d'assurance, qui n'en limitait pas les modes de preuve, de sorte que l'assureur ne devait pas sa garantie » (dans le même sens, Civ. 2e, 19 oct. 2006, n° 05-18.185, inédit : même pourvoi, même rejet ; Civ. 2e, 14 juin 2007, n° 06-15.670, n° 154 ; RGDA 2007. 906, note S. Abravanel-Jolly : cassation, sous le visa de l'article 1134 du Code civil, de l'arrêt de la Cour d'appel qui énonçait que « l'assureur ne peut se prévaloir d'une clause contractuelle exigeant (…) des indices prédéterminés et cumulatifs, à savoir l'effraction des organes de direction du véhicule »).

b) Preuve de l'existence et de la valeur des biens volés

3385. L'assuré doit prouver l'existence ainsi que la valeur des biens volés au jour du sinistre, étant entendu que – par application du principe indemnitaire – l'indemnité due par l'assureur ne peut jamais dépasser la valeur de la chose assurée au moment du sinistre (pour un rappel de ce principe, v. par ex. Civ. 2e, 4 déc. 2008, n° 07-20.867). Ce principe s'applique sans réserve en matière d'assurance en « valeur déclarée ». Dans cette hypothèse, c'est l'assuré lui-même qui fixe les valeurs à assurer, sans intervention de l'assureur. Cette valeur déclarée constitue la limite maximale de l'engagement de l'assureur, mais la somme assurée ne peut en aucun cas être considérée comme une preuve de la valeur du bien au moment du sinistre. Conformément au principe général, c'est donc à l'assuré qu'incombe la charge de cette preuve. Très concrètement, l'assuré doit donc rassembler tous les justificatifs qu'il a en sa possession : factures d'achat, d'entretien ou de réparation, certificats d'expertise, photographies ou films des objets volés... Il doit être ici précisé que les attestations établies après le vol par le commerçant vendeur ou par le réparateur ne peuvent avoir valeur de preuve (sauf s'il est possible de retrouver une trace de l'objet vendu dans les livres de compte du professionnel). En matière d'assurance en « valeur agréée », les parties se sont accordées pour déterminer ensemble la valeur exacte des biens couverts par la garantie, généralement à la suite d'une expertise réalisée aux frais de l'assuré et acceptée par l'assureur. La valeur agréée a pour effet de renverser la charge de la preuve qui passe ainsi de l'assuré à l'assureur.

3 ▪ Récupération des objets volés

3386. Lorsque l'assuré récupère tout ou partie des biens volés, il doit en aviser immédiatement l'assureur.

Avant paiement de l'indemnité, l'assuré doit reprendre possession des biens et l'assureur n'aura à lui rembourser que les sommes correspondant aux détériorations éventuelles subies par les biens ainsi que les frais de récupération que l'assuré a exposés avec son accord.

Après paiement de l'indemnité, l'assureur devient de plein droit propriétaire des objets récupérés ; l'assuré a cependant la faculté de les reprendre, moyennant remboursement de l'indemnité, déduction éventuellement faite des frais de récupération et/ou de détérioration.

§ 3 ▪ Assurance contre le dégât des eaux

3387. L'assurance contre le dégât des eaux a pour objet de couvrir le risque de dommages matériels causés par une fuite d'eau accidentelle. Elle constitue à la fois une assurance de choses et une assurance de responsabilité. Dans les contrats MRH, le risque de dégât des eaux est en effet couvert à double titre : l'assurance prend non seulement en charge les dommages subis par les biens de l'assuré, mais également les conséquences pécuniaires découlant de la responsabilité qu'il encourt du fait des dommages matériels causé aux biens des tiers (Civ. 1ère, 28 sept. 2004, n° 02-13.929).

3388. L'assurance contre le dégât des eaux est en principe une assurance facultative. Toutefois, par application de la loi n° 89-462 du 6 juillet 1989, les locataires doivent s'assurer contre les risques locatifs dont fait partie le dégât des eaux : le locataire peut, en effet, voir sa responsabilité recherchée par le propriétaire à la suite d'un dégât des eaux.

A. Évènements garantis

3389. L'assureur garantit certains dommages matériels causés aux biens assurés par l'action accidentelle de l'eau, dans des circonstances limitativement énumérées par le contrat d'assurance. Ainsi les contrats garantissent-ils généralement les dégâts des eaux ayant pour cause :
- les fuites, ruptures et débordements à caractère accidentel (même consécutifs à un gel), de conduites d'adduction ou de distribution d'eau, d'évacuation des eaux pluviales, ménagères ou de vidanges, de chéneaux et gouttières. Sont également garanties les fuites, ruptures et débordements des appareils à effet d'eau (lave-vaisselle, lave-linge), de tout récipient (baignoire, lavabo, cuvette, etc) et des installations de chauffage. Le dégât des eaux peut cependant relever de la garantie décennale si les conditions de celle-ci sont réunies (Civ. 3e, 7 juill. 2015, n° 14-21.805 : impropriété à destination de l'immeuble caractérisée par l'ampleur des désordres occasionnés par le dégât des eaux consécutifs à la rupture d'un flexible) ;
- la condensation, la buée ou l'humidité résultant de ces fuites, ruptures, débordements ou infiltrations ;
- les infiltrations de pluie, de neige ou de grêle au travers des toitures. Le terme de toiture doit être entendu au sens large, comme incluant les ciels vitrés, terrasses et balcons formant terrasses (Civ. 1re, 25 avr. 1990, n° 88-13.194, RGAT 1990. 635, note J. Kullmann ; RCA 1990, comm. n° 262 : le terme terrasse doit être compris comme visant un élément couvrant et non un terrain aménagé en plein air) ;
- les infiltrations par des joints d'étanchéité aux pourtours des installations sanitaires et au travers des carrelages ;
- les engorgements ou refoulements des égouts.

3390. L'assurance dégât des eaux ne garantit que les dommages causés aux biens par des fuites accidentelles. La jurisprudence a cependant précisé que « la notion d'accident n'exclut pas que le dommage ait pour origine une faute de l'assuré, laquelle, à moins d'être intentionnelle, ne supprime pas l'obligation de garantie de l'assureur » (Civ. 1re, 22 nov. 1994, n° 91-13.136 ; RCA 1995, comm. n° 26, chr. n° 1, H. Groutel : infiltrations d'eau survenues dans un immeuble ancien). Ainsi, la vétusté ou le mauvais entretien d'un immeuble ou d'une toiture ne suffit pas à supprimer l'obligation de garantie de l'assureur. De même, l'assurance dégâts des eaux peut garantir les dommages causés par une fuite d'eau due aux travaux défectueux réalisés par l'assuré lui-même (Civ. 1re, 22 mars 1988, n° 86-16.039, Bull. civ. I, n° 84 ; RGAT 1989. 122, note J. Kullmann : infiltrations causées par la défectuosité de travaux de raccordement sanitaire effectués par l'assuré plusieurs années avant le sinistre).

3391. Les dommages aux biens ne sont garantis que s'ils ont été directement provoqués par les eaux (Civ. 2e, 24 nov. 2011, n° 10-21.685 : tel n'est pas le cas du dommage causé à la remise et à l'installation électrique par un éboulement de terrain, quand bien même celui-ci serait en lien avec de fortes pluies). Par ailleurs, les infiltrations à travers les murs ne sont pas garanties. Ainsi, des infiltrations d'eau et traces d'humidité importante et persistante sur les murs d'un sous-sol relèvent de la garantie décennale (Civ. 3e, 16 sept. 2015, n° 14-12.198).

3392. C'est à l'assuré d'apporter la preuve du sinistre. Il peut le faire par tout moyen. Les règles de preuve n'étant cependant pas d'ordre public, rien n'interdit aux parties d'en aménager les modalités dans le contrat. Certains contrats MRH se contentent d'indiquer, s'agissant de la garantie du dégât des eaux, « que la déclaration de sinistre s'opère par téléphone grâce à un numéro destiné à cet effet ». Il s'ensuit qu'en déclarant son sinistre par courrier l'assuré rapporte la preuve qui lui incombe de la réalité du sinistre (Civ. 2e, 8 janv. 2009, n° 08-10.874, inédit, RGDA 2009. 135, note S. Abravanel-Jolly : la production en outre d'un devis, même falsifié en l'espèce, permet à l'assuré d'établir la réalité du dégât des eaux). L'assureur ne procède pas systématiquement à une expertise pour constater et évaluer les dommages. Il peut se contenter d'un devis que lui adresse l'assuré.

B ▪ Risques exclus

3393. La garantie dégât des eaux ne constitue pas une garantie d'entretien des biens de l'assuré ; elle n'a pas non plus pour objet de couvrir l'usure ou encore les conséquences d'un vice interne de la chose dont la détérioration est à l'origine du dégât des eaux. C'est pourquoi l'assurance ne couvre généralement pas certains dommages, comme par exemple les dommages causés aux appareils eux-mêmes dont la détérioration est à l'origine du dégât des eaux (sous réserve des dommages consécutifs au gel qui sont le plus souvent couverts par le contrat).

3394. En outre, le contrat impose toujours à l'assuré de respecter certaines mesures de prévention qui sont, pour l'essentiel, de trois ordres :

- tout d'abord, en période de gel et afin d'éviter une rupture de canalisation, l'assuré doit maintenir en action son installation de chauffage ou, à défaut, interrompre la distribution d'eau et vidanger tous les réservoirs, canalisations et chaudières, non pourvus d'antigel en quantité suffisante ;
- ensuite, en cas d'inoccupation totale ou partielle des locaux ou d'arrêt de chauffage pendant plusieurs jours consécutifs (2 à 4 jours le plus souvent), l'assuré a également l'obligation d'interrompre la circulation de l'eau.;
- enfin, dès la première apparition de dommages résultant d'infiltrations, l'assuré doit procéder aux travaux nécessaires pour supprimer ces infiltrations.

Le non-respect de ces mesures prive l'assuré de la garantie. Une clause peut ainsi prévoir la déchéance de la garantie si l'assuré ne respecte pas l'obligation qui lui est faite de vidanger, pendant les périodes de gel, les installations de chauffage central et de distribution d'eau chaude (Civ. 1ère, 27 avr. 1994, n° 91-10.849,Bull. civ. I, n° 149 ; RCA 1994, comm. n° 271).

3395. Les mesures de prévention imposées à l'assuré sont le plus souvent visées par une clause d'exclusion (Civ. 3e, 17 oct. 2007, n° 06-17.608, Bull. civ. III, n° 176 : encourt la cassation l'arrêt qui, après avoir constaté des manquements de l'assuré antérieurs au sinistre, qualifie de déchéance ce qui constitue une clause d'exclusion). Pour être valable, la clause d'exclusion doit, sous peine de nullité, être formelle et limitée (C. assur., art. L. 113-1). Tel est le cas de la clause d'exclusion indirecte qui prévoit que le contrat garantit « la réparation pécuniaire des dommages causés par les eaux lorsqu'ils sont dus à des fuites, ruptures ou débordements provenant des conduites non enterrées d'adduction, de distribution ou d'évacuation ou encore des colonnes de vidanges » (Civ. 3e, 26 mars 2008, n° 07-14.406). De même, la clause qui exclut la prise en charge des dommages provenant d'inondation, du débordement ou du refoulement des sources, cours d'eau, étendues d'eau artificielles ou naturelles, égouts, et des canalisations souterraines, ne vide pas le contrat d'assurances de son objet et de sa substance dès lors que demeurent couverts les dégâts des eaux provenant des canalisations non souterraines (Civ. 2e, 13 janv. 2012, n° 11-10.756). Ou encore, la clause excluant les frais de réparation ou de remplacement des conduites, robinets et appareils intégrés dans les installations d'eau et de chauffage lorsqu'ils sont à l'origine du sinistre ou en cas de gel (Civ. 1ère, 18 mai 2004, n° 01-16.987). Doit en revanche être réputée non écrite la clause qui énonce que si l'assuré ne prend pas certaines précautions en cas d'inoccupation des locaux ou de grands froids, l'assureur peut lui demander une indemnité proportionnée au préjudice causé par l'inobservation de ces obligations (Civ. 1re, 17 févr. 1993, n° 91-11.653, Bull. civ. I, n° 73 : clause laissant à l'assureur le pouvoir de fixer l'indemnité en choisissant lui-même la proportion à appliquer entre cette indemnité et le préjudice résultant pour lui de l'obligation d'indemniser la victime).

3396. Le dégât des eaux résulte souvent d'un défaut d'entretien imputable à l'assuré. Ce défaut d'entretien ne prive toutefois le contrat d'aléa que si l'aléa n'existait pas au moment de la souscription du contrat ou s'il a disparu en cours de contrat par suite d'une faute intentionnelle ou dolosive de l'assuré (Civ. 2e, 5 mars 2015, n° 14-10.790 ; RGDA 2015, p. 184, note A. Pélissier : au visa des articles 1134 et 1964 du Code civil, prive sa décision de base légale la Cour d'appel qui refuse d'appliquer la garantie pour défaut d'aléa, par des motifs « impropres à exclure l'existence d'un aléa lors de la souscription du contrat ou à caractériser l'existence d'une faute intentionnelle ou dolosive de l'assuré »). Un défaut d'entretien caractérisé ou un manque de réparation indispensable ne conduit donc pas à la non-application systématique de la garantie. En conséquence, il appartient à l'assureur, qui entend ne pas couvrir les dommages résultant de la négligence de son assuré, de le prévoir dans le contrat. L'assureur peut ainsi stipuler à la charge de l'assuré une obligation d'entretien. En pratique cependant, la technique la plus utilisée dans les contrats est celle de la clause d'exclusion. Une telle clause n'est cependant valable que si elle est formelle et limitée. Or la clause qui exclut la garantie de l'assureur en cas de défaut d'entretien caractérisé de l'assuré n'est ni formelle, ni limitée (Civ. 2e, 12 déc. 2013, n° 12-29.862 et 12-25.777, Bull. civ. II, n° 234 ; RGDA 2014, p. 30, note M. Asselain ; RCA 2014, comm. 74, H. Groutel ; GP 2014, n° 119, p. 21, obs. F. Leduc ; RDI 2014, p. 122, obs. P. Dessuet ; Civ 2e, 15 janv. 2015, n° 13-19.405 ; RCA 2015, repère 4, H. Groutel : la clause excluant la garantie de l'assureur en cas de défaut d'entretien ou de réparation caractérisé et connu de l'assuré ne se réfère pas à des critères précis et à des hypothèses limitativement énumérées ; n'étant pas formelle et limitée, elle ne peut recevoir application en raison de son imprécision).

3397. La validité de la clause d'exclusion n'est cependant appréciée par le juge du fond que si l'assuré en fait la demande. A défaut, la clause pourra profiter à l'assureur ; la jurisprudence fournit ainsi plusieurs exemples d'application de la clause excluant :
- les dommages résultant d'un défaut permanent et volontaire d'entretien ou d'un manque de réparation indispensable incombant à l'assuré (Civ. 3e, 12 juill. 2000, n° 98-10.392) ;
- les dommages provenant d'installations de fortune ou précaires (Civ. 1ère, 7 mai 2002, n° 99-13.375 : sinistre trouvant son origine dans l'installation d'une douche réalisée par l'assuré lui-même avec des amis, sans aménagement préalable d'une chape d'étanchéité, par la pose directe de carrelage sur un plancher) ;
- les dommages résultant d'un manque d'entretien manifeste ou d'un défaut de réparation incombant à l'assuré (Civ. 2e, 2 juin 2005, n° 04-11.574 ; Civ. 2e, 20 nov. 2014, n° 11-27.102 ; RGDA 2015, p. 12, note A. Pélissier) ;
- les dommages ou leurs aggravations liés à un défaut d'entretien caractérisé incombant à l'assuré et connu de lui et occasionnés par une infiltration lente des eaux (Civ. 2e, 29 mars 2006, n° 05-10.472 : effondrement partiel du mur de la maison assurée, du à une humidité progressive et consécutive au défaut de réparation et d'entretien du bâtiment) ;
- les dommages causés par un défaut de réparation ou d'entretien indispensable incombant à l'assuré, tant avant qu'après sinistre, sauf cas de force majeure (Civ. 2e, 3 oct. 2013, n° 12-23.684).

§ 4 ▪ Assurance contre le bris de glace

3398. Comprise dans l'immense majorité des contrats multirisques habitation, l'assurance contre le bris de glace couvre exclusivement les dommages matériels causés aux biens de l'assuré et résultant du bris accidentel de vitres ou de glaces. Il s'ensuit que lorsque l'assuré est responsable d'un bris de glace ayant causé un dommage matériel à autrui, il convient de mettre en œuvre la garantie « responsabilité civile vie privée » de l'assuré.

3399. On remarque une grande hétérogénéité du contenu des garanties dont l'étendue et les limites varient fortement d'un contrat à l'autre, certains s'appliquant non seulement aux produits verriers proprement dits, mais également à certains produits plastiques, aux marbres, voire au bris des sanitaires (lavabos, baignoire...) ou encore aux panneaux solaires et cellules photovoltaïques.

Le contrat garantit généralement le bris accidentel :

- des miroirs fixés aux murs ;
- des vitres ou des glaces incorporées ou scellées aux bâtiments ;
- des vitres des portes, fenêtres, baies, impostes, murs et panneaux ;
- des glaces faisant partie intégrante d'un meuble ;
- des vérandas, marquises, couvertures transparentes des panneaux solaires ;
- des éléments transparents en verre ou en matériaux synthétiques constituant la couverture des vérandas et appentis attenant aux bâtiments assurés.

3400. La majorité des assureurs prend en charge les frais de dépose et de repose des glaces ainsi que les frais de clôture provisoire nécessaire pour assurer la protection des locaux. On précise, en outre, que les assureurs font généralement appel à des miroitiers agréés, ce qui évite l'avance des fonds par l'assuré.

L'assurance contre le bris de glaces exclut fréquemment :

- les dommages d'ordre esthétique non consécutifs à un bris, tels que les rayures, ébréchures, écaillures ;
- les dommages ne présentant aucun caractère accidentel, comme les bris occasionnés par la vétusté, un vice interne, un vice d'installation ou un défaut d'entretien de l'objet assuré ;
- les dommages survenus au cours de travaux effectués sur l'objet par l'assuré ;
- les dommages affectant des objets déposés ou non posés déjà brisés, cassés ou simplement fêlés, rayés ou ébréchés ;
- et parfois, les dommages subis par des biens particuliers : les objets de verrerie (lustres, globes, lampadaires, vases...), les vitraux, les serres, les éléments vitrés des appareils de cuisson ou de chauffage, les dessus de table en verre...

Section 2 ▪ Extensions de garantie obligatoire

§ 1 ▪ Risques liés aux forces de la nature

3401. Tout contrat d'assurance de dommages aux biens comporte deux extensions de garantie obligatoires : la garantie dite « TOC » (tempête, ouragan, cyclone) et la garantie des catastrophes naturelles (Sur la garantie catastrophes naturelles, V. infra Chapitre 4 – L'assurance des catastrophes naturelles et technologiques).

3402. Depuis 1990 (L. n° 90-509, 25 juill. 1990), l'article L. 122-7 (al. 1er à 3) du Code des assurances prévoit que « les contrats d'assurance garantissant les dommages d'incendie ou tous autres dommages à des biens situés en France, ainsi que les dommages aux corps de véhicules terrestres à moteur, ouvrent droit à la garantie de l'assuré contre les effets du vent dû aux tempêtes, ouragans ou cyclones, sur les biens faisant l'objet de tels contrats, sauf en ce qui concerne les effets du vent dû à un événement cyclonique pour lequel les vents maximaux de surface enregistrés ou estimés sur la zone sinistrée ont atteint ou dépassé 145 km/h en moyenne sur dix minutes ou 215 km/h en rafales, qui relèvent des dispositions des articles L. 125-1 et suivants du présent code ». Le législateur a ainsi rendue obligatoire une extension de garantie qui était déjà très largement prévue dans les contrats incendie, à ceci près qu'auparavant, les assurés qui ne l'avaient pas souscrite ne pouvaient en bénéficier que si la tempête, l'ouragan ou le cyclone considéré faisait l'objet d'un arrêté de catastrophes naturelles.

3403. L'article L. 122-7 du Code des assurances n'étant pas de ceux auxquels l'article L. 111-2 du même code permet de déroger, ses dispositions sont d'ordre public (Civ. 1re, 24 juin 2003, n° 01-00.231, inédit, RGDA 2003. 801, note A. Favre Rochex : cet arrêt rappelle que les bâtiments garantis au titre du risque incendie le sont nécessairement au titre du risque tempête). Ce principe a été fermement rappelé par la Cour de cassation dans trois arrêts qui ont mis un terme aux incertitudes qui entouraient auparavant la portée de la garantie « tempête » (Civ. 2e, 8 févr. 2006 (2 arrêts), n° 04-19.647,Bull. civ. II, n° 42 ; n° 04-17.942, Bull. civ. II, n° 41 ; RGDA 2006. 193, J. Kullmann ; RCA 2006, n° 147, H. Groutel ; RDI 2006. 103, L. Grynbaum ;Civ. 2e, 19 oct. 2006,n° 05-19.094,Bull. civ. II, n° 277, RGDA 2006. 1012, J. Kullmann ; RCA 2006, n° 383, H. Groutel). Il fut en effet un temps où la jurisprudence décidait que si, en vertu de l'article L. 122-7 du Code des assurances, les contrats garantissant les dommages d'incendie ouvraient droit à la garantie TOC sur les biens faisant l'objet de ces contrats, « l'étendue de cette garantie (pouvait) être librement fixée par les parties et (n'était) égale à celle du risque d'incendie que si les parties n'en (étaient) autrement convenues » (Civ. 1re, 13 janv. 2004, n° 02-16.175,Bull. civ. II, n° 13 ; L'Argus, n° 6867, 6 févr. 2004, p. 36 ; JCP 2004, I, 137, obs. L. Mayaux ; RGDA 2004. 523, J. Kullmann : dans cette affaire, l'assuré prétendait que, en raison de son caractère d'ordre public, l'article L. 122-7 du Code des assurances impliquait nécessairement que les droits à indemnisation au titre de la garantie TOC soient ouverts dans des conditions de garantie en tous points identiques à celles de l'assurance incendie, sans limitation possible par rapport à la garantie de base. Le pourvoi est rejeté par la Cour de cassation qui estime que les deux garanties peuvent comporter des capitaux différents ; V. également : Civ. 2e, 4 nov. 2004,RCA 2004, comm. n° 386, chron. 26, H. Groutel ; RGDA 2005. 185, J. Kullmann). Contraire au caractère d'ordre public de la garantie, cette jurisprudence a été condamnée par trois arrêts (Civ. 2e, 8 févr. 2006, préc.,) qui ont redonné à l'article L. 122-7 du Code des assurances sa véritable portée et uniformisé les garanties MRH, en énonçant que : selon l'article L. 122-7 du Code des assurances dont les dispositions sont impératives, les contrats d'assurance garantissant les dommages d'incendie ouvrent droit à la garantie de l'assuré contre les effets du vent dû aux tempêtes, ouragans et cyclones sur les biens faisant l'objet de tels contrats ; il en résulte que « la garantie tempête ne peut être ni exclue, ni réduite, ni rendue plus onéreuse pour ces biens ». L'apport de ces arrêts peut être énoncé en trois propositions :
1) les biens qui font l'objet de la garantie incendie ne peuvent pas être exclus de la garantie tempête qui est d'ordre public ;
2) dès lors qu'un bâtiment est compris dans une garantie multirisques, il est couvert au titre de la tempête, ouragans et cyclones, dans les mêmes conditions que celles qui sont applicables au titre de la garantie incendie ;
3) la garantie tempête ne peut donc être ni exclue, ni réduite, ni rendue plus onéreuse pour les biens. Ces solutions sont parfaitement logiques : le principe même d'une garantie obligatoire comme la garantie TOC, qui repose sur le socle de l'assurance incendie, est de couvrir le risque dans les mêmes conditions que celles qui sont prévues dans la garantie socle. À défaut, il serait très simple pour les assureurs de réduire à néant la garantie obligatoire en excluant certains bâtiments, en instaurant des plafonds de garantie très bas ou en stipulant des surprimes.

3404. L'extension de garantie « tempêtes, ouragans, cyclones » prend en charge les dommages causés par l'action du vent ou d'un objet renversé ou projeté par le vent. Afin de distinguer cette garantie de celle des catastrophes naturelles et de déterminer si le vent incriminé présente l'intensité suffisante pour pouvoir être qualifié de tempête, d'ouragan ou de cyclone, les contrats prévoyaient qu'il devait, soit avoir eu une vitesse supérieure à 100 km/h, attestée par la station météorologique nationale la plus proche, soit avoir causé des dommages à d'autres bâtiments de bonne construction dans la commune du risque sinistré ou dans les communes avoisinantes.
Aujourd'hui, les contrats les plus récents ne retiennent généralement plus que la seconde condition. C'est à l'assuré qu'il appartient de démontrer que les conditions contractuelles de la garantie sont réunies (Civ. 1ère, 3 mars 1998, n° 96-12.352).
Par ailleurs, les conditions générales des contrats d'assurance étendent la garantie aux dommages causés par :

- le choc de la grêle sur les toitures ;
- le poids de la neige ou de la glace accumulées sur les toitures ;
- la mouille due à la pluie ou à la neige, la grêle pénétrant à l'intérieur des bâtiments lorsque ces derniers ont été détruits par une tempête, la grêle ou le poids de la neige (et sous réserve que ces dommages dits de « mouille » aient pris naissance dans les 48 ou 72 heures suivant le moment de la survenance des dommages matériels aux bâtiments, car l'on estime en effet que ce délai est suffisant pour que l'assuré ait le temps de prendre les mesures conservatoires nécessaires, notamment le bâchage ou la couverture provisoire des bâtiments endommagés).

3405. Lorsque le dommage a pour causes les effets associés du vent et d'un autre événement, il appartient aux juges du fond de rechercher lequel de ces phénomènes météorologiques a été déterminant dans la réalisation des dommages (Civ. 1re, 2 juill. 1996,Bull. civ. I, n° 277 ; RCA 1996, comm. n° 362 ; RGDA 1996. 932, note Maurice : l'adjonction obligatoire à l'assurance incendie de la garantie des dommages aux biens causés par les effets du vent dû aux tempêtes, ouragans et/ou cyclones ne s'étend pas au risque grêle, qui est distinct et doit faire l'objet d'une assurance spécifique. Par suite, lorsque le vent et la grêle sont associés, il appartient aux juges du fond de rechercher lequel de ces phénomènes météorologiques a été déterminant dans la réalisation des dommages).
Enfin, sont généralement exclus de la garantie :
- les bâtiments dont la construction ou la couverture comporte des plaques non posées et non ancrées selon les règles de l'art ;
- les dommages résultant d'un manque d'entretien indispensable ;

3406. - les bâtiments non entièrement clos et couverts ou dont la construction comporte certains matériaux tels carton ou feutre bitumé, toile ou papier goudronné, feuille ou film de matière plastique, etc., non fixés selon les règles de l'art ;
- les parties vitrées de la construction ;
- les biens en plein air.

§ 2 ▪ Risques liés au fait de l'homme

3407. Tout contrat d'assurance de dommages aux biens doit obligatoirement comporter une garantie attentats et une garantie des risques technologiques (Sur la garantie des risques technologiques, V. infra Chapitre 4 - L'assurance des catastrophes naturelles et technologiques).

3408. Jusqu'en 1986, les contrats d'assurance incendie excluaient traditionnellement les émeutes et mouvements populaires, ainsi que les actes de terrorisme ou de sabotage commis dans le cadre d'actions concertées. Toutefois, la preuve du rattachement des faits de terrorisme ou de sabotage à des « actions concertées » - preuve à la charge de l'assureur – constituait la difficulté majeure de mise en jeu de l'exclusion des actes de terrorisme (V. not. Civ. 1re, 3 mars 1993, n° 90-20.398, inédit, RGAT 1993. 656, note A. d'Hauteville : attentat à l'explosif perpétré à Nouméa).

3409. Depuis la loi du 9 septembre 1986 (JO 10 sept.) votée à la suite de la vague de terrorisme qu'a connue la France cette année-là, la garantie des actes de terrorisme ou d'attentats est obligatoire. En effet, au terme de l'article 9 de cette loi, « les contrats d'assurance de biens ne peuvent exclure la garantie de l'assureur pour les dommages résultant d'actes de terrorisme ou d'attentats commis sur le territoire national. Toute clause contraire est réputée non écrite » (L. n° 86-1020, 9 sept. 1986, art. 9 ; C. assur., art. L. 126-2. Sur la notion d'acte de terrorisme, v. Civ. 1re, 17 oct. 1995, n° 93-14.837,Bull. civ. I, n° 368 ; RCA 1996, comm. n° 72 ; RGAT 1996, note A. d'Hauteville : explosion d'une charge d'explosifs dans l'enceinte d'un collège à Bastia). Cette disposition a été modifiée par la loi du 23 janvier 2006 relative à la lutte contre le terrorisme et portant dispositions diverses relatives à la sécurité et aux contrôles frontaliers (L. n° 2006-64, 23 janv. 2006, art. 29 I, JO 24 janv.) : l'interdiction d'exclure les actes de terrorisme et d'attentats de la garantie a été remplacée par une obligation de garantie. Désormais, l'article L. 126-2 du Code des assurances énoncent en effet que : « les contrats d'assurance... ouvrent droit à la garantie de l'assuré... ». On rappelle que les faits de guerre étrangère et de guerre civile constituent en revanche des exclusions qui ne sont jamais couverts par les contrats d'assurance (C. assur., art. L. 121-8).

3410. Par application de l'article L. 126-2 du Code des assurances, les contrats supports de cette garantie sont les contrats d'assurance garantissant les dommages d'incendie causés à des biens situés sur le territoire national et les contrats d'assurance garantissant les dommages causés aux corps de véhicules terrestres à moteur (Civ. 1re, 13 nov. 2002, n° 00-18.838, inédit, RCA 2003, comm. n° 82, obs. H. Groutel : la disposition de l'art. L. 126-2 C. assur., qui répute non écrites les clauses excluant de la garantie les dommages résultant d'actes de terrorisme ou d'attentats commis sur le territoire national, ne s'applique qu'aux contrats d'assurance de biens). Seuls les dommages causés aux biens relèvent du champ d'application de l'article L. 126-2 du Code des assurances, à l'exclusion des dommages corporels.

3411. Afin d'éviter que le principe énoncé par l'article L. 126-2 du Code des assurances ne soit contourné par des franchises d'un montant élevé ou par de plafonds de bas niveau, l'article R. 126-2, II, du Code des assurances, interdit de stipuler dans les contrats d'assurance de biens, pour les dommages résultant d'actes de terrorisme ou d'attentats, des franchises ou des plafonds autres que ceux qu'ils prévoient pour des dommages de même nature ayant une autre origine qu'un acte de terrorisme ou qu'un attentat. Les dommages causés par les actes de terrorisme sont donc couverts dans les mêmes conditions que celles qui s'appliquent aux dommages causés par les autres risques garantis par le contrat.

Chapitre 3
La MRH : l'assurance des responsabilités

BIBLIOGRAPHIE

L'Argus de l'assurance

Ouvrages. – F. Couilbault, S. Couilbault-Di Tommaso, V. Huberty, *Les grands principes de l'assurance*, L'Argus éd.,, 2015. – J. Landel, *Lexique des termes d'assurance*, L'Argus éd., 2014. – N. Hadj-Chaib Candeille, *Risques et assurances de responsabilité civile*, L'Argus, éd., 2012.

Autres documentations

Ouvrages. – B. Beignier, S. Ben Hadj Yahia, *Droit des assurances*, LGDJ, Lextenso, 2e éd., 2015 – J. Bigot (sous dir.) *et alii, Traité de droit des assurances*, « Le contrat d'assurance », t. 3, LGDJ, Lextenso, 2e éd., 2014 – A. Pimbert, *L'essentiel du droit des assurances*, Gualino, 2e éd., 2014-2015 – S. Abravanel-Jolly, *Droit des assurances*, Ellipses, 2013 – J. Bonnard, *Droit des assurances*, LexisNexis, 4e éd., 2012 – Y. Lambert-Faivre et L. Leveneur, *Droit des assurances*, Dalloz, 13e éd. 2011 – M. Chagny et L. Perdrix, *Droit des assurances*, LGDJ, 2009 – H. Groutel (sous dir.) *et alii, Traité du contrat d'assurance terrestre*, Litec, 1re éd., 2008 – M. Barré-Pépin, *La protection du logement en droit privé*, Litec, 1re éd., 2009 – H. Des Lyons et Y. Rouquet, Baux d'habitation, Delmas, 7e éd., 2011 – T. Berthin-Lachaud et S. Pinguet, *L'assurance contre l'incendie*, Ass. Fr., 2002.

Section 1 . Responsabilité contractuelle

§ 1 . Responsabilité du locataire

A . Fondements de la responsabilité

3412. L'existence d'un contrat de bail entre le propriétaire et l'occupant du logement emporte application des articles 1732 à 1735 du Code civil. Les articles 1732 et 1735 du Code civil édictent le régime de droit commun auquel obéit la responsabilité du locataire à l'égard du propriétaire. Les articles 1733 et 1734 soumettent cette responsabilité à un régime spécial en cas d'incendie.

3413. L'absence de tout contrat de bail entre le propriétaire et l'occupant du logement n'écarte pas nécessairement toute responsabilité de l'occupant à l'égard du propriétaire. Il convient de rechercher à quel titre le logement est occupé. La jouissance du logement à titre gratuit peut être qualifiée de prêt à usage ; la responsabilité de l'occupant à l'égard du propriétaire sera alors fondée sur les articles 1880 à 1887 du Code civil. L'occupant ne peut s'en exonérer qu'en rapportant la preuve d'une absence de faute de sa part ou d'un cas fortuit (Civ. 1ère, 28 juin 2012, n° 11-17.629).

1 . Règles générales

3414. L'article 1732 du Code civil énonce que « le preneur répond des dégradations ou des pertes qui arrivent pendant sa jouissance, à moins qu'il ne prouve qu'elles ont eu lieu sans sa faute ». Applicable notamment en cas d'explosion ou de dégât des eaux, cette disposition met ainsi à la charge du locataire une responsabilité fondée sur une présomption de faute. Lorsque la cause du sinistre est inconnue, le locataire ne peut pas s'exonérer de sa responsabilité s'il ne peut pas établir qu'il avait pris toutes les précautions pour éviter ce sinistre (par ex. Civ. 3e, 18 mars 1974, n° 73-10.303,Bull. civ. III, n° 120 : locataire présumé responsable d'une explosion de gaz dont la cause est demeurée inconnue).

3415. Lorsque la destruction du bien loué résulte non seulement du souffle d'une explosion mais aussi du feu de l'incendie qui l'a suivie, la responsabilité du locataire peut être engagée sur le fondement de l'article 1733 du Code civil (Civ. 3e, 10 mars 2010, n° 09-10.736).

3416. L'article 1735 du Code civil étend la responsabilité du locataire aux « dégradations et (...) pertes qui arrivent par le fait des personnes de sa maison et de ses sous-locataires ». Le locataire engage donc sa responsabilité contractuelle à l'égard du propriétaire à raison des dommages causés par toute personne vivant avec lui ou par tout habitué de sa maison (membre de sa famille et préposés), mais aussi, de manière plus large, par toute personne qu'il a introduit chez lui ou dont il tolère la présence, même occasionnellement et à quelque titre que ce soit (Civ. 3e, 19 janv. 2000, n° 98-12.697,Bull. civ. III, n° 8 : faute commise par un plombier que le locataire avait chargé d'effectuer une vérification des tuyaux de gaz). En revanche, il ne répond pas des dommages causés par une personne invitée pour une soirée (Civ. 3e, 16 juin 2004, n° 03-12.528,Bull. civ. III, n° 119 : une personne qui ne réside pas, fût-ce temporairement, dans les lieux loués et qui n'y est pas intervenue à la demande des locataires à titre professionnel, ne peut être considérée comme étant « de la maison » des locataires au sens de l'article 1735 du Code civil). Le locataire répond également à l'égard du propriétaire des dommages causés par le fait de ses sous-locataires.

2 ▪ Règles spéciales propres à l'incendie

3417. L'article 1733 du Code civil édicte un régime spécial qui ne s'applique qu'au cas d'incendie : « Il (le locataire) répond de l'incendie, à moins qu'il ne prouve que l'incendie est arrivé par cas fortuit ou force majeure ou par vice de construction, ou que le feu a été communiqué par une maison voisine ». Dans cette hypothèse, les causes d'exonération du preneur sont donc plus limitées : l'absence de faute ne suffit plus (Civ. 3e, 6 mai 1968,Bull. civ. III, n° 131 ; JCP 1970, II, 16157 : viole l'article 1733 du Code civil, l'arrêt de la cour d'appel qui décharge de sa responsabilité le locataire d'un bien endommagé par un incendie au motif qu'il n'a pas commis de faute ; Civ. 3e, 13 juin 2007,n° 06-10.033,Bull. civ. III, n° 104 : les fautes du bailleur qui ne sont pas à l'origine de l'incendie survenu dans les locaux loués ne peuvent exonérer le preneur de la présomption de responsabilité pesant sur lui en vertu de l'article 1733 du Code civil).

3418. Cette présomption de responsabilité est écartée en cas de co-occupation du logement par le propriétaire (Civ. 3e, 17 j uill. 1986, n° 85-11.108,Bull. civ. III, n° 119, p. 94. Adde : Civ. 1ère, 19 mai 1999, n° 97-10.278 ; Civ. 3e, 23 juin 2015, n° 14-18.072 ; Civ. 3e, 1er oct. 2003, n° 02-11.557 ;RCA 2004, comm. n° 12). La co-occupation doit être véritable ; elle implique l'existence d'une jouissance effective par le bailleur de la partie de l'immeuble incendiée, dans des conditions assimilables à celles d'un locataire. Le propriétaire d'un immeuble qui se réserve la jouissance d'un appartement et procède à sa rénovation, alors qu'un incendie se produit dans cet immeuble, ne peut invoquer les dispositions de l'article 1733 du Code civil, les travaux de rénovation étant assimilables à une occupation des locaux par le bailleur (Civ. 3e, 12 juin 2001, n° 99-16.159). En revanche, elle ne sera pas écartée s'il est démontré que l'incendie a pris naissance dans les locaux occupés par le locataire, ou que l'incendie n'a pas pu prendre naissance dans les locaux occupés par le propriétaire.

3419. Le cas fortuit ou la force majeure sont fréquemment invoqués à l'occasion d'un incendie criminel. L'exonération du locataire ne sera retenue que si plusieurs conditions sont réunies. L'évènement doit avoir été imprévisible, irrésistible et extérieur pour le locataire (Civ. 3e, 15 oct. 2013, n° 12-23.126 : conditions réunies en l'espèce). L'origine criminelle de l'incendie doit être clairement établie (Civ. 3e, 18 mars 1998, « Le Midem », n° 96-10.769,Bull. civ. III, n° 61 ; RCA 1998, comm. n° 249, obs. H. Groutel : force majeure retenue). Par ailleurs, quelle que soit l'origine de l'incendie, aucune faute ne doit être retenue à l'encontre du locataire (Civ. 3e, 21 févr. 1996, n° 94-10.553 ;RCA 1996, comm. n° 264 ; Civ. 3e, 2 oct. 1996, n° 94-21.589 ;RCA 1996, comm. n° 395, note H. Groutel ; Civ. 3e, 8 oct. 2015, n° 14-19.477 : absence de négligence fautive de la part du locataire susceptible d'avoir favorisé ou permis l'incendie). A défaut, le locataire ne peut pas invoquer le cas de force majeure exonératoire (Civ. 3e, 3 avr. 2007, n° 06-12.681 : l'intrusion de malfaiteurs ayant incendié les lieux loués n'est pas constitutive de force majeure pour le locataire, dès lors qu'il a été constaté par la Cour d'appel que « l'incendie était parti de l'appartement loué à M. X..., absent au moment des faits, (...),que l'ensemble de l'immeuble était vétuste, mal sécurisé et fréquenté par des squatters, (...) que le locataire savait qu'il était le seul occupant de l'immeuble, que face au manque de protection de l'immeuble et plus particulièrement de son appartement il aurait pu prendre des dispositions pour prévenir une violation de son domicile, sachant qu'il devait s'absenter pour plusieurs jours, telles que fermer les volets, barricader la porte du logement et prévenir le propriétaire de l'inefficacité de la serrure de l'immeuble et de la porte de son appartement, (...) qu'il possédait ainsi des moyens pour se prémunir contre un événement hautement prévisible »). Enfin, aucun élément ne doit permettre d'établir que l'auteur de l'incendie pourrait être une personne dont le locataire doit répondre au sens de l'article 1735 du Code civil (V. cependant : Civ. 3e, 21 sept. 2005, n° 04-14.706 : l'incendie du logement familial par le mari en instance de divorce peut constituer, pour l'épouse locataire, un fait exonératoire de responsabilité à l'égard du propriétaire du logement).

3420. Le vice de construction permettant l'exonération du locataire n'a pas à revêtir les caractères de la force majeure (Civ. 3e, 21 mars 1990, Bull. civ. III, n° 79 ; RTD civ. 1991, 138, obs. Ph. Rémy ; Civ. 3e, 15 juin 2005, n° 04-12.243, Bull. civ. III, n° 128 ; D. 2005, 2580, note Rakotovahiny). Il doit être la cause du sinistre (pour un rappel de cette règle, v. not Civ. 3e, 23 janv. 2008, n° 06-19.520, inédit : tel n'est pas le cas lorsque le vice de construction n'a fait que contribuer à la propagation de l'incendie sans être à l'origine du sinistre dont la cause est restée indéterminée). Constitue un vice de construction tout non-respect des règles de l'art de bâtir, ainsi que toute défectuosité de nature à favoriser la survenance du sinistre (installation électrique de fortune, conduit de cheminée défectueux... Civ. 3e, 20 mars 1996, n° 93-21.386 : conduit de fumée vétuste, obstrué et non conforme aux règles de construction ; Civ. 3e, 18 févr. 2003, n° 01-01.121 : fuite de gaz provenant d'une chaudière murale défectueuse). Le défaut d'entretien, s'il est caché, est assimilé par la jurisprudence à un vice de construction. S'il est apparent, l'exonération n'est possible que si le locataire prouve en avoir informé le bailleur et l'avoir mis en demeure d'effectuer les réparations nécessaires.

3421. La présomption de responsabilité édictée par l'article 1733 du Code civil s'applique à tout locataire (locataire unique et locataire partiel). L'article 1734 du Code civil complète cependant l'article 1733, pour le cas où l'incendie se déclare dans un logement occupé par plusieurs locataires : « s'il y a plusieurs locataires, tous sont responsables de l'incendie, proportionnellement à la valeur locative de la partie de l'immeuble qu'ils occupent ; A moins qu'ils ne prouvent que l'incendie a commencé dans l'habitation de l'un d'eux, auquel cas celui-là seul en est tenu ; Ou que quelques-uns ne prouvent que l'incendie n'a pu commencer chez eux, auquel cas ceux-là n'en sont pas tenus ». Cette disposition vient ainsi préciser l'étendue de la responsabilité qui pèse sur chaque locataire, lorsque le lieu de départ du feu ne peut être déterminé : chaque locataire est tenu à l'égard du propriétaire, proportionnellement à la valeur locative des locaux loués par chacun d'eux. Dans les autres situations, l'article 1734 rappelle que le locataire peut – outre les causes d'exonération énoncées par l'article 1733 – s'exonérer de toute responsabilité, s'il apporte la preuve que le feu a pris naissance chez un autre locataire ou que le feu n'a pas pu prendre naissance chez lui.

3422. Lorsque la responsabilité du locataire est établie à l'égard du propriétaire, celui-ci doit être replacé dans la situation où il se serait trouvé si l'incendie ne s'était pas produit. Il a donc droit à une indemnité correspondant à la valeur de reconstruction de l'immeuble, sans abattement pour vétusté (d'abord énoncée par la jurisprudence en matière délictuelle : Civ. 2e, 16 déc. 1970, Bull. civ. II, 346, RTDciv. 1971, 660, note G. Durry, la règle a été étendue à la responsabilité locative : Civ. 3e, 9 janv. 1991, n° 89-16.661,Bull. civ. III, n° 12, sauf circonstances particulières. V. à cet égard : Civ. 3e, 8 avr. 2010, n° 08-21.393,Bull. civ. III, n° 74 ; RCA 2010, comm. 173, H. Groutel : le propriétaire qui vend sans reconstruire n'a pas droit à une indemnisation en valeur à neuf et ne peut être indemnisé des frais inhérents à une reconstruction).

B ▪ Assurance

3423. Le contrat MRH contient une garantie des risques locatifs qui couvre la responsabilité contractuelle que le locataire peut encourir à l'égard du propriétaire des locaux occupés. Cette garantie couvre au minimum les locaux loués, pour une somme au moins égale à la valeur de reconstruction de la partie occupée, vétusté déduite. La responsabilité du locataire peut toutefois s'étendre à l'ensemble du bâtiment occupé (C. civ., art. 1734). Dans ce cas, la garantie est étendue en conséquence. La garantie des risques locatifs couvre également la responsabilité du locataire pour les dommages au matériel ou mobilier appartenant au propriétaire. Le propriétaire peut cependant toujours renoncer conventionnellement à se retourner contre son locataire responsable.

3424. Le locataire responsable du sinistre reste tenu du paiement de ses loyers. Il peut en outre être tenu d'indemniser le propriétaire de la perte de loyer des autres locataires. Enfin, le sinistre dont il est responsable peut également entraîner une privation de jouissance, pour le propriétaire (qui habite l'immeuble) et/ou pour les autres colocataires. La garantie « responsabilité pour perte de loyers » permet au locataire d'assurer la responsabilité qu'il peut encourir à l'égard du propriétaire pour le loyer de son logement, pour celui de ses colocataires et pour la perte d'usage des locaux qui sont éventuellement occupés par le propriétaire. Elle peut être complétée par une garantie « trouble de jouissance » qui couvre le locataire en cas de recours exercé par le propriétaire qui a dédommagé les autres colocataires non responsables de leur privation de jouissance.

§ 2 ▪ Responsabilité du propriétaire

3425. Le régime de responsabilité applicable au propriétaire à l'égard du locataire obéit aux articles 1719, 1721 et 1725 du Code civil.

3426. Le bailleur est obligé, par la nature du contrat, et sans qu'il soit besoin d'aucune stipulation particulière : de délivrer au preneur la chose loué et, s'il s'agit de son habitation principale, un logement décent ; d'entretenir cette chose en état de servir à l'usage pour lequel elle a été louée ; d'en faire jouir paisiblement le preneur pendant la durée du bail (C. civ., art. 1719). Tout dommage susceptible de troubler la jouissance paisible du locataire engage la responsabilité du propriétaire, y compris si le trouble est causé par un autre locataire (Civ. 3e, 19 mai 2004, n° 02-19.730,Bull. civ. III, n° 100 : le bailleur étant responsable envers le preneur des troubles de jouissance causés par les autres locataires, il doit répondre des conséquences dommageables pour ses preneurs d'un incendie survenu chez un de ses locataires et ne peut s'exonérer de cette responsabilité qu'en cas de force majeure ; Civ. 3e, 22 nov. 2011, n° 10-26.758).

3427. Le bailleur doit garantie au preneur de tous les vices ou défauts de la chose louée qui en empêchent l'usage, quand même le bailleur ne les aurait pas connus lors du bail. S'il résulte de ces vices ou défauts quelque perte pour le preneur, le bailleur est tenu de l'indemniser (C. civ., art. 1721). Le bailleur ne peut être exonéré de cette obligation qu'en cas de force majeure, mais étant non extérieur à la chose louée, un vice caché n'est pas assimilable à un cas de force majeure (Civ. 3e, 2 avr. 2003, n° 01-17.724,Bull. civ. III, n° 74).

3428. L'article 1725 du Code civil précise que le bailleur « n'est pas tenu de garantir le preneur du trouble que des tiers apportent par voies de fait à sa jouissance » (Civ. 3e, 10 nov. 1987, n° 86-13.254,Bull. civ. III, n° 183 ; RTD civ. 1988. 373, obs. Ph. Rémy : intrusion de clochards dans l'entrée d'un immeuble collectif ; Civ. 3e, 28 juin 2000, n° 98-20.406, Bull. civ. III, n° 128 ; RDI 2000. 610, obs. Collart-Dutilleul ; Loyers et copr. 2000, n° 246, obs. B. Vial-Pedroletti : infiltrations dues à la rupture d'une canalisation du réseau d'eaux pluviales. Adde : A. Djigo, Voies de fait commises par des tiers et garantie du bailleur, Loyers et copr. 2001, chron. 5). Le preneur ne pourra donc obtenir réparation de son préjudice qu'en agissant contre le tiers fautif. Le colocataire n'est pas un tiers au sens de l'article 1725 du Code civil ; le bailleur est donc tenu de garantir le trouble apporté par l'un des locataires à la jouissance d'un autre (V. par ex. Civ. 3e, 16 nov. 1994, n° 93-11.184,Bull. civ. III, n° 189 ; JCP 1995, II, 22391, note A. Djigo ; RDI 1995.

386, obs. F. Collart-Dutilleul : recours d'un locataire contre le bailleur à raison du retard dans l'exécution de travaux dû à l'opposition d'un colocataire).

3429. La présomption de responsabilité qui pèse sur le locataire en cas d'incendie (C. civ., art. 1732) peut être écartée en cas de co-ocupation des lieux loués par le bailleur si l'incendie a pour origine la faute du bailleur cooccupant, le comportement de celui-ci ayant favorisé la propagation de l'incendie (défaut d'entretien, vétusté du bâtiment). Le bailleur peut alors engager sa responsabilité à l'égard du locataire (Civ. 3e, 19 janv. 2005, n° 03-21.168).

3430. La responsabilité que le propriétaire peut encourir vis-à-vis de ses locataire est couverte par la garantie « recours des locataires » et la garantie « trouble de jouissance ».
Dans le cadre d'un bail d'habitation, il est interdit à tout propriétaire de stipuler une clause de renonciation à recours en sa faveur. Cette interdiction est justifiée par le caractère d'ordre public de la loi n° 89-462 du 6 juillet 1989 tendant à améliorer les rapports locatifs (L. n° 89-462, 6 juill. 89, art. 4).

Section 2 . Responsabilité délictuelle

3431. Les règles de la responsabilité délictuelle (C. civ., art. 1240 (anc. art. 1382) et s.) s'appliquent aux situations dans lesquelles l'auteur et la victime du sinistre ne sont pas liés par des relations contractuelles. Tel est le cas :
- dans un immeuble locatif, des locataires entre eux ;
- dans un immeuble en copropriété : des copropriétaires entre eux, du syndicat de copropriété vis-à-vis d'un locataire ou des tiers (Civ. 2e, 14 nov. 2002, n° 00-12.780 : le syndicat des copropriétaires est, en sa qualité de gardien, présumé responsable des dommages causés à l'immeuble voisin par l'explosion du bâtiment), des locataires à l'égard des occupants d'un autre lot (locataires ou copropriétaires) ;
- des occupants de bâtiments voisins ;
- du nu-propriétaire à l'égard de l'usufruitier (Civ. 1re, 10 juill. 1995, n° 93-14.443, Bull. civ. I, n° 319, p. 223 : ayant retenu qu'une usufruitière était responsable envers la nue-propriétaire de l'incendie et constaté que l'assurance souscrite par la première comportait une garantie contre les recours des voisins et des tiers, une cour d'appel décide à bon droit qu'au sens de la garantie, la nue-propriétaire, victime de l'incendie, était un tiers par rapport à l'usufruitière, assurée responsable du sinistre et que l'assureur de la nue-propriétaire, subrogé dans les droits et actions de celle-ci, était fondé à demander à l'assureur de l'usufruitière, le remboursement de l'indemnité versée).

3432. Par dérogation au principe général de responsabilité du fait des choses (C. civ., art. 1242 (anc. art. 1384), al. 1er), le cas particulier de la communication d'incendie obéit à un régime spécial édicté, depuis 1922, par l'article 1384, alinéa 2, du Code civil renuméroté 1242 par l'ordonnance du 10 février portant réforme du droit des contrats. Selon ce texte, « celui qui détient, à un titre quelconque, tout ou partie de l'immeuble ou des biens mobiliers dans lesquels un incendie a pris naissance ne sera responsable, vis-à-vis des tiers, des dommages causés par cet incendie que s'il est prouvé qu'il doit être attribué à sa faute ou à la faute des personnes dont il doit répondre ». L'application de ce texte implique toujours que l'incendie ait pris naissance dans les biens qui sont détenus par la personne dont la responsabilité est recherchée. Pour prétendre à indemnisation, le tiers lésé doit apporter la preuve de la faute commise par celui chez qui le feu a commencé. Cette faute doit être caractérisée (Civ. 1re, 7 oct. 1998, n° 96-18.096,Bull. civ. I, n° 286 ; RGDA 1999. 183, note Ph. Rémy : faute non caractérisée par les juges du fond). La faute de l'utilisateur d'un appareil ne peut ainsi pas être retenue sans que soit caractérisé un usage anormal ou l'inobservation des prescriptions du fabricant (Civ. 2e,

23 sept. 2004, n° 03-16.445, inédit ; RCA 2004, n° 321, obs. S. Hocquet-Berg : téléviseur laissé en veille ; Civ. 2e, 4 nov. 2004, n° 02-21.561 : utilisation conformément à sa destination d'un insert installé par un vendeur professionnel). La faute visée par l'article 1242 (anc. art. 1384), alinéa 2, du Code civil, s'étend à toute négligence ou imprudence ayant concouru à l'extension ou à l'aggravation du sinistre (Civ. 2e, 6 mars 2014, n° 13-12.072 : ne donne pas de base légale à sa décision, la cour d'appel qui écarte la faute d'une société sans rechercher, comme elle y était invitée, si l'absence d'extincteurs constatée par l'expert ne caractérisait pas une négligence fautive ayant concouru à l'aggravation de l'incendie ou à son extension). La relaxe du présumé fautif poursuivi sur le fondement de l'article 322-5 du Code pénal n'exclut pas son éventuelle responsabilité civile (Civ. 2e, 7 mai 2003, n° 01-13.790,Bull. civ. II, n° 140 ; D. 2003, IR, 1548 ; RCA 2003, n° 229).L'incendie résultant d'un acte de délinquance n'exonère pas le gardien s'il l'a rendu possible par sa faute (Civ. 2e, 7 avril 2011, n° 10-16.317). Le tiers lésé doit en outre apporter la preuve de l'existence d'un lien de causalité entre la faute et l'incendie (Civ. 2e, 8 févr. 2001, n° 99-14.636 ; RCA 2001, comm. n° 140 : existence d'un lien de causalité entre les carences fautives de la société et la naissance, le développement et la propagation du feu). La responsabilité fondée sur l'article 1384, alinéa 2, implique enfin une « communication d'incendie » (V. cependant : Civ. 2e, 16 avr. 1996, n° 94-18.643,Bull. civ. II, n° 93 : application à des dommages causés au bien voisin par la chaleur et de la fumée provenant de l'incendie ; Civ. 2e, 27 mai 1999, n° 97-19.704,inédit, RCA 1999, n° 245, note H. Groutel ; RTD civ. 2000, 124, obs. P. Jourdain : dommages causés par des produits chimiques échappés des locaux incendiés ; Civ. 2e, 24 juin 1999, n° 97-21.270,inédit, RCA 1999, n° 285, note H. Groutel, RTD civ. 2000. 124, obs. P. Jourdain : dommages causés par des objets projetés du fait de l'incendie). Les juges du fond doivent rechercher si le propriétaire du bien dans lequel l'incendie a pris naissance est à l'origine de l'entier dommage. À défaut, sa responsabilité sera réduite (Civ. 2e, 25 oct. 2007, n° 06-15.839 ; Civ. 2e, 28 avr. 2011, n° 10-18.117 : faute de la victime ayant contribué au dommage).

3433. Lorsque les conditions de mise en œuvre de l'article 1242 (anc. art. 1384), alinéa 2, du Code civil, ne sont pas réunies (par exemple quand l'incendie est provoqué dans les biens du tiers victime), la responsabilité de celui qui cause un dommage à un tiers peut être retenue sur d'autres fondements, notamment :

- les articles 1240 et 1241 (resp., anc. art. 1382 et 1383 avant le 1er oct. 2016) du Code civil (Civ. 2e, 17 juin 2010, n° 09-66-253 : responsabilité du fait personnel de celui qui rend visite à sa mère dans une maison de retraite, et qui en part sans éteindre la bougie qu'il avait allumée dans la chambre de celle-ci, provoquant alors un incendie ayant entraîné le décès de douze pensionnaires de l'établissement). L'application de cette responsabilité impose à la victime de démontrer l'existence d'une faute commise par le tiers (Civ. 3e, 19 févr. 2003, n° 00-13.253 ; RCA 2003, n° 125 : un locataire, présumé responsable d'un incendie, ne peut se voir imputer le dégât des eaux subi par un autre locataire en raison des défauts présentés par le bâchage du toit installé sur la toiture pendant les opérations d'expertise incendie ; Civ. 2e, 20 nov. 2014, n° 13-25.130 : aucune faute ne peut être établie à l'égard d'un tiers qui allume et entretient toute la journée un feu dans la cheminée d'un bâtiment ; l'origine de l'incendie provenant de l'absence de ramonage par le propriétaire du conduit de la cheminée) ;

- l'article 1242 (anc. art. 1384), alinéa 1er, du Code civil, en sa qualité de gardien de la chose (Civ. 2e, 5 oct. 2006, n° 04-18.775 : responsabilité du propriétaire d'une friteuse ayant pris feu à l'égard de celui qui est victime de brûlures en tentant d'éteindre l'incendie ; Civ. 2e, 2 juin 2005, n° 04-13.826 : responsabilité du gardien de bidons d'essence dont l'explosion a causé des dommages aux locaux voisins) ;

- l'article 1242 (anc. art. 1384), alinéa 1er, du Code civil, en sa qualité de responsable du fait d'autrui (Ass. plén., 29 mars 1991, n° 89-15.231 ; D. 1991, p. 324, note C. Larroumet ; RCA 1991, chr., n° 9, H. Groutel ; JCP 1991, II, n° 21673, concl. D.-H. Dontenwille, note J. Ghestin : responsabilité d'une association du fait d'un handicapé mental ayant mis le feu à une forêt appartenant à un tiers ; Civ. 2e, 9 déc. 1999, n° 97-22.268 : responsabilité d'une association du fait d'un mineur confiée à elle et ayant provoqué un incendie) ;

- l'article 1242 (anc. art. 1384), alinéa 4, du Code civil, en sa qualité de parent de l'enfant mineur ayant causé un dommage à un tiers (Civ. 2e, 1er avr. 1998, n° 95-20.804 : responsabilité des parents dont les enfants, qui avaient fait éclater des pétards dans un entrepôt appartenant à une commune, ont provoqué l'incendie du bâtiment).

3434. La garantie d'assurance applicable au sinistre dépend des circonstances du sinistre :
- si l'évènement garanti (incendie, explosion, dégât des eaux) prend naissance dans un bien qui appartient ou qui est détenu par la personne dont on recherche la responsabilité, c'est la garantie « recours des voisins et des tiers » qui s'applique pour l'indemnisation des dommages causés aux tiers. Cette garantie est offerte par tous les contrats MRH pour couvrir l'assuré contre tout recours qu'il pourrait subir de la part des voisins et des tiers ;
- si ce ne sont pas les biens assurés qui sont à l'origine du dommage causé au tiers (une explosion dont l'assuré est responsable survient chez un tiers par exemple), c'est la garantie responsabilité civile qui s'applique (Civ. 2e, 6 févr. 2014, n° 13-10.889).

3435. Dans tous les cas, la réparation des préjudices causés aux tiers et pris en charge par l'assurance obéit au principe de réparation intégrale. Il s'ensuit que la vétusté du bien endommagé ne peut pas être invoquée par le responsable du sinistre pour réduire sa dette (V. par ex. Civ. 2e, 5 juill. 2001, n° 99-18.712, Bull. civ. II, n° 135 : les dommages-intérêts doivent réparer le préjudice subi sans qu'il en résulte ni perte ni profit pour la victime ; viole en conséquence l'article 1382 du Code civil une cour d'appel qui, pour évaluer le préjudice subi par le propriétaire d'un immeuble tombé en ruine, applique un coefficient de vétusté au coût de sa reconstruction, sans replacer la victime dans la situation où elle se serait trouvée si l'acte dommageable ne s'était pas produit ; Civ. 2e, 23 janv. 2003, n° 01-00.200,Bull. civ. II, n° 20 : viole l'article 1382 du Code civil, une cour d'appel qui, pour évaluer l'indemnité due à la locataire victime d'un dégât des eaux, retient, d'une part, qu'un abattement pour vétusté était justifié en ce qui concerne les travaux de réfection des plafonds, peintures et tapisseries et, d'autre part, que la valeur vénale des objets détériorés n'était pas supérieure à celle mentionnée dans le procès-verbal d'évaluation des dommages établi en présence des experts des compagnies d'assurance, sans replacer la victime dans la situation où elle se serait trouvée si l'acte dommageable ne s'était pas produit. D. 2003, IR, 605 ; RCA 2003, n° 99 ; Civ. 2e, 15 déc. 2005, n° 04-11.204, inédit ; RCA 2006, p. 10, obs. H. Groutel : cassation de l'arrêt de la cour d'appel qui avait confondu en l'espèce le principe indemnitaire et le principe de réparation intégrale).

Chapitre 4
L'assurance des catastrophes naturelles et technologiques

BIBLIOGRAPHIE

L'Argus de l'assurance

Ouvrages. - *Code des assurances*, L'Argus. éd., – F. Couilbault, S. Couilbaut-Di Tommaso, V. Huberty, *Les grands principes de l'assurance*, L'Argus, éd., 2015.

Articles : L. Lanoy, L'assurance des catastrophes naturelles, un régime dual, L'Argus n° 7336, nov. 2013. – B. Quint et J. Bessermann, Retour sur la mise en cause du régime des catastrophes naturelles, L'Argus n° 7334, nov. 2013. - Le régime catastrophes naturelles, L'Argus, 8 juill. 2011, p. 31 et s.

Autres documentations

Ouvrages. - J. Bonnard, *Droit des assurances*, n° 282 et s. - *Lamy Assurances*, 2011, n° 1787 et s.

Articles. - J. Bigot, La loi Bachelot et l'assurance, JCP 2003, I, 167. – M.-B. Crescendo d'Auriac, Le régime d'indemnisation des catastrophes naturelles à l'épreuve du temps, RGAT 1988. 445. – G. Guettier, Indemnisation des catastrophes naturelles et socialisation du risque, RGDA 1997. 672. – C. Gory, La loi du 30 juillet 1930 relative à la prévention des risques technologiques et naturels et à la réparation des dommages, RGDA 2004. 21. – A. Guégan-Lécuyer, Le nouveau régime d'indemnisation des victimes de catastrophes technologiques, D. 2004, I, p. 17. – L. Grynbaum, Un nouveau risque assuré par la force de la loi : « les catastrophes technologiques », RDI 2003. 433. - J. Monnet, L'assurance des catastrophes naturelles et le risque de sécheresse, Mélanges Beauchard, LGDJ 2013, p. 675.

Thèses. - C. Lacroix, La réparation des dommages en cas de catastrophes, LGDJ, 2008.

Section 1 . L'assurance des catastrophes naturelles

3436. Traditionnellement les assureurs considéraient que les effets des catastrophes naturelles telles que tremblements de terre, cyclones, tempête, inondations, raz-de-marée, n'étaient pas économiquement assurables en raison notamment du poids particulièrement lourd des sinistres susceptibles de survenir. La loi n° 82-600 du 13 juillet 1982 est venue rendre obligatoire la garantie des effets des catastrophes naturelles dans la majorité des contrats couvrant les dommages aux biens (C. assur., art. L. 125-1 et s.). Il est à noter qu'un projet de loi réformant le régime d'indemnisation a été présenté le 3 avril 2012 en Conseil des Ministres. Ce texte est destiné à remédier aux insuffisances du régime, mises en évidence par les catastrophes naturelles survenues en France au cours des 10 dernières années (sécheresse de 2003, tempête Xynthia....). Le projet contient, notamment, des mesures destinées à favoriser la prévention des risques naturels.

§ 1 . Domaine de la garantie

3437. Pour couvrir les risques de catastrophes naturelles, le législateur n'a pas choisi de créer une nouvelle assurance obligatoire. Il a opté pour une extension de garantie obligatoire dans certains contrats d'assurance. Ainsi ces contrats, dont la souscription reste facultative, contiennent obligatoirement la garantie des catastrophes naturelles.

3438. L'article L. 125- 1, alinéa 1er, du Code des assurances prévoit que « les contrats d'assurance, souscrits par toute personne physique ou morale autre que l'Etat et garantissant les dommages d'incendie ou tous autres dommages à des biens situés en France, ainsi que les dommages aux corps de véhicules terrestres à moteur, ouvrent droit à la garantie de l'assuré contre les effets des catastrophes naturelles (...) ». La loi n° 2002-276 du 27 février 2002 a modifié l'article L. 125-1 du Code des assurances en insérant dans le premier alinéa, après les mots « catastrophes naturelles », les mots suivants « dont ceux des affaissements de terrains dus à des cavités souterraines et à des marnières sur les biens faisant l'objet de tels contrats ». Un dernier alinéa est ajouté, précisant que « les cavités souterraines considérées peuvent être naturelles ou d'origine humaine. Dans ce dernier cas, sont exclus de l'application du présent chapitre les dommages résultant de l'exploitation passée ou en cours d'une mine. ». De cette disposition légale, il résulte que les contrats- socle sont, à titre principal :

- les contrats d'assurance de choses et les contrats d'assurance multirisques comportant au moins une garantie d'assurance de choses (incendie, dégât des eaux...), même si elle est accompagnée d'autres types de garanties. Par exemple un contrat d'assurance multirisque habitation. ;
- les contrats garantissant les dommages aux corps des véhicules terrestres à moteur (vol,

bris de glace...).

3439. En revanche, les contrats d'assurance de personnes et les contrats d'assurance de responsabilité ne comprennent pas l'extension de garantie. C'est ainsi que la Cour de cassation a pu affirmer que « l'assurance contre les risques de catastrophes naturelles ne garantit que la réparation pécuniaire des dommages directs à l'ensemble des biens garantis par une assurance de choses et non par une assurance de responsabilité » (Civ. 1re, 10 févr. 2004, n° 02-14.193 ;RCA 2004, comm. n° 151, obs. H. Groutel ; RGDA 2004. 519, note J. Kullmann).

3440. En vertu de l'article L. 125-6, alinéa 6, du Code des assurances, lorsqu'un assuré ayant souscrit un contrat d'assurance de biens s'est vu refuser par un assureur l'extension de la garantie aux catastrophes naturelles, il peut saisir le bureau central de tarification qui impose à l'entreprise d'assurance concernée de le garantir contre les effets des catastrophes naturelles. Lorsque le risque présente une importance ou des caractéristiques particulières, le bureau central de tarification peut demander à l'assuré de lui présenter, dans les mêmes conditions, un ou plusieurs autres assureurs afin de répartir le risque entre eux. Toute entreprise d'assurance ayant maintenu son refus de garantir un assuré dans les conditions fixées par le bureau central de tarification est considérée comme ne fonctionnant plus conformément à la règlementation en vigueur et encourt le retrait de l'agrément administratif.

3441. L'article L. 125-2, alinéa 3 du Code des assurances prévoit que la garantie catastrophes naturelles est couverte par une prime ou cotisation additionnelle, individualisée dans l'avis d'échéance du contrat-socle et calculée à partir d'un taux unique défini par arrêté pour chaque catégorie de contrat. Ce taux est appliqué au montant de la prime ou cotisation principale ou au montant des capitaux assurés, selon la catégorie de contrat.

§ 2 ▪ Objet de la garantie

3442. La garantie des catastrophes naturelles couvre, en principe, tous les biens mobiliers ou immobiliers assurés par l'un des contrats-socles décrits ci-dessus. Le fait qu'un bien ne soit pas assuré ou soit exclu par le contrat-socle (par exemple les clôtures) lui fait perdre le bénéfice la garantie des catastrophes naturelles. Les biens appartenant à l'État, qui est son propre assureur, ne sont pas couverts par la garantie. Il importe peu en revanche que l'élément à l'origine du sinistre ne soit pas la propriété de l'assuré (V. pour l'effondrement d'un mur n'appartenant pas à l'assuré : Civ. 2e, 16 avr. 2015, n° 14-13.294 et n° 14-14.829, RCA 2015, com. 212, obs. H. Groutel).

3443. Selon l'article L. 125-1 du Code des assurances « sont considérés comme les effets des catastrophes naturelles au sens du présent chapitre les dommages matériels directs non assurables ayant eu pour cause déterminante l'intensité anormale d'un agent naturel lorsque les mesures habituelles à prendre pour prévenir ces dommages n'ont pu empêcher leur survenance ou n'ont pu être prises ». Les dommages matériels sont les dommages touchant les biens eux-mêmes (par exemple constitue un dommage matériel direct au sens de l'article L. 125-1 du Code des assurances le désordre consécutif à la déstabilisation des fondations de deux chalets par les eaux d'un torrent à la suite d'une crue : Civ. 2e, 20 oct. 1992, RCA 1992, comm. n° 469). Par conséquent, ne sont pas couverts les dommages corporels et les dommages immatériels (perte de loyers, frais de relogement, honoraires d'expert...) ; toutefois dans ce dernier cas l'article L. 125-1, alinéa 2, du Code des assurances, prévoit que si l'assuré est couvert contre les risques d'exploitation, cette garantie est étendue aux effets des catastrophes naturelles, dans les conditions prévues au contrat.

3444. Il doit exister un lien de causalité directe entre l'agent naturel et le dommage. Par exemple ce lien sera caractérisé en cas de dommages causés à des appareils électriques ou au contenu des réfrigérateurs ou congélateurs à la suite d'une submersion due à une inondation. En revanche un tel lien n'est pas caractérisé en cas de dégâts causés à des appareils électriques ou au contenu des réfrigérateurs ou congélateurs à la suite d'une rupture du réseau de distribution électrique provoquée par une inondation (Rép. Min. n° 38325, JOAN 14 nov. 1983, p. 4893).
L'agent naturel doit avoir revêtu une intensité anormale et être la cause déterminante du dommage. Pour une illustration, la sécheresse n'étant pas la cause déterminante des désordres invoqués (Civ. 1re, 7 mars 2000, n° 98-18.156 ;RGDA 2000. 599 ; V. aussi Civ. 2e, 3 juin 2010, n° 09-15.307, RGDA 2010. 1048, note A. Astegiano-La Rizza, où les fissures auraient pu être prévenues par une conception adaptée des fondations). Pour un autre exemple, où la sécheresse constitue bien la cause déterminante du sinistre, en dépit d'un défaut de construction constaté par expertise (Civ. 2e, 4 nov.2010, n° 09-71.677, RGDA 2011. 202, note S. Abravanel-Joly). Le caractère déterminant du rôle causal de l'agent naturel dans la survenance des désordres est une condition de la garantie du risque de catastrophe naturelle qu'il appartient à l'assuré d'établir (Civ. 2e, 15 déc. 2011, n° 10-27.564, RCA. 2012, com. 87).

3445. La loi n° 92-665 du 16 juillet 1992 est venue indiquer que les dommages matériels directs pris en charge par la garantie doivent être « inassurables ». Par inassurable, on doit entendre un risque qui, en raison de son caractère tout à fait exceptionnel, n'est pas susceptible d'être couvert par un contrat d'assurance obligatoire ou facultatif présent sur le marché. La loi ne vient toutefois pas énumérer les événements présentant un tel caractère. On doit considérer que répondent à cette condition les inondations, les tremblements de terre, les raz-de-marée, les éruptions volcaniques... la loi n° 2000-1207 du 13 décembre 2000 a modifié l'article L. 122-7 du Code des assurances qui prévoit désormais que « les effets du vent dus à un évènement cyclonique pour lequel les vents maximaux de surface enregistrés ou estimés sur la zone sinistrée ont atteint ou dépassé 145 km/h en moyenne sur dix minutes ou 215 km/h en rafales » relèvent des dispositions des articles L. 125-1 et suivants du code des assurances. En vertu de l'article L. 122-7 du Code des assurances, les contrats d'assurance garantissant les dommages d'incendie ou tous autres dommages à des biens ou tous autres dommages à des biens situés en France, ainsi que les dommages aux corps de véhicules terrestres à moteur, ouvrent droit à la garantie de l'assuré contre les effets du vent dus aux tempêtes, ouragans ou cyclones. Par conséquent de tels dommages ne sauraient être rangés au nombre des dommages couverts par l'état de catastrophe naturelle constaté par arrêté (CE, 22 janv. 1997, D. 1997, IR, 73).

3446. Pour que le dommage soit couvert au titre de la garantie des catastrophes naturelles, il faut que « les mesures habituelles à prendre pour prévenir ces dommages » n'aient pu empêcher leur survenance ou n'aient pu être prises (pour une espèce où il est jugé que les mesures habituellement prises en cas de construction sur terrain argilo-marneux n'avaient pas été prises : Civ. 2e, 13 janv. 2012, n° 10-28.003).

3447. En vertu de l'article L. 125-4 du Code des assurances, la garantie visée par l'article L. 125-1 inclut le remboursement du coût des études géotechniques rendues préalablement nécessaires pour la remise en état des constructions affectées par les effets d'une catastrophe naturelle. Ce principe s'applique non seulement à la garantie des catastrophes naturelles mais aussi à la garantie des affaissements de terrain résultant de cavités souterraines ou de marnières (Civ. 2e, 8 avr. 2004, RCA 2004, comm. n° 239, obs. H. Groutel).

3448. Les dommages causés aux récoltes non engrangées, aux cultures, aux sols et au cheptel vif hors bâtiment sont exclus du champ d'application de la garantie des catastrophes naturelles. Leur indemnisation reste régie par les dispositions de la loi n° 64-706 du 10 juillet 1964 modifiée organisant un régime de garantie contre les calamités agricoles. Sont également exclus du champ d'application de la garantie les dommages subis par les corps de véhicules aériens, maritimes, lacustres et fluviaux, ainsi que les marchandises transportées. Il en va de même des dommages entrant dans le domaine d'application de l'assurance obligatoire dommages-ouvrage prévue à l'article L. 242-1 du Code des assurances.

3449. Les biens situés sur des terrains couverts par un plan de prévention des risques peuvent, sous certaines conditions, être exclus de la garantie (V. C. assur., art. L. 125-6, al. 1 et 4).
En vertu de l'article L. 125-6, alinéa 2 du Code des assurances, les entreprises d'assurance peuvent échapper à la garantie des catastrophes naturelles à l'égard des biens immobiliers construits et des activités exercées en violation des règles administratives en vigueur lors de leur mise en place et tendant à prévenir les dommages causés par une catastrophe naturelle.

§ 3 ▪ Mise en œuvre de la garantie

3450. La garantie des catastrophes naturelles ne peut être mise en œuvre que si l'état de catastrophe naturelle est constaté par un arrêté interministériel. L'article L. 125-1, alinéa 4, du Code des assurances précise ainsi que « l'état de catastrophe naturelle est constaté par arrêté interministériel qui détermine les zones ou les périodes où s'est située la catastrophe ainsi que la nature des dommages résultant de celle-ci couverts par la garantie ».

3451. L'arrêté doit être publié au Journal Officiel dans un délai dans un délai de trois mois à compter du dépôt des demandes à la préfecture. De manière exceptionnelle, si la durée des enquêtes diligentées par le représentant de l'Etat dans le département est supérieure à deux mois, l'arrêté est publié au plus tard deux mois après la réception du dossier par le ministre chargé de la sécurité civile.

3452. L'arrêté interministériel de constatation de l'état de catastrophe naturelle peut faire l'objet d'un recours pour excès de pouvoir devant le juge administratif par un assureur contestant l'état de catastrophe naturelle. Un assuré pourrait aussi contester le refus des ministres de reconnaître l'état de catastrophe naturelle.

3453. La simple constatation administrative de l'état de catastrophe naturelle n'entraîne pas nécessairement l'admission de la force majeure, qui permettrait notamment d'exonérer les constructeurs de leur éventuelle responsabilité (Civ. 3e, 24 mars 1993, n° 91-13.541, D. 1993, IR, 96). Les juges du fond disposent en la matière d'un pouvoir souverain d'appréciation. Pour un exemple d'admission d'un cas de force majeure en présence d'un arrêté de constatation de catastrophe naturelle, V. Civ. 1re, 26 janv. 1999, RGDA 1999. 387, note A. d'Hauteville : dans cette affaire une inondation déclarée catastrophe naturelle avait endommagé des bâtiments qui n'auraient pas pu, même s'ils n'avaient pas été affectés de vices de construction, s'avérer étanches, en raison de l'importance et de la pression des eaux.

§ 4 ▪ Sinistre

3454. L'article A. 125-1 du Code des assurances comporte une annexe comportant des clauses types. Les contrats-socles sont ainsi réputés comporter des clauses conformes à ces clauses, qui décrivent la procédure de règlement du sinistre. Le délai de déclaration du sinistre varie selon la nature du dommage subi. Pour les dommages matériels, il est ainsi prévu que l'assuré doit déclarer à l'assureur ou à son représentant local tout sinistre susceptible de faire jouer la garantie dès qu'il en a connaissance et au plus tard dans les dix jours suivant la publication de l'arrêté interministériel constatant l'état de catastrophe naturelle. Pour les pertes d'exploitation la déclaration doit avoir lieu dans les trente jours suivant la publication de l'arrêté interministériel.

§ 5 . Indemnisation

3455. L'article L. 125-2, alinéa 4, du Code des assurances prévoit que les indemnisations résultant de la garantie doivent être attribuées aux assurés dans un délai de trois mois à compter soit de la date de remise de l'état estimatif des biens endommagés ou des pertes subies soit de la date de publication de l'arrêté de catastrophe naturelle, lorsque celle-ci est postérieure.

3456. Les dommages matériels touchant les biens de l'assuré sont indemnisés « à concurrence de leur valeur fixée au contrat et dans les limites et conditions prévues par le contrat lors de la première manifestation du risque » (C. assur., art. A. 125-1, ann. I, c). Les pertes d'exploitation sont indemnisées « dans les limites et aux conditions fixées par le contrat pour le risque principal, telles qu'elles existaient lors de la première manifestation du risque » (C. assur., art. A. 125-1, ann. II, c).

3457. L'assureur qui indemnise est celui qui assure le bien au moment du sinistre et non celui qui l'assure au jour de la publication de l'arrêté de catastrophe naturelle (Civ. 2e, 7 avr. 2011, n° 10-17.426). En cas d'assurances successives garantissant le risque de catastrophe naturelle, la garantie est due par l'assureur dont le contrat est en cours durant la période visée par l'arrêté ministériel constatant l'état de catastrophe naturelle (Civ. 2e, 16 janv. 2014, n° 13-11.356, RCA 2014, com. 131, note F. Leduc). De la même façon c'est l'assureur dont le contrat était en cours pendant qu'avait sévi la sécheresse, cause du sinistre, de juillet à septembre 2003, qui doit prendre en charge l'indemnisation et non celui dont le contrat couvrait la période durant laquelle la gravité du sinistre s'était révélée (apparition de fissures) (Civ. 2e, 3 oct. 2013, n° 12-22, 908, 12-24.473 et 12-25.759, RCA 2014, com. 29).

3458. L'assuré conserve à sa charge une partie de l'indemnité due après sinistre ; il s'interdit de contracter une assurance pour la portion du risque mis à sa charge. Le montant de ce découvert obligatoire est fixé par les clauses-types (C. assur., art. A. 125-1, ann. I, d et ann. II, d). Par exemple, pour les biens à usage d'habitation et les autres biens à usage non professionnel, le montant de la franchise est fixé à 380 euros, sauf en ce qui concerne les dommages imputables aux mouvements de terrain différentiels consécutifs à la sécheresse et/ou la réhydratation des sols, pour lesquels le montant de la franchise est fixé à 1 520 €.

3459. La loi impose le versement à l'assuré d'une provision sur les indemnités dues au titre de la garantie dans les deux mois qui suivent soit la date de remise de l'état estimatif des biens endommagés ou des pertes subies soit la date de publication de l'arrêté de constatation de l'état de catastrophe naturelle, lorsqu'elle est postérieure.
Il était logiquement décidé que le bénéficiaire de l'indemnité était le propriétaire du bien au moment du sinistre, même si l'arrêté arrêté interministériel ayant constaté la catastrophe naturelle n'avait été pris que postérieurement au transfert de propriété (Civ. 1re, 18 juill. 2000, RCA 2000, comm. n° 344). Cependant, la Cour de cassation a pu affirmer, en application de l'article L. 121-10 du Code des assurances, que « l'assureur garantissant les risques de catastrophe naturelle au moment du sinistre survenu avant la vente de l'immeuble, pendant la période visée par l'arrêté constatant cette catastrophe naturelle, était tenu d'accorder sa garantie aux acquéreurs de ce bien, en l'absence de résiliation du contrat d'assu-

rance (Civ. 2e, 4 nov. 2010, n° 09-71.677, RGDA 2011. 202, note S. Abravanel-Joly). Il est vrai que le vendeur du bien, qui en était certes propriétaire au moment du sinistre, n'a désormais plus d'intérêt à recevoir l'indemnité d'assurance.

3460. L'article L. 121-17 du Code des assurances prévoit que « les indemnités versées en réparation d'un dommage causé à un immeuble bâti doivent être utilisées pour la remise en état effective de cet immeuble par la remise en état de son terrain d'assiette, d'une manière compatible avec l'environnement dudit immeuble. Toutefois, par application de l'article L. 121-16 du Code des assurances, « toute clause des contrats d'assurance tendant à subordonner le versement d'une indemnité en réparation d'un dommage causé par une catastrophe naturelle au sens de l'article L. 125-1 à un immeuble bâti à sa reconstruction sur place est réputé non écrite dès lors que l'espace est soumis à un plan de prévention des risques naturels prévisibles ».

Section 2 ▪ L'assurance des catastrophes technologiques

3461. La loi n° 2003-699 du 30 juillet 2003 relative à la prévention des risques technologiques et naturels et à la réparation des dommages, dite « Loi Bachelot » est venue mettre en place un régime d'indemnisation des victimes des catastrophes technologiques ; son objectif est de faciliter l'indemnisation des victimes ; elle fait suite à l'explosion, à Toulouse, de l'usine AZF en septembre 2001. L'article L. 128-2, alinéa 1er, du Code des assurances, prévoit que « les contrats d'assurance souscrits par toute personne physique en dehors de son activité professionnelle et garantissant les dommages d'incendie ou tous autres dommages à des biens à usage d'habitation ou placés dans des locaux à usage d' habitation situés en France, ainsi que les dommages aux corps des véhicules terrestres à moteur, ouvrent droit à la garantie de l'assurance pour les dommages résultant des catastrophes technologiques affectant les biens faisant l'objet de ces contrats ». Il s'agit là non pas d'une assurance obligatoire mais d'une garantie obligatoire. Ainsi les particuliers n'ont pas l'obligation de s'assurer contre les risques technologiques, mais s'ils ont souscrit une assurance de biens, ils seront obligatoirement couverts contre ces risques.

§ 1 ▪ Conditions d'indemnisation

3462. La mise en jeu de la garantie catastrophes est soumise par le Code des assurances à un certain nombre de conditions ; l'indemnisation suppose en effet un état de catastrophe technologique constaté par un arrêté interministériel.

A ▪ Catastrophe technologique

3463. La catastrophe technologique est définie à l'article L. 128-1 du Code des assurances ; il s'agit d'un accident dans une installation relevant du titre 1er du livre V du Code de l'environnement et endommageant un grand nombre de biens immobiliers.

1 ▪ Installations visées

3464. Les installations visées sont les usines, ateliers, dépôts, chantiers et, d'une manière générale, les installations exploitées ou détenues par toute personne physique ou morale, publique ou privée, qui peuvent présenter des dangers ou des inconvénients soit pour la commodité du voisinage, soit pour la santé, la sécurité, la salubrité publiques, soit pour l'agriculture, soit pour la protection de la nature, de l'environnement et des paysages, soit pour la conservation des sites et des monuments ainsi que des éléments du patrimoine archéologique. Selon l'article L. 511-2 du Code de l'environnement, ces installations sont définies dans la nomenclature des installations classées établie par décret en Conseil d'État, pris sur le rapport du ministre chargé des installations classées, après avis du Conseil supérieur des installations classées. Ce décret soumet les installations à autorisation, à enregistrement ou à déclaration suivant la gravité des dangers ou des inconvénients que peut présenter leur exploitation.

Par extension, le texte vise aussi les « accidents liés au transport de matières dangereuses » ; il est également applicable aux accidents causés par des installations minières. En revanche sont expressément exclus du champ d'application de la loi les accidents nucléaires définis par la convention sur la responsabilité civile dans le domaine de l'énergie nucléaires signée à Paris le 29 juillet 1960.

2 ▪ Un accident endommageant un grand nombre de biens immobiliers

3465. La notion d'accident n'est pas définie par la loi ; il doit s'agir d'un évènement soudain, quelle que soit son origine, erreur humaine ou cause technique. En revanche le critère quantitatif du « grand nombre de biens immobiliers » est chiffré à l'article R. 128-1 du Code des assurances : il faut que l'accident rende inhabitables plus de cinq cents logements.

B ▪ Arrêté constatant l'état de catastrophe technologique

3466. Comme en matière de catastrophes naturelles, le régime d'indemnisation est subordonné à une décision de l'autorité administrative. L'article L. 128-1 du Code des assurances précise ainsi que « l'état de catastrophe technologique est constaté par une décision de l'autorité administrative qui précise les zones et la période de survenance des dommages auxquels sont applicables les dispositions du présent chapitre ».

Selon l'article R. 128-1 du Code des assurances, « l'état de catastrophe technologique est constaté, dans un délai maximal de quinze jours, par un arrêté conjoint du ministre chargé de l'économie, du ministre chargé de la sécurité civile et du ministre chargé de l'environnement, publié au Journal Officiel de la République française.

C ▪ Nécessité d'un contrat d'assurance dommages

3467. Tous les contrats de biens des particuliers comportant une garantie dommages (vol, incendie, bris de glace...) incluent une garantie catastrophes technologiques. Sont aussi concernés par le nouveau dispositif les contrats conclus antérieurement à la loi du 30 juillet 2003. La garantie s'applique en outre aux contrats souscrits par ou pour le compte des syndicats de copropriété et garantissant les dommages aux parties communes des immeubles d'habitation en copropriété et aux contrats souscrits par les offices d'HLM pour les immeubles d'habitation dont ils ont la propriété.

Si la victime d'une catastrophe technologique n'avait pas souscrit de contrat d'assurance, l'indemnisation est prise en charge par le « Fonds de garantie des assurances obligatoires de dommages », dans la limite de 100 000 €, pour les dommages immobiliers causés aux habitations principales.

§ 2 ▪ Mise en œuvre de l'indemnisation

A ▪ Etendue de la réparation

3468. La garantie légale porte tout d'abord sur les biens à usage d'habitation, à l'exclusion des dépendances (garage, remise, abri de jardin et sur des biens placés dans des locaux d'habitations ainsi que sur les biens placés dans des locaux à usage d'habitation. Comme le précise l'article R. 128-3 du Code des assurances les biens à usage professionnel ne sont pas indemnisables. En outre, à la lecture de l'article L. 128-2 du Code des assurances, il apparaît que ne sont pas couverts les dommages à l'intégrité physique des personnes. De plus seuls seront garantis les biens faisant l'objet de ces contrats. Cela signifie que les biens appartenant à l'assuré et non couverts par le contrat ne feront pas l'objet d'une indemnisation.

3469. La loi prévoit que la garantie couvre la réparation intégrale des dommages causés aux biens immobiliers. Par exemple l'indemnisation inclura les frais de désinfection, décontamination, nettoyage nécessaires pour rendre le logement habitable. Il n'est pas fait application de franchises ou de taux de vétusté. Comme le précise l'article R. 128-2, alinéa 2 du Code des assurances, « la réparation intégrale doit permettre à son propriétaire, lorsque l'ampleur des dégâts subis par un immeuble rend impossible sa réparation, de recouvrer dans un secteur comparable la propriété d'un immeuble de consistance et de confort équivalents ». Les biens mobiliers sont indemnisés à leur valeur de remplacement, sans application des coefficients de vétusté prévus au contrat et sans déduction de la franchise contractuelle. Toutefois il est prévu que l'indemnisation se fait dans la limite des valeurs déclarées ou des capitaux assurés au contrat. Les biens à usage professionnel placés dans les locaux d'habitation ne sont pas indemnisables.

3470. Afin d'accélérer le traitement des demandes d'indemnisation, l'article R. 128-4 du Code des assurances met en place des procédures d'expertise simplifiées pour les dommages ne dépassant pas un certain seuil :
- dispense d'expertise : lorsque le montant des indemnités est inférieur à 2 000 € pour les dommages autres que ceux affectant un véhicule terrestre à moteur (dommages touchant les habitations) et à 325 € pour les dommages affectant un véhicule terrestre à moteur, il a dispense d'expertise ;
- expertise unique : lorsque le montant des indemnités est compris entre 2 000 et 100 000 € pour les dommages autres que ceux affectant un véhicule terrestre à moteur et compris entre 325 et 6 000 € pour les dommages affectant un véhicule terrestre à moteur, il y a expertise unique par une expert choisi par l'assureur de dommages (ou le fonds de garantie) ;
- expertise contradictoire : si le montant des indemnités dépasse les seuils fixés pour l'expertise unique, on applique les règles habituelles de l'expertise. Une expertise contradictoire est organisée entre l'expert de l'assureur du responsable et l'expert de l'assureur de dommages.

B ▪ Délai de paiement

3471. En créant ce régime d'indemnisation, le législateur avait pour objectif une indemnisation rapide des dommages subis par les particuliers. C'est pourquoi l'article L. 128-2, alinéa 4, du Code des assurances, est venu imposer un délai légal de paiement. Ainsi, sauf stipulations plus favorables du contrat d'assurance, les indemnisations devront être attribuées aux assurés dans un délai de trois mois à compter soit de la date de remise de l'état estimatif des biens endommagés ou des pertes soit, lorsqu'elle est postérieure, de la date de publication de la décision constatant l'état de catastrophe technologique.

C ▪ Charge définitive de l'indemnisation

3472. L'article L. 128-3, alinéa 1er, du Code des assurances, prévoit que les assureurs sont subrogés dans les droits des victimes indemnisées. C'est donc le responsable qui supportera la charge définitive de l'indemnisation.

3473. L'article L. 128-3, alinéa 2, du Code des assurances prévoit que la victime établit avec son assureur (ou le fonds de garantie) un descriptif des dommages qu'elle a subis, mentionnant le montant des indemnités versées. Pour faciliter le processus d'indemnisation et le jeu de la subrogation, il est prévu que lorsque le montant des indemnités qui sont versées à la victime est inférieur à des montants précisés par décret en Conseil d'État, celle-ci est présumée avoir subi les dommages mentionnés au descriptif et les indemnités sont présumées réparer lesdits dommages, même s'il n'a pas été procédé à une expertise ou si une expertise a été réalisée par un expert choisi par l'assureur ou le fonds de garantie. Ces présomptions sont simples. La charge de la preuve pèsera alors sur le responsable souhaitant contester la réalité des dommages ou l'évaluation de l'indemnisation.

▪ Chapitre 5
L'assurance de protection juridique

BIBLIOGRAPHIE

L'Argus de l'assurance

Ouvrages. – B. Cerveau, *L'assurance de protection juridique – marchés, garanties, perspectives*, L'Argus, éd. 2006.

Articles. – M.-E. Schiltz, Variétés de contrats : le marché de l'assurance protection juridique automobile, L'Argus 2012, n° 0841 – M.-C. Danjean, Gestion du contrat : le rôle de l'assureur PJ dans les litiges spécifiques de l'automobile, L'Argus 2012, n° 0841 – B. Cerveau, Définition juridique : les délimitations et spécificités du contrat d'assurance protection juridique, L'Argus 2012, n° 0841 ; Accès à la justice : les arguments de la PJ, L'Argus 2009, n° 7114 ; Experts d'assurés et experts d'assureurs, les prémices d'un rapprochement, L'Argus 2001, n° 6728. – G. Defrance, La protection juridique, cahiers prat., suppl. L'Argus n° 6812, 6 déc. 2002.

Autres documentations

Ouvrages. - H. Allemand, *Lamy Assurances*, (dir) J. Kullmann, éd. 2016.

Articles. – G. Bruguière-Fontenille, Protection juridique ; un marché en expansion, Tribune ass., n° 158, mai 2011, p. 74. – G. Brunel, Faut-il rendre obligatoire la protection juridique ?, Tribune ass., n° 154, janv. 2011, p. 34. – V. J. Bigot, Clair obscur sur l'assurance des frais de défense, JCP G 2011, 62. – B. Cerveau, Conflit d'intérêts et assurance de protection juridique : principes et application, in Mél. En l'honneur du Pr J. Bigot, LGDJ 2010, p. 81. – V. Nicolas, Le procès, risque assurable ? (en toute hypothèse ?), in L'assureur et le procès, Colloque Univ. du Maine, 27 nov. 2009, RGDA 2010, 895. – J. Stuyck, Assurance protection juridique, action de groupe et libre choix de l'avocat, D. 2010, point de vue, 100. - B. Cerveau, Commentaire de la loi n° 2007-210 du 19 février 2007 portant réforme de l'assurance de protection juridique, RGDA 2007. 547. - L. Grynbaum, La réforme de l'assurance de protection juridique, RDI 2007. 122. – D. Krajeski, Réforme de l'assurance de protection juridique,

JCP 2007, Aperçu rapide 103. - H. Groutel, La réforme de l'assurance protection juridique : une affaire (trop) rondement menée !, RCA 2007, Focus, 7. - C. Jamin, La réforme de l'assurance de protection juridique, l'aide juridictionnelle des classes moyennes et des petites entreprises, D. 2007, p. 565. - F. Baccelli, L'assurance de protection juridique, Gaz. Pal. 2006, 2, doct., p. 32 – J.J. Letu, Protection juridique : une réforme « tous perdants », Gaz. Pal. 23 janv. 2007, n° 23, p. 6. – Assurance de protection juridique : les conclusions du rapport Bouquin, Assurer, éd. FFSA, n° 27, 5 mai 2004. - M.-A. Ribeyre, Protection juridique : de la question du libre choix de l'avocat au débat sur les honoraires, Dr. et patr. mai 2002, n° 104, p. 6. – B. Cerveau, La responsabilité encourue par l'assureur de protection juridique, Gaz. Pal., 1996, doct., p. 398. - J. Courrouy, Réflexions sur quelques aspects de l'assurance de protection juridique, D. 1992, chron., p. 169. – B. Cerveau, Aide juridique et protection juridique : l'assurance au secours de l'État, Gaz. Pal. 15 sept 1992, 2, doct, p. 622. - C. Giverdon et J.-L. Lecharny, Délais de recours contentieux et souscription d'une assurance de protection juridique, JCP 1991, I, 3482. – B. Cerveau, L'intégration de la directive communautaire relative à l'assurance de protection juridique en droit français par la loi n° 89-1014 du 31 décembre 1989, RGAT 1990. 35. – J. Dupoiron, Réflexions sur la garantie « défense-recours » des contrats d'assurances, Gaz. Pal. 1989, 1, doct., p. 18.

Section 1 ▪ Contenu du contrat d'assurance de protection juridique

§ 1 ▪ Objet du contrat

A ▪ Caractéristiques générales

1 ▪ Cadre juridique

3474. « Est une opération d'assurance de protection juridique toute opération consistant, moyennant le paiement d'une prime ou d'une cotisation préalablement convenue, à prendre en charge des frais de procédure ou à fournir des services découlant de la couverture d'assurance, en cas de différent ou de litige opposant l'assuré à un tiers, en vue notamment de défendre ou représenter en demande l'assuré dans une procédure civile, pénale, administrative ou autre, ou contre une réclamation dont il est l'objet ou d'obtenir réparation à l'amiable du dommage subi » (C. assur., art. L. 127-1). Le contrat d'assurance de protection juridique présente une originalité très marquée puisqu'il s'agit d'un contrat qui a pour objet de couvrir l'assuré contre divers risques juridiques, en lui permettant de bénéficier de conseils et/ou de la prise en charge des frais de justice qui découlent d'un litige ou d'un différend qui l'oppose à un tiers. Il s'agit d'une garantie qui favorise l'accès au droit de l'assuré.

3475. Quoique d'origine relativement ancienne (celle-ci remontant à la fin du XIXe siècle), l'assurance de protection juridique ne bénéficia d'aucun statut juridique spécifique jusqu'en 1989. Avant cette date, la qualification des conventions par lesquelles un organisme s'engageait, moyennant une cotisation ou prime convenue à l'avance, à couvrir son abonné contre certains risques juridiques, n'avait jamais pu, par ailleurs, être déterminée de manière certaine par les juridictions ; ces dernières hésitant entre la qualification d'assurance et celle de prestation de service. Cette question sera définitivement tranchée par la loi du 31 décembre 1989 (L. n° 89-1014, 31 déc. 1989, JO 3 janv. 1990) qui transposa en droit français la directive du 22 juin 1987, portant coordination des dispositions législatives, réglementaires et administratives concernant l'assurance de protection juridique (Dir. Cons. CE n° 87-344, 22 juin 1987, JOCE 4 juill. 1987), et dota l'assurance de protection juridique d'un régime particulier. Prévu par les articles L. 127-1 et suivants du Code des assurances, ainsi que par les articles L. 322-2-3 et R. 127-1 du Code des assurances, ce régime est entré en vigueur le 1er juillet 1990. Son objet est essentiellement de protéger l'assuré : il s'agit de faire en sorte que l'accès au droit de l'assuré soit effectif et d'écarter tout conflit d'intérêts entre l'assuré et son assureur de protection juridique.

3476. Cette protection a été renforcée par la loi du 19 février 2007, celle-ci marquant l'aboutissement de plusieurs années de réflexion et de critiques sur le contenu des contrats présents sur le marché. En 2002 notamment, la Commission des clauses abusives avait ainsi adopté plusieurs recommandations préconisant l'élimination, dans les contrats d'assurance de protection juridique, de certaines clauses (Recomm. n° 2002-3, 21 fév. 2002). En 2004, dans un contexte de tensions entre les assureurs de protection juridique d'une part, la Chancellerie et la profession des avocats d'autre part, la FFSA avait demandé à Jean-Paul Bouquin d'établir un rapport sur cette activité. Remis à la FFSA le 5 mai 2004, ce rapport préconisait un certain nombre de mesures visant notamment à clarifier le domaine des garanties susceptibles de permettre la défense de l'assuré, à améliorer la rédaction des contrats, à conforter la liberté de choix de l'avocat et à préciser les modalités de règlement des honoraires de celui-ci, à améliorer la gestion des désaccords entre l'assureur et l'assuré, ainsi qu'à associer les organisations de consommateurs à la définition d'une typologie de garanties. Reconnaissant le bien-fondé de ces observations, les assureurs s'étaient à nouveau engagés à rendre les contrats plus protecteurs des droits des consommateurs. En 2006, trois lacunes majeures étaient cependant encore dénoncées :

- un manque de transparence et de lisibilité des contrats ;
- une certaine réticence de la part des assureurs à mettre en jeu la garantie ;
- un positionnement trop marginal des avocats dans le dispositif de la protection juridique.

3477. Le législateur a entendu remédier à ces difficultés. Tel a été l'un des objectifs de la loi n° 2007-210 du 19 février 2007 portant réforme de l'assurance de protection juridique (JO 21 févr. 2007, p. 3051). Cette loi est venue modifier les articles L. 127-2 et suivants du Code des assurances, les articles L. 224-2 et suivants du Code de la mutualité ainsi que l'article 2 de la loi du 10 juillet 1991 relative à l'aide juridique. Elle a précisé les conditions de mise en œuvre du contrat d'assurance de protection juridique (C. ass., art. L. 127-2-1 et L. 127-2-2) et renforcé le principe du libre choix de l'avocat par l'assuré (C. ass., art. L. 127-2-3, L. 127-3, al. 4 et L. 127-5-1). Elle a en outre posé un principe nouveau : celui de la subsidiarité de l'aide juridictionnelle par rapport à l'assurance de protection juridique (art. 2, L. 10 juill. 1991 relative à l'aide juridique).

2 ▪ Limites de la règlementation

3478. L'article L. 127-6 du Code des assurances précise que la réglementation des contrats d'assurance de protection juridique ne s'applique, ni à l'assurance de protection juridique lorsque celle-ci concerne l'utilisation de navires de mer ou ce qui s'y rapporte, ni à l'activité de l'assureur de responsabilité civile pour la défense ou la représentation de son assuré dans toute procédure judiciaire, administrative, lorsqu'elle s'exerce en même temps dans l'intérêt de l'assureur. La première exclusion est conforme à l'article L. 111-1 du Code des assurances qui prévoit que les titres I, II et III du livre 1er du même code ne s'appliquent pas à l'assurance maritime, ce qui est justifié par la spécificité de cette matière. La seconde exclusion tient à ce que l'assureur de responsabilité civile est directement intéressé au litige opposant l'assuré à un tiers. C'est en effet de l'issue de ce litige que dépendront les sommes qu'il devra verser. À travers la personne de l'assuré, l'assureur est donc dans l'obligation de défendre ses propres intérêts car il est garant des indemnités mises à la charge de son assuré. En assurance de protection juridique au contraire, l'assureur n'est pas concerné par l'issue du litige ; il ne garantit jamais les dommages mis à la charge ou subis par son assuré. Il n'intervient que pour servir les intérêts exclusifs de l'assuré, en offrant à ce dernier (dans les limites du contrat) les moyens dont il a besoin pour faire valoir ses droits. C'est donc, en théorie, la notion d'intérêt qui permet de distinguer la garantie dite « défense civile responsabilité civile » et la garantie de protection juridique.

3479. En pratique cependant, le contenu des contrats ne permet pas toujours de comprendre parfaitement cette distinction. Cette situation s'explique par le fait que l'assurance de protection juridique a longtemps été exclusivement commercialisée en accessoire aux garanties de responsabilité civile, sous l'appellation générique « garantie défense recours ». Afin d'éviter toute confusion entre ces deux formes d'assurance, la loi du 31 décembre 1989 a imposé que les deux sortes de garantie soient formellement dissociées. Lorsque l'assurance de protection juridique est vendue en inclusion à un contrat multirisques, elle doit ainsi faire l'objet d'un chapitre distinct avec indication du contenu de l'assurance et de la prime correspondante (C. assur., art. L. 127-2). Il arrive néanmoins que certaines assurances multirisques habitation et automobile contiennent une garantie de protection juridique, dont le mode contractuel de désignation manque de clarté. Ainsi en est-il par exemple de la clause intitulée « sauvegarde de vos droits » qui prévoit – dans un contrat multirisques habitation – que « l'assureur s'engage à exercer à ses frais toutes interventions amiables ou judiciaires en vue de réclamer la réparation du préjudice subi par l'assuré à la suite d'un dommage corporel ou matériel qui aurait été garanti par le contrat s'il avait engagé la responsabilité civile de l'assuré » (clause de réciprocité, dite aussi clause « miroir »), sans faire l'objet par ailleurs d'un contrat distinct avec paiement d'une prime distincte (Civ. 2e, 18 mars 2010, n° 09-12.981 ; LEDA 2010, n° 1, p. 4, obs. D. Krajeski ; RGDA 2010, p. 789, note B. Cerveau : l'absence de respect de ce formalisme ne suffit pas – à elle seule - à faire échec à la qualification de garantie de protection juridique et aux droits qui en découlent pour l'assuré, notamment le droit de choisir librement son avocat).

3 ▪ Utilité de l'assurance de protection juridique

3480. Depuis 1972, il existe en France une aide judiciaire qui a été remplacée en 1991 (L. n° 91-647, 10 juill. 1991, JO 13 juill.) par l'aide juridique. Destinée à favoriser l'accès à la justice des personnes disposant de faibles ressources, cette aide ne peut bénéficier dans son intégralité qu'aux particuliers, à l'exclusion des personnes morales, dont le revenu mensuel n'excède pas certains plafonds (plafond fixé en 2016 à 1000 € pour bénéficier de l'aide juridictionnelle totale et à 1500 € pour l'aide juridictionnelle partielle). Depuis quelques années cependant, la dotation budgétaire consacrée à l'aide juridictionnelle représente une charge de plus en plus lourde pour l'État (progressant de 187 à 305 millions d'euros entre 1988 et 2006 (+ 63 %) et évaluée à 312 millions d'euros en 2011) ; ce qui rend indispensable le développement de dispositifs alternatifs. En contrepoint, l'assurance de protection juridique s'adresse à toute personne qui ne dispose pas des ressources suffisantes pour assumer le coût d'un procès et qui souhaite ainsi se prémunir contre le risque d'un différend ou d'un litige qui l'opposerait à un tiers. Cette utilité est reconnue par les consommateurs qui sont de plus en plus nombreux à la souscrire. Depuis une quinzaine d'années, l'assurance de protection juridique connaît en effet une croissance sans précédent, qui porte son taux de détention par les ménages français à 40 % (toutes garanties comprises : garanties en inclusion et monocontrats). Ses perspectives de progression étant prometteuses, cette assurance est apparue comme un mécanisme permettant de relayer utilement l'effort de l'État, en évitant un double emploi des dispositifs d'accès au droit et en recentrant l'aide juridictionnelle sur les justiciables les plus démunis.

3481. En 2007, ce constat a conduit le législateur à modifier la loi du 10 juillet 1991 relative à l'aide juridique, dont l'article 2 prévoit désormais que « l'aide juridictionnelle n'est pas accordée lorsque les frais couverts par cette aide sont pris en charge au titre d'un contrat d'assurance de protection juridique ou d'un système de protection » (L. 19 fév. 2007, art. 5). La loi a ainsi créé une articulation nouvelle entre l'assurance de protection juridique et l'aide juridictionnelle, en conférant à cette dernière un caractère subsidiaire. Se pose néanmoins la question des modalités de mise en œuvre de cette subsidiarité. Pour en garantir l'effectivité, un contrôle doit pouvoir s'exercer. Les bureaux d'aide juridictionnelle doivent être en mesure de vérifier que l'intéressé n'est pas déjà détenteur d'un contrat d'assurance de protection juridique. Si le requérant bénéficie d'un contrat d'assurance de protection juridique qui ne couvre pas les frais du procès, il doit alors fournir une attestation de non-prise en charge qui lui sera délivrée à sa demande par l'assureur. En cas de prise en charge partielle des frais de procédure, le requérant doit joindre la justification fournie par son assureur précisant le montant des plafonds de garantie et de remboursement des frais, émoluments et honoraires couverts par l'assurance (Décret n° 91-1266 du 19 décembre 1991 portant application de la loi n° 91-647 du 10 juillet 1991 relative à l'aide juridique, mod. par décret n° 2014-1502 du 12 décembre 2014 - art. 1 : JO, 14 déc.). Un arrêté du 12 décembre 2014 fixe le modèle de l'attestation de non-prise en charge des frais de procédure délivrée par l'assureur (Arr. 12 déc. 2014 : JO, 14 déc.).

3482. La mise en œuvre du principe de subsidiarité pose également la question du domaine de l'assurance de protection juridique. La subsidiarité voulue par le législateur ne peut en effet être effective qu'à une double condition. D'abord, le rôle que l'on souhaite faire jouer à l'assurance de protection juridique implique nécessairement une augmentation de la diffusion de cette assurance qui, malgré un dynamisme certain, demeure encore assez limitée. Ce rôle implique ensuite également un élargissement de l'étendue des garanties de protection juridique. On constate en effet aujourd'hui que les champs de l'aide juridictionnelle et de l'assurance de protection juridique ne se recoupent que très peu : la matière pénale et le contentieux familial sont par exemple très mal couverts par les contrats d'assurance. Afin de faire évoluer cette situation, le ministère de la Justice et des Libertés s'est associé en 2011 au GEMA et à la FFSA pour lancer une campagne d'information sur l'assurance de protection juridique. Les assureurs se sont par ailleurs engagés à élargir les domaines couverts par les garanties. En parallèle, la taxe spéciale qui s'applique aux contrats d'assurance de protection juridique (autres que ceux ayant pour objet exclusif ou principal de prendre en charge la DPRSA) a fait l'objet d'une augmentation destinée à alimenter les ressources de l'aide juridictionnelle (en 2016, le montant de cette taxe s'établit à 12,5 % pour les primes ou cotisations échues à compter du 1er janvier 2016 et à 13,4 % pour les primes ou cotisations échues à compter du 1er janvier 2017 : CGI, art. 1001, 5° ter mod. par L. fin. 2016 n° 2015-1785, art. 42, IV, 1°).

B ▪ Étendue des garanties

3483. Bien que soumises à un régime unique, toutes les assurances de protection juridique ne sont pas équivalentes dans leur étendue. Cette très grande diversité tient à la fois aux modalités de distribution et au contenu des contrats.

1 ▪ Distinction des clauses défense recours et des contrats de protection juridique autonomes

3484. Les garanties défense pénale et recours représentent la forme originelle de l'assurance protection juridique. Elles sont insérées dans les polices d'assurance responsabilité civile (responsabilité civile chef de famille ou responsabilité automobile) ou multirisques habitation, grâce à une clause communément dénommée, par le passé, « défense-recours » et présentant deux aspects : un volet « défense » et un volet « recours ». Afin de faciliter la compréhension du contenu des garanties par les assurés, les assureurs ont pris l'engagement d'adopter un vocabulaire spécifique. Dans les contrats, ces garanties prennent désormais la dénomination « DPRSA » : défense pénale et recours suite à un accident. Avec la garantie DPRSA, l'assureur s'engage à couvrir la défense pénale de l'assuré poursuivi devant les tribunaux répressifs.

3485. La garantie DPRSA couvre également le recours qui est exercé par l'assuré contre un tiers en vue d'obtenir la réparation du préjudice qui lui a été causé. Elle permet alors à l'assuré victime d'un dommage de solliciter l'assureur afin que sa réclamation soit présentée au tiers responsable et, le cas échéant, à l'assureur de responsabilité de ce dernier. Pour que le recours soit couvert, il faut nécessairement cependant que l'atteinte accidentelle à la personne ou aux biens de l'assuré relève d'une des garanties principales de la police. En effet, si la garantie défense pénale et recours doit faire l'objet d'un chapitre distinct, elle ne fonctionne jamais de manière autonome mais uniquement dans les cas qui relèvent de l'assurance à laquelle elle est rattachée. Autrement dit, elle ne peut être mise en œuvre que dans le cadre des litiges qui sont liés aux évènements garantis par le contrat (accident automobile, dégât des eaux, incendie par exemple). C'est précisément ce qui la distingue des contrats de protection juridique autonomes qui recouvrent des domaines beaucoup plus larges.

3486. Les contrats d'assurance de protection juridique générale couvrent les risques de manière beaucoup plus étendue que la traditionnelle clause « défense-recours ». Leur domaine peut en effet s'étendre à des risques très diversifiés : litiges du droit de la consommation (achat et vente par internet, prestations de services, téléphonies mobiles...), litiges liés aux conflits de voisinage, litiges entre propriétaires bailleurs et locataires, ou encore ceux relatifs à l'achat ou la vente d'un bien immobilier. Cette forme de garantie prend généralement en charge la plupart des litiges de la vie quotidienne et peut également comprendre la DPRSA. Elle se présente ainsi comme le cumul de tout ou d'une grande partie des protections juridiques dites « segmentées ». La protection juridique segmentée couvre un domaine d'intervention déterminé. Elle est précisément dénommée par son champ d'intervention : par exemple « PJ domaines habitation et consommation », « PJ domaine auto » ou encore « PJ domaine santé ». Générale ou segmentée, l'assurance de protection juridique peut être proposée, soit dans un contrat support, soit dans un contrat séparé.

3487. Les garanties en inclusion (dans les contrats automobiles et habitation) restent pour l'instant majoritaires ; on remarque cependant depuis quelques années une hausse très nette des contrats autonomes. Quel que soit néanmoins le mode de distribution, des efforts de clarification restent encore à faire pour rendre le contenu des garanties plus compréhensible par les consommateurs. Même si certains risques de confusion ont été dissipés (notamment avec la dénomination « DPRSA »), de nombreuses nuances demeurent en effet toujours très difficiles à appréhender ; comme le sont, également, les différences qui existent entre les diverses sortes de garantie (pour un exemple, v. : Civ. 1ère, 30 janv. 1996, n° 93-18.073). Si toutes (DPRSA, protection juridique segmentée, protection juridique générale) sont bien soumises à la même réglementation, leur étendue respective n'est en aucun cas comparable. Or, tout défaut de précision à cet égard ne peut être que préjudiciable : en premier lieu, il occulte la portée de la garantie de protection juridique générale et lui fait donc perdre son intérêt commercial ; il engendre ensuite une confusion dans l'esprit des assurés qui se croient à tort bénéficiaires d'une protection juridique très large alors qu'ils ne sont titulaires, en réalité, que d'une simple DPRSA.

2 ▪ Délimitation de la garantie

3488. L'article L. 127-1 du Code des assurances n'énonce que les éléments caractéristiques de l'assurance de protection juridique et n'a pas pour objet de fournir une description exhaustive des prestations susceptibles d'être prises en charge en pratique par l'assureur. Il s'ensuit qu'un contrat d'assurance protection juridique peut fournir d'autres prestations que celles énoncées par la loi (par exemple un service d'information juridique téléphonique en dehors de tout litige opposant l'assuré à un tiers, l'accès à une base documentaire ou encore une aide aux démarches administratives quotidiennes). Inversement, l'assureur peut ne prendre en charge que certains frais de procédure et/ou ne fournir que certains services découlant de la couverture d'assurance.

3489. Le contrat délimite les domaines d'intervention de l'assureur. Compte tenu de la diversité des formules existant sur le marché, l'étendue de la garantie varie considérablement et va, de la simple garantie défense pénale et recours (DPRSA) – très fréquente dans les assurances automobiles et dans les assurances de responsabilité non automobile, mais très réduite – au contrat de protection juridique générale qui couvre l'assuré – de manière très complète – pour des litiges relevant de domaines très divers de la vie privée. Comme tout contrat d'assurance, le contrat de protection juridique comporte des clauses d'exclusions. Les exclusions sont légales et conventionnelles.
Les exclusions légales sont d'abord celles du droit commun des assurances : exclusion des faits de guerre civile, d'émeutes ou de mouvements populaires (C. assur., art. L. 121-8) et exclusion des faits intentionnels (C. assur., art. L. 113-1). La loi prévoit en outre une exclusion propre à l'assurance de protection juridique, qui concerne le coût de certaines démarches entreprises par l'assuré : ainsi, les consultations ou les actes de procédure qui sont réalisés avant la déclaration de sinistre ne sont pas pris en charge par l'assureur, sauf si l'assuré peut justifier d'une urgence à les avoir demandés (C. assur., art. L. 127-2-2). S'agissant des exclusions conventionnelles, celles-ci doivent être conformes aux conditions du droit commun des assurances (C. assur., art. L. 112-4 et L. 113-1). En pratique, le contrat peut se présenter sous la forme « tout sauf ». La garantie couvre alors l'ensemble des risques juridiques, sauf exclusion conventionnelle. Peuvent ainsi par exemple être conventionnellement exclus :
- les litiges ou procédures relatifs au droit de la famille et des personnes (divorce, filiation, adoption, PACS, changement de nom,...) ;
- le contentieux pénal des mineurs ;
- les litiges en matière de recouvrement et de fixation des loyers, d'état des lieux, d'expulsion, de réparations locatives ;
- l'attitude de l'assuré qui aggrave sa situation ou rend impossible le dénouement du litige (lorsque par exemple l'assuré s'oppose d'une manière infondée à la demande d'un tiers) ;
- l'existence de litiges survenant entre assurés par une même police. Cette exclusion a pour but d'éviter les conflits d'intérêts qui pourraient découler de tels litiges (exemple : litige opposant les membres d'une même famille couverte par un contrat unique) ;
- la réalisation du sinistre en dehors de l'Europe. Les garanties sont généralement limitées aux pays d'Europe occidentale ;
- l'exercice d'une action en bornage judiciaire ;
- l'absence de souscription par l'assuré de l'assurance « dommages-ouvrage » obligatoire.

Peu attractive, la formule du « contrat tout... sauf » est le plus souvent remplacée aujourd'hui par des contrats segmentés (couverture d'un domaine juridique déterminé) ou énumératifs (énumération des litiges couverts).

3490. D'une manière générale, les litiges qui sont traditionnellement couverts par l'assurance de protection juridique (consommation, habitat ou travail) ne recouvrent pas certains des principaux domaines d'intervention de l'aide juridictionnelle, c'est-à-dire le contentieux familial et le contentieux pénal. Les limites apportées contractuellement au domaine de la garantie ont été soulignées, notamment en 2009 par le rapport « Darrois », pour constater qu'elles ne permettent pas en pratique l'application du principe de subsidiarité posé en 2007 par le législateur (Rapport sur les professions du droit, mars 2009, spéc. pp. 106-109). La commission en charge du rapport s'est ainsi interrogée sur les mesures susceptibles de favoriser une réelle subsidiarité de l'aide juridictionnelle. Après avoir écarté la solution consistant à inclure une garantie de protection juridique dans toute assurance de responsabilité obligatoire (comme l'assurance des locataires ou l'assurance scolaire), cette commission avait recommandé d'étendre l'assurance de protection juridique aux contentieux dans lesquels le taux d'admission à l'aide juridictionnelle est très élevé, c'est-à-dire le contentieux familial et le contentieux pénal des mineurs.

3491. Dans le cadre d'un accord conclu avec le ministère de la Justice et des Libertés, les assureurs ont pris l'engagement de faire évoluer le contenu de leurs garanties à partir de l'année 2013 afin de l'étendre, notamment à certains domaines du droit de la famille et des incapacités (successions, legs, donations en ligne directe, adoption, recherche de paternité, tutelle et curatelle), à certains litiges du droit de la consommation (dont les litiges liés à la santé concernant les actes médicaux et chirurgicaux), aux litiges avec les organismes sociaux, organismes complémentaires et de retraites, aux litiges avec l'administration fiscale (relatifs à l'impôt sur le revenu, la taxe foncière et la taxe d'habitation), aux litiges en lien avec l'achat ou la vente d'un bien immobilier construit ; aux litiges liés à la copropriété ; aux litiges opposant locataires et propriétaires (à l'exception des différends relatifs au recouvrement des loyers et charges relevant d'autres garanties (GRL/GLI) et à l'expulsion) ou encore aux litiges individuels du droit du travail liés, pour les salariés, à un licenciement individuel ou à la conclusion, l'exécution ou la résiliation du contrat de travail.

§ 2 ■ Aléa et assurance de protection juridique

A ■ Le risque d'un différend ou d'un litige

3492. La particularité du contrat d'assurance de protection juridique tient incontestablement à la nature du risque dont la charge est transférée à l'assureur : il s'agit en effet du risque, pour l'assuré, d'être confronté à un différend ou à un litige l'opposant à un tiers. En cas de survenance de cet évènement, l'assureur s'engage à fournir à l'assuré des conseils de nature à permettre la résolution de ce conflit et/ou à prendre en charge les éventuels frais de procédure qui en découleraient. Au sens de l'article L. 127-1 du Code des assurances, le risque se réalise en présence d'un différend ou d'un litige opposant l'assuré à un tiers.

3493. Dans la définition qu'il donne de l'assurance de protection juridique, l'article L. 127-1 du Code des assurances emploie deux termes : celui de différend et celui de litige. Or les deux mots ne sont pas nécessairement synonymes : le différend s'entend de tout conflit d'intérêts ou désaccord entre plusieurs personnes, tandis que le mot « litige » peut désigner, de manière plus restrictive, une contestation donnant lieu à procès, ce qui suppose un acte introductif d'instance. La distinction établie par la loi traduit le fait que le risque couvert peut avoir une étendue variable. Afin d'éviter toute incertitude sur le contenu de la garantie à cet égard, il est donc très important que le contrat précise clairement la définition du risque qui est retenue conventionnellement. C'est pourquoi la plupart des contrats adoptent généralement une définition large du risque en se référant à la notion de « litige », lequel sera par exemple défini par le contrat comme « toute opposition d'intérêts entre l'assuré et un tiers », ou « toute situation conflictuelle conduisant l'assuré à faire valoir un droit, à résister à une prétention ou à se défendre », ou « une situation conflictuelle causée par un évènement préjudiciable ou un acte répréhensible vous opposant à un ou des tiers et vous conduisant à faire valoir un droit contesté, à résister à une prétention ou à vous défendre devant toute juridiction » ou bien, de manière plus large encore, « tout évènement susceptible de faire naître une contestation future ».

3494. En toute hypothèse, pour que le caractère aléatoire du contrat soit préservé, l'assuré ne doit pas avoir déjà connaissance du litige ou du différend au moment de la conclusion du contrat. A défaut, l'aléa disparaît et le litige ne peut donc pas être pris en charge par l'assureur. Au moment de la souscription du contrat, l'assureur peut ainsi remettre à l'assuré un questionnaire l'interrogeant de manière précise sur ses antécédents en termes de litiges, ce qui pourra lui permettre de refuser sa garantie en cas de fausse déclaration.

B ▪ Le fait générateur du différend ou du litige

3495. Le différend ou litige (évènement incertain couvert par le contrat) trouve son origine dans une circonstance qui est perçue par l'assuré comme portant atteinte à ses droits. Or ce risque se réalise rarement de manière instantanée. Il est au contraire bien souvent la conséquence de plusieurs évènements sans lesquels il ne serait pas survenu. Avant que le litige ne surgisse réellement, il peut ainsi s'écouler une période plus ou moins longue de latence au cours de laquelle le conflit augmente peu à peu. La nécessité du caractère aléatoire du contrat d'assurance conduit alors à considérer que la garantie n'est pas due lorsque l'assuré connaissait les éléments constitutifs du conflit avant la souscription du contrat, même si le litige n'est né qu'après celle-ci (Civ. 2e, 28 mai 2009 ; Civ. 2e, 14 janv. 2010, n° 08-14.272 et n° 08-14.273 : « mais attendu que la cour d'appel, ayant constaté que le contrat de protection juridique liant les parties avait été souscrit en date du 30 décembre 1999, à effet du 1er janvier 2000 et que la déclaration de sinistre effectuée par l'assuré était du 16 octobre 2002, tandis que les éléments de la situation litigieuse avaient été révélés dès l'année 1996, en a souverainement déduit que les faits à l'origine du litige principal étaient connus de l'assuré avant la souscription des garanties de protection juridique, de sorte que faute d'aléa, l'assureur devait être mis hors de cause). L'état des connaissances de l'assuré relève naturellement du pouvoir souverain d'appréciation des juges du fond.

3496. Les difficultés auxquelles peut donner lieu la datation du fait générateur conduisent les assureurs à prévoir à ce sujet des clauses spécifiques. Ainsi, le contrat peut-il prévoir, par exemple, que « le fait générateur du litige doit être postérieur à la prise d'effet de la garantie », ou que « l'assuré ne doit pas avoir eu connaissance du fait générateur avant la prise d'effet », ou encore que « l'assuré doit prouver qu'il n'avait pas connaissance ou qu'il était dans l'impossibilité d'avoir connaissance du fait générateur avant la prise d'effet de la garantie ». Il appartient alors à l'assuré de faire la preuve de son ignorance. Le libellé de certaines clauses peut toutefois jouer en défaveur de l'assureur (V. Civ. 2e, 7 déc. 2006,n° 05-19.306, Bull. civ. II, n° 346 ; L'Argus 26 janv. 2007, n° 7009, Dossiers jur., p. 5 ; RGDA 2007. 205, note B. Cerveau : viole les articles L. 127-1 du Code des assurances et l'article 1134 du Code civil (1103 à compter du 1er oct.2016), le jugement qui énonce que le litige est antérieur à la date de signature du contrat, « alors que les conditions particulières du contrat de protection juridique stipulaient que le fait générateur de la mise en œuvre de l'assurance, qui ne devait pas avoir été connu de l'assuré avant la date d'effet de l'adhésion, s'entendait de la remise d'un acte judiciaire ou extrajudiciaire révélant l'engagement des poursuites qui ne devait pas être intervenu moins de soixante jours après la souscription du contrat »).

3497. Afin d'éviter toute discussion concernant la date de survenance du fait générateur, une autre technique contractuelle consiste à prévoir un délai de carence qui reporte le point de départ de la garantie à une date postérieure à la souscription du contrat. Ce délai peut varier de 2 mois à plusieurs années en fonction de la nature du litige (délai d'un an par exemple en matière de conflit de voisinage).

3498. Enfin, la garantie ne joue que si le fait générateur est antérieur à la date de cessation de la garantie. Cette condition de mise en œuvre de la garantie est stipulée au contrat par une clause qui énonce, soit que le fait générateur doit avoir été connu de l'assuré avant la cessation d'effet (la connaissance implique alors la survenance du fait générateur), soit que le fait générateur doit être survenu avant la date de cessation d'effet, soit que le sinistre doit avoir été déclaré à l'assureur avant la cessation d'effet. La première et la deuxième clause sont parfois complétées par l'obligation pour l'assuré de déclarer le sinistre au plus tard dans un délai déterminé (12 mois par exemple) à compter de la cessation d'effet ; ce qui n'est alors qu'une façon d'indiquer à l'assuré le délai maximal dont il dispose pour effectuer sa déclaration.

§ 3 ▪ Obligations de l'assureur

A ▪ Obligations d'information

1 ▪ Formalisme informatif

3499. L'article L. 127-2 du Code des assurances dispose que « l'assurance de protection juridique fait l'objet d'un contrat distinct de celui établi pour les autres branches ou d'un chapitre distinct d'une police unique avec indication du contenu de l'assurance de protection juridique et de la prime correspondante ». Cette disposition n'est d'aucune utilité lorsque la garantie protection juridique fait l'objet d'un contrat autonome. En revanche, lorsque l'assurance de protection juridique est insérée dans un contrat multirisques, le chapitre qui la concerne doit être indiqué aux conditions particulières et doit constituer un chapitre distinct. En outre, il faut également que la prime afférente à la garantie de protection juridique soit individualisée (Civ. 2e, 18 mars 2010, n° 09-12.981, préc. : l'absence de contrat distinct et de paiement d'une prime distincte ne font cependant pas obstacle à la qualification d'assurance de protection juridique).

3500. Ces contraintes de forme se justifient par la volonté de faire bénéficier les assurés d'une meilleure information, en évitant notamment la confusion pouvant exister entre la défense civile de l'assureur responsabilité civile et la protection juridique. L'article L. 127-2 du Code des assurances consacre ainsi par ailleurs le caractère spécifique de l'assurance protection juridique qui, même lorsqu'elle est insérée dans une police multirisques, doit en rester détachable ; ce qui signifie que l'assuré doit toujours avoir le choix, de la souscrire ou non.

3501. Le contrat ou chapitre distinct dont l'assurance fait l'objet doit également contenir le rappel des droits dont l'assuré est titulaire. Tout contrat doit ainsi explicitement stipuler que, lorsqu'il est fait appel à un avocat ou à toute autre personne qualifiée pour défendre, représenter ou servir les intérêts de l'assuré, celui-ci a la liberté de le choisir (C. ass., art. L. 127-3, al. 1). De même, l'assuré doit être informé par le contrat qu'il a la liberté de choisir un avocat, ou s'il le préfère, toute personne qualifiée pour l'assister, chaque fois que survient un conflit d'intérêts entre lui-même et l'assureur (C. ass., art. L. 127-3, al. 2). L'assureur doit également informer l'assuré de la possibilité de recourir à la procédure mentionnée à l'article L. 127-4 du Code des assurances lorsque survient un désaccord entre lui et l'assuré quant au règlement du litige. Enfin, l'article R. 127-1 du Code des assurances oblige l'assureur à donner à l'assuré des informations spécifiques relatives aux modalités de gestion adoptée par l'assureur.

2 ▪ Assistance de l'assuré par l'information et le conseil

3502. L'assureur fournit traditionnellement à son assuré la contrepartie du paiement de ses primes sous la forme du versement d'une indemnité. Tel n'est pas le cas de l'assurance protection juridique dont l'objet, en pratique, est essentiellement de faire bénéficier l'assuré d'une prestation de service. Cette particularité est soulignée par l'article L. 127-1 du Code des assurances qui dispose que l'assurance de protection juridique consiste « à fournir des services découlant de la couverture d'assurance ». L'assureur qui s'engage à procurer ces services (conseils, défense, représentation, etc.) doit non seulement mettre en œuvre tous les moyens juridiques amiables ou judiciaires permettant d'obtenir, au profit de l'assuré, la résolution du différend ou du litige, mais il doit également informer l'assuré de toutes les démarches qu'il entreprend en vue de cette résolution. L'information et le conseil sont donc nécessairement au cœur de l'assistance juridique dont bénéficie l'assuré. L'étendue de l'obligation de l'assureur est déterminée par le contrat. Lorsque celui-ci prévoit que l'assureur s'engage « à fournir à l'assuré, après examen de l'affaire, tous conseils sur l'étendue de ses droits et la façon d'organiser sa défense et de présenter sa demande et à faire défendre en justice ses intérêts », les juges peuvent en déduire un devoir d'informer l'assuré sur la prescription de son action et lui conseiller l'accomplissement d'actes interruptifs (Civ. 2e, 17 févr. 2011, n° 10-11.571 ; LEDA 2011, n° 4, p. 4, obs. D. Krajeski).

3503. Dans le cadre des relations de confiance qui doivent s'instaurer entre les parties (assureur et assuré), il est fondamental que l'assuré soit associé à la résolution du différend ou du litige. Pour ce faire, l'assureur doit nécessairement indiquer à l'assuré l'étendue des droits et obligations dont il est titulaire par rapport au différend qui l'oppose à un tiers, ainsi que les moyens dont il dispose pour résoudre ce différend. Cette obligation d'information est implicitement renforcée par l'article L. 127-2-3 du Code des assurances (issu de L. 19 févr. 2007) qui énonce que « l'assuré doit être assisté ou représenté par un avocat lorsque son assureur ou lui-même est informé de ce que la partie adverse est défendue dans les mêmes conditions ». L'assureur doit en outre renseigner l'assuré sur les chances raisonnables qu'il a d'obtenir gain de cause et lui expliquer les difficultés éventuelles qui peuvent être rencontrées. Les informations doivent être complètes, objectives et dispensées tout au long de la gestion du dossier. A défaut, l'assureur est susceptible d'engager sa responsabilité contractuelle à l'égard de son assuré (Civ. 2e, 9 déc. 2010, n° 09-70.814 ; Civ. 2e, 17 fév. 2011, n° 10-11.571, préc.).

B ▪ Obligations pécuniaires

3504. L'indemnité que l'assureur de protection juridique s'engage à verser à l'assuré consiste ici « à prendre en charge des frais de procédure » (C. assur., art. L. 127-1). Les termes de l'article L. 127-1 visent d'abord les frais de procès entendus au sens strict, c'est-à-dire les frais de greffe, les honoraires de l'expert dont le juge s'est adjoint les services, les frais d'huissier... En outre et malgré le caractère restrictif de l'article L. 127-1 (qui ne fait expressément référence ni aux services internes fournis directement par le gestionnaire du dossier de l'assuré, ni aux frais amiables, ni aux honoraires d'avocat), les termes « frais de procédure » doivent être entendus également au sens large comme englobant tous les frais engagés par le gestionnaire afin de compléter le dossier de l'assuré (frais d'enquête destinée à identifier ou à retrouver l'adversaire ; coûts des constats éventuels ; frais de courriers adressés à d'éventuels témoins afin de recueillir leurs témoignages ; frais de techniciens, experts ou spécialistes dont l'avis est nécessaire à l'instruction du dossier), ainsi que les honoraires d'avocats. En revanche, l'assurance de protection juridique ne peut jamais permettre à l'assuré d'échapper aux condamnations éventuelles qui seraient prononcées contre lui par le juge : les amendes (pénales et fiscales), ainsi que toute indemnisation, que l'assuré déclaré responsable serait condamné à verser à un cocontractant ou à un tiers, ne sont pas prises en charge par l'assurance de protection juridique.

3505. La loi du 19 février 2007 portant réforme de l'assurance de protection juridique a introduit dans le Code des assurances l'article L. 127-2-2, qui dispose que « les consultations ou les actes de procédure réalisés avant la déclaration de sinistre ne peuvent justifier la déchéance de la garantie. Toute clause contraire est réputée non écrite. Cependant, ces consultations et ces actes ne sont pas pris en charge par l'assureur, sauf si l'assuré peut justifier d'une urgence à les avoir demandés ». Destinée à permettre à l'assuré de s'adresser plus facilement – et plus en amont du litige – à un avocat sans risquer de se voir opposer une déchéance de garantie, cette disposition laisse à la charge de l'assuré les frais afférents aux consultations et actes de procédure réalisés avant la déclaration du sinistre. Par exception, l'obligation de l'assureur s'étend à ces frais lorsque les consultations ou actes de procédure ont été dictés par l'urgence, l'assuré ayant dû agir sans délai afin de protéger ses intérêts (assuré appelé par exemple devant un tribunal correctionnel dans le cadre d'une procédure de comparution immédiate).

3506. La garantie de l'assureur protection juridique est le plus souvent limitée. Elle peut l'être par :

- un plafond de garantie : le contrat prévoit un montant global maximum de dédommagement qui ne peut être dépassé par l'assureur. Ce plafond global peut être fixé par sinistre, par année de garantie ou par procédure engagée ;
- une franchise : une clause du contrat laisse à la charge définitive de l'assuré une partie du coût du dossier ;
- un seuil d'intervention : la garantie n'est mise en jeu que si le litige porte sur un montant minimal ; ce qui permet d'exclure les sinistres de faible importance dans lesquels les frais de gestion sont souvent plus élevés que le montant du préjudice subi ;
- l'exclusion des dépens et des frais irrépétibles : le contrat peut prévoir que si l'assuré perd son procès, les dépens et frais irrépétibles qu'il est condamné par le juge à rembourser au tiers ne sont pas pris en charge par l'assureur.

C ▪ Obligation de laisser à l'assuré le libre choix de son avocat

1 ▪ Principe du libre choix de l'avocat par l'assuré

3507. L'assurance de protection juridique constitue une aide à l'accès au droit et à la justice. Dès lors, il faut que cet accès soit effectif. L'assureur qui s'est engagé à prendre en charge la gestion du litige ou du différend auquel est confronté l'assuré, a donc l'obligation de conseiller l'intervention de tout spécialiste dont l'avis ou l'expertise est utile à la bonne conduite du dossier. À ce titre, il peut être nécessaire d'avoir recours aux services d'un avocat qui assurera la défense et la représentation de l'assuré. Dans cette hypothèse, L127-3 rappelle ce principe général selon lequel tout contrat d'assurance de protection juridique doit stipuler, de manière expresse, que lorsqu'il est fait appel à un avocat ou à toute autre personne qualifiée, l'assuré a la liberté de le choisir (principe du libre choix de l'avocat posé par le droit communautaire : art. 4, §1, Dir. Cons. CE n° 87-344, 22 juin 1987, préc. ; principe confirmé par la Commission européenne : V. CNB, 17 nov. 2010, communiqué, RCA 2011, Alertes, n° 2). Cette disposition est d'ordre public : aucune clause du contrat ne doit porter atteinte, dans les limites de la garantie, au libre choix qui est ainsi ouvert à l'assuré. Ce principe doit jouer sans restriction : il s'applique à toutes les étapes de la gestion du dossier, même en dehors de toute procédure contentieuse, chaque fois qu'il apparaît opportun (à l'assureur et/ou à l'assuré) de confier la défense du dossier à un avocat (le contrat ne peut donc pas valablement prévoir que « les coûts d'assistance juridique d'un avocat choisi librement par l'assuré ne sont pris en charge que si l'assureur estime nécessaire de faire appel à un conseil externe » : CJUE, 7 nov. 2013, aff. C-442/12, Sneller). Par ailleurs, la règle ne concerne pas seulement l'avocat, mais aussi toute « personne qualifiée par le législateur ou la réglementation en vigueur pour défendre, représenter ou servir les intérêts de l'assuré » (C. assur., art. L. 127-3). En effet, le recours à un avocat n'est pas obligatoire devant certaines juridictions (conseil des prud'hommes, tribunaux d'instance, tribunaux de commerce...). D'une manière générale, le caractère obligatoire ou non de l'assistance juridique dans une procédure en vertu du droit national n'a pas d'incidence sur la liberté de choix de l'avocat par l'assuré et la prise en charge des frais par l'assureur (CJUE, 7 nov. 2013, aff. C-442/12, préc.). Par conséquent, l'assuré, s'il le souhaite, doit toujours pouvoir se faire assister et/ou représenter par la personne qualifiée de son choix. Cette personne peut, par exemple, être un expert (V. par ex : Civ. 2e, 6 oct. 2011, n° 10-25.547 ; LEDA 2011, n°10, p. 4, obs. D. Krajeski : assuré ayant en l'espèce choisi de se faire assister devant le tribunal du contentieux de l'incapacité par un expert médical).

3508. L'affirmation générale du principe ne met cependant pas fin à toute discussion concernant sa portée. Il faut notamment préciser que, si la Cour de Justice de l'Union Européenne estime que ce principe s'oppose à la validité d'une clause du contrat d'assurance par laquelle l'assureur se réserverait le droit de choisir lui-même le représentant légal de tous les assurés lésés par le même évènement (CJCE, 2e ch., 10 sept. 2009, aff. C-199/08, Erhard Eschig c/ UNIQA Sachversicherung AG), elle admet en revanche la validité des clauses « d'avocats locaux » (CJUE, 4e ch., 26 mai 2011, aff. C-293/10, Gebhard Stark c/ DAS Osterreichische Allgemeine Rechtsschutzversicherung AG, RCA 2011, Focus 16, p. 2, B. Rajot, La liberté de choix de l'avocat par l'assuré en protection juridique peut être limitée : décision statuant sur la conformité au droit communautaire de la loi autrichienne relative aux contrats d'assurance de protection juridique autorisant les « clauses d'avocats locaux » qui permettent à l'assureur de protection juridique de restreindre le choix des assurés aux avocats ayant leur cabinet dans le lieu où se trouve la juridiction ou l'administration compétente pour connaître de la procédure en première instance).

3509. Il faut également indiquer qu'en pratique, il arrive très souvent que l'assuré ne connaisse aucun avocat et s'adresse naturellement à son assureur pour obtenir le nom d'un professionnel inscrit au barreau. L'assuré choisira alors celui-ci sur une liste de correspondants habituels qui lui est proposée par l'assureur ou, à défaut de liste, choisira l'avocat dont le nom lui est recommandé par l'assureur. Depuis la loi du 19 février 2007, le Code des assurances précise toutefois à cet égard que : « L'assureur ne peut proposer le nom d'un avocat à l'assuré sans demande écrite de sa part » (C. assur., art. L. 127-3, al. 4). Destinée à rendre la liberté de l'assuré plus effective, en évitant un recours systématique aux services d'un avocat agréé par l'assureur, cette disposition paraît dotée d'une portée très faible : elle ajoute une formalité et donne un cadre à la pratique, mais elle n'interdit pas pour autant à l'assureur de proposer le nom d'un avocat de son réseau ; ce qui eut été d'ailleurs peu concevable. Le conseil juridique est en effet au cœur du contrat d'assurance de protection juridique. Il appartient donc à l'assureur d'orienter son assuré vers l'avocat qu'il sait compétent dans le domaine dont relève le différend ou litige qui oppose son assuré à un tiers.

2 ▪ Liberté de saisine de l'avocat par l'assuré

3510. Jusqu'à une date récente, de nombreux contrats contenaient une clause de priorité imposant à l'assuré, sous peine de déchéance de garantie, d'informer l'assureur de la survenance du sinistre avant toute saisine d'un avocat. Cette pratique était traditionnellement justifiée par la nécessité, pour les assureurs, d'exercer un contrôle des dépenses dont ils ont la charge, en donnant leur avis sur la manière de gérer le différend ou le litige. La Commission des clauses abusives avait estimé que cette clause était contraire au droit de l'assuré de choisir librement le représentant de ses intérêts (Recomm. n° 2002-3, 21 févr. 2002, préc.). Indépendamment du principe du libre choix, la sanction pouvait paraître sévère : on peut en effet comprendre qu'un assuré désemparé puisse avoir le réflexe de prendre contact avec un avocat, notamment lorsqu'il est confronté à une situation d'urgence ou lorsqu'il ignore que son conflit est couvert par une garantie protection juridique. Il semblait donc opportun de limiter l'application de la sanction à l'encontre de l'assuré. Tel était d'ailleurs le comportement que les assureurs étaient de plus en plus enclins à adopter. Le législateur a toutefois estimé utile en 2007 d'introduire dans le Code des assurances une nouvelle disposition : l'article L. 127- 2- 2, qui énonce désormais que « les consultations ou les actes de procédure réalisés avant la déclaration du sinistre ne peuvent justifier la déchéance de la garantie. Toute clause contraire est réputée non écrite ». Ces consultations et ces actes ne sont cependant pas pris en charge par l'assureur (sauf si l'assuré peut justifier d'une urgence à les avoir demandés).

3511. Une autre question est celle de la validité de la clause d'opportunité par laquelle l'assureur se réserverait la possibilité d'apprécier la nécessité de recourir à un avocat, en fonction de l'état d'avancement de la gestion du dossier ou de la nature de celui-ci. Dans ce cas, l'assuré ne pourrait donc pas décider de confier le dossier à un avocat sans avoir obtenu l'accord de l'assureur. Cette pratique est condamnée depuis 2007 par l'article L. 127-2-3 du Code des assurances qui énonce que : « l'assuré doit être assisté ou représenté par un avocat lorsque son assureur ou lui-même est informé de ce que la partie adverse est défendue dans les mêmes conditions ». Dans cette hypothèse, la désignation d'un avocat au bénéfice de l'assuré devient une obligation ; ce qui est justifié par l'égalité des armes et la confidentialité (en principe en effet, les correspondances entre avocats ne peuvent pas être produites en justice) Cette disposition a vocation à s'appliquer à toutes les phases de règlement du litige (tant amiable que contentieuse), mais elle trouve évidemment tout son intérêt en phase précontentieuse. En dehors même, par ailleurs, du cas où l'assistance d'un avocat n'est pas obligatoire, le contrat ne peut pas prévoir que la prise en charge des frais d'avocat est exclue si l'assureur considère que le traitement du dossier ne nécessite aucun recours à un conseil externe (CJUE, 7 nov. 2013, aff. C-442/12, préc.).

3 ▪ Relations de l'assuré avec l'avocat

3512. D'une manière générale, lorsqu'un mandataire ou prestataire, quel qu'il soit (huissier, expert, avocat, ...), intervient pour l'assuré dans un dossier protection juridique, c'est toujours l'assuré et non l'assureur qui en est le client et c'est à lui seul encore qu'appartient la direction du procès. Telle est d'ailleurs l'une des différences essentielles qui séparent l'assureur protection juridique et l'assureur responsabilité civile. On remarque cependant que certaines pratiques pourraient laisser croire, à tort, le contraire : on pense notamment au mécanisme du tiers payant (qui évite à l'assuré, dans la limite de la garantie dont il bénéficie, de faire l'avance du règlement des honoraires) et à l'habitude prise par de nombreux mandataires de libeller leurs factures à l'ordre de l'assureur, ce dernier réglant directement le mandataire au lieu de rembourser l'assuré.

3513. En 2007, le législateur a entendu rappeler le principe : ce n'est pas l'assureur mais l'assuré qui est le client de l'avocat. En ce sens, l'article L. 127-5-1 du Code des assurances énonce que « les honoraires de l'avocat sont déterminés entre ce dernier et son client, sans pouvoir faire l'objet d'un accord avec l'assureur de protection juridique ». Cette disposition appelle plusieurs remarques :

1) Son objectif est de réaffirmer le libre choix de l'avocat par l'assuré et de lutter contre les ententes préalables pouvant exister entre les assureurs et les avocats avec lesquels ils travaillent habituellement. Le texte insiste sur la nécessité de replacer l'avocat face à son unique client qui est l'assuré.
2) Depuis 2007, la conclusion d'une convention d'honoraires est obligatoire lorsque l'avocat intervient pour le compte d'un client titulaire d'un contrat d'assurance de protection juridique (décret n° 2007-932 du 15 mai 2007 portant diverses dispositions relatives à la profession d'avocat, JO 16 mai 2007). L'article 10 du décret du 12 juillet 2005 relatif aux règles de déontologie de la profession d'avocat énonce désormais : « à défaut de convention entre l'avocat, les honoraires sont fixés selon les usages, en fonction de la situation de fortune du client, de la difficulté de l'affaire, des frais exposés par l'avocat, de la notoriété et des diligences de celui-ci. L'avocat chargé d'un dossier peut demander des honoraires à son client même si ce dossier lui est retiré avant sa conclusion dans la mesure du travail accompli. L'avocat informe son client, dès sa saisine, puis de manière régulière, des modalités de détermination des honoraires et de l'évolution prévisible de leur montant. Le cas échéant, ces informations figurent dans la convention d'honoraires. Sauf si l'avocat intervient en urgence devant une juridiction, une telle convention est obligatoire lorsque l'avocat est rémunéré, en tout ou partie, au titre d'un contrat d'assurance de protection juridique ». Cette obligation a été récemment généralisée : désormais en effet, sauf exception, l'avocat doit nécessairement conclure par écrit avec son client une convention d'honoraires, qui précise, notamment, le montant ou le mode de détermination des honoraires couvrant les diligences prévisibles, ainsi que les divers frais et débours envisagés (art. 51, L. n° 2015-990, du 6 août 2015 pour la croissance, l'activité et l'égalité des chances économiques, dite loi Macron, JORF, 7 août 2015, mod. art. 10, L. n° 71-1130 du 31 déc. 1971). Le non-respect de cette obligation ne fait cependant l'objet d'aucune sanction.
3) Entre l'avocat et son client, la détermination du montant des honoraires obéit au principe de la liberté contractuelle. Autrement formulé, les parties ne sont juridiquement liées en rien par les barèmes d'indemnisation prévus par le contrat d'assurance. Ce principe s'applique même en l'absence de convention d'honoraires. Il s'ensuit que, si le montant

des honoraires réclamés par l'avocat est contesté par son client, rien n'autorise ce dernier à obtenir que ce montant soit fixé par référence au barème de prise en charge stipulé par le contrat d'assurance de protection juridique (Civ. 2e, 14 janv. 2016, n° 15-10.130, F-PB ; RGDA 2016, p. 151, note B. Cerveau : « l'existence d'un contrat d'assurance de protection juridique est sans effet sur la détermination des honoraires dus à l'avocat par son client »).

4 ▪ Montant des honoraires pris en charge par l'assureur

3514. Il est rare que le contrat d'assurance prenne en charge l'intégralité des honoraires d'avocats. Le plus souvent, la garantie prévoit des plafonds de remboursement des honoraires, qui varient généralement en fonction du type d'acte ou de procédure effectué par l'avocat et qui sont annexés au contrat sous la forme de barèmes. Il y a là, pour l'assureur, un moyen de contenir les coûts de gestion des procédures et de trouver les arbitrages financiers les plus favorables. Il en résulte que si les honoraires de l'avocat choisi par l'assuré excèdent le plafond contractuellement prévu, l'assuré devra prendre à sa charge le surplus, sauf naturellement à ce que l'assureur renonce à se prévaloir de la limite contractuelle. Quoique parfois critiquée, en raison de l'incidence qu'elle peut avoir sur la liberté de choix de l'assuré, cette pratique est admise par la jurisprudence qui rappelle que c'est dans les limites de la garantie que l'article L. 127-3 du Code des assurances interdit toute clause portant atteinte au droit pour l'assuré de choisir son défenseur (Civ. 1re, 15 juill. 1999, n° 97-10.725, Bull. civ. I, n° 233 ; D. 2001, p. 1057, note D. Krajeski : validité de la clause qui prévoit une garantie illimitée en cas de choix de l'avocat par l'assureur et une garantie plafonnée en cas de choix par l'assuré d'un avocat non agréé par l'assureur). La loi du 19 février 2007 n'a pas remis en cause la validité des plafonds de garanties. Par conséquent, si le plafond de remboursement prévu au contrat est atteint, l'assureur peut refuser à l'assuré la prise en charge d'un complément d'honoraires (Civ. 2e, 6 oct. 2011, n° 10-25.547, préc.).

3515. La majorité des contrats d'assurance de protection juridique prévoit par ailleurs que les honoraires dits « de résultat » proposés par les avocats ne sont pas pris en charge par l'assureur. Les honoraires de résultat sont des honoraires dont le montant est déterminé en fonction du résultat obtenu par l'avocat au profit de son client. Cette pratique est licite, car si la loi du 10 juillet 1991 relative à l'aide juridique (art. 72) interdit aux avocats de fixer leurs honoraires uniquement en fonction du résultat obtenu, elle autorise cependant la conclusion de conventions d'honoraires qui, outre un honoraire fixe de base, prévoient la fixation d'un honoraire complémentaire en fonction du résultat obtenu. L'exclusion des honoraires de résultat dans les polices d'assurance de protection juridique s'explique d'abord par le fait que l'assureur n'est pas intéressé au fond du litige. On peut ensuite ajouter que si l'assureur devait prendre en charge les honoraires de résultat, il aurait tout intérêt à ce que son assuré perde le procès.

Section 2 ▪ Mise en œuvre du contrat d'assurance de protection juridique

§ 1 ▪ Déclaration du sinistre par l'assuré

A ▪ Caractère particulier du sinistre

3516. Au stade de la mise en œuvre de la garantie d'assurance, le sinistre s'identifie en principe au risque : déclarer son sinistre, c'est déclarer la survenance du risque couvert par le contrat. Puisque l'évènement incertain, qui est garanti ici par l'assurance de protection juridique, est le risque d'un différend ou d'un litige, on devrait pouvoir affirmer que l'assuré, qui doit faire sa déclaration de sinistre, doit déclarer l'existence du conflit (différend ou litige) qui l'oppose à un tiers. Ce n'est pourtant pas exactement ce qui est énoncé par la loi qui précise : « est considéré comme sinistre, (...), le refus qui est opposé à une réclamation dont l'assuré est l'auteur ou le destinataire » (C. assur., art. L. 127-2-1).

3517. Envisagé au moment de la déclaration, le sinistre, ainsi, se particularise : il n'est pas un « risque » (l'évènement incertain garanti) qui survient, mais un « refus », c'est-à-dire une décision qui semble n'appartenir qu'à l'assuré. Pour comprendre cette différence terminologique, il faut se souvenir qu'il n'est pas toujours facile, pour l'assuré, de déterminer la date exacte de son sinistre (et partant, le moment auquel il doit faire sa déclaration). Cette difficulté tient à la nature, originale et déjà signalée, du risque couvert par l'assurance de protection juridique. En effet, celui-ci est souvent constitué de plusieurs évènements qui contiennent déjà, en germe, la potentialité du sinistre : un désaccord entre deux propriétaires au sujet d'une limite de propriété, une dégradation progressive des relations entre un salarié et son employeur, ou entre un propriétaire et un locataire, sont autant d'exemples de circonstances dans lesquelles l'assuré peut, pendant plusieurs mois, se trouver en conflit avec un cocontractant ou un tiers. Si dès les premières manifestations du désaccord, l'assuré se tourne vers son assureur de protection juridique, il pourra lui être répondu qu'il est trop tôt pour agir (ce qui est sans conséquence préjudiciable, ni pour l'assuré, ni pour l'assureur) ; si, en revanche, l'assuré tarde trop à solliciter son assureur, il s'expose, au moins en théorie, à une déchéance de garantie pour déclaration tardive (sanction qu'il aura d'autant plus de mal à éviter s'il est laissé dans l'ignorance du moment exact auquel il doit faire sa déclaration). Le silence de certains contrats sur la date exacte de déclaration du sinistre avait ainsi été dénoncé, en 2002, par la Commission des clauses abusives qui préconisait alors l'élimination de toute clause contractuelle laissant à l'appréciation de l'assureur le délai pendant lequel l'assuré doit faire sa déclaration de sinistre (Recomm. CCA n° 2002-3, 21 févr. 02, BOCCRF 30 mai 02, n° 9 p. 373. V. également : rapport J.P. Bouquin, 2004). Encore souligné, pendant les travaux préparatoires de la loi du 19 février 2007, comme une lacune persistante de certains contrats, ce manque d'information justifiait qu'une solution soit trouvée pour y remédier. Cette solution a alors consisté à introduire, dans le Code des assurances, une définition du sinistre qui est propre à l'assurance de protection juridique et distincte de celle du risque couvert.

3518. En énonçant que le sinistre en assurance de protection juridique est constitué par le « refus qui est opposé à une réclamation dont l'assuré est l'auteur ou le destinataire », l'article L. 127-2-1, du Code des assurances a été contesté par certains qui ont vu dans ce texte la disparition du caractère aléatoire du contrat d'assurance de protection juridique (dont la mise en œuvre semblait être désormais laissée à la seule et entière discrétion de l'assuré). Cette disposition ne remet cependant pas en cause la nature du risque qui est couvert par le contrat : l'évènement incertain (celui dans lequel gît l'aléa) est bien le risque d'un différend ou d'un litige (et pour que cet aléa soit préservé, l'assuré doit, avant la souscription du contrat, avoir été dans l'ignorance des circonstances qui sont à l'origine de ce différend ou litige). Elle concerne seulement les modalités de déclaration du sinistre : il s'agit de protéger l'assuré en lui permettant de connaître le point de départ du délai dans lequel il doit déclarer son sinistre ; la définition qu'il contient permet ainsi de renvoyer la date du sinistre à un fait objectif (donc non contestable) : le « refus », et donc de faciliter la tâche de l'assuré.

B ▪ Modalités de déclaration du sinistre

1 ▪ Destinataire

3519. La déclaration de sinistre peut être indifféremment adressée, soit directement à la compagnie, soit à un intermédiaire à charge pour ce dernier de la transmettre rapidement à la compagnie.

3520. Lorsque l'assureur a opté pour la gestion de ses dossiers protection juridique par une entreprise distincte, l'article R. 127-1 du Code des assurances impose à l'assureur d'indiquer, dans les documents contractuels relatifs à la protection juridique, la dénomination et le siège de l'entreprise juridiquement distincte à laquelle est confiée la gestion des sinistres protection juridique. Il est donc recommandé à l'assuré d'être vigilant sur ce point et d'adresser sa déclaration au siège de l'entreprise distincte (même s'il est naturel de considérer que l'assureur qui recevrait la déclaration a le devoir de la transmettre à l'entreprise distincte à laquelle il confie la gestion des dossiers de ses assurés).

2 ▪ Délai

3521. Au moment où il a connaissance de son différend ou litige (et/ou dès « le refus qu'il oppose à une réclamation dont il est l'auteur ou le destinataire »), l'assuré doit déclarer son sinistre (C. assur., art. L. 113-4, 4°). Pour ce faire, il dispose d'un délai qui ne peut pas être inférieur à 5 jours ouvrés à compter de sa connaissance du sinistre (ou du refus qu'il oppose).

3522. De manière générale, il est important que l'assuré fasse preuve de diligence dans l'exécution de son obligation de déclaration. A défaut, l'assureur serait théoriquement bien fondé à lui opposer une déchéance de la garantie. Toutefois, cette sorte de peine privée conventionnelle est soumise à des conditions de mise en œuvre qui en limitent considérablement la portée pratique. D'abord, l'assureur qui entend se prévaloir de la déchéance de garantie pour « déclaration tardive » ne pourra le faire que si cette déchéance respecte les conditions générales posées par la loi : pour être opposable à l'assuré, cette sanction doit avoir été expressément prévue par le contrat (car elle ne se présume pas : C. assur., art. L. 113-2-4°) et mentionnée en caractères très apparents (C. assur., art. L. 112-4). En outre, elle ne sera opposable à l'assuré que si l'assureur peut établir que le retard dans la déclaration lui a causé un préjudice (C. assur., art. L. 113-2 ; en l'état, le texte n'exige pas que la clause rappelle expressément que la déchéance est subordonnée à la démonstration d'un préjudice subi par l'assureur assurances, mais cette condition avait été préconisée par la Commission des clauses abusives). Enfin, l'article L. 127-2-2 du Code des assurances (L. 19 févr. 2007, art. 1) prévoit que « les consultations ou les actes de procédure réalisés avant la déclaration du sinistre ne peuvent justifier la déchéance de la garantie. Toute clause contraire est réputée non écrite ». Par application de cette disposition, l'assuré ne peut donc plus se voir opposer un refus de garantie pour avoir pris l'initiative, avant de déclarer son sinistre à l'assureur, de résoudre par lui-même le problème auquel il est confronté. Cependant, ces consultations et actes de procédure ne pourront pas être pris en charge par l'assureur (C. assur., art. L. 127-2-2, al. 2 : sauf s'ils ont été dictés par une situation d'urgence).

§ 2 ▪ Gestion du sinistre par l'assureur

3523. Le sinistre de protection juridique doit être géré selon l'une des modalités prévues par l'article L. 322-2-3 du Code des assurances. Conformément à l'article 3-2 de la directive européenne du 22 juin 1987, les entreprises qui pratiquent l'assurance de protection juridique ont en effet l'obligation de faire un choix parmi trois systèmes de gestion : le système du service distinct (option 1 : les gestionnaires ne peuvent pas exercer en même temps une activité semblable dans une autre branche pratiquée par l'entreprise qui les emploie, ni dans une autre entreprise ayant avec cette dernière des liens financiers, commerciaux ou administratifs) ; le système de l'entreprise distincte (option 2 : l'entreprise d'assurance confie la gestion de sa branche « protection juridique » à une entreprise juridiquement distincte) ; le système du tiers payant (option 3 : l'assureur n'adopte aucune organisation particulière, mais le contrat d'assurance protection juridique doit prévoir que l'assuré a le droit de confier la défense de ses intérêts à un avocat « dès qu'il est en droit de réclamer l'intervention de l'assureur au titre de la police ». Il ne s'agit alors ni plus ni moins que d'un système de saisine immédiate de l'avocat qui permet à l'assuré de confier son litige ou son différend à un avocat. On précise que cette modalité ne dispense pas l'assuré de déclarer le sinistre à son assureur, cette obligation incombant à tout assuré).

Ces trois systèmes sont réputés équivalents, mais le contrat d'assurance de protection juridique doit toujours indiquer le mode de gestion qui est utilisé par l'entreprise (C. assur., art. R. 127-1).

3524. L'activité du gestionnaire protection juridique est soumise à la réglementation relative à la consultation en matière juridique et à la rédaction d'actes sous-seing privés (L. n° 71-1130, 31 déc. 1971 portant réforme de certaines professions judiciaires et juridiques, JO 5 janv. 1972). Le gestionnaire doit donc être titulaire d'une licence en droit ou, à défaut, justifier d'une compétence juridique appropriée à la consultation et la rédaction d'actes en matière juridique. Il doit en outre répondre à certaines conditions de moralité et de probité. La gestion du sinistre est par ailleurs nécessairement couverte par le secret professionnel : l'article L. 127-7 du Code des assurances dispose en effet que « les personnes ayant à connaître des informations données par l'assuré pour les besoins de la cause, dans le cadre d'un contrat d'assurance de protection juridique, sont tenues au secret professionnel, dans les conditions et sous les peines fixées par l'article 226-13 du Code pénal ». Cette disposition générale s'applique donc non seulement au gestionnaire du dossier, mais aussi à tout autre intervenant : agent général ou courtier, et assureur multi-branche qui reçoivent la déclaration de sinistre puis la transmettent au gestionnaire protection juridique.

A ▪ Refus de prise en charge du sinistre

3525. Eu égard aux clauses du contrat qui délimitent la garantie (exclusions, domaine garanti), il convient de vérifier que la nature du différend ou litige auquel est confronté l'assuré est bien couvert par l'assurance de protection juridique dont il est titulaire ; à défaut, le sinistre ne pourra être pris en charge. Cependant, même si le différend ou litige entre dans la couverture d'assurance, un refus de garantie pourra être opposé à l'assuré dans plusieurs situations, et notamment : si celui-ci avait déjà connaissance des évènements ou de la situation source du litige avant la date de prise d'effet du contrat ; si la demande de prise en charge de l'assuré concerne des consultations ou des actes de procédure réalisés avant la déclaration du sinistre et non justifiés par une situation d'urgence (C. assur., art. L. 127-2-2, al. 2) ; si le contrat prévoit un seuil minimal d'intervention applicable en l'occurrence à l'assuré. L'assuré peut contester le refus de garantie qui lui est opposé par l'assureur. L'action de l'assuré à l'encontre de l'assureur est alors naturellement soumise à la prescription biennale propre au contrat d'assurance (C. assur., art. L. 114-1), mais le point de départ de ce délai est particulier : il s'agit en effet du jour où l'assureur a fait connaître son intention de refuser sa garantie ou de la limiter à une certaine somme (Civ. 1re, 10 mai 2000, n° 97-22.545, Bull. civ. I, n° 132 ; Civ. 2e, 3 juin 2004, n° 03-13.051,Bull. civ. II, n° 263).

B ▪ Acceptation de prise en charge du sinistre

3526. Lorsque l'assureur accepte sa garantie, la gestion du dossier passe le plus souvent d'abord par une phase amiable qui est déterminante. Ainsi l'intervention de l'assureur de protection juridique permet-elle en pratique d'aboutir – dans environ 70 % des situations – à une solution amiable. Dans tous les cas et parce qu'il l'a accepté, l'assureur doit prendre en charge le sinistre. A défaut, l'assuré dispose contre lui d'une action dont le régime de prescription a été précisé par la jurisprudence. Par un arrêt du 6 mars 2014, la Cour de cassation est en effet venue indiquer que « en matière de protection juridique, lorsque l'assureur a accepté sa garantie dans les limites des prévisions contractuelles, le point de départ de la prescription de l'action de l'assuré court du jour où il a eu connaissance des éléments lui permettant de réclamer l'indemnité promise » (Civ. 2e, 6 mars 2014, n° 13-11.642 ; RGDA 2014, p. 283, note A. Pélissier : la prescription est ainsi opposable à l'assuré qui a attendu 10 ans, après acceptation par l'assureur de prendre en charge ses honoraires d'avocats, pour demander le remboursement de ces honoraires).

1 ▪ Phase amiable

3527. Le rôle de l'assureur protection juridique est de parvenir, chaque fois que cela est possible, à un règlement amiable du différend qui oppose l'assuré à un tiers. En phase amiable, l'assureur aide l'assuré à constituer le dossier et donne à ce dernier des conseils et des avis concernant ses droits et les moyens de les faire valoir. La gestion du sinistre est ainsi généralement confiée aux juristes de l'assureur, mais il faut rappeler que la loi du 19 février 2007 a entendu favoriser l'intervention de l'avocat dès la phase amiable (C. assur., art. L. 127-2-3 : « l'assuré doit être assisté ou représenté par un avocat lorsque son assureur ou lui-même est informé de ce que la partie adverse est défendue dans les mêmes conditions »). Il s'ensuit que les contrats d'assurance de protection juridique ne peuvent plus stipuler que l'intervention de l'avocat ne peut avoir lieu que si le dossier implique une procédure judiciaire.

3528. On remarque que l'action d'un expert peut être indispensable pour parvenir à une résolution amiable et rapide du différend et on précise d'ailleurs que les frais d'expertise constituent alors presque toujours le poste le plus important des frais découlant de la gestion du dossier. C'est l'expert qui vérifie d'abord, sur le terrain et en présence de l'assuré, la réalité du litige et donc le bien-fondé de la déclaration de sinistre effectuée par l'assuré. À ce titre, il fournit à l'assureur les informations nécessaires à la gestion du dossier (données techniques du litige, estimation du montant des dommages, détermination des modes de réparations et des tiers à mettre en cause, etc.). Ainsi, l'intervention de l'expert permet-elle notamment d'évaluer le montant du litige (ce qui est important en pratique pour l'assuré dont la garantie protection juridique prévoit des franchises ou des seuils d'intervention), ainsi que les chances d'aboutir à un règlement amiable du différend. Ici comme ailleurs, l'expert exerce donc une influence considérable sur l'avenir du dossier. Son intervention est d'autant plus importante que, lorsqu'une négociation est entamée en vue d'un règlement amiable du différend, il peut également jouer un rôle de conciliateur : après avoir entendu les parties, il dressera soit un protocole d'accord signé par celles-ci en sa présence, soit un constat des désordres si aucune d'elles ne reconnaît sa responsabilité ou si, ce qui est fréquent, le tiers remet en cause l'impartialité de l'expert missionné par l'assureur. Dans cette dernière hypothèse, la gestion du dossier entre dans une phase contentieuse.

2 ▪ Phase contentieuse

3529. Contrairement à l'assureur de responsabilité, l'assureur protection juridique n'a aucun intérêt personnel dans le différend ou litige qui oppose son assuré à un tiers. L'assureur doit à son assuré assistance et conseil : il donne son avis sur le fond de l'affaire et les moyens de défense des intérêts de son client. Assistant son assuré, l'assureur ne peut jamais agir sans l'accord préalable de ce dernier et doit toujours le tenir informé de l'évolution du dossier. Il en résulte notamment que l'assureur protection juridique n'apparaît pas dans la procédure et que la direction du procès appartient exclusivement à l'assuré (sur la distinction entre protection juridique et direction du procès, V. : Civ. 1re, 8 juill. 1997, n° 95-13.484 et n° 95-17.548, Bull. civ. I, n° 231 et 232 ; RGDA 1997. 1075, note J. Kullmann ; Civ. 1re, 16 janv. 2001, n° 98-17.122 ; RGDA 2001. 383, note A. Favre Rochex).

3530. Dans le cadre de cette phase contentieuse, il est le plus souvent nécessaire d'avoir recours aux services d'un avocat. Conformément aux obligations que la loi impose à l'assureur, c'est l'assuré qui choisit librement son avocat et qui est le seul client de celui-ci (V. supra : Obligation de laisser à l'assuré le libre choix de son avocat). L'assureur protection juridique prend seulement en charge les honoraires de l'avocat de l'assuré dans les limites fixées par le contrat. La relation assuré, assureur et avocat est donc marquée par l'indépendance et rien ne permet à l'assureur de donner des instructions à l'avocat sur la conduite de la procédure. L'assuré doit toutefois prendre le soin d'informer son assureur protection juridique sur l'évolution de la procédure judiciaire qu'il a engagée contre son adversaire à la suite de l'accord préalable qu'il aurait reçu de son assureur. A défaut, ce dernier pourrait lui opposer la prescription biennale (Civ. 1re, 10 mai 2000, n° 97-22.545, Bull. civ. I, n° 132).

3531. Enfin, lorsqu'à l'issue du litige, les frais engagés par l'assureur pour les intérêts de l'assuré sont mis par le juge à la charge de l'adversaire, l'assureur est subrogé dans les droits et actions de l'assuré par application de l'article L. 121-12 du Code des assurances et ce, dans la limite de l'indemnité qu'il a versée à l'assuré. Cette subrogation s'applique aux dépens (les honoraires d'expert par exemple) sur le sort desquels le juge doit statuer par application de l'article 696 du Code de procédure civile en décidant de les mettre à la charge de la partie qui succombe au procès ou de laisser chaque partie les supporter. S'agissant des frais irrépétibles (les honoraires d'avocats par exemple), le juge ne statue sur leur sort que si les parties en font expressément la demande (CPC, art. 700). Pour ces frais, qui peuvent donc être également mis à la charge de l'adversaire, la solution est identique (l'assureur peut exercer sa subrogation dans les droits et actions de l'assuré, jusqu'à concurrence de l'indemnité versée à ce dernier). Certains considèrent cependant que, dans la mesure où le litige a été pris en charge par l'assureur de protection juridique, la demande d'indemnité sur le fondement de l'article 700 CPC, devrait être rejetée (J. Courrouy, Réflexions sur quelques aspects de l'assurance protection de juridique, D. 1992, chron., p. 169). Il semblerait que la pratique judiciaire soit d'ailleurs souvent en ce sens. Dans l'hypothèse cependant où, en application des limites de garantie prévues au contrat, l'assureur n'a pas indemnisé l'assuré de l'intégralité de ces frais, c'est l'assuré qui devra être payé en priorité par l'adversaire. Les contrats contiennent généralement une clause qui rappelle ainsi à l'assuré la subrogation dont bénéficie l'assureur, mais dans sa recommandation précitée (Recomm. CCA n° 2002-3, 21 févr. 02, BOCCRF 30 mai 02, n° 9 p. 373), la Commission des clauses abusives était venue préconiser l'élimination des clauses qui ne respecteraient pas les principes sus énoncés, notamment la clause stipulant que « les sommes allouées au titre des frais et dépens sont acquises à la société qui peut recevoir à ce titre plus que les frais qu'elle a exposés, alors même que l'assuré peut avoir engagé des frais non pris en charge par l'assureur ». Afin d'évacuer toute difficulté à cet égard, la loi du 19 février 2007 a introduit dans le Code des assurances l'article L. 127-8, qui dispose que : « le contrat d'assurance de protection juridique stipule que toute somme obtenue en remboursement des frais et des honoraires exposés pour le règlement du litige bénéficie par priorité à l'assuré pour les dépenses restées à sa charge et subsidiairement, à l'assureur, dans la limite des sommes qu'il a engagées ».

C ■ Conflits entre l'assureur et l'assuré

3532. L'article L. 127-5 du Code des assurances distingue deux sortes de conflits : « le conflit d'intérêt entre l'assureur et l'assuré » et le « désaccord quant au règlement du litige ». Dans ces deux sortes de situations qui ne doivent pas être confondues, l'assuré doit être informé qu'il a la liberté de choisir un avocat pour la défense de ses intérêts (C. assur., art. L. 127-5. Cette information doit obligatoirement figurer au contrat de protection juridique par application de l'article L. 127-3, al. 2 du Code des assurances).

3533. Le conflit d'intérêts vise l'hypothèse où l'assureur doit défendre les intérêts de l'assuré à l'encontre de ses propres intérêts (cette situation peut se présenter lors de la mise en œuvre d'une clause défense-recours liée à une autre assurance dommages ou responsabilité civile) ou à l'encontre des intérêts de l'adversaire dont il est par exemple également l'assureur de protection juridique. L'un des principaux objectifs de la directive du 22 juin 1987 était précisément d'écarter le plus possible tout conflit d'intérêt entre un assuré couvert en protection juridique et son assureur, du fait que celui-ci couvre un autre assuré, et si un tel conflit apparaît, d'en rendre possible la résolution. La directive ne fournit toutefois aucune définition de la notion de conflit d'intérêts. Elle prévoit en revanche deux obligations propres, selon le texte, à remédier à cette difficulté. La première concerne le mode de gestion des sinistres pouvant être adopté par l'assureur. Ce dernier a en effet le choix entre trois modes de gestion considérés comme étant équivalents (C. assur., art. R. 127-1 : gestion par personnel distinct, par une entreprise distincte ou par un avocat). Il s'agit de faire en sorte que le sinistre soit géré en toute indépendance, et donc d'éviter la survenance d'un conflit d'intérêts. La seconde obligation s'applique au cas où naîtrait un tel conflit : si la difficulté survient, l'assureur doit en principe, non seulement en avertir l'assuré, mais également lui rappeler la liberté qui est la sienne de choisir un avocat (C. assur., art. L. 127-5). Le principe du libre choix de l'avocat par l'assuré est ici fondamental, en ce qu'il permet de préserver les intérêts de l'assuré.

3534. Le désaccord quant au règlement du litige vise une hypothèse différente, qui est celle d'une divergence d'opinions entre l'assuré et l'assureur sur les solutions à apporter pour résoudre le différend ou le litige. Un tel conflit n'est pas rare car, si l'assuré détient seul la direction du procès, l'assureur doit légitimement pouvoir contrôler les dépenses qui sont engagées et donner son avis sur le fond de l'affaire. À ce titre, il peut estimer que la demande de l'assuré n'est pas justifiée et qu'elle est vouée à l'échec. Un désaccord peut ainsi naître entre l'assureur et l'assuré dès la déclaration de sinistre. Il peut également arriver que – en cours de gestion du dossier - l'assureur s'oppose à l'exercice d'une action judiciaire, par exemple lorsque l'assuré refuse la proposition amiable du tiers et décide de l'assigner devant les tribunaux ou lorsque, ayant succombé à ses prétentions en première instance, l'assuré souhaite exercer une voie de recours (Civ. 2ème, 13 déc. 2012, n° 11-28.130 : l'assureur dispose du droit d'apprécier l'opportunité d'engager l'action en justice souhaitée par l'assuré et il appartient à ce dernier, en cas de désaccord avec l'assureur, de recourir à la procédure d'arbitrage contractuellement prévue, ce dont il ressort que la mise en œuvre de la garantie ne dépend pas de la seule volonté de l'assureur).

3535. Le contrat doit prévoir qu'en cas de désaccord entre l'assureur et l'assuré au sujet des mesures à prendre pour régler un différend, cette difficulté peut être « soumise à l'appréciation d'une tierce personne » (C. assur., art. L. 127-4). Cette procédure appelle trois remarques essentielles.

- Tout d'abord, elle peut être demandée par l'assuré (et l'assureur ne peut s'y opposer), uniquement dans le cas où il existe, entre les parties, un désaccord sur « les mesures à prendre pour régler un différend » (C. assur., art. L. 127-4, al. 1). La limite ainsi posée par la loi signifie qu'il est impossible de recourir à cette procédure en présence d'un désaccord concernant l'applica-

tion même du contrat d'assurance. Un assuré ne saurait donc se prévaloir de l'article L. 127-4 du Code des assurances pour contester un refus de garantie qui lui a été opposé par l'assureur ; le contentieux de l'ouverture des garanties restant soumis au droit commun (CA Paris, 14e ch., sect. B, 5 oct. 2007, n° Lexbase A3494DZG : le rôle de l'arbitre est d'apprécier si une action en justice envisagée par l'assuré et refusée par l'assureur a des chances suffisantes de succès pour mériter d'être engagée ; aucun des litiges invoqués par l'assuré, à savoir des déclarations de sinistres auxquelles aucune suite n'a été donnée, n'entre dans les prévisions de l'article L. 127-4 du Code des assurances, les différends qui l'opposent à l'assureur portant sur les refus de garantie opposés par cet assureur, et non sur les mesures à prendre pour régler un différend avec des tiers ; Civ. 2e, 10 nov. 2009, n° 09-10.233).
- Elle n'a ensuite qu'un caractère facultatif (C. assur., art. L. 127-4, al. 1 : le désaccord « peut » être soumis à l'appréciation d'une tierce personne). Elle ne s'impose en conséquence, ni à l'assuré, ni à l'assureur qui doit seulement informer l'assuré de son droit d'être assisté par un avocat et du recours possible à cette procédure. L'assuré a donc toujours une option à trois branches : renoncer à son projet de procédure ; opter pour le recours à la tierce personne et donc attendre l'avis que celle-ci rendra ; décider sans attendre d'engager, mais à ses frais, la procédure qu'il estime nécessaire pour régler son litige.
- Sa mise en œuvre, enfin, entraîne plusieurs conséquences :
1) La désignation de la tierce personne se fait d'un commun accord entre les parties ou, à défaut, par le Président du tribunal de grande instance statuant en référé ;
2) les frais exposés pour la mise en œuvre de cette procédure sont en principe à la charge du seul assureur, mais le président du tribunal de grande instance, statuant en la forme des référés, peut en décider autrement lorsque l'assuré a mis en œuvre cette faculté dans des conditions abusives ;
3) pendant la procédure (dont la durée n'est pas précisée, aucun délai n'étant imposé au tiers pour se prononcer), les délais de recours sont suspendus pour toutes les instances juridictionnelles qui sont couvertes par la garantie d'assurance (délai de l'action susceptible d'être exercée par l'assuré, délais d'appel ou de cassation) ;
4) à l'issue de la procédure, l'avis rendu par la tierce personne ne s'impose pas aux parties. Le législateur a en effet voulu que l'assuré conserve, en toute hypothèse, la liberté de choisir la procédure lui paraissant la plus favorable à ses intérêts.
Contre l'avis rendu, l'assuré peut donc décider d'engager une procédure contentieuse ou d'exercer une voie de recours ; mais il devra alors le faire à ses frais (C. ass., art. L. 127-4, al. 2). Ces frais pourront néanmoins lui être remboursés dans la limite du montant de la garantie s'il obtient une solution plus favorable que celle qui lui avait été proposée par l'assureur ou par la tierce personne (C. ass., art. L. 127-4, al. 3).

3536. En dehors des deux cas particuliers du conflit d'intérêts et du désaccord au sujet des mesures à prendre pour gérer le dossier, un litige peut également naître entre l'assureur et l'assuré par suite d'un manquement de l'assureur à ses obligations contractuelles (manquement à son obligation de conseil et d'information, violation du secret professionnel, initiatives prises sans l'aval de l'assuré et préjudiciables à ce dernier, absence de diligence dans la gestion du dossier...). Dans ce cas, l'assureur est susceptible d'engager sa responsabilité contractuelle envers l'assuré (Civ. 2e, 17 fév. 2011, n° 10-11.571 : assureur n'ayant pas informé l'assuré de l'existence de la prescription et n'ayant pas conseillé à ce dernier d'effectuer des actes interruptifs. Dans le même sens, V. : Civ. 2e, 9 déc. 2010, n° 09-70.814). Cette responsabilité est naturellement supportée, non par le gestionnaire du dossier, mais par l'entreprise au nom de laquelle il exerce son activité (B. Cerveau, La responsabilité encourue par l'assureur de protection juridique, Gaz. Pal., 1996, doct., p. 398). La prescription biennale énoncée par l'article L. 114-1 du Code des assurances est applicable à l'action en responsabilité exercée par l'assuré contre l'assureur, le point de départ de la prescription de cette action se situant à la date où l'assuré a eu connaissance des manquements de l'assureur à ses obligations et du préjudice qui en est résulté pour lui (Civ. 1re, 13 nov. 1991, n° 89-14.431, Bull. civ. I, n° 307 ; RCA 1992, comm. n° 29 ; Civ. 2e, 7 oct. 2004, n° 03-15.713, Bull. civ. II, n° 441).

Sous-titre 2
L'automobile et autres véhicules

Chapitre 1
Le véhicule assuré

BIBLIOGRAPHIE

L'Argus de l'assurance

Ouvrages. – J. Landel et L. Namin, *Manuel de l'assurance automobile*, L'Argus éd., 2016. – J. -P. Marcq, *Risques et assurances transports et logistique*, L'Argus éd., 2016. – Code de la route-Infracode, L'Argus éd. – J. Landel, *Lexique des termes d'assurance*, L'Argus éd. – J. Bigot (sous dir.), *Code des assurances*, L'Argus éd.,

Articles. – Le vol automobile à l'épreuve de la garantie et de la fraude, JA fév. 2011, p. 16. - Les flottes, l'assurance collective de l'automobile (dossier), JA juin 2010, p. 12. – J. Landel, La location d'un quad transfère la garde sur le conducteur, JA févr. 2010, p. 36. - E. Peronet, Valeur de remplacement : une réparation intégrale, sans perte ni profit, JA nov. 2009, p. 34. - L. Namin, Revente des véhicules accidentés classés VEI, JA sept. 09, p. 30. - G. Bruguière-Fontenille, Garantie d'assistance au véhicule et assurance auto, même taxation, JA juin 2009, p. 34. - Le règlement des sinistres matériels : du droit commun à la procédure VGE (dossier), JA juin 2009, p. 16. - Vente du véhicule et suspension de la garantie d'assurance, JA janv. 2009, p. 12. - S. Gobert, RC automobile, les exclusions légales de garantie, L'Argus 2004, n° 6870, p. 32. – G. Defrance, Droit des assurances, L'Argus 2003, n° 6820, p. 38. – G. Defrance, L'assurance du véhicule volé, JA 1993, p. 544 ; Le toilettage de l'assurance auto, JA 1993, p. 393. – D. Tribondeau, Comment lutter contre le vol automobile, L'Argus 1993, n° 6302 p. 45.

Autres documentations

Ouvrages. – Cl. -J. Berr et H. Groutel, Rép. civ. D. 2e éd., *Assurances de dommages*, n° 318 s. – G. Durry, *L'assurance automobile*, Dalloz Connaissance du Droit 1998. – M. Picard et A. Besson, *Les assurances terrestres*, T. 1 « Le contrat d'assurance », LGDJ 1982. – *Traité de droit des assurances, entreprises et organismes d'assurance*, sous dir. J. Bigot, LGDJ 1996. – F. Chabas, *Le droit des accidents de la circulation*, Litec, 2e éd., 1988. – *Lamy Assurances* 2009. – *Code pénal*, Dalloz 2009.

Articles. – F. Chapuisat et F. Chaumet, La renonciation de l'assureur aux prérogatives du Code des assurances, RGAT 1993. 483. – H. Groutel, Assurance, état alcoolique : mode d'emploi, RCA 1999, n° 7-8 repères. – G. Thiry, Assurance automobile : libres propos sur les conventions de règlement de sinistres, Gaz. Pal. 8 janv. 1999, p. 4. – C. -E. Lucy, Vol automobile, le cycle infernal, L'Assur. fr. 1993 p. 26. – H. Margeat et J. Péchinot, Les nouvelles obligations de garantie dues par l'assureur automobile aux victimes d'accidents de la circulation, RGAT 1987. 9.

3537. Le concept de « véhicule terrestre à moteur » est fondamental en assurance automobile. C'est lui qui risque de causer au minimum des blessures à une victime, seul ou par l'effet de son utilisation par un conducteur. La plupart des règles fondamentales concernant l'assurance automobile obligatoire sont contenues à l'article L. 211-1 du Code des assurances, fruit d'une constante évolution de l'obligation de s'assurer imposée en 1958. Ce texte, plusieurs fois revisité par le législateur, constitue la clef de voûte de l'obligation d'assurance, il est relativement exhaustif et compréhensible : toutes les grandes règles ou presque y sont contenues, c'est pourquoi nous le citerons régulièrement tout au long de ce dossier.

3538. L'article L. 211-1 du Code des assurances dispose que : « toute personne physique ou morale autre que l'État, dont la responsabilité civile peut être engagée en raison de dommages subis par des tiers résultant d'atteintes aux personnes ou aux biens dans la réalisation desquels un véhicule terrestre à moteur, ainsi que ses remorques, ou semi-remorques, est impliqué, doit, pour faire circuler lesdits véhicules, être couverte par une assurance garantissant cette responsabilité, dans les conditions fixées par décret en Conseil d'État. [...] ».

3539. Il est ainsi possible d'affirmer que :
– une « personne physique » (un particulier) ou une « personne morale autre que l'État » (une association, une société civile ou commerciale, une fondation, un groupement au sens large) ;
– qui possède un « véhicule terrestre à moteur », c'est-à-dire essentiellement une voiture, une moto, un camion, une remorque « au sens large » ;
– se trouve alors obligée de souscrire un contrat d'assurance automobile mais à condition de « faire circuler » ce véhicule. L'État, compte tenu de sa solvabilité, est autorisé à se comporter comme une compagnie d'assurances y compris pour les dommages les plus graves.

Section 1 ▪ Véhicules assujettis à l'assurance obligatoire

§ 1 ▪ Qu'est-ce qu'un véhicule terrestre à moteur ?

A ▪ Recherche d'un critère

3540. La « chose » que la loi oblige à assurer est un véhicule terrestre à moteur selon les termes employés par les articles L. 211-1 du Code des assurances et L. 324-1 du Code de la route. La loi du 17 décembre 2007 (L. n° 2007-1774, JO 18 déc.) est venue compléter l'article L. 211-1 en ces termes : « Pour l'application du présent article, on entend par « véhicule » tout véhicule terrestre à moteur, c'est-à-dire tout véhicule automoteur destiné à circuler sur le sol et qui peut être actionné par une force mécanique sans être lié à une voie ferrée, ainsi que toute remorque, même non attelé ». Il faut exclure d'emblée les « chemins de fer et tramways » (SNCF, RATP, sociétés d'économie mixte) qui circulent sur des voies qui leur sont propres et ne sont donc pas soumis à cette obligation. Le sont, en revanche, les trolleybus (Civ. 2e, 12 mai 1993, RCA 1993, comm. n° 264). On oublie souvent que l'assurance obligatoire porte d'abord sur un véhicule, la personne qui doit être assurée ne doit l'être que parce qu'elle est susceptible d'encourir une responsabilité relative à l'utilisation de celui-ci, parce qu'elle se trouvera aux commandes dans la plupart des cas, mais ce n'est pas une règle. La première difficulté qui s'est posée aux juges a consisté à définir le « périmètre » de ce concept de véhicule terrestre à moteur.

3541. La doctrine y a vu un « véhicule destiné au transport de choses ou de personnes, circulant sur le sol et mû par une force motrice quelconque » (V. F. Chabas, *Le droit des accidents de la circulation*, Litec, 2e éd., 1988) ou « tout engin qui est susceptible de se déplacer seul, même s'il n'est apte à transporter que son propre conducteur ». Le Code de la route, dont les dispositions sont longtemps restées muettes, précise dorénavant par son article L. 110-1 qu'il s'agit de « tout véhicule terrestre pourvu d'un moteur de propulsion, y compris les trolleybus, et circulant sur route par ses moyens propres, à l'exception des véhicules se déplaçant sur des rails ».

1 ▪ Transport de personnes ou de choses

3542. Dans la plupart des configurations accidentelles, le véhicule mis en cause est un engin à deux, trois, quatre roues ou plus, à l'instar d'une voiture, une moto, un camion, un autocar ou autobus, un cyclomoteur, un vélomoteur, un side-car, une mobylette ou motocyclette, un camping-car, c'est-à-dire au sens large « un engin familier des voies publiques » et qui répond de toute évidence à la définition posée. On considère comme véhicule tout engin qui transporte des personnes ou des choses ou dont c'est la destination. Il en serait de même des « trottinettes à moteur » que l'on voit fleurir sur les trottoirs des grandes villes dès lors qu'elles sont aptes à transporter leur conducteur. Peu important le fait que la trottinette thermique soit un véhicule non homologué (Civ. 2e, 17 mars 2011, n° 10-14.938).

a - Véhicule

3543. Nature du véhicule : c'est un engin spécialement conçu pour le transport de personnes ou de choses quel qu'en soit la nature. Il est ainsi indifférent de savoir si le véhicule est ou non soumis à une obligation d'immatriculation, circonstance de plus en plus inopérante au regard de l'obligation faite aux cyclomoteurs de s'immatriculer depuis un décret n° 2003-1186 du 11 décembre 2003. On considère que l'engin est nécessairement un appareil destiné à porter son conducteur depuis une réponse ministérielle de 1959 concernant les motoculteurs et tondeuses à gazon dirigés par un conducteur marchant à pied (Rép. min. n° 286, JO Sénat 7 oct. 1959, p. 736 ; Rép. min. TP n ° 362, JO Sénat 12 déc. 1959, p. 1733) mais l'exigence ou non d'un permis de conduire est inopérante à ce niveau pour l'appréciation du critère, de même que l'absence d'obligation d'immatriculation du véhicule, qui demeure sans influence sur sa qualification (V. une lettre de la Direction des assurances, RGAT 1960. 128).

3544. Si la technique permet aujourd'hui d'asseoir un conducteur sur un motoculteur tractant une remorque, le motoculteur sera dès lors assujetti à l'obligation d'assurance. Le juge a exclu du concept « une dameuse à moteur » manœuvrée à la main par un ouvrier des travaux publics (Civ. 2e, 20 mars 1996, D. 1996, IR, 112). En revanche, les matériels agricoles tels un tracteur tondeuse ou une tondeuse autoporteuse à moteur dotée de quatre roues extra-larges lui permettant de circuler, équipée d'un siège pour le conducteur et d'un tableau de bord complet satisfont parfaitement à la définition (CA Paris, 17e Ch. A, 9 sept. 2002, Juris-Data n° 189542). Le véhicule doit-il être équipé de roues ? Les juges n'y ont pas vu là un critère essentiel en soumettant les engins de damage des pistes de ski, dépourvus de roues, à cette obligation (CA Grenoble, 9 févr. 1987, D. 1987. 245, note F. Chabas).

b - Moteur

3545. Autopropulsion du véhicule : Il s'agit évidemment de l'organe technique permettant l'autopropulsion du véhicule, quelle que soit sa puissance même faible, peu important le type d'énergie utilisée (essence, gasoil, kérosène, gaz, électricité, GLD, DKV). Toutefois, les véhicules manœuvrés uniquement par force humaine ou par traction animale n'embrassent pas cette définition : sont donc exclus par exemple les bicyclettes (Civ. 2e, 7 oct. 1987, D. 1987, IR, 296).

c - Caractère « terrestre »

3546. On admet généralement qu'il s'agit uniquement des véhicules circulant sur la terre ferme, sur le sol. Les avions n'entrent pas dans cette catégorie selon les juges, même pour la phase postérieure à l'atterrissage ou préalable au décollage, une assurance spécifique étant souscrite pour l'activité aérienne : « un avion est un appareil de locomotion aérienne et non un véhicule terrestre susceptible d'entrer dans le champ d'application de la loi » (CA Paris, 19 nov. 1993, Gaz. Pal. 1994, I, somm. 560). Par analogie, ce type de raisonnement doit pouvoir se transposer aux engins amphibies lorsqu'ils circulent sur le sol.

2 ▪ Applications jurisprudentielles

a - Véhicule-outil

3547. Les tribunaux ont eu l'occasion de se prononcer sur ce concept dès l'instauration de l'obligation d'assurance par la loi n° 58-208 du 27 février 1958, applicable à tout « véhicule terrestre à moteur ». La difficulté est née de l'existence de véhicules spécifiques, souvent conçus d'ailleurs pour un usage ludique ou professionnel, industriel ou agricole, et ce, afin d'être en mesure de respecter à leur égard l'obligation d'assurance légale. La jurisprudence a admis que toutes les machines agricoles équipées d'un moteur servant à les propulser sont soumises à cette obligation d'assurance de même que tous les engins de chantier et de carrière qui bénéficient d'un tel équipement moteur, ou les véhicules utilitaires.

3548. C'est la raison pour laquelle pour régler les problèmes de frontière entre l'assurance automobile et celle de la responsabilité civile (RC) exploitation, les assureurs automobiles étendent en principe l'assurance circulation des engins de chantier au cas où ils sont utilisés dans leur fonction « outil ». De leur côté, les assureurs de la RC exploitation excluent ces engins de leur contrat. Dans un cas d'espèce où ces engins n'étaient pas assurés pour le risque circulation par un contrat d'assurance automobile, l'assureur RC exploitation a été mis hors de cause en application d'une clause de la police prévoyant l'exclusion de sa garantie des dommages causés par les véhicules terrestres à moteur tel que visés à l'article L. 211-1 du Code des assurances (Civ. 2e, .9 déc. 2010, n° 09-72.395). On relèvera, ici, que la Cour de cassation estime, à tort dans l'esprit, que cette clause d'exclusion n'a pas été dénaturée alors qu'elle comportait une dérogation pour les dommages causés à autrui par l'utilisation à l'intérieur des locaux de la société assurés d'engins de chantier ou de manutention pour les risques de fonctionnement et de circulation. Cependant à notre sens, la rédaction à lettre de cette exception à l'exception était trop ambiguë sur sa portée pour qu'elle puisse être appliquée.

b - Machines roulantes

3549. Engins de chantiers et matériels agricoles : Sont ainsi concernés notamment les engins de manutention (Civ. 1re, 4 janv. 1983, JCP G 1983, IV, 85), une drague mobile (TC, 20 févr. 1960, JCP G 1960, II, 11874), un chasse-neige (TC, 20 nov. 1961, JCP G 1961, II, 12410), un engin de chantier (CA Montpellier, 23 janv. 2001, Juris-Data n° 159768), un chariot élévateur (Civ. 2e, 25 mai 1994, Bull. civ. II, n° 132), les tracteurs agricoles (Civ. 2e, 25 juin 1986, D. 1987, somm. 87, obs. H. Groutel) ou tractopelles (Crim., 12 janv. 1993, Bull. crim., n° 15), une pelle mécanique (Civ. 1re, 6 oct. 1966, D. 1967. somm. 4), les véhicules à chenilles (CA Agen, 24 oct. 1963, D. 1964. somm. 15), les bacs qui assurent la continuité du trafic sur une route (TC, 15 oct. 1973, Barbou, JCP G 1975. II. 18045, note J.-F. Lachaume), du moment qu'ils causent un accident en tant que véhicule. Depuis 1958, le critère du véhicule à assurer continue de poser de nombreux problèmes pratiques même si le débat se clôt peu à peu : il a été jugé ainsi qu'une grue de levage monté sur roues constitue un engin mobile soumis à l'obligation d'assurance de l'article L. 211-1 du Code des assurances (CA Rouen, 7 mars 2002, Juris-Data n° 217948).

B ▪ Identification du véhicule

1 ▪ Lors de la conclusion du contrat

a - Véhicule identifié

3550. L'objet de tout contrat d'assurance de responsabilité civile est de prémunir l'assuré contre la survenance d'un risque qui l'exposerait à débourser des sommes importantes pour indemniser la victime si l'assureur n'était pas présent pour « payer à sa place ». La problématique de l'assurance automobile consiste à savoir si le facteur du risque, de l'accident, est le véhicule lui-même ou la personne qui le conduit, ou les deux à la fois ? Les assureurs considèrent que le risque qu'ils prennent porte tant sur le véhicule que sur la personne même du conducteur, et c'est pourquoi l'identification du véhicule assuré est fondamentale au sein des conditions particulières du contrat. La jurisprudence le rappelle : « un contrat d'assurance automobile ne couvre la responsabilité de l'assuré que pour les accidents causés avec le véhicule mentionné aux conditions particulières » (Civ. 1re, 12 janv. 1982, RGAT 1982. 365 ;Crim., 13 janv. et 3 févr. 1993, RGAT 1993. 579).

3551. Le « document clé » exigé lors de la déclaration du risque est évidemment la carte grise du véhicule, délivrée par les préfectures à l'occasion de l'immatriculation de l'engin, laquelle tend à se généraliser par l'obligation faite aux cyclomoteurs de s'immatriculer par un décret n° 2003-1186 du 11 décembre 2003. Cette nouvelle obligation concernant les cyclomoteurs facilitera l'identification de ce type d'engin dans les polices d'assurance qui avaient coutume de référencer le numéro du moteur ou du cadre fourni par le constructeur, la cylindrée ou le nom commercial notamment, pour parer la difficulté de l'absence d'immatriculation. Rappelons également que la jurisprudence considère qu'en cas de remplacement du véhicule, même parfaitement identique au précédent, une nouvelle désignation s'impose aux conditions particulières car la garantie ne peut se reporter automatiquement sur le nouveau véhicule : en cas de sinistre occasionné par un véhicule différent de celui désigné au contrat, même s'il s'agit d'un véhicule similaire ou de puissance identique, la garantie ne peut fonctionner (Civ. 1re, 5 juin 1973, RGAT 1973. 248).

b - Règles de preuve

3552. En vertu des règles de preuve fixées par l'article 1353 (anc. art. 1315, antérieurement au 1er oct. 2016) du Code civil, il appartient à celui qui réclame l'exécution d'une obligation de la prouver : l'assuré qui sollicitera ainsi l'indemnisation de son assureur au titre d'un véhicule immatriculé figurant au contrat devra prouver que « le véhicule en cause » dans l'accident est bien « le véhicule désigné » aux conditions particulières et pour lequel le contrat a été souscrit (Crim., 3 févr. 1993, RGAT 1993. 578, note J. Landel). La jurisprudence considère en effet que le contrat d'assurance automobile ne peut couvrir la responsabilité de la personne assurée que pour les accidents qui sont causés par le véhicule référencé au contrat de l'assureur (Civ. 1re, 11 févr. 1992, RGAT 1992. 317). D'une manière générale, le numéro d'immatriculation, la marque et le type de véhicule figure systématiquement à la souscription dans les contrats pour éviter cette difficulté. Mais il importe peu que le certificat d'immatriculation n'ait pas fait l'objet d'une déclaration de mutation si l'assureur a accepté de couvrir le risque en connaissance de cause et a délivré corrélativement une attestation d'assurance (CA Aix-en-Provence, 10e ch., 25 avr. 2002, Juris-Data n° 211495).

2 ▪ En cours de contrat

a - Modification technique

3553. Le véhicule désigné au contrat peut néanmoins faire l'objet de modifications techniques, cette hypothèse se rencontre de plus en plus fréquemment en présence de propriétaires d'automobile qui modifient radicalement les caractéristiques techniques de celle-ci, notamment afin de la rendre plus puissante pour participer à des « rodéos sauvages ». il arrive aussi parfois que quelques assurés modifient la puissance du cyclomoteur afin de dépasser la vitesse maximum de 45 km heure imposée à ce type d'engin : peut-on alors soutenir qu'il y a modification du risque pour l'assureur, car le véhicule n'est plus identique à celui identifié lors de la souscription du contrat ? Il n'y a pas aujourd'hui à notre connaissance de décision récente rendue par les tribunaux sur ce type de difficulté.

3554. Néanmoins, il semble que le Code de la route, par son article R. 321-16, puisse constituer un élément de réponse car il oblige un véhicule ayant subi une « transformation notable » à subir une nouvelle réception, le concept de la transformation notable étant défini par l'article 13 de l'arrêté du 19 juillet 1954 (JO 21 juill.). On peut soutenir alors que la circonstance de la « modification notable », si elle avait été connue de l'assureur lors de la souscription du contrat, l'aurait peut être conduit à refuser d'assurer ou à tout le moins, la prime sollicitée eut-elle été différente.

b - Enjeux

3555. Toute modification des caractéristiques techniques du véhicule garanti au départ telle la vitesse, l'habitacle, le mécanisme des roues, la hauteur du garde-sol doit faire l'objet d'une déclaration à l'assureur en ce qu'elle est susceptible d'avoir une influence sur le risque de responsabilité civile, entendu ici comme le risque d'avoir un accident provoqué par cette modification. Les sanctions de l'omission intentionnelle de la déclaration d'une aggravation de risque en cours de contrat, prévues par l'article L. 113-8 du Code des assurances, sont applicables en pareille hypothèse, tout comme la règle proportionnelle réduisant l'indemnité de l'article L. 113-9. Il est possible d'y voir une modification de « l'instrument du risque » selon la formule employée dans les années 70 par la Cour de cassation concernant les remorques non déclarées (Cass. ass. Plén., 13 déc. 1974, RGAT 1975. 259, note A. Besson).

3556. Trois conditions cumulatives sont nécessaires pour l'application de la nullité pour fausse déclaration intentionnelle (C. assur., art. L. 113-8) : l'existence d'une réticence ou d'une fausse déclaration, commise par l'assuré avec l'intention de tromper l'assureur et sur un point changeant l'objet du risque ou en diminuant l'opinion pour l'assureur, même si le risque omis ou dénaturé n'a eu aucune influence sur la survenance du sinistre. En l'absence de mauvaise foi, et avant tout sinistre, l'assureur a le droit soit de maintenir le contrat, moyennant une augmentation de prime acceptée par l'assuré, soit de résilier le contrat dix jours après notification adressée à l'assuré par lettre recommandée, en restituant la portion de la prime payée pour le temps où l'assurance ne court plus (C. assur., art. L. 113-9). Si la circonstance aggravante n'est découverte que postérieurement à la survenance d'un sinistre, l'indemnité est réduite en proportion du taux de prime payé par rapport au taux de prime qui aurait dû l'être si le risque avait été exactement déclaré (Civ. 1re, 5 juill. 1967, RGAT 1968. 406). Ceci n'est possible que pour les risques dont le taux de prime a été influencé par la déclaration inexacte (Civ. 1re, 8 juill. 1997, RGDA 1997. 1012, note L. Mayaux).

3 ▪ Usage déclaré du véhicule

a - Usage privatif, usage professionnel

3557. Il ne suffit pas de posséder un véhicule terrestre à moteur pour se croire « automatiquement assuré », encore faut-il définir l'usage que l'on fera du véhicule, circonstance importante pour l'assureur. En effet, celui-ci peut estimer que la fréquence de l'accident sera d'autant plus importante que la personne assurée conduira son véhicule une bonne partie de la journée, notamment pour des besoins professionnels, ou si au contraire elle ne le conduira que très épisodiquement. Il y a là une dimension fondamentale touchant aux probabilités de survenance de l'accident. Néanmoins, l'usage du véhicule n'est pas considéré comme un « risque » susceptible d'être « exclu » contractuellement selon les circonstances d'usage, faute de quoi l'usage du véhicule deviendrait une nouvelle clause d'exclusion non prévue par la loi (Civ. 1re, 9 juill. 2003, RCA 2003, comm. n° 300, note H. Groutel). Les assureurs ont distingué dans la pratique l'usage privé du véhicule souvent dénommé « promenades » ou « privatif » de l'usage « professionnel » ou encore d'un usage combiné privé et professionnel dénommé « tous déplacements », la prime d'assurance étant évidemment majorée en cas d'utilisation intensive du véhicule. L'usage déclaré du véhicule est source de nombreuses difficultés car l'assureur tient de la loi la faculté de refuser sa garantie pour fausse déclaration intentionnelle (C. assur., art. L. 113-8) ou en cas d'omission intentionnelle de déclaration d'une circonstance aggravante (C. assur., art. L. 113-2 3°). Trois conditions cumulatives seront donc nécessaires pour l'application de la nullité pour fausse déclaration intentionnelle :
- l'existence d'une réticence ou d'une fausse déclaration ;
- commise par l'assuré avec l'intention de tromper l'assureur et sur un point changeant l'objet du risque ou en diminuant l'opinion pour l'assureur ;
- même si le risque omis ou dénaturé n'a eu aucune influence sur la survenance du sinistre.

b - Conséquences

3558. La Cour d'appel de Paris a ainsi jugé une affaire dans laquelle un assuré avait déclaré à l'origine son véhicule en « usage privé » uniquement pour la promenade. Le contrat excluait par définition les déplacements professionnels et les trajets de travail effectués avec le véhicule assuré. Or l'assuré, qui exerçait la profession de maître-chien, commence à utiliser intensivement son véhicule pour ses besoins professionnels nécessitant de fréquents déplacements. À l'occasion d'un accident, cette circonstance est découverte par l'assureur qui obtient devant la Cour d'appel de Paris la nullité du contrat sur le fondement de l'article L. 113-8 du Code des assurances car il « savait que l'usage de son véhicule était devenu professionnel » et qu'une déclaration lui aurait fait payer une prime supérieure (CA Paris, 25 janv. 1995, Juris-Data n° 021646 ; également CA Limoges, 5 avr. 1993, Juris-Data n° 045215). Ce qui est sanctionné ici, c'est la mauvaise déclaration du risque et non une exclusion relative à un usage imprévu à l'origine.

§ 2 ▪ Qu'est-ce qu'une remorque ou semi-remorque ?

A ▪ Remorque assurée

1 ▪ Nécessaire désignation des remorques

3559. À l'instar du véhicule, la remorque ou semi-remorque doit faire l'objet d'une désignation aux conditions particulières du contrat d'assurance avec cette circonstance que toutes les remorques ne sont pas nécessairement immatriculées : il faudra donc, à défaut de numéro d'immatriculation, les identifier par leurs caractéristiques techniques ou administratives (marque, type, numéro de série). La remorque est définie par l'article L. 110-1 du Code de la route comme « tout véhicule destiné à être attelé à un autre véhicule ». Le Code de la route utilise aussi dorénavant le terme de « train routier » ainsi défini : « ensemble constitué d'un véhicule à moteur auquel est attelée une remorque ou une semi-remorque dont l'avant repose sur un avant-train » (C. route, art. R. 311-1). Un nouvel article R. 211-4-1 du Code des assurances précise également que lorsqu'un train routier est impliqué dans un accident de la circulation, la personne lésée peut exercer l'action directe au choix contre l'assureur du véhicule tracteur ou contre l'assureur de la remorque. L'assureur saisi de l'action doit garantir la responsabilité de l'ensemble du véhicule articulé à l'égard de la personne lésée, pour le compte de qui il appartiendra et dans les limites du contrat. L'assureur qui aura pris en charge l'indemnisation des personnes lésées, que ce soit l'assureur du véhicule à moteur ou celui de la remorque ou de la semi-remorque, disposera, le cas échéant, d'un droit de recours contre l'assureur de l'autre partie de l'ensemble articulé, ou contre toute autre partie qui porterait finalement la responsabilité des dommages.

a - Déclaration à l'assureur

3560. En pratique, un assuré acquiert rarement son véhicule avec remorque, une caravane par exemple, le même jour, de sorte qu'il ne pense pas nécessairement, lorsqu'il procède dans un second temps à l'acquisition d'une remorque, à effectuer une déclaration à son assureur. Or, l'article L. 211-1 du Code des assurances fait obligation à son propriétaire d'assurer également la remorque car celle-ci ne bénéficie pas « automatiquement » de la garantie obligatoire du véhicule par l'attelage à celui-ci. Et il se peut, dans certaines circonstances, que la remorque ait joué un rôle dans la survenance d'un accident de la circulation. Par exemple : Crim., 6 nov. 1996, JA 1997, p. 186. En l'espèce, un contrat flotte d'une entreprise couvrait un certain nombre de tracteurs et remorques. Or la remorque impliquée ne figure pas dans les véhicules désignés au contrat. La Cour de cassation censure la cour d'appel et retient, en visant l'article L. 211-1 du Code des assurances, qu'un contrat d'assurance couvre la responsabilité de l'assuré pour les véhicules désignés au contrat. Et ce n'était pas le cas de la remorque en question.

b - Sort de la remorque non déclarée

3561. La définition de la remorque, autrefois prévue par le Code des assurances, a disparu dans le Code depuis un décret du 26 mars 1993 : avant sa modification par l'article 2-1 du décret n° 93-581 du 26 mars 1993, l'article R. 211-4 définissait les remorques ou semi-remorques citées par l'article L. 211-1 comme étant les véhicules terrestres « construits en vue d'être attelés à un véhicule terrestre à moteur et destinés au transport de personnes ou de choses ou tout appareil terrestre attelé à un véhicule terrestre à moteur ». La première difficulté posée a consisté à rechercher si la remorque non assurée, se trouvant attelée au véhicule lui-même assuré, pouvait créer un « ensemble global » assuré par le jeu du contrat garantissant le véhicule tracteur. La jurisprudence traitait sévèrement cette question et refusait d'accepter l'application de la garantie également à la remorque car elle estimait que le risque se modifiait : il y avait donc plus qu'une simple « aggravation du risque » et c'est l'ensemble routier composé du véhicule tracteur et de la remorque tractée qui se trouvait non assuré, quel qu'ait pu être le rôle de la remorque dans l'accident (Cass. ass. Plén., 13 déc. 1974, RGAT 1975. 259, note A. Besson ;Civ. 1re, 18 juin 1996, RGDA 1996. 651, note J. Landel). Cette sévérité conduisait les juges à appliquer la même solution lorsque l'assuré avait correctement déclaré sa caravane mais l'avait ensuite remplacée par une autre, d'un poids total en charge supérieur à celui de la précédente (Civ. 1re, 10 juin 1981, RGAT 1982. 91). La fermeté des juridictions ne se démentira pas, et la Cour de cassation continue à délivrer les assureurs de leur garantie pour des accidents impliquant des remorques de 800 kg, excédant le seuil autrefois fixé par décret de 750 kg, pour les affaires qu'elle juge sous l'empire de l'ancienne réglementation, toujours applicable selon la date des faits jugés (Civ. 1re, 19 déc. 2000, Juris-Data n° 007602). Plus récemment, il a été jugé que l'adjonction à un véhicule terrestre à moteur d'une remorque dont les caractéristiques n'entrent pas dans les prévisions de la police constitue une aggravation du risque couvert par le contrat garantissant ce véhicule, qui ne peut être sanctionnée que par la réduction de l'indemnité (Civ. 1re, 23 mars 2004, RGDA 2004. 426, note J. Landel). De même, dénature les termes clairs et précis du contrat d'assurance la cour d'appel qui décide qu'une remorque n'est pas assurée si elle est attelée à un ensemble routier ne correspondant pas aux conditions particulières qui ne faisaient aucune allusion au véhicule chargé de tracter la remorque et ne soumettaient donc pas la garantie à la condition que ce véhicule soit le véhicule de l'assuré (Civ. 1re, 23 mars 2004, RGDA 2004. 426, note J. Landel).

2 ▪ Modération d'une rigueur

a - Article R. 211-4 du Code des assurances

3562. Depuis 1993, l'article R. 211-4 du Code des assurances impose aux assureurs de préciser dans leurs contrats les caractéristiques des remorques qui ne constitueront pas « une aggravation du risque » du véhicule tracteur. Il s'agit d'une position destinée à assouplir la rigueur qui régnait autrefois pour éviter une brutale « non assurance » de l'ensemble routier. Chaque assureur se trouve ainsi invité à proposer dans son contrat les caractéristiques techniques des remorques tractables, souvent énoncées en terme de poids total, et ne peut dès lors opposer à son assuré qu'une réduction de l'indemnité versée à la victime ou la nullité du contrat en cas de mauvaise foi s'il s'avère que la remorque dépasse le poids autorisé. On considère en quelque sorte que l'accord de l'assureur est donné « une fois pour toutes » lors de la conclusion du contrat, pour tout type de remorque n'excédant pas un poids défini dans les conditions générales de la police.

3563. Ainsi tel assureur indiquera que « toute adjonction d'une remorque ou caravane de plus de 750 kg constitue une aggravation du risque que vous devez immédiatement nous signaler ». Son assuré saura alors qu'il peut tracter « n'importe quelle remorque » dans la mesure où son poids n'excède pas 750 kg. Telle autre compagnie d'assurance déclare dans ses conditions générales que « les remorques dont le pois total autorisé en charge est inférieur à 1 750 kg ne constituent pas une aggravation du risque ». Il devient donc nécessaire à l'assuré de consulter son propre contrat pour s'informer de la politique précise de son assureur en la matière. Et si l'assureur n'énonce aucune caractéristique particulière dans son contrat, il devra garantir toutes les remorques mais conserve le droit d'appliquer une règle proportionnelle à son assuré (Civ. 1re, 9 nov. 1999, RGDA 2000. 102).

3564. Ces nouvelles règles, issues de l'article R. 211-4 du Code des assurances et interprétées par la jurisprudence ont partiellement pour effet de contourner l'obligation d'assurer les remorques et semi-remorques, telle qu'elle est fixée par l'article L. 211-1 du Code des assurances puisqu'une remorque non assurée se trouve garantie sans avoir à être déclarée jusqu'à un certain seuil et au delà, ce n'est qu'une réduction de l'indemnité que peut encourir l'assuré. Mais l'on insistera jamais assez sur la nécessité de déclarer ces remorques sous peine d'encourir la sanction de la nullité du contrat en cas de mauvaise foi (C. assur., art. L. 113-8).

b - Notion d'aggravation du risque

3565. Il faut rappeler ici que l'aggravation de risque est un mécanisme juridique qui permet à l'assureur de résilier le contrat ou de proposer à l'assuré une prime majorée si la circonstance aggravante, en l'occurrence la remorque, est découverte avant tout sinistre ou de réduire l'indemnité versée si elle est découverte après sinistre (C. assur., L. 113-9). Si l'assuré circule avec une remorque dont le poids est supérieur à celui défini contractuellement (par ex. 750 kg) l'assureur indemnisera totalement les tiers en cas de dommage mais pourra réclamer à son assuré le remboursement d'une part de l'indemnité qu'il lui a versée en application d'une règle proportionnelle calculée au prorata de la cotisation d'assurance qui aurait du être payée si la remorque avait été déclarée. Il semble alors que la réduction de l'indemnité soit la seule sanction possible en cas de bonne foi de l'assuré (Crim., 7 déc. 1999, RGDA 2000. 102) tandis que la mauvaise foi continue d'entraîner la nullité du contrat par application de l'article L. 113-8 du Code des assurances. La convention dite « IRSA » (Indemnisation directe de l'assuré et de Recours entre Sociétés d'Assurance), conclue entre assureurs, prévoit aujourd'hui le cas d'un conflit – et non d'un cumul – d'assurances lorsque la compagnie garantissant le véhicule tracteur est distincte de celle garantissant la remorque : les dommages-intérêts versés aux victimes se trouvent répartis entre eux selon le poids de la remorque et sans tenir compte du rôle joué par chaque élément de l'attelage dans la survenance de l'accident (Conv. IRSA, art. 2.5).

B ■ Remorquage occasionnel

1 ■ Position du problème

3566. Il s'agit là de l'hypothèse classique du véhicule tombé en panne et qui se trouve remorqué par un autre véhicule. Ce type de dépannage « non professionnel » s'effectue d'ailleurs souvent à l'aide d'un attelage de fortune. Les incidents posés par ces remorquages occasionnels ont conduit les assureurs à inclure dans leurs polices une clause garantissant l'assuré pour ce type d'activité, mais il ne s'agit nullement d'une généralité, chaque compagnie d'assurances restant libre d'apprécier ce risque et de fixer sa propre politique en ce domaine. L'article R. 317-21 du Code de la route prévoit que le remorquage nécessite des véhicules spéciaux. Un arrêté définit les caractéristiques techniques auxquelles doivent répondre les véhicules spécialisés dans les opérations de remorquage ainsi que leurs conditions de circulation.

2 ■ Amorce de solution

3567. Il est possible de se demander si le véhicule remorqué ne devient pas une « remorque » à part entière et s'il faut lui appliquer les dispositions de l'article R. 211-4 du Code des assurances concernant les remorques ? Un arrêt rendu en 1980 par la Cour de cassation considérait qu'il y avait là un cas de non-assurance global par modification du risque, mais il s'agissait à cette époque de l'application classique de la position de la Cour concernant les remorques (Civ. 2e, 19 nov. 1980, Gaz. Pal. 81, Pan. 91). La convention IRSA conclue entre assureurs, non opposable aux assurés, précise en son article 2.5.3 que tous les accidents survenus à l'occasion du remorquage d'un véhicule à titre gratuit ou onéreux sont gérés selon les règles du droit commun.

3568. Un accident se produit le 10 mars 1985 impliquant trois véhicules dont l'un B constituait la remorque de l'autre A. La collision se produit entre le véhicule remorqué B et le véhicule d'un tiers C. Le contrat d'assurance du véhicule tracteur A contenait une clause d'exclusion en cas « de remorquage d'un autre véhicule » si bien que l'assureur du véhicule tracteur ne doit pas sa garantie selon le tribunal saisi. La Cour de cassation jugera que l'assureur du véhicule remorqué B, impliqué dans l'accident, doit garantir le dommage des victimes (passagers de C) par le jeu de l'obligation d'assurance de l'article L. 211-1 du Code (Civ. 1re, 16 juill. 1991, Bull. civ. I, n° 242). Le Code des assurances définit aujourd'hui précisément les exclusions autorisées aux assureurs, si bien que la Cour de cassation considère aujourd'hui qu'il y a là une exclusion de garantie non prévue par le Code, donc interdite (Crim., 31 mars 1998, RGDA 1998. 722).

§ 3 ■ Mise en circulation du véhicule

A ■ Concept de « circulation » du véhicule

1 ■ En droit des assurances

3569. L'article L. 211-1 du Code des assurances précise que l'obligation d'assurer le véhicule ne concerne que celui qui « circule », elle n'est nécessaire que pour « faire circuler » des véhicules. La question essentielle est évidemment la suivante : dans quelles situations le véhicule pourra-t-il être considéré comme étant « en circulation » et donc assujetti à l'obligation d'assurance ? La circulation du véhicule n'est pas une notion dynamique laissant supposer que le moteur doit être en fonctionnement et le conducteur aux commandes pour que celui-ci soit considéré comme étant « en circulation ». Le concept de circulation au sens des textes doit être compris à la fois comme la circulation active du véhicule supposant un mouvement et un fonctionnement du moteur ou des arrêts momentanés sur une voie publique ou privée, notamment pour y effectuer un chargement ou un déchargement, mais aussi toutes les hypothèses de circulation passive du véhicule par lesquelles celui-ci se trouve en stationnement sur une voie privée ou publique, même pendant une longue période. On peut en revanche considérer qu'un véhicule entreposé dans en endroit privé et clos, où l'on ne peut accéder, tel un garage, n'est pas en circulation, et échappe ainsi à l'obligation d'assurance.

3570. Depuis l'instauration de l'obligation d'assurance en 1958, la jurisprudence a constamment fait évoluer la notion de circulation vers une conception extensive, les difficultés étant essentiellement apparues avec les compétitions sportives car la loi Badinter du 5 juillet 1985 s'applique même sur les « circuits fermés » tandis que l'obligation d'assurance peut légalement faire l'objet d'une exclusion relative aux « courses et épreuves sportives » (Civ. 1re, 14 janv. 1992, RGAT 1992. 304, note J. Landel). Il faut ainsi considérer, si par exemple une collision se produit entre deux motocyclettes évoluant sur un terrain de motocross exploité par une association, en dehors de toute compétition sportive, que l'obligation d'assurance s'applique (Crim., 18 déc. 2001, Juris-Data n° 012476).

2 ■ Circulation administrative

3571. La notion de « circulation » en assurance automobile n'est pas nécessairement concomitante à la délivrance de la « carte grise » qui constitue simplement une pièce administrative exigée pour la circulation du véhicule au sens du Code de la route, de sorte que la notion de circulation visée par ce code n'embrasse pas nécessairement celle de l'assurance obligatoire. L'article R. 322-1 du Code de la route dispose ainsi que : « tout propriétaire d'un véhicule à moteur, d'une remorque dont le poids total autorisé en charge est supérieur à 500 kilogrammes ou d'une semi-remorque, qui souhaite le mettre en circulation pour la première fois, doit adresser au préfet du département de son domicile une demande de certificat d'immatriculation en justifiant de son identité et en déclarant son domicile ». Au terme des dispositions du Code de la route, c'est donc toujours le propriétaire qui met en circulation administrative un véhicule tandis que l'article L. 211-1 du Code des assurances fait peser l'obligation de s'assurer sur « toute personne physique ou morale autre que l'État », donc éventuellement sur une autre personne que le propriétaire. Cette personne est celle qui « fait circuler » le véhicule au sens du Code des assurances même si, en règle générale, l'assuré sera souvent le propriétaire du véhicule.

B ▪ Circulation et vente amiable du véhicule

1 ▪ Fondement légal

3572. Le développement du parc automobile a contribué à l'émergence d'un phénomène croissant : la vente de véhicules d'occasion. Souvent, en pratique, le vendeur ne procède qu'à un changement de son véhicule pour en acheter un autre, neuf ou d'occasion, sur lequel il souhaitera poursuivre sa relation contractuelle avec « son » assureur, c'est-à-dire l'assureur du véhicule cédé. Cette situation est réglée par l'article L. 121-11 du Code des assurances concernant « l'aliénation » du véhicule, c'est-à-dire concrètement tous les modes de transfert de propriété habituels en droit tels la vente, la cession, la donation, la dation en paiement ou l'héritage. Ainsi est-il prévu qu'en cas d'aliénation du véhicule, objet du contrat d'assurance, ledit contrat « est suspendu de plein droit à partir du lendemain de la date de la cession à 0 heure » (C. assur., L. 121-11). Il faut distinguer cette hypothèse de celle du décès du propriétaire du véhicule qui entraîne le transfert de plein droit du contrat au profit de ses héritiers et non une suspension le lendemain de la date du décès, en application de l'article L. 121-10 du Code des assurances.

a - Exemple de cession

3573. Dans l'hypothèse ci-dessous présentée, l'assureur du véhicule du vendeur garantira la responsabilité de l'acheteur pour l'accident survenu le 3 janvier 2004 à 23 heures, tout comme celle des conducteurs autorisés par l'acheteur, car la garantie n'est suspendue de plein droit qu'à partir du lendemain de la date de la vente à 0 heure, c'est-à-dire le soir même à minuit. Si un accident survient après la suspension de la garantie, l'assureur ne sera pas tenu d'indemniser les victimes car il s'agit là d'une exception qui leur est opposable (V. art. R. 211-13, C. assur. qui n'interdit pas cette hypothèse). Il a ainsi été jugé que l'assureur n'est plus tenu de garantir les conséquences d'un accident de la circulation survenu le lendemain de la vente du véhicule conduit par le nouvel acquéreur, même s'il reste encore la régularisation administrative de la carte grise à effectuer (CA Paris, 17e Ch. A, 24 nov. 1987, Juris-Data n° 027707).

b - Date et preuve de la vente

3574. Les juridictions saisies ont eu à connaître des difficultés relatives à la date précise de la vente dont la preuve devient un élément déterminant du mécanisme (CA Grenoble, 20 déc. 2011, n°09/04632, dans une espèce où le nouvel acquéreur ne justifie pas être devenu le propriétaire du véhicule préalablement à la conclusion du contrat d'assurance en cause, de sorte qu'il a été retenu que la vente avait eu lieu après la souscription dudit contrat et donc que ce dernier était suspendu à la date du sinistre). Il faut rappeler pour résoudre ce type de difficulté que la vente d'un véhicule demeure une vente « classique » soumise aux dispositions de l'article 1583 du Code civil, c'est-à-dire qu'elle est parfaite et valable dès qu'une rencontre de volonté s'est produite entre l'acheteur et le vendeur sur le véhicule vendu et sur son prix. La vente du véhicule n'est pas considérée ici comme la « matérialisation des formalités administratives » imposées par le Code de la route comme celle du changement d'immatriculation.

Ainsi, la vente sera démontrée si l'acheteur et le vendeur ont reconnu devant les gendarmes la vente du véhicule, et que leurs déclarations ont été consignées au procès-verbal de gendarmerie (Civ. 1re, 5 nov. 1991, RGAT 1992. 99). Une vente « parfaite et valable », cela signifie également qu'elle ne doit pas être soumise à une condition suspensive préalable telle la réalisation d'un contrôle technique favorable : dans ce cas le véhicule n'est pas considéré comme vendu et l'assurance du vendeur continue de fonctionner comme s'il s'agissait du prêt d'un véhicule (Crim., 24 août 1993, RGAT 1994. 137, note J. Landel).

c - Essai du véhicule

3575. La vente d'un véhicule est souvent précédée d'une phase d'essai du véhicule par le candidat acheteur. Les risques d'essais avant la vente sont couverts pour la responsabilité civile par le contrat du vendeur puisque le candidat acheteur devient un conducteur « autorisé par le propriétaire » au sens de l'obligation d'assurance (C. assur., art. L. 211-1), que celui-ci soit ou non présent dans le véhicule. Les dommages aux tiers provoqués par le candidat à l'achat sont donc toujours garantis par le contrat du vendeur. Bien souvent, une clause insérée au contrat d'assurance réglemente cet usage pour assurer également le maintien des garanties facultatives en cas d'accident.

2 ▪ Maintien de la garantie

3576. L'assuré qui dispose d'un contrat le couvrant pour plusieurs véhicules continuera évidemment à bénéficier de la garantie d'assurance pour les véhicules non vendus, étant précisé que la garantie s'appliquera en faveur du nouveau propriétaire du véhicule vendu jusqu'à minuit, même si l'ancien a sollicité auprès de son assureur le transfert immédiat de son contrat sur un nouveau véhicule qu'il aurait acheté lui-même quelques heures avant la vente du véhicule précédent. Il n'est d'ailleurs pas possible de déroger aux dispositions de l'article L. 121-11 du Code des assurances lors de la vente, car ce texte est d'ordre public (C. assur., art. L. 111-2). Toutefois, le nouveau véhicule acheté doit toujours donner lieu à une nouvelle désignation auprès de l'assureur, qui émettra un avenant au contrat ou de nouvelles conditions particulières.

Section 2 ▪ Évènements provoqués par le véhicule

3577. L'assurance automobile est obligatoire mais pour quels événements et dans quelles circonstances précises peut-elle fonctionner ? Un accident de la circulation est souvent conçu comme un choc impliquant un ou plusieurs véhicules. Cette hypothèse, certes fréquente en pratique, n'est pas la seule situation accidentelle possible. L'accident peut bien sûr être provoqué par le comportement du conducteur, ce qui justifie l'assurance obligatoire de la responsabilité de certaines personnes mais il peut aussi être le fait d'une situation indépendante de la conduite. Il n'est plus nécessaire, comme autrefois, que les événements en cause interviennent à l'occasion de la « circulation du véhicule », cette condition qui figurait autrefois sous l'article R. 211-5 du Code des assurances a été supprimée par un décret n° 86-21 du 7 janvier 1986.

3578. La loi Badinter a élargi les événements susceptibles d'entraîner la garantie de l'assureur tout en réduisant au maximum les exclusions de garantie possibles, dans le seul but d'indemniser le plus grand nombre de victimes. Néanmoins, les « faits » garantis par l'assurance peuvent provoquer des dégâts dont l'utilité de les réparer peut apparaître controversée : il s'agit de « dommages exclus » par le Code des assurances mais qui résultent pourtant d'un événement garanti. Il s'agit donc ici d'examiner les différents événements causés par le véhicule et qui sont susceptibles d'entraîner la garantie de l'assureur, ainsi que certains dommages particuliers, directement provoqués par ces événements, mais qui ne seront pas réparés pour autant car la loi permet qu'ils ne le soient pas. Lorsque l'événement assuré intervient, l'assureur devra indemniser les victimes sans limitation de somme en ce qui concerne les dommages corporels : il s'agit là d'une disposition protectrice pour les victimes, les accidents corporels les plus graves pouvant rapidement être provisionnés par l'assureur à hauteur de 4 à 5 millions d'euros. Pour les dommages matériels, un plafond de garantie est fixé à une somme d'au moins 1 120 000 € par sinistre matériel quel que soit le nombre de victimes selon les termes de l'article R. 211-7 et A. 211-1-3 du Code des assurances. Toutefois celui-ci est sans réelle incidence car, en pratique, on sait que le marché délivre en majorité des couvertures allant de 50 à 100 millions d'euros. En revanche, il s'applique au Fonds de garantie des assurances obligatoires (C. assur., art. A. 421-1-1) et pour les sociétés d'assurance qui répondent au bureau centrale de tarification en limitant leur engagement au minimum.

§ 1 ▪ Accidents, incendies ou explosions causés par le véhicule

3579. L'obligation d'assurance s'applique, selon l'article R. 211-5 du Code des assurances, à la réparation des dommages corporels ou matériels résultant : « des accidents, incendies ou explosions causés par le véhicule, les accessoires et produits servant à son utilisation, les objets et substances qu'il transporte ; de la chute de ces accessoires, objets, substances ou produits ». L'article R. 211-5 du Code des assurances fixe l'étendue de l'obligation d'assurance qui s'applique à toute une série de dommages corporels ou matériels provoqués par des situations bien précises. Toutefois, il ne donne pas pour autant une liste limitative des événements garantis par l'assurance car il faut considérer que tout événement se rapportant directement ou indirectement au véhicule impliqué ou à ses remorques et semi-remorques, sera garanti.

A ▪ Accidents légalement garantis

1 ▪ Notion d'accident

3580. Indiquer que l'assurance automobile doit permettre d'indemniser des accidents peut sembler une lapalissade. Une lecture attentive de l'article R. 211-5 permet néanmoins de comprendre que l'assurance garantit des « accidents » causés par un véhicule et non pas simplement des « accidents de la circulation », ce qui constitue une nuance non négligeable. Il peut donc y avoir « accident » sans que le moteur du véhicule ne fonctionne. On pourrait dire ainsi que si tous les accidents de la circulation sont bien des « accidents » au sens du Code des assurances, tous les « accidents garantis » ne sont pas pour autant des « accidents de la circulation » au sens où le grand public les définit habituellement, c'est-à-dire comme un choc concernant au moins un véhicule. Il s'agit également d'une spécificité indépendante de l'application de la loi du 5 juillet 1985 qui elle, s'attache à réglementer l'indemnisation des victimes à l'occasion de la survenance d'un accident de la circulation, et non pas d'un accident « au sens large » même si, en pratique, cette nuance s'atténue car tous les accidents de la circulation dans lesquels un véhicule est impliqué permettront de faire fonctionner l'assurance obligatoire, si les conditions de mise en œuvre en sont réunies. Et tous les véhicules qui sont intervenus à quelque titre que ce soit dans la genèse de l'accident sont considérés dorénavant comme impliqués au sens de la loi du 5 juillet 1985 (Civ. 2e, 24 avr. 2003, Bull. civ. II, n° 104).

2 ▪ Accident banal du véhicule

3581. L'accident est un événement qui arrive par hasard, il est considéré comme imprévu, soudain et extérieur, c'est-à-dire essentiellement indépendant du comportement intentionnel de celui qui en est à l'origine. À chaque fois qu'un conducteur ou toute personne sera susceptible d'avoir recherché volontairement l'accident, il ne pourra s'agir d'un événement garanti par l'assurance car il n'y a plus d'aléa. C'est le cas de cambrioleurs qui dérobent un véhicule pour s'en servir comme « bélier » afin de défoncer la vitrine d'un magasin. La Cour de cassation considère qu'il ne peut s'agir d'un accident de la circulation en raison du comportement volontaire des auteurs (Civ. 2e, 7 mai 2002, RCA 2002, comm. n° 255). Cependant, il sera demandé à la famille de la victime de prouver que le décès est bien la conséquence de l'accident dans les hypothèses les plus litigieuses (Civ. 1re, 7 juill. 1998, D. 1998, IR, 205).

3582. Plus complexes sont en revanche les situations dans lesquelles il sera permis de se demander si le véhicule a participé à la réalisation du préjudice de la victime. Il a ainsi été jugé que le décès de l'automobiliste après un malaise provoqué par la discussion qui a suivi l'accident, alors qu'il en était sorti indemne, peut être lié à celui-ci : sa famille sera donc indemnisée par l'assureur du conducteur adverse (Civ. 1re, 22 janv. 1964, RGAT 1964. 491).

3 ▪ Accident provoqué par un accessoire ou un produit du véhicule

3583. L'article R. 211-5 du Code des assurances envisage également la garantie de l'assureur pour les accidents provoqués par un accessoire ou un produit servant à l'utilisation du véhicule, par des objets ou des substances qu'il transporte, ou par les dégâts que provoque la chute de l'ensemble de ces éléments. Il s'agit ici de garantir les conséquences de tout produit, qu'il soit solide, liquide ou gazeux, provenant du véhicule assuré : il peut s'agir d'un produit nécessaire au fonctionnement du véhicule, souvent lié à l'utilisation du moteur, ou d'une pièce qui se détache de l'automobile (pot d'échappement, antenne d'autoradios, galerie, bâche, pare-chocs, poignée de portière, etc.). En revanche, les substances ou objets transportées par le véhicule devront avoir été chargées volontairement dans celui-ci (Civ. 1re, 15 janv. 1980, D. 1981, IR, 173, obs. Cl. -J. Berr et H. Groutel), ce qui exclut la boue rejetée par les roues.

3584. Le 25 juillet 1991, à l'occasion du chargement d'une cargaison de farine sur un navire se produit un accident particulier : un raccord des tuyaux flexibles utilisés pour ravitailler le navire en carburant s'est rompu et le carburant répandu endommage alors le navire et sa cargaison. La Cour de cassation considère que cet accident relève bien du champ d'application de l'obligation d'assurance puisqu'un « accessoire » du camion citerne se trouve en cause dans cette affaire, indépendamment de toute notion d'accident de la circulation (Civ. 1re, 10 juin 1997, Bull. civ. I, n° 190). Il en va de même pour la victime blessée par une palette chargée, tombée du hayon situé à l'arrière d'un camion. Cet accessoire est étranger à la fonction de déplacement du véhicule terrestre à moteur, il s'agit néanmoins d'un accessoire dudit véhicule dont la manipulation est à l'origine du dommage (CA Douai, 8 déc. 2011, n° 09/05258). D'une manière générale, la jurisprudence distingue l'accident dû à « une faute de l'être humain » de celui provoqué par la manœuvre du véhicule ou la manipulation de l'un de ses accessoires sans rapport avec sa fonction de déplacement ; le premier relève de l'assurance de responsabilité générale et le second de l'assurance automobile. Par exemple, la destruction de plants de bruyère provoquée par la projection d'un liquide désherbant au moyen d'un pulvérisateur attelé à un tracteur en mouvement ne relève pas de l'assurance automobile, car c'est la « faute de l'homme » qui est en cause (le pulvérisateur aurait dû contenir de l'eau) et non une défectuosité du matériel roulant (Civ. 1re, 9 déc. 1992, Bull. civ. I, n° 305). Cette position est confirmée pour les blessures d'un spectateur d'une épreuve sportive tombé d'une nacelle improvisée, placée sur la fourche d'un chariot élévateur, qui se trouvait stationné à l'arrêt (Civ. 1re, 8 juill. 2003, Bull. civ. I, n° 160). Les accidents causés par les accessoires ou la chute d'objets sont, depuis l'intervention du décret 86-21 du 7 janvier 1986, garantis même si le véhicule ne circule pas et si l'accident ne constitue pas un accident de la circulation au sens de la loi du 5 juillet 1985 (Civ. 2e, 21 nov. 2013, resp. civ. et ass. 2014, comm. 70).

B ▪ Incendie ou explosion du véhicule

1 ▪ Objet de la garantie incendie ou explosion

3585. Ce sont des événements obligatoirement garantis par l'assurance. Il s'agit ici de la garantie accordée aux victimes par l'assureur suite à un incendie ou à une explosion du véhicule ou de ses accessoires, qu'il ne faut pas confondre avec la garantie facultative et contractuelle « d'incendie » dont peut bénéficier l'assuré pour son propre dommage, qui peut jouer indépendamment de l'assurance obligatoire ou fonctionner de concert avec elle. En pratique, l'explosion est souvent la conséquence d'un incendie mais il peut y avoir incendie sans forcément explosion. La garantie s'appliquera quelle que soit l'origine de l'événement qui peut être simplement d'origine mécanique (électrique, électronique ou simplement « moteur »), sur un véhicule en stationnement ou en mouvement.

2 ▪ Limites de la garantie

3586. L'incendie criminel peut permettre un recours de l'assureur contre l'auteur des faits, la garantie s'appliquera en cas de blessures aux tiers car l'article R. 211-5 du Code des assurances ne distingue pas selon l'origine du sinistre. Cette hypothèse concerne souvent l'incendie volontaire du véhicule par escroquerie à l'assurance, lorsqu'il y a des blessés. Bien sûr, le propriétaire du véhicule ne sera pas indemnisé des dommages subis en cas d'incendie criminel s'il en est l'auteur, le coauteur ou le complice, car il n'y a plus alors l'aléa nécessaire à tout contrat d'assurance. On pourra considérer en revanche, selon les cas, que si l'incendiaire a souhaité la destruction de son véhicule, il n'aura pas nécessairement souhaité blesser des victimes par la réalisation de son acte, de sorte que la victime sera indemnisée par l'assurance obligatoire en cette hypothèse. Il s'agit là de l'application des règles relatives à la faute intentionnelle de l'assuré (C. assur., art. L. 113-1). Cette faute intentionnelle suppose la volonté de créer le dommage consécutif à l'accident, « tel qu'il est survenu » (Civ. 2e, 18 mars 2004, D. 2004, IR, 1065 ; Civ. 1re, 6 avr. 2004, D. 2004, IR, 1426).

§ 2 ▪ « Trous de garantie » de l'assurance obligatoire

A ▪ Conséquences non assurées de l'événement légalement garanti

3587. L'article R. 211-8 du Code des assurances énonce une série d'hypothèses dans lesquelles le dommage subi ne sera pas garanti alors même qu'il peut provenir d'un événement légalement garanti, telle la chute d'un accessoire du véhicule par exemple. Certaines ont trait à la personne humaine et d'autres à l'engin que constitue le véhicule : il s'agit ainsi pour ce dernier cas des dommages causés notamment par des produits particulièrement dangereux, de nature nucléaire notamment, mais cela ne se justifie que par l'existence d'une assurance spécifique garantissant les professionnels qui manipulent et transportent ces produits.

1 ▪ Biens loués ou confiés au conducteur

3588. Cette exclusion relative aux « dommages atteignant les immeubles, choses ou animaux loués ou confiés au conducteur à n'importe quel titre » est visée au 4° de l'article R. 211-8 du Code des assurances. Cette disposition a essentiellement vocation à exclure le dommage matériel subi par le propriétaire du véhicule lorsque celui-ci est confié à une autre personne, et complète ainsi les dispositions de l'article 5 alinéa 2 de la loi du 5 juillet 1985. En l'absence de ces textes, le propriétaire du véhicule pourrait se prétendre lui même lésé en cas de destruction de son véhicule, qu'il aurait confié au conducteur responsable. Cette protection est toutefois accordée au propriétaire par le jeu des garanties facultatives, telle la « tous risques » mais non par l'assurance obligatoire.

3589. Cette clause a aussi pour objet d'exclure la réparation des dommages atteignant le garage ou le box loué au conducteur, qui sera souvent propriétaire du véhicule, lorsqu'il se trouve endommagé par incendie ou accident ; il s'agit alors d'un « immeuble » loué au conducteur : on veut éviter ainsi l'indemnisation du propriétaire d'un pavillon par l'assureur automobile en cas de choc avec le véhicule. La formule « à n'importe quel titre » signifie qu'il peut s'agir d'un prêt, d'une location ou de tout acte n'ayant pas vocation à transférer la propriété des biens concernés, ce qui exclut la vente ou la donation. Rien n'interdit toutefois aux assureurs d'accorder une extension de garantie facultative pour couvrir certains de ces dommages, comme ceux affectant le garage ou le box. Il s'agit donc d'une exclusion légale « rachetable ».

2 ▪ Dommages causés aux marchandises et objets transportés

3590. Cette disposition de l'article R. 211-8 du Code des assurances permet à l'assureur de ne pas s'engager sur des coûts de sinistre qu'il ne pourrait maîtriser lors de la conclusion du contrat si l'assuré transporte dans son véhicule des objets de grande valeur, ce qui l'exposerait à une indemnisation importante (bijoux, matériel informatique haut de gamme, objets d'art…). On considère que de tels dommages relèvent davantage des assurances facultatives. Ce n'est pas le cas en revanche des « vêtements endommagés » des passagers et de l'appareillage médical, en cas d'accident corporel uniquement, lesquels sont toujours garantis selon les textes (L. 5 juill. 1985, art. 5).

B ▪ Clauses d'exclusion relatives au véhicule assuré

1 ▪ Définition de la clause d'exclusion

3591. Le contrat d'assurance automobile est un contrat « réglementé », ce qui signifie que la partie réglementaire du Code des assurances définit précisément les exclusions que les assureurs peuvent insérer dans leurs polices : il s'agit des seules clauses possibles et toute autre clause non prévue par les textes serait déclarée nulle comme le décide habituellement la jurisprudence. La réforme Badinter de 1985 a modifié le droit applicable en matière d'exclusions pour en réduire le nombre. Néanmoins, il ne s'agit que des exclusions de la garantie de la responsabilité civile de l'assuré bien évidemment, l'assureur reste libre de fixer les clauses d'exclusion qu'il désire pour les garanties de dommages au véhicule, qui demeurent facultatives. Parmi ces clauses d'exclusion, certaines concernent le comportement de l'assuré ou les documents nécessaires à la conduite, d'autres sont relatives plus précisément aux dommages que cause le véhicule lors de sa circulation, du fait de ses conditions de transport, de son utilisation atypique ou des choses qu'il contient.

a - Respect du formalisme

3592. La clause d'exclusion se justifie alors par l'augmentation de la probabilité de survenance du risque que de telles conditions provoquent, raison pour laquelle le Code des assurances l'autorise alors. Avant d'en aborder l'étude, il convient de ne pas perdre de vue que pour être autorisées, ces clauses d'exclusion n'en demeurent pas moins soumises au régime habituel des clauses d'exclusion des assurances : elles devront être notamment formelles et limitées, rédigées en caractères très apparents, c'est-à-dire, en caractère gras par rapport au reste du texte, et l'on serait tenté de dire « rédigées tout simplement ». En effet, un assureur ne pourrait invoquer une clause d'exclusion autorisée par le Code qu'il n'aurait pas lui-même réinsérée dans les propres conditions générales de son contrat.

b - Opposabilité de l'exclusion

3593. La pratique démontre que toutes ces clauses autorisées par le Code des assurances se retrouvent dans tous les contrats des assureurs car il est de leur intérêt de les y faire figurer. La présence d'une clause d'exclusion doit également conduire systématiquement à se poser la question de l'opposabilité aux victimes car les textes privilégient le droit des victimes au détriment de la communauté des assurés que représente l'assureur, si bien qu'aujourd'hui, de très nombreuses exclusions autorisées ne sont plus opposables aux victimes (C. assur., art. R. 211-13). Cependant, si la clause d'exclusion « n'existe pas » à l'égard des victimes, elle continue d'exister toutefois à l'égard de l'assuré auprès duquel l'assureur pourra théoriquement se faire rembourser après avoir procédé au paiement intégral des dommages et intérêts à la victime. C'est la raison pour laquelle les clauses d'exclusion ne doivent pas être négligées car elles peuvent se révéler dramatiques pour le patrimoine de l'assuré qui perd en quelque sorte le bénéfice de la garantie puisqu'il se trouve lui-même tenu de rembourser son assureur. Cette possibilité sauve la philosophie du système faute de quoi l'assureur deviendrait une simple caution. Il faut distinguer également les exclusions classiques communes à toutes les assurances de responsabilité civile et de dommages et celles qui sont propres à l'assurance de responsabilité civile automobile, spécialement issues de la loi Badinter du 5 juillet 1985.

2 ▪ Circonstances systématiquement exclues

3594. L'article L. 211-1 du Code des assurances a vocation à garantir la responsabilité civile de l'assuré du fait de son véhicule, parce qu'il risque de provoquer un dommage à une victime. Les dommages subis par le véhicule assuré ne peuvent donc pas être indemnisés par l'assurance automobile obligatoire de ce véhicule car l'assuré ne peut être responsable du dommage qu'il s'est causé à lui-même en vertu d'un principe fondamental : on ne peut être responsable envers soi-même. Il en résulte bien évidemment que les règles du contrat continuent de s'appliquer aussi bien pour le véhicule objet de l'assurance que pour les véhicules et les biens de la victime, même si les conventions existant entre les assureurs, notamment la convention IRSA, ont pour effet de modifier sensiblement ce droit, l'État lui-même, qui est son propre assureur pour ses véhicules, ayant adhéré à ces conventions. Le législateur a voulu imposer à l'assuré le respect de conditions de sécurité du transport minimales, qui touchent aussi bien à la sécurité des passagers transportés dans le véhicule qu'aux matières dangereuses qui peuvent s'y trouver. Le non-respect de ces règles élémentaires entraînera alors l'absence de garantie du responsable de l'accident.

a - Sécurité insuffisante des passagers

3595. L'article R. 211-10 du Code des assurances autorise les assureurs à insérer dans leurs contrats une clause d'exclusion pour les dommages subis par les personnes transportées dans le véhicule, c'est-à-dire les passagers, lorsque le transport n'est pas effectué dans les « conditions suffisantes de sécurité » définies à l'article A. 211-3 du Code des assurances. Il est admis aujourd'hui pour les voitures de tourisme, les taxis, les autobus et les camions que la sécurité est suffisante lorsque les personnes sont transportées à l'intérieur du véhicule, le nombre de places possibles indiquées sur la carte grise et préconisées par le constructeur est sans influence sur cette appréciation. De même, le port ou l'absence de la ceinture de sécurité est indifférent. La règle vaut également pour les remorques et semi-remorques qui doivent être conçues pour transporter des personnes. Pour les véhicules à deux roues tels que les motos, la sécurité est suffisante si un seul passager seulement est transporté avec le conducteur, un troisième est possible s'il s'agit uniquement d'un tandem.

3596. Définie par le Code des assurances, la sécurité se distingue de celle imposée par le Code de la route. Concernant par exemple l'usage des motos, l'article R. 431-5 du Code de la route précise que « sur les motocyclettes, tricycles et quadricycles à moteur, cyclomoteurs et cycles, le transport de passagers n'est autorisé que sur un siège fixé au véhicule, différent de celui du conducteur ». Au sens de la clause d'exclusion de l'assurance automobile obligatoire, la sécurité sera considérée comme suffisante même si le passager n'est pas transporté sur un siège réglementaire défini par le Code de la route, seul compte le fait qu'il n'y ait qu'un seul passager en sus du conducteur de la moto. Peu importe également que le siège du passager de la moto ne « soit pas muni d'une courroie d'attache, d'au moins une poignée et de deux repose-pied », condition posée par le Code de la route (art. R. 431-11).

3597. L'article A. 211-3 du Code des assurances définit pour les autres types de véhicule les conditions suffisantes de sécurité, en ces termes : « en ce qui concerne les véhicules utilitaires, lorsque les personnes transportées ont pris place, soit à l'intérieur de la cabine, soit sur un plateau muni de ridelles, soit à l'intérieur d'une carrosserie fermée et lorsque leur nombre n'excède pas huit en sus du conducteur ; en outre, le nombre des personnes transportées hors de la cabine ne doit pas excéder cinq. Pour l'application des précédentes dispositions, les enfants de moins de dix ans ne comptent que pour moitié ; en ce qui concerne les tracteurs n'entrant pas dans la catégorie b, lorsque le nombre des personnes transportées ne dépasse pas celui des places prévues par le constructeur ; en outre, lorsque le véhicule est muni d'un side-car, le nombre des personnes transportées dans celui-ci ne doit pas dépasser celui des places prévues par le constructeur ; la présence d'un enfant de moins de cinq ans, accompagné d'un adulte, n'implique pas le dépassement de cette limite ».

b - Participation à une épreuve sportive

3598. Le Code des assurances déclare valable les clauses d'exclusion lorsque l'accident du véhicule survient « au cours d'épreuves, courses, compétitions ou leurs essais, soumis par la réglementation en vigueur à l'autorisation préalable des pouvoirs publics » (C. assur., R. 211-11 4°). Cette exclusion, qui n'est pas opposable aux victimes, se justifie évidemment par l'aggravation du risque que provoque l'utilisation d'un véhicule dans le cadre d'une course sportive puisque la vitesse notamment y joue un rôle prépondérant. Ainsi, la Cour a pu retenir la validité d'une clause formelle et limitée excluant la garantie des dommages causés « au cours d'épreuves, courses, compétitions ou leurs essais de tous types » dans l'hypothèse d'une séance de roulage sur un circuit automobile (Civ. 2e, 27 mars 2014, n°13-16.126). Il ne faut pas y voir cependant la volonté de « lutter contre les épreuves sportives » en matière automobile mais plutôt le règlement d'un conflit potentiel d'assurances pouvant survenir avec l'organisateur de celles-ci car l'autorisation préalable des pouvoirs publics est toujours subordonnée à la justification de l'existence d'une garantie d'assurance de l'organisateur. Rien n'interdit également à un assureur d'accorder une extension contractuelle de garantie à son assuré pour ces événements. On relèvera, à ce propos, que la Cour de cassation a abandonné la théorie des risques acceptés dans la pratique sportive en retenant le principe de la responsabilité sans faute définie à l'article 1384 du Code civil (renuméroté 1242 par la réforme du droit des contrats) (Civ. 2e, 4 nov. 2010, n° 09-65.947). Pour le sport automobile ou la moto, cette décision a pour effet de mettre en péril la pratique de ces activités car les fédérations, soumises à une obligation d'assurance, pour les dommages résultant d'un accident survenu en compétition, peuvent se trouver dans l'incapacité de supporter le coût de la hausse des primes d'assurances en découlant. C'est pourquoi, il a été proposé d'amender l'article L 321-3 du Code du sport visant à écarter la responsabilité sans faute du fait des choses pour les dommages matériels (proposition de loi n°4197, AN, 24 janv 2012).

3599. Une course poursuite entre deux véhicules sur une route nationale, par jeu imprudent, peut-elle entraîner l'exclusion de la garantie sur ce fondement ? Le texte de l'article R. 211-11 ne vise que les dommages survenant au cours d'un acte sportif soumis à une autorisation préalable des pouvoirs publics de sorte que cette exclusion ne peut être invoquée contre deux automobilistes impliqués dans un accident, même s'il est démontré que ceux-ci « faisaient la course ». En revanche, l'accident pourrait ne pas être considéré comme un véritable « accident de la circulation » selon la loi du 5 juillet 1985 si un fait volontaire se trouve à l'origine du choc. Il n'existe toutefois pas de jurisprudence significative sur ce point précis à ce jour.

3 ▪ Choses transportées dans le véhicule

a - Sources de rayonnements ionisants

3600. Il s'agit là de l'une des exclusions classiques définies à l'article R. 211-11 du Code des assurances dont l'objet est de soumettre à une obligation d'assurance spéciale les véhicules industriels lorsqu'ils transportent des produits dont la détention est réglementée par ailleurs. Cette exclusion, que l'on retrouve dans tous les contrats, n'a aucune portée pratique pour l'immense majorité des véhicules en circulation.

b - Transport de produits dangereux

3601. L'hypothèse envisagée ici est celle d'un accident causé par un véhicule qui transporterait « des matières inflammables, explosives, corrosives ou comburantes ». Le Code des assurances autorise les assureurs à insérer dans leurs contrats une clause d'exclusion de garantie en pareille hypothèse, que l'on retrouve en pratique dans tous les contrats. Il faut néanmoins que ces produits dangereux aient contribué à provoquer ou aggraver l'accident pour que la clause puisse fonctionner. Ce sera, par exemple, l'hypothèse d'un accident ayant déclenché l'embrasement du véhicule, lui-même considérablement aggravé par la présence d'un produit inflammable se trouvant dans le coffre. Pour conserver la cohérence de l'exclusion, le Code des assurances exclut de la liste des produits considérés comme dangereux le carburant nécessaire au moteur ainsi que certains produits comparables à l'huile ou aux essences minérales ne dépassant pas 500 kg ou 600 litres.

Section 3 ▪ Protection facultative du véhicule

3602. Les progrès technologiques réalisés, s'ils permettent chaque jour d'accroître le confort de conduite de l'usager, ne rendent que plus coûteux l'achat du véhicule pour lequel nombre d'utilisateurs ont recours au crédit. L'endommagement du véhicule mal assuré peut ainsi conduire son propriétaire à assumer la poursuite du remboursement d'un crédit alors qu'il se trouvera privé de l'objet qui en avait été la raison. Or, seule l'assurance de responsabilité civile est obligatoire car on ne peut obliger en droit le propriétaire d'une chose à l'assurer, à de rares exceptions près. Néanmoins, l'obligation légale ne peut suffire à elle seule à garantir l'automobiliste contre tous les aléas de la circulation qui peuvent survenir sans que la responsabilité de quiconque soit engagée, et qui augmentent d'autant plus que le parc automobile se développe : les garanties complémentaires facultatives permettent ainsi de répondre efficacement à tous ces aléas qui se trouvent « hors la loi ». Par exemple, la loi du 5 juillet 1985, qui réglemente l'indemnisation des victimes, prévoit en son article 5 alinéa 2 que la faute du conducteur peut être invoquée à l'encontre du propriétaire de l'automobile qui chercherait à obtenir la réparation des dommages subis par son véhicule en s'adressant directement à l'assureur de la responsabilité obligatoire. Cette règle justifie d'autant la souscription de garanties facultatives pour les dommages subis par le véhicule.

3603. Sous l'effet de la concurrence économique, et parce qu'ils ont bien compris cette dimension essentielle, les assureurs proposent aujourd'hui de véritables « packs crédits » destinés à financer l'achat du véhicule, ce qui constitue un service annexe « étranger » au métier de l'assureur. La tendance consiste à offrir aux clients des packs complets de garantie qui limitent la liberté contractuelle du client qui ne peut plus comme auparavant « panacher » ses garanties mais sera obligé d'adhérer à l'une des trois ou quatre grandes formules proposées par l'assureur, chaque formule regroupant une variété de garanties.

§ 1 ▪ Agencement des garanties facultatives

A ▪ Offres « à la formule »

3604. Les assureurs proposent essentiellement deux types de couverture en assurance de dommages : la garantie « tierce collision » couvre les dommages résultant d'un accident survenu avec un tiers identifié, souvent conducteur d'un véhicule, mais qui peut être aussi un animal si son propriétaire est identifié. La garantie « dommages tous accidents », plus complète, garantit tous les accidents y compris lorsque le conducteur est seul en cause comme la chute du véhicule dans un ravin ou le choc contre un platane. La seconde formule a tendance à monopoliser le marché pour des raisons concurrentielles évidentes : moyennant une franchise à la charge de l'assuré en cas d'accident responsable ou sans tiers identifié, celui-ci se trouve couvert dans de nombreux cas y compris lorsqu'il est seul en cause. On peut résumer l'offre faite aux consommateurs en trois grandes catégories, étant précisé que chaque assureur définit sa propre politique et qu'il n'y a pas de « règle absolue » en la matière concernant l'agencement de ces différentes garanties.

3605. L'assuré devrait pouvoir ne souscrire que la garantie de responsabilité civile obligatoire auprès d'un assureur s'il ne souhaite pas bénéficier d'une couverture complémentaire. Toutefois, le marché est aujourd'hui organisé de manière à limiter les possibilités de choix du consommateur car la garantie obligatoire de la responsabilité civile se trouve presque systématiquement incluse dans une « formule minimum » qui comprend également des garanties facultatives.

1 ▪ Formules « minimum »

3606. Elles comprennent la responsabilité civile obligatoire, la protection juridique et, de plus en plus, la garantie du conducteur dont l'objet est d'accorder à celui-ci des indemnités en cas de blessures s'il est le seul responsable de l'accident. C'est un peu la formule destinée à la « clientèle sociale » de l'assureur pour des véhicules anciens à faible valeur et à risque de vol peu élevé et pour une cotisation d'assurance attractive au regard des autres formules.

2 ▪ Formules « médianes »

3607. Elles se composent du bloc de garanties de base (RC, protection juridique et garantie du conducteur) auxquelles s'ajoutent souvent le vol, l'incendie et le bris de glaces. Pour caricaturer un peu, on pourrait dire que c'est la formule réservée au véhicule « qui n'est plus neuf sans être vieux ».

3 ▪ Formules « intégrales »

3608. Elles résultent de l'addition des deux précédentes formules auxquelles s'ajoutent la garantie des dommages subis par le véhicule si le conducteur est responsable et l'assistance. Ce dernier type de formule est connue du grand public sous le vocable « tous risques », qui ne signifie pas pour autant que tous les événements susceptibles de se produire sont nécessairement garantis. Par exemple, le sinistre d'inondation d'un véhicule, qui ne résulte pas d'une catastrophe naturelle définie par arrêté interministériel pris en application de l'article L. 121-5 du Code des assurances, ne sera pas indemnisé même si le véhicule est garanti en formule « tous risques ». Ce fut le cas, ces dernières années, pour quelques crues de rivières n'ayant pas donné lieu pour autant à arrêté interministériel, condition nécessaire à la constatation de l'état de catastrophe naturelle ouvrant droit au bénéfice de la garantie obligatoire des catastrophes naturelles. De même, la garantie « tous risques » n'interdit évidemment pas à l'assureur d'invoquer une franchise ou une clause d'exclusion. Il en résulte une incompréhension traditionnelle de l'assuré qui se croit victime « d'une escroquerie » alors qu'il a payé une garantie « tous risques ».

B ▪ Droit commun du contrat d'assurance

3609. Si l'assurance obligatoire de la responsabilité civile a créé un corps de règles dérogatoires interdisant par exemple à l'assureur d'opposer certaines exclusions de garantie aux victimes, cette réglementation spécifique ne s'applique plus concernant les garanties facultatives du véhicule pour lesquelles le contrat d'assurance reprend alors un rôle primordial par le jeu de la liberté contractuelle : les clauses d'exclusion des garanties facultatives seront donc opposables à l'assuré comme aux tiers.

3610. Le problème juridique majeur posé par les garanties facultatives consiste souvent à savoir si une « circonstance » énoncée au contrat doit être regardée comme une exclusion de risque ou si, au contraire, elle participe de la définition même de la garantie. Par exemple, si l'assureur garantit le « vol du véhicule avec effraction », faudra-t-il considérer que l'effraction est une circonstance qui exclut la garantie si elle ne se produit pas ou inversement, qui subordonne son application lorsqu'elle survient ?

1 ▪ Enjeux de forme

3611. Les enjeux se situent essentiellement sur le plan du formalisme et de la preuve : formalisme d'abord car l'exclusion de risque doit revêtir certaines conditions de forme et de fond pour être valable, ce qui n'est pas le cas de la définition de la garantie ; l'exclusion doit ainsi être « formelle et limitée » (C. assur., art. L. 113-1) et rédigée en caractères très apparents (C. assur., art. L. 112-4), définis concrètement comme des « caractères gras » dans le texte.

3612. La Cour de cassation a jugé notamment que les règles de validité des clauses d'exclusion fixées par l'article L. 113-1 du Code des assurances ne sont pas applicables aux clauses qui définissent simplement la garantie (Civ. 1re, 12 mai 1993, RCA 1993, comm. n° 277).

De même, le formalisme de l'article L. 112-4 du Code des assurances qui impose la rédaction des clauses d'exclusion en caractères très apparents ne s'applique pas à la simple définition de la garantie (Civ. 1re, 11 déc. 1990, RCA 1991, comm. n° 70).

3613. Application pratique : une dame Y a souscrit un contrat d'assurance auprès d'une compagnie prévoyant une assurance facultative des dommages subis par le véhicule. L'assureur oppose un refus de garantie au motif qu'au moment de l'accident son époux, qui conduisait le véhicule, se trouvait sous l'emprise de l'alcool. La compagnie d'assurances invoque alors une clause d'exclusion concernant la garantie facultative de dommages au véhicule qui exclut la réparation « du dommage subi par le véhicule en cas d'imprégnation alcoolique du conducteur ». La Cour de cassation juge alors au visa de l'article L. 113-1 du Code des assurances que la clause n'est pas formelle et limitée au sens de ce texte car « elle ne met pas l'assuré en mesure de connaître exactement l'étendue de ses droits à garantie » (Civ. 1re, 9 déc. 1997, Bull. civ. I, n° 352). La Cour a considéré en quelque sorte que l'assureur pouvait améliorer la définition de son exclusion en faisant référence, par exemple, au taux d'alcool au-delà duquel l'exclusion s'appliquerait : n'oublions pas que les assureurs sont libres de déterminer l'étendue de leurs clauses d'exclusion, la simple référence « au taux d'alcoolémie » dans un contrat ne signifie pas implicitement que le taux visé est nécessairement celui prévu par le Code de la route pour la répression pénale de la conduite en état d'ivresse.

2 ▪ Enjeux de preuve

3614. L'assuré devra prouver que les conditions de définition de la garantie sont réunies en application de l'article 1353 (anc. art. 1315 avant le 1er oct. 2016) du Code civil tandis que l'assureur devra apporter la preuve, sur le même texte, que les conditions de mise en œuvre de son exclusion de garantie sont remplies (voir L. Namin, Preuve du vol, mode d'emploi, JA fév. 2011, p. 22). Aussi peut-il être tentant pour se faciliter la vie – et donc la preuve – de soutenir qu'une exclusion de risque est en réalité une définition de la garantie et vice et versa : on aura reconnu qui de l'assuré ou de l'assureur s'engagera dans cette voie !

3615. S'agissant des règles de preuve, s'il appartient à l'assureur de prouver l'exclusion de risque, l'assuré devra en revanche prouver qu'il justifie des conditions requises par la police d'assurance pour bénéficier de l'indemnité (Civ. 1re, 25 janv. 1989, Bull. civ. I, n° 36). Peu importe d'ailleurs l'incidence de la distinction sur la survenance du sinistre (Civ. 1re, 7 juill. 1992, RCA 1992, comm. n° 429).

§ 2 ▪ Protection contre la disparition du véhicule : le vol

3616. Pour lutter contre le vol, les constructeurs ont développé une gamme de systèmes antivol et le gravage des vitres pour permettre une identification plus aisée du véhicule, avec toujours un souci commercial : le véhicule « plus sûr » sera « moins cher » à assurer. L'indemnité est alors versée au propriétaire du véhicule par l'assureur, qui sera l'assuré de la garantie vol dans la majorité des cas. Cette garantie a longtemps été le « casse-tête chinois » des assureurs car elle est le moyen de fraude le plus naturel d'un assuré malhonnête : nos fleuves et rivières regorgeraient de véhicules déclarés volés, en réalité « malencontreusement abandonnés » par leurs propriétaires.

A . Étendue de la garantie

3617. La garantie vol couvre à la fois le vol du véhicule et les détériorations que le voleur a pu causer pour s'en emparer, outre les accessoires. Il s'agit pour ces derniers d'une difficulté habituelle car les propriétaires se voient proposer une gamme d'accessoires pour améliorer leurs véhicules : autoradios, jantes en aluminium, etc. Presque tous les contrats n'assurent les accessoires en cas de vol que s'ils disparaissent en même temps que le véhicule ou à l'occasion d'une tentative de vol, et ils ne garantissent souvent que les accessoires montés en série par le constructeur. En revanche, les dommages aux tiers que le voleur a pu provoquer en utilisant le véhicule volé sont couverts par l'assurance obligatoire sur le fondement de l'article L. 211-1 du Code des assurances. L'objet de l'assurance est ici le véhicule lui-même, c'est lui qui est protégé contre le vol mais uniquement parce que le patrimoine de son propriétaire peut se trouver aussi affecté. Celui-ci devra en effet souvent se procurer un nouveau véhicule.

1 . Définition de la garantie

3618. La mise en œuvre de la garantie vol est souvent la source de nombreux procès car il n'est pas toujours aisé de savoir si les circonstances énoncées au contrat participent de la définition de la garantie ou, au contraire, constituent des exclusions de celles-ci. La preuve de la réunion des conditions de la garantie appartient à l'assuré en application de l'article 1353 (anc. art. 1315) du Code civil.

a - Qu'est-ce qu'un vol ?

3619. De la même manière que la référence au « taux d'alcoolémie » dans une clause d'exclusion d'une garantie facultative ne signifie pas nécessairement que l'assureur a entendu faire référence au « taux prévu par le Code de la route » pour la répression de la conduite en état d'ivresse, la garantie contre le vol insérée dans les conditions générales ne signifie pas non plus que l'assureur a entendu implicitement se référer à la « définition du vol » telle que celle-ci est donnée par le Code pénal en son article 311-1, c'est-à-dire comme « la soustraction frauduleuse de la chose d'autrui ». Le Code pénal ne prévoit d'ailleurs pas uniquement le vol simple mais également la répression de circonstances particulières dans lesquelles celui-ci est commis (avec violence, par surprise, par effraction, en bande organisée, à main armée, etc.).

b - Une variété de définitions

3620. En pratique, les situations sont très variées car certains assureurs élaborent une définition du vol proche de celle figurant au Code pénal tandis que d'autres ne parlent que du « vol du véhicule » sans plus de précision. Parfois, le véhicule est garanti y compris en cas d'abus de confiance. D'autres encore s'appuient sur le fait que bien souvent le véhicule est retrouvé dans les trente jours, le vol ne sera alors garanti a posteriori que si des indices probants sont relevés sur le véhicule (traces matérielles de forcement de la direction, de la serrure du contact électrique, des fils électriques ou du système antivol). Mais il s'agit là d'une définition de la garantie et non d'une exclusion de sorte que l'on ne peut reprocher à l'assureur de n'avoir pas été suffisamment précis dans la définition contractuelle qu'il donne du vol garanti. Gageons toutefois qu'une imprécision de la définition en cas de litige pourrait se retourner contre lui car les clauses d'assurance ambiguës s'interprètent toujours dans le sens le plus favorable à l'assuré.

c - L'éternelle difficulté de l'effraction

3621. Dans la plupart des contrats, cette garantie est subordonnée à l'existence d'une « effraction » du véhicule. Faut-il alors considérer que « l'effraction » est une exclusion ou une définition de la garantie ? La réponse ne souffre plus de difficulté : c'est une définition de la garantie et non une clause d'exclusion, elle doit donc être prouvée par l'assuré. Toutefois, la définition de l'effraction est-elle nécessairement celle donnée par le Code pénal ? Celui-ci la définit comme consistant « dans le forcement, la dégradation ou la destruction de tout dispositif de fermeture ou de toute espèce de clôture » (C. pén., art. 132-73). Est assimilée à l'effraction par cet article du Code pénal « l'usage de fausses clefs, de clefs indûment obtenues ou de tout instrument pouvant être frauduleusement employé pour actionner un dispositif de fermeture sans le forcer ni le dégrader ». Il appartient à l'assureur de préciser sa définition de l'effraction car le Code pénal prévoit qu'il peut y avoir parfois effraction sans dégradation du dispositif de fermeture. Si aucune trace de forcement n'a été observée sur la colonne de direction, l'assureur est en droit d'opposer à l'assuré sa définition de l'effraction définie comme « le forcement de la direction et de la serrure de blocage de celle-ci et des dégradations de l'appareillage électrique de démarrage » (CA Paris, 7e Ch A, 10 juin 2003, D. c/ Axa Courtage RG 2000/22335).

3622. De nombreux contrats d'assurance imposent aujourd'hui l'existence de traces d'effraction constatées sur les serrures ou sur le neiman : la garantie peut être écartée si le véhicule est retrouvé sans traces d'effraction (Civ. 2e, 9 déc. 2010, n°09-71.669). Ainsi, la Cour a refusé la prise en charge du sinistre dans le cas où aucune trace d'effraction n'a été relevée sur le véhicule, l'assuré ayant fait preuve de négligence dans la mise en œuvre de son dispositif antivol (Civ. 2e, 21 nov. 2013, n°12-29.274). La jurisprudence récente a confirmé cette position et a refusé la mise en jeu de la garantie dans l'hypothèse où l'enquête de police a établi que le véhicule ne présentait « ni trace d'effraction, ni de fil chuinté, ni de transformation mécanique dans le dispositif de démarrage » (CA Paris, Pôle 2, chambre 5, 1er avril 2014, n°11/13689). Ainsi, la garantie ne peut jouer en l'absence d'effraction car la jurisprudence estime que cette condition est un élément de la définition contractuelle du vol (CA Grenoble, 24 mars 2003, Juris-Data n° 230890). Si le contrat prévoit la nécessité d'une double effraction, le vol ne sera pas garanti s'il n'y a eu qu'effraction de la poignée extérieure du véhicule sans effraction du dispositif de mise en route (CA Paris, 8e Ch A, 6 mars 2003, Direct Assurances c/ Nocquet, RG 2002/09193). Dans le même sens, il a été jugé que les conditions de la garantie ne sont pas réunies, en l'absence de preuve d'effraction du véhicule avec détérioration des organes de direction et de mise en route (CA Paris 5 mai 2011, n° 08/02389, SA GMF c/Zaim). Bien sûr, les consommateurs ont tenté de faire juger cette clause abusive mais il fut décidé que la clause qui impose l'effraction tant pour pénétrer dans le véhicule que pour le faire démarrer ne présente pas un caractère abusif (CA Versailles, 6 sept. 2002, JA 2003, p. 242). En revanche, la jurisprudence assimile le vol des clés d'un véhicule, suite à l'effraction du domicile, à l'effraction du véhicule lui même s'il y a eu vol de ce dernier : l'assureur doit donc sa garantie (Civ. 1re, 16 mai 1995, Bull. civ. I, n° 208). Cette dernière jurisprudence de la Cour de cassation semble même s'appliquer par extension en l'absence d'effraction du domicile. Des voleurs avouent être entrés dans une maison, avoir pris un blouson dans lequel ils ont trouvé les clés du véhicule qu'ils ont ensuite volé : la preuve de la réalité du cambriolage à son domicile par l'assuré est apportée par le fait que les voleurs sont condamnés au pénal, outre les aveux. L'assureur tentera de refuser sa garantie en soutenant qu'il n'y a pas eu « effraction du véhicule » et qu'il s'agit d'un cas assez proche de son exclusion contractuelle de garantie relative au véhicule « volé à l'aide des clés » se trouvant à l'intérieur de celui-ci. La Cour condamne néanmoins l'assureur à indemniser son assuré (CA Montpellier, 13 févr. 2001, Juris-Data n° 159791). Cette solution est maintenant démentie pas la Cour de cassation qui conditionne, dans tous les cas, le bénéficie de la garantie à la matérialité d'une effraction : à propos d'un vol non couvert par l'assureur parce que commis avec les clés du véhicule laissées dans un local facilement accessible (Civ. 2e, 16 déc. 2010, n° 09-69.829) ou encore d'un véhicule retrouvé totalement calciné (Civ. 2e, 30 juin 2011, n° 10-23.309) ; CA Lyon, 1ère chambre civile B, 6 mars 2012, n°11/00115).

3623. Néanmoins, si les contrats d'assurance n'imposent pas l'existence de traces d'effraction, la jurisprudence récente a tendance à retenir le bénéficie de la garantie vol en présence d'un faisceau d'indices rendant vraisemblable le vol indépendamment de toutes traces d'effraction. Dans cette espèce, le seul fait pour l'assuré d'avoir déposé plainte et d'avoir retrouvé son véhicule hors d'état de rouler dans un quartier sensible suffisait à caractériser le vol de son véhicule (CA Toulouse, 1ère chambre, sect., 27 juillet 2015, n°15/00192).

d - Mesures de prévention

3624. L'effraction n'est pas la seule condition de la garantie qui doit être prouvée par l'assuré, ce peut être aussi le cas des mesures de prévention préalables, telle l'installation d'un dispositif antivol. Ces systèmes, même s'ils sont souvent imposés à des véhicules « haut de gamme » comme les grosses cylindrées, se retrouvent également sur des véhicules plus anciens en raison de l'augmentation des trafics de véhicules vers les pays de l'est pour lesquels un véritable marché de la « pièce détachée » pour voitures moyennes existe aujourd'hui, de par leur ouverture européenne et un parc automobile démodé. La Cour de cassation a jugé que la police d'assurance qui impose en préalable à l'existence de l'assurance l'installation d'un dispositif anti-vol agréé par l'assureur, constitue une condition de la garantie dont la preuve pèse sur l'assuré (Civ. 1re, 29 oct. 2002, Bull. civ. I, n° 243). Il s'agit bien d'une condition de la garantie car le système doit être installé avant la survenance du sinistre. Toutefois, l'assureur peut librement choisir la sanction réservée à l'assuré en cas de non-respect des mesures de prévention du vol : refus de garantie ou simple franchise additionnelle.

3625. Les assureurs ont tenté d'endiguer la vague incessante du vol des véhicules en imposant à leurs assurés contractuellement de sécuriser leurs véhicules par des précautions particulières telles l'installation d'une alarme homologuée, le gravage du numéro d'immatriculation ou de série sur les vitres, la pose d'un système antivol performant, parfois même l'installation d'un système électronique de repérage du véhicule. En pratique, l'assuré devra être en mesure de fournir une facture ou un document certifiant l'inscription du marquage des vitres au fichier central de l'organisme de marquage car il s'agit d'une condition de la garantie dont la preuve pèse sur lui. La Cour de cassation rappelle ainsi que la clause qui oblige l'assuré à équiper son véhicule d'un système d'alarme volumétrique, d'un coupe-circuit et du gravage des vitres constitue une condition de la garantie et non une clause d'exclusion de celle-ci (Civ. 1re, 3 mars 1998, Juris-Data n° 001101). Parfois l'assureur subordonne la garantie à certaines conditions de stationnement du véhicule, qui devra par exemple être impérativement « stationné la nuit dans un garage fermé à clé ». Le vol intervenant ainsi dans un garage public entraînerait la déchéance de la garantie (Civ. 1re, 27 févr. 1997, RGDA 1997. 578).

3626. Afin d'atténuer la rigueur des règles de preuve pour l'assuré, qui parfois aura correctement installé le système réclamé mais aura perdu les factures pour le justifier, la jurisprudence récente tente d'aplanir les difficultés de preuve auxquelles peut être confronté l'assuré en imposant à l'assureur, et plus souvent aux intermédiaires d'assurance, de rapporter la preuve qu'ils se sont acquittés d'une obligation d'information à l'égard de l'assuré.

3627. La Cour de cassation reproche ainsi à un assureur de ne pas avoir porté à la connaissance de son assuré une clause du contrat d'assurance qui imposait à celui-ci de faire graver le numéro d'immatriculation sur les vitres du véhicule assuré (Civ. 1re, 27 mars 2001, Juris-Data n° 008911). Dans le prolongement de ce raisonnement, un courtier d'assurance peut aussi engager sa responsabilité envers son client en cas de changement de véhicule, emportant transfert de la garantie du contrat sur un nouveau véhicule, s'il n'attire pas l'attention de son client sur la nécessité de faire procéder au gravage des vitres afin de bénéficier de la garantie vol, car l'assureur serait alors en droit de refuser sa garantie (Civ. 1re, 21 oct. 2003, Juris-Data n° 020679). Néanmoins, il suffit à un agent général de rappeler à son assuré verbalement à maintes reprises le caractère indispensable du gravage pour que l'information soit suffisante. Point n'est besoin de réitérer la demande par écrit et de vérifier que l'assuré a satisfait à cette obligation avant de percevoir les primes (CA Dijon, 12 janv. 1999, Juris-Data n° 041170).

2 ▪ Clauses d'exclusion

3628. L'enjeu est ici assez simple : l'existence de la clause d'exclusion doit être prouvée par l'assureur. La Cour de cassation énonce que la clause d'exclusion est celle qui prive l'assuré du bénéfice de la garantie du risque de vol « en considération de circonstances particulières de réalisation du risque » (Civ. 1re, 26 nov. 1996, Bull. civ. I, n° 413). Quelles sont ces « circonstances particulières » de réalisation du risque qui constituent une exclusion et non une définition de la garantie ? À la différence de l'installation préalable du système de sécurité dont la preuve pèse sur l'assuré car il s'agit d'une condition de la garantie, la mise en fonction du système lors du vol est, en revanche, une exclusion de la garantie dont la preuve « de l'oubli par l'assuré » pèse sur l'assureur, par le jeu de l'article 1353 (anc. art. 1315) du Code civil.

3629. Le vol du véhicule survenu alors que les clés se trouvent encore sur le tableau de bord est devenu la source de nombreux conflits entre assurés et assureurs. On estime même aujourd'hui que plus de 50 % des véhicules sont volés avec leurs clés. Il suffit souvent au voleur de se poster près d'une boulangerie ou d'un distributeur automatique de billets et d'y guetter le ballet des arrêts momentanés des voitures des clients, pour partir avec l'une d'elles « clés en mains », profitant de la naïveté de ceux qui pensent qu'un véhicule « à portée de vue » dissuadera le toupet du voleur. Celui-ci n'ayant du reste plus de limites, il suffira même parfois de se trouver simplement arrêté à un feu rouge pour se faire « détrousser » son véhicule par des voleurs peu scrupuleux. Le vol du véhicule de l'assuré, survenu alors que celui-ci avait stationné son automobile, moteur en marche, pour descendre ouvrir la porte de son garage, n'est pas garanti dès lors que le dispositif de sécurité contractuellement prévu en cas de vol n'a pas été actionné (CA Paris, 7e Ch A, 24 juin 2003, MACSF c/ Haroun, RG n° 2002/784). C'est la raison pour laquelle de nombreux contrats excluent la garantie de l'assureur si le vol survient avec les clés au volant. S'agissant d'une exclusion de garantie, il appartiendra à l'assureur de prouver que les clés ont été laissées sur le volant : cette preuve n'est pas facile pour lui mais il est souvent aidé par la déclaration systématique auprès des forces de l'ordre qu'effectue le propriétaire, puisque l'obligation lui en est faite par le contrat : bien souvent, ce dernier avouera spontanément avoir laissé les clés sur le véhicule, persuadé qu'il reste bien victime d'un vol même en cette circonstance. De même, lorsque l'assuré déclare, après s'être fait volé son véhicule à la suite d'un essai effectué par un acquéreur potentiel, « qu'il n'avait pas eu le temps de réagir lorsque ce dernier était remonté dans la voiture et avait pris la fuite » (Civ. 2e, 3 fév. 2011, n° 10-14.633). Il a été jugé que l'assureur ne peut se prévaloir d'une clause qui prévoit l'exclusion de la garantie lorsque le conducteur a laissé les clés à l'intérieur de son véhicule, puisque le vol de cette automobile a été commis avec violence sur le gardien (CA Aix-en-Provence, 23 oct. 2003, Juris-Data n° 229821). De même, la Cour a confirmé dans une jurisprudence récente que l'assureur ne pouvait opposer l'exclusion de garantie en raison de la présence des clefs à l'intérieur du véhicule quand le vol a été perpétré en raison des violences commises (Civ, 2e, 12 mai 2011, n°10-17.256). Dans d'autres cas, la découverte du véhicule sans traces d'effraction apparentes fera présumer qu'il a été volé avec ses clés. Cependant, les procédés technologiques utilisés par les voleurs deviennent si perfectionnés qu'ils peuvent parfois tromper la vigilance d'experts en automobile, lesquels pratiquent de plus en plus des analyses de spectre sur contacteur ou neiman pour rechercher l'existence d'un forçage de la direction, dont le dépistage devient quasi impossible à l'essai ou à l'œil nu.

3630. Certains assureurs, ceux des véhicules haut de gamme en général, imposent à leurs assurés la remise du second jeu de clés après le sinistre de « la quatrième clé » du véhicule, que l'on appelle dans le jargon la « clé porte-monnaie », à seule fin de déclencher le bénéfice de la garantie. Si l'assuré ne peut remettre à la compagnie d'assurance le deuxième jeu de clés de son véhicule, celui-ci se trouvant dans le véhicule volé, l'assureur est en droit de refuser sa garantie (CA Paris, 7e Ch A, 2 sept. 2003, Moukhatatif c/ Axa Courtage, RG n° 2002/4754). Il en va de même si l'assuré ne peut produire qu'une seule clé de son véhicule, celui-ci étant équipé de deux clés, alors que les circonstances du vol allégué demeurent suspectes (CA Paris, 7e Ch A, 9 sept. 2003, D'hulst c/ ACM, RG n° 2002/1683).

B ▪ Bénéfice de la garantie

3631. Pour bénéficier de la garantie en cas de vol, l'assuré sera tenu systématiquement de fournir à son assureur la preuve du dépôt de plainte effectué auprès des forces de l'ordre. C'est le moyen le plus simple dont dispose l'assuré pour prouver le vol, qui doit être déclaré à l'assureur dans les deux jours ouvrés. Les juges estiment généralement que ce dépôt peut suffire à établir la réalité du vol, ce qui constitue une démarche aisée à mettre en œuvre pour l'assuré et constitue toujours le préalable indispensable au fonctionnement de cette garantie, pour toutes les compagnies d'assurances. Cette plainte n'est pas pour autant un sésame qui déclenche automatiquement la garantie car l'assureur est autorisé à refuser celle-ci si des éléments précis sont de nature à faire douter de l'honnêteté de l'assuré (Civ. 1re, 7 juin 2001, RGDA 2001. 1035). Par exemple, s'il s'avère que les circonstances qui entourent la découverte du véhicule volé sont suspectes, les témoignages versés aux débats par l'assuré étant au surplus contradictoires au regard de ses propres déclarations (CA Paris, 7e Ch A, 29 avr. 2003, Marques c/ Axa France, RG n° 2001/15870). La mise en jeu de la garantie varie toujours selon que le véhicule sera ou ne sera pas retrouvé à la suite du vol : la plupart des contrats fixent alors un délai pour le « retour » du véhicule.

3632. Ce sera, par exemple, le cas du vol commis « pendant une période où l'assuré ne réglait plus les loyers du véhicule en location-vente » (CA Paris, 8 nov. 2000, Juris-Data n° 146567). L'assureur ne doit pas sa garantie lorsque le véhicule de son assuré a été retrouvé accidenté dans des conditions indéterminées et que le procès verbal de police mentionne la présence des clés du véhicule sur le contact électrique, en l'absence d'effraction. En revanche, il devra indemniser les dommages causés à ce véhicule, au titre de la garantie « dommages tous accidents », si le contrat ne contient aucune exclusion relative aux dommages subis par le véhicule à la suite d'un vol (CA Lyon, 31 oct. 2002, Juris-Data n° 212166). De même, un assureur, actionné pour une indemnisation suite à un vol de véhicule, ne peut arguer de la non conformité de l'engin avec la réglementation en France pour lui nier une existence juridique et refuser de le garantir (CA Riom, 19 juin 2003, Juris-Data n° 225717).

1 ▪ Le véhicule est retrouvé dans les délais contractuels

3633. Si le véhicule « revient » avant un délai de trente jours en général, fixé au contrat, le vol se transforme alors en un sinistre « dommages » classique car le véhicule est alors retrouvé mais sera souvent affecté de dégâts, après avoir été abandonné par les voleurs suite à un accident notamment. L'assuré en sera généralement informé par les autorités de police qui lui délivreront un avis de découverte. L'assureur ne prend ici en charge que les dégradations dues au vol et non celles inhérentes au vandalisme qui peut être couvert par le biais d'une autre garantie facultative indépendante du vol. L'assureur doit prouver l'effraction en revanche, s'il y a eu accident provoqué par le voleur après le vol, dans l'hypothèse où la clé électronique de l'assuré ne serait plus reconnue par le véhicule en raison d'un probable endommagement du dispositif de démarrage par le voleur (CA Paris, 14e ch. B, 7 juill. 2006, RG n° 05/24911).

2 ▪ Le véhicule est retrouvé en dehors des délais contractuels

3634. Dans cette hypothèse l'assuré aura souvent déjà fait l'objet d'une indemnisation par l'assureur pour le vol de son véhicule, avant la découverte ultérieure de celui-ci. Il dispose alors d'une « option » qui lui est offerte : il peut décider d'abandonner son véhicule à l'assureur et conserver l'indemnité reçue en échange, ce que l'on nomme : le délaissement du véhicule ; la propriété du véhicule volé puis retrouvé se trouve alors transférée à l'assureur. Toutefois, il peut aussi décider de reprendre son bien, par exemple s'il y est attaché pour des raisons affectives particulières (par ex. : cadeau familial), il devra alors rembourser à l'assureur les indemnités perçues déduction faite néanmoins du coût des réparations en cas de dommages provoqués par les voleurs au véhicule.

3 ▪ Le véhicule n'est jamais retrouvé

3635. Si le véhicule n'est pas retrouvé, l'assureur indemnisera son assuré à hauteur de la valeur du véhicule, à l'issue d'une période fixée contractuellement entre les parties, et qui varie en pratique de un à deux mois. En contrepartie de l'indemnité, l'assuré devra s'engager à remettre à sa compagnie d'assurances les documents administratifs du véhicule ainsi que les clés. Il y a là une multiplication de situations conflictuelles entre les parties au contrat car l'assuré considérera souvent que l'indemnisation proposée par l'assureur est plus faible que celle à laquelle il peut prétendre. Pour contourner la difficulté, les assureurs fixent aujourd'hui souvent une valeur minimale du véhicule en cas de vol d'une voiture ancienne et inversement, ils prévoient aussi de rembourser au propriétaire du véhicule de moins d'un an le prix de celui-ci au tarif constructeur au jour du vol. Sur le plan de la responsabilité civile, la convention IRSA conclue entre assureurs prévoit que la garantie reste due à l'assuré au plus jusqu'à l'échéance annuelle du contrat lorsque la responsabilité du propriétaire du véhicule volé est recherchée en raison d'un dommage causé à un ouvrage public (Conv. IRSA, art 1.2.2. b).

a - Valeur du véhicule

3636. De nombreux litiges sont relatifs à la valeur du véhicule car pour beaucoup d'utilisateurs, un véhicule qui n'a quasiment plus de « valeur vénale » peut s'avérer fort utile s'il continue de rouler à peu près convenablement. Inversement, si le véhicule volé est un véhicule neuf - hypothèse plus probable car le voleur intègre parfaitement cette notion de valeur ! - l'amortissement important du véhicule sur les premières années lui fait perdre rapidement de sa valeur alors que son propriétaire a encore parfaitement en mémoire « le prix qu'il lui en a coûté ». Il faut donc se référer essentiellement aux clauses du contrat d'assurance qui fixent la règle du jeu de l'indemnisation.

b - Réaction du marché

3637. Le contrat indemnise souvent l'assuré sur le fondement de la « valeur vénale », c'est-à-dire schématiquement sur le prix qu'un éventuel acheteur aurait été prêt à payer le jour du vol, si celui-ci n'avait pas eu lieu, pour le type de véhicule concerné. L'assuré attend ainsi souvent une valeur de remplacement tandis que l'assureur lui offrira parfois une valeur vénale : la première peut-être plus élevée que la seconde surtout si le véhicule était correctement entretenu au regard de son kilométrage. En général, les valeurs vénales se trouvent par les cotations officielles des journaux automobiles qui donnent une bonne « photographie » du marché de l'occasion, à l'instar de l'argus de l'automobile, mais ces cotations ne peuvent évidemment intégrer le plus ou moins bon état de chaque véhicule dans la série du type. La pression concurrentielle du marché de l'assurance a conduit les assureurs à prévoir aujourd'hui majoritairement une indemnisation sur la base de la valeur de remplacement pour satisfaire leurs assurés : il s'agit dans la plupart des cas d'une valeur de remplacement « à dire d'expert » que l'on nomme par le sigle « VRADE » (Valeur de Remplacement À Dire d'Expert). Concrètement, les experts en automobile ont recours à des « tables de dépréciation mensuelle des véhicules », établies par les organismes professionnels d'experts en automobile à partir de la valeur à neuf du véhicule, pondérée par certains correctifs tenant compte, par exemple, de l'état du véhicule dûment justifié, et des tendances régionales du marché de l'occasion.

§ 3 ▪ Autres garanties de dommages au véhicule

A ▪ Garantie incendie

3638. Le véhicule est souvent garanti ici à la fois contre les risques d'incendie, d'explosion et de chute de la foudre. Cette garantie est une assurance de dommages car c'est le véhicule lui-même qui est protégé contre l'incendie tandis que les dommages provoqués aux tiers par l'incendie du véhicule relèvent de la garantie de responsabilité civile obligatoire. La garantie incendie joue de moins en moins car, si l'on excepte l'hypothèse de l'incendie volontaire notamment dans certaines banlieues, les véhicules modernisés d'aujourd'hui ne brûlent quasiment plus spontanément, d'autant qu'ils sont parfois équipés de systèmes de détection électronique du court-circuit perfectionnés, pour les plus modernes d'entre eux. Il est vrai pourtant que la période actuelle a vu aussi migrer la fraude habituelle de la garantie vol vers celle de l'incendie du véhicule selon un schéma hélas classique : le propriétaire abandonne son véhicule dans une « zone sensible » et le déclare ensuite incendié par des délinquants. L'existence d'une garantie incendie protège aussi automatiquement le véhicule contre les effets de la tempête depuis une loi du 25 juin 1990 (C. assur., art. L. 122-7) : la garantie des effets du vent en raison des tempêtes, ouragans ou cyclones, est obligatoirement incluse dans les assurances contre l'incendie des biens situés en France.

B ▪ Garantie bris de glaces

3639. La garantie bris de glaces est sans doute la garantie la plus simple qui soit. Elle permet le remplacement ou la réparation du pare-brise et des vitres latérales quant ils sont heurtés par un objet quelconque. Elle concerne toutes les glaces et parties vitrées du véhicule aussi bien latérales qu'avant et arrière ainsi que les toits vitrés, phares compris, sauf clause contraire fréquemment stipulée. Cette garantie est parfois étendue aux optiques de phare. Le tarif de cette garantie peut varier selon la zone géographique car l'état d'entretien de la voirie joue un rôle essentiel sur le bris de glaces, notamment sur les routes départementales où les collectivités locales procèdent à l'épandage de gravillons.

1 ▪ Mise en jeu de la garantie

3640. C'est une garantie qui fonctionne également en marge du règlement des autres sinistres : l'assuré procède au changement de son pare-brise et envoie directement la facture à l'assureur qui ne désigne pratiquement jamais d'expert en automobile pour examiner le véhicule, et n'applique donc pas de vétusté. Il y a là de toute évidence des impératifs de saine gestion au regard des coûts de règlement : ceci explique qu'elle fonctionne pratiquement sans litige au quotidien. Les sinistres de bris de glaces seuls ne donnent pas lieu à application du système de bonus malus.

2 ▪ Fraude à l'assurance

3641. Les conditions de son règlement en font l'une des garanties les plus fraudées car indemnisée sans véritable contrôle : il se raconte ainsi que les sociétés d'assurances remboursent chaque année plus de pare-brise qu'il ne s'en fabrique et importe en France. Nombreux seraient les garagistes qui factureraient « à titre commercial » un pare-brise à leurs clients pour de menus travaux d'entretien exécutés sur le véhicule, financés ainsi. Les assureurs ont donc largement encouragé les formules de réparation des pare-brise qui ne se changent pratiquement plus aujourd'hui grâce à l'utilisation d'une colle de très haute performance : les réparations ne peuvent se faire que par des spécialistes conventionnés avec les assureurs, et qui n'ont aucun intérêt à la fraude, comme le font certains réparateurs spécialisés.

C ▪ Garantie des catastrophes naturelles

3642. La garantie des dommages au véhicule est complétée en France par une garantie des catastrophes naturelles. Elle a vocation à intervenir quant des véhicules sont emportés dans des inondations ou endommagés lors de tempêtes. Cette garantie, instaurée en France depuis une loi du 13 juillet 1982 fonctionne en assurance automobile car elle est contenue notamment dans les contrats couvrant les dommages « aux corps de véhicules terrestres à moteur » (C. assur., art. L. 125-1). Elle est financée par une surprime de 6 % des primes vol et incendie ou de 0,8 % des garanties dommages.

3643. La garantie des catastrophes naturelles est souvent confondue avec la garantie contre la tempête. On exposera que la garantie des catastrophes naturelles ne couvre que des dommages aux biens directement provoqués par l'intensité anormale d'un agent naturel. Les événements le plus souvent constatés sont les inondations, les coulées de boue, et, dans une moindre mesure, les avalanches, les tremblements de terre, l'action mécanique des vagues, les glissements et affaissements de terrain. Elle est obligatoirement attachée à toute garantie dommages depuis la loi du 13 juillet 1982. Il ne s'agit donc pas d'une assurance obligatoire mais simplement d'une garantie obligatoirement attachée à un contrat-socle, c'est-à-dire à toute garantie dommage : l'assuré qui ne protège ainsi son véhicule à aucun titre en dehors de l'assurance obligatoire ne bénéficiera pas de cette garantie (Civ. 1re, 10 févr. 2004, D. 2004, IR, 604). Toute clause d'un contrat excluant les conséquences matérielles des catastrophes naturelles sur le véhicule couvert serait réputée nulle et non écrite. La mise en jeu de la garantie suppose l'intervention d'un arrêté interministériel officialisant le caractère de catastrophe naturelle : c'est lui qui crée juridiquement l'obligation à la charge de l'assureur qui doit alors s'exécuter dans un délai de 3 mois (C. assur., art. L. 125-2 al. 4) L'assureur désignera ainsi un expert en automobile avec mission de procéder à l'évaluation du dommage subi par le véhicule et l'indemnisation se déroulera comme dans une assurance « tous risques », c'est-à-dire la formule la plus complète. La franchise applicable ne sera pas celle prévue au contrat d'assurance automobile mais la franchise imposée par les clauses types de l'article A. 125-1 du Code des assurances en son annexe 1, c'est-à-dire 380 € pour chaque véhicule endommagé sauf s'il s'agit d'un véhicule à usage professionnel, auquel cas la franchise prévue par le contrat sera appliquée si elle est supérieure à cette somme.

D . Garantie des forces de la nature

3644. Cette garantie prend en charge les conséquences d'événements naturels non officiellement déclarés catastrophes naturelles (v. supra). Elle couvre en général les dommages au véhicule provoqué par la grêle, la tempête, une chute de pierres, de neige de toiture d'immeuble... La victime d'un accident après avoir dérapée sur une plaque de verglas n'est pas garantie pour les dommages causés à son véhicule, si le verglas ne figure pas sur la liste des risques couverts par la garantie du fait des forces de la nature (Civ. 2e, 8 juill. 2010, n° 09-16.012).

E . Dommages provoqués par un attentat

3645. Les contrats d'assurance automobile ne peuvent exclure la garantie de l'assureur pour les dommages résultant d'actes de terrorisme ou d'attentats (C. assur., art. L. 126-2). L'attentat peut-être défini comme un acte hostile et violent commis en infraction aux lois en vigueur. Aujourd'hui, c'est l'exemple presque systématique de l'acte de terrorisme, qu'il soit national ou international. La garantie sera ici accordée en cas de détérioration ou de destruction totale ou partielle du véhicule assuré en raison d'un attentat, comme par exemple la destruction du véhicule situé à proximité de celui qui est piégé. Comme la garantie des catastrophes naturelles, elle est obligatoirement incluse avec des garanties dommages de sorte que l'assureur ne peut exclure la garantie des dommages subis par le véhicule lorsqu'un acte de terrorisme se produit, s'il a accordé bien évidemment, au préalable, une garantie de dommages au véhicule (C. assur., art. L. 126-2).

F . Assistance du véhicule immobilisé

3646. À des fins commerciales, les assureurs ont rapidement compris l'intérêt de se démarquer par l'intégration d'une garantie « assistance » au sein d'un contrat d'assurance automobile. Tous les grands groupes d'assurance disposent aujourd'hui d'une société d'assistance ou ont constitué un groupement de moyens pour assurer ce service. La clé de fonctionnement de la garantie d'assistance résulte de l'utilisation du véhicule. Le panel des garanties dépend des contrats souscrits mais tend à s'élargir par le jeu de la sphère concurrentielle : au départ, la garantie n'était accordée qu'en cas d'accident mais elle va aujourd'hui du simple dépannage après un « incident » mécanique au rapatriement sanitaire en cas d'accident survenu à l'étranger ou même parfois de la maladie survenue à l'étranger au cours d'un voyage effectué avec le véhicule assuré et partant, assisté. L'évolution du « critère du kilométrage » relate parfaitement la guerre tarifaire que se livre les compagnies : pendant longtemps l'assistance n'était accordée à l'utilisateur que si l'incident mécanique survenait à plus de 50 km au moins de son domicile mais cette limite est presque systématiquement abandonnée aujourd'hui car la plupart des contrats garantit le véhicule en cas de panne survenue « dans le garage ».

Chapitre 2
La personne assurée

BIBLIOGRAPHIE

L'Argus de l'assurance

Ouvrages généraux. – J. Landel et L. Namin, *Manuel de l'assurance automobile*, L'Argus éd., 2016. –J.P. Marcq, *Risques et assurances transports et logistique*, L'Argus éd.,, 2016. – *Code de la route-Infracode*, L'Argus éd., – J. Landel, *Lexique des termes d'assurance*, L'Argus éd., 2014 – J. Bigot (sous dir.), *Code des assurances*, L'Argus éd.,

Articles. – Vol automobile à l'épreuve de la garantie et de la fraude (dossier), JA févr. 2011, p. 16. – Pleins phares sur l'actualité du conducteur (dossier), JA janv. 2011, p. 16. - J.-B. Le Dall, L'unicité du permis de conduire ou comment cumuler les points de deux permis, JA avr. 2010, p. 28. - F. Couilbault, Faute du conducteur victime, JA mars 2010, p. 36. - L. Mercié, Contrôle d'alcoolémie : pas de grief dans l'absence de respect du temps d'attente, JA janv. 2010, p. 30. - N. Giroudet-Demay, L'information relative au retrait de points, JA déc. 2009, p. 32. - A. Velle, Le conducteur, une victime à part, JA déc. 2009, p. 38. - A. Le Roc'h, Le permis blanc n'est pas de retour, JA oct. 2009, p. 30. - P. Ravayrol, FGA : droit fondamental à l'information de l'auteur de l'accident, JA sept. 2009, p. 36. - A. Le Roc'h, L'information préalable au retrait de points, JA juill-août 2009, p. 30. - D. Fenouillet, Victime contre préposé : la lutte des classes au 21e siècle, JA juill-août 2009, p. 36. – L'accident complexe, JA janv. 2009, p. 4. - L'accident de circulation du salarié victime, JA avr. 2009, p. 192. - L'exclusion des conducteurs ivres, JA janv. 2009, p. 8. - Dommages corporels : de la réparation à la réinsertion (dossier), JA nov. 2009, p. 14. - Le permis à points au regard de l'assurance (dossier), JA janv. 2010, p. 14. - S. Gobert, RC automobile, les exclusions légales de garantie L'Argus éd., 2004, n° 6870, p. 32. – G. Defrance, Droit des assurances, L'Argus éd., 2003, n° 6820, p. 38. – G. Defrance, Le toilettage de l'assurance auto, JA 1993, p. 393.

Autres documentations

Ouvrages généraux. – Cl.-J. Berr et H. Groutel, Rép. civ. Dalloz. 2e éd., V. *Assurances de dommages*, n° 318 s. – G. Durry, *L'assurance automobile*, Dalloz, Connaissance du Droit 1998. – J. Bigot (dir.), *Traité de droit des assurances*, Le contrat d'assurance, T.3, LGDJ 2002. - M. Picard et A. Besson, *Les assurances terrestres*, T.1 Le contrat d'assurance, LGDJ 1982. – *Traité de droit des assurances, entreprises et organismes d'assurance*, J. Bigot (dir.), LGDJ 1996. – Code de la route, Dalloz 2010. – J. Kullmann (dir.), *Lamy Assurances* 2009. – Code pénal, Dalloz 2009.

Articles. – F. Chapuisat et F. Chaumet, La renonciation de l'assureur aux prérogatives du Code des assurances, RGAT 1993. 483. – H. Groutel, Assurance, état alcoolique : mode d'emploi, RCA 1999, n° 7-8 Repères. – G. Thiry, Assurance automobile libres propos sur les conventions de règlement de sinistres Gaz. Pal., 8 janv. 1999, p. 4. – H. Margeat et J. Pechinot, Les nouvelles obligations de garantie dues par l'assureur automobile aux victimes d'accidents de la circulation, RGAT 1987. 9. – A. Favre Rochex, le conducteur inconnu et les assureurs, Gaz. Pal., 18 juin 1999, p. 3.

3647. L'assurance automobile s'est aujourd'hui considérablement développée puisqu'elle est obligatoire dans la plupart des pays européens. Elle représente en France un chiffre d'affaires de 6, 8 milliards d'euros réalisé (soit 38% de l'encaissement automobile) sur 39, 3 millions de véhicules qui permet d'indemniser 1, 7 million d'accidents matériels, moins de 4000 morts et environ 80 000 blessés. C'est la sous-branche la plus importante de l'assurance dommages. Sa dimension sociale est importante car elle porte sur un bien de consommation, la voiture ou la moto, hautement symbolique pour nos concitoyens : à ce point indispensable, puisque obligatoire, elle est même parfois vécue comme une sorte « d'impôt ». Lorsque l'on pense « assurance », on pense souvent « automobile ». De plus en plus fréquents sont les ménages qui disposent d'au moins un véhicule à deux ou quatre roues. Simple moyen de locomotion, outil de travail ou signe extérieur de richesse, le législateur de l'assurance s'est intéressé surtout à son pouvoir meurtrier depuis 1958 en instaurant l'obligation d'assurance par une loi n° 58-208 du 27 février 1958, connue du public sous le terme « assurance aux tiers », elle-même suscitée par l'évolution antérieure de la jurisprudence. L'augmentation importante du parc automobile, l'accroissement corrélatif du nombre d'accidents et l'importance de leurs dommages pour lesquels de moins en moins de propriétaires et d'utilisateurs se préoccupaient de souscrire un contrat d'assurance, a justifié cette obligation, le Fonds de garantie créé en 1951 ne pouvant seul y faire face.

3648. L'assurance automobile a bien connu ses détracteurs à l'époque de son instauration. Les intégristes d'une responsabilité absolue y voyaient un « pousse au crime » en faveur des chauffards inconscients, les modifications textuelles qu'elle a connues ont constamment été orientées vers un seul souci, érigé progressivement en consensus national : l'amélioration du sort des victimes blessées ou de leurs familles lorsqu'elles sont décédées. De la première hippomobile à l'automobile, du fameux arrêt Jand'heur (Ch. réun., 13 févr. 1930, DP 1930, 1, p. 57, rapp. Le Marc'Hadour) au projet TUNC de 1966 jusqu'à la réforme « Badinter » du 5 juillet 1985, il n'est plus possible de comprendre les règles légales actuellement posées en perdant de vue cette constante volonté de « privilégier » la victime jusqu'aux limites les plus extrêmes. En ce sens, les grandes réformes de cette matière ont certainement fait germer l'avènement d'une conscience sociale de protection de l'individu, beaucoup plus large, contre tous les dangers créés par la société moderne, l'origine et la responsabilité de la menace n'ayant alors qu'une importance secondaire. La distribution de l'assurance automobile a aussi connu une lente migration vers de nouveaux acteurs : essentiellement l'apanage des compagnies d'assurances traditionnelles, des agents généraux d'assurances et des courtiers en 1958, les « mutuelles sans intermédiaires » en sont devenues des distributeurs croissants au début des années 60 puis majeurs, pour être aujourd'hui elles-mêmes quasiment détrônées par les « banque-assureurs » qui, forts de leur succès dans la commercialisation de produits d'assurance vie, ont souhaité investir un créneau fortement « affectif » pour leur clientèle, avec laquelle ils entretiennent un lien privilégié car alimenté par les visites régulières de leurs clients dont ils conservent les fonds. Cette dynamique concurrentielle conduit en permanence les opérateurs du marché à remettre en cause leur politique commerciale, même si l'économie numérique et l'émergence de l'Internet ne semblent pas pour l'heure consacrer une nouvelle révolution de cette distribution.

Section 1 ▪ Qui est la personne assurée ?

§ 1 ▪ Assuré principal : le « conducteur habituel »

A ▪ Notion d'assuré automobile

1 ▪ Risque envers les tiers

3649. La personne assurée est celle qui est exposée au risque de devoir indemniser des victimes à la suite d'un événement provoqué par le véhicule, qui n'est pas systématiquement un « accident de la circulation », tel l'incendie du véhicule, s'il occasionne des blessures à des tiers ou endommage des biens leur appartenant. Bien sûr, dans la plupart des cas l'assuré sera la personne souscripteur du contrat auprès de l'assureur, surtout si elle est elle-même propriétaire du véhicule et le conduit à titre habituel. Avant la réforme « Badinter » du 5 juillet 1985, la personne assurée était soit le souscripteur du contrat, le propriétaire du véhicule s'il était différent, et toute personne à qui ceux-ci confiaient la « garde » ou la « conduite » du véhicule, ce qui provoquait un contentieux judiciaire important relatif à l'autorisation de conduite.

2 ▪ Élargissement progressif de la notion

3650. La réforme du 5 juillet 1985 a eu pour effet d'élargir la notion d'assuré si bien que les assureurs n'ont plus le droit aujourd'hui de restreindre celle-ci par les clauses de leurs contrats. Elle a notamment fait du voleur un assuré du contrat automobile ainsi que toute personne conduisant le véhicule à l'insu de l'assuré, dans le but de freiner les obstacles possibles à l'indemnisation des victimes. Toutefois, l'assureur conserve le droit d'exercer un recours contre le responsable de l'accident car il ne s'agit pas ici d'accorder une « récompense » au voleur. Il en résulte un système relativement simple mais qui se trouve opacifié par le fait que l'assuré légal est susceptible d'avoir, le cas échéant, une double qualité : celle de « responsable/assuré » s'il a provoqué le dommage et celle « d'assuré/bénéficiaire » de l'indemnisation s'il en est la victime. Cette dernière hypothèse suppose qu'il n'encourt pas de responsabilité, les membres de la famille du conducteur étant considérés comme des tiers (C. assur., art. L. 211-1), y compris l'assuré transporté en qualité de passager.

3651. Il y a là une spécificité certaine au regard d'un contrat d'assurance de responsabilité classique dont l'objet est d'assurer une personne en cas de faute, laquelle ne peut jamais bénéficier de la garantie d'assurance puisque l'on ne peut être à la fois responsable et victime d'un même dommage. Ceci est concevable en assurance automobile car il n'y a pas un assuré mais plusieurs, de sorte qu'il reste possible de différencier la victime du responsable.

3 ▪ Montant de la couverture de l'assuré

3652. Un contrat d'assurance souscrit par une personne assujettie à l'obligation légale est, nonobstant toutes clauses contraires, réputé comporter des garanties au moins équivalentes à celles fixées dans le règlement d'administration publique définissant les conditions de l'assurance automobile (C. assur., art. L. 211-5 al. 2). L'assurance doit être souscrite sans limitation de somme en ce qui concerne les dommages corporels. Pour les dommages aux biens, l'assurance doit être souscrite pour une somme au moins égale « à celle fixée par arrêté du ministre chargé de l'Économie, laquelle ne pourra être inférieure à 1 million d'euros par sinistre et quel que soit le nombre de victimes » (C. assur., art. R. 211-7). Cette somme est précisément de 1 million d'euros selon l'arrêté du 19 juillet 2007 (C. assur., art. A. 211-1-3). Ces montants minimum résultent de la deuxième directive n° 84/5/CEE du Conseil du 30 décembre 1983 concernant le rapprochement des législations des États membres relatives à l'assurance de la responsabilité civile résultant de la circulation des véhicules automoteurs ainsi que de la directive n° 2005/14/CE du Parlement européen et du Conseil du 11 mai 2005 (5e directive sur l'assurance automobile).

B ▪ Désignation du conducteur

1 ▪ Enjeux de la désignation

3653. Il n'est nullement interdit aux assureurs d'identifier la ou les personnes qui conduiront le véhicule à titre habituel afin de mieux cerner le risque et d'en définir le prix. Les contrats peuvent n'exiger que la désignation d'un « conducteur principal » ou imposer également la désignation des autres conducteurs, souvent définis comme « conducteurs occasionnels » et pour lesquels la désignation revêt une importance majeure notamment pour l'application des garanties dommages. Tout conducteur occasionnel non déclaré au contrat et qui conduit avec l'accord du propriétaire ou du gardien du véhicule bénéficiera de l'assurance obligatoire s'il est responsable d'un accident car la garantie profite à « toute personne » ayant la garde ou la conduite d'un véhicule, y compris si le conducteur responsable n'est pas désigné au contrat (C. assur., art. L. 211-1 al. 2). En revanche, ne bénéficieront des garanties facultatives de dommages que les seuls conducteurs désignés au contrat. La conduite d'un véhicule par une personne non désignée la prive d'une indemnité contractuelle destinée à réparer son propre dommage corporel, si elle est entièrement responsable, et prive, par voie de conséquence, le propriétaire du véhicule du jeu de ses garanties dommages, quand bien même serait-il assuré avec une garantie « tous risques ».

2 ▪ Enjeux de la définition contractuelle

3654. La définition du conducteur principal ou habituel est d'autant plus importante que tout mensonge relatif à ce concept ne pourra s'apprécier qu'au regard de la définition contractuelle donnée par chaque assureur dans son contrat, s'il s'agit notamment d'apprécier une fausse déclaration intentionnelle. Le Code des assurances ne donne effectivement aucune définition d'un conducteur « principal » ou « habituel » car ce sont les assureurs qui ont pris pour usage, dans leurs conditions générales, d'imposer au souscripteur la désignation du conducteur principal du véhicule. Une fausse déclaration concernant le conducteur principal devra donc toujours s'analyser au regard de la définition spécifique qui en est donnée par les clauses des conditions générales du contrat d'assurance et l'assureur devra prouver que la fausse déclaration est caractérisée au regard de sa définition du « conducteur principal », le doute profitant toujours au souscripteur. Certains contrats d'assurance prévoient la déclaration du « conducteur principal » sans en donner la définition, d'autres précisent qu'il s'agit du conducteur qui « parcourt le plus grand nombre de kilomètres au volant du véhicule assuré », ou encore simplement qu'il est « celui qui a l'usage le plus fréquent du véhicule ». Il arrive aussi que les conditions générales le désignent par simple renvoi aux conditions particulières : « le conducteur principal est celui désigné aux conditions particulières ».

3 ▪ Recueil des informations personnelles

3655. Le Code des assurances fait peser sur le candidat à l'assurance l'obligation de répondre exactement au formulaire de déclaration du risque que lui soumet l'assureur, dans le but pour ce dernier d'apprécier les circonstances du risque qu'il prend en charge (C. assur., art. L. 113-2 2°). Assez souvent, l'assureur demandera la production d'un relevé d'informations. Ce relevé ne dispense pas néanmoins l'assuré d'informer son futur assureur de l'existence de tout sinistre survenu postérieurement à sa délivrance et qui n'y serait pas mentionné, sous peine de commettre une fausse déclaration (CA Montpellier, 21 nov. 2001, Juris-data n° 168885).

3656. L'article L. 113-2 du Code des assurances ne prévoit lors de la souscription que l'existence d'un « formulaire de déclaration du risque » et laisse aux assureurs la libre appréciation technique de celui-ci, qui peut prendre la forme d'une proposition d'assurance à renseigner avant l'émission informatisée des conditions particulières ou même simplement être constitué directement des réponses données par le souscripteur, intégrées aux conditions particulières. En effet, il n'y a aucune obligation imposée à l'assureur de remettre à l'assuré un questionnaire obligatoire préalable à l'émission des conditions particulières. Cette difficulté a d'ailleurs été jugée par une cour d'appel : « il n'est nullement institué un questionnaire obligatoire et il ne peut être tiré aucune conséquence du fait que l'assuré n'ait pas eu un questionnaire particulier à remplir » (CA Toulouse, 14 janv. 2003, Abeille Assurances c/Gras, Juris-data n° 202892). Cependant, la deuxième chambre civile de la Cour de cassation se montre un peu hésitante sur la rigueur rédactionnelle qu'il convient d'exiger au titre du questionnaire mentionné par le Code des assurances. Dans une première série d'arrêts, elle s'est montrée relativement intransigeante sur la nécessité, pour l'assureur, d'établir que la déclaration inexacte du risque est attachée à une question précise sur la circonstance litigieuse susceptible d'entraîner la nullité du contrat (Crim., 27 janv. 2009, n° 08-81.257, RGDA 2009, p. 476, note J. Landel. – Civ. 2e, 9 avr. 2009, n° 08-14.748, D. 2009, p. 2406, note D. Noguéro). Mais plus récemment, cette même chambre semble assouplir un peu cette intransigeance par un arrêt rendu le 12 mai 2010 en acceptant de prononcer la nullité pour fausse déclaration intentionnelle d'un contrat d'assurance automobile au vu des seules conditions particulièresdu contrat, lesquelles ne faisaient ressortir aucun questionnaire particulier, hypothèse assez fréquente en pratique chez les assureurs automobile (Civ. 2e, 12 mai 2010, n° 09-65.815, RCA. 2010 comm. 234 note Groutel).

3657. L'assuré qui désire être garanti par un nouvel assureur s'engage à fournir à celui-ci le relevé d'informations délivré par l'assureur du contrat qui le garantissait précédemment (C. assur., art. A. 121-1, Ann., art. 13). Il s'agit d'un document qui comporte notamment l'indication du nombre, de la nature et de la date de survenance des sinistres intervenus au cours des cinq périodes annuelles précédant l'établissement du relevé, ainsi que la part de responsabilité retenue et le coefficient de réduction-majoration appliqué à la dernière échéance annuelle. Il constitue une sorte de « casier » des antécédents de sinistre. L'article 12 de l'annexe à l'article A. 121-1 du Code des assurances précise que ce document est délivré à la demande du souscripteur ou lors de la résiliation du contrat par l'une des parties.

3658. L'assureur est tenu de délivrer un relevé d'informations conforme à la réalité et sur lequel ne pourront figurer que les accidents donnant lieu à application de la clause de bonus-malus : pour refuser de délivrer un relevé d'informations ne mentionnant pas l'accident contesté, l'assureur engage sa responsabilité à l'égard de son assuré, lequel est en droit d'obtenir sa condamnation sous astreinte à délivrer un nouveau relevé (TI Pontoise, 10 sept. 2002, Juris-data n° 213203). Toutefois, quand bien même le conducteur d'un véhicule aurait bénéficié d'une ordonnance de référé lui accordant une provision, cette circonstance ne peut justifier la condamnation de l'assureur à rectifier le relevé d'informations imputant une responsabilité totale au dit conducteur (CA Aix-en-Provence, 17 févr. 2000, Juris-data n° 116859).

4 ▪ Mise à jour des informations personnelles

3659. L'obligation de désigner le conducteur principal d'un véhicule ne s'impose pas uniquement lors de la conclusion du contrat mais également pendant son déroulement si la personne qui conduit le véhicule à titre principal vient à changer. Selon les termes de l'article L. 113-2 3° du Code des assurances, l'assuré est obligé de déclarer en cours de contrat les circonstances nouvelles qui ont pour conséquence soit d'aggraver les risques, soit d'en créer de nouveaux et rendent de ce fait inexactes ou caduques les réponses faites à l'assureur notamment dans le formulaire de déclaration du risque.

§ 2 ▪ Mensonges relatifs au conducteur habituel

3660. La sanction la plus lourde énoncée par le Code des assurances au titre d'une mauvaise déclaration du risque par le souscripteur résulte de la nullité du contrat pour fausse déclaration intentionnelle (C. assur., art. L. 113-8). Cette nullité est opposable aux tiers qui seront alors indemnisés, selon leur droit à indemnisation, par le Fonds de garantie des assurances

obligatoires de dommages. L'assureur devra prouver la réunion des trois critères cumulatifs de la fausse déclaration intentionnelle, énoncés par l'article L. 113-8 du Code des assurances pour invoquer avec succès la nullité du contrat d'assurance automobile, à savoir :
- une fausse déclaration ;
- présentant un caractère intentionnel ;
- et ayant provoqué un changement de l'objet du risque ou une diminution de l'opinion qu'il peut en avoir.

3661. Dérivant du contrat d'assurance, l'action en nullité du contrat intentée par l'assureur est soumise à la prescription biennale de l'article L.114-1 du Code des assurances. Toutefois, l'assureur sera recevable à opposer la nullité par voie d'exception bien après l'expiration du délai biennal en vertu du principe selon lequel l'exception de nullité du contrat est perpétuelle (Civ. 2e, 19 oct. 2006, n° 05-17.599, RGDA 2007 p. 80).

3662. L'assureur ne peut se prévaloir de la réticence ou de la fausse déclaration intentionnelle de l'assuré que si celles-ci procèdent des réponses qu'il a apportées aux dites questions précises posées par l'assureur, notamment dans le formulaire de déclaration du risque par lequel celui-ci l'interroge, lors de la conclusion du contrat, sur les circonstances qui sont de nature à lui faire apprécier les risques qu'il prend en charge (Cass., Ch. Mixte, 7 févr. 2014, resp. civ. et ass. 2014, comm. 99 ; Civ. 2e, 5 fév. 2015, n° 13-28.538 ; Civ, 3e, 8 juill. 2015, n°13-25.223).

A ▪ Fausse déclaration

1 ▪ Lors de la souscription du contrat

a - Mensonge à la souscription

3663. La fausse déclaration peut consister en un « mensonge », acte positif, si elle est effectuée lors de la conclusion du contrat. A cet égard, les déclarations faites par l'assuré en signant les conditions particulières du contrat comprenant l'affirmation litigieuse sont prises en compte (Civ. 2e, 17 fév. 2011, n° 09-72.793, JA avril 2011, p. 41). Le mensonge portera souvent sur l'identité du conducteur habituel du véhicule. L'assureur n'est pas tenu de vérifier les déclarations du souscripteur sauf s'il existe une raison objective de douter de leur sincérité (Crim., 16 avr. 1992, RGAT 1993. 114, note J. Landel). Il faut néanmoins toujours se placer à la date de la souscription du contrat pour apprécier la fausse déclaration (Civ. 1re, 12 mars 1991, RCA 1991, comm. n° 223). Ainsi, la Cour a récemment affirmé que l'assureur ne pourra se prévaloir d'une déclaration mensongère que si celle-ci « procède d'une réponse à une question précise qu'il a posée lors de la conclusion du contrat ». Néanmoins, l'assureur pourra ne pas produire le questionnaire si les informations présentes dans la déclaration de l'assuré sont suffisamment précises, étayées et personnalisées. (Civ., 2e, 11 juin 2015, n° 14-14.336 ; Civ. 2e, 19 nov. 2015, n° 14-17.010 ; Civ. 2e, 14 avril 2016, n° 15-16.808). La Cour a ainsi estimé que la fausse déclaration du risque, en l'occurrence un mensonge sur l'identité du conducteur habituel du véhicule lors de la souscription du contrat d'assurance, ayant été avouée par l'assuré, l'existence d'une déclaration frauduleuse était établie même si l'assureur n'avait pas produit le questionnaire (Civ. 2e, 3 mars 2016, n° 15-13.500).

3664. La fausse déclaration intentionnelle est ainsi commise par un assuré, à la retraite, qui avait déclaré faire de son véhicule un « usage retraité » alors que celui-ci était en réalité utilisé par son fils pour des besoins professionnels (CA Paris, 29 nov. 1999, Juris-data n° 101899). Il s'agira aussi parfois d'un mensonge sur l'activité professionnelle réellement exercée par le souscripteur (Civ. 1re, 16 avr. 1991, RGAT 1991. 547 note H. Margeat et J. Landel) ou sur l'identité du conducteur habituel (Civ. 1re, 4 juin 1996, et Civ. 1re, 21 mai 1996, RGDA 1996. 605, note A. Favre Rochex ; Civ. 1re, 18 mars 1997, RGDA 1997. 722, note L. Mayaux). Néanmoins, la nullité semble exclue si l'assureur ne rapporte pas la preuve de ce que l'assuré est devenu le conducteur principal du véhicule en cours de contrat (CA Paris 7e ch. A, 29 avr. 2003 MMA c/Hervé, RG n° 2001/17358). En revanche, la nullité est prononcée à l'encontre du souscripteur désigné comme conducteur principal, mère du conducteur responsable et elle-même déjà conductrice principale d'un autre véhicule assuré, son fils ayant obtenu son permis de conduire 4 jours avant la souscription du contrat d'assurance annulé (CA Paris 7e ch. A, 28 oct. 2003, Azur Assurances c/Dos Santos, RG n° 2002/10836).

b - Omission à la souscription

3665. L'omission propre à caractériser la nullité du contrat sur le fondement de l'article L. 113-8 du Code des assurances porte, souvent, sur les antécédents de l'assuré (condamnations pénales, suspensions du permis, résiliation d'un précédent contrat auprès d'un autre assureur...). La nullité sera ainsi encourue au titre de l'omission de déclaration d'une condamnation pénale ayant notamment entraîné la suspension du permis (Crim., 10 févr. 1993, RGAT 1993 583, note J. Landel) ou du silence gardé sur la sinistralité antérieure (Civ. 1re, 16 févr. 1988, RGAT 1988. 473, note J. Bigot ; Civ. 2e, 17 mars 2011, n° 10-16.254, JA mai 2011, p.42).

c - Spécificité de la police multirisque

3666. En présence d'une police multirisque automobile, la fausse déclaration concernant l'un des risques garantis par le contrat (par exemple risque de vol) ne peut entraîner la nullité globale de tout le contrat qui demeure valable pour les autres risques (par exemple risque de responsabilité). Il a été jugé « qu'en cas de réticence ou de fausse déclaration intentionnelle faite par l'assuré à l'occasion d'une police garantissant plusieurs risques distincts, l'appréciation de la portée de cette réticence ou fausse déclaration sur l'opinion du risque pour l'assureur doit se faire par rapport à chaque risque en litige, mais indépendamment des circonstances du sinistre ». La nullité ne peut donc frapper le contrat en ses entières garanties (Civ. 1re, 21 oct. 2003, Juris-data n° 020691 ; Civ. 1re, 3 janv. 1996, RGDA 1996. 74 ; Civ. 2, 12 mai 2011, n° 10-10.412).

3667. La fausse déclaration sur l'identité du conducteur habituel n'entraîne que la nullité du risque de responsabilité civile et non celui de l'incendie (Civ. 1re, 3 juill. 1990, RCA 1990, comm. n° 389) ou celui du bris de glaces (Civ. 1re, 19 mai 1992, RGAT 1992. 537, note J. Landel). On citera cependant cette décision qui affirme que la Cour d'appel a recherché si la fausse déclaration sur la personne du conducteur habituel a affecté l'appréciation de l'assureur des risques au titre de l'« accident » et du « vol » : en relevant, d'une part, que le véhicule en cause modèle sport de couleur jaune était de nature à susciter la convoitise, du moins, attirer l'attention des malfaiteurs, d'autre part, que le véritable conducteur (le fils) ne disposait pas de la même expérience de conduite que l'assuré (le père) (Civ. 2e, 2 avr. 2009, n° 08-12.942).

2 ▪ En cours de contrat

3668. La Cour de cassation a jugé que l'omission de mauvaise foi de la déclaration d'une aggravation de risque telle que, s'il avait connu cette aggravation, l'assureur aurait résilié le contrat ou proposé un nouveau taux de cotisation, est une cause d'annulation du contrat. (Civ. 1re, 16 mars 1994, Bull. civ. I, n° 97). Elle a jugé également que : « la dissimulation intentionnelle d'une circonstance nouvelle aggravant le risque au sens de l'article L. 113-2 3°, du Code des assurances est sanctionnée par la nullité du contrat en application de l'article L. 113-8 de ce code » (Crim., 30 oct. 2000, Bull. crim., n° 319).

B ▪ Démonstration de la mauvaise foi

3669. Les juges se placent au jour de la conclusion du contrat pour apprécier la mauvaise foi de l'assuré. Ce critère est apprécié aujourd'hui par les seuls juges du fond car la Cour de cassation précise qu'il relève du pouvoir souverain de ces juges (Civ. 1re, 15 juin 2000, RGDA 2000. 816, note A. Favre Rochex).

3670. Pratiquement, le juge tiendra compte des « qualités personnelles de l'assuré », de sa « conscience » de commettre une fausse déclaration et de la « rédaction même des questions posées ». En fonction des qualités personnelles de chacun le juge examine si la mauvaise foi est manifeste ou non car il faut être en mesure de comprendre les questions posées pour y répondre correctement. Dès lors, la mauvaise foi d'un analphabète sera presque systématiquement rejetée par le juge. (Civ. 1re, 20 oct. 1993, RGAT 1994. 111, note J. Kullmann).

3671. La bonne foi est toujours présumée et la preuve de la mauvaise foi incombe à l'assureur (Crim., 18 juill. 1989, RGAT 1989. 794 note Margeat et Landel). La preuve de la mauvaise foi peut se faire par tous moyens.

C ▪ Opinion de l'assureur sur le risque assuré

3672. Selon les textes (C. assur., L. 113-8), la fausse déclaration ne doit pas seulement être commise de mauvaise foi mais doit aussi avoir pour conséquence de modifier l'opinion de l'assureur sur le risque assuré. Le « mobile » de la fausse déclaration est souvent le même : il s'agira, par exemple, de ne pas déclarer, en qualité de conducteur principal, un jeune conducteur qui vient d'obtenir son permis de conduire afin d'éviter de payer la cotisation majorée prévue par la réglementation (V. C. assur., art. A. 335-9-1). Il s'agit également de profiter d'une tarification bien meilleure en déclarant un conducteur titulaire d'un bonus supérieur à celui dont est titulaire la personne qui conduira habituellement le véhicule, à l'insu de l'assureur.

3673. Dans toutes les hypothèses pour lesquelles le « profil » du conducteur habituel est proche de celui du conducteur déclaré aux conditions particulières, que ce soit au niveau des antécédents déclarés ou de la date d'obtention du permis de conduire ou encore du bonus malus, la nullité semble exclue. Et ceci, même s'il y a bien une fausse déclaration commise de mauvaise foi. Par exemple, l'indication erronée de l'identité du propriétaire du véhicule ne constitue pas à elle seule une cause de nullité du contrat (Civ. 1re, 10 mai 1989, Bull. civ. I, n° 186). Tel est aussi le cas si l'assuré n'avait aucun intérêt financier à cacher l'identité du conducteur habituel du véhicule (CA Nancy, 3 juin 2002, Juris-data n° 223256). En revanche, cette opinion est bien modifiée concernant un véhicule, assuré par un artisan se présentant à l'assureur comme le seul conducteur habituel, qui est en réalité un véhicule d'entreprise conduit pour des besoins professionnels par les préposés du souscripteur (CA Douai, 3e ch., 31 janv. 2002, Juris-data n° 205178).

3674. L'assureur doit prouver que la fausse déclaration a modifié son opinion (Crim., 13 juin 1991 et 28 juin 1991, RCA 1991, comm. n° 441).

§ 3 ▪ Personnes légalement assurées

3675. Le conducteur principal du véhicule n'est pas la seule personne « qui a le droit » de le conduire. Le propriétaire peut parfaitement décider de confier, temporairement, son véhicule à une autre personne dans la mesure où celle-ci n'en devient pas au fil du temps le conducteur habituel, sous peine d'encourir la sanction de la nullité. La liste des assurés de plein droit est donnée par l'article L. 211-1 du Code des assurances, en ces termes : « Les contrats d'assurance [...] doivent également couvrir la responsabilité civile de toute personne ayant la garde ou la conduite, même non autorisée, du véhicule, à l'exception des professionnels de la réparation, de la vente et du contrôle de l'automobile, ainsi que la responsabilité civile des passagers du véhicule objet de l'assurance. ». L'article R. 211-2 prévoit aussi que la responsabilité du « souscripteur » du contrat et celle du « propriétaire » doivent être garanties. Les textes distinguent ainsi implicitement les personnes ayant un intérêt juridique avec le véhicule où l'assureur, lors de la conclusion du contrat, de celles qui n'en ont pas.

A ▪ Personnes directement intéressées par l'assurance

3676. Fréquente est l'hypothèse par laquelle une seule personne réunit sur sa tête tous les « statuts » envisagés par le Code des assurances : propriétaire d'un véhicule dont elle est également le conducteur et le gardien, elle acquiert aussi la qualité de souscripteur du contrat lorsqu'elle se présente chez l'assureur pour satisfaire à l'obligation légale. Toutefois, il n'en va pas toujours ainsi et la situation juridique de l'assuré devient plus complexe lorsque, transporté dans le véhicule, il peut avoir vocation à bénéficier de l'assurance obligatoire en qualité de victime de l'accident. Il convient donc d'examiner le sort réservé par la loi à chaque assuré légal.

1 ▪ Assuré, conducteur du véhicule

3677. C'est la personne physique qui conduit le véhicule, c'est-à-dire celle qui se sert de l'ensemble des organes techniques prévus et montés par le constructeur pour la conduite de l'engin (siège, volant ou guidon, pédales de commande, boîte de vitesse, etc.). Ne peut être considérée comme conducteur d'un véhicule selon la Cour de cassation « que la personne qui, à la place qu'elle occupe, dispose de tous les organes nécessaires à la conduite de ce dernier. » (Crim., 1er mars 1988, Bull. crim., n° 106).

a - Garantie de la responsabilité du conducteur

3678. Le conducteur est la personne qui se trouve la plupart du temps responsable de l'accident et est visée comme le premier débiteur de l'indemnisation due aux victimes par l'article 2 de la loi « Badinter » du 5 juillet 1985, au même titre que le « gardien » du véhicule. La garantie légale de la responsabilité du conducteur résulte d'une application stricte des dispositions de l'article L. 211-1 du Code des assurances et ne pose quasiment aucune difficulté technique de mise en œuvre, en l'absence d'exceptions contractuelles propres à la situation envisagée.

b - Garantie du dommage subi par le conducteur

3679. Plus délicate est la situation par laquelle le conducteur se trouve lui même victime de l'accident dans une configuration par laquelle son véhicule est seul en cause. En l'absence d'un autre conducteur impliqué, toute possibilité d'indemnisation par l'assureur d'un tiers est de facto exclue, de sorte que le conducteur recherchera souvent la garantie de l'assureur du véhicule qu'il conduisait. La haute juridiction s'y refuse (Civ. 2e, 13 juill. 2006, RCA 2006, arrêts n° 3 et 4, Étude 12, H. Groutel). Le Code des assurances déroge sur ce point à la garantie légale (C. assur., art. L. 211-1) en énonçant que l'obligation d'assurance ne s'applique pas à la réparation des dommages subis « par la personne conduisant le véhicule » (C. assur., art. R. 211-8 1° a). Cette dérogation prive ainsi le conducteur de toute indemnisation, en l'absence d'extension spécifique de garantie insérée dans le contrat, car ce texte s'applique même si le conducteur n'a pas « à assumer la responsabilité civile de l'accident » (Civ. 1re, 13 mai 1986, Bull. civ. I, n° 119 ; Civ. 1re, 12 oct. 1976, D. 1977, IR, 33). La dérogation de l'article R. 211-8 doit effectivement recevoir application à l'accident du véhicule « même si celle-ci (la conductrice) n'en est en rien responsable » (CA Agen, 2 avr. 1998, Juris-data n° 055916, statuant sur renvoi après cassation de Crim., 24 sept. 1997, RGDA 1997. 1042, note J. Landel ; il s'agissait pourtant d'une affaire dans laquelle la faute du gardien du véhicule, personne distincte de la conductrice, était judiciairement établie tandis que cette dernière invoquait l'impossibilité d'une dérogation réglementaire à un texte de nature législative, en l'occurrence l'article L. 211-1 alinéa 2 du Code des assurances réputant garantie de plein droit la responsabilité civile du gardien du véhicule). Il appartiendra également à la seule personne impliquée dans un accident avec son propre véhicule, en l'occurrence une moto volée, de rapporter la preuve qu'une autre personne était le conducteur du véhicule, ce qu'aucun indice matériel ne vient corroborer (Civ. 2e, 5 avr. 2007, RCA 2007, comm. n° 213).

3680. L'article R. 211-8 du Code des assurances qui dispose que l'obligation d'assurance ne s'applique pas à la réparation des dommages subis par la personne conduisant le véhicule, ne distingue pas selon la nature des dommages (Civ. 1re, 13 juin 1995, RGAT 1995. 592, note J. Landel). Une décision contraire a jugé cependant que le préjudice par ricochet, qui ne se confond pas avec le préjudice personnel directement subi par le conducteur, n'est pas exclu au sens de ce texte (Civ. 2e, 13 juill. 2000, RCA 2000, comm. n° 340, obs. H. Groutel). Toutefois, la deuxième Chambre civile de la Cour de cassation semble rejoindre la position adoptée par la première Chambre : celui qui possède à la fois la qualité de conducteur et de gardien de son propre véhicule ne peut se prévaloir de la garantie légale à l'encontre de son propre assureur pour obtenir l'indemnisation des dommages qu'il a subis, directement ou par ricochet (Civ. 2e, 7 déc. 2006, RCA 2007, comm. n° 85, obs. H. Groutel).Un arrêt rendu par la Cour de cassation a retenu la garantie de l'assureur d'un véhicule seul impliqué dans un accident de la circulation au bénéfice de son conducteur, ce qui semble contrevenir aux dispositions réglementaires susvisées, alors que le gardien du véhicule, passager transporté, avait commis une faute à l'origine de l'accident (Civ. 2e, 8 mars 1995, L'Argus Cahier jur. et tech. 29 mars 1996, p. 31 ; Bull. civ. II, n° 72). Toutefois, le moyen unique de cassation de l'assureur invoquait la seule violation de l'article 1er de la loi du 5 juillet 1985 et non celle des dispositions de l'article R. 211-8 du Code des assurances.

3681. En cas de décès du conducteur, les dispositions de l'article R. 211-8 ne font pas obstacle à la garantie des ayants droit de celui-ci car la dérogation ne concerne que la réparation des dommages subis par le conducteur, et non ceux subis par sa famille : les ayants droit sont indemnisés par l'assureur du véhicule pour leur préjudice par ricochet (Civ. 2e, 2 juill. 1997, D. 1997, p. 448, note H. Groutel ; Crim., 4 déc. 2001, Bull. crim., n° 249).

2 ▪ Assuré, propriétaire du véhicule

3682. Il s'agit ici de garantir la personne physique ou morale, propriétaire du véhicule, pour la responsabilité qu'elle peut encourir en raison de sa qualité de propriétaire. Le propriétaire d'une chose, en l'occurrence une automobile, est présumé en être le gardien en application de l'article 1384 alinéa 1er du Code civil (Civ. 2e, 19 juin 2003, RCA 2003, comm. n° 233), lequel est renuméroté 1242 par l'ordonnance portant réforme du droit des contrats du 10 février 2016.

a - Propriétaire « gardien de la structure »

3683. Le propriétaire est toujours obligatoirement assuré par le contrat (C. assur., art. R. 211-2). En règle générale, le propriétaire de l'automobile est le titulaire de la carte grise mais ce n'est pas toujours le cas car le certificat d'immatriculation n'est qu'une pièce administrative nécessaire à la mise en circulation du véhicule et non un titre de propriété. Si le propriétaire n'est pas le conducteur du véhicule, sa responsabilité peut être engagée en cas d'accident s'il s'avère que celui-ci est la conséquence d'un défaut de l'automobile, en application de la jurisprudence relative à la garde de la structure, le propriétaire étant présumé gardien de son véhicule au regard de l'article 1242 (anc. art. 1384) alinéa 1er du Code civil. La jurisprudence considère que le propriétaire d'un véhicule terrestre à moteur ne peut céder à son conducteur que la garde du comportement de l'automobile mais conserve néanmoins toujours la garde de la structure en cas de prêt de courte durée uniquement. Le propriétaire devra alors prouver que l'accident trouve sa cause dans une action de la victime, dérivant de la garde du comportement, en cas de dommage impliquant la structure du véhicule (CA Aix-en-Provence, 26 oct. 2000, Juris-data n° 131393).

b - Propriétaire, garant des défectuosités

3684. La responsabilité du propriétaire sera directe si l'accident est la conséquence d'un défaut d'entretien pouvant lui être reproché (pneus lisses ou sous gonflés, freins déréglés, amortisseurs usés) ou s'il a lui-même tenté de réparer son véhicule, ce qui légitime d'autant sa qualité d'assuré légal. Dans d'autres hypothèses, sa responsabilité ne sera qu'indirecte et permettra à son assureur d'exercer un recours contre un tiers responsable. Tel est le cas si l'accident est soit la conséquence d'une mauvaise réparation, auquel cas le propriétaire aura lui-même un recours judiciaire possible contre le réparateur du véhicule, soit la conséquence d'un vice caché, ce qui lui offre également un recours possible contre le constructeur ou le vendeur du véhicule.

3685. La responsabilité du propriétaire n'est pas simplement théorique, surtout si une avarie technique est en cause dans l'accident ; dans la plupart des cas, il s'agira de savoir qui est demeuré « gardien du véhicule », la « garde » étant ici une notion juridique rattachée au pouvoir d'usage, de contrôle et de direction de l'automobile. Le gardien n'est pas toujours la personne « qui se trouve aux commandes » du véhicule mais la jurisprudence présume que le propriétaire en reste toujours le gardien. La Cour de cassation a jugé que la personne qui conduit un véhicule affecté d'un défaut de freinage, et qui en est parfaitement avertie avant d'en prendre la conduite, devient « gardien du système de freinage » de sorte que le propriétaire ne sera pas inquiété (Civ. 2e, 13 déc. 1989, Bull. civ. II, n° 222). L'idée à retenir est qu'une personne avertie doit pouvoir adapter sa conduite ou ne pas conduire. En revanche, si le conducteur n'est pas averti des malfaçons éventuelles du véhicule, le propriétaire restera tenu pour responsable des défauts de structure du véhicule, s'ils sont seuls en cause à l'exception de toute faute du conducteur, c'est-à-dire qu'il demeure gardien de celui-ci pour la jurisprudence, à charge pour lui d'exercer un recours contre un tiers (Civ. 2e, 11 avr. 2002, Bull. civ. II, n° 72).

c - Propriétaire, bénéficiaire de la garantie légale

3686. L'assurance obligatoire n'a pas vocation en théorie à indemniser les dommages subis par les personnes ayant la qualité d'assuré légal, qui de ce fait ne devraient pas être considérées comme des tiers au contrat. Néanmoins, l'article L. 211-1 alinéa 5 du Code des assurances précise que les membres de la famille du conducteur ou de l'assuré sont considérés comme des tiers susceptibles de subir un dommage garanti par l'assurance obligatoire. À la lecture de ce texte, le propriétaire, transporté en qualité de passager à l'intérieur de son véhicule, bénéficie donc de la garantie légale pour la réparation de ses dommages corporels.

3687. La garantie des dommages matériels du propriétaire victime est exclue par l'article 5 alinéa 2 de la loi du 5 juillet 1985, s'agissant de son véhicule : « lorsque le conducteur d'un véhicule terrestre n'en est pas le propriétaire, la faute de ce conducteur peut être opposée au propriétaire pour l'indemnisation des dommages causés à son véhicule. Le propriétaire dispose d'un recours contre le conducteur ». La jurisprudence rappelle fréquemment ces dispositions légales (Civ. 2e, 28 juin 1995, D. 1995, IR, 184).

3 ■ Assuré, souscripteur du contrat

3688. Le souscripteur est la personne qui doit payer la prime ou cotisation d'assurance automobile et qui se trouve de ce seul fait réglementairement assurée (C. assur., art. R. 211-2). Dans la sphère de la vie privée, le souscripteur est par exemple distinct du conducteur en matière d'assurance souscrite - donc payée - par les parents d'un mineur pour garantir le scooter que leur enfant s'est offert avec ses économies, et qu'il conduit régulièrement. Il y a là peu d'intérêt pratique car le souscripteur qui n'est pas également conducteur du véhicule ni propriétaire de celui-ci a peu de chance de se voir reprocher une faute en cas d'accident. Lui donner la qualité d'assuré obligatoire ne s'explique pas davantage par le fait que le souscripteur est susceptible d'emprunter occasionnellement le véhicule car toute personne autorisée par le propriétaire devient légalement assurée. Seule demeure l'hypothèse de la responsabilité civile du souscripteur occasionnée par une intervention manuelle de sa part sur le véhicule, devenue source d'accident. Il s'agira par exemple du père de famille ayant tenté une réparation de fortune sur le scooter de son fils, pour lequel il n'est ni propriétaire ni conducteur de l'engin mais simplement souscripteur du contrat d'assurance. Sa faute se trouve ainsi garantie en cas d'accident corporel de la circulation provoquée par la défectuosité de l'engin à la suite de cette réparation.

3689. L'article L. 211-1 alinéa 5 du Code des assurances précise que les membres de la famille du conducteur ou de l'assuré sont considérés comme des tiers susceptibles de subir un dommage garanti par l'assurance obligatoire. Le souscripteur du contrat, transporté en qualité de passager à l'intérieur du véhicule, bénéficie donc de la garantie légale pour la réparation de ses dommages matériels et corporels. Toutefois, parce qu'il est une victime mieux informée que les autres, la jurisprudence précise que les exclusions de garantie de l'article R. 211-13 du Code des assurances, qui en principe ne sont pas opposables aux victimes ou à leurs ayants droit, sont opposables au souscripteur du contrat d'assurance qui s'est lui-même placé en connaissance de cause dans une situation exclusive de la garantie (Civ. 1re, 6 juin 2001, D. 2002, somm. 3176, obs. H. Groutel ; Civ. 2e, 20 nov. 1996, RCA 1997, comm. n° 65, note H. Groutel).

B ■ Personnes inconnues de l'assureur lors de la conclusion du contrat

3690. Le Code des assurances donne la qualité d'assuré à toutes les personnes qui ont « la garde ou la conduite même non autorisée » du véhicule (C. assur., art. L. 211-1) et qui, par définition, sont ignorées de l'assureur lors de la conclusion du contrat, à la différence du conducteur principal et des autres conducteurs. La loi a souhaité garantir les accidents provoqués par le voleur du véhicule pour transférer progressivement l'indemnisation des accidents qu'ils provoquent du Fonds de garantie vers les assureurs. Le passager, également inconnu de l'assureur, devient aussi « un assuré » du contrat pour les dommages qu'il peut provoquer, essentiellement lors de l'ouverture et de la fermeture des portières.

3691. L'article 1er du décret n° 59-135 du 7 janvier 1959 portant règlement d'administration publique pour l'application de la loi n° 58-208 du 27 février 1958, ayant instauré l'obligation d'assurance, prévoyait que les contrats « doivent couvrir la responsabilité civile du souscripteur du contrat, du propriétaire du véhicule et de toute personne ayant, avec leur autorisation, la garde ou la conduite de ce véhicule ». Il s'en suivait alors de multiples conflits relatifs à la preuve de l'autorisation conférée. Afin de remédier à ces difficultés, la loi du 5 juillet 1985 a supprimé la nécessité d'une autorisation : sont dorénavant garanties toutes les personnes qui ont « la garde ou la conduite même non autorisée » du véhicule y compris si l'usage du véhicule a été obtenu contre le gré du propriétaire, hypothèse ouvrant alors droit à recours pour l'assureur (C. assur., art. L. 211-1).

1 ▪ Voleur du véhicule

a - Garantie obligatoire des victimes de l'accident

3692. Le vol du véhicule enlève toute responsabilité à son propriétaire depuis un célèbre arrêt rendu par la Cour de cassation (arrêt Franck : Ch réunies, 2 déc. 1941, JCP G 1942, II, 1766, note G. Mihura). Peu importe l'infraction se trouvant à l'origine de la dépossession du véhicule par son propriétaire : il s'agira essentiellement d'un vol dans la plupart des cas mais l'abus de confiance commis par l'auteur de l'accident se trouve aussi garanti, car seul compte le critère de l'absence d'autorisation. Sont dorénavant garantis, afin de protéger les victimes, tous les accidents de la circulation provoqués par des voleurs car l'assurance obligatoire profite à ceux qui ont « la garde ou la conduite même non autorisée » du véhicule, à l'instar d'un voleur (C. assur., art. L. 211-1). Toutes les victimes blessées par le voleur à l'occasion de la conduite du véhicule, ou ayant même simplement subi des dégâts matériels, seront indemnisées par l'assureur du véhicule volé à condition toutefois que l'on puisse identifier le voleur, sinon la charge de l'indemnisation est transférée sur le Fonds de garantie.

3693. L'accident provoqué par le voleur doit être qualifiable « d'accident » au sens de la loi du 5 juillet 1985, c'est-à-dire un événement aléatoire, à l'exclusion des faits volontaires. Le dommage subi par la victime qui est la conséquence directe de l'action volontaire du conducteur ne résulte pas d'un accident de la circulation selon les juges : la loi du 5 juillet 1985 ne peut donc pas s'appliquer à cette situation (Civ. 2e, 22 janv. 2004, RCA 2004, comm. n° 134). La volonté des cambrioleurs qui ont dérobé les véhicules en cause pour s'en servir comme bélier, afin de défoncer une vitrine, pour perpétrer des vols dans un magasin, était bien de créer un dommage : la situation accidentelle n'est donc pas qualifiable d'accident de la circulation (Civ. 2e, 7 mai 2002, RCA. 2002, comm. n° 255).

b - Exclusion des dommages subis par le voleur

3694. Si les victimes de l'accident sont « les auteurs, coauteurs ou complices du vol », la réparation de leur dommage se trouve exclue de la garantie légale car « en cas de vol d'un véhicule, ces contrats ne couvrent pas la réparation des dommages subis par les auteurs, coauteurs ou complices du vol » (C. assur., art. L. 211-1 al. 2). Il a été jugé que des mineurs qui dérobent sur un parking un véhicule abandonné, parce que déjà volé précédemment par un tiers, commettent « un second vol » et non un simple recel de vol : en cas d'accident, l'assureur serait tenu d'indemniser les tiers victimes à l'exception des dommages subis par le mineur victime, en l'espèce coauteur du vol, lui même blessé dans l'accident. (Civ. 2e, 7 mai 2003, Bull. civ. II, n° 129).

3695. L'article L. 211-1 alinéa 2 du Code des assurances doit s'interpréter de manière restrictive de sorte que seuls les dommages subis par les auteurs, coauteurs et complices du vol et, en cas de décès, leurs ayants droit (Civ. 2e, 17 mars 2011, n° 10-10.232), ne seront pas couverts par l'assureur du véhicule. Ainsi, l'assureur doit sa garantie si la victime, passagère transportée, n'a pas participé au vol, ni comme auteur, ni comme coauteur ou comme complice (Civ. 2e, 13 mai 2004, RCA 2004, comm. n° 270). Toutefois, le receleur doit être indemnisé par l'assureur du véhicule s'il se trouve blessé dans un accident de la circulation impliquant le véhicule volé, dans lequel il est transporté, même s'il a profité du produit du vol en connaissance de cause (CA Paris, 13 janv. 2003, Juris-data n° 206773). Il en va de même de la personne dont il est prouvé qu'elle avait connaissance du vol et qui a été blessée alors qu'elle se trouvait transportée dans le véhicule : dès lors qu'elle n'a fait l'objet d'aucune poursuite pénale en qualité d'auteur ou de complice du vol, l'assureur sera tenu de l'indemniser (CA Paris, 10 oct. 2002, Juris-data n° 203970).

3696. Enfin, l'article L. 211-1 du Code des assurances qui exclut les dommages subis par les auteurs, coauteurs ou complices du vol d'un véhicule ne régit que l'assurance obligatoire des véhicules terrestres à moteur et ne s'applique pas à un contrat d'assurance multirisque habitation garantissant la responsabilité civile des parents d'un mineur. Précisément la clause de cette police qui assure, dans ce cas, la responsabilité que les parents peuvent encourir ne constitue pas une partie d'un contrat visé à l'article L. 211-1 du Code des assurances. Dès lors, l'assureur responsabilité civile du chef de famille doit sa garantie, ne pouvant se retrancher ni derrière l'exception légale, ni derrière une clause d'exclusion qui serait en l'espèce applicable dans le contrat souscrit (Crim., 8 fév. 2011, n° 10-81.568).

c - Vol et résiliation du contrat

3697. Afin d'éviter la difficulté susceptible d'être posée par une résiliation immédiate du contrat d'assurance par l'assureur, en cas de vol du véhicule, un accord est intervenu entre les organisations d'assureurs et le Fonds de garantie, dont les bases sont reprises dans la convention d'indemnisation directe de l'assuré et de recours entre sociétés d'assurance automobile, dénommée convention IRSA. Il en résulte que tout sinistre survenu après le 1er janvier 1986 doit être pris en charge par les assureurs pendant un délai de trente jours commençant à courir à compter de la suspension ou de la résiliation du contrat à moins que le contrat n'ait été transféré sur un autre véhicule de remplacement avant l'expiration du délai de trente jours. La garantie restera acquise à l'assuré, en application de cette convention, jusqu'à l'échéance annuelle du contrat lorsque la responsabilité du propriétaire est susceptible d'être recherchée en raison d'un dommage causé à un ouvrage public (Conv. IRSA, art 1.2.2.b). Notons toutefois que cette convention n'est pas opposable aux victimes car elles ne l'ont pas signée.

2 ▪ Assuré, passager du véhicule

3698. Les passagers transportés à quelque titre que ce soit dans le véhicule ou sur celui-ci, pour les deux ou trois roues, sont obligatoirement couverts pour les dommages qu'ils peuvent provoquer, essentiellement du fait de l'ouverture et de la fermeture des portières pour les véhicules à quatre roues (C. assur., art. L. 211-1 al. 2). La couverture de la responsabilité des passagers constitue ainsi une innovation instituée par la loi Badinter au regard du droit antérieur. Toutefois, cette garantie obligatoire de la responsabilité du passager ne saurait constituer une forme d'immunité lorsque celui-ci, bien que victime de l'accident et intégralement indemnisé, a contribué par sa faute personnelle à la réalisation de l'accident : « la qualité de victime d'un accident de la circulation ne peut exonérer celle-ci de sa responsabilité encourue à l'égard d'autres victimes » (Civ. 2e, 3 févr. 2005, RCA 2005, comm. n° 138).

3699. Avant 1985, sauf clause contractuelle insérée au contrat, le passager du véhicule engageait sa responsabilité civile personnelle pour les accidents de portière qu'il provoquait, en qualité de gardien de la portière sur le fondement de l'article 1384 alinéa 1er du Code civil. Le passager transporté devient, avec la loi Badinter, à la fois un assuré garanti pour la responsabilité civile des dommages qu'il peut causer aux tiers mais aussi un bénéficiaire potentiel de la garantie s'il est lui-même blessé alors qu'il se trouve transporté dans le véhicule. Néanmoins, l'accident provoqué par un passager n'est pas exclusif le cas échéant de la responsabilité du conducteur : le chauffeur de taxi qui s'arrête ainsi en double file dans une rue étroite en sens unique pour laisser descendre son passager, lequel heurte avec la portière un motocycliste en train de dépasser le taxi, manque à son obligation de sécurité et commet une faute de conduite même si le passager a également commis une imprudence en descendant du véhicule sans s'assurer de l'absence de danger (CA Paris, 8 juin 1999, Juris-data n° 101114). La difficulté relative à la responsabilité du passager se pose rarement car c'est toujours l'assureur du véhicule impliqué qui réglera à la victime le montant de son dommage quelle que soit la personne responsable (conducteur ou passager).

3 ▪ Assuré, gardien du véhicule

a - Notion civile de garde

3700. La garde du véhicule est une notion qui reçoit une définition juridique, qui peut se confondre ou non avec la conduite de celui-ci selon les hypothèses. Le gardien est défini par la Cour de cassation comme la personne qui a cumulativement « l'usage, la direction et le contrôle du véhicule » (Ch. réunies, 2 déc. 1941 ; arrêt Franck DC 1942, jur. p. 25, note G. Ripert ; S. 1941, 1, p. 217, note H. Mazeaud ; JCP G 1942, II, 1766, note G. Mihura). Cette personne pourra être le propriétaire du véhicule, qui en est toujours présumé gardien (Civ. 2e, 19 juin 2003, RCA 2003, comm. n° 233), mais aussi tous ceux auquel ce dernier en aura confié la garde. Le gardien du véhicule est obligatoirement assuré par la loi (C. assur., art. L. 211-1).

b - Conservation et transfert de garde

3701. Les conflits habituels dérivent souvent de la notion « d'autorisation » de conduite du véhicule par le gardien, de sorte qu'il faudra systématiquement rechercher qui est réellement demeuré gardien du véhicule, afin de savoir si l'assureur disposera ou non d'un recours contre le conducteur en cas de doute ou de contestation. La recherche du gardien s'avérera aussi utile si les circonstances de l'accident imposent la recherche d'un « responsable » car les victimes d'un accident de la circulation disposent d'un droit à indemnisation à l'encontre du conducteur du véhicule mais aussi du gardien de celui-ci, selon les dispositions de l'article 2 de la loi du 5 juillet 1985.

3702. La loi Badinter n'a pas développé une notion juridique autonome de la garde, les solutions dégagées par la jurisprudence au visa de l'article 1384 alinéa 1er du Code civil demeurent ainsi applicables. L'hypothèse la plus classique du transfert de garde est bien sûr celle du vol : dépossédé de son véhicule par une personne qu'il n'a jamais autorisé à conduire, le propriétaire de l'automobile transfert ainsi à son insu la garde au voleur (Ch. réunies, 2 déc. 1941 ; arrêt Franck DC 1942, jur. p. 25, note G. Ripert). Ce sera également le cas lorsque le véhicule est confié pour réparation à un garagiste, loué à un tiers ou même prêté en longue durée à toute personne. Si le véhicule est conduit par un préposé, c'est logiquement le commettant qui se verra attribuer la garde (Civ. 2e, 24 janv. 1996, Bull. civ. II, n° 6). En effet, il a été décidé que la qualité de préposé est incompatible avec celle de gardien. De même, la Cour de cassation a jugé que la personne qui conduit un véhicule affecté d'un vice de freinage, et qui en est parfaitement avertie avant d'en prendre le volant, devient gardien du véhicule, de sorte que le propriétaire ne sera pas inquiété (Civ. 2e, 13 déc. 1989, Rép. Defrenois 1990, n° 15.16, p. 874, note Champenois). En revanche, il a été jugé que le propriétaire reste le gardien de son véhicule lorsqu'il se trouve lui même transporté dans son propre véhicule par un conducteur autorisé (Civ. 2e, 3 oct. 1990, RCA 1990, p. 411). Le propriétaire d'un véhicule automobile qui le prête à une personne n'ayant pas le permis de conduire en conserve la garde dans la mesure où il ne le confie que pour un bref parcours en limitant les initiatives du conducteur, devant lequel il circule en mobylette (CA Dijon 1re ch., 26 mars 1999, Juris-data n° 103726). Il convient également de relever que si l'accident est provoqué par un incident technique du véhicule, tel l'éclatement d'un pneumatique, le propriétaire de l'automobile conserve « la garde de la structure » de son véhicule et peut ainsi être déclaré responsable de l'accident en l'absence de faute de conduite du conducteur (Civ. 2e, 24 janv. 1996, RCA 1996, comm. n° 91). Si le conducteur n'est pas averti des malfaçons éventuelles du véhicule, le propriétaire restera tenu pour responsable des défauts de structure du véhicule, s'ils sont seuls en cause à l'exception de toute faute du conducteur, c'est-à-dire qu'il demeure gardien de celui-ci à charge pour lui d'exercer le cas échéant un recours contre un tiers (Civ. 2e, 11 avr. 2002, Bull. civ. II, n° 72).

c - Mise à disposition de véhicules et de chauffeurs

3703. Il n'est pas rare qu'une société fasse « mettre à sa disposition » des véhicules terrestres à moteur, parfois avec chauffeur, notamment pour la conduite d'engins de travaux. Les contrats de mise à disposition, ignorés du Code civil, posent presque systématiquement le problème de la détermination du gardien du véhicule en cas d'accident de la circulation, qui plus est en présence d'une difficulté relative à l'application de la garantie. Qui, du commettant habituel ou occasionnel, sera déclaré gardien du véhicule ?

3704. En cas d'accident de la circulation provoqué par la seule faute du conducteur préposé, la recherche du commettant de la personne mise à la disposition d'autrui s'avérera souvent nécessaire, notamment pour déterminer le gardien débiteur de l'indemnisation. L'employeur d'un salarié conserve ainsi la qualité de commettant au regard des dispositions de l'article 1242 (anc. art. 1384) alinéa 5 du Code civil tant qu'il n'apporte pas la preuve qu'il a transféré à autrui l'autorité qui fonde la responsabilité du commettant (Civ. 2e, 17 déc. 1964, JCP G 1965, II, 14125, note R. Rodière) ou si subsiste, au profit de l'employeur habituel, un lien de dépendance (Com., 16 juin 1966, JCP G 1968, II, 15330, note J. Bigot). La Cour de cassation a également jugé que le commettant n'est pas celui qui donne en fait des ordres au préposé mais celui à qui appartient en droit le pouvoir de donner éventuellement des instructions (Com., 26 janv. 1976, D. 1976, jur. p. 449).

3705. Illustration : une pelleteuse appartenant à une société A, transportée sur une semi-remorque appartenant à une société B, à laquelle elle est confiée, est véhiculée par un tracteur appartenant à une société C, contractuellement choisie par B, l'ensemble étant conduit par un préposé de l'entreprise C. Survient un accident de la circulation, au cours d'un trajet personnellement choisi par le préposé de C, au cours duquel la pelleteuse heurte le tablier d'un pont surplombant la route. Il en résulte que, même si le préposé de C avait lui même choisi le trajet emprunté, l'entreprise B, pendant le trajet, « en la personne d'un convoyeur à son service, avait le pouvoir de diriger le chauffeur, et de choisir l'itinéraire » de sorte que « ledit chauffeur était devenu, en l'espèce, le préposé occasionnel » de B. (Com., 7 mars 1977, Bull. civ. IV, n° 68). On admet toutefois que la responsabilité du fait des préposés peut peser sur plusieurs personnes (V. F. Bénac-Schmidt et Ch. Larroumet, Rép. civ. Dalloz, V° Responsabilité du fait d'autrui, n° 91). Ainsi, l'accident survenu à un vélomotoriste blessé en tentant d'éviter le troupeau de chevaux qui circulait de nuit sur la chaussée engage la responsabilité des propriétaires des chevaux, du fait du gardien, car ils sont considérés comme commettants du gardien du troupeau (Civ. 2e, 9 nov. 1967, Bull. civ. II, n° 321).

3706. La société qui obtient la mise à sa disposition d'un véhicule utilitaire ou d'un engin de travaux, avec leurs conducteurs, assume l'entière responsabilité du commettant du fait de son préposé dès lors qu'elle les utilise uniquement sous son autorité, sans aucun contrôle de la part de l'entreprise ayant fourni matériel et personnel. Il en va ainsi pour des dommages causés au cours de terrassements exécutés à l'aide d'un bulldozer loué à une entreprise de travaux, l'utilisateur ayant le contrôle et la direction de l'engin : « la cour d'appel, justifiant légalement sa décision, a pu déduire que la société était devenue gardienne du bulldozer » (Civ. 2e, 7 févr. 1990, Bull. civ. II, n° 25). De même pour les dommages causés à un immeuble voisin par une tracto-pelle utilisée dans un chantier de démolition (Civ. 2e, 24 févr. 1971, Bull. civ. II, n° 62).

C ▪ Recours contre la personne non autorisée

1 ▪ Majeurs et mineurs

3707. L'assureur du véhicule dispose d'un recours intégral contre la personne responsable de l'accident lorsque la garde ou la conduite du véhicule a été obtenue contre le gré du propriétaire (C. assur., art. L. 211-1 al. 3). Bien souvent, l'assureur d'un véhicule volé tentera un recours contre l'assureur de responsabilité civile des parents du voleur lorsque celui-ci est un mineur à seule fin de trouver un payeur. Les recours contre les voleurs s'avèrent presque systématiquement illusoires au regard de l'insuffisance de leur patrimoine personnel propre à couvrir la dette. Lorsque le voleur est majeur, son assureur personnel de responsabilité civile ne pourra garantir le sinistre en raison de l'existence généralisée d'une clause contractuelle d'exclusion de garantie relative à la responsabilité découlant de l'utilisation d'un véhicule, insérée dans la totalité des assurances « multirisque habitation ». Les dispositions de l'assurance automobile obligatoire autorisant le recours de l'assureur contre la personne non autorisée ne peuvent pas faire l'objet d'aménagements conventionnels entre les parties à ce contrat, afin d'exclure la garantie légale définie à l'article L. 211-1 du Code des assurances (Civ. 1re, 4 avr. 1995, Bull. civ. I, n° 151 ; Civ. 1re, 4 juill. 2000, Juris-data n° 002823).

3708. Il a ainsi été jugé que l'assureur d'un véhicule volé par un enfant mineur, responsable d'un accident, ne dispose d'un recours que contre le mineur lui-même et ses parents, civilement responsables de sa faute sur le fondement de l'article 1384 (1242 à compter du 1er oct. 2016) alinéa 4 du Code civil, mais non à l'encontre de l'assureur personnel de responsabilité des parents, lorsque celui-ci a inséré dans son contrat d'assurance une clause « excluant les dommages causés par le mineur utilisant un véhicule volé » (CA Paris, 10 oct. 2002, Juris-data n° 203970). Par ailleurs, la subrogation édictée par l'article L. 121-12 et l'immunité édictée par l'article L. 121-12 alinéa 3 du Code des assurances ne trouvent application que lorsque l'assuré dans les droits duquel l'assureur est subrogé, après paiement, a été la victime du dommage (Civ. 1re, 14 nov. 1995, RGDA 1996. 129, note J. Landel).

2 ▪ Conduite contre le gré du propriétaire

3709. Lorsque la personne qui utilise le véhicule n'est pas un voleur mais qu'elle le conduit néanmoins contre le gré du propriétaire, la sanction légale qui la frappe peut être très lourde car l'assureur aura un recours intégral contre elle (C. assur., art. L. 211-1 al. 3). On citera l'exemple du salarié, chauffeur-livreur, qui utilise le véhicule que lui confie son employeur pendant les horaires de travail à des fins personnelles. La jurisprudence semble faire peser sur les assureurs l'obligation de démontrer que la conduite est bien intervenue « contre le gré du propriétaire » afin d'atténuer la rigueur de la sanction légale, ce qui supposera davantage la preuve d'une véritable interdiction manifeste plutôt qu'une simple absence d'autorisation (Civ. 1re, 9 juin 1993, D. 1993, IR, 201). Cette preuve sera rapportée si un dépôt de plainte est intervenu, car la plainte constitue alors une manifestation procédurale de l'interdiction. Ce sera aussi le cas si le propriétaire a déclaré lors de son audition par les gendarmes qu'il avait formellement interdit l'utilisation de son véhicule à la personne concernée.

3710. Un client laisse son véhicule en stationnement, moteur arrêté, avec la marche arrière enclenchée à proximité d'un mur. Un employé du fournisseur se trouve sur les lieux pour effectuer pour le compte de son entreprise un chargement de colis et de courrier. Il s'introduit discrètement dans la cabine du véhicule « par curiosité », et actionne malencontreusement le contact, provoquant un bond en arrière du véhicule qui coince alors contre le mur le client, lui occasionnant des blessures. Il en résulte que le responsable a agi « contre le gré du propriétaire » puisqu'il a pénétré dans la cabine du véhicule et a mis le moteur en marche à l'insu du propriétaire Civ. 2e, 3 juin 2004, RCA 2004, comm. n° 271, obs. H. Groutel). De même, la condamnation définitive pour vol par une juridiction pénale matérialise nécessairement une conduite contre le gré du propriétaire, même si le voleur a pu s'introduire dans le véhicule sans effraction, les clés étant sur le tableau de bord (Crim., 19 juin 2007, RCA 2007, comm. n° 284). Il n'y a pas en revanche de conduite contre le gré du propriétaire lorsque le conducteur a emprunté à son propriétaire les clés du véhicule laissées de façon très apparente et accessible dans l'appartement que lui avait confié celui-ci, avec lequel il entretenait des liens d'amitié, et qui n'avait manifesté aucune interdiction de conduite de son véhicule (CA Riom 1re ch., 16 nov. 1989, Juris-data n° 049102).

3 ▪ Location de véhicule et autorisation

3711. Dans cette hypothèse, le locataire d'un véhicule ne restitue pas celui-ci à la date convenue ou confie le volant du véhicule à une autre personne, inconnue du propriétaire, qui ne peut dès lors avoir autorisé un inconnu. Il ne fait aucun doute que toutes ces personnes sont assurées, en cas de dommages aux tiers, puisque l'assurance obligatoire bénéficie même à la personne non autorisée (C. assur., art. L. 211-1). L'assureur peut-il toutefois exercer un recours contre elles ? En pareille hypothèse, il semble que l'assureur puisse effectivement exercer un recours contre le conducteur responsable de l'accident, s'il n'est pas le locataire du véhicule ou désigné comme conducteur au contrat de location, mais il n'existe pas de jurisprudence sur ce point, à notre connaissance.

3712. La Cour de cassation a approuvé une cour d'appel d'avoir déclaré inopposable au locataire la clause d'un contrat de location de véhicule, excluant la garantie de l'assureur pour les dommages causés à la partie avant du véhicule, faute d'avoir été portée à la connaissance de ce dernier (Civ. 1re, 27 févr. 1996, RCA 1996, comm. n° 136, note H. Groutel). Faut-il en déduire que le loueur de véhicule devra porter à la connaissance du locataire l'existence éventuelle d'un recours contre le responsable de l'accident en cas de prêt de volant ? À ce jour, la jurisprudence n'a apporté aucune réponse significative à cette question depuis l'abrogation par le décret n° 93-581 du 26 mars 1993 de l'article R. 211-13-1 du Code des assurances qui avait autorisé le locataire à confier son véhicule à toute personne de son choix.

Section 2 ▪ Droit de ne pas garantir la personne responsable

§ 1 ▪ Circonstances qui excluent la garantie

3713. Si l'assureur accepte de prendre le risque de garantir un conducteur pour la responsabilité qu'il peut encourir à l'occasion de la conduite d'un véhicule, il ne peut en revanche accepter d'assurer tous les comportements du conducteur, même les plus répréhensibles, sous peine de mettre en péril l'économie du système, de l'accident volontairement provoqué à la conduite sans permis ou celle effectuée en état d'ivresse.

A ▪ Faute intentionnelle

1 ▪ Faute intentionnelle et contrat d'assurance

3714. Il est une règle dans toutes les assurances de responsabilité civile, obligatoires ou non, selon laquelle la faute intentionnelle de l'assuré n'est jamais garantie car en provoquant volontairement le dommage, celui-ci fait disparaître l'aléa nécessaire à l'existence du contrat d'assurance (C. assur., art. L. 113-1 al. 2). L'hypothèse la plus topique est celle de la « voiture bélier » utilisée par des voleurs pour défoncer volontairement la vitrine d'un commerçant (Civ. 2e, 7 mai 2002, RCA 2002, comm. n° 255). Cela signifie que l'assureur ne garantira jamais les conséquences civiles de l'accident automobile intentionnellement provoqué par l'assuré, ni même les conséquences pénales car il ne paye jamais les amendes prononcées par le tribunal à l'encontre du conducteur. L'accident n'est intentionnel que si et seulement si le responsable a voulu provoquer à la fois l'accident et les conséquences de l'accident, ce qui suppose la volonté de créer également le dommage « tel qu'il est survenu » et non pas tel qu'il était simplement envisageable (Civ. 2e, 18 mars 2004, D. 2004, IR, 1065). Si en revanche l'accident intentionnel atteint par maladresse une victime supplémentaire ou différente de celle initialement visée, l'assureur devra garantir l'accident.

3715. La faute intentionnelle doit toujours s'apprécier lors de la survenance de l'accident. La volonté de provoquer le dommage de la victime différencie la faute intentionnelle de la faute simplement volontaire ou même de la faute grave pour laquelle le responsable n'aura pas nécessairement voulu les conséquences dommageables pour autrui. C'est ce qui explique notamment que le suicide de l'assuré qui positionne son véhicule sur une voie ferrée pour être happé par un train n'est pas une faute intentionnelle car la victime a simplement souhaité s'infliger un dommage personnel mais non à la SNCF (Civ. 1re, 14 oct. 1997, L'Argus 31 oct. 1997, p. 35). En revanche, il faudra considérer qu'un conducteur qui heurte volontairement à l'arrière un autre véhicule pour provoquer un accident commet bien une faute intentionnelle, surtout s'il est condamné pour coups et blessures volontaires (Crim., 6 juin 1990, RGAT 1990. 846). Mais la « frontière » de l'intention peut parfois s'avérer délicate : un assuré qui entreprend une manœuvre de dépassement et se rabat brutalement avant de s'arrêter à un feu tricolore conduit certes dangereusement, sans avoir voulu néanmoins se faire percuter par le véhicule le suivant (CA Besançon 2e ch., 21 oct. 2003, Juris-data n° 223985). La faute intentionnelle causée par un préposé, sauf abus flagrant de fonction, est toujours garantie pour la mise en œuvre de la responsabilité des commettants, en raison de l'existence d'un texte spécial obligeant les assureurs à la garantir (C. assur., art. L. 121-2).

2 ▪ Faute intentionnelle et loi Badinter

a - Accident intentionnel

3716. La loi du 5 juillet 1985 ne s'appliquera pas en cas de faute intentionnelle car il faudra considérer que l'accident intentionnel n'est pas un « accident de la circulation » au sens de la loi : le Fonds de garantie n'interviendra donc pas non plus. En revanche, la victime pourra saisir le Fonds d'indemnisation des victimes d'infractions.

b - Frontières de l'intention

3717. L'accident est bien volontaire lorsque le véhicule de la victime a été volontairement percuté à l'arrière par un véhicule conduit par un tiers (Civ. 2e, 23 janv. 2003, RCA 2003, comm. n° 105, note H. Groutel) ou si l'accident a été provoqué par un conducteur pourchassant des jeunes gens qui participaient à une soirée en cherchant à les heurter (Civ. 2e, 12 déc. 2002, RCA

2003, comm. n° 66, note H. Groutel). L'action volontaire ne doit cependant pas être conçue trop largement : ainsi, un conducteur qui provoque un accident en effectuant une manœuvre répréhensible, sans s'assurer préalablement qu'il pouvait l'effectuer sans danger, ne peut être considéré comme ayant volontairement provoqué l'accident ; la loi Badinter sera ici applicable (Civ. 2e, 23 janv. 2003, Bull. civ. II, n° 7).

B ▪ Défaut de permis de conduire

3718. Seuls les conducteurs titulaires d'un permis de conduire valide et adapté à la catégorie du véhicule conduit sont garantis par l'assurance obligatoire. Les difficultés se sont développées autour de deux axes : la notion de validité du permis de conduire d'une part et celle du respect des conditions restrictives d'utilisation, afférentes au permis, d'autre part. L'enjeu relatif au permis de conduire résulte pour l'essentiel de l'existence d'un droit de remboursement conféré à l'assureur auprès du « responsable » conduisant sans permis (C. assur., art. R. 211-13).

1 ▪ Validité du permis

a - Mise en œuvre de l'exclusion légale

3719. L'assureur est en droit de refuser de garantir le sinistre à chaque fois qu'il constate que le conducteur impliqué dans l'accident « n'a pas l'âge requis ou ne possède pas les certificats, en état de validité », exigés par la réglementation en vigueur pour la conduite du véhicule sauf si celui-ci a été volé ou utilisé à l'insu de l'assuré (C. assur., art. R. 211-10, 1°). Cette exclusion ne joue qu'en présence d'une clause contractuelle dûment insérée dans la police (Civ. 1re, 12 nov. 1986, D. 1986, IR, 441). L'assureur devra alors prouver le défaut de permis de conduire (Civ. 1re, 6 oct. 1981, D. 1983, IR, 217, obs. Berr et Groutel) et sera considéré comme ayant renoncé à invoquer la clause d'exclusion s'il savait que le permis n'était pas valable (Civ. 1re, 21 déc. 1981, RGAT 1982. 532). L'assureur indemnisera néanmoins la victime de l'accident car il ne peut pas se prévaloir d'un défaut de validité du permis à son égard (C. assur., art. R. 211-13). Il conservera bien évidemment le droit, après paiement, de se faire rembourser par le conducteur responsable à condition de prouver l'absence de permis, car les textes précisent qu'il paie en réalité « pour le compte du responsable » (C. assur., art. R. 211-13).

b - Catégories de permis

3720. Le permis concerné est celui relatif à la catégorie réglementaire considérée, c'est-à-dire les catégories A, B, C, D et E (C. route, art. R. 221-4). Si le véhicule ne peut se conduire qu'à partir d'un âge déterminé, sans délivrance nécessaire d'un certificat administratif (permis A1 et B1), il faut avoir l'âge requis pour le conduire, c'est-à-dire 16 ans révolus (C. route, art. R. 221-5). Il convient de noter toutefois que le nombre de places assises au maximum concernant le permis de catégorie B est indifférent en cas d'accident. Si le conducteur transporte par exemple plus de huit personnes dans son véhicule, seul importe le fait que ces personnes soient transportées à l'intérieur du véhicule, quel que soit leur nombre (C. assur., art. A. 211-3). Le poids total en charge du véhicule est important s'agissant de la catégorie E car si le total des poids totaux en charge du véhicule tracteur et de la remorque est supérieur à 3, 5 tonnes, le conducteur sera considéré comme étant sans permis valable s'il n'est pas titulaire du permis E(B). Il a ainsi été jugé que les conditions relatives au permis E(B) sont alternatives et non cumulatives de telle manière que si une seule des conditions alternatives n'est pas remplie, l'assureur n'est pas tenu à garantie (Civ. 1re, 20 janv. 1987, JCP G 1987, IV, 102). Si le permis est valable seulement pour la conduite des véhicules munis d'un embrayage automatique (art. 9, Arr. 8 févr. 1999, JO 20 févr.) le permis doit être considéré comme valable pour la conduite d'un véhicule à embrayage mécanique, car il ne s'agit là que d'une restriction d'utilisation. En cas de perte ou de vol du titre justifiant de l'autorisation de conduire, le récépissé de déclaration de perte ou de vol tient lieu de titre pendant un délai de deux mois au plus (C. route, art. R. 233-1).

3721. Les ressortissants des États membres de l'Union européenne ou de l'Espace économique européen ne sont pas soumis à la condition d'échange de leur permis de conduire, qui demeure facultative sauf exception (C. route, art. R. 222-2). Les ressortissants des autres pays sont tenus de procéder à l'échange de leur permis contre un permis français dans le délai d'un an à compter de la date de résidence normale en France (C. route, art. R. 222-3). Deux arrêtés du 8 février 1999 (JO 20 févr.) réglementent les conditions de reconnaissance et d'échange de ces permis. Le brevet militaire de conduite peut être converti en permis de conduire civil sans nouvel examen (C. route, art. R. 222-7). Il est réputé rétroactivement valable au jour de la demande de conversion (Civ. 1re, 18 févr. 1986, JA 1986, p. 123).

3722. Le conducteur d'un taxi ou d'une ambulance, d'un véhicule affecté au ramassage scolaire ou au transport public de personnes doit être titulaire des autorisations préfectorales nécessaires à la conduite après vérification médicale de l'aptitude physique (C. route, art. R. 221-10 III). Le Code de la route n'établissant aucune distinction entre l'usage d'un taxi à des fins personnelles et l'usage à des fins professionnelles, l'exclusion de la garantie d'assurance doit jouer dès lors que le conducteur n'a pas le certificat médical qui doit accompagner le permis B, peu important que, au moment de l'accident, il ait conduit à des fins strictement personnelles (Civ. 1re, 7 avr. 1992, RCA 1992, comm. n° 295). Il en va de même de la personne détentrice du seul permis de catégorie B, qui conduit une ambulance dès lors qu'elle ne possède pas l'attestation médicale réglementaire, même sans transporter des blessés ou des malades (Civ. 1re, 16 déc. 1981, D. 1983, IR, 215, obs. Berr et Groutel).

c - Présomption de permis de conduire

3723. En cas d'accident de la circulation impliquant un véhicule pour lequel le conducteur n'a pu être identifié, la jurisprudence institue une présomption de conduite par une personne titulaire du permis de conduire : la présence dans la voiture du propriétaire assuré, titulaire du permis de conduire, constitue donc une présomption que celle-ci était conduite par une personne titulaire du permis (Civ. 1re, 6 mars 1993, Bull. civ. I, n° 82 ; Civ. 1re, 16 déc. 1981, Gaz. Pal. 1982, 170).

2 ▪ Suspension ou annulation du permis

a - Effets de la suspension ou de l'annulation

3724. Le permis ne doit être ni suspendu ni annulé ou périmé pour que le sinistre soit garanti par l'assureur. Il ne doit pas non plus être invalidé pour perte totale de points. Toute personne qui a reçu la notification d'une décision prononçant la suspension ou l'annulation du permis de conduire est tenue de restituer le permis à l'autorité chargée de son exécution (C. route, art. L. 224-17). Une mesure de suspension du permis de conduire ne prend effet que du jour de la remise du permis à l'agent de l'autorité chargée de l'exécution (Crim., 4 nov. 1999, JA 2000, p. 69). C'est donc à compter de ce jour que le conducteur responsable pourra se voir opposer l'exclusion légale de l'article R. 211-10 du Code des assurances. Toutefois, lorsque l'annulation du permis est assortie de l'exécution provisoire, elle est exécutoire le jour où le prévenu en a connaissance, c'est-à-dire le jour du prononcé, à l'audience, du jugement s'il est contradictoire (Crim., 3 sept. 1998, JCP G 1998, IV, 3220). La suspension d'un permis de conduire entraîne, pour la même durée et dans les mêmes conditions, celle de tous les autres, quelle que soit la catégorie concernée, dont le conducteur est titulaire (CA Amiens, 22 sept. 1977, JCP G 1977 II, 19162, note Chambon). Il en va de même de l'annulation de plein droit du permis de conduire qui s'étend à toutes les catégories de permis dont le prévenu est titulaire (Crim., 29 oct. 1997, JA 1998, p. 19).

3725. La suspension du permis ne prend effet en principe que du jour où la notification en a été faite à l'intéressé (Crim., 24 mai 1966, Gaz. Pal. 1966, 2, p. 210, note Vassas), étant entendu qu'aucune forme particulière n'est exigée pour cette notification (Crim., 5 nov. 1997, JA 1998, p. 332). Elle peut être prononcée également à l'encontre du titulaire d'un permis étranger car la convention de Vienne du 8 novembre 1968 l'autorise expressément (Crim., 11 juin 1963, D. 1964, somm. p. 35). L'amnistie éventuelle n'affecte pas le jeu de l'exclusion lorsque le sinistre est survenu pendant l'application de la peine de suspension : en l'espèce, la loi d'amnistie du 4 août 1981 n'a pas fait disparaître le fait que le conducteur avait été interpellé, conduisant sans permis au mois de mai 1981, et que la compagnie d'assurance était en droit de se prévaloir de l'exclusion de garantie prévue au contrat ; l'amnistie ne devant pas préjudicier aux droits des tiers, l'assureur ne lui devait pas sa garantie (Civ. 1re, 20 déc. 1988, RGAT 1989. 67, note F. Chapuisat).

3726. Si le conducteur perd la totalité des points qui affectent son permis, celui-ci n'est plus valable (C. route, art. L. 223-1), étant précisé que le droit de conduire se perd alors dès réception de l'injonction délivrée par l'autorité administrative de remettre le permis (C. route, art. L. 223-5). L'assureur serait ainsi tenu de garantir l'accident provoqué par un conducteur ayant déjà perdu l'ensemble des points de son permis s'il survient avant cette notification préfectorale. Tout permis régulièrement annulé, suspendu ou invalidé (c'est-à-dire ayant perdu la totalité des points) caractérise la conduite sans permis au regard de l'assurance.

b - Influence sur l'indemnisation des victimes

3727. L'article R. 211-13 du Code des assurances déclare l'exclusion de garantie pour défaut de permis de conduire inopposable aux victimes ou à leurs ayants droit : celles-ci sont donc intégralement indemnisées par l'assureur du responsable sans permis. Toutefois, cette inopposabilité ne s'applique pas lorsque la victime, en l'occurrence le propriétaire du véhicule, était informée de l'absence de permis du conducteur, la jurisprudence considère alors qu'elle se place volontairement « en situation exclusive de garantie » (Civ. 1re, 6 juin 2001, JCP G 2001, IV, 2436).

3 ▪ Conditions restrictives d'utilisation

a - Restrictions de validité du permis

3728. Il appartient au ministre des Transports de déterminer les conditions dans lesquelles doit être établi le permis de conduire ainsi que les restrictions de validité des catégories de ce permis (C. route, art. R. 221-19). La liste de ces restrictions est fixée par l'article 12.3 de l'arrêté du 8 février 1999 (JO 20 févr.), le port de verres correcteurs en constituant l'exemple le plus fréquent. Si le permis mentionne « port de verres correcteurs » et que le conducteur, au moment de l'accident, ne porte ni lunettes, ni lentilles cornéennes, l'assureur ne peut invoquer le défaut de validité du permis de conduire et refuser sa garantie depuis un décret n° 86-21 du 7 janvier 1986 ayant modifié l'article R. 211-10 du Code des assurances. Ce texte prévoit dorénavant que le non-respect des conditions restrictives d'utilisation par le titulaire, autres que celles relatives aux catégories de véhicules, ne peut être opposé à celui-ci de sorte que l'assurance fonctionnera régulièrement même si le conducteur ne les a pas respectées (C. assur., art. R. 211-10 in fine).

b - Position jurisprudentielle

3729. L'assureur n'est plus en droit d'invoquer le non-respect du port des verres correcteurs lorsque survient un accident (CA Paris 7e ch., 13 mars 2001, JA 2001, p. 233). Le port de verres correcteurs ne peut être imposé comme condition d'aptitude à la conduite d'un véhicule automobile que par une commission médicale : la mention portée d'office sur le permis par l'inspecteur qui a fait passer l'examen, sans que la commission médicale ait été saisie et ait été en mesure d'examiner le candidat, est donc illégale (T. corr. Nantes, 29 avr. 1985, Gaz. Pal., 1985, 2, somm. 235). Le Code des assurances précise que toutes les conditions restrictives d'utilisation qui ne sont pas relatives aux catégories de véhicules ne peuvent entraîner un refus de garantie à l'égard de l'assuré lorsqu'elles ne sont pas respectées. La jurisprudence récente considère ainsi que si l'assuré ne se soumet pas à la visite médicale obligatoire prévue pour la validité d'un permis, la garantie est due par l'assureur en cas d'accident car il s'agit de raisons médicales indépendantes de « la catégorie du véhicule » (CA Paris 7e Ch., 13 mars 2001, Juris-data n° 138631).

4 ▪ Leçons de conduite

3730. L'assureur peut refuser de garantir le conducteur, non titulaire du permis, qui reçoit une leçon de conduite, le plus souvent dans un contexte familial, et en dehors du cadre réglementaire de la conduite accompagnée, régulièrement déclarée à l'assureur. Certains contrats d'assurance prévoient une extension de garantie pour les leçons données aux enfants mineurs par des proches sous réserve de la présence aux côtés de ceux-ci d'un parent titulaire du permis de conduire. En effet, la présence, aux côtés du conducteur démuni de permis, d'une personne habilitée à conduire et qui donne une leçon, peut, lorsque le contrat l'accepte, écarter le jeu de l'exclusion de garantie (Civ. 1re, 4 mars 1981, RGAT 1982. 201). Cette extension de garantie s'est développée en pratique pour s'adapter à la progression de la conduite accompagnée mais elle demeure toujours purement facultative. L'assureur qui refuse une telle extension contractuelle est donc en droit d'exclure la garantie de la responsabilité du jeune conducteur sans permis, du fait de l'accident provoqué au cours d'une leçon de conduite familiale.

5 ▪ Action de l'assureur en remboursement

3731. L'assureur dispose d'une action en remboursement contre le « responsable » lorsque la conduite intervient sans permis (C. assur., art. R. 211-13). Cette action en remboursement au visa de l'article R. 211-13 est différente de celle prévue par l'article L. 211-1 alinéa 3 du Code des assurances, en cas de conduite intervenue « contre le gré » du propriétaire, le défaut de permis étant souvent indépendant de l'autorisation. L'assureur peut donc être remboursé par le conducteur responsable, non titulaire du permis, sans avoir à prouver que celui-ci utilisait également le véhicule contre le gré du propriétaire (Civ. 1re, 23 sept. 2003, RCA 2003, comm. n° 327, note H. Groutel). Ce remboursement s'opère pour toutes les sommes que l'assureur a versées à la victime pour le compte du responsable (Civ. 1re, 21 nov. 2000, Bull. civ. I, n° 295). Le « responsable » visé par le texte peut cependant ne pas être exclusivement le conducteur, il peut s'agir du gardien du véhicule.

a - Remboursement par un majeur

3732. Si le conducteur est majeur, il est civilement responsable de ses actes et s'exposera personnellement au recours de l'assureur. Le propriétaire ou le souscripteur du contrat qui aura cédé « son » volant en connaissance de cause à un conducteur sans permis ne sera pas garanti par le contrat ni pour sa responsabilité civile éventuelle en qualité de gardien du véhicule, ni pour le préjudice qu'il subit lui même en qualité de victime, du fait de l'accident.

La Cour de cassation considère ici que le souscripteur du contrat se place volontairement dans « une situation exclusive de garantie » (Civ. 1re, 6 juin 2001, RGDA 2001. 971 ; Civ. 2e, 20 nov. 1996, RCA 1997, comm. n° 65, note H. Groutel). S'il est aussi passager du véhicule, il sera néanmoins indemnisé en qualité de victime par le Fonds de garantie des assurances obligatoires de dommages en l'absence de faute inexcusable de sa part au regard de la loi Badinter (CA Aix-en-Provence, 6 sept. 2001, Juris-data n° 154415).

3733. L'accident provoqué par un conducteur sans permis sera cependant toujours garanti « en cas de vol, de violence ou d'utilisation du véhicule à l'insu de l'assuré » (C. assur., art. R. 211-10 1°). La conduite sans permis, dans ces circonstances précises, confère au conducteur du véhicule la qualité d'assuré : l'assureur ne pourra donc invoquer la clause d'exclusion pour « défaut de permis » en semblable hypothèse. Toutefois, il conservera toujours en ce cas une action en remboursement contre le voleur ou la personne non titulaire du permis qui utilise le véhicule à l'insu de l'assuré.

3734. En cas de vol ou de violence, le propriétaire sera garanti par l'assurance obligatoire, au titre de sa responsabilité civile ou de ses dommages corporels, par l'assureur de son propre véhicule, contre les conséquences d'un accident provoqué par un conducteur sans permis (Civ. 1re, 24 juin 1997, RGDA 1997. 1035) sauf pour les dommages subis par son véhicule, en raison d'une exclusion légale à ce niveau (art. 5 al. 2, L. n° 85-677, 5 juill. 1985). Ce pourrait être le cas par exemple du propriétaire pris en otage dans son propre véhicule conduit par un malfaiteur sans permis. Il convient de relever toutefois que la notion de conduite du véhicule, sans permis, à l'insu de l'assuré, critère posé par l'article R. 211-10 1°, ne suppose pas nécessairement que le conducteur soit un étranger : lorsque l'assuré ignore que le conducteur n'a pas de permis, on assimile alors cette hypothèse à la conduite « à l'insu de l'assuré », pour permettre l'indemnisation du propriétaire qui ignorait le défaut de permis du conducteur (Civ. 1re, 14 mai 1974, Gaz. Pal. 1975, I, 371 ; CA Colmar, 8 oct. 1982, Juris-data n° 042347). La charge de la preuve d'une conduite sans permis, intervenue à l'insu de l'assuré, repose sur l'assureur (Civ. 2e, 5 juill. 2001, RGDA 2002. 104).

b - Remboursement par un mineur

3735. Si le conducteur sans permis est un mineur, l'article 1242 (anc. art. 1384) alinéa 4 du Code civil énonce que les parents sont responsables civilement des dommages causés par leurs enfants mineurs habitant avec eux. Si l'enfant mineur provoque alors des dommages en conduisant sans permis le véhicule familial, l'assureur automobile des parents devra garantir le tiers victime, blessé par le mineur, car il s'agira bien d'un cas de conduite du véhicule à l'insu de l'assuré n'autorisant pas l'assureur à exclure sa garantie (C. assur., art. R. 211-10 1°). Néanmoins, l'assureur peut-il utiliser les dispositions de l'action en remboursement prévue par le Code des assurances (C. assur., art. R. 211-13) pour exercer ensuite un recours contre les parents ? Le remboursement est d'abord exclu contre le mineur lui même car l'assureur n'a légalement pas le droit d'exercer un recours contre le mineur s'il vit habituellement au foyer de l'assuré, sauf cas de malveillance (C. assur., art. L. 121-12 al. 3). L'assureur conserve cependant la faculté d'exercer un recours contre les parents civilement responsables du fait de leur enfant mineur, lesquels ne peuvent s'exonérer de leur responsabilité en invoquant, par exemple, la faute du propriétaire du véhicule qui savait que le mineur n'était pas titulaire du permis de conduire, seule la force majeure pouvant exonérer les parents de leur responsabilité (CA Douai 3e ch., 28 févr. 2002, Juris-data n° 178234). L'action récursoire peut effectivement être exercée par l'assureur subrogé dans les droits de la victime contre les parents du mineur (Civ. 2e, 9 mars 2000, RCA 2000, ss chron. 13, H. Groutel).

3736. Pour résoudre la difficulté d'un recours auxquels peuvent se trouver confrontés les parents de l'enfant mineur, les assureurs multirisques habitation insèrent presque systématiquement dans leurs polices une extension de garantie pour la responsabilité que les parents peuvent encourir sur le fondement de l'article 1242 (anc. art. 1384) alinéa 4 du Code civil lorsque leurs enfants mineurs vivant avec eux utilisent un véhicule à l'insu de son propriétaire. Il pourra en effet s'agir d'un véhicule n'appartenant pas aux parents, notamment en cas de vol commis par un enfant mineur (Crim., 8 fév. 2011, n° 10-81.568). À défaut d'assurance multirisque habitation, laquelle n'est pas obligatoire, les parents subissent l'action en remboursement de l'assureur ayant indemnisé l'accident provoqué par leurs enfants mineurs, sur leur patrimoine personnel. Si le véhicule leur appartient ou s'ils ne sont que souscripteurs du contrat d'assurance automobile, les parents seront garantis en leur seule qualité de propriétaires du véhicule ou de souscripteurs du contrat (C. assur., art. R. 211-2). Seule la preuve d'un cas de force majeure ou d'une faute de la victime, présentant les caractères de la force majeure, peut aujourd'hui exonérer les parents de la responsabilité de plein droit qu'ils encourent du fait des dommages causés par leur enfant mineur habitant avec eux (Civ. 2e, 9 mars 2000, Bull. civ. II, n° 44).

3737. La jurisprudence déclare également responsables de plein droit les associations qui reçoivent des mineurs au titre d'une mission judiciaire d'assistance éducative, sur le fondement de l'article 1384 alinéa 1er du Code civil (1242 alinéa 1 à compter du 1er octobre 2016), pour tout accident de la circulation commis par un mineur qui s'y trouve placé, même s'il habite avec ses parents, dès lors qu'aucune décision judiciaire n'a suspendu ou interrompu la mission éducative (Civ. 2e, 7 mai 2003, Bull. civ. II n° 129 ; Civ. 2e, 20 janv. 2000, Bull. civ. II, n° 15).

C ■ Non-respect des conditions de sécurité

1 ■ Définition des conditions de sécurité

3738. L'article R. 211-10 du Code des assurances prévoit que les assureurs sont en droit d'insérer dans leurs contrats une clause d'exclusion des dommages subis par les personnes transportées dans le véhicule lorsque le transport n'est pas effectué dans les « conditions suffisantes de sécurité » fixées à l'article A. 211-3 du dit code. Il est admis aujourd'hui pour les voitures de tourisme, les taxis, les autobus et les camions que la sécurité est suffisante lorsque les personnes sont transportées à l'intérieur du véhicule, le nombre de places assises indiqué sur la carte grise et préconisé par le constructeur est sans influence sur cette appréciation. De même, le port ou l'absence de port de la ceinture de sécurité est indifférent au regard de l'application de ce texte, le passager sans ceinture étant ainsi obligatoirement garanti. La règle vaut également pour les remorques et semi-remorques qui doivent être conçues pour transporter des personnes. Pour les véhicules à deux roues tels les motos, la sécurité est suffisante si un seul passager seulement est transporté avec le conducteur, un troisième est possible, s'il s'agit uniquement d'un tandem.

2 ■ Usage d'un téléphone mobile

3739. Le fait de conduire avec un téléphone mobile constitue une imprudence mais qui ne permet pas à elle seule, à l'assureur d'exclure la garantie obligatoire de ce fait en présence d'un accident de la circulation. Effectivement, les contrats d'assurance automobile ne peuvent prévoir que les seules exclusions réglementaires définies à l'article R. 211-10 du Code des assurances, sauf en présence d'une garantie facultative, et l'usage d'un téléphone mobile ne figure pas au rang de ces exclusions. Le décret n° 2003-293 du 31 mars 2003 (JO 1er avr.) a inséré un article R. 412-6-1 dans le Code de la route ainsi rédigé : « l'usage d'un téléphone tenu en main par le conducteur d'un véhicule en circulation est interdit. Le fait, pour tout conducteur, de contrevenir aux dispositions du présent article est puni de l'amende prévue pour les contraventions de 2e classe. Cette contravention donne lieu de plein droit à la réduction de deux points du permis de conduire ». L'usage d'un téléphone mobile constitue ainsi une faute pénale susceptible d'affecter le droit à indemnisation du conducteur, pour l'application de l'article 4 de la loi Badinter, sans toutefois exclure la garantie légale.

§ 2 ▪ Circonstances susceptibles de limiter la garantie du responsable

A ▪ Mise en œuvre des déchéances

3740. La déchéance est la perte d'un droit qui sanctionne unilatéralement le manquement commis par l'assuré aux obligations qui lui incombent à la suite d'un sinistre, à condition d'être prévue par le contrat, à la différence de l'exclusion de risque qui suppose que le droit à garantie n'ait pas existé dès la survenance de l'événement. Elle doit figurer en caractères très apparents dans le contrat d'assurance (C. assur., art. L. 112-4). Le contrat demeure toutefois valable et se maintient pour l'avenir, sauf si la déchéance est prononcée : l'assuré est ainsi tenu du paiement des primes (V. Besson, RGAT 1936. 225 et 473).

3741. Toutes les obligations contractuelles mises à la charge de l'assuré en cas de sinistre peuvent être sanctionnées par la déchéance à condition qu'elle soit expressément prévue. Les déchéances sont néanmoins inopposables aux victimes en assurance automobile. Le non-paiement des cotisations par le souscripteur ne constitue pas une déchéance et demeure opposable aux victimes (C. assur., art. R. 211-13). L'assureur devra donc les indemniser avant d'exercer une action en remboursement contre l'assuré, hypothèse très souvent utopique pour les sinistres les plus graves. Les clauses de déchéance de garantie ne sont pas fréquemment appliquées dans la pratique en raison de leur inopposabilité systématique aux tiers ; les assureurs ne les invoquent généralement que pour les cas les plus propices et pour des assurés solvables sur des sinistres de moyenne ampleur.

1 ▪ Déchéance pour déclaration tardive du sinistre

3742. L'assuré dispose d'un délai de cinq jours ouvrés pour déclarer son sinistre à l'assureur, ramené à deux jours en cas de vol (C. assur., art. L. 113-2). S'il ne respecte pas ce délai, l'assureur pourra invoquer une déchéance de garantie s'il prouve que le retard dans la déclaration lui a causé un préjudice, hypothèse rarissime en pratique (ibid.).

2 ▪ Déchéance pour conduite en état d'ivresse

a - Clause réputée non écrite

3743. Si l'assureur insère dans le contrat une clause de déchéance de la garantie légale pour conduite de l'assuré en état d'ivresse, celle-ci sera réputée non écrite. En effet, il résulte des dispositions de l'article L. 211-6 du Code des assurances qu'est « réputée non écrite toute clause stipulant la déchéance de la garantie de l'assuré en cas de condamnation pour conduite en état d'ivresse ou sous l'empire d'un état alcoolique ». En présence d'une telle clause, la jurisprudence l'a réputée non écrite (Civ. 1re, 6 juin 2001, RGDA 2001. 971). Les tiers victimes d'un conducteur en état d'ébriété seront donc indemnisés par son assurance, quel que soit le véhicule concerné. Si celui-ci est immatriculé ou assuré dans un État membre de l'Union européenne, les contrats d'assurance ne peuvent pas prévoir que, dans le cas où le conducteur du véhicule était en état d'ivresse, l'assureur n'est pas tenu d'indemniser les dommages corporels et matériels causés à des tiers par le véhicule assuré (CJCE, 28 mars 1996, Gaz. Pal., 1er déc. 1996, n° 3368, pan. p. 32).

3744. L'assureur qui a indemnisé la victime peut-il exercer un recours contre l'assuré conduisant en état d'ivresse ? La Cour de justice des Communautés européennes en admet le principe : le contrat d'assurance obligatoire peut prévoir que, dans de telles hypothèses (conduite en état d'ivresse), l'assureur disposera d'une action récursoire contre l'assuré (CJCE, 28 mars 1996, Gaz. Pal., 1er déc. 1996, n° 3368, pan. p. 32). Toutefois, ce recours semble être exclu en droit français dans la mesure où toute déchéance de cette nature est nécessairement réputée non écrite (C. assur., art L. 211-6) en cas de condamnation pour conduite en état d'ivresse, de sorte que l'action de l'assureur ne peut reposer sur un fondement légal ou contractuel. Il est permis de s'interroger sur la possibilité d'un recours lorsque l'assuré, qui conduisait en état d'ivresse, n'a pas été pénalement condamné en raison d'une circonstance procédurale (par exemple, la prescription de l'action publique). En effet, le texte de l'article L. 211-6 du Code des assurances subordonne l'interdiction de la déchéance à l'existence d'une condamnation pénale.

b - Ivresse et garanties facultatives

3745. La déchéance de la garantie visée à l'article L. 211-6 du Code des assurances ne concerne que la garantie légale de responsabilité civile ; une déchéance frappant les seules garanties facultatives du contrat d'assurance (par exemple la garantie complémentaire du conducteur) demeure valable et ne saurait être réputée non écrite. Il a ainsi été jugé que l'article L. 211-6 du Code des assurances ne s'applique qu'à l'assurance obligatoire des véhicules terrestres à moteur prévue à l'article L. 211-1 du Code des assurances (Civ. 1re, 5 juill. 1989, JCP G 1989, IV, 335 ; Civ. 2e, 7 avr. 2011, n° 10-10.868, JA mai 2011, p. 42). La clause de déchéance pour conduite en état d'ivresse, insérée dans une assurance automobile facultative est licite et doit s'appliquer en l'espèce, le procès-verbal de gendarmerie ayant révélé l'état alcoolique du conducteur accidenté (CA Lyon, 26 févr. 1998, Juris-data n° 044497).

3746. Toutes les garanties facultatives sont concernées par le jeu de la déchéance pour conduite en état d'ivresse (vol, tous risques, dommages-collision, protection juridique, garantie du conducteur). Toutefois, c'est en matière de « garantie du conducteur », incluse dans la police automobile, ou d'assurance contre les accidents corporels, souscrite distinctement, que le problème se pose avec plus d'acuité, surtout si le conducteur en état d'ébriété est seul victime de lui-même et ne peut compter que sur la mise en œuvre de cette garantie pour être indemnisé. Les contrats comportent souvent une clause d'exclusion de garantie – et non de déchéance - concernant les dommages subis par le conducteur lorsqu'au moment de l'accident, il était sous l'empire d'un état alcoolique ou en état d'ivresse constaté en vertu des dispositions légales du Code de la route. La clause dont s'agit ne s'analyse pas comme une clause de déchéance inopposable aux victimes par ricochet mais comme une clause d'exclusion de garantie qui est opposable aux bénéficiaires du contrat (CA Paris, 11 juin 2002, JA 2003, p. 132). La preuve de l'exclusion est à la charge de l'assureur : une compagnie ayant indemnisé le coût des réparations du véhicule endommagé au cours d'un accident ne peut obtenir remboursement des sommes versées lorsque la preuve de la condition d'exclusion de garantie, notamment la conduite sous l'empire d'un état alcoolique, n'est pas rapportée (Civ. 1re, 5 juill. 1989, JCP G 1989, IV, 335).

3 ▪ Déchéance pour conduite après usage de stupéfiants

3747. La déchéance contractuelle de la garantie de l'assuré pour conduite après usage de substances ou plantes classées comme stupéfiants est dorénavant impossible à la suite du vote de la loi n° 2003-87 du 3 février 2003 ayant modifié l'article L. 211-6 du Code des assurances. La jurisprudence rendue en matière de déchéance pour conduite en état d'ivresse, réputant la clause non écrite, est donc transposable à l'usage de ces substances (Civ. 1re, 6 juin 2001, RGDA 2001. 971). Il demeure possible, comme en matière de déchéance pour conduite en état d'ivresse, de stipuler une déchéance des garanties facultatives pour conduite après usage de stupéfiants.

B ▪ Limitation de l'indemnité versée

1 ▪ Franchise

3748. En matière fiscale, le vocable « franchise » signifie la dispense de droits, de taxe ou de prix d'affranchissement normalement exigible. En assurance, c'est la part du dommage que l'assureur ne garantit pas par le jeu d'une clause insérée dans le contrat d'assurance et pour laquelle l'assuré demeure en quelque sorte son propre assureur. Cette franchise prévue par les textes (C. assur., art. L. 121-1) n'est pas opposable aux victimes en assurance automobile, qu'il s'agisse de victimes matérielles ou corporelles (C. assur., art. R. 211-13) de sorte que l'assureur récupérera le montant de celle-ci directement auprès de son assuré après avoir indemnisé totalement la victime. En pratique, la franchise est rarement récupérée par l'assureur auprès de son assuré. L'assuré peut aussi racheter avec l'accord de l'assureur le montant de sa franchise si elle est simple : en cas d'accident, il sera pleinement assuré et ne supportera aucune somme à sa charge. En revanche, la franchise absolue ou découvert, quel que soit le montant du sinistre, ne peut jamais faire l'objet d'un rachat.

2 ▪ Réduction d'indemnité

3749. En cas de fausse déclaration non intentionnelle ou de réticence pour laquelle la mauvaise foi de l'assuré n'aura pu être prouvée, l'assureur est autorisé à appliquer une réduction proportionnelle de l'indemnité versée à la victime en application de l'article L. 113-9 du Code des assurances. La réduction proportionnelle de l'article L. 113-9 n'est pas opposable aux victimes qui seront totalement indemnisées (C. assur., art. R. 211-13 3°) ; l'assureur pourra cependant récupérer auprès de son assuré la quote-part d'indemnité ainsi réduite. L'indemnité est réduite par l'assureur en proportion de ce qui aurait dû être payé s'il n'y avait pas eu fausse déclaration, par rapport à ce qui a été effectivement payé par le souscripteur du contrat. Si la fausse déclaration est découverte par l'assureur avant tout sinistre, l'assuré pourra payer la différence auprès de son assureur à moins que ce dernier ne décide de résilier purement et simplement le contrat. En revanche, si la situation n'est découverte qu'à la suite d'un sinistre, l'assureur ne réglera le montant des dommages qu'en tenant compte du caractère erroné de la déclaration, ce qui aboutira systématiquement au versement d'une indemnité inférieure au regard de l'insuffisance du prix payé.

3750. Un souscripteur déclare à son assureur habiter et travailler dans une petite commune rurale de 2 000 habitants dans le nord de la France alors qu'il habite en réalité à Paris et utilise son véhicule à des fins professionnelles. Compte tenu des critères utilisés pour la tarification automobile, qui intègrent notamment le lieu de garage et l'utilisation du véhicule, l'assureur va s'apercevoir qu'il paye en réalité une cotisation d'assurance, par exemple, d'un montant de 650 €, c'est-à-dire 40 % moins cher que celle qu'il aurait dû payer s'il avait correctement déclaré son domicile et sa profession, donc évaluée à 910 €, selon les critères propres de l'assureur. À supposer ainsi qu'il soit responsable d'un accident ayant provoqué 3 000 € de dommages infligés à une victime, il serait injuste d'imposer à l'assureur le règlement intégral de cette somme sans tenir compte de l'insuffisance du prix qu'il a reçu en amont, qui peut se chiffrer précisément ici à 260 €. L'assureur règlera donc en application de la formule suivante :

Dommage x Prime réellement payée par l'assuré / Prime qui aurait dû être payée.

Il règlera alors à son assuré l'indemnité suivante : 3 000 x 650 / 910 = 2 142, 86 €.

Cette règle proportionnelle n'est pas opposable à la victime ce qui signifie qu'elle percevra 3 000 € de dommages et intérêts puis l'assureur sollicitera le remboursement auprès de son assuré de la différence correspondant ici à : 3 000 – 2 142, 86 = 857, 14 €.

Section 3 ▪ Influence de la tarification sur le coût de la garantie

§ 1 ▪ Réduction et majoration de la prime

A ▪ Fondement de la clause de bonus malus

1 ▪ Réglementation applicable

3751. L'arrêté du 14 juin 1976 a imposé aux compagnies d'assurances une clause type de réduction-majoration, plus couramment dénommée « bonus malus », prise en application des dispositions permettant à l'autorité administrative d'imposer des clauses types dans les contrats d'assurance (V. C. assur., art. L. 111-4). Figurant en annexe à l'article A. 121–1 du Code des assurances, elle consiste à moduler la prime ou cotisation d'assurance en fonction de la sinistralité individuelle. Il ne s'agit pas d'une clause pénale susceptible d'être réduite par le juge. Tous les contrats d'assurance automobile souscrits par des particuliers sont réputés contenir le texte de la clause insérée en annexe de l'article susvisé à l'exception des contrats garantissant soit des cycles, tricycles ou quadricycles à moteur dont la cylindrée est inférieure ou égale à 80 cm^3, soit des véhicules et appareils agricoles, matériels forestiers ou de travaux publics, ainsi que les véhicules des services de secours et de lutte contre l'incendie visés par le Code de la route (C. route, art. R. 311-1, R. 312-25, R. 313-5). L'article A. 121-1 du Code des assurances fait une obligation aux assureurs d'adopter la clause de réduction ou de majoration de prime figurant à l'annexe qu'il prévoit (Civ. 1re, 20 mars 1984, RGAT 1984. 420, note J. Bigot). Par dérogation, certains contrats peuvent toutefois comporter une clause différente. Il s'agit essentiellement des contrats couvrant plus de trois véhicules appartenant à un même propriétaire, des risques agricoles, des véhicules de transport public de voyageurs (C. assur., art. A. 121-2).

3752. La Commission européenne a exprimé ses réserves sur la clause de bonus malus qu'elle considère comme contraire aux principes de liberté tarifaire issus de la troisième directive non-vie n° 92/49/CCE du 18 juin 1992 (V. Projet de communication interprétative IV, 2, I, 1, RGDA 1997. 1188 ; G. Parléani, Observations sur le projet de communication de la Commission : Liberté de prestation de services et intérêt général dans le secteur des assurances : RGDA 1997. 1197). Saisie à l'initiative de la Commission européenne, la Cour de justice des Communautés européennes a validé le système réglementaire français et luxembourgeois, par deux arrêts, de sorte que le bonus malus n'est pas illégal : « Il s'ensuit que la Commission n'a pas démontré que, en ayant institué et maintenu en vigueur son système de bonus malus, la République française aurait agi en violation du principe de la liberté tarifaire et de la suppression des contrôles préalables ou systématiques sur les tarifs et les contrats d'assurance posé par les articles 6, 29 et 39 de la directive 92/49 » (CJCE n° C-347/02, 7 sept. 2004, Commission des Communautés européennes c/ République Française et CJCE, n° C-346/02, 7 sept. 2004, Commission des Communautés européennes c/ Grand-duché de Luxembourg).

2 ▪ Période de référence et assiette de prime

3753. La période annuelle prise en compte pour l'application du bonus malus est celle de 12 mois consécutifs précédent de deux mois l'échéance annuelle du contrat (C. assur., art. A. 121-1, Ann. art. 9). Ainsi, pour le calcul de reconduction en 2004 d'un coefficient relatif à un contrat conclu le 5 janvier 2000, la période de référence court du 5 novembre 2002 au 5 novembre 2003. L'assiette de la prime sur laquelle s'impute le coefficient est celle établie par l'assureur pour le risque présentant les mêmes caractéristiques techniques que celles présentées par l'assuré (C. assur., art. A. 121-1, Ann. Art. 2) et ne comprend pas les majorations prévues par le Code des assurances pour les circonstances aggravantes (par exemple une condamnation pour conduite en état d'ivresse). Elle intègre toutefois la surprime prévue pour les jeunes conducteurs (C. assur., art. A. 335-9-1).

B ▪ Mise en œuvre de la clause de bonus malus

1 ▪ Acquisition d'un bonus (réduction)

3754. Le coefficient « d'origine » pour tout assuré est de 1 (C. assur., art. A. 121-1, Ann. art. 1). Lors de la tacite reconduction annuelle du contrat, la prime due par l'assuré n'ayant eu aucun sinistre au cours de la période de référence est affectée d'une réduction de 5 % (coefficient multiplicateur de 0, 95), arrêtée à la deuxième décimale et arrondie par défaut, la réduction étant portée à 7 % lorsque le contrat garantit un véhicule utilisé pour un usage « tournées » ou « tous déplacements ». Le bonus ne peut continuer à croître lorsque l'assuré atteint 50 % (coefficient de 0, 50) et un malus ne peut être appliqué pour le premier sinistre survenu après une première période d'au moins trois ans au cours de laquelle le bonus a été égal à 0, 50 (C. assur., art. A 121-1, Ann. art. 4). Le tableau reproduit ci-après expose le « schéma idéal » d'acquisition d'un bonus maximum sans sinistre pendant 13 ans, hors usage « tournées » ou « tous déplacements » :

Années sans sinistres	Bonus acquis
1re	0,95 (1 x 0,95)
2e	0,90
3e	0,85
4e	0,80
5e	0,76
6e	0,72
7e	0,68
8e	0,64
9e	0,60
10e	0,57
11e	0,54
12e	0,51
13e	0,48 plafonné à 0,50

2 ▪ Acquisition d'un malus (majoration)

3755. Un sinistre survenu au cours de la période de référence majore le coefficient de 25 % (coefficient multiplicateur de 1, 25) ainsi que pour chaque sinistre supplémentaire, y compris au cours d'une même année, la majoration n'est que de 20 % par sinistre pour un véhicule utilisé en usage « tournées » ou « tous déplacements » (C. assur., A. 121-1, Ann. art. 5). Il doit toutefois s'agir d'un sinistre à part entière, une simple condamnation pénale ou suspension administrative du permis de conduire ne saurait justifier une majoration, en l'absence de tout sinistre. Le « malus maximum » ne peut pas être supérieur à un coefficient de 3, 50 (250 % de la prime de référence). En cas de pluralité de sinistres, quelle que soit la période, un coefficient majoré continue d'acquérir le bonus de 5 % pour toute année sans sinistre faisant suite à une année sinistrée. Afin de permettre une « descente rapide » du malus, le coefficient de réduction-majoration ne peut jamais être supérieur à 1 après deux années sans sinistre (C. assur., art. A. 121-1, Ann. art. 5). Lorsque la responsabilité du conducteur n'est que partiellement engagée, la majoration est réduite de moitié, soit 12, 5 % (C. assur., art. A. 121-1, Ann. art. 5 al. 4). La « spirale » d'acquisition d'un malus maximum est ci-après reproduite :

Accidents (assuré entièrement responsable)	Malus
1er	1,25
2e	1,56
3e	1,95
4e	2,43
5e	3,04
6e	3,80 plafonné à 3,50

Tous les événements assurés entraînent-ils l'application réglementaire d'un malus ? L'article 7 de l'annexe à l'article A. 121-1 du Code des assurances définit le socle de la majoration applicable. Ainsi, un malus ne peut pas être imputé si le sinistre met en jeu uniquement l'une des garanties suivantes : vol, incendie, bris de glaces. Il en va de même du sinistre « survenu à un véhicule en stationnement par le fait d'un tiers non identifié alors que la responsabilité de l'assuré n'est engagée à aucun titre ». En revanche, le malus demeure applicable aux garanties dommages au véhicule à l'exception de celles énumérées à l'article 7 susvisé. Ces sinistres ne font pas non plus obstacle à la poursuite du bonus lorsqu'ils surviennent, interruption autrefois dénommée « gel du bonus ».

C ▪ Transfert du coefficient de bonus malus

3756. Le coefficient acquis au titre du véhicule désigné dans la police d'assurance, qu'il s'agisse d'un bonus ou d'un malus, est automatiquement transféré en cas de remplacement de ce véhicule ou en cas d'acquisition d'un ou plusieurs véhicules supplémentaires, à condition que le ou les conducteurs habituels demeurent les mêmes, sauf en cas de réduction du nombre des conducteurs (C. assur., art. A. 121-1, Ann. art. 10).

D ▪ Conflits éternels du bonus malus

1 ▪ Les conflits de preuve

3757. C'est à l'assuré qu'il incombe, en cas de litige, de faire la preuve que le sinistre ne met pas en cause, même partiellement, sa responsabilité (Civ. 1re, 21 déc. 1981, Gaz. Pal., 1982, 1, pan jur. p. 169 ; TGI Dunkerque, 7 juill. 1983, Gaz. Pal., 1983, 2, somm. p. 403). L'assuré doit démontrer qu'il n'a encouru aucune responsabilité dans la survenance du sinistre (TI Nantes, 15 mars 1984, RGAT 1985. 253). D'une manière générale, la clause obligatoire de bonus malus s'applique, en dehors de toute démonstration d'une faute du conducteur assuré, dans tous les cas autres que les exceptions énumérées à l'article 4 de l'annexe à l'article A. 121-1 du Code des assurances (Civ. 1re, 26 mars 1985, RGAT 1985. 382).

3758. Le caractère d'ordre public de la clause de bonus malus ne justifie pas néanmoins le refus d'information de l'assureur sur l'augmentation des cotisations, si ce refus a empêché l'assuré de vérifier les calculs faits par lui : l'assureur est débouté de sa demande en paiement de la cotisation recalculée (CA Paris, 15 févr. 1989, Juris-data n° 020479).

2 ▪ Conflits relatifs à la responsabilité

3759. L'article 6 de l'annexe à l'article A. 121-1 du Code des assurances énumère trois circonstances ne pouvant donner lieu à prise en considération d'un malus :
- lorsque l'auteur de l'accident conduit le véhicule à l'insu du propriétaire ou de l'un des conducteurs désignés, sauf s'il vit habituellement au foyer de l'un de ceux-ci ;
- lorsque la cause de l'accident est un événement, non imputable à l'assuré, ayant les caractéristiques de la force majeure ;
- ou lorsque le sinistre est entièrement imputable à la victime ou à un tiers. La majoration est exclue lorsque le sinistre pouvant la justifier n'est pas garanti par l'assureur (Civ. 1re, 17 mai 1982, Bull. civ. I, n° 181 ; RGAT 1983. 223).

3760. De même, l'assureur ne peut se fonder pour appliquer la clause sur le barème de la convention IRSA si cela aboutit à une responsabilité plus lourde qu'en droit commun (TGI Angers, 17 janv. 1983, Gaz. Pal., 11 août 1983).

3761. Si le sinistre ne correspond pas à la qualification qui lui avait été initialement donnée, la rectification de la cotisation peut être opérée dans un délai de deux ans suivant l'échéance annuelle postérieure au sinistre litigieux (C. assur., art. A. 121-1, Ann. Art. 8). La rectification doit s'effectuer alors rétroactivement à la première échéance litigieuse, et non pas simplement pour l'avenir (Civ. 1re, 20 mars 1984, D. 1984, IR, 401, obs. Berr et Groutel).

§ 2 ▪ Réglementation des surprimes

A ▪ Surprime du « jeune conducteur »

3762. La réglementation autorise les compagnies d'assurances à adapter le niveau de la prime perçue en fonction de l'expérience du conducteur (C. assur., art. A. 335-9-1). Les conducteurs concernés sont les assurés ayant un permis de moins de trois ans et les assurés ayant un permis de trois ans et plus mais qui ne peuvent justifier d'une assurance effective au cours des trois dernières années précédant la souscription du contrat. La surprime ne peut dépasser 100 % de la prime de référence, montant réduit à 50 % pour les conducteurs novices ayant obtenu leur permis de conduire par la procédure de la conduite accompagnée. Elle est réduite de la moitié de son taux initial après chaque année, consécutive ou non, sans sinistre engageant la responsabilité.

B ▪ Surprimes du comportement routier

3763. Pour tenir compte du comportement du conducteur assuré, essentiellement pénal, le Code des assurances énonce une série d'hypothèses autorisant les compagnies d'assurances à majorer le montant de la prime de référence d'une surprime (C. assur., art. A. 335-9-2). Ces hypothèses sont les suivantes, le cumul de ces majorations ne pouvant toutefois excéder 400 % de la prime de référence :
- pour les assurés responsables d'un accident et reconnus en état d'imprégnation alcoolique au moment de l'accident : 150 % ;
- pour les assurés responsables d'un accident ou d'une infraction aux règles de la circulation qui a conduit à la suspension ou à l'annulation du permis de conduire : 50 % (suspension de deux à six mois), 100 % (suspension de plus de six mois) ; annulation ou plusieurs

suspensions de plus de deux mois au cours de la même période de référence que celle prise en compte pour l'application du bonus malus : 200 % ;
- pour les assurés coupables de délit de fuite après accident : 100 % ;
- pour les assurés n'ayant pas déclaré à la souscription d'un contrat une ou plusieurs des circonstances aggravantes indiquées ci-dessus ou n'ayant pas déclaré les sinistres dont ils ont été responsables au cours des trois dernières années précédant la souscription du contrat : 100 % ;
- pour les assurés responsables de trois sinistres ou plus au cours de la période annuelle de référence : 50 %.

Chapitre 3
Le responsable de l'accident de la circulation

BIBLIOGRAPHIE

L'Argus de l'assurance

Ouvrages généraux. – J. Landel et L. Namin, *Manuel de l'assurance automobile*, L'Argus éd.,, 2016. – *Code de la route-Infracode*, L'Argus éd.,

Articles. – L. Namin, Elargissement de la loi Badinter à l'ordre du jour, L'Argus 2011, n° 7206, p. 46. - Pleins phares sur l'actualité du conducteur (dossier), JA janv. 2011, p. 16. - X. Ridel, La faute inexcusable du piéton intempérant, JA janv. 2011, p.38. - S. Chanh, Accident complexe : conducteur ou piéton ?, JA nov. 2010, p. 38. - J. Landel, Suicide de la victime non conductrice et recherche volontaire du dommage subi, JA mai 2010, p. 36. - J.-B. Le Dall, L'unicité du permis de conduire ou comment cumuler les points de deux permis, JA avr. 2010, p. 28. - F. Couilbault, Faute du conducteur victime, JA mars 2010, p. 36. - L. Mercié, Contrôle d'alcoolémie : pas de grief dans l'absence de respect du temps d'attente, JA janv. 2010, p. 30. - N. Giroudet-Demay, L'information relative au retrait de points, JA déc. 2009, p. 32. - A. Velle, Le conducteur, une victime à part, JA déc. 2009, p. 38. - L. Namin, Responsabilité de la puissance publique en cas de défaut d'entretien de la voirie, JA nov. 2009, p. 28. - P. Ravayrol, FGA : droit fondamental à l'information de l'auteur de l'accident, JA sept. 2009, p. 36. - D. Fenouillet, Victime contre préposé : la lutte des classes au 21e siècle, JA juill-août 2009, p. 36. – G. Defrance, L'accident complexe, JA janv. 2009, p. 4. - L'exclusion des conducteurs ivres, JA janv. 09, p. 8. - Fonds de garantie : un recours en indemnisation sous conditions (dossier), JA déc. 2009, p. 18. - Le permis à points au regard de l'assurance (dossier), JA janv. 2010, p. 14. - Réglementation des voies : pouvoirs, responsabilités, indemnisation (dossier), JA avr. 2010, p. 14. - S. Gobert, RC automobile, les exclusions légales de garantie, L'Argus éd., 2004 n° 6870, p. 32. – G. Defrance, Alcool au volant, L'Argus 2003, n° 6820, p. 38. – G. Defrance, Le toilettage de l'assurance auto, JA 1993, p. 393.

Autres documentations

Ouvrages généraux. – Cl.-J. Berr et H. Groutel, Rép. civ. Dalloz. 2e éd., *Assurances de dommages*, n° 318 s. – G. Durry, *L'assurance automobile*, Dalloz Connaissance du Droit 1998. – J. Bigot (dir.), *Traité de droit des assurances*, Le contrat d'assurance, T. 3, LGDJ 2002. – M. Picard et A. Besson, *Les assurances terrestres*, T. 1, Le contrat d'assurance, LGDJ 1982. – *Traité de droit des assurances, Entreprises et organismes d'assurance*, T. 1, J. Bigot (dir.), LGDJ 1996.

Articles. – F. Chapuisat et F. Chaumet, La renonciation de l'assureur aux prérogatives du Code des assurances, RGAT 1993. 483. – H. Groutel, Assurance, état alcoolique : mode d'emploi, RCA 1999 n° 7-8 Repères. – H. Margeat et J. Péchinot, Les nouvelles obligations de garantie dues par l'assureur automobile aux victimes d'accidents de la circulation, RGAT 1987. 9. – A. Favre Rochex, Le conducteur inconnu et les assureurs, Gaz. Pal. 18 juin 1999, p. 3. – La notion d'accident de la circulation. À propos des accidents liés à une partie du véhicule étrangère à la circulation, D. 1999, Jur. p. 256 par Jean Mouly.

3764. Après de très longs débats, parfois vifs, dans la suite logique de la création du Fonds de garantie automobile en 1951 et de l'instauration de l'obligation d'assurance de responsabilité civile automobile en 1958 et 1959, de nombreux projets et contre projets élaborés sur près de trente ans, le législateur a adopté la loi n° 85-677 du 5 juillet 1985 dite plus couramment « loi Badinter » tendant à une meilleure indemnisation des victimes d'un accident de la circulation. La recherche de la responsabilité d'un accident de la circulation ne peut se comprendre aujourd'hui qu'à travers le prisme des deux grands objectifs fixés par la loi Badinter : l'amélioration de l'indemnisation des victimes de l'accident, qui suppose un corps de règles réduisant les sources de conflit, et l'accélération des procédures d'indemnisation de celles-ci, afin de réduire le contentieux judiciaire. Pour satisfaire ces objectifs, la loi du 5 juillet 1985 est entrée immédiatement en vigueur, c'est-à-dire qu'elle a été appliquée aux affaires pendantes y compris devant la Cour de cassation.

Section 1 ▪ La loi Badinter s'applique-t-elle à l'accident envisagé ?

§ 1 ▪ Émergence d'une nouvelle loi

A ▪ Régime antérieur à la loi du 5 juillet 1985

3765. Le seul régime applicable à l'indemnisation des accidents de la circulation se trouvait dans le Code civil aux articles 1382 et 1384 alinéa 1er essentiellement, respectivement renumérotés 1240 et 1242 depuis l'ordonnance du 10 février 2016 portant réforme du droit des contrats. Les tribunaux avaient décidé que le gardien d'un véhicule, qu'il soit ou non équipé d'un moteur, avait l'obligation de réparer le dommage qu'il provoquait (art. 1384 alinéa 1er, C. civ.). Toutefois, le gardien disposait néanmoins d'arguments pour échapper à cette responsabilité, totalement ou partiellement. Ainsi, il pouvait s'exonérer de sa responsabilité en démontrant que l'accident était dû en réalité à un cas de force majeure ou au comportement d'un autre automobiliste (un tiers) ou même simplement à la faute commise par la victime de l'accident. Par exemple, un enfant traversant la rue pour chercher son ballon et se « jetant pratiquement » sous les roues du véhicule n'était pas indemnisé si l'automobiliste roulait à faible vitesse sans avoir pu anticiper cette circonstance (Cass. ass. plén., 9 mai 1984, Derguini et Lemaire, D. 1984, p. 525).

3766. En revanche, si la faute de la victime ou du tiers automobiliste ne présentait pas les critères juridiques de la force majeure, c'est-à-dire un événement irrésistible, extérieur et imprévisible, il s'ensuivait un partage de responsabilité entre le gardien du véhicule d'une part et le tiers ou la victime d'autre part. Cette faute potentielle de la victime aboutissait à priver celle-ci d'une partie plus ou moins importante de son indemnisation selon la part de responsabilité fixée à sa charge par le juge. Pour tenter d'atténuer autant que de mesure la rigueur parfois dramatique du système, la jurisprudence avait fini par développer un système « du tout ou rien » notamment par un célèbre arrêt Desmares rendu par la Cour de cassation le 21 juillet 1982 (D. 1982, p. 449, concl. Charbonnier, note Ch. Larroumet) ayant posé les règles suivantes : soit la faute de la victime exonère totalement le gardien du véhicule si elle présente les caractéristiques de la force majeure, de sorte qu'elle ne sera pas indemnisée. Soit cette faute ne présente pas les caractères de la force majeure, sa responsabilité de « victime » ne peut plus être partagée avec celle du gardien du véhicule qui devient pour sa part « totalement responsable » de l'accident, alors même que la victime a pu commettre une « faute ».

B ▪ Régime en vigueur depuis la loi du 5 juillet 1985

3767. Le législateur a estimé que la seule façon de réduire le contentieux judiciaire de l'accident tout en protégeant les victimes consistait à instaurer un système limitant au maximum la discussion relative à la responsabilité des uns et des autres, tout en réduisant les hypothèses permettant de reprocher une faute à la victime de l'accident. Toutes les victimes, qu'elles soient conducteur ou non conducteur d'un véhicule, se voient reconnaître un véritable droit à indemnisation : il n'est donc plus question de rechercher si « la faute commise par l'un » a pu provoquer le « préjudice de l'autre » mais au contraire de savoir si le droit à indemnisation qui est de 100 % pour chacun au départ dans tous les cas de figure pourra se trouver réduit ou non selon la situation accidentelle examinée. La réforme réalise donc une refonte philosophique profonde de la notion de responsabilité automobile, en évitant toute discussion relative au rôle causal du véhicule dans la genèse de l'accident, mais sans aller aussi loin que le système américain ou suédois qui est un système d'absolution totale et automatique pour tout le monde en matière d'accident de la circulation. La loi Badinter aboutit ainsi à protéger presque systématiquement la victime passager, piéton ou cycliste, par une indemnisation quasi automatique, mais laisse sur le bas-côté de la route le conducteur du véhicule dont le sort est aujourd'hui encore assez différent des autres victimes non conductrices.

3768. À l'occasion d'une décision récente, la Cour de cassation a rappelé le caractère d'ordre public de la loi Badinter du 5 juillet 1985 (Civ. 2e, 12 mai 2010, n° 09-13.297, Crim, 11 mars 2014, n° 12-86.769). Aux termes de l'article 1er de la loi du 5 juillet 1985, l'indemnisation d'une victime d'un accident de la circulation dans lequel est impliqué un véhicule terrestre à moteur ne peut être fondée que sur les dispositions d'ordre public de cette loi. Une question essentielle s'est posée néanmoins après l'entrée en vigueur de la loi, à savoir celle de son « autonomie » éventuelle. Fallait-il considérer que la loi excluait totalement les dispositions du Code civil, relatives à la garde, ou au contraire qu'elle se cumulait avec celles-ci ? Après diverses hésitations jurisprudentielles, la thèse de l'autonomie a été consacrée par la Cour de cassation notamment par quatre arrêts rendus les 28 janvier et 4 février 1987 par la deuxième Chambre civile (Civ. 2e, 28 janv. 1987, D. 1987 jur., p. 187, note H. Groutel ; Civ. 2e, 4 févr. 1987, D. 1987 jur., p. 187, note H. Groutel). Un tribunal ne peut ainsi juger que le propriétaire d'un véhicule prêté en conserve la garde sur le fondement de l'article 1384 du Code civil (renuméroté 1242 par l'ordonnance du 1er oct. 2016) et qu'il doit ainsi répondre des dommages causés par le dit véhicule sur ce fondement (Civ. 2e, 23 janv. 2003, RCA 2003, comm. n° 104), l'implication du véhicule commande obligatoirement l'application de la loi du 5 juillet 1985.

§ 2 ▪ Champ d'application du droit à indemnisation

3769. Qui est responsable de l'accident ? La réponse à cette question nécessite toujours l'étude du « support » de la loi : il faut d'abord rechercher si elle est « applicable » enseignerait l'éminent juriste de la Palisse avant de l'appliquer. Le champ d'application est défini à l'article 1er de la loi, qui a été inséré dans divers codes (C. assur., art. L. 211-8 et C. route, art. L. 122-1) : « les dispositions du présent chapitre s'appliquent, même lorsqu'elles sont transportées en vertu d'un contrat, aux victimes d'un accident de la circulation dans lequel est impliqué un véhicule terrestre à moteur ainsi que ses remorques ou semi-remorques, à l'exception des chemins de fer et des tramways circulant sur des voies qui leur sont propres ». Pour appliquer la loi, il faut donc rechercher la présence d'un véhicule terrestre à moteur, lui même impliqué dans un accident de la circulation. Ces trois notions cumulées forment un ensemble nécessaire à la mise en œuvre de la loi Badinter.

A ▪ Véhicule à l'origine de l'accident

3770. Selon l'article 1er de la loi Badinter, il faut d'abord caractériser l'existence d'un « véhicule terrestre à moteur » pour que la loi puisse s'appliquer. Pendant longtemps, aucun texte n'a donné la définition précise de cette notion de véhicule terrestre à moteur. On en trouve aujourd'hui une définition approchante dans le Code de la route au terme d'un article nouvellement créé : « le terme « véhicule à moteur » désigne tout véhicule terrestre pourvu d'un moteur de propulsion, y compris les trolleybus, et circulant sur route par ses moyens propres, à l'exception des véhicules qui se déplacent sur rails » (C. route, art. L. 110-1).

1 ▪ Critères de qualification

3771. Il faut considérer selon la jurisprudence qu'un « véhicule terrestre à moteur » désigne en général tout véhicule ou engin mécanique doté d'un moteur destiné au transport de choses ou de personnes, monté sur des roues et circulant sur le sol à l'aide d'une force motrice propre à alimentation quelconque (essence, gas-oil, gaz, etc.). Les véhicules manœuvrés uniquement par force humaine ou par traction animale n'embrassent pas cette définition : sont donc exclus par exemple les bicyclettes (Civ. 2e, 7 oct. 1987, D. 1987, IR, 296). L'engin doit aussi permettre de transporter son conducteur, ce qui semble exclure une voiture téléguidée, depuis une réponse ministérielle de 1959 concernant les motoculteurs et tondeuses à gazon dirigés par un conducteur marchant à pied (Rép. min. n° 286, JO Sénat, 7 oct. 1959, p. 736 ; Rép. min. TP n° 362, JO Sénat 12 déc. 1959, p. 1733) mais l'exigence ou non d'un permis de conduire est inopérante à ce niveau pour l'appréciation du critère, de même que l'absence d'obligation d'immatriculation du véhicule, qui demeure sans influence sur sa qualification (V. une lettre de la Direction des assurances, RGAT 1960. 128). Cela va de la simple mobylette de type « vélo Solex » au plus gros poids lourd imaginable quel que soit le nombre de roues, en passant par des engins de travaux publics et divers triporteurs. L'objet du déplacement importe peu car la loi s'applique également au transport effectué à titre onéreux, c'est-à-dire le voyage en taxi ou en autobus essentiellement. On comprend aisément que, dans la plupart des hypothèses, ce critère ne pose aucune difficulté, celle-ci survient essentiellement pour des engins dont le rôle ne consiste pas seulement à transporter des personnes ainsi que ceux circulant sur des « voies propres ».

a - « Machines roulantes »

3772. Entrent dans le champ d'application de la loi les engins de manutention (Civ. 1re, 4 janv. 1983, JCP G 1983, IV, p. 85), une drague mobile (T. confl., 20 févr. 1960, JCP G 1960, II, 11874), un chasse-neige (T. confl., 20 nov. 1961, JCP G 1961, II, 12410), un engin de chantier (CA Montpellier, 23 janv. 2001, Juris-Data n° 159768), un chariot élévateur (Civ. 2e, 25 mai 1994, Bull. civ. II, n° 132), les tracteurs agricoles (Civ. 2e, 25 juin 1986, D. 1987, somm., p. 87, obs. H. Groutel) ou tractopelles (Crim., 12 janv. 1993, Bull. crim., n° 15), une pelle mécanique (Civ. 1re, 6 oct. 1966, D. 1967, somm., p. 4), les véhicules à chenilles (CA Agen, 24 oct. 1963, D. 1964, somm., p. 15), les bacs qui assurent la continuité du trafic sur une route (T. confl., 15 oct. 1973, Barbou, JCP G 1975, II, 18045, note J.-F. Lachaume), du moment qu'ils causent un accident en tant que véhicule. La Cour de cassation rappelle que la loi du 5 juillet 1985 est applicable à l'accident dans lequel est impliquée une pelleteuse mécanique qui se déplaçait par ses propres moyens au moment de l'accident (Civ. 2e, 30 juin 2004, RCA 2004, comm. n° 335).

b - Engins spécifiques

3773. Il convient d'exclure tout d'abord les engins qui ne circulent pas exclusivement sur le sol tels les avions : « un avion est un appareil de locomotion aérienne et non un véhicule terrestre susceptible d'entrer dans le champ d'application de la loi » (CA Paris, 19 nov. 1993, Gaz. Pal.,

1994, Somm. 560). Certains engins qui confinent plus au jouet qu'au véhicule demeurent toutefois soumis à la loi comme le kart dès lors qu'ils peuvent transporter leur conducteur (Crim., 29 juin 1999, L'Argus suppl. jur., 7 mars 2000, p. 34).

3774. Une tondeuse à gazon est un engin à moteur doté de quatre roues lui permettant de circuler, équipée d'un siège sur lequel une personne prend place pour le piloter. Elle répond ainsi à la notion de véhicule terrestre à moteur au sens de l'article premier de la loi Badinter et est assujettie à l'assurance automobile obligatoire. La Cour de cassation approuve ainsi une cour d'appel d'avoir déclaré la loi du 5 juillet 1985 applicable à l'accident subi par un jeune garçon, qui se tenait sur les genoux du conducteur, et qui en a chuté (Civ. 2ᵉ, 24 juin 2004, JCP G 2004, act. 345).

c - Remorques

3775. L'article 1er de la loi Badinter précise que la remorque ou semi-remorque relève également du champ d'application de la loi, encore faut-il définir la notion de remorque. Les textes précisent que « le terme de « remorque » désigne tout véhicule destiné à être attelé à un autre véhicule » (C. route, art. L. 110-1). La loi s'appliquera donc à une remorque à chaque fois que celle-ci se trouvera attelée à un véhicule terrestre à moteur. Une remorque, même dételée, a pu être considérée comme « impliquée » dans un accident au sens de la loi Badinter (CA Toulouse, 24 nov. 1986, Bull. transp. 1987, 145). Se trouve toujours impliquée la remorque qui a percuté la victime alors qu'elle se trouvait dételée en raison du choc, finissant sa course sur la voie de circulation (CA Grenoble, 3 juin 2003, Juris Data n° 2003-233882). La loi de 1985 n'est effectivement pas applicable lorsque se trouve en cause une remorque dont il n'était démontré ni qu'elle était attelée à un tracteur ni qu'elle était en mouvement au moment de l'accident (Civ. 2e, 14 juin 2006, n° 03-17.815).

3776. Une cour d'appel a retenu à bon droit que l'auteur du dommage qui circulait dans son champ, conduisant un tracteur auquel était attelé un giro-broyeur ayant projeté une pierre dans l'œil de la victime, était devenu la remorque d'un véhicule terrestre à moteur, impliquée dans un accident de la circulation (Civ. 2e, 31 mars 1993, JCP G 1993, IV, 1441).

2 ▪ Véhicules circulant sur des voies propres

3777. Sont des véhicules circulant sur des voies qui leur sont propres, au sens de la loi, tous les trains et métros sur chemins de fer. Cependant, l'autobus qui circule dans son couloir de bus n'est pas considéré comme un véhicule circulant sur une voie propre car d'autres véhicules peuvent emprunter cette voie, tels les taxis. Une difficulté est apparue avec les tramways qui peuvent circuler sur une partie de la chaussée commune avec des véhicules à moteur. Le tramway ne circule pas sur une voie propre lorsqu'il se trouve sur une voie empruntée par d'autres véhicules ou des piétons (Civ. 2e, 6 mai 1987, JCP G 1987, IV, 235). La Cour de cassation a précisé la notion de site propre : « Un tramway qui circule sur une voie ferrée implantée sur la chaussée, dans un couloir de circulation qui lui est réservé et délimité d'un côté par le trottoir et de l'autre par une ligne blanche continue, circule sur une voie qui lui est propre » (Civ. 2e, 18 oct. 1995, n° 93-19.146, Bull. civ. 1995, II, n°239). S'agissant plus précisément des intersections, la difficulté d'application est née notamment de leur délimitation précise ainsi que de la présence de passages protégés pour lesquels il a été jugé que ceux-ci ne font pas perdre au tramway sa circulation en site propre. La Cour d'appel de Colmar a ainsi jugé : « Attendu que le fait qu'à certains carrefours il existe des passages autorisés aux véhicules, assimilables à des passages à niveau en matière de chemins de fer, n'empêche pas de considérer que ce tramway circule sur une voie qui lui est propre » (Colmar, 20 sept. 2002, GAN c/ T.). Par un arrêt rendu le 16 décembre 1992, la Cour d'appel de Lyon a également jugé : « Que l'existence d'un passage pour piétons ne fait pas perdre à la voie du tramway son caractère de site propre et n'entraîne pas l'application de la loi du 5 juillet 1985 ». La loi de 1985 ne s'applique pas s'il circule dans son couloir réservé, par exemple séparé de la rue par un terre-plein planté d'arbustes formant une haie vive (Civ. 2e, 29 mai 1996, D. 1997, n° 17 jur., p. 213, note Blanc). Il semblerait toutefois qu'un revirement de jurisprudence se dessine sur la notion de « voie propre », la Cour de cassation ayant jugé qu'un tramway qui traverse un carrefour ouvert aux autres usagers de la route ne circule pas sur une voie qui lui est propre. (Civ. 2e, 16 juin 2011, n° 10-19.491, RCA 2011 comm. 326). S'agissant de la SNCF, si l'accident a lieu sur un passage à niveau, à l'intersection commune du passage du train et des véhicules automobiles, il faut considérer que le train circule toujours sur une voie qui lui est propre au sens de l'article 1er de la loi, qui ne sera pas applicable alors à cette configuration accidentelle (Civ. 2e, 19 mars 1997, D. 1997, n° 16, IR, 100). Il faut comprendre qu'à chaque fois que les juges estimeront que le véhicule circule réellement sur ses voies propres, la loi ne sera pas applicable et la victime sera indemnisée sur le fondement du droit commun.

B ▪ S'agit-il bien d'un accident de la circulation ?

3778. La loi ne peut s'appliquer qu'en présence d'un « accident de la circulation ». Ce critère ne pose aucune difficulté dans toutes les hypothèses pour lesquelles un véhicule terrestre à moteur entrera en collision avec un autre véhicule, un piéton ou un cycliste. Deux conditions cumulatives doivent être réunies : il faut bien sûr qu'il y ait d'une part survenance d'un accident et d'autre part, que celui-ci intervienne lors de la circulation du véhicule.

1 ▪ Notion d'accident selon la loi Badinter

3779. En règle générale, l'accident désigne un événement imprévu, aléatoire et soudain qui provoque un dommage. Le critère fondamental résulte de l'aléa : à chaque fois que le conducteur ou la victime aura volontairement provoqué l'accident, il ne pourra s'agir d'un « accident de la circulation » au sens de la loi du 5 juillet 1985. Une cour d'appel a donné récemment cette définition synthétique de l'accident : « constitue un accident de la circulation, au sens de l'article 1er de la loi n° 85-677 du 5 juillet 1985, tout événement dommageable, imprévu et soudain, dans lequel est impliqué un véhicule terrestre à moteur, visé audit texte, qui a été mis en circulation sur une voie publique ou privée, peu important que ce véhicule soit en mouvement ou en stationnement au moment de la survenance de l'événement. » (CA Nîmes, 4 avr. 2002, Juris-Data n° 206228).

a - Accident volontaire

3780. Le dommage subi par la victime qui est la conséquence directe de l'action volontaire du conducteur ne résulte pas d'un accident de la circulation : la loi du 5 juillet 1985 ne peut donc s'appliquer à cette situation (Civ. 2e, 22 janv. 2004, RCA 2004, comm. n° 134). L'accident est bien volontaire lorsque le véhicule de la victime a été volontairement percuté à l'arrière par un véhicule conduit par un tiers (Civ. 2e, 23 janv. 2003, RCA 2003, comm. n° 105, note H. Groutel) ou si l'accident a été provoqué par un conducteur pourchassant des jeunes gens qui participaient à une soirée en cherchant à les heurter (Civ. 2e, 12 déc. 2002, RCA 2003, comm. n° 66, note H. Groutel). L'action volontaire ne doit cependant pas être conçue trop largement : ainsi, un conducteur qui provoque un accident en effectuant une manœuvre répréhensible, sans s'assurer préalablement qu'il pouvait l'effectuer sans danger, ne peut être considéré comme ayant volontairement provoqué l'accident ; la loi Badinter sera ici applicable (Civ. 2e, 23 janv. 2003, Bull. civ. II, n° 7).

3781. En matière d'accident intentionnel, les dispositions du dernier alinéa de l'article 3 de la loi du 5 juillet 1985 sont aussi susceptibles de s'appliquer en ce qu'elles disposent que la victime n'est pas indemnisée lorsqu'elle a volontairement recherché le dommage qu'elle a subi. En cas de suicide, s'il est possible de démontrer que l'accident résulte bien d'un acte suicidaire du conducteur, il ne pourra s'agir ainsi d'un accident de la circulation (Civ. 2e, 31 mai 2000, Juris-Data n° 002345). L'accident intentionnel ne peut être assimilé à un accident de la circulation soumis à l'application de la loi Badinter. Il constituera aussi souvent la faute intentionnelle du droit des assurances qui suppose la volonté de créer le dommage consécutif à l'accident, « tel qu'il est survenu » (Civ. 2e, 18 mars 2004, D. 2004, IR, 1065 ; Civ. 1re, 6 avr. 2004, D. 2004, IR, 1426).

3782. L'intention doit s'apprécier par rapport à la situation accidentelle globale même si l'un des deux conducteurs n'a pas souhaité participer à l'acte intentionnel. Ainsi, le passager transporté dans un véhicule lui-même percuté à l'arrière à plusieurs reprises par un conducteur malveillant au volant d'une voiture volée ne peut être indemnisé sur le fondement de la loi de 1985. Cette situation ne constitue pas un accident de la circulation, quand bien même le véhicule percuté se trouve victime de l'acte intentionnel du voleur (Civ. 2e, 23 janv. 2003, Bull. civ. II, n° 8). Cependant, en pareille hypothèse, la victime pourra souvent invoquer un texte pénal à l'encontre du conducteur responsable et obtiendra réparation de ses préjudices devant la commission d'indemnisation des victimes d'infractions (CIVI) (Crim., 6 févr. 1992, RGAT 1992. 54). Tel peut être le cas dans l'hypothèse suivante : la conductrice d'un scooter est poussée par un piéton en état d'ivresse sous la roue d'un autobus qui lui écrase le bras. Après avoir vainement recherché à exécuter une décision de condamnation à l'égard du piéton responsable mais insolvable, la victime recherche un recours envers le conducteur de l'autobus impliqué, lequel sera rejeté en présence d'un fait volontaire excluant l'application de la loi du 5 juillet 1985 (Civ. 2e, 11 déc. 2003, JA 2004, p. 79).

b - Incendie du véhicule

3783. L'incendie du véhicule peut-il être considéré comme un accident de la circulation au sens de la loi Badinter ? La Cour de cassation répond par l'affirmative à cette question en considérant qu'il s'agit alors de dommages qui résultent bien d'un accident de la circulation, afin d'écarter le droit commun en matière d'incendie. La loi du 5 juillet 1985 s'applique aux incendies de véhicules lorsque l'incendie se rattache à un fait de circulation : un ensemble constitué par le tracteur et l'engin attelé à celui-ci qui procède au débroussaillage des bas-côtés d'un chemin départemental est bien en circulation : l'incendie provoqué par la gerbe d'étincelles produite par le heurt du rotor de la débroussailleuse relève alors de la loi Badinter (Civ. 2e, 17 déc. 1997, Bull. civ. II, n° 314). En revanche, si l'incendie du véhicule a été provoqué volontairement par des voleurs et que le feu se propage à un bâtiment voisin, la loi du 5 juillet 1985 ne sera pas applicable car il s'agit d'un fait volontaire (Civ. 2e, 15 mars 2001, RCA 2001, comm. n° 186, note H. Groutel).

3784. Lorsque le véhicule est en stationnement dans un parking public, la loi Badinter est applicable (Civ. 2e, 22 nov. 1995, D. 1996, jur., p. 163, note P. Jourdain). L'incendie survenu dans un parking privé, situé dans un sous-sol à usage purement privatif et exclusif des occupants de la résidence, en stationnement et, en dehors de tout fait de circulation, relève également de l'application de la loi du 5 juillet 1985 (Civ. 2e, 18 mars 2004, RCA 2004, comm. n° 183, note H. Groutel, sur cassation de CA Nancy, 28 janv. 2002, L'Argus suppl. jur. mars 2003, p. 43), de même lorsque l'incendie s'est produit dans un garage privé individuel (Civ., 2e, 22 mai 2014, n° 13-10.561). La loi s'applique à plus forte raison si le parking privé est ouvert au public (CA Chambéry, 10 déc. 2001, Juris-Data n° 192789). Si le véhicule ayant pris feu, en l'espèce une motocyclette, était stationné non dans un parking privé mais dans un hall d'immeuble, la loi

Badinter ne s'applique pas car il s'agit « d'un lieu d'habitation impropre à cette destination » (Civ. 2e, 26 juin 2003, RTD Civ. 2003, p. 720, obs. P. Jourdain).

3785. Le véhicule volontairement incendié ne peut provoquer un accident de la circulation. La loi Badinter ne s'appliquera donc pas à ces circonstances. Il en va ainsi des malfaiteurs qui ont utilisé deux véhicules automobiles pour défoncer le pilier d'un bâtiment abritant des locaux commerciaux qu'ils voulaient cambrioler, et ont détérioré par leur fait un boîtier électrique provoquant un court-circuit et l'incendie de l'immeuble (Civ. 2e, 7 mai 2002, RCA 2002, comm. n° 255). Il en va de même du préjudice subi par la propriétaire du véhicule auquel s'était communiqué l'incendie volontairement allumé sur un autre véhicule (Civ. 2e, 23 mai 2002, RCA 2002, comm. n° 256). Toutefois, le doute relatif à l'incendie volontaire du véhicule entraînera l'application de la loi Badinter : une cour d'appel se trouve ainsi censurée pour avoir écarté l'application de la loi de 1985 alors que « selon le rapport de police, la cause exacte de l'incendie n'avait pu être déterminée avec certitude, le caractère volontaire des dégradations n'étant qu'une hypothèse, (l'arrêt) retient que le feu s'est déclaré au milieu de la nuit, dans un véhicule en stationnement depuis plusieurs heures comme ceux auxquels il s'est propagé, et que cet incendie n'est donc pas un accident de la circulation au sens de l'article 1er de la loi du 5 juillet 1985 » (Civ. 2e, 8 janv. 2009, n° 08-10.074).

c - Accident de « machine-outil »

3786. De nombreux véhicules ne sont pas affectés uniquement au transport de personnes et ne circulent sur les routes que pour se rendre ou revenir d'un chantier industriel ou agricole, pour lesquels ils ont été conçus. Toutefois, ces véhicules (chariots élévateurs, pelles mécaniques, presses à paille, moissonneuses-batteuses, pulvérisateurs attelés à un tracteur, girobroyeurs, etc.) provoquent régulièrement des accidents pour lesquels il faut se demander si ceux-ci constituent ou non des accidents de la circulation ? Les tribunaux ont adopté la position pragmatique suivante : la loi ne s'appliquera que si le véhicule est en mouvement, quand bien même s'agirait-il d'un mouvement involontaire, moteur à l'arrêt et véhicule au travail, car celle-ci s'attache essentiellement aux conséquences du risque automobile, nécessairement induit par cette notion de déplacement. Si au contraire la fonction « outil » du véhicule se trouve seule à l'origine de l'accident, en dehors de tout déplacement du véhicule, volontaire ou non, la loi ne s'appliquera pas car il n'y a dès lors plus grande différence entre cette situation et un accident industriel ou domestique banal.

3787. C'est ainsi que la Cour de cassation ne qualifie pas la situation d'accident de la circulation lorsqu'une partie totalement étrangère à la fonction de déplacement du véhicule se trouve en cause (Civ. 2e, 9 juin 1993, RCA 1993, comm. n° 328, obs. H. Groutel). Par exemple, il n'y a pas accident de la circulation si le camion se trouve à l'arrêt dans un lieu fermé à la circulation et qu'il est utilisé « exclusivement dans son activité spécifique de machine-outil », totalement étrangère à sa fonction de déplacement (Civ. 2e, 23 oct. 2003, RCA 2004, comm. n° 6). De même, pour le dommage provenant de l'ouverture de l'auvent d'une remorque dans laquelle une boulangère vendait des pizzas (Civ. 2e, 8 mars 2001, JCP G 2001, IV, 1802). Toutefois, la pelle mécanique mal positionnée qui écrase la victime avec ses chenilles en basculant sur le côté provoque bien un accident de la circulation suite au déplacement de l'engin, fût-il involontaire (Civ. 2e, 19 nov. 1998, D. 1999, IR, 15).

3788. Il semble bien ainsi que le seul critère d'application de la loi Badinter à ce type d'accident soit celui de l'intervention du véhicule, lui-même au titre d'un déplacement quelconque. Le seul élément d'équipement utilitaire étranger à la fonction de déplacement dudit véhicule intervenu dans l'accident ne permet pas la qualification d'accident de la circulation ; peu important qu'il s'agisse d'un appareil de levage ou non.

3789. La jurisprudence la plus récente confirme bien la pertinence de ce seul critère. Par un arrêt rendu le 28 mai 2009, la Cour de cassation a rappelé que l'accident survenu alors que le véhicule était immobile, lors d'une opération de déchargement du camion au moyen d'un appareil de levage étranger à la fonction de déplacement, ne constitue pas un accident de la circulation : « Vu l'article 1er de la loi du 5 juillet 1985, ensemble les articles L. 211-1 et R. 211-5 du Code des assurances ; Attendu que n'est pas un accident de la circulation au sens du premier de ces textes, l'accident impliquant un élément d'équipement d'un véhicule terrestre à moteur étranger à sa fonction de circulation ; que selon le second de ces textes, l'obligation d'assurance des véhicules terrestres à moteur s'applique à la réparation des dommages corporels ou matériels résultant des accidents causés par le véhicule et les accessoires servant à son utilisation » (Civ. 2e, 28 mai 2009, n° 08-16.942). Il s'agissait d'un accident survenu par la chute d'une palette en cours de déchargement, tombée du hayon d'un camion. Au surplus, cet arrêt de la deuxième chambre civile a été rendu non seulement au visa de la loi du 5 juillet 1985 mais également au visa des articles L. 211-1 et R. 211-5 du Code des assurances, qui régissent l'obligation et l'étendue de la couverture d'assurance. De même, par un arrêt rendu le 8 octobre 2009, la Cour de cassation a cassé un arrêt de cour d'appel ayant retenu l'implication du véhicule dans un accident alors que seul était en cause l'élément d'équipement utilitaire du véhicule : « Qu'en statuant ainsi, alors qu'elle retenait par motifs propres et adoptés que Monsieur L. avait été retrouvé à proximité d'un camion à l'arrêt au cours de déchargement de marchandises et qu'il avait chuté du hayon, lequel avait été dans ces circonstances étranger à la fonction de circulation du véhicule, la cour d'appel, qui n'a pas tiré les conséquences... » (Civ. 2e, 8 oct. 2009, n° 08-15.967).

3790. Il a été jugé cependant que l'accident provoqué par la chute d'un élément transporté, au moment du déchargement de la remorque d'un camion, sans l'intervention d'un appareil de levage, alors que le véhicule se trouvait arrêté sur un chantier ouvert à une circulation restreinte est un accident de la circulation (Civ. 2e, 29 mars 2006, n° 03-19.843, RCA 2006, comm. n° 189). Cependant, par un arrêt postérieur, la Cour de Cassation a cassé un arrêt ayant retenu l'implication d'un camion-citerne dans un accident de la circulation alors que le chauffeur, descendu de son véhicule, était affairé à manoeuvrer la pompe servant au transvasement du gaz : « En statuant ainsi, alors qu'elle constatait que le camion-citerne était immobile au moment du sinistre, et que seule était en cause la pompe servant au transvasement du gaz liquide de sa citerne vers la cuve de stockage externe, élément d'équipement utilitaire étranger à sa fonction de déplacement, ce dont il résultait que ce véhicule n'était pas impliqué dans un accident de la circulation, la cour d'appel a violé l'article 1er de la loi du 5 juillet 1985 » (Civ. 2e, 19 oct. 2006, n° 05-14.338, RCA 2007 comm. 15).

d - Accident d'entraide agricole

3791. L'entraide agricole obéit au régime de l'article L. 325-3, alinéa 1er, du Code rural qui institue une immunité comparable à celle de l'article L. 451-1 du Code de la Sécurité sociale qui interdit à la victime et à ses ayants droits d'exercer une action en réparation contre l'employeur. La jurisprudence jugeait que « la loi du 5 juillet 1985 n'a apporté aucune dérogation, expresse ou implicite, à la règle particulière édictée à l'article 20 de la loi du 8 août 1962 (devenu l'article L. 325-3 du Code rural) qui laisse au prestataire la charge des accidents, quelle qu'en soit la nature, survenus au cours d'une opération d'entraide » (Soc., 25 janv. 1990, Bull. civ. V, 1990, n° 33). Toutefois, la Cour de cassation semble dorénavant appliquer la loi du 5 juillet 1985 en matière d'accident d'entraide agricole en accueillant le recours d'une victime participant à une opération d'ensilage soumise au régime de l'entraide agricole prévue par les articles L. 325-1 à L. 325-3 du Code rural (Civ. 2e, 17 nov. 2005, RCA 2005, chron. 19, H. Groutel).

2 ▪ Lieu de circulation du véhicule

3792. Un accident de la circulation est susceptible de survenir sur le territoire national ou « à l'étranger », concept qu'il faut définir aujourd'hui au regard de l'espace européen. S'agissant de l'accident survenu en France, il faut rechercher si l'accident est certes d'abord un accident au sens propre du terme mais aussi s'il s'agit bien d'un accident dit de « circulation », pour permettre l'application de la loi du 5 juillet 1985.

a - Voie publique et voie privée

3793. Le lieu de survenance de l'accident devient aujourd'hui indifférent : la loi de 1985 est applicable à tous les accidents qui surviennent sur une voie publique ou sur une voie privée, ce que rappelle la jurisprudence : « peu importe que l'accident soit survenu sur une voie ouverte à la circulation ou dans une propriété privée » (CA Paris, 9 sept. 2002, JA 2003, p. 447). L'accident provoqué par un véhicule qui renverse un piéton en effectuant une marche arrière dans un parking souterrain est un accident de la circulation régi par la loi de 1985 (Civ. 2e, 7 mai 2002, RCA 2002, comm. n° 257).

b - Compétition sportive

3794. La loi de 1985 s'applique même sur les circuits fermés où se déroulent des compétitions automobiles à condition toutefois que les victimes soient des spectateurs (Civ. 2e, 10 mars 1988, RGAT 1988. 810). Elle ne s'applique pas en revanche pour les accidents survenus entre les concurrents de la course (Civ. 2e, 28 févr. 1996, D. 1996, IR, 96 ; Civ. 2e, 19 juin 2003, RCA 2003, comm. n° 235). Il a été jugé que l'accident qui survient entre des concurrents à l'entraînement évoluant sur un circuit fermé exclusivement dédié à l'activité sportive n'est pas considéré comme un accident de la circulation (Civ. 2e, 4 janv. 2006, RCA 2006, comm. n° 113, note H. Groutel). C'est d'ailleurs à l'occasion d'un accident survenu sur circuit fermé à l'entraînement que la Cour de cassation a abandonné sa théorie de l'acceptation des risques : « Attendu que la victime d'un dommage causé par une chose peut invoquer la responsabilité résultant de l'article 1384 alinéa 1er du Code civil, à l'encontre du gardien de la chose, instrument du dommage, sans que puisse lui être opposée son acceptation des risques ». (Civ. 2e, 4 nov. 2010, n° 09-65.947).

c - Accident survenu à l'étranger

3795. La loi du 5 juillet 1985 promulguée pour la France métropolitaine s'applique bien sûr dans les départements d'outre-mer et dans la collectivité territoriale de Saint-Pierre-et-Miquelon. Cependant, cette loi n'est pas applicable lorsque l'accident s'est produit à l'étranger (Civ. 2e, 11 janv. 1995, RCA 1995, comm. n° 98). En principe, la loi applicable est celle du lieu de l'accident : si un accident survient par exemple en Espagne, c'est le droit espagnol qui devra s'appliquer devant les tribunaux français saisis par la victime française, et non la loi du 5 juillet 1985. En effet, la loi Badinter n'est pas d'ordre public (Civ. 1re, 12 juill. 2001, RGDA 2001. 963).

3796. Le juge français étant chargé d'appliquer une loi étrangère, il appartiendra à la personne qui invoque cette loi d'apporter la preuve de son contenu exact. À défaut, la juridiction française pourra y suppléer en appliquant la loi du 5 juillet 1985 (Civ. 1re, 8 Janv. 1991, RCA 1991, p. 14). Un tribunal français peut toutefois faire application de la loi Badinter à la responsabilité extra contractuelle résultant d'un accident survenu à l'étranger entre deux français, si les deux parties réclament expressément l'application de leur loi nationale (Civ. 1re, 19 avr. 1988, Bull. civ. I, n° 104).

C ▪ Le véhicule est-il « impliqué » dans l'accident ?

3797. La loi Badinter apporte un exemple particulièrement explicite de la précision du vocabulaire juridique, à travers la notion « d'implication ». Permettre une plus large indemnisation des victimes supposait une habileté du texte, suffisante à provoquer une rupture avec un principe essentiel de la responsabilité civile : la causalité. En effet, la relation « de cause à effet » constitue habituellement le lien fondamental qui rattache la faute commise par une personne au préjudice subi par la victime. Si l'on avait subordonné alors simplement la mise en œuvre de cette loi à l'existence d'un accident causé par un véhicule, cela n'aurait quasiment pas modifié le régime juridique antérieur : la notion de « l'implication » devient ainsi la pierre angulaire du nouveau système d'indemnisation.

1 ▪ Implication « n'implique » pas responsabilité

3798. Tous les véhicules qui sont intervenus « à quelque titre que ce soit » dans la survenance de l'accident sont considérés dorénavant comme impliqués au sens de la loi du 5 juillet 1985 (Civ. 2e, 24 avr. 2003, Bull. civ. II, n° 104). La Cour de cassation a récemment jugé que l'implication du véhicule dans un accident n'est pas subordonnée à un fait perturbateur de la circulation (Civ. 2e, 15 janv 2015, n° 13-27.448). Toutefois, c'est le véhicule qui est impliqué dans l'accident et non pas seulement la personne qui le conduit ou en est propriétaire, raison pour laquelle « être impliqué » dans l'accident ne signifie pas systématiquement en « être responsable ». Supposons par exemple qu'un motard ayant brûlé un feu rouge vienne s'encastrer dans une voiture en stationnement, celle-ci se trouverait impliquée dans l'accident au sens de la loi sans pour autant que son propriétaire ou gardien n'encourt aucune responsabilité, le motard étant seul fautif. Parfois l'implication entraînera la responsabilité du conducteur ou du gardien du véhicule, d'autres fois elle n'entraînera aucune responsabilité pour ces personnes, car cette notion n'est qu'une condition d'application de la loi du 5 juillet 1985. Par analogie avec la matière pénale, on pourrait presque affirmer que l'implication réalise une sorte de « mise en examen » civile du véhicule, qui ne préjuge en rien de sa « culpabilité » finale au titre de l'accident, le véhicule reste « présumé innocent » tant que le juriste n'a pas pris position sur le droit à indemnisation des uns et des autres. L'implication devient alors simplement le « sésame » qui permet de faire « entrer le véhicule en loi Badinter ». Selon la doctrine, « cette notion est dépourvue de tout aspect subjectif et moral » (Marie-Pierre Camproux, D. 1994, Chron. p. 109). Une fois franchi ce cap de l'implication, le véhicule se transforme alors en « une sorte de phare » vers lequel toutes les victimes non motorisées, qu'elles soient piéton, cycliste ou passager, ont le droit de se diriger pour solliciter l'indemnisation de leurs blessures, même si celui-ci « n'y est pour rien ». Il reste alors principalement à déterminer les hypothèses d'implication et de non-implication du véhicule.

2 ▪ Implication, le contact et la victime

3799. Le simple « contact » ou effleurement déclenche infailliblement l'implication du véhicule : viole ainsi l'article 1er de la loi du 5 juillet 1985 la cour d'appel qui décide que le véhicule stationné sous l'arbre qui s'est abattu sur lui en écrasant le passager qui venait de descendre n'est pas impliqué (Civ., 2e, 25 mai 1994, n° 92-19.200 ; Civ. 2e, 23 mai 2002, RCA 2002, comm. n° 258). De même, la seule présence d'un véhicule sur les lieux d'un accident de la circulation ne suffit pas à caractériser son implication (Civ. 2e, 13 décembre 2012, Resp. civ. et ass. 2013, comm. 84, CA Chambéry, 8 octobre 2013, n° 12/01874). On notera que dans le cadre de la convention d'indemnisation directe de l'assuré et de recours entre sociétés d'assurance automobile dénommée « convention IRSA », les assureurs ont entendu limiter le concept de l'implication tel que celui-ci ressort de la jurisprudence : la convention énonce ainsi qu'en l'absence de collision, le véhicule n'est impliqué que lorsque le conducteur a commis une faute au sens du barème de répartition des recours entre adhérents à la convention (Conv. IRSA, art. 1.2.1). Cette convention n'est toutefois pas opposable aux assurés pour lesquels seule la définition jurisprudentielle de l'implication doit prévaloir.

a - Absence « active » de contact

3800. Il s'agit ici de toutes les hypothèses dans lesquelles le véhicule n'a pas « touché » matériellement la victime mais a joué néanmoins un rôle assez actif dans la survenance de l'accident, il sera de ce seul fait impliqué dans l'accident. Il peut s'agir notamment de l'hypothèse du véhicule stationné irrégulièrement. La Cour de cassation censure ainsi les décisions qui énoncent que « le rôle causal du véhicule n'est pas démontré puisqu'il n'y a pas eu de choc avec la moto » (Civ. 2e, 14 nov. 2002, RCA 2003, comm. n° 37). Par exemple, la victime a pu subir l'accident en raison de son éblouissement provoqué par les phares d'un autre véhicule qui se trouvera impliqué de ce seul fait, sans qu'il y ait eu contact entre eux (CA Pau, 4 déc. 1996, Juris-Data n° 046429). Ce sera le cas également du véhicule zigzaguant et obligeant l'autre à se serrer à droite (Civ. 2e, 3 oct. 1990, RCA 1990, p. 414) ou du camion qui empiète sur l'axe médian d'une route (Civ. 2e, 7 nov. 1990, RCA 1991, p. 61). C'est aussi l'hypothèse du camion de balayage qui projette des gravillons sur un trottoir, provoquant la glissade de la victime (Civ. 2e, 24 avr. 2002, RCA 2003, comm. n° 199). En cas de dépassement d'un cyclomotoriste par un ensemble routier, l'implication du véhicule peut se déduire de la « quasi concomitance » entre le dépassement de ce dernier et la chute (Civ. 2e, 10 mai 1991, D. 1991, IR, 159). Le véhicule dépassé, qui roulait normalement, et qui n'a pas été heurté dans l'accident survenu entre deux autres véhicules ne saurait être impliqué dans l'accident de la circulation (Civ. 2e, 21 oct. 2004, RCA 2004, comm. n° 368, note Groutel).

b - Absence « passive » de contact

3801. Il s'agit là de toutes les hypothèses pour lesquelles il n'est pas évident a priori de suspecter un rôle actif quelconque du véhicule, qui peut même se trouver régulièrement stationné dans une position normale : celui-ci peut néanmoins être impliqué au sens de la loi Badinter du seul fait qu'il a perturbé, même malgré lui, la conduite des autres usagers de la route, quand bien même aucune infraction au Code de la route ne lui serait reprochée. Ainsi, un camion de travaux est impliqué au sens de la loi du 5 juillet 1985 dès lors qu'il a simplement masqué légèrement la visibilité à deux véhicules entrés en collision à une intersection, même si le balisage des lieux était parfait et qu'aucune faute ne peut lui être reprochée (CA Paris, 19 févr. 2001, Juris-Data n° 140230). Le camion est effectivement intervenu « à quelque titre que ce soit » dans la survenance de l'accident, selon le seul critère défini par la Cour de cassation. Cependant, la victime doit néanmoins prouver que la présence du véhicule a produit un effet quelconque sur son comportement. À défaut, le véhicule ne peut être impliqué dans l'accident (Civ. 2e, 5 janv. 1994, RCA 1994, p. 139).

3802. Il en va de même en l'absence de choc entre les véhicules, et en dépit des déclarations contradictoires des deux conducteurs sur les circonstances de l'accident, si le conducteur d'une motocyclette a masqué la visibilité d'un obstacle heurté par le motocycliste qui se préparait à le dépasser par la droite (Civ. 2e, 3 juill. 2003, RCA 2003, comm. n° 292). L'implication sera aussi caractérisée lorsque le déclenchement du système d'alarme d'un véhicule stationné irrégulièrement provoque l'affolement de chevaux devant participer à un spectacle « son et lumière », lesquels percutent un autre véhicule (Civ. 2e, 13 juill. 2000, RGDA 2000. 867, note J. Landel).

c - Carambolage multiple

3803. Jusqu'à une période récente, la jurisprudence exigeait l'implication du véhicule non pas seulement dans l'accident mais également dans le dommage subi par la victime (Civ. 2e, 21 mai 1990, n° 89-11.904, JCP éd G. 1990, IV, 416).Le défendeur dont l'implication était recherchée était donc autorisé à soutenir que le dommage de la victime n'était pas imputable à l'accident que son propre véhicule avait pu causer au sein de l'accident global (Civ. 2e, 28 juin 1989, n° 88-16.149, RTD Civ. 1990, p. 94).Il en ressortait une distinction entre, d'une part, « l'implication dans l'accident » et, d'autre part, «l'implication dans le dommage » : un véhicule impliqué dans l'accident n'était pas nécessairement impliqué dans le dommage de la victime lorsque les circonstances propres du dossier révélaient qu'il fut impossible que le dommage eut été provoqué par ledit véhicule.Confrontée à la problématique du carambolage multiple, la Cour de cassation répondit que dès lors que tous les véhicules sont bien intervenus à quelque titre que ce soit dans la survenance de l'accident, ils sont tous impliqués. Y compris ceux qui n'ont peut-être pas eu de « contact matériel » avec la victime (Civ. 2e, 11 juill. 2002, n° 01-01.666, RCA 2002, comm. n° 331). Il a aussi été jugé que les collisions successives intervenues, dans un même laps de temps et dans un enchaînement continu, constituaient le même accident, de sorte que la cour d'appel ne pouvait écarter l'implication de certains véhicules (Civ. 2e, 21 oct. 2004, n° 03-13.006, RCA 2004, comm. n° 369).

3804. Ainsi depuis un arrêt de la deuxième chambre civile du 24 juin 1998 (Bull. civ. II, n° 205), la jurisprudence n'évoque plus la notion « d'implication dans le dommage » mais celle « d'accident complexe ». L'accident complexe unique globalise l'ensemble de la scène accidentelle dans le but de limiter au minimum les sources de contestation sur l'implication des véhicules sans avoir égard à leur rôle plus ou moins causal. Les critères juridiques de l'accident complexe seront énoncés en 2004. En effet, un arrêt du 13 mai 2004 retient l'existence d'un accident complexe y compris pour des accidents survenus avec un intervalle de 10 minutes entre chaque choc : tous les véhicules sont impliqués dans un accident complexe unique (Civ. 2e, 13 mai 2004, n° 02-17.545, JCP éd G. 2004 IV 2367). Cette jurisprudence a été confirmée ensuite par un arrêt du 3 mai 2006 (Civ. 2e, 3 mai 2006, n° 05-13.251) puis par un arrêt du 2 octobre 2008 : « Les collisions successives étaient intervenues dans un enchaînement continu, ce dont il résultait que tous les véhicules étaient impliqués dans un accident complexe » (Civ. 2e, 2 octobre 2008, n°07-15.902, RCA 2008 comm. 323). Le Professeur Jourdain a tracé la frontière de l'accident complexe : « Pour qu'il y ait accident unique, il faut, selon nous, que chacun d'eux ait joué un rôle dans le déroulement de l'accident considéré globalement. Cela suppose un enchaînement causal entre ces événements, de telle sorte que chaque événement, hormis le tout premier, trouve son explication dans les autres. » (RTD civ. 2004 p. 744).

3805. Néanmoins, l'accident complexe ne constitue pas pour la Cour de cassation une rupture totale avec la causalité. Il s'agissait d'éviter de poser le débat relatif à la causalité en amont, c'est-à-dire au stade du principe même de l'application de la loi de 1985 (pas d'implication, pas de procédure d'offre) pour le faire ressurgir en aval, c'est-à-dire au stade de la contribution (sur quel véhicule doit reposer la charge finale parmi les différents co-impliqués ?). La causalité sera sauve dès lors que ceux qui supporteront la charge finale de l'indemnisation sont bien ceux qui auront causé le dommage de la victime. Rien n'étant parfait toutefois, la doctrine relève : « La seule incidence fâcheuse de la thèse de l'accident complexe se rencontre lorsque le véhicule devant supporter la charge finale n'est pas assuré. Du fait de son rôle subsidiaire, le Fonds de garantie des assurances obligatoires de dommages ne peut faire l'objet d'un recours en contribution » (H ; Groutel, RCA 2008, comm. 308, note in fine, ss. Crim., 10 juin 2008). La jurisprudence sur l'accident complexe semble aujourd'hui bien assise : « est impliqué dans un accident complexe, se matérialisant par des collisions successives intervenues dans un même laps de temps et dans un enchaînement continu, tout véhicule qui est intervenu à quelque titre que ce soit dans la survenance de l'accident, peu important que l'un des véhicules ne soit pas entré en collision avec celui dans lequel se trouvait la victime » (Civ. 2e, 7 juil. 2011, n° 10-19.960, RCA 2011 comm. 358). Dans une jurisprudence récente, la Cour de cassation a confirmé cet attendu de principe et a ainsi jugé : « il ressortait de ces énonciations que ces collisions successives étaient intervenues dans un même laps de temps et dans un enchaînement continu et constituaient un seul et même accident » (Civ. 2e, 21 nov. 2013, n° 12-26.401).

3 ▪ Implication et la manifestation du dommage

3806. Lorsque le dommage apparaît concomitamment à la survenance de l'accident, il n'y a en général que peu de difficultés sur la preuve de l'implication du véhicule. Il se peut néanmoins que le dommage subi par la victime ne se produise que de façon différée dans le temps, si bien que l'on pourra douter du rôle réellement joué par le véhicule à ce titre. Sur le fondement de l'article 1353 (anc. art. 1315) alinéa 1 du Code civil, la victime doit toujours prouver que la présence du véhicule a eu un effet sur son comportement et donc sur le dommage qu'elle a subi (Civ. 2e, 31 mars 1993, RCA 1993, p. 232 ; Civ. 2e, 5 janv. 1994, RCA 1994, p. 139). Par exemple, cette preuve n'est pas rapportée par la victime cycliste ayant chuté dans un tournant après avoir été aidée dans sa propulsion par un cyclomoteur l'ayant poussée, dès lors que le véhicule à moteur avait cessé de pousser la victime lors de la survenance de la chute (Civ. 2e, 12 déc. 2002, RCA 2003, comm. n° 106). Si le choc intervenu entre le véhicule et la victime, qu'elle soit elle-même véhiculée ou non, est absolument incontestable, notamment parce qu'il y a des témoins, il appartiendra alors au conducteur du véhicule impliqué de démontrer qu'il n'y a pas de lien entre l'accident et le dommage subi par la victime, s'il prétend que son véhicule n'est pas impliqué. Cette preuve sera de toute évidence quasiment impossible.

3807. Si la victime subit un dommage peu de temps après l'accident, sans que celui-ci ne se manifeste pour autant de façon concomitante avec le choc, la jurisprudence présumera fortement que le préjudice est bien lié à l'accident. C'est le cas par exemple d'un piéton décédé d'une crise cardiaque après avoir été heurté par une voiture : les juges ont présumé que l'émotion ressentie à la suite de l'accident avait pu jouer un rôle dans le processus mortel pour décider que le dommage résulte bien de l'implication du véhicule (Civ. 2e, 19 févr. 1997, D. 1997, IR, 94). Supposons en revanche que la passagère blessée dans un accident et hospitalisée vienne à décéder par suite d'une cause déclarée inconnue, on ne pourrait alors considérer que le véhicule est impliqué dans le décès de cette victime (Civ. 2e, 6 juill. 1994, L'Argus suppl. n° 6418, p. 28).

Section 2 ▪ Responsabilité du conducteur

3808. Si les trois conditions cumulatives nécessaires à l'application de la loi du 5 juillet 1985 sont bien réunies, à savoir l'existence d'un accident de la circulation dans lequel se trouve impliqué un véhicule terrestre à moteur, il devient alors possible d'examiner la responsabilité susceptible d'être encourue par les différents acteurs d'un accident de la circulation. La loi Badinter réserve un traitement différent à la victime « conducteur » par opposition aux autres victimes généralement dénommés « les victimes non conducteurs », à savoir principalement le piéton, le cycliste et le passager d'un véhicule.

§ 1 ▪ Identification du conducteur

3809. La qualité de piéton ou de conducteur est fondamentale pour l'application de la loi Badinter : la faute du conducteur peut limiter ou exclure son indemnisation, celle de la victime non conductrice devra être inexcusable et expliquer à elle seule la genèse de l'accident pour conduire à une déchéance totale d'indemnisation (art. 3, L. 5 juill. 1985).

3810. Le conducteur est celui qui « à la place qu'il occupe, dispose de tous les organes nécessaires à la conduite » du véhicule (Crim., 1er mars 1988, Bull. crim., n° 106). La victime aura souvent intérêt à prétendre qu'elle obéit à la définition du piéton plutôt qu'à celle du conducteur car la loi Badinter est plus favorable en cette hypothèse. Il est donc important de savoir précisément si la victime avait ou non la qualité de « conducteur » lors de l'accident, étant précisé que dans la plupart des cas cette difficulté ne se pose pas.

3811. Si l'accident survient alors que l'automobiliste ou le motard se trouve respectivement derrière leur volant et guidon, en phase de circulation, la question ne se posera naturellement pas car le conducteur est ici bien identifié. Seules présentent une difficulté les situations les plus complexes au cours desquelles le conducteur et son passager auront notamment été éjectés de l'engin lors du choc : en ce cas, toute personne autre que le gardien du véhicule est présumée non-conducteur car l'indemnisation des victimes est la règle (Civ. 2e, 5 nov. 1998, RGDA 1999. 121). Le gardien du véhicule doit prouver que la victime avait bien la qualité de conducteur lors de l'accident (Civ. 2e, 16 mai 1994, RCA 1994, comm. n° 291, et chron 24, H. Groutel, Civ. 2e, 17 mars 2005, RCA 2005, comm. n° 149). Ainsi, la qualité de conducteur du propriétaire n'étant pas établie, une cour d'appel en a exactement déduit que l'intéressé pouvait se prévaloir de la qualité de passager transporté (Civ. 2e, 4 nov. 2004, RCA 2005, comm. n° 16). La Cour de cassation semble dorénavant exclure le gardien d'un véhicule terrestre à moteur du bénéfice de la présomption « de non conducteur » s'il est lui même victime de l'accident (Civ. 2e, 10 mars 2004, RCA 2004, comm. n° 181, note H. Groutel). Il faut rappeler que tout propriétaire d'un véhicule en est présumé être le gardien (Civ. 2e, 19 juin 2003, RCA 2003, comm. n° 233).

A ▪ Conducteur s'apprêtant à monter ou à descendre

3812. Il peut s'agir de l'automobiliste encore debout à côté de sa voiture, portière ouverte et clés en mains, lorsque survient l'accident ou du motard positionné à proximité de sa moto, en train de s'équiper pour la conduite. La jurisprudence considère que si le conducteur est éloigné de son véhicule et qu'il n'a pas encore eu le temps de s'asseoir sur son siège, il devra être traité par la loi commune un piéton. Pour les véhicules à deux roues, il importe d'être descendu du véhicule pour devenir un piéton au sens de la loi. Ce n'est pas le cas de celui qui court sur la chaussée en poussant son cyclomoteur pour tenter l'allumage du moteur, qui conserve bien la qualité de conducteur et non celle de piéton (CA Rennes, 15 mai 2002, Juris-Data n° 189439) ; de même, la qualité de conducteur a été reconnue pour une victime effectuant la fixation sur sa tête de son casque réglementaire qui avait les deux pieds au sol et le cyclomoteur entre les jambes (Civ. 2e, 29 mars 2012, n° 10-28.129).

3813. Demeure piéton, le conducteur occupé à changer une roue à la suite d'une crevaison ou même celui qui pousse à pied son véhicule en panne d'une main en tenant le volant de l'autre (Crim., 22 mars 1988, D. 1988, IR, 52). Il a aussi été jugé que l'automobiliste qui ouvre la portière de son véhicule après en avoir coupé le moteur et qui est en train de descendre de celui-ci perd la qualité de conducteur et doit donc être considéré par la loi commune une victime piéton (Civ. 2e, 31 mai 1995, RCA 1995, comm. n° 97). De même, la victime qui n'a pas pris place sur son cyclomoteur, n'a pas la qualité de conducteur (Civ. 2e, 7 oct. 2004, RCA 2004, comm. n° 370).

B ▪ Conducteur assis mais ne conduisant pas

3814. Il s'agira par exemple de l'automobile heurtée par un tiers alors que le conducteur se trouve assis au volant, moteur arrêté, ou plus généralement du motocycliste assis sur son siège prêt à démarrer mais qui ne conduit pas et se trouve lui aussi à l'arrêt, moteur coupé.

3815. Pour les voitures et camions, le seul fait d'être assis derrière le volant confère à la personne la qualité de conducteur même si l'accident survient alors que l'automobiliste avait calé et tentait de faire redémarrer son véhicule (Civ. 2e, 15 avr. 1999, RCA 1999, comm. n° 213). Pour les véhicules à deux roues, la solution est également claire : le conducteur cyclomotoriste qui se tient assis à l'arrêt sur son engin, que le moteur soit ou non en fonctionnement, doit être considéré au sens de la loi comme un conducteur et non comme un piéton (Civ. 2e, 4 févr. 1987, Bull. civ. II, n° 33). Cette solution s'applique même pour les véhicules à deux roues qui peuvent s'utiliser comme une bicyclette : il s'agit bien du conducteur d'un véhicule terrestre à moteur en pareil cas (Civ. 2e, 13 janv. 1988, Gaz. Pal., 6- 8 mars 1988, p. 7). Acquiert également la qualité de conducteur, le passager d'une voiture à l'arrêt qui actionne la clé de contact pour mettre en marche l'auto-radio, et de ce fait déclenche par mégarde la mise en marche du moteur (Civ. 2e, 28 mars 2013, resp. civ. et ass. 2013, comm. 183). Selon la Cour de cassation, demeure aussi conducteur celui qui reste au volant de son véhicule remorqué par un autre (Civ. 2e, 14 janv. 1987, Bull. transp. 1987, 146).

C ▪ Conducteur, victime d'un accident séquentielou d'un accident complexe

3816. Il s'agit de toutes les hypothèses dans lesquelles le conducteur d'une automobile ou d'un cyclomoteur sera soit éjecté de son véhicule à la suite d'un premier choc puis blessé dans un second choc faisant suite au premier accident, soit simplement blessé après avoir eu le temps de descendre de son véhicule. Le conducteur, simplement éjecté du véhicule sans être heurté à nouveau par un tiers est considéré par la jurisprudence comme « conducteur ». C'est le cas par exemple de l'automobiliste ou du cyclomotoriste, qui heurte le trottoir après avoir été expulsé de son véhicule lors de la collision, l'accident se produisant alors en un seul trait de temps (Civ. 2e, 4 oct. 1989, JCP G 1991, II, 21600 ; Civ. 2e, 11 janv. 1995, L'Argus 1995, n° 6409, p. 47). En revanche, que se passe-t-il s'il vient à être heurté une seconde fois par un autre véhicule alors qu'il se trouve immobilisé sur la chaussée, sans avoir peut être été même simplement blessé par le premier accident ? Le conducteur éjecté aura intérêt à prétendre qu'il est devenu piéton pour bénéficier d'un régime d'indemnisation plus favorable accordé ici par la loi du 5 juillet 1985.

3817. Si le conducteur est éjecté à la suite d'une faute de conduite qu'il a pu lui-même commettre, lui conférer alors le statut de piéton lui donne un avantage « de circonstance » dont il n'eût pas bénéficié s'il était demeuré conducteur de son engin « dans d'autres circonstances ». La jurisprudence récente évolue vers la prise en compte de cet « avantage » et considère par exemple que le cyclomotoriste fautif circulant à vitesse excessive, heurté par un second cyclomoteur alors qu'il se trouve allongé sur la chaussée à la suite d'un premier choc dont il est responsable, conserve la qualité de conducteur (Civ. 2e, 6 févr. 2003, Bull. civ. II, n° 26). Cette même analyse est effectuée par la Cour de cassation pour la conductrice d'une voiture, considérée comme responsable d'un premier choc pour avoir franchi une ligne continue, lorsqu'elle se trouve elle même victime d'un second choc (Civ. 2e, 20 juin 2002, RGDA 2002. 978, note J. Landel). De même, un motocycliste éjecté sur la chaussée dans les suites immédiates de l'accident doit conserver la qualité de conducteur et non celle de piéton (Civ. 2e, 8 oct. 2009, n° 08-16.915 et 08-16.943, resp. civ. et ass. 2009 comm. 351, note Groutel). Faut-il en déduire qu'un cyclomotoriste conserve la qualité de piéton après une première chute dont il n'est pas responsable ? La réponse est négative car le cyclomotoriste ayant chuté sur le sol « en tentant d'éviter un véhicule qui circulait en sens inverse » reste conducteur s'il est heurté ensuite par le véhicule même qu'il tentait d'éviter : « sa chute sur le sol fait partie du processus de l'accident » (Civ. 2e, 5 juin 2003, RCA 2003, comm. n° 260). Toutefois, la chambre criminelle de la Cour de cassation adopte en la matière une position divergente de la deuxième chambre civile en reconnaissant au conducteur d'une motocyclette, tombé sur la chaussée puis heurté par un véhicule le suivant, la qualité de non-conducteur (Crim., 9 mars 2004, RCA 2004, comm. n° 184).

3818. Une autre difficulté se rencontre en matière d'accident complexe. En effet, en cette matière et au gré des circonstances, le conducteur peut avoir « plus ou moins le temps » de sortir de son véhicule et se retrouver piéton sur la chaussée alors même qu'il sera parfois le conducteur responsable de l'accident. Envisagé comme piéton, son droit à indemnisation serait nécessairement intégral alors qu'un autre conducteur confronté aux mêmes circonstances mais qui, par un hasard défavorable, ne serait pas parvenu à sortir immédiatement de son véhicule serait considéré comme conducteur et pourrait voir son indemnisation totalement exclue dans le pire des cas. La cour de cassation a donc jugé que « la qualité de conducteur ou de piéton de la victime ne pouvait changer au cours de l'accident reconnu comme un accident unique et indivisible » (Civ. 2e, 1er juil. 2010, n° 09-67.627 ; RCA 2010 comm. 251).

D ▪ Leçon de conduite

3819. L'élève d'une auto-école ne dispose pas des « pouvoirs de commandement » selon les juges, il est donc considéré comme non conducteur du véhicule dans lequel il prend une leçon de conduite et qui se trouve impliqué dans un accident. Ceci se justifie par l'équipement spécifique du véhicule : dispositif de double commande permettant au moniteur d'intervenir à tout moment pour l'immobiliser ou pour agir sur le volant tenu par l'élève (Civ. 2e, 29 juin 2000, Bull. civ. II, n° 105). Les élèves d'un établissement d'enseignement de la conduite des véhicules terrestres à moteur en cours de formation ou d'examen sont d'ailleurs considérés comme des tiers au sens de l'article L. 211-1 alinéa 1 du Code des assurances, au regard de l'obligation d'assurance, depuis une loi n° 99-505 du 18 juin 1999. Il a d'ailleurs été jugé qu'a seul la qualité de conducteur le mineur, stagiaire agricole, aux commandes d'un tracteur alors que le maître de stage, monté sur la flèche arrière, est privé de tout moyen de direction et de contrôle de l'engin (Civ. 2e, 22 mai 2003, n° 01-15.311, Bull. Civ. 2003, II, n° 157).

E ▪ Passager qualifié de conducteur

3820. Une cour d'appel a qualifié de conducteur un passager qui avait appuyé sur la jambe droite du conducteur et donné une impulsion au volant : elle a pu en déduire qu'il avait contrôlé la vitesse et la direction du véhicule, pris la qualité de conducteur et commis une faute, dont elle a pu souverainement apprécier qu'elle était de nature à exclure le droit à indemnisation de ses ayants cause (Civ. 2e, 31 mai 2000, Bull. civ. II, n° 91). De même, la Cour de cassation a pu qualifier de conducteur le passager d'une voiture à l'arrêt qui avait actionné la clé de contact afin d'allumer la radio et a de manière fortuite démarré le véhicule (Civ., 2e, 28 mars 2013, n° 12-17.548).

§ 2 ■ Accidents du conducteur

3821. Dans quelles circonstances le conducteur sera-t-il considéré comme le responsable de l'accident ? La loi du 5 juillet 1985 a instauré au profit de toutes les victimes d'un accident un droit à indemnisation, et le conducteur n'échappe pas à la règle. Cela signifie que dans chaque configuration accidentelle il faut considérer que le conducteur dispose au départ « d'un capital d'indemnisation » évalué à 100 %, qui ne peut être réduit ou anéanti qu'en fonction de la faute qu'il a pu lui-même commettre.

A ■ Un seul véhicule est en cause dans l'accident

3822. Lorsque le conducteur se trouve seul impliqué dans l'accident, en dehors de tout véhicule tiers, piéton ou cycliste, il ne peut invoquer les dispositions de la loi du 5 juillet 1985 car on ne peut être responsable envers soi-même du préjudice que l'on s'inflige. C'est l'hypothèse de principe du véhicule qui heurte un platane sur une route nationale : cet automobiliste ne sera pas indemnisé sur le fondement de la loi du 5 juillet 1985 (Civ. 2e, 19 nov. 1986, Gaz. Pal. 1987, 1, jur. p. 141, note F. Chabas). L'assurance automobile obligatoire ne s'applique d'ailleurs pas à la réparation des dommages subis par la personne conduisant le véhicule, pour asseoir définitivement ce principe (C. assur., art. R. 211-8 1). Le conducteur ne peut donc présenter aucune réclamation dans ce cas à l'assureur de son propre véhicule s'il est juste assuré « aux tiers ». C'est la raison pour laquelle on a pu notamment estimer que la loi Badinter demeurait insuffisante à protéger le conducteur du véhicule, la « garantie du conducteur », accordée de façon facultative par les assureurs, destinée à palier cette insuffisance, étant devenue un impératif majeur dans ce contexte.

1 ■ Garantie complémentaire du seul conducteur

3823. Cette assurance totalement facultative permet au conducteur d'un engin motorisé, seul impliqué dans un accident de la circulation, d'obtenir une indemnité en réparation de son propre préjudice s'il est seul victime de l'accident. Il en existe aujourd'hui principalement deux catégories, qui relèvent du régime des assurances de personnes.

a - Individuelle accident

3824. Il s'agit d'une garantie qui prévoit le versement d'une indemnité déterminable à l'avance : l'assureur peut être amené à indemniser des frais de soins, des indemnités journalières en cas d'arrêt de travail, un capital au conducteur en cas d'infirmité, ou même un capital décès à sa famille le cas échéant. Toutefois, le conducteur blessé ne perçoit pas la même indemnité que s'il était un conducteur « victime d'un autre automobiliste » dans un contexte de responsabilité civile car les sommes ici versées sont prévues contractuellement par un barème, inséré dans les conditions générales du contrat d'assurance. L'application de ce barème peut donc conduire au versement, au profit du conducteur assuré, d'une indemnité très inférieure à la réparation intégrale de son préjudice dans un contexte de responsabilité civile de droit commun. Le droit du contrat retrouve ici ses marques de sorte qu'il faudra vérifier que la situation accidentelle correspond bien à « l'accident » défini au contrat d'assurance : il a ainsi été jugé que le choc du véhicule contre un arbre peut constituer une « cause extérieure » au sens de l'article du contrat définissant la notion d'accident garanti (Civ. 1re, 18 févr. 2003, RCA 2003, comm. n° 145).

3825. Supposons un contrat d'assurance automobile souscrit pour un capital de 100 000 € en cas d'accident pour une invalidité totale. Si le médecin désigné contractuellement par l'assureur évalue le taux d'incapacité du conducteur à 30 %, celui-ci touchera donc la somme de 30 000 € alors même que la jurisprudence peut accorder une « somme supérieure » par une évaluation « en droit commun » de l'IPP, qui tient compte notamment de l'âge de la victime lors de l'accident.

b - Assurance conférée par référence « au droit commun »

3826. L'indemnité versée au conducteur n'est plus calculée ici par référence à un barème contractuel qui la rend déterminable le jour de l'accident mais, au contraire, en raisonnant comme si le conducteur était la victime de la faute commise par un autre : il n'y a alors plus de différence entre le statut de « victime conducteur » ou « non conducteur » tel que celui-ci est défini par la loi Badinter ; le conducteur sera certain d'être toujours intégralement indemnisé même s'il est lui-même fautif au titre de l'accident, par le jeu de cette assurance, sous réserve toutefois des clauses d'exclusion contractuelles applicables et des exceptions habituelles du droit des assurances. Le jeu du contrat ne doit pas cependant être mésestimé : l'automobiliste ne portant pas sa ceinture de sécurité peut être déchu de la garantie si une clause d'exclusion prévoit cette hypothèse, à condition toutefois d'être formelle et limitée (CA Montpellier, 4 avr. 2002, Juris-Data n° 188533).

2 ▪ Action contre un « fautif non motorisé »

3827. Le conducteur du véhicule seul impliqué dans un accident, ayant choisi d'assurer a minima son véhicule, ne disposant pas dès lors d'une garantie complémentaire du conducteur, sera souvent tenté de rechercher la faute « d'une autre personne » au titre de son accident afin d'obtenir une indemnisation.

a - Entretien de la voie publique

3828. L'automobiliste seul victime de l'accident sera parfois tenté de rechercher la responsabilité de la puissance publique s'il estime que l'accident a été provoqué par le mauvais état de celle-ci ou une défectuosité de la signalisation, notamment au regard du signalement de la présence de brouillard ou de verglas. Peut-il exercer une telle action ? Selon les circonstances, la justice administrative peut estimer que la responsabilité de l'accident est due par exemple pour un tiers à l'imprudence de la victime et pour les deux tiers au département, responsable de l'entretien de la voirie (CE 5e et 7e sous-sections, 17 mai 2000, Dép. de la Dordogne, Juris-Data n° 060738).

3829. La juridiction de l'ordre administratif est aussi seule compétente pour connaître de l'action en responsabilité opposant une société publique d'autoroutes à un particulier, à la suite d'un accident de la circulation au cours duquel le véhicule de ce dernier, glissant sur une nappe de liquide répandue sur la chaussée, a endommagé les glissières de sécurité de l'autoroute (Civ. 1re, 3 déc. 2002, Bull. civ. I, n° 297). Un département a été déclaré entièrement responsable d'un accident survenu la nuit sur une route départementale en raison de la chaussée devenue brutalement gravillonnée à l'endroit de l'accident et alors même qu'aucun panneau de signalisation ne prévenait les usagers du risque que présentait l'état de la chaussée à moins de 3 km de l'endroit où est survenu l'accident (CAA Bordeaux, 26 juin 2001, Dép. de la Corrèze et société d'assurance AXA, Juris-Data n° 166188).

3830. Les tribunaux administratifs ne sont compétents que pour juger du recours du conducteur, seul victime face à la puissance publique (État, collectivités territoriales). Les tribunaux de l'ordre judiciaire demeurent seuls compétents en revanche pour tout accident impliquant un véhicule appartenant à la puissance publique depuis la loi n° 57-1424 du 31 décembre 1957 (véhicule du domaine, d'un établissement public, d'une collectivité territoriale, de l'État). L'article R. 311-4 du Code des assurances précise que la compétence d'attribution appartient aux tribunaux de grande instance et aux tribunaux d'instance « en dernier ressort ou à charge d'appel selon le cas, pour connaître de toute action en responsabilité délictuelle ou quasi-délictuelle tendant à la réparation des dommages de toute nature causés par un véhicule quelconque ». Cette solution est applicable même si l'accident s'est produit à l'occasion d'une activité commerciale.

b - Faute d'un passager

3831. Le conducteur d'un véhicule terrestre à moteur cherchera ici à démontrer qu'un passager avait la qualité de gardien du véhicule, à seule fin d'être indemnisé par ce dernier. On suppose par exemple qu'un véhicule a heurté un platane, étant seul impliqué, mais le conducteur a pu estimer que sa conduite a été perturbée par l'intervention, même involontaire, d'un passager de son véhicule. Est-il en droit de rechercher la responsabilité du passager pour être indemnisé de ses blessures ? La qualité de « gardien » éventuel du véhicule, qui peut s'appliquer au passager le cas échéant, devient alors déterminante. En effet, l'article 2 de la loi du 5 juillet 1985 fait peser la responsabilité sur le conducteur ou le gardien du véhicule si bien que la reconnaissance de cette qualité de gardien au passager peut permettre alors au conducteur d'obtenir une indemnisation sur le fondement de la loi Badinter. La qualité de « gardien » au sens de la loi Badinter diffère-t-elle alors de celle retenue par la jurisprudence pour l'application de l'article 1384 (nouvel art.1242) alinéa 1 du Code civil ? Les mêmes règles devront être appliquées, un arrêt récent rappelle d'ailleurs à ce sujet que le propriétaire d'un véhicule terrestre à moteur est présumé en être le gardien, en conformité avec la jurisprudence relative à la garde de la chose (Civ. 2e, 19 juin 2003, RCA 2003, comm. n° 233).

3832. Les tribunaux ont d'abord jugé que le conducteur d'un véhicule terrestre à moteur, victime d'un accident de la circulation dans lequel ce véhicule est seul impliqué, peut se prévaloir des dispositions de la loi du 5 juillet 1985, lorsque le gardien de ce véhicule a commis une faute à l'origine de l'accident, ce qui suppose bien évidemment que le gardien soit une personne systématiquement différente de celle du conducteur. (Civ. 2e, 8 mars 1995, L'Argus Cahier jur. et tech. 29 mars 1996, p. 31). On estime effectivement que le propriétaire de la voiture, resté à son bord à côté du conducteur, peut intervenir dans la conduite en donnant des indications de direction, de sorte qu'il reste le gardien du véhicule. Depuis 1997, il n'est même plus nécessaire de prouver une faute à la charge du gardien : une auto-stoppeuse ayant pris le volant d'un véhicule qui s'est arrêté pour la prendre à son bord, le propriétaire étant toujours présent à ses cotés, sera indemnisée par le gardien en cas d'accident, c'est-à-dire le propriétaire en l'occurrence, même s'il s'avère qu'elle n'est pas titulaire du permis de conduire, circonstance ignorée d'ailleurs par le gardien du véhicule (Civ. 2e, 2 juill. 1997, D. 1997, p. 448, note H. Groutel). Les tribunaux rappellent que le gardien est celui qui a « le pouvoir d'usage, de direction et de contrôle sur une chose ». De son côté, la personne reconnue gardienne du véhicule ne pourra pas invoquer la force majeure ou le fait d'un tiers pour échapper à sa responsabilité, en application de l'article 2 de la loi Badinter.

3833. La Cour de cassation a confirmé la responsabilité du passager sur le fait personnel : « viole l'article 1382 du Code civil, une cour d'appel qui déboute une société d'assurances, ayant indemnisé les passagers d'un véhicule impliqué dans un accident de la circulation, de son action récursoire en contribution à la dette exercée contre un tiers, passager transporté, lui-même victime de l'accident, en invoquant sa faute personnelle. » (Civ. 2e, 3 févr. 2005, n° 04-10.342, Bull Civ II n° 22 page 19).

c - « Défaillance mécanique »

3834. Il s'agit aujourd'hui d'une hypothèse de plus en plus rare compte tenu tant de l'instauration du contrôle technique automobile que de normes de sécurité aujourd'hui drastiques régissant la construction des véhicules. D'autant plus que le Code de la route donne pouvoir aux experts en automobile de signaler les véhicules dangereux à la suite d'un accident dans le cadre d'une procédure dénommée « véhicules gravement endommagés » (C. route, art. L. 327-5). Un recours du conducteur contre le propriétaire sera possible le cas échéant car le propriétaire est juridiquement présumé gardien de sa chose. La jurisprudence considère que le propriétaire d'un véhicule terrestre à moteur ne peut céder à son conducteur que la garde du comportement de l'automobile mais conserve néanmoins toujours la garde de la structure en cas de prêt de courte durée uniquement. Le conducteur devra alors prouver que l'accident trouve sa cause dans une action de la victime, dérivant de la garde du comportement (CA Aix-en-Provence, 26 oct. 2000, juris-Data n° 131393).

3835. Si le propriétaire est lui même un commettant, par exemple une entreprise de transport routier, il conserve la garde des éléments de la structure du véhicule ayant causé le dommage, s'ils sont seuls en cause à l'exception de toute faute du conducteur, de sorte que le préposé n'est pas considéré comme gardien des dits éléments sur le fondement de la loi du 5 juillet 1985 (Civ. 2e, 11 avr. 2002, Bull. civ. II, n° 72). La qualité de gardien est incompatible avec celle de préposé.

3836. La responsabilité est donc possible si une avarie technique est en cause dans l'accident. Dans la plupart des cas, il faudra savoir au préalable qui est réellement la personne demeurée gardienne du véhicule : le propriétaire ou le conducteur qui l'utilise ? La Cour de cassation considère par exemple que la personne qui conduit un véhicule affecté d'un défaut de freinage, et qui en est parfaitement avertie avant d'en prendre la conduite, devient « gardien du système de freinage » de sorte que le propriétaire ne sera pas inquiété (Civ. 2e, 13 déc. 1989, Bull. civ. II, n° 222). S'agissant du constructeur ou du vendeur d'un véhicule, leur responsabilité ne peut se concevoir aussi qu'en qualité de « gardien de la structure » de l'organe technique ayant directement provoqué l'accident, fait rarissime en pratique car il sera fréquemment possible de reprocher une faute de conduite à l'utilisateur, faisant perdre à la défaillance technique son rôle causal dans la survenance de l'accident. S'il est démontré que l'accident est essentiellement dû à l'absence de vigilance et de maîtrise du conducteur, il n'y a plus lieu d'engager la responsabilité du vendeur (CA Nîmes, 10 mai 2001, Juris-Data n° 160560). Au contraire, si la cause d'un accident corporel imputée par les enquêteurs à une vitesse excessive ne constitue qu'une hypothèse en l'absence de traces de freinage, la responsabilité contractuelle du garagiste ayant réparé le véhicule sera engagée au visa de l'article 1147 du Code civil (corresp. à l'art. 1231-1 après le 1er oct. 2016) dès lors qu'il est établi par une expertise que le système de freinage n'était pas en conformité avec les normes constructeur et que lors de la révision des 10 000 km, les disques de freins étaient hors d'usage et auraient dû être remplacés ainsi que les plaquettes de freins (CA Lyon, 20 janv. 2000, Juris-Data n° 103158).

B ▪ Faute d'un cycliste ou d'un piéton

3837. Il s'agit ici de savoir si la faute éventuelle commise par un cycliste ou un piéton peut permettre à l'automobiliste ou au cyclomotoriste d'obtenir la réparation de son propre dommage. Le sort de la réparation des blessures éventuelles du piéton ou du cycliste sera envisagé ultérieurement. Les juges précisent que la loi Badinter ne s'applique pas dans cette configuration et qu'il faut revenir au droit commun de l'article 1382 (nouvel art. 1240) du Code civil (responsabilité civile du fait personnel et responsabilité du fait des choses de l'article 1384 (nouvel art. 1242) alinéa 1er du Code civil) car l'auteur d'un accident autre que le conducteur ou le gardien d'un véhicule terrestre à moteur ne peut être tenu que selon le droit commun de la responsabilité. Si un véhicule à moteur est impliqué dans l'accident, le conducteur victime est ainsi en droit d'agir contre le piéton sur le fondement du droit commun, même si ce dernier a été lui-même accidenté (Civ. 2e, 17 févr. 1993, L'Argus 1994 suppl. jur. p. 31 ; Civ. 2e, 18 mars 1998, RCA 1998, comm. n° 191). En ce cas, sur le fondement du droit commun, le piéton ou le cycliste peut opposer au « conducteur victime » sa faute de conduite, mais aussi celle d'un tiers ou la force majeure, situation que ne permettrait pas la loi Badinter pour ces deux derniers cas, si elle était applicable (art. 2, L. 5 juill. 1985).

3838. Il convient de relever toutefois que le recours contre un coauteur n'ayant pas la qualité de conducteur ou de gardien d'un véhicule terrestre à moteur ne peut être exercé que dans la limite de la part de responsabilité encourue par ce dernier à l'égard de la victime (Civ. 2e, 10 mars 2004, RCA 2004, comm. n° 185, note H. Groutel).

3839. Monsieur X circule en moto et heurte l'arrière d'un vélo conduit par l'enfant mineur Y qui lui a brutalement coupé la route pour tourner à gauche. Monsieur X est blessé dans l'accident et le mineur Y, décédé. Si Monsieur X souhaite obtenir réparation de son dommage corporel auprès des parents du mineur, il ne pourra pas le faire sur le fondement de la loi du 5 juillet 1985 et devra invoquer la responsabilité des parents prévue par l'article 1384 (nouvel art. 1242) alinéa 4 du Code civil (Civ. 2e, 18 mars 1998, Bull. civ. II, n° 87). La responsabilité civile du cycliste sera souvent engagée car celui-ci devra prouver que sa faute présente les caractères de la force majeure pour pouvoir s'exonérer de sa responsabilité de gardien de la bicyclette, sur le fondement de l'article 1384 (nouvel art. 1242) du Code civil, à l'égard de l'automobiliste.

C ▪ Deux ou plusieurs véhicules sont en cause

3840. En pareille hypothèse, comment savoir qui est (ou qui sont) « le ou les » responsable(s) de l'accident ? L'article 4 de la loi du 5 juillet 1985 réglemente ainsi le sort de la faute commise par le conducteur d'un véhicule : « la faute commise par le conducteur du véhicule terrestre à moteur a pour effet de limiter ou d'exclure l'indemnisation des dommages qu'il a subis ». La nature des dommages, matériels ou corporels, est indifférente pour le conducteur, à la différence d'une victime non-conducteur, car l'article 5 de la loi Badinter précise également que « la faute commise par la victime a pour effet de limiter ou d'exclure l'indemnisation des dommages aux biens qu'elle a subis ».

3841. La loi de 1985 ne définit pas les « pourcentages de responsabilité » que l'on doit appliquer aux uns et aux autres selon la contravention au Code de la route qui aura pu être commise : elle laisse le pouvoir au juge de dire, dans chaque cas, si la faute commise par le conducteur réduira ce capital d'indemnisation de 100 % qui lui est conféré au départ (et le juge dira alors souverainement dans quelles proportions il faut le réduire) ou au contraire anéantira totalement ce capital en excluant l'indemnisation, hypothèse également laissée à l'appréciation souveraine des tribunaux. Le « comportement de l'autre » n'est donc plus un élément important. Bien sûr, le juge s'appuiera dans sa tâche sur les règles fixées par le Code de la route pour apprécier la faute commise par le conducteur mais celles-ci ne permettent que de sanctionner des infractions pénales à la circulation routière sans préciser pour autant si leur violation doit entraîner la réduction ou l'exclusion de l'indemnisation du conducteur qui les transgresse. Il s'ensuit un régime selon lequel le conducteur fautif peut être indemnisé partiellement par l'autre, même si « l'autre » n'a pas commis de faute, si les juges considèrent que la faute commise n'a pour effet que de limiter le droit à indemnisation du conducteur. Chacun sera indemnisé respectivement à 100 % « par l'autre » si aucune faute ne peut être relevée à la charge ni de l'un ni de l'autre, ou encore chacun sera renvoyé « dos à dos », c'est-à-dire laissé sans indemnisation, si chaque conducteur en présence a commis une faute excluant totalement son propre droit à indemnisation.

1 ▪ Analyse de la faute du conducteur

3842. Une situation accidentelle étant par nature imprévisible et multiple dans les circonstances de sa survenance et la diversité du processus, il est quasiment impossible de « réglementer par avance » la faute commise par un conducteur en violation du Code de la route afin de dire si elle doit limiter ou exclure son indemnisation. Tout est question d'appréciation d'autant plus que les conditions climatiques peuvent jouer un rôle majeur parfois dans la genèse d'un accident. C'est la raison pour laquelle la loi du 5 juillet 1985 laisse le soin aux juges de dire si la faute relevée doit simplement limiter l'indemnisation du conducteur fautif ou, au contraire, l'exclure totalement.

a - Indemnisation totale

3843. Le conducteur impliqué dans un choc avec un autre véhicule, s'il n'a commis aucune faute sur le fondement de l'article 4 de la loi du 5 juillet 1985, sera totalement indemnisé. En ce cas, chaque conducteur doit être considéré comme impliqué à l'égard de l'autre, on dit qu'ils sont « co-impliqués » dans l'accident. L'indemnisation est aussi intégrale en cas de collision entre deux véhicules si les circonstances sont indéterminées et ne permettent pas de relever une faute à la charge de l'un ou de l'autre (Rép. Min. n° 9929, 16 févr. 1995, JO Sénat Q, 30 mars 1995, p. 772). La jurisprudence est constante sur ce point (Civ. 2e, 9 déc. 1992, RCA 1992, comm. n° 93).Et dans l'hypothèse où l'un des deux conducteurs aurait indemnisé un tiers, le remboursement doit se faire « en proportion des fautes respectives » s'il y a faute ou « par parts égales » si aucune faute n'a pu être prouvée à l'encontre des conducteurs impliqués (Civ. 2e, 20 juin 2002, Bull. civ. II, n° 136).

b - Limitation ou exclusion du droit à indemnisation ?

3844. La jurisprudence a proposé au fil du temps deux analyses possibles de la faute du conducteur :
- un premier examen « à la lumière des dispositions du Code de la route » pour sanctionner ou absoudre le conducteur au regard de la gravité de la « contravention commise », c'est-à-dire de la faute. Elle considérait donc que le conducteur ayant commis une faute de conduite, même insignifiante, se trouvait privé de toute indemnisation face à celui qui n'en avait commis aucune ;
- puis une seconde analyse au regard de l'impact produit par la faute personnelle de chacun sur son propre préjudice : une faute « légère » en infraction au Code de la route comme le défaut de port de la ceinture de sécurité pouvant ainsi s'avérer « dramatique » dans ses conséquences là où une faute « lourde » telle le non respect d'un feu rouge peut connaître un dénouement plus ou moins heureux selon la localisation du point de choc accidentel.

3845. Dans la première hypothèse, la faute s'appréciera souvent « par comparaison » avec celle qui a pu être commise par l'autre conducteur, c'est-à-dire son « rôle causal », tandis que dans la seconde, chaque conducteur est renvoyé à sa propre faute. Depuis 1997, la Cour de cassation tient compte des fautes commises par les deux conducteurs dans la réalisation de l'accident pour limiter la réparation de leurs dommages (Ch. mixte, 28 mars 1997, D. 1997 n° 23, p. 294, note H. Groutel). Lorsque l'accident implique une faute de comportement du conducteur, l'Assemblée plénière de la Cour de cassation a exigé la preuve d'un lien de causalité par exemple entre l'état d'alcoolémie du conducteur et la réalisation de son dommage (Ass. plén., 6 avr. 2007, n° 05-81.350, JCP éd G. 2007 II, 10078 note Jourdain). Elle précise que la faute du conducteur victime ayant contribué à la réalisation de son préjudice doit être appréciée en faisant abstraction du comportement du conducteur de l'autre véhicule impliqué dans l'accident (Civ. 2e, 14 nov. 2002, RCA 2003, comm. n° 35, Civ. 2e, 24 févr. 2005, RCA 2005, comm. n° 126, note Groutel ; Crim., 31 mai 2005, RCA 2005 comm. n° 246 ; Crim., 18 oct. 2005, RCA 2006 comm. n° 17, note H. Groutel).

3846. Par exemple, un conducteur A circulant à 30 km/h provoque un accident à une intersection sans signalisation particulière, par refus de priorité au conducteur B, par temps de brouillard en raison d'une mauvaise visibilité. Les deux conducteurs ont chacun subi un dommage de 100 €, peu importe qu'il soit corporel ou matériel. Des deux approches suivantes, seule la seconde est conforme à l'interprétation actuelle de l'article 4 de la loi du 5 juillet 1985 depuis 1997.
- Première approche : A est l'auteur de « la faute », il n'a « droit à rien » et B sera indemnisé pour l'intégralité de son dommage, c'est-à-dire 100 €. On expliquait jusqu'à un arrêt rendu en 1997 que A ne pouvait s'adresser à B « parce qu'il avait commis une faute tandis que B n'en avait pas commise » (Ch. mixte, 28 mars 1997, D. 1997, jur., p. 503, note H. Groutel).
- Deuxième approche : Commençons par B ; visiblement, celui-ci n'a commis aucune faute et sera indemnisé pour son entier dommage, c'est-à-dire 100 €. Examinons ensuite le sort de A : certes, celui-là a commis une faute mais le juge pourra considérer que sa « gravité » n'explique pas qu'il soit entièrement privé de toute indemnisation (le brouillard est d'ailleurs une circonstance atténuante pour lui). On peut donc estimer par exemple que son droit à indemnisation sera limité à 50 % : il sera ainsi indemnisé à hauteur de 50 € par le conducteur B et son assureur. Pourquoi pas 10 % ou 70 % ? C'est le juge qui décide souverainement selon la Cour de cassation de la sanction retenue et de sa proportion. Pourtant B n'a commis aucune faute ? Peu importe, car chaque conducteur dispose selon la loi de 1985 d'un « droit à indemnisation » envers l'autre, c'est-à-dire d'une sorte de « capital de départ » évalué à 100 %, détachable de la notion de faute. On pourrait presque comparer le système au permis à point pour lequel chaque nouvelle infraction fait perdre des points au conducteur, à ceci près qu'ici c'est le juge qui décide souverainement et pour chaque accident de l'ampleur de la perte...

2 ▪ Application pratique

3847. Le conducteur impliqué dans un accident de la circulation souhaitera souvent connaître « objectivement » la sanction de sa faute, c'est-à-dire soit une limitation de son indemnisation, et si tel est le cas, en connaître la proportion, ou son exclusion. Malheureusement, il n'est pas possible aujourd'hui d'établir un « canevas général » des infractions au Code de la route permettant d'anticiper la décision du juge car le critère du choix entre l'exclusion ou la limitation du droit du conducteur est identique selon la loi (art. 4), à savoir « une faute ». La différence de traitement s'opérera alors en fonction de la relation entre la faute et le dommage du conducteur. La Cour de cassation rappelle au surplus que la faute du conducteur ne doit pas nécessairement être la cause exclusive de l'accident pour que la déchéance de son droit puisse être retenue (Civ. 2e, 18 mars 2004, RCA 2004, comm. n° 182, note H. Groutel). On aboutit parfois à des décisions inégales selon la carte judiciaire, dont la motivation peut sembler contestable. Ainsi, l'automobiliste ayant calé à un carrefour et qui pousse son véhicule en s'appuyant sur sa jambe gauche positionnée à l'extérieur de celui-ci, tout en restant assis au volant, commet une faute excluant totalement son droit à indemnisation (Civ. 2e, 15 avr. 1999, RCA 1999, comm. n° 213). En revanche, le cyclomotoriste qui conduit la nuit sans casque son engin dépourvu d'éclairage, vêtu de vêtements sombres, en le faisant avancer avec les pieds, ne commet qu'une faute limitant d'un quart son droit à indemnisation (CA Rennes, 24 mars 2000, juris-Data n° 114765).

3848. Il n'est donc pas aisé d'y voir clair, tout juste peut-on tenter de dégager quelques « grandes lignes », axées sur le renforcement de la « morale routière » : la faute de conduite proprement dite n'est plus un critère exclusif, le fait de conduire ainsi sous l'empire d'un état alcoolique peut avoir une incidence sur le droit à indemnisation même en l'absence de faute de conduite (Civ. 2e, 4 juill. 2002, D. 2003, p. 859, note H. Groutel ; Civ. 2e, 10 mars 2004, RCA 2004, comm. n° 180, note H. Groutel). Et lorsque chaque conducteur blessé se trouvait sous l'empire d'un état alcoolique, quelle que soit la configuration de l'accident, chacun d'eux a nécessairement commis une faute sur le fondement de l'article 4 de la loi Badinter (Civ. 1re, 21 oct. 2003, RCA 2004, comm. n° 36, note H. Groutel ; Civ. 2e, 13 oct. 2005, RCA 2005, comm. n° 348).

3849. S'inspirant du dispositif mis en place pour lutter contre l'alcool au volant, la loi du 3 février 2003 étend les hypothèses de dépistage et crée un délit spécifique, sanctionné des mêmes peines que le délit de conduite sous l'empire d'un état alcoolique. Aux termes du nouvel article L. 235-1 du Code de la route, « toute personne qui conduit un véhicule ou qui accompagne un élève conducteur alors qu'il résulte d'une analyse sanguine qu'elle a fait usage de substances ou plantes classées comme stupéfiants est punie de deux ans d'emprisonnement et de 4 500 € d'amende ». Si elle se trouve également sous l'empire d'un état alcoolique, les peines sont portées à trois ans et 9 000 €.

a - Faute qui limite l'indemnisation

3850. Le juge va estimer ici que la faute commise par le conducteur n'est pas « suffisamment grave » pour exclure totalement son indemnisation. Or bien souvent, si une telle faute n'est pas suffisamment grave, c'est sans doute parce qu'un « autre conducteur » en a lui aussi commise une. Il en résulte alors une série hétérogène de décisions de justice, faisant souvent ressortir en marge de la limitation du droit à indemnisation d'un conducteur, la faute commise par un autre automobiliste ou cyclomotoriste, alors même que la faute du conducteur doit s'apprécier « en faisant abstraction du comportement de l'autre conducteur du véhicule impliqué dans l'accident » ! (Civ. 2e, 5 juin 2003, RCA 2003, comm. n° 261). Le dépassement d'un véhicule aux abords d'une intersection en violation du Code de la route entraîne par exemple la réduction du droit à indemnisation à hauteur d'un tiers (CA Toulouse, 26 févr. 2002, Juris-Data n° 174534).

b - Faute qui exclut l'indemnisation

3851. La tendance actuelle, dont on ne sait si elle sera durable, réintègre l'examen du comportement global du conducteur, causal ou non, tant au regard de la réglementation routière que du comportement « d'un bon père de famille » pour exclure le droit à indemnisation. Assez souvent, les juges prennent en considération le nombre d'infraction au Code de la route : l'absence de ceinture de sécurité, ajoutée au non respect des balises de priorité et de la signalisation horizontale complémentaire fait ainsi « pencher la balance » et la sanction tombe tel un couperet : exclusion totale du droit à indemnisation (CA Grenoble, 3 juin 2003, Juris-Data n° 233882).

3852. Il en va de même du conducteur qui circulait à très vive allure, à proximité de la jonction de deux autoroutes, avec un ensemble routier totalisant plus de 70 tonnes, sur le couloir central d'une autoroute déjà encombrée d'au minimum quatre poids lourds devant lui (Civ. 2e, 11 juill. 2002, RCA 2002, comm. n° 329). Les magistrats peuvent néanmoins hésiter pour les accidents les plus graves à prononcer une exclusion totale du droit à indemnisation qui laisserait le conducteur victime entièrement démuni. Les rapports établis ainsi par la police ou la gendarmerie à l'occasion de chaque accident corporel grave fournissent une précieuse indication sur les circonstances de l'accident et les infractions relevées a priori par les forces de l'ordre à l'encontre de chaque conducteur, au regard du Code de la route.

c - Défaut de port du casque et de la ceinture de sécurité

3853. Lorsque l'accident survient alors que l'automobiliste n'était pas porteur de la ceinture de sécurité, il n'y a pas là une sanction « couperet » ayant pour effet d'exclure totalement l'indemnisation du conducteur sur le fondement de l'article 4 de la loi Badinter. Néanmoins, cette situation sera systématiquement examinée sous l'angle de l'aggravation du dommage subi par le conducteur, ce que résume parfaitement la Cour de cassation : « La victime n'avait pas bouclé sa ceinture de sécurité, ce qui n'a pu que contribuer à l'aggravation des conséquences de l'accident » (Civ. 2e, 22 janv. 2004, RCA 2004, comm. n° 94). Une décision précise également que « le port de la ceinture aurait permis à la victime d'éviter le traumatisme crânien à la suite du choc frontal » pour limiter son droit à indemnité (CA Lyon, 14 janv. 2004, Juris-Data n° 231249). Le même raisonnement peut évidemment être transposé au défaut de port du casque par les cyclomotoristes : « Il ne portait pas de casque de protection. Cette omission est en rapport direct avec le dommage qu'il a subi puisqu'il a été victime d'un traumatisme crânien » (CA Toulouse, 3 déc. 2002, Juris-Data n° 202940). La Cour de cassation considère que « le défaut de port de casque protecteur et le défaut d'éclairage du véhicule constituaient des fautes du conducteur de nature à réduire ou à exclure son droit à indemnisation (Civ. 2e, 17 mars 2005, RCA 2005, chron. 10, H. Groutel).

3854. Un conducteur ayant renversé une moto avec un passager non équipé d'un casque pourrait-il invoquer cette circonstance à l'encontre du conducteur de la moto pour lui demander le remboursement des sommes versées au passager ? La Cour de cassation autorise, sur le fondement de l'article 1382 (nouvel art. 1240) du Code civil, le recours de l'automobiliste à l'encontre du conducteur d'une moto pour le remboursement des sommes qu'il a dû verser au passager de la moto au regard de la faute commise par son conducteur qui savait que son passager n'était pas équipé d'un casque protecteur (Civ. 2e, 18 sept. 2003, RCA 2004, comm. n° 7, note H. Groutel).

d - Usage d'un téléphone mobile

3855. Conduire avec un téléphone entre les mains constitue une imprudence qui mérite d'être sanctionnée. En l'absence d'un texte spécial, les condamnations (3 774 en 1996 ; 234 279 en 2002) se fondaient sur l'article R. 412-6 du Code de la route ainsi rédigé : « tout conducteur doit se tenir constamment en état et en position d'exécuter commodément et sans délai toutes les manœuvres qui lui incombent », sous peine d'amende prévue pour les contraventions de 2e classe, soit un maximum de 150 €. Dans une affaire jugée par la Cour de cassation le 2 octobre 2001, un individu critiquait le raisonnement des juges du fond, pour lesquels « le conducteur qui utilise un téléphone est nécessairement dans l'impossibilité d'effectuer toute manœuvre utile ». Ils auraient dû, selon le pourvoi, tenir compte « des circonstances particulières de l'espèce tenant aux lieu et conditions de la circulation ou à la vitesse et aux caractéristiques du véhicule ». La Cour de cassation a toutefois confirmé que « le conducteur d'un véhicule en mouvement qui tient en main un appareil téléphonique n'est pas en état d'exécuter commodément et sans délai toutes les manœuvres qui lui incombent ». (Crim., 2 oct. 2001, Dr. pénal 2002, comm. 7, note J.-H. Robert). Le décret n° 2003-293 du 31 mars 2003 (JO 1er avr.) a finalement créé un article R. 412-6-1 dans le Code de la route ainsi rédigé : « L'usage d'un téléphone tenu en main par le conducteur d'un véhicule en circulation est interdit. Le fait, pour tout conducteur, de contrevenir aux dispositions du présent article est puni de l'amende prévue pour les contraventions de deuxième classe. Cette contravention donne lieu de plein droit à la réduction de deux points du permis de conduire ». Une faute de nature à limiter ou exclure le droit à indemnisation pourrait donc être reprochée au conducteur, en cas d'accident, sur le fondement de ce texte.

D ▪ Conducteur, salarié en service

3856. Le régime de l'indemnisation des salariés, victimes d'un accident de la circulation, a beaucoup évolué depuis 1993. Jusqu'à cette date, les salariés étaient exclus du bénéfice de l'assurance automobile obligatoire car ils relevaient du régime des prestations prévues par la législation sociale sur les accidents du travail. Ils ne bénéficiaient donc pas de la réparation intégrale de leurs préjudices saufs le cas de la faute inexcusable de l'employeur, ouvrant droit à une réparation complémentaire. Dorénavant, l'article R. 211-8 du Code des assurances prévoit que les salariés victimes peuvent réclamer « la couverture de la réparation complémentaire, prévue à l'article L. 455-1-1 du Code de la Sécurité sociale, pour les dommages consécutifs à un accident défini à l'article L. 411-1 du même code ». Il n'est donc plus nécessaire, lorsqu'un salarié est victime d'un accident de la circulation qui peut être qualifié d'accident du travail, de prouver l'existence d'une faute inexcusable de l'employeur pour bénéficier d'une indemnisation complémentaire. Les victimes peuvent s'adresser à leur employeur ou à un co-préposé pour solliciter la réparation intégrale de leurs préjudices à la suite d'un accident de la circulation, qualifié d'accident du travail.

§ 3 ▪ Recours entre conducteurs impliqués

A ▪ La responsabilité de l'accident est clairement établie

1 ▪ Fondement du recours

3857. L'assureur du véhicule terrestre à moteur qui a indemnisé une ou plusieurs victimes est subrogé dans les droits de celles-ci envers le tiers coauteur de l'accident, si ce dernier a la qualité de conducteur ou de gardien d'un véhicule terrestre à moteur. En ce cas, le recours exercé contre un autre conducteur impliqué est uniquement fondé sur les articles 1346 (anc. art. 1251) et 1240 (anc. art. 1382) du Code civil : « l'action récursoire d'un coobligé fautif contre le conducteur impliqué dans un accident de la circulation ne peut s'exercer que dans les conditions prévues par les articles 1382 et 1251 du Code civil ; la contribution à la dette a lieu en proportion des fautes respectives » (Civ. 2e, 9 oct. 2003, Bull. civ. II, n° 294 ; Civ. 2e, 11 déc. 2003, Bull. civ. II, n° 376).

2 ▪ Limite du recours

3858. Le conducteur fautif qui exerce un recours ne peut rechercher la contribution à la dette du conducteur qui n'a pas commis de faute (Civ. 2e, 13 nov. 1991, Bull. civ. II, n° 299). Il ne suffit donc pas d'être déclaré conducteur ou gardien d'un véhicule pour qu'un recours puisse « automatiquement prospérer », en l'absence de toute faute commise, quelle que soit la qualité de la personne à l'encontre de laquelle le recours est exercé.

B ▪ La responsabilité demeure indéfinie

3859. L'indemnisation est intégrale en cas de collision entre deux véhicules si les circonstances sont indéterminées et ne permettent pas de relever une faute à la charge de l'un ou de l'autre (Rép. Min. n° 9929, 16 févr. 1995, JO Sénat Q, 30 mars 95, p. 772). La jurisprudence est constante sur ce point (Civ. 2e, 9 déc. 1992, RCA 1992, comm. n° 93). Il a été jugé que « les dispositions des articles 1382 et 1251 du Code civil, seules applicables, permettent au conducteur d'un véhicule terrestre à moteur impliqué dans un accident de la circulation et condamné à réparer les dommages causés à un tiers d'exercer un recours contre d'autres conducteurs impliqués ; que la contribution à la dette a lieu en proportion des fautes respectives ; qu'en l'absence de faute prouvée à la charge des conducteurs impliqués, la contribution se fait entre eux à parts égales » (Civ. 2e, 11 déc. 2003, Bull. civ. II, n° 376). Les praticiens nomment cette situation « le double article quatre », par référence à l'application réciproque de l'article 4 de la loi Badinter, car l'indemnisation de chaque conducteur sera intégrale en l'absence de faute démontrée en application de ce texte. S'il y a plus de deux conducteurs, le partage de responsabilité entre deux des coauteurs est opposable au troisième qui a indemnisé la victime (Civ. 2e, 20 juin 2002, RCA 2002, comm. n° 291).

C ▪ Subrogation du responsable dans les droits et actions de la victime

3860. Selon l'ancien article 1251 alinéa 3 du Code civil (V. C. civ., art. 1346 et s., à compter du 1er octobre 2016), la subrogation a lieu de plein droit au profit de celui qui, étant tenu avec d'autres ou pour d'autres au paiement de la dette, avait intérêt de l'acquitter : « viole cette disposition l'arrêt qui accueille un recours subrogatoire contre l'assureur du responsable de l'accident, alors que celui-ci ou son assureur n'étaient tenus d'aucune dette de responsabilité envers les membres de sa famille du fait de son décès » (Civ. 2e, 28 juin 1995, Bull. civ. II, n° 202). De même, l'assureur d'un véhicule, subrogé dans les droits de la famille d'un conducteur sorti de son véhicule, devenu piéton décédé lors du choc, qu'il avait indemnisée, ne peut exercer un recours contre l'assureur du véhicule de la victime devenue piéton au motif que celle-ci n'encourt aucune responsabilité à l'égard de sa propre famille, du simple fait de son décès, l'action étant subrogatoire (Civ. 2e, 27 mars 2003, RCA 2003, comm. n° 174, note H. Groutel). Toutefois, la qualité de victime d'un accident de la circulation ne peut exonérer celle-ci de sa responsabilité encourue à l'égard d'autres victimes (Civ. 2e, 3 févr. 2005, RCA 2005, comm. n° 127).

Section 3 ▪ Responsabilité des victimes non motorisées

§ 1 ▪ Piéton, cycliste et passager

A ▪ Indemnisation quasi-systématique du dommage corporel

3861. La loi du 5 juillet 1985 a fixé une règle : les victimes non conductrices d'un véhicule terrestre à moteur, qu'il s'agisse d'une automobile ou d'une moto au sens large, ont le droit d'être indemnisées de leur dommage corporel par le responsable motorisé d'un accident de la circulation dès lors que le véhicule se trouve impliqué. Par victime « non conductrice », il faut entendre le piéton, le cycliste mais aussi le passager d'un véhicule. La faute que ces personnes ont pu commettre ne pourra être invoquée à leur encontre que très exceptionnellement et c'est là la véritable réussite du système instauré depuis 1985. Toutes ces victimes non conducteurs se moquent alors éperdument du nombre de véhicule impliqué dans l'accident car elles ont le droit de demander réparation de leurs dommages à n'importe lequel des véhicules impliqués dans l'accident, peu importe que celui auquel elles s'adressent n'ait pas contribué au préjudice qu'elles subissent. La loi distingue toutefois parmi ces victimes corporelles celles qui sont « normalement protégées » de celles que l'on définit comme « super privilégiées ».

1 ▪ Victimes normalement protégées

3862. Il s'agit de toutes les victimes âgées de plus de 16 ans ou de moins de 70 ans ainsi que de celles qui ne sont pas frappées d'une invalidité au moins égale à 80 %. Pour elles, le régime juridique est défini par l'article 3 de la loi du 5 juillet 1985 en ces termes : « les victimes hormis les conducteurs de véhicules terrestres à moteur, sont indemnisées des dommages résultant des atteintes à leur personne qu'elles ont subis, sans que puisse leur être opposée leur propre faute à l'exclusion de leur faute inexcusable si elle a été la cause exclusive de l'accident ». Ces victimes sont donc systématiquement indemnisées quelle que soit la configuration de l'accident, sauf s'il est possible de relever à leur encontre une faute en pratique rarissime définie comme « inexcusable » ayant seule provoqué l'accident, mais aussi s'il s'avère que la victime a volontairement recherché le dommage qu'elle a subi en application du dernier alinéa de l'article 3 de la loi, situation presque exclusivement constituée par le suicide.

2 ▪ Victimes « super privilégiées »

3863. On pourrait dire de façon caricaturale que ce sont celles qui ont aujourd'hui « tous les droits sauf celui de se suicider ». Toutes les victimes ayant moins de 16 ans ou plus de 70 ans, ou qui sont frappées d'une invalidité au moins égale à 80 % seront indemnisées systématiquement sauf si elles recherchent volontairement le dommage qu'elles subissent ; il n'est même plus possible en ce qui les concerne de leur opposer leur propre faute inexcusable (L. 5 juill. 1985, art. 3 al. 2). Il ne faut pas perdre de vue néanmoins qu'un mineur de 16 ans ou une personne de plus de 70 ans ne bénéficie plus d'une quelconque protection si elle se trouve victime en qualité de conducteur d'un véhicule à moteur car ces dispositions ne protègent que les « non-conducteurs ».

3 ▪ Recherche volontaire du dommage

3864. Il résulte des dispositions de l'article 3 alinéa 3 de la loi du 5 juillet 1985 que la victime n'est pas indemnisée par l'auteur de l'accident des dommages résultant des atteintes à sa personne lorsqu'elle a volontairement recherché le dommage qu'elle a subi. Il s'agira presque systématiquement de l'hypothèse du suicide de la victime. Il a été jugé notamment que la victime passager qui laisse le conducteur circuler en complet état d'ivresse à plus de 170 km/h en lui passant une bouteille d'alcool fort à boire, et sans porter sa ceinture de sécurité, ne recherche pas volontairement son propre dommage au sens de ce texte, de sorte qu'elle sera logiquement indemnisée (Crim., 22 mai 2002, RCA 2002, comm. n° 259, note H. Groutel).

B ▪ Faute inexcusable de la victime d'un accident de la circulation

3865. Afin de ne pas ôter toute morale au système d'indemnisation, le législateur n'a prévu qu'un seul cas involontaire d'exclusion de l'indemnisation du dommage corporel de la victime non conducteur : sa faute inexcusable, si elle a été la cause exclusive de l'accident. La définition de la faute inexcusable, inspirée du droit social, a été fixée en 1987 par onze arrêts de la Cour de cassation rendus le même jour, en ces termes : « seule est inexcusable, au sens de la loi du 5 juillet 1985, la faute volontaire d'une exceptionnelle gravité, exposant sans raison valable son auteur à un danger dont il aurait dû avoir conscience » (Civ. 2e, 20 juill. 1987, RGAT 1987. 584). Cette définition a été reprise dans un arrêt rendu par l'assemblée plénière le 10 novembre 1995 (Cass. ass. plén., 10 nov. 1995, D. 1995, jur., p. 633, rapp. Y. Chartier ; RTD civ. 1996, p. 1987, obs. P. Jourdain).

1 ▪ Analyse de la faute inexcusable

3866. La faute inexcusable de la victime d'un accident de la circulation routière se situe entre la faute lourde et la faute intentionnelle, elle doit réunir plusieurs caractères cumulatifs : être volontaire, présenter un caractère exceptionnel, et être commise « en connaissance de cause ». Si elle présente tous ces caractères, elle devra aussi constituer la cause exclusive de l'accident. Cela signifie par exemple qu'une victime renversée par un conducteur ne respectant pas la limitation de vitesse qui lui est imposée, même très légèrement, ne pourra jamais commettre une faute inexcusable puisqu'elle ne sera plus « la cause exclusive » de l'accident, en présence d'un facteur « extérieur » même faiblement causal. Ce sera également le cas dès lors que le conducteur aura été pénalement condamné : l'existence de la sanction pénale ne pouvant plus rendre « exclusif » le rôle causal de la faute de la victime.

3867. La faute des victimes non conductrices ne peut coïncider, pour la réparation de leurs dommages corporels, avec l'éventuelle responsabilité du conducteur ou du gardien d'un véhicule : l'indemnisation partielle du dommage corporel de la victime n'est effectivement pas conciliable avec la cause exclusive que doit revêtir sa faute, nécessairement caractérisée « d'inexcusable ». Il en résulte alors un système de « tout ou rien » : la victime est soit totalement indemnisée en l'absence de faute inexcusable, soit totalement déchue de son droit à indemnisation, la faute éventuellement commise par le conducteur ne peut ainsi lui permettre d'obtenir une réparation partielle, en présence d'une faute de la victime définie comme inexcusable.

a - Volonté et recherche du dommage

3868. Le caractère volontaire de la faute inexcusable de la victime non conducteur est souvent confondu avec la déchéance intégrale de l'indemnisation prévue au dernier alinéa de l'article 3 de la loi du 5 juillet 1985, encourue lorsque la victime « a volontairement recherché le dommage qu'elle a subi ». La volonté de commettre la faute inexcusable signifie l'intention de ne pas respecter les règles les plus élémentaires de sécurité imposées par la réglementation en vigueur, à la différence de la déchéance pour recherche volontaire du dommage qui implique dès l'origine la volonté d'aboutir au résultat final, c'est-à-dire l'accident de la circulation.

b - Dimension « exceptionnelle »

3869. On cherche par la notion de faute inexcusable à exclure toutes les fautes « ordinaires » commises par des victimes non conducteurs, que l'on observe fréquemment sur les routes pour les cyclistes, ou à la traversée pour les piétons. Effectivement, si la faute pouvait perdre rapidement son caractère exceptionnel, l'édifice législatif finirait par s'écrouler : il faudra donc considérer que toutes les imprudences habituelles (et même parfois inhabituelles) du piéton ou du cycliste ne présentent pas le caractère exceptionnel requis par la loi.

c - Conscience du danger

3870. On doit résonner ici par référence au critère civil traditionnel du « bon père de famille », c'est-à-dire le piéton ou le cycliste normalement prudent. L'alcool étant susceptible d'altérer les facultés mentales, les tribunaux y ont vu progressivement une circonstance ne permettant pas de retenir une faute inexcusable à la charge de la victime (Cass. ass. plén., 10 nov. 1995, D. 1995, jur., p. 633, rapp. Y. Chartier). Le même raisonnement est bien sûr valable s'agissant de la victime sous l'emprise de produits stupéfiants ou de toute substance psychotrope.

2 ▪ Application jurisprudentielle

3871. La jurisprudence est aujourd'hui bien assise en ce qui concerne toutes les fautes d'imprudence usuelles : le piéton traversant la chaussée sans prêter attention aux véhicules ou le cycliste inattentif ne respectant pas les règles de priorité. Toutes ces situations ne constituent pas des fautes inexcusables de la victime. Il a également été jugé que ne commet pas de faute inexcusable la victime descendue sur la piste d'un circuit de karting pour pousser un kart tombé en panne, ayant été alors heurtée par un autre kart dont le conducteur avait perdu le contrôle (Civ. 2e, 11 avr. 2002, RCA 2002, comm. n° 228). Il ne reste donc aujourd'hui que deux hypothèses majeures de faute inexcusable de la victime : l'accident de voie rapide « après franchissement d'obstacle » et la « configuration accidentelle rarissime ».

a - Accident de voie rapide

3872. La « scène de l'accident » est souvent la suivante : un piéton se trouve sur une voie rapide à laquelle il n'aura pu accéder qu'après avoir franchi les mesures réglementaires de protection du site routier tel un parapet, une glissière de sécurité ou un terre-plein central. Ce franchissement préalable d'un obstacle permet ainsi de qualifier la conscience du danger qu'aurait dû avoir la victime, qui se sera nécessairement engagée dans une démarche active pour le franchir.

3873. La faute inexcusable, cause exclusive de l'accident, est ainsi retenue à l'encontre de celui qui délaisse un passage souterrain pour piétons pour s'engager en courant sur une voie rapide comportant deux doubles couloirs de circulation délimités par des glissières de sécurité, séparés par un terre-plein central planté d'arbustes, après avoir franchi la rambarde de protection interdisant l'accès de la chaussée aux piétons (Crim., 12 mai 1993, Bull. crim., n° 173). De même, commet une telle faute la victime qui, fuyant une patrouille de police, dévale de nuit la pente abrupte conduisant à la chaussée et débouche en courant sur celle-ci, sur la droite du véhicule, la précipitation avec laquelle elle avait abordé la chaussée rendant le choc inévitable (Civ. 2e, 5 févr. 2004, RCA 2004, comm. n° 136). La faute inexcusable du piéton est également retenue à l'encontre d'une victime qui avait franchi différents obstacles et qui n'ignorait pas emprunter un parcours non aménagé, la conduisant à une voie de circulation à double sens qui l'exposait à un danger d'une exceptionnelle gravité (Civ. 2e, 16 déc. 2004, RCA 2005, comm. n° 90). Toutefois, la faute inexcusable n'est pas retenue à l'encontre de la victime décédée à une heure du matin sur la voie centrale d'une autoroute avec un taux d'alcoolémie de plus de 4 grammes par litre de sang alors qu'elle a été abandonnée par son épouse sur une aire de stationnement après une dispute conjugale et n'a donc franchi aucune barrière de sécurité pour accéder à la scène de l'accident (Civ. 2e, 14 nov. 2002, RCA 2003, comm. n° 36).

b - Configuration accidentelle rarissime

3874. Ce sont presque uniquement des cas pour lesquels la victime se place elle même dans une configuration atypique face à l'engin automobile, à l'instar du supporter de football montant sur le toit d'une voiture pour fêter la victoire de son équipe. Le juge doit trancher alors au regard d'une situation hors normes.

3875. Par exemple, ne commet pas de faute inexcusable l'animatrice d'une association qui se blesse grièvement en chutant d'un véhicule sur lequel elle avait pris place en montant sur le pare-choc arrière alors que l'engin circulait à faible allure dans l'enceinte d'une école (Civ. 2e, 3 juill. 2003, RCA 2003, comm. n° 236). En revanche, la faute inexcusable a été retenue dans l'hypothèse ci-après : l'exploitant d'une entreprise déplace avec un chariot élévateur un véhicule stationné juste devant l'entrée de son entreprise, afin de le déposer dans un champ voisin. Le propriétaire de la voiture qui, de colère frappe sur la voiture et se blesse, commet une faute inexcusable (Civ. 2e, 5 juin 2003, RCA 2003, comm. n° 237).

C ■ Dommage corporel du passager

3876. Le passager d'une automobile ou d'une moto est indemnisé selon les mêmes règles que celles applicables aux piétons et aux cyclistes : seule sa faute inexcusable, si elle a été la cause exclusive de l'accident, le privera d'indemnisation. Néanmoins, sa situation est parfois rendue complexe car il peut aussi avoir une « autre qualité » que celle de « passager-victime » au titre de l'accident : celle de propriétaire de l'engin, de gardien au sens de l'article 2 de la loi du 5 juillet 1985 ou même de souscripteur du contrat d'assurance. À la différence d'une victime piéton ou même d'un cycliste, il conserve ainsi un lien spécifique avec le véhicule, d'autant plus qu'il lui aura fallu souvent respecter lui-même certaines règles de sécurité comme le port de la ceinture pour une automobile ou celui du casque pour un cyclomoteur. S'agissant de ces deux derniers points, il est admis bien évidemment que le défaut de port du casque ou celui de la ceinture de sécurité ne peut constituer une faute inexcusable à la charge du passager pour le priver d'indemnisation. De même, la faute que commet le propriétaire d'un véhicule qui en confie la conduite à une personne qu'il sait sous l'empire d'un état alcoolique, si elle est inexcusable au sens de l'article 3 de la loi du 5 juillet 1985, n'est pas la cause exclusive de l'accident dont il a été victime en tant que passager transporté (Civ. 2e, 4 nov. 2004, RCA 2005, comm. n° 17). La Cour de cassation a ainsi pu confirmer cette jurisprudence dans un arrêt récent. En l'espèce, la faute inexcusable du passager avait été retenue car celui-ci avait laissé son fils conduire sachant qu'il n'était pas titulaire du permis de conduire et se trouvait en état d'ivresse. Néanmoins, la Cour avait retenu que la faute de la victime n'était pas la cause exclusive de l'accident (Civ. 2e, 16 janvier 2014, n° 13-10.088).

1 ▪ Passager confie « son » véhicule à un conducteur

a - Passager responsable

3877. Le passager décide ici de confier le volant ou le guidon de son véhicule à une autre personne. Il confie « son » véhicule soit parce qu'il en sera lui-même le propriétaire, auquel cas il en reste gardien puisque présent dans ou sur le véhicule, soit parce qu'il en sera simplement le gardien au sens de l'article 2 de la loi Badinter pour l'avoir reçu lui-même du propriétaire avec lequel il aura souvent un lien familial (exemple : le jeune majeur utilisant exclusivement le véhicule des parents). La responsabilité du passager, à l'instar de celle du conducteur, se conçoit comme un « droit à indemnisation » du passager : seule sa faute inexcusable si elle a été la cause exclusive de l'accident le privera donc d'indemnisation. La faute inexcusable du passager est quasi inexistante en pratique : il s'agit presque uniquement du passager qui ouvre délibérément la portière durant la marche pour se jeter dans le vide (Crim., 28 juin 1990, Bull. crim., n° 268). Ne commet pas non plus une faute inexcusable le passager transporté dans un véhicule, victime d'un accident, qui s'y trouvait sous l'empire de la boisson en ayant insisté pour y prendre place, sans attacher sa ceinture de sécurité, puis s'était affalé sur le conducteur (Civ. 2e, 20 mars 1996, Bull. civ. II, n° 68).

b - Passager victime

3878. La question principale a porté ici sur la mise en œuvre de l'assurance automobile : le passager blessé qui sera demeuré gardien du véhicule peut-il bénéficier d'une indemnisation en cas de blessures, de la part de l'assureur de son propre véhicule, considéré alors comme « son » assureur ? Si le conducteur, non gardien et non propriétaire du véhicule, est responsable de l'accident, il est lui-même nécessairement assuré selon la loi pour la responsabilité qu'il encourt (C. assur., art. L. 211-1). Le gardien, passager victime, sera indemnisé car tous les passagers sont considérés comme des tiers au regard du contrat d'assurance, même ceux qui ont un lien contractuel avec l'assureur (Civ. 2e, 3 oct. 1990, RGAT 1991. 365). Ainsi, la victime propriétaire du véhicule mais passagère au moment de l'accident, est en droit de demander à l'assureur garantissant la responsabilité civile du fait de ce véhicule, la réparation de son préjudice (Civ. 2e, 4 nov. 2004, RCA 2005, comm. n° 15). Le passager transporté, lui-même blessé dans l'accident, qu'il soit gardien du véhicule, propriétaire de celui-ci ou même souscripteur du contrat d'assurance, sera donc indemnisé par l'assureur du véhicule seul impliqué dans l'accident, si le conducteur en est responsable. L'assureur de responsabilité doit nécessairement le considérer comme un tiers auquel seule une faute inexcusable, cause exclusive de l'accident, pourra être opposée.

3879. Supposons en revanche que la responsabilité du conducteur n'ait pu être démontrée, le passager victime, demeuré gardien du véhicule, serait-il en droit d'agir contre l'assureur de responsabilité civile garantissant son propre véhicule ? La Cour de cassation répond par la négative, à propos d'un accident de la circulation : « Il résulte de l'article L. 124-1 du Code des assurances que l'assureur de responsabilité ne peut être tenu envers la victime lorsque celle-ci ne peut elle-même se prévaloir contre l'assuré d'une créance née de la responsabilité de celui-ci » (Civ. 1re, 4 nov. 1986, Bull. civ. I, n° 248).

2 ■ Passager est le souscripteur du contrat d'assurance

3880. Quel sort doit-on réserver au passager qui confie délibérément son véhicule à un conducteur non titulaire du permis de conduire ? En toute logique, il faudrait considérer qu'en confiant son véhicule à un conducteur sans permis, le passager commet une faute qui n'est pas inexcusable, ce qui lui permettrait d'être indemnisé. Toutefois, les juges se fondent sur les exclusions légales pour empêcher l'indemnisation. Ainsi, la victime, souscripteur du contrat, qui confie son véhicule à une personne non titulaire du permis de conduire se place alors « volontairement dans une situation exclusive de garantie » (car le défaut de permis est une exclusion autorisée par l'article R. 211-10 du Code des assurances), de sorte que le souscripteur ne sera pas indemnisé de son dommage corporel par l'assureur. Il conserve cependant le droit d'agir contre le conducteur sur le fondement de l'article 3 de la loi Badinter (Civ. 1re, 6 juin 2001, Bull. civ. I, n° 159).

D ■ Préjudice matériel de la victime

3881. Si l'indemnisation du préjudice corporel d'une victime non motorisée fait l'objet d'une attention particulière du législateur de 1985, il n'en va pas de même des dommages matériels qui ne justifient pas en eux-mêmes une protection spécifique. C'est la raison pour laquelle l'article 5 de la loi du 5 juillet 1985 dispose : « la faute commise par la victime a pour effet de limiter ou d'exclure l'indemnisation des dommages aux biens qu'elle a subis ». Cet article ne prévoit qu'une exception relative aux « fournitures et appareils délivrés sur prescription médicale » qui donnent lieu à indemnisation selon les règles de l'article 3, c'est-à-dire qu'ils sont indemnisés intégralement sauf faute inexcusable de la victime, si elle a été la cause exclusive de l'accident. Ce sera le cas notamment des appareils auditifs et des lunettes. Le régime de la faute peut être comparé ici à celui existant pour les conducteurs car il s'agit également d'un droit à indemnisation accordé par la loi au profit de la victime d'un dommage matériel, qui ne peut être exclu qu'à l'examen de la relation existant entre la faute et le dommage matériel subi. La faute demeure le seul critère permettant de répartir les situations accidentelles entre « indemnisation totale » et « limitation du droit ». Le propriétaire, qui dispose d'un recours contre le conducteur, pourra obtenir notamment paiement de la franchise de son contrat d'assurance et le cas échéant des frais de gardiennage du véhicule (Civ. 2e, 22 sept. 2005, RCA 2005, comm. n° 321).

§ 2 ■ Préjudice de la famille ou des proches des victimes, victimes par ricochet

A ■ Famille ou les proches n'étaient pas transportés dans le véhicule

3882. La famille ou les proches, est constituée en ce domaine par toutes les personnes qui ont personnellement souffert de l'accident subi par la victime directe : elles sont appelées les « victimes par ricochet ». Leur sort est régi par l'article 6 de la loi du 5 juillet 1985 en ces termes : « le préjudice subi par un tiers du fait des dommages causés à la victime directe d'un accident de la circulation est réparé en tenant compte des limitations ou exclusions applicables à l'indemnisation de ces dommages ».

1 ▪ Parallélisme des conséquences

3883. La loi a opté ici pour un parallélisme des conséquences de l'accident entre les victimes directes et les victimes par ricochet : une faute du conducteur limitant par exemple son droit à indemnisation de 30 % limitera alors dans la même proportion celui de sa famille, car elle lui est opposable. Et cette règle s'applique aussi bien en cas de blessures que de décès. Cette logique place la victime par ricochet dans une situation passive au regard de l'accident puisqu'elle elle est contrainte de tenir compte de la faute commise par le parent concerné. Si la victime directe était piéton, cycliste ou passager, la preuve d'une faute inexcusable ayant été la cause exclusive de l'accident, commise par cette dernière, sera nécessaire pour priver la famille ou les proches de toute indemnisation car l'article 3 de la loi du 5 juillet 1985 lui eut été applicable si elle avait survécu, pour la réparation de ses dommages corporels.

3884. Les victimes par ricochet ne peuvent prétendre être indemnisées en l'absence de faute commise par la victime directe que si la responsabilité de l'accident incombe à un tiers. Il résulte de l'article L. 124-1 du Code des assurances « que l'assureur de responsabilité ne peut être tenu envers la victime lorsque celle-ci ne peut elle-même se prévaloir contre l'assuré d'une créance née de la responsabilité de celui-ci » (Civ. 1re, 4 nov. 1986, Bull. civ. I, n° 248).

2 ▪ Dommage matériel du propriétaire du véhicule, victime par ricochet

3885. La situation est ici un peu différente. L'article 5 de la loi du 5 juillet 1985 prévoit que lorsque le conducteur d'un véhicule n'en est pas le propriétaire, sa faute peut être opposée au propriétaire pour l'indemnisation des dommages causés à son véhicule, le propriétaire étant souvent un membre de la famille. Supposons ainsi qu'un conducteur se voit réduire de 10 % seulement son droit à indemnisation au titre de son dommage corporel parce qu'il a commis une faute, cette faute pourrait exclure totalement la réparation du préjudice matériel subi par le propriétaire pour l'indemnisation des dommages à son véhicule, sur le fondement de l'article 5.

3 ▪ Recours exercé contre la famille du responsable

3886. Une même personne peut avoir la qualité de victime par ricochet et d'héritier suite au décès d'un proche dans un accident. De même, la responsabilité civile des parents peut conduire à rechercher leur responsabilité alors même qu'ils seront eux-mêmes victimes par ricochet en cas de blessures ou de décès de leur enfant mineur. Il convient d'examiner ces deux situations.

a - Victime par ricochet est aussi l'héritier de la personne décédée

3887. Par exemple, une jeune fille souffre du décès de ses deux parents dans un accident de la circulation, son père ayant la qualité de conducteur responsable de l'accident. Elle devient alors héritière en raison du décès et va ainsi hériter des créances et des dettes de chacun de ses parents. Or parmi les dettes, il peut y avoir toutes les sommes dues par son père au conducteur adverse, blessé, et à son assureur, lesquels auront peut être indemnisé d'autres victimes. Et si la jeune femme vient solliciter ici l'indemnisation de son préjudice par ricochet en raison du décès de sa mère (celui relatif au décès du père étant exclu par l'article 6 de la loi car il a commis une faute), peut-on autoriser le conducteur « adverse » et son assureur à solliciter auprès de la jeune femme le remboursement de la somme qui a été versée au titre du préjudice par ricochet relatif au décès de sa mère ? En effet, la somme qui lui est versée à ce titre entre alors « au passif » de la succession de son père, en sa qualité d'héritière : on lui reprend d'une main ce qui est versé par l'autre. Pour éviter cet effet pervers du droit successoral, la Cour de cassation reconnaît un caractère « d'ordre public » à l'indemnisation de la victime par ricochet au titre de l'article 6 de la loi Badinter : cette action en remboursement n'est donc pas autorisée (Civ. 2e, 28 juin 1989, Bull. civ. II, n° 139).

b - Victimes par ricochet sont les parents d'un enfant mineur

3888. Imaginons qu'un enfant mineur, conducteur d'une mobylette, se voit attribuer une limitation de 50 % de son droit à indemnisation en raison de sa faute (art. 4 de la loi). Les parents, victimes par ricochet au titre du préjudice moral notamment, n'obtiendront donc que 50 % d'indemnisation de leur dommage par ricochet (art. 6 de la loi). Cependant, sur le fondement de l'article 1242 (anc. art. 1384) du Code civil, ils sont aussi responsables de la faute commise par leur enfant mineur au titre de la responsabilité du fait d'autrui. Le conducteur adverse et son assureur pourront-ils demander aux parents le remboursement de l'indemnisation versée au mineur, ce qui peut priver d'effet leur propre droit de victimes par ricochet ? La Cour de cassation a jugé que le recours en garantie, exercé par le coauteur d'un accident contre le parent d'un mineur victime a pour effet de priver directement ou indirectement le mineur lui même de la réparation intégrale de son préjudice : ce recours est donc irrecevable (Civ. 2e, 20 avr. 1988, D. 1988, jur., p. 580, note Y. Lambert-Faivre).

B ▪ Famille ou les proches se trouvaient eux-mêmes transportés dans le véhicule

3889. C'est malheureusement souvent le cas lorsque deux personnes ayant un lien de parenté entre elles se trouvent dans un même véhicule ou sur une motocyclette. L'article 6 de la loi du 5 juillet 1985 qui réglemente le sort du préjudice des victimes par ricochet prévoit que l'on doit opposer aux proches de la victime directe d'un accident les éventuelles limitations ou exclusions applicables au dommage subi par cette dernière. Or il peut arriver que deux membres d'une même famille puissent se trouver véhiculés par le même engin au titre d'un même accident pour lequel ils n'auront pas la même qualité, à savoir celle de responsable ou de victime. Le préjudice par ricochet doit-il alors suivre le sort réservé au responsable ou à la victime, ou être réparé en individualisant chaque victime ?

1 ▪ Famille ou les proches du responsable sont aussi ceux de la victime

3890. Par exemple, le frère était conducteur responsable et sa sœur, passager blessée dans l'accident. Dans cette hypothèse, l'exclusion totale du droit à indemnisation du conducteur responsable peut-elle permettre néanmoins l'indemnisation du préjudice subi par la famille du passager ? La Cour de cassation admet ici le recours des victimes par ricochet pour la réparation de leur propre préjudice moral subi en raison des blessures ou du décès du passager bien qu'ils soient également les « ayants droit » du conducteur fautif, c'est-à-dire de la même famille (Civ. 1re, 25 mai 1992, RGAT 1992. 533).

2 ▪ Conducteur responsable est lui même une victime par ricochet

3891. Il faut considérer ici par exemple qu'un conducteur responsable a également infligé des blessures à un membre de sa famille se trouvant passager transporté. Doit-on opposer au conducteur du véhicule sa propre faute pour lui refuser la réparation de son préjudice par ricochet en cas de blessures ou de décès du passager, membre de sa famille ? La règle a été posée en 1997 par l'intervention de la Cour de cassation qui a décidé de fusionner en quelque sorte le préjudice par ricochet du conducteur dans le traitement habituel que lui réserve la loi, au titre de l'indemnisation de son propre préjudice (art. 4) : la faute commise par celui-ci a pour effet de limiter ou d'exclure l'indemnisation de tous les dommages qu'il a subis, ce qui signifie le dommage direct mais aussi le dommage par ricochet. (Ch. mixte, 28 mars 1997, JCP G 1997, I, 4025, chron. G. Viney). Le conducteur se trouve ainsi, peut être excessivement, doublement sanctionné au titre de sa faute.

3892. Il faut, noter toutefois que cette position adoptée en 1997 par la chambre mixte de la Cour de cassation n'est pas systématiquement suivie par certaines chambres de la Cour. Ainsi, la deuxième Chambre civile juge que le conducteur responsable est un tiers au sens de l'article 6, relatif à l'indemnisation de la famille des victimes, et qu'il ne peut donc se voir opposer de limite au droit à l'indemnisation de son préjudice par ricochet (Civ. 2e, 13 juill. 2000, n° 98-15.004). Elle considère ainsi qu'un conducteur ayant commis une faute au sens de l'article 4 de la loi pourra être intégralement indemnisé de son préjudice par ricochet sur le fondement de l'article 6.

3 ▪ Victime passager et absence de responsable

3893. La victime passager étant décédée, l'indemnisation de sa famille sera intégrale en présence d'un responsable assuré clairement identifié, en l'absence naturellement de toute faute inexcusable commise par le passager. Qu'en est-il toutefois si la responsabilité du conducteur n'a pu être prouvée ? La qualité éventuelle de gardien du véhicule conférée au passager permet-elle à sa famille, victime par ricochet, de solliciter une indemnisation auprès de l'assureur du véhicule seul impliqué ? La Cour de cassation expose que, en l'absence de responsabilité établie, le propriétaire demeuré gardien du véhicule n'avait, du fait de sa propre mort, aucune dette de responsabilité envers sa famille, circonstance entraînant alors l'absence de garantie du sinistre par l'assureur (Civ. 1re, 4 nov. 1986, Bull. civ. I, n° 248).

Chapitre 4
Les procédures de règlement de sinistre automobile

BIBLIOGRAPHIE

L'Argus de l'assurance

Ouvrages. – I. Bessières-Roques, H. Hugues-Béjui, *Précis d'évaluation du dommage corporel*, Éd. L'Argus, 2016. – S. Chanh et J. Péchinot, *Manuel de l'assurance automobile*, L'Argus 4e éd. 2016. – L. Namin, *L'expertise automobile*, coll. Plus, L'Argus 3e éd. 2009. – J. Bigot (sous coord.), *Code des assurances*, L'Argus éd., – Code de la route-Infracode, L'Argus éd., – L. Namin (sous dir.), *Réglementation automobile*, Éd. L'Argus, 2015.

Articles. – Dossier « Nouveaux éclairages sur les véhicules endommagés », JA mars 2012, n° 838, p. 18. – Dossier « Accidents en chaîne et carambolages : des mécanismes d'indemnisation bien huilés », JA juil. août 2011, n° 831, p12 - A. Velle, L'autonomie de la transaction issue de la loi du 5 juillet 2005, JA avril 10, p. 36. – L. Namin, Maintien sur la liste de l'expert sans emploi, JA fév. 10, p. 30. – A. Velle, Rentes accidents du travail : les modalités de recours précisées, JA janv. 10, p. 36. – L. Namin, Responsabilité de la puissance publique en cas de défaut d'entretien de la voirie, JA nov. 09, p. 28. - P. Ravayrol, Nouvelles règles d'imputation des rentes d'accident du travail et prestations assimilés, JA oct. 09, p. 36. - D. Fenouillet, Victime contre préposé : la lutte des classes au 21e siècle, JA juill-août 09, p. 36. - P. Ravayrol, Expertise de dommages et missions judiciaires : deux activités compatibles, JA avril 09, p. 197. - Le règlement des sinistres matériels : du droit commun à la procédure VGE (dossier), JA juin 09, p. 16. - L. Namin, Les véhicules dangereux ne pourront plus circuler, Argus 2009, n°7123, p.38. – L. Namin, Expertise de dommages et missions judiciaires : deux activités compatibles, JA avril 09, p. 197. – Dommages corporels : de la réparation à la réinsertion (dossier), JA nov. 09, p. 14. - Fonds de garantie : un recours en indemnisation sous conditions (dossier), JA déc. 09, p. 18. - L'expertise en protection juridique (dossier), JA mars 10, p. 14. – G. Defrance, Instructions pratiques, l'intervention de l'assureur au pénal, JA 2002, p. 4 ; Assurances de dommages, le constat amiable fait peau neuve, L'Argus 2001, n° 6765, p. 22. – Le nouveau visage de l'expert en automobile (dossier), JA mars 11, p.16. – Le point sur le constat amiable (cas pratique), JA déc. 10, p. 50.

Autres documentations

Ouvrages. – Cl.-J. Berr et H. Groutel, Rép. civ. Dalloz. 2e éd., *Assurances de dommages*, n° 318 s. – G. Durry, *L'assurance automobile*, Dalloz Connaissance du Droit, 1998. – J. Bigot (dir.), *Traité de droit des assurances*, Le contrat d'assurance, Tome 3, LGDJ 2002. – M. Picard et A. Besson, *Les assurances terrestres*, T. 1, Le contrat d'assurance, LGDJ 1982.

Articles. – H. Groutel, La procédure de l'offre sur tous les fronts, RCA 2003, chron. 24. – J. Bigot, La loi sur la sécurité financière et l'assurance, JCP G. 2003, I, 177. – G. Courtieu, Droit des assurances, JCP E 2002, I, 951. – B. Cerveau et A. Toublanc, Experts et expertises, colloque du 13 février 2004, le point de vue de deux assureurs, Expertises 2004, n° 62, p. 28. – L. Namin et Ph. Ravayrol, L'expertise en automobile, Trib. Ass. 2001, n° 48 p. 54. – L. Namin, Expertise automobile, la suppression des listes départementales, Trib. Ass. 2000, n° 34 p. 19. - J. Landel, Accident de la circulation, une convention pour le corporel, Trib. Ass. 2002, n° 56, p. 20.

3894. Si la concurrence pour la commercialisation des contrats d'assurance automobile est de mise, il n'en va pas de même du règlement des sinistres qui a fait l'objet depuis 1968 d'une coopération accrue entre sociétés d'assurances afin de mettre en commun leurs outils de gestion pour gérer aujourd'hui environ 1, 7 millions de sinistres matériels chaque année. L'efficacité du système repose aujourd'hui sur les conventions conclues entre les assureurs, inopposables aux assurés, qui décident ainsi par le jeu du contrat de s'astreindre à une loi spécifique, parfois dérogatoire du droit commun, limitant dans la mesure du possible l'intervention du juge, afin d'accélérer l'indemnisation. Ces conventions, qui concernent aujourd'hui aussi bien les dommages matériels que corporels, s'accompagnent également d'une part de partenariats avec les garagistes et carrossiers, lesquels s'engagent à réparer les véhicules des assurés moyennant rabais tarifaires pour les compagnies et avantages divers pour l'assuré, et d'autre part, d'une rationalisation de la gestion par le développement de centres d'appels (call centers) relayés par de véritables « plate-formes d'externalisation » de la gestion du sinistre au service notamment des filiales d'assurance des grands groupes bancaires. (L. Grynbaum, Accords commerciaux dans l'après-vente, les relations du réparateur avec l'assureur et l'expert automobile, JA mai 2011, p.21).

3895. Les premières relations structurées sur le plan juridique entre les compagnies d'assurances remontent aux années 1960 au cours desquelles des accords interprofessionnels limités à l'expertise automobile ont été signés. Ils permettaient de nommer un expert unique pour constater les dommages d'un véhicule accidenté pour le compte de tous les assureurs intéressés. Deux conventions importantes réglementent aujourd'hui le sinistre matériel et corporel automobile :
- la convention IRSA (Convention d'Indemnisation directe de l'assuré et de Recours entre Sociétés d'assurance Automobile), pour le matériel ;
- la convention IRCA (Convention d'Indemnisation et de Recours Corporel Automobile), pour le corporel.
L'édition au 1er janvier 2003 de la convention IRSA a fait l'objet d'une harmonisation avec la convention IRCA.
Ainsi, la gestion d'un sinistre, qu'il soit corporel ou matériel, repose sur la désignation d'un assureur mandaté, qui agira pour le compte de tous les assureurs des véhicules impliqués dans l'accident, et la mise en œuvre d'une expertise par celui-ci afin de permettre rapidement l'indemnisation de la victime. Cette convention s'applique aux accidents de la circulation survenus en France métropolitaine et dans les départements d'outre-mer ainsi que dans la principauté de Monaco. Ces accords entre assureurs, destinés à optimiser la gestion des sinistres, ont été validés par la Commission de Bruxelles (Com. (1999) 192 Final, 12 mai 1999, RGDA 1999. 1132).

Section 1 ▪ Procédure d'indemnisation du sinistre matériel

§ 1 ▪ Connaissance du sinistre par l'assureur

A ▪ Information sur les circonstances du sinistre

1 ▪ Établissement du constat amiable

a - Rôle du constat amiable

3896. Le constat amiable constitue la partie émergée pour l'assuré du système conventionnel mis en place entre les assureurs : il s'agit d'un document issu de la convention IDA (indemnisation directe des assurés) instaurée en 1968 à laquelle a succédé aujourd'hui la convention IRSA. Il est construit en reprenant sous forme de tableau à deux colonnes tous les cas d'accidents possibles les plus fréquents, observés dans la pratique. Sa validité est étendue aujourd'hui à l'ensemble des pays européens. Le constat amiable prédétermine les cas et parts de responsabilité en cas de collision classique entre deux véhicules, en vue de l'application ultérieure d'un barème sur lequel figure 20 hypothèses de responsabilité, réparties en trois sous-catégories : non responsable (0), responsable (1), et responsable pour moitié (1/2). Il constitue par conséquent un document permettant d'apprécier les responsabilités de manière quasi forfaitaire en fonction du comportement respectif des conducteurs et à partir d'éléments plus ou moins objectifs des circonstances de l'accident. Toutefois, ce système s'éloigne parfois des règles définies par la jurisprudence en matière de droit à indemnisation : ainsi le cas n° 56 du barème de répartition des recours, inséré en annexe de la convention IRSA, prévoit-il un partage de responsabilité pour moitié entre les conducteurs lorsque l'accident est indéterminé alors même que la jurisprudence retient l'indemnisation intégrale de chaque conducteur en présence d'un accident dont les circonstances n'ont pu être établies (Civ. 2e, 9 déc. 1992, RCA 92-93 ; Rép. Min. n° 9929, 16 févr. 1995, JO Sénat Q, 30 mars 1995, p. 772, CA Poitiers, 15 mai 2013, n°11/05173 ; Civ. 2e, 5 fév. 2015, n°13-27.859 ; Civ. 2e, 24 mars 2016, n°15-14.540). Il convient donc de rappeler que les conventions entre assureurs ne peuvent être opposées aux assurés qui n'y sont pas parties : une rare décision a réaffirmé l'inopposabilité de la convention IRSA aux assurés (TI Sète, 9 nov. 1983, JA 1984, p. 95). En revanche, l'assuré peut solliciter l'application de la convention lorsque celle-ci lui est plus favorable que le droit commun (TI Marseille, 17 mars 1994, JA 1994, p. 303 ; TGI Lyon, 5 nov. 2013, n°12/03682).

3897. Parce qu'il permet de recueillir des informations essentielles pour l'assureur, le constat amiable constitue aujourd'hui la clef de voûte du règlement matériel des sinistres. Les deux automobilistes en cause doivent remplir et signer le constat amiable qui permet ainsi d'identifier les assureurs des conducteurs impliqués dans l'accident, avec les références complètes de leurs contrats. Il constitue également un outil efficace de lutte contre la fraude à l'assurance en permettant à l'expert en automobile ultérieurement désigné par l'assureur de vérifier la pertinence des déclarations de l'assuré, tenu de mentionner les dégâts apparents affectant son véhicule, au regard du choc constaté. Le modèle d'origine retenu par le Comité Européen des Assurances (CEA) a fait l'objet d'une constante évolution dans le but de l'adapter aux nouvelles technologies de transmission et faciliter ainsi la rapidité de son acheminement vers l'assureur : il comporte souvent aujourd'hui un « code barre » permettant à l'assureur automobile de mémoriser les informations de l'assuré depuis l'année 2001 afin d'éviter le retard de gestion inhérent aux constats insuffisamment renseignés, lorsque l'automobiliste est seul en cause pour l'application d'une garantie de dommages. Le centre de documentation et d'information de l'assurance met à la disposition du public des conseils pratiques afin de remplir correctement le constat amiable, via un système de plaquettes informatives téléchargeables sur internet (www.ffsa.fr). Par ailleurs, la FFSA et le GEMA viennent de mettre en place, en 2015, le e-constat, via une application qui permet de remplir rapidement et facilement un constat électronique. Une plateforme internet a été lancée, destinée à mettre en valeur cette digitalisation du monde de l'assurance (http://www.e-constat-auto.fr/). Pour son démarrage, l'application a enregistré près de 10 000 constats électroniques.

b - Portée juridique du constat amiable

3898. Contrairement à une idée reçue, le constat amiable n'est nullement un document de nature législative ou réglementaire (Rép. Min. n°105954, 3 oct. 2006, JOAN, 9 janv 2006, p.584). On, notera à cet égard que l'article R. 231-1 du Code de la route, relatif au comportement du conducteur en cas d'accident, n'impose pas la rédaction du constat amiable. Un automobiliste qui refuserait ainsi de remplir un constat amiable à la suite d'un accident ne commettrait pas de délit de fuite s'il s'est arrêté (CA Paris, 7 Janv. 2004, Juris-Data n° 231926). Toutefois, les assureurs lui ont donné une valeur contractuelle en le faisant figurer parmi les obligations de l'assuré en cas de sinistre : selon les contrats, l'assuré sera alors tenu de transmettre à son assureur un exemplaire du constat amiable en cas d'accident, parfois même sans tiers impliqué pour les seules garanties dommage, tandis que pour d'autres polices d'assurance, la transmission du constat amiable sera simplement conseillée en cas d'accident. Les difficultés juridiques posées par le constat amiable ont tourné essentiellement autour de deux axes : celui de la preuve du contrat d'assurance par le constat amiable auquel s'ajoute la force probante des observations qui y sont consignées par les conducteurs.

3899. Le constat amiable ne déroge pas à la règle fixée par l'article 1353 nouveau du Code civil (ancien article 1315 du Code civil) selon laquelle celui qui réclame l'exécution d'une obligation doit la prouver. Il appartient à l'assuré d'établir l'existence du contrat d'assurance. Néanmoins, il suffira parfois à un assuré de mentionner dans le constat amiable le numéro de son contrat pour que l'imprimé du constat amiable, renseigné contradictoirement avec le conducteur adverse, puisse constituer alors une preuve du contrat d'assurance, l'assureur ne rapportant pas selon la Cour de cassation un commencement de preuve du contraire (Civ. 1re, 3 janv. 1991, RCA 1991, comm. n° 113, note H. Groutel). Il a été décidé en revanche que ne rapporte pas la preuve de l'existence du contrat d'assurance automobile, l'assuré qui omet d'indiquer le numéro d'immatriculation du véhicule sur le constat amiable tandis que la société de location contestait que le véhicule fasse partie de sa flotte (Civ. 2e, 24 juin 1998, JCP G 1998, IV, 2891).

2 ▪ Force probante du constat amiable

3900. Le constat amiable permet de renseigner l'assureur sur les causes et circonstances exactes de l'accident afin de déterminer les responsabilités encourues. Sa vocation consiste toutefois à simplifier la situation accidentelle, pour permettre à l'assureur d'identifier rapidement le traitement juridique qu'il conviendra de lui appliquer, par le jeu d'un barème de répartition des recours entre adhérents (Ann. AI.2 de la convention IRSA). Cependant, l'assuré aura parfois tendance à contester l'analyse qui en sera faite par l'assureur, soucieux de trouver dans l'état de la chaussée, les circonstances climatiques ou la vitesse de son adversaire, des arguments exonératoires de sa responsabilité. Le recto du constat amiable, s'il est signé des deux parties, présente seul un caractère contradictoire : la signature de chaque conducteur emporte acquiescement à la version des faits décrite par l'autre, le verso, non opposable à la partie adverse, renseigne chaque assureur à titre complémentaire.

3901. La validité du constat amiable n'est plus discutée aujourd'hui, les tribunaux ayant admis son opposabilité au conducteur adverse en cas de signature conjointe. Il a ainsi été jugé que l'assuré n'ayant émis aucune réserve sur la portée des observations consignées sur le constat contradictoire signé avec l'autre conducteur, si les mentions manuscrites portées par ce dernier en langue espagnole étaient inintelligibles pour l'assuré, il aurait dû ne pas signer (CA Paris, 9 mai 2000, Juris-Data n° 128072 ; dans le même sens : CA Paris, 26 mars 2012, n°11/01459). Parfois, le constat amiable corrobore d'autres éléments : une cour d'appel peut ainsi retenir qu'il s'induit tant de la position des véhicules que de l'emplacement de leurs dommages et des mentions contradictoirement apposées sur le constat amiable que l'accident était dû au fait que le conducteur d'un camion avait manqué de maîtrise (Civ. 2e, 11 oct. 1989, Bull. civ. II, n° 159 ; dans le même sens, concernant le franchissement d'une ligne médiane : CA Aix en Provence, 4 sept. 2014, n°13/02064). Il faut même considérer qu'un constat amiable peut être opposable à une partie n'ayant pas elle-même la qualité de conducteur d'un véhicule à moteur, et en l'absence de choc. Par exemple, dans un contexte où un automobiliste a glissé sur la boue répandue sur la chaussé provenant du passage d'une remorque d'ensilage, le maître d'œuvre des travaux agricoles effectués dans les champs situés à proximité de la chaussée a admis implicitement sa responsabilité en participant au constat amiable (CA Rouen, 29 avr. 2003, Juris-Data n° 216266).

3902. En présence de témoins inscrits sur le constat, les assureurs sont convenus d'écarter les témoignages émanant des personnes transportées, des conjoints ou concubins, des ascendants ou collatéraux, subordonnés ou préposés, commettants ou associés des conducteurs, gardiens ou propriétaires des véhicules impliqués (Conv. IRSA, Ann. A1.1.1).

3903. Les assureurs ont entendu aménager la force probante du constat amiable en cas d'omission de certaines mentions, pour les accidents ne donnant pas lieu à intervention des forces de l'ordre, auquel cas la foi des procès-verbaux des autorités est seule prise en compte. Ainsi, en présence d'un constat signé des deux conducteurs mais ne comportant aucun élément d'information sur les circonstances, ou n'en comportant que sur les points de choc des véhicules, il faudra déterminer au sein du barème de responsabilité conventionnel le « type d'accident » (véhicules circulant dans le même sens, véhicules circulant en sens inverse, etc..) et le numéro du cas s'y rapportant, en fonction des éléments communs des déclarations des conducteurs (Conv. IRSA, Ann. A1.1.1) S'il n'y a qu'une seule déclaration signée, celle-ci est seule prise en compte en toute hypothèse, tandis qu'en l'absence des deux signatures des protagonistes de l'accident, seules les déclarations unilatérales des deux conducteurs présentant des éléments communs, s'il y en a, seront retenues. La convention IRSA se rapproche sur ce point de la jurisprudence : il a été jugé que pour apprécier l'existence d'une faute, une juridiction peut prendre en considération les mentions du constat amiable sur lesquelles les parties sont tombées d'accord, à l'instar du croquis de l'accident dressé entre les parties et qui figure immédiatement au-dessus de leurs signatures (CA Angers, 12 nov. 1997, Juris-Data n° 055897).

B ▪ Déclaration du sinistre automobile

1 ▪ Régime de la déclaration

a - Cas général

3904. Selon les termes de l'article L. 113-2 4° du Code des assurances, l'assuré est tenu « de donner avis à l'assureur, dès qu'il en a eu connaissance et au plus tard dans le délai fixé par le contrat, de tout sinistre de nature entraîner la garantie de l'assureur. Ce délai ne peut être inférieur à 5 jours ouvrés ». Le délai se compte par des jours francs, c'est-à-dire sans compter les samedis, dimanches et jours fériés qui reportent le délai légal systématiquement d'un jour supplémentaire. Le point de départ du délai est le lendemain du jour où l'assuré prend connaissance de l'événement (Civ.1re, 6 janv. 1993, RGAT 1993. 357, note J. Bigot). La forme de la déclaration du sinistre et son délai sont donc définis par le contrat car la loi ne fixe qu'un délai minimum, la déclaration ne pouvant être inférieure à 5 jours ouvrés, délai ramené à deux jours ouvrés en cas de vol. Cependant, il faut relever que le contrat d'assurance ne peut imposer selon les juges une forme particulière pour l'accomplissement de la déclaration du sinistre car l'article L. 113-2, 4° du Code des assurances « n'autorise pas d'autres modifications conventionnelles que la prorogation du délai et n'exige aucune forme particulière pour la déclaration imposée à l'assuré » (Civ. 1re, 20 oct. 1992, RGAT 1993. 99, note R. Maurice). En pratique, presque tous les contrats d'assurance reprennent les délais prévus par le code, c'est-à-dire 5 jours pour tout sinistre automobile, à l'exception du vol qui doit être déclaré dans les deux jours ouvrés. Ces délais peuvent être prolongés d'un commun accord entre les parties contractantes.

b - Déclaration téléphonique

3905. Aucun texte légal ou réglementaire n'impose à l'assuré une forme particulière concernant la teneur de la déclaration du sinistre, les parties sont donc libres d'adopter la forme qu'elles jugent appropriée. La jurisprudence a confirmé que tout moyen de communication de celle-ci à l'assureur est admis (Civ. 1re, 5 oct. 1994, RGAT 1994. 1126, note L. Mayaux ; Civ. 2e, 8 mars 2012, n°11-15.472, pour la validité d'une déclaration effectuée par télécopie par un tiers pour le compte d'un assuré). Toutefois, les assureurs imposent contractuellement et fréquemment à l'assuré des formalités spécifiques pour s'acquitter de cette obligation, tel l'usage du téléphone, moyen de communication aujourd'hui dominant en assurance automobile pour effectuer cette déclaration : il s'agit là d'un système peu contraignant pour l'assuré qui est parfois hésitant sur la teneur des informations à fournir, et qui se trouvera ainsi guidé par un interlocuteur. L'essor des centres d'appel a « révolutionné » ainsi la déclaration du sinistre automobile, l'enregistrement simultané sur informatique de la déclaration de l'assuré, à laquelle se trouve immédiatement affecté un numéro de sinistre, ne générant quasiment aucun contentieux relatif à la preuve de l'accomplissement de cette formalité.

c - Preuve de la déclaration

3906. L'assuré doit prouver l'exécution de son obligation, c'est-à-dire l'existence et la remise de sa déclaration (Civ. 1re, 19 mai 1999, RGDA 1999. 613, note L. Fonlladosa). Si l'assuré effectue sa déclaration à un agent général, et que l'assureur ne conteste pas ce fait, l'assureur devra établir la fausseté des éléments de preuve fournis par le déclarant quant à la date de son envoi (Civ. 1re, 27 avr. 1994, RGAT 1994. 781, note J. Kullmann).

2 ▪ Sanction d'une déclaration tardive

3907. L'article L. 113-2 alinéa 4 du Code des assurances autorise les assureurs à insérer dans leurs contrats une clause de déchéance pour déclaration tardive du sinistre s'ils établissent que le retard dans la déclaration leur a causé un préjudice. Cette clause est peu invoquée en pratique par les assureurs compte tenu des difficultés de sa mise en œuvre, qui suppose trois conditions :
- avoir été prévue par le contrat en caractères très apparents (Civ. 1re, 3 nov. 1982, RGAT 1983. 350 ; Civ. 2e, 15 déc. 2011, n°10-26.983 ; Civ. 2e, 6 févr. 2014, n°13-11.767, RCA 2014, comm. 177) ;
- pour un retard non imputable à un cas de force majeure : ainsi, la perte de mémoire à la suite de l'accident (Req., 15 déc. 1908, DP 1910, jur., p. 527) ou le fait de se trouver dans un état comateux (Civ. 1re, 3 déc. 1956, Bull. civ. I, n° 433) peuvent être assimilés à la force majeure ;
- la preuve d'un préjudice par l'assureur dont l'appréciation relève toujours du pouvoir souverain des juges du fond (Civ. 1re, 7 janv. 1997, RGDA 1997. 159, note J. Bigot ; Civ. 1re, 23 mars 1999, RGDA 1999. 616, note A. Favre Rochex ; Civ. 2e, 7 mai 2009, n° 08-11.391, RD Imm. 2009. 488, obs. Noguero, RCA 2009.228, 2e esp).

3908. L'assureur sera alors en mesure d'invoquer avec succès cette clause de déchéance s'il prouve que le retard l'a empêché de prendre toutes les mesures nécessaires pour défendre au mieux ses intérêts (CA Paris, 22 mai 2001, Juris-Data n° 143089). Toutefois, s'il prend position sur la responsabilité sans faire de réserves sur la garantie, il ne pourra pas ensuite invoquer la déchéance pour déclaration tardive (CA Paris, 21 sept. 1983, L'Argus 1984, p. 1459).

§ 2 ▪ Préalable à l'indemnisation : l'expertise automobile

3909. Contrairement à une idée reçue, l'expert en automobile n'est pas un salarié de l'assureur, c'est un professionnel libéral qui reçoit une mission d'un assureur en contrepartie du versement d'honoraires. Sa mission essentielle consiste à déterminer l'origine du dommage subi par le véhicule, à rechercher son imputabilité et à chiffrer le montant des réparations. Notons toutefois qu'il n'a jamais pour mission de définir lui même les responsabilités susceptibles d'être encourues.

3910. L'article L. 326-4 du Code de la route fixe l'activité traditionnelle des experts en automobile, quelle que soit la mission confiée. Il est ainsi précisé que ces professionnels rédigent « à titre habituel des rapports destinés à être produits à des tiers et relatifs à tous dommages causés aux véhicules à moteur ainsi qu'aux cycles et à leurs dérivés, notamment toutes opérations et études nécessaires à la détermination de l'origine, de la circonstance, de la valeur de ces dommages et à leur réparation ». Ce texte ajoute que leur mission s'étend à la « détermination de la valeur des véhicules ».

3911. En assurance automobile, l'expert intervient soit sur le fondement du contrat conclu entre l'assureur et l'assuré, soit sur le fondement de la convention interprofessionnelle signée par les assureurs automobiles (voir *infra*). Dans ces deux cas, il conduit en sus une action en matière de sécurité routière qui jalonne le règlement du sinistre matériel.

A ▪ Action sécuritaire corrélative à l'évaluation des dommages

3912. Le Code de la route a confié aux experts en automobile une mission de sécurité routière à double niveau : d'une part, une mission générale d'information, en dehors de tout accident de la circulation, qui s'apparente à une mission de prévention (C. route, art. R. 326-2) et d'autre part, une mission de suivi et de réception des réparations effectuées sur les seuls véhicules qui auront été qualifiés de « véhicules gravement endommagés (VGE)» (C. route, art. L. 327-5).

3913. Cette procédure VGE a démarré le 1er juin 2009 peu de temps après la mise en place effective du nouveau système d'immatriculation des véhicules dit « SIV ». Le SIV est un traitement automatisé de données ; mis en œuvre par le ministère de l'Intérieur, il gère les autorisations administratives de circuler pour les véhicules à moteur. Aussi l'information sur tous les cas de véhicules gravement endommagés est transmise au SIV en principe de manière électronique, par des connexions sécurisées. Pour ce faire, les experts en automobile sont devenus des tiers autorisés à accéder au SIV, dans la limite de leurs attributions (CNIL déc. n°2008-001 du 10 janv. 2008).

1 ▪ Fonctionnement de la procédure VGE

3914. Le chapitre 7 du Code de la route relatif aux véhicules endommagés (C. route, art. L 327-4 et L 327-5) constitue le support de la mission légale de l'expert. À la suite d'un accident de la circulation, un véhicule peut être affecté de dommages consécutifs suffisamment graves pour rendre en l'état celui-ci dangereux pour les autres usagers, s'il est maintenu en circulation. Le législateur a donc souhaité écarter tous les véhicules gravement endommagés pour lesquels les réparations n'auront pas été effectuées, par inconscience ou impécuniosité de leurs propriétaires, et surtout rendre celles-ci effectives lorsqu'elles auront été prescrites. À cette fin, informé qu'un véhicule est gravement endommagé, le ministère de l'Intérieur notifie au propriétaire une interdiction momentanée de circuler assortie d'une inscription d'opposition au transfert du certificat d'immatriculation (C. route, art L 327-5). La remise en circulation du véhicule ne peut dès lors plus s'effectuer qu'au vu d'un rapport établi par un expert en automobile, certifiant que celui-ci est en état de circuler « dans des conditions normales de sécurité » (C. route, art. L. 327-5). De nombreux textes sont venus préciser les modalités d'application de ce dispositif : C. route R. 327-1 à R 327-5 (décret n°2009-397 du 10 avril 2009 ; arr. 29 avr. 2009, JO 14 mai ; Circ, 28 mai, BOMEDD, n°2009/11, 25 juin 2009).

a - Champ d'application

3915. La procédure VGE s'applique uniquement aux voitures particulières, aux camionnettes et aux remorques attelées à ces véhicules lorsque ceux-ci sont immatriculés en France (art. 13 de l'arrêté du 29 avril 2009 relatif aux véhicules endommagés pour les voitures particulières et les camionnettes) et affectés au moins d'une déficience. En cas de doute, c'est le genre du véhicule qui fait foi. La liste des genres en vigueur est fixée par l'annexe 5 de l'arrêté du 9 février 2009 relatif aux modalités d'immatriculation des véhicules. A cet égard, les véhicules concernés par la procédure correspondent exclusivement aux trois genres et aux abréviations nationales correspondantes inscrites sur le certificat d'immatriculation : Voitures particulières (VP), Camionnette (CTTE) et Remorque immatriculée (REM).

3916. Tous les autres genres recensés figurant sur la liste annexée par l'arrêté du 9 février 2009 relatif aux modalités d'immatriculation des véhicules ne sont pas concernés par la procédure des VGE, tels que : Motocyclettes (MTT1), Camions (CAM), Véhicules automoteurs spécialisés (VASP) dont les campings car, Tracteurs agricoles (TRA), Caravanes (RESP)... En l'état actuel des textes les véhicules de collection sont concernés par la procédure VGE.

3917. Cette procédure s'applique aux seuls dommages consécutifs à un accident de la circulation, lequel accident doit constituer l'objet particulier de la mission d'expertise confiée. C'est la raison pour laquelle la circulaire du 29 mai 2009 relative aux véhicules endommagés mentionne que la procédure VGE ne concerne pas les sinistres ayant d'autres origines : événement climatique, catastrophe naturelle, catastrophe technologique, attentat, émeute, vandalisme, incendie non consécutif à un accident de la circulation (Circ, 28 mai, BOMEDD, n°2009/11, 25 juin 2009). En cas de vol, on peut déclencher la procédure si le véhicule déclaré volé a, lors de son usage en circulation, involontairement été endommagé par le voleur (accord interprofessionnel ANEA/FFSA/GEMA/UPEAS du 21 janvier 2010).

b - Déclenchement de la procédure

3918. Quand l'expert en automobile est chargé par un assureur automobile de déterminer les dommages, il doit, parmi les véhicules endommagés suite à un accident de la circulation (voir supra), détecter ceux qui présentent un danger pour la sécurité. L'annexe 2, II de l'arrêté du 29 avril 2009 (préc.) dresse la liste des déficiences permettant d'établir que le véhicule accidenté ne peut circuler dans des conditions normales de sécurité. Selon ce texte, les critères sont au nombre de quatre :

- déformation importante de la carrosserie compris entre les zones d'ancrage des éléments de liaison au sol : longerons, plancher, passages de roue, châssis, traverses ;
- déformation importante de la direction : colonne, crémaillère ou boîtier, biellettes et timonerie ;
- déformation importante des éléments de liaisons au sol : berceau, les éléments de suspension, essieux et jantes ;
- dysfonctionnements (y compris mauvaise fixation) des éléments de sécurité des personnes : ceintures, coussins gonflables, prétensionneurs, et boîtiers de commande.

3919. L'expert doit constater la déficience à l'occasion de l'examen initial du véhicule effectué « sur dommages apparents sans démontage » (annexe 2, I, arr. du 29 avril 2009). Ce qui induit que les déficiences découvertes une fois les travaux de réparation réellement commencés relèvent, non pas l'article L 327-5 du code de la route, mais de l'obligation générale d'information de l'expert (C. route, art. R 326-2, voir supra).

3920. Lorsque le véhicule est dangereux sur la base de l'une au moins de ces déficiences, l'expert effectue sa déclaration au SIV dans laquelle il précise si le véhicule est techniquement réparable ou non selon les critères définis à l'annexe 1 de l'arrêté du 29 avril 2009 (préc). Parallèlement, l'expert doit informer le propriétaire qu'il qualifie son véhicule de dangereux, des conséquences légales qui en découlent, et qu'il prévient de ce fait l'autorité administrative compétente. Pour ne pas l'avoir fait, l'expert a engagé sa responsabilité dans une espèce où l'administration n'a pas été en mesure d'aviser le titulaire du certificat d'immatriculation, lequel a été empêché de céder son véhicule réparé plusieurs mois après (TI Rennes, 14 oct. 2013, RG n°11-12-000374).

3921. L'information de l'expert est enregistrée dans le SIV : le ministre de l'Intérieur notifie au titulaire du certificat d'immatriculation que le véhicule VGE n'est plus autorisé à circuler sur les voies ouvertes à la circulation publiques et qu'une opposition au transfert d'immatriculation est inscrite (C. route, art. R. 327-3 I). Le fait de refuser de se soumettre à cette injonction est puni d'une amende forfaitaire de 135 € (C. route, art. R 327-5).
La décision administrative d'interdiction de circuler peut faire l'objet, dans le délai de deux mois suivant sa notification, d'un recours administratif auprès du ministère de l'Intérieur (aménagé par l'arrêté du 29 avril 2009, art. 11) ou d'un recours contentieux auprès du tribunal administratif du lieu de résidence du titulaire du certificat d'immatriculation.

c - Modalités de remise en circulation

3922. En cas de réparation du véhicule déclaré « VGE », la règlementation impose que sa remise en état soit suivie par un expert en automobile justifiant de la qualification prévue à l'article R 326-17 du code de la route. Une fois missionné par le propriétaire du véhicule, l'expert intervient à toutes les étapes de la réparation : avant travaux, en cours et après réparation.

3923. L'expert inscrit ses opérations dans une véritable démarche méthodologique déterminée dans l'annexe 3 de l'arrêté du 29 avril 2009 (préc.). A l'issu de ses contrôles finaux, l'expert établit son rapport de conformité dans lequel il certifie que : « les réparations touchant à la sécurité prévue par le premier rapport ont été effectuées et que le véhicule est en état de circuler dans des conditions normales de sécurité ; que le véhicule n'a pas subi de transformation notable au sens de l'article R 321-16 du code de la route, ni transformation susceptible de modifier les caractéristiques dur le certificat d'immatriculation » (C. route, art. R 327-3 III). C'est à cette condition que la procédure subordonne la remise en circulation du véhicule et la levée de l'OTCI.

3924. À cette occasion, l'expert engage lourdement sa responsabilité personnelle (voir TGI Reims, 1re ch. Civ. 31 oct. 2013, n°12/01195). On notera qu'il atteste qu'un véhicule endommagé, au sens de l'article L 327-5 du code de la route, admis à circuler sur les voies ouvertes à la circulation publique par le biais de sa réception initiale continue, après un accident et une fois réparé, à remplir les conditions pour lesquelles l'autorisation administrative a été accordée (C. route, art. R 327-3).

3925. Au final, cette action de l'expert constitue une sorte de réception des travaux effectués sur le véhicule liés à la sécurité constatant leur achèvement, leur bonne exécution et leur conformité à l'ordre de réparation.

d - VGE à l'initiative des forces de l'ordre

3926. La capacité de l'expert en automobile à intervenir directement sur des véhicules gravement endommagés se conjugue à celle des forces de l'ordre (C. route, art. L 327-4). Ces derniers interviennent à la suite d'un accident de la circulation pour immobiliser les véhicules présentant un réel danger du point de vue de la sécurité routière et retirer à titre conservatoire le certificat d'immatriculation. Cette immobilisation est enregistrée dans le SIV qui inscrit une interdiction de circuler du véhicule (C. route, art. R 327-2 I). Le titulaire du certificat d'immatriculation peut ensuite saisir un expert pour examiner le véhicule et confirmer ou infirmer la position de l'agent de constatation (C. route, art. R 327-2 II). Si le véhicule n'est pas dangereux, l'expert l'indique dans son rapport soit télétransmis au SIV, soit adressé par courrier à la préfecture de son choix. L'interdiction de circuler est levée et le tire restitué à son titulaire. Au contraire, quand la dangerosité est confirmée, la réparation de ce véhicule est contrôlée par l'expert (voir supra).

2 ▪ Mission de prévention générale

3927. L'expert en automobile doit informer sans délai le propriétaire d'un véhicule des déficiences découvertes sur celui-ci au cours de l'accomplissement de sa mission et qui sont susceptibles de mettre en danger la vie de toute personne (C. route, art. R. 326-2). Cette mission réglementaire de prévention de l'expert ne semble pas nécessairement se cumuler avec sa mission légale (C. route, art. L. 327-5) dès lors que toute déficience de nature à mettre en danger la vie d'autrui peut parfois être sans lien avec « l'état » d'un véhicule, qui peut être très bon au demeurant. Ainsi en sera-t-il du véhicule neuf aux pneus manifestement sous gonflés, qui oblige l'expert à en informer son propriétaire sans qu'il s'agisse pour autant d'un véhicule gravement endommagé. La déficience évoquée à l'article R. 326-2 du Code de la route doit ainsi être distinguée de l'état du véhicule visé à l'article L. 327-5 en ce sens que la première induit simplement une ou plusieurs imperfections du véhicule tandis que le second implique sa généralisation à l'ensemble de celui-ci. Toutefois, en dehors de l'examen visuel global ne nécessitant aucune intervention particulière, cette obligation d'information du propriétaire du véhicule par l'expert ne porte que sur les seuls organes directement concernés par sa mission. En effet, le pouvoir réglementaire n'a pas entendu exiger ici une certification de la sécurité complète du véhicule par l'expert à l'occasion de son intervention.

3928. L'expert ne sera en mesure de satisfaire son obligation d'information que s'il est à même de rapporter la preuve qu'il a complètement informé le propriétaire du véhicule de la déficience découverte, par analogie à une jurisprudence constante applicable à tous les professionnels, prestataires de services. Ainsi en est-il, par exemple, pour le médecin (Civ. 1re, 25 févr. 1997, Bull. civ. I, n° 75) ou l'avocat (Civ. 1re, 29 avr. 1997, Bull. civ. I, n° 132). La preuve écrite par télécopie ou lettre recommandée avec accusé de réception sera fortement conseillée à l'expert en pareille hypothèse s'il entend justifier de l'accomplissement de son obligation.

3929. Dernièrement, il a été jugé qu'il n'y a pas d'abus pour l'expert à révéler au propriétaire du véhicule expertisé un défaut de conformité revêtant un caractère de dangerosité : en l'espèce le véhicule présentait une double anomalie, taille des pneumatiques et surbaissement (CA Nancy, 30 août 2010, JA avril 2011, p. 30, obs. L Namin).

B ▪ Évaluation du dommage garanti

1 ▪ Expertise sans tiers impliqué

a - Fondement de l'expertise

3930. Il s'agit ici d'évaluer les dommages subis par un véhicule à moteur en dehors de tout contexte de responsabilité civile, donc sans tiers impliqué, pour l'application d'une garantie de dommage souscrite par l'assuré (vol, tous risques). Le fondement de l'expertise est alors purement contractuel avec la force que lui confère l'article 1103 nouveau du Code civil (ancien article 1134 du Code civil), les assureurs sont libres par conséquent de définir dans les conditions générales de leurs polices l'option qu'ils entendent choisir. Certains contrats obligent ainsi l'assuré à « subir » le choix de l'assureur qui désignera l'expert avec lequel il travaille habituellement sur le secteur géographique concerné ; mais la plupart des clauses d'expertise offre aujourd'hui une faculté de remise en cause de l'évaluation proposée par l'expert de l'assureur via l'instauration d'un débat contradictoire avec un autre expert que choisira personnellement l'assuré, à ses frais dans la grande majorité des cas. On relèvera que s'il est prévu contractuellement que les dommages, qui ne sont pas fixés de gré à gré, feront l'objet d'une expertise amiable, ce préalable sans pour autant constituer un préliminaire obligatoire de conciliation doit être respecté par les parties avant d'agir en justice (Civ. 2e, 25 févr. 2010, n°09-14.044).

b - Mission de l'expert

3931. Il devra constater les dégâts affectant le véhicule et déterminer le coût des réparations nécessaires. Les conditions générales du contrat d'assurance de dommage peuvent stipuler que « l'expert (...) évalue le coût des réparations et du remplacement des pièces détériorées en tenant compte des règles de l'art (et donc de sécurité) ainsi que des meilleures conditions économiques locales ». À ce titre, la juridiction du commerce a tranché qu'un assureur était fondé à procéder à l'indemnisation de ses assurés sur la base des tarifs horaires d'indemnisation fixés par son expert, qui lui-même s'en était tenu à estimation de « tarifs moyens » après une analyse du marché (TC Lille-Métropole, 28 janvier 2014, RG n°2011/02737 ; CA Aix en Provence, 24 nov. 2015, n° 14/21254).

3932. En règle générale, les travaux sont suspendus à la survenance de deux conditions cumulatives : la signature conjointe par l'expert et le réparateur du procès-verbal d'expertise et la signature par le client de l'ordre de réparation établi par le garagiste. L'assuré, dans l'immense majorité des cas, ne participe pas aux opérations d'expertise, même s'il peut le faire : il n'est pas nécessaire que le procès-verbal d'expertise soit signé de sa main car il a accepté, lors de la conclusion du contrat d'assurance, de confier à l'assureur l'évaluation technique de son propre dommage. A cet égard, le fait pour l'assureur d'avoir donné mission à son expert d'examiner le véhicule ne vaut pas ordre de procéder aux réparations jugées nécessaires (CA Paris, 27 sept. 1994, Juris-Data n° 023302). A l'inverse on peut estimer que si l'automobiliste ordonne les travaux avant même le passage de l'expert, il s'expose le cas échéant à une déchéance de garantie car l'assureur n'aura pas eu la possibilité de recueillir l'avis de son technicien.

c - Contestation de l'expertise

3933. Si l'assuré refuse l'évaluation unilatérale du dommage par l'expert, le contrat d'assurance lui offrira souvent la faculté de déclencher une procédure proche du mécanisme de la clause compromissoire en matière d'arbitrage : il pourra alors choisir « son » expert, souvent à ses frais, en vue de participer à une expertise contradictoire avec l'expert initialement désigné par l'assureur. Dans l'esprit de l'assuré, il s'agira d'une « contre-expertise », terme impropre en réalité. La commission des clauses abusives a préconisé du reste la nécessité d'informer l'assuré qu'il dispose de la possibilité de solliciter la désignation d'un autre expert agissant contradictoirement (Recom. CCA n° 89-01, 19 mai 1989, BOCCRF 14 juill. 1989). Une réponse ministérielle faisant suite à une question relative au coût de prise en charge des honoraires de l'expert de l'assuré est demeurée plus qu'évasive sur le sujet, évoquant une possible extension de garantie pouvant avoir « des répercussions sur le montant des primes » (JO Sénat Q., 29 août 1985, p. 1604). En cas de désaccord entre les deux experts, ceux-ci peuvent s'adjoindre les services d'un troisième expert avec lequel ils opéreront en commun et le rapport d'expertise sera établi à la majorité des voix. Ce troisième expert n'est donc pas un départiteur avec voix prépondérante mais vient seulement composer le collège expertal pour créer l'imparité nécessaire. Le président du tribunal de grande instance désignera ce troisième technicien si les deux premiers experts ne parviennent pas à s'entendre sur son choix, hypothèse exceptionnelle en pratique.

2 ▪ Expertise en présence d'un tiers impliqué

a - Fondement de l'expertise

3934. Il s'agit ici d'évaluer les dommages subis par un véhicule terrestre à moteur dans un contexte de responsabilité civile, c'est-à-dire en cas de choc impliquant au moins deux véhicules ou un véhicule et une chose. S'il s'avère que l'assuré responsable bénéficie lui-même d'une garantie d'assurance de dommages, il sera indemnisé sur le fondement de son contrat : sa situation se confond alors avec celle décrite ci-avant. Ce point vient d'ailleurs d'être tranché à l'encontre d'un assuré prétendant se faire indemniser, sur le fondement de l'article 1382 du Code civil (C. civ., art. 1240 à compter du 1er oct. 2016), de la totalité des frais de réparation, pour un coût dépassant la valeur de remplacement à dire d'expert (VRADE), ainsi que des honoraires de l'expert ayant suivi les travaux. En considérant qu'il était couvert en « dommages tous accidents », sa demande à l'égard de son assureur ne pouvait concerner que la mise en œuvre des conditions contractuelles d'indemnisation (C. civ., art. 1103, ancien article 1134), limitées à la VRADE (Civ. 2e, 27 mars 2014, n°13-14.354). L'expertise automobile dans un contexte de responsabilité civile s'organise aujourd'hui principalement par le jeu d'une convention connue sous l'acronyme « IRSA » (Indemnisation directe de l'assuré et de Recours entre Sociétés d'assurance Automobile) conclue entre les assureurs, afin d'éviter, dans la mesure du possible, des discussions lancinantes sur la consistance du préjudice subi par les uns et les autres.

b - Contractualisation du sinistre automobile de responsabilité

3935. La convention IRSA constitue aujourd'hui la forme élaborée d'un partenariat entre les sociétés d'assurance automobile qui a débuté dès 1968 avec la convention IDA (Indemnisation Directe de l'Assuré) ayant donné naissance au constat amiable et au barème de partage des responsabilités qui lui est attaché : en ce sens, elle constitue véritablement un « code des assureurs » en matière automobile. La philosophie originelle du système, peu répandue en Europe, était la suivante : chaque société d'assurances indemnisait son assuré non responsable en respectant les règles fixées par la convention et présentait ensuite un recours forfaitaire à l'assureur du responsable. La convention IRSA a parachevé le mécanisme en prévoyant aujourd'hui de nombreuses hypothèses d'abandon de recours de l'assureur du véhicule non responsable auprès de celui du responsable, la loi des grands nombres compensant en définitive à peu de choses près les comptes annuels entre les sociétés d'assurances, notamment au regard des économies d'échelle réalisées sur la gestion du sinistre. Il se crée alors une sorte de contractualisation de la responsabilité civile en dissipant dans l'esprit de la victime assurée le véritable auteur de la réparation qui n'est plus « le responsable » mais devient au contraire « son assureur ». Elle fait parfois perdre de vue aux rédacteurs des compagnies le fondement de l'intervention de l'assureur pour le compte duquel ils agissent, dont l'oubli génère quelque fois certains « dérapages », à l'instar de celui consistant à opposer une franchise contractuelle à l'assuré qui n'est en réalité qu'un tiers, « non assuré » pourrait-on dire, face au responsable. Certains aménagements ont donc été effectués en 2003 pour limiter les risques de confusion :

le traditionnel « barème de responsabilité » conventionnel s'intitule dorénavant « barème de répartition des recours entre adhérents », pour accentuer l'inopposabilité aux tiers victimes.

3936. La convention IRSA s'applique à toutes les compagnies signataires en dehors de l'État, la plupart des sociétés d'assurance automobile en est aujourd'hui adhérente (le pourcentage serait proche de 99 %), qu'il s'agisse de sociétés membres du GEMA ou de la FFSA. Les sociétés qui souhaitent adhérer à la convention s'engagent également à adhérer à la convention IRCA en matière de dommages corporels ainsi qu'au protocole d'accord conclu entre les assureurs et les organismes sociaux. Sont concernés tous les accidents de la circulation survenus en France métropolitaine et dans les départements d'outre-mer ainsi que la principauté de Monaco, outre les accidents survenus dans le monde entier s'ils impliquent des véhicules immatriculés en France ou à Monaco, assurés auprès de sociétés adhérentes.

c - Mise en œuvre de la convention IRSA

3937. En présence d'un accident de la circulation impliquant au moins deux véhicules terrestres à moteur soumis à l'obligation d'assurance (C. assur., art. L. 211-1), l'assureur de la victime, dénommé « assureur direct » s'engage à indemniser lui-même son propre assuré : « quels que soient la typologie de l'accident, la nature et le montant des dommages, les sociétés adhérentes s'obligent, préalablement à l'exercice de leurs recours, à indemniser elles-mêmes leurs assurés dans la mesure de leur droit à réparation, déterminé selon les règles du droit commun » (art. 1.1). Les assureurs, par la signature de la convention, se donnent réciproquement un mandat de gestion pour tout sinistre futur entrant dans le champ d'application de celle-ci. La convention IRSA ne s'applique pas en revanche lorsque l'assuré automobile est entièrement responsable de l'accident selon le droit commun car il devient alors responsable et non victime de l'accident mais elle s'appliquera s'il est partiellement responsable de celuici, dans la mesure de son droit à réparation, déterminé selon un barème figurant en annexe (Conv. IRSA, Ann. A1.2).

3938. Le système fonctionne quasiment sans accroc car pour la victime, seul le résultat compte, c'est-à-dire l'indemnisation intégrale de son préjudice, ce dernier est toujours évalué en droit commun. La Direction Générale de la Concurrence de la commission européenne n'a pas jugé critiquable cette convention, compte tenu de l'accélération des procédures d'indemnisation qu'elle entraîne. Le mécanisme n'est toutefois viable que si l'assureur du responsable s'engage de son côté à ne pas remettre en cause l'évaluation du dommage effectuée par l'assureur direct : ce sont les règles conventionnelles dites « d'incontestabilité » de l'expertise automobile (Conv. IRSA, art. 2.1. 3), appuyées par une justice privée rendue par une commission d'arbitrage inter-sociétés, précédée d'une tentative de conciliation obligatoire (Titre 7 Conv. IRSA). Ainsi, les compagnies adhérentes s'engagent-elles à ne jamais contester l'évaluation des dommages matériels, lorsqu'elle est inférieure à la somme de 6 500 € hors taxes pour l'année 2014 (Conv. IRSA, art. 2.1.3.a). Lorsque les dommages subis par le véhicule excèdent le seuil de 6 500 € HT, une expertise automobile contradictoire en présence de l'expert de l'assureur adverse peut être réalisée. La convention IRSA n'est jamais opposable aux assurés ni aux victimes qui n'en sont pas les signataires. Cependant, exceptionnelles sont les décisions de justice ayant eu à statuer sur un litige par nature peu fréquent car les sociétés d'assurances refusent en règle générale de s'engager dans un conflit judiciaire nécessairement arbitré par l'effet relatif des contrats, édicté par l'article 1199 nouveau du Code civil (ancien article 1165 du Code civil). Une rare décision a rappelé l'inopposabilité de la convention IRSA aux assurés (TI Sète, 9 nov. 1983, JA 1984, p. 95).

3939. Une expertise automobile, confiée à un expert en automobile inscrit sur la liste nationale, sera réalisée par le seul expert désigné par l'assureur de la victime, hors la présence de l'expert de l'assureur du responsable : elle n'est obligatoire que si le montant des dommages dépasse, à compter du 1er janvier 2010, 10 % (au lieu de 5% précédemment) du plafond d'incontestabilité de 6 500 € (Conv. IRSA, Ann. 2), soit la somme de 650 € HT, et facultative en deçà. De plus pour tous les dossiers d'accidents survenus à compter du 1er mars 2010, la tolérance de dépassement est ramenée de 20% à 10%. En conséquence dorénavant, le recours à l'expertise en RC matériel est laissé à la discrétion de chacun des assureurs automobiles jusqu'à 715 €. Dans cette hypothèse, la facture des réparations, la facture ou le bordereau des fournitures nécessaires à la remise en état sont alors acceptés à titre de justification dans le cadre du recours forfaitaire présenté à l'assureur du responsable (voir infra). Cette souplesse favorise l'apparition sur le marché de nouveaux modes d'évaluation des sinistres sans expertise tel que le contrôle automatique des devis effectués par les réparateurs.

3940. Si l'estimation des dommages au véhicule dépasse le plafond de 6 500 €, l'expert de l'assureur direct informe l'assureur du responsable de ce dépassement afin de provoquer une expertise contradictoire en présence de l'expert de l'assureur du responsable. Ce dernier dispose alors d'un délai de 15 jours pour indiquer s'il participera ou non à l'expertise, car elle est facultative pour lui, faute de quoi celle-ci lui sera conventionnellement opposable (Conv. IRSA, art. 2.1.4).

C ▪ Lecture indemnitaire du rapport de l'expert

1 ▪ Véhicule réparable

a - Application du contrat d'assurance sans tiers impliqué

3941. L'assuré engage une discussion indemnitaire avec l'assureur sur le seul fondement du contrat d'assurance. Celle-ci constituant la loi des parties en vertu de l'article 1103 (ancien article 1134) du Code civil, l'assuré percevra une indemnité qui correspond à un coût (de remise en état) et non à une valeur car, par définition, le véhicule est ici réparable. En matière d'assurance de choses, l'indemnité est évaluée en considération « de la valeur de la chose assurée au moment du sinistre » (C. assur., art. L. 121-1). Au préalable, l'expert en automobile aura estimé que le véhicule est économiquement réparable, ce qui signifie alors que le montant des réparations n'excèdera pas la valeur du véhicule assuré au moment de l'accident, en application du principe indemnitaire susvisé. L'expert définira toujours dans son rapport la valeur de remplacement du véhicule lors du sinistre, que l'on peut définir comme une valeur abstraite correspondant à un prix d'achat moyen sur un marché fictif de l'occasion. L'expert a l'obligation d'adresser une copie de son rapport au propriétaire du véhicule, pour lui permettre le cas échéant de le contester (C. route, art. R. 327-4).

3942. La plupart des contrats d'assurance indemnise l'assuré par le paiement du coût des réparations directement imputables à l'accident sous deux limites : d'une part, la valeur du véhicule, notion abstraite qui renvoie à la valeur de la chose assurée au moment du sinistre (C. assur., art. L. 121-1) et d'autre part, le plafond de garantie défini dans le contrat. De nombreuses difficultés naissent essentiellement de la conception que peut se faire l'assuré de la notion de « valeur au moment du sinistre » car il se percevra souvent comme la « victime » d'un accident pour lequel il attendra légitimement de son assureur une réparation intégrale, bien éloignée de toute référence contractuelle dans son esprit. Prenant en compte cet aspect psychologique fondamental, sur un marché fortement concurrentiel, certaines compagnies d'assurance élargissent leur concept de « valeur garantie ».

b - Difficultés contractuelles de la notion de valeur

3943. Les contrats automobiles prévoient souvent une clause de vétusté pour tenir compte du fait que le dommage de l'assuré se rapporte à la perte d'un organe du véhicule déjà usagé. Le « taux de vétusté » est soit déterminé au contrat soit déterminable « à dire d'expert », auquel cas ce dernier appliquera alors un coefficient de vétusté dans son chiffrage des réparations, raison pour laquelle la vétusté est fréquemment perçue par l'assuré comme une « franchise masquée ». En règle générale, elle ne concerne que certains éléments du véhicule, tels les pneumatiques, appareils électriques, batterie, échappement, autoradio, souvent garantis moyennant un abattement forfaitaire de vétusté. Le principe indemnitaire a conduit une partie de la doctrine française (V. M.-E. Roujou de Boubée, Essai sur la notion de réparation, LGDJ, coll. Bibl. dr. priv., t. 135, p. 374) à estimer que la déduction d'un coefficient de vétusté était nécessaire afin d'éviter tout enrichissement sans cause de la victime. La Cour de cassation sanctionne les juges qui refusent de retenir la vétusté dans l'évaluation de l'indemnité fondée sur le contrat : « en statuant ainsi, sans évaluer le coût des travaux à la date du sinistre et sans procéder à une déduction de la vétusté, alors, d'une part, que seule était en cause une garantie de choses, la cour d'appel a méconnu la loi des parties » (Civ. 1re, 26 avr. 2000, Juris-Data n° 001663 ; Civ. 2e, 27 mars 2014, n° 13-14.354, RGDA 2014, p. 263, note J. Landel).

c - Réparation contractuelle du véhicule assuré

3944. L'assuré est-il tenu d'employer l'indemnité d'assurance à la réparation de son véhicule ? Une réponse ministérielle précise qu'au titre d'une garantie dommages une police d'assurance peut légitimement prévoir une clause selon laquelle l'indemnité ne sera versée que sur présentation de l'original des factures de réparation (Rép. Min. n° 2232, JO Sénat Q, 26 déc. 2002, p. 3236 ; Civ. 3e, 23 nov. 2010, n°07-20.231). La Cour de cassation a aussi jugé que l'affectation de l'indemnité d'assurance à la réalisation des travaux de réparation est obligatoire au titre de certaines assurances, telle l'assurance dommages ouvrage, parce qu'il existe en ce domaine une procédure spécifique de préfinancement des travaux de réparation (Civ. 3e, 17 déc. 2003, Bull. civ. III, n° 232). Il n'existe pas néanmoins de jurisprudence relative à une éventuelle transposition de ce raisonnement en assurance automobile au regard de l'existence d'une procédure légale d'offre d'indemnisation des dommages matériels instaurée par la loi du 1er août 2003 (C. assur., art. L. 211-9 ; Civ. 2e, 7 juill. 2011, n°10-20.373, RGDA 2011, p. 1107, note A. Pelissier : « le principe de la réparation intégrale n'implique pas de contrôle sur l'utilisation des fonds alloués à la victime qui conserve leur libre utilisation ». En l'espèce, l'affaire opposait la victime d'un accident de la circulation à l'assureur du conducteur responsable qui lui refusait la couverture des dommages matériels affectant son véhicule).

3945. Afin de mieux contrôler le coût de la réparation, les assureurs ont développé au fil du temps des réseaux de réparateurs agréés ou conventionnés auprès desquels l'assuré est invité à confier son véhicule. Le Conseil de la concurrence a jugé que « ces pratiques ne sont pas de nature à fausser le jeu de la concurrence sur le marché de la réparation collision » (Cons. Conc., Avis n° 98-A-15, BOCCRF 31/08/99, p. 481). Toutefois pour remédier aux tensions liées au développement des accords pris par les assureurs avec les carrossiers pour orienter leurs assurés, les syndicats représentants les réparateurs, la FFSA et le GEMA pour les assureurs, sous les auspices de la Commission d'examen des pratiques commerciales (CEPC), ont adopté une charte en mai 2008 (JA, mai 2011, p. 26).

3946. Bien que les assurés demeurent libres de confier leurs véhicules aux réparateurs non agréés, et encore plus avec l'obligation pour l'assureur de leur rappeler (loi n° 2014-344 du 17 mars 2014, JO 18 mars, art. 63 - C. assur., art. L. 211-5-1), la pratique, non démentie à ce jour, démontre que les assurés sont favorables aux conventions conclues entre les assureurs et leurs réparateurs : le système de « tiers payant » qu'instaure ce mécanisme les dispense de faire l'avance des fonds nécessaires à la réparation du véhicule, et le réparateur agréé reste soumis aux mêmes contraintes juridiques que le réparateur non agréé, conformément aux dispositions de l'article 1147 du Code civil, s'agissant de son obligation de résultat quant à la qualité des réparations effectuées.(L. Arcelin-Lécuyer, L'intensité des obligations du contrat de service automobile, JA mai 2011, p. 28).

d - L'assuré victime d'un tiers

3947. Dans ce cas de figure, l'assuré sollicite le bénéfice de l'indemnité d'assurance non pas sur le fondement du contrat d'assurance conclu avec l'assureur de son véhicule, mais en qualité de victime d'un accident dont la responsabilité incombe à un tiers. Par le jeu de la convention IRSA, c'est souvent l'assureur direct du véhicule qui indemnisera son propre assuré, comme s'il était en réalité l'assureur du tiers responsable. Jusqu'à la transposition de la 4e directive sur l'assurance automobile par la loi n° 2003-706 du 1er août 2003, il n'existait pas d'obligation incombant à l'assureur de responsabilité civile d'effectuer une offre à la victime pour les dommages matériels qu'elle a pu subir, celle-ci ne s'imposant que pour les seuls dommages corporels. Désormais, l'article L. 211-9 du Code des assurances issu de la loi du 1er août 2003 institue une procédure légale d'offre à la victime « quelle que soit la nature du dommage ».

3948. L'assureur qui garantit la responsabilité civile du véhicule responsable est tenu de présenter à la victime une offre d'indemnité motivée dans le délai de trois mois à compter de la demande d'indemnisation qui lui est présentée. Cette offre s'impose si la responsabilité du conducteur n'est pas contestée et si le dommage a été entièrement chiffré. Si la responsabilité en revanche est discutée ou n'est pas clairement établie et lorsque le dommage n'a pas été entièrement chiffré, l'assureur doit alors donner une réponse motivée à la demande qui lui est présentée dans le même délai de trois mois à compter de la demande. En cas de décès de la victime, l'offre sera présentée aux héritiers du propriétaire du véhicule (C. assur., art. L. 211-9). Cette transposition aux dommages matériels d'une procédure initialement conçue pour les dommages corporels ne devrait pas fondamentalement bouleverser les procédures de règlement dans la mesure où l'assureur sera toujours en mesure de prendre position sur le chiffrage matériel des réparations ou sur la valeur du véhicule avant ce nouveau délai légal de 3 mois, compte tenu de la célérité habituelle des procédures d'expertise automobile et du développement de nouvelles techniques d'expertise à distance. Toutefois, s'il ne défère pas à cette obligation, il encourt les mêmes sanctions que celles prévues pour la procédure d'offre relative à l'indemnisation des dommages corporels.

3949. La victime de l'accident sera indemnisée selon le droit commun car le juge doit « replacer la victime dans la situation où elle se serait trouvée si l'acte dommageable n'avait pas eu lieu ». (Civ. 2e, 8 mai 1964, JCP G 1965, II, 14410, note P. Esmein). De nombreuses difficultés surviennent du fait de l'application malheureuse de la vétusté ou des franchises que tente parfois d'opposer l'assureur du responsable à la victime. Celle-ci bénéficie d'un droit à indemnisation intégral de son préjudice, aucune vétusté ne peut donc lui être opposée, ni même aucune franchise en raison de l'existence d'une réglementation dérogatoire à ce niveau (C. assur., art. R. 211-13 1).

3950. Les frais de remise en état du véhicule ne constituent pas le seul chef de préjudice indemnisable pour la victime. Tous les préjudices subis par cette dernière seront indemnisés par le responsable de l'accident et son assureur : les frais de garage et de dépannage (CA

Rennes, 6 mai 1980, Juris-Data n° 080198), la privation de jouissance du véhicule en raison de l'indisponibilité du véhicule accidenté (CA Douai, 26 sept. 1986, RGAT 1987. 575 ; Civ. 2e, 19 nov. 2009 ; n°08-70.320) ainsi que la dépréciation du véhicule : « on ne peut pas vendre un véhicule qui a subi un accident aussi important au même prix qu'un véhicule n'ayant jamais été l'objet d'un tel choc » (TI Angoulême, 29 févr. 1984, JA 1984, p. 345 ; Civ. 2e, 6 oct. 2011, n°10-17.820 ; Com., 15 oct. 2013, n°12-14.412). A condition bien sûr d'apporter la preuve de son préjudice : pour être indemnisé de son préjudice d'immobilisation consécutivement à un accident de la circulation (frais de location d'un véhicule de remplacement), le lésé doit établir que la durée du séjour de son véhicule chez le garagiste est en rapport direct avec ledit accident. (Civ. 2e, 18 mars 2010, pourvoi n° 09-66.737) ou encore que son indemnisation a objectivement été évaluée s'agissant des frais de locations d'un véhicule de remplacement pris en compte sur la base d'une facture annulée et non réglée (Civ. 2e, 18 février 2010, n°09-65.817). Par contre, la Cour de cassation rappelle la nécessaire détermination d'un dommage constaté dans son principe aux juges du fond qui avaient subordonné l'existence du préjudice de jouissance à la preuve de son évaluation précise (Civ. 2e, 8 juill. 2010, n°09-66.735, n° 1508). En l'espèce, il était reproché au demandeur de ne pas avoir justifié de la valeur d'utilisation de la voiture avant l'accident, elle-même fonction de la catégorie du véhicule et de sa fréquence d'utilisation pour rapporter la preuve d'un préjudice, actuel, direct et certain. On signalera tout de même que, par cette motivation exigeante censurée par la Cour de cassation, les juges du fond cherchaient en fait à endiguer une pratique commerciale peu scrupuleuse consistant à facturer à des prix supérieurs au marché la location d'un véhicule de remplacement à l'assureur du véhicule responsable.

3951. La victime d'un dommage causé par un responsable assuré ne peut jamais se voir opposer l'application d'une vétusté (Ch. mixte, 25 avr. 1975 et Civ. 2e, 28 avr. 1975, RGAT 1976. 225). La jurisprudence rappelle notamment qu'il ne saurait y avoir application d'un coefficient de vétusté aux pièces remplacées sur un véhicule accidenté : Civ. 2e, 8 juill. 1987, RGAT 1989. 345, note F. Chapuisat ; Civ. 2e, 3 oct. 1990, Bull. civ. II, n° 183). Il en résulte que si l'expert en automobile évalue la vétusté applicable aux pièces remplacées dans son rapport d'expertise, notamment sur les « pièces d'usure » des automobiles comme les freins, les amortisseurs, pneumatiques, la batterie, le pot d'échappement, celle-ci ne peut jamais être déduite du préjudice de la victime. Pour un arrêt ayant appliqué à tort un abattement pour vétusté à une victime : Civ. 2e, 23 janv. 2003, JCP G, II, 10110, note Barbieri. Sauf à ce que la victime renonce à son droit à une indemnisation intégrale, si par exemple en sa qualité de propriétaire du véhicule endommagé elle est intéressée à le faire pour éviter sa mise en épave; l'indemnisation pourra, dans ce cas, être déterminée à partir d'une évaluation au moins pour une part, chiffrée en pièces de réemploi.

3952. Le contrat d'assurance prévoit souvent une franchise par laquelle l'assureur ne couvre pas les dommages inférieurs à une somme déterminée ou à une fraction déterminée du dommage (C. assur., art. L. 121-1), afin d'éliminer essentiellement les petits sinistres. Cette franchise, qui est opposable à l'assuré signataire du contrat d'assurance, est-elle opposable à la victime ? La franchise n'est pas opposable aux tiers lésés en assurance automobile mais l'assureur conserve le droit d'en solliciter le remboursement auprès du responsable de l'accident (C. assur., art. R. 211-13).

2 ▪ Véhicule non réparable

a - L'assuré réclame le bénéfice de son contrat

3953. En matière d'assurance de choses, l'indemnité est évaluée en considération « de la valeur de la chose assurée au moment du sinistre » (C. assur., art. L. 121-1). L'expert en automobile, dont la mission consiste à chiffrer le montant des réparations, peut déposer un rapport par lequel il estimera que le coût des réparations est supérieur à la valeur du véhicule au moment du sinistre : le véhicule est alors considéré comme « économiquement irréparable » et fait l'objet d'une procédure réglementée par le Code de la route, au terme de laquelle l'assureur sera tenu de proposer à l'assuré une indemnisation en perte totale avec cession de l'automobile à son profit (C. route, art. L. 327-1 et suivants).

3954. Cette procédure applicable aux véhicules économiquement irréparables (VEI) oblige les compagnies d'assurances à proposer à leurs assurés l'achat des véhicules concernés, c'est-à-dire ceux pour lesquels le coût des réparations est supérieur à leur valeur au moment du sinistre. Le montant de ces réparations peut être chiffré en partie en pièce de réemploi : aucun texte ne vient prescrire que le premier rapport soit établi sur la base exclusive de pièces neuves. Cette procédure s'applique à tous les véhicules à moteur immatriculés en France, y compris aux remorques ou semi-remorques. Elle ne distingue pas néanmoins selon l'origine du dommage : il peut s'agir d'un accident, qu'il soit matériel ou corporel, ou même d'un sinistre quelconque (incendie, dégâts des eaux). L'assureur dispose d'un délai de 15 jours à compter de la réception du rapport d'expertise pour proposer à son assuré une indemnisation en perte totale, le propriétaire disposant en ce qui le concerne d'un délai de 30 jours pour donner sa réponse (C. route, art. L. 327-1). Cette procédure ne doit toutefois pas être confondue avec la procédure VGE (véhicules gravement endommagés) qui impose le contrôle du rétablissement de la sécurité du véhicule par un expert en automobile avant sa remise en circulation, si certains critères de dangerosité sont caractérisés (C. route, art. L. 327-4 et L. 327-5).En revanche, les deux procédures peuvent se cumuler : un véhicule est susceptible d'être qualifié à la fois de VGE et VEI à la suite d'un même événement dommageable (Circ, 28 mai, BOMEDD, n°2009/11, 25 juin 2009).

3955. L'assuré fera parvenir à l'assureur un certificat de cession accompagné du certificat d'immatriculation pour percevoir l'indemnité. Celle-ci sera évaluée en considération de la valeur contractuelle de remplacement du véhicule sans en déduire la valeur de sauvetage, c'est-à-dire la valeur résiduelle de l'épave à la suite de l'accident. L'assureur informera le système d'immatriculation des véhicules (SIV) au moyen d'une déclaration d'achat dans les quinze jours suivants la transaction (C. route, art. R. 327-1). Si l'assureur procède à l'enregistrement de sa déclaration d'achat dans le SIV par voie électronique, il conserve le certificat d'immatriculation : l'article R 322-4 du code de la route est complémentaire des autres textes législatifs (notamment l'article L 327-2 du code de la route) avec lesquels il s'articule dans une déclinaison précise du processus à mettre en œuvre (note d'information du ministère de l'Intérieur du 18 décembre 2009 : S. Rougon-Andrey, D'utiles précisions autour du SIV et de la procédure VE, JA février 2010, p. 6).

3956. Le véhicule sera ensuite obligatoirement vendu par l'assureur à un acheteur professionnel aux fins de destruction, de réparation ou de récupération des pièces (C. route, art. L. 327-2). Sur le fondement de cette disposition, un démolisseur automobile commet une faute et engage sa responsabilité civile pour avoir revendu, en l'état, un véhicule acquis d'un assureur gravement accidenté et déclaré économiquement irréparable à un simple particulier (Civ 2, 9 juillet 2009, n°08-16.453JA sept. 2009, p. 40, obs. L. Namin).

3957. Si le propriétaire refuse de céder son véhicule à l'assureur ou s'il garde le silence pendant un délai de 15 jours, l'assureur informera alors le ministère de l'Intérieur qui procédera à l'inscription d'une opposition à son transfert si la valeur du véhicule avant accident était égale ou supérieur à 152 € (C. route, art. L. 327-3, arr. du 3 avril 1998, art. 1er). Cette disposition réglementaire n'a pas pour objet de contraindre le propriétaire à céder son véhicule à l'assureur mais simplement à garantir sa sécurité une fois réparé : en effet, tout véhicule déclaré économiquement irréparable faisant l'objet d'une réparation par un professionnel ne pourra être remis en circulation qu'au vu d'un rapport d'expertise certifiant qu'il a fait l'objet des réparations touchant à la sécurité prévues par le premier rapport d'expertise et qu'il est en état de circuler dans des conditions normales de sécurité (C. route, art. L. 327-2 et L. 327-3).

3958. Le leasing permet de financer l'acquisition d'un véhicule à crédit, sous forme de location avec option d'achat : une société financière achète un véhicule qu'elle loue à un locataire qui l'utilise à son seul profit. À l'issue du contrat, une option lui est offerte : il peut restituer l'automobile ou l'acquérir à sa valeur résiduelle. En matière de crédit-bail, un litige peut survenir en cas de disparition du véhicule devenu économiquement irréparable si le locataire reste redevable d'une indemnité de résiliation à l'égard de la société crédit bailleresse. En cas de perte du véhicule, c'est la société de location qui percevra l'indemnité car elle reste propriétaire du véhicule. Toutefois, la société financière aura souvent récupéré la TVA lors de l'acquisition du véhicule tandis que l'indemnité de résiliation à la charge du locataire est souvent soumise à TVA. Or, l'assureur indemnisera le crédit-bailleur sur la base d'une valeur vénale évaluée hors taxes : cette indemnisation du propriétaire évaluée hors taxes ne méconnaît pas le principe indemnitaire édicté par l'article L. 121-1 du Code des assurances selon la jurisprudence (Civ. 1re, 17 juill. 2001, L'Argus 2001, n° 6760, p. 52). Il appartiendra alors à l'assuré de souscrire une assurance complémentaire lui permettant de compenser ce différentiel de TVA.

b - Assuré victime d'un tiers

3959. L'automobiliste victime d'un accident imputable à un tiers sera indemnisé selon les règles prévues par le Code de la route pour les véhicules économiquement irréparables (C. route, art. L. 327-1 et s.) : l'assureur sera tenu de proposer à l'assuré une indemnisation en perte totale avec cession du véhicule à son profit. Bien souvent, les conflits surgissent relativement à la notion de « valeur » du véhicule : n'étant plus effectivement concerné par l'application d'un contrat d'assurance, il n'est plus question ici de déterminer la « valeur de la chose assurée au moment du sinistre », par référence au contrat. La jurisprudence a donc progressivement posé le principe de la réparation intégrale par l'indemnisation à la valeur de remplacement du véhicule : « la réparation intégrale d'un dommage causé à une chose n'est assurée que par le remboursement des frais de remise en état de la chose ou par le paiement d'une somme d'argent représentant la valeur de son remplacement » (Civ. 2e, 4 févr. 1982, JCP 1982, II, 19894, note Barbiéri). Dans ces conditions pour fixer le *quantum* de l'indemnisation, les juges du fond doivent rechercher si le montant évalué par l'expert en automobile ne correspond pas aux frais de remise en état du véhicule endommagé et n'excède pas sa valeur de remplacement (Civ. 1re, 18 nov. 2010, n° 09-17.301).Cette valeur s'entend alors comme « le prix de revient total d'un véhicule d'occasion de même type et dans un état semblable » (Civ. 2e, 12 févr. 1975, Bull. civ. II, n° 49).

3960. Concrètement, il s'agit du prix que la victime devra débourser pour acheter un véhicule en tous points semblable au sien tandis que la valeur vénale s'entend comme une valeur abstraite correspondant à une cote moyenne d'un marché fictif de l'occasion sur un secteur géographique donné. Le principe de l'indemnisation du véhicule de la victime au regard de sa valeur de remplacement n'est pas une spécificité du sinistre automobile car il s'agit d'un principe concernant la réparation intégrale de tout préjudice, la valeur de remplacement devant s'apprécier in concreto, selon les qualités propres du véhicule sinistré (Civ. 2e, 13 janv. 1988, Gaz. Pal. 1988, 1, somm. 261, note F. Chabas). Il a été jugé toutefois que la réparation intégrale du préjudice occasionné par la perte, en France, d'un véhicule immatriculé en Belgique ne peut être assurée que par son évaluation dans ce dernier pays. (Civ. 2e, 31 mai 2000, Bull. civ. II, n° 95). Afin que la réparation ne soit pas supérieure au préjudice, l'épave sera alors laissée pour compte au responsable qui en fera ce que bon lui semblera (Civ. 2e, 4 févr. 1982, JCP G 1982, II, 19894).

3961. Une victime peut-elle solliciter la remise en état intégrale de son véhicule si le coût des réparations excède la valeur de remplacement ? La jurisprudence a posé le principe de l'évaluation du dommage de la victime selon la valeur de remplacement du véhicule, le fait de lui octroyer la somme nécessaire pour procéder aux réparations, si le coût de celles-ci dépasse la valeur de remplacement du véhicule, peut constituer une violation du principe indemnitaire car la victime ne doit pas s'enrichir du fait de l'accident. La valeur de remplacement constitue alors le plafond de l'indemnisation versée par l'assureur de responsabilité. Il a ainsi été jugé que le remboursement des frais de remise en état du véhicule s'effectue « sous réserve de la valeur de remplacement de celui-ci » (CA Aix-en-Provence, 26 juin 2003, Juris-Data n° 223743 ; Civ. 2e, 18 nov. 2010, n°09-17.301). Cette jurisprudence, dégagée par la deuxième Chambre civile de la Cour de cassation, vient récemment d'être adoptée par la Chambre criminelle : le droit à réparation intégrale de l'assuré victime doit s'entendre du remboursement des frais de remise en état du véhicule endommagé mais limité à sa valeur de remplacement (Crim. 22 sept. 2009, n° 08-88.181, E. Peronet, une réparation intégrale sans perte, ni profit, JA n°812, nov. 2009, p. 34).

3962. La valeur de remplacement du véhicule ne constitue pas le seul chef de préjudice indemnisable pour la victime. Tous les préjudices subis par cette dernière seront indemnisés par le responsable de l'accident et son assureur : les frais de garage et de dépannage (CA Rennes, 6 mai 1980, Juris-Data n° 080198), la privation de jouissance du véhicule en raison de l'indisponibilité du véhicule accidenté (CA Douai, 26 sept. 1986, RGAT 1987. 575 ; Civ. 2e, 19 nov. 2009 ; n°08-70.320), les frais d'obtention d'un nouveau certificat d'immatriculation (CA Nîmes, 2 juill. 1993, JA 1994, p. 236).

Section 2 ▪ Procédure d'indemnisation du sinistre corporel

§ 1 ▪ Offre d'indemnité de l'assureur

A ▪ Instruction préalable de l'offre

3963. La loi n° 2003-706 du 1er août 2003, transposant en droit interne la 4e directive automobile (Dir. 2000/26/CE, 16 mai 2000) a amélioré le régime de l'offre préalable d'indemnité que l'assureur de responsabilité est tenu de présenter à la victime d'un dommage corporel résultant d'un accident de la circulation (C. assur., art. L. 211-9). Cette procédure, dont l'objet participe de l'amélioration de la situation des victimes conformément au souhait du législateur de 1985, n'a pas été jugée contraire aux dispositions de l'article 6.1 de la Convention européenne de sauvegarde des droits de l'homme et des libertés fondamentales (Civ. 2e, 9 oct. 2003, JCP G 2003, IV, 2857). La plupart des accidents corporels de la circulation fait l'objet de la rédaction d'un rapport de police ou de gendarmerie qui servira de support à la formalisation de l'offre de l'assureur.

1 ▪ Émetteur de l'offre

3964. L'assureur tenu de présenter une offre à la victime est l'assureur de responsabilité du véhicule impliqué dans l'accident : il s'agit plus précisément d'une « offre de transaction » (C. assur., art. L. 211-16). Et il convient de rappeler que tous les véhicules qui sont intervenus à quelque titre que ce soit dans l'accident sont considérés dorénavant comme impliqués au sens de la loi (Civ. 2e, 24 avr. 2003, Bull. civ. II, n° 104 ; Civ. 2e, 14 janv. 2016, n°15-11.108).

a - Organismes émetteurs

3965. L'État et les collectivités publiques sont assimilés à un assureur (C. assur., art. L. 211-21). Si plusieurs assureurs sont impliqués dans l'accident, un seul assureur sera tenu de présenter l'offre, précisément « celui mandaté par les autres » (C. assur., art. L. 211-9 in fine). Les règles de désignation de l'assureur mandaté par les autres sont définies par une convention conclue entre assureurs et dénommée « convention IRCA » (convention d'indemnisation et de recours corporel automobile, art 2) : l'assureur logiquement désigné est celui qui assure le véhicule dont la responsabilité semble dominante. La jurisprudence confirme toutefois que cette convention n'est pas opposable à la victime qui demeure libre de s'adresser à tout assureur impliqué dans l'accident et non pas nécessairement à celui désigné au titre de la convention (Civ. 2e, 15 nov. 2001, Juris-Data n° 011832). Il convient également de relever que la procédure d'offre s'impose au représentant de l'assureur situé dans chaque État partie à l'accord sur l'Espace économique européen, en cas de sinistre causé par un véhicule immatriculé dans l'un de ces États (C. assur., art. L. 310-2-2).

3966. Afin de ne pas laisser la victime sans offre d'indemnité, le Code des assurances a prévu de contraindre l'assureur qui s'estime en droit d'invoquer une exception légale ou contractuelle de garantie à présenter une offre « pour le compte de qui il appartiendra », c'est-à-dire pour le compte de celui qui sera en définitive tenu d'assumer la charge du sinistre (C. assur., art. L. 211-20).

b - Consistance de l'offre

3967. L'indemnité est déterminée par la loi en ces termes : « L'offre comprend alors tous les éléments indemnisables du préjudice, y compris les éléments relatifs aux dommages aux biens lorsqu'ils n'ont pas fait l'objet d'un règlement préalable » (C. assur., art. L. 211-9 al. 2). L'article R. 211-40 du Code des assurances en précise le détail : l'évaluation de chaque chef de préjudice, les créances de chaque tiers payeur et les sommes qui reviennent aux bénéficiaires. Le texte précise qu'elle doit être accompagnée de la copie des décomptes produits par les tiers payeurs.

2 ▪ Bénéficiaire de l'offre

3968. Le bénéficiaire de l'offre est « la victime » sans autre précision (C. assur., art. L. 211-9 al. 1). L'assureur est donc tenu de présenter une offre à toutes les victimes directes de l'accident mais aussi aux victimes par ricochet, quel que soit le nombre de celles-ci. Il faut distinguer toutefois les victimes par ricochet, qui devront être indemnisées dans le délai de trois mois courant à compter de leur demande d'indemnisation pour leurs préjudices personnels, de la victime agissant en qualité d'héritier, pour l'indemnisation du préjudice de la victime directe, pour laquelle le délai de huit mois demeure toujours applicable à défaut de demande d'indemnisation. En effet, en cas de décès de la victime directe, l'assureur doit présenter dans un délai maximum de huit mois une offre aux héritiers de la victime et, s'il y a lieu, à son conjoint (C. assur., art. L. 211-9 al. 2).

3 ■ Information réciproque

3969. Une information réciproque est aménagée par la loi pour faciliter le processus d'indemnisation, qui suppose d'abord une initiative de l'assureur, lequel a l'obligation d'informer dès sa première correspondance la victime de l'étendue de ses droits (C. assur., art. L. 211-10). La victime sera alors tenue de répondre à l'assureur pour le mettre en mesure de présenter son offre (C. assur., art. R. 211-37).

a - L'assureur informe la victime

3970. Il doit informer la victime qu'elle peut obtenir, sur simple demande, une copie du procès-verbal de l'enquête de police ou de gendarmerie et lui rappeler qu'elle peut se faire assister d'un avocat et d'un médecin en cas d'examen médical (C. assur., art. L. 211-10). L'assureur ne sera toutefois en mesure d'adresser une copie du procès-verbal de police à la victime que s'il l'a lui-même reçue de TRANS-PV, service dépendant de l'AGIRA (Association pour la gestion des informations sur le risque automobile) chargé de centraliser tous les procès-verbaux d'accidents de la circulation en provenance des services de police et de gendarmerie, pour les diffuser aux sociétés d'assurance concernées. L'assureur émetteur de l'offre ne recevra parfois la copie du procès-verbal que 6 mois après l'accident, délai souvent très variable selon la gravité de l'accident, le nombre de parties en cause et la surcharge éventuelle de travail des forces de l'ordre.

b - La victime informe l'assureur

3971. La victime est tenue de fournir à l'assureur les renseignements listés par le Code des assurances (C. assur., art. R. 211-37) et notamment son adresse, son état civil, le montant de ses revenus, son activité professionnelle et l'adresse de son employeur, la nature de ses dommages, la liste des tiers payeurs appelés à verser les prestations, le lieu où les correspondances doivent être adressées. Ces renseignements doivent cependant être sollicités de la victime par la compagnie d'assurance, tenue de lui en faire la demande. A défaut, elle ne pourrait se dispenser de l'offre au motif que la victime ou ses ayants droit ne lui ont pas spontanément communiqué ces renseignements (CA Paris, 20 oct. 1999, Juris-Data n° 103904 ; Crim. 29 juin 2010, n° 09-82.462). Itérativement, l'assureur devra prouver l'envoi de sa demande de renseignements et sa réception par la victime (CA Paris, 9 sept. 1998, D. 1998, IR, 227). La victime est également tenue de se soumettre à un examen médical pendant lequel elle pourra être assistée d'un médecin de son choix (C. assur., art. R. 211-43). En cas de refus, l'assureur est autorisé à proroger d'un mois son offre à la victime (C. assur., art. R. 211-34).

B ■ Présentation de l'offre à la victime

3972. La compagnie d'assurance du responsable est tenue de par la loi (C. assur., art. L. 211-9) de présenter une offre à la victime en respectant divers délais, qui varient selon l'initiative de la victime. Toutefois, le Code des assurances ne décrit que les mentions que doit comporter l'offre de transaction (C. assur., art. L. 211-16) sans préciser la forme de sa transmission (C. assur., art. R. 211-40) : l'usage de la lettre recommandée avec accusé de réception a bien évidemment été adopté par la pratique mais il ne s'agit nullement d'une obligation réglementaire, une offre présentée par lettre simple ou par voie de conclusions (Civ. 2e, 18 nov. 2010, n°09-69.826, RGDA 2011, p. 106, note J. Landel ; Civ. 2e, 14 janv. 2010, n° 09-12.053, RGDA 2010, p. 345, note J. Landel) satisfait vraisemblablement aux exigences du texte, muet sur le formalisme.

1 ▪ La victime sollicite l'offre

a - Délai de trois mois

3973. Dans le cas où la responsabilité de l'assuré n'est pas contestée et où le dommage est entièrement quantifié, l'assureur du responsable doit présenter une offre à la victime dans un délai de trois mois à compter non de l'accident mais de la demande d'indemnisation effectuée (C. assur., art. L. 211-9 al. 1). La jurisprudence s'achemine vers une conception assez souple de la notion de « demande d'indemnisation » qui peut ainsi se déduire de la demande de condamnation du prévenu par la victime devant le tribunal, l'assureur étant présent aux débats, en l'absence de demande formelle adressée à l'assureur par la victime (Crim., 24 juin 2003, RCA 2003, comm. n° 264 et chron. 26, H. Groutel). Le dommage corporel de la victime sera-t-il considéré comme « entièrement quantifié » uniquement si la victime se trouve consolidée sur le plan médical ? La date de la consolidation étant définie au demeurant comme « le moment où les lésions se fixent et prennent un caractère permanent, tel qu'un traitement n'est plus nécessaire, si ce n'est pour éviter une aggravation, et qu'il est possible d'apprécier un certain degré d'incapacité permanente réalisant un préjudice définitif » (Y. Lambert-Faivre, *Le droit du dommage corporel*, Précis Dalloz n° 57). La jurisprudence tranchera cette difficulté issue de la loi n° 2003-706 du 1er août 2003 (C. assur., art. L. 211-9 al. 1), qui semble néanmoins implicitement opérer une distinction entre l'entier dommage de la victime, dont la possible quantification est soumise à l'obligation d'offrir, du simple « chef de préjudice », composante de l'entier dommage. Cette interprétation rejoint la logique du texte, la consolidation médicale de la victime étant conçue comme la pierre angulaire du passage de l'offre provisionnelle à l'offre définitive, l'assureur ayant au surplus la faculté de contester l'opinion de la victime relative à la quantification du dommage, par une réponse motivée (C. assur., art. L. 211-9).

b - Évidence de la responsabilité

3974. Lorsque la responsabilité est rejetée ou n'est pas clairement établie ou lorsque le dommage n'est pas entièrement quantifié, l'assureur doit, dans le même délai de trois mois, donner une réponse motivée aux éléments invoqués dans la demande d'indemnisation (C. assur., art. L. 211-9 al. 1). L'assureur du responsable, tenu de présenter une offre à la victime, peut-il se dispenser de cette obligation s'il estime que la responsabilité de la victime est totale ? Cette hypothèse ne concerne presque exclusivement que les accidents impliquant une victime conducteur, la victime non conducteur bénéficiant d'un droit à indemnisation quasi systématique, sauf preuve à sa charge d'une faute inexcusable (voir, en ce sens Civ. 2e, 27 mai 1999, RGDA 1999. 634, note J. Landel ; Civ. 2e, 19 nov. 2015, n° 14-24.465 ; Civ. 2e, 24 mars 2016, n° 15-15.918). La Cour de cassation précise que l'assureur ne peut « se retrancher derrière son opinion subjective quant au droit à indemnisation de la victime » : il devra donc proposer une offre à la victime même s'il estime que le droit à indemnisation de celle-ci peut être considérablement réduit (Civ. 2e, 1er avr. 1999, JCP G 1999, IV, 1967). L'assureur ne peut donc préjuger d'une éventuelle décision judiciaire en refusant de faire une offre à la victime, il doit faire cette offre en « précisant les limitations ou exclusions d'indemnisation retenues » (C. assur., art. R. 211-40). Certains auteurs y ont vu l'obligation de proposer une « offre zéro » (H. Margeat, L'offre d'indemnité « zéro » jugée nécessaire, Gaz. Pal. 1988, n° spécial, p. 47).

2 ▪ La victime conserve le silence

a - Principe

3975. L'assureur du véhicule terrestre à moteur dispose d'un délai de 8 mois, à compter de l'accident, pour faire l'offre d'indemnité à la victime qui a subi une atteinte à sa personne si celle-ci conserve le silence. L'assureur est tenu de présenter son offre à toutes les victimes directes de l'accident mais aussi aux victimes par ricochet, quel que soit le nombre de celles-ci. En cas de décès, l'assureur doit présenter une offre aux héritiers de la victime et, s'il y a lieu, à son conjoint (C. assur., art. L. 211-9 al. 2). Toutefois, si la victime vient à présenter une demande d'indemnisation à tout moment au cours de ce délai, l'assureur du responsable sera tenu de répondre sous « le délai le plus favorable à la victime » (C. assur., art. L. 211-9 al. 4).

b - Indétermination des responsabilités

3976. L'assureur qui invoque une exception de garantie, légale ou contractuelle, reste tenu de satisfaire à l'obligation d'offre pour le compte de qui il appartiendra (C. assur., art. L. 211-20), cette obligation cesse toutefois lorsque le contrat est annulé par le juge (Civ. 1re, 3 janv. 1996, RCA 1996, comm. n° 133). La compagnie d'assurance ne peut également « se retrancher derrière son opinion subjective quant au droit à indemnisation de la victime » : elle devra donc proposer une offre même si elle estime que le droit à indemnisation peut être considérablement réduit (Civ. 2e, 1er avr. 1999, JCP G 1999, IV, 1967 ; Civ. 2e, 11 sept. 2008, n°07-16.340, RGDA 2008, P. 939, note J. Landel) ou qu'il ne lui appartient pas de garantir les conséquences de l'accident (en ce sens : Civ. 2e, 22 oct. 2009, n° 08-19.576. Dans cette affaire, il avait été décidé que seul l'Etat devait garantir les conséquences de l'accident. Cependant la Cour de cassation a estimé qu'il appartenait à l'assureur de présenter une offre pour le compte de qui il appartiendrait, dans les délais fixés par l'article L. 211-9 du Code des. assurances).

3 ▪ Incidence de l'état de santé de la victime

a - Offre provisionnelle

3977. L'offre peut avoir un caractère « provisionnel », c'est-à-dire incomplet, lorsque l'assureur n'a pas, dans les trois mois de l'accident, été informé de la consolidation de l'état de la victime. La consolidation est un concept juridique défini comme étant « le moment où les lésions se fixent et prennent un caractère permanent, tel qu'un traitement n'est plus nécessaire, si ce n'est pour éviter une aggravation, et qu'il est possible d'apprécier un certain degré d'incapacité permanente réalisant un préjudice définitif » (Y. Lambert-Faivre, Le droit du dommage corporel, n° 57). La fixation de la date de la consolidation appartient au seul médecin expert, le juriste n'a pas compétence pour l'arrêter. Si la victime sollicite une offre sans être consolidée, le Code des assurances ne fixe pas de délai de rigueur à l'assureur pour présenter une offre à caractère provisionnel, raison pour laquelle la victime peut être tentée de saisir le juge des référés pour obtenir une provision même si, dans l'immense majorité des cas, cette offre provisionnelle est présentée spontanément par les inspecteurs corporels désignés par les compagnies. Il ne semble pas également que le nouveau délai d'offre de trois mois issu de la loi n° 2003-706 du 1er août 2003 ait vocation à régir les offres provisionnelles car en cette matière le dommage n'est jamais, par nature, « entièrement quantifié », condition imposée par le texte pour l'application du délai de trois mois (C. assur., art. L. 211-9 al. 1). Ce que confirme la Cour de cassation dans un arrêt où elle juge qu'une cour d'appel a violé l'article L. 211-9 du Code des assurance, en condamnant l'assureur pour absence d'offre dans les délais impartis (parce qu'il n'avait pas fait d'offre à caractère provisionnel dans les trois mois de l'accident) tout en constatant qu'il avait fait une offre dans les cinq mois à compter de sa connaissance de la date de consolidation (Civ. 2e, 8 mars 2012, n° 11-11.095).

b - Offre définitive

3978. L'offre définitive d'indemnisation est prorogée et doit être faite dans un délai de cinq mois suivant la date à laquelle l'assureur aura été informé de la consolidation (C. assur., art. L. 211-9, al. 3). Néanmoins, des différents délais prescrits, le « délai le plus favorable à la victime s'applique » (C. assur., art. L. 211-9, al. 4). Ainsi, si une victime présente une demande d'indemnisation le jour de sa consolidation, l'assureur sera tenu de présenter son offre, s'il en a connaissance le même jour, non dans le délai de cinq mois suivant la consolidation mais dans celui de trois mois, délai plus favorable à la victime. Toutefois, le médecin expert ayant seul compétence pour arrêter la date de la consolidation, c'est souvent la connaissance du rapport d'expertise médicale, qu'il soit judiciaire ou amiable, qui permettra à l'assureur d'être informé de la consolidation, en l'absence de demande de la victime. Aussi il a été jugé que ce n'est pas la date du rapport d'expertise fixant la consolidation qui fait courir le délai de 5 mois pour faire une offre définitive mais la date à compter de laquelle l'assureur a été informé de la consolidation (Cass. 2e civ., 21 févr. 2008, n°07-11.438).

4 ▪ Calcul des délais d'offre

a - Computation ordinaire du délai

3979. Le Code des assurances énonce que « la computation des délais... est faite conformément aux articles 641 et 642 du Nouveau Code de Procédure Civile ». (C. assur., art. R. 211-36). Les délais de procédure se calculent différemment selon qu'ils sont fixés en heures, en jours, en mois ou en années. Or le Code des assurances fixe ici des délais d'offre exprimés en mois : ils seront donc calculés de quantième à quantième, sans tenir compte de la durée réelle de chaque mois. Ainsi, le délai d'un mois qui commence le 12 janvier prendra fin le 12 février (CA Orléans, 19 déc. 1967, RTD civ. 1968, p. 777, obs. P. Raynaud ; CA Chambéry, 25 oct. 2012, n°11/01905 ; CA Reims, 6 janv. 2015, n° 13/00860).

3980. Le délai court toujours à compter du jour de l'accident. Si la victime présente une demande écrite d'indemnisation, le point de départ du délai pour l'assureur sera constitué par le jour de la réception de la lettre, selon une jurisprudence constante (CA Toulouse, 8 juin 1995, Juris-Data n° 046083). S'agissant de l'information de la consolidation, le délai court du jour où l'assureur en aura eu connaissance par un moyen quelconque (CA Paris, 7 mars 1977, JCP G 1978, II, 18870, note Chartier ; Civ. 2e, 8 mars 2012, n° 11-11.095, RGDA 2012, P. 695, note J. Landel). Pour les années bissextiles, le calcul s'effectuera sans tenir compte du fait que le mois de février ne comporte que vingt-huit jours (Soc., 19 juill. 1988, JCP G 1988, IV, 350). Et s'il n'existe pas de quantième identique, le délai expirera alors le dernier jour du mois, que celui-ci comporte 30 ou 31 jours (C. pr. civ., art. 641 al. 2). Il en est ainsi, par exemple, du délai de trois mois dont le point de départ est le 30 avril, qui expirera toujours le 31 juillet et non le 30 juillet. Tout délai expire le dernier jour à vingt-quatre heures et le délai qui expirerait normalement un samedi, un dimanche ou un jour férié ou chômé, est prorogé jusqu'au premier jour ouvrable suivant (C. pr. civ., art. 642).

b - Prolongation du délai

3981. Le délai imparti à l'assureur pour présenter une offre à la victime est prorogé d'un mois quand la victime demeure dans un département d'outre-mer ou à l'étranger (C. assur., art. R. 211-35). Cette prorogation d'un mois s'effectue également si la victime ne se soumet pas à l'examen médical initié par l'assureur (C. assur., art. R. 211-34). Le délai d'offre définitive d'indemnisation est aussi prorogé de cinq mois suivant la date à laquelle l'assureur aura été informé de la consolidation, en l'absence de demande d'indemnisation de la victime (C. assur., art. L. 211-9 al. 3).

3982. Si la victime décède plus d'un mois après le jour de l'accident, le délai est prorogé « du temps écoulé entre la date de l'accident et le jour du décès diminué d'un mois » (C. assur., art. R. 211-30). Par exemple, si l'accident de la circulation survient le 5 novembre 2003 et le décès de la victime le 8 février 2004, le délai sera prorogé de 3 mois et 3 jours, auquel il faudra déduire un mois : le délai sera alors prorogé en définitive de 2 mois et trois jours.

c - Suspension du délai

3983. La victime est tenue réglementairement de renseigner l'assureur pour le mettre en mesure de présenter son offre (C. assur., art. R. 211-37). Si la victime ne répond pas dans un délai de six semaines à compter de la présentation de la première correspondance que lui adresse l'assureur, le délai de trois mois accordé à ce dernier pour présenter une offre à la victime qui en fait la demande, est suspendu jusqu'à réception des renseignements demandés (C. assur., art. R. 211-31). Toutefois, la réforme opérée par la loi n° 2003-706 du 1er août 2003 ayant eu pour effet de modifier la structure des alinéas de l'article L. 211-9 du Code des assurances, et en l'absence de modification corrélative de l'article R. 211-31, la question relative au maintien de l'application de cette suspension au délai de huit mois (C. assur., art. L. 211-9 al. 2) reste posée à ce jour. On peut considérer que l'absence de réponse de la victime a pour effet de suspendre également ce délai de huit mois car cette solution est conforme à l'esprit du pouvoir réglementaire : la réforme législative du 1er août 2003 n'aboutit à une difficulté d'interprétation sur ce point qu'en raison d'un pur problème d'adéquation de forme, et non de fond.

3984. L'assureur doit normalement être avisé de l'accident dans un délai d'un mois, cet avis étant souvent donné par la victime. (C. assur., art. R. 211-29). Les dispositions réglementaires susvisées s'appliquaient sans difficulté jusqu'à la loi n° 2003-706 du 1er août 2003 au délai de huit mois imposé par l'ancien alinéa 1er de l'article L. 211-9 du Code des assurances aux assureurs pour présenter à la victime une offre d'indemnisation. Depuis la loi du 1er août 2003, le seul délai imposé par l'alinéa 1er de l'article L. 211-9 aux assureurs est un délai de 3 mois à compter de la demande d'indemnisation de la victime, de sorte que la question du maintien de la suspension possible du délai de huit mois visé dorénavant au deuxième alinéa de l'article L. 211-9 demeure posée, même si elle résulte manifestement d'un pur problème de coordination entre pouvoir législatif et réglementaire. La logique supposerait néanmoins que l'on ne puisse faire courir ce délai de huit mois contre un assureur ne pouvant offrir une indemnisation à une victime dont il ignore même l'existence.

C ▪ Sanction des dysfonctionnements

1 ▪ Offre présentée hors délai

3985. Le non-respect des délais de 3, 8 et 5 mois mentionnés à l'article L. 211-9 du Code des assurances applique de plein droit au montant de l'indemnité offerte par l'assureur ou allouée par le juge à la victime, à titre de sanction, des intérêts au double du taux de l'intérêt légal. Cela signifie que la pénalité est due même à défaut de demande en justice de la victime ou de disposition spéciale d'un jugement (Crim., 18 mars 2014, n°12-83.274). Cependant, si la victime ne renouvelle pas sa demande en appel, elle est censée y avoir renoncé (Civ. 2e, 27 mars 2014, n°13-11.592). Les intérêts courent à compter de l'expiration du délai d'offre et jusqu'au jour de la présentation de l'offre ou du jugement définitif, si le juge a été saisi (C. assur., art. L. 211-13). La violation de ces dispositions légales est sanctionnée par les juges, que l'offre soit provisionnelle ou définitive (Crim., 24 janv. 1996, RGDA 1996. 639, note J. Landel ; Civ. 2e, 5 avril 2007, n°06-12.053 ; Civ. 2e, 26 avril 2007, n° 06-10.287, RGDA 2007, P. 621, note J. Landel). Ceux-ci peuvent toutefois réduire la pénalité en présence de circonstances non imputables à l'assureur (C. assur., art. L. 211-13 ; Crim., 23 janv. 1992, JCP G 1992, IV, 1819 ; Civ. 2e, 5 juin 2008, n° 07-14.097, RGDA 2008, P. 663, note J. Landel). La charge de la preuve du respect des délais d'offre incombe à l'assureur selon la jurisprudence : « il appartient à l'assureur, tenu de faire une offre, d'établir qu'il a satisfait à cette obligation » (Civ. 2e, 24 févr. 2000, JCP G 2000, IV, 1631). Il s'agit ici de l'application des dispositions de l'article 1353 nouveau (ancien article 1315) du Code civil aux termes desquelles celui qui se prétend libéré doit justifier le paiement ou le fait qui a produit l'extinction de son obligation.

a - Durée de la pénalité

3986. Le Code des assurances précise que la sanction est susceptible d'être encourue à l'expiration du délai imparti à l'assureur pour présenter une offre (C. assur., art. L. 211-13). La jurisprudence a ainsi précisé que la pénalité pour absence d'offre court toujours à compter de l'expiration des délais indiqués, que l'indemnité soit offerte par l'assureur ou allouée par le juge (Crim., 10 janv. 2001, RGDA 2001. 334, note J. Landel ; Civ.2e, 8 mars 2012, n° 11-11.095, RGDA 2012, p. 695, note J.Landel). La sanction du doublement de l'intérêt légal s'applique jusqu'au jour de l'offre ou du jugement définitif (C. assur., art. L. 211-13), la survenance de l'un quelconque de ces deux évènements marquera l'arrêt du calcul de la majoration des intérêts (Civ. 2e, 14 déc. 2000, RCA 2001, comm. n° 113, note H. Groutel ; Civ. 2e, 15 avril 2010, n°09-14.042, RGDA 2010, pP. 708, note J. Landel ; Civ. 2e, 23 mai 2013, n° 12-18.998 ; Civ. 2e, 3 juil. 2014, n°13-20.931).

b - Assiette de la pénalité

3987. L'assiette de la pénalité pour offre tardive est l'indemnité offerte par l'assureur et non pas celle offerte par le juge (Civ. 2e, 10 avril 2008 ; Civ. 2e, 16 janv. 2016, n° 13-11.340). Elle comprend la totalité de l'indemnité allouée à la victime à titre de dommages et intérêts (Civ. 2e, 19 févr. 2004, RCA 2004, comm. n° 135 ; Civ. 2e, 15 avril 2010, n° 09-14.042) : l'assiette de la pénalité ne peut être limitée au solde éventuel restant du après déduction des provisions éventuellement versées (Civ. 2e, 20 avr. 2000, Bull. civ. II, n° 60 ; Civ. 2e, 12 mai 2011, n°10-17.148). Il s'agit de l'indemnité calculée avant imputation de la créance des organismes sociaux, solution plus favorable aux victimes (Civ. 2e, 13 mars 2003, RCA 2003, comm. n° 175 ; Civ. 2e, 5 oct. 2006, n°05-18.786 ; ; Civ. 2e, 25 févr. 2010, n°09-13.624, RGDA 2010, P. 349, note J. Landel ; Civ. 2e, 23 mai 2013, n°12-18.339). En outre, si l'indemnité a été accordée sous forme de rente, l'assiette du calcul est constituée de la rente elle-même et non du capital représentatif de celle-ci (Civ. 2e, 28 janv. 1999, JCP G 1999, IV, 1503 ; Civ. 2e, 7 févr. 2008, n°07-10.297).

2 ▪ Offre manifestement insuffisante

a - Principe

3988. L'offre doit avoir un caractère suffisant, qu'elle soit provisionnelle ou définitive, à défaut de quoi l'assureur encourt une pénalité financière (C. assur., art. L. 211-14). Le juge apprécie souverainement si une offre est manifestement insuffisante, souvent au regard de la jurisprudence régionale pour des victimes aux préjudices de même ampleur. Deux sanctions possibles sont proposées au juge par le texte susvisé, qui peuvent le cas échéant se cumuler : la condamnation de l'assureur à verser au Fonds de garantie des assurances obligatoires de dommages une pénalité financière égale à 15 % maximum de la somme allouée à la victime, outre le versement possible de dommages et intérêts à celle-ci, s'ils sont réclamés et fondés (Civ. 2e, 5 avr. 2007, n° 06-12.952, RGDA 2007-628). Face au silence du juge sur le taux appliqué de pénalité prononcée en vertu de l'article L. 211-14 du Code des assurances, il faudra considérer que celui-ci est nécessairement évalué à 15 %, c'est-à-dire le maximum légal (Crim., 24 juin 2003, RCA 2003, comm. n° 264 et chron. 26, H. Groutel)

b - Cumul des sanctions légales

3989. La jurisprudence assimile une offre manifestement insuffisante à une absence d'offre (Civ. 2e, 4 mai 2000, D. 2000, IR, 173 et dernièrement Civ. 2e, 9 déc. 2010, n° 09-72.393, A. Velle, Sanctions des offres transactionnelles manifestement insuffisantes ou tardives, JA n° 828, avr. 2011, p. 36 ; Civ. 1re, 9 déc. 2010, n° 09-72393, RGDA 2011, p. 508, note J. Landel) : il en résulte alors une double sanction pour l'assureur qui sera condamné à verser tant une indemnité majorée (C. assur., art. L. 211-13) qu'une pénalité financière (C. assur., art. L. 211-14). Cette règle est à double sens, c'est-à-dire qu'une absence totale d'offre constitue aussi de fait une offre insuffisante, entraînant un cumul de sanctions (Civ. 2e, 18 mars 1999, RCA 1999, comm. n° 175). En conséquence, l'offre insuffisante présentée dans les délais légaux reçoit le même sort que l'offre tardive : mieux vaut ne rien offrir qu'offrir à moitié en quelque sorte. Par contre, dans l'hypothèse où une seconde expertise ordonnée par le juge a conclu à la persistance des troubles et a fixé une seconde date de consolidation, l'assureur ayant indemnisé en se fondant sur le premier rapport d'expertise ne peut se voir appliquer les sanctions prévues en cas d'offre manifestement insuffisante (Civ. 2e, 17 mars 2011, n° 10-16.103).

3990. L'appréciation erronée de l'assureur sur la parfaite quantification d'un dommage, suivie d'une réponse motivée adressée à la victime, formulée au surplus dans le délai légal, constitue-t-elle une absence d'offre ? L'article L. 211-9 du Code des assurances requiert simplement une réponse motivée de l'assureur dans le délai de trois mois, qui n'exclut pas un contrôle du juge sur la bonne foi de la motivation de la réponse effectuée. La jurisprudence semble néanmoins faire peser sur l'assureur le risque d'une interprétation erronée : « l'assureur ne peut se retrancher derrière son opinion subjective quant au droit à indemnisation de la victime » (Civ. 2e, 1er avr. 1999, RCA 1999, chron. 15, H. Groutel).

§ 2 ▪ Acceptation de l'offre : la transaction

A ▪ Conclusion de la transaction

1 ▪ Règles de validité

3991. La loi du 5 juillet 1985 incite les acteurs de l'indemnisation à conclure entre eux une transaction qui demeure toujours une faculté pour la victime quand bien même la présentation de l'offre constitue une obligation pour l'assureur. Si la victime accepte la transaction, et pour ce faire elle n'est soumise à aucun délai, l'acte devra contenir obligatoirement une clause reproduite en caractères très apparents, c'est-à-dire en caractères gras, informant la victime de son droit de dénoncer la transaction dans les 15 jours de sa conclusion (C. assur., art. L. 211-16). On relèvera que la transaction conclue en matière d'accident de la circulation est dérogatoire au droit commun. Celle-ci ne peut être remise en cause à raison de l'absence de concessions réciproques : la transaction se forme lors de l'acceptation par la victime de l'offre de l'assureur (Civ. 2e, 16 nov. 2006, n°05-18.631, JCP 2006. II. 10032, obs. L. Mayaux).

3992. Si la victime est un mineur ou un majeur en tutelle, le projet de transaction devra être soumis au préalable pour approbation au juge des tutelles ou au conseil de famille (C. assur., art. L. 211-15). Cette communication est obligatoire non seulement pour le cas d'une transaction amiable, mais également si le dit accord est intervenu entre les parties dans le cadre d'une procédure judiciaire (Civ, 1re, 20 janvier 2010, n°08-19.627).Si la transaction est conclue à l'insu d'un responsable, en présence des seuls assureur d'un coresponsable et victime, celle-ci n'en demeure pas moins opposable au responsable selon la jurisprudence : « l'assureur étant subrogé dans les droits de son assuré, lui-même subrogé dans ceux de la victime, la transaction conclue par celle-ci avec l'assureur du conducteur d'un véhicule impliqué est opposable à l'auteur du dommage » (Civ. 2e, 1er avr. 1999, JCP G 1999, IV, 1966 ; CA Paris, 4 mai 2015, n°13/18114).

2 ▪ Remise en cause de la transaction

a - Faculté de dénonciation

3993. À compter de la signature de la transaction, la victime peut dénoncer celle-ci par lettre recommandée avec accusé de réception dans un délai de 15 jours (C. assur., art. L. 211-16). Il faut simplement que la lettre soit expédiée dans le délai de 15 jours et non reçue dans ce délai. Cette faculté perdure sans limitation de temps si la transaction n'obéit pas au formalisme imposé par le texte susvisé, la demande judiciaire d'indemnisation de la victime sera alors recevable même si elle n'a pas dénoncé la transaction (CA Montpellier, 15 déc. 1998, Juris-Data n° 110567).En tout état de cause, ce droit de dénonciation ne se transmet pas aux héritiers (Civ. 2e, 29 avril 1997, n° 95-16.177).

b - Annulation de la transaction

3994. Le Code des assurances sanctionne les transactions conclues au mépris du devoir d'information de la victime par l'assureur. Ce sera le cas du non respect de la procédure de prise de contact de la victime, qui impose à l'assureur la fourniture de divers renseignements lors de la première correspondance adressée aux victimes, ce manquement étant sanctionné par la nullité relative de la transaction (C. assur., art. L. 211-10). La carence dans le respect du formalisme entraîne également la nullité relative de la transaction (C. assur., art. L. 211-16 al. 3). Le droit commun de la nullité résultant du Code civil demeure cependant applicable. Il en est ainsi par exemple de la nullité pour erreur sur l'objet de la transaction concernant un accident ayant fait ressortir des lésions qui se sont révélées en réalité plus graves après la signature de la transaction (en l'espèce une épilepsie consécutive à l'accident, dont le diagnostic définitif n'avait été effectué qu'après la transaction ; Civ. 2e, 10 janv. 1990, JCP G 1990, IV, 95).

B ▪ Exécution de la transaction

1 ▪ Délai de paiement

3995. La victime doit recevoir l'indemnité dans le mois qui suit l'expiration du délai de 15 jours qui lui est accordé pour dénoncer le cas échéant la transaction, ce qui diffère l'obligation à paiement de l'assureur d'un mois et demi à compter de la signature de l'acte (C. assur., art. L. 211-17). Afin de sanctionner le retard éventuel de l'assureur, le texte susvisé énonce que la somme portera intérêt au taux légal majoré passé ce délai.

2 ▪ Aggravation du dommage

3996. Le Code des assurances a réservé l'hypothèse de l'aggravation éventuelle du dommage de la victime : celle-ci peut demander dans un délai de 10 ans la réparation de l'aggravation de son dommage auprès de l'assureur qui lui a versé l'indemnité (C. assur., art. L. 211-19). L'aggravation est considérée comme un dommage nouveau et donnera lieu à une nouvelle expertise médicale majorant le taux de déficit fonctionnel global de la victime, si elle est avérée : une nouvelle procédure d'offre s'enclenche alors, concrétisée par une nouvelle transaction.

§ 3 ▪ Saisine concomitante des juridictions

A ▪ La victime a saisi une juridiction

1 ▪ Maintien de la procédure d'offre

3997. L'assureur peut-il considérer que la saisine d'une juridiction civile par la victime, en général celle des référés, le dispense de facto de respecter la procédure d'offre imposée par le Code des assurances (C. assur., art. L. 211-9) ? La jurisprudence répond que l'introduction d'une procédure à l'initiative de la victime ne dispense pas l'assureur de faire, dans le délai requis, l'offre imposée par la loi (Civ. 1re, 20 janv. 1993, RGAT 1993. 298, note Landel ; CA Paris, 12 juin 1996, Gaz. Pal. 1997, 1, somm., p. 29).

2 ▪ Formalisation de l'offre

a - Règles de forme

3998. L'assureur représenté au tribunal par un mandataire effectuera souvent son offre par voie de conclusions écrites ou orales : la jurisprudence accepte que l'offre soit émise par cette voie, notamment dans le cadre d'une instance en référé engagée par la victime (Crim., 23 févr. 1999, RGDA 1999. 364, note J. Landel). Toutefois, c'est à l'assureur d'établir qu'il a satisfait à son obligation (Civ. 2e, 24 févr. 2000, Juris-Data n° 000595), notamment dans les délais requis. Cette preuve ne pose aucune difficulté sur le délai pour toutes les procédures judiciaires à représentation obligatoire, la signification des conclusions étant authentifiée par ministère d'huissier audiencier, mais peu s'avérer délicate pour toutes les procédures orales (juridictions pénales, référés), dispensées par nature de signification préalable des conclusions, si le délai d'offre expire avant l'audience.

b - Application des sanctions

3999. Les sanctions pour offre tardive ou offre manifestement insuffisante demeurent applicables même si une juridiction est saisie. Si la victime présente ainsi une demande d'indemnisation par voie de conclusions visées à l'audience du tribunal correctionnel, l'assureur présent aux débats est tenu, en cas de renvoi d'audience, de respecter les délais légaux pour présenter une offre (Crim., 24 juin 2003, JCP G 2003, IV, 2491). De même, la Cour de cassation a jugé que l'assureur ne satisfait pas à l'obligation légale en subordonnant son offre d'indemnité à la reconnaissance, par décision de justice, de la responsabilité de son assuré (Civ. 2e, 23 sept. 1999, Bull. civ. II, n° 138).

4000. L'indemnité fixée par voie judiciaire, si la décision rendue est assortie de l'exécution provisoire, emporte application d'un taux d'intérêt légal majoré de 50 % à l'expiration d'un délai de deux mois, doublé à l'expiration d'un délai de quatre mois à compter du jour de la décision de justice, lorsque celle-ci est contradictoire et, dans les autres cas, du jour de la notification de la décision (C. assur., art. L 211-18).

B ▪ Présence de l'assureur au procès pénal

4001. La loi n° 83-608 du 8 juillet 1983 a introduit dans le Code de procédure pénale les articles 385-1, 388-1, 388-2, et 388-3, et a modifié les articles 509 et 515 afin de permettre aux assureurs, sous certaines conditions, d'intervenir au cours d'un procès pénal. La loi de 1983 est entrée en vigueur le 1er septembre 1983 (L. 8 juill. 1983, art.. 23) avec application immédiate aux instances en cours.

1 ▪ Périmètre de l'intervention

a - Infractions concernées

4002. Le Code de procédure pénale ne vise que « l'infraction d'homicide ou de blessures involontaires » (C. pr. pén., art. 388-1 al. 1) à l'exception de toute autre. Cette lecture restrictive ressort notamment de la circulaire d'application du 25 juillet 1983 (BO min. just. 1983, n° 11, p. 111). Sont donc concernés les articles 221-6, 222-19 et suivants, R. 622-1 et 625-2 et suivants, du Code pénal. La chambre criminelle de la Cour de cassation refuse ainsi de déclarer recevable l'intervention volontaire ou forcée d'un assureur au sein d'un procès engagé sous une autre qualification pénale que celle visée à l'article 388-1 alinéa 1 du code pénal (Crim., 8 avr. 1986, RGAT 1987. 141 ; Crim., 7 sept. 2004, Juris-Data n° 2004-025110 ; Crim., 7 avril 2010, n°09-83.590).

4003. Les juges du fond suivent habituellement cette voie tracée par la Cour de cassation, qu'il s'agisse du vol (CA Rennes, 5 juill. 1984, RGAT 1985. 290), du délit de fuite ou de défaut de maîtrise d'un véhicule (CA Aix-en-Provence, 25 juin 1993, Juris-Data n° 045107), de coups et blessures volontaires avec dégradation volontaire d'objets mobiliers appartenant à l'assuré (CA Paris, 8 févr. 1996, Juris-Data n° 021074) ou d'une infraction de pollution des cours d'eaux (CA Agen, 18 oct. 2001, Juris-Data n° 2001-187206), ou d'une mise en danger de la vie d'autrui (Crim., 15 déc. 2015, n°14-87.105).

4004. Cette question a récemment fait l'objet de deux questions prioritaires de constitutionnalité, les assureurs contestant l'exclusion de leur intervention aux cotés de la victime d'une infraction intentionnelle. La Cour de cassation a refusé de transmettre la première question prioritaire de constitutionnalité (arrêt n° 576 du 29 janvier 2013, n° 12-83.249), considérée comme ni sérieuse ni nouvelle. La seconde question du 15 février 2016, du même ordre, est toujours pendante.

b - Assurances concernées

4005. Les assurances concernées sont toutes celles pour lesquelles un « dommage quelconque » peut « être garanti par un assureur » (C. pr. pén., art. 388-1 al. 1). On admet généralement que seules les assurances à caractère indemnitaire sont concernées par cette lecture du code de procédure pénale car sont intéressés le prévenu, le civilement responsable et leurs assureurs ainsi que l'assureur de la victime de l'infraction. L'intervention de l'assureur d'un conducteur d'un véhicule impliqué dans l'accident mais non pénalement poursuivi, doit ainsi d'office être déclarée irrecevable par application de l'article 388-1, dont les dispositions sont d'ordre public (Crim., 12 déc. 1991, D. 1992, IR, 81). En revanche, l'assureur de dommages de la victime, lorsqu'il bénéficie d'un recours subrogatoire, est admis à intervenir (Crim., 26 mai 1988, RGAT 1989. 334, note H. Margeat et J. Landel).

2 ▪ Mise en œuvre de l'intervention

a - Juridiction pénale, siège de l'intervention

4006. L'intervention volontaire ou forcée de l'assureur est recevable devant le tribunal correctionnel ainsi que devant la chambre des appels correctionnels, devant laquelle il peut intervenir même pour la première fois (C. pr. pén., art. 388-1 al 2). L'intervention est également possible devant le tribunal de police (C. pr. pén., art. 533) et les juridictions pour mineurs (L. n° 83-608, 8 juill. 1983, art. 21). En ce qui concerne la cour d'assises, l'intervention de l'assureur est recevable lorsque la cour requalifie un homicide ou des violences volontaires en homicide ou violences involontaires et qu'elle statue sur les intérêts civils (Crim., 30 mai 1985, Rev. Sc. crim. 1986, p. 131, obs. Braunschweig).

4007. Le législateur a voulu exclure l'intervention des assureurs devant le juge d'instruction en insérant la loi de 1983 dans le titre deuxième du Code de procédure pénale, consacré aux juridictions de jugement. L'intervention volontaire ou forcée d'un assureur devant le juge d'instruction au premier degré ou devant la chambre de l'instruction au second degré n'est donc pas recevable.

b - Exercice nécessaire de l'action en réparation

4008. L'intervention de l'assureur n'est recevable qu'à la condition que la victime elle-même exerce l'action en réparation qui lui appartient en vertu de l'article 2 du Code de procédure pénale. À défaut, l'intervention volontaire ou forcée de cet assureur est sans objet et la décision rendue ne peut être opposable à la victime (Crim., 12 oct. 1994, RGAT 1995. 984, note J. Beauchard). Il faut aussi que la juridiction elle-même soit compétente pour connaître de l'action civile : une cour d'appel ne peut ainsi se prononcer sur la garantie de l'assureur, dès lors qu'elle était incompétente pour statuer sur l'action en réparation, par la victime salariée, du dommage résultant d'un accident du travail (Crim., 5 févr. 2002, RCA 2002, comm. n° 186).

4009. La Cour de cassation a consacré une dissociation entre le droit d'agir et celui d'être indemnisé en reconnaissant une double nature à l'action civile, qui n'est pas seulement une action en réparation. En effet, « l'intervention d'une partie civile peut n'être motivée que par le souci de corroborer l'action publique et d'obtenir que soit établie la culpabilité du prévenu » (Crim., 15 mars 1977, JCP G 1979, II, 19148, note Bonjean). Cette jurisprudence est depuis lors constante : le fait que le préjudice ait été éventuellement réparé intégralement ne fait pas obstacle à la recevabilité de la constitution de partie civile car celle-ci peut n'être motivée que par la volonté de corroborer l'action publique. (Crim., 30 oct. 2001, Juris-Data n° 012254 et Crim., 22 oct. 1996, Juris-Data n° 004850). Il est donc possible de considérer que l'intervention de l'assureur est recevable même si la victime ne réclame pas des dommages et intérêts devant la juridiction pénale. La Chambre criminelle considère que l'article 418 alinéa 3 du Code de procédure pénale, relatif à la demande de dommages et intérêts venant à l'appui d'une constitution de partie civile, « prévoit une simple faculté dont la partie civile est libre de ne pas user » (Crim., 10 oct. 1968, Bull. crim., n° 248).

c - Formalisation de l'intervention

4010. La mise en cause de l'assureur est faite par « toute partie qui y a intérêt » (C. proc. pén., art. 388-2). Le rapport du projet de loi devant l'Assemblée nationale (JOAN CR 5 mai 1983, p. 899) et la circulaire n° 83-21 du 25 juill. 1983 (BO min. just. 1983, p. 111) ont précisé la liste des parties intéressées : le prévenu, les co-auteurs et complices comparant devant la même juridiction, le civilement responsable, la partie civile ainsi que l'assureur de la victime. Le régime de l'intervention est dual : l'assureur peut être admis à intervenir au titre d'une intervention volontaire ou il peut être mis en cause devant la juridiction répressive au titre d'une intervention forcée (C. proc. pén., art. 388-1) « à l'initiative de toute partie qui y a intérêt » (C. proc. pén., art. 388-2).

4011. Si l'assureur souhaite intervenir volontairement, il peut le faire le jour de l'audience pénale et n'a donc pas de délai particulier à respecter. En revanche, en matière d'intervention forcée, la personne qui a intérêt à mettre en cause l'assureur doit respecter un délai de 10 jours (C. proc. pén., art. 388-2). On peut supposer que ce délai est un délai franc, c'est-à-dire que la partie concernée doit faire la mise en cause 10 jours au moins avant l'audience : 10 jours révolus doivent s'écouler entre la notification faite au domicile de l'assureur et le jour de l'audience. La jurisprudence précise simplement que l'intervention n'est recevable que si l'assureur « a été mis en cause dans les formes et délais prévus par l'article 388-2 du Code de procédure pénale » (Crim., 10 nov. 1987, Bull. crim., n° 395 ; Crim., 29 févr. 2000, Bull. crim., n° 87). La mise en cause s'effectuera, selon l'article 388-2, par un acte d'huissier ou une lettre recommandée avec accusé de réception, au choix de la partie. L'acte d'huissier ou la lettre recommandée doivent mentionner « la nature des poursuites engagées, l'identité du prévenu, de la partie civile et, le cas échéant de la personne civilement responsable, le numéro des polices d'assurance, le montant de la demande en réparation ou, à défaut la nature et l'étendue du dommage, ainsi que le tribunal saisi, le lieu, la date et l'heure de l'audience ».

4012. Aucun texte du Code de procédure pénale n'impose la mise en cause concomitante du souscripteur du contrat d'assurance devant la juridiction pénale. Toutefois, afin de respecter le caractère contradictoire des débats, la jurisprudence a progressivement imposé la mise en cause du souscripteur, notamment par deux arrêts rendus par la Chambre criminelle de la Cour de cassation le 14 décembre 1989, ayant opéré un revirement de jurisprudence (Crim., 14 déc. 1989, RGAT 1990. 98, note H. Margeat et J. Landel). La partie tenue de procéder à la mise en cause du souscripteur est l'assureur qui soulève devant la juridiction répressive une exception de nullité ou de non garantie (Crim., 26 avr. 1990, RGAT 1990. 566, note H. Margeat et J. Landel). Le souscripteur régulièrement cité acquiert alors au procès pénal la qualité de partie à part entière mais une citation à comparaître en qualité de témoin a été jugée insuffisante (Crim., 2 juill. 1996, Dr. Pén. 1996, comm. n° 277, note A. Maron).

3 ■ Effets de l'intervention de l'assureur

a - À l'égard de l'assureur

4013. La juridiction pénale peut mettre hors de cause l'assureur intervenu volontairement ou mis en cause devant elle si elle reconnaît le bien-fondé de son exception. Cette exception doit toujours être « de nature à exonérer totalement l'assureur de son obligation de garantie à l'égard des tiers » (C. pr. pén., art. 385-1). Il s'agit selon ce texte d'une exception fondée sur une « cause de nullité » ou sur « une clause du contrat d'assurance ». Il s'agira donc la plupart du temps d'une exception de nullité pour fausse déclaration intentionnelle sur le fondement de l'article L. 113-8 du Code des assurances ou d'une suspension de garantie, notamment en raison du non-paiement des primes. Toutes les exceptions de nature à entraîner une garantie partielle de l'assureur sont au contraire irrecevables (Crim., 9 avr. 1992, RGAT 1993. 354).

4014. L'exception de garantie doit être présentée par l'assureur « avant toute défense au fond » (C. proc. pén., art. 385-1) c'est-à-dire avant l'interrogatoire du prévenu sur les faits (Crim., 29 mars 1995, Bull. crim., n° 137). Ce texte institue une forclusion : l'assureur perd le droit de se prévaloir de son exception si elle n'est pas invoquée avant toute défense au fond. Cependant, l'assureur qui n'a pas comparu devant le tribunal correctionnel peut encore invoquer en appel l'exception de garantie fondée sur une nullité du contrat (Crim., 16 janv. 2007, n°06-80.185).

4015. L'intervention volontaire ou forcée de l'assureur à l'audience pénale n'a pour objet que de lui rendre « opposable » la décision rendue sur les intérêts civils (Crim., 5 févr. 2002, Dr. Pén. 2002, comm. n° 78 ; Crim., 5 oct. 1994, Bull. crim., n° 316), selon les termes mêmes de l'article 388-3 du code de procédure pénale. En conséquence, l'assureur régulièrement mis en cause et qui n'intervient pas au procès pénal « est réputé renoncer à toute exception » (C. pr. pén., art. 385-1 al 2). Cette opposabilité s'opère même à l'égard de l'assureur qui est intervenu pour la première fois en cause d'appel et s'est contradictoirement expliqué sur l'indemnisation (Crim., 6 nov. 2001, RCA 2002, comm. n°86).

4016. L'intervention volontaire ou forcée de l'assureur ne peut pas permettre la condamnation de celui-ci : cette impossibilité totale de condamnation fait perdre à la mise en cause, pour les victimes, beaucoup de son attrait. La jurisprudence confirme régulièrement que le juge pénal ne peut pas, sans excéder ses pouvoirs, prononcer une condamnation à l'encontre de l'assureur, qu'il s'agisse d'une condamnation de l'assureur à payer au Fonds de garantie une majoration de l'indemnité allouée à la victime (Crim., 3 avr. 2001, RCA 2001, comm. n° 243, note H. Groutel) ou des dommages et intérêts aux partie civiles (Crim., 12 févr. 1997, Gaz. Pal. 1997 n° 169-170, chron. p. 129 ; Crim., 23 sept. 1998, RGDA 1999. 238, note Beauchard). L'assureur ne peut pas non plus encourir une condamnation au titre de l'article 475-1 du Code de procédure pénale, relatif à l'indemnité correspondant aux frais non payés par l'État et exposés par la partie civile (Crim., 11 janv. 1995, Bull. crim., n° 16).

b - À l'égard de la partie civile

4017. Si l'intervention de l'assureur ne peut pas conduire à une condamnation prononcée à son encontre, une partie civile ne peut pas non plus être condamnée à verser à l'assureur mis en cause une indemnité en application de l'article 475-1 du Code de procédure pénale (Crim., 27 nov. 1990, Bull. crim., n° 405).

4018. Les accidents de la circulation donnent lieu fréquemment à une intervention de l'assureur de responsabilité du prévenu, ou de la personne civilement responsable, devant la juridiction répressive. De tels accidents reçoivent en effet souvent une qualification pénale au titre d'une infraction involontaire, dès lors qu'il y a dommage corporel. Le Code des assurances oblige l'assureur automobile du responsable à effectuer une offre de transaction à la victime « pour le compte de qui il appartiendra », c'est-à-dire pour le compte du Fonds de garantie, même s'il s'estime en mesure d'invoquer une exception de garantie légale ou contractuelle (C. assur, art. L. 211-20). Depuis 1992, la Cour de cassation admet la condamnation de l'assureur de responsabilité mis en cause devant la juridiction pénale, pour le compte de qui il appartiendra (Crim., 7 oct. 1992, RCA 1993, comm. n° 102 et Chron. n° 8 préc.). L'assureur verse ainsi une indemnité, souvent provisionnelle, à la victime ou même aux victimes par ricochet, pour le compte du Fonds de garantie, que son exception soit reçue ou non par le juge pénal.

Chapitre 5
Le fonds de garantie

BIBLIOGRAPHIE

L'Argus de l'assurance

Ouvrages. – F. Couilbault, S. Couilbault-Di Tommaso, V. Huberty, *Les grands principes de l'assurance*, Éd. L'Argus, 2015. – L. Ray, *L'assurance des flottes automobiles*, L'Argus éd., 2008. - S. Chanh et J. Péchinot, *Manuel de l'assurance automobile*, L'Argus éd.,, 2016. – L. Namin (sous coord.), *Réglementation automobile*, Éd. L'Argus, 2015 - J. Bigot (sous dir.), *Code des assurances*, L'Argus éd., – *Code de la route-Infracode*, L'Argus éd.

Articles. – M. Camier, Exception de non-garantie : le formalisme de l'opposabilité par l'assureur de la nullité du contrat d'assurance au FGAO, JA n° 0852, juin 2013. - Fonds de garantie : un recours en indemnisation sous conditions (dossier), JA déc. 09, p. 18. - G. Defrance et J.-P. Pié, Loi sur la sécurité financière, ce qu'il faut retenir, L'Argus 18 juill. 2003. – A. Farshian, Fonds de garantie, une sécurité faisant appel à la solidarité, L'Argus, 16 juin 2000. – Y. Mezou, Le fonds de garantie veut dépoussiérer son image, L'Argus 21 avr. 2000.

Autres documentations

Ouvrages. – S. Abravanel-Jolly, *Fonds de garantie*, Répertoire civil Dalloz, sept. 2002. – Ph. Casson, *Les fonds de garantie*, LGDJ, 1999, coll. « droit des affaires ». - A. Favre Rochex et G. Courtieu, *Fonds d'indemnisation et de garantie*, LGDJ, coll. « droit des affaires ». – Y. Lambert-Faivre, L. Leveneur, *Droit des assurances*, Précis Dalloz, 13e éd. – Ph. Le Tourneau et L. Cadiet, *Droit de la responsabilité et des contrats*, Dalloz Action 2002-2004.

Articles. – S. Abravanel-Jolly, Le fonds de garantie des accidents de circulation et de chasse rebaptisé fonds de garantie des assurances obligatoires de dommages, RCA 2004, p. 4. – A. Bourdelat, Les nouvelles missions du fonds de garantie automobile, Trib. ass. n° 75, janv. 2004, p. 25. – F. Chapuisat et F. Chaumet, Le juge, l'assureur de responsabilité civile et les fonds d'indemnisation, RGAT 1992. 787. – H. Groutel, Quelle prise en charge ?, RCA, hors série juin 2001, p. 66. ; Irrecevabilité de l'appel du Fonds en l'absence d'appel du prévenu, RCA 1989, chron. 31 ; La spécificité du paiement pour le compte de qui il appartiendra, dans la législation sur le Fonds de garantie automobile, RCA 92-15. – J. Landel, Sécurité financière, le projet de Fonds dommages, Trib. ass. mars 2003-1. – V. Mikalef-Toudic, Réflexions critiques sur les systèmes spéciaux de responsabilité et d'indemnisation, RGDA 2001, n° 2.

Divers. – S. Levindrey, L'indemnisation des victimes par les fonds de garantie, mémoire de DESS Assurances, Paris II Panthéon-Assas, juin 2004.

Section 1 ■ L'origine du Fonds de garantie

Sous-section 1 ■ L'insuffisance de l'assurance automobile

4019. Malgré les efforts du législateur et de la jurisprudence pour améliorer toujours davantage le sort de la victime, il reste des cas dans lesquels son indemnisation par le responsable du préjudice s'avère impossible. Ainsi en est-il lorsque la victime ne parvient pas à identifier l'auteur de son dommage, ou encore lorsque celui-ci, bien qu'identifié, ne soit pas en mesure d'assumer quelque réparation que ce soit, étant insolvable, et notamment dans l'hypothèse où le responsable n'aurait pas pris le soin de contracter une assurance automobile.

4020. Par ailleurs, l'assurance automobile a été rendue obligatoire par la loi n° 58-208 du 27 février 1958 alors que le nombre de véhicules en circulation n'a cessé de croître après la seconde guerre mondiale. Pour cette raison, dès 1951, un Fonds de garantie automobile a été mis en place (loi n° 51-1508 du 31 décembre 1951 et décret n° 52-763 du 30 juin 1952).

Sous-section 2 ■ Le rôle du Fonds de garantie pour les accidents causés par un véhicule terrestre à moteur

4021. Le Fonds de garantie automobile a été créé en 1951, bien avant la loi sur l'assurance automobile obligatoire qui date de 1958. Il trouve son origine et son développement dans l'essor constant de la circulation automobile et l'augmentation des accidents qui en résultaient. Il avait pour objet l'indemnisation des victimes d'accidents corporels de la circulation, causés par des véhicules terrestres à moteur, dont l'auteur est inconnu, n'est pas assuré, ou est assuré par une compagnie défaillante. Cette hypothèse pourrait se rencontrer quand le responsable est assuré auprès d'une société d'assurance de responsabilité civile automobile en liquidation judiciaire, après le retrait de son agrément administratif.

4022. Cette création originale a rapidement fait ses preuves, de sorte que le législateur est, par la suite, intervenu à plusieurs reprises pour étendre le champ d'intervention du Fonds de garantie. Sa mission s'est ainsi étendue aux accidents matériels automobile (L. n° 66-882, 30 nov. 1966), puis aux accidents de chasse, ainsi qu'à ceux de la circulation sur le sol ne mettant pas en cause des véhicules terrestres à moteur (L. n° 77-574, 6 juin 1977 et son décret d'application du 14 janv. 1981). Ainsi les victimes d'un accident de ski, de patins à roulettes, de bicyclette dont l'auteur n'est pas assuré, peuvent présenter une demande d'indemnisation au Fonds pour obtenir la réparation de leur préjudice. Il en va de même des victimes de morsures d'animaux dont les propriétaires ne sont pas assurés. Le Fonds de garantie intervient également pour des dommages causés à l'étranger par des véhicules immatriculés en France et non assurés.

4023. Enfin, la loi de sécurité financière n° 2003-706 du 1er août 2003 (JO 2 août), a institué le Fonds de garantie des assurances obligatoires de dommages. Pour l'essentiel, les attributions du Fonds de garantie automobile ont été transférées au Fonds de garantie des assurances obligatoires de dommages. Depuis cette loi, le Fonds de garantie est également chargé de l'indemnisation des victimes d'accidents causés par des animaux sans maître, tels les sangliers ou cerfs des forêts.

Sous-section 3 ■ Les Fonds de garantie automobile dans l'Union européenne

4024. Un Fonds de garantie automobile a été rendu obligatoire par la directive européenne n° 72-16626. Les nouveaux pays membres de l'Union Européenne, depuis le 1er mai 2004, ont du préalablement à leur entrée dans l'Union européenne, instaurer chacun à leur niveau national un Fonds de garantie automobile. Il en sera de même des futurs États adhérents.

4025. En terme d'effectifs, le Fonds de garantie français est le plus important, non pas que les dommages à sa charge soient plus nombreux, mais parce que le Fonds français gère lui même ses dossiers, depuis leur ouverture jusqu'à l'indemnisation de la victime. Les autres pays de l'Union n'ont pas choisi ce système, et préfèrent laisser aux assureurs la charge de gérer les dossiers, pour le compte des fonds de garantie.

Section 2 ■ Dommages ouvrant droit à réparation

§ 1 ■ Lieu de l'accident

4026. La loi du 31 décembre 1951 prévoyait que seuls les accidents survenus sur le territoire métropolitain seraient concernés par la garantie du Fonds. Depuis, la compétence territoriale du Fonds s'est accrue.

4027. L'article L. 421-11 du Code des assurances dispose en effet que « le Fonds de garantie est chargé de l'indemnisation des victimes d'accidents causés par les véhicules dont la circulation entraîne l'application d'une obligation d'assurance de la responsabilité civile et qui ont leur stationnement habituel en France métropolitaine ou à Monaco lorsque ces accidents surviennent sur le territoire d'un État visé à l'article L. 211-4 du Code des assurances à l'exception de la France et de Monaco ».

4028. Sont donc concernés les États membres de l'Union européenne ainsi que les territoires de tout État tiers pour lequel les bureaux nationaux de tous les États membres de l'Union européenne se portent individuellement garants du règlement des sinistres survenus sur leur territoire et provoqués par la circulation des véhicules ayant leur stationnement habituel dans cet État tiers.

4029. Cependant, l'intervention du Fonds de garantie est subordonnée à deux conditions :
- le responsable des dommages ne doit pas disposer de la garantie d'assurance obligatoire de responsabilité civile ;
- l'indemnisation doit s'effectuer dans les conditions prévues par la législation nationale de l'État sur le territoire duquel s'est produit l'accident.

4030. L'article L. 421-12 du Code des assurances prévoit encore que le Fonds de garantie est chargé de l'indemnisation des victimes lorsque l'accident causé par un véhicule mentionné à l'article L. 421-11 s'est produit pendant le trajet reliant directement deux territoires où le traité instituant la Communauté économique européenne est applicable.

4031. Dans cette hypothèse, plusieurs conditions sont alors exigées :
- le responsable des dommages ne doit pas disposer de la garantie d'assurance obligatoire de responsabilité civile ;
- l'indemnisation doit s'effectuer dans les conditions prévues par la législation nationale de l'État sur le territoire duquel s'est produit l'accident ;
- il ne doit exister pour le territoire parcouru aucun bureau national d'assurance ;
- les victimes doivent être ressortissantes d'un État membre de la Communauté européenne ou d'un territoire de tout État tiers pour lequel les bureaux nationaux de tous les États membres de la Communauté européenne se portent individuellement garants du règlement des sinistres survenus sur leur territoire et provoqués par la circulation des véhicules ayant leur stationnement habituel dans cet État tiers.

§ 2 ▪ Nature de l'accident

4032. Le Fonds de garantie est susceptible d'intervenir pour trois types d'accidents :
- les accidents impliquant des véhicules terrestres à moteur ;
- les accidents résultant de la circulation sur le sol et n'impliquant pas de véhicule terrestre à moteur ;
- les accidents causés par les animaux.

A ▪ Les accidents impliquant des véhicules terrestres à moteur

1 ▪ La notion de véhicule terrestre à moteur

4033. Selon l'article L. 421-1 du Code des assurances, issu de la loi du 5 juillet 1985, le Fonds est compétent pour intervenir à l'occasion d'un accident dans lequel est impliqué un véhicule terrestre à moteur, c'est-à-dire tout véhicule automoteur destiné à circuler sur le sol et qui peut être actionné par une force mécanique sans être lié à une voie ferrée, ainsi que toute remorque, même non attelée.
La Cour de cassation a défini la notion de véhicule terrestre à moteur et a estimé qu'il s'agissait des engins destinés au transport de personnes ou de choses, qui incluaient les matériels à vocation diverses tels un tracteur agricole (Civ. 2e, 25 juin 1986, D. 1987, somm.

87), un chariot automoteur (Crim., 12 janv. 1993, Gaz. Pal. 21 nov. 2003), ou un chasse neige (T. confl., 20 nov. 1961, JCP 1961, II, 12835).

2 ▪ La notion de circulation

4034. Un véhicule terrestre à moteur est en circulation lorsqu'il est en mouvement (Civ. 2e, 22 nov. 1995, RCA 1996, 11), et lorsqu'il est en stationnement, ou à l'arrêt. Les machines outils qui se déplacent sont également considérées comme des véhicules terrestres à moteur en circulation, même dans l'exercice de leur activité, sauf lorsqu'elles sont en position fixe. En revanche, le dommage causé par un élément d'équipement utilitaire du véhicule, étranger à sa fonction de déplacement ne résulte pas d'un accident de la circulation (Civ. 2e, 5 nov. 1998, D. 1999. 256).

4035. Un véhicule est impliqué dans un accident dès lors qu'il intervient d'une manière ou d'une autre dans la réalisation de cet accident, à quelque titre que ce soit. Le véhicule est impliqué, qu'il soit en mouvement, ou à l'arrêt, même régulièrement stationné et même en l'absence de choc.

B ▪ Les accidents résultant de la circulation sur le sol n'impliquant pas de véhicule terrestre à moteur

4036. L'article L. 421-1 II du Code des assurances précise que le Fonds de garantie indemnise également les victimes ou les ayants droit des victimes de dommages nés d'un accident de la circulation causé, dans les lieux ouverts à la circulation publique, par une personne circulant sur le sol ou un animal.

4037. Dans ce cas, le fonds de garantie indemnise les dommages résultant d'atteintes à la personne lorsque la personne responsable du dommage est inconnue ou n'est pas assurée.

4038. Le fonds de garantie indemnise les dommages aux biens, sous certaines conditions et limites :
- Lorsque la personne responsable du dommage est identifiée mais n'est pas assurée ;
- Lorsque la personne responsable du dommage est inconnue, sous réserve que l'accident ait causé une atteinte à la personne.

4039. Aux termes de cet article, le législateur a posé une double condition :
- L'accident doit être survenu dans des lieux ouverts à la circulation publique ;
- il doit être le fait de personnes circulant sur le sol ou bien être causé par un animal.

4040. Les victimes directes d'un accident de ski, de patins à roulettes, de bicyclette, ou d'une chose quelconque en circulation sont concernées, dès lors qu'elles subissent un dommage corporel, ou leurs ayants-droit. Par exemple, constitue un accident de la circulation sur le sol, la chute d'une personne provoquée par des chiens dont le propriétaire n'a pas été identifié, alors qu'elle descendait l'escalier d'accès à une bibliothèque municipale ; cet escalier étant un lieu ouvert à la circulation publique. (Civ. 2e, 27 mai 1999, Bull. civ. II, n° 103). Il faut cependant que le dommage soit rattachable à un accident de la circulation ce qui n'est pas le cas lorsqu'un piéton en agresse un autre dans une rue sans motif. (Civ. 1re, 5 juill. 1988, D. 1988, IR, 209). De même, le Fonds de garantie n'intervient pas dans le cas d'un adolescent projeté par une vague sur une baigneuse blessée ; l'adolescent ne peut être considéré comme circulant sur le sol. (Civ. 1re, 4 avr. 1995, DJTA 26 mai 95-III, note G. Defrance ; RGAT 1995. 430, note A. Favre Rochex).

C ▪ Les accidents causés par les animaux

4041. Le Fonds de garantie indemnise également les victimes ou les ayants droit des victimes de dommages nés d'un accident de la circulation causé, dans les lieux ouverts à la circulation publique, par un animal.

4042. Dans ce cas, le fonds de garantie indemnise les dommages résultant d'atteintes à la personne lorsque l'animal responsable du dommage n'a pas de propriétaire ou que son propriétaire est inconnu ou n'est pas assuré.

4043. Le Fonds de garantie indemnise les dommages aux biens, sous certaines conditions et limites :
- lorsque le propriétaire de l'animal responsable du dommage n'est pas assuré ;
- lorsque l'animal responsable du dommage est identifié mais n'a pas de propriétaire ;
- lorsque l'animal responsable du dommage n'est pas identifié, sous réserve que l'accident ait causé une atteinte à la personne.

§ 3 ▪ Conditions relatives à l'auteur du dommage

4044. Le Fonds de garantie indemnise la victime quand l'auteur du dommage est inconnu. Il appartient à la victime de prouver l'intervention et la responsabilité d'un auteur inconnu à l'origine de l'accident.

4045. L'auteur de l'accident peut encore être connu et non assuré, s'il n'a pas pris la précaution de souscrire un contrat d'assurance de responsabilité civile automobile préalable à l'accident, ou si l'assureur oppose à la victime un refus de garantie.

4046. L'assureur qui invoque une exception doit en informer la victime. Ainsi, la Cour de cassation casse l'arrêt d'une cour d'appel, sur le fondement de l'article R. 421-5 du Code des assurances, dont l'arrêt énonce que l'assureur d'un véhicule impliqué dans un accident de la circulation qui entend soulever la nullité du contrat d'assurance peut en aviser l'avocat de la victime ou de ses ayants droit, alors que cet avis doit leur être adressé personnellement (Civ. 2e, 12 déc. 2013, n° 12-24.836).

4047. L'intervention du Fonds se trouve donc exclue, lorsque le conducteur d'un véhicule heurte volontairement un autre véhicule, à la condition toutefois que le fait puisse être qualifié de faute intentionnelle au sens de l'article L. 113-1 du Code des assurances (Crim., 6 juin 1990, RGAT 1990. 846, note Chapuisat). L'intervention du Fonds de garantie se trouve également exclue lorsqu'un cyclomotoriste fait tomber une passante en lui arrachant son sac à main. (Crim., 8 août 1990, Bull. crim., n° 302). Encore que dans cette hypothèse, la victime pourra toujours soutenir que le cyclomotoriste a voulu lui voler son sac et non pas la blesser ce qui, dans ce cas, écarterait la faute intentionnelle.

4048. Enfin, l'auteur de l'accident peut avoir souscrit une assurance auprès d'une entreprise devenue insolvable. Dans cette hypothèse, l'insolvabilité de l'assureur peut être une cause d'intervention du Fonds de garantie, si le ministère de l'Économie et des Finances a retiré l'agrément administratif d'une entreprise d'assurance. Le retrait de l'agrément administratif que doit obtenir toute entreprise d'assurance a pour conséquence que l'assureur ne pourra plus verser les indemnités qui sont dues par lui au titre des contrats souscrits auprès de l'entreprise défaillante. Par une loi du 30 novembre 1966, le Fonds s'est vu substitué à l'assureur dans pareille situation. Il assume toutes les obligations de l'assureur de responsabilité civile automobile vis-à-vis des tiers victimes. C'est aux victimes que revient la charge de la preuve de l'insolvabilité de l'assureur.

§ 4 ▪ Nature des dommages

A ▪ Les dommages corporels

4049. A l'origine, le Fonds de garantie automobile n'indemnisait que les atteintes à la personne. Son intervention s'est étendue par la suite aux dommages matériels causés par un auteur identifié, mais dépourvu d'assurance ou insolvable. Le dommage corporel qui porte atteinte à l'intégrité physique ou intellectuelle de la victime et qui entraîne une diminution de son patrimoine est évalué et pris en charge dans les conditions de droit commun.

B ▪ Le dommage moral

4050. Le dommage moral, contrairement aux dommages corporels, n'affecte pas le patrimoine de la victime. Celle-ci subit néanmoins un préjudice qu'il convient de réparer. Le Fonds de garantie intervient pour indemniser la victime de l'ensemble de ses préjudices moraux :
- pretium affectionis (prix de l'affection) : douleur morale éprouvée du fait du décès ou de l'infirmité d'un proche ;
- pretium doloris (prix de la douleur) : souffrances physiques de la victime ;
- préjudice esthétique : cicatrice, mutilation ;
- préjudice d'agrément : impossibilité de poursuivre une activité sportive ou culturelle à la suite d'un accident.

Ces préjudices sont évalués et indemnisés dans les conditions de droit commun.
Par ailleurs, le Fonds de garantie peut être condamné à verser une provision, comme tout autre débiteur d'une obligation de réparer un préjudice corporel, dès lors que l'obligation à réparer n'est pas sérieusement contestable. Ainsi, la Cour de cassation a rappelé qu'aucune disposition légale ne permet au Fonds de garantie de se soustraire au versement d'une provision lorsque le droit à indemnité pour souffrances physique, sur laquelle la sécurité sociale ne peut exercer aucun recours, ne saurait être sérieusement contesté. (Civ. 2e, 2 févr. 1977, Bull. civ. II, n° 24 ; D. 1977. 523, note Groutel).

C ▪ Les dommages matériels

1 ▪ Accidents de la circulation causés par un véhicule terrestre à moteur

4051. Le Fonds de garantie intervient pour les dommages aux biens résultant d'un accident de la circulation dans lequel est impliqué un véhicule terrestre à moteur :
- lorsque le responsable des dommages est inconnu, sous réserve que l'accident ait causé une atteinte à la personne ;
- lorsque le responsable des dommages est identifié mais n'est pas assuré, sauf par l'effet d'une dérogation légale à l'obligation d'assurance ;
- lorsque l'assureur du responsable est totalement ou partiellement insolvable.

2 ▪ Autres accidents de la circulation

4052. Le Fonds de garantie indemnise également les victimes ou les ayants droit des victimes de dommages aux biens nés d'un accident de la circulation causé, dans les lieux ouverts à la circulation publique, par une personne circulant sur le sol ou un animal :

- lorsque la personne responsable du dommage est identifiée mais n'est pas assurée ;
- lorsque la personne responsable du dommage est inconnue, sous réserve que l'accident ait causé une atteinte à la personne ayant entraîné son décès ou son hospitalisation pendant au moins 7 jours suivie d'une incapacité temporaire de travail de 1 mois au moins ou d'une infirmité permanente de 10 % au moins ;
- lorsque le propriétaire de l'animal responsable du dommage n'est pas assuré ;
- lorsque l'animal responsable du dommage est identifié mais n'a pas de propriétaire ;
- lorsque l'animal responsable du dommage n'est pas identifié, sous réserve que l'accident ait causé une atteinte à la personne ayant entraîné son décès ou son hospitalisation pendant au moins 7 jours suivie d'une incapacité temporaire de travail de 1 mois au moins ou d'une infirmité permanente de 10 % au moins.

3 ▪ Montant de l'indemnisation des dommages matériels

4053. L'indemnisation des dommages matériels est limitée à 1 000 000 € par sinistre.

D ▪ Indemnisation des préjudices immatériels

4054. Le Fonds de garantie prend également en charge les préjudices immatériels qui sont consécutifs aux dommages matériels lorsque l'auteur des dommages est identifié mais non assuré (Civ. 2e, 13 juill. 1999, Trib. ass., oct. 1999, cahiers jur. III, note L. D.). Ainsi, la Cour de cassation a affirmé que doivent être indemnisées par le Fonds de garantie les pertes d'exploitation d'un commerce défoncé par un véhicule non assuré, dès lors que ce dommage est en relation de causalité directe avec l'accident. (Civ. 2e, 27 mars 2003, RGDA 2003. 504, note J. Landel).

Section 3 ▪ Conditions relatives à la victime

Sous-section 1 ▪ Situation de la victime

§ 1 ▪ La qualité de la victime

4055. Les victimes d'un accident de la circulation peuvent invoquer la garantie du Fonds de garantie. Il peut s'agir des victimes directes, qui ont subi personnellement le dommage, ou des ayants droit agissant en réparation du dommage subi par la victime directe, ou agissant en leur nom propre pour la réparation de leur préjudice par ricochet. Les ayants droit, victimes par ricochet, peuvent demander la réparation pour leur préjudice résultant des atteintes dans leurs sentiments d'affection (préjudice moral) et du préjudice résultant du fait qu'elles sont privées de ressources (préjudice économique) à la suite du décès ou d'une grave invalidité de la victime.

4056. Ont généralement la qualité d'ayants droit, les membres de la famille de la victime d'un dommage corporel, lorsque celle-ci est décédée des suites de ses blessures (ou lorsqu'elle est gravement handicapée : Civ. 1re, 1er mars 1978, Bull. civ. I, n° 51).

4057. En revanche, n'ont pas la qualité de victimes au regard du Fonds de garantie, les organismes qui versent des prestations à la victime et qui sont subrogés dans ses droits. Ainsi, la Cour de cassation a pu décider que n'avait pas la qualité d'ayant droit de la victime, l'employeur de celle-ci qui a versé diverses sommes à sa veuve. Civ. 2e, 2 déc. 1971, D. 1972, Somm. 105).

§ 2 ▪ La nationalité de la victime

A ▪ Cas général

4058. Les victimes d'accidents ou leurs ayants droit sont tenus de justifier :
- soit qu'ils sont français ;
- soit qu'ils ont leur résidence principale sur le territoire de la République française ;
- soit qu'ils sont ressortissants d'un État ayant conclu avec la France un accord de réciprocité et qu'ils remplissent les conditions fixées par cet accord.

B ▪ Accidents causés par un véhicule terrestre à moteur

4059. Pour les accidents dans lesquels sont impliqués des véhicules terrestres à moteur, peuvent également bénéficier de la garantie du Fonds, les ressortissants d'un État membre de la Communauté économique européenne, du Saint-Siège, de Saint-Marin ou de Monaco, ainsi que ceux qui ont leur résidence principale dans un de ces États.

C ▪ Conditions exigées

4060. Les victimes doivent établir que l'accident ouvre droit à réparation à leur profit dans les termes de la législation française sur la responsabilité civile et qu'il ne peut donner droit à indemnisation complète à aucun titre. Si la victime ou ses ayants droit peuvent prétendre à une indemnisation partielle à un autre titre, le Fonds de garantie ne prend en charge que le complément.

4061. La nationalité de la victime s'apprécie au jour de la demande. (Civ. 2e, 24 oct. 2002, RCA 2003, comm. n° 25, obs. Groutel ; RGDA 2003. 72, note J. Landel).

Sous-section 2 ▪ Les victimes exclues

§ 1 ▪ L'exclusion du conducteur

4062. Aux termes de l'article R. 421-2 du Code des assurances, sont exclus du bénéfice du Fonds de garantie, les dommages causés au conducteur provenant d'un accident dans lequel est impliqué un véhicule terrestre à moteur. Cependant, il incombe au Fonds d'établir que la victime était conducteur du véhicule lors de l'accident, sinon il doit prendre à sa charge les dommages subis par celle-ci (Civ. 2e, 14 juin 1995, L'Argus 25 août 1995, p. 19). On retrouve ici la traditionnelle exclusion des dommages atteignant le conducteur de l'assurance automobile obligatoire. Toutefois le conducteur peut invoquer la garantie du Fonds de garantie lorsque l'accident a été causé en tout ou partie par la circulation d'un tiers et dans la mesure de la responsabilité de ce tiers. Ainsi le conducteur non responsable pourra obtenir l'indemnisation de ses préjudices par le Fonds de garantie. Seule sa responsabilité partielle ou totale pourra lui être opposée.

§ 2 . Les autres personnes exclues

4063. Sont également exclus, lorsque les dommages ont été causés par un animal ou par une chose autre qu'un véhicule terrestre à moteur :
- le propriétaire ou la personne qui a la garde de l'animal ou de la chose au moment de l'accident ;
- son conjoint, ses ascendants et descendants, ainsi que les représentants légaux de la personne morale propriétaire de l'animal ou de la chose.

4064. En cas de vol du véhicule impliqué dans l'accident, de vol de l'animal ou de la chose qui a causé l'accident, sont également exclus du bénéfice du Fonds de garantie les complices du vol et, d'une manière générale, toutes les personnes transportées dans le véhicule ou sur l'animal. Cette exclusion n'est applicable que si le Fonds de garantie apporte la preuve de la connaissance du vol du véhicule ou de l'animal par les personnes transportées.
Cependant, toutes ces personnes exclues peuvent invoquer la garantie du Fonds de garantie lorsque l'accident a été causé en tout ou partie par la circulation d'un tiers ou d'une chose ou d'un animal appartenant à un tiers ou sous sa garde et dans la mesure de la responsabilité de ce tiers.
L'exclusion des responsables trouve son origine dans le fait que l'indemnisation de la victime suppose que celle-ci dispose contre l'auteur de son dommage, d'un droit à réparation. Or, le tiers auteur ne saurait être responsable vis-à-vis de lui-même des dommages qu'il s'est causé.

Section 4 . Procédure pour saisir le FGAO

§ 1 . Le Fonds de garantie supplée la carence du responsable

4065. Le rôle du Fonds de garantie n'est pas de faciliter l'indemnisation de la victime, mais de suppléer la carence d'un responsable inconnu ou insolvable lorsque la victime n'a pas droit à une indemnité complète à un autre titre (art. L. 421-1 al. 1, C. assur.). Autrement dit, le Fonds de garantie n'intervient que subsidiairement ; il n'est tenu d'indemniser la victime d'un accident ou ses ayants droit que dans la mesure où cette indemnisation n'incombe à aucune autre personne ou aucun autre organisme (Crim., 14 mars 1972, Gaz. Pal. 72-2-818 ; Civ. 1re, 31 janv. 1989, L'Argus 1989, 895 ; Soc. 21 déc. 1989, Gaz. Pal. 90-som. 627, note H. Margeat et J. Landel ; Civ. 2e, 4 déc. 1996, RGDA 1997. 172, note J. Landel). Cette subsidiarité conduit à écarter toute condamnation du Fonds de garantie conjointement avec le tiers responsable et à le mettre hors de cause dès lors qu'un seul des conducteurs des différents véhicules impliqués dans l'accident est assuré (Civ. 1re, 15 déc. 1998, RCA 1999, 91). D'un point de vue procédural, il en résulte que la victime ne doit s'adresser directement au Fonds de garantie que lorsque le responsable est inconnu.

4066. Le Fonds de garantie des assurances obligatoires (FGAO) paie les indemnités dues aux victimes ou à leurs ayants droit qui ne peuvent être prises en charge à aucun autre titre lorsque l'accident ouvre droit à réparation. Dès lors, en raison du caractère subsidiaire de cette mission, le FGAO ne peut être condamné au paiement des dépens, qui ne figurent pas au rang des charges qu'il est tenu d'assurer (Civ. 2e, 3 nov. 2011, n ° 10-19.572).

4067. Dans les autres cas, la victime doit agir selon les règles de droit commun afin de faire fixer l'indemnité due et, après établissement de l'insolvabilité ou du refus de payer de l'assureur, s'adresser au Fonds de garantie.

4068. Les indemnités doivent résulter soit d'une décision judiciaire exécutoire, soit d'une transaction ayant reçu l'assentiment du Fonds de garantie. Le principe de subsidiarité a pour conséquence que certains recours contre le Fonds de garantie se trouvent écartés. Ainsi, la Sécurité sociale ne peut demander au Fonds le remboursement des prestations par elle versées à la victime ou à ses ayants droit (Civ. 1re, 15 déc. 1998, L'Argus 12 févr. 1999, p. 39). De même, l'employeur n'a pas de recours contre le Fonds pour les salaires versés et les charges sociales (Civ. 2e, 2 déc. 1971, JCP 1972, II, 17021). Cependant, dès lors que l'indemnisation de la victime n'a été que partielle, le Fonds est tenu de prendre en charge les préjudices personnels non réparés par la Sécurité sociale : préjudice d'agrément, préjudice esthétique, pretium doloris... (Civ. 2e, 15 juin 1977, RGAT 1978. 70 ; Civ. 1re, 6 juin 1978, RGAT 1979. 213). Par ailleurs, dans l'hypothèse de responsabilité in solidum, le co-responsable identifié doit indemniser la victime pour la totalité de son préjudice et ne peut ensuite exercer aucun recours contre le Fonds de garantie. Ce principe a été clairement posé tant par la chambre criminelle que par la première Chambre civile de la Cour de cassation (Crim., 26 févr. 1975, RGAT 1975. 546 ; Civ. 2e, 21 janv. 1976, RGAT 1976. 545). La deuxième chambre civile adopte une position identique en affirmant que le Fonds ne peut être condamné à relever le coauteur de son obligation d'indemniser la victime à concurrence de la part laissée à la charge du conducteur inconnu (Civ. 2e, 27 juin 1973, JCP 1973, IV, 310). En revanche, l'assureur automobile qui a indemnisé la victime, pour le compte de qui il appartiendra, et qui a invoqué avec succès la nullité du contrat d'assurance, peut demander le remboursement au Fonds, dont le caractère subsidiaire de l'intervention est alors exclu (Civ. 1re, 3 mai 1995, RGAT 1995. 601, note J. Landel). Le Fonds ne peut pas demander la condamnation de conducteurs responsables si la victime de l'accident ne le fait pas ; le Fonds, dont l'obligation est subsidiaire, doit dans cette hypothèse demander sa mise hors de cause (Civ. 2e, 29 nov. 2001, RCA 2002, comm. n° 57 et n° 85).

§ 2 ▪ Les procédures préalables à la saisine du Fonds

4069. Lorsque le responsable du dommage subi par la victime est connu, la victime ou ses ayants droit doivent conclure avec lui une transaction, ou engager une procédure judiciaire contre lui dans le délai de cinq ans à compter de l'accident. L'action doit être intentée contre le responsable et non uniquement contre l'assureur de celui-ci qui dénie toute garantie. (Civ. 1re, 17 nov. 1998, RGDA 1999. 116). La transaction fixant les indemnités dues par le responsable doit être notifiée par lui au Fonds de garantie, par lettre recommandée avec demande d'accusé de réception, et dans le délai d'un mois, sous peine de l'amende prévue pour les contraventions de troisième classe.

4070. Cette étape préalable a pour but d'établir la responsabilité de l'auteur du dommage, et ainsi d'alléger la tâche du Fonds de garantie. Ainsi, il n'est pas nécessaire qu'il se lance dans des investigations préalables à la demande d'indemnisation. La victime et le responsable assumeront eux mêmes cette tâche. Le protocole transactionnel est opposable au Fonds de garantie, qui pourra décider ensuite d'accepter ses conditions ou de les refuser. La victime aura un an, à compter de la transaction ou de la décision judiciaire passée en force de chose jugée, pour présenter sa demande d'indemnisation au Fonds de garantie.

4071. Lorsque les dommages de la victime ne sont que matériels, celle-ci ne dispose que de six mois à compter de l'absence d'assurance pour saisir le Fonds de garantie et lui faire parvenir un état estimatif de ses dommages, accompagné des justificatifs relatifs à l'identité de l'auteur de l'accident, à sa responsabilité et à l'absence ou à l'insuffisance d'assurance ou de garantie de la personne présumée responsable des dommages. La connaissance du défaut d'assurance peut résulter de la notification faite par un assureur, à la compagnie d'assurance mandataire de la victime, de son refus de garantie du sinistre causé par l'auteur du dommage. (Civ. 1re, 19 déc. 1983, Bull. civ. I, n° 303).

4072. Si la victime décide de recourir à la voie judiciaire, elle doit, pour que le jugement soit opposable au Fonds de garantie, lui adresser une copie de l'acte introductif d'instance ou, si la procédure se déroule devant les juridictions pénales, lui envoyer par lettre recommandée sa constitution de partie civile. Le Fonds de garantie pourra intervenir à tout moment pour contester le principe de la responsabilité ou son étendue, ou le montant de l'indemnité.

4073. Lorsque l'auteur du dommage est inconnu, aucune procédure préalable à la saisine du Fonds de garantie n'est imposée à la victime ou à ses ayants droit. Ils disposent de trois ans pour présenter leur demande d'indemnisation au Fonds de garantie, à compter de l'accident, par lettre recommandée avec demande d'accusé de réception, sous peine de forclusion. Lorsqu'une information pénale a été ouverte contre « X » à la suite d'un accident de la circulation dont l'auteur est resté inconnu, le point de départ du délai de trois ans ne commence à courir qu'à compter de l'ordonnance de non lieu constatant l'impossibilité de retrouver l'auteur de l'accident. En effet, jusqu'à cette date la victime est dans l'impossibilité de justifier que l'auteur est resté inconnu. (Civ. 2e, 9 nov. 1971, D. 1972. 60). Si la victime laisse passer un délai de trois ans pour agir contre le responsable et qu'elle apprend, en cours de procès, que celui-ci n'est pas assuré, elle ne peut plus agir contre le Fonds ; son action est forclose. (Civ. 1re, 20 déc. 1988, D. 1989, IR, 9).

§ 3 ▪ Saisine du Fonds de garantie

A ▪ La demande d'indemnité

4074. Lorsque le responsable des dommages corporels est connu mais non assuré, la victime doit accompagner sa demande d'indemnité d'une expédition de la décision de justice intervenue ou d'une copie certifiée conforme de l'acte portant règlement transactionnel pour la fixation définitive de l'indemnité. Si le Fonds de garantie et la victime sont en désaccord sur la transaction intervenue, sur la fixation de l'indemnité, ou sur l'existence des diverses conditions d'ouverture du droit à indemnité, la victime ou ses ayants droit peuvent saisir le tribunal compétent.

B ▪ Les justificatifs

4075. La demande d'indemnité adressée au Fonds de garantie par lettre recommandée avec demande d'accusé de réception doit être accompagnée de plusieurs justificatifs. Les demandeurs doivent prouver que les conditions relatives à leur nationalité sont remplies, que l'accident leur ouvre bien droit à réparation dans les termes de la législation française et qu'il ne peut donner droit à indemnisation complète à aucun titre. Si la victime ou ses ayants droit peuvent prétendre à une indemnisation partielle à un autre titre, le Fonds de garantie ne prend en charge que le complément. Pour permettre de déterminer le préjudice complémentaire de la victime ou de ses ayants droit, les tiers payeurs, définis par la loi Badinter du 5 juillet 1985, doivent faire connaître au Fonds de garantie le montant des versements effectués au profit de ceux-ci, au plus tard dans un délai de quatre mois à compter de la demande émanant du Fonds de garantie.

4076. La victime ou ses ayants droit doivent encore justifier que le responsable de l'accident n'a pas pu être identifié, ou n'est pas assuré, ou que son assureur est totalement ou partiellement insolvable après la fixation de l'indemnité par une transaction ou une décision de justice exécutoire.

4077. La non identification du responsable peut être établie par la production du rapport de police ou de gendarmerie. L'insolvabilité de l'assureur résulte du retrait de l'agrément administratif.

4078. Lorsqu'un jugement définitif a condamné un prévenu non assuré à verser une indemnité à la victime, celle-ci doit adresser au Fonds de garantie, par lettre recommandée avec accusé de réception, une demande d'indemnité accompagnée du jugement et des autres pièces justificatives. (Civ. 1re, 27 nov. 1990, D. 1991. 327, note Couzinet).

4079. Lorsque les dommages ne sont que matériels, et l'auteur identifié, le législateur prévoit que la déclaration au Fonds de garantie doit être accompagnée de l'état descriptif des dommages et des justificatifs relatifs à l'identité de l'auteur de l'accident, à sa responsabilité et à l'absence ou à l'insuffisance d'assurance ou de garantie de la personne présumée responsable des dommages. Cette demande doit être adressée dans le délai de six mois à compter du jour où la victime a eu connaissance de l'absence ou de l'insuffisance de garantie de la personne présumée responsable des dommages, et au plus tard, dans le délai de douze mois à compter du jour de l'accident.

4080. Lorsque l'auteur des dommages est inconnu, toute victime de dommages aux biens doit, sous peine de déchéance de ses droits à l'égard du Fonds de garantie, faire une déclaration, dans le délai de trois ans à compter de l'accident. Cette déclaration doit être accompagnée de l'état descriptif des dommages et doit établir que les conditions prévues à l'article R. 421-18 du Code des assurances sont réunies.

C ▪ L'offre d'indemnité

4081. Le Fonds de garantie doit, dans les mêmes conditions qu'un assureur automobile, faire une offre d'indemnité à la victime qui a subi une atteinte à sa personne, ou à ses héritiers, dans les huit mois à compter de l'accident ou, s'il s'agit d'autres victimes, à compter de leur demande d'indemnisation. L'offre comprend tous les éléments indemnisables du préjudice, y compris les éléments relatifs aux dommages aux biens lorsqu'ils n'ont pas fait l'objet d'un règlement préalable. L'offre d'indemnité doit indiquer l'évaluation de chaque chef de préjudice, les créances de chaque tiers payeur et les sommes qui reviennent au bénéficiaire. Elle est accompagnée de la copie des décomptes produits par les tiers payeurs.

4082. Lorsque l'offre n'a pas été faite dans les délais impartis, le montant de l'indemnité offerte produit intérêt de plein droit au double du taux légal à compter de l'expiration du délai et jusqu'au jour de l'offre. Cette sanction est encourue lorsque le Fonds de garantie ne démontre pas qu'il a été dans l'impossibilité de demander aux tiers payeurs communication du montant des versements effectués à la victime dans le délai prévu par ce texte.

D ▪ Offre insuffisante

4083. Le juge peut estimer que l'offre présentée par le Fonds de garantie est manifestement insuffisante. Alors, le juge pourra condamner le Fonds à verser au Trésor Public une somme au plus égale à 15 % de l'indemnité allouée, sans préjudice des dommages et intérêts dus de ce fait à la victime. Le Fonds de garantie est tenu d'informer la victime, à peine de nullité relative de la transaction qui pourrait intervenir, qu'elle peut obtenir de sa part, sur simple demande, la copie du procès-verbal de gendarmerie et de lui rappeler qu'elle peut à son libre choix se faire assister d'un avocat et, en cas d'examen médical, d'un médecin. La victime pourra dénoncer la transaction dans les quinze jours de sa conclusion, par lettre recommandée avec demande d'avis de réception.

4084. La procédure d'offre n'est pas applicable aux victimes à qui l'accident n'a occasionné que des dommages aux biens.

E ▪ La contestation du Fonds de garantie devant les juridictions

4085. Le législateur reconnaît la possibilité pour le Fonds de garantie d'intervenir, même devant les juridictions répressives, et même pour la première fois en cause d'appel, en vue notamment de contester le principe ou le montant de l'indemnité réclamée, dans toutes les instances engagées entre les victimes d'accidents ou leurs ayants droit, d'une part, les responsables ou leurs assureurs, d'autre part. Le Fonds de garantie intervient alors à titre principal et peut user de toutes les voies de recours ouvertes par la loi. Ainsi le Fonds doit être admis à intervenir dans lesdites procédures toutes les fois qu'il y a intérêt, ce qui est le cas lorsqu'il conteste le défaut d'assurance du prévenu. (Crim., 28 avr. 1987, D. 1988, Somm. 149, obs. Berr et Groutel).

Section 5 ▪ Financement et organisation

Sous-section 1 ▪ Les ressources du FGAO

§ 1 ▪ Les sources principales de financement

4086. Se pose ici la question de savoir qui finance le Fonds de garantie, autrement dit qui va finalement indemniser la victime à travers les sommes versées par les Fonds. Le législateur a opté pour deux solutions, soit que les Fonds sont financés par l'État, auquel cas ce sera l'ensemble de la population au titre de la solidarité nationale qui interviendra, soit que les Fonds sont financés par les assurés et les assureurs du risque envisagé, au moyen d'une contribution assise sur les primes ou les cotisations. Le Fonds de garantie contre les accidents de la circulation dispose de ressources de financement multiples. Certaines sont principales comme subvenant pour une très large partie aux besoins du Fonds, d'autres ne sont que secondaires.

4087. L'article L. 421-4 du Code des assurances dispose que le Fonds de garantie est alimenté par les contributions des entreprises d'assurance, des automobilistes assurés et des responsables d'accidents automobiles non bénéficiaires d'une assurance.

§ 2 ▪ Les contributions

4088. Les assureurs des risques automobiles sont tenus de verser au Fonds de garantie une contribution assise sur les primes ou cotisations d'assurance du dernier exercice, accessoires et rappels compris, annulations déduites, relatives à l'assurance obligatoire des véhicules terrestres à moteur et de leurs remorques et semi-remorques lorsque le risque est situé sur le territoire de la République française. Les responsables d'accidents causés par l'utilisation de véhicules terrestres à moteur, non assurés, sont mis à contribution. La jurisprudence a précisé que c'était ici le défaut d'assurance qui rendait l'auteur responsable redevable de la contribution (CA Orléans, 5 juin 1953, RGAT 1953. 434).

4089. Cette contribution est assise sur le montant total des indemnités mises à leur charge à titre de réparation des dommages résultant de ces accidents. Elle n'est due que si le défaut d'assurance est établi. Bien souvent, le responsable s'avèrera insolvable, de sorte que cette source de financement n'est au final que bien mineure.

4090. La contribution est liquidée et recouvrée par les services de la direction générale des impôts. Elle est perçue sur la notification faite à la direction générale des impôts par le Fonds de garantie.

4091. Enfin, le législateur a prévu une contribution des assurés, assise sur toutes les primes ou cotisations qu'ils versent aux entreprises d'assurance pour l'assurance des risques de responsabilité civile résultant d'accidents causés par les véhicules. Elle est perçue par les entreprises d'assurance et recouvrée mensuellement par le Fonds de garantie. L'arrêté du 6 novembre 1996 fixe les taux des contributions alimentant le Fonds de garantie contre les accidents de la circulation :1 % de la totalité des charges du Fonds de garantie.

4092. Par ailleurs, selon l'article L. 211-14 du Code des assurances, lorsque l'assureur, d'un automobiliste responsable d'un accident, fait une offre manifestement insuffisante, le juge qui fixe l'indemnité condamne d'office l'assureur à verser au Fonds de garantie une somme égale au plus à 15 % de l'indemnité allouée. L'absence d'offre constitue une offre manifestement insuffisante au sens de cet article. (Civ. 2e, 3 déc. 1987, Bull. civ. II, n° 289).

4093. Les taux des contributions prévues pour l'alimentation du fonds de garantie des assurances obligatoires de dommages en application des articles R. 421-27 et R. 421-28 du Code des assurances sont fixées par arrêté ministériel, dans les limites maximum suivantes :
- contribution des entreprises d'assurance au titre de la section « Opérations du fonds de garantie résultant de la défaillance d'entreprises d'assurance dommages » prévue au 1° de l'article R. 421-27 : 12 % de la totalité des charges de cette section ;
- contribution des entreprises d'assurance au titre de la section automobile : 12 % de la totalité des charges de cette section ;
- contribution des responsables d'accidents non assurés : 10 % des indemnités restant à leur charge. Toutefois, ce taux est ramené à 5 % lorsque l'accident a été provoqué par un véhicule utilisé par l'Etat ou un Etat étranger pour lequel a été fournie l'attestation prévue à l'article R. 211-25. Il est également ramené à 5 % des indemnités restant à leur propre charge pour les bénéficiaires d'une assurance avec franchise ;
- contribution des assurés : 2 % des primes d'assurance automobile obligatoire.

4094. L'article A. 421-3 du Code des assurances, modifié par un arrêté du 9 juin 2010, a fixé les taux suivants :
- contribution des entreprises d'assurance au titre du 1° de l'article R. 421-27 : 1 % de la

totalité des charges de la section relative aux opérations résultant de la défaillance d'entreprises d'assurance dommages ;
- contribution des entreprises d'assurance au titre du 3° de l'article R. 421-27 : 1 % de la totalité des charges de la section automobile ;
- contribution des responsables d'accidents non assurés au titre du 4° de l'article R. 421-27 :
-taux normal : 10 % des indemnités restant à leur charge,
-taux réduit : 5 % ;
- contribution des assurés au titre du 5° de l'article R. 421-27 : 1, 2 % des primes (Arr., 9 juin 2010, art. 2 : ce taux est applicable aux primes émises à compter du 1er août 2010).

§ 3 ▪ Les sources secondaires de financement

4095. Le Fonds de garantie peut aussi compter sur d'autres sources de financement, moins importantes. Comme d'autres fonds, le Fonds de garantie des assurances obligatoires de dommages dispose de produits financiers qui proviennent des placements qu'il réalise pour garantir ses engagements vis-à-vis des victimes. En effet, l'article R. 421-47 du Code des assurances prévoit que l'excédent des ressources du Fonds de garantie sur ses dépenses courantes est placé en valeurs mobilières et immobilières mentionnées à l'article R. 332-2 du Code des assurances.

4096. Le Fonds de garantie perçoit encore une majoration de 50 % des amendes prononcées pour violation de l'obligation d'assurance en matière automobile. Cette majoration est perçue par les comptables publics dans les mêmes conditions que les amendes, pour le compte du fonds. Enfin, le Fonds de garantie dispose d'une source de financement lorsqu'il exerce une action subrogatoire à l'encontre du responsable. Il peut, de plus, demander au responsable les intérêts calculés au taux légal sur l'indemnité due à la victime, qui courent depuis la date de paiement des dommages et intérêts fixés judiciairement, ou depuis la mise en demeure adressée par le Fonds de garantie lorsque les dommages et intérêts sont évalués par une transaction.

§ 4 ▪ Les recours du Fonds de garantie

4097. Les recours subrogatoires que peut exercer le Fonds de garantie après avoir indemnisé la victime poursuivent deux objectifs. Ils visent tout d'abord à éviter que la victime n'obtienne une réparation de son dommage supérieure à celle à laquelle elle a droit en vertu du principe indemnitaire, et qui aurait pour conséquence de lui procurer un enrichissement. Ensuite, les recours permettent de faire supporter la charge de la dette au responsable, seul tenu à réparation. Ainsi, l'article L. 421-3 du Code des assurances dispose que le Fonds de garantie est subrogé dans les droits que possède le créancier de l'indemnité contre la personne responsable de l'accident ou son assureur. Il a droit, en outre, à des intérêts calculés au taux légal en matière civile et à des frais de recouvrement. Ainsi, le Fonds de garantie pourra récupérer les intérêts au taux légal courant de la date du paiement des indemnités lorsque celles-ci ont été fixées judiciairement ou depuis une mise en demeure par lettre recommandée avec demande d'accusé de réception lorsqu'elles résultent d'une transaction.

4098. Le Fonds de garantie pourra en outre obtenir une allocation forfaitaire destinée à compenser les frais de recouvrement.

4099. L'article L. 421-3, alinéa 2 du Code des assurances précise que lorsque le Fonds de garantie transige avec la victime, cette transaction est opposable à l'auteur des dommages et à son assureur. Ils gardent cependant le droit de contester devant le juge le montant des sommes réclamées du fait de cette transaction. La contestation ne saurait toutefois avoir pour effet de remettre en cause le montant des indemnités allouées à la victime ou à ses ayants droit.

4100. Dans l'hypothèse du retrait d'agrément d'une entreprise, le Fonds de garantie prend en charge l'indemnisation des dommages résultant d'atteintes à la personne et de dommages aux biens nés d'un accident dans lequel sont impliqués des véhicules terrestres à moteur assurés par l'entreprise. L'article L. 421-9-4 du Code des assurances prévoit que le Fonds de garantie sera alors substitué à l'assureur pour les obligations et les droits de celui-ci. A ce titre, il dispose donc du recours subrogatoire dont aurait disposé l'assureur. Le liquidateur effectue, sur demande et pour le compte du Fonds de garantie, les enquêtes et formalités nécessaires à l'exercice des recours. Les sommes récupérées par le Fonds de garantie à la suite de ces recours viennent en déduction de sa créance sur la liquidation. L'action récursoire s'exerce à l'encontre de la liquidation de la société d'assurance et non pas contre l'assuré responsable de l'accident.

Sous-section 2 ■ Le fonctionnement du FGAO

4101. Le fonds de garantie est une personne morale de droit privé. Il groupe toutes les entreprises d'assurance agréées en France et soumises au contrôle de l'État en vertu de l'article L. 310-1 du Code des assurances qui couvrent les risques faisant l'objet d'une obligation d'assurance en vertu d'une disposition législative ou réglementaire. Il groupe également l'ensemble des entreprises qui offrent des garanties en matière d'assurance automobile et de chasse.

§ 1 ■ L'assemblée générale

4102. Le Fonds de garantie des accidents de la circulation présente la particularité de fonctionner avec une assemblée générale, regroupant toutes les sociétés d'assurance qui couvrent le risque de responsabilité civile automobile. C'est le seul fonds qui repose sur ce principe d'adhésion obligatoire des assureurs. Le Fonds de garantie contre les accidents de la circulation est administré par deux organes, qui sont d'une part une assemblée générale, et de l'autre un conseil d'administration. Si le conseil d'administration est un organe commun à l'ensemble des fonds, en revanche l'assemblée générale fait la particularité de ce Fonds.

4103. Aux termes de l'article R. 421-25 du Code des assurances, le Fonds de garantie rassemble obligatoirement toutes les entreprises pratiquant sur le territoire de la République française des opérations d'assurance contre les risques de responsabilité civile résultant de l'emploi de véhicules terrestres à moteur et celles qui sont agrées pour pratiquer les opérations d'assurance chasse. Sont ainsi concernées toutes les entreprises agréées en France, les entreprises françaises et les entreprises étrangères établies sur le territoire français, et celles qui pratiquent l'assurance en libre prestation de service au niveau de l'Union européenne.

4104. L'Assemblée générale est constituée de toutes ces sociétés d'assurance qui adhèrent obligatoirement au Fonds de garantie. Elle adopte, sur proposition du conseil d'administration, le règlement intérieur du fonds, elle peut proposer des modifications aux statuts du fonds, examine les comptes approuvés par le conseil d'administration. Elle se réunit au moins une fois par an sur convocation du conseil d'administration ou à la demande des deux tiers de ses membres ou du commissaire du gouvernement. L'assemblée désigne une partie des membres représentant les sociétés d'assurance au conseil d'administration.

§ 2 ■ Le conseil d'administration

4105. Le fonds de garantie est administré par un conseil d'administration composé de dix-huit membres. Il comprend :
1° Un représentant des sociétés d'assurances mutuelles agricoles désigné par la Caisse centrale des mutuelles agricoles ;
2° Huit représentants des entreprises d'assurance pratiquant sur le territoire de la République française l'assurance de dommage et couvrant les risques faisant l'objet d'une obligation d'assurance ;
3° Un représentant des entreprises d'assurance agréées pour pratiquer les opérations d'assurance chasse ;
4° Sept membres désignés par arrêté du ministre chargé de l'Économie, respectivement sur la proposition du directeur général de la Caisse des dépôts et consignations, de l'assemblée des chambres françaises de commerce et d'industrie, de l'assemblée permanente des présidents des chambres d'agriculture de France, de la Fédération française des clubs automobiles, de la Fédération nationale des transporteurs routiers, de l'Office national de la chasse et de la faune sauvage, de la Fédération française du bâtiment ; un représentant des assurés et bénéficiaires désigné par arrêté du ministre chargé de l'économie après consultation du Conseil national de la consommation.
Le conseil élit son président parmi ses membres.
Le conseil désigne le directeur général du fonds.
La durée du mandat du président, des administrateurs et du directeur général est fixée par les statuts régissant le fonds et ne peut excéder cinq ans.

§ 3 ■ Le contrôle de l'État

4106. La comptabilité du Fonds de garantie doit faire apparaître les recettes qu'il perçoit, composées du produit des contributions prévues aux articles R. 421-27 et suivants du Code des assurances, des recouvrements effectués sur les débiteurs d'indemnités, du produit des placements qu'il effectue et des intérêts servis sur les sommes en compte courant, ainsi que des remboursements et réalisations de valeurs mobilières et immobilières.

4107. La comptabilité doit encore faire apparaître les dépenses du Fonds de garantie, composées essentiellement des indemnités et frais versés au titre des sinistres à la charge du Fonds, mais également des frais de fonctionnement et d'administration, et des frais engagés au titre des recours.

4108. Afin d'effectuer ces opérations, le Fonds de garantie est tenu d'ouvrir dans les écritures de la Caisse des dépôts et consignations un compte de dépôt. Toutes les opérations concernant ce compte sont ordonnées par le représentant qualifié du Fonds de garantie.

4109. Le Fonds de garantie est soumis au contrôle du ministre de l'Économie et des Finances. Un commissaire du gouvernement désigné par ce ministère exerce, au nom du ministre, un contrôle sur l'ensemble de la gestion du Fonds de garantie. Il peut assister à toutes les réunions du Conseil d'administration ou des comités qui seraient institués par ce conseil. Il peut se faire présenter tous les livres et documents comptables.

Sous-titre 3
Responsabilité et litiges

Chapitre 1
L'assurance responsabilité civile « vie privée »

BIBLIOGRAPHIE

L'Argus de l'assurance

Ouvrages. – N. Hadj-Chaib- Candeille, *Risques et assurances de responsabilité civile*, L'Argus éd., 2012. – J. Bigot (sous dir.), *Code des assurances*, L'Argus éd.,

Articles. – J. P. Fort, Les clauses d'exclusions dans les polices de responsabilité générale, L'Argus 2010, n° 7180. - G. Defrance, Quel temps fait-il sur votre RC ?, L'Argus n° 6997, 27 oct. 2006 ; Exclusion des dommages corporels et multirisques, L'Argus n° 6960, 13 janv. 2006 ; Gérer ses contrats d'assurance après un divorce, L'Argus n° 6865, 23 janv. 2004. – J.-J. Mortiaux, La présence de l'assureur au procès pénal, L'Argus 1985, p. 846. – B. Raymond, L'assureur est admis au procès pénal, L'Argus 1983, p. 1881.

Autres documentations

Ouvrages. – Y. Lambert-Faivre et L. Leveneur, *Droit des assurances*, Dalloz 13e éd. 2011, sp. n° 630 et s. – Y. Lambert-Faivre et S. Porchy-Simon, *Droit du dommage corporel, systèmes d'indemnisation*, Dalloz 7e éd. 2012. – *Lamy Assurances*, J. Kullmann (dir.), 2014. – *Traité de droit des assurances*, J. Bigot (dir.), T. 3, Le contrat d'assurance, LGDJ 2002. –

Articles. – L. Bloch, Clause de direction de procès dans une police d'assurance de responsabilité civile. - G. Courtieu, Assurance de responsabilité et durée de la garantie : la nouvelle donne, RCA 2003, chron. 30. – H. Groutel, La distinction de l'action directe et de l'action en garantie, RCA 1997, chron. 4 ; Embrouilles sur l'assurance de responsabilité, RCA 2007, chron. 12 ; Les sortir de l'ombre, RCA 2014, repère n° 2 - A. d'Hauteville, L'intervention des assureurs au procès pénal en application de la loi du 8 juillet 1983, JCP G 1984, I, 3139. – F. Vincent, Assurance RC chef de famille, RCA, fasc. n° 580.

Divers. – La responsabilité civile du particulier et son assurance, www.ffsa.fr.

4110. L'assurance de responsabilité civile « vie privée » ou assurance RC « chef de famille » est une assurance souscrite par les personnes physiques qui veulent se prémunir contre les conséquences de la mise en jeu de leur responsabilité, pour le cas où ils causeraient des dommages à autrui. Pourtant, celui qui souscrit la police, qui paie les cotisations, et qui est en même temps l'assuré, ne bénéficie pas directement de la garantie proposée par l'assureur. En pratique, cette assurance profite à la victime, laquelle dispose en quelque sorte d'un privilège sur l'indemnité d'assurance, dont elle est la bénéficiaire effective. Par exemple, le souscripteur d'une police garantissant « sa responsabilité civile en raison des dommages matériels et immatériels consécutifs à un incendie, à condition que l'événement ait pris naissance en dehors du bâtiment dont l'assuré est propriétaire, locataire ou occupant » ne peut solliciter utilement la mise en jeu de la garantie en cas d'incendie affectant l'immeuble qu'il occupe (Civ. 2e., 9 févr. 2012, n° 11-10.668 et 11-11.917: RCA 2012, comm. 182, obs. H. Groutel).

4111. L'assurance RC vie privée est généralement intégrée à un contrat multirisques habitation. Elle entre dans la catégorie des assurances de dommages à caractère indemnitaire. C'est une assurance de dommages dans la mesure où elle constitue une garantie contre les conséquences pécuniaires de la responsabilité de l'assuré, en prenant en charge la réparation des dommages causés à la victime (Civ. 1re, 16 juill. 1998, Bull. civ. I, n° 246). C'est une assurance fondée sur le principe indemnitaire, d'après lequel le bénéficiaire de l'assurance, la victime en l'occurrence, ne doit en aucun cas s'enrichir en recevant des indemnités d'un montant supérieur à la valeur du préjudice subi.

4112. Les assurances de responsabilité sont extrêmement nombreuses : assurance de responsabilité des constructeurs, assurance de responsabilité des exploitants de remontées mécaniques, assurance de responsabilité des organisateurs, promoteurs et exploitants d'activités physiques et sportives... Ces assurances de responsabilité, qui entrent de plus en plus souvent dans la catégorie des assurances obligatoires, sont soumises à des régimes juridiques distincts, fixés dans une large mesure par les pouvoirs publics, et qui tiennent compte de la spécificité du contexte.

4113. Il ne s'agira pas ici d'appréhender les assurances de responsabilité dans leur diversité, mais de recenser les règles applicables à l'assurance RC vie privée, laquelle n'est pas soumise à un régime spécifique imposé par le législateur. Le Code des assurances consacre plusieurs dispositions aux assurances de responsabilité (C. assur., art. L. 124-1 et s. et R. 124-1 et s.). Pour bien cerner les contours de cette assurance, il convient de déterminer les risques couverts (section 1) et le processus de mise en œuvre de la garantie (section 2).

Section 1 . Risques garantis

4114. La définition de l'assurance de responsabilité laisse supposer qu'elle revêt une double facette :

- d'un côté, elle garantit la dette de responsabilité de l'assuré, en prenant en charge, à la place de ce dernier, la réparation des préjudices causés à la victime. À cet égard, elle constitue une assurance de la dette de responsabilité de l'assuré ;
- d'un autre côté, elle garantit la créance de réparation de la victime, en lui versant une indemnité destinée à compenser les préjudices qu'elle a subis. À cet égard, elle constitue une assurance de la créance d'indemnisation de la victime.

Aussi abstraite qu'elle puisse paraître, la distinction a des implications pratiques, dans la mesure où le risque couvert en assurance de responsabilité n'est pas perceptible de la même façon, selon qu'on se place du point de vue de l'assuré ou de la victime. En outre, l'évolution actuelle du droit des assurances traduit un effacement du responsable assuré au profit d'un intérêt toujours plus manifeste porté à la victime, ce qui tend à donner une légitimité sans cesse croissante à la distinction.

§ 1 ▪ Garantie de la dette de responsabilité de l'assuré

4115. L'assuré qui souscrit un contrat d'assurance de responsabilité doit se préoccuper de l'activité garantie (A), de la responsabilité garantie dans le cadre de l'activité concernée (B), des responsables couverts (C), des conditions de la garantie et des exclusions de garantie (D).

A ▪ Activité garantie

4116. La plupart du temps, le souscripteur d'un contrat d'assurance de responsabilité ne cherche pas à être garanti pour les conséquences d'une seule de ses activités. Il veut être garanti pour ses comportements dans la sphère de sa vie privée (activité sportive, conduite automobile, ...) et pour son activité professionnelle. Or, il n'existe pas de contrat d'assurance de responsabilité couvrant les conséquences de toutes les activités d'un individu.

4117. L'assurance RC vie privée prend en charge les conséquences de la responsabilité de l'assuré pour de nombreuses activités exercées dans le cadre de sa vie privée. Mais le domaine de l'assurance RC vie privée n'est cependant pas sans limite. Notamment, l'assureur RC vie privée ne se préoccupe pas de garantir l'activité professionnelle de l'assuré.

4118. En pratique, l'exclusion du risque professionnel est toujours mentionnée dans les contrats RC vie privée, ce qui conduit la Cour de cassation à admettre le refus de garantie de l'assureur en cas de mise en jeu de la responsabilité de l'assuré à la suite d'un dommage survenu dans le cadre de l'exercice de son activité professionnelle. Par exemple, le capitaine d'un bateau de plaisance qui tire une fusée d'alerte par simple jeu, n'est pas couvert par son assureur RC chef de famille, dans la mesure où le geste dommageable a eu lieu pendant l'exercice de ses fonctions (Civ. 1re, 17 janv. 1990, RGAT 1990. 186, obs. R. Bout). En revanche, l'assurance RC chef de famille couvre la responsabilité d'un garagiste qui a blessé un de ses employés en nettoyant sa carabine, dans la mesure où ce dommage a été provoqué en dehors de l'exercice de ses fonctions, l'accident ayant eu lieu à l'extérieur du garage et avant l'ouverture de celui-ci (Civ. 1re, 5 juill. 1988, RGAT 1988. 851, obs. R. Bout). Pour ne pas s'exposer à un refus de garantie, un chef d'entreprise devra donc souscrire une assurance RC exploitation ou une assurance « chef d'entreprise », à titre de complément de son assurance RC vie privée, aux fins de couverture des risques liés à son activité professionnelle. Un médecin devra souscrire une assurance de responsabilité médicale, ... Par ailleurs, l'assureur RC vie privée ne garantit pas l'assuré en tant que conducteur d'un véhicule automobile. L'assuré conducteur devra donc souscrire une assurance spécifique aux risques automobiles. Autrement dit, l'activité garantie en assurance de responsabilité varie selon les contrats. L'assuré doit porter une attention particulière aux stipulations du contrat qui déterminent la nature de l'activité garantie, sachant que le montant de la cotisation dépend largement du champ d'application du contrat. Par exemple, certains contrats d'assurance RC vie privée contiennent une clause admettant la garantie dans l'hypothèse où le père ou la mère d'un enfant mineur serait déclaré civilement responsable à la suite d'un accident de la circulation, lorsque cet enfant s'est emparé du véhicule d'un tiers à leur insu (Crim., 8 févr. 2011, **n°** 10-81.568 : RCA 2011, comm. 161).

B ▪ Responsabilité garantie

4119. La responsabilité pénale ne saurait en aucun cas être couverte par un contrat d'assurance RC vie privée. Cette exclusion d'ordre public s'explique par le souci d'éviter que l'assu-

reur ne se porte caution des agissements pénalement répréhensibles de son assuré, dont la sanction est une préoccupation essentielle et protectrice de l'intérêt général.
En revanche, l'assurance RC vie privée peut garantir la responsabilité administrative. Là encore, l'assuré doit être vigilant au moment de la lecture de la police qui, selon les cas, retient ou non la responsabilité administrative dans le champ d'application de la garantie.

4120. Concernant la responsabilité civile qui est le plus souvent seule garantie, les contrats d'assurance RC vie privée distinguent parfois selon la nature contractuelle ou délictuelle de la responsabilité, et excluent la responsabilité contractuelle du champ d'application de la garantie. Cette distinction est source d'incertitude pour l'assuré mal informé d'une division pourtant classique en droit de la responsabilité. Au surplus, elle engendre un contentieux entretenu par des difficultés ponctuelles de qualification des responsabilités.

4121. En présence d'une assurance RC vie privée qui limite sa garantie à la responsabilité délictuelle, la question se pose de savoir si une convention d'assistance est ou non intervenue entre l'assuré et la victime. En effet, la présence d'une convention d'assistance induit le caractère contractuel de la responsabilité de l'assuré, et semble légitimer par là-même un refus de garantie de l'assureur. Par exemple, dans l'hypothèse où une victime aide son frère à abattre un arbre sur la propriété de ce dernier, l'existence d'une convention d'assistance est admise, ce qui conduit à la qualification contractuelle de la responsabilité de l'auteur du dommage, et exclut toute possibilité de mise en jeu de la garantie d'assurance, sauf à ce qu'une clause de la police fasse expressément entrer la convention d'assistance dans le champ de la garantie. La difficulté de qualification est en l'occurrence poussée à l'extrême, dans la mesure où les critères d'appréciation de l'existence d'une convention d'assistance sont particulièrement flous et s'analysent au cas par cas (Civ. 1re, 27 janv. 1993, RCA 1993, comm. n° 114 et chron. 11, H. Groutel, Quelques méfaits de la convention d'assistance, RTD civ. 1993, p. 584, obs. P. Jourdain ; A. Vathaire, Le point sur l'aide bénévole, L'Argus, 4 juin 1993, p. 34; Civ. 2e, 3 oct. 2013, n° 12-19.320, RCA 2014, com. 73 où la condamnation sur le fondement de l'article 1384 alinéa 1er du Code civil paralyse l'exclusion de garantie).

C ▪ Responsables couverts

4122. Les responsables couverts sont généralement désignés nominativement et limitativement dans le contrat. Mais ce n'est pas systématique. Ils peuvent être visés au moyen d'une fonction ou d'un comportement exercé au moment où survient le fait générateur du dommage.

4123. Quoi qu'il en soit du mode de désignation retenu dans le contrat, l'assuré souscrit toujours un contrat d'assurance RC vie privée, pour obtenir une garantie des conséquences pécuniaires de la mise en jeu éventuelle de sa responsabilité.
Le plus souvent, c'est la responsabilité civile de l'assuré qui est en cause. Dans cette hypothèse, l'assuré peut être responsable, et couvert à ce titre, de son propre fait (C. civ., art. 1382 et 1383 ; V. par exemple pour un défaut de surveillance d'enfants lors d'une fête d'anniversaire Civ. 2e, 18 avr. 2013, n° 12-13.579, RCA 2013, repère 7), du fait des choses dont il a la garde (C. civ., art. 1384, al. 1), du fait des personnes dont il doit répondre (C. civ., art. 1384, al. 1 et s. ; C. assur., art. L. 121-2), du fait des animaux dont il est propriétaire ou dont il a la garde (C. civ., art. 1385), des dommages dus à un défaut d'entretien ou un vice de construction de la maison ou de l'appartement dont il est propriétaire (C. civ., art. 1386). Plus rarement, lorsque sa responsabilité contractuelle est garantie, il est responsable, et couvert à ce titre, du fait de l'inexécution, de la mauvaise exécution, ou de l'exécution tardive, de ses obligations contractuelles (C. civ., art. 1147).

4124. Mais l'assuré peut également souscrire le contrat pour le compte d'autres responsables potentiels, désignés dans le contrat. Ainsi, le chef de famille souscrit le contrat d'assurance RC vie privée pour garantir les conséquences de sa propre responsabilité, mais aussi pour garantir les conséquences de la responsabilité des membres de sa famille, lesquels sont désignés au contrat.

D ▪ Conditions et exclusions de garantie

4125. Les modalités de présentation des conditions et des exclusions de garantie varient selon les contrats d'assurance RC vie privée. Deux types de contrat sont pratiquement concevables :
- une première formule consiste à énumérer positivement les risques couverts : autrement dit les conditions de garantie. Dans ce cas de figure, tous les risques qui n'apparaissent pas dans la liste établie, sont exclus de la garantie. Par exemple, un contrat d'assurance de RC quasi délictuelle étend la garantie à la pratique du ski nautique. Les dommages résultant de la pratique du ski-biscuit, « fondamentalement différente de celle du ski nautique » sont exclus de la garantie (Civ. 2e, 30 juin 2005, RCA 2005, comm. n° 306). Ce système est loin d'être sécurisant pour l'assuré et le conduit en permanence à se demander si son activité entre bien dans la catégorie de celles couvertes par le contrat ;
- une seconde formule consiste à donner une définition générale de l'objet de la garantie, puis à énumérer les risques exclus. Ces contrats, dits « tout sauf », présentent l'avantage de proposer à l'assuré une liste limitative des risques qui ne seront pas pris en charge. À l'heure actuelle, les assureurs semblent privilégier les contrats « tout sauf ».

4126. La plupart des contrats d'assurance RC vie privée subordonnent la mise en jeu de la garantie à la survenance d'un accident, trouvant son origine dans l'activité de l'assuré. Conventionnellement défini comme un événement soudain et imprévu, il a vocation à limiter l'intervention de l'assureur.
L'accident est parfois intégré par les tribunaux dans la catégorie des exclusions indirectes de garantie (Civ. 1re, 12 mars 1991, RGAT 1991. 633, obs. R. Bout). Dans ce cas de figure, la clause qui limite la garantie au caractère accidentel du dommage pourrait être réputée non écrite sur le fondement de l'article L. 113-1, alinéa 1, du Code des assurances. En effet, une clause d'exclusion ne peut être formelle et limitée, dès lors qu'elle doit être interprétée (Civ. 1re, 22 mai 2001, Bull. civ. I, n° 140 ; D. 2001, p. 2778, note B. Beignier ; RCA 2001, comm. n° 241 et chron. 17, H. Groutel ; RGDA 2001. 944, obs. J. Kullmann). En l'occurrence, faute de définition précise de la notion d'accident, une interprétation semble nécessaire. En revanche, si une juridiction fait entrer la clause subordonnant la mise en jeu de la garantie au constat d'un accident, dans la catégorie des conditions de garantie, rien ne s'oppose à sa validité. Par exemple, une cour d'appel ne dénature pas les clauses claires du contrat en décidant que l'assureur n'est pas tenu à garantie, en présence d'un effondrement qui n'est pas dû à la survenance d'un événement extérieur, accidentel ou imprévisible (Civ. 1re, 29 avr. 2003, RCA 2003, comm. n° 214).

4127. La mise en jeu de la garantie est parfois subordonnée au respect de mesures de prévention, destinées à limiter les accidents. Cela étant, ces mesures de prévention, telles que l'exigence d'une qualification nécessaire à l'exercice correct de la profession, concernent surtout les assurances RC professionnelle. En assurance RC vie privée, certaines polices exigent la production par l'assuré d'un permis de pilotage ou de conduire, pour que son activité soit effectivement garantie. Sont ensuite mentionnés dans le contrat les agissements de l'assuré qui sont purement et simplement exclus de la garantie d'assurance. Les exclusions ont une origine légale ou conventionnelle.L'article L. 113-1, alinéa 2, du Code des assurances exclut ainsi la faute intentionnelle de l'assuré des risques pris en charge par l'assureur. Les tribunaux adoptent une conception restrictive de la faute intentionnelle, ce qui limite les cas dans lesquels l'assureur du responsable peut opposer un refus de garantie à la victime : la faute intentionnelle suppose non seulement une volonté d'accomplir le fait générateur du dommage, mais aussi l'intention de causer le dommage qui est finalement survenu. Par exemple, ne commet pas de faute intentionnelle au sens de l'article L. 113-1, alinéa 2 du Code des assurances, l'individu qui, voulant tuer sa femme, tire sur un passant et le blesse (Civ. 1re, 10 déc. 1991, RGAT 1992. 506, obs. Maurice). De même, s'il est établi qu'une personne suicidaire a arrêté sa voiture sur un passage à niveau afin qu'elle soit heurtée par un train, son assureur de responsabilité ne peut valablement opposer un refus de garantie à la SNCF dont une locomotive a été endommagée et au conducteur du train blessé dans l'accident. En effet, « ne commet pas de faute intentionnelle celui qui cause volontairement un accident de la circulation pour se donner la mort et inflige de la sorte un dommage à autrui, sauf à démontrer que le désespéré a sciemment recherché ledit dommage ». En l'espèce, aucune faute intentionnelle n'est démontrée, faute d'intention du responsable de causer des dommages à la SNCF et au machiniste (CA Paris, 8 avr. 2002, RCA 2002, comm. n° 276. Dans le même sens, Civ. 1re, 28 avr. 1993, RGAT 1994. 234, obs. Ph. Rémy ; Civ. 1re, 2 févr. 1994, Bull. civ. I, n° 37 ; Civ. 1re, 10 avr. 1996, RGDA 1996. 717, obs. J. Kullmann ; RCA 1996, comm. n° 236).

4128. Les juridictions ne relèvent finalement l'existence d'une faute intentionnelle que de façon marginale. Par exemple, est exclu de la garantie au sens de l'article L. 113-1, alinéa 2 du Code des assurances, le coup de poing asséné volontairement à la victime (Civ. 1re, 10 juin 1997, RGDA 1997. 742, obs. J. Kullmann ; RCA 1997, comm. n° 284, obs. H. Groutel), ou la gifle donnée avec une violence telle qu'elle établit que l'assuré a voulu porter un coup tel qu'il causerait à la victime un dommage certain dont il avait envisagé consciemment la réalisation (Civ. 1re, 19 juin 1979, Bull. civ. I, n° 184 ; D. 1980, IR, 180, obs. Cl.-J. Berr et H. Groutel). Dans l'hypothèse où une juridiction qualifie d'intentionnelle la faute de l'assuré, la victime n'a d'autre solution, faute de pouvoir utilement solliciter l'assureur du responsable, que de se placer sur la voie procédurale spécialement ouverte aux victimes d'infraction.

4129. Des exclusions conventionnelles de garantie sont également stipulées dans les contrats RC vie privée. Elles sont valables, pourvu qu'elles soient formelles et limitées au sens de l'article L. 113-1, alinéa 1, du Code des assurances.

4130. Pour éviter toute utilisation abusive des exclusions conventionnelles par les assureurs, les tribunaux annulent systématiquement les clauses trop générales, obscures, ambiguës, ou contradictoires. Il est aujourd'hui admis qu'une « clause d'exclusion de garantie ne peut être formelle et limitée dès lors qu'elle doit être interprétée » (Civ. 1re, 22 mai 2001, D. 2001, chron. p. 2778, note B. Beignier). Par exemple, n'est pas valable la clause d'une police qui exclut les dommages résultant d'une faute lourde (Civ. 1re, 29 nov. 1988, Bull. civ. I, n° 336 ; D. 1989, somm. p. 248, obs. Cl. Berr).

§ 2 ■ Garantie de la créance de réparation de la victime

4131. Si on se place du point de vue de la victime pour déterminer les risques garantis en assurance RC vie privée, on observe que les contrats contiennent des clauses énumérant les victimes (A) et les dommages garantis (B), et précisant le montant (C) et la durée (D) de la garantie.

A ▪ Victimes garanties

4132. Le problème de la détermination des victimes garanties est résolu sur le fondement du principe selon lequel on ne peut pas être à la fois responsable et victime. On est l'un ou l'autre, pas les deux. Par conséquent, les assurés responsables sont exclus de la liste des victimes indemnisables. Ainsi, en assurance RC vie privée, sont exclus de la garantie, les dommages que peuvent se causer mutuellement les membres d'une même famille (Civ. 2e, 6 oct. 2011, n° 10-16.685 : RCA 2012, comm. 20, obs. H. Groutel; V. A. Pimbert, Assurance responsabilité civile : être ou ne pas être tiers, in l'effet relatif du contrat, Journées Poitiers-Roma Tre 2013, LGDJ 2015). Les victimes éventuelles ne se voient pas reconnues la qualité de tiers victimes pour deux raisons. D'une part, les membres d'une même famille ont tous la qualité d'assurés responsables, incompatible avec celle de tiers victimes. D'autre part, les risques de fraude sont multiples dans les accidents domestiques. Ils consisteraient en l'occurrence, dans le fait de déguiser un accident qu'on se cause à soi-même en accident causé par un proche. Cela étant, les juridictions s'affranchissent parfois, à tort, du principe de l'incompatibilité des qualités de victime et de responsable. Ainsi, dans une espèce où un enfant mineur avait tué accidentellement son père lors d'une partie de chasse, une cour d'appel a certes rappelé que l'assurance de responsabilité ne couvre que les dommages subis par un tiers victime. Mais elle a néanmoins admis la mise en jeu de la garantie de l'assureur du responsable au profit de la mère, pourtant civilement responsable du fait de l'auteur du dommage au regard des dispositions de l'article 1384, alinéa 4, du Code civil (CA Bastia, 6 mai 2003, RCA 2005, comm. n° 73, obs. C. Radé). De même, lorsque la victime d'un dommage, qui fait partie de la liste des assurés, n'est pas exclue de liste des bénéficiaires de la garantie, elle peut utilement réclamer une indemnité d'assurance. C'est le cas des membres des fédérations sportives, assurés en cas de dommages causés à d'autres membres et garantis en cas de préjudices causés par d'autres membres (Civ. 2e, 15 mai 2008, RCA 2008, comm. n° 243).

B ▪ Dommages garantis

4133. De façon générale, les contrats d'assurance de responsabilité prévoient la garantie de tous les dommages corporels, c'est-à-dire de tous les dommages résultant d'une atteinte à l'intégrité physique de la victime, que les préjudices subis soient moraux (pretium doloris, préjudice d'agrément...) ou économiques (incapacité temporaire, définitive...).

4134. Peuvent également être pris en charge les dommages matériels, qui procèdent de la détérioration d'un bien. Encore faut-il que le bien appartienne au tiers victime. En effet, les biens faisant partie du patrimoine de l'assuré ne sont pas concernés, conformément au principe selon lequel on ne peut pas être à la fois responsable et victime.

C ▪ Montant de la garantie

4135. De façon générale, les modes d'établissement du montant de la garantie obéissent au droit commun du contrat d'assurance. Autrement dit, l'assureur RC vie privée prévoit des limitations ou plafonds de garantie, auquel il associe très souvent des découverts et des franchises.

4136. La spécificité de l'assurance RC vie privée par rapport aux assurances de biens dans lesquelles la valeur assurée par le souscripteur constitue une limite à l'indemnisation connue dès la souscription, réside dans l'indétermination du montant de la créance de réparation de la victime au jour de la conclusion du contrat. Or, cette incertitude est peu compatible avec les règles techniques de gestion de l'assurance, lesquelles exigent un minimum de prévisibilité. C'est la raison pour laquelle les assureurs insèrent systématiquement dans les contrats d'assurance RC vie privée, des plafonds de garantie, qui constituent la limite financière à l'engagement de l'assureur.

4137. Ces plafonds de garantie sont prévus, soit par événement, c'est-à-dire par fait dommageable, soit par année d'assurance, c'est-à-dire par année de survenance du sinistre. Dans ce dernier cas de figure, le plafond s'applique quel que soit le nombre de victimes et de sinistres survenus au cours de l'année (Civ. 1re, 7 déc. 1999, RCA 2000, comm. n° 100 ; Civ. 1re, 3 juill. 2001, ibid. 2001, comm. n° 337).

4138. Si la créance de réparation de la victime, c'est-à-dire les dommages et intérêts qui lui sont dus à l'issue de l'instance en responsabilité, dépasse le plafond de garantie, l'assureur n'est pas engagé (C. assur., art. L. 113-5). La victime n'a alors d'autre solution que de rechercher le surplus d'indemnisation dans le patrimoine de l'assuré responsable, au risque de se heurter à son insolvabilité.

D ▪ Durée de la garantie

4139. Idéalement, la victime devrait bénéficier d'une adéquation de la durée de la garantie d'assurance à la durée de la responsabilité encourue par l'assuré, ce qui lui permettrait d'obtenir indemnisation de son préjudice quel que soit le contexte. Or, ce n'est pas toujours le cas. Sur ce point, une évolution sinueuse s'est dessinée, sur un plan conventionnel, jurisprudentiel, et législatif. De façon générale, pour que la victime bénéficie de la mise en jeu de la garantie d'assurance, le sinistre doit survenir pendant la période garantie, autrement dit, entre le moment de la prise d'effet du contrat et celui de son extinction.

4140. En assurance de responsabilité de façon générale, et en assurance RC vie privée en particulier, la question s'est posée de la définition du sinistre.
Plusieurs solutions étaient concevables pour définir le sinistre. Il pouvait être perçu comme le fait générateur du dommage, par exemple, la mise en circulation d'un produit défectueux. Il pouvait également résider dans la survenance du dommage, par exemple, dans l'utilisation du produit défectueux, dans sa manifestation qui n'est pas forcément concomitante de la réalisation du dommage, dans la réclamation de la victime, ou dans le jugement ou la transaction déclaratifs du droit à réparation de la victime.

4141. Une jurisprudence dominante a défini et persiste à concevoir le sinistre comme le fait générateur du dommage. Autrement dit, la garantie de l'assureur joue en principe pour tout fait entraînant la responsabilité de l'assuré, commis au cours de la période où le contrat d'assurance est en cours (Civ. 1re, 16 juill. 1970, D. 1970, jur. p. 670 ; JCP 1971, II, 16652, note A. Besson ; RGAT 1971. 87, obs. A. Besson ; Civ. 1re, 25 oct. 1994, JCP G 1995, II, 22452, concl. P. Sargos). Il en résulte que l'assureur doit en principe sa garantie quand bien même la réclamation de la victime, relative à un fait générateur survenu pendant la durée de validité du contrat, n'est formulée qu'après l'extinction du contrat (Civ. 1re, 16 juill. 1970, préc.).
La définition jurisprudentielle du sinistre est source d'incertitude pour les assureurs. En effet, ils risquent d'être obligés à des indemnisations tardives, peu compatibles avec les modes de gestion techniques de l'opération d'assurance, dans toutes les hypothèses où la réclamation de la victime interviendra bien après l'extinction du contrat.
La définition jurisprudentielle du sinistre n'étant pas impérative, les assureurs ont inséré dans les contrats des clauses dérogatoires à la définition du sinistre adoptée par la Cour de

cassation, plus protectrices de leurs intérêts.

4142. Certaines clauses, dites de « claim's made » ou de réclamation de la victime, ont ainsi assimilé le sinistre à la réclamation de la victime. Dans cette perspective, la mise en jeu de la garantie d'assurance est subordonnée à la survenance de la réclamation de la victime au cours de la période de garantie.
Ces clauses sont très défavorables aux victimes, en particulier en présence de dommages évolutifs, dont la manifestation est progressive et lointaine du fait générateur. Il y a en effet peu de chance pour que la réclamation de la victime intervienne avant l'extinction du contrat. La victime est alors le plus souvent privée du bénéfice de l'assurance de responsabilité. En revanche, ces clauses sont très protectrices des intérêts des assureurs. Elles leur permettent d'éloigner les effets néfastes des dommages évolutifs, qui apparaissent sans qu'aient été prévues les provisions techniques adéquates.

4143. En 1990, la Cour de cassation a consacré la nullité de telles clauses, en affirmant que le versement des primes pour la période qui se situe entre le moment de la prise d'effet du contrat et celui de son expiration, a pour contrepartie nécessaire la garantie des dommages qui trouvent leur origine dans un fait qui s'est produit pendant cette période (Civ. 1re, 19 déc. 1990, 7 arrêts, Bull. civ. I, n° 303 ; JCP G 1991, II, 21656, note J. Bigot ; RCA 1991, chron. 4, H. Groutel ; Civ. 1re, 9 mai 1994, Bull. civ. I, n° 168 ; Civ. 3e, 27 mars 1996, RGDA 1996. 721, obs. J. Kullmann).

4144. Les assureurs ont également inséré dans leurs contrats d'assurance de responsabilité, des clauses de garantie subséquente, par lesquelles la garantie est maintenue pour les dommages dont le fait générateur se situe au cours de la période de validité du contrat, pourvu que la réclamation de la victime intervienne dans un délai limité (6 mois, 1 an, 2 ans ou plus selon les contrats) à compter de l'extinction du contrat. Ces clauses ont subi le même sort que les clauses de réclamation de la victime. La Cour de cassation les a réputées non écrites, n'ayant pas de raisons d'être : dés lors que la cotisation versée correspond aux sinistres survenus pendant la période de garantie, il est peu important que la réclamation survienne après l'expiration de cette période (Civ. 1re, 28 avr. 1993, Bull. civ. I, n° 148 ; RCA 1993, comm. n° 245, obs. S. Bertolaso ; Civ. 1re, 1er déc. 1993, RGAT 1994. 240, obs. J. Bigot).

4145. Les assureurs ont parfois défini le sinistre par référence à la manifestation du dommage, en refusant leur garantie en présence de dommages se manifestant après l'extinction du contrat. De telles clauses ont été censurées (Civ. 1re, 30 mars 1994, Bull. civ. I, n° 120 ; Civ. 1re, 9 mai 1994, RCA 1994, comm. n° 307, obs. H. Groutel).
Plus généralement, la Cour de cassation a admis que « toute clause qui tend à réduire la durée de la garantie de l'assureur à un temps inférieur à la durée de la responsabilité de l'assuré est génératrice d'une obligation sans cause, comme telle illicite et réputée non écrite » (Civ. 1re, 16 déc. 1997, D. 1998, jur. p. 287, note Y. Lambert-Faivre ; JCP G 1998, II, 10018, concl. P. Sargos ; Civ. 1re, 3 juill. 2001, RGDA 2001. 1014, note L. Mayaux ; RCA 2001, comm. n° 338 et chron. n° 21, H. Groutel). Autrement dit, la Cour de cassation fait obstacle à toute inadéquation de la durée de la garantie d'assurance de responsabilité civile à la durée de la responsabilité encourue par l'assuré.
Une dernière catégorie de clause avait vocation à tempérer les effets des clauses limitatives de la durée de la garantie, en évitant à la victime d'être privée d'indemnisation. Grâce aux clauses dites de reprise du passé inconnu, la victime était garantie en cas de réclamation formulée en cours de contrat, même pour les dommages dont le fait générateur était antérieur à sa prise d'effet, dès lors que l'assuré n'avait pas connaissance desdits dommages au jour de la souscription.

Il est à noter que l'exigence du caractère inconnu des dommages au jour de la souscription limitait les effets bénéfiques de la clause, eu égard aux investigations délicates qu'elle imposait concernant la bonne foi de l'assuré et sa connaissance des dommages au moment de la souscription.

4146. Cette clause de reprise du passé inconnu présentait moins d'intérêt, dès lors que semblait acquise la nullité jurisprudentielle des clauses limitatives de la durée de la garantie. Elle retrouve toute sa raison d'être à la suite d'une intervention récente du législateur, qui réhabilite dans une certaine mesure, les clauses de garantie subséquente (L. n° 2003-706, 1er août 2003, « de sécurité financière », art. 80, insérant un nouvel art. L. 124-5 au Code des assurances, JO 2 août ; V. également arrêté du 31 octobre 2003 portant sur la notice d'information délivrée en application des nouvelles dispositions sur le déclenchement de la garantie de responsabilité civile dans le temps dans les contrats d'assurance, insérant un nouvel article A. 112 au Code des assurances). Cette réhabilitation ne concerne que les contrats d'assurance garantissant la responsabilité civile encourue du fait d'une activité professionnelle. Il faut donc considérer que les assurances RC vie privée, restent soumises au régime jurisprudentiel initié en 1990, ce que confirme d'ailleurs expressément le législateur dans le nouvel article L. 124-5 du Code des assurances : « lorsqu'elle couvre la responsabilité des personnes physiques en dehors de leur activité professionnelle, la garantie est déclenchée par le fait dommageable ». Autrement dit, l'assureur est obligé à garantie, dès lors que le fait dommageable est survenu entre le moment de la prise d'effet et celui de l'extinction du contrat, quelle que soit la date de réclamation de la victime, pourvu que l'action en responsabilité contre l'assuré ne soit pas prescrite. Il y a là une consécration légale de la jurisprudence de la Cour de cassation.

Section 2 . Mise en œuvre de la garantie

4147. La mise en jeu de la garantie ne suppose pas nécessairement un contentieux judiciaire (§ 2). On estime aujourd'hui à 80 % les cas dans lesquels le contentieux judiciaire pourrait être évité ou arrêté par l'effet d'une transaction (§ 1).

§ 1 . Processus transactionnel

4148. Il n'existe pas de définition spécifique de la transaction en droit des assurances. Il convient donc de se référer aux dispositions de l'article 2044 du Code civil, d'où il résulte que « la transaction est un contrat par lequel les parties terminent une contestation née, ou préviennent une contestation à naître ».

Même si le processus transactionnel, dans la mesure où il est diligenté par l'assureur, n'est pas sans danger pour une victime inexpérimentée, il permet d'éviter les lenteurs d'une procédure judiciaire.

Il existe un processus spécifique de transaction applicable aux accidents de la circulation, qui a servi de modèle à l'indemnisation des victimes d'actes de terrorisme et d'infractions, des victimes post-transfusionnelles du SIDA, et des victimes d'accidents médicaux.

4149. Dans les autres domaines, aucun processus spécifique n'est prévu. Il convient donc de s'en remettre aux dispositions de l'article 2044 du Code civil, et notamment d'admettre l'autorité de la chose jugée entre les parties (C. civ., art. 2052). En pratique, la transaction est conclue, soit entre la victime et l'assuré, soit entre la victime et l'assureur. Elle n'a pas la même portée selon les cas.

4150. En cas de transaction entre la victime et l'assuré, l'assuré reconnaît sa responsabilité, et fixe avec la victime le montant des dommages et intérêts à verser en réparation du préjudice qu'elle a subi. La victime renonce à toute poursuite ultérieure contre l'assuré. L'article L. 124-2 du Code des assurances autorise l'assureur à stipuler dans le contrat, l'inopposabilité de la transaction faite en dehors de lui ou sans son accord entre l'assuré et la victime. Dans cette hypothèse, il n'est pas tenu à garantie sur la base de la transaction (Civ. 1re, 4 avr. 2001, RGDA 2001. 1021, obs. L. Fonlladosa).

4151. La transaction entre la victime et l'assureur a l'autorité de la chose jugée entre les parties. En revanche, elle n'est opposable à l'assuré, que dans la mesure où il a mandaté l'assureur pour transiger. En pratique, des clauses de style figurent dans les contrats, qui consacrent l'existence d'un mandat qui donne droit à l'assureur de transiger. Simplement, la Cour de cassation considère que l'assureur perd son pouvoir de représenter l'assuré dès lors qu'il lui oppose une déchéance de garantie, ou plus généralement une exception entraînant un refus de garantie (Civ. 1re, 30 juin 1976, RTD civ. 1977, p. 141, obs. G. Durry).

§ 2 ▪ Voie contentieuse

4152. La victime qui choisit la voie contentieuse pour obtenir la mise en jeu à son profit de la garantie d'assurance, a deux possibilités : soit agir contre l'auteur des dommages, lequel met en cause son assureur à l'instance (A), soit exercer une action directe contre l'assureur de l'auteur des dommages (B).

A ▪ Action de la victime contre le responsable

4153. Lorsque la victime choisit d'agir en responsabilité contre l'auteur de ses dommages, assuré-responsable, deux questions se posent. Ces questions sont suscitées par le fait que l'assureur RC vie privée supportera finalement la charge de l'indemnisation, si son assuré est déclaré responsable des préjudices qu'elle a subis. D'une part, dans quelle mesure l'assureur a-t-il la possibilité d'organiser la défense de son assuré au procès en responsabilité (1) ? D'autre part, quelles sont les modalités de mise en cause de l'assureur au procès en responsabilité (2) ?

1 ▪ Participation de l'assureur à la défense de son assuré

4154. Même s'il est un tiers à l'instance en responsabilité provoquée par la victime contre son assuré, l'assureur a tout intérêt à organiser la défense de ce dernier. En effet, si l'assuré n'est pas déclaré responsable, il n'aura pas à indemniser la victime. En revanche, si l'assuré est responsable, l'assureur devra assumer les conséquences de cette responsabilité, en versant une indemnité d'assurance à la victime. En outre, l'assuré responsable, parce qu'il ne supporte pas les conséquences financières de la mise en jeu de sa responsabilité, peut se désintéresser du procès dans lequel il est défendeur.

4155. Le contrat peut inclure une clause défense-recours comprenant ce que les assureurs appellent les frais liés à la « défense civile ». Une telle défense est caractérisée par un intérêt commun entre l'assuré et l'assureur. En effet, lorsque l'assureur doit supporter les conséquences pécuniaires de la responsabilité civile mise à la charge de son assuré, il dispose lui

-aussi d'un intérêt à défendre, ce qui justifie la prise en charge des frais de défense. Dès lors, pour que la garantie « défense civile » puisse jouer, la garantie de responsabilité civile doit pouvoir être mise en œuvre. Dès lors, si la responsabilité de l'assuré est retenue pour des dommages non garantis, l'assurance responsabilité civile ne peut être mise en œuvre, et par conséquent la garantie défense-recours (Civ. 2e, 3 mars 2016, n° 14-29.538, L'essentiel Droit des assurances 2016, n°2, p. 4, obs. A. Astegiano-La Rizza).

4156. L'assureur intègre donc dans les contrats d'assurance RC vie privée des clauses de nature à lui permettre d'organiser la défense de son assuré. De façon générale, sont stipulées au contrat des clauses interdisant à l'assuré de reconnaître sa responsabilité (a), des clauses interdisant à l'assuré de transiger seul (b), des clauses obligeant l'assuré à transmettre les pièces du dossier à son assureur (c), et des clauses de direction du procès (d).

a - Clause d'interdiction de la reconnaissance de responsabilité

4157. C'est l'article L. 124-2 du Code des assurances qui autorise l'assureur à stipuler qu'aucune reconnaissance de sa responsabilité par l'assuré ne lui est opposable. Autrement dit, l'assureur peut spécifier dans le contrat qu'il ne sera en aucun cas lié par l'aveu de l'assuré.

4158. La prohibition de la reconnaissance de responsabilité prive l'assuré de la possibilité de tirer les conséquences juridiques de ses agissements, en se déclarant débiteur de la réparation. Ce devoir d'abstention de l'assuré évite les collusions frauduleuses entre l'assuré et la victime. Par exemple, a été admise l'inopposabilité à l'assureur de la reconnaissance de responsabilité de l'assuré, lequel ne conteste pas sa responsabilité en première instance et en appel, et demande confirmation du jugement le condamnant à indemniser la victime et déclarant l'assureur tenu à garantie (Civ. 2e, 10 mars 1977, D. 1977, IR, 464, obs. Cl.-J. Berr et H. Groutel ; RTD civ. 1977, p. 563, obs. G. Durry).

4159. En revanche, l'assuré peut décrire les faits de nature à établir la vérité sur les circonstances du sinistre, mettant ainsi à la disposition de la juridiction saisie du litige, tous les éléments nécessaires pour se prononcer.

b - Clause d'interdiction de la transaction entre l'assuré et la victime

4160. L'article L. 124-2 du Code des assurances dispose qu'une clause peut expressément interdire à l'assuré de transiger avec la victime. Une telle transaction est inopposable à l'assureur. En revanche, si la transaction est approuvée par l'assureur, elle lui est opposable. Encore faut-il que l'assureur ait donné son accord exprès à la transaction. Ainsi, la simple connaissance du versement, par l'assuré, de sommes en réparation des dommages causés à la victime, ne suffit pas à engager l'assureur (Civ. 1re, 8 nov. 1972, Bull. civ. I, n° 233).Si la sanction est admise, elle conduit à priver la victime de garantie sur la base de la transaction conclue avec l'assuré (Civ. 1re, 30 juin 1970, Bull. civ. I, n° 225 ; D. 1970, jur. p. 772).

c - Clause de transmission des pièces du dossier à l'assureur

4161. La clause de transmission des pièces du dossier a vocation à faciliter la tâche de l'assureur qui organise la défense de son assuré au cours de l'instance en responsabilité. L'assuré devra ainsi communiquer à son assureur les lettres, avis, convocations, rapports d'expertise, et de façon générale, tous les actes de procédure qui le concernent.

4162. La sanction applicable en cas de manquement de l'assuré à une telle obligation conventionnelle, varie selon les circonstances. L'article L. 113-11, alinéa 2, du Code des assurances prévoit la nullité de « toutes clauses frappant de déchéance l'assuré à raison du simple retard apporté par lui à (...) des productions de pièces, sans préjudice du droit pour l'assureur de réclamer une indemnité au dommage que ce retard lui a causé ». Autrement dit, le simple retard de l'assuré dans la production des pièces du dossier ne saurait le priver de la garantie d'assurance. Tout au plus sa responsabilité civile pourrait-elle être engagée. Cela étant, lorsque l'assuré ne transmet pas du tout les pièces du dossier, ou les transmet avec un retard tel qu'il place l'assureur dans l'impossibilité d'organiser correctement sa défense, et que de surcroît, il n'a pas préalablement déclaré le sinistre, l'assureur qui établit avoir subi un préjudice, peut valablement se prévaloir d'une clause de déchéance (Civ. 1re, 18 mars 1986, RGAT 1986. 369, obs. J. Bigot).

d - Clause de direction du procès

4163. La clause de direction du procès autorise l'assureur RC vie privée à diriger le procès intenté à son assuré dont la responsabilité est recherchée. C'est une forme de promesse de mandat donnée par l'assuré à l'assureur, pour qu'il organise sa défense au cours de l'instance en responsabilité.

Cette clause de direction du procès doit être différenciée d'autres clauses qui instaurent une collaboration des parties et de leurs avocats respectifs pour l'organisation de la défense de l'assuré. La Cour de cassation a rappelé que de telles clauses laissent à l'assuré « une certaine autonomie dans l'organisation de sa défense » (Civ. 1re, 23 mars 1999, RGDA 1999. 683, obs. J. Kullmann).

4164. Si l'assureur n'est pas obligé d'assumer la direction du procès, l'assuré est tenu de ne pas s'immiscer dans l'organisation de sa défense, dès lors que l'assureur a décidé d'user de la faculté que lui offre la clause. Cette non-immixtion est justifiée par la nécessité de laisser l'assureur accomplir la mission qui lui a été confiée en qualité de mandataire. Cela étant, l'article L. 113-17 du Code des assurances exclut la mise en œuvre d'une déchéance de garantie ou de toute autre sanction prononcé à l'encontre de l'assuré du fait de son immixtion dans la direction du procès « s'il avait intérêt à le faire ».

4165. La notion d'« intérêt » de l'assuré est difficile à cerner. Il semble qu'elle puisse recouvrir les hypothèses d'inertie de l'assureur dans l'organisation de la défense et celles de conflits d'intérêts entre l'assuré et l'assureur. Par exemple, une des parties peut être favorable à une demande d'expertise à l'inverse de l'autre ; l'une peut douter de l'opportunité d'un appel suggérée par l'autre.

4166. L'assureur qui prend la direction du procès est responsable en sa qualité de mandataire sur le fondement des articles 1991 et 1992 du Code civil, s'il commet une faute dans l'accomplissement de sa mission, et que cette faute est à l'origine d'un préjudice subi par le mandant, en l'occurrence l'assuré.

La faute peut consister dans le fait de former un recours qui ne se justifie pas eu égard aux circonstances. Par exemple, a été sanctionnée la décision de l'assureur d'interjeter appel sans raison valable (Civ. 1re, 15 févr. 1977, RGAT 1977. 512, obs. A. Besson). Le préjudice de l'assuré semble en pratique ne pouvoir être constitué que par une condamnation à réparation dont le montant dépasse celui de l'indemnité d'assurance, l'assuré se trouvant alors débiteur des dommages et intérêts accordés à la victime, pour la part non prise en charge par l'assureur.

4167. L'article L. 113-17 du Code des assurances énonce un principe en vertu duquel l'assureur qui prend la direction du procès « est censé aussi renoncer à toutes les exceptions dont il avait connaissance lorsqu'il a pris la direction du procès ». Autrement dit, l'assureur qui organise la défense de son assuré, reconnaît tacitement sa garantie, et renonce par là même à se prévaloir à son encontre des exceptions qu'il aurait pu lui opposer (Civ. 2e, 8 sept. 2005, RCA 2006, comm. n° 35, obs. H. Groutel ; Civ. 2e, 10 avr. 2008, ibid. 2008, comm. n° 204).
Par exemple, l'assureur qui organise des expertises médicales de la victime, renonce par là même à se prévaloir d'une exclusion de garantie stipulée au contrat (Civ. 1re, 7 juill. 1992, RCA 1992, comm. n° 421 ; Civ. 1re, 16 janv. 2001, D. 2001, somm. 3320, obs. H. Groutel ; RGDA 2001. 106, obs. J. Kullmann ; RCA 2001, comm. n° 130 ; CA Bordeaux, 12 nov. 2001, ibid. 2002, comm. n° 79, obs. L. Grynbaum).

4168. Le principe de la renonciation de l'assureur doit toutefois être nuancé. D'une part, l'article L. 113-17 du Code des assurances ne s'applique pas lorsque l'assureur lorsque l'assureur se prévaut d'une limitation du montant de la garantie (Civ. 1re, 18 juill. 2000, RGDA 2000. 903, obs. L. Mayaux ; RCA 2000, comm. n° 342 ; Civ. 1re, 29 févr. 2000, Bull. civ. I, n° 66 ; RCA 2000, comm. n° 170 ; Civ. 2e, 17 avr. 2008, RCA 2008, comm. n° 245). D'autre part, l'ignorance du fait constitutif de l'exception au moment où l'assureur prend la direction du procès, l'autorise à s'en prévaloir (Civ. 1re, 6 déc. 1994, RGAT 1995. 155, obs. F. Vincent ; Civ. 1re, 21 oct. 2003, RCA 2004, comm. n° 21). Par exemple, l'assureur qui ignorait la fausse déclaration intentionnelle de risque de l'assuré, peut valablement refuser sa garantie sur le fondement de l'article L. 113-8 du Code des assurances. Enfin, l'assureur peut valablement émettre des réserves concernant sa renonciation aux exceptions, au moment où il prend la direction du procès (Civ. 1re, 23 sept. 2003, RCA 2003, comm. n° 329, obs. H. Groutel). Par exemple, l'assureur peut retarder sa décision sur la mise en jeu de sa garantie au jour de la réception du rapport de l'expert. Dans cette hypothèse, il échappe à la renonciation tacite consacrée par le législateur (Civ. 1re, 30 janv. 1996, RCA 1996, comm. n° 149).

4169. La Cour de cassation a récemment montré des réticences à l'admission de la renonciation de l'assureur aux exceptions. Sur la base du principe général selon lequel la renonciation à un droit ne peut résulter que d'un acte manifestant sans équivoque la volonté de renoncer, la première chambre civile affirme de façon générale que « tel n'est pas le cas de l'encaissement que fait sans réserves l'assureur, après la date de la résiliation, d'une prime venue à échéance avant » (Civ. 1re, 18 févr. 2003, RCA 2003, chron. n° 10, H. Groutel). Cette exigence a été confirmée dans une espèce où l'attitude de l'assureur n'avait à aucun moment traduit une renonciation à opposer à la victime les conditions de la police souscrite. La solution, rendue à propos d'un contrat d'assurance construction, est transposable à l'assurance RC vie privée (Civ. 3e, 13 avr. 2005, RCA 2005, comm. n° 200).

4170. La clause de direction du procès réserve à l'assureur le choix de contester ou non la décision rendue en première instance.
Si l'assureur décide d'interjeter appel, il prend le risque de voir le montant des dommages et intérêts attribués à la victime augmenté par la juridiction du second degré. Dès lors, l'assuré peut trouver un intérêt légitime au sens de l'article L. 113-17, alinéa 2, du Code des assurances, à s'immiscer dans le procès. En effet, la décision rendue en appel peut conduire à un dépassement du plafond de garantie, qui l'expose au versement de la part de réparation laissée à sa charge par l'assureur. En outre, l'assuré peut utilement rechercher la responsabilité de son assureur en sa qualité de mandant, s'il parvient à démontrer une défaillance de ce dernier, à l'origine de son préjudice consistant en l'occurrence dans le fait de devoir prendre en charge une partie de la réparation des dommages qu'il a causés à la victime. L'assureur peut interjeter appel de la décision retenant la responsabilité de son

assuré alors même qu'il n'a pas été condamné, dès lors qu'il justifie d'un intérêt propre à agir. L'intérêt à agir peut résulter de ce que la mise en jeu de la responsabilité de l'assuré conditionne, au moins pour partie, l'action directe suivie à son encontre (Civ. 3e, 15 déc. 2004, RCA 2005, comm. n° 114, obs. H. Groutel).

4171. Si l'assureur décide au contraire de ne pas interjeter appel, l'assuré ne perd pas la possibilité d'exercer cette voie de recours. Simplement, il s'expose à supporter seul une aggravation éventuelle de la charge de la réparation. En pareilles circonstances, l'assureur semble, en effet, fondé à se prévaloir d'une immixtion de l'assuré injustifiée au regard des dispositions légales, qui peut être sanctionnée par des dommages et intérêts en fonction du préjudice subi par l'assureur. En pratique, l'assureur pourrait donc espérer réclamer à son assuré une somme correspondant au surplus d'indemnisation qu'il a dû verser à la victime à la suite de la décision rendue en appel. Si la décision rendue à l'issue de l'instance en responsabilité n'a pas l'autorité de la chose jugée à l'égard de l'assureur parce qu'il n'est pas partie au procès, elle lui est, tout de même, opposable dans la mesure où il a seul organisé la défense de l'auteur des dommages et où il a par conséquent implicitement renoncé à contester la décision finalement intervenue. À cet égard, la Cour de cassation considère que la décision de condamnation de l'assuré réalise le risque garanti au contrat (Civ. 1re, 12 juin 1968, 2 arrêts, D. 1969, jur. p. 249, note A. Besson ; JCP 1968, II, 15584, concl. R. Lindon). La solution vaut pour l'expertise, quand elle a établi la réalité et l'étendue du sinistre (Civ. 3e, 19 juin 1991, RCA 1991, comm. n° 352 ; Civ. 1re, 15 oct. 1991, ibid., comm. n° 437 ; Civ. 1re, 12 mai 1993, ibid. 1993, comm. n° 319 ; Civ. 1re, 20 oct. 1993, ibid. 1994, comm. n° 31).

4172. La victime d'une infraction a la possibilité d'exercer l'action civile devant les juridictions répressives (C. pr. pén., art. 2). Dans ce contexte, l'assureur doit limiter son intervention à l'organisation de la défense des intérêts civils de l'assuré, les conséquences de la responsabilité pénale incombant au seul assuré. Cela étant, l'assuré a tout intérêt à recueillir les conseils de son assureur pour tenter de limiter sa condamnation pénale. Par ailleurs, même lorsque l'assureur est irrecevable à intervenir au procès pénal en raison de la nature de l'infraction poursuivie, la décision de condamnation de l'assuré lui est opposable, sauf fraude à son encontre, dans la mesure où elle constitue la réalisation, tant dans son principe que dans son étendue, du risque couvert (C. assur., art. L. 113-5). Notamment, l'assureur ne peut espérer échapper à la mise en jeu de sa garantie en invoquant les négligences de l'assuré, lequel n'avait pas usé des voies de recours qui lui étaient ouvertes pour contester l'évaluation du préjudice de la victime (Civ. 2e, 12 mai 2005, RCA 2005, comm. n° 233).

2 ▪ Mise en cause de l'assureur au procès en responsabilité

4173. L'action en responsabilité contre l'assuré et l'action en garantie contre l'assureur sont étroitement liées, dans la mesure où l'assureur prend en charge les conséquences financières de la condamnation de son assuré. Cette relation particulière des deux actions explique que l'assuré puisse en principe mettre en cause son assureur dans l'instance introduite contre lui par la victime. Le principe est énoncé très clairement à l'article R. 124-1 du Code des assurances : « Les polices d'assurance garantissant les risques de responsabilité civile (...) ne doivent contenir aucune clause interdisant à l'assuré de mettre en cause son assureur ni de l'appeler en garantie à l'occasion d'un règlement de sinistre ».

4174. La mise en cause de l'assureur devant les juridictions civiles ne pose pas de difficulté particulière, sous réserve que soient respectés les effets de la clause de direction du procès. En revanche, l'intervention de l'assureur au procès pénal a pendant longtemps été prohibée, sur le fondement de l'article 3 du Code de procédure pénale d'où il résulte que l'action civile n'est recevable que pour les chefs de préjudices « qui découlent de faits, objet de la poursuite ». Or la garantie de l'assureur trouve sa cause dans le contrat d'assurance, pas dans le fait dommageable. Une loi n° 83-608 du 8 juillet 1983, dont les dispositions ont été intégrées aux articles 385-1, 385-2, 388-1 et suivants du Code de procédure pénale, a finalement admis, dans certaines limites, la participation de l'assureur au procès pénal. L'objectif poursuivi est d'accélérer le processus d'indemnisation en permettant d'aborder les questions relatives à la mise en jeu de la garantie d'assurance au cours de l'instance pénale.

4175. L'article 388-1 du Code de procédure pénale fixe très précisément les frontières de l'intervention de l'assureur au procès pénal. En particulier, seuls les assureurs du prévenu, de la personne qui est civilement responsable du prévenu, et de la partie lésée, peuvent être mis en cause ou sont admis à intervenir au procès. Dès lors, dans une espèce où un accident de la circulation avait été provoqué par un chien, seuls les assureurs du prévenu (propriétaire du chien) et de la partie lésée (passagère du véhicule) ont pu intervenir à l'instance. L'intervention de l'assureur du véhicule en qualité de subrogé dans les droits de la victime, est irrecevable en pareilles circonstances (Crim., 22 janv. 2008, RCA 2008, comm. n° 181). Par ailleurs, l'assureur de responsabilité ne peut être présent que si l'infraction donnant lieu à la poursuite, est un homicide involontaire ou une blessure involontaire.

4176. L'assureur mis en cause ne peut utilement se prévaloir d'exceptions de garantie que si trois conditions sont réunies. L'assureur doit effectivement intervenir à l'instance. L'exception doit exonérer totalement l'assureur de son obligation de garantie (exclusion de risque, nullité consécutive à une fausse déclaration intentionnelle de risque...). Est par exemple irrecevable, une réduction d'indemnité pour fausse déclaration non intentionnelle de risque (Crim., 9 avr. 1992, RGAT 1993. 354, obs. J. Beauchard ; Crim., 25 févr. 1997, RGDA 1997. 912, obs. J. Beauchard). Enfin, l'exception doit être soulevée au cours de l'audience à laquelle il intervient pour la première fois, avant toute défense au fond, à peine de forclusion. Est par exemple irrecevable une exception de non-garantie présentée par l'assureur du prévenu à l'issue des débats sur le fond (Crim., 24 avr. 1989, RGAT 1989. 808, note H. Margeat et J. Landel).

4177. En cas de relaxe du responsable sur le plan pénal pour absence de faute pénale, la juridiction répressive reste compétente pour attribuer des dommages et intérêts à la victime, en réparation des préjudices qu'elle a subis (C. pr. pén., art. 470-1). Encore faut-il que la victime formule une demande en ce sens avant la clôture des débats (C. pr. pén., art. 470-1). Une telle solution évite à la victime d'engager une action devant les juridictions civiles, et accélère par là même le processus d'indemnisation.

4178. L'article 388-3 du Code de procédure pénale dispose que la décision de la juridiction pénale concernant les intérêts civils, est opposable à l'assureur, qu'il soit intervenu effectivement au procès, ou qu'il se soit abstenu après avoir été régulièrement mis en cause.
La Cour de cassation rappelle systématiquement cette règle, en indiquant que l'intervention volontaire ou forcée de l'assureur à l'instance pénale a pour objet de lui rendre opposable la décision sur les intérêts civils (Crim., 25 oct. 1990, RGAT 1991. 83, obs. H. Margeat et J. Landel ; Crim., 28 mai 1997, RCA 1997, comm. n° 322). Cependant, l'assureur est recevable, à l'instar de la partie civile, à remettre en cause ce qui a été jugé en première instance, dans la mesure des intérêts civils. Est ainsi recevable l'appel de l'assureur qui conteste la qualification d'homicide involontaire et délit de fuite retenue par le tribunal correctionnel (Crim., 8 janv. 2008, RCA 2008, comm. n° 118). En revanche, l'assureur qui intervient à l'instance pénale n'est pas admis à se constituer partie civile (Crim., 2 févr. 2016, n° 15-80.927).

4179. Des règles de compétence d'attribution privent la victime de la possibilité de mettre en cause l'assureur du responsable devant certaines juridictions. L'assureur de responsabilité ne peut intervenir au procès engagé devant les juridictions administratives, incompétentes pour statuer sur les litiges privés. La mise en cause de l'assureur du responsable n'est pas non plus envisageable devant les tribunaux paritaires des baux ruraux, en cas de responsabilité d'un fermier ou d'un métayer. Enfin, si l'assureur est une société civile, société d'assurance mutuelle, il ne peut être mis en cause devant les tribunaux de commerce car il n'a pas la qualité de commerçant.

B ▪ Action directe de la victime contre l'assureur du responsable

4180. Pour obtenir indemnisation par l'assureur RC vie privée, la victime n'est pas tenue d'engager une action en responsabilité contre l'auteur des dommages assuré. Elle peut agir directement contre l'assureur du responsable.

4181. L'action directe de la victime contre l'assureur du responsable a été pour la première fois admise par la Cour de cassation dès avant l'entrée en vigueur de la loi de 1930 : « attendu que la loi du 28 mai 1913, ajoutant un paragraphe 8 à l'article 2102 du Code civil, crée au profit de la victime un droit propre sur l'indemnité dont l'assureur de responsabilité se reconnaît ou a été reconnu débiteur en vertu de la convention d'assurance, non seulement en l'armant d'un privilège à l'encontre des autres créanciers de l'assuré, mais en décidant qu'aucun paiement fait par l'assureur ne sera libératoire tant que le créancier privilégié n'aura pas été désintéressé ; attendu que la victime de l'accident trouve dans ce droit propre qui lui est ainsi conféré par la loi, la source d'une action directe... » (Civ., 14 juin 1926, DP 1927, 1, p. 57, rapp. Colin, note Josserand ; S. 1927, 1, p. 25, note P. Esmein ; Gr. Arr. Dr. Ass., p. 213, obs. Cl.-J. Berr et H. Groutel). De la décision rendue en 1926, il résulte un principe qui n'a jamais été remis en cause : la victime peut directement poursuivre l'assureur du responsable de ses dommages, pour établir, dans un premier temps, l'existence de la créance de réparation et son montant, et, dans un second temps, l'indemnité d'assurance, laquelle doit nécessairement lui être versée.

4182. L'article 53 de la loi de 1930, dont les dispositions figurent aujourd'hui à l'article L. 124-3 du Code des assurances, se contente de traiter de l'action directe par prétérition, en consacrant un droit propre de la victime sur l'indemnité d'assurance : « l'assureur ne peut payer à un autre que le tiers lésé tout ou partie de la somme due par lui, tant que ce tiers n'a pas été désintéressé, jusqu'à concurrence de ladite somme, des conséquences pécuniaires du fait dommageable ayant entraîné la responsabilité de l'assuré ».

4183. Le laconisme du législateur a conduit la Cour de cassation à intervenir de nouveau pour préciser le fondement de l'action directe. Depuis un arrêt du 28 mars 1939, la Cour de cassation considère que « si l'action de la victime d'un accident contre l'assureur est subordonnée à l'existence d'une convention passée entre ce dernier et l'auteur de l'accident, et ne peut s'exercer que dans ses limites, elle trouve, en vertu de la loi, son fondement dans le droit à réparation du préjudice causé par l'accident dont l'assuré est reconnu responsable » (Civ., 28 mars 1939, RGAT 1939. 285 ; DP 1939, 1, p. 68, note Picard ; DH 1939, p. 257). L'action directe fait l'objet d'un double rattachement, d'une part au contrat d'assurance, et d'autre part à la loi. Certes l'action directe doit respecter les termes du contrat d'assurance à l'exécution duquel elle tend. Mais elle ne saurait exister sans la présence d'un droit à la réparation du préjudice causé par l'accident dont l'assuré est responsable.

4184. La double référence jurisprudentielle au contrat d'assurance et à la loi influence à plusieurs égards le régime de l'action directe. La victime dispose a priori, contre l'assureur du responsable, des mêmes droits que l'assuré en vertu du contrat d'assurance. Mais la victime ne peut avoir, en principe, contre l'assureur du responsable, plus de droits qu'elle n'en a contre l'assuré au regard de la loi. Cela étant, l'interdépendance de l'action directe avec l'action de l'assuré contre l'assureur d'une part, et l'action de la victime contre l'assuré d'autre part n'est pas systématique. Il est des cas dans lesquels l'action directe jouit d'une réelle autonomie. Les jeux d'influence sur l'action directe et son indépendance sont perceptibles aussi bien concernant son exercice (1) que ses effets (2).

1 ▪ Exercice de l'action directe

4185. Si la détermination des demandeurs à l'action directe illustre l'interdépendance de l'action directe de la victime et de l'action de la victime contre l'assuré (a), le régime de la compétence juridictionnelle (b) et de la prescription (c) est significatif de la double influence de l'action de la victime contre l'assuré et de l'action de l'assuré contre l'assureur. Enfin, la récente consécration de la recevabilité de l'action directe en l'absence de mise en cause de l'auteur des dommages assuré est le signe de l'autonomie grandissante de l'action directe (d).

a - Demandeurs à l'action directe

4186. Seules les personnes qui peuvent agir en responsabilité contre l'assuré, sont en droit d'exercer l'action directe contre son assureur. La Cour de cassation décide, au visa de l'article L. 124-3 du Code des assurances, que « seul le tiers lésé ou, à défaut, celui qui, l'ayant désintéressé, est subrogé dans ses droits, peut exercer l'action directe contre l'assureur du responsable » (Civ. 1re, 10 mai 1988, Bull. civ. I, n° 129 ; D. 1988, IR, 145 ; Civ. 1re, 15 janv. 1991, RGAT 1991. 405, obs. R. Bout).

4187. Les victimes directes et les victimes par ricochet entrent dans la catégorie de celles qui peuvent engager une action contre l'assureur du responsable de leurs préjudices. Il arrive que le contrat désigne expressément le ou les tiers lésés titulaires de l'action directe. Dans ce cas de figure, l'action directe est nécessairement ouverte à la personne visée par le contrat. Par exemple, si le contrat RC professionnelle souscrit par un sous-traitant indique que l'entrepreneur principal bénéficie de la garantie en cas de préjudice subi du fait de l'activité de l'assuré (le préjudice consiste en l'occurrence dans la mise en jeu de la responsabilité de l'entrepreneur principal à la suite de l'action engagée contre lui par le maître de l'ouvrage), l'entrepreneur est désigné comme étant le tiers lésé, admis en cette qualité à exercer une action directe contre l'assureur du sous-traitant responsable (Civ. 1re, 9 avr. 2002, JCP G 2002, II, 101218, concl. Sainte-Rose ; RCA 2002, comm. n° 240). Par ailleurs, la question s'est posée de savoir si la victime héritière de l'auteur du dommage, pouvait exercer une action directe contre l'assureur du responsable. En principe, la confusion des qualités d'héritier débiteur de la dette de responsabilité et de victime créancière de la créance de réparation, devrait faire obstacle à toute possibilité d'agir contre l'assureur de responsabilité. La Cour de cassation a cependant fait échec à la règle de la confusion, en autorisant l'héritier du responsable à agir en qualité de victime par ricochet d'un préjudice personnel. Une telle solution tend à distendre considérablement les liens de l'action directe et de l'action de la victime contre l'assuré (Civ. 1re, 25 mai 1992, RGAT 1992. 533, obs. J. Landel ; RCA 1992, comm. n° 335 et chron. 29, H. Groutel).

4188. L'action directe contre l'assureur du responsable est transmise par succession aux héritiers de la victime directe décédée. Cette action est évidemment distincte de celle ouverte aux héritiers en qualité de victimes par ricochet.

4189. Les personnes subrogées dans les droits de la victime ont la faculté d'exercer une action directe contre l'assureur de responsabilité. En pratique, il s'agit de l'assureur de chose qui a indemnisé son assuré (la victime), de tiers payeurs, ou encore d'un coauteur du dommage ou de son assureur de responsabilité, quand ils ont versé à la victime une somme dépassant la charge de réparation qui leur incombe. Par exemple, l'entrepreneur principal, qui a pris en charge la réparation des préjudices subis par le maître d'ouvrage, est subrogé dans les droits et actions du maître d'ouvrage, et peut donc exercer l'action directe contre l'assureur du sous-traitant à qui le dommage est également imputable (Civ. 1re, 13 juin 1984, Bull. civ. I, n° 194 ; D. 1986, IR, 95, obs. Cl.-J. Berr et H. Groutel). En raison du principe de la prohibition des subrogations in futurum, la recevabilité de l'action directe est subordonnée au paiement préalable de la victime. Tant que la victime n'a pas obtenu réparation de ses préjudices, l'action directe est fermée à celui qui se prétend subrogé (Civ. 1re, 13 juin 1984, préc. ; Civ. 3e, 26 mars 1997, RGDA 1997. 837, obs. F. Vincent). La charge de la preuve du paiement préalable pèse sur le demandeur à l'action directe (Civ. 1re, 10 juin 1992, RGAT 1992. 596, obs. Ph. Rémy). Enfin, la subrogation ne joue que dans la limite du paiement effectué au profit de la victime. Dès lors, si la créance de réparation de la victime est supérieure à la somme versée par le demandeur subrogé, l'assureur de responsabilité doit d'abord désintéresser la victime pour la part de son préjudice non réparé, avant de payer le demandeur à l'action directe (Civ. 1re, 15 mai 1984, Bull. civ. I, n° 158 ; D. 1986, IR, 95, obs. Cl.-J. Berr et H. Groutel ; RGAT 1985. 104, obs. G. Viney).

4190. La question s'est posée de savoir si le coauteur d'un dommage, assigné par la victime, peut exercer une action directe contre l'assureur d'un autre coauteur. Une réponse négative s'impose. En effet, le demandeur n'a pas la qualité de tiers lésé (Civ. 1re, 15 mai 1984, préc.). En revanche, le coauteur est en droit d'en appeler un autre, ou son assureur, en garantie des condamnations qui pourraient être prononcées contre lui. Une telle demande est distincte de l'action fondée sur l'article L. 124-3 du Code des assurances, ce qui explique que le régime de l'action directe ne lui est pas applicable. Notamment, le coauteur n'a pas à justifier du paiement préalable des dommages et intérêts à la victime, pour appeler un coauteur ou son assureur de responsabilité en garantie, alors que ce serait le cas si on admettait qu'il est titulaire d'une action directe contre l'assureur du coresponsable en qualité de subrogé dans les droits de la victime (Civ. 1re, 21 janv. 1997, RGDA 1997. 542, obs. L. Mayaux ; RCA 1997, chron. 4, H. Groutel ; Civ. 3e, 9 déc. 1998, D. 1999, somm. p. 228, obs. H. Groutel ; RCA 1999, comm. n° 50 ; Com., 2 févr. 1999, RGDA 1999. 677, obs. Ph. Rémy).

b - Compétence juridictionnelle

4191. Pour l'action directe visant à mettre en œuvre la garantie de l'assureur au profit de la victime, la compétence d'attribution est limitée à celles des juridictions qui sont habilitées à connaître des questions d'assurance.

4192. Aucun problème ne se pose, lorsque la juridiction saisie de l'action directe peut connaître à la fois des problèmes relatifs à la responsabilité de l'assuré et à la garantie de l'assureur. Or seules les juridictions civiles disposent d'une telle plénitude de compétence. Elles seules peuvent donc accueillir sans limite, l'action directe de la victime contre l'assureur. L'action directe de la victime contre l'assureur du responsable est irrecevable devant les juridictions répressives, parce qu'elles ne peuvent se prononcer sur les litiges relatifs à la garantie d'assurance. Cette incompétence conduit les victimes qui optent pour la voie pénale, à exclure l'action directe, pour se concentrer sur une action en responsabilité contre l'assuré, la participation de l'assureur au procès en responsabilité intéressant l'assuré étant envisageable depuis la loi n° 83-608, du 8 juillet 1983.

4193. L'article 2 de la loi MURCEF admet que l'action directe de la victime contre l'assureur à raison d'un contrat d'assurance passé en application du Code des marchés publics, peut être engagée devant une juridiction administrative, pour les litiges nés après la date d'entrée en vigueur de ce texte (L. n° 2001-1168, 11 déc. 2001, JO 12 déc.). Concernant les litiges nés avant l'entrée en vigueur des dispositions nouvelles, la jurisprudence du Tribunal des conflits qui consacre l'incompétence des juridictions administratives à l'égard de l'action directe de la victime contre l'assureur de responsabilité, continue à s'appliquer (Trib. confl., 3 mars 1969, RGAT 1969. 351, concl. Kahn ; Trib. confl., 13 nov. 2000, ibid. 2001. 159, obs. F. Vincent). En toute hypothèse, les juridictions de l'ordre judiciaire sont seules compétentes pour connaître de l'appréciation des garanties d'assurance qui supposent l'analyse d'un contrat de droit privé, alors même que l'appréciation de la responsabilité de l'assuré relèverait du juge administratif (Civ. 3e, 16 mars 2005, RCA 2005, comm. n° 201).

4194. La recevabilité de l'action directe de la victime contre l'assureur du responsable dépend en l'occurrence de la qualité des demandeurs et des défendeurs à l'action. Si l'assureur est une société mutuelle, le tribunal de commerce est incompétent, car le défendeur n'a pas la qualité de commerçant. En revanche, si l'assureur est une société par actions par nature dotée de la qualité de commerçant, l'action directe est nécessairement introduite devant un tribunal de commerce, si la victime a elle-même la qualité de commerçant. Si la victime n'est pas commerçante, c'est à elle que revient le choix de la juridiction saisie (CA Nancy, 9 mars 1951, RGAT 1951. 175, obs. A. Besson).

4195. Les dispositions de l'article R. 114-1, qui définissent la juridiction territorialement compétente, s'appliquent impérativement aux relations de l'assureur et de l'assuré, lorsqu'elles ont trait à la fixation et au règlement de l'indemnité. En revanche, elles ne s'imposent pas à la victime demanderesse à l'action directe (Civ. 1re, 14 déc. 1983, RGAT 1984. 405 ; CA Paris, 5 nov. 1985, RGAT 1986. 544, obs. J. Bigot). Autrement dit, la victime peut désormais saisir, soit le tribunal du domicile de l'assuré désigné par l'article R. 114-1 du Code des assurances, soit le tribunal visé par l'article 42 du Code de procédure civile, c'est-à-dire le tribunal du domicile de l'assureur, défendeur à l'action, soit le tribunal du lieu de l'accident, cité à la fois par l'article R. 114-1 du Code des assurances et l'article 46 du Code de procédure civile.

4196. À l'heure actuelle, l'option offerte à la victime est d'autant plus justifiée que la principale explication initialement donnée à l'application exclusive de l'article R. 114-1 du Code des assurances, tirée de la nécessaire mise en cause de l'assuré, n'est plus d'actualité.

c - Prescription de l'action directe

4197. Pour déterminer les règles de prescription extinctive applicables à l'action directe de la victime contre l'assureur RC vie privée, la jurisprudence avait le choix entre deux catégories de dispositions : celles prévues par le Code des assurances pour les actions dérivant du contrat d'assurance, et celles, figurant dans le Code civil, relatives à l'action en responsabilité engagée par la victime contre l'assuré.

4198. La Cour de cassation a consacré l'inapplicabilité de l'article 25 de la loi de 1930, aujourd'hui devenu l'article L. 114-1 du Code des assurances, à l'action directe (Civ., 28 mars 1939, préc. ; Civ. 1re, 9 mai 1996, RGDA 1996. 705, obs. J. Kullmann ; RCA 1996, comm. n° 289 ; « l'action directe de la victime contre l'assureur de responsabilité (...) trouve son fondement dans le droit de la victime à réparation de son préjudice et se prescrit, dès lors, par le même délai que l'action de la victime contre le responsable » ; Civ. 1re, 29 oct. et 13 nov. 2002, ibid. 2003, comm. n° 21, obs. H. Groutel). En principe, la victime dispose donc du même délai pour agir, qu'elle décide d'exercer une action contre l'auteur du dommage ou son assureur. Autrement dit, si l'action en responsabilité est prescrite, l'action directe l'est également. La prescription de l'action directe de la victime contre l'assureur du responsable s'applique également à l'action ouverte à celui qui est subrogé dans ses droits (Civ. 1re, 4 févr. 2003, RCA 2003, comm. n° 15 ; Civ. 2e, 13 mai 2004, ibid. 2004, comm. n° 275).

4199. Cette volonté jurisprudentielle de rattacher en l'occurrence l'action directe à l'action de la victime contre l'assuré, n'implique pas un rejet systématique des dispositions propres au contrat d'assurance. La Cour de cassation a admis, à titre exceptionnel, une prolongation du délai de prescription de l'action directe, aussi longtemps que l'assureur reste exposé au recours de son assuré dans le cadre du procès en responsabilité, c'est-à-dire aussi longtemps que l'y autorise le jeu de la prescription biennale applicable aux actions dérivant d'un contrat d'assurance (Civ. 1re, 11 mars 1986, D. 1987, somm. p. 183, obs. Cl.-J. Berr et H. Groutel ; RGAT 1986. 354, obs. J. Bigot ; Civ. 1re, 16 févr. 1988, D. 1989, somm. p. 245, obs. H. Groutel ; RGAT 1988. 358, obs. R. Bout ; Civ. 1re, 7 oct. 1992, RCA 1992, comm. n° 467 ; Civ. 1re, 26 nov. 2003, ibid. 2004, comm. n° 50). L'application du délai de prescription biennale est limitée à l'hypothèse dans laquelle elle permet une prolongation du délai de prescription. Est ainsi censurée la décision d'une cour d'appel qui avait déclarée prescrite l'action directe exercée par la victime dans le délai de prescription trentenaire en l'occurrence applicable à l'action en responsabilité, au motif que l'action directe avait été engagée plus de deux ans après une assignation en référé dirigée contre l'assuré et que la victime ne peut exercer l'action directe que tant que l'assureur reste soumis au recours de son assuré (Civ. 2e, 13 sept. 2007, RCA 2007, comm. n° 368).

4200. Il faut ici imaginer que la victime a d'abord introduit une action en responsabilité contre l'assuré, lequel a appelé son assureur en garantie. Pendant le procès en responsabilité, la victime décide d'exercer une action directe contre l'assureur. Il peut arriver que celle-ci soit prescrite, soit que le délai pour agir en responsabilité est très bref, soit que la victime a laissé passé un délai de prescription pourtant plus long. On est alors dans une situation où l'assureur est exposé au recours de son assuré, dans le cadre de l'appel en garantie formulé au cours de l'action en responsabilité introduite par la victime. Dans le même temps, il devrait en principe être délivré de toute obligation envers la victime qui voudrait agir par la voie de l'action directe. La Cour de cassation a cependant adopté une solution protectrice des intérêts de la victime, en admettant que la prescription de l'action directe peut être prolongée aussi longtemps que l'assureur reste exposé au recours de son assuré dans le cadre d'un procès en responsabilité.

4201. La prolongation du délai trouve toutefois une limite logique dans la prescription applicable aux actions dérivant du contrat d'assurance. Selon l'article L. 114-1, alinéa 3, du Code des assurances, l'assureur est exposé au recours de son assuré, pendant deux ans à compter du jour où la victime a engagé une action en justice contre ce dernier. Pour que l'assureur soit encore exposé au recours de son assuré au delà du délai de prescription de droit commun, il faut donc que l'action de la victime contre le responsable soit intentée dans les deux dernières années de la prescription de l'action en responsabilité. Si l'action en responsabilité a été engagée plus tôt, on applique le principe de l'adéquation des délais de prescription de l'action directe et de l'action en responsabilité. Par exemple, dans une espèce où le point de départ du délai de prescription de l'action de la victime contre l'assuré se situait le 13 novembre 1975 (délai de 10 ans de l'article 2270-1 du Code civil), l'action est intentée le 24 avril 1984. Il résulte de l'article L. 114-1, alinéa 3, du Code des assurances, que le délai pour agir de l'assuré contre son assureur est de deux ans à compter de cette date. Autrement dit, l'assuré peut exercer un recours contre son assureur jusqu'au 24 avril 1986. La victime peut pareillement engager une action directe contre l'assureur du responsable jusqu'au 24 avril 1986 (Civ. 1re, 23 mars 1999, RCA 1999, comm. n° 194, obs. H. Groutel).

d - Absence de mise en cause de l'assuré

4202. L'interdépendance de l'action directe et de l'action de la victime contre l'assuré a longtemps justifié l'exigence jurisprudentielle de la mise en cause de l'assuré par la victime qui exerce l'action directe : « l'exercice de l'action directe en réparation d'un dommage contre l'assureur exige la mise en cause de l'assuré, auteur prétendu de ce dommage, à l'effet de fixer contradictoirement l'existence et le montant de la créance, ainsi que l'indemnité due par l'assureur » (Civ., 13 déc. 1938, DP 1939, 1, p. 33, note Picard ; Civ. 1re, 11 oct. 1994, RGAT 1994. 1212, obs. J. Beauchard).

4203. Des exceptions limitaient cependant la portée du principe. La mise en cause de l'assuré était ainsi inutile, en cas d'établissement préalable de la responsabilité de l'assuré, dans son principe et dans son montant (Civ. 1re, 11 juill. 1977, RGAT 1978. 237). En outre, la mise en cause de l'assuré était parfois impossible, par exemple, quand le dommage était causé par une personne indéterminée d'un groupe d'individus assurés auprès du même assureur. Dans cette dernière hypothèse, la Cour de cassation avait admis la mise en jeu de la garantie d'assurance, malgré l'impossibilité de mettre en cause l'assuré responsable, lequel n'était pas identifiable (Civ. 1re, 22 juill. 1986, RGAT 1986. 593, obs. R. Bout).

4204. La Cour de cassation a progressivement modifié sa jurisprudence, pour affirmer finalement, au visa de l'article L. 124-3 du Code des assurances, que « la recevabilité de l'action directe n'est pas subordonné à l'appel en la cause de l'assuré par la victime » (Civ. 1re, 7 nov. 2000, Bull. civ. I, n° 274 ; D. 2001, somm. 3320, obs. H. Groutel ; ibid. 2002, somm. 2115, obs. A. Bonnard ; RGDA 2000. 1108, obs. J. Kullmann ; RCA 2001, comm. n° 29, obs. H. Groutel ; Civ. 3e, 15 mai 2002, Bull. civ. III, n° 98 ; RGDA 2002. 747, obs. L. Mayaux ; RCA 2002, comm. n° 273, obs. H. Groutel). Cette solution ne remet évidemment pas en cause le principe selon lequel l'action directe suppose que soient établis « à la fois l'existence de la responsabilité de l'assuré à l'égard de la victime et le montant de la créance d'indemnisation de celle-ci contre l'assuré » (Civ. 1re, 6 juill. 1999, RCA 1999, comm. n° 342 ; Civ. 3e, 2 mars 2005, ibid. 2005, comm. n° 169, obs. H. Groutel). Dès lors, il faut admettre qu'il est possible de discuter de la mise en jeu de la responsabilité de l'assuré, sans qu'il soit présent à l'instance. Simplement, la décision qui retient la mise en jeu de la garantie d'assurance au profit de la victime lui est inopposable.

2 ▪ Effets de l'action directe

4205. Le principal effet de l'action directe est énoncé à l'article L. 124-3 du Code des assurances, qui octroie à la victime un droit propre sur l'indemnité d'assurance, et oblige par là même l'assureur du responsable à mettre en jeu la garantie au profit de la victime. En pratique, l'assureur ne peut procéder à un quelconque règlement entre les mains d'un autre que le tiers lésé, notamment l'assuré, tant que ce tiers lésé n'a pas été désintéressé (Civ. 2e, 26 avr. 2007, RCA 2007, comm. n° 227). Par ailleurs, l'assureur peut être tenu in solidum avec l'assuré, dans la limite de la somme garantie par le contrat (Civ. 1re, 14 nov. 1995, Bull. civ. I, n° 406). Ils seront alors solidairement responsables. Quoi qu'il en soit du privilège de la victime sur l'indemnité d'assurance, la question se pose de savoir si l'assureur peut lui opposer les exceptions de garantie qu'il aurait pu opposer à son assuré. Une réponse affirmative s'impose en principe (a). Mais elle est assortie d'exceptions (b).

a - Opposabilité des exceptions

4206. L'interdépendance de l'action directe et de l'action de l'assuré contre l'assureur est invoquée à l'appui de l'opposabilité de principe à la victime des exceptions de garantie opposables à l'assuré : « le droit de la victime ne peut porter que sur l'indemnité telle qu'elle a été stipulée, définie et limitée par le contrat d'assurance » (Civ., 16 févr. 1937, DH 1937, p. 204 ; S. 1937, 1, p. 147). Le principe est encore justifié au regard des dispositions de l'article L. 112-6 du Code des assurances, d'où il résulte que « l'assureur peut opposer au porteur de la police ou à celui qui en invoque le bénéfice les exceptions opposables au souscripteur originaire ». En principe, la victime ne saurait donc avoir, contre l'assureur, plus de droits que l'assuré n'en a lui-même.

4207. Deux moyens de défense sont opposables à la victime par l'assureur, quand ce dernier ne veut rien verser de l'indemnité réclamée. D'une part, l'assureur peut opposer à la victime l'absence de contrat d'assurance ou la résiliation du contrat d'assurance. D'autre part, l'assureur peut opposer à la victime un défaut de garantie malgré la validité du contrat. Le défaut de garantie procède, soit d'une clause retardant la prise d'effet du contrat au delà du moment de la souscription de la police, soit d'une suspension de garantie, soit d'une exclusion de garantie.

4208. L'absence de contrat peut procéder d'une nullité pour fausse déclaration intentionnelle, fondée sur l'article L. 113-8 du Code des assurances (Civ. 1re, 23 juin 1971, D. 1971, somm. p. 186). L'assureur peut encore se prévaloir d'une résiliation de la police antérieure au sinistre (Civ. 1re, 25 févr. 1992, RCA 1992, comm. n° 205, obs. H. Groutel ; Civ. 2e, 4 juill. 2007, RCA 2007, comm. n° 287).

4209. Dans certains cas, une clause du contrat d'assurance stipule que la prise d'effet de la garantie est retardée au jour du versement de la première cotisation. Si le sinistre survient avant que le souscripteur ait versé le montant de cette cotisation, l'assureur peut opposer le défaut de ce paiement à la victime pour lui refuser sa garantie (Civ. 1re, 4 oct. 1960, Bull. civ. I, n° 414 ; RGAT 1961. 321, obs. A. Besson). On admet aussi l'opposabilité à la victime de la suspension de garantie opposable au souscripteur. Peu importe que la suspension de garantie procède du processus mis en œuvre en cas de non paiement des cotisations ou d'un accord de l'assureur et du souscripteur (Civ. 1re, 12 mars 1963, D. 1963, jur. p. 585 ; RGAT 1963. 487, obs. A. Besson). Enfin, les tribunaux consacrent l'opposabilité à la victime des exclusions de garantie. Peu importe l'origine légale ou conventionnelle de l'exclusion considérée (Civ. 1re, 11 juin 1981, D. 1982, IR, 265 ; RGAT 1982. 67).

4210. Plusieurs causes justifient une réduction du montant de la garantie opposable à la victime, laquelle devra donc, pour obtenir réparation intégrale de ses préjudices, exercer un recours contre l'auteur des dommages. Les limitations de garantie opposables résultent, soit d'une disposition légale, soit d'une stipulation du contrat d'assurance.

4211. L'assureur oppose fréquemment à la victime une réduction de l'indemnité proportionnelle à l'insuffisance de la cotisation payée, en cas de fausse déclaration des éléments du risque faite par l'assuré de bonne foi, sur le fondement de l'article L. 113-9 du Code des assurances. La Cour de cassation admet l'opposabilité de ce moyen de défense, parce qu'il trouve sa cause dans un fait, la déclaration erronée de l'assuré, antérieur à la réalisation du dommage (Civ. 1re, 15 févr. 1977, D. 1977, IR, 285, obs. Cl.-J. Berr et H. Groutel ; RGAT 1977. 365, obs. A. Besson).

4212. La jurisprudence admet incontestablement l'opposabilité à la victime des clauses du contrat d'assurance qui stipulent que la garantie est limitée à un certain montant. La solution vaut indifféremment pour les plafonds de garantie (Civ. 1re, 8 juin 1994, RGAT 1994. 874, obs. F. Vincent ; Civ. 1re, 9 juill. 2003, RCA 2003, comm. n° 275), les clauses limitant la garantie par année d'assurance (Civ. 1re, 22 mai 1991, RCA 1991, comm. n° 309), ou de franchise (Civ. 3e, 19 avr. 2000, RCA 2000, comm. n° 245). Dans la même perspective, la clause stipulant que « l'obligation de l'assureur est limitée à la part propre de responsabilité de l'assuré dans ses rapports avec le ou les coobligés » est opposable à la victime, laquelle ne peut donc utilement réclamer à l'assureur qu'une indemnité dont le montant équivaut à la part contributive du coauteur assuré (Civ. 2e, 21 déc. 2006, RCA 2007, comm. n° 82).

b - Exceptions inopposables

4213. Même si l'article L. 112-6 du Code des assurances et la jurisprudence font de la règle de l'opposabilité des exceptions, une règle de principe, l'assureur est de plus en plus souvent empêché de se prévaloir utilement d'une exception de garantie à l'encontre de la victime. De façon générale, l'inopposabilité est justifiée dans la mesure où la Cour de cassation admet que le droit propre de la victime sur l'indemnité d'assurance, prend naissance au jour de l'accident (Civ., 15 juin 1931, DH 1931, p. 411 ; S. 1932, 1, p. 169, note Esmein ; RGAT 1931. 801, note M. Picard ; Gr. Arr. Dr. Ass., p. 230, obs. Cl.-J. Berr et H. Groutel). À compter de ce moment, il lui est définitivement acquis. Autrement dit, la victime dispose exclusivement d'un droit, cristallisé dans son étendue depuis la réalisation du dommage. Elle seule peut modifier sa configuration. Dès lors, aucune stipulation de la police, qui ne concerne que les rapports de l'assuré et de l'assureur, ne peut limiter l'étendue de la garantie. Notamment, les clauses qui sanctionnent l'assuré en raison d'une attitude répréhensible qui se manifeste après le sinistre, ne sont pas opposables à la victime.

4214. Le législateur consacre l'inopposabilité des déchéances, sur la base de la jurisprudence initiée en 1931. L'article R. 124-1 du Code des assurances dispose : « les polices d'assurance garantissant des risques de responsabilité civile doivent prévoir qu'en ce qui concerne cette garantie, aucune déchéance motivée par un manquement de l'assuré à ses obligations commis postérieurement au sinistre ne sera opposable aux personnes lésées ou à leurs ayants droit (...) ». Est ainsi inopposable à la victime, la déchéance encourue personnellement par l'assuré pour inobservation des clauses de la police, spécialement celle qui l'oblige à déclarer le sinistre à l'assureur dans un certain délai (Civ. 1re, 2 avr. 1974, RGAT 1975. 76 ; Civ. 1re, 2 juill. 1991, RGAT 1991. 846, obs. H. Margeat et J. Landel). Est encore inopposable à la victime la déchéance de garantie qui sanctionne une déclaration inexacte des circonstances du sinistre par l'assuré (Civ. 1re, 13 nov. 1991, RCA 1992, comm. n° 26).

4215. Si l'inopposabilité des exceptions postérieures au sinistre ne fait aucun doute, celle des exceptions antérieures au sinistre semble inconcevable, dans la mesure où il est impossible de la justifier par la cristallisation du droit de la victime sur l'indemnité d'assurance au jour du sinistre. Il existe pourtant deux cas dans lesquels la Cour de cassation a admis une telle inopposabilité.

4216. L'assureur est en droit d'opposer à son assuré, la compensation entre l'indemnité due à raison du sinistre et les primes impayées. La Cour de cassation a longtemps transposé l'application de cette règle à la victime, sur la base du principe selon lequel le droit de la victime trouve sa source et sa mesure dans le contrat d'assurance (Civ. 1re, 30 avr. 1985, RGAT 1985. 407). Un revirement de jurisprudence est cependant intervenu, au motif que la victime qui exerce l'action directe n'est pas débitrice de l'assureur. Dès lors, ce dernier ne peut lui opposer la créance de prime dont il dispose contre son assuré. Désormais, l'assureur de responsabilité ne peut donc déduire de l'indemnité versée à la victime, le montant des primes échues à la date du sinistre et non réglées (Civ. 1re, 31 mars 1993, RGAT 1993. 635, obs. J. Beauchard ; RCA 1993, chron. 18, H. Groutel ; Civ. 1re, 28 avr. 1993, Bull. civ. I, n° 148). En l'occurrence, il faut imaginer que la victime, titulaire d'un droit de créance à l'encontre de l'assureur correspondant à l'indemnité d'assurance, est simultanément débitrice de l'assuré responsable à un titre différent du dommage litigieux. Par exemple, un maître d'ouvrage est titulaire d'un droit de créance à l'encontre de l'assureur de l'entrepreneur responsable de ses préjudices, tout en étant débiteur à l'égard de ce même entrepreneur, de la somme due en paiement de la prestation accomplie. En pareilles circonstances, l'assureur du responsable ne peut opposer à la victime la compensation entre le montant de l'indemnité d'assurance et celui de la dette de la victime envers l'assuré (Civ. 1re, 23 nov. 1999, RGDA 2000. 185, obs. L. Mayaux). La solution est justifiée à deux égards. D'une part, l'assureur n'est pas le créancier de la somme restant due par la victime au titre des prestations effectuées par l'assuré. D'autre part, l'article L. 112-6 du Code des assurances n'envisage que l'opposabilité à la victime, des exceptions opposables par l'assureur à son assuré. Or, une telle exception n'est pas ici en cause.

Chapitre 2
L'assurance scolaire

BIBLIOGRAPHIE

L'Argus de l'assurance

Articles. – J. Speroni, RC établissement scolaire, L'Argus n° 7160, 19 mars 2010. – S. Gobert, Les petits entrent à l'école et la commune, L'Argus n° 7021, 13 avr. 2007. – A. Oubrier, Quoi de neuf pour la rentrée ?, L'Argus 1er sept. 2006, p. 8.

Autres documentations

Articles. - L. Bloch, C'est la rentrée ! La même question revient : l'assurance scolaire est-elle obligatoire ?, Resp. civ.et assur. 2012, focus n° 9.

Divers. – L'enfant scolarisé et les assurances, www.ffsa.fr/. – Accidents à l'école : responsabilité et assurances, www.ffsa.fr/, C 123, oct. 2001.

4217. L'assurance scolaire est une assurance souscrite par les parents pour leur propre compte et celui de leur enfant scolarisé. À titre principal, elle répond à un double objectif : prendre en charge les conséquences de la responsabilité civile de l'enfant ou de ses parents lorsqu'il provoque un dommage, et prendre en charge les conséquences des préjudices subis par l'enfant lorsqu'il est victime d'un dommage.

4218. L'assurance scolaire entre dans la catégorie des assurances de dommages à caractère indemnitaire et dans la catégorie des assurances de personnes à caractère forfaitaire, selon la nature de la garantie envisagée. C'est une assurance de dommages à caractère indemnitaire concernant la garantie de la responsabilité civile de l'enfant scolarisé. C'est une assurance de personne à caractère forfaitaire concernant certains aspects de la garantie individuelle en cas de dommages corporels subis par l'enfant scolarisé.

4219. Même si elle revêt des traits caractéristiques originaux qui permettent de la distinguer d'autres types d'assurance (section 1), sa spécificité est à plusieurs égards limitée. C'est la raison pour laquelle il arrive qu'elle fasse double emploi avec d'autres produits d'assurance (section 2).

Section 1 ▪ Caractères spécifiques

§ 1 ▪ Régime de la souscription

4220. Une première question se pose relativement au caractère obligatoire de l'assurance scolaire. À l'heure actuelle, l'assurance scolaire n'est en principe pas obligatoire, sauf circonstances exceptionnelles imposant la souscription aux parents.

4221. Une loi du 10 août 1943 avait envisagé une obligation d'assurance pour les accidents subis par les enfants scolarisés dans l'enceinte de l'établissement d'enseignement, ou sur le trajet de leur domicile à ce même établissement (L. 10 août 1943, JO 29 août). Faute d'arrêté d'application, ce texte n'est pas entré en vigueur. L'assurance scolaire n'est donc pas obligatoire, même si elle est recommandée par le ministère de l'Éducation nationale. Par conséquent, un chef d'établissement ne saurait subordonner l'inscription d'un enfant à la souscription d'une police d'assurance scolaire. L'essentiel est que l'enfant soit assuré. Il importe peu qu'il le soit par l'assureur personnel des parents.

4222. Une circulaire ministérielle du 21 septembre 1999 impose la souscription de l'assurance scolaire pour garantir les dommages causés ou subis par les élèves à l'occasion d'activités ponctuelles et facultatives organisées par l'établissement d'enseignement. Sont visées concrètement les déplacements qui incluent la totalité de la pause déjeuner, ou dépassent les horaires habituels de la classe, ou intègrent des nuitées (voyages de fin d'année, classes découvertes, séjours linguistiques...). Même dans ce cas de figure, l'exigence ne porte que sur l'existence d'une assurance couvrant les risques causés ou subis par l'enfant. Autrement dit, peu importe que la garantie figure dans une police d'assurance scolaire ou d'autres polices (assurance RC vie privée et assurance individuelle accidents) souscrites à titre personnel par les parents pour le compte de leur enfant.

4223. Les souscripteurs « naturels » d'une police d'assurance scolaire semblent être les parents ou les représentants légaux de l'enfant. Ils choisissent alors eux-mêmes leur assureur. En pratique, il est souvent plus simple d'adhérer à un contrat d'assurance de groupe proposé par l'établissement où leur enfant est scolarisé ou l'association de parents d'élèves dont ils font partie. Dans cette hypothèse, c'est l'établissement d'enseignement ou l'association de parents d'élèves qui choisissent le contrat et ont la qualité de souscripteurs.

§ 2 ▪ Formules proposées

4224. Il existe deux formules d'assurance scolaire, proposant des garanties plus ou moins étendues. Dans ce type de police, la garantie est limitée à la prise en charge des accidents survenus à l'occasion des activités organisées dans l'enceinte de l'établissement ou sur le trajet menant l'enfant de son domicile à l'école.

4225. L'enfant est en l'occurrence assuré en toutes circonstances, qu'il se trouve à l'école ou en dehors de l'établissement d'enseignement, quelle que soit la nature de ses activités. Par exemple, l'assurance scolaire et extra scolaire couvre la responsabilité des parents engagée à la suite de l'incendie d'une habitation provoqué par leur enfant en dehors de l'école (Civ. 1re, 6 déc. 1989, n° 87-15.404).

§ 3 . Risques garantis

4226. L'assurance scolaire prévoit le versement de prestations forfaitaires et indemnitaires, dans l'hypothèse où l'enfant est victime d'un accident.
La Cour de cassation a rappelé la spécificité du volet forfaitaire des contrats d'assurance scolaire en indiquant que les prestations sont calculées en fonction d'éléments prédéterminés par les parties indépendamment du préjudice subi (Civ. 2e, 14 juin 2006, n° 05-12.807). Plus précisément, en cas de décès de l'enfant, l'assureur verse un capital, qui correspond aux frais funéraires. Lorsque l'enfant est blessé, l'assureur verse un capital en cas d'invalidité permanente, totale ou partielle. Le capital n'est versé intégralement que si l'invalidité atteint 100 %. En cas d'invalidité permanente partielle, seule une partie du capital est versée. Par exemple, si le montant global du capital est conventionnellement fixé à 30 000 € et que l'expertise médicale retient un taux d'invalidité de 20 %, alors la somme due par l'assureur correspond à 20 % de 30 000 €, soit 6 000 €. Les prestations en cas de décès ou d'invalidité ayant un caractère forfaitaire, elles sont versées qu'il y ait ou non un responsable de l'accident. Si un responsable est désigné, l'indemnité versée à la victime par l'assureur de ce dernier, s'ajoute au capital attribué au titre de l'assurance scolaire.

4227. Les contrats d'assurance scolaire prévoient le remboursement par l'assureur des frais de soins (frais médicaux, pharmaceutiques, chirurgicaux et d'hospitalisation), en complément des prestations de la Sécurité sociale et, éventuellement, d'une mutuelle, si ces prestations ne suffisent pas à compenser les dépenses effectuées. Il est à noter que les lunettes et les prothèses dentaires ne sont pas toujours remboursées. L'assuré doit donc prêter une attention particulière aux clauses du contrat qui déterminent l'étendue de la garantie.

4228. Si l'enfant est à l'origine d'un accident dont il est déclaré responsable, l'assurance scolaire prend en charge la réparation des dommages causés, qu'ils soient corporels (blessure infligée à un camarade par exemple) ou matériels (dégradation de matériel dans l'établissement d'enseignement par exemple).

4229. En cas de dommages causés par un enfant scolarisé, la responsabilité civile de ses parents peut être recherchée sur le fondement de l'article 1384, alinéa 4, du Code civil qui prévoit la responsabilité civile des parents du fait de leur enfant mineur habitant avec eux. L'assurance scolaire ou extrascolaire prend en charge les conséquences de la mise en jeu de la responsabilité des parents. Par exemple, dans une espèce où un enfant mineur avait provoqué l'incendie de l'habitation d'un tiers, l'assureur scolaire et extrascolaire a indemnisé la victime, à la suite de la mise en jeu de la responsabilité des parents (Civ. 1re, 6 déc. 1989, préc.).

§ 4 . Exclusions de garantie

4230. Le contrat mentionne les agissements de l'assuré qui sont exclus de la garantie. Outre l'exclusion légale de la faute intentionnelle qui concerne le volet « garantie de la responsabilité civile », le contrat envisage des exclusions conventionnelles spécifiques à l'assurance scolaire.

4231. Les assurances scolaires et extrascolaires garantissent, en principe, les conséquences dommageables des activités sportives. Cela étant, la pratique du sport en compétition n'est généralement pas prise en charge. Les assurances proposées par les fédérations sportives suppléent alors à cette exclusion. Par ailleurs, les activités sportives présentant un risque particulier, sont exclues de la garantie. Il s'agit notamment de la plongée sous-marine, de sports aériens, de l'escalade, de la spéléologie, etc.

4232. Pour la conduite d'un cyclomoteur, d'une motocyclette ou d'une voiture, le législateur impose une obligation d'assurance couvrant la responsabilité de l'enfant conducteur en cas de dommages causés à autrui. L'assurance scolaire écarte donc la garantie des risques liés à cette activité.

Section 2 ▪ Spécificité limitée

§ 1 ▪ Hypothèses de double emploi de l'assurance scolaire avec d'autres assurances

4233. L'assurance de responsabilité civile familiale (ou vie privée) est souscrite par les parents pour garantir notamment leur responsabilité du fait de leurs enfants mineurs lorsqu'elle est engagée sur le fondement de l'article 1384, alinéa 4 du Code civil, même si l'activité dommageable de l'enfant a eu lieu dans l'enceinte de l'établissement scolaire. L'assurance RC « chef de famille » garantit également la responsabilité civile personnelle des enfants mineurs engagée sur le fondement des articles 1382 et 1383 du Code civil, et la responsabilité des enfants mineurs du fait des choses dont ils ont la garde, engagée sur le fondement de l'article 1384, alinéa 1er du Code civil. Certaines polices RC « chef de famille » étendent la garantie à la responsabilité civile des majeurs célibataires vivant au foyer du souscripteur ou continuant leurs études. Une telle assurance fait double emploi avec l'assurance scolaire, au moins pour le volet « garantie responsabilité civile » de cette assurance.

4234. L'assurance individuelle accidents peut être souscrite par les parents pour le compte de leurs enfants. Elle prévoit le versement d'une prestation forfaitaire sous la forme d'un capital, en cas de décès ou d'invalidité de l'enfant. Peu importe que l'enfant ait été victime d'un accident à l'occasion d'activités organisées sous l'égide de l'établissement scolaire ou sur le trajet le menant à ce même établissement. Cette assurance fait double emploi avec l'assurance scolaire, pour le volet « garantie individuelle des dommages corporels » de cette dernière.L'assurance garantie des accidents de la vie est souscrite par les parents pour leur propre compte et celui de tous les membres de la famille. C'est une assurance à caractère indemnitaire, qui prévoit deux types de prestations. En cas d'invalidité, une indemnité est versée à la hauteur des préjudices subis. La mise en jeu de la garantie intervient même en présence d'un responsable des dommages. En cas de décès, l'indemnité équivaut à une prise en charge de la totalité des préjudices (préjudice économique, préjudice moral, frais funéraires, ...). Là encore, cette assurance fait double emploi avec l'assurance scolaire, pour le volet « garantie individuelle des dommages corporels » de cette dernière.

§ 2 ▪ Effets du double emploi de l'assurance scolaire avec d'autres assurances

A ▪ Assurances cumulatives

4235. L'identité des garanties prévues dans les assurances scolaires et dans d'autres contrats d'assurance, conduit plusieurs assureurs distincts à couvrir les dommages causés ou subis par l'enfant. On parle alors d'assurances cumulatives. De façon générale, la souscription d'assurances cumulatives n'est pas frauduleuse. En effet, les parents ne recherchent pas consciemment l'obtention d'indemnités qui, cumulées, dépasseront le montant de la valeur du risque assuré. Les souscripteurs sont de bonne foi : ils sont assurés pour le même risque, auprès de plusieurs assureurs, sans le savoir. Dès lors, ils ne supportent la charge d'aucun préjudice du fait de la présence d'assurances cumulatives.

4236. L'article L. 121-4 du Code des assurances, dispose : « (...) le bénéficiaire du contrat peut obtenir l'indemnisation de ses dommages en s'adressant à l'assureur de son choix ». L'assureur sollicité ne peut faire obstacle à la mise en jeu de la garantie d'assurance, en se prévalant de la présence d'autres assureurs susceptibles de prendre en charge le sinistre. La solution a été consacrée sur un plan général par la Cour de cassation (Civ. 1re, 14 nov. 1978, D. 1980, IR, 177, obs. Cl.-J. Berr et H. Groutel). Elle doit bénéficier aux parents, lesquels peuvent donc s'adresser indifféremment à l'assureur scolaire, l'assureur RC chef de famille, l'assureur individuelle accident, ou l'assureur garantie accident de la vie. Ainsi, en cas de cumul d'un contrat d'assurance de groupe pour les risques scolaires et d'un contrat d'assurance RC chef de famille, les parents ont la possibilité de s'adresser aux deux assureurs (Civ. 1re, 27 févr. 1990, n° 88-11.673).

4237. Une première limite résulte de la mise en œuvre du principe indemnitaire, d'où il résulte que le bénéficiaire de l'assurance ne peut obtenir des indemnités versées par plusieurs assureurs, dont le montant global dépasse la valeur des préjudices subis par l'élève assuré ou la victime de ses agissements. Encore faut-il vérifier que les prestations versées par l'assureur entrent dans la catégorie des prestations indemnitaires (garantie de la responsabilité civile de l'enfant ou remboursement des frais de soins). Si les prestations sont forfaitaires (versement d'un capital), elles sont cumulables sans qu'il soit porté atteinte au principe indemnitaire. Une seconde limite procède du principe de la force obligatoire du contrat d'assurance. L'assureur ne peut être tenu au delà de la garantie conventionnellement décrite. Il faut donc tenir compte des conditions et exclusions de garantie, du montant de la garantie et de sa durée, spécifiés dans le contrat.

B ▪ Utilité de l'assurance scolaire

4238. L'assurance scolaire n'est nécessaire que dans l'hypothèse où d'autres contrats souscrits par les parents ne prennent pas en charge les dommages causés ou subis par l'enfant. Autrement dit, si les parents estiment que leur assurance personnelle suffit à assurer ces dommages, ils peuvent renoncer à souscrire l'assurance scolaire, et alors, se contenter de présenter au chef de l'établissement d'enseignement une attestation d'assurance remise par leur propre assureur de responsabilité civile.

Sous-titre 4
Les assurances des loisirs

Chapitre 1
L'assurance sports d'hiver- sports dangereux

BIBLIOGRAPHIE

L'Argus de l'assurance

Articles. – A. Fabre- Sarcelle, Quelles responsabilités pour les acteurs de l'association ?, L'Argus 2009, n° 7139. - J. Landel, Les activités de l'association, L'Argus 2009, n° 7139. - G. Defrance, Le devoir d'information des groupements sportifs, dossiers jur, L'Argus, n° 6823, févr. 2003, p. 3 et s.

Autres documentations

Ouvrages. – *Dictionnaire permanent Assurances*, Sports, n° 134 et s., p. 598 et s. – G. Courtieu, *Activités de sport et de loisir*, J.-Cl. RCA, *Assurances terrestres*, Fasc. 570 – Y. Lambert-Faivre, S. Porchy-Simon, *Droit du dommage corporel*, Dalloz, 6e éd., 2009.

Articles. – B. Thélot, G. Pédrono, AL. Perrine, JB. Richard, C. Ricard, A. Rigou et al., *Épidémiologie des accidents traumatiques en pratique sportive en France*. Bull Epidémiol Hebd. 2015 (BEH), (30-31), pp. 580-9 ; http://www.invs.sante.fr.

4239. Si la pratique d'un sport crée un risque qui peut être plus ou moins important, il n'existe aucune nomenclature officielle des sports qui pourraient être qualifiés de « dangereux » (V. la nomenclature des activités physiques et sportives établie pour le Ministère de la jeunesse et des sports, Bulletin de statistiques et d'études, n° 02-02, mars 2002). Il apparaît au contraire que, si les accidents de sports sont nombreux (plus de 900 000 chaque année), ils sont peu graves dans leur immense majorité (Institut de veille sanitaire (InVs), « Description et incidence des accidents de sport – Enquête permanente sur les accidents de la vie courante 2004-2005 », p. 9 ; « Les accidents liés à la pratique des activités physiques et sportives en 2010 », Stat-Info, n° 12-15, déc. 2012). Une enquête effectuée il y a quelques années pour le compte de la Mutuelle nationale des sports faisait en effet apparaître que, pour 43 des 63 sports recensés, le pourcentage des accidents entraînant une incapacité de plus de 5 % se situait entre 0 et 5 %.

4240. Ainsi que le démontre une étude publiée en octobre 2015 par l'Institut de veille sanitaire, la recherche épidémiologique en accidentologie sportive est de développement récent et comporte encore peu d'éléments sur les traumatismes sportifs. Il semble cependant que plus de deux accidents sur cinq surviennent lors de la pratique de sports d'équipe et de balle (football, basket-ball, rugby, handball et volley-ball). Si certains sports présentent à l'évidence une dangerosité presque inexistante (comme la pêche, la randonnée pédestre, la pétanque ou encore le tennis de table), il en est d'autres dans lesquels le risque d'accident grave est particulièrement présent : tel est le cas de la pratique du deltaplane qui cause un accident à un licencié sur 9, ou encore de la pratique du rugby dont les accidents entraînent une incapacité supérieure à 5 % dans 75 % des cas (G. Courtieu, Activités de sport et de loisir, J.-Cl. RCA,

Fasc. 570, n° 7). De même, les accidents de sports d'hiver et de sports hippiques causent de nombreuses fractures et nécessitent une hospitalisation dans plus 16 % des cas, ce qui peut suggérer qu'il s'agit de sports dangereux (le nombre d'accidents en sports d'hiver est estimé à environ 150 000 chaque année en France, dont 95 % sur piste). En 2010, 246 personnes sont décédées à la suite d'une pratique sportive en France. Les sports de montagne ont été les plus meurtriers (99 décès), suivis des sports aquatiques (50), de la chasse (27), de la pratique aérienne (23, dont 22 ULM), des sports mécaniques (23) et des sports de vol libre (20 dont 10 en parapente et 5 en planeur).

4241. Depuis plusieurs dizaines d'années, on observe un développement considérable des activités sportives, favorisé par l'accroissement du temps libre, ainsi qu'une pratique accrue de certains sports, notamment de « l'extrême » (saut à l'élastique, deltaplane, ULM...). Cette évolution entraîne une augmentation des risques sportifs et un besoin croissant de sécurité auquel l'assurance a pour vocation naturelle de répondre, au moins en partie.

4242. Les assurances qui couvrent le risque sportif sont des assurances de responsabilité civile et des assurances de personnes. La garantie d'assurance dont bénéficie le sportif est d'abord celle qui est souscrite par le groupement dans le cadre duquel s'exerce la pratique sportive (Section 1). Les particuliers qui pratiquent un sport individuellement en dehors de tout cadre structuré (soit environ deux sportifs sur trois) ne sont en principe soumis à aucune obligation légale d'assurance (V. cependant caractère obligatoire de l'assurance chasse : infra Chapitre 2 - L'assurance chasse et la pêche sous-marine de loisir). La prudence commande cependant de souscrire un contrat (Section 2). Les deux assurances ne sont pas exclusives l'une de l'autre : la seconde peut en effet utilement compléter la première.

Section 1 ▪ L'assurance souscrite par les groupements sportifs

Sous-Section 1 ▪ Les obligations d'assurance

§ 1 ▪ Souscription obligatoire d'une assurance de responsabilité civile

A ▪ Champ d'application

1 ▪ Personnes assujetties

4243. L'assurance des groupements sportifs est actuellement régie par les articles L. 321-1 et suivants du Code du sport. Ces dispositions générales imposent aux groupements sportifs une obligation d'assurance de responsabilité (art. L. 321-1 du Code du sport : « Les associations, les sociétés et les fédérations sportives souscrivent pour l'exercice de leur activité des garanties d'assurance couvrant leur responsabilité civile, celle de leurs préposés salariés ou bénévoles et celles des pratiquants du sport... »). Il en est de même des associations et fédérations sportives scolaires (C. éducation, art. L. 552-4). Les groupements qui n'ont pas d'objet sportif ne sont pas soumis à cette obligation d'assurance (pour un ex., V. Civ. 1re, 25 févr. 2003, n° 00-12.157, Bull. civ. I, n° 58 ; RCA 2003, comm. n° 155 : une société de courses de chevaux ayant pour objet l'élevage et l'amélioration de la race chevaline, qui relève de la tutelle du ministère de l'Agriculture et non de celle de la Jeunesse et des Sports, ne constitue pas un groupement sportif au sens de la loi du 16 juillet 1984, dont les dispositions sont indissociables, de sorte que l'article 38 de cette loi ne lui est pas applicable. En revanche, les établissements équestres sont naturellement soumis à cette obligation).

4244. Ce sont les articles D. 321-1 et suivants du Code du sport qui fixent les modalités de l'assurance obligatoire. Le non-respect de l'obligation légale d'assurance constitue une infraction punie de six mois d'emprisonnement et d'une amende de 7 500 € pour le responsable d'une association sportive, l'organisateur d'une manifestation et l'exploitant d'un établissement (C. sport, art. L. 321-2).

4245. Aucune disposition légale ne confère à une fédération sportive le droit d'imposer aux groupements qui lui sont affiliés le choix de l'assureur et les conditions du contrat garantissant sa responsabilité civile ainsi que celle de ses préposés et adhérents (CE, 2 juill. 1999, n° 199143, Figeac Athlétisme Club, RCA 1999, chron. n° 26, G. Courtieu), ni celui d'instaurer une procédure destinée à les dissuader de s'adresser à l'assureur de son choix (CE, 29 sept. 2003, n° 240639, Figeac Athlétisme Club, publié au recueil Lebon ; RCA 2003, comm. n° 306 ; RCA 2003, repère 11).

4246. Une obligation d'assurance de responsabilité civile est également imposée à toute personne exploitant un établissement d'activités physiques et sportives. Le contrat d'assurance doit couvrir la responsabilité civile de l'exploitant, celle des enseignants (C. sport, art. L. 212-1) et de tout préposé de l'exploitant, ainsi que des personnes habituellement ou occasionnellement admises dans l'établissement pour y exercer les activités qui y sont enseignées (C. sport, art. L. 321-7. Pour l'obligation d'assurance de l'exploitant d'établissement destiné à la danse, v. C. éducation, art. L. 462-1 et s.). Le défaut d'assurance est punie de 6 mois d'emprisonnement et 7500 € d'amende (C. sport., art. L. 321-8 ; Crim., 7 oct. 2008, n° 08-80.378).

2 ▪ Personnes assurées

4247. Les personnes assurées sont :
- le souscripteur du contrat (groupement sportif, organisateur ou établissement d'activités physiques et sportives) : la garantie couvre sa responsabilité personnelle et la responsabilité qu'il peut encourir du fait de ses préposés (la couverture d'assurance s'applique aux salariés mais aussi aux aides bénévoles, entraîneurs, éducateurs, instructeurs, moniteurs, qu'ils soient diplômés ou non, licenciés ou non) ;
- les arbitres et juges dans l'exercice de leurs activités ;
- les dirigeants du groupement ;
- les pratiquants, qu'ils soient affiliés à une fédération et titulaire d'une licence ou non licenciés. Les clubs doivent vérifier que tous les joueurs titulaires d'une licence sont bien assurés (Civ. 2e, 15 déc. 2011, n° 10-27.952, RCA 2012, com. 53, S. Hocquet-Berg : est partiellement responsable des blessures consécutives à la chute d'un motard, l'association propriétaire d'un circuit de moto-cross qui commet une faute de négligence et d'imprudence en ne vérifiant pas si la victime était membre du club et titulaire d'une licence d'assurance).

4248. La notion de pratiquant a été précisée par la Cour de cassation qui considère que l'article L. 321-1 du code du sport concerne les personnes qui pratiquent une activité sportive dans le cadre de l'association dont ils sont membres (Civ. 2e, 3 nov. 2011, n° 10-26.949 : un skipper ne peut pas bénéficier des garanties du contrat de l'organisateur d'une régate). La loi précise que les licenciés et les pratiquants sont des tiers entre eux (C. sport, art. L. 321-1). Le contrat ne peut donc pas exclure les dommages que les sportifs se causent les uns aux autres (Civ. 2e, 3 nov. 2011, n° 10-26.949, Bull. civ. II ; Civ. 2e, 12 mai 2010, n° 08-20.463).

3 ▪ Dommages garantis

4249. Les dommages couverts par la garantie sont ceux qui surviennent notamment à l'occasion des compétitions sportives, des matches de sélection ou amicaux, pendant les séances d'entraînements ou lors de stages. La garantie est acquise au cours des trajets qui ont lieu pour participer à une rencontre sportive ou à des séances d'entraînements. Dans le domaine équestre, la garantie porte sur la responsabilité civile encourue à raison des dommages provoqués par les équidés du centre équestre, que ceux-ci appartiennent ou non à l'assuré, et pour les véhicules hippomobiles, elle s'étend aux déplacements des équidés (Civ. 2e, 4 févr. 2010, n° 09-10.248).

4250. Le contrat couvre les conséquences pécuniaires de la responsabilité civile que l'assuré peut encourir en raison de dommages corporels, matériels et immatériels consécutifs causés à autrui à l'occasion des activités qu'il met en œuvre. L'article D. 321-1 du Code du sport précise que les contrats « fixent librement l'étendue des garanties » (anc. art. 1er, Décr. n° 93-392, 18 mars 1993). Par conséquent, le contenu des garanties – et spécialement leurs montants – relève de la liberté contractuelle, ce qui constitue une curiosité – voire pour certains une absurdité – dans une assurance obligatoire (V. H. Groutel, Carton rouge !, RCA 1992, chron. 30 ; G. Courtieu, Activités de sport et de loisir, J.-Cl. RCA, Fasc. 570, n° 31. Adde : Y. Lambert-Faivre, S. Porchy-Simon, Droit du dommage corporel, Dalloz, 2009, 6e éd., n° 218 : « une assurance obligatoire sans garantie minimum obligatoire n'est qu'un leurre »). Les montants et limites de garanties sont variables d'un contrat à l'autre. Les montants assurés sont compris en moyenne entre 5 à 10 millions d'euros pour les dommages corporels ; entre 0,5 et 3 millions d'euros pour les dommages matériels ; entre 150 000 et 1 million d'euros pour les dommages immatériels consécutifs (Dictionnaire permanent – Droit du sport- Assurances, n° 29).

4251. Les dommages causés à l'occasion d'une activité soumise à une obligation légale spéciale comme la pratique de la chasse (V. infra Chapitre 2 - L'assurance chasse) ou d'un sport automobile (V. supra L'assurance automobile) ne sont pas couverts par les contrats (C. sport, art. D. 321-2, 7°). Il en va donc ainsi concernant les dommages causés par le quad : apparu en France à partir du milieu des années 1980, le marché du quad a enregistré depuis lors un taux de progression très important (en 2004, environ 41 000 immatriculations de nouveaux quads ont été enregistrées contre 4000 en 2002), associé à une diversification des modes d'utilisation du quad. S'il est en effet encore essentiellement utilisé pour les loisirs, le quad est de plus en plus souvent employé dans les exploitations agricoles pour effectuer certains travaux (V. Revue Assurer, FFSA Infos, n° 72 – 31 mai 2006, p. 3 : le quad et son assurance). Qu'il soit homologué ou non, qu'il circule dans des lieux ouverts ou non à la circulation publique, le quad est soumis à l'obligation d'assurance de responsabilité civile automobile comme tout véhicule terrestre à moteur (V. supra, Sous-titre II – L'automobile et autres véhicules).

4252. Conformément à l'article L. 113-1 du Code des assurances, aucune garantie n'est due lorsque l'acte dommageable résulte de violences volontaires de la part de l'assuré (V. par exemple en matière de rugby : Civ. 1re, 7 juin 1974, n° 73-11.254, Bull. civ. I, n° 168 ; RGAT 1975. 213, obs. G. Durry ; Gaz. Pal. 1975, 1, p. 371, note M. Margeat : confirme l'arrêt des juges du fond décidant qu'un assureur ne devait pas couvrir les conséquences dommageables résultant pour un joueur de rugby d'un coup de pied que lui avait volontairement porté un autre joueur au cours d'un match, sans que les juges soient tenus de déterminer si l'auteur du dommage en avait envisagé toute l'étendue au moment où il le causait).

4253. Les exclusions conventionnelles sont limitées. L'assureur peut valablement exclure les dommages causés à certaines personnes ou à certains biens (C. sport, art. D. 321-2), les conséquences pécuniaires de la responsabilité civile que l'assuré encourt en cas de dommages matériels et immatériels consécutifs causés par un incendie, une explosion ou l'action de l'eau lorsque ces dommages surviennent dans des locaux que l'assuré occupe occasionnellement ou dont il est locataire, dépositaire ou gardien de façon temporaire ou permanente. Pour être valable, l'exclusion doit être formelle, limitée et figurée en caractères très apparents. Les exclusions formulées de manière trop générale ne sont donc pas valables, comme par exemple la clause qui exclut les dommages « qui sont la conséquence inévitable et prévisible des modalités d'exécution du travail ou de la mise en œuvre de l'activité de l'assuré telles qu'elles ont été fixées par l'assuré ou, s'il s'agit d'une personne morale, par la direction de l'entreprise ».

4254. L'assureur ne peut opposer à la victime et à ses ayants droit, ni franchise, ni réduction proportionnelle de l'indemnité, ni déchéance. Il peut exercer une action en remboursement des sommes versées à la victime et payées en lieu et place de l'assuré (C. assur., art. D. 321-3).

B ▪ Règles relatives à l'organisation de manifestations sportives

4255. L'organisation par toute personne autre que l'État et les associations, les sociétés et les fédérations sportives, de manifestations sportives ouvertes aux licenciés des fédérations, est subordonnée à la souscription par l'organisateur des garanties d'assurance couvrant leur responsabilité civile, celle de leurs préposés salariés ou bénévoles et celle des pratiquants du sport (C. sport, art. L. 331-9 et D. 331-5 renvoyant aux articles D. 321-1 et s. du Code du sport). Le fait pour une personne organisant une manifestation sportive définie à l'article L. 331-9 de ne pas souscrire les garanties d'assurances prévues à cet article est puni de six mois d'emprisonnement et de 7500 € d'amende (C. sport, art. L. 331-12). Le code du sport prévoit que les manifestations (dont les modalités d'organisation sont décrites par l'article R. 331-6) ne peuvent débuter qu'après production à l'autorité administrative compétente des garanties d'assurance, au plus tard 6 jours francs avant le début de la manifestation (C. sport, art. R. 331-14 mod. par. D. n° 2012-312, 5 mars 2012 ; C. sport, art. A. 331-2 et A. 331-3 mod. par Arr. 3 mai 2012). Le code du sport précise en outre que les conditions générales de la police doivent être conformes au modèle approuvé par arrêté, spécialement en ce qui concerne le montant minimum des garanties (C. sport, art. A. 331-25, ann. III-21-1).

4256. L'organisateur d'une manifestation sportive de véhicules terrestres à moteur est soumis à une obligation d'assurance. Les organisateurs, à l'exception de l'État, de manifestations sportives comportant la participation de véhicules terrestres à moteur doivent souscrire des garanties d'assurance couvrant la responsabilité civile de l'organisateur ainsi que celle de toute personne qui prête son concours à l'organisateur avec son accord et des participants (C. sport, art. L. 331-10). L'autorisation même de ces manifestations est d'ailleurs soumise à la souscription de l'assurance. La demande d'autorisation doit comprendre l'attestation de police d'assurance souscrite par l'organisateur (C. sport, art. A. 331-17 et A. 331-18). Le montant minimum des garanties est fixé à 6 100 000 € par sinistre pour la réparation des dommages corporels autres que ceux relevant de la responsabilité automobile ; à 500 00 € par sinistre pour la réparation des dommages matériels autres que ceux relevant de la responsabilité civile automobile (C. sport, art. A. 331-32).

4257. L'organisateur de toute manifestation aérienne (meeting aérien, rallye aérien, présentation d'appareils, y compris les démonstrations d'aéromodèles) doit obligatoirement s'assurer des conséquences pécuniaires de sa responsabilité civile et de celle des concurrents en raison des dommages corporels ou matériels causés aux spectateurs et aux tiers autres que les concurrents, les passagers et les agents d'une personne de droit public. Il doit justifier que tous les aéronefs engagés sont assurés par leurs exploitants pour tous les dommages causés aux personnes et aux biens situés à la surface ; l'autorisation de la manifestation est subordonnée à la souscription de l'assurance. Tout participant doit par ailleurs faire la preuve qu'il dispose de garanties lui permettant de faire face aux conséquences pécuniaires de sa responsabilité civile en tant que pilote d'un aéronef en manifestation aérienne (Arr. 4 avr. 1996, NOR : EQUA9600491A, JO, 28 avr. : art. 15 et 26. Pour les aéromodèles : art. 51 et 56).

4258. Dans le cadre d'une manifestation sportive, comme par exemple à l'entrée d'un stade, des mouvements de foule peuvent engendrer des accidents dont la réparation peut incomber – sous certaines conditions – au Fonds de garantie des assurances obligatoires de dommages (FGAO). Le FGAO a vocation à indemniser les « dommages (résultant d'atteintes à la personne) nés d'un accident de la circulation causé, dans les lieux ouverts à la circulation publique, par une personne circulant sur le sol ou un animal » (C. assur., art. L. 421-1, version issue de L. n° 2007-1174, 17 déc. 2007). Ainsi la victime d'une atteinte à sa personne causée à l'occasion d'un mouvement de foule, à l'entrée d'un stade, peut-elle invoquer la garantie du FGAO (Civ. 2e, 20 mars 2008, n° 07-12.355, inédit ; RCA 2008, comm. n° 164, 1re esp., note H. Groutel : victime blessée à l'occasion d'un mouvement de foule à l'entrée du stade vélodrome de Marseille, après l'ouverture des grilles, par un piéton non identifié qui en a renversé et piétiné un autre. L'entrée d'un stade étant ouverte à la circulation publique, doit être cassé l'arrêt de la cour d'appel qui a décidé que l'indemnisation de la victime relevait du Fonds de garantie des victimes des actes de terrorisme et d'autres infractions (FGVTI), alors que cette indemnisation entre dans le domaine du FGAO). Il est important d'attirer l'attention sur le caractère subsidiaire du rôle du FGAO : le Fonds n'est tenu d'indemniser la victime que dans la mesure où cette indemnité n'incombe à aucune autre personne ou à aucun autre organisme ; l'intervention du Fonds à l'instance entre le responsable et la victime ne peut en aucun cas motiver « une condamnation conjointe ou solidaire » avec le responsable (C. assur., art. R. 421-15 ; v. par ex. Civ. 2e, 6 mars 2008, n° 07-11.887, inédit ; RCA 2008, comm. n° 179, note H. Groutel). Par ailleurs, le Fonds ne prend en charge que les indemnités dues aux victimes d'accidents mentionnées à l'article L. 421-1 du Code des assurances (Civ. 2e, 6 mars 2008, n° 07-11.887; RCA 2008, comm. n° 179, note H. Groutel : viole les articles L. 421-1 et R. 421-1 du Code des assurances la cour d'appel qui met les dépens de première instance et d'appel à la charge du Fonds).

C ▪ Règles relatives à certaines activités particulières de sport et de loisir

4259. Les fédérations d'associations de pêcheurs sous-marins doivent justifier de l'affiliation de leurs adhérents à une entreprise d'assurance (Arr. 1er déc. 1960, art. 19 : JO 9 déc.). La garantie doit couvrir la responsabilité civile de chaque membre à raison des dommages corporels susceptibles d'être causés aux tiers du fait de la pratique de la pêche sous-marine (c'est-à-dire la capture des animaux marins, par quelque procédé que ce soit, en action de nage ou de plongée) ou de la plongée. Une obligation d'assurance de responsabilité civile pèse également sur tout pratiquant de pêche sous-marine de loisirs. L'attestation d'assurance doit être présentée à toute demande des autorités chargées de la police de cette activité (C. sport, art. L. 321-3).

4260. Tout exploitant d'un aérodrome ouvert à la circulation aérienne publique doit s'assurer pour sa responsabilité civile en raison des risques encourus du fait de l'aménagement et de l'exploitation de l'aérodrome. Il s'agit d'une condition de l'autorisation de la création d'un aérodrome (C. aviation, art. D. 221-3). Une obligation d'assurance de responsabilité civile envers les tiers à la surface et les personnes éventuellement transportées est également imposée à tout propriétaire d'aéronef (Arr. 15 mars 2005, NOR : EQUA0500526A : JO, 7 mai). La garantie de l'assureur s'applique dans les limites fixées aux conditions particulières du contrat (Civ. 1re, 4 juin 2002, n° 00-19.703).

4261. Tout exploitant, autre que l'État, d'un chemin de fer, funiculaire ou à crémaillère, téléphérique, remonte-pente et tout autre engin de remontée mécanique utilisant des câbles transporteurs ou tracteurs doit souscrire une assurance de responsabilité civile. Cette assurance doit garantir la réparation, tant aux usagers des installations qu'à toute autre personne, des dommages corporels ou matériels résultant des accidents, incendies ou explosions causés par les matériels identifiés aux conditions personnelles à l'occasion de leur exploitation, par les accessoires ou produits servant à cette exploitation et par les personnes, objets transportés ou halés. Sont également garantis les dommages corporels ou matériels résultant de la chute de ces personnes, matériels, accessoires, produits, objets ou substances (C. assur., art. L. 220-1 et s., R. 220-1 et s., A. 220-3 et s.).

4262. Les personnes qui organisent l'accueil des mineurs à l'occasion des vacances scolaires, des congés professionnels et des loisirs, notamment en séjours de vacances et accueils de loisirs (CASF, art. L. 227-4), ainsi que celles qui exploitent les locaux d'accueil doivent souscrire un contrat d'assurance garantissant les conséquences pécuniaires de leur responsabilité civile, ainsi que celle de leurs préposés (rémunérés ou non) et des participants aux activités proposées (CASF, art. L. 227-5 et R. 227-27). La souscription de ces contrats est justifiée par une attestation délivrée par l'assureur qui doit comporter les mentions prévues à l'article R. 227-29 du code de l'action sociale et des familles. Cette attestation doit être fournie par le souscripteur à la demande de toute personne garantie par le contrat.

4263. Les obligations d'assurance qui concernent les élèves et accompagnateurs à l'occasion des sorties scolaires dans les écoles maternelles et élémentaires sont régies notamment par les circulaires n° 97-176 du 18 septembre 1997 (BOEN hors série, n° 97/6) et n° 97-176 bis du 21 novembre 1997 (BOEN n° 97/42) du ministre de l'Éduction nationale, de la recherche et de la technologie (V. également : Circ. n° 99-136, 21 sept. 1999 : BOEN hors série n° 7). En ce qui concerne les élèves, la souscription d'une assurance de responsabilité civile et d'une assurance individuelle accidents corporels est obligatoire pour les sorties scolaires qui ont un caractère facultatif. En revanche, la souscription d'une telle assurance n'est pas requise lorsque les sorties sont obligatoires. S'agissant des accompagnateurs, la souscription d'une assurance de responsabilité civile est obligatoire quel que soit le type de sortie organisée. L'assurance individuelle accidents corporels n'est pas exigée.

§ 2 ■ Souscription obligatoire d'une assurance de personnes

4264. La loi n° 2015-1541 du 27 novembre 2015 visant à protéger les sportifs de haut niveau et professionnels et à sécuriser leur situation juridique et sociale a créé une obligation d'assurance contre les dommages corporels. Dans le Code du sport, un nouvel article est inséré : « Art. L. 321-4-1. – Les fédérations sportives délégataires souscrivent des contrats d'assurance de personnes au bénéfice de leurs licenciés inscrits sur la liste des sportifs de haut niveau mentionnée au premier alinéa de l'article L. 221-2, couvrant les dommages corporels auxquels leur pratique sportive de haut niveau peut les exposer (...) ». Cette nouvelle obligation entre en vigueur à compter du 27 août 2016. Jusqu'à la loi du 27 novembre 2015, la souscription de telles assurances collectives de personnes n'était que facultative. Afin cependant d'alerter l'attention des sportifs sur l'importance de cette garantie, la loi imposait aux groupements sportifs une obligation d'information (C. sport, art. L. 321-4). Le nouvel article L. 321-4-1 rend désormais cette obligation d'information sans objet et précise que les fédérations délégataires en sont dispensées à l'égard des sportifs de haut niveau.

4265. Cette nouvelle disposition a pour effet de faire systématiquement bénéficier le sportif de haut niveau de deux garanties : celle découlant de l'assurance de responsabilité civile et celle due au titre du contrat collectif d'assurance de personnes, les deux étant obligatoirement souscrites par sa fédération. Ainsi cependant que le relève un commentateur (L. Bloch, « Assurances de groupe, fédérations sportives et sportifs de haut niveau : de nouvelles obligations », Resp. civ. et assur. 2016, Alerte 1, p. 2), la loi n'impose aucune obligation particulière d'information sur le niveau des garanties souscrites, alors même – pourtant – que cette obligation existe quand l'assurance de personnes est facultative (C. sport, art. L. 321-6). En outre, la loi ne prévoit aucune sanction pénale en cas de non-souscription de cette nouvelle assurance obligatoire, alors même que l'absence de souscription de l'assurance de responsabilité civile obligatoire constitue une infraction (C. sport, art. L. 321-2).

Sous-Section 2 ▪ L'obligation d'information

§ 1 ▪ Informations relatives à l'assurance de responsabilité civile

4266. La souscription par le groupement sportif d'une assurance de responsabilité civile est justifiée par la production d'une attestation qui doit nécessairement comporter les mentions suivantes : référence aux dispositions légales et réglementaires, raison sociale de ou des entreprises d'assurances agréées, numéro du contrat d'assurance souscrit, période de validité du contrat, nom et adresse du souscripteur, étendue et montant des garanties (C. sport, art. D. 321-4).

L'article D. 321-5 du Code du sport précise en outre que « le souscripteur fournit à la demande de toute personne garantie par le contrat un document reprenant les mentions énumérées à l'article D. 321-4 ». Ce dernier texte entretient un doute sur l'étendue de l'information dont bénéficie le sportif en laissant entendre que l'information ne bénéficie qu'à celui qui en fait expressément la demande. Telle n'est pas l'analyse retenue par la jurisprudence qui impose au contraire à l'organisme sportif, souscripteur du contrat d'assurance de responsabilité civile, d'informer les personnes (licenciés et pratiquants) au bénéfice desquelles le contrat a été souscrit, en leur fournissant toutes les précisions utiles sur le contenu des garanties et, le cas échéant, en attirant leur attention sur les limites ou les lacunes du contrat.

4267. Il existe ainsi, à la charge du groupement sportif, une obligation générale d'information qui doit permettre à tout sportif (qu'il en ait ou non fait la demande) de connaître l'étendue de l'assurance de responsabilité dont il bénéficie. Apte, de cette manière, à mesurer les éventuelles limites de la couverture d'assurance, le sportif pourra, au besoin, y pallier lui-même en souscrivant une assurance complémentaire de responsabilité civile. L'organisme qui ne respecte pas cette obligation commet une faute de nature à engager sa responsabilité civile.

Ainsi :

- l'organisateur commet une faute en ne prévenant pas les participants à un rallye que le contrat d'assurance excluait expressément les copilotes de la garantie de responsabilité civile (Civ. 1re, 16 avr. 1975, n° 73-13.990, Bull. civ. I, n° 132) ;
- manque de base légale l'arrêt qui a déclaré que ne constituait pas une faute de la part de l'association organisatrice, à l'occasion d'une fête locale, d'un match de football entre l'équipe communale et une équipe de « vétérans » recrutés dans les rues par haut-parleur, le fait qu'elle n'ait pas averti ces derniers de l'absence d'assurance les garantissant contre les accidents, la Cour d'appel n'ayant pas recherché si les « vétérans » ne pouvaient pas se croire assurés individuellement comme les joueurs de l'équipe communale et si l'association organisatrice du match n'avait pas commis de faute en omettant d'attirer l'attention des participants sur le fait que l'assurance spéciale qu'elle avait souscrite à l'occasion de la fête locale la garantissait uniquement contre sa propre responsabilité délictuelle (Civ. 1re, 13 juill. 1982, n° 81-13.493, Bull. civ. I, n° 264, D. 1983, J, p. 225, note Agostini) ;
- commet une faute, la fédération sportive qui délivre à ses adhérents une licence précisant qu'elle tient lieu d'attestation d'assurance pour les activités pratiquées, alors que celle dont a été victime le licencié était exclue de la police d'assurance (Civ. 1re, 6 juill. 1999, n° 97-17.340, inédit, RCA 1999, comm. n° 378, note G. Courtieu).

§ 2 ▪ Informations relatives à l'assurance de personnes

4268. En dehors de l'assurance de responsabilité civile qui est obligatoire, les groupements sportifs peuvent souscrire une assurance collective de personnes pour le compte de leurs membres qui, en y adhérant s'ils le souhaitent, prennent la qualité d'assurés. Le contrat ne peut être conclu qu'après appel à la concurrence (C. sport, art. L. 321-5). Sauf exception visée par l'article L. 321-4-1, du Code du sport au profit des sportifs de haut niveau, la souscription d'une assurance de personnes n'est pas obligatoire et les contrats fixent librement le contenu des garanties. En revanche, la loi impose aux organismes sportifs une obligation d'information (pour les sportifs de haut niveau, cette obligation d'information a été remplacée par une obligation de souscription : v. supra).

4269. L'article L. 321-4 du Code du sport énonce en effet que « les associations et les fédérations sportives sont tenues d'informer leurs adhérents de l'intérêt que présente la souscription d'un contrat d'assurance de personnes couvrant les dommages corporels auxquels leur pratique sportive peut les exposer ». Cette obligation d'information est générale : elle pèse sur toute association, société et fédération ayant un objet sportif et se justifie par la nécessité d'attirer l'attention du sportif sur le fait, qu'à défaut d'avoir souscrit une telle assurance, il ne pourra pas être indemnisé des dommages qu'il subit lui-même de son propre fait.

4270. En outre, dans l'hypothèse où une assurance collective de personnes a été souscrite par le groupement sportif et que ce dernier propose à ses membres d'y adhérer, l'article L. 321-6 du Code du sport impose au groupement deux obligations d'information particulières :
1) l'obligation de formuler cette proposition dans un document, distinct ou non de la demande de licence, qui mentionne le prix de l'adhésion, précise qu'elle n'est pas obligatoire et indique que l'adhérent au contrat collectif peut toujours en outre souscrire des garanties complémentaires ;
2) l'obligation de joindre à ce document une notice établie par l'assureur conformément au deuxième alinéa de l'article L. 141-4 du Code des assurances relatifs aux assurances de groupe. Cette notice doit préciser quelles sont les garanties, les modalités d'entrée en vigueur de celles-ci et les formalités à accomplir en cas de sinistre.
Par extension, la jurisprudence considère qu'il ne suffit pas de porter à la connaissance du sportif l'existence de cette assurance ; il faut également en préciser le contenu. Le groupement sportif est ainsi tenu, au-delà de la remise de la notice, d'une obligation de conseil qui lui impose d'attirer l'attention des adhérents sur le niveau des garanties contenues dans la police, au re-

gard du sport pratiqué, et sur les possibilités de recourir à des assurances complémentaires. À défaut, le groupement commet une faute qui engage sa responsabilité civile.

Ainsi :

- commet une faute la fédération sportive qui, ayant souscrit un contrat d'assurance individuelle garantissant ses licenciés contre les accidents corporels, s'abstient de leur faire connaître le montant des garanties qui, en l'espèce, étaient les garanties minimum prévues par la réglementation pour l'ensemble des sports, de sorte que les licenciés ne savaient pas qu'ils devaient prendre personnellement les dispositions nécessaires pour s'assurer contre les risques particulièrement élevés du sport de compétition en cause. Est dès lors légalement justifiée la décision d'une Cour d'appel condamnant la fédération à indemniser l'un de ses licenciés des conséquences de l'accident, dont il avait été victime au cours d'un entraînement sportif (Civ. 1re, 16 juill. 1986, n° 84-16.903, Bull. civ. I, n° 209 ; RGAT 1986. 453, obs. J. Bigot) ;

- commet également une faute engageant sa responsabilité contractuelle, l'organisation sportive qui a souscrit des garanties insuffisantes et n'a pas proposé à ses affiliés des formules permettant de choisir les garanties les mieux adaptées à leur situation (Civ. 1re, 13 févr. 1996, n° 94-11.726 et n° 94-12.440, Bull. civ. I, n° 84 ; RCA 1996, comm. n° 196 ; G. Courtieu, « Individuelle sportive », les juges mettent les points sur les i, RCA 1996, chron. 25 : cet arrêt important indique que c'est au souscripteur de l'assurance de groupe – en l'espèce le club équestre – d'informer les adhérents par la remise d'une notice définissant les garanties du contrat et leurs règles de fonctionnement ; la mention portée sur la licence selon laquelle « le titulaire déclare avoir pris connaissance... des conditions du contrat » et/ou la mise à disposition des adhérents des conditions du contrat d'assurance dans les locaux du groupement sportif, ne suffit pas à satisfaire à cette obligation d'information).

4271. L'information délivrée doit ainsi toujours permettre de vérifier que le contrat souscrit par la fédération procure des garanties suffisantes, ce qui n'est pas toujours le cas (v. également : Civ. 1re, 4 févr. 1997, n° 94-19.375 ; Civ. 2e, 19 mars 1997, n° 94-19.249, Bull. civ. II, n° 89). C'est au groupement sportif qu'il appartient d'apporter la preuve de l'exécution de son obligation d'information, étant précisé que cette preuve ne peut être valablement rapportée par la simple mention figurant sur la licence selon laquelle « le titulaire déclare avoir pris connaissance des conditions du contrat », par le seul affichage des conditions du contrat dans les locaux du groupement sportif ou encore par la qualité du sportif (V. not. Civ. 1re, 14 janv. 2003, n° 00-16.605, inédit ; L'Argus, Dossiers jur., n° 6823, p. 3 : viole la loi, l'arrêt qui, pour rejeter les demandes formées contre une fédération, retient que la victime savait que la garantie offerte par la Fédération au titre de sa licence n'était pas suffisante, qu'il était un joueur particulièrement averti, qu'il était abonné à la publication de la Fédération, laquelle, dans son numéro d'octobre 1978, avait publié un article attirant l'attention des joueurs sur l'importance de souscrire des garanties complémentaires facultatives, de sorte que, connaissant l'étendue exacte de la garantie souscrite par l'assurance obligatoire, il ne démontrait pas le défaut d'information qu'il imputait à la Fédération). Les groupements sportifs ne peuvent ici qu'être encouragés à se préconstituer une preuve qui peut efficacement résulter d'une attestation manuscrite du sportif dans laquelle ce dernier reconnaît avoir été informé de l'opportunité de souscrire une assurance individuelle complémentaire et avoir reçu la notice d'assurance souscrite pour son compte.

4272. Le groupement sportif qui manque à son obligation d'information est condamné, non à réparation de l'intégralité du préjudice, mais à une indemnité correspondant pour la victime à la perte de chance d'être assurée ou mieux assurée, autrement dit à la perte de chance d'obtenir une indemnisation ou une meilleure indemnisation (Civ. 1re, 4 févr. 1997, n° 94-19.375 ; Civ. 1re, 7 avril 1998, n° 96-15.615, Bull. civ. I, n° 147. Adde : Civ. 2e, 21 févr. 2002, n° 99-20.711, Bull. civ. II, n° 16 : les juges du fond doivent prendre en compte le montant de la garantie individuelle souscrite, celui de la garantie maximale susceptible d'être souscrite avec son coût ainsi que le montant du préjudice de la victime).

4273. S'agissant des modalités d'adhésion à l'assurance collective, le groupement sportif ne peut pas en imposer la souscription à ses licenciés. Les fédérations sportives ne sont ainsi pas autorisées à contraindre les licenciés à prendre une assurance de personnes, en subordonnant la délivrance d'une licence de compétition à la souscription de la formule d'assurance de groupe retenue par leurs soins. Une telle pratique, qui va au-delà de l'information visée par l'article L. 321-4 du Code du sport, constitue une atteinte au libre jeu de la concurrence (V. notamment : Déc. Cons. Conc. n° 88-D-19, 19 avr. 1988 relative à des pratiques de la Fédérations française de ski en matière de commercialisation d'assurances sportives ; Déc. Cons. Conc. n° 94-D-40 du 28 juin 1994 relative à la situation de la concurrence dans le secteur de l'assurance ski). Les licenciés doivent pouvoir souscrire l'assurance individuelle accident de leur choix, laquelle peut donc être différente de celle qui est proposée par la fédération (Déc. Autorité conc. n° 12-D-29, 21 déc. 2012, relative à des pratiques relevées dans le secteur de la distribution d'assurances complémentaires à destination des joueurs de golf : obligation pour la Fédération française de golf de découpler la vente des assurances « individuelle-accident » et « assistance rapatriement » de la vente de la licence). Cette exigence est néanmoins sans objet s'il n'existe pas de concurrents sur le marché (V. en ce sens, au regard des changements majeurs intervenus sur le marché de la distribution des produits d'assurance à destination des joueurs de golf : Déc. Autorité conc. n° 15-D-16, 27 nov. 2015 relative à la demande de révision des engagements de la Fédération Française de Golf).

Section 2 ▪ L'assurance souscrite par le sportif

4274. Les activités sportives pour lesquelles la souscription, par le sportif, d'une assurance de responsabilité civile est obligatoire sont au nombre de deux ; il s'agit de la chasse (C. envir., art. L. 423-16 ; Chapitre 2 L'assurance chasse) et de la pêche sous-marine de loisirs (C. sport, art. L. 321-3). En dehors des domaines de la chasse et de la pêche, aucune obligation légale d'assurance ne pèse sur le particulier qui pratique un sport amateur, soit dans le cadre d'un groupement sportif dont il est adhérent, soit de manière totalement indépendante et ce, quelle que soit la nature de ce sport. Ainsi, dans le domaine des sports d'hiver par exemple, seuls 48 % des skieurs sont assurés, ce qui représente environ 6 600 000 pratiquants (Conseil de la concurrence, décision n° 94-D-40 du 28 juin 1994 relative à la situation de la concurrence dans le secteur de l'assurance de ski, RGAT 1995. 217). La souscription d'une assurance est pourtant vivement recommandée. Deux sortes d'assurance, non exclusive l'une de l'autre, peuvent être souscrite par le sportif : une assurance de responsabilité civile ; une assurance de dommages corporels.

§ 1 ▪ L'assurance de responsabilité civile

4275. La responsabilité du sportif peut être engagée à l'occasion de dommages causés à des tiers par l'activité sportive qu'il pratique. Ainsi est-il par exemple d'un skieur qui entre en collision avec un autre (v. la jurisprudence constante qui, en l'absence de faute, se fonde sur les dispositions de l'article 1384, alinéa 1er, du Code civil (1242 à compter du 1er oct.2016) : CA Chambéry, ch. civ., 29 mars 2000, RCA 2001, comm. n° 10, obs. L. Grynbaum ; CA Grenoble, 2e civ., 19 déc. 2006, n° 05/01870,RCA 2007, comm. n° 129, obs. C. Radé : responsabilité d'un skieur à l'égard d'un autre au motif que « le skieur et ses skis forment un ensemble et que le déplacement du skieur dépend étroitement de ses skis de telle sorte que même si son corps seul entre en collision avec un tiers, ce sont bien ses skis qui sont l'instrument du dommage et le régime de la responsabilité des choses que l'on a sous sa garde trouve à s'appliquer »).

4276. La pratique sportive est fréquemment garantie dans le cadre des contrats d'assurance de responsabilité civile générale, selon des formules plus ou moins étendues. Il en est ainsi de l'assurance Responsabilité Civile « vie privée » (V. supra Assurance responsabilité civile « vie privée »). Le contrat peut par exemple stipuler que la garantie est acquise pour les dommages causés « à l'occasion de tous les sports pratiqués à titre d'amateur, à l'exclusion de la chasse, des sports aériens, du pilotage d'appareils de navigation aérienne et de navigation sur des bateaux de plus de 5,50 m ou munis d'un moteur de plus de 5 chevaux » (sur l'assurance de navigation de plaisance, v. infra). Ces contrats restent cependant insuffisants pour deux raisons majeures : il est d'abord exceptionnel qu'ils couvrent l'ensemble des risques créés par l'activité sportive (dommages causés à des tiers, dommages personnels subis par l'assuré lui-même, frais de secours et d'assistance) ; il est en revanche extrêmement fréquent qu'ils excluent certains sports.

4277. Les contrats d'assurance de responsabilité générale ne couvrent ainsi généralement pas les disciplines à risque. Dans leur grande majorité, ils excluent en effet tous les sports aériens (deltaplane, parapente, parachutisme,..), ainsi que les sports à haut risque, comme la boxe, le ski, le bobsleigh... Il est donc particulièrement important que le sportif amateur vérifie que son contrat d'assurance de responsabilité générale garantit les dommages qu'il est susceptible de causer dans l'exercice du ou des sports qu'il pratique. Cette vérification lui permettra de déterminer s'il est utile de souscrire une assurance spécifique.

4278. Il est possible de souscrire par exemple, pour la durée d'un séjour, une assurance sports d'hiver qui comprend les garanties de responsabilité civile, individuelle accidents, frais de recherche, assistance, et éventuellement, le vol et le bris des skis. Certains assureurs proposent des formules simplifiées (comme une carte d'assurance et d'assistance par exemple). Il convient d'ajouter qu'une « carte neige » peut être délivrée dans le cadre d'un contrat d'assistance ou par l'intermédiaire d'une carte de crédit ; cette garantie peut permettre la couverture de frais divers, tels que : frais de recherche en montagne, frais d'ambulance au bas des pistes jusqu'à l'hôpital le plus proche, frais de rapatriement du bénéficiaire de la garantie, remboursement des coûts de remontées mécaniques et des cours de ski non utilisés ; ...

4279. La souscription d'une assurance des risques liés à l'exercice d'un sport déterminé peut avoir lieu sous la forme d'une extension de garantie. Ainsi les conditions particulières d'un contrat d'assurance souscrit pour un bateau de plaisance pour les dommages résultant de l'engagement de la responsabilité civile délictuelle, peuvent-elles être étendues à la pratique du ski nautique et/ou d'un autre sport de glisse. L'assuré devra cependant veiller à ce que le sport qu'il entend pratiquer fait bien l'objet de l'extension. À défaut, l'assureur ne pourra que refuser sa garantie. Un arrêt rendu le 30 juin 2005 par la Cour de cassation illustre cette situation : en l'espèce, les conditions particulières du contrat « navigation de plaisance » étendaient la garantie de responsabilité civile à la pratique du ski nautique, tandis qu'étaient expressément exclus de la garantie les dommages causés par la pratique de la chasse sous-marine, de l'aquaplane et du parachutisme ascensionnel. Alors que l'assuré conduisait son bateau en tractant un tiers placé sur un engin dénommé « ski-biscuit », ce tiers tomba à l'eau, se blessa et assigna en réparation de son préjudice l'assuré et l'assureur. Ce dernier dénia sa garantie et l'action de l'assuré tendant à ce que l'assureur le garantisse des condamnations prononcées à son encontre fut rejetée. Par motifs propres et adoptées par la Cour de cassation, la cour d'appel énonçait que « le ski-biscuit est composé d'un tube gonflable et d'une housse en nylon équipée d'une sangle attachée à la corde de traction ; que la seule lecture de ce descriptif permet à tout néophyte de se rendre compte que s'il s'agit d'un sport de glisse, les moyens d'utilisation et le modèle proposé sont loin du ski nautique ; que la pratique du ski-biscuit est fondamentalement différente de celle du ski nautique dans la mesure où la personne se trouvant sur la bouée tractée n'a aucun pouvoir de direction et de contrôle de celle-ci, alors que tel est le cas pour le ski nautique... » (Civ. 2e, 30 juin 2005, n° 03-21.071, Bull. civ. II, n° 175 ; RCA 2005, comm. n° 306, note H. Groutel).

§ 2 ■ L'assurance « individuelle accidents »

4280. L'assurance de responsabilité civile du groupement sportif ne peut être mise en œuvre que si l'accident est causé par une personne garantie par l'assurance du groupement. Or, il arrive fréquemment que le pratiquant se blesse sans que personne ne soit responsable. Dans cette hypothèse, la victime ne pourra être indemnisée que si elle a souscrit une assurance individuelle. Il en va de même lorsque le particulier s'adonne à son sport de manière individuelle en dehors de toute structure. Sauf exception (C. sport, art. A. 331-35 : « Les boxeurs participant à une manifestation publique de boxe sont tenus de fournir la justification de l'existence d'un contrat d'assurance de personnes, (...), couvrant les dommages corporels auxquels leur pratique sportive peut les exposer »), la loi n'impose pas au sportif de souscrire une assurance contre les accidents corporels. Au regard cependant de l'utilité évidente que revêt cette sorte d'assurance, la loi soumet les associations et les fédérations sportives à l'obligation d'informer leurs adhérents de l'intérêt que présente la souscription d'un contrat d'assurance de personnes couvrant les dommages corporels auxquels leur pratique sportive peut les exposer (C. sport, art. L. 321-4 ; sur cette obligation, v. supra).

4281. L'assurance contre les accidents corporels (encore appelée « assurance individuelle accidents ») garantit l'assuré contre les accidents dont il pourrait être victime (V. infra Assurance « individuelle accident »). L'utilité d'une telle assurance se manifeste notamment lorsque la victime est l'auteur de son propre dommage (pour un exemple, v. Civ. 2e, 23 nov. 2006, n° 05-13.441 : décès par noyade à la suite du chavirement d'un kayak que la victime avait loué, le dommage ayant été causé par une défaillance dans l'usage, la direction ou le contrôle de la chose ; Civ. 1re, 22 mai 2007, n° 05-13.689 : victime gravement blessée au cours d'une activité de trampoline qu'elle exerçait avec d'autres après un entraînement de judo organisé par un centre sportif culturel). Le plus souvent cependant, les contrats d'assurance individuelle accident classiques excluent toutes participations à des compétitions et l'exercice, même à titre d'amateur occasionnel, de certains sports réputés à risques, tels que le football, le rugby, l'équitation, le ski, la voile, la boxe, la varappe, tous les sports mécaniques... La prise en charge de ces dommages peut être obtenue, moyennant une surprime, par l'extension des garanties, ou encore par la conclusion d'un contrat d'assurance spécifique.

4282. La garantie des dommages corporels auxquels le sportif est exposé peut résulter d'un contrat d'assurance qu'il a souscrit en dehors de tout groupement sportif et, s'il s'adonne à son sport dans un cadre associatif, son attention aura du être attirée par le groupement auquel il adhère sur l'utilité de souscrire un tel contrat (C. sport, art. L. 321-4). L'assurance de personnes peut également prendre la forme d'une assurance de groupe souscrite par les fédérations sportives pour le compte de leurs membres qui, en y adhérant s'ils le souhaitent, prennent la qualité d'assuré (C. sport, art. L. 321-5 : « les fédérations sportives agréées peuvent conclure des contrats collectifs d'assurance visant à garantir les associations affiliées et leurs licenciés dans les conditions prévues aux articles (...) L. 321-4, L. 321-6 et L. 331-10 »).

Lorsqu'une telle souscription est proposée à un adhérent, l'article L. 321-6 du Code du sport impose à la fédération le respect de deux obligations : l'obligation de formuler cette proposition dans un document, distinct ou non de la demande de licence, qui mentionne le prix de l'adhésion, précise qu'elle n'est pas obligatoire et indique que l'adhérent au contrat collectif peut toujours en outre souscrire des garanties complémentaires ; l'obligation de joindre à ce document une notice établie par l'assureur conformément au deuxième alinéa de l'article L. 141-4 du Code des assurances relatifs aux assurances de groupe. L'information doit permettre au sportif de vérifier que le contrat souscrit par la fédération lui procure des garanties suffisantes, de manière à ce qu'il puisse, le cas échéant, souscrire des garanties complémentaires ou choisir de s'assurer ailleurs.

Chapitre 2
L'assurance chasse

BIBLIOGRAPHIE

Autres documentations

Ouvrages. – *Dictionnaire permanent Assurances*, Sports, n° 134 et s., p. 598 et s. – *Dictionnaire permanent Environnement*, Chasse. – G. Courtieu, Activités de sport et de loisir, J.-Cl. RCA, Fasc. 570.

Articles. – CGEDD, Evaluation du nouveau dispositif relatif à l'examen du permis de chasser, Rapp. n° 010145-01, juill. 2015. – F. Fournié, Le « bon » et le « mauvais » chasseur – du risque à la sûreté, Petites affiches, 4 et 5 sept. 2012. – C. Lebel, Droit de la chasse : loi n° 2012-325 du 7 mars 2012 portant diverses mesures d'ordre cynégétique, Revue Droit rural n° 402, avril 2012, Alerte 72. - J.-M. Février, Nouvelle modification de la législation sur la chasse, Revue Environnement et développement durable, n° 2, 2009, comm. 14. - J. Landel, Assurance chasse : portée limitée, Trib. ass., n° 61, oct. 2002, p. 50. – J. Lachaud, Point final dans la guerre des ACCA (associations communales de chasse agréées), Gaz. Pal. 3-4 oct. 2001, 2. – J.-P. Branlard, Le sanglier sous les feux du droit, Gaz. Pal. 1998, 1, doctr. 33. – J. de Malafosse, Indemnisation des dommages causés par les espèces animales protégées, RD rur. 1997, 526. – C. Giraudel, L'indemnisation des dégâts de gibier. La dernière jurisprudence de la Cour de cassation, AJPI 1997, 557. – J. Casorati, Le plan de chasse comme instrument de l'aménagement cynégétique des forêts, Gaz. Pal. 1995, 1, doctr. 179. - V. de Bagnolo, L'assurance chasse, Assur. fr., n° 703, nov. 1994, pp. 47-49.

4283. Le Code de l'environnement définit l'acte de chasse comme « tout acte volontaire lié à la recherche, à la poursuite ou à l'attente du gibier ayant pour but ou pour résultat la capture ou la mort de celui-ci » (C. envir., art. L. 420-3). Le même code précise que « I. - La chasse maritime est celle qui se pratique sur : 1° La mer dans la limite des eaux territoriales ; 2° Les étangs ou plans d'eau salés ; 3° La partie des plans d'eau, des fleuves, rivières et canaux affluant à la mer qui est située en aval de la limite de salure des eaux ; 4° Le domaine public maritime. II. - Elle a pour objet, (...), la poursuite, la capture ou la destruction des oiseaux et autres gibiers sur mer » (C. envir., art. L. 422-28). La chasse maritime est soumise aux dispositions relatives à la chasse.

4284. Les accidents de chasse sont couverts par une assurance de responsabilité spécifique, l'assurance chasse, qui est obligatoire. Lorsque l'auteur de l'accident de chasse est inconnu ou non assuré, la victime peut adresser une demande d'indemnisation au Fonds de garantie des assurances obligatoires de dommages. L'indemnisation des dégâts de gibier fait l'objet de règles spécifiques.

Section 1 ■ Assurances obligatoires

§ 1 ■ Obligations du chasseur

4285. Jusqu'en 1955, le chasseur n'était soumis à aucune obligation d'assurance. Les dangers qui sont liés à la pratique de la de chasse ont toutefois conduit le législateur à rendre obligatoire l'assurance de responsabilité civile des chasseurs.

4286. Initialement régie par l'article 366 bis-III du Code rural, l'obligation d'assurance chasse est désormais prévue par l'article L. 423-16 du Code de l'environnement (Ord. n° 2003-719, 1er août 2003, art. 3, JO 5 août). Aux termes de cette disposition, « le chasseur doit avoir souscrit auprès d'une entreprise admise à pratiquer en France l'assurance des risques liés à l'exercice de la chasse une assurance qui garantisse sa responsabilité civile pour une somme illimitée et sans qu'aucune déchéance soit opposable aux victimes ou à leurs ayants droit, en raison des accidents corporels occasionnés par tout acte de chasse ou tout acte de destruction d'animaux nuisibles. L'assurance doit aussi couvrir, dans les mêmes conditions, la responsabilité civile encourue par le chasseur du fait de ses chiens ». Tout contrat d'assurance couvrant la responsabilité civile des chasseurs est, nonobstant toute clause contraire, réputé comporter des garanties au moins équivalentes à celles qui sont fixées par ce texte (C. assur., art. L. 423-17).

4287. L'article L. 423-1, alinéa 1, du Code de l'environnement énonce que « nul ne peut pratiquer la chasse s'il n'est titulaire et porteur d'un permis de chasser valable ». Le permis de chasse n'est pas accordé aux mineurs de moins de 16 ans (C. envir., art. L. 423-11). Le seul fait de pratiquer la chasse sans le permis exigé par la loi constitue une faute au sens de l'article 1382 (renuméroté 1240 à comter du 1er oct.2016) du Code civil sans qu'il soit nécessaire, par ailleurs, de démontrer l'existence d'une infraction pénale (Civ. 2e, 16 nov. 2006, n° 05-19.062). Aucun permis de chasse ne peut être délivré sans une attestation d'assurance de responsabilité ; le chasseur doit donc souscrire une assurance chasse avant de déposer sa demande de permis auprès de l'autorité administrative (Office national de la chasse et de la faune sauvage). Une fois obtenu, le permis de chasse doit faire l'objet d'une validation qui peut être annuelle ou temporaire (C. envir., art. L. 423-20 et R. 423-19). Cette validation n'a lieu que si le chasseur est en mesure de présenter une attestation d'assurance (C. envir., art. L. 423-12). Le document de validation du permis de chasser et l'attestation d'assurance de son titulaire doivent être présentés en même temps que le permis, lors de tout contrôle en action de chasse (C. envir., art. R. 423-18).

4288. Afin de permettre au chasseur de justifier qu'il a satisfait à son obligation d'assurance, le Code des assurances indique que l'assureur doit remettre à l'assuré, lors du paiement de la première prime, une attestation (C. assur., art. A. 230-5). Le contenu de cette attestation est fixé par l'article A. 230-6 du Code des assurances. Lorsqu'un étranger non-résident demande une licence de chasse, la validité de l'attestation qui doit être remise par l'assureur ne peut excéder un délai de quarante-huit heures (C. assur., art. A. 230-7). Lorsque le contrat d'assurance a une durée supérieure à une année, l'assureur doit faire parvenir chaque année à l'assuré, soit à la demande de celui-ci, soit d'office, l'attestation valable pour la période annuelle commençant le 1er juillet suivant, quelle que soit la date d'expiration de la période d'assurance en cours. Les attestations doivent être délivrées sans frais et sous une forme telle que l'assuré puisse les remettre aux autorités compétentes sans se dessaisir de ses quittances de cotisation (C. assur., art. A. 230-5). Le permis de chasse cesse d'être valable et, est retiré provisoirement par l'Office national de la chasse et de la faune sauvage, si le contrat d'assurance est résilié ou suspendu pour quelque cause que ce soit (C. envir., art. L. 423-18). Quinze jours au moins avant la prise d'effet de la résiliation ou de la suspension, l'assureur doit notifier cette décision à l'autorité administrative, pour que les mesures nécessaires au retrait provisoire du permis puissent être prises (C. envir., art. R. 423-17).

4289. L'absence de permis ou d'autorisation de chasser, ainsi que le fait de chasser sans avoir souscrit l'assurance obligatoire de responsabilité civile, sont sanctionnés par l'amende prévue pour les contraventions de la 5e classe (C. envir., art. R. 428-3).

4290. L'obligation de souscrire un contrat d'assurance de responsabilité civile s'impose aussi à toute personne qui pratique la pêche sous-marine de loisirs. L'attestation d'assurance doit être présentée à toute demande des autorités chargées de la police de cette activité (C. sport, art. L. 321-3).

4291. L'assurance obligatoire a un champ d'application limité. En particulier, elle ne garantit pas les dommages corporels subis par l'assuré. Certains assureurs proposent toutefois une assurance complémentaire individuelle accidents permettant à l'assuré de percevoir des indemnités en cas d'arrêt de travail, d'invalidité ou de décès, ainsi que le remboursement des frais de soins. En toutes hypothèses, l'assuré a toujours la possibilité de souscrire, par contrat séparé, une assurance individuelle accident (V. infra, L'assurance individuelle accident). Une assurance complémentaire peut également être utile pour garantir les dommages causés aux chiens de l'assuré, tués ou blessés à l'occasion de la chasse ou de la destruction d'animaux nuisibles.

§ 2 ▪ Obligations des associations de chasse

4292. Indépendamment de l'obligation faite aux chasseurs de souscrire une assurance de responsabilité civile, les associations communales et intercommunales de chasse agréées (ACCA) sont également soumises à une obligation d'assurance (C. envir., art. R. 422-38 et R. 422-72). Les ACCA ont pour but d'assurer une bonne organisation technique de la chasse. Elles favorisent sur leur territoire le développement du gibier et de la faune sauvage dans le respect d'un véritable équilibre agro-sylvo-cynégétique, l'éducation cynégétique de leurs membres, la régulation des animaux nuisibles et veillent au respect des plans de chasse en y affectant les ressources appropriées en délivrant notamment des cartes de chasse temporaire. Elles ont également pour objet d'apporter la contribution des chasseurs à la conservation des habitats naturels, de la faune et de la flore sauvages (C. envir., art. L. 422-2).

4293. Le président de l'association communale déclarée doit ainsi adresser au préfet une demande d'agrément, qui doit être accompagnée – entre autres documents - d'une notice indiquant les moyens financiers prévus pour faire face au paiement des indemnités d'apports et aux conséquences éventuelles de la responsabilité civile de l'association en cas d'accidents, de dégâts de gibier, de dégâts aux propriétés et récoltes, ces moyens consistant notamment en un contrat d'assurance convenable (C. envir., art. R. 422-38). Pour être agréée, l'association intercommunale doit fournir une notice identique (C. envir., art. R. 422-72). Les statuts de l'association communale de chasse agréée doivent comprendre, en particulier, la couverture de la responsabilité civile de l'association et de ses responsables pour l'exercice de leurs missions (C. envir., art. R. 422-63, 14°).

4294. Dans le cadre de leurs attributions, les ACCA peuvent voir leur responsabilité engagée à la suite d'une organisation défectueuse de la chasse (Civ. 2e, 26 avr. 2007, n° 06-12.430, Bull. civ. II, n° 108 ; RCA 2007, comm. n° 264, obs. H. Groutel ; RGDA 2007. 702, note J. Landel : chasseur blessé par le tir d'un autre chasseur ; responsabilité partagée entre l'association de chasse non assurée et le chasseur assuré), ou de la régulation des animaux nuisibles (Civ. 2e, 5 févr. 2015, n° 13-28.276 : présence de lapins de garenne en nombre excessif).

4295. En revanche, les ACCA n'ont pas pour mission d'organiser, de diriger et de contrôler l'activité de leurs membres et n'ont pas à répondre de ceux-ci au sens de l'article 1242 (anc. art. 1384), alinéa 1er, du Code civil (Civ. 2e, 11 sept. 2008, n° 07-15.842, Bull. civ. II, n° 192 ; JCP G 2008, II, 10184, note J. Mouly : en l'espèce, la victime avait été blessée par une balle tirée par un chasseur non identifié alors qu'elle participait, en tant que traqueur, à une battue aux chevreuils organisée par une association communale de chasse. Ayant assigné en responsabilité l'association et l'assureur de cette dernière, la victime est déboutée de ses prétentions par les juges du fond et son pourvoi est rejeté par la Cour de cassation).

Section 2 ▪ Fonds de garantie

4296. L'obligation légale d'assurance de responsabilité civile a pour but de protéger les victimes d'accidents dont l'auteur est identifié et assuré. Afin de permettre également l'indemnisation des victimes d'un accident de chasse dont l'auteur est inconnu ou insolvable, le législateur a étendu en 1966 la compétence du Fonds de garantie automobile, aujourd'hui dénommé Fonds de garantie des assurances obligatoires de dommages (FGAO). Avant 1993, cette compétence du fonds en matière d'indemnisation des accidents de chasse était régie par l'article 366 ter du Code rural. C'est désormais dans le Code des assurances que figurent les dispositions qui lui sont applicables (C. assur., art. L. 421-8 ; R. 421-21 à R. 421-24 ; R. 421-38 et R. 421-39).

4297. Le Code des assurances prévoit en effet que le fonds de garantie des assurances obligatoires de dommages indemnise les dommages corporels occasionnés par tous actes de chasse ou de destruction des animaux nuisibles (...), même si ces actes ne sont pas compris dans l'obligation d'assurance, dès lors qu'ils sont le fait d'un auteur demeuré inconnu, ou non assuré, ou que son assureur est totalement ou partiellement insolvable (C. assur., art. L. 421-8).

4298. Les dépenses qui résultent de cette indemnisation sont couvertes par les contributions des sociétés d'assurances, des chasseurs assurés et des responsables d'accidents corporels de chasse non bénéficiaires d'une assurance, ainsi que par une majoration de 50 % des amendes, y compris celles qu'une mesure de grâce aurait substituées à l'emprisonnement, prononcées pour un acte de chasse effectué sans permis ou dans un lieu, un temps ou au moyen d'engins prohibés.
Les contributions prévues pour l'alimentation du fonds de garantie sont fixées dans les conditions suivantes :
1° La contribution des assurés est fixée à une somme forfaitaire par personne garantie pour sa responsabilité civile résultant d'accidents de chasse ou de destruction des animaux nuisibles ;

2° La contribution des entreprises d'assurance est proportionnelle aux sommes recouvrées par elles au titre de la contribution des assurés mentionnée au 1°.
Elle est liquidée et recouvrée par les entreprises d'assurance suivant les mêmes règles et sous les mêmes garanties et sanctions que la taxe sur les conventions d'assurance prévue à l'article 991 du Code général des impôts.
Les taux et quotités des contributions mentionnées à ce même article sont fixés par arrêté du ministre chargé des assurances, dans les limites suivantes :
a) Pour la contribution des assurés, ce montant est compris entre 0 € et la somme forfaitaire maximale de 0,38 € par personne garantie ;
b) Pour la contribution des entreprises d'assurance, ce taux est compris entre 0 % et 12 % de la totalité des charges des opérations du fonds de garantie afférentes à la chasse et à la destruction des animaux nuisibles (C. assur., art. L. 421-8).

4299. Le fonds de garantie n'a qu'un rôle subsidiaire : il n'indemnise la victime que dans la mesure où cette indemnisation n'incombe à aucune autre personne ou à aucun autre organisme (Civ. 2e, 26 avr. 2007, n° 06-12.430, Bull. civ. II, n° 108 ; RCA 2007, comm. n° 264, obs. H. Groutel ; RGDA 2007. 702, note J. Landel). Il s'ensuit que le fonds n'intervient pas s'il existe une assurance de responsabilité susceptible de couvrir l'indemnisation de la victime (Civ. 2e, 19 mai 1976, n° 74-15.063,Bull. civ. II, n° 163 : responsabilité collective de plusieurs chasseurs retenue).

Section 3 ■ Indemnisation des dégâts de gibier

4300. Le Code de l'environnement consacre un chapitre à l'indemnisation des dégâts causés par le gibier (Titre II – Chasse ; Chapitre VI – Indemnisation des dégâts de gibiers). Les règles relatives à cette indemnisation varient selon la nature du gibier : les dégâts causés par le grand gibier obéissent en effet à un régime spécifique. Le Code de l'environnement prévoit deux sortes de procédures d'indemnisation : une procédure non contentieuse et une procédure contentieuse.

§ 1 ■ Indemnisation non contentieuse

4301. L'indemnisation des dégâts causés par les grands gibiers incombe aux fédérations (inter) départementales des chasseurs (C. envir., art. L. 426-1 et art. L. 426-5, mod. par l'art. 14, loi n° 2012-325 du 7 mars 2012 portant diverses mesures d'ordre cynégétique, qui clarifie les modalités de financement de l'indemnisation et de la prévention des dégâts de grand gibier). La procédure d'indemnisation, dite non contentieuse, est désormais régie par le Code de l'environnement (C. envir., art. L. 426-1 à L. 426-6, anc. art. L. 226-1 à L. 226-19, C. rur. ; C. envir., art. R. 426-1 et s.). Plusieurs conditions sont requises.

4302. Les dégâts doivent avoir été causés par un grand gibier. La notion de « grand gibier » est précisée par l'article R. 426-10 du Code de l'environnement comme désignant tout animal appartenant aux espèces suivantes : sanglier, chevreuil, cerf élaphe, cerf sika, daim, chamois, mouflon et isard. La victime doit établir que les dommages ont été causés par du grand gibier provenant, non pas de son propre fonds (C. envir., art. L. 426-2 : « nul ne peut prétendre à une indemnité pour des dommages causés par des gibiers provenant de son propre fonds »), mais d'un fonds voisin, ne serait-ce que partiellement (Civ. 2e, 10 mai 1991, n° 90-10.691,Bull. civ. II, n° 138 ; Gaz. Pal. 1992, 1, somm. 86, obs. J. Lachaud ; Civ. 2e, 17 juill. 1991, n° 90-14.641,Bull.

civ. II, n° 227 ; Gaz. Pal. 1992, 2, somm. 353, obs. J. Lachaud ; Civ. 2e, 30 sept. 1998, n° 96-11.828,Bull. civ. II, n° 248 ; Gaz. Pal. 12-14 sept. 1999, 27, obs. J. Lachaud). Ce fonds (d'où provient le grand gibier) doit être soumis à un plan de chasse (C. envir., art. L. 426-1). Lorsque la provenance du grand gibier ne peut pas être déterminée avec certitude, l'indemnisation est prise en charge comme si les animaux provenaient d'un fonds soumis à un plan de chasse (C. envir., art. R. 226-10 et R. 226-11). Il n'y a cependant là qu'une présomption simple qui peut être renversée par la fédération départementale des chasseurs (pour un exemple sous l'empire du régime antérieur à 2001, v. Civ. 2e, 10 mai 2001, n° 99-16.384, Bull. civ. II, n° 92 : « lorsque l'existence d'un plan de chasse n'est pas alléguée, il appartient à l'Office national de la chasse de prouver que le gibier provient du propre fonds du plaignant »). Plus récemment, v. : Civ. 3e, 12 mai 2010, n° 08-20.558,Bull. civ. III, n° 93 ; RCA 2010, comm. 206, S. Moracchini-Zeidenberg : preuve non rapportée en l'espèce par la Fédération départementale des chasseurs).

4303. La nature des dégâts indemnisables est précisée par l'article L. 426-1 du Code de l'environnement, dont les termes ont été modifiés à plusieurs reprises. Sous l'empire des textes antérieurs à 2005, l'indemnisation était due à celui qui se prévalait d'un « préjudice » résultant de « dégâts causés aux récoltes ». Interprétant ces conditions de manière extensive, la Cour de cassation avait pu en déduire par exemple que l'article L. 226-1 du Code rural « ne comporte aucune disposition qui limite la nature ou les éléments du préjudice réparable » (Civ. 2e, 5 juill. 2001, n° 00-10.691,Bull. civ. II, n° 128 : préjudice constitué par la perte de primes agricoles compensatoires ; dans le même sens, v. Civ. 2e, 7 févr. 2008, n° 06-21.646, inédit). La notion de préjudice éprouvé était donc conçue de manière très souple par la jurisprudence. Pouvaient ainsi constituer un dommage réparable, non seulement la perte d'une récolte (v. sur le sens de ces termes : Civ. 2e, 7 févr. 2008, n° 07-11.272, inédit : précisant qu'à défaut de distinction quant à la nature de la récolte, le tribunal en a justement déduit que les dommages occasionnés à une pâture rentraient bien dans ce cadre, le propriétaire ou l'exploitant tirant bien un profit de la pâture destinée à ses bêtes ; qu'il importait peu que la pâture soit destinée aux poneys de la victime, que cela soit à titre privé ou à titre professionnel, le préjudice visé par le texte suscité ne se limitant pas à une perte de revenus), mais aussi le coût des travaux nécessaires au renforcement et/ou à la protection des cultures endommagées (Civ. 2e, 3 févr. 1993, n° 91-17.685, Bull. civ. II, n° 43 : est légalement justifié, l'arrêt qui condamne l'Office national de la chasse à indemniser la victime de dégâts causés par de grands gibiers à ses récoltes, outre les pertes de récolte, le coût des travaux engagés pour renforcer les cultures endommagées par le gibier ; Civ. 2e, 18 oct. 1995, n° 93-18.564, Bull. civ. II, n° 244 ; Civ. 2e, 25 oct. 2001, n° 00-10.911, Bull. civ. II, n° 160 ; RCA 2002, n° 15 : prise en charge des travaux de protection individuelle des plants anciens et des plants de regarnissage). La Cour de cassation est cependant venue préciser que, dans sa rédaction alors en vigueur, l'article L. 426-1 du Code de l'environnement « ne prévoit pas la prévention des dommages futurs » (Civ. 2e, 11 sept. 2008, n° 07-18.252,inédit, RCA 2008, comm. n° 312, note H. Groutel : à propos d'une demande d'indemnisation correspondant au coût de l'installation d'une clôture destinée à empêcher à l'avenir le passage de cerfs).

4304. Dans sa version issue de la loi n° 2005-157 du 23 février 2005 relative au développement des territoires ruraux, l'article L. 426-1 du Code de l'environnement précise que le dommage réparable est le « dommage nécessitant une remise en état ou entraînant un préjudice de perte agricole ». Les termes « remise en état » visent ainsi le coût nécessaire à la réparation des installations qui existaient déjà et qui ont été endommagées par le gibier, dès lors que des dégâts ont été causés aux cultures ou aux récoltes agricoles. Cette première précision exclut donc du champ des dommages réparables, les dommages causés aux seules installations (et non aux cultures ou récoltes), ainsi que le coût nécessaire à l'installation de mesures nouvelles de prévention. La notion de « perte agricole » limite encore l'étendue du dommage réparable en excluant de l'indemnisation la perte de primes agricoles compensatoires (en ce sens, v. Civ. 2e, 14 juin 2007, n° 06-16.952, Bull. civ. II, n° 158 : viole l'article L. 426-1 du Code de l'environnement dans sa rédaction issue de la loi du 23 février 2005, un tribunal qui condamne une fédération départementale de chasseurs à payer à une victime de dégâts causés par du gibier, une certaine somme en réparation du préjudice résultant de la perte de prime agricole compensatoire, alors que cette perte ne constitue ni une remise en état, ni une perte agricole).

4305. Dans sa version issue de la loi n° 2012-325 du 7 mars 2012 portant diverses mesures d'ordre cynégétique, le dommage réparable a été étendu au dommage nécessitant « une remise en place des filets de récolte ». Les termes de « perte agricole » ont en outre été remplacés par ceux de « perte de récolte » (l'indemnisation des dégâts dus aux grands gibiers ne s'applique qu'aux récoltes. Une demande d'indemnisation pour des dégâts causés par des sangliers sur une aire de jeu engazonnée ne peut donc pas être retenue : Civ. 2e, 17 sept. 2009, n° 08-19.864. Adde : Civ. 2e, 18 mars 2010, n° 09-13.629).

4306. Le montant des dégâts indemnisables doit en outre être supérieur à un certain seuil. Depuis la loi du 7 mars 2012, les dégâts causés à une parcelle culturale ne peuvent être indemnisés que s'ils sont supérieurs à un seuil minimal (fixé à 3 % des surfaces culturales détruites ou à partir de 100 € ou de 230 € selon la nature de la parcelle) ; en deçà de ce seuil, c'est le réclamant qui doit supporter la charge des frais d'estimation des dommages (C. envir., art. L. 426-3, al. 1er ; R. 426-11).

4307. La procédure est ouverte par une déclaration qui doit être adressée par la victime au président de la Fédération départementale des chasseurs (C. envir., R. 426-12) et ce, dans un délai de six mois à compter du jour où les dégâts ont été commis (C. envir., art. L. 426-7). Cette dernière instruit la demande d'indemnisation par application de l'article L. 426-5 (mod. L. n° 2012-325, 7 mars 2012, art. 14). Une expertise permet d'estimer les causes et circonstances des dégâts et d'en évaluer le montant. L'estimateur est désigné par le président de la Fédération.

4308. La fédération (inter) départementale des chasseurs propose à la victime une indemnité selon le barème fixé par la commission départementale de la chasse et de la faune sauvage (C. envir., art. L. 426-5 et R. 426-15 et s.). L'indemnité allouée à la victime fait toujours l'objet d'un abattement proportionnel qui est fixé par décret en Conseil d'État (C. envir., art. L. 426-3, al. 2; V. Civ. 2e, 25 oct. 2001, n° 00-10.911, Bull. civ. II, n° 160 : 5 % ; mais une indemnisation plus élevée est possible pour les cultures sous contrat, sous signe officiel de qualité ou biologique : D. n° 2013-1221, 23 déc. 2013 : JO, 27 déc.). La victime peut en outre voir son indemnisation réduite si elle a favorisé, de quelque manière que ce soit, l'arrivée du gibier sur son fonds ; l'abattement peut alors atteindre 80 % du montant des dommages (C. envir., art. L. 426-3, al. 3 ; R. 421-11). Après indemnisation accordée, la fédération a toujours la possibilité de demander elle-même au responsable, par voie judiciaire ou à l'amiable, de lui verser le montant de l'indemnité qu'elle a elle-même accordée (C. envir., art. L. 426-4, al. 4).

4309. En cas de désaccord avec le montant de l'indemnisation proposée, le propriétaire qui a été victime des dégâts peut saisir le juge. Pour exercer son action, il dispose toutefois d'un délai très court (C. envir., art. L. 426-7 : « les actions en réparation du dommage causé aux cultures et aux récoltes par le gibier se prescrivent par six mois à partir du jour où les dégâts ont été commis »). Cette action relève de la compétence du juge judiciaire (C. envir., art. L. 426-6 : « Tous les litiges nés de l'application des articles L. 426-1 à L. 426-4 relèvent de la compétence des tribunaux de l'ordre judiciaire », et plus précisément du juge d'instance).

4310. Cette procédure spéciale d'indemnisation aurait pu être exclusive de toute réparation fondée sur le droit commun. Au contraire, le dispositif se signale ici par une juxtaposition du régime spécial d'indemnisation et du régime de responsabilité de droit commun. L'article L. 426-4 du Code de l'environnement prévoit en effet que « la possibilité d'une indemnisation par la fédération départementale des chasseurs laisse subsister le droit d'exercer contre le responsable des dommages une action fondée sur l'article 1382 du Code civil ». La victime peut ainsi cumuler sa demande d'indemnisation auprès de la fédération des chasseurs et une action en responsabilité délictuelle contre un éventuel tiers responsable. Si la fédération a déjà procédé aux règlements de l'indemnité lorsque la victime obtient en justice la condamnation du responsable, l'indemnité doit être reversée à la fédération à concurrence des sommes reçues du responsable du dommage (C. envir., art. L. 426-4, al. 2). La victime peut également obtenir du responsable du dommage un règlement amiable, mais si ce règlement est obtenu sans l'accord de la fédération de chasse, la victime perd tout droit de réclamer à celle-ci une indemnité et doit lui rembourser l'intégralité de celle qui lui aurait déjà été versée (C. envir., art. L. 426-4, al. 3).

§ 2 - Indemnisation contentieuse

4311. Le tribunal d'instance est seul compétent pour connaître des actions en réparation des dommages causés aux cultures et aux récoltes par le gibier et ce, quelle que soit le montant de la demande (C. envir., art. R. 426-21). Il s'ensuit que le juge administratif est incompétent pour se prononcer sur le montant d'une indemnité en matière de dégâts de gibier (CE, 18 mai 2005, n° 262478). L'action en réparation relève de la compétence du tribunal d'instance du lieu du dommage (C. envir., art. R. 426-22). Cette action se prescrit par six mois à compter du jour où les dégâts ont été commis (C. envir., art. L. 426-7). Ce délai de six mois s'applique également, lorsque l'exploitant agit contre le responsable sur le fondement de l'article 1240 (anc. art. 1382) du Code civil (Civ. 2e, 13 déc. 2012, n° 11-27.538 ; Bull. civ. II, n° 205 ; M. Redon, Dégâts aux cultures, préjudice moral et trouble de voisinage : un seul régime d'indemnisation des dommages causés par le gibier, Dr. rural, juin/juill. 2013).

4312. En revanche, cette courte prescription de six mois ne s'applique pas à la fédération qui exerce l'action récursoire prévue par l'article L. 426-4 du Code de l'environnement qui lui laisse la possibilité d'agir elle-même sur le fondement de l'article 1240 (anc. art. 1382) du Code civil. Les règles de prescription applicables sont alors celles du droit commun (Civ. 2e, 4 févr. 2016, n° 15-11.010, n° 157 F – P + B ; RCA 2016, comm. 142, note H. Groutel). En l'espèce, après avoir indemnisé les dégâts causés par des sangliers aux cultures ou récoltes sur des parcelles situées à proximité de celles appartenant à plusieurs sociétés, une fédération de chasseurs avait demandé à ces dernières le remboursement des sommes ainsi versées. Un tribunal d'instance avait condamné ces sociétés. Une cour d'appel confirme le jugement, en retenant que l'article L. 426-1 du Code de l'environnement ouvre à la fédération qui a indemnisé un propriétaire le droit d'exercer contre le responsable des dommages une action fondée sur l'article 1382 du Code civil désormais rénuméroté 1240. Elle décide donc que l'action récursoire de la fédération relève de l'action en responsabilité de droit commun et est donc soumise à la prescription quinquennale. La Cour de cassation valide l'arrêt.

4313. Le demandeur et le défendeur sont convoqués aux fins de conciliation (C. envir., art. R. 426-23). A défaut de conciliation, un expert est désigné par le juge pour constater l'état des récoltes, l'importance et les causes des dommages causés aux récoltes et évaluer leur montant (C. envir., art. R. 426-24 et s.). Le juge ne peut pas refuser d'ordonner cette expertise (Civ. 2e, 14 juin 2007, n° 06-15.860).

4314. L'indemnisation est nécessairement fondée sur l'existence d'une faute (Civ. 2e, 8 mars 2012, n° 08-11.353 : fautes de négligence commises à la fois par la commune propriétaire de la parcelle d'où provenaient les sangliers et par l'association titulaire du droit de chasse). Viole les articles L. 426-1 à L. 426-8 du Code de l'environnement, une cour d'appel qui condamne l'association titulaire d'un droit de chasse, sans relever une faute de nature à engager la responsabilité de cette dernière sur le fondement de l'article 1382 (1240 à compter du 1er oct.2016) du Code civil (Civ. 2e, 11 sept. 2014, n° 13-18.136, Bull. civ. II, n° 183). Un lien de causalité doit également être établi entre cette faute et les dégâts (Civ. 2e, 26 mars 2015, n° 14-14.896 : dans le cas de dégâts commis par des sangliers à des cultures de maïs, et en l'absence de lien de causalité entre la faute pouvant être reprochée à un chasseur dans l'exercice de son droit de chasse (ne pas avoir organisé de battue) et les dégâts commis antérieurement, le jugement imputant à ce chasseur une négligence fautive doit être annulé).

Chapitre 3
L'assurance navigation de plaisance

4315. En France, les plaisanciers sont actuellement au nombre de 4 millions et les immatriculations de bateaux de plaisance augmentent d'environ 25 000 unités par an (source : Ministère de l'environnement, de l'énergie et de la mer ; http://www.developpement-durable.gouv.fr, statistiques pour l'année 2015).

4316. Le particulier propriétaire d'un bateau de plaisance n'est soumis à aucune obligation légale d'assurance. Toutefois, la totalité des ports de plaisance exigent la justification d'une assurance couvrant la responsabilité civile du plaisancier. En dehors de cette garantie de base, le propriétaire du navire a tout intérêt à souscrire une assurance, souvent dite « multirisques », qui lui permettra d'être indemnisé en cas de pertes et d'avaries, ou encore de vol. Tous les contrats présents sur le marché contiennent par ailleurs des options complémentaires, telles que la garantie des accidents corporels dont l'assuré pourrait être victime à bord du bateau, la garantie assistance (aux personnes et au bateau), ainsi que la garantie de protection juridique (pour les litiges relatifs à l'achat, à la réparation ou au gardiennage du bateau).

4317. La conduite d'un navire de plaisance à moteur dont la puissance dépasse 4,5 kW (6,11 ch) est subordonnée à l'obtention préalable d'un permis. Cette obligation vaut en mer aussi bien pour les jet-skis, les scooters des mers, les bateaux de plaisance type pêche-promenade, que pour les vedettes dédiées au ski nautique ou les yachts. Sur le réseau fluvial, un permis bateau est également demandé pour les embarcations dont la puissance moteur dépasse 4,5 kW. Il existe plusieurs sortes de permis bateaux : la carte mer et le permis mer (permis côtier et son extension hauturière) pour la navigation en mer, le permis fluvial (également extensible à des embarcations de plus de 20 mètres pour la navigation fluviale) pour les fleuves et rivières.

4318. Les assureurs n'accordent leurs garanties que dans la mesure où la personne chargée de la navigation est titulaire du permis mer ou fluvial. Lors de la souscription du contrat d'assurance, l'assuré doit ainsi préalablement déclarer les qualifications ou les brevets dont il est titulaire pour exercer l'activité de plaisance, ainsi que les caractéristiques du navire à assurer (immatriculation du navire, certificat de navigabilité, acte de francisation, société de classification, cote et usage du navire...).

4319. Le bateau assuré est celui qui est utilisé aux seules fins de loisirs et qui est désigné aux conditions particulières, y compris : ses équipements, (tels que moteurs, gréement, voilure, accastillage), son mobilier fixe, son matériel de navigation et d'armement faisant corps avec le bateau, y compris les vêtements de mer qui s'y trouvent, les embarcations de sauvetage et annexe(s), y compris leur(s) moteur(s). Les bateaux en ferro-ciment ou bateaux à moteur de compétition de type offshore, ainsi que les hydroptères, voitures amphibies, chars à voile et planches à voile sont en principe exclus du contrat. Sauf clause contraire, les bateaux à usage d'habitation principale sont également exclus.

4320. Le bateau est assuré dans l'une des situations suivantes : en navigation ; pendant le séjour à flot ou le désarmement à flot ; pendant le séjour à terre avec ou sans désarmement, y compris dans un chantier ; pendant les transports terrestres à l'exclusion des transports effectués par des professionnels ; en cours de manutention.

4321. Le contrat précise toujours en outre les limites géographiques, c'est-à-dire les zones de navigation, dans lesquelles les garanties s'exercent. Sauf dispositions spéciales prévues aux conditions particulières, il s'agit fréquemment des limites suivantes : Nord : 60° Latitude Nord ; Sud : 25° Latitude Nord ; Ouest : 30° Longitude Ouest ; Est : 38° Longitude Est. Le contrat prévoit en outre des exclusions temporaires, comme par exemple : Golfe de Finlande et eaux adjacentes au nord du 59°24' de Latitude Nord entre le 28 décembre et le 5 mai ; Golfe de Riga et eaux adjacente à l'est du 22° de Longitude Est au Sud du 59° de Latitude Nord entre le 28 décembre et le 5 mai.

Section 1 ▪ Assurance de responsabilité civile

4322. Une faute de navigation, une imprudence ou un instant d'inattention peuvent causer des dommages à un autre bateau, aux membres de l'équipage, à un nageur ou encore à un plongeur. Même si cela n'est pas obligatoire, il paraît donc indispensable de souscrire une assurance de responsabilité civile visant à garantir les dommages qui peuvent ainsi être causés aux tiers (pour des illustrations, v. par ex. Com., 13 mars 2007, n° 06-11.704 : responsabilité du propriétaire d'un navire heurtant le quai d'un port et endommageant le dispositif d'accostage ; Civ. 2e, 14 juin 1995, n° 93-19.188, Bull. civ. II, n° 185 ; JCP 1995, I, 3893, n° 18, obs. G. Viney : présumé gardien de son bateau, le propriétaire engage sa responsabilité civile sur le fondement de l'article 1384, alinéa 1er du Code civil (1242 à compter du 1er oct. 2016) à l'égard des tiers auxquels le bateau cause un dommage ; Civ. 2e, 8 mars 1995, n° 91-14.895, Bull. civ. II, n° 83 ; JCP 1995, II, 22499, note J. Gardach ; I, 3893, n° 17, obs. G. Viney : les usages et les règles applicables en matière de course en mer donnent au seul « skipper » le commandement du voilier dont il dirige et contrôle les manœuvres et la marche et exerce donc seul sur le navire les pouvoirs de contrôle et de direction qui caractérisent la garde de la chose ; Civ. 2e, 9 mai 1990, n° 89-11.428,Bull. civ. II, n° 93 ; D. 1991, 367, note Y. Dagorne-Labbé ; RTD Civ. 1990, 492, obs. P. Jourdain : ne donne pas de base légale à sa décision la cour d'appel qui retient que tous les membres de l'équipage avaient la garde commune du navire lors du naufrage, alors qu'elle avait constaté que le « skipper », propriétaire du bateau, était un marin particulièrement qualifié et que le rôle de chacun des équipiers au moment de l'accident était resté totalement ignoré ; Civ. 2e, 15 juin 1983, n° 82-12.152, Bull. civ. II, n° 127 : si les cogardiens ne peuvent pas invoquer les dispositions de l'article 1384, alinéa 1er du Code civil (1242 à compter du 1er oct. 2016) dans leurs rapports réciproques, la participation de la victime à la garde du bateau n'exclut pas que la responsabilité du chef de bord puisse être recherchée sur le fondement de l'article 1382 du Code civil (1240 à compter du 1er oct. 2016). Adde sur l'application de la loi du 7 juillet 1967 relative aux évènements de mer en cas d'abordage entre navires de mer, ou entre navires de mer et bateaux de navigation intérieure : Com., 18 mars 2008, n° 06-20.558, Bull. IV n° 63 : collision de deux catamarans).

4323. Dans la limite du montant maximum indiqué par le contrat, la garantie prend en charge les conséquences pécuniaires que l'assuré peut encourir au titre de sa responsabilité civile, en raison des dommages corporels, matériels et immatériels consécutifs causés aux tiers dans le cadre de son activité de plaisancier avec le bateau assuré. Les tiers sont les personnes qui ne sont pas définies comme « personnes assurées ». Sont toutefois généralement considérés comme tiers au titre du contrat : le conjoint ou concubin, les ascendants ou descendants de la personne assurée responsable du dommage corporel qu'ils ont subi pour les prestations que la Sécurité Sociale ou tout autre organisme de prévoyance pourrait réclamer à ces personnes ; les personnes embarquées (ainsi que les personnes pratiquant les sports de glisse tractées par le bateau assuré) à titre gratuit.

4324. Le contrat exclut de la garantie :
- les dommages subis par l'assuré responsable du sinistre ;
- les dommages subis par les personnes embarquées à titre onéreux ;
- les dommages subis par le skipper professionnel dans l'exercice de sa profession ;
- les dommages causés à tout objet transporté par le bateau, y compris les biens et effets personnels appartenant aux personnes embarquées ou à toute autre personne ;
- les dommages causés à autrui pendant les déplacements terrestres effectués par un véhicule à moteur relevant de l'obligation d'assurance des articles L. 211-1 à L. 211-8 du Code des assurances ;
- les dommages dus à la pollution causée par le bateau assuré, sauf si celle-ci découle d'un accident garanti par le contrat ;
- les dommages aux biens, choses ou animaux loués ou confiés à l'assuré ; toutefois, cette exclusion ne s'applique pas aux conséquences pécuniaires de la responsabilité civile que l'assuré peut encourir du fait des dégâts d'incendie, d'explosion ou d'ordre électrique causés à un immeuble loué ou occupé à quelque titre que ce soit et dans lequel le bateau est abrité ;
- les dommages résultant d'émeutes, de mouvements populaires, de grèves et de lock-out ayant le caractère de cause étrangère ;
- les recours exercés en raison de la législation relative aux accidents du travail ou applicable aux gens de mer.

4325. Les dommages consécutifs à la pratique de certains sports spécifiques sont généralement exclus également de la garantie, comme les dommages dus à la pratique du parachutisme ascensionnel. Il convient à cet égard de se reporter au contrat et de vérifier que les sports et loisirs susceptibles d'être pratiqués (comme le ski nautique ou l'aquaplane) sont bien expressément couverts par le contrat. Au besoin, il peut être nécessaire de demander à l'assureur une extension de garantie. La garantie souscrite pour une pratique sportive déterminée ne couvre en effet pas les autres. La jurisprudence a ainsi pu considérer que la pratique du ski-biscuit – bien que s'agissant d'un sport de glisse - est fondamentalement différente de celle du ski nautique. Dans un contrat « navigation de plaisance », l'extension de la garantie de responsabilité civile à la pratique du ski nautique ne peut donc s'y appliquer (Civ. 2e, 30 juin 2005, n° 03-21.071, Bull. civ. II, n° 175 ; RCA 2005, comm. n° 306, note H. Groutel).

Section 2 ▪ Assurance des dommages au navire

4326. L'assurance, fréquemment dénommée « assurance multirisques bateau de plaisance » ou encore « assurance corps de navire », est une assurance de choses facultative qui a essentiellement pour objet de couvrir le plaisancier contre deux risques principaux : le risque de perte ou d'avarie de son navire ; le risque de vol, total ou partiel.

4327. Les dommages assurés en cas de pertes et d'avaries sont :
- les dommages et pertes subis par le bateau assuré lorsqu'ils sont la conséquence d'accidents maritimes ou terrestres ;
- les dommages résultant d'incendie, d'explosion, de la foudre, d'événements naturels, d'échouement d'échouage, d'abordage, de naufrage ou de fortune de mer ;
- les dommages résultant d'un acte de vandalisme ;

- les dommages et pertes provoqués par un vice caché, à l'exception de la réparation ou du remplacement de la pièce viciée ;
- le contenu est également garanti contre tout dommage résultant d'avaries ou de pertes atteignant le corps du bateau, ainsi que ceux directs d'incendie ou d'explosion ;
- les dommages mécaniques résultant de la surchauffe du moteur à la suite de l'obstruction accidentelle du circuit de refroidissement par un corps étranger ;
- les dommages causés au bateau par suite d'accidents survenus à l'occasion des chargements et déchargements lors des transports terrestres ;
- les dommages subis par le bateau lorsqu'il est sur béquilles dans une zone de mouillage asséchant, remisé ou sur ber (pour l'application d'une liste de mouillages visés par le contrat :Civ. 2e, 10 juill. 2008, n° 07-15.211, inédit ; RGDA 2008. 1039, obs. S. Abravanel-Jolly). La garantie est généralement accordée dans les conditions suivantes : les équipements sont en bon état, ont la taille requise par le fabricant et les fixations adaptées au type de bateau ; le béquillage a lieu dans une zone adaptée et citée dans les instructions nautiques et capitaineries comme pouvant accepter ce type d'installation ;
- les pertes et avaries en régates et courses croisières. La participation des voiliers à des régates, entraînement et qualifications, est garantie, à l'exclusion des courses transocéaniques et/ou autour du monde avec ou sans escale, ainsi que des courses croisières en solitaire ;
- les bris de glaces, y compris le bris de glaces des éléments fixes du bateau assuré (c'est-à-dire qui ne peuvent être détachés du bateau sans dégradation), en verre, glace ou verre organique (matière plastique transparente qui se substitue au verre), qu'il s'agisse des vitres intérieures ou extérieures, lorsqu'il est la conséquence d'un accident maritime ou terrestre ou d'un acte de vandalisme.

4328. Si, à la suite d'un événement garanti, le bateau assuré est immobilisé dans un chantier pour que soient effectuées les réparations nécessaires à sa remise en état, le contrat peut prévoir le remboursement, à hauteur d'un certain montant, des frais de location d'un bateau de remplacement.

4329. Les exclusions de garantie les plus fréquentes portent sur :
- les dommages et pertes provenant d'un vice apparent ou d'un vice propre du bateau assuré ;
- les dommages et pertes provenant de la vétusté, de défaut caractérisé d'entretien, osmose, écliages par assèchement de la coque, piqûres de vers et parasites de toutes sortes, dégâts causés par les rongeurs ;
- les dommages, lorsque, en cas de transport par route, le conducteur n'est pas titulaire du permis de conduire nécessaire en état de validité, ou se trouve en état d'imprégnation alcoolique ou sous l'emprise de stupéfiants non prescrits médicalement ou refuse de se soumettre à un test de dépistage ;
- les dommages, lors du transport terrestre, ayant pour origine un défaut d'arrimage ou d'attelage ;
- les dommages et pertes, pannes et casses mécaniques survenant aux moteurs qui proviendraient de leur seul dysfonctionnement ou de leur usure ;
- les dommages et pertes touchant certains biens, comme : les voiles pendant la participation à des régates et des courses croisières, ainsi que leur entraînement, sauf en cas de démâtage ; les filets de pêche ; les véhicules nautiques à moteur autres que l'annexe ;
- les dommages survenus lorsque le bateau est en contravention avec la réglementation relative aux horaires, zones et couloirs de navigation fixés par les autorités maritimes.

4330. Les dommages et les biens assurés en cas de vol sont :
- le vol total du bateau avec son contenu ;
- le vol de l'annexe ou du radeau de survie ;
- le vol total de l'un des moteurs amovibles (moteur principal désigné aux conditions particulières, moteur auxiliaire du bateau assuré, moteur de l'annexe) et ce, sous certaines conditions

(pour une application, v. : Civ. 1re, 28 nov. 2007, n° 06-18.003). En particulier, à la condition que le moteur soit muni d'un dispositif antivol dûment enclenché au moment du vol ;
- le vol partiel, lorsqu'il y a effraction du coffre ou de la cabine, bris, arrachement ou démontage caractérisé d'un accessoire fixe ou violences corporelles : du contenu du bateau assuré ou de tout accessoire utilisé pour la navigation dont les dimensions ne permettent pas de le remiser dans un coffre ou dans la cabine ;
- les détériorations résultant d'un vol ou d'une tentative de vol.

4331. Sont en revanche généralement exclus de la garantie :
- l'abus de confiance et l'escroquerie (pour une application, v. : Civ. 2e, 28 juin 2007, n° 06-17.475, inédit, RGDA 2007. 910, note M.-H. Maleville-Costedoat :clause d'un contrat« multirisques bateau de plaisance » excluant la garantie l'assureur en cas « d'abus de confiance ») ;
- la non-restitution frauduleuse, le détournement du bateau ou de son contenu à la suite d'une location ;
- le vol du contenu du bateau assuré survenu pendant la période de désarmement, sauf s'il y a effraction des locaux, fermés à clé, dans lesquels le bateau ou son contenu était remisé ;
- les vols commis par les membres de la famille de l'assuré ou ses préposés dans l'exercice de leurs fonctions, ou effectués avec leur complicité ;
- le vol des biens et effets personnels, tels que bijoux, pierreries et perles fines, objets d'art ou de collection, sculptures ou peintures, métaux précieux, monnaies, billets de banque, titres, papiers et documents personnels ;
- le vol des vivres et boissons ; combustibles et lubrifiant, et des véhicules nautiques à moteur autres que l'annexe.

Chapitre 4
L'assistance

BIBLIOGRAPHIE

L'Argus de l'assurance

Ouvrages. – L'assistance renoue avec la croissance en 2015, L'Argus de l'assurance, 13 avril 2016 ; Relations clients : *l'assistance prend sa revanche (Dossier)*, L'Argus de l'assurance, 21 avril 2016.

Autres documentations

Ouvrages. – A. Montas, *Le quasi-contrat d'assistance : Essai sur le droit maritime comme source du droit*, préf. Y. Tassel, LGDJ 2007, coll. Bibl. droit privé, Tome 482. - S. Beaugendre, *Contrat d'assistance et activité d'assurance*, préf. F. Collart Dutilleul, LGDJ 2000, coll. Bibl. droit privé, Tome 338. – B. Piganeau, *L'assistance aux personnes en difficulté*, PUF, coll. « Les grandes thèses du droit français », 1993 – B. Piganeau-Desmaisons, *L'assistance touristique*, PUF, coll. Que sais-je ?, n° 2983, 1996. – Ph. le Tourneau, *Contrats d'assistance*, J.-Cl. Contrats distribution, Fasc. 2040 (1996). – J.-J. Delmas, *L'aventure mondiale de l'assistance*, éd. Renaudot & Cie, 1990.

4332. Apparue en France dans les années 1960, l'assistance a connu un essor immédiat qui ne cesse, depuis, de gagner en ampleur. L'assistance a longtemps été désignée, par référence à sa forme originelle, et encore la plus courante, par les termes « assistance touristique ». Dépassant ce cadre, l'activité d'assistance se déploie désormais dans des secteurs variés (automobile, santé, services à la personne, habitat) et offre une gamme de services très étendue, y compris à domicile.

4333. En France, une famille sur 2 bénéficie des services d'assistance au moins une fois dans l'année. En 2015, le chiffre d'affaires (CA) France des sociétés du secteur a progressé de 2,3 %, pour atteindre 2,631 milliards d'euros, avec plus de 8,5 millions de dossiers traités (+ 5,4 %). Le CA Monde continue sa croissance et affiche une hausse de 13,5 %, portant le CA de l'année 2015 à plus de 7,5 milliards d'euros (soit une hausse de 44 % en 5 ans) (source : Syndicat National des Sociétés d'Assistance (SNSA), www.snsa.asso.fr).

4334. L'article 1er de la directive relative à la liberté d'établissement des sociétés d'assurance non-vie la définit comme l'activité qui « consiste à prendre, moyennant le paiement préalable d'une prime, l'engagement de mettre immédiatement une aide à la disposition du bénéficiaire (...) lorsque celui-ci se trouve en difficulté par suite d'un évènement fortuit, dans les cas et dans les conditions prévus par le contrat. L'aide peut consister en des prestations en espèces ou en nature. Les prestations en nature peuvent également être fournies par l'utilisation du personnel ou du matériel propres au prestataire. L'activité d'assistance ne couvre pas les services d'entretien ou de maintenance, les services après-vente et la simple indication ou mise à disposition, en tant qu'intermédiaire, d'une aide » (Dir. 84/641/CEE du Conseil, 10 déc. 1984, sur l'assistance touristique, JOCE, 27 déc., art. 1er ; modifiant l'art. 1er de la directive 73/239/CEE du 24 juill. 1973 relative à la liberté d'établissement en assurance non-vie).

4335. Depuis l'origine, les entreprises d'assurance sont étroitement associées au développement de l'assistance, notamment par leur participation à l'actionnariat des sociétés d'assistance, ainsi que par l'inclusion des prestations d'assistance dans les contrats d'assurance (et vice-versa). Actuellement, la quasi-totalité des acteurs du marché de l'assistance en France sont des filiales de sociétés d'assurance. Cette proximité et cette perméabilité entre les deux marchés expliquent que le droit européen ait fait le choix, en 1984, de soumettre les sociétés d'assistance au contrôle des autorités de tutelle des sociétés d'assurance (Dir. 84/641/CEE, 10 déc. 1984, préc.).

4336. En droit interne, le Code des assurances prévoit que le contrôle de l'Etat s'exerce sur « les entreprises qui sous forme d'assurance directe couvrent d'autres risques y compris ceux liés à une activité d'assistance » (C. assur., art. L. 310-1, 3°). Les sociétés d'assistance sont donc placées, comme les sociétés d'assurance, sous le contrôle de l'Autorité de contrôle prudentiel et de résolution (ACPR), qui leur délivre l'agrément nécessaire pour exercer l'activité de la branche 18 (C. assur., art. R. 321-1 : «18. Assistance : Assistance aux personnes en difficulté, notamment au cours de déplacements »).

4337. La convention d'assistance aux personnes en difficulté peut être caractérisée par trois éléments :

1) une situation anormale ;

2) des services proposés pour y porter remède ;

3) la coordination de ces services (B. Piganeau, L'assistance aux personnes en difficulté, op. cit., p. 26 et s.).

Elle n'est cependant dotée d'aucun régime particulier. Le Code des assurances notamment ne la soumet à aucune disposition spéciale et la laisse – par conséquent – obéir au droit commun (ce qui a pu être dénoncé. V. not. : B. Piganeau-Desmaisons, L'assistance touristique, PUF, coll. Que sais-je ?, p. 31-32). Pourtant, certaines de ses caractéristiques essentielles la rapprochent incontestablement du contrat d'assurance.

Section 1 ■ Caractéristiques principales de la convention d'assistance

§ 1 ■ Contenu du contrat

A ■ Obligations des parties

4338. La convention d'assistance aux personnes en difficultés est un contrat consensuel dont la validité n'est soumise à aucune règle légale particulière. Elle est conclue entre une société, dénommée « l'assisteur », et le souscripteur. Le souscripteur peut être un particulier ou une société. La convention peut prendre la forme d'un contrat individuel ou d'un contrat de groupe. Le contrat de groupe est souscrit par une société (société d'assurance, société de location de véhicules, établissement de crédit, société organisatrice de voyages,...) qui propose ensuite à ses propres clients d'y adhérer afin de bénéficier des prestations de l'assisteur. L'assistance est alors le plus souvent vendue en inclusion dans un contrat, comme accessoire à des garanties principales.

4339. Les obligations de l'assisteur ont essentiellement pour objet la mise en œuvre de prestations en nature, qui sont destinées à fournir une aide au bénéficiaire de la convention (souvent dénommé « l'abonné »), lorsque celui-ci se trouve confronté à une difficulté visée par le contrat. Les sociétés d'assistance fonctionnent grâce à la mise en place d'une structure comprenant une centrale d'assistance opérationnelle permanente (le « plateau technique »), ainsi que d'importants moyens humains, tant internes (chargés d'assistance et membres d'équipes diverses) qu'externes. Elles font en effet appel à de nombreux prestataires de services sous-traitants (compagnies aériennes, SNCF, loueurs de véhicules, ambulanciers, dépanneurs...), qui effectuent eux-mêmes les prestations et dont elles sont contractuellement responsables à l'égard de leurs clients (V. S. Beaugendre, th. préc., n° 394).

4340. En contrepartie des prestations promises par l'assisteur, le bénéficiaire a l'obligation de payer le prix stipulé au contrat et désigné, en pratique, par le nom de « prime » ou « cotisation ». Le bénéficiaire a en outre une obligation générale de coopération. Tous les contrats prévoient en effet que le client, dont la situation justifie l'assistance, doit immédiatement prévenir le prestataire, obtenir l'accord préalable de celui-ci avant de prendre toute initiative ou d'engager toute dépense, et se conformer aux solutions préconisées par lui. L'inobservation de ces stipulations entraîne la déchéance du droit au remboursement des frais engagés. Plusieurs raisons justifient ces contraintes : d'une part, les sociétés d'assurance sélectionnent leurs prestataires de services et leurs correspondants en fonction de critères qualitatifs (installation, matériel disponible, réputation, proximité de « points stratégiques »...) et négocient au préalable avec eux les tarifs applicables. D'autre part, les sociétés d'assistance sont contractuellement responsables à l'égard de leurs clients de l'exécution de la prestation. Il est donc logique qu'elles n'entendent recourir qu'à des partenaires qu'elles ont elles-mêmes choisis plutôt qu'à n'importe quels autres, et qu'elles imposent à leurs clients de respecter ce choix ; ce qui permet d'éviter toute initiative personnelle du client qui pourrait avoir pour conséquence de déployer des moyens inutiles ou disproportionnés et d'entraîner des frais excessifs (B. Piganeau-Desmaisons, L'assistance touristique, op. cit., p. 92-93). Pour pouvoir être valablement invoquée par la société d'assistance, la clause d'accord préalable doit cependant avoir été portée à la connaissance de l'abonné (Civ. 1ère, 13 nov. 1990, n° 89-15.307).

B ■ Qualification

4341. Aucune disposition du Code des assurances n'est consacrée à la convention d'assistance. Cette absence de disposition s'explique essentiellement par la différence qui sépare l'assistance de l'assurance ; la première n'ayant été conçue que comme un complément de la seconde. Tel est ainsi le sens de la déclaration prononcée en 1981 par Jean Germain, alors Président de la MAIF, à l'occasion de la création d'Inter Mutuelles Assistance : « À côté de la notion de réparation d'un préjudice que constitue l'assurance, l'assistance est la prise en compte immédiate d'un problème : l'assistance est à la fois une première prise en charge et le prolongement de l'assurance » (L'assurance française, 16-30 sept. 1981 ; dans le même sens, v. également les propos de Pierre Desnos, fondateur d'Europ Assistance, cités par B. Piganeau-Desmaisons, L'assistance touristique, op. cit., p. 76). Cette distinction repose sur un argument essentiel : l'assurance a pour but de réparer pécuniairement les conséquences d'un risque par le versement d'une indemnité, ce qui constitue une obligation de donner ; l'assistance a pour objectif de rendre en urgence un service permettant de remédier aux conséquences passées ou futures du risque, ce qui se traduit par une obligation de faire, une activité à déployer, des moyens à mettre en œuvre grâce à une organisation et à une structure (B. Piganeau, L'assistance aux personnes en difficulté, op. cit., p. 152 et s.). Tandis que la fonction d'indemnisation est primordiale dans l'assurance, elle n'est que secondaire dans l'assistance où elle est primée par le service rendu. En outre, les prestations principales de la société d'assistance sont effectuées au moment même de la survenance de la situation de détresse, alors que celles de l'assureur interviennent après la réalisation du sinistre.

4342. Pourtant, en recourant à une convention d'assistance, le bénéficiaire entend bien se prémunir contre un risque dont il ne sait s'il se produira un jour. Qu'il soit momentané (lorsque la garantie d'assistance concerne un voyage déterminé), permanent (lorsque la garantie est relative aux difficultés rencontrées par le client en tout lieu et à tout moment) ou intermittent (lorsque le contrat ne couvre que les déplacements du bénéficiaire), ce risque est au cœur du contrat. Sous cet aspect, la convention d'assistance se rapproche du contrat d'assurance : dans les deux cas, l'assisté et l'assuré cherchent à satisfaire un besoin de sécurité en se prémunissant contre un risque susceptible de survenir.

4343. Plusieurs arguments ont ainsi pu conduire certains à qualifier le contrat d'assistance de contrat d'assurance : on a remarqué en premier lieu que l'assistance implique la réunion de trois éléments qui se retrouvent à l'identique dans l'assurance : un risque à couvrir, le versement d'une prime ou cotisation, l'exécution d'une prestation lorsque le sinistre se réalise. On a pu relever, en second lieu, que la différence de nature qui marque les prestations de l'assistant et de l'assureur n'est pas décisive. Certes, la prestation de l'assureur consiste d'abord en une prestation en espèce (le versement d'une indemnité à l'assuré), tandis que celle de l'assistant est essentiellement une prestation en nature (la fourniture d'un service). Le Code des assurances admet toutefois que l'assureur puisse fournir à titre principal une prestation en nature à son assuré (v. C. assur., art. L. 113-5 ; v. également C. assur., art. L. 127-1, qui qualifie de contrat d'assurance l'assurance de protection juridique). Il pourrait dès lors en être de même du contrat d'assistance (en ce sens, v. V. Nicolas, Essai d'une nouvelle analyse du contrat d'assurance, préf. J. Héron, LGDJ 1996, T. 267, n° 242 et s. ; S. Beaugendre, Contrat d'assistance et activité d'assurance, préf. F. Collart Dutilleul, LGDJ 2000, n° 103 et s.). Il est notable enfin que le contrat d'assistance a été construit sur le modèle du contrat d'assurance auquel il emprunte sa « structure » (S. Beaugendre, th. préc., n° 296), et que la plupart des entreprises qui le délivrent ont le statut juridique de sociétés d'assurance et émettent des contrats d'assurance.

4344. Le principe de liberté contractuelle autorise les parties à choisir le régime auquel elles entendent soumettre la convention. En pratique, celle-ci contient des références fréquentes au Code des assurances (Civ. 1re, 14 nov. 2006, n° 04-15.276, Bull. civ. I, n° 470 ; RCA 2007, comm. n° 97, note critique H. Groutel : par application de l'article R. 114-1 du Code des assurances, le litige survenant entre l'assisteur et l'assisté relève de la compétence territoriale du tribunal de l'assuré).

§ 2 ▪ Responsabilité de la société d'assistance

A ▪ Preuve du manquement contractuel

4345. La jurisprudence considère que l'obligation d'assistance aux personnes constitue en principe une obligation de moyens (Civ. 1re, 27 févr. 1985, n° 84-10.193, Bull. civ. I, n° 79 ; RGAT 1985. 359, note J. Bigot ; RTD Civ. 1986, p. 356, obs. J. Huet ; CA Nîmes, 8 nov. 1994, D. 1995, p. 492, note B. Piganeau-Desmaisons. Adde : Civ. 1re, 2 avr. 1997, n° 95-11.879, RGDA 1997. 863 : preuve non rapportée d'une faute dans l'exécution de l'obligation de rapatriement). L'assisté doit donc démontrer que la société n'a pas mis en œuvre toutes les mesures appropriées qu'il convenait de prendre eu égard aux circonstances. Il lui appartient ainsi de prouver que le préjudice subi est imputable à une défaillance commise par la société d'assistance dans l'exécution de ses obligations contractuelles (Civ. 2e, 7 mai 2009, n° 08-17.046 : preuve non rapportée que les séquelles alléguées étaient consécutives à une faute commise par la société d'assistance). La solution est justifiée par le caractère aléatoire qui marque la prestation de l'assistant, laquelle doit être exécutée le plus souvent en urgence et dans des conditions délicates.

4346. L'obligation de l'assistant doit en revanche être de résultat lorsque l'intervention ne présente aucune difficulté, ni aucun aléa particulier (transport proprement dit par exemple de l'assisté) : le seul fait que le résultat promis ne soit pas atteint suffit à démontrer le manquement contractuel du prestataire. En particulier, la société d'assistance, qui s'est engagée à garantir le rapatriement de son client et qui lui a fourni un titre de transport, est tenue de s'assurer de l'effectivité du titre qu'elle a délivré, sans pouvoir invoquer à sa décharge la pratique de la sur-réservation par la compagnie aérienne à laquelle elle s'est adressée (Civ. 1re, 18 mai 2005, n° 02-12.689, Bull. civ. I, n° 222, p. 188). La société d'assistance ne pourra alors être exonérée de son obligation de résultat qu'en apportant la preuve d'un événement de force majeure l'ayant empêchée d'aboutir au résultat prévu (la guerre, les émeutes, les conditions climatiques... peuvent ainsi constituer des évènements rendant impossible l'exécution des opérations).

B ▪ Manifestations du manquement contractuel

4347. Le contentieux est faible en la matière et la responsabilité contractuelle de la société d'assistance rarement retenue.

4348. Le manquement contractuel invoqué peut être le refus de rapatriement opposé par la société d'assistance à l'assisté. L'action en responsabilité est souvent consécutive à un désaccord entre les parties sur l'appréciation de la situation d'urgence et la nature des moyens mis en œuvre, notamment en ce qui concerne l'opportunité des rapatriements sanitaires. Pour autant, le seul refus de rapatrier un client n'est pas constitutif en soi d'un manquement contractuel. Encore faut-il que le client qui s'estime lésé prouve que cette attitude n'était pas justifiée et que la société d'assistance n'a pas correctement apprécié les éléments de fait qui lui étaient soumis (Civ. 2ème, 12 mai 2005, n° 04-13.551 : preuve non rapportée en l'espèce par l'assuré que l'état de celui-ci nécessitait un rapatriement sanitaire en France).

4349. Le manquement contractuel invoqué peut être l'exécution défectueuse des obligations prévues par le contrat :
- défaut de coordination des opérations (Civ. 1re, 18 mai 2005, n° 02-12.689, préc. : manquement de la société d'assistance à son obligation de vérifier l'efficacité du titre de transport délivré à son client) ;
- rapatriement accepté mais tardif (CA Paris, 25 oct. 1982, D. 1984, p. 406, 1re esp., note C.-J. Berr et H. Groutel : caractère tardif du rapatriement imputable au manque de diligence de la compagnie ; Civ. 2e, 30 juin 2004, n° 03-13.243 : caractère tardif du rapatriement non retenu contre la société d'assistance)
- défaut d'information (Civ. 1ère, 14 nov. 2006, n° 04-15.276, Bull. civ. I, n° 470, préc.).

Section 2 ▪ Diversité des garanties d'assistance

§ 1 ▪ Assistance aux déplacements

A ▪ Assistance voyage

4350. L'assistance aux voyages est la forme originelle de l'assistance ; elle a en effet été conçue pour procurer aux voyageurs, en cas de problème de santé, des soins médicaux, voire un rapatriement sanitaire en cas d'accident, sur le lieu de leur déplacement. Dans cette version toujours actuelle, l'assistance est proposée au voyageur à l'occasion de l'achat du voyage. Elle est souscrite pour une durée limitée : celle du voyage. Avec la généralisation des ventes en inclusion, des garanties d'assistance sont toutefois susceptibles de se retrouver dans d'autres contrats souscrits par les particuliers. L'assistance peut être complétée par une assurance « annulation de voyages » (V. Chapitre 5, L'assurance des voyages (vol, annulation, dommages corporels)).

4351. L'assistance voyage comporte toujours principalement les prestations suivantes :
- le transport sanitaire vers une structure compétente sur place (hôpital, médecin, clinique...) ;
- l'avance ou la prise en charge des frais médicaux et d'hospitalisation à l'étranger, dans la limite de la garantie ;
- le rapatriement sanitaire (avec équipe médicale) en fonction de la gravité de l'état de la personne ;
- la recherche et/ou l'expédition de médicaments ;
- la prise en charge du voyage et de l'hébergement d'un proche ;
- le rapatriement en cas de retour d'urgence en raison du décès ou de la maladie d'un proche ;
- une assistance juridique...

4352. Les exclusions habituelles sont : l'état de grossesse (à compter de la 36ème semaine), les convalescences et maladies connues en cours de traitement, l'état consécutif à l'usage de substances toxiques (stupéfiants, absorption d'alcool), le suicide ou la tentative de suicide, les dommages provoqués intentionnellement par le bénéficiaire de la garantie et résultant de sa participation à un crime, un délit ou une rixe ; les dommages résultant de l'inobservation volontaire des lois et règlements en vigueur ; les conséquences de guerre civile, de guerre étrangère, de terrorisme, d'évènements naturels de force majeure (ouragans, tempêtes, cyclones).

4353. On trouve aussi dans l'assistance voyage des garanties d'assistance automobile.

B ■ Assistance automobile

4354. L'assistance automobile a pour objet principal de venir en aide à celui qui se trouve dans l'embarras à la suite d'une panne, d'un accident ou d'un vol touchant son véhicule. On la trouve principalement en inclusion dans les contrats d'assurance automobile.
Sous réserve de quelques variations relatives au plafond de prise en charge des frais, à l'âge du véhicule ou à la durée de l'immobilisation, tous les contrats d'assistance prennent en charge :
le dépannage sur le lieu de la panne ou le remorquage jusqu'au garage le plus proche du réseau et l'envoi des pièces détachées qui seraient introuvables sur place ;
- le rapatriement du véhicule immobilisé ou retrouvé à la suite d'un vol, ou encore de celui dont le conducteur est malade ou blessé ;
- la prise en charge des frais consécutifs à l'immobilisation du véhicule (suivi des réparations, frais d'hôtel sur place, frais de transport jusqu'au lieu de destination...).

4355. On trouve aussi dans l'assistance automobile des garanties d'assistance à la personne : mise à disposition d'un autre véhicule, d'un taxi, d'un titre de transport (train, avions...), pour permettre le retour à domicile ; hébergement provisoire durant le temps des réparations ou de la mise à disposition d'un véhicule de remplacement. Lorsque le contrat prévoit une assistance en cas d'accident à l'étranger, les garanties sont sensiblement les mêmes que celles qui sont prévues dans l'assistance voyage.

§ 2 ■ Assistance à domicile

A ■ Assistance habitation

4356. Depuis les années 1990, la généralisation de la technique de l'inclusion a permis l'intégration, dans les contrats d'assurance multirisques habitation, de garanties d'assistance habitation et de réparation en nature. Elles permettent à l'assuré de bénéficier d'une assistance, en cas de sinistre lié à un évènement garanti par le contrat principal : incendie, vol, dégât des eaux, tempête ou inondation. Parmi les principales garanties, on peut citer à titre d'exemple :
- l'aide à la recherche d'un logement provisoire ;
- le gardiennage du domicile sinistré ;
- la prise en charge d'objets de première nécessité ;
- l'aide à la remise en état du domicile sinistré ;
- la prise en charge des frais de déménagement ;
- une aide aux démarches administratives ;
- un service de dépannage par un prestataire professionnel (chauffagiste, plombier, serrurier, réparateur d'appareils ménagers) ;
- prêt d'appareils de remplacement le temps de la réparation...

B ■ Assistance à la personne

4357. Depuis le début des années 2000, les sociétés d'assistance diversifient leurs garanties et proposent désormais de nombreuses prestations dans le domaine de la santé et de la dépendance.

4358. L'assistance santé concerne les personnes qui sont fragilisées par une hospitalisation, une maladie ou un accident et dont l'état nécessite une aide à domicile. Cette aide peut prendre différentes formes :
- portage de courses et/ou de médicaments ;
- aide ménagère à domicile ;

- livraison de repas ;
- travaux de jardinage ;
- garde d'enfants, conduite à l'école et soutien scolaire ;
- prise en charge du déplacement et d'un séjour à l'hôtel pour un proche en cas d'hospitalisation ;
- recherche de professionnels de santé spécialisés ;
- écoute et soutien psychologique ;
- adaptation du domicile au handicap ;
- installation d'un système de téléassistance ;
- garde des animaux de compagnie...

4359. Les prestations d'assistance dépendance s'adressent aux personnes âgées en perte d'autonomie et visent à permettre le maintien à domicile.

Chapitre 5
L'assurance des voyages (vol, annulation, dommages corporels)

BIBLIOGRAPHIE

L'Argus de l'assurance

Ouvrages – J. Da Ros et A. Morieux, *Assurances affinitaires*, Éd. L'Argus, 2014.

Autres documentations

Ouvrages. - Ch. Paulin, *Droit des transports*, Litec, 2005. - Ph. Le Tourneau, *Droit de la responsabilité et des contrats*, Dalloz action 2014/2015. – J. Cl. RCA, fasc. 312-20.

Articles. – T. de Mallmann, L'indemnisation des victimes d'accidents de vols internationaux, L'Argus 2009, n° 7132. - F. Bastien-Rabner, Le formalisme protecteur du contrat de voyage, LPA 1er juill. 2003, p. 21. - A. Batteur, La protection illusoire du consommateur par le droit spécial de la consommation : réflexions sur la réglementation nouvelle régissant le contrat de vente de voyages, D. 1996, chron. p. 82. - G. Poissonnier, Un nouveau pas jurisprudentiel vers une meilleure protection des droits des passagers aériens, D. 2012, p. 475.

Thèse. – S. Beaugendre, Contrat d'assistance et activité d'assurance, LGDJ 2000.

Section 1 . Présentation générale

4360. Le particulier qui achète un voyage se voit très fréquemment proposer la souscription d'un contrat d'assurance voyage, couvrant, selon les cas, l'annulation, la perte des bagages et/ou les dommages corporels. Si la souscription de telles garanties peut se révéler tout à fait judicieuse, il ne s'agit toutefois là que d'une assurance facultative et non pas obligatoire. Le contrat d'assurance est le plus souvent accompagné d'un contrat d'assistance (Sur cette question, v. Chapitre 4, L'assistance).

4361. Le particulier bénéficie parfois déjà d'une assurance couvrant son voyage grâce à sa carte bancaire. Seules les cartes bancaires haut de gamme, telles que Visa Premier, Goldmastercard, Platinium d'American express offrent de telles garanties. Il n'est alors pas besoin de payer de prime spécifique puisque l'assurance constitue un service lié à la carte bancaire, à condition que le voyage ait été payé avec la carte. La déclaration du sinistre doit être faite à l'assureur dans les cinq jours ouvrés suivant la connaissance de l'événement entraînant la garantie. Ce délai est de deux jours en cas de vol des bagages.

4362. Par ailleurs, la loi n° 2014-344 du 17 mars 2014 relative à la consommation est venue créer un nouvel article L. 112-10 dans le Code des assurances, prévoyant que « l'assuré qui souscrit à des fins non professionnelles un contrat d'assurance constituant un complément d'un bien ou d'un service vendu par un fournisseur, s'il justifie d'une garantie antérieure pour l'un des risques couverts par ce nouveau contrat, peut renoncer à ce nouveau contrat, sans frais ni pénalités, tant qu'il n'a pas été intégralement exécuté ou que l'assuré n'a fait intervenir aucune garantie, et dans la limite d'un délai de quatorze jours calendaires à compter de la conclusion du nouveau contrat. » Cet article s'applique aux contrats d'assurance affinitaires qui couvrent, notamment « soit l'endommagement ou la perte, y compris le vol, de bagages et les autres risques liés à un voyage, même si l'assurance couvre la vie ou la responsabilité civile, à la condition que cette couverture soit accessoire à la couverture principale relative aux risques liés à ce voyage ». Ainsi l'assuré-consommateur qui a souscrit une assurance-voyage de ce type peut renoncer à son contrat dans un délai de quatorze jours s'il peut établir l'existence d'une garantie antérieure couvrant le même risque.

§ 1 ▪ Intérêt de la souscription

4363. Les règles de droit commun applicables en cas, notamment, d'annulation de voyages, de perte de bagages ou d'accidents, rendent souvent nécessaires la souscription d'un contrat d'assurance spécifique au voyage par le particulier.

A ▪ Intérêt de la souscription de l'assurance annulation

4364. Lorsque le vendeur résilie le contrat avant le départ, sans faute de l'acheteur, ce dernier peut demander, en plus du remboursement des sommes versées, le paiement d'une indemnité égale à celle qu'il aurait versée si l'annulation était survenue de son fait à la même date (C. tourisme, art. L. 211-15 et R. 211-12). L'assurance annulation n'a pas lieu de jouer dans ce cas là.

4365. Dans la plupart des cas, c'est le client qui annule le voyage. Les raisons d'une telle annulation sont diverses, mais tiennent le plus souvent à une maladie, un accident ou une modification de la date des congés payés par l'employeur. En règle générale le contrat passé avec l'organisme ayant vendu le voyage inclut une clause de dédit, permettant au client de renoncer au voyage moyennant une indemnité fixée au contrat, appelée frais d'annulation, très souvent un pourcentage de la somme totale payée. Le montant de cette indemnité est proportionnel au nombre de jours restant avant le départ, si bien que le particulier qui annule à une date proche du départ supportera des frais très importants. Souscrire une assurance annulation permet alors au client d'être couvert contre le risque d'avoir à débourser des sommes importantes en cas d'annulation de son voyage.

B ▪ Intérêt de la souscription des autres assurances liées au voyage

4366. En cas de détérioration, vol ou perte de bagages, il est peut-être possible d'engager la responsabilité d'un transporteur, d'une agence de voyages ou d'un hôtelier. Mais il existe des limites de responsabilité et il est rare de pouvoir être totalement indemnisé. C'est pourquoi il peut être intéressant de souscrire des garanties personnelles pour couvrir les bagages.

4367. Si le voyageur est victime d'un accident corporel ou tombe malade lors d'un voyage, il est généralement couvert par les différents contrats qu'il a pu souscrire dans le cadre de sa vie quotidienne. Il est toutefois possible que ces contrats ne le couvrent pas que dans certains pays ou qu'ils contiennent des exclusions, notamment la pratique de certaines activités sportives. Dans de telles hypothèses il sera intéressant de souscrire un contrat d'assurance spécifique. Par exemple, le particulier ayant opté pour un voyage consacré à une pratique sportive telle que la plongée sous-marine, souvent exclue des contrats, devra prendre soin de souscrire un contrat d'assurance couvrant l'activité dangereuse.

§ 2 ▪ Obligation d'information

4368. La souscription d'une assurance annulation et/ou perte de bagages est en règle générale proposée par les agences de voyages à leurs clients lors de la vente d'un voyage. À cette occasion l'agence supporte une obligation d'information, dont la teneur varie selon la qualité en laquelle intervient l'agence. Toutefois, ni l'obligation d'information incombant au vendeur, ni celle incombant aux opérateurs de la vente de voyages et de séjours ne s'appliquent au transporteur aérien qui délivre des billets d'avion (Civ. 1re, 10 sept. 2015, n° 14-22.223, RCA 2015, com. n° 321, note L. Bloch).

4369. Depuis la loi du 17 mars 2014 relative à la consommation, créant au profit de l'assuré-consommateur, une faculté de renonciation d'une assurance affinitaire en cas de multi-assurance, l'assureur supporte une obligation spécifique d'information. Ainsi, avant la conclusion d'un contrat d'assurance, l'assureur doit remettre à l'assuré un document l'invitant à vérifier s'il n'est pas déjà bénéficiaire d'une garantie couvrant l'un des risques couverts par le nouveau contrat et l'informant de la faculté de renonciation mentionnée au Code des assurances. Un arrêté du ministre chargé des Assurances devra fixer le contenu et le format de ce document d'information.

A ▪ Agence de voyages, vendeur du voyage

4370. L'article 96 du décret n° 94-490 du 15 juin 1994 pris en application de l'article 31 de la loi n° 92-645 du 13 juillet 1992 fixant les conditions d'exercice des activités relatives à l'organisation et à la vente de voyages ou de séjours prévoit que préalablement à la conclusion du contrat et sur la base d'un support écrit, portant sa raison sociale, son adresse et l'indication de son autorisation administrative d'exercice, le vendeur doit communiquer au consommateur les informations sur les prix, les dates et les autres éléments constitutifs des prestations fournies à l'occasion du voyage ou du séjour tels que l'information concernant la souscription facultative d'un contrat d'assurance couvrant les conséquences de certains cas d'annulation (pour une illustration, l'agence ayant en l'espèce bien rempli son obligation, Paris, 24 juin 2005, n° 03/13405, JurisData n° 2005-282076) ou d'un contrat d'assistance couvrant certains risques particuliers, notamment les frais de rapatriement en cas d'accident ou de maladie. La jurisprudence a toutefois décidé que l'agence de voyages n'avait pas d'obligation d'information concernant une assurance facultative couvrant le risque de vol ou de pertes des bagages (Pau, 19 juin 2006, JurisData n° 2006-311852) affirmant que « si l'article 96 du décret du 15 juin 1994 met à sa charge un devoir d'information sur la souscription facultative d'une assurance annulation ou rapatriement en cas d'accident ou de maladie, il n'étend pas cette obligation au risque de perte ou de vol de bagages).

4371. L'article 98 du décret prévoit que le contrat conclu entre le vendeur et l'acheteur doit être écrit, établi en double exemplaire dont l'un est remis à l'acheteur, et signé par les deux parties. Il doit comporter, notamment, les indications concernant le contrat d'assurance couvrant les conséquences de certains cas d'annulation souscrit par l'acheteur (numéro de police et nom de l'assureur), ainsi que celles concernant le contrat d'assistance couvrant certains risques particuliers, notamment les frais de rapatriement en cas d'accident ou de maladie ; dans ce cas, le vendeur doit remettre à l'acheteur un document précisant au minimum les risques couverts et les risques exclus.

4372. En matière de responsabilité, l'article L. 211-16 du Code du tourisme impose une responsabilité sans faute à l'agence de voyages. A cet égard, la Cour de cassation a pu décider que l'agent de voyages était responsable de plein droit, en sa qualité de vendeur, des préjudices subis par la victime, peu important que le dommage soit survenu au cours du transport, dès lors que cette opération était l'une de celles composant le forfait touristique. Ainsi le contrat de transport est indissociable du forfait touristique en ce qui concerne l'organisateur (Civ 1re, 9 déc. 2015, n° 14-20.533, RCA 2016, étude 2, note L. Bloch).

B ▪ Agence de voyages, souscripteur du contrat d'assurance

4373. Très souvent le contrat d'assurance couvrant le voyage sera un contrat d'assurance de groupe. Il est ainsi souscrit par le souscripteur, l'agence de voyages, auprès d'une compagnie d'assurance et les assurés sont les voyageurs qui viennent adhérer au contrat.

4374. En vertu de l'article L. 141-4 du Code des assurances, le souscripteur est tenu de remettre à l'adhérent une notice établie par l'assureur qui définit les garanties et leurs modalités d'entrée en vigueur ainsi que les formalités à accomplir en cas de sinistre.

4375. Le souscripteur d'un contrat d'assurance de groupe a l'obligation d'assister l'adhérent lors de l'adhésion. Ce devoir impose notamment à l'agence de voyages de mettre en garde son client sur l'intérêt de souscrire un contrat d'assurance voyage et de veiller à ce que la police soit conforme à ses besoins. En cas de manquement, elle engagerait sa responsabilité.

Section 2 ▪ Garanties proposées

§ 1 ▪ Garantie annulation

4376. La garantie annulation peut être proposée sous différentes formules ; elle peut :
- être comprise dans le prix du voyage ;
- être proposée par l'agence de voyages moyennant le paiement d'une prime supplémentaire ;
- être intégrée dans un contrat spécifique d'assurance voyages.

4377. La garantie annulation de voyages ne prend en charge que certains événements ; dans les autres cas, elle ne jouera pas. Les motifs d'annulation garantis sont variables d'un contrat à un autre. Sont en règle générale garantis la maladie grave, l'accident grave ou le décès de l'assuré et des personnes suivantes :
- conjoint de droit ou de fait (époux, concubin, pacsé) ou la personne accompagnant l'assuré, sous réserve que son nom figure sur la même facture ;
- ascendants ou descendants de l'assuré et/ou ceux de son conjoint ou de la personne l'accompagnant ;
- frères, sœurs, beaux-frères, belles-sœurs, gendres, belles-filles de l'assuré ;
- personne chargée pendant le séjour de la garde des enfants mineurs ou d'une personne handicapée dont l'assuré est le tuteur légal et vivant sous le même toit que lui, sous réserve que son nom soit mentionné à la réservation du séjour ;
- du remplaçant professionnel de l'assuré, sous réserve que son nom soit mentionné lors de l'inscription au séjour.
C'est à l'assuré de démontrer par tous moyens la réalité de la maladie alléguée et son incompatibilité avec le voyage prévu pour pouvoir mettre en jeu la garantie souscrite : Civ. 2e, 18 février 2010, n° 09-12.176.

4378. D'autres événements peuvent aussi être couverts par le contrat ; il s'agit souvent de :
- dommages matériels graves à la résidence principale ou au véhicule ;
- complications de l'état de grossesse avant le 6e mois ;
- licenciement économique ;
- modification des congés payés par l'employeur ;
- incapacité reconnue médicalement de pratiquer l'activité d'un voyage à thème ;
- convocation à un examen de rattrapage universitaire ;
- convocation devant un tribunal ;
- convocation pour une adoption d'enfant ;
- convocation pour une greffe d'organe.
Certains contrats vont même jusqu'à prévoir une garantie annulation pour toute cause d'annulation imprévisible au jour de la souscription du contrat et indépendante de la volonté de l'assuré.

4379. Les contrats d'assurance viennent en règle générale définir de manière restrictive les événements garantis. Un événement ne correspondant pas à cette définition ne sera pas pris en charge. Ainsi, la maladie grave sera constituée par une altération de santé dûment constatée par un docteur en médecine interdisant formellement de quitter le domicile et nécessitant des soins médicaux et la cessation absolue de toute activité professionnelle. L'accident grave sera un événement soudain et fortuit atteignant toute personne physique, non intentionnel de la part de la victime, provenant de l'action soudaine d'une cause extérieure et lui interdisant tout déplacement par ses propres moyens.
En plus des exclusions légales, le contrat d'assurance prévoit des exclusions conventionnelles. Il s'agit le plus souvent des événements suivants :
- annulation provoquée par une personne hospitalisée au moment de la réservation du voyage ou de la souscription du contrat ;
- complications de grossesse lorsque la personne est enceinte de plus de 6 mois au moment du départ ;
- oubli de vaccination ;
- accidents résultant de la pratique de certains sports dangereux (bobsleigh, varappe, alpinisme, sports aériens...) ;
- non-présentation de documents indispensables au voyage, tels que passeport, visa, titres de transport, carnet de vaccination ;
- maladies et accidents ayant fait l'objet d'une première constatation et d'une rechute avant la souscription du contrat d'assurance. Cette exclusion peut donner lieu à des difficultés d'application : V. notamment, pour une infection nosocomiale, Civ. 2e, 9 déc. 2010, n° 09-17.471).

4380. Le montant de la garantie est égal au remboursement des frais d'annulation facturés par l'organisateur du voyage. Le contrat fixe toutefois un plafond de garantie. Ce plafond est en général de 6 500 € par hébergement et 32 000 € par événement.

4381. Le contrat prévoit aussi en règle générale une franchise qui reste à la charge de l'assuré. Cette franchise est généralement fixée à 50 €. Elle peut être plus importante en cas d'assurance couvrant toutes les causes d'annulation, par exemple 10 % du prix du voyage. En cas de sinistre, les contrats exigent le plus souvent que la déclaration soit accompagnée de documents attestant de la réalité de l'événement justifiant l'annulation du voyage ; il s'agira :
- en cas de maladie ou d'accident : d'un certificat médical précisant l'origine, la nature, la gravité et les conséquences prévisibles de la maladie ou de l'accident ;
- en cas de licenciement économique : copie de la lettre de licenciement et copie du contrat de travail ;
- en cas de complications de grossesse : copie de la feuille d'examen prénatal et copie de l'arrêt de travail ;
- en cas de décès : certificat de décès et une fiche d'état civil ;
- dans les autres cas : tout justificatif pouvant établir l'événement.

§ 2 ▪ Retard d'avion et de train, annulation de vol

4382. En cas de retard d'avion de peu d'importance, le transporteur ne doit aucune indemnisation. En cas de retard important, et si le passager subit un dommage résultant directement d'un retard dans son acheminement (nuit d'hôtel payée et non utilisée, journée de travail perdue...), il pourra invoquer auprès du transporteur aérien le règlement CE n° 261/2004 du 11 février 2004 ou les articles 19 des Conventions de Varsovie ou de Montréal afin d'obtenir une compensation. On considère qu'il y a retard important dans les cas suivants :
- soit deux heures ou plus pour les vols de 1 500 km ou moins ;
- soit trois heures ou plus pour les vols de plus de 1 500 km jusqu'à 3 500 km et tous les vols intracommunautaires de plus de 1 500 kilomètres ;
- soit quatre heures ou plus pour les autres vols de plus de 3 500 km.

4383. Le passager peut obtenir, non seulement une prise en charge des frais engagés tels que rafraîchissements, repas) mais également une nuit d'hôtel et les transferts entre le lieu d'hébergement et l'aéroport, s'il y a lieu. Il doit également avoir la possibilité d'obtenir gratuitement deux appels téléphoniques ou télécopies ou courriers électroniques. Si le retard est d'au moins 5 heures, et seulement si le passager renonce à son voyage, le passager est en droit de se faire rembourser son billet d'avion, et éventuellement, de demander la prise en charge du vol retour vers son point de départ initial (dans l'hypothèse d'un vol au départ d'une escale de correspondance). La Convention de Montréal limite la responsabilité, en cas de transport de personnes, à 4150 DTS (Droits de tirages spéciaux), soit environ 4 855 €. Et 1 000 DTS (soit environ 1 200 €) pour le transport de bagages.

4384. En cas de refus d'embarquement lié à la pratique de la surréservation, les passagers n'ayant pu embarquer peuvent demander le remboursement intégral de leur billet ou une place sur un autre vol. Le remboursement du billet doit intervenir dans les 7 jours. Une indemnité forfaitaire est aussi appliquée. Les passagers doivent ainsi être indemnisés à hauteur de :
- 250 euros pour les vols jusqu'à 1500 km ;
- 400 euros pour les vols intracommunautaires de plus de 1500 km et tous les autres vols de 1500 à 3500 km ;
- 600 euros pour les vols extracommunautaires de plus de 3500 km.

4385. Cette somme est réduite de moitié si les passagers arrivent à destination :

- moins de deux heures après leur date d'arrivée initiale pour les vols jusqu'à 1500 km ;
- moins de trois heures après leur date d'arrivée initiale pour les vols intracommunautaires de plus de 1500 km et tous les autres vols de 1500 à 3500 km ;
- moins de quatre heures après leur date d'arrivée initiale pour les vols extracommunautaires de plus de 3500 km.

L'indemnisation doit être payée en espèces, virement, chèque; les bons d'achat/voyage ne pouvant être utilisés qu'avec l'accord écrit du passager.

4386. En cas d'annulation du vol, les passagers ont le droit au remboursement de leur billet ou au placement sur un autre vol. De plus, une indemnisation est prévue, pour les mêmes montants qu'en cas de refus d'embarquement ci-dessus. L'indemnisation n'est pas versée lorsque l'annulation est due à des circonstances extraordinaires (conditions météorologiques, risques liés à une situation politique) que la prise de mesures spécifiques n'auraient pu empêcher.

4387. La souscription d'un contrat d'assurance couvrant le retard dans le transport ou l'annulation permet d'être indemnisé directement par son assureur, sans avoir à agir contre le transporteur. Seuls les retards importants sont pris en charge par les contrats. Il s'agit en règle générale de :
- retard d'avion supérieur à 4 heures par rapport à l'heure de départ initialement prévue sur les vols réguliers dont les horaires ont été publiés ou sur les vols charters dont les horaires sont indiqués sur le billet d'avion ou communiqués par l'organisme de voyage à l'assuré. Certains contrats ne jouent que si le retard est d'au moins 6 h ;
- retard de train supérieur à 3 heures par rapport à l'heure d'arrivée initialement prévue sur le billet de train ;
- retard de bateau supérieur à 4 heures par rapport à l'heure de départ initialement prévue sur le billet de traversée.

4388. En cas de retard d'avion, de train ou de bateau, sont pris en charge le remboursement des frais supplémentaires qui ont dû être engagés par l'assuré pour les repas, les rafraîchissements, les transferts aller-retour de l'aéroport, de la gare ou du port et pour la première nuit d'hôtel.
Les contrats prévoient en principe des plafonds de garantie d'un montant de 100 € par personne assurée et de 400 € par événement.
En règle générale, la garantie ne joue pas dans les cas suivants :
- retard temporaire ou définitif d'un avion, d'un train ou d'un bateau ordonné par les autorités aéroportuaires, portuaires, de l'aviation civile ou toute autre autorité et qui aura été annoncé plus de 24 heures avant la date de départ du voyage ;
- manquement du vol, du train ou du bateau sur lequel la réservation était confirmée ;
- non admission à bord, consécutive au non-respect de l'heure limite de l'enregistrement des bagages et/ou de présentation à l'embarquement.

4389. Pour le transport ferroviaire, en cas de retard, le transporteur engage sa responsabilité contractuelle. Les tribunaux décident qu'il supporte une obligation de ponctualité constituant une obligation de résultat dont il ne peut s'exonérer que par la preuve d'une cause étrangère ne pouvant lui être imputée. En cas de méconnaissance de cette obligation, le droit à réparation du voyageur est limité à concurrence du préjudice strictement prévisible lors de la conclusion du contrat et qui constitue une suite immédiate et directe du retard dans l'exécution de celui-ci (Civ. 1re, 14 janv. 2016, n°14-28.227, JCP E 2016 n°13, 1189, note L. Siguoirt). Il est à noter que l'article 1231-1 issu de l'ordonnance n° 2016-131 du 10 février 2016 portant réforme du droit des contrats, du régime général et de la preuve des obligations, applicable au 1er octobre 2016, reformule l'ancien article 1147 en prévoyant que « le débiteur est condamné s'il y a lieu, au paiement de dommages et intérêts soit à raison de l'inexécution de l'obligation, soit à raison du retard dans l'exécution, s'il ne justifie pas que l'exécution a été empêchée par la force majeure ». Il vient ainsi consacrer une référence à la force majeure et non plus la cause étrangère. Cette force majeure est d'ailleurs définie au nouvel article 1218.

Le nouvel article 1231-3 du Code civil précise que « le débiteur n'est tenu que des dommages et intérêts qui ont été prévus ou qui pouvaient être prévus lors de la conclusion du contrat, sauf lorsque l'inexécution est due à une faute lourde ou dolosive », consacrant ici l'assimilation faite par la jurisprudence entre faute lourde et dol. L'article 1231-4 nouveau prévoit lui que « dans le cas même où l'inexécution du contrat résulte d'une faute lourde ou dolosive, les dommages et intérêts ne comprennent que ce qui est une suite immédiate et directe de l'inexécution ».

§ 3 ▪ Garantie accident et maladie

4390. Lors d'un voyage, il est possible d'être victime d'un accident ou de contracter une maladie. En règle générale les contrats d'assurance santé et accidents corporels déjà souscrits dans le cadre de la vie quotidienne couvriront les frais de soins, l'incapacité, l'invalidité et le décès. Avant le départ, il est important de faire un état des lieux des garanties intégrées dans les contrats souscrits, notamment les contrats multirisques habitation, garantie des accidents de la vie, assurance individuelle accident, et de vérifier les pays pour lesquelles les garanties sont acquises. En cas d'exclusion ou lorsque le contrat ne joue pas dans le pays visité, il faudra souscrire un contrat d'assurance spécifique.

4391. Pour l'Espace économique européen et la Suisse, en produisant sa carte européenne d'assurance-maladie, le voyageur français est, en cas de maladie, couvert par l'Assurance Maladie et ses frais médicaux sont pris en charge selon la législation en vigueur dans le pays qui l'accueille.

§ 4 ▪ Assurance des bagages

A ▪ Régime d'indemnisation de droit commun

4392. En cas de détérioration, vol ou perte de bagages, il existe des règles d'indemnisation de droit commun, variables selon la formule de voyage choisie. Mais ces règles, brièvement présentées ci-dessous, conduisent souvent à une indemnisation limitée. D'où l'intérêt de souscrire un contrat d'assurance spécifique.

Selon l'article 23 de la loi n° 92-645 de la loi 13 juillet 1992, lorsqu'une agence de voyages vend un voyage ou un séjour, elle est responsable de plein droit à l'égard de l'acheteur de la bonne exécution des obligations résultant du contrat, que ces obligations soient à exécuter par elle-même ou par d'autres prestataires de services. En revanche lorsque l'agence se contente de délivrer des titres de transport, en dehors d'un forfait touristique, sa responsabilité ne peut être engagée qu'en cas de faute prouvée (Civ. 1re, 30 janv. 2007, D. 2007, p. 2374, note Y. Dagorne- Labbe).

4393. Le transport aérien de passagers est régi par différents textes :

- la Convention de Varsovie du 12 octobre 1929 s'applique pour les vols entre deux États qui n'ont pas ratifié la Convention de Montréal, ou des vols entre un État ayant ratifié et un autre État n'ayant pas ratifié la Convention de Montréal, quelle que soit la nationalité de la compagnie ;
- la Convention de Montréal du 28 mai 1999 s'applique pour les vols entre deux États qui l'ont ratifiée. De plus, en vertu du règlement communautaire n° 889/2002, la Convention de Montréal s'applique à tous les vols des compagnies communautaires (quelle que soit la destination, y compris les vols intérieurs des États de l'Union européenne).

Pour les vols intérieurs des États autres que ceux de l'Union européenne, le droit local peut s'appliquer.

4394. La responsabilité du transporteur aérien varie selon la convention applicable :
- l'article 17 de la Convention de Montréal prévoit que le transporteur est responsable du dommage survenu en cas de destruction, perte ou avarie de bagages enregistrés, par cela seul que le fait qui a causé la destruction, la perte ou l'avarie s'est produit à bord de l'aéronef ou au cours de toute période durant laquelle le transporteur avait la garde des bagages enregistrés. Toutefois, le transporteur n'est pas responsable si et dans la mesure où le dommage résulte de la nature ou du vice propre des bagages.
Dans le cas des bagages non enregistrés, notamment des effets personnels, le transporteur est responsable si le dommage résulte de sa faute ou de celle de ses préposés ou mandataires. Si le transporteur admet la perte des bagages enregistrés ou si les bagages enregistrés ne sont pas arrivés à destination dans les vingt et un jours qui suivent la date à laquelle ils auraient dû arriver, le passager est autorisé à faire valoir contre le transporteur les droits qui découlent du contrat de transport ;
- l'article 13 de la Convention de Varsovie prévoit que « le transporteur est responsable du dommage survenu en cas de destruction, perte ou avarie de bagages enregistrés lorsque l'évènement qui a causé le dommage s'est produit pendant le transport aérien ». Le transporteur n'est toutefois pas responsable s'il prouve que lui et ses préposés ont pris toutes les mesures nécessaires pour éviter le dommage. En outre si le transporteur prouve que la faute de la personne lésée a provoqué le dommage ou y a contribué, sa responsabilité pourra être écartée ou atténuée ».

4395. Les conventions internationales applicables viennent fixer des plafonds de garantie à l'indemnisation du transporteur :
- la Convention de Varsovie : 17 DTS par kilo de bagage, soit environ 20 € (1 DTS vaut actuellement environ 1, 17 €) ;
- la Convention de Montréal : 1 000 DTS pour la valeur intrinsèque des bagages sans considération de poids, soit environ 1 200 €.
Les limitations de garantie ne sont toutefois pas applicables si le dommage résulte du dol du transporteur.
Les deux conventions prévoient en outre que le passager peut estimer que la valeur de son bagage est supérieure au plafond applicable, dans ce cas il a la possibilité de faire une « déclaration spéciale d'intérêt » (soit une déclaration de valeur) lors de l'enregistrement. Moyennant le paiement d'un supplément auprès de la compagnie, il pourra obtenir l'augmentation du plafond de garantie à hauteur de la somme déclarée.

4396. En matière de transport ferroviaire, les voyageurs peuvent effectuer le transport d'objets personnels soit comme bagages à main qu'ils peuvent prendre gratuitement avec eux dans les voitures des trains de voyageurs soit comme bagages enregistrés qu'ils confient à titre payant à la SNCF. Concernant les bagages enregistrés, l'obligation de la SNCF est une obligation contractuelle de résultat. Elle est présumée responsable en cas de perte, d'avarie, ou retard depuis la prise en charge, c'est-à-dire l'enregistrement, jusqu'à la livraison. Il est généralement prévu une clause limitative de responsabilité fixant des plafonds pour tous les dommages justifiés résultant de la perte, de l'avarie et du retard. Pour les bagages à main, la responsabilité de la SNCF est délictuelle et le voyageur ne pourra obtenir indemnisation qu'en cas de faute. Il pourrait alors demander la réparation intégrale de son préjudice.

B ▪ Étendue des garanties

4397. Afin de bénéficier d'une garantie couvrant ses bagages en cas de voyage, le particulier pourra choisir entre différentes formules. Il s'agit notamment de :
- la garantie villégiature, couvrant des biens de l'assuré, perdus ou détériorés lors de séjours hors du domicile, en France ou à l'étranger ; elle est généralement incluse dans les contrats multirisques habitation. Il convient toutefois de vérifier avant le départ son contrat, notamment pour les zones géographiques concernées ;

- la garantie spécifique bagages, couvrant les biens emportés ou achetés contre le vol, la perte, la détérioration, généralement dans le monde entier. Elle est le plus souvent souscrite dans le cadre d'un contrat d'assurance voyage proposé par une agence de voyages ;
- la garantie spécifique à certains objets de valeur, tels que appareils photos, téléphones mobiles, bijoux et prenant en charge leur vol, leur perte, et parfois leur détérioration.

4398. Seuls sont pris en charge par l'assurance les événements prévus par le contrat. Il s'agit en règle générale de la destruction totale ou partielle, du vol ou de la perte des bagages pendant leur acheminement par une entreprise de transport. Peuvent aussi être couverts le vol des documents d'identité.

4399. Le contrat vient habituellement poser des conditions à la mise en œuvre de la garantie. Ainsi il est prévu pour les risques de vol ne sont couverts qu'à condition que les bagages et effets personnels soient contenus dans le coffre du véhicule fermé à clef et à l'abri de tout regard. En outre, si le véhicule stationne sur la voie publique (et non pas dans un parking privé), la garantie n'est acquise qu'entre 7 heures et 22 heures.

Le contrat prévoit généralement des exclusions de garantie. Il s'agit le plus souvent de :
- vol des bagages, effets et objets personnels laissés sans surveillance dans un lieu public ou entreposés dans un local mis à la disposition commune de plusieurs personnes ;
- l'oubli, la perte (sauf par une entreprise de transport), l'échange des bagages ;
- le vol sans effraction dûment constatée et verbalisée par une autorité ;
- les dommages accidentels dus au coulage des liquides et des matières grasses, colorantes ou corrosives contenus dans les bagages de l'assuré ;
- le vol commis par le personnel de l'assuré dans l'exercice de ses fonctions ;
- la confiscation des biens par les autorités (douane, police).

4400. L'indemnisation est réalisée à hauteur de la valeur des biens volés, perdus ou détériorés. Les contrats prévoient toutefois un plafond de garantie. Il est généralement de 1 200 € par personne assurée avec un maximum de 5 000 € par logement. Pour les objets le plafond est de 600 €. Une franchise est en règle générale prévue dans le contrat, dont le montant est généralement de 50 € par valise.

Chapitre 6
L'assurance animaux de compagnie

BIBLIOGRAPHIE

Autres documentations

Ouvrages. – B. Beignier, S. Ben Hadj Yahia, *Droit des assurances*, LGDJ, 2ème éd., 2015, pp. 810-820, n° 786-788. – R. Bismuth, F. Marchadier, *Sensibilité animale – Perspectives juridiques*, CNRS Editions, 2015. – J.-M. Coulon, J.-C. Nouët, Les droits de l'animal, préf. R. Depardon, Dalloz, 2009. – J.-P. Marguénaud, *L'animal en droit privé*, Thèse Limoges, 1987.

Revues. – *J.-P. Marguénaud, Une révolution théorique : l'extraction masquée des animaux de la catégorie des biens, JCP G 2015, doct. 305. - P. Malinvaud, L'animal va-t-il s'égarer dans le Code civil ?, D. 2015, p. 87. – P. Reigné, Les animaux et le Code civil, JCP G 2015, p. 402. – T. Gouby, Les assureurs caressent de nouveau le chien chat, La Tribune de l'assurance, 03/11/2015, n° 207, p. 52.*

4401. En France, près d'un ménage sur deux est détenteur d'un animal de compagnie (ce qui représenterait notamment près de 11,5 millions de chats et 7,5 millions de chiens - Source : La Tribune de l'assurance, 2015, n° 207). Le Code civil, même s'il précise désormais que « les animaux sont des êtres vivants doués de sensibilité », continue à les soumettre au régime des biens (C. civ., art. 515-14, créé par L. 2015-177, 16 févr. 2015, art. 2). Juridiquement, les animaux sont donc considérés comme étant des biens et l'assurance qui les concerne a deux objets principaux : soit de couvrir le risque de responsabilité civile à raison des dommages causés par l'animal de compagnie à des tiers ; soit de couvrir le risque de dommages susceptibles d'affecter l'animal de compagnie lui-même. Même s'il est encore émergent en France, le marché de l'assurance animale (en particulier celui de l'assurance santé) semble toutefois se développer depuis peu de manière sensible (Source : La Tribune de l'assurance, 2015, n° 207, préc.).

Section 1 ▪ Assurance de responsabilité civile

§ 1 ▪ Principaux aspects de la responsabilité civile du fait des animaux

4402. La responsabilité civile du gardien d'un animal trouve son fondement légal dans l'article 1385 du Code civil renuméroté 1243 par l'ordonnance du 10 février 2016 portant réforme du droit des contrats, qui énonce que « le propriétaire d'un animal, ou celui qui s'en sert, pendant qu'il est à son usage, est responsable du dommage que l'animal a causé, soit que l'animal fût sous sa garde, soit qu'il fût égaré ou échappé ». Il s'agit d'un cas particulier de responsabilité du fait des choses dont le régime juridique est largement calqué sur celui du principe général de responsabilité du fait des choses découlant de l'article 1384, alinéa 1er du Code civil renuméroté 1242 à compter du 1er octobre 2016, tant en ce qui concerne ses conditions de mise en œuvre, qu'en ce qui a trait aux causes d'exonération du gardien.

A ▪ Conditions de mise en œuvre

4403. La responsabilité du fait des animaux est une responsabilité sans faute qui permet à la victime d'obtenir l'indemnisation du préjudice qu'elle a subi dès lors que ce préjudice lui a été causé par un animal dont un tiers a la garde.

1 ▪ Animaux concernés

4404. En principe, toute espèce d'animal peut donner lieu à l'application de l'article 1243 (anc. art. 1385) du Code civil, lequel ne prévoit à cet égard aucune distinction. Sont ainsi réparables sur ce fondement, les dommages causés par exemple par des abeilles (Civ. 2e, 6 mai 1970, n° 69-11.121,Bull. civ. II, n° 153 : saisis d'une action en responsabilité intentée contre un apiculteur par un conducteur de camion qui provoqua un accident à la suite d'une piqûre d'abeille, les juges du fond on pu valablement retenir la responsabilité de l'apiculteur, dès lors que, (...), ils énoncent que la preuve est faite tant de la piqûre par une abeille provenant des ruches de l'apiculteur que du fait que l'accident a été provoqué par cette piqûre, qui a fait perdre à son conducteur le contrôle de son camion), un veau (Civ. 2e, 8 juill. 1970, n° 69-11.747,Bull. civ. II, n° 241), un chien (Civ. 2e, 20 nov. 1970, n° 69-13.434,Bull. civ. II, n° 316), des pigeons (Civ. 2e, 8 nov. 1984, n° 83-12.643,Bull. civ. II, n° 164 : dommages causés à l'intérieur d'une maison par des pigeons appartenant au voisin ; Civ. 2e, 24 mai 1991, n° 90-12.912,Bull. civ. II, n° 155 : récoltes de tournesols endommagées par des pigeons appartenant au voisin)...

4405. L'article 1243 (anc. art 1385) du Code civil désigne comme responsable « le propriétaire de l'animal ou celui qui s'en sert pendant qu'il est à son usage ». Il s'ensuit que nul ne peut être responsable des animaux sans maîtres, c'est-à-dire de ceux qui vivent à l'état de nature (V. par ex. Civ. 2e, 9 janv. 1991, n° 89-15.489,Bull. civ. II, n° 3 : une société de chasse n'est pas gardienne du gibier vivant à l'état sauvage ; Civ. 2e, 14 oct. 1992, n° 91-14.211,Bull. civ. II, n° 238 : le détenteur d'un droit de chasse ne peut être considéré comme gardien du gibier au sens de l'article 1385 du Code civil). En effet, personne n'a de pouvoir d'usage, de direction et de contrôle sur ces animaux. Aucune présomption de responsabilité ne peut donc s'appliquer et il appartient à la victime de prouver que le défendeur exerçait les pouvoirs d'usage, de direction et de contrôle sur l'animal qui est la cause de son dommage. Les dommages occasionnés aux récoltes par le gibier qui provient d'un autre fonds que celui de la victime sont soumis à un régime spécial d'indemnisation (Sur ce régime, v. supra : Chapitre 2 – L'assurance chasse).

2 ▪ Gardien de l'animal

4406. Celui qui est responsable de l'animal est celui qui en est le gardien. La notion de garde doit être entendue dans son sens matériel, c'est-à-dire de manière concrète : le gardien est celui qui détient « l'usage, la direction et le contrôle » de l'animal (arrêt « Franck », Ch. Réunies, 2 déc. 1941, JCP 42, II, 1766). La garde d'une chose implique en effet une autonomie du gardien dans l'utilisation de la chose : il s'en sert à sa guise et dans son intérêt (usage) ; il peut la faire déplacer là où il le souhaite et ce, en toute indépendance (direction) ; il exerce sur cette chose un pouvoir de surveillance (contrôle). Par application de l'article 1243 (1385) du Code civil, le gardien demeure cependant responsable même lorsque l'animal s'est échappé ou égaré (Civ. 2e, 27 sept. 2001, n° 00-10.208, Bull. civ. II, n° 148).

4407. La garde n'est pas la propriété (un gardien peut être responsable sans être propriétaire). Très souvent cependant, le gardien est aussi le propriétaire de l'animal. C'est pourquoi le propriétaire est présumé gardien. Il ne s'agit toutefois que d'une présomption simple, laquelle peut donc être renversée par le propriétaire s'il apporte la preuve qu'il ne détenait pas - au moment du dommage - les pouvoirs d'usage, de direction et de contrôle sur l'animal car celui-ci se trouvait sous la garde d'une autre personne à laquelle elle avait été transférée. L'alternative est consacrée très nettement par l'article 1243 (1385) du Code civil qui désigne comme étant responsable « le propriétaire d'un animal, ou celui qui s'en sert, pendant qu'il est à son usage ».

4408. Depuis la jurisprudence Franck (préc.), le propriétaire est déchargé de toute responsabilité s'il prouve qu'il a été dépossédé de l'animal par l'effet d'un vol. De manière générale, le propriétaire cesse d'être gardien, et donc responsable, à partir du moment où la maîtrise de l'animal lui a été usurpée contre son gré ou à son insu par un tiers quelconque, lequel devient alors seul gardien de l'animal. Il en va de même lorsque le propriétaire a confié son animal à autrui ; cette hypothèse de dessaisissement volontaire vise les cas où le propriétaire conclut un contrat ayant pour objet le louage, le prêt, la vente ou le dépôt de l'animal (v. par ex. Crim., 17 sept. 2002, n° 01-83.510,Bull. crim., n° 165 : prêt d'un cheval ; Civ. 1re, 30 oct. 2007, n° 06-19.390, Bull. civ. I, n° 328 : contrat de mise en pension d'un cheval qualifié de contrat de dépôt ; Civ. 2e, 13 juin 1985, n° 84-10.664,Bull. civ. II, n° 118 : il ne saurait être fait grief à un arrêt, statuant sur la réparation du dommage subi par un maréchal-ferrant blessé par l'animal qu'il soignait, d'avoir déclaré « irrecevable » la victime en sa demande formée contre le propriétaire en ce qu'elle était fondée sur l'article 1385 du Code civil, dès lors qu'il est relevé que lorsqu'il a été blessé par l'animal, le maréchal-ferrant donnait à celui-ci les soins relevant de son état et que dans le cadre de cet acte professionnel, il pouvait donner toutes instructions utiles à ceux qui étaient présents pour l'assister ; de ces constatations et énonciations la Cour d'appel a pu en effet déduire qu'au moment de l'accident la garde de l'animal avait été transférée au maréchal-ferrant et que les dispositions de l'article 1385 du Code civil ne pouvaient recevoir application).

4409. Le transfert de la garde de l'animal implique que le détenteur ait acquis la pleine maîtrise de l'animal. S'il apparaît au contraire, que le propriétaire a conservé, en dépit de sa dépossession matérielle, les pouvoirs d'usage, de contrôle et de direction de l'animal, il demeure gardien de celui-ci. Il est notable à cet égard que, bien souvent, la nature des relations établies entre le propriétaire et le détenteur ne permet pas, à elle seule, d'affirmer a priori que la garde a été attribuée à celui-ci plus qu'à celui-là. Seule alors l'analyse des circonstances de l'espèce permettra de le déterminer. À titre d'exemples :
- la garde est transférée au vétérinaire (Civ. 2e, 4 oct. 1972, n° 70-12.954,Bull. civ. II, n° 235 ; JCP 73, II, 17450 : chien ayant mordu son maître alors qu'il était encore sur la table d'examen) ;
- elle l'est aussi au maréchal-ferrant (Civ. 2e, 13 juin 1985, n° 84-10.664,Bull. civ. II, n° 118) ;
- le contrat de vente d'herbe sous la forme d'un placement des animaux sur les terres d'un agriculteur n'entraîne pas transfert de la garde à ce dernier (Civ. 2e, 7 oct. 1999, n° 97-21.526, inédit ; RCA 1999, 351 : bovin échappé du pré d'un tiers et ayant causé un accident de la circulation) ;
- en principe, le vendeur reste gardien tant que l'acheteur de l'animal n'en a pas pris possession, la livraison emportant transfert de garde (Civ. 2e, 8 juill. 1970, n° 69-11.747,Bull. civ. II, n° 241 ;Civ. 2e, 24 févr. 1971, n° 70-10.030,Bull. civ. II, n° 60. Adde : Civ. 2e, 27 sept. 2001, n° 00-10.208,Bull. civ. II, n° 148 : la société à laquelle la livraison a été confiée est gardienne de l'animal jusqu'à la prise de possession de celui-ci par l'acquéreur) ;
- en revanche, la garde passe à l'acquéreur pour les opérations de chargement de l'animal (Civ. 2e, 5 mai 1977, n° 76-10.560,Bull. civ. II, n° 117 : l'acquéreur d'un bovin laissé en dépôt chez le vendeur, a pris le contrôle, l'usage et la direction de l'animal, dès lors qu'il a décidé lui-même du moment où il viendrait le chercher et du mode d'enlèvement et que dès son arrivée à la ferme il a pris la direction de l'opération, en disposant son camion en position d'embarquement à la porte de l'étable, en requérant l'aide du vendeur et en prenant dans sa bétaillère la corde qu'il a fixée à la tête de l'animal. Cet acquéreur est donc responsable en tant que gardien du dommage causé au vendeur blessé par l'animal au cours de son chargement);
- le propriétaire d'un cheval qui se fait aider par un ami pour l'embarquer dans un camion conserve seul la garde (absence de garde commune : Civ. 1re, 20 janv. 1987, n° 85-15.746,Bull. civ. II, n° 14) ;
- a la qualité de gardien du chien celui qui l'héberge depuis quelques jours (Civ. 2e, 8 juin 1994, inédit, n° 92-18.557) ;
- la garde n'est pas transférée au cascadeur qui monte le cheval lors d'un tournage de film, la société prestataire fournissant les animaux restant gardienne (Civ. 2e, 20 juin 2002, n° 00-17.081,Bull. civ. II, n° 143) ;
- la garde d'un cheval n'est pas transférée à la victime qui le conduit à la longe dès lors qu'elle agit de façon ponctuelle dans le seul but de rendre service au propriétaire et non dans un intérêt personnel (Civ. 2e, 18 juin 1997, n° 95-17.891, inédit ; RTD Civ. 1999, 631, obs. P. Jourdain. Dans le même sens, v. : Civ. 2e, 15 avr. 2010, n° 09-13.370. Comp. : Civ. 2e, 9 déc. 2010, n° 09-67.996).
C'est toujours au propriétaire qu'il appartient d'apporter la preuve du transfert de garde. À défaut, il est responsable de plein droit du dommage causé par l'animal (V. par ex. Civ. 2e, 15 févr. 2007, n° 05-21.287, inédit : preuve non établie du transfert de garde de chevaux).

4410. Les qualités de préposé et de gardien sont exclusives l'une de l'autre. La préposition implique en effet un lien de subordination et de dépendance qui est incompatible avec les pouvoirs du gardien, car elle rend impossible la pleine maîtrise de l'animal. Celui qui se sert de l'animal et/ou s'en occupe sous les ordres du propriétaire n'est donc pas gardien de cet animal. La solution est identique même si l'animal appartient au préposé, dès lors qu'il a agi dans le cadre de ses fonctions, le lien de préposition transférant la garde au commettant.

4411. La qualité de gardien doit être appréciée indépendamment de toute considération tenant à la capacité de discernement de la personne. Il s'ensuit que le trouble mental ne fait pas obstacle à l'attribution de la qualité de gardien (C. civ., art. 489-2). De même, un très jeune enfant peut être déclaré gardien, donc responsable, d'un animal (principe énoncé pour la garde d'une chose sur le fondement de l'article 1384, alinéa 1er du Code civil : Cass. ass. plén. 9 mai 1984, « Gabillet », n° 80-14.994,Bull. ass. plén. n° 1).

4412. Le gardien de l'animal est le plus souvent une personne physique. Rien n'interdit cependant qu'il s'agisse d'une personne morale (pour un ex. v. Civ. 2e, 22 févr. 1984, n° 82-17.061,Bull. civ. II, n° 34 ; D. 1985, 19, note Agostini ; RTD civ. 1985, 399, obs. J. Huet : en l'état d'un accident survenu à un cycliste blessé dans sa chute provoquée par l'irruption d'un chien sur la chaussée, l'arrêt qui relève que l'animal, se trouvait depuis de nombreux mois à l'intérieur de l'enceinte des établissements d'une société où il avait été aperçu à plusieurs reprises à l'attache dans la cour, a pu déduire que quelle que fût l'utilité de l'animal pour l'exercice de ses activités, la société avait sur celui-ci, au moment de l'accident, les pouvoirs de contrôle, de direction et d'usage qui caractérisent la garde et par suite condamner cette société à réparer le dommage).

3 ▪ Rôle causal de l'animal

4413. Si la victime n'a pas à apporter la preuve d'une faute commise par le gardien pour obtenir l'indemnisation de son préjudice, encore faut-il qu'elle démontre que l'animal a été, ne serait-ce que pour partie, à l'origine de son dommage.

4414. Comme en matière de responsabilité générale du fait des choses sur le fondement de l'article 1242 (anc. art 1384), alinéa 1er, du Code civil, il n'est nullement exigé ici de la victime qu'elle apporte la preuve d'un contact avec l'animal. Entendu largement par la jurisprudence, le fait de l'animal peut ainsi résulter par exemple de la transmission d'une maladie par un troupeau (Civ. 2e, 21 juill. 1992, n° 91-12.843,Bull. civ. II, n° 220 : brucellose transmise par un troupeau de moutons : est légalement justifié l'arrêt qui, pour condamner le gardien d'un troupeau de moutons à indemniser le préjudice subi par une personne ayant contracté la brucellose, que celle-ci présentait les symptômes de cette maladie dont le troupeau était atteint depuis quelques temps, que la victime se rendait fréquemment chez le gardien du troupeau, énonce qu'il est médicalement démontré qu'un simple contact avec des animaux malades ou des substances issues de ces animaux lors de la traversée de la cour souillée suffit pour contracter l'infection, et en déduit que la maladie de la victime a été causée par le troupeau et que le gardien de celui-ci est responsable du dommage) ou encore de l'attitude menaçante d'un chien à l'origine de l'accident (Civ. 2e, 9 déc. 1992, n° 91-13.843,Bull. civ. II, n° 302).

4415. Lorsque le dommage causé à la victime est le fait de plusieurs animaux appartenant à différents propriétaires, sans qu'il soit possible de déterminer avec certitude lequel est à l'origine de ce dommage, la responsabilité incombe au propriétaire de chaque animal, à moins qu'il ne rapporte la preuve que le sien n'a pas participé à la réalisation du dommage (Civ. 2e, 14 déc. 1983, n° 82-16.776,Bull. civ. II, n° 197 ; RTD Civ. 1984, 316, obs. G. Durry ;Civ. 2e, 15 mars 2001, n° 98-22.078,Bull. civ. II, n° 55 ; JCP 2002, I, 222, n° 11, obs. G. Viney ; RCA 2001, 178, note H. Groutel).

4416. Dans le domaine sportif, la victime a parfois pu se voir opposer l'acceptation des risques inhérents au sport pratiqué (Civ. 2e, 8 nov. 1976, n° 75-11.046,Bull. civ. II, n° 299 ; JCP 1977, II, 18759, note A. Bénabent ;Civ. 2e, 5 juin 1985, n° 84-11.786,Bull. civ. II, n° 114 ; JCP 1987, II, 20744, note Agostini : risques normaux inhérents à une course hippique ; Civ. 2e, 15 avr. 1999, n° 97-15.071,Bull. civ. II, n° 76 ; JCP 2000, I, 197, n° 10, obs. G. Viney ; II, 10317, note Antoine ; RTD Civ. 1999, 633, obs. P. Jourdain ; H. Groutel, Acceptation des risques : dérapage ou décollage ?, RCA 1999, chron. 16 : le propriétaire d'une manade où vivent des taureaux en liberté ne peut pas être tenu pour responsable, sur le fondement de l'article 1385 du Code civil, des dommages subis par un cavalier blessé par la chute de son cheval effrayé par un taureau, dès lors qu'il résulte des circonstances que le cavalier, qui connaissait la manade où il faisait régulièrement des promenades à cheval, avait accepté par avance le risque normal de voir un taureau effrayer sa monture et provoquer sa chute).

B ▪ Causes d'exonération

4417. La responsabilité du fait d'un animal étant une responsabilité sans faute, le gardien ne peut s'en exonérer en rapportant la preuve de son absence de faute (le principe est ancien : Civ., 27 oct. 1885,DP 1886, I, p. 207 ; CAJC n° 190, obs. F. Terré et Y. Lequette).

1 ▪ Exonération totale

4418. Le gardien de l'animal est totalement exonéré de sa responsabilité s'il apporte la preuve qu'un évènement extérieur, imprévisible et irrésistible a été la cause du dommage (Civ. 2e, 29 nov. 1972, n° 71-11.614,Bull. civ. II, n° 306. Rappelant l'exigence du caractère d'imprévisibilité : Civ. 2e, 13 juil. 2000, n° 98-21.530,Bull. civ. II, n° 126 ; RCA 2000, 324, note H. Groutel ; RTD Civ. 2000, obs. P. Jourdain : « l'imprévisibilité de l'événement invoqué comme cause exonératoire de la présomption de responsabilité est exigée au titre des éléments constitutifs de la force majeure » ; les sirènes, klaxons ou autres bruits de fête n'ont pas le caractère d'imprévisibilité pour le gardien de chevaux participant au spectacle).

4419. Ici comme ailleurs, très rares sont les arrêts qui retiennent l'existence d'un cas de force majeure.

- N'apporte pas la preuve de l'existence d'un événement imprévisible et irrésistible l'exonérant de sa responsabilité découlant de l'article 1385 (1243 à compter du 1er oct. 2016) du Code civil, le propriétaire d'un cheval ayant heurté un automobiliste, qui ne démontre pas avoir été dans l'impossibilité de rattraper ou de faire rattraper l'animal par une des personnes qui l'accompagnaient, avant qu'il ne risque de provoquer un dommage (Civ. 2e, 6 nov. 1985, n° 84-14.971,Bull. civ. II, n° 168).
- Un spectacle sons et lumières se déroulant dans une agglomération très fréquentée, en période estivale, les interventions des services de secours, accompagnés ou non de signaux sonores et visuels y étant fréquentes, tout comme les déclenchements intempestifs d'alarmes sonores et visuelles de véhicules, une cour d'appel a pu déduire que ces circonstances n'avaient pas été imprévisibles pour l'association organisatrice du spectacle auquel participaient des chevaux, et décider à bon droit que cette association ne pouvait se prévaloir de la force majeure (Civ. 2e, 13 juill. 2000, n° 98-21.530,Bull. civ. II, n° 126 ; RCA 2000, 324, note H. Groutel ; RTD Civ. 2000, obs. P. Jourdain).
- Il n'y a pas cas de force majeure lorsque que rien ne démontre que le gardien était dans l'impossibilité de faire rattraper l'animal avant qu'il n'ait heurté le véhicule (Civ. 2e, 6 nov. 1985, n° 84-14.971, Bull. civ. II, n° 168).

4420. Événements exonératoires :

- dès lors que l'accident trouve sa cause dans la malveillance d'un tiers (effraction dans un enclos), commis de nuit à l'insu du propriétaire des chevaux qui ne pouvait en parer les consé-

quences, cet acte revêt, pour le propriétaire, un caractère imprévisible et irrésistible qui l'exonère de la présomption de responsabilité édictée par l'article 1385 (Crim., 1er oct. 1997, n° 95-83.471,Bull. crim., n° 316 ; RCA 1998, 42 : ajoutant que le fait d'enfermer les chevaux dans leurs boxes, eux-mêmes objet d'effractions depuis l'accident, n'eût pas permis d'éviter le dommage) ;
- l'automobiliste qui perd ses bagages sur la chaussée et qui, de la sorte, fait prendre peur à un animal qui sort de son enclos et heurte un autre véhicule est un cas de force majeure (Civ. 2e, 24 mai 1971, n° 70-11.365,Bull. civ. II, n° 186).

4421. La faute de la victime n'exclut la responsabilité du gardien qu'à la condition qu'elle présente les caractères de la force majeure, c'est-à-dire qu'elle soit imprévisible et irrésistible (Civ. 2e, 4 fév. 2010, n° 09-65.420 : rappel du principe ;Civ. 2e, 25 janv. 1978, n° 77-10.106,Bull. civ. II, n° 23 : exonération totale du propriétaire, le colporteur mordu par un chien de garde s'étant introduit dans le jardin de la maison sans y être invité et la présence du chien étant annoncée par un écriteau ; Civ. 2e, 19 févr. 1992, n° 90-14.470,Bull. civ. II, n° 53 : est légalement justifié l'arrêt qui, pour rejeter la demande en réparation de leur préjudice, formée par les ayants droit d'une personne mortellement blessée par un chien, constate que la chaîne attachant ce chien placé à l'entrée de la cour de son gardien empêchait totalement l'animal d'évoluer sur le chemin et même d'en approcher, retient que la victime connaissait, depuis des années, parfaitement les lieux et la férocité du chien et reconnu qu'elle avait voulu le caresser et qu'il s'était alors jeté sur elle, et en déduit que le comportement fautif de la victime, cause unique du dommage, avait été, pour le gardien de l'animal, imprévisible et irrésistible). V. cependant : Civ. 2e, 5 mai 1976, n° 74-14.954,Bull. civ. II, n° 144 ; RTD Civ. 1977, 131, obs. G. Durry : en l'état d'une blessure causée à un enfant par un chien dans la cour d'une ferme, encourt la cassation l'arrêt qui a décidé que le propriétaire de l'animal s'exonérait entièrement de la responsabilité encourue par lui sur le fondement de l'article 1385 du Code civil au motif que la présence de l'enfant dans la cour, de l'inattention de sa mère étaient imprévisibles pour ce propriétaire qui n'avait pu éviter le dommage et que l'accident était imputable à la faute exclusive de la mère de l'enfant, alors qu'il avait été relevé que celle-ci, qui accompagnait les deux petites filles du propriétaire, venues jouer avec son enfant, avait pu légitimement se croire autorisée à franchir avec elles la porte de la cour, laquelle d'ailleurs ne fermait pas, puis à les suivre jusqu'à l'endroit où l'accident devait se produire). Ne caractérise pas un comportement présentant les caractères de la force majeure le fait pour une fillette de trois ans de donner de la paille à manger à un poney malgré les panneaux d'interdiction (Civ. 2e, 1er avr. 1999, n° 97-16.283, inédit ; JCP 1999, II, 10218, note Reboul).

2 ▪ Exonération partielle

4422. La faute de la victime, qui ne présente pas les caractères de la force majeure, ne peut entraîner qu'une exonération partielle du gardien (Civ. 2e, 1er juill. 1987, n° 86-11.439,Bull. civ. II, n° 143). Constitue une faute, le fait pour un entraîneur professionnel qui tente de faire monter une jument dans une bétaillère en la frappant d'un coup de cravache sur les jambes postérieures (Civ. 2e, 11 juill. 2002, n° 99-17.778,Bull. civ. II, n° 178). En revanche, ne constitue pas une faute exonératoire pour le gardien, le fait pour un piéton, effrayé par l'aboiement d'un chien derrière une clôture, de s'écarter brusquement et de se faire renverser par un véhicule (Civ. 2e, 24 févr. 1982, inédit, Gaz. Pal. 82, panor., p. 250), ni le fait pour un cavalier de donner un coup de cravache pour vaincre les défenses du cheval qui faisait un écart, s'agissant d'une course d'entraînement et d'un animal jeune en début de dressage (Civ. 2e, 18 oct. 1995, n° 93-17.277,Bull. civ. II, n° 242).

4423. Seule la faute de la victime peut conduire à une exonération partielle du gardien. Le fait d'un tiers, qui ne revêt pas les caractères de la force majeure, ne constitue pas pour le gardien une cause d'exonération. Ce fait entraîne la responsabilité in solidum du tiers et du gardien à l'égard de la victime pour la totalité du dommage (Civ. 2e, 12 mars 1970,Bull. civ. II, n° 68-

13.748, n° 97 : le gardien d'un animal qui a causé un dommage, s'il prouve que le fait d'un tiers quoique non imprévisible ni irrésistible, a cependant concouru à la production du dommage, reste tenu du tout envers la victime. Il peut néanmoins recourir contre le tiers au cas où la responsabilité de ce dernier se trouve engagée. Par suite manque de base légale l'arrêt qui, après avoir à bon droit condamné le propriétaire d'un cheval à réparer le dommage subi par un automobiliste entré en collision avec cet animal s'étant échappé d'un champ de course au motif que « le défaut de clôture du terrain, l'étroitesse de la piste, l'afflux des concurrents et le manque de personnel imputés à l'organisateur de la course n'étaient ni imprévisibles, ni inévitables », refuse audit propriétaire tout recours contre l'organisateur de la course ; Civ. 2e, 7 mars 1973, n° 71-14.447,Bull. civ. II, n° 88).

C ▪ Cas particulier de l'implication d'un animal dans un accident de la circulation

1 ▪ Gardien connu et assuré

4424. Plusieurs hypothèses sont ici envisageables.
- Aucun véhicule terrestre à moteur n'est impliqué : dans la mesure où il ne s'agit pas d'un accident de la circulation (art. 1er, L. 5 juill. 1985), la réparation doit être recherchée sur le seul fondement de l'article 1243 (anc. art 1385) du Code civil. Voir par exemple, le cas de la victime à bicyclette renversé par un chien (Civ. 2e, 8 févr. 1989, n° 87-19.868,inédit, Gaz. Pal. 89, 1, 90).
- La victime de l'accident est le conducteur du véhicule impliqué : là encore, seul l'article 1385 peut être invoqué par le conducteur victime dans la mesure où ce dernier n'est pas protégé par la loi Badinter. Aussi, le gardien peut s'exonérer de sa responsabilité en rapportant la preuve d'une faute du conducteur victime (voir le cas d'une collision entre un cheval et une automobile où il a été retenu une faute du conducteur, qui venant en sens inverse « en ne tenant pas sa droite » comme lui impose le Code de la route, avait percuté l'animal (Civ. 2e, 8 févr. 1989, n° 87-20.272,JCP 89, IV, 134).
- La victime n'est pas le conducteur du véhicule : elle peut agir soit contre le conducteur en vertu de la loi du 5 juillet 1985, soit contre le gardien de l'animal au regard des dispositions de l'article 1243 (anc. art 1385) du Code civil, ou bien encore contre les deux.
- Dommages causés par l'irruption d'animaux sur autoroutes : l'irruption d'un chien errant sur l'autoroute est un cas de force majeure pour l'automobiliste obligé de freiner brusquement (Civ. 2e, 23 nov. 1983, n° 82-14.876,Bull. civ. II, n° 187 ; En sens contraire, Civ. 2e, 6 nov. 1985, n° 84-10.157, Bull. civ. II, n° 166. Adde : Civ. 1re, 10 mars 1998, n° 96-15.079,Bull. civ. I, n° 109 : en l'absence de lien contractuel entre l'usager d'une autoroute et la société concessionnaire, les dommages imputés par cet usager à la divagation d'un animal sur la voie publique constituent un défaut d'entretien de l'ouvrage public, relevant de la compétence des juridictions administratives). La responsabilité de la société d'exploitation peut être engagée s'il est rapporté la preuve d'un « défaut d'entretien normal ». L'entretien normal est apprécié au cas par cas, notamment au regard de la proximité de massifs forestiers qui abritent du gros gibier (CE, 4 nov. 1987, n° 80150, Gaz. Pal. 89, 1, 72 ;CE, 20 nov. 1987, n° 70761, Gaz. Pal. 89, 1, 72).

2 ▪ Gardien inconnu ou non assuré

4425. Dans sa version issue de la loi n° 2007-1774 du 17 décembre 2007, l'article L. 421-1, II, du Code des assurances, énonce que le Fonds de garantie des assurances obligatoires de dommages (FGAO) indemnise les victimes de « dommages nés d'un accident de la circulation causé, dans les lieux ouverts à la circulation publique, par une personne circulant sur le sol ou un animal », à la condition que l'animal responsable du dommage n'ait pas de propriétaire ou que son propriétaire soit inconnu ou non assuré. Le FGAO ne joue par conséquent qu'un rôle subsidiaire : il n'est tenu d'indemniser la victime que dans la mesure où cette indemnité n'incombe à aucune autre personne ou à aucun autre organisme, et son intervention éventuelle à l'instance entre le responsable et la victime ne peut en aucun cas motiver « une condamnation conjointe ou solidaire » avec le responsable (C. assur., art. R. 421-15 ; v. par ex. Civ. 2e, 6 mars 2008, n° 07-11.887, inédit ; RCA 2008, comm. n° 179, note H. Groutel). Par ailleurs, le Fonds ne prend en charge que les indemnités dues aux victimes d'accidents mentionnées à l'article L. 421-1 du Code des assurances (Civ. 2e, 6 mars 2008, préc., note H. Groutel : viole les articles L. 421-1 et R. 421-1 du Code des assurances la Cour d'appel qui met les dépens de première instance et d'appel à la charge du Fonds).

4426. Quand le gardien de l'animal est non assuré, le Fonds de garantie est compétent et tenu à garantie (Civ. 2e, 3 mars 1993, n° 91-17.790, Bull. civ. II, n° 84 : victime d'un accident causé sur la voie publique par un animal appartenant à un tiers non assuré ; Civ. 2e, 13 juill. 2006, n° 05-17.807,RCA 2006, comm. n° 339, note H. Groutel: énonçant que « les victimes d'un accident causé sur la voie publique par un animal appartenant à un tiers non assuré ou sous sa garde peuvent invoquer la garantie du Fonds de garantie des assurances obligatoires de dommages », à propos d'une espèce où un enfant de 9 ans, effrayé par deux chiens appartenant à un tiers non assuré, qui le poursuivaient, a fait une chute et s'est blessé ; Civ. 2e, 10 avr. 2008, n° 07-13.598,RCA 2008, comm. n° 164, note H. Groutel : : victime percutée par un chien appartenant à un tiers non assuré). Le Fonds doit sa garantie même si l'accident est survenu sur une voie fermée à la circulation des véhicules terrestre à moteur, la seule condition exigée par les textes étant une voie ouverte à la circulation publique (Civ. 2e, 27 mai 1999, n° 97-15.473,Bull. civ. II, n° 103 : victime renversée par deux chiens de propriétaires inconnus alors qu'elle s'apprêtait à descendre l'escalier d'accès à une bibliothèque municipale).

§ 2 ▪ Garanties d'assurance de responsabilité civile

4427. En principe, l'assurance contre le risque de dommages causés à des tiers par un animal dont on est gardien est une assurance facultative. Le volet assurance de responsabilité civile que comportent tous les contrats d'assurance multirisques habitation prévoit la prise en charge des dommages que l'animal peut causer à des tiers : morsures, vêtements déchirés, accident de la circulation... Cette assurance suffit le plus souvent s'agissant des animaux dits usuellement « de compagnie », c'est-à-dire les chiens et les chats. Dans certains cas cependant (détention par exemple de plusieurs équidés), la souscription d'une assurance spécifique peut être utile. Elle sera en effet plus complète et comportera, outre la garantie responsabilité civile, la couverture d'autres risques : vol, assurance santé...

4428. Par exception, l'assurance de responsabilité civile est en revanche obligatoire pour tout détenteur d'un chien dangereux. Le Code rural et de la pêche maritime contient en effet un certain nombre de dispositions à l'égard des animaux dangereux, dispositions qui ont été introduites à l'occasion de faits divers relatifs à des chiens d'attaque. Il s'agit des articles L. 211-11 à L. 211-18 qui prévoient notamment que :
- les types de chiens susceptibles d'être dangereux et faisant l'objet de mesures spécifiques (C. rur., art. L. 211-13 à L. 211-16) sont répartis en deux catégories : 1° les chiens d'attaque ; 2° les chiens de garde et de défense. La détention de ces chiens est interdite à un certain nombre de personnes parmi lesquelles : les personnes âgées de moins de dix-huit ans, les majeurs en tutelle, les personnes condamnées pour crime ou à une peine d'emprisonnement avec ou sans sursis pour délit (C. rur., art. L. 211-13) ;
- lorsqu'elle n'est pas interdite, la détention d'un chien susceptible d'être dangereux est subordonnée au respect de certaines conditions : être titulaire d'une attestation d'aptitude sanctionnant une formation portant sur l'éducation et le comportement canins, ainsi que sur la prévention des accidents (C. rur., art. L. 211-13) ; être titulaire d'un permis de détention délivré par le maire de la commune où le propriétaire ou le détenteur de l'animal réside

(C. rur., art. L. 211-14, I). Ce permis de détention ne peut pas être délivré si l'intéressé ne justifie pas d'une assurance garantissant la responsabilité civile du propriétaire du chien ou de la personne qui le détient pour les dommages causés aux tiers par l'animal. Les membres de la famille du propriétaire de l'animal ou de celui qui le détient sont considérés comme tiers au sens des présentes dispositions (C. rur., art. L. 211-14, II, 1°, c) ; cette obligation d'assurance, en particulier, est sanctionnée d'une contravention de 3e classe ;

- le maire de la commune peut prescrire au propriétaire ou au gardien de cet animal de prendre des mesures de nature à prévenir le danger, et à défaut, par arrêté, placer l'animal dans un lieu de dépôt adapté à l'accueil et à la garde de celui-ci (C. rur., art. L. 211-11) ;
- l'acquisition, la cession à titre gratuit ou onéreux, l'importation et l'introduction sur le territoire métropolitain, dans les départements d'outre-mer et dans la collectivité territoriale de Saint-Pierre-et-Miquelon des chiens dits de première catégorie sont interdites et la stérilisation de ces chiens est obligatoire (C. rur., art. L. 211-15) ;
- l'accès des chiens de première catégorie aux transports en commun, aux lieux publics à l'exception de la voie publique et aux locaux ouverts au public est interdit et sur la voie publique, ainsi que dans les parties communes des immeubles collectifs, les chiens de la première et la deuxième catégorie doivent être muselés et tenus en laisse par une personne majeure (C. rur., art. L. 211-16) ;
- le dressage des chiens au mordant n'est autorisé que dans le cadre des activités de sélection canine encadrées par une association agréée par le ministre chargé de l'agriculture et des activités de surveillance, de gardiennage et de transport de fonds (C. rur., art. L. 211-17). Le fait de contrevenir à ces dispositions est puni des peines prévues pour les contraventions de la 2e à la 3e classe (C. rur., art. R. 215-2).

4429. Que l'assurance de responsabilité soit facultative ou obligatoire, elle ne couvre naturellement jamais le risque de sanction pénale susceptible de frapper le détenteur d'un animal par application du Code pénal ou du Code rural. Le Code pénal prévoit une amende de 3e classe pour le gardien qui excite ou ne retient pas son animal lorsqu'il attaque ou poursuit une tierce personne, et cela même s'il n'en est résulté aucun dommage (C. pén., art. R. 623-3). Un animal peut être considéré comme une arme par assimilation (C. pén., art. 132-75, al. 4). Le Code rural prévoit par ailleurs certaines dispositions relatives aux animaux errants. L'article L. 211-19-1 du Code rural interdit ainsi de laisser divaguer les animaux domestiques et les animaux sauvages apprivoisés ou tenus en captivité. Au titre de son pouvoir de police, le maire est tenu d'intervenir pour empêcher toute divagation des chiens et chats errants sur le territoire de sa commune. Il peut, à cet effet, prendre un arrêté municipal. En application de l'article R. 610-5 du Code pénal, la violation d'un tel arrêté par le propriétaire ou le gardien d'un chien ou d'un chat trouvé errant pourra être sanctionnée par une contravention de 1re classe. On précise également que le fait, pour le gardien d'un animal susceptible de présenter un danger pour les personnes, de laisser divaguer cet animal est réprimé par l'article R. 622-2 du Code pénal qui prévoit une contravention de 2e classe. La loi impose au maire de prendre toutes les mesures de nature à permettre une prise en charge rapide de tout animal errant ou en état de divagation qui serait trouvé accidenté, ainsi que de tout animal qui serait trouvé errant ou en état de divagation en dehors des heures et des jours ouvrés de la fourrière qui doit exister dans chaque commune (C. rur., art. L. 211-20 à L. 211-28).

4430. Un chien est considéré en état de divagation lorsque, en dehors d'une action de chasse ou de la garde d'un troupeau, il n'est plus sous la surveillance effective de son maître, se trouve hors de portée de voix de celui-ci ou de tout instrument sonore permettant son rappel, ou lorsqu'il est éloigné de son propriétaire ou de la personne qui en est responsable d'une distance dépassant cent mètres. De même, tout chien abandonné, livré seul à son instinct, doit être considéré en état de divagation (C. rur., art. L. 211-23, al. 1). L'état de divagation répond à une définition légale différente lorsqu'il s'agit d'un chat. Un chat est en effet considéré en état de divagation lorsqu'il est non identifié et qu'il se trouve à plus de deux cents mètres des habitations ou lorsqu'il est trouvé à plus de mille mètres du domicile de son maître et qu'il n'est pas sous la surveillance immédiate de celui-ci, ou encore lorsque son propriétaire n'est pas connu et qu'il est saisi sur la voie publique ou sur la propriété d'autrui (C. rur., art. L. 211-23, al. 2).

Section 2 ▪ Assurance de l'animal

4431. Comme n'importe quel bien relevant du patrimoine de son propriétaire, l'animal peut faire l'objet d'une assurance spécifique couvrant les risques de dommages susceptibles de l'atteindre, dont le risque de vol en particulier (si celui-ci n'est pas déjà couvert par l'assurance multirisques habitation).

4432. L'animal n'est toutefois pas un bien comme un autre puisqu'il s'agit avant tout d'un être vivant (C. civ., art. 515-14 : « les animaux sont des êtres vivants doués de sensibilité » ; C. rur. et de la pêche mar., art. L. 214-1 : « Tout animal étant un être sensible doit être placé par son propriétaire dans des conditions compatibles avec les impératifs biologiques de son espèce »). Les assureurs ont ainsi développé pour les animaux des garanties particulières qui se diversifient de plus en plus.

4433. Assurance santé des animaux de compagnie : certains assureurs proposent une assurance spéciale couvrant les frais vétérinaires. Relative avant tout aux chiens et aux chats, cette assurance santé prend en charge les dépenses engagées à l'occasion d'une maladie ou d'un accident dont l'animal est victime. On trouve sur le marché deux formules : une formule de base couvrant les frais d'intervention chirurgicale rendue nécessaire par la maladie ou par un accident ; une formule plus complète étendant la garantie à tous les frais de soins, tels que les frais médicaux, frais de vaccination, honoraires du vétérinaire, analyses, radios, frais d'hospitalisation...

4434. Certains contrats proposent le versement d'un capital ou d'une rente en cas de décès ou d'invalidité de l'animal. D'autres prévoient l'indemnisation des frais de pension de l'animal, voire une garantie d'assistance : conseils, garde de l'animal en cas d'hospitalisation du maître, assistance recherche en cas de disparition de l'animal.
La garantie n'est souvent accordée qu'au regard de l'âge de l'animal : certains assureurs exigent en effet que celui-ci soit âgé de plus de trois mois et de moins de dix ans au moment de la souscription. En outre, la plupart des contrats ne peuvent être souscrits que si l'animal est à jour de ses vaccinations. Il convient enfin de préciser que certains frais sont souvent exclus de la garantie, comme les frais consécutifs aux opérations de convenance (castration sans indication médicale, chirurgie à visée esthétique,..), aux maladies ou infirmités congénitales, au tatouage, etc.

Titre 2 ■ Les assurances de personnes

■ Sous-titre 1 L'assurance vie individuelle

■ Chapitre 1 Assurance-vie : principes généraux

BIBLIOGRAPHIE

L'Argus de l'assurance

Ouvrages. – O. Bertaux, *Comprendre et conseiller l'assurance vie*, L'Argus éd., 2012 - J.-A. Chabannes, N. Eymard-Gauclin, *Le manuel de l'assurance vie*, 3e éd. L'Argus 2004. – T. Corfias, *Assurance vie : technique et produits*, L'Argus éd., 2010 - D.-C. Collignon, *L'assurance vie - Contrats individuels*, Argus éd., 1989. – J. Bigot (sous dir.), *Code des assurances*, L'Argus éd., – F. Couilbault, S. Couilbault-Di Tommaso, V. Huberty, *Les grands principes de l'assurance*, L'Argus éd., 2015 – F. Couilbault (sous dir.), *Assurance de personnes*, L'Argus éd., 2016.

Articles. – E. Charrié, Tour d'horizon des principales mesures touchant l'assurance, L'Argus2011, n° 7205. – L. Chrebor, Vers la fin des tarifs hommes/femmes : une histoire belge, L'Argus 2011, n° 7199. - D. Burg, La vie sourit à l'Europe, L'Argus 1995, n° 6411, p. 39. – G. Defrance, Assurance sur la vie et acte de prévoyance, L'Argus, 1998, n° 6853, dossier jur. et tech. – G. Lamelot, Transmission du patrimoine, les assureurs vie ont leur mot à dire », L'Argus 1985, p. 2967. - P. Mascomère, La prévoyance, L'Argus 1993, n° 6313, p. 7. Autres. - Gestion du patrimoine, Les produits, L'Argus 2001, suppl. n° 6754, p. 34. – Gestion du patrimoine, Le patrimoine des français, L'Argus, suppl. n° 6754, p. 4.

Autres documentations

Ouvrages. – J.-L. Aubert, *L'assurance vie et les assurances de personnes*, « Que sais-je ? » PUF 1983. – Cl.-J. Berr, H. Groutel, *Les grands arrêts du droit des assurances*, Sirey 1978. – J. Bigot, *Traité de droit des* *assurances*, LGDJ 2014, t. 3, Le contrat d'assurance ; *Les assurances de personnes, Traité du droit des assurances*, Tome 4 LGDJ 2007. - H. Groutel, F. Leduc. P. Pierre, M. Asselain, Traité du contrat d'assurance terrestre, Litec 2008. – Y. Lambert-Faivre, L. Leveneur, *Droit des assurances*, Dalloz 13e éd. 2011. – G. Lamelot, J. Leriche, *L'assurance vie*, éd. Delmas 1985. – B. Lecourt, *Assurance-vie, mode d'emploi*, éd. Delmas 2002. – H. Le Roy, *L'assurance et le droit pécuniaire de la famille*, éd. LGDJ 1985. – M. Leroy, *Assurance vie et Gestion du patrimoine*, Lextenso, 2011, P. Petauton, *Théorie et pratique de l'assurance vie*, éd. Dunod 1991. – P. Picard, A Besson, *Traité général des assurances terrestres*, LGDJ, t. 4, 1945. – P. Pierre et J.M. Dupérier, *Assurance sur la vie et pratique notariale*, Ellipses, 2013. - P. Sumien, *Traité théorique et pratique des assurances terrestres et des opérations de capitalisation et d'épargne*, Dalloz 1943.

Articles. – M. Ayrault et L. Dogniaux, Entreprise d'assurance, la défaillance financière, Trib. ass. 2001, n° 43, p. 35. – J. Avry, L'assurance vie : une réponse aux aléas de la vie, Gaz. Pal. 13 janv. 2002, p. 12. – A. Babot, Crise financière et équilibre Banque/Assurance, Rev. d'économie financière, juin 2008, p. 235 à 240 ; Ph. Baillot, Contrats en francs, la fin d'un cycle, Trib. ass. 1998, n° 17. – J.-L Bancel, Assurance et inflation : un couple explosif ou une relation contrôlable ? Rev. d'économie financière, juin 2008, p. 341 à 345. – JF Barbieri, De la disparition de l'unité de compte en assurance sur la vie, JCP G 2013, 1013 - Ch. Bastard, La réforme des contrats d'assurance en unités de compte, RGAT 1993. 241. – B. Beignier, Accentuation de l'autonomie du droit des assurances vie, Dr. Famille, avril 2008, p. 24 à 26. - J.-P. Begon-Lours, Epargne, objectif retraite, Banque Magazine, 1997, n° 587, p. 22. – M. Belmond, H. Lascombes, Histoire anecdotique de l'assurance sur la vie, Gaz. Pal, 31 mars 2006, p. 2. - F. Berdot, L'assurance de groupe après les réformes législatives du 31 décembre 1989, RGAT 1990. 775. – M. Bertrand, Contrats en unités de compte, améliorer la transparence, Trib. ass. 2003, n° 89, p. 21. – F. Bertout, Assurance-vie, les contrats en unités de compte, RD Banc. et bourse, 1999, n° 76, p. 3 ; Les contrats investis en actions, Dr. banc. et financier 1998, n° 67, p. 3. – J. Bigot, Assurance et solidarité, Essai de typologie de la solidarité, RGDA 2002. 802. – O. Boitte, Le devoir de conseil de l'assureur dans les contrats d'assurance-vie en unités de compte, RD Banc. et bourse, 1999, n° 71, p. 27. – C. Boudinot, La prévoyance décès des salariés, LPA 26 nov. 1999, n° 236, p. 4. – A. Cauchois, Les entreprises d'assurance en droit d'effectuer des opérations de banque ?, Dr. banc. et financier 2003, p. 265. – J. Charlin, Vers une nouvelle approche de l'assurance-vie ?, Rep. Defrénois 2007, p. 253. - J.P. Choisne, Organisation et croissance du patrimoine, LPA 2000, n° 100, 19 mai 2000, p. 20. – D. Coron et F. Lucet, Actualités de l'assurance vie, les contrats multisupports à bonus de fidélité, Dr. banc. et financ., p. 261. – C Goldie-Genicon, L'assurance de groupe à l'épreuve de la législation sur les clauses abusives, D. 2008, p. 2447 ; M. Grimaldi, Le patrimoine au vingt et unième siècle, défis et horizons, séance de clôture, JCP N, 2000, p. 1133 ; Le patrimoine au vingt et unième siècle, LPA 2000, n° 145, 21 juill. 2000, p. 4. – J. Landel, L'assurance de groupe à la lumière de la jurisprudence récente, RGAT 1993. 9. – P. Lavel, Le contrat d'assurance-vie face aux problématiques internationales, Dr. et patr., mai 2008 p. 72 à 78. – M. Leroy, Assurance-vie, contrat de capitalisation : instrument de garantie, JCP N 2015, p. 1232 ; Précisions quant au régime des contrats euro-croissance, Gaz. Pal. 2014 n° 271-273 p. 7 – P. G. Marly, La défaillance des entreprises d'assurance sur la vie, Banque et droit, 11, 2008, p. 11 à 18. – L. Mayaux, Les relations entre le droit des assurances et le droit de la famille, RGAT 1994. 42. – M. Milcamps, L'assurance de groupe et l'évolution de la législation sociale, RGAT 1950. 5 ; Le décret du 24 janvier 1956 et l'assurance de groupe, RGAT 1956. 5. – G. Morin, Les assureurs français et l'Europe, Assur. fr. 1993, p. 724. – M. Pauffin de Saint-Morel, L'assurance de groupe, D. 1977, chron. p. 67. – A. de Raucourt, V.-A. Lafoy, L'assurance vie à l'heure européenne, Assur. fr. 1997, n° 730, p. 36. – G. Parléani, La distribution de l'assurance vie, Bull. Joly Bourse, 2014, n° 3 p. 170. – M. Robineau, Le contrat d'assurance vie, enveloppe patrimoniale de gestion des biens, Rev. Jur. Com., 2015 n° 2 p. 197 – O. Rozenfeld, Les contrats de service de solidarité, Dr. et patr., 2002, n° 107, p. 92. – Y. Saint Jours, Le Code de la mutualité à l'épreuve de la transposition des directives « Assurances », D. 2001 p. 3218. – M. Sandrini, Photographie du patrimoine des français dans le paysage européen : le rapport du conseil des prélèvements obligatoires, LPA, 20 mars 2009, p. 4 à 6. - S. Silland, D. Bucheton, La prévoyance collective des salariés, les incertitudes du droit, Dr. soc. 1986,

p. 313. – B. Viret, Assurances privées et protection complémentaire en matière de Sécurité sociale, RGAT 1992. 11.

Autres. – Colloque AIDA, Les assurances collectives, Paris 19 nov. 1997, RGDA 1998. 517. K. - Berger et D. Lefebvre, Dynamiser l'épargne financière des ménages pour financer l'investissement et la compétitivité, Doc. fr. 2013, p. 5.

4435. L'assurance sur la vie se définit comme « un contrat par lequel, en échange d'une cotisation, l'assureur s'engage à verser au souscripteur ou à un tiers par lui désigné une somme déterminée (capital ou rente) en cas de mort de la personne assurée ou de sa survie à une époque déterminée » (M. Picard. et A. Besson, *Traité général des assurances terrestres en droit français*, LGDJ Paris 1945, p. 23, n° 10).

4436. Même si les techniques restent les mêmes, la pratique de l'assurance sur la vie distingue selon que le contrat est souscrit à titre d'instrument d'épargne ou de prévoyance. Les différentes formes contractuelles imaginées et proposées par les assureurs répondent en effet à des besoins différents qui ne relèvent pas de la même démarche de souscription. Assez habituellement, l'assurance sur la vie est encore une véritable opération d'assurance dans laquelle l'assureur reçoit des primes ou cotisations en offrant ses garanties en cas de réalisation d'un événement redouté. Le capital versé par l'assureur est alors supérieur au montant des primes qu'il a reçues. L'assurance en cas de décès relève de cette préoccupation de prévoyance. Obéissant à des règles civiles (régimes matrimoniaux et successions) et fiscales spécifiques, l'assurance sur la vie est le moyen auquel recourt la grande majorité de nos concitoyens pour protéger leur famille contre l'aléa de leur disparition. Elle procède toujours d'un souci de prévoyance lorsqu'elle est souscrite afin d'offrir une garantie à un créancier qui pourrait redouter le décès de son débiteur. L'assurance sur la vie est aussi une technique d'épargne. L'assureur s'engage alors à restituer le montant des primes auquel il ajoute les produits financiers (résultat des placements) et retranche les frais de gestion. Dans la formule la plus usuelle (dite assurance mixte) cette restitution sera faite soit à l'assuré s'il est encore en vie à l'échéance contractuelle, soit aux bénéficiaires qu'il a désignés, et à hauteur des primes versées, s'il décède en cours de contrat. Malgré la position adoptée par la Cour de cassation (Ch. Mixte, 23 nov. 2004, Bull. civ. I, n° 4 ; B. Beignier, La poule d'eau est-elle de la viande ou l'assurance vie placement une libéralité ? D. 2005, p. 1905 ; A. Bénabent, Rev. Contrats 2005/2 p. 297 ; F. Couilbault, Trib. ass. 2004, p. 22 ; G. Defrance, L'Argus 2004, n° 6910, dossier jur., p. 1 ; G. Durry, Rev. Risques 2005 ; J. Ghestin La Cour de cassation s'est prononcée contre la requalification des contrats d'assurance-vie en contrats de capitalisation, JCP G, I, 111 ; P. Grosjean, Les nouvelles frontières de l'assurance vie, JCP N 2005, 1003 ; M. Grimaldi RTD Civ. 2005, p. 434 ; H. Groutel, D. 2004, jur. P. 916 ; H. Lecuyer, Promesse d'une longue vie à l'assurance-vie Dr. famille 2005, Etude n° 6 ; F. Leduc et P. Pierre, Assurance placement, une qualification déplacée, (à propos des arrêts de chambre mixte du 23 novembre 2004, RCA 2005, chron. n° 3 ; M. Leroy, Lamy Droit civil 2005, n° 12, p. 37 ; L. Mayaux, RGDA 2005. 110 ; JCP N 2005, I, 1003,) une partie importante de la doctrine continue d'y voir plus une opération de capitalisation qu'une technique d'assurance (v. infra, Effets du contrat d'assurance vie) ; cette question sera abordée en détail dans la suite de l'étude. Même contractée dans un but d'épargne l'assurance vie est pourtant toujours un produit d'assurance. Du fait d'un régime fiscal souvent avantageux, l'importance de l'assurance sur la vie n'a cessé de croître autant par le nombre de contrats que par les sommes investies. Les craintes relevées quant à la potentialité du régime de retraite par répartition pour les décennies à venir ont par ailleurs encouragé ce phénomène, notamment grâce à la création de nouveaux produits.

Section 1 ▪ Marché de l'assurance vie

4437. L'assurance sur la vie ne s'est développée que tardivement. Sous une forme qui ne correspond pas aux critères techniques d'aujourd'hui, les différentes formes d'entraide ou de secours apportés à la famille d'un défunt ont sans aucun doute jeté les premières bases de la protection contre la fin de vie. Selon les travaux de certains historiens, le premier contrat connu d'assurance sur la vie a été conclu à Gênes en 1427 à propos du risque de décès lié à la grossesse. Il est également fait mention d'un autre contrat conclu en 1853 en Angleterre. Imaginés plutôt comme des paris sur la vie d'autrui source d'abus, ces contrats furent progressivement interdits. Ainsi l'ordonnance française sur la marine de 1681 défendit de faire aucune assurance sur la vie d'une personne. Il était « contre la bienséance et l'honnêteté publique de mettre à prix la vie des hommes » (Pothier, *Traité du contrat d'assurance*, n° 27). Ce climat de défiance s'est maintenu jusqu'au début du XIXe siècle. On a rapporté les propos tenus par Portalis lors de la rédaction du Code civil « l'homme est hors de prix ; sa vie ne saurait être l'objet d'un commerce ; sa mort ne peut devenir la matière d'une spéculation. Ces espèces de pactes sur la vie ou la mort d'un homme sont odieux et ils peuvent n'être pas sans danger » (Fenet, XIV, p. 119). Ce n'est que sous la Restauration que l'assurance sur la vie devait commencer à se développer. Consulté à la suite de la demande formulée par la Compagnie d'assurances générales, le Conseil d'État, le 23 mars 1818 émit un avis favorable à la conclusion de contrats d'assurance sur la vie : « Considérant que ce genre de contrats peut être assimilé aux contrats aléatoires que permet le code civil ; qu'il est même plus digne de protection que le contrat de rente viagère, puisque l'un est trop souvent le résultat de l'égoïsme, de la cupidité, alors que l'autre ne peut naître que d'un sentiment généreux et bienveillant qui porte le souscripteur à s'imposer des sacrifices annuels pour assurer aux objets de son affection un bien être et une aisance dont la mort pourrait les priver. Est d'avis que l'engagement de payer une somme déterminée au décès d'un individu moyennant une prestation annuelle à faire par cet individu peut être autorisé, mais qu'il ne doit pas être permis d'assurer la vie d'autrui sans son consentement ». L'instruction ministérielle du 11 juillet 1818 officialisa cet avis ce qui permit la création, à Paris, en 1819 de la Compagnie d'assurances générales sur la vie humaine, en 1820 de la Compagnie Royale d'assurances sur la vie et en 1829 de l'Union-Vie. Largement concurrencée par les sociétés tontinières créées à l'initiative du napolitain Lorenzo Tonti au cours du XVIIe siècle, remise en question à la suite de l'affaire La Pommeraie (Crim., 4 juin 1864, DP 1864, I, p. 497) où le bénéficiaire avait provoqué le décès de l'assuré par empoisonnement, l'assurance sur la vie fut néanmoins à deux égards favorisée. D'une part, les progrès réalisés dans l'établissement des tables de mortalité présentées notamment lors de l'exposition de 1889 et publiées en 1892 permirent une meilleure appréhension des conséquences économiques de l'opération. D'autre part, alors que les premiers ouvrages spécifiques lui étaient consacrés, la Cour de cassation jeta véritablement les bases du développement de l'assurance sur la vie en consacrant la théorie du droit direct du bénéficiaire (Civ., 17 févr. 1884, DP 1885, I, p. 389 ; Civ., 26 mars 1884, DP 1885, p. 275 ; Civ. 7 août 1888, DP 1889, p. 118). Cette analyse fut à la base, non seulement d'un renouveau théorique du mécanisme de la stipulation pour autrui qui se trouve à l'origine de multiples solutions de droit positif, toutes matières confondues, mais aussi de l'originalité du droit du bénéficiaire dans son approche successorale et fiscale. En affirmant le principe selon lequel le capital est versé directement par l'assureur au bénéficiaire, sans transiter par le patrimoine de l'assuré, les magistrats de la Cour de cassation ont donné à l'assurance vie les éléments techniques qui aujourd'hui expliquent son intérêt pratique, en premier lieu à l'égard des droits des héritiers du défunt et de ses créanciers et, en second lieu, au regard de ses conséquences fiscales.

4438. Aujourd'hui, par son importance, l'assurance vie constitue un mécanisme indispensable à l'économie moderne. Drainant une très grande partie de l'épargne des ménages, elle est un élément essentiel de développement de par les sommes considérables qui se trouvent investies par les sociétés d'assurance. Les données chiffrées sont très significatives. En 2015, les cotisations en assurances de personnes en général se sont élevées à 156 milliards d'euros dont 135,3 milliards d'euros au titre de l'assurance sur la vie pour respectivement 149 et 128,9 milliards d'euros en 2014 (Assurance vie collecte nette positive, site internet FFSA, document conférence de presse 28 janvier 2016, p. 11). Les cotisations sur des contrats en unités de compte représentent 27, 1 milliards d'euros. Les prestations servies au titre des contrats d'assurance sur la vie en 2015 s'élèvent à 110,7 milliards d'euros. La collecte nette représente ainsi 24,6 milliards d'euros. Le total de l'encours des contrats s'élève à 1 579,6 milliards d'euros.

4439. Les contrats portant sur la durée de la vie humaine ne peuvent être proposés que par des entreprises d'assurance soumises au contrôle de l'État. Ce contrôle s'exerce dans l'intérêt des assurés, souscripteurs et bénéficiaires des contrats d'assurance (C. assur. art. L. 310-1 modif. par L. n° 94-5, 4 janv. 1994). Depuis l'adoption de la directive n° 92/96/CEE du 10 novembre 1992, dite 3e directive vie, d'autres organismes non soumis au Code des assurances peuvent proposer des contrats d'assurance sur la vie. C'est le cas des mutuelles régies par le Code de la mutualité (Ch. mixte, 18 juin 1971, D. 1971, IR, 181 ; RGAT 1972. 381 ; Ch. mixte, 18 févr. 1972, RGAT 1972. 379), des institutions de retraite et de prévoyance mentionnées à l'article L. 932-40 du Code de la Sécurité sociale (Civ. 1re, 12 nov. 1975, RGAT 1976. 385 ; Civ. 1re, 7 oct. 1981, Bull. civ. I, n° 280), des organismes d'entraide régis par le Code de la santé publique ou les caisses de mutualité sociale agricole (C. rur., art. L. 732-8). Depuis le 1er juillet 1994, est entré en vigueur le système de l'agrément unique délivré par le pays du siège social de l'entreprise d'assurance (Dir. CE n° 92/96, 10 nov. 1992, JOCE 1992, n° L 360, p. 1). En vertu de ce principe, l'entreprise étrangère peut établir une succursale sur le territoire français. Sous réserve que le ministre de l'Économie et des Finances ait reçu les informations requises (C. assur., art. L. 362-1). Elle peut aussi proposer ses produits en libre prestation de services, avec seulement une obligation d'information à l'égard des autorités (C. assur., art. L. 362-2).

4440. Le principe de spécialisation a deux conséquences : interdiction d'exercer une activité extérieure à l'assurance mais aussi de façon générale, interdiction de cumuler l'exercice de l'assurance vie et de l'assurance non-vie. Cette deuxième conséquence repose en grande partie sur la différence entre les modes de gestion de chaque activité. L'assurance non-vie, c'est-à-dire l'assurance dommage, fonctionne selon un système de répartition dans lequel les primes versées lors d'un exercice doivent permettre l'indemnisation des sinistres déclarés sur la même période. Les primes d'assurance vie sont gérées différemment, selon une méthode de capitalisation. Il convient donc d'éviter qu'une entreprise soit amenée à puiser sur les primes qu'elle a reçues au titre de l'assurance vie afin de faire face aux besoins liés à l'indemnisation des sinistres dommages. La séparation entre les activités non-vie et vie (C. assur., art. L. 321-1) est une solution classique du droit français des assurances. La distinction ne s'est pourtant imposée que difficilement dans la législation communautaire. Avant l'adoption des directives n° 73/239 du 24 juillet 1973 pour l'assurance non-vie, transposée en France par la loi n° 74-1078 du 21 décembre 1974, et n° 79/267 du 5 mars 1979 pour l'assurance vie, transposée par la loi n° 83-453 du 7 juin 1983, il existait au sein de l'Union européenne de grandes différences entre les législations. L'Allemagne, par exemple, imposait une séparation stricte des activités par type de risques (risque viager, risque juridique, risque crédit...) alors que d'autres législations inspirées par un système dit de « grande spécialisation » (Royaume-Uni,

Irlande, Pays-Bas, et à un degré moindre Italie et Danemark) autorisaient la couverture par une même entreprise de tous les risques de l'assurance. L'article 13 de la directive n° 79/267 instaura une obligation de spécialisation pour les entreprises créées à partir de son entrée en vigueur mais l'article 14 maintint le droit pour les entreprises créées antérieurement de continuer leur double activité à condition de respecter des règles strictes de comptabilité et de gestion. Malgré l'abandon par certains États de la possibilité de grande spécialisation (par exemple, La Grèce) la commission, dans un rapport déposé en 1991, considéra que la réunion des deux activités au sein de la même entreprise, lorsque les règles de gestion séparée sont respectées n'est pas plus dangereuse que la pratique de la filialisation à laquelle recourent la plupart des entreprises. La directive vie du 10 novembre 1992 (dite troisième directive ou directive de la troisième génération) a maintenu le principe de spécialisation mais y a apporté quelques assouplissements.

4441. Deux lois du 11 octobre 2013, (loi organique n° 2013-906 et loi ordinaire n° 2013-907) précisent les obligations de divulgation de patrimoine des membres du gouvernement, des députés et des sénateurs, la détention de contrats d'assurance vie fait partie des éléments à déclarer (loi n° 2013-907, art. 3).

Section 2 ▪ Classification des produits d'assurance vie

§ 1 ▪ Classification fondée sur la nature du risque garanti

4442. Il est très difficile de donner une liste exhaustive des différents produits proposés par les sociétés pratiquant l'assurance sur la vie, d'autant plus que leur utilisation relève de contextes différents et que les critères de qualification sont multiples. Déjà le décret du 20 janvier 1906 pris pour l'application de la loi du 17 mars 1905 relative à l'enregistrement et au contrôle des entreprises d'assurances sur la vie, faisait état de 16 catégories de contrats. Il est toutefois possible de faire apparaître 2 grandes familles de contrat selon que l'assurance porte sur le décès ou sur la vie de l'assuré.

4443. Les produits d'assurance décès se distinguent principalement en fonction de leur durée. On oppose ainsi les contrats d'assurance décès temporaires dans lesquels l'assureur s'engage à verser le capital au bénéficiaire si le décès de l'assuré intervient avant l'échéance du contrat et les contrats d'assurance décès vie entière dans lesquels l'engagement de l'assureur sera exécuté au moment du décès de l'assuré, quelle qu'en soit la date. L'assurance temporaire peut principalement être utilisée à deux fins, soit il s'agit d'un acte de prévoyance dans lequel le bénéficiaire trouvera les moyens matériels pour affronter une situation particulière (financement des études des enfants de l'assuré, transmission d'une entreprise...), soit elle permet à un créancier (banquier prêteur) de percevoir sa créance malgré le décès du débiteur. L'assurance vie entière fait l'objet de modalités différentes en fonction des modalités de paiement des primes. Il peut y avoir versement unique, versements périodiques jusqu'au décès de l'assuré, versements périodiques jusqu'à une date déterminée. Dans tous les cas elle constitue un acte de transmission d'une épargne constituée par les versements successifs. Une forme de combinaison entre ces deux types d'assurance peut être trouvée dans les contrats d'assurance « vie entière différé » où l'engagement de l'assureur ne sera effectif que si le décès de l'assuré se produit après une date fixée au contrat.

4444. Les contrats d'assurance décès, selon différentes modalités, ont pour objectif d'envisager les conséquences du décès de l'assuré. Il est pourtant des circonstances qui soit, méritent un traitement particulier, soit se rapprochent de l'assurance sur la vie car elles affectent directement la personne de l'assuré et lui empêchent de verser les primes qui auraient permis la constitution du capital prévu au contrat, ruinant sa prévoyance. C'est la raison pour laquelle il est possible à l'assureur décès de proposer des garanties dites complémentaires dont le régime se rapproche, en grande partie, du chapitre relatif à l'assurance des dommages corporels. Les premières initiatives en ce sens sont anciennes (le premier contrat assorti de telles garanties aurait été proposé dès 1885 : R. Boissy, *L'assurance complémentaire de l'assurance vie*, Thèse Paris 1939). La loi du 5 mars 1905 instituant un contrôle sur les sociétés d'assurances sur la vie obligea pourtant les sociétés à ne proposer leurs garanties qu'à propos de la durée de la vie, et non de l'invalidité : la solution perdura jusqu'au décret-loi du 30 décembre 1938. Aujourd'hui, l'article R. 321-5 du Code des assurances autorise, moyennant une prime ou cotisation distincte, des assurances complémentaires contre les risques d'atteintes corporelles incluant l'incapacité de travail professionnel, le décès accidentel ou l'invalidité à la suite d'un accident ou d'une maladie. Ces garanties complémentaires prennent fin en même temps que la garantie principale, c'est la conséquence principale de leur nature complémentaire et la marque de leur différence avec les contrats de protection contre les accidents. Le contrat doit faire mention du lien de temps entre les garanties principales et complémentaires. La mise en œuvre des garanties complémentaires entraîne généralement une suspension du paiement des primes correspondantes. À propos du décès accidentel il est généralement stipulé le doublement, voire le triplement du capital. Conformément aux solutions dégagées à propos de l'assurance des dommages corporels, il appartient à l'assuré de démontrer que les conditions de reconnaissance de l'accident sont réunies. L'accident envisagé peut d'ailleurs être limité aux seuls accidents de la circulation. On relève ainsi un contentieux dans lequel les juges n'ont pas reconnu à un accident de ski le caractère d'accident de la circulation et ont refusé le triplement du capital prévu par le contrat (CA Nîmes, 21 nov. 1983, Gaz. Pal. 23 et 24 déc. 1983, p. 11). Depuis un arrêt de 1999, (Civ. 1re, 9 févr. 1999, RCA 2000, comm. n° 117 et chron. 11, par H. Groutel ; JCP G 1999, II, 10047, note P. Sargos ; Juris-Data n° 1999-000580), la Cour de cassation abandonne aux juges du fond le soin d'apprécier la légalité des clauses définissant l'invalidité permanente partielle, les accidents corporels). Toutefois, l'assurance complémentaire ne distingue pas selon que l'invalidité est consécutive à un accident ou à une maladie. Il y a là encore un intérêt et une différence importante par rapport à un contrat d'assurance contre les accidents. Les juges veillent également à ce que la définition de l'incapacité temporaire de travail (ITT) ne rende pas la garantie illusoire. Sur un autre terrain, on retiendra un arrêt qui prend soin de distinguer l'incapacité temporaire de l'incapacité définitive qui n'entraîne pas versement des mêmes prestations (Civ. 1re, 3 mars 1993, RGAT 1993. 629 ; RCA 1993, comm. n° 212).

4445. Dans ce cas, l'assureur ne s'engage à verser un capital que si l'assuré est encore en vie à l'échéance contractuelle. En cas de décès avant cette échéance, les primes cessent d'être dues mais l'assureur conserve celles qui ont été antérieurement versées. Le caractère aléatoire du contrat n'est alors pas discutable, chaque partie s'expose à un risque de perte. On parle alors d'assurance de capital, ou de rente, différé. La stipulation, fréquente, d'une contre assurance tempère toutefois l'aléa en obligeant l'assureur au remboursement des primes perçues avant le décès lorsque celui-ci a lieu avant l'échéance. Ce type de contrat est principalement utilisé par les personnes qui désirent se constituer une épargne qui leur sera restituée à un moment de leur vie où leurs revenus diminueront. À l'opposé, on trouve la formule très spécifique d'assurance rente immédiate par laquelle l'assureur, en contrepartie du versement d'une prime unique généralement importante, s'engage à servir une rente périodique sous réserve de l'existence de l'assuré à chacune des échéances convenues. En fonction de la durée de versement, le contrat sera favorable à l'une des parties, à l'assureur si le décès intervient rapidement, à l'assuré s'il peut profiter longtemps des versements. En effet, le plus souvent cette assurance est viagère et l'assureur sera libéré dès le décès de l'assuré, sauf réversion éventuelle. Elle peut toutefois être aussi temporaire et dans ce cas l'engagement de l'assureur cessera automatiquement à l'expiration d'un temps donné. Ce type d'opération peut être utilisé par une personne qui souhaite optimiser la détention d'un capital. En théorie le concept d'assurance en cas de vie a fait l'objet d'interrogations. En elle-même l'assurance est plutôt conçue comme devant constituer un acte de prévoyance contre un événement redouté. À ce titre, la survie ne peut pas être considérée comme un mal ce qui a conduit parfois à rapprocher l'assurance en cas de vie du mécanisme de la rente viagère plutôt que de celui de l'assurance (Lefort, *Traité de l'assurance sur la vie*, Vol. 1, p. 97). Il importe pourtant de dépasser cette vue en relevant que l'assurance ne présente pas seulement un caractère indemnitaire et qu'elle constitue aussi un moyen de gérer un patrimoine de manière optimale en tirant le meilleur profit de la disposition d'un capital ou de revenus.

4446. On prendra soin de ne pas confondre l'assurance en cas de vie qui repose sur la survie de la personne assurée, qui est en général le souscripteur, et les contrats dits d'assurance de survie dans lesquels les prestations dues par l'assureur ne sont servies que si le bénéficiaire survit à l'assuré.

4447. L'assurance mixte est une assurance alternative dans laquelle les garanties seront mises en œuvre en fonction des circonstances : assurance décès si l'assuré disparaît avant l'échéance contractuelle, assurance en cas de vie lorsqu'il est encore en vie à l'échéance. Il y a donc juxtaposition de deux assurances qui s'excluent réciproquement, l'une s'appliquant seulement à défaut de l'autre. On a discuté un temps de la nature de l'assurance mixte. Il a été imaginé qu'elle ne constituait qu'une seule opération organisée autour des droits de l'assuré qu'il détient en premier lieu avant de les transmettre, par son décès, au bénéficiaire. Il est pourtant parfaitement admis qu'elle doit s'analyser en un cumul de deux assurances qui, bien que contractées ensemble et réunies sur la même police, sont juridiquement indépendantes car elles portent sur des risques différents qui ne peuvent pas se réaliser conjointement : la mort ou la vie de l'assuré. Cette analyse est corroborée par le droit qui est reconnu au souscripteur de choisir le bénéficiaire, voire de le remplacer tant qu'il n'y pas acceptation. Enfin, on prendra soin de ne pas confondre, malgré l'appellation malencontreuse qui est parfois relevée, l'assurance mixte et la stipulation de garanties complémentaires.

4448. L'assurance dite mixte ordinaire correspond à la définition même de l'assurance mixte. L'une ou l'autre des assurances décès ou en cas de vie sera mise en œuvre, en fonction des circonstances que l'assureur rencontrera. L'assurance mixte peut être souscrite sur la tête d'une ou plusieurs personnes assurées, notamment sur celles de deux époux ; le capital est alors stipulé payable aux deux assurés s'ils sont vivants au terme du contrat ou au conjoint survivant si l'un d'eux décède avant l'échéance du contrat. Des modalités particulières peuvent accompagner ces stipulations principales. Ainsi, les primes peuvent être d'un montant variable dans le temps, le capital versé en cas de décès ou en cas de vie peut être différent, le contrat peut aussi être assorti d'une clause dite de « double effet » selon laquelle l'assureur s'engage, après avoir payé le capital lors du décès de l'un des assurés, à verser une seconde fois le même capital si le conjoint survivant décède à son tour en laissant des enfants à charge. L'assuré vivant peut avoir le choix entre le versement d'un capital ou le service d'une rente dont la durée peut être plus ou moins garantie. L'assurance à terme fixe repose sur un engagement de l'assureur de verser un capital à un moment donné, que l'assuré soit décédé ou qu'il soit encore en vie. Le contrat reste aléatoire car l'assureur devra verser le capital prévu, même si le décès prématuré de l'assuré a fait cesser le versement des primes. De ce fait, le versement d'une prime unique est exclu. L'assurance est dite dotale lorsque la survie du bénéficiaire à l'échéance contractuelle est une condition du versement du capital, peu important en revanche que l'assuré soit décédé ou qu'il soit en vie. Si le bénéficiaire est lui-même décédé à l'échéance, l'assureur est libéré de toute obligation.

4449. Les stipulations de contre assurance participent du même objectif que l'assurance mixte, à savoir garantir une contrepartie aux versements successifs de primes qui ont été effectués avant que ne survienne un événement qui vient rompre l'économie du contrat. Ainsi dans le contrat de capital ou de rente différée, le décès de l'assuré avant l'échéance convenue libère l'assureur de tout versement et l'autorise à conserver les primes qui ont été versées à fonds perdus. La stipulation d'une contre assurance corrige cet effet et réduit le caractère aléatoire du versement des primes ou cotisations en contraignant l'assureur à rembourser les sommes qu'il a reçues, mais sans intérêts ni indexation. La stipulation d'une contre assurance contraint l'assuré au paiement de primes ou cotisations supplémentaires.

§ 2 ■ Classification fondée sur les techniques de valorisation

4450. Gérées sur le principe de la capitalisation, les contrats d'assurance sur la vie sont tout particulièrement exposés au risque de fluctuation monétaire. L'assuré aurait été exposé à de graves déboires si les assureurs n'avaient pas imaginé des mécanismes permettant de limiter les effets de la dépréciation monétaire. Par ailleurs, l'assureur lui-même est dans une situation qui l'expose à supporter des coûts de gestion plus élevés que ceux sur lesquels il a bâti la tarification des primes. Le développement de moyens permettant un juste réajustement des prestations et des cotisations était un phénomène inévitable. Il prend aujourd'hui plusieurs formes.

4451. L'article L. 112-2 du Code monétaire et financier (anc. Ord. 30 déc. 1958) prohibant toujours l'indexation sur un indice général, l'administration a autorisé les sociétés d'assurance a prévoir une indexation en retenant comme indice soit le salaire plafond de la Sécurité sociale, soit la valeur du point de retraite du régime des cadres (AGIRC).

4452. Pendant une longue période la principale règle relative à la monnaie du contrat consistait en l'interdiction de clause de paiement en monnaie or ou en monnaie étrangère, qu'elle qu'ait été la monnaie utilisée pour le paiement des primes. L'interdiction n'a pris fin qu'avec la loi n° 89-1014 du 31 décembre 1989 portant adaptation du Code des assurances à l'ouverture du marché européen. L'article 37 de cette loi autorise la souscription de contrats exprimés en devises étrangères. La règle figure désormais à l'article L. 160-3 du Code des assurances, elle s'applique également aux contrats de capitalisation. Toutefois ce sont toutes les données économiques du contrat qui doivent être désignées ainsi : primes, capital et provision mathématique.

4453. « Contrat à capital variable – contrat en unités de compte » : l'expression désigne des contrats dans lesquels la somme assurée est fixée, non pas en montant nominal comme c'est généralement le cas, mais par rapport à la valeur que possédera au jour du paiement une valeur de référence désignée sous l'appellation « unité de compte » (sur la reconnaissance du caractère assurantiel d'une telle souscription, CJUE, 1er mars 2012, aff. C-166/11 : RGDA n° 2013-01, p. 187, note G. Parléani ; Rev. eur. dr. cons. n° 3/2012, p. 567, note L. Mayaux ; JCP E 2013, 1497 obs. P.G. Marly). Dans ce cas, l'assureur garantit le nombre d'unités de compte mais pas leur valeur au jour du paiement (sur l'absence de garantie de la rentabilité de la souscription Civ. 2e, 18 avril 2013, n°12-17.090, E. Bernard, L'Argus, 26 mai 2013 - sur la possibilité d'arbitrage entre les supports qui peut être reconnue à l'assureur et sur son absence de responsabilité en dehors d'exercice abusif de cette possibilité Civ., 2è, 12 juin 2013, n° 12-22.308). La technique, bien que née antérieurement, a fait l'objet de la loi n° 81-5 du 7 janvier 1981, modifiée à plusieurs reprises et notamment par la loi n° 92-655 du 16 juillet 1992 qui est à l'origine de l'article L. 131-1 du Code des assurances modifiée à plusieurs reprises, et dernièrement par l'article 37 de l'Ordonnance n°2013-676 du 25 juillet 2013, : « en matière d'assurance sur la vie ou d'opérations de capitalisation, le capital ou la rente peuvent être exprimés en unités de compte constituées de valeurs mobilières ou d'actifs offrant une protection suffisante de l'épargne investie et figurant sur une liste dressée par décret en Conseil d'État ». L'article R. 131-1 du Code des assurances, issu du décret n° 92-971 du 11 septembre 1992 modifé à plusieurs reprises et dernièrement par l'article 23 du décret n°2013-687 du 25 juillet 2013, fixe la liste des valeurs qui peuvent servir de référence. Un arrêt s'est prononcé sur la notion de disparition de l'unité de compte, duquel il faut retenir que l'unité de compte persiste comme référence d'évaluation même en cas de dissolution du groupement ayant émis les titres (sur la notion de disparition d'une unité de compte, Civ. 2e, 4 juill. 2013, n° 12-21.842, P+B : JurisData n° 2013-013883, JCG 2013, 1013, obs JF Barbieri).

4454. Le contrat doit prévoir une valeur de remplacement, susceptible d'être utilisée en cas de disparition de la première valeur de référence (C. assur., art. R. 131-1). Des obligations particulières d'information du souscripteur sont imposées lorsque le contrat est exprimé en unités de compte. Il est possible à l'assureur de substituer une unité de compte à une autre. L'article R. 131-4 l'y autorise mais le contrat doit le prévoir. Sa liberté est tout de même mesurée (G. Courtieu, J-CL Assurances et responsabilité, fasc. 515-10, n° 58). Si l'assureur peut retirer des supports à risque (CA Paris, 7e ch. A, 6 févr. 2001, Juris-Data n° 2001-152259), il ne peut pas librement supprimer 19 supports sur 26 (T. com. Paris, 1re ch., 1er oct. 2001, Juris-Data n° 2001-183186) ou imposer la suppression d'une partie des supports disponibles sous peine de résiliation (CA Paris, 14e ch. A, 20 oct. 1999, Juris-Data n° 1999-102496). À la sortie du contrat, le bénéficiaire a le choix entre un versement en espèces ou la remise de titres à condition que ceux-ci soient librement négociables et qu'il ne confèrent pas directement le droit de vote à l'assemblée générale des actionnaires d'une société admise aux négociations sur un marché réglementé (C. assur., art. L. 331-1 ; pour une illustration Civ. 2e, 3 mars 2011, n° 10-15.825, Dict. perm., Bull. avr. 2011, p. 16 : cassation de l'arrêt qui avait refusé de répondre aux conclusions des bénéficiaires qui prévalaient d'une demande de règlement en nature perpétuant le placement financier effectué par le contractant initial). Le choix pour la remise de titres peut être judicieux lorsque la valeur de ceux-ci est particulièrement faible, il peut être préférable pour le bénéficiaire d'attendre qu'ils connaissent une plus value pour procéder à leur cession ultérieurement. Encore faut-il mesurer l'incidence fiscale de l'opération au regard de l'imposition des plus values des particuliers réalisées en cas de cession de valeurs mobilières.

4455. Jusqu'à la loi du 16 juillet 1992, il était obligatoire pour l'assureur de déterminer une garantie plancher, c'est-à-dire la somme en dessous de laquelle le capital versé n'était pas susceptible d'être évalué. Aujourd'hui le risque financier pour l'assuré est en principe total. Cette obligation a été supprimée. Il est tout de même possible conventionnellement de prévoir un tel plancher. On distingue, en pratique, plusieurs garanties. Le terme de garantie plancher est réservé à l'engagement que prend l'assureur de régler une somme au moins égale aux primes. La garantie peut être indexée auquel cas la somme due par l'assureur sera égale au montant nominal des primes versées révisé en fonction d'un indice d'indexation. Il existe par ailleurs une garantie plus spécifique, désignée sous l'appellation de garantie cliquet dans laquelle l'assureur s'engage à verser une somme égale à la valeur maximale de rachat atteinte en cours de contrat. Enfin, il est possible de marier les techniques et d'envisager une garantie majorée dans laquelle une somme de capital fixée forfaitairement viendra s'ajouter à la valeur des titres référence.

4456. Lorsqu'il est fait appel à une valeur mobilière, c'est en général à des titres d'organisme de placement collectif (OPCVM) qu'il est fait référence. En revanche si la référence retenue a trait à un immeuble, il sera fait mention d'un nombre de parts d'un groupement immobilier (société civile immobilière en général ou société relevant de statuts particuliers : société immobilière civile d'investissement, société d'investissement pour le commerce et l'industrie ou encore société civile de placement immobilier). Si la société immobilière n'est pas cotée, c'est-à-dire lorsqu'elle n'est pas soumise à un contrôle spécifique, la valeur de ses parts ne peut être retenue que si elle possède au moins 5 immeubles d'une valeur minimale globale de 15 244 901, 72 € estimée selon les dispositions de l'article R. 131-2. Les actifs de la société immobilière non cotée doivent, par ailleurs, à chaque instant, être constitués d'au moins 70 % de parts ou droits de nature immobilière, c'est-à-dire visés aux 9 et 9 bis de l'article R. 332-2.

4457. L'architecture de l'opération est celle qu'a confirmée la Cour de justice de l'Union européenne saisie d'une question préjudicielle (CJUE, 1er mars 2012, aff. C-166/11 : JCP E 2013, 1497, n° 1, obs. P-G. Marly ; RGDA 2013, p. 187, note G. Parléani ; REDC 2012, p. 567, note L. Mayaux ; Europe 2012, comm. 220, obs. M. Meister). L'aléa caractéristique de l'assurance-vie est le risque viager, et non pas les fluctuations des unités de compte dont les supports ne « forment pas l'objet de la prestation de l'assureur mais un paramètre de son évaluation » (P-G. Marly, préc.).

4458. Il est généralement fait référence à plusieurs valeurs. L'article R. 131-3 en fait même une obligation lorsqu'il est tenu compte de la valeur de parts de sociétés non cotées à objet uniquement foncier. Dans ce cas, la cotisation est ventilée en fonction des différentes unités de compte retenues.

4459. « Contrats en actions – contrats DSK devenus NSK » : l'expression désigne des contrats dans lesquels la moitié de l'épargne est obligatoirement investie en actions européennes ou en titres d'organismes de placement collectif en valeurs mobilières (OPCVM) eux-mêmes principalement investis en actions européennes, dont 5 % au moins en placement à risques (parts de fonds communs de placement à risque ou dans l'innovation, actions de sociétés de capital risque et de sociétés financières d'innovation). Peuvent être qualifiées d'européennes les actions de société dont le siège social est situé dans un pays de l'Union européenne. Les bons ou contrats NSK ne peuvent plus être commercialisés ; ceux qui étaient en cours au 1er janvier 2014 ne sont pas clos d'office, et de nouvelles primes peuvent toujours y être versées (BOI 30 juin 2014, RPPM-RCM-10-10-100).

4460. Un régime spécifique est réservé aux contrats d'assurance vie génération intégralement investis dans des supports en unités de compte dont au moins 33 % dans le financement des PME-ETI, le logement social ou intermédiaire ou l'économie sociale et solidaire. En contrepartie de cette contrainte, les bénéficiaires de ces contrats disposent d'un avantage fiscal sous la forme d'un abattement proportionnel de 20 % applicable aux capitaux transmis, avant l'abattement fixe de 152 500 euros par bénéficiaire.

4461. L'article 1er de la loi n° 2005-842 du 26 juillet 2005 pour la confiance et la modernisation de l'économie (modification dite « amendement Fourgous », JO 27 juill. 2005, p. 12160) permet dorénavant de faire évoluer, sans perte d'antériorité fiscale, un contrat mon° support exprimé en euros vers un contrat multi support comprenant, soit en partie soit en totalité, comme valeurs de référence des actifs boursiers. Jusqu'en 2005, il était possible de procéder à une telle modification du contrat mais sans pouvoir éviter l'inconvénient de la perte d'antériorité fiscale, la transformation était envisagée comme un dénouement du contrat. C'est cette conséquence qui est dorénavant supprimée : le nouveau contrat issu de la transformation étant réputé avoir été souscrit à la date du premier versement effectué sur le contrat d'origine. Par ailleurs, en raison d'un régime d'assujettissement différent et de manière à éviter un double paiement, l'article 1er de la loi du 26 juillet 2005 précise que les produits qui, du fait du régime applicable aux contrats en euros, ont déjà été assujettis aux contributions et prélèvements sociaux sont assimilés à des primes versées. Ils n'auront donc plus à être pris en compte, contrairement au principe d'assujettissement des contrats en unités de compte dans lesquels le paiement est reporté au moment du dénouement du nouveau contrat ou au jour de son rachat partiel. Les conditions de cette transformation ont été précisées par une instruction du 4 novembre 2005 (instr. n° 182). L'administration fiscale y a précisé d'abord que la transformation ne peut être effectuée qu'auprès du même organisme assureur en un bon ou contrat de même nature. La transformation des contrats individuels s'effectuera soit par un avenant au contrat d'origine précisant que les primes versées sur le contrat peuvent être affectées à l'acquisition de droits exprimés en unités de compte, soit par le transfert de l'intégralité du montant de la provision sur le nouveau contrat, l'ancien contrat étant dénoué en franchise d'impôt. La transformation des contrats de groupe s'effectuera, à la demande de l'adhérent, soit par un avenant à l'adhésion, soit par la conclusion d'un nouveau contrat. Compte tenu de l'objectif de l'article 1er de la loi du 26 juillet 2005 qui est d'encourager la détention durable d'actions, l'instruction précise par ailleurs que le maintien de l'antériorité fiscale est subordonné à la transformation d'une part significative des sommes placées en unités de compte. Sans qu'un taux minimum ne soit fixé, il est tout de même fait référence à une moyenne de 20 % des primes affectées à l'acquisition de droits exprimés en unités de compte. En pratique, la question des modalités de passage d'un contrat à un autre n'est pas totalement réglée. L'information spécifique à la souscription d'un contrat en unités de comptes (ajoutée à art. L. 132-5-1 par L. n° 2003-706, 1er août 2003 de sécurité financière, art. 85-1, 2), devra être fournie au moment de la transformation du contrat, à défaut l'assureur prendrait le risque de laisser éventuellement courir le délai de renonciation de 30 jours en cas de non remise de documents obligatoires (C. assur., art. L. 132-5-1). Un engagement allant dans le sens du respect de cette exigence a été pris par le Président de la Fédération française des sociétés d'assurance (JCP N 2005, Act. n° 575, p. 1861) qui, par ailleurs, a indiqué entendre faire respecter le droit pour le souscripteur de renoncer à la transformation dans le délai légal de 30 jours à compter de la transformation.

4462. La loi n° 2013-1279 du 29 décembre 2013, l'ordonnance n° 2014-696 du 26 juin 2014 favorisant la contribution de l'assurance-vie au financement de l'économie, le décret n° 2014 -1008 du 4 septembre 2014 relatif aux contrats comportant des engagements donnant lieu à constitution d'une provision de diversification, suivis de la position de l'administration fiscale (BOI 30 juin 2014, RPPM-RCM-30-10-20-20), sont à l'origine d'un nouveau produit d'assurance vie dénommé fonds euro croissance qui est censé se situer à mi-chemin entre les contrats en euros et les contrats en unités de compte. L'investissement se trouve réparti entre une provision mathématique exprimée en euros et d'une provision de diversification correspondant à un nombre de parts. Le capital est garanti à terme au bout de huit années, en revanche ces contrats ne bénéficient pas de l'effet cliquet, ce qui signifie que les bonnes performances de début de contrat peuvent être perdues si le marché se retourne en fin de contrat (B. Gommard, Euro croissance, un nouveau paradigme pour l'assurance, Banque 2014, n° 778, p. 35, P. Delmas Saint Hilaire, Clarifications apportées au régime des nouveaux contrats d'assurance vie (euro-croissance et vie génération) Dt. et Patrimoine 2015, n° 248, p. 73 ; M. Leroy, Précisions quant au régime des contrats en euro croissance, Gaz. Pal. 2014, n° 271-273, p. 7 ; Place de l'euro croissance dans le marché de l'assurance sur la vie, note ACPR 14 mars 2016).

§ 3 ▪ Classification fondée sur les modalités de conclusion du contrat

4463. Le contrat individuel est conclu dans le cadre d'une relation synallagmatique réunissant un assureur et un souscripteur et obéit à une logique habituelle. Le contrat d'assurance de groupe ou d'assurance collective, repose sur une autre perspective. En matière d'assurances de personnes, l'assurance de groupe est définie par l'article L. 140-1 du Code des assurances dont la rédaction est le résultat de la loi n° 89-1014 du 31 décembre 1989 (art. numéroté L. 141-1 par art. 1-III, L. n° 2005-842, 26 juill. 2005, JO 27 juill.) : « est un contrat d'assurance de groupe le contrat souscrit par une personne morale ou un chef d'entreprise en vue de l'adhésion d'un ensemble de personnes répondant à des conditions définies au contrat, pour la couverture des risques dépendant de la durée de la vie humaine, des risques portant atteinte à l'intégrité physique de la personne ou liés à la maternité, des risque d'incapacité de travail ou d'invalidité ou du risque de chômage. Les adhérents doivent avoir un lien de même nature avec le souscripteur ». Avant 1989, la définition des assurances de groupe était donnée par l'article R. 140-1 du Code des assurances. Bien que formulée différemment, cette définition était très proche : « L'assurance de groupe est l'assurance d'un ensemble de personnes présentant des caractères communs et relevant des mêmes conditions techniques pour la couverture d'un ou plusieurs des risques suivants : risques qui dépendent de la durée de la vie humaine ; incapacité de travail résultant de maladie ou d'accident ; remboursement des frais médicaux, pharmaceutiques ou chirurgicaux sans qu'il puisse en résulter un profit pour l'intéressé, et, éventuellement, versement d'une indemnité au cas de maternité. L'assurance de groupe ne peut être souscrite que par un ou plusieurs chefs d'entreprise ou personnes morales publiques ou privées ». L'article R. 140-1 a été abrogé par le décret n° 90-827 du 20 septembre 1990 (JO 21 sept. ; JCP G 1990, III, 64189). La lecture de l'article L. 141-1 renseigne sur l'originalité de l'opération. Le contrat est conclu entre un assureur et un souscripteur, personne morale ou chef d'entreprise mais au profit d'autres personnes dont l'adhésion ultérieure, facultative ou obligatoire, conditionne l'assurance. La loi impose que les adhérents aient un lien de même nature avec le souscripteur. L'assurance collective n'est donc pas accessible dans n'importe quelle condition. Ce lien doit exister entre adhérents et souscripteur et non pas entre les adhérents. Généralement, il est constitué soit par un contrat de travail, soit par l'appartenance à l'association souscripteur ou encore par le recours à l'emprunt auprès du même établissement de crédit.

4464. Les assurances collectives se sont développées à partir des années 1930 dans le domaine de la protection sociale des salariés du secteur privé (Burlot, L'assurance groupe ou l'assurance collective en France, RGAT 1930. 824 ; Milcamps, L'assurance groupe et l'évolution de la législation sociale, RGAT 1950. 5 ; Le décret du 24 janvier 1956 et l'assurance de groupe, RGAT 1956. 5). La création en 1945 de la Sécurité sociale les a reléguées au rang d'assurances sociales complémentaires. Leur régime a été révisé et complété par la loi n° 89-1109 du 31 décembre 1989, dite loi « Évin ». Le domaine de la protection sociale complémentaire constitue encore aujourd'hui l'un des terrains de prédilection de l'assurance de groupe. Il s'est notamment ouvert aux non-salariés, notamment depuis que les pouvoirs publics ont admis d'y attacher des avantages fiscaux (loi n° 94-126 du 11 février 1994 relative à l'initiative et à l'entreprise individuelle, dite loi « Madelin » et depuis l'adoption de la loi n° 97-1051 dont certaines dispositions sont relatives à l'assurance complémentaire des non salariés non agricoles). Pourtant d'autres secteurs sont aussi concernés par ce phénomène. En tout premier lieu, on citera les assurances contractées par les personnes qui recourent à un emprunt auprès d'un établissement de crédit et qui viennent à l'appui d'une assurance emprunteur. Dans le même ordre d'idée, on peut évoquer les assurances couvrant le risque d'annulation d'un voyage.

4465. Il est extrêmement difficile d'identifier la nature juridique de l'assurance de groupe. En effet, sur un contexte commun qui justifie l'appellation d'assurance de groupe ou assurances collectives, se greffent des déclinaisons très différentes. Il ne peut y avoir assurance collective que si le contrat conclu entre le souscripteur et l'assureur détermine les conditions et les modalités de l'assurance. C'est à partir de ce contrat que les adhésions des assurés seront enregistrées. Mais autant les conditions de l'adhésion, obligatoire ou facultative, que les modalités de fonctionnement du contrat notamment en ce qui concerne le paiement des primes, ou encore la distinction entre les contrats souscrits dans l'intérêt de l'adhérent et ceux qui le sont dans l'intérêt du souscripteur, empêchent de ramener l'assurance groupe à un modèle unique. Plusieurs thèses ont pourtant été émises pour rapprocher les assurances collectives d'une catégorie juridique connue. Aucune ne peut, aujourd'hui, emporter totalement la conviction. Parce qu'il y a assurance d'une autre personne à des conditions fixées par d'autres personnes, on y a vu un cas d'assurance pour compte, application de l'article L. 112-1 du Code des assurances indiquant que « l'assurance peut être contractée pour le compte de qui il appartiendra... ». Cette thèse a été défendue (M. Pauffin de Saint-Morel, L'assurance de groupe, D. 1977, chron. p. 67). Le perfectionnement de l'analyse jurisprudentielle qui reconnaît dans certaines circonstances l'existence d'un contrat d'assurance entre l'assureur et l'adhérent (Civ. 1re, 25 nov. 1997, RGAT 1997. 1066, note J. Kullmann ; RCA 1998, comm. n° 71) ne permet plus de retenir cette analyse. Plus généralement, c'est vers la nature de stipulation pour autrui que convergent la plupart des analyses. Pourtant l'affirmation n'est vérifiée qu'en partie. Elle est certainement avérée dans le cadre des contrats collectifs à adhésion obligatoire souscrits par une entreprise au profit de ses salariés ou une association au profit de ses adhérents (en ce sens, J. Bigot, *Traité de droit des assurances*, LGDJ 2002, n° 190, p. 131). Dans ce cas, en effet, il n'existe qu'un seul contrat conclu entre le souscripteur et l'assureur et qui donne naissance aux droits des adhérents envers l'assureur. Il n'est pas possible, en revanche, de fonder les assurances collectives sur une stipulation pour autrui lorsque l'adhésion repose sur une démarche volontaire, surtout lorsqu'elle donne naissance à un contrat d'assurance distinct. De surcroît, l'explication par la stipulation pour autrui est même condamnée, dans certaines assurances de groupe, depuis que la loi du 8 août 1994 (L. n° 94-679, JO 10 août ; JCP G 1994, III, 66972) a introduit dans le Code des assurances un article L. 140-6 (numéroté L. 141-6 par art. 1, III, L. n° 2005-842, 26 juill. 2005, JO 27 juill.) duquel il ressort que dans certains contrats le souscripteur est, tant pour l'adhésion au contrat que pour son exécution, le mandataire de l'assureur. Les assurances de groupe font ainsi l'objet de dispositions législatives éparses qui ne permettent pas d'y découvrir un modèle unique susceptible de recevoir une qualification juridique particulière (J. Bigot, ibid.). Les rapports qui se nouent sur le contrat passé entre l'assureur et le souscripteur sont trop différents pour permettre de dégager une catégorie particulière. Les assurances collectives ne se singularisent donc que par le mécanisme qui conditionne leur application à un assuré déterminé : adhésions multiples à un contrat de base préexistant.

4466. En dehors de la question de l'assurance sur la vie, il convient ici de préciser que le mécanisme de l'assurance groupe était aussi utilisé dans le secteur des assurances de dommages, notamment en matière d'assurance de responsabilité, mais en dehors de dispositions législatives, la définition de l'article L. 141-1 mentionnée ci-dessus ne visant que les assurances de personnes. Il en résultait une relative incertitude sur l'application même des dispositions générales sur les contrats d'assurance ; celle-ci a été levée par la loi n° 2014-344 du 17 mars 2014 relative à la consommation qui a créé un nouvel article L. 129-1 du Code des assurances consacré aux assurances collectives de dommages.

§ 4 ■ Classification fondée sur l'économie du contrat

4467. Selon que le contrat d'assurance sur la vie est souscrit à titre de prévoyance ou à titre d'épargne, l'économie du contrat n'est pas la même. Cette observation générale ne se limite pas au constat d'objectifs différents, elle induit aussi une différence de régime juridique qui a de grandes conséquences en ce qui concerne les droits du souscripteur. Certains contrats, comme par exemple le contrat d'assurance décès temporaire relèvent de l'équilibre de la plupart des contrats d'assurance. L'assureur reçoit des primes en contrepartie de l'engagement qu'il prend de verser un capital, ou une rente, en cas de réalisation de l'évènement couvert par le contrat. Si cet évènement ne se réalise pas avant l'échéance du contrat, l'assureur sera en droit de conserver les primes qu'il a reçues et qui constituaient seulement la juste rémunération de sa prise de risque à travers la personne de l'assuré. Dans de tels contrats, le souscripteur n'a aucun autre droit contre l'assureur. On dit alors communément que les primes sont versées à fonds perdus. C'est une toute autre logique qui anime certains contrats. Au fur et à mesure du versement des primes, le souscripteur acquiert des droits qu'il peut exercer envers l'assureur sans attendre obligatoirement l'échéance contractuelle : droit à une avance, droit à la réduction du contrat, droit au rachat du contrat. L'opération pour l'assureur reste aléatoire dans la mesure où il ne sait si ces droits seront exercés, selon quelles modalités et à quel moment. En revanche, le versement d'un capital équivalent au montant des primes augmenté des intérêts et diminué des frais de gestion, est pour l'assureur inévitable. Les primes ne sont alors plus versées à fonds perdus. L'étude des effets du contrat d'assurance sur la vie illustrera cette différence puisque certains droits du souscripteur ne sont concevables que pour la seconde catégorie de contrats.

■ Chapitre 2
Formation du contrat d'assurance vie

BIBLIOGRAPHIE

L'Argus de l'assurance

Ouvrages. – J. Briere, *Comprendre l'assurance vie*, L'Argus éd., 1988. – J.-A. Chabannes, N. Eymard-Gauclin, *Le manuel de l'assurance vie*, L'Argus 2004, 3e éd. – D. et C. Collignon, *L'assurance vie, contrats individuels*, L'Argus éd., 1989. – T. Corfias, *Assurance vie : technique et produits*, L'Argus éd., 2010 – M. Belmont, Th. Deschanels, *Assurance vie et transmission de patrimoine : pièges, astuces et fiscalité*, L'Argus éd., – J. Bigot (sous dir.), *Code des assurances*, L'Argus éd – F. Couilbault (sous dir. de), *Assurances de personnes*, L'Argus éd., 2016. - O. Bertaux, *Comprendre et conseiller l'assurance vie*, L'Argus éd., 2012.

Articles. – Cahier Pratique, Pièges et optimisation de la clause bénéficiaire, L'Argus 2011, n° 7225. - L. Chrebor, Vers la fin des tarifs hommes/femmes : une histoire belge, L'Argus 2011, n° 7199 ; – D. Burg, Les assureurs s'intéressent à la génétique, L'Argus 1994, n° 6390, p. 43. – S. Corone, Le parcours juridique de la souscription à domicile, L'Argus, 2001, n° 6760, p. 54 ; Assurance vie, le souscripteur doit-il être capable de conclure, L'Argus, n° 6752, p. 56. – G. Defrance, Les droits du tiers bénéficiaire désigné, L'Argus 1998, n° 6596, dossier jur., p. 1 ; La révocation du bénéficiaire, L'Argus 1997, n° 6561, dossier jur., p. 1 ; Assurance vie et communauté conjugale, L'Argus, dossier jur., n° 6492. – J. Monnet, De nouveaux contentieux sur les informations obligatoires ?, L'Argus supp. du 24 mars 2006, p. 72. – X. Périnne, T. Kouandjeu, Le nouveau régime de l'obligation d'information précontractuelle, L'Argus, Cahiers prat. supp. 21 avr. 2006, p. 18.

Autres documentations

Ouvrages. – G. Athias, *Assurance vie, suivez le guide, éd. de Verneuil*, 1994. – J. Aulagnier, *Le démembrement de propriété dans la gestion de patrimoine*, Maxima, 1994. – J. Bigot (dir.), *Traité de droit des assurances*, Le contrat d'assurance, T. 3, LGDJ, 2002, chapitre II ; *Les assurances de personnes, Traité du droit des assurances*, Tome 4 LGDJ 2007. – . - G. Courtieux, J-Cl. fasc. 515-1 et 515-2. – A. Favre Rochex, *Le droit du contrat d'assurance terrestre*, LGDJ 1998. – H. Groutel, F. Leduc, P. Pierre, M. Asselain, *Traité du contrat d'assurance terrestre*, Litec 2008 - G. Klein, *Assurance vie en libre prestation de services*, F. Lefebvre, 1998. – J. Kullmann, *Encyclopédie Dalloz*, Vo Assurances de personnes. – Y. Lambert-Faivre, L. Leveneur, *Droit des assurances*, Dalloz 2011, 13è éd. – R. Leblanc, L'offre d'assurances de personnes, in *Encyclopédie de l'assurance*, éd. Economica, 1998, p. 1117. – G. Lamelot, J. Leriche, *Assurance vie : prévoyance, épargne, retraite*, Delmas, 3e éd. 1994. – M. Leroy, *Assurance vie et Gestion du patrimoine*, Lextenso, 2011 - P. Petauton, *Théorie et pratique de l'assurance vie*, Dunod, 2000, 2e éd. – M. Picard et A. Besson, *Les assurances terrestres*, T. 1, Le contrat d'assurance, LGDJ, 1982.

Articles. – J. Aulagnier, Le quasi usufruit rend impossible l'application de l'article 751 du CGI, Droit et patr., hors série, janv. 1995 ; L'assurance vie est-elle un contrat d'assurance ?, Droit et patr., déc. 1996, p. 44. – M. Asselain, Assureurs sur la vie, soignez la présentation de vos encadrés, RGDA 2015, p. 360 - Ph. Baillot, L'assurance en cas de vie au bénéfice d'un tiers, RGAT 1990. 291. – B. Beignier, Assurance vie, divulgation par l'assureur de l'identité du bénéficiaire d'une assurance vie, Dr. Famille 2004, comm. 23. - D. Berlin, Etendue de l'obligation d'information en assurance-vie, JCP G 2015, p. 890 – J. Bigot, Assurance vie, clause bénéficiaire, obligation de conseil de l'assureur, RGDA 2002. 1028 ; Le devoir de conseil des non-professionnels de l'assurance, Rev. Banc. et bourse, 1999, n° 71, p. 15 ; La loi n° 2003-706 du 1er août 2003 sur la sécurité financière et l'assurance, JCP G 2003, 2025. – J. Casey, Libéralités entre époux et avantages matrimoniaux : nouvelles donnes ? A propos de la loi du 23 juin 2006, Dr. Famille, 2006, Etude. n° 49. – D. Coron. et F. Lucet, Assurance vie, la désignation du conjoint comme bénéficiaire, Trib. ass. 2002, n° 59, p. 26 – G. Courtieux, Assurance sur la vie, nouveaux ajustements législatifs, RCA 2006, étude n° 2 ; Assurance sur la vie, placement, information insuffisante, RCA 2000, n° 137 – F. Couilbault, Assurance vie, le devoir de conseil : une jurisprudence en plein essor, Trib. ass., 2004, n° 78, p. 27. – F. Douet, Absence de novation en cas d'adjonction d'un co-souscripteur à un contrat d'assurance sur la vie, RGDA 2015, p. 267 ; Un contrat d'assurance vie rachetable peut-il constituer une donation indirecte (vue fiscale), Rép. Defrénois 2006, n° 38326. – P. Delmas Saint-Hilaire, Le choix du bénéficiaire, Conseils par des notaires, 1996, n° 213, p. 3 ; Incapable majeur, modification d'une clause bénéficiaire par un souscripteur sous curatelle, D. 2000, p. 104 ; L'incapacité de recevoir du médecin suppose que celui-ci ait été gratifié concomitamment a la maladie du donateur, Rev. Jur. Pers. Famille, 2003, n° 11, p. 26. – A. Depondt, Quelques réflexions sur le démembrement de l'assurance vie, JCP N 1995, I, 449 ; Le démembrement du contrat d'assurance vie, JCP N 2004, p. 333 ; Le démembrement du contrat d'assurance vie, dossier sur les opérations complexes sur assurance vie, Rev. Banc. et bourse, 2003, p. 333. – J. Ghestin, L'incidence du décès du conjoint de l'assuré sur l'assurance vie, JCP G 1995, n° 3881. – M. Grimaldi, L'emploi des deniers grevés d'usufruit, Rép. Defrénois 1999, art. 36939, p. 193. – H. Groutel, Déclaration inexacte du risque, règle proportionnelle, RCA 2001, n° 308 ; Le devoir de conseil, Rev. Banc. et bourse, 1999, n° 71, p. 4. ; La note d'information en assurance vie ou : la poire coupée en deux, RCA 2006, Repères n° 1 – L. Grynbaum, L'enquête du médecin conseil de l'assureur auprès du médecin traitant de l'assuré défunt ne constitue pas une violation du secret médical, Médecine et droit, 2001, n° 50, p. 14 ; Assurance sur la vie, assurance en cas de décès, bénéficiaire : médecin de l'assuré, RCA 2000, n° 378. – La libre révocabilité de l'assurance vie au bénéfice d'un époux : un principe moribond, RCA 2000, comm. n° 343, et chron. 25. – J. Hauser, obs. sous CA Paris, 11 juin 1989, RTD civ. 1999, p. 815. – S. Hovasse–Banget, Assurance vie et régime de communauté, JCP N 2001, p. 1465 ; L'interprétation de la clause bénéficiaire d'un contrat d'assurance vie fondée sur l'intention réelle du stipulant, JCP G 2003, p. 399. – J. Kullman, Le droit de rachat et l'acceptation du bénéficiaire : la découverte simultanée de deux droits positifs, celui du passé et celui du futur, RGDA 2008. 277. - S. Lambert, Assurance vie et indivision familiales, RGDA 2014, p. 579 – D. Langé, Le devoir d'information et de conseil auprès des assurés d'un contrat d'assurance vie en unités de compte, RGDA 2015, p. 420 ; Obs. sous Civ., 1er févr. 2000, RGDA 2000. 487. – N. Leblond, L'obligation d'information de l'assureur vie : une obligation générale et non négociable, RCA 2008, étude n° 11 - H. Leroy, L'assurance et le droit pécuniaire de la famille, LGDJ, 1985. – M. Leroy, Ajouter ou supprimer un assuré, est-ce une novation ? JCP N 2014, n° 38, p. 46 ; De l'interprétation de la clause bénéficiaire désignant le conjoint, Dr. Famille

2003, comm. n° 33 ; L'article L. 132-11 du Code des assurances et les souscriptions démembrées, Gaz. Pal. 2013, p. 265. – F. Lucet, Assurance vie : le décès du bénéficiaire avant acceptation, Rép. Defrénois 1997, art. 36380, p. 1248 ; Le décès du bénéficiaire avant acceptation, Rép. Defrénois 1997, p. 1248. – D. Martin, Le droit matrimonial des libéralités, JCP N 1977, I, 39. – P.G. Marly, Nouvelles précisions sur le devoir de conseil en assurance sur la vie, Rev. Tr. Dr. fin. 2013, p. 7. - J. Maury, Les incidences sur le droit des assurances de personnes de la loi n° 2004-439 du 26 mai 2004 relative au divorce, RGDA 2004. 913. – N. Martial Braz, Cacophonie au pays de l'assurance vie, RCA 2008, étude n° 9. - L. Mayaux, Pour renoncer efficacement il faut signer personnellement, RGDA 2015, p. 149 ; Pour être tenu du rapport il faut avoir la qualité d'héritier, RGDA 2015, p. 31 ; Déclaration des risques, faut-il tout dire à son assureur, obs. ss. Civ. 1re, 19 juin 2001, JCP G 2002, 388 ; Obs. sous CA Paris, 3 fév. 2000 et CA Paris, 27 janv. 2000, RCA 2000, p. 1101 ; Assurance vie : divergence, vous avez dit divergence ?, RGDA 2009. 13, Assurance vie : plaidoyer pour une loi injustement critiquée, RGDA 2008. 869 – T. Milcamps et F. Berdot, Attribution à titre gratuit du bénéfice de l'assurance sur la vie et droit des libéralités, études offertes à Monsieur le Professeur Besson, LGDJ, 1976, p. 239. – G. Parléani, La règle selon laquelle le délai de renonciation ne court pas faute d'information précontractuelle expliquée par la Cour de Justice, RGDA 2014, p. 132. - N. Peterka, De l'incapacité du médecin de recevoir des libéralités de son patient, Rép. Defrénois 2004, p. 32. – F. Petorin, Contrats en déshérence : un nouveau texte de loi en préparation, Pet. Aff. 2014, n° 44 p. 3. Focus sur les contrats d'assurance-vie en déshérence : de nettes marges de progression, Pet. Aff. 2013, p. 155 - P. Pierre, obs. sous Civ. 2e, 2 juin 2005, Revue des notaires Sept. 2005, p. 8 ; Faculté de renonciation, moment, Resp. civ. et ass. 2015, comm. n° 211, obs. sous Cass. 2ème civ., 16 avril 2015 ; La modification du régime de la renonciation du preneur d'assurance sur la vie, Resp. civ. et ass. 2015 Etude 4 ; La révocation de la désignation du conjoint bénéficiaire acceptant d'une assurance sur la vie, Une brève histoire du temps, RCA 2006, chron. n° 14. – S. Pommier, Libéralités réalisées par l'intermédiaire d'un contrat d'assurance vie, Droit et patr., 2002, n° 107, p. 75. – S. Pommier, Répartition du capital de l'assurance entre plusieurs bénéficiaires, Rev. not. ass. vie 1981, n° 70, p. 595. – S. Retif, Etes vous sans le savoir, bénéficiaire d'une assurance vie ?, RCA 2006, p. 2 Alertes. – M. Robineau, L'adhésion à un contrat préexistant n'est pas une novation, JCP G 2015, p. 1041 - N. Sauphanor, Du démembrement de la clause bénéficiaire dans le contrat d'assurance-décès, Droit et patr., n° 73, Juill. Août 1999, p. 42. - – E. Seiffert, Assurance sur la vie et information précontractuelle, Resp. civ. et ass. 2015, n° 10, p. 39 – C. Simler, La souscription démembrée, instrument de transmission, Dr. et pat. 2012, n° 218, p. 59.

Divers. – C. Beguin, Les contrats d'assurance sur la vie et le droit patrimonial de la famille, Thèse Paris 2, 2011 – J.-A. Chabannes, Nature de l'assurance vie : assurance de risque ou opération d'épargne, Thèse, Paris I, 1991. – C. Gass-Khan, Assurance sur la vie et relations patrimoniales entre époux, Thèse, Paris II 1979. – F. Lucet, Des rapports entre régime matrimonial et libéralités entre époux, Thèse, Paris II, 1987 – F. Tagne, La protection des consommateurs d'assurance sur la vie, Thèse Toulouse 2014.

Section 1 ▪ Souscription du contrat d'assurance vie

4468. Le contrat est formé par l'accord intervenu entre l'assureur et le souscripteur aussi désigné en qualité de contractant ou de preneur d'assurance. Généralement le souscripteur est aussi l'assuré. Si tel n'est pas le cas, le contrat est alors conclu par trois parties, le consentement de l'assuré non souscripteur étant obligatoire. Le bénéficiaire, quant à lui, n'est pas partie au contrat même s'il y joue un rôle important ; sa désignation, notamment, doit faire l'objet d'une attention toute particulière. Il ne sera ici pas apporté d'informations particulières sur la situation de l'assureur, entreprise agréée pour proposer des contrats portant sur la vie humaine.

§ 1 ▪ Capacité et pouvoirs du souscripteur

A ▪ Personnes physiques

4469. Toute personne physique peut souscrire un contrat d'assurance vie. En l'absence de dispositions particulières, il a lieu de faire application de l'article 1123 du Code civil selon lequel « toute personne peut contracter, si elle n'en est pas déclarée incapable par la loi ». S'il est démontré, postérieurement à la souscription, que le contrat a été conclu par une personne atteinte d'un trouble mental, il sera possible d'en demander la nullité sur le fondement de l'article 414-2 du Code civil, anciennement art. 489-1 (CA Paris, 17 mai 2001, D. 2002, p. 2159, note P. Delmas Saint-Hilaire et J.J. Lemouland).

1 ▪ Mineurs

4470. Le mineur émancipé est capable, comme un majeur, de tous les actes de la vie civile (C. civ., art. 413-6, anc. art. 481). Il pourra donc, sans que l'on distingue en fonction de la source de l'émancipation, conclure valablement un contrat d'assurance vie, sans qu'il y ait lieu de distinguer selon que l'émancipation résulte d'une décision judiciaire ou du mariage du mineur.

4471. Le mineur non émancipé n'est pas en mesure de prendre seul la qualité de souscripteur d'un contrat d'assurance sur la vie. La souscription devra être conclue pour son compte dans les conditions habituelles de représentation.

4472. En fonction de la qualification retenue, le régime de la représentation du mineur sera différent. Il est assez habituel de distinguer selon que les cotisations sont versées de manière périodique ou qu'elles ont été acquittées par un versement unique par aliénation des capitaux appartenant au mineur. Lorsqu'elles sont financées par ses revenus, les cotisations n'altèrent pas le patrimoine du mineur et la souscription sera alors vue comme un acte d'administration. En revanche, la qualification d'acte de disposition sera inévitablement retenue en cas de versement unique. Le décret n° 2008-1484 du 22 décembre 2008 relatif aux actes de gestion du patrimoine des personnes placées en curatelle ou en tutelle, et pris en application des articles 452, 496 et 502 du Code civil (JO 31 déc.) range dorénavant les opérations de souscription d'un contrat d'assurance sur la vie et de désignation d'un bénéficiaire parmi les actes de disposition. Il est probable que cette qualification applicable aux seules personnes placées en tutelle ou en curatelle emportera une qualification générale qui rendra caduque la distinction visée ci-dessus.

4473. Sauf dans l'hypothèse où le contrat est conclu à titre onéreux, en échange de l'exécution d'une obligation déterminée (contrat d'assurance emprunteur par exemple), il est communément admis que la désignation du bénéficiaire emporte à son profit, donation des cotisations versées par le souscripteur (L. Mayaux, Les relations entre le droit des assurances et le droit de la famille, RGAT 1994. 423). On rappellera ici que le mineur est frappé d'une interdiction de jouissance qui lui interdit de disposer à titre gratuit avant l'âge de 16 ans (C. civ., art. 903) et qu'à compter de l'âge de 16 ans, il ne peut disposer que par voie de testament et dans la limite de la moitié de la quotité disponible (C. civ., art. 904). L'incapacité de jouissance postule l'incapacité d'exercice et donc, nulle dérogation n'est envisageable pour donner efficacité à l'engagement. Selon une doctrine néanmoins, la donation n'étant qu'indirecte et le souscripteur n'ayant aucun lien contractuel avec le bénéficiaire, le contrat d'assurance sur la vie ne serait pas concerné par les articles 903 et 904 du Code civil. Quoi qu'il en soit, en pratique il est fortement conseillé de ne retenir comme bénéficiaires du contrat que les héritiers ab intestat du souscripteur, ce qui limite considérablement la portée de la difficulté. Outre que la désignation s'avère de fait beaucoup moins sensible, les personnes ayant qualité pour agir pour faire reconnaître la nullité de la désignation sont ceux qui en profiteront en premier lieu et on peut imaginer qu'elles n'agiront pas contre leur propre intérêt.

4474. L'article L. 132-3 du Code des assurances interdit à toute personne de contracter une assurance en cas de décès sur la tête d'un mineur de moins de douze ans. Un doute subsiste sur la portée exacte de cet article. Une lecture très générale pourrait en faire un principe général interdisant la conclusion d'un contrat d'assurance vie dans lequel l'assuré serait un mineur de moins de douze ans, une lecture plus attentive en limiterait l'application à la seule hypothèse où le mineur n'est pas lui-même, par représentation, le souscripteur du contrat et par conséquent, autoriserait la souscription d'un contrat d'assurance décès par le représentant du mineur, agissant au nom de ce dernier. Cette seconde lecture paraît plus pertinente au regard de la lettre même du texte et des articles qui le précèdent qui laissent bien entendre que la solution ne vaut que pour l'assurance contractée sur la tête du mineur par un tiers (C. assur., art. L. 132-1 et L. 132-2). Depuis la loi n° 2007-1775 du 17 décembre 2007, le nouvel article L. 132-4-1 du Code des assurances encourage cette seconde lecture puisqu'il est clairement précisé que la souscription d'un contrat d'assurance vie, sans distinction, peut être accomplie au nom du mineur en tutelle par son tuteur avec l'autorisation du juge des tutelles ou du conseil de famille. Néanmoins, on observera judicieusement (en ce sens P. Pierre, *Traité du contrat d'assurance terrestre*, Litec 2008, n° 2109) que l'article L. 141-5 relative à l'assurance groupe présente encore comme une dérogation aux articles L. 132-2 et L. 132-3 le droit pour un représentant légal d'adhérer à un contrat d'assurance groupe au nom d'un majeur en tutelle.

2 ▪ Majeurs protégés

4475. Le majeur en tutelle a besoin d'être représenté dans les actes de la vie civile (C. civ., art. 440 al. 3, anc. art. 492). Sa représentation est effectuée par le tuteur désigné par le juge des tutelles. Il existe toutefois des situations de tutelle simplifiée. Le Code civil permet au juge des tutelles de décider que le tuteur gérera les biens du mineur en qualité d'administrateur légal. L'article 451 lui permet, lorsque la consistance des biens à gérer le justifie, de désigner un préposé appartenant au personnel de l'établissement de traitement du majeur ou un administrateur spécial. Par ailleurs, en vertu de l'article 449 du Code civil, l'époux est tuteur de son conjoint sauf si la communauté de vie a cessé entre eux.

4476. Le majeur en curatelle est celui qui sans être hors d'état d'agir lui-même a besoin d'être assisté ou contrôlé dans les actes importants de la vie civile (C. civ., art. 440 al. 1er). La curatelle n'est ouverte que s'il apparaît que la sauvegarde de justice n'assure plus une protection suffisante du majeur.

4477. Les lois n° 2007-308 du 5 mars 2007 et n° 2007–1775 du 17 décembre 2007 sont à l'origine de nouvelles solutions inscrites dorénavant à l'article L. 132-4-1 du Code des assurances. Selon ce texte, lorsqu'une tutelle est ouverte à l'égard du stipulant, les opérations de souscription du contrat d'assurance sur la vie ainsi que la désignation et la substitution du bénéficiaire ne peuvent être accomplies par le tuteur qu'avec l'autorisation du juge des tutelles ou du conseil de famille. Lorsqu'un régime de curatelle a été mis en place, ces mêmes actes ne peuvent être accomplis qu'avec l'assistance du curateur. Le texte apporte deux précisions complémentaires relatives au bénéfice du contrat. D'une part, lorsque les bénéficiaires ont aussi la qualité de tuteur ou de curateur, ils sont réputés être en opposition d'intérêts avec la personne protégée (al. 2). D'autre part, toute acceptation du bénéfice d'un contrat d'assurance vie peut être annulée s'il est démontré que l'incapacité du stipulant était notoire ou connue du bénéficiaire au moment de l'acceptation (al. 3) et lorsque celle-ci s'est produite moins de deux ans avant la publicité du jugement d'ouverture de la curatelle ou de la tutelle.

4478. En vertu de l'article 435 du Code civil, les actes accomplis par un majeur placé sous un régime de sauvegarde de justice peuvent être annulés en cas de lésion ou réduits en cas d'excès. En matière d'assurance, il est difficile de faire la preuve d'une lésion. En revanche, le caractère disproportionné des cotisations d'assurance par rapport aux revenus du souscripteur peut caractériser l'excès. (pour une modification de la clause bénéficiaire du contrat par une personne placée sous le régime de la sauvegarde de justice, Civ. 1ère, 18 janv. 2012, n° 10-27.325).

3 ▪ Personnes mariées sous un régime de communauté

4479. Nulle question ne se posera lorsque les cotisations seront prélevées sur les biens propres de l'époux. En vertu de l'article 225 du Code civil, chaque époux administre, oblige et aliène seul ses biens personnels. Pour autant, il peut se révéler opportun de conseiller au souscripteur de procéder à chaque versement de cotisation prélevé sur le capital (et non sur les revenus du capital) à une déclaration de remploi dans les termes prévus à l'article 1434 du Code civil. En revanche, lorsque les cotisations proviennent des biens communs (prélèvement sur les revenus réguliers du couple ou investissement d'une somme commune) il convient de s'interroger sur l'éventuelle obligation de cogestion qui pourrait découler de l'article 1422 du Code civil selon lequel un époux ne peut aliéner seul un bien commun à titre gratuit. Il a été conseillé aux assureurs d'exiger le consentement de l'épouse du mari souscripteur (M. Picard et A. Besson, *Traité général des assurances terrestres*, LGDJ 1945, tome IV, n° 57, p. 128). Pourtant la fréquence de conclusion des contrats d'assurance vie ainsi que leur importance économique ont conduit à une évolution de la solution, plus favorable à l'autonomie des conjoints communs en biens. Cela explique les positions doctrinales émises au soutien de la thèse permettant à un époux commun en biens de souscrire seul un contrat d'assurance vie. Même si certains auteurs demeurent réservés et exigent toujours le consentement du conjoint, du moins lorsque le contrat est le moyen d'une libéralité (A. Colomer, *Régimes matrimoniaux*, Litec, n° 442), et même si la prudence des assureurs permet généralement de régler la difficulté, il est possible de développer deux arguments au soutien de l'autonomie matrimoniale.

4480. Il est admis, au regard d'un arrêt d'assemblée plénière, qu'un époux commun en biens peut souscrire seul un contrat d'assurance sur la vie et procéder à la désignation du bénéficiaire. En application du mécanisme de la stipulation pour autrui, le capital versé par l'assureur au bénéficiaire est censé n'avoir jamais fait partie de la communauté. La désignation du bénéficiaire ne constitue donc pas un acte de disposition à titre gratuit d'une créance commune. Il est dès lors posé que ce qui vaut pour l'attribution du contrat vaut aussi pour la souscription (J.-L. Aubert, note sous Ass. Plén., 12 déc. 1986, RGAT 1987. 254 et Rép. Defrénois 1987, art. 33932).

4481. Il est possible de trouver d'autres fondements à la libre conclusion d'un contrat d'assurance sur la vie par un conjoint commun en biens agissant seul. L'arrêt visé ci-dessus a été rendu à propos du capital décès et non des cotisations. Or, la souscription d'un contrat d'assurance sur la vie avec désignation d'un tiers bénéficiaire emporte généralement donation indirecte des cotisations ce qui a pour conséquence de reposer le problème de l'éventuelle application de l'article 1422 du Code civil à cet égard. On observera alors que les cotisations sont généralement payées à partir des revenus sur lesquels l'époux conserve un libre pouvoir de disposition (en ce sens, G. Courtieux, J-Cl., *Assurances et responsabilité*, fasc. 510-1, n° 75 ; G. Champenois, *Les régimes matrimoniaux*, Armand Colin, 2e éd. n° 362). Ce n'est que dans le cas où ces revenus se seraient transformés en capital que le régime habituel de donation des biens communs trouverait à s'appliquer. En dernier lieu, il est aussi imaginable de s'appuyer sur la nature d'acte d'administration qui peut être reconnue à l'opération d'assurance vie par laquelle un époux entend réaliser une épargne dont il profitera directement ou dont il fera profiter un tiers bénéficiaire. Toutefois cet argument a été fragilisé par le décret n° 2008-1484 du 22 décembre 2008 relatif aux actes de gestion du patrimoine des personnes placées en curatelle ou en tutelle, et pris en application des articles 452, 496 et 502 du Code civil (JO 31 déc.) qui range dorénavant les opérations de souscription d'un contrat d'assurance sur la vie et de désignation d'un bénéficiaire parmi les actes de disposition.

4482. En l'absence d'une solution légale indiscutable, il est toujours possible de formuler une position plus exigeante. Ainsi, en relevant que l'acceptation du bénéficiaire entraîne donation des cotisations, un auteur a pris parti pour l'obligation de participation du conjoint lorsque la souscription est accompagnée de la désignation d'un bénéficiaire acceptant. Un époux commun en biens pourrait souscrire seul un contrat d'assurance sur la vie au profit d'un tiers à titre gratuit mais le consentement de son conjoint serait nécessaire pour que le bénéficiaire puisse accepter la désignation (E. Ergan, L'attribution à titre gratuit du contrat d'assurance sur la vie, Thèse, Rennes 1, 1999, n° 71, p. 76).

B ▪ Personnes morales

4483. En elle-même, une personne morale possède la pleine capacité pour conclure un contrat d'assurance sur la vie. Il est tout de même nécessaire de respecter deux principes. Celui de la spécialité de sa capacité qui ne lui permet, par l'intermédiaire de ses représentants dûment habilités, de ne conclure que des contrats qui sont susceptibles de se rattacher à son objet social. Celui de la légalité de l'opération au regard de l'intérêt qui peut en résulter pour le dirigeant bénéficiaire.

4484. Dans le domaine de l'assurance des particuliers, la question n'intéresse guère que l'assurance souscrite par une association au profit des proches de l'un des dirigeants. Envisagée comme un élément de sa rémunération, il conviendra alors de vérifier que la décision de souscription du contrat et les modalités de versement des cotisations aient été arrêtées en conformité avec les statuts. Le contrat peut avoir aussi été souscrit par la société au profit de l'un de ses dirigeants. C'est notamment le cas lorsqu'il s'agit d'allouer au dirigeant un complément de retraite. Il conviendra de veiller alors à ce que le bénéfice du contrat soit présenté comme un élément de sa rémunération, ce qui suppose que ce complément ait pour contrepartie des services particuliers rendus par le dirigeant (Com., 3 mars 1987, Rev. Sociétés 1987, p. 393 ; G. Briens, *L'entreprise et la protection sociale complémentaire*, Litec 1990, n° 89, p. 40). De surcroît, le contrat étant conclu par le dirigeant agissant au nom de la société, il conviendra de veiller à ce que la qualification d'abus de biens sociaux ne puisse pas être retenue.

§ 2 ▪ Information du souscripteur

4485. Au terme de réécritures successives, l'article L. 132-5-2 du Code des assurances énonce plusieurs règles constituant un formalisme spécifique à l'assurance sur la vie. Toutefois ces dispositions spécifiques ne s'appliquent qu'aux contrats qui sont conclus pour une durée supérieure à 2 mois (dernier alinéa de l'article).

A ▪ Note d'information

4486. Dans tous les contrats d'assurance, l'assuré doit recevoir, avant même la formation du contrat, les informations qui lui permettront d'apprécier les conséquences de l'accord qu'il s'apprête à donner et de vérifier que l'assurance qu'il souscrit correspond bien au risque qu'il entend assurer. Selon l'article L. 112-2 du Code des assurances, l'assureur doit remettre au candidat à l'assurance une fiche d'information sur les garanties offertes et les cotisations demandées. Il doit lui remettre également un projet de convention ou une notice d'information sur le contrat précisant les garanties et les exclusions. Depuis la loi n° 94-5 du 4 janvier 1994, les documents remis au preneur d'assurance doivent aussi contenir des informations relatives à la loi applicable au contrat si celle-ci n'est pas la loi française, aux procédures applicables en cas de contestation ainsi que l'adresse du siège social ou de la succursale qui se propose d'accorder la couverture. La remise des documents est constatée par une mention signée et datée par le souscripteur, apposée au bas du contrat, par laquelle celui-ci reconnaît avoir reçu au préalable ces documents et précisant leur nature et la date de leur remise (C. assur., art. R. 112-3). Toutefois, en l'absence de précisions légales, aucune sanction, sauf ce qui sera dit ci-dessous à propos de l'assurance vie, n'est prévue en cas de non respect de cette exigence (S. Yawaga, Les obligations pré contractuelles de l'assureur, RGDA 1997. 83), mais à défaut l'opposabilité de clauses d'exclusion ou de limitation de garantie peut en dépendre Civ. 2e, 24 mai 2006, n° 04-18.680 ; Civ. 2e, 11 janv. 2007, n° 06-11.478).

4487. L'article L. 132-5-2 reprend de manière plus spécifique cette solution générale en exigeant de l'assureur la remise d'une « note d'information sur les dispositions essentielles du contrat, sur les conditions d'exercice de la faculté de renonciation » (pour une distinction entre notice d'information de l'article L. 112-2 et, note d'information de l'article L. 132-5-1, J. Bigot (dir.), Traité *de droit des assurances*, t. 3, Le contrat d'assurance, LGDJ 2002, p. 361, n° 484). Depuis la loi n° 2003-706 du 1er août 2003 de sécurité financière (art. 85, 1, 2), les dispositions essentielles du contrat figurant dans la notice doivent inclure lorsque le contrat comporte des garanties exprimées en unités de compte, les caractéristiques principales de ces unités de compte. Cette obligation a largement été formulée dans le cadre de la législation plus récente. Depuis la loi n° 2005-1564 du 15 décembre 2005, elle n'est plus seulement envisagée dans le corps même de l'article L. 132-5-2 sous une formule très générale qui évoquait « les caractéristiques essentielles des unités de compte ». Un arrêté du 10 mars 2006, auquel renvoie l'article L. 132-5-2 en précise le contenu en créant un article A. 132-4-1, II du Code des assurances (X. Périnne et T. Kouandjeu, Le nouveau régime de l'obligation d'information précontractuelle, L'Argus, Cahiers prat. suppl. 21 avr. 2006, p. 18). Après l'adoption de l'ordonnance n° 2011-915 du 1er août 2011 transposant la directive OPCVM IV, un arrêté du 3 octobre 2011 relatif à l'information précontractuelle des contrats d'assurance sur la vie (JO n° 0237 du 12 octobre 2011) introduit la notion de document d'information clé pour l'investisseur en remplacement du prospectus et prévoit que pour chaque unité de compte sous forme de part ou d'action d'organismes de placement collectifs en valeurs mobilières (OPCVM) mentionnée au 7° ter de l'article R. 332-2 du Code des assurances, l'assureur devra remettre en sus « une note détaillée ». L'arrêté du 3 octobre 2011 modifie également le 4ème alinéa de l'annexe à l'article A. 132-4 et l'article A. 132-6 du Code des assurances. Les assureurs avaient jusqu'au 1er juillet 2013 pour se mettre en conformité avec ces nouvelles dispositions (obs. Charles-Éric Delamare-Deboutteville et Alban Fréneau, Argus de l'assurance, 4 nov. 2011). Enfin, une recommandation de l'Autorité de contrôle prudentiel (Communiqué AMF 6 mai 2011) vise la mise en place de bonnes pratiques permettant de gérer les situations de conflit d'intérêts lorsque sont proposées aux souscripteurs de contrats d'assurance-vie des unités de compte composées de titres de créance d'un émetteur lié financièrement à l'organisme d'assurance. Cette recommandation s'applique aux actes de commercialisation postérieurs au 31 juillet 2011.

4488. En matière d'assurance sur la vie, le défaut de remise des documents d'information est assorti d'une sanction significative. L'article L. 132-5-2 prévoit en effet la prorogation du délai de renonciation jusqu'au trentième jour calendaire qui suit la remise effective des documents. L'assureur ne peut pas prétendre à un double emploi avec les documents contractuels remis ultérieurement - en l'occurrence, conditions générales du contrat – pour échapper à la sanction (CA Bourges, 27 juin 2000, RGDA 2002. 738, note J. Bigot). Les conséquences pratiques peuvent être très importantes. Dans l'affaire jugée par la Cour d'appel de Bourges, le point de départ du délai de rétractation a été repoussé au jour de la remise effective de la note d'information, soit plus de 4 années après l'envoi des conditions générales et la souscription du contrat. Toutefois, la loi n° 2005-1564 du 15 décembre 2005 a fixé une limite à cette sanction en indiquant que la renonciation doit être exercée dans la limite de huit ans à compter de la date où le souscripteur a été informé que le contrat était conclu. On rappellera ici que le projet de loi avait retenu une durée de trente années qui avait effrayé les assureurs qui ont finalement obtenu une réduction à huit années. Depuis la loi n° 2014-1662 du 30 décembre 2014, la solution est réservée aux souscripteurs de bonne foi (voir ci-dessous).

4489. La jurisprudence a donné une importance contractuelle très forte à la note d'information. Ainsi, il est admis qu'en cas de contrariété avec le contrat c'est la notice seule qui sera opposable à l'assuré (Civ. 1re, 9 déc. 1981, RGAT 1982. 336 ; Assur. fr. 1982, p. 276 ; Civ. 1re, 13 janv. 1987, RGAT 1987. 126 ; Civ. 1re, 27 nov. 1990, RCA 1991, comm. n° 37) et que des conditions de garantie fixées par le contrat mais ne figurant pas dans la notice sont inopposables à l'assuré (Civ. 1re, 14 janv. 1992, RGAT 1992. 342). Par exemple, une clause de la police imposant que la preuve de l'invalidité soit apportée dans le délai d'un an a été déclarée inopérante au motif qu'aucune condition de temps n'était stipulée dans la note d'information (Civ. 1re, 13 janv. 1987, RGAT 1987. 262 ; Civ. 1re, 13 oct. 1987, RGAT 1988. 85). Il a été jugé de la même manière à propos d'une condition relative à l'assistance d'un tiers pour un assuré atteint d'une incapacité professionnelle absolue et définitive (Civ. 1re, 14 janv. 1992, RGAT 1992. 343 ; Rapp. Civ. 1re, 17 mars 1993, RGAT 1993. 623, obs. A. Favre Rochex). Enfin, de manière générale, lorsqu'une clause du contrat n'est pas conforme à une indication de la notice, elle est déclarée inopposable au souscripteur (Civ. 1re, 9 déc. 1981, RGAT 1982. 336 ; Assur. fr. 1982, p. 276 ; Civ. 1re, 9 déc. 1986, RGAT 1987. 124 ; Civ. 1re, 13 janv. 1987, RGAT 1987. 126 ; Civ. 1re, 27 nov. 1990, RCA 1991, comm. n° 37).

4490. L'article A. 132-4 du Code des assurances (Arr. 28 mars 1995, mod. par arr. n° 2006-08-01, art. 1 2°, JORF 26 août 2006 et arr. n° 2007-04-23, art. 1, JORF 2 mai 2007) comporte en annexe le schéma de la note d'information prévue par l'article L. 132-5-1 du Code des assurances, devenu avec la loi n° 2005-1564 du 15 décembre 2005, l'article L. 132-5-2.
Selon cette annexe, la note d'information doit comporter les rubriques suivantes :
1. Nom commercial du contrat.
2. Caractéristiques du contrat :
a) Définition contractuelle des garanties offertes ;
b) Durée du contrat ;
c) Modalités de versement des cotisations ;
d) Délai et modalités de renonciation au contrat, sort de la garantie décès en cas de renonciation ;
e) Formalités à remplir en cas de sinistre ;
f) Précisions complémentaires relatives à certaines catégories de contrats :
-contrats en cas de vie ou de capitalisation : frais et indemnités de rachat et autres frais prélevés par l'entreprise d'assurance, mentionnés au premier alinéa de l'article R. 132-3 ;
-autres contrats comportant des valeurs de rachat : frais prélevés en cas de rachat et autres frais ;

-contrats comportant des garanties exprimées en unités de compte : énonciation des unités de compte de référence et pour chaque unité de compte sélectionnée par le souscripteur ou, en cas de contrat de groupe à adhésion facultative, par l'adhérent, indication des caractéristiques principales, et en l'absence d'insertion de l'encadré mentionné à l'article L. 132-5-2 d'une part, des frais prélevés par l'entreprise d'assurance sur la provision mathématique ou le capital garanti et, d'autre part, des frais pouvant être supportés par l'unité de compte ainsi que des modalités de versement du produit des droits attachés à la détention de l'unité de compte. Pour chaque unité de compte constituée sous la forme d'une part ou d'une action d'organisme de placement collectif en valeurs mobilières (OPCVM), l'indication des caractéristiques principales peut être valablement effectuée par la remise contre récépissé du prospectus simplifié, visé par l'Autorité des marchés financiers. En cas de non-remise du prospectus simplifié, le souscripteur ou adhérent est informé de ses modalités d'obtention, ainsi que, le cas échéant, de l'adresse électronique où se procurer ce document ;
-contrats de groupe à adhésion facultative : nom et adresse du souscripteur, formalités de résiliation et de transfert ;
-contrats de groupe à adhésion facultative comportant une clause de transférabilité en application de l'article L. 132-23 ou de l'article 108 de la loi n° 2003-775 du 21 août 2003 portant réforme des retraites : frais et indemnités de transferts.
g) Information sur les cotisations relatives aux garanties principales et complémentaires lorsque de telles informations s'avèrent appropriées ;
h) Précision quant à la loi applicable au contrat lorsque celle-ci n'est pas la loi française et indications générales relatives au régime fiscal.
3. Rendement minimum garanti et participation :
a) taux d'intérêt garanti et durée de cette garantie ;
b) indications des garanties de fidélité, des valeurs de réduction, des valeurs de rachat ou, pour les contrats de groupe à adhésion facultative comportant une clause de transférabilité en application de l'article L. 132-23 ou de l'article 108 de la loi n° 2003-775 du 21 août 2003 portant réforme des retraites, des valeurs de transfert ; dans le cas où celles-ci ne peuvent être établies lors de la souscription, l'article A. 132-4-1 s'applique ;
c) modalités de calcul et d'attribution de la participation aux bénéfices.
4. Procédure d'examen des litiges :
- modalités d'examen des réclamations pouvant être formulées au sujet du contrat ;
- existence, le cas échéant, d'une instance chargée en particulier de cet examen.

4491. La rédaction imprécise de l'article L. 132-5-2 (ancien art. L. 132-5-1) a conduit à une évolution jurisprudentielle retentissante. Prenant prétexte que la note d'information pouvait utilement être remplacée par la proposition d'assurance, au moins lorsque cette dernière était présentée en reprenant les mentions obligatoires devant figurer dans la note d'information, certains assureurs se sont dispensés de rédaction d'une note spécifique d'information, objectivement devenue inutile. Parfois acceptée par les juges (CA Bourges, 13 sept. 2004, L'Argus suppl. 24 mars 2006), cette pratique fut progressivement interdite (CA Paris, 13 mai 2005, L'Argus, préc.) ce qui a eu pour regrettable effet de permettre à des assurés de prétendre que l'information légale n'avait pas été respectée et obtenir en conséquence le droit de renoncer à un contrat souscrit plusieurs années plus tôt sous la forme d'un contrat en unités de compte dont il est facile de deviner qu'il s'était révélé un mauvais placement (notamment CA Paris, 7e ch. Sect. A, 22 nov. 2005, L'Argus, 17 févr. 2006, p. 39 ; Civ. 2e, 7 mars 2006 (2 arrêts), RCA 2006, n° 208, obs. G. Courtieu ; Juris-data n° 2006-032562 et n° 2006-032563, voir aussi Civ. 2e, 8 mars 2006, RCA 2006, n° 209) – sur la nature discrétionnaire du droit de renonciation, Civ. 2e, 15 déc. 2011, n° 10-24.411, L'essentiel du droit des assurances, fév. 2012 n° 2 p. 6 obs. M. Leroy – sur la soumission de l'action en restitution des sommes versées sur le contrat à la prescription biennale de l'article L. 114-1 du Code des assurances, Civ. 2e, 7 juil. 2011, n° 10-20.857, RGDA 2011, p. 1091, note J. Kullmann). Dernièrement, une insuffisance d'indications des frais de gestion (Civ. 2e, 21 mai 2015, n° 14-18.742, Resp. civ. et ass. 2015, comm. n° 239, RGDA 2015, p. 574, note A. Pelissier) et un défaut dans la présentation de l'encadré (Civ. 2e, 22 oct. 2015, n° 14-25.533 Resp. civ. et ass. 2016, comm. 24, RGDA 2015, p. 360, note M. Asselain) ont été retenus comme des cas de défaillance dans l'information précontractuelle.

4492. La solution demeure en jurisprudence, il a même été précisé qu'elle s'appliquait aussi aux contrats d'assurance de nature collective (Civ. 2e, 10 juill. 2008, n° 07-12.072, RCA 2008, n° 305, adde, N. Leblond, L'obligation d'information de l'assureur vie : une obligation générale et non négociable, RCA 2008, étude n° 11). Il a toutefois été reconnu que l'exercice du droit de renonciation n'était plus possible lorsque le souscripteur avait procédé au rachat complet de son contrat (Civ. 2e, 15 déc. 2011, n° 10-27.703, L'essentiel du droit des assurances, fév. 2012, n° 2 p. 6, obs. M. Leroy – en cas de rachat total, le souscripteur est encore recevable à faire valoir le défaut d'information précontractuelle de l'assureur, Civ. 2e, 7 juil. 2011, n° 10-16.267, RGDA 2012 p. 103, note J. Bigot). Il en va de même en cas de rachats partiels, opérés au profit et à la demande de la banque en exécution d'un contrat de délégation de créance, considérés comme impropres à caractériser une renonciation non équivoque de l'assuré à l'exercice de sa faculté prorogée de renonciation au contrat, Civ. 2è, 6 fév. 2014, n° 13-10.406 Argus 11 mars 2014 ; Civ. 2è, 13 janv. 2012, n° 11-10.908), de même, selon un arrêt de la Cour de cassation, il n'est pas possible aux héritiers d'un bénéficiaire décédé de renoncer au contrat au motif que le décès avait entraîné le dénouement du contrat (Civ. 2e, 16 avril 2015, n° 14-13.291, Resp. civ. et ass. 2015, comm. 211, obs. P. Pierre, RGDA 2015, p. 362, note S. Lambert). Par ailleurs, les griefs d'imprécision et de disproportion soulevés dans le cadre d'une procédure de question prioritaire de constitutionnalité n'ont pas été retenus (Civ. 2e, QPC, 13 janv. 2011, n° 10-16.184). Il est toutefois admis que si l'assureur est titulaire d'une créance d'intérêts sur les avances consenties au souscripteur avant la renonciation, il est en droit d'en déduire le montant sur celui des sommes à restituer, (CA Paris, 8 fév. 2011, Dict. Perm., Bull. avr. 2011, p. 17) ou encore qu'il n'était pas possible d'ajouter à la sanction légale de remboursement des primes l'octroi de dommages et intérêts au profit de l'assuré (CA Paris, 2 nov. 2010, n° 08-06714). En revanche, une action en nullité du contrat pour dol semble difficile à mettre en œuvre (Com., 11 oct. 2011, n° 10-21.698, Gaz. Pal. 2011 n° 314, p. 9, obs.M. Leroy). L'Autorité de contrôle prudentiel et de résolution a adopté une recommandation sur le recueil des informations relatives à la connaissance du client dans le cadre du devoir de conseil en assurance vie, recommandation 2013-R-01 du 8 janvier 2013, P.G. Marly, JCP E 2013 n° 37, p. 31. Outre l'instauration d'une impossibilité de faire valoir la possibilité de renonciation pour manque d'information après l'écoulement d'un délai de huit années par la loi n° 2005-1564 du 15 décembre 2005, la loi n° 2014-1662 du 30 décembre 2014 modifiant l'article L. 132-5 -2 du Code des assurances, réserve dorénavant la prorogation du délai de renonciation pour défaut d'information aux seuls souscripteurs de bonne foi (P. Pierre, La modification du régime de la renonciation du preneur d'assurance sur la vie, Resp. civ. et ass. 2015, Etude 4, relevant notamment que la solution nouvelle ne s'appliquera pas aux contrats en cours).

4493. La discussion législative a longtemps été hésitante sur l'intérêt d'une note d'information en présence d'une proposition de contrat suffisamment précise. Finalement il a été admis que la proposition d'assurance ou le projet de contrat pouvaient valoir note d'information lorsqu'un encadré, inséré en début de proposition ou de projet, indique en caractères très apparents la nature du contrat. Cet encadré doit indiquer en particulier le regroupement des frais dans une même rubrique, les garanties offertes et la disponibilité des sommes en cas de rachat. Un arrêté du 8 mars 2006, auquel renvoie l'article L. 132-5-2 a précisé les exigences de présentation formelle et le contenu de l'encadré. Les dispositions de cet arrêté sont très précises et les formules qu'il doit contenir sont parfois imposées (par exemple la mention sur la durée du contrat ou la mention sur l'objet même de l'encadré). Il est sans doute utile ici de rappeler que le non respect de ces dispositions emporte non accomplissement de l'obligation d'information et report du point de départ du délai de renonciation jusqu'au jour de la remise effective des documents. Devra-t-on se montrer rigoureux au point d'admettre que le non respect des mentions obligatoires de l'encadré emporte non remise des documents ? Il est à craindre que de nouveaux contentieux, aux conséquences très lourdes, apparaissent (H. Groutel, La note d'information en assurance vie ou : la poire coupée en deux, RCA 2006, Repères n° 1 ; G. Courtieux, Assurance sur la vie, nouveaux ajustements législatifs, RCA 2006, étude n° 2 p. 5 ; J. Monnet, De nouveaux contentieux sur les informations obligatoires ?, L'Argus, suppl. 24 mars 2006, p. 72). Il demeure qu'il appartient à l'assureur d'apporter la preuve de la remise de la notice (voir Civ. 2e, 10 juill. 2008, n° 07-12.072, FS+P+B, RCA 2008, n° 305 qui censure un arrêt d'appel qui avait condamné un assureur à restituer certaines sommes tout en constatant que le souscripteur avait signé le récépissé établissant la remise de la note d'information. En pratique il est recommandé de demander au souscripteur soit de porter son paraphe sur un exemplaire de la note d'information elle-même, soit de faire figurer la note au dos du contrat d'assurance signé par le souscripteur (N. Leblond, préc.). Le formalisme de l'encadré continue à soulever des difficultés (M. Asselain, Assureurs sur la vie, soignez la présentation de vos encadrés, RGDA 2015, p. 360).

4494. Ce n'est pas l'information du souscripteur qui soulève une difficulté particulière dans le cadre de l'assurance de groupe, mais celle de l'adhérent. En effet, la loi n'impose pas que le contrat d'assurance lui soit communiqué. Il ne le connaît donc que par l'information que veut bien lui transmettre le souscripteur. Il a d'ailleurs été admis que ce dernier pouvait, à cette occasion, engager sa responsabilité. Pour parfaire l'information de l'adhérent, les lois n° 1989-1009 et n° 1989-1014 du 31 décembre 1989 ont néanmoins institué le principe de remise d'une notice. Le régime juridique de cette notice d'information n'est pas homogène et il convient de distinguer entre les différentes situations d'assurance collective. Il est envisagé par l'article L. 141-4 du Code des assurances qui en pose le principe mais aussi par l'article 12 de la loi n° 89-1009 du 31 décembre 1989 et dans le cas de l'assurance emprunteur, par les dispositions des articles L. 311-9 et L. 311-12 du Code de la consommation. La loi n° 2005-1564 du 15 décembre 2005 insère un nouvel article L. 132-5-3 dans le Code des assurances de manière à préciser le contenu de la note d'information dans le cas de contrats comportant des valeurs de rachat ou de transfert, lorsque le lien qui unit l'adhérent au souscripteur ne rend pas obligatoire l'adhésion au contrat. Outre les informations découlant de l'article L. 141-4, il est donc nécessaire d'établir la note d'information conformément aux dispositions de l'article L. 132-5-2, étant précisé que l'encadré visé par ce texte doit être placé en début de notice. Depuis la loi du 15 décembre 2005, l'information obligatoire a été renforcée de deux manières :

- d'une part, la notice doit indiquer l'objet social et les coordonnées du souscripteur ;

- d'autre part, elle doit préciser que les droits et obligations de l'adhérent peuvent être modifiés par accord entre l'organisme d'assurance et le souscripteur, constaté dans un avenant. Si la loi laisse persister le principe d'opposabilité de ces modifications (G. Courtieux, L'assurance de groupe dévoyée, RCA 2005, chron. n° 5), il est dorénavant obligatoire d'informer l'adhérent. Ainsi, le premier alinéa de l'article L. 141-4 porte obligation d'information écrite mais, de surcroît, impose qu'elle soit faite 3 mois avant l'entrée en vigueur de la modification. Avant le 1er janvier 2006, seule une information relative aux projets de modification était envisagée, sans aucune mention de délai.

B ▪ Mention de la valeur de rachat

4495. Tous les contrats ne comportent pas de valeur de rachat mais dès lors que celle-ci existe, l'assureur doit en préciser le montant pendant les huit premières années.
Cette exigence a soulevé une difficulté à propos des contrats en unités de compte. La variation des cours des valeurs supports s'oppose à ce que l'on puisse fournir une telle information. Une telle situation ne peut toutefois être assimilée à un défaut d'information qui permettrait de repousser le point de départ du délai de renonciation au contrat. Aux termes de l'article A. 132-5 du Code des assurances (codifiant l'arrêté du 23 novembre 1999), la valeur de rachat doit être donnée en nombre d'unités de compte. L'assureur doit toutefois indiquer en caractères très apparents qu'il ne s'engage que sur le nombre d'unités de compte et non sur leur valeur et que celle-ci est sujette à fluctuation (pour une application de cette disposition, Civ. 1re, 2 oct. 2002, RGDA 2003. 92 : l'assuré qui connaît le risque de fluctuation des actions ne peut invoquer le défaut de conseil de l'assureur ou le vice du consentement pour obtenir la nullité de son contrat investi en SICAV). De surcroît, en application de l'article 85, I, 2 de la loi n° 2003-706 du 1er août 2003 de sécurité financière, les dispositions essentielles du contrat figurant dans la notice doivent inclure lorsque le contrat comporte des garanties exprimées en unités de compte, les caractéristiques principales de ces unités de compte. Avant cette modification il avait été jugé que l'assureur commettait une réticence dolosive du fait de son abstention à faire connaître le montant de la valeur de rachat au terme de chacune des années du contrat et en avançant un taux de frais nettement inférieur au taux réel (Civ. 1re, 1er févr. 2000, RCA 2000, comm. n° 137, note G. Courtieux ; Juris-Data n° 2000-000524). En réalité, le débat relatif à l'information du souscripteur d'un contrat en unités de compte s'est déplacé sur le terrain de l'obligation de délivrance d'une note d'information distincte du contrat.

4496. L'ordonnance n° 2009-106 du 30 janvier 2009 dont les dispositions seront applicables à compter du 1er juillet 2010 complète ce dispositif sur le terrain de la communication publicitaire en insérant au Code des assurances un article L. 132-27 en vertu duquel les informations relatives à un contrat d'assurance vie individuelle comportant des valeurs de rachat, à un contrat de capitalisation, à un contrat d'assurance de groupe sur la vie doivent présenter un contenu exact, clair et non trompeur. Par ailleurs il est prévu au même texte que les communications à caractère publicitaire doivent être identifiées comme telles. La même ordonnance impose dorénavant à l'assureur qui propose un contrat comportant une valeur de rachat de prendre des dispositions particulières pour s'informer de la situation du candidat à la souscription. Ainsi l'article L. 132-27-1 prévoit qu'avant la conclusion du contrat, il soit précisé quelles sont les exigences et besoins exprimés par le souscripteur ou l'adhérent dans le cas d'un contrat de groupe, ainsi que les raisons qui ont conduit à lui conseiller un contrat déterminé. L'entreprise d'assurance ou de capitalisation doit par ailleurs s'enquérir des connaissances et de l'expérience du souscripteur en matière financière. En cas de refus de délivrance d'information par le souscripteur, l'assureur doit le mettre en garde préalablement à la conclusion du contrat. Ces obligations peuvent, en fonction des modalités de conclusion du contrat, peser sur l'intermédiaire mentionné à l'article L. 511-1 du Code des assurances. Ce texte est pris en application de l'article 152 de la loi de modernisation de l'économie qui autorise le Gouvernement à prendre par voie d'ordonnance les mesures relevant du domaine de la loi nécessaires à la modernisation du cadre juridique de la place financière française ayant pour objet d'harmoniser certaines règles applicables à la commercialisation d'instruments financiers avec celles applicables à la commercialisation de produits d'épargne et d'assurance comparables. Il complète l'ordonnance n° 2008-1271 du 5 décembre 2008, qui vise à améliorer la protection des épargnants en ouvrant la possibilité pour le ministre chargé des finances d'homologuer des codes de conduite élaborés par les organismes professionnels et dont le respect sera contrôlé par les autorités de contrôle du secteur financier. L'ordonnance aligne ainsi le régime des entreprises d'assurance sur celui des prestataires de services d'investissement modifié par l'ordonnance n° 2007-544 du 24 avril 2007 (C. mon. fin., art. 533-11). Elle illustre une tendance à exiger du professionnel (dans ce cadre l'assureur) qu'il propose des produits adaptés aux besoins du souscripteur (voir en matière bancaire pour la souscription de parts de fonds communs de placement, Com., 24 juin 2008, n° 06-21.798, D. 2008, p. 1892). La pratique évoque pour la mise en œuvre de ces nouvelles exigences la notion de profilage des candidats à la souscription.

4497. Un décret n° 2010-933 du 24 août 2010, dans son article 1, prévoit que les précisions ainsi que, le cas échéant, la mise en garde prévues à l'article L. 132-27-1 sont communiquées au souscripteur par écrit, avec clarté et exactitude, sur support papier ou tout autre support durable à sa disposition et auquel il a facilement accès (I), que lorsque le souscripteur le demande ou lorsqu'une couverture immédiate est nécessaire, les informations peuvent être fournies oralement. Dans ce cas, sitôt le contrat conclu, les informations sont communiquées au souscripteur sur support papier ou tout autre support durable à sa disposition et auquel il a facilement accès (II) et qu'en cas de commercialisation d'un contrat à distance, les informations précontractuelles fournies au souscripteur sont conformes aux dispositions de l'article L. 112-2-1. En outre, lorsque le contrat a été conclu à la demande du souscripteur en utilisant une technique de commercialisation à distance ne permettant pas la transmission des informations sur support papier ou sur un autre support durable, ces informations sont, sitôt le contrat conclu, communiquées au souscripteur sur support papier ou tout autre support durable à sa disposition et auquel il a facilement accès (III).

§ 3 ▪ Droit de renonciation du souscripteur

4498. Introduit par la loi n° 81-5 du 7 janvier 1981, mais modifié de manière assez significative par la loi n° 2005-1564 du 15 décembre 2005, ce délai de renonciation est fixé à un mois. Toute personne physique qui a signé une proposition d'assurance ou un contrat a la faculté d'y renoncer par lettre recommandée avec demande d'avis de réception pendant un délai de 30 jours calendaires révolus à compter du moment où il est informé que le contrat a été conclu (C. assur., art. L. 132-5-1 – sur la nature d'acte de conservation et non de disposition de la renonciation, CA Paris, 25 janv. 2011, n° 07/14485). La proposition d'assurance ou de contrat doit contenir un projet de lettre destiné à faciliter l'exercice de cette renonciation. Il n'est pourtant nullement obligatoire pour l'assuré d'utiliser ce modèle. La renonciation peut aussi être signifiée par voie d'huissier (CA Paris, 7e ch., 26 juin 1996, D. 1996, IR, 177) mais en revanche, elle ne saurait résulter d'une assignation (Civ. 1re, 1er déc. 1998, RGDA 1999. 174, note N. Eymard-Gauclin). Toujours aux termes de l'article L. 132-5-1 du Code des assurances, l'assureur dispose d'un délai de 30 jours pour procéder au remboursement des cotisations versées, au delà de ce délai les sommes non restituées produiront intérêt au taux légal, voire même à l'expiration du délai de 2 mois, au double du taux légal.

4499. L'une des difficultés soulevées par l'introduction des solutions spécifiques aux contrats d'assurance conclus à distance est de savoir comment les dispositions générales inscrites aux articles L. 112-2 du Code des assurances et aux sous-sections 2 et 3 de la section 2 du chapitre 1 du titre II du livre 1er du Code des assurances peuvent se concilier avec les dispositions spécifiques à certains contrats. Ainsi en matière de renonciation, l'article L. 112-2-1, II, 3° énonce 3 exceptions au droit de renonciation (L. Grynbaum, Ordonnance relative à la commercialisation à distance de services financiers auprès des consommateurs, JCP G 2005, act. 398 ; Transposition de la directive du 23 septembre 2002 relative à la commercialisation à distance des produits financiers auprès des consommateurs, Comm. comm. élect. 2005, comm. n° 138). Par ailleurs, ce droit ne s'applique pas aux polices d'assurance de voyage ou de bagage ou aux polices d'assurance similaires à court terme d'une durée inférieure à un mois, aux contrats d'assurance de véhicules terrestres à moteurs (art. L. 211-1) et enfin, aux contrats exécutés intégralement par les deux parties à la demande expresse du consommateur avant que ce dernier n'exerce son droit de rétractation. L'ordonnance ne fait pourtant ici que reprendre une solution parfois admise (voir en sens contraire Civ. 2e, 7 mars 2006, n° 05-10.366) en cas d'exercice par le souscripteur du droit de rachat ou en cas de gestion des titres sur lesquels le contrat a été conclu. L'ordonnance du 6 juin 2005, en revanche, n'a pas repris une quatrième exception prévue par la directive du 23 septembre 2002 à propos des services financiers dont le prix dépend des fluctuations du marché financier sur lesquels le fournisseur (l'assureur) n'a aucune influence. Si cette exception avait été reprise, on peut imaginer que les souscripteurs de contrats en unités de compte auraient été privés du droit de rétractation.

4500. Le point de départ du délai de 30 jours est dorénavant fixé au jour où le souscripteur est informé que le contrat a été conclu. La prise en compte de ce point de départ est la conséquence de l'application en droit français des contraintes issues de la directive n° 2002/65/CE du 23 septembre 2002 transposées par l'ordonnance n° 2005-648 du 6 juin 2005 relative à la commercialisation à distance des produits financiers. Néanmoins, pour l'heure il est difficile de savoir ce que recouvre cette notion. Les assureurs devront être vigilants de manière à transmettre une information suffisante au souscripteur, à défaut de quoi le délai de renonciation ne commencera pas à courir.

4501. Contrairement à ce qui avait été admis par la jurisprudence (Civ. 1re, 22 janv. 2002, RCA 2002, comm. n° 161, obs. H. Groutel ; Civ. 3e, 18 févr. 2004, RCA 2004, comm. n° 157, note H. Groutel) la loi n° 2005-1564 du 15 décembre 2005 a prévu que lorsque le délai expire un samedi, un dimanche ou un jour férié ou chômé, le délai n'est pas prorogé. Le droit de l'assurance sur la vie se trouve ainsi en contrariété sur ce point avec la solution générale de l'article 642 du Code de procédure civile. Ainsi le défaut de remise des documents et informations dus par l'assureur entraîne de plein droit la prorogation du délai de trente jours jusqu'au trentième jour suivant la date de remise effective de ces documents. On doit considérer que la non-remise d'une seule information suffit à proroger ce délai. La pratique qui consisterait à remettre ces informations, non dans la proposition initiale mais ultérieurement dans le contrat a donc pour effet de repousser le départ du délai de trente jours à compter de la remise du contrat. Par ailleurs, si l'assureur manquait totalement à son obligation d'information, tant dans la proposition que dans le contrat, il en résulterait un droit de renonciation permanent du souscripteur, puisque le délai n'aurait pas commencé à courir (sur le contentieux lié à cette question voir ci-dessus). Une dernière hypothèse doit être envisagée dans laquelle le contrat ne serait pas conforme à la proposition initiale. En vertu de l'article L. 132-5-1 du Code des assurances, un nouveau délai de trente jours court à compter de la date de réception du contrat modifié.

4502. L'importance de la protection accordée par ce droit de renonciation amène à se demander s'il doit aussi s'appliquer en cas de transformation d'un contrat existant par évolution notamment de l'utilisation des cotisations : contrat souscrit en euros évoluant vers un contrat investi en actions. Selon la lettre n° 010255 du 3 septembre 1998 émanant de la Direction du Trésor, une telle évolution ne pourrait être considérée comme une nouvelle souscription et donc le délai de renonciation ne serait pas réactivé. Une position contraire pourrait être soutenue en cas de modification des clauses essentielles du contrat. Pour un cas particulier l'article 1er de la loi n° 2005-842 du 26 juillet 2005 pour la confiance et la modernisation de l'économie (modification dite « amendement Fourgous », JO 27 juill. 2005, p. 12160) permet dorénavant de faire évoluer, sans perte d'antériorité fiscale, un contrat mon° support exprimé en euros vers un contrat multi support comprenant, soit en partie soit en totalité, comme valeurs de référence des actifs boursiers. En pratique, la question des modalités de passage d'un contrat à un autre n'est pas totalement réglée. Le Président de la Fédération française des sociétés d'assurance a indiqué entendre faire respecter le droit pour le souscripteur de renoncer à la transformation dans le délai légal de 30 jours à compter de la transformation (JCP N 2005, Act. n° 575, p. 1861).

4503. Sur un autre aspect, une solution particulière à l'assurance à distance est à rechercher non pas dans les dispositions particulières à l'assurance sur la vie mais dans l'article L. 121-20-13 du Code de la consommation reproduit sous l'article L. 112-2-1, I, 1° du Code des assurances : « Les contrats pour lesquels s'applique le délai de rétractation ne peuvent recevoir de commencement d'exécution par les parties avant l'arrivée du terme de ce délai sans l'accord du consommateur ». La solution est apparemment nouvelle pour l'assurance sur la vie. Elle ne figure pas dans l'article L. 132-5-1. De surcroît depuis la loi du 11 juin 1985 (L. n° 85-608, 11 juin 1985, JO 20 juin 1985) l'assureur n'est plus en mesure de retenir un mois de prime (soit 1/12e de la prime annuelle). Il est communément reconnu qu'en matière d'assurance décès, l'assuré peut bénéficier ainsi d'une assurance gratuite pendant un mois (Y. Lambert Faivre et L. Leveneur, *Droit des assurances*, Dalloz 2005, 12e éd.). Une clause retardant la prise d'effet du contrat peut néanmoins régler la difficulté.

4504. Enfin, on rappellera la solution particulière de prorogation du délai de renonciation en cas d'information insuffisante du souscripteur (C. assur. L. 132-5-2 ; voir ci-dessus).

§ 4 ▪ Information de l'assureur

A ▪ Proposition d'assurance

4505. Conformément au droit des contrats d'assurance en général, le premier document établi lors de la souscription d'un contrat d'assurance sur la vie est la proposition d'assurance. Elle constitue, au regard de l'article L. 112-2 du Code des assurances le document par lequel l'assuré demande à l'assureur de couvrir les risques qu'il déclare (S. Corone, La proposition d'assurance, L'Argus 8 fév. 2002).

4506. La proposition n'engage ni l'assureur, ni l'assuré. Elle constitue néanmoins un indissociable préliminaire du contrat. Son contenu est très important puisqu'il permettra de dégager, en cas de différend, la commune intention des parties (Civ. 1re, 21 juill. 1953, RGAT 1953. 235).

4507. En pratique, la proposition d'assurance prend la forme d'un questionnaire que doit remplir le candidat à l'assurance et qui servira à l'assureur pour établir la cotisation correspondant au risque déclaré. Cette solution mise en place par la loi du 31 décembre 1989 portant adaptation du Code des assurances à l'ouverture du marché européen et amélioration de la protection des assurés, remplace le système de la déclaration spontanée qui était en vigueur auparavant. Selon l'article L. 113-2, l'assuré est obligé de répondre exactement aux questions posées par l'assureur, notamment dans le formulaire de déclaration des risques par lequel l'assureur l'interroge, lors de la conclusion du contrat, sur les circonstances qui sont de nature à faire apprécier par l'assureur les risques qu'il prend en charge. Désormais, il appartient donc à l'assureur de bâtir un questionnaire qui lui permettra de mesurer correctement le risque pour lequel l'assurance est demandée. En matière d'assurance sur la vie, de très nombreuses considérations compliquent la rédaction du questionnaire.

B ▪ Sélection des risques

4508. La plupart des demandes sont faites par des personnes présentant un risque normal. Il est alors possible de mesurer la probabilité de leur décès en faisant référence aux tables de mortalité élaborées selon des méthodes scientifiques. Pour les personnes présentant un risque supérieur, on utilise l'expression de risque aggravé. Or il est essentiel pour l'assureur de pouvoir apprécier ces risques de manière à mesurer au mieux le risque moyen de sinistre. Toutefois, la cotisation moyenne ne peut pas être délibérément augmentée au risque de constater la fuite des assurés présentant un bon risque. Plutôt que d'augmenter la cotisation moyenne, l'assureur demandera une compensation à la prise en charge des risques aggravés. Il a donc besoin d'informations médicales fiables. Le principe de sélection des risques est légal. La loi du 12 juillet 1990 qui sanctionne les discriminations en raison de l'état de santé ou du handicap des personnes écarte les sanctions pénales pour les sélections effectuées par les assureurs (C pén., art. 225-3).

La loi n° 2007-1774 du 17 décembre 2007, transposant la directive n° 2004/113 du 13 décembre 2004 mettant en œuvre le principe d'égalité de traitement entre les femmes et les hommes dans l'accès à des biens et services et la fourniture de biens et services, interdit dorénavant que des discriminations, directes ou indirectes soient faites entre les hommes et les femmes qu'il s'agisse du calcul du montant des cotisations ou celui du montant des prestations (C. assur., nouvel art. L. 111-7). Il a toutefois été reconnu aux États le droit d'autoriser par arrêté des différences de primes et de prestations fondées sur des données actuarielles pertinentes et précises. En matière d'assurance sur la vie, voir un arrêté du 19 décembre 2007. Néanmoins, l'alinéa 2 de l'article L. 111-7 interdit qu'il soit tenu compte des frais liés à la maternité et à la grossesse pour justifier un traitement moins favorable des femmes en matière de primes et de prestations. La disposition dérogatoire de l'article 5 n'a toutefois plus d'effet depuis le 21 décembre 2012. En effet, la Cour de justice de l'Union européenne a considéré que cet article de la directive qui permet aux Etats de prendre des mesures dérogatoires sans limitation dans le temps est contraire à l'objectif d'égalité de traitement entre les femmes et les hommes et doit être considéré comme invalide à l'expiration de la période transitoire (CJUE, 1er mars 2011, aff. C-236/09 Association belge des consommateurs Test-Achats et a. : Luc. Mayaux, Coup de tonnerre, la CJUE prohibe toute discrimination fondée sur le sexe, JCP éd. G. 2011 p. 756 – A. Curtet, Assurance : sexe, mode d'emploi, L'essentiel du droit des assurances, fév. 2012, n° 2 p. 2). Tirant les leçons de l'arrêt du 1er mars 2011, la Commission européenne a établi des lignes directrices d'interprétation de la directive 2004/113/CE (Doc. 2011, 9497 final 22 déc. 2011, voir Dict. perm. Bull. fév. 2012 p. 22) : on retiendra notamment la formulation de critères d'appréciation de la notion de nouveau contrat et l'établissement d'une liste de pratiques restant possibles du fait d'une distinction opérée par la Commission - et qui peut sembler discutable - entre l'interdiction de prise en compte du sexe comme élément de détermination des primes et des prestations et l'utilisation du sexe comme facteur de risque en général qui demeurerait possible, permettant ainsi de distinguer selon les profils physiologiques des hommes et des femmes, notamment en termes d'assurance vie ou d'assurance maladie. Un arrêté daté du 3 février 2014 relatif à l'égalité entre les hommes et les femmes en matière d'assurance modifie l'article A. 111-6 du Code des assurances, qui a pour objet l'application dans le temps du principe de non-discrimination en précisant que les dispositions des articles A. 111-1 à A. 111-5 relatifs aux données actuarielles et aux données statistiques et à la prise en compte du sexe en matière de primes et de prestations ne sont applicables qu'au contrats conclus ou effectués avant le 20 décembre 2012 et encore, à condition qu'ils n'aient pas fait l'objet d'une modification substantielle nécessitant l'accord des parties autre qu'une modification qu'une au moins des parties ne peut refuser.

4509. Plus le capital objet de l'assurance vie est important, plus l'assureur sollicitera une information médicale précise. Les sociétés d'assurance ont donc recours à une classification des formalités en distinguant en fonction de l'importance des contrats. D'où l'élaboration de grilles de formalités établissant une correspondance entre les informations demandées et le montant du capital assuré.

4510. L'assureur peut se limiter à exiger du preneur d'assurance qu'il se déclare en bonne santé. Comptant sur la bonne foi du souscripteur qui a répondu à la demande d'une telle déclaration, généralement par une formule dans laquelle il déclare ne pas être atteint d'une maladie particulière, l'assureur entend limiter sa couverture à un risque normal de décès. Cette déclaration soulève toutefois des difficultés en ce qui concerne la précision du langage utilisé. Ainsi une maladie sous traitement peut être considérée pour le candidat à l'assurance comme inexistante car maîtrisée alors qu'elle ne l'est pas pour l'assureur qui peut toujours craindre la rechute en cas d'arrêt du traitement pour une raison ou pour une autre (par exemple, pour une myopie : Civ. 1re, 13 déc. 1988, RGAT 1989. 394). Par ailleurs les antécédents qui doivent être déclarés sont limités à la période de temps qui est visée dans le questionnaire. C'est pourquoi les assureurs préfèrent avoir recours aux questionnaires médicaux.

4511. Compte tenu de la « convention Belorgey » du 19 septembre 2001 et aujourd'hui de la convention AERAS du 6 juillet 2006, les questionnaires médicaux doivent être adressés au service médical ou médecin conseil de la société d'assurance qui doit veiller au respect du secret médical. Il est ainsi recommandé que les services administratifs n'aient pas à connaître les éléments de santé qui ont fondé la décision (acceptation avec ou sans surprime, refus d'ajournement ou demande de complément d'instructions médicales), ni les éléments des contrats ayant trait à l'état de santé (code de bonne conduite, convention AERAS). Le candidat à l'assurance est informé de cette procédure sécurisée. Il s'agit là de solutions spécifiques à l'assurance de personnes, aucune obligation de ce type n'existe en matière d'assurance dommages, sauf si la société d'assurance décide de prendre des initiatives en ce sens.

4512. Depuis la convention « sur l'assurabilité des personnes séropositives » du 3 septembre 1991 conclue entre les professionnels de l'assurance et l'État, et consécutive au rapport remis par le groupe de travail interministériel le 11 janvier 1991, le questionnaire ne doit pas comporter de questions concernant la vie privée et intime du candidat à l'assurance. Seules deux questions sont autorisées : « Avez-vous ou non subi un test de dépistage de la séropositivité ? Si oui, indiquez la date et le résultat du test » et « Avez-vous eu une infection, conséquence d'une immunodéficience acquise ? ». Si un test de dépistage est demandé par l'assureur, le preneur d'assurance doit donner son accord préalable à la réalisation du test qui doit être intégré à un examen plus complet. Lorsque l'assureur a octroyé sa garantie après avoir fait procéder à un test de dépistage, il est censé avoir renoncé à toute contestation ultérieure relative à cette pathologie, sauf cas de fraude de l'assuré. La convention contient un autre volet non négligeable qui conforte les malades dans leur demande d'assurance en cas d'emprunt d'un montant maximum de 152 449 €.

4513. L'assureur est en droit de demander des renseignements complémentaires qui lui permettront de mieux apprécier les risques liés à une maladie déjà déclarée dans le questionnaire de santé, voire dans la déclaration d'état de santé.
Le candidat à l'assurance pourra solliciter l'intervention de son médecin traitant.
L'assureur peut encore demander que le candidat à l'assurance se soumette à un examen médical à condition que celui-ci ne soit ni douloureux, ni à risque et qu'il ne nécessite pas une hospitalisation. Cet examen peut être effectué par le médecin traitant ou par un médecin agréé par la société d'assurance.

4514. Les praticiens qui ont dispensé des soins à l'assuré peuvent se retrancher derrière le secret médical pour refuser de communiquer des informations à l'assureur. La solution a déjà été affirmée (Civ. 1re, 12 févr. 1963, JCP G 1963, II, 13107 ; Crim., 22 déc. 1966, JCP G 1967, II, 15126, note R. Savatier ; Crim., 17 mai 1972, D. 1973, jur. p. 582, note Doll ; pour un médecin traitant : CA Poitiers, 10 juin 1987, JCP G 1988, IV, 112). Elle a été réitérée en 1999 (Civ. 1re, 12 janv. 1999, RCA 1999, comm. n° 159 et chron. 13 de G. Courtieu, Secret médical : secret défense ou secret de Polichinelle ?, Juris-Data n° 1999-000103 ; JCP G 1999, II, 10025, rapp. P. Sargos ; B. Beignier, Secret médical et assurance de personnes, D. 1999, chron. p. 469 ; G. Durry, Secret médical et preuve d'une fausse déclaration du risque, Rev. Risques, n° 39, sept. 1999, p. 120). L'arrêt de 1999 casse l'arrêt d'appel qui s'était fondé sur un document établi par le médecin conseil de l'assureur qui avait obtenu, avec l'accord de la veuve de l'assuré, des informations auprès du médecin traitant. Le certificat qui contenait pourtant des éléments attestant de la fausse déclaration intentionnelle a été écarté des débats. Dans la jurisprudence, on relève tout de même une décision qui atténue les effets du secret médical et admet qu'il peut être levé sous certaines conditions (Civ. 1re, 9 juin 1993, RCA 1993, comm. n° 348, chron. 34 ; M.-A. Péano, le secret médical et les exigences de la preuve en matière d'assurance, RGAT 1993. 856, note A. Favre Rochex ; adde, rapport de la Cour de cassation pour l'année 1993, p. 330 selon lequel c'est détourner de sa finalité le secret médical que de l'utiliser dans un but illégitime afin de faire échec à l'exécution de bonne foi d'un contrat d'assurance en cherchant à éliminer un élément de preuve défavorable). En l'occurrence, il s'agissait d'empêcher l'assureur d'utiliser un certificat médical faisant état d'un traitement médical de plusieurs années pour établir la preuve de la fausse déclaration d'un assuré qui avait déclaré ne suivre aucun traitement. Dans une autre affaire, Il a été décidé qu'une mesure d'enquête du médecin conseil auprès du médecin traitant de l'assuré défunt ne constituerait pas une violation du secret médical (CA Caen, 5 déc. 2000, RCA 2001, comm. n° 207, note L. Grynbaum). Le secret médical peut aussi être opposé à un expert judiciaire. La cour d'appel de Paris avait pourtant décidé le contraire en jugeant que l'administration de l'assistance publique ne pouvait pas interdire, au titre du secret médical la communication d'un dossier hospitalier à un médecin désigné comme expert par une ordonnance du juge de la mise en état (CA Paris, 7e ch. A, 8 janv. 2002, RCA 2002, comm. n° 215, note L. Grynbaum ; voir aussi, Civ. 1re, 20 déc. 1967, D. 1969, p. 309 ; Soc., 27 avr. 1967, JCP 1967, II, 15411, note Savatier ; Soc., 1er mars 1972, D. 1972, p. 427). Cet arrêt d'appel a été censuré par la Cour de cassation (Civ. 1re, 7 déc. 2004, JCP G 2005, I, 137).

4515. La loi n° 2002-303 du 4 mars 2002 en ses articles 87 et 98, codifiée à l'article L. 1141-1 du Code de la santé publique relative aux droits des malades lui-même reproduit aux articles L. 133-1 du Code des assurances et L. 112-4 du Code de la mutualité, interdit aux entreprises et organismes garantissant le risque de décès ou d'invalidité d'utiliser des données issues de tests génétiques, aussi bien à la souscription du contrat qu'en cours d'exécution. Il est donc impossible à l'assureur d'avoir recours lui-même à ces tests mais aussi d'utiliser des données provenant de tests effectués dans un autre contexte. L'accord du candidat à l'assurance ne supprime pas l'interdiction. La sanction pénale qui découlerait du non respect de cette interdiction est lourde puisque l'auteur de l'infraction s'expose à une peine d'emprisonnement d'un an et à une amende de 20 000 €. La loi consacre une solution sur laquelle les assureurs s'étaient eux mêmes déjà engagés dès 1994, à la suite d'un colloque organisé à Marseille le 31 mars 1994. La décision avait été prise pour un délai de 5 ans coïncidant avec le calendrier de révision des lois bioéthiques, elle avait été renouvelée pour une période de 5 années à compter du 23 mars 1999. Une réponse ministérielle, antérieure à la loi de 2002, avait confirmé l'impossibilité en droit français de recourir aux tests génétiques prédictifs, en dehors du cadre strict de la santé et de la recherche, compte tenu notamment des engagements internationaux interdisant les discriminations fondées sur des caractéristiques génétiques : Convention Universelle sur le

Génome Humain et les Droits de l'Homme adoptée par l'Unesco le 11 novembre 1997, Convention d'Oviedo du Conseil de l'Europe. L'article 13 du Code civil énonce la même interdiction.

4516. Autant les Pouvoirs publics que les assureurs eux-mêmes ont facilement pris conscience de la difficulté que peuvent rencontrer les personnes atteintes de maladies graves pour accéder au crédit immobilier ou mobilier. Conclus sous la forme d'assurance de groupe, les contrats destinés à servir de garantie au remboursement des emprunts seraient sans doute restés inaccessibles aux personnes présentant un risque aggravé si des mesures spécifiques n'avaient pas été prises. Le 29 juillet 1985 une convention type de réassurance a été conclue entre le Bureau commun des assurances collectives et la société de réassurance SCOR de manière à permettre aux sociétés ayant accepté la couverture de risques particuliers de se réassurer. À l'initiative des Pouvoirs publics, une convention a été conclue le 19 septembre 2001 (convention Belorgey) dont l'objet est d'améliorer l'accès à l'emprunt et à l'assurance des personnes présentant un risque de santé aggravé puis plus récemment une convention dite AERAS (s'assurer et emprunter avec un risque aggravé de santé) a été conclu le 6 juillet 2006 pour améliorer encore le dispositif.

Il s'agit là d'une particularité importante du contrat d'assurance vie : les aggravations du risque n'ont pas à être déclarées (C. assur., art. L. 113-2) ; elles font partie de l'aléa que l'assureur a accepté de prendre en charge.

La solution doit néanmoins être nuancée. Si l'assuré demande une augmentation des garanties, l'assureur est parfaitement en droit de l'interroger à travers un nouveau questionnaire de santé, encore faut-il qu'il y procède (C. assur., art. L. 113-2-2°).

4517. La loi n° 89-1009 du 31 décembre 1989 a tout de même limité cette sélection dans les contrats de groupe à adhésion obligatoire puisque l'assureur qui accepte de garantir un groupe de personnes sera tenu de garantir les conséquences des pathologies antérieures des assurés. Cette disposition relève d'un domaine bien précis, celui des contrats de prévoyance complémentaire souscrits par une entreprise au profit de ses salariés afin de garantir le risque de décès et les risques portant atteinte à l'intégrité physique de la personne ou liés à la maternité. L'article 1er de la loi prévoit que l'organisme qui délivre sa garantie prend en charge les suites des états pathologiques survenus antérieurement à la souscription du contrat ou de la convention ou à l'adhésion de ceux-ci, sous réserve des sanctions prévues en cas de fausse déclaration. En retenant une faute à l'encontre de l'assureur qui avait fait application d'une disposition contractuelle excluant de la garantie décès l'un des salariés au motif de son arrêt de travail pour longue maladie au moment de son adhésion, la Cour de cassation ne distingue pas entre état pathologique et maladie et accentue le principe de non sélection individuelle des risques (Civ. 1re, 13 févr. 2001, RGDA 2001. 373, note J. Kullmann). L'assureur n'a donc d'autre choix que d'assurer tous les membres du groupe ou n'en assurer aucun.

C ▪ Sanctions de la déclaration insuffisante

4518. La fausse déclaration intentionnelle ouvre à l'assureur le droit de se prévaloir de l'article L. 113-8 du Code des assurances. Il lui faudra faire valoir que la déclaration a été volontairement insuffisante et que cela a eu pour conséquence de changer l'objet du risque ou de ne pas lui permettre de s'en faire une juste opinion. En matière d'assurance sur la vie, cette disposition impérative est souvent mise en œuvre à propos de la dissimulation d'une maladie ou d'un état pathologique antérieurs à la conclusion du contrat. Il appartient aux juges du fond d'apprécier souverainement la mauvaise foi du souscripteur.

C'est à l'assureur de rapporter cette preuve. Il doit pour cela se fonder sur des éléments précis. Ainsi la mauvaise foi ne saurait être établie au seul motif que le candidat à l'assurance a répondu inexactement à une demande précise figurant dans le questionnaire (Soc., 18 déc. 1942, RGAT 1943. 125).

4519. L'étude de la jurisprudence fait ressortir deux grandes séries de fausse déclaration intentionnelle. Seront intentionnellement fausses, toutes les déclarations dans lesquelles le déclarant aura volontairement omis de signaler une maladie ou un événement qui a antérieurement affecté sa santé (Civ. 1re, 17 juill. 1990, RGAT 1990. 880, non déclaration d'une opération cardiaque ; Civ. 1re, 9 juin 1993, RCA 1993, comm. n° 348, obs. M.-A. Péano, dissimulation d'un traitement médical ; Civ. 1re, 8 juill. 1994, RCA 1994, comm. n° 390, dépression nerveuse connue de l'assuré ; TGI Nice, 28 oct. 1961, Gaz. Pal. 1962, 1, p. 47 ; CA Lyon, 15 janv. 1970, D. 1970, somm. p. 150 ; CA Paris, 14e ch., 3 févr. 1989, RCA 1989, comm. n° 324, affectation coronarienne dissimulée ; Civ. 1re, 27 mai 1998, RCA 1998, comm. n° 288 ; Juris-Data n° 1998-002398, dissimulation du cancer du sein). La mauvaise foi suppose tout de même que la maladie ait été connue du déclarant, que celui-ci ne l'ait pas ignoré ou n'ait pas été tenu dans l'ignorance de son importance (Civ. 1re, 3 mars 1982, JCP G 1982, IV, 176) ou qu'il ne se soit pas cru guéri (à propos d'une dépression nerveuse : Civ. 1re, 25 févr. 1986, RGAT 1986. 210 ; CA Paris, 7e ch. A, 15 mai 2001, RCA 2001, comm. n° 276, note L. Grynbaum). D'une manière sans aucun doute plus technique, les assureurs ont su convaincre les juges de l'importance de l'indication de souscription de plusieurs contrats d'assurance sur la vie. Après une hésitation tenant au caractère forfaitaire des contrats, la Cour de cassation est revenue à sa jurisprudence initiale et a reconnu la validité des clauses d'information sur le fondement de l'article L. 113-8 du Code des assurances (Civ. 1re, 13 mai 1997, RGDA 1997. 829, note J. Kullmann ; D. 1997, p. 351, note J.-L. Aubert, RCA 1997, comm. n° 319, obs. H. Groutel ; Civ. 1re, 31 mars 1998, RGDA 1998. 301, note L. Fondallosa ; RCA, comm. n° 214, note H. Groutel).

4520. La nullité de l'article L. 113-8 du Code des assurances pourrait être une sanction inadaptée lorsque le contrat comporte, en dehors de la couverture du risque lié à la vie, une partie épargne. C'est la raison pour laquelle l'article L. 132-18 du même code corrige la sanction de la fausse déclaration intentionnelle en obligeant l'assureur à verser en cas de décès, malgré l'annulation rétroactive du contrat, une somme égale à la provision mathématique du contrat.

4521. La fausse déclaration non intentionnelle est normalement sanctionnée par la réduction proportionnelle de l'indemnisation prévue à l'article L. 113-9 du Code des assurances. Le capital dû à l'assuré – s'agissant d'assurance vie, au bénéficiaire – est réduit en tenant compte de la proportion que représente la cotisation versée par rapport à la cotisation qui aurait dû l'être (Civ. 1re, 1er déc. 1998, RCA 1999 ; Civ. 1re, 6 juin 2000, RCA 2000, comm. n° 312, note H. Groutel). Il n'est toutefois pas toujours certain que l'assureur sera en mesure de faire référence à un tarif de cotisations suffisamment précis pour que la réduction proportionnelle puisse être calculée avec exactitude. Dans ce cas, les juges ont parfois admis une réduction forfaitaire (Civ., 9 juin 1942, DC 1942, p. 165 ; RGAT 1942. 264 ; JCP 1942, II, 1982 ; Civ. 1re, 6 mai 1985, D. 1987, somm. p. 35, obs. H. Groutel : réduction de 10 % du capital décès). Au vu toutefois de la jurisprudence plus récente, on a pu émettre un doute sur l'applicabilité de l'article L. 113-9 à l'assurance vie, faute de bases de calcul incontestables (G. Courtieu, J-Cl. *Assurances et responsabilité*, fasc. 515-10, Assurance vie, n° 100).

4522. Il est possible de trouver dans certains contrats une clause par laquelle l'assureur renonce à l'application de l'article L. 113-9 du Code des assurances, on parle alors de clause d'incontestabilité. Au regard du caractère impératif de cet article auquel il n'est donc pas permis de déroger par convention, il est possible de s'interroger sur la portée d'une telle clause. Sans doute faut-il plutôt y voir une renonciation anticipée de l'assureur à se prévaloir de l'article L. 113-9. Mais même avec cette correction, on peut faire valoir que la renonciation à un droit ne peut être faite que lorsque celui-ci est né. Les clauses d'incontestabilité ne sont donc pas d'une pratique facile. Leur utilisation révèle plutôt un engagement d'honneur de l'assureur qui, au demeurant, peut être très significatif dans la mesure où la médiatisation de sa violation peut être préjudiciable à la société.

§ 5 ▪ Rédaction du contrat

A ▪ Règles générales

4523. Le contrat d'assurance est rédigé, en français, en caractères apparents (C. assur., art. L. 112-3). Cette obligation est d'ordre public puisque l'article L. 112-3 ne figure pas dans les textes dont les parties ont la possibilité d'aménager l'application. Aucune dérogation ne peut donc être admise (pour la rédaction d'une clause d'exclusion en langue étrangère, Civ. 1re, 24 nov. 1993, RGAT 1994. 87). Cette exigence prend un relief particulier depuis que des opérations d'assurance sur la vie peuvent être souscrites en libre prestation de services (C. assur., art. L. 112-7).

4524. Le régime des clauses d'exclusion s'applique autant à l'assurance vie qu'aux autres types d'assurance. Ainsi les juges ont pu considérer que l'exclusion des « maladies sexuellement transmissibles » n'était ni formelle ni limitée et ne respectait pas les conditions de l'article L. 113-1 du Code des assurances (Civ. 1re, 4 mai 1999, RCA 1999, comm. n° 241, note H. Groutel). En revanche il a été fait application d'une clause d'exclusion relative aux conséquences d'accident ou de maladie occasionnées par l'ivresse, le délire alcoolique et l'association de stupéfiants non prescrits médicalement, à l'accident de santé dont a été victime l'assuré aux habitudes toxiques, associant de grosses quantités d'alcool et de médicaments à base de codéine et d'opium (CA Lyon, 1re ch., 15 février 2001, Juris-Data n° 2001-144333).

B ▪ Règles spécifiques

4525. L'article L. 132-5 du Code des assurances constitue un prolongement assez original des dispositions applicables à tous les contrats d'assurance. Issu de la loi n° 92-665 du 16 juillet 1992, ce texte donne une directive générale de rédaction des contrats d'assurance imposant la présence de clauses tendant à définir, pour assurer la sécurité des parties et la clarté du contrat, l'objet du contrat et les obligations des parties. L'article L. 132-5 peut être rapproché de l'article L. 132-22 imposant la même obligation de termes précis et clairs à propos des clauses du contrat qui sont relatives aux opérations de rachat et de réduction et notamment à leurs conséquences. La loi n° 2003-706 du 1er août 2003 relative à la sécurité financière a ajouté à l'article L. 132-5 du Code des assurances un alinéa disposant que : « le contrat précise les conditions d'affectation des bénéfices techniques et financiers ».

4526. Outre les mentions rendues obligatoires par l'article L. 112-4 du Code des assurances, le contrat d'assurance sur la vie doit indiquer (C. assur., art. R. 132-4) :
- les nom, prénoms et date de naissance du ou des assurés ;
- l'événement ou le terme duquel dépend l'exigibilité du capital ou de la rente garantis ;
- les délais et les modalités de règlement de capital ou de la rente garantis.

4527. Plusieurs autres obligations s'ajoutent à cette première contrainte de rédaction. Ainsi, l'article L. 132-21 du Code des assurances impose de faire mentionner dans le contrat le règlement général qui permettra de déterminer les modalités de calcul de la valeur de rachat et, le cas échéant, de la valeur de réduction. De même, l'article R. 132-3 oblige à indiquer quels sont les frais qui sont prélevés par l'entreprise et selon l'article R. 132-4 lorsque le contrat est en « unités de compte », il convient d'énoncer celles-ci et de préciser la date à laquelle les cotisations versées sont converties dans ces unités et, le cas échéant, les dates périodiques d'évaluation (C. assur., art. R. 132-4). Enfin, le contrat doit préciser que les garanties complémentaires prennent fin au plus tard en même temps que la garantie principale (C. assur., art. R. 321-5).

4528. Il est assez habituel que les assureurs subordonnent la prise d'effet des garanties au paiement de la première cotisation. Il s'agit même là d'une protection légitime dans la mesure où le paiement des cotisations dans les contrats d'assurance vie n'est pas obligatoire et que les assureurs ne disposent d'aucun moyen d'y contraindre l'assuré. Une telle clause a été déclarée licite (Civ. 1re, 3 avr. 1963, RGAT 1963. 479 ; Civ. 1re, 10 mars 1964, RGAT 1964. 73 ; JCP G 1964, II, 13823, note A. Besson ; Civ. 1re, 20 nov. 1973, RGAT 1974. 499).

Section 2 . L'assuré

4529. L'assurance vie, conçue comme acte de prévoyance, amène généralement le souscripteur à assurer sa propre vie au profit d'un tiers. Dans le cas particulier de l'assurance décès, cette opération s'est trouvée exposée aux critiques anciennes de ceux qui y voyaient un risque de voir le bénéficiaire du contrat porter atteinte à la vie du souscripteur-assuré. Si cette crainte a été surmontée aujourd'hui, elle s'exprime encore lorsque, dans des hypothèses plus restreintes, l'assurance est contractée sur la tête d'autrui, c'est-à-dire lorsque le souscripteur et l'assuré ne sont pas les mêmes personnes. Le risque du « votum mortis » du souscripteur s'ajoute alors à celui du bénéficiaire. Malgré une légalité de principe exprimée dans l'article L. 132-1 du Code des assurances : « la vie d'une personne peut être assurée par elle-même ou par un tiers », le régime d'une telle assurance est très encadré lorsque le risque assuré est celui du décès. En revanche, les craintes ne sont plus justifiées lorsque l'assurance a trait à la vie du tiers assuré.

4530. Plusieurs dispositions sont relatives aux différents consentements que suppose l'assurance sur la tête d'un tiers. La première disposition est générale, elle est exprimée à l'article L. 132-2 du Code des assurances : le consentement de l'assuré est toujours nécessaire, il doit être donné par écrit et doit porter sur le principe de l'assurance, sur le montant du capital ou de la rente garantis. Ce consentement devra être réitéré pour chaque opération importante modifiant le contrat : cession ou constitution de gage, modifications dans la désignation du bénéficiaire.

En l'absence de consentement de l'assuré, le contrat est nul. Les raisons de la nullité tenant de l'ordre public, aucune confirmation ou ratification n'est possible ce qui oblige à obtenir le consentement dès la conclusion du contrat (Civ. 1re, 10 juill. 1995, RCA 1995, comm. n° 338 ; Bull. civ. I, n° 310 ; Juris-Data n° 1995-002125). La nullité pourra être opposée au bénéficiaire (Civ. 1re, 23 mars 1982, n° 81-10.612, RGAT 1982. 497, D. 1982, IR, 325, Bull. civ. I, n° 118). Toutefois seule la stipulation d'assurance décès sera annulée, les autres dispositions du contrat, assurance maladie, par exemple subsisteront (Civ. 1re, 11 déc. 1961, n° 60-12.756, RGAT 1962. 521 ; JCP G 1962, IV, 9, Gaz. Pal. 1962, 1, jur., p. 178, D. 1962, somm., p. 57).

Le formalisme imposé par l'article L. 132-2 du Code des assurances n'écarte pas les règles habituelles de droit commun et il a été admis, en conséquence, que le consentement de l'assuré pouvait être formulé par un tiers ayant reçu mandat pour cela (Civ. 1re, 2 oct. 2002,

RGDA 2002. 1009, note J. Kullmann ; L'Argus 2002, dossier jur. n° 6810, p. 1, note G. Defrance). La désignation du tiers bénéficiaire est parfois effectuée par la voie d'un testament. Par nature unilatérale, cette voie ne pourra pas être utilisée lorsque l'assuré n'est pas en même temps souscripteur, le consentement d'un tiers ne peut pas être ajouté à la déclaration de volonté du testateur.

4531. L'article L. 132-3 du Code des assurances édicte une interdiction absolue pour une autre personne de contracter une assurance en cas de décès sur la tête d'un mineur de moins de 12 ans, d'un majeur en tutelle ou d'une personne placée dans un établissement psychiatrique d'hospitalisation. La nullité pourra être demandée par l'assureur, par le souscripteur du contrat ou par le représentant de l'incapable.

4532. Une contre-assurance décès peut être stipulée dans un contrat d'assurance sur la vie afin d'atténuer la perte que peut constituer le décès de l'assuré lorsque celui-ci se produit avant l'échéance contractuelle. L'assureur doit alors restituer les cotisations qui ont été antérieurement versées. La prohibition de l'alinéa 1er de l'article L. 132-3 du Code des assurances ne s'applique pas à l'opération de contre-assurance qui n'expose à aucun abus ou aucune spéculation (C. assur., art. L. 132-3 al. 6).

4533. Il est possible de contracter une assurance sur la tête d'un mineur de plus de 12 ans mais, outre son consentement personnel exigé sur le fondement de l'article L. 132-2 du Code des assurances, il faudra recueillir le consentement de ses parents titulaires de l'autorité parentale, de son tuteur ou de son curateur.
Aucune disposition particulière n'étant formulée à l'égard du majeur en curatelle ou en sauvegarde de justice, il est admis qu'ils pourront consentir à une opération d'assurance vie contractée par un tiers sur leur tête.

Section 3 ▪ Le bénéficiaire du contrat d'assurance vie

4534. Le bénéficiaire est la personne qui a été désignée par le souscripteur pour recevoir les prestations prévues au contrat. Son importance est primordiale. Elle caractérise l'opération et illustre le mécanisme de stipulation pour autrui qui sous-tend le contrat d'assurance sur la vie. Pour cette raison, le nouvel article L. 132-9-1 ajouté au Code des assurances par la loi n° 2005-1564 du 15 décembre 2005 contraint l'assureur à faire figurer dans le contrat une clause informant de l'importance de la désignation d'un bénéficiaire, des modalités de désignation en précisant notamment que celle-ci peut se faire par acte sous seing privé ou authentique. À défaut de bénéficiaire, le contrat d'assurance sur la vie n'est pas nul mais perd beaucoup de ses intérêts. En effet, le capital versé par l'assureur fait alors partie du patrimoine du souscripteur où il pourra, non seulement être saisi par ses créanciers, mais aussi être revendiqué par ses héritiers au titre de la réduction des libéralités excessives (pour une application de cette solution, Civ. 2e, 1er juin 2011 ; n° 10-30.430, Gaz. Pal 16 juin 2011 n° 167, p. 24 – RGDA 2011, p. 1067, obs. L. Mayaux – voir également en cas de suspension de la clause bénéficiaire, Civ. 2e, n° 11-12.109, l'Essentiel du droit des assurances avril 2012 n° 4 p. 6 obs. M. Leroy).

§ 1 ▪ Nature de la désignation du bénéficiaire

4535. Les textes de droit commun en prohibant le contrat en faveur d'un tiers ont longtemps constitué un obstacle à la validité de l'attribution du bénéfice du contrat d'assurance à un tiers. Aux termes de l'article 1119 du Code civil, il n'est pas possible de s'engager envers un tiers. Dans une première lecture, les hypothèses de stipulation pour autrui envisagées par l'article 1121 du Code civil demeurèrent exceptionnelles et nécessitaient le soutien d'un acte juridique principal puisqu'elles n'étaient envisagées qu'à titre accessoire dans un cas de figure qui n'est pas celui de l'assurance sur la vie. La validité de la désignation bénéficiaire ne tient qu'à une interprétation libérale de l'article 1121 dans lequel les juges ont pu trouver le siège d'un principal général de stipulation en faveur d'un tiers justifié par l'intérêt personnel, direct et immédiat que peut avoir le souscripteur à agir ainsi (E. Gaudemet, *Théorie générale des obligations*, p. 237). Lorsque l'assurance est souscrite à titre onéreux au profit d'un créancier, elle procure un crédit au stipulant, lorsque l'assurance est conclue à titre gratuit, outre l'acte de prévoyance en faveur d'un tiers, elle procure aussi au souscripteur des droits immédiats tels que le rachat. La loi de 1930 par son article 63 a définitivement validé la désignation d'un tiers bénéficiaire : « le capital ou la rente assurés peuvent être payables, lors du décès de l'assuré, à un ou plusieurs bénéficiaires déterminés ».

4536. Avant que ne se développe la théorie de la stipulation pour autrui, les auteurs ont vainement cherché à faire entrer l'opération d'assurance vie dans une théorie connue susceptible de lui assurer sa validité. Trois explications ont été proposées ; toutes les trois sont aujourd'hui totalement abandonnées. La première a été formulée par Demolombe (Cours de code Napoléon, t. XXIV, 1869, n° 248) ; elle analysait la désignation du bénéficiaire comme l'offre faite par l'assuré de lui transmettre la créance que le versement des cotisations lui conférait envers l'assureur. Si une telle lecture avait été retenue, les conséquences pratiques qui sont aujourd'hui admises auraient été inimaginables, le capital étant la propriété de l'assuré avant d'être celle du bénéficiaire aurait été inclus dans le gage des créanciers de l'assuré et aurait fait partie de sa succession. De surcroît, l'acceptation du bénéficiaire aurait été impossible après le décès du souscripteur. Les deux autres thèses ont eu une portée moindre, l'une reposait sur le mécanisme de la gestion d'affaires, le souscripteur étant supposé gérer les affaires du bénéficiaire, l'autre faisait appel au concept d'engagement juridique unilatéral, or l'admission d'un tel concept est encore discutée aujourd'hui.

§ 2 ▪ But de la désignation du bénéficiaire

4537. La question du but de la désignation du bénéficiaire ne se pose que si ce dernier est un tiers. Dans les cas où le souscripteur est lui-même bénéficiaire, l'opération ne présente aucun caractère altruiste et se réduit à une pure opération d'épargne. Il ne s'agit plus alors véritablement d'une stipulation pour autrui.

Le plus souvent le souscripteur entend avantager un bénéficiaire qui ne lui fournit aucune contrepartie. La cause juridique est alors gratuite. Il est assez logique de considérer que la désignation du bénéficiaire constitue une libéralité. Mais il est assez difficile de traduire techniquement cette donnée générale. Plusieurs obstacles s'opposent à la qualification de donation et expliquent l'analyse doctrinale qui est finalement retenue. D'une part, le bénéficiaire serait appelé à recueillir un capital qui, selon la théorie de la stipulation pour autrui, n'a jamais fait partie du patrimoine du donateur. D'autre part, de manière explicite, le Code des assurances écarte l'application des règles successorales habituellement applicables aux libéralités. Le capital reçu par le bénéficiaire ne pourra être ni réduit pour cause de dépassement de la quotité disponible, ni rapporté par le bénéficiaire héritier et d'autres règles, plus spécifiques, sont éloignées du droit commun des donations, acceptation après la mort du donateur par exemple.

4538. Pour ces raisons, la doctrine a finalement considéré que la donation portait sur les primes versées à l'assureur et non sur le capital et qu'elle se réalisait de manière indirecte ce qui a permis d'éviter le formalisme authentique de l'article 931 du Code civil (H.-L. Mazeaud et J. Mazeaud, *Leçons de droit civil*, t. I, Montchrestien, 1985, n° 1475 ; Capitant H. et Colin A., *Cours élémentaire de droit civil*, t. III par Julliot de la Morandière, Dalloz, p. 874 ; Picard et Besson, *Traité général des assurances terrestres*, t. IV, LGDJ, 1978, p. 484 ; T. Milcamps et F. Berdot, Attribution à titre gratuit du bénéfice de l'assurance sur la vie et droit des libéralités, préc., p. 235). La jurisprudence retient également cette analyse (CA Limoges, ch. civ., sect. 1, 15 mars 2001, Juris-Data n° 2001-168604 ; CA Toulouse, 2e ch. civ. A, 11 oct. 2001, Juris-Data n° 2001-161301 ; CA Paris, 2e ch. B, 3 mai 2001, Juris-Data n° 2001-146631 ; pour une vue fiscale F. Douet, Un contrat d'assurance vie rachetable peut-il constituer une donation indirecte, Rép. Defrénois 2006, n° 38326 ; à propos d'une assurance au profit du médecin de l'assuré constituant une libéralité annulable sur le fondement de l'article 909 du Code civil (CA Paris, 2e ch. B, 3 févr. 2000, RCA 2000, comm. n° 378, note L. Grynbaum ; RGDA 2000. 1095, note L. Mayaux ; Juris-Data n° 2000-112402 - pour l'application de l'article 909 du Code civil et l'annulation de la désignation d'un psychiatre psychanalyste en qualité de bénéficiaire d'un contrat d'assurance sur la vie mais non celle de son concubin, voir Civ. 1re, 4 nov. 2010, n°07-21.303, RGDA 2011 p. 164 – sur le point de départ de l'action en révocation d'une donation pour cause d'ingratitude voir Civ. 1re, 20 oct. 2010 n° 09-16.451). Poussant un peu plus l'analyse, l'appauvrissement est constitué par le versement des primes et l'enrichissement du tiers par le transfert à son profit du droit de créance conditionnel contre l'assureur que possède le souscripteur, à hauteur des primes qu'il a versées.

4539. La désignation du bénéficiaire présentera un caractère onéreux chaque fois qu'elle est effectuée au profit d'un tiers envers lequel le souscripteur est tenu. L'assurance vie constitue alors un instrument de crédit. Le décès prématuré du débiteur n'anéantit pas les droits de son créancier qui sera alors désintéressé par le capital versé par l'assureur (F. Lucet, Les garanties du contrat d'assurance vie, Rép. Defrénois 1999, art. 37005 ; S. Hovasse-Banget, La fonction de garantie de l'assurance vie, Rép. Defrénois, 1998, art. 36715 et 36785 ; La mise en gage d'une assurance vie, Rev. not. Ass. vie 1989, p. 1020).

§ 3 ▪ Modalités du droit de désignation du bénéficiaire

4540. Seul le souscripteur se voit reconnaître, en principe, le droit de désigner le bénéficiaire. Il s'agit d'un droit de nature personnelle que les créanciers ne peuvent pas exercer à sa place (Civ., 22 févr. 1893, S. 1894, chron. p. 65, DP 1893, I, p. 401, note Planiol ; Civ., 3 juin 1958, RGAT 1959. 499 ; JCP G 1958, IV, 105). Ce droit n'est toutefois pas exercé de manière discrétionnaire puisque lorsque l'assuré est un tiers, son consentement est nécessaire pour que la désignation soit efficace. De surcroît, dans certaines assurances de groupe, le souscripteur peut autoriser l'assuré à désigner lui-même le bénéficiaire. Il en va notamment ainsi des désignations effectuées par les salariés assurés au titre d'un contrat souscrit par leur employeur.

La désignation peut être faite à tout moment à partir du jour de la souscription jusqu'à la date d'exigibilité du capital. Toutefois, la liberté du souscripteur est limitée par l'acceptation du bénéficiaire qui lui interdit de choisir un nouveau bénéficiaire. Il est alors seulement possible de procéder à la nomination de bénéficiaires subsidiaires (pour une modification par voie d'un acte sous seing privé et sur l'inutilité de la mention « Lu et approuvé », CA Paris, 1er mars 2011, Dict. perm., Bull. avr. 2011 p. 16).

4541. L'article L. 132-8 du Code des assurances envisage plusieurs modalités de désignation du bénéficiaire : « Cette désignation ou cette substitution peut être réalisée, soit par voie d'avenant au contrat, soit en remplissant les formalités édictées par l'article 1690 du Code civil, soit par voie testamentaire ».

4542. Initialement la jurisprudence considérait que la participation de l'assureur était alors nécessaire car l'avenant constate une modification du contrat (Civ., 16 janv. 1888, S. 1888, chron., p. 121, DP 1888, I, p. 77 ; Req., 17 juill. 1906, S. 1909, chron., p. 28, DP 1907, I, p. 121, note Dupuich). Cette exigence a été abandonnée par la suite (Req., 1er juill. 1941, RGAT 1941. 593 ; DC 1943, I, p. 57, note A. Besson ; S. 1941, chron., p. 238 ; Gaz. Pal., 1941, 2, jur., p. 1977 ; Civ., 3 juin 1958, RGAT 1959. 449 ; Civ. 1re, 13 mai 1980, RGAT 1980. 527 ; JCP G 1980, II, 19438, concl. Gulphe ; Bull. civ. I, n° 146 ; Assur. fr. 1980, p. 844 et 928). Une simple intention verbale, non confirmée par un écrit, est inopérante (Civ. 1re, 19 mai 1999, RCA 1999, comm. n° 240 ; Juris-Data n° 1999-001937). Très judicieusement, la signature de l'avenant est une formalité suffisante, point n'est besoin qu'elle soit précédée de la mention « Lu et approuvé » (Civ. 1re, 30 oct. 2008, RCA 2008, n° 34). Néanmoins, à notre sens, la solution ne vaut toutefois qu'en l'absence de stipulation contraire, on portera donc attention à une éventuelle clause du contrat qui exigerait la présence d'une telle mention. En rejetant l'argument selon lequel un agent général d'assurance ne peut être personnellement intéressé aux opérations d'assurance dont il assume la présentation et la gestion auprès de la société d'assurance dont il est le mandant, une cour d'appel a pu décider que n'avait commis aucune faute un agent général d'assurance désigné bénéficiaire d'un contrat d'assurance sur la vie souscrit par son intermédiaire, dès lors qu'aucun abus de faiblesse n'était établi et que le souscripteur, qui était sa concubine, avait la faculté de racheter le contrat ainsi que celle de modifier l'identité du bénéficiaire dans l'éventualité de son décès (Civ. 1ère, 27 novembre 2013, n° 12-16973).

4543. Dans le cas d'une désignation remplissant les formalités de l'article 1690 du Code civil, elle prend la forme d'une signification à l'assureur du nom du bénéficiaire. Elle est alors envisagée comme une cession de créance réalisée par le souscripteur au bénéficiaire. Compte tenu de la lourdeur d'une telle formalité, la pratique en fait rarement d'usage.

4544. De prime abord, il peut paraître surprenant d'utiliser la formule du testament pour choisir le bénéficiaire du contrat d'assurance sur la vie. En réalité, il a fallu que la loi du 13 juillet 1930 y autorise expressément. Auparavant le recours au testament avait pour effet de transformer la désignation en legs ce qui rendait alors applicables les dispositions relatives aux libéralités et exposait le bénéficiaire à une réduction pour dépassement de la quotité disponible dans la succession du souscripteur (Civ., 24 févr. 1902, DP 1903, I, p. 433, note Dupuich, S. 1902, chron., p. 165). La loi n° 2005-1564 a même montré une faveur pour la désignation bénéficiaire testamentaire en imposant, par l'insertion dans le Code des assurances d'un article L. 132-9 obligeant à indiquer dans le contrat que la désignation du bénéficiaire peut être faite par acte authentique. La voie de la désignation testamentaire présente l'avantage considérable de la discrétion mais elle peut se révéler dangereuse lorsqu'elle est faite en laissant l'assureur dans l'ignorance de son existence. Il est à craindre en effet que ce dernier ne se libère valablement en versant le capital aux héritiers légaux du souscripteur, croyant de bonne foi que le contrat ne comportait aucune désignation de bénéficiaire. De surcroît, il est impossible de procéder de la sorte lorsque le souscripteur n'est pas lui-même l'assuré. En effet, comme il est dit ci-dessus, dans ce cas, le consentement de l'assuré est nécessaire pour choisir le bénéficiaire ; or, ce consentement ne peut être recueilli dans le cadre d'un testament, acte par nature unilatéral et, à condition qu'il soit rédigé par une personne saine d'esprit, soumis à aucune autre condition que celles qui sont prévues par le Code civil en ce qui concerne sa présentation.

§ 4 ▪ Rédaction de la clause bénéficiaire

4545. Le souscripteur aujourd'hui dispose du choix le plus large pour exercer son droit de désignation du bénéficiaire. Pourtant, assez longtemps, on a pu lui opposer l'immoralité de l'opération. C'était notamment le cas lorsque la désignation permettait de maintenir une relation adultère (Civ. 1re, 3 févr. 1976, Bull. civ. I, n° 51 ; D. 1976, IR, 127 ; RGAT 1976. 254, obs. A. Besson ; Civ. 1re, 8 nov. 1982, Bull. civ. I, n° 321 ; D. 1983, IR, 207 ; RGAT 1983. 533). La jurisprudence aujourd'hui est nettement plus libérale puisque la Cour de cassation a déclaré qu'une telle attitude n'était pas contraire aux bonnes mœurs (Civ. 1re, 3 févr. 1999, RCA 1999, comm. n° 157 ; Rapp. CA Paris, 2e ch. B, 31 janv. 2002, Juris-Data n° 2002-167936).

4546. Le bénéficiaire est déterminé ou déterminable. Les deux modalités sont envisageables. Le nom du bénéficiaire peut être indiqué. La clause bénéficiaire ne soulève alors aucun problème particulier à condition toutefois que l'identification soit suffisamment claire et qu'il ne puisse s'élever aucun doute sur la détermination de la personne retenue. Toutefois, l'article L. 132-8 du Code des assurances n'impose pas une telle rigueur, il suffit que le bénéficiaire puisse être identifié au moment où le capital ou la rente deviennent exigibles. L'indication de qualités, notamment familiales, que seule une personne est en mesure de faire valoir est alors suffisante. La loi et la jurisprudence ont tout de même posé un certain nombre de solutions.

4547. La désignation peut viser les enfants du souscripteur et viser expressément les enfants conçus au moment de la souscription (l'enfant conçu est réputé être né ; Civ. 1re, 10 déc. 1985, RGAT 1986. 211, note J.-L. Aubert, Gaz. Pal. 9 juill. 1986, p. 9, note Piédelièvre, D. 1987, somm., p. 178, obs. H. Groutel, D. 1987, jur., p. 449, note Paire). La qualité d'enfant né ou conçu doit s'apprécier au moment où les prestations deviennent exigibles, ce qui amène à inclure, indirectement, les enfants non conçus à la souscription mais nés avant l'échéance (C. assur., art. L. 132-8).

4548. Deux systèmes sont imaginables pour déterminer les droits de chacun des enfants. On peut s'en tenir à une parfaite égalité ; le capital ou la rente versé aux bénéficiaires sera alors divisé par parts égales. On peut aussi tenir compte des vocations successorales de chacun des enfants. Si l'on s'en tient à la vocation successorale légale, la question a tout de même perdu une grande partie de son intérêt depuis que la loi du 3 décembre 2001 a supprimé la discrimination qui frappait l'enfant adultérin. Il n'y a plus de raison de reconnaître à des enfants des droits successoraux inégaux. En revanche, l'intention du souscripteur peut être d'aligner les droits de chaque enfant envers l'assureur sur leur vocation successorale testamentaire, auquel cas et dans la limite du respect des droits découlant de la qualité d'héritier réservataire, les parts peuvent être inégales. Il appartient alors au souscripteur de le préciser dans la clause bénéficiaire. La doctrine considère en effet que la répartition égalitaire est le principe (Y. Lambert-Faivre et L. Leveneur, *Droit des assurances*, Dalloz, 2005, 12e éd. ; Leroy H., *L'assurance et le droit pécuniaire de la famille*, LGDJ, 1985, n° 406 ; Répartition du capital de l'assurance entre plusieurs bénéficiaires, Rev. not. assurance vie 1981, n° 70, p. 595. Le souscripteur peut vouloir avantager l'un de ses enfants en lui accordant un capital qui dépasse la valeur de la succession. La question qui se pose alors tient à l'éventuelle mise en œuvre des règles de la réserve successorale qui prévoient une part minimum de succession pour chaque héritier réservataire (C. civ. art. 913, par exemple, lorsqu'il y a deux enfants, chacun doit recevoir au moins un tiers de la succession, un quart lorsqu'il y a 3 enfants et plus. L'article 132-13 du Code des assurances dispose que les primes versées ne sont pas soumises à la réduction des libéralités pour dépassement de la réserve (ni au rapport prévu à l'article 843 du Code civil) mais l'article précise que cette règle ne s'applique pas à la partie des primes qui aura été excessive.

4549. Le prédécès de l'un des enfants ne permet pas à ses propres descendants de recevoir sa part du capital dû par l'assureur. En dehors de la solution légale en ce sens, il appartient au souscripteur de viser expressément le mécanisme de représentation qui permettra d'attribuer les droits sans respecter l'égalité dans la génération (A. Favre Rochex et G. Courtieu, *Le droit du contrat d'assurance terrestre*, LGDJ, 1998, p. 416 ; CA Paris, 7e ch. A, 30 avr. 2002, RGDA 2002. 1024, note J. Bigot). La Cour de cassation s'en tient rigoureusement à cette solution et refuse ainsi la représentation lorsqu'elle n'a pas été envisagée dans la clause bénéficiaire (Civ. 2e, 22 sept. 2005, RCA 2005, comm. n° 364 ; Civ. 2e, 10 avr. 2008, RCA 2008, comm. n° 206, adde, G. Courtieu, Assurance vie : à propos de la clause bénéficiaire, RCA 2009, étude n° 2 :
« il ressort de l'article L. 132-9 du Code des assurances que l'attribution d'un contrat d'assurance vie à une personne déterminée suppose l'existence de celle-ci au jour de l'exigibilité, à moins que le contraire ne résulte des termes de la convention ; que le souscripteur qui désire que le bénéfice de son contrat soit attribué à ses petits enfants par représentation doit le stipuler de manière expresse ». Le rôle de l'assureur à cet égard peut être très important. Dans une affaire jugée par la Cour d'appel de Paris le 30 avril 2002 (V. B. Lecourt, *Assurance vie, mode d'emploi*, Delmas 2003, p. 59 ; DP Bull. n° 120 du 2 janv. 2004), la responsabilité de l'assureur a été engagée, sur le fondement de l'article 1382 du Code civil pour ne pas avoir tenu compte du prédécès de l'un des enfants du souscripteur qui a eu pour effet de faire attribuer le capital à l'enfant vivant, les petits enfants héritiers de l'enfant décédé en étant privés.

4550. La référence à la qualité d'héritier postule l'application des règles de dévolution successorale (C. assur., art. L. 132-8). Il ne sera donc plus nécessaire d'y faire référence, même à propos de la transmission aux héritiers de second rang de la part de l'héritier de premier rang décédé qu'ils viendront représenter. Seule la détermination de la qualité d'héritier peut soulever une difficulté. Il n'est pas possible, par exemple, d'inclure le légataire à titre particulier parmi les personnes qui peuvent se prévaloir de cette qualité. En revanche, depuis la loi du 3 décembre 2001, le conjoint est incontestablement héritier (C. civ., art. 731), il y aura donc lieu de tenir compte de ses droits et il n'est dès lors pas impossible de devoir les calculer en raison de sa vocation successorale en usufruit (en présence d'enfants communs, C. civ., art. 757), ce qui peut conduire à un démembrement implicite du bénéfice du contrat. Généralement, le conjoint est toutefois désigné en qualité de bénéficiaire unique ou de premier rang ce qui supprime la difficulté.

4551. Par une disposition expresse, l'article L. 132-8 du Code des assurances prévoit le maintien des droits des héritiers bénéficiaires même lorsqu'ils renoncent à la succession. L'article L. 132-8 ne figurant pas la liste des textes qui, en vertu de l'article L. 111-2 du Code des assurances donnent aux parties une simple faculté, il y a lieu de considérer que la solution est impérative, ce qui, à de multiples égards, peut paraître surprenant.

4552. Selon l'article L. 132-8 alinéa 4 du Code des assurances, « l'assurance faite au profit du conjoint profite à la personne qui a cette qualité au moment de l'exigibilité ». Cette solution a plusieurs conséquences. La plus marquante est celle qui consiste à se placer au jour de l'exigibilité des prestations pour apprécier la qualité de conjoint. En cas de remariage, le bénéfice du contrat est attribué au nouveau conjoint (Civ. 1re, 13 juin 1995, RCA 1995, comm. n° 339 rendu à propos d'un contrat d'assurance groupe couvrant le décès ou l'invalidité souscrit par un employeur au profit de ses salariés). Malgré le caractère d'ordre public de l'article L. 132-8, la solution contraire a tout de même été admise lorsque, en sus de la qualité de conjoint, l'identité du premier conjoint est mentionnée (TGI Pontoise, 8 juill. 1981, Gaz. Pal. 1981 ; CA Paris, 7e ch. A, 11 juin 2002, n° 2002/16501, Soulas c/ La Fédération continentale, Civ. 1ère, 7 nov. 2012, n° 11-22.634, aucun acte n'avait établi une volonté certaine et non équivoque de révoquer l'attribution du bénéfice du contrat à la première épouse du souscripteur désignée sous son identité). La rédaction de la clause peut avoir une grande importance, ainsi la mention « M. X mon époux » laisse entendre que la personne est désignée plus pour elle-même que pour sa qualité d'époux et accroît ses chances de conserver le capital malgré la séparation. Le raisonnement inverse peut être mené à propos de la clause « mon époux, M. X » à propos de laquelle les juges vont plutôt retenir la qualité d'époux. Devant l'incertitude qui découle de l'imprécision des solutions en cette matière, il est tout de même généralement déconseillé d'avoir recours à ce type de désignation. De surcroît, l'assureur peut se voir reproché de ne pas avoir choisi une rédaction permettant de lever toute ambiguïté. L'inclusion de la valeur de rachat dans les biens communs limite toutefois la perte que peut subir le conjoint bénéficiaire en voie de divorce (arrêt Praslicka : Civ. 1re, 31 mars 1992, RGAT 1993. 136, obs. J.-L. Aubert ; JCP G 1993, II, 22059, note B. Abry ; JCP G 1993, I, 3718, note J. Bigot ; Rép. Defrénois 1992, art. 35349, p. 117, note G. Champenois ; Rép. Defrénois 1993, art. 35481, p. 271, note F. Lucet ; RTD civ. 1992, p. 632, note F. Lucet et B. Vareille ; JCP G 1992, II, 376, note P. Simler). De manière moins surprenante, la dissolution du lien conjugal sans remariage, fait disparaître la qualité de conjoint et rend caduque la désignation du bénéficiaire. En effet, selon l'article L. 132-9 alinéa 4 du Code des assurances, la désignation est présumée faite sous condition de survie du bénéficiaire. La solution s'impose donc en cas de dissolution par décès. La qualité de conjoint disparaît également en cas de divorce.

4553. Exposé au même risque de disparition avant l'échéance contractuelle, la désignation du partenaire d'un pacte civil de solidarité devrait obéir au même principe d'attribution en fonction de la qualité au jour du règlement des prestations. En conséquence, c'est bien le nouveau partenaire qui pourra profiter d'une stipulation faite antérieurement à la conclusion du pacte, en faveur de l'ancien partenaire.

4554. En dehors de dispositions légales, certains souscripteurs demandent que le capital ne soit versé au concubin que si la relation de concubinage existe encore au moment du décès. Il peut être difficile à l'assureur de le vérifier et il est plutôt conseillé au concubin souscripteur de modifier la clause dans le mesure où le bénéficiaire ne l'a pas encore acceptée.

4555. Le souscripteur du contrat peut prévoir que les prestations seront servies, non pas en pleine propriété, mais en propriété démembrée. Faisant application du droit commun des biens (C. civ., art. 581), la stipulation a pour conséquence de répartir les prérogatives attachées au capital. Une personne sera désignée pour en recevoir l'usufruit, une autre, la nue propriété. Toutefois, s'agissant d'un droit d'usufruit portant sur une somme d'argent, il y a lieu de faire application de l'article 587 du Code civil : « si l'usufruit comprend des choses dont on ne peut faire usage sans les consommer, comme l'argent, l'usufruitier a le droit de s'en servir, mais à charge de rendre, à la fin de l'usufruit, soit des choses de même quantité et qualité, soit leur valeur estimée à la date de restitution ». L'usufruit proprement dit se transformera donc en quasi usufruit. L'usufruitier aura le droit de disposer de la somme d'argent, à charge pour lui de la restituer à l'expiration de l'usufruit, c'est-à-dire à son décès (P. Sirinelli, Le quasi-usufruit, LPA, 21 juill. 1993, n° 87, p. 30 et LPA 26 juill. 1993, n° 89, p. 4 ; M. Grimaldi, L'emploi des deniers grevés d'usufruit, Rép. Defrénois 1999, art. 36939, p. 193). Il y aura donc application des dispositions de l'article 587 du Code civil. Le démembrement peut être temporaire, par exemple, le temps nécessaire pour que le nu-propriétaire atteigne un certain âge.

4556. La pratique de ce démembrement de propriété soulève des difficultés. C'est principalement le risque de défaut de restitution qui préoccupe les rédacteurs de clause bénéficiaire. Dans l'hypothèse, au demeurant fréquente, où le bénéficiaire usufruitier est le conjoint survivant et les nus propriétaires, les enfants, il subsiste une interrogation quant au point de savoir s'il convient d'appliquer les techniques imaginées à propos de l'usufruit successoral : conversion en rente viagère (C. civ., art. 1094-2), emploi des sommes (C. civ., art. 1094-3). La règle selon laquelle les capitaux sont transmis hors succession (C. assur., art. L. 132-12) commanderait de ne pas en tenir compte (Lamy assurances 2007). De même, l'interrogation demeure quant à l'application au quasi usufruit de l'article 601 du Code civil permettant d'exiger de l'usufruitier qu'il garantisse, par un cautionnement par exemple, son usage de bon père de famille. C'est donc davantage vers des solutions conventionnelles que se tourne la pratique. Seul l'usufruitier est en mesure de réclamer le versement du capital. L'assureur ne doit supporter aucune responsabilité pour l'utilisation qu'il peut faire du capital versé.

4557. Outre le fait d'intéresser deux personnes (ou groupes de personnes) à l'opération, il peut être intéressant de transmettre un patrimoine en utilisant la voie du démembrement de la clause bénéficiaire. En effet, aux termes de l'article 757 B du Code général des impôts, la transmission en exonération des droits de mutation pourra se faire autant au moment de la naissance du quasi usufruit pour les sommes qui n'excèdent pas 30 500 €. Au moment de l'extinction de l'usufruit, il sera fait application de l'article 1133 du Code général des impôts selon lequel la réunion de l'usufruit à la nue propriété ne donne ouverture à aucun impôt ou taxe lorsque cette réunion a lieu par expiration du temps fixé pour l'usufruit ou par le décès de l'usufruitier. Des craintes ont néanmoins été formulées qui pourraient remettre en cause ces solutions fiscales. Il est toujours possible à l'administration fiscale de faire valoir l'article 64 du Livre des procédures fiscales et d'invoquer l'abus de droit. L'abus de droit sanctionne les montages juridiques qui ne correspondent pas à la réalité d'une situation et qui n'ont été utilisés que pour échapper à l'impôt. Il est donc fortement conseillé de se réserver la preuve que le démembrement de propriété n'a pas qu'un but fiscal. À ce titre l'amélioration de la situation du conjoint survivant pouvait apparaître comme une légitime préoccupation. Il n'est pas certain qu'il en aille de même depuis la loi du 3 décembre 2001, du moins en présence d'enfants communs et d'option par le conjoint pour l'usufruit de l'intégralité de la succession.

4558. Le souscripteur peut assortir la désignation de conditions qui pèseront sur la tête du bénéficiaire qui, en même temps que le bénéfice du contrat, recevra une obligation. Le droit commun des engagements sous condition s'applique à la stipulation pour autrui, sous réserve que la condition ne soit pas sous la dépendance de la volonté du débiteur, ce qui n'est pas le cas ici puisque la réalisation de la condition est liée à la volonté du créancier, le bénéficiaire. La pratique révèle plusieurs types de clauses. Le recours à une clause bénéficiaire sous condition provoque tout de même des conséquences particulières puisqu'à l'aléa du contrat d'assurance s'ajoute l'incertitude qui découle de la stipulation d'une condition. Des difficultés peuvent apparaître si la condition ne s'est pas encore réalisée au jour de l'échéance contractuelle. Si la condition est suspensive, l'assureur devra attendre qu'elle se réalise pour verser le capital. Si la condition est résolutoire, le versement sera immédiat mais le remboursement pourra en être demandé si la condition se réalise.

4559. La clause sous condition d'utilisation du capital, imaginée par les assureurs, impose la souscription d'un nouveau contrat d'assurance vie. Elle est généralement ainsi rédigée : « Je souhaite que la valeur acquise de mon épargne soit versée à .... à charge pour ....de réemployer le capital sur un contrat d'assurance du même type ». Néanmoins, rien ne peut interdire au bénéficiaire souscripteur du nouveau contrat d'effectuer des retraits qui pourront conduire à l'extinction du nouveau contrat. L'impossibilité de renoncer à un droit qui n'est pas encore né interdit au bénéficiaire une renonciation anticipée à ses futurs droits de souscripteur.

4560. Le souscripteur peut contraindre le bénéficiaire à utiliser le capital pour payer les droits de succession. Au delà de la condition, ce peut être une bonne précaution, utile par exemple lorsque la répartition de la succession est rendue inégalitaire par testament.

4561. Il est possible de stipuler que le capital sera bloqué jusqu'à la majorité du bénéficiaire. À défaut, les parents qui gèrent les affaires de leur enfant mineur, même s'ils sont responsables de leurs actes, peuvent en faire tout usage dans l'intérêt du mineur. Il est même possible de faire appel à un tiers chargé de la gestion des fonds en faisant usage de l'article 389-3 alinéa 3 du Code civil : « ne sont pas soumis à l'administration légale, les biens qui auraient été donnés ou légués au mineur sous la condition qu'ils seraient administrés par un tiers. Ce tiers administrateur aura les pouvoirs qui lui auront été conférés par la donation ou le testament ; à défaut, ceux d'un administrateur légal sous contrôle judiciaire ». La société d'assurance peut être désignée comme tiers, tout comme un notaire sous la formule suivante « Je désigne en tant que bénéficiaire de mon contrat d'assurance vie, mon petit fils....... Il ne pourra pas disposer du capital avant son 18e anniversaire. Le capital sera versé à Me .... qui aura la charge de s'assurer du respect des conditions définies par la présente ». La pratique a émis le vœu que le blocage des fonds puisse être étendu au delà de l'âge de la majorité mais une telle stipulation poserait des difficultés.

4562. L'hypothèse du prédécès du bénéficiaire doit être prévue. À défaut de bénéficiaires subséquents, l'assurance décès deviendrait une assurance sans bénéficiaire désigné (C. assur., art. L. 132-9 al. 4). Les prestations seraient réintégrées dans l'actif successoral (C. assur., art. L. 132-11) et supporteraient les droits de mutation en conséquence. C'est la raison pour laquelle des bénéficiaires « à défaut » sont mentionnés dans la très grande majorité des contrats (par exemple Civ. 2è, 13 juin 2013, n° 12-20.518 et la responsabilité de l'assureur qui n'avait pas respecté la clause bénéficiaire, E. Bernard, Clause bénéficiaire, l'assureur est responsable de ses erreurs, Argus 6 juillet 2013). Le plus souvent il s'agira des enfants, bénéficiaires de second rang après le conjoint survivant. On ne confondra pas le cas du prédécès du bénéficiaire avec le cas où le bénéficiaire survit au souscripteur mais décède avant d'avoir accepté.

§ 5 ▪ Acceptation du bénéficiaire

4563. Le mécanisme de la stipulation pour autrui sur lequel repose l'assurance en cas de vie est tout particulièrement illustré par la solution formulée à l'article L. 132-9 du Code des assurances selon laquelle « la stipulation en vertu de laquelle le bénéfice de l'assurance est attribué à un bénéficiaire déterminé devient irrévocable par l'acceptation du bénéficiaire ». L'acceptation s'inscrit donc dans la logique du contrat d'assurance sur la vie et confirme les droits du bénéficiaire. Au moins dans les contrats où la désignation du bénéficiaire est faite à titre gratuit, l'acceptation peut aussi être vue comme une condition de formation de la donation émanant du souscripteur. Cette perception de l'acceptation reste tout de même secondaire, elle fait en effet courir le risque d'un retour à la théorie par laquelle la désignation du bénéficiaire reposerait sur une offre du souscripteur ce qui aurait pour conséquence de retarder la naissance des droits du bénéficiaire. Or, il est définitivement admis que ceux-ci préexistent à l'acceptation, cette dernière ne faisant que les consolider.

4564. Seul le bénéficiaire désigné est susceptible de procéder à l'acceptation. Une difficulté peut tout de même se présenter lorsque ce bénéficiaire est une personne protégée. L'acceptation devra alors émaner du représentant de l'incapable ce qui peut, dans un cas particulier, amener à une situation complexe. Le contrat peut, en effet, avoir été souscrit par le représentant agissant à titre personnel, au profit de l'incapable. Dès lors que l'acceptation réduit les droits du souscripteur, on peut craindre qu'elle ne soit volontairement différée, en effet il ne pèse sur lui nulle obligation d'acceptation et il ne saurait être responsable de ne pas l'avoir provoquée (CA Agen, 25 mai 1894, DP 1895, 2, 513, note Dupuich).

4565. Selon une jurisprudence ancienne (Civ. 1re, 8 avr. 1895, DP 1895, I, p. 441 ; S. 1895, chron. p. 265) l'ouverture d'une procédure collective n'aurait pas pour effet de priver le débiteur du droit d'accepter le bénéfice d'un contrat d'assurance vie. Il est assez difficile de mesurer la portée de cette décision dans le cadre législatif issu de la loi du 25 janvier 1985. Tout au plus pourra-t-on relever que l'acceptation accroît les droits du bénéficiaire et le gage de ses propres créanciers.

4566. La difficulté est relative à la situation où le bénéficiaire survit à l'assuré mais décède lui-même avant d'avoir accepté le bénéficie du contrat. En conformité avec la doctrine classique, (M. Picard et A. Besson, *Traité général des assurances terrestres*, LGDJ 1945, t. III, n° 203, p. 500), la Cour de cassation a refusé aux héritiers du bénéficiaire – survivant - non acceptant, de procéder à l'acceptation en ses lieu et place : « si le bénéficiaire d'une prestation au décès de l'assuré décède avant d'avoir accepté, la prestation garantie revient, non à ses héritiers, mais aux personnes désignées à titre subsidiaire » (Civ. 1re, 10 juin 1992, D. 1992, jur., p. 493, note J.-L. Aubert, JCP G 1993, II, 22142, p. 411, note J. Maury). Selon cette décision, lorsque le bénéficiaire décède sans avoir accepté le bénéfice du contrat, ses héritiers seraient privés de tout droit au bénéfice du contrat, sauf à y être appelés à titre personnel, en qualité de bénéficiaire subséquent. L'arrêt du 10 juin 1992 semblait donc condamner la solution contraire pourtant antérieurement retenue par la Cour d'appel de Paris (CA Paris, 8 févr. 1983, RGAT 1983. 530, note A. Besson). Une nouvelle jurisprudence de la Cour de cassation oblige pourtant à renverser le propos. Finalement ce ne serait que lorsque le souscripteur a désigné des héritiers subséquents que les héritiers du bénéficiaire non acceptant ne pourraient faire valoir aucun droit. À l'inverse, lorsque le défunt était le seul bénéficiaire désigné, ses héritiers seraient encore appelés à profiter du bénéfice du contrat en procédant eux-mêmes à l'acceptation : « si le bénéfice de la stipulation pour autrui est en principe transmis aux héritiers du bénéficiaire désigné lorsque celui-ci vient à décéder après le stipulant, mais sans avoir déclaré son acceptation, il en va autrement lorsque le stipulant, souscripteur d'une assurance sur la vie a désigné, outre ce bénéficiaire, des bénéficiaires en sous-ordre, sans réserver les droits des héritiers du premier nommé. » (Civ. 1re, 9 juin 1998, Bull. civ. I, n° 204, Rapp. C. Cass., pour 1998, Doc. fr. 1999, p. 182, RGDA 1998. 786, note J. Kullmann). De cette formule, il faut retenir trois hypothèses. Si le souscripteur n'a désigné qu'un seul bénéficiaire, ses héritiers recueilleront le bénéfice de la stipulation faite en faveur de leur auteur. Si plusieurs bénéficiaires ont été désignés, les héritiers de celui qui est classé en rang utile seront traités de la même manière mais à condition que leurs droits aient été réservés par le souscripteur. Si tel n'est pas le cas, troisième hypothèse, ce sont les bénéficiaires subséquents, dans l'ordre déterminé qui seront appelés. Les droits des héritiers sont donc directement fonction des dispositions contractuelles. Des décisions récentes de la Cour de cassation contribuent à compliquer la jurisprudence. Si une décision du 5 novembre 2008 reprend à son compte la position exprimée dix ans plus tôt selon laquelle la désignation de bénéficiaires de même rang ou de rang subséquent a pour effet d'empêcher la transmission de la stipulation aux héritiers du bénéficiaire (Civ. 1re, 5 nov. 2008, n° 07-14.598, FS+P+B+I, RCA 2009 n° 32, adde, G. Courtieu, Assurance sur la vie, à propos de la désignation bénéficiaire, RCA 2009 ; Bénéficiaire d'une assurance sur la vie décédé avant d'avoir pu accepter de sn vivant RCA 2009, Etude n° 4), un autre arrêt rendu le 23 octobre 2008 (Civ. 2e, 23 oct. 2008, n° 07-19.163, RCA 2009, n° 32) exprime une position dont la portée au moins est différente puisque dans l'hypothèse de désignation de deux bénéficiaires à parts égales, les juges voient deux stipulations distinctes, transmissibles distinctement à cause de mort, ce qui a permis aux héritiers de l'un des deux bénéficiaires de recevoir le bénéfice de la désignation qu'ils ont alors acceptée.

4567. La situation ci-dessus est à distinguer de celle dans laquelle le bénéficiaire décède après avoir accepté sa désignation. Une hésitation était possible entre deux réponses selon que l'on retenait que l'acceptation avait fait entrer le bénéfice dans le patrimoine de l'acceptant où il profitait aux héritiers de l'acceptant décédé ou que l'on considérait que l'absence de stipulation de représentation du bénéficiaire avait pour conséquence que ses héritiers ne pouvaient pas être appelés à sa place. C'est cette seconde interprétation qui a été retenue par la Cour de cassation (Civ. 2e civ., 19 sept. 2015, n° 14-20.017, Resp. civ. et ass. 2015, comm. 332, obs. P. Pierre).

4568. Lorsque la désignation est faite à titre gratuit, il n'est pas possible aux créanciers de procéder aux formalités d'acceptation à la place de leur débiteur. L'acceptation est alors conçue comme un acte découlant d'une appréciation personnelle au bénéficiaire. Il en va différemment lorsque l'économie du contrat confère à la désignation du bénéficiaire un tour onéreux (assurance emprunteur, par exemple).

4569. L'acceptation peut avoir lieu à tout moment dès lors qu'elle intervient avant la révocation de la désignation bénéficiaire. Elle peut avoir lieu au moment même de la souscription, il faudra alors faire intervenir le bénéficiaire à l'acte, à l'occasion de l'adoption d'un avenant ou à tout autre moment. L'acceptation peut même intervenir après le décès du souscripteur, c'est-à-dire après l'échéance du contrat car elle ne fait que consolider un droit existant. La question des modalités de l'acceptation a longtemps été laissée à la disposition des parties et était admise autant de manière expresse que tacite. Ont été vus comme des circonstances suffisantes pour valoir acceptation tacite :
- la substitution, conformément à l'article L. 132-19 du Code des assurances, au contractant dans le paiement des cotisations (H. Capitant, RGAT 1930. 793 ; Trasbot, DP 1931, p. 4, 35 et 38) ;
- la détention non précaire du contrat ou de l'avenant comportant la clause de désignation (CA Bordeaux, 21 mars 1885, DP 1888, I, p. 198, S. 1886, jur., p. 38 ; CA Bourges, 3 juin 1891, DP 1893, I, p. 402, S. 1894, chron., p. 66 ; CA Paris, 3 janv. 1918, DP 1918, p. 2 et 33) ;
- la renonciation par le bénéficiaire, employé du souscripteur, à une partie de ses appointements de manière à bénéficier de l'assurance (Req., 9 janv. 1932, RGAT 1932. 300, DP 1933, I, p. 41, note Trasbot, S. 1932, chron., p. 329, note Guyot) ;
- l'inscription sur un bulletin de paie des cotisations d'assurances vie au titre des avantages en nature (CA Paris, 15 sept. 1993, n° 92/9387, D. 1993, IR, 221) ;
- la souscription par deux conjoints avec désignation bénéficiaire réciproque dans l'intérêt de la famille (Civ. 1re, 13 mai 1998, JCP N 1998, n° 44-45, p. 1578, note P. Buffeteau ; RGDA 1998. 773, note L. Mayaux ; RCA 1999, chron. n° 4, P. Delmas-Saint-Hilaire).
En revanche, un conjoint ne saurait être vu comme acceptant du contrat pour la seule raison qu'il a bien voulu opérer des versements sur le compte de son époux souscripteur privé de ressources (Civ. 1re, 15 déc. 1998 ; CA Toulouse, 2e ch., 28 juin 2000, JCP N 2002, n° 29, p. 1084). Il y avait acceptation tacite lorsque le bénéficiaire accomplit un acte quelconque impliquant de façon nécessaire et non équivoque l'intention de profiter de la stipulation (M. Picard, A. Besson, op. cit n° 205). Aujourd'hui, par l'effet de la loi n° 2007-1775 du 17 décembre 2007, l'acceptation est soumise à des conditions de forme lorsqu'elle a lieu avant le décès de la personne assurée ; elle est en revanche toujours libre lorsqu'elle intervient après ledit décès. L'article L. 132-9 II dispose dorénavant que l'acceptation est faite par un avenant signé de l'entreprise d'assurance, du stipulant et du bénéficiaire, elle peut aussi faire l'objet d'un acte authentique ou sous seing privé signé des seuls stipulant et bénéfi-

ciaire mais n'a alors effet envers l'entreprise d'assurance que lorsqu'elle lui aura été notifiée par écrit. Outre l'exigence d'un écrit, l'originalité de la solution tient à la présence du stipulant dont le consentement est ainsi rendu nécessaire pour que le bénéfice du contrat soit accepté.

4570. L'acceptation est très importante au regard de ses conséquences pratiques qui se situent principalement sur deux points : la perte pour le souscripteur du droit de révocation du bénéficiaire acceptant et la consolidation des droits du bénéficiaire en cas de décès. La portée de l'acceptation peut toutefois être moindre lorsqu'elle est donnée par les seuls bénéficiaires subséquents. La Cour de cassation s'est ainsi rangée à la solution selon laquelle l'acceptation des bénéficiaires subséquents était sans effet sur le droit reconnu au souscripteur de modifier la désignation du bénéficiaire de 1er rang dès lors que ce dernier n'avait pas accepté (Civ. 2e, 2 juin 2005, n° 04-13.306, voir obs. P. Pierre, Revue des notaires, sept. 2005, n° 8).Sous réserve des remarques ci-dessus, l'acceptation a pour principal effet de faire perdre au souscripteur le droit de substituer un bénéficiaire à un autre. Tant qu'il n'y a pas acceptation, le souscripteur peut toujours révoquer le bénéficiaire qu'il a désigné et procéder à une nouvelle désignation. Après l'acceptation du bénéficiaire, ce droit disparaît.

4571. La solution est plus nouvelle, lorsque l'acceptation a eu lieu, le stipulant ne peut exercer la faculté de rachat et l'entreprise d'assurance ne peut lui verser aucune avance sans l'accord du bénéficiaire. L'acceptation entraîne donc une paralysie du droit de rachat (C. assur., art. L. 132-9). La Cour de cassation a toutefois précisé par un arrêt de chambre mixte rendu après l'adoption de la loi du 17 décembre 2007 que cette solution n'était pas applicable aux situations d'acceptation ayant eu lieu avant l'entrée en vigueur de la loi nouvelle (Ch. mixte, 22 févr. 2008, n° 06-11.934) et dénie donc au bénéficiaire le droit de s'opposer au rachat du contrat par le souscripteur dès lors que ce dernier n'y a pas renoncé expressément. Cette arrêt consolide ainsi une doctrine minoritaire qui, avant la loi de 2007 s'était prononcée en faveur de la persistance du droit au rachat en cas d'acceptation du bénéfice de l'assurance (J. Kullmann, Pour le maintien du droit au rachat en dépit de l'acceptation du bénéficiaire, in Mélanges Ch. Gavalda, Propos impertinents de droit des affaires, D. 2001. 199).

4572. Les juges ne paraissent pas disposés à faire peser sur l'assureur une obligation particulière de conseil quant aux effets de l'acceptation (Civ. 1re, 27 févr. 2001, RGDA 2001. 366, note J. Kullmann ; RD banc. et financ. 2002, n° 45, p. 68 ; TGI Belfort, 23 mars 1999, RGDA 1999. 400, note J. Bigot ; RCA 1999, H. Groutel, Hold-up sur succession future). Les Pouvoirs publics s'en sont remis à une position similaire (Rép. min. à QE n° 3740, 30 sept. 2002, JO AN Q 20 janv. 2003, p. 358 ; Rép. min. à QE nos 4243 et 4386, 14 oct. 2002, JO AN Q 20 janv. 2003, p. 359 ; Rép. min. à QE n° 5662, 28 oct. 2002, JO AN Q 20 janv. 2003, p. 359). Ils ne mettent pas non plus à la charge des assureurs une nouvelle obligation visant à informer le souscripteur des conséquences de l'acceptation sur ses droits propres (Rép. min. à QE n° 16604, 11 juill. 1996, JO Sénat Q. 26 sept., p. 2488).

4573. Consolidés par l'acceptation, les droits que tient le bénéficiaire sur l'assureur peuvent faire l'objet d'une cession à un tiers. Le bénéficiaire ne dispose toutefois pas d'une liberté absolue pour y procéder. La cession du bénéfice du contrat d'assurance sur la vie est envisagée à l'article L. 132-15 du Code des assurances : « tout bénéficiaire peut, après avoir accepté la stipulation faite à son profit et si la cessibilité de ce droit a été expressément prévue ou avec le consentement du contractant et de l'assuré, transmettre lui-même le bénéfice du contrat, par cession dans la forme de l'article 1690 du Code civil ». Le souscripteur se trouve ainsi indirectement associé à la cession, soit parce qu'il en aura accepté le principe dans une clause du contrat, soit par qu'il y consent de manière spéciale au moment où elle est envisagée. Par ailleurs, il est nécessaire de recueillir le consentement de la personne assurée lorsqu'elle est différente du souscripteur.

4574. Depuis le 1er mai 2006, en application de l'article L. 132-9-2 issu de la loi n° 2005-1564 du 15 décembre 2005, il est possible à toute personne de demander aux organismes habilités (FFSA, GEMA, CTIP) si elle est bénéficiaire d'un contrat d'assurance sur la vie souscrit par une personne physique dont elle peut justifier le décès. Cette mesure importante est destinée à réduire le nombre des contrats dits en déshérence dans lesquels les assureurs ne sont pas en mesure de retrouver le bénéficiaire qui a été désigné. Le nombre de ces contrats est estimé entre 150 et 170 000, ce qui représenterait des sommes de 5 à 7 milliards d'euros (Discussion parlementaire, Sénat, séance du 4 octobre 2005, intervention de M. le Sénateur Yves Detraigne ; voir également Rép. Min. Economie, n° 76141, JOAN Q 18 oct. 2005, p. 9639 – voir également rapport de la Cour des comptes, G. Mole Genlis, Assurance vie en déshérence le rapport de la cour des comptes fait écho à la loi bancaire, Argus 25 juillet 2013). Ainsi, toute personne est autorisée à faire cette demande sans justifier de liens particuliers avec le souscripteur décédé et soumet les organismes habilités à un délai de transmission de la demande de quinze jours et les entreprises d'assurance à un délai de réponse au demandeur d'un mois. Dans ces conditions on peut craindre des difficultés dans le traitement des demandes ; aussi, un organisme a été mis en place pour recueillir les demandes. Il s'agit de l'Agira (recherche des bénéficiaires en cas de décès, 1 rue Jules Lefebvre, 75431 Paris cedex 09) depuis le 1er mai 2006. La mesure se limite toutefois aux contrats souscrits par des personnes physiques et ne s'étend pas aux contrats d'assurance groupe ; on pense notamment aux contrats souscrits par des associations ou par des entreprises au profit de leur personnel (sur ce point, voir G. Courtieux, Assurance sur la vie, nouveaux ajustements législatifs, RCA 2006, étude n° 2 ; S. Retif, Etes-vous sans le savoir, bénéficiaire d'une assurance vie ?, RCA 2006, p. 2, Alertes).

4575. Si malgré tout les sommes ne sont pas réclamées à l'assureur dans un délai de 10 ans, elles seront transférées à la Caisse des Dépôts et Consignation (CDC). Puis, au bout de 20 ans, si aucun bénéficiaire ne s'est manifesté, la CDC les reversera à l'État (loi n° 2014- 617 du 13 juin 2014 - C. assur., nouvel art. L. 132-27-2, applicable le 1er janvier 2016).

4576. Par ailleurs, au regard de l'article L. 132-9-3 du Code des assurances, les assureurs ont l'obligation de s'informer du décès éventuel de l'assuré tout en étant autorisé à consulter le répertoire national d'identification des personnes physiques (RNIPP). Depuis la loi n° 2013-672 du 26 juillet 2013 de séparation et de régulation des activités bancaires (article 75), cette obligation d'information est devenue annuelle, l'article L. 132-9-3 ayant été modifié en conséquence. La loi précitée du 13 juin 2014, applicable le 1er janvier 2016, renforce encore ces dispositions puisque la consultation annuelle du RNIPP devient obligatoire. Entre outre, la loi du 13 juin oblige les assureurs à recenser tous les contrats inactifs tous les ans (C. assur., nouvel art. L. 132-9-3-1).

4577. D'autre part, l'article L. 132-9-4 fait obligation aux assureurs de publier chaque année le « nombre et l'encours des contrats d'assurance sur la vie, souscrits auprès de leurs membres, répondant à des critères fixés par arrêté du ministre chargé de l'économie, dont les capitaux et rentes dus n'ont été versés au bénéficiaire » (G. Courtieu, Assurance vie en déshérence : à la recherche du temps perdu, Resp. civ. et ass. 2015, Etude n° 10).

4578. On précisera enfin que selon l'article L. 132-5 du Code des assurances, modifié par la loi du 13 juin 2014, tous les contrats (même ceux ne comportant pas de valeur de rachat) devront comporter une clause de revalorisation du capital pendant la période de recherche des bénéficiaires, après le délai d'un an à compter du décès de l'assuré.

4579. La situation des contrats en déshérence fait l'objet d'une attention particulière de la part de l'Autorité de contrôle prudentiel et de résolution. Ainsi, dans une position 2014-P-05, elle juge contraire aux dispositions du Code des assurances la pratique qui consiste à réduire le capital décès versé au bénéficiaire du montant des frais entrepris pour le rechercher (J. Speroni, l'ACPR condamne la déduction, du capital décès, des frais de recherche des bénéficiaires, L'Argus, 13 fév. 2014).

§ 6 ▪ Révocation du bénéficiaire

4580. Deux causes principales de révocation peuvent anéantir la désignation du bénéficiaire. La première est spécifique au contrat d'assurance sur la vie. Elle relève du droit qui est reconnu au souscripteur en matière de désignation du bénéficiaire : tant qu'il ne l'a pas acceptée la stipulation faite en faveur du bénéficiaire peut être reprise par le souscripteur qui peut alors procéder à la désignation d'une autre personne qui viendra prendre la place du premier bénéficiaire. La seconde cause de révocation découle de la nature particulière que revêt la désignation lorsqu'elle est faite à titre gratuit. Se présentant alors comme une donation, elle sera soumise aux causes ordinaires de révocation prévues par le Code civil.

A ▪ Hypothèses de révocation spécifiques au contrat d'assurance vie

1 ▪ Liberté de révocation avant l'acceptation

4581. À condition qu'elle se produise avant l'acceptation, la révocation de la stipulation qui attribue le bénéfice du contrat au bénéficiaire peut toujours être effectuée. En effet, l'alinéa 5 de l'article 132-8 du Code des assurances permet au souscripteur de substituer un bénéficiaire à un autre, à condition que la modification soit faite avant l'acceptation du premier bénéficiaire (sur l'impossibilité de révocation après acceptation du premier bénéficiaire, Civ. 2è, 22 novembre 2012, n° 11-26.109 ; Civ. 2e, 8 mars 2012 n° 11-13.275, Dcit. Perm. Bulletin mars 2012, p. 7, obs. S. Couilbault, Di Tommaso). La solution découle aussi du premier alinéa de l'article L. 132-9 qui relie l'irrévocabilité de l'attribution du bénéfice de l'assurance à l'acceptation du bénéficiaire. Seul, le souscripteur est apte à révoquer la désignation bénéficiaire. Le droit qui lui et reconnu présente un caractère personnel qui interdit qu'il soit exercé par les créanciers du souscripteur ou par tout autre personne ; voir pour un gérant de tutelle (Civ. 1re, 31 mars 1992, RCA 1992, comm. n° 247 ; Civ. 1re, 11 juin 1996, RGDA 1997. 818, note L. Mayaux ; RCA 1996, comm. n° 337, obs. H. Groutel ; D. 1998, p. 20, note P. Delmas Saint Hilaire). Cette solution doit s'entendre de la révocation directe comme de celle qui résulterait d'une opération incompatible avec la liberté du souscripteur. Ainsi s'explique l'interdiction qui est faite aux créanciers de faire saisir la valeur de rachat, ce qui priverait le bénéficiaire de ses droits et constituerait une révocation indirecte. De même les héritiers du souscripteur ne disposent d'aucun pouvoir pour modifier l'attribution décidée par leur auteur. Il leur est simplement permis de mettre en demeure le bénéficiaire de déclarer s'il entend ou non accepter l'assurance contractée à son profit. À défaut d'acceptation dans les trois mois, le bénéficiaire est censé avoir renoncé au bénéfice du contrat (C. assur., art. L. 132-9 al. 3).

4582. Aucune forme particulière n'est requise pour procéder à la révocation du bénéficiaire. Elle peut être faite de manière expresse mais, même dans ce cas, il n'est pas nécessaire de l'inclure dans un avenant au contrat (Civ. 1re, 13 mai 1980, JCP G 1980, II, 19438 ; Civ. 1re, 6 mai 1997, RGDA 1997. 815, note L. Mayaux ; RCA 1997, comm. n° 278). Elle peut aussi résulter de circonstances qui traduisent suffisamment la volonté révocatoire du souscripteur. La jurisprudence est particulièrement fournie sur ce point. Par exemple, une photocopie d'un bulletin par lequel le titulaire d'une assurance en cas de décès a modifié le nom du bénéficiaire a été déclarée suffisante dès lors qu'elle était corroborée par des témoignages précis (Civ. 1re, 9 mai 1996, RGDA 1996. 594). La révocation est également avérée lorsqu'un changement de bénéficiaire a été opéré (Civ. 1re, 19 nov. 1907, DP 1908, I, p. 129). De manière plus générale, il est admis que l'appréciation de la volonté du souscripteur est une question de fait relevant de la compétence souveraine des juges du fond (Civ. 1re, 29 mars 2001, RGDA 2001. 740, note A. Favre Rochex ; Civ. 1re, 30 janv. 2002, RGDA 2002. 443, note L. Mayaux, pour un exemple d'inefficacité de la révocation : Civ. 1re, 25 septembre 2013, n° 12-23.197 : la cour d'appel, qui a souverainement estimé qu'il n'était pas établi que le souscripteur ait eu connaissance du contenu et de la portée exacts du document au bas duquel il avait apposé sa signature, ni qu'il ait exprimé la volonté certaine et non équivoque de modifier les bénéficiaires du contrat, a, par ces seuls motifs, légalement justifié sa décision). La révocation résulte notamment de la désignation d'un nouveau bénéficiaire en lieu et place d'un bénéficiaire non acceptant. A ce titre, la Cour de cassation a rappelé que l'article 1328 du Code civil (devenu article 1377 du Code civil avec l'ordonnance n°2016-131 du 10 février 2016) selon lequel les actes sous seing privé n'ont de date certaine contre les tiers que du jour où ils ont été acceptés n'est pas applicable aux contrats d'assurance et autres actes modificatifs (Civ. 2e, 26 mars 2015, n° 14-11.206, Resp. civ. et ass. 2015, comm. 193, obs. H. Groutel, RGDA 2015, comm. S. Lambert, X. Leducq, Datation certaine de l'acte de révocation par le souscripteur du bénéficiaire intialement désigné... specialia generalibus derogeant, Gaz. Pal. 2015, n° 244. Dans les faits, une épouse bénéficiaire initial prétendait avoir accepté le bénéfice du contrat avant que sa révocation par désignation de nouveaux bénéficiaires ne lui soit opposable, elle n'obtint pas gain de cause car la révocation portait une date antérieure à son acceptation).

4583. La révocation peut être contenue dans un testament. Le fait que les personnes intéressées n'en prennent connaissance qu'après le décès du souscripteur n'est pas en contradiction avec les dispositions relatives au droit de révocation (à propos d'une assurance décès souscrite auprès de la caisse interprofessionnelle de prévoyance des cadres, alors même que les statuts de la caisse prévoyaient que les modifications au contrat ne pouvaient être faites que du vivant du souscripteur, Civ. 1re, 24 juin 1969, RGAT 1969. 522 ; D. 1969, p. 544).

2 ▪ Tentative de meurtre sur la personne de l'assuré

4584. Preuve que la crainte de l'acte délibéré qui affecterait le caractère aléatoire du contrat, autrement désignée sous le terme de « votum mortis », n'a pas totalement disparu de notre droit positif, l'alinéa 3 de l'article L. 132-24 du Code des assurances permet au souscripteur de révoquer le bénéficiaire qui aurait tenté de donner la mort à l'assuré. Ce droit peut s'exercer en toutes circonstances. D'une part, et c'est en cela une exception, peu importe qu'il en soit fait application après l'acceptation du bénéficiaire coupable. D'autre part, il n'y a pas à distinguer en l'occurrence selon que la désignation a été faite à titre gratuit ou à titre onéreux. Le droit de révocation n'est toutefois pas accordé à l'assuré victime lorsqu'il est différent du souscripteur. Sur un plan général, on peut le regretter (en ce sens, *Lamy assurances*, 2007, n° 3596). Sur un plan technique, on comprendrait mal que l'assuré soit en mesure de révoquer un droit qu'il ne possède pas, même si son consentement est nécessaire pour opérer une nouvelle désignation.

B ▪ Hypothèses de révocation découlant du droit commun des libéralités

4585. Une interprétation a été menée qui conduisait à écarter l'application des dispositions du Code civil qui prévoient la révocabilité des libéralités. En se fondant sur l'existence de solutions dérogatoires au droit commun des successions et des libéralités, principalement les articles L. 132-13 et L. 132-16 du Code des assurances, il est en effet possible de douter de l'application des solutions légales de révocabilité à la désignation du bénéficiaire (en ce sens Capitant, RGAT 1930. 803). Finalement une autre manière de voir les choses s'est imposée. Si certaines dispositions du droit commun des libéralités ne sont effectivement pas applicables au contrat d'assurance sur la vie, ce n'est qu'en vertu de dispositions légales spécifiques qui ne constituent pas un principe général d'exclusion du droit des libéralités (M. Picard et A. Besson, *Les assurances terrestres*, t. 1, Le contrat d'assurance, LGDJ 1982, n° 512). La solution vaut autant pour les causes générales de révocation des libéralités que pour les causes spécifiques aux donations entre époux.

1 ▪ Causes générales de révocation des libéralités

4586. Selon l'article 953 du Code civil, les donations même acceptées, peuvent être révoquées dans trois circonstances :
- en cas d'inexécution des conditions sous lesquelles elle aura été faite ;
- en cas d'ingratitude ;
- en cas de survenance d'enfants.

4587. La révocation pour ingratitude est déjà, en quelque sorte, envisagée à l'article L. 132-24 du Code des assurances dans le cadre d'une solution spécifique applicable en cas de tentative de meurtre de l'assuré. Le recours au droit commun des libéralités permet néanmoins de sanctionner des comportements moins graves mais qui révèlent des mauvaises intentions du bénéficiaire n'affectant toutefois pas le caractère aléatoire du contrat : coups et blessures, injures, etc. À ce jour pourtant, il semble que les cas de révocation du bénéficiaire fondés sur l'ingratitude sont rares. On ne relève que quelques décisions connues (CA Dijon, 3 févr. 1887, D. 1887, II, 201 ; CA Toulouse, 11 oct. 2001, RD Banc. et financ. 2003, n° 8, p. 17). La révocation pour ingratitude n'a pas lieu de plein droit, le souscripteur ne pourra l'obtenir que par décision de justice, sauf à admettre qu'elle puisse être mise en œuvre de plein droit en vertu d'une disposition contractuelle dérogatoire, ce qui peut être discuté même si la solution a été admise à propos de la révocation pour inexécution des conditions dans le contrat (Civ. 1re, 14 févr. 1956, JCP 1956, II, 9343, note A. Voirin). En revanche, il n'est pas possible d'y renoncer purement et simplement par avance.

4588. L'application de cette seconde cause générale de libéralité pose le problème de savoir s'il est possible d'assortir la désignation bénéficiaire d'une charge particulière. Il est en effet admis que la formule figurant à l'article 953 du Code civil doit se comprendre au sens, non pas d'inexécution d'une condition mais à celui du non respect d'une charge, c'est-à-dire d'une obligation pesant sur le bénéficiaire. La question est plus générale et se pose au regard du mécanisme même de la stipulation pour autrui. La Cour de cassation n'exclut pas qu'une stipulation pour autrui soit assortie d'obligations mises à la charge du bénéficiaire acceptant (Civ. 1re, 21 nov. 1978, D. 1979, IR, 363, obs. A. Vasseur ; Rép. Defrénois 1979, art. 32077, obs. J.-L. Aubert). Cependant, la doctrine reste partagée. Des auteurs ont exprimé leur réticence (D. Martin, la stipulation de contrat pour autrui, D. 1994, chron. p. 145), d'autres leur faveur (J. Charlin, Assurance et incapacité, JCP N 1995, I, 561 ; M. Rauturier, Donations avec charges : ses atouts, Trib. ass., 1998, n° 18, p. 55 ; adde V. Nicolas, thèse, n° 390, p. 174).

4589. La révocation pour survenance d'enfants est envisagée à l'article 960 du Code civil qui prévoit que : « toutes donations entre vifs faites par personne qui n'avaient point d'enfants ou de descendants actuellement vivants dans le temps de la donation, de quelque valeur que ces donations puissent être, et à quelque titre qu'elles aient été faites, et encore qu'elles fussent mutuelles ou rémunératoires, même celles qui auraient été faites en faveur de mariage par autres que par les conjoints l'un à l'autre, peuvent être révoquées, si l'acte de donation le prévoit, par la survenance d'un enfant issu du donateur, même après son décès, ou adopté par lui dans les formes et conditions prévues au chapitre Ier du titre VIII du livre Ier ». La révocation est d'ordre public. Au contraire des autres hypothèses de révocation, c'est toute la clause bénéficiaire qui est révoquée. Il n'est pas possible de limiter la révocation à la désignation du premier bénéficiaire en préservant les désignations subséquentes. L'application de cette solution aux contrats d'assurance sur la vie n'est pas discutée (Req. 7 mai 1919, D. 1921, I, p. 131 ; CA Paris, 23 juin 1986, Rev. not. ass., Vie 1986, p. 909 ; a contrario, Civ. 1re, 9 juill. 1991, Gaz. Pal. 1991, jur. p. 323 ; CA Besançon, 24 juin 1994, Rev. Banc. et bourse 1995, supp. au n° 52, p. 8). Elle soulève toutefois une difficulté en ce qui concerne sa mise en œuvre. En effet, l'assureur informé par le souscripteur ne peut se libérer valablement en versant le capital dans les mains du bénéficiaire. En revanche, l'assureur auquel la survenance d'enfants n'a pas été notifiée semble être en mesure de faire valoir l'inaction du souscripteur et la confirmation implicite qui en résulte et qui n'est pas interdite par la loi (en ce sens, D. Coron et F. Lucet, Assurance vie, union libre et révocation pour survenance d'enfants, Rép. Defrénois 2000, art. 37183).

2 ▪ Révocation des donations entre époux

4590. Traditionnellement il était distingué entre les donations insérées dans le contrat de mariage qui demeuraient irrévocables et celles qui avaient lieu pendant le mariage et qui étaient soumises à un principe général, et dérogatoire au droit commun, de révocabilité (C. civ., art. 1096). En conséquence, il était toujours possible à un époux de révoquer la désignation de son conjoint, même en cas d'acceptation de ce dernier. La rigueur de cette solution était tout de même fortement tempérée par la reconnaissance du caractère rémunératoire de la libéralité qui avait pour effet d'écarter le jeu normal de la révocabilité (Civ. 1re, 13 mai 1998, RGDA 1998. 773, note L. Mayaux ; CA Paris, 7e ch. A, 4 janv. 2000, RCA 2000, comm. n° 343, et chron. 25, L. Grynbaum, La libre révocabilité de l'assurance vie au bénéfice d'un époux : un principe moribond, Juris-Data n° 2000-106322).

4591. De surcroît, en cas de divorce, la désignation bénéficiaire était soumise à des règles différentes selon la nature de la procédure (P. Chedeville, Le nouveau divorce et l'assurance vie, Assur. fr. 1980, p. 879 ; G.-L. Beauquier, Contrat d'assurance vie entre époux, changement de bénéficiaire, dévolution du bénéfice de l'assurance en cas de divorce, RGAT 1982. 583). Ainsi, en cas de divorce par consentement mutuel (C. civ., art. 268) ou de divorce à torts partagés, il était possible à l'époux stipulant de faire perdre à son conjoint la qualité de bénéficiaire. Les choses étaient plus systématiques en cas de divorce pour rupture de vie commune dans la mesure où la révocation était systématique à l'encontre de l'époux demandeur alors que le contrat conclu en faveur du défendeur était maintenu. Les mêmes solutions étaient applicables en cas de divorce par faute à l'encontre de l'époux fautif. Ces dispositions soulevaient quelques difficultés d'application. Ainsi à propos du divorce sur requête conjointe, la Cour de cassation a été amenée à se prononcer sur le sort des donations en l'absence de toute solution dans la convention définitive. À défaut de révocabilité, la donation était maintenue (Civ. 1re, 16 juin 1993, D. 1994, p. 165, note J. Massip ; RTD civ. 1994, p. 88, note J. Hauser). Toutefois la doctrine restait divisée quant au maintien du caractère révocable de la donation après le prononcé du divorce. La même incertitude entourait la donation expressément maintenue dont on ne savait pas si elle devenait ou non irrévocable.

4592. La question de la révocabilité des donations consenties entre époux pendant le mariage a été considérablement remaniée par la loi n° 2004-439 du 26 mai 2004. Désormais, les donations de biens présents échappent à la révocabilité conjugale et ne sont exposés qu'aux causes générales de révocabilité prévues par l'article 953 du Code civil. En revanche, les donations de biens à venir restent soumises aux dispositions antérieures auxquelles s'ajoute toutefois une révocabilité de plein droit en cas de divorce (C. Rieubernet, Le nouveau régime des donations entre époux au lendemain de la loi du 26 mai 2004 relative au divorce, LPA 2004 n° 145, p. 10 ; S. Piedelièvre, L'aménagement des libéralités entre époux par la loi du 26 mai 2004, D. 2004, p. 2512). À l'aune de cette nouvelle législation, il est donc dorénavant nécessaire de distinguer entre les règles applicables aux donations de biens présents et de biens à venir. Le divorce est désormais sans incidence sur le sort des donations de biens présents, quelle que soit leur forme (C. civ., art. 265). Irrévocables pendant le mariage, elles ne le sont pas d'avantage au moment du divorce. En revanche, le divorce a pour conséquence la révocation immédiate des donations de biens futurs, sauf volonté contraire exprimée par l'époux donateur.

4593. Tant que son conjoint n'a pas manifesté son acceptation, il est toujours possible à un époux d'annuler la clause bénéficiaire. Le droit antérieur n'est pas modifié sur ce point. La loi du 26 mai 2004 avait toutefois jeté un grand trouble dans les esprits puisqu'il était communément compris - mais avec de sérieux remords - qu'il fallait se résoudre à admettre que l'assurance sur la vie valant donation indirecte – des primes versées à l'assureur – celle-ci ne pouvait être que « portant sur un bien présent » et était donc sujette à irrévocabilité. On réservera un rapide propos pour un cas où la solution nouvelle d'irrévocabilité ne semblait absolument pas faire de doute : il s'agissait du contrat d'assurance vie pour lequel une cotisation unique avait été versée et dans lequel souscripteur et bénéficiaire étaient des personnes différentes. À condition que l'avantage consenti au bénéficiaire présentât un caractère gratuit, la règle nouvelle de l'irrévocabilité des biens présents devait pouvoir s'appliquer et interdire à l'époux souscripteur de reprendre l'avantage dès l'instant que son conjoint avait entendu en bénéficier, et cela même en cas de divorce (J. Maury, les incidences sur le droit des assurances de personnes de la loi n° 2004-439 du 26 mai 2004 relative au divorce, RGDA 2004. 913). En pratique, on pouvait imaginer une recrudescence des clauses bénéficiaires insérées dans un testament. En revanche, il n'a jamais été clairement répondu à la question de savoir si le versement de cotisations périodiques constituait une donation de biens présents ou de biens à venir. Une solution radicale aurait consisté à prendre acte de l'engagement de paiement des cotisations, à y voir une donation de biens présents, et à considérer les différentes échéances comme autant d'applications ponctuelles de la donation initiale. Une autre solution radicale aurait pu conduire à retarder la naissance de la donation à l'échéance contractuelle de manière à voir dans le contrat d'assurance sur la vie une donation de biens à venir, révocable. Une telle analyse était toutefois difficile, voire impossible, à retenir car elle aurait signifié ni plus ni moins la nullité des contrats souscrits en dehors du lien conjugal. En effet, sauf dans les rapports entre époux, les donations de bien à venir sont interdites. Une solution intermédiaire, et sans doute raisonnable, aurait pu consister à scinder le bénéfice du contrat en proportion des cotisations versées et de celles non encore échues. L'époux souscripteur n'aurait pas pu s'opposer à ce que son conjoint bénéficiaire et acceptant reçoive la partie du capital attachée aux cotisations qui avaient déjà été acquittées. À l'inverse, pour l'avenir, le versement des cotisations aurait pu être vu comme une donation de biens à venir et il aurait alors été encore possible d'en changer le bénéficiaire, même après acceptation de ce dernier. Deux raisons aurait pu y conduire : d'une part, les fonds nécessaires aux prochains versements ne sont pas encore dans les mains du donateur, d'autre part, le paiement des cotisations est facultatif et aucune certitude ne peut être acquise quant à leur versement effectif. Mais encore aurait-il fallu pour que cette solution puisse être admise que la notion de biens à venir fasse l'objet d'une interprétation spécifique aux relations matrimoniales et distincte de l'interdiction générale de donations de biens futurs. Quoi qu'il en soit, on ne savait trop insister sur l'importance que revêtait la loi du 26 mai 2004 quant aux contrats d'assurance sur la vie entre époux (voir D. Coron, Dialogues autour de l'assurance, www.aura-niort.fr). Si l'analyse ci-dessus avait été confirmée par les juges, cela aurait signifié purement et simplement la fin de la liberté de révocation qui avait été mise en lumière par le célèbre arrêt Pelletier de 1986. Il aurait pu être alors judicieux de prévoir que la désignation du conjoint bénéficiaire soit faite sous condition de non divorce. La validité d'une telle clause n'aurait pas été discutable que ce soit au regard du droit de l'assurance sur la vie qui n'interdit pas la désignation sous condition ou à celui du droit des donations qui admet une telle condition (P. Simler, La validité de la donation sous condition de non-divorce à l'épreuve de l'article 265 du Code civil, JCP N 2006, 1168, p. 820, observations à propos de l'arrêt Civ., 1re, 13 déc. 2005). Sauf à encourir le risque de nullité pour potestativité, une telle clause n'aurait toutefois pu prendre effet qu'en cas de divorce provoqué par le bénéficiaire. On rappellera tout de même que les observations ci-dessus ne concernaient que les donations consenties pendant le mariage. Les donations insérées dans le contrat de mariage ne sont pas concernées par la modification législative, elles étaient et restent irrévocables.

4594. L'apport de la loi n° 2006-728 du 23 juin 2006 est double. D'une part elle ajoute à l'article 1096 du Code civil une précision selon laquelle les donations de biens présents faites entre époux avant le 1er janvier 2005 demeurent librement révocables. D'autre part, elle limite (art. 25) l'irrévocabilité aux seules donations de biens présents qui prennent effet au cours du mariage (P. Pierre, La révocation de la désignation du conjoint bénéficiaire acceptant d'une assurance sur la vie, Une brève histoire du temps, RCA 2006, chron. n° 14 ; J. Casey, Libéralités entre époux et avantages matrimoniaux : nouvelles donnes ? A propos de la loi du 23 juin 2006, Dr. Famille, 2006, Étude. n° 49).

4595. Les premiers commentaires ont montré que la loi du 23 juin 2006 était l'occasion, pour l'assurance sur la vie, d'un retour vers la révocabilité indiscutée qui existait avant la loi du 26 mai 2004 (P. Pierre, J. Casey, précités). Il est en effet proposé de distinguer entre le versement des primes qui s'effectue pendant le mariage et le dénouement du contrat qui, après décès de l'assuré, entraîne paiement d'un capital ou versement d'une rente au profit du bénéficiaire, les deux modalités s'opérant obligatoirement après le mariage. En d'autres termes, il paraît de bon sens de dire que s'il y a donation – même indirecte et ne portant que sur les primes – celle-ci ne produit pas ses effets pendant le mariage. Ainsi, et bien que formulée au regard d'un autre intérêt, celui de la validité des clauses de réversibilité d'usufruit (voir obs. P. Pierre précitées), la précision ajoutée par la loi du 23 juin 2006 à l'article 1096 du Code civil paraît susceptible de régler les difficultés d'interprétation qui se sont développées au lendemain de la loi du 26 mai 2004. Il subsiste toutefois une hésitation au regard de l'alinéa 1er de l'article 265 du Code civil selon lequel « le divorce est sans incidence sur les avantages matrimoniaux et sur les donations de biens présents quelle que soit leur forme », sans autre précision et sans distinction entre les donations de biens présents selon qu'elles prennent ou non effet pendant le mariage (en ce sens, J. Casey, Précité).

Chapitre 3
Effets du contrat d'assurance vie

BIBLIOGRAPHIE

L'Argus de l'assurance

Ouvrages. – J.-A. Chabannes et N. Gauclin-Eymard, *Le manuel de l'assurance vie*, L'Argus éd., 2004. – M. Belmont et Th. Deschanels, *Assurance vie et transmission de patrimoine : pièges, astuces et fiscalité*, L'Argus éd. – J. Bigot (sous dir.), *Code des assurances*, L'Argus éd., – T. Corfias, *Assurance vie : technique et produits*, L'Argus éd., 2010. – F. Couilbault (sous dir.), *Assurances de personnes*, L'Argus éd., 2016. - K. Vilret Huot, *Les sûretés sur contrat d'assurance vie*, L'Argus éd., 2007. - O. Bertaux, *Comprendre et conseiller l'assurance vie*, L'Argus éd., 2012.

Articles. – E. Charrié, Tour d'horizon des principales mesures touchant l'assurance vie, L'Argus 2011, n° 7205. – L. Chrebor, Vers la fin des tarifs hommes/femmes : une histoire belge, L'Argus 2011, n° 7199. - T. Corfias, Capital différé contre assuré, c'est pourtant bien de l'assurance vie, L'Argus, 31 mai 1996, p. 35 ; Assurance vie et aléa, la cerise sur le gâteau, L'Argus, 25 avr. 1997, p. 22. - G. Defrance, La mise en gage du contrat d'assurance vie, L'Argus n° 6770, 25 janv. 2002, Dossiers jur. – S. Lemoine, Capital différé, éviter la disqualification des contrats, L'Argus 26 avr. 1996, p. 26. – L. Mayaux, Droit de la famille contre droit des assurances, la guerre des codes, L'Argus, 9 sept. 1994, p. 28.

Autres documentations

Ouvrages. – J.-L. Aubert, *L'assurance vie et les assurances de personnes*, coll. « Que sais-je ? », PUF, 1983. – B. Beignier, *Droit du contrat d'assurance*, PUF, 1999. – J. Bigot, P. Baillot, J. Kullmann, L. Mayaux, *Traité de droit des assurances*, Les assurances de personnes, t. 4 LGDJ 2007.. - M. Grimaldi, Libéralités, *Partages d'ascendants*, Litec, 2000, n° 1333. - H. Groutel, F. Leduc. P. Pierre, M. Asselain, *Traité du contrat d'assurance terrestre*, Litec 2008. - Y. Lambert-Faivre, L. Leveneur, *Droit des assurances*, Dalloz 2005, 12e éd. – M. Leroy, *Assurance vie et Gestion du patrimoine*, Lextenso, 2011, L. Mayaux, Le risque assurable, in *Traité de droit des assurances*, Le contrat d'assurance, t. 3, LGDJ 2014, chapitre XI. Les grandes questions du droit des assurances, LGDJ 2011 – M. Picard et A. Besson, *Les assurances terrestres*, t. I, LGDJ, 1982. – F. Sauvage et J.-P. Smala, *L'assurance vie remise en cause par les tiers*, éd. Cridon Paris, coll. « conférences annexes ».

Articles. – J. Aulagnier, L'assurance vie est-elle un contrat d'assurance ?, Droit et Patr., déc. 1996, p. 44. – J. Bigot, Tempête ou vaguelette sur l'assurance vie, JCP 2000. 2215 ; Clair obscur sur l'assurance vie, De l'arrêt Pelletier à l'arrêt Praslicka, JCP 1993. I. 3718. – M. Billiau et J. Ghestin, Contre la requalification des contrats d'assurance vie en contrats de capitalisation, JCP 2001, I, 329. – O. Boitte, La notion de primes manifestement exagérées, Trib. ass., mai 2002. 28. – G. Bruguière-Fontenille, note sous Cass. mixte 21 déc. 2007, D. 2008. 218. – J. Casey, Assurance vie et succession, Gaz. Pal. 2013, p. 300. - C. Charbonneau et J. Pansier, Le contrat d'assurance à la croisée des qualifications : entre assurance épargne et capitalisation, l'assurance balance..., Gaz. Pal, 16-17 mars 2001. 394. – T. Corfias, Les principes de tarification du contrat d'assurance vie, RGDA 2009. 69. - F. Couilbault, Le dénouement de la communauté, Trib. ass., nov. 2002, p. 29. – G. Courtieux, Propos hérétiques sur un arrêt orthodoxe, RCA 1995, chron. n° 18 ; « Réflexions inconvenantes sur le droit et la valeur de rachat », RCA 1995, chron. n° 27 ; Assurance vie et communauté conjugale : le droit à récompense des primes, RCA 1996, n° 39 ; Assurance sur la vie, nouveaux ajustements législatifs, RCA 2008, Études n° 1. – P. Delmas Saint Hilaire, Turbulences dans l'assurance vie, RCA 1999, chron. n° 4. ; L'assurance-vie en franchise de droit matrimonial, Dr. et Pat. 2013 n° 227, p. 77. – E. Ergan, Assurance vie, le régime successoral, Trib. ass., mars 2002, p. 31. J.D. Errard, L'assurance vie est-elle toujours un contrat aléatoire ? Dr. et pat. 2014, n° 234 p. 20. – D. Faucher et F. Sauvage, L'assurance vie est-elle toujours hors succession, JCP N 2000, I, 1683. – L. Fonlladosa, Définition des risques d'invalidité et d'incapacité : la Cour de cassation renonce, Lamy assurances, Bull. act. F, n° 49, mars

1999, p. 1 ; L'exclusion des maladies sexuellement transmissibles, réputée non écrite, Trib. ass. 1999, n° 26, Cahiers jur., n° 89, p. I. – F. Fruleux, F. Sauvage, Transmettre son assurance vie par succession par assurance vie, JCP N 2013 n° 51, p. 31. - J. Ghestin et M. Billiau, Contre la requalification des contrats d'assurance vie en contrats de capitalisation, JCP 2001, I, 329. – M. Grimaldi, L'assurance vie et le droit des successions, Defrénois 2001, art. 37276. – Réflexions sur l'assurance vie et le droit patrimonial de la famille, Defrénois 1994, art. 35841. – H. Groutel, Garanties incapacité temporaire ou invalidité : la Cour de cassation se défausse, RCA 1999, chron., n° 11 ; A propos d'une proposition de loi sur le suicide en assurance vie, RCA 1996, chron., n° 33. – M. Jaumain, Faut-il disqualifier l'assurance vie ? L'assurance vie doit-elle conserver ses privilèges quelles que soient sa durée et l'intensité du risque ? in Les nouveaux produits d'assurance vie face aux droits civil et commercial, Université Catholique de Louvain. – M. Jourdain, Assurance vie et droit des libéralités, où va la jurisprudence, LPA, 29 mai 2001, n° 106, p. 24. – P. Julien de Saint Amand, Coup de pied dans la fourmilière, l'arrêt Leroux du 18 juillet 2000, Droit et Patr., janv. 2001, p. 28. – J. Kullmann, Suicide et assurances : une déjà vieille notion, mais un tout nouveau régime, RGDA 2002. 907 ; Contrats d'assurance vie : la chance de gain ou de perte, D. 1996. 206. – N. Leblond, Le nantissement d'assurance vie réformé en catimini, RCA 2008, chron. n° 3. – H. Lecuyer, Assurance vie, libéralité et droit des successions, Dr. famille, mai 1999, p. 4 ; Assurance vie, libéralité et droit des successions, retour sur une question controversée, Dr. famille, nov. 1999, p. 4. – H. Leroy, L'assurance et le droit pécuniaire de la famille, LGDJ, 1985. - Rachat d'un contrat d'assurance vie et acceptation antérieure au 18 décembre 2007, Gaz. Pal. Févr. 2012 n° 40, p. 5. Assurance-vie : actualité des primes manifestement exagérées, Gaz. Pal 2013, n° 53, p. 23 ; M. Leroy et M. Iwanesko, L'intégration volontaire de l'assurance vie dans la succession, JCP N 2013, n° 1263 ; M. Leroy, La protection du conjoint survivant par l'assurance vie, Gaz. Pal. 14, 15 juin 2013, n° 165, p. 11 ; Assurance-vie : insertion d'une faculté de réduction au profit d'un bénéficiaire, JCP N 2012, p. 1372. - F. Lucet, La qualification des contrats d'assurance sur la vie, Gaz. Pal., 29 nov. 1997, p. 1551 ; Le sort des contrats d'assurance vie non dénoués à la dissolution de la communauté, Defrénois 1993, art. 35 481, p. 271 ; Defrénois 1995, art. 36172, p. 1212. – H. Margeat, Suicide et assurance, Gaz. Pal. 1975. jur. 248. – N. Martial Braz, Cacophonie au pays de l'assurance vie, RCA 2008 étude n° 9. – L. Mayaux, L'assurance vie est-elle soluble dans la capitalisation ?, RGDA 2000. 767 ; Assurance vie et communauté conjugale, Trib. ass., avr. 1997, p. 41. L'assurance vie est hors succession, RGDA 2016, p. 105 – D. de Montbrial, Assurance vie, l'arrêt Leroux, un faux événement juridique, Gaz. Pal., 9 et 11 déc. 2001, p. 4. – Nayral de Puybusque et D. Melennec, Suicide, traumatisme et prédispositions, Gaz. Pal. 1975, 2, doct., p. 722. – V. Nicolas, Essai d'une nouvelle analyse du contrat d'assurance, LGDJ. 1996, p. 325 ; Retour à une conception plus civiliste des contrats d'assurance vie, chron. lexbase hebdo n° 295 - J.G. Raffray, De l'arrêt Pelletier à l'arrêt Praslicka : tentative de conciliation, RCA 1997, chron. n° 26. – P. Pierre, Bénéfice d'une assurance invalidité et régime de communauté : quelle qualification patrimoniale ?, RCA. 2011 etu. n° 4 – P. Sargos, La définition de l'incapacité temporaire totale donnant droit du bénéfice d'une assurance de groupe relève du juge du fond, JCP 1999, II, 10047. – F. Sauvage, L'assurance vie et le patrimoine de la famille, RGDA 1997. 13. – F. Sauvage, et D. Faucher, L'assurance vie est-elle toujours hors succession, JCP N 2000, I, 1683. – Trasbot, Commentaire de la loi du 13 juillet 1930, DP 1931. IV. 36. – A. Wahl, L'assurance en cas de décès au point de vue successoral, de la quotité disponible et des récompenses, RTD civ. 1902. 66.

Divers. – J. Monnet, Théorie liquidative du régime de participation aux acquêts, Thèse, Poitiers 1985. – M.-H. Daban, La cohabitation entre droit civil, droit fiscal et droit des assurances dans le contrat d'assurance vie « épargne », Mémoire DESS 2003, Pôle Universitaire de Niort, sous la direction de M. Patrice Joulain. - Ophélie Bon, Mémoire Master Professionnel 2008, Pôle universitaire de Niort sous la direction de M. Pourrias. - Anne-Laure Rosembly, Pratique notariale et bénéfice d'un contrat d'assurance vie, Mémoire Diplôme Supérieur du Notariat, Poitiers 2008.

Section 1 ■ Effets du contrat avant son dénouement

§ 1 ■ Paiement des cotisations

4596. Le contrat d'assurance sur la vie repose sur un équilibre économique établi par l'assureur et accepté par l'assuré. Neutre pour l'assuré lorsque le risque couvert ne se réalise pas, le paiement des cotisations n'est toutefois pas toujours fait à fonds perdus. Si tel est le cas, généralement, dans les contrats d'assurance décès, c'est normalement l'inverse qui prévaut en cas d'assurance sur la vie. Le versement des cotisations n'est pas seulement la contrepartie de l'engagement que prend l'assureur, il est aussi le moyen pour l'assuré de se constituer une épargne. Les cotisations d'assurance sur la vie sont donc soumises à des règles spécifiques tenant à leur calcul mais aussi à l'absence d'action de l'assureur pour en exiger le paiement.

A ■ Tarification de la cotisation

4597. La prime pure représente le coût de la garantie donnée par l'assureur, elle ne constitue qu'une partie de la prime commerciale puisque l'assureur y ajoute les chargements ou frais qui lui permettent de faire face à ses dépenses de commercialisation et de gestion et de s'acquitter des taxes fiscales.
Envisagé dans sa finalité épargne, le contrat d'assurance vie n'a pas toujours permis à l'assuré d'obtenir une rémunération suffisante de ses placements. En 1967 a déjà été instituée une obligation de participation aux bénéfices. La « réforme technique » est intervenue en 1993, un arrêté du 19 mars 1993 est à l'origine de l'actuel article A. 335-1 du Code des assurances qui détermine les éléments qui peuvent être pris en compte par l'entreprise d'assurance (J.-L. Bellando, Bienvenue à la réforme de 1993... en attendant 1994 et l'Europe, RGAT 1994. 13 ; J.-P. Moreau, réforme de l'assurance vie, Rev. Risques, juill. 1993. 47 ; Réforme technique de l'assurance vie, L'Argus 1994, Cahiers pratiques, n° 19 ; F. Couilbault, Réforme de l'assurance vie, Assur. fr. 1993. 942 ; M. Weinberg, Réforme technique de l'assurance vie ; mise en conformité avec la 3e directive vie (arrêté du 28 mars 1995), Assur. fr. mai 1995. 5). Selon les termes de cet article A. 335-1, les tarifs sont établis en tenant compte :
- d'un intérêt technique fixées dans les conditions de l'article A. 132-1 du Code des assurances ;
- d'une table de mortalité qui peut être soit établie sur la base de données publiées par l'INSEE et homologuées par arrêté du ministre de l'Économie et des Finances, soit établie directement par l'entreprise d'assurance et certifiées par un actuaire indépendant de l'entreprise et agréé à cet effet par l'une des associations d'actuaire reconnues par l'Autorité de contrôle des assurances et des mutuelles (devenue depuis l'autorité de contrôle prudentiel, ACP) ;
- pour les contrats de rente viagère, le tarif est déterminé en utilisant les tables établies par l'entreprise et ne peut être inférieur à celui qui résulterait de l'utilisation des tables établies par l'INSEE.

La prime pure est donc établie en tenant compte des tables de mortalité et du taux d'intérêt.

4598. Les tables de mortalité permettent à l'assureur d'établir une probabilité de décès ou de survie des candidats à l'assurance. Leur développement est directement lié à celui de l'assurance sur la vie. Sans le soutien technique qu'elles ont apporté, l'assurance vie n'aurait pas connu le développement qui est le sien aujourd'hui. Ces tables de mortalité se sont développées à la fin du 19e siècle. Jusqu'en 1993, il était imposé aux assureurs de se rapporter aux tables publiées par l'INSEE. La dernière table a été publiée en 1984. Depuis l'arrêté du 19 mars 1993, l'assureur a le choix entre les tables de l'INSEE et ses propres statistiques à condition qu'elles soient certifiées par un actuaire indépendant. Toutefois lorsque le contrat donne lieu au service d'une rente viagère, le tarif ne peut être inférieur à la table plancher de l'INSEE.

4599. Un arrêté du 27 avril 1993 a agréé deux tables de mortalité (voir sous article A. 335-1 du Code des assurances). En cas d'assurances décès, il s'agit de la table TD 88-90 qui permet de déterminer sur 100 000 personnes nées au cours de la même année combien seront encore vivantes au cours des 106 années suivantes. Ainsi sur 100 000 personnes, 90 778 seront encore en vie après 50 ans, 53 818 après 75 ans, 39 041 après 80 ans, 9 389 après 90 ans et 263 après 100 ans puis 2 au terme des 106 années. La table TV 88-90 est utilisée pour l'assurance en cas de vie. Elle repose sur le même principe de lecture mais conduit à des résultats sensiblement différents puisque, par exemple, le chiffre de personnes vivantes à l'âge de 106 ans est, cette fois, de 59. La différence s'explique par un alignement différent sur l'espérance de vie masculine pour la table utilisée en cas d'assurance décès et féminine pour l'assurance en cas de vie. Publiée par arrêté du 28 juillet 1993, la table plancher constitue la référence minimale obligatoire qui sert de référence dans les contrats de rente. Elle se lit de la même manière que la précédente.

4600. Reposant sur le constat objectif d'une différence de longévité, les conditions d'assurance proposées aux hommes et aux femmes sont différentes. Ainsi les cotisations afférentes au risque décès sont supérieures pour les hommes alors que les cotisations liées à un contrat envisageant la survie sont d'un montant plus élevé lorsque l'assuré est une femme. Le Code pénal dans son article L. 225-1 interdit et réprime la discrimination sexuelle, cependant ses dispositions ne sont pas applicables aux discriminations opérées dans le cadre de la couverture du risque décès, des risques portant atteinte à l'intégrité physique de la personne ou des risques d'incapacité de travail ou d'invalidité. La directive communautaire du 13 décembre 2004 destinée à promouvoir l'égalité entre hommes et femmes dans l'accès aux biens et services et la fourniture de biens et services pose un principe d'interdiction des différences de traitement entre homme et femme a été transposée en droit français par la loi n° 2007-1774 du 17 décembre 2007 insérant un nouvel article L. 111-7 dans le Code des assurances. En application de la disposition de la directive prévoyant que les États membres peuvent autoriser des différences proportionnelles en matière de prime et de prestations pour les assurés dont le sexe est un facteur déterminant dans l'appréciation des risques, sur la base de données actuarielles et statistiques pertinentes et précises, cinq arrêtés du 19 décembre 2007 (JO 20 déc.) ont été adoptés pour fixer, pour chacune des branches d'assurance concernées, les conditions dans lesquelles les données actuarielles et statistiques sont collectées, répertoriées, transmises et publiées. La disposition dérogatoire de l'article 5 n'a toutefois plus effet à partir du 21 décembre 2012. En effet, la Cour de justice de l'Union européenne a considéré que cet article de la directive, qui permet aux Etats de prendre des mesures dérogatoires sans limitation dans le temps, est contraire à l'objectif d'égalité de traitement entre les femmes et les hommes et doit être considéré comme invalide à l'expiration de la période transitoire (CJUE, 1er mars 2011, aff. C-236/09, Association belge des consommateurs Test-Achats et a. : Luc. Mayaux, Coup de tonnerre, la CJUE prohibe toute discrimination fondée sur le sexe, JCP G. 2011 p. 756 – A. Curtet, Assurance : sexe, mode d'emploi, L'essentiel du droit des assurances, fév. 2012, n° 2 p. 2).

4601. Les cotisations d'assurances sur la vie sont établies en tenant compte, non seulement de la prime pure mais aussi de plusieurs sommes correspondant aux frais que doit supporter l'assureur. Ces sommes portent le nom de « chargement ». On distingue normalement les chargements de commercialisation et de gestion et les chargements fiscaux. S'il appartient à l'entreprise d'assurance de déterminer les premiers afin de constituer la rémunération prévue à l'article A. 335-1, les seconds n'existent que si un impôt correspondant peut être visé. Or, en matière de contrats d'assurance sur la vie, la loi de finances pour l'année 1990 (L. n° 89-935, 29 déc. 1989, art. 17) a, pour des raisons de concurrence internationale, supprimé la taxe sur les conventions d'assurances fixée alors à un taux de 5, 15 %. L'exonération est désormais prévue à l'article 995 5° du Code général des impôts.

B ▪ Paiement de la cotisation

4602. Le souscripteur est le seul débiteur de la cotisation. Le paiement ne peut être sollicité ni auprès de l'assuré (s'il est différent du souscripteur), ni auprès du bénéficiaire. Toutefois, en application de l'article L. 132-19 du Code des assurances, tout intéressé peut se substituer au souscripteur pour payer les cotisations, à condition qu'il soit averti du non paiement, or, en dehors d'une disposition contractuelle –clause d'avis- aucune obligation d'information ne pèse sur l'assureur à cet égard (Civ. 1re, 22 mai 1984, RGAT 1984. 394, note J. Bigot ; D. 1986, IR, 94, obs. J.C Berr et H. Groutel).

4603. Initialement, la dette d'assurance était soumise aux dispositions de droit commun de l'article 1247 du Code civil selon lequel le paiement doit se faire au domicile du débiteur. Toutefois, tenant compte des difficultés qui découlaient de cette solution, une loi du 30 novembre 1966 posa le principe de portabilité de la prime, principe dorénavant inscrit dans l'article L. 113-3 du Code des assurances.

4604. À chaque échéance de cotisation, l'assureur est tenu d'aviser l'assuré, ou la personne chargée du paiement des cotisations, de la date d'échéance et du montant de la somme dont il est redevable. Cette disposition ne fait toutefois pas disparaître le caractère portable de la cotisation. Ainsi, le souscripteur ne peut pas se prévaloir du défaut d'avis d'échéance pour justifier du non paiement de la prime (en ce sens, Civ. 1re, 2 juill. 1974, RGAT 1974. 367, note A. Besson ; Gaz. Pal. 1975. I. 163, note Margeat et A. Favre Rochex).

C ▪ Caractère facultatif du paiement des cotisations

4605. L'une des caractéristiques majeures du contrat d'assurance vie tient à l'impossibilité pour l'assureur de sanctionner le non-paiement des primes par le souscripteur : l'assureur ne dispose d'aucune action contre l'assuré en matière de paiement des cotisations (C. assur., art. L. 132-20 : « l'entreprise d'assurance ou de capitalisation n'a pas d'action pour exiger le paiement des primes »). Cette règle dite du caractère facultatif du paiement des cotisations, même si elle n'est pas conforme aux principes généraux du droit des contrats, n'est toutefois pas surprenante. L'opération d'assurance vie doit être vue comme un acte de prévoyance ou d'épargne de l'assuré qui demeure libre d'en mesurer l'intérêt.
De surcroît on rappellera qu'il s'agit ici d'une assurance gérée en capitalisation et non en répartition ce qui interdit à l'assureur de se plaindre du non paiement des cotisations au regard des équilibres financiers d'un exercice.

4606. Il n'est pas possible de demander au souscripteur de s'engager à un paiement régulier et effectif de toutes les échéances. L'article L. 132-20 ne figure pas parmi les textes dont les parties conservent la disposition (C. assur., art. L. 111-2). Cela conduit à s'interroger quant à la validité de certains moyens de paiement de la prime ou de la cotisation. Il s'agit d'une part, du prélèvement automatique et du règlement par remise de lettres de change. Très pratiqué, car très commode, le prélèvement automatique se caractérise par une régularité et une spon-

tanéité de paiement qui peuvent paraître en contradiction avec l'article L. 132-20. Néanmoins, l'assuré conserve la possibilité d'en interrompre à tout moment le fonctionnement ce qui paraît une mesure suffisante (Rép. Min. n° 3610, JOAN 12 févr. 1987, p. 211 ; RGAT 1987. 533).
En revanche, le paiement par émission d'une lettre de change (c'est-à-dire un titre par lequel une personne ordonne à son débiteur de payer une somme à une autre personne, pour son compte) paraît impossible au regard de l'engagement que prendrait l'assuré lors de l'acceptation.
L'article L. 132-20 n'est relatif qu'à l'action de l'assureur envers l'assuré. Le caractère facultatif du paiement des cotisations ne déborde pas de cette relation. Si le souscripteur s'est engagé au paiement envers un tiers, il devra respecter son engagement (Civ. 1re, 14 déc. 1976, RGAT 1977. 361 ; D. 1977, IR, 461, obs. Berr et H. Groutel).

4607. Les dispositions générales de l'article L. 113-1 du Code des assurances (les exclusions) ne sont pas applicables à l'assurance sur la vie. Une loi du 7 janvier 1981 avait instauré un système d'avance automatique de la cotisation dans la limite de la valeur de rachat du contrat mais ce système a été supprimé par la loi n° 89-104 du 31 décembre 1989 parce que bien des contrats faisant l'objet d'avances obligatoires se trouvaient rachetés d'office, privant ainsi le souscripteur des garanties prévues. Les conséquences du non paiement d'une cotisation sont dorénavant envisagées à l'article L. 132-20 du Code des assurances (C. Eliashberg, les nouvelles dispositions régissant le non paiement de la prime en assurance vie, Assur. fr. 1990. 418). Lorsque l'assureur constate qu'une prime, ou cotisation, n'a pas été payées dans les 10 jours qui suivent son échéance, il envoie une lettre recommandée à l'assuré dans laquelle il l'informe qu'à l'expiration d'un délai de 40 jours à dater de l'envoi, le défaut de paiement de la cotisation échue ainsi que de celles qui viendraient à échéance pendant le délai de 40 jours entraîne, soit la résiliation du contrat, soit, lorsqu'il existe une valeur de rachat suffisante, sa réduction. L'article L. 132-23 alinéa 4e du Code des assurances détermine à quelles conditions le droit au rachat est acquis. La loi n° 2007-1775 du 17 décembre 2007 (art. 2) a supprimé la possibilité qui était offerte jusqu'à maintenant à l'assureur de refuser le rachat dès lors que 15 % des cotisations avaient été versées ou dès lors que deux échéances annuelles avaient été respectées (pour une résiliation après versement d'une seule prime annuelle (Civ. 1re, 28 mars 2000, RCA 2000, n° 246). Le mode de calcul des modalités de réduction doit figurer dans la police. En cas de résiliation, les cotisations versées restent acquises à l'assureur (Civ. 1re, 28 mars 2000, D. 2000, IR, 119 ; JCP 2000, IV, 1863 ; RGDA 2000. 569). À la lecture d'un arrêt du 18 février 2003 (Lamy assurances 2004, n° 3403) le règlement ultérieur des arriérés ne serait pas susceptible de remettre en vigueur le contrat. Sans doute l'assureur peut-il tout de même adopter amiablement une position différente. Si le risque assuré, en l'occurrence le décès, se réalise pendant le délai légal de 40 jours, l'assureur doit exécuter sa prestation mais peut retenir le montant de l'échéance impayée.

4608. Le contrat peut être aménagé de manière à éviter une résiliation trop rapide. Ainsi une clause peut prévoir que la résiliation n'interviendra qu'à partir du moment où deux échéances n'auront pas été respectées. Cette clause est valable et ne constitue pas une clause pénale, ce qui a pour conséquence d'interdire sa révision par le juge (Civ. 1re, 2 juill. 2002, RGDA 2002. 744, note L. Mayaux).

4609. La procédure de l'article L. 132-20 du Code des assurances ne tend pas au paiement des cotisations, elle constate soit la résiliation, soit la réduction sans avoir besoin d'être judiciairement constatée. À cette condition, elle échappe aux interdictions de l'article L. 622-21 du Code de commerce et peut être engagée à l'encontre d'un assuré faisant l'objet d'une procédure collective (Com. 26 mai 1999, RCA 1999, n° 309, obs. H. Groutel ; JCP E 1999, pan. 1272 ; Rev. proc. coll. 2000, 14, n° 11, obs. C. Macorig Venier).

4610. La présence dans le contrat de garanties complémentaires est à l'origine d'une sérieuse difficulté. Il est sans doute possible de distinguer entre la partie de cotisation qui est attachée à la couverture du risque principal (assurance sur la vie) et celle qui a trait aux garanties complémentaires (décès accidentel, invalidité, incapacité de travail). L'article L. 132-20 a-t-il vocation à s'appliquer de la même manière aux deux hypothèses ? La question n'est pas abordée de la même manière selon qu'il s'agit d'assurance collective ou individuelle.

4611. En matière d'assurance collective, la jurisprudence, après avoir adopté la position inverse (Civ. 1re, 23 mai 1964, RGAT 1965. 216, note A. Besson), a finalement refusé d'assimiler les garanties principales et accessoires et il est dorénavant admis que l'assureur conserve le droit d'exiger la partie de la cotisation qui correspond aux garanties accessoires (Civ. 1re, 1er déc. 1981, Bull. civ. I, n° 357, RGAT 1983. 169 ; Civ. 1re, 11 oct. 1988, Bull. civ. I, n° 277 ; RGAT 1989. 102 ; RCA 1988, n° 95 ; adde L. Landel, L'assurance de groupe à la lumière de la jurisprudence récente, RGAT 1993. 9).

4612. Aucune solution jurisprudentielle ne peut être présentée à propos de l'assurance individuelle. Deux aspects compliquent la question. D'un côté, les garanties attachées à l'assurance complémentaire relèvent d'une gestion par répartition et on comprendrait assez bien que l'assureur puisse exiger le paiement des cotisations qui y sont liées. D'un autre côté, certaines de ces garanties sont accordées par des entreprises d'assurances sur le seul fondement de l'article R. 321-5 du Code des assurances. Elles sont donc proposées à titre accessoire et lorsque l'entreprise n'est agréée que pour les opérations d'assurance sur la vie on peut hésiter, lorsque la garantie vie aura pris fin pour non paiement des cotisations, à lui conférer des droits qui sont attachés à une qualité qu'il ne possède pas. De surcroît, selon l'article R. 321-5 il ne peut être prévu que les garanties accessoires se maintiennent au delà de l'expiration des garanties principales.

§ 2 ▪ Droits du souscripteur

4613. L'étude des droits du souscripteur avant le dénouement du contrat ne peut se comprendre qu'en prenant conscience de la valeur que représentent les cotisations successivement versées par le souscripteur à l'assureur. Les sommes accumulées à ce titre, gérées en capitalisation, constituent une masse sur laquelle les assurés ont des droits spécifiques. La provision mathématique est définie comme « la différence entre les valeurs actuelles des engagements respectivement pris par l'assureur et les assurés » (C. assur., art. R. 331-3). Or, cette formule n'a pas la même portée selon le risque qui est assuré. Dans le cas de l'assurance décès, la différence entre les valeurs s'explique par le fait que les cotisations perçues en début de contrat sont supérieures au risque couvert. Calculées pour la durée entière du contrat, les cotisations sont d'un montant identique du début à la fin alors qu'elles auraient dû être très faibles pendant la première période et plus fortes ensuite pour devenir trop importantes en fin de contrat. Il en résulte pour l'assureur un avantage financier durant les premières années du contrat qu'il doit gérer de manière optimale mais sur lequel l'assuré n'a aucune prise puisque la contrepartie de son engagement se trouve dans la couverture du risque de décès. On dit aussi que les versements sont faits à « fonds perdus ». En revanche, dans le cas de l'assurance sur la vie, les cotisations sont mises en provision de manière à constituer progressivement le capital, ou la rente, payable à l'échéance. Les provisions mathématiques représentent une dette de l'assureur et de ce fait elles sont placées au passif du bilan. Mais, d'un point de vue actif, l'assureur a utilisé les disponibilités qui résultent du paiement des cotisations pour acquérir des valeurs qui figureront au bilan. À l'instar des associés sur les réserves d'une société, les assurés possèdent alors des droits sur les provisions mathématiques (C. assur., art. L. 327-2).

Ces droits, susceptibles toutefois de faire dorénavant l'objet d'une procédure de saisie dans le cadre des enquêtes pénales de lutte contre le blanchiment d'argent (C. proc. pén., art. 706-155, mod. L. n° 2010-768, 9 juil. 2010), s'exercent de différentes manières.

4614. Aux termes de l'article L. 331-3 du Code des assurances (anc. art. L. 132-29, mod. par L. 4 janv. 1994), les assureurs ont l'obligation de faire participer les assurés aux bénéfices techniques et financiers qu'ils réalisent. Cette obligation interdit à l'assureur de conserver pour lui seul les profits qu'il a réalisés par le placement de l'épargne des assurés. Dans le détail, ce sont les articles A. 331-3 à A. 331-8 qui fixent les modalités de cette participation. Par un arrêt du 6 février 2014, la Cour de cassation refuse de suivre une cour d'appel qui avait limité la participation aux seuls bénéfices financiers, jugeant par là même que les bénéfices techniques s'en trouvaient écartés, la cassation est prononcée au motif que la participation prévue par l'article L. 331-3 du Code des assurances concerne les bénéfices à la fois techniques et financiers (Civ. 2e, 6 février 2014, n° 13-11.331, J. Speroni, La participation aux bénéfices devant la Cour de cassation, L'Argus 18 fev. 2014).

A ▪ Cession des droits

4615. Le souscripteur peut céder les droits qu'il détient contre l'assureur à un tiers. L'opération est rare car le souscripteur a généralement plutôt intérêt à conserver ses droits. Si la cession a lieu à titre gratuit, elle constitue une libéralité à hauteur de la provision mathématique atteinte au jour de la cession. Deux formalités peuvent être utilisées : la signification à l'assureur par voie d'huissier, c'est-à-dire dans les formes de l'ancien article 1690 du Code civil ou la modification du contrat par avenant par application de l'article L. 112-3 du Code des assurances. De surcroît, si l'assuré est une personne différente du souscripteur, il sera nécessaire d'obtenir son consentement en vertu de l'article L. 132-2 alinéa 2 du Code des assurances. Les partages de communauté ou de succession conduisent aussi à une cession du contrat.

B ▪ Nantissement du contrat

4616. Le contrat d'assurance vie représente une valeur patrimoniale dont le souscripteur peut tirer un profit indirect mais immédiat en l'affectant à la garantie d'une dette. Le contrat sera alors donné en garantie (S. Hovasse Blanchet et F. Lucet, Les garanties sur contrat d'assurance vie, Defrénois 1999, art. 37005, p. 705 ; S. Hamoudi, Utilisation d'un contrat d'assurance vie en garantie d'une créance, RGDA 1997. 697 ; Flour, Mise en gage des polices vie, RGAT 1935. 702 - voir aussi Com., 12 juil. 2011, n° 10-16.873 : justifie légalement sa décision, une Cour d'appel qui retient que le nantissement d'un contrat d'assurance vie n'est pas compatible avec les règles de la couverture et que le refus, légitime, du prestataire de services d'investissement de l'accepter comme instrument de couverture n'est pas fautif, Bull. Joly Bourse, nov. 2011 p. 594 obs. N. Goutay). Depuis l'ordonnance n° 2006-346 du 23 mars 2006, l'expression « mise en gage de la police » n'est plus utilisée, le terme de « gage » étant réservé aux meubles corporels, seul le terme de « nantissement du contrat » est correct.

4617. Depuis le 18 décembre 2008, la police d'assurance ne pourra plus être à ordre (L. n° 2007-1775, 17 déc. 2007, art. 8 et 10), ce qui réduit les modes de constitution du gage aux seules possibilités d'avenant et d'acte soumis aux formalités des articles 2355 à 2366 du Code civil. Par ailleurs, une ancienne solution de jurisprudence imposait de remettre la police, titre de créance, dans les mains du créancier (Civ., 27 janv. 1908, DP 1910, I, 522). Elle était principalement destinée à éviter les fraudes du débiteur et pouvait, lorsque la remise du titre était impossible, être remplacée par la signification du nantissement au débiteur, c'est-à-dire à l'assureur ou par l'acceptation de ce dernier (Civ. 1re, 10 mai 1983, Bull. civ. I, n° 141, Defrenois 1983, 1393, obs. S. Piedelièvre). La réforme du droit des sûretés autorisant le nantissement des créances sans dépossession, la remise de la police dans les mains du créancier ne paraît plus nécessaire (C. civ., art. 2355 à 2366 nouveaux, P. Simler, JCP 2006. I. 124). Il appartient au souscripteur de décider du nantissement mais les consentements de l'assuré et du bénéficiaire acceptant sont aussi requis (C. ass. L. 132-10). La loi n° 2007-1775 du 17 décembre 2007 (JO 18 déc.) exige dorénavant que le bénéficiaire donne son accord au nantissement lorsque son acceptation est antérieure à ce dernier. L'acceptation postérieure au nantissement est quant à elle sans effet à l'égard du créancier nanti (N. Leblond, Le nantissement d'assurance vie réformé en catimini, RCA 2008, chron. n° 3).

4618. Même s'il peut toujours être de bonne prudence de demander que le conjoint commun en biens du souscripteur donne son consentement à la constitution du nantissement lorsque les cotisations ont été payées à partir des revenus du souscripteur, le nantissement de la police ne paraît pas faire partie des opérations pour lesquelles l'absence de consentement limiterait les droits des créanciers. Même entendu largement, l'article 1415 du Code civil n'a vocation à s'appliquer qu'aux emprunts et cautionnements. Il semble même qu'il soit techniquement inapplicable car on ne devine pas en quoi les conséquences du gage pourraient être réduites.

4619. L'assureur doit exécuter le contrat de la même manière que si la demande de paiement était faite par le bénéficiaire désigné. Il lui est tout de même possible d'opposer au créancier les exceptions qu'il est susceptible de faire valoir à l'encontre du souscripteur, notamment en matière de fausse déclaration. Cela n'est toutefois envisageable que s'il y a idéalement concomitance entre les dates d'exigibilité de la créance garantie et des prestations d'assurance. Or, l'une des faiblesses de l'assurance sur la vie utilisée à titre de garantie réside dans le cas où la créance garantie est exigible avant l'expiration du contrat d'assurance. La constitution du nantissement ne saurait engager l'assureur à subir les effets d'une déchéance du terme du contrat. Il est toutefois possible d'opérer une délégation, en faveur du créancier, du droit de demander le rachat du contrat (Civ. 1re, 4 déc. 2001, RGDA 2002. 163, note J. Kullmann ; D. 2002. 2980 ; JCP E 2002. 12, p. 521, note A. Gourio). À défaut d'une telle stipulation, le créancier ne peut exercer le droit de rachat à la place du souscripteur. Même son titre de créancier ne saurait justifier une action en ce sens puisque le droit de décider du rachat a été reconnu comme une prérogative personnelle. Afin de préserver ses droits, le créancier peut se substituer au souscripteur afin de payer les cotisations (C. assur., art. L. 132-19) et en demander ensuite le remboursement à son débiteur.

C ▪ Avance sur la police

4620. L'avance se définit comme une opération par laquelle l'assureur accepte de faire au souscripteur une avance d'argent sans modifier le fonctionnement du contrat. L'avance se présente comme une solution moins radicale que le rachat et peut permettre au souscripteur de faire face à un besoin ponctuel de trésorerie. Contrairement au rachat, l'avance ne met pas fin au contrat. Initialement consenties pour une durée très courte, paiement d'une cotisation par exemple, les avances ont été progressivement consenties sans limitation de durée et pour tout usage au gré de l'assuré (Cosmao Dumanoir, Les avances sur police, RGAT 1935. 1039). La légalité de l'opération est aujourd'hui affirmée par l'alinéa 3 de l'article L. 132-21 du Code des assurances. La doctrine s'est toutefois longtemps interrogée à propos de la nature juridique des avances sur police.

4621. Une première thèse y a vu un prêt sur gage. L'assureur, contre remise de la police, prêterait au souscripteur une somme qui serait remboursable soit directement soit par compensation avec la somme due en vertu de la police. Cette analyse a été rapidement abandonnée car l'idée de gage aurait entraîné la nullité en tant que pacte commissoire (c'est-à-dire une convention prévoyant la résolution du contrat en cas d'inexécution totale ou partielle du contrat) compte tenu de la clause qui permet à l'assureur de mettre fin au contrat en décidant le rachat d'office.

Une seconde conception s'est alors développée à partir de l'idée d'un paiement anticipé sur la réserve. Elle fut elle aussi abandonnée car elle aurait signifié que la dette de l'assureur était définitivement éteinte or l'assuré a la faculté de restituer les sommes pour faire produire à nouveau plein effet au contrat. De surcroît elle s'accommodait mal du traitement comptable de l'avance.

4622. Finalement, la Cour de cassation, par deux arrêts rendus le 21 juillet 1942 a reconnu que « l'acte d'avance a pour objet, d'une part de remettre à l'assuré une partie de la réserve mathématique qu'en exécution du contrat d'assurance, il a fait entrer dans le patrimoine de l'assureur ; d'autre part, et corrélativement, en obligeant l'assuré à servir des intérêts, de compenser l'avantage procuré à celui-ci et la perte de revenus que subira l'assureur ». L'acte d'avance constitue donc une remise de la réserve mathématique (Civ., 21 juill. 1942, RGAT 1943. 41 ; JCP 1943, II, 2219, note du Garreau de la Méchenie ; Com. 27 juin 1949, RGAT 1949. 367 ; D. 1949. 407). Cette analyse a pour conséquence de limiter la pratique de l'avance aux seuls contrats qui donnent naissance à une provision mathématique pouvant être appréhendée par l'assuré (Civ. 1re, 28 avr. 1987, RGAT 1987. 438, note J.-L. Aubert). Et encore, la pratique limite-t-elle l'avance à une proportion de la provision. Elle commande aussi les effets de l'avance. Si le souscripteur paie régulièrement les intérêts qui ont été stipulés et restitue la somme objet de l'avance, le contrat produira ses effets normalement et l'assureur devra, à l'échéance, verser les capitaux dans les mains du bénéficiaire. Si l'avance n'est pas totalement remboursée, les capitaux garantis seront réduits d'autant. Si le souscripteur ne s'acquitte pas des intérêts, l'acte d'avance prévoit la possibilité pour l'assureur de décider le rachat d'office du contrat. Constituant tout de même une conséquence exceptionnelle du contrat, les avances ne doivent pas être systématiques.

D ▪ Réduction

4623. La réduction entraîne une diminution des engagements de l'assureur par suite de l'inexécution par le souscripteur de ses propres obligations. La réduction porte donc sur le montant du capital. Au lieu du capital primitivement stipulé et qui est appelé à constituer ultérieurement la dette de l'assureur, le souscripteur peut percevoir immédiatement un capital plus faible dont l'importance varie en fonction des primes ou cotisations qui ont été effectivement payées. En fait, le souscripteur a droit à une assurance équivalente à celle qu'il obtiendrait s'il percevait la provision mathématique et qu'il l'utilisait à titre de prime unique. La réduction est généralement présentée comme la combinaison entre l'existence de la provision mathématique et les principes qui régissent l'inexécution partielle en droit des obligations. Plutôt que d'entraîner la résolution du contrat, le non paiement des cotisations entraîne une réduction de sa créance. Cette explication technique laisse toutefois entendre que la réduction serait toujours une sanction alors qu'elle constitue aussi une prérogative qui lui est reconnue par l'article L. 132-23 du Code des assurances. À ce titre, l'assureur doit communiquer chaque année au souscripteur, le montant des valeurs de réduction (art. L. 132-22). Il ne peut toutefois y avoir réduction que dans les contrats qui reposent sur une provision mathématique.

Les contrats d'assurance temporaire en cas de décès et les contrats de rente immédiate ou en cours de service n'y ouvrent pas droit (C. assur., art. L. 132-23).

4624. La réduction peut être demandée par le souscripteur ou être mise en œuvre par l'assureur en application de l'article L. 132-20 du Code des assurances. Le non-paiement de prime entraîne l'envoi par l'assureur d'une lettre recommandée ayant pour effet de résilier le contrat quarante jours après son envoi ou, lorsque le contrat comporte une provision mathématique, de mettre le contrat en valeur de réduction (C. assur., art. L. 132-20).

4625. Les modalités de la réduction sont précisées par le contrat d'assurance (C. ass., art. L. 132-21).

E ▪ Rachat du contrat

4626. Le rachat est réglementé par les articles L. 132-21 à L. 132-23 et R. 132-1 à R. 132-2 du Code des assurances. Le rachat d'un contrat est sa rupture anticipée ; il se traduit par le versement d'une partie de la provision mathématique. À la demande du souscripteur, la dette de l'assureur devient à échéance immédiate. Le rachat est particulièrement utile lorsque le souscripteur n'a plus aucun intérêt au maintien du contrat. Lorsque le risque qu'il entendait couvrir est écarté, par exemple les personnes au profit desquels il entendait laisser des droits sont décédées, ou lorsque sa situation de fortune s'est modifiée. Le rachat peut également être justifié par un besoin immédiat de liquidités.

4627. Le droit au rachat a suscité une discussion doctrinale avant d'être admis en droit positif. Certains auteurs le contestaient au motif qu'il entraînait une modification unilatérale du contrat. Initialement les compagnies d'assurance y étaient même opposées en relevant notamment qu'à la différence de la réduction, le rachat entraîne anéantissement du contrat primitif en vue d'un paiement immédiat restreint et qu'il n'était pas sans danger en cas de demandes abondantes simultanées. La jurisprudence était néanmoins favorable au rachat (Trib. Civ. de Lille, 2 nov. 1925, DH 1925, p. 662, « attendu que tout assuré sur la vie a le droit de demander le rachat de son contrat, dès qu'une valeur de rachat peut être déterminée ; qu'il n'est pas nécessaire que la faculté de rachat soit prévue expressément... »). En reconnaissant le droit au rachat, la loi de 1930 en a aussi modifié le sens. Antérieurement, il était admis que le rachat entraînait novation puisqu'il transformait une dette conditionnelle ou à terme en une dette immédiate. Avec sa consécration légale le rachat est dorénavant vu comme un droit qui résulte du contrat lui-même. En conséquence, l'assureur ne peut plus en modifier les modalités, il doit calculer la valeur de rachat en vertu des règles figurant dans la police.

4628. Deux raisons justifient l'impossibilité de rachat de certains contrats. Parce qu'il ne fait que mettre en œuvre les droits que le souscripteur détient sur la provision mathématique, le rachat est exclu dans tous les contrats qui ne donnent pas naissance à une telle provision et dans lesquels l'arrêt du paiement des cotisations entraîne systématiquement la résiliation. Ce droit n'existe donc pas dans les contrats d'assurance décès temporaire, dans les contrats de rente viagère immédiate ou en cours de service (C. assur., art. L. 132-23). Le rachat est également impossible dans les contrats d'assurance en cas de vie stipulés sans contre-assurance et dans les contrats de rente viagère différée (C. assur., L. 132-23). L'exclusion s'explique alors par le risque d'antisélection que le rachat ferait courir à l'assureur. Ce risque a notamment été évoqué dans les travaux préparatoires de la loi de 1930 : « la possibilité de rachat ne peut d'ailleurs être envisagée qu'à la condition que cette faculté ne favorise pas une antisélection qui bouleverserait les probabilités mêmes sur lesquelles l'assureur assied ses prévisions et les tarifs qui en découlent ». Il suffirait à l'assuré qui sait qu'il a peu de chances d'être en vie à l'échéance contractuelle de demander le rachat pour éviter que les cotisations ne soient définitivement perdues, comme c'est le cas dans les contrats d'assurance en cas de vie ou de rente viagère différée qui ne sont pas assortis d'une contre-assurance (M. Picard, A. Besson, *Traité général des assurances terrestres*, LGDJ, éd. 1945, n° 150, p. 367 ; Y. Lambert Faivre, L. Leveneur, *Droit des assurances*, Dalloz 12e éd.). Si le rachat y était autorisé, l'assureur ne conserverait que les mauvais risques. Le rachat n'est donc envisageable que dans les contrats d'assurance décès vie entière, en cas de vie avec contre-assurance, les contrats de rente viagère différée avec contre assurance et les assurances mixtes.

4629. Des dispositions particulières ont été ajoutées à propos des contrats d'assurance de groupe en cas de vie lorsque les prestations sont liées à la cessation d'activité professionnelle. Le rachat est possible dans trois cas : lorsque les droits aux allocations d'assurance chômage de l'assuré arrivent à expiration, lorsque la cessation d'activité salariée est consécutive à un jugement de liquidation judiciaire, lorsque l'assuré fait l'objet d'un classement en 2e ou 3e catégorie d'invalidité prévue à l'article L. 341-4 du Code de la Sécurité sociale. Par ailleurs, depuis la loi du 16 juillet 1992, l'article 132-23, alinéa 3 du Code des assurances oblige à insérer dans ces contrats une clause de transfert qui permet, lorsque l'adhérent, par la cessation de son activité, ne présente plus les qualités pour profiter du contrat, de transférer la provision mathématique sur un autre contrat d'assurance de groupe.

4630. L'article 2 de la loi n° 2007-1775 a supprimé la possibilité qui était offerte à l'assureur de refuser le rachat lorsque 15 % des cotisations avaient été versées ou que deux cotisations annuelles avaient été payées, l'assureur ne peut plus s'opposer au rachat du contrat (C. assur., art. L. 132-23 al. 4). Cette règle traduit une obligation pour l'assureur, elle exprime l'irréductibilité légale du droit au rachat. Dans le contrat d'assurance, il est néanmoins possible d'écarter ces seuils ou de les abaisser.
L'exercice du droit de rachat détruit l'équilibre du contrat puisque l'assureur plutôt que de verser un capital au bénéficiaire désigné rembourse au souscripteur les cotisations qu'il a versées. Le rachat emporte donc révocation de la clause bénéficiaire. C'est la raison pour laquelle, seul le souscripteur peut y procéder. Il s'agit pour lui d'une prérogative personnelle qu'aucune autre personne ne peut exercer à sa place.

4631. Au visa de l'article L. 132-21, la Cour de cassation a rappelé que « la faculté de rachat est un droit personnel du souscripteur qui ne peut être exercé par son mandataire qu'en vertu d'un mandat spécial prévoyant expressément cette faculté » (Civ. 2e, 5 juin 2008, RCA 2008, Etude n° 12, N. Martial Braz). La solution n'est pas nouvelle (déjà Com., 25 oct. 1994, Bull. civ. IV, n° 311 ; D. 1995, IR, 5 ; Civ. 1re, 28 avr. 1998, RCA 1998, comm. n° 367, obs. G. Courtieu et J.G. Raffray ; JCP 1998, II, 10112, note J. Bigot- voir aussi pour l'impossibilité pour un liquidateur judiciaire de s'opposer au rachat d'un contrat d'assurance vie souscrit par le débiteur en difficulté, Com., 11 décembre 2012, n°11-27.437, E. Bernard, Rachat d'un contrat d'assurance vie par un souscripteur en liquidation judiciaire, L'Argus 23 janvier 2013). Cette position classique repose sur l'assimilation entre rachat et révocation du bénéficiaire, les deux décisions produisant des effets identiques pour le bénéficiaire, il est judicieux qu'elles soient soumises au même régime. Il a été montré (obs. N. Martial Braz précitée ci-dessus) qu'une telle assimilation n'est pas en accord avec la décision d'une Chambre mixte qui reconnaît au stipulant le droit au rachat du contrat même en cas d'acceptation du bénéficie de l'assurance lorsque l'acceptation a eu lieu antérieurement à l'entrée en vigueur de la loi du 17 décembre 2007. L'assimilation entre les deux prérogatives que sont le rachat et la révocation du bénéfice du contrat est pourtant encouragée par les dispositions légales nouvelles qui soumettent la décision, en cas de mise en place d'un régime de protection, à une décision du juge des tutelles ou du Conseil de famille (C. assur., art. L. 132-4-1 et L. 132-9), sauf à observer que le régime de la curatelle est toutefois traité différemment (autorisation du juge des tutelles ou du conseil de famille pour la révocation et assistance du curateur pour le rachat ; P. Delmas St Hilaire, Le contrat d'assurance-vie nouveau est arrivé, Revue de jur. pers. et fam. 2008, n° 3).

4632. Titulaires d'un droit de gage général sur l'ensemble des biens de leur débiteur (C. civ., art. 2284) les créanciers peuvent, selon diverses modalités, recouvrer le montant de leur créance en faisant saisir les biens de celui-ci. Ils ont donc tout intérêt à ce que ces biens soient les plus nombreux possible. Appliquée à une situation d'assurance sur la vie, les créanciers dont les droits s'exercent contre une personne qui a souscrit un contrat d'assurance sur la vie peuvent être tentés de demander le rachat du contrat de manière à dégager une somme sur laquelle ils pourront se faire payer. Cela est-il possible ? La question, d'une importance pratique considérable fait l'objet d'une réponse très restrictive mais conforme au caractère personnel du droit de rachat. D'un point de vue légal, la demande des créanciers du souscripteur est, en effet, en contrariété avec trois solutions légales :
- l'article L. 132-14 du Code des assurances selon lequel ils ne peuvent pas réclamer le capital versé au bénéficiaire sauf en cas de cotisations excessives ;
- l'article L. 132-9 du Code des assurances qui leur interdit de révoquer le bénéfice de l'assurance ;
- l'article L. 132-12 du Code des assurances en vertu duquel le capital versé au bénéficiaire est censé n'avoir jamais fait partie du patrimoine du souscripteur.
Ces trois solutions ne traitant que du capital attribué au bénéficiaire et non des droits du souscripteur contre l'assureur, on pourrait imaginer en cantonner l'application au seul capital. En réalité, c'est parce qu'il constituerait une révocation du bénéficiaire que le rachat n'est pas ouvert aux créanciers du souscripteur.

4633. L'interdiction de rachat par les créanciers a d'abord été posée dans un arrêt de la Cour de cassation du 28 avril 1998 (Civ. 1re, 28 avr. 1998, RGDA 1998. 309, note J. Bigot ; RCA 1998, n° 367, note G. Courtieu et note J.-G. Raffray ; Defrénois 1998, art. 36837, p. 861, obs. S. Hovasse-Banget ; JCP 1998, II, 10112, note J. Bigot ; Rev. fid. 1998, n° 26, p. 12 ; Civ. 1re, 20 oct. 1998, RGDA 1999. 418 ; adde, en matière de procedure collective, Com., 25 oct. 1994, Bull. civ. IV, n° 311 ; D. 1995, IR, 5 ; RGAT 1995. 149, rapport Remery J.-P. ; JCP 1994, IV, 2619 ; G. Courtieu, Propos hérétiques sur un arrêt orthodoxe, RCA 1995, chron. n° 18). La solution est particulièrement importante au regard des droits que l'administration fiscale entendait faire valoir contre les souscripteurs de contrats d'assurance sur la vie. Fondée sur un arrêt rendu en matière de compte épargne par la deuxième Chambre civile de la Cour de cassation le 29 mai 1991, une instruction fiscale (Instr. fisc. n° 12 C-1-92, 13 mars 1992, BOI 12 C-1-92, n° 52) avait encouragé les demandes de saisies des fonds placés sur des comptes fonctionnant dans des conditions analogues. Mise en échec par la jurisprudence ci-dessus l'administration fiscale s'est alors appuyée sur une autre analyse qui, prenant acte de la condition qui affecte le droit de rachat, consistait à assortir la saisie d'une indisponibilité provisoire. Selon une nouvelle instruction (Instr. fisc. n° 12 C-6-98, 18 déc. 1998, BOI 12 C-6-98), l'indisponibilité temporaire « n'empêche pas de procéder à une saisie en cours de contrat, l'assureur prenant acte de cet événement, ce qui permettrait l'appréhension des sommes lors du dénouement du contrat (hormis, bien entendu, le cas de décès de l'assuré) ». Un important arrêt contredit à nouveau l'administration fiscale en interdisant toute forme de saisie des sommes correspondants aux droits du souscripteur, la créance de l'assureur n'étant qu'éventuelle (Civ. 1re, 2 juill. 2002, RGDA 2002. 1012, note J. Kullmann). La seule perspective qui peut être ouverte aux créanciers consiste à démontrer que le contrat d'assurance sur la vie est en réalité un contrat de capitalisation auquel les règles légales, et notamment, l'article L. 132-9 du Code des assurances ne seraient pas applicables. Cette question rejoint un débat plus général qui consiste à demander la requalification de certains contrats dans lesquels l'aléa qui caractérise le contrat d'assurance serait inexistant. Fortement sur le devant de la scène pendant quelques années, consacré même par certaines décisions des juges du fond (sur le terrain de l'insaisissabilité : CA Toulouse, 3e ch. civ., 24 oct. 1995, JCP 1996, II, 22595, note J. Bigot) ce débat s'est progressivement estompé au profit d'un examen plus attentif du caractère exagéré ou non des cotisations.

4634. L'exercice du droit de rachat fait perdre au bénéficiaire le droit conditionnel qu'il détenait envers l'assureur. Il y a donc antinomie entre l'intérêt du souscripteur et celui du bénéficiaire. Dans cette éventualité, la prééminence des droits de l'un sur l'autre est déclenchée par l'acceptation du bénéficiaire. Après acceptation, qui a pour effet de consolider les droits du bénéficiaire, le souscripteur peut encore exercer sa faculté de rachat mais les sommes dont il obtient libération ne peuvent plus lui profiter. Sauf renonciation du bénéficiaire acceptant, elles doivent en principe lui être versées (CA Poitiers, 12 févr. 1906, DP 1910, II, 153 ; CA Paris, 15 sept. 1993, D. 1993, IR, 221 ; TGI Lyon, 4e ch., 1er juill. 2002, JCP 2003. 723, note L. Gimalac et J.-M. Portal).

4635. Plusieurs solutions de jurisprudence et une réflexion doctrinale (J. Kullmann, Pour le maintien du droit au rachat en dépit de l'acceptation du bénéficiaire, in Mélanges Ch. Gavalda, Propos impertinents de droit des affaires, D. 2001. 199) obligent néanmoins à nuancer le propos. Il a, par exemple, été admis que les droits du bénéficiaire sont liés au décès du souscripteur et que tant que celui-ci est en vie, il conserve le droit de procéder au rachat du contrat sans que l'acceptation du bénéficiaire ne puisse y faire obstacle (TGI Paris, 22 mars 2001, voir *Lamy Assurances* 2004, n° 3331).

4636. La question de la persistance du droit du souscripteur au rachat en cas d'acceptation par le bénéficiaire a fait l'objet de deux évolutions contradictoires. D'un côté, la loi n° 2007-1775 du 17 décembre 2007 tend à l'équilibre des droits du souscripteur et du bénéficiaire. De manière à ce que le souscripteur soit informé de l'acceptation l'article L. 132-9–II du Code des assurances prévoit désormais que tant que l'assuré et le stipulant (soit le souscripteur) sont en vie, l'acceptation est faite par un avenant signé de l'entreprise d'assurance, du stipulant et du bénéficiaire, elle peut également être faite par un acte authentique ou sous seing privé, signé du stipulant et du bénéficiaire, et n'a alors d'effet à l'égard de l'entreprise d'assurance que lorsqu'elle lui est notifiée par écrit (G. Courtieux, Assurance sur la vie, nouveaux ajustements législatifs, RCA 2008, Études n° 1). Lorsque l'acceptation est ainsi formulée, elle interdit alors le rachat de l'assurance par le souscripteur sans accord du bénéficiaire (art. L. 132-9–I : pendant la durée du contrat, après acceptation du bénéficiaire, le stipulant ne peut exercer sa faculté de rachat et l'entreprise d'assurance ne peut lui consentir d'avance sans l'accord du bénéficiaire). L'acceptation ne reste soumise à aucun formalisme si elle intervient après le décès de l'assuré ou du stipulant. D'un autre côté, un arrêt de la Chambre mixte de la Cour de cassation rendu postérieurement à la loi du 17 décembre 2007 mais à propos d'une acceptation antérieure (Ch. mixte, 22 févr. 2008, n° 06-11.934) dénie au bénéficiaire le droit de s'opposer au rachat du contrat par le souscripteur dès lors que ce dernier n'y a pas renoncé expressément (pour un exemple de renonciation ; CA Paris, 8 mars 2011 ; voir toutefois sur les difficultés pour apporter la preuve de cette renonciation, sur la conception étroite de la renonciation au rachat et énonçant que la clause par laquelle le rachat est subordonné à l'autorisation du bénéficiaire ne vaut pas renonciation, Civ. 2e, 4 nov. 2010, n° 09-70.606, Dict. perm., Bull. déc. 2010, p. 13 et avr. 2011 p. 17 – Civ. 2e, 3 nov. 2011, L'essentiel du droit des assurances déc. 2011, n° 11, p. 5 - –Civ. 2e, 13 janv. 2012 n° 11-10.908, refusant de voir dans un acte de rachat partiel une renonciation à la faculté de renoncer, L'Essentiel du droit des assurances mars 2012 n° 3 p. 5 obs. M. Asselain - au contrat, au contraire du rachat total : Civ. 2e, 15 déc. 2011, n° 10-27.703 - adde sur l'absence d'obligation de respecter les règles de révocation applicables à la libéralité que réalise la désignation bénéficiaire, Civ. 2e, 24 nov. 2011, n° 10-23.913, L'essentiel du droit des assurances janv. 2012 n° 1, p. 15, obs. M. Leroy). L'arrêt du 22 février 2008 consolide ainsi la doctrine minoritaire évoquée ci-dessus. Dès lors la solution à cette épineuse question se ramène à la question de l'application dans le temps de la loi du 17 décembre 2007 (C. assur., art. L. 132-9 in fine). La portée de l'acceptation bénéficiaire quant à l'exercice du rachat par le souscripteur dépend en réalité de la date à laquelle elle a été effectuée. Antérieure à la loi du 17 décembre 2007, elle n'interdit pas le rachat - postérieure mais alors soumise au nouveau formalisme légal, elle l'interdit.

4637. Créé par l'article 1er de l'ordonnance n° 2014-696 du 26 juin 2014 et modifié par l'article 6 de l'ordonnance n° 2015-378 du 2 avril 2015, l'article L. 132-21-1 du Code des assurances énonce que la valeur de rachat est égale à la différence entre la valeur actuelle des engagements respectivement pris par l'assureur et par les assurés dans la limite du montant assuré en cas de décès. Les règles de détermination de la valeur de rachat, comme de la valeur de réduction, doivent, depuis le 18 décembre 2008, et conformément à l'article L. 132-21 du Code des assurances, être précisées dans le contrat lui-même. La loi n° 2007-1775 du 17 décembre 2007 (JO 18 déc.) a en effet modifié les dispositions antérieures selon lesquelles les règles de détermination des valeurs de rachat et de réduction devaient être définies par le règlement général mentionné dans le contrat d'assurance vie, et dont le souscripteur pouvait demander communication à l'assureur (sur l'application du règlement général aux contrats en unités de compte et l'absence d'effet d'une variation des cours avant la remise des fonds : : Civ. 1re, 26 janv. 1999, n° 97-12.079, JCP G 1999, IV, n° 1505, Resp. civ. et assur. 1999, comm. n° 118). L'assureur doit informer chaque année le souscripteur de ces valeurs, en précisant en termes clairs et précis ce que signifie l'opération de rachat et quelles en sont les conséquences légales et contractuelles (C. assur., art. L. 132-22 ; pour un exemple de condamnation à des dommages et intérêts de l'assureur ayant manqué à ces obligations : CA Paris, 7e ch., sect. A, 14 oct. 2008, n° 06-18.256, Moutavelian et a. c/ AXA France vie).

4638. Le souscripteur se voit offrir une option entre un règlement en espèces de la valeur des unités de compte ou en nature par la remise de celles-ci. Si le choix se porte sur le règlement en espèces, la datée d'évaluation des titres constitue une référence importante. Il n'existe pourtant aucune obligation de la faire apparaître dans le contrat d'assurance, sauf à admettre qu'elle est comprise dans l'obligation d'indiquer les modalités de calcul de la valeur de rachat (H. Hovasse, Les contrats en unités de compte, JCP N 2001, 1858). Une variation des cours avant la remise des fonds ne peut pas être prise en compte (Civ. 1re, 26 janv. 1999, n° 97-12.079, JCP 1999, IV, 1505 ; RCA 1999, n° 118). Si le souscripteur choisit de recevoir les titres, ceux-ci doivent présenter certaines caractéristiques. Les unités de compte doivent représenter des titres ou des parts négociables, c'est-à-dire transmissibles par tradition ou par virement de compte à compte, ce qui a pour effet d'exclure, par exemple, les parts de sociétés civiles de placement immobilier. Les unités de compte ne doivent pas non plus conférer directement le droit de vote aux assemblées générales d'une société cotée sur un marché réglementé. Cette dernière contrainte interdit de recourir à l'assurance vie en unités de compte pour transmettre à cause de mort le contrôle d'une société en profitant du régime fiscal favorable attaché à l'assurance sur la vie (obs. H. Hovasse, préc.).

4639. L'assureur dispose d'un délai de deux mois après la demande de rachat pour verser les sommes correspondant à la valeur de rachat (C. assur., art. L. 132-21). Au-delà de ce délai, les sommes non versées produisent de plein droit intérêt au taux légal majoré de moitié durant deux mois, puis, à l'expiration de ce délai de deux mois, au double du taux légal (Civ. 1re, 31 mars 1993, n° 90-19.607, RCA 1993, n° 213).

4640. Lorsque les cotisations qui ont permis la constitution de la provision mathématique sont prélevées sur des biens qui appartiennent exclusivement à un époux, les règles du régime matrimonial sont indifférentes et n'ouvrent aucun droit particulier au conjoint du souscripteur. Ce sera le cas dans deux hypothèses. Primo, lorsque les époux sont mariés sous un régime de séparation de biens puisque, en vertu de l'article 1536 du Code civil, chaque époux conserve la jouissance, l'administration et la disposition de ses biens. Secundo, lorsque un époux commun en biens souscrit un contrat pour lequel les cotisations seront puisées sur ses biens personnels, même si du fait du caractère commun de l'ensemble des revenus des époux, gains et salaires ou revenus des biens propres, il n'y a guère que dans le cas du versement d'une cotisation unique que les biens propres, peuvent être appelés pour servir de cotisation. Encore conviendra-t-il pour le cas des biens propres, de respecter les formalités de l'emploi ou du remploi, c'est-à-dire de conserver la preuve selon laquelle les liquidités utilisées pour le versement de la cotisation proviennent d'un capital lui-même propre (emploi) ou de la vente d'un bien propre (remploi). Dans les autres cas, c'est-à-dire cotisations payées sur les biens communs et époux mariés sous un régime de participation aux acquêts, le conjoint peut faire valoir ses droits sur la valeur de rachat.

4641. Qu'il s'agisse de communauté légale ou conventionnelle, un époux ne peut pas tirer un profit personnel des biens de la communauté. Dans ces conditions, la valeur de rachat qui s'est constituée progressivement par le versement régulier des cotisations doit être appréhendée par les deux époux. Or, cette éventualité a été beaucoup discutée. Un arrêt d'assemblée plénière avait fortement marqué les esprits en reconnaissant le particularisme du droit des assurances par rapport au droit des régimes matrimoniaux. Dans le droit fil de l'article L. 132-16 du Code des assurances selon lequel « le bénéfice de l'assurance contractée par un époux commun en biens en faveur de son conjoint, constitue un propre pour celui-ci », les juges ont affirmé que la créance sur l'assureur, née en raison du décès du souscripteur a été acquise au profit des seuls bénéficiaires désignés, repoussant ainsi les arguments du pourvoi qui voulaient que la désignation de nouveaux bénéficiaires soit assimilée à la cession à titre gratuit d'une créance appartenant à la communauté. En conséquence, le droit positif se dirigeait plutôt vers le renforcement du traitement dérogatoire du contrat d'assurance sur la vie (voir toutefois, G.-L. Beauquier, Contrat d'assurance vie entre époux, Changement de bénéficiaire, dévolution du bénéfice en cas de divorce, RGAT 1982. 582 ; Malaurie Ph. et L. Aynès, *Les régimes matrimoniaux*, Cujas 1991, 2e éd., n° 345). C'est vraisemblablement en prenant conscience de l'importance des conséquences qui en découlaient pour le conjoint non souscripteur que la jurisprudence s'est finalement orientée dans un sens général différent.

4642. Dans un arrêt qui a orienté le droit positif, la Cour de cassation déclare que la valeur de rachat fait partie des biens communs (arrêt Praslicka, Civ. 1re, 31 mars 1992, RGAT 1993. 136 obs. J.-L Aubert ; JCP 1993, II, 22059, note B. Abry ; JCP 1993. I. 3718, note J. Bigot ; Defrénois 1992, art. 35349, p. 117, note G. Champenois ; Defrénois 1993, art. 35481, p. 271, note F. Lucet ; RTD civ. 1992. 632, obs. F. Lucet et B. Vareilles ; adde pour l'arrêt rendu par la cour d'appel de renvoi : CA Versailles, ch. réun., 21 juin 1993, D. 1993, IR, 231 ; Rev. not. Ass. Vie 1993, p. 42 ; RGAT 1994. 202, note J. Maury). Les faits qui ont donné lieu à cet arrêt illustrent sa portée. Un époux avait souscrit un contrat d'assurance mixte prévoyant le versement à son profit d'un capital s'il était encore en vie à l'échéance ou à celui de son épouse en cas de prédécès. Une procédure de divorce a été engagée alors que l'échéance du contrat n'était pas encore survenue. Ce n'est que pendant la période de liquidation du régime et après sa dissolution que le capital a été versé au seul souscripteur toujours en vie. La Cour de cassation reconnaît toutefois à son conjoint le droit de revendiquer la moitié de la valeur de rachat telle qu'elle pouvait être calculée au jour de la dissolution du mariage : « attendu qu'en se déterminant ainsi, après avoir retenu que les primes de cette assurance en cas de vie du souscripteur avaient été payées avec des fonds communs jusqu'à la dissolution de la communauté, si bien que la valeur de la police faisait partie de l'actif de celle-ci, et avoir constaté que M. Praslicka avait reçu le capital prévu au contrat après la dissolution, ce qui établissait que les droits nés de ce contrat lui avaient été attribués, de sorte qu'il devait être tenu compte dans les opérations de partage de la valeur du contrat au jour de la dissolution de la communauté, la cour d'appel a violé les textes susvisés » (C. civ., art. 1401 et C. assur., art. L. 132-13). La cour d'appel de renvoi s'est rangée à cette vue (CA Versailles, ch. réunies, 21 juin 1993, D. 1993, IR, 231, Rev. not. ass. vie 1993. 42 ; RGAT 1994. 202, note J. Maury).

4643. La prise en compte de la valeur de rachat dans la détermination des biens communs est une solution opportune, bien qu'encore discutée, sur un plan civil. Elle risque néanmoins de réduire considérablement les avantages fiscaux qui sont attachés à l'opération d'assurance sur la vie. En effet, dès lors que le contrat n'est pas dénoué au moment de la dissolution du régime matrimonial, la moitié de la valeur de rachat va tomber dans la succession du conjoint défunt par le biais du partage de la communauté légale. Et cela, même si le rachat n'est pas concrétisé. Conscient de ces difficultés, l'administration fiscale a fini par choisir la solution de la neutralité fiscale des conséquences civiles de la jurisprudence Praslicka. Par une lettre du 27 juillet 1999 adressée au président de la FFSA, le Ministre de l'Économie et des Finances et le secrétaire d'État au Budget, énonce : « des préoccupations ont été exprimées notamment au cours des débats pour la loi de finances 1999 sur les conséquences de l'application des règles du droit civil sur le régime fiscal applicable aux contrats d'assurance souscrits par un époux commun en bien en faveur de son conjoint lorsque celui-ci vient à décéder en premier. En effet, pour la liquidation des droits de succession, l'administration fiscale réintégrait la moitié de la valeur de rachat de ce type de contrat à l'actif de la communauté dissoute par le prédécès du bénéficiaire de l'assurance vie en cause en application de la jurisprudence « Praslicka ». Après un examen particulièrement attentif de cette question, nous avons décidé d'instaurer la neutralité fiscale entre les contrats d'assurance vie souscrits à l'aide de deniers communs par l'un quelconque des époux au profit de son conjoint, indépendamment de leur date de dénouement et de l'ordre de décès entre les époux ». En vertu de cette position, les rappels d'impôts effectués sur le fondement de la jurisprudence « Praslicka » ont été abandonnés (Rép. min. à QE n° 2710, JOANQ 8 nov. 1999, p. 6420 ; Rép. min. à QE n° 24993, JOANQ 8 nov. 1999, p. 6421 ; Rép. min. à QE n° 23488, JOANQ 3 janv. 2000, p. 58, BOI 7 G-6-00, n° 51 et dernièrement encore Rép. min. à QE n° 27336, Proriol, JOAN Q. 10 nov. 2009, p. 10704). En revanche, la restitution des sommes qui ont été versées avant que ces solutions ne soient énoncées se heurte encore à une réponse négative de la part de l'administration (Rép. min. à QE n° 35728, JOANQ 3 juill. 2000, p. 3945 ; Rép. min. à QE n° 28200, JOANQ 18 janv. 2001, p. 172 ; voir également, BOI 76-2-01, n° 21).

4644. Néanmoins une réponse ministérielle du 29 juin 2010 (Rép. Min. n° 26231, JOAN 29 juin 2010) était revenue sur cette doctrine fiscale : la mise hors communauté n'a plus lieu d'être en raison des modifications intervenues sur le plan fiscal en matière d'exonération des droits de succession au profit du conjoint. Il convient donc désormais d'inclure les sommes afférentes aux contrats d'assurance vie non dénoués à la dissolution du mariage dans l'actif de communauté pour le calcul des droits de succession dus à l'occasion du premier décès, dès lors que celui-ci est intervenu après le 29 juin 2010. Par une déclaration du 12 janvier 2016, confirmée par une réponse ministérielle du 23 février 2016 (réponse ministérielle Ciot n° 78192 confirmant que la position exprimée dans la réponse ministérielle n° 26231 dite « Bacquet » du 29 juin 2010 était rapportée pour les successions ouvertes à compter du 1er janvier 2016), l'administration fiscale a abandonné son revirement de doctrine de manière à ce que pour les successions ouvertes à compter du 1er janvier 2016, il n'y ait plus lieu d'ajouter, au plan fiscal, la valeur de rachat des contrats d'assurance-vie non dénoués à l'actif de communauté (A. Pando, Assurance vie et succession, Bercy abroge la doctrine Bacquet, LPA 25 janv. 2016, p. 4).

4645. À l'instar de ce qui a été jugé à propos du régime de communauté, il convient d'inclure la valeur de rachat dans le patrimoine final de l'époux souscripteur. En effet, aux termes de l'article 1572 du Code civil, le patrimoine final est égal à la valeur de l'ensemble des biens et droits de l'époux à la dissolution du régime matrimonial. En revanche, si elle s'est constituée uniquement pendant le mariage, elle ne figurera pas dans son patrimoine originaire qui est constitué des biens qui se retrouvent à la dissolution du régime matrimonial mais qui n'ont pas vocation à permettre l'exercice du droit de participation du conjoint (C. civ., art. 1570). La différence ainsi obtenue entre les deux masses liquidatives constituera un enrichissement du conjoint dont la liquidation devra tenir compte (Lemaire H., Assurance vie et participation aux acquêts : vers une application pure et simple des règles applicables en régime de communauté ?, JCP N 1995, I, 965). Dans l'hypothèse où la souscription du contrat aurait été antérieure au mariage, la valeur de rachat figurera dans le patrimoine originaire selon son « état au jour du mariage », c'est-à-dire en proportion des cotisations qui étaient échues à ce jour. De ce fait, le montant de l'enrichissement réalisé par l'époux souscripteur se trouvera réduit d'autant. L'étude du dénouement du contrat permettra d'appréhender la prise en compte du capital (et non de la valeur de rachat comme ci-dessus) dans les comptes liquidatifs.

Section 2 ▪ Exécution du contrat après son dénouement

§ 1 ▪ Événement déclenchant le dénouement du contrat

A ▪ Risque assuré

4646. Il a déjà été dit que les contrats d'assurance sur la vie se répartissaient entre contrats d'assurance en cas de vie et en cas de décès. La définition du risque de survie ne soulève aucune difficulté particulière. Pour ouvrir droit aux prestations, l'assuré devra être vivant au jour de l'échéance contractuelle. Il n'est pas nécessaire de décrire les caractéristiques de la survie, seuls les autres risques garantis par le contrat méritent des observations particulières. Cette observation limite l'intérêt de l'étude des causes de dénouement du contrat aux seuls contrats qui relèvent d'un souci de prévoyance. En ce qui concerne les contrats d'épargne, il suffira donc de constater la survie de l'assuré.
La présente étude n'abordera que la réalisation du risque de décès. Les contrats d'assurance sur la vie contiennent généralement des garanties complémentaires qui relèvent de l'indemnisation des dommages corporels (notamment, frais médicaux, invalidité permanente partielle, incapacité temporaire de travail) ou de l'assurance maladie. Il est donc renvoyé aux chapitres correspondants pour connaître les caractéristiques de chacun de ces risques.

1 ▪ Risque décès en général

4647. En dehors du cas particulier du suicide qui sera étudié ci-après, l'origine du décès est en général indifférente. C'est même l'une des principales différences entre les contrats d'assurance sur la vie et contre les accidents corporels. Point n'est besoin de démontrer dans l'assurance sur la vie, que le décès est consécutif à un accident. Le décès dénoue le contrat, qu'il soit

lié à une maladie ou non. Il ne sera nécessaire de démontrer l'origine accidentelle du décès que lorsque le contrat prévoit en ce cas une indemnisation supplémentaire.
Même si la pratique tend à se réduire à quelques situations exceptionnelles, il est toujours possible à l'assureur, à condition d'en respecter les contraintes de fond et de forme (C. assur., art. L. 112-4 et L. 113-1) d'insérer des clauses d'exclusion dans le contrat.

4648. Sur le risque de condamnation capitale, on entend par peine capitale, une condamnation à la peine de mort. Du moins, sur les territoires où s'applique la loi française, le risque a disparu avec la loi n° 81-908 du 9 octobre 1981. Avant 1981, la question avait donné lieu à certains débats. Une hésitation est apparue quant à la question de savoir si le décès par condamnation à mort était encore susceptible d'ouvrir droit à garantie. Deux aspects compliquaient la question, celui de savoir s'il n'était pas contraire à la morale et à l'ordre public d'autoriser l'indemnisation des conséquences d'un comportement lourdement sanctionné pénalement et celui qui faisait ressortir la fragilité de l'aléa, la personne auteur du crime puni ayant agi sciemment. C'est principalement à propos des condamnations prononcées en temps de guerre ou consécutives au comportement d'un individu en temps de guerre, que la jurisprudence a eu à se prononcer. Après des hésitations (CA Paris, 10 mai 1924, DH 1924, jur., p. 479, S. 1924, jur., p. 97, note Chavegrin ; CA Pau, 28 avr. 1948, RGAT 1948. 256 ; CA Montpellier, 6 avr. 1949, RGAT 1949. 132), la Cour de cassation finit par admettre que la garantie était due (Civ., 23 juill. 1950, RGAT 1950. 475, JCP 1951, II, 5962, note Besson, cassant CA Pau, 28 avr. 1948, précité, Civ., 23 avr. 1951, RGAT 1951. 160 ; Civ., 7 juill. 1952, RGAT 1952. 279).

4649. Sur le risque de guerre, diverses législations ont été adoptées afin de le réglementer. Ce fut le cas, au cours de la seconde guerre mondiale, avec un décret-loi du 22 février 1940, modifié par une loi du 14 mai 1941, et au lendemain de la guerre avec un arrêté du 8 octobre 1947, devenu article A. 160-5 du Code des assurances, prévoyant qu'en cas de guerre étrangère, la garantie du contrat n'aura effet que dans les conditions qui seront déterminées par la législation à intervenir sur les assurances sur la vie en temps de guerre. Aucune législation n'ayant été adoptée en conséquence, le texte a paru avoir un intérêt désuet et fut abrogé par un arrêté du 19 mars 1993. En l'absence de législation particulière, les assureurs peuvent déterminer comme ils le désirent, les modalités de leur intervention en cas de décès dû à la participation à une guerre.

2 ▪ Risque de décès par suicide

4650. Les rapports entre assurance vie et suicide ont fait l'objet de plusieurs législations successives qui font d'abord apparaître jusqu'à la loi du 3 décembre 2001, un climat général d'hostilité envers l'assurance du suicide. La doctrine a souvent mis en avant l'immoralité du suicide, voire son caractère antisocial, et l'incompatibilité de son assurance avec le respect du caractère aléatoire du risque pris en charge.

4651. Concrétisant ces affirmations, l'article 62 de la loi du 13 juillet 1930 interdisait l'assurance du suicide mais permettait aux assureurs de déroger à l'interdiction après un délai de deux années. La clause en question était dénommée « clause d'incontestabilité différée ». Confrontée à l'interprétation de cette interdiction, la doctrine et la jurisprudence ont été conduites à préciser ce qu'il fallait entendre par suicide. Une première réflexion s'est portée sur la nature de l'acte qui a entraîné la mort de l'assuré. Certaines distinctions ont été faites sans soulever trop de difficultés (mort accidentelle par imprudence, mort survenue à l'occasion d'un acte de dévouement, suicide et tentative de suicide). Une seconde démarche, plus importante, a consisté à distinguer, comme l'y invitait les alinéas 2 et 3 de l'article 62 respectivement en matière de clause contraire et de preuve, entre les suicides conscients et inconscients.

Avec la loi n° 81-5 du 7 janvier 1981, les dispositions relatives au suicide sont réduites puisque l'article L. 132-7 est ramené à un seul alinéa dans lequel est posé le principe de l'absence d'effet de l'assurance lorsque l'assuré « se donne volontairement et consciemment la mort » au cours des deux premières années du contrat. Ainsi disparaît l'alinéa 3e de l'article L. 132-7 qui organisait la répartition de la charge de la preuve entre l'assureur à qui revenait de rapporter la preuve du suicide et le bénéficiaire qui pouvait en démontrer le caractère inconscient.

4652. Postérieurement à 1981, la question de la législation applicable au suicide a fait l'objet de nombreuses questions (Rép. min. à QE n° 6672, 24 nov. 1997, JOAN Q. 24 nov. 1997, p. 4132 ; Rép. min. à QE n° 6926, 1er déc. 1997, JOAN Q. 30 mars 1998, p. 1790 ; Rép. min. à QE n° 9512, 2 févr. 1998 à Rép. min. à QE n° 11915, 23 mars 1998, JOAN Q. 13 avr. 1998, p. 2089 ; Rép. min. à QE, n° 7486, 9 avr. 1998, JO Sénat Q 7 mai 1998, p. 1470) et propositions législatives (Proposition de loi AN, n° 2267, 9 oct. 1991, tendant à supprimer l'interdiction d'assurance ; proposition de loi AN, n° 3089, 29 oct. 1996 en faveur de la suppression de l'article L. 132-7, sur cette proposition voir, H. Groutel, A propos d'une proposition de loi sur le suicide en assurance vie, RCA 1996, chron. n° 33 ; et sous Civ. 1re, 22 oct. 1996, RGDA 1997. 225, note J. Kullmann). La loi n° 98–546 du 2 juillet 1998 a été adoptée suite à un amendement – amendement Sauter – et ramène le délai d'interdiction d'assurance du suicide conscient de deux à une année, tout en faisant apparaître certaines solutions spécifiques aux assurances de groupe.

4653. La loi n° 2001-1135 du 3 décembre 2001 marque une rupture législative dans la prise en compte du suicide. Si l'interdiction d'assurance du suicide demeure pendant la première année du contrat, sauf exception dans des cas spécifiques, la règle est dorénavant celle de l'obligation d'assurer le suicide à l'expiration de ce délai (B. Beignier, La loi du 3 décembre 2001 : la couverture des prêts immobiliers par une assurance, en cas de suicide, JCP Dr. famille juin, 2002, p. 9 ; H. Groutel, Le suicide en assurance sur la vie : une réforme inspirée, RCA 2002, repère 2 ; G. Courtieu, L'assurance du suicide : suite et fin ?, Gaz. Pal. 17-18 mai 2002). En vertu de cette loi, l'article L. 132-7, modifiée par la loi n° 2001-1135 du 3 décembre 2001 contient plusieurs affirmations relatives au suicide : « L'assurance en cas de décès est de nul effet si l'assuré se donne volontairement la mort au cours de la première année du contrat. L'assurance en cas de décès doit couvrir le risque de suicide à compter de la deuxième année du contrat. En cas d'augmentation des garanties en cours de contrat, le risque de suicide, pour les garanties supplémentaires, est couvert à compter de la deuxième année qui suit cette augmentation. Les dispositions du premier alinéa ne sont pas applicables aux contrats mentionnés à l'article L. 141-1 souscrits par les organismes mentionnés au dernier alinéa de l'article L. 141-6. L'assurance en cas de décès doit couvrir dès la souscription, dans la limite d'un plafond qui sera défini par décret, les contrats mentionnés à l'article L. 141-1 souscrits par les organismes mentionnés à la dernière phrase du dernier alinéa de l'article L. 141-6, pour garantir le remboursement d'un prêt contracté pour financer l'acquisition du logement principal de l'assuré ».

4654. Nonobstant la terminologie de la loi du 3 décembre 2001, seul le suicide conscient, compris dorénavant au seul sens de volontaire, est l'objet des dispositions légales. Une hésitation pourrait être permise dans la mesure où la loi de 2001 a abandonné la rédaction terminologique adoptée en 1981 qui prenait en compte le suicide « volontaire et conscient » pour revenir à la formulation utilisée en 1930. La distinction a été formulée très tôt, dès le 19e siècle, alors que le suicide était seulement régi par les dispositions contractuelles et a, à plusieurs reprises été évoquées lors de travaux législatifs (par exemple, projet d'article 53 du projet de loi de 1904). Le suicide conscient se présente comme le résultat d'une résolution réfléchie émanant d'une personne qui jouit encore de son libre arbitre. À l'inverse le suicide inconscient est le résultat d'une impulsion irraisonnée et irrésistible amenant un être à un acte dont il ne mesure pas la portée du fait de la privation de tout ou partie de ses facultés mentales (M. Picard et A. Besson, *Traité général des assurances terrestres*, LGDJ 1945, n° 92, p. 227).

4655. Depuis 1981, il appartient à l'assureur d'apporter non seulement la preuve du suicide mais aussi celle de son caractère conscient (CA Paris, 7e ch., sect. B, 17 févr. 1989, RGAT 1989. 405, note J.-L. Aubert). Ainsi, un arrêt de cour d'appel qui avait mis à la charge de l'épouse de l'emprunteur décédé la preuve du caractère inconscient du suicide a été cassé (Civ. 1re, 22 oct. 1996, RGDA 1997. 225, note J. Kullmann ; RCA 1997, n° 35 ; JCP 1997, IV, 2440). La preuve du caractère conscient du suicide fait l'objet d'un contentieux important qui relève du pouvoir d'appréciation du juge du fond (Civ. 1re, 2 juill. 1996, Gaz. Pal. 7 et 8 mai 1997, p. 11 ; Civ. 1re, 21 mai 1975, RGAT 1975. 520, note A. Besson ; Civ. 1re, 21 mai 1955, RGAT 1955. 402 ; pour une critique de cette solution, M. Picard et A. Besson, *Les assurances terrestres*, t. I, LGDJ, 1982, p. 752).

4656. L'existence de plusieurs déclarations d'intention de suicide facilite la preuve du caractère conscient de l'acte (suicide par balle : CA Grenoble, 29 juin 1970, RGAT 1971. 201, note Besson ; suicide lié à un divorce : Civ. 1re, 21 mai 1975, RGAT 1975. 520 ; lettre préalable de l'assuré et moyen utilisé : Civ. 1re, 14 mars 2000, Bull. civ. I, n° 87 ; RCA 2000, n° 208 ; message à la famille : CA Versailles, 3 févr. 1994, D. 1995. 42, note B. Beignier) ; il en va de même d'un état dépressif surtout lorsqu'il s'accompagne de précédentes tentatives (Civ. 1re, 11 oct. 1994, RGAT 1994. 1198, note J. Maury ; RCA 1994, n° 419). Par ailleurs, l'état d'imprégnation alcoolique (Civ. 1re, 10 janv. 1984, L'Argus 1984, p. 921) ou la fatigue (CA Paris, 7e ch., sect. B, 17 févr. 1989, RGAT 1989. 405, note J.-L. Aubert) ne sont pas incompatibles avec la preuve du caractère conscient du suicide.

4657. Pour le suicide inconscient, de manière générale, les juges prennent en compte la détérioration de l'environnement dans lequel une personne évolue. Ainsi, les troubles de santé physique (Civ., 2 mai 1955, RGAT 1955. 402) ou morale (Civ. 1re, 23 mars 1977, Gaz. Pal. 1977. Somm. 231). Dans d'autres décisions, la preuve du caractère inconscient est rapportée au vu de circonstances particulières : ivresse (CA Paris, 7e ch., sect. B, 12 mars 1984, Gaz. Pal. 1984. Somm. 175), pratique sexuelle (Civ. 1re, 2 juill. 1996, RGDA 1996. 903, note A. Favre Rochex ; RCA 1996, n° 402, note H. Groutel ; JCP 1996, IV, 1983), trouble lié à un divorce (CA Aix-en-Provence, 11e ch., 7 mai 1986, D. 1988. 61, obs. G.-J. Martin). Depuis 1998, le suicide fait l'objet de dispositions particulières dans le cadre des contrats de groupe visés à l'article L. 141-6 du Code des assurances.

3 ▪ Risque décès et meurtre de l'assuré par le bénéficiaire

4658. L'exclusion du meurtre de l'assuré par le bénéficiaire est prévue par l'article L. 132-24, alinéa 1 du Code des assurances qui indique : « le contrat d'assurance cesse d'avoir effet à l'égard du bénéficiaire qui a été condamné pour avoir donné volontairement la mort à l'assuré ». Depuis la loi n° 81-5 du 7 janvier 1981, l'exclusion ne peut être prononcée que si le bénéficiaire fait l'objet d'une condamnation pénale pour meurtre, assassinat ou empoisonnement. La règle est aujourd'hui plus sévère qu'elle ne l'était avant 1981 puisqu'il avait été admis que la condamnation pénale n'était pas une condition de l'exclusion (CA Paris, 7e ch., sect. B, 22 avr. 1983, Gaz. Pal. 1983. Somm. 402 ; CA Paris, 7e ch., sect. A, 31 mai 1983, consorts Tourasse c/ UAP, RGAT 1984. 35, note Besson ; Gaz. Pal. 1983. Somm. 403). La simple tentative permet au souscripteur de révoquer le bénéficiaire dans des conditions dérogatoires, c'est-à-dire même après acceptation (C. assur., art. L. 132-24 al. 3).

4659. La sanction ne se porte que sur le bénéficiaire, le contrat continue de produire ses effets au profit du souscripteur s'il n'est pas l'assuré, ou à ses ayants droit s'il est l'assuré défunt. La provision mathématique doit lui être versée. En cas de pluralité de bénéficiaires, la condamnation de l'un d'eux ne doit pas avoir d'effets sur les autres qui conservent leur part de capital s'ils sont bénéficiaires conjoints ou l'intégralité s'ils sont bénéficiaires de rang postérieur, les ayants droit de l'assuré étant alors privés de droits sur la provision mathématique.

B ▪ Déclaration de réalisation du risque assuré

4660. Le risque dépendant de la durée de la vie humaine ne peut s'exprimer que sous deux formes : le décès ou la survenance de l'échéance prévue dans le contrat en cas de vie. Dans les deux cas, le bénéficiaire doit procéder à une déclaration mais aucune forme particulière n'est exigée. Il a même été admis qu'une clause qui exigerait une formalité particulière serait nulle (TGI Dijon, 24 mai 1973, RGAT 1974. 27, note A. Besson). En revanche, il est normalement exigé du bénéficiaire qu'il fasse la preuve de ses droits. Il a même tout intérêt à y procéder rapidement lorsqu'il n'est pas connu de l'assureur. En effet, selon l'article L. 132-25, l'assureur qui n'a pas eu connaissance de la désignation d'un bénéficiaire, par testament ou autrement, ou de l'acceptation d'un autre bénéficiaire ou de la révocation d'une désignation se libère valablement en payant le capital ou en versant à celui qui, sans cette désignation, cette acceptation ou cette révocation, y aurait eu droit. Le bénéficiaire lésé peut tout de même exercer un recours contre celui qui a reçu le capital (Req., 19 janv. 1932, RGAT 1932. 300, note M. Picard).

4661. En vertu de l'article L. 132-9 alinéa 4 du Code des assurances, « l'attribution à titre gratuit du bénéfice d'une assurance sur la vie à une personne déterminée est présumée faite sous la condition de l'existence du bénéficiaire à l'époque de l'exigibilité du capital ou de la rente garantis, à moins que le contraire ne résulte des termes de la stipulation ». Il résulte de cette importante disposition que les héritiers du bénéficiaire prédécédé, même en cas d'acceptation par ce dernier, ne sont pas en mesure de réclamer que les prestations leur soient versées. Ne pouvant recueillir plus de droits que ceux qui existaient dans le patrimoine de leur auteur au moment de son décès, ils n'ont aucun droit sur le capital du contrat d'assurance sur la vie, ni même sur la rente qui en découle. Ce droit n'a en effet jamais été attribué au bénéficiaire désigné, décédé avant que le contrat ne produise ses effets. Les bénéficiaires en rang postérieur pourront faire valoir leurs droits (Civ. 1re, 10 juin 1992, D. 1992. 493, note J.-L. Aubert, JCP 1993, II, 22142, note J. Maury ; Civ. 1re, 9 juin 1998, Bull. civ. I, n° 204, Rapp. C. cass. pour 1998, p. 282, RGDA 1998. 786, note J. Kullmann). A contrario, puisque le texte ne parle que de désignation à titre gratuit, les héritiers du premier bénéficiaire désigné à titre onéreux peuvent demander le versement des prestations. C'est alors l'économie du contrat qui en sera la raison. Si le bénéficiaire décède après que les sommes dues par l'assureur ne soient devenues exigibles mais après avoir accepté la stipulation faite à son profit, la situation est différente. Tenant compte du fait que ces sommes sont entrées dans son patrimoine, ses héritiers pourront demander le paiement de manière à les faire entrer dans la succession.

§ 2 ▪ Droits du bénéficiaire

A ▪ Droits du bénéficiaire et héritiers du souscripteur

4662. Consacrant définitivement la jurisprudence qui, dans les années 1880, a proclamé l'existence d'un droit propre et direct du bénéficiaire sur l'assureur, l'article L. 132-12 du Code des assurances énonce que « le capital ou la rente stipulés payables lors du décès de l'assuré à un bénéficiaire déterminé ou à ses héritiers ne font pas partie de la succession de l'assuré. Le bénéficiaire, quelles que soient la forme et la date de sa désignation, est réputé y avoir eu seul droit, à partir du jour du contrat, même si son acceptation est postérieure à la mort de l'assuré ». Le capital ou la rente ne faisant pas partie de la succession de l'assuré, c'est-à-dire généralement, du souscripteur, il est donc impossible aux héritiers de faire valoir leurs droits sur les sommes qui sont versées par l'assureur au bénéficiaire. Mais le droit des successions repose sur des techniques complexes qui permettent à un héritier de recevoir son héritage en valeur lorsqu'il lui est interdit de la recevoir en nature. Il convenait donc que la loi, pour parfaire le mécanisme de l'assurance sur la vie, complétât la solution, c'est ce que fit l'article L. 132-13 du Code des assurances. Cet article ne peut être compris que dans sa globalité ; il contient en effet deux solutions qui se répondent. Selon la première affirmation, les mécanismes correcteurs du droit des successions que sont le rapport à succession ou la réduction des libéralités, ne sont pas applicables aux sommes versées par l'assureur au bénéficiaire. Ils ne sont pas non plus applicables aux cotisations versées par le souscripteur à l'assureur. Selon la deuxième affirmation, le traitement successoral du contrat d'assurance sur la vie est différent lorsque les cotisations qui ont été supportées par le souscripteur étaient manifestement exagérées par rapport à ses facultés. Il est toutefois impossible de limiter la présentation des articles L. 132-12 et 13 à ces deux aspects. Plus que leur contenu, ces textes soulèvent une difficulté quant à la détermination de leur domaine d'application. Une partie importante de la doctrine, voire mais à un degré moindre, de la jurisprudence tend à réduire leur portée à certains contrats d'assurance sur la vie. Si telle devait être l'orientation du droit positif, les droits des héritiers seraient considérablement renforcés. Il conviendra donc, après avoir exposé les solutions de droit positif, de faire état de ce débat.

1 ▪ Droit positif

4663. Le souscripteur, en payant les cotisations d'assurance, s'appauvrit. Lorsque le contrat a été souscrit à titre onéreux cet appauvrissement trouve sa contrepartie dans l'avantage qu'il est censé compenser, par exemple le contrat souscrit au profit d'un banquier à l'occasion de l'obtention d'un crédit. En revanche, lorsque l'attribution est faite à titre gratuit, l'appauvrissement n'est pas compensé et du fait de sa désignation, le bénéficiaire est titulaire d'un droit qui ne trouve pas sa contrepartie dans la succession du souscripteur. Pourtant cet avantage demeure hors succession. Sauf stipulation contraire du souscripteur, retenue récemment par la Cour de cassation (Civ. 1re, 8 juil. 2010, n° 09-12.491; Civ. 1ère, 10 oct. 2012, n° 11-17.891 dans l'hypothèse où le capital avait été inséré dans un legs, ce qui attestait de la volonté souveraine du souscripteur d'avoir entendu inclure ce capital dans sa succession), il ne sera fait application ni du mécanisme de rapport des libéralités, ni de celui de la réduction des libéralités.

Même si finalement la doctrine a fini par écarter l'idée que le capital pouvait être l'objet même de la donation faite au bénéficiaire, ce dernier se trouve incontestablement avantagé. Or, en imaginant qu'il soit un héritier appelé par ailleurs à la succession et en concours avec d'autres héritiers, le respect d'une stricte égalité voudrait que l'on tienne compte de l'avantage qui lui a été consenti en réduisant sa part successorale d'autant. C'est à ce résultat que conduit le mécanisme du rapport des libéralités. Envisagé à l'article 843 du Code civil, le rapport oblige tout héritier venant à une succession à rapporter à ses cohéritiers ce qu'il a reçu du défunt, directement ou indirectement, sauf lorsque dans la limite de la quotité disponible, il en a été dispensé par le défunt. Pourtant, sur le fondement de l'article L. 132-13, le contrat d'assurance sur la vie demeure étranger à la succession. Contrairement aux autres avantages reçus du défunt, le capital pourra être conservé par l'héritier bénéficiaire qui exercera ses droits d'héritiers sur l'ensemble des biens de la succession, sans qu'il en soit tenu compte.

4664. Les conséquences de l'article L. 132-13 du Code des assurances se situent sur un plan à la fois semblable et différent. Il est semblable à la dispense de rapport lorsque le bénéficiaire est un héritier du souscripteur, il est fondamentalement différent dans le cas contraire. La réduction des libéralités est une opération liquidative complexe qui ne se rencontre qu'en présence d'héritiers réservataires, c'est-à-dire d'héritiers auxquels la loi impose de laisser impérativement une partie de la succession. En présence d'héritiers réservataires, le défunt conserve le droit d'organiser sa succession comme bon lui semble mais pour une partie seulement qui se nomme « la quotité disponible » et dont l'importance se mesure en fonction du nombre ou de la qualité des héritiers réservataires. En ligne directe descendante, c'est-à-dire dans la relation parent–enfant, la portion de succession sur laquelle l'initiative du défunt est intacte est d'une moitié en présence d'un enfant, d'un tiers en présence de deux enfants et du quart si le nombre d'enfants est de trois ou plus (C. civ., art. 913). Enfin, depuis la loi n° 2001-1135 du 3 décembre 2001, le conjoint survivant qui ne se trouve en concours ni avec des descendants, ni avec des ascendants du défunt est héritier réservataire à hauteur du quart de la succession. Lorsque, aux termes d'opérations liquidatives qu'il est impossible de décrire ici dans le détail, il apparaît que les libéralités faites par le défunt ont dépassé la quotité disponible, il est demandé à celui qui en a été attributaire de restituer l'excédent aux héritiers réservataires, depuis la loi n° 2006-728 du 23 juin 2006 (C. civ., art. 924), la restitution s'effectue en valeur. Ce mécanisme n'est pas applicable au capital reçu par le bénéficiaire d'un contrat d'assurance sur la vie. Concrètement, cela signifie que la masse sur laquelle seront calculées les proportions indiquées ci-dessus sera établie en faisant abstraction du capital versé par l'assureur au bénéficiaire. Ainsi, dans un cas extrême, une personne peut priver ses héritiers réservataires de la quasi intégralité de leurs droits en souscrivant à un contrat dont le bénéficiaire est un étranger. À un degré moindre, la même opération peut être réalisée au profit d'un des héritiers qui se trouve ainsi considérablement avantagé. On comprend dans ces conditions comment a pu se développer l'argument commercial, que nous ne reprendrons pas à notre compte, selon lequel l'assurance vie permet d'éviter de « passer chez le notaire ».

4665. Une habile distinction, qui par ailleurs aurait été conforme aux analyses de la doctrine, aurait pu être faite entre le capital reçu par le bénéficiaire et les cotisations versées par le souscripteur. Pour que les solutions ci-dessus ne soient pas qu'une proclamation de principe, il convenait que les dispenses de rapport et de réduction fussent aussi formulées pour les sommes correspondant aux cotisations reçues par l'assureur. C'est la solution qui est inscrite dans les articles L. 132-12 et L. 132-13 du Code des assurances. Non seulement le bénéficiaire conserve le capital, mais encore il n'est nullement comptable de l'appauvrissement de la succession qui découle du versement des cotisations. Encore faut-il tout de même que ces dernières ne soient pas exagérées.

4666. Le régime successoral dérogatoire qui est réservé au contrat d'assurance sur la vie est limité aux seules hypothèses dans lesquelles le versement des cotisations n'a pas entraîné un appauvrissement anormal du souscripteur. Lorsque tel est le cas, la dispense de rapport ne pourra plus s'appliquer, l'héritier bénéficiaire verra sa part successorale réduite en tenant compte du montant des cotisations et, de la même manière, en présence d'héritiers réservataires, le bénéficiaire pourra être tenu de compenser la perte que représentent les cotisations excessives dans la succession.

4667. Il n'existe pas de critères généraux permettant de conclure assurément au caractère exagéré des cotisations (Rép. min. à QE, n° 49208, 28 oct. 1991, JOANQ 6 juill. 1992, p. 3050 ; Rép. min. à QE n° 14681, 30 mai 1994, JOANQ 14 nov., p. 5666). Dans ces conditions, il revient aux juges du fond de faire eux-mêmes leur appréciation en fonction des caractéristiques de chaque situation (F. Bertout, La sanction de l'utilisation abusive du contrat d'assurance vie, L'article L. 132-13 du Code des assurances, RD banc. et financ. 2001, n° 4, p. 256). Il est sans doute possible, avec les premières réflexions doctrinales, de faire une distinction entre les cotisations prélevées régulièrement sur les revenus du défunt et celles dont le versement a fait sortir un capital, soit directement soit indirectement, de son patrimoine (E.-H. Perreau, La réduction, le rapport et la récompense des primes ou du capital dans l'assurance vie, RGAT 1931. 721). Ainsi on comprend aisément qu'une cotisation unique d'un montant de 3 040 000 F (463 445, 01 €) versée dans un contrat d'une durée de 8 ans par un souscripteur âgé de 92 ans alors qu'elles représentaient la moitié des liquidités provenant de successions, ait pu être jugée exagérée et pour des cas similaires CA Paris, 2e ch. 27 janv. 2000, RGDA 2000. 1095, 2e esp., note L. Mayaux ; Civ. 1re, 20 févr. 2001, JCP N 2001, 1275). Il ne convient pourtant pas de se limiter à cette première approche (M. Picard et A. Besson, *Traité général des assurances terrestres*, t. IV, Assurances de personnes, 1945, n° 218 ; M. Picard et A. Besson, *Les assurances terrestres*, t. I, Le contrat d'assurance, LGDJ, 1982, n° 520). Le seul critère de l'origine des deniers n'est pas en mesure de rendre compte du droit positif. D'une part, dans certaines situations la distinction entre les revenus et le capital peut rencontrer certaines limites. Dans l'absolu, un prélèvement opéré sur un capital important peut être vu comme non exagéré (exemple d'une personne qui bénéficie de très gros revenus sur une période très courte, tel qu'un sportif ou un artiste). À l'inverse, il peut être excessif de consacrer une partie importante de ses revenus au versement de cotisations d'assurance sur la vie. D'autre part, le simple critère de proportionnalité des cotisations aux revenus ne donne qu'une indication partielle sur le caractère manifestement exagéré. La jurisprudence fournit tout de même quelques indications utiles. Lorsque le prélèvement sur les revenus est inférieur à 10 %, les cotisations ne pourront pas être considérées comme exagérées (T. civ. Perpignan, 9 févr. 1933, Rev. not. ass. vie 1975, n° 54, p. 335), lorsqu'elles sont supérieures il faut tenir compte de l'importance des revenus. Il apparaît surtout que l'analyse financière n'est pas le seul critère à examiner. D'autres éléments, tels que le lien entre souscripteur et bénéficiaire, l'âge du souscripteur (Civ. 1re, 1er juill. 1997, RGDA 1997. 820, note J. Bigot, JCP 1998, I, 133, D. 1998. 543, note S. Choisez, Gestion de fortune, oct. 1997, p. 48, note F. Lucet, Defrénois 1998, p. 414 ; P. Buffeteau, Réflexions sur l'article L. 132-13 du Code des assurances, JCP N 1997, 1417) ou la volonté d'avantager une personne qui avait hébergé le souscripteur (CA Versailles, 16 nov. 1995, JCP N 1997, 235) peuvent être pris en compte.

4668. La question de l'appréciation du caractère exagéré des primes a néanmoins été renouvelée par le refus de requalification du contrat d'assurance vie de type épargne en contrat de capitalisation (voir ci-dessous, arrêts de la Chambre mixte du 23 novembre 2004 : Ch. mixte, Coulon c/ Prédica et a., n° 02-11.352 ; Ch. mixte Dawant c/ Aury et a., n° 02-13-592 ; Ch. mixte Wangermee d'Assy et a c/ Wangermee, n° 02-17.507 Crédit foncier de France et a. c/ Ségard es. Qualité et a., n° 03-13.673). Il a ainsi été précisé en jurisprudence que la qualification de primes manifestement exagérées doit être notamment examinée au regard des critères tenant non seulement à l'âge du soucripteur mais surtout à l'utilité que représentait la souscription pour lui (HYPERLINK «http://www.argusdelassurance.com/mediatheque/5/0/4/000015405.pdf» Civ.1e, 10 octobre 2012, n°11-14018, E. Bernard, Donation déguisée et primes manifestement exagérées, L'Argus 24 octobre 2012 - *Civ. 2e, 28 juin 2012, n° 11-14.662,* Resp. civ. et ass. 2012, comm. 359 ; RGDA 2013, p. 150, note L. Mayaux - Civ. 1re, 8 juill. 2010, n° 09-15.291, RGDA 2010.1126, note L. Mayaux - *Civ. 2e, 10 avr. 2008, n° 06-16.725,* Resp. civ. et ass. juin 2008, comm. 207 - *Civ. 2e, 4 juill. 2007, n° 06-14.048,* Resp. civ. et ass. 2007, comm. 332). Par ailleurs, c'est en se plaçant au moment du versement des primes qu'il faut apprécier leur caractère éventuellement exagéré (Civ. 1ère, 10 juill. 2013, n° 12-13.515, Resp. civ. et ass. 2013, comm. n° 358 et 359, obs. P. Pierre, Argus 29 août 2013 – au motif que les juges d'appel auraient dû rechercher si la souscription du contrat n'avait pas permis de rémunérer les services de la bénéficiaire pour s'occuper du souscripteur pendant plus de quinze ans, Civ. 1ère, 5 déc. 2012, n° 11-24.659, E. Bernard, L'Argus 22 janv. 2013 - Civ. 2e, 28 juin 2012, n° 11-14.662, RGDA 2013, p. 150, note L. Mayaux - Civ. 2è, 13 sept. 2012, n° 11-20756 - *Civ. 2e, 6 oct. 2011, n° 10-30.899* Resp. civ. et ass. juin 2012, comm. 183 obs. M.O Huchet - Civ. 1re, 8 juill. 2010, n° 09-15.291, RGDA 2010.1126, note L. Mayaux - Civ. 1re, 4 juin 2009, n° 08-15.050, Civ. 1ère, 17 juin 2009, *n° 08-13.620* : D. 2009, p. 1824, note A. Huc-Beauchamps, Resp. civ. et ass. septembre 2009, comm. 266, Civ. 2e, 17 sept. 2009, n° 08-17.040, RGDA 2009.1227, note L. Mayaux - CA Paris, 3 févr. 2000, n° 1998/17929 : JurisData n° 2000-112402).

4669. Lorsqu' il est reconnu que les cotisations étaient manifestement exagérées eu égard aux facultés du souscripteur, on peut se demander dans quelles proportions elles doivent être rapportées à la succession ou subir la réduction. Faut-il tenir compte seulement de la proportion excédentaire ou de leur totalité ? La loi n'a pas fourni de solution laissant la doctrine et les juges dans un certains embarras. Les auteurs ont parfois pris parti pour le rapport ou la réduction de la totalité des sommes versées à l'assureur (E.-H. Perreau, La réduction, le rapport et la récompense des primes ou du capital dans l'assurance vie, RGAT 1931. 721). Une autre doctrine cantonne la solution à la seule partie excessive des cotisations (Picard et Besson, *Les assurances terrestres*, t. I, Le contrat d'assurance, LGDJ, 1982, n° 520 ; T. Deschanels et M. Belmont, *Assurance vie et transmission de patrimoine : pièges, astuces et fiscalité*, L'Argus éd.,, 2001). Dans certaines décisions de jurisprudence, c'est la totalité des cotisations qui a été jugée rapportable ou réductible (Civ. 1re, 1 juill. 1997, Bull. civ. I, n° 217). Mais très généralement le montant des cotisations rapportables et réductibles est déterminé eu égard aux circonstances de fait, par le juge chargé d'apprécier l'exagération. Il est, dès lors, très difficile de faire ressortir une réponse unique. Les éléments qui sont pris en compte pour justifier du rapport ou de la réduction d'une partie seulement des cotisations peuvent être très différents : moitié des primes, rapport du solde obtenu après avoir diminué la prime brute des frais engagés par le bénéficiaire pour le compte du souscripteur, réduction des primes au montant de la quotité disponible...

4670. S'agissant de la réduction, l'article 923 du Code civil prévoit que celle-ci porte d'abord sur les legs, ensuite sur les donations les plus récentes en remontant aux plus anciennes. Il est impossible de dire comment ce texte doit s'appliquer à l'assurance vie donnant lieu au versement de primes périodiques. Il est possible de retenir la date de la souscription (E.-H. Perreau, La réduction, le rapport et la récompense des primes ou du capital dans l'assurance vie, RGAT 1931. 732 ; A. Wahl, L'assurance en cas de décès au point de vue successoral, de la quotité disponible et des récompenses, RTD civ. 1902. 66). Une telle solution serait favorable au bénéficiaire puisqu'elle commanderait une imputation prioritaire mais elle ne semble pas correspondre à la réalité. Le paiement des cotisations obéit à un principe de liberté qui suppose à chaque versement une volonté nouvelle et unilatérale. On comprend dès lors que l'imputation progressive puisse avoir le soutien d'une partie de la doctrine (M. Picard et A. Besson, *Les assurances terrestres*, t. I, Le contrat d'assurance, LGDJ, 1982, n° 520).

2 ▪ Tentatives doctrinales de remise en cause du droit positif

4671. Il ne fait guère de doute que la notion de contrat d'assurance sur la vie recouvre aujourd'hui deux réalités. À l'origine, le contrat a été conçu comme un moyen de protéger la famille contre les conséquences financières du décès de l'assuré. Le décès d'un chef de famille dont les revenus ont longtemps constitué la source essentielle des revenus du ménage est susceptible de placer son foyer dans une situation difficile. L'attribution d'un capital versé par un assureur constitue la meilleure réponse que l'on puisse imaginer à ces difficultés. La souscription d'une assurance, en ce sens, relève donc d'une préoccupation de prévoyance. Il en va de même de la souscription d'assurance contre les accidents corporels garantissant le risque d'invalidité. Aujourd'hui, cette première figure de l'assurance sur la vie ne suffit plus à rendre compte de la réalité. De nouveaux produits d'assurance se sont développés dans lesquels ce n'est plus le décès mais la survie de l'assuré qui est l'objet des garanties. En elle-même, l'opération reste orientée vers la prévoyance et est toujours soumise à un aléa. Une personne qui n'est plus en mesure d'avoir une activité économique et qui devient physiquement plus fragile peut trouver dans l'attribution d'un capital, voire d'une rente, un précieux soutien. La souscription d'un contrat d'assurance relève bien toujours du souci de préserver un avenir incertain. Seulement si cet aspect de prévoyance peut encore exister dans certaines formules contractuelles où les cotisations sont versées à fonds perdus, il se trouve relégué à un rôle secondaire dans les autres cas. De nombreux contrats se sont en effet développés dans lesquels l'objectif recherché procède avant tout de la gestion de patrimoine et du placement financier. Ce phénomène est le résultat de deux facteurs : un régime fiscal favorable et le quasi équilibre entre les prestations de l'assureur et le montant des cotisations versées par l'assuré qui ne le sont plus à fonds perdus, soit que le contrat contienne une stipulation de contre-assurance (ex. contrat d'assurance à capital différé) ou qu'il présente un caractère mixte qui oblige l'assureur soit envers l'assuré s'il est encore en vie à l'échéance, soit envers un tiers s'il est décédé. Devant l'importance de ce phénomène, plusieurs auteurs ont alors clairement posé la question de savoir si, par leur nature, voire leur économie, ces contrats ne relevaient pas de la catégorie des opérations de capitalisation. L'enjeu et la complexité de la question posée ont donné à cette position de doctrine une considérable portée qui en a fait un objet de débat passionné.

4672. Les contrats de capitalisation appartiennent à la catégorie des placements traditionnels et reposent sur une technique particulière par laquelle les sommes versées par le souscripteur produisent des intérêts qui eux-mêmes produiront des intérêts avec la poursuite du contrat. Il s'agit donc de contrats qui sont conclus dans le but de constituer une opération d'épargne puisqu'une somme d'argent est capitalisée et restituée à l'échéance.

4673. Le contrat de capitalisation est distinct du contrat d'assurance sur la vie. L'article L. 310-1 du Code des assurances organisant le contrôle de l'État sur les entreprises d'assurance distingue nettement entre les entreprises qui contractent des engagements dépendant de la durée de vie humaine (assurance vie) et celle qui font appel à l'épargne en vue de la capitalisation et contractent à cet effet des engagements déterminés (contrat de capitalisation). Les contrats de capitalisation relèvent de la branche 24 de l'article R. 321-1 du Code des assurances et sont définis comme « toute opération d'appel à l'épargne en vue de la capitalisation et comportant, en vue de versements uniques ou périodiques directs ou indirects, des engagements déterminés quant à leur durée et à leur montant ». Or, si les deux opérations sont distinctes, leur régime juridique est normalement différent. Ainsi la Chambre civile de la Cour de cassation avait énoncé « l'on ne saurait assimiler à un contrat d'assurance le contrat de capitalisation qui a pour but la constitution au moyen de versements successifs, d'un capital déterminé à l'avance et devant être remboursé, soit à une date fixée, soit par anticipation, par voie de tirage au sort ; qu'en effet, l'aléa résultant du fait de tirages au sort n'expose l'assuré qu'à un retard de règlement sans qu'il puisse, en fin de compte, subir une perte pécuniaire (Cass. 29 déc. 1937, RGAT 1938. 248, note M. Picard). On a pu en douter à partir de la loi n° 92-665 du 16 juillet 1992 transposant en droit français la 3e directive vie, qui les a réunies dans le même chapitre du Code des assurances de manière à les soumettre aux mêmes règles de protection du contractant, d'information précontractuelle : envoi de documents informatifs, C. assur., art. L. 132-5-1), contractuelle (mentions obligatoires) et post contractuelle (C. assur., art. L. 132-22), de participation aux bénéfices (C. assur., L. 132-21) et de rachat. Mais d'autres textes, et notamment les articles L. 132-12 et L. 132-13 font expressément référence à la désignation d'un bénéficiaire et donc indirectement à la technique de la stipulation pour autrui qui caractériserait, au sein des opérations visées par le chapitre 2 du titre III du livre I du Code des assurances, les opérations d'assurance sur la vie. C'est ce que redira par la suite l'important arrêt Leroux (arrêt Leroux Civ. 1re, 18 juill. 2000, RCA 2000, chron. n° 28, G. Courtieux ; JCP 2000, 49, note J. Bigot). Pouvant être proposées par les mêmes entreprises, il appartiendrait aux juges de dire si l'opération relève de la catégorie des contrats d'assurance ou des opérations de capitalisation, sans distinguer ensuite entre les textes applicables, offrant ainsi à l'assureur sur la vie, le droit de proposer des contrats de capitalisation.

4674. Pour certains auteurs, les assurances d'épargne n'auraient d'intérêt que par le placement qu'elles permettent de réaliser. Pour les uns, elles se rapprocheraient d'une opération de fiducie–gestion dans laquelle l'assureur recevrait des fonds avec mission de les placer au mieux afin d'en restituer le produit à l'échéance (M. Grimaldi, Réflexions sur l'assurance vie et le droit patrimonial, Defrénois 1994, Art. 35841 ; Defrénois 2001, Art. 32276). Pour d'autres, elles se rapprocheraient du pacte tontinier (H. Lecuyer, Assurance vie, libéralités et droit des successions, Rev. Banque et Bourse 1998, suppl. au n° 70). Ce sont principalement les éléments constitutifs et le mode de gestion des contrats d'assurance sur la vie utilisés dans le but de constituer une épargne qui justifieraient la requalification (J. Bigot, *Traité de droit des assurances*, t. III, le contrat d'assurance, LGDJ 2002, n° 174, p. 119). Les cotisations versées à l'occasion de contrats d'assurance vie entière, d'assurance en cas de vie avec contre-assurance et d'assurances mixtes permettent de constituer un capital, de manière régulière mais non impérative, comme s'il s'agissait d'un compte d'épargne. Nul risque, donc nul aléa, ne conditionnerait la mise en œuvre des prestations de l'assureur qui ne dépendrait, en définitive, que de la réalisation d'un évènement non redouté, le fait d'être en vie à l'échéance. S'agissant de la gestion des fonds déposés, on peut faire valoir qu'ils sont bien gérés sur le principe de la capitalisation et non sur celui de la répartition. D'autres arguments, d'une portée moindre ont été développés, notamment lors du 96e Congrès des Notaires de France. Ainsi a-t-on pu expliquer que la loi du 13 juillet 1930 aurait été adoptée à une époque où l'assurance vie n'existait que dans sa forme prévoyance et qu'il serait donc normal de cantonner l'application des solutions légales spécifiques à ces seuls contrats (voir travaux préparatoires, Rapport René Lafarge, JO Documents parlementaires, chambre annexe, n° 3316, p. 1173 ; Journal des notaires 1931, art. 36799). Sur un autre plan, on a pu faire valoir que le statut juridique du capital versé au bénéficiaire (droit direct notamment) ne devrait pas faire oublier son origine économique, il s'agirait en réalité d'un élément d'actif provenant économiquement du patrimoine du souscripteur. Afin de réconcilier l'assurance vie et le droit patrimonial de la famille, les notaires proposent de limiter les effets de la clause bénéficiaire de l'assurance vie. Ils suggèrent ainsi de modifier entre autre l'article L. 132-13 du Code des assurances en ajoutant au texte actuel l'alinéa suivant : « dans la mesure où en vertu des dispositions du contrat, le capital assuré représente la valeur acquise des primes versées, le capital reçu par le bénéficiaire est soumis aux règles du rapport et de la réduction ; dans la mesure où le bénéficiaire est le conjoint commun en biens et que les primes ont été acquittées au moyen de deniers communs, seule la moitié du capital est prise en compte ».

4675. Repousser les tentatives de requalification oblige à justifier du maintien des caractéristiques liées au contrat d'assurance. En d'autres termes, il convient de démontrer que la formule utilisée par la Cour de cassation en 1937 pour distinguer entre les contrats d'assurance vie et les contrats de capitalisation (Civ 1re, 29 déc. 1937, RGAT 1938. 248, note M. Picard) est encore susceptible de s'appliquer aux formes actuelles d'assurance dirigées vers l'épargne.

Plusieurs arguments sont utilisés en ce sens sans qu'il soit vraiment possible de les recenser tous. Il est par exemple, beaucoup insisté sur la différence entre l'échéance de restitution des fonds qui marque le contrat de capitalisation et la circonstance particulière que constitue le décès de la personne assurée. De même, l'assimilation entre capitalisation et assurance sur la vie ne peut pas être complète puisque dans l'assurance vie, l'assureur ne restitue que l'équivalent du montant des cotisations et non les cotisations elles-mêmes. Il n'est pas dépositaire comme c'est le cas dans le contrat de capitalisation. Sa dette de restitution ne naît qu'au moment de la réalisation du risque, ou éventuellement au moment du rachat. Une dernière différence entre capitalisation et assurance peut être trouvée dans l'hypothèse exceptionnelle où l'assuré et le bénéficiaire décèdent sans laisser d'assuré. L'assureur est alors en droit de conserver les cotisations qu'il a reçues, l'appréhension par l'État est impossible. Mais c'est principalement sur le terrain de l'aléa que les auteurs favorables à la spécificité assurantielle de tous les contrats d'assurance sur la vie se placent. S'il est classiquement admis que l'aléa contractuel doit affecter le contrat dans ses conséquences patrimoniales : perte de chance ou de gain au sens de l'article 1104 du Code civil (F. Grua, Les effets de l'aléa et la distinction des contrats aléatoires et des contrats commutatifs, RTD civ. 1983. 263), il convient de n'appliquer cette exigence qu'à la réalisation de l'évènement au regard duquel l'assurance a été souscrite. Dans le cas du contrat d'assurance sur la vie, l'aléa ne saurait être limité à une donnée spéculative. Ainsi, l'assureur, dès le premier jour du contrat remplit une obligation de couverture qui ne présente aucun caractère aléatoire (L. Mayaux, RGDA 2000. 767, spéc. p. 780). De surcroît, plusieurs éléments du contrat conservent un caractère aléatoire. Il s'agit en premier lieu de la date du décès de l'assuré qui conditionne le versement des prestations par l'assureur (J. Bigot, *Traité de droit des assurances* préc. n° 175, p. 120 ; J. Ghestin et M. Billiau, Contre la requalification des contrats d'assurance en contras de capitalisation, JCP 2001, I, 329). Il est aussi possible de faire valoir le risque de taux que prend l'assureur lorsqu'il propose des taux garantis dans des contrats souscrits en euros (et non en unités de compte). Enfin, l'assureur peut être surpris par l'exercice du droit de rachat du contrat et même contraint pour l'honorer de réaliser des actifs importants.

4676. Sans qu'il soit vraiment question d'ajouter une 3e voie à l'alternative, il a été proposé de distinguer entre les conséquences fiscales de la requalification et les conséquences civiles (M. Giray, Les réactions de la pratique notariale à l'évolution des patrimoines familiaux, rencontres Université-Notariat, LPA, 7 août 2003, p. 13, spéc. p. 19) : on peut donc imaginer, pour l'avenir, que ces réelles motivations puissent conduire le législateur à accorder le même régime fiscal de transmission à tous les contrats de capitalisation et pas seulement à ceux labellisés « assurance vie »... Les successions incluraient alors les contrats de capitalisation et feraient l'objet d'une double liquidation, civile et fiscale... ».

4677. Certains arrêts d'appel ont, plus ou moins, pris parti pour la thèse de la requalification (CA Toulouse, 24 oct. 1995, JCP 1996, II, 22595, 3e esp., note J. Bigot ; TGI Paris, 31 mars 1995, Defrénois 1995, n° 36191, note M. Vion : requalification d'un contrat « Previ-Retraite » souscrit par un père de famille âgé de 91 ans, au bénéfice d'une jeune femme amie : les juges avaient estimé que « l'assurance contractée par M. X s'analyse en une pure opération de capitalisation puisqu'aussi bien le contrat exclut tout aléa, l'assureur ne garantissant pas le risque inhérent à la durée de la vie humaine et l'assuré étant certain soit de récupérer le montant des primes versées majoré des produits financiers et diminué des frais de gestion s'il est en vie au terme du contrat, soit de le voir verser au bénéficiaire s'il décède avant le terme ». Un arrêt de la Cour administrative d'appel de Paris du 29 juin 2000 peut aussi être rangé parmi les décisions qui ont accueilli avec faveur la requalification. En l'occurrence, il a été refusé de faire application de l'article 261-C-2 du CGI selon lequel sont « exonérées de la taxe sur la valeur ajoutée : (...)

les opérations d'assurance et de réassurance ainsi que les prestations de services afférentes à ces opérations effectuées par les courtiers et intermédiaires d'assurance » à un établissement de crédit qui percevait des commissions pour le placement, auprès de ses clients, de bons de capitalisation soumis au régime de l'assurance vie. Se prononçant sur la qualification des opérations portant sur les bons de capitalisation la Cour constate que dans tous les cas, à l'échéance du contrat, le souscripteur ou son bénéficiaire désigné percevra le capital garanti : « l'opération avait pour objet, en contrepartie de versements libres ou périodiques, d'assurer au souscripteur, s'il était vivant à l'échéance du contrat, ou au bénéficiaire qu'il avait désigné, s'il était décédé à cette date, le paiement d'un capital garanti ou d'une rente viagère ; que dès lors que lesdites conventions prévoient la réalisation d'une prestation, que le souscripteur soit ou non en vie à l'échéance du contrat, elles ne saurait être regardées comme ayant pour objet la couverture d'un risque ; qu'ainsi, elles ne constituent pas des opérations d'assurances au sens des dispositions précitées de l'article 262-C-2 du Code général des impôts, nonobstant la circonstance, (CA Paris, 29 juin 2000, Banque & Droit, janv.-févr. 2001, n° 75, p. 58, note Cl. Acard) qu'elles sont pour partie régies par les dispositions du Code des assurances ». Ces quelques décisions restent toutefois très minoritaires en nombre et reposent sur des données de fait très caractéristiques (rupture d'égalité entre les enfants, souscription par une personne très âgée au profit d'une personne beaucoup plus jeune). Dans la pratique judiciaire, elles présentent un caractère exceptionnel ; à de très nombreuses reprises la nature d'opération d'assurance a été confirmée (G. Defrance, La qualification du contrat d'assurance sur la vie confortée, L'Argus 30 nov. 2001 ; J. Bigot, *Traité de droit des assurances* préc. p. 126, note 97 et les nombreuses références). En revanche, les juges paraissent plus enclins à considérer que les cotisations versées ont pu être excessives eu égard aux facultés du souscripteur.

4678. Une lecture rapide de l'arrêt Leroux a pu conduire à en exagérer la portée (par ex., B. Bédaride, Les contrats d'assurance vie requalifiés en donation, Les Echos, 19 oct. 2000 ; adde : La Cour de cassation remet en cause un contrat d'assurance vie, Trib. ass., 20 oct. 2000). Une analyse juridique plus poussée convainc du contraire. Charles Leroux, à l'âge de 89 ans avait souscrit un contrat d'assurance viager sur sa tête et avait versé à ce titre une cotisation unique de 50 000 F donnant droit à un capital dont il était bénéficiaire en cas de vie tandis que l'un de ses quatre fils était bénéficiaire en cas de décès. Ce fils ayant perçu les fonds au moment du décès de son père s'opposait au rapport de la somme à la succession et à une éventuelle réduction pour dépassement de la quotité disponible, c'est-à-dire de la portion de succession sur laquelle le défunt pouvait disposer à titre gratuit, en l'occurrence puisqu'il y avait 4 enfants, le quart (C. civ., art. 913). Les cohéritiers se sont alors adressés à la justice qui a considéré que le contrat avait été improprement qualifié d'assurance vie viager alors qu'il s'agissait d'une opération de capitalisation. Le Tribunal de Grande Instance de Dieppe (jugement du 2 août 1995) et la Cour d'appel de Rouen (arrêt du 10 nov. 1997) leur donnèrent raison et refusèrent en conséquence, d'appliquer les dispositions relatives à l'assurance sur la vie. La Cour de cassation rejette le pourvoi et reprend à son compte la distinction faite par la cour d'appel en affirmant que « les dispositions des articles L. 132-12 et L. 132-13 ne s'appliquent pas aux contrats de capitalisation ». L'arrêt ne dit rien de plus que ce que l'on savait déjà puisqu'à l'évidence ces textes qui évoquent le paiement à un tiers au moment du décès de l'assuré ne relèvent pas de l'économie du contrat de capitalisation dans lequel la restitution des fonds intervient à un moment déterminé, indépendant de la vie du souscripteur. Il est alors difficile de mesurer la portée exacte de la jurisprudence Leroux. On pouvait, comme cela a été fait, y voir la confirmation, au moins implicite de la qualification d'opération de capitalisation retenue par la cour d'appel et dans ce cas l'arrêt aurait emporté le droit positif en réduisant les avantages attachés aux contrats d'assurance sur la vie souscrits dans le but de constituer une épargne.

En l'absence d'une formule précise de l'arrêt qui aurait pu engager la Cour de cassation sur ce terrain et en tenant compte des arguments développés par le pourvoi, il fut finalement admis que l'arrêt du 18 juillet 2000 n'avait pas la portée qu'on lui a parfois accordées (L. Mayaux, L'assurance vie est-elle soluble dans la capitalisation ?, Réflexions sur l'arrêt Leroux et certaines propositions du 96e congrès des Notaires de France, RGDA 2000. 767).

4679. Une autre occasion aurait pu être donnée à la Cour de cassation de prendre une position plus tranchée. La Cour d'appel de Rennes ayant refusé d'accéder à la demande d'un héritier qui entendait faire appliquer à son profit l'article L. 132-12 du Code des assurances, le pourvoi s'est limité à remettre en cause la qualification de cotisations manifestement exagérées sans poser la question de l'opportunité de la requalification d'un contrat d'assurance vie en opération de capitalisation. La Cour de cassation relève que « la requalification n'était pas critiquée par le pourvoi » sans que l'on puisse savoir quelle aurait été sa position si cela avait été le cas. Comme l'arrêt du 18 juillet 2000, cette décision peut faire l'objet d'interprétation divergentes (voir l'idée d'une confirmation par la Cour de cassation, M. Giray, loc. civ. ci-dessus, spéc. p. 21).

4680. Par quatre arrêts rendus en Chambre mixte, la Cour de cassation a donc refusé de requalifier en contrat de capitalisation les contrats d'assurance vie de type placement - épargne. Dans trois des quatre pourvois examinés la qualification d'opération d'assurance était critiquée par les héritiers légaux du souscripteur exclus du bénéfice du contrat par désignation d'un tiers bénéficiaire (Ch. mixte, Coulon c/ Prédica et a., n° 02-11.352 ; Ch. mixte Dawant c/ Aury et a., n° 02-13-592 ; Ch. mixte Wangermee d'Assy et a c/ Wangermee, n° 02-17.507).

À la question posée de savoir si le contrat d'assurance vie de type placement comportait encore un aléa, les juges ont répondu, au visa des articles 1964 du code civil, L. 310-1-1 et R. 321-1 alinéa 20 du Code des assurances que, dès lors que ses effets dépendaient de la durée de la vie humaine, le contrat présentait bien un caractère aléatoire. La durée de vie du souscripteur conditionne non seulement la date mais aussi l'identité du bénéficiaire des prestations d'assurance prévues au contrat. Le dernier arrêt (Crédit foncier de France et a. c/ Ségard es. Qualité et a., n° 03-13.673) prononce la cassation de la solution retenue par la Cour d'appel de Fort de France (arrêt 24 janv. 2003) qui avait requalifié un contrat d'assurance emprunteur en opération de capitalisation. En affirmant que l'indétermination de la personne du bénéficiaire dépendant de la durée de vie du souscripteur était suffisante pour conférer un caractère aléatoire au contrat, la Cour de cassation a retenu une solution fondée davantage sur des considérations économiques que juridiques. La doctrine s'est exprimée de manière assez forte en ce sens (M. Grimaldi, RTD civ. 2005. 434 ; H. Groutel, D. 2004. Somm. 3192 ; L. Aynès, G. Durry, réflexions sur le rôle de la Cour de cassation après les arrêts de chambre mixte du 23 novembre 2004, Rev. Risques n° 64, déc. 2005 ; Des arrêts politiques, Dr. et patr. janv. 2005, n° 133, p. 11, F. Leduc et P. Pierre Assurance placement : une qualification déplacée, RCA 2005, n° 3 ; R. Libchaber, Defrénois. 2005, chron. n° 38142 ; A.M. Ribeyre, Assurance vie, le débat se déplace de l'aléa vers la prime excessive, Dr. et patr., janv. 2005, n° 133, p. 10 ; voir néanmoins B. Beignier, D. 2005, 1095, H. Lécuyer, Promesses jurisprudentielles de longue vie à l'assurance vie, Droit de la famille 2005, chron. n° 6 ; Luc Mayaux, RGDA 2005. 1).

4681. Au cours des années qui ont suivi les arrêts de Chambre mixte, la Cour de cassation a été conduite à réaffirmer sa jurisprudence avec une constance toute particulière. Six décisions ont ainsi été rendues au cours de l'année 2005 (Civ. 2e, 17 mars 2005, Prédica c/ Duval, n° 03-19-408 ; Civ. 2e, 12 mai 2005, CNP Assurances c. et a. n° 03-19.157, Civ. 2e, 8 sept. 2005, 4 arrêts : n° 03-11.019, n° 03-11.774, n° 03-14.367 et n° 03-20-636). L'arrêt le plus significatif car prononçant la cassation d'un arrêt d'appel postérieur à la jurisprudence de novembre

2004 (CA Poitiers) a été rendu le 5 avril 2007 (n° 05-20.934, Françoise B c/ Lise-Françoise J. et autres). Par ailleurs, la Cour de cassation a considéré que l'argument selon lequel l'atteinte aux droits des héritiers réservataires constituerait une discrimination interdite n'était pas sérieux au sens que l'on doit donner aux questions prioritaires de constitutionnalité destinées à être soumises au Conseil constitutionnel (Cass. 2èmeciv., n° 11-40063, L'essentiel du droit bancaire, déc. 2011, n° 11, p. 3).

4682. Déjà retenu comme motif de cassation dans l'un des quatre arrêts du 23 novembre 2004 (Coulon c/ Prédica, n° 02-11.352), le correctif tenant au caractère exagéré des primes paraît dorénavant devoir constituer une sérieuse limite aux conséquences du caractère dérogatoire des règles successorales dont profite le contrat d'assurance vie. Un arrêt du 31 octobre 2007 (Civ. 1re, 31 oct. 2007, n° 06-14.399, rejette ainsi le pourvoi formé contre un arrêt de la cour d'appel de Poitiers qui avait soumis les primes versées au rapport à succession (le paiement des primes mensuelles absorbait la quasi intégralité des revenus disponibles du souscripteur). L'idée selon laquelle le caractère exagéré du versement des primes doit être apprécié au moment de leur versement semble dorénavant admise. Outre l'arrêt ci-dessus (31 oct. 2007), on en trouve une illustration dans une décision du 4 juillet 2007 (Civ. 2e, 4 juill. 2007, n° 06-14.048 à propos de la souscription d'un contrat avec versement d'une prime unique constituée de la part retirée d'un partage de communauté et donc jugée non exagérée au regard des moyens dont disposait le souscripteur au moment de son paiement - voir aussi rappelant que le rapport du montant des primes exagérées en peut être dû que par les héritiers ab intestat du souscripteur, Civ. 1re, 20 oct. 2010, n° 09-16.157– également Civ. 2e, 6 oct. 2011, n° 10-30.899, l'Essentiel du droit des assurances, nov. 2011, n° 10 p. 5 obs. M. Leroy). La même idée apparaît encore dans une autre décision du 4 juillet 2007 rendue par la première Chambre civile (Civ. 1re, 4 juill. 2007, n° 06-16.382) mais elle se trouve assortie aussi de la prise en compte de l'âge avancé de la souscriptrice (91 ans) pour un contrat qui devait être optimisé sur une durée de huit années. L'on voit que l'inutilité, même relative, du contrat peut aussi trahir le caractère exagéré des primes versées (sur l'éventualité de fixation d'un âge limite pour la souscription d'un contrat d'assurance sur la vie ; Rep. Min. n° 86030, JOAN Q 12 oct. 2010 p. 11184).

4683. Au regard des circonstances malheureuses qui ont conduit une personne à souscrire un contrat d'assurance vie à un temps très rapproché de son décès tout en désignant un bénéficiaire déterminé, la Cour de cassation vient reconnaître une seconde raison de remise en cause du régime successoral favorable de l'assurance vie. Tenant compte du fait que l'admission du souscripteur en unité de soins palliatifs ne permettait pas de soutenir que le souscripteur avait voulu se constituer un élément de retraite, le contrat est jugé comme étant dépourvu d'aléa et se voit ainsi retirer la qualification d'assurance sur la vie (Civ. 1re, 4 juill. 2007, n° 06-10.254).

4684. Même si les arrêts du 23 novembre 2004 et la jurisprudence postérieure ont fait sérieusement reculer la probabilité de requalification d'un contrat d'assurance sur la vie, la prise en compte dorénavant mieux encadrée du caractère manifestement exagéré des primes ainsi que le risque d'annulation pour absence d'aléa ont conduit les assureurs à mieux encadrer l'activité de production de contrats. Le caractère raisonnable des souscriptions l'emporte parfois sur la volonté de multiplier le nombre de contrats et l'importance des fonds versés. Dès le 17 décembre 2001 l'Assemblée générale de la FFSA avait adopté une recommandation visant à moraliser la politique de souscription de contrats d'assurance sur la vie. Le GEMA a exprimé la même volonté. Ainsi des examens spécifiques de la situation sont menés lorsque le souscripteur a atteint l'âge de 85 ans, les compagnies doivent porter leur attention sur la corrélation entre le montant des primes versées et les objectifs du souscripteur ; enfin la rédaction de la clause bénéficiaire doit être rédigée de façon suffisamment claire (sur ces aspects, Ophélie BON, Mémoire Master professionnel Niort, 2008).

4685. Le débat pourrait encore se compliquer si l'on devait tenir compte de la jurisprudence fiscale et sociale. Afin de remettre en cause, non plus le régime successoral, mais le régime fiscal, voire encore de permettre aux organismes sociaux de profiter d'une assiette de recours plus importante, les juges écartent parfois la qualification de contrat d'assurance vie au profit de celle de donation (en matière fiscale, Ch. mixte, 21 déc. 2007, n° 06-12.769 : V. Nicolas, Retour à une conception plus civiliste des contrats d'assurance vie, chron. Lexbase hebdo n° 295 ; G. Bruguière-Fontenille, D. 2008. 218 ; M. Grimaldi, L'attribution du bénéfice d'une assurance vie peut constituer une donation passible, comme telle, des droits de mutation à titre gratuit, RTD civ. 2008. 137 - en matière sociale, CE, 19 nov. 2004, n° 254797, plus récemment CE 6 févr. 2006, n° 259835, Département de la Dordogne, adde : Rép. Min. Le Nay, JO 10 mai 2005 - Com., 26 oct. 2010, n° 09-70.927 Rep. Def. 2011 p. 1365, obs. F. Douet). À notre sens, cette jurisprudence, bien que sans doute justifiée sur le fond, n'est pas heureuse dans sa formulation. Elle s'explique en grande partie par l'inexistence en droit fiscal et en droit social de la limite du versement de primes manifestement exagérées et ne doit pas être vue comme remettant en cause la jurisprudence purement civile (par ex. Civ. 1re, 25 septembre, 2013, n° 12-20.647). À ce titre, il est plus facile de saisir la portée des avis rendus par le Comité consultatif pour la répression des abus de droit dont on admet plus volontiers qu'ils n'ont qu'une portée fiscale (notamment avis n° 97-16 et 99-18).

4686. Si on peut admettre que la jurisprudence fiscale et sociale utilise la requalification en donation pour la raison que la voie de la réduction pour primes manifestement exagérées ne leur est pas ouverte, on comprend moins pourquoi un arrêt de la deuxième Chambre civile de la Cour de cassation s'engage dans la même voie (Com., 23 oct. 2008, n° 07-19.550, FD, RCA 2009, n° 376, obs. H. Groutel - voir aussi Com. 26 oct. 2010 n° 09-70.927). Il paraît difficile en effet d'admettre que la désignation bénéficiaire à titre gratuit réalise tantôt une donation soumise à des règles de révocation particulières lorsqu'elle est faite entre époux et tantôt qu'elle n'est pas une donation mais qu'elle peut le devenir en fonction des circonstances. Il nous paraît davantage fondé d'affirmer qu'elle constitue effectivement une donation, notamment depuis que l'acceptation ne peut plus être faite sans le consentement du stipulant, mais que celle-ci et soumise à des dispositions particulières qui font qu'elle échappe au droit commun des donations pour toutes les questions relevant des aspects rapports et réductions des libéralités. Mais là-dessus les avis restent partagés, il est vrai qu'en reconnaissant au stipulant le droit de procéder au rachat dès lors que l'acceptation avait eu lieu avant la publication de la loi du 17 décembre 2007, l'arrêt de chambre mixte du 22 février 2008 a, pour les contrats encore concernés, fragilisé la qualification en donation indirecte en la rejetant carrément, mais indirectement, dans l'affaire en question (sur cette analyse, N. Martial Braz, Cacophonie au pays de l'assurance vie, RCA 2008, étude n° 9). En revanche, la sanction de l'absence d'aléa conserve elle une logique qui lui est propre puisque la conséquence en sera la perte de qualité de contrat d'assurance.

4687. En dernier lieu, le débat aurait pu rebondir sur le terrain de la lutte contre les discriminations : saisie dans le cadre de la procédure de question prioritaire de constitutionnalité par le Juge de la mise en état du Tribunal de grande instance de Caen, quant à la question de savoir si les articles L. 132-12 et L. 132-13 du Code des assurances portaient atteinte aux droits et libertés que les normes constitutionnelles garantissent, et plus exactement au principe fondamental d'égalité des citoyens devant la loi, et notamment au principe de non discrimination entre les héritiers réservataires, la Cour de cassation a rejeté la demande et considéré qu'il n'y avait pas lieu à renvoi de la question au Conseil constitutionnel. Pour la Cour de cassation, les dispositions précitées ne créent pas elles-mêmes de discriminations entre les héritiers, ni ne portent atteinte au principe d'égalité entre les héritiers, et par ailleurs, les primes exagérées peuvent être réintégrées dans la succession (Civ. 2è, 19 oct. 2011, n° 11-40.063, sur la position de la Cour Constitutionnelle de Belgique, décision du 26 juin 2008, n° 96-2008, M. Grimaldi : « La motivation de la décision belge est frappée du coin du bon sens : elle est simple, claire et donc convaincante », RTD Civ. sept. 2008, p. 527 ; J. Aulagnier, Assurance vie et réserve, à propos d'une QPC avortée, Newsletter Aurep n° 140, 15 nov. 2012– sans que soit posée la question des discriminations voir également la réponse ministérielle à Mme la Députée G. Gaillard, n° 21627, JOAN 2 juillet 2013, p. 6986 ; J. Aulagnier, La protection des réservataires : primes exagérées ou donation indirecte, même combat, perdu d'avance ! Newsletter Aurep, 160, 23 oct. 2013).

B ▪ Droits du bénéficiaire et créanciers du souscripteur

4688. Même s'ils peuvent craindre que la naissance des droits du bénéficiaire à l'encontre de l'assureur soit le résultat d'une opération (versement d'une cotisation unique ou versements périodiques importants) qui se traduit par la réduction du patrimoine du souscripteur, et donc de leur gage, l'article L. 132-14 du Code des assurances prive les créanciers de tout droit sur le capital : « le capital ou la rente garantis au profit d'un bénéficiaire déterminé ne peuvent être réclamés par les créanciers du contractant. Ces derniers ont seulement droit au remboursement des primes, dans le cas indiqué par l'article L. 132-13, deuxième alinéa, en vertu, soit de l'article 1167 du Code civil, soit des articles 107 et 108 de la loi n° 85-98 du 25 janvier 1985 relative au redressement et à la liquidation judiciaire des entreprises (devenus art. L. 621-107 et 108 du Code de commerce) ». Une réponse ministérielle a précisé que cet article s'appliquait aux services du Trésor public (Rép. Min. Weber, 4 févr. 1991, JOANQ 17 juin 1991, p. 2382).

4689. La jurisprudence admit assez facilement que le capital assuré n'entrait pas dans le gage des créanciers, il y avait là une conséquence irrémédiablement liée à la qualification de stipulation pour autrui reconnue au cours des années 1880. Néanmoins, les juges eurent une approche plus nuancée à propos des cotisations puisqu'elle admit que les créanciers pouvaient, selon les circonstances, en demander le remboursement lorsqu'elles étaient disproportionnées compte tenu des ressources du souscripteur (Civ., 22 févr. 1888, D. 1888. 77 et 198, Somm. 1888. 121 ; Civ., 7 août 1888, D. 1889. 118, somm. 97). Le législateur de 1930 a consacré ces solutions que l'on retrouve aujourd'hui à l'article L. 132-14 du Code des assurances.

4690. La construction doctrinale sur laquelle repose la protection des droits du bénéficiaire (théorie du droit direct) ne permet pas d'établir des distinctions entre les créanciers. L'ouverture d'un redressement judiciaire n'est pas davantage susceptible d'écarter l'application de l'article L. 132-14. L'article L. 132-17 du Code des assurances interdit même au représentant des créanciers de demander l'application de l'article L. 624-6 du Code de commerce. Il s'agit là d'une protection importante puisqu'il sera donc impossible de demander que le bénéfice d'un contrat d'assurance sur la vie soit réintégré à la procédure collective, même si le souscripteur est le commerçant dont l'entreprise est placée en redressement judiciaire (A. Honorat, L'incidence de l'état de faillite ou de règlement judiciaire sur les libéralités faites par un époux commerçant à son conjoint, Rev. Synd. 1960, p. 205).

4691. Comme y invite l'article L. 132-14 les créanciers peuvent agir sur le fondement de l'action paulienne de l'article 1167 du Code civil ou sur celui des articles L. 621-107 et -108 du Code de commerce. L'ouverture de l'une de ces deux actions n'est toutefois pas systématique, elle n'est envisageable que si les cotisations versées ont été manifestement exagérées. Comme à propos des droits des héritiers limités par l'article L. 132-13 auquel il est fait renvoi express, il appartiendra aux créanciers de rapporter la preuve d'un appauvrissement anormal du souscripteur.

4692. Outre le caractère exagéré du montant des cotisations, les créanciers devront respecter les conditions d'ouverture de l'action paulienne. À ce titre, il leur sera nécessaire de démontrer que le souscripteur a entendu organiser son insolvabilité.

4693. L'article L. 621-107 prévoit la nullité des « actes à titre gratuit translatifs de propriété mobilière ou immobilière » faits par le débiteur depuis la cessation des paiements ; le tribunal peut même rechercher les actes qui ont été accomplis pendant les six mois qui précédent la cessation des paiements. L'article L. 621-108 du Code de commerce est relatif aux actes à titre onéreux. En toute logique, les cotisations qui seraient versées alors que la cessation des paiements était effective seront systématiquement excessives eu égard aux facultés du souscripteur.

Chapitre 4
Fiscalité du contrat d'assurance vie

BIBLIOGRAPHIE

L'Argus de l'assurance

Ouvrages. – Ph. Baillot et J-F. Piraud, *La fiscalité de l'assurance vie*, L'Argus éd., 2008. – O. Bertaux, *Comprendre et conseiller l'assurance vie*, Éd. L'Argus, 2012. - G. Briens, F. Duprat-Cerri, Ph. Berquin, *L'épargne retraite des salariés*, L'Argus éd.,- G. Briens, *Comprendre et conseiller l'épargne salariale*, Éd. L'Argus, 2013 - F. Couilbault, S. Couilbault-Di Tommaso, V. Huberty, *Les grands principes de l'assurance*, Éd. L'Argus, 2015. - J. Bigot (sous dir.), *Code des assurances*, L'Argus éd.

Articles. – F. Couilbault, La fiscalité des rachats, L'Argus, 26 nov. 2010, p. 86. – F. Couilbault, Les cadres fiscaux particuliers, L'Argus, 26 nov. 2010, p. 94. S. Couilbault-Di Tommaso, Les procédures de redressement fiscal, L'Argus, 26 nov. 2010, p 97 – C. Etévé, Les contrats DSK ne sont pas morts, L'Argus, 18 mai 2001, p. 30. L'Argus Cahier pratique du 25 juin 1999. – V. Huberty, La fiscalité applicable à la prestation décès du contrat d'assurance vie, L'Argus, 26 nov. 2010, p. 90.

Autres documentations

Ouvrages. - Lamelot et Leriche, *Assurance vie*, Masson éd.

Articles. – F. Couilbault, Le dénouement de la communauté, Trib. ass. nov. 2002, p. 29. - Ergan, Assurance vie et régime successoral, Trib. ass. mars 2002, p. 31. – D. Faucher, Assurance vie et abus de droit : où est la frontière ?, JCP N 2002, n° 20, p. 726. – F. Fruleux, Modifications substantielles : l'Administration rapporte sa doctrine, JCP N 2002, n° 25, p. 901. – M. Giray, L'assurance vie hors succession. La mort d'une fiction ?, Dr. et patrim., janv. 2001, p. 24. – D. Harbouche, Blanchiment, la vigilance est de mise, Trib. ass. juin 2002, p. 31. – H. Lascombes et M. Belmont, La fiscalité du rachat de l'avance et de la mise en gage, JCP N 2003, n° 1, p. 32. - D. Montoux et J.-F. Pillebout, Déclaration de succession, JCP N 2002, n° 15-16, p. 598.

Section 1 ▪ La fiscalité en cas de vie

Sous-section 1 ▪ Régime général de la fiscalité en cas de vie

§ 1 ▪ L'imposition partielle des produits

4694. Les produits se définissent comme étant la différence entre les capitaux versés par l'assureur au terme du contrat et le total des versements effectués par le souscripteur. Jusqu'au 1er janvier 1983, les produits provenant des contrats d'assurance en cas de vie n'étaient pas assujettis à l'impôt sur le revenu et ce sans aucune condition. Depuis cette date, plusieurs conditions sont exigées afin que les produits ne soient pas assujettis à l'impôt.

§ 2 ▪ Les hypothèses de non-imposition des produits

4695. Les produits versés sont, dans certains cas, exonérés de l'imposition. Cette exonération est fonction :
- soit de la date de souscription (les contrats souscrits avant le 1er janvier 1983 sont exonérés) ;
- soit, pour les contrats souscrits depuis cette date, de la durée du contrat ;
- soit de la situation du souscripteur.

4696. Les produits résultant des contrats souscrits entre le 1er janvier 1983 et le 31 décembre 1989 sont exonérés de l'impôt sur le revenu sous réserve que la durée du contrat soit au moins égale à six ans. Pour les contrats souscrits après le 31 décembre 1989 et avant le 26 décembre 1997, seuls les contrats dont la durée est supérieure à huit ans sont exonérés. Pour les contrats souscrits à compter du 26 septembre 1997, l'article 21 de la loi n° 97-1269 du 30 décembre 1997 modifie le régime fiscal des produits des contrats d'assurance vie d'une durée au moins égale à huit ans, en limitant l'exonération, jusqu'alors applicable à ces contrats, aux seuls contrats investis principalement en actions (contrats dits DSK) et en prévoyant l'imposition des produits attachés aux autres contrats selon des modalités particulières : application d'un abattement et d'un taux réduit de prélèvement libératoire.

§ 3 ▪ Cas particuliers d'exonération

4697. Les produits des contrats sont exonérés lorsque le dénouement résulte de l'un des événements suivants :
- licenciement du souscripteur ;
- mise à la retraite anticipée du souscripteur ;
- invalidité du souscripteur ;
- invalidité du conjoint du souscripteur.

L'exonération résultant de ces situations est valable quelle que soit la durée du contrat.

4698. Une instruction fiscale du 28 décembre 2007 supprime l'exonération de prélèvements sociaux sur les produits attachés à un contrat en unités de compte lorsque le rachat partiel ou le dénouement du contrat résulte du licenciement du bénéficiaire des produits ou de celle de son conjoint ou de leur mise à la retraite anticipée, et ce même si les produits concernés demeurent exonérés d'impôt sur le revenu.

4699. L'exonération de prélèvements sociaux est maintenue quelle que soit la durée du contrat en unités de compte quand le dénouement résulte de l'invalidité du bénéficiaire des produits ou de celle de son conjoint correspondant au classement dans la 2e ou 3e catégorie prévue à l'article L. 341-4 du Code de la Sécurité sociale (Instr. fisc. 28 déc. 2007, BOI 5-1-4-07).

Sous-section 2 ▪ Fiscalité des contrats DSK

§ 1 ▪ Caractéristiques des bons ou contrats investis en actions

4700. Les contrats DSK sont des contrats en unités de compte investis principalement en actions qui répondent à certains critères. Les produits des contrats DSK, contrats investis pour 50 % au moins en actions cotées et titres assimilés dont au moins 5 % de placements à risques, peuvent continuer à bénéficier d'une exonération d'impôt, lorsque le contrat a une durée d'au moins huit ans. Une instruction fiscale du 27 mai 1998, n° 5 I-3-98, présente les caractéristiques des contrats investis en actions et leur régime fiscal.
Sont concernés les bons ou contrats de capitalisation et les contrats d'assurance vie individuels ou de groupe à prime unique ou à versements libres ou périodiques qui comportent une valeur de rachat ou la garantie du paiement d'un capital ou d'une rente à leur terme en cas de vie, accompagnés ou non d'une garantie décès ou d'une contre-assurance en cas de décès.
L'assureur garantit le nombre des unités de compte mais pas leur valeur en cours d'exécution du contrat. L'assureur est seul propriétaire des actifs représentatifs des unités de compte du contrat. La participation des assurés aux bénéfices réalisés par l'assureur est facultative.

4701. Ces bons ou contrats offrent la possibilité aux assurés, ou aux bénéficiaires, d'obtenir au dénouement du contrat, le règlement en espèces ou la remise de titres ou de parts lorsque ceux-ci sont négociables et ne confèrent pas directement le droit de vote à l'assemblée générale des actionnaires d'une société admise aux négociations sur un marché réglementé.
Les bons ou contrats investis en actions se réfèrent soit à une seule unité de compte, soit à plusieurs unités de compte. Lorsque les contrats DSK se réfèrent à plusieurs unités de compte, le montant des primes versées nettes de frais doit être ventilé entre les différentes unités de compte dans le respect des proportions de 50 % et de 5 %.
Afin de ne pas dégrader les quotas en deçà des limites légales, les rachats partiels doivent s'imputer sur chacune des unités de compte en proportion de leur part respective dans la valeur de rachat totale du contrat à la date du rachat partiel. Compte tenu des dispositions de l'article L. 132-5-1 du Code des assurances, qui prévoient que toute personne physique, ayant signé une proposition d'assurance ou un contrat, a la faculté d'y renoncer pendant le délai de trente jours à compter du moment où elle est informée que le contrat est conclu, il est admis, pour les contrats nouvellement souscrits, que ce premier versement ne soit investi dans l'OPCVM, dont la part ou l'action constitue l'unité de compte du bon ou du contrat, qu'à l'expiration de ce délai de trente jours.

4702. Dans une instruction fiscale du 31 mai 1999, n° 5 I-3-99, l'administration a précisé que les OPCVM, dont la part ou l'action constitue l'unité de compte d'un bon ou d'un contrat investi en actions (contrats DSK), peuvent être des organismes de placement collectif constitués et agréés dans d'autres États membres de l'Union européenne.

Les contrats DSK, initialement réservés aux actions françaises puis étendus aux actions des pays de la Communauté Européenne, peuvent désormais être investis en actions émises dans un État partie à l'accord sur l'Espace économique européen ayant conclu avec la France une convention fiscale qui contient une clause d'assistance administrative en vue de lutter contre la fraude ou l'évasion fiscale. À ce jour sont concernés la Norvège et l'Islande (art. 39, L. fin. pour 2005).

§ 2 ▪ Les nouveaux contrats DSK

4703. L'article 39 de la loi de finances pour 2005 (n° 2004-1484, 30 déc. 2004) institue, à compter du 1er janvier 2005, une nouvelle génération de bons ou contrats de capitalisation et d'assurance vie investis en actions, composés de 30 % au moins d'actions, dont 10 % de titres dits « risqués » et 5 % au moins de titres de sociétés non cotées. Les produits de ces bons ou contrats sont exonérés d'impôt sur le revenu lorsqu'ils sont souscrits depuis au moins huit ans.

4704. Par ailleurs, cet article maintient le régime juridique et fiscal des bons ou contrats de capitalisation et d'assurance vie de l'ancienne génération, dits « DSK », institués par l'article 21 de la loi de finances pour 1998 (n° 97-1269, 30 déc. 1997) en cours au 1er janvier 2005, tout en prévoyant l'impossibilité d'en souscrire de nouveaux à compter de cette même date. Les produits de ces bons ou contrats, investis à 50 % au moins en actions, dont 5 % au moins en actifs dits « risqués », continuent à bénéficier de l'exonération d'impôt sur le revenu lorsqu'ils sont souscrits depuis au moins huit ans.

4705. L'article 39 de la loi de finances pour 2005 prévoit par ailleurs que tous les contrats « DSK » en cours au 1er janvier 2005, ainsi que les autres bons ou contrats de capitalisation et d'assurance vie souscrits à compter du 1er janvier 2003, peuvent être transformés, sans conséquence fiscale et jusqu'au 1er juillet 2006, en nouveaux contrats d'assurance vie investis en actions. La date limite de transformation a été prorogée jusqu'au 30 juin 2007 par l'instruction fiscale du 1er février 2007 (5-I-1-07).

§ 3 ▪ Régime fiscal des contrats DSK

4706. Les produits des bons ou contrats DSK sont exonérés d'impôt sur le revenu lorsque la durée de ces bons ou contrats est au moins égale à huit ans. En cas de dénouement avant cette date, les produits versés peuvent, sur option, être soumis au prélèvement libératoire de 35 % si la durée du bon ou du contrat est inférieure à quatre ans ou de 15 % lorsque cette durée est comprise entre quatre et huit ans. À cette fiscalité s'ajoutent les prélèvements sociaux.

4707. La durée de ces bons ou contrats souscrits à compter du 1er janvier 1998 s'entend de la seule durée effective, courue entre la date du premier versement et la date de dénouement ou de rachat partiel du bon ou contrat quelles que soient les modalités de paiement des primes.

Pour les bons de capitalisation, cette exonération est réservée à ceux souscrits dès l'émission sous la forme nominative et qui ne font pas l'objet d'une cession à titre onéreux jusqu'à la date de leur remboursement.

4708. Une instruction fiscale du 27 juin 2006 (5-I-6-06) a apporté de nombreuses précisions sur les modalités pratiques de fonctionnement de ces contrats et sur les exigences fiscales. Les rachats partiels opérés sur les bons ou contrats investis en actions sont autorisés, sous réserve qu'ils ne conduisent pas à ne plus respecter les quotas d'investissement obligatoires calculés globalement sur l'ensemble du bon ou contrat.

4709. Mais surtout, l'instruction précise que si l'une des conditions juridiques prévues pour l'application du régime fiscal des contrats investis en actions n'est pas remplie ou n'est plus satisfaite, les produits attachés aux rachats effectués sur ces bons ou contrats sont soumis à l'impôt sur le revenu dans les conditions de droit commun, et ce quelle que soit la durée de ces contrats.
Le non-respect des conditions de fonctionnement du bon ou contrat investi en actions remet en cause l'exonération des produits capitalisés, y compris ceux acquis entre la date du premier versement et celle du manquement, même si ce dernier est intervenu postérieurement à la huitième année du contrat.

4710. Enfin, en cas de transformation, le nouveau contrat issu de la transformation d'un contrat déjà existant est réputé avoir été souscrit à la date du premier versement effectué sur le contrat d'origine avec toutes les conséquences attachées à cette antériorité, tant en matière d'impôt sur le revenu qu'en matière de droits de mutation par décès.

Sous-section 3 ■ Fiscalité des rachats

§ 1 ■ Impôt sur le revenu et prélèvement libératoire

4711. Les produits des contrats qui ne remplissent pas les conditions leur permettant de bénéficier de l'exonération sont soumis à l'impôt sur le revenu des personnes physiques. Le bénéficiaire peut opter pour le prélèvement libératoire. Dans ce cas, les produits ne sont pas pris en compte dans la déclaration au titre de l'impôt sur le revenu. Désormais, lorsque l'assuré opte pour le prélèvement libératoire, le taux de prélèvement est le suivant :
- 35 % (prélèvement libératoire) + 15,5 % (prélèvements sociaux) si la durée du contrat a été inférieure à 4 ans ;
- 15 % (prélèvement libératoire) + 15,5 % (prélèvements sociaux) si la durée du contrat a été égale ou supérieure à quatre ans mais inférieure à huit ans ;
- 7,5 % (prélèvement libératoire, à l'exception des contrats investis principalement en actions) + 15,5 % (prélèvements sociaux) après huit ans.

§ 2 ■ Imposition partielle des produits : précisions de l'Administration fiscale

4712. L'administration fiscale a commenté, dans une instruction du 22 juin 1998, les nouvelles dispositions (Instr. 5 I-6-98). Selon cette instruction, tous les produits des bons ou contrats de capitalisation et des contrats d'assurance vie, acquis ou constatés à compter du 1er janvier 1998 et afférents à des primes versées à compter du 26 septembre 1997 sur des bons ou contrats souscrits depuis le 1er janvier 1983, sont désormais soumis à l'impôt sur le revenu.

4713. Les produits imposables attachés aux bons ou contrats d'une durée au moins égale à huit ans bénéficient d'un abattement annuel de 4 600 € pour les contribuables célibataires, veufs ou divorcés et de 9 200 € pour les contribuables mariés soumis à une imposition commune. Ces mêmes produits peuvent, sur option de leur bénéficiaire, être soumis à un prélèvement libératoire au taux réduit de 7, 5 % et bénéficier d'un crédit d'impôt correspondant à l'application de l'abattement de 4 600 € ou 9 200 €.

4714. L'abattement est annuel et est accordé aux personnes tenues de déposer une déclaration d'ensemble de leurs revenus à raison de leur domicile fiscal en France. S'il n'a pas été entièrement utilisé, il ne peut pas être reporté sur l'année suivante. Le contribuable bénéficie d'un seul abattement tant pour ses revenus personnels que pour ceux des personnes considérées comme à charge.

4715. Les produits imposables doivent être compris par le bénéficiaire dans la déclaration d'ensemble de ses revenus au titre de l'année de l'encaissement pour être soumis à l'impôt sur les revenus dans les conditions de droit commun, sous réserve de l'abattement de 4 600 € ou 9 200 €. Toutefois, il est prévu la possibilité, pour les seules personnes physiques, d'opter pour un prélèvement libératoire de l'impôt sur le revenu prévu à l'article 125 0 A du Code général des impôts au taux de 7, 5 %.

Par ailleurs, les contrats en euros peuvent être transformés en contrats en unités de compte sans encourir de pénalités fiscales. Cette transformation n'entraîne pas les conséquences fiscales d'un dénouement. Les produits inscrits sur ces contrats, à la date de leur transformation sont assimilés à des primes versées lorsqu'ils ont été soumis, lors de leur inscription en compte, aux prélèvements sociaux et aux contributions sociales (L. n° 2005-842, 26 juill. 2005, art. 1er).

4716. La transformation ne peut intervenir qu'auprès du même organisme assureur. La transformation doit être réelle et donner lieu à la conversion d'une part significative des sommes placées en unités de compte, soit environ 20 % minimum du total. À défaut, l'administration fiscale pourrait remettre en cause l'antériorité fiscale (Instr. fisc. 4 nov. 2005, BOI 5 I-4-05).

§ 3 ■ Fiscalité des rachats partiels

4717. L'administration fiscale a précisé, dans une note du 23 août 1994 (BOI 1er sept. 1994, 5 FP/55, I.3223), le mode d'imposition des rachats partiels. En cas de rachat partiel d'un contrat, le produit imposable est déterminé selon la formule suivante :

Rachat Partiel (1) – Primes (2) x Rachat Partiel / Valeur de rachat total (3)

(1) Montant du rachat partiel

(2) Total des primes versées à la date du rachat partiel

(3) Montant du rachat partiel divisé par la Valeur de rachat totale à la date du rachat partiel

En cas de rachats partiels successifs, pour l'application de cette formule, il doit être tenu compte des remboursements déjà intervenus. Ainsi en cas de rachat(s) partiel(s), le « total des primes versées à la date du rachat partiel » s'entend du total des primes versées qui n'ont pas déjà fait l'objet d'un remboursement en capital lors d'un ou plusieurs rachats partiels antérieurs.

§ 4 ▪ Contrats à « bonus » de fidélité

4718. Certains contrats d'assurance vie en unités de compte proposent une option dite de garantie de fidélité destinée à récompenser l'assuré qui conserve son contrat pendant plusieurs années.

En se fondant sur l'article R. 331-5 du Code des assurances qui dispose que la provision mathématique servant de base au calcul de la valeur du rachat « ne tient pas compte des éventuelles garanties de fidélité non exigibles par l'assuré au moment du rachat », des compagnies d'assurances ont bâti des produits dont la particularité est d'isoler tout ou partie des performances financières du contrat sur un support spécifique, constitutif du bonus de fidélité. Ce fonds d'investissement, augmenté des plus-values et intérêts, est ensuite redistribué à l'assuré à la condition qu'il conserve son contrat pendant huit ans ou plus en cas de prorogation. En cas de rachat du contrat avant le terme de la durée de l'option, la quote-part de bonus de fidélité est perdue pour l'assuré et est partagée entre l'ensemble des autres souscripteurs.

Puisque non rachetables, les plus-values investies sur le fonds bonus de fidélité n'entrent pas dans l'assiette taxable de l'ISF. Néanmoins, ces contrats peuvent admettre que le souscripteur puisse racheter une partie correspondante à la provision mathématique disponible du contrat, cette part récupérable pouvant aller jusqu'à 80 % de cette même provision mathématique. Il en ressort dans cette situation un double avantage sur le plan fiscal :

- lorsque l'intégralité des plus-values et intérêts alimente le fonds à bonus de fidélité, la partie correspondante à la provision mathématique disponible du contrat ne comporte exclusivement que du capital versé dont le retrait échappe à tout prélèvement fiscal ;
- les rachats effectués diminuent la provision mathématique disponible, ce qui contribue à réduire mécaniquement l'assiette imposable au titre de l'ISF.

4719. Une grande incertitude demeure donc sur la commercialisation de ces contrats dans la mesure où l'administration fiscale pourrait considérer que la possibilité de racheter jusqu'à 80 % de la provision mathématique du contrat n'est pas compatible avec les avantages fiscaux des contrats à bonus de fidélité procurés au titre de l'impôt sur le revenu et de l'ISF. Interrogé, le ministre de l'Économie et des Finances a précisé qu'en cas de rachat partiel sur un contrat d'assurance vie comportant une garantie de fidélité avant la fin de sa période d'indisponibilité, les produits afférents à cette garantie doivent, sous réserve qu'ils ne soient pas définitivement perdus, être retenus pour la détermination de l'assiette taxable à l'impôt sur le revenu, même si le rachat ne peut être prélevé sur ladite garantie de fidélité. Par ailleurs, aux termes de l'article 885 E du Code général des impôts, l'assiette de l'impôt de solidarité sur la fortune est constituée par la valeur nette, au 1er janvier de l'année, de l'ensemble des biens et droits, les garanties de fidélité qui ne sont acquises au souscripteur qu'au terme de la période d'indisponibilité, ne doivent pas être incluses pour la détermination de la valeur de rachat des contrats, taxable pendant la période d'indisponibilité (Rep. Min. Q. n° 7706, JO AN 22 janv. 2008, p. 545).

§ 5 ▪ Le régime de prélèvement libératoire français condamné par la CJCE

4720. La Commission européenne avait introduit un recours visant à faire constater que, en excluant de manière absolue l'application du taux du prélèvement libératoire aux revenus découlant de placements et de contrats visés aux articles 125-0 A et 125 A du Code général des impôts, dont le débiteur n'est pas domicilié ou établi en France, la République française manquait aux obligations qui lui incombaient en vertu des articles 49 et 56 du Traité CE.

4721. La Cour de justice des Communautés européennes considère que la réglementation française, qui exclut de manière absolue l'application du taux du prélèvement libératoire aux revenus découlant de placements et de contrats visés aux articles 125-0 A et 125 A du Code général des impôts, dont le débiteur n'est pas domicilié ou établi en France, constitue une restriction à la fois à la libre prestation des services en vertu de l'article 49 du Traité CE et à la libre circulation des capitaux en vertu de l'article 56 du Traité CE. Elle relève, en effet, que le prélèvement libératoire en cause entraîne, dans certaines situations, un avantage fiscal non négligeable par rapport à l'imposition normale sur le revenu. Un tel avantage n'est pas affecté par le fait que, dans d'autres situations, l'avantage pour le contribuable est relativement mineur ou compensé par le fait que le prélèvement est opéré à la source, alors qu'une imposition normale n'intervient qu'à une date ultérieure. Par ailleurs, le prélèvement libératoire ne s'applique que sur option du contribuable lui-même, option qu'il exercera généralement lorsqu'elle lui sera favorable.

4722. En outre, la réglementation en cause entraîne également un effet restrictif à l'égard des sociétés établies dans d'autres États membres en ce qu'elle constitue à leur encontre un obstacle à la collecte de capitaux en France dans la mesure où les produits des contrats souscrits auprès de ces sociétés sont fiscalement traités de manière moins favorable que les produits provenant d'une société établie en France, de sorte que leurs contrats sont moins attrayants pour les investisseurs résidant en France que ceux de sociétés ayant leur siège dans cet État membre (CJCE, 4 mars 2004, 5e Ch., aff. C-334/02, Commission c/ République française). Tirant les conséquences de cette décision, le gouvernement a étendu l'option pour le prélèvement forfaitaire libératoire prévu à l'article 125 A du Code général des impôts aux produits d'assurance vie de source européenne, sous certaines conditions. Sont désormais expressément visés, parmi les revenus de source étrangère imposables à l'impôt sur le revenu, les produits attachés aux bons ou contrats de capitalisation et d'assurance vie souscrits auprès des entreprises d'assurance établies hors de France, lors du dénouement du contrat et les gains de cession de ces mêmes placements (CGI, art. 120 6°).

4723. Le bénéfice de l'abattement annuel de l'article 125 0-A du Code général des impôts (4 600 € pour une personne seule et 9 200 € pour un couple marié) est étendu, dans les mêmes conditions que celles applicables aux produits de source française, aux produits attachés à des bons ou contrats de source européenne (CGI, art 122). L'abattement est un abattement unique qui vaut pour l'ensemble des produits des contrats de source française et de source étrangère imposables. Les dispositions de l'article 125-0 A sont réservées aux seuls bons ou contrats d'assurance vie souscrits auprès des sociétés établies en France. Les modalités de détermination de l'assiette des revenus de source étrangère visés à l'article 122 du CGI sont précisées :

- les produits des bons ou contrats de capitalisation et d'assurance vie sont obtenus par différence entre les sommes brutes remboursées au bénéficiaire et le montant des primes versées augmenté, le cas échéant, du prix d'acquisition du bon ou du contrat ;
- les gains de cession (plus ou moins-values) sont déterminés selon les règles applicables aux gains de cession de contrats de créances, qui sont identiques à celles des cessions de valeurs mobilières.

4724. Le résident fiscal français, personne physique qui bénéficie de produits ou gains de cessions de bons ou contrats de capitalisation et d'assurance vie souscrits auprès d'entreprises d'assurances établies hors de France, dans un État membre de la Communauté européenne, ou dans un État non membre de la Communauté européenne partie à l'accord sur l'Espace Economique Européen (Islande et Norvège), ayant conclu avec la France une convention fiscale qui contient une clause d'assistance administrative en vue de lutter contre la fraude ou l'évasion fiscale (hors Liechtenstein) pourra opter pour le prélèvement forfaitaire libératoire (CGI, art. 125 D). Les taux d'imposition sont ceux de l'article 125-0 A du Code général des impôts.

4725. Ces dispositions sont applicables aux revenus et produits encaissés ou inscrits en compte ainsi qu'aux cessions réalisées à compter du 1er janvier 2005 (Loi fin. rectif. 2004, n° 2004-1485, 30 déc. 2004, art. 40, JO 31 déc.).

Sous-section 4 ▪ Les prélèvements sociaux

§ 1 ▪ Instauration des prélèvements sociaux

A ▪ Augmentation des contributions sociales

4726. L'article 2 de la loi de finances rectificatives pour 2012 porte de 3,4 % à 5,4 % les prélèvements sociaux prévus à l'article L. 245-16 du Code de la sécurité sociale.

Ainsi, cet article se trouve modifié et dispose désormais que le taux des prélèvements sociaux mentionnés aux articles L. 245-14 et L. 245-15 est fixé à 5,4 %.

La date prévue d'entrée en vigueur de ce nouveau taux est fixée au 1er juillet 2012.

En conséquence, le montant total des prélèvements (CSG, CRDS, prélèvements sociaux et contribution additionnelle) est, à compter du 1er juillet 2012, de 15,5 % dont :

- 8,2 % de CSG ;
- 0,5 % de CRDS ;
- 5,4 % de prélèvement social ;
- 1,4 % de contribution additionnelle dont 1, 1 % de contribution pour le revenu de solidarité active.

B ▪ Contribution en faveur du Revenu de solidarité active

4727. La loi n° 2008-1249 du 1er décembre 2008 généralise le revenu de solidarité active (RSA), expérimenté par une trentaine de départements depuis 2007. Cette généralisation a pris effet au 1er juin 2009. Depuis cette date, le RSA remplace le revenu minimum d'insertion (RMI) et l'allocation de parent isolé (API). Le revenu de solidarité active a pour objet d'assurer à ses bénéficiaires des moyens convenables d'existence, afin de lutter contre la pauvreté, encourager l'exercice ou le retour à une activité professionnelle et aider à l'insertion sociale des bénéficiaires. Le revenu de solidarité active remplace le revenu minimum d'insertion, l'allocation de parent isolé et les différents mécanismes d'intéressement à la reprise d'activité.

4728. Le RSA est financé par une contribution additionnelle de 1, 1 % aux contributions sociales sur les revenus du capital. Sont concernés l'ensemble des revenus d'épargne (assurance vie, dividendes, revenus fonciers, plus-values), à l'exception du livret A, du livret développement durable (ex-codevi), du livret jeune et du livret d'épargne populaire. Cette nouvelle recette alimentera intégralement le Fonds national des solidarités actives dont la mission est d'équilibrer recettes et dépenses du RSA.

§ 2 ▪ La date effective des prélèvements sociaux

A ▪ Les contrats en unités de compte

4729. Pour les produits des contrats d'assurance vie en unités de compte, la contribution est prélevée lors du dénouement du contrat.

4730. Depuis le 1er janvier 2010, les intérêts capitalisés des contrats d'assurance multi-supports sont soumis aux prélèvements sociaux, y compris lorsqu'ils sont dénoués par le décès du souscripteur et ce quelle que soit la date de souscription du contrat.

4731. Jusqu'alors, seuls les contrats en euros étaient soumis, chaque année, aux prélèvements sociaux ; les contrats en unités de compte, y compris les contrats multi-supports, n'y étaient assujettis qu'au dénouement du contrat par rachat, et non par décès (Loi n° 2009-1646 du 24 déc. 2009 de financement de la sécurité sociale pour 2010, art. 18).

4732. L'article 22 de la loi de finances pour 2011 (n° 2010-1657 du 29 décembre 2010) dispose que les produits attachés aux droits exprimés en euros ou en devises sont désormais soumis aux prélèvements sociaux lors de leur inscription au bon ou au contrat pour les bons ou contrats en unités de compte dits « multi-supports », à l'instar de l'imposition des produits inscrits en compte des contrats dont les droits sont intégralement investis en euros.

4733. Avant cette date, les produits des contrats d'assurance-vie ou de capitalisation multi-supports n'étaient soumis aux prélèvements sociaux que lors de leur dénouement en cas de vie (rachat partiel ou total) ou, depuis le 1er janvier 2010, au décès de l'assuré.

4734. Pour les produits inscrits aux bons ou contrats à compter du 1er juillet 2012, les produits du compartiment euro des contrats multi-supports sont soumis aux prélèvements sociaux au taux global de 15, 5 % dès leur inscription en compte.

4735. Un mécanisme de restitution est prévu au rachat ou au décès, dans le cas où la somme des prélèvements acquittés sur le compartiment euro du contrat est supérieure au montant des prélèvements sociaux calculés sur la totalité des produits du contrat à la date du rachat ou du décès. Dans ce cas, l'excédent de prélèvements sociaux déjà acquittés est restitué par l'intermédiaire de l'entreprise d'assurance. L'instruction fiscale du 1er août 2011 précise les modalités d'applications pratiques de ces dispositions (Inst. fisc. 1er août 2011, n° 5-1-3-11).

B ▪ Les contrats en euros

4736. Pour les contrats en euros, ces prélèvements sont effectués annuellement sur les produits inscrits en compte au titre de l'année. Pour les produits des contrats d'assurance vie en euros, que ces produits soient ou non imposables à l'impôt sur le revenu, c'est-à-dire quelles que soient la date de conclusion du contrat et sa durée, la contribution est prélevée dans tous les cas, en application de l'article 16-II de l'ordonnance n°96-50 du 24 janvier 1996, lors de l'inscription des produits au contrat, et non selon les règles applicables pour l'imposition à l'impôt sur le revenu, lors du dénouement du contrat.

4737. Pour les revenus perçus à compter du 1er janvier 2007, les prélèvements sociaux dus sur l'ensemble des produits de placement à revenu fixe et des produits des bons ou contrats de capitalisation et d'assurance vie sont perçus lors de l'inscription en compte des revenus quel que soit leur régime d'imposition à l'impôt sur le revenu (barème ou prélèvement forfaitaire libératoire) quand l'établissement payeur est établi en France (Loi n° 2006-1640 du 21 décembre 2006 de financement de la sécurité sociale pour 2007, art. 20, JO du 22 décembre 2006).

4738. En réponse à la question d'un député relative aux contributions sociales dues sur les capitaux décès issus de tout contrat d'assurance vie, le ministre du Budget, des Comptes publics, de la Fonction publique et de la Réforme de l'État a précisé que l'article 18 de la loi de financement de la sécurité sociale (LFSS) pour 2010 vise à instaurer une égalité de traitement entre les différents types de contrat (supports en euros et multi-supports, y compris les unités de compte) ainsi qu'entre les différentes formes de dénouement (en cas de vie et en cas de décès) en les assujettissant aux mêmes prélèvements sociaux. Cette mesure participe pleinement de l'exercice de réexamen systématique des niches fiscales et sociales souhaité par le Gouvernement et le Parlement. L'article 18 de la LFSS pour 2010 ne touche pas aux capitaux décès mais uniquement les produits financiers acquis depuis la souscription des contrats d'assurance vie. Le prélèvement est le même qu'en cas de dénouement par l'assuré à son profit. Par ailleurs, cette mesure ne remet pas en cause les engagements passés de l'État envers les souscripteurs de contrats d'assurance vie. Ces contrats demeurent attractifs et concourent au financement de l'économie. La présente mesure rétablit la neutralité fiscale en supprimant la distorsion entre les différents types de contrat. Enfin, l'article 18 de la LFSS pour 2010 n'emporte pas rétroactivité ou atteinte à la confiance légitime dès lors qu'il ne s'appliquera qu'aux effets futurs des contrats en cours et que la loi peut régler les effets à venir des contrats conclus antérieurement à son entrée en vigueur. Le Conseil constitutionnel n'a d'ailleurs pas fait d'observation sur cette mesure (Question n° 71165, rép. J.O. 16 mars 2010, p. 2590).

Section 2 ▪ Fiscalité des rentes

Sous-section 1 ▪ Fiscalité des rentes viagères

4739. En vertu des dispositions de l'article 158-6 du Code général des impôts, les rentes viagères constituées à titre onéreux ne sont à comprendre dans les revenus de leur bénéficiaire que pour une fraction de leur montant qui varie selon l'âge du crédirentier au moment de l'entrée en jouissance de la rente. La fraction imposable d'une rente viagère constituée à titre onéreux est, conformément à l'article 158-6 du Code général des impôts, déterminée forfaitairement d'après l'âge du crédirentier lors de l'entrée en jouissance de la rente. Elle est égale à :
- 70 % si l'intéressé était alors âgé de moins de 50 ans ;
- 50 % s'il était âgé de 50 à 59 ans inclus ;
- 40 % s'il était âgé de 60 à 69 ans inclus ;
- 30 % s'il était âgé de plus de 69 ans.

4740. Lorsque le crédirentier est âgé de plus de 69 ans sans avoir atteint son soixante-dixième anniversaire lors de l'entrée en jouissance de la rente, la fraction imposable doit-elle se situer à 30 % ou 40 % ? L'article 158-6 du Code général des impôts n'apporte pas de réponse précise et les cours administratives d'appel étaient divisées.

4741. Le Conseil d'État a mis un terme à ces incertitudes (CE, 19 janv. 1996, n° 130377, 8e et 9e sous-sect., min. c/ Ruscassie ; Fr. Lefèbvre ; RJF n° 3/1996, p. 170). Selon le Conseil d'État, lorsqu'à la date d'entrée en jouissance de la rente le crédirentier est âgé de plus de 69 ans mais n'a pas encore atteint son soixante-dixième anniversaire, la fraction imposable de la rente est de 40 %. Cette fraction n'est ramenée à 30 % que dans le cas où, à cette même date, l'intéressé est âgé de 70 ans révolus. Par ailleurs, la fraction imposable de la rente viagère est soumise au prélèvement de 15, 5 % (CSG, CRDS, prélèvement social et contribution au revenu de solidarité active).

Sous-section 2 . Rentes versées dans le cadre d'un PEP

4742. Concernant les rentes versées dans le cadre d'un PEP (Plan d'épargne populaire), elles ne sont pas imposées mais sont soumises aux prélèvements sociaux sur une partie déterminée en fonction de l'âge du crédit-rentier. Cette partie, soumise aux prélèvements sociaux, est fixée par l'article 158 du Code général des impôts comme pour les autres rentes.

4743. La date d'entrée en jouissance de la rente viagère est calculée différemment selon que cette rente est à jouissance immédiate ou à jouissance différée. La date à retenir pour une rente à jouissance immédiate est celle du contrat constitutif de la rente viagère. Ce sera par exemple la date à laquelle le souscripteur remet à l'assureur le capital constitutif de rentes. Pour une rente à jouissance différée, il convient de retenir la date d'entrée en jouissance effective de la rente.

Sous-section 3 . Fiscalité des rentes temporaires

4744. Dès lors que leur période d'application ne coïncide pas avec la vie du bénéficiaire, les rentes temporaires (telles que rentes-éducation, pensions d'orphelin, rentes-étudiants, allocations d'éducation ou d'orphelin, etc.) ne peuvent pas être rangées parmi les rentes viagères et taxées à ce titre. Mais la question se pose de savoir si elles ne doivent pas être soumises à l'impôt suivant les règles des pensions.

4745. La doctrine actuelle de l'administration (qui se fonde sur un arrêt du Conseil d'État du 30 juin 1972, n° 81054, Rec. Lebon) repose sur la distinction suivante : lorsqu'elles sont versées en application d'un régime de prévoyance obligatoire, les rentes temporaires sont imposables, en principe, selon les règles prévues à l'égard des pensions ; en revanche, les rentes temporaires résultant d'un régime de prévoyance facultatif, c'est-à-dire d'un contrat souscrit à titre personnel, sont exclues du champ d'application de l'impôt.

Section 3 . La réduction d'impôt

4746. Les primes versées au titre de certains contrats d'assurance vie ouvraient droit, au profit de l'assuré, à une réduction d'impôt qui venait diminuer le montant de l'impôt sur le revenu de l'assuré. Cependant, différentes lois de finances ont supprimé cette réduction d'impôt.

4747. En particulier, l'article 83 de la loi de finances pour 2004 a supprimé, sur 2 ans, toute réduction d'impôt accordée au titre de contrats d'assurance vie à primes périodiques (hormis les contrats d'épargne handicap ou de rente survie). Une instruction du 6 mai 2004 a précisé l'incidence de cette suppression, notamment pour les contrats à primes périodiques.

4748. Pour la généralité des contrats, c'est-à-dire pour les contrats conclus ou prorogés avant le 1er janvier 1996, les primes payées à compter du 1er janvier 2004 ne bénéficient plus de la réduction d'impôt. En revanche, pour les contrats souscrits ou prorogés entre le 1er janvier et le 4 septembre 1996, cette suppression est intervenue à compter du 1er janvier 2005, date à laquelle la réduction d'impôt a été définitivement supprimée pour tous les contrats à primes périodiques (Instr. 6 mai 2004, BOI 5 B-10-04).

4749. Les contrats « rente-survie » et « épargne handicap » continuent de bénéficier de la réduction d'impôt, quelle que soit la date de souscription.

Section 4 ▪ Fiscalité en cas de décès

Sous-section 1 ▪ Fiscalité des donations et successions

§ 1 ▪ Droits de succession et donation : Abattements applicables

4750. L'assurance vie bénéficie d'une fiscalité avantageuse, spécialement dans le cadre de la transmission du capital au bénéficiaire après décès de l'assuré. Cet avantage fiscal doit être apprécié au regard du tarif des droits de succession puisque l'avantage fiscal de l'assurance vie apparaît essentiellement lorsqu'il permet de réduire la fiscalité applicable dans le cadre classique d'une succession.

A ▪ Le conjoint survivant et le partenaire de PACS

4751. Pour les successions ouvertes à compter du 22 août 2007, le conjoint survivant et le partenaire de PACS sont exonérés des droits de mutation à titre gratuit.

B ▪ Héritier direct (enfant, parent, grands-parents)

4752. Pour les successions ouvertes à compter du 1er janvier 2012 et les donations consenties à compter de la même date, le montant de l'abattement applicable en ligne directe est porté à 100 000 €.

C ▪ Héritier handicapé

4753. Pour les successions ouvertes à compter du 1er janvier 2011 et les donations consenties à compter de la même date, le montant de l'abattement applicable est porté à 159 325 €.

D ▪ Frère, sœur

4754. Pour les successions ouvertes à compter du 1er janvier 2011 et les donations consenties à compter de la même date, le montant de l'abattement applicable est porté à 15 932 € sur chaque part successorale.

4755. Pour les successions ouvertes à compter du 22 août 2007, bénéficient d'une exonération des droits de succession, le frère ou la sœur, célibataire, veuf, divorcé ou séparé de corps au moment du décès, à condition qu'il soit âgé de plus de 50 ans ou atteint d'une infirmité le mettant dans l'impossibilité de subvenir par son travail aux nécessités de l'existence et qu'il ait été constamment domicilié avec le défunt pendant les cinq années ayant précédé le décès.

E ▪ Neveu, nièce

4756. Pour les successions ouvertes à compter du 1er janvier 2011 et les donations consenties à compter de la même date, un abattement général de 7 967 € s'applique sur la part de chaque neveu et nièce.

F ▪ Autres héritiers

4757. Pour les successions ouvertes à compter du 1er janvier 2011 et les donations consenties à compter de la même date, un abattement de 1 594 € s'applique sur la part de chaque héritier.
Le montant de ces abattements est actualisé au 1er janvier de chaque année dans la même proportion que la limite supérieure de la première tranche du barème de l'impôt sur le revenu et arrondi à l'euro le plus proche.

§ 2 ▪ Barème des droits de succession et de donation

A ▪ Principe

4758. Les droits de succession et de donation sont calculés selon un tarif qui dépend du lien de parenté entre le défunt et le bénéficiaire. Il s'applique sur la part nette taxable qui est la part reçue par chaque héritier, légataire ou donataire après déduction des abattements. Les montants sont actualisés chaque premier janvier dans la même proportion que la limite supérieure de la première tranche du barème de l'impôt sur le revenu et arrondi à l'euro le plus proche.

B ▪ Succession ou donation en ligne directe (ascendants et descendants), fraction de part nette taxable

Montant taxable après abattement	Taux
Moins de 8.072 €	5 %
Entre 8.072 € et 12.109 €	10 %
Entre 12.109 € et 15.932 €	15 %
Entre 15.932 € et 552.324 €	20 %
Entre 552.324 € et 902.838 €	30 %
Entre 902.838 € et 1.805.677 €	35 %
Supérieur à 1 805 677 €	45 %

C ▪ Donations entre époux ou partenaires pacsés, fraction de part nette taxable

Montant taxable après abattement	Taux
Moins de 8.072 €	5 %
Entre 8.072 € et 15.932 €	10 %
Entre 15.932 € et 31.865 €	15 %
Entre 31.865 € et 552.324 €	20 %
Entre 552.324 € et 902.838 €	30 %
Entre 902.838 € et 1.805.677 €	35 %
Supérieur à 1.805.677 €	45 %

Pour les décès survenus depuis le 22 août 2007, les conjoints survivants et les partenaires liés au défunt par un pacte civil de solidarité (PACS) sont exonérés des droits de succession.

D ▪ Succession ou donation entre frères et sœurs, fraction de part nette taxable

Montant taxable après abattement	Taux
Inférieur à 24.430 €	35 %
Supérieur à 24.430 €	45 %

Pour les décès intervenus depuis le 22 août 2007, le frère ou la sœur du défunt, sous certaines conditions, est exonéré des droits de succession.

E ▪ Successions entre d'autres personnes

Situation où les montants sont taxables après abattement	Taux
Succession entre parents jusqu'au 4e degré inclus	55 %
Succession entre parents au-delà du 4e degré ou entre personnes non parentes	60 %

Sous-section 2 ■ Article 757 B du Code général des impôts

§ 1 ■ Les contrats décès non imposés

4759. Selon l'article 757 B du Code général des impôts, les contrats souscrits avant le 20 novembre 1991 et qui donnent lieu, en cas de décès de l'assuré après le 2 janvier 1992, au versement d'un capital à un bénéficiaire déterminé, échappent à toute fiscalité.

§ 2 ■ La fiscalité des contrats entrant dans le champ d'application de l'article 757 B du Code général des impôts

4760. L'article 757 B du Code général des impôts, modifié par l'article 26-1 de la loi n° 91-1323 du 30 décembre 1991, prévoit que les sommes, rentes ou valeurs quelconques dues directement ou indirectement par un assureur, à raison du décès de l'assuré, donnent ouverture aux droits de mutation par décès suivant le degré de parenté existant entre le bénéficiaire à titre gratuit et l'assuré à concurrence de la fraction des primes versées après l'âge de 70 ans qui excède 30 500 €.

4761. Lorsque plusieurs contrats sont conclus par un même assuré, il est tenu compte de l'ensemble des primes versées par l'assuré après l'âge de 70 ans pour l'appréciation de la limite de 30 500 €. Ces dispositions s'appliquent aux contrats souscrits à compter du 20 novembre 1991. Les contrats souscrits avant le 20 novembre 1991 et qui donnent lieu, en cas de décès de l'assuré après le 2 janvier 1992, au versement d'un capital à un bénéficiaire déterminé, échappent à toute fiscalité.

§ 3 ■ L'instruction fiscale du 29 mai 1992 (n° 7 G-4-92)

4762. L'instruction fiscale du 29 mai 1992 précise les modalités d'application pratique du dispositif relatif à l'imposition des assurances en cas de décès. Ce dispositif, qui ne concerne que les contrats souscrits à compter du 20 novembre 1991, assujettit aux droits de mutation par décès la fraction des primes versées après le soixante-dixième anniversaire de l'assuré qui excède 30 500 €.

4763. Tous les contrats d'assurance en cas de décès ou en cas de vie demeurent dans le champ d'application de l'article 757 B du Code général des impôts, quelle que soit leur dénomination (mixte, temporaire, décès, vie entière...) et indépendamment de la qualité du bénéficiaire (personne physique ou personne morale). En revanche, les réversions de rente viagère entre parents en ligne directe et au profit du conjoint survivant continuent à bénéficier de l'exonération de droits de mutation à titre gratuit prévue à l'article 793-1-5° du Code général des impôts. Par ailleurs, lorsque l'assurance en cas de décès a été conclue sans désignation d'un bénéficiaire, le capital ou la rente garantis font partie du patrimoine ou de la succession de l'assuré.

Ce dispositif s'applique aux contrats souscrits à compter du 20 novembre 1991.

Dès lors, les sommes versées par un assureur dans le cadre de contrats souscrits avant cette date ne sont plus soumises aux droits de mutation à titre gratuit, quel que soit l'âge de l'assuré à la date de la conclusion du contrat ou du versement des primes.

4764. Cela étant, lorsque des modifications aux contrats souscrits avant le 20 novembre 1991 auront été apportées à compter de cette date, le régime fiscal des sommes versées par l'as-

sureur à la suite du décès de l'assuré sera fonction de l'importance de ces modifications par rapport aux stipulations du contrat :
- soit les nouvelles clauses ne modifient pas l'économie du contrat (changement de bénéficiaire, des modalités de versement du capital ou de la rente...). Dans ce cas, les sommes versées par l'assureur ne sont pas assujetties aux droits de mutation à titre gratuit ;
- soit les nouvelles clauses modifient l'économie du contrat (versement de nouvelles primes non prévues dans le contrat originel, transformation d'un contrat à prime unique en un contrat à primes multiples ou à versements libres, versement de primes disproportionnées par rapport à celles payées avant le 20 novembre 1991...). Dans cette hypothèse, le capital ou la rente payable au décès de l'assuré entre dans le champ d'application du nouveau dispositif dès lors que les modifications essentielles apportées au contrat originel, à compter du 20 novembre 1991, ne permettent plus de considérer qu'il s'agit d'un contrat souscrit avant cette date.

4765. Aux termes de l'article 26-1 de la loi de finances rectificative pour 1991, seule la fraction des primes versées après le soixante-dixième anniversaire de l'assuré qui excède 30 500 € est taxable aux droits de mutation par décès.
Cet abattement de 30 500 € est global, quel que soit le nombre de contrats et de bénéficiaires de ce ou ces contrats.
Lorsque plusieurs contrats sont conclus sur la tête d'un même assuré, il convient de retenir, pour la taxation aux droits de succession, les primes versées au titre de ces différents contrats après le soixante-dixième anniversaire de l'assuré.
L'abattement est donc appliqué en globalisant toutes les primes versées après le soixante-dixième anniversaire de l'assuré au titre des contrats souscrits sur sa tête par lui-même ou par des tiers.

4766. D'autre part, en cas de pluralité de bénéficiaires, l'abattement est réparti entre les bénéficiaires concernés au prorata de la part leur revenant dans les primes taxables au(x) terme(s) du ou des contrats.

4767. Lorsque des contrats sont souscrits en unités de compte (parts de sicav, de SCI...), il convient de retenir la valeur en euros des primes versées après le soixante-dixième anniversaire de l'assuré, au jour de leur paiement. Les rachats partiels effectués par les souscripteurs ainsi que les avances accordées par les assureurs et non remboursées au décès de l'assuré restent sans incidence sur la détermination de l'assiette de la taxation dans le dispositif de l'article 757 B du Code général des impôts.
Bien entendu, dans le cas où les capitaux versés par l'assureur sont inférieurs aux primes versées après le soixante-dixième anniversaire de l'assuré, l'assiette des droits est limitée aux capitaux versés aux bénéficiaires.

§ 4 ▪ L'instruction fiscale confrontée à la jurisprudence

4768. Le Tribunal de grande instance de Dijon s'est prononcé le 22 février 1999 sur les conséquences de cette instruction fiscale. Il s'agissait en l'espèce d'un contrat d'assurance vie conclu avant le 20 novembre 1991, à versements libres et ne comportant aucun échéancier imposant des versements réguliers. Le tribunal, constatant qu'aucune disposition n'est explicitement prévue concernant les contrats conclus antérieurement au 20 novembre 1991, affirme que le silence de la loi a pour conséquence l'absence de soumission aux droits de mutation à titre gratuit. Pour le tribunal, une instruction ministérielle ne saurait pallier le silence du législateur. En conséquence, les deux versements effectués en 1991 et 1993 ne sauraient être assimilés à la conclusion d'un nouveau contrat ; l'administration fiscale doit rembourser le montant du redressement fiscal effectué sur le fondement de l'instruction fiscale du 29 mai 1992 (TGI Dijon, 22 févr. 1999, n° 98-407, Vuillaume, RJF n° 3/1999, p. 33).

4769. Dans une autre affaire, la Cour d'appel de Douai s'est également prononcée en défaveur de l'instruction fiscale du 29 mai 1992. Dans cette affaire, le 30 août 1990, un assuré avait souscrit un contrat d'assurance vie à versements libres dans le cadre d'un PEP (Plan d'épargne populaire). Durant la période qui a précédé la date du 20 novembre 1991, il a versé, le 6 septembre 1990, une prime d'un montant de 160 000 F. Au cours de la période comprise entre le 20 novembre 1991 et la date de décès survenue le 1er avril 1994, il a ensuite versé 280 000 F le 28 juillet 1992, 10 000 F le 21 janvier 1993 et 150 000 F le 23 janvier 1993, soit globalement 440 000 F. À cette date, le plafond de versement de 600 000 F sur un PEP était atteint. Pour la cour d'appel, il n'est pas possible, dans ces conditions, de considérer que les versements intervenus après le 20 novembre 1991 seraient disproportionnés par rapport aux versements antérieurs, l'intention manifeste du défunt né le 18 mai 1904 ayant été de faire, compte tenu de son grand âge, des versements échelonnés peu nombreux et d'un montant relativement important afin d'atteindre le plafond dans les meilleurs délais, ce qui ne saurait lui être reproché. L'économie du contrat n'a en rien été modifiée. Le législateur n'a pas entendu remettre en cause le régime fiscal des contrats en cours dès lors que l'utilisation de ces contrats ne subissait pas de modification profonde avant et après l'entrée en vigueur du nouveau dispositif. En conséquence, la demande de la Direction des services fiscaux du Nord-Lille tendant à imposer les capitaux dans la succession du défunt doit être rejetée (CA Douai, 1re ch., 14 juin 1999, Direction des services fiscaux du Nord Lille c/ C.).

§ 5 ▪ L'instruction fiscale du 30 avril 2002 (n° 7 G-5-02)

4770. Tirant les conséquences de la jurisprudence précitée, une instruction administrative du 30 avril 2002 prévoit que désormais, le seul versement de nouvelles primes d'assurance non prévues dans le contrat originel ou le versement de primes disproportionnées par rapport à celles payées avant le 20 novembre 1991 ne peut plus être analysé comme une modification substantielle de l'économie du contrat de nature à supprimer l'antériorité du contrat pour la détermination du régime fiscal des nouvelles primes versées.

4771. Comme le versement de primes disproportionnées, la transformation d'un contrat à prime unique en contrat à primes multiples ou à versements libres après le 20 novembre 1991 ne peut plus, à elle seule, le faire tomber sous le coup de l'article 757 B du Code général des impôts.

4772. Il en résulte qu'un tel versement ne saurait à lui seul suffire à l'administration pour assujettir les sommes en cause aux droits de mutation à titre gratuit. Toutefois, l'administration fiscale conserve la possibilité de contester le bénéfice de l'antériorité du contrat dans certaines hypothèses comme la transformation d'un contrat à souscripteur unique en contrat à adhésion conjointe (Rép. Min. Q. n° 02373, JO Sénat 23 oct. 2003, p. 3152).

§ 6 ▪ Obligations déclaratives des bénéficiaires

4773. L'article 1er du décret du 21 mai 1992 portant application de l'article 757 B du Code général des impôts fixe les obligations des bénéficiaires. Aux termes de cet article, les bénéficiaires des contrats d'assurance en cas de vie ou en cas de décès souscrits à compter du 20 novembre 1991 ou assimilés doivent déclarer tous les contrats conclus sur la tête d'un même assuré en vertu desquels des primes ont été versées après son soixante-dixième anniversaire. Si le bénéficiaire du contrat a la qualité d'héritier, de légataire ou de donataire, ces indications doivent figurer sur la déclaration qu'il est appelé à souscrire en application des dispositions de l'article 800 du Code général des impôts pour l'ensemble des biens héréditaires qu'il recueille. Si le bénéficiaire du contrat n'est pas héritier, donataire ou légataire du défunt, il doit souscrire une déclaration de succession dans les conditions et délai de droit commun (ex. : bénéficiaire d'un contrat souscrit sur la tête d'un assuré marié sous le régime de la communauté universelle).

4774. La déclaration doit préciser, pour chaque contrat, le montant des primes versées après le soixante-dixième anniversaire de l'assuré. Les assureurs sont tenus de communiquer ces informations aux bénéficiaires qui en font la demande.

4775. S'agissant des successions pour lesquelles la déclaration a déjà été déposée, il appartient aux bénéficiaires de souscrire une déclaration complémentaire comportant les renseignements en cause, auprès de la recette des impôts qui a enregistré la déclaration principale, et d'acquitter le complément de droits éventuellement exigible.

§ 7 ▪ Obligations des assureurs

4776. L'article 2 du décret du 21 mai 1992 (CGI, Ann. II, art. 292 B nouveau) fixe les obligations des assureurs. Aux termes du II du nouvel article 292 B, les assureurs ne peuvent se libérer des sommes, rentes ou émoluments quelconques dus en cas de décès de l'assuré au titre des contrats en vertu desquels des primes ont été versées après le soixante-dixième anniversaire de l'assuré :
- qu'après avoir satisfait aux obligations édictées au I de l'article 292 B ;
- et que dans les conditions prévues au III de l'article 806 du Code général des impôts.

4777. Ce dispositif concerne les sociétés, compagnies d'assurance et tous autres assureurs français ou étrangers ou leurs représentants en France qui doivent verser des sommes, rentes ou valeurs quelconques à raison du décès de l'assuré en vertu de contrats au titre desquels des primes ont été acquittées après le soixante-dixième anniversaire de l'assuré.

4778. Aux termes de l'article 292 B-I du Code général des impôts, les assureurs qui doivent verser des sommes, rentes ou émoluments quelconques au titre des contrats souscrits à compter du 20 novembre 1991 en vertu desquels des primes ont été acquittées après le soixante-dixième anniversaire de l'assuré décédé, sont tenus dans les quarante-cinq jours qui suivent le jour où ils ont connaissance du décès de l'assuré sur la tête duquel un ou plusieurs contrats en cause ont été souscrits, d'adresser à la direction des services fiscaux du domicile de l'assuré, un document mentionnant :
- le nom ou la raison sociale et le domicile de l'assureur ;
- les nom, prénoms et domicile de l'assuré ainsi que la date de son décès ;
- les nom, prénoms et domicile du ou des bénéficiaires ;
- la date de souscription du ou des contrats ;
- le montant des primes versées après le soixante-dixième anniversaire de l'assuré pour chacun des contrats.

Les documents en cause sont établis sur des formules imprimées et délivrées sans frais par le service des impôts.

4779. Dans l'hypothèse où les assureurs ne disposent pas dans le délai de quarante-cinq jours de toutes les informations sur la qualité et le domicile des bénéficiaires, ils doivent déposer une déclaration provisoire en précisant au service que les informations manquantes lui seront transmises ultérieurement.

4780. Pour les autres hypothèses, selon l'article 806-III du Code général des impôts, les assureurs ne peuvent se libérer des sommes, rentes ou émoluments quelconques que :

- soit sur présentation par le bénéficiaire d'un certificat délivré sans frais par le comptable des impôts constatant l'acquittement ou la non-exigibilité de l'impôt de mutation par décès ;

- soit en versant, sur la demande écrite des bénéficiaires, tout ou partie des sommes dues par eux en l'acquit des droits de mutation à titre gratuit. Dans cette hypothèse, il convient de s'assurer que le montant des sommes taxables qui correspond aux primes versées après le soixante-dixième anniversaire de l'assuré, déduction faite de l'abattement de 30 500 €, figure bien dans la déclaration de succession ;

- soit lorsque les conditions prévues à l'article 806-III dernier alinéa du Code général des impôts sont réunies, sur la production d'un certificat délivré par le receveur des impôts compétent attestant le dépôt d'une déclaration contenant les références du ou des contrats ainsi que des renseignements énumérés à l'article 292 A de l'annexe II au Code général des impôts.

4781. Le receveur des impôts compétent pour délivrer les certificats susvisés est celui du bureau où la déclaration de succession doit être souscrite (CGI, art. 656).

Afin de ne pas retarder le règlement des indemnités aux bénéficiaires, le certificat d'acquit des droits est délivré, le cas échéant, au vu d'une déclaration de succession partielle ne comprenant que l'indemnité d'assurance, le paiement étant provisoirement limité aux droits dus sur la fraction taxable de cette indemnité.

§ 8 ▪ Non prise en compte des frais de gestion

4782. Les capitaux versés en raison du décès de l'assuré donnent ouverture aux droits de succession à concurrence de la fraction des seules primes versées après l'âge de 70 ans qui excède 30 500 €. L'assiette de la taxation est constituée par la fraction qui excède 30 500 €, sans déduction des frais de gestion afférents à ces primes (Rép. min., n° 3142, JOAN Q, 24 nov. 1997, p. 4217).

§ 9 ▪ Répartition de l'abattement

4783. L'abattement de 30 500 € précité est global et doit, en cas de pluralité de bénéficiaires, être réparti entre les bénéficiaires au prorata de la part leur revenant dans les capitaux taxables au terme du ou des contrats. Cette règle s'applique, quel que soit le lien de parenté existant entre l'assuré et les bénéficiaires, et même en l'absence d'un tel lien. Dans ces conditions et dans l'hypothèse envisagée (bénéficiaires un membre de la famille et la commune) l'abattement de 30 500 € doit être réparti pour moitié entre les deux bénéficiaires du contrat d'assurance, sans qu'il y ait à tenir compte de l'exonération de droits de mutation par décès dont bénéficie, par ailleurs, la commune en vertu des dispositions de l'article 794-I du Code général des impôts (Rép. min., JOAN Q, 16 juill. 2001, p. 4111).

§ 10 ■ Souscripteur différent de l'assuré

4784. Selon le ministre du Budget, la souscription d'un contrat d'assurance vie pour lequel l'assuré est une personne différente du souscripteur n'est pas en infraction avec les règles posées par le Code des assurances et le Code général des impôts. Elle ne saurait dès lors être, a priori, suspectée de fraude. En effet, de manière générale, les dispositions de l'article 757 B du Code général des impôts ne s'appliquent qu'à la seule fraction, qui excède 30 500 €, des primes acquittées après le soixante-dixième anniversaire de l'assuré dont le décès entraîne le versement du capital aux bénéficiaires. Toutes les primes doivent être prises en considération, quelles que soient les personnes qui ont effectué les versements, l'âge du souscripteur et celui de l'assuré lors de la souscription. Cela étant, l'administration fiscale est fondée à apporter la preuve qu'un contrat d'assurance recouvre, dans certaines situations, une donation indirecte qui doit être assujettie aux droits de mutation à titre gratuit. Tel peut être le cas lorsqu'un contrat est souscrit :

- par une personne sur la tête d'un assuré qui est également bénéficiaire du contrat en cas de vie à une date déterminée ;
- par une personne, au profit d'une autre personne qui est bénéficiaire du contrat en cas de vie de l'assuré au terme du contrat ;
- en adhésion conjointe avec un ou plusieurs souscripteurs dans la mesure où ceux-ci bénéficient directement ou indirectement des sommes investies.

4785. À cet égard, la dissociation de la personne du souscripteur de celle de l'assuré constitue un des éléments, parmi d'autres, susceptibles de constituer la preuve d'une donation indirecte (Rép. min., n° 5703, JOAN Q, 20 déc. 1993, p. 4608).

§ 11 ■ Capitaux inférieurs aux primes versées

4786. Une instruction fiscale du 23 janvier 2002 précise les règles relatives à l'assiette des droits de mutation par décès pour l'application de l'article 757 B du Code général des impôts lorsque les capitaux versés par l'assureur sont inférieurs aux primes versées après le soixante-dixième anniversaire de l'assuré. Selon cette instruction, les rachats partiels effectués par les souscripteurs ainsi que les avances accordées par les assureurs et non remboursées au décès de l'assuré restent sans incidence sur la détermination de l'assiette de la taxation dans le cadre du dispositif de l'article 757 B du Code général des impôts. Dans l'hypothèse où les capitaux versés par l'assureur sont inférieurs aux primes versées après le soixante-dixième anniversaire de l'assuré, la doctrine actuelle prévoit que l'assiette des droits est limitée aux capitaux versés aux bénéficiaires. Cet aménagement relatif aux règles d'assiette s'applique non seulement en raison de rachats partiels et d'avances non remboursées au décès de l'assuré mais aussi dans le cas d'une baisse de la valeur des unités de compte de référence s'agissant de contrats d'assurance dont la garantie est exprimée en unités de compte. Dans ces situations, il est rappelé que l'abattement de 30 500 € s'applique, dans les conditions de droit commun, au montant des capitaux versés (Instr. fisc. 23 janv. 2002, BOI, 7 G-2-02, n° 16).

Sous-section 3 ■ Article 990 I du Code général des impôts

§ 1 ■ Modalités de l'imposition

A ■ Prélèvement forfaitaire de 20 % au-delà de 152 500 euros

4787. Selon la loi de finances pour 1999 (CGI, art. 990 I), les sommes versées par les assureurs à la suite du décès de l'assuré sont assujetties à un prélèvement de 20 % après un abattement de 152 500 € par bénéficiaire. Pour les contrats comportant une valeur de rachat, l'imposition forfaitaire de 20 %, au-delà de l'abattement de 152 500 €, est calculée sur la valeur de rachat. Pour les autres contrats, l'imposition forfaitaire de 20 %, au-delà de l'abattement de 152 500 €, est calculée sur le montant des primes versées. Ce dispositif s'applique aux contrats souscrits à compter du 13 octobre 1998 et aux contrats en cours pour les primes versées à compter de cette date.

4788. Les contrats d'assurance de groupe, souscrits dans le cadre d'une activité professionnelle, échappent à ces nouvelles dispositions. Ces dispositions s'ajoutent à celles prévues à l'article 757 B du Code général des impôts (assujettissement aux droits de mutation pour la partie des primes excédant 30 500 €, versée après 70 ans).

4789. Pour les successions ouvertes à compter du 22 août 2007, certains bénéficiaires de contrats d'assurance sur la vie sont exonérés du prélèvement de 20 % normalement applicable au-delà de 152 500 €. Il s'agit du conjoint survivant, du partenaire pacsé et des frères et sœurs, célibataires, veufs, divorcés ou séparés de corps, à la double condition :
- qu'il soit, au moment de l'ouverture de la succession, âgé de plus de cinquante ans ou atteint d'une infirmité le mettant dans l'impossibilité de subvenir par son travail aux nécessités de l'existence ;
- qu'il ait été constamment domicilié avec le défunt pendant les cinq années ayant précédé le décès (CGI, art. 990 I mod. par L. n° 2007-1223, 21 août 2007, art. 8, XIV et XXII, JO, 22 août, p. 13945).

4790. L'article 11 de la loi n° 2011-900, dite Loi de finances rectificative pour 2011, du 29 juillet 2011 a modifié l'article 990-1 du Code général des impôts en instituant une tranche d'imposition forfaitaire de 25 %, sur les capitaux versés en cas de décès, au-delà d'un plafond.

B ■ Instauration d'un prélèvement au taux de 25 %

4791. Désormais le prélèvement, sur les capitaux décès, s'élève à 20 % pour la fraction de la part taxable de chaque bénéficiaire inférieure ou égale à la limite inférieure de la septième ligne de la première colonne du tableau I de l'article 777 du CGI, et à 25 % pour la fraction de la part taxable de chaque bénéficiaire excédant cette limite.
Ainsi, si le bénéficiaire désigné d'un contrat d'assurance vie doit recevoir une somme supérieure à 902 838 € (après soustraction de l'abattement de 152 500 €), il supporte, pour la partie du capital supérieure à ce montant, un prélèvement de 25 % et non plus de 20 %. Cette taxation s'applique pour les versements effectués par le souscripteur avant ses 70 ans (art.990 I CGI). Le régime de l'article 757 B du Code général des impôts relatif aux primes versées après 70 ans n'a pas été modifié.
Concrètement, le taux de 25 % s'applique au-delà de 1 055 338 €.

Lorsque le capital n'excède pas 152 500 € par bénéficiaire, aucune fiscalité n'est due au titre de l'article 990-1 CGI, lorsque les primes ont été versées avant 70 ans.Lorsque le capital revenant à chaque bénéficiaire est compris entre 152 500 € et 1 055 338 €, le prélèvement forfaitaire de 20 % s'applique sur le montant perçu par le bénéficiaire après déduction de 152 500 €. Lorsque le capital versé excède 1 055 338 €, le prélèvement est de 25 % au-delà de cette somme.

Exemple :
Capital versé au bénéficiaire égal à 1 400 000 €, le prélèvement forfaitaire sera de :
- 0 % jusqu'à 152 500 €
- 20 % de 152 500 € jusqu'à 1 055 338 €, soit sur 902 838 €.
- 25 % entre 1 055 338 € et 1 400 00 €.

C ▪ La fiscalité des contrats dénoués par décès à compter du 1er juillet 2014

4792. En application du nouvel article 990-I, modifié par la loi de finances rectificative n° 2013-1279 du 29 décembre 2013, lorsqu'ils n'entrent pas dans le champ d'application de l'article 757 B, les capitaux dus en cas de décès bénéficient d'un abattement fixe de 152 500 € par bénéficiaire. Au-delà de cet abattement, le prélèvement s'élève à 20 % pour la fraction de la part taxable de chaque bénéficiaire inférieure ou égale à 700 000 €, et à 31, 25 % pour la fraction de la part taxable de chaque bénéficiaire excédant cette limite.

4793. Nous pouvons constater que chaque bénéficiaire peut donc recevoir 152 500 euros sans fiscalité et que la partie des capitaux allant de 152 000 euros à 852 000 euros est soumise à un prélèvement de 20 %, la partie des capitaux supérieurs à 852 000 euros étant fiscalisée à 31, 25 %.

4794. Même si l'avantage fiscal est amoindri, il reste quand même particulièrement conséquent et extrêmement favorable, d'autant qu'il convient de le comparer aux droits de succession qui seraient perçus en l'absence d'assurance vie.

§ 2 ▪ Les contrats euro croissance

4795. Ces contrats, mis en place par la loi de finances rectificative pour 2013 n° 2013-1279 du 29 décembre 2013, peuvent être souscrits à compter du 1er janvier 2014 ou provenir de la transformation, entre le 1er janvier 2014 et le 1er janvier 2016, d'un contrat existant. Cette transformation n'entraîne pas les conséquences fiscales d'un dénouement.Ces contrats sont en partie investis en unités de compte et, à l'inverse des contrats en euros pour lesquels le souscripteur bénéficie d'une garantie du capital à tout moment, l'assuré dispose d'une garantie à terme en contrepartie d'une espérance de rendement, à priori, supérieure, telle qu'elle existe dans les engagements donnant lieu à la constitution d'une provision pour diversification. La création des contrats euro-croissance nécessite des modifications du Code des assurances qui seront prises par ordonnance dans le cadre d'une habilitation que le Gouvernement sollicitera.On rappellera que les produits des contrats d'assurance-vie sont soumis aux prélèvements sociaux lors du dénouement du contrat pour les supports en unités de compte. Pour les contrats euro croissance, la perception des prélèvements sociaux se fera au terme de la garantie. L'assiette des prélèvements sociaux sera égale à la différence entre la valeur de rachat des engagements au terme de la garantie et la somme des primes versées affectées à ces engagements nette des primes comprises, le cas échéant, dans des rachats partiels.

§ 3 ■ Les nouveaux contrats en unités de compte : contrats vie générations

A ■ Le rapport sur l'épargne financière

4796. Le rapport sur l'épargne financière et sur les besoins de financement de l'économie des députés Karine Berger et Dominique Lefebvre a été remis aux Ministres le 2 avril 2013. Ce rapport propose notamment d'organiser une réorientation des encours de l'assurance-vie en particulier vers le financement des entreprises, sans déstabiliser l'assurance vie.Il faut bien constater que les versements en assurance vie sont essentiellement orientés vers des supports en euros (85 % des montants investis sur les contrats en assurance-vie). L'objectif de la réforme fiscale de l'assurance vie est d'inciter fiscalement les assurés épargnants à orienter davantage leur épargne vers des supports en actions en privilégiant certains secteurs de l'économie. C'est ce que propose l'article 7 du projet de loi de finances rectificative pour 2013 qui aménage le régime fiscal de l'assurance vie en modifiant, en particulier, l'article 990-I du Code général des impôts.

B ■ Le communiqué du Conseil des Ministres du 13 novembre 2013

4797. La réforme de l'assurance-vie présentée dans le cadre du projet de loi de finances rectificative complète le chantier du financement de l'économie. Associée à la réforme de l'épargne réglementée déjà mise en œuvre, à la loi de séparation et de régulation des activités bancaires votée en juillet dernier, à la réforme du Code des assurances et au plan trésorerie, cette réforme doit permettre de mieux orienter la première source d'épargne financière des ménages au service de l'économie. Deux nouveaux produits seront créés à cet effet : d'abord, le contrat « euro croissance », destiné à constituer une nouvelle offre pour l'assurance-vie entre les fonds en euros et les unités de compte ; ensuite, un nouveau contrat en unités de compte visant à orienter de manière ciblée l'allocation des actifs vers des segments insuffisamment accompagnés par les investisseurs (PME, logement intermédiaire, économie sociale et solidaire). Ce faisant, le Gouvernement entend répondre aux attentes des assurés et aux besoins de financement de l'économie.

C ■ Les nouvelles dispositions

4798. La loi de finances rectificative pour 2013 n° 2013-1279 du 29 décembre 2013 modifie l'article 990-I du Code général des impôts afin de favoriser ces contrats « vie générations ». Ainsi, ces nouveaux contrats bénéficient d'un nouvel abattement proportionnel de 20 %, puis de l'abattement fixe de 152 500 euros. Au-delà de ces abattements, un prélèvement de 20 % est effectué sur la fraction de la part taxable de chaque bénéficiaire inférieure à 700 000 € et de 25 % (et non 31, 25 % qui devient le nouveau taux pour les autres contrats) sur la fraction de la part taxable de chaque bénéficiaire excédant cette limite.

4799. Les sommes qui bénéficient de l'abattement proportionnel de 20 % sont celles qui sont issues des contrats répondant à certains critères d'investissement, souscrits à compter du 1er janvier 2014, ou des contrats souscrits avant cette date et ayant subi entre le 1er janvier 2014 et le 1er janvier 2016, une transformation. Les sommes non affectées à des unités de compte et qui sont transférées feront l'objet d'une taxe de 0, 32 % payée par les entreprises d'assurances.

4800. Bénéficient de l'abattement proportionnel de 20 %, les sommes issues de ces contrats et investies au moins à hauteur de 33 % dans :
1° des titres et droits contribuant au financement du logement social ou intermédiaire selon des modalités définies par décret en Conseil d'Etat ;
2° ou des titres d'organismes de placement collectifs dont l'actif est constitué par :
a. des parts de fonds communs de placement à risques ou de fonds professionnels de capital investissement, de fonds communs de placement dans l'innovation, de fonds d'investissement de proximité et d'actions de sociétés de capital-risque ;
b. des actions ou parts émises par certaines Entreprises de Taille Intermédiaire ;
c. des actifs relevant de l'économie sociale et solidaire.

§ 4 ▪ Clause bénéficiaire démembrée

4801. Une instruction fiscale a précisé les conséquences fiscales d'un démembrement de la clause bénéficiaire pour l'application du prélèvement de 20 % et l'abattement de 152 500 €. L'assiette du prélèvement de 20 % prévu à l'article 990 I du Code général des impôts est constituée par les droits de l'usufruitier qui correspondent aux sommes, rentes ou valeurs dues. L'usufruitier est le seul redevable de la taxe de 20 % dès lors qu'il est le bénéficiaire exclusif du capital décès. À ce titre, il bénéficie de l'abattement de 152 500 €. Les nus-propriétaires n'en bénéficient pas. En revanche, lorsque les sommes, rentes ou valeurs sont versées, lors du dénouement du ou des contrats, à plusieurs usufruitiers désignés comme bénéficiaires, chacun d'entre eux bénéficie d'un abattement de 152 500 € (Instr. fisc., 12 janv. 2006, 7 K-1-06).

4802. L'instruction fiscale du 7 mars 2012 a précisé les modalités d'application des nouvelles dispositions issue de la loi de finances rectificatives pour 2011 (Inst. Fisc. 7 G-2-12 du 7 mars 2012, B.O.I, n° 33, 20 mars 2012).

4803. Ainsi, désormais il convient d'appliquer autant d'abattements qu'il y a de couples « usufruitier/nu-propriétaire ».En présence d'une pluralité de nus-propriétaires, chaque nu-propriétaire partage un abattement avec l'usufruitier en fonction des droits revenant à chacun en application du barème prévu à l'article 669 précité. Dans cette situation, l'usufruitier ne peut toutefois bénéficier au total que d'un abattement maximum de 152 500 € sur l'ensemble des capitaux décès reçus à raison de contrats d'assurance-vie du chef du décès d'un même assuré.

4804. Lorsque l'un des bénéficiaires mentionnés au contrat est exonéré (par exemple, conjoint survivant ou partenaire lié au défunt par un PACS), la fraction d'abattement non utilisée par le bénéficiaire exonéré ne bénéficie pas aux autres bénéficiaires désignés au contrat.

Exemple :
M. X est âgé de soixante-sept ans lorsqu'il souscrit en novembre 2010 un contrat d'assurance sur la vie rachetable ; les bénéficiaires désignés au contrat sont :
- pour l'usufruit son épouse Mme X (âgée de 73 ans au jour du décès) ;
- pour la nue-propriété, ses enfants Mme Y et Mme Z.

Une prime unique de 800 000 € est versée. M. X décède en septembre 2011. Le capital dû au bénéficiaire par l'organisme d'assurance, à raison du décès de l'assuré est de 1 200 000 €. La valeur de rachat est de 1 000 000 €.

Le contrat d'assurance ayant été souscrit après le 13 octobre 1998, les sommes dues aux bénéficiaires désignés au contrat n'entrent pas dans le champ d'application de l'article 757 B (prime versée avant le soixante-dixième anniversaire de l'assuré) mais dans celui de l'article 990 I.S'agissant d'un contrat rachetable, l'assiette du prélèvement est constituée par la valeur de rachat du contrat soit 1 000 000 €.

4805. Liquidation du prélèvement
Assiette du prélèvement : 1 000 000 €
Abattement :
- pour Mme X (usufruit à 30 %) : 2 x [152 500 € x 30 %] = 91 500 €.
- pour Mme Y (valeur de la nue-propriété 70 %) : 152 500 € x 70 % = 106 750 €
- pour Mme Z (valeur de la nue-propriété 70 %) : 152 500 € x 70 % = 106 750 €.

Montant du prélèvement dû :
- pour Mme X : aux termes du cinquième alinéa de l'article 990 I, le bénéficiaire n'est pas assujetti au prélèvement visé au premier alinéa de l'article précité notamment lorsqu'il est exonéré de droits de mutation à titre gratuit en application des dispositions de l'article 796-0 *bis*. Dans cette situation, la fraction d'abattement non utilisée ne bénéficie pas aux autres bénéficiaires désignés au contrat.
- pour Mme Y : somme soumise au prélèvement : ((1 000 000 € x 70 %) x ½) = 350 000 €.
Abattement disponible : 106 750 €.
Prélèvement dû : 243 250 € x 20 % = 48 650 €.
- pour Mme Z : somme soumise au prélèvement : ((1 000 000 € x 70 %) x ½) = 350 000 €.
Abattement disponible : 106 750 €.
Prélèvement dû : 243 250 € x 20 % = 48 650 €.

4806. Par ailleurs, l'instruction fiscale du 7 mars 2012 (Inst. Fisc. 7 G-2-12 du 7 mars 2012, B.O.I, n° 33, 20 mars 2012) précise que si l'usufruitier ou le nu-propriétaire sont également bénéficiaires d'autres contrats d'assurance-vie souscrits par le même assuré, ils ne pourront bénéficier chacun que d'un abattement maximum de 152 500 € sur l'ensemble des capitaux décès, incluant leur quote-part de l'abattement réparti selon le barème de l'article 669. Il en va de même lorsque les capitaux d'un même contrat sont répartis, d'une part, en pleine propriété, d'autre part, en démembrement de propriété.

§ 5 ▪ Paiement du prélèvement de 20 %

4807. Le bénéficiaire doit produire auprès des assureurs une attestation sur l'honneur indiquant le montant des abattements déjà appliqués en raison des sommes reçues d'un ou plusieurs assureurs, à la suite du décès de l'assuré. Cette attestation n'est pas requise lorsque le montant de la prime annuelle ou de la prime versée à la conclusion d'un contrat à prime unique n'excède pas 305 € (Instr. fisc., 13 févr. 2002, BOI 7 K-1-02). Le prélèvement de 20 % dû par le bénéficiaire est effectué par les assureurs et versé au comptable des impôts dans les quinze jours qui suivent la fin du mois au cours duquel les sommes ont été versées aux bénéficiaires.

§ 6 ▪ Obligations déclaratives des assureurs (CGI, art. 806, IV)

4808. Selon l'article 806, IV du Code général des impôts, les assureurs ne peuvent verser les sommes dues qu'après avoir déclaré à l'administration fiscale :
- leur nom ou leur raison sociale et leur domiciliation ;

- les noms, prénoms et domicile de l'assuré ainsi que la date de son décès ;
- les noms, prénoms et domicile du ou des bénéficiaire(s) pour chaque contrat ;
- la date de souscription du ou des contrat(s) et des avenants de nature à transformer l'économie de ces contrats ;
- les sommes dues au jour du décès de l'assuré au titre de chaque contrat rachetable et correspondant aux primes versées à compter du 13 octobre 1998 et après le soixante-dixième anniversaire de l'assuré ;
- le montant des primes versées à compter du 13 octobre 1998 et après le soixante-dixième anniversaire de l'assuré au titre de chaque contrat non rachetable ;
- en cas de pluralité de bénéficiaires, la fraction des sommes revenant à chacun d'entre eux.

§ 7 ■ Contrats souscrits auprès d'assureurs situés hors de France

4809. Lorsque des contrats sont souscrits auprès d'assureurs établis hors de France, les souscripteurs sont tenus de déclarer, en même temps que leur déclaration de revenus, les références du ou des contrats, les dates d'effet et de durée de ces contrats ainsi que les avenants et opérations de remboursement effectuées au cours de l'année civile (CGI, art. 1649 AA). Les souscripteurs qui ne se conforment pas à ces obligations sont passibles d'une amende égale à 25 % des versements effectués au titre des contrats non déclarés. Lorsque le souscripteur apporte la preuve que le Trésor n'a subi aucun préjudice, le taux de l'amende est ramené à 5 % et son montant plafonné à 1 500 € (CGI, art. 1766).

4810. L'article 11 de la première loi de finances rectificative pour 2011 (n° 2011-900 du 29 juillet 2011) insère un nouvel alinéa à l'article 990 I qui détermine le champ d'application du prélèvement, en fonction, à la date du décès, de la domiciliation fiscale du bénéficiaire ou de celle de l'assuré.

4811. L'instruction fiscale du 7 mars 2012 (Inst. Fisc. 7 G-2-12 du 7 mars 2012, B.O.I, n° 33, 20 mars 2012) a précisé les modalités d'application des nouvelles dispositions.

4812. Ainsi, désormais, le bénéficiaire est assujetti au prélèvement visé au premier alinéa de l'article 990 I, dès lors qu'il a au moment du décès son domicile fiscal en France au sens de l'article 4 B et qu'il l'a eu pendant au moins six années au cours des dix années précédant le décès, ou dès lors que l'assuré a, au moment du décès, son domicile fiscal en France au sens du même article 4 B.

4813. Il en résulte que le lieu de résidence du souscripteur au jour de l'adhésion au contrat est sans incidence sur le régime fiscal du contrat d'assurance-vie. Par suite, la doctrine administrative antérieure précisée dans le *bulletin officiel des impôts* référencé 7-K-1-00 du 7 janvier 2000 portant sur ce point est rapportée, et cela pour les sommes, rentes ou valeurs versées à raison des décès intervenus à compter de l'entrée en vigueur de la loi de finances rectificative pour 2011, soit le 31 juillet 2011 (cf. II de l'article 11 de cette loi).

§ 8 ■ Bénéficiaire invalide

4814. L'article 779 du Code général des impôts prévoit un abattement de 156 359 € sur la part de tout héritier, légataire ou donataire de l'assuré décédé, dès lors qu'il est incapable de travailler dans des conditions normales de rentabilité en raison d'une infirmité physique ou mentale, congénitale ou acquise. Cet abattement peut se cumuler avec celui applicable dans le cadre de l'assurance vie. En effet, le ministre de l'Économie, des Finances et de l'Industrie a précisé que l'abattement prévu au II de l'article 779 du Code général des impôts est susceptible de s'appliquer aux sommes reçues par un bénéficiaire non héritier, légataire ou donataire de l'assuré décédé, dès lors qu'il est incapable de travailler dans des conditions normales de rentabilité en raison d'une infirmité physique ou mentale, congénitale ou acquise (Rép. min., n° 22518, JOAN Q, 12 avr. 1999, p. 2208 ; BOI 7 G-4-99, 30 avr. 1999).

§ 9 ▪ Différé de paiement

4815. Une instruction fiscale précise les conditions d'application de l'article 990 I du Code général des impôts pour les contrats d'assurance prévoyant un différé de paiement du capital, en particulier les contrats de type « terme fixe ». Certains contrats d'assurance, en cas de décès, contiennent une clause prévoyant un différé de paiement du capital par l'assureur au bénéficiaire. Ce différé peut être de plusieurs années à compter du décès de l'assuré, le capital constitué à cette date continuant à produire des intérêts au cours du différé. L'existence, dans le contrat, d'une clause de différé de paiement, est sans incidence sur les conditions d'application des dispositions de l'article 990 I du Code général des impôts. En effet, dans cette situation, les règles relatives aux modalités de taxation du capital versé par l'assureur sont applicables, mutadis mutandis, au capital acquis par le bénéficiaire et dont le versement effectif est différé contractuellement. En conséquence, pour la détermination de la fraction rachetable des contrats, il convient de prendre en compte également les intérêts produits par le contrat entre la date du décès et la date du versement des sommes, rentes ou valeurs. Les règles concernant les obligations des assureurs fixées à l'article 806 IV du Code général des impôts s'appliquent, pour cette catégorie de contrats, dans les conditions suivantes :
- la déclaration des assureurs produite conformément aux dispositions de l'article 306-0F de l'annexe II du Code est effectuée à titre provisoire ;
- à l'arrivée du terme, les assureurs doivent produire, préalablement à la libération des sommes, rentes ou valeurs, une déclaration contenant les informations énumérées à l'article 806 IV du Code général des impôts (Instr. fisc., 8 juill. 2002, BOI 7 K-4-02, n° 119).

Section 5 ▪ Cadres fiscaux particuliers

Sous-section 1 ▪ Fiscalité des bons de capitalisation

§ 1 ▪ Fiscalité des bons de capitalisation nominatifs

4816. Les produits issus des bons de capitalisation sont soumis :
- à l'impôt sur le revenu ou, selon l'option de l'épargnant, au prélèvement libératoire ;
- aux prélèvements sociaux.

Les produits issus des bons de capitalisation sont imposés par intégration dans le revenu de l'épargnant sauf si ce dernier opte pour le prélèvement libératoire.

4817. Le taux du prélèvement libératoire varie selon la durée du contrat :
- 35 % si la durée du contrat a été inférieure à 4 ans ;
- 15 % si la durée du contrat a été égale ou supérieure à 4 ans mais inférieure à 8 ans ;
- 7,5 % si la durée du contrat est d'au moins 8 ans, sauf si le contrat est principalement investi en actions.

4818. La loi de finances pour 1997 a modifié le régime fiscal des bons souscrits à compter du 1er janvier 1998. Depuis cette date, la fiscalité, lorsque le porteur du bon déclare son identité, n'est applicable qu'à la double condition, que le souscripteur, et s'il est différent, le bénéficiaire, aient communiqué lors de la souscription leur identité à l'administration fiscale, et que le bon ou contrat n'ait pas été cédé.

4819. Une instruction fiscale du 27 mai 1998 a commenté ce régime (instr. fisc. 51-4-98, BOI n° 105, 5 juin 1998). Pour les bons ou contrats émis à compter du 1er janvier 1998, le bénéfice du régime fiscal de droit commun est subordonné au respect de deux conditions cumulatives :
- le souscripteur et la personne nominativement désignée, si elle est différente, doivent exercer l'option pour le régime du nominatif lors de la souscription ;
- et ne pas céder à titre onéreux ces bons ou contrats avant leur remboursement.

4820. L'option pour le nominatif est subordonnée à la condition que le souscripteur et la personne nominativement désignée initialement, si elle est différente, autorisent l'établissement, auprès duquel les bons ou contrats sont souscrits, à communiquer leur identité et leur domicile fiscal à l'administration fiscale.
Lorsque le souscripteur et la personne nominativement désignée initialement, si elle est différente, n'autorisent pas l'établissement à communiquer leur identité et leur domicile fiscal à l'administration fiscale, le régime de l'anonymat s'applique même si le souscripteur, ou la personne initialement désignée, souhaite lever l'anonymat lors du remboursement.
Lorsque la personne qui se présente au remboursement n'est pas le souscripteur ou la personne initialement désignée, les bons ou contrats sont soumis au régime de l'anonymat quelle que soit l'option exercée lors de la souscription. Dans cette hypothèse, les bons ou contrats sont présumés avoir fait l'objet d'une cession à titre onéreux au profit de la personne qui se présente au guichet.

§ 2 ▪ Prélèvements sociaux sur les bons de capitalisation nominatifs

A ▪ Instauration des prélèvements

4821. L'article 2 de la loi de finances rectificatives pour 2012 porte de 3,4 % à 5,4 % les prélèvements sociaux prévus à l'article L. 245-16 du Code de la sécurité sociale.

4822. Ainsi, cet article dispose désormais que le taux des prélèvements sociaux mentionnés aux articles L. 245-14 et L. 245-15 est fixé à 5,4 %.

4823. La date prévue d'entrée en vigueur de ce nouveau taux est fixée au 1er juillet 2012.

4824. En conséquence, le montant total des prélèvements (CSG, CRDS, prélèvements sociaux et contribution additionnelle) est, à compter du 1er juillet 2012, de 15,5 % dont :
- 8,2 % de CSG ;
- 0,5 % de CRDS ;
- 5,4 % de prélèvement social ;
- 1,4 % de contribution additionnelle dont 1, 1 % de contribution pour le revenu de solidarité active.

B ■ Contribution au revenu de solidarité active

4825. Comme indiqué précédemment, la loi n° 2008-1249 du 1er décembre 2008 généralise le revenu de solidarité active (RSA), expérimenté par une trentaine de départements depuis 2007. Cette généralisation a pris effet au 1er juin 2009. Depuis cette date, le RSA remplace le revenu minimum d'insertion (RMI) et l'allocation de parent isolé (API). Le revenu de solidarité active a pour objet d'assurer à ses bénéficiaires des moyens convenables d'existence, afin de lutter contre la pauvreté, encourager l'exercice ou le retour à une activité professionnelle et aider à l'insertion sociale des bénéficiaires. Le revenu de solidarité active remplace le revenu minimum d'insertion, l'allocation de parent isolé et les différents mécanismes d'intéressement à la reprise d'activité. Le RSA est financé par une contribution additionnelle de 1, 1 % aux contributions sociales sur les revenus du capital. Sont concernés l'ensemble des revenus d'épargne (assurance vie, dividendes, revenus fonciers, plus-values), à l'exception du livret A, du livret développement durable (ex-codevi), du livret jeune et du livret d'épargne populaire. Cette nouvelle recette alimentera intégralement le Fonds national des solidarités actives dont la mission est d'équilibrer recettes et dépenses du RSA.

C ■ Époque du prélèvement

4826. Pour les contrats et bons de capitalisation en euros, ces prélèvements sont effectués annuellement sur les produits inscrits en compte au titre de l'année.

Pour les contrats et bons de capitalisation en unités de compte, les prélèvements s'appliquent sur les produits réalisés au moment du rachat ou au moment du dénouement du contrat.

§ 3 ■ Bons de capitalisation et ISF

4827. Les bons de capitalisation non anonymes doivent être déclarés pour leur valeur nominale dans l'assiette de l'ISF.

Les créances dues au défunt au moment de son décès doivent être incluses dans l'assiette des droits de succession (CGI, art. 760). Elles sont imposables, quelle que soit leur date d'échéance, sur leur montant nominal majoré de tous les intérêts échus et non encore payés au décès, ainsi que de ceux courus à la même date. Cette règle d'évaluation s'applique aux bons de capitalisation. S'agissant de l'impôt de solidarité sur la fortune, il est admis que les bons de capitalisation, lorsqu'ils ne sont pas anonymes, soient déclarés pour leur seule valeur nominale, à l'exclusion des intérêts courus ou non encaissés au 1er janvier de l'année d'imposition (Rép. min., n° 2372, JO Sénat Q, 24 oct. 2002, p. 2475).

§ 4 ■ La fiscalité des bons de capitalisation anonymes

4828. Lorsque le porteur désire conserver l'anonymat, l'organisme gestionnaire doit procéder à un prélèvement libératoire tant sur le capital que sur les plus-values. Le taux de prélèvement libératoire est de 60 % sur les produits, auquel s'ajoute un prélèvement de 2 % du capital par 1er janvier écoulé entre la souscription et la date de retrait des capitaux. À ces taux, il convient d'ajouter les prélèvements sociaux, au taux de 15, 5 %, applicables sur les produits.

Sous-section 2 ■ Contrats « rente-survie » et « épargne handicap »

§ 1 ■ Définition des contrats « rente-survie » et « épargne handicap »

4829. Les contrats d'assurance en cas de décès (dit « rente-survie ») garantissent le versement d'un capital ou d'une rente viagère à un enfant de l'assuré atteint d'une infirmité qui l'empêche :

- soit de se livrer, dans des conditions normales de rentabilité, à une activité professionnelle ;
- soit, s'il est âgé de moins de dix-huit ans, d'acquérir une instruction ou une formation professionnelle d'un niveau normal.

4830. Le bénéfice de la réduction d'impôt a été étendu aux contrats de « rente-survie » souscrits, non seulement au profit de l'enfant handicapé, mais également de tout parent handicapé en ligne directe ou collatérale jusqu'au troisième degré de l'assuré et de toute personne handicapée réputée à sa charge (CGI, art. 199 septies, I, 1°). Une personne est considérée comme étant à la charge du contribuable dès lors qu'elle vit sous son toit, sans lien de parenté obligatoire et qu'elle est titulaire de la carte d'invalidité (CGI, art. 196 A bis ; CASF, art. L. 241-3).

4831. Les contrats « épargne handicap » garantissent le versement d'un capital ou d'une rente viagère à l'assuré atteint lors de la conclusion du contrat, d'une infirmité qui l'empêche de se livrer, dans des conditions normales de rentabilité à une activité professionnelle.

§ 2 ■ Montant de la réduction d'impôt

4832. Pour les contrats « épargne handicap » et « rente-survie », la réduction est de 25 % de la prime dans la limite d'un plafond de 1 070 €, majoré de 230 € par enfant à charge. La réduction d'impôt relative à la souscription d'un contrat d'épargne-handicap est désormais calculée sur le montant des primes effectivement versées, à l'instar de la situation applicable aux contrats de rente-survie, et non plus sur la fraction représentative de l'opération d'épargne (CGI, art. 199 septies, I, 2°).

4833. Pour les deux types de contrats, « rente-survie » et « épargne-handicap », le montant limite des primes à retenir pour le calcul de la réduction d'impôt passe de 1 070 € à 1 525 €. Le montant de la majoration par enfant à charge, initialement égal à 230 €, est porté à 300 €.

Sous-titre 2
La garantie des maladies et atteintes corporelles

Chapitre 1
L'assurance santé

BIBLIOGRAPHIE

L'Argus de l'assurance

Ouvrages. – L. Chrébor, J. Jacotot, *Comprendre et conseiller la prévoyance collective*, L'Argus éd., 2014. –J. Landel, *Lexique des termes d'assurance*, L'Argus éd., 2014. – F. Couilbault, S. Couilbault- Di Tommaso, V. Huberty, *Les grands principes de l'assurance*, L'Argus éd., 2015. – G. Bellocq, *La protection sociale dans l'entreprise*, L'Argus éd., 2004. – J. Bigot (sous dir.), *Code des assurances*, L'Argus éd., – Code de la mutualité, L'Argus éd., - R. Millot, A. Rudelle-Waternaux, E. Bocquaire, *Assurance de santé : acteurs et garanties*, L'Argus éd., 2012.

Revues. – F. Limoge, La complémentaire santé en plein maelstrom, L'Argus n° 7458, mai 2016. – G. Perrin, Dossier : Généralisation du tiers payant : un long fleuve intranquille, L'Argus 2016 – F. Limoge et L. Viel, Réforme de la complémentaire santé : les décrets sur les contrats responsables, l'ANI, l'ACS enfin précisés, L'Argus, 30 juin 2014. – Complémentaires santé, Cah. prat., L'Argus, n° 7367, 20 juin 2014.

4834. L'assurance complémentaire santé est une assurance ayant pour objet la prise en charge de tout ou partie des frais de santé. Le cadre réglementaire de cette assurance a été défini tant au niveau européen qu'au niveau national, avec notamment l'élaboration d'un cadre prudentiel commun aux différents acteurs normalisant ainsi les conditions de la concurrence (section 1). Il existe trois types d'organismes couvrant le risque santé : les sociétés d'assurance régies par le Code des assurances, les mutuelles régies par le Code de la mutualité et les institutions de prévoyance, régies par le Code de la Sécurité sociale. Historiquement, ces trois acteurs sont d'origine et d'esprit différents, mais la législation tend à les rapprocher. Un quatrième acteur intervient ; en matière de couverture d'assurance maladie complémentaire lorsqu'il s'agit de la Couverture Maladie Universelle (CMU) : les régimes obligatoires qui peuvent jouer, dans ce cas particulier, le rôle de complémentaire santé (section 2). Par opposition au caractère obligatoire de la Sécurité sociale, l'assurance complémentaire santé était volontaire pour les souscripteurs qui étaient libres de souscrire. Toutefois, pour les salariés, la complémentaire santé a été rendue obligatoire au 1er janvier 2016 (v. infra). De ce fait, selon que le contrat est facultatif ou obligatoire, il obéit à des règles différentes (section 3).

Section 1 ■ Les règles applicables à l'assurance complémentaire santé

§ 1 ■ Directives européennes

4835. Une normalisation des conditions de la concurrence entre les différents organismes assureurs a été rendue possible par l'adoption de plusieurs directives européennes (dir. n° 92/49 et n° 92/86 des 18 juin et 10 nov. 1992). Celles-ci contribuent à l'émergence d'un marché unique en réaffirmant le principe de liberté d'établissement et de prestation de services pour le marché de l'assurance. Leur transposition en droit français a été longue : modification du Code des assurances par la loi n° 94-5 du 4 janvier 1994 (JO 5 janv.) et du Code de la Sécurité sociale par la loi n° 94-678 du 8 août 1994 (JO 10 août). Enfin, la transposition dans le Code de la mutualité a été réalisée par l'ordonnance n° 2001-350 du 19 avril 2001 (JO 22 avr.). La question de l'offre de soins en Europe est relancée, au-delà des complémentaires santé, par la proposition de directive relative à l'application des droits des patients en matière de santé transfrontaliers (2 juill. 2008 COM(2008) 214 final) qui vise à permettre le remboursement par les systèmes de sécurité sociale nationaux de soins réalisés dans un autre pays de l'Union européenne. Toutefois, après un vote favorable par le parlement européen le 23 avril 2009, le conseil des ministres de la santé de l'Union européenne n'est pas parvenu à un accord le 2 décembre 2009. L'adoption de la directive est donc repoussée.

§ 2 ■ Loi « Évin » et extension de la couverture santé aux salariés

4836. La loi n° 89-1009 du 31 décembre 1989 dite loi « Évin » (JO 2 janv.) a eu pour objet de renforcer les garanties offertes aux personnes assurées contre certains risques, énumérés par l'article 1 de la loi. Il s'agit « du risque décès ou des risques portant atteinte à l'intégrité physique de la personne ou liés à la maternité ou des risques d'incapacité de travail ou d'invalidité ou du risque chômage. » La loi s'applique aux entreprises d'assurance, aux institutions régies par le Code de la Sécurité sociale, aux mutuelles régies par le Code de la mutualité et à la mutualité sociale agricole. Les dispositions de la loi Évin sont différentes selon qu'il s'agit d'une assurance à adhésion obligatoire ou une assurance à adhésion facultative collective ou individuelle. Les principales règles édictées par la loi concernent :
- l'étendue des garanties (art. 2 et 3) : l'organisme assureur ne peut exclure, sauf dans certains cas, les suites d'états pathologiques antérieurs et certaines affections ou pathologies prises en charge par le régime général de Sécurité sociale ;
- la durée des garanties (art. 4 à 7) : l'assuré a droit au maintien de ses garanties ;
- le tarif (art. 6) : l'augmentation de la cotisation d'un assuré en raison de l'évolution de son état de santé est prohibée. Toute augmentation du tarif doit être uniforme pour l'ensemble des assurés souscrivant le même type de garanties ;
- l'information (art. 12, art. 15) : remise obligatoire de certains documents aux intéressés et renforcement du rôle du comité d'entreprise. L'organisme assureur est tenu de remettre à l'adhérent une notice détaillée définissant notamment les garanties prévues et leurs modalités d'application (C. assur., art. L. 141-4, CSS, art. L. 932-6, C. mut., art. L. 221-6). En cas de réduction des garanties, l'adhérent doit en être informé préalablement (ibid.).

4837. Dans l'accord national interprofessionnel (ANI) du 11 janvier 2013, il est acté que les branches ouvrent des négociations pour étendre les assurances complémentaires de santé. Cette obligation a été reprise à l'article 1er de la loi n° 2013-504 du 14 juin 2013 relative à la sécurisation de l'emploi (JO n° 0138 du 16 juin 2013 p. 9958). Ces dispositions sont prévues aux articles L. 911-7 et D. 911-1 et suivants du Code de la sécurité sociale. Tous les salariés doivent donc désormais bénéficier d'une couverture complémentaire santé, ce qui va accroître considérablement la place de l'assurance groupe.

§ 3 ▪ Loi « Madelin »

4838. La loi n° 94-126 du 11 février 1994 (JO 13 févr.) relative à l'initiative et à l'entreprise individuelle dite loi « Madelin », a permis aux personnes non salariées non agricoles de déduire de leur revenu imposable, outre les cotisations sociales obligatoires, celles afférentes à des régimes facultatifs mis en place par les caisses de Sécurité sociale, ainsi que les cotisations payées au titre de contrats d'assurance de groupe souscrits auprès d'organismes assureurs en vue de garantir des prestations de retraite, de prévoyance complémentaire et de perte d'emploi (art. 24, L. n° 94-126, 11 févr. 1994). Ce dispositif est réservé aux non salariés soumis aux bénéfices industriels et commerciaux (commerçants, artisans, industriels), aux membres des professions libérales soumis aux bénéfices non commerciaux et leurs associés, les gérants et associés imposables au titre de l'article 62 du Code général des impôts et les conjoints collaborateurs. Le contrat d'assurance groupe doit être souscrit par une association déclarée régie par la loi du 1er juillet 1901 (JO 2 juill.) comportant au moins 1 000 membres qui exercent une activité non salariée non agricole ou ont exercé cette activité et bénéficient à ce titre d'une pension de vieillesse. Pour ouvrir droit au bénéfice mis en place par la loi Madelin, les contrats doivent être souscrits en vue du versement de prestations de prévoyance et de santé complémentaires, d'indemnité en cas de perte d'emploi subie ou d'une retraite complémentaire garantissant un revenu viager (art. 41, L. n° 94-126, 11 févr. 1994). Les prestations prévues doivent être en nature, en versement de revenu de remplacement ou de rente. Enfin, « le versement des cotisations doit présenter un caractère régulier dans son montant et sa périodicité » (art. 41, L. n° 94-126, 11 févr. 1994). Un mécanisme de plafonnement du montant des cotisations déductibles est prévu (mécanisme analogue à celui applicable aux salariés par l'article 83 du Code général des impôts).

§ 4 ▪ Couverture maladie universelle

4839. La loi n° 99-641 du 27 juillet 1999 portant création de la couverture maladie universelle (CMU), a permis aux personnes résidentes en France de bénéficier des prestations maladie du régime général et, selon leurs ressources, d'une couverture complémentaire santé. Le titre I porte sur la CMU dite « de base » : « cette garantie s'exerce par l'affiliation des intéressés et le rattachement de leurs ayants droit à un (ou plusieurs) régime(s) obligatoire(s) » (art. 2, L. n° 99-641, 27 juill. 1999). Elle permet de bénéficier des prestations maladie du régime général pour les personnes résidentes en France de manière stable et qui n'ont pas droit aux prestations en nature de l'assurance maladie. Une cotisation doit être versée si les ressources des intéressés sont supérieures à un plafond fixé par décret.

4840. Le titre II de la loi traite spécifiquement des dispositions relatives à la couverture complémentaire. Seules les personnes dont les ressources sont inférieures à un plafond déterminé par décret bénéficient d'une prise en charge sans participation contributive (CSS, art. L. 861-3). Cette protection permet, outre la dispense d'avance de frais, une prise en charge d'un panier de biens et de services médicaux défini par la loi dans des limites fixées par arrêtés. Le financement de la CMU complémentaire est assuré par un établissement public national à caractère administratif dénommé « fonds de financement de la protection complémentaire de la couverture universelle du risque maladie » (CSS, art. L. 862-1). Ses dépenses y afférentes sont principalement constituées de versements aux organismes gestionnaires de la CMU complémentaire, le reste étant affecté aux dépenses administratives. Les recettes sont constituées d'une dotation publique et d'une contribution trimestrielle des organismes complémentaires (CSS, art. L. 862-4). Les bénéficiaires de la CMU complémentaire peuvent choisir entre différents prestataires (CSS, art. L. 861-4) : soit un organisme d'assurance maladie qui sert les prestations en nature de base (caisses du régime général, des professions indépendantes ou du régime agricole), soit un organisme complémentaire participant au dispositif (société d'assurance, institution de prévoyance ou mutuelle). Les organismes d'assurance maladie ne peuvent pas refuser la prise en charge (CSS, art. L. 861-6). Les organismes complémentaires souhaitant participer au dispositif doivent se déclarer auprès de l'autorité administrative.

Section 2 ▪ Parties au contrat en assurance complémentaire santé

§ 1 ▪ Bénéficiaires du contrat

4841. L'assurance complémentaire santé peut être souscrite dans le cadre d'un contrat collectif ou d'un contrat individuel. Le contrat collectif (ou assurance de groupe) est souscrit par une personne morale ou un chef d'entreprise en vue de l'adhésion d'un ensemble de personnes répondant à des conditions définies au contrat pour la couverture de certains risques dont le risque santé (C. assur., art. L. 141-1). Ainsi, une assurance de groupe met en place une relation tripartite : un souscripteur (la personne morale ou le chef d'entreprise) qui souscrit un contrat auprès d'un assureur (société d'assurance, mutuelle ou institution de prévoyance) au profit d'un groupe (salariés, cadres, non cadres, membres d'une association, ...). Les membres du groupe sont les bénéficiaires du contrat et ils doivent avoir un lien avec le souscripteur (contrat de travail, adhésion à une association, ...). Ces membres sont désignés par le terme « adhérent ». Le contrat individuel est souscrit par une personne physique, appelée souscripteur, directement auprès d'un assureur et à son profit. Le principal bénéficiaire en matière d'assurance complémentaire santé est l'adhérent dans le cadre d'une assurance de groupe et le souscripteur dans le cadre d'une assurance individuelle. Néanmoins, peuvent également être bénéficiaires du contrat, les membres de la famille du souscripteur ou de l'adhérent. Ce sont les assurés au titre du contrat.

A ▪ Souscripteur/adhérent

4842. Le contrat peut être souscrit par toute personne souhaitant garantir le remboursement de la part des dépenses de santé restant à sa charge après intervention du régime obligatoire. Il peut assurer l'essentiel de la prise en charge, notamment s'agissant de certaines prestations, tels les soins dentaires ou l'optique, voire son intégralité en cas de prestations hors nomenclature. Le contrat intervenant en complément d'un régime obligatoire de Sécurité sociale, le souscripteur ou l'adhérent (s'il s'agit d'un contrat collectif) doit être, au préalable, affilié à un tel régime. S'agissant du régime général, ce droit est ouvert dès l'âge de 16 ans. Le contrat peut donc être souscrit dès 16 ans à condition de respecter les règles légales relatives à la souscription d'un contrat d'assurance par un mineur (V. supra partie 2, Titre 1, Sous-titre I, Chap. I, Formation du contrat d'assurance).

B ▪ Assurés

4843. Le contrat d'assurance complémentaire santé couvre les assurés au sens de la Sécurité sociale. Il permet de couvrir, non seulement le souscripteur ou le membre participant à l'activité d'une personne morale souscriptrice du contrat, mais également les personnes à charge de son foyer, dès lors que le contrat le prévoit et que l'organisme assureur en a été informé. Sont ainsi couverts : le conjoint, le concubin ou la personne liée au souscripteur par un pacte civil de solidarité et les enfants à charge du souscripteur (ou de l'adhérent) ou de son conjoint, moyennant le paiement d'une cotisation supplémentaire.

4844. Tout comme l'organisme d'assurance maladie remet aux assurés sociaux un document attestant leur qualité d'assuré ou d'ayant droit leur permettant d'obtenir le versement des prestations maladie, l'organisme assureur délivre au souscripteur ou à l'adhérent une attestation de souscription qui peut prendre la forme d'une carte certifiant leur qualité d'assuré au titre du contrat et leur permettant éventuellement de bénéficier du système du tiers payant.

§ 2 ▪ Principaux organismes couvrant le risque santé

4845. La couverture complémentaire est largement diffusée auprès de la population française. En effet, seulement 7 % de la population déclare ne pas disposer de couverture complémentaire (Institut de recherche et documentation en économie de la santé, La complémentaire santé en France en 2006 : un accès qui reste inégalitaire, mai 2008, d'après Enquête Santé Protection Sociale 2006, www.irdes.fr). Plusieurs types d'organismes interviennent en complémentaire santé : d'une part, les organismes complémentaires regroupant des sociétés d'assurance, des mutuelles régies par le Code de la mutualité (appelées communément les mutuelles) et des institutions de prévoyance et d'autre part, les organismes d'assurance maladie à travers la couverture maladie universelle complémentaire (CMU complémentaire).

A ▪ Sociétés d'assurance

4846. Le principe général de séparation entre les activités « vie » et « non-vie » des sociétés d'assurance est nuancé en matière d'assurance santé (C. assur., art. L. 310-1). En effet, s'agissant des activités d'assurance de personnes, le cumul des activités « vie » et « non-vie » est permis pour les branches accident et maladie. La catégorie assurance de personnes, dont relève l'assurance complémentaire santé, a été consacrée par la loi n° 89-1009 du 31 décembre 1989, dont les dispositions figurent dans le Code des assurances. Certaines sociétés d'assurance ont, par ailleurs, reçu pour mission de gérer certains régimes obligatoires de Sécurité sociale.

4847. On rappellera ici (v. Titre 1, sous-titre, Chap. I, Les sociétés, mutuelles et institutions de prévoyance) que si l'on excepte la société européenne, il existe deux types de sociétés d'assurance : les sociétés anonymes et les sociétés d'assurances mutuelles (C. assur., art. L. 322-1). Les sociétés anonymes sont régies par les articles L. 210-1 et suivants du Code du commerce ainsi que par les articles R. 322-1 et suivants du Code des assurances. Les sociétés d'assurance mutuelles ont un objet non commercial. « Elles sont constituées pour assurer les risques apportés par leurs sociétaires » (C. assur., art. L. 322-26-1). « Les sociétés mutuelles d'assurance, les sociétés à forme tontinière et les sociétés ou caisse d'assurance et de réassurance mutuelles agricoles régies par l'article 1235 du Code rural sont des formes particulières des sociétés d'assurance mutuelles » (C. assur., art. L. 322-26).

B ▪ Mutuelles du Code de la mutualité

4848. La réforme du Code de la mutualité a eu lieu en 2001 par l'ordonnance n° 2001-350 du 19 avril 2001. Le Code de la mutualité traite du fonctionnement des mutuelles et de leurs organes de regroupement, les unions et les fédérations, et définit les rapports des mutuelles avec leurs adhérents et avec l'État et les collectivités publiques. Il instaure un principe de spécialisation des activités en séparant les activités d'assurance (Livre II) des activités d'action sociale (Livre III). En matière d'assurance complémentaire santé à adhésion facultative, le Code de la mutualité n'autorise une modulation des cotisations qu'en fonction du revenu, de la durée d'appartenance à la mutuelle, ou au régime d'assurance maladie, du lieu de résidence, du nombre d'ayants droit ou de l'âge des membres participants. En conséquence, les mutuelles ne peuvent pas déterminer les cotisations en fonction de l'état de santé des souscripteurs pour les opérations individuelles ou collectives à adhésion facultative.

1 ▪ Présentation des mutuelles et leur champ d'intervention

4849. Régies par le Code la mutualité, « les mutuelles sont des personnes morales de droit privé à non but lucratif » (C. mut., art. L. 111-1). Une union regroupe plusieurs mutuelles ou unions. Une union est dite « union de groupe mutualiste » lorsque ses statuts prévoient l'ouverture de cette union aux institutions de prévoyance ou aux sociétés d'assurance mutuelles relevant du Code des assurances ou à d'autres organismes d'assurance à forme mutuelle ou coopérative ou à gestion paritaire (C. mut., art. L. 111-4-1). Une fédération regroupe plusieurs mutuelles ou unions. Elle défend les intérêts de ses membres et facilite leurs activités. L'activité d'assurance des mutuelles est limitée à l'assurance de personnes. Certaines d'entre elles ont pour mission de gérer des régimes obligatoires de Sécurité sociale (C. mut., art. L. 112-3). Il s'agit, par exemple, de la mutuelle des fonctionnaires : la MGEN. Les mutuelles peuvent par ailleurs « mettre en œuvre une action sociale ou gérer des réalisations sanitaires, sociales ou mutuelles » (C. mut., art. L. 111-1, al. 4). Les fédérations ne pratiquent pas d'opérations d'assurance. Elles sont néanmoins autorisées à avoir des activités de réassurance.

2 ▪ Spécificités de leur mode de fonctionnement

4850. « Les membres participants d'une mutuelle sont les personnes physiques qui bénéficient des prestations de la mutuelle à laquelle elles ont adhéré et en ouvrent le droit à leurs ayants droit » (C. mut., art. L. 114-1). Les membres honoraires sont des personnes physiques qui versent une cotisation ou une contribution mais ne bénéficient pas des prestations. Les statuts définissent les règles de participation des membres au fonctionnement de la mutuelle. Chaque membre (ou chaque délégué) d'une mutuelle dispose d'une voix à l'assemblée générale. Cette assemblée détermine les montants ou les taux de cotisations et de prestations. Toutefois, elle peut confier tout ou partie de ses pouvoirs au conseil d'administration. « Cette délégation n'est valable que pour un an » (C. mut., art. L. 114-11). Élus en assemblée générale par les adhérents ou leurs délégués réunis (C. mut., art. L. 114-6), les administrateurs gèrent la mutuelle.

C ▪ Institutions de prévoyance

1 ▪ Présentation des institutions de prévoyance et de leur champ d'intervention

4851. Le Code de la Sécurité sociale régit les opérations des institutions de prévoyance (CSS, art. L. 931-1 et s.), anciennement dénommées institutions L. 4. Les institutions de prévoyance sont placées sous la tutelle du ministère en charge des Affaires sociales. Il s'agit de personnes morales de droit privé ayant un but non lucratif. Leur objet est limité aux risques liés à la personne humaine. Les institutions de prévoyance sont constituées à la suite de la conclusion d'un accord collectif ou d'une convention entre les membres adhérents (les entreprises ou leurs représentants) et les membres participants (les salariés ou leurs représentants). Ils existent trois types d'institutions de prévoyance (CSS, art. R. 931-1-3) :

1° - Les institutions professionnelles ont leur champ d'intervention qui s'étend à une branche professionnelle ou à une profession ;

2° - Lorsque le champ d'intervention porte sur une entreprise, c'est une institution d'entreprise ;

3° - Les institutions de prévoyance interprofessionnelles ont un champ d'intervention ouvert sur plusieurs branches professionnelles ou plusieurs entreprises. Elles sont constituées par la délibération concordante des représentants des entreprises adhérentes et des représentants des membres participants.

2 ▪ Les spécificités de leur mode de fonctionnement

4852. Elles sont administrées paritairement par des membres adhérents et des membres participants (CSS, art. R. 931-3-1 et s.). Les administrateurs sont investis des pouvoirs les plus étendus pour gérer l'institution de prévoyance.

D ▪ Régimes obligatoires

1 ▪ Présentation des régimes de base et de leur champ d'intervention

4853. Les régimes de base (hors agricoles) sont régis par le Code de la Sécurité sociale et les régimes agricoles par le Code rural. L'assurance obligatoire agricole se décompose en deux régimes : celui des salariés agricoles et celui des exploitants agricoles (assurance maladie des exploitants agricoles ou AMEXA). Tous deux sont sous la tutelle du ministère chargé de l'agriculture. Le régime général de la Sécurité sociale est le principal organisme de Sécurité sociale devant le régime obligatoire d'assurance maladie des artisans, commerçants, industriels et des professions libérales ou assurance maladie des professions indépendantes (AMPI) et les régimes agricoles. Il existe, par ailleurs, des régimes dits « spéciaux » tels que les régimes des agents de la RATP, de la SNCF, des mines, etc. qui couvrent une population plus réduite. Les régimes de base assurent la couverture des charges de maladie, de maternité et de paternité ainsi que des charges de famille (CSS, art. L. 111-1). Ils interviennent au premier euro sur les risques rendus obligatoires tels que le risque maladie. Depuis la loi n° 99-641 du 27 juillet 1999 (JO 28 juill.) portant création de la couverture maladie universelle (CMU), ils participent à l'assurance maladie complémentaire.

2 ▪ Spécificités du mode de fonctionnement des régimes obligatoires non agricoles

4854. Le régime général de la Sécurité sociale est géré au plan national par la Caisse nationale d'assurance maladie des travailleurs salariés (CNAMTS) qui est un établissement public à caractère administratif (CSS, art. L. 221-2). Il jouit de la personnalité juridique et de l'autonomie financière. La CNAMTS est soumise au contrôle des autorités compétentes de l'État. Pour remplir ses missions, elle s'appuie localement sur les Caisses primaires d'assurance maladie (CPAM) qui assurent, dans leur circonscription, le service des prestations maladie (CSS, art. L. 211-1). Le régime d'assurance maladie des professions indépendantes est géré par une caisse nationale et par des caisses maladie régionales (CSS, art. L. 611-3).

4855. Depuis la réforme de la Sécurité sociale de 1996 (Ord. n° 96-344, 24 avr. 1996), une loi de financement de la Sécurité sociale est votée chaque année (CSS, art. 111-3) fixant, pour l'ensemble des régimes obligatoires de base, l'objectif national de dépenses d'assurance maladie. Les Caisses nationales signent une convention d'objectifs et de gestion avec l'État qui détermine les objectifs pluriannuels de gestion, les moyens de fonctionnement pour les atteindre et les actions mises en œuvre. Par ailleurs, il a été créé des unions régionales des caisses d'assurance maladie (URCAM) constituées des principaux régimes obligatoires (le régime général, le régime agricole, le régime des professions indépendantes). Elles ont pour mission d'élaborer et coordonner les politiques régionales et locales de gestion du risque de l'assurance maladie.

3 ▪ Spécificités du mode de fonctionnement des régimes obligatoires agricoles

4856. Le régime de base des salariés agricoles est géré exclusivement par les organismes de mutualité sociale agricole (MSA) qui comprennent les caisses départementales et pluridépartementales de mutualité sociale agricole et la caisse centrale de la mutualité sociale agricole. Le régime de base des exploitants agricoles est géré par la MSA et par la RAM-GAMEX qui regroupe les sociétés d'assurance. L'exploitant agricole a le libre choix de l'organisme gestionnaire de l'assurance obligatoire.

Section 3 ▪ Contrat en assurance complémentaire santé

§ 1 ▪ Modalités de souscription d'une assurance complémentaire santé

4857. Les garanties d'assurance maladie complémentaire peuvent être souscrites dans le cadre d'un contrat collectif ou d'un contrat individuel. En la matière, la loi « Évin » distingue l'adhésion à une opération collective obligatoire (art. 2 de la loi) de l'adhésion à une opération collective facultative et individuelle (art. 3). Le contrat collectif à adhésion facultative et le contrat individuel sont traités dans une même section car ils se voient appliquer les mêmes règles.

A ▪ Adhésion à une assurance collective obligatoire

1 ▪ Mise en place du régime

a - Différentes modalités de mise en place

4858. L'adhésion à une assurance collective obligatoire est définie par l'article 2 de la loi « Évin » (préc.) : « lorsque les salariés sont garantis collectivement soit sur la base d'une convention ou d'un accord collectif, soit à la suite de la ratification à la majorité des intéressés d'un projet d'accord proposé par le chef d'entreprise, soit par décision unilatérale de l'employeur... ». La mise en place d'un contrat à adhésion obligatoire, au profit des salariés, peut donc être réalisée selon différentes procédures :

1° Par une convention ou un accord collectif, les dispositions s'imposent aux salariés concernés quel que soit le niveau de la négociation (interprofessionnelle, professionnelle de branche, d'entreprise, nationale, régionale...). Toutefois, en cas de négociation au niveau de l'entreprise, l'accord doit nécessairement être conclu entre l'employeur et les syndicats représentatifs dans l'entreprise (C. trav., art. L. 2221-1 et s.). En effet, les conventions conclues entre l'employeur et le comité d'entreprise ou les délégués du personnel, doivent être assimilées à une décision unilatérale du chef d'entreprise.

2° Par décision unilatérale, de l'employeur qui décide de mettre en place un régime pour l'ensemble de ses salariés ou une catégorie d'entre eux (identifiée selon des critères objectifs tels que l'appartenance à une catégorie professionnelle, la référence à un niveau hiérarchique ou de rémunération, une condition d'ancienneté, ...) et de rendre obligatoire l'adhésion au contrat. Néanmoins, si cette décision entraîne des obligations supplémentaires pour les salariés déjà présents dans l'entreprise, l'employeur doit requérir l'accord de chacun d'entre eux, comme pour toute modification du contrat de travail.

4859. Depuis l'accord national interprofessionnel (ANI) du 11 janvier 2013, il avait été prévu que les branches ouvrent des négociations pour étendre les assurances complémentaires de santé. Cette obligation a été reprise à l'article 1er de la loi n° 2013-504 du 14 juin 2013 relative à la sécurisation de l'emploi (JO n° 0138 du 16 juin 2013 p. 9958). Cette adhésion obligatoire est prévue aux articles L. 911-7 et D. 911-1 et suivants du Code de la sécurité sociale. Tous les salariés doivent donc désormais bénéficier d'une couverture complémentaire santé ; leur employeur n'est obligé par la loi à ne prendre en charge que la moitié du coût de cette assurance (CSS, art. L. 911-7, III).

b - Faculté pour un salarié de refuser l'adhésion à une assurance collective obligatoire

4860. Les salariés ont-ils la faculté de refuser d'adhérer ? La réponse varie selon que le salarié est entré dans le groupe antérieurement ou postérieurement à la mise en place du contrat d'assurance. Si le salarié est entré dans le groupe postérieurement à la souscription du contrat d'assurance, il est contraint d'y adhérer dans la mesure où, lors de son entrée, il connaît l'existence du contrat obligatoire qui fait partie des conditions d'embauche. Ainsi, en entrant dans le groupe, il adhère automatiquement au contrat. S'il refuse d'adhérer, il doit renoncer à intégrer le groupe et, dès lors, à s'engager contractuellement avec le souscripteur. Il doit donc renoncer au contrat de travail. En revanche, si le salarié fait déjà partie du groupe lors de la mise en place du régime, il pourra refuser d'y adhérer dans le cas où la cotisation est en partie mise à sa charge et si le régime est mis en place par décision unilatérale de l'employeur. En effet, en application de l'article 11 de la loi « Évin » (préc.), aucun salarié employé dans une entreprise avant la mise en place d'une assurance par décision unilatérale de l'employeur, « ne peut être contraint à cotiser contre son gré à ce système » (Soc., 4 janv. 1996, n° 92-41.885).

4861. Depuis la généralisation de la complémentaire santé à tous les salariés par la loi du 14 juin 2013 (préc.), l'article L. 911-7, III du Code de la sécurité sociale prévoit la possibilité d'exceptions. L'article D. 911-2 du Code de la sécurité sociale établit la liste des situations dans lesquelles le salarié dispose déjà d'une couverture. L'article D. 911-3 autorise le salarié déjà couvert par l'assurance complémentaire santé de son conjoint à ne pas adhérer à celle de son employeur.

2 ▪ Information de l'adhérent

4862. Les adhérents à un contrat d'assurance collective bénéficient d'un régime de protection spécifique justifié par le fait qu'ils ne sont pas partie au contrat d'assurance et qu'ils ne peuvent donc pas en discuter les termes. Les adhérents devant connaître précisément l'étendue de leurs droits et obligations, les articles 12 et 15 de la loi « Évin » (préc.) ont mis en place diverses obligations d'information et de conseil à la charge de l'organisme assureur et du souscripteur.

a - Information due par l'organisme assureur

4863. Le législateur a imposé à l'assureur d'établir une notice qui définit les garanties et leurs modalités d'entrée en vigueur ainsi que les formalités à accomplir en cas de réalisation du risque (C. assur., art. L. 141-4 ; CSS, art. L. 932-6 ; C. mut., art. L. 221-6). Cette notice d'information est primordiale puisque seules les dispositions qui y figurent sont opposables aux adhérents. Par exemple, une limitation de garantie prévue aux conditions générales de la police mais non mentionnée dans le bulletin d'adhésion est inopposable à l'adhérent (Civ. 1re, 26 nov. 1996, n° 94-16.650, RCA 1997, comm. n° 68). La Cour de cassation rappelle d'ailleurs régulièrement ce principe : « la garantie dont peut se prévaloir l'adhérent d'un contrat d'assurance de groupe est celle que définissent les documents qui lui ont été remis lors de son adhésion. ». En l'espèce, l'assureur invoquait une condition d'âge à laquelle la garantie était subordonnée mais n'étant pas indiquée dans la notice, elle ne pouvait donc pas être opposée à l'adhérent (Civ. 2e, 18 mars 2004, n° 00-11.273, RGDA 2004. 485 ; Civ. 1re, 23 juin 1998, n° 96-11.239, RGDA 1998. 761 ; Civ. 1re, 6 juin 2000, n° 97-19.683 ; Civ. 1re, 30 janv. 2002, n° 00-21.195). L'action engagée contre l'assureur en raison du manquement à son obligation d'information est de nature précontractuelle et ne découle pas du contrat d'assurance. Par conséquent, la prescription biennale ne joue donc pas (Civ. 1re, 30 janv. 2001, n° 98-18.145, D. 2001, IR, 672).

4864. La notice d'information est un résumé fidèle et complet des principales dispositions du contrat, son contenu est déterminé par la loi. La notice doit définir « les garanties et leurs modalités d'entrée en vigueur ainsi que les formalités à accomplir en cas de sinistre » (C. assur., art. L. 141-4). Le Code de la Sécurité sociale et le Code de la mutualité précisent également que la notice doit indiquer « le contenu des clauses édictant des nullités, des déchéances ou des exclusions ou limitations de garanties ainsi que les délais de prescription » (CSS, art. L. 932-6, C. mut., art. L. 221-6). La loi prévoit aussi que l'établissement de la notice incombe à l'assureur et non au souscripteur qui est lui, tenu de remettre cette notice à l'adhérent (C. assur., art. L. 141-4 ; CSS, art. L. 932-6 ; C. mut., art. L. 221-6).

4865. Seules sont opposables à l'adhérent, les dispositions figurant dans la notice. Les droits et obligations de l'adhérent s'apprécient donc au regard de la notice et non du contrat (Civ. 1re, 27 févr. 1996, n° 93-14.685, D. 1996, IR, 77 ; Civ. 1re, 19 mai 1999, n° 97-12.700, RGDA 1999. 667). En effet, il résulte de l'article L. 141-4 du Code des assurances que la notice remise à l'adhérent doit définir de manière précise ses droits et obligations, que les clauses du contrat qui sont plus restrictives que celles de la notice lui sont inopposables et que, par suite, les stipulations du contrat d'assurance qui ne figurent pas sur la notice et ne peuvent fonder une limitation de l'indemnisation de l'adhérent (Civ. 1re, 23 juin 1998, n° 96-11.239, Bull. civ. I, n° 221). De même, viole les exigences légales la Cour d'appel ayant retenu une clause d'exclusion de garantie alors que la notice remise par le souscripteur aux adhérents invitait ceux-ci à se reporter au contrat initial pour en connaître l'exacte teneur (Civ. 1re, 20 déc. 1994, n° 93-10.867, RGAT 1995. 136). Est ainsi inopposable pour n'avoir pas été reproduite dans la notice, la clause supprimant la garantie incapacité totale de travail ou perte d'emploi après un licenciement pour les adhérents qui atteignent un certain âge (Civ. 2e, 18 mars 2004, n° 00-11.273, RGDA 2004. 485) ou conditionnant la mise en jeu de l'assurance à l'accomplissement de formalités spécifiques dans un délai déterminé (Civ. 1re, 16 juill. 1991, n° 90-12.193, RGAT 1992. 485). Les clauses de la notice considérées comme imprécises peuvent également être déclarées inopposables aux adhérents (Civ. 1re, 6 mai 1995, n° 83-11.024, RGAT 1995. 563). L'article L. 133-2 du Code de la consommation dispose que « les clauses des contrats proposés par les professionnels aux consommateurs ou aux non-professionnels doivent être présentées et rédigées de façon claire et compréhensible. Elles s'interprètent en cas de doute dans le sens le plus favorable au consommateur ou au non-professionnel. » Dès lors, viole ce texte la Cour d'appel qui déboute l'assuré alors qu'il résulte de ses énonciations que la clause définissant le risque était bien ambiguë de sorte qu'elle devait être interprétée dans le sens le plus favorable à l'assuré (Civ. 1re, 21 janv. 2003, n° 00-13.342, D. aff. 2003, p. 1154).

4866. L'organisme assureur est également tenu à un devoir de conseil qui porte sur « le cadre de l'opération d'assurance que l'assureur propose » (Civ. 1re, 2 juill. 2002, n° 99-14.765, RGDA 2002. 688). Il porte ainsi sur les clauses du contrat, leurs avantages, leurs inconvénients et leurs contraintes intrinsèques. Lorsque l'organisme assureur délivre des informations claires et précises sur la nature et les modalités du contrat souscrit, sa responsabilité n'est pas engagée. En cas de manquement à son devoir de conseil, l'organisme assureur sera sanctionné par l'inopposabilité de la clause défectueuse ou par l'allocation de dommages-intérêts fixés en fonction du préjudice (Civ. 1re, 28 nov. 2001, n° 99-16.677, RGDA 2002. 154). L'action ne dérive pas du contrat d'assurance mais de la période précontractuelle, elle bénéficie donc de la prescription de cinq ans. Pour se défendre, l'assureur devra apporter la preuve de la délivrance du conseil.

b - Information due par le souscripteur

4867. La loi indique expressément que le souscripteur du contrat d'assurance de groupe est tenu de remettre la notice à l'adhérent (C. assur., art. L. 141-4, CSS art. L. 932-6, C. mut., art. L. 221-6). En pratique, la notice doit être remise au plus tard au moment de l'adhésion (Civ. 1re, 30 mars 1994, n° 90-20.209, L'Argus 1995, n° 6418, supp. jur., p. 9). La preuve de cette remise incombe au souscripteur qui a donc tout intérêt à la remettre contre récépissé (Civ. 1re, 9 déc. 1992, n° 91-13.757, RGAT 1993. 332). D'autres moyens de preuve sont cependant admis. Par exemple, la notice figurant au dos du bulletin d'adhésion signé par l'adhérent a bien été reçue (Civ. 1re, 28 janv. 1981, n° 79-15.246, D. 1982, IR, 98). Cette preuve de la remise peut être apportée par tous moyens, l'apposition de la signature de l'adhérent sur la notice n'étant pas exigée (Civ. 1re, 28 avr. 1998, n° 96-10.001, RGDA 1998. 763).

4868. Le souscripteur est aussi tenu à un devoir d'information et de conseil mis à sa charge par la jurisprudence attachée à la protection des consommateurs. Il a l'obligation de ne pas induire en erreur l'adhérent en lui fournissant des informations erronées ou des interprétations inexactes des termes de la notice. En effet, le souscripteur est responsable des conséquences qui s'attachent à une information inexacte ayant induit l'assuré en erreur sur la nature, l'étendue ou le point de départ de ses droits (Civ. 1re, 10 juin 1986, n° 85-10.703, RGAT 1986. 420). De même, n'a pas satisfait à son devoir d'information, le souscripteur qui n'a pas dit à l'adhérent qu'il ne pouvait bénéficier de la garantie du fait de son âge (Civ. 1re, 20 juin 1979, n° 79-11.603, RGAT 1980. 222) ou qui n'informe pas l'adhérent des décisions de l'assureur (Civ. 1re, 22 févr. 1984, RGAT 1985. 278). À cela s'ajoute le devoir de conseil, plus difficile à définir, mais qui consiste à une obligation d'assistance de l'adhérent aux différents stades de l'opération d'assurance, que ce soit à l'adhésion ou par rapport aux garanties offertes par le contrat ou aux risques que l'adhérent à intérêt à couvrir, ainsi qu'en cas de sinistre sur notamment les formalités à respecter. Ce devoir de conseil n'est pas dû de la même façon à tous les adhérents : on tiendra compte de leurs qualités personnelles et professionnelles pour déterminer un éventuel manquement par le souscripteur à son devoir de conseil (Civ. 1re, 2 mars 1994, RGAT 1994. 594). Une information de l'adhérent est également prévue en cas de modification du contrat.

3 ▪ Sélection des risques

4869. En matière d'assurance collective obligatoire, l'assureur ne peut pas faire de sélection du risque et refuser de couvrir une partie des membres du groupe. Ainsi, pour la Cour de cassation, l'assureur qui exclut un salarié particulier d'une couverture à adhésion obligatoire, commet-il une faute (Civ. 1re, 13 févr. 2001, Bull. civ. I, n° 30). Aux termes de cet arrêt, l'article 2 de la loi « Évin » (préc.) est d'ordre public et institue un principe de non sélection individuelle des risques en matière de prévoyance et santé collectives obligatoires qui interdit à tout organisme assureur d'opérer une sélection médicale tendant à l'exclusion de certains salariés (ibid.). Ainsi, en matière d'assurance collective obligatoire, l'organisme assureur ne peut qu'accepter ou refuser de garantir le groupe dans sa globalité. S'il accepte, il demeure libre de fixer la tarification en fonction des risques déclarés. Cependant, dans un groupe, la compensation des risques couvre techniquement cette garantie.

4 ▪ Régime fiscal des cotisations et des prestations

a - Fiscalité des cotisations

4870. Les cotisations (ou primes) versées par l'employeur à des organismes assureurs dans le cadre d'une assurance complémentaire maladie au profit de ses salariés, constituent des formes indirectes de rémunérations. En tant que telles, elles doivent être prises en compte pour la détermination des bases d'imposition sur le revenu des personnes physiques. Néanmoins, la loi pose le principe de la déductibilité du montant net du revenu imposable des « cotisations ou primes versées aux régimes de prévoyance complémentaire auxquels le salarié est affilié à titre obligatoire » (CGI, art. 83, 1° quater) sous certaines conditions.

4871. Tout d'abord, l'article 83 1° quater du Code général des impôts ne concerne que les garanties complémentaires de celles attribuées au titre de la Sécurité sociale comme les frais de soins de santé. Ensuite, le régime doit être à adhésion obligatoire et concerner une ou plusieurs catégories de salariés dans l'entreprise. Enfin, les cotisations doivent comporter une participation de l'employeur qui peut représenter la totalité et doivent être fixées à un taux uniforme à l'égard de toutes les personnes appartenant à une même catégorie de personnel. Les salariés ayant adhéré à un contrat d'assurance complémentaire santé à adhésion obligatoire et sauf non respect des conditions énumérées ci-dessus, pourront donc déduire de leur impôt sur le revenu le montant des cotisations afférentes à ce contrat sous respect des plafonds imposés par la loi.

4872. La loi fixe un plafond de déductibilité qui tient compte des versements du salarié et de l'employeur et qui est égal à « 5 % du montant annuel du plafond mentionné à l'article L. 241-3 du Code de la Sécurité sociale et de 2 % de la rémunération annuelle brute, sans que le total ainsi obtenu puisse excéder 2 % de huit fois le montant annuel du plafond précité » (CGI, art. 83, 1° quater).

4873. Il est à noter que la souscription d'un contrat collectif à adhésion obligatoire par une entreprise comporte également des avantages pour celle-ci. La loi dispose que les sommes consacrées à la rémunération et à la protection sociale des salariés constituent des charges déductibles en vue du calcul de l'impôt sur les sociétés (CSS, art. L. 242-1). Sont ainsi fiscalement déductibles les cotisations de Sécurité sociale (tant pour leur part patronale que salariale) et les cotisations servant au financement des régimes de prévoyance et santé complémentaires.

b - Fiscalité des prestations

4874. Les prestations de type remboursement des frais médicaux versées au titre d'un régime de prévoyance constituent de simples remboursements de frais de soins de santé engagés par l'assuré. Elles ne sont donc pas un élément de la rémunération du salarié et n'entrent pas dans l'assiette de calcul de l'impôt sur le revenu des personnes physiques.

B ▪ Souscription d'une assurance individuelle ou l'adhésion à une assurance collective facultative

1 ▪ Définition

4875. La souscription d'un contrat d'assurance maladie complémentaire peut également reposer sur la libre décision des individus, lorsque la couverture est à adhésion facultative ou individuelle. C'est sur l'assuré que repose la décision de s'affilier ou non auprès d'un organisme assureur. L'assurance collective facultative ou individuelle est définie par le Code de la mutualité (art. L. 221-2) et le Code de la Sécurité sociale (art. L. 932-14) mais pas par le Code des assurances qui définit les assurances de groupe sans distinction entre l'adhésion obligatoire et l'adhésion facultative.

4876. L'opération individuelle peut être définie comme l'opération par laquelle une personne physique adhère à une mutuelle ou au règlement d'une institution de prévoyance ou conclut un contrat auprès d'une société d'assurance en vue de se couvrir contre un ou plusieurs risques. La personne n'agit alors plus en tant que salarié ou membre de la personne morale. Elle souscrit seule et directement un contrat auprès de l'organisme assureur.

4877. L'opération facultative est l'opération par laquelle, un employeur ou une personne morale souscrit un contrat collectif auprès d'une société d'assurance, d'une mutuelle ou d'une institution de prévoyance, au profit de ses salariés ou de ses membres qui adhèrent librement à ce contrat en vue de se couvrir contre un ou plusieurs risques. Un contrat collectif à adhésion facultative peut donc être souscrit par une entreprise qui propose alors aux salariés de s'affilier à un régime d'assurance de complémentaire santé qu'elle aura, au préalable, négocié avec un organisme assureur. Il peut également être souscrit par une personne morale qui permet à ses membres de bénéficier d'une couverture complémentaire au travers d'un contrat qu'elle aura souscrit avec un assureur, les membres étant libres de s'affilier ou non. La personne morale, par exemple, une association soumise à la loi de 1901 ou un syndicat professionnel, joue alors le rôle d'intermédiaire entre les assurés et l'assureur.

2 ▪ Information du souscripteur

4878. La loi prévoit, en matière d'assurance individuelle, une information précontractuelle du souscripteur d'un contrat d'assurance. L'organisme assureur régit par le Code des assurances est tenu de fournir une fiche d'information sur le prix et les garanties avant la conclusion du contrat (C. assur., art. L. 112-2). Cette fiche contient les caractéristiques essentielles du contrat avec une description complète de la garantie : nature de la garantie, exclusions, cotisation, plafonds et franchises. L'assureur doit également remettre à l'assuré un exemplaire du projet de contrat et de ses pièces annexes ou une notice d'information sur le contrat qui décrit précisément les garanties assorties des exclusions ainsi que les obligations de l'assuré (ibid.). La description des obligations de l'assuré s'entend non seulement de leurs objets (déclarer les aggravations, par exemple) mais aussi de leurs modalités (délai, formalités). La notice s'apparente de plus en plus aux conditions générales. Le degré de détail de la notice d'information doit être apprécié avec prudence par l'assureur. La notice d'information tout comme la fiche d'information prend place dans le processus d'information pré-contractuelle, leur remise ne doit donc pas être entendue comme marquant le consentement de l'assureur à garantir le risque. Elle manifeste l'exécution de son obligation légale d'information. Aucune sanction légale n'est prévue à l'encontre de l'assureur qui ne remet pas la fiche ou la notice d'information. Néanmoins, puisqu'elles relèvent du devoir d'information de l'assureur, la sanction peut être la nullité du contrat conclu par la suite si le défaut d'information génère un vice du consentement de l'assuré, ou la responsabilité contractuelle de l'assureur si le demandeur parvient à démontrer qu'il a subi un préjudice ayant un lien avec le défaut d'information. Le Code de la mutualité prévoit des dispositions similaires. Il impose à la mutuelle de remettre au membre participant (ou au futur membre participant), avant la conclusion du contrat, un bulletin d'adhésion, les statuts et règlements ou une fiche d'information sur le contrat qui décrit précisément leurs droits et obligations réciproques (C. mut., art. L. 221-4). Quant aux institutions de prévoyance, elles sont également soumises à une obligation d'information qui est celle prévue en matière d'assurance collective obligatoire (CSS, art. L. 932-18). S'agissant de l'information du souscripteur d'une assurance collective à adhésion facultative, les règles sont identiques à celles mises en place en matière d'assurance collective obligatoire. Une information du souscripteur est également prévue en cas de modification du contrat.

3 ▪ Sélection des risques

4879. L'assureur doit être en mesure d'opérer une sélection des risques et de ne pas retenir les risques qu'il considère comme inassurables. Contrairement aux opérations collectives obligatoires, l'antisélection des risques dans l'assurance individuelle et facultative n'est pas compensée à l'intérieur d'un groupe. L'outil essentiel pour l'assureur est le questionnaire rempli par l'assuré qui doit être le plus fermé et précis possible. Cette déclaration du risque peut entraîner des sanctions en cas d'erreur ou d'omission (C. assur., art. L. 113-8 et L. 113-9 ; CSS, art. L. 932-16 et L. 932-17 ; C. mut., art. L. 221-14 et art. L. 221-15).Néanmoins, en matière d'assurance complémentaire santé, le questionnaire médical est expressément prohibé par la loi lorsque l'assureur est une mutuelle régie par le Code de la mutualité. En effet, dans le cadre des opérations individuelles et collectives à adhésion facultative, et s'agissant de remboursements de frais occasionnés par une maladie, une maternité ou un accident, les mutuelles relevant du Code de la mutualité « ne peuvent en aucun cas recueillir des informations médicales auprès de leurs membres ou des personnes souhaitant bénéficier d'une couverture » (C. mut., art. L. 112-1 al. 2). Il est à noter que l'absence de questionnaire médical en matière d'assurance complémentaire santé est une condition préalable à l'exonération de la taxe sur les conventions d'assurance.

C ▪ Tarification

1 ▪ Évaluation du risque

a - Nature du risque

4880. Le cumul des différents postes de remboursement garantis constitue le risque santé. Ce risque est détaillé par postes élémentaires de remboursements auxquels correspondent une fréquence et un coût moyen. La fréquence est déduite des statistiques du régime de Sécurité sociale et de celles particulières de l'organisme assureur. Le coût du sinistre dépend de la nature des dépenses garanties et du taux d'indemnisation. Lorsque le taux correspond en tout ou partie au ticket modérateur (différence entre le tarif de base de la Sécurité sociale et le remboursement effectif par celle-ci et qui reste à la charge de l'assuré), le coût moyen peut être déterminé à partir des statistiques publiées par la Sécurité sociale. Si ce taux est plus élevé (par exemple, la prise en charge d'honoraires d'un médecin spécialiste), le coût moyen sera déterminé à partir des statistiques établies par l'assureur. Ces éléments permettent l'évaluation du coût du risque passé. Or, l'utilité de l'analyse du risque santé réside dans la détermination du coût des prestations pour les années futures et donc, dans l'évolution de ce risque. Pour cela, il faut également tenir compte des prévisions d'augmentation des tarifs conventionnels et des tarifs réellement pratiqués par les praticiens, ainsi que, de l'évolution des dépenses de santé et des taux de prise en charge par le régime de Sécurité sociale. L'ensemble de ces facteurs permet une détermination du risque à l'avenir.

b - Éléments composant le risque

4881. Les principaux éléments composant le risque santé sont : l'âge de l'assuré et la catégorie socioprofessionnelle. Le contrat peut contenir des tranches de tarification en fonction des tranches d'âge. L'accroissement de la consommation médicale, et donc du risque, allant souvent de pair avec le vieillissement de la population. D'autres facteurs interviennent comme le sexe ou la région de résidence de l'assuré.

2 ▪ Autres composants de la tarification

a - Coûts intermédiaires

4882. L'évaluation du montant de la cotisation tient compte de la fréquence et du coût moyen de survenance du risque. Il convient d'ajouter également les coûts de gestion de l'assureur et les frais liés à la commercialisation des contrats et au fonctionnement de l'organisme assureur. Ils sont habituellement exprimés en pourcentage de la cotisation.

b - Provision pour risques croissants

4883. Afin d'anticiper l'augmentation du coût du risque lié au vieillissement structurel d'un portefeuille que la composition du tarif ne permettra pas de compenser, l'assureur pourra calculer une provision pour risques croissants permettant de lisser le coût du risque à l'avenir en épargnant aujourd'hui une partie de la cotisation.

c - Exonération de la taxe sur les conventions d'assurance (TCA)

4884. La loi prévoit que toute convention d'assurance est soumise à une taxe annuelle obligatoire qui est retenue directement par l'assureur pour le compte du Trésor public (CGI, art. 991). Cette taxe est assise sur les cotisations versées par l'assuré à un taux variable selon la nature des garanties. En matière de garanties couvrant le risque maladie (frais médicaux et indemnités journalières), elle est de 7 % (CGI, art. 1001).

4885. Les opérations d'assurance réalisées par les institutions de prévoyance et les mutuelles régies par le Code de la mutualité étaient exonérées de cette taxe. Cette règle étant contraire au principe communautaire d'égalité face à la concurrence, la loi a institué une exonération générale pour les contrats couvrant le risque maladie quel que soit l'organisme assureur (société d'assurance, institution de prévoyance ou mutuelle) et quelle que soit la forme de l'adhésion (L. fin. rect. 2001, n° 2001-1276, 28 déc. 2001, art. 63, JO 29 déc.). Néanmoins, cette exonération est soumise à certaines conditions. En effet, pour les contrats facultatifs souscrits de manière individuelle ou collective couvrant le risque maladie, l'organisme assureur ne doit pas recueillir d'informations médicales auprès de l'assuré au titre de ce contrat ou des personnes souhaitant bénéficier de cette couverture et, les cotisations ne doivent pas être fixées en fonction de l'état de santé de l'assuré (CGI, art. 995, 15°). S'agissant des contrats portant sur le risque maladie souscrits de manière collective, les cotisations ne doivent pas être fixées en fonction de l'état de santé de l'assuré (CGI, art. 995, 16°).

§ 2 ▪ Vie du contrat

4886. Le contrat d'assurance complémentaire santé garantit toute altération de l'état de santé que la cause soit d'origine accidentelle ou pathologique. Il s'agit d'un contrat complémentaire d'un régime obligatoire de Sécurité sociale.

A ▪ Limites de garanties

1 ▪ Délais d'attente

4887. La prise d'effet des garanties peut être soumise à l'accomplissement de délais d'attente lors de la souscription. Cependant, le plus souvent, les assureurs prévoient une prise en charge immédiate en particulier pour les soins courants ou les formules de base correspondant au remboursement du ticket modérateur ou à la prise en charge de dépassements modérés.

2 ▪ Limites de garanties

4888. La pratique des exclusions de garanties tend à se réduire au profit de limitations de garanties telles que les séjours dans divers établissements psychiatriques ou spécialisés pour les personnes âgées. Ils peuvent également prévoir des plafonnements de garantie en limitant le remboursement annuellement ou pluri annuellement. Par exemple, certains contrats ne prévoient la prise en charge du coût des montures en optique qu'une fois tous les deux ans ou limitent le remboursement de soins dentaires à un plafond annuel.

B ▪ Événements contractuels

1 ▪ Paiement de la cotisation

4889. Comme pour l'assurance accidents corporels et contrairement à l'assurance vie, il existe au profit de l'assureur une action en paiement des cotisations en assurance complémentaire maladie. Le souscripteur, (qui peut être également l'employeur ou l'adhérent selon l'opération concernée), est tenu de s'acquitter des cotisations dues à l'organisme assureur.

4890. La procédure mise en place en cas de non paiement de la cotisation est fixée, selon l'organisme assureur, par le Code des assurances, le Code de la mutualité ou le Code de la Sécurité sociale, et est identique à celle appliquée dans le cadre d'autres opérations d'assurance : mise en demeure, suspension de la garantie et enfin résiliation (V. supra Partie 2, Titre 1, sous-titre III, chap. III, La cotisation). Cette procédure aux fins de paiement de la cotisation est alors applicable :
- soit à l'employeur dans le cadre d'une opération collective obligatoire, celui-ci acquittant

la cotisation et précomptant celle du salarié (C. assur., art. L. 141-3 ; CSS, art. L. 932-9 ; C. mut., art. L. 221-8) ;

- soit à l'adhérent ou au souscripteur, en ce qui concerne les opérations collectives à adhésion facultative ou les opérations individuelles (C. assur., art. L. 113-3 ; CSS, art. L. 932-22 II ; C. mut., art. L. 221-7 et L. 221-8).

4891. Le Code de la mutualité prévoit des dispositions particulières lorsque l'adhésion à la mutuelle résulte d'une obligation prévue dans une convention de branche ou un accord professionnel ou interprofessionnel régi par l'article L. 912-1 du Code de la Sécurité sociale. Dans cette hypothèse, « les statuts de la mutuelle peuvent prévoir les conditions dans lesquelles la mutuelle applique, à défaut de paiement de la cotisation dans les 10 jours de son échéance, les majorations de retard à la charge exclusive de l'employeur ou poursuit en justice l'exécution du contrat » (C. mut., art. L. 221-8 III).

2 ▪ Modifications du contrat

a - À l'initiative de l'assuré

4892. L'assuré doit déclarer à l'assureur, en cours de contrat, les circonstances nouvelles qui ont pour conséquence d'aggraver le risque ou d'en créer de nouveaux, comme par exemple, le changement de profession (C. assur., art. L. 113-2 ; CSS, art. L. 932-4, 3°). Depuis la loi « Évin » (préc.), l'organisme assureur doit distinguer les aggravations liées à l'état de santé de l'assuré des aggravations autres, telles que la naissance d'un enfant ou le changement de profession. En effet, l'article 6 alinéa 2 de ladite loi interdit à l'organisme assureur de résilier le contrat, de réduire les garanties ou encore d'augmenter les cotisations d'un assuré en raison de son état de santé. Cependant, la loi « Évin » (préc.) ne vise que les assurances complémentaires collectives facultatives et les assurances individuelles, la sélection individuelle en matière d'assurance collective obligatoire étant prohibée par l'article 2 de la même loi.

b - À l'initiative de l'organisme assureur

4893. En cas de modification d'une assurance complémentaire santé souscrite à titre individuel, un avenant constatant ces modifications doit être signé entre les parties au contrat (C. assur., art. L. 112-3). S'il s'agit d'une assurance de groupe, le souscripteur du contrat est tenu d'informer par écrit les adhérents qui peuvent alors dénoncer leur adhésion à condition qu'il ne s'agisse pas d'un contrat à adhésion obligatoire (C. assur., art. L. 141-4).

4894. Toute modification de garanties souscrites dans le cadre d'une opération individuelle doit être notifiée au membre participant pour lui être opposable. La signature d'un avenant n'est pas nécessaire (C. mut., art. L. 221-5). S'agissant d'une opération collective, les règles sont identiques à celles édictées par le Code des assurances : les modifications doivent être constatées par un avenant signé et le souscripteur est tenu d'informer chaque assuré en lui remettant une nouvelle notice d'information. Ces derniers ont alors la possibilité de dénoncer leur affiliation dans le délai d'un mois à compter de la remise de la notice, si leur adhésion est facultative (C. mut., art. L. 221-6).

4895. En matière d'adhésion obligatoire, les modifications doivent être constatées par un avenant signé par les parties au contrat (CSS, art. L. 932-3). S'agissant d'une adhésion collective facultative ou d'une adhésion individuelle, chaque assuré doit être informé par le souscripteur qui lui remet une notice. À compter de cette remise, l'assuré dispose d'un délai de 30 jours pour renoncer au contrat (CSS, art. L. 932-15).

3 ▪ Déclaration du sinistre et règlement des prestations

a - Déclaration du sinistre

4896. Les modalités de déclaration d'un sinistre sont précisées au contrat. Le Code des assurances fixe un délai minimum pouvant être exigé par les assureurs de 5 jours ouvrés à compter du moment où le souscripteur a eu connaissance de l'événement susceptible de mettre en jeu la garantie du contrat (C. assur., art. L. 113-2). Néanmoins, en pratique, peu de contrats d'assurance complémentaire santé reprennent cette disposition. La majorité mentionne qu'il convient d'envoyer dans les meilleurs délais, le ou les documents exigés par le contrat (décompte du régime de Sécurité sociale, solde de prise en charge établi par l'hôpital ou attestation indiquant la durée du séjour, ...). Habituellement, la preuve du soin est facilitée par les clauses du contrat qui subordonnent la garantie de l'assureur à une prise en charge par la Sécurité sociale, à une note d'honoraires ou à une facture de pharmacien.

4897. Il a été jugé, par application de l'article 7 de la loi « Evin » qu'en cas de résiliation ou de non renouvellement du contrat de prévoyance, cette fin des garanties est « sans effet sur les versements des prestations immédiates ou différées, acquises ou nées durant son exécution » (Civ. 2e, 14 janv. 2010, n° 09-10.237, Bull. civ. II, n° 6, RGDA 2010, p. 388, note L. Mayaux). Dans l'affaire qui a donné lieu à cet arrêt, la maladie du salarié s'était déclarée pendant la vie du contrat d'assurance et le classement en invalidité a été réalisé après la résiliation du contrat. L'assureur doit néanmoins verser la prestation invalidité (ibid.).

b - Règlement des prestations

4898. En matière d'assurance maladie complémentaire, le principe indemnitaire doit être respecté. L'article 9 de la loi « Évin » (préc.) précise que le remboursement des frais de soins ne peut excéder le montant des frais restant à la charge de l'assuré. Ainsi, l'assuré ne peut, au total des différentes prestations versées par les divers intervenants (Sécurité sociale, mutuelle, assureur...), recevoir plus que ce qu'il a déboursé. L'indemnité est alors déterminée selon les modalités de la garantie souscrite et les prestations versées par le régime obligatoire de Sécurité sociale (l'assureur intervenant en complément).

c - Particularité du recours de l'organisme assureur contre un tiers tenu à réparation

4899. Les prestations versées par l'organisme assureur ayant un caractère indemnitaire, ce dernier dispose d'un recours subrogatoire contre le tiers tenu à réparation. En effet, lorsqu'un contrat garantit l'indemnisation des préjudices résultant d'une atteinte à la personne, l'assureur peut être subrogé dans les droits du cocontractant ou des ayants droit contre le tiers responsable, pour le remboursement des prestations à caractère indemnitaire prévues au contrat (C. assur., art. L. 131-2). De même, le Code de la mutualité prévoit-il la possibilité pour la mutuelle d'être subrogée dans les droits et actions des membres participants pour le paiement des prestations à caractère indemnitaire mentionnées à l'article L. 224-8, dont notamment « les opérations relatives au remboursement de frais de soins » (C. mut., art. L. 224-9).

4 ▪ Prescription

4900. Les règles relatives à la prescription sont celles applicables au contrat d'assurance en général (v. supra Parite 2, Titre 2, Sous-Titre IV, Chap. I, La prescription biennale). Ainsi, toute action dérivant d'un contrat d'assurance complémentaire santé est prescrite par 2 ans à compter de l'événement qui y donne naissance (C. assur., art. L. 114-1 ; CSS, art. L. 932-13 ;

C. mut., art. L. 221-11). L'événement en question étant généralement la date d'indemnisation ou de remboursement par le régime de Sécurité sociale. Cette prescription peut être interrompue par les modes ordinaires d'interruption de la prescription tels que, l'envoi d'une lettre recommandée avec demande d'accusé de réception ou encore, la désignation d'un expert.

C ▪ Cessation du contrat

1 ▪ Résiliation

a - À l'initiative du souscripteur

4901. Comme pour tout contrat d'assurance, le souscripteur d'une assurance maladie complémentaire dispose d'une faculté de résiliation à échéance annuelle, que le contrat soit à adhésion collective ou individuelle, sous respect d'un délai de préavis (C. assur., art. L. 113-12 ; CSS, art. L. 932-12 et L. 932-21 ; C. mut., art. L. 221-10). Il peut également résilier son contrat en cas de modification contractuelle apportée par l'organisme assureur.

4902. En matière d'assurance individuelle, le souscripteur peut résilier le contrat en cas de survenance d'un des éléments énumérés par la loi (C. assur., art. L. 113-16, C. mut., art. L. 221-17), par exemple, changement de domicile, de situation matrimoniale ou de profession, lorsque le contrat « a pour objet la garantie en relation directe avec la situation antérieure et qui ne se retrouve pas dans la nouvelle situation » (ibid.). Le souscripteur a alors la possibilité de résilier le contrat dans les 3 mois suivant la date du changement, la résiliation prenant effet un mois après que l'assureur en ait reçu notification (ibid.).

4903. En matière d'assurance collective, l'adhésion obligatoire à un contrat d'assurance complémentaire santé souscrite par un employeur au profit de ses salariés est-elle un motif de résiliation ? La loi ne prévoit pas l'adhésion obligatoire à un contrat d'assurance complémentaire santé dans le cadre d'une entreprise comme une cause de résiliation d'un contrat souscrit à titre individuel. Ainsi, le contrat étant à adhésion obligatoire, le salarié est-il tenu de payer la cotisation afférente à ce contrat (sauf exception prévue par la loi) alors qu'il est déjà couvert par un contrat au titre duquel il a versé une cotisation. En pratique, les organismes assureurs acceptent la résiliation du contrat individuel en cours d'année dès lors que le souscripteur apporte la preuve de son adhésion obligatoire à un contrat collectif souscrit par son employeur. Cependant, le salarié peut également choisir de conserver son contrat individuel lorsque les garanties du contrat collectif mis en place par son employeur, ne lui semblent pas satisfaisantes ; on peut également estimer que les deux assurances sont susceptibles d'être complémentaires l'une de l'autre pour atteindre le montant total des frais exposés (par ex. en optique, dentaire...).

b - À l'initiative de l'assureur

4904. La résiliation d'un contrat à adhésion obligatoire par l'assureur peut intervenir dans trois hypothèses : fausse déclaration, à l'échéance annuelle et en cas de non paiement des cotisations. En cas de fausse déclaration. Il faut distinguer la fausse déclaration intentionnelle de la fausse déclaration non intentionnelle. La fausse déclaration intentionnelle (C. assur., art. L. 113-8 ; CSS, art. L. 932-16 ; C. mut., art. L. 221-14) entraîne la nullité du contrat et la non restitution des cotisations par l'assureur lorsqu'elle « change l'objet du risque ou en diminue l'opinion pour l'assureur, alors même que le risque omis ou dénaturé par l'assuré a été sans influence sur le sinistre. Les cotisations payées demeurent alors acquises à l'assureur, qui a droit au paiement de toutes les cotisations échues à titre de dommages et intérêts » (ibid.). La mauvaise foi de l'assuré doit être établie par l'assureur par tous moyens. La fausse déclaration non intentionnelle (C. assur., art. L. 113-9 ; CSS, art. L. 932-17 ; C. mut., art. L. 221-15) suppose que l'assuré n'a pas rempli son obligation de déclarer les faits dont il avait connaissance dans les délais impartis mais que sa mauvais foi n'est pas prouvée. Elle est sanctionnée par une surprime ou la résiliation du contrat si l'irrégularité est découverte avant un sinistre ou par la règle proportionnelle de prime si l'irrégularité est découverte après un sinistre. Si l'irrégularité est « constatée avant tout sinistre, l'assureur a le droit de maintenir le contrat, moyennant une augmentation de prime acceptée par l'assuré, soit de résilier le contrat dix jours après notification adressée à l'assuré par lettre recommandée avec accusé de réception, en restituant la portion de la prime payée pour le temps où l'assurance ne court plus. Dans le cas où la constatation n'a lieu qu'après un sinistre, l'indemnité est réduite en proportion du taux des primes payées par rapport au taux des primes qui auraient été dues, si les risques avaient été complètement et exactement déclarés » (V. supra, partie 2, Titre 1, Sous-titre III, Chap. II, Sanctions de la déclaration non sincère). À l'échéance annuelle du contrat, il y a faculté de résiliation (C. assur., art. L. 113-12 ; CSS, art. L. 932-12 ; C. mut., art. L. 221-10). En cas de non-paiement de la cotisation, les procédures peuvent aboutir à la résiliation (C. assur., art. L. 113-3 ; CSS, art. L. 932-9 ; C. mut. art. L. 221-8). Les sociétés d'assurances et les institutions de prévoyance ont également la possibilité de poursuivre en justice l'exécution du contrat c'est-à-dire une action en paiement des cotisations. Les institutions de prévoyance peuvent, en outre, appliquer des majorations de retard à la charge exclusive de l'employeur. Des règles similaires sont prévues par le Code de la mutualité lorsque l'adhésion à la mutuelle résulte d'une obligation prévue par une convention de branche ou un accord professionnel ou interprofessionnel. Dans ce cas, les statuts de la mutuelle peuvent prévoir les conditions dans lesquelles la mutuelle applique des majorations de retard à la charge exclusive de l'employeur ou poursuit en justice l'exécution du contrat (C. mut., art. L. 221-8, III).

4905. L'article 6 de la loi « Évin » (préc.) ne prévoit la résiliation par l'organisme assureur d'un contrat collectif à adhésion facultative ou d'un contrat souscrit à titre individuel mettant en place des garanties d'assurance maladie complémentaires, que dans deux hypothèses : non paiement des cotisations par le souscripteur ou fausse déclaration de ce dernier. Hormis ces deux cas, la résiliation n'est pas possible. Ce texte met ainsi en place une garantie viagère des frais de soins permettant le maintien de la garantie quelle que soit l'évolution de l'état de santé de l'assuré. L'assureur s'engage donc au maintien de la garantie maladie complémentaire pendant la vie entière de l'assuré. Aucun sinistre, aucune maladie grave ou invalidante, aucun handicap lourd, aucun seuil d'âge ne pourrait alors justifier la résiliation du contrat. En outre, l'organisme assureur ne pourra arguer de l'évolution de l'état de santé de l'assuré pour augmenter les tarifs en vigueur. Cette hausse tarifaire devra s'appliquer à l'ensemble des assurés concernés par les garanties.

c - Redressement ou liquidation judiciaire du souscripteur

4906. La résiliation d'un contrat d'assurance maladie en raison de l'ouverture d'une procédure de redressement ou de liquidation judiciaire du souscripteur ne concerne que l'hypothèse où le contrat est à adhésion obligatoire puisque la résiliation d'un contrat collectif à adhésion facultative n'est possible qu'en cas de non-paiement ou de fausse déclaration. Les règles de résiliation des contrats conclus par l'entreprise en difficulté en raison de l'ouverture d'une procédure collective sont régies par l'article L. 622-13 du Code de commerce. L'alinéa 6 de la loi « Évin » (préc.) prévoit qu'en l'absence de disposition légale ou contractuelle, la résiliation ne peut résulter du seul fait de l'ouverture d'une procédure de redressement judiciaire. La règle est identique en cas de liquidation judiciaire.

4907. Il est prévu à l'article L. 932-10 du Code de la Sécurité sociale que « la garantie subsiste en cas de procédure de sauvegarde ou de redressement ou de liquidation judiciaires de l'adhérent. L'administrateur ou le débiteur autorisé par le juge-commissaire ou le liquidateur, selon le cas, et l'institution de prévoyance conservent le droit de résilier l'adhésion ou le contrat pendant un délai de trois mois à compter de la date du jugement de sauvegarde ou de redressement ou de liquidation judiciaires. La portion de cotisation afférente au temps pendant lequel l'institution de prévoyance ne couvre plus le risque est restituée au débiteur ». Aucune dérogation n'est prévue par le Code de la mutualité. En conséquence, en cas de souscription d'un contrat collectif à adhésion obligatoire auprès d'une mutuelle, le contrat ne pourra être résilié en raison de l'ouverture d'une procédure collective ; le contrat semble donc soumis aux dispositions de l'article L. 622-13 du Code de commerce. Il en est de même pour la souscription auprès d'un assureur en raison de l'abrogation de l'alinéa 1er de l'article L. 113-6 du Code des assurances (L. n° 2005-845, 26 juill. 2005, art. 176) qui prévoyait une faculté de résiliation au profit de l'assureur ou du souscripteur en cas d'ouverture d'une procédure collective.

2 ▪ Maintien des garanties après la cessation du contrat collectif à adhésion obligatoire

a - Maintien de la garantie frais de soins à titre individuel

4908. Lorsqu'un contrat collectif à adhésion obligatoire est résilié, les salariés peuvent, s'ils le souhaitent, souscrire auprès du même assureur un contrat à titre individuel. En effet, en matière d'assurance complémentaire santé à adhésion obligatoire, le contrat doit prévoir « les modalités et conditions tarifaires selon lesquelles l'assureur peut maintenir la couverture, sans condition de périodes probatoires, ni d'examens ou de questionnaires médicaux, au profit des salariés concernés », sous réserve qu'ils en fassent la demande avant la fin du délai de préavis (Loi « Évin », préc., art. 5). L'organisme assureur est donc tenu de proposer une ou plusieurs formules de maintien de la garantie. Le contrat collectif doit alors fixer le délai dans lequel le salarié pourra souscrire le contrat individuel qui lui sera proposé et l'assureur ne pourra prévoir ni contrôle ni sélection médicale. En revanche, la tarification des garanties est libre.

b - Continuité de la garantie frais de soins au profit de certains assurés

4909. Le salarié qui bénéficie au sein de son entreprise, dans le cadre d'un contrat à adhésion obligatoire, d'une garantie complémentaire de frais de soins de santé, est susceptible d'en perdre le bénéfice lorsqu'il quitte l'entreprise. L'article 4 de la loi « Évin » (préc.) organise les modalités du maintien à titre individuel de cette garantie.

4910. Peuvent ainsi bénéficier du maintien de la garantie à titre individuel :
- les salariés bénéficiaires d'une rente d'incapacité ou d'invalidité, d'une pension de retraite ou les salariés au chômage après avoir quitté l'entreprise, sous réserve qu'ils en fassent la demande dans les 6 mois qui suivent la rupture de leur contrat de travail ;
- les personnes qui bénéficiaient du contrat d'un salarié décédé (à savoir, conjoint survivant et ses enfants), à condition qu'elles en fassent la demande dans les 6 mois suivant le décès du salarié. Les garanties doivent alors être maintenues pendant une durée minimale de 12 mois à compter de la date du décès du salarié.

4911. Le salarié qui démissionne n'est pas concerné par ces dispositions. Cependant, il est toujours possible de prévoir contractuellement cette faculté de maintien de la garantie « frais de soins » pour cet ancien salarié. Le salarié ou l'ayant droit du salarié décédé qui demande à bénéficier du maintien de la garantie est couvert immédiatement, sans période probatoire, ni examens ou questionnaires médicaux. La loi « Évin » (préc.) prévoit également que les tarifs applicables aux personnes bénéficiaires de ces dispositions peuvent être supérieurs aux tarifs globaux applicables aux salariés actifs. Toutefois, ces tarifs ne peuvent être supérieurs de plus de 50 % aux tarifs applicables aux bénéficiaires du contrat collectif à adhésion obligatoire de l'entreprise (art. 1er, Décr. 30 août 1990, JO 1er sept.).

c - Maintien de la garantie pour une maladie qui s'est déclarée pendant la durée du contrat

4912. Par application de l'article 7, de la loi « Evin » sur les prestations différées, en cas de résiliation ou de non renouvellement du contrat de prévoyance, cette fin des garanties est « sans effet sur les versements des prestations immédiates ou différées, acquises ou nées durant son exécution » (Civ. 2e, 14 janv. 2010, n° 09-10.237, Bull. civ. II, n° 6, RGDA 2010, p. 388, note L. Mayaux). La maladie du salarié qui se déclare pendant la vie du contrat d'assurance et qui donne lieu après la résiliation à un classement en invalidité oblige néanmoins l'assureur au versement de la prestation invalidité (ibid.). Ce qui importe c'est que la cause de la prestation se réalise bien pendant la vie du contrat ; il importe peu alors que les effets se manifestent pleinement après la fin de ce contrat.

§ 3 ■ Garanties

A ■ Garantie frais de santé

1 ■ Prise en charge des soins

a - Champ de la prise en charge

4913. L'assurance complémentaire santé prend en charge tout ou partie des frais liés aux soins et biens médicaux. Certains contrats en assurance complémentaire santé peuvent être spécialisés dans la couverture de certains soins comme l'hospitalisation.
Il faut noter que l'article 2 de la loi « Évin » interdit, en matière d'assurance collective à adhésion obligatoire, toute exclusion visant « une pathologie ou affection qui ouvre droit au service des prestations en nature de l'assurance maladie du régime général de Sécurité sociale ».

4914. S'agissant d'une assurance individuelle ou collective à adhésion facultative, la loi « Évin » prévoit, dans son article 3, la possibilité pour l'assureur de « refuser les suites d'une maladie contractée antérieurement à l'adhésion ou à la souscription du contrat » à deux conditions :
- premièrement, l'assureur doit clairement indiquer dans le contrat la ou les maladies dont les suites ne seront pas prises en charge. Les clauses générales d'exclusion de l'ensemble des états pathologiques antérieurs à la souscription du contrat sont donc prohibées ;
- deuxièmement, en cas de litige survenant entre l'assuré et l'assureur sur l'antériorité de la maladie, il appartiendra à l'assureur et non à l'assuré, d'apporter la preuve de cette antériorité dans le respect des règles du secret médical.

b - Une prise en charge en complément du régime obligatoire et/ ou au « premier euro »

4915. L'assurance complémentaire santé intervient en complément des remboursements du régime obligatoire. La participation de l'assuré aux frais de santé, appelée communément ticket modérateur, est proportionnelle aux tarifs servant de base au calcul des prestations du régime obligatoire ou, est fixée forfaitairement, comme pour le forfait journalier hospitalier (CSS, art. L. 322-2). L'assurance complémentaire prend en charge ce ticket modérateur et, le cas échéant, lorsqu'il y a des dépassements d'honoraires, une partie, ou la totalité, selon la garantie souscrite, des dépenses engagées par l'assuré.

4916. Dans le cadre de la complémentaire santé obligatoire des salariés de l'article L. 911-7 du Code de la sécurité sociale, l'article D. 911-1 du même code définit la nature des prestations prises en charge :
« 1° Sous réserve des dispositions des 3° et 4° du présent article, la prise en charge de l'intégralité de la participation des assurés prévue à l'article R. 160-5 à l'exception de celle due au titre des prestations de santé mentionnées aux 6°, 7°, 10° et 14° de ce dernier article et à l'exclusion de la majoration de la participation prévue à l'avant-dernier alinéa de l'article L. 162-5-3 et des participations forfaitaires et des franchises mentionnées aux II et III de l'article L. 160-13 ;
2° La prise en charge, sans limitation de durée, du forfait journalier prévu à l'article L. 174-4 ;
3° La prise en charge à hauteur d'au moins 125 % des tarifs servant de base au calcul des prestations d'assurance maladie des frais de soins dentaires prothétiques et de soins d'orthopédie dentofaciale ;
4° Un forfait de prise en charge des dispositifs médicaux d'optique médicale à usage individuel soumis au remboursement, dans la limite des frais exposés par l'assuré. Ce forfait est fixé au minimum à :
a) 100 euros par équipement à verres simple foyer dont la sphère est comprise entre-6,00 et + 6,00 dioptries ou dont le cylindre est inférieur ou égal à + 4,00 dioptries ;
b) 150 euros par équipement comportant un verre mentionné au a et un verre mentionné au c ;
c) 200 euros par équipement à verres simple foyer dont la sphère est supérieure à-6,00 ou + 6,00 dioptries ou dont le cylindre est supérieur à + 4,00 dioptries et à verres multifocaux ou progressifs.
S'agissant des lunettes, le forfait mentionné au 4° du présent article couvre les frais d'acquisition engagés, par période de prise en charge de deux ans, pour un équipement composé de deux verres et d'une monture. Cette période est réduite à un an pour les mineurs ou en cas de renouvellement de l'équipement justifié par une évolution de la vue ».

2 ▪ Différentes expressions de la prise en charge des frais de santé

4917. Les plafonds de remboursement peuvent notamment être exprimés :
- en fonction des tarifs (tarif de convention, tarif de responsabilité, tarif d'autorité, etc.) utilisés par le régime obligatoire comme base de remboursement des soins et biens médicaux ;
- de manière forfaitaire ;
- en fonction des dépenses engagées par l'assuré (prise en charge en frais réels) ;
- ou bien par rapport à un étalon monétaire comme le plafond mensuel de la Sécurité sociale.

4918. Dans tous les cas de figure, les prestations versées par l'assurance complémentaire et le régime obligatoire ne peuvent dépasser les débours de l'assuré.

B ▪ Tiers payant

1 ▪ Principe du tiers payant

4919. Le tiers payant s'appuie sur un système de délégation de paiement des frais de santé qui entraîne une dispense partielle ou totale d'avance de frais pour l'assuré. Le professionnel de santé accepte le paiement différé par un organisme tiers. À cet effet, l'organisme d'assurance complémentaire conclut une convention avec le professionnel de santé ou ses représentants mettant en place les dispositions pratiques de mise en œuvre du tiers payant. Il existe, par ailleurs, des conventions tripartites mettant en jeu : le régime obligatoire, l'organisme complémentaire et le professionnel de santé. Ce dispositif appelé « tiers payant coordonné » a été instauré lors de la mise en place de la CMU. Le professionnel ou l'établissement de santé reçoit alors un paiement unique de la part prise en charge par le régime obligatoire et de la part prise en charge par l'organisme complémentaire selon les modalités définies aux articles D. 861-2 et suivant du Code de la Sécurité sociale (issus du décret n° 99-1079 du 21 décembre 1999 relative à la dispense d'avance de frais, JO 23 déc.).

4920. L'article 83 de la loi santé n° 2016-41 du 26 janvier 2016 impose une extension progressive du tiers payant aux professionnels de santé exerçant en ville avec obligation de pratiquer ce mode de règlement à compter du 30 novembre 2017.

2 ▪ Professionnels de santé concernés

4921. Le tiers payant avec les pharmaciens est particulièrement répandu. D'autres professionnels à l'image des radiologues et des laboratoires d'analyses médicales pratiquent le tiers payant avec des organismes complémentaires avec lesquels ils ont signé une convention. De même, le tiers payant avec les chirurgiens-dentistes, les opticiens, et les établissements de soins tend à se développer. Il n'est néanmoins pas aussi répandu que le tiers payant pharmaceutique.

C ▪ Garanties de service

1 ▪ Assistance

4922. Les garanties d'assistance peuvent être associées à la garantie frais de santé. Elles sont mises en œuvre en cas d'accident ou de maladie entraînant une hospitalisation ou une immobilisation. Certains organismes complémentaires distinguent l'assistance hospitalisation de l'assistance à domicile. Elles peuvent prévoir des prestations similaires comme l'intervention d'une aide ménagère ou la garde des enfants.

2 ▪ Plates-formes de services

4923. D'autres garanties de services complémentaires à la prise en charge des frais de santé peuvent être prévues. Les plates-formes de services se sont développées. Elles répondent aux sollicitations des assurés et fournissent toute une palette de services (demande de prise en charge, devis optique ou dentaire, renseignements sur les remboursements effectués ou en cours, prévention, etc.). Par ailleurs, certaines plates-formes ont constitué un réseau de professionnels de santé (par exemple, un réseau de chirurgiens-dentistes). Ces derniers s'engagent à respecter une charte de qualité et, selon la convention, une grille tarifaire. Le recours à ce réseau par l'assuré permet à celui-ci de bénéficier notamment du tiers payant et d'un reste à charge maîtrisé ou nul. Il reste que de telles offres ne doit pas entraver le principe de libre choix du médecin.

Chapitre 2
La garantie des accidents de la vie

BIBLIOGRAPHIE

L'Argus de l'assurance

Ouvrages. - H. Béjui-Hugues, I. Bessières-Roques, *Précis d'évaluation du dommage corporel*, éd. L'Argus, 2016 - F. Couilbault, S. Couilbault-Di Tommaso, V. Huberty, *Les grands principes de l'assurance*, éd. L'Argus, 2015 – F. Couilbault (sous dir.), *Assurances de personnes*, 2016 - J. Landel, *Lexique des termes d'assurance*, éd. L'Argus, 2014.

Articles. - Y. Mézou, GAV : le top départ est donné, L'Argus 24 nov. 2000, p. 25.

Autres documentations

Ouvrages. - J. Kullmann (sous dir.), *Lamy Assurances*, L. Leveneur, Y. Lambert-Faivre, *Droit des assurances*, Précis Dalloz.

Articles. - J. Péchinot, La garantie des accidents de la vie, RCA 2000. chron. 10.

Divers. – La garantie des accidents de la vie, www.ffsa.fr.

Section 1 ▪ L'objet du contrat

Sous-section 1 ▪ Les risques garantis

§ 1 ▪ Le risque d'accident

4924. L'assureur garantit les préjudices résultant d'événements accidentels qui surviennent dans la vie privée de l'assuré, âgé de moins de 65 ans, dès lors que l'accident entraîne le décès de l'assuré ou que l'incapacité permanente imputable directement à l'accident est au moins égale à 30 %. Certains assureurs proposent une garantie dès que l'incapacité permanente atteint 10 %.

4925. Les deux niveaux de taux, de 10 % ou de 30 %, sont ceux que l'on rencontre le plus fréquemment dans les contrats, d'autres taux étant possibles.

4926. Les accidents subis par l'assuré dans le cadre des loisirs (sports, voyages...) font partie de l'objet de la garantie.

4927. L'accident doit être survenu entre le jour de la prise d'effet du contrat et le jour de sa résiliation.

§ 2 ▪ Définition contractuelle

4928. L'accident corporel garanti se définit traditionnellement comme « toute atteinte corporelle non intentionnelle de la part de l'assuré et provenant de l'action soudaine d'une cause extérieure ». Cette définition classique, légèrement aménagée ou davantage précisée, se retrouve dans la plupart des contrats.

4929. Exemples de définitions contractuelles :
- « Toute atteinte à l'intégrité corporelle de l'assuré, non intentionnelle de sa part ou de celle du bénéficiaire d'une garantie, et provenant de l'action soudaine d'une cause extérieure » ;
- « L'accident est une atteinte à l'intégrité corporelle de l'assuré non intentionnelle de sa part et provenant de l'action soudaine d'une cause extérieure ».

4930. Cette définition exclut les mutilations volontaires et les maladies. Afin d'éviter les difficultés liées à la survenance de certains événements, les assureurs acceptent généralement de considérer comme accidents :
- l'électrocution, l'hydrocution, les brûlures ;
- les congélations, insolations, congestions et la septicémie lorsqu'elles sont consécutives à un accident garanti ;
- les dommages atteignant l'assuré en cas de légitime défense ou lorsqu'il participe au sauvetage de personnes.

4931. En revanche, ne sont pas considérés comme accident, les hernies discales, lumbagos, sciatiques, les infarctus. Cependant certains contrats stipulent que ces événements seront considérés comme accident lorsqu'ils sont consécutifs à un accident garanti.

§ 3 ▪ La charge de la preuve du caractère accidentel

4932. Selon une jurisprudence constante, c'est à l'assuré ou, en cas de décès de l'assuré, au bénéficiaire qu'incombe la charge de la preuve du caractère accidentel du sinistre, ce caractère constituant une condition de la garantie (Civ. 1re, 3 févr. 1993, 90-17.003, RGAT 1993. 324, note A. Favre Rochex ; Civ. 1re, 25 oct. 1994, n° 92-17.833, RGAT 1994. 1195, note J. Maury ; Civ. 1re, 13 mars 1996, n° 94-10.732, RGDA 1996. 687, note J. Maury ; Civ. 1re, 9 juin 1998, n° 96-15.504, RGDA 1998. 782, note M.H. Maleville).

4933. Cependant en présence d'un accident, si l'assureur considère que l'accident fait suite à un état pathologique de l'assuré, par exemple un malaise cardiaque, c'est à l'assureur de démontrer la cause pathologique à l'origine de l'accident. On s'aperçoit dans une telle hypothèse que les preuves sont partagées. Ainsi, la Cour de cassation a pu décider pour un décès résultant d'un traumatisme crânien consécutif à une chute de vélomoteur, que c'était à l'assureur qu'il revenait de démontrer que celle-ci avait eu pour cause une amnésie ou un état pathologique préexistant (Civ. 1re, 9 déc. 1992, 89-16.389, RGAT 1993. 324, note A. Favre Rochex).

§ 4 ▪ L'appréciation souveraine des juges du fond

4934. Dans la plupart des cas, la Cour de cassation se retranche derrière le pouvoir souverain des juges du fond.

4935. C'est souverainement que les juges du fond relèvent le caractère accidentel de la mort subite due à un surmenage (Civ. 1re, 20 avr. 1982, 81-11.158, RGAT 1983. 231), dès lors qu'il est établi que l'assuré était indemne de toute affection lors de son adhésion au contrat (Civ. 1re, 22 avr. 1992, 90-11.546, RGAT 1992. 582, note F. Vincent). Dans cette hypothèse, il aurait fallu que l'assureur apporte la preuve de l'existence d'une pathologie au moment de la souscription du contrat, ce qui paraît assez difficile surtout lorsque l'assuré n'a pas rempli de questionnaire médical. En particulier, pour la souscription des contrats GAV, il est rare qu'un questionnaire médical soit rempli par les assurés. La garantie du seul risque d'accident n'exige pas pour l'assureur qu'il s'informe nécessairement des pathologies existantes, d'autant qu'il peut limiter son engagement par les exclusions. Cependant, rien n'interdit à l'assureur d'exiger de faire remplir à l'assuré un questionnaire de risque sur lequel il peut l'interroger sur ses accidents antérieurs, ses activités dangereuses, ses séjours dans des pays à risque, ses infirmités existantes...

Sous-section 2 ▪ Les personnes assurées

4936. La définition des personnes assurées varie selon les contrats.

§ 1 ▪ Le souscripteur a seul la qualité d'assuré

4937. La qualité d'assuré peut être accordée au seul souscripteur âgé de moins de 65 ans. Cette hypothèse peut concerner en particulier les personnes célibataires ou bien la personne qui, au sein d'un couple, est davantage exposée du fait de ses activités ou qui ne bénéficie que de la protection sociale de base qui s'avère fréquemment très insuffisante. Rappelons par exemple que les ayants-droit d'une personne qui décède dans un accident de la vie privée reçoivent un capital égal à trois mois de salaire dans la limite du plafond de la Sécurité sociale.

4938. De même l'invalidité provenant d'un accident de la vie privée est faiblement indemnisée. L'assujetti invalide, c'est-à-dire ayant perdu les 2/3 de ses capacités de gain, a droit à une pension versée jusqu'à l'âge de 60 ans. Le montant de cette pension varie selon la catégorie d'invalidité. Les invalides classés en première catégorie, c'est-à-dire ayant perdu les 2/3 de leur capacité de gain, mais pouvant continuer d'exercer une activité reçoivent une pension de 30 % de leur salaire moyen des dix meilleures années. Les invalides classés en deuxième catégorie, c'est-à-dire ceux ne pouvant plus exercer aucune activité professionnelle ont droit à une pension de 50 % du salaire moyen de leur dix meilleures années. Les invalides classés en troisième catégorie sont ceux qui ne peuvent plus exercer aucune activité professionnelle et qui ont besoin de l'assistance d'une tierce personne. Ils reçoivent une pension de 50 % de leur salaire moyen des dix meilleures années, plus une indemnité forfaitaire pour assistance d'une tierce personne. Les travailleurs non salariés et les exploitants agricoles reçoivent des prestations inférieures.

4939. Le niveau des prestations sociales de base peut donc justifier la souscription d'une assurance garantie des accidents de la vie.

§ 2 ▪ La famille a la qualité d'assuré

4940. Dans cette hypothèse, ont la qualité d'assuré :
- le souscripteur ;
- son conjoint ou son concubin ou la personne avec qui il a conclu un PACS. Pour le concu-

bin, il est souhaitable que le contrat mentionne le nom du concubin afin d'éviter toute difficulté liée à la qualité de concubin dont la définition peut être sujette à interprétation ;
- les enfants du souscripteur ou du conjoint, concubin, pacsé fiscalement à charge. Pour les enfants, la qualité d'assuré peut être libellée de façon différente. Par exemple, ont la qualité d'assuré :
* les enfants mineurs du souscripteur, de son conjoint, concubin ou pacsé vivant avec le souscripteur ;
* les enfants majeurs du souscripteur, de son conjoint, concubin ou pacsé vivant avec le souscripteur et fiscalement à sa charge. Certains contrats limitent la qualité d'assuré aux enfants majeurs de moins de 25 ans ou 28 ans...

4941. La prime est fonction du nombre de personnes assurées et est donc plus élevée pour cette garantie famille que lorsque le souscripteur a seul la qualité d'assuré.

Sous-section 3 ▪ Les risques exclus

§ 1 ▪ La faute intentionnelle de l'assuré

4942. Cette exclusion est conforme aux termes de l'article L. 113-1 du Code des assurances. L'assureur ne répond pas des pertes et dommages provenant d'une faute intentionnelle ou dolosive de l'assuré.

4943. L'appréciation par les juges du fond du caractère intentionnel d'une faute, au sens de l'article L. 113-1, alinéa 2 du Code des assurances, est souveraine et échappe au contrôle de la Cour de cassation (Civ. 1re, 4 juill. 2000, n° 98-10.744). La Cour de cassation contrôle la volonté de commettre le dommage (Civ. 2e, 24 mai 2006, n° 05-13.547, RGDA 2006-632, obs. J. Kullmann).

§ 2 ▪ Les autres exclusions

4944. Il s'agit de :
- la participation de l'assuré à un crime ou un délit ou une rixe, sauf cas de légitime défense ;
- la tentative de suicide, les mutilations ;
- l'usage de drogues et de stupéfiants non ordonnés médicalement ;
- les dommages subis par l'assuré lorsque, au moment de l'accident, il était sous l'empire d'un état alcoolique ;
- les accidents résultant de cataclysmes ou occasionnés par la guerre civile ou étrangère ;
- les actes de terrorisme auxquels l'assuré a participé ;
- les dommages provenant de guerre civile ou étrangère. Aux termes de l'article L. 121-8 du Code des assurances, il appartient à l'assuré de prouver que le sinistre résulte d'un fait autre que le fait de guerre étrangère. Il appartient à l'assuré de prouver que le sinistre résulte de la guerre civile ;
- les dommages causés ou aggravés par des armes ou engins destinés à exploser par modification de structure du noyau de l'atome ou par tout combustible nucléaire, produit ou déchet radioactif ou par toute autre source de rayonnement ionisant ;
- les dommages corporels résultant de la propriété ou de l'utilisation des véhicules terrestres à moteur. La GAV n'a pas vocation à garantir ces accidents. La garantie étant proposée dans les contrats d'assurance automobile (V. CA Montpellier, 12 févr. 2008, RG n° 07/01819).

4945. Pour éviter toute difficulté au regard de l'article L. 113-1 du Code des assurances qui exige que les clauses d'exclusion soient formelles et limitées, il est souhaitable que le contrat précise le taux au-delà duquel, l'état d'ivresse sera établi. Ce taux peut être celui fixé par le Code de la route, même si le domaine de la GAV est différent et que l'accident ne résulte pas nécessairement d'un accident de la circulation.

Section 2 ▪ Les prestations garanties

Sous-section 1 ▪ La réparation des préjudices corporels

4946. L'assureur prend en charge le préjudice d'incapacité permanente y compris les frais d'aménagement, le préjudice esthétique, le préjudice d'agrément et les souffrances endurées dès lors que l'incapacité permanente imputable directement à l'accident est au moins égale au pourcentage fixé au contrat.

4947. En cas de décès de l'assuré, l'assureur indemnise les préjudices économiques et moraux subis par les ayants droit de l'assuré. Le cumul des indemnités versées par l'assureur ne peut dépasser 1 million d'euros par victime, ou un autre plafond fixé par le contrat. Certains contrats prévoient un plafond par poste de préjudice.

4948. À la différence de l'assurance individuelle accident qui prévoit des indemnités forfaitaires dont le montant est défini dans le contrat, la garantie des accidents de la vie repose sur un principe indemnitaire.

4949. L'évaluation des préjudices est déterminée à partir ou en s'inspirant des règles du droit commun. Le taux d'incapacité subsistant après consolidation des blessures est fixé par un médecin désigné par l'assureur. Le médecin détermine si l'assuré a besoin de l'assistance d'une tierce personne. L'indemnité est déterminée à partir du taux d'incapacité en tenant compte des conséquences de l'accident sur la vie professionnelle de l'assuré.

4950. Lorsque, postérieurement au versement de l'indemnité due pour l'incapacité permanente, l'assuré décède des suites de l'accident, les indemnités dues au titre du décès ne sont versées que déduction faite des sommes déjà réglées par l'assureur au titre de l'incapacité permanente et des préjudices personnels. Si les indemnités réglées au titre de l'incapacité permanente et des préjudices personnels sont supérieures à celles qui auraient été dues au titre du décès, elles restent acquises aux bénéficiaires. Cependant, les définitions et mécanismes d'indemnisation varient selon les contrats.

Sous-section 2 ▪ La limitation de l'indemnisation des préjudices dans les contrats GAV

4951. Les contrats d'assurance GAV peuvent prévoir l'indemnisation de l'ensemble des préjudices évalués selon le droit commun dans la limite d'un plafond par victime souvent fixé à 1 000 000 €. Les contrats GAV peuvent également prévoir l'indemnisation de certains préjudices seulement et en fixant un montant maximum par poste de préjudice. Ces contrats sont les plus nombreux.

Section 3 ■ Le sinistre

Sous-section 1 ■ La déclaration du sinistre

§ 1 ■ Délai, forme et contenu de la déclaration

4952. L'article L. 113-2, 4° du Code des assurances dispose que l'assuré est obligé « de donner avis à l'assureur, dès qu'il en a eu connaissance et au plus tard dans le délai fixé par le contrat, de tout sinistre de nature à entraîner la garantie de l'assureur Ce délai ne peut être inférieur à cinq jours ouvrés ».

4953. Cette déclaration peut dans un premier temps être faite sous une forme quelconque, courrier simple, téléphone, télécopie, mail... Il ressort d'ailleurs d'une jurisprudence constante que l'assureur ne peut imposer valablement une forme déterminée pour la déclaration de sinistre (Civ., 4 juin 1945, RGAT 1945. 151, note A. Besson). Il a été ainsi jugé qu'une déclaration téléphonique ne peut être écartée dès lors qu'elle peut être prouvée (Civ. 1re, 5 oct. 1994, n° 92-17.487). Néanmoins l'assuré, en cas de contestation de l'assureur, doit prouver qu'il a effectivement respecté son obligation de déclarer le sinistre. La forme recommandée peut éviter toute contestation ultérieure.

4954. Il convient de se reporter au contrat, chaque contrat prévoyant un certain nombre d'informations et justificatifs que la déclaration de sinistre doit contenir.

4955. L'assuré doit donc se référer à son contrat pour connaître les éléments qu'il doit déclarer à l'assureur. Si l'assuré est décédé ou dans l'impossibilité d'effectuer lui-même la déclaration, celle-ci peut être faite par toute personne qui y a intérêt, cela peut être le conjoint ou les enfants par exemple.

4956. En règle générale, il est demandé à l'assuré de préciser les causes et circonstances de son accident avec le nom et les coordonnées de toutes les personnes impliquées. Il doit également préciser le lieu, la date de l'accident, les noms et les coordonnées des éventuels témoins.

4957. Si un procès verbal de police ou de gendarmerie a été établi, il doit l'indiquer avec les références afin que l'assureur puisse se procurer ce procès verbal.

§ 2 ■ Déclaration complémentaire

4958. Après réception de la déclaration de sinistre et au vu des éléments déclarés, l'assureur est susceptible de demander la communication de certains justificatifs.

4959. En cas de dommages corporels, l'assuré doit envoyer dans un délai qui lui est généralement précisé, un questionnaire qui lui est transmis et qu'il doit compléter. Il doit également communiquer un certificat médical descriptif des blessures établi par le médecin qui l'a examiné initialement ou par son médecin traitant. L'assureur peut ainsi apprécier rapidement si la garantie est susceptible d'être engagée compte tenu des dispositions contractuelles et du seuil de garantie.

4960. Si la garantie paraît devoir être acquise, l'assureur demande à l'assuré de lui communiquer l'ensemble des justificatifs des remboursements qu'il a pu recevoir des organismes sociaux. S'il s'agit d'un accident médical, l'assureur demande le montant des indemnités qui lui ont été accordées par l'Office national d'indemnisation des accidents médicaux, des affections iatrogènes et des infections nosocomiales.

4961. L'assureur peut mandater un expert médical afin qu'il examine l'assuré pour déterminer ses différents préjudices au regard de ceux garantis dans le contrat GAV. En cas de désaccord, une tierce expertise peut être effectuée avant recours, le cas échéant, à une expertise judiciaire.

4962. Les ayants droit, ou les bénéficiaires de la garantie, lorsqu'ils sont listés dans le contrat, doivent envoyer dans un délai généralement précisé, un questionnaire transmis par l'assureur et qu'ils doivent compléter. Ils doivent également communiquer un certificat médical précisant les causes de la mort de l'assuré et le lien avec l'accident.

4963. Ultérieurement, à la demande de l'assureur, les ayants droit ou bénéficiaires de la garantie, devront communiquer :
- les documents permettant de connaître leurs revenus et ceux de l'assuré décédé, fiches de paie, avis d'imposition, déclaration récente d'impôt......
- le montant définitif des prestations versées par les organismes sociaux ;
- le cas échéant, le montant des indemnités qui leur ont été accordées par l'Office national d'indemnisation des accidents médicaux, des affections iatrogènes et des infections nosocomiales.

Sous-section 2 ■ Sanction de la déclaration tardive

§ 1 ■ La déchéance

4964. Selon l'article L. 113-2 4° du Code des assurances, l'assuré est obligé d'aviser l'assureur, dès qu'il en a connaissance et au plus tard dans le délai fixé par le contrat, de tout sinistre de nature à entraîner la garantie de l'assureur. Ce délai ne peut être inférieur à cinq jours ouvrés.

4965. Dans la pratique, l'incidence de cette règle est limitée. En effet, la loi du 31 décembre 1989 (C. assur., art. L. 113-2 4°) subordonne la déchéance pour déclaration tardive à l'existence d'un préjudice causé à l'assureur du fait du retard.

4966. Par ailleurs, selon l'article L. 112-4 du Code des assurances, les clauses des polices édictant des déchéances ne sont valables que si elles sont mentionnées en caractères très apparents.

4967. Cela signifie que ces clauses doivent être rédigées dans des caractères gras ou plus gros que le reste de la police afin qu'elles « sautent immédiatement aux yeux » du souscripteur. Le législateur a ainsi souhaité que l'attention de l'assuré, souvent profane en la matière, soit spécialement attirée sur les clauses qui aboutissent à le priver de la garantie. À défaut d'être rédigées en caractères très apparents, les clauses de déchéances sont réputées non écrites.

4968. Par exemple, il a été jugé que les clauses de déchéance invoquées par l'assureur sont inopposables à l'assuré dans la mesure où elles ne sont pas conformes aux exigences légales puisqu'elles ne sont précédées d'aucun titre et sont imprimées en caractères ordinaires alors que l'attention du lecteur est attirée par différentes mentions imprimées en caractères gras ou en majuscules (CA Dijon, 1re ch., 21 janv. 2000, Juris-data n° 112119).

§ 2 ▪ La prescription

4969. Selon l'article L. 114-1 du Code des assurances, toutes actions dérivant d'un contrat d'assurance sont prescrites par deux ans à compter de l'événement qui y donne naissance.

4970. Toutefois, ce délai ne court en cas de sinistre, que du jour où les intéressés en ont eu connaissance, s'ils prouvent qu'ils l'ont ignoré jusque-là.

4971. Il en résulte que la prescription biennale ne peut être opposée à l'assuré, que s'il ne déclare pas son sinistre dans les deux ans qui suivent la survenance de l'accident. Si la prescription édictée par l'article L. 114-1 du Code des assurances est courte, son point de départ est imprécis puisque la prescription ne commence à courir qu'à partir du jour où les intéressés ont eu connaissance du sinistre. La prescription biennale, même si elle est rappelée dans la plupart des contrats d'assurance GAV est rarement appliquée.

§ 3 ▪ Le recours de l'assureur GAV

4972. Lorsque l'accident est imputable à un tiers, l'assureur GAV subrogé dans les droits de son assuré, est fondé à exercer un recours contre le responsable ou l'assureur de celui-ci en récupération des indemnités versées, dans la limite de la part de responsabilité du tiers.

4973. En effet, l'article L. 131-2 du Code des assurances autorise la subrogation en assurances de personnes dès lors que les prestations versées ont un caractère indemnitaire. L'article L. 131-2 du Code des assurances pose d'abord le principe selon lequel, dans l'assurance de personnes, l'assureur, après paiement de la somme assurée, ne peut être subrogé aux droits du contractant ou du bénéficiaire contre des tiers à raison du sinistre. Le deuxième alinéa précise toutefois que dans les contrats garantissant l'indemnisation des préjudices résultant d'une atteinte à la personne, l'assureur peut être subrogé dans les droits du contractant ou des ayants droit contre le tiers responsable, pour le remboursement des prestations à caractère indemnitaire prévues au contrat.

4974. Compte tenu de la rédaction du texte, le caractère indemnitaire ne découle pas de la nature de la prestation mais doit être clairement indiqué au contrat. L'assuré doit savoir qu'il ne pourra pas cumuler les indemnités versées par un assureur de personnes avec celles qui seraient dues par un éventuel responsable.

4975. Par ailleurs, selon l'article L. 224-8 du Code de la mutualité, les opérations relatives au remboursement de frais de soins ont un caractère indemnitaire ; l'indemnité due par la mutuelle ou par l'union ne peut excéder le montant des frais restant à la charge du membre participant au moment du sinistre. L'article L. 224-9 du Code de la mutualité subroge, pour ces prestations à caractère indemnitaire, la mutuelle dans les droits et actions des membres participants, des bénéficiaires ou de leurs ayants droit contre les tiers responsables.

4976. De même l'article L. 931-11 du Code de la Sécurité sociale prévoit que pour le paiement des prestations à caractère indemnitaire, les institutions de prévoyance sont subrogées jusqu'à concurrence desdites prestations dans les droits et actions du participant, du bénéficiaire ou de leurs ayants droit contre les tiers responsables.

4977. L'article 15 de la loi n° 94-678 du 8 août 1994 a modifié l'article 29-5 de la loi n° 85-677 du 5 juillet 1985 concernant le recours des tiers payeurs contre les personnes tenues à réparation d'un dommage résultant d'une atteinte à la personne.

4978. Désormais, selon le nouvel article 29-5 de cette loi, les indemnités journalières de maladie et les prestations d'invalidité versées par les mutuelles, les institutions de prévoyance et les sociétés d'assurance à la victime d'un dommage corporel ouvrent droit à un recours contre la personne tenue à réparation ou son assureur. L'article 30 de la loi n° 85-677 du 5 juillet 1985 précise que ce recours a un caractère subrogatoire.

4979. Les assureurs disposent donc d'un autre fondement pour effectuer leurs recours, en étant placés au même rang que les autres tiers payeurs, telles les caisses de Sécurité sociale.

4980. L'article 29-5 de la loi n° 85-677 ne se réfère pas au caractère indemnitaire des prestations et c'est la jurisprudence qui, au cas par cas, a posé des principes permettant de dégager des critères qui permettent de savoir quelles sont les hypothèses permettant d'effectuer les recours.

Chapitre 3
Les accidents médicaux

BIBLIOGRAPHIE

L'Argus de l'assurance

Ouvrages. – F. Couilbault (sous dir.), *Assurances de personnes*, L'Argus éd., 2016 - I. Bessières-Roques, H. Béjui-Hugues, *Précis d'évaluation du dommage corporel*, L'Argus éd., 2016 – J. Bigot (sous dir.), *Code des assurances*, L'Argus éd.,

Autres documentations

Ouvrages. – A. Favre-Rochex et G. Courtieu, *Fonds d'indemnisation et de garantie*, LGDJ droit des affaires, 2003. – Y. Lambert-Faivre et S. Porchy-Simon, *Droit du dommage corporel, systèmes d'indemnisation*, Dalloz, 7e éd. 2012. – S. Hoquet-Berg et B. Py, *La responsabilité du médecin*, HDF – Coll. Droit professionnel, 2006.

Articles. – J. Bigot, La loi n° 2002-1577 du 30 décembre 2002 sur l'assurance de la responsabilité médicale, une lueur d'espoir pour les « clauses réclamations », JCP G 2003, I, 118. – L. Bloch, Produitsde santé défectueux : désordre au sommet des ordres, RCA 2014, Étude 1. ; Un petit choc de simplification appliqué aux commissions de conciliation et d'indemnisation des accidents médicaux (D. n° 2014-19, 9 janv. 2014), RCA 2014, alerte 6. - Loi Touraine : quelles nouveautés dans le domaine de la responsabilité et des assurances ? (L. n° 2016-41, 26 janv. 2016), RCA 2016, alerte 7 - D. Cartron, Quelle place pour la victime d'un accident médical devant le juge pénal ?, RCA 2013, dossier 27. - G. Courtieu, L'indemnisation des accidents médicaux : des lois perverses, RCA 2003, chron. 6 ; L'assurance obligatoire de la responsabilité médicale, ibid., chron. 8. – F. Dreiffus-Netter, Feue la responsabilité contractuelle du médecin, ibid. 2002, chron. 17. - P. Jourdain, L'accident médical, RCA 2015, dossier 6.- S. Hocquet-Berg, La solidarité réduite à peau de chagrin : RCA. 2015, étude 2 – S. Hourdeau-Bodin, Dommage corporel, assurance et prédispositions pathologiques, Mélanges Beauchard, LGDJ 2013, p. 651.- N. Jonquet et F. Vialla, Perversion de la solidarité nationale et déresponsabilisation des acteurs de santé, D. 2002, chron. p. 3211. – Y. Lambert-Faivre, La loi n° 2002-303 du 4 mars 2002 relative aux droits des malades et à la qualité du système de santé : l'indemnisation des accidents médicaux, ibid., chron. p. 1367. – P. Mistretta, La loi du 4 mars 2002 : réflexions critiques sur un droit en pleine mutation, JCP G 2000, I, 141. – C. Radé, La réforme de la responsabilité médicale après la loi du 4 mars 2002 relative aux droits des malades et à la qualité du système de santé, RCA 2002, chron. 7 ; La solidarité au secours de la responsabilité, ibid. 2003, chron. 5. – Indemnisation du préjudice résultant de la contamination par le virus de l'hépatite C par l'ONIAM : un accroissement du rôle de l'ONIAM, RCA 2009, Focus 4.

4981. L'expression « accidents médicaux » est suffisamment large pour recouvrir un grand nombre d'hypothèses dans lesquelles un acte médical, fautif ou non fautif, cause un dommage à un patient. Au regard de cette définition extensive, l'acte médical peut prendre plusieurs formes. Il peut consister dans un acte diagnostique (analyse d'un laboratoire, coloscopie, biopsie...), un acte de prévention (vaccination...) ou un acte thérapeutique à vocation curative (prescription de médicaments, intervention chirurgicale...). Le préjudice lui-même varie selon les circonstances. Il peut consister dans l'apparition d'une infection nouvelle (infection nosocomiale...), dans une aggravation de l'état du patient, voire dans le décès de ce dernier. Environ 30 000 personnes sont victimes chaque année d'accidents médicaux. Quel que soit le contexte, la question se pose de l'indemnisation de la victime et/ou de ses proches.

4982. Les victimes d'accidents médicaux disposent de deux régimes différenciés d'assurance pour obtenir indemnisation de leurs préjudices. Soit elles sollicitent leur assureur personnel, auprès duquel elles ont souscrit une assurance « individuelle accidents » ou un contrat « garantie accidents de la vie ». Soit elles sollicitent l'auteur des dommages et/ou son assureur de responsabilité.

4983. Les polices « individuelle accidents » et les contrats « garantie accidents de la vie » entrent dans la catégorie des assurances de personnes souscrites par la victime éventuelle d'un dommage. Les contrats « garantie accidents de la vie » offrent à la victime d'un accident médical, ayant la qualité d'assurée, une prestation d'assurance à caractère indemnitaire, alors que les contrats « individuelle accidents » proposent généralement à la victime assurée des prestations à caractère forfaitaire, et seulement exceptionnellement des prestations à caractère indemnitaire. L'assurance de responsabilité médicale entre dans la catégorie des assurances de dommages à caractère indemnitaire, souscrites par les responsables potentiels d'accidents médicaux. Elles ont vocation à prendre en charge les conséquences financières de la responsabilité de l'assuré, et offrent à la victime un véritable privilège sur l'indemnité d'assurance.

4984. L'assurance des accidents médicaux n'est pas toujours pleinement efficace, soit que le patient n'ait pas souscrit une assurance personnelle, soit que son assureur lui ait opposé une exclusion de garantie, soit qu'aucune responsabilité n'ait été démontrée, soit que l'assureur de responsabilité de l'auteur des dommages n'ait pas proposé une indemnisation intégrale du préjudice subi. Un fonds, chargé de l'indemnisation des victimes d'accidents médicaux au titre de la solidarité nationale, a été créé pour pallier les carences du système d'assurance (L. n° 2002-303, 4 mars 2002, JO 5 mars).

4985. Au final, les victimes d'accidents médicaux disposent de deux voies pour obtenir indemnisation de leur préjudice : soit elles sollicitent leur assureur personnel (section 1), soit elles utilisent le système d'indemnisation fondée sur la responsabilité de l'auteur du dommage, l'assurance de responsabilité, ou la solidarité (section 2).

Section 1 ▪ Assurance personnelle

4986. Les patients peuvent souscrire deux types de police d'assurance de personnes, susceptibles de leur offrir une prestation en cas d'accidents médicaux : la police traditionnelle dite « individuelle accidents » (§ 1) et le contrat « garantie accidents de la vie » proposé depuis l'année 2000 (§ 2). Aucune de ces assurances ne répond pleinement aux attentes des victimes d'accidents médicaux (§ 3).

§ 1 ▪ Assurance « individuelle accident »

4987. Pour une étude générale de l'assurance « individuelle accident », V. supra.L'assurance « individuelle accidents » a été définie comme un contrat par lequel, en échange d'une prime, l'assureur s'engage, au cas où, durant la période de garantie, un accident corporel atteindrait l'assuré, principalement à lui verser ou, en cas de mort, à verser au bénéficiaire désigné une somme déterminée et, accessoirement, à rembourser tout ou partie des frais médicaux ou pharmaceutiques engagés par suite dudit accident.

A ▪ Notion d'accident corporel

4988. En l'absence de règles légales impératives déterminant les risques garantis en assurance « individuelle accidents », les polices d'assurance vont stipuler ce qu'il faut entendre par accident, sans désigner spécifiquement l'accident médical. De façon générale, l'accident corporel est défini comme toute lésion de l'organisme provoquée par l'action soudaine et violente d'une cause extérieure et indépendante de la volonté de l'assuré ou du bénéficiaire. Les accidents médicaux, qu'ils trouvent leur origine dans une intervention préventive, diagnostique, ou thérapeutique, sont conformes à cette définition. Dès lors, la victime d'un accident médical, assurée en « individuelle accidents », peut utilement solliciter son assureur.

4989. Parmi les exclusions habituellement stipulées dans les contrats « individuelle accidents », figure celle des lésions organiques, que l'assureur risque plus particulièrement d'opposer à son assuré, victime d'un accident médical.

4990. L'exclusion des lésions organiques s'impose dans la mesure où, même si elles se révèlent parfois avec soudaineté (crise cardiaque, hernie discale, lumbago...), elles ont une origine interne, ce qui les distingue d'un accident corporel au sens de la police. Par exemple, l'aggravation d'un état pathologique antérieur est privée de l'extériorité requise pour la mise en jeu de la garantie (Civ. 1re, 23 juin 1998, RGDA 1998. 755). Dans le même ordre d'idée, sont exclues de la garantie toutes les conséquences d'un infarctus du myocarde (Civ. 2e, 16 déc. 2004, RCA 2005, comm. n° 67). L'article 1315, alinéa 2, du Code civil impose à l'assureur, défendeur à l'action en garantie engagée par son assuré, d'établir l'origine pathologique de la lésion (Civ. 1re, 8 nov. 1988, RGAT 1989. 100). Dès lors, l'absence d'un état pathologique préexistant expliquant le préjudice corporel invoqué par la victime, suffit à justifier le versement de la prestation d'assurance, dès lors que l'assuré parvient à établir un lien de causalité entre l'acte médical litigieux et le préjudice subi.

B ▪ Bénéficiaires de la garantie

4991. Le souscripteur d'une police « individuelle accidents » n'est pas le seul à bénéficier de la qualité d'assuré bénéficiaire éventuel de la prestation d'assurance. Pourvu qu'ils soient désignés en qualité d'assurés dans le contrat, les proches du souscripteur accèdent à la garantie s'ils sont victimes d'un accident médical. En outre, lorsqu'un assuré décède à la suite d'un accident médical, un tiers peut bénéficier de la garantie si une stipulation pour autrui a été conclue à son profit.

4992. Aucune règle légale n'harmonisant le régime applicable à l'assurance « individuelle accidents », les polices limitent l'accès à la garantie en tenant compte de l'âge de l'assuré, les statistiques démontrant une augmentation de la fréquence et de la gravité des accidents au fur et à mesure de l'avancement en âge. Ainsi, un âge limite de 65 ans à la souscription est-il souvent appliqué par les assureurs. Une majoration de 20 % du montant de la prime est encore établie entre 50 et 55 ans, qui atteint 40 % entre 55 et 65 ans.

C ▪ Notion de dommages corporels

4993. Les polices « individuelle accidents » prévoient généralement le versement d'une prestation au bénéficiaire désigné de la garantie en cas de décès accidentel de l'assuré, dès lors que le délai entre l'accident et le décès est limité à un ou deux ans selon les polices. À défaut, les assureurs refusent d'intervenir parce qu'ils considèrent que le décès ne résulte pas de l'accident.

4994. Il existe un lourd contentieux relatif à la définition des garanties invalidité, incapacité, ou infirmité. Ce contentieux, qui trouve son origine à la fois dans l'ambiguïté de la notion et aux perceptions divergentes de l'assuré et de l'assureur, conduit à limiter l'accès des victimes d'accidents médicaux à la prestation d'assurance.

4995. L'assuré adopte généralement une conception extensive des notions d'invalidité, d'incapacité, ou d'infirmité. Elles ont toutes pour caractéristique d'empêcher la victime de l'accident d'exercer son activité professionnelle antérieure, en raison de son nouvel état physiologique. L'assureur se prévaut d'une conception beaucoup plus restrictive, en définissant l'invalidité, l'incapacité, ou l'infirmité comme une incapacité à reprendre une activité professionnelle ou non professionnelle quelle qu'elle soit, à la suite de l'accident. En pratique, la garantie invalidité est donc généralement vide de tout contenu, dans la mesure où même les grands invalides ont la possibilité d'exercer une activité. La garantie ne concerne donc que les victimes à l'état végétatif.

4996. La Cour de cassation consacre globalement une conception restrictive de la notion d'invalidité, en décidant par exemple que l'invalidité totale, définie comme « l'incapacité de se livrer au moindre travail ou à la moindre occupation pouvant procurer gain ou profit à la victime », est claire et précise (Civ. 1re, 6 janv. 1998, RGDA 1998. 119, obs. Malleville). De même est-il admis que la clause définissant l'incapacité temporaire comme l'impossibilité de reprendre quelque travail que ce soit, est claire et précise (Civ. 1re, 17 mars 1998, RGDA 1998. 769, obs. J. Kullmann). La première Chambre civile a eu l'opportunité d'apprécier la validité des clauses des polices d'assurance adoptant une conception restrictive de l'invalidité. Or, loin de se prononcer sur la licéité des clauses litigieuses, elle a laissé aux juridictions du fond le soin de déterminer au cas par cas, si l'assuré est ou non dans un état justifiant la mise en jeu de la garantie (Civ. 1re, 9 févr. 1999, 3 arrêts, D. 1999, jur. p. 339, note Malleville ; RCA 1999, chron. 11 ; JCP G 1999, II, 1047, concl. P. Sargos; Civ. 2e, 18 févr. 2010, n° 09-14.034, RCA 2010, com. 133). En toute hypothèse, le sinistre réside dans la survenance de l'état d'incapacité ou d'invalidité de l'assuré et ne peut être constitué qu'au jour de la consolidation de cet état (Civ. 2e, 26 oct. 2006, RCA 2007, comm. n° 32).

D ▪ Mise en jeu de la garantie

4997. À la suite de la déclaration de sinistre par l'assuré victime d'un accident médical, un médecin-conseil est désigné par l'assureur. Il est chargé de vérifier que l'état de l'assuré correspond à la définition contractuelle de la garantie d'invalidité permanente ou temporaire.

Le système de l'expertise médicale mis en œuvre dans le cadre de l'assurance « individuelle accidents » n'est pas satisfaisant pour plusieurs raisons. D'une part, l'expert est désigné par l'assureur, ce qui fait douter de l'application pleine et entière du principe du contradictoire. L'assuré a d'ailleurs tout intérêt à se faire assister de son propre médecin-conseil (mais rares sont les assurés qui utilisent la faculté qui leur est offerte en l'occurrence). D'autre part, les assureurs ne communiquent pas le rapport d'expertise à la victime, ce qui constitue une entorse supplémentaire au principe du contradictoire. Par ailleurs, le médecin-conseil de l'assureur subit nécessairement la pression des définitions contractuelles restrictives de l'invalidité, limitant ainsi l'accès de la victime d'un accident médical à la garantie. Enfin, les victimes d'accidents médicaux supportent les lenteurs d'un processus qui n'est enfermé dans aucun délai, faute d'intervention du législateur pour accélérer la mise en jeu de la garantie.

4998. En cas d'invalidité permanente ou temporaire, la plupart des polices se réfèrent à un barème contractuel d'évaluation des dommages que l'assuré est censé avoir accepté, alors qu'il ne figure pas expressément dans la police.

Les assureurs, sur la base d'un rapport d'expertise influencé par la définition conventionnelle restrictive de l'incapacité, pourrait n'avoir que peu de difficultés à tirer profit de l'opacité de la police pour affirmer que le préjudice subi par la victime d'un accident médical n'atteint pas le seuil requis pour la mise en jeu de la garantie. Par exemple, dans l'hypothèse où la garantie incapacité est prévue à partir de 30 %, il pourrait être aisé d'affirmer que l'état de la victime équivaut à une incapacité de 28 ou 29 %.

En cas de contentieux sur la fixation du taux d'invalidité et faute de barème objectivement déterminable au regard des stipulations de la police, les tribunaux ont la possibilité d'appliquer les barèmes de la Sécurité sociale (Civ. 1re, 7 oct. 1998, RCA 1998, comm. n° 399).

E ▪ Nature des prestations d'assurance

4999. L'article L. 131-1, alinéa 1, du Code des assurances pose le principe du caractère forfaitaire de l'assurance « individuelle accidents », qui entre dans la catégorie des assurances de personnes : « en matière (...) d'assurance contre les accidents atteignant les personnes, les sommes assurées sont fixées par le contrat ». Autrement dit, le bénéficiaire de la garantie, assuré-victime ou tiers bénéficiaire, obtient une somme forfaitaire, dont le montant est prédéterminé dans la police (Civ. 1re, 17 mars 1993, RGAT 1993. 630, obs. A. Favre Rochex ; RCA 1993, comm. n° 283 et chron. 29, H. Groutel ; Civ. 1re, 21 janv. 1997, RCA 1997, comm. n° 138).

5000. Le capital versé au bénéficiaire de la garantie varie selon les contrats entre 1500 euros et 7 à 8 millions d'euros.

Les incapacités permanentes sont généralement couvertes par un capital dont le maximum est fixé à 7 voire 8 millions d'euros, ou par une rente dont le montant varie selon les polices et l'évaluation du dommage. Les incapacités temporaires donnent lieu au versement d'une prestation journalière, dont le montant semble aller de 5 à 200 € selon les contrats et le taux d'incapacité retenu.

Moyennant paiement d'un complément de prime, la victime d'un accident médical ou les bénéficiaires de la garantie désignés au contrat en cas de décès, peuvent obtenir des garanties supplémentaires : prise en charge des frais médicaux, chirurgicaux, pharmaceutiques ou d'hospitalisation en complément des prestations de Sécurité sociale, prestations d'assistance lors de l'accident, frais funéraires en cas de décès de la victime de l'accident médical, aide ménagère, assistance éducative pour l'enfant dont la scolarité est interrompue du fait de l'accident...

La victime d'un accident médical peut cumuler les prestations forfaitaire versées au titre de l'assurance « individuelle accidents » et les prestations indemnitaires versées par le responsable et son assureur de responsabilité (Civ. 2e, 23 sept. 1999, RTD civ. 2000, p. 126, obs. P. Jourdain ; RCA 1999, comm. n° 376, obs. H. Groutel).

5001. Le caractère forfaitaire des prestations versées par l'assureur « individuelle accidents » fait obstacle à l'exercice d'un recours subrogatoire contre le responsable de l'accident médical ou son assureur de responsabilité. L'interdiction de toute subrogation est consacrée par l'article L. 131-2, alinéa 1, du Code des assurances : « dans l'assurance de personnes, l'assureur, après paiement de la somme assurée, ne peut être subrogé aux droits du contractant ou du bénéficiaire contre des tiers à raison du sinistre ». La Cour de cassation rappelle régulièrement que l'assureur ne peut être subrogé aux droits du bénéficiaire de la garantie contre le responsable ou son assureur (Crim., 13 nov. 1986, RGAT 1986. 116 ; Civ. 1re, 17 mars 1993, RGAT 1993. 630, obs. A. Favre Rochex)

5002. L'article L. 131-2, alinéa 2, du Code des assurances autorise l'assureur « individuelle accidents » à donner une dimension indemnitaire aux prestations proposées à la victime d'un accident médical : « (...) dans les contrats garantissant l'indemnisation des préjudices résultant d'une atteinte à la personne, l'assureur peut être subrogé dans les droits du contractant ou des ayants droit contre le tiers responsable, pour le remboursement des prestations à caractère indemnitaire prévues au contrat ».

La prestation indemnitaire est calculée sur la base du préjudice effectivement subi par la victime, conformément au principe de la réparation intégrale. Autrement dit, la victime d'un accident médical qui bénéficie d'une prestation à caractère indemnitaire, obtient une somme correspondant le plus exactement possible à la valeur de son préjudice.

5003. Les assureurs multiplient les prestations à caractère indemnitaire, jugées plus attractives pour les assurés, dans la mesure où, à l'inverse des prestations à caractère forfaitaire, elles sont proportionnées à la gravité du dommage. La généralisation de l'assurance « individuelle accidents » à caractère indemnitaire permet encore à la victime d'un accident médical de s'adresser directement à son assureur, sans avoir préalablement à établir la responsabilité de l'auteur de ses dommages, ni à supporter les contraintes du processus de mise en oeuvre de la garantie propre aux assurances de responsabilité.

5004. L'admission d'un volet indemnitaire attachée à l'assurance « individuelle accidents » entretient l'ambiguïté sur la nature des prestations offertes à la victime d'un accident médical. En particulier, la question se pose de savoir si les prestations revêtent nécessairement un caractère forfaitaire, lorsque les modalités de leur calcul dépendent d'éléments prédéterminés dans la police. La réponse est capitale, notamment dans la mesure où l'assureur « individuelle accidents » est subrogé dans les droits de son assuré ou du bénéficiaire de la garantie en cas de décès de la victime de l'accident médical, contre l'auteur du dommage et son assureur, dans la seule hypothèse où les prestations qu'il a versées ont un caractère indemnitaire (C. assur., art. L. 131-2). L'Assemblée plénière de la Cour de cassation a affirmé que « le mode de calcul des prestations versées à la victime en fonction d'éléments prédéterminés n'est pas de nature à empêcher ces prestations de revêtir un caractère indemnitaire ». Dans le même arrêt de principe, elle a opéré une distinction selon que les modalités contractuelles de calcul se réfèrent ou non à celles retenues en droit commun pour l'évaluation du préjudice. Dans le premier cas de figure, les prestations ont un caractère indemnitaire, ce qui suffit à légitimer le recours subrogatoire de l'assureur « individuelle accidents » contre le responsable et son assureur. Dans le second cas de figure, les prestations ont un caractère forfaitaire qui exclut tout recours subrogatoire (Cass. ass. plén., 19 déc. 2003, RCA 2004, chron. 9, H. Groutel).

§ 2 ▪ Contrat « garantie accidents de la vie »

5005. Pour une étude générale du contrat « garantie accidents de la vie », V. supra. Le contrat « garantie accidents de la vie » est une assurance qui a vocation à indemniser une victime, pour les accidents survenus au cours de sa vie privée, indépendamment de toute recherche de responsables éventuels du ou des préjudices subis.

A ▪ Notion d'accident médical

5006. L'accident médical est précisément défini dans le contrat-socle proposé au cours de l'année 2000 par les signataires de la charte instituant la « garantie accidents de la vie », comme « un acte ou un ensemble d'actes de caractère médical ayant eu sur l'assuré des conséquences dommageables pour sa santé, anormales et indépendantes de l'évolution de l'affection en cause et de l'état antérieur ». En l'occurrence, le contrat « garantie des accidents de la vie » a vocation à épargner à la victime la recherche préalable de la responsabilité de l'auteur des dommages, pour obtenir indemnisation de ses dommages. Elle est certaine d'obtenir rapidement une prestation indemnitaire, quand bien même la responsabilité du praticien à l'origine de ses préjudices n'est pas encore démontrée.
Seuls sont concernés par l'assurance, les accidents médicaux dont la première manifestation est intervenue entre la date de prise d'effet du contrat et sa résiliation, et dont le fait générateur est postérieur au 1er janvier 2000.
5007. Aux exclusions classiques qui ne semblent pas pouvoir directement concerner les victimes d'accidents médicaux, s'ajoute l'exclusion des dommages causés à l'occasion d'expérimentations biomédicales. Ces risques sont couverts dans le cadre de l'assurance obligatoire de responsabilité des promoteurs de recherche biomédicale.

B ▪ Bénéficiaires de la garantie

5008. La police « garantie accidents de la vie » est souscrite au profit de l'ensemble des personnes constituant le foyer du souscripteur. Le souscripteur n'est donc pas le seul à bénéficier de la qualité d'assuré bénéficiaire éventuel de l'indemnité d'assurance. Son conjoint,

son partenaire dans le cadre d'un PACS, ou son concubin et les enfants vivant avec lui ou qui restent fiscalement à sa charge, ont également la qualité d'assurés bénéficiaires de la garantie, lorsqu'ils sont victimes d'un accident médical. Il est à noter que les personnes plus particulièrement exposées aux accidents médicaux, telles que les enfants en bas âge ou les personnes fragilisées, notamment par une maladie, ne sont pas exclues de la garantie.
Les assureurs signataires de la charte ont cependant soumis le contrat-socle à la loi Évin, qui les autorise à remettre en cause la garantie, lorsque l'assuré atteint l'âge de 65 ans (L. n° 89-1009, 31 déc. 1989, JO 2 janv. 1990).

C ▪ Montant de la garantie

5009. L'originalité du contrat « garantie accidents de la vie » procède pour l'essentiel, du caractère indemnitaire des prestations d'assurance versées en cas de décès de l'assuré ou d'incapacité permanente au moins égale à 30 %. L'assureur verse une indemnité calculée sur la base de la valeur de différents chefs de préjudices subis par l'assuré, victime d'un accident médical (préjudice d'agrément, préjudice esthétique, incapacité permanente). Lorsque la victime directe est décédée, l'assureur prend en charge les préjudices économiques et moraux subis par les bénéficiaires désignés par l'assuré.

5010. L'assureur calcule le montant de l'indemnité, en se référant au principe de la réparation intégrale. Autrement dit, l'assureur ne doit pas verser une indemnité dont le montant dépasse ou est inférieur à la valeur du préjudice subi. La prestation acquise à l'assuré doit correspondre à la valeur du préjudice subi.
Toutefois, le contrat « garantie des accidents de la vie » ne prend pas en charge l'ensemble des chefs de préjudices subis par la victime. Les frais médicaux et le préjudice économique lié à l'incapacité temporaire de la victime, ne sont pas couverts dans le cadre du contrat-socle. Cela étant, ils peuvent faire l'objet de garanties facultatives, moyennant versement d'un supplément de prime par le souscripteur. Peuvent également être garantis, moyennant surprime, certains services dont peut bénéficier la victime, tels que des aides ménagères, des conseils en matière d'aménagements de l'habitation. Concernant ces garanties complémentaires, les assureurs ne sont en aucun cas liés par des stipulations du contrat-socle.

5011. Le contrat-socle prévoit une franchise de 30 % pour l'incapacité permanente. En pratique, les assureurs se sont généralement départis de cette exigence, pour proposer un produit plus attractif en abaissant à 10 % le pourcentage prévu. Pour autant, ce chiffre n'est pas surprenant. Il est identique à celui usuellement stipulé dans les contrats d'assurance « avance sur recours », qui servent de modèles aux contrats « garantie accidents de la vie ». Par ailleurs, les assureurs signataires de la charte, se sont engagés à ne pas aller en deçà d'un plafond de garantie fixé à 1 million d'euros. Ce plafond est suffisamment élevé, pour que les préjudices les plus graves subis par la victime d'un accident médical soient pris en charge.

D ▪ Mise en jeu de la garantie

5012. Les assureurs ont souhaité mettre en place une procédure simplifiée, garantissant à l'assuré, victime d'un accident de la vie, notamment d'un accident médical, une indemnisation dans un bref délai. La garantie « accidents de la vie » joue en quelque sorte un rôle de préfinancement, l'assureur qui a indemnisé son assuré disposant ensuite d'un recours subrogatoire contre le responsable ou son assureur.
Le montant de l'indemnité est fixé sur la base des conclusions d'un rapport d'expertise médicale, qui détermine l'ampleur des préjudices subis par la victime à la suite de l'accident

médical. La procédure d'expertise envisagée dans le contrat-socle est identique à celle organisée dans la loi du 5 juillet 1985 relative aux accidents de la circulation. En particulier, il est prévu que l'assuré peut se faire assister par le médecin de son choix, et que l'assureur doit lui transmettre un double du rapport d'expertise.
Les assureurs signataires de la charte ont admis le principe d'une offre d'indemnisation faite à la victime d'un accident médical dans un bref délai. Cela étant, ils ont limité le champ d'application de la procédure envisagée.

5013. Le contrat « garantie des accidents de la vie » limite l'obligation de faire une offre dans un bref délai, concernant l'incapacité permanente supportée par la victime, aux seuls cas dans lesquels elle dépasse le seuil fixé pour l'intervention de l'assureur, soit 30 % ou 10 % selon les polices.
L'offre définitive d'indemnisation doit être établie dans les cinq mois suivant la date à laquelle l'assureur a été informé de la consolidation ou du décès de l'assuré, sous réserve de la communication de l'état des prestations des tiers payeurs perçues ou à percevoir par le bénéficiaire de la garantie. Concernant l'incapacité permanente, si le rapport d'expertise médicale établit qu'elle dépassera le seuil de garantie sans toutefois en fixer le taux à titre définitif, l'assureur doit faire une offre provisionnelle dans le mois suivant la réception du rapport d'expertise. Le paiement de l'indemnité d'assurance due à la victime d'un accident médical doit intervenir dans un délai d'un mois à compter de l'acceptation de l'offre.

§ 3 ▪ Échec des assurances personnelles

5014. Les assurances personnelles rencontrent un succès très limité auprès des patients. La principale explication donnée à propos de ce phénomène réside dans le caractère illusoire des garanties proposées. Il suffit de rappeler les limites de la garantie en cas d'invalidité dans l'assurance « individuelle accidents » (sur ce thème, V. supra) et dans le contrat « garantie des accidents de la vie » (sur ce thème, V. supra), les lenteurs du processus d'indemnisation en assurance « individuelle accidents », pour se convaincre de l'insuffisance des assurances personnelles, et expliquer qu'elles restent marginales parmi les systèmes d'indemnisation des victimes d'accidents médicaux.

5015. La question se pose de savoir si les carences de l'assurance personnelle peuvent être dans une certaine mesure « compensées » par des mécanismes de responsabilité de l'auteur des dommages, d'assurance de responsabilité, voire de solidarité, plus efficaces. Les projets de réforme de l'indemnisation des accidents médicaux laissaient entrevoir des espoirs d'amélioration de l'accès de la victime à la réparation de ses préjudices. Toutefois, le système d'indemnisation mis en place par la loi n° 2002-303 du 4 mars 2002 relative aux droits des malades et à la qualité du système de santé, est réservé aux seules victimes des dommages les plus graves (sur ce thème, V. infra). Les victimes d'accidents médicaux ne souffrant « que » de préjudices bénins, n'ont alors d'autre recours que l'assurance personnelle, elle-même imparfaite.

Section 2 ▪ Assurance de responsabilité et solidarité

5016. Après trois décennies de tentatives avortées de réforme de l'indemnisation des accidents médicaux, la loi n° 2002-303 du 4 mars 2002 relative aux droits des malades et à la qualité du système de santé, a vocation à faciliter l'accès des victimes à une indemnisation rapide et intégrale de leurs préjudices. L'unification du régime d'indemnisation, la réaffirmation du principe d'une responsabilité individuelle fondée sur la faute, la consécration d'une assurance de responsabilité obligatoire des professionnels et des établissements de santé, la création de l'Office national d'indemnisation chargé d'indemniser les victimes en cas d'échec des mécanismes de responsabilité et d'assurance attestent des efforts accomplis pour réaliser l'objectif poursuivi, même si les victimes des dommages les moins graves ne tirent aucun bénéfice du nouveau système d'indemnisation.

5017. L'article 101 de la loi n° 2002-303 du 4 mars 2002 dispose que le nouveau système d'indemnisation concerne les « accidents médicaux, affections iatrogènes et infections nosocomiales consécutifs à des activités de prévention, de diagnostic ou de soins réalisées à compter du 5 septembre 2001, même si ces accidents médicaux, affections iatrogènes et infections nosocomiales font l'objet d'une instance en cours, à moins qu'une décision de justice irrévocable n'ait été prononcée ». Autrement dit, la loi du 4 mars 2002 n'est pas applicable, dès lors que le fait générateur de l'accident médical est survenu avant le 5 septembre 2001. Les litiges en cours relatifs à ces faits générateurs restent donc soumis au régime d'indemnisation en vigueur avant l'entrée en vigueur de la loi nouvelle.

5018. Dans un premier temps, l'article 101 de la loi disposaient que le nouveau régime d'indemnisation s'appliquait « aux accidents médicaux, affections iatrogènes et infections nosocomiales consécutifs à des activités de prévention, de diagnostic ou de soins réalisées au plus tôt six mois avant la publication de la présente loi. Cet article est applicable aux instances en cours n'ayant pas donné lieu à une décision irrévocable ». Sur la base de ces dispositions transitoires, la Cour de cassation, saisie pour avis, avait décidé que « l'article 101 de la loi n° 2002-303 du 4 mars 2002 relative aux droits des malades et à la qualité du système de santé, en son entier, s'applique non seulement aux accidents médicaux, affections iatrogènes et infections nosocomiales consécutifs à des activités de prévention, de diagnostic ou de soins survenus depuis le 5 septembre 2001, mais également à toutes les procédures en cours au moment de la publication de la loi, quelle que soit la date du fait générateur » (Cass. avis, 22 nov. 2002, D. 2003, chron. p. 1196, note D. Dendoncker). Cette interprétation a été jugée inexacte par le législateur, lequel a réécrit le premier alinéa de l'article 101 de la loi du 4 mars 2002, en limitant l'application du texte aux litiges concernant des faits générateurs survenus à compter du 5 septembre 2001 (L. n° 2002-1577, 30 déc. 2002).
L'originalité de la loi n° 2002-303 du 4 mars 2002, tient à la diversité des aspects du système d'indemnisation, qui utilise les mécanismes de responsabilité, d'assurance de responsabilité, et de solidarité, pour garantir aux victimes d'accidents médicaux une réparation intégrale de leurs préjudices. Le particularisme de la loi réside également dans la mise en place de procédures d'indemnisation destinées à accélérer l'accès de la victime à réparation.

§ 1 ■ Spécificité du système d'indemnisation

A ■ Indemnisation au titre de la responsabilité

5019. Un premier mode d'accès à l'indemnisation consiste pour la victime, à établir la responsabilité de l'auteur des dommages, et à solliciter l'assureur de responsabilité de ce dernier aux fins de versement de l'indemnité.

5020. La loi n° 2016-41 du 26 janvier 2016 est venue créer une action de groupe en matière de santé. Elle entrera en vigueur après publication des décrets d'application mais au plus tard le 1er juillet 2016. Ainsi, en vertu de l'article L. 1143-1 du Code de la santé publique, une association d'usagers du système de santé agréée en application de l'article L. 1114-1 pourra agir en justice afin d'obtenir la réparation des préjudices individuels subis par des usagers du système de santé placés dans une situation similaire ou identique et ayant pour cause commune un manquement d'un producteur ou d'un fournisseur de l'un des produits mentionnés au II de l'article L. 5311-1 (médicaments, produits médicaux...) ou d'un prestataire utilisant l'un de ces produits à leurs obligations légales ou contractuelles. Cependant, l'action ne peut porter que sur la réparation des préjudices résultant de dommages corporels subis par des usagers du système de santé.

1 ▪ Nature de la responsabilité

5021. L'article L. 1142-1, I, alinéa 1er, du Code de la santé publique dispose : « hors le cas où leur responsabilité est encourue en raison d'un défaut d'un produit de santé, les professionnels de santé mentionnés à la quatrième partie du présent code, ainsi que tout établissement, service ou organisme dans lesquels sont réalisés des actes individuels de prévention, de diagnostic ou de soins ne sont responsables des conséquences dommageables d'actes de prévention, de diagnostic ou de soins qu'en cas de faute ». Ces dispositions traduisent la volonté du législateur de confirmer le principe de la responsabilité pour faute des professionnels de santé (a), la responsabilité sans faute restant concevable à titre d'exception (b).

a - Principe de la responsabilité pour faute

5022. En consacrant le principe de la responsabilité pour faute des professionnels et des établissements de santé, l'article L. 1142-1, I, alinéa 1er, du Code de la santé publique confirme le principe jurisprudentiel de la responsabilité pour faute, posé par l'arrêt Mercier en 1936 et systématiquement réaffirmé depuis (Civ., 20 mai 1936, D. 1936, 1, p. 88, concl. Matter, rapp. Josserand, note E. P. ; Civ. 1re, 30 oct. 1962, D. 1963, jur. p. 57, note P. Esmein). La réparation des conséquences de l'aléa thérapeutique n'entre donc pas dans le champ des obligations dont un médecin est contractuellement tenu. Par exemple, le dommage imputable à une réaction allergique ou une intolérance du patient à des gants chirurgicaux en latex ne présentant aucun défaut, ne peut donner lieu à la mise en jeu de la responsabilité du praticien (Civ. 1re, 22 nov. 2007, RCA 2008, comm. n° 31, obs. C. Radé). Du principe selon lequel la mise en jeu de la responsabilité suppose l'existence d'une faute, il résulte que le médecin est toujours en principe tenu d'une obligation de moyens, d'ailleurs exprimée par l'article 32 du Code de déontologie médicale : « (...) le médecin s'engage à assurer personnellement au patient des soins consciencieux et dévoués, et fondés sur les données acquises de la science ». Pour mémoire, l'obligation de moyens se définit comme l'obligation non de parvenir à un résultat déterminé, mais d'y appliquer ses soins et ses capacités.

5023. Le législateur ne donne aucune indication quant à la preuve de la faute des professionnels et des établissements de santé. Notamment, l'article L. 1142-1, I, alinéa 1er, du Code de la santé publique n'oblige pas les demandeurs à l'action en responsabilité à faire la preuve d'une faute du défendeur. Par conséquent, les demandeurs devraient pouvoir bénéficier, dans certaines circonstances, d'une présomption simple de faute. Les solutions jurisprudentielles antérieures, retenant par exemple la faute présumée d'un médecin qui porte atteinte, au cours d'une opération chirurgicale, à un organe qui ne devait pas a priori être affecté par l'acte, devraient être maintenues (Civ. 1re, 23 mai 2000, 2 arrêts, D. 2000, IR, 183 et 192 ; RCA 2000, comm. n° 270 et 272 ; Civ. 1re, 18 juill. 2000, RCA 2000, comm. n° 370). L'existence d'une présomption de faute a récemment glissé vers celle d'une présomption d'imputabilité : Il a été admis que, l'extraction d'une dent de sagesse n'impliquant par les dommages subis par la patiente, la cour d'appel ne pouvait que retenir « une présomption d'imputabilité du dommage à un manquement fautif du praticien » (Civ. 1re, 17 janv. 2008, RCA 2008, comm. n° 111, obs. C. Radé). Par ailleurs, l'article L. 1142-1, I, alinéa 1er n'exige pas la preuve que la faute ait été commise personnellement par le professionnel ou l'établissement de santé. La solution s'imposait pour permettre la mise en jeu de la responsabilité des personnes morales, dans la mesure où ce sont nécessairement leur personnel qui sont les auteurs des dommages. Le silence du législateur autorise également la mise en jeu de la responsabilité des professionnels exerçant à titre libéral, en cas de faute commise par leurs préposés, ce qui entérine l'application du principe jurisprudentiel de la responsabilité du fait d'autrui aux accidents médicaux.

5024. En se contentant de faire référence à la « faute » des professionnels ou des établissements de santé, l'article L. 1142-1-I, alinéa 1er, du Code de la santé publique, confirme les jurisprudences judiciaire et administrative qui ont adopté le critère de la faute simple pour mettre en jeu la responsabilité médicale (Civ. 1re, 4 janv. 2005, RCA 2005, comm. n° 102). Le Conseil d'État a abandonné l'exigence d'une faute lourde, pour se contenter d'une faute simple, depuis 1992 (CE, 10 avr. 1992, D. 1993, somm. p. 146, obs. P. Bon et P. Terneyre ; JCP G 1992, II, 21881, note Moreau ; RCA 1992, comm. n° 197). Sous l'empire de la loi nouvelle, les victimes d'accidents médicaux devraient donc bénéficier de l'évolution jurisprudentielle antérieure de la notion de faute médicale. Les tribunaux ont ainsi apprécié de façon de plus en plus sévère la faute médicale, pour faciliter l'accès des victimes à l'indemnisation.

5025. Il est admis que toute maladresse dans l'acte chirurgical est fautive (Civ. 1re, 7 janv. 1997, 2 arrêts, D. 1997, jur. p. 189, rapp. P. Sargos, note D. Thouvenin ; Civ. 1re, 13 oct. 1999, JCP G 2000, II, 10270, note Dorsner-Dolivet). Par exemple, lorsque la perforation de l'œsophage d'un patient à la suite d'une dilatation endoscopique trouve son origine dans un geste maladroit du praticien, ce dernier commet une faute exclusive de la notion de risque inhérent à un aléa médical (Civ. 1re, 3 avr. 2007, RCA 2007, comm. n° 220). Dans la même perspective, porter atteinte à un organe qu'il n'était pas nécessaire de toucher pour pratiquer un acte chirurgical constitue une faute technique (Civ. 1re, 23 mai 2000, 2 arrêts, D. 2000, IR, 183 et 192).

5026. La persistance non justifiée dans un diagnostic dont le caractère erroné pouvait être justifié dans un premier temps, est constitutive d'une faute (Civ. 1re, 8 juill. 1997, 2 arrêts, Bull. civ. I, n° 238 et 239 ; JCP G 1997, II, 22921, rapp. P. Sargos). Est encore fautive, l'absence d'un test pourtant obligatoire à la naissance d'un nouveau-né entraînant un retard dans le diagnostic d'une maladie qui n'a pu être traitée de manière précoce (Civ. 1re, 23 juin 1998, RCA 1998, comm. n° 320). De même, commet une erreur fautive de diagnostic le radiologue qui se contente d'un examen IRM et ne demande pas l'avis d'un radiologue plus confirmé que lui avant d'affirmer l'absence de malformation cérébrale d'un fœtus dont le jumeau n'est pas viable en raison d'une anencéphalie (Civ. 1re, 8 juill. 2008, RCA 2008, comm. n° 329, obs. C. Radé). La Cour de cassation se fonde enfin sur les articles 32 et 33 du Code de déontologie médicale pour retenir la responsabilité d'un médecin radiologue au motif qu'en présence d'un doute diagnostique, ce dernier n'a pas sollicité l'aide de tiers compétents ou de concours appropriés (Civ. 1re, 27 nov. 2008, RCA 2009, comm. n° 22).

5027. Le traitement du malade doit être impérativement conforme aux données acquises de la science (Civ. 1re, 23 avr. 1959, Bull. civ. I, n° 337). Le suivi du malade après l'intervention doit également respecter les données acquises de la science (Civ. 1re, 7 juill. 1993, RCA 1993, comm. n° 375). L'exigence de soins conformes aux données acquises de la science vaut quand bien même la victime de l'accident médical a accepté les risques d'un traitement moins coûteux que celui imposé au regard des progrès accomplis. Ainsi, un chirurgien-dentiste qui donne des soins correspondant aux possibilités financières de sa patiente, mais qui se révèlent par la suite dommageable pour cette dernière, commet une faute en ne prodiguant pas des soins conformes aux données acquises de la science (Civ. 1re, 19 déc. 2000, Bull. civ. I, n° 331).

5028. La Cour de cassation a aussi pu décider que l'obligation pour le médecin de donner au patient des soins attentifs, consciencieux et conformes aux données acquises de la science comporte le devoir de se renseigner avec précision sur son état de santé, afin d'évaluer les risques encourus et de lui permettre de donner un consentement éclairé. Elle met donc à la charge du médecin,, à l'instar d'autres professionnels, une obligation de s'informer pour informer (Civ. 1re civ., 5 mars 2015, n° 14-13.292, JCP G 2015, n°19-20, 555, note M. Bacache).

5029. La Cour de cassation retient une faute de surveillance des professionnels de la santé dans trois séries de circonstances.

- Soit le médecin manque à son obligation de surveillance opératoire.

Cette faute est fréquemment retenue lorsque l'accident médical survient au cours de la phase postopératoire du réveil anesthésique. Sont concernés par la responsabilité du fait d'un défaut de surveillance opératoire les chirurgiens et les anesthésistes réanimateurs. Les seconds sont tenus de veiller au réveil du malade, et de prévenir ou de faire face à tout accident respiratoire ou cardiaque. Est par exemple fautif l'anesthésiste qui s'abstient de toute prescription sur le volume, la nature et le débit du liquide à transfuser par perfusion intraveineuse (Crim., 28 mai 1997, RCA 1998, comm. n° 23). Est encore fautif l'anesthésiste qui s'absente de la salle d'opération à un moment critique de l'intervention chirurgicale (Crim., 26 nov. 1997, RCA 1998, comm. n° 250). Le rôle de l'anesthésiste au cours de la période opératoire n'exclut pas la possibilité de demander réparation au chirurgien. L'assemblée plénière de la Cour de cassation a ainsi décidé que « si la surveillance postopératoire incombe au médecin anesthésiste pour ce qui concerne sa spécialité, le chirurgien n'en demeure pas moins tenu, à cet égard, d'une obligation générale de prudence et de diligence ». Il commet une faute en s'abstenant de vérifier que le malade reste sous la surveillance d'une personne qualifiée (Cass. ass. plén., 30 mai 1986, D. 1987, jur. p. 109, note J. Penneau).

- Soit le médecin manque à son obligation de surveillance psychiatrique.

Commet une faute, le médecin psychiatre qui n'a pas pris les mesures nécessaires à empêcher le patient de compromettre sa sécurité. En l'occurrence, la victime s'était suicidée (Civ. 1re, 10 juin 1997, RCA 1997, comm. n° 307). Encore faut-il que soient établie l'existence d'éléments permettant au médecin de déceler l'intention suicidaire d'une patiente admise dans un établissement psychiatrique et justifiant la mise en place de mesures de surveillance particulières (Civ. 1re, 1er mars 2005, Bull. civ. I, n° 104, p. 89 ; RCA 2005, comm. n° 158).

- Soit l'établissement de santé commet une faute d'organisation qui contribue au dommage de la victime.

C'est le cas d'une clinique dont le manque de rigueur dans l'organisation a conduit deux médecins à croire qu'il appartenait à l'autre d'intervenir pour apporter des soins à un patient, ce qui a provoqué une vacance totale de la permanence nécessaire pendant une heure et demie au moins (Civ. 1re, 13 nov. 2008, RCA 2009, comm. n° 21).

5030. « Seule une faute du patient peut exonérer, totalement ou partiellement le praticien de sa responsabilité » (Civ. 1re, 17 janv. 2008, RCA 2008, comm. n° 110, obs. C. Radé.). Cette faute est notamment constatée lorsque le patient ne tient pas compte des recommandations postopératoires de son chirurgien (Civ. 1re, 26 oct. 2004, n° 02-20.447). En revanche, ne commet pas de faute un patient qui, après avoir été blessé par son dentiste en Martinique lors d'une tentative d'extraction d'une dent, voyage en avion pour se faire soigner en Métropole, où est constatée une perforation du sinus. Le praticien ne peut en l'occurrence utilement arguer du risque pris par le patient, pour échapper aux conséquences de sa responsabilité (Civ. 1re, 17 janv. 2008, préc.).

5031. La loi du 4 mars 2002 prend des distances plus ou moins grandes avec l'analyse jurisprudentielle antérieure, concernant les hypothèses dans lesquelles est en cause l'information du patient.

5032. Avant la loi du 4 mars 2002, les tribunaux admettaient que le manquement des professionnels de la santé à leur devoir d'information soit invoqué au soutien d'une action en réparation des dommages corporels subis à l'occasion d'un acte médical. Les demandes fondées sur le défaut d'information s'étaient multipliées à la suite de la jurisprudence Hédreul, qui facilitait la tâche de la victime, en faisant peser sur le médecin la charge de prouver qu'il avait correctement informé son patient (Civ. 1re, 25 févr. 1997, RCA 1998, chron. 8, Ch. Lapoyade-Deschamps ; RTD civ. 1997, p. 434, obs. P. Jourdain). L'article L. 1142-1, I, du Code de la santé publique semble désormais priver les victimes d'accidents médicaux de la possibilité de se prévaloir d'un défaut d'information pour obtenir réparation de leurs préjudices corporels. En effet, le texte vise uniquement les « conséquences dommageables d'actes de prévention, de diagnostic ou de soins ». L'exigence d'un acte médical semble exclure la possibilité de fonder une action en réparation de dommages corporels sur le silence du médecin. En cas de survenance d'un accident médical constituant un des risques possibles de l'acte dont la victime n'a pas été informée, il convient donc de saisir l'Office national d'indemnisation aux fins d'indemnisation des préjudices corporels. En revanche, la loi du 4 mars 2002 n'interdit pas la réparation du préjudice moral résultant du manquement d'un professionnel de la santé à son obligation d'information, seul le préjudice corporel étant concerné par les dispositions de l'article L. 1142-1, I. L'article L. 1111-2 du Code de la santé publique pose d'ailleurs le principe d'une obligation d'information à la charge des établissements et des professionnels de la santé. Ce principe peut être invoqué au soutien d'une action en réparation du préjudice moral d'un patient, comme la jurisprudence l'a admis par le passé (Civ. 1re, 17 nov. 1969, Bull. civ. I, n° 347 ; Civ. 1re, 7 févr. 1990, D. 1991, somm. p. 183, obs. J. Penneau). Depuis un arrêt du 3 juin 2010, la Cour de cassation décidait que le non-respect du devoir d'information causait ipso facto, à celui auquel l'information était légalement due, un préjudice que le juge ne pouvait laisser sans réparation (Civ. 1re, 3 juin 2010, RTD Civ 2010, p. 571). Il s'agissait là, semble-t-il, d'un préjudice résultant de la violation d'un droit subjectif à l'information du patient (Civ. 1e, 12 juillet 2012, RTD Civ 2012, p. 737, obs. P. Jourdain).Il a toutefois récemment pu être décidé que le médecin qui manque à son devoir d'information cause à celui auquel l'information était due, « lorsque ce risque se réalise, un préjudice résultant d'un défaut de préparation aux conséquences d'un tel risque, que le juge ne peut laisser sans réparation ». Ainsi, le défaut d'information sur les risques inhérents à un acte médical ne génèrerait un préjudice réparable qu'en cas de réalisation du risque d'atteinte à l'intégrité corporelle dont le patient n'a pas été informé (Civ. 1ère, 23 janv. 2014, n° 12-22.12, RCA 2014, com. n° 116).

5033. Les exigences relatives à la transmission de l'information ne diffèrent pas substantiellement de celles retenues précédemment par la jurisprudence sur le fondement de l'article 1147 du Code civil. L'article L. 1111-2 du Code de la santé publique dispose que « l'information porte sur les différentes investigations, traitements ou actes de prévention qui sont proposés » au patient. Par le passé, les tribunaux retenaient que les professionnels de la santé devaient encore informer le malade, lorsqu'il prenait l'initiative de la demande de soins (Civ. 1re, 27 mai 1998, D. 1998, jur. p. 530, note F. Larroche-Gisserot ; RTD civ. 1999, p. 111, obs. P. Jourdain ; RCA 1998, comm. n° 276). Rien ne fait obstacle à ce que la Cour de cassation transpose l'exigence d'information mentionnée à l'article L. 1111-2 du Code de la santé publique, aux cas dans lesquels le patient aura lui-même formulé la demande de soins. L'article L. 1111-2 étend l'obligation d'information aux « risques fréquents ou graves normalement prévisibles » que comportent les actes médicaux. Ce faisant, la loi du 4 mars 2002 entérine la jurisprudence antérieure, qui imposait aux médecins d'informer leurs patients sur les risques graves, même s'ils ne se réalisaient qu'exceptionnellement (Civ. 1re, 27 mai 1998, D. 1998, jur. p. 530, note F. Larroche-Gisserot ; Civ. 1re, 7 oct. 1998, D. 1999, jur. p. 145, note S. Porchy ; JCP G 1998, II, 10179, concl. J. Sainte-Rose, note P. Sargos ; RTD civ. 1999, p. 111, obs. P. Jourdain ; CA Grenoble, 5 sept. 2006, RCA 2007, comm. n° 93, obs. C. Radé ; CE, 5 janv. 2000, Consorts Telle, JCP G 2000, II, 10271, note J. Moreau ; CE, 17 mai 2000, JCP G 2000, act. p. 1058). Le législateur semble même ajouter aux exigences jurisprudentielles antérieures, en visant les risques « fréquents ou graves ». En pratique, les dispositions de l'article L. 1111-2 n'opèrent pas de réel infléchissement. En effet, les tribunaux sanctionnaient dès avant l'application de la loi du 4 mars 2002 le défaut d'information portant sur les risques exceptionnels (Civ. 1re, 7 oct. 1998, D. 1999, jur. p. 145, note S. Porchy). C'est donc que l'attention des patients devait a fortiori être attirée sur les risques fréquents. Reste à se demander si un risque exceptionnel est « normalement prévisible » au sens de l'article L. 1111-2. En l'occurrence, les juridictions dispose d'une marge d'interprétation qui pourrait les conduire à maintenir l'exigence d'information relativement aux risques exceptionnels. L'article L. 1111-2 du Code de la santé publique exige encore du médecin qu'il informe le patient « sur les autres solutions possibles », consacrant ainsi la jurisprudence antérieure imposant aux professionnels de la santé de renseigner le patient sur l'existence d'actes médicaux de substitution (Civ. 1re, 3 mars 1998, inédit). L'article L. 1111-2 fait également sienne des dispositions de l'article 36, alinéa 2, du Code de déontologie médicale, imposant au médecin de prévenir le malade des « conséquences prévisibles en cas de refus » de l'acte médical proposé. L'article L. 1111-2 du Code de la santé publique prolonge l'obligation d'information au delà de l'accomplissement des actes médicaux : « lorsque postérieurement à l'exécution des investigations, traitements ou actions de prévention, des risques nouveaux sont identifiés, la personne concernée doit en être informée, sauf en cas d'impossibilité de la retrouver ». Cette disposition est sans doute inspirée de l'exonération de responsabilité du fait des produits défectueux en cas de risque de développement, soit le risque qu'il n'était pas possible d'identifier, au regard des données acquises de la science (C. civ., art. 1386-12, al. 2). En pratique, l'obligation d'information du médecin est donc limitée aux risques notoires. Mais dans l'hypothèse où un risque se révèle postérieurement à l'acte médical, le praticien doit tout mettre en oeuvre pour informer son patient de son existence. Enfin, l'article L. 1111-3 du Code de la santé publique donne une dimension patrimoniale à l'obligation d'information : « toute personne a droit, à sa demande, à une information, délivrée par les établissements et services de santé publics et privés, sur les frais auxquels elle pourrait être exposée à l'occasion d'activités de prévention, de diagnostic et de soins et les conditions de leur prise en charge. Les professionnels de santé d'exercice libéral doivent, avant l'exécution d'un acte, informer le patient de son coût et des conditions de son remboursement par les régimes obligatoires d'assurance maladie ». Ces dispositions légales confirment une jurisprudence constante des juridictions du fond (CA Lyon, 17 févr. 2000, Juris-Data n° 2000-105063 ; CA Paris, 20 oct. 2000, Juris-Data n° 2000-128359). En toute hypothèse, l'information devra être « délivrée au cours d'un entretien individuel ». Là encore, il existe des précédents jurisprudentiels relatifs à cette exigence. Ainsi, un médecin qui apprend à un patient sa séropositivité dans un couloir, après avoir procédé à un dépistage sans son accord, manque-t-il à son devoir d'information (CA Paris, 20 févr. 1992, D. 1992, somm. p. 30). Dans le cadre de dispositions plus générales de la loi du 4 mars 2002, les pouvoirs publics renforcent l'obligation d'information. Notamment, l'article L. 1111-7 du Code de la santé publique, qui réforme les modes d'accès au dossier médical, octroient désormais au patient un droit direct et effectif.

5034. L'article L. 1111-2 du Code de la santé publique consacre la jurisprudence initiée par la Cour de cassation dans l'arrêt Hédreul (Civ. 1re, 25 févr. 1997, RTD civ. 1997, p. 434, obs. P. Jourdain) et confirmée par la jurisprudence administrative dans l'arrêt Consorts Telle (CE, 5 janv. 2000, JCP G 2000, II, 10271, note J. Moreau) : « En cas de litige, il appartient au professionnel ou à l'établissement de santé d'apporter la preuve que l'information a été délivrée à l'intéressé dans les conditions prévues au présent article. Concernant les modes de preuve, la loi du 4 mars 2002 laisse toute latitude aux défendeurs, la preuve pouvant être « apportée par tous moyens », conformément à la jurisprudence antérieure (Civ. 1re, 14 oct. 1997, JCP G 1997, II, 22942, rapp. P. Sargos ; Civ. 1re, 4 janv. 2005, RCA 2005, comm. n° 99, obs. C. Radé).

5035. Les dispositions légales relatives aux limites à apporter à l'obligation d'information confortent généralement la jurisprudence antérieure. L'article L. 1111-2 du Code de la santé publique dispose que « cette information incombe à tout professionnel de santé dans le cadre de ses compétences et dans le respect des règles professionnelles qui lui sont applicables ». Sur le fondement de ces dispositions, les tribunaux pourront limiter le cadre de l'obligation d'information, en tenant compte de la sphère de compétence et des modalités d'exercice de l'activité du défendeur. En l'occurrence, la loi du 4 mars 2002 confirme à la fois les dispositions de l'article 35, alinéa 2, du Code de déontologie médicale, et la jurisprudence de la Cour de cassation, qui a par exemple admis qu'un psychiatre taise à son patient son diagnostic de psychose maniaco-dépressive (Civ. 1re, 23 mai 2000, JCP G 2000, II, 10342, rapp. P. Sargos ; RCA 2000, comm. n° 271). Par ailleurs, « la volonté d'une personne d'être tenue dans l'ignorance d'un diagnostic ou d'un pronostic doit être respectée, sauf lorsque des tiers sont exposés à un risque de transmission ». Là encore, le législateur consacre la jurisprudence antérieure (Civ. 1re, 7 oct. 1998, D. 1999, jur. p. 145, note S. Porchy ; CE, 5 janv. 2000, JCP G 2000, II, 10271, note J. Moreau). Enfin, l'exigence d'information ne vaut pas en cas d'urgence ou d'impossibilité d'informer le patient.

5036. Conformément à un arrêté du 17 octobre 1996 « relatif à la publicité des prix et des actes médicaux et chirurgicaux à visée esthétique » dont elle a consacré les dispositions, la loi du 4 mars 2002 dispose : « pour toute prestation de chirurgie esthétique, la personne concernée, et, s'il y a lieu, son représentant légal, doivent être informés par le praticien responsable des conditions de l'intervention, des risques et des éventuelles conséquences et complications. Cette information est accompagnée de la remise d'un devis détaillé. Un délai minimum doit être respecté par le praticien entre la remise de ce devis et l'intervention éventuelle. Pendant cette période, il ne peut être exigé ou obtenu de la personne concernée une contrepartie quelconque ni aucun engagement à l'exception des honoraires afférents aux consultations préalables à l'intervention » (Arr. 17 oct. 1996, JO 29 oct.). Ce texte étend l'obligation d'information du chirurgien esthétique au-delà de celle des autres professionnels de la santé. Il doit ainsi informer son patient de tous les risques liés aux actes envisagés, et non pas seulement des risques « fréquents ou graves » selon la formule de l'article L. 1111-2 du Code de la santé publique. La solution adoptée se situe dans la continuité de la jurisprudence antérieure, qui exigeait que l'information porte non seulement sur les risques graves de l'intervention, mais aussi sur tous les inconvénients pouvant en résulter (Civ. 1re, 17 févr. 1998, Bull. civ. I, n° 67 ; RTD civ. 1998, p. 681, obs. P. Jourdain ; JCP G 1998, I, 144, obs. G. Viney).

5037. Concernant la situation des enfants nés handicapés à la suite d'une erreur d'analyse ou de diagnostic ayant privé les parents de la possibilité de procéder à une interruption volontaire de grossesse, le législateur manifeste sa volonté de rompre avec la jurisprudence Perruche (Cass. ass. plén., 17 nov. 2000, JCP G 2000, II, 10438, concl. J. Sainte-Rose, rapp. P. Sargos), en proclamant que « nul ne peut se prévaloir d'un préjudice du seul fait de sa naissance » (L. 4 mars 2002, art. 1er, al. 1er).

5038. L'article 1er, alinéa 2, de la loi dispose : « la personne née avec un handicap dû à une faute médicale peut obtenir la réparation de son préjudice lorsque l'acte fautif a provoqué directement le handicap ou l'a aggravé, ou n'a pas permis de prendre les mesures susceptibles de l'atténuer ». Le législateur vise en l'occurrence les fautes techniques à l'origine d'une atteinte à l'intégrité du fœtus. Cependant, si une personne née handicapée « peut », en présence d'une telle faute, obtenir réparation de son préjudice en recherchant la responsabilité du praticien fautif, rien n'empêche a priori qu'elle obtienne pareillement indemnisation dans un autre contexte. La rupture avec la jurisprudence Perruche semble dès lors moins évidente que ne le laisse penser le principe énoncé à l'alinéa 1er. L'alinéa 3 de l'article 1er conforte cette impression en indiquant : « lorsque la responsabilité d'un professionnel ou d'un établissement de santé est engagée vis-à-vis des parents d'un enfant né avec un handicap non décelé pendant la grossesse à la suite d'une faute caractérisée, les parents peuvent demander une indemnité au titre de leur seul préjudice. Ce préjudice ne saurait inclure les charges particulières découlant, tout au long de la vie de l'enfant, de ce handicap. La compensation de ce dernier relève de la solidarité nationale ». Si ces dispositions font obstacle à une action en réparation du préjudice par ricochet subi par les parents en raison du handicap de leur enfant, elles ne s'opposent pas à l'action en réparation de son préjudice personnel que pourrait engager la personne handicapée qui ne serait plus sujette à l'autorité parentale. Contrairement aux apparences engendrées par son article 1er, alinéa 1er, on a pu un temps penser que la loi du 4 mars 2002 ne devrait pas faire obstacle à l'action en responsabilité de l'enfant né handicapé à la suite d'un diagnostic anténatal erroné d'un professionnel de la santé (C. Radé, La réforme de la responsabilité médicale après la loi du 4 mars 2002 relative aux droits des malades et à la qualité du système de santé, RCA 2002, chron. 7). La jurisprudence l'a confirmé, en étendant même la possibilité d'agir aux parents de l'enfant né handicapé. Ainsi, trois décisions admettent que « l'article 1er, alinéa 1er, en prohibant l'action de l'enfant et en excluant du préjudice des parents les charges particulières découlant du handicap de l'enfant tout au long de la vie, a institué un mécanisme de compensation forfaitaire du handicap sans rapport raisonnable avec une créance de réparation intégrale, quand – les demandeurs – pouvaient, en l'état de la jurisprudence applicable avant l'entrée en vigueur de cette loi, légitimement espérer que leur fille serait indemnisée au titre du préjudice résultant de son handicap » (Civ. 1re, 24 janv. 2006, n° 01-16.684, n° 02-12.260, n° 02-13.775). La solution retenue est fondée sur les dispositions de l'article 1er du protocole 1er à la Convention de sauvegarde des droits de l'homme et des libertés fondamentales, qui exigent que soit respecté un juste équilibre entre les exigences de l'intérêt général et les impératifs de sauvegarde du droit au respect des biens. Le Conseil d'État a confirmé, sur le même fondement, la possibilité d'agir en réparation offerte aux parents d'un enfant né porteur d'un handicap non décelé avant sa naissance par suite d'une faute (CE, 24 févr. 2006, n° 250704). La jurisprudence récente semble toutefois vouloir donner toute sa mesure au dispositif « anti-Perruche ». Ainsi, la Cour de cassation a pu se prononcer en faveur de la conventionnalité de l'alinéa 1er de l'article L. 114-5 du Code de l'action sociale et des familles au regard de l'article 1er du protocole n° 1 de la Convention de sauvegarde des droits de l'homme et des libertés fondamentales (Civ. 1re, 14 nov. 2013, RCA 2014, étude n° 2). Par ailleurs, la nécessité d'une faute caractérisée pour engager la responsabilité du professionnel de santé est clairement affirmée, une telle faute nécessitant la volonté délibérée d'exposer à un risque (Civ. 1re, 14 nov. 2013, préc.). S'agissant d'une échographie, la faute caractérisée est celle qui, par son intensité et son évidence, dépasse la marge d'erreur habituelle d'appréciation, compte tenu des difficultés inhérentes au diagnostic anténatal (Civ. 1re, 16 janv. 2013, RCA 2013, com. 127).

5039. L'alinéa 4 de l'article 1er de la loi du 4 mars 2002 envisage l'application de ses dispositions aux instances en cours, « à l'exception de celles où il a été irrévocablement statué sur le principe de l'indemnisation ». Dès lors, les victimes bénéficiaires de la jurisprudence

Perruche, pourront obtenir réparation effective de leur préjudice devant la juridiction de renvoi. Par ailleurs, la Cour de cassation (Civ. 1re, 24 janv. 2006, RCA 2006, comm. n° 94, obs. C. Radé) et le Conseil d'État (CE, 24 févr. 2006, RCA 2006, comm. n° 127, obs. C. Radé) ont écarté l'application de l'article 1er aux actions exercées avant l'entrée en vigueur de la loi du 4 mars 2002. Enfin, la Cour de cassation ne soumet pas à la loi du 4 mars 2002 les actions engagées après son entrée en vigueur, lorsque le litige concerne une naissance antérieure à cette entrée en vigueur (Civ. 1re, 8 juill. 2008, RCA 2008, comm. n° 329, obs. C. Radé).

b - Cas particuliers de responsabilité sans faute

5040. L'article L. 1142-1-I, alinéa 1er, du Code de la santé publique pose le principe de la responsabilité sans faute des professionnels et des établissements de santé, en raison du défaut d'un produit de santé.

5041. Les produits de santé sont identifiés dans le cadre du Livre cinquième du Code de la santé publique qui vise les médicaments, les produits cosmétiques, les substances et préparations vénéneuses, les produits réactifs, les contraceptifs ou produits abortifs, les aliments diététiques destinés à des fins médicales spéciales, les matières premières à usage pharmaceutique, les dispositifs médicaux de diagnostics in vitro et autres produits et objets réglementés dans l'intérêt de la santé publique, ainsi que les produits concernant les nourrissons et les enfants. Sont exclus de la catégorie des produits de santé, les éléments et produits du corps humain, dont « les produits biologiques à effet thérapeutique incluent les organes, les tissus et les cellules modifiés à des fins thérapeutiques », soumis au Livre premier du Code de la santé publique. Ne bénéficient donc pas du régime de la responsabilité sans faute, les victimes du sang contaminé, qu'elles soient porteuses du virus du Sida ou de l'hépatite C.

5042. En posant le principe d'une responsabilité de plein droit des professionnels et des établissements de santé en cas de défaut d'un produit de santé, la loi du 4 mars 2002 confirme les solutions jurisprudentielles antérieures retenant une obligation contractuelle de sécurité de résultat à la charge des médecins pour les produits de santé, et épargnant par là même aux victimes la preuve d'une faute (Civ. 1re, 3 mars 1998, D. 1999, jur. p. 36, note G. Pignarre et Ph. Brun ; JCP G 1998, II, 10049, rapp. P. Sargos ; Civ. 1re, 9 nov. 1999, D. 2000, jur. p. 117, note P. Jourdain ; JCP G 2000, II, 10251, note Ph. Brun ; Civ. 1re, 7 nov. 2000, D. 2001, somm. 2236, obs. D. Mazeaud, et 3085, obs. J. Penneau). Un lien de causalité doit toutefois être établi entre l'utilisation du produit litigieux et l'affection qui lui est associée par la victime (Civ. 1re, 23 sept. 2003, RCA 2003, chron. 28, C. Radé ; D. 2004, jur. p. 898, note Y.-M. Sérinet et R. Mislawski ; JCP G 2003, II, 10179, note coll.). Par exemple, la Cour d'appel de Versailles a admis l'existence d'un faisceau de présomptions graves, précises et concordantes, et par là même un lien de causalité certain et direct entre l'injection à une patiente du vaccin anti-hépatite B et le syndrome de Guillain-Barré dont elle souffre (CA Versailles, 12 sept. 2003, RCA 2004, comm. n° 344, obs. C. Radé). La Cour de cassation fait obligation aux juridictions du fond de rechercher si les indices factuels, en l'absence de consensus scientifique, ne sont pas suffisants pour constituer des « présomptions graves, précises, et concordantes » du caractère défectueux d'un vaccin contre l'hépatite C, comme du lien de causalité entre un eventual défaut du vaccin et le dommage survenu (Civ. 1re, 22 mai 2008, JCP G 2008, II, 10131, note L. Grynbaum ; RCA 2008, chron. 8, C. Radé). Dans cette perspective, il semble que la proximité entre la vaccination litigieuse et l'apparition du dommage puisse constituer un critère d'appréciation du lien de causalité. En toute hypothèse, le doute profite au demandeur et il incombe au défendeur de démontrer que la transfusion ou l'injection litigieuses ne sont pas à l'origine de la contamination. Dès lors, est censuré l'arrêt d'une cour d'appel qui rejette l'imputabilité d'une contamination à une transfusion sanguine, tout en constatant qu'il existait une possibilité de contamination par les produits sanguins dont les six donneurs n'avaient pu être retrouvés (Civ. 1re, 5 mars 2009, RCA 2009, comm. n° 102, obs. C. Radé). La loi du 4 mars 2002 est encore dans la lignée de la décision de la Cour de justice des Communautés européennes, rendue en interprétation de la directive du 25 juillet 1985 dont les dispositions ont été transposées aux articles 1386-1 et suivants du Code civil, et précisant que la responsabilité du fait des produits défectueux s'applique à la fabrication et à l'utilisation par les médecins et les établissements de santé de produits défectueux à des fins thérapeutiques (CJCE, 10 mai 2001, D. 2001, jur. p. 3065, note Kayser). Enfin, en excluant le sang du domaine de la responsabilité sans faute, le législateur conforte la jurisprudence antérieure imposant aux victimes du sang contaminé la preuve d'une faute de leur médecin ou d'un établissement de santé (Civ. 1re, 12 avr. 1995, JCP G 1995, II, 22467, note P. Jourdain ; CE, 26 mai 1995, JCP G 1995, II, 22468, note J. Moreau).

5043. Toutefois, la Cour de cassation a décidé que la responsabilité des prestataires de soins « ne peut être recherchée que pour faute lorsqu'ils ont recours aux produits, matériels et dispositifs médicaux nécessaires à l'exercice de leur art ou à l'accomplissement d'un acte médical » (Civ. 1re, 12 juillet 2012, D. 2012, p. 2277, note M. Bakache). Ainsi, la responsabilité des prestataires de soins utilisateurs (établissement non producteur...) constitue une responsabilité pour faute sur le fondement de l'article L. 1142 du Code de la santé publique.

5044. L'article 1142-1-I, alinéa 2, du Code de la santé publique pose le principe d'une obligation de sécurité de résultat en matière d'infections nosocomiales : « Les établissements, services et organismes susmentionnés sont responsables des dommages résultant d'infections nosocomiales, sauf s'ils rapportent la preuve d'une cause étrangère ».

5045. L'infection nosocomiale est définie par une circulaire ministérielle du 13 octobre 1988 comme « toute maladie provoquée par des micro-organismes contractée dans un établissement de soins par tout patient après son admission, soit pour hospitalisation, soit pour y recevoir des soins ambulatoires, que les symptômes apparaissent lors du séjour à l'hôpital ou après, que l'infection soit reconnaissable aux plans clinique ou microbiologique, données sérologiques comprises, ou encore les deux à la fois (lexbase.fr, n° lxb : L5502AIM). Les infections bactériennes représentent plus de 90 % des infections nosocomiales. Elles conduisent en moyenne à prolonger le séjour du patient à l'hôpital de trois à sept jours, et sont à l'origine d'environ dix mille décès par an.

5046. En posant le principe d'une responsabilité de plein droit en cas d'infections nosocomiales, le législateur a confirmé la jurisprudence antérieure de la Cour de cassation (Civ. 1re, 29 juin 1999, D. 1999, jur. p. 559, note D. Thouvenin et somm. p. 395, obs. J. Penneau ; JCP G 1999, II, 10138, rapp. P. Sargos ; RTD civ. 1999, p. 841, obs. P. Jourdain ; Civ. 1re, 27 mars 2001, RTD civ. 2001, p. 596, obs. P. Jourdain ; RCA 2001, comm. n° 195 ; Civ. 1re, 1er févr. 2005, ibid. 2005, comm. n° 101, C. Radé ; à propos d'une infection nosocomiale contractée avant l'application de la loi du 4 mars 2002). Il est allé au delà des solutions adoptées par le Conseil d'État, qui n'admettait qu'une simple présomption de faute des hôpitaux publics (CE, 9 déc. 1988, D. 1990, jur. p. 487, note J.-J. Thouroude et J.-F. Touchard ; CE, 1er mars 1989, RCA 1989, comm. n° 1999 ; CE, 14 juin 1991, D. 1992, somm. p. 148, obs. P. Bon et P. Terneyre ; RCA 1991, comm. n° 300). Cela étant, le législateur ne va pas aussi loin que la Cour de cassation, en imposant une obligation de sécurité de résultat aux seuls établissements de santé. Par le passé, la Cour de cassation étendait l'obligation de sécurité de résultat aux médecins exerçant à titre libéral au sein de leur cabinet (Civ. 1re, 29 juin 1999, D. 1999, jur. p. 559, note D. Thouvenin et somm. p. 395, obs. J. Penneau). Depuis l'entrée en vigueur de la loi du 4 mars 2002 et dans une hypothèse où une patiente avait contracté une infection nosocomiale à l'occasion de soins dispensés en cabinet en 1997, il a été admis que la loi nouvelle devait conduire à redéfinir l'obligation contractuelle qui pèse sur le médecin comme une obligation de moyens nécessitant la preuve de la faute du médecin (CA Aix-en-Provence, 4 mai 2004, RCA 2004, comm. n° 343, obs. C. Radé). En pratique, la limite posée par la loi du 4 mars 2002 ne pénalise pas les victimes d'infections nosocomiales contractées dans un cabinet médical, dans la mesure où elles disposent d'une action contre l'Office national d'indemnisation. En revanche, elle limite le domaine de la responsabilité des professionnels de la santé, ce qui permet d'envisager une diminution du montant des primes d'assurance de responsabilité. Par ailleurs, la charge de la preuve du caractère nosocomial de l'infection pèse sur le patient (Civ. 2e, 27 mars 2001, RTD civ. 2001, p. 596, obs. P. Jourdain ; Civ. 1re, 1er mars 2005, RCA 2005, comm. n° 159, obs. S. Hocquet-Berg).

5047. Le 6 janvier 2016, la Cour de cassation a transmis au Conseil constitutionnel une QPC relative à la conformité de l'article L. 1142-1, I, alinéa 1er et alinéa 2, du Code de la santé publique au principe d'égalité des citoyens devant la loi garanti par l'article 6 de la Déclaration des droits de l'homme et du citoyen de 1789 ; en ce que ce texte impose aux patients ayant contracté une infection nosocomiale à l'occasion de soins dispensés par des professionnels de santé, exerçant leur activité à titre libéral, de prouver l'existence d'une faute de ces derniers, alors que, sauf s'ils rapportent la preuve d'une cause étrangère, les établissements, services et organismes de santé sont responsables de plein droit des dommages subis par leurs patients, victimes d'une telle infection (Civ. 1re, 6 janv. 2016, n° 15-16.894).

2 ▪ Prescription de l'action en responsabilité

5048. L'article L. 1142-28 du Code de la santé publique dispose : « les actions tendant à mettre en cause la responsabilité des professionnels de santé ou des établissements de santé publics ou privés à l'occasion d'actes de prévention, de diagnostic ou de soins se prescrivent par dix ans à compter de la consolidation du dommage ». Ces dispositions ont le mérite d'unifier le régime de la prescription de l'action en responsabilité. Auparavant, une prescription trentenaire était applicable lorsque l'action relevait de la compétence des juridictions judiciaires. Le litige était soumis à une prescription quadriennale, en cas de compétence d'une juridiction administrative.

5049. Le point de départ du délai de prescription des actions en responsabilité médicale est uniformément fixé au jour de la consolidation du dommage (CSP, art. L. 1142-28). La solution retenue est très protectrice des intérêts de la victime. D'ailleurs elle a été étendue au terrain du droit commun de la responsabilité par la loi du 17 juin 2008 (art. 2226 nouveau C. civ.).

3 ▪ Assurance obligatoire de responsabilité

5050. Une fois le principe de la responsabilité d'un professionnel ou d'un établissement de santé établi, la question se pose de l'effectivité de la réparation des préjudices subis par la victime d'un accident médical. Sans assurance, il est en pratique parfois vain d'espérer une indemnisation intégrale, la victime se heurtant à l'insolvabilité totale ou partielle du responsable. C'est la raison pour laquelle la loi du 4 mars 2002 a mis en place une obligation d'assurance de responsabilité destinée à garantir tous les professionnels et établissements de santé « pour leur responsabilité civile ou administrative susceptible d'être engagée en raison des dommages subis par des tiers et résultant d'atteintes à la personne survenant dans le cadre de cette activité de prévention, de diagnostic ou de soins » (CSP, art. L. 1142-2 et C. assur., art. L. 251-1). Le législateur a précisé le domaine de l'obligation d'assurance, les limites de la garantie proposée, et la durée de la garantie.

a - Champ d'application de l'obligation d'assurance

5051. L'article L. 1142-2 du Code de la santé publique impose l'obligation d'assurance à toutes les catégories de professionnels de santé, personnes physiques ou personnes morales, de droit privé ou de droit public mentionnés à la quatrième partie du Code de la santé publique, pour la responsabilité qu'ils encourent dans le cadre de leur activité médicale de prévention, de diagnostic, ou de soins. Sont concernés les médecins, les chirurgiens-dentistes, les pharmaciens, les préparateurs en pharmacie, les masseurs-kinésithérapeutes, les manipulateurs d'électroradiologie médicale, les hôpitaux publics, les cliniques privées, les dispensaires, les fondations, les associations... Sont également assujettis à l'obligation d'assurance, les producteurs, exploitants et fournisseurs de produits de santé.

5052. Sont dispensés de l'obligation de souscrire une police d'assurance de responsabilité médicale, l'État, les crédits-bailleurs de produits de santé ou les loueurs assimilables à ces derniers (CSP, art. L. 1142-2, al. 5). La loi du 30 décembre 2002 a intégré dans l'alinéa 2 de l'article L. 1142-2 du Code de la santé publique, des dispositions autorisant qu'une dérogation soit accordée « par arrêté du ministre chargé de la santé aux établissement publics de santé disposant des ressources financières leur permettant d'indemniser les dommages dans des conditions équivalentes à celles qui résulteraient d'un contrat d'assurance » En pratique, la dérogation est réservée à l'Assistance Publique des Hôpitaux de Paris, dont la solvabilité garantit aux victimes d'accidents médicaux une réparation intégrale de leurs préjudices.

5053. L'article L. 1142-5 du Code de la santé publique prévoit que le manquement à l'obligation d'assurance est sanctionné d'une amende de 45 000 € ainsi que d'une peine complémentaire d'interdiction d'exercice et de sanctions disciplinaires. Ces sanctions concernent les personnes morales, lesquelles peuvent être pénalement responsables (CSP, art. L. 1142-26).

5054. Créé par la loi du 4 mars 2002, le Bureau central de tarification a vocation à intervenir en cas de double refus d'assurance opposé à un assujetti (C. assur., art. L. 252-1). Sa mission est alors d'imposer la conclusion d'un contrat à un assureur sur la base d'une prime dont le BCT fixe le montant. L'accès de la victime à une indemnité d'assurance en cas de responsabilité d'un professionnel ou d'un établissement de santé est ainsi systématisé.

b - Limites de la garantie d'assurance

5055. L'article L. 1142-2, alinéa 2, du Code de la santé publique dispose : « les contrats d'assurance de responsabilité souscrits en application de l'alinéa précédent peuvent prévoir des plafonds de garantie. Les conditions dans lesquelles le montant de la garantie peut être plafonné pour les professionnels de santé exerçant à titre libéral sont fixés par décret en Conseil d'État ». Il résulte de ce texte que des plafonds de garantie sont envisageables, dont le montant est fixé différemment selon que l'assuré est ou non un professionnel de la santé exerçant à titre libéral.

L'article L. 1142-2 du Code de la santé publique prévoit que les plafonds de garantie concernant l'assurance de responsabilité des professionnels de la santé exerçant à titre libéral seront fixés par décret en Conseil d'État.

5056. Faute de disposition légale envisageant la détermination réglementaire des plafonds de garantie afférents à l'assurance de responsabilité des établissements de santé, des producteurs, exploitants et fournisseurs de produits de santé, il convient de s'en remettre à la libre initiative de l'assureur. Le silence du législateur prive en l'occurrence les pouvoirs publics de

la possibilité d'exercer un contrôle sur le montant des plafonds, et risque de priver la victime d'une indemnité d'assurance réparant l'intégralité de son préjudice.
Les plafonds de garantie d'assurance n'ont pas pour effet de priver la victime d'une réparation intégrale de ses préjudices. En effet, l'article L. 1142-15 du Code de la santé publique dispose que « lorsque (...) la couverture d'assurance prévue à l'article L. 1142-2 est épuisée, l'office institué à l'article L. 1142-22 est substitué à l'assureur ». Autrement dit, le législateur articule les mécanismes d'assurance et de solidarité de telle sorte que l'Office national d'indemnisation se substitue à l'assurance de responsabilité défaillante, pour que la victime obtienne réparation de ses préjudices malgré l'existence d'un plafond de garantie.

5057. L'intervention de l'Office national d'indemnisation à titre de complément de l'assurance de responsabilité conduit à alourdir ses charges financières, à moins qu'il ne parvienne à recouvrer le montant des sommes versées à la victime à l'issue du recours subrogatoire engagée contre le responsable.
Le législateur ne fait à aucun moment obstacle à la stipulation de franchises dans les polices d'assurance de responsabilité médicale. Il en résulte que leur existence est envisageable et que leur montant est laissé à l'appréciation des assureurs.

5058. Le silence du législateur conduit à admettre l'opposabilité des franchises aux victimes. Pour autant, ces dernières ne seront pas privées d'une réparation intégrale de leurs préjudices. En effet, les dispositions de l'article L. 1142-22 du Code de la santé publique imposent à l'Office national d'indemnisation de se substituer à l'assureur pour offrir à la victime le complément d'indemnisation nécessaire à la prise en charge totale de ses dommages.
À l'exemple des solutions adoptées en présence d'un plafond de garantie, le paiement de la franchise au titre de la solidarité nationale alourdit les charges financières de l'Office national d'indemnisation, hormis le cas d'un recours subrogatoire (effectif) exercé contre le responsable.

c - Durée de la garantie

5059. Dans un premier temps, la loi du 4 mars 2002 a transposé à l'assurance de responsabilité médicale le principe jurisprudentiel selon lequel l'assureur de responsabilité est tenu à garantie dès lors que le fait générateur du dommage survient pendant la durée du contrat d'assurance, quand bien même la réclamation de la victime intervient postérieurement à la résiliation ou à l'expiration de la police (Civ. 1re, 19 déc. 1990, Bull. civ. I, n° 303 ; JCP G 1991, II, 21656, note J. Bigot). Toutefois, les assureurs ne se sont pas satisfaits d'un régime aussi peu protecteur de leurs intérêts. Ils sont finalement parvenus à convaincre le législateur de modifier le régime de la durée de la garantie.

5060. L'article L. 251-2, alinéa 4, du Code des assurances, dont les dispositions sont issues de la loi modificatrice du 30 décembre 2002, prévoit désormais la garantie des sinistres pour lesquels la première réclamation a été formulée dans les cinq ans suivant la résiliation ou l'expiration de la police, dès lors que le fait générateur, c'est-à-dire l'accident médical, est survenu pendant la durée de validité du contrat. Autrement dit, le législateur autorise les assureurs à stipuler dans leurs contrats, des clauses de garantie subséquente quinquennale. Pour mémoire, la garantie subséquente se définit comme une extension de garantie permettant de couvrir les réclamations présentées après la date de résiliation du contrat mais afférentes à des dommages ou faits générateurs survenus pendant la période de validité du contrat.

5061. L'article L. 251-2, alinéa 5, du Code des assurances étend à dix ans la garantie subséquente au profit des médecins libéraux ayant cessé leur activité : « le dernier contrat conclu, avant sa cessation d'activité professionnelle ou son décès, par un professionnel de santé mentionné à la quatrième partie du Code de la santé publique exerçant à titre libéral, garantit également les sinistres pour lesquels la première réclamation est formulée pendant un délai fixé par le contrat, à partir de la date de la date de résiliation ou d'expiration de tout ou partie des garanties, dès lors que le fait générateur est survenu pendant la période de validité du contrat ou antérieurement à cette période dans le cadre des activités de l'assuré garanties au moment de la première réclamation. Ce délai ne peut être inférieur à dix ans ».

5062. L'article L. 251-2, alinéa 6, du Code des assurances, impose à l'assurance en vigueur lors de la réclamation de la victime de couvrir les sinistres provoqués par des faits générateurs du dommage survenus avant la conclusion du contrat, pourvu que ces derniers aient été ignorés du souscripteur au jour de la souscription. Un sinistre peut donc a priori, être pris en charge au titre de la police en cours au moment du fait générateur du dommage (C. assur., art. L. 251, al. 4) ou par la police en cours au moment de la réclamation de la victime (C. assur., art. L. 251-6). Pour résoudre les éventuels conflits entre contrats successifs, l'article L. 251-2, alinéa 7, du Code des assurances impose la garantie du sinistre litigieux par la police en vigueur au jour de la première réclamation et écarte expressément l'application de l'article L. 121-4 du Code des assurances relatif aux assurances cumulatives, qui aurait conduit à une contribution commune des assureurs successifs à la prise en charge du sinistre (Sur ce thème, V. Civ. 2e, 2 oct. 2008, RGDA 2009. 235, note J. Bigot).

5063. L'action en responsabilité médicale est soumise à un délai de prescription décennale dont le point de départ est fixé au jour de la consolidation du dommage (CSP, art. 1142-28). Or l'assureur n'est en principe tenu à garantie que si la réclamation de la victime est formulée dans les cinq ans suivant l'extinction de la police. Il en résulte que la victime se trouve privée de garantie d'assurance, alors qu'elle peut encore potentiellement agir en responsabilité pendant cinq ans, voire plus en cas d'absence de consolidation.

B ▪ Indemnisation au titre de la solidarité

5064. La principale innovation de la loi du 4 mars 2002 est constituée par la création d'un fonds d'indemnisation dénommé « Office national d'indemnisation des accidents médicaux, des affections iatrogènes et des infections nosocomiales ». L'ONIAM est un établissement public à caractère administratif, placé sous la tutelle du ministre chargé de la santé (CSP, art. L. 1142-22).

5065. Le financement de l'Office national d'indemnisation procède de quatre sources différentes, selon les dispositions de l'article L. 1142-23 du Code de la santé publique :

- une contribution versée par la Sécurité sociale, dont le montant est fixé chaque année dans le cadre de la loi de financement de la Sécurité sociale ;
- le fruit des pénalités infligées aux assureurs ;
- le remboursement des frais d'expertise supportés par les commissions régionales d'indemnisation en cas de responsabilité établie d'un professionnel ou d'un établissement ;
- et le produit des recours subrogatoires exercés contre les assureurs.

5066. L'Office national d'indemnisation est habilité à intervenir à titre principal en l'absence de responsabilité d'un professionnel ou d'un établissement de santé ou en cas d'infection nosocomiale. Il intervient à titre complémentaire en cas de défaillance de l'assurance de responsabilité. Quelle que soit les raisons de son intervention, elle n'est envisageable que si le préjudice atteint un seuil de gravité fixé par les pouvoirs publics.

5067. Dans le cadre de la procédure d'indemnisation des victimes du Benfluorex (molécule active du Médiator), la loi n° 2016-41 du 26 janv. 2016 a complété l'article L. 1142-24-5 du Code de la santé publique en permettant aux victimes dont la demande aurait été rejetée par le collège d'experts de présenter une nouvelle demande « si des éléments nouveaux sont susceptibles de justifier une modification du précédent avis » ou « si les dommages constatés sont susceptibles, au regard de l'évolution des connaissances scientifiques, d'être imputés au benfluorex »

1 ▪ Condition liée à l'absence de responsabilité

5068. L'article L. 1142-1, II, du Code de la santé publique dispose que lorsque la responsabilité du professionnel n'est pas engagée, « un accident médical, une affection iatrogène ou une infection nosocomiale ouvre droit à la réparation des préjudices du patient au titre de la solidarité nationale, lorsqu'ils sont directement imputables à des actes de prévention, de diagnostic ou de soins, et qu'ils ont eu pour le patient des conséquences anormales au regard de son état de santé comme de l'évolution prévisible de celui-ci (...) ». Ces dispositions maintiennent le cap de l'indemnisation de l'aléa thérapeutique, déjà envisagée devant les juridictions administratives depuis l'arrêt Bianchi (CE, 9 avr. 1993, JCP G 1993, II, 22061, note Moreau ; D. 1994, somm. p. 65, obs. P. Bon et P. Terneyre). En pratique, l'Office national d'indemnisation a vocation à intervenir en cas de dommage corporel qui n'est imputable ni à un professionnel ou un établissement de santé, ni à l'état initial du patient ou à son évolution endogène. Les juridictions (Cour de cassation et Conseil d'Etat) apprécient sévèrement la condition d'anormalité et considèrent le plus souvent que lorsque l'état de santé du patient a favorisé l'accident, le critère d'anormalité fait défaut, et cela même en présence d'un état latent (V. Civ. 1re ., 4 févr. 2015, n° 13-28.513, RCA 2015, com. 160, note L. Bloch).

5069. En outre, la loi n° 2014-1554, du 22 décembre. 2014 a introduit au Code de la santé publique un article L. 1142-3-1 qui prévoit que le dispositif de réparation au titre de la solidarité nationale n'est pas applicable aux demandes d'indemnisation de dommages imputables à des actes dépourvus de finalité préventive, diagnostique, thérapeutique ou reconstructrice, y compris dans leur phase préparatoire ou de suivi. La loi « Touraine » n° 2016-41 du 26 janvier. 2016 est venue ajouter à cette liste les actes dépourvus de finalité « contraceptive et abortive ».

5070. Si l'Office national d'indemnisation estime avoir indemnisé la victime d'un accident médical alors que l'existence d'un aléa thérapeutique est contestable, il peut, après transaction, exercer un recours contre le praticien ou l'établissement dont la responsabilité peut être démontrée (CSP, art. L. 1142-17 in fine).

5071. Si la responsabilité d'un professionnel ou d'un établissement de santé ouvre en principe droit à indemnisation auprès de l'assureur du responsable, il est des cas dans lesquels la solidarité nationale se substitue à l'assurance. L'article L. 1142-15 du Code de la santé publique vise expressément trois cas de figure : celui dans lequel le responsable des dommages n'est pas assuré, malgré l'obligation d'assurance ; celui dans lequel les limitations de garantie privent la victime d'indemnisation ou ne donnent lieu qu'à une réparation partielle des préjudices ; celui dans lequel l'assureur refuse explicitement ou tacitement de faire une offre d'indemnisation à la victime. Dans ces différentes hypothèses, l'Office national d'indemnisation prend en charge la réparation des dommages.

5072. L'Office national d'indemnisation qui a indemnisé la victime, se trouve subrogé dans les droits de cette dernière contre le responsable non assuré ou insuffisamment assuré, ou l'assureur de responsabilité en cas de refus d'offre. La transaction conclue par l'Office national d'indemnisation s'impose au responsable ou à l'assureur de responsabilité, « sauf le droit pour ceux-ci de contester devant le juge le principe de responsabilité ou le montant des sommes réclamées » (CSP, art. L. 1142-15). Par ailleurs, l'Office national d'indemnisation peut obtenir remboursement des frais d'expertise (CSP, art. L. 1142-15).

5073. L'article L. 1142-1, I, du Code de la santé publique, issu de la loi du 30 décembre 2002, dispose que l'Office national d'indemnisation prend en charge à titre principal les préjudices résultant d'une infection nosocomiale dont le degré de gravité est tel, que le patient est frappé d'une incapacité permanente supérieure à 25 %. L'objectif poursuivi par les pouvoirs publics était de transférer vers le régime de la solidarité nationale une partie de la charge incombant aux assureurs des établissements de santé. En l'occurrence, la loi du 30 décembre 2002 a introduit un nouveau régime d'indemnisation, différent de celui initialement consacrée par la loi du 4 mars 2002 qui faisait systématiquement peser sur les assureurs de responsabilité le poids des risques liés aux infections nosocomiales. C'est la raison pour laquelle la Cour de cassation a refusé d'appliquer l'article L. 1142-1 aux litiges afférents à des faits générateurs survenus à compter du 5 septembre 2001 (Civ. 1re, 16 oct. 2008, RCA 2008, comm. n° 369, obs. C. Radé).

5074. Il a, par la suite, été affirmé que pour les dommages résultant d'infections nosocomiales contractées depuis l'entrée en vigueur de la loi du 30 décembre 2002, soit au 1er janvier 2003, dans les établissements, services ou organismes mentionnés au premier alinéa du I de l'article L. 1142-1 du Code de la santé publique correspondant à un taux d'incapacité permanente ou d'atteinte permanente à l'intégrité physique ou psychique supérieur à 25 % ainsi que les décès provoqués par ces infections nosocomiales, l'ONIAM est seul tenu d'assurer la réparation de ces dommages, l'établissement de santé dans lequel l'infection a été contractée pouvant uniquement, en cas de faute, être appelé à indemniser celui-ci, au titre d'une action récursoire ou subrogatoire, de tout ou partie des sommes ainsi mises à sa charge (Civ. 1ère, 19 juin 2013, n° 12-20.433, FS-P+B, RCA 2013, com. 311).

5075. Depuis la loi du 26 janvier 2016, l'article L. 1142-28 du Code de la santé publique précise que les actions dirigées contre les professionnels de santé et les actions dirigées contre l'ONIAM obéissent à un délai identique de 10 ans à compter de la consolidation.

2 ▪ Condition liée au seuil de la solidarité nationale

5076. Après avoir admis l'intervention de l'Office national d'indemnisation au titre de la solidarité nationale, l'article L. 1142-1 du Code de la santé publique limite aussitôt l'accès des victimes à cette forme d'indemnisation : les préjudices concernés « présentent un caractère de gravité, fixé par décret, apprécié au regard de la perte de capacités fonctionnelles et des conséquences sur la vie privée et professionnelle mesurées en tenant notamment compte du taux d'atteinte permanente à l'intégrité physique ou psychique, de la durée de l'arrêt temporaire des activités professionnelles ou de celle du déficit fonctionnel temporaire ». Le texte ajoute « Ouvre droit à réparation des préjudices au titre de la solidarité nationale un taux d'atteinte permanente à l'intégrité physique ou psychique supérieur à un pourcentage d'un barème spécifique fixé par décret ; ce pourcentage, au plus égal à 25 %, est déterminé par ledit décret ».

L'article D. 1142-1 du Code de la santé publique précise ainsi que « Le pourcentage mentionné au dernier alinéa de l'article L. 1142-1 est fixé à 24 %. Présente également le caractère de gravité mentionné au II de l'article L. 1142-1 un accident médical, une affection iatrogène ou une infection nosocomiale ayant entraîné, pendant une durée au moins égale à six mois consécutifs ou à six mois non consécutifs sur une période de douze mois, un ar-

rêt temporaire des activités professionnelles ou des gênes temporaires constitutives d'un déficit fonctionnel temporaire supérieur ou égal à un taux de 50 %. À titre exceptionnel, le caractère de gravité peut être reconnu :
1° Lorsque la victime est déclarée définitivement inapte à exercer l'activité professionnelle qu'elle exerçait avant la survenue de l'accident médical, de l'affection iatrogène ou de l'infection nosocomiale ;
2° Ou lorsque l'accident médical, l'affection iatrogène ou l'infection nosocomiale occasionne des troubles particulièrement graves, y compris d'ordre économique, dans ses conditions d'existence. »
En limitant l'intervention de l'Office national d'indemnisation pour les seuls dommages les plus graves, le législateur manifeste sa volonté de ne pas mettre en péril les finances de l'institution.

5077. Plusieurs critiques peuvent être émises à l'encontre de la condition du seuil de la solidarité. D'une part, le seuil de gravité est uniquement fondé sur un taux d'incapacité fonctionnelle, lequel ne prend pas en considération la personnalité de la victime. Or des incapacités fonctionnelles limitées ont parfois des effets particulièrement néfastes sur la vie professionnelle de la victime. Cette critique doit cependant être nuancée, dans la mesure où le décret du 4 avril 2003 précise que l'accident médical, l'affection iatrogène ou l'infection nosocomiale, présente le caractère de gravité requis, quand la durée de l'arrêt temporaire de travail est au moins égale à six mois consécutifs ou à six mois non consécutifs sur une période de douze mois. D'autre part, le degré de gravité retenu conduit à priver une majorité de victimes du bénéfice de la solidarité nationale. Preuve en est donnée notamment par les données statistiques relatives aux accidents de la circulation pour l'année 1999 : en appliquant un seuil de gravité de 25 %, environ 97 % des victimes ne pourraient solliciter l'Office national d'indemnisation. Certes les accidents de la circulation diffèrent à bien des égards des accidents médicaux. Mais la référence aux statistiques de répartition des blessés atteste du faible nombre de victimes atteignant un seuil d'incapacité de 25 %.

§ 2 ▪ Spécificité de la procédure d'indemnisation

5078. Un des principaux objectifs poursuivi par le législateur était d'améliorer la procédure d'indemnisation des accidents médicaux, de telle sorte que la victime obtienne une réparation intégrale et rapide de ses préjudices. Un processus spécifique a été mis en œuvre, qui conduit à faciliter le règlement extrajudiciaire des litiges, à assainir les opérations d'expertise, et à perfectionner les modalités de l'indemnisation.

A ▪ Dualité de procédures

1 ▪ Rôle exponentiel de la procédure amiable

5079. Une des innovations les plus significatives de la loi du 4 mars 2002 réside dans les mesures prises en faveur du règlement amiable des litiges relatifs aux accidents médicaux. À cet égard, la loi nouvelle procède d'un mouvement engagé depuis quelques années afin d'éviter que le traitement contentieux des litiges ne vienne désacraliser la relation de confiance des médecins et de leurs malades. Ainsi, une ordonnance n° 96-346 du 24 avril 1996 portant réforme de l'hospitalisation, avait-elle créé des commissions de conciliation chargées, dans chaque établissement, « d'assister et d'orienter toute personne qui s'estime victime d'un préjudice du fait de l'activité de l'établissement et de lui indiquer les voies de conciliation et de recours dont elle dispose ». Ces commissions n'ont pas connu le succès escompté. En 2002, le législateur les a donc remplacées par des « commissions des relations avec les usagers et de la qualité de la prise en charge », qui n'ont plus de mission de conciliation, mais voient leurs prérogatives renforcées en amont du contentieux, en matière de dialogue, de régulation, et d'information (CSP, art. L. 1112-3, al. 2). Puis, la fonction de conciliation a été transférée à des « commissions régionales de conciliation et d'indemnisation » (CSP, art. L. 1142-5), et le législateur renforce l'information du patient.

5080. Le manque de transparence du système de santé était un grief fréquemment invoqué avant la loi du 4 mars 2002. À l'heure actuelle, deux textes ont vocation à assainir le contexte. L'article L. 1413-14 du Code de la santé publique oblige « tout professionnel ou établissement de santé ayant constaté ou suspecté la survenance d'un accident médical, d'une affection iatrogène, d'une infection nosocomiale ou d'un événement indésirable associé à un produit de santé » à en faire la déclaration à l'autorité administrative compétente. L'article L. 1142-4 du Code de la santé publique facilite l'accès des patients aux informations relatives à l'accident médical dont ils sont les victimes : « toute personne victime ou s'estimant victime d'un dommage imputable à une activité de prévention, de diagnostic ou de soins ou ses ayants droit, si la personne est décédée, ou le cas échéant, son représentant légal, doit être informée par le professionnel, l'établissement de santé ou les services de santé ou l'organisme concerné sur les circonstances et les causes de ce dommage. Cette information lui est délivrée au plus tard dans les quinze jours suivant la découverte du dommage ou sa demande expresse, lors d'un entretien au cours duquel la personne peut se faire assister par un médecin ou une personne de son choix ».

5081. Les articles L. 1142-5 et suivants du Code de la santé publique sont consacrés aux commissions régionales de conciliation et d'indemnisation disposant d'une compétence générale pour « faciliter le règlement des litiges » et contraindre selon les cas, les assureurs de responsabilité ou l'Office national d'indemnisation, à indemniser les victimes d'accidents médicaux. Destinées à faciliter le règlement amiable des litiges, ces commissions sont soumises à des modalités de fonctionnement complexes.

5082. L'article L. 1142-6 du Code de la santé publique indique que la composition des commissions régionales et les règles de fonctionnement propre à garantir leur indépendance et leur impartialité (...) sont déterminées par décret en Conseil d'État ». Initialement, les commissions étaient composées de 21 membres et présidées par un magistrat de l'ordre judiciaire ou administratif :
- 6 personnes représentaient les « usagers du système de santé »,
- 6 représentaient les professionnels et établissements de santé,
- 4 représentaient les « payeurs », c'est-à-dire les assureurs de responsabilité et l'Office national d'indemnisation,
- et enfin, « 4 personnalités qualifiées dans le domaine de la réparation des préjudices corporels » participaient aux commissions.

5083. La composition des CRCI traduisait un déséquilibre au détriment de la représentation des victimes d'accidents médicaux, qui conduisait à douter de l'objectivité des solutions finalement adoptées aussi bien au stade de la conciliation qu'à celui de l'indemnisation.C'est pourquoi un décret n° 2014-19 du 9 janvier 2014 est venu apporter des modifications substantielles en diminuant le nombre de membres de ces commissions et en augmentant les pouvoirs de leur président. Ainsi, le nombre des membres passe de 21 à 12, le nombre de représentants des usagers du système de santé passe de six à trois, le nombre de représentants des professionnels de santé exerçant à titre libéral passe de deux à un, le nombre de représentants des responsables d'institutions et établissement publics et privé demeure inchangé, soit trois.

Il n'y a plus qu'un représentant de l'ONIAM et un représentant des assureurs. Le nombre de personnes qualifiées passe de quatre à deux.

5084. Toute personne qui s'estime victime d'un préjudice résultant d'un accident médical ou les ayants droit d'une personne décédée, sont habilitées à saisir la commission territorialement compétente. Concernant les modalités de la saisine, elles sont précisées à l'article R. 795-49 du Code de la santé publique. Le demandeur doit établir sa qualité d'assuré social, désigner les organismes de Sécurité sociale auxquels il est affilié, et énumérer les prestations reçues et à recevoir des autres tiers payeurs. Sa requête suppose l'envoi par lettre recommandée avec accusé de réception d'un formulaire établi « conformément au modèle approuvé par le Conseil d'administration de l'Office national d'indemnisation », accompagné de pièces justificatives « dont la liste, fixée par arrêté du ministre chargé de la santé ... est reproduite dans le formulaire ». Parmi les pièces justificatives, figure notamment « un certificat médical attestant la consistance précise des dommages » ainsi que « tout autre document de nature ... à établir que les dommages subis ont le caractère de gravité mentionné au II de l'article L. 1142-1 ». La saisine de la CRCI suspend les délais de prescription et de recours contentieux jusqu'au terme de la procédure spécifique organisée par la loi du 4 mars 2002.

5085. Concernant la compétence territoriale, il était prévu initialement de doter chaque région d'une CRCI. La loi du 30 décembre 2002 a finalement admis qu'un arrêté ministériel institue une commission interrégionale compétente pour deux ou plusieurs régions. La compétence d'attribution des CRCI est limitée aux cas dans lesquels les préjudices dont la victime demande réparation sont supérieurs au degré de gravité fixé par décret. Dès lors, les victimes des dommages les moins graves ne peuvent bénéficier du régime de règlement amiable des litiges. Tout au plus peuvent-elles saisir la CRCI en vue d'une conciliation (CSP, art. R. 795-51). Il est à noter que la décision des CRCI relative à leur compétence est discrétionnaire, dans la mesure où l'examen de la victime par un expert n'est pas obligatoire. Le recours à l'expertise est en l'occurrence envisagée comme une simple faculté offerte aux commissions (CSP, art. R. 795-50). Enfin, les CRCI ne sont pas tenues d'émettre un avis justifiant leur incompétence (CSP, art. R. 795-51).

5086. Lorsque la CRCI se déclare compétente, elle doit émettre « un avis sur les circonstances, les causes, la nature et l'étendue des dommages, ainsi que sur le régime d'indemnisation applicable (...) » (CSP, art. L. 1142-8). L'avis doit être émis dans un délai de six mois à compter de la saisine de la CRCI (CSP, art. L. 1142-8). Pendant la période précédant l'émission de l'avis, la victime ne peut percevoir une provision, que ce soit auprès de l'assureur de responsabilité concerné ou auprès de l'Office national d'indemnisation. L'avis de la commission est nécessairement fondé sur un rapport d'expertise. Il revêt une importance capitale, dans la mesure où il désigne le payeur (assureur de responsabilité ou Office national d'indemnisation). La décision de la CRCI ne semble pas s'imposer à l'organisme payeur. C'est le sens d'une décision rendue à propos de l'ONIAM, lequel est seulement « éclairé par l'avis de la CRCI, notamment sur le point de savoir si les dommages invoqués remplissent les conditions leur permettant d'ouvrir droit à une réparation au titre de la solidarité nationale et sur le montant de l'indemnisation susceptible d'être allouée à la victime en vue de la réparation intégrale des préjudices subis ». L'ONIAM « ne saurait être regardé comme étant lié par cet avis, qui émane d'un organisme dépourvu de caractère juridictionnel, en dépit des garanties d'impartialité et d'indépendance qui lui sont reconnues par la loi » (CAA Versailles, 12 janv. 2006, AJDA 2006, p. 119, obs. S. Brondel). En toute hypothèse, l'organisme payeur doit présenter une offre d'indemnisation à la victime avant d'exercer un quelconque recours subrogatoire contre un autre assureur ou l'Office national d'indemnisation, aux fins de détermination de la charge définitive de l'indemnisation par une juridiction.

2 ▪ Rôle résiduel de la procédure contentieuse

5087. La saisine de la CRCI est facultative. Par conséquent, les victimes d'un accident médical peuvent préférer rechercher directement la responsabilité du professionnel ou de l'établissement de santé devant les juridictions judiciaire ou administrative. Dans cette hypothèse, elles doivent informer la CRCI de l'existence de procédures juridictionnelles. De la même façon, la juridiction saisie d'un litige relatif à un accident médical doit être informée de la saisine éventuelle d'une CRCI (CSP, art. L. 1142-7).
Lorsque la CRCI saisie dans un premier temps, se déclare incompétente au motif que le dommage ne répond pas à l'exigence de gravité requise, la victime n'a d'autre choix que d'utiliser les voies contentieuses aux fins d'indemnisation.

B ▪ Expertise

5088. L'expertise n'est pas obligatoire, lorsque la question se pose de la compétence d'une CRCI au regard du seuil de gravité du dommage (CSP, art. R. 795-50). En revanche, l'avis de la CRCI est nécessairement fondé sur un rapport d'expertise (CSP, art. L. 1142-10). En pratique, l'expertise constitue donc un élément fondamental du système mis en place par la loi du 4 mars 2002. En effet, c'est sur la base des constatations des experts relativement à l'existence ou non d'une faute médicale, et de l'estimation du préjudice au cours des opérations d'expertise, que la CRCI fixe les modalités de l'indemnisation.

5089. La collégialité de l'expertise est un principe énoncé à l'article L. 1142-12 du Code de la santé publique : « la commission régionale désigne aux fins d'expertise, un collège d'experts choisis sur la liste nationale des experts en accidents médicaux, en s'assurant que ces experts remplissent toutes les conditions propres à garantir leur indépendance vis-à-vis des parties en présence (...) ». Il en résulte que le rapport d'expertise est établi conjointement par les membres du collège d'expert. Deux nuances sont apportées à ce principe. D'une part, si elle l'estime suffisant, la CRCI peut désigner un seul expert choisi sur la liste nationale des experts en accidents médicaux. D'autre part, si la nature du préjudice le justifie, la CRCI peut choisir un spécialiste sur la liste des experts judiciaires.

5090. L'article L. 1142-10 du Code de la santé publique consacre le principe d'indépendance attaché aux opérations d'expertise médicale : la CRCI doit « s'assurer que les experts remplissent toutes les conditions propres à garantir leur indépendance vis-à-vis des personnes en présence ». Une Commission nationale des accidents médicaux est instituée pour garantir la compétence et l'indépendance des experts désignés (CSP, art. L. 1142-10). Elle est chargée de l'inscription des experts sur la liste nationale des experts en accidents médicaux. Elle actualise chaque année la liste établie, et la transmet à toutes les juridictions judiciaires et administratives. Enfin, la liste est tenue à la disposition du public dans les secrétariats-greffes des juridictions. L'ensemble des dispositions légales relatives à l'indépendance ont vocation à écarter des opérations d'expertise, aussi bien le médecin-conseil de la victime que celui de l'assureur du responsable. En pratique, il s'agit surtout d'éviter que ne soit désigné un médecin appartenant au même établissement de santé que l'auteur des dommages. Cela étant, aucune procédure de récusation ne vient protéger effectivement la victime contre les risques de violation du principe d'indépendance.

5091. L'article L. 1142-10 du Code de la santé publique associe le principe du respect du contradictoire aux opérations d'expertise. Le texte dispose que « le collège d'expert ou l'expert s'assure du caractère contradictoire des opérations d'expertise, qui se déroulent en présence des parties ou celles-ci dûment appelées. Ces dernières peuvent se faire assister d'une ou des personnes de leur choix. Un collège d'experts ou l'expert prend en considération les observations des parties et joint sur leur demande, à son rapport, tous documents y afférents (...) ». Autrement dit, la victime peut bénéficier de l'assistance éventuelle de son médecin-conseil ou de son avocat. Cette assistance médicale ou juridique a un coût. Il devrait être pris en charge par le responsable ou le payeur (assureur de responsabilité ou Office national d'indemnisation) au titre de la réparation des préjudices patrimoniaux subis par la victime du fait de l'accident médical.

C ■ Modalités de l'indemnisation

5092. Le processus d'indemnisation des dommages résultant d'accidents médicaux, décrit à l'article L. 1142-14 du Code de la santé publique, est largement inspirée de la procédure de l'offre et des modalités de règlement mis en place par la loi n° 85-677 du 5 juillet 1985 tendant à l'amélioration de la situation des victimes d'accidents de la circulation et à l'accélération des procédures d'indemnisation (Sur les accidents de la circulation, V. supra). Elle présente l'avantage de la rapidité d'une procédure de règlement extra-judiciaire, qui devrait conduire la victime à préférer le processus spécifique mis en place par la loi du 4 mars 2002 aux lenteurs de la procédure contentieuse.

1 ■ Offre d'indemnisation

5093. Le payeur (assureur de responsabilité ou Office national d'indemnisation) désigné par la CRCI, doit faire une offre d'indemnisation visant à la réparation intégrale des préjudices subis par la victime de l'accident médical, dans les quatre mois suivant la réception de l'avis de la CRCI. L'offre a un caractère provisionnel, si le débiteur n'a pas été informé de la consolidation. En toute hypothèse, l'offre définitive doit être formulée dans les deux mois suivants la date à laquelle le débiteur a été informé de la consolidation.

5094. L'offre d'indemnisation doit être détaillée pour chaque chef de préjudice, ce qui suppose la différenciation de chaque composante du dommage : pretium doloris, préjudice d'agrément, préjudice esthétique, incapacité temporaire, incapacité permanente... Autrement dit, une offre d'indemnisation « toutes causes de préjudice confondues », ne remplirait pas les conditions légales.
L'évaluation des préjudices est réalisée sur la base du principe de la réparation intégrale, conformément aux critères jurisprudentiels applicables en matière de réparation des dommages.

5095. Lorsque l'avis de la CRCI désigne l'assureur en qualité de payeur, il doit préciser à la victime qu'elle peut saisir l'Office national d'indemnisation en l'absence d'offre d'indemnisation dans un délai de quatre mois suivant la réception de l'avis par le payeur (CSP, art. R. 795-53). Le silence ou le refus explicite de l'assureur de faire une offre est sanctionné, à l'issue de l'action récursoire de l'Office national d'indemnisation, par une allocation au bénéfice de ce dernier, d'une somme au plus égale à 15 % de l'indemnité. Pareillement, lorsque l'offre est manifestement insuffisante, l'assureur doit verser à l'Office national d'indemnisation, une somme au plus égale à 15 % de l'indemnité allouée, sans préjudice des dommages et intérêts dus de ce fait à la victime (CSP, art. R. 795-53).

5096. Le refus, par la victime, de l'offre adressée par l'ONIAM en vertu de l'article L. 1142-17 du Code de la santé publique, rend celle-ci caduque, de sorte que l'office s'en trouve délié (Civ. 1re, 4 fév. 2015, RCA 2015, com. 160, note L. Bloch).

2 ▪ Transaction et règlement

5097. En principe, l'acceptation de l'offre vaut transaction au sens de l'article 2044 du Code civil. À cet égard, la victime ne bénéficie pas d'un délai de dénonciation semblable à celui qui lui est accordé en cas d'accident de la circulation (C. assur., art. L. 211-16). Il n'existe pas non plus de dispositions légales spécifiques qui tiennent compte de l'aggravation éventuelle du dommage, contrairement à ce qui est prévu en cas d'accident de la circulation (C. assur., art. L. 211-9). Concernant ce dernier cas de figure, il est toutefois indiqué que, lorsque la consolidation de l'état de la victime est postérieure à la date du premier avis de la CRCI ou quand des préjudices nouveaux imputables à une aggravation nécessitent une nouvelle évaluation des dommages, une nouvelle expertise peut être diligentée, aux fins d'une nouvelle offre d'indemnisation (CSP, art. R. 795-54).

5098. Le paiement doit intervenir dans un délai d'un mois à compter de la réception de l'acceptation de l'offre, que cette dernière ait un caractère provisionnel ou définitif.
Les sommes qui ne sont pas versées à la victime dans les délais, produisent intérêts au double de l'intérêt légal, à compter de l'expiration du délai et jusqu'au jour du paiement effectif ou, « le cas échéant, du jugement devenu définitif » (CSP, art. L. 1142-14, al. 7). De ces dernières dispositions, il résulte que le délai d'un mois s'impose au payeur (assureur de responsabilité ou Office national d'indemnisation), et que le droit à indemnisation procède d'une transaction ou d'une décision rendue définitivement à la suite d'une procédure contentieuse.

▪ Chapitre 4
L'assurance contre les accidents corporels

BIBLIOGRAPHIE

L'Argus de l'assurance

Ouvrages. – I. Bessières-Roques, H. Hugues-Béjui, *Précis d'évaluation du dommage corporel*, L'Argus éd., 2016 – R. Millot, A. Rudelle-Waternaux, E. Bocquaire, *L'assurance de santé : acteurs et garanties*, L'Argus éd., 2012 – *Code de la mutualité*, L'Argus éd., – F.Couilbault (sous dir.), *Assurances de personnes*, L'Argus éd., 2016.

Articles. – C. Tourrain, Individuelle accident : des garanties « peau de chagrin », L'Argus 2009, n° 7136 – Garantie des accidents de la vie, un label en révision, L'Argus, 26 oct. 2012, n° 7286

Autres documentations

Ouvrages. – Juris-Classeur, RCA, fasc. 516-1 à 516-3. – J. Kullmann (sous dir.), *Lamy Assurances* 2016. – J. Bigot, (sous dir.) *Traité de droit des assurances*, t. 3 « Le contrat d'assurance », 2e éd., LGDJ 2014, et t. 4 « Les assurances de personnes », LGDJ 2007, spéc. p. 499 à 613 – H. Groutel, L. Leduc, P. Pierre, M. Asselain, Traité du contrat d'assurance terrestre, n° 2362 et s., p. 1674, Litec 2008 – Juris-compact, *Pratique des assurances du particulier*, 2003, p. 1. – Y. Lambert-Faivre, L. Leveneur, *Droit des assurances*, Précis Dalloz, 13e éd. 2011. – Y. Lambert-Faivre, S. Porchy Simon, *Droit du dommage corporel, Systèmes d'indemnisation*, 8e éd., n° 497 et s. p. 474, Dalloz 2016. – M. Picard, A. Besson, *Les assurances terrestres*, T. 1, le contrat d'assurance, 5e éd., 1982, LGDJ n° 444 s. – J. Kullmann, *Les assurances de personnes, vie et prévoyance* Rép. civ. Dalloz.

Articles. – P. Chedeville, Notion d'accident et charge de la preuve, Assur. fr. 16 juin 1981 – H. Groutel, Le recours de l'assureur accidents corporels après avance sur indemnité et les préjudices de caractère personnel, RCA 1989, chron. 24 ; Subrogation du tiers payeur = caractère indemnitaire des prestations : l'équation reconnue, RCA 1990, chron. 12 ; Une brèche dans le caractère non indemnitaire des assurances de personnes, RCA 1990, chron. 22 ; Le cumul d'assurances de personnes, RCA

1991, chron. 20 ; Suicide, assurance contre les accidents corporels et charge de la preuve, RCA 1991, chron. 21 et 1993, chron. 13 ; L'impossible rédaction des clauses sur la garantie du risque d'incapacité temporaire de travail, RCA 1992, chron. 7 ; La garantie du risque d'incapacité dans les assurances de personnes, RCA 1992, chron. 13 ; La loi du 16 juillet 1992 sur les assurances, RCA 1992, chron. 31 ; Le cantonnement du caractère indemnitaire de certaines assurances de personnes, RCA 1993, chron. 29 ; Imprégnation alcoolique de l'assuré et notion d'accident corporel, RCA 1994, chron. 17 ; Le recours des tiers payeurs (évolutions récentes), RCA 1994, chron. 33 ; La notion d'accident : notion unique ou multiple, RCA 1995, chron. 1 ; Le cumul d'assurances de personnes (précisions sur deux arrêts du 10 janvier 1995), RCA 1995, chron. 12 ; Les suites de l'avance sur recours prévue à l'article 33 de la loi du 5 juillet 1985, RCA 1995, chron. 30 ; À la recherche du caractère indemnitaire des assurances de personnes, RCA 1997, chron. 2 ; La qualification des prestations constituant une avance sur recours, RCA 1999, chron. 5 ; Assurance contre les accidents corporels, Domaine de la prescription biennale, RCA 2004, 24 ; Les assurances de personnes indemnitaires : l'assemblée plénière prend position, RCA 2004, 7 ; L'assureur de personnes, un tiers payeur à part entière, RCA 2007, chr. n° 18. ; Thèmes d'assurance à la carte, Assurance accidents corporels, RCA 2009, n° 3, Dossier « Les 20 ans de responsabilité civile et assurance » p. 51 - A. Favre Rochex, La subrogation de l'assureur de personnes, Gaz. Pal. 22 janv. 1993. – R. Houin, La notion d'accident dans l'assurance contre les accidents corporels, RGAT 1947. 219. – J. Kullmann, L. Mayaux, L'accident corporel, RCA 2015, Dossier « L'accident », n° 5, p. 23 – Y. Lambert Faivre, Le lien entre la subrogation et le caractère indemnitaire des prestations des tiers payeurs, D. 1987, chron. p. 97. – H. Margeat, La subrogation en assurances de personnes à caractère indemnitaire (loi n° 92-665 du 16 juillet 1992, art. 23), RGAT 1993. 251. – L. Mayaux, Pour en finir avec une conception étriquée de l'accident, RGDA 2014, p. 599 – L. Morlet-Haïdara, Vers la reconnaissance d'un droit spécial du dommage corporel ?, Resp. civ. et ass. 2010 ét n° 13 – L. Noel, La notion d'accident, RGDA 2004. 309. – J. Picard, La notion d'accident en assurance individuelle, Assur. fr. 1981, p. 876. – V. Salvado, Prestations indemnitaires et recours des assureurs de personnes (lois des 16 juillet 1992 et 8 août 1994), Gaz. Pal. 18-22 août 1995. – G. Viney, L'assurance individuelle automatique dans les transports aériens, RGAT 1963. 145. – B. Viret, Assurances privées et protection complémentaire en matière de sécurité sociale, RGAT 1992. 11.

Divers. – L. Gimoneau, Le caractère indemnitaire ou non des prestations versées au titre du contrat individuel accident, Mémoire de stage, DESS Droit des assurances et de la responsabilité, Facultés de droit de Poitiers et La Rochelle, Pôle Universitaire de Niort. – A. Guery, Le recours du tiers payeur, Activités d'études et de recherche, Documents pratiques, Ecole Nationale de la Magistrature, juillet 2000. – L'accident : responsabilité civile et assurances, Actes du colloque du 22 mai 2015, Resp. civ. et ass. 2015, n° 7/8 p. 1 à 10

Section 1 ■ Généralités

5099. L'assurance contre les accidents corporels est un contrat par lequel, en échange d'une prime (ou cotisation), l'assureur s'engage, au cas où, durant la période garantie, un accident corporel atteindrait l'assuré, principalement à lui verser ou, en cas de mort, à verser au bénéficiaire désigné, une somme déterminée et, accessoirement, à rembourser tout ou partie des frais médicaux et pharmaceutiques engagés par suite dudit accident (M. Picard, A. Besson, *Traité général des assurances terrestres en droit français*, t. IV LGDJ 1945, n° 256, p. 649). Depuis cette définition, certains contrats se sont enrichis de prestations en nature destinées à aider l'assuré pendant le temps de sa guérison (assistance ménagère par exemple).

5100. Le contrat d'assurance contre les accidents corporels a été conçu pour réparer en totalité ou en partie les dommages subis par une personne, ou par ses ayants droit, à l'occasion d'un événement accidentel dont il conviendra ci-dessous de dégager les caractéristiques. Aucune prestation ne doit être versée par l'assureur si la preuve de l'accident n'est pas rapportée par l'assuré.

5101. D'autres opérations d'assurance donnent lieu au versement d'un capital en cas d'atteinte corporelle et relèvent pourtant d'une catégorie d'assurance différente. En premier lieu l'assurance contre les accidents corporels doit d'abord être principalement opposée à l'assurance maladie dont l'objet est de couvrir toute altération de la santé constatée par une autorité médicale sans qu'il soit fait de distinction selon l'origine de la maladie. La différence entre les deux types de contrats, voire de prestations en cas de contrat accident-maladie unique, ne soulève pas de difficultés lorsque l'événement accidentel garanti est totalement étranger à la maladie de l'assuré, elle devient beaucoup plus problématique lorsqu'il doit être tenu compte d'un état pathologique antérieur. En second lieu, l'accident corporel peut aussi conditionner la mise en œuvre de prestations d'assistance qui, à l'opposé des garanties du contrat d'assurance, seront réglées principalement en nature et soumises au régime des obligations de moyens (Civ. 1re, 27 févr. 1985, Bull. civ. I, n° 79 ; D. 1986, IR, 96, obs. C. J. Berr et H. Groutel) et non des obligations de résultat. L'assurance contre les accidents corporels peut néanmoins inclure des prestations en nature (garantie défense-recours ou mise à disposition d'une tierce personne) sans pour autant perdre sa nature principale. En troisième et dernier lieu, il est plus difficile d'opposer totalement les contrats d'assurance sur la vie et les contrats d'assurance souscrits au regard du risque d'accident corporel. À l'origine ces deux opérations d'assurance sont totalement distinctes puisque l'une prend en compte la durée de la vie humaine et soumet le versement de prestations au constat objectif du décès ou de la vie d'une personne physique à un moment donné alors que l'autre n'est appelée à intervenir que lors de la réalisation d'un événement précis indépendant de la durée de la vie humaine. On relève néanmoins que le décès même accidentel peut être garanti par un contrat d'assurance sur la vie et que de surcroît les entreprises pratiquant l'assurance vie peuvent proposer des garanties complémentaires accordées en cas d'incapacité de travail ou d'invalidité.

5102. Comme il a été observé ci-dessus, il est difficile, voire impossible, de réduire l'assurance contre les accidents corporels à une seule catégorie d'assurance. Par essence, puisqu'il s'agit de réparer les atteintes corporelles subies par un individu, il convient incontestablement d'y voir une assurance de personnes non vie (J. Bigot, *Traité de droit des assurances*, Le contrat d'assurance, t. III, LGDJ 2002, n° 147 ; adde C. assur., art. L. 131-1 al. 1er) dans laquelle les garanties présentent, de surcroît, un caractère forfaitaire. Ce critère du risque garanti ne résiste toutefois pas à l'analyse des principaux contrats distribués aujourd'hui. Le dommage corporel n'y est pas appréhendé dans sa seule dimension personnelle, ses conséquences patrimoniales sont aussi prises en charge par l'assureur : remboursement d'un crédit, interruption de perception d'un salaire, remboursement de frais de soins... La nature hybride des prestations découlant du contrat d'assurance contre les accidents corporels oblige à distinguer celles qui présentent un caractère forfaitaire et celles qui obéissent à une logique indemnitaire. Cette question, aux conséquences pratiques importantes, a fait l'objet d'une longue évolution législative et jurisprudentielle relatée dans la section 5 de cette étude.

5103. L'assurance contre les accidents corporels fut d'abord utilisée en matière maritime où elle permettait d'assurer la vie des capitaines de navire et des membres d'équipage. Son évolution est naturellement attachée d'une part au développement croissant des moyens de communication : chemins de fer et bien entendu automobile et d'autre part aux limites assignées à l'assurance de responsabilité. L'assurance est inutile, sauf par le biais d'une clause d'avance recours, lorsque la victime peut obtenir une indemnisation en agissant contre l'auteur responsable (ou contre son assureur). Pour autant, il n'est pas toujours possible de faire valoir la responsabilité d'un tiers. Les assureurs ne manquent pas de rappeler cet argument au soutien de leurs politiques commerciales. L'essor de cette opération d'assurance a aussi été conditionné par la recherche de protection contre les accidents occasionnés par l'activité professionnelle ou la pratique sportive.

5104. Les sociétés d'assurance relevant de la Fédération Française des Sociétés d'Assurance (FFSA) peuvent prétendre au label « Garanties des Accidents de la Vie » lorsque les prestations découlant de leur contrat respectent un « socle minimum » en matière d'étendue des garanties, de détermination des personnes assurées, de préjudices indemnisés, de montant cumulé des prestations et de modalités d'indemnisation. Les assureurs restent néanmoins libres d'ajouter des garanties ou avantages supplémentaires à partir desquels s'exerce la libre concurrence. C'est ainsi que le taux minimum d'incapacité permanente partielle (IPP) susceptible d'ouvrir les garanties fixées dans le socle commun à 30 % est très souvent réduit à 10, voire 5 %. Selon les sources des services de la FFSA, 7,3 millions de personnes étaient pour l'année 2011 couvertes par 3,7 millions de contrats GAV, soit une augmentation de 8 % par rapport à l'année 2010).

Section 2 ▪ Parties au contrat

§ 1 ▪ Le souscripteur

5105. La souscription d'un contrat d'assurance contre les accidents corporels constitue une opération de prévoyance permettant par exemple de compléter les prestations servies par les caisses de Sécurité sociale en cas d'accident du travail ou d'incapacité de travail consécutive à un accident de la vie domestique. La souscription est donc souvent individuelle ; elle peut néanmoins devenir collective lorsque des circonstances particulières le justifient.

5106. L'assurance souscrite à titre individuel, régulièrement dénommée « individuelle accident » découle d'un contrat conclu entre un assureur et un assuré. Il est habituel de distinguer entre l'assurance générale dans laquelle les accidents corporels de toute nature, sauf exclusion ponctuelle, sont indemnisés et l'assurance spéciale dans laquelle seuls certains types d'accidents sont garantis, soit les risques professionnels, soit les risques de la vie domestique, soit des risques déterminés (voyage par exemple). La souscription d'un tel contrat permet aussi au conducteur d'un véhicule automobile de se protéger contre les conséquences d'un accident de la circulation dans le cas où la responsabilité d'un tiers ne pourrait être mise en cause sans que pour autant la situation permette d'ouvrir une action contre le Fonds de garantie automobile (G. Durry, *L'assurance automobile*, D. 1998. 129). Sur le fond, la logique contractuelle fait qu'un tel contrat relève bien de la catégorie des assurances de personnes. Il est toutefois généralement distribué de manière distincte et n'est pas soumis exactement aux mêmes difficultés d'application puisqu'il couvre les conséquences corporelles d'un accident de la circulation et non d'un accident en général.

5107. Selon l'alinéa 1er de l'article L. 141-1 du Code des assurances, « est un contrat d'assurance de groupe le contrat souscrit par une personne morale ou un chef d'entreprise en vue de l'adhésion d'un ensemble de personnes répondant à des conditions définies au contrat, pour la couverture de risques dépendant de la durée de la vie humaine, des risques portant atteinte à l'intégrité physique de la personne ou liés à la maternité, des risques d'incapacité de travail ou d'invalidité ou du risque de chômage ». L'assurance est alors souscrite de façon collective pour un ensemble d'individus, soit par un tiers, soit par un organe commun. Aux termes de l'article L. 141-6 du Code des assurances, le souscripteur est réputé être (sauf dans certaines situations) à l'égard de l'adhérent, de l'assuré et du bénéficiaire, le mandataire de l'assureur, tant en ce qui concerne l'adhésion au contrat que les modalités d'exécution.

5108. L'assurance collective contre les accidents trouve un terrain de développement particulièrement propice en matière sportive. Initialement les « arrêtés Herzog » des 5 mai et 6 juillet 1962 contenaient un volet garantie personnelle des accidents subis par les sportifs licenciés. La loi n° 84-610 du 16 juillet 1984, art. 38, modifié par la loi n° 2000-627 du 6 juillet 2000, art. 31, n'impose pas aux pratiquants d'une discipline sportive d'être titulaire d'une assurance personnelle. Les groupements sportifs sont néanmoins tenus d'informer leurs adhérents de l'intérêt qu'ils peuvent trouver à souscrire un contrat couvrant les dommages corporels auxquels peut les exposer leur pratique sportive (art. 38 al. 1er). Lorsque la fédération concernée a souscrit une assurance collective, elle ne peut être que proposée au pratiquant qui doit conserver la liberté de souscrire des garanties individuelles complémentaires (Civ. 2e, 19 mars 1997, RCA 1997, comm. n° 243, obs. G. Courtieu ; sur l'obligation d'informer des limites des garanties proposées, Civ. 1re, 12 nov. 1998, RGDA 1999. 427, obs. J. Kullmann ; sur l'obligation d'attirer l'attention des pratiquants de leur intérêt à souscrire une assurance et de leur proposer plusieurs formules de garantie, Civ. 1re, 13 févr. 1996, RCA 1996, comm. n° 196 ; adde, G. Courtieu, Individuelle accident, les juges mettent les points sur le i, RCA 1996, chron. n° 25). La loi n° 2015-1541 du 27 novembre 2015 visant à protéger les sportifs de haut niveau et professionnels et à sécuriser leur situation juridique et sociale fait dorénavant obligation aux fédérations sportives de souscrire des contrats d'assurance de personnes au bénéfice de leurs licenciés inscrits sur la liste des sportifs de haut niveau, la souscription des contrats d'assurance de personnes dispense les fédérations sportives délégataires de leur obligation d'information.

5109. Déjà au cours du XIXe siècle, en l'absence de législation du travail et de systèmes de protection sociale, les employeurs souscrivaient par une police collective, une assurance au profit de leurs ouvriers et employés victimes d'accident du travail. Aujourd'hui encore il est nécessaire de proposer une indemnisation allant au-delà des seuils définis par les caisses de Sécurité sociale et de nombreuses entreprises ont pris des dispositions en ce sens. Ces contrats sont souscrits par les entreprises au profit de leurs salariés de manière à déclencher le versement de prestations d'assurance en cas de décès, d'incapacité de travail et d'invalidité. Dans la pratique les contrats sont proposés par des entreprises différentes : entreprises d'assurance ou mutuelles soumises au Code de la mutualité, voire institutions de prévoyance régies par le Code de la Sécurité sociale ou par le Code rural. Toutefois depuis la loi n° 89-1009 du 31 décembre 1989 renforçant les garanties offertes aux personnes assurées contre certains risques (dite loi « Évin »), les lois modificatives n° 94-678 du 8 août 1994, n° 99-641 du 27 juillet 1999, n° 2001-624 du 17 juillet 2001, n° 2001-1246 du 21 décembre 2001 et une ordonnance n° 2001-350 du 22 avril 2001, un certain nombre de règles communes régissent ce type de contrat. Pour une étude complète, V. infra La complémentaire santé.

5110. Contrats d'assurance emprunteur : il s'agit ici pour les établissements de crédit de conditionner l'octroi du crédit à la souscription d'un contrat d'assurance permettant de couvrir les risques liés à l'accident de l'emprunteur. En fonction de l'importance du crédit, l'obligation est plus ou moins forte. Pour une étude complète, V. supra Assurance emprunteur.

5111. Les assurances collectives contre les accidents ont aussi été proposées par des journaux à leurs lecteurs ou par un évêque aux curés de son diocèse (M. Picard, A. Besson, op. cit. n° 260 p. 657).

§ 2 ▪ L'assuré

5112. L'évènement garanti étant obligatoirement extérieur aux parties, les prohibitions légales relatives à l'assurance sur la vie ne s'appliquent pas en matière d'assurance contre les accidents corporels. L'assurance peut donc être souscrite sur la tête d'un mineur ou d'un majeur incapable (Rép. min. à QE, 12 juin 1931, RGAT 1931. 1076 ; Rép. min. n° 16549, 4 nov. 1965, JO Débats AN 8 janv. 1966, RGAT 1967. 282). De même le consentement de l'assuré qui ne serait pas lui-même souscripteur du contrat n'est pas obligatoire (en ce sens Y. Lambert-Faivre et L. Leveneur, *Droit des assurances*, Dalloz, 2005, 12e éd. ; Aubert J. -L., *L'assurance vie et les assurances de personnes*, coll. Que sais-je ?, PUF, 1983, p. 104).

5113. Comme dans toute assurance, il incombe à l'assuré de déclarer, au moment de la souscription du contrat, toutes les circonstances qui permettront à l'assureur de se faire une opinion précise du risque qu'il se prépare à couvrir. En dehors de l'état civil, cette déclaration porte principalement sur la profession et les activités du candidat à l'assurance, son état de santé et sur l'existence d'autres assurances similaires. On rappellera tout de même ici que depuis la loi n° 89-1014 du 31 décembre 1989, l'assuré n'est plus tenu que de répondre exactement aux questions posées par l'assureur, il n'a plus à faire de déclaration spontanée sauf en cas d'aggravation de risque en cours de contrat. Les questions posées par l'assureur doivent être en relation avec ses engagements. En d'autres termes, « il incombe à l'assureur de se rendre compte des circonstances qu'il doit demander à l'assuré » (V. supra, La sincérité de la déclaration du risque ; J. Kullmann, *Traité de droit des assurances*, LGDJ 2002, n° 930, p. 681). – L. Grynbaum, Le questionnaire, rien que le questionnaire, JA nov./déc. 2014, n° 867-868, p.9 et s.- J. Speroni, La pratique des clauses prérédigées à terre, L'Argus n° 7378, 3 oct. 2014, p. 12 et s. En revanche, selon la jurisprudence, il importe peu que la fausse déclaration ait trait à un risque non pris en charge à la suite d'une exclusion contractuelle (Civ. 1re, 22 mai 2002, Bull. civ. I, n ° 136 ; Gaz. Pal. 2003. 424, note A. Favre Rochex ; RCA 2002, comm. n° 275, obs. H. Groutel ; RGDA 2002. 687, obs. J. Kullmann). Enfin, lorsque l'assurance est contractée sur la tête d'autrui, la déclaration de risque doit être faite par ce dernier et non par le souscripteur.

5114. Certains contrats établissent un lien étroit entre les garanties et la profession de l'assuré, il convient donc d'attacher toute l'importance nécessaire aux déclarations d'exercice d'une profession, qu'il s'agisse de sa nature ou de ses modalités.
Même si l'assurance contre les accidents corporels a vocation à se résoudre dans l'indemnisation d'un décès ou d'une infirmité, l'état de santé de l'assuré n'a apparemment aucune influence sur la perception que l'assureur peut se faire du risque garanti. L'affirmation est vraie tant que ce risque est apprécié en termes de probabilité de réalisation de l'événement accidentel. Elle devient beaucoup plus ambiguë si l'on tient compte de l'intensité du risque. Un même accident peut avoir des conséquences plus importantes sur une personne dont l'état de santé est déjà déficient. Il est donc nécessaire pour l'assuré de répondre avec exactitude aux questions posées par l'assureur. À cet effet, une déclaration inexacte ou incomplète pourra être sanctionnée par la nullité du contrat lorsqu'elle est intentionnelle (C. assur., art. L. 113-8) ou par la réduction de l'indemnisation (C. assur., art. L. 113-9) lorsque la mauvaise foi n'est pas établie (V. supra La sincérité de la déclaration du risque).

5115. Les assureurs souhaitent pouvoir obliger le candidat à l'assurance à déclarer s'il a souscrit des assurances similaires auprès d'autres assureurs. En termes d'appréciation du risque plusieurs souscriptions préalables peuvent en effet traduire une intention spéculative qui peut alors justifier une augmentation de la prime (Civ. 1re, 9 nov. 1941, RGAT 1942. 139 ; Civ. 1re, 9 juin 1942, RGAT 1942. 265, note Besson ; Civ. 1re, 16 févr. 1944, RGAT 1944. 172). En matière d'assurance dommage une telle déclaration ne surprend pas, elle constitue même une obligation pour l'assuré (C. assur., art. L. 121-4). En revanche, la nature principalement forfaitaire des prestations découlant d'un contrat d'assurance contre les accidents corporels pouvait faire douter de sa légalité dans le cadre d'une assurance de personnes. La Cour de cassation avait accentué ce doute en s'enfermant dans la seule lecture de l'article L. 121-4 du Code des assurances inapplicable aux assurances de personnes (Civ. 1re, 14 mai 1991, RGAT 1991. 623 note J. Kullmann ; Civ. 1re, 2 juill. 1991, RGAT 1991. 623, note J. Kullmann ; H. Groutel, Le cumul d'assurances de personnes, RCA 1991, chron. n° 20 ; voir aussi mais avec une distinction entre les prestations à caractère indemnitaire et forfaitaire, Civ. 1re, 10 janv. 1995, RGAT 1995. 152, note J. Kullmann ; H. Groutel, Le cumul d'assurances de personnes : précisions sur deux arrêts du 10 janvier 1995, RCA 1995, chron. n° 12. Au final, deux arrêts plus récents reconnaissent la validité des clauses d'information sur le fondement de l'article L. 113-8 du Code des assurances (Civ. 1re, 13 mai 1997, RGDA 1997. 829, note J. Kullmann ; D. 1997. 351, note J. L. Aubert, RCA 1997, comm. n° 319, obs. H. Groutel ; Civ. 1re, 31 mars 1998, RGDA 1998. 301, note L. Fondallosa ; RCA 1998, comm. n° 214, note H. Groutel).

5116. En cas de tarification générale et indépendante des risques propres à chaque assuré, l'assureur s'engage dans le contrat sans avoir recours à la présentation d'un questionnaire. Il semblerait alors qu'il renonce du même coup à se prévaloir par la suite de toute fausse déclaration susceptible de justifier la nullité du contrat (C. assur., art L. 113-8) ou la réduction de l'indemnisation (C. assur., art. L. 113-9 : règle proportionnelle de primes). Une telle conséquence, pouvant être vue comme une « clause d'incontestabilité » par la doctrine (M. Picard, La clause d'incontestabilité dans les polices d'assurances sur la vie et la loi du 13 juillet 1930, RGAT 1932. 236), ne peut toutefois être admise que si elle n'est pas en contradiction avec le principe selon lequel il n'est pas possible de renoncer à un droit qui n'est pas encore né. La Cour de cassation, par deux fois, s'est fondée sur le caractère d'ordre public de l'article L. 113-8 du Code des assurances pour condamner la renonciation anticipée de l'assureur à se prévaloir de la nullité du contrat pour fausse déclaration intentionnelle (Req., 6 janv. 1936, RGAT 1936. 58 ; Civ. 1re, 20 juin 2000, RGDA 2000. 813, note A. Favre Rochex). Au final, l'absence de questionnaire a donc plus pour conséquence de rendre impossible la démonstration d'une fausse déclaration intentionnelle que de constituer une renonciation aux sanctions légales correspondantes.

5117. L'article L. 113-2 alinéa 4 impose à l'assuré de déclarer, en cours de contrat, les circonstances nouvelles qui ont pour effet d'aggraver les risques ou d'en créer de nouveaux. La solution repose sur une parfaite logique contractuelle : l'assureur qui a accepté de couvrir certains risques ne peut être tenu d'en couvrir de nouveaux aux mêmes conditions, notamment de prime. Seuls les contrats d'assurance sur la vie ne sont pas concernés par cette obligation. Il est très difficile de définir avec précision ce qu'il faut entendre par « aggravation du risque ». Ordinairement, le risque est mesuré à l'aune de deux éléments : sa probabilité et son intensité. Quelques hésitations ont été recensées en matière d'assurance dommage à propos de l'intensité du risque dont on se demande si elle inclut la valeur des biens assurés. En revanche, il ne semble pas que les contrats d'assurance contre les accidents corporels aient donné lieu aux mêmes difficultés.

§ 3 ▪ Le bénéficiaire

5118. En toute logique les prestations d'assurance sont normalement versées à l'assuré lui-même. Seule l'hypothèse de son décès est susceptible d'ouvrir des droits au profit d'un tiers. Quoi qu'il en soit, on relève dans l'application pratique du contrat sur ce point un alignement sur les règles relatives au bénéficiaire d'une assurance sur la vie qui elles-mêmes, par ailleurs, découlent des principes généraux admis en matière de stipulation pour autrui. Il est, de surcroît, vrai que les différences entre les contrats sont ici atténuées et que la désignation du bénéficiaire obéit avant tout à une logique de prévoyance. Que ce soit d'un point de vue civil au titre du droit patrimonial ou successoral ou d'un point de vue fiscal le capital ne fait donc pas partie de la succession de l'assuré et est dû directement par l'assureur au bénéficiaire. (C. assur., art. L. 132-12). Même si la logique conviendrait sans doute de retenir la qualification de donation indirecte des primes (comme pour l'assurance vie), il est ici invraisemblable que celles-ci soient exagérées par rapport aux revenus du souscripteur, ce qui les prémunit des sanctions corrélatives (rapport à succession et réduction pour atteinte à la réserve des héritiers : C. assur., art. L. 132-13).

5119. Il appartient à la personne qui a la qualité de souscripteur de désigner le bénéficiaire des prestations servies en cas de décès de l'assuré. Généralement la même personne a la qualité de souscripteur et d'assuré, il peut toutefois en être autrement sans que cela change le mécanisme de désignation du bénéficiaire. La désignation peut être incluse dans le contrat initial ou résulter d'une manifestation de volonté postérieure. Elle peut aussi être incluse dans un testament. L'accord de l'assureur n'est pas requis. Compte tenu du caractère gratuit du choix qui est ainsi effectué, la désignation est normalement faite sous la condition de survie du bénéficiaire en application de l'article L. 132-8 du Code des assurances. Ainsi en cas de prédécès du bénéficiaire, ce ne sont pas ses héritiers qui seront appelés à percevoir les prestations de l'assureur mais les bénéficiaires de second rang, à condition qu'ils existent.

5120. Sans entrer dans le détail des règles dont l'étude relève des contrats d'assurance sur la vie, il est nécessaire d'insister sur l'importance de la désignation d'un ou plusieurs bénéficiaires. Selon les termes de l'article L. 132-11 du Code des assurances, lorsque l'assurance en cas de décès a été conclue sans désignation de bénéficiaire, le capital ou la rente garantis, font partie du patrimoine ou de la succession du contractant. Les héritiers vont alors recevoir les sommes correspondantes en qualité d'héritier et non de bénéficiaire détenteur d'un droit direct contre l'assureur, ils supporteront donc les éventuelles poursuites des créanciers et devront acquitter les droits de succession (Civ. 1re, 16 févr. 1983, RGAT 1983. 534).

5121. La désignation du tiers bénéficiaire est toujours faite à titre gratuit. Aucune garantie ne pourrait être sérieusement accordée à un créancier puisque le versement des prestations dépend d'un événement fortuit dont la réalisation est totalement incertaine. Par ailleurs, les contrats sont très différents les uns des autres lorsqu'il s'agit de désigner les personnes qui seront appelées à recevoir un capital en cas de décès de l'assuré. La désignation peut figurer dans les conditions générales du contrat ou être renvoyée dans les conditions spéciales où la volonté du souscripteur pourra alors s'exercer plus facilement. Il peut être procédé à une désignation explicite ou à un renvoi à la démonstration du préjudice évoqué par les candidats au versement du capital. Ainsi, les sommes censées représenter les frais d'obsèques sont généralement comprises dans le capital décès, elles peuvent aussi n'être versées qu'aux personnes qui justifient avoir engagé les dépenses correspondantes.

5122. Selon le dernier alinéa de l'article L. 114-1 du Code des assurances modifié par la loi n° 89-1014 du 31 décembre 1989, le délai de prescription pour exercer les actions dérivant du contrat d'assurance est porté à dix ans dans les contrats d'assurance contre les accidents atteignant les personnes, lorsque les bénéficiaires sont les ayants droit de l'assuré. Mais seuls les héritiers qui ont la qualité de bénéficiaire dans le contrat bénéficient de cette dérogation au principe de la prescription biennale. Lorsque les héritiers recueillent simplement dans la succession l'action que leur auteur pouvait engager à l'encontre de son assureur, ils restent soumis au délai habituel de prescription de deux ans (Civ. 1re, 24 févr. 2004, RCA 2004, comm. n° 158, obs. H. Groutel). À propos du point de départ du délai de droit commun de deux ans, la Cour de cassation a pris nettement position pour affirmer que le sinistre au sens de l'article

L. 114-1 alinéa 2, 2° du Code des assurances, résidait dans la survenance de l'état d'incapacité ou d'invalidité de l'assuré et ne pouvait donc être constitué qu'au jour de la consolidation de cet état. En l'occurrence, le 19 janvier 2001 un salarié avait assigné le tribunal des affaires de la Sécurité sociale devant le Tribunal de grande instance afin d'obtenir le complément de son salaire. L'arrêt d'appel avait jugé que l'action était prescrite puisqu'il s'était écoulé plus de deux ans entre la date de l'assignation et celle à laquelle l'assureur avait fait connaître son refus, le 17 février 1995. L'arrêt est cassé, le délai n'avait pas pu commencer à courir avant la consolidation fixée à la date du 31 décembre 1999 (Civ. 2e, 26 oct. 2006, RCA 2007, 32 ; sur l'importance de la date de consolidation, voir aussi Civ. 2e, 16 nov. 2006, RCA 2007, 35).

Section 3 ▪ Caractère obligatoire du paiement des cotisations

5123. Même rangé à titre principal dans la catégorie des assurances de personnes, le contrat d'assurance contre les accidents corporels ne relève pas d'une logique de capitalisation mais du principe de répartition. L'ensemble des primes ou cotisations afférentes à ce contrat pour une période donnée doit être le plus proche possible du montant des prestations versées aux assurées. « La règle » du caractère facultatif du paiement des primes ne s'applique qu'à propos des assurances sur la vie (C. assur., art. L. 132-20). Le paiement des cotisations dans l'assurance contre les accidents corporels est donc soumis aux dispositions générales de l'article L. 113-3 du Code des assurances (V. supra, Fixation et paiement de la cotisation).

5124. La solution est affirmée par une jurisprudence constante depuis 1934 (Civ., 6 mai 1934, Gaz. Pal. 1934. 43, et en dernier lieu, Civ. 1re, 3 déc. 1974, Bull. civ. I, n ° 319, RGAT 1975. 427 ; Civ. 1re, 2 déc. 1981, Bull. civ. I, n° 361 ; RGAT 1982. 380). Ainsi, l'assureur conserve la possibilité d'obliger l'assuré à s'acquitter du montant des primes et, faute de paiement, de mettre en œuvre la procédure légale de l'article L. 113-3 : « à défaut de paiement d'une prime, ou d'une fraction de prime, dans les dix jours de son échéance, et indépendamment du droit pour l'assureur de poursuivre l'exécution du contrat en justice, la garantie ne peut être suspendue que trente jours après la mise en demeure de l'assuré (...). L'assureur a le droit de résilier le contrat dix jours après l'expiration du délai de trente jours mentionné au deuxième alinéa du présent article. Le contrat non résilié reprend pour l'avenir ses effets, à midi le lendemain du jour où (a) été (payée), à l'assureur ou au mandataire désigné par lui à cet effet, la prime arriérée (...) ».

5125. En application de l'article 1001-6° du Code général des impôts, les cotisations afférentes à la couverture du risque accidents corporels sont assujetties à la taxe sur les conventions d'assurance au taux de 9 %.

Section 4 ▪ Événement garanti : l'accident

5126. Les lésions dont peut faire état l'assuré ne sont pas toujours suffisantes pour obliger l'assureur à mettre en œuvre ses garanties. Encore faut-il établir l'existence d'un lien de causalité immédiate avec un événement relevant de la définition contractuelle de l'accident (§ 1) et qui ne se trouve pas conventionnellement exclu de la liste des circonstances assurées (§ 2).

§ 1 ■ Notion d'accident corporel

5127. Plus encore que dans les autres situations d'assurance, il est fait référence à la définition habituelle de l'accident : « atteinte corporelle provenant de l'action violente et soudaine d'une cause extérieure et indépendante de la volonté de l'assuré ». Cette définition adoptée de manière générale autant par la pratique, la doctrine et les juges (Req., 22 juin 1935, RGAT 1936. 1105) respecte les critères généraux du dommage accidentel au titre desquels apparaissent en premier lieu l'extériorité, la soudaineté et l'imprévisibilité (H. Groutel, La notion d'accident : notion unique ou multiple ?, RCA 1995, chron. n° 1 ; adde Y. Jouhaud, la notion d'accident dans les assurances autres que des risques de la circulation, Rapport Cour de cassation pour 1987, p. 94 ; R. Houin, La notion d'accident dans l'assurance contre les accidents corporels, RGAT 1947. 219 ; J. Picard, La notion d'accident en assurance individuelle, Assur. Fr. 1981, p. 876 ; N. Marc, Comment définir l'accident, Trib. ass. mai 1998, p. 37) - J. Kullmann, L. Mayaux, L'accident corporel, Resp. civ. et ass. 2015, n° 8/9 p. 23).

A ■ Atteinte corporelle

5128. Le versement des prestations dues par l'assureur ne peut être envisagé qu'en cas d'atteinte à la santé ou à la vie de l'assuré. L'accident peut résulter à l'évidence d' un contact violent avec une chose ou une autre personne, il y a alors atteinte matérielle ou directe. Mais l'accident peut aussi être le fait d'actions d'agents extérieurs qui ne sont pas en contact physique avec la victime. Tel sera le cas par exemple des intoxications ou de l'insolation. Le contrat d'assurance peut toutefois imposer l'existence d'un choc (voir par exemple à propos d'une intoxication due à l'absorption d'un liquide toxique que l'assuré avait pris pour du vin, alors que le contrat excluait de la garantie les accidents ne résultant pas d'un choc, CA Paris, 9 juin 1942, Gaz. Pal. 1942, 2, jur. p. 156, RGAT 1942. 365 ou l'absence d'indemnisation du décès consécutif à une longue marche dans la neige alors que le contrat ne couvrait pas les accidents ne se manifestant pas par un traumatisme, CA Limoges, 2 mars 1937, S. 1938, jur., p. 94). Normalement l'atteinte corporelle se porte sur une partie vivante du corps humain, il n'est guère envisageable qu'il puisse porter sur un organe artificiel sauf à imaginer que ce dernier est devenu partie du corps en remplacement d'un organe défaillant. La lésion subie par le corps humain peut être interne ou externe. Lorsque la lésion est externe sa gravité est en principe indifférente. Ainsi une simple piqûre ou même une ampoule qui s'infecte doit être vue comme un accident garanti (phlegmon ayant entraîné la perte d'une main et provoqué par une ampoule, Req, 22 juin 1935, DH 1935, jur. p. 426, Gaz. Pal. 1935, 2, jur., p. 568, RGAT 1935. 1104 ; décès dû à une infection, Civ., 5 mai 1943, La Paix c/ Consorts Megerville, RGAT 1943. 283 ; septicémie ayant résulté d'une ampoule au pied contractée lors d'un match de football, Soc. 12 nov. 1943, Gaz. Pal. 1944. 25, RGAT 1944. 65). Au titre des exemples de lésions internes on retiendra principalement les cas d'infarctus du myocarde ou d'hémorragie cérébrale.

B ■ Action violente et soudaine

5129. Si la soudaineté postule la brutalité d'action et renforce du même coup le caractère imprévisible, elle doit être entendue de plusieurs manières (à titre d'exemple d'une action soudaine on peut retenir le cas d'un décès par pendaison après une glissade intempestive elle même due à des pratiques sexuelles consistant en un début de strangulation : Civ. 1re, 2 juill. 1996, RGDA 1996. 903, note A. Favre Rochex ; RCA 1996, comm. n° 402, note H. Groutel). Une action lente peut aussi être vue comme un accident. Nul doute par exemple que l'intoxication due à la présence d'un produit toxique sera traitée au regard du moment précis où elle a entraîné la lésion de la victime (asphyxie due à la défaillance d'un appareil de chauffage, Req, 11 juill. 1933, RGAT 1933. 1106, DH 1933, jur., p. 493, Gaz. Pal. 1933. 640 ; intoxication due aux gaz d'échappement, Soc. 9 avr. 1943, RGAT 1943. 277, 1re esp. ; une congestion cérébrale due à l'exposition prolongée au soleil, Soc. 9 avr. 1943, RGAT 1943. 279, 2e esp., voir néanmoins contra, CA Montpellier, 6 janv. 1938, Gaz. Pal. 1938. 479). De la même manière, une action retardée qui produira ses effets quelques temps après le traumatisme ou le choc sera encore vue comme un accident (piqûre d'insecte par exemple). La violence de l'accident concrétise l'impossibilité pour la victime de s'opposer à sa réalisation.

C ▪ Cause extérieure

5130. Si l'on s'en tient à la classification des branches d'assurance et à la distinction entre assurance contre les accidents corporels et assurance maladie, la preuve de l'existence d'un accident ne devrait pouvoir être rapportée que si l'altération corporelle de la victime ne peut être rattachée ni à un état pathologique antérieur qui constituerait alors une cause interne des lésions, ni à sa propre volonté. Dès lors qu'aucune de ces deux situations n'est avérée, l'atteinte corporelle devrait toujours être qualifiée d'accidentelle et entraîner, sauf exclusion conventionnelle la mise en œuvre des garanties. L'accident suppose l'influence sur le corps humain d'un élément qui lui est étranger (voir par ex. pour le cas d'une ingestion par « fausse route alimentaire » ayant provoquée un décès par asphyxie, Civ. 2e, 24 mai 2006, RCA 2006, n° 270, obs. H. Groutel) ; il ne doit pas être confondu avec la maladie. Dans la pratique contractuelle cette exigence est souvent doublée d'une exclusion des conséquences des maladies dont souffre l'assuré, même s'il n'en a pas connaissance. Dans ces conditions de lecture l'exigence d'une cause extérieure n'aurait donc d'autre effet que d'opposer accident et maladie.

5131. La question déterminante est de savoir si la définition contractuelle de l'accident, retenue dans des termes quasiment identiques par tous les contrats « atteinte corporelle résultant de l'action soudaine d'une cause extérieure » est susceptible de justifier une analyse différente qui laisserait aux juges le soin de dire, en fonction des circonstances, s'il y a bien action soudaine d'une cause extérieure entendue alors comme un élément extérieur à la victime. La pratique jurisprudentielle révèle une tendance favorable à la reconnaissance de cet élément extérieur. Dans la plupart des cas, la recherche des juges s'appuie sur un événement lui-même extérieur à l'assuré. La preuve de l'extériorité est relativement facile à établir lorsque l'affection subie par la victime trouve son origine dans des circonstances clairement établies telles une chute (Civ. 1re, 9 juill. 1996, n° 94-11.246, RGDA 1996. 897, note J. Maury ; Civ. 1re, 2 mars 1994, RCA 1994, chron. n° 17 ; RCA 1994, comm. n° 230 ; RGAT 1994. 605, 1 re esp., note A. Favre Rochex) une glissade (Civ. 1re, 23 juin 1998, RGDA 1998. 755, note M. -H. Maleville ; voir néanmoins en sens contraire, Civ. 2e, 8 mars 2006, RGDA 2006. 478, note critique S. Abravanel-Jolly (Civ. 1re, 18 févr. 2003, RCA 2003, comm. n° 145, note H. Groutel), la participation à une épreuve sportive (match de rugby, Civ. 1re, 15 juill. 1975, Bull. civ. I, n° 235) et assez naturellement tout accident de la circulation (Civ. 1re, 7 avr. 1992, RCA 1992, comm. n° 292). Les exemples jurisprudentiels de caractère extérieur ne se limitent toutefois pas à cette première série d'hypothèses. Par exemple, le passage d'un car a été aussi retenu comme cause extérieure puisqu'il a été démontré qu'il avait obligé un cycliste à une manœuvre difficile (CA Grenoble, 14 déc. 1959, RGAT 1960. 208, note Besson). De même et à plusieurs reprises, la violence des efforts consentis par des personnes a été retenue comme la cause extérieure d'affections, notamment cardiaques, ou de décès (effort pour soulever un sac de plâtre dans un véhicule, Civ. 1re, 15 avr. 1982, RGAT 1983. 232 ; adde Civ. 1re, 21 juin 1965, Bull. civ. I, n° 406 ; JCP G 1967, II, 14957, note J. Bigot ; Civ. 1 re, 30 nov. 1971, RGAT 1972. 411, note J. Bigot ; Civ. 1re, 30 nov. 1977, Bull. civ. I, n° 452 ; RGAT 1978. 413 ; TGI Paris, 7 déc. 1977, RGAT 1979. 215, note Besson, Gaz. Pal. 1978. 567 – en dernier lieu, Civ. 2e, 26 mars 2015, n° 14-15.063 : L. Mayaux,

Football et accident cardiaque, RGDA 2015, p. 256). La cause extérieure peut aussi être trouvée dans une forte émotion (Civ. 1re, 7 avr. 1992, RCA 1992, comm. n° 292 ; annonce d'une nouvelle tragique, TGI Paris, 7 déc. 1977, Gaz. Pal, 1978. 567), dans une situation de fort surmenage (Civ. 1re, 20 avr. 1982, Bull. civ. I, n° 136 ; JCP G 1982, IV, 227, Gaz. Pal. 1982, 2, pan., p. 255 ; RGAT 1983. 231, obs. J. Bigot ; Civ. 1re, 22 avr. 1992, RGAT 1992. 582, note F. Vincent, RCA 1992, comm. n° 291) ou aussi dans un état infectieux particulièrement foudroyant (pour une mort causée par une crise de paludisme : Civ. 1re, 20 janv. 1993, RGAT 1993. 328, note A. Favre Rochex, RCA 1993, comm. n° 182).

5132. La logique qui s'évince de cette jurisprudence repose en définitive sur une subtile distinction entre cause de l'évènement et cause de l'atteinte corporelle (en ce sens Civ. 2e, 8 mars 2006, obs. S. Abravanel-Jolly, RGDA 2006,). Dans ces conditions, la notion contractuelle d'accident corporel serait alors plus étroite que celle d'accident corporel en général et exigerait donc que soit rapportée la preuve que les lésions subies par la victime trouvent bien leur origine dans un élément extérieur à l'assuré, ce qui ne permettrait pas de mettre en œuvre les garanties dans les autres hypothèses et notamment celles où les lésions sont la conséquence d'un faux mouvement en lui-même interne à l'assuré sans aucun contact avec un élément extérieur. En l'état actuel de la jurisprudence, cette lecture n'est pas infondée. Néanmoins elle serait mieux comprise par les assurés si elle reposait sur une définition moins ambiguë de la notion d'accident. À ce titre on peut relever la définition figurant dans le glossaire portant vocabulaire commun dans le cadre des garanties GAD (Garantie Assurance Dépendance). L'accident y est défini comme toute atteinte corporelle non intentionnelle de la part de l'assuré provenant d'un évènement soudain, imprévu, extérieur à l'assuré et constituant la cause du dommage corporel (source site FFSA).

5133. En revanche, la recherche d'un élément extérieur ne doit se faire qu'au titre de la cause des lésions corporelles et non au titre de la cause de l'évènement qui a entraîné lesdites lésions. C'est une erreur que de confondre les deux situations, cela conduit à une qualification très complexe et limitée de circonstances diverses au regard des critères de l'accident. Cela n'est pas la bonne méthode. La mise en œuvre du contrat ne doit dépendre que de la nature accidentelle de l'atteinte corporelle, c'est-à-dire de la démonstration par l'assuré ou par ses ayants droit que la dite atteinte est bien la conséquence de l'évènement déclaré (voir également sur le risque de confusion entre la cause de la lésion qui doit être accidentelle, et la cause de l'accident, qui ne peut être écartée que par une exclusion expresse : J. Bigot, *Les assurances de personnes*, LGDJ 2007, n° 617, p. 521). À ce titre, la dernière jurisprudence de la Cour de cassation paraît manquer de toute logique. Très malencontreusement en effet, les juges ont retenu l'analyse d'une cour d'appel qui pour rejeter la demande d'un l'assuré ayant chuté du garde corps d'un balcon où il était monté pour installer une corde à linge retint qu'il n'établissait pas que la glissade qui avait entraîné sa chute était due à une cause extérieure (Civ. 2e, 23 oct. 2008, n° 07-16.049, RCA 2008, n° 370, obs. H. Groutel ; voir aussi en matière d'accident de la circulation, Civ. 2e, 19 nov. 2008, n° 07-18.472, RCA 2009, n° 29et en dernier lieu Civ. 2e, 13 janv. 2012, arrêt selon lequel les lésions dues à un accident de la circulation provoqué par l'endormissement du conducteur ne sauraient être vues comme accidentelles au motif que ledit endormissement n'est pas extérieur au conducteur, Resp. civ. et ass. 2012 étu. n° 3 et les obs critiques d'H. Groutel).

5134. La preuve de l'origine accidentelle ne soulève pas de difficultés lorsque le caractère extérieur est entièrement révélé. Dans ce cas le dommage corporel tout entier est la conséquence directe de l'accident. En revanche la causalité devient incertaine lorsque l'état de la victime est lié à la fois à un accident et une maladie. Sous réserve d'exclusion contractuelle, les juges font alors référence à la notion de causalité directe et certaine afin de déterminer les rôles respectifs des deux phénomènes. Trois cas sont alors à distinguer.

1 ▪ Causalité indiscutable

5135. La causalité n'est pas discutable lorsque l'accident est à l'origine de la maladie (développement de la rage après une morsure, apparition d'un tétanos après une blessure, assuré ayant contracté une maladie mortelle lors d'un voyage maritime au cours duquel il a été exposé à l'assaut des vagues lors d'un transbordement d'un navire à un autre, Civ. 1re, 15 mars 1972, Bull. civ. I, n° 84 ; JCP G 1972, IV, 108 ; RGAT 1973. 79, obs. A. B.). Dans cette première hypothèse la maladie n'apparaît que comme une manifestation du dommage corporel sans aucune influence sur sa réalisation. La causalité pourra également être reconnue lorsque la maladie est liée à une conséquence de l'accident (pneumonie atteignant une personne âgée qui a dû demeurer immobile à la suite d'une fracture).

2 ▪ Causalité partielle

5136. Dans d'autres circonstances, les juges ont admis la mise en jeu des garanties en retenant une causalité seulement partielle de l'événement accidentel. Il s'agit alors de se demander si le rôle prépondérant dans la réalisation du dommage se situe dans la pathologie antérieure ou dans l'événement accidentel (pour un exemple Civ. 2è, 28 février 2013, n° 11-25.539 ; il est reproché à la cour d'appel de n'avoir pas recherché si les prédispositions dues à l'état antérieur de la victime n'étaient pas latentes et n'avaient pas été révélées ou provoquées que par l'effet exclusif de l'infection nosocomiale due aux fautes médicales retenues à l'encontre du centre hospitalier). Cette question relève d'une appréciation de fait et peut recevoir des réponses diverses. La garantie a été acquise au motif que l'accident a seulement aggravé la maladie, par exemple en la rendant mortelle (CA Paris, 7e ch., 29 sept. 1982, Juris-Data n° 025059 : assuré avait été obligé de s'aliter, ce qui l'avait empêché de soigner convenablement les troubles broncho-pulmonaires dont il souffrait, de sorte qu'il en était mort) ou lorsque la maladie a aggravé l'accident (exemple d'un assuré atteint de syphilis frappé de paralysie après un accident qui n'aurait pas dû entraîner cette conséquence chez une personne saine, Req, 24 sept. 1940, S. 1940, tables, V° Assurances terrestres, n° 1).

5137. Afin de mieux cerner les difficultés liées aux hypothèses de causalité partielle, les contrats d'assurance contre les accidents corporels prennent souvent le soin d'exclure des garanties les affections liées à une maladie. De nombreuses formules sont employées :
- toutes les maladies, quelle qu'en soit la cause ;
- lésions ou affections nées à l'occasion d'un effort ou résultant d'une maladie ;
- dommages causés par des maladies, y compris les affections cardio vasculaires et vasculaires cérébrales n'ayant pas pour origine un accident garanti (formule habituelle) ;
- affections ou lésions de toute nature qui sont imputables à une maladie connue ou inconnue de l'assuré ;
- conséquences des maladies n'ayant pas pour origine directe et certaine un accident garanti.

5138. Même s'il n'est pas raisonnable d'extraire ces formules de leur contexte contractuel et d'en ignorer les modalités effectives d'application, il n'est pas certain, au moins en théorie, qu'elles aient toutes les mêmes conséquences. On pourrait découvrir dans les deux premières clauses une exclusion définitive de l'indemnisation en cas de maladie alors que l'allusion à une origine accidentelle autoriserait la mise en œuvre des garanties dans le cas où la maladie est consécutive à un sinistre couvert. Enfin, on devine dans les deux dernières versions une ouverture plus ou moins nette vers l'indemnisation des dommages qui, même liés à une maladie, n'en constituent pas une évolution normale : ainsi, le dommage n'est plus imputable à la maladie s'il se concrétise par l'apparition de symptômes que la maladie n'aurait pas produits sans l'accident.

3 ▪ Causalité rejetée

5139. Même si la systématisation n'est pas possible compte tenu du rôle que peuvent néanmoins jouer certaines circonstances extérieures, les juges s'appuient régulièrement sur l'état antérieur de la victime pour refuser la mise en œuvre des garanties contenues dans le contrat. Un exemple particulièrement significatif de négation du caractère accidentel peut être trouvé dans les réactions allergiques dues à la prédisposition d'une personne (Civ. 1re, 18 avr. 1989, RGAT 1989. 626, note J.-L. Aubert, RCA 1989, comm. n° 244). C'est alors pour cause d'absence de lien de causalité entre l'événement auquel il est fait référence et les atteintes corporelles dont souffre la victime que les garanties seront refusées. Finalement la causalité n'est écartée que dans deux cas : lorsque la maladie est à l'origine de l'accident (assuré que des troubles psychiques avaient poussé à monter sur le toit d'une maison pour faire du « chantage au suicide » et qui a perdu l'équilibre, en se tuant dans sa chute, Civ. 1re, 17 nov. 1987, RGAT 1988. 82, obs. crit. J.-L. Aubert) et lorsqu'il est certain que sans l'accident la maladie aurait produit les mêmes effets (crise cardiaque même consécutive à l'annonce d'une promotion, Civ. 1re, 9 juin 1998, Bull. civ. I, n° 203 ; RCA 1998, comm. n° 287 ; D. 1999, somm. p. 228, obs. Cl.-J. Berr ; RGDA 1998. 782, obs. M.-H. Maleville ; Juris-Data n° 002652). C'est principalement à propos des noyades que le caractère extérieur de l'accident est source d'incertitude. De manière alternative, les juges ont considéré que la noyade constituait un accident, mais en relevant l'inexistence chez la victime de toute cause physiologique préexistante (Civ. 1re, 2 avr. 1974, Bull. civ. I, n° 106 ; JCP G 1974, IV, 185 ; RGAT 1975. 270) ou qu'elle trouvait plutôt son origine dans une insuffisance propre à la victime (Civ. 1re, 6 janv. 1960, RGAT 1960. 451, 2e esp., obs. Besson ; CA Paris, 26 avr. 1974, RGAT 1974. 406).

5140. Conformément aux principes habituels du droit des assurances les affections recherchées par la victime ne peuvent pas faire l'objet d'une assurance. Assez naturellement on retrouve ici une distinction essentielle entre le comportement délibéré qui, sauf hypothèse d'exclusion spécifique, n'exclut pas la mise en œuvre des garanties et la recherche systématique des conséquences dommageables qui rend alors l'accident dépendant de la volonté de l'assuré (rappel : pour le cas d'une ingestion par « fausse route alimentaire » ayant provoquée un décès par asphyxie, Civ. 2e, 24 mai 2006, RCA 2006, n° 270, obs. H. Groutel, préc.). La distinction est particulièrement difficile à effectuer lorsque la victime est en état d'imprégnation alcoolique. Habituellement, la démonstration faite par l'assureur de l'état d'ivresse de la victime ne suffit pas pour écarter l'ouverture des garanties (assuré ivre perdant le contrôle, Civ. 1re, 8 juill. 1994, RCA 1994, comm. n° 391 ; Civ. 1re, 18 févr. 2003, RCA 2003, comm. n° 145, note H. Groutel ; piéton basculant dans un ravin, Civ. 1re, 2 mars 1994, RCA 1994, comm. n° 230 et chron. 17, H. Groutel ; voir néanmoins dans un sens différent, Civ. 2e, 7 oct. 2004, RCA 2004, comm. n° 37, obs. critiques H. Groutel ; RGDA 2005. 86, note J. Landel). Il convient à l'assureur qui n'entend pas garantir les conséquences de l'abus d'alcool de viser cette circonstance dans une clause d'exclusion.

5141. Contrairement aux assurances sur la vie où il a longtemps été distingué entre le suicide conscient et inconscient, les ayants droit d'une personne qui s'est donné la mort ne sont pas en droit de demander la mise en œuvre des prestations prévues au contrat. Par définition, le suicide ne peut pas être considéré comme un événement extérieur. La distinction entre les contrats d'assurance sur la vie et d'assurance contre les accidents corporels est sur ce point particulièrement sensible. En effet, depuis l'importante réforme de l'article L. 132-7 du Code des assurances par la loi n° 2001-1135 du 5 décembre 2001, il est désormais fait obligation aux assureurs vie de couvrir le risque de suicide après la fin de la première année d'existence du contrat. L'appréhension des conséquences du suicide peut être plus délicate lorsqu'une clause particulière du contrat en fait un cas explicite d'exclusion. Dans ce cas et conformément aux principes relatifs à la preuve du sinistre, il appartient à l'assureur d'apporter la preuve du suicide (en ce sens Civ. 1re, 14 mai 1991, RGAT 1991. 620, note J. Kullmann). Même si une telle solution laisse insatisfait (voir les observations sous l'arrêt), et il en résulte un renversement de la charge de la preuve dont les conséquences pratiques peuvent être importantes. Or, l'examen des principaux contrats mis aujourd'hui sur le marché fait apparaître essentiellement trois formulations :

- soit le suicide est directement visé au titre des exclusions de garantie ;
- soit le suicide est expressément envisagé comme conséquence d'un comportement intentionnel ;
- ou encore le suicide n'est pas directement évoqué, seuls les actes intentionnels sont exclus.

Les deux premières formulations exposent l'assureur à établir la preuve du suicide. La troisième rédaction est plus incertaine, il est possible de craindre qu'au titre des actes intentionnels, le suicide se trouve finalement visé par la clause d'exclusion.

D ▪ Preuve de l'accident

5142. En matière de preuve la jurisprudence opère une distinction désormais habituelle entre la preuve de la réunion des conditions de mise en œuvre des garanties qui pèse sur l'assuré et la preuve de l'existence d'une cause d'exclusion qui doit être faite par l'assureur (Civ. 1re, 15 avr. 1982, Bull. civ. I, n° 130 ; JCP G 1982, IV, 217 ; RGAT 1983. 232, obs. J. Bigot ; Civ. 1re, 3 févr. 1993, Gaz. Pal. 1993, pan. p. 114 ; Civ. 1re, 3 oct. 1995, RGAT 1996. 151 ; Civ. 1re, 7 juill. 1998, RGDA 1998. 753 ; CA Paris, 6 nov. 2001, D. 2002, IR, 252 ; adde, P. Chédeville, Notion d'accident et charge de la preuve, Assur. fr., 16 juin 1981). Dans le cas d'un contrat couvrant le décès accidentel de l'assuré, sauf s'il provient d'une cause interne, telle une maladie cardio-vasculaire, la veuve a dû apporter la preuve du caractère accidentel du décès. Il incombait à l'assureur d'établir que l'accident avait une cause pathologique interne (clause d'exclusion de risque) s'il voulait se soustraire à la prise en charge du décès (Civ. 1re, 8 nov. 1988, RGAT 1989. 99, obs. J.-L. A.).

5143. Une application pure et simple de la distinction ci-dessus expose l'assuré ou ses ayants droit à un refus de garantie dès que la nature accidentelle de l'origine d'un traumatisme est impossible à établir. Les juges s'en remettent pourtant parfois à cette logique. Par exemple, le corps de l'assuré n'ayant été trouvé que dix-huit jours après sa disparition, un arrêt d'appel refuse à la veuve, tiers bénéficiaire, la majoration du capital stipulé au cas de décès accidentel, faute pour elle d'avoir pu prouver que le décès provenait d'un accident, et non d'un suicide (CA Aix, 15e ch. civ., 21 janv. 1987, Juris-Data n° 041621). Cette rigueur ne peut être atténuée que de deux manières. On rappellera en premier lieu qu'il s'agit de prouver des faits et que la preuve est alors libre. Tous les modes de preuve sont donc permis y compris les témoignages et les présomptions judiciaires tirées des indices qu'on a pu relever. La solution est indiscutable en jurisprudence (Civ. 1re, 2 avr. 1974, Bull. civ. I, n° 106 ; JCP G 1974, IV, 185 ; RGAT 1975. 270 ; Civ. 1re, 19 mai 1969, Bull. civ. I, n° 189 ; JCP G 1969, IV, 174 ; D. 1969, somm. 113 ; RGAT 1970. 76 ; Civ. 1re, 11 oct. 1977, Bull. civ. I, n° 358). En second lieu, il est peut-être possible dans des situations extrêmes de s'affranchir d'une exigence de preuve irréfutable lorsque les circonstances, corroborées par une absence de cause d'exclusion, étaient particulièrement favorables à la réalisation d'un sinistre accidentel. Par ailleurs, il ne saurait être question de demander à l'assuré, ou ses ayants droit, de faire une preuve à l'infini du caractère accidentel. Dans l'absolu la survenance de l'accident peut être consécutive à un état particulier de la victime, l'accident n'en serait alors que la conséquence et perdrait son caractère extérieur. Fort opportunément, la Cour de cassation rejette le pourvoi formulé par un assureur à l'encontre de l'arrêt d'appel qui ne l'avait pas suivi sur de telles prétentions (Civ. 1re, 18 févr. 2003, RCA 2003, comm. n° 145). Dans cette affaire, le décès avait été causé par un accident de la circulation (choc contre un arbre), l'assureur exigeait des ayants droit qu'ils démontrent que ce choc n'était pas dû à un malaise antérieur du défunt. En tout état de cause, l'appréciation de ce que le sinistre relève de la définition contractuelle de l'accident appartient aux juges du fond (Civ. 1re, 7 juin 2001, RGDA 2001. 734, note M. H. Maleville).

§ 2 ▪ Exclusions conventionnelles

5144. Sauf si le contrat obéit à certains régimes spécifiques (contrat prévoyance complémentaire conclu par un chef d'entreprise par exemple) et à condition d'en respecter les exigences légales, l'assureur reste libre de limiter comme il l'entend son domaine de garantie ce qui obligera l'assuré à une lecture assidue de son contrat. Conformément au droit commun des clauses d'exclusion, la charge de la preuve de l'exclusion pèse sur l'assureur (par ex., Civ. 2e, 2 juill. 2015, n° 14-15.517, RCA 2015, comm. n° 298 obs. H. Groutel : il appartenait à l'assureur de démontrer que le défaut de port de la ceinture de sécurité était à l'origine du décès du conducteur). Ces hypothèses d'exclusion peuvent parfois paraître redondantes par rapport à la définition du domaine d'application des garanties. L'assuré trouverait son compte à l'application du seul régime juridique des clauses d'exclusion. Les juges toutefois distinguent assez nettement les deux stipulations. Ainsi la définition contractuelle de l'accident constitue une condition de la garantie et non une clause d'exclusion (Civ. 1re, 12 mai 1993, RGAT 1993. 760, obs. R. Maurice). On prendra soin de ne pas confondre l'exclusion de certains événements accidentels et l'exclusion de certains dommages.

A ▪ Exclusion de certains risques

5145. À condition qu'elles soient « formelles et limitées » (C. assur., art. L. 113-1) et qu'elles figurent dans la police en « caractères très apparents » (C. assur., art. L. 112-4 in fine), il y a lieu de tenir compte des clauses du contrat qui écartent les garanties lorsque l'événement, bien que répondant aux critères de l'accident, s'est réalisé dans des circonstances définies.

5146. Plusieurs circonstances peuvent être visées par les causes d'exclusion. Ainsi, les contrats élargissent fréquemment l'exclusion légale des risques définis par l'article L. 121-8 du Code des assurances à propos de la seule assurance de dommages selon lequel « l'assureur ne répond pas, sauf convention contraire, des pertes et dommages occasionnés soit par la guerre étrangère, soit par la guerre civile, soit par des émeutes ou par des mouvements populaires »). De même l'assurance est habituellement écartée lorsque le sinistre est consécutif à un comportement répréhensible de l'assuré (participation à une rixe – état d'éthylisme ou usage de stupéfiant...) ou lorsqu'il résulte de sa participation à certaines pratiques, notamment sportives, non couvertes par le contrat.

5147. Il peut être parfois difficile de mesurer la portée réelle de l'exclusion des risques de guerre. Les contrats se satisfont le plus souvent d'une formule générale dont le sens peut tout de même être précisé. En ce qui concerne les circonstances de temps et de lieu, il ne suffit pas qu'un accident se soit produit pendant une période de guerre pour que l'exclusion soit régulière mais à l'inverse, il peut l'être même s'il ne s'est pas produit sur les lieux mêmes du conflit (Civ. 1re, 4 janv. 1950, Bull. civ. I, n° 4 ; JCP G 1950, II, 5520, 2e esp., note A. Besson ; RGAT 1950. 94, 2e esp., obs. A. B. ; cassation d'un arrêt d'appel qui avait refusé d'admettre le risque de guerre pour la mort d'un membre de la Résistance, tué d'un coup de feu, au seul motif que l'événement s'était produit dans une région où il n'y avait plus d'opérations militaires en cours). Aux risques de guerre proprement dits sont ajoutés les conséquences des modifications de la structure du noyau atomique ainsi que les contaminations causés ou aggravés par des combustibles nucléaires, produit ou déchet radioactif ou par toute autre source de rayonnement ionisant.

5148. En cas de comportement répréhensible de l'assuré, l'assureur, sera en droit de refuser la mise en œuvre des garanties dès lors que le comportement exclu est prouvé, l'assuré peut néanmoins faire valoir des circonstances particulières, par exemple état de légitime défense, ou assistance à personne en danger. Peu importe semble-t'il que le comportement ait été la cause exclusive ou pas du sinistre. Dans un arrêt du 21 mai 1990 la première Chambre civile de la Cour de cassation a cassé un arrêt d'appel qui avait écarté l'exclusion au motif qu'il n'était pas prouvé que l'accident ait été causé par l'état d'ivresse du conducteur (Civ. 1re, 21 mai 1990, RGAT 1990. 614, obs. J. Kullmann).

5149. L'assureur doit adapter ses garanties aux primes qu'il reçoit : dans ses calculs actuariels, la définition des risques assurés constitue une préoccupation de première importance. Il est donc nécessaire de lui permettre de ne pas accorder de garanties lorsque l'assuré s'est sciemment placé dans des circonstances qui présentent un danger particulier. À ce titre, la pratique de sports considérés comme dangereux (sport de montagne, sport automobile...) est mentionnée dans la plupart des contrats, il est nécessaire qu'ils soient énumérés par le contrat. En revanche peu importe, sauf disposition contractuelle différente, que cette pratique s'inscrive ou non dans le cadre d'une compétition officielle.

5150. Spécialité de la police : les contrats couvrant sans distinction tous les risques d'accident corporel sont difficiles à imaginer (voir néanmoins pour la distribution d'un contrat dit « assurance blessures corporelles » : C. Mole-Genlis, Bancassurance, prévoyance accidents corporels, couvrir toutes les petites « blessures » du quotidien, L'Argus 2013, n° 7309 – E. Durand : Une protection familiale étendue au travail, L'Argus 2012, n° 7282). De manière générale, la souscription est faite dans un cadre plus précis. C'est notamment le cas lorsque le contrat garantit les accidents de sport ou de la circulation (individuelle accident). Les dommages liés à une activité professionnelle ne sont généralement couverts que par le recours à un contrat spécifique. Même si l'exclusion est rappelée dans tous les contrats dits « vie privée », elle relève tout autant de la définition même du contrat que d'une clause particulière.

B ■ Exclusion de certains dommages corporels

5151. Poussant plus avant la logique contractuelle, les contrats prennent généralement le soin d'énumérer un certain nombre d'affections pour lesquelles les garanties sont exclues. Il y a là une difficulté de premier ordre qui a un effet très important sur les obligations de l'assureur et par conséquent, sur la protection de l'assuré. À la lettre, lorsque le contrat exclut par exemple les affections cardio-vasculaires, cela peut vouloir signifier deux choses. Soit ces affections sont présumées être la conséquence d'une pathologie antérieure mais alors il serait encore possible de faire la preuve contraire. En définitive de telles clauses relèvent moins de la catégorie des exclusions que de celle des précisions relatives à la notion d'accident. Soit elles n'ouvrent jamais droit à garantie même si l'on sait que dans un cas précis elles relèvent d'un accident. À condition que l'on ne puisse pas y voir une stipulation susceptible de réduire de manière exagérée les obligations de l'assureur, cette seconde lecture semble se déduire de la rédaction de certains contrats (en ce sens, Civ. 2e, 16 déc. 2004, RCA 2004, n° 67).

5152. Même si l'exigence de cause extérieure qui ressort de la définition contractuelle de l'accident pourrait suffire à repousser l'ouverture des garanties lorsque le dommage est lié à l'évolution d'une maladie et non à un accident, tous les contrats prennent le soin d'exclure les affections ou lésions qui sont la conséquence d'une maladie, connue ou non de l'assuré.

5153. Les rapprochements entre maladie ou état antérieur et accident ne sont pas aisés à circonscrire (v. supra, les développements consacrés aux conséquences d'un état antérieur). Deux approches différentes peuvent être formulées. On peut d'abord considérer que la maladie accroît le risque et, sauf une situation contractuelle appropriée, interdit toute indemnisation des conséquences que l'accident n'aurait pas produites en son absence. Ainsi une personne ayant perdu un œil ne pourra pas faire valoir la cécité consécutive à un accident dans lequel elle aurait perdu son œil valide. À l'inverse, il paraît légitime d'indemniser les conséquences que l'état antérieur n'aurait pas entraînées en l'absence d'événement accidentel. La perte d'un œil ne se traduit normalement pas par l'apparition d'une cécité.

C ▪ Autres exclusions

5154. La liberté contractuelle autorise les parties (en l'occurrence l'assureur) à s'entendre à propos d'autres clause d'exclusion. Il est ainsi possible de prévoir que l'accident doit avoir eu lieu sur un espace géographique déterminé, ce qui a pour conséquence d'exclure l'application des garanties lorsque la condition n'est pas respectée.

Section 5 ▪ Nature des prestations de l'assureur

5155. Il est très difficile de donner une liste précise des prestations dues par l'assureur dans le cadre des contrats d'assurance des dommages corporels. Si on peut assez aisément faire apparaître des postes d'indemnisation communs à tous les contrats (capital versé aux ayants droit en cas de décès et remboursement des frais d'obsèques, versement d'un capital ou d'une rente en cas d'atteinte permanente à l'intégrité physique et psychique, indemnisation de l'incapacité temporaire de travail, remboursement des frais médicaux et de rééducation), les contrats diffèrent considérablement dans les conditions de mise en œuvre des garanties (pour une difficulté d'interprétation sur la détermination des critères de mise en œuvre de la prestation, Civ. 2e, 7 oct. 2004, RGDA 2005. 56, note J. Landel ; adde affirmant sur ce terrain le pouvoir des juges du fond, Civ. 2e, 10 nov. 2005, RGDA 2006. 159, note J. Kullmann ; Civ. 1re, 9 févr. 1999, RGDA 1999. 419 obs. J. Kullmann ; JCP 1999, II, 10047, note P. Sargos). Par ailleurs, certains contrats contiennent des prestations plus particulières qui obligent l'assureur à mettre en œuvre des mesures d'assistance. Dans l'application des contrats d'assurance contre les accidents corporels les questions principales tiennent d'une part à la possibilité de recours que peut avoir l'assureur contre le responsable éventuel de l'accident et à la possibilité pour l'assuré de cumuler plusieurs garanties découlant de contrats différents.

§ 1 ■ Recours de l'assureur contre le responsable ou son assureur

5156. C'est principalement à propos de l'une des conséquences les plus en vue du principe forfaitaire que la loi reconnaît la double nature de certains contrats d'assurance de personnes. Alors que l'alinéa 1er de l'article L. 131-2 du Code des assurances exclut tout recours subrogatoire de l'assureur envers le responsable du sinistre, l'alinéa 2e prévoit aussitôt une exception pour les contrats garantissant l'indemnisation des préjudices résultat d'une atteinte à la personne, pour le remboursement des prestations à caractère indemnitaire prévues au contrat. Issue de la loi n° 92-665 du 16 juillet 1992, cette disposition ouvre un chantier considérable : déterminer à quelles conditions une indemnisation contenue dans un contrat d'assurances de personnes peut avoir un caractère indemnitaire. Autrement dit, ce ne sont pas les conséquences de la reconnaissance du caractère indemnitaire qui soulèvent difficulté mais la détermination des critères à prendre en compte pour retenir une telle qualification.

5157. La souscription d'un contrat d'assurance de personnes constitue une opération de prévoyance par laquelle une personne entend se ménager l'octroi d'indemnités dans l'éventualité où elle serait victime d'un accident. Il ne s'agit pas pour elle de remettre un patrimoine en l'état mais de créer les conditions qui lui permettront de résister au mieux face aux aléas de la vie quotidienne. En toute logique, elle peut donc s'attendre à percevoir l'intégralité des sommes envisagées par son contrat (voir par ex. Civ. 2e, 26 oct. 2006, RCA 2007, n° 32, le contrat prévoyant une indemnisation du préjudice corporel calculée selon les règles du droit commun, il convenait de retenir le principe de réparation intégrale). Or, reconnaître que ces sommes présentent néanmoins une finalité indemnitaire c'est permettre, par exemple, qu'elles viennent en déduction des dommages et intérêts dus par le responsable de l'accident (lorsqu'il existe). Reconnaître à une indemnité d'assurance de personnes un caractère indemnitaire réduit donc les droits de l'assuré.

5158. Depuis près de vingt ans, les juges et la doctrine spécialisée s'efforcent de faire apparaître des éléments de classification susceptibles de constituer un socle solide de travail, de manière, au moins, à ne pas exposer les assurés à de mauvaises surprises. Malgré cette prise de conscience, bien des zones d'ombre peuvent encore être relevées. La question d'un éventuel recours est toutefois réglée différemment en fonction de la nature des prestations et des dispositions légales dont elles font l'objet.

A ■ Prestations de l'article 29 de la loi du 5 juillet 1985

1 ■ Frais médicaux et de rééducation

5159. Les prestations de remboursement des frais médicaux couvrent toutes les dépenses qui ont été engagées au titre des soins apportés à la personne accidentée. Y entrent en premier lieu les frais médicaux (chirurgie, médecine), les frais pharmaceutiques, les frais d'hospitalisation, les frais de prothèse ou d'appareillage. Y figurent aussi au titre de frais accessoires, les frais de transport de la victime, le coût de sa rééducation mais aussi de l'aménagement de son logement ou de ses biens, véhicule notamment. Ces dépenses sont connues au moment du règlement des prestations mais on peut y ajouter des dépenses à venir dont la charge est certaine et prévisible selon l'attestation des médecins et spécialistes. Au titre de ces dépenses, on peut citer tout particulièrement les dépenses liées à la présence d'une tierce personne chargée d'accompagner la victime dans sa vie courante. L'assureur qui est amené à mettre en œuvre les garanties de son contrat intervient alors pour compléter l'indemnisation proposée par les caisses de Sécurité sociale et dans les limites qui sont fixées au contrat. Dans deux arrêts rendus le 2 mars 1970 (RGAT 1970. 523) et le 3 avril 1973 (RGAT 1974. 38 ; Bull. civ. I, n

° 24), la Cour de cassation a reconnu le caractère indemnitaire par nature de ces prestations. La solution était importante mais ne constituait pourtant pas une profonde modification de clivage forfaitaire – indemnitaire dans la mesure où le montant des sommes versées à l'assuré est directement fonction des dépenses qui sont, ou seront, engagées.

Selon l'article 29-3 de la loi n° 85-677 du 5 juillet 1985 sur l'amélioration de la situation des victimes de la circulation (dite loi « Badinter »), les « sommes versées en remboursement de frais de traitement médical ou de rééducation » ouvrent droit à un recours contre la personne tenue à réparation ou son assureur. Par ailleurs, l'article 9 de la loi n° 89-1009 du 31 décembre 1989 (dite loi « Évin ») sur la prévoyance collective, confirme le caractère indemnitaire : « les remboursements ou les indemnisations des frais occasionnés par une maladie, une maternité ou un accident ne peuvent excéder le montant des frais restant à la charge de l'assuré ou de l'adhérent après les remboursements de toute nature auxquels il a droit ».

Compte tenu de la rédaction des solutions légales, la seule incertitude tient désormais à la classification des prestations sous l'appellation de frais médicaux ou de rééducation. Ainsi, une hésitation jurisprudentielle a été relevée en ce qui concerne la prise en compte des sommes versées au titre du forfait hospitalier. En considérant que ces sommes représentaient des dépenses que la victime aurait normalement dû supporter, la Chambre criminelle de la Cour de cassation s'était rangée à l'idée de leur exclusion du recours exercé contre le responsable (Crim., 23 janv. 1992, RCA 1992, n° 125). Finalement, la solution a vite été abandonnée (Crim., 27 oct. 1993, D. 1994, IR, 19) au motif qu'il s'agit là de dépenses liées au traitement médical.

2 ▪ Indemnités journalières de maladie et prestation d'invalidité

5160. Dès lors que, par suite de l'accident l'assuré est dans l'impossibilité de se livrer à ses activités habituelles, il est nécessaire d'indemniser la perte de revenus qui en découle. Les contrats d'assurance contre les accidents corporels prévoient le versement d'une somme d'argent pendant la durée de l'incapacité temporaire de travail (ITT). Pendant une durée qui peut aller jusqu'à la date de consolidation, des indemnités journalières vont être versées à l'assuré. Ces indemnités sont payées en complément de l'indemnisation accordée par le régime général de la Sécurité sociale et sont fixées en tenant compte d'éléments figurant dans la police d'assurance. De ce fait, elles présentent habituellement un caractère forfaitaire. La loi du 5 juillet 1985 réservait, dans son article 29-5, un recours subrogatoire ouvert aux tiers payeurs pour « les indemnités journalières de maladie et les prestations d'invalidité versées par les groupements mutualistes régis par le Code de la mutualité ». Or, la loi du 8 août 1994 (L. n° 94-678, relative à la protection sociale complémentaire des salariés et portant transposition des directives n° 92-49 et 92-96 des 18 juin et 10 nov. 1992, du Conseil des communautés européennes, JO 10 août 1994 ; RCA 1994, comm. n° 368, et chron. 33 : Le recours des tiers payeurs, évolutions récentes, H. Groutel) compléta l'article 29-5 précité en étendant le recours subrogatoire aux « indemnités journalières et aux prestations d'invalidité » versées par « les sociétés d'assurance régies par le Code des assurances » (ainsi qu'aux institutions de prévoyance régies par le Code de la Sécurité sociale ou le Code rural). Dès lors, la détermination de la nature indemnitaire ou forfaitaire des versements effectués au titre des indemnités journalières importe peu (voir les observations de P. Jourdain sous Cass. ass. plén. 19 déc. 2003, RTD Civ. 2004, p. 303, spéc. p. 306, relevant que, compte tenu de la date des faits, la loi du 8 août 1994 n'était pas applicable). L'observation ne vaut toutefois qu'à propos du recours qui peut être exercé contre le responsable de l'accident ou son assureur. Le caractère indemnitaire de l'indemnité, du moins lorsqu'il est prouvé, produira ses effets habituels en matière de cumul d'assurances par exemple.

5161. Un premier arrêt du 12 juillet 2007 consacre, semble-t-il définitivement la notion de prestations indemnitaires par détermination de la loi. Une cour d'appel est censuré pour avoir débouté l'assureur de sa demande tendant à ce que l'indemnité par elle versée à la victime au titre de l'assurance des accidents corporels vienne en déduction de celle due au titre de l'assurance responsabilité civile (Civ. 2e, 12 juill. 2007, n° 06-16.084 ; RGDA 2007. 831, obs. L. Mayaux ; RCA 2007, étude n° 18 H. Groutel ; Revue Lamy droit civil 2008, n° 46 obs. C. Charbonneau et L. Lefebvre : RTD Civ. 2008. 112, Bull. civ., II, n° 215). Dans le deuxième arrêt (Civ. 2e, 8 nov. 2007, n° 06.19.744 ; RTD Civ. idem) la censure frappe un arrêt d'appel qui avait débouté un assureur de sa demande de remboursement de frais de santé et d'indemnités journalières auprès du responsable de l'accident. Une solution identique avait déjà été rendue par un arrêt du 5 avril 2007 (Civ. 2e, 5 avr. 2007, n° 04-19.098). Dans ces deux décisions, les juges retiennent la qualification de prestations indemnitaires sans rechercher s'il y avait bien un lien entre les prestations et le préjudice subi. Le seul fait que ces prestations soient visées par la loi autorise le recours de l'assureur, spécialement désigné au titre des bénéficiaires du recours contre le tiers responsable ou son assureur (voir aussi dans le sens d'un non cumul entre les indemnités versées par la Commission d'indemnisation des victimes d'infractions (CIVI) et l'assureur de personnes, Civ. 2e, 24 nov. 2011, n° 10-13.458, l'Essentiel du droit des assurances, janv. 2012 n° 1, p. 2 obs. P. Casson). La doctrine est unanime à souligner l'importance de cette évolution jurisprudentielle. Certaines questions d'interprétation ne semblent toutefois pas résolues. Ainsi, nulle indication n'est donnée quant à la nature irréfragable ou simple de la présomption (sur cette question, obs. L. Mayaux préc.). En revanche, l'assimilation de l'assureur aux autres tiers payeurs lui confère le droit de demander une répartition proportionnelle du risque de non aboutissement du recours lorsque la dette du responsable est insuffisante.

B ▪ Prestations servies en avance sur recours

1 ▪ Insuffisance de la nature contractuelle d'avance sur recours

5162. Deux textes sont susceptibles d'intéresser les versements effectués par un assureur dans le cadre d'une procédure d'avance sur recours : l'article 33 de la loi n° 85–677 du 5 juillet 1985, devenu article L. 211-25 du Code des assurances et l'alinéa 2e de l'article L. 131-2 issu de la loi n° 92-665 du 16 juillet 1992. Selon l'article L. 211-25, le recours subrogatoire de l'assureur de la victime peut être exercé contre l'assureur du responsable mais seulement lorsque le contrat le prévoit. Cela signifie donc que la victime peut voir sa créance de responsabilité imputée des sommes qu'elle a reçues de son propre assureur, mais seulement lorsqu'elle en a accepté le principe dans son contrat d'assurance. À défaut le recours subrogatoire est impossible et la créance de responsabilité est intacte, du moins après recours éventuel des organismes sociaux. Or, bien qu'inséré dans une partie du Code des assurances qui lui confère une place bien particulière, (livre 2e sur les assurances obligatoires, Titre 1er sur l'assurance des véhicules terrestres à moteur), il est communément admis qu'il a vocation à s'appliquer à toutes les situations visées par l'article 28 de la loi, quelle que soit la nature de l'événement qui a occasionné le dommage. L'article L. 132-1 alinéa 2e est tout aussi général puisqu'il reconnaît à l'assureur le droit d'exercer un recours subrogatoire pour le remboursement des prestations à caractère indemnitaire prévues au contrat. Or, selon que l'on fonde le recours sur l'un ou l'autre de ces textes, sa nature peut être différente. Il est possible sur le fondement des articles L. 211-25 et 33 alinéa 3 parce que le contrat l'a prévu. Il l'est sur le fondement de l'article L. 132-1 alinéa 2 parce que la prestation a un caractère indemnitaire. Les juges, plutôt que de donner priorité à l'une ou l'autre des solutions, font une application complémentaire, et donc cumulative, des deux conditions.

5163. Il ne suffit pas que le contrat ait prévu le recours subrogatoire pour que celui-ci puisse être exercé. Le critère de la prévision contractuelle est insuffisant (sur ce point voir, J. Bigot,

Les assurances de personnes, LGDJ 2007, n° 736, p. 595). Ainsi, dans un arrêt du 18 septembre 1996, considéré comme particulièrement favorable à l'exercice du recours de l'assureur, la Chambre criminelle de la Cour de cassation prend grand soin de relever, outre la stipulation de « la récupération des sommes avancées », qu'il n'était pas démontré, ni même allégué par la demanderesse, que la prestation avait été fixée indépendamment du préjudice subi (Crim., 18 sept. 1996, RCA 1997, chron. n° 2, H. Groutel, À la recherche du caractère indemnitaire des assurances de personnes). Il faut donc admettre, par une lecture a contrario, que si l'indemnité avait été fixée de manière totalement forfaitaire, sans que la somme versée soit en corrélation avec l'intensité du préjudice, le recours aurait été refusé. Ce constat confirme la position générale de la doctrine qui ne voit dans l'article 33 alinéa 3 de la loi du 5 juillet 1985 qu'une présomption simple de caractère indemnitaire (entre autres, P. Jourdain, obs. sous Cass. ass. Plén. 19 déc. 2003, RTD Civ. 2004 p. 303, spéc. p. 305 ; G. Durry, L'assurance automobile, D. 1998. 131 qui relève que la distinction entre indemnitaire et forfaitaire reste malgré tout obscure).

2 ▪ Critères du caractère indemnitaire

5164. Au vu de la jurisprudence évoquée ci-dessus, la stipulation d'une « clause d'avance sur recours » n'est pas suffisante pour conférer à une prestation une nature indemnitaire. Encore faut-il y adjoindre d'autres critères. Pendant longtemps, il a été admis que les prestations n'étaient indemnitaires que si elles étaient établies sans référence à des éléments contractuels, ce critère est aujourd'hui écarté. Seul subsiste l'exigence d'un lien avec le préjudice subi.

5165. Dès lors que des éléments contractuels entrent dans leur calcul (barème d'indemnisation par exemple), peut-on conférer aux prestations de l'assureur un caractère indemnitaire ? Cette question a divisé la jurisprudence de la Cour de cassation mais semble aujourd'hui résolue : la prédétermination des éléments de calcul n'interdit pas à la prestation de répondre à une finalité indemnitaire. Les Chambres civiles et sociales de la Cour de cassation, contrairement à la Chambre criminelle (arrêt 18 sept. 1996, préc.), retinrent à plusieurs reprises le critère de la prédétermination de l'indemnité pour rejeter le caractère indemnitaire (Pour la 1re Ch. civ., Civ. 1re, 17 mars 1993, Bull. civ. n° 113, RGAT 1993. 631, note Favre Rochex, JA 1994, p. 359, Gaz. Pal. 12 sept. 1993 ; Civ. 1re, 6 oct. 1993, Bull. civ. n° 270 ; RCA 1994, comm. n° 32, 2e esp. ; Civ. 1re, 20 oct. 1993 ; Bull. civ. I, n° 289 ; RGAT 1993. 871 ; RCA 1994, comm. n° 32, 1re esp. ; Civ. 1re, 2 févr. 1994, L'Argus 17 juin 1994, JA 1994, p. 358 ; Civ. 1re, 16 mai 1995, Bull. civ. I, n° 205 ; RGAT 1995. 645, note Maury, JA 1995, p. 352 ; Civ. 1re, 21 janv. 1997, Bull. civ. I, n° 26 ; RGDA 1997. 536, note Maury ; Pour la Ch. soc., Soc.4 juill. 1996, RCA 1997, chron. n° 2, obs. H. Groutel). En l'absence de clause de subrogation, le caractère prédéterminé des prestations serait toujours un obstacle à la reconnaissance du caractère indemnitaire (Civ. 2e, 23 sept. 1999, RCA 1999, comm. n° 376, obs. H. Groutel ; JA 1999, p. 556). En l'occurrence, l'arrêt d'appel avait imputé les rentes versées par l'assureur sur la dette de responsabilité due par l'auteur du dommage à la veuve de la victime et à ses enfants au motif que le règlement complet de cette dette leur conférerait un avantage indu. L'arrêt est cassé au motif que « les prestations servies en exécution d'un contrat d'assurance de personnes en cas d'accident ou de maladie revêtent un caractère forfaitaire et non pas indemnitaire dès lors qu'elles sont calculées en fonction d'éléments prédéterminés par les parties indépendamment du préjudice subi ».

5166. Il est assez facile de trouver dans la position des Chambres civile et sociale l'expression d'une prudence dans l'admission des recours contre le responsable de l'accident. Conformément à l'opinion exprimée dans le rapport annuel de la Cour de cassation pour 1998 (doc. fr., p. 283), les recours subrogatoires dans les contrats d'assurance contre les accidents corporels doivent demeurer l'exception. Il peut paraître en effet anormal de réduire les dommages et intérêts versés par le responsable de l'accident au motif qu'une partie du dommage a déjà été indemnisé au titre d'un contrat que la victime avait eu la prévoyance de souscrire à son profit.

5167. Saisie d'une affaire où était en cause une avance sur recours, la première Chambre civile de la Cour de cassation a pourtant considéré que cette stipulation pouvait, à elle seule, autoriser le recours (Civ. 1re, 15 déc. 1988, Bull. civ. I, n° 355 ; D. 1999. 523, note P. Fadeuilhe). Selon cette décision, le caractère prédéterminé de la prestation d'assurance payable en cas de décès du conducteur assuré ne fait pas obstacle à ce que les parties lui confèrent, lorsqu'il existe un tiers responsable, la nature d'une avance sur indemnité en la soumettant au recours subrogatoire de l'assureur, dans les conditions des articles 33 de la loi du 5 juillet 1985 devenu article L. 211-25 du Code des assurances, et L. 131-2 alinéa 2 du même code.

5168. En affirmant expressément que le « mode de calcul des prestations versées à la victime en fonction d'éléments prédéterminés n'est pas, à lui seul, de nature à empêcher ces prestations de revêtir un caractère indemnitaire », la Cour de cassation, par la voie de son assemblée plénière, semble trancher définitivement le conflit ouvert entre la Chambre criminelle et les autres Chambres et confirmer la solution retenue le 15 décembre 1998 (Cass. ass. plén. 19 déc. 2003, Bull. ass. plén. n° 7, RCA 2004, comm. n° 7, obs. H. Groutel, RTD Civ 2004. 303, obs. P. Jourdain). Pourtant, les commentaires n'ont pas manqué de relativiser considérablement la portée de cet arrêt. La question à trancher avait trait au recours exercé par la Société La Mondiale contre le responsable d'un accident de la circulation au titre des sommes versées à son assuré en application d'une clause du contrat de groupe souscrit par l'employeur de la victime et stipulant « si l'assuré n'a aucune responsabilité dans l'accident, notre règlement constitue une avance que nous sommes habilités, au titre du recours subrogatoire, à récupérer sur le montant des indemnités pouvant être versées au bénéficiaire par toute personne tenue à réparation ». L'assemblée plénière refuse toutefois de reconnaître le caractère indemnitaire de ce règlement au motif, d'une part, que le contrat d'assurance de groupe ne comportait aucune disposition spécifique au cas où le dommage serait consécutif à un accident de la circulation et, d'autre part, que les prestations servies sont indépendantes dans leurs modalités de calcul et d'attribution de celles de la réparation du préjudice selon le droit commun. Rendu toutefois, compte tenu de la date des faits, au regard du seul article 33 alinéa 3 de la loi de 1985 et non de l'alinéa 2e de l'article L. 131-2, l'arrêt ne répond pas à la question de l'influence de cette dernière loi.

5169. Conformément à la solution exprimée à plusieurs reprises en jurisprudence (en dernier lieu, Cass. ass. plén. 19 déc. 2003, préc.), la prestation d'assurance aura un caractère forfaitaire lorsqu'au final son montant est fixé sans tenir aucunement compte du préjudice subi par l'assuré. Qu'elle se concrétise par le versement d'un capital ou par l'octroi d'une rente viagère, l'indemnisation de l'incapacité permanente partielle tient obligatoirement du taux d'incapacité fixé par les médecins experts. Une interprétation particulièrement rigoureuse pourrait toutefois exiger que le barème d'indemnisation soit celui qui est utilisé, en droit commun, par les juges. Sans aller aussi loin, il convient tout de même de se demander si le barème contractuel en est considérablement éloigné ou pas. Or, ce n'est généralement pas le cas, les contrats reprenant par exemple le barème découlant du protocole d'accord organismes sociaux/assureurs. Par ailleurs, le recours sera toujours possible à hauteur des sommes versées au titre de l'invalidité puisqu'il s'agira alors d'une prestation par détermination de la loi. Il convient par ailleurs d'attirer l'attention sur l'éventualité d'un plafond de garantie qui, licite en lui-même, est tout de même susceptible d'être vu comme un forfait s'il est fixé à une somme qui aura pour conséquence d'indemniser que partiellement la plupart des sinistres déclarés (en ce sens Y. Lambert Faivre, *Droit du dommage corporel, systèmes d'indemnisation*, Dalloz, éd.).

5170. L'allocation d'un capital décès aux ayants droit de l'assuré est assurément une prestation de caractère forfaitaire dont le montant dépend uniquement des indications portées au contrat. Or, elle est parfois directement visée au titre des sommes pouvant faire l'objet d'un recours. Au regard de l'interprétation jurisprudentielle, on peut émettre un doute sur la légalité de telles dispositions contractuelles. Toutefois, si la police stipule qu'au cas d'accident mortel, les ayants droit recevront une indemnité calculée en fonction du préjudice qu'ils auront subi, dans la limite d'un million de francs, cette somme n'est pas un forfait, mais un plafond, en dessous duquel l'indemnité due par l'assureur est calculée sur la base du préjudice réel (Civ. 1re, 21 févr. 1995, Bull. civ. I, n° 86 ; RCA 1995, comm. n° 187 ; Gaz. Pal. 18-22 août 1995 ; RGAT 1995. 128, obs. J. Kullmann).

5171. Préjudice esthétique – Pretium doloris : Déterminées à partir de critères purement contractuels, et même si elles prennent en compte l'état de la victime, les sommes versées au titre de ces préjudices ne semblent pas pouvoir donner lieu à recours.

5172. Les capitaux versés à l'occasion d'un décès ou des sommes versées au titre de compensation d'un préjudice scolaire ou universitaire ne paraissent pas relever du domaine des prestations forfaitaires. Par ailleurs, la Cour de cassation a considéré qu'il en allait de même pour une rente éducation versée, en cas de décès de l'assuré, à ses enfants mineurs (Civ. 2e, 17 avr. 2008, n° 06-20.417, RGDA 2008, obs. J. Landel).

5173. La Cour de cassation a précisé que le recours exercé contre la veuve de la victime en récupération des prestations versées au titre d'un contrat individuel accident au motif que celle-ci avait été indemnisée par le responsable, est irrecevable. La seule action dont dispose l'assureur est une action subrogatoire contre le tiers responsable ou son assureur, il ne dispose pas d'une action directe sur son propre assuré ou sur ses ayants droit en cas de décès (Civ. 2e, 23 oct. 2008, n° 07-18.234, Lexbase 2008, n° 324).

C ▪ Prestations non visées par une clause d'avance recours

5174. Suffirait-il de faire valoir le caractère indemnitaire d'un versement pour autoriser un recours contre le responsable à qui le dommage peut être imputé ? Poser cette question expose à revenir aux incertitudes qui avaient cours avant la loi du 5 juillet 1985. Autoriser tout recours au motif du caractère indemnitaire des prestations redonnerait toute sa portée à un arrêt d'assemblée plénière (Cass. ass. plén., 9 mai 1980) fortement critiqué par la doctrine (Le lien entre la subrogation et le caractère indemnitaire des prestations des tiers payeurs, D. 1987, chron. 97, H. Margeat, Le recours des tiers payeurs depuis la loi du 5 juillet 1985, Gaz. Pal. 1985, 2, doct. p. 489, spéc. p. 494 ; H. Groutel, Le recours des caisses de retraite contre le tiers responsable, D. 1981, chron. 191 ; adde RTD civ. 1980, p. 574, obs. G. Durry). En l'espèce une Union de cadres avait versé une pension de réversion à une veuve tuée dans un accident. La cour a considéré que le versement anticipé de cette pension était destiné à assurer à la veuve de la victime un revenu en remplacement du salaire prématurément perdu par le mari et devait s'analyser en une prestation indemnitaire destinée à réparer le dommage subi. En conséquence le montant des prestations versées par la caisse de prévoyance avait été déduit du montant de l'indemnité due par le responsable à la victime. En dehors des situations visant des prestations à caractère indemnitaire par détermination de la loi et sauf à vouloir réduire l'indemnisation des victimes d'accident, il convient donc d'écarter toute idée d'un recours exercé sur le seul fondement du caractère indemnitaire des prestations, en dehors des seules hypothèses légalement prévues.

5175. La problématique au regard de l'assurance contre les accidents corporels : la question vient de la généralité des termes utilisés par l'alinéa 2 de l'article L. 131-2 du Code des assurances selon lequel l'assureur peut être subrogé dans les droits de la victime pour le remboursement des prestations indemnitaires prévues au contrat. Bien que limité dans son domaine d'application aux seuls assureurs – et non pas aux tiers payeurs en général – ce texte ne limite pas le recours aux seuls cas où il est conventionnellement prévu (comme c'est le cas dans l'article 33 de la loi du 5 juillet 1985). Bien au contraire il autorise le recours en tenant compte uniquement de la nature indemnitaire du règlement d'assurance. Les liens entre clause de subrogation et caractère indemnitaire paraissent toutefois trop complexes pour que l'on puisse proposer une réponse définitive. Les choses seraient sans doute plus simples si les juges s'en étaient tenus définitivement à la position exprimée dans l'arrêt du 15 décembre 1998 (préc.) selon laquelle la nature indemnitaire d'une prestation découle du seul fait qu'elle soit envisagée au titre d'une avance sur recours. En l'absence d'une telle clause le recours, sans doute, serait impossible. En réalité, tant que l'on s'en tiendra à une lecture complémentaire dans laquelle le recours est autorisé autant au regard des stipulations du contrat que de la nature du versement, l'hésitation sera permise dans la mesure où, si la complémentarité peut être exigée en présence d'une clause de subrogation, il va de soi qu'elle n'a plus lieu d'être lorsque la prestation visée est servie en dehors du cadre de l'avance recours (pour le refus du cumul, P. Pierre, *Traité du contrat d'assurance terrestre* sous dir. H. Groutel, Litec 2008, n° 2393, p. 1716, qui observe néanmoins que la question pourrait se poser pour les contrats souscrits avant l'adoption des lois de 1985 et 1992). On rappellera pourtant que le recours de l'assureur contre le tiers responsable limite d'autant les droits de l'assuré et qu'il semblerait logique de ne pas en élargir inconsidérément le domaine. L'attendu de principe de l'arrêt d'assemblée plénière du 19 décembre 2003 même s'il écarte le recours en tenant compte à la fois de l'absence de clause de subrogation et des méthodes utilisées pour calculer le montant des sommes allouées à l'assuré, n'apporte aucun élément permettant de clarifier la solution dans la mesure où il a été rendu à propos de faits auxquels la loi du 16 juillet 1992 n'était pas applicable.

5176. Selon l'article L. 421-1, le Fonds de garantie automobile paie les indemnités qui ne peuvent être prises en charge à aucun autre titre. Or, le même article est complété par une formule indiquant que les versements effectués au profit des victimes ou de leurs ayants droit et qui ne peuvent donner lieu à une action récursoire contre le responsable des dommages ne sont pas considérés comme une indemnisation à un autre titre. L'imputation n'est donc pas autorisée si le recours est impossible. La même solution est retenue par la jurisprudence à propos de l'indemnisation par une Commission d'indemnisation des victimes d'infractions – CIVI - (Civ. 2e, 13 déc. 2001, RTD civ. p. 112 obs. P. Jourdain ; J. Bigot, *Traité de droit des assurances*, T. 3, 1re éd. LGDJ 2002, n° 142).

§ 2 ▪ Cumul de prestations

5177. Il ne faut pas se méprendre sur le sens de la question du cumul des prestations liées à l'indemnisation des dommages corporels. S'il s'agit de se demander si l'assuré, ou ses ayants droit, peut cumuler l'indemnisation contractuelle et le droit d'agir en réparation contre le tiers responsable de son dommage, la question se ramène à l'hypothèse envisagée ci-dessus du recours de l'assureur contre le responsable. Dans ces conditions, il ne s'agit pas réellement d'une hypothèse de cumul d'assurances. Pour qu'il y ait véritablement cumul il faut que l'assuré soit en droit de réclamer des indemnités découlant de contrats différents dont il est le souscripteur unique (Civ. 1re, 21 nov. 2000, Bull. civ. I, n° 292).

5178. La nature originairement forfaitaire du contrat d'assurance contre les accidents corporels postule la possibilité de cumuler les prestations. L'avantage qu'en retire l'assuré, ou ses ayants droit, trouve son origine dans le versement des primes attachées à chaque contrat sans qu'il puisse être fait ici application de l'article L. 121-4 du Code des assurances. S'il a paru contraire à l'ordre public qu'une personne puisse accroître son patrimoine en souscrivant plusieurs assurances de biens, le même jugement n'a pas été porté dès lors qu'il s'agit de l'indemnisation de dommages corporels. La solution est admise (Civ. 2e, 13 oct. 2005, RCA 2005, n° 369 obs. H. Groutel ; adde : Civ. 1re, 10 janv. 1995, Bull. civ. I, n° 21 ; RCA 1995, comm. n° 112, 1re esp.), malgré certaines réserves pour le cas de fraude (H. Groutel, Le cumul d'assurances de personnes : précisions sur deux arrêts du 10 janvier 1995, RCA, chron. n° 12).

5179. La nature hybride du contrat d'assurance contre les accidents corporels oblige toutefois à distinguer en fonction des prestations. Ainsi, il n'est pas concevable que l'assuré profite de plusieurs indemnisations de ses frais médicaux ou pharmaceutiques. Généralement le contrat d'assurance rappelle ce principe tout comme il prévoit que les sommes versées au titre de l'incapacité temporaire de travail viendront seulement en complément de celles qui sont versées par les caisses de sécurité sociale ou autre organisme de prévoyance collective. De manière plus générale ce sont toutes les indemnisations auxquelles on peut reconnaître un caractère indemnitaire qui n'autorisent pas le cumul. C'est notamment le cas des sommes faisant l'objet d'une avance sur recours dès lors que leur finalité indemnitaire n'est pas discutée. De manière générale, dès lors qu'une prestation a pour but de compenser une perte patrimoniale, il devient illogique d'autoriser qu'elle soit mise en œuvre au titre de plusieurs contrats. Ainsi, en ce qui concerne les ayants droit de la victime, il ne paraît pas judicieux d'autoriser le cumul de l'indemnisation des frais d'obsèques découlant d'un contrat d'assurance contre les assurances corporels souscrit par le défunt avec les prestations d'une convention obsèques.

5180. Selon une décision de la Cour de cassation un cumul assurance de dommage et assurance de personnes serait impossible (Civ. 1re, 3 mars 1993, Bull. civ. n° 91, RCA 1993, comm. n° 209 et chron. 20, H. Groutel). En l'occurrence le cumul concernait une situation de crédit-bail relative à un véhicule automobile. Le crédit bailleur avait contraint le crédit preneur à souscrire une assurance à qui il incombait de poursuivre le règlement des mensualités en cas d'accident en même temps qu'une assurance couvrant les dommages subis par le véhicule. Le cumul a été jugé impossible.

Chapitre 5

Les victimes d'infraction et d'actes de terrorisme

BIBLIOGRAPHIE

L'Argus de l'assurance

Ouvrages. – F. Couilbault (sous dir.), *Assurances de personnes*, L'Argus éd., 2016 - I. Bessières-Roques, H. Béjui-Hugues, *Précis d'évaluation du dommage corporel*, L'Argus éd., 2013 – F. Couilbault, S. Couilbault - Di Tommaso, V. Huberty, *Les grands principes de l'assurance*, L'Argus éd., 2015. – J. Bigot (sous dir.), *Code des assurances*, L'Argus éd.

Autres documentations

Ouvrages. – Ph. Casson, *Les fonds de garantie*, LGDJ droit des affaires, 2001. – A. Favre Rochex et G. Courtieu, *Fonds d'indemnisation et de garantie*, LGDJ droit des affaires, 2003. – L. Ibara, *La réparation par la puissance publique des dommages de violence subis par les particuliers*, Rennes I, 1995. – Y. Lambert-Faivre et S. Porchy-Simon, *Droit du dommage corporel, systèmes d'indemnisation*, Dalloz 6e éd., 2008.

Articles. – L. Bloch, CIVI : les victimes étrangères discriminées ?, RCA 2013, alerte 29. – H. Groutel, L'indemnisation des proches de la victime d'une infraction qui séjourne irrégulièrement en France, RCA 1994, chron. 15 ; Le rôle du Fonds d'indemnisation des victimes d'infractions : permanence et changement, ibid. 1997, chron. 1 ; Indemnisation des victimes d'infractions : quelques précisions, ibid., chron. 7 ; L'application aux accidents du travail de la législation sur l'indemnisation des victimes d'infractions, ibid., chron. 21 ; Fonds d'indemnisation des victimes d'infractions : questions de procédure, ibid. 1998, chron. 13 ; Accidents du travail : jurisprudences diverses de la Cour de cassation, ibid. 2003, chron. 23. ; Victimes d'infraction : d'exclusions en exclusions, ibid. 2007, chron. 3 ; La prise en compte des prestations sociales en matière d'indemnisation des victimes d'infraction, RCA 2016, étude 2 – A. d'Hauteville, L'indemnisation des victimes de la délinquance, RGAT 1991. 291 ; Un nouvel élan est donné aux politiques publiques d'aide aux victimes, Rev. Sc. Crim. 1999, p. 647. – G. Kerommes, L'indemnisation des victimes d'infractions : un palliatif aux conséquences dommageables de la criminalité de masse, Gaz. Pal. 13-15 févr. 2000, p. 8. – F. Lombard, Les différents systèmes d'indemnisation des victimes d'actes de violence et leurs enjeux, Rev. Sc. crim. 1984, p. 277. – J. Pradel, Un nouveau stade dans la protection des victimes d'infractions, D. 1983, chron. p. 241. – M.-H. Renaut, L'indemnisation des victimes d'infractions : un système inéquitable et peu cohérent, Gaz. Pal. 1998, 2, doctr. P. 1028.

Divers. – Agressions : l'indemnisation des victimes, www.ffsa.fr.

5181. L'infraction est traditionnellement perçue comme une action ou une omission, définie et sanctionnée pénalement. Le comportement constitutif d'une infraction peut être volontaire ou involontaire. Les conséquences dommageables d'infractions volontaires ne peuvent être prises en charge par une garantie d'assurance. Mais les préjudices causés par des infractions involontaires peuvent faire l'objet d'une indemnisation par les commissions d'indemnisation des victimes d'infraction.

5182. La réparation des préjudices subis par les victimes d'infractions n'impose pas nécessairement un traitement particulier, lorsque les agissements de l'auteur du dommage ne sont pas volontaires. Dans cette hypothèse, il suffit de rechercher la responsabilité civile du défendeur et de solliciter son assureur de responsabilité selon les voies traditionnelles, pour obtenir réparation des préjudices, à moins que le défendeur ne soit pas assuré (sur l'assurance RC « vie privée », V. supra). En revanche, en cas d'infraction volontaire, la victime se heurte à l'exclusion légale de la faute intentionnelle, qui permet à l'assureur du responsable d'échapper à l'indemnisation (sur l'exclusion de la faute intentionnelle en assurance RC vie privée, V. supra). En toute hypothèse, les modes d'indemnisation sur le fondement de la responsabilité et de l'assurance ne garantissent pas à la victime une réparation systématique de ses préjudices.

5183. Depuis une trentaine d'année, les pouvoirs publics ont pris conscience de la nécessité d'organiser un système d'indemnisation spécifique, capable d'offrir aux victimes d'infractions, une réparation intégrale de leurs dommages corporels les plus graves, quand bien même les auteurs de l'infraction sont inconnus, insolvables ou mal assurés, ou quand bien même l'assureur du responsable peut invoquer l'exclusion de la faute intentionnelle de son assuré pour échapper à la mise en jeu de la garantie d'assurance.

5184. Une loi du 3 janvier 1977 a, pour la première fois, créé un système d'indemnisation par l'État. Mais l'indemnisation, subsidiaire et plafonnée, s'apparentait alors davantage à une aide publique qu'à une indemnisation intégrale des préjudices subis par les victimes d'infractions. Cela étant, le texte a le mérite de créer des institutions spécialement chargées des litiges relatifs à l'indemnisation des victimes d'infractions dans le ressort de chaque cour d'appel : les commissions d'indemnisation (L. n° 77-5, 3 janv. 1977, JO 4 janv.).

5185. Une loi du 8 juillet 1983 renforçant la protection des victimes d'infractions a amélioré le système d'indemnisation de façon significative, notamment en autorisant la participation de l'assureur au procès pénal et en facilitant par là même la mise en jeu de la garantie de l'assureur du responsable, en cas d'agissement non intentionnel de l'assuré. Par ailleurs, la loi du 8 juillet 1983 a rapproché les commissions d'indemnisation des justiciables, en les situant dans le ressort de chaque tribunal de grande instance (L. n° 83-608, 8 juill. 1983, JO 9 juill.).

5186. Une loi du 6 juillet 1990 a opéré un rapprochement des régimes d'indemnisation des victimes d'actes de terrorisme et des victimes d'infractions (L. n° 90-589, 6 juill. 1990, JO 7 juill.). Une loi du 9 septembre 1986, relative à la lutte contre le terrorisme, avait créé un Fonds de garantie des victimes d'actes de terrorisme, alimenté par une contribution forcée pesant sur les souscripteurs de contrats d'assurance de biens. La loi du 6 juillet 1990 a étendu aux victimes d'infractions le principe de la réparation intégrale des atteintes les plus graves à la personne, et a imposé au Fonds de garantie des victimes des actes de terrorisme et autres infractions (FGVAT), d'en assumer la charge. Ce texte opère une distinction entre des organismes ordonnateurs à caractère juridictionnel (les commissions d'indemnisation des victimes d'infractions, dénommées usuellement CIVI) et un organisme payeur (le FGVAT).

5187. Une loi du 16 juillet 1992, qui réforme certains domaines du droit de l'assurance, comporte un article 37 qui autorise le FGVAT à interjeter appel des décisions rendues par les commissions d'indemnisation (L. n° 92-665, 16 juill. 1992, JO 17 juill.).

5188. La loi du 1er juillet 2008 met en place un dispositif d'aide au recouvrement des dommages et intérêts accordés en réparation des dommages subis par les victimes d'infractions qui ne bénéficient pas de l'accès à la Commission d'indemnisation des victimes d'infractions (L. n° 2008-644, 1er juill. 2008, JO 2 juill.).Les textes relatifs à l'indemnisation des victimes d'infractions actuellement en vigueur font l'objet des articles 706-3 et suivants du Code de procédure pénale. Les textes relatifs au Fonds de garantie sont codifiés aux articles L. 422-1 à L. 422-5 du Code des assurances. Ils déterminent les conditions de l'indemnisation des victimes d'infractions (section 1) et décrivent la procédure d'indemnisation (section 2).

Section 1 ▪ Conditions de l'indemnisation

5189. Les conditions de l'indemnisation suivant la procédure spécifique prévue aux articles 706-3 et suivants du Code de procédure pénale sont relatives à l'application de la loi dans le temps (§ 1), au fait générateur du dommage (§ 2), à la nature du préjudice subi, et à la victime (§ 3).

§ 1 ▪ Conditions relatives à l'application de la loi dans le temps

5190. La loi du 6 juillet 1990 est entrée en vigueur le 1er janvier 1991. L'article 18, alinéa 2, prévoit : « les dispositions relatives à l'indemnisation des victimes (...) d'infractions s'appliqueront aux faits commis antérieurement au 1er janvier 1991, qui n'ont pas donné lieu à une décision d'indemnisation irrévocablement passée en force de chose jugée ». Autrement dit, une victime indemnisée sur la base d'une décision irrévocable rendue sous l'empire d'un texte antérieur, ne pourra pas solliciter une indemnité complémentaire en saisissant une nouvelle fois une commission d'indemnisation (Civ. 2e, 15 janv. 1997, RCA 1997, comm. n° 127).

5191. Les dispositions transitoires de la loi du 6 juillet 1990 ont laissé plané des incertitudes soumises à l'appréciation de la Cour de cassation, relativement à la législation applicable aux instances pendantes devant une juridiction du fond au moment de l'entrée en vigueur de la loi, et relativement aux conditions de la recevabilité de la demande liées à la date du fait générateur du dommage.

5192. La Cour de cassation a très tôt considéré que la loi du 6 juillet 1990 n'est pas, « en l'absence de dispositions spéciales, applicable aux instances en cours devant les juridictions du fond » (Civ. 2e, 1er juill. 1992, RCA 1992, comm. n° 400).

5193. La question s'est posée de savoir si la loi du 6 juillet 1990 était applicable à tous les faits générateurs présentant le caractère d'une infraction au sens du régime spécifique d'indemnisation quelle que soit la date de leur survenance, où s'il convenait de poser une limite à l'application de la loi en tenant compte de la date du fait générateur. Dans un premier temps, la Cour de cassation a fait preuve de souplesse, en décidant de ne pas soumettre la recevabilité de la demande d'indemnisation à une condition de date du fait générateur, l'article 706-3, 2°, du Code de procédure pénale ne mentionnant aucune exigence à cet égard (Civ. 2e, 7 juill. 1993, Bull. civ. II, n° 246 ; RCA 1993, comm. n° 296 ; Civ. 2e, 8 déc. 1993, ibid. 1994, comm. n° 42 ; Civ. 2e, 2 mars 1994, ibid., n° 208). Par la suite, la question s'est posée plus précisément de savoir si la loi du 6 juillet 1990 était applicable à des faits générateurs antérieurs au 1er janvier 1976, date de prise en compte prévue par la loi du 3 janvier 1977, premier texte établissant un régime spécifique d'indemnisation. À titre d'exemple, à propos de requêtes en indemnisation présentées par les victimes de Maurice Papon devant la CIVI de Bordeaux, il a été décidé que la loi du 6 juillet 1990 ne saurait concerner des faits antérieurs au 1er janvier 1976 (CIVI Bordeaux, 21 mars 2000, RCA 2000, comm. n° 188). La solution a été confirmée par la Cour de cassation, qui limite le champ d'application de la loi du 6 juillet 1990 aux seuls faits générateurs qui étaient susceptibles d'être indemnisés sur le fondement des articles 706-3 et suivants du Code de procédure pénale selon les conditions requises par les textes antérieurs (Civ. 2e, 27 sept. 2001, D. 2002, jur. p. 1173, note V. Mikanef-Toudic ; RCA 2001, comm. n° 365 ; Civ. 2e, 13 mars 2003, ibid. 2003, comm. n° 178, obs. H. Groutel, confirmant la décision de la CIVI de Bordeaux dans l'affaire Papon).

§ 2 ▪ Conditions relatives au fait générateur du dommage

A ▪ Faits générateurs concernés par le système spécifique d'indemnisation

5194. L'article 706-3 du Code de procédure pénale ouvre le régime spécifique d'indemnisation à « toute personne ayant subi un préjudice résultant de faits volontaires ou non qui présentent le caractère matériel d'une infraction ». Ces dispositions n'obligent pas la juridiction saisie du litige à opérer une qualification juridique du fait générateur du dommage. En revanche, elles lui imposent de rechercher si le fait générateur du dommage répond à la définition de l'infraction, ce qui conduit à préciser la nature de l'infraction, à constater la présence des éléments matériels qui la constituent et à caractériser l'intervention d'un tiers (Civ. 2e, 12 sept. 2002, RCA 2002, comm. n° 358 ; Civ. 2e, 5 avr. 2007, RCA 2007, comm. n° 215).

5195. Par exemple, une juridiction ne peut pas se contenter d'observer l'ouverture d'une information du chef d'assassinat pour affirmer que la victime remplit les conditions de l'indemnisation, quelles que soient les circonstances de l'infraction. Elle doit analyser précisément les faits qui lui sont soumis, et déterminer s'ils revêtent effectivement le caractère matériel d'une infraction (Civ. 2e, 7 oct. 1992, Bull. civ. II, n° 229 ; RCA 1992, comm. n° 444). À l'inverse, un classement sans suite par le parquet ne doit pas aboutir à un rejet de la requête sans examen. En effet, une décision de classement n'a qu'un caractère provisoire et n'exclut pas nécessairement la qualification d'infraction (Civ. 2e, 7 oct. 1992, RCA 1992, comm. n° 402 ; D. 1992, IR, 233).

5196. L'article 706-3 du Code de procédure pénale impose uniquement que le fait dommageable soit susceptible d'une incrimination pénale. Le texte ne mentionne aucune exigence relative à l'existence de poursuites pénales. Il en résulte que la saisine d'une CIVI n'est en rien tributaire de l'existence de poursuites pénales. La Cour de cassation a confirmé dès 1986 ce modus operandi, en décidant que « l'article 706-3 du Code de procédure pénale institue en faveur des victimes d'infractions un mode de réparation autonome répondant à des règles qui lui sont propres » (Civ. 2e, 18 juin 1986, Bull. civ. II, n° 93 ; Civ. 2e, 1er juill. 1992, RCA 1992, comm. n° 407). En pratique, le demandeur peut donc saisir une CIVI en l'absence de tout procès pénal, ou au cours de celui-ci. L'article 706-7 du Code de procédure pénale confirme cette faculté en précisant que « lorsque des poursuites pénales sont engagées, la décision de la commission peut intervenir avant qu'il ait statué sur l'action publique ». Il y a en l'occurrence une dérogation à la règle selon laquelle le criminel tient le civil en l'état. Mais en cas de poursuites pénales, l'autorité absolue de la chose jugée au pénal s'attache au dispositif du jugement et aux motifs qui en sont le soutien nécessaire (Civ. 2e, 3 oct. 2013, n° 12-24.451, RCA 2014, com. 15).

5197. Ainsi, un fait générateur ouvre droit à indemnisation sur le fondement des articles 706-3 et suivants du Code de procédure pénale, même s'il est prescrit. De même, il importe peu que l'auteur présumé de l'infraction soit inconnu, décédé, dément, ou qu'il puisse se prévaloir d'une immunité. Il a ainsi été jugé, dans le cadre d'une action engagée contre l'État pour cause d'exposition à l'amiante, que « pour l'application de l'article 706-3 du Code de procédure pénale, l'infraction n'est prise en considération qu'en tant qu'élément objectif indépendamment de la personne de son auteur, qu'il est indifférent que l'auteur présumé de l'infraction ne puisse être poursuivi en raison d'une cause d'immunité » (Civ. 2e, 30 nov. 2000, RCA 2001, comm. n° 42).

5198. L'article 706-3 du Code de procédure pénale marque expressément une volonté de soumettre au même régime d'indemnisation des atteintes volontaires et des atteintes involontaires à l'intégrité de la personne humaine, dont le législateur dresse une liste limitative.

5199. Parmi les atteintes volontaires de nature à provoquer le déclenchement du processus d'indemnisation, figure le meurtre, sans qu'il y ait lieu de s'interroger sur son mobile ou d'éventuelles circonstances atténuantes retenues lorsqu'il s'agit de prononcer une sanction pénale à l'encontre de son auteur. Par exemple, une CIVI ne peut déclarer irrecevable une demande d'indemnisation présentée par l'épouse de la victime tuée d'un coup de revolver, au motif que l'auteur a été acquitté. L'existence des éléments matériels constitutifs d'un homicide involontaire suffit à légitimer la saisine de la commission (Civ. 2e, 11 juill. 1988, Bull. civ. II, n° 170 ; RCA 1988, comm. n° 39). Le viol et les autres agressions sexuelles au sens des articles 222-22 et suivants et des articles 227-25 et suivants du Code pénal, entrent également dans le champ d'application de la loi. Une tentative d'agression sexuelle, qui est assimilée à une infraction consommée, entre dans les prévisions de l'article 706-3 du Code de procédure pénale (Civ. 2e, 15 mars 2007, RCA 2007, comm. n° 187). De même, toutes les autres « atteintes volontaires à l'intégrité de la personne » au sens des articles 222-7 et suivants du Code pénal, peuvent donner lieu à la saisine d'une CIVI, sous réserve du constat d'une interruption de travail temporaire supérieure à un mois. En revanche, le proxénétisme aggravé n'entre pas dans la liste des infractions susceptibles de donner lieu à application du régime spécifique d'indemnisation. Dès lors, une telle qualification, retenue par le juge pénal, prive la victime du bénéfice des articles 706-3 et suivants du Code de procédure pénale, dans la mesure où elle s'impose au juge de l'indemnisation, lequel ne peut en aucun cas se livrer à une requalification des faits en agressions sexuelles (Civ. 2e, 27 mars 2003, RCA 2003, comm. n° 201).

5200. La référence de l'article 706-3 du Code de procédure pénale à des faits non volontaires constitutifs d'une infraction pénale justifie une saisine de la CIVI en présence de toute atteinte, même légère, à l'intégrité physique d'une personne. En vertu de l'article 221-6 du Code pénal, l'homicide involontaire est « le fait de causer, par maladresse, imprudence, inattention, négligence ou manquement à une obligation de sécurité ou de prudence imposée par la loi ou le règlement, la mort d'autrui... ainsi que par manquement délibérée à une obligation de sécurité ou de prudence imposée par la loi ou le règlement) ». Les mêmes critères sont utilisés pour constater les atteintes involontaires à l'intégrité de la personne, au sens de l'article 222-19 du Code pénal.

B ▪ Faits générateurs exclus du système spécifique d'indemnisation

5201. L'article 706-3 du Code de procédure pénale exclut du système d'indemnisation des victimes d'infractions, les accidents de la circulation soumis à la loi n° 85-677 du 5 juillet 1985 tendant à l'amélioration de la situation des victimes d'accidents de la circulation et à l'accélération des procédures d'indemnisation (sur ce thème, V. supra, Le responsable de l'accident de la circulation). Par exemple, le domaine de la loi du 5 juillet 1985 ayant été étendu aux îles Wallis-et-Fununa, le régime des victimes d'infraction n'est pas applicable aux accidents de la circulation survenus sur ce territoire (Civ. 2e, 17 mars 2005, RCA 2005, comm. n° 153). C'est l'existence d'un régime d'indemnisation spécifique aux accidents de la circulation qui justifie la solution systématiquement rappelée par la Cour de cassation (Civ. 2e, 24 oct. 2002, RCA 2003, comm. n° 6 ; Civ. 2e, 7 févr. 2008, RCA 2008, comm. n° 165, obs. H. Groutel).

5202. Les tribunaux admettent l'application de la procédure d'indemnisation réservée aux victimes d'infractions, lorsque l'accident litigieux ne peut être régi par les dispositions de la loi du 5 juillet 1985. C'est notamment le cas en présence d'un accident de la circulation survenu à l'étranger (Civ. 2e, 2 nov. 1994, JCP G 1996, II, 22586, note Ruel ; RCA 1995, chron. 10 ; Civ. 2e, 8 déc. 1999, ibid. 2000, comm. n° 82, obs. H. Groutel ; D. 2000, somm. p. 472, obs. Ph. Delebecque ; Civ. 2e, 13 déc. 2001, ibid. 2002, IR, 258 ; Civ. 2e, 3 juin 2004, RCA 2004, chron. 25, H. Groutel ; CA Bordeaux, 29 mars 2005, ibid. 2005, comm. n° 152) ou antérieur à la loi de 1985 (Civ. 2e, 11 juin 1998, RCA 1998, comm. n° 345). C'est également le cas en présence d'accidents entre concurrents d'une compétition automobile, ces derniers étant exclus du domaine de la loi du 5 juillet 1985 (Civ. 2e, 4 nov. 2004, RCA 2005, comm. n° 20, obs. H. Groutel).

5203. L'article 706-3 du Code de procédure pénale exclut du système d'indemnisation des victimes d'infractions, les dommages résultant d'un acte de chasse ou de destruction des animaux nuisibles qui eux, sont garantis par le fonds de garantie (C. assur., art. L. 421-8).

5204. L'article 706-3 du Code de procédure pénale écarte les faits de terrorisme, désignés à l'article L. 126-1 du Code des assurances, du champ d'application du régime spécifique d'indemnisation des victimes d'infractions. Cette exclusion marque la différenciation des mécanismes de réparation des dommages procédant d'un acte de terrorisme et de ceux procédant d'infractions.

5205. Les actes de terrorisme sont définis aux articles 421-1 et 421-2 du Code pénal. Les tribunaux admettent l'application des articles 706-3 et suivants du Code de procédure pénale, dès lors que les faits ne répondent pas exactement à la qualification d'actes de terrorisme. C'est le cas en présence d'attroupements et de manifestations sur la voie publique (CA Paris, 2 juill. 1999, D. 1999, IR, 229).

5206. La Cour de cassation a récemment exclu les accidents du travail du champ d'application du régime spécifique d'indemnisation des victimes d'infractions sur le fondement de l'article L. 451-1 du Code de la Sécurité sociale, d'où il résulte qu'aucune action en réparation des accidents du travail ne peut être exercée conformément au droit commun par la victime ou ses ayants droit. La deuxième Chambre civile a affirmé sous forme de principe, que « les dispositions légales d'ordre public sur la réparation des accidents du travail excluent les dispositions propres à l'indemnisation des victimes d'infractions » (Civ. 2e, 7 mai 2003, RCA 2003, chron. 23, H. Groutel ; Civ. 2e, 16 déc. 2004, ibid. 2005, comm. n° 55). Cette solution a été confirmée (Civ. 2e, 19 oct. 2006, RCA 2007, comm. n° 17, obs. H. Groutel ; Civ. 2e, 25 oct. 2007, RCA 2007, comm. n° 23). Il est cependant des cas dans lesquels il est impossible de se référer à la législation sur les accidents du travail pour justifier l'inapplicabilité du régime d'indemnisation des victimes d'infractions. Notamment, le conjoint de la victime d'un accident du travail, lorsque cette victime a survécu, n'a pas la qualité d'ayant droit au sens de l'article L. 451-1 du Code de la Sécurité sociale, ce qui empêche de se prévaloir de ce texte pour exclure les accidents du travail du système spécifique d'indemnisation. En pareilles circonstances, la Cour de cassation a adopté une motivation différente, en indiquant que « les dispositions propres à l'indemnisation des victimes d'infractions ne sont pas applicables aux victimes d'un accident du travail imputable à l'employeur ou à ses préposés ainsi qu'à leurs ayants droit » (Civ. 2e, 3 mai 2006, RCA 2006, chron. 15, H. Groutel ; 16 nov. 2006, ibid. 2007, comm. n° 17, obs. H. Groutel). La solution vaut aussi bien en cas de faute intentionnelle de l'employeur ou du préposé qu'en cas d'infraction involontaire imputable à l'employeur (Civ. 2e, 7 févr. 2008, 2 esp., RCA 2008, comm. n° 139, obs. H. Groutel). La Cour de cassation a encore admis que « les dispositions propres à l'indemnisation des victimes d'infractions ne sont pas applicables aux victimes d'un accident du travail imputable à un préposé d'un autre employeur que celui de la victime travaillant sur le même chantier (Civ. 2e, 21 déc. 2006, RCA 2007, chron. 3, H. Groutel).

5207. La solution adoptée depuis 2003 constitue un revirement de jurisprudence. Précédemment, la Cour de cassation posait le principe inverse de l'application aux accidents du travail, des articles 706-3 et suivants du Code de procédure pénale, lorsque les circonstances renfermaient les éléments matériels d'une infraction (Civ. 2e, 18 juin 1997, RCA 1997, chron. 21, H. Groutel ; JCP G 1997, I, 4070, obs. G. Viney ; Civ. 2e, 24 juin 1999, RCA 1999, comm. n° 293 ; ibid. 2000, chron. 15, H. Groutel). D'un point de vue légal, la solution se justifiait, dans la mesure où l'article 706-3 du Code de procédure pénale n'exclut pas les accidents du travail du système spécifique d'indemnisation. Sur le plan de l'opportunité, l'application du régime spécifique d'indemnisation des victimes d'infractions palliait les carences du régime restrictif d'indemnisation des accidents du travail.

5208. Toutefois, la deuxième Chambre civile est venue apporter une exception à la solution de 2003 en cas de faute intentionnelle : « les dispositions propres à l'indemnisation des victimes d'infractions sont applicables aux victimes d'un accident du travail imputable à la faute intentionnelle de l'employeur ou de l'un de ses préposés » (Civ. 2e, 7 mai 2009, n° 08-15.73, Bull. civ. 2009, II, n° 116 ; RCA. 2009, étude 8, H. Groutel).

5209. Les atteintes à la personne subies sur une voie publique relèvent exclusivement de la garantie du Fonds de garantie des assurances obligatoires de dommages (C. assur., art. L. 421-

1). La solution vaut en présence de faits survenus sur la voie d'accès à un stade (Civ. 2e, 20 mars 2008, 1re esp., RCA 2008, comm. n° 164, obs. H. Groutel), en cas de dommages causés sur une voie de circulation par un animal appartenant à un tiers non assuré (Civ. 2e, 10 avr. 2008, 2e esp., RCA 2008, comm. n° 164, obs H. Groutel), ou en cas de préjudices résultant d'une altercation sur la voie publique (Civ. 2e, 8 janv. 2009, RCA 2009, comm. n° 88).

§ 3 ■ Conditions relatives au dommage

A ■ Dommages corporels

5210. Alors que la loi du 3 janvier 1977 réservait le régime spécifique d'indemnisation aux seuls préjudices économiques résultant d'atteintes à la personne et que la loi du 8 juillet 1983 subordonnait l'indemnisation à « l'existence de troubles graves dans les conditions de vie causés par l'infraction », la loi du 6 juillet 1990 a adopté une conception extensive du dommage corporel, qui inclut, outre les conséquences économiques d'une atteinte à la personne (incapacités), les souffrances morales résultant de cette même atteinte (préjudice de souffrance, préjudice d'agrément, préjudice esthétique, préjudice sexuel...). Toutefois la réparation d'un poste de préjudice permanent exceptionnel nécessite la preuve d'un préjudice distinct du déficit fonctionnel permanent et du préjudice esthétique.

5211. Constitue un préjudice réparable sur la base du système d'indemnisation spécifique aux victimes d'infractions, « l'impossibilité pour une personne physique née à la suite d'un viol incestueux, d'établir sa filiation » qui s'analyse en un « préjudice moral certain » (CIVI Lille, 6 mai 1996, D. 1997, jur. p. 543, note X. Labbée ; RTD civ. 1999, p. 65, obs. J. Hauser).

5212. Les conditions de l'indemnisation sont remplies au regard du dommage dès lors qu'est établi l'existence d'une atteinte à la personne, cependant, les modalités de l'indemnisation diffèrent selon le degré de gravité du dommage corporel.

1 ■ Atteintes graves à la personne

5213. L'article 706-3 du Code de procédure pénale se réfère expressément au principe de la réparation intégrale concernant les dommages corporels graves (sur la mise en oeuvre du principe, V. infra).

5214. Les dommages corporels graves sont d'une part, la mort, une incapacité permanente ou une incapacité totale de travail personnel égale ou supérieure à un mois. Sont encore visés les atteintes à la personne qui sont la conséquence de faits prévus et réprimés par les articles 222-22 à 222-30 et 227-25 à 227-27 du Code pénal (C. pr. pén., art. 706-3 2°). Les textes du Code pénal auxquels se réfère l'article 706-3 2° du Code de procédure pénale concernent le viol et certaines infractions sexuelles. Si des préjudices résultent de ces infractions, la victime peut obtenir réparation sans avoir à justifier d'une incapacité permanente ou d'une incapacité totale de travail personnel égale ou supérieure à un mois. Cependant, le préjudice résultant d'une voie de recours par les auteurs d'un viol et les sujétions inhérentes à la comparution en justice, n'entrent pas dans les prévisions de l'article 706-3 du Code de procédure pénale (Civ. 2e, 21 févr. 2008, RCA 2008, comm. n° 140). Par ailleurs, le réquisitoire du ministère public demandant une requalification des faits de viol en violences volontaires à l'aide d'une arme, qui n'est pas une décision pénale et n'a aucune autorité de la chose jugée, ne peut suffire à justifier l'irrecevabilité de la demande formée par la victime sur le fondement de l'article 706-3 du Code de procédure pénale (Civ. 2e, 5 juin 2008, RCA 2008, comm. n° 263).

5215. En dehors des hypothèses de viol ou d'agressions sexuelles spécifiquement visées, l'existence d'une incapacité d'au moins un mois est une condition nécessaire de l'indemnisation. La Cour de cassation exerce un contrôle sur l'appréciation de cette condition par les juridictions du fond. Par exemple, en retenant la durée de trois semaines correspondant à la seule immobilisation de la victime, alors que le rapport de l'expert relevait qu'elle avait subi une cessation d'activité professionnelle au delà de celle-ci, de sorte que le total dépassait un mois, une cour d'appel viole l'article 706-3 du Code de procédure pénale. Par ailleurs, l'article 706-3 2° du Code de procédure pénale autorise la victime d'un viol incestueux à bénéficier d'une réparation intégrale de ses préjudices, sans qu'elle ait à justifier d'une incapacité totale de travail (CIVI Lille, 6 mai 1996, préc. ; CA Paris, 25 juin 1999, D. 1999, IR, 226). Il est à noter que l'incapacité totale de travail personnel égale ou supérieure à un mois ne se confond pas avec le déficit fonctionnel temporaire au regard duquel est évalué le montant de l'indemnisation (Civ. 2e, 19 nov. 2015, n° 14-25.519, RCA 2016, com. n° 47, obs. H. Groutel).

2 ▪ Atteintes légères à la personne

5216. Les « petits » dommages corporels ne donnent pas toujours lieu à indemnisation (sur ce thème, V. infra). En outre, le principe de la réparation intégrale ne leur est pas applicable (Sur ce thème, V. infra).
Entrent dans la catégorie des dommages corporels légers, ceux qui se caractérisent par une incapacité de travail inférieure à un mois (C. pr. pén., art. 706-3 2°, a contrario).

B ▪ Dommages matériels

5217. L'article 706-14 du Code de procédure pénale étend à certains dommages matériels le bénéfice du régime d'indemnisation des victimes d'infractions : « toute personne qui, victime d'un vol, d'une escroquerie ou d'un abus de confiance, d'une extorsion de fonds ou d'une destruction, d'une dégradation ou d'une détérioration d'un bien lui appartenant, ne peut obtenir à un titre quelconque une réparation ou une indemnisation effective et suffisante de son préjudice, et se trouve de ce fait dans une situation matérielle ou psychologique grave, peut obtenir une indemnité dans les conditions prévues par les article 706-3 à 706-12 (...) ». La Cour de cassation exige des juridictions du fond qu'elles constatent la gravité de la situation matérielle ou psychologique de la victime (Civ. 2e, 8 nov. 2007, RCA 2008, comm. n° 24). En outre, la liste des infractions de nature à autoriser l'indemnisation des préjudices aux biens est limitative. Il en résulte l'impossibilité de se prévaloir d'autres types d'infractions pour accéder au système spécifique d'indemnisation.

5218. Ainsi, une juridiction ne peut accéder à la demande d'indemnisation d'une victime qui se prévaut d'un bris de vitre, assimilé à tort à une tentative de vol (Civ. 2e, 3 mai 1990, RCA 1990, comm. n° 241, 1re esp.). De même, il n'est pas concevable d'allouer une indemnité au titre d'une falsification de chèque, sans démontrer en quoi elle s'apparente au délit de vol (Civ. 2e, 3 mai 1990, RCA 1990, comm. n° 241, 2e esp.). Doit encore être censurée la décision qui assimile l'infraction d'abus de faiblesse au délit d'escroquerie (Civ. 2e, 29 janv. 1992, D. 1992, IR, 93 ; RCA 1992, comm. n° 132 ; Civ. 2e, 6 juin 2002, ibid. 2002, comm. n° 293 ; Civ. 2e, 26 sept. 2002, ibid. 2002, comm. n° 359).

5219. Il est traditionnellement admis que la victime ne peut demander remboursement des frais irrépétibles de procédure exposés devant une juridiction pénale sur le fondement des articles 706-3 et suivants du Code de procédure pénale (Civ. 2e, 1er juill. 1992, JCP G 1992, IV, 2547 ; Civ. 2e, 20 juill. 1993, RCA 1993, comm. n° 298 ; Civ. 2e, 5 janv. 1994, D. 1994, IR, 50). Si une CIVI ne peut accueillir une demande de remboursement des frais irrépétibles engagée devant une juridiction pénale, le versement d'une somme au titre de l'article 700 du Code de procédure civile est envisageable pour la procédure engagée devant la CIVI (Civ. 2e, 5 janv. 1994, Gaz. Pal. 1994, 2, p. 719). Par ailleurs, l'article 706-14 du Code de procédure pénale vise les seules ressources propres de la victime, non les revenus imposables de son foyer (Civ. 2e, 8 nov. 2007, RCA 2008, comm. n° 24).

§ 4 ▪ Conditions relatives à la victime

5220. Faute d'indication donnée par le législateur sur la détermination des victimes susceptibles d'accéder au régime spécifique des articles 706-3 et suivants du Code de procédure pénale, les tribunaux ont facilité l'accès à l'indemnisation, en adoptant une conception extensive de la notion de victime. Cependant, les seules victimes personnes physiques peuvent bénéficier du régime spécifique d'indemnisation des victimes d'infraction. Ainsi, une association ne peut utilement se prévaloir des dispositions de l'article 706-14 du Code de procédure pénale (Civ. 2e, 30 mai 2007, RCA 2007, comm. n° 246). Les militaires blessés ou tués en service, y compris lorsqu'ils participent à des opérations extérieures, sont éligibles tant aux dispositions du Code des pensions militaires d'invalidité et des victimes de guerre, qu'aux modalités d'indemnisation complémentaires fondées sur la responsabilité de l'État relevant de la compétence exclusive de la juridiction administrative, de sorte qu'est nécessairement exclue, dans un tel cas, une indemnisation par une CIVI (Civ. 2e, 28 mars 2013, n° 11-18.025, RCA 2013, com. 187). Dans le même sens, les agents publics, victimes d'un accident de service, se voient eux aussi refuser l'accès à l'indemnisation des victimes d'infractions (Civ. 2e, 30 juin 2005, n° 03-19. RCA 2005, étude 12, H. Groutel).

5221. Il ne fait aucun doute que la victime directe de l'infraction puisse exercer l'action en indemnisation. En présence de plusieurs victimes directes, la juridiction saisie du litige doit allouer autant d'indemnités qu'il y a de demandes (Civ. 2e, 28 nov. 1984, Bull. civ. II, n° 180). Par ailleurs, le placement en détention de la victime directe, ne constitue pas un obstacle à l'indemnisation sur le fondement des articles 706-3 et suivants du Code de procédure pénale (Civ. 2e, 23 juin 1993, RCA 1993, comm. n° 312 ; Civ. 2e, 8 nov. 1993, D. 1993, IR, 262).

5222. La question s'est posée de savoir si les héritiers de la victime directe décédée recueillent, dans le patrimoine successoral, les créances d'indemnisation nées dans le patrimoine de la personne du défunt pour les dommages subis entre le moment de l'infraction et celui de son décès. Plus précisément, la Cour de cassation a été sollicitée pour avis en ces termes : « la loi du 6 juillet 1990 qui a modifié les dispositions de l'article 706-3 du Code de procédure pénale a-t-elle changé la nature de l'indemnisation d'une infraction, la réparation intégrale des dommages devenant un véritable droit entrée dans le patrimoine de la victime dès la réalisation du dommage, dès lors transmissible à ses héritiers ou a-t-elle maintenu le caractère de secours apporté par l'État, en dépit de la suppression du plafonnement de l'indemnité allouée ? ». La question fait en dernier lieu référence à la loi du 8 juillet 1983 précédemment en vigueur. La Cour de cassation répond sans ambiguïté que « l'article 706-3 du Code de procédure pénale consacre pour la victime un droit à réparation intégrale des dommages résultant des atteintes à sa personne et qu'en conséquence, ses ayants droit, agissant en qualité d'héritiers, peuvent demander réparation conformément au droit commun » (Cass. avis, 29 sept. 1998, Bull. inf. cass., n° 485 ; RCA 1999, comm. n° 39 ; D. 1999, IR, 35). La deuxième Chambre civile de la Cour de cassation a fait application du principe ainsi énoncé en accueillant la demande formée, en qualité d'héritiers, par les ayants droit de la victime directe d'une infraction, décédée ultérieurement pour une cause étrangère à celle-ci (Civ. 2e, 6 janv. 2000, RCA 2000, comm. n° 83).

5223. Victimes par ricochet : lorsque les proches de la victime directe souffrent d'un préjudice personnel consécutif à l'infraction, ils peuvent en demander réparation selon les règles du droit commun. Aucune restriction légale ne fait obstacle à leur accès à l'indemnisation, l'article 706-3 du Code de procédure pénale ouvrant le bénéfice de l'action en indemnisation à « toute personne ayant subi un préjudice (...) ». La solution est applicable en cas de décès de la victime directe. Par exemple, est admise la réparation du préjudice économique subi par un enfant mineur à la suite du décès de sa mère, laquelle assurait son entretien (Civ. 2e, 15 avr. 1999, RCA 1999, comm. n° 219, obs. H. Groutel). En revanche, l'accès à l'indemnisation est refusé aux proches de la victime en l'absence de lien de causalité entre l'infraction et le préjudice qu'ils invoquent. Dès lors, si des enfants peuvent être indemnisés au titre du préjudice moral subi du fait de l'assassinat de leur mère par leur père, l'incarcération de ce dernier n'est pas une conséquence dommageable de l'infraction ouvrant droit à réparation du préjudice économique qu'ils invoquent (Civ. 2e, 29 mars 2001, D. 2001, IR, 1218). L'indemnisation du préjudice par ricochet est également envisageable, lorsque la victime directe est toujours en vie. Par exemple, doit être censurée la décision d'une cour d'appel qui déboute les parents d'une victime de violences volontaires ayant entraîné un état paraplégique, de leurs demandes d'indemnités provisionnelles en réparation de leur préjudice moral (Civ. 2e, 27 mai 1999, RCA 1999, comm. n° 262 ; Civ. 2e, 14 janv. 1998, RCA 1998, comm. n° 92, chron. 3, H. Groutel ; Civ. 2e, 14 janv. 1999, D. 1999, IR, 49 ; Civ. 2e, 7 oct. 1999, ibid., comm. n° 361).

5224. L'article 706-3 3° du Code de procédure pénale prévoit l'accès au système d'indemnisation des victimes d'infractions, des personnes de nationalité française, que l'infraction ait été commise en France ou à l'étranger. Ainsi, la victime de nationalité française d'un accident de la circulation subi à l'étranger, ne peut voir son droit à indemnisation contesté par le Fonds d'indemnisation des victimes d'actes de terrorisme et d'infractions (CA Bordeaux, 29 mars 2005, préc.). En cas d'infraction commise à l'étranger, le droit à indemnisation de la victime est appréciée au regard de la législation française (il est admis que les membres de l'Union européenne ou des étrangers en séjour régulier au moment des faits litigieux ou de la demande, puissent bénéficier des mécanismes spécifiques d'indemnisation, dès lors que l'infraction a été commise sur le territoire national). À noter, la nationalité de la personne victime d'une infraction et qui saisit une CIVI doit s'apprécier au jour des faits (Civ. 2e, 12 févr. 2009, n° 08-12.987). Il a été jugé par la Cour de cassation que la question prioritaire de constitutionnalité relative à l'article 706-3 du Code de procédure pénale, en ce qu'il réserve l'indemnisation des faits survenus à l'étranger aux seules victimes ayant la nationalité française lors de la commission des infractions, ne présente pas un caractère sérieux (Civ. 2e, 5 sept. 2013, n° 13-40.038, RCA 2013, com. 305).

5225. La condition du « séjour régulier » de la victime a été généralement interprétée de façon extensive. Notamment, il importe peu que la victime n'ait pas respecté la condition du « séjour régulier » par le passé (Civ. 2e, 2 mars 1994, RCA 1994, comm. n° 210 et chron. 15, H. Groutel). En revanche, la condition du « séjour régulier » conduit à exclure l'action en indemnisation du préjudice par ricochet, des ayants droit de la victime directe résidant à l'étranger (Civ. 2e, 21 juill. 1992, D. 1993, IR, 245).

5226. Initialement, la législation réservait le système spécifique d'indemnisation, aux seules victimes de nationalité française, ou de nationalité étrangère si elles justifiaient d'une carte de résident ou si elles étaient ressortissantes d'un pays ayant conclu un accord de réciprocité avec la France. C'est l'arrêt Cowan, rendue par la Cour de justice des Communautés européennes, qui a autorisé sans condition, l'accès des ressortissants des pays de la Communauté européenne à la protection accordée aux victimes d'infractions (CJCE, 2 févr. 1989, JCP G 1989, II, 21304, note H. Calvet et J.-G. Huglo ; RCA 1989, chron. 11, H. Groutel). La loi du 6 juillet

1990 a finalement étendu le bénéfice du système spécifique d'indemnisation aux membres de l'Union Européenne et aux étrangers en séjour régulier, sans exiger d'accord de réciprocité. Saisie à ce sujet d'une question prioritaire de constitutionnalité, la Cour de cassation a pu estimer que ni le droit à un recours juridictionnel effectif ni le droit à réparation d'un dommage consécutif à une faute ne font obstacle à ce que les membres de nationalité étrangère de la famille d'une victime d'infraction commise sur le territoire français où elle séjournait régulièrement, victimes par ricochet et dont l'accès à la juridiction pénale ne fait l'objet d'aucune restriction, soient exclues du droit à indemnisation consacré par l'article 706-3 du Code de procédure pénale en raison de l'autonomie de leur droit à réparation par rapport à celui de la victime directe (Civ. 2e, 11 juill. 2013, n° 13-40.03, RCA 2013, com. 343). Dès lors, ces victimes par ricochet peuvent voir leur droit à indemnisation refusé si elles ne sont pas ressortissantes de l'Union ou bien si elles séjournent irrégulièrement sur le territoire national.

5227. Aucune condition relative à ses ressources n'est exigée de la victime qui demande indemnisation des dommages corporels graves au sens de l'article 706-3 du Code de procédure pénale (sur ce thème, V. supra). C'est ce qui résulte d'une interprétation a contrario de l'article 706-14, alinéa 3, du Code de procédure pénale, confirmée par la Cour de cassation (Civ. 2e, 6 janv. 1993, Bull. civ. II, n° 3). Par exemple, la victime d'une infraction ayant subi des atteintes graves à sa personne, n'a pas à tenter d'obtenir réparation de son préjudice auprès des personnes responsables du dommage ou tenues à un titre quelconque d'en assurer la réparation, préalablement à la saisine du président de la commission en référé-provision (Civ. 2e, 13 déc. 2001, RCA 2002, comm. n° 97). En revanche, concernant les dommages corporels légers et les dommages matériels, l'accès de la victime au système spécifique d'indemnisation des victimes d'infractions est subordonné à la réunion de deux conditions :

- condition de subsidiarité : l'article 706-14 du Code de procédure pénale exige que la victime de dommages corporels légers ou de dommages matériels soit dans l'impossibilité d'obtenir, à un titre quelconque, une réparation effective et suffisante de son préjudice. Le législateur exige encore que la victime se trouve, par là même, dans une situation matérielle ou psychologique grave. La gravité de la situation de la victime s'apprécie à la date de la demande d'indemnisation (Civ. 2e, 15 avr. 1999, Bull. civ. II, n° 74 ; D. 1999, IR, 137 ; RCA 1999, comm. n° 220), et en la personne de la victime. Par exemple, constitue une situation matérielle grave, celle d'un enfant placé en état de complète dépendance de l'aide de la collectivité publique et privé de tout support économique de son milieu familial, en raison de l'infraction dont il a été victime de la part de son père, auteur de sévices ayant entraîné une incapacité temporaire inférieure à un mois (Civ. 2e, 15 avr. 1999, préc.). L'appréciation de la gravité de la situation du demandeur est une question qui relève du pouvoir souverain d'appréciation des juridictions du fond. Cela étant, ces dernières doivent établir en quoi les circonstances de l'espèce attestent de la gravité de la situation de la victime (Civ. 2e, 9 déc. 1999, RCA 2000, comm. n° 81) ;

- ressources limitées : l'article 706-14 du Code de procédure pénale limite la mise en oeuvre du régime protecteur des victimes d'infractions ayant entraîné des dommages corporels légers ou des dommages matériels, aux cas dans lesquels les ressources de la victime sont au plafond prévu pour bénéficier de l'aide juridictionnelle partielle, majorée, le cas échéant, pour charges de famille. Ce plafond est fixé chaque année et aligné sur le taux d'évolution de la tranche la plus basse de l'impôt sur le revenu. En toute hypothèse, le fait que la victime habite chez un parent dont les revenus sont supérieurs au plafond, ne constitue pas un obstacle à l'application des dispositions protectrices des victimes d'infractions (Civ. 2e, 15 mars 2001, D. 2001, IR, 1218). En outre, l'article 706-14 du Code de procédure pénale vise les ressources propres, tant de la victime majeure que de la victime mineure (Civ. 2e, 7 févr. 2008, RCA 2008, comm. n° 138).

Section 2 . Procédure d'indemnisation

5228. La procédure décrite aux articles 706-4 et suivants du Code de procédure pénale a notamment vocation à accélérer le processus d'indemnisation. L'objectif poursuivi par le législateur explique le particularisme des règles relatives à la demande d'indemnisation (§ 1), à l'instruction du dossier (§ 2), à la décision (§ 3) et aux voies de recours (§ 4).

§ 1 . Demande d'indemnisation

A . Juridiction compétente

5229. L'article 706-4 du Code de procédure pénale prévoit que le recours en indemnité est exercé devant une commission d'indemnisation des victimes d'infractions (CIVI) instituée dans le ressort de chaque tribunal de grande instance. Les CIVI ont le caractère de juridictions civiles qui se prononcent en premier ressort (C. pr. pén., art. 706-4, al. 1er). Les dispositions du Livre 1er du Code de procédure civile leur sont donc applicables (C. pr. civ., art. 1 à 749), sauf dispositions spéciales du Code de procédure pénale (C. pr. pén., art. 706-4 à 706-12 et R. 50-1 à R. 50-28).

5230. Chaque CIVI est composée selon un principe échevinal, de deux magistrats du siège et d'une personne majeure qui s'est signalée par l'intérêt qu'elle porte aux victimes. Un des deux magistrats préside chaque commission. En toute hypothèse, les décisions rendues par la CIVI doivent contenir des mentions permettant de vérifier la régularité de sa composition (Civ. 2e, 16 févr. 1994, RCA 1994, comm. n° 178). Le ministère public est représenté, en qualité de partie jointe, par le procureur de la République ou l'un de ses substituts (Civ. 2e, 20 févr. 1991, Bull. civ. II, n° 60).

5231. Les articles R. 50-4 à R. 50-6 du Code de procédure pénale (devenus R.214-4 et s. du COJ) fixent les règles de compétence territoriale de la CIVI. En principe, la commission compétente est, soit celle dans le ressort de laquelle demeure le demandeur, soit, si une juridiction pénale a été saisie en France métropolitaine ou dans les départements d'outre-mer, celle dans le ressort de laquelle cette juridiction a son siège. Le demandeur doit exercer son recours en indemnité devant l'une ou l'autre de ces deux commissions.

5232. Si le demandeur ne demeure pas en France métropolitaine ou dans les départements d'outre-mer et si aucune juridiction pénale n'a été saisie dans ces départements ou en métropole, la commission compétente est celle du Tribunal de grande instance de Paris (C. pr. pén., anc. art. 50-5). Par ailleurs, l'article R. 50-6 du Code de procédure pénale (devenu R. 214-6 du COJ) indique qu'en cas de pluralité de victimes d'une même infraction, la CIVI saisie par l'une des victimes peut l'être également par les autres, même si elle n'est pas normalement compétente à leur égard.

B . Présentation de la demande

1 . Délai de présentation

5233. La présentation d'une demande d'indemnisation n'est possible que dans un délai déterminé par l'article 706-5 du Code de procédure pénale. En principe, la CIVI doit être saisie dans un délai de trois ans à compter de la date de l'infraction. Cependant, lorsque des poursuites pénales ont été engagées, le délai de forclusion est prorogé d'un an après le jugement qui a statué définitivement sur l'action publique ou sur l'action civile portée devant la juridiction répressive. La date de consolidation ne peut en aucun cas servir de point de départ du délai de forclusion (Civ. 2e, 17 janv. 2008, RCA 2008, comm. n° 101). Enfin, « lorsque l'auteur d'une infraction mentionnée aux articles 706-3 à 706-14 est condamné à verser des dommages et intérêts, le délai d'un an court à compter de l'avis donné par la juridiction en application de l'article 706-15 ».

5234. Il résulte des dispositions de l'article 706-5 du Code de procédure pénale que le délai de forclusion de trois ans peut être valablement opposé à la victime, dans la seule hypothèse où le fait générateur du dommage n'a donné lieu à aucune action devant une juridiction pénale. Par ailleurs, il a été admis que les dispositions légales autorisent la victime à exercer un recours en indemnité devant une CIVI tant que la juridiction pénale saisie par ordonnance de renvoi, citation directe, arrêt de mise en accusation..., n'a pas définitivement statué. En effet, le délai de forclusion n'a pas commencé à courir (Civ. 2e, 11 juin 1998, Bull. civ. II, n° 187 ; RCA 1998, comm. n° 312). En revanche, la demande d'indemnisation formée plus d'un an après les arrêts pénal et civil d'une cour d'assises, est irrecevable (Civ. 2e, 26 sept. 2002, RCA 2002, comm. n° 362). L'analyse jurisprudentielle est partiellement remise en cause par une loi n° 2000-516 du 15 juin 2000, qui intègre à l'article 706-5 du Code de procédure pénale les dispositions qui fixent le point de départ du délai d'un an au jour où la victime a été effectivement avisée de la condamnation de l'auteur de l'infraction au versement de dommages et intérêts.

5235. L'article 706-5 dispose : « (...) la commission relève le requérant de la forclusion lorsqu'il n'a pas été en mesure de faire valoir ses droits dans les délais requis ou lorsqu'il a subi une aggravation de son préjudice ou pour tout autre motif légitime ».

5236. L'appréciation des circonstances de nature à relever le demandeur de la forclusion, relève du pouvoir souverain de la commission d'indemnisation (Civ. 2e, 12 oct. 2000, RCA 2000, comm. n° 366). Par exemple, une déstabilisation psychologique sérieuse de la victime justifie un relevé de forclusion (CA Paris, 21 mars 1997, Gaz. Pal. 1998, 1, p. 100). En revanche, n'est pas un motif légitime justifiant un relevé de forclusion, le fait d'avoir vainement tenté de faire exécuter la décision de condamnation à dommages et intérêts prononcée contre le responsable, « la loi du 6 juillet 1990 n'imposant plus la condition préalable d'insolvabilité de l'auteur » (Civ. 2e, 24 févr. 2000, RCA 2000, comm. n° 156). En toute hypothèse, la décision d'admission ou de rejet de la requête doit être motivée. Ainsi, le rejet sans examen d'une demande de relevé de forclusion fondé sur une aggravation de l'état de la victime, n'est pas envisageable (Civ. 2e, 9 juin 1993, RCA 1993, comm. n° 306). Dans le même ordre d'idée, une CIVI ne peut relever le requérant de la forclusion qu'il encourt en se contentant d'affirmer que les faits de violence qu'il a subis ont eu des conséquences dramatiques de nature à l'empêcher de faire valoir ses droits dans les délais, sans préciser les raisons qui l'en ont empêché (Civ. 2e, 20 juill. 1993, RCA 1993, comm. n° 305). Enfin, le président d'une CIVI ne peut seul statuer sur la forclusion encourue par le demandeur (Civ. 2e, 11 févr. 1999, D. 1999, IR, 78).

5237. L'article R. 50-7, alinéa 2 du Code de procédure pénale prévoit que la demande d'aide judiciaire interrompt le délai de forclusion. Aucune autre disposition légale ne donne d'indication relative à l'interruption et à la suspension du délai de forclusion.

5238. En règle générale, un délai de forclusion est défini comme une déchéance du droit d'agir en justice, et présenté comme un délai préfix, qui, à la différence du délai de prescription, n'est susceptible ni de suspension, ni d'interruption. S'il ne fait aucun doute que le législateur veuille faire du délai de l'article 706-5 du Code de procédure pénale, un délai de forclusion, il prend quelques libertés avec la règle qu'il énonce en envisageant la demande d'aide juridictionnelle comme un mode d'interruption du délai. En outre, la jurisprudence retient que le délai de forclusion ne court pas contre les mineurs émancipés et les majeurs en tutelle, aucun texte n'écartant l'application de la suspension de la prescription au profit des incapables (Civ. 2e, 18 mars 1998, Bull. civ. II, n° 95 ; D. 1998, IR, 103 ; RCA 1998, comm. n° 194 et chron. 13, H. Groutel ; Civ. 2e, 26 sept. 2002, ibid. 2002, comm. n° 361). C'est transposer l'application d'un mode de suspension des délais de prescription retenu en droit commun par l'article 2252 du Code civil, au délai de forclusion de l'article 706-5 du Code de procédure pénale. Cette solution, si elle contrevient à la conception juridique traditionnelle du délai de forclusion, est motivée par des considérations d'équité, qui conduisent à admettre l'application d'un régime protecteur des intérêts des incapables.

2 ▪ Formes de la demande d'indemnisation

5239. L'article R. 50-8 du Code de procédure pénale dispose : « la commission est saisie par une requête signée de la personne lésée, de son représentant légal ou de son conseil et remise, ou adressée par lettre recommandée, au secrétaire de la commission qui en délivre récépissé ». La procédure est en l'occurrence dépourvue de tout formalisme. Notamment, les requêtes sont dispensées du ministère d'avocat.

5240. Le contenu de la demande est déterminé sur la base des éléments utiles à l'instruction du dossier. L'article R. 50-9 du Code de procédure pénale propose une liste indicative et non limitative de renseignements susceptibles de figurer dans la requête. En outre, la requête peut être accompagnée de « toutes pièces justificatives, notamment d'une copie du certificat initial, et, le cas échéant, de toutes pièces attestant la consolidation, ainsi que des revenus, l'accroissement des charges et l'inaptitude à exercer une activité professionnelle qui sont la conséquence du dommage » (C. pr. pén., art. R. 50-9).

5241. L'article R. 50-9 du Code de procédure pénale précise que la requête peut notamment comporter l'indication : « des nom, prénoms, date et lieu de naissance et demeure du demandeur ; de la date, du lieu et des circonstances de l'infraction génératrice du dommage ; des atteintes à la personne du demandeur ou des dommages causés à ses biens ; de la juridiction pénale éventuellement saisie de l'infraction ; des liens de parenté ou relations de droit ou de fait existant entre le demandeur et celui qui a personnellement souffert du dommage s'il ne s'agit pas de la même personne ; le cas échéant, des organismes publics ou privés dont relève le demandeur ou auprès desquels il est assuré et qui sont susceptibles de l'indemniser en tout ou partie du préjudice subi ; des demandes de réparation ou d'indemnité déjà présentées, et, en particulier, des actions en dommages et intérêts qui ont été engagées ainsi que des sommes qui ont déjà été versées au demandeur en réparation du préjudice ; du montant de l'indemnité réclamée devant la commission ; de l'adresse à laquelle les notifications doivent être faites au demandeur ».

5242. L'article R. 50-9 du Code de procédure pénale autorise la CIVI à demander tout renseignement qui ne lui serait pas fournis et qui serait nécessaire à l'instruction de l'affaire.

Lorsque la demande porte sur l'indemnisation d'un préjudice matériel, le demandeur doit indiquer le montant de ses ressources, les éléments attestant l'impossibilité pour lui d'obtenir une réparation effective et suffisante de son préjudice auprès d'autres organismes et décrire la situation grave dans laquelle il se trouve de ce fait (C. pr. pén., art. R. 50-10). Ces exigences sont imposées eu égard aux conditions de ressources limitées et de subsidiarité spécifiques à l'indemnisation des dommages matériels.

5243. Les requêtes en complément d'indemnité, fondées sur l'article 706-8 du Code de procédure pénale, doivent être accompagnées d'une expédition de la décision ayant statué sur les intérêts civils et passée en force de chose jugée.
Même si les renseignements demandés par la CIVI ne lui sont pas transmis, la demande est recevable et interrompt les délais de prescription de l'action en réparation (C. pr. pén., art. R. 50-9 in fine). Dès le dépôt de la demande, une copie de la requête et des pièces annexes est adressée sans délai, d'une part au procureur de la République par le secrétaire de la CIVI, d'autre part, au Fonds d'indemnisation des victimes d'actes de terrorisme et d'autres infractions par lettre simple (C. pr. pén., art. R. 50-12).

5244. La victime a la possibilité de se constituer partie civile aux fins de réparation de son préjudice, tout en saisissant parallèlement une commission d'indemnisation (sur ce thème, V. supra). Dans un tel contexte, il importe d'organiser la circulation des informations entre les juridictions statuant sur le même litige. C'est la raison pour laquelle le processus d'indemnisation devant la CIVI est systématiquement porté à la connaissance du procureur de la République, au stade du dépôt de la requête (sur ce thème). Inversement, l'article 706-12 du Code de procédure pénale impose à la victime ou à ses ayants droit qui se portent partie civile devant une juridiction répressive ou engagent une action en réparation contre l'auteur de l'infraction, d'indiquer s'ils ont saisi une CIVI. À défaut, la nullité du jugement peut être valablement invoquée par toute personne intéressée, dans les deux ans à compter de la date du jugement définitif.

§ 2 ▪ Instruction du dossier

5245. L'instruction n'est pas nécessaire lorsque le dossier, constitué par le demandeur, établit de façon manifeste que les conditions de l'indemnisation déterminées par les articles 706-3 à 706-5 du Code de procédure pénale ne sont pas remplies. L'audience est alors immédiatement fixée.

A ▪ Pouvoirs de la commission

5246. L'instruction du dossier est confiée au président de la CIVI ou au magistrat assesseur, ce qui exclut qu'elle puisse être confiée à l'assesseur non magistrat. L'article 706-6, alinéa 1er, du Code de procédure pénale autorise la commission, son président, ou le magistrat assesseur, à « procéder ou faire procéder aux auditions et aux investigations utiles », que ce soit auprès d'une personne privée ou d'une personne publique, que les informations recherchées concernent la victime, l'auteur de l'infraction, ou les circonstances de cette dernière (C. pr. pén., art. 706-6, alinéa 1er et R. 50-13, renvoyant à C. pr. civ., art. 143 à 284-1). Le secret professionnel n'est pas opposable à la CIVI, à son président, ou au magistrat assesseur chargé de l'instruction (C. pr. pén., art. 706-6, al. 2). La protection des informations recueillies par la commission est garantie par l'interdiction de leur divulgation (C. pr. pén., art. R. 50-13).

5247. Dès le dépôt de la requête et plus généralement en tout état de la procédure, le président de la commission peut accorder une ou plusieurs provisions à la victime (C. pr. pén., art. 706-6, in fine).
L'allocation d'une provision est subordonnée au constat de l'existence des conditions de l'indemnisation décrites aux articles 706-3 à 706-5 du Code de procédure pénale. En particulier, le président de la CIVI ne peut octroyer une provision, sans constater le caractère matériel de l'infraction (Civ. 2e, 1er juill. 1992, Bull. civ. II, n° 179 ; Sur le caractère matériel de l'infraction, V. supra). De façon générale, la Cour de cassation s'est implicitement référée au droit commun, en considérant que l'allocation d'une provision n'est envisageable,

que si le droit à indemnisation n'est pas sérieusement contestable (Civ. 2e, 20 juill. 1993, Bull. civ. II, n° 270 ; RCA 1993, comm. n° 307).

5248. Le président de la CIVI doit statuer par ordonnance dans le mois suivant la demande d'allocation de la provision, après avoir recueilli les observations du procureur de la République et du Fonds d'indemnisation (C. pr. pén., art. 706-6, al. 2 et R. 50-15).
Il doit communiquer sans délai la demande d'allocation d'une provision au procureur de la République et au Fonds d'indemnisation, aux fins d'observations (C. pr. pén., art. 706-6, al. 2 et R. 50-15). L'ordonnance accordant la provision est immédiatement notifiée par lettre recommandée avec accusé de réception au demandeur et au Fonds d'indemnisation (C. pr. pén., art. 706-6, al. 2 et R. 50-15).
La provision devra être restituée au Fonds d'indemnisation, si l'instruction ne permet finalement pas d'établir que le préjudice subi par la victime, résulte de faits présentant le caractère matériel d'une infraction (Civ. 2e, 20 avr. 2000, D. 2000, IR, 158)

5249. La commission d'indemnisation peut surseoir à statuer jusqu'au jugement sur l'action publique, lorsque des poursuites pénales ont été engagées contre l'auteur de l'infraction C. pr. pén., art. 706-7, al. 1er). Le sursis à statuer est encore concevable, pour attendre la décision définitive d'une juridiction répressive sur l'existence et l'étendue de la faute de la victime (C. pr. pén., art. 706-7, al. 2). La faculté en l'occurrence offerte à la CIVI s'explique, dans la mesure où la faute de la victime peut limiter ou exclure l'accès de la victime à la réparation. Enfin, la commission est obligée de surseoir à statuer à la demande de la victime (C. pr. pén., art. 706-7, al. 2).

B ▪ Droits des parties

5250. L'article R. 50-14 du Code de procédure pénale autorise le demandeur et le Fonds d'indemnisation à prendre connaissance du dossier au secrétariat de la CIVI et à adresser toutes observations qu'ils jugent utiles à l'instruction de l'affaire. En vertu du même texte, le demandeur et le Fonds d'indemnisation peuvent se faire délivrer, à leurs frais, par le secrétariat, copie des pièces du dossier. Quand il s'agit de procès-verbaux constatant l'infraction ou de pièces de la procédure pénale, la délivrance et la transmission des copies sont subordonnées à une autorisation du Parquet (C. pr. pén., art. R. 50-14).

5251. Le libre accès au dossier empêche le Fonds d'indemnisation de se prévaloir d'un grief tenant à l'absence de communication des pièces de la procédure pénale figurant au dossier (Civ. 2e, 22 avr. 1992, Bull. civ. II, n° 132).

5252. Le Fonds d'indemnisation n'est pas seulement l'organisme payeur, auquel s'adresse la victime pour obtenir l'exécution de la décision de la CIVI ou de la cour d'appel qui fixe le montant de l'indemnité. Il est également le défendeur au cours de la procédure d'indemnisation. Notamment, le Fonds d'indemnisation est habilité à contester la recevabilité de la requête (C. pr. pén., art. R. 50-17). Les tribunaux protègent le caractère contradictoire de la procédure, en refusant qu'une CIVI accepte une nouvelle demande qui n'a pas été portée à la connaissance du Fonds par le secrétaire de la commission (Civ. 2e, 27 mars 1996, RCA 1996, comm. n° 214).

C . Audience

5253. Hors le cas où la date d'audience est immédiatement fixée dans la mesure où il est manifeste que les conditions de l'indemnisation ne sont pas réunies, le président de la commission détermine la date d'audience une fois l'affaire instruite (C. pr. pén., art. R. 50-16).

Le demandeur et le Fonds d'indemnisation sont convoqués par le secrétaire de la CIVI au moins deux mois à l'avance, par lettre recommandée avec accusé de réception. En l'absence de respect du délai, l'affaire n'est pas en état d'être jugée (Civ. 2e, 21 juill. 1986, JCP G 1987, II, 20815, note Chambon).

La convocation doit informer les parties qu'elles peuvent adresser leurs éventuelles observations à la commission, au plus tard dans les quinze jours avant la date de l'audience, mais qu'elles peuvent consulter le dossier au secrétariat jusqu'au jour de l'audience (C. pr. pén., art. R. 50-17). Cela étant, le texte n'attache aucune sanction au non-respect du délai par les parties. Est par conséquent recevable, un mémoire complémentaire déposé le jour même de l'audience (Civ. 2e, 27 juin 1990, Bull. civ. II, n° 146).

Le procureur de la République est également informé de la date de l'audience, et doit déposer ses conclusions au moins quinze jours avant celle-ci (C. pr. pén., art. R. 50-18).

5254. Selon l'article 706-7 du Code de procédure pénale, les débats ont lieu et la décision est rendue en chambre du conseil, selon un déroulement qui garantit le caractère contradictoire de la procédure.

Les dispositions de l'article 706-7 du Code de procédure pénale ne s'opposent pas à la publicité des débats. En effet, l'article 6-1 de la Convention européenne de sauvegarde des droits de l'homme et des libertés fondamentales prévoit que toute personne a droit à ce que sa cause soit entendue publiquement et que le jugement soit rendu publiquement. Si les parties le demandent, les débats et la décision seront donc publics (Civ. 2e, 1er juill. 1992, Bull. civ. II, n° 178 ; CIVI Brest, 22 mars 2000, RCA 2000, comm. n° 187).

5255. À l'audience, le magistrat instructeur présente son rapport. Cette formalité d'ordre public, doit être accomplie à peine de nullité de la décision (Civ. 2e, 23 juin 1993, Bull. civ. II, n° 231 ; D. 1993, IR, 188 ; RCA 1993, comm. n° 308 ; Civ. 2e, 22 juin 1994, JCP G 1994, IV, 2130). S'ils sont présents ou représentés, le demandeur et le Fonds d'indemnisation sont ensuite entendus. Devant la CIVI, le Fonds de garantie est une partie et peut, à ce titre, adresser toutes les observations utiles à l'instruction de la demande d'indemnité (Civ. 2e, 13 mai 2004, D. 2004, IR, 177). Puis, le procureur de la République développe ses conclusions (C. pr. pén., art. R. 50-18).

5256. La Commission peut décider du renvoi de l'affaire à une audience ultérieure, si une instruction complémentaire lui semble nécessaire. En pratique, les renvois sont exceptionnels, dans la mesure où ils portent atteinte aux intérêts du demandeur.

Les parties absentes à l'audience initiale sont informées du renvoi par lettre recommandée avec accusé de réception (C. pr. pén., art. R. 50-20). Cette obligation a vocation à garantir le respect du contradictoire. Par exemple, une CIVI qui ne convoque pas le Fonds d'indemnisation à la seconde audience, est sanctionnée au titre de sa méconnaissance des droits de la défense (Civ. 2e, 9 juin 1993, RCA 1993, comm. n° 336).

§ 3 ■ Décision de la commission d'indemnisation

A ■ Caractères de la décision

5257. Les CIVI sont des juridictions civiles. Leurs décisions doivent donc respecter les règles de forme énoncées dans le Code de procédure civile. De façon générale, la procédure est peu formaliste. Cela étant, les décisions doivent comporter un exposé, même sommaire, des prétentions des parties. En outre, elles doivent mentionner les faits qui présentent le caractère matériel d'une infraction, conformément aux exigences de l'article 706-3 du Code de procédure pénale (Civ. 2e, 15 févr. 1995, RCA 1995, comm. n° 206 ; sur les conditions de l'indemnisation, V. supra). Enfin, la composition de la commission doit figurer dans le contenu de la décision (Civ. 2e, 10 avr. 1991, RCA 1991, comm. n° 245 ; Civ. 2e, 23 juin 1993, ibid. 1993, comm. n° 304 ; Civ. 2e, 16 févr. 1994, ibid. 1994, comm. n° 178).

5258. Quelle que soit la solution qu'elle adopte, la décision de la commission d'indemnisation doit être immédiatement notifiée au demandeur et au Fonds d'indemnisation, par lettre recommandée avec accusé de réception (C. pr. pén., art. R. 50-22).
Si le demandeur n'a pas eu connaissance de la notification, il convient de procéder par voie de signification, conformément aux dispositions de l'article 670-1 du Code de procédure civile. À défaut, le délai de recours ne court pas (Civ. 2e, 11 févr. 1999, préc. ; sur les voies de recours, V. infra).

B ■ Contenu de la décision

1 ■ Décision de rejet

5259. En cas de rejet de la demande, le demandeur est condamné aux dépens. La commission a cependant la faculté de l'en décharger totalement ou partiellement (C. pr. pén., art. R. 50-21).

2 ■ Décision d'indemnisation

a - Appréciation souveraine de la commission d'indemnisation

5260. En cas d'admission de la demande, la CIVI, détermine souverainement le montant de l'indemnité allouée à la victime. La Cour de cassation rappelle régulièrement que « c'est dans l'exercice de son pouvoir souverain que la commission, se référant aux méthodes de calcul qui lui ont paru les mieux appropriées, a fixé les indemnités devant réparer intégralement les préjudices invoqués » (Civ. 2e, 7 juill. 1993, RCA 1993, comm. n° 309).

5261. Si les commissions d'indemnisation apprécient souverainement le montant de l'indemnité allouée à la victime de l'infraction, elles doivent procéder à l'évaluation du préjudice sur la base des règles du droit commun de la responsabilité civile : « l'indemnité allouée aux victimes d'infractions doit être calculée suivant les règles du droit commun de la responsabilité » (Civ. 2e, 5 janv. 1994, RCA 1994, comm. 134 ; D. 1994, IR, 51 ; Civ. 2e, 7 oct. 1992, Bull. civ. II, n° 230 ; Civ. 2e, 23 juin 1993, RCA 1993, comm. n° 311 ; Civ. 2e, 25 oct. 2001, ibid. 2002, comm. n° 23, obs. H. Groutel). Notamment, Les CIVI ne peuvent décider de l'allocation d'une indemnité forfaitaire, au motif « qu'aucune méthode de calcul des préjudices n'a de réelle valeur scientifique » (Civ. 2e, 5 janv. 1994, préc.). Le respect des règles du droit commun de la responsabilité fait encore obstacle à une évaluation « toutes causes de préjudice confondues » (Civ. 2e, 20 juill. 1993, RCA 1993, comm. n° 310). Enfin, une commission ne peut diminuer le montant de l'indemnité sur la base de circonstances indépendantes du préjudice. Par exemple, le fait que, depuis le décès de la victime, ses héritiers aient perçu les bénéfices de l'exploitation de la pharmacie du de cujus jusqu'à sa cession, n'est pas de nature à limiter la montant de la réparation du préjudice subi, dès lors que cette circonstance n'est pas la conséquence nécessaire du fait dommageable (Civ. 2e, 1er avr. 1999, RCA 1999, comm. n° 219, 2e esp.).

5262. La question de l'autonomie d'appréciation des CIVI se pose avec une particulière acuité, lorsqu'une juridiction répressive s'est prononcée sur les intérêts civils. Une victime d'infraction a la possibilité de s'engager sur deux voies procédurales qui ne sont pas exclusives l'une de l'autre. Ainsi, la victime peut se constituer partie civile aux fins d'obtention de dommages et intérêts, tout en saisissant une CIVI. L'article 706-7 du Code de procédure pénale autorise implicitement un tel cumul d'actions, puisqu'il indique que « lorsque des poursuites pénales ont été engagées, la décision de la commission peut intervenir avant qu'il ait été statué sur l'action publique ». La même faculté est offerte a fortiori à la commission tant qu'il n'a pas été statué sur l'action civile, éventuellement adjointe à l'action publique. En outre, une prorogation du délai de forclusion de la demande formée devant une CIVI est admise en cas de poursuites pénales : le délai n'expire qu'un an après la décision de la juridiction répressive qui a définitivement statué sur l'action publique et sur l'action civile (C. pr. pén., art. 706-5). Enfin, l'article 706-15 du Code de procédure pénale dispose : « lorsqu'une juridiction condamne l'auteur d'une infraction mentionnée aux articles 706-3 et 706-14 à verser des dommages et intérêts à la partie civile, elle informe cette dernière de la possibilité de saisir la commission d'indemnisation des victimes d'infractions ». Dans l'hypothèse où la victime choisit de se constituer partie civile tout en formant une demande devant une CIVI, les deux procédures obéissent à des régimes distincts, et les décisions rendues peuvent différer. La question se pose de l'autonomie d'appréciation de la CIVI, lorsqu'elle est saisie ou lorsqu'elle doit statuer postérieurement à la décision d'une juridiction répressive ayant octroyé des dommages et intérêts à la victime.

5263. Il résulte d'une jurisprudence constante de la Cour de cassation que, l'article 706-3 du Code de procédure pénale « instituant en faveur des victimes d'infractions un mode de réparation autonome répondant à des règles qui lui sont propres, la commission fixe en fonction des éléments de la cause, le montant de l'indemnité allouée sans être tenue par l'évaluation de la juridiction précédemment saisie » (Civ. 2e, 9 juin 1993, RCA 1993, comm. n° 337). Dans la même perspective, il est admis qu'une CIVI qui s'estime liée par la décision pénale, alors qu'elle aurait dû elle-même évaluer le montant des préjudices, méconnaît l'étendue de ses pouvoirs (Civ. 2e, 13 oct. 1993, RCA 1994, comm. n° 7 ; Civ. 2e, 5 janv. 1994, ibid., comm. n° 132 ; Civ. 2e, 29 avr. 1994, ibid., comm. n° 259). En pratique, l'indemnité allouée par la commission peut donc être supérieure aux dommages et intérêts accordés par la juridiction répressive (Civ. 2e, 24 nov. 1993, RCA 1994, comm. n° 49 ; Civ. 2e, 16 mai 1994, ibid., comm. n° 289). Si la juridiction pénale octroie des dommages et intérêts supérieurs à l'indemnité allouée par la commission, la victime peut demander un complément d'indemnité à cette dernière, dans un délai d'un an après que la décision de la juridiction répressive sur les intérêts civils soit devenue définitive (C. pr. pén., art. 706-8). La deuxième Chambre civile de la Cour de cassation a étendu l'application des dispositions de l'article 706-8 du Code de procédure pénale, aux hypothèses où la victime sollicite un complément d'indemnité concernant les réparations allouées par une juridiction civile (Civ. 2e, 9 déc. 2004, RCA 2005, comm. n° 54). La requête doit alors « être accompagnée d'une expédition de la décision, passée en force de chose jugée, qui a statué sur les intérêts civils » (C. pr. pén., art. R. 50-11). La commission d'indemnisation peut accueillir ou rejeter la demande. Si elle accepte d'allouer un complément d'indemnité, elle en apprécie souverainement le montant, sans être tenue par l'évaluation du préjudice faite par la juridiction répressive (Civ. 2e, 8 déc. 1993, RCA 1994, comm. n° 46).

b - Application du principe de la réparation intégrale

5264. L'article 706-3 du Code de procédure pénale limite l'application du principe de la réparation intégrale aux dommages corporels graves.

L'application du principe de la réparation intégrale impose à la commission, au moment où elle détermine le montant de l'indemnité, de prendre en considération les indemnités de toute nature que la victime a déjà perçues ou percevra de toutes personnes privées ou publiques (Sécurité sociale, État, employeur, tiers payeurs...), pour les mêmes chefs de préjudice. En pratique, seules les prestations mentionnées à l'article 706-9 du Code de procédure pénale, doivent être déduites de l'indemnité allouée en réparation des atteintes à l'intégrité physique de la victime (Civ. 2e, 13 déc. 2001, RCA 2002, comm. n° 98).

5265. La liste des prestations déductibles établie à l'article 706-9 du Code de procédure pénale, est calquée sur celle de l'article 29 de la loi n° 85-677 du 5 juillet 1985 tendant à l'amélioration de la situation des victimes d'accidents de la circulation et à l'accélération des procédures d'indemnisation. Il s'agit des prestations versées par les organismes et services gérant un régime obligatoire de Sécurité sociale, de celles versées par l'État et certaines autres personnes publiques (collectivités locales, établissements publics à caractère administratif, caisse des dépôts et consignations), des sommes versées en remboursement des frais de traitement médical et de rééducation, des salaires et leurs accessoires maintenus par l'employeur pendant la période d'inactivité consécutive au fait dommageable, des indemnités journalières de maladie et des prestations d'invalidité versées par les groupements mutualistes régis par le Code de la mutualité. L'imputation des prestations sociales est donc nécessaire (Civ. 2e, 22 janv. 2009, RCA 2009, comm. n° 77, obs. H. Groutel). La CIVI doit aussi tenir compte des « indemnités de toute nature reçues ou à recevoir d'autres débiteurs au titre du même préjudice » (C. pr. pén., art. 706-9, al. 2), notamment des prestations versées au conjoint survivant et aux enfants de la victime (Civ. 2e, 12 févr. 2009, RCA 2009, comm. n° 103, obs. H. Groutel). Ce principe s'applique à la prestation de compensation du handicap, laquelle constitue une prestation indemnitaire (Civ. 2e, 10 déc. 2015, n° 14-24.443 et 14-26.726, RCA 2016, com. n° 75, obs. H. Groutel).

5266. Les prestations non indemnitaires ne sauraient être déduites du montant de l'indemnité allouée à la victime. Ainsi, le placement d'un enfant dans un service d'Aide sociale à l'enfance à la suite de l'homicide commis sur la personne de sa mère, ne peut constituer un facteur de minoration de l'indemnité qui lui est dévolue (Civ. 2e, 25 mars 1999, RCA 2000, comm. n° 50). De même, ne sont pas déductibles du montant de l'indemnité allouée par la commission, les sommes forfaitaires versées à la victime au titre de la garantie prévue dans un contrat d'assurance de personne (Civ. 2e, 23 juin 1993, RCA 1993, comm. n° 313). Plus généralement, ne sont pas imputées, les sommes dont le paiement n'est pas la « conséquence nécessaire du fait dommageable ». Ainsi en est-il des bénéfices résultant de l'exploitation de la pharmacie de la victime décédée, perçus par ses héritiers (Civ. 2e, 1er avr. 1999, préc.).

5267. Le principe de la réparation intégrale n'est pas applicable aux dommages corporels légers et aux dommages matériels (sur la notion de dommage corporel léger et de dommage matériel, V. supra). En présence de tels dommages, l'indemnisation est plafonnée au triple du montant mensuel de ressources pour bénéficier de l'aide juridictionnelle partielle (C. pr. pén., art. 706-14, al. 2 ; Civ. 2e, 9 déc. 1999, préc.).

5268. L'article 706-3 in fine du Code de procédure pénale dispose : « la réparation peut être refusée ou son montant réduit à raison de la faute de la victime ». Cette faute est opposable aux victimes par ricochet (Civ. 2e, 18 déc. 1996, RCA 1997, chron. 7, H. Groutel ; Civ. 2e, 13 déc.

2001, RCA 2002, comm. n° 99). En toute hypothèse, les charges de famille ne sont pas prises en compte pour la fixation du montant maximum de l'indemnité allouée à la victime (Civ. 2e, 10 oct. 2002, RCA 2002, comm. n° 360).

5269. Concernant la faute de la victime, la Cour de cassation consacre l'autonomie d'appréciation des commissions d'indemnisation. Ainsi, une CIVI qui ne se prononce pas sur l'existence d'une faute de la victime, au motif qu'elle est liée par la décision rendue sur ce point par une juridiction répressive ayant statué sur les intérêts civils, méconnaît l'étendue de ses pouvoirs (Civ. 2e, 8 déc. 1993, RCA 1993, comm. n° 47). Cela étant, les commissions d'indemnisation doivent suffisamment motiver leur décision et répondre aux conclusions du Fonds d'indemnisation qui se prévaut d'une faute de la victime pour échapper à l'indemnisation. Par exemple, une CIVI ne peut se contenter d'affirmer l'existence d'un lien de causalité entre une prétendue faute de la victime et son dommage, sans démontrer en quoi l'agression verbale et gestuelle à laquelle s'est livrée la victime a provoqué la réaction violente de l'auteur de l'infraction (Civ. 2e, 4 mai 2000, RCA 2000, comm. n° 233233 ; V. aussi pour le lien de causalité Civ. 2e, 28 févr. 2013, n° 12-15.634, RCA 2013, com. 145). De même, une CIVI doit répondre aux conclusions du Fonds d'indemnisation qui soutient que la victime était en état d'ivresse et avait cherché querelle à plusieurs clients d'une discothèque (Civ. 2e, 7 juill. 1993, RCA 1993, comm. n° 299).

5270. De façon générale, il semble que la faute de la victime soit en l'occurrence perçue comme le fait de s'exposer sciemment et sans motif légitime, à des risques dont la réalisation était prévisible. En pratique, une CIVI n'allouera pas d'indemnité ou en réduira le montant à proportion du degré de gravité de la faute de la victime. Par exemple, le fait pour une victime d'avoir provoqué le porteur d'un fusil en l'invitant à tirer pour prouver qu'il « est un homme » et pour se constituer un document photographique, est une faute limitant le montant de l'indemnisation (Civ. 2e, 8 déc. 1993, RCA 1993, comm. n° 44). En revanche, l'intervention de la victime à mains nues contre ses agresseurs armés, n'est pas une faute de nature à réduire le montant de l'indemnité (Civ. 2e, 2 mars 1994, RCA 1994, comm. n° 288). Mais la pratique mutuelle d'injections d'héroïne entre la victime et l'auteur de l'infraction entraîne un refus d'indemnisation (Civ. 2e, 16 mars 1994, RCA 1994, comm. n° 211 ; D. 1994, IR, 96). Est pareillement déboutée de sa demande, la victime des excès de son compagnon de jeux sado-masochistes, dans la mesure où elle a délibérément participé à la réalisation de son propre dommage (Civ. 2e, 19 oct. 1994, RCA 1995, comm. n° 17). De la même façon, les insultes et les coups de la victime à l'encontre de l'auteur de l'infraction qui avait répliqué par des tirs de pistolet à grenaille, excluent toute indemnisation (Civ. 2e, 17 déc. 1997, RCA 1998, comm. n° 91). Le fait de s'approvisionner en stupéfiants est une faute de nature à priver partiellement d'indemnisation, la victime d'une rixe survenue à l'occasion du paiement (Civ. 2e, 9 déc. 1999, RCA 2000, comm. n° 84). Un règlement de comptes entre proxénètes établit l'existence d'une faute de la victime exclusive de toute indemnisation (Civ. 2e, 20 avr. 2000, RCA 2000, comm. n° 232). La victime qui se livrait habituellement à un trafic de caméscopes volés, et a été assassinée à cette occasion, a commis une faute excluant tout droit à indemnisation de ses ayants droit (Civ. 2e, 13 déc. 2001, préc.). Enfin, constitue une faute de la victime, membre d'un groupe armé, le fait de prendre le risque, de manière délibérée et consciente, de participer à une rencontre avec un clan adverse, à la suite d'une altercation verbale qui avait eu lieu la nuit précédente (Civ. 2e, 4 juill. 2002, RCA 2002, comm. n° 333).

5271. La faute de la victime ne limite le montant de l'indemnité allouée par la commission d'indemnisation, que si elle a directement contribué à la réalisation de son dommage. De façon générale, le lien de causalité n'est pas présumé. Autrement dit, la conduite coupable de la victime ne suffit pas à réduire le montant de l'indemnisation. Encore faut-il que la CIVI constate un lien causal entre l'activité litigieuse de la victime et le dommage dont elle demande réparation. Par exemple, le fait d'introduire un inconnu dans son habitation après avoir consommé de l'alcool avec lui est un comportement certes fautif, mais qui ne peut être rattaché à des conséquences aussi imprévisibles et dramatiques que celles imputables à l'auteur de l'infraction (Civ. 2e, 23 juin 1993, RCA 1993, comm. n° 301). De même, il n'existe pas de lien de causalité entre le fait pour la victime de se rendre sur les lieux de l'infraction pour se procurer des stupéfiants, et le viol survenu à cette occasion (Civ. 2e, 15 avr. 1999, RCA 1999, comm. n° 221). En revanche, les violences exercées par la victime sur sa concubine, sont en relation de causalité avec les coups de feu tirés par cette dernière dans sa direction (Civ. 2e, 11 avr. 2002, RCA 2002, comm. n° 232). Par ailleurs, des éléments caractérisant le comportement habituel de la victime (provocations antérieures, caractère violent) ne permettent pas d'établir un lien de causalité direct entre la faute de la victime et le dommage subi par elle (Civ. 2e, 5 juin 2008, RCA 2008, comm. n° 262). Mais il n'est pas nécessaire que la faute de la victime, consistant dans le fait de prendre le risque d'une confrontation violente, soit concomitante de la commission de l'infraction pour qu'elle limite son droit à indemnisation ou celui de ses ayants droit (Civ. 2e, 4 déc. 2008, RCA 2009, comm. n° 55).

5272. En présence d'une faute de la victime, la commission doit, dans un premier temps, procéder à l'évaluation du dommage, et sur cette base, déterminer la compensation pécuniaire. Dans un deuxième temps, elle applique la part de responsabilité incombant à la victime. Enfin, elle déduit du résultat obtenu, le montant des prestations indemnitaires déjà perçues ou à percevoir (Civ. 2e, 10 oct. 2002, RCA 2003, comm. n° 7). Lorsque le montant total des prestations dépasse celui de l'indemnité réduite en fonction de la faute de la victime, cette dernière est privée d'indemnité.

5273. Les commissions ou les cours d'appel ne respectent pas systématiquement les modalités de calcul de l'indemnité. C'est le cas lorsqu'elles imputent le montant des prestations indemnitaires sur la somme fixée à la suite de l'évaluation du préjudice, avant de réduire le montant de l'indemnité en tenant compte de la faute de la victime. Dans un tel contexte, elles s'exposent à la censure de la Cour de cassation (Civ. 2e, 7 oct. 1992, RCA 1992, comm. n° 448 ; Civ. 2e, 8 oct. 1997, ibid. 1997, comm. n° 360 ; Civ. 2e, 25 oct. 2001, ibid. 2002, comm. n° 23).

c - Paiement de l'indemnité

5274. Le Fonds d'indemnisation des victimes des actes de terrorisme et d'autres infractions, en qualité d'organisme payeur, doit verser l'indemnité, dans un délai d'un mois à compter de la notification de la décision de la commission (C. pr. pén., art. R. 50-24). Avis du paiement est donné sans délai au président de la CIVI (C. pr. pén., art. 50-24).

5275. Les sommes allouées sont des condamnations au sens de l'article 1153-1 du Code civil. Il en résulte que le juge d'appel de l'indemnisation peut décider que l'indemnité portera intérêt de plein droit à compter du jugement de première instance (Civ. 2e, 11 févr. 1998, RCA 1998, comm. n° 93).

5276. La question s'est posée de savoir si le Fonds d'indemnisation pouvait être qualifié de partie perdante, et par là même condamné à payer les dépens. La mission du Fonds ne semble pas compatible avec la notion traditionnelle de partie perdante ou condamnée dans un procès. En effet, il est avant tout perçu comme « le débiteur chargé légalement de régler les sommes allouées dans les dispositifs des jugements des commissions d'indemnisation ou des cours d'appel » (Civ. 2e, 11 févr. 1998, RCA 1998, comm. n° 93). Pourtant, il a été admis que « le Fonds est une partie au sens de l'article 700 du nouveau Code de procédure civile et peut être condamné à ce titre à verser une somme » (Civ. 2e, 29 janv. 1997, RCA 1997, comm. n° 95 et chron. 7, H. Groutel). Dès lors, rien ne s'oppose au versement d'une somme au titre des frais irrépétibles. En revanche, les articles R. 91 et R. 92 15° du Code de procédure pénale précise que les frais exposés devant les juridictions de première instance et d'appel statuant en matière d'indemnisation des victimes d'infractions, sont à la charge du Trésor public. Le Fonds ne peut donc pas être condamné aux dépens (Civ. 2e, 29 janv. 1997, préc. ; Civ. 2e, 14 janv. 1998, JCP G 1998, IV, 1485).

5277. Les représentants légaux du mineur doivent recueillir l'autorisation du juge aux affaires familiales, en sa qualité de juge des tutelles des mineurs, préalablement à l'acceptation de l'offre d'indemnisation prévue par l'article 706-5-1 du Code de procédure pénale, dès lors qu'elle emporte pour le mineur renonciation à un droit (Cass., avis, n° 12-70.019, 25 mars 2013, RCA 2013, com. 188).

§ 4 ▪ Recours

5278. Les recours doivent être envisagés différemment selon qu'il s'agit de contester la décision rendue par la commission d'indemnisation (A) ou, à l'initiative de la victime (B) ou du Fonds d'indemnisation (C), d'engager le ou les débiteurs de la réparation.

A ▪ Recours contre la décision de la commission d'indemnisation

5279. Les décisions des commissions d'indemnisation étaient initialement rendues en premier et dernier ressort. Par conséquent, ni la victime, ni le Fonds d'indemnisation ne pouvait interjeter appel. Une loi n° 92-665 du 16 juillet 1992 a proposé une nouvelle rédaction de l'article 706-4 du Code de procédure pénale, de sorte qu'on applique désormais aux procédures d'indemnisation des victimes d'infractions le droit commun du double degré de juridiction. Les décisions des CIVI sont donc susceptibles d'appel (Civ. 2e, 27 mai 1998, RCA 1998, comm. n° 191, obs. H. Groutel). La loi du 16 juillet 1992 a également inséré un article L. 422-5 au Code des assurances, selon lequel « le Fonds de garantie peut interjeter appel des décisions rendues par la commission instituée par l'article 706-4 du Code de procédure pénale ».

5280. Malgré la nouvelle rédaction de l'article 706-4 du Code de procédure pénale, l'article R. 50-23 du même Code persiste à mentionner que si « les décisions de la commission et du président de la commission ne peuvent être frappées d'opposition, elles peuvent faire l'objet d'un pourvoi en cassation ». Dans son rapport pour 1993, la Cour de cassation avait pourtant suggéré une modification de l'article R. 50-23, pour « mettre fin d'urgence à cette discordance des textes, génératrice d'équivoque et d'erreurs pour les victimes ».

5281. La question s'est posée de l'applicabilité aux procédures d'indemnisation des victimes d'infractions, des dispositions de l'article R. 311-2 du Code de l'organisation judiciaire. Autrement dit, lorsque le montant de la demande est inférieur au seuil de compétence du droit commun, la décision est-elle rendue en dernier ressort ? Constatant que l'article 706-4 ne limite pas la possibilité d'interjeter appel, la Cour de cassation s'est prononcée contre l'application de l'article R. 311-2 aux décisions des commissions d'indemnisation. L'appel est donc envisageable quel que soit le montant de la demande (Civ. 2e, 1er avr. 1998, RCA 1998, comm. n° 193, 2e esp. ; D. 1998, IR, 120).

B ▪ Recours de la victime

5282. Il résulte de l'article 706-8 du Code de procédure pénale, que si une juridiction répressive saisie du litige a accordé des dommages et intérêts d'un montant supérieur à celui de l'indemnité allouée par la commission d'indemnisation, la victime peut demander un complément d'indemnité à cette dernière, dans un délai d'un an après que la décision de la juridiction répressive sur les intérêts civils soit devenue définitive (V. par exemple : Civ. 2e civ, 2 juill. 2015, n° 14-18.351, RCA 2015, com. n° 261, obs. H. Groutel).

5283. Une fois l'indemnité allouée par la CIVI, une action est encore concevable pour la victime. Elle peut, lorsqu'elle ne l'a pas encore fait, engager une action contre l'auteur de l'infraction devant une juridiction répressive ou devant une juridiction civile.

5284. La victime qui engage une action contre l'auteur de l'infraction, doit informer la juridiction saisie du litige du montant de l'indemnité allouée par la commission d'indemnisation, à peine de nullité du jugement à intervenir (C. pr. pén., art. 706-12 et R. 50-27 ; Crim., 22 sept. 1999, JCP G 2000, IV, 1120). L'information ainsi fournie par la victime est transmise au Fonds d'indemnisation par le greffier de la juridiction. Cette communication est accompagnée des pièces permettant l'exercice du recours du Fonds (C. pr. pén., art. 706-11).

C ■ Recours du Fonds d'indemnisation

1 ■ Action en répétition

5285. L'action en répétition est engagée par le Fonds d'indemnisation, après versement de l'indemnité allouée par la commission d'indemnisation. Dans l'hypothèse où la victime obtient une indemnisation des mêmes préjudices à quelque titre que ce soit, le Fonds d'indemnisation demande à la CIVI d'ordonner le remboursement de l'excédent au regard du principe de la réparation intégrale (C. pr. pén., art. 706-10).

2 ■ Recours subrogatoire

5286. Les articles 706-3 et suivants du Code de procédure pénale ont vocation à garantir l'indemnisation de leurs préjudices aux victimes d'infractions. En aucun cas, le dessein du législateur est d'offrir une quelconque forme d'immunité aux auteurs des dommages. C'est la raison pour laquelle les responsables sont exposés au recours du Fonds de garantie qui a versé une indemnité à la victime.

5287. L'article 706-11 du Code de procédure pénale dispose : « le Fonds est subrogé dans les droits de la victime pour obtenir des personnes responsables du dommage causé par l'infraction ou tenues à un titre quelconque d'en assurer la réparation totale ou partielle le remboursement de l'indemnité ou de la provision versée par lui, dans la limite du montant de la réparation à la charge desdites personnes ».

5288. L'article L. 422-1 du Code des assurances précise in fine que le Fonds d'indemnisation « est subrogé dans les droits que possède la victime contre la personne responsable du dommage ». (V. par ex. Civ. 2e, 17 janv. 2013, n° 12-12.158, RCA 2013, com. 115).

5289. La recevabilité du recours subrogatoire exercé par le Fonds d'indemnisation est subordonnée au respect des exigences liées au mécanisme de la subrogation (C. civ., art. 1249 et s.), aux exigences des articles L. 422-1 du Code des assurances et 706-11 du Code de procédure pénale. Notamment, le Fonds d'indemnisation ne peut exercer son recours que s'il justifie que les personnes dans les droits desquelles il est subrogé ont subi un préjudice découlant de l'infraction (Crim., 24 nov. 2004, RCA 2005, comm. n° 93). Par ailleurs, la prohibition des subrogations in futurum oblige le Fonds à produire une quittance subrogative attestant du versement d'une indemnité à la victime. En pratique, la recevabilité de l'action récursoire est subordonnée à l'effectivité d'un paiement entre les mains de la victime (Civ. 2e, 26 sept. 2002, RCA 2003, comm. n° 40, 2e esp., obs. H. Groutel). Le versement d'une provision suffit à justifier le recours. Concernant la prescription, le régime applicable à l'action récursoire du Fonds de garantie est celui qui s'applique à la victime dans les droits de laquelle il est subrogé (Civ. 1re, 17 nov. 1999, RCA 2000, comm. n° 51, obs. H. Groutel).

5290. L'article 706-11 du Code de procédure pénale désigne les personnes responsables du dommage causé par l'infraction ou celles tenues à un titre quelconque d'en assurer la réparation totale ou partielle, comme défendeurs possible à l'action récursoire engagée par le Fonds d'indemnisation.Le recours contre l'auteur de l'infraction est toujours envisageable. Toutefois, ses chances de succès sont limitées, dans la mesure où le responsable est alors fréquemment insolvable. Par ailleurs, une Cour d'assises ne pourrait condamner l'accusé à payer aux parties civiles la totalité de sommes réparant un préjudice dont elles avaient déjà été totalement ou partiellement indemnisées par le Fonds de garantie des victimes, qui se trouve subrogé dans leurs droits, en application de l'article 706-11 du Code de procédure pénale (Crim., 20 nov. 2013, n° 12-87.783, RCA 2014, com. n°53).

5291. Le Fonds d'indemnisation peut engager une action récursoire contre les personnes civilement responsables de l'auteur de l'infraction. La juridiction saisie du recours subrogatoire fait alors application des règles de la responsabilité du fait d'autrui (C. civ., art. 1384, al. 1er et s.). En toute hypothèse, une cour d'appel ne saurait débouter le Fonds sans caractériser une des causes d'exonération de la responsabilité de plein droit encourue par les père et mère du fait des dommages causés par leur enfant mineur habitant avec eux (Civ. 2e, 18 mai 2000, RCA 2000, comm. n° 254).

5292. Le Fonds d'indemnisation dispose contre l'assureur du responsable, des mêmes prérogatives que la victime dans les droits de laquelle il est subrogé. Il en résulte qu'il peut exercer une action directe contre l'assureur, sans mettre en cause l'auteur de l'infraction, dont la responsabilité doit toutefois être déclarée pour justifier la mise en jeu de la garantie. En pratique, le recours aboutit en l'absence de faute intentionnelle de l'assuré, cette dernière étant constitutive d'une exclusion de garantie. En revanche, la mise en jeu de la garantie d'assurance est envisageable en présence d'une faute intentionnelle de la personne dont l'assuré est civilement responsable).

Le recours du Fonds d'indemnisation est exercé dans la limite de la dette de réparation incombant à l'auteur de l'infraction ou aux civilement responsables (C. pr. pén., art. 706-11). En outre, l'assureur du responsable pourra valablement opposer au Fonds de garantie, subrogé dans les droits de la victime, les exceptions qu'il pourrait opposer à son assuré, par exemple l'exclusion de la faute intentionnelle, un plafond de garantie... (C. assur., art. L. 112-6). En revanche, les immunités familiales que prévoit, notamment au profit des ascendants de l'assuré, l'article L. 121-12 du Code des assurances ne sont pas applicables au recours subrogatoire exercé par le FGTI sur le fondement distinct de l'article 706-11 du Code de procédure pénale. Ces immunités concernent exclusivement la subrogation légale de l'assureur qui a payé l'indemnité d'assurance dans les droits et actions de l'assuré (Civ. 2e, 6 févr. 2014, n° 13-17.061, RCA 2014, com. n° 173).

Le recours du Fonds de garantie peut être exercé aussi bien devant les juridictions civiles que devant les juridictions répressives (C. pr. pén., art. 706-11).

5293. Le Fonds d'indemnisation peut se porter partie civile devant une juridiction pénale, même pour la première fois en appel, sous la forme simplifiée d'une lettre recommandée (C. pr. pén., art. 706-11). En pratique, une constitution de partie civile est concevable, dès lors que le Fonds a versé une indemnité ou une provision à la victime, sans qu'il soit nécessaire que cette dernière se soit elle-même portée partie civile (Crim., 30 mai 2000, RCA 2000, comm. n° 298 ; Crim., 23 mai 2002, ibid. 2002, comm. n° 261). Il est même admis que le Fonds qui a payé au titre de l'exécution provisoire, se constitue partie civile devant une juridiction répressive, tout en interjetant appel de la décision rendue par la commission d'indemnisation (Crim., 6 juin 2002, RCA 2002, comm. n° 294, obs. H. Groutel). Pour faciliter l'exercice du recours du Fonds, le législateur impose au ministère public, de l'informer des poursuites pénales qui sont engagées contre l'auteur de l'infraction (C. pr. pén., art. R. 50-26). Si le Fonds a versé l'indemnité à la victime après que la juridiction pénale ait statué, son action récursoire devra être engagée devant une juridiction civile. La recevabilité de ce recours n'est pas subordonnée à la constitution de partie civile de la victime (Civ. 2e, 23 mai 2002, RCA 2002, comm. n° 261, obs. H. Groutel).

5294. Un risque de discordance existe entre la décision rendue par la juridiction qui a statué dans le cadre du processus d'indemnisation et la décision rendue par la juridiction répressive ou civile saisie du recours du Fonds d'indemnisation. La divergence d'appréciation ne pose pas de difficulté particulière, lorsqu'elle est circonscrite à l'évaluation du dommage. Dans cette hypothèse, le recours du Fonds trouve sa limite dans le montant des sommes qu'il a versées à la victime et celui des dommages et intérêts décidés par la juridiction saisie du recours (C. pr. pén., art. 706-11). Plus complexe est le cas dans lequel la juridiction pénale a acquitté ou relaxé le défendeur. En cas d'acquittement fondé sur l'absence de l'élément moral de l'infraction, la juridiction civile conserve la faculté de constater la présence de l'élément matériel de l'infraction, ce qui conduit au succès du recours du Fonds (Civ. 2e, 11 juill. 1998, RCA 1998, comm. n° 39). En revanche, lorsque l'acquittement est motivé par l'absence de l'élément matériel de l'infraction, le recours du Fonds échoue inévitablement (Sur l'exigence d'un fait présentant le caractère matériel d'une infraction dans le cadre du processus d'indemnisation, V. supra).

Section 3 ▪ Aide au recouvrement des dommages et intérêts

5295. Une loi n° 2008-644 du 1er juillet 2008 permet aux victimes exclues du système d'indemnisation mis en place par les lois du 8 juillet 1983 et du 6 juillet 1990 (§ 1), de bénéficier d'une aide au recouvrement des dommages et intérêts dont l'auteur de l'infraction ne s'acquitte pas, grâce à l'intervention du Fonds de garantie des victimes d'actes de terrorisme et d'autres infractions (§ 2).

§ 1 ▪ Victimes bénéficiaires de l'aide au recouvrement

5296. L'article 706-3 du Code de procédure pénale réserve le bénéfice de l'accès à la CIVI aux victimes d'atteintes à la personne résultant de viol, d'agressions sexuelles, ou de dommages corporels graves, qui se caractérisent au moins par l'existence d'une incapacité de travail personnel égale ou supérieure à un mois. L'article 706-14 du Code de procédure pénale étend le bénéfice du système spécifique d'indemnisation à certains dommages matériels, pourvu qu'ils placent la victime dont les ressources propres sont inférieures à un certain seuil, dans une situation matérielle ou psychologique grave (Sur ce thème, V. supra). Jusqu'à la loi du 1er juillet 2008, les victimes de petits dommages ne pouvaient donc que s'adresser à l'auteur de l'infraction, dont la solvabilité était le plus souvent inexistante. Désormais, l'article 706-15-1 du Code de procédure pénale fait bénéficier ces victimes d'un dispositif favorisant le recouvrement de leur créance.

5297. L'aide est réservée aux personnes physiques qui se sont constituées parties civiles lors du procès pénal engagé contre l'auteur de l'infraction (C. pr. pén., art. 706-15-1). En outre, seules les victimes ayant obtenu une décision définitive non frappée d'appel dans les dix jours suivant son prononcé et octroyant des dommages et intérêts en réparation du préjudice subi ou une indemnité provisionnelle, sont concernées par les nouvelles modalités d'aide au recouvrement (C. pr. pén., art. 706-15-1).

5298. Une victime admise, au bénéfice du Service d'aide au recouvrement des victimes (SARVI) sur le fondement d'une condamnation à être indemnisée, n'est pas recevable à saisir une commission d'indemnisation des victimes (CIVI) aux fins d'indemnisation (Civ. 2e, 4 juill. 2013, n° 12-23.621, RCA 2013, com. 344).

§ 2 ▪ Régime de l'aide au recouvrement

5299. La saisine du Fonds de garantie des victimes d'actes de terrorisme et d'autres infractions est subordonnée à l'absence de paiement volontaire par le responsable dans les deux mois qui suivent le jour où la décision concernant les dommages et intérêts est devenue définitive (C. pr. pén., art. 706-15-2, al. 1). La demande doit être formée dans un délai d'un an à compter du jour où la décision est devenue définitive à peine de forclusion. Le Fonds de garantie peut cependant relever la victime de la forclusion « pour tout motif légitime » (C. pr. pén., art. 706-15-2, al. 2 ; Civ. 2e, 13 juin 2013, n° 12-19.45, RCA 2013, com. 306). En cas de refus opposé par le fonds, la victime peut être relevée de la forclusion par le président du tribunal de grande instance statuant par ordonnance sur requête (C. pr. pén., art. 706-15-2, al. 2 ; Civ. 2e, 24 oct. 2013, n° 12-24.253, RCA 2014, com. 16).

5300. La nature de l'intervention du Fonds de garantie varie selon que le préjudice et ou non en état d'être liquidé. Lorsque le préjudice n'est pas en état d'être liquidé (guérison non acquise, dossier incomplet...), le Fonds de garantie peut verser une provision à la victime dont il ne conteste pas le droit à indemnisation. Le Fonds de garantie doit alors informer le président de la CIVI compétente, dans la mesure où le litige peut finalement être porté devant celle-ci (C. pr. pén., art. 706-5-1). Lorsque le préjudice est définitivement liquidé dans le cadre d'une décision judiciaire, le Fonds de garantie doit, dans les deux mois de sa saisine, procéder au paiement des dommages et intérêts dont le montant est inférieur ou égal à 1000 € (C. assur., art. L. 422-7, al. 1). Si le montant des condamnations dépasse cette somme, le Fonds de garantie doit, dans le même délai, verser à la victime une provision correspondant à 30 % des sommes allouées, sans que celle-ci puisse être inférieure à 1 000 € et supérieure à 3 000 € (C. assur., art. L. 422-7, al. 2).

5301. L'article L. 422-7, alinéa 3, du Code des assurances dispose que le Fonds de garantie est subrogé dans les droits de la victimes pour exercer un recours en remboursement des sommes qu'il a versées à la victime à titre de provision, contre le responsable des dommages causés par l'infraction. Le même texte précise que le Fonds de garantie dispose d'un mandat pour recouvrer les sommes supérieures à la provision, afin de les verser à la victime. Le cumul concernait une situation de crédit-bail relative à un véhicule automobile. Le crédit-bailleur avait contraint le crédit-preneur à souscrire une assurance à qui il incombait de poursuivre le règlement des mensualités en cas d'accident en même temps qu'une assurance couvrant les dommages subis par le véhicule. Le cumul a été jugé impossible.

Chapitre 6
L'assurance dépendance

BIBLIOGRAPHIE

L'Argus de l'assurance

Ouvrages. – F. Couilbault (sous dir.), *Assurances de personnes*, L'Argus éd., 2016 - F. Couilbault, S. Couilbault - Di Tommaso, V. Huberty, *Les grands principes de l'assurance*, L'Argus, 2015 - J. Landel, *Lexique des termes d'assurance*, L'Argus éd., 2014 - E. Bocquaire, *Relever les défis de l'assurance dépendance*, Éd. L'Argus, 2014.

Articles. – N. Henry, Dépendance, les assureurs appelés à la rescousse, L'Argus n° 6501, 1er nov. 1996, p. 36 ; Assurance dépendance pure, un marché porteur encore sous exploité, L'Argus, n° 6572, 13 mars 1998. – S. Lemoine, La dépendance est un sinistre flou, L'Argus 1997, n° 6544 ; Assurance dépendance, les contrats qui comptent, L'Argus 19 janv. 1996.

Autres documentations

Ouvrages. – Mel. E. Alfandari, *La dépendance punie*, Dalloz 1999, p. 219. - M. Borgetto, *La notion de fraternité en droit public français, le passé, le présent et l'avenir de la solidarité*, LGDJ collection droit public, 1993 – J.M. Cédelle, I D'Avino, D. Formenti, *L'assurance dépendance, problématique humaine et stratégie patrimoniale*, Ed. De Vernueil 2002 - P. Morvan, *Droit de la protection sociale*, Litec, 2003, n° 392, p. 146. – C. Chauzu, *Le risque dépendance des personnes âgées*, PU Aix-Marseille 1998. – F. Kessler (dir.), *La dépendance des personnes âgées*, Sirey 2e éd. 1997. – A. Memme, *La dépendance*, éd. Gallimard 1979. – A. Thevenet, *Le 4e âge*, PUF « Que sais-je ? ». - P Blanc, *Les personnes handicapées vieillissantes*, La documentation française, 2006.

Articles. – M. Asselain, Les conditions de prise en charge du risque de dépendance, RGDA 2014, p. 169 - L. Assous et P. Ralle, La prise en charge de la dépendance d'un point de vue institutionnel, Retraite et Société, n° 31. – J.-M. Belorgey, Du handicap à la dépendance, La trappe ?, Dr. Social 1999, p. 700. – P. Breuil Genier, La gestion du risque de dépendance : le rôle de la famille, de l'État et du secteur privé, Economie et statistique 1996, n° 291-292, p. 103. – L. Caussat et P. Genier, La dépendance des personnes âgées et son assurance, Revue d'économie financière n° 34. – C. Cayzeelle, La dépendance liée à l'âge et les solutions d'assurance, Rev. dr. méd. 2011, n° 38 p. 85 - M. Del Sol, La prise en charge du handicap et de la dépendance, Rev. dr. sanitaire et social, 2015, p. 759 - R. Durand et L. Talzyson, Les raisons du succès de l'assurance dépendance, Rev. Risques n° 55, sept. 2003. – O. Kaufmann, La prise en charge des personnes âgées dépendantes ou handicapées en droit allemand, Rev. san et social, 2015, p. 786 - J. Dupaquier, Les progrès de la longévité, Rev. Risques n° 26, p. 10. – Thomas Frinault, L'hypothèse d'un cinquième risque, dans C Martin, *La dépendance des personnes âgées, quelle politique pour l'Europe*, PUR, 2003. - D. Frogier, La dépendance des personnes âgées et la solidarité familiale, JCP N 1999, p. 484. – N. Gaulon, Anticiper la dépendance, les solutions actuelles de l'assurance, Resp. civ. et ass. 2011 etd. 6. – H. Gisserot, Le financement de la dépendance des personnes âgées, Rev. dr. méd. 2011, n° 38, p. 51 - J. Hauser, La protection par l'incapacité des personnes âgées dépendantes, dans F. Kessler (dir.), *La dépendance des personnes âgées*, Sirey, 2e éd. 1997. – A. Jousten, L'assurance dépendance, quels risques à assurer ? Rev. Risques n° 55, sept. 2003. – F. Kessler, Pour une vraie assurance dépendance, Dr. Ouvrier 1995, p. 451. – G. Lacroix, Couverture dépendance, une responsabilité individuelle ? collective ? publique ? privée, la solution retenue par le groupe Eiffage, Risques 2007 n° 72. - G. Lafargue, Dépendance, quelle place pour les assureurs avec l'allocation autonomie ?, Trib. ass. 2001, n° 50 p. 49. – J. Landel, Assurance dépendance, priorité à l'assistance, Trib. ass. 2004, n° 75, p. 34 ; Loi n° 2001-647 du 20 juill. 2001, Allocation personnalisée d'autonomie, l'APA entre en vigueur en 2002, Trib. ass. 2001, n° 49, p. 19. – J.-P. Lorenzi, La dépendance : réflexions et solutions, Rev. Risques n° 55, sept. 2003. – S. Lemoine, La dépendance est un sinistre flou, L'Argus 1997, n° 6544 ; Assurance dépendance, les contrats qui comptent, L'Argus 19 janv. 1996. – L. Marlet – Haïdara, La dépendance : un nouveau défi pour l'assurance, Gaz. Pal. 15 janv. 2009, n° 15, p. 3. - J.-L. Martin, L'approche collective des contrats dépendance, Rev. Risques n° 26. – J. Maillot, De la prévoyance à la dépendance, Trib. ass., févr. 1996, p. 32. – B. Menicucci, La couverture dépendance : une initiative individuelle, Rev. Risques, n° 47, sept. 2001. – S. Moisdon-Chataignier, Assistance, assurance et dépendance, Rep. Def. 2009 n° 38886. - S. Nouet, M. Plisson, L'assurabilité de la garantie indemnitaire du risque dépendance, Risques 2007, p. 131. - M. Plisson, Dépendance, un équilibre nécessaire public-privé, Rev. Risques n° 55, sept. 2003. – D. Roman, Vieillesse et droits fondamentaux : l'apport de la construction européenne, Rev. droit social et sanitaire 2008, p. 267 – V. Ruol, Le financement de la dépendance par l'assurance privée : un éclairage technique, Dr. soc. 2011 p. 844. - P. Saint Voirin, Dépendance des personnes âgées et assurances, évaluation du risque, Rev. Fr. du dommage corporel, 2001, p. 5. – B. Schulte, L'assurance dépendance allemande, Gérontologie et société, 2000, n° 84. – D. Thouvenin, la prise en charge des personnes âgées dépendantes par les organismes privés, Rev. droit sanitaire et social 1992, p. 513. N. Séthon, les garanties d'assistance dans les contrats de dépendance, Rev. gén de dr. médical, 2011, n° 38 p. 91 – Ph Valletoux, Fiscalité et finances publiques locales : à la recherche d'une nouvelle donne, Conseil économique et sociale, 2006. - M. Villate, Dépendance, la réponse des assureurs, Rev. Risques n° 55, sept. 2003. – J. Vilanova, Assurance dépendance, profitez du papy boom, Trib. ass. n° 9, janv. 1998, p. 40.

Divers. – La prise en charge de la dépendance en Europe : un marché porteur pour l'assurance privée, Resp. civ. et ass. 2011, veille 18. - Assurance dépendance, Perception, motivations et freins à la souscription, Focus, Enquêtes et Publication. – La dépendance : évolution du rôle de l'État et incidences sur l'offre d'assurance, Capa Conseil, sept. 2001. – L'assurance dépendance, Xerfi, juin 2002. – Colloque Université Paris Dauphine, 20 mai 2003. - L. Assous et R. Mahieu, Le rôle de l'assurance privée dans la prise en charge de la dépendance : une mise en perspective internationale, Direction de la recherche, des études de l'évaluation et des Statistiques du ministère de l'Emploi et de la solidarité, nov. 2001. - Journée d'étude «La dépendance, regards croisés», 8 octobre 2010, Faculté de droit et de science politique, Amiens, organisée par le centre de droit privé et de sciences criminelles d'Amiens - H. Gisserot, Rapport à Monsieur le ministre délégué à la sécurité sociale, Perspectives financières de la dépendance des personnes âgées à l'horizon 2005 : prévisions et marges de choix, mars 2007. - Institut CSA, Attitudes et comportements face au risque dépendance, étude pour la FFSA, juin 2006, Communiqué de presse de la FFSA du 22 mars 2007 (site FFSA). – Lettre Assurer n° 86, 7 fév. 2007, n° 90, FFSA, avr. 2007 - La dépendance : le débat, Risques déc. 2007– Les personnes vulnérables, 102e Congrès des notaires de France – 5e risque : L'impossible réforme, Gazette santé sociale, débat vidéo 27 02 2009.

Section 1 ▪ Problématique générale de la dépendance : solutions publiques et privées

5302. Les situations de dépendance qui affectent notamment les personnes âgées constituent un risque dont l'importance est aujourd'hui croissante (le chiffre de 4, 32 à 5, 76 millions de personnes qui auront besoin d'une aide en 2040 a été avancé, enquête HID Inserm). Le vieillissement certain de la population constitue un enjeu considérable que la mise en place d'aides publiques ne pourra pas résorber entièrement. Aujourd'hui, en France mais aussi aux États-Unis ou dans les pays de l'Europe du Sud, la prise en charge des situations de dépendance passe inévitablement par le développement de solutions privées de type assurantiel. Par comparaison, dans les pays scandinaves où le secteur public tient une place importante, aucune activité d'assurance dépendance n'est signalée. Ainsi aux Pays Bas, un fonds spécial pour les frais exceptionnels de maladie (AWBZ) couvre tous les citoyens. En Allemagne l'assurance dépendance publique, instaurée en 1995, est une garantie complémentaire obligatoire à l'assurance maladie (Pflegeversicherung folgt Krankenversicherung) pour les personnes dont les revenus sont inférieurs à un certain montant.

§ 1 ▪ Solutions publiques

5303. La prise en charge de la dépendance est marquée en France par une longue tradition d'aide sociale. Ainsi l'assurance maladie prend elle déjà en charge tous les frais découlant des soins apportés au malade. L'action sociale des caisses de retraite finance une part importante du coût du maintien des personnes âgées à leur domicile, notamment par le biais de l'aide ménagère. En 1960, une commission d'études présidée par Pierre Laroque est créée afin de cerner les problèmes liés à la vieillesse et faire un bilan des charges à venir. Le rapport préconise de modifier la politique de l'État de manière à remplacer l'assistance aux vieillards pauvres par une politique basée sur l'autonomie des personnes âgées et leur participation à la vie sociale. Le maintien à domicile est encouragé et favorisé par la mise en place de services spécifiques notamment en ce qui concerne les aides à l'accomplissement des tâches essentielles de la vie courante. Aujourd'hui encore des règles de droit positif sont inspirées de cette volonté. Ainsi les enfants qui hébergent chez eux un parent âgé bénéficient d'avantages fiscaux. De même, les personnes ayant atteint un âge supérieur à 70 ans peuvent profiter d'un régime fiscal facilitant l'emploi d'une personne à domicile.

5304. Depuis 1983, les responsabilités en matière d'action et d'aide sociales sont décentralisées et confiées aux conseils généraux, l'État ne conservant que la tutelle des actions de nature médicale. L'aide sociale est attribuée sous condition de ressources pour aider les personnes âgées non solvables. L'aide à domicile est encouragée mais l'aide sociale peut aussi financer les frais d'hébergement dans les maisons de retraite et dans les unités hospitalières de long séjour. Enfin l'aide sociale verse l'allocation compensatrice pour tierce personne aux personnes atteintes d'une incapacité permanente d'au moins 80 %, sous condition de ressources. L'octroi de cette prestation est décidé par la COTOREP (Commission technique d'orientation et de reclassement professionnel). Le bénéficiaire doit être âgé d'au moins 16 ans et de moins de 60 ans, être lourdement handicapé, à hauteur de 80 % et ne pas disposer de ressources supérieures à un plafond (environ 6 900 € pour une personne vivant seule).

5305. La loi du 24 janvier 1997 a institué une prestation spécifique pour les personnes âgées dépendantes. Il en est résulté une transformation de l'allocation compensatrice pour tierce personne qui n'est plus réservée qu'aux personnes de moins de 60 ans. La loi avait toutefois un caractère provisoire et devait permettre d'améliorer la situation des personnes âgées avant que soit créée la prestation autonome. Au sens de la loi du 24 janvier 1997, était considéré comme dépendante la personne qui, nonobstant les soins qu'elle était susceptible de recevoir avait besoin d'être aidée pour l'accomplissement des actes essentiels de la vie ou (qui) avait besoin d'une surveillance régulière. La dépendance était mesurée par une grille comportant dix « variables discriminantes ». La loi a d'ailleurs été déférée, mais en vain, devant le Conseil constitutionnel au motif d'une violation de l'article 34 de la constitution tenant à un transfert au pouvoir réglementaire du soin de déterminer les conditions d'âge, de degré de dépendance et de ressources ouvrant droit à la prestation. La perception de la prestation spécifique dépendance était réservée aux personnes de plus de 60 ans dont les ressources ne dépassaient pas un plafond de 72 000 F par an (8 100 €) (6 000 F mensuels par mois soit 675 €) pour une personne seule et 120 000 F (13 500 €) (10 000 F mensuels soit 1 125 €) pour un couple. Le plafond était majoré si l'un des membres du couple vivait en établissement. Étaient toutefois exclus les rentes versées au titre d'un contrat dépendance. La prestation spécifique dépendance pouvait être servie à domicile comme en établissement mais devait être affectée à la rémunération des personnes apportant leur aide. Son montant pouvait être utilisé en partie pour financer l'acquisition de biens liés à des besoins particuliers (fauteuils, canne, lève personne...). Le bénéficiaire pouvait soit être lui-même l'employeur, soit avoir recours à une association agréée ou encore rémunérer une famille d'accueil.

5306. Avec la loi n° 2001-647 du 20 juillet 2001, l'allocation personnalisée d'autonomie (APA) a pris la place de la prestation spécifique dépendance (CASF, art. L. 232-1 et s. et Décr. n° 2001-1084 et 2001-1085, 20 nov. 2001). Elle est attribuée aux « personnes qui ont besoin d'une aide pour l'accomplissement des actes essentiels de la vie ou dont l'état nécessite une surveillance régulière ». Un décret du 28 mars 2003 (Décr. n° 2003-278) a mis en place un système de révision de l'APA et a modifié les conditions de ressources. L'allocation dépendance est financée par une contribution des départements (pour les ¾), une contribution des régimes de base d'assurance vieillesse et par une fraction de la CSG, au travers d'un fonds de financement spécifique. Les conditions de contribution des départements ont été revues par la loi n° 2003-289 du 31 mars 2003. L'allocation personnalisée d'autonomie n'est pas récupérable sur succession alors que la prestation spécifique de dépendance qui peut encore être versée aux personnes qui n'ont pas demandé sa transformation en APA, est récupérable sur la partie de l'actif net successoral excédant 46 000 € dès lors que les sommes versées ont excédé 760 €.

5307. L'évolution majeure en matière de prise en compte de la dépendance par la solidarité nationale viendra vraisemblablement de la création d'une cinquième branche de sécurité sociale. Ainsi par plusieurs déclarations au cours de l'année 2007, le Président de la République a affirmé son intention de voir naître la branche dépendance de la sécurité sociale fondée sur un équilibre entre solidarité nationale et initiative privée. À la fin de l'année 2007, la Caisse nationale de solidarité pour l'autonomie créée par la loi du 30 juin 2004 a remis son rapport annuel dans lequel à la demande du ministre de la Santé, les modalités de construction de ce cinquième risque étaient précisées. Au cours de l'année 2008, le Gouvernement a annoncé la création de 7 500 places supplémentaires dans les maisons de retraite ainsi que la poursuite de leur médicalisation, l'encouragement au maintien à domicile grâce aux plans d'aide APA ainsi que l'entrée dans ce secteur des assureurs privés. L'importance du patrimoine de la personne dépendante pourrait être prise en compte. Ainsi il est suggéré qu'au-delà d'un seuil de 200 000 €, la personne demandant l'Aide personnalisée à l'autonomie aurait le choix, soit de recevoir une allocation à taux réduit, soit de conserver un versement à taux plein mais avec récupération sur sa succession à son décès. La concertation technique avec les quatre familles de l'assurance FFSA, GEMA, CTIP et Mutualité a été lancée le 11 février 2010. Un premier groupe de travail s'intéressera à l'aspect assurantiel et un second aux modalités d'évaluation de la perte d'autonomie. Il paraît d'ores et déjà important de permettre au plus grand nombre de personnes d'avoir recours à l'assurance dépendance.

5308. Au cours des années 2013 et 2014, de très nombreuses questions ont été posées par les parlementaires qui, pour la plupart, ont obtenu une réponse du Ministre en charge des personnages âgées et de l'autonomie, faisant référence à la préparation d'un projet de loi relatif à l'adaptation de la société au vieillissement, devant comporter trois volets : « anticipation-prévention » notamment dans le domaine de la santé ; « adaptation de notre société au vieillissement » et « accompagnement de la perte d'autonomie ». Sur ces sujets trois rapports ont été remis au Premier ministre en mars 2013. En décembre 2012, un groupe de travail Monalisa, composé d'associations et d'opérateurs publics a été mis en place par la Ministre déléguée chargée des personnes âgées et de l'autonomie, avec pour objectifs : - le déploiement du bénévolat de type associatif, de l'initiative et de la lutte contre l'isolement des personnes âgées en favorisant l'implication citoyenne, -la mise en cohérence et en convergence des actions que les opérateurs publics et les associations mènent aujourd'hui de façon distincte sur le terrain, afin de permettre l'échange de bonnes pratiques et d'assurer un meilleur maillage territorial, -la création d'un partenariat avec le ministère et les coopérations territoriales contribuant à la visibilité et à la promotion de ces actions. Un Comité national pour la bientraitance et les droits a été installé en février 2013 suite à la parution dudécret n° 2013-16 du 7 janvier 2013 portant sa création (parmi de nombreuses questions, voir par ex. quest. n°2782 posée par M. le Député D. Tian à Mme le Ministre en charge des personnes âgées et de l'autonomie, JO 07/08/2012 p. 4679 et pour la réponse JO le 09/04/2013 p. 3943). Trois rapports ont été remis au Premier ministre le 11 mars 2013 : celui du comité Avancée en âge présidé par le docteur Jean-Pierre Aquino, « Anticiper pour une autonomie préservée : un enjeu de société », celui de Martine Pinville, « Relever le défi politique de l'avancée en âge - Perspectives internationales », et celui de la mission interministérielle sur l'adaptation de la société française au vieillissement de sa population, présidée par Luc Broussy, « L'adaptation de la société au vieillissement de sa population – France : année zéro ! ».

5309. La loi n° 2015-1776 du 28 décembre 2015 relative à l'adaptation de la société au vieillissement n'apporte pourtant pas de solutions spécifiques aux questions de prise en charge de la dépendance. L'article 69 de la loi crée le Haut Conseil de la famille, de l'enfance et de l'âge (art. L. 142-1 du Code de l'action sociale et des familles et prévoit notamment que la formation du Haut conseil spécialisée dans le champ de compétence de l'âge mène une réflexion sur l'assurance et la prévoyance en matière de dépendance). De même, la régulation du marché de l'assurance dépendance est présentée comme une des orientations nécessaires à l'accomplissement d'un objectif d'anticipation et de prévention.

§ 2 ▪ Solutions privées et solutions d'assurance

5310. Les familles, par le biais de l'obligation alimentaire qui imposent aux enfants et petits enfants de pourvoir aux besoins de leurs parents (C. civ., art. 205 et 206) contribuent déjà très largement au financement de la dépendance des personnes âgées.

5311. Le montant des prestations maximales offertes par l'allocation personnalisée d'autonomie – entre 559 € et 1 304 € par mois – reste inférieur au coût moyen d'une personne dépendante, estimé à environ 2 300 € mensuels à domicile et entre 1 400 € et 2 600 € en établissement (voir exposé des motifs de la proposition de loi relative à la création d'une assurance dépendance, Annexe à la séance ordinaire du Sénat du 13 janvier 2004). Une enquête réalisée en 2008 révèle que 48 % des personnes interrogées sont favorables à un financement de la dépendance reposant à la fois sur la solidarité nationale et sur l'initiative privée. S'il est admis que l'État doit intervenir pour les personnes les plus fragiles, il est aussi considéré que les autres peuvent se protéger en souscrivant un contrat d'assurance dépendance (Assurer, FFSA, n° 117, 11 juin 2008, Les assureurs appelés à jouer un rôle majeur face au vieillissement de la population).

5312. L'assurance dépendance est une technique très récente. Il revient à la compagnie Prima du groupe AGRR (association générale de retraite par répartition) d'avoir pris la première initiative en matière d'assurance dépendance en proposant, en juillet 1985, un contrat de prévoyance à fonds perdus dénommé Safir (Sécurité et autonomie financière des retraités). Ce contrat est encore aujourd'hui commercialisé notamment par les partenaires de l'AGRR (Banques populaires sous le nom de fructi Safir). En 1990, une nouvelle initiative a été prise par l'AGIRC (Association générale des institutions de retraite des cadres) en collaboration avec des compagnies d'assurance, avec la Mutualité française et le Caisse Nationale de prévoyance représentées par le BCAC (Bureau commun des assurances collectives). En 1999, 19 compagnies proposaient des contrats d'épargne ou d'assurance dépendance. Trois d'entre elles réalisaient 80 % du chiffre d'affaires. Selon des chiffres fournis par la FFSA, en 2005 on dénombrait 887 800 personnes couvertes par un contrat individuel dont l'assurance du risque dépendance constituait la garantie principale. S'y ajouteraient 100 000 personnes couvertes au titre d'une garantie dépendance complémentaire à la couverture d'un autre risque ; 800 000 autres seraient des personnes couvertes au titre d'un contrat collectif ou mutualiste mais dans des conditions qui ne garantissent pas le risque futur. Au sens strict, seulement 1 million de personnes disposent d'une assurance pour le risque futur (Rapport H. Gisserot). Quatre sociétés couvrent à titre principal 72 % des personnes assurées et perçoivent 73 % des cotisations, Prima, filiale AG2R, Groupama, Prédica filiale Crédit Agricole, CNP (idem, Rapport H. Gisserot). Les statistiques établies par la FFSA font apparaître que quelques 1, 9 million de personnes étaient couvertes par un contrat dépendance fin 2008, soit une hausse de 4 % sur l'année ce qui reste modeste. En revanche les cotisations encaissées au titre de cette garantie ont augmenté de 9 % au cours de la même année pour représenter un montant global de 387 millions d'euros alors que les prestations versées sont de 112 millions d'euros, ce qui représente une augmentation significative par rapport aux années précédentes (+ 48 %). Les chiffres n'ont pas beaucoup évolué sur les périodes plus récentes. Ainsi en 2013, 5, 5 millions de personnes sont couvertes mais le plus souvent par une garantie accessoire à un autre contrat. Seuls 1, 5 million de français sont couverts par un contrat spécifique. En revanche les sociétés qui distribuent ces contrats sont de plus en plus nombreuses et des solutions d'assurances collectives négociées par les partenaires sociaux dans le cadre de l'entreprise ou d'une branche professionnelle (bâtiment, coiffure...) se sont également développées (voir portail du ministère de l'Économie et des Finances, site de la Direction générale de la concurrence, de la consommation et de la répression des fraudes, 24 avril 2012).

5313. L'assurance contre la dépendance peut également être souscrite dans le cadre d'un contrat collectif à adhésion obligatoire ou facultative. La CNP réalise 90 % du chiffre d'affaires de ce secteur. En l'an 2000, elle assurait 450 000 personnes par le biais d'un contrat collectif. Plusieurs entreprises proposent à leurs salariés une couverture dépendance. Par exemple, la Seita et la Caisse centrale des activités sociales d'EDF-GDF ont souscrit un tel contrat en faveur de leurs salariés en 1995. Une même initiative a été prise par exemple par la Mutuelle générale des transports.

5314. Le développement de l'assurance dépendance n'est pas encore très significatif. Le risque est souvent ignoré ou minoré. Ainsi, de nombreuses personnes ne mesurent pas totalement l'intérêt de ce type d'assurance car elles pensent être suffisamment protégées par le régime d'indemnisation de la Sécurité sociale et de leur mutuelle. Enfin, et cela constitue l'une des difficultés inhérentes à l'assurance dépendance, il est très difficile de fixer le point de partage entre le risque qui doit être assuré et celui qui peut être considéré comme un choix de vie que la personne dépendante accepte d'assumer seule. Les freins au développement d'une telle assurance sont connus. Il est difficile pour l'assureur de mesurer le risque d'autant plus qu'il ne pourra pas s'appuyer sur des données historiques, le produit étant très récent. De son côté l'assuré peut craindre, du fait de la longueur du temps de cotisation que ses cotisations soient versées à fonds perdus, soit qu'il y ait rupture anticipée du contrat, soit que le risque ne se réalise jamais. Par ailleurs, il ressort d'une étude réalisée par l'Institut CSA pour la Fédération française des sociétés d'assurance que les assurés attendent de ces contrats plus des prestations en nature qu'une aide monétaire. La plupart des personnes interrogées préféraient que l'assurance prenne en charge l'aide à domicile (22 % seulement privilégiaient une solution de rente). Sur ces aspects, voir Rapport H. Gisserot. Enfin, il faut bien reconnaître qu'à l'heure actuelle, la préférence des particuliers va à la souscription de contrats d'assurance sur la vie. En France, ce sont environ 11 millions de personnes qui ont souscrit un tel contrat ce qui représente une proportion d'un ménage sur trois (C. Darmon, H. Pagenelle, Patrimoine : quand les ménages prennent de l'assurance, INSEE Premières, mai 2005, voir rapport H. Gisserot, p. 53). Or, les résultats d'une étude (Lettre Assurer n° 82, nov. 2006. Enquête réalisée auprès de 7 045 souscripteurs de contrats d'assurance en cas de vie souscrits entre le 1er et le 15 mars 2006) montrent que pour 30 % des personnes interrogées, c'est un objectif de complément de retraite qui a guidé leur choix.

5315. En dehors de prescriptions légales, les contrats imposent des restrictions à l'accès à l'assurance dépendance. Une limite d'âge maximal est quasiment toujours prévue, elle se situe en général autour de 75 ans. Le candidat à l'assurance doit aussi répondre à des critères de santé. Il lui appartient de répondre correctement aux questions qui lui sont posées. Selon ses réponses, l'assurance sera mise en œuvre ou l'assureur exigera des examens complémentaires.
L'assurance dépendance reste une assurance onéreuse. Dans la formule prévoyance pure, les tarifs pratiqués par les assureurs sont fonction de l'importance de la prestation qui sera versée et de l'âge de l'assuré. En fonction des compagnies, ils sont très variables. À titre indicatif, et même s'il existe des différences entre les contrats, en cas de souscription à 60 ans, pour s'assurer 500 € de rente, il faudra cotiser environ 30 € par mois, et 50 € pour une rente de 800 €. Pour une souscription à 70 ans, il faudra ajouter respectivement 15 et 20 € de plus aux montants précédents.
Il est toutefois généralement possible, en cours de contrat, de modifier les options ainsi que le montant de rente choisi. La durée de cotisation peut être déterminée ou présenter un caractère viager. Toutefois, en cas de dépendance constatée, les primes cessent d'être dues.

5316. L'article 199 quindecies du Code général des impôts (dont la dernière rédaction est issue de la loi n° 2011-1978 du 28 déc. 2011), accorde une réduction d'impôt sur le revenu de 25 % au titre des dépenses afférentes à la dépendance elle-même. L'article 11 de la loi de finances du 21 déc. 2006 (JO 27 déc.) a apporté deux aménagements à cet avantage fiscal en étendant son assiette aux dépenses effectives engagées au titre de la dépendance et des frais d'hébergement proprement dits (logement et nourriture) et en augmentant le plafond des dépenses éligibles de 3 000 € à 10 000 €. En outre, une demi-part de quotient familial est accordée aux personnes titulaires de la carte d'invalidité prévue à l'article L. 241-3 du Code de l'action sociale et des familles. En revanche, s'agissant des contrats d'assurance dépendance souscrits facultativement, les primes ou cotisations versées dans ce cadre ne sont naturellement pas déductibles du revenu imposable. Au terme d'un exposé des motifs qui insiste notamment sur l'importance de la solution assurantielle, une proposition de loi soumise au Sénat le 13 janvier 2004 (proposition de loi Vasselle, n° 145, 2003 – 2004) s'orientait vers plusieurs solutions qui seraient susceptibles de contribuer au développement de l'assurance dépendance. La première tenait à l'ouverture d'un droit à une réduction d'impôt proportionnel au montant des primes payées et plafonné à 1 070 € pour une personne seule, 2 140 € pour un couple. La seconde solution proposait de faire sortir de l'assiette des cotisations sociales les contributions versées par les employeurs à l'occasion d'un contrat collectif d'assurance dépendance. En juin 2004, le député M. Hunault (proposition de loi n° 2691 enregistrée à l'Assemblée nationale le 23 nov. 2005) avait déjà déposé une proposition de loi prévoyant un mécanisme d'exonération plafonnée de CSG pour les sommes consacrées à un contrat d'assurance en cas de dépendance. Cette incitation avait pour contrepartie une meilleure formalisation au sein du Code des assurances du statut des contrats d'assurance en cas de dépendance, sous sa forme individuelle et sous sa forme collective, renvoyant au décret pour l'ensemble des conditions d'application. Un amendement à la loi de finances pour 2007 présenté par le Sénateur, P. Marini (amendement n° II-264) insérait un nouvel article au Code général des impôts, suivant l'article 163 quatervicies, énonçant que les cotisations dépendance versées en complément des cotisations de base sur les contrats d'épargne retraite mentionnés au dit article 163 quatervicies sont déductibles du revenu global dans les mêmes conditions que les cotisations de base. Les limites mentionnées au 2 du 1 de l'article 163 quatervicies incluaient les cotisations ou primes versées sur les contrats d'assurance dépendance. L'amendement a été retiré, après discussion, lors de la séance du Sénat du 11 décembre 2006.

5317. L'article 33 de la loi n° 97-60 du 24 janvier 1997 relative à l'institution d'une prestation spécifique de dépendance avait institué une exonération, en faveur des contrats d'assurance dépendance, à la taxe annuelle obligatoire prévue à l'article 991 du Code général des impôts. Lors de la codification de la loi du 24 janvier 1997, cette disposition à caractère fiscal, insérée à l'article 995-14° du Code général des impôts, n'a pas été reprise dans le nouveau Code de l'action sociale et des familles. Dans le même temps, l'ordonnance n° 2000-1249 du 21 décembre 2000 relative à la partie législative de ce Code a abrogé les dispositions de la loi du 24 janvier 1997 devenues inutiles du fait de leur codification. Dans ces conditions, l'article 33 a été supprimé de notre droit positif créant ainsi une situation complexe qui rendait sans objet l'article 915-14° du Code général des impôts. Pour remédier à cette situation l'article 50 de la loi de finances rectificative pour 2002 reprend ces dispositions. En conséquence, les contrats d'assurance dépendance sont bien exonérés de la taxe spéciale sur les conventions d'assurance (Rép. min. n° 24435, JO Sénat 11 janv. 2007, p. 87 ; n° 24233, n° 24415, n° 24470, JO Sénat 21 déc. 2006, p. 3169 ; Rép. Min. n° 24612, JO Sénat 28 déc. 2006, p. 3231). Néanmoins, cette exonération ne s'applique qu'aux contrats garantissant le versement d'une rente ou d'une prestation en nature (Instr. 29 mai 1997, BOI 7 I-1-97). Une réponse ministérielle précise que l'exonération doit s'appliquer, quel que soit l'âge de l'assuré au moment de la souscription du contrat (Rép. Min. n° 10692, JOAN 1998, p. 3609, JCP N 1999, p. 904). Dans sa dernière rédaction issue de la loi n° 2010-1657 du 29 déc. 2010, l'article 915-14° du Code général des impôts prévoit bien cette exonération.

Section 2 . Principales dispositions des contrats d'assurance dépendance

§ 1 . Notion de dépendance

5318. En droit, il conviendrait de distinguer entre dépendance et perte d'autonomie. La dépendance découlerait d'une défaillance d'ordre physique alors que la perte d'autonomie serait plutôt une conséquence d'une faiblesse d'ordre psychique (D. Thouvenin, *La prise social*, 1992, p. 513). La perte d'autonomie entraînerait des conséquences d'ordre civil : mise en place d'un régime de protection des incapables majeurs. Or, si l'on accepte de dissocier les deux aspects, une même personne pourrait être dépendante tout en étant autonome tout comme elle peut être privée d'autonomie sans justifier d'une dépendance. Pourtant ni les contrats d'assurance, ni les organismes publics ne distinguent entre ces deux expressions. La dépendance est définie à partir de l'impossibilité d'effectuer certains actes de la vie courante.

5319. Il est possible, selon les travaux de l'Ecole de la Santé de Rennes de recenser près de 150 définitions de la dépendance. La définition retenue par les organismes de Sécurité sociale, est la suivante : il s'agit de « l'impossibilité d'effectuer seul au moins trois-quarts des actes ordinaires de la vie : se déplacer, se laver, s'habiller et s'alimenter ; elle conduit à l'assistance d'une tierce personne ». L'organisation mondiale de la santé (OMS) retient une notion plus générale qui évalue la dépendance en fonction d'un certain nombre de comportements appelés « rôles de survie » : l'orientation dans l'espace et dans le temps, la mobilité physique, l'indépendance physique pour les actes élémentaires de la vie courante, les occupations, l'intégration sociale et la suffisance économique. Le Bureau commun des assurances collectives a sa propre analyse de la notion de dépendance. Celle-ci détermine le besoin des personnes demanderesses en tenant compte des heures d'aide et fait apparaître plusieurs stades de dépendance.

5320. Les pouvoirs publics ont mis en place une grille (dite grille AGGIR : Autonomie gérontologique groupes iso ressources) qui a d'abord été utilisée dans le cadre de la prestation spécifique dépendance de 1997, avant de l'être à propos de l'attribution de l'allocation personnalisée d'autonomie (APA). Cette grille permet d'évaluer la capacité d'une personne à accomplir seul certains actes, habituellement, correctement ou non : être cohérent, faire sa toilette, s'habiller, s'alimenter, capacité à éliminer, capacité à passer d'une situation assise, couchée ou debout, s'orienter à l'intérieur, s'orienter à l'extérieur, communiquer à distance (voir les modalités de remplissage de la grille : ann. 1, Décr. n° 2001-1084, 20 nov. 2001), activités de temps libre. Sept autres variables dites « illustratives » sont également définies : la gestion personnelle du budget et des biens, la cuisine, le ménage, les achats, le suivi du traitement et les activités de temps libre.

5321. L'examen de la personne permet son classement dans l'un des six groupes iso-ressources (GIR) que contient la grille AGGIR (l'algorithme utilisé pour définir les groupes a été publié aux p. 6529 à 6538, JO 30 avr. 1997 ; J.-M. Vetel, Le logiciel AGGIR, revue Hospitalière de France, n° 1 janv. 1995, p. 108).
- Correspondent au groupe 1, les personnes qui ont perdu leur autonomie mentale, corporelle, locomotrice et sociale et qui nécessitent une présence indispensable et continue d'intervenants.
- Entrent dans le groupe 2 les personnes grabataires lucides dont les fonctions mentales ne sont pas totalement altérées mais qui nécessitent une prise en charge pour la plupart des activités de la vie courante, y figurent également les déambulants et les détériorés mentaux graves qui ont conservé totalement ou significativement leurs facultés locomotrices ainsi que certaines activités corporelles que, souvent, ils n'effectuent que stimulés.
- Le groupe 3 correspond aux personnes qui ont conservé leur autonomie mentale et partiellement leur autonomie locomotrice, mais qui nécessitent quotidiennement et plusieurs fois par jour des aides pour leur autonomie corporelle.
- Le groupe 4 est divisé en deux sous groupes, le 1er est celui des personnes qui n'assument pas seuls leurs transferts d'une position à une autre et qui doivent être aidés ou stimulés pour la toilette, l'habillage et pour l'alimentation ; le 2e groupe est celui des personnes qu'il faut aider pour les activités corporelles, y compris les repas.
- Les personnes du groupe 5 nécessitent une surveillance ponctuelle qui peut être étalée sur la semaine pour la toilette, la préparation des repas et le ménage.
- Enfin, figurent dans le groupe 6 les personnes qui n'ont pas perdu leur autonomie pour les actes de la vie courante.

L'allocation d'autonomie est de 100 % pour les personnes classées dans le groupe ISO n° 1, elle est dégressive ensuite. Les personnes classées dans les groupes 5 et 6 peuvent bénéficier des prestations d'aide ménagère servies par leur régime de retraite ou par l'aide sociale départementale.

5322. Certains contrats se réfèrent directement à la grille AGGIR, d'autres contrats font soit une application simultanée de la grille AGGIR et de leurs propres critères, soit de leur propre définition de la dépendance. L'intérêt du contrat ne peut se mesurer qu'en prêtant donc une attention particulière à la définition de la dépendance. Pour plusieurs assureurs, l'assuré doit

être à la fois incapable d'effectuer au moins trois des quatre actes ordinaires de la vie et être dans une des situations ci-dessous :
- avoir besoin de l'assistance d'une tierce personne rémunérée complétant les soins à domicile pris en charge par la Sécurité sociale ;
- être hébergé en section de cure médicale, section des maisons de retraite ;
- être hospitalisé dans une unité de long séjour ;
- être classé comme invalide de 3e catégorie par la Sécurité sociale.

5323. Ainsi, la Cour de cassation a pu admettre que la clause du contrat d'assurance dépendance stipulant que l'assuré est considéré comme dépendant lorsqu'il se trouve dans « l'impossibilité physique totale et présumée permanente de pouvoir effectuer seul au moins trois des quatre actes de la vie : se déplacer, se laver, s'habiller, s'alimenter » était claire et précise et, en conséquence, rejeter le pourvoi formé contre un arrêt d'appel qui avait débouté l'assuré de ses demandes formées contre l'assureur en exécution de la garantie dépendance (Civ. 2e, 16 janv. 2014, RGDA 2014, p. 169, note M. Asselain).

5324. En fonction de critères contractuels, la dépendance peut être déclarée totale ou partielle. Elle sera partielle, par exemple, quand l'état de l'assuré requiert une présence importante et un besoin ponctuel d'aide. Or, tous les assureurs ne proposent pas leurs prestations en cas de dépendance simplement partielle. À l'inverse, certains contrats ne fonctionnent que pour la dépendance partielle. L'état de dépendance partielle ouvre droit à une rente minorée ou à un pourcentage de la rente versée en cas de dépendance totale. La constatation de l'état de dépendance suppose un avis médical. L'assureur peut se réserver le droit de faire procéder à une contre expertise par un médecin de son choix. En cas de contestation le différend sera soumis à un nouvel expert. Des éléments objectifs peuvent compléter les avis médicaux, ainsi la notice d'information établie dans le cadre de l'assurance collective, proposée par le Bureau commun d'assurances collectives, tient compte du plus grand intervalle de temps pendant lequel l'assuré peut rester seul.

5325. À condition de respecter les conditions de forme et de fond (C. assur., art. L. 112-4 et L. 113-1) imposées pour leur validité, des clauses d'exclusions peuvent écarter certaines situations de dépendance. Ainsi ne seront généralement pas susceptibles d'ouvrir les droits de l'assuré les états ayant pour origine la guerre, des émeutes et des actes de terrorisme, l'alcoolisme de l'assuré, les mutilations volontaires, un accident de la circulation sous l'emprise de l'alcool ou de la drogue, la pratique de certains sports, la prise de médicament en dehors d'une prescription médicale. Dans une même perspective, la dépendance survenue alors que l'assuré vivait dans certains pays déterminés peut aussi être exclue. De manière peut être plus discutable du fait de la disparition partielle de garantie qui en résulte, certains contrats excluent des situations de dépendance non pas en fonction de leur origine mais de leur nature, par exemple la dépendance liée à une maladie neuro dépressive.

§ 2 ▪ Prestations de l'assureur

5326. Les prestations proposées par les sociétés d'assurance sont de deux types :
- les premières, pour les trois quarts des contrats, répondent à l'appellation d'« assurance en risque pur » ; elles consistent à assurer une personne contre le risque de dépendance lui-même en prévoyant le versement d'un capital ou d'une rente en cas de constatation médicale de l'état de dépendance. Les cotisations sont alors versées à fonds perdus. La garantie peut alors être couplée avec une assurance santé ou une assurance décès ;

- les secondes sont envisagées dans le cadre d'un contrat d'assurance épargne. Il est alors possible d'avoir recours à un contrat d'épargne classique dans lequel est prévu le versement d'une rente viagère majorée en cas d'épargne. Certains assureurs, en effet, ont prévu la transformation de leur contrat épargne vie classique en contrats d'assurance « perte d'autonomie ». L'épargne constituée se transforme alors en rente mensuelle majorée. Certains contrats proposent jusqu'au doublement de la rente. Ces contrats ne constituent une protection efficace contre la dépendance que lorsque le capital versé est très important, ils sont ainsi réservés à une clientèle aisée. Ainsi, pour percevoir une rente d'environ 1 300 € mensuels, l'épargne accumulée doit représenter environ 150 000 €.

5327. Il existe par ailleurs des contrats dits « mixtes » dans lesquelles les cotisations sont réparties entre une épargne et une garantie dépendance. Dans ce cas, si l'état de dépendance est constaté avant l'échéance contractuelle, non seulement la rente prévue sera versée mais le capital épargné pourra être transformé en rente complémentaire de dépendance. Si le décès de l'assuré intervient sans que la dépendance ait été déclarée, les sommes épargnées seront attribuées au bénéficiaire et les cotisations relatives à la garantie dépendance seront perdues.

5328. De développement récent, l'assurance dépendance se heurte encore à des incertitudes importantes. Il est, par exemple, aujourd'hui très difficile d'évaluer le coût unitaire des soins et aides de longue durée ; rien ne permet d'affirmer que l'évolution des coûts sera en corrélation avec la courbe de l'inflation. De même, il est très difficile de se fonder sur des éléments statistiques susceptibles d'apprécier le phénomène de passage de l'état de bonne santé à celui de dépendance. Ce sont là autant de raisons qui expliquent que les assureurs ne proposent généralement que des prestations de nature forfaitaire, de surcroît non indexées. On relève au moins une expérience aux États-Unis où le principe d'une intervention indemnitaire a conduit l'assureur à la faillite (Cutler, David M, Why doesn't the market fully insure long term care ?, NBRE Working paper, n° 4301). Ainsi les assureurs ne peuvent-ils pas s'engager à supporter le coût exact des soins. Parfois même, les prestations ne sont servies que pendant une période limitée. Du fait de leur nature forfaitaire, les prestations découlant de plusieurs contrats peuvent se cumuler sans difficultés. Il ne semble pas que l'assurance dépendance se prête à l'exercice de recours de la part de l'assureur. Ce n'est pas dans la logique du contrat. Si le versement d'une prestation tenant compte de la dépendance peut donner lieu à recours, ce ne peut être que dans le cadre d'un contrat de protection contre les accidents corporels et encore, à condition que les versements soient effectués dans le cadre du procédé dit « d'avance sur recours ».

5329. Très généralement et assez naturellement compte tenu du risque assuré, la prestation versée par l'assureur prendra la forme d'une rente mensuelle, voire trimestrielle. L'examen d'un certain nombre de contrats permet de faire apparaître une moyenne de rente minimale de 300 € et maximale de 2 000 €. Certains contrats ajoutent la possibilité de percevoir un capital qui permettra, notamment, de faire face aux besoins d'aménagement du logement. On parle alors de capital « installation », dont le montant est d'environ 3 000 €.

5330. La détermination du montant de la rente est une question difficile dans l'assurance dépendance. Dans la très grande majorité des cas en effet, la rente sera servie très longtemps après la souscription du contrat. Du fait de l'inflation, le montant de la rente peut perdre toute signification. Certains contrats prévoient alors une indexation de son montant. La révision de la rente paraît plus facile à organiser lorsque la dépendance est constatée, elle varie en général en fonction du plafond de l'APA.

5331. Certaines mesures d'assistance peuvent être financées par l'attribution d'une partie du capital à l'entreprise qui en assurera la réalisation : portage de repas, aide ménagère, présence d'un accompagnateur. D'autres sont plus spécifiques. Tous les contrats proposent par exemple une couverture, souvent totale mais au moins partielle, des frais d'installation d'un système de télésurveillance et prennent aussi en compte les frais d'abonnement. L'assistance peut aussi prendre la forme d'une aide à la recherche d'un établissement d'accueil spécialisé. Ces garanties sont regroupées sous l'appellation « Premiers frais ».

5332. La perte d'autonomie liée à un accident est généralement couverte de manière immédiate. En revanche, les assureurs exigent très souvent qu'une période se soit écoulée avant que ne surviennent les premiers signes de la maladie dont la dépendance sera la conséquence. Le délai est généralement d'une année. Il peut être porté à trois années pour certaines maladies, maladie d'Alzheimer ou de Parkinson par exemple. Lorsque l'état de dépendance survient pendant le délai de carence, les prestations de l'assureur ne sont pas dues mais les cotisations qui ont été versées doivent alors être remboursées.

5333. Les prestations de l'assureur devraient être accomplies à partir du jour où la dépendance est constatée. Il est toutefois possible que les contrats stipulent un délai de franchise qui peut aller jusqu'à 90 jours. Ce délai permet à l'assureur d'être certain que la dépendance est définitive. Le non paiement des cotisations par l'assuré entraîne la résiliation du contrat dans les formes habituelles découlant des dispositions relatives aux contrats d'assurance en général. Il est toutefois possible à l'assuré, en fonction de certaines dispositions contractuelles spécifiques, de conserver le service d'une rente d'un montant réduit. Le nombre d'années de cotisations qui est exigé pour profiter de cette garantie varie entre 5 et 10 ans, il est en moyenne de 8 ans. Certains contrats ne prévoient toutefois pas une telle possibilité.

5334. Sur le modèle des garanties GAV (Garanties des accidents de la vie), les assureurs ont créé, le 23 mai 2013, le label GAD (Garantie assurance dépendance), de manière à offrir des garanties mieux identifiées caractérisées notamment par une définition commune de la dépendance lourde, un montant minimal de rente en cas de dépendance lourde et un vocabulaire commun (site FFSA). Le label repose sur le respect de 9 points : - un vocabulaire commun permettant plus de clarté dans l'expression des garanties, une définition commune de la dépendance lourde basée sur des Actes élémentaires de la Vie Quotidienne (AVQ), une garantie viagère, quelle que soit la date de survenance d'une situation définitive de dépendance lourde, un niveau minimal de la rente servie en cas de dépendance lourde de 500 € par mois, des modalités de revalorisation des garanties, des prestations et des cotisations définies contractuellement, une absence de sélection médicale avant 50 ans (sauf invalidité ou ALD préexistante), des actions de prévention ou des prestations d'accompagnement pour l'assuré ou ses proches qui seront proposées dès la souscription/adhésion du contrat, une information annuelle, des conditions de maintien des droits en cas d'interruption de paiement des cotisations (site news-assurances).

Chapitre 7
La convention obsèques

BIBLIOGRAPHIE

L'Argus de l'assurance

Ouvrages – J. Landel, *Lexique des termes d'assurance*, L'Argus éd., 2014.

Articles. – S. Gobert, Une réforme en peau de chagrin, L'Argus 13 mars 2009 ; J. Speroni, La revalorisation des contrats obsèques enfin opérationnelle, L'Argus 27 fév. 2014 ; C. Molé-Genlis, Un cadre plus précis pour les contrats obsèques, L'Argus 4 avr. 2014.

Autres documentations

Ouvrages. – G. D'Abadie et G. Defarge, Opérations funéraires, Imprimerie nationale 1998. – Code des assurances, L'Argus éd.,

Articles. – D. Dutrieux, Les frais d'obsèques, JCP N 1999, p. 1771.

Divers. – G. Toulemonde, Le régime juridique des pompes funèbres, Mémoire DEA en droit public, Université de Lille II 1993.

5335. Plusieurs branches du droit doivent être examinées afin de déterminer le régime juridique des frais d'obsèques. En droit civil, on prendra soin de rappeler le droit de toute personne en état de tester, c'est-à-dire toute personne majeure et tout mineur émancipé, à organiser la cérémonie de ses funérailles selon sa volonté. L'article 3 de la loi du 15 novembre 1887 reconnaît notamment à chacun le droit de « régler les conditions de ses funérailles, notamment en ce qui concerne le caractère religieux ou civil à leur donner et le mode de sa sépulture ». Le non respect de cette volonté est sanctionné pénalement (C. pén., art. 433-21-1). Les frais d'obsèques sont une charge successorale au sens de l'article 873 du Code civil. Cette qualification permet à la personne qui a pris à son compte lesdits frais d'en obtenir le remboursement en priorité par rapport aux autres créanciers du défunt. Lorsque la succession n'est pas en mesure de supporter les frais d'obsèques, les enfants du défunt peuvent être sollicités au titre de leur obligation alimentaire (Civ. 1re, 14 mai 1992, Bull. civ. I, n° 140 ; RTD civ. 1993, p. 171, obs. J. Patarin ; Rép. Defrénois 1992, art. 35395, p. 1435 ;
P. Salvage, JCP N 1993, II, p. 137 - Civ. 1re, 21 sept. 2005, n° 03-10.679). Un jugement du Tribunal d'instance de Maubeuge met en œuvre une solution identique à l'encontre du conjoint survivant (TI Maubeuge, 26 févr. 1993, LPA 1993, n° 138, 15 nov. 1993, note J. Massip).

5336. En droit des assurances, les frais d'obsèques peuvent être pris en compte dans le capital versé aux ayants droit d'une personne titulaire d'un contrat d'assurance contre les accidents corporels ou victime de l'action d'un tiers dont la responsabilité peut être engagée. Certains contrats réservent toutefois le versement d'un capital frais d'obsèques aux seules personnes qui sont en mesure de démontrer qu'elles ont fait l'avance de ces frais. Or, en cas de mise en œuvre d'une convention obsèques, aucune personne en sera en mesure de remplir cette condition ce qui aura donc pour effet de libérer l'assureur qui aurait été susceptible d'intervenir soit au titre d'un contrat individuel accident, soit au titre d'une assurance de responsabilité.

5337. D'un point de vue fiscal, l'article 775 du Code général des impôts autorise la déduction, sur justifications fournies par les héritiers, des frais funéraires de l'actif de la succession dans la limite d'un montant maximum de 1 500 €, et pour la totalité de l'actif si celui-ci est inférieur à ce montant. La doctrine fiscale (Doc. Base DGI, Série 7 E, Division G, n° 2321) a précisé quelles dépenses pouvait entrer sous la qualification de frais funéraires. En sont notamment exclues les charges relatives à l'érection d'un monument funéraire, les frais de deuil et d'achat de fleurs et couronnes.

5338. La couverture du risque décès a pour objet de garantir aux ayants droit de l'assuré le versement d'un capital dont l'objet est de couvrir, au moins partiellement les frais d'obsèques, voire de mettre en œuvre des prestations obsèques déterminées. À ce titre, cette convention relève d'un souci de prévoyance décès mais, contrairement aux contrats d'assurance décès, les garanties qui en découlent ne s'étendent pas au versement d'un capital destiné à permettre à la famille du défunt de faire face aux difficultés financières découlant du décès notamment lorsque la personne disparue était celle qui procurait à la famille ses moyens d'existence. Pouvant représenter aujourd'hui jusqu'à 4 000 € pour une inhumation et 3 500 € en cas de crémation, les frais d'obsèques constituent une dépense particulièrement lourde, dont le montant ne cesse d'augmenter. En France, les conventions obsèques connaissent désormais un réel succès, dénombrant, en 2009, quelques 2, 2 millions de souscripteurs. Plus de 400 000 Français se laissent séduire chaque année par un contrat d'assurance obsèques. Ce marché prospère, qui a quasiment doublé de taille en dix ans, a atteint 1, 1 milliards d'eurosd'encours en 2012. (P. Martineau, Un cadre plus précis pour les contrats obsèques, Argus 4 avril 2014).

5339. Pour une personne active, la souscription d'un tel contrat présente un intérêt limité, ce contrat est généralement souscrit par des personnes qui se situent au début de leur période de retraite. Plusieurs mécanismes classiques sont susceptibles d'être utilisés aux fins de permettre à une personne d'organiser ses propres obsèques. En elle-même la technique de l'assurance décès constitue une modalité de contrat de prévoyance obsèques. En revanche, il n'est pas facile par ce biais de contraindre le bénéficiaire à respecter des instructions précises tenant aux modalités de la cérémonie. Par ailleurs, le recours au testament, généralement découvert après les obsèques, ne constitue qu'un aménagement lui-même limité. C'est sur ce constat que se sont développées des formes plus précises de conventions de prévoyance obsèques. Leur importance a contraint le législateur à poser, avec la loi du 8 janvier 1993 quelques principes auxquels viennent s'ajouter des contraintes nouvelles découlant du dernier état du droit positif.

Section 1 ▪ Régime des conventions obsèques au regard de la loi du 8 janvier 1993 et de ses textes d'application

5340. Les conventions dites de préfinancement d'obsèques sont des opérations d'assurance. Alors pourtant que leur nature les rapproche incontestablement d'un simple contrat de prestation de service, il est apparu au législateur qu'il convenait d'imposer que le contrat soit passé avec une société d'assurance. Cette règle découle de l'article 2-2° de la loi n° 93-23 du 8 janvier 1993 modifiant le titre IV du livre III du Code des communes et relative à la législation dans le domaine funéraire. En application de ce texte, codifié initialement à l'article L. 362-1-1 du Code des communes puis dorénavant à l'article L. 2223-20 du Code des collectivités territoriales, il est confié au règlement national des pompes funèbres le soin de déterminer, entre autres mesures, « les conditions d'application du Code des assurances aux formules de financement en prévision d'obsèques qui peuvent être proposées ». Le règlement national des pompes funèbres a été adopté par le décret n° 95-653 du 9 mai 1995. L'article 10 de ce texte indique que « les formules de financement en prévision d'obsèques et proposées par les régies, les entreprises, les associations et leurs établissements habilités conformément à l'article L. 362-2-1 du Code des communes sont des contrats dont l'exécution dépend de la durée de vie humaine au sens du 1° de l'article L. 310-1 du Code des assurances ». La législation relative aux conventions obsèques a été précisée par une circulaire n° 97-00188 C, du 10 novembre 1997.

5341. Le renvoi à l'article L. 310-1 du Code des assurances indique dans quelle perspective la législation de 1993 et le décret de 1995 ont été envisagés. L'article L. 310-1 est relatif au contrôle qui s'exerce sur les entreprises d'assurance et l'on comprend qu'à travers la qualification de contrats dont l'exécution dépend de la durée de la vie humaine, le législateur a principalement recherché à protéger les souscripteurs des conventions obsèques du risque de défaillance financière de l'entreprise qui met le contrat sur le marché (se prononçant pour la non responsabilité de l'assureur pour insuffisance d'actif en cas de mise en liquidation judiciaire de courtiers agissant dans le cadre de la distribution de contrats obsèques, Com., 19 mai 2015, n° 14-16.954, Resp. civ. et ass. 2015, n° 243). La qualification d'opération d'assurance vie présente un autre intérêt puisque le versement du capital sera versé directement par l'assureur au bénéficiaire, sans entrer dans la succession du défunt, et donc sans entraîner de paiement de droits de succession et cela, quel que soit le lien de parenté entre défunt et bénéficiaire.

5342. En dehors du régime fiscal du capital, la qualification en opération d'assurance sur la vie permet à tout souscripteur de profiter des protections prévues par le Code des assurances et en particulier de la possibilité de renoncer au contrat dans les trente jours qui suivent la souscription et le paiement de la première cotisation. De même, le souscripteur se voit reconnaître le droit de désigner le bénéficiaire sans avoir à obtenir le consentement d'autrui, sauf dans l'hypothèse où le contrat serait souscrit sur la tête d'un tiers ce qui ne paraît pas être une pratique courante. En revanche, il perd le droit de modifier le bénéficiaire dès l'instant que celui-ci a fait connaître son acceptation, qui depuis la loi n° 2007-1775 modifiant l'article L. 132-9 du Code des assurances, ne peut résulter, en cas de vie du bénéficiaire, que d'un avenant signé du souscripteur et du bénéficiaire, même s'il s'agit d'une entreprise de pompes funèbres.

5343. Seules les entreprises d'assurance, mutuelles et institutions de prévoyance sont en mesure de gérer des contrats obsèques. Le contrat de prévoyance obsèques peut toutefois être souscrit auprès des entreprises de pompes funèbres qui ont adhéré à un contrat d'assurance de groupe ou auprès d'une banque agissant en qualité de courtier d'assurance dès lors que les prestations d'obsèques ont été définies par un opérateur de pompes funèbres habilité. Ainsi, les entreprises d'assurance ne sont pas elles-mêmes autorisées à proposer une garantie portant directement sur les prestations obsèques. Il est impossible à un assureur d'organiser lui-même une cérémonie d'obsèques. Les sociétés d'assurance ne sont en mesure de proposer que des formules de financement en prévision d'obsèques dans le cadre, par exemple, d'un contrat d'assurance sur la vie permettant à un bénéficiaire désigné de recevoir un capital qui lui servira à financer les obsèques. Le bénéficiaire sera alors un simple particulier et aucune garantie de bonne utilisation du capital ne pourra être apportée.

5344. Si tous les contrats peuvent être rangés dans la catégorie des contrats d'assurance décès vie entière, les droits qu'ils confèrent au bénéficiaire sont très différents. En effet, il est dorénavant acquis que, tout en respectant les dispositions en vigueur rappelées ci-dessus, quatre types de produits sont offerts en souscription.

5345. Certains contrats distribués par les assureurs eux-mêmes, garantissent seulement le versement d'un capital à un bénéficiaire sans qu'aucune obligation d'affectation des fonds à la réalisation des obsèques ne soit prévue. Ces contrats peuvent être souscrits auprès d'une entreprise d'assurance. Une garantie d'assistance permettant, par exemple, le rapatriement du corps peut être ajoutée. Bien que parfois dénommés « convention obsèques », ces contrats ne présentent aucune particularité significative, c'est la raison pour laquelle il a été proposé d'interdire de les présenter comme une formule de financement en prévision des obsèques (proposition de loi M.J. Zimmerman, proposition de loi Colombier, Gosselin, V. infra).). A propos de cette première formule contractuelle un arrêt de la Cour de cassation refuse de voir dans la dénomination du contrat et dans les documents publicitaires qui le présentaient une raison de contraindre le bénéficiaire d'affecter le capital qu'il reçoit au paiement des frais d'obsèques (Civ. 1re, 17 mars 2010, n° 08-20.426, RGDA 2010 p. 422 note J. Bigot - Pet. Aff. 23 juin 2010 n° 124, p. 18, obs. D. Dutrieux - Gaz. Pal., 01 avril 2010 n° 91, p. 25 et p. 314, obs. J. Casey – D. 2011, p. 1926, obs. H. Groutel - JCP E 2010, p. 27 note J.B. Seube, - Resp. civ. et ass. 2010 comm. 197, obs. H. Groutel – Lamy Droit civil, 2010, p. 14 obs. C. Le Gallou).

5346. Dans cette première configuration, il peut toutefois être distingué selon que les cotisations sont versées à fonds perdus ou sous forme d'épargne rémunérée et susceptible de faire l'objet d'un rachat en cours de contrat ou, dans une moindre proportion, d'une réduction. Il est possible de parler dans le premier cas de contrat prévoyance décès et dans le second de contrat épargne décès. Le droit au rachat est légal, il est prévu dès lors que l'assuré a versé des cotisations sur une durée de 2 ans ou dès lors que 15 % des cotisations prévues au contrat ont été versées.

5347. Les autres contrats de prévoyance obsèques sont généralement distribués par l'intermédiaire des entreprises de pompes funèbres soit dans le cadre d'une assurance groupe, soit en raison du rôle d'intermédiaire qui leur est reconnu. Dans ce cadre, une première série de contrats oblige le bénéficiaire, entreprise de pompes funèbres ou association, à affecter effectivement le capital versé à la réalisation des obsèques du souscripteur mais sans que ne contiennent aucune indication sur les conditions et modalités d'organisation des obsèques. Il appartiendra au bénéficiaire de les déterminer le moment venu. À la différence du cas précédent, certains contrats se présentent de manière plus perfectionnée en permettant au souscripteur de fixer lui-même les prestations qu'il entend voir mises en œuvre par le bénéficiaire désigné qui recevra ainsi un capital fixé en considération de devis ou autres formules de prestations déterminées. Il est toutefois possible que le capital souscrit ne soit pas suffisant pour organiser des obsèques qui pourront, selon les cas, avoir lieu très longtemps après la souscription. Il est dans ce cas important de savoir si le contrat mentionne une prise en charge d'un éventuel surcoût. Une forme particulière de ce dernier type de contrat est désignée sous l'appellation « contrat de prestation packagé ». Distribué notamment dans le cadre des réseaux de bancassurance, ces contrats garantissent un ensemble défini de prestations sur n'importe quel lieu du territoire et non plus le versement d'un capital. La stipulation de l'accomplissement de prestations funéraires n'interdit pas le rachat du contrat dans les mêmes conditions que s'il s'agissait d'un contrat d'épargne.

5348. Différentes formules peuvent être proposées par un même opérateur. Le montant des cotisations versées est d'abord déterminé en fonction du capital souscrit, il est aussi fonction de l'âge du souscripteur. Plus l'adhésion est tardive, plus les cotisations seront élevées. Entre 61 ans et 74 ans, les tarifs augmentent de manière très sensible, de 90 % environ. Les cotisations peuvent être périodiques, faire l'objet d'un versement unique ou présenter un caractère viager. Lorsque les cotisations sont périodiques, le décès prématuré du souscripteur conduira inévitablement et pour le moins à la réduction du capital versé. Lorsque les cotisations sont payées à titre viager, c'est-à-dire jusqu'au décès du souscripteur, le capital servi, selon les circonstances peut être supérieur au montant cumulé des cotisations versées, il peut aussi être inférieur. Lorsque le capital est supérieur, il peut être prévu que l'excédent profitera à la succession. Que les cotisations soient à caractère périodique ou viager, l'application des solutions particulières à l'assurance sur la vie ne permet pas à l'assureur d'en exiger le paiement. En application de l'alinéa 2e de l'article L. 132-20 du Code des assurances, l'assureur ne peut solliciter que la résiliation du contrat si la valeur de rachat est insuffisante ou inexistante, soit la réduction du contrat, c'est-à-dire la restitution d'une partie seulement des cotisations versées.

5349. Pour un capital d'environ 3 000 €, ce qui constitue le coût moyen des obsèques hors marbrerie, l'étude comparative de plusieurs contrats permet de situer le montant moyen des cotisations périodiques à environ 40 € mensuels pour une personne âgée de 70 ans et pour une durée de versement de 10 ans. Les cotisations viagères, pour une personne du même âge se répartissent autour d'une moyenne de 30 € mensuels, 25 € pour une personne âgée de 65 ans au moment de la souscription.
Les contrats d'assurance prévoient généralement un délai de carence d'une durée allant de 6 mois à deux années. Si le décès intervient durant ce laps de temps, le capital ne sera pas dû. Selon les dispositions contractuelles, l'assureur peut être néanmoins conduit à restituer tout ou partie des cotisations qu'il a perçues. Mais, il convient de remarquer que le délai de carence ne s'applique généralement pas aux décès qui ont une origine accidentelle.

Section 2. Évolution du régime des conventions obsèques

5350. Plusieurs difficultés majeures découlent du régime actuel des conventions obsèques. Outre une appellation qui n'est pas toujours suffisamment significative, l'une des difficultés majeures des contrats proposés par les assureurs au titre de la prévoyance décès tient au fait que les contrats prévoient l'intervention d'une entreprise de pompes funèbres déterminée sans laisser au bénéficiaire le droit de préférer un autre prestataire. En d'autres termes, les opérations funéraires sont pré affectées. C'est dans ces conditions qu'un mouvement législatif marqué par la volonté de mieux séparer les activités d'assurance et de prestations funéraires a abouti à l'adoption de textes qui sont destinés à être très prochainement ajoutés au Code général des collectivités territoriales.

5351. Une proposition de loi déposée par Mme la députée Marie Jo Zimmermann a été enregistrée à la Présidence de l'Assemblée Nationale le 16 juillet 2003. Intitulée proposition de loi « tendant à encadrer les contrats dits de prévoyance funéraire et à garantir la qualité des prestations funéraires » cette proposition tendait à améliorer l'information des consommateurs en leur permettant notamment de faire plus facilement la différence entre les types de contrats qui sont proposés.

5352. Le 11 décembre 2003, un amendement (n° 22) a été déposé par M. Louis Giscard d'Estaing pour faire insérer dans le projet de loi destiné à « redonner confiance au consommateur » une disposition garantissant la liberté de choix de l'opérateur funéraire par le bénéficiaire d'un contrat prévoyance décès. Cet amendement visait à faire disparaître un certain nombre de pratiques qui, selon l'auteur de l'amendement tendent à fausser la concurrence et à empêcher la famille de la personne disparue de choisir librement l'opérateur funéraire qui sera amené à intervenir. Toutefois, tenant compte de la constitution d'un groupe de travail qui avait été constitué au sein du Comité national des opérations funéraires, l'amendement a été rejeté.

5353. La discussion revint pourtant à l'ordre du jour de l'assemblée nationale le 8 juin 2004 à travers une question orale sans débat posée par M. le Député Frédéric Soulier à M. le secrétaire d'État au budget et à la réforme administrative. Monsieur le secrétaire d'État a été invité à préciser s'il entendait faire modifier la circulaire n° 97-00188 C du 10 novembre 1997 de manière à mieux distinguer entre les types de contrats proposés aux souscripteurs (contrats sans prestations ou avec prestations) et à faire davantage préciser la nature des prestations offertes au moment du décès. La réponse fait état des difficultés recensées par le groupe de travail créé par le Conseil national des opérations funéraires et de l'état des réflexions actuelles et à venir. Une question de même nature a été débattue au Sénat lors de la discussion parlementaire du 4 mai 2004. Adressée à Monsieur le ministre de l'Intérieur par Monsieur le Sénateur Jean Jacques Hyest, la question (n° 460) tendait à faire préciser les intentions du Gouvernement en matière de réglementation des contrats de prévoyance obsèques. La réponse apportée a été de même nature, à savoir qu'il était nécessaire de prendre connaissance des réflexions du Conseil national des opérations funéraires.

5354. Loi portant simplification du droit : c'est à l'occasion de la procédure législative devant conduire à l'adoption d'une loi autorisant le Gouvernement à légiférer par ordonnance que le thème de la prévoyance obsèques fut à nouveau soumis aux travaux des parlementaires. Alors que le projet initialement voté par l'Assemblée Nationale ne contenait aucune disposition en ce sens (texte du 15 juin 2004), le Sénat (projet de loi 14 oct. 2004) proposa d'ajouter deux articles 8 bis et 8 ter.

5355. Les dispositions relatives aux conventions obsèques ont fait l'objet de plusieurs dispositions législatives, à commencer par la loi n° 2004-1343 du 9 décembre 2004 qui concrétisa les projets évoqués ci-dessus, on relève également une loi n° 2005-1564 du 15 décembre 2005, une loi n° 2008-1350 du 19 décembre 2008, une ordonnance n° 2009-106 du 30 janvier 2009 puis en dernier lieu une loi n° 2009-526 du 12 mai 2009 et en dernier lieu, la loi n° 2013-672 du 26 juillet 2013.

5356. Article 11 (initialement article 8 bis) : Après l'article L. 2223-34 du Code général des collectivités territoriales, il est inséré un article L. 2223-34-1 ainsi rédigé :« Art. L. 2223-34-1. – Toute clause d'un contrat prévoyant des prestations d'obsèques à l'avance sans que le contenu détaillé de ces prestations soit défini est réputée non écrite. »
La loi n° 2004-1343 du 9 décembre 2004 a maintenu cette rédaction.

5357. Cette disposition resserre la définition des conventions obsèques. L'imprécision de la circulaire ministérielle du 10 novembre 1997 a souvent été critiquée lors de la discussion parlementaire qui a aboutit au vote de cette disposition. En insistant sur les éléments financiers des conventions obsèques et en relativisant ainsi l'importance de la relation avec le prestataire de services chargé d'organiser les obsèques, la circulaire a permis à de nombreuses entreprises de présenter sous l'appellation « conventions obsèques » de simples contrats d'assurance décès ne présentant aucune spécificité. Le nouvel article L. 2223-34-1 du Code général des collectivités territoriales est censé mettre un terme à cette pratique. La sanction est-elle pour autant adaptée ? Énoncer que la clause est réputée non écrite permettra sans doute de ramener le contrat d'assurance décès à sa juste qualification mais faut-il alors en déduire que c'est tout le contrat qui est réputé non écrit. Apparemment oui parce que le résultat recherché par les parlementaires était de rendre ce type de contrat sans valeur. Même dans ce cas, sachant qu'en matière d'assurance sur la vie, le paiement des cotisations est libre et qu'il est toujours possible à l'assuré de se libérer du contrat en cessant les versements, on peut se demander si la sanction est réellement susceptible d'atteindre l'assureur, elle paraît en revanche, beaucoup trop sévère pour l'assuré, au demeurant moins bien informé. On ajoutera qu'en l'absence de dispositions susceptibles de régler les conditions d'application de la loi dans le temps, les contrats conclus antérieurement à son entrée en vigueur devraient rester valables. En droit français, il est en effet admis que, sauf disposition légale particulière, les contrats restent soumis à la loi qui était en vigueur au jour où ils ont été conclus. La loi n° 2009-526 du 12 mai 2009 (art. 25) rétablit le deuxième alinéa de cet article introduit par la loi n° 2008-1350 du 19 décembre 2008 mais supprimé par l'article 12 de l'ordonnance n° 2009-106 du 30 janvier 2009, selon lequel « le capital versé par le souscripteur d'un contrat prévoyant des prestations d'obsèques à l'avance produit intérêt à un taux au moins égal au taux légal. La loi n° 2008-1350 du 19 décembre 2008 a mis en place un fichier central destiné à centraliser les contrats d'assurance obsèques souscrits par les particuliers auprès d'un établissement d'assurance en précisant que les modalités d'application de cette mesure, y compris la durée de conservation des informations enregistrées, sont déterminées par décret en Conseil d'État après avis de la Commission nationale de l'informatique et des libertés (CGCT, art L. 2223-34-2). L'ordonnance n° 2009-106 du 30 janvier 2009 abrogea cette disposition mais la loi n° 2009-526 l'a rétablie tout en précisant que les contrats dont il s'agit sont souscrits auprès des entreprises visées à l'article L. 310-1 du Code des assurances et des unions visées à l'article L. 111-1 du Code de la mutualité.

5358. Article 12 (initialement article 8 ter) : Après l'article L. 2223-35 du Code général des collectivités territoriales, il est inséré un article L. 2223-35-1 ainsi rédigé :
« Art. L. 2223-35-1. – Afin de garantir au contractant ou au souscripteur d'une formule de prestations d'obsèques à l'avance sa pleine et entière liberté de choix sa vie durant, qu'il s'agisse d'un contrat de forme individuelle ou d'adhésion à un contrat de groupe au sens de l'article L. 140-1 du code des assurances, le contrat doit prévoir explicitement la faculté pour le contractant ou le souscripteur de modifier la nature des obsèques, le mode de sépulture, le contenu des prestations et fournitures funéraires, l'opérateur habilité désigné pour exécuter les obsèques et, le cas échéant, le mandataire désigné pour veiller à la bonne exécution des volontés exprimées au sens de l'article 3 de la loi du 15 novembre 1887 sur la liberté des funérailles, le ou les changements effectués à fournitures et prestations équivalentes ne donnant droit à la perception que des seuls frais de gestion prévus par les conditions générales souscrites, sous peine, en cas de non-respect par une entreprise de cette liberté de modification ou de proposition par elle d'un contrat n'incluant pas cette faculté, d'une amende de 15 000 € par infraction commise ». On relèvera seulement que la loi n° 2005-1564 du 15 décembre 2005 précise que la référence à l'article L. 140-1 du Code des assurances est devenue article L. 141-1.

5359. Cette importante disposition a pour but de concilier la technique des conventions obsèques et le principe de liberté d'organisation de ses propres obsèques posé par l'article 3 de la loi du 15 novembre 1887 et reconnaît notamment à chacun le droit de « régler les conditions de ses funérailles, notamment en ce qui concerne la caractère religieux ou civil à leur donner et le mode de sa sépulture ». Sur le terrain du droit des assurances, on relèvera notamment que le contrat doit permettre au souscripteur de modifier non seulement le type des prestations, ce qui veut donc dire une modification du montant des cotisations, mais aussi le nom de l'opérateur de pompes funèbres qui a été désigné. Cette dernière modification ne sera pas très significative en l'absence d'acceptation par le bénéficiaire choisi, dans ce cas, en effet, elle ne sera que l'expression du droit reconnu au souscripteur de déterminer le nom du bénéficiaire. En revanche, en cas d'acceptation le nouvel article L. 2223-35-1 du Code général des collectivités territoriales, porte atteinte, non seulement aux mécanismes techniques de l'assurance vie mais aussi à l'article 1121 du Code civil relatif à la stipulation pour autrui et interdisant la révocation du bénéficiaire après acceptation. L'article L. 2223-35-1 doit alors être vu comme une exception au droit commun de l'assurance vie ce qui contribuera à la formation d'un droit spécifique aux conventions obsèques.

5360. L'Autorité de contrôle prudentiel a recommandé aux intermédiaires et organismes d'assurance d'attirer l'attention des souscripteurs de contrats obsèques sur plusieurs points (Recommandation 2011-R-04 du 15 juin 2011) : la liberté d'utilisation du capital, le risque d'insuffisance du capital pour couvrir les frais d'obsèques, les délais et conditions de versement du capital, l'existence d'une faculté de rachat, les conséquences du décès du souscripteur hors la période de garantie ainsi que l'existence et les conséquences de clauses d'exclusion (Dict. perm. Bull. août sept. 2011 p. 9 obs. S. Couilbault, Di Tommaso).

5361. Enfin, une proposition de loi relative à la diffusion des contrats obsèques et à la revalorisation du capital investi et la garantie de la qualité des prestations funéraires a été déposée à l'Assemblée nationale le 22 novembre 2011 (proposition de loi n° 3975 présentée notamment par MM. les députés G. Colombier et P. Gosselin, Rép. Def. 2001, p. 1715, n° 40187). Plusieurs objectifs étaient recherchés : mise en place d'un label « Contrat obsèques » réservé aux contrats proposant des prestations labellisées et certifiées et non pas un seul financement ; mise en place de modèles de notice d'information comportant des mentions obligatoires sous peine de nullité (durée du contrat, montant capital garantie, frais d'entrée, période de carence, modalités de désignation des bénéficiaires, revalorisation du capital, garanties d'assistance, modalités de versement du capital) ; autorisation de souscription au profit de majeurs protégés avec exclusion du tuteur en qualité de bénéficiaire (une réponse ministérielle n° 105435, JOAN 26 juil. 2011, p. 8179, a rappelé l'actuelle prohibition de telles souscriptions sur le fondement de l'article L. 132-3 du Code des assurances, Dict. Perm. Bull. oct. 2011 p. 15, obs. A. Zaroui) ; réintégrer le rendement financier des contrats obsèques dans le Code des assurances ; permettre une recherche rapide d'existence d'un contrat obsèques par un accès internet ; garantir la liberté de choix de l'opérateur funéraire par le souscripteur.

5362. La loi n° 2013-672 du 26 juillet 2013 améliore sensiblement le régime des conventions obsèques.
D'une part, il est dorénavant précisé que les formules de financement d'obsèques prévoient expressément l'affectation à la réalisation des obsèques du souscripteur ou de l'adhérent, à concurrence de leur coût, du capital versé au bénéficiaire. Cette solution est inscrite à l'article L. 2223-33-1 du Code général des collectivités territoriales, (C. Molé-Genlis : Un cadre plus précis pour les contrats obsèques, Argus 4 avril 2014 - G. Vial, Contrats Obsèques : La loi bancaire prévoit d'améliorer les pratiques commerciales, L'Argus 25 mars 2013).D'autre part, un arrêté publié au Journal officiel du 26 février 2014 précise la manière dont sera calculée la participation aux bénéfices pour tout contrat obsèques prévoyant des prestations à l'avance. Cet arrêté est la conséquence de la modification de l'article L. 2223-34-1 du Code général des collectivités territoriales (CGCT). Cette participation avait déjà été envisagée par la loi du 19 décembre 2008 mais avait été finalement supprimée par une ordonnance du 30 janvier 2009. La loi n° 2013-672 du 26 juillet 2013 modifiant l'article L. 2223-34-1 a rétabli cette participation. L'arrêté détermine comment les contrats obsèques seront dotés d'une participation aux bénéfices lorsque le compte de participation aux résultats (article A. 331-4 du Code des assurances présentera un solde créditeur (J. Speroni, La revalorisation des contrats obsèques enfin opérationnelle, L'Argus 27 février 2014).

Sous-titre 3
Emprunt et retraite individuelle

Chapitre 1
L'assurance emprunteur

BIBLIOGRAPHIE

L'Argus de l'assurance

Ouvrages. – J.-A. Chabannes et N. Eymard-Gauclin, *Le manuel de l'assurance vie*, L'Argus éd., – J. Bigot (sous dir.), *Code des assurances*, L'Argus éd., – F. Couilbault, S. Couilbault-Di Tommaso, V. Huberty, *Les grands principes de l'assurance*, L'Argus éd., 2015. – F. Couilbault (sous dir.), *Assurances de personnes*, L'Argus éd, 2016.

Articles. – Luc Grynbaum, Choisir son assurance emprunteur : vers une individualisation du contrat de groupe ?, L'Argus n° 7124, 5 juin 2009. - Géraldine Bruguière-Fontenille et Jérôme Speroni, Assurance emprunteur et documents contractuels, L'Argus n° 7108, 20 févr. 2009 ; L'obligation d'éclairer, L'Argus n° 7107, 13 févr. 2009 ; Assurance emprunteur et contenu de l'obligation, L'Argus n° 7136, 25 sept. 2009. - G. Defrance, Devoir de conseil du banquier, L'Argus n° 7094, 31 oct. 2008 ; Conseil de la banque, L'Argus n° 7093, 24 oct. 2008 ; Perte de chance et obligation de conseil, L'Argus n° 7091, 3 oct. 2008 ; Escroquerie, L'Argus n° 7088, 19 sept. 2008 ; Déchéance du terme et contrat emprunteur, L'Argus n° 7088, 19 sept. 2008 ; Mise en garde, L'Argus n° 7086, 5 sept. 2008 ; La cour de cassation veille aux frontières du devoir d'information, L'Argus n° 7083, 5 sept. 2008 ; Fausse déclaration, L'Argus n° 7073, 2 mai 2008 ; Exclusions de pathologies, L'Argus n° 7062, 29 févr. 2008 ; Secret médical, L'Argus n° 7061, 22 févr. 2008 ; Langue étrangère, L'Argus n° 7051, 7 déc. 2007 ; Obligation de conseil, L'Argus n° 7047, 9 nov. 2007 ; Fausse déclaration : les preuves à apporter, L'Argus n° 7047, 9 nov. 2007 ; Fausse déclaration, L'Argus n° 7046, 2 nov. 2007 ; Obligation d'information de la banque et contrat emprunteur, L'Argus n° 7040, 21 sept. 2007 ; Obligation de conseil de la banque et contrat emprunteur, L'Argus n° 7017, 16 mars 2007 ; Devoir de conseil, L'Argus n° 7014, 2 mars 2007 ; Plafond de garantie, L'Argus n° 7013, 23 févr. 2007 ; Assurance emprunteur et notice d'information, L'Argus n° 7012, 16 févr. 2007 ; Clauses formelles et limitées, L'Argus n° 7008, 19 janv. 2007 ; Renonciation au secret médical, L'Argus n° 6995, 13 oct. 2006 ; Prescription et assurance emprunteur, L'Argus n° 6993, 29 sept. 2006 ; Responsabilité de la banque, L'Argus n° 6981, 9 juin 2006 ; Emprunt et assurance liés, L'Argus n° 6965, 17 févr. 2006 ; Obligation d'information du souscripteur, L'Argus n° 6960, 13 janv. 2006 ; Prescription et interruption par lettre recommandée, L'Argus n° 6949, 28 oct. 2005 ; Assurance de la caution et emprunteurs défaillants, L'Argus n° 6948, 21 oct. 2005 ; Prescription et assurance emprunteur, L'Argus n° 6927, 29 avr. 2005 ; Responsabilité de la banque dans une assurance emprunteur, L'Argus n° 6849, 26 sept. 2003 ; Le recours des tiers payeurs et le délai de prescription, L'Argus 2003, n° 6819, Dossier jur., p. 3. ; Note sous Civ. 1re, 30 janv. 2002, L'Argus 2002, n° 6783, dossier jur., p. 3, n° 6776, p. 40 ; Note sous Civ.1re, 12 mars 2002, L'Argus 2002, n° 6780, p. 36. – S. Corone, Les rôles respectifs du banquier et de l'assureur lors de la souscription, L'Argus n° 6947, 14 oct. 2005. – A. Enriquez, L'assurance emprunteur est la lanterne rouge de la médiation, L'Argus, sept. 2004, n° 6896, p. 15. - S. Gobert, note sous CA Paris 13 mars 2001, L'Argus 2001, n° 6742, p. 58. - V. Crouzy, Prêt immobilier, le fardeau de l'assurance chômage, L'Argus 1994, n° 6393, p. 44.

Autres documentations

Ouvrages. – F. Boucard, *Les obligations d'information et de conseil du banquier,* PUAM 2002 - J. Kullmann (dir.), *Lamy Assurances*, 2014. - Bigot, *Traité de droit des assurances*, LGDJ 2002, t. 3, Le contrat d'assurance ; *Les assurances de personnes, Traité du droit des assurances*, Tome 4 LGDJ 2007.

Articles. – P.P. Alipoe, Vers une meilleure concurrence dans le secteur de l'assurance emprunteur ?, Actu. juri. Lamy assur., juil. 2010, p. 1 – M. Bertrand, Assurance emprunteur, bilan de la convention Belorgey, Trib. ass. 2004, n° 79, p. 23. – P. Bichot, Vers la fin des assurances en inclusion des cartes de paiement, RGDA 2002. – O. Boitte, Le régime juridique de l'assurance de groupe des emprunteurs : principales questions, RD bancaire et financier 2001, p. 321. – F. Boucard, L'analyse juridique de l'assurance de groupe en matière de crédit, RGDA 2002. 644. – M. Cannarsa, La loi Lagarde du 1er juillet 2010 et la libéralisation du marché de l'assurance emprunteur, Gaz. Pal. Oct. 2011, n° 302, p. 9. - S. Carval, De nouvelles précisions sur l'obligation d'information du banquier : obligation d'éclairer le client sur l'adéqution à sa situation personnelle de l'assurance groupe, Rev. contrats, 2009, p. 101 - G. Courtieu, A propos de l'assurance connexe à un prêt : stipulation pour autrui ou cession de créance, RCA 1998, chron. n° 28 ; A propos de la loi du 3 décembre 2001 relative aux droits du conjoint survivant et du 4 mars 2002 relative aux droits des malades, Assurance emprunteur, des orientations contradictoires, RCA 2002, n° 14, chron. p. 12 ; Assurance emprunteur : rebondissement sur la prescription biennale, JCP E 2002, p. 37 ; Assurance des emprunteurs, la Cour suprême met les banques en demeure, RCA 2007 étude n° 8 ; L'assurance des emprunteurs sur la sellette, RCA 2009, chron. n° 2 ; Assurances des emprunteurs, Garanties collectives et situations personnelles, RCA 2009 Dossier : Les 20 ans de responsabilité civile et assurances n° 8 – L. Fonlladosa, À propos de l'arrêt de la 1re ch. civile de la Cour de cassation du 24 septembre 2002, RGDA 2003. 91 ; Le sort de l'assurance emprunteur lorsque le prêt cesse par anticipation, Trib. ass. 2000, n° 34, cahiers jur. – A. Gourio, L'assurance de groupe n'est pas soumise à l'interdiction des ventes groupées en matière bancaire, RD bancaire et financier 2002, p. 329 ; La responsabilité civile du prêteur au titre de l'octroi d'un crédit à un particulier, RD bancaire et financier 2001, p. 48. – J.-L. Goldanel, Note sous Civ. 1re, 30 janv. 2001, RGDA 2001. 739. – H. Groutel, Note sous Civ. 1re, 21 nov. 2000, D. 2001 p. 3319 et 3325. – L'emprunteur et le point de départ de la prescription : est-ce le début de la fin ?, RCA 2001, chron. n° 12. – L. Grynbaum, Contrat d'assurance de groupe, le percement du voile contractuel, Rev. contrats 2009 p. 1142 ; S. Hovasse-Banget, La fonction de garantie de l'assurance vie, Rép. Defrénois 1998, art. 36715 et 36785. – B. Jadaud, « L'assurance décès du dirigeant d'entreprise, Dr. et patr. 1993, n° 10, p. 32. – J. Kullmann, Actualité de l'assurance de groupe des emprunteurs », LPA 1998, n° 72, p. 45 ; Note sous Civ. 1re, 21 nov. 2000, RGDA 2000. 1059 ; Suicide et assurance : une vielle notion, mais un tout nouveau régime, RGDA 2002. 907. – A. La-Rizza, Effet de la mise en œuvre de l'assurance de groupe décès-invalidité dans les rapports entre acquéreurs indivis, JCP G. 2003, II, 10100. – D. Legeais, Les obligations et la responsabilité d'un banquier souscripteur d'une assurance de groupe, RD bancaire et financier 2001, p. 317. – N. Leblond, L'information en assurance emprunteur, Gaz. Pal. 29 oct. 2011 n° 302, P. 14. – De quelques difficultés suscitées par la substitution d'assurance emprunteur, Resp. civ. et ass. 2012 chr. n° 2. - M.-H. Maleville, La responsabilité civile des intermédiaires professionnels au titre du devoir de conseil, JCP G 2000, I, 222 ; Vers une harmonisation du concept d'invalidité dans les contras d'assurance collective emprunteur, RGDA 1997. 956. – I. Maria, La situation des majeurs protégés en matière d'assurance-emprunteur, Gaz. Pal. 2011, n° 301-302, p. 18-22. - L. Mayaux, Assurance emprunteurs – Prescription, note sous Civ. 1re, 18 mars 2003, RGDA 2003. 524. – D. Mazeaud, note sous Civ. 1re, 18 janv. 2000, Rép. Defrénois 2000, p. 731. – J.M. Moulin, Les obligations d'information et de conseil du banquier souscripteur d'une assurance de groupe, RD bancaire et bourse, janv-fév. 2000, p. 50. – V. Nicolas, L'assurance perte d'emploi ou la nébuleuse pour l'assuré consommateur, Contrats, conc., consom. 1995, n° 8, p. 1. – J Piednoir, De l'efficacité des clauses « incapacité/invalidité de travail dans les contrats d'assurance emprunteurs », RGDA 2011, p. 31 – I. Rivière, L'obligation d'information et de conseil du banquier souscripteur en assurance de groupe, LPA 2001, n° 124, p. 4. – A. Quibeuf, Les évolutions de l'assurance emprunteur, Rev. Risques n° 33, 1998, p. 47. – B. Saint Alary, Le nouveau dispositif sur les ventes groupées et les ventes à prime doit-il inquiéter les banques ?, Banque et droit 2002, p. 12. – C. Siffrein-Blanc, Le devoir du banquier d'éclairer ses clients en matière d'assurance de groupe, LPA 2009 n° 22 p. 13 - J. Stoufflet, Nouvelles interventions dans les relations entre les établissements de crédit et leurs clients, RD bancaire et financier 2002, p. 37. – M. Senechal, À propos de l'arrêt de la 1re ch. Civile de la Cour de cassation, Rép. Defrénois 2003, p. 447. – P. Vaillier, Le sort du contrat d'assurance « emprunteur » en cas de déchéance du terme du prêt garanti, RCA 2000, n° 8, chron. p. 6. – A. Zaraoui, Rupture conventionnelle du contrat de travail et assurance perte d'emploi des prêts immobiliers, un vide juridique, Dict. perm., Bull. nov. 2010 p. 2.

Divers : Avis de l'Autorité de la concurrence n° 09-A-49 du 7 oct. 2009 relatif aux conditions de concurrence dans le secteur de l'assurance emprunteur pour le crédit immobilier. - Colloque AIDA, Les assurances collectives, Paris, 19 nov. 1997, RGDA 1998. 517 et s. – L'évolution des garanties du crédit aux particuliers - Les garanties du financement, 82e Congrès des notaires français, 1986. – C. Chenu, De l'utilisation de certains mécanismes des assurances de personnes par les entreprises, Mémoire de diplôme supérieur de notariat, Poitiers. – Engagement relatif à la terminologie des contrats emprunteurs, Assemblée générale FFSA 21 juin 2011, Commission exécutive du GEMA 12 mai 2011.

5363. L'assurance emprunteur relève autant du droit du crédit que du droit de l'assurance. Elle peut, en effet, se définir d'abord comme une technique qui permet à l'établissement de crédit de se protéger contre l'insolvabilité qui pourrait affecter un emprunteur dont l'état de santé, voire la situation professionnelle, se détériorerait. À ce titre elle peut être perçue comme une garantie (L'évolution des garanties du crédit aux particuliers - Les garanties du financement, 82e Congrès des notaires français, 1986). Toutefois, en déchargeant la succession de l'emprunteur, en cas de décès, ou l'emprunteur lui-même de la dette de remboursement de l'emprunt, elle constitue aussi une protection de la personne ou de son patrimoine, caractéristique du contrat d'assurance. Le versement des cotisations dans les mains de l'assureur permet la mise en œuvre des garanties en cas de réalisation d'un événement aléatoire.

5364. Même si elle relève de la catégorie des assurances de personnes, l'assurance emprunteur présente ainsi une spécificité. Il était ainsi classiquement admis qu'elle ne relevait pas des dispositions du Code des assurances qui imposent à l'assureur de faire participer les assurés aux bénéfices des contrats LGDJ, 2007 n° 989, p. 810. Le débat a été relancé avec la parution de l'arrêté du 23 avril 2007 relatif à la provision pour aléas financiers et à la participation aux bénéfices techniques et financiers des opérations d'entreprises d'assurance, qui s'est substitué à l'arrêté du 21 décembre 1984 qui pour la sa part, excluait des modalités de calcul de la participation aux bénéfices les contrats collectifs en matière de décès. Dorénavant l'article A. 331-4 du code des assurances, par renvoi à l'article A. 344-2 inclut les contrats collectifs de décès parmi ceux pour lesquels la participation aux bénéfices est due à l'assuré : sur les questions soulevées par cette solution : J. Bigot, Contrats emprunteurs, la bombe à retardement ? JCP G 2005, 2144 ; voir également Assurance emprunteur : le grand déballage, L'Argus 1er juin 2007. En mai 2007, l'UFC-Que Choisir avait dénoncé l'appropriation par les banques des « bénéfices techniques et financiers » des contrats d'assurance collective couvrant le décès, l'incapacité et l'invalidité correspondant à près de 11, 5 milliards d'euros sur 10 ans. L'association a assigné en justice la CNP prévoyance et la Caisse d'épargne et de prévoyance. Par un jugement du 23 septembre 2009 susceptible d'appel, la chambre de la presse du tribunal de grande instance de Paris a débouté les établissements bancaires de leurs demandes en condamnation de l'association « Que Choisir » pour abus de la liberté d'expression. Pour sa part, la Ministre de l'Economie et des Finances a considéré que la solution de participation aux bénéfices ne saurait ouvrir de droits individuels aux assurés (JO, Débats Sénat 3 janv. 2008, p. 26). Néanmoins, par une décision n° 353885 du 23 juillet 2012, le Conseil d'Etat a déclaré illégale une ancienne rédaction de l'article A. 331-3 du Code des assurances, antérieure à celle issue de l'arrêté du 23 avril 2007 relatif à la provision pour aléas financiers et à la participation aux bénéfices techniques et financiers des opérations des entreprises d'assurance sur la vie et modifiant l'arrêté du 19 février 2007 relatif aux informations à produire devant le

Comité des entreprises d'assurance. Le Conseil d'Etat a jugé que l'article A. 331-3 du Code des assurances, en excluant de la participation aux bénéfices techniques et financiers les contrats collectifs en cas de décès, forme sous laquelle l'assurance décès des emprunteurs est souvent souscrite, contrevenait à la loi. Pour autant, cette décision ne paraît pas susceptible de faire naître au profit des emprunteurs un droit individuel à distribution des bénéfices pour la période de 1995 à 2007 (affirmant que la question de la répartition de bénéfices entre les différents assurés relève de liberté contractuelle, Quest. n° 5775 au ministre de l'Economie et des Finances de M. Jean Launay, Rép. JO 30 oct. 2012, p. 6142 - P. Pierre, Le sort des bénéfices distribués au titre de l'assurance d'emprunteurs (après l'arrêt du Conseil d'Etat du 23 juillet 2012), Resp. civ. et assur. 2012, Études 11 – A. Astegiano -La Rizza, Assurance groupe emprunteur : la participation bénéficiaire en question, A propos de l'arrêt du Conseil d'Etat du 23 juill. 2012, Actuassurance).

5365. Même si elles relèvent du même domaine économique, les assurances emprunteur et crédit ne doivent pas être confondues. Dans l'assurance emprunteur, la garantie est souscrite par, ou au nom de, l'emprunteur. À l'inverse, dans l'assurance crédit, c'est le créancier lui-même qui se protège contre l'insolvabilité de ses débiteurs en souscrivant une garantie qui lui est personnelle auprès d'un établissement proposant ce type d'assurance. L'assurance crédit peut ainsi se définir comme « un système d'assurance qui permet à des créanciers moyennant le paiement d'une prime, de se couvrir contre le non paiement des créances dues par des personnes préalablement identifiées et en état de défaillance de paiement » (J. Bastin, L'assurance crédit dans le monde contemporain, LGDJ 1978 ; voir néanmoins sur les difficultés de détermination de l'assurance crédit, M. Cabrillac et Ch. Mouly, *Droit des sûretés*, Litec, 4e éd. 1995, n° 377 ; D. Linton, *L'assurance crédit*, Thèse Université Paris I, 1978 ; R. Percerou, La nature juridique de l'assurance crédit : contrat d'assurance ou contrat crédit, RGAT 1970. 350 et 473). L'assurance crédit se distingue de l'assurance caution (G. Defrance, Les garanties financières, un marché important pour les assureurs, L'Argus, 15 mai 1998, p. 32 à 36). Les deux opérations procèdent néanmoins de la même démarche juridique : dans les deux cas, un tiers, non contractant originaire de l'obligation, garantit l'exécution de celle-ci, en acceptant de l'assumer en cas de défaillance du débiteur principal. Les assurances crédit sont souscrites par des entreprises et non par des particuliers. Leur régime juridique est ambigu dans la mesure où il ne s'agit pas d'une opération soumise au Code des assurances (C. assur., art. L. 111-1).

5366. La loi n° 2010-737 du 1er juillet 2010 réformant le crédit à la consommation (Jo du 2 juillet 2010) a donné plus de choix au consommateur afin qu'il puisse faire jouer la concurrence. Depuis le 1er septembre 2010, le consommateur peut choisir librement son assurance emprunteur à condition que l'assurance de son choix présente des garanties équivalentes à celles proposées par l'assurance de la banque (art. 21). A compter de la même date, les pratiques agressives en matière de publicité sont interdites. Par ailleurs, une information précontractuelle de l'emprunteur par écrit doit être faite par le prêteur ou l'intermédiaire de crédit.

Section 1 . Risques couverts

5367. Le contrat d'assurance emprunteur doit permettre au banquier bénéficiaire de percevoir les sommes que l'assuré aurait normalement dû lui adresser. Les risques couverts doivent donc concerner toutes les hypothèses dans lesquelles l'assuré ne sera plus en mesure de faire face à ses obligations.

§ 1 ■ Décès de l'assuré

5368. Le décès de l'assuré contraint l'assureur au remboursement du capital restant dû. Il y a substitution de l'assureur à l'emprunteur. La Cour de cassation, dans un arrêt du 14 avril 1995, (Civ. 1re, 14 nov. 1995, D. 1996, p. 436, note Billiau ; Rép. Defrénois 1996, art. 36354 ; RGDA 1997. 429, note D. Villani ; voir aussi en cas d'indivision : Civ. 1re, 12 mars 2002, Bull. civ. I, n° 82, p. 63 ; RGDA 2002. 429, note L. Mayaux ; RCA 2002, comm. n° 211) a précisé que l'attribution du capital à l'établissement de crédit valait paiement de la dette de l'emprunteur qui se trouve ainsi libéré. Sauf exclusion, tous les types de décès sont susceptibles de déclencher la mise en œuvre des garanties. Il n'est pas nécessaire, par exemple, que le décès soit consécutif à un accident. Cet engagement peut être très important pour l'assureur. Il est de surcroît appelé à jouer dans toutes les situations, même lorsque l'assurance a été prise sur la tête de plusieurs co-emprunteurs. En matière professionnelle, la disparition de la dette de remboursement de l'emprunt est susceptible d'entraîner des conséquences fiscales particulièrement pénalisantes.

5369. Une entreprise a, en effet, souvent besoin d'obtenir un prêt ou un découvert bancaire auprès d'un organisme de crédit. Ce dernier peut craindre que le décès du dirigeant ne compromette la solidité financière de l'entreprise et que celle-ci, surtout si elle organisée sous forme sociale, ne soit plus en mesure de rembourser les sommes empruntées. Le chef d'entreprise, ou selon les cas la société, va avoir recours soit à une assurance individuelle contre le décès, soit à un contrat proposé par l'établissement de crédit. Les modalités de souscription peuvent être très différentes lorsque l'entreprise est exploitée sous forme de société. Le contrat peut être souscrit par la société elle-même ou par le dirigeant en sa qualité de caution. Dans les deux cas toutefois, le bénéficiaire sera l'établissement de crédit qui recevra le capital en application des principes dégagés en matière d'assurance sur la vie, c'est-à-dire, sur la base d'une stipulation pour autrui et sans transiter par le patrimoine de l'assuré dont la dette se trouvera éteinte. Or, l'extinction de la dette interdira de la faire figurer dans le passif successoral ce qui peut avoir pour effet d'augmenter les droits de succession, directement en cas d'entreprise individuelle, indirectement en cas d'entreprise sociale par le biais d'une augmentation de la valeur des droits sociaux. De même, s'agissant des bénéfices imposables, les entreprises soumises à l'article 38.2 du Code général des impôts seront contraintes d'enregistrer un « bénéficie net » supérieur puisque celui-ci est constitué par la différence de valeur entre les actifs nets à l'ouverture et à la clôture de l'exercice. L'inscription d'un bien à l'actif ne sera plus compensée par la dette d'emprunt qui lui était attachée. L'article 38 quater du Code général des impôts autorise toutefois un étalement sur 5 ans (l'année du décès et les 4 années suivantes) mais il ne peut s'appliquer que si certaines conditions bien précises sont remplies. Afin d'éviter ces conséquences, il est possible d'organiser l'assurance emprunteur selon un schéma particulier dans lequel le bénéficiaire n'est pas l'établissement de crédit mais un tiers qui devra conserver le capital jusqu'au remboursement complet des sommes dues à l'établissement prêteur. Le Conseil d'État a validé ce montage pourtant critiqué en amont (CE, 10 juill. 1992, RJF 1992, p. 743 et 673, conclusions O. Fouquet ; adde B. Jadaud, L'assurance décès du dirigeant d'entreprise, Dr. et Patr., nov. 1993, p. 32). Il paraît également possible de désigner l'établissement de crédit en qualité de bénéficiaire sous la condition résolutoire de remboursement complet du crédit, les héritiers étant alors bénéficiaires sous condition suspensive (sur cette proposition, C. Chenu, De l'utilisation de certains mécanismes des assurances de personnes par les entreprises, Mémoire de diplôme supérieur de notariat, Poitiers). Ainsi, la banque pourrait conserver le capital en garantie mais devrait le restituer au moment de l'extinction de la dette de remboursement.

5370. De manière générale, les contrats d'assurance emprunteur ne sont pas soumis à l'interdiction de couverture du risque de suicide dans la première année du contrat. Plus spécialement, l'assurance décès contractée pour garantir le remboursement des prêts destinés à financer l'acquisition du logement principal de l'emprunteur doit obligatoirement couvrir le suicide intervenu dès la première année mais dans la limite d'un plafond de 120 000 € (C. assur., art. L. 132-7 al. 4 et art. R. 132-5).

5371. De manière à améliorer l'assurabilité des personnes séropositives ou présentant un risque de santé aggravé, une convention a été signée le 19 septembre 2001 entre l'État, les associations de consommateurs ou de malades, les établissements de crédit et les assureurs. Les solutions de la convention Belorgey ont été reprises dans la loi du 4 mars 2002 sur les droits des malades (CSP., art. L. 1141-2). Les solutions adoptées sont différentes selon que l'emprunt est destiné à financer le logement de l'assuré ou un bien de consommation. Dans le premier cas, dans les limites d'un encours cumulé de 200 000 €, d'une durée de crédit maximale de 12 ans et de l'âge de l'assuré (qui ne doit pas dépasser 60 ans), le refus pour cause de santé ouvre le droit à demander un deuxième examen, auprès d'un dispositif dit de « deuxième niveau », voire si le refus persiste, un troisième examen par un « pool des risques très aggravés ». En ce qui concerne les prêts à la consommation, le questionnaire médical est supprimé lorsque le prêt sollicité ne dépasse pas 10 000 € pour une durée de remboursement inférieur ou égale à 4 ans et lorsque le candidat est âgé de 45 ans au plus.

5372. La Convention « s'assurer et emprunter avec un risque aggravé de santé – AERAS », signée le 6 juillet 2006 annule et remplace la Convention du 19 septembre 2001 sur l'accès au crédit et à l'assurance des personnes présentant un risque de santé aggravé – Convention Belorgey. Passée entre pouvoirs publics, associations, représentants des secteurs de la Banque et de l'assurance, la convention AERAS devait être entérinée par le vote d'une loi. Certaines mesures de la convention Belorgey du 19 septembre 2001 se retrouvent dans la nouvelle convention. Ainsi en va-t-il du traitement des informations personnelles nécessaires à la souscription et à l'exécution du contrat. On retrouve les mêmes devoirs de confidentialité et les mêmes limites quant aux questions qui peuvent être posées au candidat à l'assurance : aspects intimes de la vie privée, notamment sexualité, tests de dépistage des sérologies, portant en particulier sur les virus des hépatites B et C ou sur celui de l'immunodéficience humaine. Au titre des principales modifications par rapport à la Convention Belorgey, on relève :
- une obligation d'information pesant sur les établissements de crédit en direction des publics spécifiques. Un référent suffisamment formé devra être nommé dans chaque réseau bancaire et répondre aux questions des candidats à l'emprunt. Cet effort d'information incombe également aux pouvoirs publics et aux associations de consommateurs ou de représentants des personnes malades ou handicapées, notamment par le biais d'un site internet ;
- un délai d'instruction des demandes d'emprunt réduit à 5 semaines (3 semaines pour les assureurs, 2 semaines pour les banquiers) ;
- un relèvement des seuils dispensant de répondre à un questionnaire de santé : 17 000 € (depuis le 1er mars 2011 contre 10 000, puis 15 000 auparavant), à condition d'avoir moins de 50 ans (45 ans auparavant) – de même un relèvement du montant maximum des encours de prêt de 250 000 € à 320 000 € (depuis le 1er mars 2011). Une obligation faite aux établissements bancaires d'accepter des garanties alternatives à l'assurance et portant soit sur un bien immobilier, soit sur un portefeuille de valeurs mobilières ou sur un contrat d'assurance sur la vie ;
- la mise en place d'un mécanisme de mutualisation des risques d'assurance pour les prêts sollicités par des personnes disposant de faibles revenus et destinés à financer l'acquisition d'une résidence principale ou des biens professionnels ;
- l'élargissement du domaine d'application des mesures spécifiques au risque d'invalidité

(voir ci-dessous).
La loi n° 2007-131 du 31 janvier 2007 relative à l'accès au crédit des personnes présentant un risque aggravé complète le code de la santé publique (art. L. 1141-2, L 1141-2-1, 1141-3, 1141-4) et modifie l'article L. 1111-7 du même code, afin de renvoyer à la convention AERAS.

5373. Un important avenant à la Convention AERAS, signé le 2 septembre 2015, modifié par l'article 190 de la loi n° 2016-41 du 26 janvier 2016 relative à la modernisation de notre système de santé (Code de la santé publique, art. L. 1141-5), introduit un « droit à l'oubli » de manière à faciliter l'accès des individus présentant un risque aggravé de santé à l'assurance emprunteur. Ainsi, il ne sera plus possible à un assureur de recueillir des informations médicales relatives à des pathologies cancéreuses à compter de la dixième année après la fin du protocole thérapeutique, le délai étant ramené à cinq années pour les pathologies cancéreuses survenues avant l'âge de dix-huit ans. Des grilles de référence seront mises en place de manière à affiner ces délais en fonction des différentes pathologies. Une première grille de référence publiée le 4 février 2016 retient ainsi des délais beaucoup plus brefs allant par exemple, selon les cas, de 1 à 3 ans. Par une disposition ajoutée par la loi du 26 janvier 2016, il est prévu d'étendre ce dispositif aux pathologies autres que cancéreuses, notamment les pathologies chroniques, dès lors que les progrès thérapeutiques et les données de la science attestent de la capacité des traitements concernés à circonscrire significativement et durablement leurs effets. Par ailleurs, le même article 190 de la loi du 26 janvier 2016 a inséré dans les articles L. 1141-5 et L. 1141-6 du Code de la santé publique un principe d'interdiction de cumul pour une même pathologie d'une exclusion et d'une majoration de tarifs.

§ 2 ▪ Invalidité

5374. Les contrats n'appréhendent pas tous l'invalidité de la même manière. Dans ces conditions, il appartient à l'assuré de prendre connaissance avec précision de l'étendue des garanties qu'il souscrit. Il en résulte à l'évidence un déséquilibre dans la connaissance du contrat accentué par l'utilisation d'une terminologie spécifique à la prise en compte des préjudices corporels. Malgré ce constat, et parce qu'il est très difficile de faire autrement, une réponse ministérielle a conforté la liberté contractuelle, « le principe de l'autonomie de la volonté préside à la conclusion du contrat d'assurance : l'assureur peut donc proposer diverses couvertures à l'emprunteur en fonction de l'appréciation technique du risque et des besoins de l'assuré. En outre, chaque compagnie d'assurance peut choisir une définition spécifique de l'invalidité qui correspond à sa démarche commerciale » (Rép. Min. QE n° 41326, 22 juill. 1996, JOANQ 30 sept. P. 5174 ; Rép. Min. n° 10067, 16 févr. 1998, JOANQ 11 mai, p. 2677 ; adde M.-H. Maleville, Vers une harmonisation du concept d'invalidité dans les contrats d'assurance collective emprunteur, RGDA 1997. 956 ; O. Boitte, Le régime juridique de l'assurance de groupe des emprunteurs : principales questions, RD Bancaire et financier 2001, p. 321). La Cour de cassation se refuse dorénavant à interpréter les dispositions contractuelles puisque dans un important arrêt relatif à l'assurance emprunteur elle a déclaré que « la circonstance qu'un assuré est dans un état d'incapacité temporaire totale ou d'invalidité correspondant à la définition contractuelle qu'en donne le contrat d'assurance, relève de l'appréciation souveraine des juges du fond » (Civ. 1re, 9 févr. 1999 (3 arrêts), D. 1999, p. 339, note J. Kullmann ; H. Groutel, Garanties incapacité temporaire et invalidité : la Cour de cassation se défausse, RCA 1999, chron. n° 11). La liberté de définition de l'invalidité peut conduire à des situations difficilement compréhensibles pour les assurés. Ainsi, une personne dont l'état correspond à la définition de l'invalidité au titre des régimes d'indemnisation de la sécurité sociale peut se voir opposer une définition contractuelle qui conclut au refus de reconnaissance de l'invalidité (sur ce point, Juris-compact, *Pratique des assurances des particuliers*, 2003, n° 015-11 ; Civ. 1re, 17 mars 1998, RGDA 1998. 769 cassant CA Riom, 14 déc. 1995, RGDA 1996. 967, note M.-H. Maleville qui avait condamné un assureur à garantir un agriculteur souffrant d'une sciatique). De la même manière, l'assurance emprunteur a principalement pour but de se substituer à celui qui est subitement privé des ressources de son travail. Ainsi, un arrêt a débouté un assuré au motif qu'au moment où son invalidité a été reconnue par la COTOREP (Commission Technique d'Orientation et de Reclassement Professionnel) elle n'exerçait aucune activité professionnelle (CA Paris, 11 mars 2003, 7e ch. Sect. A, n° 2001/12792, Mme P. c/ Société Axa Collectivités). L'actualité jurisprudentielle conduit néanmoins à la plus grande prudence en ce qui concerne la validité de ces clauses au regard de la lutte contre les clauses abusives (voir ci-dessous à propos de l'incapacité temporaire totale de travail).

5375. Contrairement à ce qui était prévu dans la convention signée le 19 septembre 2001 dans la convention Belorgey, la demande d'assurance du risque invalidité entre désormais, depuis le 1er mars 2011, dans le champ d'application de la convention AERAS au même titre que l'assurance décès.

5376. L'engagement de l'assureur est directement fonction de l'importance de l'invalidité. Dès lors qu'elle présente les caractères d'absolue et de définitive (IAD) elle peut être assimilée au décès puisqu'elle a pour conséquence d'interdire à l'assuré l'exercice de toute activité professionnelle. L'assureur devra donc rembourser au prêteur le capital restant dû au jour où elle est constatée. Certains contrats exigent de surcroît que l'invalidité absolue et définitive soit de nature à rendre indispensable l'assistance à vie d'une tierce personne. En revanche, lorsque l'invalidité est permanente et partielle, l'assureur ne sera tenu de ne prendre en charge que les échéances de remboursement à venir sans d'ailleurs être systématiquement tenu d'en supporter le paiement intégral. Il peut y avoir répartition entre assureur et assuré, en proportion du taux d'invalidité qui a été reconnu à l'assuré. Encore convient-il de faire réserve des hypothèses où le taux d'invalidité est inférieur au plancher d'intervention de l'assureur. Une remarque identique a celle qui a été formulée au paragraphe précédent peut être faite en ce qui concerne les différences de taux d'invalidité qui peuvent être enregistrées entre le droit spécial de la Sécurité sociale et le barème contractuel. La Cour d'appel de Paris a dû préciser qu'en l'absence de toute référence expresse, la police ne pouvait qu'être réputée avoir été souscrite sous le régime du droit commun des obligations civiles et commerciales ce qui obligeait à tenir compte des conclusions d'une expertise judiciaire fixant le taux d'IPP à un montant inférieur au plancher d'intervention de l'assureur (CA Paris, 30 sept. 2003, 7e ch., sect. A, n° 1998/20529, D. B. c/société GAN, inédit). Dans deux avis rendus le 23 février 2006 (nos 06-01 et 06-02), la Commission des clauses abusives a déclaré abusive la clause suivante : « aucune prise en charge (du risque d'invalidité permanente et totale) ne pourra intervenir dès la fin du mois où survient l'un des trois événements suivants : liquidation de toute pension de retraite, départ ou mise en préretraite ou en retraite, cessation d'activité professionnelle ». La commission a motivé son avis comme suit : « la clause susvisée, qui, au demeurant, n'est pas rédigée en caractères très apparents, est abusive en ce qu'elle exclut la garantie de l'assureur dans le cas où la résiliation du risque d'invalidité permanente et totale, dont la garantie est l'objet même du contrat, a pour conséquence fortuite la mise en préretraite ou en retraite ou la cessation d'activité professionnelle de l'adhérent ».

5377. De manière à éviter des souscriptions qui dissimuleraient la conscience chez le souscripteur d'un état pathologique futur mais non déclaré, certains contrats écartent l'application des garanties lorsque l'invalidité absolue et définitive intervient au cours de la première année du contrat à la suite de l'évolution d'une maladie. Il peut alors être difficile de déterminer le point de départ du délai d'un an. Dans l'hypothèse d'une renégociation d'un prêt, entraînant une novation de contrat (soit la substitution d'une obligation par une autre par le fait du changement de débiteur), il a été admis qu'un délai nouveau commençait à courir (Civ. 1re, 2 mars 1999, RCA 1999, comm. n° 152 ; voir Juris-compact, *Pratique des assurances du particulier*, 2003, n° 015-14). Nous rappellerons que le délai de carence est une franchise absolue exprimée en temps et non en valeur, qui a pour effet de décaler la mise en œuvre de la garantie et en conséquence d'exclure les événements survenant pendant cette période, même si leurs effets sont postérieurs.

§ 3 ▪ Incapacité temporaire de travail

5378. À la différence de l'invalidité qui constitue un état permanent, l'incapacité temporaire de travail constitue un empêchement provisoire à l'exercice d'une activité professionnelle. L'engagement de l'assureur est donc, par nature, différent : il consiste à se substituer à l'emprunteur pour régler les échéances de prêt qui deviennent exigibles pendant la cessation de l'activité professionnelle. L'engagement de l'assureur prendra fin à la reprise de l'activité professionnelle ou évoluera vers le paiement intégral si l'incapacité temporaire de travail se transforme en invalidité. Assez normalement l'incapacité temporaire de travail est reconnue lorsque l'assuré n'est pas en état d'exercer sa profession habituelle. Certaines clauses contractuelles sont parfois plus exigeantes et conditionne la reconnaissance de l'incapacité à l'impossibilité d'exercice de toute profession. En cas de litige, il appartiendra à un expert de dire si l'incapacité constatée correspond à la définition contractuelle (CA Paris, 3 nov. 2003, 7e ch. Sect. A, n° 2002/11956, Mme P. c/ SA Société Crédit Foncier de France, inédit ; CA Paris, 28 oct. 2003, 7e ch. Sect. A n° 2002/022218 M. D. c/ SA Gan Vie : exemple de refus de mise en œuvre des garanties, l'assuré ne présentant qu'une invalidité de 40 % et n'était pas absolument incapable d'exercer une profession ; CA Paris, 20 mai 2003, 7e ch. Sect. A, n° 2002/18288, CNP c/M. D, inédit : un responsable d'agence bancaire victime de menaces lors d'une attaque à main armée a été jugé inapte à reprendre son travail habituel, avec exposition au public, mais pas inapte à l'exercice de toute activité professionnelle). L'actualité jurisprudentielle européenne et interne fait peser sur ces clauses un sérieux risque de qualification de clause abusive. Consacrée à la définition des prestations contractuelles, ces clauses ne sont susceptibles de subir le régime des clauses abusives que s'il apparaît au juge qu'elles ne sont pas rédigées de manière claire et compréhensible (C. consom. L. 132-1). Interrogée dans le cadre d'une question préjudicielle, la Cour de justice de l'Union européenne a précisé les contours de cette interprétation en permettant la qualification de clause abusive (CJUE, 23 avril 2015, n° C-96/14, Jean Claude Hove c/CNP Assurances ; F. Leduc ; Menaces de mort de la clause coma, Rev. des contrats 2016, p. 67 – S. Piédelièvre, Contrat d'assurance et clauses abusives, Gaz. Pal.2015, n° 161/162, p. 17 – G. Parléani, Il aura fallu 17 ans pour tuer la clause coma (et quelques autres) RGDA 2015, p. 331). Un arrêt de la Cour de cassation se prononce en ce sens à propos d'une clause qui définissait l'incapacité totale et définitive comme l'impossibilité totale définitive et médicalement constatée d'exercer une activité ou un travail pouvant procurer bien ou profit (Civ. 1e, 14 avril 2016, n° 15-19107).

5379. Il est assez fréquemment prévu dans le contrat que l'engagement de l'assureur ne deviendra effectif qu'après écoulement d'une période de carence ou de franchise qui est généralement d'une durée allant de 1 à 6 mois (Civ. 1re, 17 févr. 1998, RGDA 1998. 305, note M.-H. Maleville). Durant ce temps, l'assuré devra supporter seul le paiement des mensualités d'emprunt, sans rien pouvoir demander à son assureur. Le délai de carence peut toutefois produire des effets différents. Il peut être prévu par exemple que son dépassement aura un effet rétroactif qui obligera l'assureur à verser une somme à l'assuré à hauteur des remboursements qu'il a effectués depuis le jour où son incapacité a été reconnue. Il peut aussi être stipulé qu'un nouveau délai de carence ne sera pas exigé en cas d'incapacité liée à une rechute qui se produirait dans un certain laps de temps.

5380. Selon la Commission des clauses abusives (Recom. CCA n° 90-01), une clause d'une durée excessive pourrait être considérée comme abusive dans la mesure où les arrêts de travail sont d'une durée moyenne de 15 jours et ne dépassent que rarement 45 jours. L'assureur ne peut pas imposer un délai de carence qui serait égal à la durée du prêt ou du découvert garanti. Dans une telle situation son engagement serait inexistant. Il convient donc d'apprécier la régularité du délai de carence au regard de la durée du prêt. Cela peut-être particulièrement difficile en cas de renouvellement par tacite reconduction d'une ouverture de crédit. Dans ce cas, la durée de l'emprunt garanti sera calculée sur la durée totale des remboursements et non sur la dernière période de renouvellement (Civ. 1re, 26 févr. 2002, Bull. civ. I, n° 71 ; RGDA 2002. 361, note J. Kullmann). La Cour de cassation a jugé qu'une clause prévoyant un délai de carence d'un an pour la mise en œuvre d'une assurance en cas de maladie, dès lors qu'elle pouvait s'appliquer immédiatement en cas d'accident, ne relevait pas d'un abus de puissance économique de la part de l'assureur (Civ. 1re, 1er févr. 2005, RCA 2005, comm. n° 139, obs. G. Courtieu).

§ 4 ▪ Chômage

5381. De la même manière que pour l'assurance de l'incapacité temporaire de travail, l'assureur s'engage à prendre à sa charge les mensualités d'emprunt qui viendraient à être exigibles durant la période d'inactivité de l'assuré. Il est possible de prendre en compte un chômage partiel (Rép. Min. QE n° 9183, 26 janv. 1998, JOANQ 20 avr., p. 2231). Le chômage sera apprécié en fonction de la définition qu'en donnera le contrat. Les garanties peuvent être limitées dans le temps si bien que seule une période de chômage sera susceptible de faire naître les droits de l'assuré. Les assureurs ont néanmoins été sollicités pour accorder leurs garanties en cas de convention de conversion (Rép. Min. QE n° 2917, 15 sept. 1997, JOANQ 24 nov., p. 4215).

5382. L'assurance du risque chômage est particulièrement délicate pour l'assureur (E. Bazin, Brefs propos sur l'assurance perte d'emploi complémentaire à un crédit, Gaz. Pal. 28 et 29 juin 1955 p. 2 ; V. Nicolas, L'assurance perte d'emploi ou la nébuleuse pour l'assuré consommateur, Contrats Conc. Cons. 1995, n° 8 p. 1 ; A. Quibeuf, Les évolutions de l'assurance emprunteur, Rev. Risques, n° 33, 1998, p. 47). Il convient de distinguer selon que la garantie porte sur le chômage total ou partiel (CA Paris, 10 juin 2003, 7e ch. Sect. A, n° 2001/16295, Société Gan Vie c/ J. F et C. Q. limitant la garantie due par l'assureur à la seule période de chômage total). De la même manière une période de pré-retraite ou de départ volontaire dans le cadre d'un contrat de solidarité ne peut être assimilée au chômage défini au regard du critère du droit aux prestations ASSEDIC (CA Paris, 21 oct. 2003, 7e ch. Sect. A, n° 2002/6923, M. B. c/ Société Axa collectivités, inédit). Par ailleurs, la garantie n'est généralement accordée que sous réserve de non dépassement d'une limite d'âge au moment de l'octroi du crédit. Les emprunteurs doivent en général justifier d'un contrat de travail à durée indéterminée d'une durée minimum dans le même emploi. Ainsi, le contrat peut écarter la garantie en cas de chômage consécutif à l'expiration d'un contrat de travail à durée déterminée (Civ. 1re, 12 mars 2002, Bull. civ. I, n° 92). Notons là aussi qu'un délai de carence peut être prévu. Enfin, il est assez habituel que les contrats écartent la prise en compte du chômage consécutif à une faute grave. Ainsi, la Cour d'appel de Paris a eu à connaître d'une situation où le contrat n'ouvrait droit à la garantie chômage qu'en cas de perte d'emploi à caractère économique totalement indépendant de la volonté de l'assuré ou lié à une maladie ou une inaptitude physique au travail. Elle confirme le jugement qui avait débouté l'emprunteur en prenant acte du fait qu'il avait été licencié pour incompatibilité d'humeur, non respect des directives et comportement contraire aux intérêts de l'entreprise, c'est-à-dire pour des motifs relatifs à sa personne, exclusifs de tout caractère économique et n'étant pas non plus la conséquence d'une maladie ou d'une inaptitude physique au travail (CA Paris, 3 févr. 2004, 7e ch. Sect. A, n° 2002/14520, Mme B. c/ MNCAP, inédit).

5383. La loi 2008-596 du 25 juin 2008 (JO du 26 juin 2008) portant modernisation du marché du travail a créé une nouvelle forme de rupture du contrat dénommée rupture conventionnelle (C. trav. art. 1231-1). Si en équité il serait normal d'y voir une situation déclenchant la mise en œuvre de la garantie chômage (en ce sens, rapport du Médiateur de la FFSA, 2009, p. 19), les assureurs rejettent généralement cette assimilation au motif notamment qu'une telle possibilité de rupture conventionnelle n'existait pas au moment où le contrat a été souscrit (voir dans le même sens, Rép. Min. n° 12982 et 12933 JO Sénat Q. 21 oct. 2010, p. 2745 ; G. Courtieu, La garantie « perte d'emploi » mise à mal, Resp. civ. et ass. 2011, étu. n° 1).

Section 2 ▪ Conclusion du contrat

§ 1 ▪ Modalités d'adhésion

5384. L'assurance emprunteur constitue une variété d'assurance de groupe. Elle est utilisée afin de garantir toutes formes de crédits, immobiliers ou mobiliers, mais aussi découverts bancaires, crédit revolving, etc. (F. Boucard, L'analyse juridique de l'assurance de groupe en matière de crédit, RGDA 2002. 644). La souscription du contrat est le fait de l'établissement de crédit qui conclut avec la société d'assurance un contrat auquel l'emprunteur viendra adhérer. En pure théorie, l'emprunteur ne ferait qu'entrer dans un contrat qui a été conclu avant son adhésion. C'est la raison pour laquelle l'établissement de crédit recueille directement, au moment du sinistre, le bénéfice de l'assurance ce qui a pour effet de libérer l'emprunteur (Civ. 1re, 14 nov. 1995, Bull. civ. I, n° 404 ; D. 1996, p. 436, note M. Billiau ; Rép. Defrénois 1996, p. 750, note P. Delebecque ; RCA 1995, chron. n° 45, obs. H. Groutel ; RGDA 1996. 410, obs. J. Kullmann ; RTD civ. 1997, p. 122, obs. J. Mestre). Les juges admettent néanmoins qu'un véritable contrat se forme entre l'assureur et l'adhérent (Civ. 1re, 25 nov. 1995, RGDA 1997. 1066, note J. Kullmann ; sur l'extension du contrat au codébiteur solidaire, en l'occurrence concubin de l'emprunteur décédé, Civ. 1re, 20 mai 2010, n° 08-21.44) mais tiennent assez facilement compte de la spécificité de la situation, prenant l'exemple du fait que l'assuré ne pouvait pas véritablement discuter les différents énoncés du contrat, ainsi une clause restreignant l'engagement de l'assureur en matière de couverture de l'incapacité temporaire totale a été écartée au motif d'un manque de clarté ayant pu entraîner une confusion devant être résolue en faveur de l'assuré (Civ. 2e, 24 mai 2006, RCA 2006, n° 315). L'assurance peut intéresser plusieurs adhérents pour la même opération de crédit. Il y aura alors co-adhésion, situation qui peut produire des effets différents selon que chaque co-emprunteur a assuré tout ou partie seulement de la dette. Si l'assurance est partielle, l'assureur ne sera tenu qu'à hauteur de la dette de contribution incombant à l'assuré pour lequel les garanties sont ouvertes (Civ. 1re, 12 mars 2002, Bull. civ. I, n° 82, RGDA 2002. 429 note L. Mayaux, sauf éventualité d'une assurance souscrite pour la totalité de la valeur du bien, auquel cas la prestation versée par l'assureur doit être inscrite au compte de l'indivisaire assuré (Civ. 1re, 15 déc. 2010, n° 09-16.693, L'Argus 2011, n° 7203, Resp. civ. et ass. 2011 n° 115, obs. H. Groutel ; Civ. 1ère, 6 juill. 2011, n° 10-19.722). En matière matrimoniale, il a été jugé que les sommes versées par l'assureur en remboursement des échéances d'un emprunt immobilier souscrit par un couple n'entraient pas dans leur patrimoine respectif et n'ouvraient pas droit à récompense : Civ.1re, 12 avril 2012, n° 11-14.653).

5385. L'assurance facultative est rare car elle conduirait l'établissement de crédit à soumettre à assurance les emprunteurs présentant un risque aggravé d'insolvabilité (par exemple, risque chômage pour cause d'emploi dans un secteur sinistré), ce qui conduirait à une anti-sélection des risques qui serait préjudiciable à l'assureur. L'adhésion est généralement obligatoire. Un établissement de crédit est en mesure de refuser un crédit à une personne qui refuserait de lui fournir une garantie d'assurance (Rép. Min. QE. n° 42832, 16 sept. 1996, JOAN Q 24 mars 1997, p. 1542).

5386. Depuis la loi MURCEF n° 2001-1168 du 11 décembre 2001 (loi portant mesures urgentes de réforme à caractère économique et financier), les établissements de crédits sont soumis à la réglementation des ventes subordonnées prévue à l'article L. 312-1-1 du Code monétaire et financier : « est interdite la vente ou offre de produits ou de prestations de service groupés, sauf lorsque les produits ou prestations de service inclus dans l'offre groupée peuvent être achetés individuellement ou lorsqu'ils sont indissociables ». La loi du 11 décembre 2001 a également modifié l'article L. 122-1 du Code de la consommation qui renvoie désormais au Code monétaire et financier à propos des règles régissant les ventes subordonnées applicables aux établissements de crédit et autres organismes mentionnés à l'article 518 du même code. Il subsiste toutefois une interrogation quant à l'application de l'article L. 312-1-1 du Code monétaire et financier au cas de l'assurance emprunteur. Son emplacement dans une partie du Code monétaire et financier relative aux comptes et dépôts (Chapitre II) laisserait entendre que, seules les ventes subordonnées, relatives à un compte, seraient concernées par la nouvelle législation. C'est en ce sens que s'est exprimée Mme Parly, alors secrétaire au budget : « les dispositions relatives à l'interdiction des ventes liées dans le secteur bancaire n'ont pas vocation à remettre en cause les articles du Code de la consommation existants en matière de crédit immobilier. Elles portent sur les produits et les services relevant de la convention de compte visée au premier alinéa de l'article 6, et non pas sur les opérations d'épargne et de crédit qui n'y sont pas directement liées » (JO Sénat CR, 7 juin 2001, p. 2784). Si les juges devaient retenir l'application de l'article L. 312-1-2, il appartiendrait alors aux établissements de crédit de prouver que la souscription de l'assurance est indissociable du crédit pour ne pas tomber sous le coup de la prohibition des ventes groupées. Or, plusieurs éléments paraissent plaider en ce sens. Le coût de l'assurance, par exemple, est fonction des caractéristiques du prêt. De surcroît, elle sera très difficile à obtenir, voire impossible en matière de crédit à la consommation, auprès d'un autre assureur que celui avec lequel l'établissement de crédit est en relation. L'accès à l'assurance groupe suppose un « lien de même nature entre le souscripteur et l'adhérent » (C. assur., art. L. 141-1) qui, en l'occurrence, est constitué par l'engagement de remboursement de l'emprunt. En tout état de cause, l'opinion générale semble considérer que la prohibition des ventes groupées ne s'applique pas à l'assurance emprunteur (J. Stoufflet, Nouvelles interventions dans les relations entre les établissements de crédit et leurs clients, RD bancaire et financier 2002, p. 37 ; A. Gourio, L'assurance de groupe n'est pas soumise à l'interdiction des ventes groupées en matière bancaire, RD banc. et financ. 2002, p. 329 ; B. Saint-Alary, Le nouveau dispositif sur les ventes groupées et les ventes à prime doit-il inquiéter les banques ?, Banque et droit 2002, p. 12 ; P. Bichot, Vers la fin des assurances en inclusion des cartes de paiement, RGDA 2002).

5387. Selon les circonstances, la personne qui a accepté de devenir caution de l'emprunteur peut être amenée à supporter les remboursements d'emprunt. Elle peut donc se trouver dans la même situation que celle de l'emprunteur lui-même. L'établissement de crédit peut alors exiger qu'elle adhère elle aussi à l'assurance emprunteur. À défaut d'adhésion imposée, la caution qui est victime d'un évènement qui aurait été pris en charge par l'assurance ne peut pas reprocher à l'établissement de crédit de l'avoir exposée à un risque qu'elle aurait pu maîtriser si le conseil avait été meilleur (Civ. 1re, 4 déc. 2001, Bull. civ. I, n° 299, RCA 2002, comm. n° 114, RGDA 2002. 156 note L. Fonlladosa). En revanche, l'établissement de crédit est tenu d'informer la caution de la cessation du paiement des cotisations par l'emprunteur (Civ. 1re, 27 juin 1995, RD banc. et bourse 1996, p. 12, obs. Crédot et Gérard).

5388. L'article R. 511-1 du Code des assurances réservait à certains intermédiaires (agents généraux, courtiers, mandataires et salariés) le droit de présenter des opérations d'assurance. Cette règle était toutefois écartée par l'article R. 512-3 au profit des établissements de crédit en matière d'assurance emprunteur : « Les opérations ci-après définies peuvent être présentées, sous la forme aussi bien de souscriptions d'assurances individuelles, que d'adhésions à des assurances collectives, par les personnes respectivement énoncées dans chaque cas : 1) assurances contre les risques de décès, d'invalidité, de perte de l'emploi ou de l'activité professionnelle souscrites expressément et exclusivement en vue de servir de garantie au remboursement d'un prêt : le prêteur ou les personnes concourant à l'octroi de ce prêt (...) ». Au regard de cette dérogation, il avait été admis que le prêteur était habilité à présenter à ses clients le contrat qu'il avait précédemment souscrit (Rép. min. à QE n° 8031, JOAN Q 20 avr. 1998, p. 2231). La loi n° 2005-1564 du 15 décembre 2005 portant diverses dispositions d'adaptation au droit communautaire dans le domaine de l'assurance (loi DDAC) a supprimé cette dérogation (voir également le décret n° 2006-1091 du 30 août 2006). Par un arrêt de principe (Civ. 1re, 22 mai 2008, n° 05-21.822, D. 2008, p. 2447 note CH. Goldie-Genicon, RGDA 2008. 709, note J. Bigot, Gaz. Pal. 13 janv. 2009 n° 13, p. 20) la Cour de cassation a décidé que l'adhésion au contrat d'assurance de groupe, bien que conséquence d'une stipulation pour autrui, n'en créée pas moins, entre l'adhérent et l'assureur qui l'agrée, un lien contractuel direct, de nature synallagmatique, dont les situations relèvent, comme telles, des dispositions de l'article L. 321-1 du code de la consommation. Elle condamne ainsi la position adoptée par les juges du fond qui avaient déclaré que ce texte était inapplicable aux relations entre adhérent et assureur au motif qu'il n'existait entre eux aucun lien contractuel. Enfin, de nombreuses modifications du régime de souscription ont été envisagées pour accroître l'information des emprunteurs.

5389. Dans sa rédaction issue de la loi n° 2010-737 du 1er juillet 2010, l'article L. 311-12 du Code de la consommation permet désormais à l'emprunteur dans le cadre d'un crédit à la consommation de « se rétracter sans motifs dans un délai de quatorze jours calendaires révolus à compter de l'acceptation de l'offre de contrat de crédit » (C. consom., art. L. 311-12), dans sa rédaction issue de la loi précitée portant réforme du crédit à la consommation, applicable aux contrats de crédit dont les offres sont émises à compter du 1er mai 2011). Il sera alors mis fin au contrat d'assurance.

5390. La loi n° 2014-344 du 17 mars 2014 va encore plus loin dans la protection de l'emprunteur puisqu'en créant un nouvel article L. 133-12-2 dans le Code des assurances lui permettant de résilier le contrat d'assurance dans un délai de douze mois après la signature de l'offre de prêt, elle institue en sa faveur un délai de réflexion d'une durée exceptionnellement longue (G. Courtieu, Nouveaux ajustements législatifs IV, Resp. civ. et assur. 2014, étud. n° 3). La solution est par ailleurs renforcée par l'interdiction qui sera faite au prêteur de refuser le contrat qui lui sera proposé par substitution dès lors que ce contrat présente un niveau de garantie équivalent au contrat d'assurance groupe (C. consom., art. L. 312-9, voir ci-dessous). Le prêteur doit faire connaître sa décision d'acceptation ou de refus dans un délai de 10 jours à compter de la demande de substitution, sans pouvoir exiger de frais supplémentaires. Par ailleurs, une solution dérogatoire à l'article L. 113-4 du Code des assurances interdit dorénavant à l'assureur de résilier le contrat pour cause d'aggravation du risque, sauf dans certaines conditions définies par décret en Conseil d'Etat, résultant du comportement volontaire de l'assuré (C. assur., art. L. 113-12-2 al. 2 et 3).

5391. Cette possibilité de résiliation « spéciale » dans le délai d'une année après la signature de l'offre de prêt soulève la difficulté de savoir s'il est encore possible aux parties, et en particulier à l'emprunteur, de revendiquer le droit à résiliation annuelle reconnu à chaque partie à un contrat d'assurance par l'article L. 113-12 du Code des assurances. Une importante controverse ne permet pas de répondre clairement à cette question. Un arrêt de la Cour de cassation écarte cette possibilité au motif que l'existence d'une règle spécifique doit l'emporter sur les solutions générales du droit des assurances (Civ. 1re, 9 mars 2016, n° 15-18.899, Drôle de drame pour l'assurance emprunteurs : quand les juges raisonnent à l'envers, RGDA 2016, n° 4). Cette solution n'était pas celle des juges du fond avant ledit arrêt (CA Douai, 17 sept. 2015, n°14-01.655 - CA Bordeaux, 1re ch., sect. A, 23 mars 2015, n° 13-07.023, : JurisData n° 2015-007279 : L. Mayaux, L'application de l'article L. 113-2 du Code des assurances aux assurances « emprunteurs » : et si les juges avaient raison de s'en mêler, RGDA 2016, n° 1- J. Bigot, « Ubu et l'assurance « emprunteurs » : les juges "s'emmêlent" » : JCP G 2015, 1058) ; elle ne semble pas davantage l'être après l'arrêt (CA Douai 4 mai 2016 : J. Speroni, Assurance emprunteur, la cour d'appel de Douai résiste en faveur de la résiliation annuelle, L'Argus, 12 mai 2016).

5392. Selon les circonstances, la personne qui a accepté de devenir caution de l'emprunteur peut être amenée à supporter les remboursements d'emprunt. Elle peut donc se trouver dans la même situation que celle de l'emprunteur lui-même. L'établissement de crédit peut alors exiger qu'elle adhère elle aussi à l'assurance emprunteur. À défaut d'adhésion imposée, la caution qui est victime d'un évènement qui aurait été pris en charge par l'assurance ne peut pas reprocher à l'établissement de crédit de l'avoir exposée à un risque qu'elle aurait pu maîtriser si le conseil avait été meilleur (Civ. 1re, 4 déc. 2001, Bull. civ. I, n° 299, RCA 2002, comm. n° 114, RGDA 2002. 156 note L. Fonlladosa). En revanche, l'établissement de crédit est tenu d'informer la caution de la cessation du paiement des cotisations par l'emprunteur (Civ. 1re, 27 juin 1995, RD banc. et bourse 1996, p. 12, obs. Crédot et Gérard).

§ 2 ▪ Obligations de l'établissement de crédit

5393. En application de l'article L. 141-4 du Code des assurances, dont les dispositions sont applicables à tous les contrats d'assurance collective, le souscripteur est tenu « de remettre une notice établie par l'assureur qui définit les garanties et leurs modalités d'entrée en vigueur ainsi que les formalités à accomplir en cas de sinistre » (pour un exemple de sanction d'un manquement à cette obligation, Civ. 2e, 24 mai 2006, RCA 2006, comm. n° 315). Cette disposition générale pourrait suffire à fonder l'obligation de l'établissement de crédit. Néanmoins, en matière d'assurance emprunteur, elle se trouve écartée par des dispositions spéciales auxquelles renvoie le dernier alinéa de l'article L. 141-4 et qui sont principalement issues des lois n° 78-22 du 10 janvier 1978, relative à l'information et à la protection des consommateurs dans le domaine de certaines opérations de crédit puis n° 2010-737 du 1er juillet 2010 transposant la directive 2008/48/CE du 23 avril 2008 et n° 79-596 du 13 juillet 1979, relative à l'information et à la protection des emprunteurs dans le domaine immobilier.

5394. Ainsi, en matière de crédit à la consommation, l'article L. 311-19 (art. 2 de la loi n° 2010-737 du 1er juillet 2010, ancien art. L. 311-12) du Code de la consommation prévoit que : « lorsque l'offre préalable est assortie d'une proposition d'assurance, une notice doit être remise à l'emprunteur, qui comporte les extraits des conditions générales de l'assurance le concernant, notamment les nom et adresse de l'assureur, la durée, les risques couverts et ceux qui sont exclus ».

5395. La loi n° 2003-706 du 1er août 2003, art. 87 sur la sécurité financière a ajouté à l'article L. 311-12 devenu art. L. 311-19 du Code de la consommation, une règle particulièrement importante : « si l'assurance est obligatoire pour obtenir le financement, l'offre préalable rappelle que l'emprunteur peut souscrire une assurance équivalente auprès de l'assureur de son choix. Si l'assurance est facultative, l'offre préalable rappelle les modalités suivant lesquelles l'emprunteur peut ne pas y adhérer ». Ces dispositions ont été déplacées : depuis le 1er juillet 2016, elles figurent à l'article L. 312-29 du Code de la consommation.

5396. À propos des prêts immobiliers, l'article 6 de la loi du 13 juillet 1979 repris à l'article L. 312-9 du Code de la consommation, dispose que lorsqu'une assurance est proposée ou imposée, « au contrat de prêt est annexée une notice énumérant les risques garantis et précisant toutes les modalités de mise en jeu de l'assurance ». Non modifié par la loi n° 2003-706 du 1er août 2003, l'article L. 312-9 connut une évolution importante avec la loi n° 2010-737 du 1er juillet 2010 (Loi Lagarde). Il est dorénavant expressément prévu que le prêteur ne peut pas refuser en garantie un autre contrat d'assurance dès lors que ce contrat présente un niveau de garantie équivalent au contrat d'assurance de groupe qu'il propose, toute décision de refus devant être motivée (C. consom., art. L. 312-9 al. 2 - N. Leblond, L'information en assurance emprunteur, Gaz. Pal. 29 oct. 2011, n° 302, p. 14 ; De quelques difficultés suscitées par la substitution d'assurance emprunteur, Resp. Civ. et ass. 2012, chr, n° 2).

5397. Il est également interdit au prêteur de modifier les conditions du taux de prêt mentionnées dans l'offre définie à l'article L. 312-7 du Code de la consommation que celui-ci soit fixe ou variable, en contrepartie de son acceptation en garantie d'un contrat d'assurance autre que le contrat d'assurance qu'il propose. Les lois n° 2013-672 du 26 juillet 2013 et n° 2014-344 du 17 mars 2014 ont renforcé ce dispositif (C. consom., art. L. 312-9 al. 3). D'une part, il est étendu au cas où l'emprunteur fait usage du droit de résiliation dans le délai 12 mois qui lui est désormais reconnu par l'article L. 113-12-2 du Code des assurances (voir ci-dessus). Si la résiliation intervient après la période de 12 mois, ce sont les dispositions prévues au contrat de prêt qui seront appliquées à l'opération de substitution, toute décision de refus devant être motivée. D'autre part, la loi du 26 juillet 2013 modifie l'avant-dernier alinéa de l'article L. 312-9 du Code de la consommation en interdisant au prêteur, en contrepartie de l'acceptation du contrat qui lui est présenté par l'emprunteur, non seulement de modifier les conditions d'accès au crédit mais aussi de facturer des frais supplémentaires.

5398. La mise en œuvre de cette faculté offerte à l'emprunteur a été facilitée par la publication d'un avis du Comité consultatif du secteur financier « Sur l'équivalence du niveau de garantie en assurance emprunteur » : (Avis CCSF, 13 janv. 2015 – N. Leblond, Substitution d'assurance-emprunteur : précisions sur la notion de niveau de garantie équivalent, Resp. civ. et ass., Etude 3). Pour l'essentiel, cet avis conduira les établissements de crédit à indiquer à l'emprunteur sur quels critères il fondera son analyse pour déterminer si les garanties proposées sont équivalentes. Le choix desdits critères n'est pas libre : ainsi pour les garanties décès invalidité, sur les 18 critères qui ont été retenus par l'avis du CCSF, 11 au maximum pourront être retenus ; pour la garantie perte d'emploi, 4 critères pourront être pris en compte sur les 8 qui ont été retenus par le CCSF dans le cadre de son avis. Une fiche personnalisée précisant la liste détaillée des critères retenus sera remise au candidat à l'assurance, suffisamment tôt, en amont de l'émission de l'offre de prêt, de manière à permettre au candidat à l'emprunt d'exercer sa liberté de choix. Ainsi, il ne sera pas possible à l'établissement de crédit de se référer à d'autres critères pour refuser l'assurance proposée par l'emprunteur.

5399. Le coût de l'assurance doit être porté à la connaissance de l'emprunteur dans des conditions qui sont, depuis la loi n° 2013-672 du 26 juillet 2013, inscrites aux articles L. 311-4-1 du Code de la consommation pour les crédits à la consommation et L. 312-6-1 pour les crédits immobiliers : lorsqu'un prêteur propose habituellement des contrats de crédit assortis d'une proposition d'assurance ayant pour objet la garantie de remboursement du crédit, toute publicité mentionnée au premier alinéa de l'article L. 311-4 diffusée pour son compte sur ces contrats mentionne le coût de l'assurance, à l'aide de l'exemple représentatif mentionné au même premier alinéa. Ce coût est exprimé : 1° A l'exclusion de tout autre taux, en taux annuel effectif de l'assurance, qui permette la comparaison par l'emprunteur de ce taux avec le taux annuel effectif global du crédit ; 2° En montant total dû en euros par l'emprunteur au titre de l'assurance sur la durée totale du prêt ; 3° En euros par mois. Il est précisé si ce montant s'ajoute ou non à l'échéance de remboursement du crédit.

5400. Par ailleurs, en matière immobilière, un nouvel article L. 312-6-2 oblige désormais la remise d'une fiche standardisée. Cette fiche doit mentionner la possibilité pour l'emprunteur de souscrire auprès de l'assureur de son choix une assurance et un alinéa ajouté à l'article L. 312-18 précise que si le prêteur est amené, sous réserve de l'avant dernier alinéa de l'article L. 312-9, à présenter une nouvelle offre à la suite de la présentation d'un contrat d'assurance autre que le contrat d'assurance de groupe qu'il propose, les délais de l'article L. 312-10 ne seront ni prorogés, ni amenés à courir de nouveau.

5401. Enfin, le 5è aliéna de l'article L. 312-9 du Code de la consommation fait dorénavant état d'un délai de 10 jours à compter de la réception de la demande de substitution au terme duquel le prêteur devra avoir communiqué à l'emprunteur sa décision d'acceptation ou de refus. Le même délai de 10 jours court à compter de la réception d'un autre contrat d'assurance lorsque l'emprunteur fait usage de son droit de résiliation dans le délai de 12 mois à compter de la signature de l'offre de prêt. Ces dispositions ont été déplacées par l'ordonnance n° 2016-301 du 14 mars 2016 : en matière de crédit à la consommation, l'article L. 311-4-1 est devenu art. L. 312-7 ; en matière de crédit immobilier s'est ajoutée l'ordonnance n° 2016-351 du 25 mars 2016 ; les dispositions de l'article L. 312-6-1 figurent dorénavant dans une sous-section 2 : « information relative à l'assurance emprunteur », art. L. 313-8 à L. 313-10 du Code de la consommation.

5402. En matière de crédits à la consommation, la remise de la notice doit se faire, conformément au droit commun des assurances de groupe au moment de l'adhésion (C. assur., art. L. 141-4). Il incombe au souscripteur d'apporter la preuve de la remise (Civ. 1re, 6 nov. 2001, Bull. civ. I, n° 271). En ce qui concerne les crédits immobiliers, l'article L. 312-9-1° du Code de la consommation impose que la notice énumérant les risques garantis et les modalités de mise en œuvre de l'assurance soit annexée au contrat de prêt. En conséquence, il n'est pas fait obligation qu'elle soit remise dès l'offre de prêt (Civ. 1re, 20 janv. 1998, Rép. Defrénois 1998, n° 36815, p. 747, obs. Ph. Delebecque ; Bull. civ. I, n° 25 ; Civ. 1re, 17 juill. 2001, Bull. civ. I, n° 229 ; RCA 2001, comm. n° 336 ; RGDA 2001. 993, note J. Kullmann ; Juris-data n° 010677 ; contra D. Legeais, Les obligations et la responsabilité d'un banquier souscripteur d'une assurance de groupe, RD Banc. et finan., 2001, p. 317). A défaut de preuve de remise de la notice d'information ou à défaut de preuve qu'elle a bien été annexée au contrat de prêt, l'assureur s'expose à ne pas pouvoir opposer à l'adhérent toutes les clauses du contrat et notamment les clauses d'exclusion conventionnelles de garantie (pour un rappel de cette conséquence sur la responsabilité de l'assureur qui lui-même n'a pas remis la notice au souscripteur afin qu'il la remette à l'adhérent, Civ. 2è, 17 mars 2011 n° 10-12.843). Les modes de preuve seront ceux qui sont généralement admis en matière d'assurance collective (Civ. 1re, 28 oct. 1998, n° 96-20.994, RGDA 1999. 161, note N. Eymard-Gauclin). Le souscripteur a donc tout intérêt à remettre la notice contre récépissé ou contre signature sur la notice elle-même (Civ. 1re, 9 déc. 1992, RGAT 1993. 332, note J. Kullmann), même s'il a pu être jugé, mais dans un contexte qui s'est modifié depuis quant à l'exigence de preuve des documents assurantiels d'information, que la preuve de la remise de la notice pouvait être apportée par tous moyens, l'apposition de la signature de l'adhérent sur la notice elle-même n'étant pas exigée (Civ. 1re, 28 avr. 1998, RGDA 1998. 763, note L. Fonlladosa). Ont été retenus comme preuve : la signature du bulletin d'adhésion au dos duquel figurait la notice (Civ. 1re, 28 janv. 1981, D. 1982, IR, 98), l'acte notarié d'emprunt constatant que la notice a bien été remise à l'adhérent (HYPERLINK «http://ressources.univ-poitiers.fr:2380/documentation/Document?id=CASS_LIEUVIDE_2005-01-13_0319959&FromId=Y8030» Civ. 2e, 13 janv. 2005, n° 03-19.959. - Civ. 1re, 2 mars 1994, RGAT 1994. 597, note J. Maury ; Civ. 1re, 4 févr. 1997, RGDA 1997. 530, note J. Maury, Rev. not. ass. vie 1997, n° 103, p. 13 et pour un acte sous seing privé Civ. 1re, 20 oct. 1998, RGDA 1999. 161, note N. Eymard-Gauclin). Il a toutefois été précisé que la preuve ne pouvait résulter d'une clause de style par laquelle l'emprunteur déclare connaître les clauses et conditions de l'assurance collective (Lyon, 27 avr. 1989, D. 1989, IR, 156) ni de l'apposition de la mention lu et approuvé sur le contrat d'assurance (Civ 1re, 3 févr. 1993, n° 91-12.463, L'Argus 18 mars 1993, Banque 1993, p. 96, obs. Guillot), ni du renvoi au titre des conditions générales du contrat aux stipulations développées dans les conditions spéciales (Civ. 1re, 4 juill. 2000, RCA 2000, comm. n° 341, obs. H. Groutel). Les termes mêmes de la notice n'ont pas à être repris dans le contrat de prêt lui-même.

5403. Les éléments contenus dans la notice font foi, en cas de contrariété avec le contrat, ils doivent l'emporter. Seules sont opposables aux emprunteurs les dispositions contenues dans la notice (Civ. 2e, 18 mars 2004, n° 03-11.273). De surcroît, selon les termes même de la loi : « Toute modification apportée ultérieurement à la définition des risques garantis ou aux modalités de la mise en jeu de l'assurance est inopposable à l'emprunteur qui n'y a pas donné son acceptation » (C. consom., art. L. 312-9-2°). Une hésitation est toutefois permise quant à la portée de cette exigence. On pourrait en limiter l'application aux seuls contrats d'assurance de prêts immobiliers et l'écarter pour les prêts à la consommation et les prêts professionnels. De manière à améliorer la transparence et la lisibilité des informations communiquées à l'assuré, le Conseil consultatif du secteur financier, en sa séance du 6 avril 2006, a émis un avis préconisant notamment l'harmonisation de la terminologie dans la rédaction du contrat et de la note d'information, la remise à l'assuré d'un lexique et la signature distincte de l'offre de prêt à la consommation et de la proposition d'assurance.

5404. L'obligation de l'établissement de crédit ne paraît pas s'arrêter à la remise formelle de la notice d'information. La jurisprudence a tendance à reconnaître que sa responsabilité peut être engagée au titre de son défaut de conseil ou de mise en garde. Il a été ainsi admis que le banquier engageait sa responsabilité pour n'avoir pas attiré l'attention de l'emprunteur sur les limites de la garantie en cas d'invalidité (Civ. 1re, 28 nov. 2001, RGDA 2001. 154, note L. Mayaux), sur le fait que les garanties n'avaient été souscrites que sur une seule tête (Civ. 1re, 28 janv. 1992, RGAT 1992. 341, note J. Kullmann, RTD Civ. 1992, p. 558 obs. J. Mestre ; Civ. 2e, 16 juin 2005, RCA 2005, comm. n° 309), sur les conséquences de l'ajournement de la prise en charge du décès de la gérante d'une société (Civ. 2e, 15 déc. 2005, n° 04-13.896) sur les conditions restrictives de l'assurance (Civ. 1re, 8 juin 1994, Bull. civ. I, n° 207 ; Civ. 1re, 23 févr. 1999, Juris-data n° 1999-000933 ; Civ. 1re, 14 mars 2000, Bull. civ., I, n° 88 ; RCA 2000, comm. n° 205 : condamnation d'une société d'HLM qui n'avait pas attiré l'attention des époux locataires acquéreurs sur la caractère restrictif de la garantie invalidité ; CA Orléans, 3 avr. 1997, Juris-data n° 1997–

043518 : idem à propos d'une clause du contrat exigeant une durée de contrat de travail à durée indéterminée au moins égale à 6 mois alors que le banquier était en mesure, au vu des bulletins de paie en sa possession, de constater que la condition n'était pas remplie), sur l'effet différé des garanties (Civ. 1re, 10 juin 1986, RGAT 1986. 420 note J.L. Aubert). Par ailleurs, un défaut de conseil au moment du sinistre peut justifier la condamnation de l'établissement de crédit (Civ. 1re, 12 janv. 1999, RCA 1999, n° 114 ; RGDA 1999. 397, note L. Mayaux ; CA Paris, 5e ch. Sect. B, 20 févr. 1997, Juris-data n° 1997-02-0302 condamnation d'une banque qui n'a pas transmis à l'assureur le formulaire de déclaration de sinistre et ses justificatifs, CA Lyon, 6e ch. 12 févr. 1997, Juris-data n° 055638 : condamnation du banquier dispensateur de crédit qui a commis une erreur en indiquant à l'emprunteur qu'il ne bénéficiait d'aucune assurance, Civ. 1re, 7 déc. 2004, RCA 2005, comm. n° 70 : condamnation de l'établissement de crédit qui n'a pas informé l'assuré qu'un nouvel assureur avait été substitué au premier ; - sur le renforcement du rôle d'information et de conseil de l'intermédiaire d'assurance, voir aussi Avis du 6 avril 2006 du Comité consultatif du secteur financier).

5405. Néanmoins, il était jusqu'à maintenant plus ou moins admis que l'obligation ainsi posée par les juges ne s'étendait pas :

- au conseil sur les conséquences d'une déclaration de risques faite de mauvaise foi (Civ. 1re, 28 mars 2000, Bull. civ. I, n° 101 ; RTD civ. 2000, p. 565, obs J. Mestre et B. Fages) ;
- à l'explication de l'intérêt d'une adhésion des deux époux et non d'un seul (Civ. 1re, 30 janv. 2001, RGDA 2001. 87, note J. Kullmann ; RCA 2001, comm. n° 124 ; D. 2001, somm. p. 3318, obs. H. Groutel ; Juris-data n° 2001–007960 ; voir aussi pour la transmission d'une fausse information au notaire chargé de la rédaction de l'acte authentique : CA Rennes, 1re ch. B, 6 mai 1997, Juris-data n° 1997-04-3538 ; contra : Civ. 1re, 19 mai 1999, RCA 1999, comm. n° 280 ; CA Orléans, Sect. 1, 15 mai 1997, Juris-data n° 1997-04-1937) ;
- à la compréhension de clauses du contrat d'assurance rédigées en caractères apparents et dépourvues de toute ambiguïté (CA Paris, 7 oct. 2003, 7e ch. Sect. A, 2002/05338, Mme L. c/ S. Abeille Vie, Sté GAN Assurances, inédit ; CA Paris, 25e ch. Sect. A, 3 juill. 1997, Juris-data n° 1997-02-2278) ;
- au conseil d'une assurance complémentaire (Civ. 1re, 30 janv. 2002, Bull. civ. n° 97 ; RCA 2002, comm. n° 156, G. Courtieux, Assurance emprunteur : des orientations contradictoires, ch. 14 - à propos de la couverture du risque chômage, Com., 3 mai 2006, RGDA 2006. 737, sur la contestation d'une franchise Civ. 2e, 24 mai 2006, n° 05-16.435 ; RGDA 2006. 733.

5406. En décidant, sur le fondement de l'article 1147 du Code civil que le banquier est tenu d'éclairer le souscripteur sur l'adéquation entre les risques couverts et la situation personnelle de l'emprunteur et que la remise de la notice ne suffit pas à satisfaire à cette obligation, l'Assemblée plénière de la Cour de cassation s'écarte de cette ligne et fait peser sur le banquier qui propose à son client d'adhérer à une assurance de groupe une véritable obligation de conseil et de mise en garde dont la portée est dorénavant dépourvue d'ambiguïté (Cass. ass. plén., 2 mars 2007, D. 2007, p. 963, obs. V. Avena Robardet et p. 985, note S. Piédelièvre). En décidant ainsi que le banquier aurait dû prendre soin de conseiller au souscripteur, agriculteur, de souscrire une assurance complémentaire couvrant le risque pour un agriculteur de ne plus pouvoir exercer son métier et non pas se contenter d'une couverture de l'invalidité définitive et absolue, l'Assemblée plénière opère un revirement de jurisprudence si l'on veut bien se souvenir que le 10 novembre 2005, la deuxième chambre civile de la Cour de cassation avait retenu une solution inverse à propos de circonstances de fait identiques (Civ. 2e, 10 nov. 2005, RGDA 2006. 151, note J. Kullmann). Cette solution jurisprudentielle a été confirmée à plusieurs reprises (Civ. 2e, 20 mars 2008, n° 07-10.378, Juris-data n° 2008-043325, RCA 2008, comm. n° 203, la responsabilité d'une banque est retenue pour n'avoir pas apprécié l'adéquation entre l'âge de l'emprunteur et les durées respectives du prêt et des garanties d'assurance - idem Civ. 2e, 2 oct. 2008, n° 2007-16.018, Gaz. Pal. 2009, n° 115 ; RCA n° 338 obs. G. Courtieul, n° 07.15.276, Gaz. Pal. 2009, n° 115 p. 19 -Civ. 1re, 22 janv. 2009, n° 07-19.867 ; Juris-data n° 2009-046630, Gaz. Pal. 2009, n° 115 : jugé que le banquier devait attirer l'attention de l'emprunteur sur les limites de la garantie en cas d'incapacité de travail - Civ. 2e, 2 avr. 2009, n° 07-15.139 ; RGDA 2009. 832, obs. A Asteghio-La-Rizza ; Civ. 2e, 3 sept. 2009, n° 08-13.952, RCA 2009, n° 371 ; Juris-data n° 08-13.952 : le banquier ne peut se libérer de son obligation en faisant état de la remise des notices d'information des deux contrats de groupe qu'il avait contractés et en faisant référence à l'expérience de l'assuré en matière d'opérations immobilières, il lui appartenait de l'éclairer sur l'adéquation des risques couverts à sa situation personnelle d'emprunteur (sur l'évolution de cette jurisprudence et ses grandes lignes, J. Kullmann, RGDA 2009. 204 ; Com., 14 déc. 2010, n° 08-20.820 – Civ. 2e., 7 avr. 2011, n° 10-17.221, Resp. civ. et ass. 2011, n° 269). La responsabilité du banquier en cas de manquement à son obligation d'information de l'adhérent s'analyse en une perte de chance qu'il appartient aux juges du fond d'évaluer souverainement (Civ. 1re, n° 06-17.859, Juris-data n° 2008-045002, RCA 2008, n° 340, obs. G. Courtieu). Le fait de constater que la question de l'assurance invalidité n'avait pas été un souci important pour les emprunteurs est insuffisant pour établir qu'ils auraient encore souscrit le contrat d'assurance en cause si la banque avait satisfait à son obligation d'information et à son devoir d'éclairer (Com., 27 sept. 2011, n° 10-24.505, Resp. civ. et ass. 2011, n° 412).La responsabilité des banquiers sur le terrain de l'information et du conseil de l'emprunteur fait l'objet de nombreuses études de doctrine (D. Legeais, Les obligations et la responsabilité d'un banquier souscripteur d'une assurance de groupe, RD banc. et financ. 2001, p. 317 ; J.-M. Moulin, Les obligations d'information et de conseil du banquier souscripteur d'une assurance de groupe, RD bancaire et bourse, janv.-févr. 2000, p. 50 ; I. Rivière, L'obligation d'information et de conseil du banquier souscripteur en assurance de groupe, LPA, 2001, n° 124, p. 4 ; adde, Juris-compact, *Pratique des assurances du particulier*, 2003, n° 014-32 à 014-36).

5407. Après ce flot de décisions défavorables aux établissements bancaires, on relèvera toutefois qu'il ne suffit pas à l'emprunteur se faire valoir un défaut d'information, encore faut-il qu'il puisse faire état de circonstances susceptibles de fonder ses prétentions, (pour une absence de souscription d'une garantie perte d'emploi insuffisante pour établir le manquement du banquier à son obligation d'information, Civ. 2e, 9 déc. 2011°, n° 09-72.762, Resp. civ. et ass. 2011, n° 116, voir aussi à propos de l'extinction des garanties à l'âge de 65 ans, Civ.1ère, 23 février 2012, n°10-23.696. Dans le même sens, il a été jugé qu'un emprunteur à qui la couverture d'assurance a été refusée au motif de ses antécédents médicaux ne pouvait reprocher à l'établissement financier de ne pas avoir attiré son attention sur ce risque de refus dès lors qu'il n'était pas établi que ledit établissement avait connaissance de ces antécédents (Civ. 1re, 30 octobre 2013, n° 12-22.731).

5408. Il ne semble pas que la question de l'obligation d'information quant à l'assurance emprunteur puisse être posée à l'égard du notaire rédacteur de l'acte authentique (Civ. 1re, 4 déc. 2001, Bull. civ. n° 299 ; RCA 2002, comm. n° 105 ; Juris-data n° 2001-011970 ; voir néanmoins : Civ. 1re, 4 févr. 1997, JCP N 1997, p. 1255 où la responsabilité d'un notaire est engagée envers l'établissement de crédit pour ne pas avoir signalé, à l'occasion de la vente d'un immeuble, l'absence du document relatif à l'assurance du prêt).

§ 3 ▪ Obligations de l'emprunteur

5409. Conformément aux principes de conclusion du contrat d'assurance, l'emprunteur doit respecter l'obligation de déclaration de risque prévue à l'article L. 113-2 du Code des assurances. On rappellera néanmoins que depuis la loi n° 89-1014 du 31 décembre 1989, il appartient à l'assureur d'établir un questionnaire auquel l'assuré doit répondre exactement. Si l'on veut bien faire abstraction de la couverture du risque chômage qui n'existe pas dans tous les contrats, les risques pris en charge par l'assureur tiennent généralement à la santé de l'emprunteur. L'information attendue est donc d'ordre médical et il appartient à l'établissement de crédit de la porter à la connaissance de l'assureur dans le respect du secret. Il est toutefois rare, dans la pratique, que l'assureur refuse totalement un dossier. Il préfèrera, en général, proposer la prise en charge des garanties contre le paiement d'une surprime ou limiter l'étendue de sa garantie. Il est aussi possible d'utiliser d'autres techniques telles que le recours à un contrat spécifique ou transfert au profit du prêteur des garanties souscrites dans le cadre d'un contrat d'assurance vie. En cas de refus de l'assureur et en l'absence de toute autre proposition de la part de l'établissement de crédit, l'emprunteur peut demander que le contrat de prêt soit résolu de plein droit (C. consom., art. L. 312-9-3o : « lorsque l'assureur a subordonné sa garantie à l'agrément de la personne de l'assuré et que cet agrément n'est pas donné, le contrat de prêt est résolu de plein droit à la demande de l'emprunteur sans frais ni pénalité d'aucune sorte. Cette demande doit être présentée dans le délai d'un mois à compter de la notification du refus de l'agrément ». Si la demande est faite, la résolution du contrat de prêt opère de plein droit sans qu'il puisse être demandé à l'emprunteur de supporter des remboursements de frais ou des paiements de pénalités. Si l'emprunteur ne fait pas de demande en ce sens, le contrat de prêt est maintenu mais l'établissement de crédit se trouve alors exposé au risque de détérioration de l'état de santé de l'emprunteur. C'est la raison pour laquelle de nombreux contrats érigent l'agrément donné par l'assureur en condition suspensive ou résolutoire du prêt. La solution de l'article L. 312-9 3o n'est toutefois formulée que dans le cadre des prêts immobiliers non professionnels. Il conviendrait qu'elle le soit aussi pour les prêts à la consommation, du moins ceux pour lesquels le questionnaire médical est exigé.

5410. Les informations communiquées à l'assureur sont couvertes par le secret et sont conservées dans le respect des principes posés par la Commission Nationale Informatique et Libertés (CNIL). Bien souvent, d'ailleurs, l'établissement de crédit remet à l'emprunteur deux enveloppes, l'une cachetée destinée au médecin conseil de l'assureur, l'autre au service compétent de l'établissement de crédit. Selon le degré de confidentialité attendu et selon qu'il est fait usage ou non des deux plis cachetés, il est ainsi possible de transmettre des informations au médecin conseil de l'assureur sans qu'elles soient connues du prêteur.

5411. Qu'il s'agisse de prêts affectés ou de prêts personnels destinés à l'achat d'un bien, il n'y a pas de questionnaire médical à remplir pour l'assurance décès si les conditions suivantes sont réunies cumulativement :

- l'emprunteur a 50 ans au plus ;
- la durée de remboursement est inférieure ou égale à quatre ans ;
- le montant cumulé des crédits ne dépasse pas 17 000 € ;
- l'emprunteur déclare sur l'honneur ne pas cumuler de prêts assortis de cette dispense de questionnaire médical au-delà de 17 000 €.

5412. La déclaration inexacte du risque est susceptible d'entraîner deux sanctions particulièrement pénalisantes pour l'emprunteur. Si elle est faite de mauvaise foi, elle entraînera la nullité du contrat d'assurance si l'assureur démontre que l'absence ou l'erreur d'information a eu pour conséquence de changer l'objet du risque ou de modifier l'opinion qu'il s'en est faite (C. assur., art. L. 113-8, pour des exemples : Civ. 2e, 12 avril 2012, n°11-17.234 - Civ. 2e, 3 février 2011, n° 10-30.569). Si la déclaration a été faite de bonne foi, c'est-à-dire lorsque l'assuré n'était pas placé dans une situation lui permettant de connaître l'inexactitude de ses réponses, il convient de distinguer selon que l'assureur en a connaissance avant ou après le sinistre :

- dans le premier cas, il lui est possible de demander soit une augmentation en conséquence des primes, soit la résiliation du contrat ;
- dans le second cas, l'indemnisation consécutive au sinistre sera réduite en « proportion du taux des primes payées par rapport au taux des primes qui auraient été dues, si les risques avaient été complètement et exactement déclarés ».

5413. De très nombreuses décisions de justice sont rendues à propos de déclarations inexactes relatives à l'état de santé de l'emprunteur. Ainsi, la nullité du contrat d'assurance est régulièrement prononcée à l'encontre des emprunteurs qui dissimulent l'existence d'un état pathologique antérieur (CA Paris, 2 sept. 2003, 7e ch. Sect. A n° 2002/62, Mme S. c/Banque populaire BICS, CA Paris, 16 déc. 2003, 7e ch. Sect. A n° 1999/13536, Fédération continentale c/Société Générale, inédits : non déclaration d'un état d'hypertension ; CA Rouen, 14 mai 2003, 1re ch. Cabinet 1, CNP Assurances c/G.L., inédit : dissimulation d'une pathologie sévère ayant entraîné un arrêt de travail et en relation avec l'accident survenu en cours de contrat ; CA Paris, 10 juin 2003, 7e ch. Sect. A, n° 2001/18099 : dissimulation d'une intervention chirurgicale antérieure à la souscription de l'emprunt pour lequel la garantie avait été prise ; CA Paris, 2 déc. 2003, 7e ch. Sect. A, n° 2002/11552, Mme R. C. c/SA CNP Assurances). De manière assez notable, les juges refusent de tenir compte des difficultés de compréhension du français qu'a pu rencontrer l'emprunteur au moment de son adhésion (CA Paris, 7 oct. 2003, 7e ch. Sect. A, n° 2002/7433, M. VM c/CNP inédit, qui relève qu'il appartenait à l'emprunteur de se faire assister et que la signature du questionnaire impliquait qu'il se l'était approprié et en avait approuvé les termes). À l'inverse, il a été admis que la prise régulière de somnifères ne pouvait pas être assimilée à une maladie ou à un traitement médical devant être mentionnée en réponse à la question : « Êtes-vous actuellement malade, sous traitement médical régulier ou à votre connaissance atteint d'une infirmité » (CA Paris, 11 mars 2003, 7e ch. Sect. A, n° 2000/12675, Société SAE Assurance Carrefour Carma c/Mme G, inédit). Dans d'autres espèces, la fausse déclaration n'a pas été jugée intentionnelle, c'est alors la réduction proportionnelle de l'article L. 113-9 du Code des assurances qui a été appliquée (CA Paris, 20 févr. 2003, 8e ch. Sect. A, SA CGU Abeille Vie c/Mme J. n° 2002/03561 : bonne foi reconnue au regard de la complexité d'une question à laquelle il ne peut être répondu par oui ou par non ; CA Paris 7e ch. Sect. A, 3 févr. 2004, n° 2002/11086, Mme P. c/Mutuelles du Mans IARD, Sté Quatrem Assurances Collectives : la bonne foi de l'assuré a été reconnue au motif que la question posée était double (incapacité de travail et suivi d'un traitement médical) et qu'il ne peut lui être reproché d'avoir eu l'intention de tromper l'assureur.

Section 3 ▪ Effets du contrat

§ 1 ▪ Paiement des cotisations

5414. Conformément à l'article L. 112-1 du Code des assurances, l'établissement de crédit, en qualité de souscripteur du contrat est tenu au paiement des cotisations auprès de l'assureur. Cette règle ne signifie toutefois pas que la charge des cotisations incombe au prêteur. En effet, celles-ci restent supportées par les emprunteurs. L'organisme de crédit recouvre en principe les cotisations en même temps que les échéances de prêt à charge pour lui de les reverser à l'assureur, il peut poursuivre le règlement des cotisations à l'encontre de l'emprunteur (Civ 1re, 20 oct. 1998, RGDA 1999. 163, note L. Mayaux). C'est la raison pour laquelle le droit de la consommation prévoit, pour les prêts à la consommation que l'offre préalable doit indiquer les conditions d'une assurance, ainsi que le coût total ventilé du crédit (C. consom., art. L. 311-10) et pour les prêts immobiliers qu'elle doit donner une évaluation des assurances et des sûretés réelles ou personnelles exigées, qui conditionnent la conclusion du prêt (C. consom., art. L. 312-8).

5415. L'indication du coût du crédit doit être mentionnée dans l'offre de prêt sous la forme du taux effectif global. Une telle indication doit permettre à l'emprunteur de mesure le coût exact de son crédit. En conséquence, les cotisations d'assurance doivent être prises en compte dans le taux effectif global lorsque l'assurance est obligatoire.

5416. Depuis la loi n° 2010-737 du 1er juillet 2010, l'assureur est tenu d'informer le prêteur du non paiement des primes par l'emprunteur. Par ailleurs en matière d'assurance emprunteur, la procédure prévue par le Code des assurances en cas de non paiement des primes se trouve dorénavant légèrement modifiée puisque le délai de trente jours après mise en demeure prévu à l'alinéa 2 de l'article L. 113-3 du Code des assurances au terme duquel il est possible de suspendre les garanties, a été porté à 120 jours (art. 61 de la loi du 1er juillet 2010).

§ 2 ▪ Durée de l'assurance

5417. Il est important que la date de prise d'effet de l'adhésion soit la même que celle de la conclusion du contrat de prêt (voir, en matière de crédits immobiliers, Civ. 1re, 27 mai 1998, RGDA 1998. 757, note L. Mayaux ; RCA 1998, comm. 284 ; S. Piedelièvre, Les prêts immobiliers régis par le Code de la consommation ne sont pas des contrats réels, Rép. Defrénois 1999, art. 36921, p. 21). Or, il était traditionnellement admis que le contrat de prêt appartenait à la catégorie des contrats réels ce qui avait pour conséquence de retarder sa formation au jour de la remise des fonds. Si la solution avait été maintenue, les événements survenus entre la signature de l'offre de prêt et la libération des fonds n'auraient pas été couverts. C'est la raison pour laquelle la jurisprudence s'est éloignée de la solution classique, faisant perdre du coup au contrat de prêt sa qualification habituelle. Un fax adressé par l'établissement de crédit marquant son accord sur l'octroi du prêt, a été retenu comme une preuve suffisante de la réalisation du prêt et comme point de départ de la garantie de l'assureur dès lors que la prise d'effet de l'assurance n'était pas subordonnée à l'encaissement de la première cotisation (Civ. 1re, 2 mai 2001, inédit).

5418. Dans le respect des règles de forme, et même si celles-ci sont forcément attachées à la durée du prêt, il est possible de prévoir la fin des garanties à partir d'un moment ou d'un évènement déterminé. L'âge de l'assuré peut constituer l'un de ces évènements. Dans de telles conditions, la Cour de cassation a utilement jugé que constituait une faute le fait d'avoir proposé à une personne âgée de 62 ans, même si elle était professionnelle de l'immobilier, un contrat d'assurance « décès - incapacité - invalidité » devant cesser à son 62e anniversaire (Civ. 2e, 3 mai 2006, RCA 2006, comm. n° 250 ; Civ. 2e, 20 mars 2008, n° 07-10.378, Juris-data n° 2008-043325, RCA 2008, comm. n° 203).

5419. Il est régulièrement admis que le renouvellement par tacite reconduction entraîne naissance d'un nouveau contrat d'assurance. Or, le contrat d'assurance emprunteur auquel il a été adhéré en considération d'une ouverture de crédit renouvelable doit être lui aussi renouvelé si l'on veut qu'il produise ses effets au-delà de la première période de prêt. En effet, le renouvellement de l'ouverture de crédit n'entraîne pas celui du contrat d'assurance (Civ. 1re, 26 avr. 2000, RGDA 2000. 896, note J. Kullmann). Une solution contraire peut être prévue mais elle doit l'être en termes suffisamment précis.

5420. Conformément au droit commun du contrat d'assurance, il appartient à l'assuré emprunteur de déclarer toute circonstance susceptible d'entraîner l'application des garanties prévues au contrat. Les contrats prévoient généralement qu'à l'issue d'une période déterminée, la déclaration de sinistre ne produira pas d'effets sur les échéances du prêt qui lui ont été antérieures, voire même qu'il ne sera pas pris en considération. Ces clauses de déchéance contractuelles doivent être écrites en caractères très apparents (C. assur., art. L. 112-4, pour une application, Civ. 2e, 11 juin 2009, n° 08-18.778, RCA 2009, n° 228) et ne sauraient s'appliquer en dehors du cadre fixé par le code des assurances. Ainsi, la clause prévoyant qu'à l'issue d'un délai de 12 mois, la déclaration de sinistre sera pas prise en considération ne peut avoir effet que si l'assureur, conformément au droit commun du contrat d'assurance, démontre que le retard de déclaration lui a causé un préjudice (Civ. 2e, 7 mai 2009, n° 08-11.391, RCA 2009, n° 228). Par ailleurs, avisé à temps du sinistre le prêteur, c'est-à-dire le banquier, peut voir sa responsabilité engagée s'il n'a pas transmis à l'assureur les informations utiles à la mise en œuvre des garanties (Civ. 2e, 2 oct. 2008, n° 07-14.290, Juris-data n° 2008-045214 ; RCA 2008, comm. n° 371). L'obligation de déclaration de sinistre pèse donc autant sur l'emprunteur assuré que sur le prêteur souscripteur du contrat d'assurance.

5421. Lorsqu'aucun sinistre n'est survenu avant le jour du remboursement anticipé, l'assurance cesse de produire ses effets. N'ayant plus aucun objet, elle cesse même de plein droit et il n'est pas possible à l'emprunteur de demander la mise en œuvre des garanties pour un sinistre postérieur. En revanche, si un sinistre s'est produit avant le remboursement du prêt, il est normal de permettre à l'emprunteur de faire valoir ses droits contre l'assureur, même si cela passe par une action en répétition de l'indu auprès de l'établissement de crédit qui « recueille directement à ce moment le bénéfice de l'assurance par l'effet de la stipulation ainsi faite à son profit, ce qui vaut paiement de la dette de l'emprunteur et emporte libération de celui-ci » (Civ. 1re, 14 nov. 1995, RCA 1995, comm. n° 384, JCP G 1996, IV, 37, D. 1996, jur., p. 436 ; H. Groutel, Le droit de ne pas payer ses dettes, RCA 1995, chron. n° 45).

5422. Il n'existe pas de solution unique. Selon certains contrats, les primes d'assurance sont révisées pour tenir compte de la réduction du capital assuré. À l'inverse, d'autres contrats ne tiennent pas compte de cette modification de la portée des garanties. Il appartient à l'emprunteur de mesurer ses engagements sur ce point.

5423. L'établissement de crédit peut exiger de l'emprunteur qu'il rembourse la somme empruntée pour une raison qui ne constitue pas un évènement assuré. Se pose alors la question de savoir quel doit être le sort du contrat d'assurance pour la période qui s'étend de la signification de la déchéance au paiement complet par l'emprunteur. Dans une importante décision, la Cour de cassation a considéré que « l'exigibilité immédiate de la créance de remboursement n'emportait pas extinction du contrat d'assurance » (Civ. 1re, 18 janv. 2000, n° 97-17.847 ; RCA 2000, comm. n° 134, chron. n° 8 ; RGDA 2000. 159, note J. Kullmann ; Civ. 1re, 26 avr. 2000, n° 97-19.846 ; RCA 2000, comm. n° 243. En conséquence, le sinistre survenu durant cette période ouvre droit aux garanties et l'assuré peut solliciter l'intervention de l'assureur postérieurement à l'interruption des paiements ayant entraîné la déchéance du terme (Civ. 2e, 9 juill. 2009, n° 08-14.504 ; RCA 2009, comm. n° 333, obs. H. Groutel, Juris-data n° 2009-049346). Il semble toutefois possible de prévoir une solution contraire par disposition spécifique du contrat d'assurance, portée à la connaissance de l'assuré (Civ. 1re, 26 avr. 2000, RGDA 2000. 895, note J. Kullmann ; Civ. 1re, 18 mars 2003 ; voir aussi pour une durée limitée de maintien de la garantie, CA Paris, 30 sept. 2003, 7e ch. Sect. A, n° 2002/003751, Mme R. c/SA Gan Vie, inédit). Par ailleurs, il demeure que l'absence de paiement des cotisations d'assurance s'ajoutant à la résiliation du prêt pour déchéance du terme est susceptible d'entraîner la cessation de la garantie des contrats d'assurance sans qu'il y ait lieu d'utiliser la procédure de résiliation prévue à l'article L. 141-3 du Code des assurances (Civ. 2e, 10 juill. 2008, n° 07-17.392, Juris-data n° 2008-044774, RCA 2008, n° 298).

5424. Malgré les propositions qui sont parfois formulées, il est difficile d'admettre que le contrat d'assurance puisse encore être appelé à produire ses effets lorsque l'échéance de complet remboursement n'est pas respectée et que l'établissement de crédit accepte d'accorder de nouveaux délais de paiement. Sans doute est-il plus prudent d'asseoir cette solution sur une clause spécifique du contrat.

§ 3 ▪ Prescription

5425. Le cas particulier de l'assurance emprunteur est à l'origine d'un important mouvement jurisprudentiel qui tend à retarder le point de départ du délai de prescription de 2 ans prévu par l'article L. 114-1 du Code des assurances. Normalement le délai devrait commencer à courir au jour où l'état de santé de l'emprunteur s'est détérioré, en d'autres termes au moment du sinistre. Néanmoins, pour tenir compte du temps pendant lequel il accepte de faire face aux mensualités sans solliciter la mise en œuvre des garanties, la Cour de cassation a fixé le point de départ du délai de prescription biennale au jour où se produit l'un des deux évènements que constituent le refus de garantie de l'assureur ou la demande en paiement de l'établissement de crédit bénéficiaire de l'assurance par l'effet de la stipulation faite à son profit (Civ. 1re, 27 mars 2001, Bull. civ. I, n° 83 ; RGDA 2001. 6, note J. Kullmann ; H. Groutel, L'emprunteur et le point de départ de la prescription biennale : est-ce la fin de la fin ?, RCA 2001, chron., n° 12 ; Civ. 1re, 30 janv. 2002, Bull. civ. I, n° 36 ; Civ 2e, 10 mars 2004, n° 03-11.825 ; CA Paris, 27 mai 2003, 7e ch. Sect. A, n° 2001/19988, M. B c/Société AXA collectivités inédit ; CA Paris, 11 mars 2003, 7e ch. Sect. A, n° 2001/11256, M. R. c/CNP, inédit, pour l'action engagée par le co-emprunteur alors que la nullité du contrat avait été précédemment évoquée par l'assureur, Civ. 2è, 27 mars 2014, n° 13-16.815, J. Speroni : Assurance emprunteur : le délai de prescription de l'action du co-emprunteur, L'Argus 8 avril 2014 – en revanche pour la reconnaissance de la prescription Civ. 2è, 6 févr. 2014, n° 13-13.870). Dans l'application de cette solution, il a été décidé que la demande de la banque intervenue avant la réalisation du sinistre, c'est-à-dire avant le placement de l'assuré en situation d'invalidité, ne peut être prise en compte, ce qui revient à faire courir le délai à compter du jour du refus explicite et dépourvu d'équivoque de l'assureur (Civ. 2e, 13 juill. 2006, RCA 2006, comm. n° 274, obs. H. Groutel). De même la Cour de cassation a précisé qu'un refus opposé à une demande liée à un sinistre précis ne peut pas être retenu comme point de départ de la prescription d'une demande rattachée à un autre sinistre (Civ. 2e, 5 juill. 2006, RCA 2006, comm. n° 274, obs. H. Groutel). La formalité de la lettre recommandée avec demande d'avis de réception pour la notification d'un refus de garantie n'est pas exigée (Civ. 2e, 13 nov. 2008 n° 07-20.025, RGDA 2009. 214, obs. J. Kullmann), il n'est pas non plus nécessaire pour que le refus de l'assureur marque le point de départ du délai de prescription qu'il s'accompagne d'une déchéance du terme entraînant exigibilité immédiate du capital restant dû (Civ. 2e, 13 janv. 2012, n° 11-10.272, .Resp. civ. et ass. 2012, comm. n° 125 obs. H. Groutel).

Chapitre 2 Les produits d'épargne retraite individuelle

BIBLIOGRAPHIE

L'Argus de l'assurance

Ouvrages. – F. Couilbault (sous dir.), *Assurances de personnes*, L'Argus éd., 2016 - Ph. Baillot, J-F. Piraud et J. Contréras, *La fiscalité de l'assurance vie*, L'Argus éd., 2008. – G. Briens, *Comprendre et conseiller l'épargne salariale*, L'Argus éd., 2013. – F. Couilbault, S. Couilbault-Di Tommaso, V. Huberty, *Les grands principes de l'assurance*, L'Argus éd., 2015. – M. Hallopeau, *Epargne, retraite, prévoyance d'entreprise*, L'Argus éd., 2014. – K. Vilret-Huot, *Les sûretés sur contrat d'assurance vie*, L'Argus éd., 2007. - J. Bigot (sous dir.), *Code des assurances*, L'Argus éd.

Articles. – F. Couilbault, Les cadres fiscaux particuliers, L'Argus, 26 nov. 2010, p. 94. - O. Bertaux, La réforme des prélèvements sociaux et des capitaux décès, L'Argus n° 7153, 29 janv. 2010. – G. Defrance, Assurance vie et produit d'épargne, même combat, L'Argus n° 7095, 7 nov. 2008 ; Protection sociale complémentaire. Un coup pour les retraites chapeau, Dossier jur. L'Argus 26 août 94. – A. Vathaire, Le rapport Marini encourage l'essor de l'épargne retraite, L'Argus n° 6993, 29 sept. 2006. – S. Lemoine, Prévoyance et retraite, le passif social, L'Argus 13 déc. 91 ; Traitement social des cotisations de retraite, L'Argus n° 6322, 28 mai 93 ; Fonds de pension, L'Argus 11 déc. 92. – B. Mermillon, Le sort fiscal des indemnités de fin de carrière, L'Argus 25 sept. 92.

Autres documentations

Ouvrages. - R. Voirin, *Retraite et prévoyance des salariés*, éd. de Verneuil 1993.

Articles. – J. Arrighi de Casanova, L'influence du droit social sur le droit fiscal, L'exemple des régimes de retraite surcomplémentaires (Conclusion CE, 9 nov. 1990, RDE 91-148). – F. Couilbault, S. Couilbault-Di Tommaso, Les perspectives d'avenir du PERP et du PERCO, La Tribune, fév. 2013. – M. Denouette, Le plan d'épargne populaire, INC Hebdo n° 1355, 12 sept. 2005. – Ph. Laigre, Les PERP et les GERP, entre la transparence et l'obstacle, Dr. et patrim. n° 143, déc. 2005. - P.G Marly, Epargne-assurance, qualification juridique, Trib. Assur., janv. 2007. - G. Meneroud, Retraite et prévoyance collective, in Encyclopédie de l'assurance, Economica, 1998, p. 1169. – V. Messine, Le PEP et la retraite par capitalisation, PU Aix-Marseille 1990. – G. Richarte, La retraite surcomplémentaire d'entreprises, PU Aix-Marseille 1995.

Section 1 Le PERP – Plan d'Épargne Retraite Populaire

Sous-section 1 Organes de fonctionnement et de contrôle

§ 1 Textes applicables

5426. La réforme des retraites consacre un titre aux mesures relatives à l'épargne retraite facultative (loi n° 2010-1330) :

- tous les contrats d'épargne retraite, les cas où les assurés peuvent récupérer leur épargne de façon anticipée sont plus nombreux ;
- les détenteurs d'un contrat individuel, de type Perp ou Préfon, auront la possibilité de toucher une partie de leur retraite sous forme de capital ;
- les salariés pourront effectuer des versements à titre individuel et facultatif sur des contrats collectifs de type article 83.

Les textes réglementaires relatifs au plan d'épargne retraite populaire ont permis la commercialisation de cet instrument d'épargne retraite (Décr. n° 2004-342 et Décr. n° 2004-346, 21 avr. 2004, JO 22 avr. ; Arr. 22 avr. 2004, JO 23 avr.). Le décret n° 2004-346 du 21 avril 2004 rebaptise le plan d'épargne individuelle pour la retraite (PEIR), créé par l'article 108 de la loi « Fillon » n° 2003-775 du 21 août 2003 portant réforme des retraites en « plan d'épargne retraite populaire » (PERP). Le groupement d'épargne individuelle pour la retraite devient le groupement d'épargne retraite populaire. Le décret n° 2004-342 du 21 avril 2004 et un arrêté interministériel du 22 avril 2004 précisent les règles relatives au plan d'épargne retraite populaire (PERP), au groupement d'épargne retraite populaire et à l'organisme d'assurance gestionnaire du plan. Le décret n° 2004-342 du 21 avril 2004 énonce, en son premier chapitre, les conditions de constitution du groupement d'épargne retraite populaire et édicte ses règles de fonctionnement : organisation, administration, tenue de l'assemblée des participants, gestion de ses comptes et dissolution. Ce même décret précise, dans son second chapitre, les règles relatives au comité de surveillance. Enfin dans un troisième chapitre ce décret est consacré à la gestion du plan d'épargne retraite populaire : provisions techniques, dépôt et conservation des actifs, missions des commissaires aux comptes, modalités de gestion financière, droits et informations des participants, information du comité de surveillance, transfert du plan. Une instruction fiscale du 21 février 2005 a commenté l'ensemble des dispositions de la loi n° 2003-775 du 21 août 2003 portant réforme des retraites créant le Plan d'Epargne Retraite Populaire (PERP) (Instr. 21 févr. 2005, BOI n° 5 B-11-05).

5427. Le décret n° 2011-1635 du 23 novembre 2011 codifie les dispositions du décret n° 2004-342 du 21 avril 2004 relatif au plan d'épargne retraite populaire (PERP) et prend en considération les modifications législatives et réglementaires intervenues depuis. Il tire également les conséquences pratiques des premières années de commercialisation du produit et simplifie les règles de gouvernance. Il s'agit en particulier de prévoir que l'assemblée générale d'une association souscriptrice pourra examiner la situation des différents PERP souscrits et non plus d'un seul, d'autoriser la fusion des organes de gouvernance de l'association et du plan lorsqu'une association n'a souscrit qu'un plan, d'appliquer les règles de droit commun en ce qui concerne les quorums, d'autoriser une gestion pluriannuelle du budget de fonctionnement du plan, de supprimer des règles très détaillées, relevant davantage d'un règlement intérieur que d'un décret, relatives à l'organisation du comité de surveillance du plan (décret n° 2011-1635, 23 nov. 2011).

§ 2 ▪ Le groupement d'épargne retraite populaire

5428. Le groupement d'épargne individuelle pour la retraite est une association à but non lucratif constituée conformément à la loi du 1er juillet 1901 relative au contrat d'association ou à la loi du 1er juin 1924 mettant en vigueur la législation française dans les départements du Bas-Rhin, du Haut-Rhin et de Moselle. La mise en place et la surveillance de la gestion du PERP ainsi que la représentation des intérêts de ses participants sont assurées par cette association dénommée groupement d'épargne retraite populaire. Ses statuts mentionnent que l'association a pour objet, en qualité de groupement d'épargne retraite populaire, de souscrire un ou plusieurs plans d'épargne retraite populaire pour le compte des participants (art. 3, Décr. n° 2004-342, 21 avr. 2004). Tout participant d'un PERP souscrit par l'association est membre de droit de l'association et dispose d'un droit de vote à l'assemblée générale (art. 3, Décr. n° 2004-342, 21 avr. 2004).

§ 3 ■ Le comité de surveillance

5429. Le décret n° 2004-342 du 21 avril 2004 précise, dans son second chapitre, les règles relatives au comité de surveillance dont la fonction est de veiller à la bonne exécution du contrat par l'organisme d'assurance et à la représentation des intérêts des participants du plan. Le décret fixe les conditions de formation du comité de surveillance, d'élaboration de son règlement intérieur, sa mission et le contenu de son rapport annuel. Le comité de surveillance est réuni au moins une fois par semestre, sur convocation de son président ou d'au moins le tiers de ses membres (art. 20, Décr. n° 2004-342, 21 avr. 2004). Il a notamment pour mission d'établir chaque année le budget du plan d'épargne retraite populaire, de décider des expertises juridiques, comptables, actuarielles et financières du plan et d'en assurer le suivi, d'examiner les modalités de transfert du plan, de proposer la reconduction ou le changement de l'assureur, d'organiser la mise en concurrence des assureurs en vue de la gestion du PERP et d'émettre un avis sur la proposition faite par l'assureur de rémunération de l'épargne des participants du plan (art. 21, Décr. n° 2004-342, 21 avr. 2004). Le comité de surveillance fait procéder au moins tous les cinq ans à des études actuarielles du plan dont le but est essentiellement d'évaluer les risques susceptibles d'affecter le PERP. Ces études portent particulièrement sur les frais et commissions prélevées, la structure et les perspectives démographiques du plan ainsi que la politique d'investissement et la structure des placements du plan (art. 23, Décr. n° 2004-342, 21 avr. 2004).

Le comité de surveillance établit un rapport annuel qui comprend notamment :

- une analyse des nouvelles adhésions au plan et des flux de cotisations et de prestations versées au cours de l'exercice ;
- les divers frais prélevés au titre du plan ;
- un avis sur les comptes annuels du plan ;
- les plus ou moins-values latentes, le résultat financier et le résultat technique du plan, ainsi que la répartition des bénéfices entre les participants (art. 24, Décr. n° 2004-342, 21 avr. 2004).

§ 4 ■ L'assemblée des participants

5430. Tout participant d'un PERP souscrit par l'association est de droit membre de l'association et dispose d'un droit de vote à l'assemblée générale (art. 3, Décr. n° 2004-342, 21 avr. 2004). L'assemblée des participants du PERP décide, sur proposition du comité de surveillance, des modifications à apporter aux dispositions essentielles du plan souscrit par le groupement d'épargne individuelle pour la retraite. L'assemblée des participants d'un plan est convoquée à titre extraordinaire par le président de son comité de surveillance ou par au moins un tiers des membres de ce comité pour statuer notamment sur la reconduction du contrat souscrit auprès de l'assureur ou le choix d'un nouvel assureur (art. 11, Décr. n° 2004-342, 21 avr. 2004). Sauf en cas de faute grave, le changement de l'organisme d'assurance gestionnaire du plan ne peut intervenir qu'à l'issue d'un préavis de douze mois minimum et dans les conditions prévues par le plan. Dans tous les cas, le choix du nouvel organisme d'assurance gestionnaire du plan fait l'objet d'une mise en concurrence ; il est soumis à l'assemblée des participants au plan. Il emporte le transfert, au nouvel organisme d'assurance gestionnaire, de l'ensemble des engagements et des actifs attachés au plan. Le comité de surveillance examine l'opportunité, à son échéance, de reconduire le contrat souscrit auprès de l'organisme d'assurance gestionnaire du plan ou de le remettre en concurrence. La décision de reconduire le contrat est soumise à l'approbation de l'assemblée des participants au plan. En cas de remise en concurrence, l'organisme gestionnaire sortant ne peut pas être exclu de la procédure de mise en concurrence.

Sous-section 2 ■ Gestion du PERP

§ 1 ■ La rente viagère comme complément de retraite

5431. Le PERP est un contrat d'assurance dont l'objet est l'acquisition et la jouissance de droits viagers personnels payables à l'adhérent à compter de la liquidation de sa pension dans un régime obligatoire d'assurance vieillesse. Depuis la loi n° 2010-1330 du 9 novembre 2010, la rente viagère constituée est payable à compter de la liquidation de la retraite obligatoire ou à l'âge de 62 ans et non plus 60 ans. Selon l'article 25 du décret n° 2004-342, il ne peut relever que de l'un des types suivants :
- un plan consistant en l'acquisition d'une rente viagère différée (garanties du plan exprimées en euros de rentes) ;
- un plan consistant en la constitution d'une épargne convertie en rente (contrat de capital différé exprimé en euros et, le cas échéant, en unités de compte avec dénouement obligatoire en rente exprimée en euros) ;
- un plan proposé dans le cadre de la prévoyance et de la retraite collective (garanties du plan exprimées en unités de rentes).

5432. Le même article précise que le plan d'épargne retraite populaire ne peut pas faire l'objet de rachats, même partiels, sauf dans les trois cas prévus à l'article L. 132-23 du Code des assurances :
- expiration des droits de l'assuré aux allocations d'assurance chômage ;
- cessation d'activité non salariée de l'assuré à la suite d'un jugement de liquidation judiciaire ;
- invalidité de l'assuré de deuxième ou troisième catégories de sécurité sociale.

Pour les plans consistant en l'acquisition d'une rente viagère différée ou en la constitution d'une épargne convertie en rente, les résultats techniques et financiers d'un plan sont intégralement répartis entre les participants de ce plan (art. 49, Décr. n° 2004-342, 21 avr. 2004).

§ 2 ■ Sortie du PERP en capital

A ■ Acquisition de la résidence principale

5433. L'article 35 de la loi n° 2006-872 du 13 juillet 2006 autorise la sortie en capital du PERP lorsque le capital est utilisé pour l'acquisition de la résidence principale en accession à la première propriété. Comme pour la sortie en rentes viagères, la sortie en capital est possible à compter de la date de liquidation de la pension dans un régime obligatoire d'assurance vieillesse ou à l'âge auquel l'assuré peut faire valoir ses droits, conformément à l'article L. 351-1 du Code de la Sécurité sociale. En conséquence, le Code général des impôts se trouve modifié et l'article 163 bis prévoit que pour l'établissement de l'impôt, le capital est imposé à l'impôt sur le revenu mais il peut, sur demande expresse et irrévocable de son bénéficiaire, être réparti par parts égales sur l'année au cours de laquelle le contribuable en a disposé et les quatre années suivantes. Une instruction fiscale du 31 décembre 2007 précise la notion d'accession à la première propriété de la résidence principale et les justificatifs à fournir pour la sortie exceptionnelle du PERP en capital, à compter de l'âge de la retraite, en lieu et place d'une rente viagère, en vue de l'acquisition par l'adhérent de sa résidence principale en accession à la première propriété. La sortie en capital est subordonnée à la présentation de pièces justifiant cette acquisition. Le versement en capital du PERP est autorisé pour financer l'acquisition mais aussi la construction d'un logement destiné à l'habitation principale. A cet égard, l'habitation principale s'entend, d'une manière générale, du logement où résident

habituellement et effectivement les membres du foyer fiscal et où se situe le centre de leurs intérêts professionnels et matériels. Le versement en capital du PERP peut être affecté au financement d'opérations telles que :
- la construction d'un logement, y compris, le cas échéant, l'acquisition de droits de construire ou de terrains destinés à la construction de ce logement, par exemple dans le cadre d'un achat sur plan ou « vente en l'état futur d'achèvement » (VEFA). L'aménagement à usage de logement de locaux non destinés à l'habitation est assimilé à la construction d'un logement ;
- l'acquisition d'un logement en vue de sa première occupation ;
- l'acquisition d'un logement ayant déjà été occupé y compris, le cas échéant, les travaux d'amélioration nécessaires.

5434. Sont considérés comme accédant à la première propriété de leur résidence principale les adhérents du PERP qui n'en ont pas été propriétaires au cours des deux dernières années précédant celle du dénouement du PERP en vue de l'acquisition de ladite résidence principale. Toutefois, la condition de première propriété n'est pas exigée dans les trois situations suivantes :
- lorsque l'adhérent du PERP ou l'un des occupants du logement à titre principal est titulaire de la carte d'invalidité correspondant au classement dans la deuxième ou la troisième des catégories prévues à l'article L. 341-4 du Code de la Sécurité sociale. Il s'agit des personnes invalides incapables d'exercer une profession quelconque et des invalides qui, étant incapables d'exercer une profession, sont, en outre, dans l'obligation d'avoir recours à l'assistance d'une tierce personne pour effectuer les actes ordinaires de la vie ;
- lorsque l'adhérent du PERP ou l'un des occupants du logement à titre principal bénéficie d'une allocation attribuée en vertu des articles L. 821-1 à L. 821-9 ou L. 541-1 à L. 541-3 du Code de la Sécurité sociale. Il s'agit de l'allocation aux adultes handicapés, ainsi que de l'allocation d'éducation de l'enfant handicapé versée aux personnes qui assument la charge d'un enfant handicapé ;
- lorsque l'adhérent du PERP ou l'un des occupants du logement à titre principal est victime d'une catastrophe ayant conduit à rendre inhabitable de manière définitive sa résidence principale (CCH, art. R. 318-1).

5435. L'instruction précise également le régime fiscal applicable au capital qui est imposable à l'impôt sur le revenu selon les règles des pensions et retraites et qui peut faire l'objet, sur demande expresse et irrévocable des bénéficiaires, d'une imposition fractionnée par parts égales sur l'année du versement et les quatre années suivantes. Enfin, il est précisé que toutes ces dispositions s'appliquent aux PERP dont le dénouement intervient à compter du 17 juillet 2006, date d'entrée en vigueur de la loi du 13 juillet 2006. Elles sont donc susceptibles de s'appliquer aux PERP conclus avant cette date (Instr. fisc., 31 déc. 2007, BOI 5 B-22-07).

B ▪ Nouvelles possibilités de sortie en capital

5436. La loi n° 2010-1330 du 9 novembre 2010 a mis en place de nouvelles possibilités de sortie anticipée pour tous les contrats d'épargne retraite. Les assurés ont désormais la possibilité de récupérer leur épargne de façon anticipée, en particulier, en cas de décès du conjoint ou du partenaire de PACS, en cas de surendettement.

5437. De plus, la loi du 9 novembre 2010 prévoit une possibilité de sortie sous forme de capital à hauteur de 20 %.

§ 3 ▪ Interdiction des avances sur le PERP

5438. La loi n° 2006-1770 du 30 décembre 2006 pour le développement de la participation et de l'actionnariat salarié et portant diverses dispositions d'ordre économique et social a supprimé la possibilité pour les organismes d'assurance gestionnaires de PERP de consentir des avances aux participants. En effet, ces « avances sur police » sont tout aussi contraires que des rachats à la vocation même du PERP, c'est-à-dire la constitution d'une épargne à long terme en vue de la retraite. Une instruction fiscale du 15 janvier 2008 précise les conséquences du non-respect du principe de l'interdiction des avances. Le PERP étant dénaturé par l'octroi d'avances, les cotisations ou primes versées ne sont plus déductibles sur le fondement de l'article 163 quatervicies du Code général des impôts et celles déjà admises en déduction sont susceptibles, dans la limite du délai de prescription, d'être réintégrées dans le revenu imposable des intéressés. Ces dispositions s'appliquent à compter du 9 novembre 2006 à tous les PERP, quelle que soit leur date de souscription (Instr. 15 janv. 2008, BOI 5 B-2-08).

§ 4 ▪ Le PERP peut prévoir des garanties complémentaires

5439. Le PERP peut prévoir une garantie en cas de décès de l'adhérent avant ou après la date de mise en service de la rente viagère acquise dans le cadre du plan. Les prestations servies à ce titre consistent soit en une rente viagère versée à un bénéficiaire expressément désigné par l'adhérent ou à défaut à son conjoint, soit en une rente d'éducation versée aux enfants mineurs de l'adhérent. En cas de décès d'un participant, les droits individuels à inscrire au compte du ou des éventuels bénéficiaires sont déterminés sur la base des droits inscrits au compte du participant avant la date de son décès (art. 53, Décr. n° 2004-342, 21 avr. 2004). Le contrat peut également prévoir le versement à l'adhérent d'une rente d'invalidité en cas d'invalidité de l'adhérent survenue après son adhésion. Ces prestations ne peuvent avoir pour effet de transmettre à l'adhérent des droits excédant ceux auxquels il aurait pu prétendre en cas de vie ou sans invalidité.

§ 5 ▪ Le transfert des droits

5440. Tout plan d'épargne retraite populaire prévoit les modalités de transfert individuel des droits d'un participant à un autre plan. Il précise les modalités d'attribution des résultats techniques et financiers relatifs à la période écoulée depuis la dernière date de répartition de ces résultats jusqu'à la date de détermination de la valeur de transfert (art. 54, Décr. n° 2004-342, 21 avr. 2004). La valeur de transfert individuel des droits d'un participant du plan d'origine au plan d'accueil est fonction de l'inventaire des actifs du plan et de ses provisions techniques. Le plan peut prévoir que la valeur de transfert est réduite d'une indemnité acquise au plan qui ne peut excéder 5 % de la valeur de transfert. Cette indemnité est nulle à l'issue d'une période de dix ans à compter de la date d'adhésion au plan (art. 54, Décr. n° 2004-342, 21 avr. 2004 ; art. 10, Arr. 22 avr. 2004). La valeur de transfert est communiquée au participant et à l'organisme d'assurance d'accueil dans un délai qui ne peut être supérieur à trois mois après la réception de la demande de transfert. Le participant peut renoncer au transfert dans le mois suivant la date de notification de la valeur de transfert. À l'expiration de ce délai, l'organisme d'assurance gestionnaire du plan d'origine procède, dans un délai d'un mois, au versement direct à l'organisme d'assurance gestionnaire du plan d'accueil d'une somme égale à la valeur de transfert nette des éventuels frais de gestion du transfert prélevés par l'organisme d'assurance gestionnaire du plan d'origine (art. 54, Décr. n° 2004-342, 21 avr. 2004). L'organisme d'assurance gestionnaire du plan d'accueil informe le participant des conséquences du transfert sur ses droits individuels (art. 54, Décr. n° 2004-342, 21 avr. 2004).

5441. Un arrêté du 26 novembre 2004 crée, pour les PERP prévoyant une provision technique de diversification, l'article A. 132-5-1 du Code des assurances qui détaille précisément l'obligation d'information sur les valeurs de transfert mentionnée à l'article L. 132-5-1 du même code (Arr. 26 nov. 2004, JO 30 nov.). Pour les contrats en euros diversifiés, la valeur de transfert est indiquée dans un tableau pour les huit premières années au moins. Ce tableau distingue clairement la part de la valeur de transfert au titre de la provision technique de diversification, celle au titre de la provision mathématique relative à des engagements exprimés en euros et celle, le cas échéant, au titre de la provision mathématique relative aux unités de compte souscrites par l'assuré. La valeur de transfert au titre de la provision technique de diversification est exprimée en nombre de parts. Il est notamment indiqué en caractères très apparents que l'organisme d'assurance ne s'engage que sur le nombre de parts et non sur la valeur de la part de provision technique de diversification, qui est sujette à des fluctuations à la hausse comme à la baisse.

5442. Lorsque le plan prévoit que la valeur de transfert est réduite d'une indemnité acquise au plan, les modalités de calcul de cette indemnité sont indiquées, précision donnée qu'elle est nulle à l'issue d'une période de dix ans à compter de la date d'adhésion au plan. Une information additionnelle est prévue sur l'option de calcul de la valeur de transfert et pour les contrats en euro diversifié actuariel dont la valeur peut être valablement indiquée par une formule complétée par une explication littéraire, dont un modèle est annexé à titre d'exemple à l'article A. 132-5-1 du Code des assurances.

§ 6 ▪ Le dépositaire des actifs

5443. Les actifs du PERP sont conservés par un dépositaire unique distinct de l'organisme d'assurance gestionnaire du plan. Ce dépositaire s'assure de la régularité des décisions de gestion financière des actifs dont il a la garde. Ce dépositaire des actifs du PERP est choisi par l'organisme d'assurance gestionnaire du plan sur une liste de personnes morales arrêtée par le ministre chargé de l'économie. Le siège social et l'administration principale de ce dépositaire sont situés en France. Mais, il peut confier tout ou partie des actifs dont il a la garde à un tiers agréé à cet effet et dont le siège social et l'administration principale sont situés dans un État membre de l'Union européenne. Sa responsabilité n'est pas affectée par ce fait.

§ 7 ▪ L'information des participants

5444. La note d'information ou la notice d'information remise au participant lors de son adhésion au PERP doit être conforme au modèle annexé à l'article A. 132-4 du Code des assurances, complété par l'indication en caractères apparents que les sommes versées dans un plan d'épargne retraite populaire ne donnent lieu qu'à des prestations versées sous forme de rente à partir de l'âge prévu de liquidation des droits, et qu'un plan ne peut faire l'objet de rachats, même partiels, sauf dans les cas prévus à l'article L. 132-23 du Code des assurances (art. 56, Décr. n° 2004-342, 21 avr. 2004 ; art. 17, Arr. 22 avr. 2004). Cette note ou notice d'information comprend également :
- l'indication des dispositions législatives et réglementaires qui régissent le fonctionnement du plan ;
- l'indemnité et, le cas échéant, la réduction prévue en cas de transfert ;
- les frais prélevés par l'organisme d'assurance ;
- pour chaque unité de compte à laquelle se réfère le plan, les caractéristiques principales de cette unité de compte ;
- la dénomination et le siège social du dépositaire du plan ;
- lorsque le comité de surveillance a été constitué, la composition de ce comité et, le cas échéant, un résumé du rapport établi par ce comité pour le dernier exercice.

5445. Lors de l'adhésion de chaque participant à un plan, il lui est ouvert un compte individuel où sont notamment inscrits les cotisations qu'il a versées et leurs dates de versements ou, en cas de transfert, les montants transférés et leurs dates de transferts, ainsi que les provisions mathématiques (en distinguant la part de ces provisions relevant d'engagements exprimés en unités de compte de celle relevant d'engagements exprimés en euros). Les situations de l'ensemble des comptes individuels sont arrêtées à la date de clôture de chaque exercice annuel (art. 46, Décr. n° 2004-342, 21 avr. 2004). L'organisme d'assurance gestionnaire d'un plan d'épargne retraite populaire peut prélever des frais ; les modalités de détermination et de versement de ces prélèvements sont prévues par le plan. La part des prélèvements annuels sur les actifs du plan est individualisée et indiquée aux participants au moins une fois par an. L'affectation ou les prélèvements particuliers des premières cotisations ou des montants transférés supérieurs à ceux des années suivantes, font l'objet d'une information spécifique contresignée par le participant (art. 48, Décr. n° 2004-342, 21 avr. 2004).

5446. Depuis la loi n° 2010-1330 du 9 novembre 2010, l'assureur est désormais obligé de communiquer chaque année une estimation de la rente viagère qui serait versée à l'assuré à partir de ses droits personnels, et de préciser, le cas échéant, les conditions dans lesquelles il peut transférer son contrat.

Sous-section 3 ■ Fiscalité du PERP

§ 1 ■ La fiscalité des cotisations

5447. Pour chaque foyer fiscal, les cotisations versées sur un PERP sont déductibles dans la limite annuelle et individuelle égale à la différence constatée au titre de l'année précédente entre :

– une fraction égale à 10 % de ses revenus d'activité professionnelle retenus dans la limite de 8 fois le plafond annuel de la Sécurité sociale ou si elle est plus élevée, une somme égale à 10 % du montant annuel du plafond précité (29 625 € pour une personne seule au titre des revenus de 2013) ;

– et le montant cumulé des cotisations ou primes déductibles au titre :

- des régimes supplémentaires obligatoires de retraite de salariés (CGI, art. 83, 2o) ;
- du régime COREVA (agriculteurs) ;
- des cotisations retraite relevant de la loi Madelin (CGI, art. 154 bis) ;
- du PERCO versé par l'employeur (abondement).

La différence, lorsqu'elle est positive, constatée au titre d'une année entre la limite d'exonération et les sommes mentionnées ci-dessus, peut être utilisée au cours de l'une des trois années suivantes. En outre, le PERP est exonéré de prélèvements sociaux et d'ISF en phase de constitution.

Cet avantage fiscal à l'entrée du PERP n'est pas négligeable. Il ne suffit toutefois pas à convaincre la très grande majorité des épargnants. En effet, il est surtout intéressant pour le contribuable imposé à un taux marginal élevé - d'au moins 30% - qui peut épargner des sommes importantes, à tel point, qu'aujourd'hui, le PERP est utilisé comme outil de défiscalisation (notamment depuis le plafonnement des niches fiscales à 10 000 €).

En tout état de cause, cet avantage fiscal ne convainc pas la majorité des épargnants qui préfère toujours au PERP l'immobilier, le livret A et l'assurance vie en euros. À fin juin 2012, l'encours sur les PERP était de 7, 639 milliards contre 1 373, 5 milliards d'euros en assurance vie.

§ 2 ■ La fiscalité des prestations

5448. En contrepartie de la déductibilité des cotisations au PERP, la loi prévoit l'imposition dans la catégorie des pensions des rentes viagères servies à la sortie du dispositif. Ces rentes bénéficient donc des abattements de 10 % et 20 % applicables à cette catégorie de revenus. Lorsque la sortie peut s'effectuer en capital pour l'acquisition d'une résidence principale dans le cadre de l'article 35 de la loi n° 2006-872 du 13 juillet 2006, l'article 163 bis du Code général des impôts, prévoit que pour l'établissement de l'impôt, le capital est imposé à l'impôt sur le revenu mais il peut, sur demande expresse et irrévocable de son bénéficiaire, être réparti par parts égales sur l'année au cours de laquelle le contribuable en a disposé et les quatre années suivantes.

§ 3 ■ Rentes et ISF

5449. Une instruction fiscale du 29 octobre 2010 (BOI n°7 S-6-10) commente et précise le régime des rentes viagères assimilées à des pensions de retraite au regard de l'ISF. La valeur de capitalisation de ces rentes est, en effet, exonérée d'ISF sous certaines conditions prévues à l'article 885 J du CGI. Parmi elles, la rente doit être constituée dans le cadre d'une activité professionnelle ou d'un PERP, et le versement des primes échelonné régulièrement dans leur montant et leur périodicité, pendant au moins 15 ans. Toutefois, jusqu'au 31 décembre 2010, la condition tenant à la durée minimale de versement des primes n'est pas requise pour les PERP, PERCO, et PERE lorsque le souscripteur y adhère moins de 15 ans avant l'âge légal de sa retraite à taux plein.

5450. Dans cette instruction, l'administration fiscale fait également une synthèse du régime juridique et fiscal applicable au PERP, PERCO, PERE et aux contrats d'assurance de groupe dit « Madelin ». Les rentes viagères constituées dans le cadre d'un PERP peuvent être exonérées d'ISF à hauteur de la valeur de capitalisation moyennant le versement de primes régulièrement échelonnées dans leur montant et leur périodicité pendant au moins 15 ans et pour les rentes dont l'entrée en jouissance intervient à compter de l'âge donnant droit à la liquidation d'une retraite à taux plein. L'exonération bénéficie au souscripteur et à son conjoint. La condition de durée de 15 ans ne s'applique pas aux PERP souscrits jusqu'au 31 décembre 2005 lorsque le souscripteur y adhère moins de 15 ans avant l'âge donnant droit à la liquidation de la retraite à taux plein. La loi de finances pour 2007 proroge l'application de cette disposition aux PERP souscrits jusqu'au 31 décembre 2008. Cette disposition s'applique pour l'ISF dû à compter du 1er janvier 2007 (CGI, art. 885 J mod. par L. fin. 2007, n° 2006-1666, 21 déc. 2006, art. 8).

Section 2 ■ PEA Assurance – Plan d'Épargne en Actions

Sous-section 1 ■ Caractéristiques du PEA Assurance

§ 1 ■ Objet du PEA

5451. La loi n° 92-266 du 16 juillet 1992 a mis en place le plan d'épargne en actions (PEA) dont les modalités d'application ont été fixées par le décret n° 92-797 du 17 août 1992. Le PEA permet à une personne de se constituer une épargne, dans un cadre fiscal défini, dont les supports sont constitués d'actions.

§ 2 ▪ Titres pouvant servir de support à un PEA

5452. Il doit s'agir :

- d'actions européennes, ou de certains états de l'espace économique européen, cotées ;
- de parts de SICAV ou de FCP investis à hauteur de 75 % au moins en actions européennes, ou de certains états de l'espace économique européen. Le reste pouvant être investi en actions internationales, obligations ou titres à court terme ;
- les actions de sociétés non cotées dans lesquelles le souscripteur et les membres de sa famille (conjoint, parents, enfants mineurs et majeurs) ne détiennent pas plus de 25 % du capital.

5453. Les PEA, initialement réservés aux actions françaises puis étendus aux actions des pays de la Communauté Européenne, peuvent désormais être investis en actions émises dans un État partie à l'accord sur l'Espace économique européen ayant conclu avec la France une convention fiscale qui contient une clause d'assistance administrative en vue de lutter contre la fraude ou l'évasion fiscale. À ce jour sont concernés la Norvège et L'Islande (art. 39 de la loi de finances pour 2005).

§ 3 ▪ Spécificités du PEA Assurance

5454. Peuvent faire souscrire un PEA assurance, les entreprises d'assurance relevant du Code des assurances, agréées pour effectuer les opérations relevant de la branche d'activité 24 (capitalisation) de l'article R. 321-1 de ce code. Le PEA Assurance est donc constitué par un contrat de capitalisation investi en actions. Le contrat de capitalisation, ou bon de capitalisation, est un placement financier qui permet au souscripteur de réaliser une opération d'épargne. Le souscripteur verse une prime unique ou effectue des versements libres qui sont investis dans les unités de compte autorisées.

§ 4 ▪ PEA Assurance PME

5455. Un décret du 4 mars 2014 a pour objet l'aménagement des règles applicables au plan d'épargne en actions (PEA) et mise en œuvre du plan d'épargne en actions destiné au financement des petites et moyennes entreprises et des entreprises de taille intermédiaire (PEA-PME).

Le décret fixe les modalités d'application du plan d'épargne en actions destiné au financement des petites et moyennes entreprises et des entreprises de taille intermédiaire. Il prévoit les règles relatives aux modalités d'ouverture du plan, qui seront identiques à celles applicables au plan d'épargne en actions. Il précise que les seuils fixés par le législateur pour l'éligibilité des entreprises au PEA-PME (moins de 5 000 salariés, d'une part, chiffre d'affaires annuel inférieur à 1 500 millions d'euros ou total de bilan inférieur à 2 000 millions d'euros, d'autre part) sont appréciés sur la base des comptes de la société émettrice des titres concernés et, le cas échéant, de ceux des sociétés avec lesquelles elle constitue un groupe. Ces seuils sont appréciés à la date d'acquisition des titres ou pour les fonds, à la date à laquelle il réalise ses investissements. Les titres des entreprises qui franchiraient ces seuils pourront donc être maintenus dans le PEA-PME, que l'investissement soit fait en direct ou par l'intermédiaire de fonds.

Ce décret est pris pour l'application de l'article 70 de la loi n° 2013-1278 du 29 décembre 2013 de finances pour 2014.

Décret n° 2014-283 du 4 mars 2014 relatif au plan d'épargne en actions et au plan d'épargne en actions destiné au financement des petites et moyennes entreprises et des entreprises de taille intermédiaire.

§ 5 ▪ Personnes pouvant ouvrir un PEA

5456. La possibilité d'ouvrir un PEA est réservée aux personnes physiques dont le domicile fiscal est situé en France. Les personnes morales, quel que soit leur régime fiscal, ne sont pas autorisées à ouvrir un PEA. Chaque contribuable ou chacun des conjoints soumis à une imposition commune peut ouvrir un PEA. Ainsi, peuvent ouvrir un PEA :
- les personnes célibataires, veuves ou divorcées ainsi que les personnes mariées qui font l'objet d'impositions distinctes ;
- chacun des conjoints pour les personnes mariées soumises à une imposition commune.

5457. Les personnes qui sont à la charge d'un contribuable (enfants ou personnes titulaires de la carte d'invalidité vivant sous le toit du contribuable) ne peuvent donc pas être titulaires d'un PEA. Il ne peut être ouvert qu'un PEA par personne. La méconnaissance de cette règle est sanctionnée par la clôture de tous les plans ouverts au nom de la personne considérée. Le PEA ne peut avoir qu'un titulaire. Il ne peut donc pas prendre la forme d'un compte joint.

§ 6 ▪ Date d'ouverture du PEA et montant des versements pouvant être effectués sur un PEA

5458. La date d'ouverture du plan est celle du premier versement (Décr. n° 92-797, 17 août 1992, art. 2) ou, le cas échéant, du premier transfert de titres. Les PEA ont pu être ouverts à partir du 14 septembre 1992. Les versements sont limités à 132 000 € par plan, qu'ils soient effectués en numéraire ou par transfert de titres. Deux époux peuvent ouvrir chacun un PEA. Les gains réalisés dans le plan ne constituent pas des versements.

§ 7 ▪ Conséquences du non-respect du fonctionnement du PEA

5459. Si l'une des conditions prévues pour l'application du régime du PEA n'est pas remplie, le plan est clos à la date où le manquement a été commis dans les conditions définies en cas de retrait ou de rachat, en particulier dans les cas suivants :
- détention de deux ou plusieurs PEA par une même personne : l'ensemble des plans est clos ;
- détention d'un PEA par une personne fiscalement comptée à charge ou rattachée à un foyer fiscal : l'ensemble des plans est clos ;
- dépassement du plafond légal de versements : le plan est clos à la date du dépassement.

Sous-section 2 ▪ Régime fiscal du PEA

§ 1 ▪ Fiscalité des produits procurés par les placements

A ▪ Rachat intervenant entre cinq et huit ans

5460. Les rachats qui interviennent après cinq ans entraînent la clôture du plan.
Les produits ne sont pas imposés mais lorsque le seuil de cession de 25 830 € est dépassé, le gain net réalisé depuis l'ouverture du plan est soumis aux prélèvements sociaux au taux de 12, 1 %.

B ■ Rachat après huit ans

5461. Après l'expiration d'une période de huit ans calculée à partir de la date du premier versement, les retraits partiels et, s'agissant des contrats de capitalisation, les rachats partiels, n'entraînent pas la clôture du plan. Toutefois, aucun versement n'est possible après le premier retrait ou le premier rachat.
Le retrait de la totalité des sommes ou valeurs ou le rachat total du contrat de capitalisation entraîne la clôture du plan.

5462. Lorsque le plan se dénoue après l'expiration de la huitième année par le versement d'une rente viagère, celle-ci est exonérée d'impôt sur le revenu mais soumise aux prélèvements sociaux. La partie de la rente soumise aux prélèvements sociaux est, conformément à l'article 158-6 du Code général des impôts, déterminée forfaitairement d'après l'âge du crédirentier lors de l'entrée en jouissance de la rente. Elle est égale à :
- 70 % si l'intéressé était alors âgé de moins de 50 ans ;
- 50 % s'il était âgé de 50 à 59 ans inclus ;
- 40 % s'il était âgé de 60 à 69 ans inclus ;
- 30 % s'il était âgé de plus de 69 ans.

§ 2 ■ Conséquences des rachats avant cinq ans

A ■ Rachat intervenant dans les deux premières années

5463. En cas de rachat avant deux ans, les produits réalisés sont imposés au taux de 22,5 %, lorsque le seuil de cession dépasse 25 830 €.Par ailleurs les produits sont également soumis aux prélèvements sociaux de 12,1 %.Les produits correspondent à la différence entre la valeur du plan et les primes qui ont été versées. Le rachat entraîne la clôture du plan.

B ■ Rachat intervenant entre deux et cinq ans

5464. Les rachats qui interviennent après deux ans mais avant l'expiration de la cinquième année de fonctionnement du PEA entraînent la clôture du plan. Lorsque le seuil de cession de 25 830 € est dépassé, le gain net réalisé depuis l'ouverture du plan est imposé au taux de 18 % (prélèvement libératoire) + 15,5 % (prélèvements sociaux).

§ 3 ■ Les prélèvements sociaux

A ■ Instauration et augmentation des prélèvements sociaux

5465. L'article 2 de la loi de finances rectificatives pour 2012 porte de 3, 4 % à 5,4 % les prélèvements sociaux prévus à l'article L. 245-16 du Code de la sécurité sociale. Ainsi, cet article dispose désormais que le taux des prélèvements sociaux mentionnés aux articles L. 245-14 et L. 245-15 est fixé à 5,4 %.

5466. La date prévue d'entrée en vigueur de ce nouveau taux est fixée au 1er juillet 2012.

5467. En conséquence, le montant total des prélèvements (CSG, CRDS, prélèvements sociaux et contribution additionnelle) est, à compter du 1er juillet 2012, de 15,5 % dont :
- 8,2 % de CSG ;
- 0,5 % de CRDS ;

- 5,4 % de prélèvement social ;
- 1,4 % de contribution additionnelle dont 1,1 % de contribution pour le revenu de solidarité active.

B ▪ Contribution en faveur du Revenu de solidarité active

5468. La loi n° 2008-1249 du 1er décembre 2008 généralise le revenu de solidarité active (RSA), expérimenté par une trentaine de départements depuis 2007. Cette généralisation a pris effet au 1er juin 2009. Depuis cette date, le RSA remplace le revenu minimum d'insertion (RMI) et l'allocation de parent isolé (API). Le revenu de solidarité active a pour objet d'assurer à ses bénéficiaires des moyens convenables d'existence, afin de lutter contre la pauvreté, encourager l'exercice ou le retour à une activité professionnelle et aider à l'insertion sociale des bénéficiaires. Le revenu de solidarité active remplace le revenu minimum d'insertion, l'allocation de parent isolé et les différents mécanismes d'intéressement à la reprise d'activité. Le RSA est financé par une contribution additionnelle de 1, 1 % aux contributions sociales sur les revenus du capital. Sont concernés l'ensemble des revenus d'épargne (assurance vie, dividendes, revenus fonciers, plus-values), à l'exception du livret A, du livret développement durable (ex-codevi), du livret jeune et du livret d'épargne populaire. Cette nouvelle recette alimentera intégralement le Fonds national des solidarités actives dont la mission est d'équilibrer recettes et dépenses du RSA.

§ 4 ▪ Conséquences des rachats après cinq ans

5469. Quel que soit leur montant, les retraits ou rachats qui interviennent entre l'expiration de la cinquième année et celle de la huitième année de fonctionnement du PEA entraînent la clôture du plan, mais sans imposition. Les prélèvements sociaux de 12, 1 % sont perçus mais ils ne sont pas considérés comme une pénalité. Après l'expiration d'une période de huit ans calculée à partir de la date du premier versement, les retraits partiels et, s'agissant des contrats de capitalisation, les rachats partiels, n'entraînent pas la clôture du plan. Toutefois, aucun versement n'est possible après le premier retrait ou le premier rachat. Les produits et plus-values que procurent les placements restés investis ainsi que les avoirs fiscaux et crédits d'impôt qui y sont attachés continuent à s'accumuler sur le plan en franchise d'impôt. Le retrait de la totalité des sommes ou valeurs ou le rachat total du contrat de capitalisation entraîne la clôture du plan. Lorsque le plan se dénoue après l'expiration de la huitième année par le versement d'une rente viagère, celle-ci est exonérée d'impôt sur le revenu. Si le bénéficiaire de la rente décède et qu'une rente de réversion est servie au conjoint survivant, le bénéfice de l'exonération est étendu à ce dernier.

§ 5 ▪ Rachat pour création ou reprise d'entreprise

5470. L'article 31 de la loi pour l'initiative économique (n° 2003-721, 1er août 2003) autorise, depuis le 5 août 2003, des retraits ou des rachats anticipés du PEA, en franchise d'impôt sur le revenu et sans entraîner la clôture du plan, dès lors qu'ils sont affectés à la création ou à la reprise d'une entreprise. Une instruction fiscale du 4 août 2006, a précisé les conditions d'affectation des sommes rachetées (instr. 4 août 2006, BOI 5 I-8-06). Pour ne pas entraîner la clôture du PEA et être effectué en franchise d'impôt, le rachat effectué sur le plan doit être affecté dans les trois mois suivant la date du rachat au financement de la création ou de la reprise d'une entreprise. Les rachats effectués sur le plan dans l'entreprise créée ou reprise prennent obligatoirement l'une des formes suivantes :
- souscription en numéraire au capital initial d'une société créée ;
- acquisition d'actions ou de parts d'une société existante (cas de la reprise d'une société) ou acquisition d'un fonds de commerce ou d'un fonds de clientèle (cas de la reprise d'une

entreprise) ;
- versement sur le compte courant de l'exploitant d'une entreprise individuelle créée depuis moins de trois mois à la date du versement.

5471. L'entreprise créée ou reprise, dans laquelle sont investis les rachats effectués sur le plan, doit être personnellement exploitée ou dirigée par le titulaire du plan, son conjoint ou son partenaire lié par un pacte civil de solidarité (PACS), l'un de ses ascendants ou descendants. Pour que l'organisme gestionnaire du PEA ne procède pas à la clôture anticipée du plan, son titulaire doit lui présenter certains justificatifs établissant notamment que les sommes rachetées ont bien été affectées à la création ou à la reprise d'une entreprise dans les conditions précitées. À défaut de tels justificatifs, l'établissement gestionnaire devra procéder à la clôture du plan. Les rachats anticipés d'un PEA effectués dans les conditions précédemment décrites n'entraînent pas la clôture du plan. Aucun nouveau versement sur le plan n'est toutefois possible après ces retraits ou rachats.

5472. Les rachats anticipés du PEA en vue de la création ou de la reprise d'une entreprise intervenant avant l'expiration de la cinquième année du plan n'entraînent ni la remise en cause de l'exonération d'impôt sur le revenu dont a bénéficié le titulaire du PEA à hauteur des revenus et plus-values réalisés depuis l'ouverture de son plan, ni l'imposition à l'impôt sur le revenu du gain net afférent au rachat effectué sur le plan. Le gain net afférent aux sommes rachetées, égal à la différence entre le montant du rachat partiel et la part des versements effectués sur le plan afférents à ce rachat, est toutefois soumis aux prélèvements sociaux. Ces prélèvements sont liquidés par l'établissement financier gestionnaire du plan.

Section 3 ■ Le PEP – Plan d'épargne Populaire

Sous-section 1 ■ Mécanismes du PEP

§ 1 ■ Définition

5473. Le PEP permet à une personne de se constituer une épargne, dans un cadre fiscal défini, dont le produit support peut être une assurance vie. Le PEP assurance bénéficie des avantages liés à l'assurance vie, spécialement les avantages fiscaux. L'épargnant peut opter, au terme du plan, pour le versement d'un capital ou le versement d'une rente exonérée d'impôt. Les opérations d'assurance éligibles au PEP sont celles qui comportent des engagements dont l'exécution dépend de la durée de la vie humaine, à l'exception toutefois des bons de capitalisation, des assurances temporaires décès, des assurances décès vie entière et des garanties complémentaires.

§ 2 ■ Ouverture du PEP

5474. Il peut être ouvert un plan par contribuable célibataire, veuf ou divorcé. Le PEP ne peut avoir qu'un seul titulaire. Deux époux ne peuvent donc ouvrir un PEP joint. En revanche, les contribuables mariés peuvent ouvrir un plan au nom de chaque époux, mais il n'est pas possible d'ouvrir un PEP pour une personne à charge tel un enfant. Selon le décret n° 90-116 du 5 février 1990, l'ouverture d'un PEP fait l'objet d'un contrat écrit conclu entre le souscripteur et l'organisme gestionnaire du plan. Ce contrat doit préciser :
- les caractéristiques juridiques du PEP ;

- le régime fiscal des produits acquis dans le cadre du PEP ;
- le taux de rémunération des sommes versées sur le plan.

5475. La date d'ouverture du PEP est constituée par la date du premier versement effectué sur le compte ou au titre du contrat d'assurance. Depuis le 25 septembre 2003, il ne peut plus être ouvert de PEP (L. fin. 2004, art. 82).

§ 3 ▪ Durée du PEP et sommes investies

5476. Le PEP doit être souscrit pour une durée minimale de dix ans, le souscripteur ayant toujours la possibilité de proroger la durée initiale ou de renouveler celle-ci. Cependant, il n'y a aucune pénalité fiscale en cas de retrait après 8 ans. La somme maximale devant être investie se situe à 92 000 € en dix ans. En cas de dépassement de cette limite, la totalité des sommes figurant sur le PEP est réputée retirée immédiatement. Si le dépassement intervient au cours des huit premières années, les produits acquis à la date du dépassement sont imposables.

§ 4 ▪ Cessation du PEP et transfert de PEP à PEP

5477. Le PEP prend fin soit au décès du titulaire, dans ce cas sans pénalité, soit par retraits anticipés dans les dix premières années. Les retraits intervenants après dix ans ne mettent pas fin au PEP mais empêchent tout nouveau versement. En cas de retrait avant huit ans, les produits capitalisés sont imposés. Le transfert des sommes qui figurent sur un PEP est possible. Le transfert doit alors porter sur la totalité des sommes qui y figurent. Cette opération ne constitue pas un retrait si les conditions suivantes sont remplies :
- le titulaire du PEP doit remettre à l'organisme gestionnaire du PEP qui doit être transféré un certificat d'identification du PEP sur lequel le transfert doit avoir lieu. Ce certificat est établi par l'organisme auprès duquel le PEP est transféré ;
- l'organisme gestionnaire du PEP transféré est tenu de communiquer au nouveau gestionnaire :
  * la date d'ouverture du plan,
  * le montant des versements annuels.

Ces informations doivent permettre au nouveau gestionnaire de déterminer le régime fiscal des produits au moment de la clôture du compte et le montant des droits à prime.

5478. Lorsque le PEP est constitué par un compte de dépôt, les sommes qui y figurent sont transférées par virement sur le compte ouvert à cet effet dans l'organisme gestionnaire du nouveau PEP. Lorsque le PEP est constitué par un contrat d'assurance sur la vie, le capital acquis dans le cadre de ce contrat est transféré à concurrence du montant de la provision mathématique constituée au moyen des primes versées dans le cadre du PEP. Une instruction fiscale du 13 août 2004 précise les conséquences fiscales du transfert d'un contrat d'assurance vie souscrit dans le cadre d'un plan d'épargne populaire (PEP assurances), vers un autre organisme gestionnaire. La réalisation d'un tel transfert ne remet pas en cause l'antériorité du contrat initial si le transfert est réalisé dans les conditions prévues à l'article 11 du décret n° 90-116 du 5 février 1990 relatif au Plan d'épargne populaire et si le nouveau contrat ne contient pas de clauses nouvelles qui soient de nature à entraîner la novation du contrat initial. Il est encore précisé que le simple transfert d'un PEP « assurance monosupport » vers un PEP « assurance multisupport » ne constitue pas une novation pour l'application de l'article 757 B du Code général des Impôts. Enfin, ces solutions s'appliquent mutatis mutandis pour l'application des dispositions de l'article 990-I du Code général des impôts et relatives au prélèvement de 20 %. (Instr. 13 août 2004, 7 G-5-04, BOI n° 130, 13 août 2004).

Sous-section 2 ■ Fiscalité du PEP

§ 1 ■ Suppression de la prime d'État

5479. Jusqu'au 22 septembre 1993, une prime était accordée aux contribuables non imposés ; les PEP ouverts depuis le 22 septembre 1993 n'ouvrent plus droit à prime d'État. Cette prime était limitée à 25 % des versements annuels et était plafonnée à 230 €. Les contribuables imposés pouvaient également bénéficier de la réduction d'impôt lorsque leur PEP reposait sur une assurance vie. La réduction d'impôt a, depuis, été progressivement supprimée. Un autre avantage fiscal est prévu et concerne l'ensemble des épargnants : il s'agit de la non-imposition des produits.

§ 2 ■ Imposition des produits

5480. Les produits sont définis par le décret du 5 février 1990 comme étant la différence entre les sommes remboursées au titulaire du PEP et le montant de ses versements. La non imposition des produits est définitivement acquise au bout de huit ans. En cas de retrait avant huit ans, les produits capitalisés sont imposés au titre des revenus dans la catégorie des revenus mobiliers, à moins que le contribuable opte pour le prélèvement libératoire.

5481. Depuis le 1er janvier 2004, le taux du prélèvement libératoire sur les produits de placements à revenus fixes a été porté de 15 % à 16 % hors prélèvements sociaux. Ce taux est applicable aux produits capitalisés sur un PEP, qu'il s'agisse d'un PEP bancaire ou d'un PEP assurance, pour les rachats intervenant entre 4 et 8 ans (L. fin. 2004, art. 11). Lorsque la durée du PEP a été égale ou supérieure à 4 ans et inférieure à 8 ans, le prélèvement libératoire applicable aux produits capitalisés est de 18 % et non plus de 16 % pour les revenus perçus à compter du 1er janvier 2008 (art. 125A CGI, mod. par L. n° 2007-1822, 24 déc. 2007 de finances pour 2008, art. 10 II, JO 27 déc. 2007).

5482. Les produits sont également soumis aux prélèvements sociaux au taux de 12,1%. Lorsque des retraits anticipés interviennent à la suite de certains événements, les produits capitalisés bénéficient de l'exonération des pénalités. Il s'agit :
- du décès du titulaire ou, dans les deux ans, du décès de son conjoint ;
- de l'invalidité, de la cessation d'activité non salariée, de l'expiration des droits aux allocations d'assurance chômage.

§ 3 ■ Les prélèvements sociaux

A ■ Instauration et augmentation des prélèvements sociaux

5483. L'article 2 de la loi de finances rectificatives pour 2012 porte de 3,4 % à 5,4 % les prélèvements sociaux prévus à l'article L. 245-16 du Code de la sécurité sociale. Ainsi, cet article dispose désormais que le taux des prélèvements sociaux mentionnés aux articles L. 245-14 et L. 245-15 est fixé à 5,4 %.

5484. La date prévue d'entrée en vigueur de ce nouveau taux est fixée au 1er juillet 2012.

5485. En conséquence, le montant total des prélèvements (CSG, CRDS, prélèvements sociaux et contribution additionnelle) est, à compter du 1er juillet 2012, de 15,5 % dont :
- 8,2 % de CSG ;
- 0,5 % de CRDS ;

- 5,4 % de prélèvement social ;
- 1,4 % de contribution additionnelle dont 1,1 % de contribution pour le revenu de solidarité active.

B ▪ Contribution en faveur du Revenu de solidarité active

5486. La loi n° 2008-1249 du 1er décembre 2008 généralise le revenu de solidarité active (RSA), expérimenté par une trentaine de départements depuis 2007. Cette généralisation a pris effet au 1er juin 2009. Depuis cette date, le RSA remplace le revenu minimum d'insertion (RMI) et l'allocation de parent isolé (API). Le revenu de solidarité active a pour objet d'assurer à ses bénéficiaires des moyens convenables d'existence, afin de lutter contre la pauvreté, encourager l'exercice ou le retour à une activité professionnelle et aider à l'insertion sociale des bénéficiaires. Le revenu de solidarité active remplace le revenu minimum d'insertion, l'allocation de parent isolé et les différents mécanismes d'intéressement à la reprise d'activité. Le RSA est financé par une contribution additionnelle de 1, 1 % aux contributions sociales sur les revenus du capital, qui passent de 11 % à 12, 1 %. Sont concernés l'ensemble des revenus d'épargne (assurance vie, dividendes, revenus fonciers, plus-values), à l'exception du livret A, du livret développement durable (ex-codevi), du livret jeune et du livret d'épargne populaire. Cette nouvelle recette alimentera intégralement le Fonds national des solidarités actives dont la mission est d'équilibrer recettes et dépenses du RSA.

§ 4 ▪ La date effective des prélèvements sociaux

5487. Pour les contrats en unités de compte, les prélèvements sociaux s'appliquent sur les produits réalisés au moment du rachat ou au moment du dénouement du contrat. Pour les contrats en euros, ces prélèvements sont effectués annuellement sur les produits inscrits en compte au titre de l'année. Les modalités d'imposition de l'assurance vie au titre de la contribution au remboursement de la dette sociale ont été précisées par une instruction fiscale du 12 février 1996.

5488. Pour les produits des contrats d'assurance vie en euros, que ces produits soient ou non imposables à l'impôt sur le revenu, c'est-à-dire quelles que soient la date de conclusion du contrat et sa durée, la contribution est prélevée dans tous les cas, en application de l'article 16-II de l'ordonnance n° 96-50 du 24 janvier 1996, lors de l'inscription des produits au contrat, et non selon les règles applicables à l'impôt sur le revenu, lors du dénouement du contrat.

5489. Pour les produits des contrats d'assurance vie en unités de compte, la contribution est prélevée lors du dénouement du contrat, c'est-à-dire en cas de rachat total ou partiel, soit au titre de l'article 16-I de l'ordonnance n° 96-50 du 24 janvier 1996, si le rachat est imposable à l'impôt sur le revenu et soumis sur option au prélèvement libératoire, soit au titre de l'article 16-II si le rachat n'est pas imposable.

5490. Depuis le 1er janvier 2010, les intérêts capitalisés des contrats d'assurance multi-supports sont soumis aux prélèvements sociaux, y compris lorsqu'ils sont dénoués par le décès du souscripteur et ce quelle que soit la date de souscription du contrat.

5491. Jusqu'alors, seuls les contrats en euros étaient soumis, chaque année, aux prélèvements sociaux ; les contrats en unités de compte, y compris les contrats multi-supports, n'y étaient assujettis qu'au dénouement du contrat par rachat, et non par décès (Loi n° 2009-1646 du 24 déc. 2009 de financement de la sécurité sociale pour 2010, art. 18).

§ 5 ▪ Non imposition des rentes

5492. Les rentes viagères versées dans le cadre d'un plan d'épargne populaire (PEP) ne sont pas imposées ; cependant, elles sont soumises aux prélèvements sociaux de 12,1 % (CSG, CRDS, prélèvement social et contribution au revenu de solidarité active) sur la fraction qui serait imposable si la rente n'était pas versée dans le cadre d'un PEP. Rappelons que la fraction imposable d'une rente viagère constituée à titre onéreux est, conformément à l'article 158-6 du Code général des impôts, déterminée forfaitairement d'après l'âge du crédirentier lors de l'entrée en jouissance de la rente. Elle est égale à :
- 70 % si l'intéressé était alors âgé de moins de 50 ans ;
- 50 % s'il était âgé de 50 à 59 ans inclus ;
- 40 % s'il était âgé de 60 à 69 ans inclus ;
- 30 % s'il était âgé de plus de 69 ans.

C'est sur cette partie imposable que le bénéficiaire d'une rente provenant d'un PEP est assujetti au prélèvement de 12,1 %.

5493. L'organisme gestionnaire du PEP doit adresser à la direction des services fiscaux de sa résidence, avant le 16 février de chaque année, les renseignements suivants relatifs à l'année précédente :
- identification du titulaire : ses nom, prénoms et adresse ;
- les références du PEP ;
- sa date d'ouverture.

Ces renseignements doivent être mentionnés sur la déclaration prévue au 1 de l'article 242 ter du Code général des impôts, c'est-à-dire sur la déclaration 2561.

5494. Lorsqu'il est ouvert plus d'un plan par contribuable ou par chacun des époux soumis à imposition commune, l'ensemble des plans ouverts par le foyer fiscal est considéré comme clos à la date à laquelle le premier PEP en surnombre a été ouvert. La totalité des sommes figurant sur l'ensemble des PEP des membres du foyer fiscal est réputée retirée à cette date. Les produits acquis sur les comptes sont imposables si l'ouverture du plan en surnombre intervient avant la fin de la huitième année qui suit l'ouverture du premier plan.

§ 6 ▪ Retraits anticipés

5495. En application des dispositions de l'article 15 de la loi n° 93-1352 du 30 décembre 1993, les personnes non imposables à l'impôt sur le revenu, titulaires de PEP ouverts avant le 25 août 1993, ont pu effectuer, entre le 22 septembre 1993 et le 30 juin 1994, des retraits anticipés sans perdre les avantages attachés au PEP (conservation de la prime et non-imposition des plus-values). Une loi du 8 août 1994 a repoussé la date de sortie anticipée, sans pénalité, au 31 décembre 1994. La loi de finances pour 1995 a repoussé la date de sortie anticipée, sans pénalité, au 31 décembre 1995. La loi de finances pour 1997 prévoit que la prime accordée aux contribuables non imposés ayant souscrit un PEP doit être versée par anticipation sept ans après la souscription au lieu des dix ans prévus initialement.

§ 7 ▪ Modalités de perception de la prime

5496. Les contribuables non imposés ayant souscrit un PEP en 1990 ont reçu la prime d'État dès 1997. Ils ont donc perçu, au maximum, sept primes ; en effet ce versement par anticipation, rendu obligatoire, fait perdre le droit à prime pour les huitième, neuvième et dixième années. Ce versement par anticipation est de droit et ne constitue pas une option pour le souscripteur. De même, les souscripteurs de PEP en 1991, 1992 et 1993 ont perçu les primes respectivement en 1998, 1999 et 2000. Pour l'année 1993, seuls les PEP ouverts avant le 22 septembre 1993 permettent de bénéficier de la prime puisque la loi de finances pour 1994 a rétroactivement réservé cette prime aux PEP souscrits avant cette date.

Les assurances des entreprises

Titre 1
Les activités 1407

Titre 2
Les personnes 1627

Titre 3
Les biens à assurer 1713

Titre 1 ■ Les activités

■ Sous-titre 1 Les contrats d'assurance liés à l'exploitation de l'entreprise

BIBLIOGRAPHIE

L'Argus de l'assurance

Ouvrages - A. Astegiano-La Rizza, *Les assurances de responsabilité de l'entreprise*, Éd., L'Argus, 6e éd., 2014.

■ Chapitre 1 Le contrat d'assurance de responsabilité civile d'exploitation

5497. Le contrat d'assurance RC exploitation est un contrat dit généraliste car il couvre une multitude de risques liée à l'activité de l'entreprise. Cette dernière est créatrice de risques à l'occasion essentiellement du déploiement par ses préposés d'une activité matérielle, mais aussi du fait de ses bâtiments, équipements et installations ou des produits stockés en cours de traitement jusqu'à leur livraison.

L'assureur, amené à garantir les conséquences pécuniaires de la responsabilité civile d'une entreprise, distingue traditionnellement entre cette responsabilité civile exploitation (RC exploitation) d'une part et la responsabilité civile après livraison (de produits) ou après travaux, d'autre part (RC produits livrés ou après travaux). C'est en fonction de cette distinction que s'ordonnent les garanties d'assurance.

Pourquoi une telle distinction alors que l'activité de l'assuré et les produits de celle-ci constituent *a priori* un tout susceptible d'engager sa responsabilité à quelque moment que l'on se place et qu'il lui appartient de couvrir aussi complètement que possible ?

5498. La première justification est d'ordre essentiellement pratique : l'assuré n'est pas, matériellement, dans la même situation selon que l'on se place, pour apprécier sa responsabilité, au moment où il exerce son activité (de production, fabrication, vente, livraison, montage, installation, maintenance, entretien, etc.) ou lorsqu'il a achevé celle-ci, le produit de son travail étant entre les mains de ses clients, qui en usent librement. L'assuré, en cours d'activité, a la maîtrise de la situation : il peut intervenir, à tout moment, immédiatement, personnellement ou par personnes interposées, pour remédier à une situation critique. Au contraire, après livraison des produits ou de marchandises, ou exécution des travaux, la maîtrise de la situation lui échappe : il n'a plus le contrôle des moyens permettant d'éviter la réalisation d'un sinistre ou d'en empêcher la propagation. Ils sont entre les mains d'autres personnes qui ne dépendent pas de lui ; ses clients ou des tiers.
Tenant compte de cette différence de situation, les réassureurs (dont sont étroitement tributaires les assureurs dans le cadre des traités de réassurance) contraignent les assureurs au respect de certains principes spécifiques concernant la garantie après livraison.

5499. La deuxième justification tient au fait que les responsabilités susceptibles d'être engagées ne sont majoritairement pas les mêmes selon que la responsabilité de l'assuré est recherchée en cours d'exploitation ou après livraison du produit (ou exécution de la prestation). Ainsi, en matière de responsabilité civile exploitation, les règles applicables sont tout d'abord celles du droit de la responsabilité délictuelle ou quasi délictuelle. En effet, l'activité de conception, fabrication, contrôle, manutention, approvisionnement, stockage, expédition, livraison ou vente en magasin ne donne guère lieu qu'à des incidents relevant :
– des accidents du travail pour les préposés (ne comportant d'incidence sur la responsabilité civile de leur employeur qu'en cas de faute intentionnelle ou inexcusable) ;
– de dommages causés, dans les locaux de l'entreprise ou à l'extérieur de celle-ci, à des personnes ou à des biens, dans des circonstances ne constituant pas la violation par l'assuré de dispositions d'un contrat conclu entre lui et les victimes, mais consistant en un non respect d'un devoir général de prudence et de diligence à l'égard de tiers.
Néanmoins, il en est différemment lorsque l'entreprise se livre, sur des biens appartenant à ses clients ou confiés dans ses locaux, à des travaux de transformation, réparation ou encore lorsqu'elle exécute, dans le prolongement de son activité de fabrication ou de vente, des travaux de montage, installation, maintenance, entretien chez ses clients. Toutes ces situations, dans lesquelles peuvent survenir des dommages, essentiellement à des biens, relèvent d'une responsabilité contractuelle à l'égard des clients de l'entreprise.
En matière de responsabilité encourue après livraison de produits ou marchandises, il s'agira, le plus souvent, depuis la loi n° 98-388 du 19 mai 1998, de la responsabilité du fait des produits défectueux qui présente la particularité, pour son application de transcender la distinction responsabilité délictuelle / contractuelle. À défaut d'application de celle-ci, la responsabilité pourra être contractuelle toute les fois où les clients de l'entreprise lui font part de réclamations à propos de biens livrés dans le cadre, généralement d'un contrat de vente, et qui se révèlent impropres à l'usage auquel on les destine, ou sont à l'origine de dommages corporels ou matériels causés à ces mêmes clients. Mais elle pourra aussi être délictuelle, lorsqu'aucun lien contractuel ne lie l'utilisateur final du produit et l'entreprise.

5500. Enfin, la dernière justification de cette distinction tient à des raisons financières. En effet, les responsabilités encourues après livraison des produits ou marchandises s'avèrent plus lourdes que celles sanctionnant le risque créé en cours d'exploitation. Si ce n'est pas une raison pour ne pas les garantir, c'est une considération dont l'assureur doit tenir compte pour fixer la hauteur de ses engagements et leur limitation, sous peine de ne pas pouvoir faire face à des réclamations dont seraient l'objet d'autres assurés, portant ainsi préjudice à la mutualité qu'ils constituent, ou même s'exposant lui-même à disparaître à l'occasion

d'un sinistre sériel. L'insolvabilité d'assureurs, et même de réassureurs, n'est pas une vue de l'esprit. C'est d'ailleurs une illustration du fait que, sur le plan quantitatif des montants de garantie au moins, l'assureur ne peut pas toujours faire face à l'intégralité des réclamations dont son assuré peut être l'objet (soit que l'assureur ne puisse offrir, malgré l'appui des réassureurs, la capacité souhaitée, soit que l'assuré ne puisse en acquitter le prix) et qui met en lumière le décalage entre l'opération d'assurance et la responsabilité encourue par l'assuré.
À noter : en pratique, l'assurance RC exploitation ne se rencontre pratiquement plus à l'état isolé. L'assureur proposera, au sein d'un même contrat d'assurance RC, la garantie RC exploitation et la garantie RC produits livrés. En revanche, chaque garantie comportera des exclusions, des plafonds de garantie et franchises distincts.

Section 1 ▪ Les garanties de base

§ 1 ▪ Le cadre de la garantie

A ▪ Détermination assurés/tiers

1 ▪ Assurés et assurés pour compte

5501. L'intitulé du contrat n'est pas révélateur des personnes pouvant bénéficier de la qualité d'assuré. Si celle-ci est naturellement reconnue aux représentants légaux de la société souscriptrice et des personnes qu'ils se sont substitués dans la direction générale, elle peut également être attribuée à d'autres personnes par le mécanisme de l'assurance pour compte. Cette dernière est réglementée par l'article L. 112-1, alinéa 2, du Code des assurances : « L'assurance peut aussi être contractée pour le compte de qui il appartiendra. La clause vaut, tant comme assurance au profit du souscripteur du contrat, que comme stipulation pour autrui au profit du bénéficiaire connu ou éventuel de ladite clause ».
Synthétiquement, la qualité d'assuré peut s'étendre :
- aux préposés salariés ou bénévoles, ainsi qu'aux stagiaires, rémunérés ou non, apprentis, candidats à l'embauche, enseignants, participants aux cours de formation agissant dans l'exercice ou à l'occasion de leurs fonctions ;
- au comité central, d'entreprise, inter-entreprises, de groupe, d'établissement, œuvres sociales ou associations, coopératives, groupements et organismes déclarés ou non, créés ou à créer par ou pour le personnel ;
- aux membres du service médical de l'assuré et au personnel qui les assiste.
L'assuré peut aussi envisager de faire bénéficier d'autres personnes de la qualité d'assurés dans des hypothèses variées :
- à la demande de ses contractants, sous-traitants ou fournisseurs par exemple ou spontanément afin de les faire bénéficier de garanties d'assurance de responsabilité civile suffisantes (clause d'assuré additionnel) ;
- à ses filiales et/ou sociétés créées ou à créer (il s'agira d'uniformiser les assurances de responsabilité dans le cadre d'un groupe d'entreprises dont il est leader) mais aussi aux associations, SCI, GIE, propriétaires d'immeubles à usage professionnel occupés par l'assuré ;
- à tout groupement ou association dans lesquels l'assuré est associé ou membre, pour le pourcentage de participation de l'assuré, ou pour la totalité des dommages si la responsabilité lui est entièrement imputable ou si, en qualité de mandataire gérant, l'assuré devait souscrire une police de responsabilité civile étendue à tous les participants.

5502. Il appartiendra alors à l'assureur d'analyser chacun des risques des bénéficiaires de l'assurance pour compte comme s'il s'agissait d'un risque qui lui serait individuellement soumis. À ce titre, les natures et montants de garanties qu'il va délivrer ne doivent pas être considérés dans le cadre de la seule relation du bénéficiaire de l'assurance pour compte avec l'assuré, mais dans le cadre, plus large, de l'activité du bénéficiaire de l'assurance pour compte (qui ne sera d'ailleurs pas nécessairement identique à celle de l'assuré-souscripteur) sous toutes ses facettes et dans toutes ses dimensions avec ses propres clients, indépendamment des relations qu'il entretient avec l'assuré et sur une longue durée. Ceci n'est pas sans poser de problèmes dans la mesure où les déclarations, à la souscription du contrat, ou lors de l'extension de garantie, seront faites par l'assuré-souscripteur pour le compte du bénéficiaire, leurs activités n'étant pas nécessairement identiques et la connaissance que peut avoir l'assuré-souscripteur des autres risques étant souvent approximative. En effet, et conformément à l'article L. 112-1 du Code des assurances, qui repose sur le principe de la stipulation pour autrui, seul le souscripteur est le cocontractant de l'assureur. Lui seul est tenu, en tant que tel, de toutes les obligations découlant du contrat. Il devra donc acquitter le montant de la cotisation et, en cas de sinistre mettant en cause l'un ou l'autre des assurés, en faire régulièrement la déclaration à son assureur. Au-delà, il reste tenu de toutes les autres obligations contractuelles.
Ceci suppose une très bonne organisation du service assurances de l'assuré-souscripteur pour compte, qui doit répercuter convenablement sur les assurés pour compte les appels de cotisation pour leurs parts respectives, centraliser les fonds, transmettre à l'assureur les déclarations à faire en cours de contrat ainsi que les déclarations de sinistres, et gérer ces derniers avec la société d'assurance au mieux des intérêts de l'entreprise auteur de dommages aux tiers en l'y associant et en veillant notamment à la transmission en temps utile de toutes pièces susceptibles d'éclairer l'assureur.

5503. En sa qualité de souscripteur, il peut également demander l'exécution de la garantie au profit de l'assuré qui a subi le dommage à la suite du risque assuré mais ne peut, en l'absence de convention l'y autorisant expressément, obtenir le paiement de l'indemnité à son profit (Civ. 2e, 10 févr. 2011, n° 10-30.435,RGDA 2011. 677, note A. Pélissier ; Com., 2 oct. 2012, n° 11-21.039,LEDA 2013, n° 1, comm. 3, obs. C. Hübner ; Com., 22 mai 2013, n° 11-26.543,LEDA 2013, n° 7, comm. 102, obs. A. Astegiano-La Rizza, www.actuassurance.com 2013, n° 31, act. jurispr., note P. Casson). Si toutefois l'assureur décide de lui verser l'indemnité, ce versement ne sera pas sans conséquence sur les droits de celui-ci. En effet, un tel paiement ne sera pas considéré comme réalisé en exécution du contrat d'assurance et l'assureur se trouvera alors privé de tout recours subrogatoire contre le tiers responsable auquel il aurait pu prétendre, sur le fondement de l'article L. 121-12 du Code des assurances (Com., 27 sept. 2011, n° 10-21.632, RGDA 2012. 348, note J. Kullmann). L'irrecevabilité de son recours subrogatoire a particulièrement été mise en évidence à propos de contrats d'assurance pour compte souscrits par des sociétés-mères en faveur de leurs filiales où, en cas de sinistre, l'assureur verse fréquemment l'indemnité à la société-mère souscriptrice au lieu du véritable bénéficiaire de l'assurance, la filiale (v. arrêts précit.). La seule solution permettant à l'assureur de récupérer l'indemnité versée est de compter sur la loyauté de l'assuré pour compte qui, n'ayant pas été indemnisé du préjudice subi, peut agir contre le responsable et son assureur RC (Com., 14 oct. 2014, n° 13-19.926,RGDA 2014, n° 12. 591, note M. Asselain : « L'indemnité ayant été versée par l'assureur de biens au souscripteur de l'assurance contractée pour le compte de qui il appartiendra, justifient leur décision les juges du fond qui estiment que l'assuré pour compte n'a pas été indemnisé et condamnent envers lui l'auteur du sinistre et l'assureur de responsabilité de ce dernier à la réparation de l'intégralité des dommages constatés »).

2 ■ Les tiers victimes

5504. Le contrat RC exploitation prévoit généralement qu'est tiers toute personne autre que l'assuré, les associés, les représentants légaux ou statutaires de la société ainsi que les préposés dans l'exercice de leurs fonctions.
À noter :
- les préposés sont considérés comme des tiers pour l'ensemble des dommages (matériels, corporels, immatériels) non réparés au titre de la législation sur les accidents du travail ;
- toute action en responsabilité d'un assuré contre un autre assuré entre dans le champ de la garantie du contrat, les assurés étant considérés comme « des tiers entre eux ».
Si les qualités d'assuré et victime sont, en principe, alternatives, il peut arriver que ces deux qualités se cumulent lorsque plusieurs personnes bénéficient de la qualité d'assuré dans un même contrat. Un assuré peut causer un dommage à un autre assuré. La Cour de cassation a alors estimé que, sauf stipulation contraire, un assuré peut avoir la qualité de tiers victime d'un autre assuré par la même police (Civ. 1re, 21 mai 1986, RGAT 1986. 439, note J. Bigot). Mais, bien que la clause ne semble pas nécessaire, les assureurs préfèrent souvent insérer une clause dite « d'assurés tiers entre eux », qui signifie qu'un assuré du contrat peut avoir la qualité de victime d'un autre assuré du contrat (v. pour un ex. Civ. 1re, 4 déc. 2001, RGDA 2002. 194, note L. Mayaux ; Civ. 2e, 7 juill. 2011, n° 10-21.958, www.actuassurance.com 2011, n° 22, act. jurispr., note A. Astegiano-La Rizza).
Quant à l'acceptation d'une telle clause, Francis Chaumet, en tant qu'assureur, faisait valoir que « faire droit à une telle demande reviendrait à aggraver le plus souvent la fréquence des sinistres susceptibles de se produire et favoriser le cas échéant des « ententes » douteuses entre auteur et victime de dommage. Tout au plus, et parce que ce type de sinistre ne se prête pas à des connivences, est-il possible de considérer les différents assurés pour compte comme « tiers entre eux au regard des seuls dommages corporels qu'ils pourraient mutuellement se causer », ou à la rigueur au regard également des dommages matériels, mais assortis d'une franchise particulièrement élevée, et en tout cas, jamais au titre des dommages immatériels, source potentielle d'abus ».

B ■ Activités garanties : activités déclarées

5505. Les activités garanties par l'assurance responsabilité civile sont celles accomplies par l'entreprise dans le cadre de son exploitation. Elles sont définies aux conditions particulières du contrat. Le risque de responsabilité civile du fait de l'exploitation de l'entreprise renvoie à l'activité professionnelle, et exclut indirectement ce qui relève de la vie privée. La distinction entre ces deux domaines peut parfois être source de contentieux (V. par ex. l'entreprise assurée ayant souscrit un contrat d'assurance RC exploitation garantissant les accidents causés au cours de démonstrations publicitaires. Un membre de la famille du gérant avait causé un accident en conduisant un bateau à moteur siglé au nom de l'entreprise. La Cour de cassation a considéré que l'accident relevait de l'assurance RC exploitation car le siglage n'était pas dépourvu de caractère publicitaire : Civ. 1re, 4 oct. 1965, Bull. civ. I, n° 503). Des difficultés de délimitation peuvent également surgir lorsque l'assuré exerce son activité à son adresse privée (Civ. 2e, 8 mars 2012, n° 11-11.644, www.actuassurance 2012, n° 26, act. jurispr. où une cliente de l'entreprise avait été victime d'un accident lors de la traversée de la cour d'habitation de l'assuré).

5506. Théoriquement, toute activité non déclarée devrait être considérée comme hors du champ de garantie de l'assurance (Civ., 2e, 7 juill. 2011, n° 10-21.958 ; Civ. 1re, 17 fév. 1998, n° 95-18-947 ; Civ. 1re, 16 nov. 1983, RGAT 1985. 115 ; Civ. 2e , 11 déc. 2014, n° 13-21511, RCA. 2015, comm. n° 3, note H. Groutel).

De manière exceptionnelle, les juges peuvent assimiler cette non déclaration de l'activité à une aggravation du risque et appliquer la réduction proportionnelle de l'indemnité de l'article L. 113-9 du Code des assurances (Civ., 1re, 13 déc. 1965, n° 64-11.989).

5507. À noter : la position est différente en assurance responsabilité civile décennale où la déclaration inexacte et incomplète d'activité est systématiquement traitée comme une cause de réduction de l'indemnité d'assurance par application de l'article L. 113-9 du Code des assurances (Civ. 1re, 10 mars 2004, RCA 2004, comm. 202, note H. Groutel ; V. pour un alignement sur cette solution de la troisième chambre civile : Civ. 3e, 8 févr. 2012, n° 10-27.250, RGDA 2012. 610, note J. Bigot).

§ 2 ▪ Corrélation Assurance /Responsabilités

5508. Ce sont essentiellement les règles de la responsabilité civile délictuelle et quasi-délictuelle qui trouvent à s'appliquer en raison, bien souvent, de l'absence de relations préexistantes entre l'auteur du dommage et la victime. A ce titre, trois grandes sources de risques existent pour une entreprise du fait de son exploitation.
La première source réside dans le fait personnel de l'assuré. En présence d'une responsabilité extracontractuelle, c'est la loi qui vient imposer à l'auteur d'un dommage une réparation ou qui le rend responsable d'un dommage. Ainsi, les articles 1240 et 1241 du Code civil (anciens articles 1382 et 1383) envisagent-ils une responsabilité du fait personnel en énonçant que toute faute ou imprudence doit être réparée par son auteur, l'entreprise, voire dans certaines hypothèses le chef d'entreprise.
La deuxième concerne les choses que l'entreprise a sous sa garde. Si, bien sûr, sa responsabilité peut être engagée sur le fondement de l'article 1242, alinéa 1 du Code civil (ancien article 1384, alinéa 1), elle est également responsable sur d'autres fondements spéciaux, tantôt contractuels, tantôt délictuels, particulièrement en cas d'incendie ou d'explosion provoqué dans les bâtiments occupés.
Enfin, la troisième source de risque est constituée par les préposés de l'entreprise, qu'elle soit responsable de leurs faits (C. civ., art. 1242, al 5, ancien art. 1384, al 5) ou qu'elle engage sa responsabilité envers eux, lorsqu'ils s'estiment victimes d'un accident du travail ou d'une maladie professionnelle résultant de sa faute intentionnelle ou inexcusable.

5509. Mais, l'entreprise peut aussi engager sa responsabilité contractuelle à l'égard de ses clients, tout particulièrement lorsqu'elle accomplit des travaux chez eux ou effectue des prestations de services dans le prolongement de son activité principale de fabricant/vendeur professionnel. Mais si l'assureur garantit bien les conséquences pécuniaires de la responsabilité contractuelle de l'assuré (préjudices causés au cocontractant du fait de la défaillance de l'assuré), il n'entend pas pour autant se substituer à l'assuré en prenant en charge les frais ordinaires ou supplémentaires que celui-ci doit exposer pour tenir ses engagements. Le risque propre d'entreprise doit rester à la charge de l'entrepreneur et il ne saurait s'en décharger sur un assureur.
Par ailleurs, deux responsabilités contractuelles d'une nature particulière doivent être soulignées :
- la responsabilité de l'entreprise locataire des bâtiments dans lesquels elle développe son activité en cas de survenance d'un incendie ou d'une explosion ;
- la responsabilité de l'entreprise vis-à-vis de ses salariés en cas de faute intentionnelle ou inexcusable.

A ▪ Garantie des fautes personnelles de l'assuré

1 ▪ Fautes délictuelles /contractuelles

5510. La formulation de la garantie ne fait plus, en principe, référence aux textes du Code civil susceptibles de trouver application, mais plus largement aux conséquences pécuniaires de la responsabilité civile dont l'entreprise pourrait avoir à répondre dans l'exercice de ses activités jusqu'à la livraison des produits ou l'exécution de sa prestation.
Cette formule englobe la responsabilité délictuelle et quasi-délictuelle du fait personnel de l'assuré, du fait des choses, du fait d'autrui, du fait des bâtiments ainsi que sa responsabilité contractuelle.
À noter : Certaines assurances RC ne couvrent encore que la responsabilité « engagée par application des articles 1382 à 1386 du Code civil » (nouveaux articles 1240 à 1244). Cette clause, excluant nécessairement la responsabilité contractuelle de l'assuré, suscite les plus vives critiques.

5511. L'assureur RC doit aussi accorder sa garantie à l'entreprise assurée pour le cas où sa responsabilité serait recherchée et engagée à l'occasion de la réalisation de travaux pour le compte de ses clients. Il s'agit donc de la garantie d'obligations contractuelles sous réserve de la non prise en charge du risque d'entreprise.
En substance tout ce que l'entrepreneur doit mettre en œuvre pour exécuter ses travaux, faire en sorte qu'ils soient conformes à ce qu'en attend le client, respecter les délais, parfaire ses travaux et les rendre tout à fait performants, exécuter, le cas échéant, des travaux supplémentaires demandés par son client, reste à sa seule charge et doit être réalisé à ses frais en contrepartie du montant du marché perçu par lui. De même, les pénalités de retard prévues au marché resteront à sa charge.
En revanche seront garantis les préjudices dont le client réclamerait l'indemnisation du fait de l'inexécution ou de la mauvaise exécution par l'entrepreneur assuré de ses obligations. Il s'agit de l'inexécution de l'obligation principale entraînant des dommages matériels (immobilisation sur le plan technique) et / ou immatériels (c'est-à-dire pécuniaires : perte, dépenses complémentaires) pour le client.

5512. À noter :
- L'exécution par remplacement prononcée par le juge se fait aux frais de l'entrepreneur défaillant.
- Lorsque l'entrepreneur est tenu à des prestations de nature intellectuelle précédant le plus souvent la réalisation de travaux, il appartient à l'assureur d'obtenir toutes informations sur les conditions d'exercice de la cellule, bureau d'études effectuant de telles prestations :
  * s'agit-il d'un bureau d'études intégré (à l'entreprise) ou les études préalables sont-elles effectuées par une entité extérieure, indépendante de l'entreprise, agissant par exemple en sous-traitance ?
  * un recours contre un bureau d'études distinct, en cas d'erreur de celui-ci dans ses plans et calculs, sera-t-il envisageable ou celui-ci bénéficiera-t-il d'une clause de renonciation à recours ?
  * le bureau d'études, même intégré, travaille-t-il exclusivement pour l'entreprise ou exécute-il des prestations intellectuelles pour des clients (qu'il facture alors en honoraires) ?
  * en tout état de cause quelle est la qualification et l'expérience des membres de cette unité ?

Les réponses obtenues conduiront l'assureur à apprécier la place des prestations de nature intellectuelle dans l'activité d'une entreprise de fabrication, à coter ce risque distinctement le cas échéant (surtout si ce bureau d'étude ne limite pas son activité à la société dans laquelle il opère). L'assureur pourra d'ailleurs établir un contrat distinct de responsabilité civile de « Bureau d'études » limité à la conception, l'établissement de plans et l'exécution de calculs et garantissant les préjudices causés aux tiers du fait de cette activité.

5513. Outre l'obligation principale, l'assureur peut également devoir sa garantie en cas de manquement aux obligations accessoires comme celle d'information ou de conseil, ou encore de sécurité en cas d'atteinte à l'intégrité physique des personnes.

2 ■ Fautes intentionnelle, dolosive et lourde

5514. L'article L.113-1, alinéa 1, du Code des assurances exclut du champ de la garantie les conséquences dommageables de la faute intentionnelle de l'assuré.
Les arguments justifiant la prohibition de l'assurance des conséquences pécuniaires de la responsabilité civile pour faute intentionnelle sont essentiellement :
- d'ordre public : l'auteur d'une faute intentionnelle doit en supporter personnellement toutes les conséquences, aucun contrat ne saurait permettre à quiconque de commettre sans risques une faute intentionnelle ;
- d'ordre technique : la faute intentionnelle fait disparaître l'aléa, notion fondamentale du mécanisme d'assurance, puisqu'elle consiste à vouloir la réalisation du sinistre.
Il s'agit d'une exclusion légale mais qui n'est pas définie par les textes. La Cour de cassation s'est livrée à une interprétation très restrictive de la notion de faute intentionnelle, affirmant qu'« au sens de ce texte, la faute intentionnelle qui exclut la garantie de l'assureur est celle qui suppose la volonté de causer le dommage et pas seulement d'en créer le risque » (formule mainte fois rappelée, V. par ex. Civ. 1re, 10 avr. 1996, n° 93-14.571, RGDA 1996. 716, note J. Kullmann). En ce sens, elle a imposé la notion de faute intentionnelle subjective dont elle contrôle l'application.

5515. Par conséquent, toute autre exclusion, fondée sur le comportement de l'assuré, doit être contractuelle et donc répondre aux exigences de l'article L. 113-1, alinéa 2 du Code des assurances (être « formelle et limitée »). Ainsi, la faute lourde doit être distinguée de la faute intentionnelle, l'auteur de la faute lourde n'ayant pas l'intention de causer le dommage. L'exclusion légale ne peut donc être mise en œuvre. L'assureur peut-il alors exclure conventionnellement les conséquences de la faute lourde ? Si la réponse est affirmative, il semble que la jurisprudence considère la clause d'exclusion reprenant simplement la définition de la faute lourde comme non formelle et limitée (Com., 7 avr. 1987, n° 85-15.910 ; Civ. 1re 29 nov. 1988, n° 87-11.048).
Bon nombre d'auteurs estiment cependant que la faute intentionnelle subjective n'a pas sa place lorsque sont en cause des relations contractuelles. En effet, comme le fait remarquer justement J. Kullmann, « comment soutenir qu'un entrepreneur commette une « négligence inacceptable », c'est-à-dire une faute volontaire dans le but de causer un dommage à son client ? Qu'il soit incompétent peut-être mais il n'agit certainement pas dans l'intention de nuire ! » (obs. sous Civ. 2e, 20 mars 2008, n° 07-10.499, RGDA 2008. 326). Or, si comme la faute intentionnelle, la faute intentionnelle objective ou dolosive se caractérise par une faute volontaire, elle s'en distingue par l'absence de volonté de créer le dommage.
La faute intentionnelle pourrait tout à fait être une notion dualiste et il semble que le législateur de 1930 lui-même n'ait pas été hostile à en faire une catégorie à part entière. En effet, pourquoi aurait-il maintenu les deux vocables « intentionnelle » et « dolosive » à l'article L. 113-1 du Code des assurances, s'il avait voulu suivre les rapporteurs qui proposaient d'assimiler les deux notions ?
La jurisprudence n'a pas souhaité, malgré quelques décisions contraires passées (sur cette jurisprudence, v. J. Bigot, Les limites du risque assurable, RGAT 1978.174), maintenir cette distinction et assimile purement et simplement les deux notions (Civ. 1re, 17 déc. 1991, n° 89-17.299, RGAT 1992. 364, note J. Kullmann ; Civ. 1re, 3 mars 1993, n° 91-15.861, RGAT 1993. 648, note Ph. Rémy).

5516. Néanmoins, depuis quelques années, la Cour de cassation semble plus encline à élargir sa conception de la faute intentionnelle, en se référant à la suppression de l'aléa par le comportement de l'assuré. Dans cette acception, la recherche du dommage n'est plus nécessaire : en commettant volontairement la faute, l'assuré a objectivement supprimé l'incertitude (et donc l'aléa) tenant à la survenance du dommage (Civ. 2e, 22 sept. 2005,n° 04-17.232, RGDA 2005. 907, note J. Kullmann, Resp. civ. et assur. 2005, comm. 370, note H. Groutel). Ce faisant, elle permet à l'assureur de se prévaloir de l'exclusion légale en adaptant les éléments de preuve : « la volonté de créer le dommage peut être établie par la démonstration que l'assuré a délibérément violé ses obligations avec la conscience qu'un dommage résulterait inéluctablement de son comportement » (En ce sens, M. Asselain, « Violation délibérée de ses obligations professionnelles par l'assuré : à la recherche d'une sanction », RCA 2009, Étude n° 6). Ces décisions sont restées largement minoritaires et cohabitaient avec d'autres rendues durant la même période qui retenaient une conception plus classique de la faute intentionnelle, la Cour de cassation rappelant à chaque fois qu'il n'est pas établi que l'assuré ait eu la volonté de créer le dommage tel qu'il est survenu (Civ. 3e, 30 mars 2010,n° 09-12.652 et n° 09-13.307 ; Civ. 2e, 1er juill. 2010,n° 09-15.590 et n° 09-14.884, RGDA 2010. 684 note J. Kullmann ; Resp. civ. et assur. 2010, n° 263, note H. Groutel).
Néanmoins, par deux arrêts, l'un du 28 février 2013 (Civ. 2e, 28 févr. 2013, n° 12-12.813, PB, www.actuassurance.com 2013, n° 30, note A. Astegiano-La Rizza), l'autre du 12 septembre 2013 (Civ. 2e, 12 sept. 2013, n° 12-24.650, PB, www.actuassurance.com 2013, n° 32, note S. Abravanel-Jolly), la deuxième chambre civile semble montrer sa volonté de faire, cette fois, une place à la faute dolosive en assurance RC de manière générale (et pas seulement contractuelle) (sur l'ensemble de la question, v. A. Astegiano-La Rizzza er S. Abravanel-Jolly, « Plaidoyer pour une nécessaire dualité de la faute intentionnelle », Lamy act. mars 2011 ; M. Périer, « Le cœur de la faute dolosive doit-il battre au rythme de la faute intentionnelle ou la faute lourde doit-elle sortir de sa disgrâce ? », RGDA 2011. 931 ; D. Bakouche, « La faute dolosive exclusive de garantie », RCA 2013, étude 8). Si l'on ne peut qu'encourager une telle distinction, elle demande encore à être confirmée, ce que fait petit à petit la deuxième chambre civile en précisant sa définition (Civ. 2e, 4 févr. 2016,n° 15-10.363, RGDA 2016, n° 4, p. 162, not A. Pélissier). De son côté, la troisième chambre civile semble avoir mis un coup d'arrêt à l'autonomie de la faute dolosive (Civ. 3e, 1er juill. 2015,n° 14-19.826, 14-50.038, LEDA 2015, p. 4, obs. C. Charbonneau ; Resp. civ. et assur. 2015, comm. 304, note H. Groutel). Le débat est donc encore loin d'être clos.

B ▪ Garantie des fautes commises par les préposés

5517. L'article L. 121-2 du Code des assurances prévoit la couverture, par l'assureur de responsabilité civile, des dommages causés par des personnes dont l'assuré est civilement responsable en vertu de l'article 1242 du Code civil (ancien article 1384), quelles que soient la nature et la gravité des fautes de ces personnes. Par conséquent, si les dommages causés par la faute intentionnelle de l'assuré ne sont pas garantis (C. assur., art. L. 113-1), les dommages causés par la faute intentionnelle des personnes dont l'assuré est civilement responsable seront couverts, sauf à prouver un abus de fonction de la part du préposé (pour lequel le commettant est exonéré de sa responsabilité). Une telle solution ne remet en aucun cas en cause la nature aléatoire du contrat d'assurance, la faute intentionnelle ayant été commise par une personne distincte de l'assuré.
Dès lors, la faute intentionnelle du préposé causé à tiers ou à un autre préposé mettant en cause la responsabilité civile du chef d'entreprise en tant que commettant de l'agresseur ne fait pas de difficulté. En revanche, l'article L. 121-2 du Code des assurances ne s'applique pas aux assurances de chose, autrement dit dans les hypothèses où l'entreprise assurée subit le dommage : « l'assureur ne doit pas sa garantie lorsque le préposé de l'as-

suré a endommagé le matériel garanti pas une assurance de chose » (Civ. 1re 5 déc. 2000, Bull. civ., I, n° 312, RCA 2011, comm. n° 134 et chron. 8 par p. Vallier).
La garantie, qui est légalement due, n'a pas besoin d'être rappelée par une clause contractuelle.
Et à l'inverse, cet article étant d'ordre public, aucune clause d'exclusion, au terme de laquelle ne seraient pas couverts les dommages causés par une faute intentionnelle d'une personne dont l'assuré est civilement responsable, ne peut être stipulée (Civ. 1re, 3 oct. 1973, n° 72-12.646, Bull. civ. I n° 259 ; RGAT 1974. 214 censurant l'arrêt qui, pour rejeter la demande de garantie d'un assuré responsable au titre de l'exploitation de son entreprise, se fonde sur le motif que ses ouvriers ont eu « un comportement anormal » en piétinant sans égard un revêtement dont l'état commandait la prise de précautions particulières ; Civ. 1re, 24 oct. 1973, n° 72-13.211, Bull. civ. I n° 279, RGAT 1974, p. 214, à propos de blessures volontaires portées par un préposé à un tiers).

5518. La clause selon laquelle les dommages causés par la faute intentionnelle des préposés en assurance RC exploitation, (comme celle d'un enfant mineur en assurance RC vie privée), sont exclus n'est pas valable. Pour autant, il est de jurisprudence constante que l'assureur conserve la possibilité de limiter contractuellement le risque assuré (Civ., 12 nov. 1940, JCP G 1941, II, 1640). C'est le fameux principe de concordance (Com., 30 juin 2011, n° 09-14.227, www.actuassurance.com 2011, n° 22, act. jurispr. obs. S. Abravanel-Jolly) : si un évènement n'est pas garanti lorsque l'assuré est personnellement responsable, cet évènement ne peut être garanti lorsqu'il est causé par une personne dont l'assuré est civilement responsable.

5519. Mais parce que l'application de ce principe peut conduire à écarter les dispositions impératives de l'article L. 121-2 du Code des assurances, les exclusions ne doivent pas faire référence à la nature et à la gravité de la faute de la personne dont l'assuré doit répondre.
Ainsi, la Cour de cassation rappelle-t-elle fréquemment que l'article L. 121-2 du Code des assurances « laisse aux parties la liberté de convenir du champ d'application du contrat et de déterminer la nature et l'étendue de la garantie, mais l'assureur ne peut refuser sa garantie en fonction des distinctions fondées sur la nature ou la gravité de la faute de la personne dont l'assuré doit répondre » (Civ. 1re, 24 mars 1992, Resp. civ. et assur. 1992, comm. 243 et chron. n° 21 par H. Groutel).
C'est cette délimitation contractuelle de la garantie qui forme le plus gros du contentieux car l'assureur ne pourra pas utiliser, par exemple la notion d'accident, pour exclure du champ de la garantie les conséquences dommageables de la faute d'une personne dont l'assuré est civilement responsable. Dès lors, la clause ne s'appliquera pas pour ces personnes mais restera valable pour les dommages causés personnellement par l'assuré conduisant à une sorte d'application distributive de celle-ci (Civ. 2e, 8 mars 2006, RGDA 2006. 528 ; v. encore récemment Cass. com., 30 juin 2011, arrêt précit.).
En revanche, la Cour de cassation a précisé que la qualité de victime au sens du contrat était librement déterminée par les parties (Civ. 1re, 6 oct. 2011, n° 10-16.685, publié au bulletin, www.actuassurance.com 2011, n° 23, act. jurispr., note A. Astegiano-La Rizza). La solution, est, juridiquement, juste : l'obligation légale de couverture imposée par l'assureur ne s'entend, non pas vis-à-vis de toutes les victimes potentielles, mais uniquement vis-à-vis de celle à qui est octroyée la qualité de victime par le contrat d'assurance. Il est possible de considérer que nous sommes ici dans un espace de liberté contractuelle complet dès l'instant où la loi n'impose pas une liste de personnes devant être considérées comme victimes. Reste que, par ce biais, l'assureur disposerait d'un nouveau moyen de contourner l'article L. 121-2 du Code des assurances en allongeant sensiblement la liste des personnes exclues de la catégorie des victimes, ce qui pourrait revenir à exclure indi-

rectement la garantie de l'assuré déclaré civilement responsable d'une faute intentionnelle de la personne dont il doit répondre...

5520. À noter : La garantie des préposés fait l'objet de clauses spéciales dans les contrats d'assurance RC exploitation. Ainsi trouve-t-on une garantie des dommages causés aux tiers par les préposés étant souvent précisé que cette garantie s'applique aux vols commis au détriment de tiers ou clients dont les préposés ont non seulement pu se rendre coupables, mais encore ont pu faciliter la réalisation par leur négligence dans l'exécution du travail.
Or, s'agissant de cas-types de responsabilité des commettants pour faute des préposés, une clause spéciale de garantie n'est pas nécessaire. Seul un abus de fonction est exonératoire pour l'employeur.

5521. L'assureur RC, qui a indemnisé la victime, est privé de son recours subrogatoire contre le préposé, ce dernier bénéficiant d'une immunité légale énoncée à l'article L. 121-12, alinéa 3 du Code des assurances : « Par dérogation aux dispositions précédentes, l'assureur n'a aucun recours contre [...] les préposés, employés, ouvriers ou domestiques [...] sauf cas de malveillance commise par une de ces personnes ». La malveillance est définie strictement puisqu'elle est identifiée à la faute intentionnelle au sens du droit des assurances. Et depuis 1987, cette malveillance doit être dirigée contre l'assuré lui-même et non contre la victime (Ass. plén., 13 nov. 1987, n° 86-17.185, Gaz. Pal. 87, RGAT 1988. 111 : un mineur avait blessé volontairement un tiers, indemnisé par l'assureur RC du père du responsable en sa qualité de civilement responsable. L'assureur entendait exerçait un recours contre le responsable devenu majeur. Ce recours n'a pas été admis car la malveillance était dirigée contre la victime et non contre l'assuré). Cette solution a été très critiquée : en effet, les actes de malveillance dirigés contre l'assuré (concernant d'ailleurs essentiellement les biens de celui-ci et donc ne relevant pas de sa « responsabilité civile » à l'égard des tiers) permettent le recours de l'assureur contre les préposés tandis que les actes de malveillance des préposés dirigés contre des tiers engageant la responsabilité civile du commettant ne permettent pas l'exercice d'un recours de l'assureur contre le préposé. Néanmoins, dans les faits, un tel recours reste toujours illusoire compte tenu de l'insolvabilité du préposé ou de l'impossibilité d'intervention de son assurance personnelle pour ce type de situation (en raison, précisément, de sa faute intentionnelle).

5522. A noter : les immunités légales prévues par l'article L. 121-12, alinéa 3 du Code des assurances ne bénéficient qu'aux personnes expressément visées, et donc pas à leur assureur RC.
Dès lors, si le recours de l'assureur subrogé est fermé contre le préposé responsable, il reste néanmoins ouvert contre son assureur RC.
Mais depuis 2000 et les solutions en posées en matière de responsabilité personnelle du préposé (arrêt Costedoat : Ass. plén., 25 févr. 2000, n° 97-17.378, RCA 2000, chron. n° 11 et comm. n° 145), il faut composer avec le droit de la responsabilité civile. En effet, par principe, le préposé n'engage plus sa responsabilité personnelle à l'égard du tiers victime, lorsqu'il agit sans excéder les limites de sa mission et en l'absence de condamnation pénale (arrêt Cousin : Ass. Plén,. 14 déc. 2001, n° 08-82.066). Qu'en est-il alors du recours subrogatoire contre son assureur RC ? Tout dépend de la portée de la solution de l'arrêt du 25 février 2000 :
- si tel que l'énonce littéralement l'attendu de principe, « le préposé n'engage pas sa responsabilité personnelle », l'absence de dette vis-à-vis de la victime entraîne comme conséquence qu'elle n'a aucune action directe contre l'assureur du préposé (reposant sur sa responsabilité) à transmettre au commettant et à son assureur RC et qu'aucune action subrogatoire n'est envisageable ;

- s'il s'agit d'une immunité, immunité procédurale, la responsabilité du préposé reste intacte. Dès lors, le recours contre celui-ci est fermé mais sa responsabilité établie permet à la victime d'exercer une action directe légale contre son assureur qu'elle peut transmettre au commettant et à son assureur RC.
La Cour de cassation a opté pour cette seconde interprétation (Civ. 2e, 12 juill. 2007,n° 06-12.624,RCA 2007, comm. 334, RGDA 2008. 82).

5523. À noter :
- L'effectif et la masse salariale, ventilée si possible en fonction de la plus ou moins grande potentialité de risque créée par les préposés selon leurs attributions, permettra de déterminer et d'asseoir quantitativement la fraction de cotisation correspondante à ce risque.
On peut craindre que le développement de l'utilisation des contrats à durée déterminée (CDD) et d'intérimaires aient pour conséquence la survenance d'un plus grand nombre de dommages que ceux provoqués par la main d'œuvre permanente en raison de la non-intégration de cette main d'œuvre dans celle faisant l'objet de contrats à durée indéterminée (CDI), et des conditions d'exécution matérielles de travail et d'utilisations précaires (sauf très grande spécialisation des intéressés).
- Les accidents de trajet causés par un copréposé en service : ils s'assimilent le plus souvent à un accident de la circulation impliquant un véhicule terrestre à moteur de l'entreprise et relèvent à ce titre du contrat d'assurance automobile garantissant les véhicules de l'entreprise. Mais la garantie est acquise au chef d'entreprise dans le cadre de son contrat d'assurance de responsabilité civile générale si l'accident est causé par un engin autre qu'un véhicule terrestre à moteur (employé effectuant une mission à bicyclette par exemple et renversant un collègue arrivant à l'entreprise).

C ▪ Garantie liée au fait des choses

5524. L'assurance de responsabilité civile du chef d'entreprise du fait des choses, qu'il utilise ou met à la disposition de ses préposés pour l'exécution de leur travail, entre naturellement dans le champ d'application du contrat d'assurance RC exploitation dès l'instant où le chef d'entreprise est considéré comme gardien de la chose, dans la mesure où c'est lui (ou toute personne qu'il s'est substitué dans la direction de l'entreprise) qui est en mesure de donner toutes instructions sur les conditions d'utilisation de cette chose (sauf abus de fonction du préposé).
Sont couverts les dommages causés aux tiers pouvant survenir lors d'interventions extérieures ou dans les biens immobiliers affectés à l'exercice de l'activité de l'assuré (ceux qui sont désaffectés ou qui sont utilisés à un autre usage - immeubles de rendement, gestion d'un patrimoine immobilier-, doivent faire l'objet d'une mention spéciale pour les premiers et d'une extension de garantie, ou d'un contrat distinct, pour les seconds) ainsi que par l'utilisation du matériel et de l'outillage y compris les engins et appareils mécaniques (à l'exception des véhicules terrestres à moteur) mais aussi des fournitures, matières premières, produits, marchandises et matériaux, etc.

5525. À noter : La responsabilité civile du fait des véhicules terrestres à moteur (VTM), des véhicules aériens et des véhicules maritimes relève d'une branche d'assurance spécifique. L'assurance RC exploitation exclut donc en principe les conséquences dommageables des accidents provoqués par tous les véhicules comportant un moteur, y compris les pelleteuses, les bulldozers, les chariots élévateurs... En revanche, l'assurance RC exploitation de base garantit les conséquences dommageables des accidents provoqués par des engins dépourvus de moteurs, tels que les chariots et les diables.

5526. Concernant les dommages causés par certains engins relevant de la catégorie des véhicules terrestres à moteur (VTM), la question se pose de l'application des règles de la responsabilité du fait des choses de l'article 1242, alinéa 1 du Code civil (ancien article 1384,

alinéa 1) ou de celles de la loi n° 85-677 du 5 juillet 1985 sur l'indemnisation des victimes d'accidents de la circulation. Ainsi en est-il pour tous les VTM pouvant être considérés simultanément comme des véhicules de transport et des véhicules outils (bétonnière...).
Il est admis par la jurisprudence que ne constitue pas un accident de la circulation celui qui est provoqué par un véhicule avec « une partie totalement étrangère à sa fonction de déplacement » (Civ. 2e, 9 juin 1993, n° 91-12.452,RCA 93 comm. n° 328). Il en va de même « dès lors qu'au moment de l'accident le chariot élévateur était utilisé en tant que machine-outil et non comme un véhicule terrestre à moteur » (CA Paris 25e ch., 25 sept. 1997, JCP 1998.1566 ; V. également à propos de dommage causé par la manipulation d'un pulvérisateur attelé à un tracteur : Civ. 1re, 9 déc. 1992,n° 90-10.527, RGAT 1993. 302).
En revanche, lorsque de tels engins ne peuvent fonctionner qu'en circulant, ils relèvent de la loi du 5 juillet 1985 (Civ. 2e, 17 déc. 1997,n° 96-12.850,JCP 1998. IV. 1346 à propos d'un tracteur auquel était attelé un engin et qui procédait au débroussaillage des bas-côtés de la route).
La charge définitive des dommages causés par les engins de chantier ou de levage relèvera donc, selon les cas, de l'assurance de responsabilité civile exploitation ou de l'assurance automobile obligatoire.
Schématiquement :
- le véhicule sera considéré comme un véhicule de transport en cas d'accident de la circulation, et la dette de responsabilité relèvera dans ce cas de l'assurance RC des VTM ;
- le véhicule sera considéré comme un outil de chantier lorsqu'il sera utilisé dans ce contexte, et la dette de responsabilité relèvera dans ce cas de l'assurance RC exploitation.
Pour éviter à la victime d'avoir à déterminer quel assureur doit sa garantie, les assureurs ont convenu que le sinistre serait ouvert et géré par l'assureur automobile, à charge pour lui, en fonction des circonstances de la cause, de se retourner après indemnisation, contre l'assureur de responsabilité civile exploitation.

5527. À noter : Si les tiers ne sont, à priori, guère concernés par les biens mobiliers et immobiliers de l'assuré (excepté ceux circulant sur la voie publique et lorsque les clients sont amenés à pénétrer dans les locaux professionnels et susceptibles d'être victimes d'un dommage du fait du mauvais état ou d'une signalisation insuffisante des installations de l'assuré), la pratique courante des journées portes ouvertes dans les milieux industriels peut être à l'origine de graves dommages, notamment corporels.
Les contrats d'assurance prévoient généralement expressément ce genre de situation en visant la prise en charge des dommages liés aux agencements intérieurs ou extérieurs tels que stores, panneaux et enseignes publicitaires, antennes et autres installations du même type, ainsi que les installations provisoires de l'entreprise sur chantiers, marchés, foires ou expositions.
À cette garantie, est aussi associée celle des « embranchements particuliers avec raccordement au réseau SNCF ». En effet, certaines entreprises, pour évacuer de grandes quantités journalières, ou en tout cas périodiques, de produits, sont parfois reliées au réseau ferré par des voies privées où circulent donc du matériel SNCF (comme par exemple les engins de traction). Cette situation donne lieu à un cahier des charges qui relève le plus souvent du pacte de garantie, la SNCF se déchargeant sur l'entreprise de toutes responsabilités qui pourraient lui incomber.
La clause peut également faire référence à la responsabilité que l'assuré peut encourir en droit public, ce qui présente un avantage incontestable pour les entrepreneurs de travaux publics.

D ▪ Assurance et aménagements conventionnels liés à la responsabilité contractuelle

5528. L'assureur est particulièrement concerné par les aménagements conventionnels liés à la responsabilité consentis par son assuré quelle que soit la garantie d'assurance responsabilité civile délivrée.

1 ▪ Les clauses exonératoires ou limitatives de responsabilité

5529. Dans la mesure où elles sont valables, elles permettent au bénéficiaire de facturer moins cher ses services à sa clientèle (ce qui le mettra en position concurrentielle et réduira d'autant l'assiette de cotisation de son assurance de responsabilité civile).
Toutefois, elles peuvent inciter l'assuré à se comporter de façon moins vigilante dans l'exécution de ses obligations contractuelles.
Il appartient à l'assureur d'être vigilant dans l'appréciation du risque et de bien mesurer l'incidence réelle d'une telle disposition sur le coût définitif de l'assurance.

2 ▪ Les clauses pénales

5530. Il est d'usage que l'assureur de responsabilité civile exclue de son contrat les clauses pénales qu'il définit comme : « la fixation à l'avance du montant des dommages et intérêts en cas d'inexécution ou de retard apporté dans l'exécution de ses engagements [par l'assuré]». C'est donc parce qu'elles fixent à l'avance les dommages et intérêts dus que l'assureur de responsabilité civile estime qu'elles sont hors du champ de sa garantie. Pour lui, « seul un préjudice réel de la victime d'un dommage causé par l'assuré et garanti par son contrat peut fait l'objet de l'assurance de responsabilité civile ».
Pourtant, l'argument n'est pas forcément dirimant. En effet, ce n'est pas parce que la somme est déterminée qu'elle n'a pas de lien avec le préjudice réellement subi par la victime. Et la dette correspondant à la mise en œuvre de la clause pénale est bien issue de la responsabilité contractuelle de l'assuré. En revanche, il y a un accord entre la victime et l'assuré sur le montant de la réparation, accord intervenu en dehors de l'assureur et qui pourrait être considéré comme inopposable à ce dernier par analogie à l'inopposabilité des transactions intervenues en dehors de lui et prévue par l'article L. 124-2 du Code des assurances.

3 ▪ Les clauses de renonciation à recours ou d'abandon de recours

5531. La question de la portée de la clause de renonciation à recours consentie par l'assuré (valable uniquement en matière contractuelle) vis-à-vis de l'assureur se pose toutes les fois que ce dernier, subrogé dans les droits de son assuré, souhaite :
- exercer une action en responsabilité contre la personne réellement responsable du sinistre pour qui l'assuré était légalement tenu vis-à-vis de son client (entreprise principale tenue pour le fait de son sous-traitant pas exemple) ;
- exercer une action récursoire contre les autres coresponsables du dommage (en cas de condamnation *in solidum* dans l'hypothèse où l'assureur a versé une indemnité à la victime supérieure à la part de responsabilité de son assuré) ;
- exercer l'action directe légale de son assuré-victime contre l'assureur RC du responsable.

5532. Rappel : En vertu de l'article L. 121-12 du Code des assurances, « L'assureur qui a payé l'indemnité d'assurance est subrogé, jusqu'à concurrence de cette indemnité, dans les droits et actions de l'assuré contre les tiers qui, par leur fait, ont causé le dommage ayant donné lieu à la responsabilité de l'assureur ».

5533. La présence d'une telle clause dans le contrat liant l'assuré et le, ou les autres responsables, va bloquer le recours de l'assureur. En effet, la clause de renonciation à recours figurant dans le contrat est opposable à l'assureur, même s'il n'y a pas consenti (Civ., 14 déc. 1983, RGAT 1985. 380). La solution est logique : le mécanisme de subrogation permet à l'assureur de recueillir seulement les droits et actions de son assuré. Or, ici, l'action est fermée par l'effet de la renonciation à recours. L'assuré ne peut donc pas la transmettre puisqu'il n'en dispose pas.

5534. La portée d'une telle clause vis-à-vis de l'assureur RC du bénéficiaire a été discutée. En effet, la clause doit-elle également bénéficier à son assureur RC ?
Pendant un temps, la jurisprudence admettait que la renonciation à recours dont pouvait se prévaloir le bénéficiaire s'étendait également à son assureur RC, à moins qu'une clause en sens contraire n'ait été stipulée (Civ. 1re, 13 janv. 1987,n° 85-16.221,RGAT 1987. 44 ; – Civ. 1re, 5 juill. 1988, n° 86-14.635, RGAT 1988. 790, note J. Bigot). Aujourd'hui, c'est exactement la solution inverse qui prévaut. Par conséquent, la clause de renonciation à recours ne s'étend pas à l'assureur RC de son bénéficiaire, sauf si celui-ci est expressément visé par la clause (Civ. 1re, 26 mai 1993, nos 91-11.362 et 91-11.770, Bull. civ. I, n° 186 ; D. 1993, IR 159 ; Civ. 1re, 2 févr. 1994, n° 91-19.952, RGAT 1994. 674, note F. Vincent).

5535. Les solutions adoptées se justifient complètement dès lors que la clause est analysée comme un simple blocage de l'action et non comme une clause de non responsabilité. Ici, la clause de renonciation à recours est une renonciation à agir et non une remise de dette. Et s'agissant de la renonciation à un droit substantiel, la liste des bénéficiaires doit être interprétée strictement. Ainsi, peut-on soutenir que la victime a seulement renoncé à son droit d'exercer son action contre le responsable mais n'a pas renoncé à son droit à indemnité. Dès lors, son assureur, subrogé dans ses droits, peut exercer l'action directe contre l'assureur du responsable, cette action étant juridiquement distincte de celle que la victime aurait pu exercer contre le tiers responsable si elle n'y avait pas renoncé. Il s'agit bien d'une immunité et non d'une irresponsabilité (selon l'expression du Professeur Beignier). Pour qu'il en soit autrement, l'assureur doit également faire partie des bénéficiaires de la clause.
Les solutions sont désormais bien établies et tout pourvoi sur ce point est considéré comme abusif (Civ. 1re, 2 févr. 1994, n° 91-19.952, Resp. civ. et assur. 1994, comm. n° 193, RGAT 1994. 674).

5536. Mais lorsque l'assureur est privé de tout recours subrogatoire, il peut utiliser, contre son assuré, la sanction prévue par l'article L. 121-12, alinéa 2, du Code des assurances, « l'assureur peut être déchargé, en tout ou en partie, de sa responsabilité envers l'assuré, quand la subrogation ne peut plus, par le fait de l'assuré, s'opérer en faveur de l'assureur ». Ainsi, dans une espèce où un incendie avait partiellement détruit un immeuble objet d'un contrat de crédit-bail, l'assureur du crédit-bailleur, après l'avoir indemnisé, s'était retourné contre l'assureur de responsabilité du crédit-preneur. Or, la Cour de cassation a estimé que c'était à bon droit que la Cour d'appel avait débouté l'assuré de sa demande contre son assureur qui avait dénié sa garantie, les stipulations du contrat de bail précisant que la renonciation à recours englobait également l'assureur du crédit-preneur (Civ. 1re, 23 févr. 1999, n° 97-12.020, RGDA 1999. 450, note F. Vincent ; – Civ. 1re, 5 oct. 1999, n° 97-15.146, RGDA 1999. 106 ; RCA 2000, chron. n° 2). L'assureur est donc déchargé de son obligation de verser l'indemnité d'assurance s'il est privé de tout recours subrogatoire (Civ. 1re, 3 nov. 1993, n° 91-17.491, RGAT 1994. 128, note F. Vincent). Tel n'est pas le cas lorsqu'il peut encore agir contre l'assureur du responsable, qui pourra néanmoins lui opposer franchises et plafonds de garantie. Dans ce cas, l'assureur subrogé ne pourra pas agir en responsabilité contre le bénéficiaire de la clause mais disposera de l'action directe de son assuré contre l'assureur RC du responsable. Mais faut-il encore que ce recours reste efficace, au moins partiellement. Si celui-ci s'avère illusoire (inexistence de la garantie), l'assureur sera en droit de dénier sa garantie (Civ.. 2e , 10 sept. 2015, n° 14-22.003, LEDA 2015, n°11, comm. 163, obs. A. Astegiano-La Rizza).

5537. Existe-t-il une obligation de l'assuré d'informer l'assureur de l'existence d'une clause de renonciation à recours ? Si l'assuré a une obligation de déclarer les risques, il n'est tenu que de répondre aux questions posées par l'assureur et non d'une obligation spontanée de déclaration. Dès lors, si l'assureur a interrogé le candidat à l'assurance, lors de la conclusion de la police, sur l'existence d'éventuelles renonciations à recours, les sanctions de fausse déclaration ou d'aggravation des risques sont applicables (Civ., 2e, 30 sept. 2015, n° 14-19.613, LEDA 2015, n° 11, comm. 159, obs. M. Asselain).
A noter : informé de cette clause le privant d'une partie de son recours, l'assureur imposera généralement une majoration de cotisations correspondant à l'impossibilité d'agir dans laquelle il se trouve.
Naturellement, à défaut de question posée, ces sanctions sont inapplicables. Néanmoins, certains estiment qu'une clause de renonciation à recours a pour effet de modifier les règles du droit commun. Or, l'assureur est censé délivrer une garantie correspondant à celles-ci. Dès lors qu'elles se trouvent modifiées, son acceptation serait nécessaire (Lamy assurances 2016, n° 1066). La question n'est pas tranchée.

4 ▪ Le pacte de garantie

5538. L'assureur RC exploitation ne prend généralement en charge que la responsabilité civile de droit commun de l'assuré.
Or ce dernier peut être amené à accepter des marchés lui imposant des obligations particulières, dont certaines peuvent aggraver sa situation sur le plan de la responsabilité civile. Il en est ainsi souvent pour les entreprises effectuant des travaux pour le compte de l'État, des collectivités locales ou de certaines grandes entreprises publiques. L'entreprise se voit alors imposer un cahier des charges auquel elle doit souscrire sous peine de ne pas se voir attribuer l'exécution des travaux. Ces documents prévoient des dispositions devenues classiques, en dépit de leur caractère exorbitant du droit commun.
De manière générale, ces pactes de garantie ont pour objet d'attribuer à l'un des contractants, qui participent à cette activité commune, les conséquences des responsabilités qui peuvent naître des dommages causés aux tiers par cette activité et des recours qui pourraient être exercés contre lui par le personnel de l'exécutant en cas d'accident du travail (CSS, art. L. 454-1).
Cet alourdissement de responsabilité devra être accepté par l'assureur RC à qui il appartiendra d'analyser la situation ainsi créée :
- s'agissant d'un contrat de marché de travaux, il s'informera quant aux conditions matérielles d'intervention de son assuré, quant à l'environnement et les responsabilités que son assuré peut encourir à l'égard de tiers du fait de, ou pendant la présence de l'assuré sur le site ;
- s'agissant de la commercialisation (ou la production) d'un bien, il s'informera sur les responsabilités accrues du fait d'une activité étrangère, que son assuré prend ainsi en charge.

5539. Le pacte de garantie contient bien souvent des exigences quantitatives formulées par le bénéficiaire. Ainsi, ce dernier demandera à l'assuré intervenant de le garantir à concurrence de montants de garanties souvent très élevés dont l'assuré lui-même ne dispose pas dans le cadre de son propre contrat d'assurance de responsabilité civile.
Les difficultés sont donc les suivantes :
- soit son assureur est en mesure de porter le montant de ses garanties au niveau demandé et l'assuré peut en acquitter le coût, via la prime ;
- soit l'assureur ne peut, sans faire appel à de la coassurance (improbable pour une durée limitée) ou à de la réassurance facultative (particulièrement onéreuse lorsqu'elle est envisageable) faire droit à la demande de son assuré sans un surcoût prohibitif interdisant de fait à son assuré de satisfaire l'exigence de son client et donc ne lui permettant pas d'obtenir le marché.

C'est alors par une renonciation à recours de la part de son client, et de son assureur, que passe la solution la moins onéreuse pour les deux parties, son coût se révélant en définitive moins élevé que toute autre solution et pouvant être répercuté à l'assuré par son client.

§ 3 ▪ Focus : garantie des dommages causés aux tiers ou aux clients du fait d'un incendie ou explosion lié à l'activité de l'entreprise

A ▪ Hypothèses

1 ▪ Dommages d'incendie du fait de l'activité de l'assuré

5540. Théoriquement, les assurances RC exploitation ont vocation à exclure les dommages causés par un incendie prenant naissance dans un bâtiment ou installation fixe dont l'assuré a la propriété, la garde ou l'usage, car ils sont garantis par le contrat Incendie. Une place particulière doit néanmoins être faite aux dommages causés en cours d'exploitation par le contact direct d'un objet enflammé ou en train de se consumer (en dehors de toute communication d'incendie-explosion) avec les biens d'autrui, qui engagent la responsabilité civile de l'entreprise, gardienne de ces objets à l'origine des dommages. Tel est le cas par exemple des dommages matériels d'incendie causés par l'entreprise assurée à des tiers par inadvertance : jet de mégots de cigarettes, pneus ou palettes entreposés, feuilles mortes auxquels le feu est mis, avec contact direct (cigarettes) ou dispersion de braises (pneus, palettes ou feuilles mortes). De tels dommages ne relèvent pas du contrat d'assurance Incendie couvrant les biens occupés par l'industriel.

2 ▪ Dommages d'incendie aux biens confiés et aux existants

5541. Il en est de même pour les dommages d'incendie causés par l'entreprise à l'occasion de travaux de montage, installation, maintenance, entretien, réparation exécutés chez ses clients, et par conséquent en dehors des locaux assurés. En fonction des moyens mis en œuvre pour effectuer ces travaux (chalumeau par exemple), de la nature des matériaux sur lesquels ils s'exercent, du contenu des objets (cuves, réservoirs, canalisations...) et de l'environnement, l'embrasement et sa propagation peuvent être ultra-rapides. Ces dommages d'incendie-explosion sont souvent ravageurs et vont bien au-delà de ce qu'une garantie « objet confié et dommages aux existants » envisage habituellement. En effet, le travail effectué par l'assuré peut réduire en cendres tout ou partie de l'usine où il est amené à intervenir. Il est donc nécessaire qu'il dispose d'une substantielle garantie en cas d'incendie-explosion visant tous les biens susceptibles d'être affectés par un tel sinistre. La nature même des dommages n'autorise pas dans ce cas à distinguer entre les biens qui étaient précisément confiés à l'assuré et ceux qui, plus éloignés de son lieu d'intervention, se sont également consumés. Un incendie industriel est rarement circonscrit à l'endroit même où les travaux ont lieu. Sa propagation a vite fait d'atteindre les parties les plus reculées du site concerné, quand celles-ci ne sont pas directement atteintes (étincelles propagées par des conduites ou canalisations). Ce n'est pas, ou plus rarement, le cas en matière de dommages matériels accidentels, limités le plus souvent à la sphère d'intervention de l'assuré.

B ▪ La garantie responsabilité civile incendie-explosion du contrat d'assurance RC exploitation

5542. Les dommages évoqués doivent être couverts par le contrat garantissant la responsabilité civile générale de l'entreprise en cours d'exploitation. Il s'agit de la rubrique « responsabilité civile incendie-explosion » qui est énoncée dans les dispositions générales du

contrat d'assurance RC exploitation et détaillée dans les dispositions particulières. Le plafond de garantie est fixé à concurrence d'un plafond de garantie choisi par l'assuré et vaut pour les deux grandes hypothèses envisagées.
Cette garantie est loin d'être négligeable, l'expérience prouvant que, en cours d'exploitation de l'entreprise, ce sont les sinistres les plus graves.
Par conséquent, le plafond de garantie choisi par l'assuré ne devra jamais être négligeable et surtout être en proportion de l'activité et de ses conditions d'exercice. Sur ce dernier point, la formalité du « permis de feu » est répandue.
En effet, le Comité Incendie du Centre National de Prévention et de Protection (CNPP) a préconisé vers la fin des années 1960 de généraliser la pratique de l'utilisation du permis de feu consistant à faire cosigner par le client et l'entreprise intervenante (ou par le donneur d'ordre et l'exécutant au sein d'une même entreprise) un document rappelant à l'un et à l'autre les dispositions à prendre avant, pendant et après l'exécution de travaux par points chauds, c'est-à-dire de travaux localisés effectués occasionnellement à des températures très élevées (par exemple opérations de soudage - à l'arc électrique ou au chalumeau à gaz - de découpage - tel qu'oxycoupage ou décriquage au chalumeau - et autres travaux à la flamme - tels qu'utilisation de lance à oxygène, etc.) afin de prévenir les sinistres incendie ou explosion.
En 1970, l'Assemblée Plénière des Sociétés d'Assurances contre l'Incendie (Apsaird) a prescrit l'insertion d'une clause dans tous les contrats garantissant des risques industriels en incendie-explosion imposant à l'assuré de ne faire procéder à des travaux par points chauds dans ses biens que sur autorisation matérialisée par le permis de feu, sous peine d'une franchise de 10 % du montant du sinistre plafonnée à 100 000 francs à l'époque.
Se plaçant du point de vue de l'entreprise intervenant chez un client, les assureurs de responsabilité civile insérèrent également dans leurs contrats le texte du permis de feu en rappelant aux dispositions particulières, et notamment dans l'état récapitulatif des montants de garanties et franchises, que la garantie responsabilité civile incendie-explosion fera l'objet de l'application d'une franchise spécifique d'un montant assez élevé, souvent identique à celui pratiqué par les assureurs incendie, en l'absence de production du permis de feu à l'occasion de sinistres occasionnés par des travaux chez des clients. Par conséquent, l'assuré intervenant doit s'impliquer dans les mesures de prévention et protection à respecter.

5543. Cette formalité ne préjuge en rien des responsabilités définitives : elle n'opère pas transfert de responsabilité, ni ne constitue une décharge de responsabilité mais sanctionne le non respect vraisemblable des précautions qui devaient être prises, faute d'une préconstitution de preuve selon laquelle chacune des parties a, en principe, satisfait à ses obligations.
Si la jurisprudence se réfère à l'existence de ce document, elle ne lui attribue pour autant pas une valeur probatoire et ne l'assimile pas à une présomption en faveur de l'entreprise intervenante (Civ. 1re, 29 mai 1996,n° 94-15.720,L'Argus 96-39 : l'artisan, professionnel expérimenté, qui travaillait en permanence à l'usine où a eu lieu le sinistre et ce depuis 27 ans, ne pouvait ignorer les risques inhérents à l'emploi du matériel de son choix, le permis de feu ne pouvant en aucune façon le dispenser des mesures de protection et de surveillance appropriées).
Le document lui permet néanmoins d'analyser le manquement de chacune des parties à ses obligations respectives.

5544. À noter : l'assurance RC exploitation peut intervenir en complément de la garantie du contrat incendie en cas d'insuffisance de celle-ci.
Cette possibilité doit être expressément demandée par l'assuré (ou son intermédiaire). S'il s'agit bien de deux garanties responsabilité civile (prise en charge des dommages causés aux tiers par un fait de l'assuré), le type d'incendie pris en charge, n'est, néanmoins pas le même. En outre, ces deux contrats d'assurance font l'objet souvent de deux traités de réassurance distincts obéissant chacun à ses règles propres, dont le cumul peut se révéler préjudiciable à l'assureur. Il n'apparaît donc pas souhaitable, au-delà d'un certain montant à déterminer par chaque assureur, sous couvert de « responsabilité civile incendie », de

faire intervenir successivement deux contrats d'assurance dont les situations prises en considération sont différemment réassurées.
Il en va de même lorsque d'importants plafonds de garantie « responsabilité civile incendie » sont demandés par un maître d'ouvrage à l'entreprise assurée intervenant, comme par exemple à l'occasion d'un marché portant sur des biens industriels de grande valeur. Il arrive que deux garanties de responsabilité civile distinctes soient émises, l'une par la branche incendie et l'autre par la branche responsabilité civile de la même entreprise d'assurance, en complément l'une de l'autre. Ce sont toujours deux traités de réassurance différents (incendie et accident) qui seront sollicités en cas de sinistre, ce qui est pénalisant pour l'assureur qui se verra appliquer deux priorités. Une clause de renonciation à recours contre l'intervenant (et son assureur de responsabilité civile) dans le contrat incendie garantissant les biens du maître d'ouvrage résoudra plus aisément la situation.

5545. D'une manière générale, la clause d'exclusion des risques d'incendie et de dégât des eaux doit être rédigée avec le plus grand soin afin d'éviter des trous de garantie entre les contrats incendie (ou multirisque) et RC exploitation.

Tableau comparatif des garanties respectives des contrats responsabilité et incendie

Nature des dommages	Contrat d'assurance incendie-explosion	Contrat d'assurance responsabilité civile générale
Dommages corporels	NON	OUI
Dommages matériels : – Incendie-explosion des biens immobiliers occupés par l'assuré et de leur contenu	OUI	NON
– Incendie-explosion des biens immobiliers des voisins et des tiers et de leur contenu (par communication)	OUI (Responsabilité civile pour recours des voisins et des tiers)	NON
– Incendie-explosion des biens immobiliers des voisins et des tiers et de leur contenu (causé directement, sans communication : étincelles, brindilles, escarbilles, travaux par points chauds, etc.)	NON	OUI (Responsabilité civile incendie-explosion)
- Incendie-explosion à l'occasion de travaux exécutés chez les clients de l'assuré, et donc en dehors des locaux assurés	NON	OUI (Responsabilité civile incendie-explosion)

Section 2 ■ Exclusions contractuelles / Extensions de garantie envisageables

§ 1 ■ Garantie de la faute inexcusable de l'employeur vis-à-vis des préposés

A ■ Faute inexcusable de l'employeur

1 ■ Définition

5546. Les salariés de l'entreprise sont obligatoirement couverts contre les risques d'accident du travail et de maladies professionnelles, et indemnisés par les organismes de sécurité sociale. L'employeur n'engage alors pas sa responsabilité civile à l'égard de son salarié, et celui-ci ne peut engager aucune action en responsabilité contre son employeur, en vertu du principe de substitution exclusive prévu à l'article L. 451-1 du Code de la Sécurité sociale : « Sous réserve des dispositions prévues aux articles L. 452-1 à L. 452-5, L. 454-1, L. 455-1, L. 455-1-1 et L. 455-2 aucune action en réparation des accidents et maladies mentionnés par le présent livre ne peut être exercée conformément au droit commun, par la victime ou ses ayants droit ». Cette substitution a pour contrepartie une réparation forfaitaire par les prestations versées par les caisses d'assurance maladie (V. CSS, art. L.431-1 et suiv.).
Par exception, l'employeur engage sa responsabilité personnelle en cas de faute intentionnelle ou inexcusable.

5547. Concernant la première, selon l'article L. 452-5 du Code de la Sécurité sociale, « si l'accident est dû à la faute intentionnelle de l'employeur ou de l'un de ses préposés, la victime ou ses ayants droit conserve contre l'auteur de l'accident le droit de demander la réparation du préjudice causé, conformément aux règles du droit commun, dans la mesure où ce préjudice n'est pas réparé par application du présent livre.
Les caisses primaires d'assurance maladie sont tenues de servir à la victime ou à ses ayants droit les prestations et indemnités mentionnées par le présent livre. Elles sont admises de plein droit à intenter contre l'auteur de l'accident une action en remboursement des sommes payées par elles ».
Ainsi, la victime a droit à la réparation intégrale de son dommage (CSS, art. L. 452-5) et peut agir contre l'employeur en complément des prestations forfaitaires qui lui seront versées par la Sécurité sociale. Par ailleurs, les caisses de Sécurité sociale sont subrogées dans les droits de la victime pour les prestations versées (CSS, art. L. 376-1).

5548. À noter : La faute intentionnelle a un sens plus strict en droit des assurances qu'en droit commun où la volonté de blesser suffit (sur la définition en assurance). Dès lors, la condamnation pénale d'un préposé pour coups et blessures volontaires suffit à apporter la preuve de la faute intentionnelle au sens du droit de la sécurité sociale (Crim., 17 mai 1990,n° 89-81.895,RCA 1990, comm. n° 282).

5549. L'existence d'une faute inexcusable, à l'origine de l'accident du travail ou la maladie professionnelle subi par le préposé, entraîne aussi des conséquences sur le plan de son indemnisation tant dans le domaine de la Sécurité sociale que dans celui de la responsabilité civile. Elle peut être le fait de l'employeur ou de celui qu'il s'était « substitué dans la

direction » (contremaître ou chef de chantier, plus généralement toute personne qui avait sur la victime une certaine autorité au moment de l'accident).
Depuis 2002 (et à l'occasion du contentieux lié à l'exposition des salariés à l'amiante), la faute inexcusable est définie plus souplement par la jurisprudence. Désormais, « en vertu du contrat de travail, l'employeur est tenu d'une obligation de sécurité de résultat, notamment concernant les maladies professionnelles contractées par les salariés du fait de produits fabriqués ou employés par l'entreprise ; le manquement à cette obligation constitue une faute inexcusable au sens de l'article L. 452-1 du Code de la Sécurité sociale lorsque l'employeur avait ou aurait dû avoir conscience du danger auquel était exposé le salarié et qu'il n'a pas pris les mesures pour l'en préserver » (Soc., 28 fév. 2002, n° 99-18.389, Bull. civ. II n°81 ; JCP G 2002, II, 10053 ; D. 2002.109 et 399. V. également : n° 00-11.793, n° 99-18.390, n° 99-21.255, n° 00-11.794, n° 99-18.391, n° 99-18.392). Cette définition nouvelle (applicable à tout contentieux, compte tenu de la généralité des termes employés), qui abandonne l'exigence d'une faute d'une gravité exceptionnelle dérivant d'un acte ou d'une omission volontaire (v. ant. Ass. Plén., 18 juillet 1980, n° 78-12.570, D. 1980. 245) s'applique tant aux maladies professionnelles qu'aux accidents du travail (Soc., 11 avr. 2002, n° 00-16.535,Bull. civ. V. n° 127). Et l'Assemblée plénière a précisé qu'il « est indifférent que la faute inexcusable commise par l'employeur ait été la cause déterminante de l'accident survenu au salarié mais... il suffit qu'elle en soit une cause nécessaire pour que la responsabilité de l'employeur soit engagée, alors même que d'autres fautes auraient concouru au dommage » (Ass. plén., 24 juin 2005, n° 03-30.038,Bull. civ. ass. plén., n° 7).

5550. Il a été admis récemment que les risques psychosociaux (définis comme les potentielles atteintes à l'intégrité physique et mentale du salarié dont l'employeur est redevable) peuvent être à l'origine d'une faute inexcusable. Ces risques induisent un changement de comportement dans la chaîne hiérarchique de l'entreprise afin de les prévenir, mais aussi une prise en compte du salarié en tant qu'individu et acteur du risque. Au stade ultime, le suicide en est une manifestation (35 suicides d'employés de France Telecom entre 2008 et 2009). Non définis par le Code du travail, leur identification est délicate. Le ministère du travail les définit comme « des risques professionnels d'origine et de nature variées, qui mettent en jeu l'intégrité physique et la santé mentale des salariés et ont, par conséquent, un impact sur le bon fonctionnement des entreprises. On les appelle « psychosociaux » car ils sont à l'interface de l'individu et de sa situation de travail ». Ils sont donc notamment constitués par le stress au travail (v. accord national interprofessionnel sur le stress au travail, juillet 2008) et le harcèlement moral (C. trav., art. L. 1152-1 et s.), voire sexuel (C. trav., art. L. 1153-1 et s.). Face à ces risques, l'employeur est tenu de prendre « les mesures nécessaires pour assurer la sécurité et protéger la santé physique et mentale des travailleurs » (C. trav., art. L. 4121, al. 1). Et la Cour de cassation a précisé qu'il s'agissait d'une obligation de résultat et que lorsque l'employeur a, ou aurait dû avoir conscience du risque encouru par son salarié et qu'il n'a pas pris les mesures propres à l'en préserver, il commet une faute inexcusable (v. par ex. Civ. 2e, 8 nov. 2012,n° 11-23.855. Sur l'ensemble de la question, v. Risques psychosociaux – cadre juridique : un nouvel enjeu d'organisation pour l'entreprise, Dossier Argus de l'assurance, 18 oct. 2013, n° 7332, p. 34).

2 ▪ Indemnisation des salariés victimes d'une faute inexcusable

5551. En présence d'une faute inexcusable de l'employeur, la réparation des préjudices n'est pas intégrale mais consiste en une majoration de la rente prévue pour les accidents du travail (CSS, art. L. 452-1 et L. 452-2) et au versement d'indemnités complémentaires :
- indemnité visant à réparer les préjudices causés par les souffrances physiques (*pretium doloris*) et morales, les préjudices esthétique et d'agrément, et le préjudice résultant de la

diminution des possibilités de promotions professionnelles du salarié (préjudices dits listés CSS, art. L.452-3) ;
- indemnité forfaitaire complémentaire en cas d'incapacité permanente totale (taux d'IPP égal à 100 %). Cette indemnité est égale au salaire minimum légal en vigueur à la date de la consolidation ;
- indemnité visant à réparer le préjudice moral de ses ayants droits (liste fixée aux articles L. 434-7 et s. du CSS), en cas de décès de la victime.
La rente majorée et ces indemnités complémentaires sont versées par les caisses de Sécurité sociale.
La qualification de faute inexcusable permet ensuite aux caisses de Sécurité sociale :
- de recouvrir une cotisation sociale complémentaire auprès de l'employeur, au titre de la majoration de la rentes versée au salarié victime ;
- d'exercer un recours subrogatoire auprès de l'employeur pour les indemnités versées au titre des préjudices listés (CSS, art. L. 452-3 al. 3).

5552. Mais des difficultés ont surgi concernant la liste des préjudices ouvrant droit à réparation complémentaire. En effet, l'énumération de l'article L. 452-3 du Code de la Sécurité sociale étant limitative, l'indemnisation d'aucun autre préjudice ne pouvait être effectuée. Aussi, la deuxième chambre civile a tout d'abord contourné ce caractère limitatif en jouant sur la qualification de certains préjudices (intégration par exemple du préjudice sexuel dans le préjudice d'agrément listé). Puis, elle a mis en mouvement un processus d'élimination de cette liste par le biais d'une question prioritaire de constitutionnalité transmise au Conseil constitutionnel. Ce dernier décida, le 18 juin 2010 (Cons. const., 18 juin 2010, déc. n° 2010-8 QPC) : « qu'en présence d'une faute inexcusable de l'employeur, les dispositions de l'article L. 452-3 du Code de la Sécurité sociale ne sauraient, sans porter une atteinte disproportionnée au droit des victimes d'actes fautifs, faire obstacle à ce que ces mêmes personnes, devant les mêmes juridictions, puissent demander à l'employeur réparation de l'ensemble des dommages non couverts par le livre IV du Code de la Sécurité sociale ». Ce faisant, le Conseil constitutionnel estime que l'article L. 452-3 du Code de la Sécurité sociale est conforme à la Constitution mais formule une réserve d'interprétation. Celui-ci ne peut faire obstacle à ce que les victimes puissent demander à l'employeur, devant les juridictions de la sécurité sociale, réparation de l'ensemble des dommages non couverts par le livre IV du Code de la Sécurité sociale. Il appartiendra, au cas par cas, à ces juridictions de vérifier si les préjudices subis par une victime sont ainsi réparés. Cette réserve est d'application immédiate à toutes les affaires non jugées définitivement à la date de la décision du Conseil constitutionnel.
Par plusieurs arrêts du 4 avril 2012 (n° 11-18.014, n° 11-14.311,n° 11-15.393,n° 11-12.299 et n° 11-10.308, RCA 2012, étude 4, H. Groutel), la deuxième chambre civile a précisé la portée de cette décision en déterminant quels sont les dommages non couverts par le livre IV du Code de la Sécurité sociale dont la réparation peut être demandée à l'employeur. Il s'agit de :
- la réparation du déficit fonctionnel temporaire, non couvert par les indemnités journalières qui se rapportent exclusivement à la perte de salaire (arrêt n° 11-14311) ;
- la réparation du préjudice sexuel, dont la deuxième chambre civile admet désormais qu'il est, pour les accidents du travail comme en droit commun, distinct du préjudice d'agrément (arrêt n° 11-14311) ;
- une indemnisation au titre de l'aménagement de son logement et des frais d'un véhicule adapté (Civ. 2e, 30 juin 2011,n° 10-19.475,FP-B).
En revanche, la deuxième chambre civile précise que la victime ne peut pas prétendre à la réparation de chefs de préjudice dont la réparation est assurée, en tout ou partie, par les prestations servies au titre du Livre IV du Code de la Sécurité sociale, même si leur caractère forfaitaire peut les rendre inférieurs au préjudice réellement subi. C'est le cas des frais

médicaux et assimilés (arrêt n° 11-18.014), du déficit fonctionnel permanent (arrêts n° 11-14.311 et n° 11-15.393) ainsi que de la perte de gains professionnels qui excéderait la rente forfaitaire majorée (arrêt n° 11-10.308 ; sur ce dernier point, la chambre sociale avait tenu un raisonnement différent : Soc., 28 oct. 2011,n° 10-20.991. Un arrêt de la chambre mixte du 9 janvier 2015,n° 13-12.310, se range à l'avis de la deuxième chambre civile). Autrement dit, la réserve d'interprétation du Conseil constitutionnel ne remet pas en cause le caractère forfaitaire des rentes et ne consacre pas le principe de la réparation intégrale du préjudice causé par l'accident.
Enfin, la Cour ajoute qu'il appartient en tout état de cause aux CPAM de faire l'avance à la victime de l'ensemble des réparations qui lui sont allouées, que celles-ci soient ou non comprises dans le Livre IV du Code de la sécurité sociale.
En complément, l'article 86 de la loi n° 2012-1404 du 17 décembre 2012 de financement de la sécurité sociale pour 2013 (JO 18 déc. 2012, p. 19821) prévoit des mesures destinées à faciliter le recours des caisses d'assurance maladie contre l'employeur, auteur d'une faute inexcusable (entré en vigueur 1er janv. 2013) :
- Jusqu'à présent, le montant de la majoration était récupéré par l'imposition d'une cotisation complémentaire dont le taux et la durée étaient fixés par la caisse régionale d'assurance maladie sur la proposition de la caisse primaire, en accord avec l'employeur, sauf recours devant la juridiction de la sécurité sociale compétente (CSS, art. L. 452-2, al. 6). La cotisation complémentaire ainsi prévue ne pouvait être perçue au-delà d'une certaine durée et son taux excéder ni une fraction de la cotisation normale de l'employeur, ni une fraction des salaires servant de base à cette cotisation (CSS, art. L. 452-2, al. 7). Ce n'est que dans le cas de cession ou de cessation de l'entreprise que le capital correspondant aux arrérages à échoir était immédiatement exigible (CSS, art. L. 452-2, al. 8).
À cet étalement dans le temps est substitué le versement unique et immédiat du capital représentatif de la majoration.
- L'action récursoire de la caisse était paralysée, lorsque la reconnaissance du caractère professionnel de l'accident ou de la maladie s'était déroulée de manière irrégulière à l'égard de l'employeur. Il était jugé que la décision de prise en charge par la caisse lui était inopposable (Civ. 2e, 7 févr. 2008,n° 07-10.910,RCA 2008, comm. 129 : « ayant relevé que la caisse, qui s'était bornée à avertir l'employeur de ce que le rapport d'enquête légale venait de lui parvenir, avait omis de l'informer de la clôture de la procédure d'instruction et de la possibilité de consulter, avant la prise de décision, l'ensemble des éléments du dossier constitué, l'empêchant d'en solliciter la communication en temps opportun, une cour d'appel qui a retenu que l'obligation d'information préalable de l'employeur n'avait pas été respectée et que la décision de prise en charge de l'accident était inopposable à la société, a légalement justifié sa décision »).
Désormais, dès lors qu'une décision aura reconnu la faute inexcusable de l'employeur, celui-ci sera tenu de rembourser la caisse sans qu'il puisse lui opposer une irrégularité quant à son information (CSS, nouvel art. L. 452-3-1).

5553. À noter :
- Incidence sur l'assurance : Tous les dossiers assurance « faute inexcusable » donneront donc désormais lieu à un règlement ce qui va fortement majoré le coût de ces sinistres et risque d'entraîner une modification dans la fixation du plafond de garantie.
- L'indemnisation du préjudice d'anxiété tend à se systématiser pour les salariés exposés à l'amiante, bénéficiaires de l'ACAATA (allocation de cessation anticipée d'activité des travailleurs de l'amiante) et qui n'ont pas encore développé de maladie professionnelle (Soc., 11 mai 2010, n° 09-42.241,D. 2010. 2048 ; Soc., 4 déc. 2012,n° 11-26.294,RCA 2013, étude 3 par C. Corgas-Bernard). Celui-ci est défini comme le fait de se trouver, par le fait de l'employeur, dans une situation d'inquiétude permanente face au risque de déclaration à tout moment d'une maladie liée à l'amiante et être amené à subir des contrôles et examens

réguliers propres à réactiver cette angoisse, soit la crainte de déclarer un jour une maladie mortelle. Une qualification de sinistre sériel est tout à fait envisageable et pour l'instant, l'anxiété ne fait pas partie des exclusions des contrats d'assurance

5554. Comme précédemment en matière de dommages aux tiers, on peut penser que l'utilisation massive d'intérimaires expose ceux-ci, compte tenu de leurs conditions de travail, plus que les salariés permanents d'une entreprise, à des accidents du travail ou à des maladies professionnelles.
Il a été jugé que si l'entreprise de travail temporaire est seule tenue envers l'organisme social des obligations de l'employeur en cas d'accident de travail causé par une faute inexcusable, elle dispose d'une action contre l'entreprise utilisatrice (Civ. 2e, 13 déc. 2007, n° 06-15.617, RCA mars 2008, comm. n°97).

5555. À noter : Le salarié victime peut également se rendre coupable d'une faute inexcusable. Celle-ci est définie comme « une faute volontaire d'une exceptionnelle gravité, exposant sans raison valable son auteur à un danger dont il aurait dû avoir conscience » (Civ. 2e, 27 janv. 2004, n° 02-30.693, D. 2004. Chron. 93 ; Ass. plén., 24 juin 2005, n° 03-30.038,D. 2005 IR 1881). Cette formulation est identique à celle de la loi du 5 juill. 1985 pour la faute inexcusable de la victime d'un accident de la circulation. Si elle est établie, ce qui sera très rare compte tenu du caractère très strict de cette définition, la majoration de la rente à laquelle la victime a droit sera réduite (Civ. 2e, 12 mai 2011, n° 10-17.605,RCA 2011, comm. n° 282).

B ▪ Objet de la garantie

5556. Si les dommages subis par les préposés sont, en principe, pris en charge par les organismes de sécurité sociale, il en va différemment en cas de faute intentionnelle ou inexcusable de l'assuré (ou de tout personne qu'il s'est substitué dans la direction de l'entreprise).
Originellement, l'assurance de cette faute inexcusable a soulevé quelques difficultés. En effet, l'étendue de la garantie, à savoir la prise en charge par l'assureur des seules cotisations complémentaires mises à la charge de l'employeur par la Sécurité sociale en vue de récupérer les indemnités majorées et complémentaires versées à la victime (à l'exclusion des cotisations supplémentaires constituant en quelque sorte une pénalité) ne posait pas problème en soi.

5557. Mais en 1946, le législateur avait interdit de manière absolue toute assurance contre les conséquences de la faute inexcusable, quels que soient ceux qui pouvaient s'être rendus coupables de faute inexcusable : employeur ou substitués dans la direction de l'entreprise. Ce n'est qu'en 1976 (L. 6 déc. 1976) qu'il est devenu possible de s'assurer mais uniquement lorsqu'il s'agissait d'une faute inexcusable commise par une personne que l'employeur s'était substituée dans la direction de l'entreprise (au sens large : chef de chantier, contremaître, chef d'atelier, etc.). L'assurance n'était donc pas possible lorsque le chef d'entreprise était personnellement reconnu coupable d'une faute inexcusable.
Cette distinction était très critiquée car dans les petites entreprises, et notamment celles à caractère artisanal, le chef d'entreprise ne peut généralement se substituer personne dans la direction. Dès lors, il restait responsable sur son patrimoine personnel. Cette inégalité a disparu avec la loi n° 87-39 du 27 janvier 1987 (CSS, art. L. 452-4) qui autorise désormais l'assurance des conséquences de la faute inexcusable du chef d'entreprise dès lors qu'elles ont été commises postérieurement à l'entrée en vigueur de la loi, à l'égard de tous les salariés (y compris ceux dont le contrat de travail était en cours lors de son entrée en vigueur de la loi).

5558. À noter : Lorsque la faute inexcusable de l'employeur se conjugue avec celle d'un tiers dans la réalisation du dommage dont son préposé est victime, il a été reconnu, en dépit du fait que la majoration de rente accident du travail constitue une pénalité à la charge de l'employeur, que « l'auteur d'une faute inexcusable ou son assureur, est en droit d'obtenir le remboursement (par le tiers) de la fraction, correspondant à sa part de responsabilité, de la cotisation complémentaire d'accident du travail qui lui a été réclamée à la suite de l'accident en application de l'article L. 452-2 du Code de la Sécurité sociale » (Civ. 1re, 11 janv. 2000, n° 97-16.605, JCP 2000. I. 323 ; RCA 2000, n° 5).

C ▪ Inclusion dans le contrat RC exploitation / Contrat distinct

5559. Traditionnellement, cette garantie était incluse dans la garantie de base de l'assurance RC exploitation. Toutefois, la modification de la définition de la faute inexcusable (intervenue en 2002), ainsi que les dernières évolutions jurisprudentielles et législatives ont élevé significativement le montant de ces sinistres, tout particulièrement dans les secteurs employant beaucoup de main d'œuvre dans des conditions de travail difficiles (bâtiment, travaux publics, manutention). Certains assureurs ont alors fait le choix, suivant les recommandations de la FFSA, de créer des contrats séparés : la garantie étant de plus en plus sollicitée, son inclusion dans le contrat général ne permet pas d'isoler convenablement ce cas de figure : c'est-à-dire de le suivre statistiquement et d'en apprécier le coût à sa juste valeur.
D'autres la maintiennent toujours dans les contrats d'assurance RC (comme chez SMABTP par exemple) mais proposent à leurs assurés un contrat de deuxième ligne, en option, afin d'obtenir une capacité supplémentaire.

5560. L'indemnité d'assurance est égale au coût de cotisation complémentaire mise à la charge de l'employeur et aux indemnités versées à la victime, ou à ses ayants droit, prévues aux articles L. 452-2 et L. 452-3 du Code de la Sécurité sociale. La prise en charge des frais de protection juridique y afférents sont également prévus. Aujourd'hui, la garantie doit également prendre en charge les indemnités pouvant être versées à la victime pour les préjudices non listés (avancés par les caisses de sécurité sociale qui disposent ensuite d'un recours subrogatoire contre l'employeur).
Parmi les exclusions figurent le non respect de certaines dispositions du Code du travail, les maladies professionnelles liées à l'amiante ou à un produit amianté, celles dues à la production, par tout appareil ou équipement de champs électriques ou magnétiques, ou de rayonnements électromagnétiques.

5561. À noter : Certains assureurs proposent, non pas une garantie RC faute inexcusable, mais un contrat d'assurance des pertes pécuniaires de l'employeur visant à lui garantie une indemnité pour les pertes pécuniaires liées à l'engagement de sa responsabilité civile du fait d'une faute inexcusable. Analysé comme un contrat d'assurance de choses, les assureurs entendent échapper à l'application des dispositions sur l'étendue de la garantie dans le temps (C. assur., art. L. 124-5). En cas de contentieux, le risque est grand pour les assureurs que les juges requalifient le contrat en assurance de responsabilité civile.

§ 2 ▪ Maladies professionnelles / stages et essais professionnels

5562. Avant 1993, seules les maladies répertoriées comme telles faisaient l'objet d'une prise en charge par les caisses de Sécurité sociale. En raison du caractère limitatif de cette liste, des maladies ne pouvaient être considérées comme maladies professionnelles bien qu'il ait été démontré qu'elles avaient été causées par le travail, tant qu'elles n'étaient pas reconnues comme telles.

C'était alors pour permettre une indemnisation des victimes d'affections mettant en cause la responsabilité du chef d'entreprise dans des conditions identiques à celles prévues par la Sécurité sociale qu'un paragraphe de son contrat d'assurance prévoyait cette garantie. Désormais, l'article L. 461-1 du Code de la Sécurité sociale prévoit la prise en charge par la Sécurité sociale d'une maladie professionnelle non répertoriée dès lors que le lien entre le travail habituel et la maladie du salarié est établi par ce dernier (V. pour les autres conditions, CSS, art. L. 461-1).
Cette garantie n'a donc plus lieu d'être.
En revanche, la garantie des dommages corporels subis par des personnes en stage ou se soumettant à des essais professionnels reste nécessaire, dans la mesure où de tels dommages ne seraient pas couverts par la législation sur les accidents du travail.

§ 3 ▪ Exécution du travail sur une chose et garanties

A ▪ L'entrepreneur fournit la matière

5563. Lorsque l'entrepreneur fournit la matière et exerce sur elle son industrie dans les termes de l'article 1788 du Code civil, l'assureur de responsabilité civile n'a pas à intervenir en cas de perte de la chose (qui appartient à l'entrepreneur) ou si celui-ci doit recommencer son travail. Tout au plus, le préjudice subi par le client (c'est-à-dire les conséquences dommageables de ce contretemps dont il rapporte la preuve) peut-il être garanti mais à la condition que cette situation ne résulte pas d'un défaut flagrant d'organisation de l'entreprise, d'une inexpérience rare confinant à la faute lourde, assurable certes en principe, mais faisant souvent l'objet, en termes choisis, d'une clause d'exclusion. Il s'agit d'un risque d'entreprise. L'exclusion vise le plus souvent les conséquences du retard de livraison, et systématiquement le paiement des pénalités dont il est assorti et faisant l'objet d'une clause pénale.

B ▪ Les objets confiés à l'entrepreneur

5564. Rappel : Tous les dommages causés aux biens de l'assuré sont exclus car il s'agit d'une assurance RC.
Il s'agit ici, pour l'assureur RC de prendre en charge les dommages causés aux biens appartenant à la victime et confiés par celle-ci à l'assuré pour qu'il y applique son industrie ou son art (véhicule confié au garagiste, bijoux confiés au bijoutier...).
Il peut s'agir également des biens dont l'assuré est locataire, dépositaire, emprunteur et par lesquels il va exécuter son travail.
L'exclusion des premiers s'explique par le fait que les assureurs estiment qu'un dommage à l'objet confié peut résulter d'une mauvaise exécution de son travail par l'assuré, ce qui correspond, pour eux à un risque d'entreprise non assurable.
Ils ne sauraient donc se substituer à l'assuré en remboursant le coût des biens confiés toutes les fois que, par maladresse, inexpérience, incurie celui-ci les endommage. Ce n'est pas l'objet de l'assurance de responsabilité civile. En effet, les travaux nécessaires à la réfection du bien confié se situent dans le prolongement de ceux que doit effectuer l'entreprise pour refaire sa prestation lorsqu'elle fournit la matière et que celle-ci vient à périr. Le fait que l'objet ne lui appartienne pas ne change rien au principe posé.

5565. Néanmoins, force est d'admettre que la valeur de certains objets, meubles ou immeubles sur lesquels l'assuré est amené à intervenir est parfois telle que la détérioration causée, s'il elle est laissée à la charge de l'entreprise, risque de la déstabiliser gravement sur le plan financier, voire la condamner à disparaître (tel est par exemple le cas, lorsque ayant une spécialité pointue, elle ne dispose pas pour autant de la surface financière correspondant à sa qualification. Ce qui est bien souvent la situation des artisans).
Par ailleurs, en fonction de l'activité professionnelle de l'assuré (comme par exemple en matière de prestation de service), ne pas admettre la couverture de ce type de dommage, reviendrait à vider le contrat de sa substance (Civ. 2e, 11 juin 2009, n° 08-12.843,RCA 2009, comm. 302). Et ces dommages ne sont plus forcément, aujourd'hui, considérés comme étant un risque d'entreprise, cette notion ayant évolué et réduite à la mauvaise exécution des obligations contractuelles relatives au retard dans la livraison et au défaut de performance des produits.

5566. L'extension de garantie prend alors en charge les dommages matériels affectant des biens mobiliers confiés à l'assuré pour qu'il y exerce son industrie. Ces dommages surviennent le plus souvent de façon accidentelle (soudaine), mais pas nécessairement. Il appartient à l'assureur de préciser dans quelles circonstances il entend accorder sa garantie, même si la frontière entre dommage accidentel et dommage non accidentel est incertaine (sauf à baptiser accidentel tout ce qui advient fortuitement). En réalité, la notion d'accident sert plus à exclure les dommages dont le caractère accidentel se révèle à l'analyse douteux dénotant une impéritie professionnelle.
Lorsque la garantie est accordée en cas de « dommages accidentels ou non », sont garantis non seulement les bris, chutes et autres événements soudains, mais également l'endommagement dû à une simple malfaçon dans l'exécution du travail dont le caractère répétitif, ou du moins prolongé dans le temps (et non plus soudain), se révélera à l'origine du dommage. Dans ce cas, toutefois, l'assureur exclura parfois de sa garantie de base (en raison du montant des réclamations souvent élevé en la matière) l'indemnisation du préjudice consistant exclusivement en l'impropriété de l'objet à l'usage auquel on le destine en l'absence de tout endommagement matériel. Il proposera ensuite une extension de garantie pour cette hypothèse de la façon la plus appropriée possible après examen du type d'objet confié, de la nature des travaux réalisés et de la profession des clients de l'assuré.
Mais les objets mobiliers ne sont pas les seuls concernés par des dommages matériels. Des biens immobiliers peuvent aussi être affectés par l'exécution défectueuse de travaux par l'assuré. Les assureurs les dénomment souvent « existants » (encore que, parfois ils réservent ce terme aux biens immobiliers préexistants à l'intervention de l'assuré, c'est-à-dire situés simplement dans l'environnement de ses travaux mais non précisément confiés à celui-ci). Quels qu'ils soient, l'assureur peut estimer qu'ils courent autant de risques et donc leur réserver le même sort dans le contrat, ou bien considérer que seuls les « existants confiés » méritent un traitement particulier, les autres relevant de la garantie générale des dommages matériels aux tiers ou clients.
La distinction se traduit également sur le plan juridique par une différence de fondement quant à la responsabilité civile pouvant être engagée. En effet, l'assuré sera responsable contractuellement pour les biens confiés existants tandis qu'il engagera sa responsabilité délictuelle en cas de dommages aux « autres » existants.

5567. L'assureur doit donc se faire une opinion sur les situations les plus courantes dans lesquelles son assuré peut engager sa responsabilité afin de les traduire par des définitions et clauses appropriées dans le contrat d'assurance.
Cette adaptation du contrat d'assurance peut être particulièrement difficile lorsque, pour un chantier déterminé, l'assuré sollicite un montant de garantie particulièrement élevé.

L'assureur devra alors faire appel à de la réassurance facultative donnant lieu à un examen circonstancié des travaux à exécuter avec le réassureur.
À noter : Les concentrations d'entreprises d'assurances ont augmenté leur capacité financière et le recours à un réassureur est de moins en moins fréquent. Par ailleurs, en pratique, seules des dérogations à telle ou telle disposition du traité de réassurance, à l'occasion de chantiers très particuliers, conduisent les assureurs à se tourner vers leurs réassureurs.
Enfin, la garantie objets confiés et dommages aux existants (plus ou moins largement entendue) est généralement accordée à concurrence d'un plafond de garantie spécifique, fixé en fonction des besoins de l'assuré. Une franchise substantielle est également généralement prévue dans le but de limiter les frais de gestion en ne faisant pas intervenir l'assureur sur des sinistres de peu d'importance mais aussi de faire participer financièrement l'assuré à l'indemnisation d'un sinistre qui aurait dû, en l'absence d'extension, rester totalement à sa charge.
Lorsqu'elle est accordée, cette garantie facultative ne déroge pas aux autres exclusions du contrat.

§ 4 ▪ Dommages prévisibles / Inobservation des règles de l'art

A ▪ Dommages prévisibles

5568. Les contrats d'assurance RC exploitation ont pendant longtemps limité la garantie aux dommages ayant une cause accidentelle. L'accident était défini comme le fait soudain, fortuit et indépendant de la volonté de l'assuré. Cette définition excluait du champ de la garantie les dommages dont la cause était répétitive ou progressive, tels que la détérioration progressive des canalisations par l'acidité de l'eau distribuée (qui engageait la responsabilité civile de l'entreprise distributrice d'eau mais qui n'était pas prise en charge par son assureur RC exploitation) ou encore les dégâts causés à une chaussée par le passage répété des camions appartenant à l'assuré.
Les assureurs invoquaient le fait que la soudaineté du fait causal leur permettait de vérifier le caractère aléatoire du risque. Or, le caractère progressif ou répétitif de l'événement ne le prive pas nécessairement de son caractère aléatoire. Il faut admettre que si tout accident est *a priori* dommageable, tout dommage n'est pas nécessairement d'origine accidentelle. En effet, il est des dommages qui, imprévus et extérieurs à la victime, n'en sont pas pour autant soudains. C'est le cas de dommages non accidentels tels que l'usure anormale, la fatigue prématurée du matériel, la déformation progressive d'un ensemble mécanique sous l'effet de vibrations, la corrosion chimique, l'oxydation, le dépôt de rouille ou de tartre, en d'autres termes, tous dommages dont la caractéristique est de se manifester lentement. En revanche, ce caractère progressif ou aléatoire est plus en rapport avec la notion de prévisibilité du dommage, eu égard au comportement de l'assuré. La question est alors de savoir d'une part, à partir de quel moment le dommage est effectivement réalisé, puisque l'on est en présence d'une dégradation progressive d'un état antérieur, et d'autre part si, s'agissant précisément d'un dommage à réalisation lente et progressive, il reste pour l'assureur existence d'un aléa rendant possible la garantie d'assurance. N'y a-t-il pas en effet un moment où le dommage devient prévisible, permettant à l'auteur du dommage d'en prévenir la réalisation et le privant de ce fait, et à partir de ce moment, de toute garantie d'assurance de responsabilité ? C'est à l'assureur, au demeurant, qu'il appartient de rapporter une telle preuve délicate.

5569. La plupart des assurances RC exploitation ont désormais abandonné le critère de soudaineté du dommage, préférant exclure le dommage prévisible : « sont exclus les dommages qui sont la conséquence inévitable et prévisible des modalités d'exécution du travail ».
Destinée à maintenir l'existence de l'aléa et à moraliser le risque, cette exclusion est généralement libellée de manière restrictive afin de répondre aux conditions de validité de l'article L. 113-1 du Code des assurances. Son application est subordonnée à trois conditions :
- une inobservation qui est le fait de la direction générale ;
- une inobservation délibérée ;
- dans le but réaliser une économie abusive.
Néanmoins, cette clause est appliquée avec réticence par les juges. En témoigne cet arrêt d'espèce où des travaux devaient être effectués sur un bâtiment accueillant des lapins, mais où aucune précaution n'avait été prise. L'élevage de lapin avait été décimé par le stress causé par le bruit des travaux. La Cour de cassation a pourtant refusé d'appliquer l'exclusion fondée sur la prévisibilité du dommage en estimant qu'aucune étude scientifique n'avait établi de rapport de causalité entre le stress et la mort des lapins alors que le caractère inéluctable et prévisible du dommage n'était guère douteux (Civ. 1re, 7 juin 1989,RGAT 1989. 875). Postérieurement, plusieurs arrêts de la Cour de cassation ont censuré une telle exclusion (Civ. 2e , 10 déc. 1996,RGDA 1997. 127 ; Civ., 2e , 20 mars 2008,RGDA 2008.452, note S. Abravanel-Jolly ; Civ. 2e, 3 juill. 2014, n° 13-20.572 ; Com. 6 janv. 2015, n° 13-23.204 et 13-23.425, www.actuassurance.com 2014, n° 37).

B ▪ Inobservation des règles de l'art

5570. Certaines polices excluent encore les dommages résultant d'une violation des règles de l'art ou des règles et usages professionnels par l'assuré. Or, cette exclusion n'est pas valable au regard de l'article L. 113-1, alinéa 2, du Code des assurances, car jugée non « formelle et limitée » (Civ. 1re, 25 oct. 1994,n° 92-14.123,RGAT 1994. 1114). Dans le domaine de la construction, les polices d'assurance facultatives font parfois référence aux documents techniques (règles codifiées par les organismes professionnels). Une telle clause n'a pas non plus été jugée formelle et limitée (Civ. 3e, 26 nov. 2003,n° 01-16.126). Par conséquent, pour être valable, la clause d'exclusion doit viser précisément les normes dont la violation entraîne la non garantie.

§ 5 ▪ Fait des sous traitants

5571. NB : L'article L. 121-2 du Code des assurances n'est d'aucune utilité car le sous-traitant n'est pas un préposé au sens de l'article 1242 du Code civil (ancien article 1384).

5572. L'assureur RC exploitation limite généralement sa garantie aux dommages causés uniquement par l'assuré et ses préposés sans prendre en charge les dommages causés au client lorsqu'ils sont le fait d'un sous traitant. A l'inverse, rien n'interdit une extension de la garantie au sous-traitant.

5573. Différentes hypothèses sont à distinguer :
- le sous-traitant cause un dommage au client de l'assuré (entreprise principale) : par exemple, à l'occasion d'une prestation de gardiennage, les préposés de l'entreprise sous-traitante mettent le feu aux locaux. L'assuré est contractuellement responsable vis-à-vis de son client. Aux conditions et limites du contrat d'assurance responsabilité civile exploitation, la garantie couvrira la responsabilité de l'assuré du fait du sous traitant. En revanche,

l'assureur subrogé dispose d'un recours contre le sous traitant responsable et son assureur de responsabilité sauf si le sous traitant, ou le sous-traitant et son assureur, bénéficient d'une clause renonciation à recours ;
- le sous traitant cause un dommage à un tiers (non client de l'assuré, entreprise principale) : le tiers n'a pas de recours contre l'entreprise principale et ne peut agir que contre l'auteur direct du dommage. Mais dans l'hypothèse où le fait du sous-traitant et le fait de l'assuré ont contribué au dommage, la condamnation solidaire permettra à la victime de réclamer à l'assuré le versement de la totalité des dommages et intérêts. La garantie RC exploitation pourra alors être mise en œuvre et l'assureur tenu de prendre en charge sauf clause expresse excluant les conséquences d'une condamnation solidaire. En revanche, les limites légales et contractuelles s'appliquent comme les plafonds de garantie par exemple ;
- lorsque le sous-traitant cause un dommage à l'assuré, entreprise principale : en principe, le contrat d'assurance RC exploitation ne pourra être mise en œuvre, s'agissant d'un contrat d'assurance de responsabilité civile dans lequel le sous-traitant n'a pas la qualité d'assuré. En tant que victime, l'entreprise principale dispose d'une action en responsabilité contre le sous-traitant sauf si le contrat la liant à ce dernier contient une clause de renonciation à recours. Néanmoins, elle disposera quand même de l'action directe contre l'assureur RC du sous-traitant si la clause de renonciation à recours ne vise pas l'assureur RC du sous traitant. Lorsque le sous traitant à la qualité d'assuré dans le contrat souscrit par l'entreprise principale, le contrat RC exploitation peut couvrir ce dommage si le contrat contient une clause en vertu de laquelle les assurés sont considérés comme des tiers entre eux. De telles dispositions doivent faire l'objet de dispositions spéciales aux dispositions particulières car l'identification des sous-traitants, ou la possibilité de les identifier le moment venu, s'impose.

5574. Pour bien appréhender ces différentes situations, différentes questions seront posées à l'entreprise lors de la négociation du contrat d'assurance :
- le proposant (entreprise industrielle) exerce-t-il son activité en qualité de sous-traitant ou au contraire fait-il appel à de la sous-traitance ?
La situation n'est pas la même puisque dans un cas il agit sous le contrôle ou la responsabilité d'un donneur d'ordre alors que dans l'autre il se trouve en position de donneur d'ordre. Les responsabilités sont *a priori* plus lourdes dans le second cas que dans le premier puisque le sous-traitant ne jouit pas d'une autonomie totale. Et la responsabilité du donneur d'ordre sera plus souvent engagée que celle de ses sous-traitants.
Lorsque le proposant fait appel à de la sous-traitance il conviendra de savoir s'il s'agit de sous-traitance de marché ou plutôt de sous-traitance industrielle ou de produit ;
- s'agit-il d'une sous-traitance de spécialité ou d'une sous-traitance de capacité ?
Le fait que l'entreprise fasse appel à de la sous-traitance de spécialité est sans doute rassurant pour son futur assureur en terme de responsabilité : l'entreprise estime ne pas disposer des moyens techniques pour exécuter ses engagements et préfère s'en remettre à un spécialiste. Mais, ce faisant, même dans le cadre de l'exercice d'une spécialité, l'assureur du donneur d'ordre va se trouver dans une situation qu'il lui est difficile d'apprécier à travers l'activité déclarée par l'entreprise, par définition différente de celle du sous-traitant. Il lui faudra obtenir des explications et précisions sur la nature de l'intervention des sous-traitants et leurs qualifications.
Si l'entreprise fait appel à de la sous-traitance de capacité pour faire face à des périodes de pointes de commandes, l'activité exercée par le sous-traitant ne pose pas particulièrement de problèmes puisque il exerce la même activité que l'assuré donneur d'ordres. Mais le fait qu'il soit disponible alors que précisément le secteur connaît une activité soutenue peut être de nature à inquiéter l'assureur qui peut penser que celui-ci n'a pas la même maîtrise de son métier que le donneur d'ordre. Les conditions matérielles d'exercice de son activité

sont aussi certainement différentes. Dès lors, le risque présenté par le sous-traitant n'est pas totalement identique à celui du donneur d'ordre.
- l'appel à de la sous-traitance est-il systématique ou épisodique ?
- s'agit-il toujours des mêmes sous-traitants, connus depuis longtemps pour leur expérience ou bien d'entreprises choisies en fonction du moment et de leur disponibilité ?
- s'agit-il de sous-traitants attitrés ou occasionnels ?
En fonction des réponses obtenues, l'assureur aura une opinion sur les conditions dans lesquelles il peut voir la responsabilité de son futur assuré, donneur d'ordres, recherchée et engagée.
Il quantifiera la part des prestations des sous-traitants dans le chiffre d'affaires réalisé par le proposant, de façon à apprécier le risque représenté par ceux-ci et lui appliquer une tarification appropriée.
Enfin, il accordera sa garantie à l'assuré donneur d'ordre « du fait des sous-traitants auxquels il fait appel », mais ne garantira pas en principe la responsabilité personnelle des sous-traitants. Ceux-ci doivent être titulaires d'un contrat d'assurance de responsabilité civile pour leur activité propre qui d'ailleurs ne s'exerce pas en permanence pour le compte de l'assuré donneur d'ordre mais également pour d'autres entreprises clientes.
La question est donc de savoir si les sous-traitants sont assurés personnellement mais également bien assurés, c'est-à-dire à concurrence de montants de garanties suffisants. Sont-ils également à jour de leurs cotisations ?
Le service assurances de l'assuré donneur d'ordre devra être vigilant et rassembler ces informations, notamment les attestations d'assurances, à moins qu'il n'ait été choisi de renoncer à recourir contre les sous-traitants ou de les considérer comme assurés additionnels dans le contrat d'assurance de l'entreprise.
Lorsque c'est l'entreprise sollicitant la garantie qui agit en qualité de sous-traitant, les questions ne sont pas différentes mais doivent alors être posées du point de vue du sous-traitant intervenant dans ses rapports avec le, ou les, donneur(s) d'ordres.

§ 6 ▪ Véhicules terrestres à moteur

5575. Les véhicules terrestres à moteur sont garantis par un contrat d'assurance spécifique (V. pour les véhicules pouvant être considérés comme des véhicules de transport et des véhicules outils, (n° X)).

5576. Une clause dite « besoin du service » peut être stipulée dans le contrat d'assurance RC exploitation, pour couvrir la responsabilité de l'entreprise du fait de véhicules pour lesquels elle n'est pas tenue de souscrire une assurance. Cette responsabilité est encourue dans différentes hypothèses :
- l'entreprise assurée est tenue de déplacer un véhicule stationné qui ne lui appartient pas, mais qui entrave son activité ; un accident peut survenir à l'occasion de ce déplacement sans le consentement du propriétaire ou du gardien, et cet accident engage la responsabilité civile de l'assurée ; cette responsabilité civile du fait d'un VTM peut être couverte au titre d'une clause « besoin du service » du contrat d'assurance RC exploitation ;
- le véhicule personnel d'un préposé peut être utilisé ponctuellement pour les besoins du service ou pour des missions professionnelles. Ce véhicule est assuré par son propriétaire et l'entreprise employant le préposé n'est pas tenu de souscrire une assurance. Néanmoins, l'assurance du préposé peut être insuffisante ou faire défaut pour couvrir les conséquences d'un accident survenu pendant le temps de travail.

5577. Attention : L'utilisation habituelle d'un véhicule personnel à des fins professionnelles n'est pas couvert pas la clause « besoin du service », mais par un contrat d'assurance automobile particulier couvrant les accidents survenant au cours des missions.

§ 7 ▪ Pollution accidentelle

5578. L'entreprise peut engager sa responsabilité civile du fait d'une pollution issue de son exploitation (rejet par exemple). Le dommage environnemental est alors source d'un dommage matériel ou immatériel pour une tierce personne. En principe, de tels dommages devraient faire l'objet d'un contrat distinct. Mais en attendant la généralisation d'une telle démarche, le contrat d'assurance RC exploitation peut délivrer une garantie minimale lorsque l'entreprise ne présente pas de risques particuliers de pollution. À cette condition, les dommages de pollution prenant naissance dans les installations terrestres fixes de l'entreprise, ou provoqués lors de l'exercice de ses activités chez des clients ou des tiers, peuvent être garantis. La garantie prend en charge les événements purement accidentels (manifestation du dommage concomitante à l'événement soudain et imprévu qui l'a provoquée, dont la réalisation n'est ni lente, ni graduelle ni progressive), avec un plafond de garantie fixé à 800 000 euros maximum assorti d'une franchise spécifique.

§ 8 ▪ Œuvres sociales et sportives de l'entreprise

5579. Selon le nombre d'employés, l'entreprise devra être doté d'un comité d'entreprise (obligatoire dans les entreprises de plus de 50 salariés) ou d'un comité d'établissement (comité central d'établissement pour les entreprises comportant des établissements distincts ou comité de groupe dans les groupes de sociétés avec filiales). Généralement, le contrat d'assurance responsabilité exploitation prévoit la couverture de la responsabilité du chef d'entreprise pouvant être engagée du fait du fonctionnement de ces comités ainsi que celle liée à des activités sociales (coopératives de consommation, garderies d'enfants) ou sportives.
Néanmoins, cette garantie ne dispense pas ces organes de souscrire une garantie d'assurance distincte, tout particulièrement lorsque dotés de la personnalité juridique, ils déploient une activité assez soutenue et/ou lorsqu'ils disposent d'un budget de fonctionnement conséquent. Un contrat distinct permet de mieux cerner les diverses facettes de l'activité du comité, de délivrer des garanties complémentaires (contrat mixte responsabilité civile/individuelle accidents) et aussi d'échapper à l'application de franchises parfois trop élevées s'il devait bénéficier des garanties du contrat d'assurance de l'entreprise elle-même. En tout état de cause, la cotisation d'assurance de responsabilité civile du comité d'entreprise est due par l'entreprise (C. trav., art. R. 2323-35).

5580. Peut être ajoutée la responsabilité du chef d'entreprise du fait du fonctionnement du service médico-social (à l'exclusion de la responsabilité personnelle des médecins qui, en général, ne limitent pas leur activité à l'entreprise concernée).

5581. Une extension de garantie peut aussi être prévue pour le risque d'intoxication ou d'empoisonnement en ce qui concerne les aliments servis dans les cantines de l'entreprise. Cette garantie joue aussi bien l'égard des préposés que des tiers. Tous les dommages dus à une même cause constituent un seul sinistre. Cette garantie est formulée par année d'assurance et par sinistre (devant s'entendre de la façon suivante : « le montant de garantie est épuisable dans l'année d'assurance en un ou plusieurs sinistres, quel que soit le nombre de victimes ») et n'emporte pas renonciation à recours contre les traiteurs ou autres sociétés de restauration.

Section 3 ▪ Étendue financière et spatio-temporelle des garanties

§ 1 ▪ Étendue financière des garanties

A ▪ Les franchises

5582. En principe, il n'est jamais fait application de franchises pour les dommages corporels, sauf accord passé avec l'assuré qui prend alors à sa charge le montant convenu (les franchises étant opposables aux victimes).
Les franchises pour dommages matériels sont plus fréquentes : elles allègent la gestion de l'assureur et permettent à l'assuré de prendre en compte l'impact de mesures de prévention des sinistres mises en œuvre dans son entreprise. Mais elles n'ont d'efficacité certaine que sur les dommages matériels classiques. En revanche, elles sont de peu d'incidence sur les dommages matériels d'incendie-explosion par exemple, qui ne sont pas répétitifs et dont l'ampleur est souvent telle que le montant maximum de garantie est souvent atteinte lors de la réalisation du sinistre.

B ▪ Les plafonds de garantie

5583. Lorsque l'assurance de responsabilité ne comporte pas de valeur d'assurance déterminable (v. pour un exemple de valeur déterminable : en assurance des risques locatifs où l'article 1733 du Code civil limite la responsabilité du locataire à la valeur totale de l'immeuble loué), la responsabilité civile de l'assuré peut entraîner des dommages d'un montant illimité. Mais comme l'assureur n'est qu'un contractant, et non un garant indéterminé, il se prémunit de façon quasi systématique, en insérant dans les contrats des plafonds de garantie qui constituent la limite de son engagement (à moins qu'il ne décide de renoncer à les invoquer. A ce titre, la renonciation peu être tacite mais ne doit pas être équivoque : Com., 13 nov. 2012, n° 11-19. 681,LEDA 2013, n° 1, comm. n° 2, obs. A. Astegiano-La Rizza).
Le plafond de garantie permet de fixer le montant maximal de l'obligation de garantie de l'assureur : quand un sinistre survient, il verse l'indemnité d'assurance dans la limite prévue. Cette limite peut être globale ou fonction des différents types de dommages subis par la victime. Ainsi, un plafond spécifique peut être déterminé pour les dommages corporels, un autre pour les dommages matériels, et encore un autre pour les dommages immatériels consécutifs à un dommage matériel garanti, par exemple.
Lorsque le plafond est par année d'assurance, la garantie s'épuise au fur et à mesure que surviennent les sinistres. Pour éviter que l'assuré ne se retrouve à découvert de garantie, une clause contractuelle peut être aménagée prévoyant « la reconstitution de garantie » moyennant surprime. Par cette clause, au moment de l'épuisement, la garantie sera reconstituée pour son montant initial, sous réserve du paiement d'une prime complémentaire spécialement affectée à la période de garantie restant à couvrir. Suivant les stipulations contractuelles, la reconstitution de la garantie peut être soit automatique, soit

facultative pour le seul assureur qui reste libre de l'accorder ou non, soit facultative pour le seul assuré qui peut la demander ou non.
Lorsque le plafond est par sinistre, aucun sinistre n'est indemnisé au-delà de tel montant.

5584. Dans la pratique, on trouve surtout des clauses de double plafonnement, par sinistre et par année d'assurance. Par ces clauses, en premier lieu, la prestation de l'assureur ne dépassera pas une certaine somme au cours de l'année considérée et, en second lieu, chaque sinistre sera indemnisé jusqu'à un certain montant tant que la garantie n'est pas épuisée. Pareille combinaison est licite, le principe de liberté contractuelle n'étant pas écartée par une disposition du Code des assurances. Cependant, une telle combinaison n'est cohérente que si le plafond par année est supérieur au plafond par sinistre. Pour autant, en pratique, les contrats prévoient souvent un montant de plafonnement unique, « par année et par sinistre », ce qui est source d'ambiguïté et donc d'interprétation.
Le risque créé par l'entreprise en cours d'exploitation donne le plus souvent lieu à un sinistre, plus ou moins spectaculaire. Mais il ne génère pas, sauf exception, des dommages en série appelés à se répéter dans le temps et dans l'espace (contrairement à la défectuosité d'un produit livré).

1 ■ Les dommages corporels

5585. À noter : l'assurance incendie ne couvrant pas les dommages corporels, ceux-ci sont pris en charge par l'assurance RC exploitation qui exclut en revanche les dommages matériels causés par un incendie prenant naissance dans les bâtiments ou installations fixes dont l'assuré a la propriété, l'usage ou la garde.

5586. Formulée sans limitation de somme ou en illimitée, cette particularité de l'assurance française est en voie de disparition, tant il est vrai que cette expression n'a pas beaucoup de signification, rien n'étant illimité surtout dans sa formulation monétaire. Elle est, en outre, de nature à inquiéter les réassureurs dans la mesure où l'expression monétaire de l'illimité peut malgré tout être conséquente et au-delà du raisonnablement prévisible tel qu'il est envisagé dans les traités de réassurance.
Afin de limiter leurs garanties, les assureurs avaient imaginé une garantie dommages corporels illimitée sauf en cas de « dommages exceptionnels ». Cette clause limitait financièrement la garantie (de 4,5 à 9 millions d'euros) lorsqu'elle était mise en jeu à la suite de certains événements (actions du feu, de l'eau, du gaz et de l'électricité dans toutes leurs manifestations ; explosions ; pollutions de l'atmosphère, des eaux ou du sol et toutes autres atteintes à l'environnement ; effondrement d'ouvrages et de constructions ; effondrements, glissements de terrain, affaissements de terrain et avalanches, intoxications alimentaires ; écrasements ou étouffements provoqués par des manifestations de peur panique, qu'elle qu'en soit la cause ; tous dommages survenus sur ou dans les moyens de transport maritimes, fluviaux, lacustres, aériens ou ferroviaires, ou les dommages causés par eux). Le plafond s'entendait par sinistre, défini généralement dans la police comme « toutes les conséquences d'un même événement dommageable ». Il ne s'appliquait donc pas seulement aux dommages corporels, mais aussi aux dommages matériels et immatériels garantis (ces deux derniers dommages faisant d'ailleurs généralement l'objet d'un plafond particulier inférieur au montant de la limitation dommages exceptionnels). A la demande de la FFSA, les assureurs se sont engagés à supprimer cette clause dans les contrats RC entreprise. Néanmoins, les assureurs restent libres de fixer un plafond de garantie pour les dommages corporels quel que soit l'événement à l'origine du dommage (accidentel, non accidentel, incendie-explosion, dégâts des eaux, etc.).
A noter : certains dommages corporels font toujours l'objet de limitations spécifiques. Il s'agit de ceux résultant d'intoxications alimentaires subies par des invités (tiers, clients ou

fournisseurs) à l'occasion de réceptions ou de repas servis dans les restaurants d'entreprise et de ceux résultant des maladies professionnelles non indemnisées par la Sécurité sociale.

2 ▪ Les dommages matériels

5587. Les dommages matériels font souvent l'objet des distinctions suivantes (avec mise en place de plafonds de garantie spécifique):
- les dommages matériels classiques (bris, rupture, détériorations, etc.) résultant des activités courantes de l'entreprise ;
- les dommages matériels résultant d'un sinistre incendie-explosion ou dégâts des eaux. Pour ce dernier type de sinistre, l'affectation d'un montant de garantie distinct, plus élevé que celui des dommages matériels classiques, est souhaitable en raison de l'ampleur plus conséquente des dommages ;
- les dommages matériels causés aux objets confiés. Comme précédemment vu, cette garantie doit être bien délimitée et adaptée à l'activité de l'assuré. Si le plafond accordé est parfois d'un montant plus élevé que celui des dommages matériels classiques, il lui reste souvent inférieur.

3 ▪ Les dommages immatériels

5588. Cette notion est spécifique à l'assurance. Le droit civil connaît le dommage matériel regroupant la perte subie mais aussi le gain manqué, le dommage moral, et les dommages corporels englobant des préjudices patrimoniaux et préjudices extrapatrimoniaux. Les préjudices, que l'on peut nommer pécuniaires, ne sont donc pas détachés et traités de manière autonome par rapport à leur origine.
Dès lors, la notion de dommage immatériel qui « ne fait pas partie des concepts habituellement utilisés en droit français » a été très dénoncée car apparaissant floue (Pr. J. Ghestin). Il n'empêche que les assureurs persistent dans l'emploi de cette catégorie de dommages qui figure systématiquement dans tous les contrats d'assurance de responsabilité civile.
Le dommage immatériel est traditionnellement défini comme : « tout préjudice pécuniaire résultant de la privation de jouissance d'un droit, de l'interruption d'un service rendu par une personne ou par un bien, ou de la perte d'un bénéfice ».
Il s'agit de distinguer entre le gain manqué, la perte de bénéfice, en d'autres termes le préjudice économique subi par la victime du dommage, et l'atteinte à la personne physique ou à un bien matériel et les frais engagés pour y remédier.
La distinction ainsi faite entre *lucrum cessans* et *damnum emergens* s'explique par le souci, pour les assureurs, de circonscrire un aspect du préjudice dont l'évaluation se révèle souvent délicate et le coût non négligeable, tout particulièrement dans un environnement très industrialisé où la rentabilité des investissements pèse lourd.

5589. Il est d'usage de distinguer deux grands types de dommages immatériels :
1) Les dommages immatériels consécutifs (DIC) :
- Les dommages immatériels peuvent tout d'abord être consécutifs à un dommage corporel ou matériel garanti par le contrat d'assurance en cause : dans ce cas, le préjudice économique doit être la conséquence d'un dommage corporel ou matériel causé à la victime, garanti par le contrat, pour être indemnisé ;
- Les dommages immatériels consécutifs à un dommage corporel ou matériel non garanti par le contrat en cause : le préjudice économique pris en charge est la conséquence d'un dommage corporel ou matériel causé à la victime, sans que ce dernier soit nécessairement garanti par le contrat. C'est le cas par exemple de dommages matériels subis par les biens appartenant à l'assuré (et donc hors du champ d'application du contrat d'assurance de res-

ponsabilité civile), entraînant un préjudice économique pour des tiers, ou, dans le cadre de la garantie responsabilité civile du fait des produits livrés, de préjudices économique pour des tiers résultant du dommage matériel subi par le produit livré par l'assuré (dommage traditionnellement non couvert par le contrat) ;
2) Les dommages immatériels ne résultant d'aucun dommage préalable dits encore dommages immatériels non consécutifs (DINC) ou dommages immatériels purs. Ceux-ci se produisent en l'absence de tout dommage quel qu'il soit, corporel ou matériel. Dans ce cas, les conséquences préjudiciables pour un client résultant de la fourniture simplement défectueuse d'une chose en l'absence de tout dommage, seront indemnisées. Il peut alors s'agir là de la prise en compte des conséquences du vice caché dans son approche fonctionnelle, l'objet livré au client se révélant impropre à l'usage auquel celui-ci le destine, en raison du vice dont il est infecté. Le préjudice économique est certes consécutif à un vice caché, mais celui-ci n'a provoqué aucun autre dommage que le préjudice économique lui-même.
Exemple : le fait pour l'entreprise de bloquer la circulation sur une voie ouverte au public à la suite du renversement d'une grue, de paralyser le trafic de la SNCF à la suite d'une fausse manœuvre d'un convoi exceptionnel à un passage à niveau, d'être à l'origine de l'évacuation du quartier à la suite d'un incendie dans ses bâtiments ou encore, sur chantiers extérieurs (pris en charge par l'assurance incendie mais non par l'assurance RC exploitation), le fait pour un ouvrier de provoquer l'arrêt d'une chaîne de fabrication par une maladresse...(V. Civ. 2e,18 mars 2010, n° 08-21.775, RGDA 2010.424). Sous certaines conditions, les dommages immatériels résultant d'un incendie, d'une explosion ou d'un dégât des eaux, peuvent être garantis par le contrat d'assurance RC exploitation.

5590. L'assureur délivre systématiquement la garantie des dommages immatériels consécutifs à un dommage garanti n'ayant aucune raison de dissocier ici le *damnum emergens* du *lucrum cessans*, mais se réserve la possibilité de ne délivrer qu'au cas par cas, en principe, la garantie d'un *lucrum cessans* consécutif à un dommage non garanti, ou, *a fortiori* en l'absence de tout dommage quelconque (dommage immatériel pur).
À noter : Certains contrats distinguent entre les dommages immatériels consécutifs à un dommage matériel garanti (DIC), compris dans la garantie de base et les dommages immatériels *considérés comme non-consécutifs (DINC) dès l'instant qu'ils ne font pas suite à un dommage matériel garanti par le contrat d'assurance en cause.* Une lecture attentive du glossaire est nécessaire.

§ 2 ▪ Étendue spatio-temporelle

A ▪ Dans le temps

5591. Depuis la loi n° 2003-706 du 1er août 2003, les parties peuvent opter, pour le déclenchement de la garantie, entre le fait générateur et la réclamation de la victime (C. assur., art. L. 124-5).
Ce point ne suscite guère de contentieux en assurance RC exploitation contrairement à l'assurance RC produits livrés. Le lecteur voudra donc bien se reporter à cette partie de l'ouvrage pour une étude complète, transposable à toute garantie d'assurance responsabilité civile.
Néanmoins, l'étendue de la garantie dans le temps pose un problème particulier par rapport à l'assurance RC de la faute inexcusable de l'employeur.
Pour rappel, la faute inexcusable de l'employeur est assurable depuis la loi du 27 janvier 1987. L'assurance a donc vocation à prendre en charge toutes les fautes inexcusables com-

mises postérieurement à l'entrée en vigueur de la loi, à l'égard de tous les salariés, y compris ceux dont le contrat de travail était en cours lors de cette entrée en vigueur.
Avant 2003, l'événement déclenchant la garantie était, pour la jurisprudence, nécessairement le fait générateur en raison de la nullité des clauses claim's made.
Dans le contentieux amiante, celui-ci est constitué par l'exposition aux poussières d'amiante ou la première constatation médicale de la maladie.
Dès lors, le sinistre est couvert par le contrat d'assurance pendant lequel le premier de ces faits générateurs pouvant être constaté est intervenu.
L'application de ces différentes règles suscite néanmoins quelques difficultés.

5592. La première a trait à la rétroactivité éventuelle de la loi du 27 janvier 1987 qui a légalisé l'assurance de l'employeur pour faute inexcusable.
En effet, des assurances ont pu être souscrites au temps de la prohibition, et d'autres assurances ont été valablement conclues après la loi, mais en stipulant une clause de reprise du passé illimité (et donc couvrant la faute inexcusable à une époque où elle était inassurable).
À noter : bien qu'illicite depuis 1990, les contrats d'assurance RC ont, en pratique, continué à être souscrits en base réclamation.
Théoriquement, la garantie d'assurance ne peut être mise en œuvre dès lors que le fait dommageable se situe pendant la période de prohibition légale de l'assurabilité de la faute inexcusable.
Or, pour un certain nombre de salariés, la maladie professionnelle a été constatée avant l'entrée en vigueur de la loi. Certains ont néanmoins fait valoir qu'ils avaient continué à être exposés après l'entrée en vigueur de la loi, ce qui justifiait la possible prise en charge de leurs réclamations par l'assurance RC de l'employeur.
Dans un premier temps, la Cour de cassation a totalement rejeté la validité de l'assurance en considérant que la première constatation médicale intervenue avant l'entrée en vigueur de la loi, révèle et date la faute inexcusable de l'employeur, à une époque où elle était inassurable (Civ. 2e, 14 juin 2006, n° 05-13.090,Sté Everite/ AGF, Lilloise et autres, RCA 2006, comm. n° 355).
Mais dans un deuxième temps, elle l'a accepté en s'appuyant sur la clause de reprise du passé inconnu contenu dans le contrat d'assurance (Civ. 2e, 19 mars 2009, n° 07-19.506, RCA 2009, Étude 7, par H Groutel). Ainsi, à propos de deux contrats d'assurance souscrits l'un et l'autre depuis la loi du 27 janvier 1987, dont l'un comportait une clause de reprise du passé « illimité », la deuxième chambre civile choisit de donner effet à cette disposition. En d'autres termes, elle accepte que soient garanties les indemnités mises à la charge de l'employeur assuré, responsable d'une faute inexcusable à l'égard de ses salariés exposés à l'amiante avant la loi et dont les demandes d'indemnisation ont été déposées après cette date et pendant la durée de validité de ces contrats.
Ainsi, étaient couvertes toutes les réclamations, quelle que soit la date de commission du fait générateur et même si ce fait est antérieur à la souscription, dès lors que l'assurance contient une clause de reprise du passé inconnu. Ce faisant, la Cour affirmait l'influence de la volonté contractuelle en estimant que celle-ci peut aménager une solution légale. Une situation, irrégulière sous l'empire de la loi ancienne, se trouvait donc contractuellement « validée ». En doctrine, la question d'une telle influence de la volonté contractuelle s'est déjà posée. Certains estiment que la volonté contractuelle peut venir valider une situation irrégulière selon la loi ancienne, alors que d'autres font valoir qu'une telle solution est contraire aux principes du droit, et notamment à l'article 2 du Code civil (J. Ghestin et G. Goubeaux, Tr. droit civil, introduction au droit, LGDJ, 4ie éd., 1994, n° 365).
En l'espèce, on peut, en outre, avoir des doutes sur une volonté contractuelle puisqu'il y a précisément un litige !

Finalement, cette solution semble avoir été abandonnée par la deuxième Chambre civile dans un arrêt du 14 juin 2012, reprenant la solution posée en 2006 (Civ. 2e, 14 juin 2012, n° 11-16.958, RGDA 2012. 985, note L Mayaux).

5593. L'autre difficulté soulevée par la garantie de la faute inexcusable dans le contentieux amiante a été celle de la connaissance par l'employeur de sa faute et donc du caractère connu ou inconnu du fait générateur au moment de la souscription de certains contrats dans l'hypothèse où se sont succédés plusieurs contrats. Certains assureurs ont ainsi fait valoir que, lors de la conclusion de leur contrat, l'employeur, compte tenu de son activité, avait conscience du danger auquel étaient exposés ses employés, et donc connaissance de faits susceptibles de faire jouer la garantie, privant ainsi le contrat de son caractère aléatoire.
L'argument n'a pas été accueilli par la Cour de cassation qui a estimé que « le risque assuré n'est pas la maladie elle-même, qui représente le sinistre de la victime, mais la mise en œuvre de la responsabilité de l'entreprise » et qu'il y avait donc bien un aléa.
Cette conception est éminemment critiquable. Certes le sinistre résultant de l'exposition des salariés à l'amiante est un sinistre composite, composé d'un événement et de ses conséquences dommageables. Ce qui signifie que tant que toutes les étapes ne se sont pas produites, il reste un aléa. La technique de l'assurance ne s'oppose alors pas à ce qu'un risque partiellement réalisé soit pris en charge, du moment que les événements restants à venir (réclamations) demeurent aléatoires.
Mais, en assurance responsabilité civile, la théorie du risque composite n'a jamais été admise, la Cour de cassation exigeant un passé inconnu pour que le contrat d'assurance RC puisse être mise en œuvre : il faut que le fait générateur du dommage soit ignoré au jour de la souscription du contrat (un risque avéré mais inconnu reste assurable, théorie du risque putatif). Appliqué au contentieux de l'amiante, l'employeur peut ignorer engager sa responsabilité tant qu'aucune réclamation n'a été portée à sa connaissance, ce qui n'était pas le cas en l'espèce.
Mais la Cour de cassation préfère ici une solution finaliste en contradiction avec sa jurisprudence traditionnelle : les contrats restent aléatoires car il subsiste un aléa judiciaire sur le fait que la responsabilité de l'employeur sera retenue ou pas. Tant que subsiste cet aléa, l'employeur ne peut pas être considéré comme ayant connaissance du sinistre, et les contrats d'assurance demeurent aléatoires. Cela revient à appliquer la théorie du risque composite à l'extrême : tant que le dernier élément composant le risque ne s'est pas réalisé (décision judiciaire), le risque demeure assurable (Civ. 2e, 14 juin 2006,arrêt précit. ; V. J. Kullmann, Amiante : tempête en eaux troubles pour l'assurance de responsabilité, RGDA 2006. 587 ; V. dans le même sens, Civ., 2e, 7 oct. 2010, n° 10-30.233,www.actuassurance.com 2010, n°18, act. jurispr., note S. Abravanel-Jolly). On peut même aller plus loin et estimer que ce n'est même pas la première condamnation de l'employeur qui constitue la réalisation du dernier élément composant le risque mais la condamnation ultime après l'expiration des voies de recours.
La portée de cette solution sera néanmoins limitée dans le temps, cette solution ne pouvant s'appliquer que pour les contrats conclus avant l'entrée en vigueur de la loi du 1er août 2003, loi d'ordre public, qui impose que le passé soit inconnu à la date de souscription du nouveau contrat pour être couvert (C. assur., art. L. 124-5, al. 4 *in fine*). Cette conception aussi extensive de l'aléa ne pouvait que faire figure d'exception motivée par la protection des victimes de l'amiante. Hors ce contentieux, un arrêt de la deuxième chambre civile du 26 mars 2015 confirme d'ailleurs le caractère dérogatoire de cette solution en revenant sur une interprétation stricte de l'aléa pour un contrat d'assurance RC conclu avant l'entrée en vigueur de la loi du 1er août 2003 (Civ. 2e, 26 mars 2015,n° 14-14.661,RGDA 2015. 269, note A. Pélissier).

5594. Rappel : afin d'éviter les incertitudes quant à l'étendue temporelle de la garantie de la faute inexcusable, certains assureurs ont décidé de disqualifier cette assurance en l'assimilant à une assurance « pertes pécuniaires » : la garantie FINMAP (garantie des pertes financières en cas de maladie et d'accident professionnel). Ce n'est alors pas la dette de responsabilité de l'employeur qui est couverte mais la perte financière qu'il subi à la suite de la reconnaissance de sa faute inexcusable. Il s'agit donc d'une assurance de choses, ce qui permet d'échapper aux règles régissant l'étendue de la garantie dans le temps. Néanmoins, en cas de contentieux, il n'est pas sûr qu'une telle qualification soit reconnue par les juges, car elle apparaît artificielle dans la mesure où le but est bien de couvrir la responsabilité civile de l'employeur. Ces contrats risquent donc une requalification en assurance RC.

B ▪ Dans l'espace

5595. Le contrat d'assurance s'applique en principe à tout évènement dommageable intervenu en France métropolitaine, à Monaco ou en Val d'Andorre. Les activités d'établissements permanents de l'entreprise à l'étranger ne seront couvertes que moyennant une extension de garantie. Cette extension ne pose pas de difficulté pour les États européens.
Les chantiers et travaux temporaires à l'étranger, relevant de l'activité d'établissements situés en France, à Monaco ou en Val d'Andorre sont également couverts si leur durée n'excède pas un certain délai fixé dans le contrat d'assurance (trois à six mois).
Les dommages occasionnés par le personnel de l'entreprise lors de mission à l'étranger, sont aussi garantis quel que soit le lieu de déroulement.
De manière générale, les dommages causés aux États-Unis ou au Canada nécessitent des dispositions particulières (avec une exclusion générale des dommages-intérêts punitifs).
Le champ d'application territoriale de la garantie doit tenir compte de la spécificité de chaque entreprise et des extensions de garantie peuvent être nécessaires.

Section 4 ▪ Assurance mandataires sociaux et risques sociaux

5596. Si en pratique, la responsabilité de l'entreprise est le plus souvent engagée en raison de l'utilisation des services de salariés ou préposés et la mise en œuvre des moyens matériels pour accomplir son activité, d'autres situations sont susceptibles d'engager la responsabilité pour faute personnelle du dirigeant.

5597. Le développement du risque social et des contentieux sociaux a également entraîné la création de nouvelles couvertures d'assurance.
À noter : Parallèlement, certains risques encourus en cours d'exploitation, font toujours, en raison de leurs spécificités, l'objet de contrats distincts (assurance VTM par exemple).

§ 1 ▪ Assurance responsabilité civile des mandataires sociaux

5598. Un tel contrat est conclu par la société et garantit les conséquences pécuniaires de la responsabilité civile personnelle des mandataires sociaux pour les réclamations dont ces derniers pourraient être l'objet. Il s'agit donc d'un contrat d'assurance souscrit pour le compte des mandataires sociaux, assurés au contrat.
La garantie prend en charge :

- les dommages et intérêts alloués par un tribunal en réparation d'un préjudice dont l'assuré serait tenu responsable ou toute indemnité transactionnelle conclue avec l'accord de l'assureur ;
- les frais de défense exposés devant toute juridiction civile, pénale ou administrative.

5599. Au moment de la conclusion du contrat, l'assureur prendra en compte :
- la nature juridique, l'activité et l'importance de la société ;
- ses documents financiers sur une période de référence ;
- son environnement économique et financier ;
- ses ramifications multiples, et le cas échéant, son appartenance à un groupe ;
- les événements marquants ayant ponctué la vie de la société antérieurement à la souscription du contrat ;
- l'identification, la qualification, l'expérience de ses dirigeants, etc.

La cotisation est fonction de ces éléments, particulièrement l'importance du bilan. Elle est également fonction du montant de la garantie délivrée. Payée par la société, souscriptrice du contrat, la cotisation est déductible fiscalement pour celle-ci et considérée, pour les dirigeants sociaux assurés, soit comme une indemnité représentative de frais exonérée d'impôt (s'il s'agit de risques relatifs à la seule activité professionnelle), soit comme un complément de salaire.

5600. Les contrats comprennent en inclusion ou en option (selon les assureurs) un certain nombre d'extensions, élargissant les litiges couverts, les personnes assurées (conjoint collaborateur, héritiers, associés, fondateur, préposés, délégataires...) et les frais pris en charge, ou apportant des garanties connexes de nature différente.
Concernant les extensions, on peut par exemple citer la garantie en cas d'action en comblement de passif ou la garantie « Réclamation liée à l'emploi » qui couvrira les litiges liés à un licenciement abusif, irrégulier ou nul, au harcèlement, à l'environnement de travail, à la discrimination (cette garantie peut aussi faire l'objet d'un contrat spécifique).

5601. Concernant les frais supplémentaires pris en charge, il s'agira de ceux qui, strictement, ne sont pas des frais de défense tels que les fais de constitution de caution pénale (la garantie ne portera jamais sur la caution en elle-même), les frais de comparution, les frais d'expertise...

5602. Les garanties supplémentaires, le plus souvent demandées, concernent:
- les informations juridiques et prévention : mise à disposition de juristes spécialisés, par téléphone, apportant des réponses aux préoccupations d'ordre juridique du chef d'entreprise, et permettant dans la mesure du possible de prévenir la naissance d'un litige ;
- les frais de gestion de crise : prise en charge des honoraires des conseils visant à minimiser ou prévenir les conséquences négatives pour le chiffre d'affaires de l'entreprise de toute réclamation à l'encontre de son dirigeant. Certains contrats proposent également, en complément ou à la place, une garantie « atteinte à la réputation » qui prend en charge les frais de réhabilitation ;
- les frais d'accompagnement psychologique ;
- le fonds de prévention des difficultés des entreprises : prise en charge des frais relatifs aux alertes légales, dont celle du commissaire aux comptes, et aux procédures judiciaires amiables (mandat ad hoc ou conciliation) ouvertes par le président du tribunal de commerce ou de grande instance à la demande du chef d'entreprise ;
- l'assistance pénale d'urgence : information des proches et de l'entreprise, récupération véhicule, garde d'enfants, retour au domicile, etc.

Chacune de ces garanties supplémentaires peut comporter des exclusions et des conditions de mise en jeu spécifiques.

5603. Les principales exclusions conventionnelles sont :
- les réclamations visant à obtenir la réparation de tous dommages corporels ou matériels du fait de l'activité de l'entreprise (normalement pris en charge par le contrat d'assurance RC exploitation) ;
- les réclamations dont le souscripteur avait connaissance avant la souscription du contrat (identifiable au passé connu : v. par ex. Civ. 2e, 11 sept. 2014, n° 13-17.236,RGDA 2014, n° 10. 521, note L. Mayaux) ;
- les réclamations fondées sur la recherche d'un profit, d'une rémunération ou d'un avantage personnel auxquels l'assuré n'a pas légalement droit (abus de bien social) ;
- les coûts internes de fonctionnement de la société ou d'une entité extérieure résultant du litige ;
- les réclamations liées à la présentation de faux bilans (C. pénal. art. 437-2) ;
- les réclamations liées la non-obtention de résultats commerciaux ou financiers ;
- les réclamations émanant des proches des dirigeants ou de victimes ayant des intérêts importants dans la société ;
- les actions fondées sur l'octroi d'avantages à des interlocuteurs ou partenaires en affaires pour obtenir des avantages en retour ou l'abus de position dominante en vue de favoriser d'autres sociétés proches ;
- le versement de redevances, cotisations sociales, impôts et taxes aux diverses administrations.

Rappel : Les amendes ainsi que la caution pénale ne sont jamais prises en charge.

5604. Les contrats sont généralement rédigés sous la forme « tous risques sauf », contrairement au système, traditionnellement, anglo-saxon où les polices sont rédigées en « périls dénommés » pour lesquelles la garantie ne s'applique que pour les risques expressément énumérés.

La forme « tous risques sauf » est donc avantageuse pour l'assuré puisque toute omission d'une exposition quelconque entrant dans la nature de la garantie est automatiquement couverte.

5605. La faute personnelle du chef d'entreprise est parfois une condition de mise en œuvre de la garantie comme par exemple dans les situations où le fondement de l'action en responsabilité exercée contre lui ne repose pas sur sa faute mais sur une responsabilité indirecte. La garantie se déclenche par la notification à l'assureur d'une « réclamation » ou d'une « circonstance » susceptible de donner lieu à réclamation.

Une « circonstance » notifiée à l'assureur doit être suffisamment précise pour identifier le litige, la date où il prend naissance et les parties prenantes concernées. (Pour plus de développements sur cette question : V. S. Choisez et E. Silvestre, « Maîtriser la protection des Dirigeants d'entreprise », L'Argus éd., coll. « Les Essentiels », 2014).

§ 2 ▪ Assurance des responsabilités sociales de l'entreprise

5606. Harcèlement moral, harcèlement sexuel, discrimination de toute sorte, licenciement sans cause réelle et sérieuse, violation de la réglementation relative aux relations de travail par l'entreprise : la responsabilité sociale de l'entreprise est de plus en plus mise en œuvre sur ces divers fondements par ses employés.

L'objet de la garantie est d'indemniser au lieu et place de l'entreprise les conséquences financières d'une procédure contentieuse mises à la charge de l'employeur à la suite d'une demande introduite par un de ses salariés ou un tiers.
Les assurés sont, bien sûr, l'entreprise employeur, ses dirigeants mais aussi tout employé de celle-ci (passé ou présent).
Les assurés ont également la qualité de tiers : l'action introduite par un salarié envers son employeur ou envers un autre salarié est recevable en vertu du contrat d'assurance.

5607. Le contrat d'assurance prend en charge toute « violation sociale » à la suite d'une réclamation. La violation sociale est définie comme toute violation de la réglementation applicable aux relations de travail au sein de l'entreprise, quelles que soient les sources de cette réglementation et quel que soit le pays dans lequel l'entreprise dispose de salariés.
La police est donc rédigée sur le modèle « tous risques sauf », les exclusions devant être clairement énoncées pour être valables.
Les principales exclusions conventionnelles portent sur :
- les faits dommageables dont les assurés ont connaissance avant la mise en place de la garantie (passé connu) ;
- les dommages corporels y compris les maladies professionnelles ;
- les défauts d'obtention d'actions ;
- les nullités des clauses de non-concurrence ;
- les licenciements collectifs ;
- les régimes de protection sociale complémentaire ;
- les obligations découlant de tout régime de Sécurité sociale, de retraite ou d'autres prestations ;
- les rémunérations ou indemnités contractuellement dues ;
- les taxes, amendes et pénalités.
L'assureur prend en charge toutes les sommes que l'assuré est personnellement tenu de payer en raison d'une décision de juridiction civile (y compris prud'homale), administrative ou répressive ou encore d'une sentence arbitrale. Il pourra, par exemple, s'agir :
- des dommages et intérêts prononcés par le Conseil des prud'hommes à la suite d'un licenciement jugé sans cause réelle et sérieuse ;
- des conséquences financières de la réintégration d'un salarié à la suite d'une décision judiciaire constatant un licenciement sans cause réelle et sérieuse ;
- des dommages et intérêts mis à la charge d'un employeur à la suite d'un harcèlement (moral ou sexuel) ;
- des dommages et intérêts mis à la charge de l'employeur à la suite d'une discrimination quelle que soit la nature, c'est-à-dire en réparation d'un préjudice moral ou des dommages et intérêts exprimés sous la forme de salaires ou de rémunérations accordés en réparation du préjudice résultant d'une discrimination ou d'une rupture abusive ;
- du montant de toute transaction amiable, approuvée par l'assureur, permettant d'éviter, dans les situations évoquées, un recours juridictionnel.

5608. L'assureur prend également en charge :
- les frais de défense des dirigeants et employés de la société lorsqu'ils sont mis en cause pour une violation sociale ;
- le remboursement à l'ASSEDIC de tout ou partie des indemnités de chômage indûment versées aux salariés en cas de rupture abusive.

5609. Les assureurs ont aussi souhaité accompagner les entreprises en incluant automatiquement des garanties complémentaires dont le but est de limiter les impacts d'une procédure contentieuse. À ce titre, les garanties suivantes sont souvent proposées :
- atteinte à la réputation ;

- enquêteur privé ;
- frais liés au remplacement d'un dirigeant ;
- soutien psychologique ;
- médiation.

5610. Enfin, l'entreprise est aujourd'hui amenée à faire faire à des risques d'un nouveau type : la cybercriminalité. Cette dernière est une notion entendue au sens large comme traitant de l'ensemble des infractions pénales se commettant, ou susceptibles d'être commises, au moyen d'un système informatique, connecté ou non à un réseau.
La multiplication de sinistres largement médiatisés (Sony, Aréva, virus Stuxnet) a fait évoluer la perception de ce risque qui est passé d'un risque redouté à un risque avéré.
L'entreprise doit donc protéger à la fois sa structure sociale et ses clients de ces risques. La responsabilité de la violation de la confidentialité des données personnelles des clients de l'entreprise relève directement de la responsabilité de cette dernière. Mais la responsabilité des dirigeants pourrait également être recherchée (en ce sens S. Choisez et L. Zicry, La tribune de l'assurance, sept. 2013, n° 183, 48). Ces responsabilités seront encore accrues lorsque le règlement européen du Parlement et du Conseil, relatif à la protection des données personnelles, sera adopté (règlement n° 2012/2011). Ainsi, toute entreprise sera obligée de nommer un responsable des traitements, qui assumera une responsabilité qualifiée de globale, soit une sorte de responsabilité civile et pénale exorbitante de droit commun, et de dimension européenne. La plupart des assureurs proposent déjà un contrat dédié qui se présentent sous la forme d'une police mixte avec un volet assurances de choses (ou dommages) protégeant l'entreprise et un volet assurance de responsabilité civile.

Chapitre 2
L'assurance des atteintes à l'environnement

5611. L'exercice de l'activité de l'entreprise (particulièrement celle de production de biens) est souvent générateur d'atteintes à l'environnement. Ces atteintes peuvent être de deux sortes :
- l'atteinte à l'environnement peut être source d'un dommage corporel, matériel ou immatériel à un tiers victime. Ici, l'environnement sert de vecteur : des substances se répandent dans l'air, l'eau ou le sol à la suite de l'activité de l'entreprise, et créent un dommage à des personnes. Ce type de dommage n'est guère différent de ceux déjà envisagés et peut être appréhendé par l'assureur ;
- le dommage écologique pur par lequel l'environnement lui-même est altéré par l'activité de l'entreprise et dont la remise en l'état est recherchée.

5612. Ces manifestations dommageables se caractérisent essentiellement par l'impuissance dans laquelle se trouve le plus souvent l'entreprise de remédier à cette situation du fait de la diffusion des substances qui, par définition, lui échappent et se répandent hors du périmètre qu'il contrôle, et dont la propagation va se poursuivre alors même qu'il a fait le nécessaire au niveau de la source d'émission. Il se trouve en quelque sorte dans la situation du fabricant de produits livrés qui, après leur livraison, est pratiquement démuni de tous moyens pour prévenir la réalisation d'un dommage. C'est d'ailleurs la raison pour laquelle, en matière d'assurance, l'approche est techniquement semblable.

Parallèlement, des risque plus spécifiques sont liés à l'utilisation de l'atome qu'il s'agisse du nucléaire de proximité ou des risques créés par l'exploitant d'une centrale nucléaire. Isolés par l'assureur, ils font l'objet de contrats spécifiques (pour de plus amples développements, v. A. Astegiano-La Rizza, *Les assurances de responsabilité de l'entreprise*, coll. « Les Fondamentaux », L'Argus éd., 2014. 263 et s.).

5613. L'étude des responsabilités environnementales de l'entreprise et des assurances qui sont proposées nécessite de définir ce que l'on entend par « environnement » et « atteintes », avec pour ces dernières une distinction d'usage entre pollution et nuisances.
Dans son acception courante, l'environnement désigne l'ensemble des éléments constitutifs du milieu d'un être vivant. Selon une définition plus spéciale, il s'agit de l'ensemble des éléments constitutifs du paysage naturel ou du paysage artificiellement créé par l'Homme.
Quant à la pollution, elle n'est qu'un aspect de l'atteinte à l'environnement. Selon l'OCDE, la pollution est « l'introduction par l'Homme, directement ou indirectement, de substances ou d'énergies dans l'environnement qui entraîne des conséquences préjudiciables de nature à mettre en danger la santé humaine, à nuire aux ressources biologiques et au système écologique, à porter atteinte aux agréments ou gêner les autres utilisations légitimes du milieu ». Ainsi, la pollution est le fait de l'Homme et se caractérise par une altération du milieu (il s'agit donc d'une forme particulière de l'atteinte à l'environnement car toutes les atteintes que peut subir l'environnement ne ressortent pas de cette définition de la pollution).
Plus précisément, il s'agit de la destruction ou l'atteinte à l'intégrité physique d'organismes vivants ou de substances inertes causées par l'émission, la dispersion, le rejet ou le dépôt de toute substance solide, liquide ou gazeuse transmise par l'atmosphère, le sol ou les eaux.

5614. On peut encore distinguer la nuisance qui est une production d'odeurs, de bruits, de vibrations, d'ondes, de rayonnements ou variations de température excédant la mesure ordinaires des obligations de voisinage. Cette atteinte à l'environnement, due aux diverses émissions de l'entreprise, peut être liée à son fonctionnement normal ou au contraire à un dérèglement de ses installations voire à un bris ou à une rupture de ces dernières. Ces dysfonctionnements à l'origine de l'atteinte constatée donnaient, classiquement lieu à réparation des dommages causés à l'environnement si un dommage aux personnes était également causé. Aujourd'hui, l'atteinte à l'environnement lui-même, en dehors de tout dommage causé à une personne, est également réparée. La garantie de l'assureur est plus ou moins étendue et l'on constate, une fois de plus, la non adéquation totale entre la réparation à laquelle est tenu l'assuré et celle prise en charge par l'assureur. Sur l'ensemble de la question, v. : A. Astegiano-La Rizza, *Les assurances de responsabilité de l'entreprise*, coll. « Les Fondamentaux », L'Argus éd., 2014. 243 et s. ; « Risques et assurances de l'environnement : un impact en croissance constante », L'argus de l'assurance, les cahiers pratiques, 15-11-2013, n° 7336-7337. p. 58 et s.

5615. Concernant le dommage écologique pur, le sommet de Rio en 1992 marque une prise de conscience internationale de la nécessité de préserver l'environnement en posant les bases d'un nouvel ordre environnemental mondial, avec vingt-sept principes généraux du droit de l'environnement énoncés, dont le principe de développement durable, le principe de participation de tous les citoyens, les principes d'anticipation et de prévention, le principe de précaution (l'absence de certitude scientifique absolue ne doit pas servir de prétexte pour ne pas adopter des mesures effectives visant à prévenir la dégradation de l'environnement) et le principe pollueur-payeur (le pollueur doit assumer le coût de la pollution).
En France, la réglementation sur l'environnement était, à l'origine, administrative et sectorielle. Ainsi, la prévention des dommages à l'environnement fait l'objet d'une très abondante réglementation tant nationale qu'européenne, à laquelle doivent se conformer stric-

tement les entreprises au risque d'encourir des sanctions pénales. Aujourd'hui, cet arsenal est complété par des textes transversaux.

5616. En terme de responsabilité, la jurisprudence a fait œuvre créatrice en assouplissant les conditions de la responsabilité civile afin de pouvoir admettre la réparation du préjudice écologique pur, également consacré, sous certaines conditions par le législateur.
Toutes ces particularités nécessitent d'y consacrer quelques développements avant d'envisager les contrats d'assurance « environnement » proposés par les assureurs.

Section 1 ▪ Réglementations et responsabilités

Sous-section 1 ▪ Réglementation

§ 1 ▪ La réglementation administrative sectorielle

5617. La réglementation est spécifique en fonction du milieu concerné (eau, air ou sol) et/ou de l'origine de la nuisance (déchet ou installation classée). Elle est donc multiple, mais également changeante, ce qui engendre des difficultés pour les entreprises à bien la connaître et à s'y conformer. L'ensemble de cette réglementation est, depuis 2000, compilée dans le Code de l'environnement (codification à droit constant).
Cette réglementation sera examinée dans ses grands traits à partir des différentes sortes d'atteintes à l'environnement.
Diverses obligations sont ainsi imposées aux entreprises, et leur irrespect entraîne des sanctions administratives et financières. Un certain nombre de ces obligations sont aussi constitutives, en cas de non-respect, d'infractions pénales.
Rappel : Les contraventions et les délits sont non-assurables. Au niveau civil, le non-respect d'une de ces obligations peut être constitutif d'une faute et engager la responsabilité de l'exploitant sur le fondement de l'article 1240 du Code civil (ancien article 1382).

A ▪ Réglementation en fonction du milieu

1 ▪ Pollution de l'eau

5618. Il peut s'agir :
- de pollutions classiques : pollution organique (rejets ménagers et organiques), matières en suspension (présence de particules dues à l'érosion naturelle ou à des rejets), pollution toxique (rejets de substances toxiques par des activités industrielles telles qu'industries chimiques ou de travail des métaux) ;
- de pollutions accidentelles : déversement accidentel au cours de transport ; en cours d'activité industrielle ou surverses intempestives (ruissellement d'eaux d'orages ou d'extinction d'incendie) ;
- de pollutions dues aux conditions récentes d'activité industrielle ou agricole : eutrophisation d'eaux stagnantes ou peu renouvelées par des nitrates (agriculture) ou phosphates (agriculture et industrie), pollution thermique (rejet d'eau de refroidissement de centrales électriques).

5619. Concernant la réglementation, la codification a repris les lois n° 64-1245 du 16 décembre 1964 (JO 18 décembre) sur le régime et la répartition des eaux et la lutte contre leur pollution et n° 92-3 du 3 janvier 1992 (JO 4 janvier) sur l'eau, ainsi que la loi n° 2006-1772 du 30 décembre 2006, sur l'eau et les milieux aquatiques (JO du 31 déc. 2006), modifiées depuis (C. env., art. L. 211-1 et s.).
La première a prescrit l'inventaire de la qualité des eaux, fixé les critères de qualité des cours d'eau, créé six Agences financières de bassins devenues Agences de l'eau en 1992, pour gérer les redevances désormais imposées aux pollueurs, proportionnellement à la quantité et à la qualité de leurs rejets (instaurant ainsi le principe du pollueur-payeur) et permettant la construction de réseaux d'assainissement et de stations d'épuration des eaux industrielles.

5620. La seconde, en abrogeant quantité de textes antérieurs, constitue le texte fondamental en la matière. Elle a déclaré l'eau partie du patrimoine commun de la nation, d'intérêt général la protection et la mise en valeur de l'eau, et a affirmé que « l'usage de l'eau appartient à tous ». Elle a notamment soumis à autorisation, ou à déclaration, suivant les dangers qu'ils présentent et la gravité de leurs effets sur les ressources en eau et les systèmes aquatiques, certaines « installations, ouvrages, travaux et activités réalisés à des fins non domestiques, par toute personne physique ou morale, publique ou privée ». il s'agit de celles « entraînant des prélèvements sur les eaux superficielles ou souterraines, restitués ou non, une modification du niveau ou du mode d'écoulement des eaux ou des déversements, écoulements, rejets ou dépôts directs ou indirects, chroniques ou épisodiques, même non polluants » (L. n° 92-3, 3 janv. 1992, art. 10-1). Ces « installations, ouvrages, travaux et activités » sont définis dans une nomenclature figurant en annexe du décret n° 93-743 du 29 mars 1993. Afin de permettre une certaine cohérence entre les différentes législations, parfois concurrentes, les installations classées ont été exclues du champ d'application de ce mécanisme d'autorisation et de déclaration.
Ainsi, ces « installations, ouvrages, travaux et activités » seront soumis à autorisation (V. La loi n° 76-663 du 19 juill. 1976 sur les installations classées) s'ils « sont susceptibles de présenter des dangers pour la santé et la sécurité publique, de nuire au libre écoulement des eaux, de réduire la ressource en eau, d'accroître notablement le risque d'inondation, de porter gravement atteinte à la qualité ou à la diversité du milieu aquatique ».
Ils seront simplement soumis à déclaration lorsqu'ils ne sont pas susceptibles de présenter de tels dangers mais doivent se conformer par ailleurs à des dispositions réglementaires relatives à la préservation de la qualité et à la répartition des eaux superficielles, souterraines ainsi que maritimes.
Cette loi a également mis en place des instruments de planification et de gestion des eaux :
- Schémas directeurs d'aménagement et de gestion des eaux (SDAGE - initiative du Préfet) ;
- Schémas d'aménagement et de gestion des eaux (SAGE - initiative de la commission locale de l'eau).

Elle a aussi renforcé la police des eaux en instituant un nouveau délit de pollution, applicable à toutes les eaux, et qui sanctionne « quiconque a jeté, déversé ou laissé s'écouler dans les eaux superficielles, souterraines ou les eaux de la mer, dans la limite des eaux territoriales, directement ou indirectement, une ou des substances quelconques dont l'action ou les réactions ont, même provisoirement, entraîné des effets nuisibles sur la santé ou des dommages à la flore ou à la faune ».
Enfin, du point de vue des personnes susceptibles de réclamer une indemnisation, la loi a pris en compte l'action des personnes morales de droit public en vue d'un remboursement des frais exposés et celles des associations qui pourront se constituer partie civile en réparation d'un préjudice direct ou indirect porté à leurs intérêts collectifs.
À noter : un arrêté du 25 janvier 2010 définit les méthodes et critères servant à caractériser les différentes classes d'état écologique, chimique et de potentiel écologique des eaux de

surface en application des articles R. 212-10, R. 212-11 et R. 212-18 du Code de l'environnement.

2 ▪ Pollution de l'air

5621. Schématiquement, la pollution de l'air est une modification de l'air soit quantitativement, du fait de l'un de ses constituants normaux, soit qualitativement du fait de l'apparition d'éléments nouveaux (V. Déclaration du 8 mars 1968 du Conseil de l'Europe).

5622. On distingue entre :
- les pollutions dues aux combustions industrielles et domestiques tels que le dioxyde de soufre (SO2 - provenant de la combustion de charbon, lignite ou fioul dans des installations fixes), le dioxyde de carbone (CO2 - produit naturel de toute combustion), l'acide chlorhydrique (HCL - produit par les usines d'incinération d'ordures ménagères du fait de la présence de PVC dans les déchets ménagers et par les rejets industriels) ;
- les pollutions dues aux effluents industriels tels que les métaux lourds (mercure, cadmium, zinc produits par les industries de traitement de surface des métaux, usines d'affinage et de transformation des métaux), les composants organiques volatils (COV - hydrocarbures et solvants provenant de l'industrie chimique et pétrochimique, l'industrie des matières plastiques), le fluor et ses dérivés (acide fluorhydrique provenant des unités de fabrication de l'aluminium) ;
- les pollutions dues aux moyens de transport tels que gaz d'échappement, évaporation des carburants, installations de climatisation automobile et particules provenant de résidus de carburants et lubrifiants, de frottement des pneumatiques sur la chaussée ou de l'érosion de certaines pièces de moteur.

5623. Initialement, la réglementation était issue de la loi n° 61-842 du 2 août 1961 (JO 3 août) relative à la lutte contre les pollutions atmosphériques et les odeurs. Elle visait de la façon la plus large tant les établissements industriels et commerciaux ou artisanaux que les biens meubles et les véhicules automobiles. En revanche, elle ne fixait pas de normes, renvoyant à des décrets d'application pour la réglementation des sources fixes et des sources mobiles ainsi que pour les sanctions pénales.

5624. Les décrets des 13 mai 1981 et 11 mai 1990 avaient également institué une taxe parafiscale concernant plus de 800 entreprises, assise d'abord sur les émissions de dioxyde de soufre, de composés soufrés et d'oxydes d'azote, puis étendue en 1990 aux hydrocarbures, solvants, etc. Le produit de cette taxe était réaffecté à ces mêmes industriels afin de les aider à réaliser des équipements antipollution.
La loi n° 96-1236 du 30 décembre 1996 (dite loi Lepage ou LAURE, JO 1er Janv. 1997) sur la qualité de l'air et l'utilisation rationnelle de l'énergie, en abrogeant la loi de 1961, est devenu le principal texte en matière de réglementation des pollutions atmosphériques.
Ce texte est codifié dans le Titre II du Livre II du Code de l'environnement aux articles L. 220-1 et s.
La pollution atmosphérique est définie (dans des termes similaires de la définition donnée par la directive européenne n° 84-360 du 28 juin 1984) comme : « l'introduction par l'homme, directement ou indirectement, dans l'atmosphère et les espaces clos, de substances ayant des conséquences préjudiciables de nature à mettre en danger la santé humaine, à nuire aux ressources biologiques et aux écosystèmes, à influer sur les changements climatiques, à détériorer les biens matériels, à provoquer des nuisances olfactives excessives » (C. env., art. L. 220-2).
Un certain nombre de dispositions concernent :

- la mise en place d'un réseau de surveillance de la qualité de l'air sur l'ensemble du territoire ;
- l'information du public ;
- les mesures d'urgence à prendre : diminution de l'activité industrielle, interdiction de circulation de certains véhicules, voire plans de déplacements urbain ;
- la création de plans régionaux pour la qualité de l'air et de plans de protection de l'atmosphère.

Des décrets fixent les objectifs de qualité de l'air et de valeurs limites d'émission.

Si cette loi est devenue le principal texte de réglementation applicable à la pollution atmosphérique, elle n'a néanmoins pas abrogé tous les textes antérieurs relatifs à la lutte contre les pollutions du fait de certaines substances, ou contre les nuisances olfactives.

3 ▪ Pollution du sol

5625. Le sol peut être défini comme : « un milieu vivant et dynamique qui permet l'existence de la vie végétale et animale. Il est essentiel à la vie de l'homme en tant que source de nourriture et de matières premières. Il est un élément fondamental de la biosphère et contribue, avec la végétation et le climat à régler le cycle hydrologique et à influencer la qualité des eaux » (V. Charte européenne des sols du 30 mai 1972).

5626. Dès lors, tout ce qui est de nature à porter atteinte à ce milieu vivant et dynamique, notamment à la vie végétale ou animale ou en tant que source de nourriture (et à ce titre à la santé humaine) et de matières premières, peut être considéré comme une pollution du sol.

5627. On retiendra essentiellement la pollution du fait des travaux agricoles et des déchets de diverses sortes.

Pour la pollution du fait des travaux agricoles, il s'agit :
- de l'utilisation intensive du machinisme (détérioration de la structure du sol, érosion consécutive - bien que ce soit plus une agression ici que de la pollution) ;
- de travaux d'irrigation (entraînant une accumulation excessive de sel ainsi qu'une saturation en eau) ;
- de l'usage intempestif et excessif des produits chimiques et engrais (azote, phosphate, fumiers et déjections animales, boues de stations d'épuration, compost, pesticides).

Quant à la pollution du fait des déchets, sont visés :
- les déchets ménagers (ordures ménagères, encombrants, déchets inertes tels que gravats ou décombres, carcasses de voitures, etc.) ;
- les déchets industriels ou spéciaux :
  * déchets inertes tels que gravats, déblais, mâchefer,
  * des déchets industriels banals (DIB) semblables aux ordures ménagères,
  * des déchets dangereux ;
- les déchets liés à l'agriculture et à l'industrie agroalimentaire (IAA) : déjections d'élevage, déchets des cultures (paille, tiges et feuilles), déchets des IAA produits par les sucreries, distilleries, brasseries, laiteries, déchets de l'industrie des fruits et légumes ou de la filière viande.

B ▪ Réglementation en fonction de l'origine de la nuisance

1 ▪ Réglementation relative à l'élimination des déchets

5628. Le texte fondateur est la loi n° 75-633 du 15 juillet 1975 relative à l'élimination des déchets et à la récupération des matériaux, codifiée aux articles L. 541-1 et s. du Code de

l'environnement. La directive cadre relative aux déchets du 19 novembre 2008 (Dir. 2008/98/CE), principalement transposée par l'ordonnance du 17 décembre 2010 (ord. n° 2010-1579), a profondément refondu les dispositions du Code de l'environnement en retenant une nouvelle approche avec des définitions nouvelles, Ainsi l'article L. 541-1-1 donne-t-il des définitions actualisées des principaux termes.
Le déchet est défini comme « tout substance ou tout objet, ou plus généralement tout bien meuble, dont le détenteur se défait ou dont il a l'intention ou l'obligation de se défaire ».
Une partie des textes a, de nouveau, été modifiée par la loi n° 2015-992 du 17 août 2015 et diverses ordonnances de 2012 et 2016.
L'obligation principale édictée reste celle mise à la charge de toute personne, qui produit ou détient des déchets (qualités légalement définies), d'en assurer ou d'en faire assurer l'élimination sous peine d'engager leur responsabilité. À cet effet, il est énuméré les différentes opérations constitutives de cette élimination.
Mais des obligations nouvelles pour le producteur et le détenteur des déchets, ainsi que de nouvelles procédures, ont été consacrées. La gestion des déchets répond donc à des exigences plus nombreuses et plus précises (pour plus de détails, C. env., V. art. L. 542-2-1 et s.).
En complément, la loi n° 92-646 du 13 juillet 1992, relative à l'élimination des déchets ainsi qu'aux installations classées pour la protection de l'environnement, a transposé en droit français la directive communautaire du 18 mars 1991 sur l'élimination, la valorisation et la réduction des déchets.
Plusieurs aspects ont été envisagés :
- la définition des déchets dits ultimes devant être reçus par les centres d'enfouissement techniques (CET). Il s'agit de « tout déchet résultant ou non du traitement d'un déchet, qui n'est plus susceptible d'être traité dans les conditions techniques et économiques du moment, notamment par extraction de la part valorisable ou par réduction de son caractère polluant ou dangereux » ;
- l'obligation pour le vendeur du terrain sur lequel a été exploité une installation soumise à autorisation d'informer le Préfet ou le Maire ainsi que l'acheteur sur les dangers ou inconvénients éventuels que peut présenter le site (C. env., art. L. 514-20) ;
- l'institution de la taxe sur les déchets, assise sur le stockage des déchets ménagers, dont le produit est versé à l'Agence de l'environnement et de la maîtrise de l'énergie (ADME) et sert à alimenter un fonds de modernisation de la gestion des déchets ;
- la création de l'obligation pour l'exploitant d'une installation productrice de déchets de constituer des garanties financières en vue d'assurer la surveillance du sol, une intervention en cas d'accident et une remise en état du site.
Afin de prévenir les problèmes liés à la contamination des sols, les exploitants de décharges de déchets toxiques sont regroupés au sein de l'Association française des exploitants de centre d'enfouissement techniques (AFECET) pour étudier et mettre en place « toutes solutions permettant d'améliorer la prévention et la couverture des risques d'atteintes à l'environnement créés par les centre d'enfouissement technique de classe 1...postérieurement à leur clôture, notamment grâce à la création d'un fonds de garantie ».
Dans les situations d'urgence (responsable inconnu de la pollution, propriétaire du terrain de bonne foi), l'ADEME intervient, sur arrêté du préfet, afin d'effectuer les travaux sur les sols contaminés (V. C. env., art. L. 131-3 et s.).
Le ministère de l'Environnement définit un sol contaminé comme étant : « un site dont le sol ou le sous-sol ou les eaux souterraines ont été pollués par d'anciens dépôts de déchets ou l'infiltration de substances polluantes, cette pollution étant susceptible de provoquer une nuisance ou un risque pérenne pour les personnes ou l'environnement ». On distingue les sols pollués à traiter en priorité (« points noirs ») et ceux sans propriétaire solvable (« points noirs orphelins »).

2 ▪ Réglementation liée aux installations classées

5629. Remarque terminologique : Le sigle ICPE (Installations Classées pour la Protection de l'Environnement) a remplacé celui d'IC (installation classées).

5630. Le souci de réglementer les installations susceptibles de porter atteinte à l'environnement est fort ancien. En effet, une loi du 21 avril 1810 instaurait déjà une autorisation préalable de fonctionner pour les manufactures et ateliers dangereux, incommodes et insalubres ainsi qu'une nomenclature de ces établissements, dispositif complété par un décret du 15 octobre 1810 et une ordonnance du 15 janvier 1815. Cet ensemble fut repris par une loi du 19 décembre 1917 qui actualisa ces dispositions en créant un régime d'autorisation pour les établissements les plus dangereux (dits de 1re et 2e classe) et un régime de déclaration pour les établissements jugés moins dangereux (dits de 3e classe).
C'est ensuite la loi n° 76-663 du 19 juillet 1976 qui a constitué la réglementation de base en la matière, codifiée aux articles L. 511-1 et s. du Code de l'environnement. Elle a permis un encadrement strict des installations susceptibles « de présenter des dangers ou des inconvénients pour la commodité du voisinage, la santé, la salubrité, la sécurité, l'agriculture, la protection de la nature, de l'environnement et des paysages, l'utilisation rationnelle de l'énergie, la conservation des sites et des monuments ainsi que des éléments du patrimoine archéologique » (C. env., art. L. 511-1).
Initialement, la loi instaurait une division des établissements en deux catégories : les établissements soumis à autorisation / les établissements soumis à déclaration.
Une troisième distinction intermédiaire a été crée par l'ordonnance n° 2009-663 du 11 juin 2009 : les établissements soumis à enregistrement, procédure réservée à des installations simples et standardisées, implantées en dehors des zones sensibles sur le plan environnemental.
Concernant, les ICPE, celle-ci ne concernent pas uniquement des industries. Les différents types d'installations classées sont répertoriés dans une nomenclature qui comporte 400 rubriques indiquant le régime applicable dans chaque cas et qui répertorie des activités, comme celles de moulage, des métiers, fabrication d'engrais par exemple ou encore des produits spécifiques utilisés (type métaux lourds). (Pour la nomenclature, C. env., V. annexe de l'article L. 511-9).

5631. Toute installation exploitée ou détenue par une personne physique ou morale, publique ou privée, qui peut présenter des dangers pour l'environnement ou pour la santé ou la sécurité des riverains, est soumise aux dispositions des articles L. 511-1 et s. du Code de l'environnement.
La première démarche à effectuer est de consulter la nomenclature des installations classées afin de définir le régime de l'installation. Si au moins une des installations est soumise à déclaration et qu'aucune d'entres-elles ne dépassent un seuil d'autorisation ou d'enregistrement, l'installation est soumise à déclaration. Dans ce cas l'exploitant doit constituer un dossier de déclaration qui sera remis en préfecture.
Après vérification de la conformité du dossier, le préfet délivre récépissé de la déclaration.
L'exploitation, sans déclaration préalable, d'une installation soumise à déclaration, rend passible l'exploitant d'une amende de 75 000 euros. Il en est de même en cas d'exploitation d'une installation qui ne satisfait pas aux prescriptions générales ou particulières applicables.

5632. Il existe ensuite une catégorie intermédiaire : les installations soumises à procédure d'enregistrement. Cette catégorie concerne environ un quart des installations anciennement soumises à autorisation préfectorale. Ce régime intermédiaire d'autorisation simplifiée, dit régime d'enregistrement, fait suite à un constat. En effet, l'expérience a montré que l'instruction des demandes d'autorisation, procédure longue et complexe tant pour l'entreprise que pour l'administration, conduisait à prendre dans de nombreux cas des prescrip-

tions qui auraient quasiment pu être énoncées en amont de l'étude d'impact, de l'étude de dangers et de la procédure d'enquête publique. Il est ainsi apparu, que pour un nombre significatif de demandes d'autorisation, des prescriptions générales, élaborées au niveau national, auraient pu s'appliquer avec la même efficacité.
Un premier décret de nomenclature du 14 avril 2010, complété par le décret n° 2013-814 du 11 septembre 2013, introduit notamment ce régime d'enregistrement pour une série d'installations : les stations services, les entrepôts de produits combustibles, bois, papier, plastiques, polymères ainsi que les entrepôts frigorifiques.
La procédure est décrite aux articles R. 512-46-1 à R. 512-46-30 du Code de l'environnement.

5633. Enfin, certaines installations sont soumises à autorisation (ICPE A). Il en est ainsi des installations industrielles et agricoles d'une certaine importance (C. env., v. nomenclature annexe de l'article R. 511-9) qui doivent, dans un souci de protection de l'environnement, préalablement à leur mise en service, faire l'objet d'une autorisation prise sous la forme d'un arrêté préfectoral. Celui-ci fixe les dispositions que l'exploitant devra respecter pour assurer cette protection.
Cette demande d'autorisation est constituée sous l'entière responsabilité du demandeur auquel il appartient de démontrer la conformité de son projet avec la réglementation en vigueur, sa compatibilité avec la sensibilité de l'environnement, et la protection de la santé et de la sécurité publiques.
En substance, le dossier doit comporter :
- la nature et le volume des activités envisagées ;
- les procédés de fabrication et matières utilisées ;
- les cartes et plans ;
- une étude d'impact, permettant d'apprécier les incidences de l'installation envisagée sur l'environnement. Cette étude doit comporter notamment l'analyse de l'état initial de l'environnement, les effets qu'auront le projet sur celui-ci, la justification du choix retenu ainsi que les mesures envisagées pour compenser ou atténuer les effets néfastes ;
- une étude de danger pour les risques majeurs imposée par la directive n° 82-501 du 24 juin 1982 dite Seveso (modifiée par DCEE n° 87/210, 19 mars 1987 et n° 88-610, 24 nov. 1988) à la suite du sinistre survenu le 10 juillet 1976 à Seveso en Italie (diffusion dans l'atmosphère de vapeurs toxiques de dioxine provenant d'un réacteur chimique de l'usine Icmesa, groupe Hoffman-Laroche, produisant du chlorophénol). Les risques majeurs sont définis comme un « événement tel qu'une émission, un incendie ou une explosion de caractère majeur, en relation avec un développement incontrôlé d'une activité industrielle, entraînant un danger grave, immédiat ou différé, pour l'homme à l'intérieur ou à l'extérieur de l'établissement, et/ou pour l'environnement et mettant en jeu une ou plusieurs substances dangereuses ». En France, plus de 300 établissements sont considérés comme présentant un tel risque, relevant pour l'essentiel de l'industrie chimique ou pétrochimique. Cette étude de danger impose à l'exploitant de notifier aux autorités un certain nombre d'informations sur les risques créés (recensement et description des accidents susceptibles d'intervenir, notamment causes internes et externes ; exposé de la nature et de l'extension des conséquences d'un accident ; justification des mesures de prévention ; exposé des moyens de secours privés à mettre en œuvre). Les règles posées par la directive Seveso du 24 juin 1982 ont été refondues dans une directive 96/82/CE du 9 décembre 1996 dite Seveso II (dir. 96/82/CE du Conseil, du 9 déc. 1996, JOCE 14 janv. n° L. 10), relative à la maîtrise des dangers liés aux accidents majeurs impliquant des substances dangereuses. Une distinction est faite entre les établissements à risques et les établissements à hauts risques qui font l'objet de contraintes supplémentaires. L'administration a la possibilité d'interdire l'exploitation en cas d'insuffisance des mesures de prévention.
Le dossier d'autorisation est transmis au Préfet qui, après avoir recueilli l'avis du public, de différents services administratifs, des conseils municipaux des différentes communes concernées, et après avoir pris connaissance du rapport de l'Inspection des installations classées faisant toutes propositions de prescriptions, prend un arrêté d'autorisation.

5634. A noter : la directive Seveso 3 a été adoptée le 4 juillet 2012 et a pris effet au 1er juin 2015, date à laquelle la directive Seveso 2 a été abrogée.
Deux décrets du 3 mars 2014 (n°2014-284 et 2014-285) viennent modifier la nomenclature ICPE en application de cette directive. Disparaît ainsi le régime dit AS (soumise à autorisation et servitude d'utilité publique ou Seveso), remplacé par des quantités seuils hauts et bas.
Ils déterminent également les dispositions communes aux ICPE susceptibles de créer des accidents majeurs impliquant des substances dangereuses.
Un décret n° 2014-1501 du 12 décembre 2014 modifie la nomenclature afin d'intégrer les dispositions de la directive Seveso III 2012/18/UE et du règlement CLP n° 1272/2008 relatif à la classification, l'emballage et l'étiquetage des substances et des mélanges. Ainsi, les nouvelles dénominations des classes, catégories et mentions de danger créées par le règlement CLP sont introduites.
De plus, il insère deux nouveaux articles au Code de l'environnement (article R. 511-11 et R. 511-12) afin de définir les règles de cumul permettant de calculer et d'établir les « classements Seveso seuil bas et seuil haut ». Il est également ajouté une quatrième partie à la nomenclature contenant les rubriques 4000 relatives aux substances et mélanges concourant au statut Seveso.
Certaines nouveautés sont également à noter, telles que le renforcement de la politique de prévention des accidents majeurs, qui devra garantir un niveau de protection accru dans tous les établissements, ainsi que de nouvelles obligations d'information à destination des populations en cas d'accidents majeurs.

5635. La législation sur les installations classées prévoit également :
- l'obligation de constituer des garanties financières pour les exploitants d'installations présentant des risques importants de pollution ou d'accident, destinées à assurer la surveillance du site et le maintien en sécurité de l'installation, les interventions éventuelles en cas d'accident avant ou après la fermeture, et la remise en état après fermeture ;
- l'obligation, pour le vendeur d'un terrain sur lequel a été exploitée une installation soumise à autorisation, d'informer par écrit l'acheteur de cette situation et des dangers ou inconvénients importants qui peuvent en résulter ;
- l'obligation pour l'exploitant de rembourser les personnes morales de droit public lorsqu'elles interviennent, matériellement ou financièrement, pour atténuer les dommages résultant d'un incident ou d'un accident causé par une installation classée.

5636. L'exploitant est le seul responsable de son installation depuis sa création jusqu'à sa mise à l'arrêt ou son transfert.
À cette fin, il doit démontrer qu'il respecte en permanence les prescriptions techniques d'exploitation et ne crée pas de conséquences irréversibles en termes d'environnement ou de sécurité. Ces obligations s'imposent tout au long de la vie de son installation et en cas de transfert. Après cessation de son activité, l'exploitant a également une obligation de remise en état et de surveillance, si nécessaire.
Lorsque l'exploitant sous-traite à un prestataire extérieur tout ou partie de ses activités, il reste dans tous les cas le seul responsable du fonctionnement de son installation.
Il doit donc mettre en place, sous sa responsabilité, une politique de surveillance de son installation et les moyens permettant de respecter l'obligation générale de résultats qui lui est fixée (« l'auto surveillance »).
En cours d'exploitation, l'industriel a comme interlocuteur l'inspection des installations classées pour la protection de l'environnement, chargée de faire appliquer l'ensemble des dispositions réglementaires et des prescriptions techniques en effectuant tous contrôles appropriés sur le site.

5637. L'exploitant de l'installation peut faire l'objet de sanctions en cas de non-respect de la réglementation et des prescriptions techniques :

- Sanctions administratives. Elles sont prises par le préfet. Il peut s'agir d'une mise en demeure de satisfaire aux obligations, de travaux effectués d'office, de consignation entre les mains d'un comptable public d'une somme correspondant au montant des travaux, de la fermeture provisoire ou de la suspension d'activité de l'entreprise voire de sa fermeture définitive.
- Sanctions pénales : le préfet, ou le procureur de la République, peut saisir les juridictions répressives afin de faire condamner l'exploitant à des peines d'amendes, voire privatives de liberté.
À noter : Le non respect de certaines sanctions administratives constitue un délit, comme par exemple le non respect d'un arrêté de mise en demeure.

3 ▪ Prévention et réduction des nuisances en provenance des activités industrielles

5638. Il s'agit ici de tous les inconvénients qui découlent de l'exercice d'une activité industrielle et dont peut se plaindre le voisinage, plus ou moins immédiat, selon l'importance de ces désagréments. On retrouve ici la notion de nuisance telle qu'elle a été définie précédemment.

5639. Ainsi, odeurs, vibrations et bruits sont les principales nuisances répertoriées. La production d'odeurs est particulièrement liée aux activités d'élevage (et notamment celle de porcins - lisier), à celles de traitement des peaux, à l'industrie du papier ainsi qu'à certaines industries agroalimentaires ou d'aliments du bétail. Les vibrations sont en général des nuisances momentanées (travaux publics : marteau piqueur, rouleau compresseur) mais peuvent être plus ou moins prolongées (édification d'un immeuble, construction d'un ouvrage d'art). Le bruit est, quant à lui, une nuisance plus généralisée. Il peut se définir comme : « un son indésirable, dérangeant ou nuisible à la santé », en fonction du nombre de décibels émis (unité de mesure de la nuisance sonore). Son origine est très diverse : moyens de transport (aéroport, autoroute), établissements industriels de toutes sortes, lieux de loisirs (cafés, bars, piscines, discothèques, night-clubs), etc.

5640. La réglementation est diverse et variée et doit donc être recherchée dans d'innombrables textes. Il n'en sera donné ici qu'un aperçu.
Concernant le bruit, la réglementation vise soit à régir les installations permanentes ou les activités dans leur existence ou leur fonctionnement, soit à sanctionner les dépassements, jugés intolérables (v. aussi pour l'utilisation de la théorie des troubles anormaux de voisinage).
Elle se trouve, notamment, dans :
- le Code de l'urbanisme, pour les constructions et les normes auxquelles celles-ci doivent répondre ;
- le Code la route, pour la circulation routière ;
- le Code de l'aviation civile pour les vols aériens (horaires, itinéraires, altitude, etc.) ;
- le Code des communes et le Code pénal, pour les différents bruits de tous ordres, diurnes ou nocturnes (tapage nocturne).
- la loi-cadre n° 92-1444 du 31 déc. 1992 pour l'exercice des activités bruyantes des entreprises, établissements, centres d'activités ou installations publiques ou privées, fonctionnant à titre permanent ou temporaire et ne figurant pas dans la nomenclature des installations classées au titre de la protection de l'environnement (codifiée aux art. L. 571-1 à L. 571-26 du Code de l'environnement). Ces différentes activités doivent se soumettre soit à des prescriptions générales, soit à l'obtention d'une autorisation sous peine de sanctions administratives ou pénales.

4 ▪ Réglementation en matière d'organismes génétiquement modifiés (OGM)

5641. L'OGM peut se définir comme :

- un organisme vivant auquel on a ajouté un ou des gènes pour lui donner un caractère spécifique, par exemple, la résistance à un virus ;
- un organisme vivant dans lequel on a bloqué ou atténué l'action indésirable d'un gène, par exemple, la synthèse d'une protéine allergène.

La matière est régie par la loi n° 2008-595 du 25 juin 2008 (JO 26 juin 2008) qui a été codifiée aux articles L 531-1 et s. du Code de l'environnement. Elle reprend, pour l'essentiel les dispositions des directives n° 2001/18/CE du 12 mars 2001 et n° 2009/41/CE dites « Organismes génétiquement modifiés ».

La réglementation donne une définition légale des organismes génétiquement modifiés (C. env., art. L. 531-1 et L. 532-2) et prévoit que ceux-ci «ne peuvent être commercialisés, cultivés ou utilisés que dans le respect de l'environnement et de la santé publique, des structures agricoles, des écosystèmes locaux et des filières de production et commerciales qualifiés « sans organismes génétiquement qualifiées », et en toute transparence (C. env., art. L. 531-2-1). Le seuil est fixé par voie réglementaire, sur avis du Haut conseil des biotechnologies, espèce par espèce.

Les décisions d'autorisation concernant les organismes génétiquement modifiés ne peuvent intervenir qu'après une évaluation préalable indépendante et transparente des risques pour l'environnement et la santé publique. Cette évaluation est assurée par une expertise collective, menée selon des principes de compétence, pluralité, transparence et impartialité.

Par conséquent, les décisions d'autorisation concernant les OGM ne peuvent intervenir qu'après une évaluation préalable des risques pour l'environnement et la santé publique.

La loi s'appuie sur les principes de précaution, de prévention, d'information et de responsabilité inscrits dans la Charte de l'environnement, ainsi que sur la liberté de consommer et de produire avec ou sans organisme génétiquement modifié.

Le Haut conseil des biotechnologies, auquel la loi fait référence, remplace les Commissions du Génie génétique, du Génie Biomoléculaire, le Comité de Biovigilance. Il est compétent pour toute question intéressant les OGM et pour l'évaluation des risques pour l'environnement et la santé publique (art. 2).

Le chapitre II du titre V du Code de l'environnement réglemente « l'utilisation confinée des organismes génétiquement modifiés » et le Chapitre III « la dissémination volontaire d'organismes génétiquement modifiés ».

L'article L. 663-4 du Code rural et de la pêche maritime prévoit une responsabilité de plein droit, à certaines conditions, de l'exploitant agricole mettant en culture un OGM à l'égard d'un autre exploitant pour le préjudice économique subi par celui-ci en cas de présence accidentelle de cet organisme dans sa propre culture. L'article L. 663-5 du même code prévoit également la possibilité d'un recours contre le distributeur et le détenteur de l'autorisation.

Par ailleurs, tout exploitant cultivant une variété d'OGM a l'obligation de souscrire une garantie financière couvrant sa responsabilité pour le préjudice économique causé à un autre exploitant agricole (C. rur., art. L. 663-4, III).

§ 2 ▪ Textes transversaux sur l'environnement

5642. Ces textes s'ajoutent à la règlementation sectorielle existante.

A ▪ La loi n° 95-101 du 2 février 1995 dite Loi Barnier

5643. Cette loi est le premier texte transversal en matière d'environnement en droit français. Elle est aujourd'hui codifiée aux articles L. 110-1 et s. du Code de l'environnement (modifiée notamment par la loi n° 2012-1460 du 27 déc. 2012, JO 28 déc.).

Elle a généralisé à tous les secteurs :

- le principe de précaution en le définissant comme « le principe selon lequel l'absence de certitude, compte tenu des connaissances scientifiques ou techniques du moment, ne doit

pas retarder l'adoption de mesures effectives et proportionnées visant à prévenir un risque de dommages graves et irréversibles à l'environnement à un coût économiquement acceptable » (C. env., art. L. 110-1, 1°) ;
- le principe d'action préventive et de correction par priorité à la source, des atteintes à l'environnement, en utilisant les meilleures techniques disponibles à un coût économiquement acceptable ;
- le principe pollueur-payeur, selon lequel les frais résultant des mesures de prévention, de réduction de la pollution et de la lutte contre celle-ci doivent être supportés par le pollueur ;
- le principe de participation, selon lequel chaque citoyen doit avoir accès aux informations relatives à l'environnement, y compris celles relatives aux substances et activités dangereuses » ;
- l'action des associations agréées de défense de l'environnement.

B ▪ La charte de l'environnement

5644. Elle a été promulguée le 1er mars 2005 (LC n° 2005-205) et consacre les principes de :
- droit à l'environnement de chaque citoyen ;
- pollueur-payeur (art. 4 : « toute personne doit contribuer à la réparation des dommages qu'elle cause à l'environnement » ;
- précaution (art. 5 : « les autorités veillent, par application du principe de précaution, à l'adoption de mesures provisoires et proportionnées afin d'éviter la réalisation du dommage ainsi qu'à la mise en œuvre des procédures d'évaluation des risques encourus »).
Le principe de précaution n'est toutefois pas défini et ne peut être mis en œuvre que par les autorités compétentes, qui peuvent seulement demander la mise en place de mesures provisoires et proportionnées (sous forme d'injonctions) pour éviter la réalisation du dommage.

5645. Le Conseil constitutionnel a consacré la valeur juridique de la Charte en lui reconnaissant valeur constitutionnelle (première décision en matière environnementale : Cons. const., 19 juin 2008, n° 2008-599 DC, loi OGM ; le Conseil constitutionnel avait été saisi pour apprécier la constitutionnalité de la loi OGM et a estimé que la loi était conforme à la charte de l'environnement). Celui-ci refuse donc de considérer que les énoncés les plus généraux figurant dans la Charte de l'environnement sont dépourvus de force impérative. Il a choisi d'en identifier la portée normative en fonction de la lettre des articles et leur formulation impérative. Le Conseil d'État peut ainsi annuler un décret pour méconnaissance de la Charte de l'environnement (CE Ass., 3 oct. 2008, n° 297931).
V. C. Teitgen-Colly, La Charte de l'environnement au prisme du contentieux, Environnement 2012, dossier 18.

C ▪ Les lois « Grenelle »

5646. Durant l'année 2007, les travaux du « Grenelle de l'environnement » ont donné lieu à une vaste concertation des acteurs institutionnels, des représentants de la société civile et des citoyens pour aboutir à un projet de loi de programme déposé le 11 juin 2008. La loi Grenelle a été adoptée le 3 août 2009 (L. n° 2009-967, JO 5 août). Elle fixe les grandes orientations de la France en matière d'habitat et d'urbanisme, de transports, d'énergie, de biodiversité, de santé environnementale et de gestion des déchets, dans la perspective de préserver l'environnement et le climat.
La loi Grenelle II, qui traduit législativement une partie des engagements du Grenelle I, a été votée le 29 juin 2010 et promulguée le 13 juillet 2010 (L. n° 2010-788, JO du 13 juill.).

Elle contient notamment des dispositions relatives :
- à l'expérimentation de péages urbains dans les agglomérations de plus de 300.000 habitants ;
- à la généralisation de schémas de cohérence territoriales (SCOT) qui se substituent aux schémas directeurs d'aménagement d'urbanisme (SDAU) et qui sont des documents d'urbanisme fixant pour plusieurs communes les organisations fondamentales de l'organisation du territoire et l'évolution des zones urbaines ;
- à l'extension du dépistage du diagnostic de performance énergétique ;
- à la prise en compte des « trames vertes » et « bleues » (corridors écologiques) dans les projets d'infrastructure ;
- au bilan des émissions de gaz à effet de serre pour les personnes morales de droit privé de plus de 500 personnes, l'État, les collectivités territoriales de plus de 50 000 habitants ;
- au développement des plans climat-énergie territoriaux ;
- aux responsabilités des sociétés mères vis-à-vis de leurs filiales en matière d'environnement ;
- à la réglementation du développement du parc éolien.

Plus de 200 décrets sont nécessaires pour sa pleine application.

5647. Synthèse :
Les pollutions et nuisances liées à l'activité industrielle de la société sont nombreuses, diverses et variées, tout comme la réglementation en la matière (l'aperçu donné ci-dessus étant loin d'être exhaustif).

Cette prolifération de textes n'est que le reflet de la sensibilisation croissante de la population aux atteintes à l'environnement et à la nécessaire prévention devant être mise en place.

Les sanctions prévues par cette réglementation sont essentiellement d'ordre administratif ou pénal. La réparation des dommages causés aux tiers reste effectuée dans le cadre du droit de la responsabilité civile.

Sous-section 2 ■ Responsabilités pour atteintes à l'environnement

5648. Traditionnellement, la responsabilité civile de l'entreprise ne pouvait être engagée que lorsque le dommage environnemental causait un préjudice à une personne. Aujourd'hui, le droit positif et le législateur reconnaissent l'existence d'un « préjudice écologique pur » engageant également la responsabilité civile de l'entreprise (V. J. Lagoutte, « Les évolutions de la responsabilité civile environnementale », RGDA 2014, n° 11. 535).

§ 1 ■ Régimes de responsabilité civile envisageables du fait des atteintes à l'environnement

A ■ Fondements

1 ■ La responsabilité pour faute

5649. La responsabilité civile de l'entreprise peut être engagée sur le fondement de la faute, telle que définie par les articles 1240 et 1241 du Code civil (anciens articles 1382 et 1383).

Comme évoqué précédemment, le législateur a considérablement multiplié les obligations réglementaires ou normatives s'imposant aux entreprises en matière d'environnement. Et lorsque l'entreprise enfreint une de ces dispositions visant la protection de l'environnement, l'action de la victime s'en trouve facilitée. En effet, la preuve de la faute n'est plus rapportée en considération d'imprudence ou négligence laissée à l'appréciation subjective du juge, mais en considération des manquements caractérisés à des obligations dont il incombera le plus souvent à l'entreprise de prouver qu'elle les a bien respectées.
La personne lésée peut alors assigner en responsabilité civile l'entreprise devant le juge civil (v. par ex. Civ. 2e, 25 mai 1993,n° 91-17.276) ou se constituer partie civile si le manquement est également constitutif d'une infraction pénale.
Mais il est aussi possible, en l'absence d'un manquement à un texte précis, de prouver une faute à l'encontre de l'auteur du dommage et d'en obtenir réparation.

2 ▪ La responsabilité du commettant du fait de ses préposés

5650. Le commettant est responsable, dans les termes de l'article 1242, alinéa 5 (ancien article 1384, al. 5), du Code civil, des atteintes à l'environnement dues à l'action de ses préposés (Crim., 10 nov. 1987, n° 85-93.546,Bull. crim. n° 399 : à propos de la pollution d'un cours d'eau à la suite du nettoyage par un préposé de l'entreprise de fûts ayant contenu des produits dangereux).
Rappel : Le commettant ne peut s'exonérer de sa responsabilité que s'il prouve l'abus de fonction de son employé (Cass., Ass. plén., 17 juin 1983, n° 82-91.632,D. 1984. Chron. 134, JCP 1983. II. 20120, RTD Civ. 1983, p. 749).

3 ▪ Les troubles anormaux du voisinage

5651. Si le premier arrêt de la Cour de cassation (Civ., 27 nov. 1844, S. 1844, I. 211) concernant la théorie des troubles anormaux de voisinage se référait à l'article 1240 du Code civil (ancien article 1382), la théorie s'est ensuite développée de façon autonome (Civ., 3e , 4 févr. 1971,n° 69-12.327,JCP G 1971, II, n° 16781, note R. Lindon), permettant d'engager la responsabilité du propriétaire même si aucune faute n'a été commise (Civ. 2e, 19 déc. 1986, Bull. civ., II, n° 172 ; Civ. 3e, 18 juin 2013,n° 12-10.249). Cette théorie constitue aujourd'hui un des fondements les plus usuels de la responsabilité civile en matière d'atteintes à l'environnement.
Dès lors, celui qui développe une activité créant des nuisances sonores (bruit) ou olfactives (odeurs de porcheries, épandage de lisier) ou émet des substances nocives (poussières, fumées corrosives, produits toxiques) ou encore assèche une nappe phréatique, ou provoque des fissurations dans l'immeuble voisin à l'occasion de travaux qu'il a fait entreprendre, doit, en contrepartie de l'avantage qu'il en retire, réparer l'excès des inconvénients qui en résultent pour ses voisins (v. par ex. : Civ. 2e, 10 juill. 2008, n° 07-13.955,RCA 2008, comm. n° 285 : c'est à bon droit que la cour d'appel a déduit des constatations de l'expertise judiciaire que des éléments établissaient le lien de causalité entre les travaux entrepris à proximité immédiate d'un hôtel et la chute de résultat constatée, et a souverainement retenu l'existence d'un trouble anormal de voisinage).

5652. Schématiquement, le trouble est caractérisé en fonction de deux critères :
- la fréquence du trouble, qui implique une certaine répétition ou un trouble durable (le trouble doit être persistant et pas forcément permanent) ;
- la gravité du trouble : excéder les troubles normaux du voisinage. Elle s'apprécie en fonction des circonstances de temps (un bruit nocturne est moins habituel qu'un bruit diurne) et de lieu (une nuisance causée par une usine est plus habituelle dans une zone industrielle que dans un quartier résidentiel). L'anormalité s'apprécie *in concreto.*

La nature des troubles peut être extrêmement variée et l'appréciation du seuil au-delà duquel il y a, inconvénient anormal, est difficile à déterminer. Tout est fonction des circonstances de la cause, l'anormalité étant appréciée soit en fonction des dommages subis, soit en fonction des troubles constatés, soit en fonction des inconvénients créés et en tout cas, compte tenu de leur intensité, de leur durée ou répétitivité, de la plus ou moins grande sensibilité de la victime, etc.
Exemples de contentieux où les troubles ont été considérés comme excédant les inconvénients normaux de voisinage :
- bruits générés par un groupe électrogène, une installation frigorifique et des opérations de livraison et de manutention d'un centre commercial (Civ. 2e, 15 janv. 1997,n° 95-11.326, RCA 1997, comm. n° 126 ;
- émissions sonores de caractère impulsionnel excessives d'un ball-trap (Civ. 2e, 29 avril 1997, n° 95-16.724,RCA 1997, comm. n° 228) ;
- prélèvement d'eau par un système de pompe à chaleur par forage à 70 m et la rejetant ensuite dans un puits, causant de ce fait des désordres à une maison voisine (Civ. 2e, 12 nov. 1997, n° 96-10.603,RCA 1998, comm. n° 48).
Le propriétaire d'un fonds qui loue son terrain, et dont le locataire cause un trouble anormal de voisinage au voisin, engage également sa responsabilité sur le fondement de la théorie des troubles anormaux de voisinage (location d'un terrain à un parc d'attractions : Civ. 2e, 31 mai 2000,n° 98-17.532. De même, responsabilité de la société franchiseur ayant concédé une franchise pour une station de lavage de véhicules : Civ. 2e, 21 mai 1997, n° 95-17.743).

5653. Aujourd'hui, la notion de voisinage s'entend largement et dépasse le rapport de voisinage contigu (idée de la propagation de la nuisance litigieuse). On raisonne en terme de zone réellement troublée par la nuisance : nuisances sonores ou olfactives, transformations de l'environnement ou encore émissions de substances toxiques.
L'auteur du trouble, le voisin, est donc entendu largement. Mais ce peut également être un voisin occasionnel. Par un arrêt du 22 juin 2005, la Cour de cassation a considéré que « le propriétaire de l'immeuble auteur des nuisances, et les constructeurs à l'origine de celles-ci sont responsables de plein droit vis-à-vis des voisins victimes, sur le fondement de la prohibition du trouble anormal de voisinage, ces constructeurs étant, pendant le chantier, les voisins occasionnels des propriétaires lésés » (Civ. 3ie , 22 juin 2005, Bull. civ., III, n° 136).
Par conséquent, tous les intervenants à l'acte de construire, qui sont matériellement présents sur le chantier, pendant la durée des travaux, sont susceptibles de voir leur responsabilité recherchée sur le fondement des troubles anormaux du voisinage et ce, quand bien même ils n'auraient commis aucune faute.
La Cour a également indiqué que pouvaient être considérés comme voisins les architectes et bureaux d'études, même si ceux-ci n'occupent pas matériellement le fonds voisin. Il suffit alors de démontrer une « relation de cause directe entre les troubles subis et les missions respectivement confiées aux architectes et aux bureaux d'études » pour que leur responsabilité puisse être engagée sur ce fondement (Civ. 3e, 28 avr. 2011, Bull. civ., III n° 59).
Ainsi, lorsque le chantier cause un trouble au voisin, celui-ci pourra – sous réserve d'en établir l'anormalité – rechercher la responsabilité du maître d'ouvrage, mais aussi celle des entreprises dont l'intervention a participé à la survenance du trouble et encore celle des architectes et bureaux d'études si les missions confiées à ces derniers sont à l'origine des troubles.
Ces solutions peuvent, néanmoins, être contestées car elles remettent en cause les conditions mêmes de l'application de la théorie, le voisin n'étant qu'occasionnel et le trouble ponctuel (lors du chantier). Du coup, il n'y pas vraiment de caractérisation de la persistance d'un trouble anormal de voisinage.

À noter : L'autorisation d'exploiter n'exonère pas l'entreprise de sa responsabilité pour dommages causés aux tiers.

5654. Le trouble anormal de voisinage a connu, ces dernières années, une application particulière en matière d'antennes relais de téléphonie mobile. En effet, les juges judiciaires sont de plus en plus saisis de contentieux liés aux antennes relais posées par les opérateurs de téléphonie mobile, accusées d'être dangereuses pour la santé en raison des ondes propagées. Les actions ont été accueillies par les juridictions du fond sur deux fondements, utilisés seuls ou combinés : la théorie des troubles anormaux de voisinage (le risque potentiel sanitaire créé excède la mesure normale des obligations du voisinage : TGI Nanterre, 18 sept. 2008 ; D. 2008, p. 2916. – CA Versailles, 4 fév. 2009 ; RCA 2009, comm. n° 75) et un principe de précaution sanitaire, détaché de celui existant en droit de l'environnement (TGI, 22 avr. 2010, RCA 2010, n° 10 ; N. Leblond, Feue la responsabilité pour trouble anormal du voisinage en matière d'antennes relais, RCA 2011, étude 2).
Saisie à son tour à propos de champs électromagnétiques liées à des lignes à haute tension), la Cour de cassation a estimé que le principe de précaution ne pouvait pas directement être appliqué aux personnes privées (Civ. 3e, 18 mai 2011, n° 10-17.645, RCA 2011, étude 1 par M. Bary). Ce faisant, la Cour de cassation s'oppose à toute évolution vers de la responsabilité préventive. Elle désapprouve ainsi une proposition doctrinale prônant la reconnaissance du principe de précaution comme un nouveau fondement de responsabilité civile, aux côtés de la faute et du risque (v. notamment M. Boutonnet, Bilan et avenir du principe de précaution en droit de la responsabilité civile, D. 2011. 2662).
Dès lors, le principe de précaution n'entraîne aucune conséquence sur la caractérisation de la causalité, son rôle étant cantonné à l'accentuation de la notion de faute.
Par conséquent,
- Le principe de précaution s'adresse aux seules autorités publiques pour lesquels il est un principe directeur de la politique à suivre en matière environnementale et sanitaire. Parallèlement, le ministre de l'Intérieur a rappelé que le principe de précaution ne pouvait pas faire obstacle à la délivrance d'une autorisation d'urbanisme pour l'implantation d'une antenne de téléphonie mobile, en l'état des connaissances scientifiques sur les effets de celle-ci (Rép. min. n° 06645 : JO Sénat Q 17 mars 2011. 663).
- Seule pourra être invoquée la théorie des troubles anormaux de voisinage. Or, celui-ci exige un dommage actuel et certain, là où le principe de précaution se contente d'un risque de dommage. Si l'antenne-relais a reçu une décision favorable d'implantation, et que son implantation est conforme, la question sanitaire est alors écartée. En l'absence de certitudes scientifiques, le juge judiciaire se retrouve donc bien impuissant, neutralisé par le caractère inconciliable du trouble anormal de voisinage et du principe de précaution. Il lui reste alors le contentieux habituel de la responsabilité avec les articles 1240, 1241 ou plus certainement 1242, alinéa 1, du Code civil (resp., anciens articles 1382, 1383, ou 1384, al. 1), mais encore faut-il, là encore, que le dommage soit certain.
- Le juge judiciaire n'est compétent que pour connaître de l'indemnisation des dommages causés par l'implantation ou le fonctionnement de la station radioélectrique. En vertu de la séparation des pouvoirs, il ne peut se prononcer sur son implantation ou ses modalités de fonctionnement car ce serait substituer sa propre appréciation à celle que l'autorité administrative a porté sur les risques qui y sont afférents, notamment en matière de santé publique (Civ. 1re, 17 oct. 2012,n° 10-26.854 ; 11-29.259 ; 11-14.553, CCE 2012, n° 12, comm. n° 133, note G. Loiseau ; Civ. 3e, 19 déc. 2012,n° 11-23.566,RCA 2013, alerte 7. La solution est conforme à la décision du Tribunal des conflits du 14 mai 2012, n° C-3844, JCP G 2012. 819 ; D. 2012. 1525).

4 ▪ Le fait des choses

a - Principe

5655. Les règles dégagées par la jurisprudence à propos de l'article 1242, alinéa 1 du Code civil (ancien article 1384, al. 1) peuvent également être invoquées dans le cadre d'atteintes à l'environnement. Ces dispositions trouveront application que la responsabilité du gardien soit retenue en tant que gardien des installations ou en tant que gardien des substances polluantes émises à partir de ses installations.
Il s'agit d'une responsabilité objective qui peut convenir à tout type de rejet. Bien souvent, le propriétaire est jugé comme en restant le gardien sans transfert de garde. On peut citer par exemple :
- les gaz toxiques émis par une entreprise chimique (Civ. 2e, 17 déc. 1969, Bull. Civ II, n° 35) ;
- les déchets inflammables déposés par un entrepreneur chez un exploitant ignorant des caractéristiques de ceux-ci (Civ. 2e, 24 mai 1984, Bull. Civ II, n° 95) ;
- la pollution d'une nappe phréatique à la suite d'une fuite d'une cuve de station-service dont la société propriétaire de la station a été jugée gardienne et non le gérant (Civ. 2e, 15 nov. 1989,n° 87-13.609. V. également dans le même sens, Civ. 2e, 13 sept. 2012, n° 11-19.941,RCA 2012, comm. n° 331) ;
- les déblais contenant de l'orge qui sont restés sous la garde du propriétaire des déblais bien qu'une société de services ait été chargée de les évacuer (Civ. 1re, 9 juin 1993,n° 91-10.608,JCP 1994, II, 22202). En l'espèce, les gravois résultant de la démolition d'un silo contenaient de l'orge. La société chargée de les évacuer les avait entreposés dans une ancienne gravière située dans le périmètre de captage d'eau d'une commune. Celle-ci avait dû arrêter les pompages en raison des risques de pollution dus à la présence d'orge « matière putrescible susceptible de créer une fermentation dangereuse ». Il a été jugé que la société, propriétaire du silo, était restée gardienne des déblais contenant de l'orge parce qu'elle n'avait pas contractuellement attiré l'attention de la société d'évacuation sur la dangerosité de l'orge contenue dans les déblais, caractéristique très particulière que cette dernière ne pouvait normalement envisager.

b - Théorie de la préoccupation : exonération de l'exploitant sous conditions

5656. La victime d'un préjudice dû au fonctionnement d'une installation à l'origine de pollutions ou nuisances ne peut exercer une demande en réparation si l'installation préexistait à son implantation ou installation. En effet, la loi estime qu'elle devait connaître l'environnement avant de s'installer et elle ne saurait faire grief à l'exploitant de l'activité des troubles et émissions que celle-ci génère. Son installation a dû se faire en connaissance de cause.
Ainsi, selon l'article L. 112-16 du Code de la construction et de l'habitation : «les dommages causés aux occupants d'un bâtiment par des nuisances dues à des activités agricoles, industrielles, artisanales, commerciales ou aéronautiques (ajouté par la loi 2003-590), n'entraînent pas droit à réparation lorsque le permis de construire afférent au bâtiment exposé à ces nuisances a été demandé ou l'acte authentique constatant l'aliénation ou la prise de bail établi postérieurement à l'existence des activités les occasionnant dès lors que ces activités s'exercent en conformité avec les dispositions législatives ou réglementaires en vigueur et qu'elles se sont poursuivies dans les mêmes conditions ».
Pour s'appliquer, la théorie exige la réunion de trois conditions cumulatives :
- l'activité doit être antérieure à l'installation de la victime ;
- l'activité doit être exercée en conformité avec la loi (activités en conformité avec les dispositions législatives ou réglementaires en vigueur) ;

- l'activité doit être exercée dans des conditions toujours identiques. En d'autres termes, l'activité ne doit pas s'être développée de façon à développer les nuisances elles-mêmes (v. par ex. pour des activités s'étant aggravées : Civ. 2e, 7 nov. 1990,n° 89-16.241,RCA 1991, comm. n° 58 : à propos d'une porcherie dont le nombre de bêtes était passé de 20 à 400 après l'installation du voisin ; Civ. 2e, 3 févr. 1993,n° 91-14.715,RCA 1993, comm. n° 160 : à propos d'une blanchisserie industrielle dont les nuisances acoustiques s'étaient aggravées. Civ. 2e, 29 nov. 1995,n° 93-18.036, Bull. Civ. II, n° 298 : à propos de l'exploitation d'une carrière d'argile ayant transformé l'environnement d'un immeuble en retournant le sol et créant un talus de nature à affecter les conditions d'habitation de la maison située en pleine campagne et ayant une vocation de résidence secondaire).
Cette disposition a fait l'objet d'une QPC (Cons. const., 8 avr. 2011, RCA 2012, comm. n° 267). Mais, le Conseil constitutionnel a estimé que le texte ne méconnaissait ni le principe de responsabilité, ni les droits et obligations qui résultent des articles 1 à 4 de la Charte de l'environnement.
À noter : il n'y a exonération de l'entreprise pour « préoccupation des lieux » que lorsqu'il s'agit de bâtiments et non de terrains. Par conséquent, il peut y avoir lieu à responsabilité à l'occasion de l'acquisition d'une parcelle de terrain non bâtie, postérieurement à l'existence d'une installation polluante.

5 ▪ La responsabilité contractuelle lors d'une cession d'un site industriel ou d'un terrain pollué soumise à autorisation

5657. Selon l'article L. 514-20 du Code de l'environnement : « Lorsqu'une installation soumise à autorisation ou à enregistrement a été exploitée sur un terrain, le vendeur de ce terrain est tenu d'en informer par écrit l'acheteur ; il l'informe également, pour autant qu'il les connaisse, des dangers ou inconvénients importants qui résultent de l'exploitation.
Si le vendeur est l'exploitant de l'installation, il indique également par écrit à l'acheteur si son activité a entraîné la manipulation ou le stockage de substances chimiques ou radioactives. L'acte de vente atteste de l'accomplissement de cette formalité.
À défaut, l'acheteur a le choix de poursuivre la résolution de la vente ou de se faire restituer une partie du prix ; il peut aussi demander la remise en état du site aux frais du vendeur, lorsque le coût de cette remise en état ne paraît pas disproportionné par rapport au prix de vente ».
Cette disposition fait donc peser sur le vendeur :
- une obligation d'information écrite de l'acheteur sur l'activité qui a eu lieu sur ce site ;
- une obligation d'information des dangers et inconvénients pouvant en résulter pour autant qu'il les connaisse.
Si cette obligation d'information n'est pas respectée, le vendeur peut être contraint de remettre en état le site, à la condition que le coût de la dépollution du sol ne soit pas disproportionné par rapport au prix de vente. Cette solution n'est pas automatique : l'acheteur doit opter pour cette solution qui n'est qu'une sanction parmi celle de la résolution ou de la diminution du prix de vente. Pour les autres terrains ou sites non soumis à autorisation ou à enregistrement, ou si le coût de la dépollution est disproportionné, des actions peuvent être engagées sur le fondement des règles classiques du droit civil :
- actions relatives aux vices du consentement : le dol (C. civ., nouvel art. 1137, anc. art. 1116) ou l'erreur (C. civ., nouveaux 1132 et 1133, anc. art. 1110) aboutissant à une nullité du contrat ;
- action en garantie des vices cachés (C. civ., art. 1641) aboutissant à une restitution ou une diminution du prix.
À noter :
La reprise de sites ou d'exploitations industriels pollués par le précédent exploitant ne saurait exonérer le nouvel acquéreur de la responsabilité résultant de l'état de ces sites,

car la pratique de l'audit d'environnement, avec étude du sol et du sous-sol, est de plus en plus répandue. L'acheteur devra donc prendre soin de prévoir dans le contrat de vente une clause de garantie du passif environnemental à la charge du vendeur ou au moins, une clause d'indemnisation.
En pratique, ce sont surtout les sites dits « orphelins », ceux dont l'exploitant pollueur a disparu ou demeure inconnu ou n'est pas identifiable ou dont la responsabilité est prescrite, qui posent problème car il y a une impossibilité juridique à obtenir réparation.

B ▪ Recevabilité de l'action en responsabilité civile du fait des atteintes à l'environnement

1 ▪ L'atteinte à un intérêt personnel

5658. Dès l'instant qu'une personne se prévaut d'un préjudice personnel, elle dispose de la possibilité d'obtenir la réparation de son préjudice corporel, matériel ou immatériel. Si tel est le cas, la victime peut demander une réparation en nature ou à défaut, par équivalent. Bien souvent, cette réparation nécessite une intervention sur l'élément naturel afin de faire mettre fin à la source de son préjudice.
Il ne s'agit pas pour autant ici de prendre en charge le préjudice écologique pur. L'intervention sur le milieu naturel a uniquement pour but d'assurer une réparation en nature à la personne. À défaut, la réparation se transformera en réparation par équivalent.
Les personnes physiques peuvent être lésées dans:
- leur intégrité physique;
- leurs biens qu'il s'agit de remettre en état ;
- leur intérêt financier (préjudices économiques à la suite des dommages physiques ou matériels ou directement à la suite de l'atteinte à l'environnement).

Des personnes morales peuvent également subir un préjudice. Il en est ainsi pour les entreprises industrielles ou commerciales, voisines de l'auteur du dommage et qui demanderont réparation du préjudice subi sur leurs biens (préjudice matériel) ou du préjudice économique qu'elles éprouvent, du fait par exemple de l'immobilisation qu'elles ont dû observer dans leur activité pendant un certain temps. On peut citer par exemple la situation de certains centres commerciaux qui ont dû évacuer leur clientèle et fermer leurs portes pendant quelques jours pour permettre l'exécution de travaux de nettoyage et assainissement des sols et l'évaporation de substances nocives.
En revanche, traditionnellement, le préjudice écologique pur n'était pas réparable, car la nature n'appartenant à personne (*res nullius*), personne ne pouvait agir en réparation de ce chef.
Les associations de défense de l'environnement intentaient néanmoins des actions civiles en faisant valoir un préjudice personnel mais qui satisfaisaient peu à l'exigence du caractère personnel de l'action.
Dans un deuxième temps, certaines associations ont reçu des habilitations spéciales pour défendre cet intérêt collectif et demander réparation, tout comme certaines personnes publiques.

2 ▪ Élargissement de l'intérêt à agir

a - Frais d'intervention

5659. Les personnes amenées à intervenir à l'occasion d'opérations de lutte, nettoyage ou restauration des sites sinistrés, et ayant de ce fait exposé des dépenses, peuvent-elles en demander remboursement ?

Toute personne intervenant spontanément, de sa propre initiative, dans ce genre d'opérations sera considérée comme s'inscrivant dans le cadre de la « gestion d'affaires » et, à ce titre, pourra bénéficier de la part de l'auteur du dommage (le « maître d'affaires »), d'une réparation de ses propres dommages le cas échéant et d'un remboursement de ses frais directement exposés si la gestion d'affaires est reconnue utile (à l'exception d'une rémunération quelconque, compte tenu du bénévolat qui caractérise ce type de situation). Mais « les initiatives individuelles isolées s'avèrent le plus souvent inutiles, voire néfastes, faute de coordination, d'expérience et de discipline » (M. Rémond-Gouilloud, Du droit de détruire, Essai sur le droit de l'environnement, PUF, 1989, n° 48).
Ce sont donc des entreprises spécialisées, et rémunérées, qui seront appelées à intervenir sur les sites pour les dépolluer ou, en urgence, les personnes publiques. En principe, ces dernières interviennent gratuitement, selon le principe de la gratuité du service public. Quelques textes légaux leur permettent néanmoins d'obtenir du responsable de la pollution le remboursement des frais exposés pour y remédier. Il en est ainsi, notamment, en matière :
- de pollution de l'eau (C. envir., art. L. 211-5) ;
- d'accident ou d'incident survenu ou susceptible de survenir dans une installation classée (C. envir., article L. 514-7) ;
- de protection de l'environnement lorsqu'une infraction a été commise et que l'Agence de l'environnement et de la maîtrise de l'énergie (ADEME), le Conservatoire de l'espace littoral, les agences de l'eau, et la Caisse nationale des monuments historiques sont intervenus (C. env., art. L. 132-1).
Par ailleurs, la loi n° 2008-757 du 1er août 2008 a introduit l'article L. 142-4 dans le Code de l'environnement permettant aux collectivités territoriales et à leurs groupements d'exercer les droits reconnus à la partie civile en ce qui concerne « les faits portant un préjudice direct ou indirect au territoire sur lequel ils exercent leurs compétences et constituant une infraction aux dispositions législatives relative à la protection de la nature et de l'environnement ainsi qu'aux textes pris pour leur application ».
À noter : s'agissant d'une action civile, celle-ci est soumise aux règles du droit de la responsabilité civile de droit commun, et non pas aux règles de police spéciale encadrant la prévention et la réparation des dommages causés à l'environnement tels que prévus par la directive 2004/35/CE et transposée cette même loi.

b - Intérêts collectifs défendus par les associations

5660. Les associations de défense de l'environnement sont très nombreuses. Elles jouent un rôle d'interlocuteur des pouvoirs publics (organes de consultation, de relais pour l'information et la formation des citoyens), éventuellement de gestion des espaces naturels protégés, d'expertise en matière de problèmes d'environnement. Dans un premier temps, la jurisprudence s'est refusée à leur reconnaître un droit d'agir en justice pour manque de préjudice suffisamment personnel. Le cas est patent en matière de préjudice écologique pur. Les associations peuvent-elles être considérées comme des victimes personnelles de tels dommages ?
Avec la loi Barnier, les associations agréées de protection de l'environnement ont obtenu une habilitation générale leur permettant d'exercer « les droits reconnus à la partie civile, en ce qui concerne les faits portant un préjudice direct ou indirect aux intérêts collectifs qu'elles ont pour objet de défendre et constituant une infraction aux dispositions législatives relatives à la protection de la nature et de l'environnement, à l'amélioration du cadre de vie, à la protection de l'eau, de l'air, des sols, des sites et paysages, à l'urbanisme ou ayant pour objet la lutte contre les pollutions et les nuisances » (C. env., art. L. 142-2).
Les conditions du texte sont strictes : l'utilisation du terme « partie civile », ne rend possible l'action qu'en cas d'infraction pénale.

Néanmoins, il existe une tendance jurisprudentielle favorable à l'action des associations se traduisant par :
- l'admission de la recevabilité de l'action d'associations non agréées, à la condition de prouver la lésion d'un intérêt dans leur patrimoine ou, le plus souvent, d'intérêts moraux défendus par l'association. Ainsi, la Cour de cassation a-t-elle posé le principe qu'« une association peut agir en justice au nom d'intérêts collectifs dès lors que ceux-ci entrent dans son objet social » (Civ. 2e, 5 oct. 2006,n° 05-17.602) ;
- l'admission de recevabilité de l'action des associations, en l'absence de toute infraction pénale, dès lors que les agissements délictuels portent atteinte à son objet social (Civ. 2e, 16 nov. 2006,n° 05-19.062 ; Civ. 2e, 7 déc. 2006,n°05-20.297; Civ., 3e, 26 sept. 2007, n° 04-20.636).

3 ▪ Reconnaissance du préjudice écologique pur

a - La notion de préjudice écologique pur

5661. Le préjudice écologique pur peut se définir comme le dommage causé au milieu naturel lui-même - air, eau, sol, faune, flore - en tant que tel. *A priori*, il s'agit le plus souvent de biens non appropriés, encore appelés *res nullius* ou *res communis*.
Un auteur le définit comme le « dommage causé à la nature sauvage non appropriée [...] ou aux intérêts de la collectivité par l'intermédiaire du milieu récepteur - air, eau, sol - indépendamment de la lésion d'un intérêt humain [...] [il s'agit] d'une extension géographique de la notion de trouble anormal de voisinage. L'atteinte grave aux milieux naturels (faune, flore, écosystèmes) caractérise le dommage écologique » (Ph. Ch.-A. Guillot, Droit de l'environnement, Ellipses, 2010, 294).
Sa reconnaissance soulève plusieurs problèmes : son périmètre, ses modalités de réparation, l'identification du responsable, la preuve du lien de causalité.
C'est pour la première fois à propos de boues rouges déversées en mer par un industriel italien, la Sté Montedison, que les tribunaux énoncent le principe d'une responsabilité pour incidences écologiques d'un rejet (TGI Bastia, 8 déc. 1976, D. 1977. Chron. 427).
Dans l'optique d'une sanction infligée au pollueur, il existe tout un arsenal de textes au nombre desquels figure la taxe sur les activités polluantes (TGAP – pollutaxe : issue en 1999 de la fusion des écotaxes perçues auparavant par l'ADEME et élargie en 2001 aux consommateurs intermédiaires. Affectée en 2004 au budget de l'État, elle est constituée de 8 composantes en 2006).
Par ailleurs, on l'a vu, les normes techniques à respecter, les procédures de management ou d'audit environnemental auxquelles peuvent adhérer les entreprises se sont multipliées. Et le législateur lui-même a posé le principe dans la Charte de l'environnement « du droit de chacun de vivre dans un environnement équilibré et respectueux de la santé ».
Les prises de position répétées des mouvements écologistes, les travaux conduits par l'Union européenne, les réflexions de philosophes tels que Luc Ferry (Le nouvel ordre écologique, L. G. F, 2002) ou Michel Serres (Le contrat naturel, Julliard, 2004) ont également sensibilisé l'opinion publique nationale et internationale aux menaces de toutes sortes pesant sur la planète.
L'idée s'est alors imposée : au-delà des dommages immédiats et directs causés à des tiers, le dommage subi par l'environnement pouvait et devait être évité ou alors être réparé.

b - Reconnaissance jurisprudentielle

5662. En dehors de toute habilitation légale, certaines personnes se sont vues reconnaître la possibilité d'agir en réparation du préjudice écologique pur.
Si cette notion a été consacrée (car porté pour la première fois devant la Cour de cassation) et médiatisée par l'affaire Erika (en raison de l'enjeu écologique et financier : montant glo-

bal des indemnités de 200 millions d'euros), elle n'est néanmoins pas totalement nouvelle et des réparations pour le préjudice écologique pur étaient déjà octroyées dans les années 1980. Afin de respecter la condition du caractère personnel du préjudice, les juges se fondaient sur l'existence d'un préjudice moral subi par les associations de protection de l'environnement, notamment par rapport aux actions de prévention menées par les associations et dont les effets étaient anéantis du fait de la pollution (ex : Civ. 1re , 16 nov. 1982, Bull. civ., I, n° 331 : constitue un préjudice moral pour l'association de la ligue de protection des oiseaux la destruction d'un rapace par les chasseurs, qualifié de «préjudice moral direct personnel en liaison avec le but et l'objet de ses activités ». V. également en ce sens : CA Pau, 17 mars 2005, n° 00/400632 ; CA Aix en Provence, 13 mars 2006, n428/M/2006).
Certaines admettaient même la réparation d'un préjudice écologique pur, sans passer par le truchement du préjudice moral (tendance que l'on peut observer chez certains juges du fond dès 1988 : T. corr. Brest, 4 novembre 1988, n° 2463/88 ; T. corr. Libourne, 29 mai 2001, n° 00/010957 ; CA Bordeaux, 15 Février 2005, n°04/00578 ; 13 janvier 2006, n° 05/00567 ; TGI Narbonne, 4 octobre 2007, D. 2007, AJ, p. 2731).
Pour ce faire, les juges se fondaient alors sur la mission spéciale de défense de l'environnement dévolue à certaines personnes.
C'est ce même fondement qui est repris dans l'affaire Erika, les juges ayant estimé qu'en fonction de l'objet de l'association ou de la mission de la collectivité territoriale, celles-ci avaient le droit de demander réparation du préjudice écologique pur sur le fondement du droit commun (v. le jugement du tribunal correctionnel de Paris dans l'affaire Erika très bien motivé sur ce point : T. corr. Paris, 16 janv. 2008, D. 2008. 2681, RCA 2008, focus n°6. Pour mémoire, il s'agissait d'un navire affrété par l'entreprise Total et qui s'est échoué au large des côtes bretonnes en décembre 1999 causant une importante marée noire).
Ainsi, comme la jurisprudence antérieure le laissait entrevoir, la coïncidence entre la spécialité de l'objet social de l'association ou de la mission de la collectivité territoriale, et la spécificité de l'atteinte portée à l'environnement permet de dépasser l'écueil du défaut de caractère personnel du préjudice.
Le juge consacre alors le droit d'agir pour réparation du préjudice écologique des associations de protection de l'environnement et des collectivités territoriales en fonction de leur spécialité.
Ils ont ainsi estimé qu'en fonction de l'objet de l'association ou de la mission de la collectivité territoriale, celles-ci ont le droit de demander réparation du préjudice écologique pur sur le fondement du droit commun. Dès lors, pour les associations, seule la Ligue de protection des oiseaux, a obtenu réparation pour préjudice écologique pur parce qu'il s'agit de la seule association à avoir démontré en quoi la mort de milliers d'oiseaux mazoutés portaient atteinte à son objet statutaire (protection des oiseaux et des écosystèmes dont ils dépendent). Les autres associations ont vu leurs demandes rejetées, faute d'avoir démontré le lien entre leur objet statutaire et les atteintes à l'environnement.
Concernant les collectivités territoriales, elles doivent, d'une part, démontrer avoir une compétence spéciale en la matière (les régions n'ont pas de compétence spéciale en la matière, mais les départements disposent de cette compétence), et d'autre part, une atteinte effective aux espaces naturels qu'elles ont en charge. Ex : rejet de la demande du département du Finistère qui n'a pas apporté la preuve que les espaces géographiques dont elle avait la charge avaient été affectés par cette pollution (solution inverse pour le Morbihan).
Cette reconnaissance de l'existence d'un préjudice écologique pur a, ensuite, été confirmée par la Cour d'appel de Paris le 30 mars 2010 qui l'a défini comme un « préjudice objectif, autonome, [qui] s'entend de toute atteinte non négligeable à l'environnement naturel, à savoir, notamment, l'air, l'atmosphère, l'eau, les sols, les terres, les paysages, les sites naturels, la biodiversité et l'interaction entre ces éléments, qui est sans répercussion sur un intérêt humain particulier mais affecte un intérêt collectif légitime ». Sur l'intérêt à agir, la Cour rappelle que les personnes morales de droit public ne sont pas exclues de l'action

civile et que leur action est recevable au titre du préjudice objectif que constitue le préjudice écologique pur (V. désormais l'action qui leur est reconnue par l'article L. 142-4 du C. env.). Dès lors, les collectivités territoriales peuvent le revendiquer dès l'instant qu'il leur est personnel.
Quant à l'appréciation de ce dernier, la Cour s'est fondée sur des éléments différents en fonction de la personne agissant et s'est montrée plus souple que le tribunal correctionnel. Ainsi, pour les communes, elle retient comme critères l'espace entre les plus basses et les plus hautes mers touchées, l'importance de la marée noire sur les lieux, leur vocation maritime et leur population. Pour les autres collectivités territoriales, c'est l'importance de la pollution subie par leurs rivages, l'orientation plus ou moins maritime de leur activité et leur population. Enfin, pour les associations, sont retenus le nombre d'adhérents, la notoriété et la spécificité de leur action afin d'apprécier l'atteinte portée à leur objet social, qualifié d'atteinte « à des valeurs fondant l'identité de la victime » (CA 30 mars 2010, 11e ch., n° 08/02278).
L'arrêt a fait l'objet d'un pourvoi en cassation et l'avocat général avait conclu dans le sens d'une cassation sans renvoi, remettant notamment en cause le préjudice écologique pur qui, selon lui, ne présentait pas les caractéristiques d'un préjudice indemnisable.
Ses conclusions ne sont, néanmoins, pas suivies par la Chambre criminelle de la Cour de cassation qui rejette le pourvoi le 25 septembre 2012 (Crim. 25 sept. 2012, n° 10-82.938, Ph. Delebecque, l'arrêt Erika : un grand arrêt de droit pénal, de droit maritime ou de droit civil ? D. 2012. 2711 ; L. Bloch, Ma très « cher » Erika, RCA 2012, comm. n° 329 ; K. Le Couviour, Erika : l'arrêt salvateur, JCP 2012. 1243 ; M. Boutonnet, L'Erika : une vraie-fausse reconnaissance du préjudice écologique, Environnement 2013, étude 9 ; M. Bacache, Quelle réparation pour le préjudice écologique, Environnement 2013, étude 10 ; L. Neyret, le préjudice écologique : un levier pour la réforme du droit des obligations, D. 2012. 2673 ; V. Ravit et O. Sutterlin, Réflexions sur le destin du préjudice écologique « pur », D. 2012. 2675).
La reconnaissance prétorienne du préjudice écologique est ainsi consacrée (V. F. Nési, Etat de la jurisprudence après l'Erika, Environnement 2012, dossier 3).

c - Reconnaissance légale

5663. Une première proposition de loi visant à inscrire la notion de préjudice écologique dans le Code civil avait été déposée au Sénat le 23 mai 2012 et adopté le 16 mai 2013. Transmise à l'Assemblée Nationale, elle avait pour objet d'insérer un article 1382-1 dans le Code civil donnant un fondement juridique incontestable au préjudice écologique et à son indemnisation. Il serait ainsi rédigé : « Art. 1382-1 : Tout fait quelconque de l'homme qui cause un dommage à l'environnement, oblige celui par la faute duquel il est arrivé à le réparer. La réparation du dommage à l'environnement s'effectue prioritairement en nature ». Une proposition de loi rédigée en termes identiques a été déposée à la présidence de l'Assemblée Nationale le 23 janvier 2013.
Ces propositions s'inscrivent comme indiqué dans l'exposé de leurs motifs « dans la continuité des propositions formulées par la Commission environnement du Club des juristes dans son rapport intitulé : « Mieux réparer le dommage environnemental » (Y. Aguila (ss dir.), janv. 2012) et rendu public le 15 mars 2012 (V. JCP G 2012, 531, Mot de la Semaine par Y. Aguila et sa vidéo : www.lexisnexis.fr. – V. aussi L. Neyret et G. J. Martin, De la nomenclature des préjudices environnementaux : Resp. civ. et assur, alerte 13 ; JCP G 2012, act. 567).
Le texte était néanmoins perfectible. Il serait, par exemple, souhaitable que la notion d'environnement ou de dommage à l'environnement, soit définie plus précisément afin d'éviter des difficultés d'application.
Bon nombre d'auteurs préconisent également la mise en place d'un fonds pour la protection de l'environnement, pour « faciliter la réparation en nature du dommage, voie privilégiée de réparation ». Mais le financement de ce dernier interroge : devra-t-on appliquer le

principe du pollueur-payeur et condamner aussi ce dernier à contribuer au financement du fonds ? Cette mesure ne devrait-elle pas alors s'inscrire dans le Code pénal, afin que le fonds puisse se constituer partie civile ?
La Chancellerie a alors missionné une groupe experts, présidé par le professeur Yves Jegouzo afin de réfléchir à l'ensemble de ces questions. Le rapport, remis le 13 septembre 2013, commence par donner une définition précise du préjudice écologique qui « résulte d'une atteinte anormale aux éléments et aux fonctions des écosystèmes ainsi qu'aux bénéfices collectifs tirés par l'homme de l'environnement ».

5664. Le rapport (consultable sur : http://www.justice.gouv.fr/art_pix/1_rapport_prejudice_ecologique_20130914.pdf) fait dix propositions dont :
- la création d'une haute autorité environnementale qui aurait "une mission d'évaluation, de régulation et de vigilance quant à la prévention et à la réparation des dommages causés à l'environnement". Les auteurs du rapport la souhaitent "indépendante", c'est-à-dire hors tutelle du ministère de l'écologie et du développement durable ;
- la modulation des sanctions financières. Schématiquement, les pollueurs "par accident" verseraient des dommages et intérêts en réparation du préjudice commis. En revanche, ceux qui polluent de manière intentionnelle, espérant en tirer un gain ou un profit (polluer coûtant bien souvent moins cher que respecter la réglementation) pourraient être condamnés à une amende civile. Son montant ne pourrait pas excéder 2 millions d'euros pour une personne physique. Mais elle pourrait être portée, pour les entreprises (et notamment les multinationales) à « 10 % du montant du chiffre d'affaires (hors taxes) le plus élevé, réalisé au cours d'un des exercices clos depuis l'exercice précédant celui au cours duquel la faute a été commise ». Les sommes pourraient donc être considérables afin d'avoir un véritable effet dissuasif ;
- la création d'un fonds de réparation environnementale alimenté par les sommes précédemment envisagées. La gestion de ce fonds pourrait être confiée à la Caisse des dépôts et consignations ;
- l'élargissement de la notion de "class action" à l'environnement, afin que des particuliers puissent se mobiliser solidairement contre une pollution majeure, type marée noire.

Ce rapport devrait servir de base à une consultation la plus large possible des parties prenantes. Quand cette consultation sera achevée, le ministère de la justice devrait présenter un projet de loi en conseil des ministres courant de l'année 2014 (sur ce rapport, V. Billet, Préjudice écologique : les principales propositions du rapport Jégouzo, Environnement 2013, alerte n° 187 ; S. Moracchini-Zeidenberg, RCA 2013, alerte n° 30).
Le 16 mars 2016, l'Assemblée Nationale a adopté un amendement approuvant l'inscription du préjudice écologique au sein du Code civil lors de la deuxième lecture du projet de loi sur la biodiversité.
Le projet de loi propose d'insérer l'article 1386-19-1 (nouvelle numérotation) définissant le préjudice écologique ainsi : « Indépendamment des préjudices réparés suivant les modalités du droit commun, est réparable, dans les conditions prévues au présent titre, le préjudice écologique résultant d'une atteinte non négligeable aux éléments ou aux fonctions des écosystèmes ou aux bénéfices collectifs tirés par l'homme de l'environnement. »
L'utilisation des termes « atteinte non négligeable » à l'environnement se rapproche des termes utilisés par la chambre criminelle de la Cour de cassation dans l'arrêt Erika du 25 septembre 2012(n° 10-82. 938, arrêt précit.). L'action en réparation du préjudice écologique serait ouverte à l'État, au ministère public, à l'Agence française pour la biodiversité, aux collectivités territoriales et à leurs groupements dont le territoire est concerné, ainsi qu'à toute personne ayant qualité et intérêt à agir. Dans le cadre de l'examen en deuxième lecture du projet de loi sur la biodiversité, la commission Développement durable du Sénat

a adopté le 4 mai 2016, un amendement qui restreint l'action en réparation du préjudice écologique aux acteurs institutionnalisés.

C ▪ L'appréciation du lien de causalité

5665. La réparation des dommages dus à des atteintes à l'environnement suppose bien entendu d'apporter la preuve du lien de causalité entre l'atteinte à l'environnement et le dommage subi (par une victime ou par l'environnement lui-même dans l'hypothèse du préjudice écologique pur).
L'établissement de ce lien de causalité est rendu parfois difficile en raison :
- du caractère diffus de l'atteinte ;
- de la pluralité de causes qui créent l'atteinte mais sans qu'aucune d'entre elles, prise isolément, puisse être considérée comme cause exclusive du dommage (pollution par synergie.) Ex : des effluents industriels dont aucun n'est en soi dommageable peuvent, du fait de leur conjonction, causer une atteinte à l'environnement.
Rappel : La pluralité d'auteurs d'un dommage n'empêche pas de demander réparation de l'intégralité à l'un d'entre eux, conformément au principe de responsabilité *in solidum* dégagée par la jurisprudence, à charge pour celui qui a indemnisé la victime de se retourner contre les coauteurs (TGI Bordeaux, 28 févr. 1968, JCP 1970. II. 16529, à propos d'un pisciculteur dont l'élevage avait été détruit par les effluents d'un industriel et d'une commune située en amont).
La loi vise parfois expressément cette responsabilité solidaire, comme par exemple l'article L. 541-23 du Code de l'environnement concernant le traitement des déchets, : « Toute personne qui remet ou fait remettre des déchets appartenant aux catégories visées à l'article 9 (déchets présentant des risques lors de leur élimination) à tout autre que l'exploitant d'une installation d'élimination agréée, est solidairement responsable avec lui des dommages causés par les déchets ».

5666. Face aux difficultés de preuve, la jurisprudence peut faire appel aux présomptions de fait pour retenir un lien de causalité entre l'origine du dommage et celui-ci. C'est ainsi qu'elle a été amenée à retenir la responsabilité d'une usine située dans la vallée pour la destruction d'abeilles dont les ruches étaient situées à 1 600 mètres d'altitude, au motif que les abeilles descendent au printemps butiner dans la vallée et que la mort des abeilles ne pouvait s'expliquer que par une intoxication due au fluor déposé sur les fleurs (TGI Albertville, 26 août 1975, JCP 1976. II. 18384 ; p. Thieffry, La casualité, enjeu ultime de la responsabilité environnementale et sanitaire, Environnement 2013, étude n° 18).

D ▪ Évaluation du préjudice

1 ▪ Évaluation des dommages causés aux tiers

5667. Les dommages aux tiers dus aux atteintes à l'environnement sont pour l'essentiel des dommages de même nature que ceux dus à d'autres faits générateurs :
- dommages corporels : atteinte à l'intégrité physique des personnes, notamment lésions, intoxications, etc. ;
- dommages matériels : détérioration ou dénaturation de choses mobilières ou immobilières (installations industrielles, immeubles, terrains, plantés ou non), ou de substances, atteinte physique à des animaux ;

- préjudices économiques consécutifs aux dommages ci-dessus ou non (perte de chiffre d'affaires liée à la baise de fréquentation des lieux par exemple) ou inconvénients résultant d'un trouble de voisinage.

2 ▪ Évaluation des dommages écologiques purs reconnus par le juge

5668. Dans l'affaire Érika, le Tribunal correctionnel et la Cour d'appel de Parise avaient établi une nomenclature des différents postes de préjudice, afin de déterminer le plus précisément possible le coût environnemental.
Le juge civil dispose de larges moyens pour indemniser les victimes et faire cesser la pollution, mais, en matière d'installations classées, il ne peut ordonner des mesures allant à l'encontre de celles ordonnées par le Préfet.
Devront également s'ajouter dans certains cas, les frais nécessités par une intervention d'urgence en vue d'empêcher la réalisation imminente ou l'extension de dommages constatés.
Enfin, la mise en œuvre des réparations repose pour l'instant (v. proposition d'un fonds de garantie) sur un principe de libre-disposition de la réparation (c'est-à-dire des dommages et intérêts alloués). Ce principe ne pose pas de problème en matière de préjudice personnel, mais en matière de préjudice écologique pur, les personnes qui reçoivent les dommages et intérêts doivent les utiliser pour réparer la nature (risque d'enrichissement sans cause). Il serait envisageable que le juge affecte la réparation à une mesure de réparation spécifique.
V. F.-G. Trébulle, Quelle prise en compte pour le préjudice écologique après l'Érika, RCA 2013, étude 9.

§ 2 ▪ La loi responsabilité environnementale n° 2008- 757 du 1er août 2008 (LRE)

A ▪ Genèse de la responsabilité environnementale

5669. Les réflexions dans l'Union européenne sur l'élaboration d'un régime de responsabilité civile pour atteintes à l'environnement sont anciennes. Elles se sont matérialisées en mai 1993 par un livre vert, suivi d'un livre blanc en février 2000 sur la responsabilité civile pour atteintes à l'environnement (Doc. Comm. CE, n° 66 final, 9 févr. 2000).
La Commission a invité le Parlement européen, le Conseil, le Comité économique et social et l'ensemble des parties intéressées à examiner ce document et à faire parvenir leurs observations avant le 1er juillet 2000. L'objectif était de susciter le débat sur la pertinence des différentes solutions envisageables parmi lesquelles figuraient l'adhésion de l'Union européenne à la Convention de Lugano, la mise en place d'un cadre juridique couvrant exclusivement les effets transfrontaliers d'atteintes à l'environnement ou encore l'établissement d'un régime juridique uniforme de responsabilité civile environnementale dans l'Union européenne. Cette dernière solution a été considérée comme la plus opportune par la Commission et a abouti le 25 janvier 2002 à une proposition d'une directive sur la responsabilité environnementale, adoptée le 21 avril 2004 (directive 2004/35/CE JOUE 30 avr. 2004. n° L 143).
Les objectifs poursuivis sont de trois ordres :
- intégrer les principes de pollueur-payeur et de prévention en rendant le pollueur responsable du dommage qu'il a causé ;

- s'assurer de l'effectivité des mesures prises à l'encontre du pollueur en vue de la décontamination, de la restauration et du rétablissement de l'environnement ;
- renforcer le cadre législatif environnemental dans l'Union européenne par la mise en place d'un régime de responsabilité harmonisé concernant le dommage environnemental, réduisant en conséquence les distorsions de concurrence entre les marchés.
La directive a ainsi un champ d'application limité à certaines activités et à la réparation des dommages causés aux ressources naturelles, déjà protégées par le droit communautaire. Il est également prévu que ce régime n'aura pas d'effet rétroactif, les atteintes à l'environnement résultant du passé relevant de la compétence des États membres.
La loi n° 2008-757du 1er août 2008 (JO 2 août), dite loi sur la responsabilité environnementale (LRE) et son décret d'application du 23 avril 2009 (Décr. n° 2009-458, JO 26 avr.), transposent en droit français les dispositions de cette directive (avec retard, la directive devant être transposée avant le 30 avril 2007). Elle est codifiée aux articles L. 160-1 et suivants du Code de l'environnement (Titre VI intitulé « Prévention et réparation de certains dommages causés à l'environnement ») tandis que le décret prend corps aux articles R. 160-1 et suivants.
Sur la loi : V. L. Fonbaustier, Les nouvelles orientations du principe de responsabilité environnementale sous la dictée du droit communautaire, JCP 2008, actualités 544 ; C. Lafontaine, Environnement, le pollueur sera le payeur, La tribune de l'assurance 2008, n° 123. 47 ; I. d'Archimbaud, Loi sur la responsabilité environnementale : de nouveaux risques à assurer, Lamy Assurances 2009, bull. act., B.
À noter : sorte de régime transversal, celui-ci a un champ d'application large mais non exclusif. Par conséquent, la reconnaissance jurisprudentielle de la réparation du préjudice écologique pur sur le fondement du droit commun garde tout son intérêt.
La directive et sa transposition ont pour objet d'établir un cadre pour la prévention et la réparation de dommages environnementaux précisément définis sur le fondement d'une responsabilité environnementale spécifique, dont les ressorts sont distincts de ceux de la responsabilité civile. Ainsi, en cas de dommages causés à l'environnement ou de menace imminente de dommage, ce sont des autorités compétentes qui agissent directement ou à la demande d'une « entité qualifiée ».

B ▪ Principes généraux de la responsabilité environnementale

5670. À noter : la directive Natura 92/43/CEE, du 21 mai 1992 (JOCE 22 juill. n° L206), relatif à la conservation des habitats naturels ainsi que de la flore et de la faune sauvage au maintien de la biodiversité dans les états membres, a influencé les réflexions qui ont abouti à la notion de « dommage environnemental » au sens large tel qu'il est défini dans la directive n° 2004/35/CE du 21 avril 2004 en matière de responsabilité et repris dans la loi du 1er août 2008.

1 ▪ Définition du dommage environnemental

5671. Le régime de la responsabilité environnementale, tel qu'il ressort des articles L. 160-1 et suivants du Code de l'environnement, vise la réparation des dommages environnementaux spécifiquement définis par référence à quatre catégories de dommages :
- dommages aux espèces et habitats naturels protégés ainsi que des sites de reproduction. Il s'agit de tout dommage qui affecte gravement la constitution ou le maintien d'un état de conservation favorable des espèces et habitats naturels protégés par la législation européenne (directives « oiseaux sauvages », 1979, et « habitats naturels », 1992, qui créent les zones Natura 2000) ;

- dommages affectant les eaux : tout dommage qui affecte de manière grave et négative l'état écologique, chimique ou quantitatif ou le potentiel écologique des eaux de surface, souterraines ou côtières ;
- dommages affectant les sols : toute contamination des sols qui engendre un risque d'incidence grave sur la santé humaine du fait de l'introduction directe ou indirecte en surface ou dans le sol de substances, préparations, organismes ou micro-organismes (seul de gravité non défini) ;
- dommages affectant les services écologiques.

Ce dommage environnemental se conçoit indépendamment de toute notion de propriété et a, au sens de la loi, une définition légale limitative. C'est donc bien un dommage environnemental pur qui est réparé.

Par conséquent :
- tout dommage environnemental ne répondant pas à cette définition devra faire l'objet d'une réparation sur le fondement du droit commun ;
- la loi exclut de son champ d'application la réparation des dommages causés aux victimes par l'atteinte à l'environnement. Ceux-ci demeurent régis par le droit commun de la responsabilité civile (art. 3-3 de la directive : « Sans préjudice de la législation nationale pertinente, la présente directive ne confère aux parties privées aucun droit à indemnisation à la suite d'un dommage environnemental ou d'une menace imminente d'un tel dommage »).

La directive, et la loi de transposition, ne s'appliquent pas aux dommages environnementaux causés par :
- un conflit armé, des hostilités, une guerre civile, une insurrection ;
- un phénomène naturel de nature exceptionnelle, inévitable et irrésistible ;
- les pollutions maritimes relevant de l'application des conventions internationales sur le transport maritime ;
- les risques nucléaires ;
- les pollutions à caractère diffus, c'est-à-dire lorsqu'il n'est pas possible d'établir un lien de causalité entre des dommages et les activités des différents exploitants ;
- les activités liées à la défense nationale, à la sécurité internationale et à la protection contre les catastrophes naturelles.

2 ▪ Régimes

5672. Ce régime nouveau de responsabilité environnementale pèse sur l'exploitant qui s'entend de « toute personne physique ou morale, publique ou privée, qui exerce ou contrôle effectivement, à titre professionnel, une activité économique lucrative ou non lucrative » (C. env., art. L. 160-1).

L'article L. 160-1 du Code de l'environnement pose le principe de la prévention et de la réparation des dommages causés à l'environnement par l'activité de l'exploitant (définie C. env ., art. L. 161-7), sur la base du principe pollueur-payeur (principe déjà intégré en droit français), en instituant une prescription trentenaire dont le point de départ est « l'émission, l'événement ou l'incident ayant causé le dommage » (C. env., L. 161-5).

La responsabilité environnementale s'apprécie selon deux régimes distincts en fonction du type d'activité exercée. Le régime mis en place est donc un double régime combinant une responsabilité pour faute et sans faute pesant sur l'exploitant selon son type d'activité. Ainsi, les articles L. 162-1 et R. 162-1 du Code de l'environnement dressent-ils une liste d'activités réputées dangereuses (répertoriées par différentes directives) pour lesquelles s'appliquent une responsabilité sans faute. En substance, il s'agit, notamment, des opérations de gestion des déchets ; des rejets dans les eaux de surface ou dans les eaux souterraines ; des rejets dans l'air de substances dangereuses ; de la fabrication, l'utilisation, le stockage, le traitement, le conditionnement, le rejet de substances et de préparations dangereuses, de produits phytopharmaceutiques et biocides ; le transport de marchandises

dangereuses ou polluantes ; l'utilisation confinée ou la dissémination volontaire d'OGM dans l'environnement, etc.
Pour les autres activités professionnelles (non répertoriées comme dangereuses), l'article L. 162-1 du Code de l'environnement impose qu'une faute ou une négligence de l'exploitant soit prouvée. Et dans cette hypothèse, l'exploitant n'est responsable que pour les seuls dommages aux espèces et habitats naturels protégés, à l'exclusion des dommages aux sols et aux eaux.
La pollution par synergie est également envisagée par la loi. Ainsi, en cas de dommages causés par l'activité de plusieurs exploitants, un principe de répartition, à concurrence de la part prise par leurs activités respectives dans la probabilité ou la réalisation des dommages, est prévu (C. env., art. L. 162-17, 4).
S'agissant d'un régime de responsabilité, l'article L. 162-3 du Code de l'environnement prend la peine d'en rappeler les trois éléments constitutifs : le fait générateur, le dommage et le lien de causalité (C. env., art. L. 162-1).
Rappel : La pollution à caractère diffus ne peut faire l'objet d'une réparation sauf si un lien de causalité entre les dommages, ou leur menace, et les activités des différents exploitants est établi par le préfet, qui peut alors demander à l'exploitant les évaluations et informations nécessaires (C. env., art. L. 165-2, 2°).
La directive envisageait deux causes d'exonérations :
- la conformité à une autorisation administrative (le fonctionnement normal de l'usine, tel qu'autorisé par la réglementation, génère normalement une pollution) ;
- le risque de développement.
La première cause d'exonération n'est pas acceptée en droit français et n'a donc pas été retenue par la loi du 1er août 2008. En revanche, à l'instar de la responsabilité du fait des produits défectueux, le risque de développement a été retenu (C. env., art. L. 162-23).
Après indemnisation, l'exploitant dispose d'une action récursoire, contre les personnes responsables, pour récupérer le coût des mesures de prévention ou de réparation qu'il a engagées (C. env., art. L. 162-22), s'il prouve que le dommage ou sa menace imminente :
- est le fait d'un tiers, en dépit des mesures de sécurité appropriées ;
- résulte du respect d'un ordre ou d'une instruction d'une autorité publique non consécutif à une émission ou un incident causés par ses activités.
À noter :
- La loi est applicable aux seuls dommages causés par un événement survenu après le 30 avril 2007 et par une activité exercée ou continuant d'être exercée après cette même date (C. env., art. L. 161-5). En présence d'un dommage survenu après le 30 avril 2007, mais résultant d'une activité ayant pris fin avant, la loi n'est pas applicable (conditions cumulatives). Pour tous les dommages antérieurs, la réparation des dommages environnementaux, même s'ils répondent à la définition légale, ne pourra donc se faire que par la mise en œuvre du droit commun.
- Le délai de prescription est de trente ans (C. env., art. L. 161-4), le point de départ étant fixé au fait générateur du dommage.

C ▪ Les acteurs de la responsabilité environnementale

5673. Le premier acteur de la prévention et de la réparation est l'exploitant lui-même.
Ainsi, en cas de dommage ou d'imminence de dommage, il doit pendre sans délai et à ses frais en charge les mesures de prévention, de réparation, et de modération du dommage causé, en en informant l'autorité compétente (C. env., art. L. 162-3 et L. 162-4), c'est-à-dire le préfet du département du lieu du dommage ou de la menace.
C'est alors au préfet (éventuellement, concurremment avec l'exploitant) que revient la tâche d'évaluer la nature et les conséquences du dommage, et d'approuver les mesures de

réparation proposées par l'exploitant (C. env., art. L. 162-6 et L. 162-7.), mais aussi de les soumettre pour avis aux collectivités territoriales, aux établissements publics et aux associations de protection de l'environnement concernés (C. env., art. L. 160-10,).
Des pouvoirs de police administrative étendus sont conférés au préfet, plus encore en cas d'urgence (C. env., art. L. 162-13). En cas de résistance de l'exploitant, il peut mettre en œuvre, aux frais de l'exploitant, les mesures prescrites, la consignation et le recouvrement des sommes correspondant à ces dépenses étant prévus (C. env., art. L. 171-8). Pour obtenir le remboursement des dépenses, l'autorité compétente dispose d'un délai de cinq ans à compter de la date à laquelle les mesures ont été achevées ou de la date à laquelle l'exploitant a été identifié, la date la plus récente étant retenue (C. env., art. L. 162-21).
« Des entités qualifiées » peuvent, en cas d'urgence, et lorsque l'exploitant n'est pas immédiatement identifiable, « proposer » au préfet de procéder elles-mêmes aux mesures de prévention et de réparation, aux frais de l'exploitant (C. env., art. L. 162-15).
Les entités qualifiées désignent les collectivités territoriales, les groupements d'intérêt public (GIP), les associations de protection de l'environnement, les fondations, les syndicats professionnels, les propriétaires de biens affectés qui peuvent saisir le préfet d'une proposition d'intervention. Le préfet, saisi d'une telle demande, donnera une suite favorable ou non et pourra leur déléguer la réalisation des mesures de prévention ou de réparation.
À noter : En cas d'inaction du professionnel, seul le préfet, sur les dispositions du code de l'environnement, dispose du pouvoir d'agir contre le professionnel et exercer l'action en responsabilité s'il y a lieu. Les associations pourront lui demander d'exercer une telle action mais ne pourront pas agir en justice pour demander la réparation du préjudice environnemental (C. env., art. L.162-3 et s.).

D ▪ Modalités de réparation du dommage environnemental

5674. Rappel : Seul l'exploitant d'une activité dangereuse sera tenu de réparer l'ensemble des dommages composant le dommage environnemental au sens de la loi. En revanche, l'exploitant d'une activité qui n'est pas considérée comme dangereuse par les textes ne sera tenu de réparer que les dommages causés aux habitats et aux espèces protégés par le droit communautaire.

1 ▪ La réparation prévue par la loi Responsabilité environnementale

5675. En cas de responsabilité d'un exploitant, deux types de mesures peuvent être mises à sa charge (C. env., art. L.162-22 et s.) :
- des mesures de prévention ;
- des mesures de réparation.

La réparation du dommage environnemental peut prendre trois formes. La première, la réparation primaire, véritable réparation en nature, vise le retour au *statu quo ante* des ressources naturelles atteintes, en tenant compte des facultés de régénération naturelle : l'eau redevient pure, l'espèce protégée retrouve son habitat.
La deuxième, la réparation complémentaire, est utilisée à défaut de la première : il s'agit de recréer, sur un autre site, les ressources naturelles ou les services écologiques irrémédiablement détruits : une forêt est plantée pour compenser le fait qu'une autre ait été rendue inhospitalière pour la faune et la flore...
Ces mesures de réparation exigeant du temps pour produire leurs effets, une réparation compensatoire est prévue pour compenser ces pertes intermédiaires de ressources naturelles ou de services (troisième forme). Il est bien précisé que cette dernière mesure ne peut être pécuniaire (C. env., art. L. 162-9).

À noter :
- La directive n'exige pas la souscription d'une assurance, mais les États membres ont la possibilité de prévoir une obligation d'assurance ou un système de garantie financière. La loi française a effectué une transposition *a minima* et n'a pas, pour l'instant, prévu cette obligation. Sur l'instauration future d'une telle assurance, un rapport de la Commission européenne a finalement conclu qu'il serait prématuré de proposer un système de garantie financière obligatoire à l'échelle de l'Union européenne en raison de la divergence des modalités de mise en œuvre de la directive à l'issue de son processus de transposition et que les Etats membres ayant opté pour la garantie financière obligatoire ne disposent pas toujours d'un système opérationnel. Cette garantie n'a donc pu être, pour l'instant, correctement évaluée. Le rapport estime également que doit être envisagée la mise en place d'autres garanties financières (pour plus de détails, v. rapp. Commision 12 oct. 2010 évaluant l'efficacité de la directive et la disponibilité à un coût raisonnable de garanties financières : http://eur-lex.europa.eu/LexUriServ/LexUriServ.do?uri=COM:2010:0581:FIN:FR:PDF).
- En pratique, la loi n'est pas suffisamment utilisée : les conditions très rigoureuses exigées, et la concentration entre les mains du préfet du pouvoir de poursuite des exploitants, expliquent en partie l'inefficacité du texte que l'introduction du préjudice écologique dans le Code civil pourrait pallier. Une décision du TGI de Digne les Bains du 21 mars 2012 donne néanmoins la mesure du risque pesant sur l'exploitant. Celui-ci, reconnu responsable d'un préjudice écologique, a été condamné à assumer le coût de suivi de la reconstitution des habitats naturels endommagés pendant 5 ans (V. La tribune de l'assurance, févr. 2013, n° 177. 13).

2 ▪ Proposition de nomenclature des préjudices en cas de dommage environnemental

5676. Afin de tenir compte de la particularité du dommage écologique dans toutes ses dimensions (dommages causés aux tiers et dommage écologique pur), certains auteurs proposent la mise en place d'un barème, à l'instar la nomenclature Dintilhac (L. Neyret, Proposition de nomenclature des préjudices réparables en cas d'atteinte à l'environnement, Dalloz 2008. 2681 ; L. Neyret et G.-J. Martin, La nomenclature des préjudices environnementaux, LGDJ 2012. V. RCA 2012, alerte 13). L'architecture générale de la nomenclature repose sur la distinction bipartite entre d'un côté, les préjudices causés à l'environnement et de l'autre, les préjudices causés à l'homme. La nomenclature consacre donc l'autonomie des préjudices causés à l'environnement qu'elle définit comme l'ensemble des « atteintes causées aux écosystèmes dans leur composition, leurs structures et/ou leur fonctionnement (...) au-delà et indépendamment de leurs répercussions sur les intérêts humains ». À ce propos, il ne s'agit pas de prendre en compte tous les dommages environnementaux mais seulement les atteintes préjudiciables, c'est-à-dire celles qui sont, selon les règles applicables, « mesurables », « suffisantes » ou encore « significatives ». L'environnement est ici considéré en raison de sa valeur intrinsèque, dans le prolongement de l'article 4 de la Charte constitutionnelle de l'environnement aux termes duquel « toute personne doit contribuer à la réparation des dommages qu'elle cause à l'environnement ». Plus précisément, la nomenclature affine la catégorie des préjudices causés à l'environnement suivant les éléments de l'environnement (les sols, l'air et l'atmosphère, les eaux et milieux aquatiques, les espèces) et leurs fonctions respectives entendues comme leur utilité pour le fonctionnement des écosystèmes. La nomenclature consolide et rationalise ensuite la liste des préjudices causés à l'homme en cas de dommage environnemental. Cette catégorie de préjudices est destinée à rendre compte de la valeur instrumentale de l'environnement. Bien souvent, les préjudices traditionnels qui découlent d'un dommage environnemental présentent des spécificités qu'il convenait de faire apparaître. C'est ainsi qu'une place importante a été accordée aux préjudices collectifs. À ce titre, les travaux des écologues et des économistes, relayés par la directive 2004/35/CE du

21 avril 2004 relative à la responsabilité environnementale, ont permis d'identifier la catégorie des atteintes aux services écologiques, à savoir aux bénéfices collectifs que l'homme retire de l'environnement au-delà et indépendamment des bénéfices individuels. Il s'agit, par exemple, des services d'approvisionnement en eau douce ou en molécules présentant un intérêt thérapeutique, ou des services culturels procurés par la nature à une population locale particulièrement sensible à la qualité de son environnement pour des raisons esthétiques, civilisationnelles ou récréatives. Les préjudices individuels consécutifs au dommage environnemental présentent également une certaine spécificité. La catégorie des préjudices économiques est tout spécialement riche d'un inventaire des coûts exposés et à venir à la suite d'un dommage ou d'une menace imminente de dommage environnemental. Ainsi et eu égard à la durée potentiellement importante de ce type de dommage, une place a été faite aux frais de suivi du dommage environnemental. De plus, les coûts additionnels rendus nécessaires par la prise en compte du dommage environnemental ont été listés et comprennent notamment, les frais administratifs liés à l'évaluation des atteintes et à la détermination des mesures de réparation, les frais de justice ou encore les frais liés aux procédures de consultation du public. Quant au préjudice moral bien souvent dévoyé en la matière, il est ramené dans des limites raisonnables au travers des notions d'atteinte à l'image de marque et de préjudice de jouissance. La portée normative de la nomenclature dépendra dans un premier temps de sa réception par les acteurs concernés. À titre d'illustration, la pratique s'est appropriée la nomenclature Dintilhac de manière remarquable sans qu'aucun texte contraignant ne l'y oblige.

Section 2 ■ L'assurance des atteintes à l'environnement

5677. C'est sous l'angle de la responsabilité civile, et donc des dommages causés à des personnes, que les atteintes à l'environnement ont été abordées initialement par les assureurs. Par la suite, ils ont été sollicités pour d'autres types de garanties. Un rappel historique des modalités de garantie précédera l'exposé des conditions actuelles de garantie et permettra de mieux en comprendre le fonctionnement.
NB : seuls les contrats d'assurance environnement liés à des installations terrestres seront envisagés.

Sous-section 1 ■ Appréhension des atteintes à l'environnement par les assureurs

§ 1 ■ Une garantie originelle inscrite dans les contrats d'assurance de responsabilité civile générale

5678. C'est par le rachat d'une exclusion relative aux risques de pollution que la garantie a été, à l'origine, introduite dans les contrats d'assurance de responsabilité civile.
S'agissant d'un poste de garantie parmi d'autres, réintroduit sous la forme d'une clause spéciale aux conditions particulières, cette garantie ne faisait l'objet d'aucune étude particulière du risque, tant à la souscription que lorsqu'elle était demandée en cours de contrat.
De fait, cette garantie « dommages de pollution aux tiers », ne concernait que les dommages de pollution :
- ayant pris naissance dans les établissements permanents de l'assuré ;

- d'origine accidentelle, c'est-à-dire consécutifs à un événement soudain, imprévu et extérieur à la victime ou à la chose endommagée. En outre, les événements fortuits à caractère accidentel étaient bien souvent limitativement énumérés : rupture d'une pièce, dérèglement d'un mécanisme, incendie, explosion, fausse manœuvre d'un préposé...
Le montant de garantie stipulé était généralement faible pour tous dommages, corporels, matériels et immatériels consécutifs confondus, plafonné par année d'assurance conformément à la technique qui prévaut lorsque l'assuré n'a pas la maîtrise totale du risque créé, du fait des modalités de réalisation des dommages (caractérisés ici par l'émission, la dispersion, le rejet ou le dépôt de toute substance solide, liquide ou gazeuse, *a priori* nocive, transmise par l'atmosphère, le sol ou les eaux). La formulation était similaire avec celle retenue pour la responsabilité du fait des produits livrés qui présente les mêmes caractéristiques.
Il en a été ainsi jusqu'à ce que les assureurs prennent conscience que certains établissements permanents présentaient des risques importants pour l'environnement (et notamment les installations classées au sens de la loi du 19 juill. 1976) nécessitant une étude préalable spécifique, une formulation plus étendue de la garantie et des montants de garantie plus importants.

§ 2 ▪ Mise en place des groupements de coréassurance

A ▪ Le Garpol

5679. Afin de prendre en compte les particularités du risque environnement présentées par certaines entreprises, un groupement de coréassurance (Garpol) a été crée en 1977 entre des entreprises d'assurance directes et des réassureurs afin de constituer un pool de souscription permettant à ses membres de délivrer par un contrat spécifique des garanties plus étendues et plus importantes pour ce risque. Cette approche en parallèle (clause dans les contrats d'assurance RC générale pour la grande majorité des risques et contrat spécifique Garpol pour les risques particulièrement lourds ou plus exigeants en matière de garantie) s'est poursuivie jusqu'en 1989. Tirant parti de leur expérience, les assureurs et réassureurs ont décidé de remplacer le Garpol par un nouveau groupement de même forme, avec au départ les mêmes participants, spécialisé dans la couverture des atteintes à l'environnement mais disposant de moyens accrus en vue de couvrir un champ plus vaste.

B ▪ Assurpol

5680. Ce nouveau groupement de coréassurance, crée en 1989, se substitue donc au Garpol. En 2013, il regroupait 42 adhérents, qui sont des sociétés d'assurance et de réassurance, françaises ou étrangères, et offrait une capacité de 75 millions d'euros, avec 25 millions dédiés exclusivement à la responsabilité environnementale.

1 ▪ Le problème de la garantie « recours des voisins et des tiers » et les assureurs incendie

5681. En 1991, les assureurs incendie qui garantissaient dans leur contrat « incendie-explosion » à travers la clause recours des voisins et des tiers, des risques de responsabilité civile pour dommages de pollution après incendie ou explosion, ont décidé de retirer de cette garantie le volet « pollution » et de le transférer, au fur et à mesure du renouvelle-

ment des contrats incendie, aux assureurs de responsabilité civile exploitation des entreprises.
En effet, il est établi que de nombreux sinistres de pollution sont dus au ruissellement des eaux d'extinction d'incendie ayant pris naissance dans des locaux industriels. La volonté des assureurs incendie était de recentrer les garanties de pollution vers les assureurs considérés comme les plus aptes à traiter du risque de responsabilité civile c'est-à-dire les assureurs responsabilité civile d'une part et Assurpol d'autre part.

2 ▪ La réaction des réassureurs

5682. En 1993, les réassureurs, instruits par leur expérience internationale, décidèrent de retirer les risques d'atteinte à l'environnement des traités de réassurance responsabilité civile générale.
De ce fait, les entreprises d'assurance directes qui continuaient de délivrer, dans leurs contrats d'assurance de responsabilité civile exploitation, la garantie des risques de pollution par le biais de leur clause d'extension, se sont trouvées contraintes de choisir parmi les options suivantes :
- conserver ces risques à leur charge exclusive, sans réassurance, par définition ;
- négocier, à des conditions à débattre, une réassurance spécifique ;
- transférer ces risques sur Assurpol.
Avec cette dernière option, le caractère « monopolistique » d'Assurpol, parfois dénoncé, s'en trouve renforcé. Mais c'est sous l'angle de la capacité à faire face à des sinistres potentiels coûteux qu'il convient d'apprécier ce « monopole ».
De fait, ce GIE apparaît comme la seule institution en mesure d'appréhender comme il convient un risque trop longtemps sous estimé et de lui apporter, tant dans son étendue que dans les montants nécessaires, les garanties qui lui sont indispensables.

5683. Ceci suppose que les assureurs se dotent des moyens indispensables pour s'assurer de la qualité des risques. Pour ce faire ils doivent contribuer à la prévention des sinistres et veiller à la protection des sites. Il le font en utilisant des corps d'inspecteurs spécialisés au sein d'Assurpol, ou plus rarement, dans le cadre des entreprises d'assurances membres du GIE et participant activement à l'Association de Certification des Auditeurs Environnementaux (ACAE). Créée en 1995, elle a pour objet, comme son nom l'indique, de procéder à la certification d'auditeurs environnementaux chargés des audits et des vérifications de conformité des entreprises tant aux normes nationales, européennes (notamment celle du règlement européen du 29 juin 1993, dit Eco Audit, établissant un cadre pour l'évaluation des performances environnementales des entreprises, des risques pour les sociétés d'assurance, des diagnostics et audits de conformité pour les entreprises industrielles et les collectivités, ainsi que des audits d'acquisition) qu'internationales (ISO 14001 : « système de Management Environnemental »).

§ 3 ▪ La situation assurantielle existante

5684. Le périmètre d'intervention d'Assurpol s'est donc élargi au vide laissé par les contrats d'assurance de responsabilité civile générale entreprises du fait de la décision des réassureurs de ne plus réassurer les garanties délivrées dans le cadre des contrats d'assurance de responsabilité civile générale. Néanmoins, les réassureurs, par l'intermédiaire d'Assurpol, ont offert en 1996, aux entreprises d'assurance directes membres, la protection d'un traité de réassurance dit des risques diffus, c'est-à-dire des risques d'atteintes à l'environnement garantis de façon diffuse, explicitement ou implicitement, dans les contrats d'assurance de responsabilité civile générale. Ainsi, les entreprises ont la pos-

sibilité d'adhérer à ce traité pour continuer de garantir, dans leur contrat d'assurance de responsabilité civile générale entreprise, certaines activités présentant des risques faibles de pollution, sans avoir à leur délivrer de contrats spécifiques.
Aujourd'hui, les entreprises d'assurance directes continuent donc à garantir les risques d'atteintes à l'environnement dans leur contrat d'assurance de responsabilité civile exploitation lorsqu'il s'agit de risques d'atteinte à l'environnement peu lourds.
Elles peuvent alors :
- conserver ces risques à leur charge ;
- signer un traité de réassurance avec un réassureur disposé à garantir ces risques de cette façon ;
- adhérer au traité de réassurance des risques diffus mis à leur disposition par Assurpol.
Pour des risques lourds et lorsqu'elles sont adhérentes au groupement Assurpol, elles délivreront un contrat Assurpol.

5685. Parallèlement, à partir de 1996, certains assureurs, initialement étrangers et non adhérents à Assurpol, ont entrepris de lancer sur le marché des produits d'assurance responsabilité civile « atteintes à l'environnement », offrant des couvertures concurrentes à Assurpol. Aujourd'hui, certains assureurs ont choisi de sortir du pool et de proposer leur propre contrat.
Sont, notamment, présents aujourd'hui, sur le marché:
- le contrat « enviropro » de la société AIG ;
- le contrat « Assurance des risques environnementaux au titre de l'exploitation de sites terrestres fixes » auquel peut être adjoint un intercalaire « Passif environnemental potentiel » de la société XL Insurance ;
- le contrat « Assurance des risques atteintes à l'environnement au titre de l'exploitation de sites industriels ou commerciaux » de la société ACE Europe ;
- les contrats « Ecosphère » d'Axa corporate solutions et « Green » d'Axa entreprises à destination des PME.
Ces offres concurrentes ne cessent de se multiplier et ont introduit une compétition très positive. Particulièrement, les assureurs anglo-saxons ont contribué à mieux faire connaître les garanties pertes pécuniaires, ont introduit l'assurance relatif au passif environnemental (même si elle n'est pas encore proposée par tous les assureurs) et ont permis le rachat de l'exclusion traditionnelle du risque de développement.

Sous-section 2 ▪ L'assurance responsabilité du fait des atteintes à l'environnement : l'exemple du contrat Assurpol

5686. Assurpol a mis à la disposition des entreprises d'assurances à destination de leurs assurés, un contrat d'assurance spécifique. En pratique, celui-ci est souscrit et émis par les entreprises d'assurance directes, membres du groupement, en leur nom.
Assurpol joue donc le rôle de réassureur. Il agit d'ailleurs en tant que groupement de coréassurance. Le contrat initial, qui apportait sa garantie à des installations terrestres fixes (ITF), a été remanié à plusieurs reprises. Sa dernière version date de 2013 et porte le nom de « Contrat d'Assurance des Risques Environnementaux » (CARE).
Dans sa version 2009, le contrat CARE SITE était dédié aux exploitants industriels de sites fixes (il existe des polices différentes en fonction du type d'activité de l'entreprise). Les atteintes à l'environnement doivent prendre naissance dans les installations terrestres fixes

de l'assuré (d'où le nom initial de contrat « installation terrestre fixe » - ITF) au cours de l'exercice de ses activités.
Assurpol propose également des contrats adaptés aux entreprises dont l'activité est en lien avec l'environnement (prestations de services exercées sur des sites appartenant à des tiers-clients des assurés) comme :
- les entreprises de travaux spécialisées dans le domaine de la dépollution ;
- les prestataires de services spécialisés en matière d'environnement (conception, contrôle, entretien, maintenance, audit des entreprises).
Le contrat CARE PRO était alors dédié aux activités professionnelles et chantiers temporaires. Il comporte également une couverture RC exploitation pour le cas où l'assuré exploiterait, en parallèle à ses interventions, des installations fixes.
Enfin, le contrat CARE COLL était dédié aux activités et domaines de compétence des collectivités.
En 2013, les deux premiers ont été, sur la forme, regroupés dans un seul et unique contrat : le contrat CARE 2013 « entreprises » qui intervient au titre de l'exploitation de sites, des prestations de services, des opérations de transport ferroviaire, fluvial ou lacustre.
Sur le fond, ces contrats prennent en compte, depuis 2009, la loi du 1er août 2008 sur la responsabilité environnementale et les dommages environnementaux.
Ils contiennent donc la garantie RC classique avec les garanties traditionnelles annexes et une nouvelle garantie des frais de prévention et de réparation des dommages environnementaux, tels que pouvant être mis à la charge de l'exploitant par la loi du 1er août 2008.
En 2012, un avenant avait été ajouté au précédent contrat (2009) pour que soit aussi pris en charge le préjudice écologique pur tel que reconnu par le juge civil.

5687. Les dirigeants sont aussi assurés pour leur mise en cause personnelle éventuelle en cas « d'atteintes à l'environnements pour les dommages corporels, matériels et immatériels consécutifs » et « de dommages environnementaux » (garantie spéciale).

§ 1 ▪ Souscription

A ▪ Les entreprises concernées

5688. Ce contrat est, depuis l'origine, ouvert :
- aux installations terrestres fixes classées et soumises à la loi n° 76-663 du 19 juillet 1976. On compte plus de 66 000 établissements classés soumis à autorisation (dont près de 400 installations dites « Seveso », c'est-à-dire soumises aux dispositions des directives Seveso (concernant les risques d'accidents majeurs de certaines activités), et environ 500 000 établissements classés soumis à déclaration ;
- à toutes autres installations terrestres à caractère industriel, agricole ou commercial susceptibles de générer des dommages de pollution, et pour lesquelles une garantie de dommages à l'environnement étendue (notamment des atteintes à l'environnement d'origine non accidentelle) apparaît souhaitable ;
- aux collectivités publiques ;
- aux stations de traitement et d'épuration des eaux usées.
À noter : Le régime dit « d'enregistrement » crée 2009 (ord. n° 2009-663 du 11 juin 2009 et décr. n° 2010-368 du 13 avr. 2010, JO du 14 avr. 2010) pour certaines installations classées a mis en place des procédures applicables à des installations simples et standardisées, implantées en dehors de zones sensibles sur le plan environnemental (entrepôts de produits non dangereux, ateliers de mécanique, de travail du bois ou des métaux, petites installations agroalimentaires).

Dès lors, environ un quart des installations, anciennement soumises à autorisation préfectorale, ont basculé vers ce nouveau régime (modification de la nomenclature des installations classes par deux décrets du 13 avril 2010 et 11 septembre 2013 : décr. n° 2010-367, JO 14 avr. et n° 2013-814, JO 13 sept.). Il s'agit notamment, dans la limite d'un certain volume ou quantité, des entrepôts couverts concernant le stockage de matières ou produits combustibles, des entrepôts de papier, cartons ou matériaux combustibles analogues, y compris produits finis conditionnés, de polymères et pneumatiques. De nouvelles rubriques sont également crées : entrepôts frigorifiques, stations-service...
Régime moins strict que celui de l'autorisation, certaines de ces activités peuvent relever, en extension, des contrats d'assurance de responsabilité civile exploitation.

B ▪ Les conditions de souscription

5689. La souscription repose sur des questionnaires-propositions très détaillés, adaptés à chaque grande catégorie de risque, et souvent sur une analyse technique du risque réalisée selon l'importance de celui-ci par des ingénieurs environnement des entreprises d'assurance ou par des ingénieurs d'Assurpol.

5690. Selon la plus ou moins grande gravité du risque, l'acceptation se fait soit conformément aux instructions générales élaborées par Assurpol et délivrées aux entreprises d'assurance, soit à la suite d'un examen dans le cadre de la commission technique d'Assurpol. L'émission des contrats est ensuite réalisée par les entreprises d'assurance sur la base des dispositions générales standard d'Assurpol qui peuvent être adaptées.

C ▪ Définition des risques garantis

5691. La définition de la pollution dans le contrat Assurpol est assez large : « l'émission, la dispersion, le rejet ou le dépôt de toute substance solide, liquide ou gazeuse, diffusée par l'atmosphère, le sol ou les eaux ».
Le contrat couvre également les nuisances, c'est-à-dire la production d'odeurs, de bruits, de variations de températures, d'ondes et de rayonnements excédant la mesure des obligations ordinaires de voisinage. Jusqu'en 2012, le contrat ne couvrait ces risques qu'en présence de dommages subis par les tiers.

5692. La pollution peut être accidentelle, graduelle, chronique ou historique :
- la pollution accidentelle est le fait fortuit, soudain et involontaire. La définition n'est pas exempte d'ambiguïté : le caractère « accidentel » fait-il référence au seul fait (rupture d'une cuve) ou également à la pollution qui en résulte (écoulement lent et graduel du liquide contenu) ?
- la pollution est graduelle lorsque les effets se réalisent progressivement par accumulation, peu important le fait à l'origine de la pollution ;
- la pollution est dite chronique pour caractériser un état permanent et résultant d'une activité humaine ;
- la pollution historique désigne les conséquences résiduelles d'une pollution antérieure. Il s'agit d'un héritage environnemental d'un site : les résidus polluants restant sur le sol d'un site industriel (son passif). Il y a les sites qui demeurent sous le contrôle juridique d'une exploitation, et les sites orphelins qui ont été abandonnés en l'état par des entreprises industrielles, aujourd'hui disparues.

5693. Le contrat ne distingue plus entre les pollutions graduelles et accidentelles et les prend toutes les deux en charge. Dès lors, les atteintes à l'environnement peuvent être d'origine accidentelle (événement soudain, fortuit, imprévu et extérieur à la victime ou à la chose endommagée : rupture brutale d'une pièce, d'une canalisation, d'une cuve, incendie, explosion, fausse manœuvre d'un préposé) ou d'origine non accidentelle (« graduelle » ou « progressive » : corrosion, altération lente des installations de l'assuré) mais elles doivent résulter de faits fortuits. La source du dommage doit donc toujours résulter d'un événement non connu de l'assuré, et se produisant dans l'établissement de l'assuré. Dès lors, le qualificatif graduel ou accidentel s'applique au dommage.
Illustrations : Hypothèse où l'assuré rejette, de manière autorisée, une substance dans l'eau une canalisation se rompt, la pollution s'aggrave et la substance contamine la nappe phréatique. Le dommage est pris en charge par le contrat, que la pollution soit brutale ou graduelle ;
- une diminution très importante du cours d'eau intervient, et le seuil de toxicité est atteint du fait de cette baisse de débit. Le rejet est resté le même (connu de l'assuré et non fortuit) et la pollution est due à un événement extérieur à l'entreprise (la baisse du cours d'eau). Ce dommage n'est pas pris en charge par le contrat.
À noter : Il est possible de limiter la garantie du contrat aux seules atteintes à l'environnement d'origine accidentelle. Le contrat comportera alors une définition de l'atteinte accidentelle qui est la suivante : « atteinte dont la manifestation est concomitante à l'événement soudain et imprévu qui l'a provoquée et qui ne se réalise pas de façon lente ou graduelle ou progressive ».
Le risque étant ici moins lourd, les conséquences de l'atteinte rapidement mesurées, et les causes circonscrites, les conditions de tarification seront plus avantageuses. En revanche, contrairement à d'autres, le contrat Assurpol ne garantit pas la pollution historique ou chronique (CG., art. 3-3.2 : conséquences résiduelles d'une activité antérieure) qu'il s'agisse tant de dommages déjà réalisés que de dommages à venir (par exemple, sols de sites industriels sur lesquels se sont accumulés au fil des ans des résidus d'exploitation et qui ont infiltré le sous-sol, menaçant la nappe phréatique).

§ 2 ▪ Les garanties

5694. La présentation du contrat a été refondue dans les conditions générales 2013. Les conditions générales 2009 distinguaient entre :
- la garantie principale (RC) et frais d'urgence (CG., art. 2-1) ;
- les garanties optionnelles pertes pécuniaires (CG., art. 2-2) regroupant la garantie responsabilité environnement (CG., art. 2-2-1), les frais de dépollution des sols et des eaux (CG., art. 2-2-2), les frais de dépollutions des biens immobiliers et mobiliers (CG., art. 2-2-3) ;
- la garantie optionnelle pertes d'exploitation subies par l'assuré.
Désormais, formellement, le contrat distingue entre :
- la garantie principale responsabilité civile et frais d'urgence (CG., art. 2-1) ;
- les garanties optionnelles « pertes pécuniaires » résultant de :
  * la responsabilité civile environnementale (CG., art. 2-2) ;
  * des frais de dépollution (CG., art. 2-3) ;
  * des pertes d'exploitation (CG., art. 2-4) ;
- l'ajout par annexe de la garantie responsabilité des dirigeants (CG., art. 2-5).

A ▪ Responsabilité civile atteinte à l'environnement

1 ▪ La garantie Responsabilité civile

5695. Dans sa rédaction issue du précédent contrat (2009), l'article 2-1 des conditions générales garantissait « les conséquences pécuniaires de la responsabilité civile de l'assuré en raison des dommages corporels, matériels et immatériels subis par des tiers faisant l'objet d'une réclamation et résultant d'une atteinte à l'environnement ; les frais d'urgence sont compris dans la garantie ».
Il s'agissait donc bien d'une assurance de responsabilité civile garantissant l'assuré pour les différentes catégories de dommages (corporels, matériels ou immatériels) causés à des tiers et dus à des atteintes à l'environnement telles que définies contractuellement.

5696. L'article 3-2.1 des conditions générales du contrat 2009 excluait « les dommages subis par les éléments naturels biens ou choses qui n'appartiennent à personne et dont l'usage est commun à tous ainsi que les préjudices d'ordre esthétique ou d'agrément qui s'y rattachent ».
Il s'agissait des composants physiques et biologiques de la nature n'ayant pas de propriétaire (eau, air, faune et flore sauvages) ainsi que toutes les parties du territoire avec leurs composants naturels accessibles à tous. Dans la perspective de l'assurance RC telle qu'entendue classiquement, une telle exclusion reposait sur le fait que la garantie n'a vocation à s'appliquer qu'en cas d'atteintes à des biens appropriés. Et même dans ce cas (le sol appartenant toujours à une personne juridique : physique ou morale, publique ou privée), la végétation naturelle enracinée au sol était exclue de la garantie dès lors que l'usage de cette propriété était ouvert à tous.
Pour les mêmes raisons, la réparation des préjudices invoqués par des personnes s'estimant lésées par la dégradation d'un paysage ou l'altération d'un élément biologique naturel était exclue (préjudices d'ordre esthétique ou d'agrément).
Mais l'arrêt « Erika » et les offres des entreprises concurrentes à ASSURPOL ont considérablement fait évoluer les perspectives d'assurabilité.
Assurpol a alors décidé de procéder au rachat de cette exclusion par un avenant modificatif (déc. 2012) à ses conditions générales de 2009. L'article 2-1 des conditions générales CARE a été abrogé et remplacé par les dispositions suivantes :
« L'assureur garantit les conséquences pécuniaires de la responsabilité civile de l'assuré en raison des dommages corporels, matériels et immatériels subis par des tiers, faisant l'objet d'une réclamation et résultant d'une atteinte à l'environnement ; les frais d'urgence sont compris dans la garantie. Cette garantie inclut également les conséquences pécuniaires de la responsabilité civile de l'assuré en raison d'un préjudice écologique ».

5697. Désormais, la responsabilité civile que l'assuré peut engager en raison d'un préjudice écologique sur le fondement de sa responsabilité civile est couverte.
L'article 2-1 du contrat CARE 2013 est désormais rédigé comme suit : « L'Assureur garantit les conséquences pécuniaires de la responsabilité civile de l'Assuré, en raison des dommages corporels, matériels et immatériels consécutifs ou non subis par des tiers et résultant d'une atteinte à l'environnement.
Il est précisé que le préjudice écologique est couvert ».
Le préjudice écologique est défini (art 18, 21°) comme le « préjudice spécifique affectant un intérêt collectif légitime, distinct du dommage matériel et du préjudice moral ou économique, et résultant d'une atteinte à l'atmosphère, à l'eau, aux sols, aux paysages, aux sites naturels, à la biodiversité et à l'interaction entre ces éléments ».
Il est ensuite précisé que cette garantie intervient au titre :

- « 2.1.1 - de l'exploitation de sites à la suite d'une atteinte à l'environnement consécutive à un fait fortuit imputable à l'exercice des activités assurées et se produisant : dans l'enceinte des sites assurés, ou lors des interventions hors sites assurés.
- 2.1.2 - des prestations de services à la suite d'une atteinte à l'environnement consécutive à une faute, une erreur, une omission ou une négligence commises dans le cadre des prestations de services réalisées par l'Assuré.
- 2.1.3 - des opérations de transport ferroviaire, fluvial ou lacustre à la suite d'une atteinte à l'environnement consécutive à un fait fortuit imputable à l'exercice des activités assurées. Il est précisé que ne sont pas concernées les opérations de transport terrestre telles que définies à l'article 18 (définition 19.1) ;

« Cette garantie couvre également :
• les frais d'urgence,
• les biens confiés,
• les biens des préposés,
• les déchets livrés.

Sont garanties en cas d'incendie ou d'explosion, les conséquences pécuniaires de la responsabilité civile encourue par l'Assuré en raison des dommages subis par des tiers résultant d'une atteinte à l'environnement telle que définie au seul premier alinéa de la définition de l'atteinte à l'environnement donnée à l'article 18 (définition 3) ».

2 ▪ Les frais d'urgence

5698. Le contrat (art. 18, 13°) les définit comme « les frais engagés à la suite d'une atteinte à l'environnement pour procéder aux opérations immédiates visant à neutraliser, isoler ou éliminer une menace réelle et imminente de dommages garantis causés aux tiers, A L'EXCLUSION DES FRAIS VISES AUX ARTICLES 2.2 ET 2.3 » (c'est-à-dire hors frais de dépollution et responsabilité environnementale, pris en charge par ces garanties spécifiques).

Ces frais d'urgence sont, juridiquement, des assurances de chose, liées et proposées avec l'assurance RC. Visés par la garantie RC, l'environnement est tout d'abord ici le vecteur des dommages causés aux tiers. Pour faire cesser cette menace de dommages aux tiers, une intervention sur les milieux pollués peut être nécessaire. Ce sont donc des frais d'opérations préventives. Dans cette hypothèse, une survenance du dommage est quasiment certaine et imminente si les opérations préventives ne sont pas effectuées. Trois conditions sont nécessaires au déclenchement de la garantie :
- le dommage à éviter doit être garanti par l'assurance RC ;
- la menace de dommage doit être réelle ;
- la menace de dommage doit être imminente.

Les opérations peuvent être effectuées sur le site de l'assuré ou hors de ce site.

L'intervention se fera sur le site d'exploitation et/ou hors site mais ne concerne ni le sol, ni les eaux. Ces mesures ont pour le but de contenir ou d'atténuer les effets dommageables. Elles ne pourront dès lors être mises en œuvre que pour éviter ou limiter les dommages relevant de la garantie RC. Leur coût doit donc rester raisonnable et ne pas dépasser le coût de mise en œuvre de la garantie RC. Sinon, ces mesures ne sont pas prises en charge par l'assureur.

B ▪ Responsabilité environnementale

5699. Il s'agit d'une garantie des frais de prévention et de réparation des dommages environnementaux, tels que pouvant être mis à la charge de l'exploitant par la loi LRE du 1er août 2008. Cette garantie, optionnelle, est une assurance de chose et correspond strictement aux réparations telles que prévues par la loi.

5700. L'assureur garantit donc « les frais de prévention et de réparation » :
- des dommages affectant les sols, c'est-à-dire : « toute contamination des sols qui engendre un risque d'incidence négative grave sur la santé humaine ». Le sol est défini comme la « formation superficielle, résultant de l'altération des couches géologiques sous-jacentes. Par extension, il faut entendre également par sol, les apports de matériaux inertes ainsi que le sous-sol constitué des couches géologiques profondes ». Il s'agit donc du sol et du sous-sol ;
- des dommages affectant les eaux, à savoir « tout dommage qui affecte de manière grave et négative l'état écologique, chimique ou quantitatif ou le potentiel écologique des eaux concernées ». Sont visées les eaux de surface, souterraines et côtières ;
- des dommages causés aux espèces et habitats naturels protégés, c'est-à-dire « tout dommage qui affecte gravement la constitution ou le maintien d'un état de conservation favorable de tels habitats ou espèces, lorsque ces frais ont été engagés, tant dans l'enceinte des sites de l'assuré qu'à l'extérieur, sur demande de l'autorité compétente et/ou en en accord avec elle » ;
- des dommages affectant les servies écologiques, c'est-à-dire les fonctions assurées par les sols, les eaux et les espèces et habitats.
Il est précisé que « cette garantie intervient pour les dommages environnementaux consécutifs à :
- un fait fortuit imputable à l'exercice des activités assurées et qui se produit dans l'enceinte des sites de l'Assuré ou lors des interventions hors sites de l'Assuré,
- une faute, une erreur, une omission ou une négligence commise dans le cadre des prestations de services réalisées par l'Assuré,
- un fait fortuit imputable aux opérations de transport terrestre, ferroviaire, fluvial ou lacustre.
Cette garantie inclut les déchets livrés ».

C ■ Les frais de dépollution

5701. La garantie se décompose en « atteinte à l'environnement causés par l'assuré » (CG., art. 2-3-1) et « atteinte à l'environnement subie par l'assuré » (CG., art. 2-3-2).
Cette garantie reprend les anciennes connues sous les noms de « frais de dépollution des sols et des eaux » ainsi que « frais de dépollution des biens immobiliers et mobiliers sur les sites de l'assuré ».
Techniquement, ce sont des assurances de choses.
L'assureur garantit les pertes pécuniaires correspondant aux frais de dépollution des sols et des eaux et des biens mobiliers et immobiliers qui résultent d'une atteinte à l'environnement et qui sont engagés :
- dans l'enceinte des sites de l'assuré ;
- à l'extérieur des sites de l'assuré en l'absence de réclamation de tiers, sur injonction des pouvoirs publics ou en accord avec l'assureur.
Les frais de recherche visant à identifier, à mesurer et à caractériser une atteinte à l'environnement à la suite d'un fait dommageable garanti, ainsi que les frais de surveillance et de suivi consécutifs à un sinistre garanti, sont pris en charge.
Rappel : Toute réclamation de la part de tiers est exclusivement prise en charge par la garantie responsabilité civile prévue à l'article 2-1.

5702. Attention : Lorsque l'opération porte sur des biens endommagés appartenant à des tiers victimes, celle-ci ne relève pas de cette garantie annexe mais de la garantie principale RC (bien que les assureurs préféreraient la solution contraire en raison de l'étendue de la garantie RC dans le temps).

L'assureur garantit également les pertes pécuniaires correspondant :
- aux frais de dépollution des sols et des eaux engagés dans l'enceinte des sites assurés ;
- frais de dépollution des biens mobiliers et des biens immobiliers situés dans l'enceinte des sites assurés, ainsi que des biens mobiliers de l'Assuré situés hors de ces sites ; lorsque ces frais sont consécutifs à une atteinte à l'environnement subie par l'assuré, ne résultant pas des activités de l'assuré et trouvant son origine dans le fait d'un tiers. Les frais de recherche visant à identifier et à caractériser le fait dommageable à l'origine de l'atteinte à l'environnement subie ainsi que les frais de surveillance et de suivi consécutifs à un sinistre garanti, sont également pris en charge.

D ▪ Garantie pertes d'exploitation subies par l'assuré

5703. Cette garantie optionnelle a été ajoutée en 2010. Elle prévoit le paiement d'une indemnité en raison de :
- la perte de marge brute résultant de la baisse de chiffre d'affaires causée par l'interruption ou la réduction de l'activité d'un site assuré aux conditions particulières, à la suite d'un sinistre de responsabilité civile ou de pertes pécuniaires garanties au contrat ;
- les frais supplémentaires d'exploitation engagés avec l'accord de l'assureur afin de réduire la baisse du chiffre d'affaires.
Le contrat définit les notions indispensables au fonctionnement de la garantie (chiffre d'affaires annuel, exercice comptable, marge brute annuelle, etc.) ainsi que les modalités d'indemnisation (évaluation des dommages et calcul de l'indemnité).
Les exclusions contractuelles visent les pertes d'exploitation causées par l'interruption ou la réduction d'activité à la suite :
- d'un sinistre RC atteinte à l'environnement se situant au cours du délai subséquent ;
- d'un sinistre de pertes pécuniaires se situant au cours du délai subséquent (art. 3-4-1).

E ▪ Garantie supplémentaire responsabilité des dirigeants

5704. Cette garantie fait l'objet d'une annexe prévoyant la couverture des dirigeants pour leur mise en cause éventuelle en cas :
- d'atteintes à l'environnement pour les dommages corporels, matériels et immatériels consécutifs ;
- de dommages environnementaux.
Sont également pris en charge leurs frais de défense.

§ 3 ▪ Les principales exclusions

5705. Selon Francis Chaumet, pour comprendre la signification et la portée des principales exclusions, le lecteur doit être convaincu du principe suivant : « doivent être considérés comme inassurables les risques qui échappent à toute possibilité de quantification globale (défaut de prévisibilité au niveau général) et ceux qui échappent à toutes possibilités de mutualisation (du fait de l'absence ou de l'insuffisance d'aléa au niveau particulier) » (en ce sens, C. Delpoux, Responsabilité civile du fait des atteintes à l'environnement : les réponses actuelles de l'assurance, Gaz. Pal. 4/5 mai 1994, 22). La tendance est néanmoins à l'évolution en la matière et donc au rachat des exclusions. A ce titre, dans la version 2013, l'exclusion traditionnelle du risque de développement a disparu (CG. 2009, art. 3-1.10).
Rappel : Le développement des connaissances scientifiques et techniques peut révéler, longtemps après la mise en œuvre d'un procédé ou la réalisation d'un bien, l'existence d'un risque que le promoteur du procédé ou le producteur du bien ne pouvait en aucune façon

déceler compte tenu de l'état des connaissances scientifiques et techniques du moment. Si la question se pose surtout en matière de produits livrés, elle se pose également en matière de dommages résultant d'atteintes à l'environnement, puisque des atteintes (au sens du contrat) *a priori* non dommageables peuvent, à moyen ou long terme, se révéler nocives pour les personnes ou pour les biens.
Est-il normal, dans ces conditions, que l'exploitant d'une installation soit tenu pour responsable de dommages alors que les données et expertises techniques, les contrôles et vérifications les plus complets auxquels il a pu se livrer, mais aussi les autorisations administratives nécessaires à la mise en service et au fonctionnement de l'installation (même s'ils sont donnés sous réserve des droits des tiers), ne pouvaient laisser supposer l'apparition de l'atteinte à l'environnement et ses effets dommageables ?
La jurisprudence, soucieuse avant tout d'indemniser les victimes, n'a pas fait du risque de développement une cause d'exonération pour le régime général de la responsabilité civile (V. en matière de fourniture d'une chose : solution jurisprudentielle et pour une situation différente sur le fondement des articles 1245 et s. du Code civil, anciens articles 1386-1 et s. dudit Code).
Les assureurs ont, néanmoins, estimé pendant longtemps, qu'étant par définition totalement imprévisible, le risque de développement ne pouvait entrer dans l'analyse du risque et que son coût était difficilement calculable.
L'exclusion visait donc les « dommages dont l'éventualité ne pouvait être décelée en l'état des connaissances scientifiques et techniques en vigueur au moment du fait dommageable ».
Mais face aux offres concurrentes couvrant le risque de développement, Assurpol a décidé, dans ses CG 2013, de retirer cette exclusion.

A ▪ Exclusions visant des situations inassurables ou objets de contrats spéciaux

5706. Il s'agit classiquement de la guerre étrangère ; guerre civile ; attentats et actes de terrorisme ; émeutes et mouvements populaires ; dommages dus à l'atome ; phénomènes naturels tels que inondations, tremblements de terre, raz de marée, éruptions volcaniques et autres cataclysmes ; dommages dus aux véhicules terrestres à moteur ; conséquences pécuniaires de la responsabilité personnelle encourue par les sous-traitants et les mandataires sociaux ; redevances et amendes ; conséquences des engagements contractuels dépassant les obligations légales.

B ▪ Exclusion des dommages liés à la responsabilité après livraison ou après travaux

5707. La responsabilité du fabricant ou du fournisseur de produit, comme celle du producteur de déchets, est écartée de la couverture de la garantie délivrée par Assurpol même quand il en résulte une atteinte dommageable à l'environnement. S'agissant d'une assurance responsabilité civile en cours d'exploitation, l'exclusion est parfaitement justifiée. Elle est cependant nécessaire dans la mesure où la pollution peut résulter d'un produit livré comportant une défectuosité ou un déchet produit par l'assuré, ou d'une prestation mal effectuée et qui a pour cause technique originaire un événement qui s'est produit pendant la fabrication ou l'exécution de la prestation.
Toutefois sont garantis :
- les dommages causés par les produits fabriqués et/ou vendus par l'assuré au titre des prestations de services assurées;

- les dommages causés par les déchets livrés, si mention en est faite aux Conditions Particulières. Concernant les déchets livrés aux prestataires de la filière d'élimination, une extension de garantie peut être proposée au cas par cas, sous réserve d'une étude approfondie du risque.

C ▪ Faute intentionnelle

5708. Cette exclusion ne fait que reprendre l'exclusion légale prévue à l'article L. 113-1 du Code des assurances. Il s'agit donc de la pollution fautive et délibérée provoquée par l'assuré avec la volonté de causer le dommage, cas rare en pratique.
Rappel : Aux termes de l'article L. 121-2 du Code des assurances restent garanties les conséquences dommageables d'atteintes à l'environnement causées intentionnellement par les préposés de l'assuré.
L'exclusion des pollutions téméraire et fautive, rendues probable par les conditions d'exploitation ou la non-observation des lois et règlements, prévue à l'article 3-1.7 des anciennes conditions générales, n'est pas reprise.

D ▪ Les biens confiés

5709. Les dommages subis par les biens de toute nature dont l'assuré ou les personnes dont il est civilement responsables sont propriétaires ou qu'ils ont en location en garde, en prêt, ou qu'ils détiennent en vertu d'un contrat de crédit-bail ou de location vente, ou qui leur sont confiés à quelque titre que soit, sont exclus de la garantie.
Toutefois peuvent être garantis, si mention en est faite aux conditions particulières, les dommages subis par les biens confiés.

E ▪ Inobservation des textes légaux et des mesures édictées par les autorités compétentes

5710. Il s'agit d'exclure les atteintes à l'environnement qui résulteraient du non-respect de la réglementation applicable au risque assuré. Celle-ci est précisément mentionnée aux conditions particulières afin d'éviter une formulation par trop générale de l'exclusion et qui, ne serait pas considérée comme formelle et limitée (C. assur., art. L. 113-1, al. 2).
Cette réglementation est abondante mais l'assuré ne peut l'ignorer compte tenu de l'activité qu'il exerce et qui a bien souvent nécessité de sa part une demande d'autorisation ou une déclaration auprès des autorités, qu'il s'agisse des textes d'origine ou de ceux qui leur seraient substitués, pas plus qu'il ne peut faire fi des mesures édictées par les autorités compétentes en application de ces textes.
Cette inobservation doit être connue ou ne pouvait pas être ignorée par l'assuré, chef d'entreprise, ou la direction générale, ou toute personne substituée dans cette fonction si l'assuré est une personne morale. Est donc sanctionnée toute négligence délibérée ou délibérément acceptée de la part de l'assuré.
Cette connaissance, avant le début de l'atteinte à l'environnement, doit être établie.

F ▪ Mauvais état des installations - Défaut d'entretien

5711. Ici encore, il s'agit de mettre l'assuré face à ses responsabilités en attirant son attention sur son devoir de prévention des risques et la nécessité du caractère aléatoire de l'assurance.

Le fait que l'assureur ait procédé à un contrôle technique du risque à la souscription ne dispense pas pour autant l'assuré de veiller à l'état de ses installations.
Dès lors, s'il est établi un mauvais état, une insuffisance ou un entretien défectueux des installations et si cette situation était connue, ou ne pouvait être ignorée de l'assuré, les dommages qui en résultent sont exclus de la garantie.
En cas de sinistre mettant en cause l'état des installations de l'assuré, l'assureur a la possibilité, outre cette clause d'exclusion, d'invoquer selon les hypothèses :
- une fausse déclaration, intentionnelle ou non, du risque à la souscription (C. assur., art. L. 113-8 et L. 113-9) ;
- une non-déclaration d'éléments aggravants en cours de contrat (C. assur., art. L. 113-2-3).

G ▪ Dommages résultant de tous rejets et émissions autorisés ou tolérés par les autorités administratives

5712. Cette exclusion s'inscrit également dans le cadre du caractère aléatoire du contrat d'assurance et du caractère fortuit de l'événement.
Ce sont des atteintes à l'environnement considérées comme inévitables du fait même des conditions de fonctionnement de l'entreprise et que les pouvoirs publics tolèrent, ou autorisent compte tenu de leur caractère non insupportable (il ne s'agit pas de nuisances intolérables mais d'inconvénients liés au fonctionnement même de l'entreprise) et des avantages qu'en retire la collectivité. Les pouvoirs publics peuvent aussi considérer par leur autorisation ou leur tolérance que le caractère dommageable n'est pas constitué en l'état des connaissances scientifiques et techniques du moment.
Ces dommages résultant de l'activité normale de l'entreprise, il n'y a pas d'aléa.
Le coût des mesures de prévention et, éventuellement, la réparation de tels dommages, sont (ou devraient) être financés par des écotaxes, redevances et taxes parafiscales (telles que celles perçues sur les installations de combustion, d'incinération d'ordures ménagères et autres installations rejetant des oxydes de soufre, d'azote, de l'acide chlorhydrique et des hydrocarbures non méthaniques au-delà d'un certain seuil, ainsi que celles sur le stockage et l'élimination des déchets, les déchets industriels spéciaux, les huiles usagées, etc.).

H ▪ La fermeture du site, le changement d'exploitant ou la cession du site

5713. L'assureur ne garantit que des établissements en activité et ne saurait accorder sa garantie aux conséquences « résultant d'une fermeture, d'un changement d'exploitant ou d'une cession de site ».

I ▪ Les organismes génétiquement modifiés (OGM)

5714. Les interrogations qui persistent sur la nocivité ou l'innocuité des organismes génétiquement modifiés conduisent, pour le moment, à écarter de la garantie des dommages environnementaux ceux provoqués par l'effet des manipulations génétiques aux prolongements mal maîtrisés (allergies, toxicités nouvelles ou augmentation de toxicités naturelles) et surtout ceux dus aux croisements naturels et à la dissémination lors de cultures en plein champ. Les procédures d'évaluation des risques sont encore aujourd'hui insuffisantes. Par conséquent, l'assureur exclut les dommages résultant de l'utilisation ou de la dissémination d'organismes génétiquement modifiés.
La loi n° 2008-595 du 25 juin 2008 régit désormais les OGM sur le territoire national et prévoit pour tout exploitant agricole cultivant une variété d'OGM de souscrire une garantie fi-

nancière pour couvrir le préjudice économique causé à un autre exploitant voisin. Assurpol n'a néanmoins pas modifié sa position en la matière contrairement à d'autres assureurs qui n'excluent plus forcément les risques liés aux manipulations génétiques.

J ▪ L'amiante

5715. Les effets nocifs de l'amiante sont bien connus et les dommages dus à ce produit sont pris en charge dans un cadre spécifique.

K ▪ Les champs électriques et électromagnétiques

5716. Les appareils et équipements à usage industriel (lignes électriques à haute tension, transformateurs, antennes relais de téléphones mobiles...) ou à usage domestique (postes TV, téléphones mobiles, fours à micro-ondes...) sont autant d'utilisations de l'énergie électrique, qui, selon certains, pourraient présenter un risque pour la santé humaine (dommages corporels tels que cancers et troubles divers).
Aucune étude ne démontre à l'heure actuelle de façon certaine un quelconque lien de causalité entre ces appareils et équipements et les dommages qui leur sont attribués. En revanche, les assureurs RC maintiennent l'exclusion en soulignant l'inassurabilité de ce risque, non quantifiable, et donc ne pouvant être appréhendé par la technique de l'assurance.

5717. Un des contentieux les plus actuels concerne les troubles que causeraient les antennes-relais de téléphonie mobile implantées à proximité des lieux de vie.
À noter : la Cour d'appel de Versailles (CA Versailles, 14e ch., 4 févr. 2009, RCA mars 2009, n°75) a décidé que « les demandeurs, qui ne peuvent se voir garantir une absence de risque générés par l'antenne relais implantée à proximité immédiate de leur domicile familial, justifient être dans une crainte légitime constitutive d'un trouble dont le caractère anormal s'infère de ce que, le risque étant d'ordre sanitaire, sa concrétisation emporterait atteinte à leur personne et à celle de leurs enfants ».

L ▪ Exclusion de certains dommages causés

5718. Le contrat d'assurance Assurpol exclut les dommages causés par:
- tout engin ou véhicule aérien ou leur chargement (les engins ou véhicules flottants ont été retirés de l'exclusion) ;
- tout engin et installation en mer de recherche, de forage, de stockage et d'exploitation pétrolière, de ressources minérales, de gaz ou d'énergies renouvelables ;
- l'exploitation de tout réseau ferroviaire autre qu'un réseau ou un embranchement particulier.

§ 4 ▪ Étendue de la garantie

A ▪ Étendue financière de la garantie : dommages et montants

1 ▪ Les dommages garantis

5719. Le dommage corporel est défini classiquement comme « toute atteinte corporelle subie par une personne physique ».

Le dommage matériel s'entend comme « toute détérioration ou destruction d'une chose ou d'une substance ou toute atteinte physique à des animaux ».
Le dommage immatériel est identifié à « tout préjudice pécuniaire qui résulte de la privation de jouissance d'un droit, de l'interruption d'un service rendu par une personne ou par un bien meuble ou immeuble ».
Il n'y a donc pas de distinction entre les dommages immatériels consécutifs et non consécutifs. Dès lors, les préjudices économiques (perte de valeur d'un bien, perte de clientèle, etc.) subis par des tiers et résultant de l'altération d'éléments naturels dus à l'exploitation assurée, sont bien garantis.

2 ▪ Les montants de garantie

5720. L'avantage d'Assurpol est sa capacité financière (75 millions d'euros en 2013). Les garanties s'exercent par année d'assurance, à concurrence des montants indiqués aux Conditions Particulières qui, conformément à l'usage en la matière, constituent les limites de garantie de l'assureur pour l'ensemble des sinistres relevant de la même année d'assurance et de la même garantie, sans report d'une année sur l'autre. Ces montants se réduisent au fur et à mesure des règlements de sinistres jusqu'à leur épuisement (CG., art. 6-1).
En revanche les garanties subséquentes, tant relatives à la garantie responsabilité civile (art. 6-2) qu'à la garantie des frais de prévention et de réparation des dommages environnementaux, frais de décontamination des biens immobiliers et mobiliers (art. 6-3) sont accordées chacune à concurrence d'un montant unique épuisable, égal au montant de garantie de l'année précédant la résiliation ou l'expiration du contrat (pour la garantie responsabilité civile) ou égal au montant de garantie restant disponible au titre de la dernière année d'assurance (pour la garantie frais de prévention et de réparation des dommages environnementaux).
Les montants de garantie délivrés vont de 5 à 75 millions d'euros tous dommages confondus pour la garantie « responsabilité civile » avec éventuellement des sous-limites pour les « dommages matériels et immatériels » ainsi que pour les « frais d'urgence », les « frais de décontamination des biens immobiliers et mobiliers » (optionnels) étant limités à 10 % de la garantie « dommages matériels et immatériels ».
Pour la garantie dommages environnementaux, les montants de garantie délivrés vont de 200 000 à 25 millions d'euros avec une sous limite pour la garantie des « dommages aux espèces et habitats naturels protégés ».
Pratiquement, les montants de garantie délivrés pour des risques courants sont très inférieurs au maximum de garantie tout en étant largement suffisants pour faire face à un sinistre d'atteinte à l'environnement classique.
Lorsque le risque d'atteinte à l'environnement est très lourd (industrie pétrolière par exemple), il est possible, au cas par cas, d'obtenir un montant de garantie supérieur à plusieurs centaines de millions d'euros.
Les franchises, applicables par sinistre, sont fonction du montant de garantie accordé.

B ▪ Étendue spatio-temporelle de la garantie

1 ▪ Étendue dans l'espace

5721. La territorialité est définie en fonction du lieu où est exercé l'activité et non le lieu de réalisation des conséquences dommageables. L'établissement doit être situé sur le territoire de la République Française et en principauté de Monaco (CG, art. 4). Si l'assuré a des établissements à l'étranger, des extensions peuvent être accordées au cas par cas (avec une vigilance particulière pour les USA et le Canada). Selon les pays, un contrat local est souscrit et le contrat Assurpol n'intervient alors qu'en deuxième ligne (comme par exemple en Allemagne).

2 ■ Étendue dans le temps

5722. Les contrats Assurpol ont toujours fonctionné sur un mode particulier de déclenchement de la garantie compte tenu de la spécificité même de l'atteinte à l'environnement. Ce critère restait néanmoins illégal au regard de la jurisprudence condamnant les clauses Claim's made.
Critère Assurpol : Il fallait que pendant la période de garantie, soit effectuée la première constatation vérifiable du dommage résultant d'une atteinte à l'environnement ayant débuté pendant la même période ou antérieurement pour des atteintes accidentelles et à condition que l'assuré n'en ait pas eu connaissance.
La première constatation vérifiable du dommage se définissait comme « tout fait objectif établi par tout moyen de preuve recevable attestant pour la première fois de la réalité d'un dommage garanti » (art. 18, 22°). En effet, un dommage manifesté n'est pas nécessairement constaté et c'est la date certaine de la constatation qui était retenue.
Avec la loi n° 2003-706 du 1er août 2003 (d'ordre public), ce critère ne pouvait pas être maintenu. Assurpol a alors fait le choix de la base réclamation pour la seule garantie RC (CG, art. 5).
C'est donc la réclamation de la victime qui est prise en considération pour mettre en œuvre la garantie de responsabilité civile, dès lors que le fait dommageable est « antérieur à la date de résiliation ou d'expiration de la garantie et que la première réclamation est adressée à l'assuré ou à son assureur entre la prise d'effet initiale de la garantie et l'expiration d'un délai subséquent de cinq ans à sa date de résiliation ou d'expiration ». Le système légal prévoit une reprise du passé inconnu illimitée dans le temps et une garantie subséquente automatique de 5 ans, après la date de résiliation ou d'expiration du contrat.
La garantie des frais d'urgence est déclenchée par la réclamation d'un tiers ou, à défaut, par la déclaration de l'Assuré.
Les garanties pertes pécuniaires étant des assurances de choses, Assurpol a conservé son critère traditionnel : la première constatation vérifiable.
La garantie « responsabilité environnementale » s'applique aux dommages :
- faisant l'objet d'une première constatation vérifiable pendant la période de validité de la garantie, ou pendant une période supplémentaire de cinq ans qui suit la résiliation ou l'expiration de la garantie,
- et qui résultent d'un fait dommageable survenu pendant la période de validité de la garantie.
Les garanties « frais de pollution » s'appliquent aux dommages :
- faisant l'objet d'une première constatation vérifiable pendant la période de validité des garanties, ou pendant une période supplémentaire de deux ans qui suit leur résiliation ou leur expiration, sauf disposition dérogatoire prévue aux conditions particulières,
- et qui résultent d'un fait dommageable survenu pendant la période de validité des garanties.
La garantie « perte d'exploitation » couvre les pertes consécutives à :
- un sinistre Responsabilité civile atteinte à l'environnement dont la réclamation se situe entre la date d'effet et la date de la résiliation des garanties ;
- ou à un sinistre de « pertes pécuniaires » qui se situe entre la date d'effet et la date de la résiliation des garanties.
Il est précisé que la période d'indemnisation commence au plus tôt à la date de prise d'effet du contrat et se termine au plus tard à l'expiration d'une période de douze mois après la résiliation du contrat.

Sous-titre 2
L'assurance responsabilité civile produits livrés

BIBLIOGRAPHIE

L'Argus de l'assurance

Ouvrages - A. Astegiano-La Rizza, *Les assurances de responsabilité de l'entreprise*, Éd. L'Argus, 6e éd., 2014.

Chapitre 1
Détermination de la garantie

Note de l'auteur : L'important travail de réflexion mené par Francis Chaumet (auteur originel) en tant qu'assureur a été conservé.

Section 1 . Propos introductifs

§ 1 . Genèse de l'assurance RC produits livrés

A . Généralités

5723. L'assurance responsabilité civile après livraison n'a fait l'objet d'étude approfondie qu'à partir des années 1960.
Et ce n'est également qu'à partir du moment où fabricants et vendeurs ont vu leur responsabilité se développer que les assurances responsabilité civile ont commencé à prévoir un volet correspondant dénommée « responsabilité civile après livraison ».
Ce découpage est caractéristique de l'appréhension du risque de responsabilité civile par les assureurs : ils distinguent soigneusement dans les activités de leurs assurés, plusieurs moments qu'ils traitent différemment.

5724. Ainsi, la responsabilité civile exploitation et la responsabilité civile après livraison ou les risques encourus pendant la phase de fabrication du produit, ou plus généralement, dans le cadre et à l'occasion de l'exploitation de l'entreprise, et les risques encourus après livraison du produit à la clientèle, sont toujours distinguées.
Nous avons déjà évoqué la question de cette distinction alors que l'assuré n'est pas moins responsable, sinon même plus après livraison qu'en cours d'exploitation.
Cette distinction est loin d'être artificielle car il s'agit de prendre en considération la succession d'événements permettant d'engager la responsabilité civile de l'assuré et d'être aussi réaliste et concret que possible.
À quel moment faut-il se placer pour apprécier la responsabilité de l'assuré ?

Est-ce au cours de l'exercice, par l'assuré, de son activité ?
Le fait générateur, qui est à l'origine du dommage, se situe toujours, assurément et par définition, en cours d'exploitation de l'entreprise assurée.
Prenons le cas d'une activité de fabrication. Qu'il s'agisse de la conception, de l'exécution du travail, de la finition, du conditionnement ou de la livraison (au sens de remise à un tiers), le sinistre trouve toujours son origine dans l'exercice des activités de l'assuré, tant intellectuelles que matérielles.
Mais, tous les dommages susceptibles d'engager la responsabilité de l'assuré se situent-ils concomitamment au déroulement de ses activités ?
La réponse est négative. Il existe des dommages potentiels, ou latents, qui ne se réaliseront qu'après que l'assuré ait achevé sa fabrication et qu'il se soit dépossédé de ses produits.

5725. La réalisation du dommage, la constatation du fait dommageable, distinct du fait générateur, peut donc se matérialiser tant au moment où l'assuré exerce son activité qu'après. Il faut donc admettre que la responsabilité de l'assuré peut être engagée bien après son intervention.

5726. Par conséquent :
- l'assuré n'est pas matériellement dans la même situation que lorsque son activité est saisie en cours d'exploitation. Il n'a plus, après livraison, la maîtrise de la situation qui lui a échappé en même temps que le produit. Et donc, il n'a plus le contrôle des moyens permettant d'éviter la réalisation d'un sinistre ou d'en empêcher la propagation ;
- les responsabilités apparaissent plus lourdes que celles encourues en cours d'exploitation, et il lui est plus difficile de s'en dégager que l'on songe à l'interprétation jurisprudentielle des articles du Code civil relatifs à la vente, et particulièrement la garantie des vices cachés due par le vendeur professionnel à l'acheteur (C. civ., art. 1641 et s), ou encore à la responsabilité du fait des produits défectueux (dir., n° 85/374/CEE du 25 juill. 1985 transposé en droit français par la loi n° 98-389 du 19 mai 1998). Il en est de même dans le cadre du développement du commerce international, pour la responsabilité de l'exportateur, mis en cause dans un pays de *strict liability*- responsabilité objective - du simple fait de la chose. Cette évolution constatée dans le domaine juridique fait écho, si elle n'en est pas à l'origine, aux sinistres tristement célèbres de la Thalidomide, du Stalinon, du talc Morhange, de la poudre Baumol, sans compter l'affaire du pain maudit de Pont-Saint-Esprit et celles des intoxications alimentaires - salmonellose, dioxine - qui ont défrayé de façon spectaculaire la chronique, auxquelles on peut encore ajouter l'ESB. Parallèlement, les produits sont toujours plus sophistiqués et leur obsolescence, plus ou moins rapide, se double d'une incapacité à durer, conformément à l'idéologie dominante selon laquelle le bonheur s'identifie à la possession d'objets toujours plus nombreux et récents.
Les biens industriels sont alors aujourd'hui très élaborés, d'une grande complexité, et intégrés dans des ensembles de production à rendement élevé et porteurs, de ce fait, d'une lourde responsabilité dans les processus de production.
Ces produits sont de plus en plus écoulés en masse alors qu'un seul défaut peut provoquer une multitude de dommages. Il en résulte un potentiel élevé de sinistres pouvant atteindre des dimensions catastrophiques contre lesquelles il appartient tant à l'industriel fabricant, ou négociant, qu'à son assureur, de se prémunir.
À cela, s'ajoute la sensibilisation croissante des consommateurs aux dommages auxquels ils sont exposés. Ces derniers s'organisent désormais en association de défense à la suite de l'impulsion donnée au mouvement consumériste outre-Atlantique (notamment par l'intervention de l'avocat Ralph Nader dans le différend qui l'a opposé à la General Motors dans les années 1970 sur l'insécurité de ses automobiles).

5727. C'est ainsi que l'on dénombre un peu partout en Europe des organisations regroupant les consommateurs (Consumers'Association au Royaume-Uni, Ligue des Consommateurs aux Pays-Bas, etc.). Pour la France, ce sont l'Institut National de la Consommation (INC), établissement public placé sous la tutelle de l'État, et l'Union Fédérale de Consommation (UFC), association privée dont les adhérents sont exclusivement des personnes ou des groupements privés qui, par leurs journaux, la radio, la télévision, avertissent les consommateurs sur leurs droits, rendent publics les résultats de tests, se livrent à des classements de produits. D'autres, dépendant des centrales syndicales, existent également tels que l'Asseco-cfdt, l'AFOC (FO) ou encore l'Indécosa-CGT.
Confrontés à des réclamations de plus en plus nombreuses et coûteuses, les fabricants et vendeurs ont alors sollicités leurs assureurs, qui pour l'ensemble des raisons évoquées, ont distingué entre responsabilité civile exploitation et responsabilité civile après livraison.

5728. Faut-il en conclure que l'intervention de l'assureur est de nature à apporter tous apaisements à l'assuré qui, de ce fait, va se voir intégralement déchargé des conséquences de sa responsabilité ? Assurément non.
Il convient de rappeler ici qu'il n'y a pas, en effet, coïncidence rigoureuse et absolue entre les contours de la responsabilité de l'assuré et ceux de l'assurance :
- d'abord parce que l'assuré, qui peut très bien être responsable après livraison, peut n'être pas garanti pour autant ;
- ensuite, quand bien même serait-il garanti, parce que l'assurance après livraison se situera souvent en retrait par rapport à la responsabilité réelle de l'assuré.
Cette non-coïncidence s'explique par le fait que l'assurance de responsabilité n'a pas pour objet de prendre en charge la totalité des responsabilités de l'assuré, mais seulement une partie, celle qui apparaît tout à la fois comme souhaitable et moralement raisonnable. En effet, l'entreprise doit assumer une partie des risques qu'elle crée et l'assureur n'a pas à prendre en charge systématiquement l'impéritie des fabricants et distributeurs. Ainsi, le risque d'entreprise, déjà évoqué, doit rester à sa charge : l'entreprise ne saurait exercer n'importe quelle activité impunément en se déchargeant systématiquement sur l'assureur de tous les avatars que son activité engendre. À une certaine compétence ou qualification doit correspondre une certaine capacité à assumer une part des risques créés.

5729. Par ailleurs, certaines garanties demandées à l'assureur de responsabilité civile relèvent d'une autre technique que celle de l'assurance de responsabilité. L'assureur ici ne se dérobe pas, mais il résout différemment une question qui lui est posée. Tel est le cas de la garantie du produit lui-même qui, lorsque le bien s'y prête, pourra être accordée par une assurance bris de machines avec garantie du constructeur, ou encore « produit », ou de la garantie des frais de retrait du produit qui peut faire l'objet d'un contrat distinct ou d'un volet spécifique dans le contrat d'assurance de responsabilité civile.

5730. Enfin, dans ce domaine, encore peut-être plus que dans d'autres, l'assureur a ses propres limites qui lui sont imposées par ses réassureurs. Les contraintes imposées par ces derniers sur l'activité de l'assureur vont se traduire, notamment, par :
- un « plein d'acceptation » fixé par rapport à une « conservation » ;
- une limitation de garantie par année d'assurance ;
- l'exclusion de certains produits (destinés à l'industrie aéronautique par exemple), sous réserve d'acceptation formelle.

5731. Il convient, en revanche, de souligner la souplesse de la formulation des énoncés d'assurance qui permet de tenir largement compte des multiples situations dans lesquelles se trouve l'assuré.

C'est ainsi que, bien souvent, l'assureur ne limitera pas la portée de sa garantie aux seules conséquences d'une responsabilité civile après vente, mais qu'il prendra en considération la location de biens, le simple prêt (tant il est vrai que la livraison n'intervient pas nécessairement en exécution d'un contrat de vente), ou les différentes obligations dégagées par la jurisprudence et qui précèdent ou accompagnent la conclusion du contrat entre l'assuré et son client.
De même, il retiendra la multiplicité des modalités d'intervention de l'assuré (conception, fabrication, transformation, stockage, conditionnement, emballage, etc.), ainsi que la diversité de ses produits.
Enfin, il n'hésitera pas à aller au-delà des seuls dommages corporels et matériels causés par ces produits pour prendre en considération les dommages immatériels en résultant, de façon plus ou moins étendue.

B ▪ Remarques terminologiques

5732. Rappel :Aujourd'hui,les deux volets de garanties, Responsabilité civile après livraison et Responsabilité civile exploitation,constituent le plus souvent l'ensemble appelé « responsabilité civile générale », la ligne de démarcation entre la responsabilité civile exploitation et la responsabilité civile après livraison étant précisément la livraison.

5733. Les contrats distinguent parfois responsabilité civile après livraison et responsabilité civile après travaux. L'assurance responsabilité civile après travaux a pour objet de couvrir la responsabilité que peut encourir l'assuré après achèvement de travaux et du fait de ceux-ci. Il faut, par définition, qu'il y ait exécution d'un travail.
Le critère est le contrat d'entreprise au sens de l'article 1710 du Code civil : « Contrat par lequel une personne, l'entrepreneur ou locateur, s'engage envers une autre, le maître ou le client, à exécuter contre rémunération un travail indépendant et sans le représenter ».

5734. En matière de responsabilité civile après livraison, ce n'est pas tant la prestation de travail qui est prise en considération que le fait d'être en possession d'un objet ne répondant pas à l'usage que l'on veut en faire.
Aussi, lorsque le fabricant ou le vendeur ne se contente pas de vendre mais également livre et pose ou installe, il faut que le contrat d'assurance prenne acte de cette activité et mentionne tout à la fois la responsabilité civile après livraison et la responsabilité civile après travaux.
Pour l'assureur, cette activité supplémentaire à prendre en considération peut consister soit en une aggravation du risque, dans la mesure où il y a une prestation de plus avec des modalités d'exercice différentes de celles relevant de la fabrication, étant effectuée par définition chez des clients, soit au contraire en une réduction du risque dans la mesure où pose et installation gagnent à être faites par le vendeur ou, mieux encore, par le fabricant.

5735. Quant aux garanties responsabilité civile après livraison et responsabilité civile produits livrés, elles sont de même nature et l'on peut employer indistinctement les deux expressions. La responsabilité civile produits livrés n'est qu'un cas particulier de la responsabilité civile après livraison.
Certains assureurs évoquent la responsabilité civile des produits livrés pour les produits ingérables (denrées alimentaires, produits pharmaceutiques), ou applicables au corps humain (savons, parfums, cosmétiques, produits de beauté, etc.) ou encore à destination des animaux (aliments du bétail, produits antiparasitaires, etc.). Ils conservent alors la terminologie « responsabilité civile après livraison » pour tous les autres produits non alimentaires, sanitaires ou pharmaceutiques. Exemple : paille dans un métal.

Certains professionnels utilisent encore l'expression « responsabilité civile produits » pour parler de la garantie des dommages au produit lui-même après livraison de celui-ci.

5736. Enfin, les assureurs distinguent responsabilité civile après livraison et responsabilité civile professionnelle. La responsabilité civile après livraison est incontestablement, comme la responsabilité civile exploitation d'ailleurs, de la responsabilité civile professionnelle au sens large, dans la mesure où il s'agit de prendre en charge la réparation de dommages causés par des objets défectueux, la défectuosité tirant son origine d'une faute professionnelle commise dans le cadre des activités de l'entreprise.
Mais, l'assureur parle plutôt de responsabilité civile professionnelle, au sens strict cette fois, à propos de personnes exerçant une profession libérale (avocats, courtiers et agents généraux d'assurance, conseils juridiques et fiscaux, notaires, comptables, membres du corps médical et professions paramédicales). Leur activité consiste en une prestation de service dont l'inexécution ou l'exécution défectueuse est susceptible de causer des préjudices d'ordre économique qui ne se ramènent pas nécessairement (sauf pour les professions médicales) à des dommages corporels ou matériels.
Il en va de même à propos des activités de conception (*engineering*).

§ 2 ▪ Responsabilités de l'entreprise

5737. En matière de produits livrés, le transfert du produit s'effectue principalement par le contrat de vente défini, par l'article 1582 du Code civil comme « une convention par laquelle l'un oblige à livrer une chose et l'autre à la payer ». La non-conformité ou le « vice » du bien vendu au sens large, sont susceptibles de provoquer des dommages à l'acquéreur ou l'utilisateur, et donc des réclamations de leur part. Dans ce cadre, diverses actions peuvent être exercées contre le vendeur, à raison de l'état, des qualités ou du fonctionnement de la chose. Celles-ci peuvent être fondées sur un manquement aux obligations d'information et de conseil, aux obligations de délivrance et de non-conformité ou reposer sur un vice caché. Bien sûr, le fabricant ou vendeur peut toujours engager sa responsabilité délictuelle du fait des produits vendus lorsque ceux-ci causent des dommages à des personnes avec lesquelles il n'est pas lié contractuellement.

5738. Parallèlement, la jurisprudence faisait peser sur tout vendeur, du moins professionnel, une obligation de sécurité quant aux produits livrés, au régime très favorable pour la victime.
Mais, le principal régime applicable aujourd'hui est celui de la responsabilité du fait des produits défectueux, pesant sur le producteur, et tout personne assimilée, issu de la directive du 25 juillet 1985 (n° 85/374/CEE, JOCE 7 août 1985, L. 210-29). Ce régime spécial retient un principe de responsabilité sans faute (responsabilité objective) du producteur pour un dommage causé par un défaut de son produit (art. 1er) et transcende la distinction entre la responsabilité contractuelle et la responsabilité délictuelle : « Le producteur est responsable du dommage causé par un défaut de son produit, qu'il soit ou non lié par un contrat avec la victime » (C. civ., art. 1245-1, anc. art. 1386-1).
Sa transposition en droit français a été longue et houleuse. La directive sera, finalement, transposée très tardivement par la loi n° 98-389 du 19 mai 1998 (alors que le délai de transposition prenait fin en 1988). Les dispositions de la loi de 1998 ont été codifiées sous les articles 1245 à 1245-17 (anc. art. 1386-1 à 1386-18) du Code civil dans un titre IV bis intitulé « De la responsabilité du fait des produits défectueux ». Ils ont été, depuis, quelques fois modifiés, la CJCE ayant jugé la transposition initiale imparfaite (v. chap. les responsabilités du fait des choses et du fait des produits défectueux).

5739. Concernant la couverture de ces responsabilités et garanties, progressivement les assureurs ont dégagé certains principes en matière d'assurance responsabilité civile après livraison, suivis de manière quasi-unanime, tenant tant à la détermination de la garantie qu'à ses modalités d'application.
L'assureur procède de la même manière que pour les autres garanties. Il détermine et analyse les risques afin de pouvoir départager ceux couverts et ceux exclus.

Section 2 ▪ Champ d'application

5740. Cette assurance a pour objet de garantir, à concurrence des plafonds de garantie et pour les risques prévus aux dispositions particulières du contrat :
« Les conséquences pécuniaires de la responsabilité civile auxquelles l'assuré peut être tenu :
- après livraison des produits, marchandises, matériels fabriqués, transformés et/ou vendus par lui :
*en tant que producteur, du fait des produits défectueux conformément aux principes édictés par les articles 1245 et s. (anc. art. 1386-1 et s.) du Code civil,
*et, plus généralement, résultant d'une faute, erreur ou négligence dans leur conception, fabrication, transformation, réparation, montage, assemblage, emballage, conditionnement, stockage, distribution, instructions d'emploi, ainsi qu'à l'occasion de conseil, préconisation ;
- ou après achèvement des travaux ou des prestations de service exécutés par lui et résultant d'une malfaçon ou de toute autre faute, erreur ou négligence, en raison des dommages corporels, des dommages matériels et des dommages immatériels qui en sont la conséquence, causés aux tiers, y compris ceux occasionnés par un incendie, une explosion ou par l'action des eaux et autres fluides ».
Un tel énoncé de la garantie prend donc en compte les dommages susceptibles d'être causés par les biens produits par l'assuré, les travaux exécutés (de pose, montage, installation) ou encore la réalisation de prestations de service (service après vente, maintenance, entretien). L'expression « causés aux tiers » doit s'entendre comme toute personne étrangère à l'entreprise, qu'il s'agisse des tiers proprement dits (en droit : *penitus extranei*) ou des clients de l'assuré liés à celui-ci par un contrat.
Concernant les fondements de cette responsabilité, il est fait référence :
- explicitement à la responsabilité du fait des produits défectueux, issue de la directive européenne n° 85/374/CEE du 25 juill. 1985 (droit européen uniforme en la matière, et en fonction duquel l'assuré peut voir sa responsabilité engagée dans tout État membre de l'Union européenne) ;
- à toutes les fautes, erreurs ou négligences commises par l'assuré dans le processus de production d'un bien, sans référence à des textes précis.

5741. Cette garantie se réfère à la responsabilité civile de l'assuré. Or, juridiquement, l'assuré est également tenu à un certain nombre de garanties : vice caché, défaut de conformité issu du Code de la consommation. Théoriquement, seule la responsabilité est prise en charge par l'assureur de responsabilité civile et non les « garanties » qui doivent faire l'objet d'autres assurances. Dès lors, une partie de la doctrine (En ce sens L. Mayaux obs. sous Civ. 1re 6. Janv. 1993, RGAT 1993. 357) estime que les « garanties » sont excluent, naturellement et indirectement par l'objet même de l'assurance RC. Le coût de remplacement de la chose ne serait donc pas, par nature, couvert par le contrat, sans qu'il ne soit besoin de prévoir d'exclusions contractuelles directes. Mais cette interprétation, c'est-à-dire cette distinction nette garantie/responsabilité civile n'a pas vraiment été reconnue par la jurisprudence ou que de manière très marginale (v. Civ. 1re, 6 janv. 1993, précit. ; Civ. 3e, 13 nov. 2003, n° 00-22.309, JCP G 2003, I, 111). Il est alors prudent, pour l'assureur RC, qui ne souhaite pas couvrir les conséquences de ces garanties, de les exclure (v. en ce sens, J. Bigot, Les ambiguïtés de la responsabilité et de l'assurance du fait des produits défectueux, JCP G 2010, n° 1014).

5742. Le champ d'application du contrat d'assurance RC produits livrés est fonction de la livraison, notion clé, car seuls sont garantis les dommages réalisés après la livraison du produit, ou après exécution de la prestation.

§ 1 ▪ La notion de livraison

5743. La livraison constitue la ligne de partage entre la responsabilité civile exploitation et la responsabilité civile après livraison.

A ▪ Définition de la livraison

5744. Les polices d'assurance ne donnent pas toujours une définition de la livraison, mais y font toutes référence, au moins implicitement.
La livraison est usuellement définie comme « la remise effective, par l'assuré, d'un produit, d'une marchandise, d'un matériel ou plus généralement d'un bien, dès lors que cette remise fait perdre à l'assuré, ou à toute personne dont il est civilement responsable, son pouvoir d'usage, de direction et de contrôle sur ce bien, notamment après chargement sur un moyen de transport dont l'assuré, ou toute personne dont il est civilement responsable, n'a ni la propriété, ni la garde, ni l'usage ».
En son temps, le Comité européen des assurances sur l'assurance responsabilité civile produits l'avait définie comme « la remise effective du produit par l'assuré à une tierce personne. Elle est réputée s'effectuer à partir du moment où l'assuré perd les moyens pratiques d'exercer un contrôle matériel direct sur les conditions d'usage ou de consommation du produit ou de modifier ces conditions » (Rapport du Comité Européen des Assurances sur l'assurance responsabilité civile produits, 1972. 23. – V. encore la définition donnée par l'Agsaa : « La remise effective par l'assuré d'un produit, soit définitivement, soit à titre provisoire et même en cas de réserve de propriété, dès lors que cette remise donne au nouveau détenteur du produit le pouvoir d'en user hors de toute intervention de l'assuré ou de ses préposés »).
La notion est donc essentiellement concrète et pragmatique. Juridiquement, elle peut s'identifier à la définition de la garde de la chose et au fameux « pouvoir d'usage, de direction et de contrôle » (Arrêt Franck - Ch. réunies, 2 déc. 1941, DC 1942-25). La livraison ne transfère donc pas la propriété, mais seulement la détention de la chose vendue.
À ce titre, on pourrait aussi l'assimiler à la délivrance au sens de l'article 1604 du Code civil : « La délivrance est le transport de la chose vendue en la puissance et possession de l'acheteur ».
En conclusion, la livraison est un fait. La seule question devant être posée est la suivante : « Le produit a-t-il été remis matériellement et effectivement à un tiers ? » ou encore « qui, au moment du sinistre, avait effectivement le pouvoir d'usage de direction et de contrôle de l'objet ? ».

B ▪ Conséquences

5745. Compte tenu de la définition retenue de la livraison, les considérations d'ordre juridique sont secondaires.
La livraison ne coïncide pas nécessairement avec le transfert de propriété ; elle peut le précéder ou lui succéder.
La livraison n'intervient pas forcément en exécution d'un contrat de vente et peut intervenir dans le cadre d'autres contrats comme la vente à l'essai, la location, la location-vente ou leasing, ou même le contrat d'entreprise dans le cadre de sous-traitance d'assemblage, de finition. La personne à laquelle le produit est livré n'est donc pas obligatoirement le consommateur ou l'utilisateur ultime du produit : ce peut être un tiers utilisant le produit comme emballage de sa propre production ou comme composant d'un produit final, ou un intermédiaire qui y appliquera son industrie (transformation, assemblage, finition, conditionnement, distribution).
Il peut également y avoir livraison en cas d'erreur de destination du produit à expédier. Il en est de même si le fournisseur livre par erreur un produit différent de celui qui était commandé.
La livraison est aussi réputée faite dès que le produit a été chargé sur tous moyens de transport et que l'expéditeur, ou le chargeur, perd le contrôle du déplacement, peu importan que le produit ne soit pas livré au sens commercial, c'est-à-dire arrivé à destination.
En revanche, tant que le fournisseur n'a pas perdu les moyens pratiques d'exercer un contrôle direct sur les conditions d'usage ou de consommation du produit (pose et installation, montage et essai) ou s'il les retrouve momentanément après les avoir perdus (intervention sur site pour maintenance et entretien), il faut considérer que ce sont les garanties de sa police responsabilité civile exploitation qui lui bénéficient en cas de sinistre.
L'assuré peut donc très bien, être tour à tour et successivement, en situation relevant de la responsabilité civile exploitation puis de la responsabilité civile après livraison, puis de nouveau relever de la responsabilité civile exploitation, ces deux états alternant en fonction de l'intervention ou de l'impossibilité d'intervenir de l'assuré.
Tel est le cas dans toutes les hypothèses de travaux de montage ou installation d'un bien auxquels fait suite une utilisation de ce bien en toute indépendance par son acquéreur, suivie à nouveau d'interventions plus ou moins répétées de son fournisseur, pour maintenance par exemple.
On mesure alors tout l'intérêt à ce que responsabilité civile exploitation et responsabilité civile après livraison soient garanties par le même assureur (v. sur la distinction entre les deux, Civ. 3e, 7 sept. 2010, n° 08-20.533 et 08-20.665, RGDA 2011. 191, note A. Astegiano-La Rizza).

§ 2 ▪ L'assuré

5746. L'assureur doit déterminer ceux dont la responsabilité, quand elle est mise en cause, sera couverte par le contrat.
En principe, les qualités de souscripteur et d'assuré se confondent. La personne qui souscrit la police sera également l'assuré.
On sait que la responsabilité de l'assuré peut aussi être engagée du fait de ses préposés et que la garantie du contrat d'assurance bénéficie à l'assuré à cette occasion.

5747. Mais certaines dispositions peuvent être prises, tant à la souscription du contrat qu'au cours de son exécution, pour étendre son champ d'application aux situations dans lesquelles se trouve impliqué l'assuré du fait de la nécessaire intervention de tiers dans le processus de production ou de commercialisation du produit.

En effet, une fabrication industrielle, si élémentaire soit-elle, est rarement le produit d'un seul.
Le recours à des tiers peut se situer au niveau de la conception, avec l'intervention de bureaux techniques de recherches, de bureaux d'études autonomes et indépendants du fabricant, ou au niveau de la fabrication. Il s'agira alors du recours à :
- des fournisseurs (de matières premières, de produits semi-finis, de matériel d'emballage) ;
- des donneurs de licences ;
- des sous-traitants (transformation, assemblage, finition, conditionnement, fabrication de récipients, stockage avant livraison, instructions et préconisations d'emploi, étiquetage).
Le recours à des interventions extérieures pourra également être nécessaire pour la distribution des produits. Il s'agira cette fois « d'organiser la vente » (publicité, expédition, délivrance de licences attachées au produit mais aussi relations avec les importateurs, transporteurs, dépositaires, grossistes, services après vente).
La prise en compte de ces différentes situations se fait principalement par trois techniques, déjà envisagées et ne soulevant pas de commentaires particuliers dans le cadre de la responsabilité civile après livraison :
- l'abandon de recours ;
- l'assurance pour compte ;
- le pacte de garantie.

5748. À noter : la question s'est posée de savoir si les distributeurs du produit pouvaient revendiquer le bénéfice de l'assurance du fabricant en invoquant leur qualité d'acquéreurs du produit, à laquelle serait automatiquement transférée l'assurance par application de l'article L. 121-10 du Code des assurances.
Mais l'article L. 121-10 est, en l'espèce, inapplicable pour plusieurs raisons :
- si l'assuré cède un bien faisant partie d'un ensemble de biens pour lequel il s'est assuré moyennant une prime globale et unique, l'acquéreur de ce bien ne peut revendiquer la qualité d'assuré (Civ., 27 janv. 1948, RGAT 1948. 26) ;
- dans la mesure où la police d'assurance s'applique à tous les produits d'un type déterminé qui sont ou seront fabriqués par l'assuré, une livraison particulière ne peut être considérée comme déterminée ou individualisée au regard de l'assurance (Civ., 12 juill. 1962, RGAT 1963. 28) ;
- même si l'assurance a été souscrite pour un matériel unique et individualisé, l'acquéreur de ce matériel n'acquiert pas pour autant la qualité d'assuré. En effet, l'article L. 121-10 trouve son application en cas de cession d'exploitation. Or, la cession d'un produit de l'exploitation ne s'identifie pas à la cession de l'exploitation (Civ. 3e, 24 janv. 1973, Gaz. Pal. 1973, I, 418).

§ 3 ▪ Les produits assurables

5749. Ils sont infiniment variés et il n'est pas, *a priori*, de secteur d'activités auquel l'assurance responsabilité civile après livraison puisse rester étrangère.

5750. Ce seront tous les biens meubles de toute nature, au sens le plus large (G. Courtieu, Juris-Classeur responsabilité civile, fascicule 581), livrés par l'assuré, qu'il s'agisse :
- de produits bruts ou élaborés ;
- de prototypes ou produits de série ;
- d'objets manufacturés ou produits de la terre ;

- de matières premières, de produits semi-finis, c'est-à-dire entrant dans la fabrication d'autres objets (on parle alors de composants), ou de produits finis (c'est-à-dire prêts à la vente et à une utilisation immédiate) ;
- d'objets neufs ou d'occasion ;
- de pièces détachées ou d'ensembles et assemblages ;
- de biens de consommation ou de matériels de fabrication et leurs accessoires ;
- d'emballages de toutes sortes, récipients ou conteneurs, etc.

La proposition d'assurance permettra à l'assureur, par les questions posées, de cerner l'activité de l'assuré et les produits de celle-ci.

A ▪ L'étude du risque - La proposition d'assurance

5751. Il convient de souligner le rôle essentiel de la proposition d'assurance. Celle-ci, par les questions précises qu'elle pose, doit éclairer très complètement l'assureur sur la portée de la garantie qui lui est demandée.

1 ▪ L'entreprise

5752. L'assureur va d'abord se renseigner sur l'entreprise assurée en obtenant différents renseignements

a - L'ancienneté

5753. La date de création de l'entreprise, et donc son ancienneté dans le métier, sera, naturellement demandée. Pour autant, le début des activités ne correspond pas toujours à celui des fabrications. En effet, en cas de production de multiples produits, il est intéressant de savoir, dans la gamme de produits fabriqués, quels sont ceux qui ont fait l'objet de création récente et surtout quels sont ceux dont la fabrication a été modifiée ou supprimée et pour quelles raisons (commerciales - mauvaise étude de marché - ou techniques - incidents constatés avant ou après fabrication).

b - Les groupes d'entreprises

5754. L'appartenance de l'entreprise à un groupe doit être connue, particulièrement, le rôle exact qu'elle joue dans le processus de production au sein de ce groupe. Quelles relations entretient-elle avec les autres sociétés du groupe ? À cette occasion, il convient de préciser que l'assureur est peu enclin à considérer comme « tiers entre elles » les sociétés appartenant à un même groupe, à moins que cette appartenance ne soit que purement financière et qu'il n'existe entre elles aucune interférence dans le processus de fabrication d'un bien. C'est en effet une aggravation de risque, par définition, que de considérer comme tiers des entités dépendant d'une même autorité lorsqu'elles entretiennent des relations multiples, et pluri-quotidiennes parfois, sur un plan matériel. Si la question a déjà été envisagée en assurance responsabilité civile exploitation, elle n'est pas étrangère à la responsabilité civile après livraison dans la mesure, précisément, où un produit peut être amené à circuler d'une entreprise à une autre en cours de fabrication. Et c'est pour l'assureur se retrouver dans une situation délicate que d'arbitrer entre des intérêts trop rapidement en conflits dans un souci de meilleure rentabilité.

Aussi, l'assureur accédera sans doute dans ce cas à la demande de considérer ces sociétés comme tiers entre elles sur le plan des dommages corporels qu'elles pourraient se causer par préposés interposés dans la mesure où il s'agit là essentiellement de dommages d'origine accidentelle, donc indiscutables. Si l'assureur entend aller plus loin et considérer de

telles entreprises comme tiers entre elles sur le plan des dommages matériels, il prendra soin de prévoir des franchises suffisamment élevées pour dissuader toute entente préjudiciable à l'équilibre du contrat. Enfin, il se gardera de considérer comme tiers entre elles de telles entreprises sur le plan des dommages immatériels consécutifs à des dommages non garantis ou des dommages immatériels non consécutifs car ce serait là ouvrir une porte à tous les abus que dicterait plus efficacement encore le souci d'efficacité et de performance recherchées par chaque entreprise au détriment des autres. Il faut donc considérer que les produits (ou leurs composants) circulent entre l'ensemble des membres d'un groupe industriel, lorsque ceux-ci concourent à leur fabrication, comme ils le feraient entre les différents ateliers d'une même usine.
Dans la pratique c'est l'entreprise mère, le « holding », qui souscrira un contrat unique garantissant l'ensemble des sociétés du groupe qui auront la qualité d'assurés à l'égard des tiers mais, sous réserve des observations ci-dessus, ne seront pas considérées comme tiers entre elles.

2 ▪ Les produits

a - Diversité

5755. L'assureur s'informera sur les produits eux-mêmes, bien sûr, en demandant quelle en est la nature et en essayant d'en mesurer la diversité.
À cet égard, la communication par l'assuré de tous documents permettant d'apprécier l'éventail de ses activités est très utile (papier à lettre à en-tête de l'entreprise, plaquette publicitaire, catalogue des fabrications, *press-book* en cas de réalisations particulières et notables, etc.).
Ces informations seront complétées par le numéro de Code NAF (Nomenclature des Activités Françaises) ou APE (Activité Principale Exercée) de l'Insee qui permettra à l'assureur de se reporter à la nomenclature officielle et de préciser ces données.

b - Caractéristiques

5756. L'assureur s'informera le cas échéant sur les principales caractéristiques physiques et chimiques des produits. Il n'hésitera pas à s'entourer d'avis autorisés si cela s'avère nécessaire (ingénieurs, experts).
Au terme de cette étude, il devra donc savoir :
- quels sont les produits concernés ;
- si ces produits sont sujets à altération rapide, notamment en l'absence de toute cause extérieure ;
- s'il s'agit de produits de série ou fabriqués à la commande ;
- s'il s'agit de produits semi-finis ou finis, et dans les deux cas à quel usage ils sont destinés. En effet, selon que l'usage en est principalement ou exclusivement industriel ou privé, les risques encourus ne seront pas les mêmes et la nature des réclamations sera souvent différente en cas de sinistre. En outre, selon la destination technique des produits, l'assureur pourra être conduit à décliner sa garantie (industrie aéronautique - contrats spécifiques à ce secteur d'activité) ou à faire preuve de plus de vigilance (industrie nucléaire, navale, automobile) ;
- s'il s'agit de produits de conception nouvelle ou préconisée pour des emplois nouveaux.

5757. L'assureur s'inquiètera également de savoir si le produit répond à des normes, officielles ou exigées par les clients. Il ne s'agit pas ici de « marques » ou autres « labels de qualités » qui ne sont le plus souvent que la reconnaissance par les pairs de l'assuré de la qualité de son produit mais de l'attestation de la conformité du produit à des spécifications

techniques normalisées. Le produit pourra alors faire l'objet d'une certification attestant qu'il est conforme à des caractéristiques décrites dans un référentiel et faisant l'objet de contrôles. Le référentiel se définit comme « un document technique définissant les caractéristiques que doivent présenter un produit... et les modalités du contrôle de la conformité du produit... à ces caractéristiques » (C. consom., art. L. 115-27).
Les organismes certificateurs sont assez nombreux. Les normes les plus connues sont, pour la France, celles élaborées par l'Afnor. La marque NF, très recherchée (19 000 normes en vigueur), est facultative, mais rendue parfois obligatoire.
Dès lors l'assureur, en possession d'une certification de produits disposera de réponses précises aux questions qu'il doit se poser : des contrôles sont-ils effectués ? À quel stade (réception des matières premières et fournitures, fabrication, avant livraison) ? Sont-ils systématiques ou effectués par sondage ? Avec quelle fréquence ? Selon quelles modalités ? Les résultats sont-ils consignés par écrit et conservés ? Pendant combien de temps ? Par qui les contrôles sont-ils effectués (sur les chaînes de fabrication, par un service interne chargé du contrôle, par un organisme certificateur extérieur et indépendant de l'entreprise) ?

3 ▪ Le rôle de l'assuré dans le processus de production et de commercialisation du produit

a - Conception du produit

5758. L'assuré assume-t-il la conception de ses produits ou exécute-t-il ceux-ci sur la base d'études effectuées par un tiers ? A-t-il, de bout en bout, la maîtrise de l'élaboration du produit ou n'intervient-il qu'à un stade, celui de la fabrication, le mettant en quelque sorte en situation de sous-traitant ?
Le fait de concevoir son produit est sans doute plus satisfaisant mais la responsabilité sera alors pleine et entière en cas de vice du produit (sous réserve de défectuosités dans l'approvisionnement, encore qu'il pourra lui être reproché de pas avoir suffisamment veillé à la qualité des matières premières lors de leur livraison).
Lorsque la conception est réalisée par un tiers, le rôle d'exécutant de l'assuré permettra, le cas échéant, d'exercer un recours contre celui-ci ou de l'appeler en garantie. Néanmoins, la technicité de l'assuré le conduira souvent à émettre des avis ou conseils au niveau même de la conception, ce qui ne l'exonérera pas d'une part de responsabilité le moment venu.

5759. Il arrive que l'assuré, doté d'un bureau d'études suffisamment étoffé et expérimenté, soit conduit pour des raisons de rentabilité, à certaines périodes de l'année ou parallèlement aux études effectuées pour son propre compte, à réaliser uniquement des études pour le compte de clients. Il s'agit alors, pour l'assuré, d'études non suivies de réalisation. La prestation fournie étant seulement intellectuelle (conception), la situation est identique à celle d'un bureau d'études dont l'assurance de responsabilité implique une approche un peu différente. L'assureur devra s'interroger sur l'effectif du bureau d'études, ses compétences et qualifications, ses réalisations, apprécier le risque d'une activité exclusivement intellectuelle par rapport à une clientèle souvent différente et asseoir la cotisation sur les honoraires perçus. Cette approche n'implique pas toujours nécessairement un contrat distinct, mais au moins un volet distinct dans le contrat d'assurance de responsabilité civile générale de l'assuré.

b - Réalisation de la fabrication

5760. Le produit est rarement le fait d'une seule entité, l'industriel étant souvent amené à faire appel à d'autres entreprises, les sous-traitants.

Il s'agira alors de savoir :
- dans quelle proportion de son chiffre d'affaires, l'assuré fait appel à des sous-traitants ;
- s'il s'agit de sous-traitance de spécialité ou de sous-traitance de capacité ;
- pour quels types de produits ;
- s'il s'agit toujours des mêmes sous-traitants ou s'il est appelé à en changer ;
- s'il exige de ceux-ci la production d'attestations d'assurance de responsabilité civile (notamment du fait des produits livrés) et s'il vérifie que celles-ci sont bien en cours de validité.
Les interrogations de l'assureur porteront également sur le conditionnement des produits qui, pour se situer en cours ou en phase finale de production, n'en est pas moins important, surtout pour certains biens de grande consommation.

c - Distribution des produits

5761. L'assuré assume-t-il la distribution de ses produits, ou, hypothèse la plus fréquente, s'en remet-il à des intermédiaires assurant le relais jusqu'aux distributeurs ou bien encore est-il en relation directe avec ceux-ci ?
L'intervention d'un maillon supplémentaire dans la mise à disposition du produit à son utilisateur, ou consommateur, peut être de nature à atténuer la responsabilité de l'assuré lorsque les conditions de stockage peuvent altérer la qualité du produit. Ce sera le cas en matière de produits pharmaceutiques ou de denrées alimentaires, plus généralement de tous produits périssables.
L'entreprise peut également avoir un objet exclusivement commercial et ne faire que du négoce. Dans cette hypothèse, sa responsabilité du fait des produits livrés sera atténuée et c'est le volet responsabilité civile exploitation de son contrat d'assurance qui sera surtout concerné par son activité (exploitation de magasins, halls d'exposition et plus généralement tous lieux où le public est admis à se rendre et à circuler). Encore faudra-t-il déterminer si son rôle est purement passif ou s'il effectue quand même des interventions sur le produit avant sa mise sur le marché, ou procède à des travaux de montage et installation chez les clients, ce qui est de nature à alourdir sa responsabilité.

B ▪ La qualité dans l'entreprise

5762. Au-delà de la qualité des produits, l'assureur doit également se faire une opinion quant au souci de la qualité, en général, dans l'entreprise.

1 ▪ Les cercles de qualité

5763. Au niveau de la fabrication des produits, les rebuts (produits inutilisables parce que non conformes aux normes de qualités officielles ou dont s'est dotée l'entreprise), les retouches (produits dont la qualité n'est pas optimale et qui peut être améliorée), les retours (produits livrés dont le client a constaté la non-qualité) se traduisent par des coûts de toutes sortes et globalement très élevés, qu'il s'agisse de modifications à apporter au processus de production, au produit lui-même, des frais de main-d'œuvre ou du coût des matières premières exposés à cette occasion, du coût du service après-vente, etc.
Bien souvent, ces imperfections révèlent des dysfonctionnements dans les différents rouages de l'entreprise. Les interventions successives des différents services peuvent alors être améliorées, y compris les services administratifs.
Sous l'impulsion des États-Unis (où ces expériences datent des années 50), et à l'instar du Japon, les entreprises françaises se sont intéressées à la fin des années 1980 à la gestion de la qualité à travers les cercles de qualité (CQ), puis plus généralement au contrôle de qualité totale (CQT : V. G. Raveleau, Les cercles de qualité française, Eme ; M. Périgord,

Réussir la qualité totale, Éditions Organisation ; Qualité et prévention risques produits, Rev. Enjeux, 1987, n° 79. 5 ; V. également les publications de l'Afciq et les travaux de l'Afcerq). A la fin des années 1980, on comptait ainsi en France entre 25 000 et 30 000 cercles de qualité. La qualité est définie comme « l'ensemble des propriétés et caractéristiques d'un produit ou service qui lui confèrent l'aptitude à satisfaire des besoins exprimés ou implicites » (Normes NF X 50-120 3.1).
Outre la mobilisation de l'ensemble de la hiérarchie d'une entreprise et la valorisation du potentiel humain de celle-ci (par le développement de la créativité, l'esprit d'équipe, l'amélioration des conditions de travail, etc.) auxquelles donne lieu le contrôle de qualité totale, celui-ci, par son objectif d'aller au-delà de la simple conformité aux normes et spécifications techniques du produit en visant la satisfaction totale du consommateur, est un élément positif dans l'appréciation du risque par l'assureur.
L'élimination progressive d'un certain pourcentage de défauts ou de déchets au profit du « zéro défaut » bénéficie, en premier lieu au consommateur et, par voie de conséquence, à l'industriel et son assureur.
Ce dernier ne peut donc être que sensible à l'existence d'une « assurance qualité » interne à l'entreprise et *a fortiori* à l'existence et au dynamisme de cercles de qualité.

2 ▪ La certification des produits industriels et des services

5764. L'article L. 115-27 du Code de la consommation définit la certification de produits ou de services comme « l'activité par laquelle un organisme, distinct du fabricant, de l'importateur, du vendeur, du prestataire ou du client, atteste qu'un produit, un service ou une combinaison de produits et de services est conforme à des caractéristiques décrites dans un référentiel de certification.
Le référentiel de certification est un document technique définissant les caractéristiques que doit présenter un produit, un service ou une combinaison de produits et de services, et les modalités de contrôle de la conformité à ces caractéristiques. L'élaboration du référentiel de certification incombe à l'organisme certificateur qui recueille le point de vue des parties intéressées » (v. pour la certification des produits industriels et des services : C. consom., art. L. 115-27 à L. 115-31 et R. 115-1 à R. 115-12.).
En pratique, le référentiel sera un cahier des charges ou une norme. Les normes constituent une référence technique portant sur les qualités essentielles des produits ou des procédés - conception, sécurité qualité. Elles doivent correspondre au niveau de performances conformes aux exigences du marché : elles sont, dès lors, évolutives. Elles sont élaborées par les professionnels concernés : producteurs, distributeurs, consommateurs et administrations, sous l'égide d'un organisme reconnu (Association Française de Normalisation (Afnor) ; Comité Européen de Normalisation (CEN) ; International Standardisation Organisation (ISO).

3 ▪ La certification d'entreprise ou le système d'assurance qualité

5765. L'entreprise peut aller plus loin et faire appel à un audit qualité externe qui procédera à un « examen méthodique et indépendant en vue de déterminer si les activités et résultats relatifs à la qualité satisfont aux dispositions préalables et si ces dispositions sont mises en œuvre de façon effective et sont aptes à atteindre les objectifs » (Normes NF X 50-120 3 11).
C'est une démarche managériale basée sur la démonstration de la fiabilité de l'organisation de l'entreprise qui aboutira à la certification de l'entreprise attestant que le système d'organisation mis en place en son sein observe un système d'assurance qualité conforme aux normes européennes permettant de donner confiance à ses clients sur la constance de la qualité et la sécurité des produits et services qu'elle fournit. L'organisme certificateur procédera alors à la « certification » de l'entreprise dans sa recherche de la qualité (ex.

d'organisme certificateur : Association française pour l'assurance qualité - Afaq : l'Afaq et l'Afnor se sont rapprochées en 2005 pour constituer l'Afaq-Afnor. Certification comportant 5 départements).
On notera que l'Afnor propose, outre sa marque NF bien connue, un système d'accréditation de l'assurance qualité de l'entreprise. Sur le rôle de l'Afnor, la Cour de cassation a précisé que « l'association a pour mission d'élaborer des référentiels demandés par les acteurs économiques et d'attester de la conformité aux normes par l'apposition d'une marque nationale, ce qui ne constitue nullement une assurance l'engageant en cas de panne du produit (Civ. 1re, 2 oct. 2007, n° 06-19.521, RCA 2007, comm. n° 364).
Ces référentiels s'inscrivent dans le cadre des travaux de l'ISO (International Organization for Standardisation : organisation internationale non gouvernementale jouissant d'un statut consultatif auprès des Nations Unies qui fédère les organismes de plus de cent pays).
Aujourd'hui, la norme ISO 9001 définit une série d'exigences concernant la mise en place d'un système de management de la qualité dans un organisme, quels que soient sa taille et son secteur d'activité. L'ISO 9001 est un référentiel certifiable par une tierce partie et son application est complémentaire aux normes ISO 14001 et OHSAS 18001 dans le cadre d'une politique globale de management des risques de l'entreprise. Elle est également complémentaire avec la norme ISO 26000 sur la responsabilité sociétale des entreprises dans laquelle elle s'imbrique et s'articule.
Tous ces éléments ne peuvent que conforter l'opinion favorable de l'assureur sur le risque à garantir, même s'ils ne constituent pas pour autant une garantie d'absence de sinistre. Le « zéro défaut » relève, bien sûr, d'un idéal à atteindre.

5766. À noter : des essais et contrôles extérieurs à l'entreprise, en dehors de toute volonté du fabricant, peuvent être faits par des organismes dans le cadre d'essais comparatifs pour attirer l'attention des éventuels utilisateurs ou consommateurs sur les qualités réelles de tel ou tel produit (Institut National de la Consommation par exemple qui teste et compare les produits de consommation en informant les consommateurs par ses publications).
Selon Francis Chaumet, les assureurs auraient tout intérêt à tirer parti, au moins pour les produits de grande diffusion, des études comparatives faites par les laboratoires des associations de consommateurs (V° également : Frejaville, *Les dangers des produits domestiques, Guide pratique*, Éd. du Seuil. De telles observations étant toutefois plus qualitatives que quantitatives).
La question se pose de l'éventuelle responsabilité de ces organismes de contrôle. Dans quelle mesure leur responsabilité pourrait venir se substituer à celle du fabricant de produit ?
N'appartient-il pas à l'organisme de détecter les vices qui auraient échappé au fabricant ? Mais comme l'a remarqué un auteur : « il est matériellement impossible à un organisme quel qu'il soit d'instaurer sur les fabrications d'une entreprise un contrôle extérieur répondant à des règles statistiques suffisamment solides pour pouvoir garantir à lui seul la qualité des produits contrôlés » (J. -F. Overstake, La responsabilité du fait des produits dangereux, RTD Civ. 1972. 510). Il ne peut s'agir que d'un contrôle portant sur des produits, prélevés au hasard chez le fabricant, ou dans le commerce, et les contrôles doivent être non destructifs, ce qui implique la mise en œuvre de moyens matériels élaborés dont le coût d'intervention apparaîtrait disproportionné par rapport à l'avantage qui pourrait en être retiré.
De plus, la victime d'un dommage risque fort de ne pas trouver auprès de ces organismes un second patrimoine apte à prendre le relais en cas de défaillance du fabricant. Celui-ci occupe la position économique la plus forte puisqu'il tire profit de son activité, ce qui n'est pas le cas de ces organismes qui sont, et d'ailleurs doivent rester, en dehors des circuits de distribution des produits qu'ils contrôlent.

Au surplus, en général ce n'est pas la décision de l'organisme de contrôle qui emporte l'adhésion finale de l'acquéreur. L'organisme de contrôle s'assure seulement que le produit répond à certaines exigences quotidiennes minimales qu'il vérifie sur des échantillons.

5767. Dès lors, la responsabilité de l'organisme de contrôle ne peut être engagée que pour une faute ayant les caractéristiques d'une faute lourde et à l'incidence causale suffisante.
La prévention a un rôle non négligeable à jouer en matière d'assurance de responsabilité civile.
Elle est, bien sûre, fondamentale, en matière d'incendie-explosion. Sans conteste, elle est, aujourd'hui, reconnue et appréciée. Ainsi, les conseils donnés par l'assureur en matière de prévention et protection incendie sont quotidiens en France grâce aux enseignements statistiques recueillis, exploités et diffusés autrefois par l'Assemblée plénière des sociétés d'assurance contre l'incendie (FFSA maintenant), ainsi qu'aux travaux menés par le Centre national de prévention et protection (v. pour une même reconnaissance à l'étranger le *Factorymutual System* aux États-Unis où des industriels regroupés depuis longtemps -1835- mettent en œuvre d'importants moyens pour associer le traitement assurance/prévention-protection contre les risques d'incendie-explosion, tempête ou autres catastrophes, ainsi que, plus récemment -1963-, le bris de machines avec le complexe d'ingénierie et de recherches de Norwood - Massachusetts et la station d'essais de West Glocester - Rhode Island. V. en Allemagne le rôle du laboratoire d'Ismaning dépendant des entreprises d'assurance Allianz et de réassurance Munchener).
Dans les autres domaines, et notamment pour la responsabilité civile des entreprises, les constatations faites par les assureurs après réalisation de sinistres, riches d'enseignements pour toutes les parties en cause, sont aujourd'hui systématiquement exploitées et diffusées tandis qu'une sous-commission de la CPABR (anciennement Apsad) analyse certaines situations de nature à améliorer la prévention des risques.

4 ▪ Contrôle effectué par le client de l'assuré

5768. Il n'est pas sans soulever d'importantes difficultés :
- quel type de contrôle devrait être effectué ?
- dans quelles conditions ?
- dans quelle mesure l'assuré se trouve-t-il ainsi déchargé de tout ou partie de sa responsabilité ?

L'analyse des documents contractuels ne permet pas toujours de démêler les obligations respectives de l'assuré et de son client et d'en mesurer l'étendue.
On notera toutefois que, dans le cadre de l'assurance qualité, certains donneurs d'ordre exigent de leurs fournisseurs le respect total de certaines procédures et caractéristiques concernant leurs produits. C'est le cas des règlements sur l'assurance qualité, connus sous les initiales de RAQ 1, 2 ou 3 publiés par la Délégation générale à l'Armement et faisant l'objet d'attestations délivrées sous le contrôle du SIAR (Service de la surveillance industrielle de l'armement) aux entreprises fournisseurs de l'Armée, ou la conformité aux modèles d'organisation de la qualité exigée par l'EDF des entreprises amenées à fournir des prestations à l'industrie nucléaire.
Une entreprise qui peut faire état de l'obtention de ces qualifications est reconnue comme particulièrement compétente dans son domaine d'activité, l'agrément de l'Armement (comme d'ailleurs les arsenaux eux-mêmes dans le domaine de la construction navale) ou de l'EDF constituant un gage de sérieux et de savoir-faire, sous réserve d'anomalies dans la passation des commandes ou le contrôle à réception des pièces (comme en témoignent les avatars du porte-avion Charles de Gaulle).

5769. Conclusion : l'énoncé de l'activité et des produits pris en compte.
Après avoir recueilli les plus complètes informations sur les produits à garantir, l'assureur consignera aux dispositions particulières :
- l'activité garantie ;
- et, éventuellement, les différents types de produits garantis.
Le plus souvent, il procédera par énumération limitative, c'est-à-dire par délimitation directe du risque couvert. La responsabilité de l'assuré ne sera donc pas couverte pour une activité ou pour les types de produits non indiqués dans la police ou ne rentrant pas dans la définition des risques assurés.
Pour Francis Chaumet, cette solution doit être préférée à toute autre dont la formulation plus ou moins vague est de nature à laisser planer un doute sur la portée de la garantie délivrée par l'assureur. Mais il n'est pas concevable, ni matériellement possible de procéder à une énumération en cas de multi-produits faisant l'objet d'un épais catalogue par exemple, sauf à considérer ce document comme faisant partie intégrante de la proposition ou des dispositions particulières... Il appartient sans doute à l'assureur de faire la part entre l'exactitude des déclarations faites à la souscription du contrat et la souplesse nécessaire à l'interprétation du contenu des activités, au prolongement indispensable et inhérent à celles déclarées initialement.
Rappel : En cas de contestation, et en présence d'une exclusion « formelle et limitée » du contrat d'assurance, il appartient à l'assureur de démontrer la réunion des conditions de fait de cette exclusion. En présence d'une condition de la garantie, il appartient à l'assuré, ou au tiers qui revendique le bénéfice de l'assurance, de prouver que le risque s'est bien réalisé dans les conditions couvertes par le contrat (Civ. 1re, janv. 1977, D. 1977. IR. 180).
La diversification des activités, à la mode à une certaine époque (on constate aujourd'hui plutôt une tendance au « recentrage »), est de nature à modifier substantiellement l'économie du contrat. Il convient de rappeler à ce propos que l'assuré doit déclarer en cours de contrat « les circonstances nouvelles qui ont pour conséquence soit d'aggraver les risques, soit d'en créer de nouveaux et rendent de ce fait inexactes ou caduques les réponses faites à l'assureur, notamment dans le formulaire (de déclaration de risque - c'est-à-dire le questionnaire-proposition) » (C. assur., art. L. 113-2 et que ce sont les dispositions des articles L. 113-8 (nullité du contrat pour réticence ou fausse déclaration intentionnelle) et L. 113-9 (majoration de cotisation ou résiliation du contrat avant sinistre, règle proportionnelle de prime après sinistre) qui seront applicables, la preuve de l'existence de l'aggravation de risque incombant à l'assureur.

5770. L'assureur doit, par ailleurs, veiller à éviter toute antisélection de la part de l'assuré, c'est-à-dire la tentation pour celui-ci de ne demander la garantie que pour des activités ou des produits jugés par lui dangereux et devant être seuls assurés. Or, il est nécessaire de prendre en considération la totalité de l'activité et de la production de l'assuré, quels qu'en soient les dangers respectifs, de façon à déterminer une assiette de prime suffisamment large sans laquelle l'assureur, tenant compte de l'antisélection, risquerait de pénaliser sévèrement l'assuré en considération de la partie réduite du risque à garantir. À l'échelle d'une entreprise comme à celle de l'activité de l'assurance tout entière, les bons produits paient pour les mauvais. Le contrat d'assurance entreprise est à cet égard une mini-mutualité.

5771. Du reste, le plus inoffensif des produits peut être à l'origine de dommages.
À cet égard, l'assureur distingue naturellement entre :
- les produits inévitablement dangereux par leur nature même. Quoique parfaitement fabriqués, ils ne peuvent être autrement que dangereux. C'est le cas des bouteilles de gaz, explosifs, poisons, matières et liquides inflammables, certains colorants ;

- les produits dangereux par suite d'un défaut. Ils ne sont pas dangereux en eux-mêmes, mais le deviennent lorsqu'ils sont défectueux. C'est le cas de tous les objets qui ont donné lieu à des décisions de jurisprudence sur la garantie du fabricant/vendeur du fait de vices cachés. Il s'agit, dans ces deux cas, de produits dangereux avant la réalisation de tout dommage, celui-ci trouvant sa cause dans un danger inhérent au produit, c'est-à-dire en définitive dans le produit lui-même. Ceci nécessite de la part du fabricant ou du vendeur des précautions particulières, soit au niveau de l'information, du conditionnement, de la livraison, soit au niveau de la fabrication ou des conditions de stockage, la victime étant réduite à un rôle plus ou moins passif dans ces deux situations ;
- les produits dangereux, tout simplement parce qu'ils ont été l'instrument d'un dommage, le danger dérivant d'une circonstance extérieure au produit et, plus précisément, trouvant sa source essentiellement dans la façon dont l'utilisateur se sert du produit. À ce compte, tout produit peut être dangereux (« car tout constitue péril ; depuis l'objet contondant cher aux médecins légistes, jusqu'à l'eau qui coule, l'air qui pollue, le papier qui brûle », RTD Civ. 1978. 446, obs. P. Godé). Le maniement d'un simple crayon peut avoir pour conséquence un œil crevé, mais il est évident que du fait du rôle particulièrement actif de l'auteur du dommage et/ou de la victime, de tels produits ne sauraient *a priori* être considérés avec méfiance par l'assureur qui ne manquera pas d'en tenir compte dans sa tarification.
Il va de soi, enfin, que l'assureur n'est amené à intervenir que si le produit dommageable provient en totalité ou pour partie de chez l'assuré, sa responsabilité pouvant être engagée du fait de son intervention plus ou moins active à un moment ou à un autre dans la fabrication ou la commercialisation du produit.

§ 4 ▪ Les faits générateurs garantis

5772. On entend par faits générateurs, les faits qui sont à l'origine du dommage de nature à engager la responsabilité de l'assuré.
Par définition, les faits générateurs se situent toujours en cours d'exploitation de l'entreprise assurée. C'est parce que des erreurs, des négligences, des oublis, des malfaçons ont été commis en cours de travaux que, par la suite, un sinistre s'est manifesté postérieurement à la livraison des produits.
Quels sont donc les faits générateurs de responsabilité que l'assureur prendra en considération pour accorder sa garantie ?

A ▪ Le vice propre

5773. S'agissant de garantir les conséquences pécuniaires de la responsabilité civile pouvant incomber à un industriel fabricant de produits, c'est le vice propre de ceux-ci, c'est-à-dire un défaut interne, préexistant à la remise des produits, et les rendant impropre à l'usage auquel on les destine, qui retiendra en premier l'attention. Pourront ainsi se présenter :
- l'erreur de conception (*management error* ou *faulty design*) dans l'établissement de calculs, formules chimiques, plans, caractéristiques techniques, etc. Il arrivait que certains assureurs n'accordent pas de garantie en cas d'erreurs de conception de l'assuré jugeant que l'intervention de celui-ci au niveau d'opérations purement intellectuelles comporte trop de risques ou en tout cas d'une autre nature que ceux résultant d'une activité purement matérielle. Ce n'est plus guère le cas. Francis Chaumet faisait toutefois observer que la seule activité de conception non suivie de réalisation par l'assuré n'entrait pas dans le cadre de la responsabilité civile après livraison, mais dans celui de la responsabilité civile dite professionnelle (V. Sociétés d'ingénierie - bureaux d'études), dont l'approche et le mécanisme

d'assurance ne sont pas foncièrement différents de ceux de la responsabilité civile après livraison (Voir L'assurance des risques technologiques, par H. Dubout, L'Argus).
À noter : la simple erreur de calcul dans une suite d'opérations, qui ne remet pas en cause la cohérence et le but recherché par le projet, ne relève pas de l'erreur de conception ;
- le vice de matière : paille dans l'acier d'une machine, présence de corps étrangers dans le produit livré. C'est ce que les Anglais dénomment « *active malfunctionning* ». Le produit va alors avoir des effets nocifs directs, spontanément (explosion, rupture, bris) ;
- la malfaçon (*bencherror*) dans la fabrication, la transformation, l'assemblage. On peut ainsi penser au mauvais réglage d'une machine qui endommage les produits qu'elle fabrique ;
- l'insuffisance (ou le défaut) de contrôles, tant au niveau des approvisionnements qu'en cours de, ou après fabrication, peut être à l'origine du dommage. Elle implique souvent une négligence fautive de la part du fabricant qui n'aura pas respecté les procédures prévues en matière d'assurance qualité, par exemple.
A noter : l'article L. 121-7 du Code des assurances énonce en effet que « les déchets, diminutions et pertes subies par la chose assurée et qui proviennent de son vice propre ne sont pas à la charge de l'assureur, sauf convention contraire ». Le contrat doit donc comporter expressément des stipulations de nature à étendre la garantie aux vices internes, une définition large de la garantie de principe ne valant pas « clause contraire » (V. pour une application Civ. 2e , 10 sept. 2015, n° 14-18.297,RGDA 2015. 463, note M. Asselain).

B ▪ Les autres faits générateurs

5774. Mais d'autres stades de la fabrication doivent être pris en compte comme les malfaçons dans l'emballage et le conditionnement. En effet, il doit être tenu compte de l'importance du pré-emballage dans les fabrications contemporaines. Les opérations de déplacement, de remplissage, de pesage, voire aussi d'étiquetage peuvent aussi être mal effectuées.
Un produit préemballé est défini comme « un produit conditionné hors de la présence de l'acheteur dans un emballage de quelque nature qu'il soit le recouvrant partiellement ou totalement de telle sorte que la quantité de produit ne puisse être modifiée sans qu'il y ait ouverture ou modification décelable de l'emballage ou du produit » (D. 1978. Chron. 166). Il suffit d'énumérer les nombreux procédés mis en œuvre à cette fin tels que caisses, cartonnages, sacs, sachets en plastiques, ampoules de verre, bouteilles, tubes, emballages gainant moulés par injection ou thermoformage, blisters, packs de bouteilles, etc. Le conditionnement doit, théoriquement, mettre le produit à l'abri de toute intervention externe et des agressions climatiques, le rendant en quelque sorte inviolable.
Ces opérations, mal effectuées, peuvent être à l'origine d'un accident, pouvant se répéter au rythme d'une production en série. L'hypothèse est assez courante. On peut ainsi citer la célèbre affaire britannique Donoghue (ou McAlister) c/ Stevenson (1932) où un consommateur avait subi un choc traumatisant en découvrant que sa bouteille de *gingerbeer* contenait les restes décomposés d'un escargot (permettant à Lord Atkin de développer ce qu'il fallait entendre par autrui - *neighbour*- dans le cadre de la négligence), ou encore les imperceptibles fissures dans le verre d'ampoules devant contenir un médicament, ou les traces de produits nettoyants mais agressifs - soude caustique - dans des bouteilles recyclées après lavage...
Les conditions de stockage sont aussi génératrices de responsabilité, particulièrement, lorsque l'assuré, négociant, occupe le dernier maillon de la chaîne de commercialisation pour des produits, qui plus est, altérables ou biodégradables (denrées alimentaires, médicaments, produits chimiques).
Au niveau de la distribution du produit, ce sont surtout les erreurs d'étiquetage, donnant lieu à une confusion de produits, ou des erreurs dans l'utilisation des emballages ou en-

core dans l'adresse des destinataires qui sont cause de dommages. Ainsi, dans la dernière hypothèse, il peut y avoir expédition d'un produit conforme à la commande mais à un destinataire différent du donneur d'ordre ou au contraire envoi d'un produit non conforme à la commande au bon destinataire, ainsi que la fourniture de produits périmés.
Enfin, les erreurs dans les instructions d'emploi ou d'utilisation données par l'assuré à sa clientèle peuvent être source de dommages.
L'assuré est tenu à une obligation de renseignements, tout particulièrement lorsqu'il fabrique ou commercialise des produits dangereux. Cette obligation de renseignements fait partie des obligations accessoires à la vente et se distingue de l'obligation de garantie pour vice caché.
L'assureur peut tout à fait limiter sa garantie à certains faits générateurs. Les autres seront généralement exclus expressément par énumération.
Par conséquent, à tous les stades de fabrication du produit et au moment de sa mise sur le marché, il convient donc d'être particulièrement attentif aux dispositions de la police d'assurance de responsabilité civile. Si celle-ci ne fait référence qu'aux dommages causés aux tiers résultant d'un vice du produit, les autres faits générateurs ne seront donc pas couverts.
Rappel : Toute clause d'exclusion doit être formelle et limitée au sens de l'article L. 113-1 du Code des assurances (Civ. 1re, 8 oct. 1974, D. 1975. Chron. 513 ; Civ. 1re, 20 juill. 1994, n° 92-17.450, RCA 1994, n° 385).

§ 5 ▪ Les dommages garantis

5775. La garantie prend en charge l'indemnisation des dommages subis par les tiers et clients de l'assuré pour les responsabilités qui pourraient être mises à la charge de l'entreprise, du fait de la fourniture d'une chose ou plus précisément d'un produit.
Ces dommages peuvent être matériels, corporels et immatériels (sur les différentes catégories de dommages.
Les dommages susceptibles de survenir après livraison des produits, ou après exécution de travaux, ne se caractérisent pas par leur fréquence mais par leur coût, souvent très élevé, notamment lorsqu'il s'agit de relations entre professionnels.

A ▪ Dommages accidentels et dommages non accidentels

5776. Si l'activité de l'assuré est bien entendu susceptible de provoquer des dommages accidentels du fait des produits livrés (explosion de bouteilles, éclatement d'un pneumatique, rupture soudaine et inattendue d'un arbre de transmission ou de pièces mécaniques, etc.), le plus souvent, elle fera intervenir la garantie de l'assureur pour des dommages à caractère non accidentels, à réalisation lente et progressive, qu'il s'agisse de dommages corporels (intoxications, maladies dues à des produits chimiques ou médicamenteux) ou de dommages matériels (usure prématurée de pièces, fatigue anormale du matériel, corrosion chimique, oxydation, dépôt excessif de rouille ou de tartre...). Une telle distinction n'est, en principe, plus utilisée par les assureurs.
Néanmoins, si le dommage n'est pas accidentel, il doit rester imprévisible, inconnu de l'assuré : à partir de quand peut-on estimer que l'assuré a laissé se développer une situation objectivement dommageable ? Seul le recours à un expert permettra de dire si l'assuré pouvait avoir connaissance du dommage et quand il aurait dû déclarer la situation.

B . Définition des dommages garantis

5777. Comme pour tout contrat d'assurance, les assureurs se réfèrent aux catégories de dommages matériels, corporels et immatériels.
Les dommages corporels pris en charge sont généralement définis comme « toute atteinte à l'intégrité physique de la personne ».
Les dommages matériels s'entendent de la destruction ou la détérioration d'une chose, des atteintes physiques aux animaux.
Quant aux dommages immatériels, ils peuvent se définir comme « tout préjudice pécuniaire résultant de la privation de jouissance d'un droit, de l'interruption d'un service rendu par une personne ou par un bien, ou de la perte d'un bénéfice » (pour de plus amples développements, v. n° 5614 et s.).

5778. Traditionnellement, les contrats d'assurance distinguent entre les dommages immatériels consécutifs et les dommages immatériels non consécutifs. Ainsi, les dommages immatériels consécutifs sont ceux qui sont consécutifs à un dommage corporel ou matériel (garanti ou non garanti) alors que les dommages immatériels non consécutifs (DINC dans le langage des assureurs) sont des dommages immatériels qui ne sont pas consécutifs à un dommage matériel ou corporel. Ces derniers sont appelés « dommages immatériels purs » et c'est cette catégorie que craignent le plus les assureurs. Ex : Un laboratoire vétérinaire fabrique, entre autres, des produits destinés aux chevaux de course. Une cuve est utilisée mais elle a mal été nettoyée après la précédente fabrication. Or, elle avait été utilisée pour fabriquer des produits pour animaux de compagnie contenant un produit interdit aux chevaux de course sous peine d'être déclarés « dopés ». Plusieurs propriétaires ont formulé des réclamations et, notamment le propriétaire du cheval vainqueur du Grand Prix d'Amérique. Le contrôle anti-dopage a révélé la présence, certes en quantité infinitésimale, du produit dopant. Conséquences : le cheval a été non classé et les différents prix ont été remboursés par le propriétaire, l'entraineur, le jockey... Coût : environ 2 millions d'euros ! (V. A . Aubry, Le point sur les dommages immatériels consécutifs ou non consécutifs, www.actuassurance.com. 2015, n° 39).

5779. On peut également s'interroger sur les caractéristiques d'un dommage matériel dans certaines situations. C'est le cas par exemple du travail des textiles, cuirs et peaux dont les modalités de traitement ou d'apprêt sont telles qu'elles font apparaître des défauts, parfois quasi imperceptibles, dans la texture ou dans l'aspect du produit semi-fini ou fini, si bien que l'on peut hésiter à les qualifier de dommage matériel au sens classique du terme. Il en est de même pour les peintures et encres d'imprimerie, les colorants, les colles et vernis, les parfums.
Par ailleurs, lorsque des veaux présentent une viande rouge, à la suite de l'absorption de fortifiants ou lorsque des tripes en boîte dont la gélatine utilisée pour leur confection a constitué des grumeaux de couleur sombre, sont invendables pour des raisons de présentation (tout en étant parfaitement consommables car ne présentant aucune toxicité), ces produits peuvent-ils être raisonnablement considérés comme endommagés ? Ils ne sont même pas impropres à l'usage auquel on les destine puisque ils sont susceptibles d'être ingérés sans danger. En revanche, ils sont bien invendables et ne remplissent donc pas leur destination commerciale.
A fortiori, que penser d'un mauvais conditionnement d'aliments pour volailles entraînant une baisse de cadence des pontes et une diminution de la taille des œufs, ou d'un dosage défectueux dans la fabrication d'aliments pour bétail se traduisant par une croissance insuffisante de celui-ci et, en définitive, par un déclassement de catégorie ?
Pour prendre en considération ce type de dommages, certaines définitions du dommage matériel font référence à « l'altération ou la perte de substance ». En cas de contentieux sur l'interprétation de la clause définissant l'étendue de la garantie, l'interprétation des juges du fond est souveraine (Civ. 2e, 23 oct. 2014, n° 13-24313 et 13-27964,RGDA 2014. 605, note M. Asselain).

Sinon, ils peuvent aussi être pris en charge au titre des dommages immatériels.
Dès lors, pour cet aspect, la garantie des dommages immatériels joue un rôle prépondérant dont les industriels ont rapidement pris la mesure. Il est rare qu'un contrat d'assurance de responsabilité civile après livraison ne comporte pas cette garantie, étendue d'ailleurs le plus souvent à celle des dommages immatériels non consécutifs. Un professionnel ne peut encourir le risque de voir sa responsabilité recherchée par un de ses clients professionnels pour le manque à gagner à la suite d'une fourniture (ou à une prestation) défectueuse, simplement impropre à l'usage auquel on la destine, paralysant ainsi partiellement ou totalement l'entreprise cliente, sans bénéficier à ce titre de la couverture de son assureur.
Mais toutes les situations ne sauraient être garanties sans exclusion ni réserves. Aussi, après avoir déterminé les risques encourus par l'entreprise, l'assureur va en éliminer certains par exclusions.

Section 3 . Les exclusions

5780. En application de l'article L. 113-1 du Code des assurances, les exclusions doivent être « formelle et limitées » et seules les exclusions « claires, précises et non équivoques » sont réputées valables.

Ces exclusions sont de deux types :
- générales et donc, concernant l'ensemble du contrat d'assurance de responsabilité civile ;
- spécifiques au risque après livraison.

§ 1 . Les exclusions générales

A . Inexécution, par l'assuré, des accords ou conventions conclus

5781. Il s'agit essentiellement de tout ce que l'assuré a pu promettre à ses clients, ou autres contractants, et qui dépasserait ses obligations légales ou de droit commun.
Or, l'assureur ne prend en charge que la responsabilité légale ou de droit commun de l'assuré telle que définie par la loi ou la jurisprudence (garantie du vendeur pour vice caché, responsabilité du fait des produits défectueux par exemple) à l'exclusion de celles que l'assuré a pu contractuellement endosser à l'égard de ses clients ou fournisseurs.
Ce peut être, par exemple :
- le non respect de déclarations publicitaires ;
- les clauses d'aggravation de responsabilité (à distinguer des clauses de renonciation à recours qui restent opposables) ;
- les clauses pénales, entendues comme la fixation à l'avance et de façon forfaitaire, du montant des dommages et intérêts en cas d'inexécution ou de retard dans l'exécution par l'assuré de ses engagements.
Ainsi, lorsque l'assureur garantit la responsabilité civile contractuelle de son assuré, la garantie lui est acquise quand la défectuosité du produit révèle une exécution déficiente de la prestation de l'assuré et si le produit défectueux est à l'origine de dommages corporels, matériels ou immatériels légalement à la charge de l'assuré et non en application de clauses contractuelles, plus ou moins exorbitantes du droit commun.

B ▪ Les dommages résultant d'un fait ou d'un événement dont l'assuré avait connaissance à la souscription du contrat

5782. Cette exclusion se justifie par le fait que, en ne déclarant pas exactement son risque tel qu'il se présente à l'assureur au moment des négociations de la police, l'assuré détruit l'équilibre du contrat et supprime ainsi son caractère aléatoire au détriment de l'assureur. Il s'agit du « passé connu » de l'assuré, passé qui peut être lourd de conséquences en matière de produits livrés ayant déjà fait l'objet d'une ou plusieurs réclamations portées à sa connaissance. La loi envisage aujourd'hui expressément son absence de couverture.
Rappel : En cas d'omission ou de fausse déclaration, intentionnelle ou non intentionnelle des risques, l'assuré encourt les sanctions prévues aux articles L. 113-8 et L. 113-9 du Code des assurances.

§ 2 ▪ Les fautes exclues

A ▪ Les fautes intentionnelle et dolosive de l'assuré

5783. Selon l'article L. 113-1, alinéa 1, du Code des assurances : « les pertes et dommages occasionnés par des cas fortuits ou causés par la faute de l'assuré sont à la charge de l'assureur, sauf exclusion formelle et limitée contenue dans la police. Toutefois, l'assureur ne répond pas, nonobstant toute convention contraire, des pertes et dommages provenant d'une faute intentionnelle ou dolosive de l'assuré ». Dès lors, « hormis le dol et la faute intentionnelle, toutes les fautes de l'assuré sont en principe garanties, sauf exclusion contractuelle » (sur l'ensemble de cette question V. pour une analyse complète et J. Bigot , Assurance de responsabilité : Les limites du risque assurable, RGAT 1978. 69 ; G. Viney, Remarques sur la distinction entre faute intentionnelle, faute inexcusable et faute lourde, D. 1975. Chron. 265 ; H. Margeat et A. Favre Rochex *in* Gaz. Pal. 74-I-Doctr. 455, Gaz. Pal. 75-I-371, Gaz. Pal. 3/5 oct 1976 ; G. Durry ; La faute intentionnelle non assurable en assurance de responsabilité, RTD Civ. 1975. 120 et 1976, p. 361).
Le dol suppose l'existence d'un lien contractuel. Les conséquences devraient être inassurables au même titre et pour les mêmes raisons que la faute intentionnelle. Comme le souligne le Professeur Bigot, il ne faut pas identifier un dol à tout refus délibéré d'exécution d'une obligation contractuelle, car selon les cas, celui-ci peut être justifié ou injustifié. Pour autant, cela ne doit pas interdire de sanctionner la malhonnêteté, « la volonté de ne pas exécuter, la conscience de violer une obligation légale ou contractuelle alors que l'exécution était possible et l'inexécution non justifiée » (voir J. Bigot, loc *cit.*). Concernant l'exclusion légale de la faute intentionnelle déjà évoquée, la jurisprudence retient, traditionnellement, une définition très stricte en exigeant une faute intentionnelle subjective. Bien sûr, l'assureur conserve la possibilité d'exclure contractuellement le comportement dolosif de l'assuré en tant que manquement à ses obligations dicté par l'intention de se procurer un profit. Mais faut-il encore que la clause soit considérée comme formelle et limitée.
À noter : un certain infléchissement dans la définition légale de la faute intentionnelle peut cependant être décelé, la deuxième chambre civile semblant vouloir faire une place à la faute dolosive.
Rappel : Selon l'article L. 121-2 du Code des assurances : « L'assureur est garant des pertes et dommages causés par des personnes dont l'assuré est civilement responsable en vertu de l'article 1384 du Code civil (nouvel article 1242), quelles que soient la nature et la gravité des fautes de ces personnes ».

La faute intentionnelle du préposé est donc garantie (ce sera, par exemple, le cas du sabotage de la part d'un préposé qui, licencié ou désireux de régler ses comptes avec un supérieur, introduira des corps étrangers dans une fabrication alimentaire).

B ■ La faute inexcusable

5784. L'expression « faute inexcusable » employée seule n'est pas de nature à rendre compte de la difficulté soulevée.
Pour Francis Chaumet, on est en présence de la contradiction suivante :
- d'une part, le désir de l'assureur de ne pas prendre en charge les agissements inconsidérés de l'assuré dictés par de purs motifs commerciaux au détriment de la technique : « l'existence d'une assurance de responsabilité civile professionnelle ne devant pas servir d'alibi au travail bâclé » (C. Berr et H. Groutel, note sous Civ. 1re, 8 oct. 1974, n° 73-12.497, JCP 1975. II. 18133) ;
- d'autre part, l'impérieuse nécessité pour l'industriel de pratiquer une « agression réfléchie » dans la lutte sévère pour la conquête de parts du marché. « Tout industriel, en effet, court le risque, en économie de marché, de ne pas vendre ses produits. Il lui faut faire face à la concurrence. Les moyens sont divers : publicité, développement du réseau de distribution, etc. Mais, pour accroître sa compétitivité, il peut être amené à faire naître de nouveaux risques. Tel industriel agira sur ses coûts de revient au détriment de la qualité : il réduira au minimum ses programmes de recherches et d'essais de telle sorte que ses produits répondront imparfaitement à l'usage et aux besoins auxquels ils étaient destinés, avec, comme conséquence, un recours de l'acquéreur du produit, voire de tiers qui auraient subi des dommages » (H. Groutel, Colloque de Grenoble juin 1975).

Distincte de la faute intentionnelle, la faute inexcusable, comme la faute lourde, est assurable. Et pour ces deux dernières, « Entre la certitude de provoquer un dommage et la probabilité, même très grande, de causer un préjudice, il y a une marge psychologique infranchissable » (G. Durry, RTD Civ. 1974. 415).

Dès lors que le moindre aléa subsiste, la garantie doit être acquise. En conséquence, si l'assureur entend exclure telle faute inexcusable ou lourde, il ne saurait procéder par voie d'énonciation générale et vague telle que l'exclusion des « dommages résultant d'une inobservation inexcusable des règles de l'art » (exclusion d'ailleurs non jugée formelle et limitée).

L'assureur, souhaitant ne pas couvrir cette situation, doit formuler une exclusion fondée sur une définition précise des règles de l'art s'appuyant sur des documents ou faisant référence à des situations précises.

« Avec l'exigence d'une exclusion limitée, le législateur veut que la portée ou l'étendue de l'exclusion soit nette, précise, sans incertitude pour que l'assuré sache exactement dans quels cas il n'est pas garanti. Les règles de l'art d'une profession ont des contours mal définis : leur inobservation peut donner lieu à des appréciations nuancées ; le contrat ne donnant aucune précision sur les règles de l'art ni sur la nature des manquements qui peuvent être envisagés, ni sur leurs limites, la clause litigieuse doit être considérée comme une clause générale et non limitée, donc non valable au regard de l'article 12 de la loi de 1930 » (Civ. 1re, 8 oct. 1974, n° 73-12.497, précit.).

Si l'assureur souhaite exclure de sa garantie, la faute inexcusable, il devra donc en donner une définition formelle et limitée, ce qui n'est pas le cas de celle donnée par la Cour de cassation pour les accidents du travail. En pratique, elle est, pourtant, généralement reprise par les assureurs dans le contexte plus large de la violation délibérée par l'assuré des lois et règlements et de l'exclusion des conséquences pécuniaires qui en résultent :

« Sont exclues les conséquences pécuniaires de la violation délibérée des règles particulières de sécurité et de prudence imposées par une loi ou un règlement quand celle-ci :

- constitue une faute d'une gravité exceptionnelle dérivant d'un acte ou d'une omission volontaire, de la conscience du danger que devait en avoir son auteur, de l'absence de toute cause justificative ;
- et était connue ou ne pouvait être ignorée par les représentants légaux de l'entreprise » (Livre Blanc de l'assurance RC).
De même, lorsque les modalités d'exécution du travail de l'assuré ont rendu le dommage prévisible ou inévitable (comme par exemple l'assuré qui qui omet de prendre certaines mesures de précaution ou fait sciemment l'économie de contrôles ou techniques pour diminuer ses coûts de production), on peut estimer qu'il a objectivement supprimé tout aléa quant à la mise en œuvre du contrat d'assurance. Ce faisant, il devrait être sanctionné sur le fondement de la faute dolosive.
Certains comportements peuvent encore être plus graves lorsqu'il s'agit de « trafiquer » le produit pour en assurer sa commercialisation à un prix de revient réduit ou sous un aspect plus facile à écouler. Ces comportements frauduleux sont alors susceptibles de sanctions pénales lourdes.

C ▪ Cas concrets

1 ▪ Illustrations

5785. On peut citer (liste non exhaustive):
- le jambon bourré de lacto-protéines, de nitrite, de nitrate, de polyphosphates ;
- le saucisson aux abats de porc ;
- l'utilisation de la glycérine ou de ferrocyanure de potassium pour donner du moelleux et du corps au vin naturel un peu rocailleux, ou collage des vins.
Et pour des exemples plus graves encore :
- vin autrichien baptisé à l'antigel (1985), antigel dans du dentifrice chinois (2007) ;
- vin italien (Barbera) au méthanol (1986) à la suite de la détaxation de ce produit dans ce pays ;
- emploi d'antibiotiques, non pas dans un but thérapeutique, mais comme accélérateurs de croissance chez les animaux (gain de poids de 2 à 5 %) entraînant l'apparition de bactéries résistantes qui pourraient développer une résistance à des antibiotiques utilisés chez l'homme. Cette pratique est à l'origine de l'interdiction, en Europe, d'utiliser en usage zootechnique, des antibiotiques prescrits pour l'homme ;
- utilisation d'hormones de croissance pour accélérer la croissance et la résistance aux maladies de bêtes d'élevage (bœufs aux États-Unis ; cette pratique est interdite en France par une loi du 27 nov. 1976 qui prohibe l'administration de substances à action œstrogène aux animaux destinés à la consommation humaine) ;
- utilisation d'huile frelatée dans des produits alimentaires à destination humaine : V. « le scandale du siècle » : l'affaire Lesieur début 2008 ;
- en janvier 2013, la société Spanghero, spécialisée dans la transformation des viandes et la production de plats cuisinés, est accusée d'avoir frauduleusement vendu à une usine filiale de Comigel, fournissant Findus, du minerai de viande de bœuf, en réalité composé de viande de cheval. Celle-ci se défend en faisant valoir qu'elle n'avait pas transformé la viande mais l'avait seulement commercialisée en l'état, après l'avoir acheté à des abattoirs roumains. Le 14 février 2013, Benoît Hamon, ministre délégué chargé de l'économie sociale et solidaire, accuse Spanghero de s'être rendu coupable d'une « tromperie économique ». Selon les résultats de l'enquête administrative diligentée par les pouvoirs publics et menée par la Direction générale de la concurrence, de la consommation et de la répression des fraudes (DGCCRF), la société avait bien acheté, en connaissance de cause, de la viande de

cheval à des abattoirs roumains (par l'intermédiaire de la société *DraapTrading*Ltd), comme l'attestaient les documents douaniers et la « lettre de voiture internationale »..
Cet inventaire à la « Prévert » pourrait s'allonger indéfiniment car il s'agit de pratiques malheureusement anciennes et somme toute courantes. Elles ne défraient d'ailleurs guère la chronique lorsqu'aucun décès n'est causé.

5786. Mais il en va différemment dans les affaires suivantes :
- huile d'olive espagnole abondamment allongée d'un lubrifiant industriel tiré du colza : 386 morts et 25 000 intoxications (1981);
- emploi de farines animales pour la nourriture du bétail pour des raisons d'économie. Or, le traitement de ces farines, issues de carcasses d'animaux, fut réalisé, dans des conditions (température, pression, durée, etc.) ne permettant pas la destruction du prion (ni bactérie, ni virus, mais vraisemblablement protéine pathogène présente dans certaines régions du tissu cérébral), à l'origine de cas d'encéphalopathie spongiforme bovine (ESB). Cette maladie dite de la « vache folle », analogue à la tremblante du mouton (se traduisant par une dégénérescence nerveuse provoquant perte de l'équilibre, tremblement et décès), détectée début 1985 en Grande-Bretagne, officiellement diagnostiquée fin 1986, donna lieu le 18 juillet 1988 dans ce pays à l'interdiction de l'utilisation de farines animales (farines de viande et d'os - FVO) pour l'alimentation des bovins. Mais ces farines, dont le cours s'effondra, furent exportées en Europe, et notamment en France ... Cette dernière en interdit, le 11 août 1990, l'emploi pour l'alimentation des bovins (mais elles restèrent utilisées pour les volailles, porcins et poissons). Cette interdiction fut plus ou moins respectée. L'utilisation, accidentelle (contamination croisée du fait de l'utilisation de telles farines pour les autres animaux) ou frauduleuse se poursuivit. Des vaches, infectées par l'ESB mais non détectées, furent alors introduites, involontairement ou délibérément, dans le circuit alimentaire. En décembre 1994, l'interdiction d'utilisation de telles farines fut étendue à tous les ruminants. Le 20 mars 1996, le gouvernement britannique annonça qu'un risque de transmissions de l'ESB à l'homme était fortement suspecté (une des causes possibles d'une variante de la maladie de Creutzfeldt-Jacob). Le 21 mars 1996, la France décida l'embargo total et temporaire sur la viande de bœuf britannique et ses produits dérivés et le 27 mars, l'Union européenne fit de même. La France interdit l'utilisation de viandes saisies en abattoirs et de matières à risque spécifique (MRS, dont la liste s'allonge progressivement) dans la fabrication de farines animales avant d'interdire totalement celles-ci dans l'alimentation animale le 14 novembre 2000. Les instances européennes firent de même après qu'une publication scientifique britannique (Lancet, 8 août 2000) eut fait état de prévisions alarmantes sur le nombre de victimes humaines potentielles de la maladie de Creutzfeldt-Jacob pouvant aller (le délai d'incubation de la maladie étant de 10 ans ou plus), dans les hypothèses les plus pessimistes, jusqu'à 100 000 dans les années à venir. L'utilisation de farines avariées, insuffisamment chauffées pour des considérations de prix de revient, aboutit en fin de course à l'abattage de troupeaux entiers c'est-à-dire à la destruction du capital dont on voulait maximiser le flux... Officiellement, il n'a été dénombré que 181 décès. Mais il existe des décès suspects non reconnus. Pour l'instant, fort heureusement, nous sommes loin du chiffre alarmiste annoncé. Finalement, l'embargo européen sur les produits bovins en provenance du Royaume-Uni fut levé le 1er août 1999 et l'embargo français le 25 octobre 2002. Reste que l'emploi des FVO (farines de viandes et os) est interdit en France depuis 1990 chez les ruminants, et novembre 2000 pour tous les animaux d'élevage ;
- Enfin, ne faut-il pas s'attendre à des déconvenues susceptibles de dégénérer en sinistres à la suite de l'utilisation intensive d'organismes génétiquement modifiés insérées dans les plantes (maïs, tomates, soja, colza, tabac), animaux ou micro-organismes ;
- On peut encore ajouter, pour mémoire, l'affaire dite du « lait frelaté » en provenance de Chine. Ce lait avait été délibérément mélangé à de la mélamine, produit chimique riche en

azote, et utilisé sous forme de résine dans la fabrication de plastiques et de colles. Cette opération permettait aux industriels chinois de présenter des taux de protéines « normaux » lors des contrôles. C'est près de 300 000 enfants chinois en bas âge qui ont présenté des troubles rénaux. De nombreux produits, à base de lait chinois exportés, ont du être retirés du marché conduisant la Commission Européenne à interdire le 27 septembre 2008 l'importation dans les pays de l'Union de « tous produits composés contenant du lait ou des produits laitiers, originaires ou expédiés de Chine et destinés à l'alimentation particulière des nourrissons et des enfants en bas âge ».
- Prothèses mammaires défectueuses fabriquées par la Société PIP (Poly Implant Prothèses, juin 2010). Cette société s'est rendue coupable d'une escroquerie manifeste en utilisant délibérément pour ses fabrications un gel de silicone différent (et moins cher) que celui déclaré aux autorités. Après avoir obtenu l'agrément par ces dernières, le « bon gel » était stocké dans une cuve (uniquement dans la perspective des contrôles), tandis que l'autre gel (non autorisé) était utilisé. Cette pratique conduisit à un taux de rupture des implants deux fois plus élevé que la normale et à des réactions inflammatoires. Sur la base des données disponibles à l'ANSM (agence nationale de sécurité du médicament et des produits de santé) et notamment des volumes de vente, l'Agence a estimé, qu'à la date de la suspension de leur commercialisation le 30 mars 2010, 30 000 femmes étaient porteuses de ces implants.
Le 11 avril 2013, la cour d'appel d'Aix-en-Provence a jugé recevable les plaintes de cinq femmes dont les prothèses enlevées ne présentaient pas de rupture, ouvrant la voie à l'indemnisation de plusieurs milliers de femmes qui se sont fait retirer à titre préventif leurs prothèses mammaires fabriquées par PIP, par peur d'être porteuses d'implants défectueux.
Le fondateur de la société fabricante a été condamné le 10 décembre 2013 par le tribunal correctionnel de Marseille à 4 ans d'emprisonnement et 75 000 euros d'amende pour escroquerie et tromperie aggravée, assortis d'une interdiction définitive d'exercer une activité en lien avec le monde sanitaire. Le tribunal reconnaît également aux deux tiers des 7113 parties civiles, un préjudice d'anxiété et un préjudice moral, qui sont indemnisés à hauteur maximum de 6000 euros. Il alloue aussi des dommages et intérêts en réparation du préjudice corporel lié aux opérations d'explantation des prothèses frauduleuses. Le maximum alloué, tous préjudices confondus a été de 13 000 euros.

2 ■ Traduction juridique délicate

5787. La traduction juridique de ces différentes situations est complexe.
Il y a tout d'abord un enchevêtrement de dysfonctionnements, de tergiversations, de maladresses, de malversations, de fraudes sur lesquelles il est difficile de faire toute la lumière. La preuve du lien de causalité entre ces comportements, délictueux, et les préjudices subis n'est pas non plus évidente à établir en dépit des efforts déployés dans le domaine de la traçabilité et de la transparence. Si les victimes intermédiaires (éleveurs, grossistes, détaillants) sont en mesure de faire état d'un préjudice matériel et économique et de le rattacher à sa cause initiale, la situation des victimes ultimes des circuits de distribution (consommateurs atteints de la maladie de Creutzfeldt-Jacob par exemple) est tout autre eu égard à la très grande diffusion dans l'espace des denrées incriminées et, surtout de la durée d'incubation de la maladie. Celle-ci rend problématique le lien de cause à effet entre l'ingestion d'aliments, vraisemblablement contaminés à une certaine époque mais non identifiés, et ses effets pathologiques ultérieurs, tant il est vrai que la traçabilité, utile à l'établissement d'une causalité adéquate, s'estompe avec le temps. D'où le recours probable, en cas d'un très grand nombre de victimes contre un État jugé *a posteriori* déficient dans ses mesures d'information, de prévention (contrôles inexistants ou insuffisants tant

aux frontières qu'en abattoirs) et de protection et qui pourra, par exemple, mettre en place un fonds d'indemnisation.
En dehors de la violation de dispositions légales ou réglementaires, il peut paraître révoltant de garantir les conséquences dommageables d'agissements inconsidérés et dictés par le seul profit immédiat.
Quoi qu'il en soit, l'exclusion doit être formelle (non équivoque ni ambiguë) et limitée (nette, précise, sans incertitude, bien circonscrite), de telle sorte que l'assuré sache à l'avance si, dans la situation visée, il est garanti ou non.

5788. Il appartient donc à l'assureur de faire preuve de clarté et de précision dans sa rédaction. Toutefois, à moins d'aligner des pages et des pages d'exclusions qui comporteront d'ailleurs toujours des lacunes, inévitablement, l'assureur, est amené à procéder par voie d'abstraction et à caractériser la faute sans référence aux situations concrètes dans lesquelles elle peut être commise.
Il faut, en effet et en tout état de cause, éliminer les mauvais professionnels dont la négligence, la désinvolture ou l'appât du gain est une menace pour la sécurité de chacun. Or, les professionnels savent parfaitement ce qu'il faut faire pour se conformer à la réglementation lorsqu'elle existe, ou à des mesures de prudence élémentaire. À défaut de pouvoir faire référence à des textes précis réglementant l'activité de l'assuré et seuls connus de lui dans le détail de leurs exigences, l'assureur pourra par exemple exclure : « Les dommages résultant de la recherche, de la part de l'assuré ou, si l'assuré est une personne morale, de la direction de l'entreprise, d'une économie abusive :
- sur les coûts de fabrication ou de fourniture des matériels ou produits, d'exécution des travaux ou prestations ;
- ou sur leurs délais de fabrication, de nature à supprimer le caractère aléatoire du présent contrat ».
L'admission de l'exclusion légale d'une faute dolosive serait également une autre solution.

D ▪ Abstention fautive et principe de précaution

5789. Rappel : Pour l'instant le principe de précaution n'est pas un fondement autonome de responsabilité, l'abstention fautive de l'assuré permettant seulement de faciliter la mise en œuvre de l'article 1240 (anc. art. 1382) du Code civil.
Les polices d'assurance RC n'excluent pas en tant que tels les dommages liés à un défaut de précaution. Elles se contentent d'exclure de leurs garanties les situations qui font l'objet de controverses importantes. Ainsi, sont, généralement, exclus, les dommages causés par des champs électromagnétiques ou les OGM.
Mais, en fonction de l'évolution de la place du principe de précaution dans le droit de la responsabilité civile, les assureurs pourraient être amenés à utiliser d'autres techniques pour limiter leur garantie en cas de non-respect du principe de précaution. Deux doivent être évoquées : la déchéance et l'exclusion conventionnelle (v. en ce sens, L. Mayaux, « Réflexions sur le principe de précaution et le droit des assurances », RGDA 2003, n° 2).
L'assureur pourrait tout d'abord stipuler dans le contrat une déchéance en cas de non respect du principe de précaution, érigée alors en véritable obligation contractuelle pour l'assuré. Une telle déchéance est parfaitement valable puisque toute obligation contractuelle peut être sanctionnée par une déchéance sous réserve qu'elle ne soit pas interdite par la loi (Civ. 1re, 2 juill. 1996, RGDA 1997. 106, note J. Kullmann). Néanmoins cette possibilité est aujourd'hui fermée depuis qu'un arrêt de la Cour de cassation a estimé qu'une clause prévoyant une sanction des manquements de l'assuré antérieurs au sinistre n'est pas une clause de déchéance mais une clause d'exclusion (Civ. 3e, 17 oct. 2007, n° 06-17.608, RGDA 2008. 66, note L. Mayaux. V. néanmoins *contra* Civ. 2e, 10 avr. 2008, n° 07-12.028 et Civ. 2e,

17 avr. 2008, n° 07-12.023). La déchéance ne pourrait sanctionner que les manquements de l'assuré postérieurs au sinistre et non le refus de prendre des mesures de précaution antérieurement.
Il reste alors à l'assureur la possibilité de stipuler une exclusion. Mais faut-il encore que, conformément à l'article L. 113-1 du Code des assurances, elle soit considérée comme « formelle et limitée ». Ce n'est pas tant le caractère limité qui pose problème (l'exclusion ne vidant pas le contrat de sa substance) mais plutôt son caractère formel. A ce titre, l'exclusion doit être claire et précise, en d'autres termes, faire référence à des situations parfaitement identifiables pour l'assuré Or, les différentes définitions légales du principe de précaution, en matière d'environnement ou de sécurité alimentaire, sont larges, faisant notamment référence, à des « mesures raisonnables devant être mises en œuvre », ou « effectives et proportionnées par rapport à un coût financier acceptable ». Ces notions apparaissent trop floues pour être acceptables par la jurisprudence qui fait preuve de sévérité en la matière.

§ 3 ▪ Les exclusions tenant au produit livré

A ▪ Risque d'entreprise et exclusion

5790. Classiquement, les contrats d'assurance responsabilité civile entreprise contenaient une exclusion visant « toutes conséquences pécuniaires d'obligations contractuelles de l'assuré ». Celle-ci suscitait l'interrogation. En effet, quel était l'intérêt pour une entreprise de souscrire un tel contrat ?
Dès lors, afin de rassurer le souscripteur quant à la portée exacte de cette exclusion, celle-ci faisait l'objet de la précision suivante (obscure pour un profane !) : « la garantie demeure acquise à l'assuré dans les limites du contrat si, à l'occasion de dommages corporels, matériels et immatériels résultant d'un accident, sa responsabilité venait à être recherchée à titre contractuel lorsque cette responsabilité civile lui aurait incombé en l'absence de toute obligation contractuelle ».
En d'autres termes, cela signifiait que lorsque la responsabilité de l'assuré était recherchée sur le terrain contractuel et que le tiers lésé aurait pu tout aussi bien établir sa responsabilité sur un fondement délictuel ou quasi-délictuel, la garantie lui était acquise. Ainsi, par exemple à l'époque où la jurisprudence considérait la responsabilité de l'exploitant de magasin comme contractuelle (lorsque les clients subissaient accidentellement un dommage corporel ou matériel en déambulant entre les rayons), la garantie du contrat d'assurance de responsabilité civile du magasin pouvait s'appliquer en dépit de l'exclusion. Tel était également le cas lorsque le produit acheté par le client lui explosait au visage à son domicile, le blessant grièvement. La garantie de responsabilité civile du vendeur était acquise (s'il avait souscrit le volet « responsabilité civile après livraison »), dans la mesure où la victime, pour obtenir réparation de son préjudice place nécessairement son recours sur le terrain contractuel, mais aurait pu tout aussi bien obtenir réparation en engageant la responsabilité délictuelle ou quasi-délictuelle du vendeur en l'absence de lien contractuel.
Par conséquent, les assureurs entendaient surtout exclure de la responsabilité contractuelle le « risque d'entreprise ». Ils estiment en effet que l'assuré doit assumer personnellement les conséquences de l'inexécution ou de la mauvaise exécution de ses engagements, entendus comme l'obligation de mettre en œuvre tous les moyens en sa possession pour réaliser son contrat quel qu'en soit *a priori* le coût pour lui. Si l'assureur entend bien garantir les conséquences pécuniaires de la responsabilité civile encourues par l'assuré à l'égard de son cocontractant du fait de l'inexécution ou de la mauvaise exécution de son contrat, il n'entend pas se substituer à l'assuré pour lui permettre de tenir ses engage-

ments, ni lui procurer les moyens d'exécuter son contrat. Il s'agit de ce que l'on appelle en langage courant « les risques du métier », dont l'entreprise retire d'ailleurs un profit légitime et auquel l'assureur n'a pas à être associé.
Les conséquences dommageables de certains choix stratégiques ou commerciaux de l'entreprise ne relèvent pas plus de l'assureur de responsabilité civile.
Au fil du temps, la notion de risque d'entreprise a néanmoins évolué et a été affinée. Ainsi, ce n'est pas la responsabilité contractuelle qui ne peut être couverte mais plutôt la mauvaise exécution des obligations contractuelles relatives au retard dans la livraison (exclusion valable : Civ. 2e, 3 juill. 2014, n° 13-20.572, www.actuassurance.com 2014, n° 37, obs. A. Aubry) et au défaut de performance des produits (v. ci-dessous). L'exclusion générale de la responsabilité contractuelle n'a donc pas lieu d'être dans les contrats d'assurance responsabilité civile. Aujourd'hui cette responsabilité de l'assuré, sans référence à sa nature (sauf exception), est couverte. En revanche, les contrats ne garantissent généralement pas (exclusions) :
- « les conséquences pécuniaires résultant de toute absence ou retard dans la fourniture par l'assuré (ou ses sous-traitants) de produits marchandises ou matériels ou dans l'exécution de leurs travaux ou prestations,
- ni les frais incombant à l'assuré (ou ses sous-traitants) pour réparer, améliorer, remplacer, refaire tout ou partie des produits, marchandises, matériels fournis, des travaux ou prestations exécutés, ou pour leur en substituer d'autres, même de nature différente, ainsi que la perte qu'ils subissent lorsqu'ils sont tenus d'en rembourser le prix ».

5791. À noter : Certains contrats préfèrent exclure « les conséquences de l'inexécution d'une obligation de faire ou de délivrance incombant à l'assuré ». Libellée ainsi, la première chambre civile de la Cour de cassation estimait qu'une telle clause d'exclusion n'était pas valable car non formelle et limitée (Civ. 1re, 14 nov. 2001, RGDA 2002. 194). La deuxième chambre civile a une approche différente de cette clause qu'elle considère comme valable, car n'étant pas une exclusion, mais une clause déterminant l'étendue de la garantie. Ce faisant, elle n'a pas à être formelle et limitée (Civ. 2e, 18 mars 2004, RCA 2004, comm. n° 198). Cette conception est critiquable car il y a bien un dommage qui est retranché du risque assurable, ce qui apparaît bien être la définition de l'exclusion.

B ▪ Exclusion des dommages subis par le produit livré et les frais de dépose-repose

5792. Il s'agit de tous les frais engagés par l'assuré pour remédier aux défectuosités du produit. L'assuré pourra être tenu de procéder au remboursement ou au remplacement, ou encore plus généralement, à la rectification, la réparation, la réfection du produit livré défectueux. À cette occasion, il devra souvent faire face à des frais de recherche du vice (qui peuvent être très onéreux).
L'exclusion de la prise en charge de tels dommages par l'assureur réside dans la notion de risque d'entreprise déjà développée.
Pour l'assureur, ces frais s'analysent en un préjudice subi par l'assuré alors que le contrat d'assurance est une police couvrant la responsabilité de cet assuré à l'égard des tiers. Et l'assureur n'a pas à assumer intégralement les risques découlant normalement de l'exercice d'une activité industrielle ou commerciale. Comme le souligne un auteur, « il s'agit là d'une sorte de minimum incompressible que l'entreprise assurée doit conserver à sa charge parce que les assureurs estiment qu'elle ne saurait s'en dégager sur une mutualité » (en ce sens, H. Groutel, RCA 1991, chron. n° 16).

En réalité, il est plus juste d'estimer non pas que le risque est inassurable mais plutôt qu'il relève de garanties particulières (v. obs. J. Bigot, sous Civ. 1re 14 janv. 1992, RGAT 1992. 358 et spéc. 364).
Selon Francis Chaumet, on pourrait également trouver un fondement accessoire dans la présomption d'exclusion (possibilité d'y déroger conventionnellement) de l'article L. 121-7 du Code des assurances : « Les déchets, diminutions et pertes subies par la chose assurée et qui proviennent de son vice propre, ne sont pas à la charge de l'assureur, sauf convention contraire ». Cette présomption reproduit une règle de l'assurance maritime concernant tout à la fois l'événement certain et inéluctable tenant à la nature même de la chose ainsi que le vice propre accidentel, anormal et imprévisible. Certes, elle ne vise que l'assurance de choses qui, précisément, garantit un bien. Mais il n'est pas interdit de penser que cette exclusion, traditionnelle en matière d'assurance de choses, doit *a fortiori* figurer dans une assurance de responsabilité qui, elle, ne garantit pas des biens en tant que tels.

5793. Traditionnellement, l'assureur de responsabilité civile prévoit l'exclusion « des dommages subis par les biens fournis par l'assuré ou ses sous-traitants ainsi que les frais incombant à l'assuré ou ses sous-traitants, pour réparer, améliorer, remplacer, refaire tout ou partie des produits, marchandises, matériels fournis, des travaux ou prestations exécutés ou pour leur en substituer d'autres, même de nature différente, ainsi que la perte qu'ils subissent lorsqu'ils sont tenus d'en rembourser le prix, et les frais de dépose, démontage, démolition, repose, remontage réfection, engagés à ces occasions lorsque les opérations initiales de pose, montage, construction ont été réalisées par l'assuré ou ses sous-traitants ».
Cette clause, souvent mal rédigée par les assureurs, était considéré par les tribunaux comme non « limitée » (condition de l'exclusion imposée par l'article L. 113-1 du Code des assurances.) car privant le contrat de sa substance. Utilisant la méthode dite « du Zoom » (selon l'expression d'Hubert Groutel, L'assurance responsabilité civile produits en péril, RCA 1990, chron. n° 20 ; Traité du contrat d'assurance terrestre, Lexisnexis, 2008, n° 516), ils estimaient que garantie et exclusion coïncidaient, ce qui vidait la garantie de sa substance. Or, comme on l'a vu, il est faux de ramener la garantie RC produits livrés à la prise en charge des dommages subis par le produit. Au contraire, l'assurance RC produits livrés n'a pas vocation à garantir les dommages subis par le produit. Dès lors, la garantie ne se résumant pas à cette couverture, l'exclusion ne coïncide absolument pas avec la garantie dont le cœur consiste à prendre en charge les dommages, souvent matériels et immatériels, causés par le produit défectueux. Ce n'est donc pas parce que l'assurance exclut de tels dommages qu'elle se trouve vidée de sa substance. Dès lors, si la méthode de comparaison s'impose pour jauger de la validité de l'exclusion, faut-il encore une juste détermination des deux ensembles à comparer avec d'un côté le cadre de garantie original, c'est-à-dire toutes les situations où la responsabilité de l'assuré est couverte, et de l'autre côté le cadre final, prenant en compte les situations qui ont été retirées par les exclusions. Et, peu importe que le sinistre en cause n'a provoqué que des dommages exclus par la garantie dès l'instant où dans d'autres situations, la garantie peut être due. Ainsi, la clause laisse-t-elle dans le champ de la garantie les dommages corporels, matériels et immatériels du fait de la prestation défectueuse à l'exception des frais liés au remplacement, à la réparation ou au remboursement du produit.
Telle est la position adoptée depuis 1993 : lorsque l'assurance RC produits livrés couvre de façon générale et large les dommages causés par le produit, l'exclusion du coût de remplacement du produit défectueux ne vide pas le contrat de sa substance (Civ. 1ère, 6 Janv 1993 n° 89-20730 ; RCA 1993 chron. n° 24 par H. Groutel). Depuis la position de la Cour de cassation n'a pas varié bien qu'elle doive la rappeler régulièrement (Civ. 1ère civ., 16 mars 1994, n° 92-14.729 ; Civ. 1ère, 7 févr. 1995, n° 92-13.783 ; Civ. 1ère, 18 févr. 1997 n° 95-13.655 ; Civ. 1re, 1er févr. 2000, n° 97-15.714 ; Civ. 1ère, 27 févr. 2001, n° 98-19.515 ; Civ. 2e, 2005, 13 janv.

2005, n° 03-20.355 ; Civ. 3e, 9 avril 2009, n° 08-12.938, RGDA 2009. 880, note A. Astegiano-La Rizza ; Civ. 2e, 3 juin 2010, n° 09-14.338 ; Civ. 2e, 9 févr. 2012, www.actuassurance.com 2012, n° 25, act. jurispr. note A. Astegiano-La Rizza ; Com. 10 mai 2012, n° 08-22.049 ; Civ., 2e , 23 oct. 2014, n° 13-17.592, RGDA 2014. 602. Pour de plus amples développements, voir les observations de A. Pélissier, Le contrôle des exclusions de garantie en assurance RC produits entre orthodoxie et hérésie, RGDA 2015, n° 1. 33).
A noter : La solution jurisprudentielle est la même qu'il s'agisse d'une assurance responsabilité civile « après livraison » ou « après travaux » : la clause d'exclusion des dommages subis par les produits fournis ou réparés est désormais valable (v. néanmoins pour une assurance RC après travaux où l'exclusion des frais de réparation n'a pas été considérée comme formelle et limitée : Com. 20 oct. 2015, n° 14-16.371, RGDA 2015. 576, note L. Mayaux).

5794. Pour autant, la Cour de cassation n'en reste pas moins suspicieuse envers ce genre d'exclusion et n'hésite pas à sanctionner une formulation trop générale ou une inadéquation avec l'ensemble des stipulations contractuelles (Civ. 2e, 9 févr. 2012, n° 10-31.057, www.actuassurance.com 2012, n° 25, act. jurspur., note A. Astegiano-La Rizza, RCA 2012, comm. n° 144, note H. Groutel, RGDA 2012. 634, note J. Kullmann : à propos d'une extension de garantie concernant les frais engagés pour les produits livrés, en même temps frappée d'une exclusion de ces mêmes frais. Il a été considéré que cette clause vidait l'extension de garantie de sa substance).
Ainsi, l'exclusion contractuelle de la garantie des dommages « résultant de l'inexécution des obligations de faire ou de délivrance » n'a pas été considérée comme une exclusion valable répondant aux exigences de l'article L. 113-1 du Code des assurances (Civ., 1re 27 févr. 2001, RCA 2001, comm. n° 165, RGDA 2001. 191; Civ. 1re, 14 nov. 2001, RGDA 2002. 191). Aujourd'hui la question ne se pose plus en ces termes car la deuxième chambre civile et la troisième chambre civile n'analysent pas cette clause comme une exclusion de garantie mais comme une clause déterminant l'étendue de la garantie (Civ. 2e, 18 mars 2004, RGDA 2004. 356 ; Civ. 3e, 16 mars 2011, n° 10-14.373, www.actuassurance.com 2011, n° 20, act. jurispr., note A. Astegiano-La Rizza). Ce faisant, la clause n'a pas à remplir les conditions de validité de l'article L. 113-1 du Code des assurances. Cette conception reste critiquable car la clause apparaît bien être une exclusion en retranchant un dommage du risque assurable.

5795. Enfin, concernant le « produit livré », trois précisions doivent être apportées :
- lorsque le produit livré est un produit semi-fini destiné à s'intégrer dans un produit fini, c'est-à-dire lorsque l'on est en présence d'un composant, si les dommages au composant restent en tout état de cause exclus, les dommages causés par ce composant au produit fini, qui, lui, n'a pas été fourni par l'assuré, seront bien pris en charge. En revanche, si l'assuré procède lui-même à l'intégration du composant dans l'ensemble qu'il commercialise ensuite, l'ensemble constitue le produit fourni par l'assuré (Civ. 1re, 4 juin 2002, RGDA 2002.751) ;
- Il est possible de délivrer, lorsque le produit livré s'y prête, une police distincte du type bris de machines par exemple, accordant la garantie du constructeur. Egalement dénommée assurance bonne tenue du produit livré, elle permet de rembourser à l'assuré les frais exposés par lui pour remplacer le produit appartenant ou à disposition de la victime. Mais ce type d'assurance, assurance de chose, exclut les frais liés au défaut de performance du produit ;
- il faut signaler la responsabilité décennale pour les dommages subis par les ouvrages, parties d'ouvrages ou éléments d'équipements destinés à la construction et incombant, par voie de solidarité avec les constructeurs, aux fabricants, importateurs et plus générale-

ment à toute personne apposant dessus son nom, sa marque ou tout autre signe distinctif, couverte par l'assurance responsabilité civile décennale obligatoire.

C ▪ Exclusion des conséquences de l'inadéquation, de l'insuffisance ou du défaut de performance du produit livré

5796. Il s'agit, théoriquement, d'un risque d'entreprise : le produit est inefficace, pouvant se traduire juridiquement par une mauvaise exécution de l'obligation de délivrance conforme. Et, lorsque le produit se révèle impropre à l'usage auquel on le destine, sans être en aucune façon altéré ou détérioré (simple inadéquation, insuffisance, défaut de performance), l'assuré devra engager des frais de recherche du vice afin de réparer ou remplacer.
Mais le défaut de performance peut aussi se transformer en défectuosité (liée à un vice propre du produit livré, une erreur dans sa conception, sa présentation ou ses instructions d'emploi) et causer un dommage matériel, corporel ou immatériel. Or, cette défectuosité doit être en principe couverte (v. en ce sens, Civ. 2e, 5 févr. 2007, n° 05-22.053, 2007. 419, note S. Abravanel-Jolly qui cantonne l'exclusion à « un défaut de performance quantifiée »).
La distinction est subtile et difficile à mettre en œuvre. Un critère de distinction pourrait être celui du rôle de protection du produit : si le produit ne remplit pas son rôle de protection, la défectuosité doit être prise en charge. Il y a là, en cas d'exclusion stipulée, matière à contentieux, car, dans cette hypothèse elle vide le contrat de sa substance et ne peut être considérée comme limitée.
Dès lors, il faut admettre que la garantie est acquise, en cas de dommages corporels et/ou matériels :
- lorsqu'il s'agit de produits assumant un rôle de protection ou de sécurité pour lesquels le défaut de fonctionnement est à l'origine des dommages. Ex. : vaccins, installations de réfrigération ou de chauffage, installations de freinage, dont la déficience est à l'origine selon le cas de dommages corporels et/ou matériels ;
- lorsque le produit livré a des effets nocifs évidents, comme par exemple un système de réfrigération provoquant un incendie ou encore des sprinklers inondant et endommageant des marchandises en dehors de tout incendie, composants acides de lubrifiants corrodant des pièces lubrifiées.
En revanche, s'il n'y a pas de dommage corporel ou matériel, et que l'on est en présence que de dommages immatériels purs, la clause d'exclusion doit jouer (Com., 6 janv. 2015, n° 13-23204, LEDA 2015, n° 3, comm. 39).
À noter : il est possible d'obtenir une extension de garantie auprès des assureurs, dénommée par les Anglo-Saxons « *non consequential loss* ». Les assureurs français parlent de « dommages commerciaux ou immatériels purs » ou encore de « préjudice économique ».
En principe (c'est-à-dire sans extension de garantie), il n'y aura donc pas de couverture, en cas d'immobilisation, pour :
- une flotte de camions dont le système de freinage s'est révélé défectueux en l'absence de tout sinistre ;
- un pétrolier par suite d'un blocage du gouvernail ou d'un mauvais fonctionnement de l'hélice ;
- plusieurs michelines de la SNCF pour vérification de certaines pièces du moteur après explosion de l'une d'entre elles ;
- d'une façon générale, pour privation de jouissance, perte de marché, arrêt ou diminution de production, sauf précisément garantie des dommages immatériels purs.

5797. Enfin, doit être évoquée l'hypothèse des dommages prenant leur origine dans des réserves faites par le client. L'assuré est, ici, pleinement informé d'une potentialité de dommages et il doit tout mettre en œuvre pour y remédier.

L'assureur acceptera pourtant de lui maintenir le bénéfice de la garantie pendant la période qui s'écoule entre le moment où les réserves sont formulées et portées à sa connaissance et celui où il procède aux opérations nécessaires pour prévenir la survenance de tous dommages.
C'est en effet pendant ce laps de temps que l'assuré a plus que jamais besoin d'une garantie qui devrait lui faire d'autant moins défaut qu'il s'active à faire lever les réserves.
À noter : les risques créés à cette occasion relèvent plutôt de la responsabilité civile exploitation puisque les moyens mis en œuvre par l'assuré impliqueront pour celui-ci la reprise en main de la situation.

D ▪ Exclusion des frais exposés en vue d'éviter ou de diminuer les dommages causés par le produit livré

5798. Théoriquement, l'assureur responsabilité civile ne prend en charge ni les frais de prévention, ni les frais de retrait du produit car il s'agit de dépenses effectuées par l'assuré. Des garanties spécifiques peuvent néanmoins être souscrites.

1 ▪ Les frais de prévention

5799. En principe, l'assuré doit prendre toutes mesures pour éviter le dommage ou en diminuer les conséquences et ce, même si les frais de l'opération se révèlent élevés.
Il s'agira donc :
- d'éviter la réalisation d'un dommage, pour empêcher qu'un sinistre ne donne lieu à des dommages réels ;
- en empêcher la répétition ou la propagation (produits de grande série faisant l'objet d'une grande diffusion), pour réduire l'importance d'un sinistre déjà survenu.
L'exclusion de la prise en charge de ces frais par l'assureur a été vivement critiquée, car elle place l'assuré dans une situation inconfortable et peu sûre.
En effet, tout en s'abstenant de dicter clairement à l'assuré le comportement à adopter lorsque celui-ci se trouve en présence d'une potentialité de dommage, l'assureur prévoit bien souvent une clause de déchéance de garantie si l'assuré, en cas de sinistre, n'a pas pris toutes mesures raisonnables de nature à empêcher d'autres dommages de se produire.
Aussi, en pratique, assureur et assuré, dans le cadre d'un partenariat bien compris, s'entendent pour coopérer et adopter ensemble une tactique qui puisse réduire ou éviter l'impact d'un sinistre de responsabilité civile, ou en empêcher la répétition.
Quid cependant des frais exposés à cette occasion ?
Ils sont, normalement, à la charge de l'assuré. Néanmoins, considérés comme des frais de prévention de sinistre et, à la condition qu'ils soient exposés en plein accord avec l'assureur intéressé, celui-ci peut parfois être amené à en prendre une part à sa charge à titre de « frais de sauvetage », conscient ainsi de limiter l'importance de ses débours à terme pour autant que la garantie, choisie par l'assuré, lui permette de le faire.
En revanche, s'appliquera dans toute sa rigueur la clause de la police prévoyant la déchéance lorsque les sinistres sont dus à l'inobservation par l'assuré de l'obligation de prendre toutes mesures raisonnables pour éviter que surviennent d'autres dommages après la constatation d'un premier sinistre et résultant des mêmes circonstances ou de circonstances semblables.
Il appartient en effet à l'assuré de rectifier les conditions de fabrication ou de conditionnement des produits, ou de renforcer les contrôles avant la livraison. Rappel : Les déchéances de garantie de l'assuré (pour manquement commis postérieurement au sinistre) sont inopposables au tiers lésé (C. assur., art. R. 124-1).

2 ▪ Les frais de retrait des produits : garantie accessoire proposée

5800. Ces frais, de retrait du produit et frais accessoires qui y sont attachés (rapatriement, inspection, destruction ou décharge), sont le plus souvent à la charge de l'assuré, qu'il procède lui-même aux opérations ou qu'elles soient menées par des tiers lui en demandent remboursement. Traditionnellement, de tels frais étaient exclus des polices d'assurance responsabilité civile produits, qu'il s'agisse des polices américaines, anglaises ou européennes.
Néanmoins, certains contrats spécifiques sont, apparus (d'abord aux États-Unis avant de se généraliser), ayant spécifiquement pour but de couvrir, au moins partiellement, les frais de retrait d'un produit du marché. Ces couvertures dites *products recall* ou *products withdrawal* constituent une assurance directe de chose (first party coverage).
Il s'agit donc d'un contrat d'assurance de chose visant à rembourser l'assuré pour les frais exposés lors du retrait du marché de certains de ses produits.

a - Conditions de mise en jeu

5801. D'un point de vue terminologique, le retrait de produits (ceux-ci n'étant pas encore mis en circulation dans le public) et le rappel de produits (ceux-ci étant entre les mains du consommateur final, le fabricant devant effectuer dessus des modifications ou le remplacer) doivent être distingués. Les retraits et rappels de produits sont légion, comme par exemple :
- en 2000, rappel de plus de 40 000 Peugeot 206 en raison d'un défaut de fonctionnement des airbags ; rappel par Renault de plus de 14 000 Scenic en raison d'un risque de fuite sur le circuit hydraulique des freins ;
- en 2005, rappel de 300 000 steaks hachés surgelés commercialisés par Leclerc après onze cas de syndrome hémolytique et urémique et sept cas de diarrhée sanglante ;
- en août 2007,18 millions de jouets, *made in China*, vendus sous la marque Mattel, sont retirés de la vente car les véhicules miniatures étaient enduits de peinture de plomb, que leurs accessoires comportaient des petits aimants, le tout présentant des dangers certains pour les enfants ;
- en septembre 2007, 850 000 jouets, *made in China*, sont à nouveau retirés du marché par Mattel. Il s'agissait notamment de trains en plastique et de 675 000 accessoires (petite maison) de la poupée Barbie, dont la peinture à forte teneur en plomb dépassant la norme, présentait un danger en cas d'inhalation ;
- en février 2010, Toyota annonçait successivement le rappel de 3,8 millions de véhicules puis de 2,3 millions voitures à la suite d'un problème de tapis de sol dans un premier temps, puis un problème de pédale d'accélérateur (ayant provoqué un accident mortel aux USA) tandis que Peugeot, de son côté, annonçait le rappel de 100 000 voitures défectueuses et que Honda annonçait le rappel de plus de 437 000 véhicules ;
- en octobre 2010, BMW a également annoncé le rappel de véhicules des séries 5, 6 et 7, et même Ferrari a été amené à procéder au rappel d'un certain nombre de ses véhicules.
- en février 2014, Toyota rappelait de nouveau près d'un million de Prius au Japon, 700 000 aux Etats-Unis et 130 000 en Europe, dont quelque 15 600 en France à la suite d'un problème provenant du logiciel du module de contrôle de l'inverseur du système hybride.

5802. La garantie proposée a, en général, un domaine d'application bien délimité : elle ne porte que sur des produits homogènes, fabriqués en grande série et largement distribués dans le grand public (véhicules automobiles, produits pharmaceutiques ou alimentaires), se révélant dangereux ou suspects de l'être.

Elle sera, le plus souvent, subordonnée à des injonctions des autorités publiques prises dans le cadre des articles L. 221-2 et suivants du Code de la consommation, c'est-à-dire en cas de danger grave ou immédiat présenté par les produits concernés lorsqu'ils apparaissent ne pas satisfaire à l'obligation générale de sécurité (dans une perspective de dommages corporels essentiellement).

5803. En revanche, lorsque l'assuré prend l'initiative de telles opérations, la garantie ne lui sera acquise que s'il a préalablement averti l'assureur de son intention d'y procéder et obtenu son accord. Cette condition se justifie par le fait qu'il est à craindre des décisions de retrait intempestives dues à des considérations plus commerciales que relatives à la sécurité des personnes.

5804. À noter : Il est possible d'imaginer d'autres types de garanties frais de retrait du produit, alors qu'il n'y a aucun risque de dommage corporel, dans le but de préserver l'image de marque (comme dans l'affaire Perrier où un lot de bouteilles avait été contaminé par du benzène à une dose non dangereuse pour la santé. La communication de l'entreprise étant basée sur la pureté de l'eau, elle avait néanmoins décidé de retirer les produits contaminés, coût resté à sa charge en l'absence de dommage corporel ou risque de dommage corporel).

b - Contenu de la garantie

5805. La garantie ne prend pas en charge tous les frais afférents au retrait (tous les *products recall*). Ceux pris en charge (*with drawal costs*) sont limitativement énumérés. Il s'agit principalement :
- des frais de communication et d'annonce aux consommateurs ;
- des frais de notification aux distributeurs ou revendeurs ;
- des frais de repérage et de recherche des produits ;
- des frais de retrait proprement dits, frais de rapatriement vers le lieu le plus proche où leur isolement peut être effectué au meilleur coût ;
- des frais de main-d'œuvre supplémentaire exposés à cet effet ;
- des frais de stockage ;
- éventuellement des frais de destruction et à la condition que l'assuré prouve qu'il ne pouvait en être autrement pour des raisons tenant à la sécurité ou à la salubrité publique.

Ne seront généralement pas garantis :
- tous les territoires (sauf examen au cas par cas) où les produits incriminés pourront se trouver, en raison du coût très élevé des frais de rapatriement (*shippings costs*) ;
- le retrait provoqué par la seule inadéquation du produit, son défaut de performance, de qualité, d'efficacité ;
- la constatation d'un simple défaut consistant dans l'inadéquation du produit à l'usage auquel il est destiné ;
- le retrait entraîné par la seule perte de confiance du consommateur et les frais exposés pour regagner cette confiance ;
- le retrait du produit simplement livré ou expédié à tort ;
- le coût de redistribution ou de remplacement du produit retiré.

5806. À noter : garantie spécifique en cas de contamination accidentelle ou criminelle.
Ce sont surtout les secteurs de la santé et alimentaire qui sont concernés. Une garantie spécifique leur est proposée pour les événements visés avec prise en charge de bien plus de postes de remboursement, comme par exemple, le prix de revient du produit contaminé, les honoraires des consultants extérieurs (les gestionnaires de la crise), les pertes de bénéfice, les frais de reconstitution de l'image de marque.

La contamination peut être prétendue ou réelle et il peut même s'agir que d'une menace de contamination. En revanche, le produit contaminé, ou présumé contaminé, doit avoir été livré. Bien sûr, tous les dommages causés aux victimes continuent de relever de l'assurance responsabilité civile.

E ▪ Exclusion des dommages liés au risque de développement

5807. Compte tenu du fait que « par sa nature même, le risque de développement ne remplit pas les conditions normales d'assurabilité des risques de responsabilité civile » (Livre Blanc de l'assurance responsabilité civile, sept. 2000) échappant à la prévisibilité quantitative et à l'analyse statistique, les assureurs ont pris le parti de l'exclure des contrats d'assurance de responsabilité civile.
Rappel : La loi n° 98-389 du 19 juillet 1998, conformément à la directive européenne du 25 juillet 1985, en a fait une cause d'exonération. Néanmoins, tel n'est pas le cas en droit commun de la responsabilité (garantie des vices cachés, C. civ., art. 1382 et s.).
L'assureur exclut donc généralement : « les dommages dont l'éventualité ne pouvait être décelée en l'état des connaissances scientifiques et techniques en vigueur au moment où les faits à l'origine du dommage ont été connus ».
Néanmoins, il n'est pas impossible qu'une garantie puisse être délivrée mais à la condition que l'engagement de l'assureur puisse être maîtrisé, notamment dans le temps et en montant.

F ▪ Exclusion des dommages causés par les produits d'origine humaine

5808. Compte tenu du caractère particulièrement délicat, difficilement maîtrisable en l'état des connaissances scientifiques et techniques, que recouvrent les produits d'origine humaine et parce que l'exonération pour risque de développement n'a pas été envisagée comme possible pour cette catégorie de produits (C. civ., art. 1386-12), les assureurs en ont prévu l'exclusion dans leurs contrats : « Est exclue la responsabilité découlant de la fourniture de produits d'origine humaine ou de produits de biosynthèse dérivant directement de produits d'origine humaine destinés à des opérations thérapeutiques ou stagnostiques sur l'être humain.
Cette exclusion ne s'applique pas aux polices de responsabilité civile couvrant les établissements de soins ou les professions médicales et paramédicales. »
Par conséquent, les activités qui sont très précisément concernées par l'usage de produits humains ou dérivés, dans leurs relations avec les patients, ne sont pas visées par cette exclusion.
Elle ne concerne que les manipulations effectuées en amont dans le cadre de la recherche ou de mises au point en laboratoires par exemple.

▪ Chapitre 2
Modalités d'application

5809. Les modalités d'application de la garantie doivent être étudiées sous trois aspects :
- financier ;
- temporel ;

- spatial.
Une très grande diversité caractérise les contrats d'assurance RC produits livrés concernant la formulation, sinon des définitions, du moins des montants de garantie et de leurs conditions de mise en œuvre.
Aussi la plus grande attention doit être apportée aux expressions et formules employées qui vont définir la portée exacte de la garantie délivrée à l'assuré.
Par ailleurs, une des spécificités de l'assurance RC produits livrés est de devoir prendre en considération des sinistres sériels.

Section 1 ▪ Le sinistre sériel en assurance responsabilité civile produits livrés

§ 1 ▪ Définition

5810. Le risque responsabilité civile produits livrés présente deux principales caractéristiques :
- il n'est pas sujet à fréquence ;
- épisodiquement, un sinistre plus important survient, à l'origine de dommages en série.
Ce sinistre est dit sériel car plusieurs victimes, indépendantes les unes des autres, subissent un préjudice distinct et à des dates différentes en raison du même défaut présenté par le produit.
Il peut s'agir :
- de produits identiques présentant un défaut commun (produits pharmaceutiques élaborés à partir d'une même formule, erreur de conception, vice de fabrication) ;
- de produits différents présentant une défectuosité due à une cause commune (paille dans l'acier de pièces ou éléments mécaniques utilisés dans des matériels différents).
Il y a donc potentiellement une possibilité de réclamations successives, ayant toutes la même origine, se traduisant, en raison du nombre de victimes possibles, par l'octroi des dommages et intérêts considérables.
Ce sinistre sériel est l'un des plus redouté par les assureurs, qui ne peuvent proposer une garantie illimitée, particulièrement pour les dommages corporels. En effet, ils doivent (obligation également imposée par les réassureurs), maîtriser leurs engagements à un moment où l'assuré, lui, n'a plus la maîtrise de la situation.
Aussi, originellement, le sinistre sériel était-il contractuellement circonscrit par une définition entraînant des conséquences tant au niveau financier que pour l'application de la garantie dans le temps.

5811. À ce titre, la clause de globalisation des sinistres est une technique mise au point par les assureurs afin de pouvoir gérer au mieux les sinistres sériels, ces sinistres successifs aux dommages identiques dus à une même cause. C'est alors ce fait générateur (erreur, malfaçon à l'origine du dommage) qui est pris en considération et auquel vont se rattacher toutes les différentes réclamations. Cette « masse » sera considérée comme un seul et même sinistre.
La clause type, élaboré par les assureurs, prévoyait : « constituent un seul et même sinistre toutes les réclamations résultant d'un même événement ou (pour la garantie responsabilité civile du fait des produits) formulées au titre d'un même défaut du produit ou d'une même faute, erreur ou négligence de l'assuré ».

5812. Ainsi, l'ensemble des réclamations qui sont la conséquence d'un même fait générateur, quels que soient leur nombre et le délai dans lequel elles sont présentées, constituent un seul et même sinistre imputé à l'année d'assurance au cours de laquelle la première réclamation a été formulée ».
Grâce à cette clause, l'assureur peut alors opposer un seul et même plafond de garantie, lorsque celui-ci est par sinistre, à l'ensemble des réclamations et non autant de fois le plafond qu'il y aurait de réclamations (pour plus de détails, v. section 2).
Cette modalité, qui pourrait apparaître comme réductrice, doit être considérée comme une mesure de sauvegarde des intérêts de l'assureur qui, sans cela, serait promis à l'insolvabilité, au détriment même des victimes. Il appartient donc à l'assureur et à l'assuré, au moment de la souscription du contrat, de fixer des montants de garantie suffisants en considération des risques de sinistres sériels encourus par l'assuré.

5813. Depuis la loi n° 2003-706, l'article L. 124-1-1 du Code des assurances pose une définition légale du sinistre sériel : « un ensemble de faits dommageables ayant la même cause technique est assimilé à un fait dommageable unique ».
La Cour de cassation a eu à connaître de la question de la définition de la cause technique. Dans le contentieux particulier de l'amiante, un arrêt de deuxième chambre civile du 7 février 2013, nous donne quelques pistes de réflexions (n° 11-24.154, v. A. Astegiano-La Rizza : l'appréciation de la cause technique d'un sinistre sériel et autres questions, www.actuassurance.com, 2013, n° 30, analyses).
En l'espèce, un contrat d'assurance responsabilité civile, garantissant la faute inexcusable de l'employeur, contenait une clause de globalisation des sinistres (l'article L. 124-1-1 n'était pas applicable) rédigée comme suit : « l'ensemble des réclamations qui sont la conséquence d'un même fait générateur, quels que soient leur nombre et le délai dans lequel elles sont présentées, constituent un seul et même sinistre imputée à l'année d'assurance au cours de laquelle la première réclamation a été formulée ». Des salariés, exposés à l'amiante, demandaient réparation à leur employeur.
Pour rejeter certaines demandes, l'assureur soutenait que techniquement, différentes catégories de salariés exposés devaient être distinguées. Une première grande distinction devait tout d'abord s'effectuer entre les salariés exposés à l'amiante avant la résiliation du contrat d'assurance (le fait générateur ayant eu lieu pendant la période de validité du contrat) et ceux exposés après (le dommage trouvant son origine dans un fait générateur ayant eu lieu en dehors du temps du contrat). L'assureur estimait donc qu'il était nécessaire de prendre en considération les circonstances de temps et de lieu propres à chaque réclamation.
Et pour lui, le fait générateur ne devait pas s'entendre comme l'exposition à l'amiante mais comme la faute inexcusable de l'employeur, laquelle est caractérisée dans ce contentieux par la conscience chez l'employeur du danger encouru par le salarié et l'absence de mesure de nature à en préserver ce dernier.
Cela aboutissait à envisager deux séries : un sinistre sériel antérieur à la résiliation du contrat et un postérieur.
L'argumentation ne convainc pas les juges du fond qui, approuvés par la Cour de cassation, estiment que le fait générateur au sens de la clause litigieuse doit s'entendre, non des circonstances de temps et de lieu propres à chaque réclamation, mais de la cause technique qui leur est commune, ici l'exposition à l'amiante.

5814. La faute inexcusable n'est alors que la condition particulière pour que la responsabilité spécifique de l'employeur soit engagée et la cause technique doit se définir comme un événement matériel ou technique, à l'origine du dommage plus ou moins limité dans le temps mais sans que cette temporalité n'interfère dans son appréciation.

À ce titre, peu importe la résiliation du contrat : seul compte que l'événement a débuté sous l'empire du contrat.
C'est d'ailleurs bien cette analyse que l'on retrouve dans deux autres arrêts de la Chambre commerciale du 12 février 2013 (n° 12-11.828 et 12-12.907) où une assurance responsabilité civile professionnelle d'un conseil en gestion de patrimoine comportait aussi une clause de globalisation des sinistres (faits antérieurs à la loi du 1er août 2003). Cette dernière faisait référence à toutes les réclamations résultant d'un même événement ou d'un même acte, erreur ou omission fautifs.
En l'espèce, un de ses clients lui reprochait un manquement à son obligation de conseil ayant entraîné la perte de deux contrats distincts de souscription (montant, durée et taux d'intérêt différents) à un fonds commun de placement. La Cour d'appel avait estimé qu'il s'agissait de deux sinistres distincts. Leur décision est censurée par la Cour de cassation qui relève que le même « événement », le défaut de conseil, est à l'origine des deux réclamations. A l'inverse, le sinistre ne peut pas être considéré comme sériel, si pour des réclamations concernant un même lot, la défectuosité des produits n'a pas la même cause technique (Civ. 2e ; 2 juill. 2015, n° 14-21731,LEDA 2015, n° 9, comm. 128, obs. A. Astegiano-La Rizza).

5815. La vision de la cause technique est alors très objective, débarrassée de toute élément de subjectivité.
Il semble également que peu importe l'unicité ou la pluralité d'événements à l'origine des dommages. Ainsi, un sinistre sériel peut se caractériser par l'existence de différents faits similaires par dommage ou par un seul fait (ici une exposition continue à l'amiante ou encore sécheresse, tremblement de terre ou catastrophe technologique) pour tous les dommages. L'article L. 124-1-1 du Code des assurances semble néanmoins plus strict en faisant référence, pour le sinistre sériel à un ensemble de faits dommageables tandis qu'il admet qu'un même fait dommageable puisse donner lieu à plusieurs réclamations. La distinction n'aura néanmoins pas de conséquences quant à l'étendue de la garantie dans le temps. En effet, l'article L. 124-5 du Code des assurances conditionne la garantie à la première réclamation qu'il s'agisse d'un seul fait dommageable aux conséquences multiples ou de plusieurs faits dommageables assimilés à un fait dommageable unique.

§ 2 ▪ Portée de la clause de globalisation des sinistres

5816. La clause de globalisation de sinistre ne porte que sur la définition du sinistre et la fusion des différents sinistres a pour objet de permettre d'appliquer les plafonds de garantie. Mais elle reste une fiction aux effets limités. Ainsi, elle ne peut faire courir un seul délai de prescription biennale pour tous les sinistres se rattachant au même fait générateur. Concernant le délai d'action de l'assuré, chaque sinistre reste autonome sur ce point et l'article L. 114-1, alinéa 3 du Code des assurances, au demeurant impératif (Civ. 1re, 9 févr. 1955, D. 1955, jurispr. 470), doit recevoir application : « quand l'action de l'assuré contre l'assureur a pour cause le recours d'un tiers, le délai de prescription ne court que du jour où ce tiers a exercé une action en justice contre l'assuré ou a été indemnisé par ce dernier ».

5817. La solution est logique car un point de départ unique ferait rétroagir certains sinistres à un moment où ils ne se sont pas encore produits et où l'assuré n'en a pas connaissance.

5818. La jurisprudence, et aujourd'hui la loi (C. assur., art. L. 124-1-1) admettent que l'existence d'un sinistre sériel détermine le contrat d'assurance devant être mise en œuvre et permet à l'assureur de maîtriser le coût du sinistre par l'application d'un seul plafond de garantie. En revanche, il ne peut contractuellement maîtriser l'étendue temporelle de la garantie.

Tant que la victime peut agir contre l'assuré, il reste tenu, dans les deux années suivantes, à répondre favorablement à l'action en règlement de l'indemnité présentée par son assuré, si tant est que les conditions de la garantie sont réunies (Civ. 2e, 28 févr. 2013, n° 12-12.813, www.actuassurance.com 2013, n° 30, analyses, note A. Astegiano-La Rizza).

Section 2 . Étendue en montant de la garantie

§ 1 . Modalités de réparation

A . Modalités de réparation du dommage matériel

5819. Selon les règles du droit de la responsabilité civile, la victime a droit à la réparation intégrale de son préjudice.

5820. Rappel : Il s'agit de la prise en charge des dommages matériels subi par les biens appartenant à la victime autre que le produit livré, qui est exclu de l'assurance RC produits livrés. Concernant les dommages matériels, l'indemnité versée variera selon les estimations faites du bien endommagé. S'agissant d'assurance de responsabilité, l'indemnisation de la victime ne tient pas compte de la vétusté du bien.
Il est ainsi admis que :
- la valeur vénale ne doit pas être retenue dès lors que l'objet endommagé n'était pas destiné à la vente ;
- en présence d'un bien unique, irremplaçable, la victime peut exiger les travaux de réfection, aussi onéreux soient-ils et le responsable devra en assumer intégralement la charge, quel qu'en soit le coût ;
- en présence d'un bien remplaçable, cas le plus fréquent, la réparation a lieu en principe par la fourniture d'un objet identique, à moins qu'il ne soit possible de réparer l'objet détérioré. Lorsque les réparations sont d'un coût inférieur à celui du remplacement de l'objet, le demandeur devra se contenter du prix de la réfection.

En revanche, lorsque le coût des réparations excède celui du remplacement, la jurisprudence, après quelques hésitations, semble avoir admis que le coût des réparations peut être supérieur à la valeur vénale jusqu'à atteindre la valeur de remplacement. Mais, si les réparations ont un coût supérieur à la valeur de remplacement, cette dernière doit alors être retenue (Civ. 2e, 17 mars 1977, D. 1977. IR. 329 ; Civ. 2e 7 déc. 1978, JCP 1979. IV. 57 ; Civ. 2e, 9 juill. 1981, n° 80-12.142, Bull. civ. II n° 156).

B . Modalités de prise en charge des dommages immatériels

5821. Il s'agit, pour l'assureur, d'apprécier le préjudice économique (« *lucrum cessans* »). Cette appréciation est délicate. Elle se fera à l'aide de documents comptables permettant de déterminer le préjudice réellement subi par le demandeur. Les modalités du règlement de sinistre ne seront alors guère différentes de celle d'un sinistre pertes d'exploitation, bien connu en assurance de choses. Pour Francis Chaumet, « au risque de heurter un assureur incendie, cette garantie peut être analysée comme « un premier risque » sur perte d'exploitation du tiers lésé envisagé à travers une responsabilité civile produits livrés. D'ailleurs, les assureurs anglo-saxons emploient l'expression « *consequential loss* » ou « *financial loss* » à propos de ces dommages, formule identique à celle utilisée pour la perte d'exploitation ».

5822. Il est primordial pour l'entreprise de bénéficier non seulement d'une garantie des dommages immatériels consécutifs à des dommages garantis par son contrat d'assurance (qui par définition font partie de sa garantie de base) mais encore d'une garantie des dommages immatériels consécutifs à un dommage non garanti par le contrat d'assurance en cause.
En effet, bien souvent, la victime fera état d'un tel dommage, l'exemple type étant la perte d'exploitation de la victime à la suite de la défectuosité du produit livré qui doit être remplacé. Or, ce dernier dommage matériel n'est pas pris en charge par le contrat d'assurance RC.
Généralement ce type dommage immatériel consécutif est couvert. En revanche, le dommage immatériel pur ou DINC, comme par exemple, le défaut de performance d'une machine qui ne produit pas le rendement convenu, mais ne cause pas de dommage corporel ou matériel, est rarement couvert.
Selon la vision de Francis Chaumet, assureur, concernant la couverture de ce type de dommages immatériels, il ne peut s'agir d'une garantie insérée systématiquement. Ce n'est pas une clause de style. Une garantie de ce type doit être soigneusement étudiée, compte tenu de l'environnement de l'assuré, délivrée à bon escient au terme d'une démarche réfléchie, et moyennant un coût correspondant à la fréquence, rare en général, et au montant des réclamations prévisibles.

5823. L'argument suivant est parfois avancé : l'assuré qui ne bénéficie que d'une garantie après livraison subordonnée à la réalisation d'un dommage corporel ou matériel n'aurait qu'à attendre patiemment, et cyniquement, que celui-ci se produise pour faire jouer les garanties de son contrat d'assurance, et donc la garantie des dommages immatériels devenus ainsi consécutifs...
Mais :
- l'assuré n'est pas le maître de la situation puisqu'il s'est dessaisi de sa fourniture qui est entre les mains de son client. Or, celui-ci n'est pas nécessairement disposé à attendre qu'un dommage matériel se produise. Au contraire, il souhaitera que l'on intervienne avant, car il est soucieux de sauvegarder son patrimoine et l'assuré, pour des raisons commerciales évidentes, n'a pas intérêt à laisser se détériorer la situation par son inertie ;
- l'assuré doit toujours se comporter comme le prévoit, traditionnellement, le Code civil, en « bon père de famille », aujourd'hui en personne raisonnable, et il a donc l'obligation de mettre en œuvre tous moyens en sa possession pour éviter la survenance et/ou remédier à l'aggravation d'un sinistre. Le fait d'être assuré ne doit pas être un alibi à la négligence ou une incitation à la désinvolture ;
- à partir du moment où l'assuré a connaissance de la probabilité de la survenance d'un sinistre, il fausse le caractère aléatoire du contrat d'assurance en ne faisant rien pour empêcher celui-ci de se produire. Il tombe alors sous le coup de l'exclusion de garantie « des conséquences inévitables et prévisibles de ses agissements » (les juges admettent néanmoins une telle exclusion que dans très peu d'hypothèses).

C ▪ Modalités de prise en charge des frais de pose et installation de la fourniture de l'assuré : produit livré ou non ?

5824. Rappel : La fourniture de l'assuré, (ou le produit livré), est toujours exclue de la garantie de responsabilité civile après livraison.

Or, cette fourniture peut également inclure pour partie des frais de montage lorsque l'assuré a procédé lui-même à celui-ci.

5825. La question est alors de savoir en quoi consiste exactement la fourniture de l'assuré ? S'est-il contenté de fournir un objet, sa prestation s'arrêtant à cette simple remise ? Ou le marché qu'il a conclu avec son client prévoyait-il également qu'il en effectue la pose, le montage, en d'autres termes, qu'il engage lui-même, ou par voie de sous-traitance, des frais d'installation, de mise en œuvre ?
Lorsque l'assuré s'est contenté de fournir le produit et lorsque celui-ci est endommagé, détérioré ou simplement défectueux, tous les frais engagés par l'assuré pour y remédier (frais de réparation, de parachèvement ou de remplacement) sont exclus de la garantie. En revanche, s'étant contenté de livrer sa fourniture sans en effectuer la pose ou l'installation, ces opérations ne sont donc pas comprises dans son contrat ou marché (selon les hypothèses). Ces opérations ont alors été exécutées par des entreprises auxquelles le client de l'assuré a fait appel et il est normal que ces frais, non assumés par l'assuré initialement, soient garantis dans le cadre des dommages aux tiers.
Dans la seconde hypothèse, en plus des frais de réparation ou remplacement qui sont exclus (à l'instar de la première hypothèse), seront également exclus les frais d'installation (dépose, démontage, vidange, repose, remontage, remplissage, etc.) dans la mesure où toutes ces opérations faisaient partie de la prestation initiale de l'assuré. Ces frais d'installation peuvent d'ailleurs lui être facturés par son client s'il ne refait pas lui-même complètement sa prestation initiale. Pour l'assureur, ils doivent rester à la charge de l'assuré car ils s'analysent en un préjudice subi par lui seul. En ce sens, la facturation des travaux présentée par le client de l'assuré ne peut donc pas servir de critère de distinction entre les frais à la charge de l'assuré et les dommages subis par le client.

5826. C'est son risque d'entreprise, qu'il lui appartient d'assumer et non de s'en décharger sur un assureur.Cette notion de risques d'entreprise est controversée (v. déjà, n° X et n° X). Francis Chaumet faisait observer qu'elle l'est moins, semble-t-il, par les entreprises qui, d'instinct en quelque sorte, savent ce qu'entreprendre implique de contrepartie en termes de garantie due au client et de profit escompté, que par des intermédiaires exclusivement soucieux d'apporter une garantie complète à leur client. Pour lui, il était regrettable que l'amalgame entre risque assurable et risque propre d'entreprise ainsi entretenu, inconsciemment ou subtilement, alimente un procès fait aux assureurs de responsabilité civile accusés de faillir à leur mission et visant à leur donner mauvaise conscience lorsque, très légitimement, ils se refusent à intégrer dans leurs garanties la prise en compte de celles dues par leur assuré à leurs clients. Or, « il s'agit tout simplement, sur un plan strictement économique, de tirer les conséquences de l'idée « à chacun son métier » : à l'assureur d'indemniser les dommages aux tiers, à l'entreprise d'assumer ses obligations contractuelles ».

Garantie des dommages immatériels et frais de dépose-repose en responsabilité civile après livraison

Type de sinistre	Sinistre causant un dommage matériel aux biens du client	Sinistre ne causant pas de dommage matériel aux biens du client	Sinistre ne causant pas de dommage matériel aux biens du client	Qu'il y ait ou non dommage matériel aux biens du client	Qu'il y ait ou non dommage matériel aux biens du client
Réclamation présentée par le client de l'assuré Formule de garantie choisie par l'assuré	Immobilisation consécutive à ce dommage et frais de dépose, réparation, repose de l'objet endommagé1	Immobilisation pour défectuosité (vice caché) de la fourniture de l'assuré	Frais de dépose, repose de la fourniture de l'assuré (non compris dans son marché initial)	Frais de dépose, repose de la fourniture de l'assuré (compris dans son marché initial)	Frais de réparation ou remplacement de la fourniture de l'assuré
Responsabilité civile après livraison classique (limitée à la réalisation d'un dommage)	Garantie acquise	Pas de garantie	Pas de garantie	Pas de garantie	Pas de garantie
Responsabilité civile après livraison étendue aux dommages immatériels non consécutifs	Garantie acquise	Garantie acquise	Garantie acquise	Pas de garantie	Pas de garantie

1 : L'objet endommagé n'est pas la fourniture de l'assuré.

5827. Exemple :
Soit un assuré qui fabrique ou vend une pièce de moteur.
– En tout état de cause, le remplacement ou les frais exposés pour remédier aux défectuosités de cette pièce seront toujours exclus.
– S'il a également effectué le montage de cette pièce, les frais de démontage et de remontage, distincts de ceux exposés pour remédier aux défectuosités de cette pièce, seront également exclus de la garantie.
– S'il n'a pas effectué le montage de cette pièce, et dans la mesure où elle n'a occasionné aucun dommage, mais se révèle simplement défectueuse, de deux choses l'une :

• ou il n'a souscrit la garantie responsabilité civile après livraison classique et en l'absence de dommages, l'assureur n'intervient pas,
• ou il a souscrit que la garantie responsabilité civile après livraison étendue aux dommages immatériels non consécutif et l'assureur prendra en charge les frais de démontage et remontage ainsi que l'immobilisation de l'industriel client de l'assuré.
– Enfin, si la pièce a occasionné des dommages soit au moteur auquel elle est incorporée, soit *a fortiori* à d'autres biens, l'assureur prendra en charge ces dommages ainsi que les dommages immatériels qui en découlent directement.

§ 2 ▪ Les plafonds de garantie

5828. Les montants de garantie en dommages corporels, matériels et immatériels sont souvent limités à un montant maximum.
Le plafonnement peut être exprimé par événement et par année d'assurance.

A ▪ Plafonnement par année d'assurance

5829. Rappel : Il s'agit d'une limite globale absolue fixée contractuellement par unité de temps : l'année d'assurance le plus généralement. Le plafonnement s'applique à une période comprise entre deux échéances principales de cotisation, étant précisé que si la date de prise d'effet est en cours d'année, la période comprise entre cette date et la prochaine échéance annuelle sera considérée comme une année d'assurance. En cas de résiliation en cours d'année, il en sera de même pour la période comprise entre la date d'échéance précédente et celle de la résiliation.
Cette modalité résulte d'une exigence très compréhensible de la réassurance en présence de l'éventualité de dommages en série et de la nécessité, pour les réassureurs, de maîtriser eux-mêmes leurs propres engagements à travers ceux de leurs entreprises d'assurance cédantes. La formulation de ce type de garantie n'est pas indifférente.

5830. Quand le contrat d'assurance ne fait référence qu'à cette limitation dans le temps, les différents dommages seront garantis par année d'assurance, épuisable en plusieurs ou, éventuellement, un seul événement. C'est ainsi qu'il faut entendre l'expression « Tous dommages confondus, corporels, matériels et immatériels par année d'assurance » (en précisant ici de quels dommages immatériels il s'agit : « consécutifs à dommages garantis », ou simplement « consécutifs », ou encore « non consécutifs »). Dans les documents usuels, elle apparaît sous la formule « TDC/année d'assurance », précédée d'un montant constituant l'enveloppe globale délivrée à l'assuré.

5831. Il est également possible de prévoir des sous-plafonds en fonction du type de dommage dans l'enveloppe globale annuelle prévue au contrat.
Exemple :
« 10 000 000 euros tous dommages confondus, corporels, matériels et immatériels par année d'assurance dont pour :
- les dommages matériels autres qu'incendie/ explosion : X millions d'euros ;
- les dommages matériels d'incendie/ explosion : Y millions d'euros ;
- les dommages immatériels : Z millions d'euros (ou parfois un % du montant de la garantie dommages matériels) ».
Dès lors, chaque type de dommage ne pourra excéder, dans le cadre d'une année d'assurance, le montant maximum prévu pour ce poste au contrat.

Cependant, ce type de formule tend à être délaissé au profit de l'alignement de toutes les garanties prévues sur le montant global annuel, sans sous-limitation pour chacune d'entre elles.

B ▪ Plafonnement par événement ou par sinistre

5832. Par exemple :
« La garantie est limitée à un maximum de X euros par événement ».
Avec cette limitation, aucun sinistre ou aucune conséquence d'un même événement ne sera indemnisé au-delà du montant stipulé.
Une telle limitation présente tout son intérêt en cas de sinistre sériel.
Elle s'applique ainsi à :
- tous les dommages provenant de la livraison de produits identiques présentant un défaut commun, produits d'un même lot (*batch clause*). L'application de cette clause suppose donc de démontrer que le produit incriminé est identique à ceux faisant partie du lot considéré. Une identification sera nécessaire, facilitée toutefois par les exigences en matière de traçabilité des produits ;
- tous les dommages résultants de la livraison de produits différents présentant une défectuosité commune.

Ces deux formulations, qui limitent l'engagement de l'assureur au niveau d'un sinistre se révélant sériel, peuvent néanmoins l'exposer à des débours parfois considérables dans le cadre d'une même année civile.

5833. À noter : lorsque l'assureur utilise un plafond de garantie par sinistre, il ne souhaite pas pour autant procéder à des indemnisations dépassant les capacités dont il ne dispose lui-même que par année.
Très souvent, la formule suivante est alors insérée dans les contrats : « X millions d'euros, tous dommages confondus, corporels, matériels et immatériels (suivis de leur caractéristique) par année d'assurance et par sinistre ».
Or, une telle formulation prête à confusion. En effet, elle peut être entendue comme la possibilité d'indemniser chaque sinistre survenu dans l'année d'assurance à concurrence éventuellement du montant global prévu pour l'année. Ce n'est évidemment pas le sens voulu par l'assureur qui fait valoir qu'un plafond de garantie annuel ne servirait à rien s'il pouvait être atteint à l'occasion de chaque sinistre survenu dans l'année. L'expression, maladroite, signifie alors seulement que le montant global annuel peut être épuisé par un seul sinistre.
La formulation suivante, plus explicite, devra être référée : « X millions d'euros, par année d'assurance tous dommages confondus corporels, matériels et immatériels, épuisable éventuellement en un (ou plusieurs) sinistre(s) quel que soit le nombre de victimes ».

§ 3 ▪ Épuisement et reconstitution de la garantie

A ▪ Modalités d'épuisement de la garantie

5834. Lorsque la garantie est consommable par année d'assurance, l'engagement de l'assureur s'éteint dès que le total des indemnités versées atteint le maximum contractuellement prévu. La garantie s'épuise donc au fur et à mesure de l'indemnisation de tous les dommages.
C'est la clause suivante, bien connue, figurant dans tous les contrats d'assurance : « Lorsque la garantie s'exerce par année d'assurance, la somme indiquée aux conditions

particulières forme la limite des engagements de l'assureur, pour l'ensemble des sinistres portés à sa connaissance au cours d'une même année d'assurance, sans report d'une année sur l'autre. La somme garantie est réduite automatiquement, et au fur et à mesure, du montant global des indemnités réglées par l'assureur jusqu'à son épuisement ».
Cette pratique est confirmée par la jurisprudence : « le plafond de la garantie fixé par le contrat d'assurance constitue la limite de l'indemnisation due par l'assureur pour une même année d'assurance, quel que soit le nombre de sinistres ou de victimes » (Civ. 1re, 23 nov. 1999, n° 97-22.150, D 2000 IR. 33 ; Civ. 1re, 3 juill. 2001, n° 99-18.015, Bull. civ. I n° 194 ; Civ. 1re, 9 juill. 1996, n° 94-19.876, RCA 1996 chron. n° 37 ; Civ. 1re, 23 nov. 1999, n° 97-22.150, D. 2000 IR. 33 ; Civ. 1 re, 3 juill. 2001, n° 99-18.015, Bull. civ. I n° 194).

5835. Cette modalité de plafonnement n'est cependant pas exempte de difficultés pratiques et, particulièrement en matière de responsabilité civile, où les sinistres, sauf exception, ne se règlent pas dans des délais très courts. En effet, à l'examen de la garantie fait suite celui, beaucoup plus délicat de la responsabilité de l'assuré, avec toutes les mesures indispensables à prendre (expertises) et les discussions parfois interminables avec l'adversaire (qui n'est pas toujours une victime à 100 % de l'activité de l'assuré, celui-ci n'étant pas non plus toujours responsable à 100 % des dommages causés) et son propre assureur. Et lorsque les discussions n'aboutissent pas, l'affaire est portée en justice, ce qui rallonge encore les délais de règlement. Par conséquent, un sinistre de responsabilité civile déclaré dans une année donnée ne se réglera (contrairement à un sinistre en assurance de choses) que l'année suivante ou même plusieurs années après.
D'autres sinistres peuvent également intervenir la même année et être en instance de règlement. Comment connaître alors à quel niveau se situe, à un moment donné, le montant global annuel de garantie dont bénéficie l'assuré pour l'année considérée ? Cette question se complique encore dans l'hypothèse d'un sinistre sériel, donnant lieu à une multitude de réclamations, d'autant plus échelonnées dans le temps que l'on sera en présence de dommages non accidentels, à réalisation lente ou progressive. Comment s'épuise alors la garantie par année d'assurance ?
Pour répondre à cette question, il faut tout d'abord admettre que les différents sinistres déclarés se rattachent à l'année dans laquelle ils ont été déclarés : c'est donc au montant annuel de garantie de cette année là qu'ils seront affectés.
Pour le sinistre sériel, la date affectée au sinistre dans sa globalité est celle à laquelle la première réclamation a été portée à la connaissance de l'assuré.
Lorsque le plafond est par sinistre, les réclamations des victimes se verront appliquer le même plafond de garanties. Mais les interrogations restent les mêmes quant aux modalités d'épuisement de celui-ci. En effet, les victimes ayant des droits égaux, les créances devraient être réglées proportionnellement en cas d'insuffisance du plafond de garantie.
Toute la difficulté tient au fait que les victimes ne présentent pas leur réclamation en même temps.
Typiquement, les victimes formulent leur réclamation les unes après les autres sur plusieurs années et le paiement des indemnités s'étalent d'autant. Or, le plafond de garantie étant unique, si l'assureur satisfait les demandes au fur et mesure, les derniers demandeurs risquent de se voir opposer l'épuisement de la garantie.
Dès lors, l'assureur doit-il attendre que toutes les victimes se soient fait connaître et opérer un paiement au prorata du mo ntant de chaque créance par rapport à celui de la garantie ?
Sur ce point d'une importance cruciale, la loi n° 2003-706 du 1er août 2003, définissant le sinistre sériel, ne contient aucune précision.
La FFSA, pour sa part, (cf. livre blanc de la responsabilité civile, 12 sept. 2000) s'est prononcée en faveur du système des paiements successifs en faisant valoir l'impossibilité pratique d'attendre de connaître toutes les réclamations des victimes avant de procéder à l'indemnisation.

À l'appui de cette solution, la jurisprudence a déjà jugé (en matière d'assurance pour compte mais un raisonnement par analogie est possible) que l'assureur doit payer au fur et à mesure des demandes des assurés pour compte jusqu'à épuisement de la garantie (Civ. 1re, 17 mars 1998, RGDA 1998. 319).
Le système des paiements successifs semble donc être la solution la plus pragmatique en la matière.

5836. Reste la question de la date à retenir quant à l'imputation sur le plafond de garantie. En d'autres termes, ce système doit-il se référer à la date des paiements faits aux victimes ou à la date de leurs réclamations ? En pratique, il n'est pas rare qu'une victime, qui a présenté sa réclamation, ait à subir les lenteurs de la procédure qu'elle a engagée. En effet, la fixation de son droit va se faire en fonction d'expertises diverses et en cas de préjudice corporel, après consolidation. Et on pourrait imaginer qu'elle puisse, dans la procédure, être dépassée par une autre victime, moins diligente mais dont le préjudice serait fixé plus rapidement en raison, par exemple, de son acceptation d'une transaction en deçà de son réel préjudice. Or, il s'agit pourtant du même sinistre sériel. C'est pourquoi certains estiment qu'un paiement selon l'ordre de réclamations suffisamment caractérisée (sommation de payer ou action en justice) serait préférable (v. en ce sens, H. Groutel, Ph. Pierre et M. Asselain, Tr. du contrat d'assurance terrestre, LexisNexis 2008, n° 1784). D'autres préféreraient une répartition au marc le franc avec consignation de la somme dans l'attente. Une telle procédure ne serait néanmoins concevable que dans le cadre d'un règlement amiable (A. Favre Rochex, obs. sous Civ. 1re 17 nov. 1998, RGDA 1999. 180). Concernant la date de l'imputation, deux arrêts, au moins, semblent valider la clause de règlement « ordre des réclamations ». Dans la première espèce, il a ainsi été décidé qu'une victime ne pouvait reprocher à l'assureur d'avoir payé, postérieurement à sa réclamation, d'autres victimes dont la réclamation était antérieure (Civ. 1re, 8 juin 1994, RGAT 1994. 874). Dans la seconde espèce, il était indiqué que le montant garanti se réduisait et s'épuisait automatiquement au fur et à mesure des réclamations dont l'assureur était saisi, par les montants des indemnités réglées ou mises en réserves par lui pour la réparation des dommages concernés. La Cour de cassation considéra que l'évaluation des sommes à mettre en réserve à la suite de réclamations antérieures était suffisante pour déclarer irrecevable une nouvelle réclamation entrainant un dépassement du plafond de garantie (Civ. 1re, 11 févr. 1992, n° 90-15.632. Dans le même sens, Civ. 2e , 1er déc. 2014,n° 13-.19262,13-26.653,RGDA 2014. 156, note J. Kullmann).). Et naturellement, le plafond de garantie, tout comme son épuisement, est opposable aux tiers lésés.

B ▪ Reconstitution de la garantie

5837. La garantie ou fraction de garantie non épuisée ne se reporte pas d'une année sur l'autre. En revanche, le montant annuel se reconstitue intégralement et automatiquement à chaque année d'assurance, le premier jour de l'année d'assurance suivante et bénéficiera aux nouveaux sinistres déclarés au cours de cette nouvelle année.
Dans la plupart des hypothèses, aucune difficulté n'apparait. Mais, parfois, la question de la reconstitution du montant annuel de garantie en cours d'année d'assurance, après épuisement de celui-ci, peut se poser.
Cette possibilité suscite plusieurs interrogations :
- l'épuisement réel de la garantie : celle-ci est-elle effectivement bien épuisée ? Lorsque tous les règlements ont eu lieu, la réponse est simple. Mais l'incertitude subsiste en cas de simples évaluations, ce qui sera souvent le cas, et en cas de réévaluations, inattendues et tardives. Et l'épuisement de la garantie ne peut alors apparaître qu'*a posteriori*, lorsqu'un certain nombre de réclamations ont été formulées, ou *a fortiori*, lorsque plusieurs sinistres

se sont réalisés donnant lieu chacun éventuellement à plusieurs réclamations, donc à plusieurs évaluations en instance de règlement ;
- la reconstitution de la garantie : une reconstitution automatique en cours d'année d'assurance n'est en général pas envisagée (*automatic reinstatement*). Seul le principe d'une reconstitution peut être prévu au contrat et les modalités en seront bien particulières :
* la reconstitution ne bénéficiera qu'à des sinistres différents de ceux ayant épuisé la garantie et survenant postérieurement à la reconstitution de celle-ci ;
* la reconstitution de garantie, qui s'analyse en un supplément de garantie, (ce qui peut paraître contradictoire avec le plafonnement annuel des garanties) doit faire l'objet d'un avenant au contrat devant préciser à concurrence de quels montants la reconstitution va s'opérer et selon quelles franchises (conditions identiques que celles initialement prévues ou différentes) ; à quelles conditions de prime, elle sera accordée (sur les bases de la prime initiale, au prorata du temps restant à courir jusqu'à l'échéance ou bien avec une majoration substantielle des conditions de tarification, compte tenu de la sinistralité enregistrée).
Toutes ces questions devront recevoir une réponse au cas par cas.

§ 4 ■ L'auto-assurance et les franchises

5838. Ces modalités sont de pratique courante en matière d'assurance de responsabilité civile, et tout particulièrement en assurance de responsabilité civile après livraison.

A ■ L'auto-assurance

5839. L'auto-assurance tente bien des industriels. Néanmoins, ont-ils intérêt à renoncer à s'assurer en constituant des provisions destinées à faire face à d'éventuelles réclamations en cas de défectuosité des produits ?
La constitution de provisions pour dépréciation de son propre matériel est reconnue. En revanche, elle n'est pas valable pour l'engagement indemnitaire de responsabilité civile dans la mesure où :
- l'échéance de la dette est inconnue, si tant est même qu'il y en ait une ;
- et le montant en est, *a fortiori,* indéterminé.
Cette disposition n'est d'ailleurs pas déductible fiscalement au titre de Provisions pour risques dans la rubrique 151 du plan comptable (« Provisions pour risques et charges », cl. 15) car selon l'article 39.5 du Code général des impôts :
« Les provisions sont constituées en vue de faire face à des pertes ou charges nettement précises et que des événements en cours rendent probables ».
En outre :
- dans la mesure où leur existence créerait un risque prévisible, de telles dispositions seraient de nature à détériorer les rapports des industriels avec les victimes ;
- ces provisions immobiliseraient le plus souvent des capitaux beaucoup trop importants, sans pour autant permettre de faire face à des sinistres très graves qui peuvent dépasser de beaucoup le niveau des provisions fixées ;
- dans le cadre d'une entreprise, même si la production industrielle est importante ou diversifiée, les risques sont trop peu dispersés pour lui permettre une péréquation satisfaisante ;
- contrairement à l'assureur, dont c'est le métier, l'industriel n'est pas toujours en mesure d'apprécier les risques qu'il encourt. Il a tendance à les sous-estimer ;

- l'entreprise devra également préférer s'assurer auprès d'une entreprise d'assurance dans la mesure où ses services juridiques serviront d'intermédiaire dans les relations de l'assuré avec son client victime du dommage, rendues plus délicates du fait du sinistre.
Aussi, pour toutes ces raisons, l'industriel doit préférer l'assurance à l'auto-assurance.

B ▪ Les franchises et découverts obligatoires

5840. Si l'entreprise renonce à l'auto-assurance, elle pourra accepter, en revanche, de conserver à sa charge une part du sinistre, considérant que l'assureur doit intervenir à l'occasion d'un gros sinistre ou d'une série de sinistres d'une ampleur telle qu'elle se trouverait, sans cette intervention, en difficulté.
Selon l'article L. 121-1, alinéa 2, du Code des assurances, « il peut être stipulé que l'assuré reste obligatoirement son propre assureur pour une somme ou une quotité déterminée, ou qu'il supporte une déduction fixée d'avance sur l'indemnité du sinistre ».
L'assurée accepte alors de conserver à sa charge les petits sinistres dont les conséquences sont aisément mesurables. Il y va d'ailleurs de son image de marque, son intervention rapide s'inscrivant dans le cadre d'une gestion commerciale efficace et bien comprise.
Les clauses de répartition entre l'assureur et l'assurée de la charge de l'indemnité peuvent donner lieu :
- à un découvert obligatoire ;
- à une franchise.

1 ▪ La clause de découvert obligatoire

5841. L'assureur ne supporte qu'une quote-part du dommage, proportionnelle à celui-ci (90 % par exemple).
L'assurée sait donc que lorsqu'elle cause un dommage, elle supportera personnellement une partie de la réparation, d'autant plus importante que le dommage sera élevé.
Une telle stipulation est valable (V. C. assur., art. L. 121-1) et elle est particulièrement fréquente en assurances maritimes ou en assurance de responsabilité civile des professions libérales.
Lorsque l'assureur a stipulé une clause de découvert, l'assuré ne peut recourir à un autre assureur pour le couvrir (différence avec la franchise). En pratique, elle n'est guère utilisée en assurance RC après livraison.

2 ▪ La clause de franchise

5842. Il est d'usage de ne pas prévoir l'application d'une franchise en matière de dommages corporels. Dès lors, lorsqu'elle est prévue au contrat, elle ne concerne que les dommages matériels et les dommages immatériels. Deux modalités peuvent être prévues. La franchise peut être, tout d'abord, forfaitaire et absolue : en tout état de cause, l'assureur laisse à la charge de l'assuré, une partie de l'indemnisation, le chiffre en étant forfaitairement arrêté à l'avance. Une telle franchise peut aussi être appliquée qu'à partir d'un certain nombre de sinistre, par exemple, à partir du onzième, les dix premiers étant indemnisés sans franchise. La franchise peut, ensuite, être relative : tout sinistre d'un montant inférieur au seuil prévu sera à la charge de l'assuré, tandis que tout sinistre dépassant ce seuil sera indemnisé par l'assureur intégralement, à partir du premier euro. L'assureur est déchargé entièrement des petits sinistres, le soulageant d'une gestion lourde et coûteuse, disproportionnée par rapport au coût de chaque sinistre. L'avantage d'une franchise est de moraliser le risque. L'assuré, dont l'attention est attirée par la multiplication des sommes restant à sa charge en cas de fréquence, prendra certainement des dispositions pour remédier à la répétition de sinistres.

Précisément, la franchise se révèle utile en cas de fréquence de sinistres, ce qui n'est guère le cas en matière d'assurance de responsabilité civile après livraison. Ici, l'assuré est plutôt exposé à quelques sinistres importants, pouvant donner lieu éventuellement à une multitude de réclamations non constitutives d'une fréquence. S'il est néanmoins prévu une franchise en la matière, elle sera particulièrement élevée, compte tenu des sommes importantes en jeu.

5843. La franchise peut être exprimée de manière forfaitaire ou en pourcentage du coût du sinistre avec un minimum et un maximum dont l'écart doit être suffisant (de 1 à 10 par exemple entre minimum et maximum). Pour autant, elle ne pas vider la garantie de sa substance (Civ. 1re, 16 oct. 1990 RGAT 1991. 40). Tout en restant en pourcentage, la franchise peut être conçue selon un système d'échelonnement dégressif par sinistre (ou par tranches).
Exemple :
- 20 % sur les sinistres jusqu'à 50 000 euros (ou sur 1re tranche) ;
- 15 % sur les sinistres compris entre 50 000 euros et 100 000 euros (ou sur 2e tranche) ;
- 10 % au-dessus de 100 000 euros ou, au contraire, progressif.
Cette formule apparaît comme un système intermédiaire entre franchise et découvert obligatoire :
- elle peut être formulée en jours (en matière de dommages immatériels tout particulièrement), véritable délai de carence au-delà duquel la garantie s'applique dans toutes ses dispositions, c'est-à-dire sous réserve de l'application des franchises prévues au contrat ou au contraire au premier euro ;
- il peut également être stipulé que la franchise s'appliquera non pas par sinistre mais sur un ensemble de sinistres annuels (*aggregate*) et si cette masse dépasse un certain montant (500 000 ou 1 000 000 euros par exemple). Cette procédure s'inspire de celle connue en réassurance sous le nom de *stop loss.* Elle n'intéresse que les entreprises d'une certaine surface financière. Cette dernière formule suppose une participation active de l'intermédiaire d'assurance et une collaboration étroite de l'assuré avec l'assureur. Sous prétexte qu'il n'intervient qu'au-delà d'un montant particulièrement élevé, ce dernier ne peut se désintéresser de l'épuisement plus ou moins rapide du montant annuel, sans compter les sinistres marginaux intervenant peu avant cet épuisement et dont l'évaluation s'avérera particulièrement délicate.

5844. Le principe d'une franchise à la charge de l'assuré ne peut être qu'approuvée. Elle est moralisatrice, c'est-à-dire de nature à éviter « l'excitation à l'incurie ».
Elle a également pour but d'éliminer les incidents normaux et prévisibles de l'exploitation et des retombées de celle-ci après livraison.
Techniquement, elle permet d'alléger le taux de prime en déchargeant l'assureur de la gestion de menus sinistres et en réduisant le coût des dommages à sa charge. Il est, en effet, antiéconomique pour l'assuré de mettre à la charge de l'assureur la totalité des dommages de peu d'importance, mais dont la fréquence peut être grande. Leur coût, plus ou moins constant d'une année à l'autre, est parfaitement connu. Or, dans sa prime, l'assureur en tient compte et charge sa prime du montant correspondant, augmenté de ses frais généraux. Par conséquent, il en coûte plus, finalement, à l'assuré.
Au surplus, l'assureur n'est pas là pour assumer les incidents mineurs de production et l'assuré recherche, avant tout, une protection contre le risque grave, et bien entendu celui catastrophique.
Encore faut-il que l'économie de prime résultant de la fixation à un niveau élevé de la franchise soit suffisamment intéressante pour l'industriel assuré.
Or, tel n'est pas toujours le cas car :

- bien souvent, l'assureur se heurte à l'inconnu : « Habitués à travailler sur des statistiques, c'est-à-dire tournés vers le passé (les assureurs) seront débordés par les événements lorsqu'on leur demandera de tarifer un risque qu'ils ne connaissent pas encore » (H. Groutel, communication au colloque de Grenoble sur « Assurance industrielle et marché », juin 1975. Ces propos trouvent une illustration particulière à propos du « risque de développement »). *A fortiori*, en est-il ainsi en matière d'assurance responsabilité civile après livraison où la fréquence est absente ;
- on a pu penser « que les assureurs trouvent avantage à cette procédure de dissuasion (rabais insuffisant) tant pour des raisons financières que comme source d'information technique et statistique » (Cusset - intervention au même colloque).
L'observation ci-dessus pourrait accréditer une telle thèse si l'on n'avait justement relevé que les sociétés d'assurances sont en fait, depuis quelques années et surtout dans le domaine de la responsabilité civile, moins intéressées par le volume des encaissements que par la nature et l'importance du solde de leurs opérations. Francis Chaumet, au sujet de cette divergence de vue, évoquait une lutte pour le *cashflow* entre entreprises et assureurs.

5845. Contrairement à une auto-assurance, la franchise entre bien, pour l'industriel, dans la catégorie des « Provisions pour risques et charges » sous la rubrique « Risques en cours ».
Il s'agit des charges et pertes éventuelles ou probables au nombre desquelles figurent :
- les litiges en cours (procédures ou procès) dont l'issue risque d'être défavorable ;
- les garanties accordées aux clients pour anomalies non décelées.
Cette charge est constatée par débit du compte « Dotations de l'exercice aux comptes de provisions » et crédit du compte « Provisions pour risques et charges » traduisant qu'une partie des ressources de l'entreprise est indisponible dans l'attente de la réalisation effective de l'événement.

5846. D'après le Plan comptable :
« Le fait d'être son propre assureur suppose :
- une perte prévisible à la clôture de l'exercice ;
- nettement précisée quant à sa nature ;
- mais comportant un élément d'incertitude quant à son montant ou à sa réalisation ».
Ces provisions échappent alors à l'impôt sur les bénéfices en tant que charges.
À noter :
- pour constituer sa provision, l'entreprise multipliera la franchise acceptée par le nombre des réclamations potentielles, constituant chacune un sinistre. Mais, lorsque plusieurs réclamations, imputables à une même cause technique, sont considérées comme constituant un seul et même sinistre, la franchise ne pourra être appliquée qu'une seule fois, quel que soit le nombre des réclamations ;
- la franchise sera en général fixée par l'assuré lui-même en fonction de ses capacités financières ;
- tout comme le plafond de garantie, la franchise est opposable aux victimes ;
Exemple d'application :
Garantie : 1 000 000 euros - Franchise (100 000 euros)
Hypothèse 1 : Sinistre de 900 000 euros
Règlement : 900 000 euros - 100 000 euros = 800 000 euros
Hypothèse 2 : Sinistre de 1 000 000 euros
Règlement : 1 000 000 euros - 100 000 euros = 900 000 euros
Hypothèse 3 : Sinistre de 1 050 000 euros
Règlement : 1 050 000 euros - 100 000 euros = 950 000 euros
Hypothèse 4 : Sinistre de 1 200 000 euros
Règlement : 1 000 000 euros

§ 5 ■ Solutions aux limitations financières : les garanties supplémentaires ou complémentaires

5847. Lors de la souscription du contrat, l'assuré doit prévoir des montants de garantie suffisants pour pouvoir faire face aux réclamations, nombreuses ou très élevées, des victimes de dommages causés par les produits livrés. Son assureur s'emploiera à lui donner satisfaction :
- soit par ses propres moyens s'il dispose d'une capacité suffisante ;
- soit par voie de coassurance, c'est-à-dire en faisant appel à d'autres assureurs, afin de se répartir l'engagement total au sein du même contrat d'assurance.

Mais, même cette technique peut se révéler insuffisante lorsque les montants de garantie demandés sont très élevés. Il est alors d'usage de procéder à la conclusion d'autres contrats, appelés à intervenir après l'épuisement du premier. L'ensemble constitue ainsi une ou plusieurs strates de garanties venant en complément des garanties initiales et, pouvant même parfois, apporter des garanties non délivrées par le premier contrat. Il s'agit de la technique dite des contrats en lignes successives.

A ■ Garanties complémentaires

5848. Au-delà du contrat délivré pour un premier montant de garantie déjà assez élevé, un ou plusieurs autres contrats, calqués sur ce premier contrat, pourront apporter des montants de garanties complémentaires, de telle sorte que l'assuré dispose d'une garantie d'un montant au total très élevé. Cette technique est dite « différence de limites » (DIL).
Dans cette approche du risque, le premier contrat, le contrat de base, sera dit de première ligne et les contrats successifs dits de 2e ligne, de 3e ligne, etc.
Exemple :
- un contrat de 1re ligne délivre une garantie de 20 millions d'euros pour tous dommages confondus par année d'assurance ;
- un contrat de 2e ligne apporte une garantie complémentaire de 30 millions d'euros ;
- un contrat de 3e ligne de 50 millions d'euros.

La garantie totale de l'assuré est alors portée à 100 millions d'euros.
Ces contrats restent en réserve tant que le contrat de 1re ligne est en mesure de garantir les sinistres déclarés. Lorsque les montants de garantie prévus par celui-ci sont épuisés, le contrat de 2e ligne interviendra pour apporter sa garantie, et ainsi de suite, chacun à son tour si besoin est.

5849. Mais la question se pose de savoir dans quelles conditions le contrat de 2e ligne (ou plus généralement les contrats en lignes successives) seront amenés à intervenir. En effet interviendront-ils simplement en complément, et après épuisement du contrat de première ligne (comme le prévoient certaines clauses) aux mêmes conditions, ou leur intervention se fera-t-elle en application de conditions, et particulièrement de franchises, prévues par ce contrat ? Généralement, c'est cette deuxième option qui est retenue, non seulement pour le contrat de 2e ligne mais aussi pour les autres contrats de lignes successives (technique dite du « drop down » ou « step-down »).
En revanche, il est rarement prévu que le montant du contrat de 1re ligne constitue en tout état de cause une franchise absolue pour les contrats des lignes supérieures, de telle sorte que ceux-ci ne soient amenés à intervenir qu'après des sinistres d'un montant cumulé égal au montant de la garantie délivrée par le contrat de 1re ligne.
Pour reprendre l'exemple chiffré ci-dessus, le contrat de 2e ligne interviendrait non seulement après l'épuisement de la garantie de 20 millions d'euros mais encore après de nouveaux sinistres d'un montant cumulé de 20 millions d'euros, situation difficilement tenable pour l'assuré.

Quelle que soit la formule retenue, la rédaction de ces différents contrats doit faire l'objet d'une très grande attention.

B ▪ Garanties supplémentaires

5850. Souvent couplée avec les garanties complémentaires, les contrats des lignes successives peuvent aussi délivrer des garanties non prévues dans le contrat de base ou 1re ligne. Il s'agit alors non d'un complément de garantie mais d'un supplément de garantie, connue sous la formule : « différence de conditions » (DIC).
Dans cette hypothèse, le contrat de 2e ligne sera amené à intervenir au 1er euro (sous réserve de l'application de la franchise prévue) pour la garantie non comprise dans le contrat de 1re ligne et que, précisément, ce contrat de 2e ligne fournit. Ce pourra être le cas par exemple de la garantie des dommages immatériels non consécutifs ou d'une garantie de responsabilité civile incendie-explosion.

5851. Ces techniques de polices en lignes, appelées à intervenir en DIC/ DIL, se rencontrent le plus souvent au sein de programmes internationaux d'assurance mis en place par une entreprise basée en France et désirant garantir correctement ses établissements ou filiales à l'étranger. Les contrats sont conclus par la maison mère au profit de ses implantations à l'étranger, dont les garanties locales sont souvent insuffisantes. Celles-ci peuvent d'ailleurs être ignorées par la maison mère et son assureur. Il s'agit d'une assurance avec « Reverse DIC » qui peut se révéler très dangereuse pour les assureurs de responsabilité civile. En effet, ils risquent de se trouver exposés à des sinistres relevant de natures de risques non pratiquées par eux (assurances de personnes, assurances transport, risque de circulation automobile) ou, plus grave, qu'ils ne sont pas habilités à pratiquer et pour lesquels, en tant qu'assureurs de responsabilité civile, ils ne sont pas réassurés... Tout aménagement de tels contrats en lignes successives, par affectation de la part de cotisation représentant ces risques aux réassureurs concernés suppose l'identification de tels risques (loin d'être aisée compte tenu de l'éloignement et des difficultés de communication dues à la langue et aux habitudes professionnelles différentes) ainsi que la connaissance de la part de cotisation perçue à ce titre...

5852. Certaines maisons mères souhaitent laisser à ses implantations à l'étranger une certaine latitude dans la souscription de contrats d'assurance locaux. Néanmoins, elles souscriront un ou plusieurs contrats dits *Umbrella Policy* qui interviendront en DIC/ DIL par rapport aux contrats souscrits à l'étranger (avec donc ici ou là la possibilité d'une intervention « au premier euro » en l'absence de garantie locale pour tel ou tel risque). Cependant, soucieuse de maîtriser les risques de l'ensemble de ses implantations, elles souscrivent généralement un contrat dit *Master Policy* qui, peu différent dans ses modalités d'intervention de la police Umbrella, interviendra après des contrats locaux présentant des garanties uniformes tant en montant qu'en nature de risques, c'est-à-dire essentiellement en DIL sans exclure pour autant, lorsqu'il est impossible localement de prévoir la délivrance d'une garantie, une intervention en DIC. Ce montage suppose quand même une centralisation des informations et des directives précises et claires sur le contenu des contrats souscrits localement.
L'avantage de telles formules réside dans le fait que le premier, et souvent, le seul contrat affecté par des sinistres est le contrat de base (1re ligne). Seul celui-ci fera alors l'objet de corrections en fonction de la statistique enregistrée, tandis que les autres ne subiront aucun réaménagement tant qu'ils ne sont pas mis en œuvre.
Et bien sûr, leurs primes tiennent compte du fait que le plafond de garantie du contrat de première ligne constitue une franchise d'intervention pour les autres. Cette technique est pour l'assuré à la fois rassurante et moins onéreuse qu'un contrat unique.

En l'absence de souscription de polices locales par les implantations à l'étranger, ce sont alors les contrats conclus par la maison-mère, dans le pays du siège social, qui seront mis en œuvre. Or, des difficultés peuvent apparaître car certains pays interdisent ce que l'on appelle le « non admis », c'est-à-dire des polices émises par des assureurs autres que locaux (essentiellement pour des raisons relatives aux taxes locales sur les contrats d'assurances).
En principe, les taxes devraient être versées au pays concerné pour la part de prime correspondant aux garanties délivrées dans ce pays.
A défaut, certaines entreprises ont été lourdement sanctionnées.
Mais ce principe n'est pas sans poser de nombreux problèmes :
- comment isoler le chiffre d'affaires correspondant à l'activité garantie ?
- comment se mettre en conformité (« compliance » en anglais) avec les règles localement applicables en matière d'assurance ?
- comment déterminer la part de prime concernée ?

5853. Et c'est également sans compter les incidences sur le montant de la prime globalement payée par l'assuré (qui risque de se retrouver majorée) et sur le chiffre d'affaire du courtier (qui risque de s'en trouver diminué).
Un arrêt de la CJCE du 14 juin 2001 a précisé que : « la notion d'établissement qui est utilisée pour déterminer l'État membre où le risque est situé (art. 2 sous d, dernier tiret de la directive 88/357 portant coordination des dispositions législatives, réglementaires et administratives concernant l'assurance directe autre que l'assurance sur la vie, fixant les dispositions destinées à faciliter l'exercice de la libre prestation de services et modifiant la directive 73/239), doit être interprétée en ce sens qu'elle couvre toutes les sociétés liées les unes aux autres au sein d'un groupe lorsque l'une de ces sociétés conclut une police d'assurance couvrant les risques d'exploitation d'autres sociétés du groupe » (l'affaire Kvaerner plc).
Devant les difficultés matérielles soulevées par le respect de cette interprétation, certaines entreprises d'assurance, prenant acte de cette jurisprudence, ont pris des dispositions telles qu'elles puissent continuer à apporter leurs garanties à l'assuré tout en s'effaçant localement derrière lui.

Section 3 ▪ Étendue de la garantie dans le temps

5854. **Avertissement de l'auteur :** La question de l'étendue de la garantie dans le temps n'est pas propre à l'assurance de responsabilité après livraison. Elle concerne toute assurance responsabilité civile et donc aussi l'assurance responsabilité civile exploitation ou environnement.
Mais c'est particulièrement à propos des produits livrés ayant une durée de vie propre, que cette question prend le plus de relief ce qui justifie de l'analyser ici.

5855. Rappel : L'assurance responsabilité civile après livraison, quels qu'en soient les fondements juridiques (obligation de garantie des vices cachés, obligation principale de délivrance, obligation accessoire de renseignements ou devoir de conseil du vendeur, garde de la structure de la chose par opposition à la garde du comportement, défaut de sécurité des produits), a vocation à être mise en œuvre dès lors que le produit est livré. A ce titre, est responsable après livraison celui qui peut voir sa responsabilité engagée alors qu'il avait matériellement perdu la garde, au sens traditionnel de pouvoir d'usage, de direction et de contrôle de l'objet.

Peu importe, les considérations d'ordre juridique sur la question de savoir qui était propriétaire de l'objet, qui avait le droit d'utiliser l'objet, quelles étaient les relations entre fabricant ou vendeur et consommateur ou utilisateur final du produit.
C'est parce que l'assuré n'a plus la maîtrise de la situation et que, dans le même temps, les produits fabriqués ou vendus par lui, largement diffusés sur le marché, sont susceptibles de provoquer des dommages de caractère parfois catastrophiques (intoxications alimentaires ou médicamenteuses par exemple) que l'assureur, à la demande instante et précise de son réassureur, circonscrit les risques survenant après livraison en les traitant séparément de la responsabilité civile générale exploitation, tant dans la formulation que dans les montants de garantie prévus.

5856. Mais ces précautions ne résolvent pas tous les problèmes. En effet l'une des questions très délicates qui se posent est la prise en compte de la période couverte par le contrat d'assurance et de situer, par rapport à celle-ci, la date du sinistre susceptible de faire jouer la garantie du contrat.
Pour cela, la définition du sinistre, sa datation et sa survenance pendant la période de garantie du contrat sont des points primordiaux.
En effet, le contrat d'assurance n'a pas vocation à couvrir dans le temps toute l'activité de l'assuré. Par ailleurs, celui-ci peut changer d'assureur en cours d'activité ou cesser ses activités.
Et les sinistres susceptibles de se réaliser tout au long de la vie des produits ne coïncident pas forcément avec la durée de la garantie du contrat d'assurance.

§ 1 ■ Mise en œuvre de la garantie

A ■ Les événements envisageables

5857. Le sinistre se définit comme la réalisation du risque contractuellement garanti. Pour être couvert, il doit se produire pendant la période de validité du contrat. En assurance RC, le risque assuré est la dette de responsabilité et le sinistre se trouve constitué par la survenance du dommage issu du fait dommageable commis par l'assuré. Ce risque apparaît composite, c'est-à-dire composé d'un événement générateur, suivi d'autres événements. Et ces différents événements pouvant s'étendre dans le temps, il faut déterminer quel est l'événement considéré comme le plus important, non pour dater le sinistre, mais pour déclencher la garantie, et savoir s'il s'est produit pendant la durée de validité du contrat.
Pour les assurances responsabilité civile, l'article L.124-1 du Code des assurances fait référence à deux événements, sans considérer que l'un des deux est prépondérant sur l'autre :
- le fait dommageable ;
- la réclamation amiable ou judiciaire.
Le fait dommageable est une notion polysémique. Il faut, dès lors, dans un premier temps, choisir quel événement constitue le fait dommageable invoqué par l'article L. 124-1 du Code des assurances.

5858. Pour qu'il y ait engagement de la responsabilité civile, différentes étapes et différents événements peuvent être distingués :
- le fait technique : l'erreur de conception (du médicament par exemple) ;
- le fait générateur juridique que Madame le Recteur Lambert-Faivre définit comme « l'interface temporelle entre le fait technique et le dommage » (En ce sens, Y. Lambert-Faivre et L. Leveneur, *Droit des assurances*, 2011, 13e éd., Dalloz). Il s'agit alors de la livraison du produit ou dans d'autres domaines, l'accomplissement des travaux défectueux ou encore

la date d'exécution de la prestation de service. Au-delà de la livraison, on pourrait aussi hésiter avec la mise en circulation du produit (notion utilisée pour la responsabilité du fait des produits défectueux) ;
- la survenance du dommage : il s'agit du moment où la victime est atteinte dans son intégrité physique ou dans son patrimoine. Si l'on reprend l'exemple du médicament, c'est le moment où la victime ingère le médicament. Mais, si c'est à ce moment là que survient le dommage, ce n'est pas forcément le moment où se manifeste le dommage ;
- la manifestation du dommage : celle-ci peut intervenir simultanément à la survenance des dommages ou des années, voire des dizaines d'années après.

5859. Parmi ces différents événements, la jurisprudence a décidé d'assimiler le fait dommageable au fait générateur, c'est-à-dire selon les hypothèses, l'exécution des travaux, la livraison du produit en cas de défectuosité.
À partir de la survenance du dommage, il appartient à la victime de se manifester pour en demander réparation à son auteur. Cette réclamation sera généralement présentée à l'auteur présumé du dommage, celui-ci la transmettant sans délai à son assureur, à moins qu'elle ne préfère se prévaloir de l'action directe auprès de l'assureur du responsable.

B ▪ Les choix opérés quant à l'événement déclenchant la garantie

5860. Le déclenchement de la garantie est fonction de l'événement retenu.

1 ▪ Le choix des assureurs

5861. Les assureurs décidèrent de faire de la réclamation de la victime le critère prépondérant pour déclencher la garantie. Ainsi, pour que la garantie soit mise en œuvre, il fallait que, outre le fait dommageable, la réclamation de la victime intervienne pendant la période de validité du contrat (clause « claim's made »).
Il s'agit de la « basis coverage period » de la police américaine Commercial General Liability Policy.

5862. Pour les assureurs, c'était la seule manière de garder la maitrise de l'étendue de la garantie dans le temps de l'assurance RC en raison du fait que la réclamation peut intervenir très longtemps après le fait dommageable.
Ils avançaient également comme argument que :
- il faut admettre une certaine autonomie de la responsabilité et de la garantie d'assurance, celle-ci bien qu'ayant pour objet celle-là ne la recouvrant pas totalement, comme en témoignent d'ailleurs les exclusions et les franchises figurant dans toute police et opposables aux tiers lésés ;
- si le point de départ du délai de déclaration du sinistre est bien la date de survenance du dommage, il est admis que l'assuré ne puisse avoir connaissance du dommage que bien après la réalisation de celui-ci, par la réclamation précisément de la victime, le délai partant alors de la connaissance du sinistre par l'assuré ;
- les dispositions de l'article L. 124-1 du Code des assurances n'étant pas d'ordre public, un choix contractuel est licite. Le contrat peut donc stipuler que la garantie n'est acquise à l'assuré qu'à la double condition que le fait dommageable et la réclamation se situent au cours de la période assurée ;
- sur le plan technique, le sinistre en assurance responsabilité civile est constitué à partir de la réalisation du dommage, quelle que soit la date de réclamation de la victime. Or, l'assureur va se trouver exposer à des réclamations tardives, qu'il n'a pas pu provisionner

(réclamations présentées en période de garantie du contrat d'assurance ou même après la cessation de ses effets).
L'assurance de responsabilité est gérée, comme toutes les assurances de dommages, en régime de semi-répartition (les primes sont affectées au règlement des sinistres survenus - déclarés - dans l'année, alors que, en régime de « répartition pure » les primes de l'année sont affectées aux sinistres réglés dans l'année - ce qui interdit toute provision pour sinistre restant à régler par exemple, système jugé trop dangereux pour être mis en œuvre).
L'assureur répartit donc entre les assurés sinistrés la masse des cotisations payées par l'ensemble des membres de la mutualité. À la réception de la réclamation, qui est exactement datée, l'assureur ouvre un dossier sinistre et le provisionne en vue des règlements à effectuer qui s'imputeront sur les cotisations des assurés. Et les articles R. 331-1, 2° et R. 331-6, 4° du Code des assurances précisent que les primes perçues par l'assureur pendant la période contractuelle ont pour contrepartie, et pour limite, la prise en charge des sinistres se rapportant au même exercice. C'est bien de sinistres réalisés, c'est-à-dire connus de l'assureur qu'il s'agit ici.
En outre, l'assureur ne peut, impunément, constituer des provisions pour sinistres dits « déclarés tardifs » (ce qu'il est convenu d'appeler des IBNR - *Incurred But Non Reported*- survenus mais non encore déclarés), les autorités de tutelle ne tolérant cette pratique qu'avec beaucoup de méfiance - ce sont autant de sommes qui échappent à l'impôt sur les bénéfices - et dans certaines limites pouvant être bien inférieures aux sommes qui devraient être mises en réserve.
De ce fait, l'assureur peut se trouver sévèrement déstabilisé financièrement par un afflux de réclamations formulées au titre de dommages survenus pendant la période de garantie du contrat et dont ni son assuré, ni lui-même n'avaient connaissance. Or, il y va de l'intérêt même des victimes que l'assureur du responsable soit solvable.

5863. En cas de contrats d'assurance successifs, le risque de trous de garantie n'était pas négligeable. En effet, un sinistre dont le fait générateur était survenu sous l'empire d'un premier contrat mais faisant l'objet d'une réclamation par la victime que lors d'un second, n'était couvert pas aucun des deux.
Pour limiter les trous de garantie, deux autres clauses accompagnaient la clause claim' made :
- la clause de reprise du passé inconnu (*retroactiveperiod* dans la police américaine *Commercial General Liability Policy*, CGL) : le second assureur garantit les réclamations faites durant la période de validité de son contrat, pour des dommages nés avant sa prise d'effet à condition que le souscripteur n'en ait pas eu connaissance avant la souscription de celui-ci (sinon, le contrat est dépourvu d'aléa). Généralement, il s'agissait d'une reprise de 6 à 12 mois avant la prise d'effet du second contrat ;
- la clause de garantie subséquente : le premier assureur, dont le contrat d'assurance a pris fin avant la réclamation de la victime, mais sous l'empire duquel a eu lieu le fait dommageable, accepte de prendre en charge l'indemnisation de la victime si la réclamation de celle-ci intervient dans un temps limité après la fin du contrat (délai qui variait de 6 à 24 mois).
En dehors de ces hypothèses, toute autre réclamation formulée postérieurement à la cessation des effets du contrat, fût-ce au titre d'un dommage survenu en cours de contrat, n'était pas couvert (C'est le *tailcoverage*des assureurs américains).
Ces contrats étaient dénommés à base réclamation (*claims made basis*).

2 ▪ Le choix de la jurisprudence

5864. La jurisprudence a été évolutive : elle a condamné les clauses « claim's made » par étapes. Après les avoir dans un premier temps validées au nom de la liberté contractuelle (Civ.

1re, 19 juill. 1978, D. 1978. Chron. 301 ; Civ. 1re, 7 nov. 1978, n° 77-12.911 ; Civ. 1re, 20 juin 1979, Bull. civ. I n° 188 ; Civ. 3e, 4 déc. 1984, n° 83-15.065, Gaz. Pal. 85-85 ; Civ. 3e, 14 mai 1985, RGAT 1985. 548 ; Civ. 1re, 17 juin 1986, RGAT 1986. 448), elle les a, ensuite été déclaré inopposables aux victimes, comme une déchéance après sinistre pour l'assuré (Civ. 1re, 3 avr. 1984, JCP 1985. II. 20509, D. 1985. Chron. 216 ; Civ.1re, 22 janv. 1985, RGAT 1985. 410). Dictée par un souci d'indemnisation de la victime, cette position était néanmoins juridiquement critiquable pour des raisons tenant plus à l'emploi inapproprié de la notion de déchéance qu'à une reconnaissance de la validité de la clause dont le principe pouvait être condamné. En effet, la déchéance sanctionne une faute de l'assuré qui, à ce titre, est inopposable à la victime. Or ici, la date de la réclamation est celle de la victime elle-même. De plus, la déchéance suppose qu'au moment de la réalisation du dommage, la garantie était due par l'assureur. En l'espèce, l'exclusion de garantie prévue au contrat préexiste au dommage. Enfin, l'inopposabilité de la clause aux victimes ne renforce pas la sécurité de l'assuré responsable car il s'agissait d'une sorte d'avance sur recours dont l'assuré devait, en définitive, supporter la contribution. Dès lors, par souci de protéger tant l'assuré que la victime, les clauses ont été déclarées nulles par une série de 7 arrêts rendus le même jour par la première chambre civile, le 19 décembre 1990 (RCA 1991, chron. n° 4, RGAT 1991. 155. V. également Obs. Y. Lambert-Faivre, D. 1992. Chron. 13 ; Obs. C. Delpoux, Risques avr. 1991 p. 211 ; Obs. F. Couilbault, AF 1991. 633). Pour les « exterminer » (selon l'expression d'Hubert Groutel), il a été fait appel à la notion de cause (double visa art. 1131 du code civil et L.124-1 du code des assurances). Ainsi, le versement de primes pour la période se situant entre la prise d'effet du contrat et son expiration a pour contrepartie nécessaire, la garantie des dommages qui trouvent leur origine dans un fait qui s'est produit pendant cette période. Par conséquent, seul compte le fait dommageable, peu important la date de la réclamation de la victime. Après une petite résistance de la 3e chambre civile (Civ. 3e, 17 avr. 1991, n° 89-14.130, RCA 1991, n° 308) et de la chambre criminelle (Crim., 28 juin 1991, n° 89-85.098, RCA 1991, n° 350), la condamnation de la clause réclamation de la victime est désormais acquise pour les magistrats. La jurisprudence est constante, la formulation des arrêts du 19 décembre 1990 étant inlassablement reprise dans des décisions ultérieures (Civ. 3e, 3 juin 1992, n° 90-11.486, RCA 1992, n° 285 ; Civ. 1re, 17 mars 1993, n° 91-14.402, L'Argus. 93-3587).

5865. Au-delà, les tentatives des assureurs de limiter leur garantie dans le temps par l'utilisation d'autres clauses ont aussi été condamnées. Il en fût ainsi : - de la clause selon laquelle l'assureur acceptait d'accueillir la réclamation de la victime pendant un certain temps après la résiliation du contrat d'assurance. Or, la clause de garantie subséquente, qui limite la garantie de l'assureur, est illicite car elle limite la garantie du contrat à un certain délai après son expiration (Civ. 1re, 28 avr. 1993, RCA 1993, n° 245 ; Civ. 1re, 9 juin 1993, RCA 1993, n° 326) ; - de la clause stipulant que la garantie de l'assureur était limitée à deux ans après la livraison du produit. Or, seule la date du fait générateur du dommage, à savoir la livraison, doit être prise en compte et aucune clause ne peut venir limiter la garantie de l'assureur (Civ. 1re, 16 déc. 1997, n° 94-17.061, D. 1998. 28, JCP 1998, II, 10018). En revanche, contrairement aux apparences, la jurisprudence n'a jamais transformé les polices base réclamation en police base fait générateur. Ainsi, elle n'a jamais condamné dans ces polices, les clauses de reprise du passé inconnu qui ne sont pourtant pas cohérentes avec des assurances base fait générateur. Ces clauses jouaient donc en cumul. La Cour de cassation s'est alors contentée d'aligner la durée de la garantie sur celle de la responsabilité en ne s'intéressant dont qu'à la garantie à venir. (v. typiquement Civ. 1re, 16 déc. 1997, précit).

5866. Mais, dans un certain nombre d'assurances obligatoires, le pouvoir réglementaire avait utilisé le système claim's made pour dater le sinistre. En vertu du principe de la séparation des pouvoirs, la Cour de cassation, étant liée par les textes réglementaires, se devait de les appliquer et donc de faire droit à une clause réclamation dans le cadre d'un obligation d'assurance assortie d'un régime articulé explicitement sur la réclamation de la victime (v. pour les agents immobiliers : Civ. 1re, 23 juin 1993, RGAT 1993. 891 ; agences de voyage : Civ. 1re, 11 oct. 1994, L'Argus. 94-43 ; Civ. 1re, 2 juill. 1996, n° 93-18.631, (2 espèces), RCA 1996, n° 364 ; administrateurs de biens : Civ. 1re, 29 avr. 1997, RCA 1997, n° 241 ; syndics de copropriété : Civ. 1re, 2 mars 1994, n° 91-14.429, RCA 1994, n° 229 ; centres de transfusion sanguine : Civ. 1re, 9 mars 1999, n° 96-22.186, Civ. 1re, 28 mars 2000, n° 98-19.020). Saisi à son tour, à propos de l'arrêté interministériel du 27 juin 1980 concernant l'assurance obligatoire des centres de transfusion sanguine qui contenait une telle clause, le Conseil d'Etat décida que les dispositions de celui-ci étaient entachées d'illégalité se rangeant ainsi à l'avis de la Cour de cassation (CE, Beule, 29 décembre 2000, D. 2001. 1265, RGDA 200. 33). La solution est désormais uniforme quel que soit le contrat d'assurance responsabilité civile.

5867. Bien souvent, les clauses claims made ont été jugées comme la mauvaise réponse au réel problème qui était celui de la longueur excessive du délai de prescription des actions en responsabilité civile.

3 ▪ La réaction des assureurs RC

5868. Les assureurs de responsabilité civile ont continué de subordonner leur garantie à la présentation d'une « réclamation » par la victime, en pleine connaissance de cause des conséquences que cet entêtement de leur part pouvait avoir sur leurs clauses (nullité). Ainsi, ils définissaient le sinistre comme : « toute réclamation amiable ou judiciaire faite par un tiers à l'assuré, susceptible d'entraîner l'application d'une garantie du contrat » et ils disposaient que « les garanties du contrat s'appliquent aux sinistres déclarés à l'assureur entre la date d'effet et celle de la suspension, résiliation ou expiration du contrat, et relatifs à des dommages survenus pendant la même période ». Survenance du dommage et réclamation devaient toujours se situer pendant la même période de garantie du contrat et ils aménageaient (un peu) cette dernière par les clauses de reprise du passé inconnu et de garantie subséquente déjà évoquées. Conscients également des difficultés rencontrées en matière de détermination de la date de la réclamation, ils prévoyaient que « la déclaration faite par l'assuré à son assureur [à titre conservatoire précisément], de tout événement susceptible de faire jouer les garanties du contrat, sera assimilée à la réclamation de la victime ». Ainsi, l'assuré n'était pas tributaire de la date de réclamation de la victime et pouvait s'assurer de l'application des garanties de son contrat.

5869. Par conséquent, un trou de garantie n'était en principe pas à craindre dans la mesure où toutes les entreprises d'assurance du marché pratiquaient le critère de la réclamation de la victime pour des raisons essentiellement financières. Lors d'un changement d'assureur, il appartenait à l'intermédiaire d'assurance de vérifier, que les contrats qui se faisaient suite étaient bien rédigés, en matière de durée de la garantie, sur la base « réclamation de la victime » et, si tel n'est pas le cas, d'y remédier avec les assureurs concernés dans l'intérêt de l'assuré et de ses victimes potentielles. A ce titre, la garantie des différents contrats successifs (en cas de changement d'assureurs) devait absolument s'enchaîner de telle sorte que la réclamation qu'un contrat ne pourrait pas accueillir soit acceptée par l'assureur suivant, et ainsi de suite, sans préjudice des droits de la victime.
La coïncidence entre la durée de la garantie d'un contrat et celle de la responsabilité de l'assuré était donc réalisée à travers l'ensemble des contrats successifs dont les durées de garantie cumulées devaient recouvrir la durée de prescription de la responsabilité de l'assuré, excepté dans l'hypothèse où il cessait son activité. Cette dernière hypothèse, ne correspondant pas à celle d'un changement d'assureur, était traitée de manière particulière. Généralement, le dernier assureur délivrait une garantie subséquente, destinée à

prendre en charge les dommages tenant aux produits livrés, survenant après la cessation des effets du contrat, et donnant lieu, par définition, à des réclamations postérieures à la date d'expiration du contrat. Cette garantie, dont le principe était inséré au contrat, n'était, en général, accordée que, précisément, lorsque le contrat prenait fin pour cessation d'activité de l'assuré. Elle comportait, bien sûr, des modalités d'application particulières quant :
- à la durée de la garantie (le plus souvent 2, 3, 5 ans) ;
- son montant (détermination d'une somme pour la durée de la garantie elle-même fonction de l'activité passée de l'assuré et des résultats enregistrés) ;
- le montant de la cotisation demandée et les modalités de paiement de celle-ci (en une seule fois ou fractionnée).
Le caractère délicat et discutable de la délivrance de ce type de garantie (pourtant parfaitement cohérente avec le principe de la réclamation de la victime mais ne coïncidant pas avec la durée de prescription de la responsabilité de l'assuré) relança le débat.

5870. Parallèlement, les dispositions de la directive européenne du 25 juillet 1985 sur la responsabilité du fait des produits défectueux, transposées en droit français dans le Code civil (C. civ., art. 1245 à 1245-17 (anc. art. 1386-1 à 1386-18)) prévoyant un délai de prescription de 10 ans pour la responsabilité du producteur, fit évoluer la pratique des assureurs par la généralisation de ce délai. En effet, soit les assureurs acceptaient de garantir la responsabilité des producteurs pendant 10 ans après la mise sur le marché de leurs produits, soit cette obligation risquait de leur être imposée légalement (dans ce sens, H. Groutel : « la solution pourrait bien être dans une garantie subséquente d'origine légale ou réglementaire dont la durée serait à la fois consistante et limitée ».

§ 2 ■ L'épilogue : la loi n° 2003-706 du 1er août 2003

5871. La jurisprudence restant constante et insensible aux arguments développés par les assureurs, le changement ne pouvait venir que du législateur.
Cette question, si longuement débattue, a suscité la colère des assureurs lors du vote de la loi n° 2002-303 du 4 mars 2002 relative aux droits des malades et à la qualité du système de santé, loi Kouchner, instituant une assurance de responsabilité civile médicale obligatoire pour les professionnels de santé exerçant à titre libéral. Etant une assurance responsabilité civile, celle-ci allait donc fonctionner sur le système fait dommageable. Or, les assureurs ont estimé qu'ils ne pouvaient offrir une telle garantie car ils n'avaient aucune maîtrise de l'étendue dans le temps de la garantie. Ils ont alors annoncé leur intention de résilier l'ensemble des contrats au 1er janvier 2003 et de se retirer de ce secteur. Face à cette pression, la loi About n° 2002-1577 du 30 décembre 2002, loi About, est venue légaliser un système de réclamation en assurance RC médicale.
Quelques mois plus tard, le système de la réclamation a été légalisé pour toutes les assurances RC couvrant un risque professionnel par la loi n° 2003-706 du 1er août 2003 de sécurité financière.
Deux nouvelles dispositions sont insérées dans le Code des assurances :
- l'article L. 124-1-1 qui donne une définition légale du sinistre ;
- l'article L. 124-5 du Code des assurances qui détermine l'étendue de la garantie dans le temps.
Étant d'ordre public, les parties ne peuvent disposer autrement dans les contrats d'assurance.

5872. Concernant le sinistre, celui-ci est défini comme « tout dommage ou ensemble de dommages causés à des tiers, engageant la responsabilité de l'assuré, résultant d'un fait

dommageable et ayant donné lieu à une ou plusieurs réclamations. Le fait dommageable est celui qui constitue la cause génératrice du dommage.
Un ensemble de faits dommageables ayant la même cause technique est assimilé à un fait dommageable unique ».
À noter :
- Il aurait été plus simple de faire référence à la notion plus utilisée en droit des assurances de fait générateur. Néanmoins, les expressions « cause génératrice du dommage » et « fait générateur » sont considérées comme équivalentes.
- Le sinistre sériel acquiert une existence légale.

5873. Concernant les modalités de l'étendue de la garantie dans le temps, l'article L. 124-5 du Code des assurances rétablit, pour les risques professionnels, une possibilité de choix quant à l'événement déclenchant la garantie :
- le fait dommageable ;
- la réclamation.
À noter :
- « lorsqu'elle couvre la responsabilité des personnes physiques en dehors de leur activité professionnelle, la garantie est déclenchée par un fait dommageable ». Tel est le cas de l'assurance responsabilité civile incluse dans le contrat multirisque habitation ou le contrat d'assurance responsabilité civile risques scolaires.
- pour les assurances obligatoires, un décret pris en Conseil d'Etat peut imposer l'un de ces deux modes de déclenchement.

A ▪ Le déclenchement de la garantie par le fait dommageable

5874. C. assur., art. L. 124-5 al. 3 : « La garantie déclenchée par le fait dommageable couvre l'assuré contre les conséquences pécuniaires des sinistres dès lors que le fait dommageable survient entre la prise d'effet initiale de la garantie et sa date d'expiration ou de résiliation, quelle que soit la date des autres éléments constitutifs du sinistre ».
La solution jurisprudentielle posée par les arrêts du 19 décembre 1990 est, ici, reprise.
Par conséquent, lorsque la garantie est déclenchée par le fait générateur:
- il ne peut y avoir de reprise du passé, puisque par définition, la garantie n'est appelée à jouer que lorsque le fait dommageable se réalise entre la date d'effet de la garantie et celle de la résiliation ou de l'expiration de celle-ci ;
- il n'est pas nécessaire de prévoir une garantie subséquente, celle-ci étant acquise d'office puisque les réclamations postérieures à la date de résiliation ou d'expiration de la garantie formulées, au titre de faits dommageables survenus antérieurement à celle-ci, seront accueillies sans limitation dans le temps ;
- les faits dommageables survenus après la date de résiliation ou d'expiration de la garantie seront en dehors de la période de garantie.

B ▪ Le déclenchement de la garantie par la réclamation

5875. C. assur., art. L. 124-5 al. 4 : « La garantie déclenchée par la réclamation couvre l'assuré contre les conséquences pécuniaires des sinistres dès lors que le fait dommageable est antérieur à la date de résiliation ou d'expiration de la garantie, et que la première réclamation est adressée à l'assuré ou à son assureur entre la prise d'effet initiale de la garantie et l'expiration d'un délai subséquent à sa date de résiliation ou d'expiration mentionnée par le contrat, quelle que soit la date des autres éléments constitutifs des sinistres. [...] ».

Le système est entièrement repensé : ce n'est donc pas un retour à la liberté contractuelle telle qu'elle existait avant la condamnation des clauses claim's made.
La garantie est déclenchée par la réclamation lorsque :
- le fait dommageable est antérieur à la date de résiliation ou d'expiration de la garantie ;
- la première réclamation se situe entre la prise d'effet initiale de la garantie et l'expiration d'un délai subséquent à sa date de résiliation ou d'expiration mentionnée par le contrat, quelle que soit la date des autres éléments constitutifs des sinistres.
Il en résulte que la réclamation peut intervenir pendant la durée du contrat et durant un délai subséquent. Dans ce nouveau système, seul compte la réclamation de la victime. Il y a donc une reprise automatique du passé inconnu : le fait générateur peut alors intervenir avant le contrat ou durant sa durée de validité.

5876. Naturellement, au moment de la souscription du contrat, l'assuré ne doit pas avoir connaissance de faits pouvant engager sa responsabilité.
La notion de passé inconnu n'est pas définie par la loi et peut être source de contentieux. La jurisprudence a dû rappeler que la seule circonstance que le fait dommageable soit antérieur à la prise d'effet ne permettait pas, à elle seule, d'exclure la garantie (Civ. 2e, 26 mars 2015,n° 14-14.661,RGDA 2015, n° 5. 269, A. Pélissier). L'assureur doit établir que l'assuré avait connaissance du fait dommageable à la prise d'effet de la garantie pour ne pas être tenu.
Sur la connaissance que peut avoir l'assuré de ce passé:
- il lui appartient lors de la souscription de la garantie de se garder de toute réticence (non réponse) ou *a fortiori* de toute dénégation aux questions posées par l'assureur ;
- si l'assuré est réellement de bonne foi et ignorait le fait produit, l'assureur doit couvrir ce risque putatif.

5877. À noter : il existe une convention inter-assureur du 17 décembre 2003 sur le passé inconnu (hors assurance RC médicale qui fait l'objet d'une autre convention).
Il est également communément admis que, l'assuré qui a connaissance de faits vraisemblablement dommageables (c'est-à-dire susceptibles de donner lieu à plus ou moins brève échéance à une ou des réclamations), peut procéder de sa propre initiative (par anticipation) à « une déclaration de précaution pour ordre » auprès de son assureur.

5878. Chaque contrat d'assurance contient également une garantie subséquente d'un minimum de 5 ans. Cette garantie subséquente est subsidiaire. Ainsi, c'est en principe le contrat sous lequel a lieu la réclamation qui doit jouer. Cependant, ce contrat peut ne pas devoir être mis en œuvre si le fait dommageable était connu au moment de sa souscription. Dans ce cas-là, c'est la garantie subséquente du précédent contrat qui fonctionnera, dès lors que la réclamation intervient dans le délai de 5 ans.
C'est la première hypothèse où cette garantie subséquente est amenée à intervenir.
Les autres hypothèses où cette garantie subséquente est amenée à intervenir sont :
- lorsque la garantie n'a pas été resouscrite, après résiliation ou expiration de celle-ci. Tel est le cas lorsque l'assuré décède, cesse ses activités ou encore s'il a demandé, en cours de contrat, la suppression de la garantie concernée sans en souscrire une identique auprès d'un autre assureur ;
- lorsque c'est un contrat en base fait dommageable qui succède à un contrat en base réclamation. En effet, le nouvel assureur n'est tenu, par définition, que des faits dommageables survenus après la date d'effet de la garantie délivrée et ne saurait accueillir des réclamations présentées au titre de faits dommageables survenus antérieurement à la conclusion de son contrat. Il n'y a pas de reprise du passé inconnu dans le cadre d'une garantie basée sur le fait dommageable.

De manière générale, pour que la garantie subséquente joue, il n'est pas nécessaire que le fait dommageable se soit produit sous l'empire du contrat auquel elle est attachée (solution différente en matière d'assurance responsabilité civile médicale, v. C. assur., art. L. 251-2). Le contrat peut prévoir un délai plus long que ces 5 années. Et un décret (n° 2004-1284) du 26 novembre 2004 dresse une liste limitative de profession et d'activité pour lesquelles le délai de la garantie subséquente ne peut être inférieur à 10 ans (comme par ex. les professions judiciaires ou les professionnels de l'immobilier : C. assur., art. R. 124-2 à R. 124-4).

5879. L'article L. 124-5 du Code des assurances fixe également un plafond de garantie à cette garantie subséquente : celui-ci ne peut être inférieur à celui accordé pendant l'année précédent la date de résiliation du contrat.
Par cette manœuvre, le législateur essaie de garder un certain niveau de garantie financière à la garantie subséquente.
Néanmoins, à défaut de précision, ce plafond était-il valable pour les 5 années ou pour chaque année de la garantie subséquente ?
Le décret du 26 novembre 2004, précité, apporte la réponse : il s'agit d'un plafond unique, pour l'ensemble de la période. En revanche, il n'est pas interdit que les parties prévoient une clause de reconstitution du plafond.

5880. L'article L. 124-5, alinéa 5, du Code des assurances fait également référence à la première réclamation. Il s'agit clairement d'une référence aux sinistres sériels. Entendu dorénavant légalement comme un fait dommageable unique car ayant la même cause technique, l'ensemble des réclamations seront fictivement rattachées à cette première réclamation.

5881. À noter :
- le nouveau système ne s'applique pas, de manière générale, aux « garanties d'assurance pour lesquelles la loi dispose d'autres conditions d'applications de la garantie dans le temps » (C. assur., art. L. 124-5, dernier al.) telles que les assurances construction obligatoires ;
- la réclamation n'est pas définie légalement, contrairement à la loi n° 2002-1577 du 30 décembre 2002 concernant la responsabilité médicale et son assurance responsabilité civile obligatoire, qui prévoit que « constitue une réclamation toute demande en réparation amiable ou contentieuse formée par la victime d'un dommage ou ses ayants-droit et adressée à l'assuré ou à son assureur ». La jurisprudence a également précisé que l'assignation en référé délivrée à l'assuré par le tiers lésé, en vue de la désignation d'un expert aux fins de constater et d'évaluer le dommage, constitue la réclamation à laquelle est subordonnée la garantie de l'assureur (Civ. 2e, 10 nov. 2009, n° 08-20.311, RCA 2010, comm. n° 26).

5882. La loi est entrée en vigueur 3 mois à compter de sa publication (JO 2 août) soit le novembre 2003 et elle s'est appliquée aux nouveaux contrats, et aux contrats reconduits. L'article L. 112-2 al. 2 du Code des assurances prévoit une information spécifique des assurés, par la remise d'une notice d'information, sur le fonctionnement dans le temps des garanties en assurance responsabilité civile.

C ▪ Les hypothèses de cumul des garanties

5883. Elles sont envisagées par le Code des assurances à l'article A 112 du code des assurances (arr. du 31 oct. 2003).
L'hypothèse est la suivante : un fait dommageable se produit sous l'empire d'un premier contrat et une réclamation sous l'empire d'un second contrat.
Quatre hypothèses sont envisagées :

- contrat base fait dommageable suivi d'un contrat fait dommageable : est amené à jouer le contrat sous l'empire duquel est intervenu le fait dommageable, peu important la date des autres éléments constitutifs du sinistre ;
- contrat base réclamation suivi d'un contrat base réclamation : en principe, le contrat qui doit jouer est celui sous l'empire duquel a eu lieu la réclamation. Par exception, si le fait dommageable était connu au moment de la souscription du second contrat, c'est le premier qui jouera dans l'hypothèse où la réclamation est bien adressée pendant la garantie subséquente ;
- contrat base fait dommageable suivi d'un contrat base réclamation : théoriquement, les deux contrats pourraient jouer. Néanmoins, l'article L. 124-5, alinéa 6, du Code des assurances pose une règle de priorité selon laquelle c'est le premier contrat en base fait dommageable qui doit jouer. Sinon il ne jouerait jamais puisque sa mise en œuvre n'est pas conditionnée à la réclamation de la victime. On peut imaginer que, si le montant de cette garantie fait dommageable s'avère insuffisant et qu'au moment de la souscription du contrat en base réclamation, le souscripteur n'avait pas connaissance du fait dommageable, le second assureur pourrait être sollicité afin d'assurer une totale indemnisation ;
- contrat base réclamation suivi d'un contrat base fait dommageable : le second contrat ne pouvant être mis en œuvre, c'est la garantie subséquente du contrat base réclamation qui devra jouer dès l'instant où la réclamation est bien adressée dans le délai prévu.

D . Les dispositions transitoires

5884. Très clairement, la loi du 1er août 2003 vise à neutraliser la jurisprudence sur les clauses claim's made. Pour que cette neutralisation soit totale, il serait logique que la loi soit rétroactive.
Rappel de droit commun : à défaut de dispositions spéciales pour les contrats conclus antérieurement à la loi nouvelle, il y a survie de la loi ancienne. Les effets des contrats conclus antérieurement restent régis par les dispositions anciennes et la loi nouvelle ne s'applique qu'aux contrats conclus après son entrée en vigueur. Par exception, la loi peut contenir des dispositions transitoires prévoyant une application au contrat en cours

5885. La loi du 1er août 2003 contient bien des dispositions transitoires qui sont censées régler la situation des contrats en cours au 2 novembre 2003. Il s'agit de l'article 80 IV alinéa 2 et alinéa 3 de la loi.
Art. 80, IV de la loi n° 2003-706 du 1er août 2003 :
« IV. – Les I, II et III [l'article L. 124-5 du Code des assurances] s'appliquent aux garanties prenant effet postérieurement à l'entrée en vigueur de la présente loi, du fait de la souscription d'un nouveau contrat, ou de la reconduction de garanties d'un contrat en cours.

Toute autre garantie, dès lors qu'il est stipulé que la survenance du fait dommageable pendant la durée de validité du contrat est une condition nécessaire de l'indemnisation, est déclenchée par le fait dommageable conformément aux I et II [C. assur., art. L. 124-1-1 et L. 124-5].

Toute garantie ne relevant d'aucun des deux alinéas précédents est déclenchée par la réclamation. Sans préjudice de l'application de clauses contractuelles stipulant une protection plus étendue, les I et II [C. assur., art. L. 124-1-1 et L. 124-5] sont applicables ».

5886. Ainsi, pour « les garanties » en cours au 2 novembre 2003 :
- lorsque la survenance du fait dommageable intervenu pendant la durée de validité du contrat est une conséquence nécessaire de l'indemnisation, la garantie est déclenchée par le fait dommageable ;
- à défaut, elle est déclenchée par la réclamation de la victime.

Mais l'application de cette règle est loin d'être aisée.
En effet, le contrat ne contient pas forcément en substance cette condition. Et si l'on se réfère aux solutions jurisprudentielles applicables avant l'entrée en vigueur de la loi, seul comptait le fait dommageable. Par conséquent, même en l'absence de clause érigeant le fait générateur comme une condition de l'indemnisation, le contrat devrait être considéré comme fonctionnant en base fait dommageable.
Néanmoins, bon nombre d'assurance responsabilité civile continuaient de fonctionner en base réclamation malgré la prohibition jurisprudentielle. Et bien souvent ces contrats contenaient une clause de reprise du passé inconnu. Dans ce cas, la survenance du fait dommageable intervenu pendant la durée de validité du contrat n'apparaît pas comme une condition nécessaire de l'indemnisation et la garantie est alors déclenchée par la réclamation de la victime, telle que prévue par l'article L. 1424-5, alinéa 4, du Code des assurances.
Une autre difficulté a surgi en raison des termes mêmes employés par l'article 80 de la loi du 1er août 2003. En effet, le texte ne fait pas référence au contrat mais à la garantie.
Ce faisant :
- soit, le contrat est en cours au 3 novembre 2003 ;
- soit, on pourrait imaginer que c'est la garantie subséquente qui est en cours au 3 novembre 2003. Tel est le cas, par exemple d'un contrat en base réclamation se terminant au 31 décembre 2002. Par application de l'article L. 124-5, alinéa 5, il serait possible de considérer qu'une garantie subséquente lui est attachée, courant du 1er janvier 2003 au 31 décembre 2008. Au 3 novembre 2003, un tel contrat serait susceptible de contenir une garantie en cours.
Dès lors, doit-on considérer que la loi du 1er août 2003 est rétroactive ? Amenée à se prononcer la Cour de cassation a estimé que la loi n'était pas rétroactive et ne s'applique donc qu'aux effets futurs des contrats en cours (Civ. 1re, 25 juin 2009, n° 08-14.060 et 08-16.910, JCP G 2009. 284, note L. Mayaux, RGDA 2009. 1239 ; RCA 2009, comm. n° 301).
Cette solution est parfaitement juste d'un point de vue juridique. En effet, en application de l'article 2 du Code civil, à défaut de disposition spéciale, il y a survie de la loi ancienne pour les contrats conclus antérieurement à la loi nouvelle. Certes, la loi n° 2003-706 du 1er août 2003 contient bien des dispositions transitoires et la formule très générale employée pouvait être comprise comme s'appliquant aux contrats en cours comme aux contrats déjà résiliés au moment de son entrée en vigueur, mais disposant d'une garantie en cours. Cette dernière interprétation était plébiscitée par les assureurs qui y voyaient là un moyen de limiter leur garantie dans le temps : être tenus uniquement pendant les 5 années de la garantie subséquente après résiliation, et du coup échapper à un déclenchement de la garantie par le fait générateur.

5887. Mais c'est justement ce manque de clarté qui a été sanctionné par la Cour de cassation (v. L. Mayaux, note précit.), car contrairement à ce que prétendaient les assureurs dans leur pourvoi, leur retranscription des dispositions transitoires (et particulièrement de l'article 80 alinéa 3) était fausse. Selon eux, celles-ci disposaient que « toute garantie ne prenant pas effet postérieurement au 3 novembre 2003 ou ne subordonnant pas l'indemnisation à la survenance du fait dommageable pendant la durée de validité du contrat est déclenchée par la réclamation ». Or, cette référence temporelle ne figure absolument pas dans la loi. Dès lors, ne contenant pas de dispositions spécifiques pour ces contrats, la loi nouvelle leur est inapplicable et tout contrat résilié antérieurement au 3 novembre 2003 doit fonctionner en base fait générateur conformément à la solution jurisprudentielle en vigueur à cette époque (v. arrêts 19 déc. 1990, déjà analysés).

Cette ligne de conduite de la Cour de cassation reste inflexible (Civ. 2e, 15 sept. 2011, n° 10-20.970, www.actuassurance 2011, n° 23, note A. Astegiano-La Rizza, L'essentiel droit des assurances 2011,10, comm. n° 160, obs. F. Patris, RGDA 2012. 120).

5888. Reste la question de la datation du sinistre qui pourrait venir tempérer quelque peu la rigidité de cette situation. En effet, la datation du sinistre au jour de la réclamation permettrait d'appliquer la loi nouvelle à toutes les réclamations survenues postérieurement à l'entrée en vigueur de la loi pour des sinistres dont le fait générateur s'est produit antérieurement. Comme le relève justement un auteur : « il ne s'agit pas de rendre la loi nouvelle applicable rétroactivement (...). Il s'agit plutôt, par le biais d'une datation du sinistre postérieure à l'entrée en vigueur de cette loi nouvelle, de provoquer son application immédiate. Et naturellement, le procédé n'est possible que pour les contrats conclus ou renouvelés après cette entrée en vigueur » (obs. L. Mayaux, in les grandes questions du droit des assurances, LGDJ 2011. 142). L'arrêt du 25 juin 2009 ne permettait pas réellement de dégager une solution claire sur ce point car tous les éléments constitutifs du sinistre (fait générateur et réclamation de la victime) étaient survenus antérieurement au 3 novembre 2003. La Cour de cassation s'était alors contentée de reprendre les motifs des juges du fond sans que l'on ne sache vraiment s'ils étaient décisifs pour elle. En revanche, un arrêt de la Chambre commerciale du 14 décembre 2010 marque sa préférence, sans discussion possible, pour une datation du sinistre au jour du fait générateur, conformément à la jurisprudence prohibant les clauses réclamation (Com., 14 déc. 2010, n° 08-21606 et 10-10738, L'essentiel droit des assurances 2011, n° 2. 2, obs. F. Patris, RGDA2011. 567, note J. Kullmann). L'arrêt du 15 septembre 2011 (précité) se situe également dans cette lignée : outre que les garanties, fonctionnant en base réclamation, étaient expirées au moment de l'entrée en vigueur de la loi du 1er août 2003, la Cour de cassation refuse de dater le sinistre au jour de la réclamation et ce, même si cette dernière est intervenue après l'entrée en vigueur de la loi (à la lecture des moyens du pourvoi, les assureurs reprochait à la Cour d'appel de ne pas avoir recherché si les sinistres déclarés n'étaient pas postérieurs à l'entrée en vigueur de la loi).
Par conséquent :
- dès l'instant où la nouvelle loi est inapplicable, le contrat est censé fonctionner en base fait générateur (la clause réclamation étant prohibée) avec un sinistre daté au jour du fait générateur. Si ce dernier s'est produit pendant la période contractuelle, la garantie est alors due ;
- le sinistre est nécessairement daté au jour du fait générateur sans que l'on puisse le dater au jour de la réclamation même si celle-ci est postérieure à l'entrée en vigueur de la loi du 1er août 2003 qui valide une telle datation. Ce serait sinon, selon les termes mêmes de la Cour, « faire application insidieusement de la rétroactivité prohibée par l'article 2 du code civil ».
Les termes employés par la Cour de cassation révèlent bien qu'elle n'entend pas, même indirectement, conférer une quelconque rétroactivité à la loi du 1er août 2003.

5889. NB : Quand déclarer le sinistre à son assureur ?
En matière de produits livrés, la « génération » du sinistre n'est pas, comme on l'a vu, instantanée.
Bien souvent, dans un premier temps, l'assuré va intervenir, à plusieurs reprises éventuellement, au titre de sa garantie contractuelle (garantie du constructeur de type bris de machine par exemple) pour remédier aux défectuosités ou anomalies constatées. Mais l'anormalité peut se muer progressivement et insensiblement en dommage de moins en moins supportable pour le client qui formulera alors une réclamation. Les différentes interventions de l'assuré étant inopérantes et le mécontentement du client allant croissant

(relations se gâtant et la situation devenant inextricable), l'assuré décidera alors de faire une déclaration de sinistre à son assureur.
Dans cette situation, celui-ci est en quelque sorte mis devant le fait accompli avec notamment le risque de déperdition des preuves si les parties n'ont pas pris la précaution de s'en ménager.
Il est donc nécessaire, pour de multiples raisons, et en particulier pour permettre à l'assureur d'intervenir utilement aux côtés et dans l'intérêt de son assuré, de faire une déclaration de sinistre dès les premières manifestations de l'anormalité lorsqu'elles provoquent de la part du client une demande d'intervention, compte tenu de l'ignorance des développements ultérieurs et des proportions que vont pouvoir prendre ces manifestations anormales.
Pour autant, une clause qui subordonnerait la garantie à une déclaration de l'assureur pendant la période de validité du contrat est nulle pour les contrats conclus avant l'entrée en vigueur de la loi du 1er août 2003 (la clause tendant à réduire la durée de la garantie : Civ. 3e, 21 janv. 2016, n° 14-27.054, RGDA 2016, n° 3. 149, note L. Mayaux). Concernant les contrats postérieurs, si l'article L. 124-5 du Code des assurances, texte d'ordre public, exclut de stipuler un déclenchement de la garantie autrement que par le fait dommageable ou par la réclamation, il ne dit rien des notions mêmes de réclamation et de fait dommageable (ce dernier étant toutefois défini par l'article L. 124-1-1 comme la cause génératrice du dommage) et encore moins de leur date. Pour une partie de la doctrine (v. L. Mayaux, note précit.), il pourrait donc y avoir une place pour le pouvoir de la volonté. En particulier, il est courant dans les polices de stipuler que la déclaration de sinistre faite avant toute réclamation est assimilée à une réclamation, et de préciser que, si une réclamation survient ultérieurement, elle est censée être datée du jour de la déclaration. La clause pourrait donc être considérée comme valable, d'autant plus qu'elle protège l'assuré d'un comportement abusif de l'assureur garantissant en « base réclamation » qui, ayant connaissance du sinistre ou de sa potentialité (dans le cas d'une déclaration de sinistre « pour ordre ») pourrait s'empresser, à défaut de clause, de résilier le contrat le plus tôt possible pour échapper à la garantie (ce qui supposerait tout de même, pour que la manœuvre réussisse, qu'un autre assureur prenne la suite et que, à son égard, il n'y ait pas passé connu : C. assur., art. L. 124-5, al. 4). Ce faisant, c'est seulement la date de la réclamation qui est ainsi aménagée contractuellement, le fonctionnement des garanties restant gouverné par les dispositions légales à caractère impératif.

Section 4 . Étendue de la garantie dans l'espace

5890. NB : Section de Francis Chaumet, résultant de son expérience d'assureur.

5891. Avec le développement du commerce international, l'assureur se trouve confronté à des situations particulièrement délicates créées par l'assuré agissant en qualité d'exportateur ou utilisant des implantations internationales pour fabriquer et/ou commercialiser ses produits, eux-mêmes répandus dans le monde. Avec la production en série de produits manufacturés et leur grande diffusion, l'intensification des échanges internationaux, le développement du tourisme et la liberté de circulation des individus, les situations dans lesquelles un consommateur ou un utilisateur achète un produit hors de son pays se multiplient. Aussi, en cas de produits défectueux, naissent des litiges soulevant, entre autres, des problèmes de compétence de juridiction et d'application de droits nationaux différents. De telles situations, quoique fort délicates, seraient plus aisément résolues si les parties en cause étaient toujours en mesure de fixer préalablement les modalités de résolution des litiges. Mais tel n'est pas toujours le cas, soit qu'elles s'ignorent (le plus souvent), soit que (plus rarement), elles n'aient pas songé à prendre des dispositions dans cette perspective. À côté de l'exportation directe, c'est-à-dire réalisée en pleine connaissance de cause par le producteur ou fabricant, qui entretient un courant d'échange plus ou moins suivi avec tel ou tel acquéreur étranger bien identifié, existe une exportation « indirecte ou occulte », c'est-à-dire réalisée à l'insu de l'assuré.

Ainsi, tout fabricant se trouve exposé à voir ses produits sortir des frontières du pays d'origine, ne serait-ce que parce que les clients les emportent en voyage ou parce qu'un touriste étranger aura acheté un produit pour le consommer ou l'utiliser à son domicile. De la même manière, il se peut que des pièces détachées soient vendues à un assembleur qui, lui, exportera le produit final, ou, plus simplement, que des produits soient exportés par un revendeur à l'insu du fabricant.

Mais l'exportation, si elle est la plus courante, n'est pas la seule situation rencontrée dans la mesure où les sociétés multinationales n'hésitent pas à investir à l'étranger dans des filiales en y construisant des usines (souci de sécurité et d'élimination ou de répartition des risques, volonté de limiter une sujétion vis-à-vis des marchés de matières premières, d'assurer la rentabilité d'un brevet, la mise au point d'une technique de production, d'éliminer les conséquences de l'existence d'un marché national trop étroit, de tirer parti du coût moins élevé de la force de travail locale). Il s'agit alors d'une véritable chaîne internationale de fabrication ou commercialisation dont l'assureur doit circonscrire les contours.

Aussi, en présence d'un éparpillement des points de rattachement en cas de sinistre après livraison aux tiers, lequel convient-il de retenir ? Ce lieu peut être en effet très variable et l'on peut distinguer entre :

- le siège social du fabricant ;
- le siège des filiales ou agences ;
- le lieu de livraison du produit ;
- le lieu de consommation du produit ;
- le lieu de survenance du dommage ;
- le lieu du domicile de la victime.

Ce genre de situation, auquel se trouve désormais confronté l'assureur responsabilité civile produits, est complexe, la détermination du tribunal compétent et de la loi applicable relevant des règles du droit international privé.

§ 1 ■ Limitations territoriales de garantie

5892. Les limitations territoriales de garantie sont, *a priori*, valables au même titre que les exclusions, dans la mesure où elles sont suffisamment claires et précises et, à ce titre, sont opposables tant à l'assuré qu'à la victime exerçant l'action directe.

Encore faut-il que le champ d'application de la limitation territoriale de la couverture soit suffisamment précis.

Il ne faut pas oublier, en effet, que la responsabilité civile produits livrés met en jeu plusieurs notions distinctes dont la localisation n'est justement pas identique dans le cas qui nous occupe.

Faut-il retenir :

- le lieu où l'erreur, le fait générateur a été commis ;
- celui où le produit a été mis en vente ;
- celui où le produit a été consommé ou utilisé ;
- ou celui où le dommage s'est manifesté ?

Il appartient à l'assureur de choisir entre ces différents événements pour formuler précisément la limitation territoriale de sa garantie. Le simple énoncé de pays, sans dire qu'il s'agit de pays de vente, de consommation ou de réalisation du dommage est insuffisant.

Toutefois, s'il est en droit de refuser sa garantie, il peut être malgré tout difficile à l'assureur de refuser de prêter son concours à son assuré en se prévalant des dispositions de la police alors que la bonne foi de celui-ci a été surprise et que, en raison du caractère occasionnel même de ce type de situation, il se trouve dépourvu de moyens de défense que devrait pouvoir lui procurer son assureur.
Si celui-ci dispose, par son réseau de représentants à l'étranger et par ses services contentieux étrangers de moyens d'assurer la défense des intérêts de son client, il peut envisager de pourvoir à celle-ci, sous réserve bien entendu que son intervention ne soit pas exagérément coûteuse et ne soit pas considérée, localement, comme une acceptation de garantie.
À noter : une déclaration de l'assuré ne suffit pas pour faire produire effet au contrat pour des risques exclus. Or il s'agit bien ici de non-assurance hors les pays mentionnés.
Néanmoins, l'assureur a pris l'habitude d'insérer dans son contrat d'assurance de responsabilité civile après livraison une clause aux termes de laquelle :
« Les garanties bénéficient à l'assuré ou à ses préposés pour les dommages survenus dans le monde entier du fait :
- des marchandises vendues au détail, en France, et non expédiées directement à l'étranger par l'assuré ;
- des produits dont l'assuré ignorait qu'ils avaient été acheminés dans des pays autres que ceux visés ci-dessus (DOM-TOM, pays limitrophes de la France, pays de l'Union européenne ainsi que Islande et Norvège) ».
De la sorte, l'assuré ne court pas le risque de se voir refuser la garantie en cas d'exportation indirecte de ses produits et l'assureur devra faire en sorte « d'accompagner » celui-ci partout où il peut voir sa responsabilité recherchée et engagée.

§ 2 ▪ Réponse apportée par l'assureur à l'assuré exportateur

5893. Dans la proposition remplie à la souscription, l'assuré aura répondu par l'affirmative à la question posée sur l'existence d'un courant d'exportation de ses produits vers l'étranger. Il aura même été amené à préciser dans quels pays il exportait, quelle était l'importance de l'organisation dont il disposait dans ces pays (organisation de vente, représentation, biens possédés), et comment se ventilait son chiffre d'affaires entre chacun des pays destinataires de ses produits, et même pour chacun de ses produits.
En présence de cette situation, il appartient à l'assureur de prendre position.

A ▪ Portée de la garantie du contrat d'assurance

5894. L'information dont dispose l'assureur sur le droit applicable dans les pays concernés, sur les modalités de fonctionnement des juridictions d'une part, l'existence et la composition de son réseau de représentation dans ces pays d'autre part, lui permettent-ils de répondre favorablement au besoin de garantie de l'assuré en intervenant efficacement dans le règlement d'un sinistre ?
S'il lui est possible de répondre par l'affirmative à ces questions, il ne devrait pas éprouver de difficultés à le faire bénéficier de sa garantie. Sinon, il devra par des moyens techniques appropriés, apporter à son client le service que celui-ci est en droit d'attendre à l'étranger. Ce sera le cas en faisant largement appel par exemple à de la coassurance, française ou étrangère, en choisissant plus particulièrement telle ou telle société bien représentée dans des pays où l'apériteur ne dispose pas d'une représentation satisfaisante ou même pas de représentation du tout, de façon à faciliter en cas de sinistre, une défense efficace des intérêts de l'assuré sur place.

À noter : avec les vagues de regroupements de sociétés d'assurance le problème tant des capacités que de la représentation à l'étranger ne se pose guère plus.
De même, à l'occasion de montage de programmes internationaux, dans la mesure où l'assuré a des implantations à l'étranger, l'assureur pourra se ménager la possibilité d'interventions, au-delà des garanties souscrites localement ou au premier euro, dans le cadre d'une police *umbrella* ou d'une *master policy*.

B ▪ Quelle formulation de garantie retenir ?

5895. Compte tenu de la multiplicité des critères de rattachement de la garantie possibles, l'assureur doit formuler celle-ci très exactement.
Bien sûr, il n'accordera pas sa garantie uniquement pour le lieu d'origine du produit (lieu de fabrication ou de distribution). Cette territorialité limitée n'est pas satisfaisante par définition.
La territorialité doit, tout d'abord, être étendue aux dommages causés par les produits fabriqués dans le pays où l'assuré a souscrit le contrat, lieu du siège social et de ses principaux établissements.
Indéniablement, la garantie est plus intéressante pour l'assuré lorsqu'elle est étendue à toutes ses exportations. L'assureur devra également prendre en considération non seulement les produits fabriqués dans le pays de souscription mais encore ceux fabriqués à l'étranger dans le cadre d'implantation de l'assuré dans ces pays. Dans le cadre des programmes internationaux, les principales difficultés portent sur le « non admis », c'est-à-dire les polices émises par les assureurs autres que locaux.
Le lieu de survenance des dommages est imprévisible aussi bien pour l'assuré que pour l'assureur. Celui-ci, de ce fait, peut se trouver confronté à un éventail de situations et de législations mal maîtrisées. Quant à celui-là, toute limitation territoriale de la garantie de l'assureur peut présenter un caractère arbitraire peu compatible avec sa situation réelle au moment du sinistre, connue ou inconnue.
Pour ce faire, certains assureurs délivrent une garantie dite Monde entier. Celle-ci a néanmoins une mise en œuvre plus ou moins délicate selon le lieu de survenance des dommages, la présence physique et dans les plus brefs délais, permanente ou ponctuelle, d'un représentant de l'assureur étant indispensable.

5896. Il appartiendra à l'assuré de fournir à son assureur la ventilation de son chiffre d'affaires entre celui résultant de l'activité en métropole et celui réalisé à l'exportation. Si cette ventilation peut elle-même s'opérer par pays et éventuellement pour chaque pays par produit, elle sera d'une très grande utilité pour l'assureur qui, en fonction de l'aggravation des risques représentée par tel ou tel pays, pourra moduler en conséquence sa tarification, appliquant un taux plus élevé sur le chiffre d'affaires réalisé avec tel pays dont, par exemple, la responsabilité est particulièrement stricte pour les fabricants(Etats-Unis).

C ▪ Résolution des litiges

1 ▪ Les clauses contractuelles - l'arbitrage

5897. Indépendamment de la connaissance de ces conditions objectives et indépendantes de l'assuré, il est important, pour l'assureur, d'être complètement informé sur les termes et la portée de certaines clauses insérées par l'assuré dans ses contrats de vente, qu'il s'agisse de conventions sur la responsabilité de celui-ci, de renonciation à recours ou, au contraire, de reprise de responsabilité ou de dispositions relatives au règlement de sinistre, telle que la clause compromissoire.

L'institution de l'arbitrage et sa compatibilité avec les exigences propres de l'assureur appellent quelques observations.
L'arbitrage est un mode juridictionnel de solution des litiges prévoyant la composition de la juridiction arbitrale, la désignation des arbitres, le lieu de l'arbitrage, les modalités de résolution des incidents de procédure, la mission conférée aux arbitres, le droit applicable, et, s'agissant d'arbitrage commercial international, ne comportant pas de voie de recours directe. Or, ces différentes caractéristiques constituent autant d'atteintes à la clause de direction du procès, généralement insérée dans tout contrat d'assurance.
En effet, pour mémoire, une telle clause oblige l'assuré, sous peine de déchéance, à laisser l'assureur, si celui-ci le juge opportun, prendre la direction du procès intenté par la victime. Cette clause s'analyse plus généralement en un mandat ou une promesse de mandat. L'assureur peut, à l'occasion de chaque sinistre déterminé, accepter ou refuser cette promesse de mandat, mais le refus doit être formel.
Aussi, la clause compromissoire liant l'assuré à ses propres clients met-elle en échec le droit de l'assureur à conduire la défense de ses propres intérêts dans la mesure où elle consacre l'acceptation par l'assuré, en cas de litige, de s'en remettre à la décision arbitrale.
Dès lors, l'assureur doit être informé de l'existence d'une clause compromissoire dans les relations contractuelles de son assuré avec ses clients pour que :
- il en accepte le principe et, en cas de litige, se tienne à l'écart, ce qui équivaudrait à une renonciation de sa part au bénéfice des dispositions de la clause de direction du procès ;
- il participe, dans la mesure du possible, au moins à la mise en place de la juridiction arbitrale (choix du ou des arbitres lorsque la procédure adoptée ne conduit pas à leur désignation par un centre d'arbitrage), élaboration de la mission des arbitres, de façon à pouvoir se prévaloir de la sentence ultérieurement.

2 ■ La transaction

5898. Les assureurs préfèrent de beaucoup la transaction, contrat synallagmatique à titre onéreux, entraînant des concessions de la part de chaque partie afin de terminer le litige. Ainsi, selon le Doyen Loussouarn : « Les compagnies d'assurances préfèrent transiger plutôt que d'engager des procès sur le plan international ou d'être exposées à des sentences arbitrales... ».
Ainsi pour l'assureur, une mauvaise transaction non seulement vaut mieux, selon la formule consacrée qu'un bon procès, mais également est de beaucoup préférable à un arbitrage contestable.
On observera que la transaction, si elle constitue le procédé de prédilection de solution des conflits pour les assureurs, n'est pas cantonnée par ceux-ci aux litiges internationaux, mais c'est dans ce cadre, où toute autre procédure apparaît bien longue et coûteuse, qu'elle se révèle particulièrement efficace.

§ 3 ■ Situation de l'assureur d'une chaîne internationale de fabrication et/ou commercialisation

5899. Nous sommes dans l'hypothèse où la production d'une société à l'étranger atteint un volume important par rapport à la production totale, et/ou dont le capital social est réparti entre deux ou plusieurs pays, et/ou dont les dirigeants appartiennent à des nations différentes, et/ou dont le financement des investissements est fonction des différences du coût du capital sur les différents marchés de capitaux.
Pour illustrer notre propos, le schéma ci-dessous (ce schéma et les développements qui suivent sont extraits d'un article paru dans la revue Reinsurance de juill. 1969, intitulé : Product Liability on a Worldwide Basis, de J.-L. Fuchs) rend compte du circuit international d'un produit faisant l'objet, à chaque étape, d'une facturation par un établissement à un autre jusqu'à sa commercialisation.

Chaîne internationale de fabrication

	Prix unitaire
XYZ Inc (US) Société mère	100 euros (en vrac ou semi-finis)
vend à :	
WYZ SPA (France) Filiale	150 euros (produits finis)
vend à :	
XYZ SA (France) Filiale	175 euros (conditionnement)
vend à	
XYZ SPRL (Belgique) Filiale	200 euros (prix de vente)
vend à	
TIERS	625 euros (total)

5900. Comment résoudre les problèmes d'assurance de ce groupe de façon satisfaisante ? Il se dégage deux solutions possibles :
- la liberté de choix laissée à chaque établissement ;
- la souscription d'une police unique pour l'ensemble du groupe.

A ▪ Souscription de polices individuelles par les établissements dans le pays de situation du risque

5901. Cette formule comporte sans doute des avantages :
- une conformité à la législation locale, notamment en matière de responsabilité (dans la mesure, toutefois, où c'est bien celle-ci qui s'appliquera en cas de sinistre) et en cas d'obligation d'assurance ;
- une adaptation rigoureuse aux besoins de garantie de l'établissement et à sa part exacte de responsabilité en cas de sinistre compte tenu de son activité dans la chaîne.
Mais cette approche n'est pas sans inconvénient. En effet, le groupe, même en tenant compte de taux adaptés à chaque risque, paie au total une prime sur un chiffre d'affaires cumulé, soit 2 à 4 fois plus que ce qu'il devrait payer.
Aussi cherche-t-on parfois des solutions intermédiaires consistant à faire un choix dans la chaîne de fabrication du maillon qui doit souscrire une assurance, à l'exclusion des autres. Mais tout dépend de la façon dont le groupe contrôle l'ensemble de ses activités, de l'imbrication de celles-ci et des modalités de facturation entre sociétés du groupe.
Toutefois, il convient de remarquer que le fait de prendre en compte le chiffre d'affaires total de tous les établissements ne constitue pas une anomalie si, dans le processus de production, et sous réserve des observations faites précédemment, ils doivent être considérés comme tiers entre eux. On peut très bien concevoir, en effet, qu'un produit occasionne un dommage à tel établissement du groupe au moment de l'intervention de celui-ci sur le produit.
Il devrait donc en être ainsi lorsqu'on entend faire bénéficier de la garantie les sociétés du groupe en les considérant comme assurées ce qui permet également de prendre en considération des activités qu'elles peuvent accomplir pour le compte de sociétés tiers.
Plus important est l'inconvénient que représente la difficulté d'avoir une information valable sur le niveau suffisant des montants de garantie, et surtout sur la portée exacte de celles-ci, notamment pour les limites géographiques et les responsabilités couvertes.

Enfin, dans un grand groupe multinational, on se heurte aux difficultés pratiques de transmission et de suivi des instructions à la base, notamment dans le cadre de l'évolution du groupe et de la création de sociétés filiales.
Aussi la recherche d'une solution plus satisfaisante s'est-elle orientée vers la souscription d'une police unique.

B ▪ Souscription d'une police unique ou sur un modèle unique

5902. Deux possibilités se présentent.

1 ▪ Souscription d'une police unique

5903. La maison mère souscrira une police unique auprès d'un seul assureur pour le compte de toutes les sociétés du groupe à l'échelon international (*Umbrella Policy*). Cette formule présente l'avantage incontestable d'offrir une unité certaine de couverture pour l'ensemble du groupe. Mais, elle n'est pas sans inconvénient. L'adaptation exacte au risque créé par chaque établissement n'est pas évidente et peut soulever des problèmes comptables et fiscaux (possibilité pour la maison mère d'intégrer la cotisation totale dans ses frais généraux, possibilité pour les filiales d'intégrer la part de cotisation leur incombant dans leurs frais généraux, obstacles possibles en matière de transfert de fonds en cas de sinistre. L'*Umbrella Policy* peut aussi n'intervenir qu'à partir d'un certain montant de garantie. On parle alors de polices en différence de limites (DIL). lorsque les garanties de la police-mère *(following-form)* interviennent en complément de celles accordées par les polices locales, elles-mêmes alignées sur un montant uniforme ou comportant des montants variables selon les pays. On parle de police en différence de conditions (DIC) lorsque les garanties de la police-mère *(Umbrella Policy)* interviennent soit en complément de plusieurs polices garantissant localement des risques différents, soit au premier euro pour certaines garanties non prévues localement et en complément d'autres garanties délivrées sur place. Une attention particulière devra être portée à la bonne collecte d'informations nécessaires à la souscription et au calcul des primes, ainsi que sur la question de savoir, en matière de différence de limites et lorsque les polices locales prévoient un engagement maximum *(aggregate limit)*, si la police-mère doit intervenir en cas d'épuisement de cet engagement, c'est-à-dire en dessous de son seuil d'intervention et, dans l'affirmative, à quelles conditions (*step down* ou *drop down*).

2 ▪ Souscription d'un contrat type

5904. La maison mère peut mettre au point une police type avec un assureur de dimension internationale ou un groupe d'assureurs bien représentés dans les pays où les établissements sont implantés *(master policy)*. Les avantages sont évidents. Cette convergence d'instructions, en provenance tant de la maison mère que de l'assureur, est de nature à limiter les erreurs de transmission de données. Chaque représentant local de l'assureur émet une police conforme, autant que possible, à la police type dont les primes et les sinistres sont réglés en monnaie locale, ce qui résout le problème de la perception des primes et du règlement des sinistres. Il peut être nécessaire de prévoir que les sociétés du groupe soient tiers entre elles *(cross liability clause)*. Les inconvénients résident essentiellement dans la distorsion toujours possible entre la police locale et la police type. Elle peut être réglée soit par une convention dite « en différence de conditions » dans le cadre de la police de la société mère qui prendrait en charge de telles distorsions en cas de sinistre, soit par un paiement local « à titre commercial »... soit, solution plus satisfaisante, par la combinaison d'une *Umbrella Policy* avec des *master policies* souscrites localement. Ainsi, chaque établissement souscrit une *master policy* à hauteur d'une somme déterminée tandis que la maison-mère souscrit, tant pour son compte que pour celui de ses filiales, une *Umbrella Policy* destinée à couvrir les éventuels découverts et défauts de garantie.

Sous-titre 3
Les assurances construction

Chapitre 1
Le domaine de l'assurance obligatoire

BIBLIOGRAPHIE

L'Argus de l'assurance

Ouvrages. – J. Roussel, S. Becqué-Ickowicz, *Risques et assurances construction*, Éd. L'Argus, 3e éd., 2016.

Revues. – p. Dessuet, Les nouveaux défis de l'assurance construction, L'Argus 2010, n° 7190.

Autres documentations

Ouvrages. - F.-X., Ajaccio, *L'assurance construction*, Coll. Guide pratique Droit et construction, Centre scientifique et technique du bâtiment (CSTB), 2ème éd., 2016 – F.-X. Ajaccio, A. Caston, R. Porte, L'assurance construction, Le Moniteur, 2ème éd., 2015 – J.-B. Auby, R. Noguellou, H. Perinet-Marquet, *Droit de l'urbanisme et de la construction*, LGDJ, Précis Domat, 10ème éd., 2015 – J.-Cl. RCA, « Assurance construction. Assurance de dommages », Fasc. 540-2. – L. Karila et C. Charbonneau, *Droit de la construction : responsabilités et assurances*, LexisNexis, coll. Litec Professionnels, 2ème éd., 2011. – *Lamy Assurances*, J. Kullmann (dir.), « L'assurance construction », J.-P. Karila et J. Kullmann, éd. 2016. – Ph . Malinvaud, *Droit de la construction*, Dalloz action, 6ème éd., 2013. – Ph. Malinvaud, Ph. Jestaz, p. Jourdain, O. Tournafond, *Droit de la promotion immobilière*, Précis Dalloz, 8ème éd., 2009. – C. Ponce, *Droit de l'assurance construction*, Gualino, 3ème éd., 2013. – R. Saint-Alary et C. Saint-Alary-Houin, *Droit de la construction*, Dalloz, mémentos, 10ème éd., 2013.

Revues. – p. Dessuet, Travaux sur existants : les assurances, RDI 2012, 204 ; p. Dessuet, Bâtir un plan d'assurance pour couvrir les risques en matière de photovoltaïque, RDI 2010, 472. – S. Bertolaso, L'actualisation des clauses types en assurance construction : un chantier inachevé, Constr.-Urb. 2010, Étude n° 2. – p. Dessuet, L'arrêté du 19 novembre 2009 : de nouvelles clauses types en matière d'assurance construction obligatoire, RDI 2010, 72. – G. Leguay, Les rapports d'activité du Bureau central de tarification, RDI 2011. 235 ; « Les nouvelles clauses types : une occasion manquée », RDI 2010, 240. - J. Maréchal, Directive « services » et avenir de l'assurance construction française, RDI 2010. 431. - G. Leguay, Les nouvelles clauses-types dommages-ouvrage : une occasion manquée, RDI 2010, 240 ; p. Dessuet, L'influence de la crise sur l'assurance construction : crises économique et environnementale, RDI 2010, 48 ; p. Dessuet, L'impact du Grenelle sur l'assurance construction, RDI 2010, 34. – G. Leguay, Assurance construction : système français et droit européen, RDI 2009. 377. - A. Bouty, La prescription en droit de la construction après la loi du 17 juin 2008, RDI 2009. 150. - C. Charbonneau, La responsabilité des assureurs de construction, RDI 2008. 535. - p. Dessuet, L'obligation d'assurance après la loi sur les PPP, RDI 2008. 451. - F. Assus-Juttner, Construire et en répondre : la pierre de l'ordonnance du 8 juin 2005, Dr. et patr. n° 145, févr. 2006. - G. Courtieu, Assurance construction : réforme sur ordonnance, RCA 2005, n° 14, p. 7. - G. Leguay, L'ordonnance sur le champ d'application des obligations d'assurance en matière de construction, RDI 2005. 250. - J.-P. Karila, Responsabilités des constructeurs et assurance construction : la réforme du 8 juin 2005, D. 2005, p. 2236. - C.

Emon, Responsabilité et assurance construction. La réforme du 8 juin 2005, Administrer n° 390, juill. 2006. 9. - G. Leguay, La crise de l'assurance construction. Quels remèdes ?, RDI 2004. 62.

5905. Toute construction d'un ouvrage présente des risques dont la réalisation peut engendrer des dommages matériels (fissures dans les fondations, mauvaise étanchéité des façades...) et/ou immatériels (privation de jouissance, perte de loyers...) et donner lieu à la mise en œuvre de la responsabilité du ou des constructeurs. L'assurance construction est ainsi destinée à couvrir les risques de dommages résultant de l'acte de construire.

5906. L'assurance construction est soumise à des règles qui sont issues, pour l'essentiel, de la loi dite Spinetta du 4 janvier 1978 (L. n° 78-12, 4 janv. 1978, relative à la responsabilité et à l'assurance dans le domaine de la construction, JO 5 janv., p. 189). Cette loi instaure une responsabilité de plein droit qui pèse sur tout constructeur envers le maître ou l'acquéreur de l'ouvrage pour les dommages qui compromettent la solidité de l'ouvrage ou qui, l'affectant dans l'un de ses éléments constitutifs ou l'un de ses éléments d'équipement, le rendent impropre à sa destination (C. civ., art. 1792). Cette responsabilité s'applique également aux dommages qui affectent la solidité des éléments d'équipement, lorsque ceux-ci font indissociablement corps avec les ouvrages de viabilité, de fondation, d'ossature, de clos ou de couvert (C. civ., art. 1792-2) ; à l'exclusion, toutefois, issue de l'ordonnance du 8 juin 2005 (Ord. n° 2005-658, 8 juin 2005, portant modification de diverses dispositions relatives à l'obligation d'assurance de le domaine de la construction et aux géomètres experts, JO 9 juin) des « éléments d'équipement, y compris leurs accessoires, dont la fonction exclusive est de permettre l'exercice d'une activité professionnelle dans l'ouvrage » (C. civ., art. 1792-7). Cette responsabilité est qualifiée de « décennale » car elle s'applique, sous certaines conditions, pendant une durée de dix ans à compter de la réception des travaux (C. civ., art. 1792-4-1).

5907. Instituée par la loi du 4 janvier 1978, l'assurance construction obligatoire a pour objet de couvrir les seuls dommages matériels de nature décennale. Les autres risques et responsabilités pouvant résulter de l'acte de construire relèvent de l'assurance facultative. L'assurance construction obligatoire repose par ailleurs sur un système dit « à double détente » qui résulte de la combinaison de deux assurances : d'une part, l'assurance des dommages à l'ouvrage (C. assur., art. L. 242-1 et L. 242-2) ; d'autre part, l'assurance de responsabilité décennale (C. assur., art. L. 241-1 et L. 241-2). Selon le mécanisme idéalement conçu par le législateur, l'assurance obligatoire des dommages à l'ouvrage, souscrite par la personne qui fait construire, garantit l'indemnisation des dommages décennaux dans un bref délai suivant la déclaration de sinistre, indépendamment de toute recherche de responsabilité. À la suite de l'indemnisation, l'assureur dommages ouvrage se trouve subrogé dans les droits et actions du bénéficiaire de l'indemnité pour exercer une action en responsabilité décennale contre le ou les constructeurs auxquels le dommage est imputable et/ou une action directe contre l'assureur de responsabilité décennale du ou des constructeurs concernés. C'est ainsi l'assurance de responsabilité, obligatoirement souscrite par les professionnels soumis à la responsabilité décennale, qui a vocation à prendre en charge le coût des travaux de réparation préfinancés par l'assureur dommages ouvrages.

5908. La loi ne s'est pas contentée de rendre l'assurance construction obligatoire ; elle a également imposé que le contenu de cette assurance soit strictement encadré. Tout contrat souscrit par une personne soumise à l'obligation d'assurance doit ainsi prévoir des garanties au moins équivalentes à celles qui figurent dans les clauses types définies aux annexes I et III de l'article A. 243-1 du Code des assurances (en ce qui concerne l'assurance de responsabilité décennale) et à l'annexe II du même article (en ce qui concerne l'assurance dommages ouvrage). Cette règle est d'ordre public (C. assur., art. L. 243-8 et A. 243-1). Les clauses types ont été plusieurs fois réformées, en dernier lieu par l'arrêté du 19 novembre 2009 « portant actualisation des clauses-types en matière d'assurance construction » (JO du 27 nov. ; S. Bertolaso, L'actualisation des clauses types en assurance-construction : un chantier inachevé, Constr.-Urb., 2010, Étude 2 ; C. Charbonneau, Réforme des clauses types des contrats d'assurance obligatoire de construction, Consr.-Urb. 2010, Focus 1 ; p. Dessuet, L'arrêté du 19 novembre 2009 : de nouvelles clauses types en matière d'assurance-construction obligatoire, RDI 2010, p. 72 ; L'Argus 2010, n° 7155, p. 52 ; M.L. Pagès-de-Varenne, Clauses types : l'arrêté du 19 novembre 2009, un débat sans fin !, Constr.-Urb. 2010, Repère 2).

5909. Les deux assurances obligatoires sont en partie gouvernées par des règles communes, qui déterminent notamment leur champ d'application (C. assur., art. L. 243). Celui-ci est plus restreint que le domaine de la responsabilité décennale : en effet, alors que la responsabilité décennale est susceptible de s'appliquer à la construction de tout ouvrage ou de partie d'ouvrage, seuls certains ouvrages et travaux relèvent de l'assurance obligatoire. Pendant longtemps, le domaine des assurances obligatoires n'a pas été défini par la loi. Depuis l'ordonnance n° 2005-658 du 8 juin 2005, portant modification de diverses dispositions relatives à l'obligation d'assurance dans le domaine de la construction et aux géomètres experts (JO 9 juin), le champ d'application des deux assurances fait l'objet d'une délimitation légale précise.

Section 1 . Régime antérieur à l'ordonnance du 8 juin 2005

5910. Avant l'ordonnance n° 2005-658 du 8 juin 2005, le champ d'application des assurances obligatoires pouvait être délimité par référence à la notion de « travaux de bâtiment ». L'article L. 241-1 du Code des assurances relatif à l'assurance obligatoire de responsabilité décennale énonçait en effet que « toute personne physique ou morale, dont la responsabilité peut être engagée sur le fondement de la présomption établie par les articles 1792 et suivants du Code civil à propos de travaux de bâtiments, doit être couverte par une assurance ». L'article L. 242-1 du Code des assurances relatif à l'assurance dommages-ouvrage rendait la souscription de cette assurance obligatoire pour toute personne faisant réaliser des « travaux de bâtiment ». La loi ne donnait cependant aucune définition de la notion de « travaux de bâtiment ». Afin de pallier cette lacune, le ministère de l'Économie avait précisé ces termes comme visant « les travaux dont l'objet est de réaliser ou de modifier les constructions élevées sur le sol à l'intérieur desquelles l'homme est appelé à se mouvoir et qui offrent une protection au moins partielle contre les agressions des éléments naturels extérieurs » (C. assur., art. A. 241-2, créé par arrêté du 17 nov. 1978, JO 21 nov., p. 3900, art. 1er). Ce texte fut cependant annulé par le Conseil d'État pour excès de pouvoir, la délimitation du champ d'application d'une obligation d'assurance édictée par la loi relevant de la seule compétence législative (CE, 30 nov. 1979, Fédération nationale des travaux publics – Association des jeunes architectes, n° 15935, Rec. CE, p. 436). En l'absence de précision légale, la notion de « travaux de bâtiment » et partant, le périmètre de l'obligation d'assurance, furent donc définis par la jurisprudence.

5911. Dans un premier temps, la jurisprudence se référa à la commune intention des parties au contrat d'assurance pour décider que des ouvrages, quoique ne constituant pas des bâtiments, pouvaient entrer dans le champ d'application de la garantie : pieux de fondation d'une station d'épuration (Civ. 1re, 31 mai 1989, n° 87-15.627, Bull. civ. I, n° 216) ; piscine découverte (Civ. 1re, 14 juin 1989, n° 88-10.479) ; court de tennis découvert (Civ. 1re, 2 mai 1990, n° 88-11.543).

5912. Dans un second temps, la Cour de cassation décida d'adopter un critère applicable à tous les contrats, en définissant les travaux de bâtiment comme les travaux faisant appel aux « techniques de travaux de bâtiment » (Civ. 1re, 26 févr. 1991, n° 89-11.563, Bull. civ. I, n° 75 ; RDI 1992, p. 362, obs. Dubois : mur de soutènement). Ont ainsi été considérés comme des travaux de bâtiment, au motif qu'ils avaient fait appel à des techniques de travaux de bâtiment, ceux relatifs par exemple à : des travaux d'étanchéité de stations de métro (Civ. 1re, 9 avr. 1991, n° 88-15.891, Bull. civ. n° 133 ; RGAT 1991. 608, note J. Bigot) ; un terrain de jeux à usage de court de tennis (Civ. 1re, 9 mai 1994, n° 91-20.175, Bull. civ. I, n° 167 ; RGAT 1994. 1192, note J.-P. Karila) ; une dalle en béton armé destinée à supporter ultérieurement le montage d'une piscine extérieure préfabriquée (Civ. 1re, 30 janv. 1996, n° 93-20.246,RGDA 1996. 392, note A. d'Hauteville). La première Chambre civile de la Cour de cassation avait par ailleurs considéré qu'aucune distinction ne devait être faite, au regard de l'obligation d'assurance, selon que les techniques de travaux de bâtiment mises en œuvre concernaient un local d'habitation ou un local industriel ou commercial (Civ. 1re, 26 mars 1996, n° 93-20.229, Bull. civ. I, n° 149, dit « arrêt Letierce » ; RDI 1996. 242, obs. G. Leguay et p. 380, obs. Ph. Malinvaud ; RCA 1996, chron. 26 ; RGDA 1997. 190, note J.-P. Karila : construction d'un silo à grains).

5913. Enfin, la Cour de cassation avait énoncé que, dès lors que la technique des travaux de bâtiment mise en œuvre par l'entrepreneur avait provoqué des dommages de nature décennale, dont les conséquences avaient affecté aussi bien la partie nouvelle de la construction que la partie ancienne, l'assureur de responsabilité décennale avait l'obligation de garantir le paiement de la totalité des travaux de réparation nécessaires à la remise en état de l'ouvrage en son entier (Civ. 1re, 29 févr. 2000, n° 97-19.143, Bull. civ. I, n° 65, dit « Chirinian » ; RGDA 2000. 547, note J.P. Karila ; JCP G 2000, II, 10299, rapp. p. Sargos ; Defrénois 2000, p. 1253, note H. Périnet-Marquet ; RDI 2000. 203, 494, obs. G. Leguay : obligation pour l'assureur de l'entrepreneur chargé de l'agrandissement d'une maison d'habitation avec installation d'une cheminée insert, de garantir le paiement des travaux de l'entière reconstruction du bâtiment (extension et partie ancienne de l'immeuble) détruit par un incendie provoqué par les malfaçons affectant l'insert. Solution confirmée par Civ. 1re, 4 déc. 2001, n° 98-22.951, RDI 2002. 132, obs. G. Durry).

5914. Le passage du critère des « travaux de bâtiment » à celui des « techniques de travaux de bâtiment » eut pour conséquence d'étendre l'assurance obligatoire au-delà des seuls ouvrages servant d'abri à l'homme et, ce faisant, de faire coïncider le domaine de celle-ci avec celui de la responsabilité décennale. Cette évolution était en outre une source d'insécurité : elle entraînait en effet une extension difficilement mesurable du domaine de l'assurance obligatoire et exposait les assureurs à devoir garantir des dommages affectant des travaux pour lesquels une prime n'avait pas nécessairement été sollicitée de l'assuré. Une réforme était donc nécessaire.

5915. En 1997, le ministère de l'Équipement désigna un comité (présidé par H. Périnet-Marquet et composé en outre de C. Saint-Alary Houin et J.-P. Karila) ayant pour mission de « proposer toute solution permettant de circonscrire l'obligation d'assurance ». En décembre 1997, le rapport « Périnet-Marquet » a été remis au ministère (RDI 1998. 1 ; RGDA 1998. 171) et soumis à la Commission technique de l'assurance construction créée par un arrêté du 13 mai 1997 (Arr., 13 mai 1997 : JO, 3 juin, mod. par arr. 21 mars 2006 : JO, 5 avr.). S'inspirant des propositions formulées dans ce rapport, le Gouvernement établit, en novembre 2000, un avant-projet de loi de modification du Code civil et du Code des assurances destiné notamment à mieux délimiter le domaine de l'obligation d'assurance. La réforme tant attendue sera finalement réalisée par l'ordonnance n° 2005-658 du 8 juin 2005 portant modification de diverses dispositions relatives à l'obligation d'assurance dans le domaine de la construction et aux géomètres experts (JO 9 juin).

Section 2 . Régime issu de l'ordonnance du 8 juin 2005

5916. L'ordonnance n° 2005-658 du 8 juin 2005, portant modification de diverses dispositions relatives à l'obligation d'assurance dans le domaine de la construction et aux géomètres experts, a été prise en application de la loi d'habilitation du 9 décembre 2004 (L. n° 2004-1343, 9 déc. 2004, de simplification du droit, art. 40). Les modifications qui en résultent ne s'appliquent qu'aux marchés et contrats conclus après le 9 juin 2005, date de publication du texte au JO (Ord. n° 2005-658, 8 juin 2005, art. 5). Dans le Code civil, le mot « bâtiment » est supprimé et remplacé par le mot « ouvrage » aux articles 1792-2 et 1792-3. Un article 1792-7 est en outre créé, qui exclut désormais expressément du champ de la responsabilité décennale, et donc de l'assurance obligatoire, les éléments d'équipements à finalité purement professionnelle. Dans le Code des assurances, l'ordonnance supprime toute référence à la notion de « travaux de bâtiment » pour lui substituer celle de « travaux de construction » aux articles L. 241-2 et L. 242-1. Un nouvel article L. 243-1-1 définit, par ailleurs, de manière négative le champ d'application de l'assurance construction obligatoire par une énumération exhaustive des ouvrages neufs qui en sont exclus, et précise en outre le régime applicable aux ouvrages existants.

Sous-section 1 . Ouvrages exclus de l'obligation d'assurance

5917. L'article L. 243-1-1 nouveau du Code des assurances dresse la liste limitative des ouvrages qui sont exclus de l'assurance obligatoire. La loi consacre ainsi expressément le principe selon lequel les champs d'application respectifs de la responsabilité décennale et de l'assurance obligatoire ne se recoupent que partiellement, le second étant plus réduit que le premier. La délimitation du domaine de l'assurance obligatoire s'opère grâce à la technique du « tout sauf ». Désormais en effet, tout ouvrage au sens de l'article 1792 du Code civil relève de l'assurance obligatoire, sauf s'il en est expressément exclu. Toutes les exclusions n'ont cependant pas la même portée : tandis que certaines sont absolues, d'autres ne sont que relatives.

§ 1 . Exclusions absolues

5918. L'article L. 243-1-1, I, alinéa 1 du Code des assurances énumère les ouvrages qui ne relèvent en aucun cas de l'obligation d'assurance, à savoir :
- les ouvrages maritimes, lacustres, fluviaux ;
- les ouvrages d'infrastructures routières, portuaires, aéroportuaires, héliportuaires, ferroviaires ;
- les ouvrages de traitement de résidus urbains, de déchets industriels et d'effluents ;
- les éléments d'équipement de l'un ou l'autre de ces ouvrages.

5919. Ces exclusions tirent leur caractère absolu du fait qu'aucun de ces ouvrages n'entre dans le domaine de l'assurance obligatoire. L'exclusion systématique est justifiée par le particularisme très marqué de ces ouvrages dont la réalisation implique le plus souvent de recourir à des techniques de génie civil, ce qui interdit donc toute assimilation avec les travaux traditionnels de construction. Sont ainsi visés par exemple les phares, digues, ports, barrages et plates-formes en mer, les routes, ponts, pistes d'aéroports, rails de métro, de train ou de tramway ou encore les stations d'épuration et les incinérateurs de déchets ménagers ou industriels.

§ 2 ■ Exclusions relatives

5920. L'article L. 243-1-1, I, alinéa 2 du Code des assurances indique que sont également exclus de l'obligation d'assurance :
- les voiries ;
- les ouvrages piétonniers ;
- les parcs de stationnement ;
- les réseaux divers, les canalisations, les lignes ou câbles et leurs supports ;
- les ouvrages de transport, de production, de stockage et de distribution d'énergie ;
- les ouvrages de stockage et de traitement de solides en vrac, de fluides et liquides ;
- les ouvrages de télécommunications ;
- les ouvrages sportifs non couverts ;
- ainsi que leurs éléments d'équipement.

5921. Ces exclusions ne sont que relatives : les ouvrages énumérés sont en effet susceptibles d'entrer dans le champ d'application de l'assurance obligatoire, dès lors qu'ils sont « accessoires » à un ouvrage soumis aux obligations d'assurance. Il s'agit en pratique des travaux nécessaires à l'utilisation des immeubles à usage d'habitation et/ou professionnel, comme les réseaux d'adduction d'eau, d'électricité et de gaz, les canalisations d'eaux, les drainages, les lignes téléphoniques ou encore les piscines privées ouvertes ou les courts de tennis,... Il apparaît en effet logique, en application de la théorie de l'accessoire, que ces ouvrages annexes soient soumis au même régime que les ouvrages principaux qu'ils desservent.

5922. La notion d'accessoire ne fait cependant l'objet d'aucune définition et devra donc à l'avenir être précisée par la jurisprudence. Un certain nombre de critères, proposés par le rapport Périnet-Marquet du 18 décembre 1997 ou encore par le rapport accompagnant l'ordonnance du 8 juin 2005 (JO 9 juin), permettent dans l'immédiat d'éclairer la notion : le critère de simultanéité de la réalisation des accessoires et de l'ouvrage soumis à l'obligation d'assurance ; le critère de l'affectation totale ou manifeste de l'ouvrage accessoire à la destination de l'ouvrage principal. Seraient ainsi qualifiées d'accessoires, les parties de VRD situées sur l'unité foncière d'implantation d'un immeuble d'habitation collective ou d'une maison individuelle, mais non l'ouvrage de VRD réalisé en vue de la construction ultérieure d'un lotissement à usage d'habitation.

Sous-section 2 ■ Cas particulier des ouvrages existants

5923. L'article L. 243-1-1, II, introduit dans le Code des assurances par l'ordonnance du 8 juin 2005, énonce que les « obligations d'assurance ne sont pas applicables aux ouvrages existants avant l'ouverture du chantier, à l'exception de ceux qui, totalement incorporés dans l'ouvrage neuf, en deviennent techniquement indivisibles ».

§ 1 ■ Principe

5924. L'ordonnance du 8 juin 2005 délimite le champ d'application de l'assurance construction obligatoire en posant expressément un principe d'exclusion des ouvrages, qui existaient déjà avant l'ouverture du chantier et qui sont divisibles de l'ouvrage nouvellement construit. Cette solution condamne la jurisprudence dite « Chirinian » qui décidait que les dommages aux existants consécutifs à un désordre décennal affectant un ouvrage neuf étaient couverts par l'assurance obligatoire, même dans l'hypothèse d'existants distincts de la partie ancienne de l'immeuble (Civ. 1re, 29 févr. 2000, n° 97-19.143, précité). La loi prévoit désormais que seuls les ouvrages neufs entrent dans le champ d'application de l'assurance obligatoire. Si par suite de la construction d'un garage attenant à une maison d'habitation, des fissures infiltrantes apparaissent sur la partie nouvelle et la partie ancienne du bâtiment, la garantie de l'assureur sera limitée à l'indemnisation des désordres affectant l'ouvrage neuf. Si, à la suite des travaux d'agrandissement d'une maison d'habitation avec réalisation d'une cheminée, le bâtiment est entièrement détruit par un incendie provoqué par les malfaçons affectant la cheminée, l'assureur construction ne sera tenu de garantir que le paiement des travaux de réparation nécessaires à la remise en état de l'ouvrage neuf (pour une application de ce principe à un contrat conclu avant l'entrée en vigueur de l'ordonnance du 8 juin 2005, v. déjà : Civ. 3e, 5 juill. 2006, « Mérel », n° 05-16.277, Bull. civ. III, n° 16).

5925. Pour entrer dans le champ de la garantie obligatoire :
- les travaux neufs doivent constituer un ouvrage au sens de l'article 1792 du Code civil, c'est-à-dire être de nature à engager la responsabilité décennale de leur constructeur. Des travaux de ravalement destinés à assurer l'étanchéité d'une façade constituent un ouvrage. En revanche, la pose sur la même façade d'une peinture sans fonction d'étanchéité ne peut être qualifiée d'ouvrage au sens de la loi et se trouve, en conséquence, exclue de l'assurance obligatoire ;
- l'ouvrage neuf ne doit pas faire partie de la liste des ouvrages exclus de l'obligation d'assurance ;
- l'ouvrage neuf doit présenter des désordres de gravité décennale.

5926. Les dommages causés par des ouvrages neufs aux ouvrages existants divisibles relèvent de l'assurance facultative. À cet égard, l'habilitation législative reçue par le gouvernement pour réformer l'assurance construction prévoyait l'obligation pour les assureurs de proposer une assurance facultative des dommages causés à des ouvrages existants par des travaux nouveaux soumis à l'obligation d'assurance (L. n° 2004-1343, 9 déc. 2004, de simplification du droit, art. 40, 2°). L'ordonnance du 8 juin 2005 n'a cependant prévu aucune mesure en ce sens. Par une convention signée le 8 septembre 2005 entre l'État, les organisations professionnelles représentant les maîtres de l'ouvrage et celles représentant les assureurs, ces derniers se sont toutefois engagés à proposer systématiquement aux maîtres d'ouvrage une garantie couvrant le paiement des travaux de réparation des dommages de nature décennale affectant tout existant divisible.

§ 2 ▪ Exception

5927. Par exception, les ouvrages existants entrent dans le champ de l'assurance obligatoire, dès lors que, « totalement incorporés dans l'ouvrage neuf », ils en sont devenus « techniquement indivisibles » (C. assur., art. L. 243-1-1, II). La soumission des existants à l'obligation d'assurance impose donc la réunion de deux conditions, que la jurisprudence avait d'ailleurs déjà utilisées (Civ. 3e, 30 mars 1994, « Sogebor », n° 92-11.996, Bull. civ. III, n° 70 : travaux de rénovation sur poutres et planchers vermoulus, existants devenus indissociables des travaux neufs) :
- une intégration complète de l'ancien dans le neuf (ce qui implique une prédominance de l'ouvrage nouveau, l'ouvrage existant ayant vocation à se fondre dans l'ouvrage neuf en perdant ainsi toute autonomie) ;
- une indivisibilité technique, le neuf et l'ancien formant un ensemble d'éléments indissociables. Les critères de l'incorporation totale et de l'indivisibilité technique ne sont cependant pas précisés par les textes et devront l'être par la jurisprudence.

Chapitre 2
L'assurance dommages-ouvrage

BIBLIOGRAPHIE

L'Argus de l'assurance

Ouvrages. - J. Roussel, S. Becqué-Ickowicz, *Risques et assurances construction*, Éd. L'Argus, 3e éd., 2016.

Autres documentations

Ouvrages. – F.-X., Ajaccio, *L'assurance construction*, Coll. Guide pratique Droit et construction, Centre scientifique et technique du bâtiment (CSTB), 2ème éd., 2016. – F.-X. Ajaccio, A. Caston, R. Porte, L'assurance construction, Le Moniteur, 2ème éd., 2015. – J.-B. Auby, R. Noguellou, H. Perinet-Marquet, *Droit de l'urbanisme et de la construction*, LGDJ, Précis Domat, 10ème éd., 2015. – J.-Cl. RCA, « Assurance construction. Assurance de dommages », Fasc. 540-2. – L. Karila et C. Charbonneau, *Droit de la construction : responsabilités et assurances*, LexisNexis, coll. Litec Professionnels, 2ème éd., 2011. – *Lamy Assurances*, J. Kullmann (dir.), « L'assurance construction », J.-P. Karila et J. Kullmann, éd. 2016. - Ph. Malinvaud, *Droit de la construction*, Dalloz action, 6ème éd., 2013. - Ph. Malinvaud, Ph. Jestaz, p. Jourdain, O. Tournafond, *Droit de la promotion immobilière*, Précis Dalloz, 8ème éd., 2009. – C. Ponce, *Droit de l'assurance construction*, Gualino, 3ème éd., 2013. – R. Saint-Alary et C. Saint-Alary-Houin, *Droit de la construction*, Dalloz, mémentos, 10ème éd., 2013. – M. Zavarro, *Du bon usage de l'assurance dommage ouvrage*, Edilaix, mémo pratique, 1re éd., 2009.

Revues. – F. Lesage, La déclaration du risque et des aggravations de risque dans le contrat d'assurance dommages ouvrage, RGDA 2013. 13. – p. Dessuet, Les garanties d'une police DO peuvent-elles être résiliées ou suspendues ?, RDI 2013. 333. - M. Zavaro, L'objet de l'assurance dommages-ouvrage, RDI 2006. 83. - F. Lesage, Le contrat d'assurance dommages-ouvrage est à la recherche de son droit, RGDA 2005. 333. – G. Courtieu, Assureur dommages-ouvrage et caution : entre revirements, palinodies et errements, RCA 2004, p. 8. - J. Roussel, Une querelle de préséance : l'assureur de dommages et le garant dans le contrat de construction de maison individuelle, RDI 2000. 517. - F. Lesage et A.-M.Cascio, La problématique du recours subrogatoire de l'assureur dommages-ouvrage en fin de période de garantie, Gaz. Pal. 12-13 mai 2000, p. 2. - G. Courtieu, Les rôles de l'assurance dommages-ouvrage et de la caution en cas d'inachèvement de la construction, RCA 1995, chron. 22. - H. Perinet-Marquet, Chorégraphie pour un ballet infernal. Rôles respectifs du garant, de l'assureur de dommages et du prêteur dans le contrat de construction de maisons individuelles, JCP G 1995, II, 3892.

Section 1 . Champ d'application

Sous-section 1 . Obligation d'assurance

§ 1 . Personnes assujetties

A . Principes

5928. L'article L. 242-1 du Code des assurances dispose que « toute personne physique ou morale qui, agissant en qualité de propriétaire de l'ouvrage, de vendeur ou de mandataire du propriétaire de l'ouvrage, fait réaliser des travaux de construction » a l'obligation de souscrire une assurance de dommages-ouvrage pour son compte ou celui des propriétaires successifs. Ce texte indique corrélativement que toute entreprise d'assurance agréée dans les conditions fixées par l'article L. 321-1 du Code des assurances, même si elle ne gère pas les risques relevant de l'assurance construction, est habilitée à prendre en charge les risques de la dommages-ouvrage. En cas de refus d'assurance opposé par une entreprise dont les statuts n'interdisent pas la prise en charge de ces risques, le Bureau central de tarification (BCT) peut être saisi aux conditions et selon la procédure prévues par le Code des assurances (C. assur., art. L. 243-4, L 243-6, R. 250-1 et suivants).

1 ▪ Propriétaire de l'ouvrage

5929. Toute personne physique qui fait réaliser des travaux de construction doit souscrire une assurance de dommages-ouvrage. Le coût de cette souscription peut être pris en charge par l'assureur multirisques habitation du maître de l'ouvrage, en cas par exemple de travaux rendus nécessaires à la suite d'une catastrophe naturelle (Civ. 3e, 8 avr. 2009, n° 07-21.910et n° 07-21.953 : n'étant pas une dépense dissociable du coût des travaux de reprise des désordres, la souscription d'une assurance dommages-ouvrage constitue un dommage direct indemnisable par l'assureur multirisques).

5930. La personne qui réalise elle-même des travaux de construction pour son propre compte (castor) est également soumise – en tant que propriétaire de l'ouvrage – à l'obligation de souscrire l'assurance dommages-ouvrage (en ce sens, v. BCT 1er avr. 1998, Rec. BCT 1998, n° 32/1998 ; BCT, 15 déc. 1999, Rec. BCT 1999, n° 82/1999 ; BCT, 19 av. 2000, Rec. BCT 2000 n°11/2000 et 39/ 2000 ; BCT, 4 juill. 2000, BCT 2000 n°64/2000 ; 13 oct. 2000, BCT 2000 n° 98/2000 ; BCT, 17 nov. 2000, BCT 2000 n° 115/2000 et 122/2000). Dans la mesure cependant où le maître de l'ouvrage est en même temps constructeur de tout ou partie de l'ouvrage, l'assureur dommages-ouvrage sera privé de tout recours.

5931. Le contrat de construction de maison individuelle conclu entre le maître de l'ouvrage et le constructeur doit, à peine de nullité, comporter la référence de l'assurance de dommages souscrite par le maître de l'ouvrage. Cette mention s'impose aux parties quel que soit le type de contrat de maison individuelle auquel elles ont recours (contrat avec fourniture de plans : CCH, L. 231-2, al. 1er, j, ou sans fourniture de plans : CCH, art. L. 232-1, e). L'obligation d'assurance pèse uniquement sur le maître de l'ouvrage, et non sur le constructeur qui n'est ni propriétaire de l'ouvrage, ni vendeur de la maison individuelle qu'il construit, ni promoteur immobilier. L'une des clauses types annexées au décret n° 91-1201 du 27 novembre 1991 (portant application de la loi n° 90-1129 du 19 décembre 1990 relative aux contrats de construction de maisons individuelles, JO 29 nov.) permet toutefois au maître de l'ouvrage, à titre facultatif, de « constituer le constructeur mandataire à l'effet de rechercher l'assurance de dommages ». Si le constructeur en a ainsi reçu mandat par le maître de l'ouvrage, il souscrira – en plus de l'assurance de responsabilité à laquelle il est assujetti en qualité de constructeur – une assurance dommages-ouvrage pour le compte du maître de l'ouvrage. On précise par ailleurs que la loi impose au banquier, qui prête les fonds nécessaires à la construction, de vérifier – dans le contrat de construction de maison individuelle - la référence à la police dommages-ouvrage (CCH, art. L. 231-10). Selon la jurisprudence, ce contrôle n'implique pas que le banquier vérifie que l'assurance DO a été souscrite de manière effective (Civ. 3e, 12 sept. 2007, n° 06-16.521 ; RDI 2008. 226, obs. p. Dessuet ; Civ. 3e, 6 sept. 2011, n° 10-12.931).

5932. Dans le cadre d'une opération de crédit-bail, c'est sur le crédit-bailleur et non sur le crédit-preneur que pèse l'obligation d'assurance. En effet, même si la construction est réalisée en fonction des besoins et du programme du preneur, seul le crédit-bailleur en est le propriétaire ; le preneur n'acquerra éventuellement cette qualité qu'au terme du crédit-bail. Le crédit-bailleur peut néanmoins donner mandat au crédit-preneur de souscrire l'assurance de dommages-ouvrage pour son compte.

5933. Dans le cadre du bail à construction, c'est au preneur de souscrire la police dommages-ouvrage car ce contrat confère au preneur un droit réel immobilier sur la construction (CCH, art. L. 251-3), laquelle ne devient la propriété du bailleur en fin de bail qu'en cas de silence du contrat sur ce point (CCH, art. L. 251-2). Une solution identique s'applique dans le cadre du bail à réhabilitation : c'est également au preneur faisant réaliser les travaux qu'il appartient de souscrire l'assurance dommages-ouvrage.

5934. Les personnes morales de droit public autres que l'État, c'est-à-dire les collectivités territoriales et leurs groupements ainsi que les établissements publics, sont soumises à l'obligation d'assurance dès lors qu'elles réalisent pour leur compte des bâtiments d'habitation. La police dommages-ouvrage souscrite par une personne publique a le caractère de contrat administratif ; le contentieux susceptible d'en découler relève donc de la compétence du juge administratif (CAA Lyon, 4e ch., 13 déc. 2007, n° 01LY00351 ; RDI 2008. 162, obs. p. Dessuet).

2 ▪ Vendeur de l'ouvrage

5935. Visé par l'article L. 242-1 du Code des assurances, le terme « vendeur » désigne en pratique le vendeur en l'état futur d'achèvement qui conserve la qualité de maître de l'ouvrage même s'il transmet à l'acquéreur la propriété de l'ouvrage au fur et à mesure de l'édification (C. civ., art. 1601-3). L'obligation d'assurance s'impose également au vendeur de l'immeuble achevé qui doit avoir souscrit le contrat d'assurance, dès avant l'ouverture du chantier, en sa qualité de propriétaire de l'ouvrage et de premier vendeur de l'immeuble. Cette obligation s'impose tant au vendeur professionnel qu'au particulier qui vend la maison qu'il a fait construire ou sur laquelle il a fait réaliser des travaux.

3 ▪ Mandataire du propriétaire de l'ouvrage

5936. Au titre des personnes assujetties à l'obligation d'assurance, l'article L. 242-1 du Code des assurances désigne enfin le « mandataire », ce terme visant toute personne chargée de faire réaliser des travaux de construction pour le compte du propriétaire de l'ouvrage en vertu d'un mandat. Il peut s'agir par exemple d'un syndic de copropriété (V. B. Stemmer et A. Vidal-Naquet, Le syndic et l'assurance dommages-ouvrage, JCP N 2000, p. 1548). Le promoteur immobilier, titulaire d'un mandat d'intérêt commun par application de l'article 1831-1 du Code civil, entre également dans cette catégorie (C. assur., art. L. 242-2).

B ▪ Exceptions

5937. L'obligation d'assurance ne s'applique pas à l'État lorsqu'il construit pour son compte (C. assur., art. L. 243-1), qu'il s'agisse ou non de constructions d'immeuble à usage d'habitation. Sous certaines conditions, l'obligation d'assurance ne s'applique pas non plus aux personnes morales de droit public (C. assur., art. L. 242-1, al. 2). Celles-ci sont dispensées de la souscription de l'assurance dommages-ouvrage lorsqu'elles font réaliser, pour leur compte, des travaux autres qu'à usage d'habitation. La notion de « bâtiment à usage autre que l'habitation » a été précisée par voie réglementaire. Doivent être considérés comme bâtiments d'habitation par référence à l'article R. 111-1-1, alinéa 2 du Code de la construction et de l'habitation : les bâtiments à usage de logement, y compris les foyers tels que les foyers de jeunes travailleurs et les foyers pour personnes âgées. En revanche, les hôpitaux, prisons, écoles ou casernes ne constituent pas des bâtiments d'habitation soumis à l'obligation d'assurance. Les bâtiments partiellement affectés à l'habitation restent soumis, dans leur ensemble, à l'obligation d'assurance, sauf lorsque l'opération de construction porte sur la réalisation de bâtiments distincts, à destination différente. Dans cette dernière hypothèse, seuls les bâtiments d'habitation sont soumis à l'obligation d'assurance de dommages (Circ. Min. n° 90-51, 11 juill. 1990, BO Equip., 30 sept. 1990, n° 27). L'absence d'obligation d'assurance n'interdit pas la souscription d'une assurance dommages-ouvrage. En cas de souscription facultative, les clauses-types ne peuvent toutefois s'appliquer aux parties que si le contrat l'a prévu (CE, 22 juin 2005, Communauté d'agglomération nouvelle de Cergy-Pontoise, n° 266884, RDI 2006. 265, obs. G. L. ; RGDA 2006, 964, obs. J. Bigot : les dispositions de l'annexe II de l'article A. 243-1 du Code des assurances s'appliquent de plein droit aux seuls contrats souscrits en application de l'obligation d'assurance).

5938. Certaines personnes morales de droit privé ne sont pas assujetties à l'obligation d'assurance. Il s'agit de celles qui font réaliser pour leur compte des travaux autres qu'à usage d'habitation et qui exercent une activité économique dont l'importance est supérieure aux seuils mentionnés par l'article L. 111-6 du Code des assurances et établis par l'article R. 111-1 du même code. La dérogation est applicable dès lors que deux au moins des trois critères suivants sont atteints : nombre de salariés supérieur à 250 ; bilan supérieur à 6,2 millions d'euros ; chiffre d'affaires supérieur à 12,8 millions d'euros.

5939. L'obligation d'assurance ne s'applique pas non plus « aux personnes morales assurant la maîtrise d'ouvrage dans le cadre d'un contrat de partenariat, conclu en application de l'article 1er de l'ordonnance n° 2004-559 du 17 juin 2004 sur les contrats de partenariats » (C. assur., art. L. 242-1, al. 2, mod. par L. n° 2008-735, 28 juill. 2008, art. 45). Cette exonération est limitée aux maîtres d'ouvrage intervenant dans des opérations réalisées en PPP avec l'État et ses établissements, à l'exclusion de celles réalisées en PPP avec les collectivités locales et leurs établissements (V. not. p. Dessuet, La loi n° 2008-735 du 28 juillet 2008 sur les contrats de partenariats (PPP) apporte quelques retouches générales à l'obligation d'assurance dans le domaine de la construction, RDI 2008. 451P. Dessuet, Actualité de l'assurance des opérations complexes, RDI 2009.61).

§ 2 ■ Sanctions du défaut d'assurance

A ■ Sanctions pénales

5940. L'obligation de souscrire le contrat d'assurance de dommages-ouvrage est sanctionnée pénalement par une peine d'emprisonnement de six mois et/ou une amende de 75 000 Đ (C. assur., art. L. 243-3. Crim, 30 mars 1989, RGAT 1989. 602, obs. J. Bigot : responsabilité pénale du syndic). La violation de l'obligation d'assurance constitue un délit qui se prescrit par trois ans ; l'infraction ayant un caractère instantané, le point de départ de la prescription est le jour de l'ouverture du chantier et non le jour où la victime a pu connaître le dommage (Crim., 9 déc. 1992, n° 92-80.540, Bull. crim. 1992, n° 412 ; RGAT 1993. 668, obs. E. Fortis). Toutefois, ces sanctions pénales ne s'appliquent pas à la personne physique construisant un logement pour l'occuper elle-même ou le faire occuper par son conjoint, ses ascendants, ses descendants ou ceux de son conjoint (C. assur., L. 243-3, al. 2).

B . Sanctions civiles

5941. Celui qui ne respecte pas l'obligation d'assurance à laquelle il est soumis commet une faute de nature à engager sa responsabilité civile. Le défaut de souscription de l'assurance dommages ouvrage ne peut être invoqué que par les propriétaires successifs de l'ouvrage. Lorsque ce défaut d'assurance est imputable au dirigeant social d'une société soumise à l'obligation d'assurance, le dirigeant peut engager sa responsabilité civile personnelle à l'égard des tiers auxquels cette faute a porté préjudice (Com., 28 sept. 2010, n° 09-66.255, Bull. civ. IV, n° 146 : faute constitutive d'une infraction pénale intentionnelle, séparable comme telle, de ses fonctions sociales. V. cepdt en sens contraire : Civ. 3e, 4 janv. 2006, n° 04-14.731, Bull. civ. III, n° 7).

5942. Le contrat de construction de maison individuelle avec ou sans fourniture de plan doit comporter la référence de l'assurance dommages-ouvrages souscrite par le maître de l'ouvrage. La sanction du non-respect de cette mention est la nullité du contrat (CCH, art. L. 231-2, al. 1er, j et L. 232-1, e). Il en va de même de tout contrat de vente d'un immeuble à rénover qui doit, à peine de nullité, être conclu par acte authentique et préciser les assurances de responsabilité et de dommages souscrites par le vendeur (CCH, art. L. 262-4, f).

5943. En dehors du cas particulier de la vente d'immeuble à rénover, le législateur ne fait pas du défaut d'assurance une cause de nullité du contrat de vente de l'immeuble. En l'absence de disposition spéciale, la nullité ne peut donc être prononcée que sur le fondement du droit commun ; ce qu'il sera - pour l'acquéreur - très difficile d'obtenir. En effet, l'acquéreur ne pourra pas obtenir l'annulation de la vente pour vice du consentement s'il ne démontre pas que le bénéfice de l'assurance constituait un élément déterminant de son consentement ou que le vendeur lui a sciemment dissimulé l'absence d'assurance (Civ. 3e, 13 nov. 2003, n° 02-13.974, Bull. civ. III, n° 201). Par ailleurs, l'assurance dommages ouvrage ne constitue pas un accessoire indispensable de l'immeuble vendu ; son absence ne peut donc pas entraîner la résolution de la vente pour défaut de livraison (Civ. 3e, 13 nov. 2003, n° 02-13.974, préc. Rappr. Civ. 3e, 2 mars 2011, n° 09-72.576, Bull. civ. III, n° 30).

Sous-section 2 . Étendue de la garantie dans le temps

§ 1 . Souscription

A . Date de souscription

5944. L'assurance de dommages-ouvrage doit être impérativement souscrite « avant l'ouverture du chantier » (C. assur., art. L. 242-1).

5945. La question s'est posée de savoir si l'assurance de dommages-ouvrage pouvait n'être souscrite qu'en cours de chantier ou après l'achèvement des travaux. Selon le juge administratif, si l'assureur oppose un refus d'assurance au maître de l'ouvrage, celui-ci est recevable à saisir le BCT, lequel ne peut écarter la demande au seul motif que les travaux ont déjà été commencés (CE, 19 janv. 1998, n° 182447 : le seul fait de l'engagement des travaux ne rend pas certaine la survenance d'un dommage ni impossible l'évaluation de l'aléa. G. Durry, L'assurance obligatoire en matière de construction sollicitée après l'ouverture du chantier, RCA 2003, chron. n° 9. - *Adde* : Civ. 3e, 16 mars 2011, n° 10-30.189 : les désordres déjà présents ne font pas obstacle à la validité de la police d'assurance dès lors qu'au jour de la souscription aucun des professionnels intervenus lors de la construction n'avait appréhendé le risque de désordre, dans sa nature et son ampleur, de sorte que l'aléa subsistait quant au risque en cause ; p. Dessuet, La problématique des souscriptions dommages-ouvrage en cours de chantier et la théorie des risques putatifs, RDI 2011, 342).

5946. La souscription du contrat emporte pour les parties un certain nombre d'obligations prévues par l'article A. 243-1, annexe II du Code des assurances. En dehors même de tout sinistre, le souscripteur sera ainsi tenu de fournir à l'assureur des informations spécifiques, telles que :
- la preuve de l'existence des contrats d'assurance de responsabilité décennale souscrits par les réalisateurs et le contrôleur technique ;
- la date et le procès-verbal de réception des travaux ;
- le dossier technique comportant au moins les plans et descriptifs de l'ensemble des travaux dans le délai d'un mois à compter de leur achèvement ;
- le constat de l'exécution des travaux éventuellement effectués au titre de la garantie de parfait achèvement au sens de l'article 1792-6 du Code civil ainsi que le relevé des observations ou réserves demeurées non levées;
- la déclaration de tout arrêt des travaux devant excéder trente jours ;
- les avis, observations et réserves du contrôleur technique.

B ▪ Justification de la souscription

5947. Les personnes assujetties à l'obligation d'assurance de dommages à l'ouvrage doivent justifier qu'elles ont satisfait à cette obligation. La justification de la souscription doit être apportée au moment de la déclaration d'ouverture du chantier (C. assur., art. L. 243-2 et R. 243-2).

5948. Cette justification doit également être faite à l'occasion de tout acte intervenant avant l'expiration du délai de dix ans prévu à l'article 1792-4-1 du Code civil et ayant pour effet de transférer la propriété ou la jouissance du bien. L'article L. 243-2, al. 3 du Code des assurances prévoit en effet dans ce cas que mention de la justification de l'assurance doit être faite dans le corps de l'acte ou en annexe. Cette obligation s'impose quelle que soit la nature du contrat conclu (Civ. 3e, 18 févr. 2004, n° 02-18.455, Bull. civ. III, n° 34 : promesse unilatérale de vente), à l'exclusion des baux à loyer. Le notaire doit donc clairement indiquer dans l'acte, si les travaux relatifs au bien cédé sont garantis ou non par une assurance DO (Civ. 1re, 18 janv. 2005, n° 03-12.782 : responsabilité pour n'avoir pas fait mention de l'absence d'assurance). À défaut d'une telle mention, le notaire est susceptible d'engager sa responsabilité délictuelle envers l'acquéreur. En revanche, dès lors qu'il a expressément mentionné dans l'acte de vente l'absence de souscription d'une assurance de dommages-ouvrage, le notaire n'est pas tenu d'appeler spécialement l'attention des parties sur les conséquences résultant d'un tel défaut d'assurance (Civ. 1re, 13 mars 2001, n° 98-18.155, Bull. civ. I, n° 67). Lorsque son client déclare avoir souscrit l'assurance dommages ouvrage obligatoire, le notaire doit en outre vérifier l'efficacité de cette assurance (Civ. 1re, 7 févr. 1989, n° 86-18.559, Bull. civ. III, n° 69 ; RGAT 1989. 605, note J. Bigot : responsabilité pour absence de vérification de l'exactitude des déclarations de la venderesse concernant la souscription de l'assurance dommages-ouvrage. Dans le même sens : Civ. 1re, 7 mars 1995, n° 93-13.669, Bull. civ. I, n° 116 ; Civ. 1re, 18 févr. 1997, n° 95-11.942, RGDA 1997. 52, note H. Périnet-Marquet ; Civ. 1re, 27 mai 2003, n° 01-15.846 ; Com., 12 oct. 2004, n° 00-13.348 ; Civ. 1re, 28 mai 2009, n° 08-15.813, RDI 2009. 433, obs. p. Dessuet ; Civ. 1re, 9 déc. 2010, n° 09-69.490, Bull. civ. I, n° 255, obs. p. Dessuet, RDI 2011, 119). L'action en responsabilité contre le notaire n'est toutefois possible qu'à la condition que les dommages subis par l'acquéreur relèvent du champ d'application de l'assurance obligatoire (Civ. 1re, 7 mai 2002, n° 99-13.455, RGDA 2002. 717, note A. d'Hauteville ; Civ. 1ère, 9 avr. 2014, n° 13-13.772). Le dommage réparable est par ailleurs limité à la perte de chance pour l'acquéreur d'être indemnisé en cas de désordre (Civ. 1re, 9 déc. 2010, n° 09-69.490, Bull. civ. I, n° 255 ; Civ. 1re, 20 mars 2013, n° 12-14.711). La perte de chance peut être écartée dès lors que la garantie des assureurs des autres constructeurs est susceptible d'être mise en œuvre (Civ. 3e, 10 oct. 2012, n° 11-17.627).

§ 2 ▪ Prise d'effet et durée

5949. Une fois souscrite, l'assurance de dommages-ouvrage ne pourra prendre effet qu'aux conditions posées par l'article L. 242-1, alinéa 8 du Code des assurances, lequel énonce un principe assorti de deux exceptions.

A ▪ Principe

5950. L'assurance de dommages-ouvrage n'a pas vocation à garantir l'achèvement des travaux. Le principe est donc qu'elle ne prend effet qu'après l'expiration du délai de la garantie de parfait achèvement visé à l'article 1792-6 du Code civil, soit un an à compter de la réception de l'ouvrage. Très concrètement, cela signifie que, après la réception des travaux et pendant un an, le maître de l'ouvrage doit donc nécessairement mettre en œuvre la garantie de parfait achèvement pour obtenir (ou tenter d'obtenir) une réparation en nature des désordres. L'assurance prend effet à compter de cette date jusqu'à l'expiration des dix ans suivant la réception (C. assur., art. A. 243-1, ann. II). Contrairement à l'assurance de responsabilité décennale obligatoire (qui s'applique pendant dix ans suivant la réception), la garantie de l'assureur DO a donc en principe une durée limitée à neuf années

5951. L'assureur de dommages-ouvrages peut toutefois être tenu de garantir des dommages plus de dix ans après la réception. Par application de l'article L. 114-1 du Code des assurances, le bénéficiaire de la garantie dispose en effet d'un délai de deux ans à compter du jour où il a connaissance du sinistre pour mettre en œuvre son assurance de dommages-ouvrage. Cela signifie donc qu'en cas de désordre survenant peu de temps avant l'expiration de la période décennale, la déclaration de sinistre peut encore être valablement faite durant les deux ans qui suivent la connaissance du désordre, ce qui prolonge d'autant l'engagement de l'assureur (Civ. 1re, 4 mai 1999, n° 97-13.198, Bull. civ. I, n° 141 ; RGDA 1999. 1037, note J.-P. Karila ; D. 2000, Jur., p. 354, note p. Fadeuilhe ; Defrénois 1999, p. 1139, note H. Périnet-Marquet ; solution confirmée par Civ. 1re, 29 avr. 2003, n° 00-12.046). En toute hypothèse, l'assurance dommages-ouvrage ne peut cependant jamais être mise en œuvre au-delà d'une période de 12 ans suivant la réception car, pour être couvert, le désordre doit être décennal et s'être donc nécessairement manifesté pendant les dix ans qui suivent la réception (Civ. 3e, 31 mars 2005, n° 04-10.437, Bull. civ. III, n° 78, RGDA 2005. 653, note M. Périer ; Defrénois 2006, p. 72, note H. Périnet-Marquet).

B ▪ Exceptions

5952. Par exception, l'assurance de dommages-ouvrage prend effet plus tôt dans deux hypothèses. La première correspond à la période qui se situe avant la réception des travaux. L'assurance peut en effet être mise en œuvre en cours d'exécution des travaux à deux conditions : avant toute déclaration de sinistre, le bénéficiaire doit, d'une part, avoir procédé à la mise en demeure de l'entrepreneur défaillant, et d'autre part – en cas de mise en demeure infructueuse – avoir obtenu la résiliation du contrat pour inexécution par l'entrepreneur de ses obligations (Cciv., art. 1184). La jurisprudence admet toutefois que la disparition de l'entreprise dispense le maître de l'ouvrage de la mise en demeure, dès lors que l'entreprise ne peut précisément plus exécuter ses obligations, du fait par exemple de sa liquidation (Civ., 3e, 14 févr. 1989, n° 87-16.402 ; RGAT 1989. 584, 2e esp., note J. Bigot ; Civ. 1re, 10 juill. 1995, n° 93-13.027, Bull. civ. I, n° 315 ; RGAT 1995. 923, note A. d'Hauteville). Il a également été admis que la liquidation judiciaire de l'entrepreneur dispense le maître de l'ouvrage d'apporter la preuve de la résiliation, car la liquidation emporte par elle-même résiliation du marché (Civ. 1re, 3 mars 1998, n° 95-10.293, Bull. civ. I, n° 83 ; RGDA 1998. 277, note J.P. Karila ; Civ. 1re, 10 déc. 2002, n° 99-15.675).

5953. La seconde hypothèse et exception correspond à la période de la garantie de parfait achèvement. L'assurance peut en effet être mise en œuvre dans le délai d'un an à compter de la réception. La garantie de l'assureur est cependant subordonnée à la mise en demeure, restée infructueuse, de l'entrepreneur (Civ. 3e, 18 déc. 2002, n° 01-12.667 rappelant qu' « en cas de réception, la garantie de l'assurance dommages-ouvrage est subordonnée à la seule condition de la mise en demeure de procéder au parfait achèvement de l'ouvrage, sans qu'il soit nécessaire d'attendre la résiliation du marché ». *Adde* : Civ. 1re, 14 oct. 1997, n° 95-19.390, RGDA 1998. 94, note H. Périnet-Marquet : assimilant à une mise en demeure l'assignation en référé délivrée à l'entrepreneur). Comme en période antérieure à la réception, l'exigence d'une mise en demeure est justifiée par la nécessité de privilégier l'intervention de l'entrepreneur, avant toute déclaration de sinistre à l'assureur. Cette mise en demeure se fait par lettre recommandée AR. La copie de cette lettre demeurée sans réponse devra être jointe à la déclaration de sinistre adressée à l'assureur DO (C. assur., art. A. 243-1, ann. II, A, 2°).

5954. Dans ces deux hypothèses (désordres survenus avant la réception ou désordres apparents à la réception), les désordres ne seront pris en charge par l'assureur dommages-ouvrage que s'ils sont de gravité décennale.

Sous-section 3 . Domaine de la garantie

§ 1 . Dommages garantis

5955. L'assurance de dommages-ouvrage garantit, en dehors de toute recherche des responsabilités, le paiement de la totalité des travaux de réparation des dommages de la nature de ceux dont sont responsables les constructeurs sur le fondement de l'article 1792 du Code civil (C. assur., art. L. 242-1, al. 1er). L'objet de cette assurance est donc de garantir les dommages de nature décennale, c'est-à-dire :
- les dommages compromettant la solidité de l'immeuble ou le rendant impropre à sa destination (C. civ., art. 1792, al. 1er et 1792-2, al. 1er) ;
- les dommages pouvant résulter d'un vice du sol, d'un vice de construction ou même d'un défaut de conformité aux stipulations contractuelles si ce défaut compromet la solidité de l'ouvrage ou le rend impropre à sa destination.
Les dommages et défauts de conformité qui ne portent atteinte, ni à la solidité, ni à la destination de l'ouvrage, ne sont pas couverts par l'assurance obligatoire (ni par l'assurance DO, ni par l'assurance de responsabilité décennale).

5956. En revanche, le domaine de l'assurance DO s'étend également aux dommages de nature décennale qui proviennent d'un vice apparent lors de la réception des travaux. Les dommages garantis par l'assurance DO ne sont en effet définis que par leur nature physique et non par leur origine. Le caractère caché du vice n'est ainsi pas une condition de mise en œuvre de l'assurance DO. Le champ d'application de celle-ci se distingue donc nettement sur ce point de celui de la responsabilité décennale et de l'assurance de responsabilité décennale qui ne s'appliquent qu'aux dommages cachés à la réception. Cette différence de domaine s'explique par le fait que l'assurance de dommages à l'ouvrage a été conçue comme un mécanisme de préfinancement ayant vocation à prendre en charge, avant toute recherche de responsabilité, tous les dommages de nature décennale (Civ. 1re, 4 juin 1991, n° 89-16.060, Bull. civ. n° 176 ; D. 1991, J, p. 431, note Ph. Dubois ; RDI 1991. 360, obs. G. Leguay ; RGAT 1991. 591, note J. Bigot).

5957. L'assurance DO prend en charge le paiement de tous les travaux que nécessite la réparation des désordres de nature décennale, y compris le paiement des travaux qui n'ont pas été prévus par le constructeur mais qui sont nécessaires pour remédier aux désordres décennaux (V. par exemple : Civ. 1re, 3 févr. 1993, n° 90-13.263, Bull. civ. I, n° 50 ; RDI 1993. 239, obs. G. Leguay ; RGAT 1993. 305, note J. Bigot). L'assureur a l'obligation de préfinancer une reprise efficace et pérenne de tous les désordres (V. *infra* : Montant de la garantie, I –Coût de l'ensemble des travaux de réparation).

5958. L'étendue de la garantie est limitée aux dommages, cachés ou apparents, qui atteignent la solidité de l'ouvrage ou le rendent impropres à sa destination. L'assureur dommages-ouvrage n'est donc tenu d'indemniser, ni les dommages au mobilier, ni les dommages immatériels tels que les pertes de loyers ou frais de relogement durant les travaux (Civ. 1re, 27 avr. 1994, n° 92-13.276, RGAT 1994. 1161, note J.P. Karila). Les dommages au mobilier et les dommages immatériels relèvent du domaine des assurances facultatives. La jurisprudence a toutefois déjà retenu que l'assureur DO pouvait voir sa responsabilité contractuelle engagée et être condamné au paiement des dommages immatériels consécutifs au caractère inopérant des travaux de reprise réalisés à la suite du rapport défaillant de l'expert missionné par l'assureur DO et ce, même si l'assuré n'a souscrit aucune garantie facultative (Civ. 3e, 24 mai 2006, n° 05-11.708, Bull. civ. III, n° 133 ; RDI 2006. 266, obs. D. P ; RGDA 2006. 685, note M. Périer : pertes d'exploitation. Solution confirmée par Civ. 3e, 11 févr. 2009, n° 07-21.761, Bull. civ. III, n° 33 : trouble de jouissance).

§ 2 ▪ Exclusions

5959. Les clauses types prévues par l'article A. 243-1, annexe II, du Code des assurances prévoient que l'assureur de dommages-ouvrage ne doit pas sa garantie pour les dommages qui proviennent exclusivement :
- du fait intentionnel ou du dol du souscripteur ou de l'assuré ;
- des effets de l'usure normale, du défaut d'entretien ou de l'usage anormal ;
- de la cause étrangère.

Conformément au droit commun des assurances, la charge de la preuve nécessaire à la mise en œuvre de ces exclusions incombe à l'assureur.

5960. La liste des exclusions prévues par les clauses types est limitative. Toute autre exclusion qui serait prévue par le contrat doit donc être réputée non écrite. Il en va ainsi, par exemple, de la clause excluant de la garantie les éléments d'équipement pouvant, en cas de désordre les affectant, entraîner la responsabilité décennale des constructeurs (Civ. 3e, 18 déc. 2013, n° 13-11.441, Bull. civ. III, n° 171).

Sous-section 4 ■ Montant de la garantie

§ 1 ■ Coût de l'ensemble des travaux de réparation des ouvrages endommagés

5961. L'assureur dommages ouvrage doit garantir le paiement de la totalité des travaux de réparation des dommages de nature décennale (C. assur., art. L. 242-1). L'indemnité versée doit en conséquence permettre la réparation effective ou la reconstruction de l'ouvrage endommagés, ainsi que des ouvrages existants, totalement incorporés dans l'ouvrage neuf et qui en sont devenus techniquement indivisibles (C. assur., art. L. 243-1-1, II). L'indemnisation inclut le coût des travaux de démolition, déblaiement, dépose ou démontage éventuellement nécessaires (C. assur., art. A. 243-1, ann. II). Elle comprend en outre le coût des travaux qui, prévus ou non par le constructeur, n'ont pas été réalisés par ce dernier, dès lors que ces travaux sont nécessaires pour mettre un terme aux désordres décennaux (Civ. 1re, 3 févr. 1993, n° 90-13.263, préc. : travaux de ventilation et de drainage non prévus au devis descriptif et non compris dans le marché ayant servi d'assiette au calcul de la prime d'assurance mais nécessaires à la réparation des dommages ; Civ. 1re, 2 fév. 1994, n° 91-21.370, Bull. civ. I, n° 40 : la garantie de l'assureur de dommages ne saurait s'étendre de plein droit au paiement de travaux qui ne répondent pas à la nécessité de réparer les conséquences d'un sinistre affectant des ouvrages ou éléments d'équipement déjà exécutés). Lorsque la garantie s'applique avant la réception de l'ouvrage (après mise en demeure infructueuse de l'entrepreneur et résiliation du contrat), le montant de la garantie est égal au coût des travaux de remise en état des ouvrages dans la limite du coût total prévisionnel de la construction (Civ. 3e, 14 déc. 2011, n° 10-27.153, Bull. civ. III, n° 212 : l'assureur ne peut donc pas soutenir que la valeur de la chose assurée doit être ramenée au montant des sommes effectivement versées par le maître de l'ouvrage à l'entrepreneur).

5962. Le montant de l'indemnité doit permettre la réparation définitive des désordres : l'assureur a l'obligation de préfinancer une solution non seulement efficace mais également pérenne (Civ. 1re, 18 févr. 2003, n° 99-12.203, RGDA 2003. 311, note H. Périnet-Marquet ; RDI 2004. 60, note p. Dessuet ; Civ. 3e, 7 juill. 2004, n° 03-12.325, RDI 2004. 419). La Cour de cassation considère en effet que le maître de l'ouvrage « est en droit d'obtenir le préfinancement des travaux de nature à mettre fin aux désordres » (Civ. 3e, 7 déc. 2005, n° 04-17.418, Bull. civ. III, n° 235 ; RGDA 2006. 126, note J.P. Karila ; Civ. 3e, 20 juin 2007, n° 06-15.686, RGDA 2007. 858 ; RDI 2007. 325). Il s'ensuit que l'assureur doit sa garantie tant que la cause des désordres n'a pas été supprimée : l'obligation de l'assureur dommages-ouvrage à préfinancer les travaux nécessaires à la réparation des désordres de nature décennale n'est pas limitée à la réalisation des seuls travaux permettant à l'ouvrage siège des désordres d'atteindre sans nouveaux désordres le délai de dix ans courant à compter de la réception initiale de cet ouvrage (Civ. 3e, 22 juin 2011, n° 10-16.308, Bull. civ. III, n° 109 : désordres apparus postérieurement à l'expiration du délai décennal et trouvant leur siège dans un ouvrage où un désordre de même nature avait été constaté dans le délai décennal). Cette jurisprudence est à mettre en corrélation avec celle qui impose réciproquement à l'assuré d'affecter l'indemnité versée par l'assureur DO à la reprise des désordres (Civ. 3e, 12 avr. 2005, n° 04-12.097. V. *infra*, section II – Mise en œuvre). Pour obtenir réparation définitive, l'assuré doit cependant – en cas de nouveaux désordres – effectuer obligatoirement une nouvelle déclaration de sinistre auprès de son assureur DO (Civ. 3e, 14 mars 2012, n° 11-10.961, Bull. civ. III, n° 43).

§ 2 ▪ Conditions de validité des plafonds de garantie

5963. L'assurance dommages-ouvrage garantit en principe le paiement de la totalité des travaux de réparation des dommages de nature décennale (C. assur., art. L. 242-1). Dans le secteur de la construction de logement d'habitation, les plafonds de garanties sont interdits (C. assur. , art. L. 243-9, al. 1er, *a contrario*). L'article L. 243-9 du Code des assurances indique toutefois que, pour les travaux de construction destinés à un usage autre que l'habitation, les contrats d'assurance dommages-ouvrage peuvent comporter des plafonds de garantie (C. assur., art. L. 243-9, al. 1er, mod. par L. n° 2008-735, 28 juill. 2008, art. 50, JO 29 juill.). Les clauses types précisent que, « pour les constructions destinées à un usage autre que l'habitation », la garantie peut être limitée :
- soit au montant du coût total de construction déclaré par le maître de l'ouvrage ;
- soit à un montant inférieur à ce coût, si celui-ci est supérieur à 150 millions d'euros. Dans ce cas, le plafonnement ne peut cependant pas être inférieur à 150 millions d'euros (C. assur., art. R. 243-3, I, mod. par D. n° 2008-1466, 22 déc. 2008 et A. 243-1, ann. II, mod. par arr., 19 nov. 2009).

5964. Cet ensemble de solutions résulte d'une évolution législative et réglementaire. Avant 2008, les clauses types applicables limitaient déjà la garantie de l'assureur DO au montant du coût total de la construction déclaré aux conditions particulières et revalorisé. Cette limite apparaissait cependant en contradiction avec l'article L. 242-1 du Code des assurances, qui impose à l'assureur de garantir le paiement de la totalité des travaux de réparation. Ce n'est qu'en 2008 que la loi (n° 2008-735 du 28 juillet 2008) est venue autoriser en assurance dommages-ouvrage les plafonds de garantie, lesquels avaient précédemment été admis en 2006 en matière d'assurance de responsabilité décennale, pour les opérations destinées à un usage autre que l'habitation (L. 2006-1771, 30 déc. 2006). Les règles du plafonnement exposées précédemment ont ensuite été fixées par le décret d'application de la loi pour les deux assurances obligatoires (D. n° 2008-1466, 22 déc. 2008, portant diverses dispositions relatives aux contrats d'assurance de construction à usage autre que l'habitation, JO 31 déc.) ; avant que les clauses types ne soient elles-mêmes modifiées en 2009. Cette possibilité de plafonnement des garanties obligatoires hors secteur d'habitation est une réponse apportée au problème de l'assurance des marchés de travaux de grande ampleur économique.

§ 3 ▪ Caractère illicite des franchises

5965. L'assureur dommages ouvrage doit garantir le paiement de la totalité des travaux de réparation des dommages de nature décennale (C. assur., art. L. 242-1), ce qui interdit toute franchise (Civ. 1re, 22 mai 1991, n° 89-18.604, Bull. civ. n° 161 ; D. 1991, 431, note Ph. Dubois ; RGAT 1991. 594, note J. Bigot).

5966. L'illicéité des franchises constitue cependant un frein à l'amoindrissement du coût de l'assurance de dommages-ouvrage. C'est pourquoi les assureurs souhaiteraient avoir la possibilité d'introduire des franchises dans les contrats qu'ils proposent à leurs assurés (en ce sens, v. : « Assurances de dommages et de responsabilité obligatoire - Crise et réforme de l'assurance construction », colloque Assemblée Nationale, 15 décembre 2003, RDI 2004. 62, note G. Leguay ; Rapport de l'inspection générale des finances et du conseil général des ponts et chaussées, « Mission sur l'assurance construction – Rapport particulier sur les régimes d'assurance construction dans une vingtaine de pays étrangers », Oct. 2006).

Section 2 . Mise en œuvre

5967. Le mécanisme à « double détente » instauré par la loi du 4 janvier 1978 a été conçu afin de permettre le préfinancement rapide des dommages, en dehors de toute recherche de responsabilité, par l'assureur de dommages à l'ouvrage. Cet objectif s'exprime par la mise en place d'une procédure amiable de gestion des sinistres qui présente un caractère obligatoire (C. assur., art. L. 242-1 et A. 243-1, ann. II).

Sous-section 1 . Déclaration du sinistre par l'assuré

5968. C'est le maître de l'ouvrage, propriétaire de l'ouvrage au jour du sinistre, ou le mandataire de celui-ci qui a qualité pour effectuer la déclaration de sinistre (Civ. 3e, 2 févr. 2005, n° 03-19.318, Bull. civ. III, n° 19 ; Defrénois 2006, p. 60, chron. H. Périnet-Marquet ; RDI 2005. 93, obs. p. Dessuet). Cette déclaration est obligatoire avant toute action judiciaire. La Cour de cassation décide en effet que le bénéficiaire de la garantie ne peut jamais faire échec à la procédure amiable de gestion du sinistre, qui est d'ordre public, en saisissant directement une juridiction aux fins de désignation d'un expert ou de condamnation de l'assureur de dommages (Civ. 1re, 28 oct. 1997, n° 95-20.421, Bull. civ. I, n° 293 ; JCP G 1997, II, 22962, rapp. p. Sargos ; RGDA 1998. 96, H. Périnet-Marquet ; Civ. 1re, 19 mai 1999, n° 96-20.842, RGDA 1999. 1035, note A. d'Hautevillle ; Civ. 1re, 4 déc. 2001, n° 98-23.121, Bull. civ. I, n° 301 ; RDI 2002. 32, obs. G. Durry ; Civ. 1re, 1er avr. 2003, n° 99-17.897 ; Civ. 3e, 16 déc. 2003,n° 02-18.339 ; Civ. 3e, 18 févr. 2004, n° 02-17.523, Bull. civ. III, n° 32 ; Civ. 3e, 5 nov. 2008, n° 07-15.449 ; RGDA 2009, n° 1, p. 181, note M. Périer ; Civ.3e, 10 février 2010, n° 09-65.186, Bull. civ. III, n° 36). L'assignation en justice ne peut donc pas être reconnue comme ayant valeur de déclaration de sinistre (Civ. 3e, 23 juin 2004, n° 01-17.723, Bull. civ. III, n° 124). Une nouvelle déclaration de sinistre est pareillement obligatoire en cas d'aggravations affectant des dommages précédemment déclarés et résultant de travaux de reprise inefficace (Civ. 3e, 14 mars 2012, n° 11-10.961, préc.). Ce n'est qu'après avoir régulièrement effectué sa déclaration de sinistre que l'assuré peut saisir la juridiction des référés d'une demande d'expertise, à la condition toutefois de respecter le délai de 60 jours accordé à l'assureur dommages-ouvrage pour prendre position sur la mise en jeu de la garantie (Civ. 3e, 10 mai 2007, n° 06-12.467, Bull. civ. III, n° 71).

5969. Quant au délai, le bénéficiaire de la garantie doit faire sa déclaration à l'assureur dès qu'il a connaissance de la survenance de dommages. Aucune déchéance de garantie pour déclaration tardive n'est prévue par les clauses types. Par application du droit commun des assurances, l'assuré ne doit toutefois pas laisser passer le délai de prescription de deux ans qui court à compter de la date de constatation des dommages (C. assur., art. L. 114-1). La déclaration doit en outre concerner des désordres apparus pendant la période des dix ans suivant la réception des travaux.

5970. Quant à la forme de la déclaration, les clauses types imposent qu'elle soit faite à l'assureur, soit par écrit contre récépissé, soit par lettre recommandée avec demande d'avis de réception (C. ass., art. A. 243-1, ann. II, mod. par Arr., 19 nov. 2009. Déjà en ce sens, v. : Civ. 1re, 28 oct. 1997, n° 95-20.421, Bull. civ. I, n° 293 ; JCP G 1997, II, 22962, rapp. Sargos ; RGDA 1998. 293, note H. Périnet-Marquet ; Civ. 1re, 19 mai 1999, n° 96-20.842 ; RDI 1999. 436, obs. Durry ;Civ. 3e, 15 juin 2000, n° 98-20.193 ;Civ. 1re, 4 déc. 2001, n° 98-23.121, Bull. civ. I, n° 301 ; Civ. 3e, 23 juin 2004, n° 01-17.723,Bull. civ. III, n° 124). Une déclaration de sinistre faite par télécopie ne satisfait pas à ces exigences (Civ. 3e, 6 juin 2012, n° 11-15.567, Bull.

civ. III, n° 90). Cette déclaration doit en outre contenir un certain nombre de mentions énumérées par les clauses types (C. assur., art. A. 243-1, ann. II) et dont la liste est limitative (Civ. 3e, 20 oct. 2010, n° 09-69.665, Bull. civ. III n° 186 : l'assuré n'est pas tenu de fournir un devis). La déclaration de sinistre est réputée constituée dès lors qu'elle comporte au moins les renseignements suivants :
- le numéro du contrat d'assurance et, le cas échéant, celui de l'avenant ;
- le nom du propriétaire de la construction endommagée ;
- l'adresse de la construction endommagée ;
- la date de réception ou, à défaut, la date de la première occupation des locaux ;
- la date d'apparition des dommages ainsi que leur description et localisation ;
- la copie de la mise en demeure effectuée au titre de la garantie de parfait achèvement, si la déclaration survient pendant la période de parfait achèvement au sens de l'article 1792-6 du code civil (mention ajoutée par l'arr. du 19 nov. 2009).

5971. Ce formalisme est justifié par le fait que l'assureur doit répondre à l'assuré dans des délais très courts à compter de la déclaration de sinistre ; il est par conséquent légitime d'attendre de l'assuré des informations précises et complètes permettant à l'assureur de remplir ses propres obligations. Lorsque la déclaration de sinistre ne comporte pas toutes les indications requises, l'assureur dispose d'un délai de dix jours à compter de la réception de cette déclaration pour signifier à l'assuré que la déclaration n'est pas réputée constituée et réclamer les renseignements manquants susvisés (C. assur., art. A. 243-1, ann. II). Une déclaration qui ne comporte pas les renseignements susvisés est inopposable à l'assureur. En revanche, un assureur DO qui, au vu d'une lettre simple de son assuré dénonçant les désordres et sollicitant leur prise en charge, a désigné un expert puis notifié le rapport de celui-ci ainsi que sa décision d'indemnisation, ne peut pas, ensuite, se prévaloir de l'absence de saisine initiale par lettre recommandée AR ou par remise d'une déclaration contre récépissé pour refuser sa garantie (Civ. 3e, 12 janv. 2011, n° 09-71.991). Il s'ensuit implicitement qu'à défaut pour l'assureur d'avoir attiré l'attention de l'assuré sur l'imperfection de sa déclaration, celle-ci est déclarée constituée.

5972. À compter du jour où la déclaration de sinistre valablement constituée est reçue par l'assureur, celui-ci doit effectuer la gestion du sinistre dans de très brefs délais : l'assureur a en effet 60 jours pour prendre position sur le principe de sa garantie et, en cas de réponse positive, 90 jours pour formuler son offre indemnitaire (C. assur., art. L. 242-1). Afin de garantir le bon déroulement des opérations de constat des dommages et de permettre à l'assureur l'exercice de son droit de subrogation, l'assuré est soumis, après la déclaration de sinistre, à plusieurs obligations. Il s'engage notamment :
- à autoriser l'assureur à accéder à tout moment au chantier pendant la période d'exécution des travaux de construction, jusqu'à l'expiration du délai de garantie de parfait achèvement au sens de l'article 1792-6 du code civil ;
- en cas de sinistre survenant au-delà de la date d'expiration de la garantie de parfait achèvement, à accorder à l'assureur toutes facilités pour accéder aux lieux du sinistre ;
- en cas de sinistre, à autoriser les assureurs couvrant la responsabilité décennale des réalisateurs, des fabricants au sens de l'article 1792-4 du code civil, et du contrôleur technique à accéder aux lieux du sinistre sur l'invitation qui leur en est faite par l'expert désigné par l'assureur ;
- à autoriser cet expert à pratiquer les investigations qui lui apparaîtraient nécessaires en vue de l'établissement, à l'intention de l'assureur, d'un rapport complémentaire qui, reprenant les conclusions du rapport d'expertise en approfondit, en tant que de besoin, l'analyse, en vue notamment de la recherche des faits générateurs du sinistre et des éléments propres à étayer le recours de l'assureur (C. assur., art. A. 243-1, ann. II, A, 4°).

Sous-section 2 ■ Gestion du sinistre par l'assureur

§ 1 ■ Réponse de l'assureur sur l'application de la garantie

A ■ Délai raccourci : 15 jours

5973. L'assureur doit en principe se prononcer sur l'application de la garantie, et notifier à l'assuré le montant de l'indemnité, après avoir désigné un expert chargé de constater, de décrire et d'évaluer les dommages. Toutefois, pour les dommages d'un faible montant ou en cas de mise en œuvre injustifiée de la garantie, l'assureur est dispensé de recourir à une expertise (C. assur., art. A. 243-1, ann. II, B, 1°, d). Dans le premier cas, l'absence d'expertise n'est possible que si, au vu de la déclaration de sinistre, l'assureur évalue le dommage à un montant inférieur à 1800 Ð. L'assureur doit alors adresser à l'assuré une offre d'indemnité dans un délai de 15 jours à compter de la réception de la déclaration de sinistre réputée constituée. Dans le second cas, l'assureur n'a pas non plus à recourir à une expertise lorsqu'il apparaît, au vu de la déclaration de sinistre, que la mise en jeu de la garantie est manifestement injustifiée. Il en sera ainsi par exemple lorsque les dommages déclarés ne sont pas de nature décennale ou lorsque l'assuré en a connaissance depuis plus de deux ans. L'assureur doit pareillement adresser sa décision de refus de garantie dans le délai de 15 jours à compter de la réception de la déclaration. Qu'elle que soit la situation, le délai de 15 jours s'impose à l'assureur sous peine d'application des sanctions prévues par l'article L. 242-1 du Code des assurances (Civ. 3e, 16 déc. 2009, n° 09-65.697, Bull. civ. III, n° 278 : sanction applicable même en cas de notification du refus de garantie dans le délai de 60 jours prévu par l'art. L. 242-1 du Code des assurances).

5974. Dans les deux cas visés précédemment, la notification (de l'offre d'indemnité ou du refus de garantie) doit indiquer que : « en cas de contestation de l'assuré, celui-ci peut obtenir la désignation d'un expert » (C. assur., art. A. 243-1, ann. II, B, 1°, d). Il ne s'agit cependant que d'une simple faculté. La jurisprudence rappelle qu'aucune obligation ne pèse de ce chef sur l'assureur qui peut donc refuser cette demande d'expertise (Civ. 3e, 17 mars 2004, n° 02-17.355, Bull. civ. III, n° 55 ; RGDA 2004. 450, note A. d'Hauteville ; Defrénois 2005, p. 70, chron. H. Périnet-Marquet).

B ■ Délai ordinaire : 60 jours

5975. En principe, l'assureur a un délai de 60 jours, à compter de la réception de la déclaration de sinistre réputée constituée, pour notifier à l'assuré sa décision d'accepter ou de refuser sa garantie. Dans ce délai de 60 jours, l'assureur doit :
- désigner un expert chargé de constater, décrire et évaluer les dommages ;
- donner à cet expert les instructions nécessaires pour que les responsables éventuels et leurs assureurs soient consultés chaque fois que l'expert l'estime nécessaire et informés par lui du déroulement de la procédure ;
- faire établir par l'expert un rapport préliminaire ;
- au vu de ce rapport préliminaire, notifier à l'assuré sa décision quant au principe de la mise en jeu des garanties ;
- communiquer à l'assuré ce rapport préliminaire, préalablement ou au plus tard lors de cette notification (C. assur., art. A. 243-1, ann. II, B, mod. par Arr., 19 nov. 2009).

1 ▪ Désignation de l'expert

5976. Informé du sinistre par l'assuré, l'assureur doit nommer un expert dit « amiable » dont la mission est détaillée par l'assureur conformément aux clauses types. L'expert désigné par l'assureur peut être récusé dans les huit jours de la notification à l'assuré de la désignation. Le nouvel expert désigné par l'assureur peut à nouveau être récusé par l'assuré. En cas de seconde récusation, l'assureur doit faire désigner l'expert par le juge des référés. La récusation a pour effet de proroger le délai de soixante jours avant le terme duquel l'assureur doit s'être prononcé sur le principe de la mise en jeu de sa garantie : la prorogation est de dix jours, en cas de première récusation ; de trente jours, en cas de seconde récusation.

5977. Au terme de l'article A. 243-1, annexe II, du Code des assurances, la mission de l'expert amiable consiste à rechercher et à rassembler les données strictement indispensables à la non-aggravation et à la réparation rapide des dommages garantis. Le rapport préliminaire doit comporter l'indication descriptive et estimative des mesures conservatoires, jugées nécessaires à la non-aggravation des dommages, compte tenu, s'il y a lieu, des mesures conservatoires prises par l'assuré, ainsi que les indications sommaires sur les circonstances et les caractéristiques techniques du sinistre, permettant à l'assureur de se prononcer sur le principe de mise en jeu des garanties du contrat (C. assur., art. A. 243-1, ann. II, B, 1°, c. a). Dans le cadre de cette expertise, l'assuré peut se faire assister ou représenter ; ses observations éventuelles doivent être consignées dans le rapport de l'expert (C. assur., art. A. 243-1, ann. II, B, 1°, a).

5978. L'opération d'expertise peut être réalisée dans le cadre d'une gestion conventionnelle entre assureurs. Afin de simplifier la gestion des sinistres et donc d'en abaisser les coûts, les assureurs ont en effet conclu une convention d'expertise et de règlement des sinistres, dite « CRAC » (Convention de règlement assurance construction), qui est entrée en vigueur le 1er janvier 1983. Cette convention prévoit la désignation d'un expert unique qui agit pour le compte de l'assureur dommages-ouvrages et pour celui des assureurs de responsabilité des constructeurs, ce qui facilite ensuite le recours de l'assureur DO. Cette convention, uniquement conclu entre les assureurs, est cependant inopposable aux assurés.

2 ▪ Communication du rapport préliminaire d'expertise

5979. Avant l'arrêté du 19 novembre 2009, les clauses types indiquaient que le rapport préliminaire devait être communiqué à l'assuré « préalablement » à la notification par l'assureur de sa décision quant au principe de la mise en jeu des garanties. Appliquant le texte à la lettre, la jurisprudence estimait que l'assureur qui se contentait d'une communication concomitante était réputé ne pas avoir pris position dans les délais et décidait en conséquence que sa prise de position n'était pas valable (Civ. 3e, 18 févr. 2004, n° 02-17.976, Bull. civ. III, n° 29, RGDA 2004. 438, p. Dessuet ; 441, note J. Beauchard ; RDI 2004. 151, obs. G. Leguay ; Defrénois 2005, p. 70, chron. H. Périnet-Marquet ; JCP G 2004, II, 10095, note A. Billemont ; Civ. 3e, 17 nov. 2004, n° 02-21.336, Bull. civ. III, n° 1185 ; RDI 2005. 16, obs. p. Dessuet ; Civ. 3e, 3 janv. 2006, n° 04-19.043, Bull. civ. III, n°36, 2e esp. ; Civ. 3e, 4 janv. 2006, n° 05-13.727, Bull. civ. III, n° 20 ; RDI 2006. 105, obs. D. P. ; Civ. 3e, 18 déc. 2007, n° 07-12.419, RDI 2008. 160, obs. p. Dessuet). L'assureur était en outre passible de la sanction prévue à l'alinéa 5 de l'article L. 242-1 du Code des assurances, même lorsque le sinistre déclaré était intervenu avant la réception des travaux, sans justification d'une mise en demeure restée infructueuse et d'une résiliation du contrat de louage d'ouvrage, et même si la décision avait été notifiée par l'assureur dans le délai de 60 jours (Civ. 3e, 16 déc. 2009, n° 09-65.697, Bull. civ. III, n° 278).

5980. Depuis l'arrêté du 19 novembre 2009, les clauses types prévoient désormais que l'assureur communique à l'assuré le rapport préliminaire, « préalablement ou au plus tard lors de la notification » de sa décision quant au principe de la mise en jeu des garanties du contrat (C. assur., art. A. 243-1, ann. II, B, 2°, a, al. 1er). Le rapport d'expertise peut donc être dorénavant, soit envoyé préalablement, soit être joint à la lettre de notification de l'assureur sur le principe de sa garantie. Cette nouvelle règle est applicable aux contrats conclus ou reconduits postérieurement au 27 novembre 2009. Il s'ensuit que la jurisprudence antérieure demeure applicable aux autres contrats (Civ. 3e, 16 déc. 2009, n° 09-65.697, Bull. civ. III, n° 278 ; Civ. 3e, 27 mai 2010, n° 09-13.942, inédit ; Civ. 3e, 12 janv. 2011, n° 09-71.991 ; Civ. 3e, 24 sept. 2013, n° 12-25.245).

3 ▪ Prise de position de l'assureur

5981. Au vu du rapport préliminaire établi par l'expert, l'assureur doit (par écrit soit contre récépissé, soit par lettre recommandée AR) notifier à l'assuré sa décision quant au principe de la mise en jeu des garanties du contrat et ce, dans le délai maximal de soixante jours (délai pouvant éventuellement être prorogé à soixante-dix ou quatre-vingt-dix jours par suite d'une récusation ou de la double récusation de l'expert désigné par l'assureur) à compter de la réception de la déclaration de sinistre de l'assuré. Toute déclaration de sinistre appelle une réponse - dans ce délai - de la part de l'assureur. Le seul destinataire de la notification est le bénéficiaire de l'assurance dommages-ouvrage (Civ. 1re, 23 mars 2004, n° 01-17.044 ; RDI 2004. 339, obs. p. Dessuet : ne respecte pas ses obligations l'assureur dommages-ouvrage qui notifie sa décision au vendeur déclarant et non au propriétaire de l'immeuble).

5982. Si l'assureur refuse de mettre en œuvre sa garantie, la validité de ce refus est subordonnée à l'existence d'une motivation expresse (C. assur., art. A. 243-1, ann. II, B, 2°, a, al. 2), ce qui impose à l'assureur d'indiquer les raisons de son refus de garantir les désordres constatés par l'expert (Civ. 3e, 7 juill. 2004, n° 03-12.256). A défaut, les garanties s'appliquent et l'assuré peut engager les dépenses nécessaires à la réparation des dommages (Civ. 1re, 10 janv. 1995, n° 93-12.127 et n° 93-13.226, Bull. civ. I, n° 22 ; RGAT 1995. 109, note J.-P. Karila).

5983. Si l'assureur accepte de garantir les désordres constatés, il est tenu d'indiquer à l'assuré le montant de l'indemnité destinée à couvrir les dépenses correspondant à l'exécution des mesures conservatoires nécessaires à la non-aggravation des dommages ; cette indemnité tient compte, s'il y a lieu, des dépenses qui ont pu être engagées par l'assuré lui-même, au titre des mesures conservatoires (C. assur., art. A. 243-1, ann. II, B, 2°, a).

§ 2 ▪ Offre d'indemnité

5984. S'il accepte la mise en jeu des garanties prévues au contrat, l'assureur a en principe un délai de 90 jours, à compter de la réception de la déclaration de sinistre réputée constituée, pour notifier une offre d'indemnité à l'assuré. L'assureur doit en outre communiquer à l'assuré le rapport définitif d'expertise, préalablement ou au plus tard lors de cette notification (C. assur., art. L. 242-1, al. 4 ; art. A. 243-1, ann. II, B, 3°, a).

5985. Dans le cas de difficultés exceptionnelles dues à la nature ou à l'importance du sinistre, l'assureur peut toutefois, en même temps qu'il notifie son accord sur le principe de la mise en jeu de la garantie, proposer à l'assuré la fixation d'un délai supplémentaire pour l'établissement de son offre d'indemnité. Ce délai supplémentaire est de 135 jours. L'application de cette disposition n'est toutefois envisageable que si deux conditions sont réunies : d'une part, la proposition ainsi faite par l'assureur doit se fonder exclusivement sur des considérations d'ordre technique et être motivée ; d'autre part, ce délai supplémentaire doit avoir été expressément accepté par l'assuré (C. assur., art. L. 242-1, al. 6 et 7).

5986. L'indemnité est calculée hors TVA lorsque le maître de l'ouvrage est en mesure d'en récupérer le montant. Cette faculté de récupération s'apprécie au jour où le montant de l'indemnité est fixée, soit à l'amiable, soit judiciairement (Civ. 1e, 1er déc. 1998, n° 96-21.278, Bull. civ. I, n° 336). C'est au maître de l'ouvrage qui prétend ne pas récupérer la TVA d'en administrer la preuve (Civ. 1e, 15 janv. 2002, n° 98-20.945, Bull. civ. I, n° 9 ; Civ. 3e, 6 déc. 2006, n° 05-17.553, Bull. civ. III, n° 240).

A ▪ Contenu et communication du rapport définitif d'expertise

5987. Ayant accepté la mise en jeu des garanties prévues au contrat, l'assureur doit à nouveau désigner son expert afin de faire évaluer le montant des indemnités qui seront versées à l'assuré. Ce rapport d'expertise, distinct du rapport préliminaire, est exclusivement consacré à la description des caractéristiques techniques du sinistre et à l'établissement des propositions, descriptions et estimations concernant les différentes mesures à prendre et les différents travaux à exécuter en vue de la réparation intégrale des dommages constatées » (C. assur., art. A. 243-1, ann. II, B, 1°, c. b). Ainsi, ce rapport définitif permet-il de compléter et d'approfondir les indications sommaires qui ont déjà été fournies par le rapport préliminaire sur les circonstances techniques du sinistre.

5988. Avant 2009, les clauses types prévoyaient que le rapport d'expertise devait être communiqué à l'assuré préalablement à la notification de sa proposition d'indemnité. Les nouvelles clauses types issues de l'arrêté du 19 novembre 2009 énoncent désormais que le rapport d'expertise peut être communiqué préalablement ou en même temps que la notification du montant de l'indemnité (C. assur., art. A. 243-1, ann. II, B, 3°, a).

B ▪ Notification du montant de l'indemnité

5989. Avec ou après communication du rapport d'expertise chiffré, l'offre d'indemnité doit être notifiée à l'assuré, soit par écrit contre récépissé, soit par lettre recommandée avec demande d'avis de réception dans le délai de 90 jours à compter de la réception de la déclaration de sinistre valablement constituée. Les propositions de l'assureur font l'objet d'une actualisation ou d'une révision de prix, selon les modalités prévues à cet effet aux conditions particulières ; elles sont obligatoirement ventilées entre les différents postes de dépense retenus et appuyées des justifications nécessaires, tant en ce qui concerne les quantités que les prix unitaires. Elles comprennent, outre les dépenses de travaux proprement dits, les frais annexes nécessaires à la mise en œuvre desdits travaux, tels qu'honoraires, essais, analyses, ainsi que les taxes applicables. Elles tiennent compte, s'il y a lieu, des dépenses qui ont pu être précédemment engagées ou retenues, ainsi que des indemnités qui ont pu être antérieurement versées au titre des mesures conservatoires (C. assur., art. A. 243-1, ann. II, B, 3°, a, al. 2).

§ 3 ■ Paiement de l'indemnité

A ■ Acceptation ou refus par l'assuré de l'offre d'indemnité

5990. Lorsque l'assuré accepte l'indemnité offerte par l'assureur, ce dernier doit procéder à son règlement dans un délai de quinze jours (C. assur., art. L. 242-1, al. 4). En cas de non-respect de ce délai, l'assuré peut, après l'avoir notifié à l'assureur, engager les dépenses nécessaires à la réparation des dommages et l'indemnité versée est alors majorée de plein droit d'un intérêt égal au double du taux de l'intérêt légal (C. assur., art. L. 242-1, al. 5).

5991. L'assuré n'est jamais tenu d'accepter l'indemnité proposée par l'assureur. L'assuré, qui a fait connaître à l'assureur son refus de l'offre d'indemnité et qui estime ne pas devoir différer l'exécution des travaux, a le droit d'obtenir le versement d'une avance au moins égale aux trois quarts de l'offre d'indemnité faite par l'assureur, sans préjudice des décisions éventuelles de justice à intervenir sur le fond. Cette avance, qui est forfaitaire et non revalorisable, est à valoir sur le montant définitif de l'indemnité qui sera mise judiciairement à la charge de l'assureur. Elle doit être versée en une seule fois dans un délai maximum de 15 jours à compter de la réception, par l'assureur, de la demande de l'assuré (C. assur., art. A. 243-1, ann. II, B, 3°, c).

B ■ Destination de l'indemnité

1 ■ Bénéficiaires de l'indemnité

5992. Le bénéficiaire de l'indemnité est le souscripteur du contrat d'assurance dommages-ouvrage, c'est-à-dire au premier chef, toute personne physique ou morale qui fait réaliser des travaux de construction et qui est, en sa qualité de propriétaire de l'ouvrage, vendeur ou mandataire, assujetti à l'obligation d'assurance pour son compte ou pour celui des propriétaires successifs de l'ouvrage (C. assur., art. L. 242-1, al. 1). L'assurance de dommages obligatoire est une assurance de choses ; elle ne constitue donc pas pour le constructeur, alors même qu'il aurait souscrit la police pour le compte du maître de l'ouvrage, une assurance de responsabilité » (Civ. 1re, 12 janv. 1999, n° 96-20.275, Bull. civ. I, n° 12 ; RCA 1999, chron. n° 12, G. Courtieu, à propos de l'assurance de dommages à l'ouvrage : une controverse éteinte... une autre rallumée). Comme toute assurance de chose, l'assurance dommages-ouvrage est attachée à la propriété de l'ouvrage. La vente de l'ouvrage emporte donc transfert du bénéfice de l'assurance à l'acquéreur (Civ. 1re, 15 oct. 1991, n° 88-15.626, Bull. civ. I, n° 270, RGAT 1991. 872, note J. Bigot ; Civ. 1re, 22 avr. 1992,n° 90-14.597, RGAT 1992. 563, note J. Bigot ;Civ. 3e, 30 mars 1994, n° 92-11.996, Bull. civ. III, n° 70, D. 1995, p. 279, note R. Raffi ; Civ. 3e, 17 mars 1999, n° 97-15.800, Bull. civ. III, n° 69 ;Civ. 3e, 2 févr. 2005, n° 03-19.318, Bull. civ. III, n° 19).

5993. En cas de vente de l'immeuble assuré, le bénéficiaire de l'indemnité est celui qui est le propriétaire de l'ouvrage au moment du sinistre. Si le sinistre survient après la vente : l'indemnité est versée au nouveau propriétaire (Civ. 3e, 20 oct. 2004, n° 03-13.599, Bull. civ. III, n° 173, RGDA 2005. 150, obs. M. L. Pagès de Varenne. *Adde* : Civ. 3e, 3 mars 2010, n° 07-21.950, Bull. civ. III, n° 50 : recevabilité de l'action exercée contre l'assureur DO par une société de construction demeurée, après la vente et la mise en copropriété de l'immeuble, propriétaire d'une partie des appartements et parkings). Le vendeur souscripteur peut toutefois mettre en œuvre l'assurance au profit du propriétaire en cas d'inaction de celui-ci (Civ. 1re, 23 juin 1992, n° 90-19.913, RGAT 1992. 562, note J. Bigot). La solution est différente lorsque le vendeur a supporté, après la vente, le coût des réparations : le vendeur conserve alors le bénéfice de l'indemnité d'assurance en sa qualité de subrogé dans les droits du propriétaire (Civ. 1re, 15 oct. 1991, n° 88-15.626, Bull. civ. I, n° 270, RGAT 1991. 872, note J. Bigot ; Civ. 3e, 21 févr. 1995,n° 91-16.046, Bull. civ. I, n° 87 ; RGAT 1995. 393, note A. d'Hauteville ; Civ. 1re, 8 oct. 1996, n° 93-20.918,Bull. civ. I, n° 338 ; Civ. 1re, 18 oct. 2000, n° 98-13.058, Bull. civ. I, n° 250).

5994. Si le sinistre survient avant la vente, le bénéficiaire de l'indemnité est en principe le vendeur, mais les parties peuvent prévoir le transfert de l'indemnité à l'acheteur (Civ. 1re, 10 juin 1997, n° 95-15.523 ; Civ. 3e, 4 déc. 2007, n° 06-18.783). *Adde* : (Civ. 3e, 12 sept. 2007, n° 06-11.282, n° 06-11.558 : vendeur n'ayant procédé à aucun règlement d'avances ni préfinancement des travaux de réparation des dommages avant la vente, l'acquéreur dispose, en qualité d'ayant cause à titre particulier du vendeur, des droits et actions de ce vendeur à l'encontre de l'assureur dommages-ouvrage).

2 ▪ Affectation de l'indemnité

5995. En assurance de chose, l'assuré peut en principe librement disposer de l'indemnité qui lui est versée par l'assureur. S'agissant de l'assurance dommages-ouvrage, aucune disposition spéciale ne précise expressément à quelles dépenses doit être employée cette indemnité. Cependant, l'article L. 242-1 du Code des assurances énonce que l'assureur garantit le paiement de la totalité des travaux de réparation des dommages, et les clauses types prévoient notamment que l'assuré s'engage à autoriser l'assureur à constater l'état d'exécution des travaux de réparation des dommages ayant fait l'objet d'une indemnisation en cas de sinistre (C. assur., art. A. 243-1, A, 3°). De ces textes s'évince ainsi l'idée que le bénéficiaire de l'indemnité doit affecter celle-ci à la réparation des dommages affectant la chose assurée. Cette analyse est confirmée par la jurisprudence.

5996. Depuis un arrêt du 21 novembre 2001 (Civ. 3e, 21 nov. 2001, n° 00-14.728, Bull. civ. III, n° 132, RGDA 2002. 412, note H. Périnet-Marquet), la Cour de cassation énonce le principe selon lequel « l'indemnité versée par l'assureur dommages-ouvrage doit être affectée au paiement des travaux de réparation des dommages ». La solution a été confirmée depuis, à plusieurs reprises, (Civ. 3e, 17 déc. 2003, n° 02-19.034, Bull. civ. III, n° 232, p. 206, RDI 2004. 158, note p. Dessuet). Cette obligation d'affectation vaut également lorsque l'indemnité est versée par l'assureur à titre de sanction pour non-respect de délai (Civ. 3e, 12 avr. 2005, n° 04-12.097).

5997. Par conséquent, l'assureur dommages-ouvrage est bien fondé à réclamer à l'assuré la restitution de la partie de l'indemnité qui n'a pas été affectée par le maître de l'ouvrage à la réalisation des travaux (Civ. 3e, 17 déc. 2003, n ° 01-17.608,1re esp. ; Bull. civ. III, n° 234, p. 207 ; RDI 2004. 55, obs. G. Leguay). L'action de l'assureur ne dérive alors pas du contrat d'assurance et l'assuré ne peut donc pas y opposer la prescription biennale de l'article L. 114-1 du Code des assurances (Civ. 3e, 3 mars 2004, n° 02-15.411, Bull. civ. III, n° 45 : « l'action de l'assureur tendant à la répétition d'un paiement dont le caractère indu ne résulte pas d'une stipulation de la police, mais de l'article L. 242-1 du Code des assurances, qui implique, en vertu du principe indemnitaire posé par l'article L. 121-1 de ce code en matière d'assurance de dommages, que l'indemnité due ne peut excéder le paiement de la totalité des travaux de réparation des dommages » ; Civ. 3e, 11 mars 2008, n° 06-21.284 ; Civ. 3e, 27 mai 2010, n° 09-15.412).

Sous-section 3 ▪ Conséquences du manquement de l'assureur à ses obligations

§ 1 ▪ Sanctions spéciales

5998. La procédure amiable de gestion du sinistre a un caractère impératif ; toute dérogation de l'assureur à cette procédure entraîne l'application de sanctions qui sont prévues par les articles L. 242-1 et A. 243-1, annexe II, du Code des assurances. Ces sanctions ne valent que pour les dommages qui affectent la construction faisant l'objet de la police d'assurance et qui ont été régulièrement déclarés à l'assureur (Civ. 1re, 18 déc. 2002, n° 99-16.551, Bull. civ. I, n° 311 ; RGDA 2003. 315, note J.-P. Karila). Elles ne jouent par ailleurs que dans le cadre des garanties obligatoires. Lorsque le dommage considéré est immatériel, les sanctions visées par l'article L. 242-1, alinéa 5 du Code des assurances sont inapplicables, quand bien même ce dommage aurait été visé dans la déclaration de sinistre (Civ. 1re, 17 juill. 2001, n° 98-21.913, Bull. civ. I, n° 232 ; RGDA 2001. 982, note J.P. Karila ; RDI 2001. 490, obs. G. Durry ; Civ. 3e, 12 janv. 2005, n° 03-18.989, Bull. civ. III, n° 3 ; RGDA 2005. 459, obs. M.L. Pagès de Varenne ; RDI 2005. 92, obs. G. Leguay) .Enfin, seul l'assuré peut se prévaloir du non-respect par l'assureur de la procédure d'indemnisation des dommages. Ce non-respect ne constitue pas une faute de nature délictuelle à l'égard des constructeurs et leurs assureurs de responsabilité, lesquels ne peuvent donc pas s'en prévaloir pour obtenir une quelconque indemnisation. Ces derniers ne peuvent pas non plus tirer argument de cette faute pour s'exonérer, ne serait-ce que partiellement, de leur responsabilité à l'égard du maître de l'ouvrage (Civ. 3e, 1er mars 2006, n° 04-20.399 et n° 04-20.551).

5999. Les sanctions spéciales édictées par l'article L. 242-1 du Code des assurances ont un caractère limitatif (Civ. 3e, 9 mai 2012, n° 11-11.749 : « l'article L. 242-1 du Code des assurances fixe limitativement les sanctions applicables aux manquements de l'assureur dommages-ouvrage à ses obligations »). Il s'ensuit que le manquement de l'assureur à ses obligations n'a pas pour effet de le priver de ses recours (Civ. 3e, 5 mai 2015, n° 14-11.150 ; RGDA 2015, p. 296, note L. Karila ; RCA 2015, comm. 237, 2e esp., H. Groutel : l'assureur conserve le droit d'exercer son recours subrogatoire contre les auteurs du dommage quel que soit le fondement juridique donné à cette action).

A ▪ Inobservation du délai de 60 jours

6000. L'assureur s'expose à des sanctions en cas de :
- réponse sur le principe de la garantie notifiée par l'assureur au-delà du délai de 60 jours ;
- respect du délai de 60 jours mais d'absence de motivation expresse de la réponse négative notifiée par l'assureur et/ou absence de communication à l'assuré du rapport préliminaire d'expertise.

1 ▪ Garantie acquise à l'assuré

6001. De manière désormais constante, la Cour de cassation énonce que l'assureur qui n'a pas pris position sur le principe de la mise en jeu de la garantie dans le délai légal est déchu du droit de contester celle-ci, notamment en contestant la nature des désordres déclarés (Civ. 1re, 10 déc. 2002,n° 00-11.125,inédit ; Civ. 3e, 10 déc. 2003, n° 01-01.531 ; Civ. 3e, 3 déc. 2003, n° 01-12.461, Bull. civ. III, n° 214, L'Argus, Dossiers jur., 30 janv. 2004, n° 6866, p. 8 ; RDI 2004. 56, obs. p. Dessuet : dans cette affaire, un particulier avait fait édifier une maison d'habitation par un constructeur ultérieurement placé en liquidation judiciaire. Se plaignant de désordres affectant la construction, le maître de l'ouvrage avait vainement adressé à son assureur de dommages-ouvrage une déclaration de sinistre réitérée trois mois plus tard, ainsi qu'une notification des devis de remise en état de l'immeuble. Face à l'inertie de son assureur qui n'avait pas répondu dans le délai de soixante jours, l'assuré a assigné ce dernier en réparation de son préjudice. Limitant l'indemnisation due par l'assureur à l'assuré aux seuls dommages relevant de la garantie décennale, la Cour d'appel avait justifié sa position en énonçant que l'assurance de dommages-ouvrage garantit le paiement de la totalité des travaux de réparation des dommages de la nature de ceux dont sont responsables les constructeurs sur le fondement de l'article 1792 du Code civil. Cette analyse est censurée par la Cour de cassation qui dénie à l'assureur toute possibilité de contestation des devis qui lui avaient été adressés et impose à celui-ci la prise en charge de l'entier sinistre. Pour d'autres exemples : *adde* : Civ. 3e, 1er mars 2006, n° 04-13.190, Bull. civ. III, n° 269, 1re esp., RDI 2006, 178, obs. D. P. ; Civ. 3e, 20 juin 2007, n° 06-13.565, RDI 2007. 322, obs. G. Leguay). En revanche, la Cour de cassation écarte l'application des garanties prévues au contrat lorsque l'assureur n'a pas donné de réponse à une déclaration concernant des désordres déjà déclarés et pour lesquels une indemnisation a déjà été versée (Civ. 3e, 10 oct. 2012, n° 11-17.496, Bull. civ. III, n° 141. V. cependant dans le sens contraire : Civ. 3e, 26 nov. 2003, n° 01-12.469 : sanction de l'assureur tenu de répondre dans le délai de 60 jours, même si la déclaration de sinistre est la répétition d'une déclaration antérieure qui concernait les mêmes désordres et avait été suivie en l'espèce d'un refus de garantie. Rappr. : Civ. 3e, 20 mai 2014, n° 13-14.803).

6002. Par ailleurs, l'assureur de dommages-ouvrage qui laisse expirer le délai de soixante jours de l'article L. 242-1 du Code des assurances avant de répondre à la déclaration de sinistre de son assuré, ne peut plus opposer à ce dernier la prescription biennale déjà acquise au jour de la réception de la déclaration de sinistre (Civ. 1re, 4 mars 1997, n° 95-10.045,Bull. civ. I, n° 78 ;Civ. 3e, 17 mars 1999,n° 97-19.766, RGDA 1999. 645, note A. d'Hauteville ; RD imm. 1999. 248, note G. Durry ; RCA 1999, p. 18, note H. Groutel ; Civ. 3e, 26 nov. 2003,n° 01-12.649,Bull. civ. III, n° 207 ; L'Argus, 30 janv. 2004, Dossiers jur., p. 6 ; RGDA 2004. 447, note A. d'Hauteville ; Defrénois 2004, p. 451, chron. H. Périnet-Marquet ;Civ. 3e, 4 févr. 2004,n° 01-17.272 et 01-17.362,Bull. civ. III, n° 19 ;Civ. 3e, 18 févr. 2004, n° 01-13.025). En revanche, la Cour de cassation a précisé que « la déchéance du droit de contester sa garantie, édictée par l'article L. 242-1, alinéa 3 du Code des assurances, à l'encontre de l'assureur qui ne respecte pas les délais prévus par les deux premiers alinéas de ce même article, n'empêche pas la prescription de courir à compter de l'expiration du délai de 60 jours suivant la réception de la déclaration du sinistre, moment où le droit à garantie est acquis à l'assuré par l'effet de cette déchéance » (Civ. 1re, 1er févr. 2000, n° 97-16.662, Bull. civ. I, n° 32 ; RGDA 2000. 510, note J. Beauchard ; Civ. 1re, 27 mars 2001, n° 98-13.919, Bull. civ. I, n° 83 ; RGDA 2001. 354, note J. Kullmann ; Civ. 1re, 22 mai 2002, RDI 2002. 302, obs. G. Leguay ; Civ. 1re, 10 déc. 2002, n° 99-15.838 ; RDI 2003. 144, obs. L. Grynbaum ; Civ. 3e, 29 oct. 2003, n° 00-21.597, Bull. civ. III, n° 182 ; Civ. 3e, 15 déc. 2005, n° 04-18.073 ; Civ. 3e, 20 juin 2012, n° 11-14.969). À compter du jour où la garantie est acquise à l'assuré (et non à compter du jour où l'assureur a refusé sa garantie : Civ. 1re, 22 mai 2002, n° 99-14.766, Bull. civ. I, n° 134), un nouveau délai biennal court en sorte que si l'assuré ne requiert pas l'application de la garantie à titre de sanction contre l'assureur dans ce délai, l'assureur peut valablement lui opposer la prescription biennale.

6003. L'obligation de garantie résulte d'une sanction légale et non de l'application des clauses du contrat relatives à l'étendue de la garantie. Par conséquent, l'assureur ne peut invoquer l'application des limitations de garanties prévues par le contrat conformément aux clauses types. La limitation contractuelle de garantie au coût total de la construction n'est pas applicable (Civ. 1re, 18 juin 1996, n° 94-10.121, Bull. civ. I, n° 258 ; Civ. 3e, 9 oct. 2013, n° 12-21.809).

6004. Enfin, marquant l'aboutissement d'une jurisprudence extrêmement défavorable aux assureurs, un arrêt rendu le 28 janvier 2009 par la Cour de cassation va jusqu'à interdire à l'assureur de soulever la nullité du contrat d'assurance. En l'espèce, l'assurance dommages-ouvrage avait été souscrite à l'occasion de travaux de réhabilitation, puis mobilisée à la suite de désordres survenus dans une VMC. Bien que n'ayant pas pris position dans le délai légal de 60 jours, l'assureur pensa qu'il pouvait encore refuser sa garantie en soulevant la nullité du contrat pour fausse déclaration intentionnelle de l'assuré. Son pourvoi est rejeté par la Cour de cassation au motif que, par son silence, l'assureur « s'était privé de la faculté d'opposer à l'assuré toute cause de non-garantie » et « ne pouvait plus invoquer la nullité du contrat » (Civ. 3e, 28 janv. 2009, n° 07-21.818 ; RDI 2009. 191, obs. C. Noblot. V. également : Civ. 3e, 5 mai 2015, n° 14-13.074 ; RGDA 2015, p. 298, note J.-P. Karila ; RCA 2015, comm. 237, 1e esp., H. Groutel). De même, l'assureur qui ne respecte pas les délais ne peut pas opposer à l'assuré le fait qu'il ait, en tant qu'assureur et antérieurement au sinistre, dénoncé la nullité du contrat le liant au maître de l'ouvrage et que ce dernier en avait pris acte (Civ. 3e, 22 juin 2011, n° 10-15.714).

2 ▪ Réalisation par l'assuré des dépenses nécessaires à la réparation des dommages

6005. En cas de non-respect du délai de 60 jours, les clauses types limitent le montant de la garantie due par l'assureur « aux dépenses correspondant à l'exécution des mesures conservatoires nécessaires à la non-aggravation des dommage » (C. assur., art. A. 243-1, ann. II, B, 2°, c). Or, depuis la loi n° 89-1014 du 31 décembre 1989, l'article L. 242-1, al. 5, du Code des assurances prévoit que l'assuré peut « engager les dépenses nécessaires à la réparation des dommages (...) ». La réécriture des clauses types par l'arrêté du 19 novembre 2009 n'a pas fait disparaître cette contradiction entre les clauses types et la loi. La loi devant prévaloir sur les dispositions réglementaires, la jurisprudence applique donc la sanction prévue par la loi (C. assur., art. L. 242-1, al. 5).
Bénéficiant d'un droit à garantie, l'assuré est autorisé à engager, de sa propre initiative, les dépenses nécessaires à la réparation des dommages. Les travaux nécessaires ne peuvent cependant être mis en œuvre par l'assuré qu'« après l'avoir notifié à l'assureur » (C. assur., art. L. 242-1). L'assuré doit donc au préalable avoir impérativement informé l'assureur de son intention de faire procéder à ces travaux. Les « dépenses nécessaires à la réparation des dommages » sont celles qui correspondent au coût objectif des travaux de réparation, et non au coût estimé par l'assuré lui-même (solution certaine depuis : Civ. 1re, 29 févr. 2000,n° 97-19.680,Bull. civ. I, n° 62 ; RGDA 2000. 134, note J.-P. Karila ; V. déjà cependant : Civ. 1re, 10 janv. 1995, n ° 93-12.127 et 93-13.226,Bull. civ. I, n° 22 ; RGAT 1995. 109, note J.-P. Karila : approuvant une cour d'appel d'avoir accordé à l'assuré une indemnité inférieure de plus de 50 % à l'estimation effectuée par ce dernier). L'assuré doit donc faire chiffrer le montant des travaux par devis ou expertise privée, puis adresser à l'assureur une notification assortie de cette estimation des travaux. L'assureur devra rembourser à l'assuré ce prix objectif des travaux nécessaires à la reprise des désordres. En cas de litige entre l'assureur et l'assuré concernant l'évaluation de ces dépenses, il appartient aux juges du fond de procéder eux-mêmes à cette évaluation, au besoin au vu des résultats d'une mesure d'expertise judiciaire (Civ. 3e, 28 oct. 2003, n° 01-15.574 ; RDI 2004. 60, obs. p. Dessuet).

3 ▪ Majoration de l'indemnité

6006. Lorsque l'assureur ne respecte pas le délai de 60 jours, l'indemnité versée à l'assuré est majorée de plein droit d'un intérêt égal au double du taux de l'intérêt légal (C. assur., art. L. 242-1, al. 5). Le versement de cette indemnité a été originairement prévu pour tenir compte du fait que le maître de l'ouvrage aura pu être amené à emprunter les fonds nécessaires à la réparation des dommages. Une lecture littérale du texte imposerait par conséquent de considérer que cette pénalité n'est due qu'après que l'assuré a notifié sa volonté d'engager les dépenses nécessaires et qu'il a effectivement engagé ces dépenses. Telle n'est pourtant pas l'interprétation retenue par la jurisprudence. Par un arrêt du 12 février 2002, la Cour de cassation a en effet clairement énoncé que la majoration de plein droit des intérêts produits par l'indemnité d'assurance n'est pas subordonnée à l'engagement préalable par l'assuré des dépenses nécessaires à la réparation des dommages (Civ. 1re, 12 févr. 2002, n° 98-23.000, Bull. civ. I, n° 48 ; RDI 2002. 303, obs. G. Durry ; Civ. 3e, 6 oct. 2004, n° 03-14.566, Bull. civ. III, n° 164 ; RDI 2004. 518, obs. G. Leguay ; Civ. 3e, 21 juin 2006, n° 05-19.281 ;RGDA 2006. 681, note M. Périer; Civ. 3e, 10 oct. 2006, n° 05-21.097 ; Civ. 3e, 25 mai 2011, n° 10-18.780, Bull. civ. III).

6007. Non précisé par la loi, le point de départ des intérêts au taux double de l'intérêt légal a été discuté (v. not. : Civ. 1re, 10 janv. 1995,n° 93-12.127 et 93-13.226, Bull. civ. III, n° 22 : décidant que, s'agissant d'une provision allouée à l'assuré sur le montant de sa créance indemnitaire contre l'assureur, les juges du fond ont fait courir à bon droit les intérêts moratoires à compter de leur décision). La Cour de cassation est venue répondre clairement à cette question en indiquant que les intérêts moratoires courent à compter de l'assignation en justice de l'assureur par l'assuré (Civ. 3e, 25 mai 2011, n° 10-18.780, Bull. civ. III : conformément aux dispositions de l'art. 1153 du Code civil (1231-6 à compter du 1er oct. 2016), les intérêts moratoires courent à compter de la sommation de payer ou d'un acte équivalent ; la cour d'appel en déduit donc, à bon droit, que la somme due au titre de la réparation intégrale des dommages devait être augmentée des intérêts au double du taux de l'intérêt légal à compter de l'assignation, et non à compter du jour des déclarations de sinistre de l'assuré). Les juges du fond ne peuvent pas décider que le point de départ des intérêts est le jour où l'assureur DO n'a pas respecté l'obligation légale d'établir et de communiquer le rapport préliminaire avant sa décision sur la garantie, sans relever l'existence d'une mise en demeure antérieure (Civ. 3e, 23 mai 2012, n° 11-14.091).

B ▪ Absence d'offre dans le délai de 90 jours ou offre manifestement insuffisante

6008. L'assureur s'expose à des sanctions en cas :
- d'absence de notification de l'indemnité proposée dans le délai de 90 jours ;
- d'absence de communication du rapport d'expertise ;
- d'offre indemnitaire manifestement insuffisante.

Il en va de même en cas de non-paiement dans les 15 jours après acceptation de l'indemnité par l'assuré.

Comme en cas de non respect par l'assureur du délai de 60 jours, l'assuré est autorisé, après l'avoir notifié à l'assureur, à engager les dépenses nécessaires à la réparation des dommages. L'indemnité versée par l'assureur est alors majorée de plein droit d'un intérêt égal au double du taux de l'intérêt légal (C. assur., art. L. 242-1, al. 5).

§ 2 ▪ Responsabilité contractuelle de l'assureur en cas de faute de l'expert

6009. Les sanctions spéciales auxquelles s'expose l'assureur qui ne respecte pas la procédure d'indemnisation sont limitativement énumérées par les articles L. 242-1 et A. 243-1, annexe II, du Code des assurances. Elles sont en conséquence, et en principe, les seules applicables, à l'exclusion de toute autre (V. par ex. : Civ. 3e, 22 mai 2007, n° 06-13.821 : un assuré ne peut prétendre à la prise en charge par l'assureur DO du préjudice de jouissance résultant du retard de l'assureur dans l'exécution de son obligation de préfinancement des travaux ; Civ. 3e, 17 nov. 2004, n° 02-21.336 ; RDI 2005. 16, obs. p. Dessuet ; RGDA 2005. 159, note M. Périer : le défaut de communication à l'assuré du rapport définitif d'expertise a seulement pour conséquence de conférer à l'assuré la faculté d'engager les dépenses nécessaires à la réparation des dommages, et non de lui permettre d'obtenir du juge la communication de ce rapport sous astreinte).

6010. La Cour de cassation a cependant décidé que l'assureur de dommages-ouvrage pouvait engager sa responsabilité contractuelle de droit commun et devait indemniser les dommages immatériels ne relevant pas de la garantie légale lorsqu'il a proposé à son assuré un rapport d'expertise défectueux conduisant à un préfinancement de travaux inefficaces (Civ. 3e, 24 mai 2006, n° 05-11.708, Bull. civ. III, n° 133 ; Civ. 3e, 11 fév. 2009, n° 07-21.761, Bull. civ. III, n° 33). L'assureur est en effet tenu de garantir l'efficacité des travaux préconisés par le rapport d'expertise (cf *supra* Section I). L'assureur dommages-ouvrage condamné sur le fondement de l'article 1147 du Code civil (1231-1 à compter du 1er oct. 2016) dispose d'un recours contre l'expert (Civ. 3e, 22 juin 2011, n° 10-16.308, Bull. civ. III, n° 109). La faute de l'expert engage la responsabilité délictuelle de celui-ci à l'égard des tiers (Civ. 3e, 22 juin 2011, préc. : est condamné, sur le fondement délictuel, à indemniser les nouveaux propriétaires d'une maison, l'expert qui a commis une faute dans son devoir de conseil ayant conduit à la réalisation de travaux insuffisants pour empêcher l'extension des premiers désordres).

Sous-section 4 ▪ Recours subrogatoire de l'assureur de dommages-ouvrage

6011. L'assureur dommages-ouvrage qui a indemnisé le maître de l'ouvrage ou le propriétaire ultérieur est subrogé dans leurs droits et actions contre les tiers responsables des dommages et les assureurs de ces derniers, en application de l'article L. 121-12 du Code des assurances.

§ 1 ▪ Conditions

6012. L'assureur de dommages-ouvrage doit apporter la preuve de son paiement. Il peut le faire par tout moyen ; son recours subrogatoire n'étant pas subordonné à la production d'une quittance subrogative (Civ. 3e, 23 avr. 1986, 1re esp., n° 84-15.559, Bull. civ. III, n° 46 ; RGAT 1986. 389, note J. Bigot ;Civ. 3e, 24 nov. 1987, n° 86-13.235,Bull. civ. III, n° 187). Il doit l'avoir fait au plus tard au jour où le juge statue. Il importe peu en effet que l'assureur de dommages-ouvrage n'ait pas encore, au moment de la délivrance de son assignation, la qualité de subrogé dans les droits de son assuré, dès lors qu'il justifie avoir payé l'indemnité due à ce dernier avant que le juge du fond ne statue (Civ. 3e, 29 mars 2000, n° 98-19.505, Bull. civ. III, n° 67 ; RGDA 2001. 157, note J. Beauchard ; Civ. 3e, 4 avr. 2001, n° 99-16.554 ; Civ. 1re, 9 oct. 2001, n° 98-18.378, Bull. civ. I, n° 245 ; RDI 2002. 31, obs. G. Durry ; RGDA 2002. 94, note Ph. Rémy ; Civ. 3e, 10 déc. 2003, L'Argus, 23 janv. 2004, p. 38 ; Civ. 3e, 9 juill. 2003, n° 02-10.270, Bull. civ. III, n° 144 ; Civ. 3e, 21 janv. 2004, n° 02-14.391 ; Civ. 3e, 30 janv. 2008, n° 06-19.100 ; Civ. 3e, 4 juin 2009, n° 07-18.960 précisant qu'avant paiement de l'indemnité d'assurance, l'action en référé-expertise de l'assureur dommages-ouvrage, subrogé dans les droits du maître d'ouvrage, est recevable dès lors que cette action a été exercée avant l'expiration du délai de garantie décennale et que l'assignation au fond, suivie du paiement en cours d'instance, a été signifiée moins de dix ans après l'ordonnance de référé. Il s'ensuit que l'assureur peut ainsi interrompre valablement le délai de la garantie décennale à l'égard des locateurs d'ouvrage par la délivrance d'une assignation en référé-expertise sans avoir à attendre d'être régulièrement subrogé dans les droits de son assuré ; Civ. 3e, 28 avr. 2011, n° 10-16.269, Bull. civ. III. Dans le même sens : CE, 12 mars 2014, n° 364429). Cette dernière solution offre ainsi un gain de temps à l'assureur de dommages-ouvrage en lui permettant d'exercer son recours plus rapidement. Ces conditions d'exercice du recours subrogatoire ne s'appliquent qu'à la subrogation légale, et non à la subrogation conventionnelle dont l'exercice demeure soumis, par application de l'article 1250 (devenant 1346-1 et 1346-2 à compter du 1er oct. 2016) du Code civil à la double condition de la production d'une quittance subrogative et de la concomitance de celle-ci avec le paiement.

§ 2 ▪ Étendue

6013. Ce recours subrogatoire ne peut être exercé qu'à hauteur de l'indemnité versée à l'assuré aux fins de réparation des dommages, mais il doit s'exercer à hauteur de toute l'indemnité. La Cour de cassation précise que le recours subrogatoire de l'assureur DO n'est pas limité aux montants qui ont été effectivement employés par le maître de l'ouvrage à la reprise des désordres (Civ. 3e, 27 mai 2010, n° 09-14.107, Bull. civ. III, n° 106). Entre naturellement dans l'assiette du recours subrogatoire, l'indemnisation complémentaire due à l'assuré aux fins de réalisation des travaux de réparation des premiers dommages non réparés dans le cadre d'une première procédure amiable, ou encore aggravés du fait de la réparation défectueuse préfinancée par l'assureur dommages-ouvrage (Civ. 1re, 18 déc. 2001, n° 99-10.519 ; RGDA 2002. 124, note J.-P. Karila). La jurisprudence ajoute que la subrogation s'étend également aux frais qui, quoique non compris dans l'indemnité versée à l'assuré, ont été exposés par l'assureur au stade de l'expertise dommages-ouvrage « pour parvenir à la réparation des dommages de la nature de ceux dont sont responsables les constructeurs au sens de l'article 1792-1 du Code civil » (Civ. 3e, 6 déc. 2006, n° 05-17.553, Bull. civ. III, n° 240 : frais de location d'une nacelle).

6014. La Cour de cassation considère que l'assureur de dommages-ouvrage est subrogé dans les droits et actions de son assuré, quels que soient les fondements juridiques donnés à ces actions (Civ. 3e, 26 févr. 2003, n° 01-15.717 : l'assureur qui bénéficie d'une subrogation légale conserve son recours contre les constructeurs responsables même si les désordres qu'il a indemnisés ne relèvent pas de la responsabilité décennale, désordres soumis en l'espère à la responsabilité contractuelle de droit commun. V. également : Civ. 3e, 16 janv. 2013, n° 11-26.780).

6015. Le manquement de l'assureur dommages-ouvrage à ses obligations envers son assuré ne le prive pas de son recours subrogatoire contre les auteurs des dommages (Civ. 3e, 9 mai 2012, n° 11-11.749, préc. ; Civ. 3e, 5 mai 2015, n° 14-11.150, préc.). Il doit cependant supporter seul les conséquences de ce manquement (Civ. 3e, 12 sept. 2012, n° 11-18.870). Le recours subrogatoire ne peut ainsi pas porter sur les intérêts qu'il a été condamné à payer à titre de sanction d'un manquement à ses propres obligations (Civ. 3e, 24 oct. 2012, n° 10-27.884 ; Civ. 3e, 22 oct. 2014, n° 13-24.440).

▪ Chapitre 3
L'assurance de responsabilité décennale

BIBLIOGRAPHIE

L'Argus de l'assurance

Ouvrages. - J. Roussel, S. Becqué-Ickowicz, *Risques et assurances construction*, L'Argus, 3e éd., 2016.

Revues. – p. Dessuet, Les nouveaux défis de l'assurance construction, L'Argus 2010, n° 7190. – p. Dessuet, De nouvelles clauses types pour l'assurance construction, L'Argus 2010, n° 7155.

Autres documentations

Ouvrages. - F.-X. Ajaccio, *L'assurance construction*, Coll. Guide pratique Droit et construction, Centre scientifique et technique du bâtiment (CSTB), 2ème éd., 2016. – F.-X. Ajaccio, A. Caston, R. Porte, *L'assurance construction*, Le Moniteur, 2ème éd., 2015. - J.-B. Auby, R. Noguellou,

H. Périnet-Marquet, *Droit de l'urbanisme et de la construction*, LGDJ, Précis Domat, 10ème éd., 2015. - J.-Cl. RCA, « Assurance construction. Assurance de dommages », Fasc. 540-2. - L. Karila et C. Charbonneau, *Droit de la construction : responsabilités et assurances*, LexisNexis, coll. Litec Professionnels, 2ème éd., 2011. - *Lamy Assurances*, J. Kullmann (dir.), « L'assurance construction », J.-P. Karila et J. Kullmann, éd. 2016. - Ph. Malinvaud, *Droit de la construction*, Dalloz action, 6ème éd., 2013. - Ph. Malinvaud, Ph. Jestaz, p. Jourdain, O. Tournafond, *Droit de la promotion immobilière*, Précis Dalloz, 8ème éd., 2009. – C. Ponce, *Droit de l'assurance construction*, Gualino, 3ème éd., 2013. - R. Saint-Alary et C. Saint-Alary-Houin, *Droit de la construction*, Dalloz, 10ème éd., 2013.

Revues. – p. Dessuet, L'attestation RC décennale prochainement définie par arrêté, RDI 2013, p. 565. - F.-X. Ajaccio, A. Caston, R. Porte, Clause d'application de la garantie décennale : notion d'ouverture de chantier : RCA 2012, formule 5. – A. Bouty, La prescription en droit de la construction après la loi du 17 juin 2008, RDI 2009, p. 150. - S. Bertolaso, L'actualisation des clauses-types en assurance-construction : un chantier inachevé : Constr.-urb. 2010, Etude 2. - C. Charbonneau, La responsabilité des assureurs de construction, RDI 2008. 535 ; Incidence de la réforme de la prescription civile en matière de construction, Const.-Urb., 2008, ét. 13. - G. Courtieu, Assurance construction : réforme sur ordonnance, RCA 2005, n° 14, p. 7 ; Actualisation des clauses-types, RCA 2010, comm. n° 22. - p. Dessuet, L'obligation d'assurance après la loi sur les PPP, RDI 2008. 451 ; Bâtir un plan d'assurance pour couvrir les risques en matière photovoltaïque, RDI 2010, p. 472 ; L'impact du Grenelle sur l'assurance construction : RDI 2011, p. 34. - C. Emon, Responsabilité et assurance construction. La réforme du 8 juin 2005, Administrer n° 390, juill. 2006. 9. - J.-P. Karila, Responsabilités des constructeurs et assurance construction : la réforme du 8 juin 2005, D. 2005, p. 2236. - G. Leguay, L'ordonnance sur le champ d'application des obligations d'assurance en matière de construction, RDI 2005. 250. - La crise de l'assurance construction. Quels remèdes ?, RDI 2004. 62 ; Les rapports d'activité du Bureau central de tarification, RDI 2011, p. 235. - Ph. Malinvaud, Prescription et responsabilité des constructeurs après la réforme du 17 juin 2008, RDI 2008. 368 ; La responsabilité en matière de construction après l'ordonnance n° 2005-658 du 8 juin 2005, RDI 2005. 237. - M.-L. Pagès de Varenne, Clauses-types : l'arrêté du 19 novembre 2009, un débat sans fin !, Constr.-urb. 2010, Repère 2.

Section 1 ■ Champ d'application

Sous-section 1 ■ Souscripteurs

6016. L'article L. 241-1, alinéa 1, du Code des assurances dispose que « toute personne physique ou morale dont la responsabilité décennale peut être engagée sur le fondement de la présomption établie par les articles 1792 et suivants du Code civil, doit être couverte par une assurance ». L'article L. 241-2 du Code des assurances ajoute à cette liste « celui qui fait réaliser pour le compte d'autrui des travaux de construction (...) », y compris lorsque ces travaux de construction « sont réalisés en vue de la vente ». Ces dispositions permettent de fixer la liste des acteurs de la construction assujettis à l'obligation d'assurance et ceux qui ne le sont pas.

§ 1 ■ Assujettis à l'obligation d'assurance

6017. Les constructeurs désignés à l'article 1792-1, 1° du Code civil sont assujettis à l'obligation d'assurance. Il s'agit des architectes, techniciens ou autre personnes liées au maître d'ouvrage par un contrat de louage d'ouvrage.

6018. L'article 1792-1, 2° intègre les vendeurs après achèvement dans la liste des débiteurs de la garantie décennale assujettis à l'obligation de souscrire un contrat d'assurance de responsabilité décennale, pourvu qu'ils aient construit ou fait construire l'ouvrage. Aucune distinction n'est opérée entre les personnes privées et les personnes publiques, lesquelles doivent donc satisfaire à l'obligation d'assurance (CE, 22 juin 2001, RDI 2002. 97, obs. F. Moderne). De même, la conclusion d'un contrat d'assurance de responsabilité décennale est imposée au « castor », personne physique qui construit elle-même un ouvrage, alors même qu'il n'avait aucune intention de vendre au moment de la réalisation des travaux (Civ. 3e, 12 mars 1997, Bull. civ. III, n° 12727 ; Civ. 3e, 2 oct. 2002, *ibid.*, n° 204). Le vendeur d'immeuble à construire est assujetti à l'obligation d'assurance par l'article 1646-1 du Code civil que le contrat conclu avec l'acquéreur soit une vente en l'état futur d'achèvement ou une vente à terme. La règle est étendue au vendeur d'immeuble à rénover par l'article L. 262-4 du Code de la construction et de l'habitation. Enfin, le constructeur de maisons individuelles avec fourniture de plan doit souscrire une police d'assurance de responsabilité décennale en vertu de l'article L. 231-1 du Code de la construction et de l'habitation.

6019. L'article 1792-1, 3° du Code civil fait entrer les mandataires du maître de l'ouvrage accomplissant une mission assimilable à celle d'un locateur d'ouvrage dans la catégorie des débiteurs de la garantie décennale pour cette raison soumis à l'obligation d'assurance. En pratique, sont concernés les maîtres d'ouvrage délégués. Par ailleurs, l'article L. 241-2 du Code des assurances assujettit implicitement les promoteurs désignés par l'article 1831-1 du Code civil à l'obligation d'assurance.
Chargés à la demande du maître de l'ouvrage de donner un avis sur les problèmes d'ordre technique susceptibles d'affecter la solidité de la construction et la sécurité des personnes, les contrôleurs techniques sont débiteurs de la garantie décennale selon les modalités énoncées à l'article L. 111-24 du Code de la construction et de l'habitation, et par là-même assujettis à l'obligation d'assurance.
Le fabricant d'EPERS (éléments pouvant entraîner la responsabilité solidaire) n'est pas un acteur indifférencié de la construction. En effet, il n'intervient pas sur le chantier et ignore le plus souvent tout des caractéristiques de l'ouvrage pour la réalisation duquel ses produits seront utilisés. Il ne peut donc déterminer le point de départ de sa responsabilité, fixé par l'article 1792-4 du Code civil à la date de réception de l'ouvrage. Surtout, il ne peut évaluer le montant potentiel de sa responsabilité, faute de connaître la valeur de l'ouvrage qui intègre ses produits. Ce statut particulier du fabricant a des répercussions en matière d'assurance de responsabilité décennale, dès lors que l'assureur ne maîtrise pas un risque qu'il refuse généralement de couvrir. Il serait donc souhaitable d'exclure le fabricant d'EPERS de la liste des responsables assujettis à une obligation d'assurance pratiquement très souvent inexistante. Cette exclusion ne serait en aucun cas préjudiciable aux bénéficiaires de l'assurance de responsabilité décennale, dans la mesure où la responsabilité du fabricant est une responsabilité solidaire, ce qui suppose que la responsabilité d'un locateur d'ouvrage soit engagée. La victime serait donc garantie par l'assurance obligatoire du locateur d'ouvrage responsable.

6020. Les personnes assujetties à l'obligation d'assurance de responsabilité décennale doivent pouvoir justifier de la souscription effective d'une police en délivrant au maître de l'ouvrage une attestation d'assurance, soit « À l'ouverture de tout chantier » (C. assur., art. L. 241-1, al. 2), soit « lors de la déclaration d'ouverture du chantier » (C. assur., art. R. 243-2, al. 1), soit à tout moment « pendant l'exécution des travaux » (C. assur., art. R. 243-2, al. 4). Durant les dix ans qui suivent la réception, mention de l'existence ou de l'absence d'assurance doit être faite dans tout acte ayant pour effet de transférer la propriété du bien (C. assur., art. L. 243-2, al. 2). L'article L. 243-3, alinéa 1er, du Code des assurances sanctionne « quiconque » contrevient à l'obligation d'assurance de responsabilité décennale « d'une peine d'emprisonnement de six mois et d'une amende de 75 000 Đ ou de l'une de ces deux peines » (Crim., 7 sept. 2004, n° 03-86.292, RGDA 2005. 162). Toutefois, ces sanctions ne sont pas applicables « à la personne physique construisant un logement pour l'occuper elle-même ou le faire occuper par son conjoint, ses ascendants, ses descendants ou ceux de son conjoint » (C. assur., art. L. 243-3, al. 2).

6021. La justification de la souscription de l'assurance obligatoire prend la forme d'une attestation d'assurance qui doit être jointe aux devis et factures des professionnels assurés (C. assur., art. L. 243-2, al. 2, issu de la loi n° 2014-344 du 17 mars 2014 – art. 66, et mod. par la loi n° 2015-990, du 6 août 2015, art. 95).
Conformément à ce que prévoit l'article L. 243-2 du Code des assurances dans sa nouvelle rédaction, un arrêté est venu fixer le modèle de cette attestation comprenant des mentions minimales (Arr. 5 janv. 2016, JO 13 janv. 2016, NOR : FCPT1502194A). Ces mentions portent notamment sur les activités exercées par l'assuré, la date d'ouverture du chantier, la nature et le montant de la prestation réalisée par l'assuré, la nature des techniques utilisées. Les dispositions de cet arrêté visent les opérations de construction dont la date d'ouverture de chantier est postérieure au 1er juillet 2016. A compter de cette date, les attestations délivrées par les assureurs devront s'y conformer.

6022. L'article L. 243-3, alinéa 1er, du Code des assurances sanctionne « quiconque » contrevient à l'obligation d'assurance de responsabilité décennale « d'une peine d'emprisonnement de six mois et d'une amende de 75 000 € ou de l'une de ces deux peines » (Crim., 7 sept. 2004, n° 03-86.292, RGDA 2005. 162). Toutefois, ces sanctions ne sont pas applicables « à la personne physique construisant un logement pour l'occuper elle-même ou le faire occuper par son conjoint, ses ascendants, ses descendants ou ceux de son conjoint » (C. assur., art. L. 243-3, al. 2).

6023. Un entrepreneur qui ne souscrit pas de police d'assurance est responsable, sur le fondement de l'article 1231-1 (corresp. anc. art. 1147) du Code civil, envers le maître de l'ouvrage, victime d'un préjudice certain dès lors qu'il est « privé, dès l'ouverture du chantier, de la sécurité procurée par l'assurance en prévision des sinistres » (Civ. 3e, 23 nov. 2005, n° 04-16.023, Bull. civ. III, n° 225 ; RGDA 2006. 140, obs. M. Périer). Cette solution fait suite à une décision par laquelle la Cour de cassation a admis la responsabilité d'un maître d'œuvre pour manquement à son devoir de conseil envers le maître de l'ouvrage et de vérification des attestations d'assurance des intervenants à l'acte de construire (Civ. 3e, 16 mars 2005,04-12.950,RDI 2005. 226). Les sanctions civiles du défaut de souscription sont rarement prononcées. En effet, en cas de condamnation *in solidum*, le maître de l'ouvrage obtient généralement réparation des désordres de nature décennale en sollicitant l'assureur de responsabilité d'un autre constructeur. Une action dirigée contre le constructeur qui n'a pas rempli son obligation de souscription est dès lors inutile. En revanche, une action récursoire reste ouverte au *solvens*, lequel, en l'absence d'assurance de responsabilité décennale d'un coauteur, peut rechercher sa responsabilité extracontractuelle, faute de respect de l'obligation d'assurance.

§ 2 ▪ Non assujettis à l'obligation d'assurance

6024. Le sous-traitant ne fait pas partie de la liste des assujettis à l'obligation d'assurance. Le traitement spécifique de cet acteur pourtant essentiel de la construction pourrait être induit par le fait que l'entrepreneur principal, lié au maître de l'ouvrage par un contrat de louage d'ouvrage, répond des agissements de son sous-traitant (L. n° 75-1334, 31 déc. 1975 relative à la sous-traitance). Ce n'est pas la justification avancée dans les travaux préparatoires de la loi Spinetta. Les rédacteurs du texte ont en effet invoqué les capacités financières et techniques limitées du sous-traitant pour lui permettre d'échapper à la souscription de l'assurance de responsabilité décennale. C'est oublier qu'une même entreprise peut intervenir sur un chantier en qualité de locateur d'ouvrage et sur un autre chantier en qualité de sous-traitante. C'est encore oublier que, sur un même chantier, les travaux réalisés par les sous-traitants sont fréquemment plus importants que ceux accomplis par l'entrepreneur principal. En outre, dans l'hypothèse où l'argument tiré des capacités financières et techniques limitées du sous-traitant correspondrait à la réalité, leur exclusion du système de l'assurance obligatoire n'est en rien légitime, dans la mesure où elle conduit à dispenser du recours à l'assurance des entreprises pour lesquelles elle constitue un besoin impérieux.

6025. Le coordinateur en matière de sécurité et de protection de la santé a vocation à prévenir les accidents du travail sur les chantiers de construction. Le coordinateur n'est donc pas à proprement parler un constructeur. Si la question se pose de son assujettissement à l'obligation d'assurance de responsabilité décennale, c'est en raison de sa qualité de technicien formé à la maîtrise d'œuvre et lié au maître de l'ouvrage par un contrat d'entreprise. En outre, l'exercice de sa mission est susceptible de donner lieu à des dommages de nature décennale. Ces différents constats ont cependant été jugés insuffisants à justifier l'intégration du coordinateur en matière de sécurité et de protection de la santé dans la liste des souscripteurs de l'assurance de responsabilité décennale. Deux circulaires ministérielles ont confirmé la volonté des pouvoirs publics de maintenir le coordinateur en matière de sécurité et de protection de la santé hors du système de l'assurance obligatoire (Circ. min., 11 févr. et Circ. min. n° 96-5 du 10 avr. 1996).

Sous-section 2 ■ Bénéficiaires

6026. Le maître et les acquéreurs successifs de l'ouvrage, désignés en qualité de bénéficiaires de la garantie décennale par l'article 1792 du Code civil, peuvent utilement solliciter l'assureur de responsabilité décennale des constructeurs auxquels des désordres sont imputables, dès lors que les conditions de la garantie décennale sont réunies. Cette solution vaut quand bien même le maître ou l'acquéreur de l'ouvrage demande indemnisation après la vente de l'ouvrage litigieux, pourvu qu'il justifie d'un intérêt direct et certain à agir. Cet intérêt direct et certain réside par exemple dans le fait d'avoir avancé les sommes nécessaires à la réparation des désordres pour permettre la livraison de l'ouvrage en bon état (Civ. 3e, 3 juill. 1996, n° 94-18.503, Bull. civ. III, n° 167). En revanche, l'accès à la garantie de l'assurance de responsabilité décennale est fermé au maître d'ouvrage vendeur lorsque l'acte de vente stipule le transfert à l'acquéreur du bénéfice de la garantie décennale (Civ. 3e, 14 févr. 2007, n° 06-10.658, RDI 2007. 282).

6027. Le locataire d'un immeuble affecté de désordres de nature décennale, privé de l'action en responsabilité décennale que l'article 1792 du Code civil « attache à la propriété de l'ouvrage, et non à sa jouissance » (Civ. 3e, 1er juill. 2009, n° 08-14.714), ne peut bénéficier de la garantie d'assurance obligatoire.

Sous-section 3 ■ Dommages garantis

§ 1 ■ Garanties obligatoires

6028. L'article L. 241-1 et l'annexe I de l'article A. 243-1 du Code des assurances prévoient que l'assurance de responsabilité décennale doit couvrir les dommages matériels garantis au titre de la responsabilité décennale des constructeurs. Ces dommages doivent survenir après réception. Ils doivent affecter un ouvrage de nature immobilière et porter atteinte à sa solidité ou le rendre impropre à sa destination (C. civ., art. 1792). L'assurance de responsabilité décennale est également envisageable en cas de désordres affectant un élément d'équipement indissociable de l'ouvrage (C. civ., art. 1792-2). Le contrat garantit le paiement des travaux de réparation de l'ouvrage qui comprennent notamment, en cas de remplacement des ouvrages, les travaux de démolition, déblaiement, dépose ou démontage éventuellement nécessaires. Par exemple, sont couverts les postes annexes indispensables à la reprise matérielle des ouvrages, consistant dans le coût du déménagement des matériels existants, lorsque ce déménagement est nécessaire à la réalisation des travaux de réfection (Civ. 3e, 20 oct. 2010, 09-15.093 et 09-66.968 ; Constr.-Urb. 2010. 157).

6029. Les dommages matériels consécutifs aux dommages de nature décennale impérativement couverts (perte ou destruction de biens meubles, perte ou destruction des aménagements intérieurs...) ne sont pas garantis par l'assurance de responsabilité décennale (Civ. 3e, 3 juill. 1996, n° 94-17.708, RD imm. 1996. 591, obs. G. Leguay). Ils peuvent néanmoins faire l'objet d'une garantie facultative. Les dommages immatériels (préjudices de jouissance, préjudices locatifs, pertes d'exploitation, surconsommation d'eau...) ne sont pas couverts par l'assurance de responsabilité décennale, quand bien même ils sont consécutifs aux désordres matériels garantis (Civ. 1re, 14 mars 2000, n° 97-18.854 ; Civ. 1re, 7 mai 2002, n° 99-13.455 ; Civ. 3e, 11 févr. 2014, n° 12-35.323). Ainsi, la construction de bâtiments provisoires destinés à accueillir l'activité qui ne peut plus être exercée dans l'ouvrage endommagé, ne peut être assimilée à des travaux de réparation. Il en résulte que l'assureur n'est pas tenu à garantie au titre de l'assurance RC décennale (Civ. 3e, 13 janv. 2010, n° 08-13.562 et 08-13.582, Bull. civ. III, n° 8 ; Constr.-Urb. 2010. 45 ; RCA 2010. 93 ; RDI 2010. 167 ; Civ. 3e, 14 janv. 2010, n° 09-10.515 ; Civ. 3e, 15 janv. 2014, n° 11-28.781). Une garantie facultative est cependant envisageable. Ces solutions sont conformes à la lettre des clauses types du Code des assurances qui cantonne la garantie obligatoire au paiement des travaux de réparation de l'ouvrage à la réalisation duquel l'assuré a participé (C. assur., art. A. 243-1, ann. I).

§ 2 ■ Exclusions autorisées

6030. Certaines exclusions ont été prises en compte par les pouvoirs publics et énumérées dans les clauses types annexées à l'article A. 243-1 du Code des assurances (annexe I). Il s'agit de la faute intentionnelle ou du dol du souscripteur ou de l'assuré. En l'occurrence, les clauses types reproduisent l'exclusion de droit commun inscrite à l'article L. 113-1, alinéa 2, du Code des assurances. Sont également exclus de la garantie « les effets de l'usage normal, du défaut d'entretien ou de l'usage anormal ». L'assureur doit cependant indemniser l'assuré lorsque les désordres résultent seulement en partie de l'usage normal (Civ. 3e, 26 mars 1997, Bull. civ. III, n° 69). Enfin, les clauses types visent la cause étrangère. Cette exclusion s'impose d'évidence dans la mesure où la cause étrangère constitue un cas d'exonération de responsabilité décennale selon l'article 1792, alinéa 2, du Code civil. Alors que la version initiale de l'annexe I à l'article A. 243-1 du Code des assurances comportait une indicative de cas dans lesquels l'assureur pouvait légitimement refuser sa garantie (incendie ou explosion, lorsqu'ils ne sont pas la conséquence d'un sinistre couvert au titre de la garantie obligatoire, trombes, cyclones, inondations, tremblements de terre et autres phénomènes naturels à caractère catastrophique, guerre étrangère, civile, actes de terrorisme ou sabotage commis dans le cadre d'actions concertées...), l'arrêté du 19 novembre 2009 « portant actualisation des clauses-types en matière d'assurance-construction » supprime l'énumération antérieure. L'absence de contrainte inhérente à une liste non limitative légitime son éviction formelle de clauses-types dont la nature commande uniquement la détermination d'un cadre impératif, comme en attestent les dispositions de l'article A. 243-1, alinéa 4, du Code des assurances : « toute autre clause du contrat ne peut avoir pour effet d'altérer d'une quelconque manière le contenu ou la portée de ces clauses ». La Cour de cassation écarte donc toutes les clauses d'exclusion conventionnelle n'entrant pas dans la catégorie de celles désignées dans les clauses-types. Doit notamment être réputée non écrite la clause qui limite la garantie aux « travaux de technique courante », au motif qu'elle ne fait pas partie des exclusions autorisées par les clauses types et qu'elle fait échec aux dispositions d'ordre public contraignant les assureurs de responsabilité décennale à couvrir les désordres de nature décennale résultant de travaux de construction quelle que soit leur nature (Civ. 1re, 7 juill. 1993,RCA 1993, comm. n° 389 ; Civ. 3e, 19 juin 2007,RCA 2007, comm. n° 285).

§ 3 ■ Déchéance de garantie

6031. L'annexe I de l'article A. 243-1 du Code des assurances prévoit que « l'assuré est déchu de tout droit à garantie en cas d'inobservation inexcusable des règles de l'art, telles qu'elles sont définies par les réglementations en vigueur, les normes françaises homologuées ou les normes publiées par les organismes de normalisation d'un autre État membre de l'Union européenne ou d'un autre État partie à l'accord sur l'Espace économique européen offrant un degré de sécurité et de pérennité équivalant à celui des normes françaises. » La qualification « déchéance de garantie » peut surprendre dans la mesure où les déchéances de garantie sanctionnent en principe des manquements de l'assuré postérieurs à la survenance du sinistre, ce qui ne correspond pas à l'hypothèse d'inobservation des règles de l'art, nécessairement antérieure à la déclaration de sinistre. En outre, l'expression « inobservation des règles de l'art » rappelle celle habituellement utilisée dans la formulation de certaines clauses d'exclusion conventionnelle depuis longtemps réputées non écrites au motif qu'elles ne sont pas formelles et limitées au sens de l'article L. 113-1, alinéa 1, du Code des assurances (Civ. 1re, 8 oct. 1974, Bull. civ. I, n° 253, D. 1975, p. 513, note C.-J. Berr et H. Groutel). Quoi qu'il en soit, la validité de la déchéance de garantie en cas d'inobservation des règles de l'art est consacrée par les pouvoirs publics. Les tribunaux semblent néanmoins privilégier une conception restrictive de la notion d'inobservation inexcusable des règles de l'art en exigeant des manquements graves aux règles de l'art commis « sciemment » par l'assuré (Civ. 3e, 9 juin 2004, n° 03-11.132). La portée de la déchéance est encore limitée par la clause type qui consacre l'inopposabilité du refus de garantie « aux bénéficiaires des indemnités », principe rappelé de façon constante par la jurisprudence (Civ. 1re, 7 juill. 1998, n° 96-18.608, RGDA 1998. 738, obs. A. d'Hauteville). La déchéance de garantie pour inobservation inexcusable des règles de l'art n'est pas opposable aux bénéficiaires des indemnités (C. assur., art. A. 243-1, ann. I), ce qui la distingue de la clause d'exclusion (Civ. 1ère, 7 juill. 1998, n° 96-18.608).

Sous-section 4 ■ Activités garanties

6032. La garantie de l'assureur ne concerne que le secteur d'activité professionnelle déclaré par le constructeur. Les travaux qui ne procèdent pas d'une activité déclarée restent en dehors du contrat. Il s'agit d'un cas de non-assurance. Une jurisprudence constante consacre ainsi la validité des clauses limitant la garantie aux seules activités déclarées par le souscripteur : « si le contrat d'assurance de responsabilité obligatoire que doit souscrire tout constructeur ne peut comporter des clauses et exclusions autres que celles prévues par l'annexe I à l'article A. 243-1 du Code des assurances, la garantie de l'assureur ne concerne que le secteur d'activité professionnelle déclaré par le constructeur » (Civ. 1re, 29 avr. 1997, 95-10.187, Bull. civ. I, n° 131 ; RGDA 1997. 1044, note J.-P. Karila ; Civ. 3e, 17 déc. 2003, n° 01-12.259, n° 02-11.539, n° 01-12.291, RGDA 2004. 113, note J.-P. Karila ; Civ. 3e, 28 sept. 2005, n° 04-14.472, Bull. civ. III, n° 174). La Cour de cassation adopte parfois des solutions rigoureuses au regard de la proximité de l'activité déclarée par l'assuré et de la mission qu'il a réellement accomplie sur le chantier. Par exemple, le constructeur qui a déclaré des activités de maçonnerie, charpente et bois, n'est pas garanti en présence de désordres d'infiltration procédant d'une activité de couverture (Civ. 3e, 8 nov. 2006, RCA 2007, comm. n° 70 ; Civ. 3e, 26 févr. 2008,n° 07-13.331,*ibid.* 2008, comm. n° 150). Les exigences jurisprudentielles se limitent cependant au constat de la similitude des activités déclarées et réalisées. Les modalités techniques d'intervention de l'assuré sur le chantier ne peuvent donc servir de prétexte à un refus de garantie motivé par la non-conformité de l'activité accomplie à l'activité déclarée. Par exemple, dans une espèce où des infiltrations procédaient de l'application de résine synthétique lors de la réfection d'une toiture-terrasse, l'assureur ne peut refuser sa garantie pour défaut d'identité de l'activité accomplie et de l'activité déclarée (travaux d'étanchéité de toiture-terrasse). La solution s'impose dans la mesure où l'application de résine synthétique constitue en l'occurrence une simple modalité d'exécution de l'activité déclarée (Civ. 3e, 10 sept. 2008,07-14.884, Constr.-urb. 2008, comm. n° 160, obs. M.L. Pages-de-Varenne). En toute hypothèse, il convient de distinguer le cas de la non-assurance et celui de la fausse déclaration de l'assuré. En particulier, l'absence de déclaration de chantier à l'assureur de responsabilité n'entraîne pas l'absence de garantie, mais l'application de la réduction proportionnelle d'indemnité (Civ. 3e, 8 févr. 2012,n° 10-27.250 ;P. Dessuet, « La non-déclaration de chantier en RC décennale : quelle sanction ? », RDI 2012, p. 455 ; Civ. 3e, 8 oct. 2013, n° 12-25.370).

6033. L'assureur de responsabilité décennale doit délivrer une attestation d'assurance renseignant précisément le maître de l'ouvrage sur la nature des activités déclarées par le constructeur assuré. À défaut, la Cour de cassation a retenu tout d'abord la responsabilité délictuelle de l'assureur envers le maître de l'ouvrage. Cette solution a été adoptée sur le fondement des articles L. 241-2 et R. 243-2 du Code des assurances qui imposent à l'assureur de délivrer une attestation au maître de l'ouvrage lorsque ce dernier demande justification de la souscription du contrat (Civ. 1re, 15 janv. 1991,89-13.894, Bull. civ. I, n° 15). Par la suite, la troisième Chambre civile s'est contentée d'évoquer la violation d'une « obligation de renseignement à l'égard de l'assuré » pour sanctionner l'assureur (Civ. 3e, 17 déc. 2003, préc. ; Civ. 3e, 11 mai 2006,n° 04-20.250, Bull. civ. III, n° 116). Cette motivation est discutable dans la mesure où l'information due par l'assureur de responsabilité décennale via l'attestation est destinée, non à l'assuré, mais au maître de l'ouvrage. Quant à la nature cependant de cette responsabilité, il ne fait aucun doute que celle-ci est délictuelle : l'imprécision de l'attestation d'assurance constitue une faute qui engage la responsabilité délictuelle de l'assureur vis-à-vis du maître de l'ouvrage, tiers au contrat d'assurance. En outre, en cas de condamnation de l'assureur, l'étendue de l'indemnisation doit être limitée à la perte de chance pour le maître de l'ouvrage de bénéficier d'une garantie complète d'assurance grâce au choix qu'il aurait pu faire d'un autre constructeur.

6034. L'attestation d'assurance est en principe destinée à informer les tiers sur l'existence et l'étendue de la garantie d'assurance. À cet égard, il ne fait aucun doute que le maître de l'ouvrage peut exiger de l'assureur de responsabilité décennale délivrance d'une attestation. La portée de l'attestation d'assurance à l'égard des constructeurs intervenus sur le chantier aux côtés de l'assuré est moins aisée à déterminer. La question s'est ainsi posée de savoir si la possibilité de se prévaloir de l'ambiguïté de l'attestation d'assurance concernant la description des activités déclarées était exclusivement réservée au maître de l'ouvrage ou si elle était susceptible d'être étendue à tous les intervenants à l'acte de construire. La Cour de cassation a répondu de façon très laconique dans une espèce où un architecte avait été débouté dans un premier temps de l'action en contribution qu'il avait exercée contre un entrepreneur et son assureur de responsabilité décennale, au motif que l'activité accomplie par l'entrepreneur n'était pas couverte. Dans un second temps, l'architecte recherchait la responsabilité délictuelle de l'assureur de l'entrepreneur en arguant de l'imprécision de l'attestation d'assurance, laquelle ne faisait pas état de l'activité assurée. Sa demande est rejetée au motif que seul le maître de l'ouvrage peut se prévaloir de l'imprécision d'une attestation d'assurance (Civ. 3e, 25 févr. 2009, n° 08-11.249).

Sous-section 5 ■ Montant de la garantie

§ 1 ■ Franchise

6035. En annexe I à l'article A. 243-1 du Code des assurances, figure une clause type stipulant : « l'assuré conserve une partie de la charge du sinistre, selon des modalités fixées aux conditions particulières. Il s'interdit de contracter une assurance pour la portion du risque correspondante. Cette franchise n'est pas opposable aux bénéficiaires des indemnités. » Les franchises de la garantie obligatoire sont donc autorisées. Leur montant est fixé conventionnellement par les parties. Elles sont inopposables au maître de l'ouvrage et à l'assureur dommages-ouvrage subrogé. Dès lors, en présence de dommages de nature décennale, l'assureur du responsable doit verser au bénéficiaire de la garantie la totalité de la somme au versement duquel l'assuré aurait été condamné pour réparer matériellement le désordre litigieux (Civ. 1re, 4 mars 1986, Bull. civ. I, n° 46 ; RGDA 1986, note J. Bigot ; Civ. 3e, 12 déc. 1998, n° 96-20.969). Une fois le paiement effectué, l'assureur de responsabilité décennale, subrogé dans les droits du bénéficiaire de l'indemnité, peut exercer une action récursoire en remboursement de la franchise contre son assuré, lequel ne peut souscrire une police d'assurance pour couvrir la part de risque constituée par la franchise. Le délai de prescription biennale de cette action commence à courir du jour du paiement de l'indemnité au bénéficiaire de la garantie (Civ. 3e, 21 juin 2006, n° 04-19.002).

6036. La franchise contractuelle d'une garantie facultative stipulée dans une police d'assurance de responsabilité décennale (garantie des dommages immatériels par exemple) est autorisée. Elle est opposable au maître de l'ouvrage ou à l'assureur dommages-ouvrage subrogé en vertu de l'article L. 112-6 du Code des assurances qui dispose : « L'assureur peut opposer au porteur de la police ou au tiers qui en invoque le bénéfice les exceptions opposables au souscripteur originaire » (Civ. 3e, 22 oct. 2013, n° 12-20.707 ; Civ. 3e, 23 avr. 1997, Bull. civ. III, n° 85 ; Civ. 1re, 7 oct. 1998, RGDA 1999. 142, note A. d'Hauteville ; V. *contra* Civ. 3e, 31 oct. 2001, Bull. civ. III, n° 115 ; RGDA 2002. 135, note critique J.-P. Karila).

§ 2 ■ Plafond de garantie

6037. Les pouvoirs publics se sont longtemps désintéressés de la question du plafond de la garantie dans les assurances de responsabilité décennale. La loi et les clauses types étaient muettes, aussi bien concernant la validité des plafonds de garantie, que leur montant ou leur opposabilité aux bénéficiaires de l'assurance. Les tribunaux se sont emparés de ces différentes questions. La jurisprudence a retenu le principe de l'illicéité des plafonds de la garantie obligatoire (Civ. 1re, 25 mai 1992, Bull. civ. I, n° 151 ; RGAT 1992. 566, note J. Bigot ; D. 1992, p. 469, note p. Dubois ; RDI 1992. 349, obs. G. Leguay ; Civ. 1re, 12 mai 1993 : Bull. civ. I, n° 161 ;

RGAT 1993. 834, note A. d'Hauteville ; Civ. 3e, 4 janv. 1996, RGDA 1996. 373, note H. Périnet-Marquet). La solution ne pénalisait généralement pas outre mesure l'assureur, dans la mesure où, dès la souscription du contrat, il connaissait au moins approximativement le montant maximum de l'indemnité d'assurance, la garantie décennale étant limitée à la réparation matérielle des désordres affectant l'ouvrage.

6038. Cependant, en présence de travaux de très grande ampleur, l'illicéité des plafonds de garantie avait pour effet de compliquer démesurément la tâche des candidats à l'assurance qui se heurtaient fréquemment à des refus d'assurance. En effet, les assureurs, privés de la faculté de limiter le montant de la garantie, prenaient rarement le risque de devoir verser une indemnisation trop élevée en cas de désordre de nature décennale. Saisi à la suite de différents refus d'assurance, le Bureau central de tarification rendit plusieurs décisions désignant un assureur de responsabilité décennale tout en restreignant la garantie à un plafond déterminé (BCT, 7 déc. 2006, RCA 2007, comm. n° 69). La solution adoptée par le Bureau central de tarification a sans aucun doute inspiré les pouvoirs publics. La loi de finances rectificative n° 2006-1771 du 30 décembre 2006 a ainsi créé un nouvel article L. 243-9 du Code des assurances qui, pour les constructions destinées à un usage autre que d'habitation, légalise les plafonds de garantie dans les assurances de responsabilité décennale, tout en laissant au pouvoir règlementaire le soin de préciser les modalités du plafonnement. Il est à noter qu'aucune allusion n'est faite aux constructions à usage mixte.

6039. À la suite de la loi de finances rectificative pour 2006, la Cour de cassation a de nouveau été interrogée sur la légalité des plafonds de garantie dans les contrats d'assurance de responsabilité décennale. À cette occasion, la troisième Chambre civile a infléchi sa jurisprudence antérieure en préférant, en présence d'une police souscrite pour couvrir la responsabilité d'un constructeur intervenant sur un chantier de construction d'un immeuble d'habitation, l'inopposabilité au bénéficiaire de l'assurance (maître de l'ouvrage ou assureur dommages-ouvrage subrogé) du plafond de garantie litigieux à l'illicéité pure et simple de la limitation du montant de la garantie (Civ. 3e, 22 févr. 2007, n° 06-10.125). La solution est identique à celle retenue en présence d'une franchise de la garantie obligatoire. Autrement dit, le plafonnement doit être uniquement pris en considération dans les rapports de l'assuré et de l'assureur. Ce dernier pourrait donc exercer une action récursoire en remboursement de la somme correspondant à la différence entre le montant de l'indemnité versée au tiers lésé et le plafond de garantie.

6040. L'article R. 243-3 du Code des assurances, issu du décret n° 2008-1466 du 22 décembre 2008 d'application de la loi de finances rectificative pour 2006, précise les modalités du plafonnement des garanties souscrites dans le cadre de l'assurance construction obligatoire. L'obligation d'assurance est plafonnée à 150 millions d'euros en cas de travaux de construction destinés à un usage autre que d'habitation. Aucune disposition ne prend en considération le cas particulier des ouvrages à usage mixte, lesquels ne seraient donc pas concernés par les nouvelles dispositions réglementaires. Le montant du plafond de garantie est susceptible d'être modifié par arrêté conjoint du ministre chargé de l'Économie et du ministre chargé de la Construction, au regard de l'évolution du coût de la construction et des capacités économiques des marchés de l'assurance et de la réassurance. À l'heure actuelle, si le montant du coût des travaux est inférieur ou égal à 150 millions d'euros, le montant de la garantie obligatoire équivaut au coût de la construction. Si le montant du coût des travaux est supérieur à 150 millions d'euros, l'assureur n'est tenu de garantir qu'à hauteur de 150 millions d'euros. Au-delà de ce seuil, il est libre de ne pas couvrir le risque. En pareil cas, le constructeur reste exposé au recours du maître de l'ouvrage ou de son assureur dommages-ouvrage subrogé pour une somme équivalente à la différence entre le coût total de la construction et 150 millions d'euros. C'est la raison pour laquelle l'article R. 243-1 du Code des assurances, dont les dispositions sont également issues du décret du 22 décembre 2008, impose aux constructeurs, pour satisfaire à l'obligation d'assurance qui leur incombe, d'être couverts par un contrat collectif de responsabilité décennale. Cette police est souscrite, soit directement par les constructeurs, soit par le maître de l'ouvrage pour le compte des différents intervenants à l'acte de construire. Dans l'esprit des pouvoirs publics, le contrat d'assurance collectif a vocation à intervenir en seconde ligne, à partir du plafond stipulé dans la police individuelle d'assurance de responsabilité décennale. Le système suppose donc que le plafond limitant le montant de la garantie individuelle constitue une franchise dans le contrat collectif. L'arrêté du 19 novembre 2009 portant actualisation des clauses-types impose l'inopposabilité *erga*omnes d'une « franchise absolue définie aux conditions particulières, laquelle est égale au plafond de garantie des contrats individuels souscrits par chacun des assurés, après ajustement de ce plafond en tant que de besoin ». Cette précision a pour vocation d'éviter que les bénéficiaires de la garantie ne soient pas tentés de solliciter le contrat collectif en première ligne, contrariant ainsi le fonctionnement du mécanisme envisagé par le décret.

6041. Les garanties facultatives, telle la garantie des dommages immatériels, peuvent être limitées par un plafond dont le montant est librement fixé par la convention (Civ. 1re, 12 mai 1993, n° 90-14.444, Bull. civ. I, n° 161 ; RGAT 1993. 834, note A. d'Hauteville).

Sous-section 6 ▪ Étendue de la garantie dans le temps

§ 1 ▪ Prise d'effet de la garantie

6042. Le point de départ de la garantie obligatoire est déterminé par l'article L. 241-1, alinéa 2, du Code des assurances, qui impose aux personnes assujetties à l'obligation d'assurance de responsabilité décennale, d'être en mesure de justifier de la souscription d'une police à l'ouverture du chantier. Les clauses types relatives à la durée de la garantie, inscrites en annexe I à l'article A. 243-1 du Code des assurances stipulent par ailleurs : « le contrat couvre, pour la durée de la responsabilité pesant sur l'assuré en vertu des articles 1792 et suivants du code civil, les travaux ayant fait l'objet d'une ouverture de chantier pendant la période de validité fixée aux conditions particulières. La garantie afférente à ces travaux est maintenue dans tous les cas pour la même durée, sans paiement de prime subséquente. L'ouverture de chantier s'entend à date unique applicable à l'ensemble de l'opération de construction. Cette date correspond, soit à la date de la déclaration d'ouverture de chantier, mentionnée au premier alinéa de l'article R. 424-16 du code de l'urbanisme pour les travaux nécessitant la délivrance d'un permis de construire, soit, pour les travaux ne nécessitant pas la délivrance d'un tel permis, à la date du premier ordre de service ou à défaut, à la date effective de commencement des travaux. Lorsqu'un professionnel établit son activité postérieurement à la date unique ainsi définie, et par dérogation à l'alinéa précédent, cette date s'entend pour lui comme la date à laquelle il commence effectivement ses prestations. Lorsqu'un professionnel exécute ses prestations antérieurement à la date unique définie à l'alinéa 2 et qu'à cette même date il est en cessation d'activité, l'ouverture du chantier s'entend pour lui à la date de signature de son marché ou à défaut, à celle de tout acte pouvant être considéré comme le point de départ de sa prestation ».

6043. Jusqu'à l'arrêté du 19 novembre 2009, les clauses-types mentionnaient : « le contrat couvre, pour la durée de la responsabilité pesant sur l'assuré en vertu des articles 1792 et 2270 du Code civil, les travaux ayant fait l'objet d'une ouverture de chantier, pendant la période de validité fixée aux conditions particulières ». Les pouvoirs publics ne proposant aucune définition de l'ouverture de chantier, l'analyse de la notion avait laissé libre cours à une jurisprudence sinueuse (sur ce thème, V. S. Bertolaso et E. Ménard, DROC ou ouverture de chantier : le débat n'est pas clos, Constr.-urb. 2005, Etude 12). La source du contentieux semblait cependant tarie à la suite de décisions successives de la Cour de cassation choisissant de fixer la date d'ouverture de chantier au jour du commencement effectif des travaux confiés à l'assuré (Civ. 1re, 29 avr. 2003,RDI 2003. 441, note G. Leguay ; RGDA 2003. 512, note A. d'Hauteville ; Civ. 3e, 18 févr. 2004, Bull. civ. III, n° 30 ; Civ. 3e, 13 sept. 2005, RDI 2006. 35, note p. Dessuet ; Civ. 3e, 27 sept. 2006, RGDA 2006. 957, note J.-P. Karila). La troisième chambre civile a consacré cette définition malgré une stipulation contractuelle contraire désignant l'ouverture de chantier par la déclaration règlementaire d'ouverture de chantier (Civ. 3e, 16 nov. 2011, n° 10-24.517 : RCA 2012, comm. 80). Loin de consacrer la position de la Cour de cassation, l'administration privilégie une définition polymorphe et imparfaite de l'ouverture de chantier, en énonçant un principe assorti de deux exceptions.

6044. À l'inverse de la solution jurisprudentielle, la clause-type indique tout d'abord que « l'ouverture de chantier s'entend à date unique applicable à l'ensemble de l'opération de construction ». Les tribunaux qui statueront sous l'empire des nouvelles clauses-types seront donc en principe privés de la possibilité de fixer l'ouverture de chantier à la date d'intervention de l'assuré sur le chantier.

6045. Une fois l'exigence de la date unique posée, la clause-type opère une distinction selon que les travaux litigieux nécessitent ou non la délivrance d'un permis de construire. Dans le premier cas de figure, la date d'ouverture de chantier correspond à « la date de la déclaration d'ouverture de chantier mentionnée au premier alinéa de l'article R. 424-16 du Code de l'urbanisme ». La priorité accordée à la DROC paraît légitime. En effet, l'article R. 421-40 du Code de l'urbanisme précise que la déclaration règlementaire d'ouverture de chantier est adressée au maire de la commune « lors de l'ouverture du chantier ». Certes la déclaration émanant du maître de l'ouvrage, un tiers au contrat d'assurance de responsabilité décennale souscrit par le constructeur. Mais le maître de l'ouvrage est bénéficiaire de la garantie, ce qui justifie la référence à un acte accompli par lui pour déterminer si la garantie doit ou non être mise en jeu. Surtout, la DROC a le mérite d'offrir date certaine à l'ouverture de chantier. Dans le second cas de figure, la date retenue est celle du « premier ordre de service » ou à défaut, « la date effective de commencement des travaux ». Entrent dans la catégorie des travaux ne nécessitant pas la délivrance d'un permis de construire ceux soumis à déclaration préalable en vertu des articles R. 421-14 et suivants du Code de l'urbanisme ainsi que les travaux exemptés de toute autorisation par les dispositions de l'article R. 421-2 du même code. Ces travaux de construction ne contraignant pas le maître d'ouvrage à procéder à la DROC, le recours au « premier ordre de service » ou à défaut, à « la date effective de commencement des travaux » devient un palliatif imparfait mais nécessaire à la détermination de la date d'ouverture de chantier. Compte tenu de l'exigence préalable de date unique applicable à l'ensemble de l'opération de construction, la « date effective de commencement des travaux » s'entend nécessairement comme la date (souvent difficile à déterminer) de la première intervention sur le chantier de l'un quelconque des constructeurs, qui ne correspond pas forcément à la date de la première intervention de l'assuré (Sur les incertitudes engendrées par les distinctions opérées, V. S. Bertolaso, L'actualisation des clauses-types en assurance-construction : un chantier inachevé, Constr.-urb. 2010, Étude 2).

6046. Par ailleurs, l'arrêté prend en considération deux cas de figure dans lesquels l'ouverture de chantier doit faire l'objet d'une définition spécifique. Lorsque l'assuré est un professionnel qui « établit son activité postérieurement à la date unique », la date de sa première intervention sur le chantier vaut date d'ouverture de chantier. C'est le seul cas dans lequel les rédacteurs de la clause-type s'approprient la définition à l'heure actuelle systématiquement appliquée par la Cour de cassation. Le contexte se prête particulièrement bien à cette consécration résiduelle. Lorsque le constructeur professionnel « exécute ses prestations antérieurement à la date unique définie à l'alinéa 2 et qu'à cette même date, il est en cessation d'activité, l'ouverture du chantier s'entend pour lui à la date de signature de son marché ou à défaut, à celle de tout acte pouvant être considéré comme le point de départ de sa prestation ». L'administration manifeste ici une dernière fois sa défiance envers la notion de commencement effectif des travaux confiés à l'assuré, qu'elle envisage comme un critère par défaut permettant de définir, faute de mieux, l'ouverture de chantier. La référence expresse à la multiplicité des actes pouvant être considéré comme le point de départ de la prestation de l'assuré matérialise probablement les raisons de la réticence des pouvoirs publics à utiliser un critère difficile à cerner.

§ 2 ▪ Durée de la garantie

6047. L'article L. 241-1, alinéa 3, du Code des assurances dispose que « tout contrat d'assurance souscrit en vertu du présent article est, nonobstant toute stipulation contraire, réputé comporter une clause assurant le maintien de la garantie pour la durée de la responsabilité décennale pesant sur la personne assujettie à l'obligation d'assurance ». L'exigence du maintien de la garantie pour la durée de la responsabilité décennale de l'assuré est confortée par une clause type figurant dans l'annexe I à l'article A. 243-1 du Code des assurances : « le contrat couvre, pour la durée de la responsabilité pesant sur l'assuré en vertu des articles 1792 et suivants du code civil, les travaux ayant fait l'objet d'une ouverture de chantier pendant la période de validité fixée aux conditions particulières. La garantie afférente à ces travaux est maintenue dans tous les cas pour la même durée, sans paiement de prime subséquente » (rédaction issue de l'Arr. du 19 novembre 2009). L'objectif des pouvoirs publics est en l'occurrence de permettre aux bénéficiaires de l'assurance (maître de l'ouvrage ou assureur dommages-ouvrage subrogé) d'accéder à la garantie obligatoire pendant toute la durée de la responsabilité de l'assuré, dès lors que les désordres litigieux trouvent leur origine dans une activité entreprise entre la prise d'effet du contrat et sa résiliation, pourvu que l'ouverture du chantier soit survenue pendant la durée du contrat.

6048. Une loi n° 2003-706 du 1er août 2003 a créé un nouvel article L. 124-5 du Code des assurances qui offre aux assureurs, à certaines conditions, la possibilité de stipuler des clauses limitatives de la durée de la garantie. Plus précisément, le texte permet la mise en œuvre de clauses de garantie subséquente, qui subordonnent la garantie à une réclamation de la victime formulée dans un délai limité suivant la résiliation du contrat. Ce délai ne peut cependant pas être inférieur à cinq ans. La question s'est posée de savoir si l'assurance de responsabilité décennale était concernée par les dispositions nouvelles. La réponse est donnée par l'article L. 124-5 lui-même qui précise *in fine* que ses dispositions « ne s'appliquent pas aux garanties d'assurance pour lesquelles la loi dispose d'autres conditions d'application de la garantie dans le temps ». En l'occurrence, les dispositions de l'article L. 241-1 du Code des assurances, imposant le maintien de la garantie pendant toute la durée de la responsabilité décennale de l'assuré, suffit à faire échec aux clauses limitatives de la durée de garantie.

6049. De l'application combinée des articles L. 124-5, L. 241-1, et de la clause type relative à l'étendue de la garantie dans le temps inscrite dans l'annexe I à l'article R. 243-1 du Code des assurances, il résulte que les clauses tendant à limiter la garantie obligatoire à une durée inférieure à la durée de la responsabilité décennale devraient être réputées non écrites. C'est le cas de la clause écartant la garantie en présence d'un sinistre survenu postérieurement à l'extinction du contrat. Il est à noter qu'en l'espèce, la solution n'est pas fondée sur l'article L. 241-1 du Code des assurances, mais sur la théorie de la cause, l'indemnisation par l'assureur étant la contrepartie des primes payées par l'assuré pendant le chantier dans lequel le sinistre trouve sa cause (CA Douai, 13 avr. 2004, Juris-Data, n° 245611). La clause qui subordonne la garantie à une réclamation de la victime formée entre le moment de la prise d'effet et celui de la résiliation du contrat est également réputée non écrite (Civ. 1re, 6 déc. 1994, n° 92-20.577, Bull. civ. I, n° 360 ; Civ. 1re, 3 oct. 1995, n° 93-14.739, *ibid.* n° 334). Subit le même sort, la clause qui stipule le paiement d'une prime subséquente pour la garantie des sinistres postérieurs à la résiliation de la police, ce que prohibe expressément la clause type inscrite en annexe I à l'article R. 243-1 du Code des assurances. La solution vaut, que la prime litigieuse soit provisionnelle ou définitive (Civ. 3e, 8 oct. 1997, n° 95-21.842, RGDA 1997. 1049, note A. d'Hauteville).

6050. Si l'assurance de responsabilité décennale en vigueur au jour de l'ouverture du chantier couvre nécessairement tous les désordres consécutifs à l'activité de construction de l'assuré, la question peut se poser du cumul d'assurance lorsque l'assuré a souscrit un contrat d'assurance de responsabilité décennale auprès d'un autre assureur, quand survient un désordre de nature décennale. Si le nouveau contrat ne contient pas de clause de reprise du passé inconnu, seul l'assureur dont la police était en vigueur au moment du fait générateur du désordre peut être utilement sollicité. En revanche, si le nouveau contrat stipule une clause de reprise du passé inconnu, le maître de l'ouvrage ou son assureur dommages-ouvrage subrogé, pour obtenir réparation de l'entier dommage, peut appeler, soit l'assureur dont la police est actuellement en cours, soit l'assureur dont la police était en cours au moment du fait générateur du désordre. En pareilles circonstances, le cumul d'assurances autorise l'application de l'article L. 121-4 *in fine* du Code des assurances au stade de la contribution à la dette des assureurs. La contribution de chacun est déterminée en appliquant au montant du dommage le rapport existant entre l'indemnité qu'il aurait versée seul et le montant cumulé des indemnités qui auraient pu être versées par l'un ou l'autre s'il avait été seul.

Section 2 . Mise en œuvre

Sous-section 1 . Mise en œuvre à l'initiative de l'assuré

6051. En l'absence de dispositions spécifiques à l'assurance de responsabilité décennale, le constructeur assuré doit solliciter son assureur en déclarant son sinistre dans le délai de droit commun de cinq jours à compter du moment où il en a eu connaissance (C. assur., art. L. 113-2). En cas de déclaration tardive, il s'expose à une déchéance de garantie. Cette sanction est subordonnée à la stipulation expresse de la déchéance dans la police et à la preuve d'un préjudice subi par l'assureur (Civ. 1re, 9 mai 1994, Bull. civ. I, n° 168 ; RGAT 1994. 647). Lorsqu'à la suite de la déclaration de sinistre, l'assureur oppose au constructeur assuré une exception de garantie (exclusion, déchéance...), ce dernier peut exercer une action judiciaire aux fins de mise en jeu de la garantie. Cette action est soumise au délai de prescription biennale de l'article L. 114-1 du Code des assurances.

Sous-section 2. Mise en œuvre à l'initiative du maître de l'ouvrage ou de l'assureur dommages-ouvrage subrogé

6052. L'action directe de la victime contre l'assureur du responsable a été pour la première fois admise par la Cour de cassation dès avant l'entrée en vigueur de la loi de 1930 : « attendu que la loi du 28 mai 1913, ajoutant un paragraphe 8 à l'article 2102 du Code civil, crée au profit de la victime un droit propre sur l'indemnité dont l'assureur de responsabilité se reconnaît ou a été reconnu débiteur en vertu de la convention d'assurance, non seulement en l'armant d'un privilège à l'encontre des autres créanciers de l'assuré, mais en décidant qu'aucun paiement fait par l'assureur ne sera libératoire tant que le créancier privilégié n'aura pas été désintéressé ; attendu que la victime de l'accident trouve dans ce droit propre qui lui est ainsi conféré par la loi, la source d'une action directe... » (Civ., 14 juin 1926, DP 1927, 1, p. 57, rapp. Colin, note Josserand ; S. 1927, 1, p. 25, note p. Esmein ; Gr. Arr. Dr. Ass., p. 213, obs. Cl.-J. Berr et H. Groutel). De la décision rendue en 1926, il résulte un principe qui n'a jamais été remis en cause : la victime peut directement poursuivre l'assureur du responsable de ses dommages, pour établir, dans un premier temps, l'existence de la créance de réparation et son montant, et, dans un second temps, l'indemnité d'assurance, laquelle doit nécessairement lui être versée. L'article 53 de la loi de 1930, dont les dispositions figurent aujourd'hui à l'article L. 124-3 du Code des assurances, se contente de traiter de l'action directe par prétérition, en consacrant un droit propre de la victime sur l'indemnité d'assurance : « l'assureur ne peut payer à un autre que le tiers lésé tout ou partie de la somme due par lui, tant que ce tiers n'a pas été désintéressé, jusqu'à concurrence de ladite somme, des conséquences pécuniaires du fait dommageable ayant entraîné la responsabilité de l'assuré ». Le laconisme du législateur a conduit la Cour de cassation à intervenir de nouveau pour préciser le fondement de l'action directe. Depuis un arrêt du 28 mars 1939, la Cour de cassation considère que « si l'action de la victime d'un accident contre l'assureur est subordonnée à l'existence d'une convention passée entre ce dernier et l'auteur de l'accident, et ne peut s'exercer que dans ses limites, elle trouve, en vertu de la loi, son fondement dans le droit à réparation du préjudice causé par l'accident dont l'assuré est reconnu responsable » (Civ., 28 mars 1939, RGAT 1939. 285 ; DP 1939, 1, p. 68, note Picard ; DH 1939, p. 257). L'action directe fait l'objet d'un double rattachement, d'une part au contrat d'assurance, et d'autre part à la loi. Certes l'action directe doit respecter les termes du contrat d'assurance à l'exécution duquel elle tend. Mais elle ne saurait exister sans la présence d'un droit à la réparation du préjudice causé par l'accident dont l'assuré est responsable. Ce double rattachement concerne toutes les formes d'assurance de responsabilité, notamment l'assurance de responsabilité décennale.

6053. Seules les personnes qui peuvent agir en responsabilité contre l'assuré, sont en droit d'exercer l'action directe contre son assureur. En assurance de responsabilité civile vie privée, la Cour de cassation décide, au visa de l'article L. 124-3 du Code des assurances, que « seul le tiers lésé ou, à défaut, celui qui, l'ayant désintéressé, est subrogé dans ses droits, peut exercer l'action directe contre l'assureur du responsable » (Civ. 1re, 10 mai 1988, Bull. civ. I, n° 129 ; D. 1988, IR, 145 ; Civ. 1re, 15 janv. 1991,RGAT 1991. 405, obs. R. Bout). Cette solution est transposable à l'assurance de responsabilité décennale : seul le maître de l'ouvrage ou les personnes subrogées dans les droits de la victime sont titulaires de l'action directe. En pratique, il s'agit de l'assureur dommages-ouvrage qui a indemnisé son assuré (le maître de l'ouvrage), de tiers payeurs, ou encore d'un coauteur du dommage ou de son assureur de responsabilité, quand ils ont versé à la victime une somme dépassant la charge de réparation qui leur incombe. Par exemple, l'entrepreneur principal, qui a pris en charge la réparation des préjudices subis par le maître d'ouvrage, est subrogé dans les droits et actions du maître d'ouvrage, et peut donc exercer l'action directe contre l'assureur du sous-traitant à qui le dommage est également imputable (Civ. 1re, 13 juin 1984, Bull. civ. I, n° 194 ; D. 1986, IR, 95, obs. Cl.-J. Berr et H. Groutel). L'assureur dommages-ouvrage est lui aussi fondé à solliciter la garantie de l'assureur de responsabilité d'un constructeur dans le cadre d'une action directe (Civ. 3e, 24 oct. 2007, n° 06-17.295, RCA 2007, comm. n° 369).

6054. L'interdépendance de l'action directe et de l'action de la victime contre l'assuré a longtemps justifié l'exigence jurisprudentielle de la mise en cause de l'assuré par la victime qui exerce l'action directe : « l'exercice de l'action directe en réparation d'un dommage contre l'assureur exige la mise en cause de l'assuré, auteur prétendu de ce dommage, à l'effet de fixer contradictoirement l'existence et le montant de la créance, ainsi que l'indemnité due par l'assureur » (Civ., 13 déc. 1938,DP 1939, 1, p. 33, note Picard ; Civ. 1re, 11 oct. 1994,RGAT 1994. 1212, obs. J. Beauchard). Des exceptions limitaient cependant la portée du principe. La mise en cause de l'assuré était ainsi inutile, en cas d'établissement préalable de la responsabilité de l'assuré, dans son principe et dans son montant (Civ. 1re, 11 juill. 1977, RGAT 1978. 237). La Cour de cassation a progressivement modifié sa jurisprudence, pour affirmer finalement, au visa de l'article L. 124-3 du Code des assurances, que « la recevabilité de l'action directe n'est pas subordonnée à l'appel en la cause de l'assuré par la victime » (Civ. 1re, 7 nov. 2000, Bull. civ. I, n° 274 ; D. 2001, somm. 3320, obs. H. Groutel ; *ibid.* 2002, somm. 2115, obs. A. Bonnard ; RGDA 2000. 1108, obs. J. Kullmann ; RCA 2001, comm. n° 29, obs. H. Groutel ; Civ. 3e, 15 mai 2002,Bull. civ. III, n° 98; RGDA 2002. 747, obs. L. Mayaux ; RCA 2002, comm. n° 273, obs. H. Groutel). Cette solution ne remet évidemment pas en cause le principe selon lequel l'action directe suppose que soient établis « à la fois l'existence de la responsabilité de l'assuré à l'égard de la victime et le montant de la créance d'indemnisation de celle-ci contre l'assuré » (Civ. 1re, 6 juill. 1999, n° 98-12.526, RCA 1999, comm. n° 342 ; Civ. 3e, 2 mars 2005, n° 03-15.936, *ibid.* 2005, comm. n° 169, obs. H. Groutel ; Defrénois 2006, p. 63, chron. H. Périnet-Marquet). Dès lors, il faut admettre qu'il est possible de discuter de la mise en jeu de la responsabilité de l'assuré, sans qu'il soit présent à l'instance. Simplement, la décision qui retient la mise en jeu de la garantie d'assurance au profit de la victime lui est inopposable. Dès lors, l'assureur qui voudrait par exemple réclamer à son assuré le remboursement de la franchise d'assurance, devrait le mettre en demeure voire exercer contre lui une action judiciaire.

6055. La Cour de cassation a très tôt consacré l'inapplicabilité de l'article 25 de la loi de 1930, aujourd'hui devenu l'article L. 114-1 du Code des assurances, à l'action directe (Civ., 28 mars 1939,préc. ; Civ. 1re, 9 mai 1996, RGDA 1996. 705, obs. J. Kullmann ; RCA 1996, comm. n° 289 ; « l'action directe de la victime contre l'assureur de responsabilité (...) trouve son fondement dans le droit de la victime à réparation de son préjudice et se prescrit, dès lors, par le même délai que l'action de la victime contre le responsable » ; Civ. 1re, 29 oct. et 13 nov. 2002, *ibid.* 2003, comm. n° 21, obs. H. Groutel). En principe, la victime dispose donc du même délai pour agir, qu'elle décide d'exercer une action contre l'auteur du dommage ou son assureur. Autrement dit, si l'action en responsabilité est prescrite, l'action directe l'est également. La prescription de l'action directe de la victime contre l'assureur du responsable s'applique également à l'action ouverte à celui qui est subrogé dans ses droits (Civ. 1re, 4 févr. 2003, RCA 2003, comm. n° 15 ; Civ. 2e, 13 mai 2004, *ibid.* 2004, comm. n° 275). La Cour de cassation a admis, à titre exceptionnel, une prolongation du délai de prescription de l'action directe, aussi longtemps que l'assureur reste exposé au recours de son assuré dans le cadre du procès en responsabilité, c'est-à-dire aussi longtemps que l'y autorise le jeu de la prescription biennale applicable aux actions dérivant d'un contrat d'assurance (Civ. 1re, 11 mars 1986, D. 1987, somm. p. 183, obs. Cl.-J. Berr et H. Groutel ; RGAT 1986. 354, obs. J. Bigot ; Civ. 1re, 16 févr. 1988, D. 1989, somm. p. 245, obs. H. Groutel ; RGAT 1988. 358, obs. R. Bout ;Civ. 1re, 7 oct. 1992, RCA 1992, comm. n° 467 ; Civ. 1re, 26 nov. 2003, n° 01-11.245,*ibid.* 2004, comm. 50). L'application du délai de prescription biennale est limitée à l'hypothèse dans laquelle elle permet une prolongation du délai de prescription. Il faut ici imaginer que la victime a d'abord introduit une action en responsabilité contre l'assuré, lequel a appelé son assureur en garantie. Pendant le procès en responsabilité, la victime décide d'exercer une action directe contre l'assureur. Il peut arriver que celle-ci soit prescrite. On est alors dans une situation où l'assureur est exposé au recours de son assuré, dans le cadre de l'appel en garantie formulé au cours de l'action en responsabilité introduite par la victime.

6056. Dans le même temps, il devrait en principe être délivré de toute obligation envers la victime qui voudrait agir par la voie de l'action directe. La Cour de cassation a cependant adopté une solution protectrice des intérêts de la victime, en admettant que la prescription de l'action directe peut être prolongée aussi longtemps que l'assureur reste exposé au recours de son assuré dans le cadre d'un procès en responsabilité. La prolongation du délai trouve toutefois une limite logique dans la prescription applicable aux actions dérivant du contrat d'assurance. Selon l'article L. 114-1, alinéa 3, du Code des assurances, l'assureur est exposé au recours de son assuré, pendant deux ans à compter du jour où la victime a engagé une action en justice contre ce dernier. Pour que l'assureur soit encore exposé au recours de son assuré au delà du délai de prescription de droit commun, il faut donc que l'action de la victime contre le responsable soit intentée dans les deux dernières années de la prescription de l'action en responsabilité. Si l'action en responsabilité a été engagée plus tôt, on applique le principe de l'adéquation des délais de prescription de l'action directe et de l'action en responsabilité. Par exemple, dans une espèce où le point de départ du délai de prescription de l'action de la victime contre l'assuré se situait le 13 novembre 1975 (délai de 10 ans de l'ancien article 2270-1 du Code civil), l'action est intentée le 24 avril 1984. Il résulte de l'article L. 114-1, alinéa 3, du Code des assurances, que le délai pour agir de l'assuré contre son assureur est de deux ans à compter de cette date. Autrement dit, l'assuré peut exercer un recours contre son assureur jusqu'au 24 avril 1986. La victime peut pareillement engager une action directe contre l'assureur du responsable jusqu'au 24 avril 1986 (Civ. 1re, 23 mars 1999, RCA 1999, comm. n° 194, obs. H. Groutel). Il arrive que la question de la mise en cause de l'assuré interfère avec celle de la prescription de l'action directe. Ainsi, l'assureur se prévaut parfois de l'absence de mise en cause de son assuré par le maître de l'ouvrage dans le délai de dix ans suivant la réception pour échapper à la garantie, en invoquant l'irrecevabilité de l'action directe au motif que le constructeur assuré n'est plus exposé au recours du maître de l'ouvrage ou de l'assureur dommages-ouvrage subrogé. La Cour de cassation fait prévaloir l'indifférence de la mise en cause de l'assuré pour admettre que l'action directe contre l'assureur de responsabilité décennale, assigné en référé dans les dix ans suivant la réception, est recevable (Civ. 2e, 21 févr. 2008, n° 07-10.951,RCA 2008, comm. n° 152). Dans le même ordre d'idée, dans une espèce où l'action en responsabilité contre le constructeur assuré était prescrite, mais où la prescription de l'action directe contre l'assureur avait été interrompue par une assignation en référé aux fins de désignation d'un expert, la troisième Chambre civile a admis que l'impossibilité d'agir contre le constructeur en raison de la prescription ne fait pas obstacle à l'exercice de l'action directe contre l'assureur dont la prescription a été interrompue. Cette solution est encore justifiée au regard de l'indifférence de la mise en cause de l'assuré (Civ. 3e, 24 oct. 2007, n° 06-17.295, RCA 2007, comm. n° 369).

6057. Une jurisprudence constante rappelle que l'assurance de responsabilité décennale ne prend effet qu'à compter de la réception de l'ouvrage, pour déclarer irrecevable l'action directe exercée par les victimes de dommages contre l'assureur d'un entrepreneur qui a abandonné le chantier (Civ. 1re, 7 juin 1989, Bull. civ. I, n° 227 ; RCA 1989, comm. n° 325).

Sous-section 3 Mise en œuvre à l'initiative d'un colocateur d'ouvrage ou de son assureur

6058. La question s'est posée de savoir si le coauteur d'un dommage, assigné par la victime, peut exercer une action directe contre l'assureur d'un autre constructeur coauteur. Une réponse négative s'impose. En effet, le demandeur n'a pas la qualité de tiers lésé (Civ. 1re, 15 mai 1984, préc.). En revanche, le coauteur est en droit d'en appeler un autre, ou son assureur, en garantie des condamnations qui pourraient être prononcées contre lui. Une telle demande est distincte de l'action fondée sur l'article L. 124-3 du Code des assurances, ce qui explique que le régime de l'action directe ne lui est pas applicable. Notamment, le coauteur n'a pas à justifier du paiement des dommages et intérêts à la victime au jour où le juge statue, pour appeler un coauteur ou son assureur de responsabilité en garantie, alors que ce serait le cas si on admettait qu'il est titulaire d'une action directe contre l'assureur du coresponsable en qualité de subrogé dans les droits de la victime (Civ. 1re, 21 janv. 1997, n° 94-19.689, RGDA 1997. 542, obs. L. Mayaux ; RCA 1997, chron. 4, H. Groutel ; Civ. 3e, 9 déc. 1998,D. 1999, somm. p. 228, obs. H. Groutel ; RCA 1999, comm. n° 50 ; Com., 2 févr. 1999, RGDA 1999. 677, obs. Ph. Rémy).

Chapitre 4
Les assurances facultatives

BIBLIOGRAPHIE

L'Argus de l'assurance

Ouvrages. - J. Roussel, S. becqué-Ickowicz, *Risques et assurances construction*, L'Argus, 3e éd., 2016.

Autres documentations

Ouvrages. – F.-X., Ajaccio, *L'assurance construction*, Coll. Guide pratique Droit et construction, Centre scientifique et technique du bâtiment (CSTB), 2e éd., 2016 – F.-X. Ajaccio, A. Caston, R. Porte, L'assurance construction, Le Moniteur, 2e éd., 2015 – J.-B. Auby, R. Noguellou, H. Perinet-Marquet, *Droit de l'urbanisme et de la construction*, LGDJ, Précis Domat, 10e éd., 2015 – J.-Cl. RCA, « Assurance construction. Assurance de dommages », Fasc. 540-2. – L. Karila et C. Charbonneau, *Droit de la construction : responsabilités et assurances*, LexisNexis, coll. Litec Professionnels, 2e éd., 2011. – *Lamy Assurances*, J. Kullmann (dir.), « L'assurance construction », J.-P. Karila et J. Kullmann, éd. 2016. – Ph. Malinvaud, *Droit de la construction*, Dalloz action, 6e éd., 2013. – Ph. Malinvaud, Ph. Jestaz, p. Jourdain, O. Tournafond, *Droit de la promotion immobilière*, Précis Dalloz, 8e éd., 2009. – C. Ponce, *Droit de l'assurance construction*, Gualino, 3e éd., 2013. – R. Saint-Alary et C. Saint-Alary-Houin, *Droit de la construction*, Dalloz, 10e éd., 2013.

6059. Les assurances facultatives, encore dites « complémentaires », sont susceptibles de garantir tous les risques qui ne sont pas couverts par l'assurance construction obligatoire. Au-delà des règles générales qui les gouvernent, ces assurances facultatives peuvent être distinguées selon qu'elles sont souscrites pour la couverture de désordres intervenant avant ou après la réception.

Section 1 . Règles générales

6060. Les assurances facultatives peuvent être des assurances de choses ou des assurances de responsabilité. Dans tous les cas, elles relèvent de la liberté contractuelle et ne sont pas soumises à des clauses types. Elles obéissent en conséquence au du droit commun des assurances. Sous réserve de respecter les conditions générales énoncées par les articles L. 112-4, alinéa 3, et L. 113-1, alinéa 1er, du Code des assurances, ces contrats peuvent ainsi valablement prévoir des clauses d'exclusion. Sont par exemple licites, comme étant formelles et limitées, les clauses d'une police d'assurance de responsabilité civile professionnelle qui excluent de la garantie « responsabilité civile après travaux », les malfaçons elles-mêmes et le coût des remises en état, tout en laissant dans le champ de la garantie les dommages corporels, matériels ou immatériels dont le fait générateur est constitué par les malfaçons (Civ. 1re, 10 déc. 1996, n° 94-16.957,Bull. civ. I, n° 442, RGDA 1997. 126, note J. Kullmann ; Civ. 1re, 17 nov. 1998, n° 96-17.905, Bull. civ. I, n° 320 ; RGDA 1999. 139, note A. d'Hauteville). En revanche, n'est pas conforme à l'article L. 113-1 du Code des assurances, la clause d'un contrat d'assurance de responsabilité civile professionnelle qui, pour exclure la garantie en cas d'inobservation des règles de l'art, vise l'ensemble des documents techniques unifiés et des normes, textes et réglementations en vigueur (Civ. 1re, 26 nov. 2003, n° 01-16.126, Bull. civ. I, n° 205). Est également illicite la clause d'exclusion qui conduit à priver le contrat de sa substance (Civ. 2e, 16 juin 2005, n° 04-12.500 : contrat multirisque professionnel garantissant l'assuré intervenant en qualité de sous-traitant mais excluant toute garantie dès lors que les dommages engagent la responsabilité décennale de l'entrepreneur principal).

6061. Conformément au principe de liberté contractuelle qui s'applique ici, la stipulation d'un plafond de garantie est également valable (Civ. 1re, 12 mai 1993, n° 90-14.444, Bull. civ. I, n° 161, RGAT 1993. 834, note A. d'Hauteville). De la même manière, la garantie peut valablement comporter une franchise à la charge de l'assuré (Civ. 1re, 31 mai 1989,n° 87-15.627, Bull. civ. I, n° 216 ; Civ. 1re, 25 févr. 1992, n° 89-12.138, Bull. civ. I, n° 63 ;Civ. 1re, 28 avr. 1993, n° 90-17.727, Bull. civ. I, n° 148, D. 1993, p. 519, note C. Larroumet ;Civ. 1re, 12 mai 1993, n° 90-14.444,Bull. civ. I, n° 161 ; Civ. 1re, 18 juin 1996,n° 94-15.291 ; Civ. 3e, 23 avr. 1997, n° 95-13.648, Bull. civ. III, n° 85 ; RDI 1997. 600, note p. Dubois ; RGDA 1997. 769, note H. Périnet-Marquet ; Civ. 1re, 7 oct. 1998, n° 96-19.131,RGDA 1999. 142, note A. d'Hauteville). Ces franchises sont opposables au tiers lésé.

6062. Contrairement à l'assurance obligatoire de responsabilité décennale, les assurances de responsabilité facultatives des constructeurs sont soumises à l'article L. 124-5 du Code des assurances. Ce texte est issu de la loi de sécurité financière n° 2003-706, du 1er août 2003, dite loi « LSF » (JO 2 août) qui est venue légaliser les clauses « base réclamation » jusqu'alors condamnées par la jurisprudence (depuis Civ. 1re, 19 déc. 1990,n° 88-12.863, Bull. civ. I, n° 303 ; RGAT 1991. 155, note J. Bigot ; JCP G 1991, II, 21656, note J. Bigot ; CE, 29 déc. 2000, n° 212338 et 215243 ; JCP G 2001, II, 10486, note J. Bigot et F. Vincent). L'article L. 124-5 du Code des assurances prévoit que « la garantie est, selon le choix des parties, déclenchée soit par le fait dommageable, soit par la réclamation ». Il existe ainsi deux systèmes possibles de garantie dans le temps. La clause « fait dommageable » couvre l'assuré contre les conséquences pécuniaires des sinistres, dès lors que le fait dommageable survient entre la prise d'effet initiale de la garantie et sa date de résiliation ou d'expiration. La clause « base réclamation » soumet la garantie de l'assureur de responsabilité à deux conditions : le fait dommageable doit survenir pendant la période de validité du contrat et la réclamation de la victime doit être adressée entre la prise d'effet de la garantie et l'expiration d'un délai subséquent. Dans le domaine de la construction, ce délai ne peut être inférieur à dix ans à compter de l'expiration du contrat d'assurance (C. assur., art. R. 124-2). L'assureur a l'obligation de reprendre, sans limite, le passé inconnu, c'est-à-dire les faits dommageables susceptibles de causer à autrui un dommage garanti qui était ignoré par l'assuré à la date de souscription de la garantie en base réclamation (C. assur., art. L. 124-5, al. 4). En pratique, l'immense majorité des contrats d'assurance construction proposés adopte la base réclamation.

Section 2 . Assurances facultatives des risques encourus avant réception

Sous-section 1 . Garantie « effondrement »

6063. En cours d'exécution du chantier, l'ouvrage ou les travaux peuvent être détruits en tout ou partie. Pendant cette période, la charge des risques, en cas de perte de la chose, est réglée par les articles 1788 à 1791 du Code civil. En particulier, l'article 1788 du Code civil prévoit que l'entrepreneur doit supporter la perte de la chose qu'il construit avec ses propres matériaux (V. par ex. Civ. 1re, 3 nov. 1993, n° 90-18.876, Bull. civ. I, n° 309 : installation industrielle détruite avant livraison par implosion), sauf s'il a déjà mis le maître d'ouvrage en demeure de la recevoir. Il s'ensuit que la destruction de l'ouvrage, y compris par force majeure, oblige l'entrepreneur à reconstruire l'ouvrage ou à rembourser le coût de la construction selon les prévisions contractuelles, sans pouvoir par ailleurs prétendre à de quelconques indemnités. La garantie « effondrement » couvrent les dommages dont l'entrepreneur doit répondre en application de l'article 1788 du Code civil. Elle a ainsi pour objet de couvrir, avant la réception, l'effondrement ou une menace grave et imminente d'effondrement de l'ouvrage. C'est là une condition de sa mise en œuvre (Civ. 3e, 5 mai 2015, n° 14-12.235). La garantie ne joue donc pas dès lors que l'on est seulement en présence de vices graves qui, quoique nécessitant des travaux de reconstruction, ne menacent pas l'ouvrage d'effondrement (Civ., 3e, 2 nov. 2011, n° 10-23.124) ou de désordres qui ne portent pas atteinte à un ouvrage de fondation, d'ossature, de clos ou de couvert (Civ. 3e, 26 juin 2013, n° 11-12.785, Bull. civ. III, n° 84). Si une étude technique confiée à un ingénieur spécialisé, imposée par le contrat pour l'acquisition de la garantie, n'a pas été réalisée préalablement à l'exécution des travaux, la garantie ne peut pas être mobilisée (Civ. 3e, 17 févr. 2015, n° 13-28.432).

6064. Cette garantie peut être souscrite soit par l'entreprise, soit par le maître de l'ouvrage pour le compte de l'entrepreneur ou encore pour le compte de qui il appartiendra lorsque les entreprises ne sont pas encore toutes connues du maître de l'ouvrage au moment de la souscription du contrat (C. assur., art. L. 112-1, al. 2). Lorsque la garantie a été souscrite au profit exclusif de l'entrepreneur et non pour le compte du maître de l'ouvrage, elle constitue une assurance de chose au bénéfice du seul entrepreneur assuré. Le maître de l'ouvrage est donc dépourvu de toute action directe contre l'assureur de chose. Conformément à l'article L. 124-3 du Code des assurances, l'action directe n'est en effet ouverte au tiers lésé qu'en matière d'assurance de responsabilité (Civ. 3e, 11 mai 2000, n° 98-18.591 et n° 99-11.924, Bull. civ. III, n° 101 ; Civ. 3e, 25 nov. 2003,n° 02-17.837 ; Civ. 3e, 15 déc. 2004, n° 03-16.820, Bull. civ. III, n° 241 ; Civ. 3e, 26 oct. 2005, n° 04-15.853 ; Civ. 2e, 6 mars 2008, n° 07-12.124; Civ. 3e, 10 févr. 2009, n° 07-21.184 ; RDI 2009. 303 ; Civ. 3e, 19 mai 2009, n° 08-13.235, RDI 2009. 492). La demande du maître de l'ouvrage contre l'assureur peut toutefois être fondée sur l'action oblique (Civ. 3e, 21 nov. 2012, n° 11-23.116 ; RDI 2013, p. 277).

6065. Lorsque l'assurance est souscrite pour le compte de qui il appartiendra, elle devient en revanche une assurance de responsabilité (Civ. 1re, 10 juill. 1995, n° 92-13.534,Bull. civ. I, n° 307 : précisant que « si elle ne se présume pas, l'assurance pour compte peut être implicite et résulter de la volonté non équivoque des parties »). La jurisprudence énonce en effet, sous le visa de l'article L. 112-1 du Code des assurances, qu'« un contrat d'assurance de choses, souscrit pour le compte de qui il appartiendra par celui auquel ces choses ont été confiées, s'analyse en un contrat d'assurance de responsabilité envers leur propriétaire pour leur perte ou leur dégradation » (Civ. 1re, 12 mai 1993, n° 90-17.157, Bull. civ. I, n° 160 ; RGDA 1993. 831, note J. Bigot). Précisant les conditions d'exercice de cette action, la Cour de cassation a cependant énoncé que « si cette assurance de chose peut s'analyser en une assurance de responsabilité, c'est seulement dans la mesure où elle a été souscrite pour le compte du maître de l'ouvrage, en vue de garantir les dommages causés par l'effondrement, à la suite des travaux effectués par l'assuré, aux parties préexistantes dont le maître de l'ouvrage est propriétaire et qui sont confiées à l'entrepreneur » (Civ. 1re, 6 janv. 1994, n° 90-19.612, Bull. civ. I, n° 3 ; RGAT 1994. 565, note H. Périnet-Marquet ; Civ. 1re, 13 nov. 1996, n° 94-10.031, Bull. civ. I, n° 396 ; RGDA 1997. 196, note H. Périnet-Marquet). L'action directe n'est ainsi recevable que dans deux hypothèses :
- en cas de dommages affectant les existants du fait des travaux en cours de construction ;
- lorsque le risque d'effondrement s'étend à l'immeuble tout entier (Civ. 1re, 26 janv. 1999, n° 96-22.567 : nouveaux ouvrages directement menacés d'effondrement mais mettant en péril la solidité de l'ensemble du bâtiment « faute d'être désolidarisés des parties existantes »).

Cette action directe est en revanche irrecevable lorsqu'elle porte sur l'indemnisation de dommages causés par l'effondrement aux seuls ouvrages nouveaux réalisés par l'entrepreneur.

Sous-section 2 Garantie « tous risques chantier » (TRC)

6066. La garantie TRC est souscrite par les maîtres d'ouvrage professionnels à leur propre profit afin de s'assurer contre les risques de dommages pouvant affecter les ouvrages dont ils sont propriétaires et qui préexistent aux travaux, mais aussi pour le compte de tous les professionnels qui interviennent sur le chantier. Les entrepreneurs peuvent donc avoir la qualité d'assuré. La souscription pour compte ne constitue cependant pas un mandat donné d'office au souscripteur pour représenter les bénéficiaires du contrat dans leurs relations avec l'assureur (Civ. 3e, 27 févr. 2008, n° 06-21.965 ; RDI 2008. 159). En pratique, et contrairement à ce que la dénomination « tous risques chantier » pourrait laisser entendre, cette garantie couvre, jusqu'à la réception des travaux, les seuls dommages matériels accidentels qui sont susceptibles de survenir durant le chantier en cas de vol, incendie, explosion, dégât des eaux, ou encore actes de vandalisme, et qui affectent les travaux de construction, les matériaux et baraques du chantier. La garantie couvre également les dommages causés par de fausses manœuvres et/ou des chutes d'engins.

6067. Sont à l'inverse exclus de la garantie tous les désordres résultant de vices de construction ou d'erreurs de conception (Civ. 1re, 22 nov. 1994, n° 93-10.840, Bull. civ. I, n° 336 ; Civ. 3e, 18 déc. 1996, n° 94-18.606,94-19.833 et 94-21.193 ; Civ. 1re, 25 nov. 1997, n° 96-11.397 ; Civ. 3e, 9 juill. 2013, n° 12-20.801). Sont également exclus « les frais engagés pour rechercher ou supprimer des désordres, ou rechercher la cause et l'étendue des dommages, mettre les biens assurés en conformité avec les spécifications du marché ou modifier ou perfectionner ces biens » (exclusion conforme à l'article L. 113-1 du Code des assurances : Civ. 3e, 18 déc. 1996,n° 94-18.606,94-19.833 et 94-21.193). En revanche, la garantie couvre fréquemment les « frais et dépenses raisonnablement engagés en vue d'éviter les pertes et dommages supplémentaires » (Civ. 1re, 21 nov. 2000, n° 98-15.418 ; Civ. 2e, 25 mars 2004, n° 02-20.915 : une telle clause doit alors également être étendue aux travaux destinés à empêcher l'aggravation des dommages déjà réalisés et ne peut être limitée aux seules mesures prises pour la conservation des parties de l'ouvrage ayant subi des dommages matériels).

Sous-section 3 . Assurances de responsabilité civile

6068. Les travaux de construction peuvent engendrer des risques très divers (dommages au maître de l'ouvrage, dommages à des tiers, dommages aux autres constructeurs qui interviennent sur le chantier). L'entrepreneur peut couvrir ces risques de responsabilités contractuelles et délictuelles en souscrivant une assurance de responsabilité civile facultative. Cette assurance a pour objet de garantir les dommages causés aux tiers ou contractant qui résultent des travaux réalisés dans le cadre de l'activité garantie. En revanche, elle ne garantit pas les dommages pouvant affecter les travaux ou les ouvrages en cours d'exécution, lesquels relèvent d'une assurance de choses. Elle est cependant souvent délivrée dans le cadre d'un contrat multirisques, qui couvrent à la fois les risques de responsabilité décennale (dont la couverture est obligatoire), de responsabilité civile professionnelle et de dommages à l'ouvrage en cours de travaux.

Section 3 . Assurances facultatives des risques encourus après réception

Sous-section 1 . Assurance de responsabilité

6069. Les garanties facultatives de responsabilité civile sont souscrites par les entreprises de construction pour couvrir des dommages qui surviennent après la réception des travaux et qui ne sont pas couverts par l'assurance de responsabilité décennale obligatoire. La garantie facultative concerne ainsi les dommages immatériels et les dommages causés aux biens mobiliers. Elle peut également couvrir les dommages dits « intermédiaires ». Cette notion vise des malfaçons qui surviennent après la réception des travaux, mais qui n'affectent pas un élément d'équipement dissociable de l'ouvrage et ne présentent pas de gravité décennale (ex : Civ. 3e, 23 juin 1999, n° 97-16.176, Bull. civ. III, n° 148 : désordres affectant les façades et résultant d'un mauvaise mise en œuvre des bétons et d'une insuffisance d'enrobement des fers ; Civ. 3e, 11 mai 2006, n° 04-20.426, Bull. civ. III, n° 119 : décollement de la peinture des plafonds). Les dommages intermédiaires relèvent de la responsabilité contractuelle de droit commun du locateur d'ouvrage (Civ. 3e, 10 juill. 1978, « Delcourt », Bull. civ. III, n° 285). Cette responsabilité ne peut toutefois être engagée que sur le fondement d'une faute prouvée du constructeur ; la prescription de l'action en responsabilité est en outre calquée sur celle qui est applicable à la responsabilité décennale des constructeurs (C. civ., art. 1792-4-3). Les locateurs d'ouvrage peuvent enfin avoir recours à l'assurance facultative pour couvrir les dommages causés aux éléments d'équipement dissociables de l'ouvrage qui ne compromettent pas la destination de l'ouvrage et qui relèvent de la garantie de bon fonctionnement (C. civ., art. 1792-3).

6070. Les garanties facultatives de responsabilité concernent également l'entrepreneur qui intervient sur le chantier en tant que sous-traitant. L'entrepreneur n'est en effet soumis à l'obligation d'assurance de responsabilité décennale que lorsqu'il réalise des travaux dans le cadre d'un contrat de louage d'ouvrage qu'il a conclu avec le maître de l'ouvrage. Son activité de sous-traitant, exercée en tant que cocontractant d'une entreprise principale, relève par conséquent de l'assurance facultative (Civ. 3e, 17 nov. 2004,n° 03-15.495 : le contrat d'assurance qui ne prévoit que la garantie de la responsabilité décennale de l'assuré ne s'applique pas lorsque ce dernier intervient en qualité de sous-traitant). En pratique, la couverture nécessaire de cette activité sera fournie à l'entrepreneur par son assureur habituel de responsabilité décennale : l'assurance obligatoire est assortie d'une assurance facultative qui a vocation à s'appliquer lorsque l'entreprise réalise des travaux en qualité de sous-traitant. La garantie est donc généralement limitée aux désordres de nature décennale (Sur le contrat-type de sous-traitance du BTP diffusé par les organisations professionnelles du bâtiment et travaux publics, v. : S. Abbatucci, « Sous-traitance dans le BTP – Un nouveau contrat-type incontournable », RDI 2014, p. 194). Cette circonstance ne doit cependant pas faire oublier le caractère facultatif de cette garantie : la clause limitant l'assurance facultative de responsabilité du sous-traitant aux seuls dommages de gravité décennale n'a pas pour effet de soumettre le contrat au régime de l'assurance décennale obligatoire (Civ. 1re, 7 mai 2002, n° 97-18.313, Bull. civ. I, n° 119).

Sous-section 2. Assurance de chose : la garantie des dommages aux existants

6071. L'article L. 243-1-1, II, du Code des assurances exclut du champ de l'assurance construction obligatoire « les ouvrages existants avant l'ouverture du chantier, à l'exception de ceux qui, totalement incorporés dans l'ouvrage neuf, en deviennent techniquement indivisibles ». Afin de permettre la couverture des dommages causés aux existants non incorporés, l'Etat, les organisations professionnelles représentant les maîtres de l'ouvrage et celles représentant les assureurs ont, le 8 septembre 2005, signé une convention par laquelle les assureurs se sont engagés à proposer systématiquement aux maîtres d'ouvrage une garantie couvrant le paiement des travaux de réparation des dommages de nature décennale affectant tout existant divisible

6072. La garantie définit les existants comme les parties anciennes d'une construction existant avant l'ouverture du chantier sur, sous ou dans laquelle sont exécutés les travaux ; ce qui exclut donc les ouvrages existants avoisinants les ouvrages concernés par les travaux neufs. Les dommages garantis sont les dommages matériels qui rendent une partie ancienne impropre à sa destination ou portent atteinte à sa solidité et qui sont la conséquence des travaux. Il s'agit donc uniquement des désordres de nature décennale. La garantie couvre les coûts des travaux nécessaires de réparation des dommages causés aux existants et ce, pendant une durée minimale de dix ans à compter de la réception des travaux ou avant réception dans les conditions prévues pour la dommage-ouvrage à l'article L. 242-1 du Code des assurances. S'agissant d'une garantie facultative, la convention prévoit la stipulation contractuelle d'un plafond de garantie, et la possibilité d'une franchise. La procédure d'expertise et de règlement des sinistres est celle qui s'applique à l'assurance dommage ouvrage. Enfin, la convention prévoit la création d'une instance de régulation chargée d'examiner les difficultés survenant lors de la souscription de cette garantie facultative ou dans le règlement des sinistres affectant les existants.

Titre 2 ■ Les personnes

■ Sous-titre 1
Les ressources humaines

■ Chapitre 1
Les assurances de santé des salariés

BIBLIOGRAPHIE

L'Argus de l'assurance

Ouvrages. – F. Couilbault (sous dir.), *Assurances de personnes*, L'Argus éd., 2016. - F. Couilbault, S. Couilbault-Di Tommaso, V. Huberty, *Les grands principes de l'assurance*, L'Argus éd., 2015. - R. Millot, A. Rudelle Waternaux, E. Bocquaire, *Assurance de santé : acteurs et garanties*, L'Argus éd. 2012. – J. Bigot (sous dir.), *Code des assurances*, L'Argus éd. – *Code de la mutualité*, L'Argus éd.

Revues. - J. Speroni, Protection sociale d'entreprise : un nouveau décret sur les exonérations de charges, L'Argus, 10 juil. 2014. - F. Limoge et L. Viel, Réforme de la complémentaire santé : les décrets sur les contrats responsables, l'ANI, l'ACS enfin précisés, L'Argus, 30 juin 2014. - L. Viel, Le pari fragile de la complémentaire santé de qualité, L'Argus, n° 7371, 11 juil. 2014. - Complémentaires santé, Cah. prat., l'Argus, n° 7367, 20 juin 2014. - E. Charrié, Pourquoi la Commission européenne a invalidé deux mesures phares de la fiscalité des assureurs santé, L'Argus 2011, n° 7224.- S. Corone et A. Boone, Les assurances de personnes et le principe indemnitaire, L'Argus 5 févr. 1999. 42. - G. Defrance, Les fausses déclarations à la souscription dans les assurances de personnes, L'Argus, Dossier jur. 29 sept. 95.

Autres documentations

Ouvrages. - J. Bigot (sous la dir. de), *Traité de droit des assurances*, Les assurances de personnes, T. IV, LGDJ 2007. - J. Kullmann, *Assurances de personnes*, Rép. civ. Dalloz. – *Code de la Sécurité sociale*, Dalloz.

Revues. - H. Groutel, L'impossible rédaction des clauses sur la garantie du risque d'incapacité temporaire de travail, RCA 1992, Chron. 7. - S. Abravanel-Jolly, Le secret médical en assurances de personnes, RGDA 2005. 887. - J. Bigot, La loi du 16 juillet 1992, JCP 1992, I, 3622. - P. Bichot, Le secret médical : un outil redoutable à la disposition des assurés de mauvaise foi, Bull. Act. Lamy Assurances, déc. 2004. - M. Bloch-Mancel, Secret médical. Conseils loyaux et vie privée, Trib. Ass. oct. 2003, p. 21. - M. Cauchy et A. Dionisi-Peyrusse, Le droit au secret médical et son application en matière d'assurances, D. 2005. 1313. - S. Choisez, Le secret médical et la preuve de la fraude rapportée par le médecin-conseil de la compagnie d'assurance, note sous Civ. 1re, 10 déc. 1996, D. 1998, Jur. 117. - A. Favre Rochex, La subrogation de l'assureur de personnes, Gaz. Pal. 22 janv. 1993. - G. Durry, Secret médical et expertise judiciaire, Risques oct.-déc. 2002, p. 95 ; Le secret médical opposé à l'assureur : la fin des incertitudes ? Risques, mars 2005, p. 132. - H. Groutel, Preuve de la déclaration inexacte du risque et secret médical, RCA 2004, Chron. 18 ; Imprégnation alcoolique de l'assuré et notion d'accident corporel, RCA 1994, Chron.17 ; Le cantonnement du caractère indemnitaire de certaines assurances de personnes, RCA 1993, Chron. 29 ; Les suites de l'avance sur recours, RCA 1995, Chron. 30 ; À la recherche du principe indemnitaire, RCA 1997, Chron. 2 ; Les assurances de personnes indemnitaires. L'Assemblée plénière prend position, RCA 2004, Chron 7 ; Une brèche dans le caractère non indemnitaire des assurances de personnes, RCA 1990, Chron. 22 ; La qualification des prestations constituant une avance sur recours, RCA 1999, Chron. 5 ; Le cumul d'assurances de personnes : précisions sur deux arrêts du 10 janvier 1995, RCA 1995, Chron. 12 ; L'assureur de personnes, tiers payeur à part entière, RCA 2007, Chron. 18. - Y. Lambert-Faivre, Le lien entre la subrogation et le caractère indemnitaire des prestations des tiers payeurs, D. 1987, Chron. 97. - L. Fonlladosa, Assurance et santé, Bull. Act. Lamy Assurances 2002 ; La preuve d'une exclusion de garantie anéantie par le secret médical, Bull. Act. Lamy Assurances avr. 98. - H. Margeat, L'ivresse et l'assurance, Mél. A. Besson, LGDJ 76-217 ; La subrogation en assurance de personnes à caractère indemnitaire (art. 23, L. n° 92-665 du 16 juillet 1992), RGAT 1993. 251 ; La notion d'accident, RGDA 2004. 309. - M. Perier, Le secret médical à l'épreuve de la loyauté contractuelle en assurance de personnes : un tournant décisif ?, Gaz. Pal. n° 203, 22 juill. 2003.

Section 1 ■ Les garanties

Sous-section 1 ■ La garantie frais de soins

§ 1 ■ L'objet de la garantie frais de soins

A ■ Définition

6073. L'objet de cette garantie est de permettre la prise en charge, en tout ou partie, des frais de soins non remboursés par le régime obligatoire de l'assuré.
Ainsi, au titre de cette garantie, en cas de maladie, d'accident ou de maternité, l'organisme (assureur, mutuelle ou institution de prévoyance) rembourse tout ou partie des frais médicaux à la charge de l'assuré social.

B ■ Étendue de la garantie

1 ■ Les garanties habituelles

6074. L'organisme peut prendre en charge le remboursement du ticket modérateur, c'est-à-dire la part des frais de soins non remboursés par son régime social sur la base du tarif convention. L'organisme peut également garantir les dépassements d'honoraires ou de tarif pratiqués par les médecins et auxiliaires médicaux.

6075. Les mécanismes de garanties varient selon les contrats et selon les organismes. Une garantie fréquemment pratiquée consiste à prendre en charge les dépenses de santé en complément des régimes sociaux dans la limite d'un pourcentage du ticket modérateur fixé au contrat, par exemple 150 % ou 200 % du ticket modérateur. En effet, la garantie limitée au ticket modérateur peut s'avérer insuffisante compte tenu des fréquents dépassements du tarif du régime obligatoire de Sécurité sociale pratiqués par les médecins et auxiliaires médicaux.

6076. Certains contrats prévoient le remboursement des frais réels diminués du remboursement des organismes sociaux ; cette formule est cependant généralement limitée à la garantie des frais pharmaceutiques. Pour les autres frais qui seraient remboursés par cette formule, ils sont nécessairement limités à un montant maximal par année d'assurance.

6077. L'organisme peut également prendre en charge, le forfait journalier en cas d'hospitalisation ainsi que la chambre particulière et autres frais liés à une hospitalisation.

6078. Pour certaines dépenses de santé un remboursement forfaitaire, par année d'assurance, peut être prévu ; il en est généralement ainsi pour :
- les frais d'optique : montures de lunettes, verres, lentilles de contact ;
- les frais de cure thermale ;
- les frais de prothèse dentaire.

Dans toutes ces hypothèses, le remboursement ne peut en aucun cas dépasser la différence entre le montant de la dépense réelle et les remboursements des organismes sociaux.

2 ▪ Les contrats responsables

6079. L'article 1001 du Code général des impôts, modifié par la loi n° 2010-1657 du 29 décembre 2010 fixe le tarif de la taxe spéciale sur les contrats d'assurance santé à 7 % pour les contrats d'assurance maladie et à 3,5 % pour les contrats responsables. Les contrats responsables sont ceux relatifs à des opérations individuelles et collectives à adhésion facultative à la condition que l'organisme ne recueille pas d'informations médicales auprès de l'assuré au titre de ce contrat ou des personnes souhaitant bénéficier de cette couverture, que les cotisations ou les primes ne soient pas fixées en fonction de l'état de santé de l'assuré et que ces garanties respectent les conditions mentionnées à l'article L. 871-1 du Code de la sécurité sociale, ainsi que pour les contrats d'assurance maladie relatifs à des opérations collectives à adhésion obligatoire à la condition que les cotisations ou les primes ne soient pas fixées en fonction de l'état de santé de l'assuré et que ces garanties respectent les conditions mentionnées au même article L. 871-1. L'article 9 de la loi n° 2011-1117 du 19 septembre 2011 de finances rectificative pour 2011 a augmenté, pour les primes échues à compter du 1er octobre 2011, le taux de la taxe applicable aux contrats d'assurance maladie « solidaires et responsables » de 3,5 à 7 %, et celui applicable aux autres contrats d'assurance maladie de 7 à 9 %. Le produit de la taxation au taux de 7 % des contrats d'assurance maladie « solidaires et responsables » est affecté à parts égales à la CNAF et à la Caisse nationale d'assurance maladie des travailleurs salariés (CNAMTS). Une instruction fiscale du 15 novembre 2011 commente ces dispositions et précise l'assiette de la taxe afférente aux contrats d'assurance maladie et la date d'entrée en vigueur des tarifs susvisés (Instr. Fis. 7 I-3-11 du 15 nov. 2011).

6080. Dans le parcours de soins, les contrats responsables doivent rembourser :
- au moins 30 % du tarif opposable pour les consultations du médecin traitant et du médecin correspondant ;

- au moins 30 % des médicaments à vignette blanche remboursés à 65 % par l'assurance maladie obligatoire ;
- au moins 35 % du tarif servant de base aux remboursements de l'assurance maladie obligatoire pour les analyses et actes de laboratoire.

6081. Hors du parcours de soins, les contrats responsables ont interdiction de rembourser :
- la partie correspondant à la baisse du remboursement de l'assurance maladie obligatoire pour non respect du parcours de soins, soit une majoration de 20 % du ticket modérateur dans la limite de 5 € par acte pour ceux supérieurs à 25 € ;
- un forfait plafonné à 8 € (règle générale) sur les dépassements d'honoraires sur les actes cliniques et techniques des spécialistes consultés.

6082. Dans tous les cas, les contrats responsables ne prennent pas en charge le forfait d'1 € sur les consultations, les actes de médecins et les actes de biologie. De la même manière, ils ne remboursent pas les trois nouvelles franchises médicales mises en place depuis le 1er janvier 2008 :
- 0,5 € par boîte de médicaments ;
- 0,5 € par acte paramédical à l'exception de ceux pratiqués au cours d'une hospitalisation ;
- 2 € par recours au transport sanitaire, à l'exception des transports d'urgence.

6083. Enfin, les contrats responsables doivent prendre en charge 100 % du ticket modérateur de deux prestations de prévention à choisir sur une liste établie par le ministère de la santé. Tous les contrats collectifs complémentaires santé gérés par les institutions de prévoyance sont responsables. Les mutuelles et les sociétés d'assurances proposent également des contrats responsables. Le décret n° 2012-386 du 21 mars 2012 a précisé que, pour bénéficier des aides fiscales et sociales afférentes aux contrats « responsables », les contrats d'assurance maladie complémentaire doivent prendre en charge l'intégralité des dépassements d'honoraires encadrés des médecins exerçant à titre libéral une spécialité chirurgicale, obstétricale ou d'anesthésie-réanimation ayant opté pour l'option de coordination prévue par la convention nationale des médecins généralistes et spécialistes conclue le 26 juillet 2011 dans sa version résultant de l'arrêté du 21 mars 2012 ayant porté à 150 % du tarif opposable de sécurité sociale le montant des dépassements autorisés pour ces trois spécialités.

- Marisol Touraine, ministre des Affaires sociales et de la Santé, a présenté le 30 juin 2014 cinq projets de décrets dans le cadre de la réforme de la couverture complémentaire santé.

Objectifs :
- améliorer la couverture par les complémentaires des frais de santé des salariés ;
- améliorer la qualité des contrats offerts aux bénéficiaires de l'aide à la complémentaire santé (ACS) ;
- réformer les contrats responsables pour garantir une prise en charge de qualité, limiter les dépassements d'honoraires et faire baisser les prix de l'optique.

- Améliorer la couverture par les complémentaires des frais de santé des salariés :

Trois projets de décrets améliorent la couverture complémentaire des frais de santé en entreprise, en :
- définissant le panier minimal de soins que doivent rembourser les contrats de complémentaire santé en entreprise pour être éligibles à la qualification de « contrat responsable » ;
- assurant la transparence et l'impartialité dans le choix des organismes complémentaires « recommandés » par les branches ;
- précisant les prestations dites de « solidarité » (prévention, prise en charge des cotisations pour certains salariés précaires, etc.) que doivent prévoir les accords de branche recommandant un ou plusieurs organismes.

- Améliorer la qualité des contrats offerts aux bénéficiaires de l'ACS :

La sélection des contrats éligibles à l'ACS, consistant à réserver l'ACS à un nombre limité de contrats, sélectionnés après mise en concurrence sur la base du meilleur rapport qualité/prix, créée par la loi de financement de la sécurité sociale (LFSS) pour 2014, est précisée. Un décret d'application définit la procédure de sélection et les trois niveaux de garanties sur lesquels les organismes doivent candidater.
Cette réforme doit permettre d'améliorer le rapport qualité/prix des contrats proposés aux bénéficiaires de l'ACS et la clarté du dispositif pour les assurés.

- Réformer les contrats responsables pour garantir une prise en charge de qualité, limiter les dépassements d'honoraires et faire baisser les prix de l'optique :

Un des projets de décret présenté met en œuvre la réforme des « contrats responsables » votée en loi de financement de la sécurité sociale (LFSS) pour 2014. Ces derniers bénéficient d'aides fiscales et sociales.
Garantir le contenu de la couverture santé en fixant des planchers de prise en charge :
- les contrats responsables devront prendre en charge au minimum le ticket modérateur sur l'ensemble des soins, à l'exception des cures thermales, des médicaments à 15 % et 30 % et de l'homéopathie ;
- ils devront prendre également en charge le forfait journalier à l'hôpital sans limite de durée, ce qui constitue une amélioration de la prise en charge pour des situations qui peuvent laisser des sommes très élevées à la charge des patients ; enfin, en matière d'optique, si les contrats proposent une garantie allant au-delà du ticket modérateur, ils devront prendre au moins un forfait de 50 € pour une paire de lunettes à verres simples et de 200 € pour une paire de lunettes à verres complexes.

- Réguler les dépassements d'honoraires :

Désormais, les contrats responsables ne pourront prendre en charge les dépassements d'honoraires qu'à hauteur de 125 %, puis de 100 % en 2017, si le médecin n'a pas signé le contrat d'accès aux soins (CAS) instauré par l'avenant n° 8 à la convention médicale conclu en octobre 2012, pour lequel il s'engage à modérer ses tarifs. La prise en charge demeurera en revanche illimitée si le médecin a conclu un CAS.
Afin de renforcer l'incitation des médecins à entrer dans la démarche de stabilisation des dépassements d'honoraires instaurée par le CAS, les complémentaires qui proposent la prise en charge des dépassements d'honoraires – ce qui reste facultatif – devront offrir une garantie de prise en charge des dépassements supérieure pour les soins réalisés par des médecins signataires du CAS à celle proposée pour les soins réalisés par les non signataires du CAS.

- Agir sur les prix de l'optique :

En matière d'optique, la prise en charge par les contrats responsables sera plafonnée à 470 € pour une paire de lunettes à verres simples, à 750 € pour des verres complexes, à 850 € pour des verres très complexes. Afin de garantir l'affectation de l'essentiel de ces prises en charge aux verres, la prise en charge des montures est plafonnée à 150 €.
Pour garantir le recours à des produits de qualité, les exigences de transparence et d'information sur le prix des lunettes et sa décomposition seront renforcées. Les opticiens devront remettre un devis puis une facture, qui présentera les différentes composantes du prix final.

6084. Le décret n° 2014-1374 du 18 novembre 2014 relatif au contenu des contrats d'assurance maladie complémentaire bénéficiant d'aides fiscales et sociales a pour objet de déterminer les règles que doivent respecter les contrats complémentaires en santé pour bénéficier des aides fiscales et sociales attachées au dispositif des « contrats responsables ».
Le texte entre en vigueur à compter du 1er avril 2015 à l'exception des contrats collectifs et obligatoires pour lesquels la modification devra intervenir lors de la première modification de l'acte qui les institue et au plus tard le 31 décembre 2017.
Le décret définit le nouveau « cahier des charges » des contrats dits « responsables » en application des modifications introduites par l'article 56 de la loi de financement de la sécurité sociale pour 2014. Il précise donc le panier minimum des garanties ainsi que les plafonds de garanties applicables à certains postes de soins que doivent respecter les contrats

complémentaires en santé pour bénéficier des aides fiscales et sociales attachées à ce dispositif. Ainsi, ces contrats devront obligatoirement couvrir l'intégralité de la participation de l'assuré sur les tarifs de prise en charge par l'assurance maladie obligatoire pour l'ensemble des dépenses de santé, sauf pour les frais de cure thermale et les médicaments dont le service médical rendu a été classé faible ou modéré, ainsi que pour l'homéopathie. Ils doivent également couvrir l'intégralité du forfait journalier hospitalier.

Le décret fixe également des plafonds de prise en charge pour certaines dépenses de soins afin de limiter la solvabilisation par les organismes complémentaires des pratiques tarifaires excessives de certains professionnels. Ainsi, la prise en charge des dépassements d'honoraires des médecins qui n'adhèrent pas au dispositif du contrat d'accès aux soins sera limitée à 125 % du tarif de la sécurité sociale dans un premier temps puis à 100 % de ce tarif à compter de 2017 et devra nécessairement être inférieure à celle des dépassements d'honoraires de médecins qui adhèrent à ce dispositif. Dans la même logique, la prise en charge des dépenses d'optique est encadrée par des plafonds et des planchers différents en fonction du niveau de correction nécessaire. Elle est par ailleurs limitée à un équipement tous les deux ans sauf pour les mineurs ou en cas d'évolution du besoin de correction où un équipement peut être remboursé tous les ans. Enfin, il est créé un observatoire des prix et de la prise en charge en optique médicale afin de suivre précisément l'évolution de ce secteur et de s'assurer de l'impact des mesures sur l'accès aux soins.

6085. Le décret du 18 novembre 2014 , relatif au contenu des contrats d'assurance maladie complémentaire bénéficiant d'aides fiscales et sociales introduit outre les minimum, des plafonds de remboursement, notamment en optique.

L'article R. 871-2 du Code de la sécurité sociale est remplacé par les dispositions suivantes : «Les garanties mentionnées à l'article L. 871-1 comprennent la prise en charge:

- 1° De l'intégralité de la participation des assurés définie à l'article R. 322-1. Cette prise en charge n'est toutefois pas obligatoire pour les prestations de santé mentionnées aux 6°, 7°, 10° et 14° du même article ;
- 2° Si le contrat, le bulletin d'adhésion ou le règlement propose cette garantie, des dépassements tarifaires des médecins n'ayant pas adhéré au contrat d'accès aux soins prévu par la convention nationale mentionnée à l'article L. 162-5, dans la double limite de 100 % du tarif de responsabilité et du montant pris en charge pour les dépassements des médecins ayant adhéré au contrat d'accès aux soins minoré d'un montant égal à 20 % du tarif de responsabilité ;
- 3° Si le contrat, le bulletin d'adhésion ou le règlement propose une couverture des frais exposés par l'assuré en sus des tarifs de responsabilité pour l'acquisition des dispositifs médicaux d'optique médicale à usage individuel soumis au remboursement, des dépenses d'acquisition de ces dispositifs, à hauteur des minima et dans la limite des maxima fixés ci-dessous incluant la participation des assurés définie au 1° et dans les conditions suivantes :

a) Au minimum à 50 euros et au maximum à 470 euros par équipement à verres simple foyer dont la sphère est comprise entre – 6,00 et + 6,00 dioptries et dont le cylindre est inférieur ou égal à + 4,00 dioptries ;

b) Au minimum à 125 euros et au maximum à 610 euros par équipement comportant un verre mentionné au *a* et un verre mentionné au *c ;*

c) Au minimum à 200 euros et au maximum à 750 euros par équipement à verres simple foyer dont la sphère est hors zone de –6,00 à + 6,00 dioptries ou dont le cylindre est supérieur à + 4,00 dioptries et à verres multifocaux ou progressifs ;

d) Au minimum à 125 euros et au maximum à 660 euros par équipement comportant un verre mentionné au *a* et un verre mentionné au *f ;*

e) Au minimum à 200 euros et au maximum à 800 euros par équipement comportant un verre mentionné au *c* et un verre mentionné au *f ;*

f) Au minimum à 200 euros et au maximum à 850 euros par équipement pour adulte à verres multifocaux ou progressifs sphéro-cylindriques dont la sphère est hors zone de –

8,00 à + 8,00 dioptries ou à verres multifocaux ou progressifs sphériques dont la sphère est hors zone de – 4,00 à + 4,00 dioptries.

Pour l'application des maxima mentionnés ci-dessus, la prise en charge des montures au sein de l'équipement est limitée à 150 euros. Cette garantie s'applique, s'agissant des lunettes, aux frais exposés pour l'acquisition d'un équipement composé de deux verres et d'une monture, par période de deux ans. Toutefois, pour les mineurs ou en cas de renouvellement de l'équipement justifié par une évolution de la vue, elle s'applique pour les frais exposés pour l'acquisition d'un équipement par période d'un an ;

- 4° Du forfait journalier des établissements hospitaliers prévu à l'article L. 174-4, sans limitation de durée. »

Sous-section 2 ▪ La garantie hospitalisation

§ 1 ▪ Objet de la garantie hospitalisation

6086. Cette garantie permet de couvrir le forfait hospitalier et les frais liés à l'hospitalisation, telles les dépenses de confort. Elle peut être versée dès le premier jour et peut se cumuler le cas échéant avec des indemnités journalières accident ou maladie.

6087. Peuvent être pris en charge au titre de la garantie « hospitalisation » :

- le forfait journalier en cas d'hospitalisation ;
- les frais supplémentaires pour chambre individuelle ;
- une indemnité journalière forfaitaire pendant la durée de l'hospitalisation et pour une durée maximale prévue au contrat ;
- en cas d'hospitalisation d'un enfant, prise en charge d'un lit d'accompagnement pendant une durée maximale prévue au contrat ;
- les frais d'hospitalisation à domicile ;
- les frais de garde des enfants et les frais d'aide ménagère pendant la durée d'hospitalisation de l'assuré.

Il ne s'agit pas d'une liste exhaustive et les garanties peuvent être plus ou moins étendues selon les contrats.

§ 2 ▪ Limites de la garantie hospitalisation

6088. Selon les contrats d'assurances, certains risques peuvent être exclus, tels que :

- les hospitalisations de jour et plus généralement toutes les hospitalisations inférieures à deux jours ;
- les hospitalisations dans les établissements psychiatriques ;
- les hospitalisations pour cure thermale, marine, cure contre l'alcoolisme, les toxicomanies ;
- les hospitalisations dans les maisons de repos ou de retraite, etc. ;
- les hospitalisations chirurgicales à but esthétique ;
- les hospitalisations consécutives à certains événements : fait intentionnel de l'assuré ; accident survenu au cours de sports aériens ; saut à l'élastique ; delta plane ; pratique de sport à titre professionnel ; participation à une compétition ; guerre civile ou étrangère ; accident nucléaire ou atomique...

Sous-section 3 ■ L'invalidité permanente partielle ou totale

§ 1 ■ Objet de la garantie

6089. La prestation de l'organisme consiste à verser un capital ou une rente dont le montant est généralement fixé dans le contrat et souvent déterminé en pourcentage du salaire.

6090. Le montant de l'indemnité est réduit, proportionnellement au taux d'invalidité, lorsque l'invalidité de l'assuré est partielle. Les invalidités inférieures à un taux contractuel, généralement 33 %, ne sont pas garanties.

6091. Le taux d'invalidité est déterminé par expertise médicale et généralement apprécié au regard d'un barème annexé au contrat.

§ 2 ■ Appréciation de l'invalidité

A ■ Appréciation souveraine des juges du fond

6092. La circonstance qu'un assuré est dans un état d'incapacité ou d'invalidité, correspondant à la définition qu'en donne un contrat d'assurance, relève de l'appréciation souveraine des juges du fond (Civ. 1re, 23 sept. 2004,n° 03-15.060). Cette jurisprudence est désormais bien établie. Les juges du fond apprécient souverainement l'état d'incapacité et d'invalidité au regard des dispositions contractuelles (Civ. 2e, 10 nov. 2005,n° 04-16.656 ;JCP G 2005, n° 49).

6093. Est atteint d'une invalidité permanente totale l'assuré ne pouvant exercer aucune activité rémunératrice (Civ. 1re, 25 oct. 1989,RGAT 1990. 599, note J. Kullmann). Le contrat stipulant que les prestations ne seront dues qu'en cas d'impossibilité complète d'exercer une activité professionnelle quelconque, n'a pas droit à garantie l'assuré qui, selon le médecin-expert, peut encore exercer une activité sédentaire (Civ. 1re, 9 mai 1996,RGDA 1996. 702, note J. Maury).

B ■ L'invalidité ne doit pas préexister à l'entrée dans l'assurance

6094. Le risque étant nécessairement aléatoire, l'invalidité ne doit pas préexister à l'entrée dans l'assurance ; ainsi la Cour de cassation a confirmé l'annulation d'un contrat par les juges du fond. La Cour affirme, alors même que l'assuré aurait informé l'assureur de son état d'invalidité lors de la souscription du contrat couvrant ce risque, que c'est à bon droit que les juges du fond annulent l'assurance, le contrat ne pouvant valablement porter sur un risque déjà réalisé (Civ. 1re, 25 janv. 1989,RGAT 1989. 309, note J. Bigot).

C ■ Ambiguïté dans la rédaction de la garantie

6095. Les clauses ambiguës doivent être interprétées en faveur de l'assuré, du membre participant ou de l'adhérent, conformément aux dispositions de l'article L. 133-2, alinéa 2 du Code de la consommation. Selon cet article, les clauses des contrats proposés par les professionnels aux consommateurs ou aux non professionnels s'interprètent, en cas de doute, dans le sens le plus favorable au consommateur ou au non professionnel (Civ. 2e, 13 juill. 2006, n° 05-18.104).

D ▪ Assistance d'une tierce personne

6096. Certains contrats garantissent l'invalidité uniquement si l'assuré est en invalidité absolue et définitive et s'il a besoin de l'assistance d'une tierce personne ou prévoient un niveau de garantie supérieure dans une telle hypothèse. L'appréciation de l'assistance d'une tierce personne présente parfois des difficultés.

Section 2 ▪ Le fonctionnement du contrat

Sous-section 1 ▪ L'information à la charge de l'organisme

§ 1 ▪ Règles concernant les assureurs soumis au Code des assurances

6097. Dans les assurances collectives, l'information de l'adhérent est renforcée par une notice d'information sur les garanties, dont la preuve de la remise incombe au souscripteur (art. L. 141-4, C. assur.). Cette notice contient :
- les garanties ;
- leurs modalités d'entrée en vigueur ;
- les formalités à accomplir en cas de sinistre.

6098. Par ailleurs, le souscripteur doit informer par écrits les adhérents des modifications apportées à leurs droits et obligations, trois mois au minimum avant la date prévue de leur entrée en vigueur.

§ 2 ▪ Règles concernant les mutuelles

6099. Selon l'article L. 221-6 du Code de la mutualité, dans le cadre des opérations collectives, la mutuelle ou l'union établit une notice qui définit les garanties prévues par les opérations collectives et leurs modalités d'entrée en vigueur ainsi que les formalités à accomplir en cas de réalisation du risque. Elle précise également le contenu des clauses édictant des nullités, des déchéances ou des exclusions ou limitations de garantie ainsi que les délais de prescription.

6100. L'employeur ou la personne morale est tenu de remettre cette notice et les statuts de la mutuelle ou de l'union à chaque membre participant. Lorsque des modifications sont apportées aux droits et obligations des membres participants, l'employeur ou la personne morale est également tenu d'informer chaque membre participant en lui remettant une notice établie à cet effet par la mutuelle ou par l'union.

6101. La preuve de la remise de la notice et des statuts au membre participant et des informations relatives aux modifications apportées au contrat collectif incombe à l'employeur ou à la personne morale.

§ 3 ■ Règles concernant les institutions de prévoyance

6102. Les articles L. 932-3 et L. 932-19 du Code de la Sécurité sociale imposent, avant la signature du bulletin d'adhésion, la remise à l'adhérent du règlement correspondant et de la proposition d'adhésion ou de la proposition de contrat et de ses annexes.

6103. La remise des documents est constatée par une mention signée et datée par l'adhérent (CSS, art. R. 932-1-2).
Chaque participant reçoit une notice, établie par l'institution de prévoyance, qui définit les garanties souscrites et leurs modalités d'entrée en vigueur, ainsi que les formalités à accomplir en cas de réalisation du risque. Elle précise également le contenu des clauses édictant des nullités, des déchéances ou des exclusions ou limitations de garantie ainsi que des délais de prescription (CSS, art. L. 932-6).

Sous-section 2 ■ La déclaration du risque

§ 1 ■ Exception à la déclaration du risque

A ■ Exception contractuelle

6104. Certains contrats garantissant les frais de soins ne comportent aucune sélection médicale, avec, en conséquence, un taux de cotisation indépendant de l'état de santé. Ces contrats ne comportent aucune exigence d'appartenance professionnelle et accordent le plus souvent une garantie viagère immédiate. Les garanties de ces contrats sont limitées au remboursement des frais de soins avec couverture intégrale des tarifs de convention et du forfait.

B ■ Les contrats solidaires

6105. Par ailleurs, l'article 1001 du Code général des impôts, modifié par la loi n° 2010-1657 du 29 décembre 2010, a fixé à 3,5 % le taux de la taxe sur les conventions d'assurance, les contrats d'assurance maladie relatifs à des opérations individuelles et collectives à adhésion facultative à la condition :
- que l'organisme ne recueille pas d'informations médicales auprès de l'assuré au titre de ce contrat ou des personnes souhaitant bénéficier de cette couverture ;
- que les cotisations ou les primes ne soient pas fixées en fonction de l'état de santé de l'assuré ;
- que les opérations d'assurance concernées ne couvrent pas la participation forfaitaire et la franchise médicale.

C ■ Exception prévue par le Code de la mutualité

6106. Par ailleurs, selon l'article L. 112-1 du Code de la mutualité, les mutuelles et les unions qui mènent des activités de prévention ou d'action sociale ou qui gèrent des réalisations sanitaires, sociales ou culturelles ne peuvent moduler le montant des cotisations qu'en fonction du revenu ou de la durée d'appartenance à la mutuelle ou du régime de Sécurité sociale d'affiliation ou du lieu de résidence ou du nombre d'ayants droit ou de l'âge des membres participants.
Ce même article prévoit que pour le remboursement et l'indemnisation des frais occasionnés par une maladie, une maternité ou un accident, les mutuelles et les unions de mutuelles ne

peuvent en aucun cas recueillir des informations médicales auprès de leurs membres ou des personnes souhaitant bénéficier d'une couverture, ni fixer les cotisations en fonction de l'état de santé. Les mutuelles et les unions visées au présent article ne peuvent instaurer de différences dans le niveau des prestations qu'en fonction des cotisations payées ou de la situation de famille des intéressés.

D ▪ Exception prévue par le Code de la santé publique

6107. L'article L. 1141-1 Code de la santé publique prévoit que les entreprises et organismes qui proposent une garantie des risques d'invalidité ou de décès ne doivent pas tenir compte des résultats de l'examen des caractéristiques génétiques d'une personne demandant à bénéficier de cette garantie, même si ceux-ci leur sont transmis par la personne concernée ou avec son accord. En outre, ils ne peuvent poser aucune question relative aux tests génétiques et à leurs résultats, ni demander à une personne de se soumettre à des tests génétiques avant que ne soit conclu le contrat et pendant toute la durée de celui-ci.

§ 2 ▪ La déclaration à la souscription

A ▪ Dispositions prévues dans le Code des assurances

6108. Aux termes de l'article L. 113-2 du Code des assurances, l'assuré est obligé de répondre exactement aux questions posées par l'assureur, notamment dans le formulaire de déclaration du risque. Les questions doivent être suffisamment claires et précises. En effet, l'article L. 112-3 du Code des assurances prévoit que lorsque, avant la conclusion du contrat, l'assureur a posé des questions par écrit à l'assuré, notamment par un formulaire de déclaration du risque ou par tout autre moyen, il ne peut se prévaloir du fait qu'une question exprimée en termes généraux n'a reçu qu'une réponse imprécise.

B ▪ Dispositions prévues par le Code de la mutualité

6109. Dans le Code de la mutualité, nous retrouvons des dispositions similaires à celles prévues dans le Code des assurances. Ainsi l'article L. 221-13 du Code de la mutualité prévoit que lorsque, avant la signature du bulletin d'adhésion ou la souscription du contrat collectif, la mutuelle ou l'union a posé des questions par écrit au membre participant, notamment par un formulaire de déclaration de risques ou par tout autre moyen, elle ne peut se prévaloir du fait qu'une question exprimée en termes généraux n'a reçu qu'une réponse imprécise.

C ▪ Dispositions contenues dans le Code de la Sécurité sociale

6110. Le participant est obligé de répondre exactement aux questions posées par l'institution de prévoyance, notamment dans le formulaire de déclaration du risque par lequel l'institution l'interroge lors de la souscription du bulletin d'adhésion ou du contrat sur les circonstances qui sont de nature à faire apprécier par l'institution les risques qu'elle prend en charge (CSS, art. L. 932-20).

D ▪ Déclaration de risques pré-imprimée

6111. Dans un arrêt rendu le 7 février 2014 (n° 12-85.107), la Cour de cassation, réunie en Chambre mixte, a rendu un arrêt de principe qui condamne la pratique des déclarations de risque figurant dans les conditions particulières alors que l'assuré n'a pas répondu à des questions précises. Elle adopte ainsi la position de la Chambre criminelle qui était sur ce point en opposition avec la 2è Chambre civile. La Chambre mixte ayant été saisie pour mettre fin à cette divergence de jurisprudence.
La Cour de cassation rend sa décision au visa des articles L. 113-2 2°, L. 112-3, alinéa 4, et L. 113-8 du Code des assurances.
Elle rappelle qu'en application de l'article L 113-2 2° du Code des assurances, l'assuré est obligé de répondre exactement aux questions précises posées par l'assureur, notamment dans le formulaire de déclaration du risque par lequel celui-ci l'interroge, lors de la conclusion du contrat, sur les circonstances qui sont de nature à lui faire apprécier les risques qu'il prend en charge. La Cour de cassation affirme qu'il résulte des articles L. 112-3, alinéa 4 et L. 113-8 du Code des assurances que l'assureur ne peut se prévaloir de la réticence ou de la fausse déclaration intentionnelle de l'assuré que si celles-ci procèdent des réponses qu'il a apportées aux dites questions. (Cass., Chambre Mixte, 7 février 2014, n° 12-18.5107).

6112. Cet arrêt sera publié au bulletin bi-mensuel ainsi qu'au rapport annuel de la Cour de cassation ce qui en situe l'importance. L'arrêt a été rendu dans le domaine de l'assurance automobile et à la lecture du rapport de Monsieur BOCCON-GIBOT, premier avocat général, ainsi que de l'avis du conseiller, Madame MASSON-DAUM, on pourrait penser que cette décision a été rendue en raison du contexte particulier de l'assurance automobile mais la Chambre Mixte semble bien poser un principe général applicable à l'ensemble des catégories d'assurances, en évitant toute référence à l'assurance automobile, rejoignant également sur ce point la jurisprudence de la Chambre criminelle.
Avant de rendre sa décision le Parquet général a interrogé l'ACPR afin de connaître sa position. L'ACPR a répondu : « En résumé, pour qu'une déclaration pré-rédigée soit opposable à l'assuré en cas de fausse déclaration de celui-ci, il nous semble que l'assureur doit être à même de rapporter la preuve :
- du contenu exact et du caractère clair et précis des questions posées à l'assuré sur la base desquelles a été libellée la déclaration pré-rédigée ;
- que lesdites questions ont été posées à l'assuré à titre pré-contractuel.
Dans les faits, cette double preuve semble rarement rapportée. La pratique actuelle des assureurs "consistant à insérer dans les conditions particulières une mention stéréotypée attribuant au souscripteur une réponse sur les circonstances objectives ou subjectives du risque à assurer" ne nous paraît dès lors pas répondre "aux exigences de la loi en matière de déclaration du risque ».

6113. On voit donc que l'ACPR et la Cour de cassation se rejoignent dans l'exigence de questions précises posées à l'assuré auxquelles il doit apporter des réponses. Il en résulte que seules les réponses qu'il a personnellement apportées seront susceptibles d'entraîner les sanctions relatives aux fausses déclarations lorsque l'assureur apportera la preuve de la fausseté des réponses faites aux questions posées.

§ 3 ▪ La fausse déclaration

A ▪ Fausse déclaration intentionnelle

1 ▪ Nullité de l'adhésion

6114. Lorsque la mauvaise foi est établie par la société d'assurance ou la mutuelle, l'article L. 113-8 du Code des assurances, L. 932-7 et L. 932-16 du Code de la Sécurité sociale ou L. 221-14 du Code de la mutualité, reçoivent application et il y a nullité de l'adhésion.

2 ▪ Code des assurances

6115. Indépendamment des causes ordinaires de nullité, le contrat d'assurance est nul en cas de réticence ou de fausse déclaration intentionnelle de la part de l'assuré, quand cette réticence ou cette fausse déclaration change l'objet du risque ou en diminue l'opinion pour l'assureur, alors même que le risque omis ou dénaturé par l'assuré a été sans influence sur le sinistre. Les primes payées demeurent alors acquises à l'assureur, qui a droit au paiement de toutes les primes échues à titre de dommages et intérêts (C. assur., art. L. 113-8).

6116. La nullité suppose que l'assureur apporte la preuve de la fausse déclaration de l'assuré et de la mauvaise foi de celui-ci (Civ. 1re, 16 oct. 1990,RGAT 1991. 45). L'appréciation de la mauvaise foi est fonction de la rédaction du questionnaire et des réponses qui y sont apportées et relève du pouvoir souverain des juges du fond (Civ. 1re, 16 janv. 2001, n° 98-15.384 ; Civ. 1re, 19 déc. 2000, n° 99-18.380 ; Civ. 1re, 4 oct. 2000, n° 97-20.867 ; Civ. 1re, 15 juin 2000, n° 98-22.087 ; Civ. 1re, 27 févr. 2001, n° 99-12.639 ; Crim., 8 févr. 2005, n° 04-84.598).

3 ▪ Code de la mutualité

6117. Indépendamment des causes ordinaires de nullité, la garantie accordée au membre participant par la mutuelle ou par l'union est nulle en cas de réticence ou de fausse déclaration intentionnelle de la part de celui-ci, quand cette réticence ou cette fausse déclaration change l'objet du risque ou en diminue l'opinion pour la mutuelle ou l'union, alors même que le risque omis ou dénaturé par le membre participant a été sans influence sur la réalisation du risque. Les cotisations acquittées demeurent alors acquises à la mutuelle ou à l'union qui a droit au paiement de toutes les cotisations échues à titre de dommages et intérêts (C. mut., art. L. 221-14).

B ▪ Fausse déclaration non intentionnelle

1 ▪ Sociétés d'assurances

6118. L'omission ou la déclaration inexacte de la part de l'assuré dont la mauvaise foi n'est pas établie n'entraîne pas la nullité de l'assurance (C. assur., art. L. 113-9). Lorsque la fausse déclaration est découverte après sinistre, l'assureur est en droit d'appliquer une règle proportionnelle de primes.

2 ▪ Institutions de prévoyance

6119. L'omission ou la déclaration inexacte de la part du participant dont la mauvaise foi n'est pas établie n'entraîne pas la nullité de la garantie ou du bulletin d'adhésion ou du contrat. Dans le cas où la constatation n'a lieu qu'après la réalisation du risque, la prestation est réduite en proportion du taux des cotisations payées par le participant ou précomptées en son nom par l'adhérent par rapport au taux des cotisations qui auraient été dues si les risques avaient été complètement et exactement déclarés (CSS, art. L. 932-17).

Sous-section 3 ■ Prise d'effet de la garantie et durée de la garantie

§ 1 ■ La garantie des pathologies antérieures à la souscription

6120. Avant l'entrée en vigueur de la loi n° 89-1009 du 31 décembre 1989 renforçant les garanties offertes aux personnes assurées contre certains risques, dite Loi EVIN, de nombreux contrats excluaient toutes les conséquences des pathologies antérieures à la souscription. Cette exclusion générale est prohibée par la loi du 31 décembre 1989. L'article 2, qui concerne les assurances collectives à adhésion obligatoire, interdit toute exclusion des pathologies antérieures.

6121. Pour les opérations collectives à caractère facultatif et pour les opérations individuelles, l'organisme qui a accepté une souscription ou une adhésion doit, sous réserve des sanctions prévues en cas de fausse déclaration, prendre en charge les suites d'états pathologiques survenus antérieurement à l'adhésion de l'intéressé ou à la souscription du contrat ou de la convention. Toutefois, il peut refuser de prendre en charge les suites d'une maladie contractée antérieurement à l'adhésion de l'intéressé ou à la souscription du contrat ou de la convention à condition :

a) que la ou les maladies antérieures dont les suites ne sont pas prises en charge soient clairement mentionnées dans le contrat individuel ou dans le certificat d'adhésion au contrat collectif ;

b) que l'organisme apporte la preuve que la maladie était antérieure à la souscription du contrat ou à l'adhésion de l'intéressé au contrat collectif.

§ 2 ■ Le principe d'une garantie viagère pour les frais de soins

6122. Conformément à l'article 6 de la loi n° 89-1009 du 31 décembre 1989, à compter de la souscription du contrat ou de la convention, l'organisme ne peut refuser de maintenir aux intéressés le remboursement ou l'indemnisation des frais occasionnés par une maladie, une maternité ou un accident.

6123. La garantie est donc viagère dès la souscription du contrat. Les personnes qui bénéficient de cette garantie viagère sont celles qui sont mentionnées au contrat comme ayant la qualité d'assuré. Elles peuvent donc continuer à bénéficier des garanties du contrat pendant toute leur vie si elles le souhaitent, sans réduction des garanties souscrites, aux conditions tarifaires de la catégorie dont elles relèvent, avec maintien, le cas échéant, de la cotisation ou de la prime pour risque aggravé. Ces personnes continuent de bénéficier de la garantie sous réserve du paiement des primes ou cotisations et des sanctions prévues en cas de fausse déclaration.

6124. L'organisme ne peut ultérieurement augmenter le tarif d'un assuré en se fondant sur l'évolution de l'état de santé de celui-ci. Si l'organisme veut majorer les tarifs d'un type de garantie ou de contrat, la hausse doit être uniforme pour l'ensemble des assurés ou adhérents souscrivant ce type de garantie ou de contrat.

§ 3 ▪ Garantie viagère pour les autres garanties après deux ans

6125. Selon l'article 6 de la loi n° 89-1009 du 31 décembre 1989, après l'expiration d'un délai de deux ans suivant l'adhésion de l'intéressé ou la souscription du contrat ou de la convention, l'organisme ne peut refuser de maintenir aux intéressés les garanties contre les risques d'incapacité de travail ou d'invalidité, le risque chômage et, à titre accessoire à une autre garantie, contre le risque décès tant que l'assuré, le membre participant ou l'adhérent n'a pas atteint l'âge minimum requis pour faire valoir ses droits à une pension de vieillesse et sous réserve des sanctions pour fausse déclaration.

6126. L'organisme n'a donc pas la possibilité de résilier le contrat ou l'adhésion passé un délai de deux ans après la souscription ou l'adhésion. Il dispose d'une période d'observation de deux ans et s'il estime qu'il ne peut maintenir la garantie, il a la possibilité de résilier à la fin de la première année de garantie ou à la fin de la seconde année en respectant le préavis de résiliation. De même, passé ce délai de deux ans, l'organisme ne peut modifier le tarif en se fondant sur l'état de santé de l'assuré, du membre participant ou de l'adhérent. Cette impossibilité d'augmenter le tarif n'interdit pas d'augmenter chaque année le tarif de l'ensemble des assurés, membres participants ou adhérents, en fonction d'un indice contractuel ou lorsque les résultats de l'organisme le justifient.

Sous-section 4 ▪ Les exclusions de risques

6127. Ces exclusions sont les plus fréquentes mais varient selon les contrats :
- les périodes d'incapacité de travail dont le début se situe dans une période pendant laquelle l'assuré n'exerce pas une activité professionnelle rémunérée ;
- les atteintes corporelles provenant :
  * de la guerre étrangère ou de la guerre civile ;
  * d'une rixe à laquelle l'assuré a participé, sauf cas de légitime défense ;
  * d'un fait intentionnel de l'assuré ;
  * d'un cataclysme naturel, ouragan, cyclone, irruption volcanique, raz de marée, tremblement de terre ;
  * d'un accident de sport en compétition ou pratiqué à titre professionnel ;
  * d'un accident résultant de la pratique d'un sport aérien ;
  * d'une contamination par l'atome ;
  * d'une cure quelle qu'en soit la cause ;
  * d'une intervention ou d'un traitement à but esthétique...

Section 3 ▪ Le règlement des prestations

Sous-section 1 ▪ La déclaration du sinistre

6128. La déclaration de sinistre doit être faite par l'assuré. Il peut la faire par courrier simple. Si l'assuré souhaite préserver le secret médical, il peut adresser sa déclaration au médecin de l'entreprise dans une enveloppe marquée « pli confidentiel » ou « secret médical ». Il doit joindre un certain nombre de justificatifs qui varient selon la nature du sinistre.

6129. Pour la garantie hospitalisation, il doit joindre le justificatif de l'hospitalisation délivré par l'établissement hospitalier ainsi qu'un certificat médical mentionnant les raisons de l'hospitalisation. Pour la garantie incapacité temporaire, il doit joindre l'arrêt de travail délivré par le médecin ainsi que les éventuelles prolongations. Il doit justifier également être en activité au moment de son arrêt de travail : dernier bulletin de salaire, justificatif d'une activité non salariée.

6130. Le médecin conseil de l'entreprise pourra demander tout complément d'information nécessaire et selon la gravité de l'affection, une expertise médicale pourra être proposée à l'assuré, surtout si une invalidité est à envisager.
L'expertise médicale se situe dans un cadre amiable et est pratiquée par un médecin expert désigné par l'assureur. En cas de contestation de cette expertise, les contrats prévoient généralement un système de tierce expertise dans laquelle le médecin est choisi par accord des parties ou à défaut désigné par le président du tribunal de grande instance. Chaque partie conserve à sa charge la moitié des frais de cette tierce expertise. L'assuré peut toujours au cours de ces différentes expertises se faire assister par son médecin.

Sous-section 2 ▪ La déclaration tardive

§ 1 ▪ Délai de déclaration

6131. L'article L. 113-2, 4° du Code des assurances dispose que l'assuré est obligé « de donner avis à l'assureur, dès qu'il en a eu connaissance et au plus tard dans le délai fixé par le contrat, de tout sinistre de nature à entraîner la garantie de l'assureur. Ce délai ne peut être inférieur à cinq jours ouvrés ».
Dans sa déclaration initiale, l'assuré doit simplement indiquer qu'il entend mettre en jeu la garantie de son contrat ou qu'il souhaite former une demande de garantie.

§ 2 ▪ Sanction de la déclaration tardive

6132. Lorsqu'elle est prévue par une clause du contrat, la déchéance pour déclaration tardive du sinistre peut être opposée à l'assuré si l'assureur établit que le retard dans la déclaration lui a causé un préjudice. La déchéance ne peut également être opposée à l'assuré dans tous les cas où le retard est dû à un cas fortuit ou de force majeure (C. assur., art. L. 113-2).
Par ailleurs, selon l'article L. 112-4 du Code des assurances, les clauses des polices édictant des déchéances ne sont valables que si elles sont mentionnées en caractères très apparents. Cela signifie que ces clauses doivent être rédigées dans des caractères gras ou plus gros que le reste de la police afin qu'elles « sautent immédiatement aux yeux » du souscripteur.

Le législateur a ainsi souhaité que l'attention de l'assuré, souvent profane en la matière, soit spécialement attirée sur les clauses qui aboutissent à le priver de la garantie. À défaut d'être rédigées en caractères très apparents, les clauses de déchéance sont réputées non écrites. Le Code de la mutualité prévoit des sanctions identiques ; ainsi selon l'article L. 221-16, toutes clauses frappant de déchéance le membre participant, l'ayant droit ou le bénéficiaire à raison de simple retard apporté par lui sans intention frauduleuse à la déclaration relative à la réalisation du risque aux autorités ou à des productions de pièces, sans préjudice du droit, pour la mutuelle ou pour l'union de réclamer une indemnité proportionnée au dommage que ce retard lui a causé. L'article L. 932-8 du Code de la Sécurité sociale prévoit des sanctions identiques pour les adhésions aux institutions de prévoyance.

§ 3 ▪ La prescription

A ▪ La prescription biennale

6133. Selon l'article L. 114-1 du Code des assurances, toutes les actions dérivant d'un contrat d'assurance sont prescrites par deux ans à compter de l'événement qui y donne naissance. Toutefois, ce délai ne court en cas de sinistre, que du jour où les intéressés en ont eu connaissance, s'ils prouvent qu'ils l'ont ignoré jusque-là.

L'article L. 221-11 du Code de la mutualité prévoit des dispositions identiques. L'article L. 932-13 du Code de la Sécurité sociale met également en place une prescription de deux ans tout en prévoyant que cette prescription est portée à cinq ans en matière d'incapacité de travail.

Il en résulte que la prescription biennale ne peut être opposée à l'assuré, que s'il ne déclare pas son sinistre dans les deux ans qui suivent la réalisation du risque. Si la prescription édictée par l'article L. 114-1 du Code des assurances est courte, son point de départ est imprécis puisque la prescription ne commence à courir qu'à partir du jour où les intéressés ont eu connaissance du sinistre.

Pour la garantie indemnités journalières, le point de départ se situe donc au jour de l'arrêt de travail et en matière d'invalidité, le point de départ de la prescription se situe au jour de la constatation médicale de la consolidation de l'état de l'assuré. Le point de départ pourrait être reporté au jour où l'assuré prend connaissance que son invalidité correspond à la définition contractuelle de sa garantie.

B ▪ Interruption de la prescription

1 ▪ Les causes d'interruption prévues par le Code des assurances et par le Code de la mutualité

6134. En matière de sinistre, la prescription est interrompue :

- par les causes ordinaires d'interruption ;

- par la désignation d'un expert ;

- par l'envoi d'une lettre recommandée avec accusé de réception adressée par l'assuré à l'assureur en ce qui concerne le règlement de l'indemnité (C. assur., art. L. 114-2 ; C. mut., L. 221-12).

Le Code de la Sécurité sociale ne prévoit pas de dispositions spécifiques permettant d'interrompre la prescription, en conséquence, seules les causes ordinaires d'interruption de la prescription en droit commun sont applicables.

2 ■ Les causes ordinaires d'interruption

6135. Les causes ordinaires de prescription sont prévues aux articles 2240 et suivants du Code civil, il s'agit :
- de la reconnaissance par le débiteur du droit du créancier : par exemple, reconnaissance par l'assureur du droit de l'assuré ;
- la demande en justice, même en référé ;
- la demande en justice portée devant une juridiction incompétente ou lorsque l'acte de saisine de la juridiction est annulé pour vice de procédure.

L'interruption résultant de la demande en justice produit ses effets jusqu'à l'extinction de l'instance. Le délai de prescription ou le délai de forclusion est également interrompu par un acte d'exécution forcée.

3 ■ Impossibilité de déroger aux règles de la prescription

6136. L'article 2254 du Code civil permet d'abréger ou d'allonger la durée de la prescription par accord des parties. Elle ne peut toutefois être réduite à moins d'un an ni étendue à plus de dix ans. Les parties peuvent également, d'un commun accord, ajouter aux causes de suspension ou d'interruption de la prescription prévues par la loi.

Cependant, l'article L. 114-3 du Code des assurances déroge à l'article du 2254 du Code civil. En conséquence, les parties au contrat d'assurance ne peuvent, même d'un commun accord, ni modifier la durée de la prescription, ni ajouter aux causes de suspension ou d'interruption de celle-ci. L'article L. 221-12-1 du Code de la mutualité prévoit des dispositions identiques à celles du Code des assurances.

C ■ Application jurisprudentielle de la prescription biennale

6137. En matière d'assurance prévoyant le versement d'une rente en cas de classement de l'assuré dans une catégorie d'invalidité de la Sécurité sociale, le point de départ de la prescription biennale est le jour où ce classement est notifié à l'assuré (Civ. 1re, 4 févr. 1997, nº 94-17.883 ;RGDA 1997. 482, note J. Kullmann).En matière d'assurance contre les accidents corporels, le sinistre, au sens de l'article L. 114-1, alinéa 2, 2º du Code des assurances, est constitué par la survenance de l'état d'incapacité ou d'invalidité de l'assuré. L'assureur n'est donc pas fondé à opposer la prescription à l'action de l'assuré tendant au paiement de l'indemnité due à la suite d'un accident survenu le 22 février 1984, dont les séquelles ont été déclarées consolidées le 17 octobre 1987. Le sinistre n'étant constitué qu'au jour de la consolidation de l'état de l'assuré, la prescription n'a pu commencer à courir avant le 17 octobre 1987 (Civ. 1re, 1er juin 1999,nº 97-14.327).

Sous-section 3 ■ Nature des prestations et subrogation

§ 1 ■ Les frais de soins

A ■ Le principe indemnitaire consacré par l'article 9 de la loi du 31 décembre 1989

6138. En application du principe indemnitaire, l'assuré ne peut recevoir plus que ce qu'il a effectivement dépensé. L'assuré ne doit pas s'enrichir du fait de la réalisation du risque. Ce principe indemnitaire s'applique à l'ensemble des assurances dommages alors qu'au contraire, en matière d'assurance de personnes, c'est le principe forfaitaire qui s'applique. Le principe forfaitaire est posé par l'article L. 131-1 du Code des assurances selon lequel en matière d'assurance sur la vie et d'assurance contre les accidents atteignant les personnes, les sommes assurées sont fixées par le contrat. Ces dispositions sont obligatoirement reproduites en caractères très apparents sur toute proposition, bulletin de souscription ou d'adhésion, conditions générales et notes d'information remis aux assurés ou adhérents. La garantie des frais de soins échappe cependant au principe forfaitaire et se trouve soumise au principe indemnitaire selon une jurisprudence constante consacrée aujourd'hui par la loi. En effet, l'article 9 de la loi n° 89-1009 du 31 décembre 1989 dispose que les remboursements ou les indemnisations des frais occasionnés par une maladie, une maternité ou un accident ne peuvent excéder le montant des frais restant à la charge de l'assuré ou de l'adhérent après les remboursements de toute nature auxquels il a droit.

B ▪ Le Code de la mutualité

6139. L'article L. 224-8 du Code de la mutualité dispose que les opérations relatives au remboursement de frais de soins, à la protection juridique et à l'assistance ont un caractère indemnitaire. Il en résulte que l'indemnité due par la mutuelle ou par l'union ne peut excéder le montant des frais restant à la charge du membre participant au moment du sinistre. Nous rencontrons donc dans le Code la mutualité une disposition relative au principe indemnitaire conforme à celle contenue dans l'article 9 de la loi n° 89-1009 du 31 décembre 1989. En revanche, ni le Code de la Sécurité sociale, pour les institutions de prévoyances, ni le Code des assurances, pour les sociétés d'assurance, ne prévoient expressément de dispositions affirmant le principe indemnitaire pour les frais de soins.

§ 2 ▪ Les autres garanties

A ▪ Des prestations forfaitaires ou indemnitaires

6140. Pour les garanties incapacité et invalidité, les prestations sont en principe forfaitaires mais peuvent revêtir un caractère indemnitaire en fonction de la rédaction du contrat. Il est d'ailleurs assez logique que ces prestations aient un caractère indemnitaire dans la mesure où l'assuré ne devrait pas recevoir davantage que le préjudice qu'il a réellement subi. Ainsi, si un assuré reçoit de son organisme de Sécurité sociale des indemnités journalières pour un arrêt de travail, il parait normal que les prestations versées par un assureur complètent les prestations sociales dans la limite de la perte réellement subie. Le calcul de la perte n'est toutefois pas toujours aisé, en particulier pour les travailleurs non salariés, surtout lorsqu'il s'agit d'indemniser une invalidité. Toujours est-il que la règle posée par le Code des assurances est que les assurances de personnes ont un caractère forfaitaire. Cependant, les prestations peuvent aussi avoir un caractère indemnitaire dès lors que le contrat le prévoit. En effet, l'article L. 131-2 du Code des assurances autorise la subrogation en assurances de personnes dès lors que les prestations versées ont un caractère indemnitaire. L'article L 131-2 pose d'abord le principe selon lequel, dans l'assurance de personnes, l'assureur, après paiement de la somme assurée, ne peut être subrogé aux droits du contractant ou du bénéficiaire contre des tiers à raison du sinistre. Le deuxième alinéa précise toutefois que dans les contrats garantissant l'indemnisation des préjudices résultant d'une atteinte à la personne, l'assureur peut être subrogé dans les droits du contractant ou des ayants droit contre le tiers responsable, pour le remboursement des prestations à caractère indemnitaire prévues au contrat. Compte tenu de la rédaction du texte, le caractère indemnitaire ne découle pas de la nature de la prestation mais doit être clairement indiqué au contrat. L'assuré doit savoir qu'il ne pourra pas cumuler les indemnités versées par un assureur de personnes avec celles qui seraient dues par un éventuel responsable.

B ▪ Les critères jurisprudentiels

6141. Pour être qualifiées d'indemnitaire, les prestations ne doivent pas être calculées en fonction d'éléments prédéterminés ; elles doivent être calculées en fonction du préjudice subi. Les prestations servies en exécution d'une assurance de personnes en cas d'accident ou de maladie revêtent un caractère forfaitaire et non indemnitaire dès lors qu'elles sont calculées en fonction d'éléments prédéterminés dans le contrat, indépendamment du préjudice subi (Civ. 1re, 17 mars 1993,RGAT 1993. 631, obs. Favre Rochex ; RCA 1993, n° 283).

6142. N'ont pas un caractère indemnitaire les prestations servies en exécution d'un contrat qualifié « garanties des ressources » prévoyant le versement d'une indemnité journalière calculée en pourcentage du traitement de l'assuré à l'aide d'une formule mathématique variant selon l'importance de l'invalidité (Civ. 1re, 20 oct. 1993,RGAT 1993. 864, note J. Kullmann ;Civ. 1re, 16 mai 1995,RGAT 1995. 647, note J. Maury ; RCA 1995, n° 277). Les prestations servies par l'assureur au titre de l'incapacité totale de travail et de l'incapacité permanente partielle étant indépendantes dans leurs modalités de calcul et d'attribution de celles de la réparation du préjudice selon le droit commun, elles ont un caractère forfaitaire et non indemnitaire et ne peuvent être récupérées auprès du tiers responsable (Cass. ass. plén., 19 déc. 2003,D. 2004, IR, 186 ; RCA 2004, p. 7 et Chron. H. Groutel).

§ 3 ▪ Subrogation légale

A ▪ Le Code de la mutualité

1 ▪ Subrogation pour les frais de soins

6143. L'article L. 224-9 du Code de la mutualité prévoit que pour le paiement des prestations correspondant aux frais de soins, la mutuelle ou l'union est subrogée jusqu'à concurrence desdites prestations, dans les droits et actions des membres participants, des bénéficiaires ou de leurs ayants droit contre les tiers responsables.

2 ▪ Préjudices personnels

6144. La mutuelle ou l'union ne peut poursuivre le remboursement des dépenses qu'elle a exposées qu'à due concurrence de la part d'indemnité mise à la charge du tiers qui répare l'atteinte à l'intégrité physique de la victime, à l'exclusion de la part d'indemnité, de caractère personnel, correspondant aux souffrances physiques ou morales, au préjudice esthétique et d'agrément, à moins que les prestations versées par l'organisme mutualiste n'indemnisent ces éléments de préjudice. En cas d'accident suivi de mort, la part d'indemnité correspondant au préjudice moral des ayants droit leur demeure acquise.

3 ▪ Indemnités journalières et prestations d'invalidité

6145. Pour le paiement des indemnités journalières versées et les prestations d'invalidité, la mutuelle ou l'union est subrogée jusqu'à concurrence desdites prestations dans les droits et actions des membres participants, des bénéficiaires ou de leurs ayants droit contre les tiers responsables.

B ▪ Le Code de la Sécurité sociale

6146. L'article L. 931-11 du Code de la Sécurité sociale prévoit que pour le paiement des prestations à caractère indemnitaire, les institutions de prévoyance sont subrogées jusqu'à concurrence desdites prestations dans les droits et actions du participant, du bénéficiaire ou de leurs ayants droit contre les tiers responsables.

Le code ne prévoit pas quelles sont les prestations qui ont un caractère indemnitaire et n'indique pas quels sont les critères qui permettent de qualifier une prestation d'indemnitaire. On doit donc se référer à la jurisprudence.

C ▪ Le Code des assurances

6147. Nous avons vu que l'article L. 131-2 du Code des assurances précise que dans les contrats garantissant l'indemnisation des préjudices résultant d'une atteinte à la personne, l'assureur peut être subrogé dans les droits du contractant ou des ayants droit contre le tiers responsable, pour le remboursement des prestations à caractère indemnitaire prévues au contrat. Lorsque le recours est fondé sur l'article L. 131-2 du Code des assurances, les prestations versées ouvrent droit à un recours contre le responsable si elles revêtent un caractère indemnitaire. Ce caractère indemnitaire est exigé par le texte même de l'article L. 131-2. Ce principe est réaffirmé par la Cour de cassation (Civ. 2e, 17 avr. 2008, n° 06-20.417).

D ▪ La loi n° 85-677 du 5 juillet 1985

6148. L'article 15 de la loi n° 94-678 du 8 août 1994 a modifié l'article 29-5 de la loi n° 85-677 du 5 juillet 1985 concernant le recours des tiers payeurs contre les personnes tenues à réparation d'un dommage résultant d'une atteinte à la personne. Désormais, selon le nouvel article 29-5 de cette loi, les indemnités journalières de maladie et les prestations d'invalidité versées par les mutuelles, les institutions de prévoyance et les sociétés d'assurance, à la victime d'un dommage corporel, ouvrent droit à un recours contre la personne tenue à réparation ou son assureur. L'article 30 de la loi n° 85-677 du 5 juillet 1985 précise que ce recours a un caractère subrogatoire. Les organismes disposent donc d'un autre fondement pour effectuer leurs recours, en étant placés au même rang que les autres tiers payeurs, telles les caisses de Sécurité sociale. L'article 29-5 de la loi n° 85-677 ne se réfère pas au caractère indemnitaire des prestations et c'est la jurisprudence qui, au cas par cas, a posé des principes permettant de dégager des critères qui permettent de savoir quelles sont les hypothèses permettant d'effectuer les recours.

6149. Lorsque le recours est fondé sur l'article L. 131-2 du Code des assurances, les prestations versées ouvrent droit à un recours contre le responsable si elles revêtent un caractère indemnitaire. Ce caractère indemnitaire est exigé par le texte même de l'article L. 131-2. Ce principe est réaffirmé par la Cour de cassation (Civ. 2e, 17 avr. 2008, n° 06-20.417). Lorsque le recours est exercé sur le fondement des articles 29-5 et 30 de la loi n° 85-677 du 5 juillet 2005, le caractère non indemnitaire des prestations ne semble pas faire obstacle aux recours (Civ. 2e, 12 juill. 2007, n° 06-16.084 ;Civ. 2e, 8 nov. 2007,n° 06-19.744).

Section 4 ■ La déduction des cotisations

Sous-section 1 ■ Le principe de la déduction des cotisations

6150. En application de l'article 83 du Code général des impôts (CGI), les salariés sont autorisés à déduire de leur rémunération les cotisations qu'ils supportent en vue de se prémunir contre les « risques de prévoyance » maladie, maternité, invalidité, décès, accidents du travail et maladies professionnelles ainsi que pour le « risque » vieillesse. La couverture du risque de dépendance, qui se caractérise par l'impossibilité d'accomplir seul les actes de la vie quotidienne (se déplacer, se laver, s'habiller, préparer les repas ...), est assimilée à la prévoyance pour l'application des dispositions concernées de l'article 83 du Code général des impôts. La couverture de ces risques est assurée par l'affiliation à des régimes légalement obligatoires de base et à des régimes complémentaires, ouvrant droit, sous certaines conditions, à la déduction des cotisations correspondantes du montant imposable des traitements et salaires. L'article 111 de la loi n° 2003-775 du 21 août 2003 portant réforme des retraites modifie en profondeur les modalités, notamment les limites, de déduction des cotisations versées dans le cadre professionnel à ces différents régimes. L'article 82 de la loi de finances pour 2004 fixe les limites de déduction suivantes, qui sont applicables à compter de l'imposition des revenus de 2004. Les cotisations ou primes versées à des régimes obligatoires d'entreprise de prévoyance complémentaire sont déductibles dans la limite, y compris les versements de l'employeur, d'un montant égal à la somme de 7 % du plafond annuel de la Sécurité sociale (P) et de 3 % de la rémunération annuelle brute, sans que le total ainsi obtenu puisse excéder 3 % de huit fois le plafond annuel de la Sécurité sociale (P). Ces dispositions sont codifiées au 1° quater de l'article 83 du Code général des impôts.

Sous-section 2 ■ Les conditions de déduction

6151. Le 1° quater de l'article 83 du Code général des impôts autorise la déduction, sous plafond, des cotisations ou primes versées aux régimes de prévoyance complémentaire mis en place dans l'entreprise dans les conditions prévues à l'article L. 911-1 du Code de la Sécurité sociale, auxquels le salarié est affilié à titre obligatoire.

Ces cotisations de prévoyance complémentaire sont susceptibles d'être admises en déduction si les conditions suivantes sont remplies.

§ 1 ■ Les cotisations doivent comporter une participation effective de l'employeur

6152. Cette participation effective de l'employeur doit en représenter au minimum une part significative, au maximum la totalité. À cet égard, la seule prise en charge par l'employeur des frais de mise en place et de gestion du régime ne constitue pas de sa part une participation significative à son financement.

§ 2 ▪ Nécessité d'une assurance de groupe

A ▪ Cas général

6153. Les contrats passés avec un organisme d'assurances doivent revêtir la forme d'une assurance de groupe qui s'impose à la totalité du personnel appartenant à une catégorie donnée. Si tous les salariés de la même catégorie ne sont pas adhérents du contrat, la déduction des cotisations n'est pas admise.

Les contrats d'assurance de groupe s'entendent de ceux que les entreprises elles-mêmes ont souscrit et dont le bénéfice est accordé à toutes les personnes appartenant à une même catégorie de personnel, peu important que les bénéficiaires soient des cadres dirigeants ou de direction, des ingénieurs, cadres et agents de maîtrise, des employés ou des ouvriers. Les mandataires sociaux ne constituent pas en tant que telle une catégorie de personnel. Ils sont cependant susceptibles de bénéficier de la déduction des cotisations prévues à l'article 83 du Code général des impôts dès lors qu'ils peuvent être inclus dans une catégorie plus large, comme celle des cadres dirigeants.

L'entreprise notifie à l'assureur, au fur et à mesure des mouvements de personnel, les renseignements concernant les salariés qui ont été embauchés ou qui ont cessé leurs fonctions. Les salariés sont pour, leur part, adhérents ou membres participants.

B ▪ Micro entreprises

6154. Une entreprise ne comportant qu'un nombre très limité de salariés ou même un seul, appartenant à une catégorie donnée, définie de manière générale et impersonnelle selon des critères non restrictifs, a la possibilité d'adhérer à un contrat d'assurance de groupe. En pareil cas, le contrat peut se présenter sous la forme d'un contrat collectif obligatoire ouvert à plusieurs entreprises. Le groupe ainsi constitué doit répondre aux exigences de la réglementation particulière à ce type d'assurance.

§ 3 ▪ Taux de cotisation uniforme

6155. Les cotisations doivent être fixées à un taux uniforme à l'égard de toutes les personnes appartenant à une même catégorie objective de personnel. Ces dispositions n'interdisent pas une modulation du taux de cotisation par tranche de rémunération, c'est-à-dire par fraction de rémunération égale au plafond de la Sécurité sociale prévu à l'article L. 241-3 du Code de la Sécurité sociale.

À cet égard, le respect de l'uniformité du taux de cotisation pour toutes les personnes appartenant à une même catégorie objective de personnel n'interdit pas aux salariés de choisir, à l'intérieur de la cotisation de prévoyance obligatoire, de moduler le taux de couverture et, par suite, les garanties relatives aux différents risques autorisés.

§ 4 . Critères du caractère collectif et obligatoire des garanties de prévoyance

A . Les critères du caractère collectif définis par le décret n° 2014- 786 du 8 juillet 2014

1 . Objet du décret

6156. Le décret n° 2014-786 du 8 juillet 2014 relatif au caractère collectif et obligatoire des garanties de protection sociale complémentaire modifie des modalités selon lesquelles les dispositifs collectifs et obligatoires de protection sociale complémentaire peuvent prévoir des catégories distinctes de bénéficiaires ou des facultés de dispense d'affiliation. Il est codifié aux articles R. 242-1-1 à R. 242-1-6 du Code de la sécurité sociale. Le texte tire les conséquences de la généralisation de la complémentaire santé prévue par la loi n° 2013-504 du 14 juin 2013 relative à la sécurisation de l'emploi, en ce qui concerne les règles que doivent respecter les branches ou les entreprises qui instituent des dispositifs de protection sociale complémentaire, pour permettre aux employeurs de bénéficier de l'exclusion d'assiette sociale au titre de leur participation au financement de ces dispositifs (conditions liées au caractère « collectif et obligatoire » du dispositif). Il étend ainsi au cas dans lequel le dispositif est issu d'une décision unilatérale de l'employeur la possibilité de mettre en place des dispenses d'adhésion, au choix du salarié, pour certaines catégories (salariés en CDD, apprentis, salariés à temps partiel). Par ailleurs, il apporte quelques précisions et clarifications aux règles définissant le caractère collectif et obligatoire des dispositifs, notamment en ce qui concerne les critères pouvant être utilisés pour constituer des catégories de salariés bénéficiant de garanties distinctes de protection sociale complémentaire. Le décret entre en vigueur le lendemain de sa publication.

6157. Une lettre-circulaire ACOSS n° 2015-0000045 du 12 août 2015 apporte des précisions sous forme de « questions-réponses ».

2 . Couverture de l'ensemble des salariés ou d'une catégorie objective

6158. Selon le nouvel article R. 242-1-1 du Code de la sécurité sociale, pour le bénéfice de l'exclusion de l'assiette des cotisations prévue au sixième alinéa de l'article L. 242-1, les garanties doivent couvrir l'ensemble des salariés. Ces garanties peuvent également ne couvrir qu'une ou plusieurs catégories de salariés sous réserve que ces catégories permettent, dans les conditions prévues à l'article R. 242-1-2, de couvrir tous les salariés que leur activité professionnelle place dans une situation identique au regard des garanties concernées.

6159. Une catégorie est définie à partir des critères objectifs suivants :
1° L'appartenance aux catégories de cadres et de non-cadres résultant de l'utilisation des définitions issues des dispositions des articles 4 et 4 bis de la convention nationale de retraite et de prévoyance des cadres du 14 mars 1947 et de l'article 36 de l'annexe I de cette convention.
2° Un seuil de rémunération déterminé à partir de l'une des limites inférieures des tranches fixées pour le calcul des cotisations aux régimes complémentaires de retraite issus de la convention nationale mentionnée au 1° ou de l'accord national interprofessionnel de retraite complémentaire du 8 décembre 1961, sans que puisse être constituée une catégorie regroupant les seuls salariés dont la rémunération annuelle excède la limite supérieure de la dernière tranche définie par l'article 6 de la convention nationale précitée.

La lettre-circulaire ACOSS du 12 août 2015 précise que cette nouvelle rédaction permet toujours de définir une catégorie bénéficiaire de garanties par référence aux tranches de rémunération fixées pour le calcul des cotisations aux régimes de retraite complémentaire ARRCO et AGIRC, de même qu'aux régimes complémentaires listés par la circulaire (IRCANTEC, CNBF, CAVEC). Toutefois, la référence à un seuil de rémunération implique la constitution, au plus, de deux catégories de salariés sur la base de ce critère. L'article R. 242-1-1 2° du Code de la sécurité sociale reprend la précision apportée par la circulaire ministérielle du 23 septembre 2013 selon laquelle il ne peut être constitué une catégorie regroupant les seuls salariés dont la rémunération annuelle excède la limite supérieure de la dernière tranche définie par l'article 6 de la convention AGIRC, à savoir 8 plafonds.

Enfin, la tolérance selon laquelle les salariés dont la rémunération est soit inférieure ou égale, soit supérieure ou égale à 2 plafonds peuvent constituer une catégorie objective n'est pas remise en cause. En outre, les catégories objectives définies en référence à 3 plafonds (limite supérieure de la tranche 2 de la convention ARRCO) sont toujours admises. Ainsi, à partir du seuil correspondant à la limite supérieure de la tranche 2 de la convention ARRCO, pourront notamment être constituées les deux catégories suivantes: celle des salariés dont la rémunération est inférieure ou égale à 3 plafonds et celle des salariés dont la rémunération est supérieure ou égale à 3 plafonds. Peuvent donc être retenus les seuils en référence à 1, 2, 3 et 4 PASS ainsi que le seuil inférieur à 8 PASS

3° La place dans les classifications professionnelles définies par les conventions de branche ou les accords professionnels ou interprofessionnels mentionnés au livre deuxième de la deuxième partie du Code du travail ;

La lettre-circulaire ACOSS du 12 août 2015 indique que ce critère implique de ne retenir que les niveaux de classification formalisés dans la convention collective permettant d'identifier une catégorie professionnelle, la prise en compte systématique du premier niveau de la grille de classification pouvant s'avérer dans certains cas non pertinente en raison des rédactions mêmes des conventions.

4° Le niveau de responsabilité, le type de fonctions ou le degré d'autonomie ou l'ancienneté dans le travail des salariés correspondant aux sous-catégories fixées par les conventions ou les accords mentionnés au 3° ;

Selon la lettre-circulaire ACOSS du 12 août 2015, ce critère autorise le recours à l'ancienneté lorsqu'il s'agit strictement d'un élément conditionnant l'accès à certains échelons ou niveaux d'emploi au sein des classifications professionnelles.

5° L'appartenance au champ d'application d'un régime légalement ou réglementairement obligatoire assurant la couverture du risque concerné, ou bien l'appartenance à certaines catégories spécifiques de salariés définies par les stipulations d'une convention collective, d'un accord de branche ou d'un accord national interprofessionnel caractérisant des conditions d'emploi ou des activités particulières, ainsi que, l'appartenance aux catégories définies clairement et de manière non restrictive à partir des usages constants, généraux et fixes en vigueur dans la profession.

Ces catégories ne peuvent en aucun cas être définies en fonction du temps de travail, de la nature du contrat, de l'âge ou, sous réserve du 4° et du dernier alinéa de l'article R. 242-1-2, de l'ancienneté des salariés.

6160. Selon l'article R. 242-1-2 du Code de la sécurité sociale, sont considérées comme couvrant l'ensemble des salariés placés dans une situation identique au regard des garanties mises en place :

1° Les prestations de retraite supplémentaire bénéficiant à des catégories établies à partir des critères mentionnés aux 1° à 3° de l'article R. 242-1-1 ;

2° Les prestations destinées à couvrir le risque de décès prévues par les dispositions de l'article 7 de la convention nationale de retraite et de prévoyance des cadres mentionnée au 1° de l'article R. 242-1-1 ;

3° Les prestations destinées à couvrir les risques d'incapacité de travail, d'invalidité, d'inaptitude ou de décès, lorsque ce dernier est associé à au moins un des trois risques précédents, ou la perte de revenus en cas de maternité, bénéficiant à des catégories établies à partir des critères mentionnés aux 1° et 2° du même article ainsi que, sous réserve que l'ensemble des salariés de l'entreprise soient couverts, au 3° du même article ;
4° Les prestations destinées à couvrir des frais de santé, qui bénéficient à des catégories établies à partir des critères mentionnés aux 1° et 2° du même article, sous réserve que l'ensemble des salariés de l'entreprise soient couverts.
Dans tous les autres cas où les garanties ne couvrent pas l'ensemble des salariés de l'entreprise, l'employeur devra être en mesure de justifier que la ou les catégories établies à partir des critères objectifs mentionnés à l'article R. 242-1-1 permettent de couvrir tous les salariés que leur activité professionnelle place dans une situation identique au regard des garanties concernées.
Le fait de prévoir que l'accès aux garanties est réservé aux salariés de plus de douze mois d'ancienneté pour les prestations de retraite supplémentaire et les prestations destinées à couvrir des risques d'incapacité de travail, d'invalidité, d'inaptitude ou de décès, et aux salariés de plus de six mois d'ancienneté pour les autres prestations, ne remet pas en cause le caractère collectif de ces garanties.

3 ▪ Garanties identiques

6161. Selon l'article R. 242-1-1 du Code de la sécurité sociale, les garanties mentionnées à l'article R. 242-1-1 doivent être les mêmes pour tous les salariés ou pour tous ceux d'une même catégorie au sens du même article. Pour les prestations de prévoyance complémentaire, le fait de prévoir des garanties plus favorables au bénéfice de certains salariés en fonction des conditions d'exercice de leur activité ne remet pas en cause le caractère collectif de ces garanties.

4 ▪ Contribution de l'employeur

6162. L'article R. 242-1-4 du Code de la sécurité sociale précise que pour bénéficier de l'exclusion de l'assiette, les contributions de l'employeur mentionnées aux alinéas 6 à 9 de l'article L. 242-1 sont fixées à un taux ou à un montant uniforme pour l'ensemble des salariés ou pour tous ceux d'une même catégorie au sens de l'article R. 242-1-1, sauf dans les cas suivants :
1° La prise en charge par l'employeur de l'intégralité des contributions des salariés à temps partiel ou des apprentis dès lors que l'absence d'une telle prise en charge conduirait ces salariés à s'acquitter d'une contribution au moins égale à 10 % de leur rémunération brute ;
2° La modulation par l'employeur des contributions relatives à la couverture des garanties de prévoyance complémentaire en fonction de la composition du foyer du salarié ;
3° En matière de prestations de retraite supplémentaire, d'incapacité de travail, d'invalidité ou d'inaptitude, la mise en place de taux croissants en fonction de la rémunération dans la mesure où une progression au moins aussi importante est également appliquée aux contributions des salariés.

5 ▪ Eléments ne remettant pas en cause le caractère collectif des garanties

6163. Aux termes de l'article R. 242-1-5 du Code de la sécurité sociale, ni le fait de prévoir la possibilité pour les salariés de choisir de souscrire pour eux-mêmes ou leurs ayants droit des garanties supplémentaires ni la majoration des contributions de l'employeur en

cas de surcotisation effectuée par les salariés au titre de ces garanties supplémentaires ne remettent en cause le caractère collectif de ces garanties. Dans ce cas, la part des contributions de l'employeur correspondant à cette majoration ne bénéficie pas de l'exclusion de l'assiette des cotisations prévue au sixième alinéa de l'article L. 242-1.
La part des contributions de l'employeur correspondant aux garanties supplémentaires prévues au profit des ayants droit du salarié bénéficie de l'exclusion de l'assiette lorsque ces garanties sont mises en place à titre obligatoire, le cas échéant sous réserve des dispenses correspondant à celles qui sont prévues à l'article R. 242-1-6.
Pour les salariés qui travaillent régulièrement et simultanément pour le compte de plusieurs employeurs, le caractère collectif des garanties n'est pas remis en cause lorsque, pour une garantie donnée, la contribution due par l'employeur fait l'objet d'un partage par quotes-parts entre chacun d'entre eux selon les conditions qu'ils déterminent conjointement.

B ▪ Le caractère obligatoire et les facultés de dispense déterminés par le décret n° 2012-25 du 9 janvier 2012

6164. Une lettre-circulaire ministérielle n° 2013/344 du 25 septembre 2013 relative aux modalités d'assujettissement aux cotisations et contributions de sécurité sociale des contributions des employeurs destinées au financement de prestations de retraite supplémentaire et de prévoyance complémentaire précise les conditions d'application du régime d'exemption d'assiette de cotisations sociales des contributions versées par l'employeur, tel que défini à l'article L. 242-1 du Code de la sécurité sociale. Cette circulaire ayant suscité de nombreuses interrogations sur l'application du régime des catégories objectives, une lettre-circulaire ACOSS n° 2014-0000002 en date du 4 février 2014 est venue apporter des précisions sous forme de « questions – réponses ».

6165. L'article R. 242-1-6 du Code de la sécurité sociale précise que les garanties mentionnées à l'article R. 242-1-1 sont mises en place à titre obligatoire au profit des salariés sous réserve des facultés de dispense d'adhésion, au choix du salarié, prévues dans l'acte juridique et énoncées ci-dessous :
1° Lorsque les garanties ont été mises en place par une décision unilatérale et que le dispositif prévoit que les salariés embauchés avant la mise en place des garanties peuvent en être dispensés ;
2° Lorsque les garanties ont été mises en place par convention, accord collectif ou ratification à la majorité des intéressés, dans les conditions fixées à l'article L. 911-1, et que le dispositif prévoit, quelle que soit leur date d'embauche, les cas de dispense :
a) Des salariés et apprentis bénéficiaires d'un contrat d'une durée au moins égale à douze mois à condition de justifier par écrit en produisant tous documents d'une couverture individuelle souscrite par ailleurs pour le même type de garanties,
b) Des salariés et apprentis bénéficiaires d'un contrat d'une durée inférieure à douze mois, même s'ils ne bénéficient pas d'une couverture individuelle souscrite par ailleurs,
c) Des salariés à temps partiel et apprentis dont l'adhésion au système de garanties les conduirait à s'acquitter d'une cotisation au moins égale à 10 % de leur rémunération brute ;
3° Dans les cas où les garanties de prévoyance complémentaire ont été mises en place dans les conditions fixées à l'article L. 911-1 et où l'acte qui met en place ces garanties prévoit, quelle que soit leur date d'embauche, les cas de dispense :
a) Des salariés bénéficiaires d'une couverture complémentaire en application de l'article L. 861-3 ou d'une aide à l'acquisition d'une complémentaire santé en application de l'article L. 863-1 et des salariés couverts par une assurance individuelle frais de santé au moment

de la mise en place des garanties ou de l'embauche si elle est postérieure. Dans ces cas, la dispense ne peut jouer que jusqu'à échéance du contrat individuel,
b) A condition de le justifier chaque année, des salariés qui bénéficient par ailleurs, y compris en tant qu'ayants-droit, d'une couverture collective relevant d'un dispositif de prévoyance complémentaire conforme à un de ceux fixés par arrêté du ministre chargé de la Sécurité sociale.

6166. Dans tous les cas, l'employeur doit être en mesure de produire la demande de dispense des salariés concernés.

C ▪ Le caractère obligatoire et les facultés de dispense déterminés par le décret n° 2014-786 du 8 juillet 2014

6167. Seules les contributions des employeurs finançant des garanties auxquelles l'adhésion des salariés est obligatoire bénéficient de l'exclusion de l'assiette des cotisations. Des cas de dispense sont prévus à l'article R. 242-1-6 du Code de la sécurité sociale modifié par le décret n° 2014-786 du 8 juillet 2014. La lettre-circulaire ACOSS n° 2015-0000045 du 12 août 2015 apporte des précisions sur ces cas de dispense désormais regroupés en deux catégories.

1 ▪ Dispense liée à la mise en place des garanties par décision unilatérale de l'employeur

6168. La décision unilatérale de l'employeur peut prévoir que les salariés présents dans l'entreprise au moment de la mise en place du dispositif de prévoyance complémentaire ou de retraite supplémentaire pourront être dispensés d'adhérer. Le cas de dispense doit être inséré dans la décision unilatérale de l'employeur dès lors que le financement est exclusivement patronal. Le décret rappelle qu'en présence d'une cotisation salariale, les salariés présents dans l'entreprise au moment de la mise en place du dispositif par décision unilatérale peuvent être dispensés d'adhérer au régime en application de l'article 11 de la loi n° 891009 du 31 décembre 1989 dite « loi Evin ».

2 ▪ Les autres cas de dispense des salariés

6169. Les autres cas de dispenses demeurent inchangés et concernent :
- Les salariés et apprentis bénéficiaires d'un contrat à durée déterminée ou d'un contrat de mission. Ce cas de dispense est étendu aux contrats de mission, qui s'entendent des seuls contrats d'intérim, conclus par les entreprises de travail temporaire. Par ailleurs est maintenue la distinction entre les contrats d'une durée inférieure à 12 mois et ceux d'une durée au moins égale à 12 mois, pour lesquels est exigée la justification écrite d'une couverture souscrite par ailleurs ;
- Les salariés à temps partiel et apprentis dont la cotisation salariale de retraite supplémentaire ou de prévoyance complémentaire est au moins égale à 10 % de leur rémunération brute.

Dans tous les cas, l'employeur doit être en mesure de produire la demande de dispense des salariés concernés. Cette demande comporte la mention selon laquelle le salarié a été préalablement informé par l'employeur des conséquences de son choix.

3 ▪ Les cas de dispense ouverts aux ayants droit

6170. Les ayants droit déjà couverts par ailleurs à titre obligatoire ont la possibilité d'avoir recours aux mêmes cas de dispense que ceux offerts aux salariés. Les cas de dispense sont conditionnés au fait que l'acte juridique les prévoit et sont à justifier chaque année ; ils ne remettent pas en cause le caractère collectif et obligatoire du régime.

6171. En matière de prévoyance santé, lorsque l'affiliation des ayants droit est obligatoire, une faculté de dispense d'adhésion d'ordre public est prévue par l'article D. 911-3 du Code de la sécurité sociale.. Il s'agit de permettre aux ayants droit déjà couverts par ailleurs à titre obligatoire, conformément aux situations énumérées dans l'arrêté du 26 mars 2012 relatif aux facultés de dispense d'adhésion à des systèmes de prévoyance collectifs et obligatoires mis en place dans les entreprises, de refuser leur affiliation obligatoire, même si l'acte juridique instituant ce régime ne prévoit pas expressément de dispense à ce titre. Cette dispense de plein droit des ayant droits ne remet en cause ni le caractère obligatoire du régime concerné, ni les avantages attachés au financement patronal.

§ 5 ▪ Les risques assurés

6172. Les risques assurés doivent être les mêmes que dans les régimes de Sécurité sociale de base (maladie, maternité, invalidité, incapacité de travail, décès, ainsi que la dépendance qui est assimilée à la prévoyance), mais les prestations accordées peuvent revêtir des formes différentes (par exemple, pension d'orphelin, rente éducation, etc.).

§ 6 ▪ Exclusion du capital

6173. Le régime doit être exclusif de tout versement d'un capital, sauf pour la couverture du risque décès ou en cas d'invalidité absolue et définitive ou perte totale et irréversible d'autonomie correspondant au 3° de l'article L. 341-4 du Code de la Sécurité sociale.

§ 7 ▪ Absence de prise en charge de la participation forfaitaire

6174. Depuis le 1er janvier 2005, date d'entrée en vigueur de la loi n° 2004-810 du 13 août 2004 relative à l'assurance maladie, dont le III de l'article 57 a modifié à cet effet le 1° quater de l'article 83 du Code général des impôts, la déduction est subordonnée à l'absence de prise en charge, même partielle, de la participation forfaitaire de l'assuré prévue au II de l'article L. 322-2 du Code de la Sécurité sociale pour certains actes médicaux. Sauf dispositions contraires expresses, les garanties complémentaires de prévoyance sont réputées, quelle que soit la date de leur mise en place, ne pas couvrir cette participation à compter du 1er janvier 2005 (art. 40, L. fin. Sécurité sociale pour 2005).

§ 8 ▪ Le respect du cahier des charges

6175. Depuis le 1er janvier 2006, la déduction prévue au 1° quater de l'article 83 du Code général des impôts est subordonnée au respect par les régimes concernés des conditions prévues à l'article L. 871-1 du Code de la Sécurité sociale et définies aux articles R. 871-1 et R. 871-2 du même code issus du décret n° 2005-1226 du 29 septembre 2005. Les organismes d'assurances sont ainsi tenus de respecter un cahier des charges prévoyant d'une part l'exclusion de certaines prises en charge et, d'autre part, l'obligation au contraire de prendre en charge totalement ou partiellement les consultations et prescriptions du médecin traitant ainsi que la totalité du ticket modérateur d'au moins deux prestations de prévention considérées comme prioritaires au regard d'objectifs de santé publique (« contrats responsables »).

Sous-section 3. Limite de déduction des cotisations versées aux régimes de prévoyance complémentaire

§ 1. Cas général

6176. Les cotisations ou primes versées, y compris la participation de l'employeur, aux régimes obligatoires de prévoyance complémentaire sont déductibles dans une limite spécifique annuelle mentionnée au second alinéa du 1° quater de l'article 83 du Code général des impôts, égale à la somme des deux éléments suivants :
- 7 % du plafond annuel retenu pour le calcul des cotisations de Sécurité sociale,
- et 3 % de la rémunération annuelle brute, sans que le total ainsi obtenu puisse excéder 3 % de huit fois le montant annuel du plafond précité.

§ 2. Salariés impatriés

6177. En application du 2°-0 ter de l'article 83 du Code général des impôts, les cotisations que les salariés « impatriés » continuent de verser aux régimes de prévoyance complémentaire auxquels ils étaient affiliés ès qualités dans un autre État, avant leur prise de fonctions en France, sont déductibles du montant imposable de leurs traitements et salaires, dans la limite prévue au 1° quater de l'article 83 du Code général des impôts.

§ 3. Sort des cotisations excédentaires

6178. Lorsque les cotisations versées aux régimes de retraite supplémentaire ou de prévoyance complémentaire excèdent les plafonds de déduction, définis respectivement aux 2° et 1° quater de l'article 83 du Code général des impôts, l'excédent de cotisations afférent au régime concerné est ajouté à la rémunération.

En pratique :
- la part patronale des cotisations excédentaires constitue un complément de rémunération imposable qui doit être ajouté à la rémunération brute du salarié ;
- la part salariale des cotisations excédentaires n'est pas déductible de la rémunération brute de l'intéressé.

La ventilation de l'excédent s'effectue au prorata du montant des cotisations supportées respectivement par l'employeur et par le salarié.

Chapitre 2
La retraite des salariés

BIBLIOGRAPHIE

L'Argus de l'assurance

Ouvrages. – G. Bellocq, *La protection sociale dans l'entreprise*, L'Argus éd., 2006 – L. Chrébor et J. Jacotot, *Comprendre et conseiller la prévoyance collective*, L'Argus éd., 2015. – G. Briens, L. Chrébor, C. Gonnard, G. Leroy, M. Pelletier, *Code de la mutualité – Livre IX du Code de la Sécurité sociale – commenté*, L'Argus éd. – X. Camlong, *Mutualité et prévoyance complémentaire*, L'Argus éd., 2005 – F. Couilbault, S. Couilbault Di Tommaso, V. Huberty, *Les grands principes de l'assurance*, L'Argus éd., 2013 – L. Grynbaum (sous dir.), *Assurances*, Coll. Droit et Pratique, L'Argus éd., 2016 – M. Hallopeau, *Epargne, retraite, prévoyance d'entreprise*, L'Argus éd., 2014. – J. Bigot (sous dir.), *Code des assurances*, L'Argus éd. – E. Bocquaire, R. Millot et A. Rudelle Waternaux, L'assurance de santé : acteurs et garanties, L'Argus éd., 2012

Revues. - G. Defrance, Protection sociale complémentaire. Un coup pour les retraites chapeau, Dossier jur. L'Argus 26 août 94. - S. Lemoine, Prévoyance et retraite, le passif social, L'Argus, 13 déc. 91 ; Traitement social des cotisations de retraite, L'Argus n° 6322, 28 mai 93 ; Fonds de pension, L'Argus 11 déc. 92. – B. Mermillon, Le sort fiscal des indemnités de fin de carrière, L'Argus 25 sept. 92.

Autres documentations

Ouvrages. – R. Voirin, *Retraite et prévoyance des salariés*, éd. de Verneuil 1993.

Revues. – J. Arrighi de Casanova, L'influence du droit social sur le droit fiscal, L'exemple des régimes de retraite surcomplémentaires (Conclusion CE, 9 nov. 1990, RDE 91-148). - M. Denouette, e plan d'épargne populaire, INC Hebdo n° 1355, 12 sept. 2005. – Ph. Laigre, Les PERP et les GERP, entre la transparence et l'obstacle, Dr. et patr. n° 143, décembre 2005. - P.G Marly, Epargne-assurance, qualification juridique, Trib. Assur., janv. 2007. - G. Meneroud, Retraite et prévoyance collective, in Encyclopédie de l'assurance, Economica, 1998, p. 1169. - V. Messine, Le PEP et la retraite par capitalisation, PU Aix-Marseille 1990. – G. Richarte, La retraite surcomplémentaire d'entreprises, PU Aix-Marseille 1995.

Section 1 ▪ La retraite obligatoire

6179. La retraite des salariés est constituée de trois étages de retraite, les deux premiers étant obligatoires et le troisième soit obligatoire, lorsqu'une convention collective le prévoit, soit facultatif à l'initiative des entreprises. Les deux premiers étages correspondent à la retraite de base de la Sécurité sociale et à la retraite complémentaire gérée par l'ARRCO, Association des régimes de retraites complémentaires obligatoires, pour l'ensemble des salariés et par l'AGIRC, Association générale des institutions de retraite des cadres, pour les salariés cadres.

Sous-section 1 ▪ La retraite de base

§ 1 ▪ Les personnes concernées

6180. La retraite de base des salariés est gérée par la caisse nationale d'assurance vieillesse des travailleurs salariés (CNAV) et regroupe tous les salariés du secteur privé, soit environ

16,6 millions de cotisants et 11,5 millions de retraités. Cette retraite de base concerne les salariés du commerce, de l'industrie et des services, ce qui correspond au régime général des salariés.

6181. La Cour de cassation a précisé que l'employeur devait informer le salarié de son régime de retraite. Un salarié ayant travaillé, en tant qu'expatrié, à l'étranger pour différents employeurs recherche la responsabilité de ses employeurs pour ne pas l'avoir informé de l'absence de cotisation au régime de retraite obligatoire. (Soc., 25 janv. 2012, n° 11-11.374).

§ 2 ▪ Les conditions au versement de la pension de retraite

A ▪ L'âge légal de départ en retraite

6182. L'âge légal de départ en retraite était fixé à 60 ans. La loi n° 2010-1330 du 9 novembre 2010 a repoussé l'âge légal de la retraite à 62 ans.
En effet, cette loi a ajouté l'article L. 161-17-2 dans le Code de la sécurité sociale. Selon ce texte, l'âge d'ouverture du droit à une pension de retraite est fixé à soixante-deux ans pour les assurés nés à compter du 1er janvier 1956.
Cet âge est fixé par décret, de manière croissante à raison de quatre mois par génération et dans la limite de l'âge mentionné au premier alinéa du présent article, pour les assurés nés avant le 1er janvier 1956.

6183. Les dérogations resteront cependant nombreuses : chaque année, 160.000 assurés (sur 700.000 départs annuels) pourront continuer à prendre leur retraite à 60 ans ou plus tôt au titre de la pénibilité, des carrières longues, des catégories actives de la fonction publique ou des régimes spéciaux.

B ▪ La durée de cotisations

6184. La durée d'assurance pour une retraite à taux plein était initialement fixée à 150 trimestres puis a été portée à 160 trimestres (tous régimes de base confondus).

6185. En application de l'article 5 de la loi n° 2003-775 du 21 août 2003 portant réforme des retraites, la durée de cotisation retraite, nécessaire pour bénéficier d'une retraite à taux plein, augmente d'un trimestre par an à compter de 2009, pour atteindre 164 trimestres (41 ans) en 2012.

6186. Ainsi, à compter de 2009, la durée d'assurance requise pour le taux plein passe à :
- 161 trimestres pour les assurés nés en 1949 ;
- 162 trimestres pour les assurés nés en 1950 ;
- 163 trimestres pour les assurés nés en 1951 ;
- 164 trimestres pour les assurés nés en 1952.

Elle reste fixée à 160 trimestres pour les assurés nés avant 1949.

6187. La réforme de 2010 confirme la tendance amorcée en 2003. La durée de cotisation nécessaire pour bénéficier d'une pension à taux plein continuera à progresser. Actuellement fixée à 40,5 ans, la durée nécessaire passera à 41 ans en 2012, 41,25 en 2014 et devrait atteindre 41,5 ans en 2020. Avec la réforme de 2010, l'âge auquel il est possible de percevoir la retraite au taux plein va progressivement passer de 65 à 67 ans.

§ 3 . Le montant de la retraite

A . Prise en compte du salaire moyen des 25 meilleures années

6188. Les assurés obtiennent une retraite entière dite à taux plein dès lors qu'ils réunissent une durée d'assurance suffisante correspondant à leur année de naissance (de 150 à 164 trimestres) ou qu'ils ont atteints l'âge de 65 ans, ou qu'ils se trouvent dans une situation particulière (assurés handicapés).

6189. Le montant de la retraite est calculé sur la base d'un salaire annuel moyen déterminé selon l'année de naissance prenant en compte les 10 aux 25 meilleures années. Le salaire servant de base au calcul de la pension est le salaire annuel moyen correspondant aux cotisations permettant la validation d'au moins un trimestre d'assurance et versées au cours des vingt-cinq années civiles d'assurance accomplies postérieurement au 31 décembre 1947 dont la prise en considération est la plus avantageuse pour l'assuré.

6190. Le salaire servant de base au calcul de la pension est celui correspondant, pour chaque année prise en compte, aux cotisations versées par le salarié au titre des gains et rémunérations perçus au cours de cette année, sans que ce salaire puisse excéder, le cas échéant tous emplois confondus, le montant du plafond de la Sécurité sociale en vigueur au cours de cette année.
Lorsque l'assuré ne justifie pas de vingt-cinq années civiles d'assurance postérieurement au 31 décembre 1947, les années antérieures sont prises en considération en remontant à partir de cette date jusqu'à concurrence de vingt-cinq années pour la détermination du salaire de base.
Les durées de vingt-cinq années sont applicables aux assurés nés après 1947, quelle que soit la date d'effet de leur pension.

B . Assurés nés avant 1947

6191. Pour les assurés nés avant 1947, le nombre d'années retenu pour la détermination du salaire moyen est de :
- 10 années pour l'assuré né avant le 1er janvier 1934 ;
- 11 années pour l'assuré né en 1934 ;
- 12 années pour l'assuré né en 1935 ;
- 13 années pour l'assuré né en 1936 ;
- 14 années pour l'assuré né en 1937 ;
- 15 années pour l'assuré né en 1938 ;
- 16 années pour l'assuré né en 1939 ;
- 17 années pour l'assuré né en 1940 ;
- 18 années pour l'assuré né en 1941 ;
- 19 années pour l'assuré né en 1942 ;
- 20 années pour l'assuré né en 1943 ;
- 21 années pour l'assuré né en 1944 ;
- 22 années pour l'assuré né en 1945 ;
- 23 années pour l'assuré né en 1946 ;
- 24 années pour l'assuré né en 1947.

C . Le calcul de la retraite

6192. Le montant de la pension est de 25 à 50 % du salaire moyen. Le taux est fixé en fonction de la durée d'assurance, tous régimes confondus. Le taux maximum, dit « taux plein »,

est de 50 %. Si l'assuré a accompli une durée d'assurance inférieure à la durée exigée, la pension est minorée.
Pour les assurés qui justifient dans le régime général ou dans ce régime et un ou plusieurs autres régimes de base obligatoires, de périodes d'assurance et de périodes reconnues équivalentes, d'une durée au moins égale à 160 ou 164 trimestres, selon leur année de naissance, le taux applicable à leur salaire annuel de base est le « taux plein », soit 50 %. Bénéficient également du « taux plein », les personnes qui prennent leur retraite à 65 ans.
Pour les assurés qui ne peuvent bénéficier d'une retraite à taux plein en raison de leur durée de cotisation insuffisante, le taux applicable à leur salaire annuel de base est déterminé à partir du « taux plein » auquel est appliqué un coefficient de minoration qui est fonction soit du nombre de trimestres correspondant à la durée séparant l'âge auquel leur pension prend effet de leur soixante-cinquième anniversaire, soit du nombre de trimestres supplémentaires qui leur serait nécessaire, à la date d'effet de leur pension, pour atteindre les 160 ou 164 trimestres. Le plus petit de ces deux nombres est pris en considération.

6193. Pour chaque trimestre ainsi retenu, le coefficient de minoration à appliquer au « taux plein » est de 2,5 % pour les pensions ayant pris effet avant le 1er janvier 2004.
En ce qui concerne les pensions prenant effet postérieurement au 31 décembre 2003, le coefficient de minoration à appliquer au « taux plein » est fixé à :
- 2,5 % pour l'assuré né avant le 1er janvier 1944 ;
- 2,375 % pour l'assuré né en 1944 ;
- 2,25 % pour l'assuré né en 1945 ;
- 2,125 % pour l'assuré né en 1946 ;
- 2 % pour l'assuré né en 1947 ;
- 1,875 % pour l'assuré né en 1948 ;
- 1,75 % pour l'assuré né en 1949 ;
- 1,625 % pour l'assuré né en 1950 ;
- 1,5 % pour l'assuré né en 1951 ;
- 1,375 % pour l'assuré né en 1952 ;
- 1,25 % pour l'assuré né après 1952.

Le coefficient de minoration fait l'objet d'une diminution progressive : à terme, pour les générations nées après 1952, le taux minimum ne pourra être inférieur à 37,5 %.

§ 4 ■ La réforme de la retraite : loi n° 2014-40 du 20 janvier 2014

A ■ Une nouvelle durée d'assurance

6194. La réforme des retraites a fixé l'allongement de la durée d'assurance requise pour percevoir une retraite à taux plein à partir de 2020. Cette durée passera progressivement, à raison d'un trimestre tous les trois ans, à 172 trimestres en 2035 – c'est-à-dire pour la génération née en 1973.

Pour un assuré né	et atteignant 62 ans	la durée à cotiser sera de
Entre 1958 et 1960	Entre 2020 et 2022	41 ans et trois trimestres
Entre 1961 et 1963	Entre 2023 et 2025	42 ans
Entre 1964 et 1966	Entre 2026 et 2028	42 ans et un trimestre
Entre 1967 et 1969	Entre 2029 et 2031	42 ans et demi

Pour un assuré né	et atteignant 62 ans	la durée à cotiser sera de
Entre 1970 et 1972	Entre 2032 et 2034	42 ans et trois trimestres
En 1973 et après	2035 et après	43 ans

B ▪ Carrière longue

6195. Au total, pour partir à la retraite à taux plein à 60 ans pour carrière longue, un salarié devra :
- avoir commencé à travailler avant 20 ans ;
- avoir cotisé autant de trimestres que la durée d'assurance requise, sachant que pourront dorénavant être considérés comme cotisés :
- tous les trimestres de congé maternité ;
- jusqu'à 4 trimestres de chômage ;
- jusqu'à 2 trimestres d'invalidité ;
- jusqu'à 4 trimestres de service national ;
- jusqu'à 4 trimestres d'arrêt maladie, maternité, accident du travail.

C ▪ Maternité

6196. Désormais, tous les trimestres de maternité seront considérés comme cotisés.

D ▪ Conditions pour validation d'un trimestre

6197. Désormais, le nombre d'heures nécessaires pour valider un trimestre de retraite passe de 200 à 150 heures SMIC. Pour valider un trimestre, le salarié devait, jusqu'à présent, avoir travaillé au moins 200 heures, rémunérées au salaire minimum. Désormais, ce seuil est abaissé et 150 heures suffiront (Décret 2014-359, du 19 mars 2014).

6198. De plus, il sera possible de reporter ses cotisations d'une année sur l'autre, lorsque l'assuré n'aura pas validé ses 4 trimestres lors de chacune de ces années.

E ▪ Validation des trimestres de stage

6199. Les étudiants auront la possibilité de cotiser à l'assurance vieillesse au titre de leur stage, ce qui leur permettra de valider des trimestres de retraite, dans la limite de deux trimestres. Le versement des cotisations pourra être échelonné.

F ▪ Pénibilité de l'emploi

6200. À partir du 1er janvier 2015, un compte personnel de prévention de la pénibilité sera ouvert pour tout salarié exposé à l'un des 10 facteurs de pénibilité identifiés par les partenaires sociaux en 2008. Chaque trimestre d'exposition à un facteur de pénibilité rapporte un point. Chaque tranche de 10 points peut être convertie en un trimestre. Pour privilégier la dimension « prévention » du dispositif, les 20 premiers points devront être affectés à la formation. Pour convertir les points en trimestres d'assurance, il faut avoir atteint 55 ans.

G . Retraite progressive

6201. Dans le cadre de la réforme, un décret assouplira les conditions d'accès à la retraite progressive, tout en rendant le dispositif plus lisible.
Il sera possible désormais de choisir la retraite progressive dès 60 ans.

6202. La durée d'assurance (actuellement 150 trimestres minimum) dont il faut justifier pour avoir accès à la retraite progressive n'est pas la durée d'assurance tous régimes : ne comptent que les trimestres validés dans le cadre des régimes qui appliquent le dispositif (régime général, régime agricole, régimes des indépendants et des professions libérales). Un assuré qui a fait la moitié de sa carrière comme fonctionnaire, par exemple, n'aura pas accès à la retraite progressive. Il le pourra avec la réforme, qui prévoit d'étendre, par décret, le calcul de cette durée d'assurance à l'ensemble des régimes.

H . Le cumul emploi-retraite

6203. Aujourd'hui, un retraité qui n'a pas liquidé sa pension à taux plein ne peut pas cumuler sa retraite et son revenu d'activité au-delà d'un certain plafond ; s'il le dépasse, on lui retire sa pension.
Désormais, la pension ne sera plus supprimée mais écrêtée, pour que la somme des revenus et de la pension soit égale au plafond – comme cela se fait déjà dans la fonction publique.

I . Retraite des agriculteurs

6204. Dès 2015, la pension de tous les exploitants retraités sera portée au minimum à 73 % du Smic net, puis à 74 % en 2016 et à 75 % à partir de 2017.
En cas de décès de l'exploitant en activité, les conjoints survivants auront droit à la réversion de la retraite complémentaire, ce qui n'était pas le cas auparavant. Ils pourront aussi choisir de cumuler leurs droits à la retraite et ceux du défunt, retraite complémentaire comprise.

J . La fiscalisation des majorations familiales

6205. Les retraités qui ont eu ou élevé au moins trois enfants ont droit à des majorations de pensions dans la plupart des régimes, de base et complémentaires. Cette majoration s'élève à 10 % dans le régime de base des salariés du privé. Ces majorations, jusqu'à présent, échappaient à l'impôt sur le revenu. Elles y sont désormais soumises, conformément à la loi de finances pour 2014.

K . Le report de la revalorisation

6206. L'augmentation annuelle des pensions de retraite aura lieu, à partir de 2014, le 1er octobre, et non plus le 1er avril. Ce report de six mois sera perceptible pour les retraités en 2014 ; par la suite, la revalorisation aura bien lieu tous les 12 mois, au 1er octobre de chaque année. Les bénéficiaires de l'allocation de solidarité aux personnes âgées (ASPA, ou « minimum vieillesse ») continueront à être augmentés le 1er avril.

L ▪ Période de chômage

6207. Actuellement, les périodes de chômage non indemnisé comptent pour la retraite, à raison d'un trimestre pour 50 jours de chômage, sous certaines conditions : la première période de chômage non indemnisé est prise en compte dans la limite d'un an et demi (6 trimestres au maximum) ; les périodes suivantes sont comptées dans la limite d'un an (4 trimestres au maximum).

Pour pouvoir être prise en compte dans le calcul des droits à retraite, cette période de chômage non indemnisé doit suivre immédiatement une période de chômage indemnisé.

Un chômeur en fin de droits qui retrouve un travail trop bref pour lui ouvrir de nouveaux droits au chômage ne peut donc pas valider des trimestres de retraite au titre d'une période de chômage non indemnisé à l'issue de son contrat court.

Désormais, il suffira de rester inscrit à Pôle Emploi (même sans percevoir d'indemnité) pour continuer à bénéficier de la validation de trimestres (dans la limite de 4 trimestres). Un contrat court ou une formation n'y mettront plus fin.

Sous-section 2 ▪ Le régime de retraite complémentaire des salariés

§ 1 ▪ Le principe

A ▪ La constitution d'une retraite complémentaire

6208. Les salariés du secteur privé cotisent pour leur retraite de base auprès du régime général de la Sécurité sociale et pour leur retraite complémentaire auprès d'une caisse de retraite ARRCO, Association des régimes de retraites complémentaires obligatoires, pour l'ensemble des salariés et auprès d'une caisse de retraite AGIRC, Association générale des institutions de retraite des cadres, pour les salariés cadres. Un régime de retraite complémentaire permet de bénéficier de prestations qui complètent celles versées par le régime de base.

B ▪ La répartition

6209. Les règles de la retraite complémentaire ARRCO ou AGIRC reposent sur le principe de la répartition : les cotisations versées par les salariés et leurs employeurs servent à payer immédiatement les pensions aux retraités.

C ▪ Acquisition de points de retraite

6210. Les salariés se constituent des droits tout au long de leur carrière. Les cotisations versées par les entreprises et les salariés sont transformées en points de retraite. Le nombre total de points, obtenus en fin de carrière, donnera le montant annuel de la retraite.

Le niveau des cotisations est prédéterminé. Le montant de la retraite ARRCO ou AGIRC est fonction de la valeur du point en vigueur au moment de la prise de retraite.

§ 2 ■ Les bénéficiaires

6211. Peuvent bénéficier d'une retraite complémentaire les salariés ou anciens salariés affiliés et ayant cotisé au régime général de la Sécurité sociale. Tout salarié doit obligatoirement être affilié et cotiser à une institution de retraite complémentaire.
L'ARRCO est instituée pour les salariés non cadres et pour les salariés cadres pour la tranche de leur rémunération inférieure au plafond des cotisations de la Sécurité sociale.
L'Association générale des institutions de retraite des cadres (AGIRC) est instituée pour les salariés cadres, pour la tranche de rémunérations allant du 2e au 8e plafond des cotisations de la Sécurité sociale.

6212. Bénéficient du régime des salariés cadres relevant de l'AGIRC :
- les ingénieurs ou cadres ;
- les salariés exerçant des fonctions de direction ou médecin salarié ;
- les employés, techniciens ou agents de maîtrise, ayant un coefficient hiérarchique brut supérieur ou égal à 300 ;
Peuvent être affiliés au régime relevant de l'AGIRC les voyageurs représentants placiers (VRP) travaillant pour un seul employeur et ayant la qualification de cadre. Les employés, techniciens ou agents de maîtrise dont la côte hiérarchique est supérieure à 200 peuvent aussi y participer après accord conclu avec l'employeur, ou en vertu d'une convention collective ou accord collectif de retraite.

§ 3 ■ Les conditions pour percevoir la pension au taux plein

A ■ Cas général

6213. La pension de retraite complémentaire est versée sans coefficient de minoration dans tous les cas si la demande est effectuée, au plus tôt, à 65 ans.
Elle est versée à partir de 62 ans sans coefficient de minoration :
- si le salarié dispose d'un nombre suffisant de trimestres d'assurance ou de périodes reconnues équivalentes, tous régimes de base confondus, pour bénéficier d'une pension de retraite à taux plein et a demandé la liquidation de sa retraite.
- sans condition de durée d'assurance, s'il est reconnu inapte au travail par la caisse régionale d'assurance maladie, ou s'il est ancien déporté, interné politique ou de la résistance, ancien combattant ou prisonnier de guerre.

B ■ Cas particulier

1 ■ Assurés ayant commencé à travailler jeunes

6214. Peuvent obtenir la pension de retraite complémentaire avant 62 ans sans coefficient de minoration, les assurés ayant commencé à travailler très jeune et bénéficiant à ce titre de la pension de retraite du régime de base.

2 ■ Assurés invalides

6215. Peuvent également obtenir la pension de retraite complémentaire avant 62 ans sans coefficient de minoration, les assurés justifiant d'un taux d'incapacité permanente d'au moins 80 % et bénéficiant à ce titre de la pension de retraite du régime général.

Sous-section 3 ▪ Déduction des cotisations

§ 1 ▪ Principe de déductibilité totale

6216. Il résulte des dispositions du 1° de l'article 83 du Code général des impôts dans sa rédaction applicable à compter du 1er janvier 2004 que sont déductibles sans limite non seulement comme auparavant les cotisations de Sécurité sociale (assurance vieillesse et prévoyance de la sécurité sociale), mais également les cotisations versées aux régimes obligatoires de retraite complémentaire.

Sont donc désormais déductibles sans limitation les cotisations versées aux régimes de retraite complémentaire légalement obligatoires. Il s'agit principalement des régimes de retraite complémentaire ARRCO et AGIRC, du régime de retraite complémentaire de l'IRCANTEC institué en faveur des agents non titulaires de l'État et des collectivités publiques, de la caisse de retraite du personnel navigant de l'aviation civile (CRPNAC) ainsi que du nouveau régime de retraite additionnel de la fonction publique (RAFP).

Sont également concernées les cotisations à l'Association pour la gestion du fonds de financement de l'ARRCO et de l'AGIRC (AGFF), versées selon le cas à l'institution de retraite ARRCO ou AGIRC dont relève l'entreprise, et la contribution exceptionnelle temporaire (CET), versée à l'institution AGIRC compétente.

§ 2 ▪ Salariés détachés en France

6217. La déduction des cotisations versées aux régimes de retraite légaux de Sécurité sociale, déjà admise en application de certaines conventions fiscales bilatérales (par exemple, celles conclues avec l'Autriche, l'Espagne, l'Italie, le Royaume-Uni et la Suède), est désormais d'application générale.

Cette disposition s'applique, au-delà des seuls « impatriés », à l'ensemble des salariés qui, au titre d'une activité professionnelle exercée en France, continuent de verser des cotisations aux régimes de protection sociale de base de leur État d'origine, soit en application des dispositions du règlement CEE n° 1408/71 du Conseil du 14 juin 1971 relatif à l'application des régimes de Sécurité sociale aux travailleurs salariés et aux membres de leur famille qui se déplacent à l'intérieur de la Communauté, soit conformément aux stipulations d'une convention ou d'un accord international relatif à l'application des régimes de Sécurité sociale.

Les cotisations versées conformément à ces dispositions aux régimes de Sécurité sociale concernés sont déductibles sans limite.

Section 2 ▪ La retraite supplémentaire

Sous-section 1 ▪ Présentation

6218. Selon l'article 107 de la loi n° 2010-1330 du 9 novembre 2010 portant réforme des retraites, l'épargne retraite, qui vise à compléter les pensions dues au titre des régimes de retraite par répartition légalement obligatoires, permet de disposer, à partir du départ à la retraite, de ressources provenant d'une épargne constituée individuellement ou collectivement à partir de versements sur une base volontaire ou obligatoire réalisés à titre privé ou lors de l'activité professionnelle.

6219. La retraite supplémentaire fonctionne par capitalisation. Les actifs cotisent afin de constituer un capital qui leur permettra de percevoir une rente complétant la retraite de base et la retraite ARRCO et AGIRC.
La retraite supplémentaire est mise en place dans l'entreprise dans le cadre d'une assurance collective. Cette retraite supplémentaire ne s'impose pas pour l'employeur sauf en cas de conventions collectives ou d'accord au niveau de la branche professionnelle. Elle concerne l'ensemble des salariés de l'entreprise ou une catégorie objectivement définie.
La retraite supplémentaire est soit à prestations définies, soit à cotisations définies.
Dans les régimes de retraite supplémentaire à prestations définies, l'entreprise s'engage sur un montant, déterminé à l'avance de la rente viagère qui sera versée au moment du départ à la retraite du salarié. Ces régimes sont, en règle générale, subordonnés à la présence du salarié dans l'entreprise au moment de son départ en retraite.
Dans les régimes de retraite supplémentaire à cotisations définies, l'entreprise s'engage sur le versement d'un montant déterminé de cotisations.
Le caractère collectif et obligatoire de l'opération donne droit à des exonérations sociales et fiscales tant pour l'entreprise que pour les salariés.

Sous-section 2 ▪ La réforme de 2003

6220. L'article 111 de la loi n° 2003-775 du 21 août 2003 portant réforme des retraites a modifié, à compter de l'imposition des revenus de l'année 2004, le régime des cotisations de retraite et de prévoyance au regard de l'impôt sur le revenu.
D'une part, une incitation fiscale généralisée en faveur de l'épargne retraite a été créée sous la forme d'une déduction du revenu net global des cotisations versées à titre facultatif et individuel aux plans d'épargne retraite populaire (PERP), dans la limite d'un plafond qui tient compte de l'épargne retraite constituée dans le cadre professionnel.
D'autre part, les règles de déduction au niveau des revenus professionnels des cotisations de retraite et de prévoyance ont été simplifiées et clarifiées. En lieu et place du plafond global de déduction égal à « 19 % de 8 Plafonds » mentionné au 2° de l'article 83 du Code général des impôts dans sa rédaction en vigueur jusqu'au 31 décembre 2003 sont désormais déductibles :
- sans limite, les cotisations versées aux régimes légalement obligatoires de retraite complémentaire (ARRCO, AGIRC et IRCANTEC principalement), afin d'assurer un traitement fiscal homogène de l'ensemble des régimes légaux de retraite par répartition, de base comme complémentaires ;
- sous un plafond spécifique, les cotisations versées aux régimes obligatoires d'entreprise de retraite supplémentaire dits régimes « article 83 », qui inclut l'abondement éventuel de l'entreprise au plan d'épargne pour la retraite collectif (PERCO).

6221. L'article 82 de la loi de finances pour 2004 (n° 2003-1311, 30 déc. 2003) a fixé les limites de déduction des cotisations versées aux régimes obligatoires de retraite supplémentaire et de prévoyance complémentaire.
Ainsi, à compter du 1er janvier 2004 :
- les cotisations ou primes versées à des régimes obligatoires de retraite supplémentaire d'entreprise, dits régimes « article 83 », sont déductibles dans la limite, y compris les versements de l'employeur, de 8 % de la rémunération annuelle brute retenue à concurrence de huit fois le plafond annuel de la Sécurité sociale. Cette limite est réduite, le cas échéant, des sommes versées par l'entreprise au PERCO. Ces dispositions sont codifiées au 2° de l'article 83 du Code général des impôts ;

- les cotisations ou primes versées à des régimes obligatoires de prévoyance complémentaire d'entreprise sont déductibles dans la limite, y compris les versements de l'employeur, d'un montant égal à la somme de 7 % du plafond annuel de la Sécurité sociale et de 3 % de la rémunération annuelle brute, sans que le total ainsi obtenu puisse excéder 3 % de huit fois le plafond précité. Ces dispositions sont codifiées au 1° quater de l'article 83 du Code général des impôts.

Une instruction fiscale a commenté l'ensemble de ces dispositions (Instr. 25 nov. 2005, BOI 5 F-15-05, n° 195).

Sous-section 3 ▪ Création d'un plafond spécifique pour la déduction des cotisations de régimes de retraites supplémentaires

§ 1 ▪ L'absence de limite pour la retraite légale

6222. L'article 111 de la loi portant réforme des retraites du 21 août 2003 (n° 2003-775) a simplifié et clarifié les règles de déduction des cotisations de retraite et de prévoyance, ce qui se traduit, en lieu et place du plafond global de « 19 % de 8 Plafonds », par la déduction sans limite des cotisations versées aux régimes légalement obligatoires de retraite complémentaire, notamment ARRCO et AGIRC pour les salariés du secteur privé, afin d'assurer un traitement fiscal homogène des régimes légaux de retraite par répartition de base et complémentaires. Corrélativement, un plafond spécifique est créé pour la déduction des cotisations versées aux régimes de retraite supplémentaire d'entreprise à caractère obligatoire.

Les nouvelles limites de déduction pour la retraire supplémentaire d'entreprise ont été fixées par l'article 82 de la loi de finances pour 2004 (n° 2003-1311, 30 déc. 2003).

§ 2 ▪ Cotisations déductibles sous plafond de revenus professionnels

6223. L'instruction fiscale du 25 novembre 2005 précise que les régimes de retraite « complémentaire » d'entreprise à caractère obligatoire sont, pour l'application des nouvelles dispositions en vigueur à compter du 1er janvier 2004, appelés régimes de retraite « supplémentaire » d'entreprise, et ce pour les distinguer des régimes de retraite complémentaire légalement obligatoires.

L'article 111 de la loi portant réforme des retraites du 21 août 2003 n'a pas modifié les conditions que doivent remplir les régimes d'entreprise de retraite supplémentaire et de prévoyance complémentaire pour que les cotisations et primes qui leur sont versées soient déductibles de la rémunération imposable.

En revanche, les modalités de déduction de ces cotisations et primes ont été modifiées par l'article 111, complété par l'article 82 de la loi de finances pour 2004. En effet, à compter du 1er janvier 2004, une limite de déduction propre respectivement aux régimes obligatoires de retraite supplémentaire et de prévoyance complémentaire d'entreprise a été créée.

Sous-section 4 ■ Régime de déduction des cotisations versées aux régimes de retraite supplémentaire

§ 1 ■ La constitution d'une véritable pension de retraite

6224. Pour bénéficier de la déduction, les cotisations aux régimes de retraite supplémentaire doivent tendre à la constitution d'une véritable pension de retraite, c'est-à-dire d'un revenu conservant un lien avec les services passés.

§ 2 ■ La pension doit être stipulée payable, au plus tôt, à l'âge normal de départ à la retraite

6225. La pension doit être stipulée payable, au plus tôt, à l'âge à partir duquel le salarié intéressé peut bénéficier de la pension vieillesse d'un régime obligatoire d'assurance vieillesse, de base ou complémentaire, ou à 62 ans.
Il est admis que la pension soit stipulée réversible sur la tête du conjoint survivant ou des enfants à charge ou, le cas échéant, d'un bénéficiaire désigné.

§ 3 ■ Cas particulier des annuités de pension garanties

6226. L'instruction fiscale du 25 novembre 2005, (BOI 5 F-15-05, n° 195) précise que certains contrats offrent à la souscription des adhérents une garantie optionnelle dite d'« annuités garanties » par laquelle l'assureur garantit aux intéressés une durée minimale de service de la rente (cinq, dix ou quinze ans le plus souvent). Ainsi, en cas de décès de l'adhérent et, le cas échéant, du réversataire à l'intérieur de cette période garantie, le solde des annuités est versé à un bénéficiaire désigné par l'adhérent au jour de la liquidation de ses droits viagers. L'insertion d'une telle garantie, non expressément prévue par la loi, est toutefois autorisée sous réserve :
- d'une part, que le nombre d'annuités garanties n'excède pas l'espérance de vie de l'adhérent à l'âge auquel il liquide ses droits viagers, déterminée selon les tables de génération prévues à l'article A. 132-18 du Code des assurances et diminuée de cinq ans ;
- d'autre part, que les bénéficiaires des annuités garanties soient définitivement et irrévocablement désignés par l'adhérent au jour de la liquidation de ses droits viagers.

§ 4 ■ Les cotisations doivent comporter une participation effective de l'employeur

6227. Les cotisations doivent comporter une participation effective de l'employeur, cette participation pouvant en représenter au minimum une part significative, au maximum la totalité. La seule prise en charge par l'employeur des frais de mise en place et de gestion du régime ne constitue pas, de sa part, une participation significative à son financement (Instr. fisc. 25 nov. 2005, BOI 5 F-15-05, n° 195).

§ 5 ▪ Une même catégorie de personnel

A ▪ Cas général

6228. Les contrats passés avec un organisme d'assurances doivent revêtir la forme d'une assurance de groupe qui s'impose à la totalité du personnel appartenant à une catégorie donnée. Si tous les salariés de la même catégorie ne sont pas adhérents du contrat, la déduction des cotisations n'est pas admise.

Les contrats d'assurance de groupe s'entendent de ceux que les entreprises elles-mêmes ont souscrit et dont le bénéfice est accordé à toutes les personnes appartenant à une même catégorie de personnel, peu important que les bénéficiaires soient des cadres dirigeants ou de direction, des ingénieurs, cadres et agents de maîtrise, des employés ou des ouvriers.

Les mandataires sociaux ne constituent pas en tant que telle une catégorie de personnel. Ils sont cependant susceptibles de bénéficier des dispositions de l'article 83 du Code général des impôts dès lors qu'ils peuvent être inclus dans une catégorie plus large, comme celle des cadres dirigeants.

L'entreprise notifie à l'assureur, au fur et à mesure des mouvements de personnel, les renseignements concernant les salariés qui ont été embauchés ou qui ont cessé leurs fonctions. Les salariés sont, pour leur part, adhérents ou membres participants.

B ▪ Les critères du caractère collectif et obligatoire des garanties de retraite

1 ▪ Les critères fixés par le décret n°2012-25 du 9 janvier 2012

a - Couverture de l'ensemble des salariés d'une catégorie objective

6229. Le décret n° 2012-25 du 9 janvier 2012 crée un article R. 242-1-1 du Code de la sécurité sociale qui prévoit que pour le bénéfice de l'exclusion de l'assiette des cotisations prévue au sixième alinéa de l'article L. 242-1, les garanties doivent couvrir l'ensemble des salariés.

Ces garanties peuvent également ne couvrir qu'une ou plusieurs catégories de salariés sous réserve que ces catégories permettent de couvrir tous les salariés que leur activité professionnelle place dans une situation identique au regard des garanties concernées. Une catégorie est définie à partir des critères objectifs suivants :

- l'appartenance aux catégories de cadres et de non-cadres résultant de l'utilisation des définitions issues des dispositions des articles 4 et 4 bis de la convention nationale de retraite et de prévoyance des cadres du 14 mars 1947 et de l'article 36 de l'annexe I de cette convention ;
- les tranches de rémunérations fixées pour le calcul des cotisations aux régimes complémentaires de retraite issus de la convention nationale mentionnée au 1° ou de l'accord national interprofessionnel de retraite complémentaire du 8 décembre 1961 ;
- l'appartenance aux catégories et classifications professionnelles définies par les conventions de branche ou les accords professionnels ou interprofessionnels mentionnés au livre deuxième de la deuxième partie du code du travail ;
- le niveau de responsabilité, le type de fonctions ou le degré d'autonomie dans le travail des salariés correspondant aux sous-catégories fixées par les conventions ou les accords mentionnés au 3° ;
- l'appartenance aux catégories définies clairement et de manière non restrictive à partir des usages constants, généraux et fixes en vigueur dans la profession.

Ces catégories ne peuvent en aucun cas être définies en fonction du temps de travail, de la nature du contrat, de l'âge ou de l'ancienneté des salariés.

6230. Selon l'article. R. 242-1-2, sont considérées comme couvrant l'ensemble des salariés placés dans une situation identique au regard des garanties mises en place :
- les prestations de retraite supplémentaire bénéficiant à des catégories établies à partir des critères mentionnés aux 1° à 3° de l'article R. 242-1-1 ;
- les prestations destinées à couvrir le risque de décès prévues par les dispositions de l'article 7 de la convention nationale de retraite et de prévoyance des cadres mentionnée au 1° de l'article R. 242-1-1 ;
- les prestations destinées à couvrir les risques d'incapacité de travail, d'invalidité, d'inaptitude ou de décès, lorsque ce dernier est associé à au moins un des trois risques précédents, ou la perte de revenus en cas de maternité, bénéficiant à des catégories établies à partir des critères mentionnés aux 1° et 2° du même article ainsi que, sous réserve que l'ensemble des salariés de l'entreprise soient couverts, au 3° du même article ;
- les prestations destinées à couvrir des frais de santé ou une perte de revenu en cas de maladie, qui bénéficient à des catégories établies à partir des critères mentionnés aux 1° et 2° du même article, sous réserve que l'ensemble des salariés de l'entreprise soient couverts.

6231. Dans tous les autres cas où les garanties ne couvrent pas l'ensemble des salariés de l'entreprise, l'employeur devra être en mesure de justifier que la ou les catégories établies à partir des critères objectifs mentionnés à l'article R. 242-1-1 permettent de couvrir tous les salariés que leur activité professionnelle place dans une situation identique au regard des garanties concernées.

b - Garanties identiques

6232. Selon l'article R. 242-1-3 du Code de la sécurité sociale, les garanties doivent être les mêmes pour tous les salariés ou pour tous ceux d'une même catégorie.

c - Contribution de l'employeur

6233. L'article R. 242-1-4 du Code de la sécurité sociale précise que pour bénéficier de l'exclusion de l'assiette, les contributions de l'employeur sont fixées à un taux ou à un montant uniforme pour l'ensemble des salariés ou pour tous ceux d'une même catégorie au sens de l'article R. 242-1-1, sauf dans les cas suivants :
- la prise en charge par l'employeur de l'intégralité des contributions des salariés à temps partiel ou des apprentis dès lors que l'absence d'une telle prise en charge conduirait ces salariés à s'acquitter d'une contribution au moins égale à 10 % de leur rémunération brute ;
- la modulation par l'employeur des contributions relatives à la couverture des garanties de prévoyance complémentaire en fonction de la composition du foyer du salarié ;
- en matière de prestations de retraite supplémentaire, d'incapacité de travail, d'invalidité ou d'inaptitude, la mise en place de taux croissants en fonction de la rémunération dans la mesure où cette progression est également appliquée aux contributions des salariés.

d - Eléments ne remettant pas en cause le caractère collectif des garanties

6234. Ne remet pas en cause le caractère collectif des garanties le fait de prévoir que l'accès aux garanties est réservé aux salariés de plus de douze mois d'ancienneté pour les prestations de retraite supplémentaire (CSS, art. R 242-1-2).

e - Institution d'une période transitoire

6235. Le décret n° 2012-25 du 9 janvier 2012 est entré en vigueur le lendemain de sa publication. Cependant, une période transitoire a été ouverte jusqu'au 31 décembre 2013 au cours de laquelle les régimes de protection sociale complémentaire ne respectant pas les conditions prévues par le décret continuent de bénéficier des exclusions d'assiette. La période transitoire a été prolongée jusqu'au 30 juin 2014 par la circulaire ministérielle n° 2013/344.

2 ▪ Les critères applicables depuis le décret n° 2014-786 du 8 juillet 2014

a - Décret n° 2014-786 du 8 juillet 2014

6236. Le décret n° 2014-786 du 8 juillet 2014 relatif au caractère collectif et obligatoire des garanties de protection sociale complémentaire modifie les modalités selon lesquelles les dispositifs collectifs et obligatoires de protection sociale complémentaire peuvent prévoir des catégories distinctes de bénéficiaires ou des facultés de dispense d'affiliation sans remettre en cause exclusions d'assiette attachées au financement patronal de ces garanties. Il apporte quelques précisions et clarifications aux règles définissant le caractère collectif et obligatoire des dispositifs, notamment en ce qui concerne les critères pouvant être utilisés pour constituer des catégories de salariés bénéficiant de garanties distinctes de protection sociale complémentaire. Le texte entre en vigueur le lendemain de sa publication. Une lettre-circulaire ACOSS n° 2015-0000045 du 12 août 2015 apporte des précisions sous forme de « questions-réponses ».

b - Couverture de l'ensemble des salariés ou d'une catégorie objective

6237. Selon le nouvel article R 242-1-1 du Code de la sécurité sociale, pour le bénéfice de l'exclusion de l'assiette des cotisations prévue au sixième alinéa de l'article L. 242-1, les garanties doivent couvrir l'ensemble des salariés. Ces garanties peuvent également ne couvrir qu'une ou plusieurs catégories de salariés sous réserve que ces catégories permettent, dans les conditions prévues à l'article R. 242-1-2, de couvrir tous les salariés que leur activité professionnelle place dans une situation identique au regard des garanties concernées.

6238. Une catégorie est définie à partir des critères objectifs suivants :
1° L'appartenance aux catégories de cadres et de non-cadres résultant de l'utilisation des définitions issues des dispositions des articles 4 et 4 bis de la convention nationale de retraite et de prévoyance des cadres du 14 mars 1947 et de l'article 36 de l'annexe I de cette convention ;
2° Un seuil de rémunération déterminé à partir de l'une des limites inférieures des tranches fixées pour le calcul des cotisations aux régimes complémentaires de retraite issus de la convention nationale mentionnée au 1° ou de l'accord national interprofessionnel de retraite complémentaire du 8 décembre 1961, sans que puisse être constituée une catégorie regroupant les seuls salariés dont la rémunération annuelle excède la limite supérieure de la dernière tranche définie par l'article 6 de la convention nationale précitée ;
La lettre circulaire ACOSS du 12 août 2015 précise que cette nouvelle rédaction permet toujours de définir une catégorie bénéficiaire de garanties par référence aux tranches de rémunération fixées pour le calcul des cotisations aux régimes de retraite complémentaire ARRCO et AGIRC, de même qu'aux régimes complémentaires listés par la circulaire (IRCANTEC, CNBF, CAVEC). Toutefois, la référence à un seuil de rémunération implique la constitution, au plus, de deux catégories de salariés sur la base de ce critère.
L'article R. 242-1-1 2° du Code de la sécurité sociale reprend la précision apportée par la circulaire ministérielle du 23 septembre 2013 selon laquelle il ne peut être constitué une catégorie regroupant les seuls salariés dont la rémunération annuelle excède la limite

supérieure de la dernière tranche définie par l'article 6 de la convention AGIRC, à savoir 8 plafonds.
Enfin, la tolérance selon laquelle les salariés dont la rémunération est soit inférieure ou égale, soit supérieure ou égale à 2 plafonds peuvent constituer une catégorie objective n'est pas remise en cause. En outre, les catégories objectives définies en référence à 3 plafonds (limite supérieure de la tranche 2 de la convention ARRCO) sont toujours admises. Ainsi, à partir du seuil correspondant à la limite supérieure de la tranche 2 de la Convention ARRCO, pourront notamment être constituées les deux catégories suivantes: celle des salariés dont la rémunération est inférieure ou égale à 3 plafonds et celle des salariés dont la rémunération est supérieure ou égale à 3 plafonds. Peuvent donc être retenus les seuils en référence à 1, 2, 3 et 4 PASS ainsi que le seuil inférieur à 8 PASS.
3° La place dans les classifications professionnelles définies par les conventions de branche ou les accords professionnels ou interprofessionnels mentionnés au livre deuxième de la deuxième partie du code du travail ;
La lettre circulaire ACOSS du 12 aout 2015 indique que Ce critère implique de ne retenir que les niveaux de classification formalisés dans la convention collective permettant d'identifier une catégorie professionnelle, la prise en compte systématique du premier niveau de la grille de classification pouvant s'avérer dans certains cas non pertinentes en raison des rédactions mêmes des conventions.
4° Le niveau de responsabilité, le type de fonctions ou le degré d'autonomie ou l'ancienneté dans le travail des salariés correspondant aux sous-catégories fixées par les conventions ou les accords mentionnés au 3° ;
Selon la lettre circulaire ACOSS du 12 août 2015, ce critère autorise le recours à l'ancienneté lorsqu'il s'agit strictement d'un élément conditionnant l'accès à certains échelons ou niveaux d'emploi au sein des classifications professionnelles.
5° L'appartenance au champ d'application d'un régime légalement ou réglementairement obligatoire assurant la couverture du risque concerné, ou bien l'appartenance à certaines catégories spécifiques de salariés définies par les stipulations d'une convention collective, d'un accord de branche ou d'un accord national interprofessionnel caractérisant des conditions d'emploi ou des activités particulières, ainsi que, l'appartenance aux catégories définies clairement et de manière non restrictive à partir des usages constants, généraux et fixes en vigueur dans la profession ;
Ces catégories ne peuvent en aucun cas être définies en fonction du temps de travail, de la nature du contrat, de l'âge ou, sous réserve du 4° et du dernier alinéa de l'article R. 242-1-2, de l'ancienneté des salariés.

6239. Selon l'article R. 242-1-2 du Code de la sécurité sociale, sont considérées comme couvrant l'ensemble des salariés placés dans une situation identique au regard des garanties mises en place :
1° Les prestations de retraite supplémentaire bénéficiant à des catégories établies à partir des critères mentionnés aux 1° à 3° de l'article R. 242-1-1 ;
2° Les prestations destinées à couvrir le risque de décès prévues par les dispositions de l'article 7 de la convention nationale de retraite et de prévoyance des cadres mentionnée au 1° de l'article R. 242-1-1 ;
3° Les prestations destinées à couvrir les risques d'incapacité de travail, d'invalidité, d'inaptitude ou de décès, lorsque ce dernier est associé à au moins un des trois risques précédents, ou la perte de revenus en cas de maternité, bénéficiant à des catégories établies à partir des critères mentionnés aux 1° et 2° du même article ainsi que, sous réserve que l'ensemble des salariés de l'entreprise soient couverts, au 3° du même article ;
4° Les prestations destinées à couvrir des frais de santé, qui bénéficient à des catégories établies à partir des critères mentionnés aux 1° et 2° du même article, sous réserve que l'ensemble des salariés de l'entreprise soient couverts.

Dans tous les autres cas où les garanties ne couvrent pas l'ensemble des salariés de l'entreprise, l'employeur devra être en mesure de justifier que la ou les catégories établies à partir des critères objectifs mentionnés à l'article R. 242-1-1 permettent de couvrir tous les salariés que leur activité professionnelle place dans une situation identique au regard des garanties concernées.
Le fait de prévoir que l'accès aux garanties est réservé aux salariés de plus de douze mois d'ancienneté pour les prestations de retraite supplémentaire et les prestations destinées à couvrir des risques d'incapacité de travail, d'invalidité, d'inaptitude ou de décès, et aux salariés de plus de six mois d'ancienneté pour les autres prestations, ne remet pas en cause le caractère collectif de ces garanties.

c - Garanties identiques

6240. Selon l'article R. 242-1-1 du Code de la sécurité sociale, les garanties mentionnées à l'article R. 242-1-1 doivent être les mêmes pour tous les salariés ou pour tous ceux d'une même catégorie au sens du même article. Pour les prestations de prévoyance complémentaire, le fait de prévoir des garanties plus favorables au bénéfice de certains salariés en fonction des conditions d'exercice de leur activité ne remet pas en cause le caractère collectif de ces garanties.

d - Contribution de l'employeur

6241. L'article R. 242-1-4 du Code de la sécurité sociale précise que pour bénéficier de l'exclusion de l'assiette, les contributions de l'employeur mentionnées aux alinéas 6 à 9 de l'article L. 242-1 sont fixées à un taux ou à un montant uniforme pour l'ensemble des salariés ou pour tous ceux d'une même catégorie au sens de l'article R. 242-1-1, sauf dans les cas suivants :
1° La prise en charge par l'employeur de l'intégralité des contributions des salariés à temps partiel ou des apprentis dès lors que l'absence d'une telle prise en charge conduirait ces salariés à s'acquitter d'une contribution au moins égale à 10 % de leur rémunération brute ;
2° La modulation par l'employeur des contributions relatives à la couverture des garanties de prévoyance complémentaire en fonction de la composition du foyer du salarié ;
3° En matière de prestations de retraite supplémentaire, d'incapacité de travail, d'invalidité ou d'inaptitude, la mise en place de taux croissants en fonction de la rémunération dans la mesure où une progression au moins aussi importante est également appliquée aux contributions des salariés.

e - Eléments ne remettant pas en cause le caractère collectif des garanties

6242. Aux termes de l'article R. 242-1-5 du Code de la sécurité sociale, ni le fait de prévoir la possibilité pour les salariés de choisir de souscrire pour eux-mêmes ou leurs ayants droit des garanties supplémentaires ni la majoration des contributions de l'employeur en cas de surcotisation effectuée par les salariés au titre de ces garanties supplémentaires ne remettent en cause le caractère collectif de ces garanties. Dans ce cas, la part des contributions de l'employeur correspondant à cette majoration ne bénéficie pas de l'exclusion de l'assiette des cotisations prévue au sixième alinéa de l'article L. 242-1.
La part des contributions de l'employeur correspondant aux garanties supplémentaires prévues au profit des ayants droit du salarié bénéficie de l'exclusion de l'assiette lorsque ces garanties sont mises en place à titre obligatoire, le cas échéant sous réserve des dispenses correspondant à celles qui sont prévues à l'article R. 242-1-6.

Pour les salariés qui travaillent régulièrement et simultanément pour le compte de plusieurs employeurs, le caractère collectif des garanties n'est pas remis en cause lorsque, pour une garantie donnée, la contribution due par l'employeur fait l'objet d'un partage par quotes-parts entre chacun d'entre eux selon les conditions qu'ils déterminent conjointement.

C ▪ Le caractère obligatoire et les facultés de dispense

1 ▪ Les dispositions issues du décret n° 2012-25 du 9 janvier 2012

6243. L'article R. 242-1-6 du Code de la sécurité sociale précise que les garanties mentionnées à l'article R. 242-1-1 sont mises en place à titre obligatoire au profit des salariés sous réserve des facultés de dispense d'adhésion, au choix du salarié, prévues dans l'acte juridique et énoncées ci-dessous :

1° Lorsque les garanties ont été mises en place par une décision unilatérale et que le dispositif prévoit que les salariés embauchés avant la mise en place des garanties peuvent en être dispensés ;

2° Lorsque les garanties ont été mises en place par convention, accord collectif ou ratification à la majorité des intéressés, dans les conditions fixées à l'article L. 911-1, et que le dispositif prévoit, quelle que soit leur date d'embauche, les cas de dispense :

a) Des salariés et apprentis bénéficiaires d'un contrat d'une durée au moins égale à douze mois à condition de justifier par écrit en produisant tous documents d'une couverture individuelle souscrite par ailleurs pour le même type de garanties,

b) Des salariés et apprentis bénéficiaires d'un contrat d'une durée inférieure à douze mois, même s'ils ne bénéficient pas d'une couverture individuelle souscrite par ailleurs,

c) Des salariés à temps partiel et apprentis dont l'adhésion au système de garanties les conduirait à s'acquitter d'une cotisation au moins égale à 10 % de leur rémunération brute ;

3° Dans les cas où les garanties de prévoyance complémentaire ont été mises en place dans les conditions fixées à l'article L. 911-1 et où l'acte qui met en place ces garanties prévoit, quelle que soit leur date d'embauche, les cas de dispense :

a) Des salariés bénéficiaires d'une couverture complémentaire en application de l'article L. 861-3 ou d'une aide à l'acquisition d'une complémentaire santé en application de l'article L. 863-1 et des salariés couverts par une assurance individuelle frais de santé au moment de la mise en place des garanties ou de l'embauche si elle est postérieure. Dans ces cas, la dispense ne peut jouer que jusqu'à échéance du contrat individuel,

b) A condition de le justifier chaque année, des salariés qui bénéficient par ailleurs, y compris en tant qu'ayants droit, d'une couverture collective relevant d'un dispositif de prévoyance complémentaire conforme à un de ceux fixés par arrêté du ministre chargé de la Sécurité sociale.

Dans tous les cas, l'employeur doit être en mesure de produire la demande de dispense des salariés concernés.

6244. Les salariés en situation de cumul emploi-retraite doivent être affiliés au contrat de retraite supplémentaire institué dans l'entreprise, sauf à remettre en cause le caractère collectif et obligatoire du régime (Lettre-circ. ACOSS n° 2011-0000036, 24 mars 2011).

2 ▪ Les dispositions issues du décret n° 2014-786 du 8 juillet 2014

6245. Seules les contributions des employeurs finançant des garanties auxquelles l'adhésion des salariés est obligatoire bénéficient de l'exclusion de l'assiette des cotisations. Des cas de dispense sont prévus à l'article R 242-1-6 du Code de la sécurité sociale modifié par le décret n° 2014-786 du 8 juillet 2014. La lettre-circulaire ACOSS n° 2015-0000045 du 12 août 2015 apporte des précisions sur ces cas de dispense.

a - Dispense liée à la mise en place des garanties par décision unilatérale de l'employeur

6246. La décision unilatérale de l'employeur peut prévoir que les salariés présents dans l'entreprise au moment de la mise en place du dispositif de prévoyance complémentaire ou de retraite supplémentaire pourront être dispensés d'adhérer. Le cas de dispense doit être inséré dans la décision unilatérale de l'employeur dès lors que le financement est exclusivement patronal.

6247. Le décret rappelle qu'en présence d'une cotisation salariale, les salariés présents dans l'entreprise au moment de la mise en place du dispositif par décision unilatérale peuvent être dispensés d'adhérer au régime en application de l'article 11 de la loi n°89-1009 du 31 décembre 1989 dite « loi Evin ».

b - Les autres cas de dispense des salariés

6248. Les autres cas de dispenses demeurent inchangés et concernent :

- les salariés et apprentis bénéficiaires d'un contrat à durée déterminée ou d'un contrat de mission. Ce cas de dispense est étendu aux contrats de mission, qui s'entendent des seuls contrats d'intérim, conclus par les entreprises de travail temporaire. Par ailleurs est maintenue la distinction entre les contrats d'une durée inférieure à 12 mois et ceux d'une durée au moins égale à 12 mois, pour lesquels est exigée la justification écrite d'une couverture souscrite par ailleurs ;

- les salariés à temps partiel et apprentis dont la cotisation salariale de retraite supplémentaire ou de prévoyance complémentaire est au moins égale à 10 % de leur rémunération brute.

Dans tous les cas, l'employeur doit être en mesure de produire la demande de dispense des salariés concernés. Cette demande comporte la mention selon laquelle le salarié a été préalablement informé par l'employeur des conséquences de son choix.

c - Les cas de dispense ouverts aux ayant droits

6249. Les ayants droit déjà couverts par ailleurs à titre obligatoire ont la possibilité d'avoir recours aux mêmes cas de dispense que ceux offerts aux salariés. Les cas de dispense sont conditionnés au fait que l'acte juridique les prévoit et sont à justifier chaque année ; ils ne remettent pas en cause le caractère collectif et obligatoire du régime.

D ▪ Les micro-entreprises

6250. Une entreprise ne comportant qu'un nombre très limité de salariés ou même un seul, appartenant à une catégorie donnée, définie de manière générale et impersonnelle selon des critères non restrictifs, a la possibilité d'adhérer à un contrat d'assurance de groupe. En pareil cas, le contrat peut se présenter sous la forme d'un contrat collectif obligatoire ouvert à plusieurs entreprises. Le groupe ainsi constitué doit répondre aux exigences de la réglementation particulière à ce type d'assurance.

§ 6 ▪ Les cotisations doivent être fixées à un taux uniforme

6251. Les cotisations doivent être fixées à un taux uniforme à l'égard de toutes les personnes appartenant à une même catégorie objective de personnel. Ces dispositions n'interdisent pas une modulation du taux de cotisation par tranche de rémunération, c'est-à-dire par fraction de rémunération égale au plafond de la Sécurité sociale prévu à l'article L. 241-3 du Code de la Sécurité sociale.

Les sommes issues d'un compte épargne-temps, qui correspondent à un abondement en temps ou en argent de l'employeur, versées par les bénéficiaires en application d'une convention ou d'un accord collectif à un régime de retraite supplémentaire collectif et obligatoire en application de l'article L. 227-1 du Code de la Sécurité sociale sont sans incidence sur l'application de la règle du taux uniforme.

§ 7 ▪ La sortie doit s'effectuer en rentes

6252. Les cotisations doivent être afférentes à un régime exclusif de tout versement d'un capital, même s'il s'agit d'une option entre cette formule et le versement d'arrérages, au moment du départ à la retraite.

§ 8 ▪ Les contrats sont non rachetables

6253. Ces contrats ne sont pas rachetables, hors les trois cas prévus aux troisième à cinquième alinéas de l'article L. 132-23 du Code des assurances et de l'article L. 223-22 du Code de la mutualité :

- expiration des droits de l'assuré aux allocations d'assurance chômage prévues par le Code du travail en cas de licenciement ;
- cessation d'activité non salariée de l'assuré à la suite d'un jugement de liquidation judiciaire en application des dispositions de la loi n° 85-98 du 25 janvier 1985 relative au redressement et à la liquidation judiciaires des entreprises ;
- invalidité de l'assuré correspondant à son classement dans les deuxième ou troisième catégories prévues à l'article L. 341-4 du Code de la Sécurité sociale.

Hormis ces cas, ainsi que celui du rachat des rentes lorsque les quittances d'arrérages ne dépassent pas 72 € (C. assur., art. A. 160-2), les contrats ne peuvent pas prévoir de faculté de rachat, même partiel.

Aussi, le fait que des contrats prévoient le versement de rentes dites « variables » ou « par paliers » ayant pour effet soit de liquider une fraction significative des droits viagers sur une très courte période, soit au contraire d'en différer la liquidation à une date très tardive pourrait s'analyser en une sortie partielle en capital, et serait susceptible de remettre en cause la déductibilité des cotisations.

§ 9 ▪ Garantie contre-assurance décès

6254. Les contrats peuvent prévoir des garanties complémentaires en cas de décès de l'adhérent avant ou après la date de mise en service de la rente viagère (réversion notamment), ainsi qu'en cas d'invalidité ou d'incapacité.

En cas de décès avant la date de mise en service de la rente viagère, la provision mathématique peut être versée au bénéficiaire désigné au titre de la garantie contre-assurance décès.

Sous-section 5 . Sort des cotisations excédentaires

6255. L'excédent est ajouté à la rémunération : lorsque les cotisations versées aux régimes de retraite supplémentaire ou de prévoyance complémentaire excèdent les plafonds de déduction, définis respectivement aux 2° et 1° quater de l'article 83 du Code général des impôts, l'excédent de cotisations afférent au régime concerné est ajouté à la rémunération.
En pratique :
- la part patronale des cotisations excédentaires constitue un complément de rémunération imposable qui doit être ajouté à la rémunération brute du salarié ;
- la part salariale des cotisations excédentaires n'est pas déductible de la rémunération brute de l'intéressé.
La ventilation de l'excédent s'effectue au prorata du montant des cotisations supportées respectivement par l'employeur et par le salarié.

6256. Exemple : soit un salarié qui perçoit une rémunération annuelle brute de 40 000 € et qui cotise à un régime de retraite dit « article 83 » au taux de 4 %. Son employeur complète ce versement par une cotisation au taux de 6 %.
Le plafond de déduction s'élève à 3 200 € (40 000 € x 8 %).
Les cotisations salariales et patronales versées au régime de retraite supplémentaire s'élèvent respectivement à 1 600 € et 2 400 €, soit au total : 4 000 € et un excédent de 800 €. La part salariale de cet excédent est égale à : 800 € x 0,40 = 320 €, et la part patronale à : 800 € x 0,60 = 480 €.
La somme de 320 € n'est pas déductible de la rémunération brute, et celle de 480 € doit être ajoutée à la rémunération brute du salarié.
Le plafond de déduction des cotisations n'est pas modifié du fait de cette augmentation de la rémunération.

Sous-section 6 . La réforme issue de la loi 2010-1330 du 9 novembre 2010

§ 1 . Sortie anticipée en capital

6257. De nouvelles possibilités de sortie anticipée sont désormais prévues pour tous les contrats d'épargne retraite. Les assurés auront ainsi la possibilité de récupérer leur épargne de façon anticipée, en particulier, en cas de décès du conjoint ou du partenaire de PACS, en cas de surendettement.

§ 2 . Renforcement de l'information annuelle

6258. L'assureur est désormais obligé de communiquer chaque année une estimation de la rente viagère qui sera versée à l'assuré à partir de ses droits personnels, et de préciser, le cas échéant, les conditions dans lesquelles il peut transférer son contrat.

§ 3 . Le PERP

6259. La rente viagère constituée est désormais payable à compter de la liquidation de la retraite obligatoire ou à l'âge de 62 ans et non plus 60 ans.

6260. La loi du 9 novembre 2010 prévoit une possibilité de sortie sous forme de capital à hauteur de 20 %.

6261. Auparavant, le versement en capital n'était possible que pour l'acquisition d'une résidence principale en accession à la première propriété.

§ 4 ■ Les contrats « article 83 »

A ■ Financement par des cotisations facultatives

6262. Ces contrats n'étaient, jusqu'à présent, financés qu'à titre obligatoire, soit par l'entreprise, soit par l'entreprise et le salarié.

6263. Le montant et la périodicité des cotisations étaient ainsi librement déterminés par l'entreprise en fonction du niveau de son engagement et de l'horizon de départ à la retraite des salariés bénéficiaires.

6264. Les versements peuvent désormais aussi être effectués par le salarié à titre individuel et facultatif, en complément des versements obligatoires.

6265. Ces versements facultatifs sont déductibles du revenu imposable du foyer fiscal dans la même limite que celle du PERP.

B ■ Absence de Compte épargne temps

6266. En l'absence de compte épargne temps (CET), il est désormais possible pour le salarié de verser sur un contrat dit article 83, dans la limite de 5 jours par an, les sommes correspondants à des jours de congé non pris.

§ 5 ■ Les contrats « article 39 »

6267. Désormais, lorsqu'un régime de retraite à prestations définies est mis en place pour une catégorie de salariés, un dispositif d'épargne retraite, quel qu'il soit, doit être instauré pour l'ensemble des salariés.
Lorsqu'un régime de retraite à prestations définies existe dans l'entreprise, cette entreprise est tenue de mettre en place, au plus tard le 31 décembre 2012, pour l'ensemble des salariés un dispositif d'épargne retraite quel qu'il soit.
Cette mesure ne s'applique pas si le régime a été fermé avant la promulgation de la loi.

Chapitre 3
Risques statutaires (régime santé des cadres territoriaux)

Section 1 . La complémentaire santé

Sous-section 1 . Les remboursements du régime légal

§ 1 . Le remboursement des frais de soins

6268. Le remboursement des frais de soins s'effectue partiellement selon la nature des actes médicaux.

Nature des actes	Taux de remboursement
Honoraires des praticiens (médecin, dentiste, sage-femme)	70 %
Honoraires des auxiliaires médicaux (infirmier, masseur)	60 %
Analyse et examens de laboratoire	60 %
Médicaments : - irremplaçables - de confort (vignette bleue) - autres médicaments - d'efficacité insuffisante (vignette orange)	 100 % 35 % 65 % 15 %
Appareillage, prothèses, orthopédie	65 %
Gros appareillage	100 %
Transports : - cas général - transfert d'un établissement hospitalier vers un autre	65 % 100 %
Cure thermale : - honoraires - hébergement et transport (selon les revenus)	70 % 65 %
Hospitalisation	80 %
Maternité	100 %

§ 2 . Le forfait de un euro et le forfait hospitalier

6269. Depuis la loi n° 2004-810 du 13 août 2004 (art. 20), l'article L. 322-2 du Code de la Sécurité sociale prévoit désormais, en sus du ticket modérateur, pour chaque acte ou consultation prise en charge par l'assurance maladie ou acte de biologie médicale, le versement d'une participation forfaitaire dont le montant est fixé, dans les limites fixées par décret, par l'Union nationale des caisses d'assurance maladie.

6270. Cette participation forfaitaire est de 1 €. Elle est déduite du montant des remboursements d'assurance maladie pour chaque consultation ou acte, examen radiologique ou analyse biologique.
La participation de 1 € est retranchée du remboursement de chaque acte, dans la limite de 4 € par jour et par professionnel.
Limitée à 50 € par an et par personne, la participation de l'assuré ne peut pas être prise en charge par un organisme complémentaire de santé.

6271. Elle ne s'applique pas aux :
- personnes de moins de 18 ans ;
- femmes enceintes, à partir du 6ème mois grossesse jusqu'au 12ème jour suivant l'accouchement ;
- bénéficiaires de la CMU complémentaire ou de l'Aide médicale de l'Etat.

6272. Pour les actes lourds, une participation forfaitaire de 18 €, à la charge de l'assuré, est applicable pour les actes médicaux d'un montant égal ou supérieur à 120 € ou ayant un coefficient égal ou supérieur à 60. Cette participation ne s'applique pas aux :
- personnes atteintes d'une affectation de longue durée (ALD) ;
- femmes enceintes ;
- nouveau-nés hospitalisés ;
- titulaires d'une rente pour accident du travail ou maladie professionnelle ;
- titulaires d'une pension d'invalidité ;
- bénéficiaires de la CMU complémentaire.
Ce forfait peut être pris en charge par les organismes complémentaires de santé, si la garantie le prévoit.

6273. Cette même loi augmente le montant du forfait hospitalier qui est à la charge de l'assuré social hospitalisé. Ce forfait est de 18 €. Pour les hospitalisations en psychiatrie, le forfait est de 13,5 €.

6274. Enfin, la loi n° 2004-810 du 13 août 2004, a instauré le système du médecin traitant afin de garantir une meilleure prise en charge des soins par l'assurance maladie. L'assuré doit signaler à sa caisse d'assurance maladie le nom de son médecin traitant. Celui-ci peut être choisi parmi les médecins libéraux, les médecins hospitaliers ou salariés. Il peut être un généraliste ou un spécialiste.
Le médecin traitant se coordonne avec les autres professionnels et services participant aux soins du patient. À ce titre, le médecin traitant assure le premier niveau de recours aux soins et oriente le patient dans le parcours de soins coordonnés en le dirigeant vers les médecins spécialistes. Le patient peut toutefois consulter un gynécologue, ophtalmologue, psychiatre, neurologue et chirurgien dentiste sans consulter préalablement son médecin traitant.
Ainsi depuis le 1er juillet 2005, les assurés sociaux, qui ne rentrent pas dans ce parcours, se voient appliquer une majoration de leur participation aux frais d'assurance maladie (ticket modérateur) ainsi que des dépassements par le médecin qu'ils consultent. Ces frais supplémentaires non remboursés ne peuvent être pris en charge par les mutuelles.

Sous-section 2 ■ La prise en charge au titre de la complémentaire santé

§ 1 ■ Objet de la garantie

6275. Au titre de ce contrat, l'assureur rembourse tout ou partie des frais médicaux à la charge de l'assuré social, c'est-à-dire :
le ticket modérateur ;
- les dépassements d'honoraires ou de tarif, dans certaines limites fixées au contrat.

§ 2 ■ Limite de la garantie complémentaire santé

6276. La garantie de base permet de prendre en charge les dépenses de santé en complément des régimes sociaux dans la limite d'un pourcentage du ticket modérateur fixé au contrat, par exemple 150 % du ticket modérateur. En effet, la garantie limitée au ticket modérateur peut s'avérer insuffisante compte tenu des fréquents dépassements du tarif du régime obligatoire de Sécurité sociale.
Pour certaines dépenses de santé un remboursement forfaitaire peut être prévu ; il en est généralement ainsi pour :
- les frais d'optique : montures de lunettes, verres, lentilles de contact ;
- les frais de cure thermale ;
- les frais de prothèse dentaire.
Dans toutes ces hypothèses, le remboursement ne peut en aucun cas dépasser la différence entre le montant de la dépense réelle et les remboursements des organismes sociaux.

Section 2 ■ La garantie hospitalisation

Sous-section 1 ■ Objet de la garantie hospitalisation

6277. Cette garantie permet de couvrir le forfait hospitalier et les frais liés à l'hospitalisation, telles les dépenses de confort. L'indemnité peut être versée dès le premier jour et peut se cumuler le cas échéant avec des indemnités journalières pour maladie.
Dans les contrats d'assurance, cette garantie peut être incluse dans la garantie des frais de soins ou proposée en option dans les contrats « complémentaire santé » ou peut être proposée dans un contrat autonome « hospitalisation ». Dans cette dernière hypothèse les garanties sont plus étendues.

6278. Peuvent être pris en charge au titre de la garantie « hospitalisation » :
- le forfait journalier en cas d'hospitalisation ;
- les frais supplémentaires pour chambre individuelle ;
- une indemnité journalière forfaitaire pendant la durée de l'hospitalisation et pour une durée maximale prévue au contrat ;
- en cas d'hospitalisation d'un enfant, prise en charge d'un lit d'accompagnement pendant une durée maximale prévue au contrat ;
- les frais d'hospitalisation à domicile ;

- les frais de garde des enfants et les frais d'aide ménagère pendant la durée d'hospitalisation de l'assuré.
Il ne s'agit pas d'une liste exhaustive et les garanties peuvent être plus ou moins étendues selon les contrats.

Sous-section 2 . Limites de la garantie hospitalisation

§ 1 . Les hospitalisations exclues

6279. Selon les contrats d'assurances, certains risques peuvent être exclus, tels que :
- les hospitalisations de jours et les hospitalisations inférieures à deux jours ;
- les hospitalisations dans les établissements psychiatriques ;
- les hospitalisations pour cure thermale, marine, cure contre l'alcoolisme, les toxicomanies ;
- les hospitalisations dans les maisons de repos ou de retraite, etc. ;
- les hospitalisations chirurgicales à but esthétique ;
- les hospitalisations consécutives à certains événements : fait intentionnel de l'assuré ; accident survenu au cours de sports aériens ; saut à l'élastique ; delta plane ; pratique de sport à titre professionnel ; participation à une compétition ; guerre civile ou étrangère ; accident nucléaire ou atomique...

§ 2 . La limitation de la garantie

6280. La garantie est généralement limitée dans sa durée, par exemple, à une hospitalisation de 365 jours par événement, ou à 90 jours d'hospitalisation maximum par année d'assurance. La garantie cesse lorsque l'assuré atteint l'âge de 70 ans, ou moins, selon les contrats ; certains contrats prévoient le maintien de la garantie avec une diminution, par exemple, de moitié de l'indemnisation journalière forfaitaire.

Section 3 . La garantie maintien de salaire

Sous-section 1 . Congés pour raison de santé dans la fonction publique territoriale

§ 1 . Les fonctionnaires territoriaux à temps complet et les fonctionnaires territoriaux à temps non complet effectuant plus de 28 heures hebdomadaires

6281. Les fonctionnaires territoriaux en position d'activité, qui sont dans l'impossibilité d'exercer leurs fonctions pour raison de santé, bénéficient de congés maladie rémunérés (article 84 de la loi n° 84-53 du 26 janvier 1984 relative à la fonction publique).

6282. En sont exclus : les fonctionnaires qui n'occupent pas un emploi de fonctionnaire territorial (fonctionnaires en disponibilité, en congé parental...) et les personnes qui ont perdu la qualité de fonctionnaire (par démission, licenciement, révocation, déchéance des droits civiques...).

A ■ Les différents congés

6283. Il existe cinq régimes de congés de maladie. Chaque régime est indépendant. Les droits à un congé s'apprécient sans tenir compte de ce qui a été obtenu au titre d'un autre régime de congés.

1 ■ Congé de maladie dit "ordinaire"

6284. Relèvent de ce régime tous les cas qui ne peuvent donner lieu à un autre congé de maladie. La durée totale peut atteindre un an (12 mois consécutifs). L'intéressé perçoit l'intégralité de son traitement pendant trois mois, puis la moitié pendant les neufs mois suivants.
La journée de carence est abrogée à compter du 1er janvier 2014. Par conséquent, l'agent est rémunéré dès le premier jour du congé. En contrepartie, les contrôles des arrêts maladie sont renforcés.

2 ■ Congé de longue maladie

6285. Il est accordé en cas de maladie rendant nécessaires un traitement et des soins prolongés et présentant un caractère invalidant et de gravité confirmée.
La durée maximale peut atteindre trois ans. L'intéressé conserve l'intégralité de son traitement pendant un an. Le traitement est réduit de moitié pendant les deux années qui suivent.

3 ■ Congé de longue durée

6286. Il est réservé aux cas de maladie mentale, tuberculose, affection cancéreuse, poliomyélite ou déficit immunitaire grave et acquis.
L'intégralité du traitement est conservée pendant trois ans, puis le traitement est réduit de moitié pendant les deux années qui suivent.
Si la maladie a été contractée dans l'exercice des fonctions, les périodes précitées sont respectivement portées à cinq et trois ans.
Il n'est pas renouvelable au cours de la carrière d'un fonctionnaire, au titre d'un même groupe de maladies.

4 ■ Congé pour accident de service ou maladie ayant une cause exceptionnelle

6287. Si la maladie résulte d'un accident imputable au service ou si elle provient de l'une des causes exceptionnelles (infirmités résultant de blessures ou de maladie contractées ou aggravées soit en service, soit en accomplissant un acte de dévouement dans un intérêt public, soit en exposant ses jours pour sauver la vie d'une ou plusieurs personnes), l'intégralité du traitement est conservée jusqu'à la reprise du service de l'intéressé ou sa mise à la retraite.

5 ■ Congé pour infirmité de guerre

6288. Ce congé est étendu à tout fonctionnaire territorial atteint d'infirmités contractées ou aggravées au cours d'une guerre ou d'une expédition déclarée campagne de guerre ayant ouvert droit à pension au titre du livre Ier du code des pensions militaires d'invalidité des victimes de guerre.

Bénéficie du même congé, le fonctionnaire atteint d'infirmités ayant ouvert droit à pension au titre des dispositions relatives aux victimes civiles des faits de guerre, ou de celles relatives aux personnels militaires participant au maintien de l'ordre ou de celles concernant les dommages physiques subis en métropole du fait des évènements qui se sont déroulés en Algérie.
La durée maximale de ce congé est de deux ans sur la totalité de la carrière en une ou plusieurs fois. Pendant deux années l'agent perçoit son traitement intégral.

B ▪ Les droits

1 ▪ La rémunération pendant le congé de maladie

6289. Le fonctionnaire territorial en congé de maladie perçoit d'abord l'intégralité de son traitement puis la moitié de celui-ci suivant des durées particulières à chaque catégorie de congé. En revanche, le supplément familial de traitement et l'indemnité de résidence sont versés dans leur intégralité jusqu'au terme du congé.

2 ▪ Les droits à formation, à avancement et à promotion

6290. Les périodes de congé de maladie sont des périodes d'activité et ne doivent pas être retranchées du temps de service requis pour l'avancement d'échelon, de grade, la promotion dans un corps supérieur et l'appréciation du droit à formation.

3 ▪ Les droits à la retraite

6291. Les périodes de congé de maladie comptent pour la détermination du droit à la retraite et donnent lieu à la retenue correspondante.

4 ▪ Les droits aux congés annuels

6292. Le temps passé en congé maladie ordinaire, en congé longue maladie ou en congé longue durée entre en compte dans la détermination des droits à congé annuel.
Un fonctionnaire territorial en congé maladie ordinaire pendant 12 mois consécutifs, en congé longue maladie ou en congé longue durée ne pourra prendre un congé annuel que s'il a été au préalable reconnu apte à reprendre ses fonctions. La circulaire du 8 juillet 2011, relative à l'incidence des congés de maladie sur le report des congés annuels des fonctionnaires territoriaux, énonce « qu'il appartient à l'autorité territoriale d'accorder automatiquement le report de congé annuel restant dû au titre de l'année écoulée à l'agent qui, du fait d'un des congés de maladie prévus par l'article 57 de la loi n° 84-53 du 26 janvier 1984, n'a pas pu prendre tout ou partie dudit congé au terme de la période de référence ».

C ▪ Les obligations

6293. L'agent doit pour toute demande d'octroi ou de renouvellement d'un congé de maladie, adresser, sous 48h, à l'employeur territorial un certificat établi par un médecin ou par un chirurgien dentiste. Il est exigible quelle que soit la durée de l'absence.

6294. Il doit se soumettre aux contrôles médicaux exercés par un médecin agréé mandaté par l'administration sous peine d'interruption du versement de sa rémunération.

6295. Il ne doit pas se livrer à une activité privée lucrative.

D ▪ La fin du congé

6296. A l'expiration d'un congé de maladie, les fonctionnaires peuvent :
- s'ils sont reconnus aptes à la reprise de leurs fonctions ou des fonctions de leur grade : être réintégrés. Ils peuvent, dans certains cas, bénéficier d'un temps partiel thérapeutique ;
- s'ils sont reconnus aptes à la reprise d'une autre activité, bénéficier d'un reclassement pour inaptitude physique ;
- s'ils en remplissent les conditions, bénéficier d'un autre congé maladie ;
- s'ils ne sont pas reconnus aptes au service : être placés en disponibilité d'office ou admis à la retraite pour invalidité.

§ 2 ▪ Les fonctionnaires territoriaux à temps complet effectuant moins de 28 heures hebdomadaires

6297. Les agents à temps non complet de moins de 28 heures relèvent du régime général de la sécurité sociale pour l'ensemble des risques maladie, maternité, invalidité, vieillesse, décès et accidents du travail couverts par ce régime.
En cas d'indisponibilité physique, ils perçoivent de la part de la sécurité sociale des prestations :
- en espèces, versées sous forme d'indemnités journalières,
- en nature, sous forme de remboursement des soins.
Ils disposent d'un régime de congé dérogatoire au statut des fonctionnaires.

A ▪ Les congés dont ils ne bénéficient pas

6298. Les fonctionnaires à temps non complet évoqués dans cette rubrique ne bénéficient pas des congés suivants :
- congé pour accident de service ou pour maladie provenant de l'une des causes exceptionnelles (infirmités résultant de blessures ou de maladie contractées ou aggravées soit en service, soit en accomplissant un acte de dévouement dans un intérêt public, soit en exposant ses jours pour sauver la vie d'une ou plusieurs personnes)
- congé de longue maladie ;
- congé de longue durée.

B ▪ Congé de maladie dit « ordinaire"

6299. Ils bénéficient du même congé que les autres fonctionnaires et sont soumis aux mêmes dispositions concernant le renforcement des contrôles des arrêts maladie.

C ▪ Congé de grave maladie

6300. En cas d'affection dûment constatée le mettant dans l'impossibilité d'exercer son activité, nécessitant un traitement et des soins prolongés et présentant un caractère invalidant et de gravité confirmée, le fonctionnaire bénéficie d'un congé de grave maladie pendant une période maximale de trois ans.
Son traitement lui est versé en intégralité pendant la première année puis réduit de moitié pendant deux ans.

D ▪ Accident du travail ou maladie professionnelle

6301. Le fonctionnaire bénéficie d'un congé d'accident de travail ou de maladie professionnelle jusqu'à la guérison ou la consolidation de la blessure.
Il a droit au versement par l'employeur territorial de son plein traitement pendant trois mois. A l'issue de ce délai, il peut continuer à prétendre aux indemnités journalières de la caisse primaire d'assurance maladie, s'il en remplit les conditions.

E ▪ Conditions de réemploi

6302. A l'issue du congé pour raison de santé, le fonctionnaire physiquement apte est réemployé sur son ou ses précédents emplois, ou à défaut, sur un des emplois équivalents.
S'il est temporairement inapte, il est placé en disponibilité d'office.
S'il est définitivement inapte à l'issue de la période de disponibilité et qu'il ne peut être reclassé, il est licencié.

§ 3 ▪ Les agents non titulaires territoriaux

6303. Les agents non titulaires territoriaux dépendent du régime général de la sécurité sociale. En cas d'indisponibilité physique, ils perçoivent de la part de la sécurité sociale des prestations :
- en espèces, versées sous forme d'indemnités journalières,
- en nature, sous forme de remboursement des soins.
En outre, ils bénéficient de congés pour indisponibilité physique avec ou sans traitement.

A ▪ Conditions d'obtention des congés pour raison de santé

6304. L'agent non titulaire doit être en activité, aucun congé ne peut être attribué au-delà de la période d'engagement, lorsque l'agent est recruté par contrat à durée déterminée.

B ▪ Les différents congés

1 ▪ Congé de maladie dit « ordinaire"

6305. Les droits à congé sont calculés pour une période de 12 mois consécutifs ou, en cas de service discontinu, pour une période comprenant 300 jours de services effectifs.
L'agent doit présenter un certificat médical.
La journée de carence est abrogée à compter du 1er janvier 2014. Par conséquent, l'agent est rémunéré dès le premier jour du congé.

6306. La durée des congés et le versement de tout ou partie du traitement varient selon l'ancienneté de services en qualité de non titulaire :
- après 4 mois de services : l'agent bénéficie d'un mois à plein traitement et d'un mois à demi-traitement,
- après deux ans de services : l'agent bénéficie de deux mois à plein traitement et de deux mois à demi-traitement,
- après trois ans de services : l'agent bénéficie de trois mois à plein traitement et trois mois à demi-traitement.

6307. En l'absence de services suffisants, l'agent est :
- soit placé en congé sans traitement, pour une durée maximale d'une année, si l'incapacité est temporaire ;
- soit licencié, si l'incapacité est permanente.

2 ▪ Congé de grave maladie

6308. L'agent doit être atteint d'une affection le mettant dans l'impossibilité d'exercer son activité, nécessitant un traitement et des soins prolongés, et présentant un caractère invalidant et de gravité confirmé.
Il doit être employé de manière continue, et compter au moins trois ans de services.
En vue de l'octroi de ce congé, l'agent est soumis à l'examen d'un médecin spécialiste agréé compétent pour l'affection en cause.
Le congé est accordé pour une durée maximale de trois ans. L'agent conserve son plein traitement pendant un an, puis il perçoit la moitié de son traitement les deux années suivantes.

6309. En l'absence de services suffisants, l'agent est :
- soit placé en congé sans traitement, si l'incapacité est temporaire pour une durée maximale d'une année ;
- soit licencié, si l'incapacité est permanente.

3 ▪ Congés pour accident du travail ou maladie professionnelle

6310. L'agent bénéficie d'un congé pour accident de travail lorsque l'accident s'est produit dans l'exercice ou à l'occasion de l'exercice des fonctions. Il bénéficie d'un congé pour maladie professionnelle s'il est atteint d'une maladie professionnelle.
L'agent est placé en congé pendant toute la durée de l'incapacité, jusqu'à guérison complète, consolidation ou décès.
Au titre de la protection statutaire, l'agent a droit au versement de son plein traitement en fonction de l'ancienneté de service.
A l'issue de ce congé, l'agent non titulaire physiquement apte est admis, s'il remplit toujours les conditions requises, à reprendre son emploi dans la mesure où les nécessités de service le permettent.
Dans le cas où l'agent ne peut retrouver son précédent emploi, il bénéficie d'une priorité pour occuper un emploi similaire assorti d'une rémunération équivalente.

C ▪ Contrôle médical

6311. Un contrôle médical peut être effectué à tout moment par un médecin agréé mandaté par l'employeur territorial.
En outre, dans la mesure où les agents non titulaires sont bénéficiaires d'indemnités journalières servies par la sécurité sociale, ils peuvent être contrôlés par le médecin contrôleur de la caisse d'assurance maladie.

D ▪ Épuisement des droits à congés pour raison de santé

6312. Il existe trois cas de figure :
1er cas : l'agent apte à reprendre son emploi à l'issue du congé est admis, s'il remplit toujours les conditions requises, à reprendre ses fonctions dans la mesure où les nécessités de services le permettent. Dans le cas où il ne peut retrouver son précédent emploi,

il bénéficie d'une priorité pour occuper un emploi similaire assorti d'une rémunération équivalente.
2e cas : l'agent inapte temporairement à reprendre son emploi, et qui a épuisé ses droits à congé, est placé en congé sans traitement pour une durée maximale d'un an qui peut être prolongée sous certaines conditions.
3e cas : s'agissant de l'agent définitivement inapte à reprendre son poste, il doit être reclassé et, en cas d'impossibilité, licencié.

Sous-section 2 ▪ Les garanties complémentaires

§ 1 ▪ Les indemnités journalières

6313. Cette garantie prévoit, en cas d'arrêt de travail consécutif à une maladie ou à un accident, le paiement d'une indemnité journalière afin de compléter les prestations versées par le régime légal.

6314. En cas d'arrêt de travail, non lié au service (maladie ordinaire), l'agent conserve l'intégralité de son traitement pendant une durée de trois mois. Ce traitement est réduit de moitié pendant les neuf mois suivants. L'assurance complémentaire peut permettre le maintien du traitement pour ces 9 mois.

6315. En cas d'arrêt de travail pour longue maladie, l'agent conserve l'intégralité de son traitement pendant un an. Le traitement est réduit de moitié pendant les deux années qui suivent. L'assurance complémentaire peut permettre le maintien du traitement pour ces deux années.

6316. En cas d'arrêt de travail faisant suite à certaine maladie (tuberculose, maladie mentale, affection cancéreuse, poliomyélite ou déficit immunitaire grave et acquis), l'agent perçoit l'intégralité de son traitement pendant trois ans et un demi-traitement pour les deux années suivantes. L'assurance complémentaire peut permettre le maintien de l'intégralité du traitement pour ces deux années.
Si la maladie ouvrant droit à congé de longue durée a été contractée dans l'exercice des fonctions, le régime légal prévoit le maintien de l'intégralité du traitement pendant cinq ans et un demi traitement pour les trois années suivantes. L'assurance complémentaire peut permettre le maintien de l'intégralité du traitement pour ces trois années.

§ 2 ▪ Les prestations en cas d'invalidité

A ▪ En cas d'invalidité ne résultant pas du service

1 ▪ Garantie des invalidités non couvertes par le régime légal

6317. Le régime légal prévoit que l'agent, en position d'activité ou détaché, atteint d'une infirmité qui ne résulte pas du service, inapte de façon définitive et absolue à l'exercice de ses fonctions, peut prétendre à une pension d'invalidité. La maladie ou les blessures doivent avoir été contractées ou aggravées au cours d'une période durant laquelle il acquérait des droits à pension.
Les garanties complémentaires peuvent permettre la prise en charge d'indemnités dans l'hypothèse où l'invalidité n'aurait pas été contractée au cours d'une période où l'agent ac-

quérait des droits à pension. La garantie peut être plus ou moins étendue et correspondre à la prise en charge de tout ou partie du traitement.

2 ▪ Garantie des invalidités en complément du régime légal

6318. En cas d'invalidité ne résultant pas du service contractée au cours d'une période au cours de laquelle l'agent acquérait des droits à pension, le régime légal prévoit le versement d'une pension lorsque le taux global d'invalidité est au moins égal à 60 %. Dans cette hypothèse, la pension d'invalidité ne peut être inférieure à 50 % du traitement de base détenu par l'agent depuis au moins six mois au moment de la cessation des services valables pour la retraite. Si le taux est inférieur, la pension rémunère les services et les bonifications qui s'y rattachent dans les mêmes conditions que les pensions normales. Le traitement à retenir est celui perçu par l'agent durant les six derniers mois de services valables.
Dans ces hypothèses, l'assurance complémentaire peut garantir un complément de revenus afin que l'agent puisse maintenir tout ou partie de son traitement. Par exemple, une garantie à hauteur de 95 % du traitement peut être prévue.

B ▪ Invalidité contractée en service ou à l'occasion du service

6319. Le fonctionnaire atteint d'une invalidité imputable au service, le rendant inapte de façon définitive et absolue à l'exercice de ses fonctions, peut obtenir une pension d'invalidité accompagnée d'une rente d'invalidité.
La pension est calculée exactement de la même manière que les pensions d'invalidité non imputables au service à la différence que le traitement servant au calcul est le traitement afférent à l'indice détenu par le fonctionnaire au jour de la radiation des cadres. Ainsi :
- lorsque le taux global d'invalidité est au moins égal à 60 %, la pension d'invalidité ne peut être inférieure à 50 % du traitement de base perçu par le fonctionnaire au jour de la radiation des cadres ;
- lorsque le taux est inférieur à 60 %, la pension rémunère les services et les bonifications qui s'y rattachent dans les mêmes conditions que les pensions normales. Le traitement à retenir reste celui détenu par l'agent le jour de la radiation des cadres.
Dans ces hypothèses, l'assurance complémentaire peut, là également, garantir un complément de revenus afin que l'agent puisse maintenir tout ou partie de son traitement. Par exemple, une garantie à hauteur de 95 % du traitement peut être prévue.

Section 4 ▪ Participation des collectivités territoriales à la protection sociale complémentaire

6320. Le décret n° 2011-1474 du 8 novembre 2011 relatif à la participation des collectivités territoriales et de leurs établissements publics a été publié, ainsi que ses quatre arrêtés d'application. Il a fait l'objet d'une circulaire NOR RDFB1220789C du 25 mai 2012.

6321. Le décret fixe le cadre permettant aux collectivités et à leurs établissements publics de verser une aide à leurs agents (publics ou privés) qui souscrivent à des contrats ou règlements de protection sociale complémentaire (santé ou prévoyance) qui répondent aux critères de solidarité du Titre IV du décret. Les collectivités territoriales et leurs établissements publics peuvent :

- soit aider les agents qui auront souscrit un contrat ou adhéré à un règlement dont le caractère solidaire aura été préalablement vérifié au niveau national, dans le cadre d'une procédure spécifique dite de « labellisation », sous la responsabilité de prestataires habilités à cette fin par l'Autorité de contrôle prudentiel et de résolution (ACPR). Ces contrats et règlements « labellisés » sont répertoriés sur une liste publiée par le ministère des collectivités territoriales et régulièrement actualisée (voir le site http://www.collectivites-locales.gouv.fr/protection-sociale-complementaire) ;
- soit engager une procédure de mise en concurrence ad hoc, définie par le décret, pour sélectionner un contrat ou un règlement remplissant les conditions de solidarité du décret. La collectivité conclut avec l'opérateur choisi, au titre du contrat ou du règlement ainsi sélectionné, une « convention de participation ». Ce contrat ou ce règlement est proposé à l'adhésion facultative des agents. Chaque adhésion peut faire l'objet d'une participation financière de la collectivité. L'article 25 de la loi n° du 26 janvier 1984 permet aux centres de gestion de conclure des conventions de participation conformes à ce décret.

6322. Les collectivités choisissent, pour la santé comme pour la prévoyance, entre l'une et l'autre de ces procédures.
La participation est versée soit directement à l'agent (montant unitaire) soit via un organisme.

6323. Le décret est entré en vigueur de façon progressive de telle sorte que les deux procédures de sélection (la labellisation, qui nécessite un temps d'installation, et la convention de participation) soient placées à égalité de choix des collectivités :
- Depuis la publication du décret, les collectivités souhaitant instaurer des participations ont pu consulter le comité technique et délibérer sur le choix de la procédure de sélection.
- La procédure de labellisation a été mise en place de la façon suivante :
  - L'habilitation des prestataires relève de l'Autorité de contrôle prudentiel.
  - La liste des prestataires habilités est consultable sur son site.
  - Les organismes qui le souhaitent peuvent faire « labelliser » leur contrat ou règlement auprès d'un prestataire de la liste.
- Les prestataires transmettent leurs décisions de label au ministère chargé des collectivités territoriales, qui en a publié la première liste le 31 août 2012. Depuis cette date, les collectivités ont pu instaurer leurs aides.

Sous-titre 2
Les dirigeants

Chapitre 1
L'assurance homme-clé

Section 1 Définition

Sous-section 1 Assimilation à une assurance pertes d'exploitation

6324. L'assurance « homme-clé », contractée par une entreprise, à son profit, sur la tête de ses dirigeants ou de certains collaborateurs, a pour objet de compenser le préjudice qui résulterait du décès ou de l'incapacité de la ou des personnes assurées, par le versement d'une indemnité en fonction des seules pertes pécuniaires consécutives à la survenance du sinistre. À ce titre, elle peut être assimilée à une assurance pertes d'exploitation.

Sous-section 2 Distinction avec les autres assurances

6325. Les contrats portant sur le même risque, mais à caractère forfaitaire (versement en capital,...), sont exclus du régime fiscal de l'assurance « homme-clé ». Ces contrats exclus sont les contrats dont les prestations sont déterminées à l'avance de manière forfaitaire. En règle générale, il s'agit d'un contrat de prévoyance dans lequel l'entreprise est désignée en qualité de bénéficiaire et qui prévoit le versement d'un capital forfaitaire, fixé à l'avance, indépendamment de la perte subie par l'entreprise. Les garanties de ces contrats sont le décès du dirigeant ainsi que l'invalidité empêchant toute poursuite de l'activité au sein de l'entreprise.

6326. Par ailleurs, en pratique, de nombreux contrats d'assurances, également dénommés « homme-clé » ont en fait une vocation différente (constitution d'une épargne, opération de prévoyance,...). Ces contrats ne bénéficient pas de la fiscalité des contrats « homme-clé ».

Section 2 . Critères de qualification

Sous-section 1 . Intérêt de la qualification

6327. Les contrats qui ne répondent pas à certains critères définis par l'administration fiscale, notamment dans l'instruction fiscale n° 4 C. 4-94 du 7 mars 1994 (Bull. n° 53 du 16 mars 1994) ne sont pas de véritables contrats « homme-clé » et, en conséquence, ils ne peuvent pas bénéficier du régime fiscal des contrats « homme-clé ».

Sous-section 2 . Le bénéficiaire de l'assurance « homme-clé »

6328. Le bénéficiaire de l'assurance homme-clé est toujours l'entreprise. La désignation du bénéficiaire doit être irrévocable. Ainsi, si un dirigeant était substitué à l'entreprise en qualité de bénéficiaire, le contrat perdrait son caractère de contrat homme-clé, au sens fiscal du terme, et perdrait ainsi les avantages du régime fiscal des contrats homme-clé. L'Administration, dans cette hypothèse, pourrait procéder à un redressement fiscal dans la limite de la prescription.

Par ailleurs, et suivant la même logique fiscale, dans une entreprise individuelle, le bénéficiaire ne peut pas être l'exploitant lui-même.

Sous-section 3 . L'homme-clé

6329. Peut être considérée comme « homme-clé » toute personne jouant un rôle déterminant dans le fonctionnement de l'entreprise. Ainsi, l'homme-clé est défini comme « la ou les personnes qui dans l'entreprise possèdent ou maîtrisent un art, une science ou une technique directement lié à l'objet social, le ou les dirigeants actifs dans les petites et moyennes entreprises » (instr. fisc. n° 4 C. 4-94 du 7 mars 1994, Bull. n° 53 du 16 mars 1994).

Ainsi, constituent des « hommes-clé » :

- la ou les personnes qui, dans l'entreprise, possèdent ou maîtrisent un art, une science ou une technique directement lié à l'objet social ;
- le ou les dirigeants effectifs dans les petites et moyennes entreprises.

En pratique, il convient de déterminer, au vu des circonstances de fait propres à chaque situation les personnes susceptibles d'avoir la qualité « d'homme-clé ». À cet égard, doivent être pris en considération les modes d'organisation et de fonctionnement de l'entreprise et principalement les liens juridiques entre l'entreprise et « l'homme-clé ».

Sous-section 4 . Le risque garanti

6330. Le risque assuré consiste en la perte pécuniaire consécutive au décès à l'incapacité temporaire ou l'invalidité de « l'homme-clé » assuré.

Les contrats d'assurances en cas de décès dont le capital est prédéterminé sont exclus du régime fiscal de l'assurance « homme-clé ». Dans ce type de contrat, en effet, le risque assuré est constitué par le décès, indépendamment de toute perte pécuniaire consécutive à ce décès et l'indemnité versée prend la forme d'un capital dont le montant est prédéterminé.

La garantie « incapacité temporaire » est généralement assortie d'une franchise, partant du principe qu'un arrêt de travail de quelques jours ou de quelques semaines n'affecte pas la pérennité de l'entreprise. À cet égard, l'administration fiscale considère que seule l'incapacité d'une durée au moins égale à trois mois doit être prise en compte.

Sous-section 5 ■ La détermination de l'indemnité versée

6331. L'indemnisation du sinistre est fixée en fonction de la perte d'exploitation subie. Il peut s'agir de l'application d'un taux de marge brute à la baisse du chiffre d'affaires constaté. Toutefois, l'administration fiscale admet que les modalités de détermination de l'indemnité versée soient adaptées à la situation particulière des entreprises soumises au régime du bénéfice réel simplifié et du forfait. Dans cette hypothèse, la perte d'exploitation subie peut être évaluée en fonction d'éléments objectifs tirés des comptes des exercices précédents.

L'entreprise doit perdre définitivement la disposition des primes versées. À défaut de réalisation du risque assuré ou lors de l'expiration du contrat, l'entreprise souscriptrice ne devra percevoir ni capital, ni indemnité d'aucune sorte et ne disposer d'aucune possibilité de rachat.

Section 3 ■ Le régime fiscal de l'assurance « homme-clé »

6332. Les primes afférentes aux contrats d'assurance « homme-clé » qui respectent les critères de qualification déterminés par l'Administration fiscale constituent des charges d'exploitation déductibles de l'exercice en cours à la date de leur échéance.

Par ailleurs, l'indemnité versée à l'entreprise lors de la réalisation du risque assuré doit, en application de l'article 38-2 du Code général des impôts, être comprise dans le résultat fiscal dans les conditions de droit commun.

Section 4 ■ La souscription du contrat

Sous-section 1 ■ La déclaration du risque

6333. Les renseignements relatifs à l'homme-clé assuré permettent à l'assureur de se forger une opinion sur le risque pour accepter l'assurance sans condition ou sous conditions, ou bien pour la refuser purement et simplement, par exemple en fonction de maladies et infirmités préexistantes ou du fait de l'âge de l'assuré.

L'assuré doit signer une déclaration de santé. Si l'état de santé de l'assuré ne lui permet pas de signer la déclaration de santé, il doit remplir un questionnaire médical. Après examen du questionnaire médical qui sera transmis sous pli confidentiel au médecin conseil de l'entreprise afin que celui-ci indique le degré de gravité du risque, l'entreprise pourra soit refuser le risque, soit exclure les conséquences d'une maladie, soit proposer un taux de prime adapté.

6334. Aux termes de l'article L. 113-2 du Code des assurances, l'assuré est obligé de répondre exactement aux questions posées par l'assureur, notamment dans le formulaire de déclaration du risque.

Les questions doivent être suffisamment claires et précises. En effet, l'article L. 112-3 du Code des assurances prévoit que lorsque, avant la conclusion du contrat, l'assureur a posé des questions par écrit à l'assuré, notamment par un formulaire de déclaration du risque ou par tout autre moyen, il ne peut se prévaloir du fait qu'une question exprimée en termes généraux n'a reçu qu'une réponse imprécise.

Sous-section 2 ▪ La fausse déclaration

6335. Indépendamment des causes ordinaires de nullité, le contrat d'assurance est nul en cas de réticence ou de fausse déclaration intentionnelle de la part de l'assuré, quand cette réticence ou cette fausse déclaration change l'objet du risque ou en diminue l'opinion pour l'assureur, alors même que le risque omis ou dénaturé par l'assuré a été sans influence sur le sinistre. Les primes payées demeurent alors acquises à l'assureur, qui a droit au paiement de toutes les primes échues à titre de dommages et intérêts (C. assur., art. L. 113-8).

La nullité suppose que l'assureur apporte la preuve de la fausse déclaration de l'assuré et de la mauvaise foi de celui-ci (Civ. 1re, 16 oct. 1990,RGAT 1991. 45). L'appréciation de la mauvaise foi est fonction de la rédaction du questionnaire et des réponses qui y sont apportées et relève du pouvoir souverain des juges du fond (Civ. 1re, 16 janv. 2001, n° 98-15.384 ; Civ. 1re, 19 déc. 2000, n° 99-18.380 ; Civ. 1re, 4 oct. 2000, n° 97-20.867 ; Civ. 1re, 15 juin 2000,n° 98-22.087 ; Civ. 1re, 27 févr. 2001, n° 99-12.639 ; Crim., 8 févr. 2005, n° 04-84.598).

Il ne suffit pas, pour que la nullité du contrat soit prononcée sur le fondement de l'article L. 113-8 du Code des assurances, que l'assuré ait fait sciemment une fausse déclaration du risque. Une seconde condition est exigée par ce texte : la réticence ou la fausse déclaration doit changer l'objet du risque ou en diminuer l'opinion pour l'assureur (Civ. 1re, 7 mai 1998,n° 96-18.971).

6336. L'omission ou la déclaration inexacte de la part de l'assuré dont la mauvaise foi n'est pas établie n'entraîne pas la nullité de l'assurance (C. assur., art. L. 113-9). Cet article distingue les cas où la fausse déclaration est constatée avant tout sinistre de ceux où la constatation intervient après un sinistre : Lorsque la fausse déclaration est découverte avant sinistre, l'assureur peut résilier le contrat ou le maintenir moyennant surprime. Si l'assuré refuse l'augmentation de prime, l'assureur peut résilier le contrat.

La résiliation doit être faite par lettre recommandée ; elle intervient dix jours après notification. Dans cette hypothèse, l'assureur doit restituer la portion de primes pour le temps pour lequel la garantie n'est plus acquise.

Lorsque la fausse déclaration est découverte après sinistre, l'assureur est en droit d'appliquer une règle proportionnelle de primes. Le sinistre est alors réglé en proportion de la prime payée par rapport à celle qui aurait du être payée, si le risque avait été normalement déclaré.

Section 5 ▪ Le paiement de la prime

6337. Conformément aux dispositions de l'article L. 113-3 du Code des assurances, le souscripteur doit payer la prime aux époques convenues. À défaut de paiement d'une prime, ou d'une fraction de prime, dans les dix jours de son échéance, et indépendamment du droit pour l'assureur de poursuivre l'exécution du contrat en justice, la garantie ne peut être suspendue que trente jours après la mise en demeure de l'assuré. Au cas où la prime annuelle a été fractionnée, la suspension de la garantie, intervenue en cas de non-paiement d'une des fractions de prime, produit ses effets jusqu'à l'expiration de la période annuelle considérée.

L'assureur a le droit de résilier le contrat dix jours après l'expiration du délai de trente jours mentionné au deuxième alinéa de l'article L. 113-3 du Code des assurances. Dans la plupart des cas, la résiliation est prévue dans la lettre de mise en demeure initiale qui informe le souscripteur que le défaut de paiement entraîne la suspension du contrat au bout de 30 jours puis la résiliation 10 jours plus tard.

Le contrat non résilié reprend pour l'avenir ses effets, à midi le lendemain du jour où ont été payés à l'assureur ou au mandataire désigné par lui à cet effet, la prime arriérée ou, en cas de fractionnement de la prime annuelle, les fractions de prime ayant fait l'objet de la mise en demeure et celles venues à échéance pendant la période de suspension ainsi que, éventuellement, les frais de poursuites et de recouvrement (art. L. 113-3, C. assur.)

▪ Chapitre 2
La retraite des dirigeants

BIBLIOGRAPHIE

L'Argus de l'assurance

Ouvrages. – F. Couilbault (sous dir.), *Assurances de personnes*, L'Argus éd., 2016. - Ph. Baillot, J-F. Piraud et J. Contréras, *La fiscalité de l'assurance vie*, L'Argus éd., 2008. – G. Briens, F. Duprat-Cerri, Ph. Berquin, *L'épargne retraite des salariés*, L'Argus éd., 2005. – G. Bellocq, *La protection sociale dans l'entreprise*, L'Argus éd. 2006. - M. Belmont et T. Deschanels, *Assurance vie et transmission de patrimoine*, L'Argus éd., 2005. – J-A. Chabannes et N. Eymard-Gauglin, *Le manuel de l'assurance vie*, L'Argus éd., 2004. – F. Couilbault, S. Couilbault-Di Tommaso, V. Huberty, *Les grands principes de l'assurance*, L'Argus éd., 2015. – M. Hallopeau, *Epargne, retraite, prévoyance d'entreprise*, L'Argus éd., 2014. – K. Vilret-Huot, *Les sûretés sur contrat d'assurance vie*, L'Argus éd. 2007. - J. Bigot (sous dir.), *Code des assurances*, L'Argus éd. – *Code de la mutualité*, L'Argus éd. – G. Briens, *Comprendre et conseiller l'épargne salariale*, Éd. L'Argus, 2013.

Articles. – G. Defrance, Protection sociale complémentaire. Un coup pour les retraites chapeau, Dossier jur. L'Argus 26 août 1994. – N. Hadj-Chaib Candeille, La fiscalité des contrats de retraite collective des travailleurs salariés et non salariés, L'Argus 26 nov. 2010, p. 82 – S. Lemoine, Prévoyance et retraite, le passif social, L'Argus 13 déc. 1991 ; Traitement social des cotisations de retraite, L'Argus n° 6322, 28 mai 1993 ; Fonds de pension, L'Argus 11 déc. 1992. – B. Mermillon, Le sort fiscal des indemnités de fin de carrière, L'Argus 25 sept. 1992.

Autres documentations

Ouvrages. - R. Voirin, *Retraite et prévoyance des salariés*, éd. de Verneuil 1993.

Articles. – J. Arrighi de Casanova, L'influence du droit social sur le droit fiscal, L'exemple des régimes de retraite surcomplémentaires (Conclusion CE, 9 nov. 1990, RDE 91-148). – M. Denouette, Le plan d'épargne populaire, INC Hebdo n° 1355, 12 sept. 2005. – Ph. Laigre, Les PERP et les GERP, entre la transparence et l'obstacle, Dr. et patrim. n° 143, déc. 2005. – P.G Marly, Epargne-assurance, qualification juridique, Trib. Assur., janv. 2007. - G. Meneroud, Retraite et prévoyance collective, in Encyclopédie de l'assurance, Economica, 1998, p. 1169. - V. Messine, Le PEP et la retraite par capitalisation, PU Aix-Marseille 1990. – G. Richarte, La retraite surcomplémentaire d'entreprises, PU Aix-Marseille 1995.

Section 1 ▪ La mise en place des régimes de retraite complémentaire des dirigeants

Sous-section 1 ▪ Les principaux textes

6338. La loi n° 94-126 du 11 février 1994, dite loi Madelin, relative à l'initiative et à l'entreprise individuelle a permis d'établir un système équitable entre les travailleurs indépendants et les salariés au regard de l'avantage fiscal relatif à leur régime complémentaire. Depuis la loi du 8 août 1994 (L. n° 94-679, 8 août 1994, JO 10 août), les dispositions de la loi Madelin concernent aussi les dirigeants d'entreprise imposables selon les règles de l'article 62 du Code général des impôts.

Les personnes concernées doivent remplir simultanément deux conditions :

- percevoir un revenu imposable dans la catégorie définie à l'article 62 du Code général des impôts ;
- relever du régime de Sécurité sociale des travailleurs non salariés non agricoles.

Sont ainsi exclus du champ d'application de cette mesure :

- Les dirigeants relevant du régime fiscal des salariés : P-D-G de SA, gérant minoritaire de SARL ; ces contribuables peuvent déduire leurs cotisations à des régimes complémentaires et supplémentaires obligatoires dans les conditions prévues à l'article 83-2° du Code général des impôts ;
- Les associés et gérants d'EARL qui relèvent du régime de la mutualité sociale agricole.

Sous-section 2 ▪ Les groupements pouvant souscrire des contrats Madelin

6339. La loi n° 94-126 du 11 février 1994 impose une certaine forme au contrat d'assurance : il doit s'agir d'un contrat d'assurance de groupe.

Le contrat d'assurance de groupe se définit comme le contrat souscrit par une personne morale ou chef d'entreprise en vue de l'adhésion d'un ensemble de personnes répondant à des conditions définies au contrat, pour la couverture des risques dépendant de la vie humaine, des risques portant atteinte à l'intégrité physique de la personne ou liés à la maternité, des risques d'incapacité de travail ou d'invalidité ou du risque chômage (C. assur., art. L. 141-1).

En l'espèce, le contrat groupe doit être souscrit par un groupement répondant à certaines caractéristiques ; les membres du groupement ont la qualité d'adhérent.

Sous-section 3 ■ Le souscripteur

§ 1 ■ Définition

6340. Le souscripteur du contrat est représenté par un groupement. Seuls certains groupements sont habilités à souscrire un contrat d'assurance groupe entrant dans le cadre de la loi Madelin.

Selon le décret n° 94-775 du 5 septembre 1994, les groupements doivent être constitués sous la forme d'associations déclarées régies par la loi du 1er juillet 1901 ou, dans les départements du Bas-Rhin, du Haut-Rhin et de la Moselle, sous la forme d'associations régies par la législation locale maintenue en vigueur par l'article 7 de la loi du 1er juin 1924. Les groupements ainsi définis doivent comporter au moins mille membres qui exercent une activité non salariée non agricole, ou qui ont exercé une telle activité et bénéficient à ce titre d'une pension de vieillesse. Les artisans ruraux qui cotisent à la CANCAVA au titre de leur régime de retraite peuvent adhérer à de tels groupements. Les assureurs ont constitué des associations uniquement en vue de la souscription de contrats groupe Madelin afin de répondre au besoin d'assurance des travailleurs non salariés non agricoles.

§ 2 ■ Les obligations à la charge du souscripteur

A ■ La remise d'une notice

6341. Les contrats d'assurance issus de la loi Madelin revêtant la forme d'une assurance de groupe sont soumis aux dispositions du Code des assurances relatives à ce type de contrat (C. assur., art. L. 141-1 à L. 141-6).

Selon l'article L. 141-4 du Code des assurances, le souscripteur est tenu :

- de remettre à l'adhérent une notice établie par l'assureur qui définit les garanties et les modalités d'entrée en vigueur ainsi que les formalités à accomplir en cas de sinistre. Ce document est appelé notice d'information ;
- d'informer par écrit les adhérents des modifications qu'il est prévu d'apporter à leurs droits et obligations.

L'adhérent peut dénoncer son adhésion en raison de ces modifications.

B ■ Le contenu de la notice d'information

1 ■ Les informations prévues par l'article L. 132-5-3 du Code des assurances

6342. La loi n° 2005-1564 du 15 décembre 2005 entrée en vigueur le 1er janvier 2006 a introduit un article L. 132-5-3 dans le Code des assurances. Selon ce texte, pour les contrats d'assurance de groupe sur la vie mentionnés à l'article L. 141-1 comportant des valeurs de rachat ou de transfert, lorsque le lien qui unit l'adhérent au souscripteur ne rend pas obligatoire l'adhésion au contrat, la notice remise par le souscripteur inclut, outre les informations mentionnées au 2e alinéa de l'article L. 141-4 (définition des garanties et leurs modalités d'entrée en vigueur ; formalités à accomplir en cas de sinistre) celles contenues dans la note mentionnée à l'article L. 132-5-2. Sont donc concernés les contrats « Madelin » proposant des garanties de retraite complémentaire.

6343. La notice d'information doit contenir les informations prévues par le modèle annexé à l'article A. 132-4 du Code des assurances.
Lors de l'adhésion, le souscripteur doit remettre à l'adhérent le modèle de lettre destiné à faciliter l'exercice de la faculté de renonciation. Il communique à l'adhérent les valeurs de transfert au terme de chacune des huit premières années au moins. La notice indique les valeurs minimales et explique le mécanisme de calcul des valeurs de transfert lorsque celle-ci ne peuvent être établies.
La notice doit indiquer l'objet social et les coordonnées du souscripteur. Elle précise que les droits et obligations de l'adhérent peuvent être modifiés par des avenants auxdits contrats. Les modalités d'adoption de ces avenants par le souscripteur sont communiquées par ce dernier à l'adhérent. Le souscripteur est tenu de communiquer, chaque année, à l'adhérent les informations établies par l'entreprise d'assurance et mentionnées à l'article L. 132-22.

2 ▪ L'encadré inséré en début de notice

6344. L'article L. 132-5-3 du Code des assurances impose également un encadré inséré en début de notice qui indique en caractères très apparents la nature du contrat et comporte le regroupement des frais dans une même rubrique, les garanties offertes et la disponibilité des sommes, la participation aux bénéfices, ainsi que les modalités de désignation des bénéficiaires.
L'article A. 132-8 du Code des assurances précise la taille de l'encadré placé en tête de notice. Il ne doit pas dépasser une page et contient de façon limitative et dans un ordre précis les informations reproduites en annexe 2 du même article.

3 ▪ Information sur les valeurs de transfert

6345. Selon l'article L. 132-5-3 du Code des assurances, le souscripteur communique à l'adhérent les valeurs de transfert au terme de chacune des huit premières années au moins. La notice indique les valeurs minimales et explique le mécanisme de calcul des valeurs de transfert lorsque celle-ci ne peuvent être établies. Dans ce dernier cas, l'article A. 132-4-1 du Code des assurances précise comment s'effectue l'information sur les valeurs de transfert ne pouvant être établies en euros ou devises lors de la remise de la notice :
1° Dans le tableau mentionné à l'article L. 132-5-2, les valeurs de rachat ou de transfert minimales. Lorsque celles-ci ne peuvent être établies lors de la remise du projet de contrat, de la proposition d'assurance ou de la notice, il est indiqué qu'il n'existe pas de valeur de rachat ou de transfert minimale exprimée en euros ou en devises.
2° Dans le tableau mentionné à l'article L. 132-5-2, les valeurs de rachat ou de transfert, selon les cas à partir d'un nombre générique d'unités de compte, d'un nombre générique de parts de provision de diversification, ou d'une formule de calcul le cas échéant ; l'indication de ces valeurs est complétée par une explication littéraire en dessous dudit tableau.

4 ▪ La faculté de renonciation

6346. La faculté de renonciation est ouverte aux contrats d'assurance de groupe sur la vie comportant des valeurs de rachat ou de transfert, depuis la loi n° 2005-1564 du 15 décembre 2005. Elle est prévue par l'article L. 132-5-3 du Code des assurances entré en vigueur le 1er janvier 2006. Cette faculté de renonciation s'exerce conformément aux articles L. 132-5-1 et L. 132-5-2 du même code. Ainsi, l'adhérent a la faculté de renoncer à son adhésion au contrat retraite « Madelin » par lettre recommandée, avec accusé de réception, pendant le délai de trente jours calendaires révolus à compter du moment où il est informé de son adhésion au contrat. Ce délai expire le dernier jour à 24 heures. S'il expire un samedi, un dimanche ou un jour férié ou chômé, il n'est pas prorogé.

6347. La notice remise par le souscripteur doit préciser les conditions d'exercice de la faculté de renonciation. Un modèle de lettre destiné à faciliter l'exercice de ce droit doit être inclus dans la notice ou le bulletin d'adhésion.
L'article A. 132-4-2 du Code des assurances précise d'ailleurs que la mention suivante doit précéder la signature de l'adhérent : « l'adhérent peut renoncer à son adhésion au présent contrat pendant trente jours calendaires révolus à compter du moment où le preneur est informé de son adhésion au contrat. Cette renonciation doit être faite par lettre recommandée avec accusé de réception, envoyée à l'adresse suivante...Elle peut être faite suivant le modèle de lettre inclus dans la notice ou le bulletin d'adhésion. »
La renonciation entraîne la restitution par l'assureur de l'intégralité des sommes versées par l'adhérent (au titre de la retraite complémentaire), dans le délai maximal de trente jours calendaires révolus à compter de la réception de la lettre recommandée. Au-delà de ce délai, les sommes non restituées produisent de plein droit intérêt au taux légal majoré de moitié durant deux mois, puis à l'expiration de ce délai de deux mois, au double du taux légal.

6348. Le défaut de remise des documents et informations dues à l'adhérent en application des articles L. 132-5-3 et L. 132-5-2 du Code des assurances entraîne de plein droit la prorogation du délai de renonciation.

Sous-section 4 ▪ Les adhérents

§ 1 ▪ Définition de l'adhérent

6349. L'adhérent est la personne qui a la qualité d'assuré. C'est lui qui acquitte les primes et qui bénéficie des prestations. Les personnes pouvant avoir la qualité d'adhérent sont définies de façon limitative par la loi. Sont concernés les travailleurs non salariés non agricoles et les exploitants agricoles depuis la loi n° 97-1051 du 18 novembre 1997.

§ 2 ▪ Les travailleurs non salariés non agricoles

A ▪ Les différentes catégories de travailleurs non salariés non agricoles

6350. L'article 24 de la loi du 11 février 1994 (CGI, art. 154 bis) pose le principe de la déductibilité des cotisations versées au titre des contrats d'assurance Madelin, pour les personnes soumises aux bénéfices industriels et commerciaux (BIC) et aux bénéfices non commerciaux (BNC). Il faut donc en conclure que les personnes relevant de ces régimes d'imposition peuvent adhérer à un contrat d'assurance Madelin.

B ▪ Les travailleurs relevant de la catégorie des BIC

6351. Sont concernés :
- les exploitants individuels, c'est-à-dire les commerçants et artisans qui accomplissent habituellement des actes de commerce ou des opérations relevant de la catégorie des bénéfices industriels et commerciaux pour leur propre compte et qui acquittent, à ce titre, des cotisations sociales à des régimes non salariés ;

- les associés de sociétés de personnes qui exercent directement, personnellement et régulièrement leur activité professionnelle dans le cadre d'une telle société et dont les revenus sont à ce titre imposables dans la catégorie des BIC ;
- les associés de sociétés en nom collectif (SNC) ou en commandite simple ;
- les associés des sociétés créées de fait et des sociétés en participation ;
- l'associé unique de l'entreprise unipersonnelle à responsabilité limitée (EURL) qui exerce son activité professionnelle dans le cadre de cette société.

C ■ Les travailleurs relevant de la catégorie des BNC

6352. Sont concernés :
- les exploitants individuels, c'est-à-dire les professions libérales dont les bénéfices sont imposés dans la catégorie des BNC et qui acquittent des cotisations sociales à des régimes de non-salariés ;
- l'associé d'une société de personnes, qui exerce son activité professionnelle dans ladite société et dont les revenus sont imposables au titre des BNC ;
- est aussi concerné l'associé de société créée de fait ou en participation, qui est personnellement imposable à l'impôt sur le revenu à raison de la part du bénéfice qui correspond à ses droits dans la société.

D ■ Les dirigeants d'entreprise

6353. Depuis la loi du 8 août 1994 (L. n° 94-679, 8 août 1994, JO 10 août), les dispositions de la loi Madelin concernent aussi les dirigeants d'entreprise imposables selon les règles de l'article 62 du Code général des impôts.

6354. Les personnes concernées doivent remplir simultanément deux conditions :
- percevoir un revenu imposable dans la catégorie définie à l'article 62 du Code général des impôts ;
- relever du régime de Sécurité sociale des travailleurs non salariés non agricoles.
Sont ainsi exclus du champ d'application de cette mesure :
- les dirigeants relevant du régime fiscal des salariés : PDG de SA, gérant minoritaire de SARL ; ces contribuables peuvent déduire leurs cotisations à des régimes complémentaires et supplémentaires obligatoires dans les conditions prévues à l'article 83-2° du Code général des impôts ;
- les associés et gérants d'EARL qui relèvent du régime de la mutualité sociale agricole.
Les cotisations et primes afférentes à des contrats d'assurance de groupe sont déductibles dans les mêmes conditions et limites annuelles que celles fixées pour les titulaires de BIC ou BNC.

E ■ Le conjoint collaborateur du travailleur non salarié

1 ■ Le statut du conjoint collaborateur

6355. La notion de conjoint collaborateur vise l'époux du commerçant, du professionnel libéral ou de l'artisan qui collabore effectivement à l'activité de son conjoint sans être rémunéré et sans exercer aucune autre activité professionnelle.
L'article 41 de la loi du 11 février 1994 cite expressément les personnes pouvant adhérer à un contrat d'assurance Madelin. Or, les conjoints collaborateurs ne figurent pas dans l'énumération ; aussi l'administration fiscale a-t-elle considéré, dans un premier temps, qu'ils

étaient exclus du champ d'application de la loi Madelin lorsqu'ils n'exercent pas l'activité en propre.

Une modification législative est intervenue dans le cadre de la loi de finances rectificative pour 1995 complétant l'article 41 de la loi Madelin (L. n° 95-1347, 30 déc. 1995). Ainsi, depuis le 1er janvier 1996, le conjoint collaborateur peut adhérer à un contrat souscrit dans le cadre de la loi Madelin.

Depuis le décret n° 2006-966 du 1er août 2006 (JO 3 août), le conjoint collaborateur bénéfice d'un véritable statut. Selon l'article 1er du décret, « est considéré comme conjoint collaborateur le conjoint d'un chef d'une entreprise commerciale, artisanale ou libérale, qui exerce une activité professionnelle régulière dans l'entreprise sans percevoir de rémunération et sans avoir la qualité d'associé au sens de l'article 1832 du Code civil. ». Le décret précise que les conjoints qui exercent à l'extérieur de l'entreprise une activité salariée d'une durée au moins égale à la moitié de la durée légale du travail, ou une activité non salariée, sont présumés ne pas exercer dans l'entreprise une activité professionnelle de manière régulière. En outre, dans le cadre de l'exploitation de l'entreprise familiale sous forme de société, le statut du conjoint collaborateur est autorisé au conjoint du gérant associé unique ou du gérant associé majoritaire d'une société à responsabilité limitée, dés lors que les conditions de seuil sont remplies. L'effectif ne doit en effet pas dépasser les 20 salariés car si, sur une période de 24 mois consécutifs, l'effectif salarié dépasse ce seuil, le chef d'entreprise doit, dans les deux mois, demander la radiation de la mention de conjoint collaborateur.

2 ▪ Conjoint collaborateur d'une personne assujettie aux bénéfices industriels et commerciaux (BIC)

6356. Revêt la qualité de conjoint collaborateur, le conjoint qui déclare, avec l'exploitant, collaborer effectivement à l'activité professionnelle de celui-ci sans être rémunéré et sans relever, à titre personnel, d'un régime obligatoire d'assurance vieillesse. Il peut, toutefois, exercer, hors de l'entreprise, une activité salariée à temps partiel d'une durée au plus égale à la moitié de la durée légale du travail. Sont donc concernés les conjoints collaborateurs mentionnés au Registre du commerce et des sociétés, au Répertoire des métiers ou au registre des entreprises tenu par les chambres de métiers d'Alsace et Moselle, ainsi que les conjoints d'associés uniques d'entreprises unipersonnelles à responsabilité limitée (EURL).

6357. L'adhésion du conjoint collaborateur au contrat d'assurance groupe est indépendante du comportement de l'exploitant au regard de sa propre protection sociale facultative. Le conjoint collaborateur peut donc adhérer à un contrat Madelin alors même que son époux ne le ferait pas.

6358. Le principe de la déduction fiscale des cotisations est acquis dès lors que le contrat d'assurance de groupe respecte les dispositions de l'article 41 de la loi du 11 février 1994 et du décret n° 94-755 du 5 septembre 1994. Ainsi, le rachat du contrat par le conjoint collaborateur est possible, sans remise en cause des déductions antérieures, lorsqu'il est personnellement atteint d'une invalidité le rendant incapable de poursuivre sa collaboration. Par ailleurs, en raison de la situation particulière dans laquelle se trouve le conjoint collaborateur, il est admis que, lorsque le contrat le prévoit, le rachat par le conjoint collaborateur en cas d'invalidité absolue ou de liquidation judiciaire de l'exploitant, ne remet pas en cause les déductions opérées au titre des cotisations versées par le conjoint collaborateur. Les limites de la déduction sont fixées par l'article 26 de la loi n° 95-1947 du 30 décembre 1995 modifiant l'article 154 bis du Code général des impôts : les cotisations dues par l'exploitant et par son conjoint sont déductibles dans la limite d'un plafond unique. Le montant déductible des cotisations du conjoint collaborateur est déterminé selon les mêmes modalités que celles applicables à l'exploitant en globalisant les cotisations dues par ce dernier avec celles du conjoint collaborateur.

3 ▪ Conjoint collaborateur d'une personne assujettie aux bénéfices non commerciaux (BNC)

6359. L'adhésion à un régime facultatif au titre d'un contrat d'assurance de groupe est subordonnée à l'adhésion volontaire au régime d'assurance vieillesse des travailleurs non salariés.

6360. Revêt la qualité de conjoint collaborateur le conjoint qui déclare, avec l'exploitant, collaborer effectivement à l'activité professionnelle de celui-ci sans être rémunéré et sans relever, à titre personnel, d'un régime obligatoire d'assurance vieillesse. Il peut toutefois exercer, hors de l'exploitation, une activité salariée à temps partiel d'une durée au plus égale à la moitié de la durée légale du travail. En pratique, s'il adhère à un régime obligatoire au titre de ce travail à temps partiel, il ne perd pas pour autant le droit d'adhérer au groupement.
Sont également concernés les conjoints collaborateurs d'associés uniques d'entreprises unipersonnelles à responsabilité limitée (EURL). Bien que ces derniers ne puissent avoir, au sens juridique, le statut de conjoint collaborateur en raison de la qualité d'associé unique de l'EURL de leur époux, il est admis de leur accorder le bénéfice du dispositif dès lors qu'ils sont assimilés sur le plan social aux conjoints collaborateurs lorsqu'ils ont attesté sur l'honneur remplir effectivement les conditions de collaboration professionnelle.

6361. Demeurent exclus du bénéfice de ce dispositif le conjoint qui exerce une activité professionnelle en qualité de salarié du professionnel libéral, ou le conjoint d'un associé d'une société soumise au régime des sociétés de personnes autre qu'une EURL.

6362. La déductibilité des cotisations dues, au nom du conjoint collaborateur au titre de sa protection sociale facultative, n'est possible que si l'adhésion aux régimes obligatoires de base et complémentaire d'assurance vieillesse des travailleurs non salariés, à laquelle il peut prétendre dans le cadre de l'assurance volontaire, est effective et continue. Cependant, conformément à l'esprit du nouveau dispositif, et prenant en compte que le conjoint collaborateur d'une personne exerçant une activité libérale ne peut adhérer à titre personnel aux régimes complémentaires, il est admis que cette restriction ne fasse pas obstacle à la possibilité de déduire les cotisations versées à un régime de protection sociale facultatif répondant aux conditions de l'article 154 bis du Code général des impôts.

6363. L'adhésion du conjoint collaborateur au contrat d'assurance de groupe est indépendante du comportement de l'exploitant au regard de sa propre protection sociale facultative. Le conjoint collaborateur peut donc adhérer à un contrat Madelin alors même que son époux ne le ferait pas.
Bien évidemment, le contrat conclu doit respecter les dispositions fixées initialement par l'article 41 de la loi du 11 février 1994 et le décret n° 94-755 du 5 septembre 1994.

6364. Le rachat du contrat ne remet pas en cause les déductions antérieures dans deux hypothèses :
- le conjoint collaborateur est personnellement atteint d'une invalidité le rendant incapable de poursuivre sa collaboration ;
- le contrat prévoit la possibilité de rachat par le conjoint lorsque l'exploitant cesse son activité à la suite d'un jugement de liquidation judiciaire, ou à la suite d'une invalidité le rendant absolument incapable d'exercer une activité quelconque.

§ 3 ▪ Les exploitants agricoles

A ▪ Extension des contrats « Madelin » aux exploitants agricoles

6365. Aux termes de l'article 55 de la loi du 18 novembre 1997, les contrats d'assurance de groupe définis ou régis par les articles L. 141-1 à L. 141-6 et les articles L. 441-1 et suivants du Code des assurances et par l'article L. 311-3 du Code de la mutualité peuvent être souscrits au profit de ses membres par un groupement comportant un nombre minimum de personnes qui exercent une activité non salariée agricole, en vue du versement d'une retraite complémentaire garantissant un revenu viager.

B ▪ La nature des groupements habilités à souscrire des contrats d'assurance de groupe

6366. Le décret n° 97-1264 du 29 décembre 1997 définit la nature des groupements habilités à souscrire les contrats d'assurance de groupe (Décr. n° 97-1264, 29 déc. 1997, art. 1er). Il doit s'agir d'associations (régies par la loi de 1901 ou par la législation locale maintenue dans les départements du Bas-Rhin, du Haut-Rhin et de la Moselle) comptant au moins mille membres qui exercent une activité non salariée agricole, ou ont exercé une telle activité et bénéficient d'une rente servie au titre des droits acquis auprès du régime COREVA ou dans le cadre d'un contrat d'assurance de groupe issu de l'article 55 de la loi précitée.

C ▪ La qualité d'adhérent

6367. Peuvent bénéficier des contrats précédemment définis les chefs d'exploitation ou d'entreprise agricoles, leurs conjoints et leurs aides familiaux, sous réserve qu'ils relèvent du régime d'assurance vieillesse de base institué par les chapitres IV et IV-I du titre II du livre VII du Code rural et qu'ils justifient de la régularité de leur situation vis-à-vis de ce régime.

6368. Le décret n° 97-1264 du 29 décembre 1997 rappelle ainsi que :
- le contrat ne peut prévoir de faculté de rachat, excepté lorsque l'intéressé est atteint d'une invalidité qui le rend absolument incapable d'exercer une profession quelconque, ou en cas de cessation d'activité à la suite d'un jugement de liquidation judiciaire ;
- le contrat ne doit pas comporter de périodicité de versement des primes supérieure à un an ;
- le contrat doit en outre permettre aux adhérents d'opter chaque année pour le paiement d'une cotisation dont le montant annuel est compris entre un minimum qui varie chaque année parallèlement au plafond de la Sécurité sociale et un maximum égal à 15 fois le montant annuel de la cotisation minimale.

6369. Les contrats peuvent permettre aux adhérents de payer des cotisations supplémentaires au titre des années (quatre au maximum) qui précèdent immédiatement la date de leur adhésion, sous réserve que les années en cause correspondent à des périodes d'affiliation au régime de base obligatoire d'assurance vieillesse des professions non salariées agricoles, et qu'elles n'aient pas donné lieu à versement de cotisations au régime COREVA. Le montant de la cotisation supplémentaire à verser au cours d'une année doit être égal à celui de la cotisation qui est fixée pour cette même année en application des dispositions ci-dessus. En cas de non-paiement de la cotisation supplémentaire qui doit être versée au cours d'une année donnée, le versement de cette cotisation ne peut être reporté sur une autre année.

Sous-section 5. Les conditions de l'adhésion et de son renouvellement

§ 1. Justification du paiement des cotisations aux régimes d'assurance obligatoires

6370. Selon l'article 2 du décret n° 94-775 du 5 septembre 1994, toute personne qui demande son adhésion à un contrat d'assurance de groupe ou le renouvellement de celle-ci doit justifier auprès du groupement souscripteur qu'elle est à jour du paiement des cotisations dues au titre des régimes obligatoires d'assurance maladie et d'assurance vieillesse. Le décret prévoit qu'il faut être à jour des deux régimes obligatoires, maladie et vieillesse ; il faut en conclure que cette double obligation s'impose alors même que le travailleur non salarié n'opterait pour la garantie que de l'un ou l'autre de ces risques.

6371. S'agissant des exploitants agricoles, la loi du 18 novembre 1997 précise que les chefs d'exploitation ou d'entreprise agricole, leurs conjoints et leurs aides familiaux ne peuvent adhérer à un contrat de type Madelin que s'ils justifient de la régularité de leur situation vis-à-vis du régime d'assurance vieillesse de base obligatoire. C'est le chef d'exploitation qui est responsable du versement des cotisations d'assurance vieillesse dues au régime de base pour lui-même et les membres de sa famille. La condition de régularité de situation vis-à-vis dudit régime de base est nécessairement appréciée par rapport à l'intéressé, même si l'assurance concerne le conjoint ou des aides familiaux.

§ 2. La preuve du respect du paiement des cotisations obligatoires

6372. Selon l'article 2 du décret du 5 septembre 1994, la preuve du respect de cette obligation est apportée par la production d'une attestation délivrée par les caisses d'assurance maladie et d'assurance vieillesse concernées. Outre cette attestation, la copie de la carte d'assuré social doit aussi être produite par l'adhérent (Circ. FFSA, 19 sept. 1994).

6373. Concernant les exploitants agricoles, le décret du 29 décembre 1997 précise que, lors de l'adhésion, tout adhérent doit justifier, auprès du groupement souscripteur du contrat, qu'il est en situation régulière vis-à-vis du régime obligatoire d'assurance vieillesse des personnes non salariées des professions agricoles, en produisant un document, délivré à sa demande, par l'organisme dont il relève au titre de ce régime. Ce document atteste soit du paiement des cotisations, soit de la conclusion et du respect d'un plan d'apurement progressif de la dette sociale. Le groupement doit transmettre, avec les demandes d'adhésion, ce document à la caisse autonome mutualiste qui garantit le risque ou à l'entreprise d'assurance auprès de laquelle il a souscrit le contrat groupe.

6374. Ultérieurement et chaque année, l'adhérent doit justifier auprès du groupement et des services fiscaux de la régularité de sa situation vis-à-vis du régime obligatoire d'assurance vieillesse au cours de l'année civile précédente, par la production d'une attestation délivrée en double exemplaire, sur sa demande et avant le 16 février, par l'organisme gestionnaire dudit régime obligatoire. L'adhérent doit adresser un exemplaire de cette attestation au service fiscal dont il relève pour le dépôt de sa déclaration de résultats en même temps que celle-ci, et l'autre exemplaire, au groupement, avant le 1er mars. Le groupement doit transmettre avant le 15 mars cette attestation à la caisse autonome mutualiste qui garantit le risque ou à l'entreprise d'assurance auprès de laquelle il a souscrit le contrat groupe.

6375. Pour les exploitants agricoles, l'attestation de régularité doit être délivrée au seul chef d'exploitation ; elle ne revêt pas pour autant un caractère individuel. Le document doit permettre l'identification de l'ensemble des personnes qui, relevant d'une même exploitation, adhèrent à un contrat groupe ou en sont bénéficiaires. Il comporte deux parties : l'une concerne l'identification du demandeur (adresse du chef d'exploitation ou d'entreprise) ainsi que l'identité du conjoint et/ou des aides familiaux, l'autre certifie soit que l'adhérent est à jour de ses cotisations d'assurance vieillesse agricole et d'assurance vieillesse individuelle, soit qu'il bénéficie et respecte un plan d'apurement progressif de la dette sociale. Cette attestation est fournie par la MSA, sur demande de l'adhérent, à la souscription du contrat puis tous les ans.

§ 3 ▪ La périodicité et la régularité de la cotisation

6376. Selon l'article 3 du décret du 5 septembre 1994 et le décret du 29 décembre 1997, la périodicité de la cotisation ne peut être supérieure à un an.

6377. Le caractère régulier de la cotisation, dans les contrats souscrits en vue de garantir un revenu viager (garantie retraite), résulte de l'existence d'une cotisation minimale prévue au contrat. Cette cotisation varie chaque année parallèlement au plafond annuel de la Sécurité sociale.
Les contrats de retraite doivent par ailleurs comporter des stipulations qui permettent aux adhérents d'opter chaque année pour le paiement d'une cotisation dont le montant annuel est compris entre la cotisation minimale et un maximum égal à dix fois le montant annuel de la cotisation minimale.
Concernant les exploitants agricoles, le décret du 29 décembre 1997 précise que la cotisation annuelle doit être comprise entre un minimum qui varie chaque année parallèlement au plafond de la Sécurité sociale et un maximum égal à 15 fois le montant annuel de la cotisation minimale.

§ 4 ▪ La possibilité de payer des cotisations supplémentaires

6378. L'article 5 du décret du 5 septembre 1994 autorise les adhérents de contrats groupe garantissant un revenu viager à payer des cotisations supplémentaires au titre des années qui sont comprises entre la date de leur affiliation aux régimes de base obligatoire d'assurance vieillesse d'une profession non salariée non agricole, et la date de leur adhésion au contrat d'assurance de groupe. Ces rachats de cotisations ne sont toutefois permis que sous certaines conditions :- le montant de la cotisation supplémentaire, que l'adhérent peut verser au cours d'une année donnée, doit être égal à celui de la cotisation fixée pour cette même année ;
- la cotisation supplémentaire peut être renouvelée autant de fois que le nombre d'années séparant l'année d'inscription de l'adhérent au régime de base obligatoire d'assurance vieillesse de sa profession et la date d'adhésion au contrat ;
- le non-paiement de la cotisation supplémentaire qui doit être versée au cours d'une année donnée fait perdre à l'adhérent le droit de racheter les années dont il a différé le rachat.

6379. Des dispositions identiques ont été prises pour les exploitants agricoles. Le décret du 29 décembre 1997 indique ainsi que les contrats peuvent permettre aux adhérents de payer des cotisations supplémentaires au titre des années (quatre au maximum) qui précèdent immédiatement la date de leur adhésion, sous réserve que les années en cause correspondent à des périodes d'affiliation au régime de base obligatoire d'assurance vieillesse

des professions non salariées agricoles, et qu'elles n'aient pas donné lieu à versement de cotisations au régime COREVA.
Le montant de la cotisation supplémentaire à verser au cours d'une année doit être égal à celui de la cotisation fixée pour cette même année en application des dispositions ci-dessus. En cas de non-paiement de la cotisation supplémentaire qui doit être versée au cours d'une année donnée, le versement de cette cotisation ne peut être reporté sur une autre année.

§ 5 ▪ Les conséquences du non-paiement des cotisations aux régimes d'assurance obligatoire

6380. Selon l'article L. 652-4 du Code de la Sécurité sociale, toute convention conclue par une personne légalement tenue de cotiser à un régime d'assurance obligatoire, est nulle lorsque cette personne n'est pas à jour des cotisations dues à ce titre au moment de la conclusion ou du renouvellement du contrat.
Si, à l'occasion d'un contrôle fiscal, il apparaît que le travailleur non salarié non agricole n'était effectivement pas à jour de ses cotisations aux régimes d'assurance obligatoires au moment de l'adhésion ou de son renouvellement au contrat groupe, le service vérificateur rehaussera les résultats imposables du montant des cotisations déduites sur l'ensemble de la période contrôlée. Ainsi, aux yeux de l'administration fiscale, l'adhésion au contrat d'assurance de groupe est entachée de nullité.
Les mêmes principes sont applicables aux exploitants agricoles. Le décret du 29 décembre 1997 indique qu'aucun contrat ne peut être conclu pour des personnes qui ne produisent pas le document attestant qu'elles sont en situation régulière au regard du paiement des cotisations à un régime obligatoire d'assurance vieillesse ; aucune cotisation ne peut être encaissée et aucun droit à rente ne peut être constitué pour des personnes qui n'auraient pas produit ce document.

§ 6 ▪ Le non-paiement des cotisations d'assurance de retraite complémentaire

6381. Selon l'article L. 141-3 du Code des assurances, le souscripteur peut exclure un adhérent du groupe s'il cesse de payer la prime. L'exclusion ne peut intervenir qu'au terme d'un délai de quarante jours à compter de l'envoi, par le souscripteur, d'une lettre recommandée de mise en demeure. Cette lettre ne peut être envoyée que dix jours au plus tôt après la date à laquelle les sommes dues doivent être payées. Lors de la mise en demeure, le souscripteur informe l'adhérent qu'à l'expiration du délai de quarante jours, le défaut de paiement de la prime entraîne son exclusion du contrat.

6382. S'agissant des garanties de retraite, l'emploi par le législateur des termes mise en demeure qui supposent le droit pour l'assureur d'obtenir le paiement de la prime en justice si nécessaire, apparaît contraire aux dispositions de l'article L. 132-20 du Code des assurances applicables aux assurances sur la vie et opérations de capitalisation, selon lesquelles l'entreprise d'assurance n'a pas d'action pour exiger le paiement des primes.
En pratique, les assureurs retiennent donc l'application de l'article L. 132-20 du Code des assurances : le non-paiement de la prime d'assurance concernant la garantie retraite, dans les dix jours de son échéance, entraîne l'envoi par l'assureur d'une lettre recommandée par laquelle il informe l'assuré qu'à l'expiration d'un délai de quarante jours à compter de l'envoi de la lettre, le défaut de paiement entraîne la résiliation ou la réduction du contrat.

Cette procédure très proche de celle prévue à l'article L. 141-3 du Code des assurances s'en distingue à deux titres : le non-paiement ne fait pas l'objet d'une mise en demeure, mais d'une information. Le non-paiement n'entraîne pas l'exclusion de l'adhérent, mais la résiliation de l'adhésion (en cas d'insuffisance de la provision mathématique), ou la réduction de la garantie.

6383. Le non-paiement d'une cotisation fait échec au principe, de la régularité et de la périodicité des cotisations, posé par la loi Madelin elle-même. Il faut donc admettre qu'il interrompt définitivement toute possibilité de versement ou place les versements ultérieurs hors du cadre fiscal défini par la loi Madelin. La garantie de l'assureur est déterminée en fonction des cotisations versées avant l'interruption de leur paiement : la rente est réduite.

Section 2 ▪ Les prestations de retraite complémentaire

Sous-section 1 ▪ Le versement d'une rente viagère

6384. Les prestations doivent nécessairement être servies sous forme de rente viagère. La rente peut être réversible en cas de décès au profit du conjoint survivant ou d'un bénéficiaire désigné par l'adhérent. Par exception, le versement d'un capital est permis par la loi dans deux hypothèses :

- lorsque le montant de la pension à laquelle l'adhérent peut prétendre est inférieur à 1/20 du SMIC. L'adhérent reçoit alors un versement forfaitaire unique qui est substitué à la pension ;
- lorsque l'adhérent est atteint d'une invalidité de 2e ou 3e catégorie de la Sécurité sociale, ou est en état de liquidation judiciaire.

Sous-section 2 ▪ Annuités garanties

6385. La direction de la législation fiscale confirme que, sous réserve de satisfaire à certaines conditions, l'option « annuités garanties » prévue dans certains contrats collectifs de retraite est sans incidence fiscale (Lettres 19 févr. 2001 n° 2000.009.365 et 5 déc. 2001 n° 2001.021.729 : Revue notariale de l'assurance vie n° 106, 2002, p. 23). L'option « annuités garanties » permet, en cas de décès du crédit-rentier avant le terme de la période convenue, de verser à un bénéficiaire désigné le solde des arrérages garantis. L'administration confirme que, nonobstant la présence d'une telle option, le principe de déduction des cotisations ne sera pas remis en cause s'il est satisfait aux conditions suivantes : les annuités garanties devront porter sur une période n'excédant pas l'espérance de vie de l'assuré au moment où il liquide ses droits à la retraite ; cette espérance de vie sera calculée selon les tables de mortalité de génération prévues à l'article A. 132-18 du Code des assurances, diminuée de 5 ans (v. tables et exemples d'application ci-après) ; les bénéficiaires devront être définitivement et irrévocablement désignés par l'assuré au moment de la liquidation de ses droits propres ; enfin, les annuités garanties seront imposables selon les règles applicables aux pensions et rentes viagères à titre gratuit.

Espérance de vie par âge selon les tables de mortalité par génération visées à l'article A. 132-18 du Code des assurances

Année de références 2002		
Année de naissance	Âge	Espérance de vie
1942	60	27,71
1941	61	26,71
1940	62	25,71
1939	63	24,71
1938	64	23,72
1937	65	22,74
1936	66	21,76
1935	67	20,80
1934	68	19,84
1933	69	18,90
1932	70	17,97
Année de références 2003		
Année de naissance	Âge	Espérance de vie
1943	60	27,84
1942	61	26,83
1941	62	25,83
1940	63	24,83
1939	64	23,84
1938	65	22,86
1937	66	21,88
1936	67	20,91
1935	68	19,95
1934	69	19,00
1933	70	18,07

En appliquant les principes fixés par l'administration fiscale pour un assuré de 65 ans en 2002, donc né en 1937, la table de génération correspondante conduit à une espérance de vie de 22,74 années à cet âge. Le nombre d'années d'espérance de vie est donc de 22 années et 8 mois. Ce nombre, diminué de 5, permet de garantir un nombre maximal d'annuités de 17 ans et 8 mois. Le même type de calcul doit être effectué chaque année, pour chaque nouveau rentier, en fonction de son année de naissance.

Sous-section 3 . Le décès de l'adhérent avant la retraite

6386. Le décès de l'adhérent, avant son soixante-cinquième anniversaire ou avant la date d'entrée en jouissance de la pension de vieillesse de la Sécurité sociale (si elle est antérieure), peut faire l'objet d'une garantie « contre-assurance décès ». La garantie de l'assureur consiste dans le versement d'une rente viagère au profit du conjoint survivant, des enfants ou d'un tiers désigné au contrat par l'adhérent.
La contre-assurance peut prévoir le versement d'un capital correspondant au seul montant des cotisations versées par l'adhérent, à l'exclusion des produits générés par ces versements. Dans cette hypothèse, la cotisation afférente à la contre-assurance décès n'est pas déductible.
Le bénéfice de cette mesure de tempérament est subordonné à la ventilation, par l'organisme d'assurance, de la prime due (part déductible et part non déductible) lors de l'adhésion au contrat et de chaque nouvel appel de prime. S'agissant d'une mesure dérogatoire au droit commun, les conditions précédemment énoncées sont d'application stricte ; en cas de non-respect, la totalité de la prime sera réintégrée au bénéfice.

Sous-section 4 . Le rachat du contrat

6387. Selon l'article L. 132-23 du Code des assurances, les contrats d'assurance de groupe en cas de vie dont les prestations sont liées à la cessation d'activité professionnelle ne comportent pas de possibilité de rachat. En d'autres termes, l'adhérent ne peut obtenir le paiement anticipé de son épargne sous forme de capital. Le décret du 5 septembre 1994 concernant les travailleurs non salariés non agricoles et le décret du 29 décembre 1997 relatif aux exploitants agricoles admettent cependant une faculté de rachat dans deux cas :
- lorsque l'assuré est atteint d'une invalidité qui le rend absolument incapable d'exercer une profession quelconque ;
- lorsque l'assuré cesse son activité à la suite d'un jugement de liquidation judiciaire.

Sous-section 5 . Le transfert du contrat

6388. Les contrats d'assurance de groupe en cas de vie dont les prestations sont liées à la cessation d'activité professionnelle doivent comporter une clause de transférabilité (C. assur., art. L. 132-23). Cette clause permet à l'adhérent de demander le transfert de son contrat retraite d'un assureur vers un autre assureur. Le transfert ne peut s'opérer que d'un contrat Madelin vers un autre contrat Madelin.

Section 3 . Fiscalité des contrats de retraite complémentaire des dirigeants

Sous-section 1 . Les contrats bénéficiant des avantages fiscaux

6389. Les contrats doivent présenter plusieurs caractéristiques : - il doit s'agir d'un contrat d'assurance de groupe régi par les articles L. 141-1 à L. 141-6 du Code des assurances et l'article L. 311-3 du Code de la mutualité ;

- le contrat doit être souscrit par un groupement. Ces groupements devaient à l'origine comporter au moins mille membres qui exerçaient une activité non salariée non agricole, ou qui avaient exercé une telle activité et bénéficiaient à ce titre d'une pension de vieillesse. Cette exigence de mille membres qui était difficile à obtenir pour certains organismes assureurs est supprimée depuis le 1er février 2009 (Ord.. n° 2009-106, 30 janv. 2009, JO 31 janv. 2009) ;
- les cotisations versées par les chefs d'exploitations ou d'entreprises agricoles au titre des contrats d'assurance de groupe mentionnés au I de l'article 55 de la loi n° 97-1051 du 18 novembre 1997 sont également déductibles dans les limites prévues par l'article 154 bis-0 A du Code général des impôts.

Sous-section 2. Conditions de déduction des versements

6390. Les versements effectués au titre des contrats régis par les articles L. 441-1 et suivants du Code des assurances sont admis en déduction pour autant que l'ensemble des conditions fixées par la loi du 11 février 1994 et le décret du 5 septembre 1994 sont respectées :
- le contribuable qui souhaite adhérer au contrat d'assurance de groupe doit être à jour du paiement des cotisations aux régimes obligatoires ;
- le versement des cotisations sur le contrat d'assurance doit présenter un caractère régulier dans son montant et sa périodicité ;
- des rachats de cotisations peuvent être prévus, mais le montant de la cotisation supplémentaire que peut verser l'assuré au cours d'une année donnée doit être égal à celui de la cotisation fixée pour cette même année ;
- la faculté de rachat est limitée à deux hypothèses : l'assuré est atteint d'une invalidité qui le rend absolument incapable d'exercer une profession quelconque, ou l'assuré cesse son activité à la suite d'un jugement de liquidation judiciaire.

Sous-section 3. Cotisations aux régimes obligatoires déductibles sans limitation

6391. L'article 111 de la loi n° 2003-775 du 21 août 2003 a amélioré le dispositif de déduction des cotisations. Sont désormais déductibles sans limitation les cotisations versées aux régimes obligatoires d'assurance vieillesse de base ou complémentaire par les exploitants individuels, les associés ou membres de sociétés de personnes ou les dirigeants non salariés visés à l'article 62 du Code général des impôts imposés dans la catégorie des BIC ou BNC. La faculté de déduction intégrale s'applique également aux cotisations versées au nouveau régime complémentaire obligatoire d'assurance vieillesse des industriels et commerçants entrée en vigueur le 1er janvier 2004.

Sous-section 4. Déductibilité plafonnée des cotisations versées au titre des régimes de retraite facultatifs

6392. Les cotisations d'assurance vieillesse complémentaires et supplémentaires demeurent plafonnées. Les plafonds de déduction de ces régimes facultatifs sont calculés en proportion du revenu professionnel de l'année, retenu dans une certaine limite calculée par référence au plafond de la Sécurité sociale. Par ailleurs, afin de ne pas défavoriser les petits revenus et les exercices déficitaires, des planchers de déduction ont été instaurés.

Pour l'appréciation du respect des plafonds de déduction, il convient de prendre en compte les cotisations facultatives de l'exploitant et celles versées, le cas échéant, par son conjoint collaborateur. En conséquence, l'article 154 bis du Code général des impôts, modifié par la loi de finances pour 2004, prévoit que les cotisations versées aux régimes obligatoires complémentaires d'assurance vieillesse mentionnés au premier alinéa du I, pour la part de ces cotisations excédant la cotisation minimale obligatoire, et les cotisations ou primes mentionnées au deuxième alinéa du I sont déductibles.

Pour l'assurance vieillesse, dans une limite égale au plus élevé des deux montants suivants En appliquant les principes fixés par l'administration fiscale pour un assuré de 65 ans en 2002, donc né en 1937, la table de génération correspondante conduit à une espérance de vie de 22,74 années à cet âge. Le nombre d'années d'espérance de vie est donc de 22 années et 8 mois. Ce nombre, diminué de 5, permet de garantir un nombre maximal d'annuités de 17 ans et 8 mois. Le même type de calcul doit être effectué chaque année, pour chaque nouveau rentier, en fonction de son année de naissance :

- 10 % de la fraction du bénéfice imposable retenu, dans la limite de huit fois le montant annuel du plafond mentionné à l'article L. 241-3 du Code de la Sécurité sociale, auxquels s'ajoutent 15 % supplémentaires sur la fraction de ce bénéfice comprise entre une fois et huit fois le montant annuel précité ;

- 10 % du montant annuel du plafond mentionné à l'article L. 241-3 du Code de la Sécurité sociale.

Cette limite est réduite, le cas échéant, des sommes versées par l'entreprise au plan d'épargne pour la retraite collective.

Sous-section 5 . La fiscalité des prestations

6393. Les prestations d'assurance vieillesse servies sous forme de rentes, dans le cadre d'un régime facultatif ou d'un contrat d'assurance de groupe, sont imposées selon le régime des pensions et rentes viagères dans les conditions prévues à l'article 158-5-a du Code général des impôts.

Ce principe s'applique dans les mêmes termes aux sommes versées aux gérants et associés des sociétés relevant de l'article 62 du Code général des impôts et aux prestations servies en exécution des contrats régis par les articles L. 441-1 et suivants du Code des assurances.

Les prestations de retraite complémentaire servies sous forme de rentes demeurent imposables alors même que la cotisation afférente au risque couvert n'est pas déduite par le travailleur non salarié. C'est ce que précise le ministre de l'économie et des finances interrogé sur ce point. Il souligne que l'imposition des rentes servies au titre des garanties de retraite de la prévoyance complémentaire ou de la perte d'emploi subie est indépendante du fait que les cotisations versées au titre des contrats relevant de la loi Madelin aient été effectivement déduites du revenu imposable du travailleur non salarié.

Le ministre rappelle enfin que les prestations de retraite ne sont jamais exonérées d'impôt sur le revenu. Elles sont imposables, soit dans la catégorie des pensions lorsqu'elles sont constituées au moyen de cotisations dont la loi autorise la déduction du revenu, soit dans celle des rentes viagères à titre onéreux dans le cas contraire (Rép. min. n° 31964, JOAN Q, 6 mai 1996, p. 2463).

6394. L'assureur peut verser un capital lorsque le montant de la pension est inférieur à 1/20 du SMIC. Ce versement forfaitaire unique s'analyse en un revenu imposable dans la catégorie des pensions et doit être taxé dans son intégralité au titre de l'année de perception.

Sous-section 6 . Contrats de retraite complémentaire des dirigeants et prélèvements sociaux

6395. À l'occasion d'une question posée par un sénateur, le ministre de l'économie, des finances et de l'industrie indique que les contrats d'assurance souscrits dans le cadre de la loi n° 94-126 du 11 février 1994, dite loi Madelin, n'entrent pas dans le champ d'application des prélèvements sociaux (CSG, CRDS, et prélèvement social de 2 %) auxquels sont soumis les produits des contrats d'assurance vie et les bons de capitalisation mentionnés à l'article 125-0 du Code général des impôts. En revanche, les prestations servies par ces contrats d'assurance de groupe sous forme de rentes ou revenus de remplacement sont imposées à l'impôt sur le revenu dans la catégorie des pensions, dans les conditions prévues au a du 5 de l'article 158 du Code général des impôts. En conséquence, ces prestations sont soumises à la CSG et à la CRDS au titre des revenus de remplacement. Elles ne supportent pas le prélèvement social de 2 % institué par l'article 9 de la loi de financement de la Sécurité sociale pour 1998 (Rép. min. n° 5476, JO Sénat Q, 16 avr. 1998, p. 1235).
Cette solution est également applicable aux contrats d'assurance de groupe concernant les personnes exerçant une activité non salariée agricole visés au I de l'article 55 de la loi n° 97-1051 du 18 novembre 1997, ainsi qu'aux contrats souscrits par les entreprises auprès de sociétés d'assurances en vue du financement de leurs engagements de retraite sur complémentaire dont les cotisations sont déductibles par application du 1° du 1 de l'article 39 et du 2° de l'article 83 du Code général des impôts.

Titre 3 ■ Les biens à assurer

■ Sous-titre 1 L'analyse des besoins

BIBLIOGRAPHIE

L'Argus de l'assurance

Ouvrages. – Ph. Laroche, *Les assurances dommages aux biens de l'entreprise*, L'Argus éd., 2016 - A. Brault-Fonters, N.Guillaume, F. Raviard, *La gestion des risques en assurance*, L'Argus éd., 2016 – J. Charbonnier, *Risk management*, L'Argus éd. 2007.

6396. Aborder l'assurance d'un établissement, quelle qu'en soit la taille, sans partir de l'analyse de son fonctionnement et de ses besoins débouchera sur des couvertures d'assurance inadaptées. Trop souvent cette phase préliminaire est réduite, les entreprises devant alors modeler leurs besoins selon les dispositifs contractuels qui leur sont proposés par les assureurs. Faut-il rappeler, qu'en matière d'assurance, c'est le contrat qui doit s'adapter aux besoins du client et non le contraire. Certes, cette phase d'analyse doit être dimensionnée à la taille de l'établissement et peut déboucher sur une offre d'assurance de type « packagée », mais le choix de cette solution d'assurance doit tout de même résulter d'une analyse précontractuelle. C'est d'ailleurs tout l'objet de la loi n° 2005-1564 du 15 décembre 2005 sur l'intermédiation en assurance qui conduit l'intermédiaire à formaliser le recueil des besoins des prospects, à les analyser, puis à formuler une offre d'assurance adaptée à ceux-ci. Nous dépassons le simple devoir de conseil jusque-là en vigueur. Rappelons que la Directive IDD2 sur la distribution d'assurance renforce ces obligations et doit être transposée en droit français dans les 24 mois suivant son entrée en vigueur, soit avant le 23 février 2018.

6397. Avant d'identifier les points de vulnérabilité et la gestion du risque proprement dite, il convient de définir les principes de fonctionnement d'une entreprise.

6398. Une entreprise est une entité juridique homogène qui évolue au sein d'un environnement. Cette notion d'environnement est à prendre dans son acception la plus large possible car elle englobe :
- l'environnement juridique conditionnant le fonctionnement, les rapports contractuels et extracontractuels de l'entreprise, ceci dans un contexte de judiciarisation exacerbée doublée d'une jurisprudence protectrice des salariés et des consommateurs ;
- la mondialisation qui complexifie les chaînes de production entraînant interdépendances et accroissement des vulnérabilités ;
- l'Etat au sens large du terme qui englobe l'ensemble des administrations : CNAM, Impôts, DRIRE... ;
- les fournisseurs de matières premières, les prestataires de services, les sous-traitants ;
- les clients qui vont générer le chiffre d'affaires attendu ;
- les tiers qui sont ni clients ni fournisseurs, mais qui peuvent être impactés par l'activité de l'établissement dans son fonctionnement normal (pollution...). Ces tiers peuvent être également lésés par les conséquences directes ou indirectes d'un incident touchant cet établissement (incendie, explosion...) ;
- l'environnement « naturel » au sein duquel fonctionne l'établissement. Ce dernier a été intégré depuis peu dans l'environnement juridique du fait de la loi n° 2008-757 du 1er août 2008 relative à la responsabilité environnementale qui transpose en droit français, la directive européenne n° 2004/35/CE du 21 avril 2004, et institue le principe du « pollueur-payeur ».

6399. Cette entreprise est orientée vers un objectif qui lui est propre : produire/vendre des biens ou des services permettant de générer un chiffre d'affaires et de dégager de la valeur ajoutée. Cette valeur ajoutée résulte de la combinaison, au sein de cette entité, de différentes ressources complémentaires :
- des ressources humaines : les salariés et techniciens, sans lesquels l'entreprise ou le commerce ne pourraient fonctionner ;
- des ressources financières : le capital constitutif de l'entreprise, son chiffre d'affaires et les résultats financiers attendus qui vont lui permettre de réaliser de futurs investissements ;
- des ressources matérielles : les locaux, machines et équipements divers, les matières premières, produits finis, marchandises ;
- des données numériques : progiciels spécifiques à l'entreprise pouvant contrôler sa production, dossiers informatiques, données personnelles des clients et des salariés. Notons qu'en 2015, le nombre de piratages informatiques a augmenté de 50 % en France et, en moyenne, les entreprises ont subi des pertes financières de l'ordre de 3,7 millions d'euros.
- d'un savoir-faire : spécifique à l'entreprise ; ce savoir-faire peut être incarné par un technicien disposant de compétences particulières.
Ces ressources sont vulnérables et peuvent être l'objet d'agressions de nature à bloquer le fonctionnement de l'entreprise en question.

Chapitre 1
Identification des points de vulnérabilité

BIBLIOGRAPHIE

L'Argus de l'assurance

Ouvrages. – Ph. Laroche, *Les assurances dommages aux biens de l'entreprise*, L'Argus éd., 2016 - A. Brault-Fonters, N. Guillaume, F. Raviard, *La gestion des risques en assurance*, L'Argus éd., 2016. – J. Charbonnier, *Risk management*, L'Argus éd. 2007. – J. Lesobre, H. Sommer, F. Cave, *Lexique Risques*, L'Argus éd. 2008.

6400. Il s'agit, dans cette phase d'analyse de comprendre le mode de fonctionnement de l'entreprise afin d'identifier, d'une part, ses besoins d'assurance et, d'autre part, les facteurs pouvant l'empêcher d'atteindre son objectif. Pour ce faire, quatre questions incontournables sont à poser pour avoir une vue d'ensemble de l'entité étudiée :
- Que fait le prospect ? : Quelle est son activité, quels sont ses clients ?
- Comment le fait-il ? : Comment est organisé le processus de production et de vente ?
- Avec quoi le fait-il ? : Identification des moyens techniques et humains mis en œuvre, recherche des points dangereux et des points vulnérables.
- Où le fait-il ? : Qualité juridique vis-à-vis des locaux et des terrains, implantation géographique, nature du voisinage...

6401. Ces questions portent sur des données endogènes -spécifiques à l'entreprise- mais également exogènes, sachant que ces dernières sont souvent oubliées dans les analyses. Cette analyse permettra de réaliser une « gestion des risques » qui débouchera sur un plan d'assurance personnalisé. En effet, selon sa taille, ses actifs, sa capacité d'autofinancement, l'entreprise aura trois solutions possibles :
- conserver la totalité des risques à sa charge (création d'une société d'assurance captive) ;
- réaliser un transfert partiel des risques à un assureur ;
- transférer la totalité des risques à un assureur.

Encore faut-il préciser que la totalité des risques pris par une entreprise ne peuvent être assurés : ainsi en est-il de la réussite commerciale du lancement d'un produit, d'une réorganisation du processus de production ou le choix d'un investissement, qui relèvent du risque de l'entrepreneur lui-même.

Section 1 Les facteurs internes

6402. Nous avons là un ensemble de données à prendre en compte pour comprendre le mode de fonctionnement de l'établissement et d'en identifier les vulnérabilités.

Sous-section 1 Qualité de l'établissement

6403. La qualité juridique de l'établissement (EURL, SARL, SA...), ainsi que son éventuel positionnement au sein d'un groupe industriel, est nécessaire à l'assureur. Elle permettra d'identifier le créancier de l'indemnité en cas de sinistre et le signataire de la quittance de règlement. De même, le positionnement d'un établissement au sein d'un groupe industriel peut avoir des répercutions sur les garanties à souscrire. Prenons par exemple une forte interdépendance entre les sociétés d'un groupe nécessitant une couverture des Pertes d'Exploitation spécifique : l'arrêt d'une seule des entités du groupe, qui constitue un goulot d'étranglement, peut entraîner le blocage de l'ensemble de la production. De même, la situation de l'établissement vis-à-vis des locaux dans lesquels elle exerce son activité est une donnée indispensable à recueillir : cela permettra de déterminer s'il convient de les assurer en dommage aux biens (propriétaire) ou selon un régime de responsabilités locatives (locataire total, locataire partiel, sous-locataire) et à qui devront revenir les indemnités en cas de sinistre.

6404. Dans l'hypothèse d'une location (totale ou partielle), l'analyse du bail est une phase incontournable. Seul ce document permet de connaître l'existence et la portée des éventuelles renonciations à recours, ainsi que les garanties à prendre pour les aménagements immobiliers réalisés par le locataire.
D'autre part, le fait d'être locataire peut avoir une influence sur les garanties de Perte de Valeur Vénale et des Pertes d'Exploitation, du fait même de l'incertitude pesant sur la reconstruction des locaux par le bailleur en cas d'incendie.

6405. En ce qui concerne les matériels de production, l'identification des biens confiés ou acquis en crédit-bail doit être réalisée pour les mêmes raisons : identification du créancier de l'indemnité, intégration des pénalités financières dans l'assiette des capitaux à garantir le cas échéant...

6406. Le tableau ci-dessous permet d'une façon simple de connaître les risques à assurer et sur qui pèse la charge d'assurance.

Vous devez garantir Si vous êtes	Les locaux et les responsabilités du fait de ces locaux	Les marchandises et le matériel	Les pertes d'exploitation après incendie	Les responsabilités professionnelles (pour mémoire)
Propriétaire des locaux et de l'établissement	À la charge de l'entreprise (attention aux biens loués/ confiés ou en crédit-bail)			
Locataire des locaux et propriétaire de l'établissement	Risques Locatifs à la charge de l'entreprise	À la charge de l'entreprise (attention aux biens loués/ confiés ou en crédit-bail)		

Sous-section 2 . Configuration des locaux

§ 1 . Nature et qualité de la construction et de la couverture

6407. La nature de la construction des bâtiments est un élément important pour les assureurs incendie dans la pesée du risque. En effet, la tenue au feu des matériaux de construction limitera ou aggravera l'ampleur des dommages : on comprend aisément qu'un bâtiment en béton armé résistera mieux aux dommages d'un incendie qu'un bâtiment en bardage métallique.

6408. Les assureurs font varier leurs tarifs de base selon la qualité de la construction. De fait, un bâtiment dont l'isolant thermique se trouve être de la mousse de polyuréthane se verra appliquer un tarif plus élevé que ceux voisins dont l'isolant est incombustible. On comprend l'intérêt de prendre conseil, auprès de son assureur incendie, pour choisir des matériaux résistants lorsqu'une extension de bâtiment est envisagée. Cette démarche est malheureusement rarement réalisée alors qu'elle permettrait de limiter les conséquences d'un incendie, tout en maîtrisant l'impact tarifaire lié à la nature même des matériaux employés.

6409. Pour qualifier la résistance au feu des matériaux, différentes notions sont utilisées :
- Résistant (anciennement stable au feu) : cette notion s'applique aux seuls éléments porteurs tels que des poutres, solives, poteaux. Il s'agit de savoir combien de temps ces éléments vont assurer correctement leur fonction de portance sans fléchir ;
- Etanche (anciennement pare-flamme) : est qualifié de pare-flamme un matériau de construction présentant une étanchéité aux flammes et aux fumées de combustion pendant une certaine durée ;
- Isolant (anciennement coupe-feu) : les éléments qualifiés de coupe-feu présentent une étanchéité aux flammes, aux fumées de combustion ainsi qu'une isolation thermique. La température de la face non exposée aux flammes ne devant pas excéder 140° en moyenne avec un maximum de 180°. Par exemple, une plaque de placoplâtre® de 13 mm d'épaisseur est coupe-feu 1h ou 2h selon les techniques de mise en œuvre utilisées.

6410. Les tests de résistance sont réalisés selon la courbe ISO 834 dite « d'incendie conventionnel » :

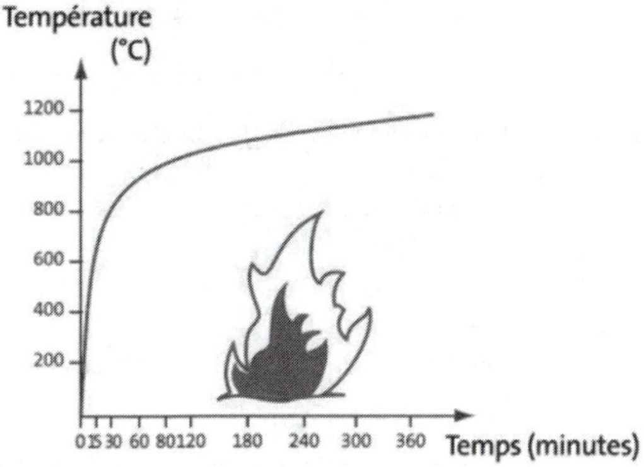

Selon cette courbe les 1000°C sont atteints en 90 minutes ; or dans un feu industriel « réel » cette température est atteinte en environ 30 minutes. Néanmoins, cette courbe facilite la reproductibilité des essais et la comparaison des résultats obtenus.

6411. De même, la réaction au feu qui traduit l'aptitude des matériaux à s'enflammer, à contribuer au démarrage et à la propagation d'un incendie, fait l'objet d'un classement. Rappelons à ce titre, la classification française, qui classait les matériaux en 5 catégories (de M0 « incombustibles » à M5 « très facilement inflammables ») est remplacée, depuis l'arrêté du 21 novembre 2002 relatif à la réaction au feu des produits de construction et d'aménagement, par le classement européen des « Euroclasses ». Les classes A1 à F remplacent M0 à M5 dès lors que le marquage CE du produit entre en vigueur.

6412. Cette classification, au-delà des critères de simple réaction au feu, est plus précise car elle prend également en compte le dégagement de fumées (classification S), la projection de gouttelettes enflammées (classification D) et prévoit une classification spécifique pour les revêtements de sol (classification F) :

Classe	**Contribution énergétique à la propagation d'un incendie**	**Classification complémentaire**			
		Production de fumées		Chute de gouttes et de débris enflammés	
A1	Incombustible	...	...	...	...
A2	Pratiquement incombustible	S1	Faible production de fumées	d0	Néant
B	Résiste à une attaque prolongée des flammes tout en limitant la propagation de la flamme	S2	Production de fumées moyenne	d1	Gouttelettes ou particules enflammées avec persistance < 10 sec
C	Résiste à une attaque brève des flammes tout en limitant la propagation de la flamme				
D	Résiste à une attaque brève de petites flammes tout en limitant la propagation de la flamme	S3	Importante production de fumées	d2	Gouttelettes ou particules enflammées avec persistance > 10 sec
E	Résiste à une attaque brève de petites flammes en limitant la propagation de la flamme	Non testé		Non testé ou classé d2	
F	Néant				

§ 2 ■ Le compartimentage

6413. Elément à rapprocher de la qualité des matériaux de construction, le compartimentage va consister à estimer dans quelle mesure, et à quelle vitesse, un incendie prenant naissance dans une partie des locaux assurés, va se propager ou non au reste des bâtiments. Un compartimentage efficace va contenir l'incendie au sein d'une zone limitée pen-

dant une durée déterminée. Ce compartimentage sera donc qualifié de « protection passive », et existe souvent entre les zones de production et celle de magasinage.
La nature des murs séparatifs (isolant deux parties d'un bâtiment), l'existence d'ouvertures et la qualité des portes de communication (ordinaires ou isolantes) seront prises en en compte par les assureurs.

6414. Ces notions sont définies par des règles techniques de l'APSAD (Assemblée plénière des sociétés d'assurance dommage). Il s'agit des règles R15 pour les ouvrages séparatifs coupe-feu et R16 pour les fermetures coupe-feu. Rappelons qu'il ne s'agit que de normes non impératives, les clauses contractuelles du Traité d'Assurance Incendie du Risque d'Entreprise 2009 font d'ailleurs référence à des « installations faisant l'objet d'une déclaration de conformité à la règle mise en œuvre par l'installateur certifié dans ce domaine » pour désigner de tels ouvrages, et non plus à « des installations conformes à la règle Rxx ». Ce changement est lié à la mise en conformité de ce traité avec les normes européennes relatives à la concurrence, charge aux assureurs de fixer leurs propres exigences en matière de prévention.

6415. Un Mur Séparatif Coupe-Feu (MSCF), qui ne doit pas être porteur, est destiné à séparer deux bâtiments, ou parties de bâtiment, de telle manière qu'un incendie se déclarant d'un des deux côtés ne puisse se propager vers l'autre. La nature de la construction d'un tel ouvrage doit lui permettre d'être classé Résistant-Etanche-Isolant (REI) pendant au moins 4 heures. Les ouvertures pratiquées dans les murs séparatifs coupe-feu doivent être protégées par deux portes (une de chaque côté du mur) qui doivent être Isolant 1h30 et Etanche 2 heures. Pour une efficacité optimale, il est recommandé d'asservir la fermeture de ces portes à un système de détection incendie. De plus, aucune ouverture pour le passage de câbles, tuyauteries et autres servitudes, ne doit être pratiquée dans ce type de mur.

6416. Le rôle d'un Mur Séparatif Ordinaire (MSO) est moindre car il doit seulement permettre de limiter la propagation d'un incendie, et de permettre aux services de lutte contre l'incendie de bénéficier d'un point d'appui. Ce mur doit être classé Résistant-Etanche-Isolant (REI) au moins 2 heures, et ce quelle que soit la face du mur exposée à l'incendie. Les ouvertures pratiquées dans les murs séparatifs ordinaires doivent être protégées par une porte classée Isolante 1h30 et Etanche 2 heures. Ici encore, il est fortement recommandé d'asservir la fermeture de ces portes à un système de détection incendie.

6417. Pour isoler une activité aggravante au sein-même d'un bâtiment (stockage de liquides inflammables par exemple) il est possible de réaliser un Compartiment à l'Epreuve du Feu (CEF). Un accès direct par l'extérieur du bâtiment doit être aménagé afin de permettre l'intervention des moyens de secours. D'une superficie maximale de 250 m², les matériaux utilisés doivent être incombustibles et Etanches au moins 1h30. Les ouvertures donnant dans le bâtiment doivent être protégées par une porte classée Isolante 1h30 et Etanche 2 heures ; celles donnant sur l'extérieur peuvent être équipées de simples portes Etanches 1h30.

6418. Lors de l'analyse du risque, il convient de positionner les différentes activités de l'établissement sur un plan de masse des bâtiments, puis de qualifier la nature des séparations et des communications. La qualité du compartimentage permettra au client de réduire le risque de propagation d'un sinistre -donc de sauvegarder son outil de production- et à l'assureur de déterminer la portée de son engagement (ampleur d'un éventuel sinistre), de tarifer le risque selon les aggravations détectées et d'apporter tous les conseils de prévention utiles à ses clients. Ainsi, l'existence d'un local bien protégé en incendie peut permettre d'envisager d'y effectuer le stockage de données sensibles (archives informatiques), ou d'isoler une activité aggravante (cabines de peinture). Le compartimentage fait appel aux notions de Communauté,

Proximité et de Contigüité, que sont détaillées dans la section 2 « Les critères externes ». Il faut particulièrement demeurer attentif à la qualité des communications existantes entre : les zones de stockage et les surfaces de vente ; les ateliers et la zone de stockage ou de vente ; les différents ateliers, en particulier en présence d'activités aggravantes ; le stockage des emballages vides combustibles et le reste des bâtiments.

§ 3 . La nature de l'activité exercée

6419. L'approche des garanties dommages aux biens d'un établissement nécessite une analyse de risque particulièrement orientée sur le processus de production mis en œuvre. Celui-ci peut consister à produire des biens à partir de matières premières, à vendre des produits achetés (négoce de gros ou de détail), à réaliser des prestations intellectuelles etc. Mais la démarche analytique est la même. Celle-ci consiste à découper le processus de production en phases «élémentaires», en partant des flux d'entrées :
- achats de matières premières pour de l'industrie ;
- achats de produits finis pour le négoce ;
- cahier des charges ou contrat de prestation pour le tertiaire.
Pour arriver :
- aux produits semi-finis et finis ;
- à la vente de détail ou de gros ;
- à la réalisation de la prestation finale.
Certes, les phases de production sont plus visibles -et plus complexes- dans des industries manufacturières, mais elles existent malgré tout dans le négoce et le tertiaire sous des formes différentes.

6420. L'analyse doit être calquée sur le processus de production en partant des matières premières pour arriver aux produits finis. L'intégralité du processus doit être suivi sans occulter les phases intermédiaires, ces dernières pouvant présenter un caractère aggravant en incendie (peintures avec solvants inflammables, zones chargées en poussières...).

6421. Formaliser le processus de production par un schéma permet de bien visualiser la nature du flux et, nous le verrons, d'identifier les points vulnérables. Ce schéma peut prendre la forme suivante :

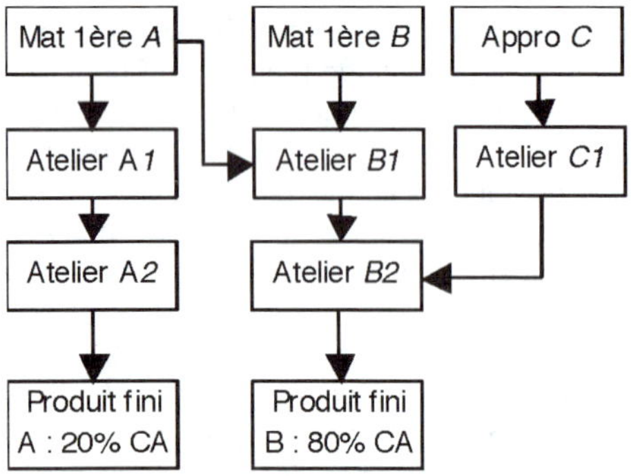

6422. Les éléments recueillis lors de cette phase d'analyse, et les déclarations faites par le client, conditionnent directement le tarif applicable, toute erreur ou omission pouvant alors entraîner l'application d'une règle proportionnelle de prime. Attention, s'il est toujours possible de déroger à l'application de la règle proportionnelle de capitaux, cela est impossible pour celle de prime : il s'agit d'une disposition d'ordre public. En effet, le taux de prime est directement lié aux activités du client et donc à la pesée du risque effectuée par l'assureur.

6423. Rappelons à ce titre qu'une modification d'activité doit être signifiée à l'assureur selon les dispositions de l'article L. 113-2 du Code des assurances. L'assuré se devant «de déclarer en cours de contrat, les circonstances nouvelles qui ont pour conséquence soit d'aggraver les risques, soit d'en créer de nouveaux et rendent de ce fait inexactes ou caduques les réponses faites à l'assureur [...]. L'assuré doit, par lettre recommandée, déclarer ces circonstances à l'assureur dans un délai de quinze jours à partir du moment où il en a eu connaissance » (voir Partie 2, Titre 1, Sous-titre 3, Chapitre 2 – Les sanctions de la déclaration non sincère).

6424. Dans ce contexte, les projets contractuels doivent être accompagnés de l'ensemble des documents et annexes faisant partie du contrat et doivent être signés par le client lorsque ce dernier est d'accord sur les conditions de l'assureur.

6425. Au-delà du descriptif du processus de production, un recueil d'informations est nécessaire afin de bien identifier les besoins des entreprises. Il s'agit des éléments suivants :
- nature de l'activité déclarée au K bis ;
- nature des activités principales et accessoires réellement exercées (écart avec le K bis, travaux chez des tiers) ;
- présence d'une activité soumise à la réglementation sur les installations classées pour la protection de l'environnement (ICPE) codifiée aux articles L. 511-1 et suivants du Code de l'environnement (impact sur le délai de reprise de l'activité suite à sinistre) ;
- chiffre d'affaires (CA) et compte de résultat 2052N, ventilation du compte «autres achats et charges externes». Répartition du CA selon les activités en présence d'activités multiples, Ventilation du CA sur l'année pour les activités saisonnières (calcul des besoins de garantie en Pertes d'Exploitation) ;
- typologie de clients (dépendance, présence de biens confiés) ;
- typologie de fournisseurs (défaillance de fournisseurs) ;
- horaires de travail et périodes de fermetures annuelles (inoccupation, vol, malveillance) ;
- plaquette de présentation récente de l'établissement ;
- projets éventuels (nouvelle activité, achat de matériel, extension de bâtiment...).

6426. L'utilisation d'un rapport de visite de risque type, ou la rédaction d'une note de présentation reprenant l'intégralité des éléments constitutifs de l'établissement, est bien entendu à recommander. Ces supports permettent de recueillir l'ensemble des éléments nécessaires à l'assureur pour tarifer un risque et effectuer une réponse en adéquation avec les besoins des clients. Selon le support contractuel, l'utilisation d'un questionnaire-proposition sera nécessaire.

§ 4 ■ Les antécédents

6427. S'il est nécessaire de connaître précisément la nature et le coût des sinistres qui ont déjà impacté l'établissement, il est bien plus important de connaître les mesures mises en œuvre pour en éviter la survenance de nouveaux. Cela permet de savoir si des actions correctives ont été appliquées, ou si les responsables de l'établissement attendent simplement que les assureurs agissent sur les conséquences en payant les indemnités dues. Ce comportement permettra de connaître la sensibilité des dirigeants de l'établissement par rapport à une politique de gestion de risque et de prévention.

6428. Dans une optique de gestion de risque, il convient de connaître quels ont été les incidents ayant affecté le fonctionnement « normal » de l'entreprise, sans pour autant entraîner une déclaration de sinistre auprès de l'assureur. Malheureusement, une telle démarche n'est pas encore totalement entrée dans les habitudes de travail, sauf dans les établissements disposant des services d'un risk manager.

§ 5 ▪ La santé financière de l'établissement

6429. Cette donnée est de plus en plus prise en compte par les assureurs. Elle devient l'une des composantes de la prise de décision. Ces analyses peuvent être recueillies auprès de sociétés de scoring financier (Coface, Dun & Bradstreet,...) mais ces services sont payants, et les données disponibles sur les petits établissements sont souvent parcellaires. De même, la notation financière, le plus souvent issue de ratios, peut se dégrader « artificiellement » alors que l'établissement se trouve en parfaite santé : tel serait le cas d'un établissement qui effectuerait un lourd investissement financier sur ses fonds propres, ces derniers subissant en conséquence une forte baisse.

6430. Ces notations sont donc à pondérer par l'observation de certaines données du bilan ou du compte de résultat :
- variation du CA d'un exercice à l'autre ;
- évolution de l'Excèdent Brut d'Exploitation (EBE) [(CA + Variation de stocks + Production immobilisée) – (Achats + Consommation en provenance des tiers + Impôts, taxes et versements assimilés + Salaires + Charges sociales)]. Un EBE qui serait en décroissance, ou qui serait constamment inférieur à 5 % du CA HT doit nous conduire à affiner l'analyse financière ;
- évolution du bénéfice net ;
- évolution de la marge commerciale (Vente de marchandises – Coût d'achat des marchandises vendues) qui est un bien meilleur indicateur que la seule variation de CA ;
- évolution de la production réalisée (Production vendue + Stockée + Immobilisée) ;
- évolution de la valeur ajoutée [(Marge commerciale + Production) – (Consommation en provenance de tiers)].

Ce dernier point exprime l'apport réel de richesse provenant de l'établissement. Cela permet de rémunérer les facteurs de production (capital, travail) et de s'autofinancer.

§ 6 ▪ Les autres facteurs internes

6431. Entrent dans cette catégorie un ensemble de critères hétérogènes permettant d'apprécier la qualité d'un risque. Il s'agit d'éléments importants pour réaliser une bonne analyse :
- ancienneté de l'établissement ;
- sensibilité du client à la prévention ;
- les moyens de première intervention (extincteurs, Robinets d'Incendie Armés) et formation des salariés à leur utilisation, existence d'équipiers de première intervention ;
- tenue et entretien des locaux ;
- qualification professionnelle, recours aux intérimaires ;
- climat social : panneaux syndicaux, revendications, licenciements récents...

Section 2 . Les critères externes

6432. L'appréciation d'un risque ne consiste pas seulement à étudier l'établissement lui-même, il est en effet nécessaire de tenir compte de critères externes qui sont à même de modifier les garanties à souscrire ainsi que l'opinion de l'assureur sur la nature du risque étudié.

Sous-section 1 . Les critères de voisinage

§ 1 . Communauté, proximité, contiguïté

6433. La nature du voisinage, et des activités qui y sont exercées, peut influencer directement la prime technique retenue. En effet, selon les différents traités d'assurance, et les règles tarifaires mises en œuvre par les assureurs, les critères de communauté, contiguïté, proximité sont également à prendre en compte. Sont considérés comme communs, des risques situés dans un même bâtiment ou groupe de bâtiment, qui ne sont pas séparés par des murs séparatifs coupe-feu conformes à la prescription de la règle R15. Lorsque nous sommes en présence d'une communauté de deux risques passibles de deux taux de cotisations différents, le risque dont le taux de cotisation est le plus bas se voit aggravé par la présence de l'activité dite aggravante. Il est techniquement admis que lorsqu'une activité aggravante occupe plus du quart de la superficie de l'immeuble, l'intégralité de l'immeuble, et de ses occupants, supportera le taux de cotisation applicable au risque aggravant. En ce qui concerne le voisinage, une communauté de risques peut parfaitement être envisageable dans le cadre d'un bâtiment industriel monobloc occupé par différentes entreprises...

6434. Sont considérés comme distincts deux risques séparés par un espace, vide de tout matériel ou marchandises, de plus de 10 mètres. Attention toutefois aux situations particulières qui peuvent être de nature à modifier cette approche : vents dominants, stockage de gaz avec des risques d'explosion... Sont également considérés comme distincts des risques séparés par des Murs Séparatifs Coupe-Feu (classés REI 240 Mn) conformes à la règle R15. Si ces conditions sont respectées chaque risque sera tarifé selon son propre taux. A défaut, les risques seront considérés comme proches et, selon la qualité des constructions, des règles tarifaires de majoration seront appliquées au risque supportant le taux de cotisation le plus bas.

6435. Sont contigüs deux bâtiments, ou parties de constructions, séparés soit par un Mur Séparatif Ordinaire (classé REI 120 Mn) soit par un Mur Séparatif Coupe-Feu. Ces risques peuvent être sans ouverture ou avec ouvertures protégées. Les règles applicables sont la R15 pour les prescriptions relatives aux murs et la R16 pour les protections relatives aux ouvertures. La présence d'ouvertures, et la qualité des portes de communication les protégeant, influera la tarification applicable. Dans le cadre de voisinage nous serons, le plus souvent, présence d'une contiguïté sans communication. D'autre part, l'existence d'activités aggravantes dans l'environnement immédiat de l'établissement étudié peut conduire l'assureur à proposer des garanties comme les Pertes d'Exploitation consécutives à une interdiction d'accès. Tel serait le cas de la proximité avec une entreprise de produits chimiques dont les opérations de décontamination, suite à un incendie, conduiraient au blocage de la route d'accès à notre établissement.

§ 2 ▪ Exposition aux recours des voisins et des tiers

6436. Il ne s'agit pas d'une aggravation provenant du voisinage et impactant l'activité de l'entreprise, mais bien au contraire des dangers que son activité peut faire encourir à son voisinage. L'entreprise peut être amenée à supporter un recours du fait de dommages causés à des tiers suite à un sinistre affectant l'établissement, recours fondé sur les articles 1240 et 1242 du Code civil (anciennement articles 1382 et suivants du Code civil). Certes la mise en jeu de cette responsabilité nécessite de prouver une faute ou négligence, ce qui peut être simplement constitué par le fait d'avoir tardé à alerter les services de secours, et de l'existence d'un lien de causalité entre la faute et le dommage.

6437. Pour illustrer le propos, prenons le cas d'un incendie, touchant un établissement, nécessitant la mise en place d'un périmètre de sécurité pour permettre l'intervention des services d'incendie et de secours :
- si cet établissement est situé dans un bâtiment occupé entièrement par l'exploitant et sans voisin immédiat, le « trouble » causé au voisinage sera relativement limité ;
- en revanche, si cet établissement est situé à proximité d'un centre commercial et que l'incendie survient un samedi après-midi... les conséquences peuvent être beaucoup plus lourdes pour l'établissement et son assureur. Il faudrait alors indemniser les voisins des dommages matériels directs subis du fait d'un incendie ou d'une explosion (destruction de leurs biens) mais également de leur perte de recettes : les dommages immatériels consécutifs à un événement garanti.

6438. Selon l'environnement de l'établissement, les recours à subir peuvent être plus ou moins importants. La note de présentation, ou le rapport de vérification de risque, doit donc absolument faire état de la situation du risque en précisant si l'établissement est situé en agglomération, en Zone Industrielle, en Zone d'Activité, à proximité d'un Immeuble de Grande Hauteur ou d'un centre commercial.

Sous-section 2 ▪ Les autres critères externes

§ 1 ▪ Exposition aux risques naturels

6439. L'intensité et le nombre de sinistres catastrophes naturelles conduisent les assureurs à intégrer la notion d'exposition aux risques naturels comme un critère d'appréciation du risque. Entre 1988 et 2014 il y a eu en moyenne 5 027 arrêtés de catastrophes naturelles par an. Sur cette période, le département le plus touché est la Haute-Garonne avec 139 déclarations ; la médiane se situe à 45 arrêtés par an. Ces données peuvent être consultées sur le site : http://carto.observatoire-des-territoires.gouv.fr.

6440. Cette notion va plus loin que les simples événements entrant dans le cadre des strictes catastrophes naturelles ; il faut y inclure les dommages causés par les effets du vent, de la grêle, de la neige et des impacts de foudre. Des renseignements sur l'exposition aux risques naturels peuvent être trouvés sur le site www.prim.net.

6441. Une forte implantation d'un assureur sur un département -ou une commune- peut être de nature à obérer ses résultats techniques. Ceci peut même le conduire à se désengager totalement d'une zone géographique, parfois sous la pression des réassureurs.

6442. L'Association française de l'assurance (AFA) estime que le coût des évènements naturels va doubler pour les assureurs d'ici 2040 pour atteindre 34 milliards d'euros. Ceci est en partie lié à la concentration des richesses dans des zones vulnérables et aux insuffisances dans l'application concrète des politiques de prévention. L'AFA a publié dans un Livre blanc 34 propositions relatives aux politiques de prévention contre les aléas naturels et du régime d'assurance contre les catastrophes naturelles.

6443. Il existe différentes cartographies dont celle des risques d'inondation : la proximité d'un cours d'eau, d'un plan d'eau, la situation des locaux en partie basse d'une ZI ou la situation dans un couloir venteux sont des éléments qui se doivent d'être identifiés et pris en compte lors d'une analyse de risque. Le recours, par les assureurs, à des techniques de géolocalisation avec des outils de cartographie par type de périls est de plus en plus fréquent dans le cadre de la gestion de leurs expositions aux évènements naturels.

6444. Notons à ce propos le décret n°2011-227 du 2 mars 2011 relatif à l'évaluation et à la gestion des risques d'inondation. Il détermine les actions à mener en matière d'évaluation des risques devant déboucher sur une cartographie des surfaces inondables ainsi que la mise en place d'un plan de gestion des risques spécifique à chaque bassin hydrographique.

§ 2 ■ Les critères économiques

6445. Les secteurs économiques sont sujets à des mutations qui ont une influence sur le devenir des entreprises. Certains secteurs d'activités sont particulièrement touchés par ces mutations, parfois induites par les règlementations applicables, ainsi en est-il des négoces de tabac. D'autres secteurs sont touchés directement ou indirectement par les crises sectorielles : sous-traitants de l'industrie automobile.

6446. Il faut donc considérer l'évolution du secteur d'activité du prospect, mais également la situation économique locale ainsi que celle de ses donneurs d'ordres. Si cette approche peut être celle de l'assureur (contentieux prime ou sinistres conjoncturels), elle peut être également celle de l'entrepreneur qui peut tenter d'anticiper des mutations et de se diversifier.

6447. La prise en compte de ces critères économiques « externes » peut se faire en se reportant aux analyses faites par l'INSEE (www.insee.fr) ou le ministère de l'Economie et des Finances (www.pme-commerce-artisanat.gouv.fr).

§ 3 ■ Les moyens de secours

6448. La proximité des centres de secours et les délais d'intervention sont importants pour estimer l'ampleur d'un éventuel sinistre incendie. Certaines entreprises invitent parfois les services de secours à réaliser des exercices sur leur site, afin de tester leur rapidité d'intervention et mettre en situation les différents intervenants.

6449. A défaut d'exercice, il est possible de demander au responsable du Centre de Secours de faire une reconnaissance des lieux pour identifier les dangerosités de l'entreprise et planifier les interventions (nombre d'engins nécessaires, spécificités techniques comme présence de liquides inflammables ou incompatibilité d'agents extincteurs).

6450. Dans ce cadre, les ressources en eau sont à identifier : présence de poteaux à incendie, cours d'eau à proximité. Attention toutefois à ce que les ressources soient accessibles, et de capacité suffisante, pour éviter toute déconvenue lors d'un sinistre :
- cours d'eau présent sur site mais dont le chemin d'accès ne permettait pas la circulation des engins de secours ;
- poteaux d'incendie présents en nombre suffisant, mais dont le débit trop faible ne permettait pas l'alimentation des engins de secours. La règle en la matière consiste à avoir un débit de 60 m^3/h à une pression d'un bar pendant deux heures. A défaut, des solutions alternatives peuvent être demandées (piscines, bâches d'eau..) afin d'atteindre le débit requis.

Chapitre 2
La gestion du risque

BIBLIOGRAPHIE

L'Argus de l'assurance

Ouvrages. – A. Brault-Fonters, N. Guillaume, F. Raviard, *La gestion des risques en assurance*, L'Argus éd., 2016 – J. Charbonnier, *Risk management*, L'Argus éd. 2007. – J. Lesobre, H. Sommer, F. Cave, *Lexique Risques*, L'Argus éd. 2008. – J. Bigot (sous dir.), *Code des assurances*, L'Argus éd. – Ph. Laroche, *Les assurances dommages aux biens de l'entreprise*, L'Argus éd., 2016

Section 1 . Gestion de risque et assurance

6451. La gestion de risque va permettre, après une phase d'analyse, de rechercher les solutions pour limiter les vulnérabilités auxquelles l'entreprise est exposée. L'une des solutions s'offrant à elle consiste à recourir à l'assurance pour préserver son patrimoine.

6452. Faute d'analyse, et de gestion du risque, l'assurance est souvent mal quantifiée on lui prête alors des vertus qui ne sont pas les siennes.

6453. Tout d'abord, l'assurance n'est pas une solution palliative à tous les risques pris par les entrepreneurs : on ne peut garantir les frais nécessités par une future mutation d'activité, il s'agit d'un investissement à la charge des dirigeants de l'entreprise, réalisé sous leur seule responsabilité.

6454. L'assurance ne consiste pas non plus à rechercher les garanties les plus complètes, pour des capitaux les plus élevés, et des conditions de mise en œuvre les plus larges possibles. Rappelons que des appels d'offre bâtis sur ce modèle sont restés infructueux, ce qui n'a pas été sans poser problème pour certains, restant alors à découvert d'assurance. En tout état de cause, cette approche sécuritaire aura un coût élevé, qui grèvera le budget de l'entreprise optant pour cette solution, si tant est qu'un assureur accepte de délivrer ce type de contrat.

6455. L'assurance efficace n'est pas non plus d'adopter une approche « minimaliste » : rechercher les cotisations les plus basses possibles pour des garanties normées et qui, faute d'avoir été précédées d'une analyse de risque, peuvent être inadaptées aux besoins des clients. Il existe toutefois, sur le marché, des contrats « packagés » parfaitement adaptés aux besoins de la majorité des TPE et PMI/PME. Néanmoins, si l'entreprise le nécessite, il peut s'avérer nécessaire de traiter tel ou tel risque par un contrat spécifique : tel qu'un bris de machine et des pertes d'exploitation consécutives pour un matériel stratégique.

6456. Alors qu'est-ce que l'assurance, comment l'aborder et comment gérer sa place au sein de l'entreprise ?
L'assurance, c'est d'abord garantir la « survie » de l'entreprise, touchée par un événement mettant en péril son devenir ou l'empêchant d'atteindre son objectif, puis de répondre à des obligations légales dans le cadre des assurances obligatoires ou contractuelles.
La démarche de mise en place d'un plan d'assurance efficace va constituer à :
- analyser l'organisation de l'entreprise, critères internes et externes, afin d'en identifier les vulnérabilités ;
- mettre en place des solutions de prévention et de protection pour éviter la survenance de sinistres et en réduire l'intensité ;
- identifier les événements dont les conséquences peuvent être directement supportées par l'entreprise et leurs financements par le biais de franchises et/ou d'auto-assurance ;
- mettre en place un plan d'assurance individualisé, pour tous les événements dont l'occurrence ou l'intensité seraient de nature à mettre l'entreprise en péril.

Section 2 . Méthodologie de la gestion de risques

6457. Il s'agit de rechercher les défaillances potentielles qui seraient à même de bloquer ou de perturber le processus de fonctionnement de l'entreprise. Bien entendu, la méthodologie est à adapter à la taille de l'établissement et la démarche sera plus sommaire pour une TPE que pour un groupe industriel disposant d'un risk manager.

6458. Le raisonnement de l'assureur consistera à regarder les antécédents, notamment les fréquences et les coûts des sinistres. Dans un processus de gestion de risques, il va falloir identifier les incidents, qui ont perturbé le fonctionnement de l'entreprise, sans forcément déboucher sur un sinistre indemnisable.

6459. Ces incidents peuvent dégénérer ou non, en sinistre. Cela est parfois dû au facteur « chance », ou plus simplement au fait que, si chaque incident pris individuellement ne présente pas la dangerosité suffisante pour générer un sinistre, le cumul de plusieurs incidents peuvent le déclencher. Ainsi le fait d'oublier, un soir, de sortir les poubelles des ateliers ne présente aucun danger en soit... sauf si l'on y a jeté un mégot mal éteint, alors qu'il est bien interdit de fumer dans les ateliers.

Sous-section 1 . Identification des faits générateurs

6460. Les faits générateurs sont des événements (faits ou causes) qui sont à l'origine de sinistres.
Il s'agit d'éléments internes à l'entreprise (processus de fabrication, entretien des installations électriques), de comportements spécifiques des salariés (présence de fumeurs, mauvaise tenue des ateliers, non-élimination des déchets) ou d'événements externes (explo-

sion dans le voisinage, feu de broussailles, feu de poubelles), dont la conjonction induira un sinistre.

6461. Parmi ces faits générateurs nous pouvons citer :
- les accidents de fumeur, qui devraient être réduits du fait de la législation sur l'interdiction de fumer dans les lieux publics et les entreprises ;
- le non respect de la procédure du permis de feu qui sécurise les travaux par point chaud pendant et après arrêt des travaux ;
- l'utilisation de flamme nue : à proximité de matériaux combustibles, de liquides inflammables ou dans un milieu renfermant du gaz ; dans des locaux contenant des poussières combustibles en suspension ; opérations de soudures sur une canalisation en contact avec des matériaux combustibles ;
- la proximité des sources de chaleur : stockage de liquides / gaz inflammables, ou matériaux combustibles dans les chaufferies ou à proximité des sources de chaleur ; utilisation de sources de chaleur dans les locaux contenant des poussières combustibles en suspension, ou renfermant du gaz ; combustion spontanée, auto-inflammation, fermentation ;
- les étincelles : travaux avec des disqueuses / tronçonneuses (hors poste de travail) ; produites par les machines outils ; causées par l'ingestion de corps étrangers dans les machines ; liées à des décharges d'électricité statique ;
- l'utilisation de liquides inflammables, de gaz combustibles ou de produits chimiques : fuite des appareils ou des conduites ; rétentions insuffisantes ou communes pour des produits incompatibles ; erreur de manipulation, manque de formation, non-respect des consignes de sécurité ; incompatibilité de stockage (acides/bases) ; inadaptation des appareils (zones ATEX : Atmosphère Explosive sans utilisation de matériel antidéflagrant) ; opérations de dépotage non sécurisées ;
- les installations électriques : court-circuit électrique (chocs électriques, défaut d'entretien, humidité...) ; surcharge d'un réseau d'alimentation d'énergie électrique ; chute de câble ; appareil laissé sous tension et sans surveillance ;
- les installations de chauffage : manipulation de liquides inflammables, ou de bouteilles de gaz, à proximité des appareils de chauffage ou dans la chaufferie ; renversement d'un appareil mobile ou déplacé contre des matériaux combustibles ; fuites sur les canalisations d'arrivée du combustible (liquide ou gazeux) ; défaut d'entretien des installations ; fausse manœuvre à la mise en route ; explosion d'une chaudière gaz ;
- les engins de manutention : échappement en contact avec des matériaux combustibles ; retour de flamme, étincelles à l'échappement ; chiffons sur le moteur ; postes de charge des batteries (dégagement d'hydrogène) situées dans des zones non adaptées (présence de matériaux combustibles à proximité).

Cette liste est bien entendu non limitative et les rapports d'expertise après sinistre multiplient les exemples de faits générateurs. L'identification des procédures mises en place au sein de l'entreprise, la tenue du risque, l'organisation de la sécurité, sont autant de points à relever lors des visites de risque. Ces données sont d'autant plus importantes que, selon le type de contrat, ceci aura un impact direct sur la tarification appliquée ou sur l'acceptation du risque par l'assureur.

Sous-section 2 ▪ Identification des points dangereux

6462. Il s'agit d'identifier au sein de l'entreprise un secteur d'activité, un produit, un procédé ou une technique mise en œuvre, qui seraient susceptibles d'être le point d'origine d'un sinistre. Ce dernier se réalisant lorsqu'un fait générateur impactera le ou les points dangereux.

6463. Parmi les points dangereux les plus courants citons :
- les installations électriques ;

- les installations de chauffage (feux nus, chauffages mobiles à gaz) ;
- les cabines de peinture ;
- les procédés de fabrication utilisant des flammes nues ;
- les postes de charge de batteries (engins de manutention) ;
- les stockages de liquides ou de gaz inflammables ;
- le stockage des palettes et des emballages vides combustibles ;
- la réalisation de travaux par points chauds (tronçonnage par disqueuses, soudures...) ;
- les ateliers de conditionnement (fardelage) ;
- les systèmes d'aspiration de poussières ;
- cours d'eau traversant l'enceinte de l'entreprise.

Sous-section 3 . Identification des points névralgiques

6464. On peut définir un point névralgique, comme étant un élément vital au fonctionnement de l'entreprise. La défaillance de ce dernier, quelle qu'en soit l'origine, entraînerait pour l'entreprise une baisse, une interruption ou une cessation de son activité.

6465. Citons par exemple :
- une salle informatique de contrôle de la production ;
- un approvisionnement en fluide (eau, air, vapeur...) ;
- une chaufferie produisant de la vapeur ;
- une machine ou ligne de production spécifique ;
- un groupe froid ;
- une zone de stockage de matières premières dont l'achat est saisonnier ;
- un tableau électrique, un transformateur ;
- un homme-clé sur lequel repose une partie de la production.

Remarquons au passage qu'un point névralgique a aussi la faculté d'être un point dangereux, il devient alors... un point vulnérable.

Sous-section 4 . Identification des points vulnérables

§ 1 . Définition d'un point vulnérable

6466. Seront qualifiés de vulnérables, les points névralgiques qui se trouvent situés à proximité d'un point dangereux, et de sa zone de destruction potentielle suite à sinistre. Comme nous l'avons déjà précisé, c'est également le cas lorsque le point névralgique est lui-même un point dangereux : le transformateur de puissance alimentant en énergie l'ensemble de l'établissement.

6467. À titre d'exemple de points vulnérables citons :
- un service informatique contigu au local chaufferie gaz sans compartimentage particulier ;
- une cabine de peinture située à proximité de la zone de stockage de palettes et de cartons d'emballage ;
- le stockage des peintures et des solvants de l'entreprise, contigu à un système de chauffage à air chaud pulsé posé au sol dans l'enceinte de l'atelier ;
- l'atelier de finition situé au bord d'un cours d'eau bordant l'entreprise : débordement du cours d'eau, pollution.

§ 2 ■ Évaluation de la criticité des points vulnérables

6468. Une fois l'identification des différents points vulnérables réalisée, il va falloir classer ces derniers car tous n'auront pas le même impact sur la marche de l'entreprise. Dans un premier temps, deux données seront à prendre en compte :
- le temps nécessité par le remplacement, ou la réparation, de chacun des points vulnérables identifiés, appelé Temps d'Arrêt Probable (TAP) ;
- le temps pendant lequel l'entreprise pourra se passer de ce point vulnérable, tant au plan économique (avant que cela n'ait un impact sur sa trésorerie), que sur le plan du marché sur lequel elle travaille (perte de clientèle, perte de marché). Cette période est dénommée Temps Arrêt Maximum Supportable (TAMS).

6469. Chaque fois que le temps d'arrêt probable d'un point vulnérable sera supérieur au temps d'arrêt maximum supportable par l'entreprise, cette dernière sera face à un problème critique pour sa survie. Ce point deviendra alors un Point Vulnérable Confirmé.

6470. Pour simplifier la démarche, une fois la liste de ces points vulnérables confirmés établie, l'assureur peut les hiérarchiser selon deux critères d'évaluation :
- fréquence d'incident probable (incident sur le point dangereux impactant le point vulnérable) ;
- niveau de gravité des dommages consécutifs à l'incident.

6471. Nous obtenons une matrice de criticité, sur laquelle seront positionnés les Points Vulnérables Confirmés

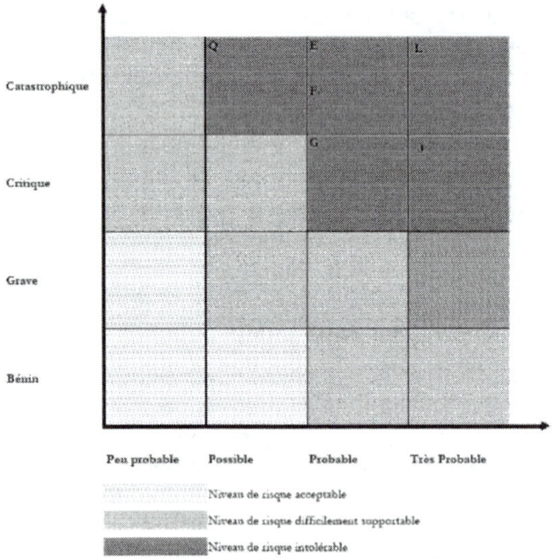

6472. Les points vulnérables confirmés désignés par les lettres Q, E, F, L, G, J deviennent prioritaires dans leur traitement, car ils ont une exposition aux risques forte, et que les conséquences d'un sinistre entraîneraient vraisemblablement la disparition de l'entreprise.

6473. Ce travail d'analyse des risques réalisé, il va falloir agir sur les points dangereux, les points névralgiques et les points vulnérables, pour réduire l'exposition aux risques.

6474. Certains de ces risques, évidents pour un professionnel de l'assurance, peuvent sembler très abstraits pour un entrepreneur. Il appartient à l'assureur de trouver des exemples concrets et réalistes pour le sensibiliser.

Sous-section 5 ▪ Gestion de risques : les solutions

6475. Il va s'agir dans la mesure du possible, car rappelons que le risque « zéro » n'existe pas, d'éviter la survenance de sinistres (prévention), et d'en réduire l'intensité s'il s'en produisait un (protection). Ici encore, il convient d'adapter les solutions à la taille de l'établissement et à ses capacités de financement.

6476. Il serait erroné de présenter la réduction des cotisations d'assurance, comme étant l'objectif principal de ces solutions. La vraie justification des mesures de prévention et de protection, est de préserver le patrimoine de l'entreprise et de lui permettre de continuer à fonctionner de manière pérenne : ce ne sont pas des investissements productifs, mais ils sont destinés à éviter la disparition de l'outil de production, ce qui est un objectif de tout premier ordre.

§ 1 ▪ Maîtriser les points dangereux

6477. Ces éléments faisant partie du processus de l'entreprise, ne peuvent être supprimés. Il est cependant possible de les maîtriser par la mise en application de mesures, parfois simples et peu onéreuses.

A ▪ Les installations électriques

6478. Si nous nous intéressons à l'une des premières causes d'incendie, à savoir l'électricité qui est présente dans toutes les activités, la première mesure est de veiller à ce que les obligations réglementaires soient bien respectées. Le Code du travail dans ses articles R. 4215-1 à R. 4215-3 ainsi que deux décrets du 30 août 2010, régissent les règles de protection des travailleurs dans les établissements mettant en œuvre du courant. Ce décret relativement ancien a été remplacé par deux décrets du 30 aout 2010. Le premier décret n° 2010-1016 concerne les obligations de l'employeur pour l'utilisation des installations électriques et leur vérification dans les lieux de travail. Il insère les articles R. 4226-1 à R. 4226-21 dans le Code du travail. Les installations conformes au décret de 1988 sont réputées conformes à ce nouveau texte. Le second décret n° 2010-1018 est spécifique à la prévention des risques électriques dans les lieux de travail. Il modifie la quatrième partie (santé et sécurité au travail) du Code du travail à plusieurs reprises. Ces deux décrets sont entrés en vigueur le 1er juillet 2011 pour les nouvelles installations. Enfin, les Etablissements Recevant du Public (ERP) ainsi que les Immeubles de Grande Hauteur (IGH) sont également soumis à des dispositions réglementaires spécifiques.

6479. Toutefois, ces vérifications ne concernent que la sécurité des personnes, sans statuer sur les dangers d'explosion et d'incendie que peuvent présenter de telles installations. C'est pour cela que les assureurs demandent que les installations électriques fassent l'objet de contrôles spécifiques, réalisés par un vérificateur ou un organisme vérificateur certifié.

6480. Le premier type de contrôle de ces installations, va déterminer si elles présentent ou non des risques d'incendie ou d'explosion. Dans l'affirmative, une liste des travaux à réaliser est établie, tout en rappelant si ces déficiences avaient été signalées précédemment. Ces éléments figurent sur un certificat de vérification de type Q18, l'assuré devant le communiquer à son assureur en cas de défectuosités constatées. Il doit bien entendu procéder aux travaux signalés, la fréquence de ce contrôle étant annuelle.

6481. Le second type de contrôle, demandé en particulier lorsque l'on se trouve en présence d'atmosphères explosives (ATEX), ou de constructions avec des panneaux sandwich avec un isolant combustible, consiste à faire un contrôle thermographique des installations électriques. Les tableaux électriques de l'entreprise seront balayés par une caméra infrarouge et ce, pendant son exploitation, ce qui va permettre de visualiser les échauffements anormaux des installations, câbles, dispositifs de sécurité, susceptibles d'entrainer un sinistre. La thermographie infrarouge sera réalisée par un opérateur dont les compétences sont reconnues, et fait l'objet de la délivrance d'un certificat de type Q19 qui déterminera une liste des travaux à réaliser. Comme le Q18, ce certificat devra être communiqué à l'assureur si des défauts sont signalés, et les travaux réalisés. La périodicité du contrôle thermographique est laissé à l'appréciation de l'assureur, eu égard à l'activité du client. La validité d'un tel contrôle ne peut toutefois raisonnablement excéder les 3 ans.

6482. Ces contrôles, demandés par les assureurs, sont contractuels et entraînent une réduction de la cotisation incendie. De fait, la non réalisation des travaux préconisés sera sanctionnée par l'application de la réduction proportionnelle de cotisation, telle que prévue à l'article L. 113-9 du Code des assurances.

B. Les travaux par points chauds

6483. Nous avons ici la seconde cause de sinistres dont l'origine est déterminée. Par travail par point chaud il faut entendre une opération réalisée en dehors du poste de travail, et ce même elle est accomplie par un salarié de l'entreprise.

6484. Ces opérations sont en particulier celles-ci : opérations de soudures à l'arc, oxyacéthylénique ou autres ; opérations de brasage ; opérations de tronçonnage ou de meulage par disqueuse ; opérations de découpage par oxycoupage...

6485. La dangerosité de ces opérations réside dans l'émission de fortes chaleurs, ou d'étincelles, qui peuvent engendrer un incendie si des précautions élémentaires ne sont pas mises en œuvre. Ces sinistres peuvent survenir longtemps (jusqu'à 2 heures) après les travaux par le phénomène de feux couvant : d'où la nécessaire mise en place d'une procédure de surveillance après travaux. Ces mesures sont formalisées dans un document qu'est le permis de feu.

6486. L'utilisation de ce permis de feu est d'ailleurs obligatoire, pour toute intervention de ce type dans certains établissements tels que les immeubles de grande hauteur (IGH) ou établissements recevant du public (ERP). Ils sont systématiquement demandés lors des visites des commissions de sécurité.

6487. Ce permis de feu va décrire : le type, le lieu et la durée de l'intervention ; les noms et qualités des intervenants ; le nom de la personne ayant délivré l'autorisation de travaux ; les mesures de prévention mises en œuvre avant, pendant et après les travaux ; les mesures de protection présentes sur les lieux de l'opération et consignes particulières données.

6488. La connaissance de cette procédure, mais surtout son respect, est une mesure de prévention classiquement demandée par les assureurs. Si ces procédures sont rendues contractuelles, mais non mises en œuvre, la sanction sera l'application d'une franchise spécifique.

C. Les installations de production de chaleur

6489. Ce sont autant les installations de chauffage qui sont visées, que l'utilisation de flammes nues dans le processus de production.

6490. Le premier principe est de ne pas utiliser de flammes nues, ou d'appareils dont l'air servant de comburant est prélevé dans les locaux, en présence d'une atmosphère explosive (chargée en poussières ou de vapeurs ce produits inflammables). Dans ce cas, il est impératif que les systèmes produisant de la chaleur, soient isolés dans un local indépendant : l'atmosphère du local de production ne devant en aucun cas pénétrer en contact avec celle de la chaufferie.

6491. Le second grand principe est d'équiper les systèmes de production de chaleur de dispositifs de coupure de l'alimentation en combustible en cas d'arrêt accidentel de la flamme. Cela permet d'éviter, soit une explosion pour le gaz, soit des feux de nappe pour les combustibles liquides. Les appareils de conception récente sont équipés de ce type de dispositifs de sécurité qui sont parfois doublés de systèmes de coupure de l'arrivé du gaz en cas de fuite accidentelle. Les feux de nappe pouvant également survenir en cas de fuite sur les flexibles, ou le brûleur de combustibles liquides, il est fortement recommandé de réaliser une rétention autour des appareils alimentés par du combustible liquide.

6492. Les brûleurs de combustibles liquides peuvent être équipés d'extincteurs à poste fixe, qui se déclencheront automatiquement, lors d'une combustion non maîtrisée à ce niveau des appareils. Ces extincteurs doivent être vérifiés annuellement pour demeurer efficaces.

6493. En matière de prévention, il convient d'éviter la mise en contact de matières combustibles avec le corps de chauffe des appareils de chauffage : les appareils mobiles sont donc fortement déconseillés voire à proscrire. Dans la même logique, les chaufferies doivent être impérativement vides de tous matériels et marchandises, ce qui est un parfait indicateur d'une bonne gestion du risque au sein de l'établissement. Lorsque les appareils fixes sont posés au sol dans les locaux chauffés, il est nécessaire de réaliser une main courante autour desdits appareils, afin d'empêcher toute mise en contact entre des marchandises et le corps de chauffe. Des instructions doivent être données en la matière, et des inspections de contrôle doivent être effectuées. Nous sommes dans un domaine comportemental qui, affectant les habitudes de travail, est souvent long à modifier.

6494. Les vannes d'arrêt d'urgence d'alimentation en combustible doivent être visibles et accessibles en permanence, le personnel doit être formé aux procédures à mettre en œuvre en cas de défaillance de ces installations. Les canalisations doivent être identifiées selon la norme NF X 08-100 qui, par un système de codage conventionnel, facilite l'intervention des moyens de secours en évitant toute confusion (ex : tubulure jaune pour le gaz).

6495. Enfin, il est nécessaire que ces appareils et leurs installations de sécurité, soient vérifiés par une personne qualifiée selon les fréquences et préconisations du fabriquant. Les conduits d'évacuation des gaz de combustion, et ceux utilisés pour véhiculer l'air chaud pour les systèmes utilisant de l'air pulsé, doivent être incombustibles et périodiquement nettoyés afin d'éviter l'accumulation de poussières combustibles. Des extincteurs, adaptés à la classe de feu, doivent être positionnés à proximité de ces installations. Là encore, le personnel doit être formé à la manipulation de ce matériel qui doit rester en permanence accessible.

D. Les autres points dangereux

6496. Parmi les autres points dangereux maîtrisables on peut citer les accidents de fumeurs. Sauf cas particuliers, le fait d'interdire totalement de fumer dans l'enceinte de l'entreprise, peut engendrer des comportements fortement accidentogènes. En effet, les salariés continueront de fumer en cachette et risquent de jeter les mégots dans des zones dangereuses. Il est facile de contrôler ces accidents en aménageant des zones « fumeurs », dans le respect de la loi, munies de cendriers de sécurité à sable.

6497. Les postes de charge de batteries (pour les chariots élévateurs) doivent être éloignés de toutes matières combustibles, et se trouver dans une zone ventilée afin d'éviter l'accumulation d'hydrogène. Un système de détection d'hydrogène, couplé avec un dispositif d'arrêt de la charge, peut être également prévu afin d'éviter tout risque d'explosion.

6498. L'utilisation des liquides ou de gaz inflammables -à l'instar des produits chimiques- nécessite une formation des opérateurs, pour éviter des manipulations dangereuses. Ces produits doivent être stockés dans des périmètres spécifiques, sur rétention pour les liquides, et dans des zones suffisamment ventilées pour éviter la formation d'atmosphères explosives. L'utilisation de robinets de sécurité est à recommander pour limiter les égouttures. Enfin, les racks de stockage des liquides inflammables doivent être mis en liaison équipotentielle pour neutraliser tout phénomène d'électricité statique.

6499. En ce qui concerne les cabines de peinture et les systèmes d'aspiration de poussières, ces installations-en liaison équipotentielle-doivent être parfaitement entretenues, le personnel devant être formé aux procédures de mise en sécurité en cas d'incident.

E. Les autres mesures de protection

6500. Ces mesures sont nécessaires pour limiter l'ampleur d'un sinistre, elles consistent à mettre en œuvre de moyens de première intervention. Préalablement, les consignes de sécurité doivent être portées à la connaissance de l'ensemble du personnel, y compris pour les stagiaires et intérimaires. Ces consignes doivent être mises à jour autant que nécessaire. Une procédure d'alerte pour les accidents corporels et matériels doit être établie. Le Code du travail demande que des exercices d'évacuation des locaux, soient effectués tous les six mois (art. R. 4227-39).

6501. Un système d'alarme incendie est également exigé (C. trav., art. R. 4227-34), pour les établissements employant en permanence plus de 50 personnes ou, dans lesquels, sont entreposés ou manipulés des matières extrêmement inflammables, comburantes ou explosives, quel qu'en soit l'effectif.

6502. Des moyens de première intervention (extincteurs) sont imposés par l'article R. 4227-29 du Code du travail, le personnel devant être formé à leur manipulation. Cette exigence figure également dans la réglementation applicable aux établissements recevant du public. La dotation de base est d'un extincteur de 6L pour 200 m² et par niveau, sachant que les assureurs demandent -selon leurs règles- un extincteur de 9L pour 200 m². Les extincteurs

doivent adaptés à la classe de feu, mention qui est portée sur les extincteurs eux-mêmes, sachant qu'il y a 5 classes de feu (norme EN 2:2005-1) :
- feux de classe A : feux de solides, solides braisant (bois, papiers, cartons, textiles...) ;
- feux de classe B : feux de liquides ou de solides liquéfiables (huiles, Hydrocarbures, graisse, paraffines...) ;
- feux de classe C : feux de Gaz (méthane, hydrogène, acétylène....) ;
- feux de classe D : feux métaux (aluminium, magnésium, sodium....) ;
- feux de classe F : feux d'huiles et graisses végétales ou animales en relation avec l'utilisation d'un auxiliaire de cuisson (friteuse...).

6503. Selon la nature du risque, des Robinets d'Incendie Armés peuvent être également demandés. Pour être efficace, cette installation doit permettre d'atteindre, tout point de l'établissement, par deux lances mises en action en jet diffusé (règle R5). Il est également possible d'avoir des robinets d'incendie armés additivés pour lutter contre des feux de liquides inflammables : il s'agit des « Postes d'Incendie Additivés ».

§ 2 ▪ Isoler les points dangereux

6504. Il s'agit, par cette méthode, de dresser une barrière physique entre les points dangereux et les points névralgiques. Ainsi, l'on va limiter la zone de sinistre, et tenter d'empêcher la destruction du point névralgique jouxtant le point dangereux.

6505. Pour ce faire, on peut utiliser des dispositifs séparatifs tels que : portes coupe-feu, murs séparatifs ordinaires ou coupe-feu, écran thermique, compartiment à l'épreuve du feu, utilisation d'armoires anti-feu...

6506. Il est possible, par exemple, d'isoler un bâtiment du danger représenté par la proximité d'une cuve de gaz liquide, ou d'un transformateur électrique, par la réalisation d'un mur en béton banché ou d'un mur maçonné.

6507. Les investissements demandés, doivent être mis en regard avec les valeurs des biens existants, la portée du point dangereux et la capacité de financement de l'entreprise.

6508. Il est un exemple de point dangereux que l'on peut isoler à peu de frais : il s'agit des stockages de palettes. Le fait de déplacer leur zone de stockage à 10 m des bâtiments, suffit en soit pour isoler ce point dangereux... à condition que l'espace de séparation demeure vide de toutes marchandises et matériel et de faire en sorte que les palettes ne soient pas stockées en amont des bâtiments dans les couloirs venteux identifiés.

6509. Il faut enfin, compléter ces dispositifs « physiques » par des mesures d'information expliquant les consignes à respecter. A défaut, des comportements individuels peuvent réduire à néant les investissements réalisés : encombrement des zones devant rester libres, blocage des portes coupe-feu...

§ 3 ▪ Réduire l'impact des points vulnérables

6510. Dans cette approche, on va limiter l'impact d'un sinistre touchant les points vulnérables, à condition toutefois, que la structure de l'établissement l'autorise.

6511. On peut par exemple, pour un établissement disposant de deux lignes de fabrication situées dans un même bâtiment, diviser le risque en transférant l'une des deux dans un autre bâtiment existant. Cette solution, permettra à l'entreprise de ne pas perdre la totalité de sa capacité de production, si un sinistre venait à toucher le bâtiment principal.

6512. De même, il peut être utile de conserver un équipement ancien, afin de limiter les conséquences d'une panne touchant le matériel en exploitation. Ainsi, pendant les délais de réparation, la production ne se trouverait pas totalement interrompue.

6513. Si le point vulnérable se trouve être constitué par un « homme clé », dont l'absence paralyserait le fonctionnement de l'établissement, on devrait mettre en œuvre un processus de formation, ou de recrutement, afin de disposer de deux personnes capables de réaliser les mêmes tâches.

§ 4 ▪ Chercher des solutions alternatives

6514. En l'espèce, on va rechercher des solutions permettant, lorsqu'un point vulnérable est sinistré, de pallier les conséquences de sa disparition. Ceci doit être effectué en amont du sinistre, afin de disposer d'un plan élaboré hors contexte d'urgence.

6515. La première des solutions alternatives qui vient à l'esprit, est de transférer le risque à un assureur. Ce dernier, va remettre l'entreprise dans la situation patrimoniale qui était la sienne avant sinistre. Toutefois, cette solution peut trouver ses limites car si l'assureur rembourse le matériel et reconstitue le compte de résultat de l'entreprise, la perte de clientèle et/ou la perte d'un marché, ne seront jamais prises en compte. Ainsi, sur le plan de l'assurance, rien n'interdit de délivrer une garantie de pertes d'exploitations sur 36 mois... mais la clientèle va-t-elle attendre aussi longtemps ? De ce fait, de nombreux sites touchés par un sinistre incendie majeur, ne reprendront pas leurs activités, et ce quelle que soit la rapidité et la qualité d'intervention des assureurs.

6516. Une seconde solution alternative, consiste à passer une convention d'assistance mutuelle avec un industriel travaillant dans le même secteur d'activité. Il faut que cette convention soit formalisée, qu'elle fixe les conditions d'assistance, qu'il y ait un respect de la confidentialité des éléments produits, qu'une clause de non-concurrence soit prévue, qu'elle soit réciproque et maintenue à jour en fonction des évolutions des établissements respectifs.

6517. Cette solution peut aussi consister à recourir aux services d'un sous-traitant de capacité, auquel on fait appel pour couvrir les pics de production. Ce dernier pourrait alors pallier un arrêt de production, si un incident touchait son donneur d'ordre. Là encore, il faut que ce partenariat soit encadré pour éviter toute captation du client final, et adapté en permanence aux capacités de production du sous-traitant partenaire.

§ 5 ▪ Le plan de survie

A ▪ Généralités

6518. Le plan de survie va consister à formaliser l'ensemble des mesures à prendre lors de la survenance d'un sinistre. Cette démarche préventive doit permettre de limiter au maximum la portée du sinistre et de planifier l'ensemble des actions à mettre en œuvre. Il est illusoire en effet, de penser que l'on disposera du temps et du discernement nécessaire pour prendre les bonnes décisions dans une situation de crise.

6519. Il s'agit d'effectuer un travail d'anticipation sur les mesures à mettre en œuvre en cas de survenance d'un événement affectant la bonne marche de l'établissement. Ces mesures doivent permettre de reprendre un niveau d'activité normal dans les meilleurs délais, tout en limitant les conséquences des pertes non prises en charge par les assureurs. Tel serait le cas d'un déréférencement consécutif à un sinistre. Cette perte de marché peut provoquer, in fine, la disparition de l'entreprise : son outil de production est bien reconstitué mais, ayant perdu son principal client, l'entreprise ne sera plus en mesure de continuer son activité.

6520. L'ensemble des secteurs de l'entreprise doivent être impliqués dans ce processus, y compris au plus haut niveau de la hiérarchie.

6521. Ce plan de survie n'est pas un élément statique établi une fois pour toute. Il doit être mis à jour en fonction de l'évolution de l'activité de l'entreprise et comporte différentes phases chronologiques : un plan d'urgence ; un plan marketing ; un plan de sauvetage du marché ; un plan de redémarrage.

B ▪ Le plan d'urgence

6522. Il est constitué des mesures d'urgence devant être immédiatement prises après le sinistre. Il s'agit de consignes spécifiques à une typologie de sinistre : accident corporel, incendie/explosion, pollution accidentelle, produit défectueux...

6523. Si nous prenons un incendie ou un accident corporel, il faut dans un premier temps alerter les secours. Ceci induit d'en connaître le numéro d'appel et, surtout, de donner un descriptif précis de l'événement afin que les moyens dépêchés sur place soient adaptés à la situation.

6524. Pour ce faire, un script d'appel doit être rédigé pour éviter tout retard dans le déclenchement de l'alerte. Trop nombreux sont les exemples dans lesquels il a fallu attendre un second appel pour diligenter des moyens de secours... du fait d'une première transmission d'alerte incomplète. Selon la spécificité du site, ou des locaux, il sera nécessaire de désigner une personne chargée d'accueillir et de guider les services de secours.

6525. Dans cette optique, une visite annuelle de l'entreprise par les pompiers peut être envisagée, pour qu'ils repèrent les zones de risques et connaissent les moyens d'intervention à engager, qui sont différents selon qu'il y ait péril humain ou non.

6526. Pendant cette phase de transmission d'alerte, il faut limiter au maximum les conséquences dommageables du sinistre. La situation idéale est de constituer des équipes formées à la mise en œuvre efficace des moyens de première intervention (extincteurs, Robinets d'Incendie Armés...).

6527. En ce qui concerne les accidents de personnes, le fait de posséder au sein de l'entreprise du personnel ayant une formation Prévention et Secours Civiques ou de Sauveteur Secouriste du Travail, permet d'avoir une action efficace dans le domaine des accidents du travail.

6528. Il faut enfin vérifier l'absence de victimes, ou de personnel en danger, sur le site. Il convient donc d'organiser les évacuations, et les reconnaissances après sinistre. Pour ce faire, des responsables de sécurité doivent être désignés par îlot, par allée, bureau/atelier, puis des exercices réglementaires doivent être réalisés.

6529. Une fois le sinistre maîtrisé, il faut informer son assureur dans les meilleurs délais. Ceci nécessite d'en connaître les coordonnées, et de charger une personne de le contacter en lui donnant le maximum d'informations relatives à l'événement en cause.

6530. Dans la même optique, il convient de prévenir l'expert d'assuré selon la même procédure préalablement établie.

6531. Une communication de crise doit être réalisée pour prévenir fournisseurs, clients et partenaires, de l'événement en cause ; il convient de les rassurer sur le devenir de l'entreprise. Ce plan de communication doit être préparé à l'avance pour éviter toute erreur de contenu. Ceci peut obérer lourdement l'exploitation de l'établissement ; nous en avons un exemple avec l'affaire de l'Encéphalopathie Spongiforme Bovine qui avait touché une chaîne de restauration.

6532. Si cela a été planifié, il faut mettre en œuvre les solutions alternatives telles que le recours aux confrères avec lesquels a été passé une convention d'assistance mutuelle ou de reprise des activités sous structure temporaire.

C ▪ Le plan marketing

6533. L'objectif de ce plan est d'identifier et de hiérarchiser les secteurs d'activité en termes de délais de reprise, afin de limiter les pertes consécutives aux dommages subis.

6534. Ce travail doit porter sur les produits, ou secteurs d'activité :
- réalisant la plus grosse part de la marge brute ;
- qui sont en pleine phase de lancement ou de développement ;
- dont l'arrêt de fourniture entraînerait une désaffection de la clientèle.

Une fois réalisée pour les produits, cette démarche doit être envisagée pour les clients. Il faut identifier ceux envers lesquels la reprise d'activité sera prioritaire. Il s'agira donc des clients :
- vulnérables car leur stock est faible ;
- représentant une part vitale du chiffre d'affaires ;
- qui seront définitivement perdus en cas d'arrêt d'approvisionnement.

6535. Une fois ce plan « théorique » réalisé, il convient de le valider par un plan de gestion prévisionnel de l'établissement fonctionnant en mode dégradé.

D ▪ Le plan de sauvetage du marché

6536. C'est un plan de communication orienté vers les clients qui, réalisé dans la semaine suivant l'événement, est destiné à maintenir le contact avec eux en les rassurant sur le devenir de l'entreprise.

6537. Il faut leur indiquer que :
- l'entreprise a connu un sinistre ;
- sa pérennité n'est pas mise en cause grâce à une bonne couverture d'assurance ;

- le plan de survie élaboré pour l'entreprise est fonctionnel ;
- la politique commerciale a été adaptée à cette situation ;
- des produits seront disponibles en indiquant les échéances prévisionnelles ;
- le redémarrage complet de la fabrication sera possible à terme.

6538. Les clients les plus importants, détectés dans le plan marketing, doivent être visités afin de conserver le contact et les tenir informés de l'évolution de l'entreprise.

6539. Bien évidemment, une démarche identique est à réaliser envers les fournisseurs, qui ne sont pas moins importants pour assurer la reprise d'activité. Il faut les rassurer en indiquant les délais de reprise des commandes et en confirmant la solvabilité de l'entreprise.

E. Le plan de redémarrage de l'activité

6540. Une fois que l'entreprise aura identifié, par le biais du plan marketing, les produits/services dont elle ne peut arrêter la fourniture, pendant la durée de reconstitution de l'outil de production, il faudra se demander comment continuer à en assurer la production.

6541. Comme déjà évoqué, on peut prévoir un plan d'assistance mutuelle avec un confrère ou un sous-traitant. Ce plan doit être ciblé, en identifiant les produits et les quantités à produire. Il s'agit d'un engagement sur les quantités, les prix pratiqués ainsi que du respect de la marque commerciale. Cet accord doit être réciproque, confidentiel et comporter une clause de non-concurrence ; il doit être maintenu à jour.

6542. La reprise d'activité nécessite, tout d'abord, de reconstruire les bâtiments sinistrés dans les meilleurs délais. Il faut donc avoir conservé, en lieu sûr, copie des plans, des permis de construire, des autorisations diverses et autres données exigées par les administrations. Compte tenu des délais d'instruction des dossiers, ce dernier point est d'une importance vitale pour les établissements classés soumis à autorisation ou à enregistrement, pour lesquels ces délais peuvent atteindre 12 mois.

6543. Une reprise partielle d'activité peut être également envisagée, lorsque l'entreprise a la capacité d'exercer son activité dans des conditions provisoires. Faute d'avoir la liste des locaux disponibles dans le secteur, il faudrait avoir étudié les possibilités d'une reprise partielle sous structure provisoire.

6544. Les fournisseurs ne doivent pas être oubliés, car la défaillance de l'un d'entre eux peut mettre à mal une entreprise, si la majorité de ses approvisionnements en dépendent. Certes, la carence de fournisseur est une solution d'assurance envisageable, mais la diversification des fournisseurs de l'entreprise est une mesure de gestion des risques à étudier. La même démarche peut être envisagée vis à vis des clients importants (carence de clientèle).

6545. En ce qui concerne le matériel endommagé, qui doit pouvoir être remplacé dans les meilleurs délais, il convient de le lister et d'en planifier le remplacement selon les critères du plan marketing. Les fabricants doivent être identifiés, avec leurs délais d'intervention et de livraison. Une liste de machines de substitution, selon des critères de performances équivalentes, peut être dressée. Attention à ne pas sous-évaluer les délais nécessaires à la livraison, au montage ainsi qu'au réglage des machines dans cette étude.

F ■ Le financement du plan de survie

6546. Le fonctionnement de l'entreprise en mode dégradé, en attendant la reprise d'une activité normale, demande à être financé. L'entreprise peut avoir des fonds propres, mais rare sont celles qui disposent de fonds suffisant pour assumer l'intégralité des dépenses nécessaires.

6547. Les banques pourraient financer ce plan de reprise, mais il y a fort à parier que ces dernières seront réticentes à accorder des prêts à une entreprise sinistrée. En ce cas, il va falloir envisager un transfert de risque sur un assureur par le biais d'un contrat de Pertes d'Exploitation. Ce type de garantie consistera, pour l'assureur, à remettre le compte de résultat de l'entreprise dans la situation qui aurait été sienne si le sinistre n'était pas survenu (voir ci-après, Sous-titre IV, Chapitre Ier).

■ Sous-titre 2
Les biens et les valeurs à assurer

■ Chapitre 1
Les biens à assurer

BIBLIOGRAPHIE

L'Argus de l'assurance

Ouvrages. – J. Bigot (sous dir.), *Code des assurances*, L'Argus éd. – Ph. Laroche, *Les assurances dommages aux biens de l'entreprise*, L'Argus éd., 2016 – J. Landel, *Lexique des termes d'assurance*, L'Argus éd., 2014.

6548. Les biens à assurer sont ceux destinés à l'exercice de la profession de l'entreprise. Notons toutefois qu'il demeure possible de garantir, sur le même support contractuel, des locaux accessoires tels qu'un logement pour le gardien ou, dans le cas de formules pour les commerçants, de locaux à usage privatif selon certaines modalités particulières (limite de superficie, communication avec les locaux professionnels...).

6549. Ces biens seront assurés pour les dommages matériels directs les atteignant, lorsque ces dommages seront consécutifs à un événement garanti défini aux conditions particulières du contrat.

6550. Les autres pertes pécuniaires, dont la baisse de chiffre d'affaires directement consécutives au sinistre, seront prises en compte au titre d'autres garanties : frais et pertes divers, pertes d'exploitation, frais supplémentaires d'exploitation.

6551. On peut distinguer deux types de biens : les locaux professionnels et le contenu des locaux professionnels.

Section 1 . Les locaux professionnels

Sous-section 1 . L'assuré, propriétaire des locaux

6552. Dans les contrats d'assurance, est défini comme étant un immeuble tout bâtiment, ou partie de bâtiment, destiné à l'exercice de la profession et dont les caractéristiques sont précisées aux dispositions Particulières. De manière générale, hormis l'adresse du risque, la qualité des matériaux constituant la construction est mentionnée au contrat.

6553. S'agissant de déclarations faites par l'assuré, il convient d'en vérifier la véracité. A défaut de conformité, ces données influençant la tarification applicable au risque, l'assuré pourrait se voir sanctionné par l'application de la règle proportionnelle de prime telle que prévue par le Code des assurances (C. assur., art. L. 113-9).

6554. Sont également intégrés aux bâtiments les valeurs :
- des aménagements et/ou les installations qui ne peuvent être détachés du bâtiment sans être détériorés, ou sans détériorer la construction. Il s'agit des immeubles par destination, ou par incorporation, tels que définis par l'article 525 du Code civil : « Le propriétaire est censé avoir attaché à son fonds des effets mobiliers à perpétuelle demeure, quand ils y sont scellés en plâtre ou à chaux ou à ciment, ou, lorsqu'ils ne peuvent être détachés sans être fracturés ou détériorés, ou sans briser ou détériorer la partie du fonds à laquelle ils sont attachés [...] ». Entrent dans cette catégorie les installations électriques, celles de climatisation, de chauffage, les revêtements des murs, placards intégrés, fours, chambres froides.., etc. ;
- des clôtures et murs de soutènement faisant partie intégrante du bâtiment, ce qui induit qu'ils doivent toucher l'un des bâtiments garantis ; toutefois, sur certains contrats, et selon les définitions contractuelles, ces clôtures et murs de soutènement peuvent être couverts même lorsqu'ils ne touchent pas l'un des bâtiments.

6555. Ne sont jamais inclus dans ce poste, les terrains qui ne peuvent subir de détérioration : ces derniers possèdent une valeur intrinsèque, qui est immuable, même en cas de destruction des bâtiments.

Sous-section 2 . L'assuré, locataire total ou partiel des locaux

6556. L'ensemble des responsabilités locatives sera développé dans le Sous-titre V, mais nous traiterons ici des modalités d'assurance des bâtiments pris en location. En effet, le locataire est responsable, vis-à-vis de son bailleur, des dommages causés aux biens pris en location pendant la durée de son bail ainsi qu'en dispose l'article 1732 du Code civil : « Il [le locataire] répond des dégradations ou des pertes qui arrivent pendant sa jouissance, à moins qu'il ne prouve qu'elles ont eu lieu sans sa faute ». En ce qui concerne les dommages provenant d'un incendie, c'est l'article 1733 du Code civil qui s'applique : « Il [le preneur] répond de l'incendie, à moins qu'il ne prouve que l'incendie est arrivé par cas fortuit ou force majeure, ou par vice de construction, ou que le feu a été communiqué par une maison voisine ».

6557. Pour les locataires, les garanties des locaux professionnels porteront donc sur l'assurance des « risques locatifs », qui sont basés sur un régime de responsabilité civile spécifique. Comme il existe des cas d'exonération de responsabilité, le bailleur devrait se prémunir de la perte de son bien en souscrivant un contrat d'incendie en tant que « Propriétaire Non Occupant ». Ce contrat jouera en première ligne puis, l'assureur ayant indemnisé le bailleur, sera subrogé dans ses droits pour exercer un recours à l'encontre du locataire et de son assureur.

§ 1 ▪ Cas du locataire unique

6558. L'article 1733 du Code civil dispose que le locataire répond de l'incendie, à moins qu'il ne prouve que ce dernier n'ait été causé par : un cas fortuit ou de force majeure, un vice de construction ou une communication d'incendie provenant d'une maison voisine.

6559. Cet article, fait reposer sur le locataire une forte présomption de responsabilité. Il suffit en effet, pour prétendre à indemnité, que le bailleur démontre que les biens donnés en location ont été détruits -ou endommagés- pendant l'occupation des locaux par son locataire. De ce fait, il y a un renversement de la charge de la preuve ; c'est au locataire de prouver que les dommages relèvent d'un des cas d'exonération prévus par la loi.

6560. Cette exonération nécessitera de toute manière une action devant les juridictions civiles, et sa réussite tiendra bien souvent à la prise en compte d'éléments de faits par les magistrats. Prenons par exemple le cas d'une communication d'incendie du fait d'un immeuble voisin, si celle-ci a été favorisée par le comportement du locataire qui laissait des emballages vides combustibles dans des parties communes, son exonération ne sera pas retenue du fait de son comportement fautif.

6561. En revanche, pour des dommages liés à une explosion, la présomption de responsabilité n'a plus lieu de s'appliquer : il convient que le bailleur prouve une faute de son locataire. Ceci peut être le cas d'un locataire, utilisant des produits dangereux, qui n'aurait pas pris toutes les dispositions de sécurité nécessitées par ces dernières : rétention pour les égouttures, formation des manipulateurs, insuffisance de la mise en œuvre de dispositifs destinés à éviter la création d'une atmosphère explosive, stockage de produits incompatibles entre eux...

§ 2 ▪ Cas du locataire partiel

6562. Pour définir un locataire partiel, il faut analyser sa situation vis-à-vis de son bailleur. Il faut que le bâtiment loué appartienne à un seul propriétaire et que ce bâtiment soit donné en location à plusieurs locataires. Cette situation ne doit pas être confondue avec celle du locataire d'une copropriété : il est bien locataire unique... vis-à-vis de son propriétaire.

6563. Les responsabilités locatives pour un locataire partiel sont régies par l'article 1734 du Code civil :

- « S'il y a plusieurs locataires, tous sont responsables de l'incendie, proportionnellement à la valeur locative de la partie de l'immeuble qu'ils occupent ;
- à moins qu'ils ne prouvent que l'incendie a commencé dans l'habitation de l'un d'eux, auquel cas celui-là seul en est tenu ;
- ou que quelques-uns ne prouvent que l'incendie n'a pu commencer chez eux, auquel cas ceux-là n'en sont pas tenus ».

6564. Ainsi, les colocataires sont tous responsables de l'incendie proportionnellement à la valeur locative de la partie d'immeuble qu'ils occupent. Il s'agit de ce que l'on appelle communément, les Risques Locatifs Ordinaires. Prenons, par exemple, un immeuble d'une valeur de 800 000 € divisé en quatre lots, de même valeur locative, loués par quatre entreprises différentes. Chacune d'entre elles devra se garantir en Risques Locatifs Ordinaires (RLO), pour le quart de la valeur de l'immeuble, soit 200 000 €.

6565. Toutefois, selon ce même article, un locataire peut s'exonérer en prouvant que l'incendie :
- n'a pas pris naissance dans sa partie privative ;
- a pris naissance chez un autre locataire identifié.

De fait, le bailleur se verra indemnisé par les autres colocataires, ou par le seul locataire responsable. Il s'agit des Risques Locatifs Supplémentaires (RLS), qui correspondent à la valeur totale de l'immeuble à laquelle l'on retranche la valeur du lot occupé.

6566. Si nous reprenons l'exemple ci-dessus, chaque colocataire doit se garantir pour 200 000 € pour les Risques Locatifs Ordinaires, mais également à hauteur de 600 000 € pour les Risques Locatifs Supplémentaires :

Locataire A : - Risque Locatif Ordinaire : 200 000 € - Risque Locatif Supplémentaire : 600 000 €	Locataire C : - Risque Locatif Ordinaire : 200 000 € - Risque Locatif Supplémentaire : 600 000 €
Locataire B : - Risque Locatif Ordinaire : 200 000 € - Risque Locatif Supplémentaire : 600 000 €	Locataire D : - Risque Locatif Ordinaire : 200 000 € - Risque Locatif Supplémentaire : 600 000 €

Le fait de sous-estimer l'importance des Risques Locatifs Supplémentaires, même si ce poste de garantie n'est pas soumis à l'application de la règle proportionnelle de capitaux, serait lourd de conséquence à l'encontre d'un colocataire. En effet, le bailleur se trouve être un créancier privilégié, ce qui sous-entend qu'en cas d'insuffisance de garantie sur ce poste, le solde sera saisi sur l'indemnité revenant au locataire au titre de ses propres dommages. Ceci résulte des articles 2332 du Code civil et L. 121-13 du Code des assurances : le propriétaire bénéficie du privilège sur l'indemnité mobilière de son locataire.

6567. Ainsi, l'assureur ne peut payer, tout ou partie des sommes dues, à un autre que le propriétaire de l'objet loué tant que ce dernier n'a pas été désintéressé des conséquences du sinistre. Une insuffisance d'assurance obérerait l'indemnisation des biens du locataire, et compromettrait gravement ses possibilités de reprise.
Reprenons notre exemple, avec un seul colocataire reconnu responsable des dommages. Ce dernier a souscrit une garantie de 200 000 € pour les Risques Locatifs Ordinaires, de 400 000 € pour les Risques Locatifs Supplémentaires et de 800 000 € pour ses propres biens. En l'espèce, comme il est seul redevable de la valeur de l'immeuble, soit 800 000 €, le capital manquant, soit 200 000 €, sera saisi sur sa propre indemnité. Il ne sera donc indem-

nisé qu'à hauteur de 600 000 € pour ses biens propres, ce qui peut se révéler insuffisant pour reprendre une activité normale.
Ce cas de figure n'existe que dans les polices à capitaux, et non dans les contrats pour lesquels les garanties des bâtiments, ou des risques locatifs, sont basées sur la superficie totale développée des locaux.

6568. Il faut également relever que la location des toitures par une entreprise tierce qui va y exploiter des panneaux photovoltaïques doit attirer l'attention des assureurs. En effet, l'entreprise exploitante des panneaux est soumise aux dispositions du Code civil : si une défaillance des panneaux photovoltaïques entraîne un incendie puis la perte du bâtiment et de son contenu, cette entreprise devra indemniser le bailleur de la perte du bâtiment sur la base des responsabilités locatives (ruine du bâtiment... et pas seulement que de la seule toiture !) mais également du contenu sur la base de la communication d'incendie. Dans cette situation, on ne saurait-trop préconiser une renonciation réciproque à recours entre le bailleur et le locataire exploitant des panneaux photovoltaïques.

§ 3 ■ Cas particulier de co-occupation du propriétaire

6569. Cette co-occupation ne dispense nullement le locataire de ses responsabilités mises en jeu si le local devait subir des dommages pendant son occupation. Néanmoins cette situation, compte tenu de sa complexité, doit être évoquée ici.
Tout d'abord, la présomption de responsabilité du locataire vis-à-vis du preneur (fondée sur les articles 1733 et 1734 du Code civil) n'est plus applicable car elle suppose que le/les locataire(s) ai(en)t une jouissance exclusive du bien (Civ. 3e, 17 juillet 1986, n° 85-11.108 et Civ. 3e, 15 février 1995, n° 92-19.913).

6570. D'autre part, lorsque le preneur et le bailleur occupent un même local (communauté de jouissance), le locataire ne sera tenu que de sa seule faute si la jouissance du bailleur est identique à celle d'un autre locataire. Dans l'affirmative, les dispositions de l'article 1734 du Code civil lui seront applicables (Civ. 3e, 22 juin 1977, n° 76-10.490 et Civ. 3e, 30 novembre 83, n° 82-14.206). Enfin, lorsque le bailleur a la jouissance exclusive d'un local situé dans le bâtiment loué, les dispositions des articles 1733 et 1734 du Code civil ne s'appliquent que si le propriétaire prouve que l'incendie n'a pas pris naissance dans la partie qu'il occupe. Si l'incendie est d'origine inconnue, le propriétaire ne disposera d'un recours que s'il prouve la faute du/des locataire(s).

§ 4 ■ Cas particulier des aménagements réalisés par le locataire

6571. Ce sont des installations, réalisées par le locataire, qui ne peuvent être détachées du bâtiment sans être détériorées, ou sans détériorer la construction. Ces aménagements peuvent être coûteux et indispensables à l'activité de l'assuré (réseau informatique, climatisation, alimentation des fluides, chauffage, etc.).

6572. Ces éléments, se trouvant incorporés dans l'immeuble, verront leur propriété transférée au bailleur qui deviendra le créancier de l'indemnité représentant leur valeur.
Pour connaître le moment du transfert de propriété, il convient impérativement d'avoir communication du bail :
- le bail prévoit le transfert des aménagements, au bailleur, dès leur réalisation / incorporation dans les biens loués: le bailleur devient immédiatement créancier de l'indemnité représentant la valeur de ces aménagements. La garantie des risques locatifs (valeur du bâtiment) doit donc inclure cette somme, et le locataire doit souscrire une garantie des « pertes financières sur aménagements » à hauteur de ses investissements réalisés. Cette

garantie, lui permettra de ne pas avoir à réinvestir pour réaliser ses travaux suite à sinistre, l'assureur couvrant alors les sommes engagées pour réaliser les aménagements. Notons que, comme le locataire connaît la valeur des aménagements, ce poste est soumis à l'application de la règle proportionnelle de capitaux ;
- le bail prévoit le transfert des aménagements au bailleur, lors de l'expiration du bail :
* avant la date du transfert, la valeur de ces aménagements sera ajoutée à la valeur des biens du locataire (contenu) ;
* à compter du transfert de propriété, cette valeur sera ajoutée à la valeur du bâtiment (garantie des risques locatifs), le locataire devant alors souscrire une garantie des « pertes financières sur aménagements » à hauteur de la valeur des investissements réalisés.

6573. Il faut relever que, selon la Cour de cassation, le renouvellement du bail par tacite reconduction induit la cessation du bail initial, suivi de la conclusion « tacite » d'un nouveau bail sur les mêmes bases contractuelles. Ainsi, lors de cette reconduction, la propriété des aménagements se trouvera automatiquement transférée au bailleur ; ce dernier devenant créancier de l'indemnité à hauteur de leur valeur. On ne saurait trop conseiller, d'être très vigilent sur le moment de ce transfert, pour mettre à niveau de contrat d'assurance du locataire. On peut également prévoir cette garantie dès la réalisation du contrat.

6574. Cette garantie des « pertes financières sur aménagements » sera mise en œuvre si le bailleur, bien qu'ayant perçu l'indemnité représentant la valeur des aménagements, ne les reconstitue pas lors de la reconstruction du bâtiment. En effet, le bailleur n'est pas tenu de les reconstituer malgré la perception de l'indemnité.

§ 5 ▪ Régime de la sous-location

6575. Le bailleur ne peut agir directement, à l'encontre du sous-locataire, sur la base de l'article 1733 du Code civil : le sous-locataire est un tiers au contrat de location conclu entre le bailleur et le locataire principal. La seule action « directe » possible, sera celle fondée sur l'article 1242 alinéa 2 du Code civil (ex-article 1384 alinéa 2 du Code civil) : « Toutefois, celui qui détient, à un titre quelconque, tout ou partie de l'immeuble ou des biens mobiliers dans lesquels un incendie a pris naissance ne sera responsable, vis-à-vis des tiers, des dommages causés par cet incendie que s'il est prouvé qu'il doit être attribué à sa faute ou à la faute des personnes dont il est responsable ».

6576. Compte tenu du fait que nous sommes dans un régime de faute prouvée, le bailleur sera bien plus fondé à agir à l'encontre du locataire principal. Ce dernier, répondra des dommages causés par son sous-locataire, sur la base de l'article 1735 du Code civil : « Le preneur est tenu des dégradations et des pertes qui arrivent par le fait des personnes de sa maison ou de ses sous-locataires ». Il y aura donc un renversement de la charge de la preuve, le locataire principal étant alors présumé responsable des dommages.

6577. Si le locataire principal prouve que le sous-locataire a une jouissance exclusive des locaux, ou que l'incendie n'a pas débuté dans sa partie privative, seul le sous-locataire sera tenu d'indemniser le bailleur. Ainsi, même si le sous-locataire est un tiers au contrat de bail, il peut répondre de la perte totale du bâtiment. Il n'est donc pas dispensé de souscrire une couverture d'assurance à hauteur de la valeur du bâtiment occupé.

§ 6 ▪ L'occupant sans titre

6578. Le local peut être occupé par une entreprise sans qu'un bail n'ait été conclu, cette occupation pouvant même être réalisée à titre gratuit. Ce cas de figure ne dispense pas l'occupant d'une responsabilité à l'égard du propriétaire du bâtiment.

6579. Cette responsabilité était régie par l'ancien article 1302 du Code civil, qui visait le détenteur d'un corps certain : « Lorsque le corps certain et déterminé qui était l'objet de l'obligation vient à périr, est mis hors du commerce, ou se perd de manière qu'on en ignore absolument l'existence, l'obligation est éteinte si la chose a péri ou a été perdue sans la faute du débiteur et avant qu'il fût en demeure.

6580. Lors même que le débiteur est en demeure, et s'il ne s'est pas chargé des cas fortuits, l'obligation est éteinte dans le cas où la chose fût également périe chez le créancier si elle lui eût été livrée.

6581. Le débiteur est tenu de prouver le cas fortuit qu'il allègue.
De quelque manière que la chose volée ait péri ou ait été perdue, sa perte ne dispense pas celui qui l'a soustraite, de la restitution du prix. »
Cet article est devenu l'article 1242-5 du Code civil au 1er octobre 2016 : « Le débiteur d'une obligation de remettre un corps certain est libéré par sa remise au créancier en l'état, sauf à prouver, en cas de détérioration, que celle-ci n'est pas due à son fait ou à celui de personnes dont il doit répondre. »
Il pèse donc, sur l'occupant, une présomption de responsabilité qu'il ne peut écarter qu'en démontrant que la perte du bien a été causée par un cas fortuit, ou s'il prouve son absence de faute. Ce régime de responsabilité étant proche de celui de la location, l'occupant sans titre doit également contracter une assurance couvrant sa responsabilité encourue lors de la perte de l'immeuble occupé.

§ 7 ▪ Responsabilité locative en Alsace-Lorraine

6582. Le régime de responsabilité applicable dans les départements du Bas-Rhin, Haut-Rhin et Moselle, est spécifique. En incendie, sans exonérer le locataire de ses obligations de restituer le bien pris en location, sa responsabilité n'est pas présumée. Il convient alors au bailleur de prouver la faute du preneur comme dans le cadre des recours des voisins et de tiers fondé sur 1242 alinéa 2 du Code civil (article 1384 alinéa 2 avant le 1er octobre 2016).

Section 2 ▪ Le contenu des locaux professionnels

Sous-section 1 ▪ Définitions

6583. Font partie intégrante du contenu, tous les objets se trouvant dans l'établissement et concourant à son activité. Selon le contrat, leurs valeurs peuvent être réparties sur plusieurs postes de garanties, ou être agglomérées dans un seul.

6584. Entrent dans le contenu les éléments suivants :
- le matériel professionnel qui est constitué par tout objet, machine ou équipement concourant à l'exercice de l'activité de l'établissement. En font partie, le matériel électrique et électronique, ainsi que les aménagements spécifiques (rayonnages, présentoirs…) ;
- les marchandises qui sont destinées à être transformées ou vendues. Les produits semi-finis ou en cours de production qui doivent être valorisés ;
- les matières premières, approvisionnements, emballages se rapportant à l'activité exercée ;

- les biens confiés à quelque titre que ce soit. L'assurance de ces biens est souvent négligée, mais il ne faut pas oublier que leurs propriétaires disposent d'une action à l'encontre du dépositaire ;
- les objets personnels se trouvant dans les locaux assurés, et non utilisés pour les besoins de la profession. Il s'agit de biens appartenant, ou non, à l'entreprise comme des effets personnels des salariés ou des clients. Généralement, la valeur de ces biens est limitée à une certaine valeur, parfois exprimée en nombre de fois un indice défini au contrat ;
- les fonds et valeurs représentés par les espèces, chèques, chèques restaurants... ;
- les objets de valeur, qui sont des biens dont la valeur unitaire, ou globale dans le cas d'une collection, dépasse un seuil fixé au contrat (exemple : meubles d'époque) ;
- les objets précieux en or, argent, platine et pierres fines ou rares, diamants, sont généralement exclus, sauf s'ils font partie de l'objet de la profession.

Notons que les supports d'information, informatiques ou non (moules, modèles, dessins, archives ...), sont systématiquement traités de manière séparée du contenu, du fait même de leur spécificité technique. Ce point sera développé ultérieurement dans le Sous-titre III.

Sous-section 2 ▪ Cas particulier des biens confiés ou mis en dépôt

6585. C'est l'article 1915 du Code civil qui définit le dépôt : « Le dépôt, en général, est un acte par lequel on reçoit la chose d'autrui, à la charge de la garder et de la restituer en nature ». La responsabilité du dépositaire, prend sa source aux termes de l'article 1927 du Code civil : « Le dépositaire doit apporter dans la garde de la chose déposée, les mêmes soins qu'il apporte dans la garde des choses qui lui appartiennent ». Cette responsabilité s'exerce à propos d'objets, le plus souvent des marchandises, confiés en dépôt. Celui qui confie les objets est dit le déposant, celui qui les reçoit est appelé le dépositaire.

6586. S'agissant d'un régime de responsabilité, il existe des causes d'exonération prévues à l'article 1929 du Code civil : « Le dépositaire n'est tenu, en aucun cas, des accidents de force majeure, à moins qu'il n'ait été mis en demeure de restituer la chose déposée ».

6587. Dans le cadre de ces biens confiés, il est important de demander au prospect s'il n'existerait pas une convention de dépôt passée entre le déposant et le dépositaire. Dans l'affirmative, il faut l'étudier afin de connaître les obligations du dépositaire, et par voie de conséquence les garanties à souscrire.

Ces biens peuvent être assurés soit par le dépositaire, soit par le déposant.

§ 1 ▪ L'assurance du dépositaire pour le compte du déposant

6588. Le dépositaire peut assurer sa responsabilité à l'égard des objets constitués en dépôt, mais cette garantie ne sera mise en œuvre que s'il est reconnu responsable de leur perte. Il peut alors substituer, à cette garantie de responsabilité civile, une garantie de dommages en assurant ces objets pour le compte du déposant. Ce dernier, acquière alors la qualité d'assuré dans les limites du contrat souscrit. Dans cette hypothèse, les marchandises se trouvent donc garanties et ce, que la responsabilité du dépositaire soit engagée ou non. Cette assurance pour compte, est réalisée le plus souvent à la demande du déposant, d'où l'intérêt de demander si une convention de dépôt a été rédigée.

§ 2 . L'assurance du déposant

6589. Le déposant, peut choisir d'assurer directement ses biens confiés à des tiers, en souscrivant une garantie de type « marchandises en tous lieux ». Cette garantie s'applique dans les conditions du contrat souscrit ; charge à l'assureur, en tant que subrogé dans les droits de son assuré, d'exercer un recours à l'encontre du dépositaire responsable. De fait, lorsque le déposant renonce à recourir contre le dépositaire, il doit en informer son assureur.

Chapitre 2
Les valeurs à garantir

BIBLIOGRAPHIE

L'Argus de l'assurance

Ouvrages. – J. Bigot (sous dir.), *Code des assurances*, L'Argus éd. – Ph. Laroche, *Les assurances dommages aux biens de l'entreprise*, L'Argus éd. 2016 – J. Landel, *Lexique des termes d'assurance*, L'Argus éd. 2014.

6590. Selon son assujettissement à la TVA, les valeurs à prendre en compte par l'assuré au titre du contrat d'assurance, devront être exprimées Hors Taxe ou Toutes Taxes Comprises. Une exception toutefois, lorsque nous sommes en présence d'une personne physique propriétaire non-occupant, alors que l'occupant est une société assujettie à la TVA : les biens de l'entreprise doivent être assurés hors taxe, mais les risques locatifs doivent correspondre à la valeur de reconstruction de l'immeuble toutes taxes comprises.

6591. Différentes valeurs sont définies dans les contrats d'assurance. Attention, ces dernières ne correspondent en rien aux valeurs comptables qui tiennent compte, quant à elles, d'un amortissement.

6592. Pour les déterminer, soit l'entrepreneur connaît les valeurs d'achat du matériel et de reconstruction des bâtiments, soit il peut faire appel aux services d'un expert d'assuré. Ce dernier fixera les valeurs des bâtiments et du matériel en faisant apparaître d'une part la valeur de reconstruction ou de remplacement à neuf et, d'autre part, la valeur, vétusté déduite.

Section 1 . La valeur économique

6593. Historiquement, cette valeur économique est apparue, dans les contrats d'assurance, pour moraliser les risques et éviter les tentatives de sinistres conjoncturels. En effet, un bâtiment peut avoir une faible valeur de vente, du fait de son agencement le rendant impropre à accueillir une entreprise moderne, mais avoir une valeur de reconstruction élevée du fait de la nature des matériaux utilisés.

6594. Pour un établissement ne comportant qu'un seul bâtiment, la valeur économique est celle représentée par la valeur de vente de ce bâtiment, avant sinistre, augmentée des frais de déblais et de démolition tout en étant diminuée de la valeur du terrain nu. Pour un établissement comportant plusieurs bâtiments, elle sera égale à la fraction que représente la valeur de vente du ou des bâtiments endommagés, par rapport à la valeur totale des bâtiments avant sinistre. Cette valeur sera également augmentée des frais de déblais et de démolition, tout en étant diminuée de la valeur du terrain nu.

6595. Sont généralement destinés à être assurés en valeur économique, les bâtiments que l'assuré ne reconstruirait pas après sinistre.

Section 2 . La valeur d'usage

6596. Également nommée valeur de reconstruction vétusté déduite pour les bâtiments/aménagements, ou de valeur de remplacement vétusté déduite pour le mobilier et le matériel, cette valeur est constituée :
- pour un bâtiment : de sa valeur de reconstruction déduction faite d'un coefficient de vétusté lié à son état général et à son entretien ;
- pour le mobilier : de sa valeur de remplacement déduction faite de sa vétusté ;
- pour le matériel : de sa valeur de remplacement, par un bien de rendement identique ; déduction faite de sa vétusté.

6597. Dans les contrats, cette valeur est parfois également appelée « valeur d'assurance ».

Section 3 . La valeur à neuf

6598. Au-delà d'une assiette de cotisation, la valeur à neuf est surtout une modalité d'indemnisation spécifique, qui va consister à remettre l'assuré dans la situation patrimoniale qui aurait été la sienne si le sinistre n'avait pas eu lieu ; l'impact de la vétusté demeurant à sa charge sera annulé ou fortement réduit. L'indemnisation des biens, ou des bâtiments, assurés en valeur à neuf se déroulera en deux temps :
- indemnisation, dès fixation du préjudice de perte, en valeur de reconstruction ou de remplacement vétusté déduite. Il s'agit de « l'indemnité immédiate » ;
- indemnisation, après reconstruction des bâtiments et/ou remplacement du matériel, de la vétusté déduite dans un premier temps. Ce paiement sur production des factures, ou de mémoires, se nomme « l'indemnité différée ».

6599. L'obtention de ce dernier paiement est liée à trois conditions cumulatives, sauf impossibilité absolue indépendante de la volonté de l'assuré, qui sont :
- le remplacement du bien, ou reconstruction du bâtiment, dans un délai de 2 ans après le sinistre ;
- une reconstruction faite aux mêmes lieux, sans modification importante de l'activité ;
- une vétusté n'excédant pas 25 % de la valeur à neuf du bâtiment ou du matériel. Selon le contrat, ce coefficient de vétusté atteint parfois les 33 %.

6600. Dans les contrats d'assurance actuels, la valeur à neuf est proposée en garantie de base, mais il convient d'être attentif aux coefficients de vétusté applicables aux biens et bâtiments qui, selon le cas, peuvent ne pas justifier une telle modalité d'assurance (ex : parc de machines à 40 % de vétusté).

Section 4 . Cas particuliers

Sous-section 1 . Les risques locatifs ordinaires ou supplémentaires

6601. En ce qui concerne les capitaux à retenir au titre des responsabilités locatives, ils doivent impérativement correspondre à la valeur de reconstruction à neuf des bâtiments. La Cour de cassation à estimé en effet que « la déduction d'un coefficient de vétusté sur la valeur du bien ne replace pas le propriétaire dans la situation où il se serait trouvé si le fait dommageable ne s'était pas produit » (Civ. 3e, 19 juillet 1995, n° 93-16.106).

6602. Sauf à ce que le bailleur ne fournisse au locataire une estimation de la valeur de son bien, le recours à un expert d'assuré sera nécessaire. Ainsi, le locataire connaîtra exactement la valeur à neuf des bâtiments à assurer au titre de ses risques locatifs. Ce point est d'autant plus important que les capitaux fixés au titre des risques locatifs ordinaires, sont soumis à l'application de la règle proportionnelle de capitaux. Rappelons, au-delà de cette sanction, les risques pris par un locataire sous-estimant les capitaux à assurer au titre de ses risques locatifs, face à un bailleur créancier privilégié. Dans un arrêt de 2010 (Civ. 3e, 8 avr. 2010, n° 08-21.393) la Cour de cassation prend en compte la volonté effective du bailleur de reconstruire son bien pour déterminer son droit à indemnisation : le bailleur perd droit à son indemnisation en valeur à neuf lorsqu'il vend le bien sinistré à un tiers. En effet, de par cette action de vente il a abandonné toute idée de reconstruction du bien incendié. Il perd également les indemnités liées aux frais de reconstruction (architecte, contrôleur technique, etc.).

Sous-section 2 . Les constructions sur le terrain d'autrui, biens frappés d'expropriation

6603. Il résulte des dispositions de l'article 555 du Code civil que le propriétaire, à l'expiration du bail, a le choix entre trois solutions :
- exiger la démolition du bâtiment ;
- garder la construction, en versant une indemnité correspondant au coût des matériaux et de la main-d'œuvre ;
- verser une indemnité conventionnelle lorsque cela a été contractuellement convenu.

6604. Si les bâtiments peuvent être reconstruits sur les lieux loués, et que la reconstruction est effectuée dans les délais prévus au contrat d'assurance, l'indemnité sera versée sur justification de l'exécution des travaux. La valeur à prendre en compte peut alors être celle correspondant à la valeur à neuf.

6605. Toutefois, il se peut que le propriétaire légitime du terrain s'oppose à cette reconstruction. En ce cas, pour connaître l'indemnité à laquelle peut prétendre le propriétaire des bâtiments, il faudra alors se reporter à la convention passée entre les deux parties.

6606. Lorsque le propriétaire des constructions devait être indemnisé par le propriétaire du sol, de tout ou partie des constructions, l'indemnité due au titre des bâtiments se limitera à ce qui était contractuellement prévu. À défaut de convention de ce type, les constructions seront indemnisées à hauteur de la valeur des matériaux, évalués comme matériaux de démolition.

6607. En ce qui concerne les biens frappés d'expropriation, ces derniers seront garantis à la valeur des matériaux estimés comme matériaux de démolition.

Sous-section 3 ■ Les valeurs du contenu

6608. En ce qui concerne les approvisionnements, les matières premières et les marchandises destinées à être vendues, les valeurs à retenir sont celles correspondant à leur prix d'achat frais de transport et douane compris. Il faut être vigilant aux variations des cours des matières premières qui, à stock constant, peuvent fortement modifier les capitaux à assurer.

6609. Pour le mobilier et le matériel professionnel, la démarche est identique tout en veillant particulièrement au fait que les frais de transport et d'installation des machines sont à prendre en compte.

6610. Les produits finis ou semi-finis sont à estimer au coût de production, à l'exception des marchandises vendues fermes qui seront à garantir en prix de vente.

■ Chapitre 3
Les dispositions spécifiques aux capitaux assurés

Section 1 ■ L'application de la règle proportionnelle de capitaux

6611. L'article L. 121-5 du Code des assurances dispose que « s'il résulte des estimations que la valeur de la chose assurée excède au jour du sinistre la somme garantie, l'assuré est considéré comme restant son propre assureur pour l'excédent, et supporte, en conséquence, une part proportionnelle du dommage, sauf convention contraire ».

6612. Ainsi, l'indemnité versée sera proportionnellement réduite selon le ratio existant entre les valeurs assurées et la valeur réelle des biens au jour du sinistre. En cas de sinistre total, l'indemnisation se limitera aux pleins des capitaux garantis, l'assuré restant son propre assureur pour l'excédent.

6613. Dans la majorité des contrats est prévue une dérogation conditionnelle à l'application de la règle proportionnelle de capitaux : cette dernière ne sera pas appliquée si l'écart entre le capital garanti et les valeurs estimées au jour du sinistre, ne dépasse pas un certain pourcentage (de 10 % à 20 %). Certains contrats prévoient même une dérogation totale à l'application de cette sanction.

6614. Signalons que pour qu'il y ait application de cette sanction encore faut-il que des capitaux soient exprimés dans le contrat : Ainsi, lorsqu'une insuffisance apparaît dans la déclaration de la superficie assurée (dans un contrat garantissant les bâtiments selon leur m^2) nous serions en face d'une règle proportionnelle de prime et non de capitaux. Il faut préciser que l'application de la règle proportionnelle de prime est d'ordre public et que donc nul ne peut déroger à son application.

Section 2 ▪ Le suivi des capitaux assurés

6615. Les capitaux d'une entreprise sont susceptibles d'évoluer du fait de nombreux facteurs : achats de nouveaux matériels, modification technologique entraînant un changement dans le processus de fabrication, fluctuations saisonnières d'activité, forte augmentation des matières premières...

6616. Les causes sont en fait aussi diverses que les entreprises elles-mêmes. Toutefois, si certaines se révèlent imprévisibles, d'autres peuvent être programmées dans le temps. La règle de base, reposant sur l'adéquation entre les capitaux déclarés par le souscripteur et le montant réel des existences, est toujours valable. Il existe néanmoins différents systèmes d'adaptation.

6617. Ces systèmes ne peuvent en aucun cas décharger le souscripteur de son obligation de déclarer régulièrement l'évolution de ses capitaux, mais ils constituent un cadre contractuel permettant de tenir compte de ce phénomène.

6618. Les formules d'assurance adaptables sont les suivantes : adaptation périodique, assurance avec estimation préalable, assurance révisable, assurance en compte courant.

Sous-section 1 ▪ L'adaptation périodique ou indexation

6619. Cette formule, particulièrement répandue, permet une évolution automatique des capitaux assurés en fonction de l'évolution d'indices. En ce qui concerne les contrats professionnels, ce sont les indices « Risques Industriels » et « Fédération Française du Bâtiment », qui sont les plus utilisés.

6620. Ainsi, sauf évolution spécifique des capitaux, les sommes assurées (y compris donc les franchises exprimées en euros), se révèleront normalement suffisantes en cas de sinistre... à la condition qu'elles aient été correctement estimées à l'origine du contrat.

6621. Le principe de cette adaptation périodique est simple : à chaque échéance, tous les capitaux du contrat sont modifiés, dans le rapport existant entre l'indice d'origine et celui existant à l'échéance. Il en est de même lors de la réalisation d'avenants en cours d'année, à l'exception du poste de garantie visé par l'avenant. Néanmoins, il faut conserver à l'esprit qu'en cas d'augmentation significative des valeurs (ex : les métaux), l'adaptation périodique ne dispense pas le souscripteur de revoir ses capitaux en cours d'année. A défaut, la sanction de la règle proportionnelle de capitaux demeurerait applicable.

Sous-section 2 . L'estimation préalable

6622. L'idée présidant à cette forme d'assurance est simple : l'assuré mandate un expert agréé pour qu'il fixe la valeur de l'ensemble de ses biens mobiliers et immobiliers. Cette estimation permettra au client de connaître précisément les valeurs à assurer, tout en donnant à l'assureur une vision globale de son engagement. Chaque compagnie fixe les règles de validité de cette expertise, ainsi que les modalités tarifaires qui y sont attachées.

6623. De manière générale cette estimation préalable, dont la validité communément admise est de 5 ans, entraine :
- une renonciation conditionnelle à l'application de la règle proportionnelle de capitaux ; les investissements réalisés en cours d'année devant être déclarés à l'assureur, à défaut de quoi, la sanction de la règle proportionnelle de capitaux redeviendrait applicable ;
- une réduction tarifaire de l'ordre de 10 % sur la cotisation incendie ;
- ceci étant conditionné au renouvellement de l'expertise tous les 5 ans.

Sous-section 3 . L'investissement automatique et la garantie éventuelle

6624. Dans ces clauses, l'assureur accepte de garantir, aux conditions du contrat, un capital additionnel. Un capital, correspondant à ces engagements, est mentionnée aux dispositions particulières du contrat ; l'assuré peut investir librement en cours d'année dans cette limite.

6625. Dans le cadre de la garantie éventuelle, pour qu'il y ait prise de garantie, l'assuré est tenu d'informer son assureur de la date et du montant des acquisitions. La régularisation de la cotisation relative à ces acquisitions, se fait au prorata temporis entre la date de prise d'effet et celle de l'échéance annuelle suivante.

6626. En ce qui concerne l'investissement automatique, l'assuré n'informe son assureur des investissements réalisés, qu'à l'échéance annuelle du contrat. La régularisation s'effectuant alors a posteriori.
Certains intercalaires intègrent les deux clauses d'investissement automatique et d'assurance éventuelle, parfois avec les mêmes capitaux.
L'intérêt de ces formules réside dans le fait que l'assureur connaît par avance le montant maximum de ses engagements : cela lui permet d'éviter d'avoir à rechercher de la capacité (réassurance facultative, coassurance...), si des demandes d'augmentation de capitaux sont réalisées en cours d'année (sur la coassurance, voir Partie 1, Titre 1, Sous-titre 1, Chapitre III – Division et transfert de risques).
Quant à l'assuré, ce dernier est à l'abri d'une modification des conditions tarifaires, ou de garanties, pour ces nouveaux biens.

Sous-section 4 . L'assurance des marchandises révisable

6627. Ce type de modalité d'assurance est à réserver aux entreprises dont la valeur des stocks est amenée à fluctuer de manière régulière en cours d'année.

6628. Dans ce cadre, on intègre dès la souscription du contrat, le fait que l'entreprise est sujette à des variations de stocks en cours d'année. L'assuré déterminera le stock maximum atteint en cours d'année et, partant de ce chiffre, l'assureur fixera son plafond de garantie. Une fois ce capital déterminé, l'assuré s'engage à déclarer mensuellement les valeurs réellement présentes dans l'établissement.

6629. En début d'année, il sera perçu une cotisation provisionnelle basée sur le plafond de garantie. Elle fera l'objet d'une régularisation, en fin d'exercice, sur la base des existences réellement déclarées par l'assuré. Cette régularisation s'effectuera sur la valeur moyenne des existences constatées au cours de l'exercice écoulé. En cas de non-déclaration d'un ou plusieurs états de stocks mensuels le capital retenu, pour le ou les mois considérés, sera égal au montant du plafond de garantie.

6630. L'assureur doit demeurer attentif aux valeurs déclarées, car la règle proportionnelle de capitaux devient applicable lors des dépassements du plafond de garantie. Lorsqu'il est constaté de tels dépassements dans les déclarations mensuelles, il faut attirer l'attention de l'assuré sur ce fait, et modifier le contrat en conséquence. On notera que la tolérance admise dans le montant des existences, avant application de la règle proportionnelle de capitaux, ne s'applique pas à cette forme d'assurance.

6631. Cette formule d'assurance n'a aucunement pour but de décharger l'assuré de ses obligations de suivi de capitaux, mais simplement de faciliter sa gestion et d'avoir une cotisation sur marchandises parfaitement adaptée à sa situation. Comme pour toutes les garanties de type révisables, les capitaux assurés ne sont pas indexés.

6632. Pour les établissements dont l'activité est saisonnière, il suffit de fixer au contrat des capitaux différents selon cette saisonnalité en identifiant les périodes. Ainsi, la gestion du contrat sera moins lourde qu'en optant pour une formule révisable.

Sous-section 5 . Le report des excédents

6633. Ces dispositions, intégrées dans les modalités d'indemnisation, permettent d'atténuer les conséquences de l'application de la règle proportionnelle de capitaux. En effet, il peut arriver que, sur les postes de garantie soumis à l'application de cette règle, certains se révèlent sous-évalués alors que d'autres seront surévalués. Il ne serait donc pas logique de sanctionner l'assuré sans tenir compte des excédents de garanties constatés.

6634. Dans une telle situation, les excédents seront répartis sur les postes sanctionnés par la règle proportionnelle de capitaux, au prorata des insuffisances constatées. Ce report ne peut s'effectuer que sur des postes de garantie présentant un taux de cotisation inférieur ou égal à celui du poste excédentaire.

6635. Une dérogation technique à ce principe existe pour le capital choisi au titre des Risques Locatifs Supplémentaires : ce capital pourra être reporté sur celui des Risques Locatifs Ordinaires en cas d'insuffisance de ce dernier, ce report s'effectuant alors au prorata des taux de cotisation.

Sous-section 6 . La Limitation Contractuelle d'Indemnité

6636. Il est possible de prévoir au contrat une Limitation Contractuelle d'Indemnité (LCI). Ce choix ne doit pas être imposé au client, mais doit bien faire l'objet d'une analyse conjointe de faisabilité. Elle constitue, sans modifier les autres dispositions du contrat, l'engagement maximum de l'assureur suite à un sinistre. Cela lui permettra, si cette option est acceptée par le client, de conserver un risque dans sa totalité sans recourir à de la coassurance, ou de rechercher une couverture de réassurance facultative.

6637. Pour le client, ce choix peut être réalisé s'il possède plusieurs sites d'exploitation distincts et susceptibles de ne pas être touchés par un même sinistre. La Limitation Contractuelle d'Indemnité représentant alors la valeur des capitaux assurés du site le plus important. Toutefois, ceci n'est « sécurisant » qu'au regard d'événements accidentels et peut être mis à mal face à des événements naturels d'ampleur nationale ou liés à des actes de malveillance. Elle n'a aucune influence sur les limitations spécifiques à certaines garanties, ou certains biens, lorsque ces dernières lui sont inférieures. De même, la Limitation Contractuelle d'Indemnité ne fait pas obstacle à l'application de la règle proportionnelle de capitaux.

6638. Attention à ne pas détourner cette Limitation Contractuelle d'Indemnité de ses objectifs, car elle a trop souvent été utilisée pour faire en sorte que le contrat ne soit pas soumis au GAREAT. Cette tendance est dangereuse car, sous couvert de permettre à l'assuré de limiter la contribution GAREAT, elle peut gravement obérer les possibilités de reprise d'activité de l'établissement si cette somme a été fixée arbitrairement et sans étude préalable. Le GAREAT sera développé ci-après, dans la Section 4 (Les garanties légiférées). Ainsi une Limitation Contractuelle d'Indemnité ne doit pas être inférieure à la valeur du Sinistre Maximum Possible (SMP) qui est calculé comme suit par l'assureur.

6639. Il s'agit du montant total des biens susceptibles d'être détruits par un incendie donné dans les conditions les plus défavorables. Généralement, ce montant se détermine à partir de la valeur totale des existences assurées (contenu et contenant) sur un bâtiment ou groupe de bâtiments séparés par une distance inférieure à 10 mètres, déduction faite de la valeur des biens séparés par un mur coupe-feu (REI 240Mn) sans ouvertures.

6640. Dans le cas d'un groupe de bâtiments, la distance séparative de 10 mètres pourra, le cas échéant, être augmentée lorsqu'on peut s'attendre à un dégagement calorifique important : cas de constructions comportant des façades en matériaux combustibles, des stockages de grande hauteur, des dépôts d'hydrocarbures, avec aggravation possible en fonction de vents dominants. La distance séparative de 10 mètres minimum s'entend libre de tout stockage de matières combustibles.

6641. Le montant du Sinistre Maximum Possible Dommages Directs est égal au montant de l'agglomération déterminée ci-avant en prenant en compte la valeur des capitaux garantis sur bâtiments (ou risques locatifs), matériels et marchandises auxquels il y a lieu d'ajouter :
- les garanties de frais et pertes ;
- la garantie des Recours des Voisins et des Tiers ;
- la garantie sur investissements automatiques ;
- la garantie éventuelle.

Sous-titre 3
L'assurance des biens

6642. En préalable, le descriptif des garanties qui suit se réfère aux standards de la profession. La base en la matière étant constituée par les conventions spéciales publiées par la Fédération Française des Sociétés d'Assurance. Néanmoins, la portée des garanties peut évoluer d'une compagnie à l'autre et d'un contrat à un autre. Ces nuances sont importantes et seront, autant que faire se peut, relevées dans ce qui suit. Ceci sous-entend que l'approche qualitative des prestations d'assurance induit nécessairement la lecture comparative des différentes garanties, le coût de l'assurance n'étant que l'une des composantes de l'offre.

Chapitre 1
L'incendie et les garanties légiférées - Les garanties annexes à l'incendie

BIBLIOGRAPHIE

L'Argus de l'assurance

Ouvrages. - Ph. Laroche, *Les assurances dommages aux biens de l'entreprise*, L'Argus éd., 2016 – R. Freytag, *Assurances des risques techniques*, T. I et II, L'Argus éd. 2000. – A. Gellion et J. Landel, *L'assurance incendie*, L'Argus éd. 1998.

Revues. - G. Defrance, La clause d'effraction revalidée, L'Argus DJ 23 déc. 05. – S. Gobert, Le vol des bijoux confiés à un professionnel, L'Argus 2007, n° 7031, p. 60 ; Vol, la garantie est acquise au conditionnel, L'Argus 2004, n° 6882, p. 35 ; Garantie financière, l'assureur s'engage comme caution, L'Argus 2005, n° 6936, p. 41. – Robineau, L'assurance des risques financiers de l'entreprise, L'Argus Cah. prat. juin 2001.

Autres documentations

Ouvrages. - Berthin, Lachaud et Pinguet, *L'assurance contre l'incendie*, AF éd. – P. Curtat, *Guide pratique de la souscription des risques industriels incendie*, éd. AF. – Y. Lambert-Faivre, *Assurances des entreprises*, Dalloz. – A. Rosa, *Assurances de l'entreprise*, Delmas. A. d'Urso, *L'incendie frauduleux*, PUAM 1990.

Revues. - J. Barbancey, Incendie, valeur à neuf et enrichissement, Ass. Mut. 88-n° 1-p. 20. – F. Carrot, La fraude à l'assurance, Ass. Mut. 87-n° 3-p. 149. – Ph. Cassin, L'assurance du bien loué en période d'inoccupation, LPA 5.05.03. – Deschamps, Notions d'incendie d'explosion, d'accidents, RGAT 1951. 5. – P. L'Eleu de la Simone, Incendie ou explosion, RGAT 1987. 547. – G. Fray, La protection des logiciels, Ass. Mut. n° 87-n° 1-p. 20. – H. Groutel, Les risques du contrat d'entreprise et la chose assurée contre le risque d'incendie, RCA 88-n° 3. – J. Kullmann, De l'aménagement contractuel de la preuve du vol à la liberté de la preuve du sinistre. La Convention européenne des droits de l'homme à l'assaut du contrat d'assurance. – S. Magnan, Les conditions générales type incendie, RGAT 1982. 278. – A. Marchand, Le vol a ses raisons, Trib. ass. 10/04. – D. Noguera, Liberté de la preuve du sinistre ou condition du jeu de la garantie vol ? RCA 04. Chron. 20. – Robineau, Regard critique sur la jurisprudence protectrice des assurés contre le vol, JCP 2005.I.151.

Section 1 . Définition de l'incendie

6643. Au sens commun du terme, l'incendie est un feu violent, incontrôlé et fortement destructeur. Ainsi en est-il des définitions données par les dictionnaires : « INCENDIE n. m. Emprunté du latin incendium, « embrasement », dérivé de incendere, « allumer ». Feu violent, embrasement qui se propage à un édifice, une maison, une forêt, etc.

6644. Il s'agit donc d'une combustion non maîtrisée, qui entraîne la destruction de divers biens. La combustion se définit, quant à elle, comme un phénomène d'oxydation particulièrement exothermique. Ce dernier point est particulièrement important car il existe deux types de combustions :
- la combustion vive avec dégagement de chaleur, de flammes et de fumées ;
- la combustion lente que sont les phénomènes d'oxydation et de fermentation.

6645. Au-delà du sens commun, le Code des assurances définit la portée de la garantie incendie dans son article L. 122-1 : « L'assureur contre l'incendie répond de tous dommages causés par conflagration, embrasement ou simple combustion. Toutefois, il ne répond pas, sauf convention contraire, de ceux occasionnés par la seule action de la chaleur ou par le contact direct ou immédiat du feu ou d'une substance incandescente, s'il n'y a eu ni incendie, ni commencement d'incendie susceptible de dégénérer en incendie véritable ».
Cette définition nécessite quelques explications pratiques :
- la conflagration est un embrasement généralisé des biens ;
- l'embrasement est la détérioration d'un objet par les flammes, une menace ou un début de conflagration ;
- ainsi que nous l'avons vu, la combustion peut être vive avec flammes ou lente avec la fermentation ou l'oxydation. Ces deux derniers phénomènes sont liés à la nature même des biens. Or, selon l'article L. 122-5 du Code des assurances, les dommages et pertes provenant du vice propre des choses ne sont pas à la charge de l'assureur : les dommages résultant de la fermentation ou de l'oxydation ne sont donc pas garantis ;
- le commencement d'incendie est caractérisé, depuis une jurisprudence du Tribunal civil de Lyon, du 25 juillet 1946, comme étant : « [...] un feu dont les témoins ont eu la crainte raisonnable de ne pouvoir arrêter le développement et les ravages ». Le simple effet de la chaleur, sans qu'il n'y ait eu de commencement d'incendie, ne sera pas pris en compte.

6646. Enfin, il convient de rappeler que selon l'article L. 122-2 du Code des assurances, l'assureur contre l'incendie ne répond que des seuls dommages matériels. Les dommages corporels relèvent, quant à eux, strictement des contrats de responsabilité civile, et ce même s'ils sont directement consécutifs à un incendie atteignant les locaux de l'assuré.

Section 2 . La garantie de l'incendie dans les contrats

6647. L'ensemble de ces textes conduit les assureurs à définir, dans leurs contrats, l'incendie comme étant « une combustion avec flammes en dehors d'un foyer normal, y compris les fumées consécutives ».

6648. De fait, ne relèvent pas de cette garantie les événements suivants :
- les objets tombés ou jetés par inadvertance dans un foyer normal ;

- les dommages occasionnés par le feu aux appareils, destinés par leur usage, à être le siège d'une combustion ainsi qu'à leurs accessoires. Il en est ainsi des dommages atteignant les fours et chaudières, et ce même si ces dommages proviennent d'un emploi défectueux : ces garanties relèvent de contrats bris de machine ;
- les dommages provoqués par la seule action de la chaleur, comme par exemple, la déformation de produits placés à proximité d'un appareil de chauffage, sauf si cet excès de chaleur provient d'un incendie.

6649. En revanche, l'assureur doit obligatoirement prendre en charge des dommages qui, bien que ne résultant pas directement du phénomène de combustion, sont directement consécutifs au sinistre :
- les dommages matériels occasionnés aux objets garantis par les moyens de secours et par les mesures de sauvetage (C. assur., art. L. 122-3) ;
- les seuls dommages matériels occasionnés aux tiers (garantie Recours des Voisins et des Tiers), exception faite des dommages de pollution lorsque l'établissement est classé « soumis à autorisation » selon la réglementation des Installations Classées pour la Protection de l'Environnement –ICPE– (L. n° 76-663, 19 juill. 1976 intégrée dans le Code de l'environnement depuis 2000) ;
- les dommages causés par les fumées de l'incendie. Ces fumées, fortement chlorées et corrosives, génèrent des coûts de décontamination souvent plus élevés que les dommages directs d'incendies limités (ex : 1 kg de câbles électriques dégage suffisamment de fumées chlorées pour contaminer jusqu'à 3 000 m² de bâtiments) ;
- la perte ou la disparition des objets assurés survenus pendant l'incendie. Il y a un renversement de la charge de la preuve, l'assureur ne pouvant s'exonérer qu'en prouvant que la disparition est due à un vol (C. assur., art. L. 122-4).

Section 3 . Les autres événements de la garantie de base incendie

6650. Dans les contrats d'assurance, la garantie de base n'est pas strictement limitée à l'incendie ; sont également pris en compte les dommages consécutifs à divers autres événements.

Sous-section 1 . Les explosions - implosions

6651. Au contraire de l'incendie, le législateur n'ayant pas défini l'explosion et l'implosion, seules les définitions contractuelles encadrent ces événements.

6652. Selon les contrats dommages, l'explosion est définie comme étant l'action subite et violente de la pression ou de la dépression de gaz ou de vapeur. Cette définition est plus large que la seule notion d'explosion, car la dépressurisation est prise en compte ainsi que les conséquences des coups d'eau des appareils à vapeur. Le coup d'eau, ou coup de bélier, est un éclatement provoqué par une surpression due à l'incompressibilité des liquides. Il s'agit de dommages causés par le choc d'une masse d'eau provenant d'une condensation accidentelle dans un système utilisant la vapeur d'eau (turbine à vapeur par exemple).
Cette garantie fait l'objet d'exclusions spécifiques pour :

- les dommages aux compresseurs, moteurs thermiques, turbines, objets ou structures gonflables, causés par une explosion ayant pris naissance à l'intérieur de ces biens ;

- les déformations sans rupture causées à des récipients ou réservoirs par une explosion ayant pris naissance à l'intérieur de ces biens ;

- les dommages d'incendie ou d'explosion prenant naissance à l'intérieur d'un appareil électrique sauf s'ils proviennent d'un objet voisin ;

- les dommages consécutifs à un « coup de feu » qui est dû à un excès de chaleur provoqué par une insuffisance de l'alimentation ou de la circulation de l'eau, qui peut entraîner la fusion, la désagrégation des équipements dans lesquels il se produit.

Notons que ces exclusions sont assurables par le biais de garanties plus spécifiques, telles que le bris de machine ou les dommages électriques.

Sous-section 2. La chute directe de la foudre

6653. Sont couverts à ce titre, les seuls dégâts causés par l'impact direct de la foudre sur les biens assurés, et ce qu'ils soient suivis ou non d'un incendie : déformations liées à la chaleur dégagée lors de l'impact, bris de cheminée ou d'enseignes...

6654. Cette garantie est restrictive, car n'entrent pas dans ce cadre les dommages d'ordre électrique comme la surtension, qui ne sont que des effets indirects de la chute de la foudre. Ces dommages indirects relèvent de la garantie des dommages électriques ou du bris de machine.

Sous-section 3. Les fuites accidentelles des installations de sprinkleurs

6655. Contrairement à ce que l'on pourrait croire, ces fuites ne relèvent pas de la garantie dégâts des eaux, mais bien de la garantie de base incendie pour les risques protégés par un système d'extinction automatique à eau (sprinkleurs). Cette garantie prend en compte les dommages matériels, ainsi que les frais et pertes, consécutifs aux fuites accidentelles de l'installation de sprinkleurs, y compris celles consécutives au gel, ainsi que les dommages occasionnés à ces installations.

6656. Pour ouvrir droit à cette garantie, les installations de ce type doivent être maintenues en parfait état de fonctionnement, mises hors gel, sauf pour celles présentes dans des bâtiments normalement chauffés.

Section 4. Les garanties légiférées

6657. Il s'agit de garanties que l'assureur doit impérativement délivrer du fait de la loi, dès lors qu'il couvre les biens contre l'incendie ; toute clause contraire serait réputée non écrite.

Sous-section 1 . Les catastrophes naturelles

6658. Les forces de la nature, telles que tremblement de terre, éruption volcanique, inondation, raz-de-marée et autres cataclysmes, ont longtemps été considérées comme techniquement inassurables du fait de leur intensité et des difficultés de mutualisation de ce type d'événements.

6659. Le législateur est intervenu avec la loi n° 82-600 du 13 juillet 1982 relative à l'indemnisation des victimes de catastrophes naturelles. Cette loi, reprise dans les articles L. 125-1 et suivants du Code des assurances, établit le principe d'un droit à indemnisation pour les titulaires de contrats d'assurance incendie ou dommages, lorsqu'ils sont victimes de catastrophes naturelles sur les biens situés en France métropolitaine. En outre, si l'assuré est couvert contre les pertes d'exploitation, cette garantie est étendue aux effets des catastrophes naturelles dans les conditions prévues au contrat.

6660. Sont couverts à ce titre, les dommages matériels directs ayant eu pour cause déterminante l'intensité anormale d'un agent naturel, lorsque les mesures habituelles à prendre pour prévenir ces dommages n'ont pu empêcher leur survenance. La mise en œuvre de la garantie est subordonnée à la signature d'un arrêté interministériel déclarant l'état de catastrophe naturelle.

6661. Ce dispositif a été modifié par les lois n° 2004-811 du 13 août 2004 et n° 2007-1824 du 25 décembre 2007. Les contrats doivent, depuis lors, mentionner le niveau des franchises applicables aux catastrophes naturelles, sachant qu'il s'agit de franchises minimales réglementées. Ces dernières sont modulées en fonction du nombre de constatations de l'état de catastrophe naturelle intervenues, pour le même risque, au cours des cinq années pour les communes non dotées d'un Plan de Prévention des Risques Naturels. Les demandes de reconnaissance de l'état de catastrophe naturelle doivent intervenir dans les dix-huit mois suivants le début de l'événement en cause.

6662. Notons qu'un projet de réforme du régime des catastrophes naturelles est en cours d'étude. Il permettrait de moduler les tarifs de cette garantie selon l'exposition au risque, tout en supprimant les arrêtés interministériels de déclaration d'état de catastrophe naturelle.

Sous-section 2 . Les actes de terrorisme ou d'attentats

6663. L'article L. 121-8 du Code des assurances dispose que l'assureur ne répond pas, sauf convention contraire, des dommages occasionnés par la guerre étrangère, la guerre civile, les émeutes ou mouvements populaires. Les conditions générales du contrat d'assurance incendie reprennent cette exclusion en ce qui concerne la guerre étrangère et la guerre civile.

6664. La loi n° 86-1020 du 9 septembre 1986, relative à la lutte contre le terrorisme et aux atteintes à la sûreté de l'État, a eu comme objet :
- de créer un fonds de garantie destiné à réparer les dommages corporels subis par les victimes d'actes de terrorisme. Ce fonds de garantie est alimenté par une contribution perçue sur les contrats d'assurance de biens ;
- de prescrire que les contrats d'assurance de biens ne peuvent exclure les dommages résultant d'actes de terrorisme ou d'attentats commis sur le territoire national. Toute clause

contraire est réputée non écrite. Le Code des assurances reprend ces dernières dispositions à l'article L. 126-2.

6665. Ce dispositif a été amendé par la loi n° 2006-64 du 23 janvier 2006 qui est venue modifier l'article L. 126-2 du Code des assurances, tout en créant l'article L. 126-3. Ces deux articles édictent une obligation de garantir les dommages matériels directs, ainsi que les dommages immatériels consécutifs, subis sur le territoire national, causés par un attentat ou un acte de terrorisme dès lors qu'ils touchent des biens couverts par un contrat d'assurance garantissant les dommages d'incendie ou des corps de véhicules terrestres à moteur.

6666. Hormis le fait que l'on couvre désormais, les conséquences d'actes de terrorismes « subis » sur le territoire national et non plus « commis » sur ce même territoire, les entreprises d'assurance doivent depuis, insérer dans les contrats concernés, une clause étendant leurs garanties aux dommages mentionnés à l'article L. 126-2 du Code des assurances.

6667. En ce qui concerne les « grands risques », ils sont définis au 2° de l'article L. 111-6 du Code des assurances comme étant ceux cumulant deux des trois conditions suivantes :
1° le total de son dernier bilan est supérieur à 6,2 millions d'unités de compte de la Communauté économique européenne ;
2° le montant de son chiffre d'affaires du dernier exercice est supérieur à 12,8 millions d'unités de compte de la Communauté économique européenne ;
3° le nombre de personnes qu'il a employées en moyenne au cours du dernier exercice est supérieur à 250.

6668. Le montant de cette garantie peut être limité à 20 % des capitaux assurés avec un minimum de 20 millions d'euros (C. assur., art. R. 126-1).

6669. Il faut noter que les derniers événements subis par la France ont mis en exergue le problème des dommages causés par les forces de l'ordre lors de leurs interventions. Si ces dommages sont directement liés à un acte terroriste ou un attentat, l'assureur disposera d'un recours à l'encontre de l'Etat français et indemnisera l'assuré victime des dommages subis.
En revanche, pour que ce recours aboutisse, il faut que l'assuré « victime » des désordres soit « tiers » à l'action des forces de l'ordre : ainsi, les désordres causés par des forces de l'ordre intervenant dans le cadre d'une prise d'otage de salariés dans un établissement... ne seront pas remboursés.
Dès lors, il est parfois demandé d'inclure une garantie de type « dommages causés par les forces de l'ordre en opération ». Il convient de vérifier si ces dommages ne seraient pas déjà couverts dans le cadre d'un volet de garantie de type « tous dommages sauf... » mais également d'en maîtriser les engagements autant que faire se peut, ce type de dommages pouvant aller jusqu'à provoquer la ruine de l'immeuble, ce que l'histoire récente a d'ailleurs démontré à Saint-Denis.

Sous-section 3 ▪ Les tempêtes, ouragans, cyclones

6670. À ne pas confondre avec la garantie Tempête, Grêle, poids de la Neige, cette garantie est instituée par l'article L. 122-7 du Code des assurances. Ce dernier, modifié par la loi n° 2001-602 du 9 juillet 2001, dispose que : « Les contrats d'assurance garantissant les dommages d'incendie ou tous autres dommages à des biens situés en France, ainsi que les dommages aux corps de véhicules terrestres à moteur, ouvrent droit à la garantie de l'assuré contre les effets du vent dû aux tempêtes, ouragans et cyclones, sur les biens faisant l'objet de tels contrats, sauf en ce qui concerne les effets du vent dû à un événement cyclonique pour lequel les vents maximaux de surface enregistrés ou estimés sur la zone sinistrée ont atteint ou dépassé 145 km/h en moyenne sur dix minutes ou 215 km/h en rafales, qui relèvent des dispositions des articles L. 125-1 et suivants du présent code.

6671. Sont exclus les contrats garantissant les dommages d'incendie causés aux récoltes non engrangées, aux cultures et au cheptel vif hors bâtiments.
Sont également exclus les contrats garantissant les dommages d'incendie causés aux bois sur pied.
En outre, si l'assuré est couvert contre les pertes d'exploitation, cette garantie est étendue aux effets des tempêtes, ouragans ou cyclones, dans les conditions du contrat correspondant ».
Notons qu'il s'agit d'un article d'ordre public, qui institue une garantie de plein droit, mais qu'au-delà d'une certaine ampleur la prise ne charge de ce type d'événements tombe dans le régime des catastrophes naturelles.

6672. Traditionnellement, les contrats d'assurance caractérisaient la tempête par des vents supérieurs à 100 Km/h, la preuve étant rapportée par la production d'une attestation de la station météo la plus proche. Or, dans le cas de phénomènes très localisés, il s'avérait que les stations météorologiques pouvaient ne pas avoir enregistré de telles vitesses.
De fait, dans les définitions plus récentes de cette garantie, il est fait référence à « des dommages causés par l'action du vent ou d'un corps renversé ou projeté par le vent, lorsque ces phénomènes ont une intensité telle qu'ils détruisent, brisent ou endommagent un certain nombre de bâtiments de bonne construction dans la commune du bien sinistré, ou dans les communes avoisinantes ». Les conséquences indirectes de ces événements sont également prises en compte : cette garantie est étendue aux dommages de mouille, causés par la pluie ou la grêle, qui pénétrerait à l'intérieur des bâtiments sinistrés, et ce dans un délai de 72 heures suivant les dommages causés par ces événements. En effet, au-delà de cette période, des mesures conservatoires doivent avoir été réalisées.

6673. Cette garantie est assortie d'exclusions visant les bâtiments, ou installations, qui n'offriraient pas une résistance suffisante à l'action du vent, ou qui pourraient être couverts par d'autres garanties.
Ne sont donc pas couverts au titre de cette garantie Tempête, Ouragans, Cyclones :
- les dommages résultant d'un défaut de réparations, ou d'entretien, indispensables incombant à l'assuré (tant avant qu'après sinistre), sauf cas de force majeure ;
- les dommages occasionnés directement ou indirectement, même en cas d'orage, par les eaux de ruissellement, l'engorgement et le refoulement des canalisations souterraines et d'égouts, par les inondations, les raz-de-marée, les marées, le débordement de sources, de cours d'eau et, plus généralement, par la mer et autres plans d'eau naturels ou artificiels, ainsi que les dommages causés par les masses de neige ou de glace en mouvement, par un tremblement de terre, une éruption volcanique, l'effondrement, - l'affaissement ou le glissement du sol, les coulées de boues, chutes de pierres et autres cataclysmes. Ces événements relèvent en fait du régime des catastrophes naturelles ;
- les dommages occasionnés par le vent aux bâtiments non entièrement clos et couverts, ainsi qu'à leur contenu ;
- les dommages aux bâtiments suivants et à leur contenu : bâtiments dont la construction ou la couverture comporte, en quelque proportion que ce soit, des plaques de toute nature, non posées et non fixées selon les règles de l'art, bâtiments clos au moyen de bâches ou

dont la construction ou la couverture comporte, en quelque proportion que ce soit, des matériaux tels que carton ou feutre bitumé, toile ou papier goudronné, feuille ou film de matière plastique, non fixés sur panneaux ou voligeage jointif selon les règles de l'art ;
- les dommages aux volets, persiennes, gouttières, chêneaux, stores, enseignes et panneaux publicitaires, panneaux solaires, antennes de radio et de télévision, fils aériens et à leur support, ou occasionnés aux éléments ou parties vitrées de construction ou de couverture (tels que vitres, vitrages, vitraux, glaces, châssis, vérandas, marquises, serres) ainsi que ceux résultant de leur destruction partielle ou totale. Toutefois, le bris des volets, des persiennes, des gouttières, des chêneaux et des éléments ou des parties vitrées de construction ou de couverture, est couvert lorsqu'il est la conséquence de la destruction partielle ou totale du reste du bâtiment ;
- les dommages occasionnés par le vent aux constructions dont les éléments porteurs ne sont pas ancrés selon les règles de l'art dans des fondations, soubassements ou dés en maçonnerie, ainsi que les dommages au contenu de telles constructions ;
- le matériel, les marchandises, le mobilier personnel, les animaux ou les récoltes se trouvant en plein air ; les arbres et plantations.
Fort logiquement, étaient exclus de cette garantie, les dommages causés aux ouvrages dont la nature faisait que la notion d'aléa, base d'un contrat d'assurance, disparaissait de manière quasi-certaine : ouvrages non réalisés dans les règles de l'art, bâtiments non entièrement clos, etc.

6674. Dans certains contrats ces ouvrages sont bien garantis, mais moyennant des modalités de règlement de sinistre adaptées. Nous restions sur le principe bien connu en droit que les conventions librement formées entre les parties tiennent lieu de loi à ceux qui les ont faites.

6675. C'était faire peu de cas de la lecture, faite par la Cour de cassation, de cet article L. 122-7. Le premier arrêt, Civ. 1re, 24 juin 2003, n° 01-00.231 (Sté Ribot c/ MRA Inédit), met à mal ce principe en sanctionnant une cour d'appel, qui avait jugé recevable l'exclusion des bâtiments avicoles en construction légère : « Attendu, cependant, que la cour d'appel avait constaté que ces mêmes bâtiments étaient garantis au titre du risque incendie, ce dont il résultait qu'ils étaient nécessairement garantis au titre du risque tempête en vertu du texte susvisé qu'elle a ainsi violé ».
Une tentative de revirement eu lieu le 12 janvier 2004 (Civ. 1re, 12 janvier 2004, n° 02-16.175) la Cour de cassation relevant alors que « [...] si en vertu de l'article 1er de la loi du 25 juin 1990 devenu l'article L. 122-7 du Code des assurances, les contrats garantissant les dommages d'incendie ouvrant droit à la garantie de l'assuré contre les effets du vent dus aux tempêtes, ouragans et cyclones sur les biens faisant l'objet de ces contrats, l'étendue de cette garantie peut être librement fixée par les parties et n'est égale à celle du risque d'incendie que si les parties n'en ont autrement convenu ».
La seconde chambre de la Cour de cassation clôt le débat par un arrêt du 19 octobre 2006 (Civ. 2e, 19 octobre 2006,n° 05-19.094) : « Vu les articles L. 111-2 et L. 122- 7 du Code des assurances ; Attendu, selon le second de ces textes dont dispositions sont impératives, que les contrats d'assurance garantissant les dommages d'incendie ouvrent droit à la garantie de l'assuré contre les effets du vent dû aux tempêtes, ouragans et cyclones sur les biens faisant l'objet d'un tel contrat ; qu'il en résulte que la garantie tempête ne peut être ni exclue, ni réduite, ni rendue plus onéreuse ».
Ainsi donc, pour la Cour de cassation, l'extension légale de la garantie tempête doit se calquer exactement, et sans la moindre restriction, sur la garantie incendie qui lui sert de support. Si l'assureur désire limiter son engagement au titre du risque tempête, du fait de la nature de la construction de certains bâtiments, il doit d'abord limiter la portée de sa garantie incendie sur ces mêmes biens.

Cette question n'a toutefois pas été abordée du point de vue de l'absence d'aléa quant à l'exposition de ces ouvrages face à un tel événement. Comme le contrat d'assurance est un contrat aléatoire par essence, défini à l'article 1964 du Code civil comme étant « une convention réciproque dont les effets [...] dépendent d'un événement incertain » et que, dans le cas de structures légères et/ou non ancrées au sol selon les règles de l'art, les dommages liés à l'effet du vent ne peuvent que devenir certains... ces biens ne seraient donc pas assurables pour un événement de ce type.
Nous voyons que la prudence est de mise par rapport à l'application de cette garantie. En l'état, la portée des clauses d'exclusions, figurant dans l'ensemble des contrats d'assurance du marché français, est tout à fait relative.

6676. Enfin, selon la rédaction du contrat, la garantie de la valeur à neuf ne s'applique pas aux dommages occasionnés par le vent, la grêle ou la neige. Il est donc important de vérifier ce point lors des comparatifs de garanties.

Sous-section 4 . Le GAREAT

6677. En décembre 2001, le dispositif concernant l'obligation d'assurances a été revu pour les grands risques, afin de prendre en compte les conséquences des attentats du 11 septembre 2001 sur les capacités du marché de l'assurance et de la réassurance.

6678. Il est constitué sous la forme d'un GIE (Groupement d'Intérêt Economique) dénommé GAREAT, qui est l'acronyme de « Gestion de l'Assurance et de la Réassurance des Risques Attentats et Actes de Terrorisme » (www.gareat.com). GAREAT met en place un programme de réassurance au nom et pour le compte de ses adhérents, dont il est mandataire. GAREAT n'a pas vocation à être porteur de risques, ni a mener une activité de courtage. A ce titre, GAREAT n'est soumis ni à l'exigence d'un agrément, ni à un contrôle prudentiel obligatoire par l'Autorité de contrôle prudentiel et de résolution.

6679. Les participants au pool sont :
- les sociétés d'assurances membres de la FFSA et du GEMA, pour lesquelles l'adhésion est obligatoire ;
- les sociétés, autorisées à pratiquer une activité d'assurance directe sur le territoire français, pour lesquelles, en cas d'adhésion, tous les risques éligibles au pool doivent y être cédés.

6680. Les adhérents bénéficient de la garantie de l'Etat pour les grands risques (20 M€ et plus) et au-delà d'un montant de pertes annuelles de 2 480 M€ (seuil d'intervention de l'Etat pour 2016). La rétention des adhérents est de 500 M€. Cette première tranche de co-réassurance est mutualisée entre les membres de GAREAT. La réassurance entre 500 M€ et 2 480 M€ se décompose en 4 tranches : les trois premières de 500 M€, la dernière de 480 M€.

6681. Sont concernés l'ensemble des contrats d'assurance entrant dans le champ d'application de l'article L. 126-2 du Code des assurances (assurances contre les actes de terrorisme). Différentes sections de risques ont été établies.
La Section des risques petits et moyens :
- elle englobe les contrats dont les capitaux assurés (risques directs et pertes d'exploitation mais hors risques locatifs et/ou recours des voisins et des tiers) sont inférieurs à 20 000 000 € ou, en l'absence de capitaux sur bâtiments ou de LCI (incendie ou globale),

ceux dont l'assiette de calcul de la prime des catastrophes naturelles ne dépasse pas les 12 000 €. Ce nouveau seuil de passage aux « grands risques » est effectif depuis le 1er janvier 2016 pour les affaires nouvelles et au 1er janvier 2017 pour les affaires en portefeuille. Notons que sont qualifiés de « risques petits » ceux dont les capitaux sont inférieurs à 6 000 000 €,

- en ce qui concerne les contrats garantissant les ensembles immobiliers, groupes d'immeubles ou ensembles immobiliers (hormis les conditions ci-dessus) lorsque tous les immeubles ne sont pas situés sur la même commune, sont concernés ceux pour lesquels les deux conditions suivantes sont remplies :
  * le total des capitaux assurés au titre du contrat est égal ou supérieur à 20 000 000 €,
  * aucun des immeubles assurés n'a de capitaux égaux ou supérieurs à 20 000 000 €.

La Section des grands risques :

- il s'agit des contrats dont la valeur cumulée des biens assurés et des capitaux de la garantie des pertes d'exploitation (hors garantie des risques locatifs et/ou recours des voisins et des tiers) est égale ou supérieure à 20 000 000 €. En absence de capitaux assurés, sont concernés ceux dont l'assiette servant de calcul à la prime de la garantie des catastrophes naturelles est égale ou supérieure à 12 000 €,
- pour les contrats garantissant les immeubles, groupe d'immeubles et ensembles immobiliers -dont tous les immeubles ne sont pas situés sur la même commune- sont concernés ceux pour lesquels les deux conditions suivantes sont remplies :
  * le total des capitaux assurés au titre du contrat est égal ou supérieur à 20 000 000 €,
  * pour au moins l'un des immeubles, ou groupe d'immeuble, les capitaux assurés sont égaux ou supérieurs à 20 000 000 €.

En cas de coassurance, les seuils s'apprécient au regard des capitaux totaux assurés.

Notons qu'il appartient à chaque coassureur de déclarer son statut (apériteur/coassureur), sa quote-part, la prime dommage aux biens à sa quote-part, les capitaux assurés à 100 % et sa prime GAREAT.

Section 5 ▪ Les exclusions spécifiques de la garantie de base incendie

6682. Il est nécessaire de rappeler qu'un niveau de formalisme strict est exigé, par le Code des assurances, pour qualifier de recevables les exclusions : ces dernières doivent être libellées en caractères très apparents (C. assur., art. L. 112-4) mais également être formelles et limitées (C. assur., art. L. 113-1). A défaut, la sanction est lourde pour les assureurs : les clauses seront réputées non écrites.

6683. Dans la même optique le décret n° 2009-302 du 18 mars 2009, repris dans la circulaire juridique FFSA n° 16/2009 du 26 mars 2009, institue deux listes de clauses abusives :

- la première de 12 clauses dites « noires », qui sont présumées abusives de manière irréfragable ;
- la seconde de 10 clauses dites « grises », qui sont simplement présumées abusives. Le professionnel devra démontrer qu'elles ne sont pas de nature à créer un déséquilibre significatif entre les parties.

6684. Il appartient aux assureurs de vérifier si leurs contrats respectent bien les dispositions de ce décret, sous peine de sanction par les juridictions compétentes.

6685. Les exclusions peuvent être absolues, ou rachetables. Les premières sont, pour la plupart, celles visant des couvertures d'assurance interdites par la loi ou qui ne relèvent pas des assurances de biens. Les secondes sont, soit prévues par la loi mais précédées de la mention « sauf convention contraire », soit la conséquence de considérations techniques.

Sous-section 1 ■ Les exclusions absolues

6686. Les exclusions absolues ne peuvent faire l'objet d'aucun rachat par l'assureur au titre des contrats ; elles sont parfois le fait de la loi.
Les dommages corporels : ces dommages relèvent du domaine des assurances de personnes. Au titre des garanties Incendie/Explosion/Chute directe de la foudre, ne sont indemnisés que les dommages atteignant des biens : immeubles, contenu, biens confiés, risques locatifs, immeubles/contenu des voisins et des tiers. Les dommages corporels seront, quant à eux, pris en charge au titre de la garantie responsabilité civile exploitation si elle a été souscrite.
Le fait intentionnel ou faute dolosive de l'assuré : le contrat d'assurance étant par définition aléatoire, le sinistre intentionnel ne relève pas de l'assurance. Il est, de plus, contraire à l'ordre public : cette exclusion est prévue à l'article L. 113-1 du Code des assurances.
Les amendes, redevances et sanctions pénales et leurs conséquences : elles sont formellement exclues des contrats d'assurance. L'assurance de ces sanctions pénales est contraire à l'ordre public ce qui s'oppose à ce que l'on puisse, par le moyen de l'assurance, se soustraire aux conséquences de sa responsabilité pénale.
Le risque atomique : consécutif aux dommages, ou aggravations des dommages, causés par des armes ou engins destinés à exploser. Il en est de même pour les dommages, touchant directement une installation nucléaire, causés par les combustibles / produit ou déchet nucléaire, ou engageant la responsabilité exclusive de l'exploitant de telles installations.
Le vice propre et le défaut de fabrication : les dommages autres que ceux d'incendie causés aux objets assurés et provenant d'un vice propre, d'un défaut de fabrication, de leur fermentation ou dégradation lente (C. assur., art. L. 122-5 - Seules les pertes dues à la combustion avec les flammes sont couvertes).

Sous-section 2 ■ Les exclusions rachetables

§ 1 ■ Exclusions communes

6687. Il faut relever que le rachat de ces exclusions peut être accepté, ou non, par les sociétés d'assurances. Elles feront alors l'objet d'une extension de garantie spécifique, moyennant cotisation, complémentaire et modalités d'indemnisation adaptées. Dans certains cas, ces garanties relèveront de contrats distincts : bris de machine, vol spécifique...
Les dommages ou aggravation de dommages causés par une source de rayonnement ionisant utilisé hors d'une installation nucléaire : nous retrouvons ces sources ionisantes dans l'industrie ou dans le secteur médical. Il faut noter qu'en ce domaine, les références contractuelles à la classification CIREA pouvant encore exister sont caduques, car cette commission a été dissoute par décret le 22 février 2002. Les clauses de rachat de cette exclusion devraient faire référence aux nouveaux textes en la matière. Ces derniers prévoient un régime de déclaration, ou d'exemption de déclaration ou d'autorisation, selon les

articles R. 511-9 du Code de l'environnement ou R. 1333-17 et suivants du Code de la santé publique. Ce point a fait l'objet de la circulaire FFSA n° 14/2009 du 19 mars 2009.
Les dommages occasionnés par les guerres (civile ou étrangère) : de manière générale ces exclusions, très peu rachetées dans les contrats « Incendie », se retrouvent plus souvent pris en compte dans des domaines d'assurance spécifique (corps de navire/aéronefs, marchandises transportées, facultés...).
Les événements naturels autres que ceux relevant du régime des catastrophes naturelles : ces derniers se trouvent parfois pris en compte dans certains contrats, par le biais d'un volet de garantie spécifique.
Les conséquences d'engagements contractuels pris par l'assuré, dans la mesure où elles excèdent celles auxquelles il serait tenu en vertu des textes légaux ou réglementaires.
Les dommages, autres que ceux d'incendie, résultant de la pression d'un gaz ou d'un fluide introduit volontairement dans une installation à l'occasion d'essais.
Les dommages résultant de vols, y compris ceux perpétrés à l'occasion d'un événement garanti au titre de la garantie incendie.
Les dommages occasionnés directement ou indirectement, même en cas d'orage, par les eaux de ruissellement, l'engorgement et le refoulement des canalisations enterrées et des égouts, par les inondations, les raz-de-marée, les marées, les débordements de sources, de cours d'eau et plus généralement par la mer et autres plans d'eau naturels ou artificiels, ainsi que les dommages causés par les masses de neige ou de glace en mouvement, par un tremblement de terre, une éruption volcanique, l'effondrement, l'affaissement ou le glissement du sol, les coulées de boues, chutes de pierres et autres cataclysmes.

§ 2 ▪ Les dommages électriques

6688. Nous avons vu que sont exclus, de la garantie de base incendie, les dommages d'incendie ou d'explosion d'origine interne des appareils électriques, ainsi que les dommages causés par l'effet indirect de la chute de la foudre. L'exclusion des dommages d'incendie ne vise que ceux causés par un feu « prenant naissance à l'intérieur de ces appareils » ; ces derniers restent garantis si le feu a été communiqué par des objets voisins (incendie d'environnement).

6689. En effet, ces appareils ont une forte exposition au risque de dommages électriques du fait de l'utilisation de l'énergie électrique elle-même, et ce quelle que soit l'activité exercée. De ce fait, et afin de pouvoir leur appliquer une tarification adaptée, ces appareils sont traités par une garantie spécifique « dommages aux appareils électriques et électroniques ».

6690. Attention : cette garantie ne concerne pas le matériel informatique qui fait l'objet de garanties distinctes (Tous Risques Informatiques).
La définition de cette garantie a subi des évolutions dans le temps. Les premières rédactions visaient les dommages « subis par les appareils électriques ou électroniques ». Cette version très large dans sa portée, car visant les appareils pris dans leur globalité, demandait à ce que le capital garanti soit au moins égal à la valeur du matériel le plus cher. À défaut, un sinistre d'origine interne détruisant la totalité ce matériel n'aurait pas été totalement indemnisé : l'assuré conservant à sa charge le découvert correspondant à la différence entre la valeur du matériel et le montant du capital souscrit.
Les dernières définitions de cette garantie couvrent « les dommages causés aux parties électriques et électroniques du matériel professionnel ». Cette définition, nous le voyons, est nettement plus restrictive dans sa portée : le choix d'un capital en premier risque est plus aisé car pouvant alors correspondre à une valeur partielle des matériels. Dans le cas d'un incendie d'origine interne, détruisant la totalité d'un matériel, seules les parties élec-

triques/électroniques relèveraient donc de cette garantie, les autres éléments demeurant indemnisables au titre de la garantie de base incendie. Bien entendu, le corollaire de cette garantie se retrouve exprimé dans les exclusions de l'incendie : sont toujours exclus de la garantie incendie les dommages relevant de la garantie des dommages électriques.

6691. Cette garantie couvre :
- les dommages d'incendie prenant naissance à l'intérieur des appareils ;
- les dommages liés à l'action de l'électricité aux canalisations électriques qui, selon le contrat, peuvent être étendus à celle des canalisations enterrées.
Les exclusions traditionnelles pour les dommages électriques portent sur :
- les moteurs d'une puissance supérieure à 500 kW et les transformateurs d'une puissance de plus de 1 250 kVa ; ces appareils relèvent d'une garantie bris de machine compte tenu des coûts et des délais nécessaires à leur remplacement;
- le matériel de plus de 10 ans d'âge ;
- le matériel mis à disposition de la clientèle, destiné à être vendu ou loués, les matériels d'exposition ou de démonstration ;
- les éléments interchangeables nécessitant, par nature, un remplacement périodique (lampes, balais, charbons...) ;
- les composants électroniques, lorsque le sinistre est limité à un seul élément interchangeable ;
- les matériels informatiques et de bureautique ;
- les dommages causés par l'usure ou des dysfonctionnements mécaniques quelconques.
Cette garantie comporte généralement une vétusté contractuelle, exprimée en pourcentage de la valeur par année d'ancienneté du matériel, ainsi qu'une franchise spécifique.

§ 3 ▪ Les supports d'information

6692. Ce sont les biens dont les caractéristiques techniques font qu'ils sont exclus de la garantie de base incendie : par nature ils ont une valeur unitaire élevée (modèles, moules, gabarits, etc.) et sont fortement vulnérables à l'incendie ainsi qu'aux émanations de fumées corrosives.

6693. À l'instar des dommages électriques cette exclusion est rachetable par une extension de garantie, qui doit être impérativement souscrite lorsque l'établissement dispose, ou détient, ce type de supports.

6694. Au-delà du dommage matériel de la perte du support lui-même, se pose la question du coût généré par la reconstitution des informations détruites.
Cette garantie fait la distinction entre :
- les supports non informatiques d'information : moules, modèles, dessins et archives de toutes natures : papiers, clichés, microfilms... ;
- les supports informatiques d'information : bandes, disques durs, CD-rom, mémoires des ensembles informatiques...

6695. La nature et la portée de la garantie sera différente selon la nature des supports endommagés.
Pour les supports non-informatiques d'informations, cette garantie inclut :
- la reconstitution ou le remplacement des supports matériels (papiers, films, bois, métal, plastique, etc.) ;
- la reconstitution de l'information elle-même (conception, études) ;
- le report de l'information ainsi reconstituée sur un support matériel identique ou équivalent à celui qui a été endommagé ou détruit (réfection du moule, du gabarit...).

6696. Les frais des dossiers d'étude informatique sont exclus de cette garantie et relèvent de contrats spécifiques. Si l'on désire une garantie plus étendue pour les moules et gabarits utilisés dans l'industrie, il est possible d'opter pour une garantie de type « tous risques moules », dont la portée dépend du support contractuel et de la compagnie d'assurance délivrant cette extension.

6697. Pour les supports informatiques d'information, cette garantie est limitée aux seuls frais de duplication, c'est-à-dire ceux engagés pour :
- le remplacement des supports matériels endommagés ou détruits (disques, bandes, etc.) par un support équivalent ;
- le report des informations sur ce support, étant précisé que sont pris en charge les seuls frais correspondant à la simple copie automatique d'un double sur un support identique ou équivalent.
Les frais de reconstitution des informations contenues, soit sur ces supports informatiques, soit dans les dossiers d'étude et d'analyse informatique, sont toujours exclus et relèvent de contrats spécifiques de type Tous Risques Informatiques.

6698. La règle proportionnelle n'est pas applicable à ces garanties.

Section 6 . Les garanties annexes à l'incendie

Sous-section 1 . Les risques spéciaux

6699. Il s'agit d'un ensemble de garanties « optionnelles » que l'on retrouvait dans une annexe dénommée le P.13 Bis. Depuis, ces garanties sont systématiquement proposées dans l'ensemble des contrats dommages vendus sur le marché :
- actes de vandalisme et de sabotage, émeutes, mouvements populaires, actes de terrorisme et attentats : ces troubles peuvent générer des dommages ne relevant pas de la garantie incendie (casse, vandalisme...). Par cette extension, l'assureur garantit tous les dommages (autres que ceux résultant d'un vol ou d'un événement couvert au titre des autres garanties) causés aux biens assurés par ce type d'événement. Les dispositions de la loi du 9 septembre 1986 ne s'appliquent pas aux émeutes et mouvements populaires ;
- action de la grêle et du poids de la neige sur les toitures : il s'agit de garantir les dommages matériels causés aux biens assurés par la grêle et le poids de la neige sur les toitures, ainsi que les dommages de mouille consécutifs. Les dégâts de mouille doivent être consécutifs à la destruction des locaux (toitures, velux...) et survenir dans un délai limité dans le temps après le sinistre (48/72 h). Après ce délai, des mesures conservatoires doivent avoir été prises pour sauvegarder les biens assurés. Sont exclus de cette garantie, les biens en plein air et ceux remisés dans des bâtiments non entièrement clos et couverts. Il en est de même pour les dommages causés par une infiltration de pluie ou de neige, qui relèvent de la garantie dégâts des eaux ;
- choc d'un véhicule terrestre à moteur identifié : il s'agit là d'une avance sur recours réalisé par l'assureur dommage, à charge pour ce dernier de l'intenter à l'encontre du tiers responsable. De plus en plus de contrats délivrent une garantie étendue aux « choc de véhicules terrestres à moteur identifiés ou non ». Cette formulation est bien évidemment plus favorable aux assurés, il faut cependant que le véhicule ne soit pas conduit par l'assuré, son conjoint, ses enfants ou ses préposés ;

- chute d'un appareil de navigation aérienne ou spatiale : sont pris en charge les dommages consécutifs à la chute de tout ou partie d'un avion ou d'objet tombant de celui-ci (porte, valise, glace, morceau d'aile...). Sont compris dans cette garantie les chutes de fusées et de satellites. La proximité d'un aérodrome ou d'un aéroport est à prendre en compte, sachant que la destruction d'une partie de bâtiment par de tels événements n'est pas utopique. Les conséquences des chutes de corps stellaires (météorites) n'entrent pas dans le champ d'application de cette garantie ;
- dommages de fumée : sont garantis les dommages, provenant de la défectuosité soudaine et imprévisible d'un appareil de chauffage relié à l'extérieur par un conduit de fumée. Cette garantie peut être élargie, dans certains contrats, pour garantir tous les dommages de fumées consécutifs à un événement accidentel n'ayant pas entraîné un incendie.

Sous-section 2 ▪ Le dégât des eaux

§ 1 ▪ Principe de la garantie

6700. Cette garantie repose sur le principe suivant : l'assureur indemnise les conséquences d'un dégât des eaux, mais jamais l'origine de l'événement accidentel. Toutefois, ce principe indemnitaire supporte deux exceptions :
- en cas de gel, l'assureur prend en charge les frais de remise en état des conduites et appareils. Le fait générateur est accidentel : une température exceptionnellement basse et non prévisible ;
- les frais de recherche de fuite sont indemnisés même s'ils ne constituent pas, en tant que tels, un dommage matériel directement consécutif à la fuite d'eau.

§ 2 ▪ Les événements couverts dans la garantie de base

6701. Il s'agit ici d'une garantie rédigée en « périls dénommés ». Cela signifie que sont garantis les dommages causés par l'action de l'eau lorsqu'ils sont dus à des circonstances strictement mentionnées au contrat et pour les biens qui y sont désignés. Afin d'ouvrir droit à garantie l'assuré doit rapporter la preuve que le dommage est directement consécutif à l'un de ces événements dénommés.

6702. La garantie des dégâts causés par les eaux fait appel à deux notions :
- celle d'appareil à effet d'eau, qui est un objet ayant une source d'alimentation et un système d'évacuation de l'eau. Constituent des appareils à effet d'eau un lavabo, une machine à laver la vaisselle, une machine de meulage avec refroidissement par eau... ;
- celle de récipient, qui est un contenant de toute nature : un aquarium est considéré comme récipient, au même titre qu'une bouteille d'eau, un verre ou un vase...

A ▪ Les fuites, ruptures, débordements

6703. Il existe trois phénomènes distincts ouvrant droit à la garantie :
- la fuite qui est caractérisée par un écoulement d'eau par une issue étroite ou cachée : fissure, fente... ;
- la rupture qui est un phénomène de fracture, de cassure partielle ou totale d'un corps en plusieurs éléments : bris d'un récipient, cassure d'une tubulure... ;

- le débordement qui est un déversement/renversement de liquide, imputable ou non à un accident, une imprudence ou maladresse, d'une partie d'un contenant fixe (évier, lavabo...) ou mobile (bassine, verre, vase...).

6704. Ces fuites, ruptures, débordements et renversements peuvent concerner les éléments suivants :
- les conduites d'adduction et de distribution d'eau, situées entre le compteur de raccordement et les postes de distribution ;
- les conduites d'évacuation des eaux pluviales, ménagères ou de vidange, situées à l'intérieur des locaux ;
- les chenaux, gouttières et toutes installations à circulation d'eau ;
- les appareils à effet d'eau, de vapeur ou de chauffage, situés à l'intérieur des bâtiments ;
- les récipients divers.

6705. Les dommages liés aux infiltrations d'eau consécutives à ces événements sont également pris en charge par l'assureur.

B ▪ Les infiltrations

6706. Une infiltration est un phénomène graduel de pénétration d'eau à travers une paroi. Ce phénomène, se produisant par capillarité, est lié à la porosité des supports ou aux fissures présentes dans les matériaux.

6707. Sont garanties les infiltrations :
- au travers des toitures, ciels vitrés, terrasses et balcons ayant fonction de couverture ;
- d'eau de pluie, de la grêle ou de la neige par les portes et fenêtres fermées, les murs de façades, les conduits de cheminées, gaines d'aération ou de ventilation ;
- au travers des joints d'étanchéité des installations sanitaires et au travers des carrelages.

§ 3 ▪ Les extensions de garantie

6708. Ces extensions traditionnelles sont parfois proposées en option moyennant surprime ou, selon la rédaction du contrat, sont indissociables de la garantie dégâts des eaux.

6709. Ces extensions portent sur :
- les effets du gel des conduites, appareils à effet d'eau, installations de chauffage central, situés à l'intérieur des locaux ;
- les effets des eaux de ruissellement des cours et jardins, voies publiques ou privées et débordements des étendues d'eau ;
- le refoulement, l'engorgement des égouts, y compris lorsque cela est consécutif à des eaux de ruissellement ;
- les dommages causés par les liquides autres que l'eau et résultants de fuites, ruptures ou débordements, des canalisations d'alimentation en liquide ;
- les frais de recherche de fuites, c'est-à-dire le remboursement des frais exposés pour la détection des fuites à l'origine du sinistre garanti ;
- l'humidité ou la condensation (y compris bistrage) consécutive à une infiltration ;
- toute autre cause, à condition que la responsabilité d'un tiers identifié soit engagée.

6710. Les modes d'indemnisation, et les extensions aux différents frais et pertes, sont généralement les mêmes que ceux et celles prévus pour la garantie incendie.

§ 4 ■ Les mesures de prévention

6711. La garantie gel des conduites et appareils à effet d'eau est assortie d'obligations, qui ont pour but de limiter la garantie aux seuls événements accidentels. Ainsi l'assuré devra, soit purger les installations en cas d'absence de chauffage pendant la période hivernale, soit prévoir une quantité de produit antigel correspondant aux normes régionales. De même, la distribution d'eau devra être arrêtée, les canalisations étant vidangées. De ce fait, l'événement « gel » ne pourra survenir qu'en cas de froid intense, anormal pour la saison et la région, ou en cas de panne du système de chauffage (mise hors gel).

6712. De même, pour les garanties des eaux de ruissellement et de refoulement des égouts, il est demandé de stocker les marchandises à plus de 10 cm du sol.

6713. En cas de non-observation de ces mesures de prévention, la majorité des contrats laisse à la charge de l'assuré une franchise élevée (de l'ordre de 30 à 50 % des dommages) ; mais certains autres prévoient des déchéances de garantie qui est la perte de tout droit à indemnité (sur la déchéance, voir Partie 1, Titre 1, Sous-titre 3, Chapitre 1 – La déclaration des risques).

§ 5 ■ Les exclusions spécifiques

6714. Outre les exclusions générales figurant aux Conditions Générales, et applicables à l'ensemble des garanties, les contrats excluent généralement les dommages provoqués par :
- le défaut d'entretien ou de réparation des installations qui incombent à l'assuré ;
- les dommages résultant de l'humidité, condensation, buée, sauf s'ils sont la conséquence d'un événement garanti ;
- les frais de réparation, ou de remise en état des biens à l'origine des dommages, sauf pour les appareils à effet d'eau s'ils sont la conséquence des effets du gel ;
- l'engorgement des égouts faisant suite à un défaut d'entretien ;
- la perte de l'eau et/ou des combustibles à origine du dommage.

■ Chapitre 2
Le bris de machine

BIBLIOGRAPHIE

L'Argus de l'assurance

Ouvrages. – P. Rubise, *L'assurance des risques techniques*, L'Argus éd. 1999. – J. Landel, *Lexique des termes d'assurance*, L'Argus éd. 2014. – Ph. Laroche, *Les assurances dommages aux biens de l'entreprise*, L'Argus éd., 2016 – J. Bigot (sous dir.), *Code des assurances*, L'Argus éd.

6715. Dans la plupart des contrats, il existe une distinction entre la garantie « bris de machine du matériel de production » et celle de type « Tous Risques Informatiques » portant sur le matériel de gestion et de bureautique.

Pour l'analyse de ce risque, il est important de vérifier :
- si le matériel fait l'objet d'un contrat de maintenance annuelle ;
- s'il existe un stock de pièces de rechange dans l'entreprise ;
- si le fabriquant dispose de correspondants/techniciens locaux ;
- quels sont les délais moyens d'intervention en cas de panne ;
- quelle est le niveau de qualification et de formation requise du personnel ;
- quel est le taux d'utilisation du matériel par rapport à sa capacité maximale, et donc la capacité de « réserve » disponible en cas de bris d'un matériel équivalent présent dans l'entreprise ;
- quel est le mode de fonctionnement de l'entreprise (3 x 8, 8 h/jour...).

De tout cela, dépendra l'exposition au risque de bris du matériel assuré, et la rapidité du dépannage en cas de sinistre.

Section 1 . Objet de la garantie

6716. Cette garantie, bien plus large dans sa portée que la garantie Incendie, devrait être systématiquement proposée lorsque l'activité de l'établissement dépend, pour une grande partie, d'un équipement. Dans ce cas, il y a un point vulnérable identifié, pour lequel il sera fortement recommandé de prévoir une garantie de bris de machine avec des pertes d'exploitation consécutives. L'objet de cette garantie est de replacer le compte de résultat de l'établissement dans la situation qui aurait été sienne en absence de sinistre.

6717. La garantie bris de machine couvre les dommages résultant de toutes destructions, totales ou partielles, fortuites, soudaines, accidentelles, touchant le matériel assuré. Cette garantie intervient après la période de réception et d'essais du matériel car, pendant la période comprise entre la livraison du matériel et sa mise en exploitation, les dommages relèvent d'un contrat de type « Tous Risques Montage Essais ». Ce dernier contrat couvre, pour le propriétaire du bien, les dommages de bris au cours des opérations de montage et d'essai du matériel ; la non-atteinte de performance demeurant toujours exclue.

6718. Lorsque la garantie bris de machine est souscrite dans le cadre d'un contrat de type multirisque, et afin d'éviter tout cumul de garantie, sont exclus de son champ d'application les événements relevant des autres garanties du contrat, que ces dernières aient été souscrites ou non.

6719. En revanche, lorsque cette garantie est délivrée par un contrat spécifique, il est possible de prévoir une garantie d'incendie d'environnement. Il faut alors veiller à ne pas créer un cumul d'assurance entre le contrat de dommages et celui de bris de machine : ce matériel ne doit être assuré qu'une seule fois pour les mêmes événements.

6720. L'une des conditions nécessaire à la mise en œuvre de cette garantie, est que matériel utilisé dans le cadre des activités déclarées au contrat, soit en parfait état de maintenance et de fonctionnement. En 2009, la Cour de cassation (Civ. 2e, 9 juil. 2009, n° 08-13.780) qualifie ces conditions de garantie de « clauses d'exclusions » car privant l'assuré du bénéfice de la garantie en considération des circonstances particulières. Elles doivent donc répondre aux exigences des articles L. 112-4 et L. 113-1 du Code des assurances soit apparaître en caractères très apparents et être formels et limités. Sous cette réserve, sont garantis « tous les dommages matériels subis par les machines et leurs équipements ». Ces dommages sont matérialisés par une atteinte à leur structure ou à leur substance : sont donc pris en compte, au titre de l'indemnisation, les fluides techniques et pièces d'usure lorsque leur remplacement est rendu nécessaire par la réparation d'un dommage garanti.

6721. Les risques assurables, au titre de la garantie bris de machine du matériel de production, sont donc les bris fonctionnels résultant :
- d'une origine interne : erreur de conception, défaut de montage d'un outil ou d'une pièce, défaut de matière comme par exemple une paille dans le métal, un incendie ou une explosion d'origine interne mais non électrique ;
- de phénomènes électriques : court-circuit, formation d'arcs électriques, sous-tension, surtension, surintensité, chute de la foudre, incendies ou explosions internes consécutifs à un phénomène électrique ;
- d'une cause externe : introduction de corps étrangers (outils, liquides...), chute, chocs, effondrement de bâtiment, franchissement du mur du son ;
- de facteurs humains : fausses manœuvres liées à une maladresse ou à l'inexpérience des techniciens, mauvaise utilisation, négligences, malveillances ou dommages à caractères délictueux, actes de vandalisme, émeutes, mouvements populaires, actes de terrorisme et attentats visés par la loi n° 86-1020 du 9 septembre 1986, actes de sabotage ;
- de l'utilisation : fatigue moléculaire, résonnance vibratoire, défaillance des systèmes de sécurité, de contrôle ou de régulation, force centrifuge, survitesse, coup d'eau, coup de feu, coup de bélier, manque d'eau, choc thermique ;
- d'autres opérations : démontage/remontage de la machine, déplacement dans l'enceinte de l'établissement dans le cadre strict d'opérations de maintenance (si la machine doit être déplacée dans le cadre d'une modification de son implantation, il convient de souscrire un contrat de type Tous Risques Montage Essais qui couvrira les dommages pendant toute la durée de cette opération) ;
- des phénomènes naturels : tempête, grêle, poids de la neige, gel...

6722. Cette garantie est complétée par la couverture des frais nécessités par la remise en état du matériel à savoir :
- les frais engagés au titre d'heures supplémentaires de spécialistes ou du travail de nuit. Ils peuvent réduire la période d'arrêt de la production, et sont engagés sous réserve de l'accord de l'assureur ;
- les frais de transport des pièces de rechange, y compris transport à grande vitesse lorsque cela est prévu. Le choix du transport à grande vitesse permet alors de réduire la période d'immobilisation du matériel, et par voie de conséquence la durée de l'interruption d'activité.

6723. Un certain nombre de frais annexes peuvent être également couverts au titre du bris de machine :
- les frais de déblais et d'enlèvement nécessités par la remise en état des biens sinistrés, ou exposés à la suite de mesures conservatoires imposées par décision administrative. Cette garantie s'étend aux frais de destruction ou de neutralisation des biens assurés contaminés par une substance toxique à la suite d'un événement garanti ;
- les frais de sauvetage exposés pour réduire l'ampleur du sinistre ;- les frais de location d'un matériel de remplacement pour maintenir l'activité de l'assuré ;
- les pertes pécuniaires liées à l'existence d'un contrat de crédit-bail.

Section 2 . Les biens assurés

6724. Sont garanties toutes les machines de production ou d'exploitation de l'établissement. Il peut s'agir de machines fixes, ou de matériels mobiles qui seront garantis en tous lieux sous certaines conditions.

6725. Différentes formules de garanties existent pour identifier le matériel garanti.
La formule la plus contraignante consiste à désigner au contrat le matériel assuré. L'assuré doit alors réaliser une déclaration exhaustive du parc du matériel couvert : marque, type, numéro de série, date de mise en service, valeurs unitaires...
Selon les dispositions contractuelles, cet état de parc est à produire à une fréquence convenue. Cette formule peut être piégeante pour un client ayant omis de signaler un nouveau matériel : ce dernier, qui ne figurerait pas dans la liste des biens assurés, ne sera pas couvert en cas de sinistre. En revanche, en cas d'oubli du retrait d'un matériel de plus de 10 ans, la garantie demeurerait acquise malgré la présence des clauses d'exclusion pour ce type de matériel. En effet, la Cour de cassation considère en l'espèce que cette clause d'exclusion est non-écrite car léonine : l'assureur percevant une cotisation sans qu'aucune obligation contractuelle ne pèse sur lui.
La seconde formule de garantie consiste à assurer la totalité du parc de matériel, sans qu'il n'y ait besoin de les désigner au contrat. Cette formule peut paraître plus confortable, mais il faut veiller à ce que le capital garanti corresponde bien à la valeur totale du matériel, car la règle proportionnelle de capitaux demeure applicable. De plus, rien ne prouve que l'assuré ait besoin, d'un point de vue économique, d'une garantie aussi étendue. Là encore, une déclaration périodique de la valeur du parc de matériel sera demandée au contrat, la sanction de la règle proportionnelle de capitaux demeurant applicable.
La troisième formule, consiste à choisir un capital dans le cadre d'une garantie en « premier risque absolu », sans application de la règle proportionnelle de capitaux. Toutefois, ce capital doit impérativement correspondre à la valeur du matériel le plus cher, faute de quoi il y aurait une insuffisance de capitaux qui ne permettrait pas de remplacer le matériel détruit, et ce même s'il faut constater que la majorité des sinistres sont des sinistres partiels. Cette formule pose, pour l'assureur, la question de la justesse de la cotisation prise sur un premier risque, qui ne peut se tarifer comme lorsque l'on est en présence de matériel désigné.
La valeur de ces biens doit correspondre à la valeur de remplacement à neuf, soit le prix d'achat hors remise fournisseur (prix catalogue) auquel s'ajoutent les frais d'emballage, de transport et de manutention, les frais d'installation et de mise en service et les droits de douane et taxes non récupérables s'il y a lieu.
Si le bien n'est plus commercialisé, ou fabriqué, la valeur à assurer doit correspondre à celle d'un bien présentant les mêmes performances et de caractéristiques techniques identiques.

Section 3 . Les exclusions applicables au bris de machine

6726. Les exclusions suivantes figurent de manière générale dans les contrats bris de machine, certaines d'entre elles pouvant cependant faire l'objet de rachats :
- les dommages intentionnels causés par l'assuré ;
- les seuls dommages esthétiques (rayures, griffures, chocs...) qui n'affectent pas le fonctionnement du matériel ;

- les dommages consécutifs à l'arrêt volontaire des dispositifs de contrôles et de régulation ;
- les dommages portant sur du matériel de plus de 10 ans ;
- les dommages résultant d'un défaut existant au moment de la souscription du contrat ;
- les dommages intervenus avant la mise en production industrielle du bien, qui relèvent d'un contrat Tous Risques Montage Essais ;
- la non-atteinte de performance du matériel ;
- le matériel de démonstration ou destiné à la formation ;
- les dommages résultant d'une utilisation non conforme aux normes du fabriquant ;
- les dommages liés aux essais, autres que ceux habituels nécessités par la maintenance et le bon fonctionnement ;
- les dommages des pièces d'usure ;
- les dommages entrant dans le cadre des autres garanties du contrat, lorsque l'on est dans une formule « multirisque » et ce qu'elles aient été souscrites ou non ;
- les consommables (fluides techniques...) et les frais de maintenance ;
- les dommages résultant de la prise en masse, durcissement des produits ou matières en cours de fabrication ou de traitement, à moins que cette prise en masse ou ce durcissement ne soit la conséquence d'un dommage matériel atteignant les biens assurés.

Chapitre 3
Le matériel informatique

BIBLIOGRAPHIE

L'Argus de l'assurance

Ouvrages. – P. Rubise, *L'assurance des risques techniques*, L'Argus éd. – Ph. Laroche, *Les assurances dommages aux biens de l'entreprise*, L'Argus éd. 2016 – J. Landel, *Lexique des termes d'assurance*, L'Argus éd. 2014. – J. Bigot (sous dir.), *Code des assurances*, L'Argus éd.

Section 1 . Objet de la garantie

6727. Cette garantie appelée Tous Risques Informatiques (TRI) est assez proche de celle délivrée au titre de la garantie bris de machine du matériel de production. Dans certains contrats ces deux garanties sont d'ailleurs parfois fusionnées.

6728. Sont pris en charge au titre du matériel informatique les événements suivants :
- les dommages, liés à l'action de l'électricité ou de la foudre, d'incendie, d'explosion prenant naissance à l'intérieur de ces matériels ;
- les dommages de bris, de destruction ou de détérioration, résultants d'un événement soudain et fortuit, autres que ceux prévus au titre des autres garanties du contrat qu'elles aient été souscrites ou non. Ainsi, dans un contrat multirisque, l'incendie d'environnement ne sera pas pris en charge par la garantie Tous Risques Informatiques, afin d'éviter tout cumul de garantie ;

- au titre des pertes et frais, sont pris en charge les frais de reconstitution des archives informatiques. Nous avons vu que la garantie des supports informatiques d'information, lorsqu'elle était prise en extension de la garantie incendie, était réduite aux seuls frais de duplication et de remplacement des supports, lorsqu'elle était prise en extension de la garantie incendie. Dans un contrat Tous Risques Informatiques, cette couverture est élargie à la reconstitution de ces informations ; les coûts d'analyse et de traitement de l'information étant alors pris en charge.

6729. Ici encore, lorsque le matériel informatique est couvert par un contrat spécifique, il faut veiller à ne pas créer un cumul de garantie entre le contrat multirisque incendie et le contrat Tous Risques Informatiques lorsque l'on délivre l'extension d'incendie d'environnement.

Section 2 . Les biens assurés

6730. Le matériel assuré doit être utilisé dans le cadre des activités déclarées, et être en parfait état d'entretien et de fonctionnement. Sont assurés les matériels informatiques, de gestion et de bureautique, utilisés à poste fixe et de moins de 10 ans d'âge. Dans certains contrats, il est possible de garantir du matériel informatique nomade : ordinateurs, tablettes... Pour ce type de matériel, les cotisations et les franchises sont souvent plus élevées compte tenu des risques de vol et de bris suite à chute.
La liste des biens éligibles à cette garantie est moins limitative que l'on pourrait le croire à la seule lecture de son libellé car sont assurables : les unités centrales ; les périphériques (onduleur statique, modem, imprimante, lecteur de disques, écrans, scanners...) ; les installations auxiliaires associées exclusivement au matériel informatique (climatisation, installation d'onduleurs...) ; le système d'exploitation et les logiciels de base ; les progiciels développés spécifiquement pour l'entreprise ; les supports informatiques d'informations ; les photocopieurs multifonctions ; les fax ; les centraux téléphoniques...

6731. Le matériel doit être assuré pour sa valeur catalogue ou, s'il n'est plus fabriqué, par celle d'un matériel de type et de caractéristiques équivalentes. Se pose à ce niveau la question l'évaluation du matériel informatique qui, compte tenu de son évolution, devient de plus en plus performant pour un coût en diminution.
Comme pour le bris de machine, différentes formules de garantie existent :
- assurance du parc de matériel désigné ;
- assurance globale du matériel sans désignation ;
- assurance au premier risque absolu.

Section 3 . Les principales exclusions de la TRI

6732. Hormis celles applicables au bris de machine et aux dommages électriques, sont communément exclus de cette garantie :
- la perte d'informations résultant d'une influence d'un champ magnétique, ou d'une erreur d'exploitation ou de programmation ;
- les dommages causés par les virus informatiques ;
- les dommages aux batteries d'accumulateurs des matériels nomades ;

- les frais d'adaptation des logiciels et sauvegardes, à un nouveau système d'exploitation lorsque celui-ci peut être remplacé à l'identique ;
- les frais de reconstitution des progiciels, lorsque l'assuré ne dispose pas des dossiers d'études et d'analyse qui ont permis leur conception.

6733. Compte tenu de l'obsolescence de ce type de matériel, doublée d'une déflation des prix, il faut veiller à ce que l'indemnisation soit réalisée en valeur de remplacement à neuf par du matériel de caractéristiques identiques sur les 2 à 3 premières années (sauf pour le matériel portable pour lequel cette période devrait être plus réduite).

Chapitre 4
Le vol et la malveillance

BIBLIOGRAPHIE

L'Argus de l'assurance

Ouvrages. – J. Bigot (sous dir.), *Code des assurances*, L'Argus éd. (commentaires sous art. L. 122-1). – J. Landel, *Lexique des termes d'assurance*, L'Argus éd. 2014. –Ph. Laroche, *Les assurances dommages aux biens de l'entreprise*, L'Argus éd., 2016

Autres documentations

Revues. – J. Kullmann, De l'aménagement contractuel de la preuve du vol à la liberté de la preuve du sinistre. La Convention européenne des droits de l'homme à l'assaut du contrat d'assurance et S. Magnan, Les conditions générales type incendie, RGAT 1982. 278. – A. Marchand, Le vol a ses raisons, Trib. ass. 10/04. – D. Noguera, Liberté de la preuve du sinistre ou condition du jeu de la garantie vol ? RCA 2004, Chron. 20. – Robineau, Regard critique sur la jurisprudence protectrice des assurés contre le vol, JCP 2005, I, 151.

Section 1 . Les événements garantis

6734. Si nous en référons au Code pénal (art. 311-1), le vol est matérialisé par la soustraction frauduleuse d'une chose appartenant à autrui. Cette définition pénale est très large, car elle englobe l'abus de confiance, la remise d'un bien ou de numéraire sous la contrainte, le chantage, l'escroquerie, ainsi que le vol par effraction ou violence.

6735. Les assureurs ont, quant à eux, une définition plus restrictive du vol. Cette garantie étant libellée en « périls dénommés », l'assuré doit impérativement rapporter la preuve que le vol a bien été commis selon l'une des circonstances limitativement prévues au contrat. Ainsi, le seul fait qu'un vol ait été commis dans les locaux assurés, ne peut suffire à établir qu'il ait été commis dans les conditions limitativement énumérées au contrat (CA Paris, 7e Ch. B., 16 juin 1982).

Sous-section 1 . L'effraction

6736. Il s'agit du mode opératoire le plus classique qui, laissant généralement des traces, permet facilement d'en rapporter la preuve. S'il n'y a pas de définition contractuelle de l'effraction, cette dernière est qualifiée par le Code pénal (art. 132-73) comme étant : « le forcement, la dégradation, la destruction de tout dispositif de fermeture ou de toute espèce de clôture [portes, fenêtres, vasistas, mur, cloison, plancher...] ».
Pour certains biens, il est demandé qu'une effraction complémentaire soit commise à l'intérieur des locaux, pour ouvrir droit à la garantie. Ainsi en est-il des fonds et valeurs, qui doivent être enfermés à clef dans un meuble ou dans un coffre homologué, en fonction des valeurs en jeu.

6737. Vol suite à l'agression, violences ou menaces. Dans ce cas de figure, le vol est précédé d'actes de violences comme le meurtre ou tentative de meurtre, des violences sur personnes ou menaces caractérisées.
Les menaces caractérisées sont plus difficiles à rapporter car plus subjectives : elles doivent être constituées d'actes volontaires de nature à impressionner une personne « raisonnable ».

Sous-section 2 . L'introduction clandestine et le maintien clandestin dans les lieux

6738. Sont garantis à ce titre les vols commis par des personnes s'introduisant, ou de se laissant enfermer dans les locaux, à l'insu de l'assuré ou de ses préposés. Il convient de prouver que l'auteur du vol s'est bien introduit clandestinement : le seul constat de la disparition d'un bien n'ouvre pas droit à garantie.
La preuve de ce mode opératoire est difficile à rapporter, sauf si l'auteur des faits est contraint de réaliser une effraction pour sortir des locaux : il s'agit alors d'une effraction commise de l'intérieur. Pour ce faire, il faut impérativement prohiber l'usage des verrous comportant des molettes de manœuvre intérieures, et préférer ceux à double canon : l'ouverture ne pouvant s'effectuer qu'avec une clé. Dans la même optique, il convient de sécuriser les issues de secours en dehors des heures d'activité.
Pour prévenir le maintien clandestin, une ronde d'inspection à la fermeture des locaux devrait être réalisée, en privilégiant les zones isolées.
Notons que la jurisprudence assimile l'introduction par ruse ou fausse qualité (faux employé du gaz, faux policier) à une introduction clandestine.

Sous-section 3 . L'escalade des locaux

6739. Cet événement doit être analysé par référence au Code pénal, qui qualifie l'escalade comme le fait de « s'introduire dans un lieu quelconque, soit par-dessus un élément de clôture, soit par toute ouverture non destinée à servir d'entrée » (C. pén., art. 132-74).
La preuve du vol par escalade est délicate à rapporter, car caractérisé par un très faible nombre d'indices, sauf s'il y a effraction d'une fenêtre située en hauteur par exemple.
Faut-il encore que les circonstances du vol restent plausibles : le vol de marchandises ou de matériel très encombrant par escalade pouvant difficilement être crédible.

Sous-section 4. L'usage de fausses clés

6740. Il s'agit d'un vol commis au moyen d'un instrument permettant d'actionner un dispositif de fermeture, sans forcer ni détériorer ce dernier. La preuve d'un vol perpétré avec ce mode opératoire est complexe, sauf en présence d'éléments matériels comme la détérioration ou le bris de la serrure, le bris ou l'abandon de la fausse clef sur les lieux ou l'enregistrement de l'effraction par une société de télésurveillance ou de vidéosurveillance. Le seul fait que la serrure ne s'actionne plus correctement n'est pas en soi un élément suffisant.
Enfin, dans le cas de perte de clefs, l'assuré doit prendre toutes les mesures nécessaires pour éviter un libre accès à ses locaux, à défaut de quoi il sera privé du bénéfice de la garantie. Néanmoins, si les clefs ont été frauduleusement soustraites à l'assuré, sans qu'il ne s'en soit aperçu, la situation peut être assimilée à un usage de fausses clefs. Tel serait le cas d'un vol commis avec un double de clefs subtilisé dans le bureau du directeur. L'assuré ne doit cependant pas avoir fait preuve de négligence, les clefs ne devant pas avoir été placées dans un endroit resté sans surveillance comme une boite à lettre. Enfin, toutes les dispositions utiles doivent avoir été prises par le client dès la découverte du vol des clefs.

Sous-section 5. Le vol par les préposés

6741. Les vols commis par les préposés de l'assuré peuvent être garantis, pour autant que les coupables fassent l'objet d'un dépôt de plainte.

Sous-section 6. Le vandalisme

6742. Distincte du vol, la garantie du vandalisme est accordée pour les actes de déprédation accomplis à l'intérieur des locaux assurés. Le but recherché étant, non pas le profit, mais la destruction de l'outil de travail. Pour que la garantie soit acquise, il convient que les malfaiteurs se soient introduits dans les locaux conformément à un événement garanti.
La garantie vandalisme est acquise que les déprédations aient été ou non, précédées de vol dans les locaux.

Section 2. Les biens garantis en vol

Sous-section 1. Le contenu

6743. L'ensemble des biens, faisant partie du contenu des locaux, est garanti à hauteur d'un capital choisi par l'assuré. Ce capital n'est jamais égal à la valeur totale du contenu et, selon le libellé des contrats, il peut s'agir d'un capital distinct ou d'un pourcentage du capital assuré au titre du contenu. N'entrent pas dans cette définition, les fonds et valeurs qui font l'objet d'un article de garantie spécifique.

Une sous-limitation est généralement prévue pour les vols commis dans les dépendances sans communication avec les locaux principaux (caves, réserves extérieures), ainsi que dans les vitrines extérieures.

Sous-section 2 ■ Les détériorations immobilières

6744. Cette garantie peut à elle seule justifier la souscription d'une garantie vol, et ce même s'il n'y a rien à voler dans l'entreprise. En effet, les dommages causés à l'immeuble pendant le vol peuvent être très importants : bris de cloisons, arrachement de porte, jet d'un coffre fort depuis un étage, neutralisation d'un système d'alarme...
Sont couvertes toutes les dégradations faites aux locaux par les malfaiteurs, ceci inclut les dommages causés aux ouvertures habituelles, mais également aux murs, cloisons, toitures endommagés par l'effraction ou la tentative d'effraction. Seul le bris de glace sera exclu de ce poste car relevant d'une garantie spécifique.
Si des biens immobiliers (appareils de chauffage, appareils sanitaires...) ont fait l'objet de vol, ces derniers ne seront pas indemnisés au titre des « détériorations immobilières » car ils n'ont pas été détruits... mais bel et bien volés.
Les frais engagés pour sécuriser les locaux, postérieurement au vol, sont également pris en considération au titre de la garantie vol : il s'agit des frais de gardiennage et/ou de clôture provisoire.

Sous-section 3 ■ Les espèces, fonds et valeurs

6745. Selon les définitions contractuelles, cela recouvre les billets de banque, les pièces de monnaie, les titres, effets de commerce, timbres, chèques et cartes de crédit. Ces biens, exclus lorsqu'ils se trouvent dans les dépendances, sont garantis selon un capital variant selon le fait qu'ils se trouvent :
- enfermés en coffre-fort, meubles ou tiroir-caisse ;
- en meubles ou tiroir-caisse non fermés à clef ;
- transportés à l'extérieur de l'établissement (selon le décret n° 2000-376 du 28 avril 2000 relatif à la protection des transports de fonds, le recours à une société spécialisée est nécessaire au delà de 30 000 € sauf si les fonds sont transportés par le Dirigeant de l'entreprise lui-même);
- volées avec violences ou menaces (braquages).

La garantie des valeurs en coffre-fort couvre le vol avec effraction du coffre-fort, mais également ceux commis par enlèvement ou arrachement de ce dernier. D'une manière générale il est exigé que les coffres de moins de 500 Kg soient scellés ou emmurés. Selon les montants demandés, l'assureur exigera un certain type de coffre, dont les caractéristiques de résistance à l'effraction correspondront aux valeurs garanties.

Sous-section 4 ■ Les principales exclusions de la garantie vol

6746. Sont exclus de la garantie vol les événements suivants :
- les dommages causés aux vitres qui relèvent, sauf dispositions contraires dans le contrat, exclusivement de la garantie bris des glaces ;

- les vols commis par les membres de la famille ;
- les fonds et valeurs remisés dans des locaux sans communication intérieure et privée, avec l'établissement principal ;
- les fonds et valeurs apportés de l'extérieur (rançons) ;
- les vols commis par ou avec la complicité du porteur des fonds ;
- les vols commis avec des clefs laissées dans la boite au lettre, ou autre cache extérieure ;
- les vols commis dans les vitrines s'ouvrant de l'extérieur ;
- au titre de détériorations immobilières : les graffitis, rayures ébréchures des glaces, vitres et vitrines.

Sous-section 5 ▪ Les mesures de protection vol

6747. Les mesures de prévention et de protection exigées dans le cadre de la garantie vol sont des mesures préalables à l'acceptation du risque et à la mise en œuvre de cette garantie.

6748. Toute non-conformité dans le respect des mesures de protection contractualisées entraînerait une non-garantie. Peu importe de savoir si cette non-conformité a concouru à la réalisation, ou à l'aggravation, du dommage : s'agissant d'une condition d'acceptation du risque et de mise en œuvre de la garantie, cette dernière ne sera pas acquise.
La jurisprudence, constante en la matière, reconnaît le bien fondé du refus de garantie pour défaut de conformité des mesures de prévention : CA Bordeaux 5e ch., 11 décembre 2001 (AGF c/ SCEA des Vignobles Jean Ardouin) : « Le contrat d'assurances d'une société exploitant un vignoble précise que les bâtiments de stockage, les chais, les caves renfermant des alcools et vins, doivent être munis d'une serrure ou d'un système de barre de renfort en fer rendu solidaire du mur de support de la porte par des crampons scellés. Les portes vitrées et les autres ouvertures doivent être protégées par des volets ou persiennes en bois plein ou munies de barreaux. La société est victime de trois vols. Son assureur refuse sa garantie aux motifs que les dispositifs de fermeture des lieux de stockage du vin ne sont pas conformes aux prescriptions du contrat. L'expert mentionne que : les portes-fenêtres sur le devant du bâtiment sont munies de serrures avec des barres de fer boulonnées sur des taquets vissés dans les menuiseries, les portes arrière ne sont pas pourvues de serrure, les barres d'acier sur deux portails métalliques ne sont pas fixées sur le mur, et un autre portail métallique est condamné par un simple fil de fer sur des pièces métalliques soudées. La cour d'appel de Bordeaux décide que c'est à bon droit que la compagnie a décliné sa garantie, peu importe que les cambrioleurs soient passés par une autre voie. Le bâtiment était muni à l'arrière de portails métalliques assimilables à des portes et non de simples fenêtres ou soupiraux et dans ce cas, devaient être munis de serrures ou de barres métalliques fixées au mur afin de bloquer toute entrée. Le fait pour l'assuré de ne pas respecter les clauses imposées dans le contrat entraîne la déchéance de la garantie, même si le non-respect de la clause a été sans conséquence sur le dommage ».
Certains contrats d'assurance peuvent prévoir des modalités de la garantie vol plus favorables aux assurés sur ce point en :
- acceptant de délivrer une garantie vol sans mesure de protections particulière, autre que la fermeture des portes et fenêtres (ce cas étant toutefois réservé à des activités peu sensibles au vol) ;
- sanctionnant, le défaut de mise en œuvre des moyens de protection, soit par une forte franchise, soit par une limitation contractuelle de l'indemnité.

6749. Afin d'être recevables ces mesures de protection vol doivent apparaître en caractères très apparents (Civ. 2e, 9 juil. 2009, n° 08-13.780).

6750. Il faut que les capitaux assurés au titre de la garantie vol soient réalistes eu égard aux caractéristiques physiques des biens, de la quantité de marchandises pouvant être volées dans des délais raisonnables (ex : ceux d'intervention de la société de télésurveillance ou des rondiers), etc.
Si l'on peut effectivement envisager une perte totale en incendie, il peut en être tout autrement en vol : inutile de vouloir garantir l'intégralité du contenu d'un entrepôt gardienné alors qu'il a fallu un mois et quelques semi-remorques pour le remplir. De même, que penser d'un contrat qui mentionne une couverture de 3 000 000€ en vol alors qu'il ne garantit que 1 500 000 € de contenu en incendie (capital validé par une expertise préalable) ?

Chapitre 5
Les autres garanties de dommage

BIBLIOGRAPHIE

L'Argus de l'assurance

Ouvrages. – J. Bigot (sous dir.), *Code des assurances*, L'Argus éd. – J. Landel, *Lexique des termes d'assurance*, L'Argus éd. 2014. – Ph. Laroche, *Les assurances dommages aux biens de l'entreprise*, L'Argus éd., 2016

Section 1 ▪ Le bris de glaces

6751. Cette garantie est rédigée sous une forme « tous risques sauf » ce qui sous-entend que, tous les événements accidentels atteignant les biens assurés sont garantis, à l'exception de ceux expressément exclus.

6752. La portée de cette garantie n'est pas limitée aux bris des seuls éléments verriers car sont également pris en charge :
- les produits verriers constituant la devanture, couverture des locaux ;
- les produits verriers d'aménagement intérieur : glaces, tablettes, miroirs fixes ;
- les pièces faisant partie intégrante de ces produits (poignées, serrures...) ;
- les inscriptions gravures, décorations, films antisolaires des vitrages endommagés ;
- les marbres de façades, de comptoir ;
- les enseignes en produits verriers ou matières plastiques rigides y compris les tubes lumineux aux gaz rares constituant une enseigne ;
- le mobilier, matériel, marchandises lorsqu'ils sont endommagés par suite d'un événement garanti.

Les frais nécessités par la mise en place d'une clôture provisoire ou d'un gardiennage sont également indemnisés par l'assureur.

6753. Traditionnellement demeurent exclus de cette garantie les événements suivants :
- les dommages survenus au cours des travaux effectués sur les biens assurés, à l'exception des opérations de simple nettoyage, leurs encadrements, soubassement, agencements ;

- les dommages atteignant les objets assurés pendant les opérations de pose, dépose, transport et entreposage ;
- les dommages liés à la vétusté, ou au défaut d'entretien, des supports, encadrements, enchâssements des biens assurés ;
- les dommages résultant du vice propre, ou d'un vice de l'installation, des objets assurés ;
- les simples détériorations telles que les ébréchures, bosselures, rayures, détériorations des argentures ou peinture ;
- les produits verriers considérés comme des marchandises, ou constitutifs des marchandises ;
- les objets portatifs (miroirs), ceux dépassant une certaine superficie ou mettant en œuvre un certain savoir-faire : vitres bombées, vitraux, mur rideau, vitrages de protection ;
- les lampes et tubes interchangeables ;
- les châssis, vérandas vitrées, capteurs solaires, panneaux photovoltaïques.

Certaines de ces exclusions peuvent être rachetées, les biens seront alors garantis selon une tarification et des modalités d'indemnisation particulières. Il s'agit des parties vitrées des capteurs solaires et panneaux photovoltaïque, des murs-rideaux, des vitrages de revêtements partiels des murs, des vitrages de protection, des vérandas ou terrasses vitrées, vitraux...

Section 2 . La perte des marchandises périssables

6754. Cette garantie, qui est communément appelée « perte de marchandises en chambre froide », est en réalité plus étendue que cette simple dénomination peut laisser augurer. En effet, sont garanties toutes les dégradations, ou détériorations, de marchandises périssables consécutives à un arrêt, ou au dysfonctionnement, des installations chargées d'en maintenir les conditions de conservation.

6755. Sont pris en compte, les dommages matériels causés aux produits lorsque ces derniers sont impropres à la vente, ou à la consommation, ainsi que les frais exposés en vue de limiter les conséquences du sinistre (mesures de sauvetage).

6756. Les installations assurées doivent servir à maintenir des biens périssables dans certaines conditions de conservation, de température ou d'atmosphère contrôlée : chambres froides à température négative ou positive, armoires ou vitrines réfrigérées, mûrisseries, chambres d'affinage...

6757. Le fait générateur doit avoir un caractère accidentel qu'il s'agisse du dysfonctionnement, de l'arrêt des installations ou d'un arrêt de la fourniture d'énergie. Les pertes de marchandises périssables, consécutives à une grève de fourniture d'énergie, ne seront pas indemnisables : l'assuré ayant été averti par un préavis, doit avoir pris toutes les mesures conservatoires nécessaires pour pallier les coupures d'énergie.

Seront également indemnisées les pertes des marchandises liées aux fuites accidentelles des fluides frigorigènes, ou autres produits servant au bon fonctionnement de ces équipements techniques.

Entrent, dans le cadre de cette garantie, les dommages liés à des actes de vandalisme, de sabotage, d'émeutes ou de mouvements populaires.

6758. Sont exclus, les conséquences des événements suivants :

- le vice propre des marchandises ou de leur emballage ;
- les dommages aux marchandises dont la date limite de vente, ou de consommation, est atteinte au jour du sinistre ;
- l'inobservation des instructions techniques données par le fabriquant des installations ;
- le défaut d'entretien, ou de maintenance, des installations ;
- la coupure, ou réduction de l'alimentation électrique, suite à grève du fournisseur d'énergie ;
- les dommages subis lorsque les locaux sont inoccupés, et sans surveillance, pendant plus d'un certain nombre d'heures consécutives. Cette dernière donnée variant selon les dispositifs contractuels.

Section 3 . Les pertes liquides ou « coulage »

6759. Cette garantie optionnelle, va permettre d'indemniser les industriels pour des pertes de liquides qui constituent des approvisionnements (lait pour une fromagerie), des produits en cours de transformation, ou des produits finis (chais, vin en cuve...). Elle couvre tout événement de caractère accidentel, ce qui peut inclure selon la rédaction des contrats les événements suivants : rupture de canalisations, rupture de cuve, bris de vanne d'arrêt, ouverture accidentelle de trappe de visite...

6760. D'autre part, selon les options délivrées, peuvent être également couverts certains faits résultant de facteurs humains : fausses manœuvres, mauvaise utilisation, négligence, malveillance.

6761. Dans ces garanties, les franchises et la tarification, dépendent de la nature et de la valeur des produits, du type de cuves (matériaux), de la situation des cuves à l'intérieur ou à l'extérieur des bâtiments et des mesures de protection spécifique mises en place.

6762. Les franchises sont exprimées en volume de liquide perdu ou détruit. Ne sont prises en compte, au titre de cette garantie, que les seules valeurs perdues et en aucun cas les dommages de pollutions consécutives qui, selon le type d'établissement, relèvent de garanties spécifiques de type « atteinte à l'environnement ».

Section 4 . Les dommages aux marchandises transportées pour propre compte

6763. Ces garanties se trouvaient traitées par des contrats spécifiques, relevant du secteur de l'assurance transport. Les professionnels qui n'avaient pas souscrit de tels contrats, et qui ont eu à subir des pertes de marchandises ou de matériel en cours de transport, ont pu vérifier, à leurs dépends, de l'utilité de ces garanties.

6764. De fait, afin de vulgariser ces couvertures d'assurance, les assureurs ont inclus dans les contrats multirisques des garanties « pertes de marchandises transportées pour propre compte ». Toutefois, ces garanties sont standardisées et ne peuvent comporter les extensions des contrats spécifiques de type « marchandises transportées » telles que : le dépotage, les dommages liés aux opérations de chargement-déchargement, manutention...

Comme précisé dans le libellé de cette garantie, sont exclusivement couverts les biens, marchandises/matériels, transportés pour propre compte et se rapportant à l'activité professionnelle exercée.

Ceci peut inclure des biens confiés, lorsque l'activité de l'assuré n'est pas celle d'un transporteur public de marchandises, par exemple un réparateur de TV, HIFI, électroménager. Il faut veiller à ne pas être trop restrictif dans la dénomination du type de marchandise ou de matériel assuré, à défaut de quoi, l'entreprise se trouverait face à des découverts de garantie : mentionner en biens garantis le seul « outillage » pour un chauffagiste est limitatif... une chaudière n'étant pas, par définition, de « l'outillage », elle ne serait donc pas garantie. Pour ce faire, il suffit de mentionner que « sont assurées les marchandises et/ou matériels de la profession », pour lever toute incertitude quant à la portée de la garantie.

6765. Sont pris en compte les dommages matériels subis par les marchandises, et matériels transportés, consécutifs à un accident caractérisé qui est défini comme étant constitué par :

- un incendie, une explosion ;
- un accident de la route, chute, heurt, renversement du véhicule transporteur ;
- un éboulement, glissement de terrain, effondrement ou affaissement de route, ponts, tunnels ;
- des ruptures de digues, barrages, inondations, avalanches, tempêtes, ouragans, cyclones ;
- le naufrage ou échouage du navire transportant le véhicule transporteur.

À cette garantie de base, peuvent être également ajoutés selon des conditions spécifiques de stationnement ou de gardiennage, les conséquences de vols commis avec ou sans agression, ainsi que la perte des marchandises transportées sous température contrôlée suite à un arrêt des groupes froid.

6766. Compte tenu des spécificités de cette garantie, les exclusions suivantes sont applicables :

- les dommages aux marchandises transportées à titre onéreux pour le compte de tiers (Transport Public de Marchandises) ;
- les dommages subis en cours des opérations de chargement et de déchargement (pouvant faire l'objet d'une extension de garantie selon le support contractuel) ;
- les dommages de mouille, ou causés par le vent, lorsque les véhicules ne sont pas entièrement carrossés ;
- la freinte de route (perte de poids ou de matière liée à la nature des marchandises transportées) et le vice propre des marchandises transportées ;
- les accessoires du véhicule ;
- les fonds et valeurs, objets précieux et bijoux ;
- les dommages subis par les marchandises alors que le véhicule est en surcharge ;
- les dommages subis par les marchandises alors que le conducteur était en état d'imprégnation alcoolique, ou ne possédait pas le permis de conduire requis pour le véhicule utilisé pour le transport ;
- les dommages liés à une défectuosité de l'emballage, du conditionnement ou de l'arrimage.

Section 5 . Garantie des tremblements de terre

6767. Sur le territoire national ces événements relèvent de la garantie des Catastrophes naturelles. Son intérêt est donc limité aux zones géographiques des principautés d'Andorre et de Monaco. L'assureur garantit donc, à ce titre, les dommages matériels causés aux biens assurés par un tremblement de terre, une éruption volcanique ou un raz de marée s'il est consécutif à un tremblement de terre ou à une éruption volcanique.

De manière générale, selon le Traité d'Assurance Incendie Risques d'Entreprises, la franchise applicable est de 5 % du total des existences assortie d'un minimum exprimé en euros.

6768. Compte tenu de la concentration de valeurs sur ces zones géographiques, les assureurs -et les réassureurs- sont confrontés à une saturation des capacités d'assurance sur cette garantie.

6769. Le montant de cette garantie peut être « combiné » en globalisant les capitaux assurés en dommages directs et en pertes d'exploitation consécutives ; cela dépendra de la rédaction du contrat.

Section 6 . Garantie des effondrements

6770. Cette garantie est rarement délivrée seule, car elle se retrouve intégrée dans le volet de garantie « Tous Risques Sauf » dénommée également « Autres dommages matériels ».

Sont couverts les effondrements de bâtiments, qui ne relèvent pas du domaine de l'assurance construction et notamment de la garantie « effondrement en cours de construction ».

Elle trouve également son intérêt pour protéger les zones de stockage, lorsque les marchandises sont stockées en racks verticaux. En effet, il peut arriver qu'accidentellement un engin de manutention accroche un rack et provoque la chute des marchandises stockées. Cet événement peut être lourd de conséquences lorsque, par un effet de domino, toute la zone de stockage est atteinte. S'agissant d'un dommage causé par un préposé de l'assuré, l'assurance responsabilité civile de l'engin de manutention ne peut entrer en ligne de compte.

Bien entendu, la garantie n'est acquise qu'à la condition que les racks de stockage, ou les bâtiments, soient en bon état d'entretien et de maintenance. Enfin, si l'effondrement est consécutif à un événement garanti au titre de la police d'assurance (Incendie, explosion...), les dommages seront pris en compte au titre de la garantie principale mise en jeu.

Section 7 . Le volet « Tous Risques Sauf »

6771. L'objet de ce volet n'est pas de prendre en charge des événements relevant d'une autre garantie, qu'elle ait été souscrite ou non, ni de racheter une exclusion, une franchise ou une sanction contractuelle comme l'application d'une règle proportionnelle de capitaux ou de prime.

Au titre du volet « tout sauf », l'assureur garantit tous les dommages matériels résultant d'un événement accidentel, soudain et imprévu (soit un événement autre que ceux pouvant être assurés au titre du contrat, que les garanties aient été souscrites ou non). On entend par dommage matériel, toute atteinte à la structure ou à la substance des choses, ainsi qu'à l'intégrité physique des animaux. Les biens assurés devant se trouver aux lieux indiqués aux Conditions Particulières.

Sont également pris en charge, dans la mesure où il est fait expressément mention de leur garantie aux conditions particulières, les pertes d'exploitation consécutives, les frais et pertes divers, ainsi que les conséquences pécuniaires encourues par l'assuré, pour des dommages occasionnés à des tiers, par suite de dommages matériels atteignant les biens dont l'assuré se trouve être locataire ou gardien.

6772. La rédaction de ce volet est de type « Tout Sauf », ce qui sous-entend que tout événement accidentel est couvert, à l'exception des éléments exclus précisément dénommés. La qualité de la rédaction des exclusions a donc un impact direct sur l'étendue de cette garantie. Rappelons que pour être recevables les exclusions doivent être formelles, limitées et rédigées en caractères très apparents... à défaut de quoi elles seront réputées non écrites, ce qui peut être lourd de conséquences pour l'assureur (sur ce point voir Partie II, Titre 1, Sous-titre 4, Chapitre 4 – Les clauses d'exclusion).

Section 8 ▪ Le Cyber Risque

6773. Il s'agit d'un risque émergent en face duquel les assureurs, et les réassureurs, demeurent très prudents car n'en maîtrisant ni les techniques actuarielles pour la tarification, ni les risques d'interdépendance et de cumul de garantie.

6774. De plus, les dommages causés par des cyber attaques peuvent être des dommages immatériels non consécutifs à des dommages matériels garantis et donc, par définition, difficilement maîtrisables pour un assureur :
- un blocage des serveurs d'une société de vente par internet avec impact sur le chiffre d'affaires ;
- une paralysie d'une unité de production ;
- un blocage des caisses électroniques d'une chaîne d'hypermarchés ;
- une attaque de type « ransomware » qui bloque un ordinateur en demandant une rançon pour le déverrouiller ;
- un piratage des données personnelles des clients avec menace de les divulguer doublée par l'obligation de déclarer cet incident à la CNIL et d'en informer les personnes concernées ;
- une perte de clientèle et atteinte à l'image à la suite de la médiatisation d'une cyber attaque...

6775. Au-delà de dommages matériels directs (bris de machine à la suite d'une cyber attaque par exemple), nous pouvons alors être confrontés à une combinaison de dommages immatériels « purs » pour la victime et de responsabilité civile pour les tiers, sachant que vis-à-vis de ces derniers il ne pourrait s'agir que de dommages potentiels...

6776. Selon une étude de NTT Com Security, une cyber attaque coûte en moyenne 773 000€ hors toutes pertes liées à l'atteinte à l'image.... L'éditeur MacAfee publie, quant à lui, en lien avec le CSIS, une étude qui évalue à 350 milliards d'euros par an le poids financier de ce type d'attaque.
La vérité se situe sûrement entre les deux, et l'on comprend mieux la prudence des acteurs de l'assurance sur ce marché. Face à autant d'incertitudes, il convient d'éviter, autant que faire se peut, d'intégrer ce type de garanties dans un contrat multirisques afin d'en permettre le suivi par le biais de contrats spécifiques.

Chapitre 6
Les frais et pertes divers

BIBLIOGRAPHIE

L'Argus de l'assurance

Ouvrages. – J. Bigot (sous dir.), *Code des assurances*, L'Argus éd. – Ph. Laroche, *Les assurances dommages aux biens de l'entreprise*, L'Argus éd., 2016 – J. Landel, *Lexique des termes d'assurance*, L'Argus éd., 2014.

6777. Les développements qui suivent regroupent un ensemble de pertes financières, subies par l'assuré, qui seront indemnisées par l'assureur sous réserve qu'elles soient directement consécutives à un événement garanti au titre du contrat d'assurance.
Selon la rédaction du contrat, les montants garantis à ce titre, peuvent être exprimés sous forme de capitaux distincts, ou en pourcentage du montant de l'indemnité principale.

Section 1 ▪ Les frais de démolition, de déblais et d'enlèvement

6778. Seront pris en charge les frais de démolition, de déblais et d'enlèvement, nécessités par la remise en état des biens assurés sinistrés. Sont également prises en charge les mesures conservatoires imposées par une décision administrative.

6779. Le montant de cette garantie ne doit pas être négligé, car elle couvre les frais de destruction ou de neutralisation, avant mise en décharge des biens assurés lorsqu'ils sont contaminés suite au sinistre ou lorsque leur nature l'exige. Ainsi, en présence de matériaux amiantés devant être détruits, ce poste de frais pourrait être très élevé.
D'autres éléments impactent directement les sommes à garantir :
- difficulté d'accès des bâtiments du fait de leur situation (centre urbain) ;
- environnement exigeant des mesures particulières (protections spécifiques, confinement) ;
- activité comportant l'utilisation de produits toxiques, inflammables ou alimentaires.

Section 2 ▪ Les frais de déplacement, de replacement et de relogement

6780. Lorsque les bâtiments sont détruits ou endommagés, il va falloir déménager les biens sauvés, les remiser dans un endroit puis, à la fin des travaux, les replacer sur le site d'exploitation. Cette garantie prend en charge les frais de déplacement, replacement des objets, et/ou ceux de relogement rendus indispensables à la suite d'un sinistre : frais de déplacement et de réinstallation des biens garantis au contrat, frais de garde-meubles, surloyer (différence entre le loyer -ou la valeur locative pour le propriétaire- et le coût du nouveau loyer temporaire).

Section 3 . La perte d'usage

6781. Cela représente tout ou partie de la valeur locative des locaux, occupés par le propriétaire, en cas d'impossibilité pour lui d'utiliser temporairement ses locaux. Il sera en effet obligé de s'installer dans d'autres locaux, pendant le temps nécessaire aux réparations de l'immeuble sinistré. Ceci constitue un préjudice indirect équivalent au montant du loyer qu'il sera amené à payer en tant que preneur. Cette garantie est étendue au profit du locataire responsable, lorsque le bail n'est pas résilié après le sinistre et qu'il n'a pu dégager sa responsabilité. Il subit un préjudice puisqu'il continue à payer son loyer initial, tout en étant contraint d'en acquitter un autre pour son installation provisoire.

6782. Cette garantie est généralement exprimée en 1 ou 2 années de la valeur locative des locaux assurés, et ne doit en aucun cas être inférieure à la durée nécessitée par la remise en état, ou la reconstruction, des bâtiments sinistrés. Le propriétaire, ou le locataire, ne pouvant ignorer la valeur locative du bien, ce poste de garantie est soumis à l'application de la règle proportionnelle de capitaux.

Section 4 . La perte de loyers

6783. Souscrite par le propriétaire, cette garantie couvre le montant des loyers dont il peut être se trouver privé suite à sinistre. Il s'agit donc d'une perte de recette. Cette garantie est exprimée en années de la valeur locative des biens assurés, et la durée de la garantie doit être calquée sur le délai nécessité par la remise en état/reconstruction des locaux. Attention : cette garantie qui est soumise à l'application de la règle proportionnelle de capitaux, ne doit pas être confondue avec la garantie des pertes de loyers souscrite par le locataire, dans le cadre de ses responsabilités vis-à-vis de son propriétaire (cf. chapitre V).

Section 5 . Les pertes financières sur aménagements

6784. Cette garantie spécifique au locataire, ou à l'occupant, a pour but d'assurer les aménagements immobiliers réalisés à ses frais, telles que des installations de chauffage ou de climatisation, des revêtements de sol, de mur ou de plafond. Nous avons vu que, selon les dispositions du bail et du Code civil, la propriété de ces aménagements peut avoir été transférée au bailleur : ce dernier devenant créancier de l'indemnité due après sinistre. Rappelons qu'à compter du transfert de propriété des aménagements au bailleur, la valeur de ces derniers doit être intégrée aux capitaux assurés au titre des risques locatifs.

6785. Du fait de ce transfert de propriété il n'est plus possible d'indemniser directement le locataire et le bailleur, créancier de l'indemnité, n'ayant aucune obligation de reconstituer les aménagements, il peut s'ensuivre une très lourde perte financière pour le locataire.

6786. L'objet de cette garantie est d'indemniser le locataire de la valeur de ses aménagements dont la propriété, et l'indemnité, à été transférée à son bailleur lorsque ce dernier ne les reconstitue pas. En l'espèce, le locataire subit non pas un dommage direct puisque lesdits biens ne lui appartiennent plus, mais bien une « perte financière », constituée par les frais qu'il a engagés pour leur réalisation.

6787. Bien entendu, si le propriétaire maintient le locataire dans les locaux et qu'il reconstitue lesdits aménagements, aucune indemnité ne pourra être versée au titre de cette extension : la double indemnisation de ce poste constituerait un enrichissement sans cause. Une fois encore, le locataire connaissant la valeur de ses investissements, ce poste de garantie est soumis à l'application de la règle proportionnelle de capitaux.

Section 6 . Les frais de remise en conformité

6788. Sont garantis, les frais nécessités par la mise en conformité des locaux avec la législation et la réglementation en matière de construction, et ce en cas de reconstruction ou de réparation des bâtiments sinistrés. En effet, en absence de remise en conformité le permis de construire ne serait pas délivré et l'entreprise pourrait ne pas reprendre son activité. Toutefois, si l'assuré devait, avant le sinistre, mettre ses locaux en conformité avec des textes réglementaires sous menace de sanction, cette garantie ne serait pas mise en jeu. Prenons par exemple un Etablissement recevant du public qui, sous menace de fermeture administrative, était mis en demeure de se mettre en conformité avec la réglementation. En cas de sinistre, l'assureur ne prendrait pas en charge ce type de frais et se contenterait de remettre les locaux dans l'état qui était le sien avant sinistre : l'assuré, ayant déjà une obligation de se mettre en conformité, l'assureur ne se substituera pas à ses obligations.

6789. Cette garantie, exprimée sous la forme d'un pourcentage de l'indemnité versée au titre du sinistre en cause, n'est pas soumise à l'application de la règle proportionnelle de capitaux.

Section 7 . Le remboursement de la prime d'assurance « dommages-ouvrage »

6790. Selon l'importance du sinistre, et pour être en conformité avec la loi, l'assuré peut être amené à souscrire une police d'assurance Dommages-ouvrage pour faire procéder à la reconstruction ou réparation des locaux dont il est le propriétaire.
Cette garantie consistera, sur preuve du paiement de la cotisation de cette assurance obligatoire, en son remboursement.
On notera que le montant garanti, généralement fixé à 5 % de l'indemnité bâtiment, peut se révéler insuffisant en raison de l'augmentation du coût de ce type de contrat au cours des dernières années.

Section 8 . Les honoraires de décorateurs, des bureaux d'études ou de contrôle technique, du coordinateur en matière de sécurité

6791. Il s'agit d'indemniser l'assuré des honoraires mis à sa charge au titre de l'intervention :
- des décorateurs, de bureaux d'étude, de contrôle technique et d'ingénierie dont l'intervention serait nécessaire, selon d'expert de la compagnie, à la reconstruction ou à la réparation des biens assurés ;

- des coordinateurs en matière de sécurité et de protection de la santé dont l'intervention serait rendue obligatoire selon la loi n° 93-1418 du 31 décembre 1993.
Comme précisé, ces honoraires ne sont remboursés que si l'intervention de ces corps de métiers est nécessaire, ou si l'assuré avait déjà fait appel à eux. Ne seraient pas pris en compte des honoraires d'un décorateur engagé, suite à sinistre, par un assuré qui déciderait d'en profiter pour réaménager ses locaux.

Section 9 ▪ Les honoraires d'expert assuré

6792. Cette garantie, consiste à rembourser les honoraires de l'expert ayant procédé aux opérations d'expertise pour le compte de l'assuré. En effet, les honoraires de l'expert de l'assureur sont toujours à la charge de ce dernier, ils constituent l'une de ses obligations légales. Le montant de ces honoraires est parfois limité selon un barème variant en fonction du montant des indemnités. Dans d'autres contrats on peut avoir une limitation fixée à un certain pourcentage du montant de l'indemnité versée. Rappelons que les contrats d'assurance ne doivent plus faire référence au barème UPEMEIC qui servait de référence en la matière et ce depuis juillet 2001.

Section 10 ▪ Les frais de sauvetage

6793. Il s'agit des frais exposés par l'assuré en vu de réduire les conséquences d'un sinistre. Ces frais sont pris en compte lorsqu'ils ont été utilement mis en œuvre, sachant que ce caractère est soumis à l'appréciation des experts et des assureurs.

Section 11 ▪ Les pertes indirectes

6794. Les pertes indirectes visent à compenser les frais personnels exposés par l'assuré suite au sinistre, et restant à sa charge car non indemnisés par ailleurs.
Ces pertes indirectes ne sont pas destinées à couvrir :
- les conséquences de sanctions prévues pour déclarations inexactes des caractéristiques du risque assuré ;
- les découverts et franchises contractuelles ;
- l'application des vétustés ;
- l'insuffisance des limitations contractuelles d'indemnités.
Selon la rédaction des contrats, ces pertes indirectes peuvent être payées sur justificatifs. Dans ce cas, l'assuré doit prouver la réalité de ses frais par la production de factures.
Elles peuvent également être forfaitaires, et dans ce cas, le pourcentage prévu aux Conditions Particulières sera versé automatiquement en plus de l'indemnité due au titre du sinistre.
Cette garantie, exprimée en pourcentage de l'indemnité versée, se situe généralement entre 10 % et 20 % de ce montant. Cette garantie ne s'applique en aucun cas aux risques de responsabilités ni aux honoraires d'expert et se trouve limitée à 5 % sur les capitaux marchandises.

Section 12 ▪ L'assurance des intérêts d'emprunts

6795. Lorsqu'un assuré, assujetti à la TVA effectue des travaux suite à sinistre, il doit acquitter ses factures TVA incluse et ce, alors que l'indemnité d'assurance portera sur les valeurs hors taxes. Du fait de son arrêt, ou de la baisse d'activité suite à sinistre, la récupération de cette TVA peut s'étaler sur une longue période.
Pour financer ce décalage de trésorerie, l'assuré peut avoir recours à un emprunt, cette garantie couvrira donc les intérêts de l'emprunt contractés dans ce but.

▪ Chapitre 7
L'assurance des flottes automobiles

BIBLIOGRAPHIE

L'Argus de l'assurance
Ouvrages. – L. Namin (sous coord.), *Réglementation automobile*, Éd. L'Argus, 2015-2016 - J. Landel, L. Namin, *Manuel de l'assurance automobile*, L'Argus éd. 2016. – L. Ray, *L'assurance des flottes automobiles*, L'Argus éd. 2008. – J. Bigot (sous dir.), *Code des assurances*, L'Argus éd. – J. Landel, *Lexique des termes d'assurance*, Éd. L'Argus, 2014.
Revues. –Les flottes automobiles, dossier Jurisprudence automobile, JA n° 819 juin 2010.

Section 1 ▪ Définition d'une flotte automobile

6796. À l'inverse de ce qui existe en assurance des dommages aux biens, où la frontière entre les risques simples et les risques industriels est assez bien définie, force est de constater que la notion de flotte automobile est assez variable. Preuve en est, dans les derniers chiffres communiqués par la FFSA (Fédération française des sociétés d'assurance) en 2012, 30 % du nombre de contrats flottes automobiles étaient de type « indéterminé » !

6797. Si nous nous tournons du côté du législateur, ce dernier n'a pas non plus défini ce qui pourrait relever d'un contrat de flotte automobile, sauf à le déduire des dispositions de l'article A. 121-2 du Code des assurances relatif à la clause de « bonus-malus » qui précisent que :
« Par dérogation aux dispositions de l'article A. 121-1, les contrats garantissant les risques ci-après peuvent comporter une clause de réduction ou de majoration différente de celle mentionnée à cet article : 1° Contrats garantissant plus de trois véhicules automobiles appartenant à un même propriétaire et dont la conduite exige la possession d'un permis de catégorie B. Toutefois, les véhicules destinés à être loués pour une durée au moins égale à douze mois ou à être mis en crédit-bail demeurent soumis aux dispositions de l'article A. 121-1 [...] ».

6798. À la lecture de cet article, pourraient donc relever d'un système tarifaire spécifique les contrats garantissant au moins quatre véhicules automobiles. On pourrait alors croire, que c'est ce seuil qui est retenu par les assureurs pour délimiter le passage des contrats « mono-véhicule » à celui des « flottes automobiles ». La réalité est plus complexe, car chaque compagnie fixe son propre seuil, qui peut varier entre 3 et 5 véhicules avec parfois l'exigence d'un critère d'homogénéité du parc assuré.

6799. Traditionnellement, sont également rattachés au marché du risque d'entreprise les véhicules de plus de 3,5 tonnes, ceux effectuant du transport public de voyageurs ainsi que les engins de chantier, de manutention et de travaux publics.

6800. L'assurance « flotte automobile », peut être définie comme un contrat d'assurance souscrit par une personne physique ou morale, garantissant un ensemble de véhicules terrestres à moteur lui appartenant ou non et ce, pour des garanties homogènes ou non. En effet, l'assuré peut être un artisan (personne physique) ou une société (personne morale) et les véhicules peuvent ne pas lui appartenir, lorsqu'ils sont loués ou pris dans le cadre d'un contrat de leasing.

6801. D'un point de vue technique, il est possible de distinguer :
- les flottes naturelles répondant à la définition ci-dessus ;
- les flottes artificielles que l'on dénommées également « assurances de groupements » ou « assurances affinitaires » et qui regroupent sur un même contrat des véhicules appartenant à des personnes distinctes mais présentant des caractères communs (exemples : salariés d'une même entreprise, personnes appartenant à une même profession, utilisateurs de motocyclettes). L'opération s'analyse alors comme une souscription pour compte : un courtier ou un organisme souscrit un contrat dont il négocie avec un assureur les conditions de sélection, de garantie, de tarification et de gestion qu'il propose ensuite aux personnes entrant dans le segment visé et répondant aux critères de sélection. Il émet des adhésions à la police-mère qu'il a conclue pour chacun des assurés et se charge de l'émission et du recouvrement de chaque prime individuelle. S'agissant d'assurance automobile, chaque adhésion est soumise au bonus-malus et un coefficient individuel de réduction-majoration est appliqué à la prime. Souvent, ce type de contrat est géré par un courtier grossiste qui dispose d'un réseau d'apporteurs, constitué d'autres courtiers trouvant dans le montage une solution d'assurance adaptée pour des clients dont les besoins ne sont pas satisfaits par les produits habituels. Techniquement, les assurances affinitaires permettent de constituer une mutualité distincte de celle du portefeuille classique de l'entreprise ce qui permet, lorsque les risques sont habilement sélectionnés, de pratiquer un tarif moindre tout en offrant un service très ciblé.

6802. Cette technique peut également être utilisée pour mutualiser les risques de flottes de faible effectif, dans le domaine du transport notamment. Elle permet d'asseoir le « chargement pour sinistres graves », très lourd sur ce type d'affaires, sur un nombre élevé de véhicules afin d'en réduire la charge par véhicule (voir L. Ray, L'assurance des flottes automobiles, L'Argus éd. 2008).

Section 2 . Les garanties des flottes automobiles

6803. D'une manière générale, les garanties délivrables au titre d'un contrat flotte, sont proches de celles que l'on retrouve dans les contrats d'assurance automobile des particuliers (sur ce point, voir, Partie III, Sous-titre II, L'automobile et autres véhicules). De fait, nous ne développerons spécialement que les garanties spécifiques.

Sous-section 1 . Garantie de responsabilité civile

6804. Selon l'article L. 211-1 du Code des assurances, « Toute personne physique ou toute personne morale autre que l'Etat, dont la responsabilité civile peut être engagée en raison de dommages subis par des tiers résultant d'atteintes aux personnes ou aux biens dans la réalisation desquels un véhicule est impliqué, doit, pour faire circuler celui-ci, être couverte par une assurance garantissant cette responsabilité [...] Pour l'application du présent article, on entend par " véhicule " tout véhicule terrestre à moteur, c'est-à-dire tout véhicule automoteur destiné à circuler sur le sol et qui peut être actionné par une force mécanique sans être lié à une voie ferrée, ainsi que toute remorque, même non attelée [...] ».

6805. Cette assurance obligatoire, vise non seulement les véhicules munis d'un moteur mais également les remorques possédées par les assurés. L'article R. 211-4 du même code précise que les contrats d'assurance doivent spécifier les caractéristiques des remorques dont l'adjonction à un véhicule terrestre à moteur, ne constitue pas une aggravation du risque couvert par le contrat garantissant ce véhicule. De manière générale, les assureurs fixent ce seuil aux remorques de moins de 750 Kg de poids total en charge ; au-delà les remorques doivent être assurées de manière individuelle.

6806. La portée de cette garantie de responsabilité civile obligatoire est définie par l'article R. 211-5 du Code des assurances : « L'obligation d'assurance s'applique à la réparation des dommages corporels ou matériels résultant :

1° Des accidents, incendies ou explosions causés par le véhicule, les accessoires et produits servant à son utilisation, les objets et substances qu'il transporte ;

2° De la chute de ces accessoires, objets, substances ou produits. »

Cette assurance de responsabilité civile sera donc mise en œuvre qu'il y ait eu choc ou non, que le véhicule se trouve sur une voie privée ou publique, que le véhicule soit en mouvement ou non, au moment des faits.

6807. L'assurance est souscrite sans limitation de somme en ce qui concerne les dommages corporels et pour une somme d'au moins un million d'euros par sinistre quel que soit le nombre de victimes, en ce qui concerne les dommages aux biens (C. assur., art. R. 211-7 et A. 211-1-3).

Sous-section 2 . Les garanties facultatives

6808. Ces garanties facultatives sont, pour une grande partie, identiques à celles qui peuvent être souscrites pour les contrats « mono véhicules » :

- garanties d'incendie et de vol, complétées par celle des tempêtes, grêle, neige ainsi que des catastrophes naturelles et actes de terrorisme ;
- garantie des bris de glace, dont l'importance n'est pas à négliger lorsque l'on connaît le prix d'un pare-brise d'un camion ou d'un bus ;
- garantie « tous risques » ou « Dommages Tous Accidents », qui couvrira tous les dommages causés au véhicule assuré, qu'elle que soit la responsabilité du conducteur, et ce même en absence de tiers responsable ;
- garantie « Dommages collision » ou « tierce collision », qui ne couvrira les dommages subis par les véhicules que s'il y a collision avec un tiers : piéton, véhicule, animal identifié... ;

- Individuelle conducteur : ce dernier n'ayant pas la qualité de tiers ne sera pas indemnisé par l'assureur du véhicule en cas d'accident dont il est responsable ;
- garantie d'assistance, délivrée par une société spécialisée, qui couvrira les frais de remorquage du véhicule en panne ou accidenté, de rapatriement du conducteur malade ou blessé.

6809. D'autres garanties, plus spécifiques aux besoins des professionnels, peuvent être délivrées en option, parmi lesquelles :
- la garantie des pertes financières pour les véhicules en leasing ou crédit-bail. La rupture du contrat de leasing, du fait de la perte totale du véhicule, induit généralement le paiement d'indemnités au crédit-bailleur. Cette garantie couvrira ces sommes laissées à la charge de l'assuré ;
- la garantie de responsabilité civile pour les dommages causés aux tiers du fait de l'utilisation d'équipements spéciaux : bras de levage, hayons élévateurs... Cette garantie peut également être prévue au titre du contrat « responsabilité civile exploitation » de l'entreprise assurée ;
- la garantie « bris de machine » des équipements spéciaux équipant les véhicules assurés. Il s'agit d'une garantie, équivalente à celle du bris de machine du matériel d'exploitation, adaptée aux équipements fixés sur des véhicules terrestres à moteur ;
- la garantie des pertes et avaries en cours de transport, pour les marchandises transportées pour propre compte. Ces garanties, incluses dans un contrat de type flotte automobile, sont de portée plus réduite que si elles étaient délivrée par un contrat spécifique. Ainsi, il ne faut pas hésiter à souscrire cette garantie par le biais d'un support spécifique à chaque fois que les besoins de l'assuré le nécessiteront : garanties de chargement/déchargement, manutention, pertes de marchandises transportées sous température contrôlée.

Section 3 . La tarification et la gestion des flottes

Sous-section 1 . La tarification des flottes

§ 1 . Généralités

6810. Il ne s'agit pas ici d'aborder la technique de tarification des flottes automobiles dans le détail, mais d'en saisir le fonctionnement général, afin d'appréhender les avantages constitués par les montages spécifiques développés dans la sous-section 2 de cette section.

6811. Aborder la tarification des flottes automobiles, demande d'effectuer une distinction entre flottes de taille réduite (5 à 30 véhicules) et celles disposant d'un parc de véhicules plus important. En effet, pour que les antécédents propres à la flotte étudiée soit représentatifs, il faut un nombre de véhicules significatif et disposer d'une période d'observation suffisamment longue. L'assurance est fondée sur une mutualisation des risques. Ceci sous-entend, qu'une part des cotisations payées doit correspondre à la mutualisation des sinistres graves et corporels lourds. Ainsi, plus le nombre de véhicules sera faible, plus la période d'observation sera réduite et moins les antécédents propres à la flotte étudiée seront déterminants dans la tarification appliquée.

6812. Ceci étant dit, les flottes de véhicules de taille réduite ont un mode de tarification proche de celui des contrats « mono-véhicule ». Seront ainsi pris en compte, le groupe et les classes des véhicules de première catégorie, leur usage, la zone géographique et leurs antécédents.

Pour les véhicules de seconde catégorie, la tarification sera basée sur les valeurs des véhicules pour les garanties dommages et sur type de véhicule pour la garantie de responsabilité civile. Les critères d'usage, de zone géographique et d'antécédents entrent également en ligne de compte.

6813. En ce qui concerne les flottes de taille significative, la tarification sera fonction de ses antécédents ; ils permettront de calculer les fréquences et les coûts moyens pour chacune des garanties souscrites :

- Fréquence : Nombre de sinistres enregistrés au titre d'une garantie sur la période / Nombre de véhicules bénéficiant de la garantie sur la période.

- Coût moyen : Charge sinistre de la garantie [(sinistres payés + évalués + frais) - recours] sur la période / Nombre de sinistres enregistrés au titre de la garantie sur la période

6814. La prime pure d'une garantie donnée, résultera du produit : Fréquence x Coût moyen.

Cette prime pure correspond sur le plan mathématique à l'espérance des pertes ; soit encore à la charge sinistre moyenne, que l'assureur aura à payer sur la période.

Exemple : une flotte automobile présente une charge sinistre de 145 000 € sur une période d'observation de 24 mois. Cette charge a été générée par un total de 18 sinistres enregistrés sur la même période, sachant que 30 véhicules bénéficiaient de cette garantie chaque année.

- Fréquence de sinistre : (18/60) x 1000 = 300 °/°°

- Coût moyen des sinistres : 145 000 € / 18 = 8 055,56 €

- Cotisation pure par véhicule assuré : 8 055,56 € x 0,3 = 2 416,67 €

- Soit une cotisation pure annuelle : 2 416,67 € x 30 = 72 500 € (Cette somme correspond bien à la charge annuelle moyenne de sinistres enregistrée qui est de 145 000 €/2 soit 72 500 €).

Dans ce calcul, la charge sinistre d'un exercice passé doit être actualisée pour tenir compte de l'inflation ; celle de l'exercice en cours doit tenir compte des sinistres déclarés tardivement et non encore évalués.

Cette méthode de calcul, demande que l'on possède le détail des antécédents faisant apparaître le coût réel des sinistres et d'autre part, le détail du parc assuré par garanties souscrites. À défaut, la précision de la tarification s'en trouverait affectée.

La cotisation pure de la garantie de responsabilité civile sera, quant à elle, pondérée pour tenir compte de la mutualisation des sinistres corporels graves précités. Cette pondération sera fonction du nombre de véhicules assurés, de la durée d'observation (années risques) et des sinistres observés (fréquences/coûts).

Enfin, les cotisations « pures » se verront majorées par l'application d'un taux de chargement (correspondant aux frais de fonctionnement de la compagnie d'assurance et aux coûts d'acquisition du contrat), puis seront soumises aux taxes assurance et contributions qui sont pour les véhicules de première catégorie de 33,6 % pour la cotisation de responsabilité civile et de 18 % pour les dommages. Ces taxes ne sont plus que de 15,6 % pour les garanties dommages des véhicules de seconde catégorie.

§ 2 ▪ Les franchises dans les flottes automobiles

6815. Les cotisations payées sont issues, pour les flottes de taille importantes, de la charge sinistre enregistrée sur les exercices passés. Certains montages de garantie permettent de réduire significativement les cotisations, en réalisant un transfert partiel de la charge sinistre sur les assurés. Ces montages, comportant des franchises, peuvent être d'autant plus avantageux qu'ils échappent partiellement à l'application des taxes d'assurance, tout en réduisant les frais de gestion appliqués par les assureurs.

A ▪ Les différentes franchises

6816. L'article L. 121-1 du Code des assurances, pris dans son second alinéa, dispose qu'il peut être stipulé que l'assuré reste obligatoirement son propre assureur pour une somme, une quotité déterminée, ou qu'il supporte une déduction fixée d'avance sur l'indemnité du sinistre.
Cette déduction peut prendre différentes formes :
- le découvert obligatoire : il s'agit d'une somme exprimée en euros ou en pourcentage de l'indemnité, restant obligatoirement à la charge de l'assuré en cas de sinistre. Ce découvert obligatoire ne peut, ni faire l'objet d'un rachat moyennant une surprime, ni faire l'objet d'une couverture d'assurance complémentaire auprès d'un autre assureur ;
- la franchise absolue : il s'agit d'une quote-part des dommages restant à la charge de l'assuré, cette somme peut être exprimée en euros. Si le sinistre est supérieur à ce montant, seule la partie excédentaire sera indemnisée. En revanche, tout sinistre inférieur à cette somme, restera intégralement à la charge de l'assuré ;
- la franchise relative : quand le montant des dommages est inférieur au montant de la franchise, l'assuré n'a droit à aucune indemnité ; lorsque les dommages sont supérieurs à ce montant, l'assuré se verra intégralement indemnisé.

B ▪ Les franchises déposées ou rétentions

6817. Les franchises déposées consistent à faire supporter à l'assuré une somme correspondant à une part de la charge sinistre. Cette somme fera l'objet d'un dépôt de garantie auprès de l'assureur, et ne sera impactée ni par le chargement appliqué sur les cotisations, ni par les taxes d'assurance. En effet, ce dépôt de garantie ne correspond pas à une cotisation d'assurance : il s'agit d'un budget d'auto-assurance financé par le client. En revanche, l'ensemble de la gestion des sinistres étant réalisé par l'assureur, des honoraires de gestion seront demandés. Pour réaliser ce type de montage, il faut que la flotte soit d'une taille significative et que la fréquence des sinistres soit établie.

6818. Cette franchise déposée peut, tout d'abord, concerner les garanties de dommages subis par les véhicules de l'entreprise :
- on calculera la charge sinistre annuelle moyenne de la garantie concernée ;
- on convertira, une partie de cette charge sinistre, en dépôt de garantie ; le calcul de la cotisation se faisant sur le différentiel ;
- lors d'un sinistre, son coût viendra au débit du dépôt de garantie réalisé ;
- une fois le montant de la franchise déposée épuisé, l'assureur interviendra pour indemniser les sinistres comme dans un contrat classique d'assurance ;
- à la clôture de l'année d'assurance, si le solde de la franchise déposée est positif, ce dernier sera reversé à l'assuré (sauf accord des parties qui consisterait à en effectuer le report sur l'exercice suivant).

6819. Le gain pour l'assuré portera d'abord sur les taxes et chargements qui ne seront pas appliqués sur le dépôt de garantie, puis sur ses propres frais de fonctionnement car la gestion des sinistres sera réalisée par l'assureur ou son intermédiaire ; l'assuré continuant néanmoins à bénéficier des mêmes services que s'il s'était agi d'une couverture d'assurance traditionnelle : réseau de réparateurs agréés, tarifs négociés, gestion des recours...

6820. Le montage d'un contrat avec franchise déposée peut ensuite porter sur la garantie de responsabilité civile, et ce même si l'on se trouve face à une obligation d'assurance. Toutefois, comme cette franchise RC est inopposable aux victimes (C. assur., art. R. 211-13), c'est l'assureur qui effectuera la gestion de l'ensemble des sinistres au premier euro. Seront visés à ce titre, les sinistres de responsabilité civile entrant dans le cadre de la convention IRSA. Cette convention prévoit le paiement, à l'assureur de la partie adverse non responsable, d'une indemnisation forfaitaire de 1 206 € pour une responsabilité totale. La charge sinistre afférente à la garantie de responsabilité civile sera, pour partie, calculée en fonction du nombre de sinistres entrant dans le cadre de la convention IRSA, multiplié par le montant du recours forfaitaire. Une fraction de cette charge sinistre sera transformée en dépôt de garantie, la cotisation d'assurance étant alors calculée sur le solde restant. Lorsque la responsabilité de l'assuré sera reconnue dans un sinistre, le montant de la franchise restant à sa charge (égal au forfait IRSA versé à la partie adverse), viendra au débit de ce dépôt de garantie (au prorata de la part de responsabilité). Après épuisement de la franchise, l'assureur intervient de manière conventionnelle dans la gestion des sinistres.

6821. Lors de la clôture de l'exercice d'assurance, si le solde de la franchise déposée est positif, ce dernier est reversé à l'assuré ou affecté au nouvel exercice. Ici encore, les fonds déposés ne sont pas soumis à la taxe d'assurance, mais l'assuré versera une contribution au Fonds de garantie des assurances obligatoires à hauteur de 5 % des sommes utilisées. Des frais de gestion seront également demandés par l'assureur.

6822. Comme nous le voyons sur le graphique suivant, les franchises déposées dans le cadre d'un contrat flotte, tout en permettant d'améliorer la qualité d'un risque en associant l'assuré à la gestion de sa sinistralité, offre à ce dernier une diminution non négligeable de son budget global d'assurance.

C. Les franchises « atteintes », « aggregate » ou « stop-loss »

6823. Ces trois vocables recouvrent la même notion : l'assureur n'interviendra qu'après épuisement d'une franchise annuelle ; le client acceptant de financer ses propres dommages jusqu'à un seuil fixé à l'avance.

6824. La somme prise en compte pour la fixation de cette franchise n'entre pas dans le calcul de la cotisation et, comme pour les franchises déposées, le client fait l'économie d'une partie du chargement et des taxes afférentes aux garanties bénéficiant de ce montage.

6825. Dans ce cas de figure, l'assureur n'interviendra que lorsque le montant cumulé des sinistres, survenus depuis la date d'échéance du contrat, excédera la franchise aggregate stipulée au contrat. Son intervention se fera alors selon les conditions contractuelles : au premier Euro, ou après un abattement d'une franchise par sinistre. Cela nécessite un suivi du nombre et du coût des sinistres, afin que de connaître l'instant à partir duquel le transfert des sinistres se fera au profit de l'assureur.

6826. Afin d'éviter que la franchise aggregate ne soit absorbée par quelques sinistres importants, il peut être convenu de moduler le fonctionnement du contrat, en prévoyant le déclenchement de la garantie de l'assureur à compter d'une certaine somme. De fait, les sinistres supérieurs à ce montant seront indemnisés par l'assureur pour la partie excédentaire, comme s'il s'agissait d'une franchise absolue. La part restant à la charge de l'assuré venant au débit de l'aggregate. Ce type de franchises, ou de « stop-loss », peut être intégré dans des flottes importantes présentant des fréquences élevées : ceci permet de minorer la cotisation d'assurance, tout en associant l'assuré à la tenue et la gestion de son risque automobile.

Sous-section 2 ▪ Les modalités de gestion des flottes

§ 1 ▪ Gestion des flottes à véhicules désignés

6827. Il s'agit de la modalité de gestion la plus précise mais aussi la plus lourde à réaliser. Elle ne peut s'appliquer que pour des parcs de faible importance (+/- 50 véhicules). Dans ce cadre, chaque véhicule est précisément identifié dans le contrat et peut bénéficier de garanties parfaitement individualisées.
Les différents mouvements de parc (entrées/sorties) se font en temps réels et sont actés par un avenant d'entrée ou de sortie du parc. Le calcul des cotisations se fait au prorata temporis selon les dates d'entrées et de sorties de parc.

6828. Les cotisations correspondent donc parfaitement à la période d'assurance et aux garanties délivrées par véhicule. Toutefois, ce type de gestion est lourd et implique la déclaration des mouvements en temps réel : ceci n'est adapté qu'aux parcs de taille réduite, avec un nombre de mouvements limités. Notons que cette gestion au prorata temporis par mouvement, et par véhicule, facilite le respect de la 4e directive européenne (n° 2000/26/CE du 16 mai 2000) qui exige la déclaration de la liste des véhicules assurés par la compagnie à un organisme centralisateur (l'AGIRA).

§ 2 ▪ Gestion des flottes à véhicules non désignés

6829. Cette gestion plus souple, est parfaitement adaptée aux flottes automobiles possédant un parc important. Néanmoins, son fonctionnement laisse peu de place à une diversification des garanties par véhicule. Ces dernières seront délivrées par sous-ensembles de véhicules homogènes (ex : véhicules de première catégorie de moins de 3 ans), le contrat ne nécessitant aucune régularisation en cours d'année.

6830. L'assuré devant toutefois posséder une attestation d'assurance, il doit déclarer les mouvements de parc à son intermédiaire pour que ce dernier, qui bénéficie d'une délégation de gestion, puisse lui délivrer le document requis.

6831. La gestion la plus commune, est celle dite de la « régularisation à la demi différence » qui repose sur le différentiel de composition du parc de véhicules assurés, entre le début et la fin de l'année d'assurance. Pour ce faire, l'assuré déclare au début de la période d'assurance la composition de son parc de véhicules, qui constituera l'état de parc initial. A la fin de l'exercice d'assurance, l'assuré procèdera à une nouvelle déclaration de son parc, qui sera l'état de parc final.

La régularisation se fera sur la base de la « demi-différence » existante entre les deux états de parc déclarés :
- si le parc initial est de 180 véhicules et celui final de 204 véhicules, la régularisation se fera sur la base de [(204 - 180) / 2] soit 12 véhicules, qui se verront appliquer la cotisation relative à leur catégorie ;
- si la cotisation par véhicule est de 600 €, le client devra à son assureur la somme de 12 x 600 = 7 200 € ;
- si le solde avait été négatif l'assureur aurait procédé à un remboursement.

La perception de cette cotisation peut être conditionnée à l'existence d'un certain nombre de mouvements, exprimés soit en nombre de véhicules, soit en pourcentage du volume du parc.

6832. Cette formule de gestion est d'une grande souplesse, les mouvements individuels ne font pas l'objet d'avenants et les véhicules entrant dans le parc sont assurés aux mêmes conditions de garanties que ceux déjà présents. Néanmoins, cela ne peut être réalisé que pour des parcs homogènes dans les garanties délivrées, tout en posant la difficulté liée à l'identification des véhicules pour être en conformité avec la 4e directive européenne.

6833. Même si elles sont plus rares, d'autres modalités de gestion peuvent être rencontrées le critère de révision choisi étant représentatif de l'activité de l'entreprise : le chiffre d'affaires ou la masse salariale. Dans ce cas, le parc doit être déclaré une fois par an, afin de veiller à la cohérence des critères de révision choisis.

§ 3 ▪ Les renouvellements

6834. L'assureur est amené à adapter ses cotisations à la sinistralité enregistrée sur une période d'assurance. Lors de ces renouvellements, hormis la discussion sur le niveau tarifaire, il s'agit d'un moment privilégié de dialogue entre l'assureur et son client, en faisant le point sur les résultats techniques de la flotte :
- analyse de la sinistralité (évolution des fréquences, coûts moyens...) ;
- analyse des mesures de prévention mis en œuvre ou à mettre en œuvre ;
- fixation des nouvelles modalités d'assurance (niveau de franchises, primes, garanties ...).

6835. Si ces renouvellements font l'objet de négociations entre l'assureur et son client, il peut être contractualisé des modalités de révision visant à intéresser l'assuré aux variations de sa sinistralité.

A ▪ La participation aux résultats

6836. Il s'agit d'une clause contractuelle intéressant l'assuré aux résultats techniques de son contrat d'assurance en procédant :
- à un remboursement d'une partie de sa cotisation, pour les exercices bénéficiaires ;
- à une perception d'un complément de cotisation, pour les exercices déficitaires.

6837. Pour ce faire, il va être créé un compte de résultat annuel comportant :
- au débit (charges) : le coût des sinistres réglés ou évalués + les frais et honoraires liés à la gestion de ces sinistres ;
- au crédit (recettes) : les cotisations payées + les recours encaissés.

6838. Lorsque le compte de résultat est arrêté, les modalités pratiques de fonctionnement de cette clause sont les suivantes :
- solde positif : remboursement d'un certain pourcentage du solde, déduction faite des chargements de l'assureur. Ainsi, il peut être convenu qu'il sera remboursé 20 % du solde positif, après déduction de 30 % au titre des frais de gestion de la compagnie. Pour un solde positif de 1 500 €, le montant du remboursement serait de: (1 500 x 0,7) x 0,2 = 210 € ;
- solde négatif : perception d'une cotisation complémentaire, correspondant à un certain pourcentage du solde, majoré des frais de chargement. Un montant maximum de cette cotisation complémentaire est prévu au contrat pour fixer les limites de l'engagement de l'assuré. En prenant les mêmes éléments que dans l'exemple ci-dessus, nous aurions pour un solde négatif de - 1 500 € : (-1 500 / 0,7) x 0,2 = 429 €.

B ▪ La participation bénéficiaire

6839. Il s'agit, dans l'approche technique, du même montage que pour la participation aux résultats. Toutefois, dans son fonctionnement, seul le remboursement en cas de solde positif est prévu ; l'assureur s'interdisant de réaliser une perception de cotisation pour les exercices déficitaires.
La mise en œuvre de cette clause, moins favorable à l'assureur, est généralement conditionnée au renouvellement de la police.

6840. Dans l'optique d'intéresser l'assuré aux résultats enregistrés au titre de son contrat, il peut être également prévu de faire varier la cotisation du contrat selon le niveau du rapport sinistre à cotisations (S/C) atteint en fin d'exercice. Mais quelle que soit la formule choisie, toutes les modalités de calcul doivent être formalisées au contrat d'assurance, sachant que ces calculs devraient être réalisés, non pas à la clôture de l'exercice, mais au moins 5 à 6 mois après. Ceci permet de prendre en compte les sinistres déclarés tardivement, ainsi que les évolutions des sinistres évalués et les recours intentés.

Sous-section 3 ▪ La prévention dans la gestion des flottes

6841. Nous sommes sur ce secteur en présence de risques de fréquence et, de ce fait, la mise en place d'un plan de prévention peut rapidement influer sur les résultats obtenus. Dans certains cas, ces actions de prévention peuvent être une condition de l'acceptation, ou du renouvellement du contrat. L'ensemble de la profession est impliqué dans ce processus, car les assureurs doivent consacrer 0,5 % de leur encaissement RC pour réaliser des actions de ce type.

6842. Trop souvent, l'impact d'un sinistre automobile n'est perçu que comme correspondant aux seuls dommages indemnisés par l'assureur. Or, cette approche est limitative car, au-delà de l'impact financier directement visible (réparation et immobilisation du véhicule, franchises restant à la charge du client, perte des marchandises ou du matériel détruit), nombre de charges et dommages indirects en résultent :
- heures de travail perdues par le salarié impliqué dans l'accident ;
- charges liées à la gestion d'un accident du travail ;
- remplacement du salarié indisponible suite à un accident ;
- sanctions pénales éventuelles ;
- perte de productivité liée au changement du salarié indisponible ;
- pénalités de retard car la prestation due, n'a pas été réalisée, dans les délais prévus ;
- détérioration des relations avec la clientèle pouvant aller jusqu'à la perte de clients ;

- atteinte à l'image de marque de l'entreprise, pouvant être très importante selon le type de sinistre...

6843. Ainsi, la mise en place d'un plan de prévention automobile constitue un enjeu important dans l'axe d'amélioration de la qualité de service des entreprises. Comme pour toute action de ce type, celle-ci doit être intégrée dans la politique générale de l'entreprise et ce à son plus haut niveau. La prévention doit commencer par une phase d'analyse de la situation de l'entreprise. Cette première phase permettra d'identifier les causes et circonstances des sinistres, ainsi que d'évaluer les coûts induits. A partir de ce point « zéro », l'impact des mesures de prévention prises pourra être évalué. Ce travail peut être initié par un audit interne, ou être réalisé par une entreprise spécialisée dans ce domaine, sachant que certaines compagnies d'assurance possèdent un département de prévention automobile à l'instar de ce qu'il existe dans le secteur incendie.

6844. À partir de cette analyse, un plan d'action sera élaboré pour définir les actions de prévention à mener selon des objectifs préalablement déterminés. Ce plan d'action doit intégrer une communication et une formation à destination du personnel. L'une de ces formations peut porter sur le constat amiable et les erreurs à ne pas commettre lors de sa rédaction : ceci peut rapidement modifier le taux d'encaissement des recours IRSA, tout en faisant baisser le taux d'accidents qualifiés de responsables.

6845. De même, il peut être institué une analyse de chaque sinistre, avec le conducteur impliqué, afin de déterminer les actions qui auraient pu permettre d'éviter l'accident. Il ne s'agit pas d'entrer dans un processus répressif, mais bien au contraire de s'inscrire dans un processus d'amélioration de la sécurité.

6846. Enfin, une formation « comportementale » peut être réalisée afin de sensibiliser les chauffeurs sur les pratiques à mettre en œuvre pour anticiper les situations accidentogènes, et de réduire ainsi leur exposition au risque routier.

6847. Ces actions doivent être suivies périodiquement afin d'adapter le plan de prévention aux constats faits en cours d'année.

Section 4 . Cas particulier des engins

6848. Les engins de chantier et de manutention automoteurs sont tout à la fois des outils et des véhicules terrestres à moteur : l'engin se déplace sur le sol de manière autonome, il est actionné par une force mécanique que le conducteur soit assis sur l'engin lui-même... ou non. En effet, un transpalette électrique est bien un Véhicule Terrestre à Moteur car il répond à la définition de la directive européenne n°72/166/CEE du 24 avril 1972 qui qualifie un VTM comme étant « tout véhicule automoteur destiné à circuler sur le sol et qui peut être actionné par une force mécanique, sans être lié à une voie ferrée, ainsi que les remorques, même non attelées ». De même, dans la circulaire FFSA 86/2000 il est précisé que « la notion de VTM s'applique à tout engin automoteur pouvant se déplacer sur le sol et servant à transporter des choses ou des personnes ».

6849. En tant que véhicule terrestre à moteur ils sont soumis à l'obligation d'assurance prévue par l'article L. 221-1 du Code des assurances, et ce même s'ils ne circulent que dans

l'enceinte de l'entreprise. Trop souvent, l'obligation d'assurance est associée au déplacement sur voie publique. Trop souvent cette obligation d'assurance est associée aux déplacements des engins sur la voie publique mais, selon la législation en vigueur, ils doivent être obligatoirement assurés en responsabilité civile (avec une garantie illimitée pour les dommages corporels) et ce même s'ils ne circulent que dans l'enceinte de l'entreprise. Pour s'en convaincre, il suffit de lire les exclusions des contrats d'assurance de responsabilité civile, pour voir que sont formellement exclus tous les dommages (matériels et corporels) causés par des véhicules terrestres à moteur. En ce qui concerne la tarification appliquée, cette dernière est adaptée aux conditions de circulation de ces engins.
En revanche, lorsqu'ils se trouvent à fonctionner en tant qu'« outils », les garanties de la responsabilité civile automobile ne s'appliqueront pas. Il s'agira alors d'une extension de la garantie RC Exploitation de l'établissement qui sera mise en œuvre, à moins que les engins ne soient garantis par un contrat spécifique de type « engins de manutention/de chantier » qui peut délivrer l'ensemble de ces garanties.

6850. Pour distinguer si, lors de l'accident, nous sommes en présence d'un engin fonctionnant en tant qu'outil ou d'un véhicule, les tribunaux retiennent comme critère déterminant la notion de mouvement :
- si l'engin est utilisé sans être en mouvement (engin fixe sur vérins) il est exploité comme un outil de l'entreprise, c'est alors la responsabilité civile exploitation de cette dernière qui s'appliquera ;
- si l'engin est en mouvement, et ce même au cours de son fonctionnement en tant qu'outil (faucheuse adaptée sur un tractopelle), c'est la garantie RC automobile obligatoire qui s'appliquera en cas d'accident. Les tribunaux notant alors que « l'engin est nécessairement en mouvement pour fonctionner en tant qu'outil ».

6851. Cette notion de mouvement, initialement retenue pour qualifier la garantie à mettre en œuvre pour les engins automoteurs, a tendance à être étendue pour écarter la responsabilité civile automobile et le régime indemnitaire de la loi Badinter du 5 juillet 1985 qui en découle. Ainsi, sont examinés les critères cumulatifs suivants : l'absence de « mouvement » du véhicule et le fait que les dommages aient été causés par « d'autres équipement utilitaires étrangers à la notion de déplacement ». Tels sont les attendus de la Cour de cassation dans ses arrêts de la deuxième chambre civile du 8 mars 2001 (Generali c/ Amesse)-(Citernes rail et route c/ CPAM Seine-et-Marne).

6852. D'autres garanties optionnelles peuvent être souscrites sur ce type de matériels : incendie, bris de glace, vol, bris de machine, pertes financières pour le matériel en crédit-bail, pertes d'exploitation ou frais de location de matériel équivalent suite à bris de machine ou vol. En ce qui concerne cette dernière garantie, le CNPP à réalisé, à la demande de la FFSA, une étude complète sur le sujet (Etude n° EP 02-16 du 21 juin 2003).
Ces garanties optionnelles peuvent être traitées par des contrats spécifiques (ex : bris de machine et pertes d'exploitation consécutives), ou plus simplement intégrées comme extensions dans les contrats de type « engins de manutention/de chantier ».

Section 5 . Les contrats mission ou RC Commettant

6853. Est un « commettant », celui qui charge une personne, « le préposé », d'exécuter certains actes pour son compte. Tel est par exemple le cas d'un employeur vis-à-vis de ses salariés. En l'espèce, des collaborateurs sédentaires peuvent être amenés à prendre leurs véhicules personnels, pour effectuer des missions ponctuelles auprès de clients : dépannage, livraison de pièces détachées, assistance technique...

6854. Or, les fonctions de ces collaborateurs ne nécessitant pas des déplacements fréquents, ces derniers n'ont pas besoin de souscrire, à titre individuel, un contrat d'assurance automobile de type « tous déplacements ». Dès lors, si un accident survenait lors d'une de ces missions extérieures, il y aurait un décalage avec l'usage déclaré au contrat automobile du collaborateur.
Pour pallier cet état de fait, l'entreprise peut souscrire un contrat d'assurance « missions » qui va couvrir les conséquences pécuniaires de la responsabilité civile du commettant, lorsque celle-ci va être recherchée à l'occasion d'accidents causés aux tiers, par les véhicules de ses collaborateurs en mission.

6855. L'assurance « missions » se présente généralement selon une formule « tous risques » qui comprend les garanties responsabilité civile, protection juridique, « dommages tous accidents », vol et incendie, bris de glace et catastrophes naturelles.
Seront donc couverts, les dommages corporels ou matériels causés à des tiers (les membres du personnel d'une entreprise sont tiers entre eux), lorsque ces dommages sont de nature à entraîner la responsabilité civile du commettant. Tel serait le cas, d'un collaborateur en mission impliqué dans un sinistre responsable. Généralement, les dommages subis par le véhicule du collaborateur sont exclus du cadre de cette garantie, sauf si ce dernier est déjà couvert par une assurance « tous dommages accidentels » : le contrat mission intervient alors en complément ou à défaut du contrat du collaborateur. Attention, ce type de contrat n'est absolument pas destiné aux collaborateurs itinérants, qui doivent bénéficier de garanties adaptées à leur situation.

6856. La mise en œuvre de la garantie nécessite que les véhicules en cause appartiennent aux membres du personnel, qu'ils soient utilisés pour les besoins du service et qu'il s'agisse de missions officielles, sauf cas fortuits et impérieux.
Traditionnellement, lors d'un sinistre impliquant le véhicule d'un collaborateur en mission, le contrat RC commettant était directement mis en œuvre. Toutefois, une jurisprudence de la Cour de cassation du 9 juillet 2003 (Civ. 1re, 9 juillet 2003,n° 00-19.113,CGU c/ Deveci) tendrait à remettre en cause ce principe de fonctionnement. En l'espèce, la cour d'appel avait retenu la garantie de l'assureur de l'entreprise (RC Commettant), en mettant hors de cause l'assureur du conducteur garanti en usage promenade/trajet. La décision a été cassée, aux motifs que « la non-conformité de l'usage à l'utilisation réelle n'est pas une clause d'exclusion de garantie prévue par le législateur » cela pouvant, en revanche, donner lieu à l'application d'une règle proportionnelle de cotisation.
Si cette jurisprudence devait être généralisée, cela reviendrait à faire d'abord jouer la garantie du véhicule impliqué, puis celle de la RC Commettant. Ce dernier contrat supportant alors le différentiel d'indemnité (suite à application de la RP) puis l'éventuel recours de l'assureur du véhicule impliqué, à condition que les tribunaux considèrent sa demande comme fondée.

Chapitre 8
Les responsabilités au sein des contrats dommages

BIBLIOGRAPHIE

L'Argus de l'assurance

Ouvrages. – A. Astegiano-La Rizza, *Les assurances de responsabilité de l'entreprise*, L'Argus éd., 2014. – Ph. Laroche, *Les assurances dommages aux biens de l'entreprise*, L'Argus éd., 2016 – J. Bigot (sous dir.), *Code des assurances*, L'Argus éd. – J. Landel, *Lexique des termes d'assurance*, L'Argus éd., 2014.

6857. Les garanties des responsabilités qui figurent dans les contrats de dommages aux biens, sont destinées à couvrir, moyennant primes distinctes, les conséquences pécuniaires de la responsabilité de l'assuré. Ces dernières, doivent résulter d'un événement garanti atteignant les biens désignés au contrat, et ce que l'assuré en soit propriétaire, locataire ou gardien.

Section 1 . Les recours des voisins et des tiers

6858. Une entreprise, du fait d'un événement garanti affectant ses installations, peut causer des dommages à des tiers : communication d'incendie, blocage des voies d'accès, pollution des sols... Ces dommages seront pris en compte au titre de la garantie des « Recours des Voisins et des Tiers » (sur ce point, voir également cette Partie, Titre 1, Sous-titre I, Chapitre I).

6859. En revanche, si les désordres touchant les tiers, sont causés par le fonctionnement « normal » de l'établissement, ou s'il s'agit de préjudices corporels, l'indemnisation relèvera d'un contrat de responsabilité civile exploitation (sur ce point, voir cette Partie, Titre 1, Sous-titre I).

De même, sont exclus du champ d'application de cette garantie, les dommages d'atteinte à l'environnement provenant de sites soumis à autorisation au sens des articles L. 512-1 à L. 512-7 du Code de l'environnement : ces dommages relevant de contrats spécifiques (sur ce point, voir cette Partie, Titre 1, Sous-titre I, Chapitre IV).

6860. S'agissant de son voisinage, l'entreprise n'a pas de relation contractuelle avec lui. Ce sont donc les règles de la responsabilité civile délictuelle qui s'appliquent, c'est-à-dire, les dispositions des anciens articles 1382, 1383 et plus spécialement, 1384 du Code civil, renumérotés 1240 à1242 à compter du 1er octobre 2016 :

- ancien article 1382 du Code civil, renuméroté 1240 au 1er octobre 2016 : « Tout fait quelconque de l'homme qui cause à autrui un dommage, oblige celui par la faute duquel il est arrivé, à le réparer » ;
- ancien article 1383 du Code civil, renuméroté 1241 au 1er octobre 2016 : « Chacun est responsable du dommage qu'il a causé, non seulement par son fait, mais encore par sa négligence ou par son imprudence » ;

- ancien article 1384 du Code civil, renuméroté 1240 au 1er octobre 2016 : « On est responsable du dommage que l'on cause par son propre fait, mais encore de celui qui est causé par le fait de personnes dont on doit répondre, ou de choses que l'on a sous sa garde... ».
Il s'agit d'une responsabilité délictuelle ou quasi-délictuelle, puisqu'il n'y a pas de contrat entre l'auteur du dommage et la victime. En vertu du 1er alinéa de l'article 1242 du Code civil (1384 avant le 1er octobre 2016), l'auteur du dommage ne peut s'en dégager qu'en apportant la preuve d'un cas fortuit ou de force majeure, voire du fait d'un tiers ou de la faute de la victime.

6861. Tel est le régime applicable aux dommages causés par une explosion : la victime lésée n'aura pas à prouver la faute de l'auteur du dommage. Le détenteur du bien, dans lequel l'explosion a pris naissance, ne pourra s'exonérer qu'en établissant le cas fortuit, le fait d'un tiers, ou la faute de la victime. Nous avons connu en 2001, un exemple de sinistre de ce type dont l'ampleur fut considérable : l'explosion du site AZF à Toulouse.

6862. En revanche, en ce qui concerne un incendie touchant les biens assurés et se communiquant au voisinage (cas de la communication d'incendie), le régime de responsabilité est différent. Ce régime est fixé par l'alinéa 2 de l'article 1242 (ex-article 1384) du Code civil : « Celui qui détient à un titre quelconque, tout ou partie de l'immeuble ou des biens mobiliers dans lesquels un incendie a pris naissance, ne sera responsable vis-à-vis des tiers, des dommages causés par cet incendie, que s'il est prouvé qu'il doit être attribué à sa faute ou à la faute des personnes dont il est responsable.
Cette disposition ne s'applique pas aux rapports entre propriétaires et locataires, qui demeurent régis par les articles 1733 et 1734 du Code civil ».
Ce texte renverse donc la charge de la preuve en ce qui concerne la communication d'incendie. En tout état de cause, cela sera laissé à la libre appréciation des magistrats : ont été considérées comme négligentes, et donc responsables de la communication d'incendie, les personnes quittant les lieux dans lesquels avait pris un incendie, sans procéder à la fermeture de la porte palière donnant sur des parties communes.

6863. Enfin, dans le cas de l'incendie-explosion dû à un véhicule, la jurisprudence, depuis la loi du 5 juillet 1985 sur l'indemnisation des victimes d'accidents de la circulation, considère que tout dommage dans lequel est impliqué un véhicule terrestre à moteur relève des dispositions de ce texte pour autant que le véhicule soit en circulation, c'est-à-dire soit en déplacement quel que soit le lieu où il se meut ou à l'arrêt dans un lieu ouvert à la circulation.
Il en est donc ainsi dans le cas de l'explosion d'un véhicule communiquant un incendie à des bâtiments, de l'incendie d'un véhicule momentanément immobilisé à la sortie d'un parking d'immeuble et causant des dommages d'incendie à celui-ci (Civ. 2e, 8 janvier 1992 :Bull. civ. II-nº 3 ; RTD Civ. 1992. 401.), de l'incendie d'un véhicule stationné dans un sous-sol à usage privatif d'une résidence et causant des dommages à d'autres véhicules ainsi qu'aux parties communes de l'immeuble, de l'incendie provoqué par un véhicule terrestre à moteur en stationnement à condition qu'il s'agisse bien d'un stationnement et non d'un abandon.
Cette position est réaffirmée récemment « L'incendie provoqué par un véhicule terrestre à moteur [stationné sur un parking ayant pris feu et ayant causé l'incendie de plusieurs autres garés à proximité] est régi par les dispositions de la loi du 5 juillet 1985 et non par celles de l'article 1384 al 2 du Code civil » (Civ. 2e, 8 janvier 2009, n° 08-10.074,RCA mars 2009 n° 71 p 57). Mais il a été jugé que l'incendie d'un immeuble consécutif à celui d'un véhicule stationné dans un garage, dont la batterie avait été raccordée à un chargeur à l'origine des dommages ne relevait pas de la loi du 5 juillet 1985 car « le chargeur de batterie n'était pas un accessoire servant à l'utilisation du véhicule » (Civ. 2e, 3 mai 2006,Juris-Data nº 2006-033302,RCA juill./août 2006 nº 224, études nº 10).S'il a été jugé que la loi du 5 juillet 1985 n'était applicable qu'aux seuls accidents de la circulation, à l'exclusion des infractions volontaires (à propos de l'incendie d'un bâtiment provoqué par un véhicule abandonné par des voleurs : Civ. 2e, 30 novembre 1994,RCA 1995, nº 1 ; D. 1996. AJ. 163), il a été néanmoins décidé que la loi du 5 juillet 1985 s'appliquait lorsqu'un inconnu a provoqué l'incendie volon-

taire du véhicule (Civ. 2e, 22 novembre 1995 : D. 1996. Chron. 163 ; JCP 1996. II. 22656). En revanche la loi du 5 juillet 1985 ne trouve pas application si le véhicule ne peut être considéré comme impliqué dans la réalisation du dommage, c'est-à-dire si l'accident procède du seul comportement fautif de l'homme ou si le véhicule est immobilisé dans un lieu privé pour une durée excluant toute circulation à brève échéance.

6864. Concernant l'analyse de risque, et l'implantation de l'établissement assuré, ce point peut être décisif quant à la détermination des capitaux à prendre au titre de cette garantie. Même si celle-ci est rarement mise en jeu, on constate que lorsque c'est le cas, les capitaux choisis sont souvent insuffisants face à des dommages importants. Il ne faut pas hésiter à fixer un capital significatif sur cette garantie, ce d'autant plus que le taux de cotisation applicable est relativement peu élevé.

Section 2 . Responsabilité du locataire envers son propriétaire

6865. Nous avons déjà développé la responsabilité du locataire à l'égard des biens pris en location (voir Sous-titre 2, Chapitre I, Section 1, Sous-section 2).
Mais le locataire encourt d'autres responsabilités envers son bailleur.

Sous-section 1 . Responsabilité pour « trouble de jouissance »

6866. Il s'agit, pour un colocataire reconnu responsable d'un sinistre, de se garantir contre le recours exercé par le bailleur à son encontre. La couverture comprend aussi bien les dommages matériels qu'immatériels. En effet, selon l'alinéa 3 de l'article 1719 du Code civil, le propriétaire doit une jouissance paisible des biens loués. En cas de sinistre atteignant ses locaux, il sera directement responsable des dommages matériels, et immatériels consécutifs, subis par les colocataires non-responsables. Charge à lui, ou à son assureur subrogé dans ses droits, d'exercer un recours sur le fondement de l'article 1733 du Code civil à l'encontre du locataire responsable et son assureur, pour obtenir le remboursement des indemnités payées.

Sous-section 2 . Responsabilité « perte de loyers »

6867. La responsabilité du locataire vis-à-vis de son bailleur s'applique non seulement à l'immeuble lui-même, mais également à tout ce qui lui est attaché, dont les loyers desquels le propriétaire pourrait être privé du fait de la destruction de son bien.

6868. Le locataire responsable doit, en l'absence de résiliation du bail, continuer à payer son loyer, mais le bailleur pourrait subir une perte lorsque :
- un locataire, s'exonérant de sa responsabilité, demande une diminution du loyer ou se trouve dispensé de le payer ;
- d'autres colocataires ont également subis des dommages, à la suite de quoi ils ont cessé de payer leurs loyers ou, ont en demandé la diminution.

6869. Le propriétaire, ou son assureur subrogé dans ses droits, pourra donc se retourner contre le locataire responsable et/ou son assureur, pour obtenir le paiement des loyers dont il a été privé. Ces sommes seront couvertes par cette garantie de la « responsabilité perte de loyers ».

Section 3 . Responsabilité du propriétaire vis-à-vis de son ou ses locataires

6870. Les fondements juridiques de la responsabilité du bailleur envers le preneur sont au nombre de trois : il doit entretenir la chose louée, selon l'article 1720 du Code civil ; il doit garantir les vices ou les défauts de la chose louée, selon l'article 1721 du Code civil ; il doit assurer une jouissance paisible du locataire des biens loués, selon l'article 1719 alinéa 3 du Code civil.

Sous-section 1 . Responsabilité pour « trouble de jouissance »

6871. Entre dans le cadre de cette garantie, la responsabilité encourue par le bailleur vis-à-vis de son ou de ses locataires, sur le fondement de l'article 1719 du Code civil : « Le bailleur est tenu de délivrer la chose louée, de l'entretenir (réparations autres que locatives) et d'en faire jouir paisiblement le preneur pendant la durée du bail ».
La jurisprudence, donne une interprétation très large de la notion de « trouble de jouissance ». À partir du moment où un locataire est victime d'un dommage provenant de l'immeuble qu'il occupe, et ce quelle qu'en soit la cause, il subit un trouble de jouissance. Il sera donc fondé à mettre en cause la responsabilité du bailleur, qui a manqué à son obligation.
Par ailleurs, le propriétaire est tenu d'effectuer toutes les réparations autres que locatives ; à défaut, sa responsabilité sera également engagée si son locataire subissait un préjudice. Tel serait le cas d'un incendie dont l'origine proviendrait d'une installation électrique défaillante, lorsque le bailleur, bien que mis en demeure par son locataire, a refusé d'effectuer les réparations lui incombant.

Sous-section 2 . Le recours des locataires

6872. Cette garantie a pour but d'assurer la responsabilité que le propriétaire peut encourir pour les dommages matériels causés aux biens mobiliers de ses locataires, par un sinistre ayant eu pour origine un vice de construction ou un défaut d'entretien (C. civ., art. 1721). Cette responsabilité contractuelle doit être prouvée. La charge de la preuve du vice de construction ou du défaut d'entretien, incombe au locataire demandeur. En tout état de cause, le bailleur est responsable des vices cachés.
En ce qui concerne le vice apparent, le locataire qui, en connaissance de cause, omettrait d'en prévenir son bailleur, exonérerait ce dernier de toute responsabilité. A contrario, sa responsabilité est engagée si, alerté du vice apparent par le locataire, il n'a pris aucune mesure conservatoire en vue d'effectuer les réparations nécessaires.

Les seules possibilités d'exonération dont dispose le propriétaire sont :
- la force majeure ;
- le fait du tiers : par exemple un incendie en provenance de l'immeuble voisin. Attention : la jurisprudence considère que les colocataires n'ont pas la qualité de tiers vis-à-vis du propriétaire. Ainsi, l'action d'un colocataire n'exonère pas le propriétaire de sa responsabilité vis-à-vis des autres colocataires lésés ;
- la faute de la victime : qui entraînera une exonération totale ou partielle du propriétaire selon que la faute commise constitue la cause exclusive ou seulement l'une des causes, du dommage ;
- une renonciation à recours clairement exprimée dans le bail.

Section 4 . Les renonciations à recours

6873. Pour bien comprendre la portée de telles clauses il est important de préciser deux points.
La renonciation à un droit ne se présume jamais, ce qui sous-entend qu'une renonciation à recours ne peut être tacite ou découler du simple fait qu'il existe, par exemple, une communauté d'intérêt entre le preneur et le bailleur. Pour être recevable, la renonciation à recours doit être formellement stipulée dans le bail.
D'autre part, le subrogataire ne peut bénéficier de plus de droits que le subrogeant (le subrogeant transmet au bénéficiaire de la subrogation, appelé le subrogataire, le droit de créance que le premier détient sur son propre débiteur). Ainsi un assureur, subrogé dans les droits de son client qui aurait renoncé dans son bail aux recours qu'il pouvait exercer à l'encontre de ses preneurs, se trouve dans l'impossibilité d'exercer un recours à l'encontre du locataire responsable.

Sous-section 1 . Renonciation à recours du bailleur envers son preneur

6874. Il arrive qu'un locataire bénéficie d'une renonciation à recours de la part de son bailleur, ce qui peut laisser croire qu'il n'a pas à se garantir pour les risques locatifs. Toutefois, il faut être extrêmement prudent et rechercher de qui émane cette renonciation, du propriétaire lui-même ou de son assureur. La renonciation à recours figure dans le bail : c'est le bailleur lui-même qui a renoncé à exercer tout recours à l'encontre de son locataire. Son assureur, ne pourra exercer de recours contre le locataire, car il ne peut bénéficier d'un droit auquel son client avait renoncé. Par conséquent, le locataire n'encourt aucune responsabilité et n'aura pas à garantir ses risques locatifs. Néanmoins, l'assureur du propriétaire pourrait exercer un recours à l'encontre de l'assureur du locataire. En effet, la Cour de cassation (arrêt du 20 juillet 1988) a admis, le recours de l'assureur du propriétaire à l'encontre l'assureur du responsable bénéficiant d'une renonciation à recours, aux motifs que son assuré, bien qu'ayant renoncé à obtenir réparation de son locataire, n'avait pas renoncé à l'exercice de l'action directe contre l'assureur de ce dernier. La renonciation à recours figure uniquement dans le contrat d'assurance du bailleur : elle émane donc du seul assureur, et non du bailleur lui-même. Cela peut être le cas lorsque le même assureur garantit à la fois le propriétaire et le locataire. Il pourrait alors, renoncer à exercer tout recours contre le locataire en garantissant les bâtiments pour le compte du propriétaire. Il faut, à partir de là, envisager deux situations après sinistre :
- le propriétaire est suffisamment assuré : il sera alors intégralement indemnisé, par l'assureur du locataire qui n'exercera aucun recours puisqu'il y a renoncé dans le contrat d'assurance,

- le propriétaire est insuffisamment garanti : il recevra donc une indemnité partielle de la part de l'assureur, lequel n'exercera toujours pas de recours à l'encontre du locataire. En revanche, le propriétaire qui lui n'a pas renoncé à recours dans son bail, sera fondé à exercer une action directe à l'encontre son locataire pour récupérer le découvert d'indemnité. Nous voyons que, s'il est impératif de posséder une copie du bail pour connaître la réalité des renonciations à recours, il est nécessaire d'associer les assureurs à ces renonciations. La clause à inclure dans les contrats d'assurance devrait être libellée comme suit : « L'assuré [bailleur] ayant renoncé dans le bail aux recours qu'il pourrait être fondé à exercer contre le locataire, par application des articles 1732, 1733, 1734 et 1735 du Code civil, l'assureur renonce aux recours qu'il pourrait, comme subrogé dans les droits du propriétaire, exercer contre le locataire dont la responsabilité se trouverait engagée dans la réalisation de dommages matériels, de frais ou de pertes garantis, et contre ses assureurs ».

Sous-section 2 ▪ Renonciation à recours du preneur envers son bailleur

6875. Plus rarement, il arrive que le locataire renonce aux recours qu'il serait fondé à exercer à l'encontre de son bailleur. Dans ce cas, le bailleur se verrait dégagé de devoir souscrire les garanties du recours des locataires et de trouble de jouissance.

Une nouvelle fois, on ne saurait trop demander la communication du bail afin de vérifier la portée des renonciations à recours. La rédaction de telles renonciations à recours doit, là encore, inclure les assureurs des parties en présence ; faute de quoi une action directe des assureurs entre eux demeurerait possible.

La clause contractuelle, correspondante à ce cas de figure, devrait être rédigée comme telle : « L'assuré [locataire] ayant renoncé dans le bail au recours qu'il pourrait être fondé à exercer contre le propriétaire par application des articles 1719 et 1721 du Code civil, l'assureur renonce aux recours qu'il pourrait, comme subrogé dans les droits du locataire, exercer contre le propriétaire, dont la responsabilité se trouverait engagée dans la réalisation de dommages matériels, de frais ou de pertes garantis, et contre ses assureurs ».

Sous-section 3 ▪ Renonciation réciproque à recours et assurance pour compte commun

6876. Dans ce cas de figure, les deux parties au bail renoncent aux recours qu'elles pourraient exercer les unes à l'encontre des autres et réciproquement. Le locataire ne prenant alors aucune assurance pour ses risques locatifs et le bailleur ne prenant pas de garanties pour se prémunir des recours de son locataire.

Le plus souvent, nous nous trouvons face à une communauté d'intérêt entre le bailleur propriétaire non occupant et le preneur exploitant des locaux, la charge de l'assurance des locaux étant généralement, transférée à ce dernier. Le locataire assurera donc, pour le compte du bailleur, les locaux. Il substituera ainsi, une assurance de dommages étendue, à une garantie de responsabilité civile emportant des cas d'exonération.

Le lien existant entre les parties, s'apparente ici au mandat (C. assur., L. 112-1, 1er alinéa), le locataire ayant reçu mandat du bailleur d'assurer, pour son compte, les bâtiments concernés. L'assurance souscrite pour le compte du bailleur est ici une assurance de choses qui se substitue aux régimes des responsabilités locatives.

Il est important de signaler que, dans ce montage, il est indispensable de compléter la couverture d'assurance du bailleur par la souscription d'une garantie de responsabilité civile du fait de l'immeuble. À défaut de quoi, ce dernier supporterait un découvert de garantie important, fondé sur les articles 1386 et 1384 alinéa 1 du Code civil.

Sous-titre 4
Les pertes financières

Chapitre 1
Les pertes d'exploitation

BIBLIOGRAPHIE

L'Argus de l'assurance

Ouvrages. – J. Eno, *L'assurance des pertes d'exploitation*, L'Argus éd., 1996. – J. Bigot (sous dir.), *Code des assurances*, L'Argus éd. – J. Landel, *Lexique des termes d'assurance*, L'Argus éd., 2014. – Ph. Laroche, *Les assurances dommages aux biens de l'entreprise*, L'Argus éd., 2016

Section 1 . Objet de la garantie

6877. Communément appelée « assurance vie de l'entreprise » cette garantie va permettre à une entreprise, dont l'activité est arrêtée ou réduite suite à un sinistre garanti, de ne pas voir son compte de résultat impacté par cet événement.

6878. La conséquence première d'un ralentissement ou d'un arrêt d'activité suite à un sinistre, est à l'évidence la baisse du chiffre d'affaires. De même, la reconstitution de l'outil de production n'est pas immédiate et dépendra de l'importance des dommages subis. Pendant ce temps, l'entreprise devra continuer à faire face à des frais qui, quant à eux, demeurent fixe car indépendant de la production réalisée : les salaires ; les impôts et taxes diverses ; le remboursement des emprunts ; les loyers...

6879. Face à des dépenses fixes, alors que le chiffre d'affaires se trouve réduit, le compte de résultat devient déficitaire, le profit escompté est alors remplacé par des pertes financières. Ces dernières peuvent obérer la survie de l'entreprise, et ce même si cette dernière a été parfaitement indemnisée pour les dommages matériels. Les établissements, sauf cas très particuliers, ne disposent pas des ressources d'autofinancement nécessaires pour faire face à de tels débours.

6880. La garantie pertes d'exploitation va compenser, à compter du jour du sinistre jusqu'à la reprise normale de l'activité, les conséquences des pertes consécutives à la baisse de son chiffre d'affaires et du financement des actions transitoires mises en œuvre.

6881. Cela va donc replacer le compte d'exploitation de l'établissement dans la situation qui aurait été la sienne si le sinistre n'était pas survenu. D'une manière générale, le coût des sinistres de type Pertes d'Exploitation a tendance à dépasser celui des dommages directs. Cette garantie peut être consécutive à un incendie, mais on peut également l'adosser à une garantie de « dommage électrique » ou de « bris de machine ». Dans ce dernier cas, il s'agit d'un matériel dont dépend une partie non négligeable du chiffre d'affaires : un arrêt de ce matériel privant l'entreprise d'une partie de ses ressources, ceci constitue un « goulot d'étranglement ».

6882. Il est également possible de souscrire une garantie de « Pertes d'Exploitation Anticipées » en complément d'un contrat Tous Risques Montages Essais. Ainsi, en cas de sinistre intervenant au cours du montage ou des essais du matériel, les pertes d'exploitation couvriront les conséquences financières liées aux retards pris dans sa mise en exploitation du matériel assuré.

Section 2 . Les capitaux assurés

6883. Cette garantie ne consiste pas à rembourser le chiffre d'affaires non réalisé, mais à garantir la « perte de marge brute » de l'établissement. À celle-ci, s'ajouteront un certain nombre de frais mis en œuvre pour permettre une reprise partielle d'activité et/ou de diminuer les délais de reprise d'activité. Ces « frais supplémentaires d'exploitation » ne seront engagés que dans la mesure où ils contribuent à réduire l'indemnité due au titre des pertes d'exploitations, c'est pour cela qu'ils ne sont pas individualisés dans le détail des capitaux assurés. Peuvent entrer dans ces frais supplémentaires le recours à de la sous-traitance, une location temporaire de locaux, le paiement d'heures supplémentaires...

6884. Comment déterminer la marge brute d'un établissement ?
Le chiffre d'affaires d'une entreprise est constitué par ses recettes, c'est-à-dire le produit de ses ventes, ou de ses prestations.
D'autre part, l'entreprise fait face à des charges qui peuvent être de deux natures :
- celles variant en fonction de son activité, ce sont les charges dites variables (achat de matière première, d'énergie, fournitures, frais de transport...) ;
- celles demeurant identiques quel que soit le niveau d'activité, ce sont les charges dites fixes (loyers, salaires, intérêts d'emprunt, impôts...).
Le solde entre les recettes et ses charges donne son résultat d'exploitation, qui peut être un bénéfice ou une perte.
La méthode la plus simple, pour déterminer la marge brute d'une entreprise, consiste à soustraire les charges variables au chiffre d'affaires réalisé. Si nous rapportons la marge brute obtenue au chiffre d'affaires réalisé nous obtenons le taux de marge brute.

	Charges variables 45	
Chiffre d'affaires 100	Charges fixes 40	Marge brute 55
	Résultat d'exploitation 15	

Dans cet exemple nous avons une marge brute de 55 et un taux de marge brute de 55 %.
Attention cependant, la marge brute « d'assurance » est différente de celle comptable qui résulte de la différence entre chiffre d'affaires et les achats. Le pire ennemi de l'assureur en pertes d'exploitation est la comptabilité : les mêmes mots recouvrent des notions très différentes.
Dans certains cas, les charges peuvent être soit fixes, soit variables, selon l'activité du client :
- la sous-traitance de spécialisation, qui va consister à faire réaliser par un tiers des opérations ne pouvant pas être faites par l'entreprise assurée, est une charge variable (ex : l'entreprise sous-traite toute ses opérations de peinture). En effet, un arrêt de l'activité de l'entreprise, induira un arrêt du recours à ces sous-traitants ;
- la sous-traitance de capacité sera, quant à elle, à considérer comme une charge fixe. En effet, elle consiste à recourir à un tiers lorsque la demande est supérieure à la capacité de production de l'entreprise : en cas d'arrêt d'activité il sera possible de recourir à cette sous-traitance pour continuer à approvisionner sa clientèle, et donc de générer un chiffre d'affaires tout en préservant ses clients les plus importants ;

- les achats de matières premières ou de marchandises peuvent être, sous certaines conditions, des charges fixes. Ainsi en est-il des « contrats d'achats » par lesquels le client s'engage à acheter un volume déterminé de marchandises dans l'année. Il en sera de même si l'on identifie un risque de perte d'un fournisseur incontournable si l'assuré cesse, du fait d'un sinistre, de s'approvisionner.

6885. Les éléments nécessaires au calcul de la marge brute se retrouvent sur l'état fiscal 2052 N, il faudrait cependant obtenir le détail de la ligne FW « autres achats et charges externes » car ce compte comporte des frais qui sont soit fixes soit variables (ex : frais sur achats/ventes). Il est possible d'utiliser ce type de fiche pour calculer, à partir de cet état fiscal, la marge brute de l'établissement :

Détermination de la marge brute

Méthode par différence basée sur l'état fiscal 2052N

Références de l'état fiscal 2052N			
	A- LES PRODUITS D'EXPLOITATION		
FC à FI	Chiffre d'affaires	→	€
FM	Production stockée	En augmentation +	€
		En diminution -	€
FN	Production immobilisée	→	€
	TOTAL A	→	€
	B- LES CHARGES VARIABLES D'EXPLOITATION		
FS	Achats de marchandises	→	€
FT	Variation de stock (marchandises)	En augmentation -	€
		En diminution +	€
FU	Achats de matières premières	→	€
FU	Achats de matières consommables	→	€
FU	Achats d'emballages	→	€
FU	Rabais, Remises, Ristournes sur achats	→ -	€
FV	Variation de stock (mat 1ères/approvisionnements)	En augmentation -	€
		En diminution +	€
FW	Sous-traitance générale	→	€
FW	Personnel intérimaire	→	€
FW	Frais de transports sur achats	→	€
FW	Frais de transport sur ventes	→	€
GR	Intérêts bancaires (effets escomptés)	→	€
GR	Escomptes accordés	→	€
	TOTAL B	→	€
	Marge Brute = A - B	→	€
	Tendance de l'entreprise pour l'exercice à venir :	%	
	Marge Brute Actualisée (MB + Tendance)	→	€
	Période d'indemnisation :	Mois	
	Choix de garantie :	☐ Dérogation conditionnelle à la RP	
		☐ Ajustabilité si oui % d'ajustabilité	
	Capitaux à assurer	→	€

6886. Il est également possible de déterminer la marge brute par la méthode dite additive, mais celle-ci est plus difficile à mettre en œuvre. Elle consiste à rechercher tous les éléments constituant une charge fixe et d'en effectuer l'addition : ainsi l'abonnement électrique relève des charges fixes, alors que la consommation d'énergie constitue des charges variables.

Sauf à avoir une comptabilité analytique très précise, nous voyons que cette méthode est fastidieuse. Néanmoins, celle-ci est utilisée pour délivrer une garantie de pertes d'exploitation anticipées d'un contrat Tous Risques Montage Essais ; l'identification des charges fixes et des profits espérés sont choses plus aisées dans ce cas de figure.

Section 3 . La période d'indemnisation

6887. La prise en compte du temps est une donnée incontournable dans la mise au point d'un contrat de pertes d'exploitation parfaitement ajusté aux besoins des assurés. Cette période débute au jour du sinistre et se termine lorsque l'établissement retrouve un niveau d'activité, qui aurait été le sien, si le sinistre n'était pas survenu.
Deux composantes sont à prendre en compte pour déterminer cette période d'indemnisation :
- les délais de reconstitution de l'outil de production : reconstruction des bâtiments, livraison, montage et essais des machines, reconstitution du stock des matières premières et des produits finis... ;
- le temps nécessaire à la reconquête de la clientèle après reprise de l'activité par l'entreprise sinistrée. La quantification de cette dernière phase nécessiterait la préparation d'un plan de survie (sur cette notion, voir Titre 3, Sous-titre 1, Chapitre 1).

6888. En aucun cas cette période ne doit être inférieure à 12 mois, ceci afin de correspondre au minimum à un exercice comptable complet. En effet, certaines charges fixes peuvent ne pas être réparties uniformément sur l'année, les délais de reconstitution de l'outil de production peuvent être plus importants que prévus... Une période d'indemnisation trop courte pénaliserait alors le client.

6889. Néanmoins, les capitaux assurés peuvent être inférieurs à ceux de la marge brute annuelle, par l'insertion d'une Limitation Contractuelle d'Indemnité (LCI) : tel serait le cas pour des garanties de pertes d'exploitation suite à dommages électriques ou bris de machine. De même il est envisageable, en incendie, de prévoir une période d'indemnisation de 24 mois mais avec une LCI correspondant à une année et demi de marge brute... Tout dépendra de la date de reprise de l'activité après sinistre ; dans ce cas de figure les 6 mois restants permettront la reconquête de la clientèle.

6890. Lorsque l'entreprise a une activité saisonnière dans la réalisation du chiffre d'affaires, ou dans la constitution des stocks de matières premières, le point de départ du calcul de la période d'indemnisation doit être fixé soit avant la période cette réalisation du chiffre d'affaires, ou lorsque les stocks d'approvisionnements sont au maximum. Dans un tel cas, si la reconstitution de l'outil de production est proche de 12 mois, l'entreprise ne retrouvera pas un niveau d'activité normal avant 18 voire 24 mois.
Une projection des délais sur un graphique comme celui-ci permet de visualiser, de manière simple, les délais nécessaires à la reconstitution de l'outil de production. Il est à rapprocher de la courbe de réalisation du chiffre d'affaires (saisonnalité) pour fixer la période d'indemnisation.
Nous pouvons voir, grâce à ce déroulé, que les garanties de type « indemnités journalières » ne sont pas de vraies pertes d'exploitation ; l'indemnisation cesse généralement au jour de la reprise d'activité, et n'inclut pas la phase de reconquête de clientèle. Ces indemnités journalières sont à réserver aux établissements dans lesquels le chiffre d'affaire est proche du revenu journalier de l'exploitant, ce dernier n'ayant que peu de charges fixes. Dès que nous sommes en présence d'entités structurées, disposant de personnel permanent, le recours à de telles garanties serait hasardeux.

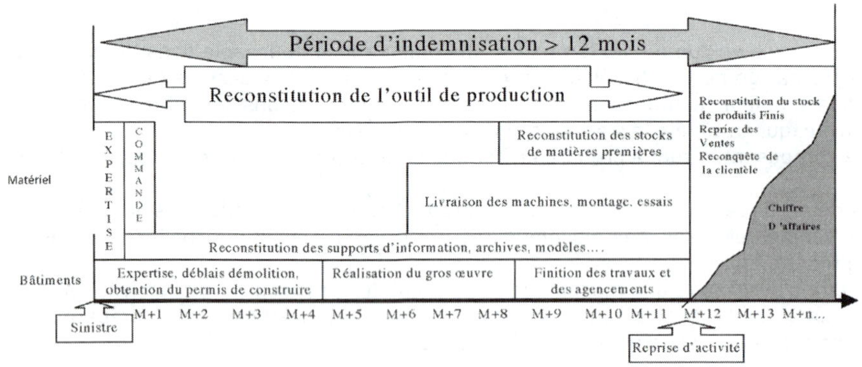

Section 4 . La détermination des capitaux assurés

Sous-section 1 . Généralités

6891. Pour fixer les capitaux assurés dans un contrat pertes d'exploitation, nous sommes confrontés au fait que la marge brute calculée lors de la souscription du contrat correspond, au mieux, à celle du dernier exercice comptable connu. De plus, compte tenu des délais de reconstitution de l'outil de production et de reconquête de la clientèle, la période de garantie peut être supérieure à 12 mois.

6892. Des ajustements sont nécessaires pour déterminer les capitaux à assurer. Il va falloir actualiser la dernière marge brute connue pour obtenir celle à prendre en compte au jour de la souscription et projeter ce chiffre sur la période de garantie en tenant compte de la période de reconstitution de l'outil de production et de la période de reconquête de la clientèle.

6893. L'évolution prévisible du chiffre d'affaires, donnée importante dans la détermination des capitaux assurés, doit être communiquée par l'assuré. Cette donnée, exprimée en pourcentage, est appelée coefficient d'évolution ou coefficient de tendance.

6894. La formule de calcul de la marge brute à assurer est donc égale à :
Marge Brute assurée = [(Marge Brute actualisée x Coefficient de tendance) x Période d'indemnisation)]Après la clôture de chaque exercice comptable, l'assuré déclarera à son assureur la dernière marge brute connue. Ceci permettra de régulariser les garanties pour la période passée, et d'effectuer une nouvelle projection des garanties pour l'exercice suivant, mais aussi de maintenir le contrat de pertes d'exploitation en parfaite adéquation avec les besoins de l'assuré.
Des modalités d'assurance particulières existent, afin de mettre l'assuré à l'abri de l'application d'une règle proportionnelle de capitaux, ou d'obtenir une garantie plus étendue.

Sous-section 2. Convention de dérogation conditionnelle à la règle proportionnelle de capitaux

6895. Compte tenu de la difficulté de déterminer avec précision le coefficient d'évolution de la marge brute, une convention de dérogation conditionnelle à l'application de la règle proportionnelle de capitaux peut être incluse aux contrats, selon les conditions suivantes :
- l'assuré s'engage à déclarer sa Marge Brute telle qu'elle découle du dernier exercice comptable connu ;
- l'assuré communique à l'assureur le pourcentage d'évolution de sa marge brute pour le futur ;
- la garantie et l'assiette de cotisation, correspondront à la Marge Brute déclarée projetée sur la période d'indemnisation en tenant compte du pourcentage d'évolution donné.

Lors de survenance d'un sinistre, si la marge brute réalisée est supérieure à celle assurée mais que les déclarations initiales étaient exactes, il n'y aura pas d'application de la règle proportionnelle de capitaux. En revanche, les capitaux mentionnés aux dispositions particulières constitueront la limite de garantie du contrat.
Après la clôture de l'exercice en cours, l'assuré aura 7 mois pour communiquer à l'assureur sa nouvelle marge brute, à défaut de quoi la règle proportionnelle redeviendrait applicable.

Sous-section 3. Assurance avec la clause dite d'ajustabilité

6896. Cette modalité d'assurance est très sécurisante pour l'assuré. Elle permet de pallier la difficulté d'évaluation du coefficient de tendance, et ce même si la règle proportionnelle de capitaux demeure applicable.
Dans ce cas de figure, l'assuré déclare sa marge brute annuelle telle que définie au contrat, mais le capital garanti sera égal à 120 % de cette marge brute en tenant compte de la période d'indemnisation et du coefficient d'évolution.
L'assiette de cotisation sera, quant à elle, égale à la marge brute déclarée et non aux capitaux garantis. La régularisation se fera lors de la déclaration de la marge brute réellement réalisée au cours du dernier exercice.
Comme l'assuré peut déclarer son coefficient d'évolution, l'assureur devra être vigilant, et ce même si au-delà des capitaux assurés (120 % de la marge brute), la règle proportionnelle de capitaux devient applicable.

Section 5. La mise en œuvre de la garantie

6897. La mise en œuvre de la garantie pertes d'exploitation est subordonnée à la couverture de l'établissement par un contrat « dommages aux biens », que ce soit par un contrat spécifique ou dans le cadre de supports multirisques. Il est demandé que les biens assurés, en dommages directs, le soient avec un niveau de capitaux suffisants : l'application d'une règle proportionnelle de capitaux en incendie pourrait ne pas permettre à l'entreprise de reprendre son activité, et donc rendre la garantie pertes d'exploitation inopérante.

6898. Rappelons que le paiement des indemnités pertes d'exploitation est subordonné à une reprise d'activité. À défaut, l'indemnité sera limitée à la compensation des frais exposés entre la date du sinistre et le constat d'impossibilité de reprise d'activité. Cette indemnité comprendra les indemnités de licenciement.

6899. À ces conditions, les pertes d'exploitation seront indemnisées à la suite d'un dommage direct garanti à savoir : incendie et risques annexes, dégâts des eaux, tempête, grêle, neige, attentats, vandalisme, catastrophes naturelles.
Exemple de sinistre : une entreprise réalise un chiffre d'affaires de 800 000 € avec 300 000 € de charges variables. La marge brute est donc de 500 000 € (800 000 € – 300 000 €) se décomposant, pour les besoins de l'exemple en : charges fixes 400 000 € et 100 000 € de résultat bénéficiaire.
Le taux de marge brute est de (500 000/800 000) x 100 = 62.5 %
Suite à un sinistre cette entreprise voit son activité réduire de 40 % ce qui entraîne :
- Chiffre d'affaires : 480 000€ (800 000 x 60 %)
Soit recettes totales : 480 000 €
- Charges variables : 180 000€ (300 000 x 60 %)
- Charges fixes : 400 000 €
Soit total de charges : 580 000 €
- Résultat d'exploitation : - 100 000 € (480 000 € - 580 000 €)
L'indemnité des pertes d'exploitation sera constituée, par le taux de marge brute appliqué à la baisse du chiffre d'affaires : 320 000 € x 62.5 % = 200 000 €.
Nous obtenons, après indemnisation du client le compte de résultat suivant :
- Chiffre d'affaires : 480 000 €
- Indemnité pertes d'exploitation : 200 000 €
Soit recettes totales : 680 000 €
- Charges variables : 180 000 €
- Charges fixes : 400 000 €
Soit total de charges : 580 000 €
- Résultat d'exploitation : + 100 000 € (480 000 € - 680 000 €)
Le compte de résultat de l'établissement a bien été reconstitué, en lui permettant d'obtenir le résultat d'exploitation qui aurait été le sien, si le sinistre n'était pas survenu. Nous voyons que, s'il n'est pas constaté de baisse de chiffre d'affaires suite à sinistre, il n'y aura pas d'indemnisation au titre des pertes d'exploitations. En matière de pertes d'exploitation, la franchise appliquée est traditionnellement celle correspondant à 3 jours ouvrés de marge brute.

Section 6 . Les garanties optionnelles

6900. Au-delà des pertes d'exploitation anticipées, des options de garanties peuvent être souscrites pour des événements affectant l'entreprise assurée, alors même que ses biens n'ont pas subis de dommages matériels directs. Ces événements induisent néanmoins, de manière indirecte, une baisse ou un arrêt de son activité.

Sous-section 1 . La carence de fournisseurs

6901. Cette option est indispensable lorsque, l'analyse des vulnérabilités de d'établissement, fait apparaître une dépendance à l'égard d'un ou de quelques fournisseurs. La solution alternative consisterait à diversifier ses approvisionnements, toujours est-il que ceci n'est pas forcément réalisable. De fait, il est possible de garantir les pertes d'exploitation causées par l'interruption ou la réduction de l'activité de l'entreprise assurée, du fait d'un arrêt ou d'une baisse de ses approvisionnements.
Dans sa version traditionnelle, cette garantie doit être consécutive à des dommages d'incendie ou d'explosion, survenant dans les locaux des fournisseurs de matières premières, des sous-traitants et/ou façonniers, lorsque ces dommages auraient été couverts s'ils

étaient survenus dans les locaux de l'établissement assuré. Sauf convention contraire, sont exclues les conséquences d'un défaut d'approvisionnement en fluides, ou d'alimentation en énergie.

6902. L'évolution de cette garantie fait qu'elle est plus généralement acquise pour tout événement affectant le fournisseur, dans la mesure où cet événement aurait été couvert au titre du contrat de l'assuré, y compris pour les événements naturels lorsque le fournisseur est situé en France ou dans l'Union européenne. Pour les autres pays, il faut être vigilant quant aux définitions des événements naturels que l'on désire garantir.

6903. Cette garantie de carence de fournisseurs peut être également libellée en « carence de clientèle » selon les mêmes principes de couverture. Dans les modalités pratiques, ces garanties peuvent être libellées en « fournisseurs/clientèle » désignés ou non désignés. Lorsque les fournisseurs et clients sont désignés au contrat, les limites de garanties sont généralement plus élevées. Attention toutefois à ne pas délivrer de garantie de type « désaffection de clientèle » et ceci quel que soit le fait générateur : comment faire la part des choses entre la désaffection de la clientèle du fait d'un sinistre dans le quartier, de celle liée à des phénomènes conjoncturels (ouverture d'un concurrent) voire inhérente au risque assuré (baisse de la qualité du service offert au client) ?

6904. Le capital choisi pour les carences de clientèle ou de fournisseurs étant un premier risque absolu sans reconstitution de garantie, il n'y pas d'application de la règle proportionnelle de capitaux.

Sous-section 2 . L'impossibilité d'accès

6905. Le voisinage de l'entreprise assurée est ici important en tant que critère exogène. Ainsi, un sinistre survenant aux alentours peut avoir deux sortes de répercussions sur son activité, et ce même si elle n'a subi aucun dommage direct telle qu'une communication d'incendie :

- une gêne ou une impossibilité d'accéder à ses locaux pour sa clientèle, son personnel ou ses fournisseurs, compte tenu des travaux de remise en état des lieux sinistrés ou de ses abords ;
- une interdiction, émanant des autorités administratives compétentes, d'accéder à ses locaux du fait d'un danger potentiel consécutif au sinistre : arrêté de péril, risque d'écroulement de bâtiments sur la chaussée, travaux de démolition, dépollution des sols...

Il est évident que ces situations entraîneront baisse d'activité et de chiffre d'affaires de l'entreprise. C'est l'objet de cette garantie, qui couvrira la perte de marge brute de l'entreprise assurée, suite à la réalisation d'un dommage matériel dans son environnement.

Pour ouvrir droit à cette garantie, il faut que cette baisse d'activité soit la conséquence directe de difficultés, ou d'impossibilités d'accès, à l'établissement assuré. Cela peut être le fait d'interdiction administrative, dès lors que ces perturbations trouvent leur origine dans un sinistre d'incendie ou d'explosion survenant aux abords immédiats de l'établissement assuré.

Cette garantie a évolué et peut être étendue à la fermeture administrative prononcée par les autorités publiques compétentes suite à maladie infectieuse hors contexte épidémique ou pandémique, intoxication alimentaire ou empoisonnement, meurtre, assassinat ou suicide au sein de l'établissement. Notons cependant que, à l'instar de ce que nous avons connu en 2015, la profession ne délivre pas de perte d'exploitation suite à une interdiction d'accès lorsque cette dernière est consécutive à un attentat n'ayant pas touché directement l'établissement.

La « fermeture administrative » de l'entreprise elle-même, du fait par exemple de problèmes sanitaires, ne relève pas de cette garantie. Cela peut toutefois, faire l'objet d'une extension de spécifique.

Sous-section 3 . Les frais supplémentaires additionnels

6906. Cette garantie s'impose lorsqu'une perte de clientèle est envisageable du fait d'une baisse ou d'un arrêt d'activité de l'entreprise assurée.

Cela peut être le cas d'un fournisseur d'une chaîne de grande distribution, d'une blanchisserie industrielle, ou d'un sous-traitant d'un grand donneur d'ordre. Il faudra que cette entreprise maintienne son niveau de production, ou de prestations, pendant la période d'arrêt de son activité à défaut de quoi, elle aura un nouvel outil de production financé par l'indemnité de l'assureur incendie, mais sa perte de clientèle la conduira à cesser son activité.

Pour maintenir sa production, elle devra engager des frais exceptionnels (ex : recours à 100 % à de la sous-traitance) dont le montant excédera nécessairement la perte d'exploitation qu'ils permettront d'éviter. C'est l'objet même des frais supplémentaires d'exploitation.

La période maximale d'indemnisation de ces frais supplémentaires additionnels est fixée aux conditions particulières. Celle-ci, ne peut excéder la période d'indemnisation prévue au titre de la garantie des pertes d'exploitations. Des limites mensuelles d'engagement de l'assureur sont fixées aux conditions particulières. Aucune de ces limites, ne peut excéder 50% du capital assuré, au titre de ces frais supplémentaires additionnels.

Chapitre 2
Autres frais et pertes financières

BIBLIOGRAPHIE

L'Argus de l'assurance

Ouvrages – J. Eno, *L'assurance des pertes d'exploitation*, L'Argus éd. 1996. – J. Bigot (sous dir.), *Code des assurances*, L'Argus éd. – J. Landel, Lexique des termes d'assurance, L'Argus éd. 2014. – Ph. Laroche, Les assurances dommages aux biens de l'entreprise, L'Argus éd., 2016.

Section 1 . Les frais supplémentaires seuls

6907. Certaines professions, lorsqu'elles sont victimes d'un sinistre, ne sont pas dans la même situation qu'un établissement commercial ou industriel. Ainsi, moyennant l'engagement de certains frais, les conséquences d'un sinistre seront moindres et leur chiffre d'affaires ne s'en trouvera pas affecté.

Il s'agit des prestataires de services pris dans leur globalité, car leurs activités ne sont pas, en général, directement liées à un local. Il sera alors plus facile, pour eux, de reprendre une activité sur un autre site, ce qui peut être réalisé dans un laps de temps relativement court.

6908. Suite à un sinistre, le fait d'engager ces frais va permettre de s'établir provisoirement dans de nouveaux locaux et de ne pas enregistrer, à terme, une perte de chiffre d'affaires. Or, nous avons vu qu'en absence de baisse de chiffre d'affaires, l'indemnité due au titre des pertes d'exploitation serait nulle.
Ces frais et dépenses seront couverts par la garantie des « frais supplémentaires d'exploitation seuls », qui correspondent :
- aux surcoûts des loyers et entretien des locaux provisoires ;
- au rétablissement de lignes téléphoniques et/ou de liaisons informatiques ;
- au travail d'information, des clients, sur les nouvelles coordonnées et nouvelles conditions de travail ;
- aux frais exposés pour faire suivre les courriers, ou recourir aux services d'une plateforme téléphonique ;
- aux frais de déplacement temporaire du personnel, au paiement d'heures supplémentaires pour rattraper le retard pris dans la réalisation des prestations ;
- aux frais de remise en état accélérée des locaux, ou de recours à des prestataires externes, pour paramétrer les systèmes informatiques...

Certains de ces postes de frais relèvent également des garanties des dommages directs. Charge au régleur de sinistre de les répartir, au mieux de l'intérêt de l'assuré, selon les capitaux garantis et du niveau de franchise applicable.

6909. Pour bien comprendre l'enjeu de cette garantie prenons un exemple chiffré de sinistre touchant un prestataire de services qui dispose d'un contrat incendie et pertes d'exploitation « classique ». Il dispose également d'un contrat de type tout risque informatique du fait de la vulnérabilité de son matériel qui contrôle l'intégralité de son activité. Sa marge brute annuelle est de 400 000 € avec un taux de marge brute de 70 % et sa garantie de pertes d'exploitation est de 12 mois compte tenu de la reconstitution de son outil de production. Il pense donc être parfaitement assuré.
Ce prestataire est touché par un sinistre incendie qui endommage une partie de ses locaux (dont il est propriétaire) ainsi que son système informatique (serveur et postes de travail). Il dispose cependant de sauvegardes informatiques exploitables.
Afin de préserver ses relations avec sa clientèle, il décide, en attendant la réalisation des travaux de réfection de ses bâtiments, de poursuivre son activité dans des locaux loués temporairement et demande à une société spécialisée de reprogrammer son système informatique et de lui livrer un nouveau système informatique en urgence.
Le recours à ces dernières prestations lui permet de réduire son interruption totale d'activité d'une dizaine de jours, sachant que la durée des travaux de réfection des locaux sera au total de 6 mois.
Dans le cadre de la gestion de crise, il a recours à une société externe pour réaliser une campagne téléphonique doublée d'un mailing afin d'indiquer, à ses clients, les dates de reprise d'activité et ses nouvelles coordonnées.
Au total, le coût de l'ensemble de ces interventions représente la somme de 20 000 € car il a eu recours à des entreprises spécialisées.
Enfin, pour rattraper le retard pris dans l'exécution de ses prestations (10 jours de non activité totale) il demande à ses salariés d'effectuer des heures supplémentaires dès la remise en service du système informatique, le surcoût est ici de 50 000 €.
Au titre des garanties incendie, vont être indemnisées les dépenses afférentes au déménagement et frais d'installation dans des locaux temporaires auxquelles il faut ajouter

la réinstallation dans les bâtiments après travaux, ainsi que les frais relatifs au matériel endommagé. Les postes d'indemnisation impactés seront les « frais de déplacement, de replacement et de relogement », la « perte d'usage » et le poste « matériel ».

Après reprise de son activité, dans ses locaux remis à neuf, aucune perte de chiffre d'affaires n'est à constater car les mesures d'urgence prises ont permis de pallier ce fait. À défaut de leur mise en œuvre, seul un décalage de deux mois aurait été constaté dans les facturations de ses prestations mais sans influence sur son chiffre d'affaires annuel. Ainsi, selon le principe d'indemnisation régissant la garantie de pertes d'exploitation, aucune indemnité n'est due : le sinistre n'a eu aucune influence sur son chiffre d'affaires.

Si nous dressons le bilan financier du sinistre et du montage contractuel :

- l'assuré, en agissant en bon père de famille, à déboursé 70 000 € pour maintenir son activité malgré le sinistre ;
- cette somme ne sera pas compensée par la mise en jeu de sa garantie des pertes d'exploitation car il n'a connu aucune baisse de chiffre d'affaires ;
- si ces fonds n'avaient pas été engagés, l'activité aurait reprise 10 jours plus tard avec pour seule conséquence un retard dans les encaissements de ses prestations ;
- la cotisation due au titre des pertes d'exploitation a néanmoins bien été calculée sur la marge brute annuelle à savoir 400 000 €.

Au-delà de ces dépenses « supplémentaires » induites par le sinistre et non indemnisées -sauf peut-être par un « geste commercial » de son assureur- l'assuré a payé une prime d'assurance calculée sur sa marge brute ce qui accentue encore les pertes subies. En effet, le financement de ses sommes se fera au détriment de son résultat d'exploitation.

Une analyse correcte des besoins de ce prestataire aurait conduit à lui proposer une garantie de « frais supplémentaires d'exploitation seuls » à hauteur, par exemple, de 100 000 €. Ainsi, les frais engagés auraient été parfaitement indemnisés et la cotisation d'assurance aurait été réduite en proportion de la garantie délivrée.

Section 2 ■ La perte de valeur vénale du fonds de commerce

6910. Cette garantie s'adresse aux établissements qui possèdent une unité de vente dont le chiffre d'affaires, et par voie de conséquence la valeur patrimoniale du fonds de commerce, est fonction de la configuration des locaux et de leur implantation. De fait, les entreprises industrielles auront rarement besoin de cette garantie, contrairement aux commerçants et artisans qui sont concernés au premier chef.

6911. La valeur du fonds de commerce est déterminée par la nature de l'activité exercée et de son chiffre d'affaires. En cas de fermeture prolongée ou de disparition du local commercial, l'assuré se trouvera privé de la possibilité de revendre son fonds de commerce ; il en perdra donc la valeur vénale. Cette garantie permettra de compenser la perte patrimoniale subie par l'assuré. Les capitaux assurés seront fonction de l'activité exercée et du chiffre d'affaires réalisé.

6912. Il n'appartient pas à l'assureur d'effectuer la valorisation du fond de commerce mais cette valeur vénale peut s'estimer comme suit (sachant que ces données fluctuent selon les conjonctures économiques et des situations géographiques) :

- boulangerie : entre 65 % et 90 % du CA annuel TTC ; boulangerie- pâtisserie : entre 75 % et 100 % du CA annuel TTC (jusqu'à 140 % à Paris) ; pâtisserie : entre 65 % et 105 % du CA annuel TTC,
- bouchers, charcutiers, volaillers : entre 30 % et 40 % du CA annuel TTC ;
- alimentation générale, épiceries, primeurs : entre 20 et 30 % du CA TTC ;
- fleuristes : entre 55 % et 85 % du CA annuel TTC pour une boutique traditionnelle et entre 40 et 50 % pour les boutiques en libre service ;
- salon de coiffure mixte : 70 à 100 % CA annuel HT ; salon de coiffure féminine : 55 à 100 % du CA annuel HT ; salon de coiffure masculine : 75 à 100 % du CA annuel HT.

6913. La mise en jeu de cette garantie, doit être consécutive à la destruction des locaux assurés à la suite d'un dommage direct garanti : incendie et risques annexes, dégâts des eaux, tempête, grêle, neige. Attention : cette garantie n'est pas mise en œuvre consécutivement à des catastrophes naturelles et attentats.

6914. La perte de valeur vénale peut être partielle ou totale selon le cas de figure. La perte partielle de la valeur vénale, compensera la perte consécutive à une désaffection définitive et permanente d'une partie de la clientèle. Cette désaffection doit être liée, soit à une réduction définitive de la superficie des locaux professionnels, soit au transfert de l'activité dans un autre lieu. L'indemnité sera calculée par différence, entre l'indemnité prévue pour la perte totale de valeur vénale du fonds de commerce, et l'évaluation de la valeur vénale du fonds après sinistre. Pour ce faire, cette indemnité sera payée après une période d'observation, généralement fixée à 12 mois après la reprise d'activité.

6915. Exemple : La valeur vénale du fonds de commerce d'une activité est estimée à 90 % de son chiffre d'affaires annuel TTC, ce dernier étant de 320 000 € avec une progression régulière de 3 % par an. Suite à un sinistre atteignant ses locaux professionnels, l'assuré voit son bail résilié et doit transférer son activité sur un autre emplacement :
- après 12 mois d'activité dans ses nouveaux locaux, le chiffre d'affaires réalisé n'est plus que de 280 000 € ;
- s'il avait continué son activité dans ses anciens locaux son chiffre d'affaires aurait été de 320 000 € x 1,03 soit 329 600 € tenant compte de l'évolution « normale » de son activité ;
- l'indemnisation due au titre de la perte de valeur vénale du fonds de commerce sera donc de [(329 600 – 280 000) x 90 %] soit 8 640 €.

La perte totale de la valeur vénale du fonds de commerce sera versée, quant à elle, lorsqu'il existe une impossibilité complète et définitive de reprise d'activité dans le local assuré et, que le transfert dans un autre lieu, entraînerait une défection totale et définitive de la clientèle. Cela peut être la conséquence :
- pour un locataire : de la résiliation de son bail, ou du refus de reconstruire les biens sinistrés par bailleur, sauf si il existe une communauté d'intérêt entre le bailleur et le preneur ;
- pour un propriétaire : de l'impossibilité absolue de réparer ou de reconstruire le local.

Cette impossibilité ne doit pas être du fait de l'assuré lui-même. Si l'assuré se réinstalle, dans un délai de 12 mois à proximité des locaux sinistrés, un remboursement de l'indemnité est prévue, à défaut de quoi il y aurait enrichissement sans cause.

Si nous prenons les mêmes données chiffrées, et qu'en l'espèce le transfert de l'activité est impossible du fait de l'indisponibilité de locaux professionnels adaptés dans le secteur, l'indemnisation due serait alors de 320 000 x 90 % soit 288 000 €.

Table des matières

Auteurs 7
Introduction 9
Sommaire 13

Première Partie

La réglementation du marché de l'assurance 15

Titre 1 ■ Acteurs et marché 17

Sous-titre 1 - Les organismes assureurs 17

Chapitre 1 - Les sociétés, mutuelles et institutions de prévoyance 18

Section 1 ■ Les acteurs du marché de l'assurance de natures diverses et soumis à un cadre légal strict 18
§ 1 ■ Trois types d'organismes autorisés à exercer l'activité d'assurance et de réassurance en France 18
§ 2 ■ L'interdiction pour un même assureur de cumuler certaines activités d'assurance 19
§ 3 ■ Le caractère civil ou commercial des entreprises d'assurance 20
Section 2 ■ Les sociétés 20
§ 1 ■ Les sociétés anonymes d'assurance 20
§ 2 ■ Les sociétés d'assurance mutuelles 23
§ 3 ■ Les formes particulières de sociétés d'assurance mutuelles 39
§ 4 ■ Les sociétés européennes 43
Section 3 ■ Les mutuelles 44
§ 1 ■ Les caractéristiques des organismes mutualistes 44
§ 2 ■ L'activité d'assurance des groupements mutualistes encadrée par la loi 45
§ 3 ■ La constitution des organismes mutualistes 47
§ 4 ■ Le fonctionnement des organismes mutualistes 48
Section 4 ■ Les institutions de prévoyance 49

§ 1 ■ Nature et objet des institutions de prévoyance 49
§ 2 ■ La constitution des institutions de prévoyance 50
§ 3 ■ Le fonctionnement des institutions de prévoyance 51
§ 4 ■ Les groupements d'institutions de prévoyance 51

Chapitre 2 - Division et transfert des risques 52

Section 1 ■ La coassurance et la division des risques entre assureurs 53
§ 1 ■ Origine et définition de la coassurance 53
§ 2 ■ Fonctionnement de la coassurance 54

Section 2 ■ La réassurance 56
§ 1 ■ Définition et enjeux de la réassura nce 56
§ 2 ■ Régime juridique de la réassurance 57
§ 3 ■ Fonctionnement de la réassurance 57

Sous-titre 2 - Distribution et Intermédiation 58

Chapitre 1 - La notion d'intermédiaire : champ d'application de la réglementation 60

Section 1 ■ L'intermédiation en assurance 61
Sous-section 1 ■ La définition de l'intermédiation 61
Sous-section 2 ■ Les activités exclues du champ de l'intermédiation 62

Section 2 ■ Les intermédiaires d'assurance 63
Sous-section 1 ■ Les différents intermédiaires 64
Sous-section 2 ■ Les agents généraux et les courtiers d'assurance 66
§ 1 ■ Les agents généraux d'assurance 66
§ 2 ■ Les courtiers d'assurance 67

Chapitre 2 - L'accès à la profession d'intermédiaire d'assurance 68

Section 1 ■ Honorabilité et compétence professionnelle 69
Sous-section 1 ■ Honorabilité 69
Sous-section 2 ■ Compétence professionnelle 70

Section 2 ■ Garanties 73
Sous-section 1 ■ L'obligation d'assurance RC professionnelle 73
Sous-section 2 ■ La garantie financière 74

Section 3 ■ Immatriculation 75

Section 4 ■ Obligation d'information et de conseil 78
Sous-section 1 ■ Obligation légale d'information 78
§ 1 ■ Informations communes 78
§ 2 ■ Informations supplémentaires sur le degré d'indépendance 79
Sous-section 2 ■ Devoir de conseil 81
§ 1 ■ Obligation légale de conseil 81
§ 2 ■ Obligation de conseil en jurisprudence 82

Sous-titre 3 - Les marchés publics d'assurance et les garanties des acheteurs publics 84

Chapitre 1 - Les contrats d'assurances concernés 84

Section 1 ■ Le Code des marchés publics 84

Section 2 ■ Les principaux textes 85
Section 3 ■ La fourniture de services d'assurances 85
Section 4 ■ Le rôle des intermédiaires d'assurance 86
Sous-section 1 ■ Le respect des règles de mise en concurrence 86
Sous-section 2 ■ L'acheteur public peut se faire assister d'un conseil 86
Sous-section 3 ■ L'intermédiaire représente une entreprise d'assurance 87

Chapitre 2 - La procédure applicable (CMP, art. 26 à 31) 87

Section 1 ■ La mise en concurrence 87
Sous-section 1 ■ Les principes 87
Sous-section 2 ■ Mise en œuvre 88
§ 1 ■ Seuil inférieur à 25 000 € hors taxes 88
§ 2 ■ Achat compris entre 25 000 € et 135 000 € pour l'État et 209 000 € pour les collectivités territoriales 88
§ 3 ■ Achat supérieur à 135 000 € pour l'État et 209 000 € pour les collectivités territoriales 88
Section 2 ■ Les règles de publicité 89

Chapitre 3 - Le déroulement de la procédure 90

Section 1 ■ La procédure adaptée 90
Sous-section 1 ■ Mise en œuvre 90
Sous-section 2 ■ Avantages de cette procédure 91
Section 2 ■ L'appel d'offres 91
Sous-section 1 ■ Définition (CMP, art. 33) 91
Sous-section 2 ■ L'appel d'offres ouvert 92
Sous-section 3 ■ L'appel d'offres restreint 94
Sous-section 4 ■ Spécificités des marchés d'assurances 95
Section 3 ■ La procédure négociée (CMP, art. 34 et 35) 96
Sous-section 1 ■ Définition 96
Sous-section 2 ■ Les marchés concernés 96
Sous-section 3 ■ Avantages et contraintes 97
Section 4 ■ Procédure de dialogue compétitif (CMP, art. 36) 98
Section 5 ■ Exemples pratiques 99
Section 6 ■ Les documents à fournir dans le cadre d'un appel à la concurrence (CMP, art. 44 à 47) 100
Sous-section 1 ■ Renseignements produits à l'appui des candidatures 100
Sous-section 2 ■ Documents devant être communiqués par le candidat retenu 100
Sous-section 3 ■ Documents exigés des intermédiaires 101
Section 7 ■ La sélection des candidats (CMP, art. 52 à 56) 101

Sous-titre 4 - Autorisation et contrôle du marché 103

Chapitre 1 - L'agrément et les autorités de contrôle 103

Section 1 ■ L'accès a l'activité d'assurance 103
Sous-section 1 ■ Le principe de l'agrément 103
§ 1 ■ Exigence d'un agrément 104
§ 2 ■ Agrément et respect du principe de spécialité 106
Sous-section 2 ■ La procédure d'agrément 107
§ 1 ■ La demande d'agrément 107

§ 2 ▪ La délivrance de l'agrément 107
§ 3 ▪ La perte de l'agrément 108
Section 2 ▪ Le contrôle de l'activité d'assurance et de réassurance 110
Sous-section 1 ▪ Organisation du contrôle 110
§ 1 ▪ Autorité de contrôle prudentiel et de résolution 110
§ 2 ▪ Attributions de l'ACPR 110
Sous-section 2 ▪ Exercice du contrôle 112
§ 1 ▪ Étendue du contrôle 112
§ 2 ▪ Modalités du contrôle 113
Sous-section 3 ▪ Conséquences du contrôle 114
§ 1 ▪ Mesures de police administrative 115
§ 2 ▪ Les sanctions 117

Chapitre 2 - Les règles de concurrence 118

Section 1 ▪ Les marchés pertinents identifiés dans le secteur de l'assurance 120
§ 1 ▪ Approche générale des autorités de la concurrence 120
§ 2 ▪ Typologie des marchés de produits d'assurance 122
§ 3 ▪ Marché géographique 127
§ 4 ▪ Marchés amonts, avals ou connexes aux marchés de produits d'assurances 128
Section 2 ▪ Règles relatives aux pratiques anticoncurrentielles appliquées au secteur de l'assurance 129
§ 1 ▪ Les règles du droit de la concurrence relatives aux ententes 129
§ 2 ▪ Prohibition des abus de position dominante 141
§ 3 ▪ Prohibition propre au droit interne : l'abus de dépendance économique 146
§ 4 ▪ Règles de procédure et voies de recours 146
Section 3 ▪ Application des règles relatives au contrôle des concentrations 150
§ 1 ▪ Notification préalable d'une opération de concentration 151
§ 2 ▪ L'analyse concurrentielle dans le secteur de l'assurance 155
Section 4 ▪ Les aides d'État 159
§ 1 ▪ Principe, dérogations et exemptions issus du droit de l'Union 159
§ 2 ▪ Application au secteur de l'assurance 162

Chapitre 3 - Les pratiques commerciales 163

Section 1 ▪ Les dispositions protectrices du droit des consommateurs 165
Sous-section 1 ▪ La publicité et les pratiques commerciales déloyales 165
§ 1 ▪ Le prix dans les contrats d'assurance 165
§ 2 ▪ L'encadrement de la publicité comparative 169
§ 3 ▪ Les pratiques commerciales déloyales 173
Sous-section 2 ▪ Les clauses abusives 179
§ 1 ▪ La définition et le domaine d'application des clauses abusives 179
§ 2 ▪ Liste des clauses abusives 180
Sous-section 3 ▪ Sanctions des clauses abusives 181
§ 1 ▪ Sanctions des articles L. 132-1 et L. 132-2 du Code de la consommation 181
§ 2 ▪ Sanctions des articles L. 421-2 et L. 421-6 du Code de la consommation 182
Section 2 ▪ Spécificités des techniques de promotion appliquées au secteur des assurances 182
Sous-section 1 ▪ Encadrement des ventes avec prime et des ventes liées en France 183

§ 1 ■ La réglementation française 183
§ 2 ■ Les sanctions 189

Chapitre 4 - LE / LPS 190

Section 1 ■ La construction du marché unique de l'assurance 190
§ 1 ■ Les directives de première génération sur la liberté d'établissement 191
§ 2 ■ Les directives de deuxième génération sur la libre prestation de services 192
§ 3 ■ Les directives de troisième génération sur la licence unique 192
§ 4 ■ La communication interprétative de la Commission européenne du 2 février 2000 193
§ 5 ■ La refonte des directives assurance dans le cadre de la directive Solvabilité 2 193
Section 2 ■ La liberté d'établissement 194
§ 1 ■ La liberté d'établissement en France d'une entreprise de l'Union européenne 194
§ 2 ■ La liberté d'établissement d'une entreprise française dans un autre État membre 195
Section 3 ■ La libre prestation de services 196
§ 1 ■ La libre prestation de service en France d'une entreprise de l'Union européenne 196
§ 2 ■ La libre prestation de services dans un autre État membre d'une entreprise d'assurance française 198
Section 4 ■ L'articulation de la liberté d'établissement et de la liberté de prestation de services 198
§ 1 ■ La frontière entre la liberté d'établissement et la libre prestation de services 199
§ 2 ■ Le cumul de la liberté d'établissement et de la liberté de prestation de services 200
Section 5 ■ La loi applicable 201
§ 1 ■ La loi applicable aux contrats conclus en liberté d'établissement et en libre prestation de service 201
§ 2 ■ - La notion d'intérêt général 202
§ 3 ■ La loi applicable aux entreprises d'assurance opérant en régime de libre établissement ou de libre prestation de services 203

Titre 2 ■ **Principes généraux applicables à l'assurance** 205

Sous-titre 1 - Les grands principes du droit des assurances 205

Chapitre 1 - Principes juridiques 206

Section 1 ■ Le risque assuré 206
§ 1 ■ Exigence du caractère aléatoire du risque assuré 208
§ 2 ■ Sanction de l'absence de caractère aléatoire 211
Section 2 ■ La prestation de l'assureur 212
§ 1 ■ Principe indemnitaire et assurance dommages 213
§ 2 ■ Principe forfaitaire et assurances de personnes 220

Chapitre 2 - Principes techniques 223

Section 1 ■ Mutualisation des risques 223
Section 2 ■ Sélection des risques 224
§ 1 ■ Assurance et état de santé 226
§ 2 ■ Assurance et égalité homme-femme 230

Chapitre 3 - Principes financiers 232
§ 1 ■ Assurances de répartition et de capitalisation 233
§ 2 ■ L'équilibre financier des opérations d'assurance 234

Sous-titre 2 - Les principes généraux du droit de la responsabilité 237

Chapitre 1 - Les éléments constitutifs de la responsabilité 237

Section 1 ■ Notion de responsabilité et fondements du droit de la responsabilité 239
§ 1 ■ Définition 239
§ 2 ■ Les fondements de la responsabilité 241

Section 2 ■ Éléments fondamentaux de la responsabilité 245
§ 1 ■ Fait générateur 246
§ 2 ■ Préjudice 248
§ 3 ■ Lien de causalité 261
§ 4 ■ Causes d'exonération de responsabilité 265
§ 5 ■ Comparaison de la responsabilité civile et de la responsabilité pénale 269

Chapitre 2 - Les responsabilités pour faute 273

Section 1 ■ Notion de faute 274
§ 1 ■ Définition 274
§ 2 ■ Appréciation de la faute 274

Section 2 ■ Éléments constitutifs de la faute 276
§ 1 ■ Élément légal 276
§ 2 ■ Éléments matériels 276
§ 3 ■ Élément moral 279

Section 3 ■ Les différentes sortes de fautes civiles 280
§ 1 ■ La violation d'une obligation légale 281
§ 2 ■ Les fautes du professionnel 281
§ 3 ■ L'abus de droit 282

Chapitre 3 - Les responsabilités du fait des choses et du fait des produits défectueux 283

Section 1 ■ Responsabilité du fait des choses 284
§ 1 ■ Autonomie de la responsabilité du fait des choses 284
§ 2 ■ Fait d'une chose 285
§ 3 ■ Une responsabilité fondée sur la garde 289
§ 4 ■ Causes d'exonération du gardien 294

Section 2 ■ Dommages causés par l'incendie d'une chose 297
§ 1 ■ Champ d'application des alinéas 2 et 3 de l'article 1384 relatifs à la communication d'incendie 298
§ 2 ■ Régime de la responsabilité pour communication d'incendie 299

Section 3 ■ Dommages causés par les animaux et les bâtiments menaçant ruine 300
§ 1 ■ Responsabilité du fait des animaux (C. civ., art. 1385 ; 1243 nouv.) 300
§ 2 ■ Responsabilité du fait des bâtiments menaçant ruine (C. civ., art. 1386 ; 1244 nouv.) 301

Section 4 ■ Responsabilité du fait des produits défectueux 302
§ 1 ■ Champ d'application de la responsabilité du fait des produits défectueux 303

§ 2 ■ Mise en œuvre de la responsabilité du fait des produits défectueux 308

Chapitre 4 - Les responsabilités du fait d'autrui 317

Section 1 ■ Responsabilité des parents du fait de leurs enfants et des artisans du fait de leurs apprentis 318

§ 1 ■ Conditions de la responsabilité 318

§ 2 ■ Étendue de la présomption de responsabilité pesant sur les parents 320

§ 3 ■ Responsabilité des artisans du fait de leurs apprentis 320

Section 2 ■ Responsabilité des commettants du fait de leurs préposés 321

§ 1 ■ Conditions de la responsabilité 321

§ 2 ■ Effets de la responsabilité 323

Section 3 ■ Responsabilité des enseignants 324

§ 1 ■ Champ d'application 325

§ 2 ■ Régime 326

Section 4 ■ Responsabilité générale du fait d'autrui 327

§ 1 ■ Champ d'application 328

§ 2 ■ Conditions de mise en œuvre 329

Sous-titre 3 - Les prestations du régime général de sécurité sociale 330

Chapitre 1 - Notion d'assujetti au régime général 331

Section 1 ■ Distinction entre travailleurs salariés et travailleurs indépendants 331

Sous-section 1 ■ Les travailleurs salariés 331

§ 1 ■ Notion de salarié 331

§ 2 ■ Subordination juridique ou dépendance économique 331

§ 3 ■ Service organisé 332

§ 4 ■ Autres jurisprudences 332

§ 5 ■ Pouvoir de requalification du contrat par le juge 332

Sous-section 2 ■ Les salariés par assimilation 333

§ 1 ■ Détermination légale 333

§ 2 ■ Jurisprudence 335

Section 2 ■ Les assujettis volontaires 337

Sous-section 1 ■ Principe 337

Sous-section 2 ■ Accident du travail 337

Sous-section 3 ■ Invalidité-vieillesse 337

Sous-section 4 ■ Maladie-Maternité 337

Chapitre 2 - Prestations d'assurance maladie 338

Section 1 ■ Distinction entre prestations en nature et prestations en espèces 338

Section 2 ■ Les prestations en nature 338

Sous-section 1 ■ Particularité 338

Sous-section 2 ■ Les bénéficiaires 338

§ 1 ■ L'assuré 338

§ 2 ■ Les ayants droit de l'assuré 339

§ 3 ■ Maintien des droits 340

Sous-section 3 ■ Principes de base 340

§ 1 ■ Libre choix du médecin 340

§ 2 ■ Le système du tiers payant 342
§ 3 ■ Participation de l'assuré 342
Sous-section 4 ■ Frais remboursables 344
§ 1 ■ Actes médicaux et paramédicaux 344
§ 2 ■ Actes de biologie et examens de laboratoire 345
§ 3 ■ Médicaments 346
§ 4 ■ Frais d'hospitalisation 347
§ 5 ■ Soins et prothèses dentaires et appareillages 347
§ 6 ■ Frais de transport 348
§ 7 ■ Cures thermales 348
Sous-section 5 ■ Prestations en espèces 349
§ 1 ■ Objet 349
§ 2 ■ Durée des versements 349
§ 3 ■ Montant 349
§ 4 ■ Mensualisation 350
§ 5 ■ Modalités d'attribution des indemnités journalières dues au titre de la maladie 350
Section 3 ■ Prestations d'assurance invalidité et prestations liées au handicap 354
Sous-section 1 ■ Assurance invalidité 354
§ 1 ■ Définition 354
§ 2 ■ Invalidité entraînant une impossibilité partielle ou totale de travail 354
Sous-section 2 ■ La nature des prestations 355
§ 1 ■ Prestations en nature 355
§ 2 ■ Prestations en espèces 356
§ 3 ■ Révision de la décision d'attribution 356
§ 4 ■ La pension constitue un bien propre 356
Sous-section 3 ■ Prestations familiales liées au handicap 356
§ 1 ■ Objet 356
§ 2 ■ Allocation d'éducation de l'enfant handicapé 357
§ 3 ■ Allocation aux adultes handicapés 357
§ 4 ■ Allocation compensatrice pour tierce personne 357
§ 5 ■ L'allocation personnalisée d'autonomie (A.P.A) 357

Chapitre 3 - Prestations d'assurance décès 358

Section 1 ■ Conditions d'octroi 358
Section 2 ■ Montant et régime juridique 359
Sous-section 1 ■ Montant 359
Sous-section 2 ■ Régime juridique 359

Chapitre 4 - Prestations d'assurance « accidents du travail et maladies professionnelles » 359

Section 1 ■ Historique 359
Sous-section 1 ■ Mise en place du régime des accidents du travail 359
Sous-section 2 ■ Maintien d'une responsabilité de droit commun 360
Sous-section 3 ■ Faute inexcusable de l'employeur 361
Sous-section 4 ■ Accident de travail et accident de la circulation 362
§ 1 ■ La notion de « voie ouverte à la circulation publique » 362

§ 2 ■ La condition de conduite du véhicule par l'employeur, un préposé ou une personne appartenant à la même entreprise que la victime est-elle nécessaire ?.....364

Section 2 ■ Circonstances donnant droit à réparation.....365
Sous-section 1 ■ La notion de risques professionnels.....365
Sous-section 2 ■ Accident du travail proprement dit.....366
§ 1 ■ Définition de l'accident du travail.....366
§ 2 ■ Lésion corporelle.....367
§ 3 ■ Fait lié avec le travail.....367
§ 4 ■ Constatations médicales.....368
Sous-section 3 ■ Accident de trajet.....369
§ 1 ■ Les raisons de l'assimilation.....369
§ 2 ■ Définition.....369
§ 3 ■ Appréciation souveraine par les juges du fond.....369
§ 4 ■ Distinction accident de travail – accident de trajet.....370

Section 3 ■ Maladies professionnelles.....370
Sous-section 1 ■ Liste des maladies professionnelles.....370
Sous-section 2 ■ Maladies professionnelles hors tableau.....370

Section 4 ■ Prestations.....371
Sous-section 1 ■ Prestations en nature.....371
§ 1 ■ Spécificités.....371
§ 2 ■ Les frais médicaux.....371
§ 3 ■ Réadaptation fonctionnelle et rééducation professionnelle.....371
Sous-section 2 ■ Prestations en espèces.....372
§ 1 ■ Indemnités journalières d'incapacité temporaire.....372
§ 2 ■ Invalidité permanente partielle.....373
§ 3 ■ Rente versée aux ayants droit en cas de décès.....374

Deuxième Partie ■

Le contrat d'assurance.....377

Titre 1 ■ La conclusion du contrat d'assurance.....379

Sous-titre 1 - La formation du contrat et l'information du souscripteur.....379

Chapitre 1 - La formation du contrat d'assurance.....379

Section 1 ■ Les parties au contrat d'assurance.....381
§ 1 ■ L'assureur.....381
§ 2 ■ Le souscripteur.....385
§ 3 ■ L'assuré et le bénéficiaire du contrat d'assurance.....388

Section 2 ■ De la formation à la nullité du contrat d'assurance.....389
§ 1 ■ Moment de la formation du contrat initial.....389
§ 2 ■ Prise d'effet des garanties.....390

§ 3 ■ Faculté de renonciation pour certains contrats 391
§ 4 ■ Causes de nullité du contrat d'assurance 392

Chapitre 2 - L'information 394

Section 1 ■ Obligation d'information en droit commun 394
§ 1 ■ Évolution 394
§ 2 ■ Distinction obligation précontractuelle d'information et obligation contractuelle de renseignement 396
§ 3 ■ Degrés dans l'obligation d'information 397
§ 4 ■ Régime de l'obligation d'information 397
Section 2 ■ Obligation d'information en droit des assurances 400
§ 1 ■ Débiteurs et contenu de l'obligation d'information en droit des assurances 401
§ 2 ■ Régime de l'obligation générale d'information en droit des assurances 407
Section 3 ■ Présentation générale des documents d'information 410
§ 1 ■ Diversité des sources et modalités d'information 411
§ 2 ■ Nature des documents d'information 416
Section 4 ■ Documents d'information, forme et contenu de l'information 417
§ 1 ■ Droit commun des documents d'information 418
§ 2 ■ Assurance de groupe et assurance sur la vie 424

Chapitre 3 - La formation du contrat d'assurance à distance 426

Section 1 ■ Libre prestation de services 427
§ 1 ■ Assurance en Europe 427
§ 2 ■ Droit français de la libre prestation de services 428
§ 3 ■ Droit applicable aux contrats conclus en libre prestation de services et tribunal compétent 429
Section 2 ■ Souscription du contrat par téléphone 433
§ 1 ■ Règles applicables à la souscription du contrat d'assurance par téléphone 435
§ 2 ■ L'obligation précontractuelle d'information 436
§ 3 ■ Faculté de renonciation 437
Section 3 ■ Souscription du contrat par Internet 438
§ 1 ■ Détermination des règles applicables aux particuliers 438
§ 2 ■ Formation du contrat d'assurance par Internet 440
§ 3 ■ Demande d'exécution avant renonciation et paiement 447

Sous-titre 2 - La protection du souscripteur 448

Chapitre 1 - Le démarchage 448

Section 1 ■ Démarchage à domicile régi par l'article L. 112-9 du Code des assurances pour les contrats souscrits après le 1er juillet 2008 450
Section 2 ■ Démarchage financier 450
§ 1 ■ Champ d'application 451
§ 2 ■ Régime du démarchage financier 454
§ 3 ■ Démarchage financier et contrat entièrement conclu à distance 455

Chapitre 2 - Les clauses abusives 456

Section 1 ■ Consommateur et droit des assurances 456

§ 1 ■ Notion de consommateur en droit commun....457

§ 2 ■ Notion de consommateur en droit des assurances 460

Section 2 ■ Éviction des clauses abusives en droit commun....460

§ 1 ■ Évolution du régime 460

§ 2 ■ Modalités d'éviction des clauses abusives en droit commun....462

Section 3 ■ Éviction des clauses abusives dans le contrat d'assurance....467

§ 1 ■ Recommandations de la Commission des clauses abusives....467

§ 2 ■ Éviction des clauses abusives par les tribunaux 468

Sous-titre 3 - L'évaluation du risque et sa tarification....473

Chapitre 1 - La déclaration des risques....473

Section 1 ■ Déclaration des risques lors de la souscription du contrat 474

§ 1 ■ Régime du questionnaire....475

§ 2 ■ Questionnaire et parties au contrat d'assurance....477

Section 2 ■ L'opinion du risque de l'assureur 480

§ 1 ■ Nécessaire incidence de la déclaration sur l'opinion de l'assureur....480

§ 2 ■ Modalités d'appréciation de l'incidence de la déclaration sur l'opinion de l'assureur 481

Chapitre 2 - Les sanctions de la déclaration non sincère 486

Section 1 ■ Règles communes aux sanctions de la déclaration non sincère....487

§ 1 ■ Conditions de la sanction....487

§ 2 ■ Portée des articles L. 113-8 et L. 113-9 du code des assurances 488

§ 3 ■ Régime des actions fondées sur les articles L. 113-8 et L. 113-9 du Code des assurances... 490

Section 2 ■ Réticences et fausses déclarations intentionnelles....492

§ 1 ■ Mauvaise foi 492

§ 2 ■ Sanction de la mauvaise foi : nullité du contrat et conservation des cotisations....501

Section 3 ■ Omissions et déclarations inexactes non intentionnelles 503

§ 1 ■ Inexactitude découverte avant le sinistre 503

§ 2 ■ Inexactitude découverte après le sinistre....504

Section 4 ■ Application par le juge des articles L. 113-8 et L. 113-9 du Code des assurances 507

Chapitre 3 - La cotisation 508

Section 1 ■ Fixation et paiement de la cotisation 508

§ 1 ■ Éléments composant la cotisation....509

§ 2 ■ Principes de tarification....512

§ 3 ■ Personnes concernées par le paiement....515

§ 4 ■ Modalités de paiement....517

Section 2 ■ Conséquences du défaut de paiement....520

§ 1 ■ Non-paiement de la cotisation en assurance non-vie 520

§ 2 ■ Non-paiement de la cotisation en assurance vie 528

Sous-titre 4 - Les documents d'assurance 529

Chapitre 1 - La note de couverture et l'attestation 529

Section 1 ■ La note de couverture 530
§ 1 ■ Rôle 530
§ 2 ■ Forme et contenu 531
Section 2 ■ L'attestation 534

Chapitre 2 - La police et l'avenant 537

Section 1 ■ La police 538
§ 1 ■ Composition de la police 538
§ 2 ■ Rédaction et contenu de la police 540
§ 3 ■ Interprétation du contrat d'assurance 543
Section 2 ■ L'avenant 551

Chapitre 3 - La charge et les moyens de preuve du contrat 553

Section 1 ■ Règles générales 554
§ 1 ■ Charge de la preuve 554
§ 2 ■ Moyens de preuve du contrat 558
Section 2 ■ Règles propres aux documents annexes 563
§ 1 ■ Connaissance de l'existence du document annexe 563
§ 2 ■ Communication du document annexe 568

Chapitre 4 - Les clauses d'exclusions 575

Section 1 ■ Définition de la clause d'exclusion de garantie 575
§ 1 ■ Enjeux de la distinction entre définition du risque garanti et exclusion de la garantie 576
§ 2 ■ Définition du risque garanti 576
§ 3 ■ Notion d'exclusion de garantie 578
§ 4 ■ Exemples de qualification de clauses 583
Section 2 ■ Régime des clauses d'exclusion de garantie 585
§ 1 ■ Conditions de validité 585
§ 2 ■ Preuve de l'exclusion de garantie 589
§ 3 ■ Rôle du juge 589
Section 3 ■ Effets de l'exclusion de garantie et renonciation de l'assureur 590
§ 1 ■ Effets de l'exclusion de garantie 590
§ 2 ■ Renonciation de l'assureur 590

Chapitre 5 - Faute intentionnelle 591

Section 1 ■ Exclusion de la faute intentionnelle de l'assuré 592
§ 1 ■ Causes de l'inassurabilité de la faute intentionnelle 592
§ 2 ■ Champ d'application de l'inassurabilité 593
§ 3 ■ Régime de l'exclusion de la faute intentionnelle 597
Section 2 ■ Assurance de la faute intentionnelle des personnes dont l'assuré doit répondre 604
§ 1 ■ Force et champ d'application 604
§ 2 ■ Gravité de la faute et personnes dont l'assuré doit répondre 605

§ 3 ■ Liberté contractuelle encadrée 606

Titre 2 ■ La vie du contrat d'assurance 609

Sous-titre 1 - La modification du risque 609

Chapitre 1 - La modification du contrat 609

Section 1 ■ Régime général 610

§ 1 ■ Causes de la modification 610

§ 2 ■ Conditions de la modification 611

Section 2 ■ Acceptation par le silence de l'assureur 614

§ 1 ■ Principe 614

§ 2 ■ Domaine d'application de la règle 614

§ 3 ■ Conditions d'application de la règle 617

§ 4 ■ Effets du silence 618

Chapitre 2 - L'aggravation du risque 619

Section 1 ■ Aggravation du risque 620

§ 1 ■ Circonstances à déclarer 620

§ 2 ■ Modalités de déclaration 623

§ 3 ■ Conséquences de la déclaration 623

§ 4 ■ Sanctions encourues en cas de non-respect de l'obligation 624

Section 2 ■ Diminution du risque 625

Chapitre 3 - Le transfert de propriété de la chose assurée 625

Section 1 ■ Cas général 626

§ 1 ■ Domaine d'application de la règle 626

§ 2 ■ Conditions de la transmission du contrat 628

§ 3 ■ Effets de la transmission du contrat 629

Section 2 ■ Aliénation d'un véhicule terrestre à moteur ou d'un bateau de plaisance 632

§ 1 ■ Domaine d'application de la règle 633

§ 2 ■ Suspension du contrat d'assurance 633

§ 3 ■ Remise en vigueur du contrat ou résiliation 634

Sous-titre 2 - Le sinistre 635

Chapitre 1 - La déclaration du sinistre 635

Section 1 ■ Obligation de déclaration du sinistre et sanctions 636

§ 1 ■ Obligation de déclaration 636

§ 2 ■ Sanction de la déclaration tardive du sinistre 640

Section 2 ■ Preuve du sinistre 645

Section 3 ■ Autres obligations de l'assuré 646

§ 1 ■ Obligations conventionnelles 646

§ 2 ■ Fraude de l'assuré 649

Chapitre 2 - Le paiement de l'indemnité 653

Section 1 ■ Détermination du montant de l'indemnité 655
§ 1 ■ Évaluation du dommage 655
§ 2 ■ Limites à la dette de l'assureur 660
§ 3 ■ Les conventions entre assureurs 670

Section 2 ■ Modalités de paiement 671
§ 1 ■ Provision 671
§ 2 ■ Compensation avec les primes impayées 672

Section 3 ■ Retard de paiement de l'indemnité 672
§ 1 ■ Principes généraux 672
§ 2 ■ Point de départ du calcul des intérêts moratoires 674
§ 3 ■ Intérêts moratoires et plafond de garantie 675

Chapitre 3 - Le bénéficiaire de l'indemnité 677

Section 1 ■ Détermination du bénéficiaire originaire de l'indemnité 678
§ 1 ■ Assurances de dommages 678
§ 2 ■ Assurances de personnes 680

Section 2 ■ Créanciers ayant une sûreté sur la chose 682
§ 1 ■ Domaine d'application de l'article L. 121-13 du Code des assurances 682
§ 2 ■ Conditions d'application de l'article L. 121-13 du Code des assurances 684
§ 3 ■ Effets de l'article L. 121-13 du Code des assurances 686

Chapitre 4 - Le recours de l'assureur après paiement 687

Section 1 ■ Les causes du recours de l'assureur après paiement de l'indemnité 688

Section 2 ■ Recours subrogatoire de l'assureur 689
§ 1 ■ Fondements du recours de l'assureur après paiement 689
§ 2 ■ Conditions du recours subrogatoire de l'assureur 692
§ 3 ■ Conséquences de la subrogation 696

Section 3 ■ Recours impossible de l'assureur 699
§ 1 ■ Recours impossible de l'assureur contre son assuré 699
§ 2 ■ Recours impossible contre les proches de l'assuré 699
§ 3 ■ Recours rendu impossible par le fait de l'assuré, conséquences 701
§ 4 ■ Renonciation à recours de l'assureur 702

Sous-titre 3 - Continuation ou fin du contrat 705

Chapitre 1 - La tacite reconduction 705

Section 1 ■ Durée du contrat 705
§ 1 ■ Détermination de la durée 705
§ 2 ■ Mention de la durée 706
§ 3 ■ Présence d'une clause de tacite reconduction 707

Section 2 ■ Conditions de la tacite reconduction 708
§ 1 ■ Contrat à durée déterminée arrivé à terme 708
§ 2 ■ Existence d'une clause expresse 708
§ 3 ■ Absence d'opposition d'une des parties 709

Section 3 ■ Effets de la tacite reconduction 712

Chapitre 2 - La résiliation 713

Section 1 ■ Régime général 713
Section 2 ■ Facultés de résiliation ouvertes à l'assureur 717
§ 1 ■ Résiliation après sinistre 717
§ 2 ■ Non-respect de ses obligations par l'assuré 718
§ 3 ■ Aggravation du risque assuré 718
Section 3 ■ Facultés de résiliation ouvertes au souscripteur 719
§ 1 ■ Réplique à une résiliation après sinistre 719
§ 2 ■ Diminution du risque 719
§ 3 ■ Clause de durée du contrat 720
§ 4 ■ Exercice du droit à dénonciation de la tacite reconduction 720
§ 5 ■ Innovations de la loi n° 2014-344 du 17 mars 2014 relative à la consommation 720
Section 4 ■ Facultés de résiliation ouvertes à l'assureur et au souscripteur 722
§ 1 ■ Faculté de résiliation annuelle 722
§ 2 ■ Changements dans la situation de l'assuré 725
§ 3 ■ Résiliation consécutive au transfert de propriété de la chose assurée 728
Section 5 ■ Cas de résiliation de plein droit 728
§ 1 ■ Perte totale de la chose assurée 728
§ 2 ■ Réquisition de la chose assurée 729

Sous-titre 4 - Le litige 729

Chapitre 1 - La prescription biennale 729

Section 1 ■ Principes généraux et domaine de la prescription biennale 730
§ 1 ■ Principes généraux 731
§ 2 ■ Domaine d'application de la prescription 737
Section 2 ■ Point de départ et modalités de calcul de la prescription 742
§ 1 ■ Point de départ 743
§ 2 ■ Modalités de calcul 747
Section 3 ■ Interruption et suspension de la prescription 747
§ 1 ■ Interruption 747
§ 2 ■ Suspension de la prescription 753
§ 3 ■ Interruption et suspension conventionnelles 755

Chapitre 2 - La médiation 756

Section 1 ■ Généralités 757
Section 2 ■ Règles de fonctionnement du dispositif de la médiation de l'assurance 761
§ 1 ■ Le statut du médiateur : Indépendance, moyens de fonctionnement et obligations de communication 761
§ 2 ■ La procédure de médiation et la saisine du médiateur 762
§ 3 ■ Compétence, pouvoirs du médiateur et portée de l'avis 766

Chapitre 3 - Le tribunal compétent, la loi applicable 768

Section 1 ■ Conflits de lois 769

Sous-section 1 ■ Détermination de la loi applicable 769
§ 1 ■ Système antérieur au Règlement CE Rome I 770
§ 2 ■ Loi applicable en vertu du Règlement CE Rome I 776
Sous-section 2 ■ Domaine de la loi applicable au contrat 777
§ 1 ■ Système antérieur au Règlement CE Rome I 778
§ 2 ■ Système issu du Règlement CE Rome I 780
Section 2 ■ Conflits de juridictions 781
§ 1 ■ Application des règles des Conventions de Bruxelles, de Lugano ou du Règlement communautaire du 22 décembre 2000 782
§ 2 ■ Application du droit commun des conflits de juridictions 785

Chapitre 4 - Le procès 786

Section 1 ■ Compétence juridictionnelle 786
§ 1 ■ Compétence territoriale 786
§ 2 ■ Compétence d'attribution 788
Section 2 ■ Direction du procès par l'assureur 790
§ 1 ■ Clauses aménageant la période antérieure au procès 790
§ 2 ■ Clause de direction du procès 791
Section 3 ■ Intervention de l'assureur dans le procès 798
§ 1 ■ Intervention de l'assureur dans le procès civil 798
§ 2 ■ Intervention de l'assureur au procès pénal 799

Troisième Partie ■

Les assurances des consommateurs 803

Titre 1 ■ **Les assurances de dommages** 805

Sous-titre 1 - Le logement 805

Chapitre 1 - La MRH : présentation générale 805

Section 1 ■ Evénements garantis 806
§ 1 ■ Risques « multiples » 806
§ 2 ■ Risques « habitation » 807
Section 2 ■ Souscription facultative ou obligatoire 808
§ 1 ■ Propriétaire ou copropriétaire 808
§ 2 ■ Locataire 809

Chapitre 2 - La MRH : l'assurance des biens 810

Section 1 ■ Garanties principales 810
§ 1 ■ Assurance contre l'incendie 810
§ 2 ■ Assurance contre le vol 819
§ 3 ■ Assurance contre le dégât des eaux 828

§ 4 ■ Assurance contre le bris de glace 831
Section 2 ■ Extensions de garantie obligatoire 832
§ 1 ■ Risques liés aux forces de la nature 832
§ 2 ■ Risques liés au fait de l'homme 834

Chapitre 3 - La MRH : l'assurance des responsabilités 835

Section 1 ■ Responsabilité contractuelle 836
§ 1 ■ Responsabilité du locataire 836
§ 2 ■ Responsabilité du propriétaire 839
Section 2 ■ Responsabilité délictuelle 840

Chapitre 4 - L'assurance des catastrophes naturelles et technologiques 842

Section 1 ■ L'assurance des catastrophes naturelles 843
§ 1 ■ Domaine de la garantie 843
§ 2 ■ Objet de la garantie 844
§ 3 ■ Mise en œuvre de la garantie 846
§ 4 ■ Sinistre 846
§ 5 ■ Indemnisation 847
Section 2 ■ L'assurance des catastrophes technologiques 848
§ 1 ■ Conditions d'indemnisation 848
§ 2 ■ Mise en œuvre de l'indemnisation 850

Chapitre 5 - L'assurance de protection juridique 851

Section 1 ■ Contenu du contrat d'assurance de protection juridique 852
§ 1 ■ Objet du contrat 852
§ 2 ■ Aléa et assurance de protection juridique 858
§ 3 ■ Obligations de l'assureur 860
Section 2 ■ Mise en œuvre du contrat d'assurance de protection juridique 865
§ 1 ■ Déclaration du sinistre par l'assuré 865
§ 2 ■ Gestion du sinistre par l'assureur 867

Sous-titre 2 - L'automobile et autres véhicules 873

Chapitre 1 - Le véhicule assuré 873

Section 1 ■ Véhicules assujettis à l'assurance obligatoire 874
§ 1 ■ Qu'est-ce qu'un véhicule terrestre à moteur ? 874
§ 2 ■ Qu'est-ce qu'une remorque ou semi-remorque ? 879
§ 3 ■ Mise en circulation du véhicule 883
Section 2 ■ Événements provoqués par le véhicule 885
§ 1 ■ Accidents, incendies ou explosions causés par le véhicule 886
§ 2 ■ « Trous de garantie » de l'assurance obligatoire 888
Section 3 ■ Protection facultative du véhicule 892
§ 1 ■ Agencement des garanties facultatives 893
§ 2 ■ Protection contre la disparition du véhicule : le vol 895
§ 3 ■ Autres garanties de dommages au véhicule 902

Chapitre 2 - La personne assurée 905

Section 1 ▪ Qui est la personne assurée ? 906
§ 1 ▪ Assuré principal : le « conducteur habituel » 906
§ 2 ▪ Mensonges relatifs au conducteur habituel 909
§ 3 ▪ Personnes légalement assurées 912
Section 2 ▪ Droit de ne pas garantir la personne responsable 922
§ 1 ▪ Circonstances qui excluent la garantie 922
§ 2 ▪ Circonstances susceptibles de limiter la garantie du responsable 930
Section 3 ▪ Influence de la tarification sur le coût de la garantie 933
§ 1 ▪ Réduction et majoration de la prime 933
§ 2 ▪ Réglementation des surprimes 936

Chapitre 3 - Le responsable de l'accident de la circulation 937

Section 1 ▪ La loi Badinter s'applique-t-elle à l'accident envisagé ? 938
§ 1 ▪ Émergence d'une nouvelle loi 938
§ 2 ▪ Champ d'application du droit à indemnisation 939
Section 2 ▪ Responsabilité du conducteur 950
§ 1 ▪ Identification du conducteur 951
§ 2 ▪ Accidents du conducteur 954
§ 3 ▪ Recours entre conducteurs impliqués 963
Section 3 ▪ Responsabilité des victimes non motorisées 964
§ 1 ▪ Piéton, cycliste et passager 964
§ 2 ▪ Préjudice de la famille ou des proches des victimes, victimes par ricochet 969

Chapitre 4 - Les procédures de règlement de sinistre automobile 973

Section 1 ▪ Procédure d'indemnisation du sinistre matériel 974
§ 1 ▪ Connaissance du sinistre par l'assureur 974
§ 2 ▪ Préalable à l'indemnisation : l'expertise automobile 978
Section 2 ▪ Procédure d'indemnisation du sinistre corporel 992
§ 1 ▪ Offre d'indemnité de l'assureur 992
§ 2 ▪ Acceptation de l'offre : la transaction 1000
§ 3 ▪ Saisine concomitante des juridictions 1002

Chapitre 5 - Le fonds de garantie 1006

Section 1 ▪ L'origine du Fonds de garantie 1007
Sous-section 1 ▪ L'insuffisance de l'assurance automobile 1007
Sous-section 2 ▪ Le rôle du Fonds de garantie pour les accidents causés par un véhicule terrestre à moteur 1007
Sous-section 3 ▪ Les Fonds de garantie automobile dans l'Union européenne 1008
Section 2 ▪ Dommages ouvrant droit à réparation 1008
§ 1 ▪ Lieu de l'accident 1008
§ 2 ▪ Nature de l'accident 1009
§ 3 ▪ Conditions relatives à l'auteur du dommage 1011
§ 4 ▪ Nature des dommages 1012
Section 3 ▪ Conditions relatives à la victime 1013

Sous-section 1 ■ Situation de la victime 1013
§ 1 ■ La qualité de la victime 1013
§ 2 ■ La nationalité de la victime 1014
Sous-section 2 ■ Les victimes exclues 1014
§ 1 ■ L'exclusion du conducteur 1014
§ 2 ■ Les autres personnes exclues 1015
Section 4 ■ Procédure pour saisir le FGAO 1015
§ 1 ■ Le Fonds de garantie supplée la carence du responsable 1015
§ 2 ■ Les procédures préalables à la saisine du Fonds 1016
§ 3 ■ Saisine du Fonds de garantie 1017
Section 5 ■ Financement et organisation 1019
Sous-section 1 ■ Les ressources du FGAO 1019
§ 1 ■ Les sources principales de financement 1019
§ 2 ■ Les contributions 1020
§ 3 ■ Les sources secondaires de financement 1021
§ 4 ■ Les recours du Fonds de garantie 1021
Sous-section 2 ■ Le fonctionnement du FGAO 1022
§ 1 ■ L'assemblée générale 1022
§ 2 ■ Le conseil d'administration 1023
§ 3 ■ Le contrôle de l'État 1023

Sous-titre 3 - Responsabilité et litiges 1024

Chapitre 1 - L'assurance responsabilité civile « vie privée » 1024

Section 1 ■ Risques garantis 1025
§ 1 ■ Garantie de la dette de responsabilité de l'assuré 1026
§ 2 ■ Garantie de la créance de réparation de la victime 1029
Section 2 ■ Mise en œuvre de la garantie 1033
§ 1 ■ Processus transactionnel 1033
§ 2 ■ Voie contentieuse 1034

Chapitre 2 - L'assurance scolaire 1048

Section 1 ■ Caractères spécifiques 1049
§ 1 ■ Régime de la souscription 1049
§ 2 ■ Formules proposées 1049
§ 3 ■ Risques garantis 1050
§ 4 ■ Exclusions de garantie 1050
Section 2 ■ Spécificité limitée 1051
§ 1 ■ Hypothèses de double emploi de l'assurance scolaire avec d'autres assurances 1051
§ 2 ■ Effets du double emploi de l'assurance scolaire avec d'autres assurances 1051

Sous-titre 4 - Les assurances des loisirs 1053

Chapitre 1 - L'assurance sports d'hiver- sports dangereux 1053

Section 1 ■ L'assurance souscrite par les groupements sportifs 1054
Sous-Section 1 ■ Les obligations d'assurance 1054
§ 1 ■ Souscription obligatoire d'une assurance de responsabilité civile 1054

§ 2 ▪ Souscription obligatoire d'une assurance de personnes 1059
Sous-Section 2 ▪ L'obligation d'information 1060
§ 1 ▪ Informations relatives à l'assurance de responsabilité civile 1060
§ 2 ▪ Informations relatives à l'assurance de personnes 1061
Section 2 ▪ L'assurance souscrite par le sportif 1063
§ 1 ▪ L'assurance de responsabilité civile 1063
§ 2 ▪ L'assurance « individuelle accidents » 1065

Chapitre 2 - L'assurance chasse 1066

Section 1 ▪ Assurances obligatoires 1067
§ 1 ▪ Obligations du chasseur 1067
§ 2 ▪ Obligations des associations de chasse 1068
Section 2 ▪ Fonds de garantie 1069
Section 3 ▪ Indemnisation des dégâts de gibier 1070
§ 1 ▪ Indemnisation non contentieuse 1070
§ 2 ▪ - Indemnisation contentieuse 1073

Chapitre 3 - L'assurance navigation de plaisance 1074

Section 1 ▪ Assurance de responsabilité civile 1075
Section 2 ▪ Assurance des dommages au navire 1076

Chapitre 4 - L'assistance 1078

Section 1 ▪ Caractéristiques principales de la convention d'assistance 1080
§ 1 ▪ Contenu du contrat 1080
§ 2 ▪ Responsabilité de la société d'assistance 1082
Section 2 ▪ Diversité des garanties d'assistance 1083
§ 1 ▪ Assistance aux déplacements 1083
§ 2 ▪ Assistance à domicile 1084

Chapitre 5 - L'assurance des voyages (vol, annulation, dommages corporels) 1085

Section 1 ▪ Présentation générale 1085
§ 1 ▪ Intérêt de la souscription 1086
§ 2 ▪ Obligation d'information 1087
Section 2 ▪ Garanties proposées 1088
§ 1 ▪ Garantie annulation 1088
§ 2 ▪ Retard d'avion et de train, annulation de vol 1090
§ 3 ▪ Garantie accident et maladie 1092
§ 4 ▪ Assurance des bagages 1092

Chapitre 6 - L'assurance animaux de compagnie 1094

Section 1 ▪ Assurance de responsabilité civile 1095
§ 1 ▪ Principaux aspects de la responsabilité civile du fait des animaux 1095
§ 2 ▪ Garanties d'assurance de responsabilité civile 1102
Section 2 ▪ Assurance de l'animal 1104

Titre 2 ■ Les assurances de personnes 1105

Sous-titre 1 - L'assurance vie individuelle 1105

Chapitre 1 - Assurance-vie : principes généraux 1105

Section 1 ■ Marché de l'assurance vie 1108

Section 2 ■ Classification des produits d'assurance vie 1110

§ 1 ■ Classification fondée sur la nature du risque garanti 1110

§ 2 ■ Classification fondée sur les techniques de valorisation 1113

§ 3 ■ Classification fondée sur les modalités de conclusion du contrat 1117

§ 4 ■ Classification fondée sur l'économie du contrat 1119

Chapitre 2 - Formation du contrat d'assurance vie 1119

Section 1 ■ Souscription du contrat d'assurance vie 1121

§ 1 ■ Capacité et pouvoirs du souscripteur 1122

§ 2 ■ Information du souscripteur 1125

§ 3 ■ Droit de renonciation du souscripteur 1132

§ 4 ■ Information de l'assureur 1134

§ 5 ■ Rédaction du contrat 1140

Section 2 ■ L'assuré 1141

Section 3 ■ Le bénéficiaire du contrat d'assurance vie 1142

§ 1 ■ Nature de la désignation du bénéficiaire 1142

§ 2 ■ But de la désignation du bénéficiaire 1143

§ 3 ■ Modalités du droit de désignation du bénéficiaire 1144

§ 4 ■ Rédaction de la clause bénéficiaire 1146

§ 5 ■ Acceptation du bénéficiaire 1150

§ 6 ■ Révocation du bénéficiaire 1155

Chapitre 3 - Effets du contrat d'assurance vie 1161

Section 1 ■ Effets du contrat avant son dénouement 1163

§ 1 ■ Paiement des cotisations 1163

§ 2 ■ Droits du souscripteur 1167

Section 2 ■ Exécution du contrat après son dénouement 1178

§ 1 ■ Événement déclenchant le dénouement du contrat 1178

§ 2 ■ Droits du bénéficiaire 1182

Chapitre 4 - Fiscalité du contrat d'assurance vie 1195

Section 1 ■ La fiscalité en cas de vie 1196

Sous-section 1 ■ Régime général de la fiscalité en cas de vie 1196

§ 1 ■ L'imposition partielle des produits 1196

§ 2 ■ Les hypothèses de non-imposition des produits 1196

§ 3 ■ Cas particuliers d'exonération 1196

Sous-section 2 ■ Fiscalité des contrats DSK 1197

§ 1 ■ Caractéristiques des bons ou contrats investis en actions 1197

§ 2 ■ Les nouveaux contrats DSK 1198

§ 3 ■ Régime fiscal des contrats DSK 1198

Sous-section 3 ■ Fiscalité des rachats 1199
§ 1 ■ Impôt sur le revenu et prélèvement libératoire 1199
§ 2 ■ Imposition partielle des produits : précisions de l'Administration fiscale 1199
§ 3 ■ Fiscalité des rachats partiels 1200
§ 4 ■ Contrats à « bonus » de fidélité 1201
§ 5 ■ Le régime de prélèvement libératoire français condamné par la CJCE 1201
Sous-section 4 ■ Les prélèvements sociaux 1203
§ 1 ■ Instauration des prélèvements sociaux 1203
§ 2 ■ La date effective des prélèvements sociaux 1204
Section 2 ■ Fiscalité des rentes 1205
Sous-section 1 ■ Fiscalité des rentes viagères 1205
Sous-section 2 ■ Rentes versées dans le cadre d'un PEP 1206
Sous-section 3 ■ Fiscalité des rentes temporaires 1206
Section 3 ■ La réduction d'impôt 1206
Section 4 ■ Fiscalité en cas de décès 1207
Sous-section 1 ■ Fiscalité des donations et successions 1207
§ 1 ■ Droits de succession et donation : Abattements applicables 1207
§ 2 ■ Barème des droits de succession et de donation 1208
Sous-section 2 ■ Article 757 B du Code général des impôts 1210
§ 1 ■ Les contrats décès non imposés 1210
§ 2 ■ La fiscalité des contrats entrant dans le champ d'application de l'article 757 B du Code général des impôts 1210
§ 3 ■ L'instruction fiscale du 29 mai 1992 (n° 7 G-4-92) 1210
§ 4 ■ L'instruction fiscale confrontée à la jurisprudence 1211
§ 5 ■ L'instruction fiscale du 30 avril 2002 (n° 7 G-5-02) 1212
§ 6 ■ Obligations déclaratives des bénéficiaires 1212
§ 7 ■ Obligations des assureurs 1213
§ 8 ■ Non prise en compte des frais de gestion 1214
§ 9 ■ Répartition de l'abattement 1214
§ 10 ■ Souscripteur différent de l'assuré 1215
§ 11 ■ Capitaux inférieurs aux primes versées 1215
Sous-section 3 ■ Article 990 I du Code général des impôts 1216
§ 1 ■ Modalités de l'imposition 1216
§ 2 ■ Les contrats euro croissance 1217
§ 3 ■ Les nouveaux contrats en unités de compte : contrats vie générations 1218
§ 4 ■ Clause bénéficiaire démembrée 1219
§ 5 ■ Paiement du prélèvement de 20 % 1220
§ 6 ■ Obligations déclaratives des assureurs (CGI, art. 806, IV) 1220
§ 7 ■ Contrats souscrits auprès d'assureurs situés hors de France 1221
§ 8 ■ Bénéficiaire invalide 1221
§ 9 ■ Différé de paiement 1222
Section 5 ■ Cadres fiscaux particuliers 1222
Sous-section 1 ■ Fiscalité des bons de capitalisation 1222
§ 1 ■ Fiscalité des bons de capitalisation nominatifs 1222
§ 2 ■ Prélèvements sociaux sur les bons de capitalisation nominatifs 1223
§ 3 ■ Bons de capitalisation et ISF 1224

§ 4 ■ La fiscalité des bons de capitalisation anonymes 1224
Sous-section 2 ■ Contrats « rente-survie » et « épargne handicap » 1225
§ 1 ■ Définition des contrats « rente-survie » et « épargne handicap » 1225
§ 2 ■ Montant de la réduction d'impôt 1225

Sous-titre 2 - La garantie des maladies et atteintes corporelles 1226

Chapitre 1 - L'assurance santé 1226

Section 1 ■ Les règles applicables à l'assurance complémentaire santé 1227
§ 1 ■ Directives européennes 1227
§ 2 ■ Loi « Évin » et extension de la couverture santé aux salariés 1227
§ 3 ■ Loi « Madelin » 1228
§ 4 ■ Couverture maladie universelle 1228
Section 2 ■ Parties au contrat en assurance complémentaire santé 1229
§ 1 ■ Bénéficiaires du contrat 1229
§ 2 ■ Principaux organismes couvrant le risque santé 1230
Section 3 ■ Contrat en assurance complémentaire santé 1233
§ 1 ■ Modalités de souscription d'une assurance complémentaire santé 1233
§ 2 ■ Vie du contrat 1241
§ 3 ■ Garanties 1247

Chapitre 2 - La garantie des accidents de la vie 1250

Section 1 ■ L'objet du contrat 1250
Sous-section 1 ■ Les risques garantis 1250
§ 1 ■ Le risque d'accident 1250
§ 2 ■ Définition contractuelle 1251
§ 3 ■ La charge de la preuve du caractère accidentel 1251
§ 4 ■ L'appréciation souveraine des juges du fond 1251
Sous-section 2 ■ Les personnes assurées 1252
§ 1 ■ Le souscripteur a seul la qualité d'assuré 1252
§ 2 ■ La famille a la qualité d'assuré 1252
Sous-section 3 ■ Les risques exclus 1253
§ 1 ■ La faute intentionnelle de l'assuré 1253
§ 2 ■ Les autres exclusions 1253
Section 2 ■ Les prestations garanties 1254
Sous-section 1 ■ La réparation des préjudices corporels 1254
Sous-section 2 ■ La limitation de l'indemnisation des préjudices dans les contrats GAV 1254
Section 3 ■ Le sinistre 1255
Sous-section 1 ■ La déclaration du sinistre 1255
§ 1 ■ Délai, forme et contenu de la déclaration 1255
§ 2 ■ Déclaration complémentaire 1255
Sous-section 2 ■ Sanction de la déclaration tardive 1256
§ 1 ■ La déchéance 1256
§ 2 ■ La prescription 1257
§ 3 ■ Le recours de l'assureur GAV 1257

Chapitre 3 - Les accidents médicaux 1258

Section 1 ■ Assurance personnelle 1260
§ 1 ■ Assurance « individuelle accident » 1260
§ 2 ■ Contrat « garantie accidents de la vie » 1264
§ 3 ■ Échec des assurances personnelles 1266

Section 2 ■ Assurance de responsabilité et solidarité 1266
§ 1 ■ Spécificité du système d'indemnisation 1267
§ 2 ■ Spécificité de la procédure d'indemnisation 1283

Chapitre 4 - L'assurance contre les accidents corporels 1288

Section 1 ■ Généralités 1289

Section 2 ■ Parties au contrat 1291
§ 1 ■ Le souscripteur 1291
§ 2 ■ L'assuré 1293
§ 3 ■ Le bénéficiaire 1294

Section 3 ■ Caractère obligatoire du paiement des cotisations 1296

Section 4 ■ Événement garanti : l'accident 1296
§ 1 ■ Notion d'accident corporel 1297
§ 2 ■ Exclusions conventionnelles 1303

Section 5 ■ Nature des prestations de l'assureur 1305
§ 1 ■ Recours de l'assureur contre le responsable ou son assureur 1306
§ 2 ■ Cumul de prestations 1312

Chapitre 5 - Les victimes d'infraction et d'actes de terrorisme 1313

Section 1 ■ Conditions de l'indemnisation 1315
§ 1 ■ Conditions relatives à l'application de la loi dans le temps 1315
§ 2 ■ Conditions relatives au fait générateur du dommage 1316
§ 3 ■ Conditions relatives au dommage 1320
§ 4 ■ Conditions relatives à la victime 1322

Section 2 ■ Procédure d'indemnisation 1325
§ 1 ■ Demande d'indemnisation 1325
§ 2 ■ Instruction du dossier 1328
§ 3 ■ Décision de la commission d'indemnisation 1331
§ 4 ■ Recours 1336

Section 3 ■ Aide au recouvrement des dommages et intérêts 1339
§ 1 ■ Victimes bénéficiaires de l'aide au recouvrement 1339
§ 2 ■ Régime de l'aide au recouvrement 1340

Chapitre 6 - L'assurance dépendance 1341

Section 1 ■ Problématique générale de la dépendance : solutions publiques et privées 1342
§ 1 ■ Solutions publiques 1343
§ 2 ■ Solutions privées et solutions d'assurance 1345

Section 2 ■ Principales dispositions des contrats d'assurance dépendance 1348
§ 1 ■ Notion de dépendance 1348

§ 2 ■ Prestations de l'assureur ... 1350

Chapitre 7 - La convention obsèques ... 1353

Section 1 ■ Régime des conventions obsèques au regard de la loi du 8 janvier 1993 et de ses textes d'application ... 1354

Section 2 ■ Évolution du régime des conventions obsèques ... 1357

Sous-titre 3 - Emprunt et retraite individuelle ... 1361

Chapitre 1 - L'assurance emprunteur ... 1361

Section 1 ■ Risques couverts ... 1364

§ 1 ■ Décès de l'assuré ... 1365

§ 2 ■ Invalidité ... 1367

§ 3 ■ Incapacité temporaire de travail ... 1369

§ 4 ■ Chômage ... 1370

Section 2 ■ Conclusion du contrat ... 1371

§ 1 ■ Modalités d'adhésion ... 1371

§ 2 ■ Obligations de l'établissement de crédit ... 1374

§ 3 ■ Obligations de l'emprunteur ... 1379

Section 3 ■ Effets du contrat ... 1381

§ 1 ■ Paiement des cotisations ... 1381

§ 2 ■ Durée de l'assurance ... 1382

§ 3 ■ Prescription ... 1384

Chapitre 2 - Les produits d'épargne retraite individuelle ... 1385

Section 1 ■ Le PERP – Plan d'Épargne Retraite Populaire ... 1385

Sous-section 1 ■ Organes de fonctionnement et de contrôle ... 1385

§ 1 ■ Textes applicables ... 1385

§ 2 ■ Le groupement d'épargne retraite populaire ... 1386

§ 3 ■ Le comité de surveillance ... 1387

§ 4 ■ L'assemblée des participants ... 1387

Sous-section 2 ■ Gestion du PERP ... 1388

§ 1 ■ La rente viagère comme complément de retraite ... 1388

§ 2 ■ Sortie du PERP en capital ... 1388

§ 3 ■ Interdiction des avances sur le PERP ... 1390

§ 4 ■ Le PERP peut prévoir des garanties complémentaires ... 1390

§ 5 ■ Le transfert des droits ... 1390

§ 6 ■ Le dépositaire des actifs ... 1391

§ 7 ■ L'information des participants ... 1391

Sous-section 3 ■ Fiscalité du PERP ... 1392

§ 1 ■ La fiscalité des cotisations ... 1392

§ 2 ■ La fiscalité des prestations ... 1393

§ 3 ■ Rentes et ISF ... 1393

Section 2 ■ PEA Assurance – Plan d'Épargne en Actions ... 1393

Sous-section 1 ■ Caractéristiques du PEA Assurance ... 1393

§ 1 ■ Objet du PEA ... 1393

§ 2 ■ Titres pouvant servir de support à un PEA 1394
§ 3 ■ Spécificités du PEA Assurance 1394
§ 4 ■ PEA Assurance PME 1394
§ 5 ■ Personnes pouvant ouvrir un PEA 1395
§ 6 ■ Date d'ouverture du PEA et montant des versements pouvant être effectués sur un PEA 1395
§ 7 ■ Conséquences du non-respect du fonctionnement du PEA 1395
Sous-section 2 ■ Régime fiscal du PEA 1395
§ 1 ■ Fiscalité des produits procurés par les placements 1395
§ 2 ■ Conséquences des rachats avant cinq ans 1396
§ 3 ■ Les prélèvements sociaux 1396
§ 4 ■ Conséquences des rachats après cinq ans 1397
§ 5 ■ Rachat pour création ou reprise d'entreprise 1397
Section 3 ■ Le PEP – Plan d'épargne Populaire 1398
Sous-section 1 ■ Mécanismes du PEP 1398
§ 1 ■ Définition 1398
§ 2 ■ Ouverture du PEP 1398
§ 3 ■ Durée du PEP et sommes investies 1399
§ 4 ■ Cessation du PEP et transfert de PEP à PEP 1399
Sous-section 2 ■ Fiscalité du PEP 1400
§ 1 ■ Suppression de la prime d'État 1400
§ 2 ■ Imposition des produits 1400
§ 3 ■ Les prélèvements sociaux 1400
§ 4 ■ La date effective des prélèvements sociaux 1401
§ 5 ■ Non imposition des rentes 1402
§ 6 ■ Retraits anticipés 1402
§ 7 ■ Modalités de perception de la prime 1402

Quatrième Partie ■

Les assurances des entreprises 1405

Titre 1 ■ **Les activités** 1407

Sous-titre 1 - Les contrats d'assurance liés à l'exploitation de l'entreprise 1407

Chapitre 1 - Le contrat d'assurance de responsabilité civile d'exploitation 1407

Section 1 ■ Les garanties de base 1409
§ 1 ■ Le cadre de la garantie 1409
§ 2 ■ Corrélation Assurance /Responsabilités 1412
§ 3 ■ Focus : garantie des dommages causés aux tiers ou aux clients du fait d'un incendie ou explosion lié à l'activité de l'entreprise 1423
Section 2 ■ Exclusions contractuelles / Extensions de garantie envisageables 1426

§ 1 ■ Garantie de la faute inexcusable de l'employeur vis-à-vis des préposés 1426
§ 2 ■ Maladies professionnelles / stages et essais professionnels 1431
§ 3 ■ Exécution du travail sur une chose et garanties 1432
§ 4 ■ Dommages prévisibles / Inobservation des règles de l'art 1434
§ 5 ■ Fait des sous traitants 1435
§ 6 ■ Véhicules terrestres à moteur 1437
§ 7 ■ Pollution accidentelle 1438
§ 8 ■ Œuvres sociales et sportives de l'entreprise 1438
Section 3 ■ Étendue financière et spatio-temporelle des garanties 1439
§ 1 ■ Étendue financière des garanties 1439
§ 2 ■ Étendue spatio-temporelle 1442
Section 4 ■ Assurance mandataires sociaux et risques sociaux 1445
§ 1 ■ Assurance responsabilité civile des mandataires sociaux 1445
§ 2 ■ Assurance des responsabilités sociales de l'entreprise 1447

Chapitre 2 - L'assurance des atteintes à l'environnement 1449

Section 1 ■ Réglementations et responsabilités 1451
Sous-section 1 ■ Réglementation 1451
§ 1 ■ La réglementation administrative sectorielle 1451
§ 2 ■ Textes transversaux sur l'environnement 1460
Sous-section 2 ■ Responsabilités pour atteintes à l'environnement 1462
§ 1 ■ Régimes de responsabilité civile envisageables du fait des atteintes à l'environnement 1462
§ 2 ■ La loi responsabilité environnementale n° 2008- 757 du 1er août 2008 (LRE) 1475
Section 2 ■ L'assurance des atteintes à l'environnement 1481
Sous-section 1 ■ Appréhension des atteintes à l'environnement par les assureurs 1481
§ 1 ■ Une garantie originelle inscrite dans les contrats d'assurance de responsabilité civile générale 1481
§ 2 ■ Mise en place des groupements de coréassurance 1482
§ 3 ■ La situation assurantielle existante 1483
Sous-section 2 ■ L'assurance responsabilité du fait des atteintes à l'environnement : l'exemple du contrat Assurpol 1484
§ 1 ■ Souscription 1485
§ 2 ■ Les garanties 1487
§ 3 ■ Les principales exclusions 1491
§ 4 ■ Étendue de la garantie 1495

Sous-titre 2 - L'assurance responsabilité civile produits livrés 1498

Chapitre 1 - Détermination de la garantie 1498

Section 1 ■ Propos introductifs 1498
§ 1 ■ Genèse de l'assurance RC produits livrés 1498
§ 2 ■ Responsabilités de l'entreprise 1502
Section 2 ■ Champ d'application 1503
§ 1 ■ La notion de livraison 1504
§ 2 ■ L'assuré 1505
§ 3 ■ Les produits assurables 1506

§ 4 ■ Les faits générateurs garantis 1515
§ 5 ■ Les dommages garantis 1517
Section 3 ■ Les exclusions 1519
§ 1 ■ Les exclusions générales 1519
§ 2 ■ Les fautes exclues 1520
§ 3 ■ Les exclusions tenant au produit livré 1526

Chapitre 2 - Modalités d'application 1534

Section 1 ■ Le sinistre sériel en assurance responsabilité civile produits livrés 1535
§ 1 ■ Définition 1535
§ 2 ■ Portée de la clause de globalisation des sinistres 1537
Section 2 ■ Étendue en montant de la garantie 1538
§ 1 ■ Modalités de réparation 1538
§ 2 ■ Les plafonds de garantie 1542
§ 3 ■ Épuisement et reconstitution de la garantie 1543
§ 4 ■ L'auto-assurance et les franchises 1546
§ 5 ■ Solutions aux limitations financières : les garanties supplémentaires ou complémentaires 1550
Section 3 ■ Étendue de la garantie dans le temps 1552
§ 1 ■ Mise en œuvre de la garantie 1553
§ 2 ■ L'épilogue : la loi n° 2003-706 du 1er août 2003 1558
Section 4 ■ Étendue de la garantie dans l'espace 1565
§ 1 ■ Limitations territoriales de garantie 1566
§ 2 ■ Réponse apportée par l'assureur à l'assuré exportateur 1567
§ 3 ■ Situation de l'assureur d'une chaîne internationale de fabrication et/ou commercialisation 1569

Sous-titre 3 - Les assurances construction 1572

Chapitre 1 - Le domaine de l'assurance obligatoire 1572

Section 1 ■ Régime antérieur à l'ordonnance du 8 juin 2005 1574
Section 2 ■ Régime issu de l'ordonnance du 8 juin 2005 1576
Sous-section 1 ■ Ouvrages exclus de l'obligation d'assurance 1576
§ 1 ■ Exclusions absolues 1576
§ 2 ■ Exclusions relatives 1577
Sous-section 2 ■ Cas particulier des ouvrages existants 1577
§ 1 ■ Principe 1577
§ 2 ■ Exception 1578

Chapitre 2 - L'assurance dommages-ouvrage 1579

Section 1 ■ Champ d'application 1579
Sous-section 1 ■ Obligation d'assurance 1579
§ 1 ■ Personnes assujetties 1579
§ 2 ■ Sanctions du défaut d'assurance 1582
Sous-section 2 ■ Étendue de la garantie dans le temps 1583
§ 1 ■ Souscription 1583

§ 2 ■ Prise d'effet et durée 1585
Sous-section 3 ■ Domaine de la garantie 1586
§ 1 ■ Dommages garantis 1586
§ 2 ■ Exclusions 1587
Sous-section 4 ■ Montant de la garantie 1588
§ 1 ■ Coût de l'ensemble des travaux de réparation des ouvrages endommagés 1588
§ 2 ■ Conditions de validité des plafonds de garantie 1589
§ 3 ■ Caractère illicite des franchises 1589

Section 2 ■ Mise en œuvre 1590
Sous-section 1 ■ Déclaration du sinistre par l'assuré 1590
Sous-section 2 ■ Gestion du sinistre par l'assureur 1592
§ 1 ■ Réponse de l'assureur sur l'application de la garantie 1592
§ 2 ■ Offre d'indemnité 1594
§ 3 ■ Paiement de l'indemnité 1596
Sous-section 3 ■ Conséquences du manquement de l'assureur à ses obligations 1597
§ 1 ■ Sanctions spéciales 1597
§ 2 ■ Responsabilité contractuelle de l'assureur en cas de faute de l'expert 1601
Sous-section 4 ■ Recours subrogatoire de l'assureur de dommages-ouvrage 1602
§ 1 ■ Conditions 1602
§ 2 ■ Étendue 1603

Chapitre 3 - L'assurance de responsabilité décennale 1603

Section 1 ■ Champ d'application 1604
Sous-section 1 ■ Souscripteurs 1604
§ 1 ■ Assujettis à l'obligation d'assurance 1604
§ 2 ■ Non assujettis à l'obligation d'assurance 1606
Sous-section 2 ■ Bénéficiaires 1607
Sous-section 3 ■ Dommages garantis 1607
§ 1 ■ Garanties obligatoires 1607
§ 2 ■ Exclusions autorisées 1608
§ 3 ■ Déchéance de garantie 1609
Sous-section 4 ■ Activités garanties 1609
Sous-section 5 ■ Montant de la garantie 1611
§ 1 ■ Franchise 1611
§ 2 ■ Plafond de garantie 1611
Sous-section 6 ■ Étendue de la garantie dans le temps 1613
§ 1 ■ Prise d'effet de la garantie 1613
§ 2 ■ Durée de la garantie 1615

Section 2 ■ Mise en œuvre 1616
Sous-section 1 ■ Mise en œuvre à l'initiative de l'assuré 1616
Sous-section 2 ■ Mise en œuvre à l'initiative du maître de l'ouvrage ou de l'assureur dommages-ouvrage subrogé 1617
Sous-section 3 ■ Mise en œuvre à l'initiative d'un colocateur d'ouvrage ou de son assureur 1619

Chapitre 4 - Les assurances facultatives 1620

Section 1 ■ Règles générales 1621

Section 2 ■ Assurances facultatives des risques encourus avant réception 1622

Sous-section 1 ■ Garantie « effondrement » 1622
Sous-section 2 ■ Garantie « tous risques chantier » (TRC) 1623
Sous-section 3 ■ Assurances de responsabilité civile 1624

Section 3 ■ Assurances facultatives des risques encourus après réception 1624
Sous-section 1 ■ Assurance de responsabilité 1624
Sous-section 2 ■ Assurance de chose : la garantie des dommages aux existants 1625

Titre 2 ■ **Les personnes** 1627

Sous-titre 1 - Les ressources humaines 1627

Chapitre 1 - Les assurances de santé des salariés 1627

Section 1 ■ Les garanties 1628
Sous-section 1 ■ La garantie frais de soins 1628
§ 1 ■ L'objet de la garantie frais de soins 1628
Sous-section 2 ■ La garantie hospitalisation 1633
§ 1 ■ Objet de la garantie hospitalisation 1633
§ 2 ■ Limites de la garantie hospitalisation 1633
Sous-section 3 ■ L'invalidité permanente partielle ou totale 1634
§ 1 ■ Objet de la garantie 1634
§ 2 ■ Appréciation de l'invalidité 1634

Section 2 ■ Le fonctionnement du contrat 1635
Sous-section 1 ■ L'information à la charge de l'organisme 1635
§ 1 ■ Règles concernant les assureurs soumis au Code des assurances 1635
§ 2 ■ Règles concernant les mutuelles 1635
§ 3 ■ Règles concernant les institutions de prévoyance 1636
Sous-section 2 ■ La déclaration du risque 1636
§ 1 ■ Exception à la déclaration du risque 1636
§ 2 ■ La déclaration à la souscription 1637
§ 3 ■ La fausse déclaration 1639
Sous-section 3 ■ Prise d'effet de la garantie et durée de la garantie 1640
§ 1 ■ La garantie des pathologies antérieures à la souscription 1640
§ 2 ■ Le principe d'une garantie viagère pour les frais de soins 1640
§ 3 ■ Garantie viagère pour les autres garanties après deux ans 1641
Sous-section 4 ■ Les exclusions de risques 1641

Section 3 ■ Le règlement des prestations 1642
Sous-section 1 ■ La déclaration du sinistre 1642
Sous-section 2 ■ La déclaration tardive 1642
§ 1 ■ Délai de déclaration 1642
§ 2 ■ Sanction de la déclaration tardive 1642
§ 3 ■ La prescription 1643
Sous-section 3 ■ Nature des prestations et subrogation 1644
§ 1 ■ Les frais de soins 1644
§ 2 ■ Les autres garanties 1645
§ 3 ■ Subrogation légale 1646

Section 4 ■ La déduction des cotisations 1648
Sous-section 1 ■ Le principe de la déduction des cotisations 1648

Sous-section 2 ■ Les conditions de déduction 1648
§ 1 ■ Les cotisations doivent comporter une participation effective de l'employeur 1648
§ 2 ■ Nécessité d'une assurance de groupe 1649
§ 3 ■ Taux de cotisation uniforme 1649
§ 4 ■ Critères du caractère collectif et obligatoire des garanties de prévoyance 1650
§ 5 ■ Les risques assurés 1655
§ 6 ■ Exclusion du capital 1655
§ 7 ■ Absence de prise en charge de la participation forfaitaire 1655
§ 8 ■ Le respect du cahier des charges 1655
Sous-section 3 ■ Limite de déduction des cotisations versées aux régimes de prévoyance complémentaire 1656
§ 1 ■ Cas général 1656
§ 2 ■ Salariés impatriés 1656
§ 3 ■ Sort des cotisations excédentaires 1656

Chapitre 2 - La retraite des salariés 1657

Section 1 ■ La retraite obligatoire 1657
Sous-section 1 ■ La retraite de base 1657
§ 1 ■ Les personnes concernées 1657
§ 2 ■ Les conditions au versement de la pension de retraite 1658
§ 3 ■ Le montant de la retraite 1659
§ 4 ■ La réforme de la retraite : loi n° 2014-40 du 20 janvier 2014 1660
Sous-section 2 ■ Le régime de retraite complémentaire des salariés 1663
§ 1 ■ Le principe 1663
§ 2 ■ Les bénéficiaires 1664
§ 3 ■ Les conditions pour percevoir la pension au taux plein 1664
Sous-section 3 ■ Déduction des cotisations 1665
§ 1 ■ Principe de déductibilité totale 1665
§ 2 ■ Salariés détachés en France 1665

Section 2 ■ La retraite supplémentaire 1665
Sous-section 1 ■ Présentation 1665
Sous-section 2 ■ La réforme de 2003 1666
Sous-section 3 ■ Création d'un plafond spécifique pour la déduction des cotisations de régimes de retraites supplémentaires 1667
§ 1 ■ L'absence de limite pour la retraite légale 1667
§ 2 ■ Cotisations déductibles sous plafond de revenus professionnels 1667
Sous-section 4 ■ Régime de déduction des cotisations versées aux régimes de retraite supplémentaire 1668
§ 1 ■ La constitution d'une véritable pension de retraite 1668
§ 2 ■ La pension doit être stipulée payable, au plus tôt, à l'âge normal de départ à la retraite 1668
§ 3 ■ Cas particulier des annuités de pension garanties 1668
§ 4 ■ Les cotisations doivent comporter une participation effective de l'employeur 1668
§ 5 ■ Une même catégorie de personnel 1669
§ 6 ■ Les cotisations doivent être fixées à un taux uniforme 1676
§ 7 ■ La sortie doit s'effectuer en rentes 1676
§ 8 ■ Les contrats sont non rachetables 1676

§ 9 ■ Garantie contre-assurance décès 1676
Sous-section 5 ■ Sort des cotisations excédentaires 1677
Sous-section 6 ■ La réforme issue de la loi 2010-1330 du 9 novembre 2010 1677
§ 1 ■ Sortie anticipée en capital 1677
§ 2 ■ Renforcement de l'information annuelle 1677
§ 3 ■ Le PERP 1677
§ 4 ■ Les contrats « article 83 » 1678
§ 5 ■ Les contrats « article 39 » 1678

Chapitre 3 - Risques statutaires (régime santé des cadres territoriaux) 1679

Section 1 ■ La complémentaire santé 1679
Sous-section 1 ■ Les remboursements du régime légal 1679
§ 1 ■ Le remboursement des frais de soins 1679
§ 2 ■ Le forfait de un euro et le forfait hospitalier 1679
Sous-section 2 ■ La prise en charge au titre de la complémentaire santé 1681
§ 1 ■ Objet de la garantie 1681
§ 2 ■ Limite de la garantie complémentaire santé 1681
Section 2 ■ La garantie hospitalisation 1681
Sous-section 1 ■ Objet de la garantie hospitalisation 1681
Sous-section 2 ■ Limites de la garantie hospitalisation 1682
§ 1 ■ Les hospitalisations exclues 1682
§ 2 ■ La limitation de la garantie 1682
Section 3 ■ La garantie maintien de salaire 1682
Sous-section 1 ■ Congés pour raison de santé dans la fonction publique territoriale 1682
§ 1 ■ Les fonctionnaires territoriaux à temps complet et les fonctionnaires territoriaux à temps non complet effectuant plus de 28 heures hebdomadaires 1682
§ 2 ■ Les fonctionnaires territoriaux à temps complet effectuant moins de 28 heures hebdomadaires 1685
§ 3 ■ Les agents non titulaires territoriaux 1686
Sous-section 2 ■ Les garanties complémentaires 1688
§ 1 ■ Les indemnités journalières 1688
§ 2 ■ Les prestations en cas d'invalidité 1688
Section 4 ■ Participation des collectivités territoriales à la protection sociale complémentaire 1689

Sous-titre 2 - Les dirigeants 1691

Chapitre 1 - L'assurance homme-clé 1691

Section 1 ■ Définition 1691
Sous-section 1 ■ Assimilation à une assurance pertes d'exploitation 1691
Sous-section 2 ■ Distinction avec les autres assurances 1691
Section 2 ■ Critères de qualification 1692
Sous-section 1 ■ Intérêt de la qualification 1692
Sous-section 2 ■ Le bénéficiaire de l'assurance « homme-clé » 1692
Sous-section 3 ■ L'homme-clé 1692
Sous-section 4 ■ Le risque garanti 1692
Sous-section 5 ■ La détermination de l'indemnité versée 1693
Section 3 ■ Le régime fiscal de l'assurance « homme-clé » 1693

Section 4 ■ La souscription du contrat 1693
Sous-section 1 ■ La déclaration du risque 1693
Sous-section 2 ■ La fausse déclaration 1694
Section 5 ■ Le paiement de la prime 1695

Chapitre 2 - La retraite des dirigeants 1695

Section 1 ■ La mise en place des régimes de retraite complémentaire des dirigeants 1696
Sous-section 1 ■ Les principaux textes 1696
Sous-section 2 ■ Les groupements pouvant souscrire des contrats Madelin 1696
Sous-section 3 ■ Le souscripteur 1697
§ 1 ■ Définition 1697
§ 2 ■ Les obligations à la charge du souscripteur 1697
Sous-section 4 ■ Les adhérents 1699
§ 1 ■ Définition de l'adhérent 1699
§ 2 ■ Les travailleurs non salariés non agricoles 1699
§ 3 ■ Les exploitants agricoles 1703
Sous-section 5 ■ Les conditions de l'adhésion et de son renouvellement 1704
§ 1 ■ Justification du paiement des cotisations aux régimes d'assurance obligatoires 1704
§ 2 ■ La preuve du respect du paiement des cotisations obligatoires 1704
§ 3 ■ La périodicité et la régularité de la cotisation 1705
§ 4 ■ La possibilité de payer des cotisations supplémentaires 1705
§ 5 ■ Les conséquences du non-paiement des cotisations aux régimes d'assurance obligatoire 1706
§ 6 ■ Le non-paiement des cotisations d'assurance de retraite complémentaire 1706
Section 2 ■ Les prestations de retraite complémentaire 1707
Sous-section 1 ■ Le versement d'une rente viagère 1707
Sous-section 2 ■ Annuités garanties 1707
Sous-section 3 ■ Le décès de l'adhérent avant la retraite 1709
Sous-section 4 ■ Le rachat du contrat 1709
Sous-section 5 ■ Le transfert du contrat 1709
Section 3 ■ Fiscalité des contrats de retraite complémentaire des dirigeants 1709
Sous-section 1 ■ Les contrats bénéficiant des avantages fiscaux 1709
Sous-section 2 ■ Conditions de déduction des versements 1710
Sous-section 3 ■ Cotisations aux régimes obligatoires déductibles sans limitation 1710
Sous-section 4 ■ Déductibilité plafonnée des cotisations versées au titre des régimes de retraite facultatifs 1710
Sous-section 5 ■ La fiscalité des prestations 1711
Sous-section 6 ■ Contrats de retraite complémentaire des dirigeants et prélèvements sociaux 1712

Titre 3 ■ **Les biens à assurer** 1713

Sous-titre 1 - L'analyse des besoins 1713

Chapitre 1 - Identification des points de vulnérabilité 1715

Section 1 ■ Les facteurs internes 1715
Sous-section 1 ■ Qualité de l'établissement 1715
Sous-section 2 ■ Configuration des locaux 1716

§ 1 ■ Nature et qualité de la construction et de la couverture 1716
§ 2 ■ Le compartimentage 1718
§ 3 ■ La nature de l'activité exercée 1720
§ 4 ■ Les antécédents 1721
§ 5 ■ La santé financière de l'établissement 1722
§ 6 ■ Les autres facteurs internes 1722
Section 2 ■ Les critères externes 1723
Sous-section 1 ■ Les critères de voisinage 1723
§ 1 ■ Communauté, proximité, contiguïté 1723
§ 2 ■ Exposition aux recours des voisins et des tiers 1724
Sous-section 2 ■ Les autres critères externes 1724
§ 1 ■ Exposition aux risques naturels 1724
§ 2 ■ Les critères économiques 1725
§ 3 ■ Les moyens de secours 1725

Chapitre 2 - La gestion du risque 1726

Section 1 ■ Gestion de risque et assurance 1726
Section 2 ■ Méthodologie de la gestion de risques 1727
Sous-section 1 ■ Identification des faits générateurs 1727
Sous-section 2 ■ Identification des points dangereux 1728
Sous-section 3 ■ Identification des points névralgiques 1729
Sous-section 4 ■ Identification des points vulnérables 1729
§ 1 ■ Définition d'un point vulnérable 1729
§ 2 ■ Évaluation de la criticité des points vulnérables 1730
Sous-section 5 ■ Gestion de risques : les solutions 1731
§ 1 ■ Maîtriser les points dangereux 1731
§ 2 ■ Isoler les points dangereux 1735
§ 3 ■ Réduire l'impact des points vulnérables 1735
§ 4 ■ Chercher des solutions alternatives 1736
§ 5 ■ Le plan de survie 1736

Sous-titre 2 - Les biens et les valeurs à assurer 1740

Chapitre 1 - Les biens à assurer 1740

Section 1 ■ Les locaux professionnels 1741
Sous-section 1 ■ L'assuré, propriétaire des locaux 1741
Sous-section 2 ■ L'assuré, locataire total ou partiel des locaux 1741
§ 1 ■ Cas du locataire unique 1742
§ 2 ■ Cas du locataire partiel 1742
§ 3 ■ Cas particulier de co-occupation du propriétaire 1744
§ 4 ■ Cas particulier des aménagements réalisés par le locataire 1744
§ 5 ■ Régime de la sous-location 1745
§ 6 ■ L'occupant sans titre 1745
§ 7 ■ Responsabilité locative en Alsace-Lorraine 1746
Section 2 ■ Le contenu des locaux professionnels 1746
Sous-section 1 ■ Définitions 1746
Sous-section 2 ■ Cas particulier des biens confiés ou mis en dépôt 1747

§ 1 ■ L'assurance du dépositaire pour le compte du déposant....1747
§ 2 ■ L'assurance du déposant....1748

Chapitre 2 - Les valeurs à garantir....1748

Section 1 ■ La valeur économique....1748
Section 2 ■ La valeur d'usage....1749
Section 3 ■ La valeur à neuf....1749
Section 4 ■ Cas particuliers....1750
Sous-section 1 ■ Les risques locatifs ordinaires ou supplémentaires....1750
Sous-section 2 ■ Les constructions sur le terrain d'autrui, biens frappés d'expropriation....1750
Sous-section 3 ■ Les valeurs du contenu....1751

Chapitre 3 - Les dispositions spécifiques aux capitaux assurés....1751

Section 1 ■ L'application de la règle proportionnelle de capitaux....1751
Section 2 ■ Le suivi des capitaux assurés....1752
Sous-section 1 ■ L'adaptation périodique ou indexation....1752
Sous-section 2 ■ L'estimation préalable....1753
Sous-section 3 ■ L'investissement automatique et la garantie éventuelle....1753
Sous-section 4 ■ L'assurance des marchandises révisable....1754
Sous-section 5 ■ Le report des excédents....1754
Sous-section 6 ■ La Limitation Contractuelle d'Indemnité....1755

Sous-titre 3 - L'assurance des biens....1756

Chapitre 1 - L'incendie et les garanties légiférées - Les garanties annexes à l'incendie....1756

Section 1 ■ Définition de l'incendie....1757
Section 2 ■ La garantie de l'incendie dans les contrats....1757
Section 3 ■ Les autres événements de la garantie de base incendie....1758
Sous-section 1 ■ Les explosions - implosions....1758
Sous-section 2 ■ La chute directe de la foudre....1759
Sous-section 3 ■ Les fuites accidentelles des installations de sprinkleurs....1759
Section 4 ■ Les garanties légiférées....1759
Sous-section 1 ■ Les catastrophes naturelles....1760
Sous-section 2 ■ Les actes de terrorisme ou d'attentats....1760
Sous-section 3 ■ Les tempêtes, ouragans, cyclones....1761
Sous-section 4 ■ Le GAREAT....1764
Section 5 ■ Les exclusions spécifiques de la garantie de base incendie....1765
Sous-section 1 ■ Les exclusions absolues....1766
Sous-section 2 ■ Les exclusions rachetables....1766
§ 1 ■ Exclusions communes....1766
§ 2 ■ Les dommages électriques....1767
§ 3 ■ Les supports d'information....1768
Section 6 ■ Les garanties annexes à l'incendie....1769
Sous-section 1 ■ Les risques spéciaux....1769
Sous-section 2 ■ Le dégât des eaux....1770
§ 1 ■ Principe de la garantie....1770
§ 2 ■ Les événements couverts dans la garantie de base....1770

§ 3 ■ Les extensions de garantie 1771
§ 4 ■ Les mesures de prévention 1772
§ 5 ■ Les exclusions spécifiques 1772

Chapitre 2 - Le bris de machine 1772

Section 1 ■ Objet de la garantie 1773

Section 2 ■ Les biens assurés 1775

Section 3 ■ Les exclusions applicables au bris de machine 1775

Chapitre 3 - Le matériel informatique 1776

Section 1 ■ Objet de la garantie 1776

Section 2 ■ Les biens assurés 1777

Section 3 ■ Les principales exclusions de la TRI 1777

Chapitre 4 - Le vol et la malveillance 1778

Section 1 ■ Les événements garantis 1778
Sous-section 1 ■ L'effraction 1779
Sous-section 2 ■ L'introduction clandestine et le maintien clandestin dans les lieux 1779
Sous-section 3 ■ L'escalade des locaux 1779
Sous-section 4 ■ L'usage de fausses clés 1780
Sous-section 5 ■ Le vol par les préposés 1780
Sous-section 6 ■ Le vandalisme 1780

Section 2 ■ Les biens garantis en vol 1780
Sous-section 1 ■ Le contenu 1780
Sous-section 2 ■ Les détériorations immobilières 1781
Sous-section 3 ■ Les espèces, fonds et valeurs 1781
Sous-section 4 ■ Les principales exclusions de la garantie vol 1781
Sous-section 5 ■ Les mesures de protection vol 1782

Chapitre 5 - Les autres garanties de dommage 1783

Section 1 ■ Le bris de glaces 1783

Section 2 ■ La perte des marchandises périssables 1784

Section 3 ■ Les pertes liquides ou « coulage » 1785

Section 4 ■ Les dommages aux marchandises transportées pour propre compte 1785

Section 5 ■ Garantie des tremblements de terre 1786

Section 6 ■ Garantie des effondrements 1787

Section 7 ■ Le volet « Tous Risques Sauf » 1787

Section 8 ■ Le Cyber Risque 1788

Chapitre 6 - Les frais et pertes divers 1789

Section 1 ■ Les frais de démolition, de déblais et d'enlèvement 1789

Section 2 ■ Les frais de déplacement, de replacement et de relogement 1789

Section 3 ■ La perte d'usage 1790

Section 4 ■ La perte de loyers 1790

Section 5 ■ Les pertes financières sur aménagements 1790

Section 6 ■ Les frais de remise en conformité 1791

Section 7 ■ Le remboursement de la prime d'assurance « dommages-ouvrage » 1791
Section 8 ■ Les honoraires de décorateurs, des bureaux d'études ou de contrôle technique, du coordinateur en matière de sécurité 1791
Section 9 ■ Les honoraires d'expert assuré 1792
Section 10 ■ Les frais de sauvetage 1792
Section 11 ■ Les pertes indirectes 1792
Section 12 ■ L'assurance des intérêts d'emprunts 1793

Chapitre 7 - L'assurance des flottes automobiles 1793

Section 1 ■ Définition d'une flotte automobile 1793
Section 2 ■ Les garanties des flottes automobiles 1794
Sous-section 1 ■ Garantie de responsabilité civile 1795
Sous-section 2 ■ Les garanties facultatives 1795
Section 3 ■ La tarification et la gestion des flottes 1796
Sous-section 1 ■ La tarification des flottes 1796
§ 1 ■ Généralités 1796
§ 2 ■ Les franchises dans les flottes automobiles 1798
Sous-section 2 ■ Les modalités de gestion des flottes 1800
§ 1 ■ Gestion des flottes à véhicules désignés 1800
§ 2 ■ Gestion des flottes à véhicules non désignés 1800
§ 3 ■ Les renouvellements 1801
Sous-section 3 ■ La prévention dans la gestion des flottes 1802
Section 4 ■ Cas particulier des engins 1803
Section 5 ■ Les contrats mission ou RC Commettant 1804

Chapitre 8 - Les responsabilités au sein des contrats dommages 1806

Section 1 ■ Les recours des voisins et des tiers 1806
Section 2 ■ Responsabilité du locataire envers son propriétaire 1808
Sous-section 1 ■ Responsabilité pour « trouble de jouissance » 1808
Sous-section 2 ■ Responsabilité « perte de loyers » 1808
Section 3 ■ Responsabilité du propriétaire vis-à-vis de son ou ses locataires 1809
Sous-section 1 ■ Responsabilité pour « trouble de jouissance » 1809
Sous-section 2 ■ Le recours des locataires 1809
Section 4 ■ Les renonciations à recours 1810
Sous-section 1 ■ Renonciation à recours du bailleur envers son preneur 1810
Sous-section 2 ■ Renonciation à recours du preneur envers son bailleur 1811
Sous-section 3 ■ Renonciation réciproque à recours et assurance pour compte commun 1811

Sous-titre 4 - Les pertes financières 1812

Chapitre 1 - Les pertes d'exploitation 1812

Section 1 ■ Objet de la garantie 1812
Section 2 ■ Les capitaux assurés 1813
Section 3 ■ La période d'indemnisation 1815
Section 4 ■ La détermination des capitaux assurés 1816
Sous-section 1 ■ Généralités 1816

Sous-section 2 ■ Convention de dérogation conditionnelle à la règle proportionnelle de capitaux 1817
Sous-section 3 ■ Assurance avec la clause dite d'ajustabilité 1817

Section 5 ■ La mise en œuvre de la garantie 1817

Section 6 ■ Les garanties optionnelles 1818
Sous-section 1 ■ La carence de fournisseurs 1818
Sous-section 2 ■ L'impossibilité d'accès 1819
Sous-section 3 ■ Les frais supplémentaires additionnels 1820

Chapitre 2 - Autres frais et pertes financières 1820

Section 1 ■ Les frais supplémentaires seuls 1820

Section 2 ■ La perte de valeur vénale du fonds de commerce 1822

Table des matières 1825

Index alphabétique 1863

Index alphabétique

NB : les numéros de l'index alphabétique renvoient aux paragraphes de l'ouvrage.

A

AAbus de dépendance économique, 645

Abus de droit (faute civile), 1168

Abus de position dominante, 621
- Définition, 622
- Abus de position dominante collective, 643
- Sanctions, 644

Acceptation du bénéficiaire, V. Assurance vie

Accidents de la circulation, V. Assurance automobile
- Animaux, 4041
- Biens loués ou confiés, 3588
- Épreuve sportive, 3598
- Étranger, 3795
- Explosion, 3585
- Fait volontaire, 3780
- Faute intentionnelle, 3714
- Fonds de garantie des victimes d'infractions et de terrorisme (FGVAT), 5285, 5296, **V. ce mot**
- Implication du véhicule, 3797
- Incendie, 3638, 3783
- Machine-outil, 3786
- Marchandises et objets transportés, 3590
- Notion d'accident, 3580
- Provoqué par un accessoire ou produit du véhicule, 3583
- Tramways, 3777
- Véhicule en stationnement, 3585, 3710
- Voie publique ou privée, 3793

Accident de trajet, 1489

Accident du travail, 1468

Accidents médicaux, 4981
- Accident corporel, 4988
- Assurance individuelle accident, 4987, **V. ce mot**
- Assurance obligatoire de responsabilité, 5050
- Commission régionale de conciliation de l'indemnisation (CRCI), 5081
- Définition, 5006
- Devoir d'information, 5031
- Expertise, 5088
- Garantie des accidents de la vie, V. ce mot
- Infection nosocomiale, 5045
- Loi du 4 mars 2002, 5016
- Office National d'indemnisation (ONIAM), 5064, **V. ce mot**
- Offre d'indemnisation, 5093
- Prescription de l'action en responsabilité, 5048
- Produit de santé, 5041
- Responsabilité médicale pour faute, 5022
- Responsabilité médicale sans faute, 5040

ACPR (Autorité de contrôle prudentiel et de résolution), 500

Acteurs de l'assurance, 1

Action de groupe, 666, 5020

Action directe de la victime, 4180
- Assurance RC « vie privée », 4180
- Droit propre de la victime, 4182
- Inopposabilité des exceptions, 4213
- Opposabilité des exceptions, 4206
- Personnes subrogées dans les droits de la victime, 4189

- Prescription, 4197
Adhésion, V. assurances collectives
Agent général d'assurance (V. Intermédiaire d'assurance), 294
Aggravation du risque, 2490
- Assurance vie, 2491
- Circonstances à déclarer, 2492
- Délai, 2496
- Modalités, 2496
- Nouveau taux de cotisation, 2499
- Résiliation du contrat, 2500
- Risque nouveau, 2494
- Sanctions, 2506
- Silence de l'assureur, 2503
Agrément (des entreprises), 472
Aides d'Etat, 706
Aléa (notion d'), 953
Allocation personnalisée d'autonomie, 1430
Animaux (assurance des)
- Accident de la circulation, 4424
- Assurance de responsabilité civile, 4427
- Assurance de santé, 4433
- Fonds de garantie, 4425
- Responsabilité civile du gardien de l'animal, 4402
- Responsabilité pénale, 4429
Appel d'offre (procédure d'), 426
Architecte, V. Assurance construction
Assistance, 1076
- Aléa, 4345, 4346
- Assisteur, 4338
- Assurance annulation, 4350
- Bénéficiaire, 4340
- Prestations (nature), 4339, 4343
- Responsabilité, 4345
Assujetti
- Au régime général SS (notion), 1318
- Volontaire, 1337
Assurabilité
- Faute inexcusable, 2382
- Faute lourde, 2382
Assurances affinitaires, 2935
Assurance automobile
- Accident de la circulation, 3778
- Accidents légalement garantis, 3580
- Assistance du véhicule immobilisé, 3646
- Assuré (notion), 3649
- Attentat, 3645
- Auto-école, 3819
- Biens loués ou confiés, 3588
- Bonus-malus, 3751
- Bris de glace, 3639
- Carambolage, 3803
- Catastrophes naturelles, 3642
- Circulation du véhicule, 3569
- Clauses d'exclusions, 3591
- Compétition sportive, 3794
- Conducteur du véhicule, 3677
- Conducteur habituel, 3649, 3660
- Conduite après usage de stupéfiants, 3747
- Conduite en état d'ivresse, 3745
- Déchéances, 3740
- Déclaration du sinistre, 3904
- Défaillance mécanique, 3834
- Défaut de permis, 3718
- Épreuve sportive, 3659
- Essai du véhicule, 3575
- Exclusion de garantie, 3628
- Expertise, v. ce mot
- Fausse déclaration, 3663
- Faute inexcusable de la victime non motorisée, 3861, 3865
- Faute intentionnelle du conducteur, 3714
- Fonds de garantie, V. ce mot
- Franchise, 3748
- Fraude à l'assurance, 3641
- Garantie du conducteur, 3606
- Garde du véhicule (notion), 3700
- Implication du véhicule, 3797
- Incendie ou explosion, 3585
- Intervention de l'assureur au procès pénal, 3292, V. ce mot
- Leasing, 3958
- Location de véhicule, 3711
- Loi Badinter, 3578, 3650
- Marchandises et objets transportés, 3590
- Mise en circulation, 3569
- Obligation d'assurance, 3537
- Offre d'indemnité de l'assureur, 3963
- Passager du véhicule, 3698
- Personnes légalement assurées, 3675
- Piéton, 3813, 3837, 3861
- Procédure d'indemnisation du sinistre matériel, 3896
- Procédure d'indemnisation du sinistre corporel, 3963
- Procédure VGE, 3914
- Propriétaire du véhicule, 3682

- Recours entre conducteurs impliqués, 3857
- Remorques ou semi-remorques, 3559
- Sécurité insuffisante des passagers, 3595
- Surprimes, 3762
- Transaction, 3991
- Trous de garantie, 3587
- Véhicule économiquement irréparable, 3953
- Véhicule endommagé, 3924
- Véhicule réparable, 3941
- Véhicule terrestre à moteur, 3540, V. ce mot
- Victime par ricochet, 3883
- Vol du véhicule, 3616
- Voleur, 3692

Assurance bris de glace, 3398, **V. Assurance Multirisques habitation**
- Événements garantis, 3399
- Exclusions de garantie, 3400

Assurance chasse, 4283
- Dégâts causés par le gibier, 4300
- Fonds de garantie chasse, 4296
- Obligation d'assurance, 4286

Assurance collective, 543
- Adhésion, 4858

Assurance construction
- Assurance dommages-ouvrage, 5928, V. ce mot
- Assurance RC décennale, 6016, V. ce mot
- Garantie effondrement, 6063
- Garantie des dommages causés aux existants, 6071
- Assurances facultatives, 6069
- Garantie tous risques chantier (TRC), 6066
- Ordonnance du 8 juin 2005, 5916
- Ouvrages exclus de l'obligation d'assurance, 5917

Assurances des consommateurs, 3299

Assurance des flottes automobiles, 6796
- Définition, 6796
- Franchises, 6815
- Garanties, 6803
- Tarification, 6810

Assurance des voyages, 4360
- Agences de voyages, 4370
- Assurance annulation, 4364
- Assurance des bagages, 4392

Assurance décès, V. Assurance vie

Assurance dégât des eaux, V. Assurance multirisques habitation
- Évènements garantis, 3389
- Définition, 3387
- Exclusions de garantie, 3393
- Mesures de prévention, 3394

Assurance dépendance, 5302
- Aide sociale, 5303
- Allocation personnalisée d'autonomie (APA), 5306
- Contrats mixtes, 5327
- Cotisation (non paiement), 5333
- Délai de carence, 5332
- Délai de franchise, 5333
- Dépendance (notion), 5318
- Grille autonomie gérontologique groupe iso ressources (AGGIR), 5320
- Limite d'âge, 5315
- Label GAD, 5334
- Prestation spécifique dépendance (loi du 24 janvier 1997), 5305
- Prestations de l'assureur, 5326
- Rente viagère, 5329

Assurances de dommages, 3299

Assurance dommages-ouvrage, 5928
- Bénéficiaire de l'indemnité, 5992
- Constructeur de maison individuelle, 5931
- Crédit-bail, 5932
- Déclaration du sinistre, 5968
- Défaut d'assurance (sanctions), 5940
- Dommages cachés à la réception, 5956
- Dommages exclus, 5959
- Dommages garantis, 5955
- Dommages avant réception, 5952,
- Dommages aux existants, 6071
- Dommages immatériels, 5958
- Dommages de nature décennale, 5955
- Garantie acquise à l'assuré, 6001
- Garantie de parfait achèvement, 5953
- Gestion du sinistre par l'assureur, 5973
- Indemnité (affectation de), 5995
- Montant de l'indemnité, 5965
- Obligation d'assurance, 5928
- Offre d'indemnité, 5984
- Paiement de l'indemnité, 5990
- Prescription, 5969
- Propriétaire de l'ouvrage, 5929
- Rapport définitif d'expertise, 5987
- Rapport préliminaire d'expertise, 5979
- Recours subrogatoire de l'assureur, 6011

Assurance de protection juridique, 3474, **V. Protection juridique**

Assurance des atteintes à l'environnement, 5611, **V. Environnement**

Assurance des entreprises,
- Activités, 5497
- Personnes, 6073
- Biens, 6396

Assurance des biens de l'entreprise, 6396
- Bris de machine, 6715
- Bris de glaces, 6751
- Dégât des eaux, 6700
- Effondrement, 6770
- Flottes automobiles, V. assurance des flottes automobiles
- Frais divers, 6777
- Garanties annexes à l'incendie, 6699
- Incendie, 6643
- Marchandises transportées, 6763
- Matériel informatique, 6727
- Pertes de marchandises périssables, 6754
- Pertes liquides ou « coulage », 6759
- Responsabilités (dans les contrats dommages), 6865
- Tous risques sauf, 6771
- Tremblements de terre, 6767
- Vol et malveillance, 6734

Assurance des catastrophes naturelles, 3436

Assurance des catastrophes technologiques, 3461

Assurance emprunteur, 5363
- Adhésion, 5384
- Assurance crédit, 5365
- Assurance de groupe, 5384
- Caution, 5987
- Chômage, 5381
- Convention AERAS, 1010, 5372
- Décès de l'assuré, 5368
- Durée de l'assurance, 5417
- Emprunteur, 5409
- Établissement de crédit, 5393
- Incapacité temporaire de travail (ITT), 5378
- Invalidité, 5374
- Notice d'information, 5393, 5402
- Obligations de l'emprunteur, 5409
- Obligations de l'établissement de crédit, 5393
- Paiement des cotisations, 5414
- Prescription, 5425
- Prêt à la consommation, 5403, 5371
- Risques couverts, 5367
- Suicide, 5370
- Ventes subordonnées, 5386

Assurance homme-clé, 6324
- Fausse déclaration, 6335
- Bénéficiaire, 6328
- Régime fiscal, 6332
- Risque garanti, 6330

Assurance incendie, 3316
- Assurance multirisques habitation, V. ce mot
- Biens garantis, 3866
- Chute de la foudre, 3283
- Communication d'incendie, 3417, 3432
- Coup d'eau, 3322
- Coup de feu, 3322
- Déclaration du sinistre, 3356
- Définition, 3316
- Dommages électriques, 3324
- Dommages matériels directs, 3332
- Dommages ménagers, 3327
- Expertise, 3357
- Explosion, 3322
- Garantie ANA, 3330
- Garantie des dommages matériels, 3331
- Garantie perte de loyers, 3424
- Garantie TNG, 3329
- Implosion, 3322
- Mesures de protection, 3352
- Mesures de sauvetage, 3355
- Perte financière du locataire, 3339
- Responsabilité contractuelle de l'occupant, 3412
- Valeur à neuf, 3348, 6598
- Valeur de reconstruction vétusté déduite, 3345
- Valeur de remplacement, 3347
- Versement de l'indemnité, 3344

Assurance individuelle accident, 5099
- Accident corporel (notion), 5127
- Bénéficiaires, 5118
- Causalité, 5135, 5136
- Clause d'avance sur recours, 5164
- Clauses d'exclusion, 5144
- Cumul de prestations, 5177
- Exclusions, 5144
- Frais médicaux et de rééducation, 5159
- Indemnités journalières de maladie, 5160

- Incapacité permanente partielle (IPP), 5104, 5169
- Paiement des cotisations, 5123
- Prestation d'invalidité, 5160
- Prestations (cumul), 5177
- Prestations de l'assureur, 5155
- Prestations de l'article 29 de la loi du 5 juillet 1985, 5159
- Prestations non visées par une clause d'avance sur recours, 5174
- Prestations servies en avance sur recours, 5162
- Questionnaire, 5116
- Recours de l'assureur, 5156
- Souscription collective, 5107
- Souscription individuelle, 5106
- Suicide, 5141
- Tiers bénéficiaire, 5121

Assurance multirisques habitation, 3299
- Actes de terrorisme et attentats, 3409
- Assurance bris de glace, 3398
- Assurance contre le vol, 3358
- Assurance dégât des eaux, 3387
- Assurance des risques locatifs, 3313
- Assurance incendie, 3316
- Assurance loyers impayés, 3303
- Catastrophe naturelle, 3461
- Catastrophe technologique, 3518
- Communication d'incendie, 3432
- Convention CIDE-COP, 3300
- Convention CIDRE, 3300
- Extensions de garantie obligatoire, 3401
- Garantie du trouble de jouissance, 3424
- Garanties optionnelles, 3324
- Personnes dont le locataire doit répondre, 3416
- Responsabilité civile « vie privée », 3299
- Responsabilité contractuelle de l'occupant, 3412
- Responsabilité contractuelle du propriétaire, 3425
- Responsabilité délictuelle de l'occupant ou du propriétaire non occupant, 3431

Assurance navigation de plaisance, 4315
- Assurance des dommages du navire ou corps de navire, 4326
- Assurance RC du plaisancier, 4322
- Bateau assuré, 4319
- Exclusions, 4324, 4329, 4331
- Permis bateaux, 4317

Assurance de personnes, 4435

Assurance de responsabilité décennale, 6016
- Activités garanties, 6032
- Bénéficiaires, 6026
- Déchéance de garantie, 6031
- Dommages garantis, 6028
- Durée de la garantie, 6047
- Exclusions autorisées, 6030
- Franchise, 6035
- Maître de l'ouvrage, 6052
- Obligation d'assurance (assujettis à l'), 6017
- Obligation d'assurance (non assujettis à l'), 6024
- Plafond de garantie, 6037
- Prise d'effet de la garantie, 6042

Assurance RC produits livrés, 5723
- Assuré, 5746
- Auto assurance, 5839
- Clause de globalisation des sinistres, 5816
- Dommages garantis, 5775
- Épuisement de garantie, 5834
- Exclusions, 5780
- Faits générateurs garantis, 5772
- Franchises, 5842
- Garantie dans l'espace, 5891
- Garantie dans le temps, 5854
- Garanties supplémentaires ou complémentaires, 5848, 5850
- Genèse, 5723
- Modalités de réparation, 5819
- Notion de livraison, 5743
- Plafonds de garantie, 5828
- Produits assurables, 5749
- Reconstitution de la garantie, 5837
- Responsabilités de l'entreprise, 5737
- Sinistre sériel, 5810

Assurance RC exploitation, 5497
- Assurance mandataires sociaux et risques sociaux, 5596
- Clause d'abandon de recours, 5531
- Clauses de renonciation à recours, 5531
- Étendue financière, 5582
- Étendue spatio-temporelle, 5591
- Exclusions contractuelles, 5546
- Garanties de base, 5501
- Garantie RC incendie-explosion, 5542
- Œuvres sociales et sportives, 5579
- Pacte de garantie, 5538

- Pollution accidentelle, 5578

Assurance RC « vie privée », 4110
- Action directe de la victime, 4180
- Activité garantie, 4116
- Appel en garantie, 4200
- Claim's made, 4142
- Clause de direction du procès, 4163, 4170
- Clause d'interdiction de reconnaissance de responsabilité, 4157
- Clause d'interdiction de transaction assuré-victime, 4160
- Clause de garantie subséquente, 4144
- Clause de réclamation, 4142
- Clause de reprise du passé inconnu, 4145
- Clause de transmission des pièces du dossier, 4161
- Dommages garantis, 4133
- Durée de la garantie, 4139
- Exclusion de garantie, 4125
- Faute intentionnelle, 4128
- Mise en cause de l'assureur au procès, 4173
- Mesures de prévention, 4127
- Plafond de garantie, 4137
- Renonciation de l'assureur aux exceptions, 4167, 4168
- Responsabilité garantie, 4119
- Transaction, 4148
- Victime par ricochet, 4187

Assurance RC professionnelle, 328

Assurance santé, 4834
- Assurance collective facultative, 4875
- Assurance collective obligatoire, 4858
- Bénéficiaires, 4841
- Complémentaire santé, 4857
- Contrats responsables, 6079
- Contrats solidaires, 6105
- Couverture maladie universelle, 4839
- Déclaration du sinistre, 4896
- Échéance annuelle du contrat, 4901, 4904
- Fiscalité des cotisations, 4870
- Garanties d'assistance, 4922
- Garantie frais de santé, 4913
- Information, 4862, 4878
- Limites de garanties, 4888
- Loi Evin, 4836
- Loi Madelin, 4838
- Maintien des garanties, 4908
- Maladies antérieures, 4914
- Notice d'information, 4863
- Pathologies antérieures, 4914
- Prescription, 4900
- Redressement ou liquidation judiciaire du souscripteur, 4906
- Refus d'adhésion du salarié, 4860
- Régimes obligatoires, 4853
- Règlement des prestations, 4898
- Résiliation du contrat, 4901
- Salariés (des), v. ce mot
- Sélection des risques, 4869, 4879
- Tarification, 4880
- Taxe sur les conventions d'assurance (TCA)(exonération), 1238
- Tiers payant, 4919

Assurance santé des salariés, 6073
- ANI, 4837
- Caractère collectif et obligatoire, 6156
- Catégorie objective, 6158
- Contrats responsables, 6079
- Contrats solidaires, 6105
- Déclaration du risque, 6104
- Déduction des cotisations, 6150
- Dispenses, 6167
- Exclusions de risques, 6127
- Fausse déclaration, 6114
- Garanties des pathologies antérieures à la souscription, 6120
- Garantie frais de soins, 6138
- Garantie hospitalisation, 6086
- Garantie viagère, 6122, 6125
- Invalidité permanente partielle ou totale, 6089
- Obligation d'assurance, 4836
- Prescription, 6133
- Prestations, 6138
- Salariés impatriés, 6177
- Subrogation, 6143

Assurance scolaire, 4217
- Assurances cumulatives, 4235
- Assurance obligatoire (non), 4220
- Assurance RC vie privée, 4233
- Exclusions de garantie, 4230
- Risques garantis, 4226

Assurance vie, 4435
- Acceptation du bénéficiaire, 4563
- Assurance décès, 4443
- Assurance de groupe, 4463, 4465
- Assurance individuelle, 4463
- Assurance mixte, 4447
- Assurance de survie, 4446

- Avance sur la police, 4620
- Bénéficiaire (désignation), 4535
- Bons de capitalisation, 4827
- Classification, 4450, 4463, 4467
- Clause bénéficiaire (rédaction), 4545
- Clause bénéficiaire démembrée, 4801
- Contrats euro croissance, 4795
- Contrats vie génération, 4796
- Contre assurance, 4445, 4449, 4532
- Conventions obsèques, V. ce mot
- Déclaration insuffisante (sanctions), 4518
- Dénouement du contrat, 4646
- Droit de renonciation du souscripteur, 4498
- « Épargne handicap », 4829
- Fiscalité des contrats DSK, 4700
- Fiscalité des rachats, 4711
- Fiscalité des rentes, 4739
- Fiscalité des donations et successions, 4750
- Fiscalité des bons de capitalisation, 4816
- Information du souscripteur, 4485
- Information de l'assureur, 4505
- ISF, 4827
- Meurtre, 4584, 4658
- Mise en gage du contrat, 4616
- Note d'information, 4486
- Paiement des cotisations, 4596, 4602, 4605
- Prélèvement libératoire, 4711, 4720
- Prélèvements sociaux, 4726
- Proposition d'assurance, 4505
- Rachat du contrat, 4626
- Rédaction du contrat, 4523
- Réduction, 4623
- Réduction d'impôt, 4832
- « Rente-survie », 4829
- Rentes viagères (fiscalité des), 4739
- Renonciation, 4498
- Révocation du bénéficiaire, 4580
- Risque assuré, 4646
- Secret médical, 4514
- Sélection des risques, 4508
- Souscripteur, 4613
- Suicide, 4650
- Sur la tête d'un tiers, 4530
- Valeur de rachat, 4495

Assurance contre le vol, 3358, **V. Assurance multirisques habitation**
- Biens assurés, 3376
- Condition de garantie, 3374
- Déclaration du sinistre, 3379
- Effraction, 3361
- Escalade, 3362
- Événements garantis, 3359
- Exclusion de risque, 3372
- Fausses clefs, 3361
- Fermeture des locaux, 3369
- Mesures de prévention, 3368
- Notion de vol, 3359
- Preuve du vol, 3381
- Violence, 3364, 3376

Assurances cumulatives, 979, 2681
- Bonne foi, 2699
- Clause de subsidiarité, 985, 2704
- Conditions, 2684
- Déclaration du cumul, 2695
- Frauduleuses, 2698
- Identité d'intérêt d'assurance, 2689
- Identité de risque, 982, 2687
- Identité de souscripteur, 980, 2685
- Notion, 978
- Pluralité de contrats, 981, 2686
- Principe indemnitaire, 2681

Assurances sportives, 4239
- Activité particulière de sport et de loisir, 4259
- Assurance du groupement sportif, 4243
- Assurance « individuelle accidents », 4280
- Assurance individuelle du sportif, 4274
- Assurance obligatoire de responsabilité civile, 4243
- Assurance spéciale des manifestations sportives, 4255
- Exclusions de garantie, 4399
- Obligation d'information à l'égard du sportif, 4266
- Souscription obligatoire d'une assurance de personnes, 4264

Assuré, 1560

Atteintes à l'environnement, V. Environnement

Attestation d'assurance, 2152

Autorités de la concurrence, 531

Avenant, 2212

B

Bateau, V. Assurance navigation de plaisance

Bénéficiaire du contrat d'assurance, 1560

Bénéficiaire de l'indemnité d'assurance, 2754
- Action directe du créancier, 2787
- Assurance accidents corporels, 2769
- Assurance de dommages, 2758
- Assurance pour compte, 2760
- Assurance individuelle accident, V. ce mot
- Assurance maladie, 2770, V. Assurance santé,
- Assurance de personnes, 2763
- Assurance de responsabilité, 2762
- Assurance vie, 2763
- Créanciers, 2771
- Opposabilité des exceptions, 2790

Biens à assurer, 6396
- Analyse des besoins, 6393
- Assurances, V. assurance des biens de l'entreprise
- Gestion du risque, 6451

Bris de machine, 6715

Bureau central de tarification, 2048
- Assurance construction, 5928
- Assurance de responsabilité médicale, 5054
- Catastrophes naturelles, 3440

C

Capacité professionnelle (intermédiation), 319

Capitalisation (assurance de), 1022

Capitaux assurés, 6611

Catastrophes naturelles, V. Assurance

Catastrophes technologiques, V. Assurances catastrophes technologiques

Certificats mutualistes, 55

Chasse, V. Assurance chasse

Chiens dangereux, V. Animaux

Claim's made, V. Assurance RC « vie privée », Clause de réclamation

Clause bénéficiaire, V. assurance vie

Clauses claires et clauses obscures (distinction), 2183

Clause défense recours, 3258, 3484, **V. Défense pénale et recours suite à accident (DPRSA)**

Clause de direction du procès, V. Direction du procès
- Assurance RC « vie privée », 4110

Clause d'exclusion de garantie, 2293
- Caractères très apparents, 2356
- Condition de la garantie, 2320
- Déchéance, 2326
- Définition, 2295
- Exclusion formelle et limitée, 2341
- Preuve de l'exclusion, 2364
- Renonciation de l'assureur, 2373

Clause de garantie subséquente
- Accidents médicaux, 5060
- Assurance RC produits livrés, 5863
- Assurance RC « vie privée », 4144

Clause de réclamation
- Assurance RC « vie privée », 4142

Clause de reprise du passé inconnu
- Assurance RC « vie privée », 4145

Clauses abusives, 1820
- Champ d'application, 1831
- Commission des, 1839, 1850
- Consommateur (notion), 1822, 1836
- Éviction des clauses abusives, 1830
- Liste, 824
- Notion, 817, 1847
- Recommandations de la commission des, 1851, 1863
- Sanctions, 830

Coassurance, 231

Complémentaire santé, V. Assurance santé

Concentration (opération de), 675

Conclusion du contrat, 1523

Concurrence (règles de), 524
- Abus de dépendance économique, 645
- Abus de position dominante, 621
- Action de groupe, 666
- Aides d'Etat, 706
- Autorités de concurrence, 649
- Contrôle des concentrations, 674
- Ententes, 561, V. ce mot
- Marché pertinent, 531
- Transaction, 664

Condition de garantie, 2320

Conducteur, V. Assurance automobile

Conflits de juridictions, 3199

Conflits de lois, 3142
- Loi applicable (détermination), 3143
- Loi applicable (domaine), 3148
- Règlement Rome I, 3174, 3195

Consommateur, V. Clauses abusives

Contrat de capitalisation, 960, 1022, 1802, 1808

Contrat d'assurance, 1523
- Aléa, 1527
- Assurance de dommages, 1529, 1536
- Assurance par capitalisation, 1022, 1539
- Assurance par répartition, 1022, 1539
- Assurance de personnes, 1529, 1536
- Assuré, 1560
- Assureur, 1532, 1542
- Avenant, 2212
- Capacité du souscripteur, 1551
- Caractères très apparents, 1658
- Clause de direction du procès, V. Direction du procès
- Clause de remise, 2274
- Clause d'interdiction de reconnaissance de responsabilité, 3248
- Conclusion du, 1523
- Continuation du, V. Tacite reconduction
- Conclu à distance, 1564, 1792, 1819
- Démarchage à domicile, 1793
- Démarchage financier, 1798, 1819
- Documents annexes, 2252
- Documents d'information, 1641
- Durée, 2871
- Faculté de renonciation, 1777
- Fiche d'information, 1667
- Fin du, V. Résiliation
- Formation, 1564
- Formation à distance, 1705
- Information précontractuelle, 1645, 1647
- Interprétation du contrat, 2181
- Intervention de l'assureur au procès civil, V. ce mot
- Intervention de l'assureur au procès pénal, V. ce mot
- Médiation, V. ce mot
- Mentions obligatoires, 2178, 2180
- Modification, V. ce mot
- Nullité (causes de), 1576
- Obligation d'information, 1580
- Parties au contrat, 1896
- Police, 2162
- Prescription biennale, V. ce mot
- Preuve de l'existence du contrat, 1773
- Prolongation du contrat, V. ce mot
- Proposition d'assurance, 1564
- Résiliation du contrat, V. ce mot
- Souscripteur, 1550
- Souscription par téléphone, 1737
- Souscription par Internet, 1749
- Tacite reconduction, 2442, 2871, V. ce mot
- Transfert de propriété de la chose assurée, 2512
- Vices du consentement, 1563

Contrats DSK (fiscalité des), 4700

Contrats Madelin, 6339

Contrôle
- Agrément (principe de), 472
- Des concentrations, 674
- Des organismes d'assurance, 348
- Spécialisation par branches, 483

Convention AERAS, 1010, 4511, 5372, **V. assurance emprunteur**

Conventions obsèques, 5335
- Contrat décès, 5388, 5344
- Contrat d'assurance vie, 5342
- Contrat de prestation, 5340
- Délai de carence, 5349
- Frais d'obsèques, 5336

Cotisation, 2039
- Assurance vie, 2131
- Créancier, 2067
- Date de paiement, 2069
- Débiteur, 2061
- Défaut de paiement, 2089, 2131
- Lieu de paiement, 2074
- Mise en demeure, 2097
- Paiement, 2039
- Résiliation du contrat, 2122
- Suspension de la garantie, 2114
- Tarification, 2046

Courtier d'assurance, 293, **V. intermédiaires d'assurance**

Cumul d'assurances, 978

D

Déchéance, 2326
- Clause d'exclusion de garantie, 2293

Déclaration du risque, 1884

- A la souscription, 1887
- Aggravation du risque, 2330, 2490
- Appréciation souveraine des juges du fond, 1912, 2037, 2194, 2198
- Assurances à prime variable, 1955
- Bonne foi, 1965
- Cumul d'assurances, 1935
- Déclaration spontanée, 1887
- Fausse déclaration, V. ce mot
- Mauvaise foi, 1969
- Nullité du contrat, 2006
- Obligation de sincérité du souscripteur, 1950
- Omissions et déclarations inexactes non intentionnelle, 2014
- Opinion du risque de l'assureur, 1907
- Questionnaire, 1891, 1896, 1896, 1976
- Questionnaire de santé, V. Assurance santé
- Sanctions (déclaration non sincère), 1938
- Secret médical, 1985
- Sinistres antérieurs, 1929
- Situation de l'assuré, 1926

Déclaration du sinistre, 2565
- Auteur de la, 2577
- Connaissance du sinistre, 2569
- Déchéance, 2597
- Déclaration au courtier, 2587
- Délai, 2588
- Destinataire, 2585
- Formalisme, 2582
- Fraude de l'assuré, 2635
- Objet de la déclaration, 2568
- Preuve, 2591
- Protection juridique, 2577
- Tardive (sanctions de), 2593

Défense pénale et recours suite à accident (DPRSA), 3484
- Protection juridique (distinction), 3484

Démarchage, 1787
- A domicile, 1793
- Définition, 1787
- Financier, 1798

Dépendance, V. Assurance dépendance

Devoir de conseil (intermédiation), 371, 1607, 1609, 1611

Diminution du risque, V. Modification du risque

Direction du procès, 3225
- Définition, 3225
- Immixtion de l'assuré, 3265, 3284
- Intervention de l'assureur au procès civil, 3286
- Intervention de l'assureur au procès pénal, 3292
- Prescription, V. Prescription biennale
- Protection juridique, 3278
- Renonciation de l'assureur, 3274
- Responsabilité de l'assureur, 3270

Distribution, 262
- Marché de la distribution des produits d'assurance, 557

Documents annexes, 2252

Documents d'assurance, 2136

Documents d'information, 1641

Dol, 1952
- Faute dolosive, 2390
- Faute inexcusable, 2382
- Faute lourde, 2382

Dommage
- Corporel, 1089
- Économique, 1089
- Matériel, 1083
- Moral, 1086

E

Égalité homme-femme, 1014

Entreprises, V. Assurance des entreprises

Environnement (atteintes à l'), 5611
- Assurance (des atteintes à l'), 5677
- Assurpol, 5680
- Charte de l'environnement, 5644
- Contrat Assurpol, 5686
- Dommage environnemental, 5671
- Dommages garantis par contrat Assurpol, 5719
- Étendue de la garantie Assurpol, 5719
- Exclusions, 5705
- Garanties du contrat Assurpol, 5694
- Garpol, 5679
- Loi Barnier, 5643
- Lois « Grenelle », 5646
- Loi LRE, 5669
- Installations classées pour la protection de l'environnement, 5629
- **Nuisances,** 5628, 5638

- OGM, 5641
- Préjudice écologique pur, 5661
- Pollution de l'air, 5621
- Pollution de l'eau, 5618
- Pollution du sol, 5625
- Réglementation, 5617
- Responsabilité (pour atteintes à l'), 5648
- Troubles anormaux de voisinage, 5651

Emprunteur, V. assurance emprunteur

Ententes, 561
- Atteintes à la concurrence, 576
- Ententes (exemptions), 600
- Ententes (sanctions), 615

Exclusion de garantie, V. Clause d'exclusion de garantie
- Assurance RC « vie privée », 4125

Exclusion de risques, V. Clause d'exclusion

Exemption (règlement d'), 587, 605

Exonération de responsabilité, 1116
- Acceptation des risques par la victime, 1118
- Faute de la victime, 1123, 1124
- Force majeure, 1120, 1122, 1123

Expertise automobile, 3909
- Contestation, 3933
- Convention IRSA, 3895, 3935, 3937
- Evaluation du dommage garanti, 3930
- Mission de l'expert, 3931
- Véhicule gravement endommagés (VGE), 3914
- Véhicule non réparable, 3953
- Véhicule réparable, 3941
- Vétusté contractuelle, 3943

Extranéité, V. Conflits de lois

F

Faculté de renonciation, 1777

Fait générateur, 1062
- Fait dommageable, 1065
- Fautes contractuelles et délictuelles (principe de non cumul, unicité), 1063

Fausse déclaration intentionnelle, 1969
- Agent général d'assurance, 303, 1546
- Assurance santé, 6114
- Mauvaise foi, 1969
- Questionnaire, 1892
- Questionnaire de santé, V. assurance santé
- Sanctions, 1916, 1946

Fausse déclaration non intentionnelle, V. Omissions et déclarations inexactes non intentionnelles

Fausse déclaration du risque
- Intentionnelle, 1910, 1917, 1940
- Non-intentionnelle, 1941

Faute (notion), 1139

Fautes civiles, 1162

Faute contractuelle, 1150

Faute dolosive, 2390

Faute extra-contractuelle, 1147

Faute inexcusable, 1143, 1442
- Assurabilité, 2382
- Assurance automobile, 3865
- Employeur (faute inexcusable de), 1443, 5546

Faute intentionnelle, 1161, 2376, 2414
- Acte volontaire, 2404, 2408, 2411, 2414
- Auteur, 2418, 2428
- Caractères, 2399
- Exclusion, 2380, 2399
- Inassurabilité, 2380
- Intention de provoquer le dommage, 2407
- Personnes dont l'assuré doit répondre, 2428
- Preuve, 2420
- Suicide, 2425

Faute intentionnelle de personnes dont l'assuré doit répondre (assurance de), 2428
- Clause de limitation, 2440
- Ordre public, 2430
- Principe, 2430
- Trouble mental, 2433

Faute lourde, 2382
- Assurabilité, 2382
- Dol, 2390

Fiche d'information, 1648

Fonds de garantie des assurances obligatoires de dommages (FGAO), 4019
- Accidents de la circulation, V. ce mot
- Fonds de garantie des victimes d'attentats et de terrorisme, V. ce mot
- Contrôle de l'État, 4106
- Dommages corporels, 4049
- Dommages matériels, 4051
- Financement, 4086

- Fonctionnement, 4101
- Procédure, 4065
- Offre d'indemnité, 4081
- Offre insuffisante, 4083
- Situation de la victime, 4055
- Victimes exclues, 4062

Fonds de garantie chasse, V. Assurance chasse

Fonds de garantie des victimes d'infractions et de terrorisme (FGVAT), 5186
- Accidents de la circulation, 5201
- Accidents du travail, 5206
- Application de la loi dans le temps, 5190
- Commission d'indemnisation des victimes d'infractions (CIVI), 5229
- Conditions d'indemnisation, 5189
- Décision de la commission des victimes d'infractions (CIVI), 5257
- Dommages corporels, 5210
- Dommages matériels, 5258
- Fait générateur, 5217
- Indemnisation (procédure), 5228
- Instruction du dossier, 5245
- Loi du 6 juillet 1990 (entrée en vigueur), 5186
- Notion d'infraction, 5181
- Paiement de l'indemnité, 5274
- Présentation de la demande d'indemnisation, 5233
- Principe de réparation intégrale, 5264
- Recours, 5278
- Recouvrement des dommages et intérêts (aide au), 5295
- Subsidiarité, 5227
- Victime, 5220

Force majeure, 1120

Formation (du contrat d'assurance), 1523

Formation du contrat d'assurance à distance, 1705

Fourniture de services d'assurance, 390

Frais remboursables, 1365

Franchise
- Médicale, 1364
- Paiement de l'indemnité, 2720

Fraude de l'assuré, 2635

G

Garantie des accidents de la vie, 4924
- Accident de la vie, 5005
- Bénéficiaires, 5008
- Montant de la garantie, 5009

Garantie financière (de l'intermédiaire), 332

Garde, gardien (notion), 1196

GAREAT, 6677

Gestion du risque, 6451

Groupements mutualistes, 178

Groupements paritaires de prévoyance, 229

Groupement sportif, V. Assurances sportives

H

Homme-clé, V. Assurance homme-clé

Honorabilité (intermédiation), 314

I

Immatriculation (de l'intermédiaire), 338

Implication (notion), 3797

Inassurabilité
- Faute intentionnelle, 2380
- Responsabilité pénale, 2396

Incapacité temporaire de travail (ITT), 5378
- Assurance emprunteur, 5379
- Clauses abusives, 5380
- Délai de carence, 5379

Indemnité d'assurance, 2653
- Assurances cumulatives, 2681
- Assurance de choses, 2660
- Assurance de responsabilité, 2670
- Assurance maladie, V. Assurance santé
- Bénéficiaire, V. ce mot
- Conventions entre assureurs, 2730
- Créanciers (droit des), 2771
- Expertise, 2676
- Franchises, 2720
- Intérêts moratoires, 2736
- Montant de l'indemnité, 2654
- Paiement de l'indemnité, V. ce mot
- Plafond de garantie, 2718, 2750
- Primes impayées (compensation), 2735

- Provision, 2731
- Réparation intégrale, 2671
- Sous-assurance, 2711
- Sur-assurance, 2706
- Valeur à neuf, 2666
- Valeur vénale, d'usage et de remplacement, 2662

Individuelle accident, 5099, **V. Assurance individuelle accident**

Institutions de prévoyance, 211

Intérêts moratoires, V. Paiement de l'indemnité d'assurance

Intermédiation en assurance, 271
- Activités exclues, 279
- Agent général d'assurance, 300
- Courtier d'assurance, 306
- Devoir de conseil, obligation d'information, 350, 371, 1607
- Garantie financière, 332
- Honorabilité, 314
- Immatriculation, 338, V. ORIAS
- Intermédiaires d'assurance, 286
- Obligation d'assurance RC professionnelle, 328
- Obligation d'information et de conseil, 350

Internet (souscription par), 1749

Intervention de l'assureur au procès civil, 3286

Intervention de l'assureur au procès pénal, 3292

Invalidité
- Assurance, 1415
- Assurance emprunteur, 5374
- Absolue et définitive, 5376
- Catégories, 1419
- Permanente partielle, 1508, 6089

L

Liberté d'établissement (LE), 883, 896

Libre prestation de services (LPS), 887, 907
- Loi applicable, 930
- Marché unique de l'assurance, 880
- Notion d'intérêt général, 940
- Tribunal compétent, 1729

Licence unique, 890

Lien de causalité, 1105

Limitation Contractuelle d'Indemnité (LCI), 6636

Loi applicable, 3143
- Assurance de dommages, 3148
- Assurance de dommages obligatoires, 3162
- Assurance sur la vie, 3163
- Convention de Rome, 1718, 3167
- Domaine, 3184
- Loi applicable aux contrats conclus en LPS, 1717
- Lieu de situation du risque, 3143
- Règlement Rome I, 1718, 3174

M

Maladie professionnelle, 1497

Marché pertinent (secteur assurance), 531

Marchés publics d'assurance, 388
- Appel d'offre, 426
- Marchés d'assurance (spécificités), 430
- Mise en concurrence, 402
- Règles de publicité, 410
- Sélection des candidats, 463

Marché unique de l'assurance, 880

Médecin
- Libre choix, 1353
- Médecin traitant, 1355

Médiation, 3087
- Médiateur de l'assurance (statut), 3104
- Médiateur de l'assurance (pouvoirs), 3129
- Médiation de l'assurance, 3087
- Saisine du médiateur, 3109

Modification du risque, 2442
- Acceptation, 2464
- Accord de volonté, 2453
- Aggravation, 2490, v. ce mot
- Clause d'adaptation, 2448
- Diminution, 2510
- Silence, 2464, 2484

Multirisques habitation, V. Assurance

Mutualisation (des risques), 994

Mutuelles, 175

N

Navigation de plaisance, V. Assurance navigation de plaisance

Nomenclature Dintilhac, 1090

Note de couverture
- Contenu, 2143
- Notion, 2136

Notice d'information
- Assurance de groupe, 1697

Nullité (causes de), 1576

Nullité du contrat, 2006

O

Obligation d'information, 1580
- Assurances de groupe, 1614
- Caractères apparents, 1658
- Clauses de garanties dans le temps, 1692
- Contenu de, 1666
- Documents d'information précontractuelle, 1645
- Documents publicitaires, 1662
- En droit commun, 1580
- En droit des assurances, 1602
- Intermédiaire d'assurance, 350, 1607
- Fiche d'information, 1667
- Information précontractuelle, 1645
- Langue française, 1650
- Limites, 1593
- Note de couverture, 2136
- Notice d'information, 1678
- Notice (assurance de groupe), 1697
- Obligation de renseignement, 1582
- Obligation légale, 1674
- Preuve, 1596
- Projet de contrat, 1678
- Sanctions, 1637
- Tiers au contrat, 1622

Omissions et déclarations inexactes non intentionnelles, 2014
- Bonne foi, 2014
- Calcul de la prime due, 2034
- Découverte avant sinistre, 2016
- Règle proportionnelle, 2023
- Résiliation après sinistre, 2032

Obsèques, V. Conventions obsèques

Office National d'Indemnisation des Accidents Médicaux (ONIAM), V. Accidents médicaux
- Assurance obligatoire de responsabilité, 5016
- Commission régionale de conciliation de l'indemnisation (CRCI), 5081
- Infection nosocomiale, 5045
- Loi du 4 mars 2002, 5016
- Offre d'indemnisation, 5093
- Procédure d'indemnisation, 5078
- Système d'indemnisation, 5019

Offre légale d'indemnisation, V. Assurance automobile

Opération de concentration, 674

Opinion du risque (de l'assureur), 1907

Organismes assureurs, 1

ORIAS, 340

P

Paiement de l'indemnité d'assurance, 2653
- Assurances cumulatives, 2681
- Assurance de responsabilité, 2670
- Clause de valeur agréée, 2055, 2057, 2657
- Clause de valeur déclarée, 2055, 2056, 2656
- Expertise, 2676
- Franchises, 2720
- Garantie frais de reconstitution, 2666
- Intérêts moratoires, 2736
- Montant du dommage, 2654
- Plafond de garantie, 2718, 2750
- Primes impayées (compensation), 2735
- Provision, 2731
- Recours subrogatoire de l'assureur, 2795
- Recouvrement entre assureurs, 2730
- Règle proportionnelle de capitaux, 968, 2713
- Règle proportionnelle de cotisations, 2716
- Répétition de l'indu, 2796
- Retard de paiement, 2736
- Sous-assurance, 2711
- Sur-assurance, 2706
- Valeur à neuf, 2666
- Valeur vénale, d'usage et de remplacement, 2662

Parties au contrat d'assurance, 1534

- Bénéficiaire du contrat, 1560

- Assuré, 1560
- Assureur, 1542
- Souscripteur, 1550

PEA, 5451
- Prélèvements sociaux, 5465
- Régime fiscal, 5460

PEP, 5473
- Fiscalité, 5479
- Prélèvements sociaux, 5483
- Retraits anticipés, 5495

PERP, 5426
- Fiscalité des cotisations, 5447
- Fiscalité des prestations, 5448
- Garanties complémentaires, 5439
- Groupement d'épargne retraite populaire, 5428
- Notice d'information, 5444
- Rente viagère, 5431
- Sortie en capital, 5433
- Transfert des droits, 5440

Perte de chance, 1073

Pertes d'exploitations, 6877
- Capitaux assurés, 6883
- Clause dite d'ajustabilité, 6896
- Période d'indemnisation, 6887

Plafond de garantie, V. Contrat d'assurance

Police d'assurance
- Clauses claires et clauses obscures, 2183
- Contenu, 2178
- Rédaction, 2169

Pratiques anticoncurrentielles, 561

Pratiques commerciales, 727

Préjudice
- Certain, 1073
- Corporel (indemnisation du), 1055, 1089
- Direct, 1075
- Écologique pur, 5661
- Réparable, 1071

Prescription biennale, 2975
- Actions non soumises à la, 3007
- Actions soumises à la, 3000
- Calcul, 3043
- Citation en justice, 3050
- Désignation d'un expert, 3056
- Information de l'assuré, 2986
- Interruption, 3046, 3067
- Loi du 17 juin 2008, 3084
- Notion, 2976
- Point de départ, 3018
- Procédure, 2983
- Recul du point de départ, 3030
- Renonciation, 2981
- Suspension, 3072

Prestations,
- Assurance accidents du travail et maladies professionnelles, 1438
- Assurance décès, 1432
- Assurance invalidité, 1415
- Assurance maladie, 1341
- En espèces, 1387
- En nature, 1342
- Familiales liées au handicap, 1425

Prestations du régime général de Sécurité sociale, 1318

Preuve du contrat, 2217
- Charge de la preuve, 2217
- Moyens de preuve, 2230

Principe forfaitaire, 6138
- Assurance de personnes, 986

Principes généraux de l'assurance, 947

Principe indemnitaire, 964, 2680
- Assurance de dommages, 956

Procédure
- De dialogue compétitif, 446
- Marchés publics, 402, 417
- Négociée, 435

Procès, 3225

Produits défectueux, V. Responsabilité du fait des produits défectueux
- Causes d'exonération, 1259
- Défaut, 1250
- Délais d'action, 1257
- Dommage corporel, 1245
- Dommage matériel, 1245
- Lien de causalité, 1252
- Mise en circulation, 1246
- Responsables, 1238
- Risque de développement, 1264

Plan d'Épargne en Actions (PEA), V. PEA

Plan d'Épargne Populaire (PEP), 5504, V. PEP

Plan d'Épargne Retraite Populaire, 5457, V. PERP

Prolongation du contrat, V. Modification ou remise en vigueur d'un contrat (initiative de l'assuré)

- Non paiement des cotisations, 2089
- Prolongation du contrat, 2469
- Remise en vigueur d'un contrat suspendu, 2562
- Silence de l'assureur, 2464

Protection juridique (assurance de), 3474
- Aléa, 3492
- Clause de direction du procès, V. Direction du procès
- Clause d'exclusion, 3489
- Clause défense recours, 3484, V. ce mot
- Conflit d'intérêt entre assureur et assuré, 3532, 3533
- Déclaration du sinistre, 3516
- Défense pénale et recours suite à accident, V. ce mot
- Définition, 3474
- Désaccord sur le règlement du litige, 3532, 3534
- Existence d'un litige ou différend, 3492
- Fait générateur du litige ou différend, 3495
- Frais de procédure, 3504
- Gestion du sinistre, 3523
- Libre choix de l'avocat, 3507
- Mise en oeuvre de la garantie, 3516
- Obligation d'information et de conseil, 3499
- Obligations de l'assureur, 3499
- Procédure amiable, 3527
- Procédure contentieuse, 3529

Protection du souscripteur, 1787

Publicité, 733
- Marchés publics, 410
- Commerciale, 733
- Comparative, 758
- Prix, 733

R

Réassurance, 6, 243, 550
- Définition, 243
- Facultative, 255
- Non-proportionnelle, 259
- Obligatoire, 256
- Proportionnelle, 258
- Régime juridique, 249

Recours subrogatoire de l'assureur, 2797
- Concours entre l'action de l'assuré et de l'assureur, 2838
- Conditions, 2811
- Paiement de l'assureur, 2812
- Prescription, 2830
- Procédure, 2826
- Renonciation de l'assuré, 2867
- Renonciation de l'assureur, 2859
- Responsabilité d'un tiers au contrat, 2818
- Subrogation conventionnelle, 2809
- Subrogation légale, 2801, 2805

Recours des tiers payeurs, 1101

Règle proportionnelle
- De capitaux, 968, 2713, 6611
- De primes, 970, 2023, 2716

Régime général de Sécurité sociale, 1318
- Allocation personnalisée d'autonomie (APA), 1430
- Assurance décès, 1432
- Assurance invalidité, 1415
- Assujetti, 1318
- Frais remboursables, 1365
- Franchise médicale, 1364
- Handicap (prestations), 1425
- Invalidité, 1416
- Participation forfaitaire, 1361
- Prestations d'assurance « accidents du travail et maladies professionnelles », 1438
- Prestations d'assurance maladie, 1341
- Prestations en nature, 1499
- Prestations en espèces, 1502
- Rente, 1513
- Salariés par assimilation, 1328
- Ticket modérateur, 1359
- Tiers payant (système du), 1358

Règlement d'exemption (secteur assurance), 605

Remorques, V. Assurance automobile

Rentes (fiscalités des), V. Assurance vie

Réparation intégrale (principe de la), 1080

Répartition (assurances de), 1022

Résiliation du contrat, 2896
- Aggravation du risque, 2920
- Annuelle, 2941
- Après sinistre, 2911
- Assurance emprunteur, 2938
- Assurances affinitaires, 2935
- Changement dans la situation de l'assuré, 2956
- Consentement mutuel, 2905

- Diminution du risque, 2926, V. Modification du risque
- Formalisme, 2902, 2963
- Infra-annuelle, 2932
- Loi Hamon, 2932
- Non respect des obligations de l'assuré, 2917
- Perte totale de la chose assurée, 2971
- Plein droit (de), 2971
- Renonciation, 2909
- Réquisition de la chose assurée, 2973
- Transfert de propriété de la chose assurée, 2969, V. ce mot

Responsabilité (principes de), 1037

Responsabilité décennale, V. assurance de responsabilité décennale

Responsabilité des artisans du fait des apprentis, 1284

Responsabilité des commettants du fait des préposés, 1286

Responsabilité des enseignants, 1296

Responsabilité du fait des animaux, 1229, V. Animaux

Responsabilité du fait des bâtiments menaçant ruine, 1231

Responsabilité du fait des choses, 1175
- Causes d'éxonération, 1212
- Communication d'incendie, 1224
- Fait d'une chose, 1177
- Fait d'un tiers, 1215
- Fait ou faute de la victime, 1217
- Force majeure, 1213
- Garde de la structure et du comportement, 1206
- Garde commune, 1203
- Transfert de la garde, 1200

Responsabilité générale du fait d'autrui, 1309

Responsabilité du fait personnel, 1138

Responsabilité du fait des produits défectueux, 1233
- Défaut du produit, 1250
- Directive du 25 juillet 1985, 1233
- Exonération, 1259
- Produits mis en circulation, 1247
- Risque de développement, 1264

Responsabilité des parents du fait de leurs enfants, 1274
- Autorité parentale, 1275
- Cohabitation, 1277
- Établissement scolaire, 1278
- Fait du mineur, 1280
- Faute de la victime, 1282
- Force majeure, 1283
- Présomption de responsabilité, 1282

Responsabilité pénale, 1128

Responsabilité pour atteinte à l'environnement, 5648

Responsabilité pour défaut de sécurité des produits, V. Responsabilité du fait des produits défectueux

Responsabilité pour faute, 1138

Retraite
- Complémentaire des salariés, 6208
- Cotisations excédentaires, 6255
- Dirigeants (des), V. Retraite des dirigeants
- Obligatoire, 6179
- Réforme de 2003, 6220
- Supplémentaire, 6218

Retraites des dirigeants, 6338
- Adhérents, 6349
- Conjoint collaborateur, 6355
- Contrats Madelin, 6339
- Exploitants agricoles, 6365
- Fiscalité, 6389
- Notice d'information, 6341
- Prestations de retraite complémentaire, 6384
- Travailleurs non salaries non agricoles, 6350

Risque, V. Aggravation du risque,

Risques statutaires, 6268

S

Salarié,
- Lien de subordination, 1319
- Notion, 1318
- Par assimilation, 1328
- Requalification du contrat, 1326

Sélection des risques, 999

Sécurité sociale, 1318
- Allocation personnalisée d'autonomie (APA), 1430
- Assurance décès, 1432
- Assurance invalidité, 1415

- Assujetti, 1318
- Frais remboursables, 1365
- Franchise médicale, 1364
- Handicap (prestations), 1425
- Invalidité permanente partielle, 1508
- Participation forfaitaire, 1361
- Prestations d'assurance « accidents du travail et maladies professionnelles », 1438
- Prestations d'assurance maladie, 1341
- Prestations en nature, 1499
- Prestations en espèces, 1502
- Rente, 1513
- Régime général, 1318
- Salariés par assimilation, 1328
- Ticket modérateur, 1359
- Tiers payant (système du), 1358

Secret professionnel
- Protection juridique, 3524

Sinistre, 2565
- Déclaration, 2565, **V. déclaration du sinistre**
- Fraude de l'assuré, 2635
- Preuve, 2614
- Sériels, 5810

Sinistre Maximum Possible (SMP), 6638

Sociétés à forme tontinière, 153

Société d'assurance
- Sociétés à forme tontinière, 153
- Société anonyme d'assurance, 17
- Sociétés d'assurance mutuelles, 29
- Sociétés mutuelles d'assurance, 143

Sociétés de groupe assurantiel de protection sociale (SGAPS), 228

Sociétés européennes, 169

Solvabilité 2, 895
- « règle des 4 yeux », 88

Sous-assurance
- Notion, 2711
- Règle proportionnelle de capitaux, 968, 2713
- Règle proportionnelle de cotisations, 2023, 2716

Souscripteur, 1550
- Assurance individuelle accident, 5099
- Assurance vie, 4435
- Capacité du souscripteur, 1553
- Représentation du souscripteur, 1559

Souscription
- À distance, 1705
- Par téléphone, 1737
- Par Internet, 1749

Sport, V. Assurances sportives

Surassurance, 2706
- Frauduleuse, 2707
- Non frauduleuse, 2710
- Notion, 2706
- Sanction, 975
- Valeur réelle des biens assurés, 2710

T

Tacite reconduction, 2871

Tarification du risque, 2046

Taxe sur les conventions d'assurance, 2045

Téléphone (souscription par), 1737

Télésurveillance,
- Garantie optionnelle, 3370

Terrorisme, V. Fonds de garantie des victimes d'infractions et de terrorisme (FGVAT)

Théorie de la garantie, 1052

Théorie du risque, 1049

Ticket modérateur, 1359

Tiers payant (système du), 1358

Tiers payeurs (recours des), 1101

Tontines, 153

Transfert de propriété de la chose assurée, 2512
- Aliénation d'un véhicule terrestre à moteur, 2553
- Remise en vigueur du contrat, 2562
- Résiliation, 2542, 2562
- Suspension du contrat d'assurance, 2557
- Transfert à cause de mort, 2539
- Transfert entre vifs, 2534
- Transmission du contrat, 2523, 2530

Travailleur salarié (notion de), 1318

U

Union de sociétés d'assurance mutuelles, 134

V

Valeurs à assurer, 6590
- Capitaux assurés, 6611
- Pertes d'exploitation, 6877
- Perte de valeur vénale du fonds de commerce, 6910
- Pertes financières, V. ce mot
- Valeur à neuf, 6598
- Valeur d'usage, 6596
- Valeur économique, 6593

Véhicule terrestre à moteur, V. Assurance automobile
- Aliénation, 2553
- Certificat d'immatriculation, 3571
- Changement de caractéristiques, 3553
- Circulation, 3569
- Définition, 3540
- Désigné au contrat, 3551
- Garde, 3700
- **Identification du véhicule,** 3550
- Implication du véhicule, 3797
- Kart, 3773
- Location, 3711
- Manifestations sportives, 3570, 3794
- Matériels agricoles, 3549
- Moteur, 3553
- Remorques ou semi-remorques, 3559
- Stationnement, 3569
- Tondeuse à gazon auto-portée, 3544
- Tramways, 3777
- Transport de personnes ou de choses, 3542
- Usage déclaré, 3557
- Véhicule-outil, 3547
- Vente du véhicule, 3572
- Vol, 3616

Ventes avec prime, 840

Ventes liées, 854

Victimes d'infractions, V. Fonds de garantie des victimes d'infractions et de terrorisme (FGVAT)

Victime par ricochet, 1075

Voyages, V. Assurance des voyages

Achevé de composer en juillet 2016

Achevé d'imprimer en France en août 2016
par Normandie Roto Impression s.a.s., Lonrai
N° d'impression : 1602853

Dépôt légal septembre 2016

L'Argus Éditions
10 place du Général de Gaulle 92160 Antony

La Collection Droit & Pratique de L'Argus de l'assurance, des ouvrages conçus pour accompagner au quotidien les professionnels de l'assurance et leurs partenaires dans leur pratique métier.

Éditeur spécialisé, L'Argus de l'assurance met tout son savoir-faire à votre portée : vous bénéficiez d'outils de travail à la fois complets, précis et accessibles pour maîtriser les aspects juridiques et techniques de l'assurance.

Assurances

A jour des dernières évolutions législatives (directive sur la distribution d'assurance, réforme du droit des contrats, avant-projet de réforme du droit de la responsabilité civile, nouvelle médiation de l'assurance...), l'ouvrage se compose de quatre parties essentielles à la compréhension de la matière, rédigées par une équipe pluridisciplinaire de professionnels :

- la **réglementation du marché de l'assurance** (organismes assureurs, intermédiaires, contrôle, principes généraux applicables à l'assurance) ;
- le **contrat d'assurance** (souscription, vie, déclaration et règlement du sinistre, continuation ou fin de contrat, litige... à la lumière des dispositions des Codes des assurances, de la mutualité et de la Sécurité sociale) ;
- les **assurances des consommateurs** (vie et non-vie : habitation, automobile, loisirs, santé, épargne-retraite, dépendance, emprunteur...) ;
- les **assurances des entreprises** (activités, personnes, biens).

Tout est mis en œuvre pour faciliter vos recherches et accéder rapidement à la solution : index de mots-clés issus de la pratique professionnelle, clarté du plan, références de jurisprudence et bibliographies contextualisées.

Vous souhaitez aller encore plus loin ? Retrouvez tout le contenu de votre ouvrage sur internet ainsi que les liens vers les documents cités et bénéficiez d'une actualisation en continu de votre fonds documentaire.